ייִדיש־ענגליש־העברעאישער

ווערטערבוך

YIDDISH-ENGLISH-HEBREW

DICTIONARY

ALEXANDER HARKAVY

Photograph courtesy of the YIVO Institute for Jewish Research

יידיש־ענגליש־העברעאישער
ווערטערבוך

פֿון

אַלכּסנדר האַרקאַווי

איבערדרוק פֿון דער צווייטער פֿאַרגרעסערטער אויפֿלאַגע פֿון 1928

מיט אַן אַריינפֿיר פֿון דוד קאַץ

YIDDISH-ENGLISH-HEBREW

DICTIONARY

BY

ALEXANDER HARKAVY

A REPRINT OF THE 1928 EXPANDED SECOND EDITION

WITH AN INTRODUCTION BY DOVID KATZ

YALE UNIVERSITY PRESS
NEW HAVEN & LONDON

IN COOPERATION WITH THE
YIVO INSTITUTE FOR JEWISH RESEARCH

First Yale University Press edition, 2006

Printed in the United States of America.

Library of Congress Cataloging-in-Publication Data

Harkavy, Alexander, 1863–1939.
Yidish-English-Hebreisher verterbukh / fun Aleksander Harkavi
= Yiddish-English-Hebrew dictionary / by Alexander Harkavy ;
with an introduction by Dovid Katz. — 1st Yale University Press ed.
p. cm.
"Published in cooperation with the YIVO Institute for Jewish Research."
Originally published : 2nd expanded ed. New York : Hebrew Pub. Co., 1928.
Includes bibliographical references.
ISBN 0-300-10839-7 (cloth : alk. paper)
1. Yiddish language—Dictionaries—English. 2. Yiddish language—Dictionaries—Hebrew. I. Yivo Institute for Jewish Research.
II. Title. III. Title: Yiddish-English-Hebrew dictionary.
PJ5117.H54 2005
413′.391—dc22 2004065655

A catalogue record for this book is available from the British Library.

The paper in this book meets the guidelines for permanence and durability of the Committee on Production Guidelines for Book Longevity of the Council on Library Resources.

10 9 8 7 6 5 4 3 2 1

Acknowledgment

The publication of this edition of Alexander Harkavy's *Yiddish-English-Hebrew Dictionary* was made possible by a gift to the YIVO Institute for Jewish Research by Dr. Barnett Zumoff, president of the Forward Association, New York City.

ALEXANDER HARKAVY
AND HIS
TRILINGUAL DICTIONARY

DOVID KATZ

Oxford Centre for Postgraduate Hebrew Studies and
St Antony's College in the University of Oxford

For this language I live
—Alexander Harkavy

In 1925, the YIVO Institute for Jewish Research *(Yidisher visnshaftlekher institut)* was established in Vilna, on the initiative of Zelig-Hirsh Kalmanovitsh, Zalmen Reyzen, Nokhem Shtif, Max Weinreich, and other twentieth-century masters of Yiddish scholarship. Despite a paucity of resources, adverse political conditions, and other obstacles, it immediately set into motion a new spirit of creativity in Eastern Europe and internationally that centered upon the Yiddish language and Yiddish literature. The many scientific volumes in Yiddish philology, folklore, and literary history published by the struggling new institute won over Jewish and non-Jewish scholars alike to an exciting new intellectual venture—the study of Yiddish. During World War II, the international headquarters of YIVO was moved to New York City. Notwithstanding the tragic deaths of most of its leaders at the hands of the Nazis and their collaborators, and the loss of its original home in the heartland of prewar Yiddish speaking East European Jewry, YIVO in America, evolved from its American Section, pressed onward. In addition to its three learned periodic journals, YIVO, in the American years, has provided a number of indispensable reference works in the field. Uriel Weinreich's *College Yiddish* (1949 and numerous revised reprints) facilitated the inclusion of courses in the Yiddish language in the American university curriculum. In 1950, there appeared Nokhem Stutschkoff's *Oytser fun der yidisher shprakh (Thesaurus of the Yiddish Language)*, followed in 1968 by Uriel Weinreich's *Modern English-Yiddish Yiddish-English Dictionary.* Max Weinreich's four-volume *Geshikhte fun der yidisher shprakh (History of the Yiddish Language)* was published in 1973.

The late Gershon Harkavy (1904–84) of the Amalgamated Bank of New York generously provided me with many of the Harkavy materials used in preparing this essay.

I am grateful to Miss Dina Abramowicz, Librarian of YIVO, and to her staff for kindly providing photocopies of materials held in the YIVO library, and to Mr. Samuel Norich, Executive Director of YIVO, for offering valuable commentary on earlier drafts. Responsibility for opinions and errors rests solely with the author.

The present volume is a reprint of Alexander Harkavy's classic trilingual *Yidish-english-hebreisher verterbukh (Yiddish-English-Hebrew Dictionary).* By placing this work back in the hands of an impatient public, YIVO hopes to continue to serve the reader, student, and scholar of Yiddish. At the same time, this reissue of Harkavy's dictionary focuses new attention upon the lifework of America's pioneer of Yiddish language and culture—a man who almost single-handedly created an intellectual environment conducive to Yiddish in an assimilation-prone society while masterminding Yiddish lexicography of the twentieth century.

Alexander Harkavy (May 5, 1863–November 2, 1939) was born in the village of Navar(e)dok (Nowogródek), White Russia. His youth and the renowned Lithuanian Jewish family from which he hails are outlined in his own autobiographical sketch (Harkavy 1935), written in a gracefully flowing Ashkenazic Hebrew. It is supplemented by a family history by Tsvi Harkavy (1953, 27–55), which contains further bibliography. The family was descended from the great Talmudist and kabbalist Mordkhe Yafe (Mordechai Jaffe, ca. 1535–1612). It traces its immediate dynastic prestige to Alexander's great-grandfather Gershn, who moved from Navaredok to Vilna where he became one of the pupils of the *Vilner goen* (the Gaon of Vilna) before migrating to the kabbalist community of Safad in northern Galilee, where he died around 1827. The name *Harkavy* is traced to Gershn's wife, Badane. According to family lore, she was called *Harkavi* from the Polish term for "pronouncing a guttural *r*," which she did. Aristocratic Polish visitors to the home used the term to refer to her with affection. Others, fancifully perhaps, have traced the name to the Hebrew root meaning "charioteering," and a number of family members use the Hebraic spelling.

The Harkavys were one of the first families of Jewish intellectual life in nineteenth-century *Líte* (the territory known as Lithuania from the Jewish cultural perspective, which does not conform to any set of historical political boundaries). They excelled in three spheres of Jewish cultural life: traditional Talmudic learning, modern Jewish historical research, and the then-nascent field of Yiddish research and publishing. The most luminous Harkavys are direct descendants of founder Gershn. His son Aleksander-Ziskind was *Navaredker rov* (rabbi of Navaredok) in the early nineteenth century. His great-grandson Dr. Avrom-Elyohu Harkavy, a pioneer in the field of Jewish interlinguistics, wrote an early study in Hebrew on the interrelationships between Yiddish and Slavic (A.-E. Harkavy 1867). Another great-grandchild, Dvoyre bas Reb Yoysef-Betsalel, became Dvoyre Romm after marrying into the first family of Vilna Yiddish publishing. The Romms, who set up shop in 1799 and continued running the firm until World War II, played an important role in the rise of modern Yiddish literature.

Alexander was born to Gershn's grandson Yoysef-Moyshe, a watchmaker and Talmudist (not an unusual combination in a nineteenth-century Lithuanian Jewish village), and his second wife, Freyde. Alexander recalls that his father did not care about business, and were it not for the small weekly income derived from the family home bequeathed by grandfather Aleksander-Ziskind, the family would have starved. Alexander was eleven when his mother died at the age of twenty-nine. His sixty-two-year-old father could not take care of the child himself. Alexander moved in with his father's uncle, Gershn ben Moyshe.

Alexander's childhood and early education followed the characteristic path of nearly all of the modern giants of Yiddish culture. As a child in Navaredok, he studied the Five Books and the Talmud and their commentaries in accordance with Ashkenazic Jewish tradition; the Five Books along with the rest of the Jewish Bible, according to Mendelssohn's translation, with a semi-modern teacher; Russian, German, arithmetic, and geography with a private teacher, Yankev, son of his great-uncle and guardian Gershn; and Syriac on his own from a Syriac grammar in German that he happened to come across in his great-uncle's library. A precocious youngster, Alexander produced two issues of a handwritten Hebrew children's magazine at age thirteen or fourteen. No further issues appeared, because one of the village rich men whose Sabbath meal for the poor was humorously lambasted in the journal rewarded the boy with a smack for his efforts. He then began to write Hebrew poems and essays in the flowery *mlitse* style of the period.

In the summer of 1878, fifteen-year-old Alexander Harkavy made the five-day trek to Vilna to seek closer ties with the Vilna branch of the family, and new vistas of literature and culture in the large city. His reception by his well-to-do relatives, however, was not what he had hoped. Not wanting to spend all of his worldly wealth—six *gildn*—on a hotel, he slept in the wagon that brought him to Vilna and spent four months in a small synagogue in Vilna's *Yidishe gas* ("Jewish Street"). In late summer, he had a chance encounter with a woman relative. She was not impressed by his plans to immerse himself in learning and research, and offered to help him instead with something more practical. Alexander seized the opportunity to bring himself closer to the scene of Jewish literature in Vilna by suggesting typographical engraving as a career, and she arranged to have him study the trade at Romm's Vilna plant. He was taken on, however, as a polisher of letters. Later, after letting a not insubstantial number of letters go unpolished as a result of trying to read and work at once, he was made an accountant. The episode gave him something to eat, a place to live, and a chance to resume his studies of languages and literature in the usual random fashion of the young autodidacts of that era. During his Vilna years, he dabbled in art and wrote poems and essays in Russian, Yiddish, and Hebrew. In the bookkeeping department, he made the acquaintance of such Vilna *maskilim* (Enlightenment proponents) as Mordkhe Plungyan, Elyohu Shereshevski, and Ayzik-Meyer Dik.

Harkavy soon became restless again. His migration to a still larger city, Warsaw, in the summer of 1881 proved to be short-lived. After a stint as a private Hebrew teacher in Byalistok and an untriumphant return to Vilna, he joined one of the youth groups who set out in 1882 to do collective farmwork in America. On the stopover at Liverpool, England, Harkavy met up with another teenager—Dovid Eydlshtat, who was to become one of the most beloved Yiddish poets in

New York City in the 1880s and 1890s. His ship from Liverpool, the *British Prince*, landed in Philadelphia on May 30, 1882. After whirlwind sojourns in Castle Garden and Greenpoint, Long Island, Harkavy found himself in Division Street on New York's Lower East Side. He moved upstate to Pawling, in Dutchess County, to take a job with another immigrant as a farmer. After a month of milking cows, they both decided that farming was not for them after all and hiked back down to the city. There Harkavy worked as a cleaner, a machine operator in a *matse* factory, and at other odd jobs before landing a job with the East Broadway bookseller Yerukhem-Tsvi Kantrovits, thanks to his Romm family connections.

The story of Harkavy's marriage abounds in a number of legendary variants. They derive from his proposal of marriage to Bella Segalowsky just after she had attempted suicide. She accepted, and they lived in idyllic harmony (see Ravitsh 1980, 198). Her death in 1930 left him brokenhearted; he died a lonely man in New York's Broadway Central Hotel. The pictorial pamphlet he issued in her memory (Harkavy 1934) is one of his last publications. The version of their meeting that I heard as a child in New York from his cousin Gershon Harkavy, as I remember it, has it that Harkavy strolled across the Brooklyn Bridge, saw a young lady jump off, watched her rescue by a passing tugboat, followed her to the hospital, and asked her, when she came to, why she had jumped. It was the old story of the fiancé back in Europe writing to say that he was marrying someone else. At which point Alexander said, *"Nu, vosiz, mayn kind,* Ikh'l *mit dir khasene hobn"*—"So, what's the matter, my child, *I'll* marry you."

Harkavy recalls in his Hebrew memoirs (1935, 7–8) that as a very young boy he "felt a powerful love for the language of our people." His documented career in Yiddish starts in 1885, when he composed, while in Paris, "Sfas yehudis," a study in Hebrew of the Yiddish language. It drew swift praise from the French Talmudist Israel Michel Rabbinowicz. Excerpts published later in both Hebrew and Yiddish (Harkavy 1896; 1906), as well as his 1886 Yiddishist pamphlet in Yiddish, are scientifically based responses to the opprobrium then being heaped upon Yiddish. They are written in the spirit of Yehoyshue-Mordkhe Lifshits's classic defense of the language that had appeared in Alexander Tsederboym's Odessa journal *Kol mevaser* (Lifshits 1863). Both Lifshits's and Harkavy's papers are pioneering documents in the social and political struggle for the societal role of the language and the movement that later came to be known as Yiddishism, rather than technical philological studies per se. Like Lifshits before him in Russia, Harkavy in America went on to champion the language as well as to document its treasures in dictionaries of major historical importance. To understand the full impact of Harkavy as a founder of Yiddishism, it is important to bear in mind that his 1886 Yiddishist pamphlet appeared at a time (preceding Y. L. Peretz's literary debut) and in a place (America) where a pamphlet on behalf of the Yiddish language was both intellectually revolutionary and journalistically sensational.

In 1887 Harkavy took up a post as a Hebrew teacher in Montreal, where he published a single issue of Canada's first Yiddish newspaper, *Di tsayt*. This was followed in 1890 by *Der yidisher progres* in Baltimore, of which nine issues appeared. He worked from 1904 to 1909 for HIAS (Hebrew Immigrant Aid Society) at its Ellis Island office, teaching American history and the United States Constitution in Yiddish for the New York City Board of Education. In 1919 he was appointed a lecturer in older Yiddish literature and Yiddish grammar at New York's Yiddish Teachers' Seminary. Harkavy was also an active participant in the world of contemporary Yiddish literature and literary criticism (see Niger 1973, 279, 292; Ravitsh 1980, 198–200; Shulman 1979, 123, 457). During his many creative years in New York, he wrote a large number of educational books and pamphlets, most of which were published by the Hebrew Publishing Company.

The primary bibliography for Harkavy, as for almost any Yiddish writer of the period, is Zalmen Reyzen's *Leksikon* (1926–29, 1:794–803; see also Tshubinski 1960). A separate bibliography was compiled by the American Section of YIVO (1933). Harkavy's works fall into a number of categories. First are those on the Yiddish language which seek to bolster its standing (see YIVO 1933, 8–9, and as samples Harkavy 1886; 1894–95; 1896; 1906). The largest corpus consists of works which helped educate and acculturate millions of Jewish immigrants in America. This aspect of his career was launched by the five volumes (1895–1900) of the *Amerikanisher folks-kalendar* ("The American Folk Calendar"), which were miscellanies of information on everything from American politics to dentistry. They were followed over the decades by dozens of grammars and guides to letter writing in English; books on American, Jewish, and world history, as well as geography, physics, arithmetic, and modern Hebrew; translations of world literature; and revised editions of the Old Testament in Yiddish and English (see YIVO 1933, 10–14). Whether he was translating *Don Quixote* into Yiddish or compiling a new dictionary, Harkavy sought to educate the immigrant Jews of America with authentic renditions, not the hackwork so common in those years. Then there were the scholarly articles on a variety of subjects, but especially Yiddish linguistics and folklore (see YIVO 1933, 8–11, and as samples Harkavy 1895; 1901; 1924). Harkavy also edited a number of pivotal New York Yiddish literary anthologies which helped launch serious Yiddish literature on the East Side around the turn of the century (see Shulman 1979, 421–436), including ten issues of *Der nayer gayst* ("The New Spirit") in 1897 and 1898 and *Der tsvantsikster yorhundert* ("The Twentieth Century") in 1900. Finally, Harkavy published a substantial series of bilingual dictionaries starting with his 1891 *English-Yiddish Dictionary* and his 1898 *Yiddish-English Dictionary*.

Some strands of Harkavy's lifework have always appeared ambiguous to partisans of any particular twentieth-century Jewish cultural movement. How did it come to pass that the great Americanizer who published dozens of grammars and handbooks to help immigrants adapt to American culture was also the champion of Yiddish, who published lessons in English to help American-born Jews master Yiddish? Why did the most loyal of American Yiddishists include Hebrew in a dictionary and continue writing in Hebrew as well? How many others wrote pamphlets and articles in Hebrew seeking to enhance the status of Yiddish? It is precisely his inner peace in loving, mastering, and propagating the heterogeneous threads of language and knowledge in modern American Jewish life that makes Alexander Harkavy one of the greatest immigrant Jews in American history. The immigrants had to learn English and elements of general education to take advantage of the opportunities the New World had to offer. At the same time, he felt, they could cultivate their own language with pride, seriousness, and devotion. Further, it was possible to build a Jewish life and literature in Yiddish while studying the ancient and modern treasures of Hebrew. These counterbalances are no mean achievement in an era characterized by bitter infighting, political squabbling, and ideological polarization in the immigrant Jewish community.

In the last years of his life, Harkavy, by then the unchallenged American hero of Yiddish language and culture, was acknowledged as a lexicographic grand master by international Yiddish scholarship. The establishment of YIVO in Vilna in 1925 had no small part to play in this belated but richly deserved recognition. YIVO invited Harkavy to summarize progress on his manuscript of his greatest lexicographic work, the "Yidisher folks-verterbukh" ("Yiddish Folk Dictionary"), a Yiddish-Yiddish defining dictionary—which has still not been published—in the first volume of its journal, *Yivo bleter* (Harkavy 1931). The new institute for Yiddish scholarship also compiled a bibliography of his major works on the occasion of his seventieth birthday (YIVO 1933) and published a gracious tribute (YIVO 1934) on the same occasion in an issue of its journal dedicated to Harkavy. In an instance of close cooperation between the worlds of organized Yiddish scholarship, on the one hand, and culture and literature on the other, YIVO joined with the New York Workmen's Circle to organize a banquet in honor of Harkavy's seventieth birthday in May, 1933. In its message to the banquet, the Vilna YIVO credited Harkavy's half-century of work on behalf of Yiddish as having been instrumental in the creation of the Institute. The many tributes to Harkavy on his death in 1939 were characterized by that rare combination of awe and affection. He was credited for doing "more than any other man for the general education and Americanization of Jewish immigrants in the United States" (Richards 1940, 156) and for single-handedly turning around the American Jewish attitude toward the Yiddish language (Mark 1940, 162).

This dictionary has played a major bidirectional role over the last six decades in helping to educate East European Jewish immigrants in English and their children and grandchildren in Yiddish. It assumes an honored position in the intellectual history of Yiddish studies from three perspectives: first, within the history of Yiddish dictionaries; second, within the broader history of Yiddish studies; and, finally, as an invaluable work of twentieth-century Yiddish scholarship for students of the language today.

Yiddish lexicography has its roots in medieval Europe, and it began with the practice of introducing individual Yiddish "glosses" to translate obscure Hebrew or Aramaic items at appropriate points in the margins of manuscripts. These later evolved into separate lists alongside their Hebrew counterparts, which became in effect, the first bilingual Yiddish dictionaries. With the advent of Yiddish printing in the sixteenth century, a large number of dictionaries in many lexicographic genres appeared (see Katz, in press). These include Bible concordances, such as Anshl's *Mirkeves hamishne*, which appeared in Cracow in 1534; Hebrew-Yiddish dictionaries in the classic Semitic mold of organizing material according to roots rather than words, such as Shvab and Ben-Yankev's *Seyfer meylits yoysher* (1773); dictionaries according to semantic categories (thesauruses) of which the most popular was probably the *Khinekh kotn*, published in Cracow in 1640 and many times thereafter throughout Europe. More specialized dictionaries appeared over the centuries to treat selected portions of Yiddish vocabulary. Among the most prominent of these are Ben-Gershn's *Seyfer sheymoys* (1657) on names, Manesh's list of Yiddish words derived from Hebrew or Aramaic in his *Mare haksav* (ca. 1717) and the dictionary of internationally used words in Shevreshin, Bendin, and Marsn, *Seyfer khanekh lanaar* (1713).

Harkavy's trilingual dictionary is the most outstanding instance of another genre in the history of Yiddish lexicography, one that is over four hundred years old—the multilingual dictionary comprising Yiddish, Hebrew, and one or more coterritorial non-Jewish languages. Its founder was Elye Bokher (Elijah Levita), the great Hebrew grammarian and Yiddish poet of the sixteenth century, best known for his poetic masterpiece *Bovo d'Antona* (1541; see Joffe 1949). His *Shmoys dvorim* (1542) is a Yiddish-Hebrew-Latin-German dictionary, a precursor of Harkavy's dictionary. It was followed by, among others, Ben Yekusiel's *Seyfer diber tov* (1590), a Hebrew-Yiddish-Italian dictionary, and Nosn-Note Hanover's *Seyfer sofe brure* (1660), comprising Hebrew, Yiddish, Italian, and Latin. A posthumously published edition (Hanover 1701) included French as well.

Harkavy cannot be understood, however, solely from a historical perspective, as a Yiddish lexicographer in a tradition deriving from the early history of Ashkenaz in medieval Europe. A major conceptual difference severs all the older works on Yiddish from those written in the Yiddishist tradition of the nineteenth and twentieth centuries, namely, a new appreciation of the language as a national Jewish language suited to the highest pursuits of literature, culture, and the social sciences. And to understand Harkavy in the context of his contemporaries, it is necessary first to trace the schools that preceded the rise of the modern science of Yiddish. Few languages have been as extensively explored as Yiddish by people driven by as many intellectual motives (see Katz

1986). Humanist-inspired scholars of Hebrew and Aramaic in the sixteenth and seventeenth centuries looked upon Yiddish as a curiosity combining the familiar Germanic with the exotic Semitic. One of them, Johann Boeschenstain, an itinerant Hebrew teacher, tacked an advertisement onto the door of a Regensburg inn in 1518 offering to teach Yiddish in six days and for a reasonable fee. A long tradition of "teach yourself Yiddish" handbooks for business people was launched by Paul Helicz (1543); the most esoteric work in this tradition was Reizenstein's 1764 manual of Yiddish for horsedealers. Missionaries from the sixteenth to the eighteenth centuries sought to propagate the study of Yiddish to train other missionaries and to communicate with the targeted Jewish population in its own language. It was a missionary, Johann Heinrich Callenberg, who established the world's first known university course in Yiddish in Halle in 1729. Criminologists wrote about Yiddish as a key to the German underworld language, which had borrowed thousands of words from both Hebrew and Yiddish.

While many of the hundreds of books and pieces on Yiddish written in these and other contexts are of value today only as curiosities, some are of permanent value to Yiddish scholarship. Their authors were both talented as descriptivists and broadminded enough to transcend their initial motivations and develop a profound scholarly dedication to Yiddish. Chrysander started out as a student in Callenberg's missionary-training program at Halle, but his 1750 grammar exhibits a brilliant perspective on the structure and history of Yiddish. Carl Wilhelm Friedrich wrote a masterly guide to the language for merchants and travelers (1784) that contains the first known attempt at a classification of Yiddish dialects. Avé-Lallemant, a German police chief who came to Yiddish via underworld-language studies, became a staunch devotee of Yiddish for its own sake; about half of his four-volume magnum opus (1858–1862), is dedicated to Yiddish. By the late nineteenth century, Yiddish studies acquired tangential status in comparative Germanic philology. Two Jews trained in comparative philology, Lazăr Şaineanu (1889) and Alfred Landau (1896), examined Yiddish from the scientific viewpoint of comparative Germanic philology and are identified with the academic school known to Yiddish scholars as the *germanistn* (Germanists).

In the late nineteenth century, the first works were written presaging a new field of Yiddish linguistics that would be conceptually centered upon the language itself and methodologically enhanced by respect and affection for the language. The new Yiddish philology, a self-contained universe of scholarly disciplines (linguistics, folklore, bibliography, literary history, and more) was proclaimed by Ber Borokhov (1913), who also envisioned a Yiddish academy created for research and teaching of the language. Although he did not live to see his dream come true, it was realized by his disciples in 1925 when YIVO was organized (see Shtif 1925 and M. Weinreich 1925). Several years before, the Yiddishist perspective on the language was outlined by Matisyohu Mieses (1908) at the celebrated Tshernovits (Chernowitz) Language Conference, where Yiddish was proclaimed a national Jewish language. Mieses and Borokhov erected the conceptual edifice for the new school of *yidishistn*. As Borokhov put it, Yiddish philology was emerging as the scientific component of the social and cultural movement on behalf of Yiddish.

Three personalities stand out as the late nineteenth-century precursors of Mieses and Borokhov and of the scholarly achievements of Yiddish Studies in the twentieth century. All loved Yiddish passionately and all—autodidacts in linguistics—used the tools of linguistics to study the language. Philipp Mansch in Lemberg, although he wrote his study (1888–1890) in German in line with the *germanistn*, looked at each bit of Yiddish vocabulary, syntax, and phonology not from the viewpoint of German or some other external structure, but through the eyes of the analyzed language itself, in the spirit of the later *yidishistn*. His study was declared lost by a number of scholars, but in 1984 it was rediscovered in YIVO's archives by Christopher Hutton. Thanks to this discovery, it is now clear that Mansch's study is the "missing link" between the Germanist school that studies Yiddish as a Germanic language and the Yiddishist school for whom it is a self-contained branch of humanistic inquiry. The other two founders of modern Yiddish philology were the lexicographers Yehoyshue-Mordkhe Lifshits (1863; 1869) in Russia, who thoroughly documented his native Southeastern (popularly "Ukrainian") Yiddish, and Alexander Harkavy in America, who was the first to extensively document his native Northeastern (popularly "Lithuanian") Yiddish—the Yiddish spoken and written in the United States, and, most significantly, the language of the new literature and press that had blossomed by the turn of the century.

Harkavy's work initially drew substantial criticism. Noyakh Prilutski (1917, xiv), the grand master of Yiddish linguistics in Warsaw, reviewing the 1910 edition of Harkavy's *Yiddish-English Dictionary*, criticized the use of far too much *daytshmerish*—items taken from modern standard German, which often displaced genuine older Yiddish words, and which were in wide use in the late nineteenth and early twentieth centuries—while praising his wealth of dialectological material. Max Weinreich (1923, 27), too, castigated him for Germanization in his early bidirectional dictionaries, but noted (p. 241) that Harkavy had promised in a 1922 article in New York's *Forverts* to de-Germanize the spelling of his forthcoming *Yiddish-English-Hebrew Dictionary*. Harkavy kept his word. In a posthumously published paper, Max Weinreich (1971, 3) characterized Harkavy as having "weak normativist aspirations by nature, and investing his powers into the inventorization of his linguistic material." Lively discussion was also sparked by Harkavy's liberal inclusion of Anglicisms that had made their way into American Yiddish (see Niger 1941, 23). These two complaints—inclusion of *daytshmerish* and of English-derived items then current in American Yiddish speech—are the charges most frequently leveled against Harkavy's dictionaries.

Whether Harkavy was right or wrong to include masses of nineteenth-century borrowings from German then current in the Yiddish press (and, in many instances, in native Yiddish speech—then as well as now) depends on the linguistic theory to which one subscribes. The debate is between the *normativists* (or *prescriptivists*) who believe in the active use of dictionaries and grammars to "change the language," and the *descriptivists* who believe that the task of grammarians and lexicographers is simply to describe what they see and hear. When his lifework is looked upon as a whole, Harkavy emerges as a moderate who defies labels. He believed in a normalized Yiddish orthography and grammar, but did not see it as the role of the dictionary compiler to represent anything other than the empirically observable language of the day. In the context of a journalistic format, he was more than willing to innovate. His *Yidisher progres* in Baltimore in 1890 was in fact the first newspaper anywhere with a reformed phonetic orthography approaching modern Yiddish spelling on major points. Harkavy had previously written a series of articles advocating orthographic reform (e.g. Harkavy 1888). It thus emerges that Harkavy the descriptivist was also one of the earliest pioneers of modern Yiddish spelling, later formulated scientifically by Ber Borokhov (1913, 18–22) and elaborated upon by Zalmen Reyzen (1920, 102–62). It was not until 1920 that the Yiddish literary world actually shed the written language of the nuisance of silent letters introduced by mid-nineteenth-century editors who made it a practice to copy modern standard German spelling right onto the Yiddish alphabet. Harkavy, ever faithful to contemporary linguistic truth, used the Germanized spelling he loathed in his pre-1920 dictionaries and the newly accepted Modern Yiddish Spelling after that year.

A similar tale is revealed by an examination of the actual lexicon in his earlier dictionaries as contrasted with this one. Most striking is the radical diminution of *daytshmerish* in his *Yiddish-Hebrew-English Dictionary,* when compared with his earlier bilingual Yiddish-English and English-Yiddish dictionaries. Nearly all the nineteenth-century borrowings from German that appear in the trilingual dictionary are items that took root in the language, are used in one or more genres of modern Yiddish literature, and can be heard in the Yiddish of native speakers. It is also possible that an analogous change of course underlies the banishment of the greatest concentration of Anglicisms to the 1928 addendum, keeping them segregated from the bulk of Yiddish vocabulary. These modifications attest to changes that were in progress in the literary Yiddish of the first quarter of the twentieth century.

This republication of Harkavy's *Yiddish-English-Hebrew Dictionary* in no way displaces Uriel Weinreich's *Modern English-Yiddish Yiddish-English Dictionary* (1968). In fact, the two complement each other. Weinreich's is a masterpiece of modern scientific lexicography that has become an international structural model for makers of other bilingual dictionaries. Its semantic structuring reflects the author's brilliant research in general linguistics. Its comprehensive analytical apparatus is tantamount to a Yiddish grammar compressed into a lexicographic format. Moreover, Weinreich's dictionary is bidirectional; it will therefore remain the first dictionary for elementary students of

Yiddish, for those seeking equivalents for the English vocabulary of modern science and technology, and for those desiring guidance on the attitudes of American Yiddish normativists toward a given item. For the last decade or so, however, the disappearance of Harkavy's trilingual dictionary from the market has been painful for more advanced students of the language requiring a more exhaustive coverage of the language of the nineteenth and twentieth century masters of modern Yiddish literature and a dictionary that is more descriptively oriented.

The student of Yiddish can supplement both Harkavy and Weinreich with the first four volumes of Yudel Mark's unabridged Yiddish-Yiddish defining dictionary, the *Groyser verterbukh fun der yidisher shprakh* ("Great Dictionary of the Yiddish Language," Joffe and Mark 1961; 1966; Mark 1971; 1980). The fourth volume reaches only to the end of the first letter of the Yiddish alphabet, *alef.* Still, they include far more of the Yiddish lexicon than a single letter of the alphabet might imply. They contain virtually most the verbs of Yiddish, in consequence of the large number of verbal prefixes beginning with *alef,* hence the inclusion of most verbs under one or more of their prefixed forms. Further, a disproportionately large part of Yiddish vocabulary begins with the letter *alef* by virtue of the seven vowels and diphthongs *(a, ay, ey, i, o, oy, u)* systematically marked or preceded by that letter at the beginning of a word. Preparation of additional volumes continues (see Moskovich and Wolf 1981).

Harkavy's *Yiddish-English-Hebrew Dictionary* appeared in New York in 1925 and with a supplement in 1928. It was reissued many times thereafter by the Hebrew Publishing Company. The present reprint is a reproduction of the 1928 edition, with no further changes or corrections. The Yiddish student will have no difficulty in coping with the minor orthographic variations between this dictionary and the YIVO system employed in Uriel Weinreich's dictionary.

Because of its inherent simplicity and straightforwardness, there is no more need now for an elaborate guide to using the dictionary than there was in 1925. It is a book to be picked up and used as is, with its wealth and its blemishes. The extensive lexicographic coverage is enhanced by many of the pleasures long enjoyed by several generations of readers.

Harkavy's etymologies are often daring and sometimes shaky but usually enlightening and always delightful. See, for example, the entries on *akhberosh* (p. 348); *avekleygn dem tatn* (p. 233); *bahavnt* (p. 102); *baln* (p. 113); *bashaymperlakh* (p. 136); *belaz* (p. 125);*bobe-mayse* (p. 112); *es vendt zikh vu der khamer shteyt* (p. 229);*farfl* (p. 397);*farglivern* (p. 386); *genit* (p. 154); *gepleft* (p. 155); *hotseplots* (p. 185); *hoze* (p. 181); *kabtsn* (p. 448); *kalye (vern)* (p. 262); *katoves* (p. 574); *khonte* (p. 258); *khoyzek* (p. 225); *lekakh* (p. 281); *makheteyse* (p. 285); *makhzokes* (p. 297); *mavrie* (p. 284); *mashkit* (p. 316); *milgroym* (p. 301); *mishteyns gezogt* (p. 303; see supplement p. 581); *nebakh* (p. 329); *nishkoshe* (p. 328); *nitl* (p. 326); *pankeven* (p. 360); *parev* (p. 363); *Raysn* (p. 477); *shlimazl/shlimezalnik* (p. 506); *shmadn (zikh)* (p. 508); *skotsl kumt* (p. 344; see supplement p. 564); *terakh* (p. 524); *(nemen af) tsihunder* (p. 426); *toyte kloles/toyte shvues* (p. 236); *treybern* (p. 245); and *umgelumpert* (p. 28).

The dictionary includes a charming sprinkling of Old Yiddish, comprising archaic words and usages as well as *taytsh* words derived from the centuries-old tradition of phrase-by-phrase translation from sacred Hebrew or Aramaic texts into Yiddish. See as examples the entries for *bizkl, bizkn, bizkele* "until, as far as" (p. 118); *braylaf, brayleft* "wedding" (p. 134); *federn imetsn sholem* "be first in greeting a person" (p. 411); *hinerplet* "lethargy" (p. 193); *kern* "bride, bridegroom," rather than the usual "capital/principal, fund" (p. 468); *lindvorem* "winged dragon, flying serpent" (p. 277); and *vidmenen* "swarm" (p. 205). From East European Jewish folklore Harkavy brings such items as *banemung* "carrying away (of a child) by a demon" (p. 107) and *optsug* "self examination of a woman before coition" (p. 78). He notes that *khiber*—normally "composition, treatise, (arithmetic) addition" also meant "literary (rather than literal) translation" in Old Yiddish, i.e., one that preserved the syntax of the translation language—*khiber* in the sense of "interconnection of the words" (p. 551).

Harkavy relishes such Lower East Side evolutions as *afodern* "afford" (p. 70); *datl du* "that'll do" (p. 544); *endostn* "endorse" (p. 566); *eyer tsum yuzn* "eggs to use for smearing or mixing with dough but not for cooking or baking" (p. 554); *hobn a gud taym* "have a good time" (p. 583); *hor yop* "hurry up" (p. 547); *kakerutsh bos* "small employer," noting that it occurs among Jewish union workers (p. 576); *peyde* "salary" (p. 368); *poketbukh* "pocketbook" (p. 362); *to-let* "sign that says *to let* [for rent]" (p. 551); *sanovegon* "son of a gun," which is cross-referenced to *sanovebitsh* (p. 561); and *tsomis* "summons," credited to Yiddish in England (p. 415). In the 1928 addendum, Harkavy (p. 531) introduces supralinear diacritics to mark Yiddish *d*'s that correspond with English *th*, as in *clothing*, and Yiddish *t*'s that match English *th* in *nothing*, to help the immigrants spell English correctly. At the same time, he recognized these items as parts of the linguistic system of American *Yiddish*, and he tells the reader, in the same paragraph, to pronounce "plain *d* and *t*" in Yiddish.

Nowhere perhaps is Harkavy's unique ability to balance the need for Americanization with Yiddishist loyalty as evident as in the list of Yiddish names and their recommended English-language equivalents (pp. 525–30). To "gentilizers" of children's names he gives the options of biblical equivalents (Avrom/ Abraham) or "translative equivalents" (Zelig/Felix). Unlike just about all other "Americanizers," however, Harkavy gives the option (which barely got off the ground in American Jewry) of providing anglicized spellings of Yiddish names themselves (Alter, Charna, Kalman, Lippa, Malla, Sheftl, and Trytl). He often gives Yiddish names in American spelling, with the historical English or translative option following in parenthesis: Glicka (Felicia, Beatrice, p. 526), Sander (Alexander, p. 529), Shprintza (Hope, p. 530), Tryna (Catherine, p. 527) and Zlatta (Aurelia, p. 527).

There is a considerable corpus of material on dialects. Within the realm of

East European Yiddish, Harkavy is strongest on his native Lithuanian Yiddish, pinpointing, for example, *Ikh vel shikn nokh dir dem Broder shames* "I will send you a special messenger" as something he heard in his native Navaredok "fifty years ago" (p. 541). Western Yiddish, the largely moribund but once primary branch of Yiddish on German-speaking territory in Central Europe, is represented in surprising force, often derived, with full accreditation from Tirsch's *Handlexicon* (1782). He labels *khazer-bokher* "private tutor" (from *khazern* "to review [a lesson]" as "German Yiddish" (p. 226) and marks the use of *forshpil* (literally "prelude" or "foreplay") for "engagement, betrothal" as "archaic in Austria" (p. 403); *shander-bander, a kapore far eynander* "one is as bad as the other" (p. 485) is likewise attributed to Austria. Eastern Yiddish *yidishn* "circumcise" (literally "make Jewish") is contrasted with Western Yiddish *yidshn*, which Harkavy remarks is pronounced *yitshn* (p. 254). The numerous Western items cited include *piltsl* "girl" (p. 368); *plankhenen* "cry" (p. 371); *shkedele* "little box" (p. 518); and *tsaverle* "necktie," from *tsaver* "neck" (p. 416).

One of the best-known qualities of the dictionary is its author's folksiness and humility, so rarely found among "professional" scholars. He says of *shalotn shames* "errand-goer, messenger of a town" that he could not work out the meaning of *shalotn* and defines via context (p. 484). At *shmokhn* "rejoice, be radiant with joy" (pp. 507–8), he remarks that "the etymology of the word is unknown to me. The meaning I give according to the context" (see Korman 1954, 56–57, Mark 1954, 60). One even comes across "Ayzik Meyer Dik [the Yiddish novelist] says somewhere" (p. 119).

Harkavy is often castigated for including gender markers for nouns only in the first two pages of the trilingual dictionary. It is the kind of inconsistency that only a lexicographer and *folksmentsh* of his stature could carry off. In his preface, he explains, with his usual down-to-earth honesty, that he could not proceed without being arbitrary and capricious. It is evident, however, from the introduction to the unpublished Yiddish-Yiddish defining dictionary (Harkavy 1931, 290) that he and mainstream Yiddish stylistics were then moving in the same direction. In his unpublished work, the gender problem is remedied in a novel way by offering the user a dual system—either the generally accepted three-gender system of Southern Eastern Yiddish (Mideastern Yiddish, popularly "Polish," plus Southeastern Yiddish, popularly "Ukrainian"), relying upon Lifshits (1869), Birnbaum (1918), and Reyzen (1924); or his native two-gender Northeastern Yiddish (popularly "Lithuanian") system, for the speakers of that dialect.

After completing the *Yiddish-English-Hebrew Dictionary,* Harkavy continued to work on his massive fifty-thousand-word Yiddish-Yiddish defining dictionary. Unlike his previous bilingual and trilingual dictionaries, the *Yidisher folks-verterbukh,* as it was to be called, was envisaged as "a dictionary of Yiddish and for Yiddish. National dictionaries have long been in existence among cultured nations. Now that Yiddish has come to play a self-sufficient role, the time has come for such a dictionary to be created" (Harkavy 1931, 289). It was near completion when Harkavy published excerpts and a description in 1931. The great work was heralded with joyous anticipation by leaders of Yiddish culture in Warsaw (e.g., *Bikher velt* 1929), Vilna (e.g., YIVO 1934), and in other centers of Yiddish around the world. Let us hope the means will be found to issue it soon.

REFERENCES

[Anshl]
1534 *Mirkeves hamishne.* Cracow.

Avé-Lallemant, Friedrich Christian Benedict
1858–62 *Das deutsche Gaunerthum in seiner social-politischen, literarischen und linguistischen Ausbildung zu seinem heutigen Bestande.* 4 vols. Leipzig: F. A. Brockhaus.

Ben Gershn, Simkhe
1657 *Seyfer sheymoys vehu khibur shmoys anoshim venoshim.* Venice.

Ben Yekusiel, Mordkhay Shmuel Yankev
1590 *Seyfer diber tov.* Cracow.

Bikher velt
1929 "Aleksander Harkavi" in *Bikher velt* (Warsaw) 3:67–68.

Birnbaum, Salomo A.
[1918] *Praktische Grammatik der jiddischen Sprache für den Selbstunterricht. Mit Lesestücken und einem Wörterbuch.* Vienna and Leipzig: A. Hartleben.

Bokher, Elye [Elijah Levita]
1541 *Bovo d'Antona.* Isny.
1542 *Shmoys dvorim bilshoyn ivri uvilshoyn romii gam ashkenazi kenegdoy mesudorim keseyder alfo beto.* Isny.

Borokhov, Ber
1913 "Di ufgabn fun der yidisher filologye." In Sh. Niger 1913, 1–22.

Chrysander, Wilhelm Christian Just
1750 *Jüdisch-Teutsche Grammatick.* Leipzig and Wolfenbüttel: Johann Christoph Meisner.

Friedrich, Carl Wilhelm
1784 *Unterricht in der Judensprache, und Schrift zum Gebrauch für Gelehrte und Ungelehrte.* Prenzlau: Chr. Gottf. Ragoczy.

Hanover, Nosn-Note
1660 *Seyfer sofe brure.* Prague.
1701 *Seyfer sofe brure* [including French column added by Yaakoyv ben Zeeyv]. Amsterdam.

Harkavy, Alexander
1885 "Mivto rofe shel hooysioys giml daled reysh." *Hamagid* (Lyck), no. 51 (December 31).

1886 *Shprakh-visnshaftlekhe biblyotek. Di yidish-daytshe shprakh.* New York: Yidishe gazetn.

1888 [Hippeus, pseudo.]. "Briv mikoyekh undzer shprakh. A kritik iber der ortografye fun der *Nyu-yorker yidisher ilustrirter tsaytung.*" In *Nyu-yorker yidishe ilustrirte tsaytung* (New York) 1, no. 6:9–10.

1891 *Fulshtendikes english-yidishes verterbukh.* New York: Y. Sapirshteyn.

1894–95 "Iz yidish-daytsh a shprakh?" In *Der amerikanisher folks-kalendar. A yorbukh far unterhaltung un balerung*, 38–54. New York: Kantrowitz and Katzenelenbogen.

1895 "Goyishe nemen ba yidn." *Der emes* (Boston) 1, no. 24:208.

1896 *Hayeysh mishpat loshoyn lisfas yehudis? Tshuvo bruro lisoytney sfas yehudis hamduberes.* New York: A. Kh. Rosenberg. [=*Neyr hamaarovi/Ner Ha'Maarabi* (New York, 1895–96, 1, no. 2:17–22; 1, no. 3:25–31; 1, nos. 8–9:1–2/17–24 (faulty pagination of continuous text).]

1898 *Yidish-englishes verterbukh.* New York.

1901 "Yidishe baladn in hebreish un yidish-daytsh." *Di natsyon* (New York) 1:19–21.

1906 "Iz yidish-taytsh a shprakh? An entfer tsu di kritiker fun undzer mame-loshn." *Minikes yorbukh* (New York) 2:126–34.

1924 "An alte yidishe konyugatsye." *Yidishe filologye* (Warsaw) 1:212–13.

1925 *Yidish-english-hebreisher verterbukh. Yiddish-English-Hebrew Dictionary.* New York: Published by the author.

1928 *Yidish-english-hebreisher verterbukh. Yiddish-English-Hebrew Dictionary.* New York: Hebrew Publishing Company.

1929 *Der englisher hoyz-lerer. Praktishe lektsyonen in english. A naye metode tsu lernen on a lerer.* 2nd. ed. New York: Hebrew Publishing Company.

1931 "Oystsugn fun dem 'Yidisher folks-verterbukh.'" *Yivo bleter* (Vilna) 1:289–300.

1934 *Bella and I. Our Portraits from Youth to Advanced Age. A Souvenir to Relatives and Friends on the Fourth Anniversary of the Death of my Beloved Life-Mate Bella [née Segalowsky] who Departed on Adar 27,-5690–March 27, 1930.* New York: Published by the author.

1935 *Prokim meykhayay.* New York: Hebrew Publishing Company. [= "Toldoys Aleksander Harkavi," *Haleum* (New York) 1903: 4–12, plus four-page supplement.]

Harkavy, Avrom-Elyohu

1867 *Hayehudim usfas haslavim.* Vilna: Romm.

Harkavy, Tsvi

1953 *Lekheker mishpakhot.* Jerusalem: Hotsaat hasefarim haerets-yisraelit.

Helicz, Paul

1543 *Elemental oder Lesebüchlen. Doraus meniglich mit gutem grund underwisen wirt wie man deutsche Büchlen/Missiuen oder Sendbriue/Schuldbriue/so mit ebreischen ader* [sic] *jüdischen Buchstaben geschriben werden.* Hundesfeld.

Joffe, Judah A.
1949 *Elye Bokher. Poetishe shafungen in yidish. Aroysgegebn tsum firhundertn yortog fun zayn toyt.* New York: Judah A. Joffe Publication Committee.

Joffe, Judah A. and Yudl Mark, eds.
1961 *Groyser verterbukh fun der yidisher shprakh,* vol. 1. New York: Yiddish Dictionary Committee.
1966 *Groyser verterbukh fun der yidisher shprakh,* vol. 2. New York: Yiddish Dictionary Committee.

Katz, Dovid
in press "Di eltere yidishe leksikografye: Notitsn iber mekoyres un metodn." *Oksforder yidish* (Oxford).
1986 "On Yiddish, in Yiddish and for Yiddish: 500 Years of Yiddish Scholarship" in Mark H. Gelber, ed., *Identity and Ethos. A Festschrift for Sol Liptzin on the Occasion of his 85th Birthday,* 23–36. New York, Berne and Frankfurt am Main: Peter Lang.

Korman, Ezre
1954 "Bamerkungen tsu 'Vortshafung in H. Leyviks lider." *Yidishe shprakh* (New York) 14:56–59.

Landau, Alfred
1896 "Das Deminutivum der galizisch-jüdischen Mundart. Ein Capitel aus der jüdisch-deutschen Grammatik." *Deutsche Mundarten* (Vienna) 1:46–58.

Lifshits, Yehoyshue-Mordkhe
1863 "Di fir klasn." *Kol mevaser* (Odessa) 21:323–28; 23:364–66; 24:375–78.
1869 *Rusish-yidisher verterbukh.* Zhitomir: A. Sh. Shadov.
1876 *Yidish-rusisher verterbukh.* Zhitomir: Y. M. Baksht.

Manesh, Khayim ben Menakhem
[ca. 1717] *Mare haksav beloshn ashkenaz veroshey teyves.*

Mansch, Philipp
1888–90 "Der jüdisch-polnische Jargon." In *Der Israelit* (Lemberg) 21:18–23; 22:1–4, 6, 7, 9, 10, 12, 14, 18; 23:1, 3–8 [typescript in YIVO, Max Weinreich Archive 40:3:468].

Mark, Yudl
1940 "Aleksander Harkavi." In *Yivo bleter* (New York) 15:161–63.
1954 "Bamerkungen tsu bamerkungen." *Yidishe shprakh* (New York) 14:59–61.

Mark, Yudl, ed.
1971 *Groyser verterbukh fun der yidisher shprakh,* vol. 3. New York and Jerusalem: Yiddish Dictionary Committee.
1980 *Groyser verterbukh fun der yidisher shprakh,* vol. 4. New York and Jerusalem: Yiddish Dictionary Committee.

Marmor, Kalmen
1926 "Aleksander Harkavi's *Yidish-english-hebreish verterbukh.*" *Frayhayt* (New York) 4 (September 19):8.

Mieses, Matisyohu

1908 "Matisyohu Mizeses referat vegn der yidisher shprakh." In Weinreich and Reyzen 1931, 143–93.

Moskovich, Wolf, and Meyer Wolf

1981 "The Great Dictionary of the Yiddish Language: Design and Prospects." *Deutsche Philologie* (Berlin) 100 (Sonderheft): 55–78.

Niger, Sh.

1941 "Lomir zey kashern." *Yidishe shprakh* (New York) 1:21–24.

1973 *Fun mayn togbukh.* New York: Alveltlekher yidisher kultur-kongres.

Niger, Sh., ed.

1913 *Der pinkes. Yorbukh far der geshikhte fun der yidisher literatur un shprakh, far folklor, kritik un biblyografye.* Vilna: B. A. Kletskin.

Prilutski, Noyakh

1917 *Der yidisher konsonantizm.* Band 1: *Di sonorloytn [= Yidishe dyalektologishe forshungen. Materyaln far a visnshaftlekher gramatik un far an etimologish verterbukh fun der yidisher shprakh,* 1 = *Noyakh Prilutskis ksovim,* 7]. Warsaw: Nayer farlag.

Ravitsh, Meylekh

1980 *Mayn leksikon.* Band 4, bukh 1. Tel Aviv: Veltrat far yidish un yidisher kultur.

Reizenstein, Wolf Ehrenfried von

1764 *Der vollkommene Pferde-Kenner.* Uffenheim: Johann Simon Meyer.

Reyzen, Zalmen

1920 *Gramatik fun der yidisher shprakh.* Part I. Vilna: Sh. Shreberk.

1924 "Gramatisher min in yidish." *Yidishe filologye* (Warsaw) 1:11–22, 180–92, 303–22.

1926–29 *Leksikon fun der yidisher literatur, prese un filologye.* Vilna: B. Kletskin.

Richards, Bernard G.

1940 "Alexander Harkavy." In *Biographical Sketches,* 152–64. New York: American Jewish Committee. [= *American Jewish Yearbook* 5701 (New York), 152–64.]

Şaineanu, Lazăr

1889 *Studiu Dialectologic asupra Graiului Evreo-German.* Bucharest: Eduard Wiegand.

Shevreshin, Tsvi-Hirsh, Moyshe Bendin and Yoysef Marsn

1713 *Seyfer khanekh lanaar.* Amsterdam.

Shtif, Nokhem

1925 "Vegn a yidishn visnshaftlekhn institut." In *Di organizatsye fun der yidisher visnshaft* (Vilna): 3–34.

Shulman, Elyohu

1979 *Portretn un etyudn.* New York: Tsiko bikher-farlag.

Shvab, Avrom ben Menakhem-Mendele, and Meyer Ben-Yankev

1773 *Seyfer meylits yoysher.* Amsterdam: Leyb Zusmans.

Stutschkoff, Nokhem
1950 *Der oytser fun der yidisher shprakh.* New York: YIVO.

[Tirsch, L.]
1782 *Handlexicon der jüdisch-deutschen Sprache.* Prague: Johann Ferdinand Edlen von Schönfeld.

Tsh[ubinski], B[orekh]
1960 "Harkavi, Aleksander." In *Leksikon fun der nayer yidisher literatur,* 3:80–85. New York: Alveltlekher yidisher kultur-kongres [fareynikt mit Tsiko].

Weinreich, Max
1923 *Shtaplen. Fir etyudn tsu der yidisher shprakh-visnshaft un literatur-geshikhte.* Berlin: Wostok.

1925 "Vilner tezisn vegn yidishn visnshaftlekhn institut." In *Di organizatsye fun der yidisher visnshaft* (Vilna): 35–39.

1971 "Di yidishe klal-shprakh in der tsveyter helft tsvantsikstn yorhundert." *Yidishe shprakh* (New York) 30:2–18 [posthumous publication of version completed January 28, 1969].

1973 *Geshikhte fun der yidisher shprakh.* 4 vols. New York: YIVO. English edition of vols. 1 and 2 appeared as *History of the Yiddish Language.* Illinois: University of Chicago Press, 1980.

[Weinreich, Max, and Zalmen Reyzen, eds.]
1931 *Di ershte yidishe shprakh-konferents. Barikhtn, dokumentn un opklangen fun der tshernovitser konferents 1908.* Vilna: YIVO.

Weinreich, Uriel
1949 *College Yiddish: An Introduction to the Yiddish Language and to Jewish Life and Culture.* New York: YIVO.

1968 *Modern English-Yiddish Yiddish-English Dictionary.* Hardcover: New York: YIVO Institute for Jewish Research and McGraw-Hill. Paperback: New York: YIVO Institute for Jewish Research and Schocken Books, 1977.

YIVO [American Section]
1933 "Harkavi-biblyografye." In *Harkavis bio-biblyografye. Aroysgegebn fun dem yubiley-komitet lekoved Harkavis zibetsik yorikn yubiley, dem zekstn may 1933,* 7–17. New York: Hebrew Publishing Company.

1934 "Lekoved Aleksander Harkavi tsu zayn zibetsikstn geboyrntog." *Yivo bleter* (Vilna) 6:1–4.

אַלכּסנדר האַרקאַווי און זײַן דרײַשפּראַכיקער ווערטערבוך*

דוד קאַץ

אָקספֿאָרדער צענטער פֿאַר העכערע העברעיִשע שטודיעס
און
ס״ט אַנטאָני׳ס קאַלעדזש בײַם אָקספֿאָרדער אוניווערסיטעט

„פֿאַר ד ע ר שפּראַך לעב איך״
— אַלכּסנדר האַרקאַווי
(1888: 9)

דער ייִדישער וויסנשאַפֿטלעכער אינסטיטוט — דער ייִוואָ — איז כּידוע געגרינדעט געוואָרן אין ווילנע אין 1925 אַ דאַנק דער איניציאַטיוו פֿון מאַקס ווײַנרײַך, נחום שטיף, זלמן רייזען, זעליג־הירש קלמנאָוויטש און אַנדערע גדולי־דור. ניט געקוקט אויף דער דחקות, אויף דער פּאָליטישער לאַגע און די אַנדערע שוועריקייטן, האָט דער שפּאָגלנײַער ייִוואָ פֿון סאַמע אָנהייב באַוויזן אינספּירירן — סײַ אין מזרח־אייראָפּע סײַ מעבֿר־לים — אַ פּיאָנערישן גײַסט פֿון שעפֿערישקייט און אויפֿטו אויפֿן געביט פֿון דער ייִדישער שפּראַך און ליטעראַטור. די גרויסע צאָל וויסנשאַפֿטלעכע בענד איבער פֿילאָלאָגיע, פֿאָלקלאָר און ליטעראַטור־געשיכטע, אַלע אויף ייִדיש, וואָס דער יונגער אינסטיטוט האָט אַרויסגעלאָזט האָבן ווײַטער צוגעוווּנען ייִדישע און ניט־ייִדישע געלערנטע צו אַ פֿאַרכאַפּנדיקער אינטעלעקטועלער אַוואַנטורע: ייִדיש.

די מערסטע ווילנער אָנפֿירער זײַנען אומגעקומען. דער ייִוואָ, וואָס האָט אויף אייביק אָנגעווירן זײַן היים אין די טיפֿענישן פֿון פֿאַרמלחמהדיקן מזרח־אייראָפּעיִשן ייִדנטום איז אין משך פֿון דער צווייטער וועלט־מלחמה אַריבער אין ניו־יאָרק ווּ דער וועלט־ביוראָ איז אויסגעבויט געוואָרן אויפֿן יסוד פֿונעם פֿאַרמלחמהדיקן אַמעריקאַנער אָפּטייל. מען האָט מיט אַלע כּוחות ווײַטער אָנגעפֿירט מיט דער אַרבעט. ווי אַ צוגאָב צו דער פֿאָרשונגס־אַרבעט האָט מען אין דער נײַער היסטאָרישער

---

* לויטן פֿאַרלאַנג פֿונעם ייִוואָ איז די אָרטאָגראַפֿיע פֿון דער אַרײַנפֿיר־עסיי געביטן געוואָרן אויפֿן ייִוואָ־אויסלייג.

בעתן צוגרייטן די איצטיקע אַרבעט זײַנען צו הילף געקומען די האַרקאַווי־מאַטעריאַלן וואָס אַלכּסנדר האַרקאַוויס שוועסטערקינד גרשון האַרקאַווי ע״ה (1904־1984), אַ מיטגליד אין ניו־יאָרקער אַמאַלגאַמייטעד באַנק, האָט מיר ברייטהאַרציק געשאָנקען. אַ האַרציקן יישר־כּוח — זיי אַלעמען צו לאַנגע יאָר — דינה אַבראַמאָוויטשן, הויפּט־ביבליאָטעקאַרין פֿונעם ייִוואָ און אירע קאָלעגן, פֿאַרן פֿאָטאָקאָפּירן פֿון מײַנעטוועגן יקר־המציאותן; שמואל נאָריכן, דעם עקזעקוטיוו־דירעקטאָר פֿונעם ייִוואָ, פֿאַר זײַנע וויכטיקע באַמערקונגען צו פֿריִערדיקע נוסחאָות. די אַחריות סײַ פֿאַר די אַרויסגעזאָגטע מיינונגען סײַ פֿאַר טעותן און שוואַכקייטן טראָגט דער מחבר אַליין.

סיטואַציע דעם טראָפּ אַוועקגעשטעלט אויף אויפֿזאַמלען און דערציִען, אויף אַ פֿאַראַנטוואָרטלעכן אופֿן און אויף אַ הויכן ניוואָ, בכדי צו פֿאַרהיטן דעם עצם קיום און פֿאַרשטאַרקן דעם באַוווּסטזײַן פֿון דער ייִדיש־ייִדישער ירושה. צו אָט דעם ציל האָט דער ניו־יאָרקער ייִוואָ אַרויסגעגעבן אַ ריי יסודותדיקע ווערק אויפֿן געביט פֿון ייִדיש, בתוכם אוריאל ווײַנרײַכס קאַלעדזש ייִדיש (1949 און אַ סך נאָכדרוקן זינט דעמאָלט), נחום סטוטשקאָווס אוצר פֿון דער ייִדישער שפּראַך (1950), אוריאל ווײַנרײַכס מאָדערן ענגליש־ייִדיש ייִדיש־ענגליש ווערטערבוך (1968) און מאַקס ווײַנרײַכס פּירבענדיק מײַסטער־ווערק, זײַן געשיכטע פֿון דער ייִדישער שפּראַך (1973).

אָט דער איצטיקער באַנד איז אַ פֿאָטאָמעכאַנישער איבערדרוק פֿון אַלכּסנדר האַרקאַוויס קלאַסיש ווערק, זײַן ייִדיש־ענגליש־העברעאישער ווערטערבוך. דער איבערדרוק שטעלט מיט זיך פֿאָר אַ נייטיקן און ממשותדיקן צושטײַער צום לימוד פֿון דער ייִדישער שפּראַך און ליטעראַטור אויף העכערע ניוואָען אין די לעצטע יאָרן פֿון צוואַנציקסטן יאָרהונדערט. אַחוץ דעם האָפֿט דער ייִוואָ אַז דער איבערדרוק פֿון האַרקאַוויס דרײַשפּראַכיקן ווערטערבוך וועט בשעת־מעשׂה אינספּירירן אַ באַנײַטע אויפֿמערקזאַמקייט צו דער לעבנס־אַרבעט פֿון אַ יחיד וואָס האָט כּמעט איינער אַליין אויפֿגעבויט אַן אינטעלעקטועלע סבֿיבֿה אין אַמעריקע סוף נײַנצעטן און אָנהייב צוואַנציקסטן יאָרהונדערט וואָס זאָל זײַן פּאָזיטיוו געשטימט לגבי ייִדיש. דערצו האָט האַרקאַווי געלייגט דעם פֿונדאַמענט פֿאַר דער נײַער ייִדישער לעקסיקאָגראַפֿיע.

אַלכּסנדר האַרקאַווי (5טן מײַ 1863—2טן נאָוועמבער 1939) איז געבוירן געוואָרן אין נאַוואַר(ע)דאָק (Nowogródek), ווײַסרוסלאַנד. די יוגנט־יאָרן זײַנע און די באַרימטע ליטוויש־ייִדישע משפּחה פֿון וועלכער ער שטאַמט האָט ער אַליין געשילדערט אין זײַן אויטאָביאָגראַפֿיע וואָס ער האָט געשריבן אויף אַ פּשוטן און דאָך וווּנדער־שיינעם טראַדיציאָנעלן אַשכּנזישן העברעיִש (האַרקאַווי 1935). ווײַטערדיקע אינפֿאָרמאַציע און אַ רײַכע ביבליאָגראַפֿיע ברענגט צבֿי הרכּבֿי (1953: 27—55) אין זײַן געשיכטע פֿון דער פֿאַמיליע. די האַרקאַווי־משפּחה שטאַמט פֿונעם גרויסן רבֿ און מקובל ר׳ מרדכי יפֿה, דער בעל־הלבֿושים (בערך 1535—1612). דעם נענטערן יחוס אירן ציט די משפּחה פֿון אַלכּסנדרס עלטער־זיידן, ר׳ גרשון האַרקאַווי, וועלכער האָט זיך איבערגעקליבן פֿון נאַוואַרעדאָק קיין ווילנע ווו ער איז אַרײַן אין קרײַז פֿונעם ווילנער גאונס תּלמידים און זיך אָפּגעגעבן טאָג און נאַכט מיט תּורה. ער האָט עולה געווען קיין ארץ־ישׂראל און זיך באַזעצט אין צפֿת ווו ער איז געשטאָרבן צו צוויי־און־זיבעציק יאָר בערך אין 1827. דעם נאָמען „האַרקאַווי" ציט מען פֿון ר׳ גרשונס ווײַב באַדאַנע. לויט דער טראַדיציע אין דער משפּחה האָט מען זי אָנגערופֿן האַרקאַווי לויטן פּוילישן וואָרט אויף אַרויסריידן אַ „האַרטן ר", טאַקע צוליב איר אַרויסרייד פֿונעם „ר" נאָך דעם ווי פּוילישע פּריצים, געסט בײַ זיי אין דער היים האָבן זי אַזוי געהאַט אָנגערופֿן מיט ליבשאַפֿט. אַנדערע לערנען דרש אַז דער נאָמען וואַקסט פֿון לשון רכבֿ און אַ סך האַרקאַוויס האָבן זיך טאַקע באַנוצט מיט דער העברעיִזירטער שרײַבונג — הרכּבֿי.

די האַרקאַוויס האָבן צוגעטראָגן אַן אָנזעעוודיקן בײַשטײַער אין אַ סך תּחומען פֿון ייִדישן אינטעלעקטועלן לעבן אין דער ליטע אין נײַנצעטן יאָרהונדערט. זיי האָבן זיך אויסגעצייכנט סײַ אין תּורה, סײַ בײַ מאָדערנע ייִדישע וויסנשאַפֿטלעכע פֿאָרשונגען, סײַ אויפֿן געביט פֿון ייִדיש. די סאַמע באַוווּסטסטע האַרקאַוויס לאָזן זיך אַמפּשוטסטן צוריקפֿירן צום עלטער־זיידן ר׳ גרשון. דער זון זײַנער ר׳ אַלכּסנדר־זיסקינד איז געווען נאַוואַרעדקער רבֿ אָנהייב נײַנצעטן יאָרהונדערט. דער אור־אייניקל, ד"ר אַבֿרהם־אליהו הרכּבֿי איז געווען דער מחבר פֿון היהודים ושפת הסלאווים (א.א. הרכּבֿי 1867), אַ וויכטיקע שטודיע איבער די היסטאָרישע צווישן־שײַכותן צווישן ייִדיש און סלאַוויש; דערמיט איז ער בדיעבֿד אַ גרינדער פֿון דער ייִדישער אינטערלינגוויסטיק. דבֿורה בת ר׳ יוסף־בצלאל וועלכע איז געוואָרן דבֿורה ראָם נאָכן חתונה האָבן פֿאַר איינעם פֿון די ווילנער ראָמס איז אויך געווען ר׳ גרשונס אַן אור־אייניקל. די משפּחה ראָם, וועלכע האָט אויפֿגעשטעלט די באַרימטע דרוקערײַ אין 1799 און האָט מיט איר אָנגעפֿירט אַזש ביז דער צווייטער וועלט־מלחמה, האָט געשפּילט אַ וויכטיקע ראָלע בײַם פֿאַרלאַג־ווען וואָס האָט אַ שטאַרקן שטויס געטאָן אויף צו פֿאַרשפּרייטן די נײַע ייִדישע ליטעראַטור אין נײַנצעטן יאָרהונדערט.

אַלכּסנדר גופֿא איז געווען אַ זון פֿון גרשונס אַן אייניקל, יוסף־משה, אַ זייגערמאַכער אַ תּלמיד־חכם, און פֿון יוסף־משהס צווייטער ווײַב פֿריידע. אַלכּסנדר דערמאָנט זיך אין די זכרונות זײַנע אַז די געשעפֿטן זײַנען דעם טאַטן געלעגן אין דער לינקער פּיאַטע און ווען ניט די קליינע וועכנטלעכע הכנסה פֿונעם הויז וואָס ס׳האָט איבערגעלאָזט בירושה אַלכּסנדר־זיסקינד, וואָלט די משפּחה אויסגעגאַנגען פֿון הונגער. אַז אַלכּסנדר איז אַלט געווען עלף יאָר איז די מאַמע זײַנע געשטאָרבן צו נײַן־און־צוואַנציק יאָר. דער טאַטע וועלכער איז געווען מיט אַ יאָר דרײַ־און־דרײַסיק עלטער פֿאַר איר האָט זיך אַליין ניט געקענט געבן קיין עצה בײַם אויפֿהאָדעווען אַלכּסנדרן און דער ייִנגל האָט זיך אַריבערגעפּעקלט צום טאַטנס פֿעטער גרשון בן משה.

אַלכּסנדרס יוגנט איז געווען כאַראַקטעריסטיש פֿאַר דער „ליטעראַריש־געשטימטער יוגנט" פֿון יענעם דור. די פּרטים זײַנען פֿאַרשיידענע, דער סיפּור־המעשׂה בלײַבט אָבער פֿאָרט דער אייגענער: אַן אומרויִקער, טאַלענטפֿולער יונגערמאַן וואָס האָט געלערנט אין חדר און דאָ און דאָרט עפּעס וואָס אָנגעטאַפּט פֿון ־די מאָדערנערע השׂכּלה־אינספּירירטע שטודיעס, דערגייט וואָס פֿריער אין איינער פֿון די גרעסערע שטעט זוכנדיק „קולטור און ליטעראַטור". ייִנגלווײַז האָט אַלכּסנדר געלערנט חומש מיט רש"י און ש"ס מיט תּוספֿות לויטן אַלטן שטייגער, דערצו תּנ"ך לויט מענדעלסאָנס ביאור בײַ אַ „האַלב־מאָדערניזירטן" ייִדן; רוסיש, דײַטש, חשבון און געאָגראַפֿיע בײַם עלטער־פֿעטער גרשון, בײַ וועמען ער האָט געוווינט; סיריאַקיש איינער אַליין פֿון אַ דײַטשישער גראַמאַטיק פֿון סיריאַקיש וואָס ער האָט געפֿונען אין עלטער־פֿעטערס ביבליאָטעק. שוין צו דרײַצן־פֿערצן יאָר האָט אַלכּסנדר גענומען אַרויסגעבן אַ קינדער־זשורנאַל אויף העברעיִש וואָס איז אַרויס סך־הכּל צוויי מאָל. קיין ווײַטערדיקע נומערן זײַנען ניט אַרויס מחמת דעם וואָס אין זשורנאַל האָט מען אָפּגעלאַכט פֿון איינעם אַ גבֿירס שבת־מאָלצײַט פֿאַר שטאָט־אָרעמעלײַט. פֿאַר דער טירחא זײַנער האָט דער יונגער האַרקאַווי געכאַפּט אַ נישקשהדיקן פּאַטש פֿונעם סאַמעראָדנעם גבֿיר בכבֿודו־ובעצמו. ער האָט גענומען שרײַבן העברעיִשע שירים און מאמרים אינעם מליצה־סטיל פֿון דער צײַט.

זומער 1878 איז דער פֿופֿצן־יאָריקער אַלכּסנדר האַרקאַווי אַוועק אין ווילנע, האָפֿנדיק אַז די פֿאַרמעגלעכע קרובֿים וועלן אים צו הילף קומען זיך צו דערנענטערן צו דער „קולטורעלער סבֿיבֿה" פֿון וועלכער ער האָט געחלומט. דער קבלת־פּנים בײַ די רײַכע קרובֿים איז אָבער ניט געווען דער קבלת־פּנים אויף וועלכן ער האָט זיך געריכט. צעפּזרענען די גאַנצע זעקס גילדן אויף אַכסניא האָט האַרקאַווי ניט געוואָלט, איז ער געשלאָפֿן אַ צײַט אין וואָגן אַ דאַנק דעם נאַוואַרעדקער בעל־עגלה וואָס האָט אים געפֿירט קיין ווילנע, דערנאָך גענעכטיקט אַ פּאָר חדשים אין אַ קליין שולעכל אויף דער ייִדישער גאַס. סוף זומער האָט ער על־פּי צופֿאַל געטראָפֿן אין גאַס אַ קרובֿה וואָס האָט אים פֿאַרבעטן צו זיך אויף אַ שמועס. זי איז ניט איבעריקס נתפּעל געוואָרן פֿונעם יונגנמאַנס פּלענער אויף צו שטודירן קולטור און ליטעראַטור. עפּעס אַ שטיקל רחמנות האָט זי פּאָרט געהאַט, האָט זי נאַרײַעט אים העלפֿן מיט עפּעס מער פּראַקטיש און ניצלעך. אַלכּסנדר האָט זיך תּיכּף געכאַפּט אַז דאָ ליגט אַ האָפֿענונג, האָט ער פֿאָרגעלייגט גראַווירן אותיות בײַ די ראָמס אין זייער ווילנער פֿאַבריק. זי האָט אים אַראַנזשירט אַ שטעלע אין דער פֿאַבריק ווו ער איז געבליבן מערניט אַן אותיות־שלײַפֿער און אַ ביסעלע שפּעטער נאָכן אַדורכלאָזן אַ שפּאָר ביסל אותיות ניט־געשליפֿענערהייט צוליבן פּרובירן לייענען און שלײַפֿן בבֿת־אַחת האָט מען אים גאָר באַשטימט פֿאַר אַ בוכהאַלטער אין דער פֿירמע. אַ דאַנק דער מעשׂה האָט ער געהאַט וואָס צו עסן, ווו צו שלאָפֿן און די מעגלעכקייט ממשיך צו זײַן מיט דער „זעלבסטבילדונג" לויטן מנהג פֿון די יונגע אויטאָדידאַקטן פֿון דער תּקופֿה. אין משך פֿון די ווילנער יאָרן האָט ער זיך געפֿאָרעט מיט מאָלערײַ און געשריבן לידער און עסייען אויף רוסיש, דײַטש און העברעיִש. אינעם בוכהאַלטערס קאַבינעט אין ראָמס דרוקערײַ האָט ער זיך באַקענט מיט די ווילנער משׂכּילים, בתוכם מרדכי פּלונגיאַן, אליהו שערעשעווסקי און אײַזיק־מאיר דיק.

ניט לאַנג האָט געדויערט ביז האַרקאַווי איז ווידער געוואָרן אומרויִק. זײַן אַוועקפֿאָרן אין נאָך אַ גרעסערע עיר־ואם בישׂראל, וואַרשע, איז אים ניט געראָטן און נאָכן אַרבעטן אַ שטיק צײַט אין ביאַליסטאָק ווי אַ פּריוואַט־לערער פֿון העברעיִש האָט ער זיך אומגעקערט קיין ווילנע אַ ביסל אַן

אַנטוישטער אַלמאַי ער האָט קיין איינע פֿון די מעטראָפּאָליעס ניט „אײַנגענומען”. 1882 איז ער אַוועק קיין אַמעריקע מיט איינער פֿון די „עם עולם”־גרופּעס וואָס האָט געפּלאַנעוועט אַרבעטן אויפֿן פֿעלד אין אַ קאָלעקטיווער גרופּע. האַרקאַווי האָט שפּעטער באַשריבן ווי אַזוי ס׳האָט אים אַ טיאָכקע געטאָן די חרטה בײַם פֿאַרלאָזן זײַן באַליבטע ליטע נאָר ס׳איז שוין געווען לאַחר־המעשׂה: די גרופּע האָט זיך צוזאַמענגעטראָפֿן ווי מ׳האָט אָפּגערעדט אַזייגער צען אין דער פֿרי אויפֿן ווילנער וואָקזאַל. בעתן אָפּשטעלן זיך אין ליווערפּול, אין ענגלאַנד האָט ער זיך באַקענט מיט נאָך אַן עמיגרירנדיקן יונגנמאַן, דעם שפּעטערדיקן באַליבטן אַרבעטער־פּאָעט אין לאָנדאָן און ניו־יאָרק, דוד עדעלשטאַט. האַרקאַוויס שיף איז אָנגעקומען אין פֿילאַדעלפֿיע דעם 30סטן מײַ 1882. נאָך קורצע באַזוכן אין קעסל־גאַרדן און גרינפּוינט האָט ער זיך באַלד געפֿונען אויף דיוויזשאָן־סטריט אין ניו־יאָרק אויף דער איסט־סײַד. ניט לאַנג האָט געדויערט ביז ער איז אַוועק מיט נאָך אַ יונגן אימיגראַנט אַרבעטן אויף אַ פֿאַרם אין שטאַט ניו־יאָרק. נאָך אַ חודש מעלקן קי זײַנען זיי ביידע געקומען לידי מסקנא אַז סוף־כּל־סוף איז עס ניט פֿאַר זיי. צוריק אין ניו־יאָרק האָט האַרקאַווי געאַרבעט ווי אַ רייניקער, אַ מאַשיניסט אין אַ מצה־פֿאַבריק און בײַ וואָס אין דער קאָרט ביז ער האָט באַקומען אַ שטיקל שטעלע אין ירוחם־צבֿי קאַנטראָוויצעס איסט־בראָדווייער ביכער־געשעפֿט ווו מען האָט זיך אַפּנים דערפֿרייט מיטן בחור־הבוכהאַלטער בײַ די ווילנער ראָמס.

די מעשׂה מיט האַרקאַוויס חתונה האָט מען יאָרן לאַנג געקענט הערן אין אַלערלייִקע לעגענדאַרישע וואַריאַנטן אויף דער ניו־יאָרקער איסט־סײַד. וואַקסן וואַקסן זיי אַלע פֿון דעם וואָס ער האָט חתונה געהאַט מיט בעלאַ סעגאַלאָווסקין באַלד נאָך דעם ווי זי האָט פּרובירט זיך נעמען דאָס לעבן. אויף ווײַטער האָבן זיי זיך צוזאַמענגעלעבט אין אידילישער פֿרייד ביז בעלאַס טויט אין 1930 (זען ראַוויטש 1980: 198) וואָס האָט האַרקאַווין איבערגעלאָזט אין אַ טיפֿער אײַנזאַמקייט אין זײַנע לעצטע יאָרן ווען ער איז דערצו געווען שווער קראַנק. ער איז געשטאָרבן עלנט אין זײַן צימערל אין בראָדוויי־סענטראַל האָטעל. וואָס שייך דער חתונה — לויטן נוסח וואָס איך האָב קינדווײַז געהערט בײַ גרשון האַרקאַווין אין ניו־יאָרק לויט ווי איך געדענק — האָט אַלכּסנדר האַרקאַווי אין איינעם אַ טאָג אַריבערשפּאַצירט די ברוקלינער בריק און דערזען ווי אַ מיידל שפּרינגט אין טײַך אַרײַן, ווי אַזוי אַ פֿאַרבײַפֿאָרנדיק שיפֿל ראַטעוועט זי אָפּ און ווי מען פֿירט זי אַוועק אין שפּיטאָל. האַרקאַווי, אַ טאָטאַל פֿרעמדער, איז נאָכגעלאָפֿן די גאַנצע קאָמאַנדע ביז אין שפּיטאָל אַרײַן אויף צו דערגיין די זאַך. באַלד ווי די ניט־דערגאַנגענע זעלבסטמערדערין איז געקומען צום באַוווסטזײַן, האָט האַרקאַווי בײַ איר געפֿרעגט אַלמאַי זי איז געשפּרונגען אין טײַך אַרײַן. דער חתן אין דער אַלטער היים וואָס האָט געזאָלט קומען מיט איר חתונה האָבן האָט איר געשריבן אַ בריוו אַז ער האָט חתונה פֿאַר אַ צווייטער אין דער היים. האָט אַלכּסנדר באַלד געזאָגט — „נו וואָס איז, מײַן קינד? א י כ ׳ ל מיט דיר חתונה האָבן”.

אין זײַנע זכרונות דערציילט האַרקאַווי (1935: 7־8) אַז ער האָט אין דער פּריסטער יוגנט דערפֿילט אַ שטאַרקע ליבע צו דער ייִדישער שפּראַך. זײַן דאָקומענטירטע קאַריערע הייבט זיך אָן אין 1885 ווען ער האָט אָנגעשריבן, זײַענדיק אין פּאַריז, אַ שטודיע אויף העברעיִש איבער דער ייִדישער שפּראַך, שפת יהודית, וואָס האָט באַלד געצויגן די אויפֿמערקזאַמקייט און לויב פֿונעם באַרימטן פֿראַנצייזיש־ייִדישן תּלמודיסט ישׂראל ראַבינאָוויטש. פֿון די אָפּקלײַבן וואָס זײַנען שפּעטער־צו פֿאַרעפֿנטלעכט געוואָרן סײַ אויף ייִדיש סײַ אויף העברעיִש (האַרקאַווי 1896; 1906), ווי אויך פֿון זײַן פּיאָנערישן ייִדישיסטישן פּאַמפֿלעט (האַרקאַווי 1886), איז צו זען אַז דאָס זײַנען געווען דעפֿענסיווע, וויסנשאַפֿטלעך־אָריענטירטע פֿאַרטיידיקונגען פֿון ייִדיש אין גײַסט פֿון ליפֿשיצעס (1863) „די פֿיר קלאַסן” איידער טעכניש־פֿילאָלאָגישע שטודיעס. בכדי אײַנצוזען די פֿולע חשיבֿות פֿון אָט די אָ כּתבֿים אין קאַמף פֿאַר דער ייִדישער שפּראַך דאַרף מען האַלטן פֿאַרן אויג אַז האַרקאַוויס ייִדישיסטישער פּאַמפֿלעט איז אַרויס אין 1886, אין אַ צײַט (פֿאַר פּרצעס דעביוטירן) און אָרט (אַמעריקע) אין וועלכע אָט אַזאַ מין זאַך איז געווען אינטעלעקטועל רעוואָלוציאָנעריש און זשורנאַליסטיש סענסאַציאָנעל.

אין 1887 איז האַרקאַווי געוואָרן אַ העברעישער לערער אין מאָנטרעאָל ווו ער האָט אַרויסגעגעבן אַן איינאיינציקן נומער פֿון דער ערשטער ייִדישער צייַטונג אין קאַנאַדע, די צייַט, און מיט אַ יאָר דרייַ שפּעטער האָט ער אַרויסגעלאָזט נאָך אַ צייַטונג, דער ייִדישער פּראָגרעס אין באָלטימאָר, פֿון וועלכער ס׳זייַנען דערשינען נייַן נומערן. פֿון 1904 ביז 1909 האָט ער געאַרבעט בייַ האַיאַס אין זייער ביוראָ אויף עליס־אײַלענד. די דערציִונגס־אָפּטיילונג בייַ דער ניו־יאָרקער רעגירונג האָט אים אָנגעשטעלט פֿאַר אַ לערער פֿון אַמעריקאַנער געשיכטע און קאָנסטיטוציע (אויף ייִדיש). 1919 איז ער געוואָרן לעקטאָר פֿון דער עלטערער ייִדישער ליטעראַטור און פֿון ייִדישער גראַמאַטיק בייַם ניו־יאָרקער ייִדישן לערער־סעמינאַר. כּמעט דער איינציקער, איז האַרקאַווי געווען אַ באַליבטע פּערזענלעכקייט בייַ די אַלע שאַרף־אַנטקעגנשטעלנדיקע גרופּעס אין ייִדישן ניו־יאָרק (זען למשל מרמר 1926; ניגער 1973: 279, 292; ראַוויטש 1980: 198־200; שולמאַן 1979: 123, 457).

די פֿרימערע ביבליאָגראַפֿיע צו האַרקאַוויס כּתבֿים, ווי בייַ אַלע ייִדישע שרייַבער פֿון זייַן דור, געפֿינט מען בייַ זלמן רייזענען (1926־1929, I: 794־803) אין זייַן לעקסיקאָן (זען אויך טשובינסקי 1960). אַ באַזונדערן ביבליאָגראַפֿישן פּאַמפֿלעט האָט אַרויסגעגעבן דער אַמעריקאַנער אָפּטייל פֿונעם ייִוואָ (1933). די גרויסע צאָל ביכער וואָס האַרקאַווי האָט אַרויסגעגעבן לאָזן זיך פּראָוויזאָריש קלאַסיפֿיצירן אין פֿינף הויפּט־קאַטעגאָריעס. ערשטנס — אַרבעטן איבער ייִדיש אויף צו דערהייבן דעם סאָציאַלן מעמד פֿון דער שפּראַך (זען ייִוואָ 1933: 8־9 און ווי דוגמאָות האַרקאַווי 1886; 1894־1895; 1896; 1906). צווייטנס — ווערק אויף צו דערציִען מיליאָנען ייִדישע אימיגראַנטן אין אַמעריקע זיי זאָלן וואָס מער מצליח זייַן אין נייַעם לאַנד אין וועלכן זיי האָבן זיך געפֿונען. אָט דער חלק פֿון זייַן קאַריערע האָט זיך אָנגעהויבן אויף אַ גרעסערן פֿאַרנעם מיט די פֿינף בענד (1895־1900) אַמעריקאַנישער פֿאָלקס־קאַלענדאַר וואָס האָבן דעם לייענער געגעבן אינפֿאָרמאַציעס איבער אַלע שטחים פֿון אַמעריקאַנער לעבן זאָל דאָס זייַן די אַמעריקאַנער פּאָליטיק צי ציינדאָקטערייַ. אין גאַנג פֿון די ווייַטערדיקע יאָרן האָט האַרקאַווי אָנגעשריבן און צונויפֿגעשטעלט צענדליקער ביכער אויף צו לערנען ענגליש, אויף אָנצושרייַבן בריוו אויף ענגליש; איבער אַמעריקאַנער, ייִדישער און וועלט־געשיכטע; איבער געאָגראַפֿיע, פֿיזיק, מאַטעמאַטיק און העברעיִש; איבערזעצונגען פֿון דער וועלט־ליטעראַטור און אַ נייַ־רעווידירטע איבערזעצונג פֿון גאַנצן תּנ״ך וואָס פּרעזערווירט די ליטעראַרישע שיינקייט פֿונעם ענגליש פֿון דער קינג־דזשיימס איבערזעצונג אָבער אָן די קריסטלעכע ניואַנסן. צי ער האָט איבערגעזעצט דאָן קיכאָט פֿונעם שפּאַנישן אָריגינאַל צי געשריבן אַ בוך אַמעריקאַנער געשיכטע האָט האַרקאַווי תּמיד דערלאַנגט דעם ייִדישן פֿאָלקסמענטש אַן ערנסט־צוגעגרייטע אַרבעט (זען ייִוואָ 1933: 10־14). דריטנס — אַקאַדעמישע פֿאָרשונגען איבער אַ צאָל תּחומען, דער עיקר אָבער אויפֿן געביט פֿון דער ייִדישער לינגוויסטיק און פֿאָלקלאָר (זען ייִוואָ 1933: 8־11 און ווי דוגמאָות האַרקאַווי 1895; 1901; 1924). פֿערטנס — רעדאַקטירטע זשורנאַלן און ליטעראַרישע זאַמלביכער וואָס האָבן געשטאַרקט און טיילווייַז אויך גורם געווען דעם ייִדיש־ליטעראַרישן אויפֿבלי אויף דער איסט־סייַד האַרט בייַם צוואַנציקסטן יאָרהונדערט, בתוכם די צען נומערן דער נייַער גייַסט אין 1897 און 1898 און דער צוואַנציקסטער יאָרהונדערט אין 1900 (זען שולמאַן 1979: 421־436). צום לעצטן — די סעריע מערשפּראַכיקע ווערטערביכער, אָנהייבנדיק מיט זייַן ענגליש־ייִדישער ווערטערבוך אין 1891 און זייַן ייִדיש־ענגלישער ווערטערבוך אין 1898.

אַ צאָל שטריכן אין האַרקאַוויס לעבן און שאַפֿן זייַנען עלול מען זאָל זיי באַנעמען ווי אויסטערלישע אויב מען איז זיי משׂיג דורך די אויגן פֿון וועלכער ניט איז איינאיינציקער ייִדישער קולטורעלער ריכטונג אין צוואַנציקסטן יאָרהונדערט. ווי אַזוי זשע קען דאָס זייַן אַז דער גרויסער אַמעריקאַניזירער וואָס גיט אַרויס צענדליקער לערנביכער און גראַמאַטיקעס אויף צו פֿאַרזיכערן אַז די אימיגראַנטן זאָלן זיך „אויסגרינען" און אַרייַן אין הויפּטשטראָם פֿונעם לעבן אין קאָלומבוסעס מדינה זאָל בשעת־מעשׂה זייַן דער טשאַמפּיאָן פֿון ייִדיש אין אַמעריקע וואָס גיט אַרויס פּאַמפֿלעטן אויף צו הייבן די חשיבֿות פֿון דער שפּראַך און דרוקט אָפּ לעקציעס אויף צו לערנען ייִדיש מיט אַמעריקאַנער־געבוירענע ייִדן? צי לייגט זיך אויפֿן שׂכל אַז דער געטרייַסטער אַמעריקאַנער ייִדישיסט

נעמט אַרײַן העברעיִש אין זײַן ווערטערבוך און שרײַבט דערצו ביכער אויף העברעיִש? טאַקע וויפֿל אַנדערע העברעיִשע שרײַבער האָבן אָנגעשריבן אַרטיקלען אויף העברעיִש אין קאַמף פֿאַר ייִדיש? אָט אָ דער אינעוווייניקסטער שלום בײַם ליב האָבן, באַהערשן און סטאַרען זיך צו פֿאַרשפּרייטן די פֿאַרשיידענערליי פּעדעם פֿונעם גײַסטיקן ייִדישן לעבן אין אַמעריקע שטעלן פּעסט אַלכּסנדר האַרקאַוויס אָרט בײַ דער אייביקער מזרח־וואַנט פֿון אַמעריקאַנער ייִדישער געשיכטע. די אימיגראַנטן האָבן געמוזט קענען גוט ענגליש און האָבן אַלגעמיינע בילדונג בכדי צו קענען געניסן פֿון דער גאַנצער קולטורעלער און מאַטעריעלער רחבֿות אין אַמעריקע; אין דער זעלביקער צײַט דאַרפֿן זיי מיט שטאָלץ און איבערגעגעבנקייט אַנטוויקלען די ייִדישע שפּראַך און ליטעראַטור. זיי קענען בויען אויף ייִדיש בשעתן פֿאַרטיפֿן זיך אין די אוראַלטע און נײַערע אוצרות פֿון העברעיִש. די אַלע אינטעלעקטועלע באַלאַנסן און דער עיקר די ממשותדיקע אויפֿטוען אויף די אַלע געביטן זײַנען ניט קיין קלייניקייט אין אַ תּקופֿה וואָס אירע הויפּט־סימנים זײַנען ביטערע אינעווייניקסטע צעשפּאָלטנקייט, מאַסן־אַסימילאַציע און אידעאָלאָגישע פּאָלאַריזירונג.

אין לעצטן יאָרצענדליק פֿון זײַן לעבן האָט אַלכּסנדר האַרקאַווי, דעמאָלט שוין לאַנג דער באַליבטער פֿאָלקסהעלד פֿון ייִדיש אין אַמעריקע, סוף־כּל־סוף באַקומען די פֿאַרדינטע אַקאַדעמישע אָנערקענונג ווי אַ מײַסטער פֿון דער ייִדישער לעקסיקאָגראַפֿיע. דער אויפֿקום פֿונעם ייִוואָ אין 1925 האָט געשפּילט די הויפּטראָלע אין אָט דער פֿאַרשפּעטיקטער אָבער אַזוי כּשר־פֿאַרדינטער אָנערקענונג; ס'איז שוין ניט געווען קיין מדבר מיט יחידים ייִדיש־געלערנטע, אלא וואָדען אַ נײַע אָרגאַניזירטע ייִדישע וויסנשאַפֿט. אינעם סאַמע ערשטן באַנד פֿון זײַן וויסנשאַפֿטלעכן זשורנאַל ייִוואָ־בלעטער, האָט דער ייִוואָ פֿאַרבעטן האַרקאַווין געבן אַ דין־וחשבון (האַרקאַווי 1931) וועגן דער אַרבעט איבער זײַן ייִדישער פֿאָלקס־ווערטערבוך, אַ ייִדיש־ייִדישער ווערטערבוך, וואָס איז עד־היום ניט דערשינען. לכּבֿוד האַרקאַווין האָט דער ייִוואָ צונויפֿגעשטעלט אַ ביבליאָגראַפֿיע פֿון זײַנע וויכטיקסטע ווערק צו זײַן זיבעציקסטן געבוירן־טאָג (ייִוואָ 1933) און אים געווידמעט אַ באַנד ייִוואָ־בלעטער (ייִוואָ 1934). אויף אָפּגעבן כּבֿוד האַרקאַווין האָבן יד־אַחת געמאַכט די ייִדישע וויסנשאַפֿט פֿון איין זײַט און די ניו־יאָרקער ייִדיש־קולטורעלע און ליטעראַרישע וועלט פֿון דער אַנדערער זײַט. צו האַרקאַוויס זיבעציק יאָר האָט דער ייִוואָ אָרגאַניזירט אין איינעם מיטן ניו־יאָרקער אַרבעטער־רינג אַ באַנקעט אין מײַ 1933. דער ווילנער ייִוואָ האָט צוגעשיקט אַ באַגריסונג בזה־הלשון: „צו אײַער זיבעציקסטן געבוירנסטאָג שיקן מיר אײַך איבער אונדזערע האַרציקסטע ברכות אין נאָמען פֿון דער צענטראַלער פֿאַרוואַלטונג און פֿון דער פֿילאָלאָגישער סעקציע פֿון דעם ייִדישן וויסנשאַפֿטלעכן אינסטיטוט. מיט אײַער רײַכער און פּרוכטבאַרער אַרבעט אין משך פֿון באַלד אַ האַלבן יאָרהונדערט פֿאַר אונדזער שפּראַך און קולטור האָט איר מעגלעך געמאַכט דעם אויפֿקום פֿון דעם ייִדישן וויסנשאַפֿטלעכן אינסטיטוט, וואָס איר זײַט זינט זײַן גרינדונג איינער פֿון די געטרײַסטע און איבערגעגעבנסטע מיטבויער זײַנע. צוזאַמען מיט די אומצייליקע פֿרײַנד און פֿאַרערער אײַערע אין דער גאַנצער וועלט; צוזאַמען מיט די טויזנטער תּלמידים אײַערע אין דער נײַער וועלט, פֿאַר וועלכע איר זײַט געווען אַ לערער און אַ וועגווײַזער אין משך פֿון צענדלינגער יאָרן; צוזאַמען מיט אַלע טוער און בויער פֿון דער ייִדישער קולטור, וועלכער איר האָט אַזוי געטרײַ געדינט מיט אײַער אידעאַליזם, מיט אײַער מסירת־נפֿש, מיט אײַער אומפֿאַרגלײַכלעכן פֿלײַס און אײַער גרויס וויסן, — ווינטשן מיר אײַך נאָך לאַנגע יאָרן שעפֿערישע אַרבעט פֿאַר אונדזער שפּראַך און האָפֿן גאָר אינגיכן צו פֿײַערן דעם גרויסן יום־טובֿ פֿון דער ייִדישער פֿילאָלאָגיע — די דערשײַנונג פֿון דעם ייִדישן פֿאָלקס־ווערטערבוך — די קרוין פֿון אײַער גרויסער און שיינער אַרבעט פֿאַר דער ייִדישער לעקסיקאָגראַפֿיע” (ייִוואָ 1934: 1). נאָך האַרקאַוויס טויט אין 1939 זײַנען די הספּדים און אָפּשאַצונגען געווען כאַראַקטעריזירט דורך דער זעלטענער קאָמבינאַציע פֿון יראת־הכּבֿוד און וואַרעמער מענטשלעכער ליבע. צום סך־הכּל פֿון די אויפֿטוען גופֿא איז ער געלויבט געוואָרן פֿאַרן „טאָן מער איידער וועלכער ניט איז אַנדער מענטש פֿאַר דער אַלגעמיינער דערציִונג און אַמעריקאַניזירונג פֿון ייִדישע אימיגראַנטן אין די פֿאַראייניקטע שטאַטן” (ריטשערדס 1940: 156), ווי אויך פֿאַרן זײַן „דער פּיאָנער פֿון דער ייִדישער פֿילאָלאָגיע

אויף ייִדיש" וואָס האָט בשעת־מעשׂה געוועקט „ליבשאַפֿט און דרך־ארץ צו אונדזער ייִדישן לשון" (מאַרק 1940: 162).

אָט דער דרײַשפּראַכיקער ווערטערבוך, האַרקאַוויס ייִדיש־ענגליש־העבֿרעאישער ווערטערבוך, וואָס דער לייענער האַלט פֿאַר די אויגן, האָט צוויי צילן, היסטאָריש גערעדט. די ערשטע שוין אויסגעשפּילטע ראָלע איז באַשטאַנען אין קומען צו הילף דעם מזרח־אייראָפּעיִשן אימיגראַנט אין אַמעריקע בײַם אויסלערנען זיך ענגליש. די צווייטע אויפֿגאַבע, וואָס איז שוין געווען בנמצא אין 1925 און ווערט וואָס אַ מאָל שטאַרקער אין גאַנג פֿון די יאָרן, באַשטייט אין קומען צו הילף דעם סטודענט פֿון — ייִדיש. דער ייִדיש־ענגליש־העבֿרעאישער ווערטערבוך, ניט געקוקט אויף זײַנע טעכנישע שוואַכקייטן, האָט צוויי גוואַלדיקע מעלות וואָס זיי זײַנען דאָס דער עיקר אין הלכות־ווערטערביכער שבייִדיש: ראשית ווערט געגעבן אַן אויסגעצייכנט בילד פֿונעם רײַכן שפּרודלדיקן אידיאָמאַטישן ייִדיש. והשנית וועט דער לייענער דאָ טרעפֿן מער האַרבע ווערטער וואָס טרעפֿן זיך בײַ די קלאַסיקער איידער אין וועלכן ניט איז אַנדער ווערטערבוך.

דער ווערטערבוך פֿאַרנעמט אַ גאָר בכּבֿודיק אָרט אין דער אינטעלעקטועלער געשיכטע פֿון דער ייִדישער לינגוויסטיק פֿון דרײַ פּערספּעקטיוון: ערשטנס — אין ראַם פֿון דער געשיכטע פֿון דער ייִדישער לעקסיקאָגראַפֿיע; צווייטנס — אין ראַם פֿון דער געשיכטע פֿון ייִדיש־שטודיעס בכלל; דריטנס — ווי אַן אויסערגעוויינטלעך וויכטיק און אינטערעסאַנט ווערק פֿון מאָדערנער ייִדישער שפּראַך־פֿאָרשונג פֿאַר די תּלמידים און באַנוצער פֿון דער שפּראַך סוף צוואַנציקסטן יאָרהונדערט און ווײַטער.

די ייִדישע לעקסיקאָגראַפֿיע איז אויפֿגעקומען אין דער מיטל־עלטערישער אייראָפּע. אויף ווי ווײַט ס'איז באַקאַנט דער מאָדערנער פֿאָרשונג איז זי געבוירן געוואָרן דערמיט וואָס מען פֿלעגט צושרײַבן „גלאָסן" אין די גליונות פֿון לשון־קודשדיקע און אַראַמישע כּתבֿ־ידן אויף צו פֿאַרטײַטשן די שווערערע אָדער מער קוריאָזנע ווערטער. פֿונעם סאַמע אויפֿקום פֿונעם דרוק־וועזן אויף ייִדיש אין זעכצעטן יאָרהונדערט האָט זיך די עלטערע ייִדישע לעקסיקאָגראַפֿיע גענומען ברייט אַנטוויקלען אין אַ גאַנצער ריי זשאַנרען (זען קאַץ אין דרוק), אַרײַנגערעכנט תּנ"ך־קאָנקאָרדאַנצן ווי ר' אַנשילס (1534) מרכבת המשנה וואָס איז אַרויס אין קראָקע; העבֿרעיִש־ייִדישע ווערטערביכער לויטן קלאַסיש־סעמיטישן מוסטער פֿון אויסשטעלן על־פּי שורש אָנשטאָט על־פּי וואָרט, ווי אַשטייגער שוואַב און בן־יעקבֿס (1773) מליץ יושר; ווערטערביכער לויט סעמאַנטישע גרופּעס, צווישן וועלכע דער חינוך קטן. אַרויס אין 1640 און אַ סך מאָל נאָך דעם, איז מסתּמא געווען דער פּאָפּולערסטער. אין משך פֿון די יאָרהונדערטער זײַנען אויך אַרויס אַ נישקשהדיקע צאָל מער ספּעציפֿיצירטע ווערטערביכער פֿון געקליבענע טיילן פֿונעם ייִדישן וואָקאַבולאַר. צווישן זיי קענען אויפֿן שפּיץ מעסער דערמאָנט ווערן בן־גרשונס (1657) ספר שמות איבער נעמען (בתוכם אַ סך ייִדישע), מאַנשעס (1717) רשימה ייִדישע ווערטער פֿון סעמיטישן אָפּשטאַם אין זײַן מראה הכתב און דער ווערטערבוך פֿון אינטערנאַציאָנאַליזמען וואָס ס'נעמען אַרײַן שעברשין, בענדין און מאַרשן (1713) אין זייער חנוך לנער.

האַרקאַוויס דרײַשפּראַכיקער ווערטערבוך איז דער שענסטער מוסטער אין דער 450־יאָריקער געשיכטע פֿון נאָך אַ זשאַנער אין דער ייִדישער לעקסיקאָגראַפֿיע — דער מערשפּראַכיקער ווערטערבוך וואָס איז כּולל ייִדיש, לשון־קודש און איינע צי מער פֿון די שכנותדיקע ניט־ייִדישע שפּראַכן. דער גרינדער פֿון אָט דעם זשאַנער איז געווען ניט קיין אַנדערער ווי אליה בחור, דער גרויסער העבֿרעיִשער לינגוויסט און ייִדישער פּאָעט, וועמענס גרעסטער אויפֿטו אויף ייִדיש איז זײַן בבא דאנטונא (1541; זען יאָפֿע 1949). אין 1542 האָט ר' אליה אַרויסגעגעבן זײַן שמות דברים (בחור 1542), אַ פֿירשפּראַכיקער ווערטערבוך: ייִדיש־העבֿרעיִש־לאַטיין־דײַטש, טאַקע אַ מין האַרקאַווי פֿון זעכצעטן יאָרהונדערט. צווישן די ווײַטערדיקע ווערק אין אָט דעם זשאַנער איז צו פֿאַרצייכענען בן־יקותיאלס (1590) דיבר טוב (העבֿרעיִש־ייִדיש־איטאַליעניש) און נתן־נטע האַנאָווערס (1660) שפה ברורה (העבֿרעיִש־ייִדיש־איטאַליעניש־לאַטיין). שוין נאָך האַנאָווערס טויט איז אַרײַנגענומען געוואָרן אויך אַ פֿינפֿטע שפּראַך — פֿראַנצייזיש (האַנאָווער 1701).

האַרקאַווין טאָר מען אָבער לחלוטין ניט באַנעמען נאָר און בלויז אין ראָם פֿון דער ייִדישער לעקסיקאָגראַפֿיע אין ענגערן זין, ווי אַ שטאַפּל אין אָט דער ערשט־באַשריבענער ווערטערבוך־טראַדיציע. אַ שטיינערנע גײַסטיקע מחיצה טיילט אָפּ די אַלע עלטערע ווערק איבער ייִדיש, לעקסיקאָגראַפֿישע און ניט־לעקסיקאָגראַפֿישע, פֿון די ווערק וואָס זײַנען געשאַפֿן געוואָרן אין נײַנצעטן און צוואַנציקסטן יאָרהונדערט אין דער ייִדישיסטישער טראַדיציע וואָס האַלט ייִדיש פֿאַר אַ נאַציאָנאַלער ייִדישער שפּראַך וואָס דאַרף וואָס אַ מאָל מער באַנוצט ווערן צו די העכסטע שאַפֿונגען פֿון ליטעראַטור, קולטור און די סאָציאַלע ווישנשאַפֿטן. איידער מען קען זיך אַ נעם טאָן צו באַנעמען האַרקאַווין אין קאָנטעקסט פֿון זײַנע בני־דור — דער ערשטער דור ייִדיש־געלערנטע וואָס זײַנען דערצו באַוווסטזיניקע און שטאָלצע ליבהאָבער פֿון דער שפּראַך — דאַרף מען כאָטש על־רגל־אַחת אַ קוק טאָן אויף דעם וואָס איז פֿריִער געווען. ווייניק שפּראַכן האָט מען אַזוי פֿיל שטודירט פֿון אַזעלכע פֿאַרשיידנאַרטיקע שטאַנדפּונקטן ווי ייִדיש (זען קאַץ 1986). הומאַניסטיש־אינספּירירטע קריסטלעכע פֿאָרשער פֿון לשון־קודש, אַראַמיש, און אַנדערע סעמיטישע שפּראַכן האָבן אין זעכצעטן און זיבעצעטן יאָרהונדערט געקוקט אויף ייִדיש ווי אויף אַן אינטעלעקטועלן קוריאָז וואָס האָט אין זייערע אויגן כּולל געווען דעם באַקאַנטן גערמאַניש (הגם אין אַ זייער אייגנאַרטיקער געשטאַלט) מיטן עקזאָטישן סעמיטיש. איינער פֿון זיי, יאָהאַן בעשענשטיין האָט אין 1518 צוגעטשעפּעט אַ רעקלאַמע אויף דער טיר פֿון אַ רעגנסבורגער קרעטשמע אַז ער איז מוכן ומזומן יעדן אויסצולערנען ייִדיש אין זעקס טעג פֿאַר וואָלוועלע שׂכירות. אַ לאַנגע טראַדיציע פֿון ביכלעך אויף אויסצולערנען זיך ייִדיש געצילט פֿאַר ניט־ייִדן וואָס האָבן אַ געשעפֿטס־אינטערעס, הייבט זיך אָן מיט פּויל העליצעס (1543) האַנטביכל פֿון ייִדיש פֿאַר קריסטלעכע געשעפֿטסלײַט. דאָס עקזאָטישסטע ווערק פֿון דעם מין וואָס איז אַרויס איז רײַצענשטיינס (1764) האַנטבוך פֿאַר פֿערדהענדלער מיט אַ רײַכן קאַפּיטל וועגן ייִדיש. פֿון זעכצעטן ביזן אַכצעטן יאָרהונדערט האָבן מיסיאָנערן געלערנט זיך און אַנדערע ייִדיש בכדי „אויסצושולן" נײַע מיסיאָנערן זיי זאָלן זיך קענען צונויפֿריידן מיט דער געצילטער באַפֿעלקערונג. טאַקע אַ מיסיאָנער, יאָהאַן הײַנריך קאַלענבערג, האָט דער ערשטער געגרינדעט אַן אוניווערסיטעטישן קורס פֿון ייִדיש אויפֿן האַלער אוניווערסיטעט אין דײַטשלאַנד אין 1729. צו דעם אַלעמען האָבן קרימינאָלאָגן אַרויסגעגעבן אָן אַ שיעור ביכער וועגן ייִדיש. זיי האָבן געהאַלטן ייִדיש פֿאַר אַ שליסל צו די טויזנטער ווערטער פֿון לשון־קודש און ייִדיש וואָס ראָטוועלש, די דײַטשישע אונטערוועלט־שפּראַך, האָט אין זיך אַרײַנגענומען.

אמת, אַ היפּשער חלק פֿון אָט דער עלטערער ניט־ייִדישער ליטעראַטור וועגן ייִדיש איז אינטערעסאַנט דער עיקר ווי אַ קוריאָז. דאָך האָט ייִדיש אויך דעמאָלט אַרויסגעוויזן דעם כּוח צו פֿאַרכּישופֿן. אַ צאָל מחברים זײַנען אַריבער די ד׳ אַמות פֿון די תּחילתדיקע פּניות זייערע און זיי האָבן זיך טיף פֿאַראינטערעסירט מיט ייִדיש גופֿא. ווילהעלם קריזאַנדער למשל האָט גענומען שטודירן ייִדיש טאַקע בײַ קאַלענבערגן אין זײַנע מיסיאָנעריש־מאָטיווירטע קורסן, נאָר אין זײַן גראַמאַטיק, וואָס איז אַרויס אין 1750, ווײַזט זיך אַרויס אַ זעלטענער טאַלאַנט צו באַנעמען די סטרוקטור פֿון ייִדיש. קאַרל ווילהעלם פֿרידריך (1784) האָט גרינטלעך און מיט אַ סך טאַלאַנט באַשריבן ייִדיש אין פּרײַסן און האָט זיך דער ערשטער באַמיט צו קלאַסיפֿיצירן די דיאַלעקטן פֿון ייִדיש. אווע־לאַלעמאַן (1858-1862), אַ פּאָליצײ־באַאַמטער אין צפֿון דײַטשלאַנד, האָט זיך אַרײַנגעלאָזט אין ייִדיש אין שײַכות מיט זײַנע קרימינאָלאָגישע פֿאָרשונגען. דער סוף איז געווען אַז ער האָט גאָר אָפּגעגעבן אַ העלפֿט פֿון זײַנע פֿיר בענד דער ייִדישער שפּראַך. נענטער צום סוף נײַנצעטן יאָרהונדערט האָבן צוויי ייִדישע געלערנטע, לאַזאַר שיינעאַנו (1889) און אַלפֿרעד לאַנדוי (1896) גענומען אַרײַנציִען ייִדיש אין קאָן פֿון דער קאָמפּאַראַטיווער גערמאַנישער פֿילאָלאָגיע וואָס האָט זיך דעמאָלט אַזוי צעבליט. דערמיט זײַנען זיי די באַגרינדער פֿון דער גערמאַניסטישער שול אין דער ייִדישער לינגוויסטיק. די גערמאַניסטן זײַנען די געלערנטע וואָס שטודירן די געשיכטע און סטרוקטור פֿון ייִדיש ווי אַ חלק פֿון דער פֿאַרגלײַכנדיקער גערמאַנישער לינגוויסטיק.

צו דער זעלביקער צײַט — סוף נײַנצעטן יאָרהונדערט — האָבן זיך אויך גענומען באַווײַזן די ערשטע סימנים פֿון אַ פּנים־חדשות אין דער וועלט־לינגוויסטיק, דהײַנו אַ ווישנשאַפֿט פֿון ייִדיש וואָס

זאָל איר אייגן שטעטל באַשטיין, ד״ה זי זאָל זײַן אַ פֿאָרשונגס־געביט פֿאַר זיך מיט אייגענע וועלטעלעך (בתוכם לינגוויסטיק, ביבליאָגראַפֿיע, פֿאָלקלאָר, ליטעראַטור־געשיכטע און נאָך) איידער אַ צוטשעפּעניש צו עפּעס אַן אַנדער געביט. די נײַע ייִדישע פֿילאָלאָגיע איז גאונותדיק פּראָקלאַמירט געוואָרן פֿון בער באָראָכאָוו, דער גרינדער און בויער פֿון אָט דעם גראַנדיעזן שטח פֿון ייִדיש־ייִדישן אויפֿטו, אין זײַנע אויפֿגאַבן פֿון דער ייִדישער פֿילאָלאָגיע (1913). דער אַזוי פֿריצײַטיק פֿאַרשטאָרבענער באָראָכאָוו האָט ניט דערלעבט דעם טאָג אין וועלכן ס׳איז מקוים געוואָרן זײַן חלום אַז אַ ייִדיש־ייִדישע אַקאַדעמיע זאָל אויפֿקומען אויף צו אָרגאַניזירן די פֿאָרשונג און דאָס לערנען פֿון דער ייִדישער שפּראַך, ליטעראַטור און קולטור. אָט דער חלום איז וואָר געוואָרן אין 1925 ווען דער ייִוואָ איז אויפֿגעקומען (זען שטיף 1925; מ. ווײַנרײַך 1925). עטלעכע יאָר פֿאַר באָראָכאָווס אויפֿגאַבן, האָט דער יונגער מתּתיהו מיזעס (1908) שוין גענומען אַנאַליזירן ייִדיש פֿון דער פּערספּעקטיוו פֿון ייִדיש גופֿא אין זײַן רעפֿעראַט אויף דער טשערנאָוויצער שפּראַך־קאָנפֿערענץ. מיזעס ברמיזא און באָראָכאָוו בכּוונה האָבן אַזוי אַרום געשאַפֿן די ייִדישיסטישע שול וואָס זי שטעלט מיט זיך פֿאָר די נײַע ייִדישע פֿילאָלאָגיע.

באַוווסטזיניק און בפֿירוש אויפֿגעשטעלט דעם גײַסטיקן בנין פֿון דער נײַער ייִדישער פֿילאָלאָגיע האָט טאַקע באָראָכאָוו. נאָר ווי ס׳טרעפֿט ניט זעלטן בײַ אינטעלעקטועלע מחדשים דאַרף מען זיך אויך רעכענען מיט זייערע נאָענטע פֿאָרויסגייער. אין פֿאַל פֿונעם אויפֿקום פֿון דער נײַער ייִדישער פֿילאָלאָגיע קומען אין באַטראַכט דרײַ פּערזענלעכקייטן אין נײַנצעטן יאָרהונדערט וועמענס ליבשאַפֿט צו ייִדיש איז געקומען צום שעפֿערישן אויסדרוק גראָד אין דער שפּראַך־פֿאָרשונג. אַלע דרײַ זײַנען געווען פֿאַרליבט אין ייִדיש מיט אַ ברען און אַלע דרײַ, אויטאָדידאַקטן אין דער לינגוויסטישער וויסנשאַפֿט, האָבן זיך באַנוצט מיט די כּלים פֿון דער לינגוויסטיק אויף צו פֿאָרשן און באַשרײַבן ייִדיש. פֿיליפּ מאַנש אין לעמבערג, ניט געקוקט אויף דעם וואָס ער האָט זײַן שטודיע איבער ייִדיש (מאַנש 1888־1890) געשריבן אויף דײַטש לויטן שטייגער פֿון די גערמאַניסטן, האָט ער איטלעכן פּרט פֿון ייִדישן וואָרט־אוצר, סינטאַקס און פֿאָנאָלאָגיע באַקוקט ניט נאָר דורך די אויגן פֿון דײַטש צי וועלכער ניט איז אַנדער דרויסנדיקער סטרוקטור נײַערט דורך די אויגן פֿון דער אַנאַליזירטער שפּראַך גופֿא אין גײַסט פֿון די שפּעטערדיקע ייִדישיסטן (גענוצט דאָ אין באָראָכאָווישן זין — פֿאָרשער פֿון ייִדיש לויט דער נײַער ייִדישער פֿילאָלאָגיע, ניט אין פּאָפּולערן זין — ׳קעמפֿער פֿאַר ייִדיש׳ הגם די אַלע גרויסע אַקאַדעמישע ייִדישיסטן אין אָט דעם באָראָכאָווישן זין זײַנען במילא געווען אויך געזעלשאַפֿטלעכע פֿרײַנד פֿון דער שפּראַך). מאַנשעס שטודיע, וואָס מען האַלט שוין פֿון לאַנג אַז זי איז פֿאַרפֿאַלן געוואָרן, האָט אויף ס׳נײַ אויפֿגעדעקט אין אַרכיוו פֿון ייִוואָ סוף 1984 קלמן האַטאָן, דעמאָלט אַ סטודענט סײַ אויפֿן אָקספֿאָרדער אוניווערסיטעט סײַ אין קאָלאָמביע־אוניווערסיטעט, בשעת ער האָט געאַרבעט אין ייִוואָ בײַם מאַקס ווײַנרײַך־צענטער. אַ דאַנק זײַן אַנטדעקונג איז איצט קלאָר אַז מאַנשעס דײַטש־געשריבענע שטודיע אין ייִדישיסטישן גײַסט איז דער שטאַפּל צווישן דער גערמאַניסטישער שול וואָס שטודירט ייִדיש ווי אַ גערמאַנישע שפּראַך און דער ייִדישיסטישער שול פֿאַר וועלכער די ייִדישע פֿילאָלאָגיע איז אַ זעלבשטענדיקער צווײַג פֿון הומאַניסטישער וויסנשאַפֿט. די אַנדערע צוויי פֿאָרויסגייער פֿון דער נײַער ייִדישער פֿילאָלאָגיע זײַנען די לעקסיקאָגראַפֿן — יהושע־מרדכי ליפֿשיץ (1863; 1869) אין רוסלאַנד וועלכער האָט גרינטלעך דאָקומענטירט זײַן היימישן דרום־מזרח ייִדיש (פּאָפּולער „אוקראַיִניש״) און אַלכּסנדר האַרקאַווי אין אַמעריקע וועלכער איז געווען דער ערשטער וואָס האָט לעקסיקאָגראַפֿיש דאָקומענטירט זײַן היימישן צפֿון־מזרח ייִדיש (פּאָפּולער „ליטוויש״), דאָס גערעדטע און געשריבענע לשון אין אַמעריקע און אפֿשר סאָציאָלאָגיש גערעדט דאָס וויכטיקסטע — די שפּראַך פֿון דער נײַער ליטעראַטור און פּרעסע וואָס האָט זיך אַזוי שיין און ברייט צעבליט און צעוואַקסן סוף נײַנצעטן און אָנהייב צוואַנציקסטן יאָרהונדערט.

האַרקאַווין האָט מען ניט געזשאַלעוועט קיין שאַרפֿע קריטיק אַלמאַי ער האָט אין די ערשטע צוויישפּראַכיקע ווערטערביכער זײַנע אַרײַנגענומען אַזוי פֿיל „דײַטשמעריש״, מיט געגנדזן־פֿיסלעך באַנוצט דאָ אין פּאָפּולערן און אין סאָציאָלאָגיש־סטיליסטישן זין: „לײַ־ווערטער פֿונעם מאָדערנעם

דײַטש וואָס די קלאַסיקער און זייערע נאָכפֿאָלגער נוצן ניט און האַלטן פֿאַר ניט־צוגעפּאַסט צו ייִדיש". אָן די גענדזן־פֿיסלעך איז דײַטשמעריש אַ לינגוויסטישער וויסנשאַפֿטלעכער באַגריף וואָס מען קען אָביעקטיוו אָפּמעסטן: אַלע לײַ־ווערטער פֿון דײַטש וואָס זײַנען אַרײַנגענומען געוואָרן ערשט אין נײַנצעטן יאָרהונדערט. לויט אָט דער וויסנשאַפֿטלעכער דעפֿיניציע איז קלאָר אַז אַזעלכע לײַ־ווערטער געפֿינען זיך אין אַלע סטילן ייִדיש. נח פּרילוצקי (1917: xiv) האָט שאַרף קריטיקירט האַרקאַווין אין אָט דער פּרשה, ער האָט אָבער בשעת־מעשׂה מודה געווען אַז האַרקאַוויס ווערטערביכער זײַנען „כּולל אַ סך דיאַלעקטאָלאָגישן מאַטעריאַל". מאַקס ווײַנרײַך האָט די זעלביקע קריטיק אַרויסגעזאָגט; ער האָט אָבער אָנגעוויזן אין אַ הוספֿה (1923: 241) אַז אין האַרקאַוויס אַן אַרטיקל אין פֿאָרווערטס אין 1922 האָט דער מחבר צוגעזאָגט אַרויסוואַרפֿן דעם דײַטשמערישן אויסלייג אינעם דרײַשפּראַכיקן ווערטערבוך וואָס ער האָט דעמאָלט געהאַלטן אין צוגרייטן. האַרקאַווי האָט געהאַלטן וואָרט. מיט אַ סך יאָר שפּעטער האָט ווײַנרײַך (1971: 3) געמאַכט אָט אָ דעם סך־הכּל: „האַרקאַוויס נאָרמאַטיווע שטרעבונגען זײַנען בטבֿע געווען שוואַכע, זײַן גבֿורה האָט ער אַרײַנגעלייגט אין אינווענטאַריזירן זײַן שפּראַכיקן מאַטעריאַל". האַרקאַוויס נטיה אַרײַנצונעמען אַנגליציזמען וואָס האָבן זיך אײַנגעפֿונדעוועט אין ניט־ליטעראַרישן אַמעריקאַנער ייִדיש האָט אויך געפֿירט צו דיסקוסיעס (זען למשל ניגער 1941: 23). אפֿשר איז ניט קיין צופֿאַל וואָס די מאַסן אַנגליציזמען ווערן אין דרײַשפּראַכיקן ווערטערבוך „פֿאַררוקט" אין דער הוספֿה צו דער אויפֿלאַגע פֿון 1928.

צי האַרקאַווי איז „געווען גערעכט" אָדער „ניט געווען גערעכט" בײַם אַרײַננעמען מאַסן „דײַטשמעריזמען" וואָס זײַנען געווען כאַראַקטעריסטיש פֿאַר דער שפּראַך פֿון דער דעמאָלטיקער פּרעסע ווענדט זיך אין גאַנצן אין דעם באַטראַכטערס לינגוויסטישער טעאָריע. די שײַכותדיקע מחלוקת דאָ איז צווישן די נאָרמאַטיוויסטן (אָדער: פּרעסקריפּטיוויסטן) און די דעסקריפּטיוויסטן. די נאָרמאַטיוויסטן האַלטן אַז מען דאַרף נוצן ווערטערביכער און גראַמאַטיקעס אויף צו בײַטן דאָס לשון אין אַ באַשטימטער ריכטונג. די דעסקריפּטיוויסטן האַלטן דערקעגן אַז גראַמאַטיקער און לעקסיקאָגראַפֿן דאַרפֿן פּשוט באַשרײַבן ערלעך דאָס וואָס זיי זעען און הערן. אַז מען איז משׂיג האַרקאַווין גאַנצערהייט, באַקומט זיך אַז מען קען אים ניט צוטשעפּענען צו וועלכער ניט איז „מחנה". ער האָט בפֿירוש געגלייבט אין אַ נאָרמאַליזירטער אָרטאָגראַפֿיע און גראַמאַטיק אָבער ער האָט עס ניט געהאַלטן פֿאַר דער עובֿדא פֿון לעקסיקאָגראַף צו שילדערן עפּעס אַנדערש איידער די עמפּיריש־אמתע שפּראַכיקע פֿאַקטן. אין ראָם פֿון אַן עקספּערימענטאַלן זשורנאַליסטישן פֿאָרמאַט איז האַרקאַווי גאָר געווען דער סאַמע ערשטער אין דער געשיכטע וואָס האָט אַרויסגעגעבן אַ צײַטונג מיט אַ רעפֿאָרמירטער פֿאָנעטישער אָרטאָגראַפֿיע — דער ייִדישער פּראָגרעס אין באָלטימאָר אין 1890. נאָך אין די 1880ער האָט ער פֿאָרגעלייגט אָרטאָגראַפֿישע רעפֿאָרמען (זען למשל האַרקאַווי 1888). הייסן הייסט דאָס אַז האַרקאַווי דער „דעסקריפּטיוויסט" איז געווען אַ פּיאָנער פֿון אונדזער נײַעם ייִדישן אויסלייג וואָס איז שפּעטער־צו פֿאָרמולירט געוואָרן וויסנשאַפֿטלעך דורך בער באָראָכאָוון (1913: 18־22) און קאַנאָניזירט געוואָרן מיט מאָדיפֿיצירונגען דורך זלמן רייזענען (1920: 102־162). ערשט אין 1920 האָט די ייִדישע ליטעראַטור אַוועקגעוואָרפֿן די אָנשיקעניש פֿון די שטומע עינס און הייען וואָס די משׂכּילים האָבן מעכאַניש אַריבערגעטראָגן פֿון דײַטש אין ייִדיש אַרײַן אין נײַנצעטן יאָרהונדערט. האַרקאַווי, תּמיד אַ חסיד פֿונעם אמת, האָט זיך באַנוצט מיט דעם דײַטשמערישן אויסלייג וואָס איז אים ניט געווען צום האַרצן ביז בערך 1920 און מיט דער נײַער ייִדישער אָרטאָגראַפֿיע נאָך יענעם יאָר.

דאָס אייגענע איז שײך צום וואָרט־אוצר. מער פֿון אַלצדינג וואַרפֿט זיך אין די אויגן די פֿאַרקלענערונג אין דער צאָל דײַטשמעריזמען אין אָט דעם דרײַשפּראַכיקן ווערטערבוך אין פֿאַרגלײַך מיט האַרקאַוויס פֿריִערדיקע ייִדיש־ענגליש און ענגליש־ייִדישע ווערטערביכער. דאָרטן האָט זיך אָפּגעשפּיגלט די שפּראַך פֿון דער פּרעסע און דער פּאָפּולערער ליטעראַטור סוף נײַנצעטן אָנהייב צוואַנציקסטן יאָרהונדערט. אין די צוואַנציקער יאָרן איז שוין נמאס געוואָרן די דײַטשמערישע פֿאַרפֿלייצונג פֿון דער פּרעסע און דער פּאָליטיק און האַרקאַווי האָט ווידער באַוויזן אַקוראַט צו

שילדערן אַ גיך־בײַטנדיקן סינכראָנישן מצבֿ. מען דאַרף אויך האַלטן אין זינען אַז אין די צוואַנציקער יאָרן (און מכּל־שכּן שפּעטער) איז מען שוין ניט געגאַנגען זוכן נײַע דײַטשישע ווערטער. דאָס וואָס מען האָט אַוועקגעוואָרפֿן איז אַוועק און דאָס וואָס איז געבליבן איז שוין געבליבן און איז שוין לאַנג: ייִדיש. די אַלע דײַטשמעריזמען (אין לינגוויסטישן זין — לײַ־ווערטער וואָס זײַנען אַרײַן אין דער שפּראַך לפֿי־ערך שפּעט) וואָס מען געפֿינט אין האַרקאַוויס דרײַשפּראַכיקן ווערטערבוך האָבן זיך בדרך־כּלל טיף פֿאַרוואָרצלט אין ייִדיש ווו זיי אַנטוויקלען זיך ווײַטער אין איינעם מיט דער שפּראַך גאַנצערהייט. מען הערט זיי בײַם ווײַט־גרעסטן רובֿ קולטורעל־באַוווּסטזיניקע געבוירענע ייִדיש־ריידנדיקע און מען זעט זיי בײַ די בעסטע שרײַבער. אַזוי אַרום קען דער איצטיקער ווערטערבוך דינען פֿאַר אַ סטיליסטישן וועגווײַזער צום בעסטן ליטעראַרישן ייִדיש.

דער איצטיקער איבערדרוק פֿון האַרקאַוויס ייִדיש־ענגליש־העברעאישער ווערטערבוך פֿאַרבײַט ניט חלילה אוריאל ווײַנרײַכס מאָדערן ענגליש־ייִדיש ייִדיש־ענגליש ווערטערבוך. אַדרבא, די צוויי ווערק זײַנען משלים איינס דאָס אַנדערע. ווײַנרײַכס ווערטערבוך איז אַן אַקאַדעמיש מײַסטערווערק פֿון דער מאָדערנער לעקסיקאָגראַפֿיע וואָס איז אי טעכניש־טיפּאָגראַפֿיש אי גראַמאַטיש־אַנאַליטיש אי טעאָרעטיש־סעמאַנטיש אויפֿן העכסטן וויסנשאַפֿטלעכן ניוואָ. דערצו איז ווײַנרײַכס ווערטערבוך כּולל סײַ ייִדיש־ענגליש סײַ ענגליש־ייִדיש. ער וועט בלײַבן דער ערשטער ווערטערבוך פֿאַר תּלמידים־אָנהייבער וואָס לערנען זיך ייִדיש, פֿאַר לייענער וואָס נייטיקן זיך אין ייִדישע עקוויוואַלענטן צום ענגלישן וואָקאַבולאַר פֿון דער מאָדערנער טעכנאָלאָגיע און פֿאַר די וואָס ווילן וויסן דעם צוגאַנג פֿון אַמעריקאַנער נאָרמאַטיוויסטן צו אַ ספּעציפֿיש וואָרט. אין משך פֿון לעצטן יאָרצענדליק האָט זיך אָבער אַרויסגעוויזן אַז דאָס פֿאַרשווּנדן ווערן פֿון האַרקאַוויס דרײַשפּראַכיקן ווערטערבוך פֿון ייִדישן ביכער־מאַרק איז אַן ערנסטער קלאַפּ די מער אַוואַנסירטע סטודענטן און לייענער וועלכע נייטיקן זיך אין אַ פֿולערער אָפּשפּיגלונג פֿונעם וואָרט־אוצר פֿון די גרעסטע שרײַבער ווי אויך אין אַ ווערטערבוך וואָס איז מער דעסקריפּטיוו אָריענטירט.

אַחוץ בײַ האַרקאַווין און ווײַנרײַכן קען מען געפֿינען אַן אוצר מיט ייִדיש אין די ערשטע פֿיר בענד פֿון יודל מאַרקס גרויסער ווערטערבוך פֿון דער ייִדישער שפּראַך (יאָפֿע און מאַרק 1961, 1966; מאַרק 1971, 1980), וואָס איז אָנגעהויבן געוואָרן מיט יודאַ אַ. יאָפֿעס מיטרעדאַקציע. די פֿיר בענד דערגייען בלויז ביזן סוף פֿון אות א. דאָך נעמען זיי אַרײַן אָן אַ שיעור מער ווי ס׳קען זיך דאַכטן אויפֿן ערשטן בליק. ערשטנס געפֿינט מען אין די פֿיר בענד כּמעט אַלע ווערבן אין ייִדיש צוליב דער גרויסער צאָל קאָנווערבן וואָס הייבן זיך אָן מיט א, אַזוי אַרום אַז מען קען בדרך־כּלל טרעפֿן וועלכן ניט איז ווערב בײַ איינעם פֿון די קאָנווערבן (אויס־, אויפֿ־, אײַנ־, אָפּ־, אאַז״וו). צווייטנס איז די צאָל ייִדישע ווערטער וואָס הייבן זיך אָן מיט א במילא זעלטן גרויס צוליב די זיבן וואָקאַלן און דיפֿטאָנגען וואָס ווערן פֿאַרצייכנט אָדער פּרעפֿיקסירט מיט א וואָרט־אײַן (אַ־, אָ־, או־, אוי־, אי־, איי־, אײַ). די אַרבעט אויף די ווײַטערדיקע בענד ליגט אין די הענט פֿון אַ קאָלעקטיווער רעדאַקציע (זען מאָסקאָוויטש און וואָלף 1981).

אָט די אויפֿלאַגע פֿון האַרקאַוויס ייִדיש־ענגליש־העברעאישער ווערטערבוך איז אַ פֿאָטאָמעכאַנישער איבערדרוק פֿון דער צווייטער אויפֿלאַגע וואָס איז אַרויס אין ניו־יאָרק אין 1928, אָן ווײַטערדיקע שינויים אָדער תּיקונים. דער תּוכן איז אידענטיש מיט דער ערשטער אויפֿלאַגע (ניו־יאָרק 1925) מערניט דער מחבר האָט צוגעגעבן די הוספֿה וואָס געפֿינט זיך אויף די זז׳ 531־583. צוליב דער פּשוטקייט פֿון זײַן סטרוקטור נייטיקט זיך ניט דער ווערטערבוך אין וועלכע ניט איז פּירושים און אויפֿקלערונגען, ס׳איז אַ בוך צום נוצן און צום הנאה האָבן ווי ער שטייט און גייט, מיט זײַן לעקסיקאָגראַפֿישער עשירות, ווי אויך מיט זײַנע פֿעלערן און חסרונות. צום באַוווּסטסטן איז האַרקאַוויס געבן דעם גראַמאַטישן מין פֿון סובסטאַנטיוון בלויז בײַם אות א (און קאָנסעקווענט בלויז אויף די ערשטע צוויי זײַטן). נאָר אַזאַ פֿאָלקסמענטש און פֿאָלקסהעלד ווי אַלכּסנדר האַרקאַווי איז געווען מסוגל אַרויסקריכן פֿון אָט אַזאַ מין קאַפּריזנעם דרך אַ לעבעדיקער. ער דערקלערט דאָס מיט זײַן פֿאָלקסטימלעכן טאָן פֿון ערלעכקייט מיטן לייענער אין דער הקדמה צום איצטיקן באַנד

(ז' iii) אָט אַזוי אָ: „איך האָב זיך אַרומגעזוען, אַז אָן קינצלען איז דאָס אוממעגלעך, ווײַל עס זײַנען ניטאָ קיין פֿעסטע כּללים פֿאַר דעם גראַמאַטישן מין פֿון נאָמענווערטער אין ייִדיש, און איך האָב דאָס דעריבער אויפֿגעהערט נאָך דעם אות א״. דעם פֿעלער האָט האַרקאַווי שוין איין מאָל אויסגעבעסערט אין זײַן נאָך־ניט דערשינענעם ייִדישער פֿאָלקס־ווערטערבוך וועגן וועלכן ס'וועט באַלד קומען די רייד.

האַרקאַוויס עטימאָלאָגיעס זײַנען אָפֿט מאָל געוואַגטע און אַ מאָל גאַנץ אומזיכערע, תּמיד זײַנען זיי אָבער טשיקאַווע. כּדאַי כאַפּן אַ קוק בײַ די זוכווערטער אַוועקלייגן דעם טאַטן (ז' 233); אומגעלומפּערט (ז' 28); באַהאַוונט (ז' 102); באַשײַמפּערלעך (ז' 136); בבֿא־מעשׂה (ז' 112); בהלן [=בעלן] (ז' 113); בלע״ז (ז' 125); געניט (ז' 154); געפּלעפּט (ז' 155); האָזע [=העזה] (ז' 181); האָצעפּלאָץ (ז' 185); חוזק (ז' 225); טויטע קללות / טויטע שבֿועות (ז' 236); טרייבערן (ז' 245); כּליא (ווערן) [=קאַליע] (ז' 262); כּאָנטע (ז' 258); לעקעך (ז' 281); מאַוורע (ז' 284); מאַכטייסע [=מהיכא תּיתי] (ז' 285); מחזקות (ז' 297); מילגרוים (ז' 301); מישטיינס געזאָגט (זז' 303, 581); משיטא [=משקיט] (ז' 316); ניטל (ז' 326); נישקאָשע [=נישקשה] (ז' 328); נעבעך (ז' 329); סקאָצל קומט (זז' 344, 564); עכבראָש (ז' 348); עס ווענדט זיך וואו דער חמור שטייט (ז' 229); פּאַנקעווען (ז' 360); פּאַרעוו (ז' 363); פֿאַרגליווערן (ז' 386); פֿאַרפֿל (ז' 397); ציהונדער (ז' 426); קאַטאָוועס (ז' 574); קבצן (ז' 448); רײַסן (ז' 477); שלי(מ)מזל (ז' 506); שמדן (ז' 508); תּרח (ז' 524).

פֿונעם עלטערן ייִדיש זײַנען פֿאַראַן אי אַרכעיִזמען אי עבֿרי־טײַטש ווערטער. צווישן זיי געפֿינט מען ביז קען (ז' 118); ברײַלאַף/ברײַלעפֿט (ז' 134); ווידמענען (ז' 205); חיבור 'ליטעראַרישע (ניט־ווערטערלעכע) איבערזעצונג', ד״ה לויטן חיבור = סינטאַקס פֿון דער צילשפּראַך (ז' 551); לינדוואָרעם (ז' 277); פֿעדערן (ז' 411); קרן 'חתן' אָדער 'כּלה' (ז' 468). מען געפֿינט די פֿאָלקלאָריסטישע באַגריפֿן אָפּצוג (ז' 78) און באַנעמוונג (ז' 107).

פֿונעם פֿאָלקסטימלעך־קאָלאָקוויאַלן אַמעריקאַנער ייִדיש וואָס האָט זיך אַנטוויקלט ניט־ווינציק אויף דער ניו־יאָרקער איסט־סײַד ברענגט האַרקאַווי אייער צום יוון מיט דער אָנווײַזונג אַז „אַזוי זאָגן ייִדישע ווײַבער אין אַמעריקע אויף אייער, וואָס זײַנען ניט גוט צום קאָכן אָדער בראָטן״ (ז' 554); אַפּאָדערן (ז' 70); דאַטל דו (ז' 544); האָבן אַ גוד טײַם (ז' 583); האַר־יאַפּ (ז' 547); טו־לעט מיט דער אָנווײַזונג אַז „ייִדן רופֿן אַזוי אָן אַ צעטל אָדער ברעטל מיט אַ מודעה וועגן פֿאַרדינגען אַ הויז אָדער דירה...״ (ז' 551); סאַנאָוועגאַן ווו דער לייענער ווערט אַריבערגעשיקט אויף סאַנאָוועביטש (ז' 561); ענדאַסטן (ז' 566); פּאַקעט־בוך (ז' 362); צאַמיס וואָס ווערט צוגעשריבן דעם ענגלענדער ייִדיש (ז' 415); קאַקערוטש־באָס מיט דער אָנווײַזונג אַז „דאָס וואָרט גייט אום צווישן ייִדישע יוניאָן־אַרבעטער״ (ז' 576). אַ קוריאָז פֿון יענער אימיגראַנטישער תּקופֿה אויף דער אַמאָליקער איסט־סײַד איז האַרקאַוויס צושטעלן ספּעציעלע דיאַקריטישע סימנים איבער ד און ט בײַ אַנגליציזמען ווו דער ענגלישער ענטפֿערער איז th (ד״ה [ð] אָדער [θ]) אין דער הוספֿה צו דער צווייטער אויפֿלאַגע אין 1928, בכדי צוצוהעלפֿן דעם אימיגראַנט ער זאָל ריידן און שרײַבן ענגליש ריכטיק. אין דער זעלביקער צײַט האָט האַרקאַווי געוואָרנט אַז „זיי דאַרפֿן אָבער געלייענט ווערן ווי פּשוטע ד און ט״ (ז' 531) אויף ייִדיש, ווו ער האָט אַפֿנים געהאַלטן אַז זיי דאַרפֿן זיך אײַנבירגערן אין דער נאַטירלעכער פֿאָנעטיק פֿון ייִדיש, מען זאָל זיי ניט אַרויסריידן פּרעטענציעז.

דער סינטעז צווישן דער נייטיקייט אין אַמעריקאַניזירונג און געטרײַשאַפֿט צו ייִדיש וואָס איז בסך־הכּל דער סימן־מובֿהק פֿון האַרקאַוויס לעבן ווײַזט זיך אפֿשר אַרויס צום בולטסטן דאָ אין ווערטערבוך אין דער רשימה פֿאָרגעלייגטע ענגליש־שפּראַכיקע עקוויוואַלענטן אויף טראַדיציאָנעלע ייִדישע פּרט־נעמען (זז' 525–530). די „אַנגליזירער״ גיט ער די ברירה צו נוצן כּנהוג די ענגליש־ביבלישע עקוויוואַלענטן (אַשטייגער אַבֿרם ← Abraham) אָדער „איבערגעזעצטע״ עקוויוואַלענטן (אַשטייגער זעליג ← Felix). להיפּוך צו כּמעט אַלע אַנדערע „אַמעריקאַניזירער״ גיט אָבער האַרקאַווי אויך די ברירה (און מען איז חושד אַז דאָס איז ער שטילערהייט אויסן אויסצופֿירן אויף אַן אמת) פּשוט צו נוצן אויף ענגליש די ייִדיש־ייִדישע נעמען מערניט מיט אַ פֿאַרענגלישטן אויסלייג, אַ ברירה וואָס האָט זיך קוים וואָס אָנגענומען אין קאָלומבוסעס מדינה, אַשטייגער אַלטער ← Alter, טרײַטל ←

Trytl, **טשאַרנע** ← Charna, **ליפּע** ← Lippa, **מאַלע** ← Malla, קלמן ← Kalman, **שעפּטל** ← Sheftl. **וווּ ס'לאָזט זיך גיט אָפּ האַרקאַווי דעם ייִדיש־ייִדישן נאָמען דעם אויבנאָן, צוגעבנדיק דערנאָך אין האַלבע לבֿנות די ענגליש־ענגלישע ברירה, אַשטייגער גליקע** ← Glicka (לעבן Beatrice, Felicia), **זלאַטע** ← Zlatta (לעבן Aurelia), **טרײַנע** ← Tryna (לעבן Catharine), **סענדער** ← Sander (לעבן Alexander), **שפּרינצע** ← Sprintza (לעבן Hope).

פֿאַראַן אויך דיאַלעקטאָלאָגיע. אין תּחום פֿונעם מזרח־אײראָפּעיִשן ייִדיש איז האַרקאַווי צום נאָענטסטן באַקאַנט, פֿאַרשטייט זיך, מיט זײַן היימישן ליטווישן ייִדיש, אָנווײַזנדיק, למשל, אַז איך וועל שיקן נאָך דיר דעם בראַדער שמשׂ **האָט ער געהערט „אין מײַן געבורטשטאָט מיט פֿופֿציק יאָר צוריק" (ז' 541). די דיאַלעקטן פֿון אַמאָליקן מערבֿ־ייִדיש ווערן אומגעריכטערהייט גאַנץ פֿײַן רעפּרעזענטירט, אָפּט מאָל מיט אָפּשיקן צו טירשעס (1782)** האַנטלעקסיקאָן. חזר־בחור 'פּריוואַטער **לערער' ווערט צוגעשריבן דעם דײַטשלענדישן ייִדיש (ז' 226) בעת פֿאַרשפּיל 'הוליען זיך מוצאי שבת פֿאַר דער חתונה' (ז' 403) און שאַנדער־באַנדער.** אַ כּפּרה פֿאַר איינאַנדער **'איינער איז פּונקט אַזוי שלעכט ווי דער צווייטער' ווערן צוגערעכנט דעם עסטרײַכישן ייִדיש (ז' 485). צו דער קאָנטראַסטיווער פֿאָנאָלאָגיע ווערט געבראַכט די מערבֿ־ייִדישע פֿאָרמע** ייִדשן **(אָנשטאָט אונדזער** ייִדישן **'מל זײַן') מיט דער אָנווײַזונג אַז דאָס ווערט אין מערבֿ־ייִדיש רעאַליזירט** ייִטשן **(ז' 254).** **צווישן די מערבֿ־ייִדישע ווערטער בײַ האַרקאַווין געפֿינט מען** פּילצל **'מיידל' (ז' 368),** פלאַנכעונען **'וויינען' (ז' 371),** צוואַרלע **'שניפּס', 'שאַל' פֿון לשון צוואר 'האַלדז' (ז' 416) און** שקעדעלע **'קעסטעלע' (ז' 518).**

באַליבט איז אַלכּסנדר האַרקאַווי בײַ די אַלע וואָס נוצן זײַנע ווערטערביכער. ניט געקוקט אויף זײַן גאַנצן ברייטן וויסן און זײַנע גוואַלדיקע דערצײַערישע און וויסנשאַפֿטלעכע אויפֿטוען, איז ער געבליבן אַ באַשיידענער, גוטמוטיקער פֿאָלקסטימלעכער ייִד וואָס רעדט תּמיד אָפֿן און ערלעך מיט זײַן לייענער ווי צו אַ פֿרײַנד, ניט ווי אַ פּראָפֿעסאָר צו אַ ייִנגעלע. אַז ער ווייס עפּעס ניט זאָגט ער עס פֿראַנק און פֿרײַ. אַזוי געפֿינט מען למשל בײַ שאַלאָטן־שמשׂ: **„די באַדײַטונג פֿון שאַלאָטן קען איך ניט דערגיין; איך פֿאַרטײַטש דאָס וואָרט נאָך דעם זין, אין וועלכן עס ווערט געוויינטלעך באַנוצט" (ז' 484); בײַ** שמאַכן **זאָגט ער אַז „די עטימאָלאָגיע פֿון דעם וואָרט איז מיר ניט באַקאַנט. די באַדײַטונג גיב איך לויט דעם צוזאַמענהאַנג" (זז' 507־508; זען קאָרמאַן 1954: 56־57; מאַרק 1954: 60). מען געפֿינט אַפֿילו — „אײַזיק מאיר דיק זאָגט ערגעץ..." (ז' 119). פּונקט ווי האַרקאַווי דער מחבר פֿון ווערטערביכער איז האַרקאַווי דער מענטש געווען באַליבט מיט זײַן פֿאָלקסטימלעכער גוטמוטיקייט. גרשון האַרקאַווי פֿלעגט אָפֿט דערציילן אַז אַלכּסנדר איז קיין מאָל ניט פֿאַרביטערט געוואָרן אַלמאַי די פֿאַרלעגער פֿלעגן אים קוים באַצאָלן כאָטש אַליין האָבן זיי פֿאַרדינט אַ מאַיאָנטיק פֿון די דערפֿאָלגרײַכע ווערטערביכער וואָס דער עולם האָט צעכאַפּט. אַז מען האָט אַלכּסנדרן בײַ איינעם אַ באַנקעט לכּבֿוד זײַנעם אַ ווערטערבוך געפֿרעגט פֿאַרוואָס דער ווערטערבוך ברענגט אים ניט קיין גליק (געמיינט אין מאַטעריעלן זין), האָט אַלכּסנדר באַלד אויף אַן אָרט געגעבן אַ מיש־אויף צום אות ג, אָנגעוויזן אויפֿן וואָרט „גליק" און אַ זאָג געטאָן: „אָט האָסטו אויך גליק אין ווערטערבוך".**

נאָכן אַרויסגעבן זײַן ייִדיש־ענגליש־העברעאישער ווערטערבוך **האָט זיך האַרקאַווי גענומען צום גראַנדיעזן לעבנס־פּראָיעקט זײַנעם, דעם מאַסיוון ייִדיש־ייִדישן ווערטערבוך וואָס הייסט דער** ייִדישער פֿאָלקס־ווערטערבוך. **אין האַרקאַוויס הקדמה צו אָט דעם קיין מאָל ניט פֿאַרעפֿנטלעכטן ווערק שרײַבט זיך (האַרקאַווי 1931: 289) אָט וואָס: „בײַ דעם פֿאָרשריט, וואָס די ייִדישע שפּראַך האָט געמאַכט אין די לעצטע עטלעכע צענדליק יאָרן, איז דאָ אַ נייטיקייט צו שאַפֿן אַן אַנדער מין ווערטערבוך פֿאַר אונדזער פֿאָלק, ווי די ווערטערביכער, וואָס זײַנען אַרויסגעגעבן געוואָרן ביז אַהער [...]. דער** ייִדישער פֿאָלקס־ווערטערבוך **איז אַ ייִדיש־ייִדישער ווערטערבוך — אַ ווערטערבוך פֿון ייִדיש לשם ייִדיש. נאַציאָנאַלע ווערטערביכער זײַנען בײַ אַלע קולטור־פֿעלקער שוין דאָ פֿון לאַנג; איצט [...] איז געקומען די צײַט, אַז אַזאַ ווערטערבוך זאָל אויך געשאַפֿן ווערן פֿאַר אונדזער פֿאָלקסשפּראַך". מיט אָט אָ דער געהויבנקייט האָט האַרקאַווי צונויפֿגעשטעלט דעם ווערטערבוך פֿון פֿופֿציק טויזנט**

ווערטער אין וועלכן ער האָט זיך דערהייבן אַזש ביז די ווייסנשאַפֿטלעכע הייכן פֿונעם ווילנער ייִוואָ, ניט פֿאַרלירנדיק אָבער דערבײַ די ליבשאַפֿט און דעם דרך־ארץ צום פּשוטן פֿאָלקסמענטש וועמען ס'זײַנען בעצם געווידמעט אַלע זײַנע ווערק. צו דער פֿראַגע פֿון גראַמאַטישן מין למשל ווו ער האָט אין דרײַשפּראַכיקן ווערטערבוך ניט געקענט דערגיין קיין טאָלק, האָט ער אין פֿאָלקס־ווערטערבוך (האַרקאַווי 1931: 290) נעגעבן סײַ דעם גראַמאַטישן מין לויט זײַן היימישן צפֿון־מזרחדיקן ייִדיש („ליטוויש") סײַ דעם כּלל־ייִדישן מין וואָס באַזירט זיך דער עיקר אויפֿן דרומדיקן מזרח־ייִדיש (ד"ה צענטראַל־מזרח ייִדיש — „פּויליש" פּלוס דרום־מזרח ייִדיש — „אוקראַיִניש"), אָנווײַזנדיק דעם לייענער ווי איז דער דין הלכה למעשה אין ליטעראַרישן ייִדיש. ער האָט זיך סומך געווען אויף אַזעלכע בר־סמכאס ווי ליפֿשיץ (1869), בירנבוים (1918) און רייזען (1924).

מיט נײַגעריקייט און פֿרייד איז סוף צוואַנציקער אָנהייב דרײַסיקער יאָרן אויפֿגענומען געוואָרן די ידיעה אַז האַרקאַוויס גרויסער ייִדיש־ייִדישער ווערטערבוך איז גרייט צום דרוק (זען למשל ביכער וועלט 1929; ייִוואָ 1934). עד־היום וואַרט דער ייִדישער פֿאָלקס־ווערטערבוך אויף זײַן תּיקון.

ביבליאָגראַפֿיע

(דער אויסלייג ווערט נאָרמאַליזירט אין ווערק וואָס זײַנען אַרויס אין און נאָך 1913)

אַווע־לאַלעמאַן, פֿרידריך קריסטיאַן בענעדיקט

1858-1862 Friedrich Christian Benedict Avé-Lallemant, *Das deutsche Gaunerthum in seiner social-politischen, literarischen und linguistischen Ausbildung zu seinem heutigen Bestande.* 4 vols. Leipzig: F.A. Brockhaus.

[ר׳ אַנשיל]

1534 מרכבת המשנה. **קראָקע.**

באָראָכאָוו, בער

1913 **„די אויפֿגאַבן פֿון דער יִדישער פֿילאָלאָגיע״ אין ש. ניגער 1913: 1-22.**

בחור, אליה

1541 בבא דאנטונא. **אייזנה.**

1542 שמות דברים בלשון עברי ובלשון רומיי גם אשכנזי כנגדו מסודרים כסדר אלפא ביתא על ידי המחבר אליה לוי אשכנזי המדקדק לחן ולרצון לכל תלמידי לשון הקדש. **אייזנה.**

ביכער וועלט

1929 **„אַלכּסנדר האַרקאַווי״ אין ביכער וועלט (וואַרשע) 3: 67-68.**

בירנבוים, שלמה

[1918] Salomo A. Birnbaum, *Praktische Grammatik der jiddischen Sprache für den Selbstunterricht. Mit Lesestücken und einem Wörterbuch.* Vienna and Leipzig: A. Hartleben.

בן גרשון, שמחה

1657 ספר שמות והוא חבור שמות אנשי׳ ונשים שמות הקודש ורומנייא וספרד ואשכנז ושאר לשונות הגוים וקצת שמות עיירות ונהרות מדינה ומדינה ככתבה ועם ועם כלשונו. **ווענעדיג.**

בן יקותיאל, מרדכי שמואל יעקב

1590 ספר דיבר טוב. **קראָקע.**

האַנאָווער, נתן־נטע

1660 ספר שפה ברורה. **פּראָג.**

1701 ספר שפה ברורה [**מיט אַ פֿראַנצייזישער קאָלאָנע וואָס ס׳האָט צוגעגעבן יעקב בן זאב**]. **אַמסטערדאַם.**

האַרקאַווי, אַלכּסנדר

1885 **„מבטא הרפה של האותיות ג׳ ד׳ ר׳״ אין המגיד (ליק) 51, 31 דעצעמבער.**

1886 שפראַך־וויסענשאַפֿטליכע ביבליאָטעק. דיא יידיש דייטשע שפּראַך. **ניו־יאָרק: יידישע גאַזעטן.**

1888 **„בריוו מכח אונזער שפּראַך. אַ קריטיק איבער דער אָרטאָגראַפֿיע פֿון דער ׳נ. י. יוד. איל. צייט׳״ אין ניו־יאָרקער יודישע איללוסטרירטע צייטונג (ניו־יאָרק) 6/1: 9-10.**

1891 פֿאָלשטענדיגעס ענגליש־יודישעס ווערטערבוך. **ניו־יאָרק: י. סאַפּירשטיין.**

1894-1895 **„איז יידיש־דייטש אַ שפּראַך?״ אין זײַן דער אַמעריקאַנישער פֿאָלקס־קאַלענדאַר. ניו־יאָרק: קאַנטראָוויץ און קאַצענעלענבאָגען, 38-54.**

1895 **„גויישע נעמען ביי אידען״ אין דער אמת (באָסטאָן) 24/1, 11 אָקטאָבער: 208.**

1896 היש משפט לשון לשפת יהודית? תשובה ברורה לשוטני שפת יהודית המדוברת. **ניו־יאָרק: בדפוס א.ח. ראזענבערג [= נר המערבי (ניו־יאָרק) 1895-1896, 2/1: 17-22; 3/1: 25-31; 8/1: 9; 2/1: 17-24 (פֿאַלשע פּאַגינאַציע פֿון נאָכאַנאַנדיקן טעקסט)].**

1898 יידיש־ענגלישעס ווערטערבוך. **ניו־יאָרק.**

1901 **„יידישע באַללאַדען אין העברעאיש און יידיש־דייטש״ אין דיא נאַציאָן (ניו־יאָרק), אויגוסט, 1: 19-21.**

1906 **„איז יידיש־טייטש אַ שפּראַך? אַן ענטפֿער צו דיא קריטיקער פֿון אונזער מאַמע־לשון״ אין מיניקעס יאָהר בוך (ניו־יאָרק), 2: 126-134.**

1924 „אַן אַלטע ייִדישע קאָניוגאַציע" אין ייִדישע פֿילאָלאָגיע (וואַרשע) 1: 212־213.

1925 ייִדיש־ענגליש־העברעאישער ווערטערבוך. ניו־יאָרק.

1928 ייִדיש־ענגליש־העברעאישער ווערטערבוך. צווייטע, פֿאַרבעסערטע און פֿאַרגרעסערטע אויפֿלאַגע. ניו־יאָרק: היברו פּאָבלישינג קאָמפּאַני.

1929 דער ענגלישער הויז־לערער. פּראַקטישע לעקציאָנען אין ענגליש. אַ נײַע מעטאָדע צו לערנען אָן אַ לערער. ניו־יאָרק: היברו פּאָבלישינג קאָמפּאַני.

1931 „אויסצוגן פֿון דעם 'ייִדישן פֿאָלקס־ווערטערבוך'" אין ייִוואָ־בלעטער (ווילנע) 1: 289־300.

1934 *Bella and I. Our Portraits from Youth to Advanced Age. A Souvenir to Relatives and Friends on the Fourth Anniversary of the Death of my Beloved Life-Mate Bella [née Segalowsky] who departed on Adar 27, 5690–March 27, 1930*. New York: Alexander Harkavy.

1935 פרקים מחיי. ניו־יאָרק: היברו פּאָבלישינג קאָמפּאַני.

העליץ, פּויל

1543 Paul Helicz, *Elemental oder Lesebüchlen. Doraus meniglich mit gutem grund underwisen wirt wie man deutsche Büchlen/Missiuen oder Sendbriue/Schuldbriue/so mit ebreischen ader* [sic] *jüdischen Buchstaben geschriben werden*. Hundesfeld.

הרכּבי, אבֿרהם אליהו

1867 היהודים ושפת הסלאווים, מדרישות וחקירות בקורות בני ישראל בארץ רוסיא. ווילנא: בדפוס ר' יוסף ראובן בר' מנחם ראם.

הרכּבי, צבֿי

1953 לחקר משפחות. ירושלים: הוצאת הספרים הארץ ישראלית.

ווײַנרײַך, אוריאל

1949 Uriel Weinreich, *College Yiddish: An Introduction to the Yiddish Language and to Jewish Life and Culture*. New York: YIVO.

1968 מאָדערן ענגליש־ייִדיש ייִדיש־ענגליש ווערטערבוך. ניו־יאָרק: ייִדישער וויסנשאַפֿטלעכער אינסטיטוט — ייִוואָ און ביכער־פֿאַרלאַג מעגראָ־היל. מיט פּאַפּירענע טאָוולען: פֿאַרלאַג שאָקען, ניו־יאָרק 1977.

ווײַנרײַך, מאַקס

1923 שטאָפּלען. פֿיר עטיודן צו דער ייִדישער שפּראַך־וויסנשאַפֿט און ליטעראַטור־געשיכטע. בערלין: וואָסטאָק.

1925 „ווילנער טעזיסן וועגן ייִדישן וויסנשאַפֿטלעכן אינסטיטוט" אין די אָרגאַניזאַציע פֿון דער ייִדישער וויסנשאַפֿט (ווילנע) 35־39.

1971 „די ייִדישע כּלל־שפּראַך אין דער צווייטער העלפֿט צוואַנציקסטן יאָרהונדערט" אין ייִדישע שפּראַך (ניו־יאָרק) 30: 2־18 [געדרוקט נאָך מאַקס ווײַנרײַכס טויט — געענדיקט געוואָרן דעם 28סטן יאַנואַר 1969].

1973 געשיכטע פֿון דער ייִדישער שפּראַך. באַגריפֿן, פֿאַקטן, מעטאָדן. 4 בענד. ניו־יאָרק: ייִוואָ.

[ווײַנרײַך, מאַקס און זלמן רייזען]

1931 די ערשטע ייִדישע שפּראַך־קאָנפֿערענץ. באַריכטן, דאָקומענטן און אָפּקלאַנגען פֿון דער טשערנאָוויצער קאָנפֿערענץ 1908. ווילנע: ייִוואָ.

[טירש, ל.]

1782 [L. Tirsch], *Handlexicon der jüdisch-deutschen Sprache*. Prague: Johann Ferdinand Edlen von Schönfeld.

טשובינסקי, ברוך

1960 „האַרקאַווי, אַלכּסנדר" אין לעקסיקאָן פֿון דער נײַער ייִדישער ליטעראַטור. ניו־יאָרק: אַלוועלטלעכער ייִדישער קולטור־קאָנגרעס (פֿאַראייניקט מיט ציקאָ) 3: 80־85.

יאָפֿע, יודאַ אַ.

1949 אליה בחור. פּאָעטישע שאַפֿונגען אין ייִדיש. אַרויסגעגעבן צום פֿירהונדערטן יאָרטאָג פֿון זײַן טויט (1549־1949). ניו־יאָרק.

יאָפֿע, יודאַ אַ. און יודל מאַרק

1961 גרויסער ווערטערבוך פֿון דער ייִדישער שפּראַך. באַנד 1. **ניו־יאָרק: קאָמיטעט פֿאַרן גרויסן ווערטערבוך פֿון דער ייִדישער שפּראַך.**

1966 גרויסער ווערטערבוך פֿון דער ייִדישער שפּראַך. באַנד 2. **ניו־יאָרק: קאָמיטעט פֿאַרן גרויסן ווערטערבוך פֿון דער ייִדישער שפּראַך.**

ייִוואָ

1933 „**האַרקאַווי־ביבליאָגראַפֿיע**" **אין** האַרקאַווי ביאָ־ביבליאָגראַפֿיע. אַרויסגעגעבן פֿון דעם יובילײ־קאָמיטעט לכּבֿוד האַרקאַווי זיבעציק־יאָריקן יובילײ. **ניו־יאָרק: היברו פּאָבלישינג קאָמפּאַני.**

1934 „**לכּבֿוד אַלכּסנדר האַרקאַווי צו זײַן 70סטן געבוירנסטאָג**" **אין** ייִוואָ־בלעטער **(ווילנע) 6: 1־4.**

לאַנדוי, אַלפֿרעד

1896 Alfred Landau, “Das Deminutivum der gȧlizisch-jüdischen Mundart. Ein Capitel aus der jüdisch-deutschen Grammatik” in *Deutsche Mundarten* (Vienna) 1: 46–58.

ליפֿשיץ, יהושע־מרדכי

1863 „**די 4 קלאסען**" **אין** קול מבֿשר **(אָדעס) 21: 323־328; 23: 364־366; 24: 375־378.**

1869 ריסיש־יודישער ווערטער ביך. **זשיטאָמיר: בדפוס א.ש. שאדאוו.**

1876 יודעש־ריסישער ווערטערביך. **זשיטאָמיר: י.מ. באקשט.**

מאנש, חיים בהאלוף הר"ר מנחם מגלוגא

[1717±] מראה הכתב בל"א וראשי תיבות.

מאַנש, פֿיליפּ

1888־1890 Philipp Mansch, “Der jüdisch-polnische Jargon” in *Der Israelit* (Lemberg) 21: 18–23, 22: 1–4, 6, 7, 9, 10, 12, 14, 18, 23: 1, 3–8 [typescript in YIVO, Max Weinreich Archive, 40, 3: 468].

מאָסקאָוויטש, וואָלף און מאיר וואָלף

1981 Wolf Moskovich and Meyer Wolf, “The Great Dictionary of the Yiddish Language: Design and Prospects” in *Deutsche Philologie* (Berlin) 100 (Sonderheft): 55–78.

מאַרק, יודל

1940 „**אַלכּסנדר האַרקאַווי**" **אין** ייִוואָ־בלעטער **(ניו־יאָרק) 15: 161־163.**

1954 „**באַמערקונגען צו באַמערקונגען**" **אין** ייִדישע שפּראַך **(ניו־יאָרק) 14: 59־61.**

מאַרק, יודל

1971 גרויסער ווערטערבוך פֿון דער ייִדישער שפּראַך. באַנד 3. **ניו־יאָרק: קאָמיטעט פֿאַרן גרויסן ווערטערבוך פֿון דער ייִדישער שפּראַך.**

1980 גרויסער ווערטערבוך פֿון דער ייִדישער שפּראַך. באַנד 4. **ניו־יאָרק און ירושלים: קאָמיטעט פֿאַרן גרויסן ווערטערבוך פֿון דער ייִדישער שפּראַך.**

מיזעס, מתּתיהו

1908 „מתּתיהו מיזעסעס רעפֿעראַט וועגן דער ייִדישער שפּראַך" **אין** **ווײַנרײַך און רייזען 1931: 143־193.**

מרמר, קלמן

1926 „**צווישן ביכער און זשורנאַלן. אַלכּסנדר האַרקאַוויס 'ייִדיש־ענגליש־העברעאיש ווערטערבוך'**" **אין** די פֿרײַהייט **(ניו־יאָרק), 19 סעפּטעמבער.**

ניגער, ש., רעד'

1913 דער פּנקס. יאָרבוך פֿאַר דער געשיכטע פֿון דער ייִדישער ליטעראַטור און שפּראַך, פֿאַר פֿאָלקלאָר, קריטיק און ביבליאָגראַפֿיע. **ווילנע: ב.א. קלעצקין.**

1941 „**לאָמיר זיי כּשרן**" **אין** ייִדישע שפּראַך **(ניו־יאָרק) 1: 21־24.**

1973 פֿון מײַן טאָגבוך. **ניו־יאָרק: אַלוועלטלעכער ייִדישער קולטור־קאָנגרעס.**

סטוטשקאָוו, נחום

1950 דער אוצר פֿון דער ייִדישער שפּראַך. אונטער דער רעדאַקציע פֿון מאַקס ווײַנרײַך. **ניו־יאָרק: ייִוואָ.**

פרילוצקי, נח

1917 דער ייִדישער קאָנסאָנאַנטיזם. באַנד 1: די סאָנאָרלויטן [= זײַן ייִדישע דיאַלעקטאָלאָגישע פֿאָרשונגען. מאַטעריאַלן פֿאַר אַ וויסנשאַפֿטלעכער גראַמאַטיק און פֿאַר אַן עטימאָלאָגיש ווערטערבוך פֿון דער ייִדישער שפּראַך, 1 = נח פּרילוצקיס כּתבֿים, 7]. וואַרשע: **נײַער פֿאַרלאַג.**

פֿרידריך, קאַרל ווילהעלם

1784 Carl Wilhelm Friedrich, *Unterricht in der Judensprache, und Schrift zum Gebrauch für Gelehrte und Ungelehrte*. Prenzlau: Chr. Gottf. Ragoczy.

קאַץ, דוד

אין דרוק **„די עלטערע ייִדישע לעקסיקאָגראַפֿיע: נאָטיצן איבער מקורות און מעטאָדן"** אין **אָקספֿאָרדער ייִדיש.**

1986 Dovid Katz, “On Yiddish, In Yiddish and For Yiddish: Five Hundred Years of Yiddish Scholarship” in Mark Gelber, ed., *Identity and Ethos: Festschrift for Sol Liptzin on the Occasion of his 85th Birthday*. New York, Berne and Frankfurt am Main: Peter Lang.

קאָרמאַן, עזרא

1954 **„באַמערקונגען צו 'וואָרטשאַפֿונג אין ה. לייוויקס לידער'"** אין ייִדישע שפּראַך (ניו־יאָרק) 14: 56־59.

קריזאַנדער, ווילהעלם קריסטיאַן יוסט

1750 Wilhelm Christian Just Chrysander, *Jüdisch-Teutsche Grammatick*. Leipzig and Wolfenbüttel: Johann Christoph Meisner.

ראַוויטש, מלך

1980 מײַן לעקסיקאָן. באַנד 4, בוך 1. תּל־אָבֿיבֿ: **וועלטראַט פֿאַר ייִדיש און ייִדישער קולטור.**

ריטשערדס, בערנאַרד ג.

1940 Bernard G. Richards, “Alexander Harkavy” in *Biographical Sketches*, New York: American Jewish Committee, 152–164 [= *American Jewish Yearbook* 5701 (New York), 152–164].

רייזען, זלמן

1920 גראַמאַטיק פֿון דער ייִדישער שפּראַך. ערשטער טייל. ווילנע: **ש. שרעבערק.**

1924 **„גראַמאַטישער מין אין ייִדיש"** אין ייִדישע פֿילאָלאָגיע (**וואַרשע**) 1: 11־22, 180־192, 303־322.

1926־1929 לעקסיקאָן פֿון דער ייִדישער ליטעראַטור, פּרעסע און פֿילאָלאָגיע. ווילנע: **ב. קלעצקין.**

רײַצענשטיין, וואָלף עהרענפֿריד פֿאָן

1764 Wolf Ehrenfried von Reizenstein, *Der vollkommene Pferde-Kenner*. Uffenheim: Johann Simon Meyer.

שוואב, אבֿרהם בן הר"ר מנחם מנדלי און מאיר בן יעקבֿ

1773 ספר מליץ יושר חלק שני. **אַמסטערדאַם: בדפוס אשר הוקם מחדש ע"י כהר"ר ליב זוסמנש יצ"ו.**

שולמאַן, אליהו

1979 פּאָרטרעטן און עטיודן. ניו־יאָרק: **ציקאָ ביכער־פֿאַרלאַג.**

שטיף, נחום

1925 **„וועגן אַ ייִדישן וויסנשאַפֿטלעכן אינסטיטוט"** אין די אָרגאַניזאַציע פֿון דער ייִדישער וויסנשאַפֿט (**ווילנע**) 3־34.

שײנעאַנו, לאַזאַר

1889 Lazăr Şaineanu, *Studiu Dialectologic asupra Graiului Evreo-German*. Bucharest: Eduard Wiegand.

שעברשין, צבֿי הירש און משה בענדין און יוסף מאַרשן

1713 ספר חנוך לנער. **אַמסטערדאַם.**

פון דעם פאָרוואָרט צו דער ערשטער אויפלאַגע.

מיט דעם ווערק איז געווען מיין כוונה צו געבען אַ ווערטערבוך פון יידיש, וואָס זאָל באַפרידיגן אונזער עולם אין אַ פיל גרעסערער מאָס, ווי די יידישע ווערטערביכער, וועלכע זיינען אַרויסגעגעבען געוואָרן פריער.

דער ווערטערבוך איז געגרונדעט אויף מיין **Yiddish English Dictionary**, אָבער אין איס זיינען אויפגענומען געוואָרן אַחוץ די ווערטער און פראַזעס פון דעם דאָזיגען ווערטערבוך טויזנטער אַנדערע, וועלכע איך האָב געקליבן פון פאַרשידענע יידישע ווערטערביכער, פון דער אידישער ליטעראַטור און פון דעם לעבעדיגן מויל פון פאָלק. די ווערטער, וועלכע אַנטהאַלטען זיך דאָ, זיינען פון אַלע יידישע דיאַלעקטן, אַריינגערעכנט דעם אַמעריקאַנישן.

די איבערזעצונגען זיינען אין ענגליש און העברעאיש. פון יעדן וואָרט האָב איך געגעבן אַלע באַדייטונגען, וועלכע זיינען מיר נאָר געווען באַקאַנט און וועלכע איך האָב נאָר געקענט געפינען. ביי זייער פיל ווערטער ווערן געגעבן באַקאַנטע פראַזעס און פאָלקסווערטלעך אַלס ביישפילן פאַר זייער אַנווענדונג אין זייערע פאַרשידענע באַדייטונגען.

ביי די יידישע ווערטער ווערן אָנגעוויזן דורך ענגלישע ראשי־תיבות די וואָרט־קלאַסן, צו וועלכע זיי געהערן נאָך דער גראַמאַטיק. איך האָב געפּרואווט ביי נאָמענווערטער אָנגעבן דעם מין (מענליך, ווייבליך, זאַכליך), אָבער איך האָב זיך אַרומגעזען, אַז אַן קינצלען איז דאָס אוממעגליך, ווייל עס זיינען ניטאָ קיין פעסטע כללים פאַר דעם גראַמאַטישן מין פון נאָמענווערטער אין יידיש, און איך האָב דאָס דעריבער אויפגעהערט נאָך דעם אות א.

צום סוף פון ווערטערבוך קומט אַ „פאַרצייכעניש פון יידישע נעמען מיט זייער איבערלייג אויף ענגליש". דעם צוגאָב האָב איך געמאַכט צו אַ פּראַקטישען צוועק. ווי באַוואוסט איז אַ שטאַרק פאַרשפּרייטער מנהג צווישן יידן דאָ אין לאַנד אובערצולייגן זייערע נעמען אויף ענגלישע, און דער איבערלייג אין זייער אָפּט עם־הארציש. דאָס פאַרצייכעניש וועט זיין אַ וועגווייזער פאַר די. וואָס ווילן איבערלייגן זייערע נעמען אויף אַ געהעריגן אופן.

ניו יאָרק, דעצעמבער, 1925.

פאָרוואָרט צו דער צווייטער אויפלאַגע.

אין דער נייער אויפלאַגע זיינען פאַרריכט געוואָרן פיל באַמערקטע דרוקפעלערן און עס זיינען צוגעגעבן געוואָרן (אונטער דעם טיטל „הוספה" צום סוף) איבער טויזנט ניי־געזאַמלטע ווערטער און פראַזעס. צווישן די ניי־געזאַמלטע ווערטער זיינען אַריינגענומען געוואָרן די ענגלישע ווערטער, וואָס ווערן באַנוצט אין יידיש אין אַמעריקע.

איך בין שולדיג אַ גרויסן דאַנק מיינע געערטע קאָלעגעס, דר. יודא יאָפע, ה' לעאָן עלבע און ה' יעקב מילך, פאַר צושטעלען מיר פאַר דער נייער אויפלאַגע פאַרצייכענישן פון וויכטיגע ווערטער און אָנווייזן אויף אויסגעלאָזענע באַטייטן פון ווערטער אין דער ערשטער אויפלאַגע.

ניו יאָרק, יולי, 1928.

אלכסנדר האַרקאַווי.

פֿאַרצייכעניש פֿון ראשי־תיבות.

ענגלישע ראשי־תיבות.

abbr.	abbreviation	קִצּוּר
abs.	absolute	עוֹמֵד לְבַדּוֹ (כנוי הקנין)
adj.	adjective	שֵׁם תֹּאַר
adv.	adverb	תֹּאַר הַפֹּעַל
Am.	Americanism	בִּטּוּי אֲמֶירִיקָנִי
arch.	architecture	חָכְמַת הַבִּנְיָה
arithm.	arithmetic	חָכְמַת הַחֶשְׁבּוֹן
chem.	chemistry	כִּימִיָּה
com.	commerce	מִסְחָר
comp.	comparative	עֵרֶךְ הַיִּתְרוֹן
conj.	conjunction	מִלַּת הַחִבּוּר
cont.	contemptuously	בְּדֶרֶךְ בִּזָּיוֹן
def. art.	definite article	מִלַּת הַיְדִיעָה
f.	feminine	שֶׁל מִין נְקֵבָה
fig.	figuratively	בְּדֶרֶךְ מְלִיצָה
fl.	flash	לְשׁוֹן הַגַּנָּבִים
geogr.	geography	כְּתִיבַת הָאָרֶץ
gr.	grammar	דִּקְדּוּק
id.	idiom	בִּטּוּי מְיוּחָד
indef. art.	indefinite article	מִלַּת אִי־הַיְדִיעָה
int.	interjection	מִלַּת הַקְּרִיאָה
iro.	ironically	בְּדֶרֶךְ הִתּוּל
joc.	jocularly	בְּדֶרֶךְ הֲלָצָה
m.	masculine	שֶׁל מִין זָכָר
mech.	mechanics	מֶכָנִיקָה
med.	medicine	חָכְמַת הָרְפוּאָה
mus.	music	זִמְרָה
n.	neuter	שֶׁל מִין סְתָמִי
npr.	{ *nomen proprium* / proper name }	שֵׁם פְּרָטִי
num.	numeral	שֵׁם מִסְפָּר
ord. num.	ordinal numeral	מִסְפָּר סִדּוּרִי
pharm.	pharmacy	רִקְחוּת
phys.	physics	יְדִיעַת הַטֶּבַע
pl.	plural	רַבִּים
p. p.	past participle	בֵּינוֹנִי פָּעוּל
pred.	predicate	נָשׂוּא
pref.	prefix	הוֹסָפָה בְּרֹאשׁ הַמִּלָּה
prep.	preposition	מִלַּת הַיַּחַס
pron.	pronoun	כִּנּוּי הַשֵּׁם
pron. def.	pronoun definite	כִּנּוּי הַיִּעוּד
pron. dem.	pronoun demonstrative	כִּנּוּי רוֹמֵז
pron. indef.	pronoun indefinite	כִּנּוּי סָתוּם
pron. interr.	pronoun interrogative	כִּנּוּי הַשְּׁאֵלָה
pron. pers.	pronoun personal	כִּנּוּי הַגּוּף
pron. poss.	pronoun possessive	כִּנּוּי הַקִּנְיָן
pron. refl.	pronoun reflective	כִּנּוּי חוֹזֵר
pron. rel.	pronoun relative	כִּנּוּי הַיַּחַס
s.	substantive	שֵׁם עֶצֶם
sl.	slang	בִּטּוּי הֲמוֹנִי
suff.	suffix	הוֹסָפָה בְּסוֹף הַמִּלָּה
sup.	superlative	עֵרֶךְ הַהַפְלָגָה
v. a.	verb active	פֹּעַל יוֹצֵא
v. a. n.	verb active & neuter	פֹּעַל יוֹצֵא וְעוֹמֵד
v. aux.	verb auxiliary	פֹּעַל עוֹזֵר
v. imp.	verb impersonal	פֹּעַל סְתָמִי
v. n.	verb neuter	פֹּעַל עוֹמֵד
v. p.	verb passive	פֹּעַל בְּבִנְיַן נִפְעַל
v. r.	verb reflective	פֹּעַל חוֹזֵר
v. rec.	verb reciprocal	פֹּעַל הֲדָדִי
vulg.	vulgar	הֲמוֹנִי, גַּס

יודישע ראשי־תיבות.

ד. — דייטש; ד. ז. — דאָסזעלבּיגע; ה. — העברעאיש; ז. — זע; פּ. — פּויליש; פּגל. — פֿאַרגלייך; פֿר. — פֿראַנצויזיש; קלר. — קליינרוסיש; ר. — רוסיש.

אלגעמײַנע באַמערקונגען.

דער סימן ~ ווערט באַנוצט אַנשטאָט דעם טיטלוואָרט אָדער אַ טײל פֿון אים, וואָס שטײט פֿאַר דעם סימן ||; למשל: פֿעלד; ~ער = פֿעלדער; בּדק||ען; ~ענען = בּדקענען.

דער סימן || ווערט באַנוצט:

א) נאָך יענעם טײל פֿון אַ וואָרט, וואָס דאַרף איבערגעחזרט ווערן; למשל: פֿור||מאַן; ~מאַנעס, ~לײַט = פֿורמאַנעס, פֿורלײַט.

ב) פֿאַר אַן ענדונג און פֿאַר דעם וואָרט זיך, פֿאַר וועלכע דאָס טיטלוואָרט דאַרף צוגעגעבן ווערן; למשל: ערליך; ||~קײַט = ערליכקײַט; האַלטן; ||~זיך = האַלטן זיך.

ג) אַפּצוזונדערן פֿאַרשידענע באַדײַטונגען פֿון אַ וואָרט אין גראַמאַטישן זין; למשל: קלאָר. clear *adj.* בּרור; || clearly *adv.* בּבּרור.

דער סימן = באַצײכנט: גלײַך ווי, דאָסזעלביקע וואָס.

אַן אות מיט אַ קלאַמער, ווי א), ב), ווײַזט אָן אויף אַן אָנמערקונג אונטערן טעקסט.

אָרטאָגראַפֿיע.

דער שטומער **ע** ווערט אויסגעלאָזן; למשל: זאָגן, ליבע — ניט: זאָגען, ליעבע. — דער קלאַנג אײ פֿאַר נג און נק ווערט באַצײכנט דורך **ע**; למשל: ענג, לענג, בענק, הענגען, בענקען — ניט: אײנג, לײנג, בײנק, הײנגען, בײנקען. — די דײַטשע ענדונג *-ig* איז -יג, ניט -יק; למשל: ליכטיג, ריכטיג — ניט: ליכטיק, ריכטיק. — דאָס פֿאַרזעצל צו- אין דער באַדײַטונג פֿון דעם דײַטשן *zer-* (פֿונאַנדער־) איז צע-; למשל: צעטײלן, צערײַסן — ניט: צוטײלן, צורײַסן. — אין ווערטער פֿון דעם דײַטשן עלעמענט קומט אַנשטאָט *ls*, *ns*, *nsch* — לז, נס, נש — ניט: לדז, נדז, ניץ, נטש; למשל: האַלז, גאַנז, פֿענסטער, מענש — ניט: האַלדז, גאַנדז פֿענצטער, מענטש.

ווי צו זוכן אין דעם ווערטערבוך.

ווערטער, וואָס זײַנען ניטאָ אונטער פֿונאַנדער־, זוכן אונטער צע־; למשל: פֿונאַנדערציִען אונטער צעציִען.

ווערטער, וואָס זײַנען ניטאָ אונטער צוזאַמען־, זוכן אונטער צונויפֿ־; למשל: צוזאַמענקלײַבן אונטער צונויפֿקלײַבן.

ביבליאָגראַפֿיע פֿון מקורים.

אַלגעמײַנע יידישע ווערטערביכער.

אלכסנדר הארקאווי. יידיש־ענגלישעס ווערטערבוך. 6־טע אויפֿלאַגע. ניו יאָרק. היברו פּאַבלישינג קאָמפּאַני. תר"ע (1910).

י. מ. ליפשיץ. יודעש־רוסישער ווערטער בוך. זיטאָמיר (1876).

דוד הלוי איש הורוויץ. ספר המלים זשאַרגאָני־עברי. וואַרשא תרנ"ג (1893).

D. Dr. Hermann L. Strack. Jüdisches Wörterbuch. Leipzig. J. C. Heinrichs sche Buchhandlung. 1916.

Sieben-Sprachen-Wörterbuch. Herausgegeben im Auftrage des Oberbefehlshabers Ost. Leipzig. Verlag Otto Spamer. (Vorwort 1918.)

Salomo Birnbaum. Praktische Grammatik der Jiddischen Sprache. Mit Lesestücken und einem Wörterbuch. Wien-Leipzig. A. Hartleben's Verlag. 1915.

ווערטערבּיכער פֿון העברעאיש־אַראַמעאישן עלעמענט.

Handlexticon der jüdisch-deutschen Sprache. Zwote Auflage. Prag. Gedruckt bei Johann Ferdinand Edlen von Schönfeld. 1782.

Joseph Jacobs. Glossary of Jewish Terms. Jewish Year Book. 5658. London 1897.

צבי ניסן גאָלאָמב. מלים בלשוני. העבראיִש־אידיִשעס ווערטערבוך (העברעאיִשע ווערטער, אויסדריקן און תורה־ווערטער, וואָס ווערן באַנוצט אין יידיש). ווילנא עת״ר (1910).

דר. חיים ספיוואק און יהואָש (ש. בלומגאַרטען). אידיש־ווערטערבוך. ענטהאַלט אַלע העברעאישע (און כאַלדעאישע) ווערטער, אויסדרוקן און אייגנענעמען, וועלכע ווערן געברויכט אין דער אידישער שפּראַך. ניו יאָרק. פֿערלאַג „יהואָש". 1911.

ווערטערבּיכער פֿון סלאַנג און גנבים־שפּראַך.

Ed. Naschér. Das Buch des Jüdischen Jargons. Nebst einem Anhang: Die Gauner- oder die „Kochemersprache". Wien-Leipzig, Josef Deubler's Verlag. (Vorwort 1910.)

Dr. Erich Bischoff. Wörterbuch der wichtigsten Geheim- und Berufs-Sprachen. Jüdisch-Deutsch, Rotwelsch, etc. Leipzig. Th. Grieben's Verlag (L. Fernau).

הילפֿסמיטלען פֿאַר די העברעאישע איבערזעצונגען.

דוד הלוי איש הורוויץ. ספר המלים זשארגאָני־עברי. ווארשא תרנ״ג (1893).

א. ל. ביסקאָ. מלון המוני־עברי. לונדון תרע״ג (1913).

יהודה גרזובסקי — יוסף קלוזנר. מלוי של כים מעברית לרוסית ואשכנזית . . . ורשה תרס״א (1901).

א. בן יהודה — י. גרזובסקי. מלון רוסי־עברי־אשכנזי. ורשה 1911.

יהודה גרזובסקי ודוד ילין. המלון העברי. יפו תרע״ט (1919).

דר. א. ש. ולדשטין. מלון אנגלי־עברי. יפו תרע״ט (1919).

M. H. Breslau. ערך מלים English and Hebrew Dictionary. London 1856.

Moses Schulbaum. Neues vollständiges Deutsch-Hebräisches Wörterbuch. Lemberg 1904.

O. H. Штейнбергъ. Полный русско-еврейско-нѣмецкій словарь. 7-ое изд. Вильна 1894.

ליטעראַטור.

לעווין אבראהם ליאָן דאָר. מכתבים אָדער איין נייער בריפֿען שטעלער. ווילנע 1882.

אייזיק מאיר דיק. די־א אידישע קליידער אומוועקסלונג (ווילנע 1870). | די־א בלוט האָכציים פון פאריז (1870). | דער שידוך אָן שדכנים (1871). | די־א גייסטער געשיכטע (1871). | באַרוסקע דער שומר (1871). | דער הויז לעהרער (1871). | די־א קאָוונער בריקע (1874). | היר־קאַן (1877). | איין הונט אלס שדכן (1878). | דער אידישער פּאָסלאַניק (1880). | די־א נאכט פֿאַר דער האָכציים (1880). | די־א שיינע מינקע (1886). | חייציקעל אליין (1887 ערשטע אויסג. 1864) | נאָטע גנב (1887) | דער שאַץ מייסטער מאהמוד אחמעט (1887). | וויטצע איבער וויטצע (1887).

ש. עטינגער. סערקעלע. קאָמעדיע אין פֿינף אקטען. וואַרשע 1875.

יצחק יואל ליניעצקי. דאָס חסידישע יונגעל. 3־טע אויסג. ווילנע 1909.

מענדעלע מוכר ספרים (ש״י אבראַמאָוויטש). דאָס קליינע מענשעלע | די־א קליאַטשע. | מסעות בנימין השלישי. | פֿישקע דער קרומער. | דאָס ווינשפֿינגערל. | די־א אלטע מעשה. | ספר הגלגולים. | ספר הבהמות. | בישיבה של מעלה ובישיבה של מטה. | אין א שטורעם־צייט. | צוריק אהיים. | דער פּריזיוו.

לב טוב. וואַרשע 1912

חיי אדם ע״ט. ווילנע תרס״ח.

ברכות מנחם. ווילנע תרל״ו.

ייִדיש־ענגליש־העברעאישער

ווערטערבוך

YIDDISH-ENGLISH-HEBREW

DICTIONARY

א.

א *m* the first letter of the Hebrew alphabet הָאוֹת הָרִאשׁוֹנָה בְּאָלֶף־בֵּית הָעִבְרִי; ‖ *num.* one אֶחָד; אֿ, א׳ one thousand אֶלֶף.

אַ[1] *indef. art.* a, an אֶחָד.

— אַ מענש a man אדם אחד (אדם סתם).

— אַ יעדער every one כל אחד.

אַ[2] (= אַז) *conj.* if אִם.

— אַ ניט if not, or else, otherwise אם לא, בלעדי זאת.

— אַ ניט וועט ער גייַן? will he go then? ההלך ילך?

אַ *conj.* (צונויפגעגאָסן מיט די ווערטער למאי, נו, יאָ) then אִם כֵּן.

— אַלמאי? why then? אם כן מדוע?

— אַנו! well then! הבה!

— אַיאָ? is it not so? האם לא כן?

אַ[4] *int.* ah! Oh! O! הוי!; now עַתָּה; well טוֹב.

— אַ, דו יונגאַטש! O you scoundrel! הוי בן בליעל!

— אַ, איך פאַרשטיי now I understand עתה ידעתי.

— אַ, רעכט אויף אים! well, it serves him right! טוב, כך ראוי לו!

— אַ, ניט דערלעבן וועט ער! he will certainly not live to see it! חיה לא יחיה לראות זאת!

אָ[1] *int.* O! alas! אֲהָה!

אָ[2] *int.* exactly, just בְּדִיּוּק, מַמָּשׁ.

— אָ, אָט אַזוי exactly so כך ממש.

— אָ, אָט דאָס האָב איך געוואָלט זאָגן that's just what I was going to say זה ממש היה רצוני לאמר.

— אויצט אָ just now זה עתה, ברגע זה.

א. א. וו. *abbr.* = און אַזוי ווייטער and so on, and so forth, etc. וְכֵן הָלְאָה, וכו׳.

אָב[1] *m* (*pl.* אָבוֹת) father –; chief, head ראש; ‖ *adj.* principal רָאשִׁי.

אָב[2] *m* the Jewish month Ab (*July-August*) הַחֹדֶשׁ אָב.

א״ב *abbr.* = אַלף־בֵּית.

אָבאָד *m* (*pl.* –ן) felloe, rim (*of a wheel*) חִשּׁוּק, גַּב (של אופן); hoop סוֹבֵב (של חבית).

אָבאָדראַ‖נעץ *m* (*pl.* –נצעס) ragamuffin פּוֹחֵחַ, לָבוּשׁ קְרָעִים.

אָבאָז *m* (*pl.* –ן) train of wagons, baggage train שׁוּרַת עֲגָלוֹת טְעוּנוֹת.

אַבאָנירן *v. n.* to subscribe חָתֹם עַל־; ‖ –זיך *v. r.* ד. ז.

אַבאָנעמענט *n* (*pl.* –ן) subscription חֲתִימָה עַל־.

אַבאָנענט *m* (*pl.* –ן) subscriber חוֹתֵם (חָתוּם) עַל־.

אָבאָראָט *m* (*pl.* –ן) turnover, amount of business transacted מַשָּׂא וּמַתָּן, סְכוּם הַפִּדְיוֹנוֹת בְּמִסְחָר; sale מִמְכָּר, פִּדְיוֹן.

אָבאָראָנע *f* defence מִלְחֶמֶת מָגֵן.

אָבאָרוואַנעץ *m* = אָבאָדראַנעץ.

אַב־בֵּית־דין *m* president of the tribunal –.

אב״ד *abbr.* = אַב־בֵּית־דין.

אַבֵדה *f* (*pl.* אֲבֵדוֹת) loss –.

אִבּוּד־מָמון *m* loss of money –.

אָבוזע *f* burden מַשָּׂא, מַעֲמָסָה.

אָבוך *m* (–עס, –ן *pl.*) head, butt-end (*of an axe*) מַקּוֹף, גַּב הַקַּרְדֹּם.

— געבן מיט אַן אָבוך איבערן קאָפּ to strike with the butt-end on the head הכה על הראש בגב הקרדם; (*fig.*) to dumfound הבהל, המם.

אָבות *pl.* fathers, ancestors, patriarchs –.

אָבות־אַבותים *pl.* forefathers אָבוֹת רִאשׁוֹנִים.

— פון אבות־אבותים of old, long ago מימים קדמונים.

אָבות־אַבותֵינו *pl.* our forefathers –, אֲבוֹתֵינוּ הָרִאשׁוֹנִים.

אַבות־הַטומאה *pl.* principal pollutions, pollutions of the first degree –, הַטֻּמְאוֹת מֵהַמַּדְרֵגָה הָרִאשׁוֹנָה.

אָבטשעסטווע *f* society חֶבְרָה; community קָהָל, עֵדָה.

אַבי *conj.* but, but that אַךְ, רַק, אֲבָל; yet בְּכָל זֹאת; no matter אֵיךְ שֶׁיִּהְיֶה.

— אַבי ווער no matter who, anybody מי שיהיה.

— ניט אַבי ווער not an ordinary person לא אדם פשוט.

— אַבי וואָס no matter what, anything at all מה שיהיה.
— אַבי וואָסער no matter which איזה שיהיה.
— אַבי ווי no matter how, any way at all איך שיהיה.
— אַבי אָט any at all איזה שיהיה; of the ordinary kind מהמין הרגיל.
אַבִי־ m the father of —.
אַבִי־אַבוֹת־הַטוּמאה m the highest degree of pollution —, הַטֻּמְאָה מֵהַמַּדְרֵגָה הָרִאשׁוֹנָה; (fig.) arch-heretic ראש הַכּוֹפְרִים.
אַבִי־אַבוֹת־הַטוּמאהניק m arch-heretic ראש הַכּוֹפְרִים.
אָביאַווען v. a. n. to make known, advertise, declare הוֹדִיעַ, פִּרְסֵם.
אָביאַק m (pl. —עס) contemptible poor man אֶבְיוֹן נִבְזֶה.
אַבידה = אֲבֵדָה.
אָבִידיען v. a. to offend הֶעֱלִב.
אַבִי־הַיֶּלד m the father of a child to be circumcised אַב הַיֶּלֶד הַנִּמּוֹל.
אֶביון m (pl. אֶביוֹנים) poor man עָנִי, רָשׁ, דַּל.
אֶביוֹנטע f poor woman אִשָּׁה עֲנִיָּה.
אֶביון־שֶׁבְּאֶביוֹנים s. very poor man —.
אַבִי־יְתוֹמים m the father of orphans (God) — (אלהים).
אַבֵילות = אֲבֵלוּת.
אַבִילע = אַבִי.
אָבִינוּ־מַלך m our Father-King (God) — (אלהים).
אָבִינוּ מַלכֵּנוּ m "Our Father, our King" (a penitential prayer) — (תפלה לעשרת ימי תשובה).
אָביסק m (pl. —ן) search, domiciliary visit חִפּוּשׂ, בְּדִיקָה (בבית איש).
אָבִיסקע = אָבוּסק.
אָביעזדטשיק m (pl. —עס) horse-gendarm שׁוֹטֵר רוֹכֵב עַל סוּס.
אָביציע f paper-hangings, wall-paper נְיָר לְצִפּוּי כְּתָלִים; stained paper נְיָר כָּתוּם (לצפוי לוחות של ספרים).
אַבִּיר־לֵב m hard-hearted man קְשֵׁה לֵב, אַכְזָר.
אַבִּירת־לֵב f hard-heartedness קַשְׁיוּת הַלֵּב, אַכְזְרִיּוּת.
אָבכאָד m (pl. —ן) round הַקָּפָה; patrol חֵיל הַשּׁוֹמְרִים הַסּוֹבְבִים בָּעִיר.
אָבל m (pl. אֲבֵלים) mourner —, מִתְאַבֵּל עַל מֵת.
אָבלאַווע f raid הִתְנַפְּלוּת.
אֲבֵלה f (pl. אֲבֵלות) female mourner —, אִשָּׁה מִתְאַבֶּלֶת.
אָבל וַחפוּי ראש phr. "mourning and with a covered head," crestfallen נְכֵה־רוּחַ.
אֲבֵלות f mourning —, אֵבֶל.
אָבלטע = אֲבֵלה.
אָבלִיגאַציע f obligation הִתְחַיְּבוּת.
אָבמאַן m (pl. —ען) fraud מִרְמָה, רַמָּאוּת.
אָבמאַנשטשִיק m (pl. —עס) defrauder, rogue רַמַּאי, נוֹכֵל.
אַב־‖מְלָאכה f (—מְלָאכות pl.) one of the principal classes of work forbidden on Sabbath —, אַחַת מֵהַמְּלָאכוֹת הָרִאשִׁיּוֹת הָאֲסוּרוֹת בְּשַׁבָּת; manners inherited from one's father (joc.) מִדָּה שֶׁיָּרַשׁ בֵּן מֵאָבִיו, מַעֲשֵׂה אָבוֹת.
אֶבֶן־בֹּחן m touchstone —.
אֶבֶן־חוֹמה f (fl.) stone wall קִיר אֲבָנִים.
אַבְנט m (pl. אַבְנֵטים) girdle for the dead אֵזוֹר לַמֵּתִים.
אֶבֶן־טוֹב m (pl. אֲבָנים־טוֹבות) precious stone, gem אֶבֶן טוֹבָה, אֶבֶן יְקָרָה.
אֶבֶן־כּוֹתל = אֶבֶן־חוֹמה.
אֶבֶן־נֶגֶף m stumbling stone —.
אֶבֶן־קִיר = אֶבֶן־חוֹמה.
אָבסאַץ = אָבצאַס.
אָבסערוואַטאָריע f observatory מִגְדַּל־צוֹפִים.
אָבעדרִיקעס pl. breeching רְצוּעוֹת שֶׁל סִמְלוֹן.
אָבעלִיסק m (pl. —ן) obelisk עַמּוּד הַצִּיּוּן.
אַ־בע־צע n (pl. —ען) a-b-c, alphabet הָאָלֶף־בֵּית הָרוֹמִי.
אָבער conj. but, however אֲבָל, אוּלָם, אַךְ; again שׁוּב, עוֹד פַּעַם.
אָבערגלויבן m (pl. —ס) superstition אֱמוּנָה תְּפֵלָה, הֲזָיָה.
אָבערגלײביש adj. superstitious בַּעַל־אֱמוּנָה תְּפֵלָה, בַּעַל־הֲזָיָה, מַאֲמִין בַּשָּׁוְא.
אָבצאַס m (pl. —ן) heel (of a shoe) עֲקֵב־נַעַל.
אָבצווײַנגע f tongs מֶלְקָחַיִם, צְבָת.
אָבצע adj. strange, foreign זָר, נָכְרִי.
אֵבר m (pl. אֵברים) member, limb —, פֶּרֶק.
אָבראָט m (pl. —ן) halter חֶבֶל, רֶסֶן.
אָבראָטש = אָבראָט.
אָבראָק m fodder, provender מִסְפּוֹא.
אַבְרָהם־אָבינו m our patriarch Abraham —.
אָברוטש = אָבראָט.
אֵבר־מִן־הַחַי m a limb plucked off from a living animal (forbidden for food) —.
אַגאַט m agate אַכְּשִׁים (מין אבן טובה מגונים שונים).
אַגאַטן adj. of agate, agate שֶׁל אַכְּשִׁים.
אַגאָניע f agony יִסּוּרִים גְּדוֹלִים; גְּסִיסָה, חֶבְלֵי מָוֶת.
אָגאָ‖נעק m (pl. —נקעס) line, file שׁוּרַת אֲנָשִׁים.
אַגב adv. by the way, in passing אַגַּב, בְּדֶרֶךְ אַגַּב.
אַגב אורחא = ז. אַגב.
אַגָדה f (pl. אַגָדות) legend —; ethical part of the Talmud הַחֵלֶק הַמּוּסָרִי שֶׁל הַתַּלְמוּד.

אַגַדתא = אַגָדָה.

אגודה s. (pl. אגודות) association, federation, union —, חֶבְרָה.

אגודל s. thumb —, בֹּהֶן.

אָגול s. wholesale סִיטוֹנוּת.

— אין אָגול in a lump, by wholesale במדה גסה.

אָגולנע adj. wholesale סִיטוֹנִי; joint כּוֹלֵל, כְּלָלִי; || adv. by wholesale בְּמִדָּה גַסָּה.

אָגולניק s. wholesaler סִיטוֹן, סוֹחֵר בְּמִדָּה גַסָּה.

אָגיל־וְאֶשְׂמַח adv. "I shall rejoice and be glad," smoothly, properly (joc.) חָלָק, נָאוֹת.

אָגיער = אָגער.

אַגענט s. (pl. ־ן) agent סוֹכֵן.

אַגענטורע s. agency סוֹכְנוּת.

אגענטסטווע = אַגענטורע.

אָגער s. (pl. ־ס) stallion סוּס (סוס לא מסורס).

אָגראָד s. (pl. ־ן) kitchen-garden גַּן הַיָּרָק; orangery, green-house גַּן הַחֹרֶף.

אָגראָדניק s. (pl. ־עס) gardener גַּנָּן.

אַגרעס s. (pl. ־ן) gooseberry עֲנַב־שׁוּעָל.

אַדאָ adv. here, right here פֹּה, בָּזֶה; there, right there שָׁם.

אדאנק adv. thanks to, owing to הוֹדוֹת לְ־.

אַדאָפּטירן v. a. to adopt אִמֵּץ לוֹ, לָקַח לוֹ (לבן או לבת).

א. ד. ג. abbr. = און דאָס (= דעם) גלייכן and the like וְכַדּוֹמֶה.

אַדוואָקאַט s. (pl. ־ן) advocate, defender סַנֵּגוֹר; lawyer, counselor, attorney טוֹעֵן, עוֹרֵךְ דִּין.

אַדוואָקאַטורע s. profession of a lawyer, attorneyship עֵסֶק הַעֲרָכַת הַדִּינִים.

אֱדוֹם npr. Edom (a people descended from Esau) —.

אָדוֹן s. (pl. אֲדוֹנִים) master, lord, gentleman —.

אֲדוֹן־בְּפָקְדְךָ s. "Lord, when thou musterest," commander מְפַקֵּד, מְצַוֶּה א).

אֲדוֹן־הַגָּדוֹל s. (pl. אֲדוֹנִים־הַגְּדוֹלִים) eminent gentleman אִישׁ רָם הַמַּעֲלָה; officer פָּקִיד.

אֲדֹנָי s. "my lord," God —.

אֲדוֹנִי s. my lord, sir —.

אֲדוֹן־עוֹלָם s. "Lord of the universe," title of a hymn —, שֵׁם הִמְנוֹן יָדוּעַ.

אָדוק s. (pl. אֲדוּקִים) strictly religious man —, שׁוֹמֵר כָּל חֻקֵּי הַדָּת; fanatic קַנַּאי.

אדורך = דורך.

אדורכ־ pref. ☞ ווערטער מיט דעם צוזעץ וועט מען געפינען אין פארבינדונג מיט דורכ־.

אדושם = אדוני ב).

א) פון סליחות. ב) צוזאַמענזעצונג פון אדוני און השם. ווערט אזוי געזאָגט אנשטאט ארויסצורעדן אין גאַנצן דעם הייליגען נאָמען אדוני.

אַדיוטאַנט s. (pl. ־ן) adjutant סְגַן, שָׁלִישׁ.

אַדיע int. farewell! adieu! good-bye! שָׁלוֹם! חֲיֵה בְּטוֹב!

אַדיר s. (pl. אַדירים) mighty, powerful, great —; || s. very rich man עָשִׁיר גָּדוֹל.

אַדל s. nobility אֲצִילוּת.

אָדליגע s. thaw הַפְשָׁרַת הַשֶּׁלֶג.

אָדלעהע = אָדליגע.

אַדלען v. a. to ennoble, beknight נָשָׂא לְמַעֲלַת אָצִיל.

אָדלער s. (pl. ־ס) eagle נֶשֶׁר.

אָדלעריש adj. eagle's, aquiline שֶׁל נֶשֶׁר.

אָדָם s. man —, אִישׁ; || npr. Adam —.

אָדָם־גָדול s. great man —.

אֲדָמָה s. earth —.

— ליגן אין דער אדמה to be in miserable circumstances היה במצב רע.

— גיין אין דער אדמה to go to hell הלך לאבדון.

— האָבן אין דער אדמה to disregard, to ignore לא שים לב ל־, בטל.

— אַרײַנלייגן אין דער אדמה to ruin (a business) הרס (עסק).

אָדָם־הָרִאשׁון s. the first man, Adam —.

אָדָם חָשׁוּב = אִישׁ חָשׁוּב.

אַדמיניסטראַטאָר s. (pl. ־ס) administrator מְנַהֵל.

אַדמיניסטראַציע s. administration, management הַנְהָלָה.

אַדמיראַל s. (pl. ־ן) admiral שַׂר צְבָא הַיָּם.

אָדָם פָּחוּת s. low or mean man אִישׁ קַל הָעֵרֶךְ.

אָדָם קָרוֹב לְעַצְמוֹ phr. one is nearest to himself —.

אדמו״ר abbr. = אֲדוֹנֵנוּ מוֹרֵנוּ וְרַבֵּנוּ our lord, teacher and master (title of a Chasidic rabbi) —.

אַדעמאַסקין = דאַמאַסקין.

אָדעס npr. Odessa הָעִיר אוֹדֶסָּה.

— לעבן ווי גאָט אין אָדעס to live in clover חיה בכל טוב.

אָדער¹ s. (pl. ־ן) vein גִּיד, עוֹרֵק.

— לאָזן אַן אָדער, לאָזן צו דער אָדער, עפֿענען אַן אָדער, שלאָגן צו דער אָדער to bleed, phlebotomise הקיז דם.

— גילדענע אָדער piles, hemorrhoids טחורים.

— טרעגען די אָדערן not to leave alone, trouble לא הרפה מאיש.

אָדער² conj. or אוֹ.

— אָדער... אָ־ער... either... or... או... או...

אָדערדיג adj. veiny מָלֵא גִּידִים.

אַדערויף s. (pl. ־ן) earnest, earnest-money כֶּסֶף עֵרָבוֹן, דְּמֵי קְדִימָה.

אָדער־ייד s. (pl. ־ן) a Jew afflicted with piles יְהוּדִי מֻכֵּה טְחוֹרִים.

אָדָר m the Jewish month Adar (*February-March*) הַחֹדֶשׁ אֲדָר.

אדר וַאדר (6-*th and pl.* first and second Adar (7-*th months of a Jewish leap-year*) אֲדָר רִאשׁוֹן וַאֲדָר שֵׁנִי.

אַדְרַבָּה on the contrary *adv.* לְהֶפֶךְ.

אַדְרַבָּה וְאַדְרַבָּה all the better *adv.* יוֹתֵר טוֹב.

— זײַן גוט אױסעצן אדרבה ואדרבה to be very good to a person היה טוב מאוד לאיש.

אדרויף = אדערויף.

אַדרעס m (pl. ־ן) address כְּתֹבֶת.

אדרעסאַט m (pl. ־ן) addressee מְקַבֵּל הַמִּכְתָּב.

אדרעס־בוך n (pl. ־ביכער) directory סֵפֶר הַכְּתֹבוֹת.

אדרעסנע סטאַל m (pl. ־ן) address-office פְּקִידוּת הַכְּתֹבוֹת.

אדר ראשון m the first Adar (6-*th month of a Jewish leap-year*) אֲדָר רִאשׁוֹן.

אדר שני m the second Adar (7-*th month of a Jewish leap-year*) אֲדָר שֵׁנִי.

אהא *int.* aha! so! כֵּן!

אָהאָ *int.* oho! אֹי!

אַהבה f —, love חִבָּה.

אהבה רבה f great love —.

אַהבת־נפש f intimate friendship —.

— זײַן אהבת־נפש to be fast friends היה אוהבים נאמנים.

אהיים *adv.* home הַבַּיְתָה; at home בַּבַּיִת.

אַהין *adv.* there, thither שָׁמָּה.

אהינטאָן *v. a.* to put, place שִׂים, הָנִיחַ; ‖ — זיך *v. r.* to hide oneself, retire הֵעָלֵם, הִתְכַּנֵּס.

אַהינטן = אהינטער.

אַהינטער *adv.* backwards לְאָחוֹר, אֲחוֹרַנִּית.

אַהינצו, אַהינצוצו *adv.* thither שָׁם, לְהָתָם.

אַהינקומען *v. n.* to come to a place בּוֹא לְמָקוֹם; to hide oneself הֵעָלֵם.

— וואו איז ער אהינגעקומען? what has become of him? איפה נעלם? מה היה לו?

אהל = אוהל.

אַהללה f "I will praise," a prayer said on Rosh-hashanah תְּפִלָּה הַנֶּאֱמֶרֶת בְּרֹאשׁ הַשָּׁנָה.

— בײַטן אנסיכה אויף אהללה to change like for like החלף דבר בדומה לו א).

אַהער *adv.* here, hither הֲלוֹם, הֵנָּה.

— ביז אַהער hitherto עד הלום; עד היום.

— אהין און אַהער to and fro הנה והנה.

אַהערצו, אַהערצוצו *adv.* hither הֲלֹם.

א) ווען ראש השנה נעפאַלט אין א שבת זאָגט מען אין מאַנכע קהילות אהללה אַנשטאַט אנסיכה: דערזון נעמט זיך דאָס ווערטל.

אַהרן *npr.* Aaron —.

אַהרן הַכֹּהן *npr.* Aaron the priest —.

אוביאַר m (pl. ־ן) dress, attire לְבוּשׁ, קִשּׁוּט; gear (*of horses*) כְּלֵי רִתְמָה.

אונאַדיען *v. a.* to please, satisfy עֲשֵׂה רָצוֹן.

אונערקע f cucumber קִשּׁוּא.

— זויערע אונערקע pickled cucumber קשוא שלוק.

אוַדאי = אוודאי.

אודות *prep.* about, concerning —.

אוהב m (pl. אוֹהֲבִים) lover —.

אוהב־בֶּצע m (pl. אוֹהֲבֵי־בֶצַע) one greedy of unjust gain —.

אוהב־ישׂראל m (pl. אוֹהֲבֵי ישׂראל) philo-Semite —.

אוהב־נאמן m (pl. אוֹהֲבִים־נֶאֱמָנִים) faithful friend —.

אוהל m tent —; structure over a grave בִּנְיָן עַל הַקֶּבֶר, נֶפֶשׁ; mortuary בֵּית מֵתִים.

אָוואַ *int.* dear me! (*exclamation of surprise*) קְרִיָּה דָא, רַחֵם!

אוואַלנע *adj.* oval כִּדְמוּת בֵּיצָה, עָגֹל וְאָרֹךְ.

אוואַנגאַרדע f van-guard חָלוּץ.

אוואַנסירונג f advancement הִתְקַדְּמוּת.

אוואַנסירן *v. n.* to advance, progress הִתְקַדֵּם, עָלֹה בַּמַּדְרֵגָה.

אווגוסט m August (*month*) אַבְגוּסְט (החדש השמיני לנוצרים).

אוַודאי *adv.* certainly בְּוַדַּאי.

אוואַזשען *v. a.* to respect כַּבֵּד; to heed, regard שִׂים לֵב לְ־.

אוואַזשעניע f respect כָּבוֹד; regard תְּשׂוּמַת לֵב.

אווערטיורע f (pl. ־ס) overture פְּתִיחָה (בזמר).

אויטאָביאָגראַפיע f autobiography תּוֹלְדוֹת אִישׁ כְּתוּבוֹת בִּידֵי עַצְמוֹ.

אויטאָגראַף m (pl. ־ן) autograph עֶצֶם כְּתַב יְדֵי אִישׁ; autographic press מְכוֹנָה מַעְתֶּקֶת כְּתָבִים.

אויטאָמאָביל m (pl. ־ן) automobile עֲגָלָה הַמִּתְנוֹעַעַת מֵעַצְמָהּ.

אויטאָמאַט m (pl. ־ן) automaton אַבְטוֹמַטוֹס, מְכוֹנָה מִתְנוֹעַעַת מֵעַצְמָהּ.

אַויטאָמאַטיש *adj.* automatical מִתְנוֹעֵעַ מֵעַצְמוֹ כְּאַבְטוֹמַטוֹס.

אַויטאָנאָמיע f autonomy שִׁלְטוֹן עַצְמוֹ.

אויטאָנאָמיש *adj.* autonomous שֶׁל שִׁלְטוֹן עַצְמוֹ.

אויטאָר m (pl. ־ס) author מְחַבֵּר, יוֹצֵר.

אויטאָריטעט f (pl. ־ן) authority סַמָּךְ, סַמְכוּת; בַּר סַמְכָא.

אַוויז m (pl. ־ן) advice (*of a bank*) הוֹדָעָה (של שלחניות).

אוויזירן *v. a.* to advise, inform הוֹדִיעַ.

אַוויר, אַווירן = אויר, אוירן.

אַווירן, אָווירן = האַווירן.

אָוונט m (pl. –) evening עֶרֶב.

אָוונט-שטערן m (pl. –ס) evening star כּוֹכַב הָעֶרֶב.

אַוועק adv. away, off; int. get away! הָלְאָה; || begone! גֵּשׁ הָלְאָה! כֵּלֵךְ! = אוועקגיין.

— איך בין אוועק I have gone away הלכתי לי.

— איך וועל אוועק I willl go away אלך לי.

אַוועקאײַלן v. n. to hurry away הָחֵפֶז מ־.

אַוועקאַרבעטן v. a. to work away עָבֹד הַרְבֵּה.

אַוועקבאַברען זיך v. r. to move, stir, work הִתְעַסֵּק.

אַוועקבאָרגן v. n. to borrow לָוֹה; to lend הַלְוֵה.

אַוועקבלאָזן v. a. to blow oway הָפֵחַ מֵעַל־.

אַוועקבלײַבן v. n. to stay away הִשָּׁאֵר לְיָמִים רַבִּים; to be absent הֵעָדֵר.

אוועקברענען v. n. to burn down בָּעֹר, הָיֹה לְמַאֲכֹלֶת אֵשׁ.

אוועקברעקלען v. a. to crumble away פָּתֹת כֻּלּוֹ.

אוועקגאַנג m departure הֲלִיכָה, פְּטִירָה.

אוועקגיין v. n. to go away הָלוֹךְ, אָזוֹל לוֹ, הִפָּטֵר; to be spent אָפֹס.

— אוועקגיין פון פונקט to digress from the subject נטה מן הענין.

אוועקגנבענען v. a. to steal away גְּנֹב מ־; || – זיך v. r. to slink away הִתְגַּנֵּב.

אוועקדינען v. n. to serve continually שָׁרֵת זְמַן רַב.

אוועקדרייען v. a. to turn away הָסֵב, סַבֵּב הַצִּדָּה; || – זיך v. r. to go away הָלוֹךְ, הֵעָלֵם.

אוועקהאַלטן v. a. to keep off הָנֵא אִישׁ מִקְּרֹב; to keep a long time תָּפֹס זְמַן רַב.

אוועקהאַמפּערן זיך v. r. to dispute or altercate a long time הִתְוַכֵּחַ זְמַן רַב.

אוועקהאַנדלען v. n. to trade a long time סָחֹר זְמַן רַב; || v. a. te buy from קָנֹה מֵאִישׁ.

אוועקהאַקן v. a. to cut off or away כָּרֹת כֻּלּוֹ; = אוועקקנאַקן.

אוועקהרגענען v. a. to kill הָרֹג; to destroy הָרֹס, קַלְקֵל.

אוועקוואַנדערן v. n. to wander away נָסֹעַ וְעָבֹר.

אוועקוואַרפן v. n. to throw away הַשְׁלֵךְ אַחַר גֵּוּוֹ; to leave, quit עָזֹב.

אוועקוואַשן v. a. to wash away הָדִיחַ, רָחֹץ.

אוועקווישן v. a. to wipe off מָחֹה.

אוועקזאָגן v. n. to say heedlessly אָמֹר בְּלִי שִׂים לֵב.

אוועקזײַן to be gone, be absent הֵעָדֵר.

אוועקזינגען v. a. n. to sing continually זַמֵּר תָּמִיד.

אוועקזיצן v. n. to sit a long time יָשֹׁב זְמַן רַב.

אוועקזעגלען v. n. to sail away or off נָסֹעַ וְעָבֹר בָּאֳנִיָּה.

אוועקזעצן v. a. to seat הוֹשֵׁב; to put שִׂים; || – זיך v. r. to sit down יָשֹׁב.

אוועקטאָן v. a. to put aside הַנִּיחַ הַצִּדָּה; to do away הָסֵר.

אוועקטראָגן v. a. to carry away נָשֹׂא הָלְאָה.

אוועקטרײַבן v. a. to drive avay גָּרֵשׁ כָּלָה.

אוועקיאָגן v. a. to drive or chase away גָּרֵשׁ, הָנֵס.

אוועקכאַפּן v. a. to snatch away גָּזֹל, חָטֹף; to read off quickly קְרֹא בִּמְהִירוּת; || – זיך v. r. to rush away נוּס, בָּרֹחַ.

אוועקלאָזן v. a. to leave off עָזֹב, הַרְפֵּה; to dismiss, discharge פַּטֵּר; || – זיך v. r. הָלוֹךְ לוֹ, נָסֹעַ וְעָבֹר.

— אוועקלאָזן זיך אין וועג to start on a journey שים לדרך פעמיו.

אוועקלויפן v. n. to run away, escape נוּס, בָּרֹחַ.

אוועקלייגן v. n. fo put away or down שִׂים, הַנִּיחַ; to lay down הַשְׁכֵּב; to defeat הַפֵּל, נַצֵּחַ; || – זיך v. r. to lie down שְׁכַב, רָבֹץ.

אוועקלײַען = אוועקבאָרגן.

אוועקלערנען v. n. to learn or study a long time לָמֹד זְמַן רַב.

אוועקמאַכן v. a. to remove הַעְתֵּק, הַרְחֵק; || – זיך v. r. to slink away הִתְגַּנֵּב, חָמֹק וְעָבֹר.

— אוועקמאַכן מיט דער האַנט to belittle הקטן, בוה.

אוועקמאַרשירן v. n. to march away צָעֹד לוֹ.

אוועקנעמען v. a. to take away לָקֹחַ, גָּזֹל, שָׁלֹל.

אוועקעט = אוועק (נאָך א צייטוואָרט).

אוועקעסן v. a. to eat away אָכֹל כֻּלּוֹ.

אוועקפאַלן v. n. to fall away נָפֹל מ־.

אוועקפּאַקן זיך v. r. to pack off חָמֹק וְעָבֹר.

אוועקפאָר m departure נְסִיעָה מ־.

אוועקפאָרן v. n. to leave, depart נָסֹעַ מ־.

אוועקפוילן v. n. to rot away רָקֹב, הָמֵק.

אוועקפוילענצן v. n. to idle away הִתְעַצֵּל, חַבֵּק יָדַיִם.

אוועקפטרן v. a. to remove, put out of the way הָסֵר, פַּטֵּר, הַרְחֵק.

אוועקפירן v. a. to lead away הוֹלֵךְ, נָהֹג; to carry away הוֹבֵל, נָשֹׂא.

אוועקפלאַקערן v. n. to burn away הָלוֹךְ וּבָעֹר.

אוועקפליסן v. n. to flow away שָׁטֹף (זָרֹם) מ־.

אוועקפליען v. n. to fly away עוּף, הִתְעוֹפֵף.

אוועקפעקלען v. r. to carry away נָשֹׂא מ־; || – זיך v. r. to get off הָלוֹךְ לוֹ.

אוועקציִען v. a. n. to draw away מָשֹׁךְ מ־; to extend הַאֲרֵךְ; to march away הָלוֹךְ (נָסֹעַ) מ־; || – זיך v. r. to cxtend הִתְפַּשֵּׁט; to continue, last הַאֲרֵךְ יָמִים.

אוועקקויפן v. a. to buy קָנֹה מ־.

אוועקקוקן v. n. to look away from הָסֵר אֶת עֵינָיו מ־.

אוועקקלאַפּן v. n. to rap continually דָּפֹק (הַכֵּה) בְּלִי הֶרֶף; || – a. a. to dispose of quickly פַּטֵּר בְּחִפָּזוֹן.

אוועקקלעטערן v. n. to climb away טַפֵּס וְעָבֹר.

אוועקקנאַקן *v. a.* to dispose of quickly (*fig.*) ספּר בחפּזון; to rattle off קרא במהירות.
אוועקקערן *v. a.* to turn away הסר; to sweep away טאַטא.
אוועקקריגן זיך [1] *v. rec.* to quarrel a long time התקוטט זמן רב.
אוועקקריגן זיך [2] *v. r.* to get off הפּטר.
אוועקקריכן *v. n.* to creep away זחל לו, הלוך לו.
אוועקקרענקען *v. n.* to be ill continually חלה בלי הרף.
אוועקראַבעווען *v. a.* to rob from גזל מ־.
אוועקראַמען *v. a.* to clear away, remove בער, העתק ממקומו.
אוועקרוימען = אוועקראַמען.
אוועקרופֿן *v. a.* to call away קרא מ־.
אוועקרוקן *v. a.* to move away, remove העתק; || — זיך *v. r.* to sneak away חמק ועבר; (*sl.*) to die מות.
אוועקריידן *v. n.* to talk continually דבר בלי הרף.
אוועקרייזן *v. n.* to start on a journey, depart נסע מ־.
אוועקרייסן *v. a.* to tear off קרע מ־; to snatch away גזל (חטף) מ־.
אוועקשאַפֿן *v. a.* to remove הרחק; to do away with בטל.
אוועקשאַרן *v. a.* to rake away גרף מ־.
אוועקשווימען *v. n.* to swim away שחה מ־, הפלג באניה.
אוועקשוועבן *v. n.* to soar, float in the air פּרח, רחף.
אוועקשווענקען *v. a.* to wash away הדיח, שטף.
אוועקשטאַרבן *v. n.* to die away מות, גוע.
אוועקשטויסן *v. a.* to push away דחה, דחף.
אוועקשטופּן = אוועקשטויסן.
אוועקשטיין *v. n.* to stand a long time עמד זמן רב; to stand off העתק מ־; not to shut closely לא הסגר היטב.
אוועקשטעלן *v. a.* to put away, place הצג, העמד, שים; || — זיך *v. r.* to stand up קום; to become erect or stiff (*of the penis*) התקשה (על אבר המוליד).
אוועקשטראָמען *v. n.* to flow away זרם (שטוף) מ־.
אוועקשיטן *v. a.* to pour away שפך (פזר) הלאה.
אוועקשיסן *v. a.* to shoot off ירה.
אוועקשיפֿן *v. a.* to send by ship שלח באניה; || — זיך *v. r.* to sail off הפלג באניה.
אוועקשיקן *v. a.* to send away שלח; to dismiss פּטר.
אוועקשלאָגן *v. a.* to beat off, repulse הדף, דחף.
אוועקשלאָגעניש *n.* beating off, repulsing הדיפה, דחיפה.

אוועקשלאָפֿן *v. n.* to sleep away ישן הרבה.
אוועקשלײַדערן *v. a.* to fling away השלך (ירה) הלאה.
אוועקשלעפּן *v. a.* to drag away משך (סחב) מ־; || — זיך *v. r.* to wander away נסע לו.
אוועקשמעלצן *v. n.* to melt away המס.
אוועקשנײַדן *v. a.* to cut away כרת מ־.
אוועקשענקען *v. a.* to give away, present נתן במתנה.
אוועקשפּאַנען *v. n.* to walk away צעד לו, הלוך לו.
אוועקשפּאַצירן *v. n.* to walk away הלוך לשוח, הלוך לו.
אוועקשפּילן *v. a n.* to play continually נגן בלי הרף; || — זיך *v. r.* to play continually שחק זמן רב.
אוועקשפּרינגען *v. n.* to jump away קפץ ועבר.
אוועקשרײַבן *v. a. n.* to write (*a letter*) כתב (מכתב); to write continually כתב בלי הרף.
אוועקשרײַען *v. n.* to cry continually צעק בלי הרף.
אוזאַר = הוזאַר.
אוזאָר *m* (*pl.* ־ן) pattern, flower ציור, מרשם.
אוחז־בײַד = האוחז ביד.
אוטאָרעס *pl.* grooves or chines of a cask שלבים לקרקע של חבית.
אוטווערזשדען *v. a.* to affirm, confirm אשר, חזק, קים.
אוטשאַסטאָק *m.* (*pl.* ־טקעס) ward, district רבע העיר; || police-office בית פּקידות שוטרי העיר.
אוטשאָק *m.* flight מנוסה.
— מאַכן אוטשאָק to run away נוס, ברח.
אוטשעניע *f.* instruction הוראה; apprenticeship למוד מלאכה; drilling תרגיל הצבא.
אוי *inf.* oh! אוי.
אוי־אוי *int.* gracions me! מריה דאברהם!
אוי־אוי־אוי *int.* gracions me! מריה דאברהם!; (נע־צוינגן און מיט אַ ספּעציעלן דריק אויף יעדן אוי) I should say, what a question! בודאי, אין כל ספק.
— אוי־אוי־אוי וויל ער! I should say he is willing בודאי הוא רוצה.
אויב *conj.* if, whether אם.
אויבל *m* (*pl.* ־ען) medal מטבע כבוד; medallion משכיה.
אויבן *adv.* above למעלה, לעיל.
— פֿון אויבן from above מלמעלה, ממרום; on the surface על השטח; superficially בשטחיות, על נקלה.
— פֿון אויבן אויף clearly, plainly ברור, פשוט.
אויבנאויפֿיג *adj.* clear, plain ברור, פשוט.
אויבנאָן *adv.* at the head בראש; || *m* seat of honor מקום חשוב.
אויבנדערמאָנט *adj.* above-mentioned, above-said הנזכר למעלה, האמור למעלה.

אויבס *n* fruit, fruits פְּרִי עֵץ, פֵּרוֹת.

אויבס‖בוים *m* (— בײמער *pl.*) fruit-tree עֵץ פְּרִי.

אויבס־הענדלער *m* fruit-seller מוֹכֵר פֵּרוֹת.

אויבער [1] *adj.* upper, higher עֶלְיוֹן.

אויבער [2] *f* (— ס *pl.*) queen (*at cards*) מַלְכָּה (במשחק הקלפים).

אויבער־באַאַמ‖טער *m* (— טע *pl.*) superior functionary, head-clerk פָּקִיד עֶלְיוֹן.

אייבער־גייסטלי‖כער *m* (— כע *pl.*) first parson כֹּהֵן עֶלְיוֹן.

אויבער־געריכט *n* (— ן *pl.*) supreme court בֵּית־מִשְׁפָּט עֶלְיוֹן.

אויבער־‖דאָקטאָר *m* (— דאָקטוירים *pl.*) head physician ראשׁ הָרוֹפְאִים.

אויבערהאַנט *f* upper hand מֶמְשָׁלָה עֶלְיוֹנָה.

— האָבן די אויבערהאַנט to be uppermost, prevail היה יד איש תקיפה.

אויבערהאַר *m* (— ן *pl.*) supreme lord, sovereign שַׂר עֶלְיוֹן, אֲדוֹן הָאֲדוֹנִים.

אויבערהויז *n* upper house, בֵּית עֶלְיוֹן (של נבחרי העם); House of Lords בֵּית הַלּוֹרְדִים (באנגליה).

אויבערהויט *f* epidermis עוֹר חִיצוֹנִי.

אויבער־‖הַמְצָאָה *f* (— הַמְצָאוֹת *pl.*) trick פַּצְדָּקָה.

אויבער־‖הַסְבָּרָה *f* (— הַסְבָּרוֹת *pl.*) knack, trick פַּצְדָּקָה, עָרְמָה.

אויבערהעמד *n* (— ער *pl.*) dress-shirt כְּתֹנֶת עֶלְיוֹנָה.

אויבערהער = אויבערהאַר.

אויבערהערשאַפט *f* overlordship, sovereignty, supremacy מֶמְשָׁלָה עֶלְיוֹנָה.

אויבערוועריטס *adv.* above לְמַעְלָה.

— פון אויבערוועריטס from above מלמעלה; ממרום.

אויבער־חָכמה = אויבער־הַמְצָאָה.

אויבערלערער *s.* head-teacher, head-master מוֹרֶה רָאשִׁי.

אויבערמאַנטל = אויבעררראָק.

אויבערפּאָסטמייסטער *m* (— ס *pl.*) postmaster-general פָּקִיד עֶלְיוֹן שֶׁל דּוֹאַר.

אויבערפלעך *f* (— ן *pl.*) surface פְּנֵי דָבָר, שֶׁטַח, גַּב.

אויבערפלעכליך *adj.* superficial שִׁטְחִי; ‖ *adv.* superficially בְּהַעֲבָרָה.

אויבערקאָמאַנדיר *m* (— ן *pl.*) commander-in-chief שַׂר־צָבָא עֶלְיוֹן.

אויבערקאָמאַנדע *f* chief command פְּקִידוּת שֶׁל שַׂר־צָבָא עֶלְיוֹן.

אויבערקאַפּיטאַן *m* (— ען, — עס *pl.*) capptain-general פָּקִיד עֶלְיוֹן.

אויבער־‖קול *m* (— קולות *pl.*) treble, soprano קוֹל צִפְצוּף רָם.

אויבערקייט *f* authority רָשׁוּת.

אויבערקלייד *n* (— ער *pl.*) upper garment בֶּגֶד עֶלְיוֹן.

אויבערקעפל *n* trick תַּעֲלוּל, מְזִמָּה.

אויבערראַבינער *m* chief rabbi רַב רָאשִׁי, רַב הַכּוֹלֵל.

אויבער־‖ראָק *m* (— רעק *pl.*) overcoat, great coat בֶּגֶד עֶלְיוֹן, מְעִיל.

אויבעררי‍כטער *m* supreme judge, chief justice שׁוֹפֵט רָאשִׁי, ראשׁ הַשּׁוֹפְטִים.

אויבערשט *adj.* upper, uppermost עֶלְיוֹן; topmost הָכִי גָבוֹהַּ.

— דאָס אויבערשטע פון שטויסל pestle עֱלִי, מדוך א); the élite, the best (*fig.*) הכי טוב, המובחר.

אויבערשטיבל *n* garret עֲלִיָּה.

אויבערשטים = אויבער־קול.

אויבערשטער *m* the Most High עֶלְיוֹן עַל כֹּל (אלהים).

אויבערשטראָך = אויבערשטריך.

אויבערשטריך *m* (— ן *pl.*) mark of abbreviation קַו לְסִמַּן הַקִּצּוּר; mark of accent סִמַּן הַטַּעַם.

אויבערשלאַק *m* coating הָאֹרֶג הָעֶלְיוֹן (החיצוני) שֶׁל בֶּגֶד.

אויבער־‖שַׁמש *m* (— שַׁמָשִׁים *pl.*) chief sexton ראשׁ הַשַּׁמָּשִׁים.

אויבערשרייבער *m* head-clerk ראשׁ הַלַּבְלָרִים.

אויג *n* (— ן *pl.*) eye עַיִן; drop of fat טִפָּה שֶׁל שׁוּמָן (במרק); point (*at cards*) נְקוּדָה (במשחק הקלפים).

— א בייז אויג an evil eye עין הרעה.

— א דאָרן אין אויג an eyesore דבר מכאיב כקוץ לעין.

— פול ווי אַן אויג full to the brim מלא עד השפה.

— אויג אויף אויג face to face עין לעין, פנים בפנים.

— שטעלן אויג אויף אויג to confront העמד פנים אל פנים.

— האָבן אַן אויג אויף אימעצן to have a watchful eye on a person שמר איש, שים עין על איש.

— נעמען אַן אויג to observe שים עין.

— האָבן אַן אויג ביי אימעצן to have influence with a person השפע על איש.

— היטן ווי אַן אויג אין קאָפּ to keep as the apple of the eye שמר כאישון עין.

— וואַרפן אַן אויג אויף אימעצן to cast an eye at a person נתן עין באיש.

— נים אַראָפּנעמען קיין אויג פון אימעצן not to lose sight of a person לא הסר עין מאיש.

— צומאַכן מיט אַן אויג to sleep ישן.

— צומאַכן מיט אַן אויג to sleep ישן; to die (*fig.*) מות.

— אין די אויגן in the face בפניו.

א) עס זעט אויס, אז אויבערשט אין דער באַדייטונג איז אַן איבערזעצונג פון ה. עלי, וואָס קומט פון דעם שורש עלה, זיין הויך, זיין פון אויבן.

— אונטער פֿיר אויגן face to face, privately בינו לבינו, בחשאי.
— אונטער די אויגן in a person's absence לא בפניו.
— אין מײַנע אויגן in my estimation לפי דעתי.
— פֿאַר אַלעמען אין די אויגן in the sight of all בפני כל עם ועדה, בפרהסיא.
— אויסקוקן די אויגן אויף אומעצן to long for a person חכה לאיש בכליון עינים.
— אויסשטעלן אַ פּאָר אויגן to stare with both eyes הבט במבט חודר; השתאה, השתומם.
— האָבן פֿאַרשטאָכענע אויגן to have a brazen face היה לאיש מצח נחושה, היה עז־פנים.
— האָבן גרויסע אויגן to be greedy חמד.
— עפֿענען די אויגן to open one's eyes פתח את עיניו; to be undeceived (*fig.*) יצא מטעות; to feel relieved רוח לאיש.
— עפֿענען אומעצן די אויגן to undeceive a person הוצא איש מטעות.
— שמײַסן אומעצן די אויגן מיט עפּעס to throw a thing in a person's teeth הגד לאיש דבר בפניו.
— וואַרפֿן זיך אין די אויגן to strike the eyes הראה לעינים.
— קוקן אין די אויגן to face a person הבט בעיני איש; to love אהב.
— קריכן אין די אויגן to beset *or* molest a person הרעם, הרגז.
— שיטן זאַמד אין די אויגן to throw dust in a person's eyes נקר עיני איש.
— זײַן אומעצן גרויס אין די אויגן to be an eyesore to a person היה לצנינים בעיני איש.
— אַוועק פֿון די אויגן out of a person's sight מנגד עיני איש.
— אַוועקגיין פֿון אומעצנס אויגן to go away from a person's presence הלוך מפני איש.
— גיין וואוהין די אויגן טראָגן to wander aimlessly הלוך בלי מטרה.
אויגאַפּל = שוואַרצאַפּל.
אויגנבליק *m* (*pl.* ־ן) moment, instant רֶגַע, הֶרֶף עַיִן.
אויגנבליקליך *adj.* momentary, instantaneous כְּרֶגַע, כְּהֶרֶף עַיִן.
אויגנ|דאָקטאָר *m* (*pl.* ־ דאָקטוירים) oculist רופא עֵינַיִם.
אויגנווייטיק *m* (*pl.* ־ן) pain in the eye כְּאֵב עֵינַיִם.
אויגנ|לאָך *n* (*pl.* ־ לעכער) eye-socket חור הָעַיִן.
אויגנלעדעלע *n* eye-lid עַפְעַף, שְׁמוּרָה.
אויגנ|צאָן *m* (*pl.* ־ צייִנער) eye-tooth שֵׁן־חוֹתֶכֶת.
אויגנקויט *m* mucus of the eye-lid, gum of the eyes לִפְלוּף או לֵחָה שֶׁבָּעַיִן.

אויגנשיין eye-sight *m* רְאִיַּת הָעַיִן.
אוידיטאָריע *f* auditorium, lecture hall אולם לְשׁוֹמְעֵי שִׁעוּרִים.
אוידיענציע *f* רְאָיוֹן וְשִׂיחָה (עם איש גדול).
אוי־ווײַ! *int.* woe! alas! אֲבוֹי! אַלְלַי!
אויוון[1] *m* (*pl.* ־ס) oven, stove תַּנּוּר.
אויוון[2] = אויבן.
אויוון־אָן = אויבן־אָן.
אויך *conj.* also, too אַף, גַּם.
— אויך ניט neither... nor גם... לא, גם... אין.
— איך האָב עס אויך ניט געזען neither have I seen it גם אני לא ראיתי זאת.
— איך האָב אויך קיין געלט ניט nor have I any money גם לי כסף אין.
— (*iro.*) אויך מיר אַ מענטש! a pretty specimen of a man גם לזה אדם יקרא!
אויכעט = אויך.
אויס *prep.* out, out of מִן; ‖ *adv.* no more לא עוד; at an end, all over תַּם, נִשְׁלַם, עָבַר, אָפֵס, חָדַל, כָּלָה.
— ער איז אויס מאַכער he has no power any more אפסה גבורתו.
— אויס יום טוב the holiday is over החג עבר.
אויס־ *prep.* out, out of מ־.
אויסאיבן *v. a.* to exercise פַּעֵל; ‖ ־ זיך *v. r.* הִתְרַגֵּל.
אויסאָטעמען *v. a.* to breathe out, exhale הוֹצֵא בִּנְשִׁימָה.
אויסאײַדלען *v. a.* to ennoble, refine עַדֵּן.
אויסאײַטערן *v. n.* to cease suppurating חָדֹל מֵהוֹצֵא לֵחָה.
אויסאײלן *v. a.* to oil, anoint מָשֹׁחַ בְּשֶׁמֶן.
אויסאַקערן *v. a.* to plough out, plough up חָרשׁ כֹּל; to search through (*fig.*) חַפֵּשׂ חִפֵּשׂ מְחֻפָּשׂ.
אויסאַרבעטן *v. a.* to work out יַצֵּר, עָשֹׂה; to elaborate עַבֵּד הֵיטֵב.
אויסבאָדן *v. a.* to bathe out רָחֹץ כֻּלּוֹ; ‖ ־ זיך *v. r.* to bathe oneself הִתְרַחֵץ.
אויסבאַהאַלטן *v. a.* to hide, conceal הַסְתֵּר, הַחְבֵּא; ‖ ־ זיך *v. r.* to hide onself הִסָּתֵר, הִתְחַבֵּא.
אויסבאַכען *v. a.* to give a person a good drubbing הַכֵּה מַכָּה רַבָּה.
אויסבאַלבען *v. a.* to blab out פַּטְפֵּט, גַּלֵּה סוֹד.
אויסבאַקן *v. a.* to bake sufficiently אָפֹה דֵּי הַצֹּרֶךְ; to finish baking גְּמֹר לֶאֱפוֹת.
אויסבאָרגען *v. a.* to lend out הַשְׁאֵל, נָתֹן בְּהַקָּפָה.
אויסבויען *v. a.* to finish building בְּנֵה כֻּלּוֹ, הַשְׁלֵם בִּנְיָן; to build בָּנֹה.
אויסבוטלעווען *v. a.* to bottle, draw off שִׂים בְּבַקְבּוּקִים.
אויסבטלען *v. a.* to annul (*evil dreams*) בַּטֵּל (חלומות רעים).

— אויסבאַלען אַלע בייזע חלומות צו אומעצנם קאָפּ to heap curses upon a person המטר קללות על ראש איש.

אויסבינגלען v. a. to press, iron גַהֵץ.

אויסבייגן v. a. to bend כָּפֹף; הַטֵּה.

אויסבייטונג f exchange חִלּוּף; substitute כֹּפֶר, תְּמוּרָה.

אויסבייטלען v. a. to sift, bolt נַפֵּה (קמח); to drain a person of all his money הוֹצֵא כָּל הַכֶּסֶף מֵאִישׁ; || — זיך v. r. to spend to the last penny הוֹצֵא עַד הַפְּרוּטָה הָאַחֲרוֹנָה.

אויסבייטן v. a. to exchange הַחֲלֵף, הָמֵר; to substitute הָיֹה תְמוּרַת אִישׁ, מַלֵּא מְקוֹם אִישׁ.

אויסבייסן v. a. to bite out הוֹצֵא בִנְשִׁיכָה.

אויסבילדונג f cultivation, culture הִשְׁתַּלְּמוּת.

אויסבילדן v. a. to cultivate כַּלֵּל, שַׁכְלֵל; || — זיך v. r. to accomplish oneself הִשְׁתַּלֵּם.

אויסבינדן v. a. to unbind הַתֵּר, פַּתֵּחַ; to put up in bundles עֲשֵׂה חֲבִילוֹת.

אויסבלאָזן v. a. to blow out הַפֵּחַ.

אויסבלוטן v. n. to cease bleeding חֲדֹל מִזּוֹב דָּם.

אויסבלייבן v. n. to stay out הִשָּׁאֵר.

אויסבלייזן v. a. to exhaust a person's fortune הָרֵק רְכוּשׁ אִישׁ.

אויסבלייכן v. a. to make pale הַכְסֵף, חַוֵּר; to bleach הַלְבֵּן; || — זיך v. r. to grow pale חָוֹר.

אויסבליִען v. n. to grow out פַּתֵּחַ נִצָּתוֹ; to cease blooming הָתֵם פִּרְחוֹ.

אויסבלעטערן v. a. to turn all the leaves (of a book) הָפֹךְ כָּל עֲלֵי הַסֵּפֶר, עַלְעֵל כֻּלּוֹ.

אויסבעטלען v. a. to obtain by begging הַשֵּׂג עַל יְדֵי בַּקָּשַׁת נְדָבוֹת.

אויסבעטן¹ v. a. to obtain by prayer הַשֵּׂג עַל יְדֵי תְפִלָּה; to ask a price שְׁאֹל מְחִיר.

אויסבעטן² v. a. to make the bed הַצֵּעַ הַמִּטָּה.

אויסבעסערונג f improvement תִּקּוּן, הֲטָבָה; emendation תִּקּוּן.

אויסבעסערן v. a. to improve תַּקֵּן; to emend תַּקֵּן, הֵיטֵב; || — זיך v. r. to improve oneself תַּקֵּן אֶת עַצְמוֹ.

אויסבערשטן v. a. to clean with a brush נַקֵּה בְּמִבְרֶשֶׁת אוֹ בְּמַטְאֲטֵא.

אויסבראָטן v. a. to roast out צְלֵה כֻלּוֹ.

אויסבראָך m (pl ן —) outbreak, eruption פֶּרֶץ, הַקָּאָה.

אויסבראַקירן v. a. to reject פַּסֵּל.

אויסברוינען v. a. to make browu קַלֵּה, הָפֹךְ לִשְׁחַרְחֹר.

אויסברוקירן v. a. to pave out רַצֵּף.

אויסברייטונג f spreading הִתְפַּשְּׁטוּת; expansion הִתְרַחֲבוּת.

אויסברייטן v. a. to spread פַּשֵּׁט; to expand הַרְחֵב; || — זיך v. r. to be spread הִתְפַּשֵּׁט; to expand הִתְרַחֵב.

אויסברייען¹ v. a. to brew out בַּשֵּׁל (שכר).

אויסברייען² v. a. to prove הוֹכֵחַ, הַרְאֵה לָדַעַת.

אויסבריִען v. a. to clean with boiling water הַגְעֵל, נַקֵּה בְמַיִם רוֹתְחִים; to hatch, brood דְּגֹר (על ביצים).

אויסבריקען v. a. to knock out by kicking הוֹצֵא עַל יְדֵי בְעִיטָה.

אויסברעכן v. a. to break out שַׁבֵּר; to vomit out הָקִיא; to page עֲרֹךְ (אותיות מסודרות) לְפִי הַדַּפִּים; || v. n. to break out פָּרֹץ.

אויסברענגאַכץ = אויסברענגעריי.

אויסברענגען v. a. to conclude הוֹצֵא מִשְׁפָּט; to prove הוֹכֵחַ, הַרְאֵה לָדַעַת; to spend, squander פַּזֵּר, בַּזְבֵּז.

אויסברענגער m spendthrift פַּזְרָן, בַּזְבְּזָן.

אויסברענגעריי f squandering פַּזְרָנוּת, בַּזְבְּזָנוּת.

אויסברענען v. n. to burn out שָׂרֹף עַד תֹּם; to cease burning חֲדֹל מִשְּׂרֹף; to cauterise (a wound) שָׂרֹף מַכָּה; to eat away אַכֵּל מִ־; to brand עֲשֵׂה תָו בְּבַרְזֶל לוֹהֵט, הַכְוֵה.

אויסברעקלען v. a. to crumble out פָּרֵר מִ־.

אויסגאַבע f edition הוֹצָאָה (של ספרים).

אויס||גאַנג m (pl. — גענג) exit מוֹצָא; excrement צוֹאָה.

אויסגאָס m pouring out שְׁפִיכָה מִ־; estuary שֶׁפֶךְ, תּוֹצָאָה (של נהר).

אויסגאָרגלען v. a. to gargle out גַּרְגֵּר (שטף את הגרון).

אויסגאָרסעווען = גאָרסעווען.

אויסגיין v. n. to go out יָצֹא; to walk much הַלֹּךְ הַרְבֵּה; to be spent אָפֹס; to burn out בָּעֹר אוֹ אָכוֹל כֻּלּוֹ (נר); to die מוּת, גְּוֹעַ; to be madly in love אָהֹב אַהֲבָה עַזָּה; to befall חוּל; || — זיך v. r. to extricate oneself יְצֹא מִתּוֹךְ, הִמָּלֵט.

— אויסגיין אומעטום to go to every place הלוך לכל מקום ומקום.

— זי גייט אויס נאָך איהם she is madly in love with him היא אוהבת אותו עד מות.

— אַלע צרות זאָלן אויסגיין צו זיין קאָפּ! may all misfortunes befall him! כל הפגעים יחולו על ראשו!

— דאָס וועט אויסגיין צו געלט this will be atoned for by money הכסף יהיה תמורת זאת (של צרה).

אויסגילטן v. a. to gild צַפֵּה זָהָב.

אויסגיסונג f outpouring, effusion שֶׁפֶךְ.

אויסגיסן v. a. to pour out שְׁפֹךְ, יַצֵּק.

אויסגלאַנצן = אויסגלאָצן.

אויסגלאָצן v. a. to open wide (one's eyes) לַטֵּשׁ (עינים).

אויסגליטשן v. a. to slip הַחֲלֵק, מְעֹד.

אויסגלייך m (pl. ן —) agreement, settlement הַשְׁוָאָה, הַסְכָּמָה.

אויסגלייַכן *v. a.* to straighten יַשֵּׁר, שַׁוֵּה; to settle הָבֵא בְהַסְכָּמָה; || — זיך *v. r.* to come to an agreement בּוֹא לִידֵי הַסְכָּמָה; to stand up straight עֲמֹד בְּקוֹמָה זְקוּפָה; to stretch oneself הִתְמַתֵּחַ.

אויסגליִען *v. a.* to glow to the end לָהֹט עַד תֹּם; to temper לַבֵּן בָּאֵשׁ.

אויסגלעטן *v. a.* to smooth הַחֲלֵק, עֲשֵׂה חָלָק.

אויסגַנבענען *v. a.* to steal all גְּנֹב כֻּלּוֹ.

אויסגעבונדן *adv.* thoroughly בְּדִיּוּק, הֵיטֵב.

אויסגעבלאָזן *adj.* blown, made empty by blowing מוּרָק בִּנְפִיחָה.

— אַן אויסגעבלאָזן איי a blown egg ביצה ריקה; something worthless (*fig.*) דבר ריק.

אויסגעבלייזט *adj.* decolleté חֲשׂוּף הַצַּוָּאר וְהַזְּרוֹעוֹת.

אויסגעבלייכט *adj.* pale חִוֵּר.

אויסגעבן *v. a.* to spend הוֹצֵא (כסף); to betray מַסֵּר; to marry, give in marriage הַשִּׂיא; || — זיך *v. r.* to pretend to be אָמֹר כִּי הוּא זֶה; to seem, appear הֵרָאֵה; to happen קְרֹה; to suffice, be enough הָיֹה דַי, הָיֹה מַסְפִּיק.

אויסגעבראַכט ווערן *v. n.* to spend to the last penny הוֹצֵא עַד הַפְּרוּטָה הָאַחֲרוֹנָה.

אויסגעגעבן *adj.* married נָשׂוּא.

אויסגעגאָרסעוועט = אויסגעבלייזט.

אויסגעדאַרט *adj.* lean, emaciated כָּחוּשׁ, רָזֶה.

אויסגעדיַיווערט = אויסגעדאַרט.

אויסגעדינט *adj.* retired שֶׁהִתְפַּטֵּר מֵעֲבוֹדָה; worn out בָּלֶה.

אויסגעדעווערט = אויסגעדיַיווערט.

אויסגעדריִיט = אויסגעקרימט.

אויסגעהאַלטן *adj.* consistent מַתְאִים.

אויסגעהאַלטנקייט *f* consistency הַתְאָמָה.

אויסגעהונגערט *adj.* pinched with hunger רָעֵב הַרְבֵּה.

אויסגעווייקט *adj.* soaked שָׁרוּי; emaciated כָּחוּשׁ, רָזֶה.

אויסגעטראָגן *adj.* worn out בָּלֶה.

אויסגעטראַכט *adj.* invented בָּדוּי.

אויסגעלאָזט = אויסגעלאַסן.

אויסגעלאַסן *adj.* licentious, wanton, rakish פָּרוּץ, שׁוֹבָב.

אויסגעלאַסנקייט *f* licentionsuess, wantonness, rakishness פְּרִיצוּת.

אויסגעלונקען *adj.* dislocated שָׁמוּט, פָּרוּק.

אויסגעמאַטערט *adj.* weary, tired עָיֵף, נִלְאֶה.

אויסגעמאַטערטקייט *f* weariness עֲיֵפוּת, לֵאוּת.

אויסגעמאַכט *adj.* positive, certain, sure מֻחְלָט, בָּרוּר, יָדוּעַ; sly, cunning עָרוּם, רַמַּאי.

אויסגעמאַרכעוועט *adj.* emaciated כָּחוּשׁ.

אויסגעמוטשעט = אויסגעמאַטערט.

אויסגעניאַרעט *adj.* exhausted נִלְאֶה, עָיֵף מְאֹד.

אויסגעניקערט *adj.* rooted out נֶעֱקָר.

אויסגעסוויטשעט *adj.* trained מְחֻנָּךְ, מְלֻמָּד.

אויסגענומען *adj.* excepted יוֹצֵא מִן הַכְּלָל.

אויסגעפּאָרצט *adj.* removed by farting נֶעֱקָר עַל יְדֵי נְפִיחָה.

— אויסגעפּאָרצטע ציין (*joc.*) missing teeth שִׁנַּיִם חסרות.

אויסגעפּאָרצן = אויסגעפּאָרצט.

אויסגעפּאַשעט *adj.* well-fed מְפֻטָּם.

אויסגעפּוישט *adj.* bulged out בָּלוּט, נָפוּחַ.

אויסגעפּײַנט *adj.* refined מְעֻדָּן.

אויסגעפינען *v. a.* to find out מָצֹא; to discover גַּלֵּה; to invent הַמְצֵא.

אויסגעפּליקט ווערן *v. n.* to suffer סָבֹל.

אויסגעפּלעקט *adj* spotted מָלֵא כְתָמִים.

אויסגעצויגן *adj.* drawn out מָשׁוּךְ; stretched out מָתוּחַ, פָּרוּשׂ (על ערש).

אויסגעצויגן ווערן *v. p.* to suffer סָבֹל.

אויסגעצייכנט *adj.* distinguished מְצֻיָּן; excellent נַעֲלֶה.

אויסגעקאָכט *adj.* cooked מְבֻשָּׁל; experienced (*fig.*) בָּקִי, בַּעַל נִסָּיוֹן.

אויסגעקוואַרט = אויסגעדאַרט.

אויסגעקויקלט ווערן *v. r.* to be rolled, be thrown about הִתְגּוֹלֵל, הָשְׁלֵךְ; to be destroyed אָבֹד.

אויסגעקינדלט *adj.* who is past child-bearing אֲשֶׁר עָמְדָה מִלֶּדֶת.

אויסגעקערט *adj.* turned הָפוּךְ.

אויסגעקרימט *adj.* curved מְעֻקָּם.

אויסגערויעט *adj.* soiled by wallowing in mire מְלֻכְלָךְ בְּרֶפֶשׁ.

אויסגערונען ווערן *v. p.* to run out, flow out זוּב, יָצֹא (כמו מים טחור); to be miscarried הָיֹה נֵפֶל.

אויסגעריבן *adj.* trodden, beaten (*path*) סָלוּל; experienced בַּעַל נִסָּיוֹן, בָּקִי.

אויסגערייכערט *adj.* smoked out מְעֻשָּׁן.

— אויסגערייכערטע ליולקע smoked out pipe מקטרת שכבר היו מעשנים בה; cunning blade (*fig.*) ערום.

אויסגעריסן ווערן *v. p.* to be torn out הִקָּרֵעַ; to suffer סָבֹל.

אויסגעשטאָפּט *adj.* stuffed מְמֻלָּא.

אויסגעשטעלט *adj.* exposed מְגֻלֶּה; coached, trained לָמֵד.

— בלײַבן אויסגעשטעלט to be ruined ההרס ממעמדו.

אויסגעשטערנט *adj.* starry, studded with stars מוּאָר עַל יְדֵי כּוֹכָבִים, מְסֻמָּן בְּכוֹכָבִים.

אויסגעשפּילט *adj.* improved by playing שֶׁנַּעֲשָׂה יוֹתֵר טוֹב עַל יְדֵי נְגִינָה (נאמר על כלי שיר); played out, (*fig.*) done for נֶהֱרָס.

אויסגעשריבן *adj.* running, easy (*handwriting*) מָהִיר, קַל (כתיבה).

אויסגעשריי *m* exclamation קְרִיאָה.

אויסגעשריי־צייכן *n* note of exclamation סִמַּן הַקְּרִיאָה.

אויסגראָבונג *f* digging out חֲפִירָה; excavation חֲפִירָה שֶׁל מַטְמוֹנִים; disinterment הוֹצָאָה מֵהַקֶּבֶר.

אויסגראַבלען *v. a.* to scratch out גָּרַד אוֹ נִקֵּר מ־.

— אויסגראַבלען די אויגן to scratch out a person's eyes נקר עיני איש.

אויסגראָבן *v. a.* to dig out חָפַר מ־; to excavate חָפַר מַטְמוֹנִים, הוֹצִיא מַטְמוֹנִים עַל יְדֵי חֲפִירָה; to disinter, exhume חָפַר מֵהַקֶּבֶר.

אויסגראַווירן *v. a.* to engrave חָקַק, פִּתֵּחַ.

אויסגריבלען *v. a.* to search out חִפֵּשׂ חַפֵּשׂ מְחֻפָּשׂ.

אויסגריזען *v. a.* to gnaw out כִּרְסֵם, נִקֵּר מ־.

אויסגרינען *v. r.* to grow green הָפַךְ יָרֹק; ‖ — זיך *v. r.* to acclimatise (*Am.*) הָיָה לְאֶזְרָח.

אויסדאַכטן זיך *v. r.* to seem, appear הֵרָאָה, הִדַּמָּה.

אויסדאָלבען *v. a.* to hollow, excavate נִקֵּר, נָקַב.

אויסדאַרן *v. n.* to parch, dry up יָבֵשׁ.

— דער קאָפּ איז אים נאָך ניט אויסגעדאַרט he has not yet lost his wits עוד לא יצא מדעתו.

אויסדויבען = אויסדאָלבען.

אויסדויער *f* perseverance, endurance סַבְלָנוּת, אֹרֶךְ־רוּחַ.

אויסדויערן *v. n.* to last to the end אָרַךְ, הִמְשִׁיךְ.

אויסדוכטן זיך = אויסדאַכטן זיך.

אויסדולובען = אויסדלובען.

אויסדולן זיך *v. n.* to extricate oneself יָצָא מִמְּבוּכָה.

אויסדזובען *v. a.* to peck out נִקֵּר מ־.

אויסדזיקען *v. a.* to extort הוֹצִיא בְּחָזְקָה; to obtain by entreaties הִשִּׂיג עַל יְדֵי הַפְצָרוֹת.

אויסדינגען *v. a.* to haggle out תִּגֵּר; to outbid הִתְחָרָה עַל יְדֵי הוֹסָפָה עַל הַמְּחִיר; to hire out הִשְׂכִּיר; ‖ — זיך *v. r.* to stipulate הִתְנָה.

אויסדינען *v. n.* to serve out שָׁרֵת זְמַן קָצוּב, מִלֵּא צְבָאוֹ; to serve עָבַד; ‖ — זיך *v. r.* to become unfit for service לֹא הָיָה רָאוּי עוֹד לַעֲבוֹדָה.

— אויסדינען אַלע עבודות זרות to worship all sorts of idols עבד כל מיני העבודה הזרה.

אויסדישען *v. a.* to crush all דִּכָּא כֻּלָּם; to choke all חָנַק כֻּלָּם.

אויסדלובען *v. a.* to scoop out כָּרָה, עָשָׂה חָלָל; to pick נִקָּה (השנים).

אויסדערוויילן = אויסוויילן.

אויסדערציילן *v. a.* to tell to the end סִפֵּר עַד גְּמִירָא.

אויסדראַפּען *v. a.* to scratch out גֵּרֵד, שָׂרַט מ־.

אויסדרוקן *v. a.* to print הִדְפִּיס.

אויסדריבלען *v. a.* to wear out בִּלָּה (בגד); ‖ — זיך *v. v.* to be worn out בָּלָה.

אויסדריי *m* turn הֲסִבָּה; extrication הִשְׁתַּמְּטוּת.

אויסדרייען *v. a.* to turn out הָפַךְ (נְטָה) הַצִּדָּה; to dislocate, put out of joint יָקַע, פֵּרֵק, שִׁמֵּט (אבר מפרקו); to wring סָחַט (בגדים); ‖ — זיך *v. r.* to extricate oneself הֶחֱלִץ, הִפָּטֵר; to free oneself הִשְׁתַּמֵּט; to turn out to be הָיָה בְתוֹר תּוֹצָאָה.

— צום אויסדרייען wringing-wet רטב מאד.

— מאַכן אימעצן אויסצודרייען to make a person wringing-wet רטב איש כלו; (*fig.*) to give a person a good scolding חרף איש עד מאד.

אויסדרינגען *v. a.* to prove הוֹכִיחַ.

אויסדריק *m* (*pl.* — ן) expression בִּטּוּי.

אויסדריקליך *adj.* express, explicit בָּרוּר; ‖ *adv.* expressly בְּפֵרוּשׁ.

אויסדריקן *v. a.* press out, squeeze out זוֹר, מָצָה, סָחַט; ‖ to express בִּטֵּא, הִבִּיעַ; ‖ *v. r.* to express oneself חִוָּה דַעְתּוֹ, אָמַר.

אויסדרעליעווען *v. a.* to bore out נָקַב.

אויסדרעשן *v. a.* to thresh out דּוּשׁ אֶת כֻּלּוֹ.

אויסהאָבן *v. a.* to finish גָּמַר כֻּלּוֹ.

— אויסהאָבן גאַנץ ש״ס to go through the whole Talmud גמר כל התלמוד.

— אויסהאָבן אימעצן אין גאַנצן to get rid of a person entirely הפטר מאיש.

אויסהאָדעווען *v. a.* to bring up, rear אִמֵּן, גִּדֵּל, רִבָּה.

אויסהאַלטן *v. a. n.* to bear, endure סָבַל; to hold out הֶחֱזִיק מַעֲמָד, עָמַד בִּפְנֵי־; to support פִּרְנֵס, כִּלְכֵּל; to be consistent הִתְאִים.

— אויסהאַלטן אַן עקזאַמען to pass an examination עמד במבחן.

— ניט אויסהאַלטן דעם עקזאַמען to fail in an examination לא עמד במבחן.

אויסהאַלטעוודיג *adj.* tenable שֶׁיָּכֹל לַעֲמֹד; consistent מַתְאִים.

אויסהאַנדלען *v. n.* to do much trade סָחַר הַרְבֵּה; ‖ — זיך *v. r.* to give up trade חָדַל לִסְחֹר.

אויסהאַקן *v. a.* to cut out כָּרַת מ־; to hew out, cut out חָצַב מ־; to hew, carve פָּסַל; to knock out הִכָּה, הִפִּיל.

— אויסהאַקן דעם שענסטן שדוך to make the finest match מצא זווג יפה מאד.

אויסהאָרכן = אויסהערן.

אויסהאַרן *v. a.* to wait until הִמְתִּין, חִכָּה עַד־.

אויסהויכן *v. a.* to breathe out, exhale הֵפִחַ רוּחַ.

אויסהוילן = אויסהיילן².

אויסהונגערן *v. a.* to starve out, famish הִרְעִיב;

|| — זיך v. r. to get hungry הָיֹה רָעֵב.

אויסהוסטן v. a. to cough up כַּחֹה וּפְלֹט, שָׁעֹל; || — זיך v. r. to clear one's throat by coughing הִשְׁתַּעֵל.

אויסהייבן v. a. fo lift out הָרֵם מִ־; to get from הַשֵּׂג מִ־.

אויסהיילן[1] v. a. to heal, cure רַפֵּא; || — זיך v. r. to be healed הִתְרַפֵּא.

אויסהיילן[2] v. a. to hollow out, excavate נָקֹב, עֲשֹׂה חָלָל.

אויסהייצן v. a. to heat הַסֵּק.

אויסהעלפן v. a to help, aid, accommodate עָזֹר, הוֹעֵל, סַיֵּעַ.

אויסהענגען v. a. to hang out תְּלֹה; to set up (a flag) פְּרֹשׂ (נס).

אויסהעפטן v. a. to embroider רָקֹם.

אויסהערן v. a. to listen, hearken שָׁמֹעַ, הַאֲזֵן, הַקְשֵׁב; to listen to the end שָׁמֹעַ עַד גְּמִירָא.

אויסהרגענען v. a. to kill off הָרֹג וְאַבֵּד; to give a drubbing הַכֵּה.

אויסוואוקס m (pl. ן —) growth צְמִיחָה; excerescence סַפַּחַת.

אויסוואורף m (pl. ן —) outcast נָבָל, נִבְזֶה.

אויסוואַנדערונג f emigration הֲגִירָה, יְצִיאָה מֵאַרְצוֹ.

אויסוואַנדערן v. n. to emigrate הָגֹר, יָצֹא מֵאַרְצוֹ.

אויסוואַנדערער m (pl. ן —) emigrant מְהַגֵּר, יוֹצֵא מֵאַרְצוֹ.

אויסוואָנכען v. a. to scent, to smell out חָקֹר, רַגֵּל.

אויסוואַקסן v. n. to grow out צָמֹחַ.

אויסוואַרטן v. a. to wait until חַכֵּה (הַמְתֵּן) עַד־.

אויסוואָרטען = אויסיעטן.

אויסוואַרעמען to warm thoroughly הָחֵם (חַמֵּם) הַרְבֵּה; || — זיך v. r. to warm oneself thoroughly הִתְחַמֵּם הַרְבֵּה.

אויסוואַרפלינג m dirt, scum רֶפֶשׁ, חֶלְאָה א).

אויסוואַרפן v. a. to cast הַפֵּל, הַשְׁלֵךְ; to reproach with, cast in the teeth הַגֵּר בְּפָנָיו.

— אויסוואַרפן קאָרטן to tell the fortune by cards הגד עתידות על פי הקלפים.

— אויסוואַרפן אַ חשבון to make an account עשה חשבון.

אויסוואָרצלען v. a. to root out עַקֵּר מִשֹּׁרֶשׁ.

אויסוואַשן v. a. to wash out כַּבֵּס (רְחֹץ) עַד תֻּמּוֹ.

אויסווייזונג f expulsion גָּלוּת.

אויסווייזן v. a. n. to show all הַרְאֵה כֻלּוֹ; to prove הוֹכֵחַ; to expel, exile גַּלֵּה, גָּרֵשׁ; to seem, appear הֵרָאֵה.

אויסווייכן v. a. n. to avoid סוּר מִ־, נְטֹה מִ־; to let a person pass תֵּת לְאִישׁ לַעֲבֹר.

א) דאָס וואָרט קומט פֿאָר אין „סערקעלע".

אויסווײַלן v. a. to choose, select בָּחֹר, בָּרֹר; to elect בָּחֹר (פקידים).

אויסווייניג adj. outer, extreme חִיצוֹנִי; || adv. outwardly, outside מִחוּץ; by heart עַל־פֶּה.

אויסווייניגסט adj. outward, external, outside חִיצוֹנִי; oral שֶׁבְּעַל־פֶּה.

אויסוויינענען v. a. to obtain by crying הַשֵּׂג עַל יְדֵי דְמָעוֹת; || — זיך v. r. to cry cnongh בָּכֹה דַּי.

— אויסוויינען די אויגן to cry one's eyes out, cry oneself blind בכה עד אשר העינים תכהינה.

אויסווייסען v. a. to whiten הַלְבֵּן; to whitewash סַיֵּד; to tin, blanch כַּסֵּה (כלי) בְּבְדִיל.

אויסווייען v. a. to winnow זָרֹה, נַפֵּף.

אויסווייקן v. a. to wet, soak הַרְטֵב, שָׁרֵה.

אויסוויכנען v. a. to dislocate, sprain יָקֹעַ, פָּרֹק, שָׁמֹט (יד, רגל).

אויסווילען זיך v. r. to extricate oneself, elude הִשָּׁמֵט (סוּר) מִ־.

אויסווינדלען v. a. to unswaddle הַתֵּר הַחִתּוּלִים.

אויסוויקלען v. a. to unwind הַתֵּר הַכְּרִיכָה; to unswaddle הַתֵּר הַחִתּוּלִים; to extricate שַׁחְרֵר מִסְּבוּךְ; || — זיך v. r. to extricate oneself הִשְׁתַּחְרֵר מִסְּבוּךְ; to develop הִתְפַּתֵּחַ.

אויסוויקסן v. a. to wax שַׁפְשֵׁף בְּדוֹנַג (בְּשַׁעֲוָה); to polish (shoes) צַחְצֵחַ, הַשְׁחֵר (נעלים).

אויסווירקן v. a. to obtain somthing for a person הַשֵּׂג דָּבָר עֲבוּר אִישׁ.

אויסווישן v. a. to wipe out מָחֹה, קַנֵּחַ.

אויסוועבן v. a. to have done weaving אָרֹג עַד תֻּמּוֹ; = אויסוועפן.

אויסוועג m (pl. ן —) way-out מוֹצָא; means, expedient אֶמְצָעִי, תַּחְבּוּלָה.

אויסוועכנען = אויסוויכנען.

אויסוועלגערן v. a. to roll רַדֵּד, שַׁטֵּחַ, רַקֵּעַ.

אויסוועפן v. n. to evaporate פּוּג (ריח).

אויסווערן v. n. to end גָּמֹר; to retire from service הִתְפַּטֵּר מִמִּשְׁמֶרֶת.

אויסזאָגן v. a. to utter, pronounce בַּטֵּא; to disclose גַּלֵּה.

— אויסזאָגן אַ סוד to disclose a secret גלה סוד.

אויסזאָטלען v. a. to unsaddle פַּתֵּר וְהָסֵר הָאֻכָּף.

אויסזאָליען v. a. to buck הַשְׁרֵה בְּמֵי אֵפֶר.

אויסזאַלצן v. a. to salt מַלֵּחַ.

אויסזאַץ m leprosy, scab צָרַעַת, שְׁחִין.

אויסזויגן v. a. to suck out מָצֹה, מָצֹץ; to suckle הֵינֵק.

אויסזויפן v. a. to drink out סָבֹא (שְׁתֹה) כֻלּוֹ.

אויסזוכן v. a. to search בַּקֵּשׁ, חַפֵּשׂ; to pick out, choose, select בָּחֹר.

אויסזונדערן v. a. to separate הַבְדֵּל; to single out פְּרֵט.

אויסזופן v. a. to drink all שְׁתֵה כֻלּוֹ; to sip all גְּמֹא כֻלּוֹ.

אויסזידלען v. a. to scold גַּדֵּף, חָרֵף.

אויסזידן v. n. to boil over רָתֹחַ וְהִנָּדֵף.

אויסזיין v. n. to be הָיֹה; to stay הִשָּׁאֵר; || v. a. to travel over נְסֹעַ בְּ־. — ער איז דארטן נים אויסגעווען קיין וואך he did not stay there for a week לא נשאר שם אף שבוע. — אויסזיין די גאנצע וועלט to travel over the whole world נסע ועבר בכל העולם.

אויסזייען v. a. to strain, filter סַנֵּן.

אויסזייפן v. a. to soap מָרֹחַ בְּבֹרִית, כַּבֵּס בְּבֹרִית; to use up soap הוֹצֵא בֹּרִית.

אויסזיכט f (pl. ן —) prospect תִּקְוָה; view מַרְאֶה.

אויסזינגען v. a. to utter by singing דַּבֵּר בִּנְגִינָה; to sing to the end שִׁיר עַד הַסּוֹף.

אויסזיפן v. a. to sift out נַפֵּה, בָּלֵק.

אויסזיצן v. a. to sit out יָשֹׁב זְמַן קָצוּב; to hatch out דַּגֵּר, רָבֹץ (ביצים).

אויסזעגן v. a. to saw out גְּזֹר (נַסֵּר) מִ־.

אויסזען v. a. to see to the end רְאֵה עַד סוֹפוֹ; to spy out רַגֵּל; to choose בָּחֹר; to look, seem, appear הֵרָאֵה, הִדָּמֵה; || n look, appearance מַרְאֶה, פָּנִים.

אויסזעער m spy מְרַגֵּל, תָּר.

אויסזעצן v. a. to place or put asunder הוֹשֵׁב כָּל אֶחָד; to knock out הַכֵּה; to find faults מְצֹא חֶסְרוֹנוֹת; || — זיך v. r. to be seated in a row יָשֹׁב בְּשׁוּרָה.

אויסזשלאָקען = זשלאָקען.

אויס־חבר = אָפּ־חבר.

אויסחזרן v. a. to learn by heart לָמֹד עַל־פֶּה.

אויסחליען v. a. to suffer for סְבֹל בְּעַד־.

אויסחנפען v. a. to obtain by flattery הַשֵּׂג עַל יְדֵי חֲנוּפָה.

אויסטאָגן v. n. to dawn עָלֹה (שחר).

אויסטאָטשען v. a. to gnaw כַּרְסֵם, נַקֵּר.

אויסטאַלעפּעטשען = אויסטאַראַשטשען.

אויסטאָן v. a. to undress פַּשֵּׁט, הַפְשֵׁט; || — זיך v. r. to undress oneself הִתְפַּשֵּׁט אֶת בְּגָדָיו. — אויסטאָן זיך פון אלע זאכען to shake off all burdens עזוב כל משא ומתן, חדל מדאוג מאומה.

אויסטאַסעווען v. a. to shuffle (cards) נַעֵר (קלפים); to lay, set to put in rows שִׂים, הַנִּיחַ בְּשׁוּרוֹת.

אויסטאַפּן v. a. to feel all over מַשֵּׁשׁ כֻּלּוֹ; to examine בָּדֹק.

אויסטאָקן v. a. to turn (on a lathe) חָרֹט; to work out nicely עֲשֵׂה מַעֲשֵׂה יְדֵי אָמָּן.

אויסטאַראַשטשען v. a. to open wide (one's eyes) הַרְחֵב עֵינָיו (בהשתוממות).

אויסטאַרעווען v. a. to make even, equalise (scales) הַשְׁוֵה (מאזנים) א).

אויסטונקען v. a. to empty by dipping הָרֵק עַל יְדֵי טְבִילָה.

אויסטייטשונג f interpretation בֵּאוּר, פֵּרוּשׁ.

אויסטייטשן v. a. to interpret בָּאֵר, פָּרֵשׁ.

אויסטיילונג f distribution חֲלֻקָּה.

אויסטיילן v. a. to distribute חַלֵּק.

אויסטיליגן v. a. to wipe out הַשְׁמֵד, הַכְרֵת.

אויסטינקעווען v. a. to roughcast סַפֵּן, צַפֵּה.

אויסטלומאַטשען v. a. to interpret בָּאֵר; to translate תַּרְגֵּם.

אויסטעכערן v. a. to portion out חַלֵּק לַחֲלָקִים.

אויסטענהן זיך v. r. to argue הִתְוַכֵּחַ; to justify oneself הִצְטַדֵּק.

אויסטעסען = אויסטשעשען.

אויסטער m (pl. ס —) oyster צִדְפָּה (מין דג־קלפה).

אויסטערליש adj. uncommon בִּלְתִּי רָגִיל.

אויסטראָגן v. a. to carry נְשֹׂא; to wear to the end נְשֹׂא עַד גְּמִירָא (בגד); to wear out בַּלֵּה; to complete pregnancy גְּמֹר זְמַן הָעִבּוּר (של אשה); to amount עָלֹה (בחשבון).

אויסטראַכטן v. a. to invent הַמְצֵא; to be fastidious הֱיֵה בַּחְרָן.

אויסטראַכטער m fastidious person בַּחְרָן, אִישׁ שֶׁקָּשֶׁה לְהַשְׂבִּיעוֹ רָצוֹן.

אויסטראַשטשען = אויסטאַראַשטשען.

אויסטרייסלען v. a. to shake out נַעֵר וְהַשְׁלֵךְ מִ־.

אויסטרינקען v. a. to drink out שְׁתֵה כֻלּוֹ.

אויסטריפּלען = אויסדריבלען.

אויסטריפן v. n. to trickle out טַפְטֵף (נָטֹף) מִ־.

אויסטריצע = אויסטער.

אויסטריקענען v. a. n. to make dry יַבֵּשׁ; to get dry יָבֹשׁ; to disappear (sl.) הֵעָלֵם. — דער מוח איז אים נאך נים אויסגעטריקנט he has not yet lost his wits עוד לא יצא מדעתו.

אויסטרישטשען = אויסטאַראַשטשען.

אויסטרייבערן v. a. to remove the veins (from meat), porge הָסֵר גִּידֵי הַחֵלֶב (מבשר).

אויסטרעטן v. a. n. to tread out דָּרֹךְ, רָמֹס; to break up (a road) סַלֵּל, כָּבֹשׁ (דרך); to wear out (shoes) הַרְחֵב נְעָלִים (בהליכה); to project, jut out תָּלֹה הַחוּצָה, בְּלֹט, הִתְבַּלֵּט.

אויסטרענען v. a. to unsew הַתֵּר הַתֶּפֶר.

אויסטרעסען = אויסטרייסלען.

אויסטשוכען v. a. to wake up הָעֵר, עוֹרֵר; to sober

א) פון קלר. витарувати.

פַּכֵּחַ; ||–זיך *v. r.* to awake הָקֵץ; to sober up הִתְפַּכֵּחַ.

אויסשטשערבען = אויסשטשטשערבען.

אויסשטשעשען *v. a.* to hew out חָטֹב (חָצֹב) מִ־.

אויסיעטן *v. a.* to weed out נַכֵּשׁ כֻּלּוֹ.

אויסכאָווען = אויסהאָדעווען.

אויסכאָליען = אויסחָליען.

אויסכאַפּן *v. a.* to snatch away חָטֹף מִ־; to buy off quickly קָנֹה בִּמְהִירוּת.

אויסכאַפּעניש *f* snatching away חֲטִיפָה מִ־; rush of business קְנִיָּה בִּמְהִירוּת.

אויסלאָג *m* (*pl.* –ן) advance of money, disbursement דְּמֵי קְדִימָה.

אויסלאַגערן *v. a.* to remove from the warehouse הוֹצֵא מִן הַמַּחְסָן.

אויסלאָדן *v. a.* to unload פָּרֵק מַשָּׂא; to gain a lawsuit זָכֹה בְּדִין.

אויסלאָדער *m* unloader, lighterman פּוֹרֵק אֳנִיּוֹת.

אויסלאָווען *v. a.* to catch out, draw out חָטֹף מִ־, מָשֹׁךְ מִ־.

אויסלאָז *m* end, conclusion קֵץ, סוֹף, גְּמָר, אַחֲרִית, סִיּוּם.

אויסלאָזן *v. a.* to leave out, omit הַשְׁמֵט; to conclude גְּמֹר, סַיֵּם; to give the rein (*to a horse*) הַשְׁמֵט מִיָּדוֹ רֶסֶן (של סוס); ||–זיך *v. r.* to end, terminate הִגָּמֵר; to turn out, result יָצֹא לְסוֹף.
— אויסלאָזן כל חמתו to wreak one's anger שפך כל חמתו.
— עס לאָזט זיך אויס ווי איך האָב געזאָגט it turns out to be as I said כאשר הגדתי מראש כן הוא.

אוסלאַטען *v. a.* to patch up תַּקֵּן בִּטְלָאִים.

אויסלאַכן *v. a.* to laugh at לָעֹג (צָחֹק) לְ־, הָתֵל בְּ־; ||זיך *v. r.* to laugh צָחֹק.
— אויסלאַכן זיך פון אימעצן to laugh at *or* deride a person התל באיש.

אויסלאַנד *n* foreign country אֶרֶץ נָכְרִיָּה.
— אין אויסלאַנד abroad בחוץ לארץ.

אויסלאַפּטשען to bite off, nip off נָשֹׁךְ מִ־, קָרֹץ מִ־, חָזֹם מִ־.

אויסלוגן *v. a.* to lurk אָרֹב לְ־.

אויסלויבן *v. a.* to praise much, bepraise הַלֵּל, שַׁבֵּחַ מְאֹד.

אויסלויזן *v. a.* to clean from lice נַקֵּה מִכִּנִּים.

אויסלויפֿן *v. n.* to run everywhere רוּץ לְכָל מָקוֹם; to run over, boil over הִשְׁתַּפֵּךְ, עֲבֹר פִּי הַקְּדֵרָה.

אויסלופֿטערן *v. a.* to air, ventilate רַוֵּחַ, נַקֵּה בָּאֲוִיר.

אויסלושטשען *v. a.* to unhusk הוֹצֵא מִקְּלִפָּה, פַּצֵּל (גרעינים).

אויסליגן *v. n. a.* to lie a considerable time שָׁכֹב זְמַן רָב; to gain by lying in a place הִשְׂתַּכֵּר עַל יְדֵי שְׁכִיבָה בְּמָקוֹם.

אויסלייג *m* orthography, spelling יֹשֶׁר הַכְּתִיבָה; = אויסלאָג.

אויסלייגאַכץ *n* orthography, spelling יֹשֶׁר הַכְּתִיבָה.

אויסלייגן *v. a.* to lay out עָרֹךְ בְּסֵדֶר; to advance, disburse נְתֹן דְּמֵי־קְדִימָה; to interpret (*a dream*) פָּתוֹר (חלום); to spell כָּתֹב מִלִּים לְפִי אוֹתִיּוֹתֵיהֶן; to geld, castrate סָרֵס (ביחוד סוס).

אויסלייגער *m* disburser הַנּוֹתֵן דְּמֵי־קְדִימָה; interpreter (*of dreams*) פּוֹתֵר (חלומות).

אויסליידיגונג *n* emptying, evacuation הֲרָקָה.

אויסליידיגן *v. a.* to empty, evacuate הָרֵק.

אויסליידן *v. a. n.* to suffer, endure סְבֹל, נְשֹׂא.

אויסלייזונג *f* redemption פִּדְיוֹן, גְּאֻלָּה.

אויסלייזן *v. a.* to redeem פְּדֵה, גְּאֹל; to ransom נְתֹן כֹּפֶר בְּעַד־.

אויסלייזער *m* redeemer גּוֹאֵל, פּוֹדֶה; ransomer נוֹתֵן כֹּפֶר.

אויסלייטערן *v. a.* to purify טַהֵר, צְרֹף; to clear נַקֵּה; ||–זיך *v. r.* to clear up הָיֹה בָּהִיר; to be purified הִטַּהֵר.

אויסלייען *v. a.* to lend out הַלְוֵה.

אויסלייענען *v. a.* to read to the end קְרֹא עַד תֻּמּוֹ.

אויסלינקען *v. a.* to sprain, dislocate יָקֵעַ, פָּרֵק, שָׁמֵט.

אויסליפֿערונג *f* extradition הַסְגָּרָה.

אויסליפֿערן *v. a.* to exradite הַסְגֵּר (ממדינה למדינה).

אויסלעבן *v. n.* to live to the end חְיֵה עַד זִקְנָה.
— אויסלעבן די יאָרען to live to a good old age חיה עד שבה טובה.

אויסלעזן = אויסלייענען.

אויסלעכערן *v. a.* to make holes in..., porforate נָקֹב.

אויסלענדיש *adj.* foreign, outlandish שֶׁל אֶרֶץ אַחֶרֶת, שֶׁל חוּץ לָאָרֶץ, נָכְרִי, לֹעֲזִי.

אויסלענדער *m* foreigner נָכְרִי, גֵּר.

אויסלעקן *v. a.* to lick out לַקֵּק כֻּלּוֹ.

אויסלערונג = אויסלוידרונג.

אויסלערן = אויסלוידרן.

אויסלערנען *v. a.* to go through a course of study גְּמֹר חֹק־הַלִּמּוּד; to be through one's apprenticeship גְּמֹר זְמַן לִמּוּד הַמְּלָאכָה; ||–זיך *v. r.* to acquire the knowledge of לְמֹד לָדַעַת.

אויסלעשן *v. a.* to put out, extinguish כַּבֵּה; to blot out מְחֹה, סָפֹג (דיו); ||–זיך *v. r.* to go out, be exinguished כָּבֹה.

אויסמאָגערן *v. a.* to emaciate דַּלְדֵּל, הַכְחֵשׁ.

אויסמאַטערן *v. a.* to tire out יַגֵּעַ, הוֹגֵעַ, הַלְאֵה.

אויסמאַטשען *v. a.* to wet through הַרְטֵב.

אויסמאַכן v. a. n. to make or get out הוֹצֵא; to pick (one's teeth) נַקֵּה (השנים); to clean to tan, scurry, dress (skins) עַבֵּד (עורות); to amount עָלֹה (במחיר); to be הָיֹה; to matter הָיֹה נוֹגֵעַ, הָיֹה חָשׁוּב.
— אויסמאַכן די ציצות (ארבע־כנפות) to untwist the fringes (of the ההר ו־ציציות.
— (sl.) אויסמאַכן אימעם דעם אויער to rob a person by tricks גזל איש בערמה.
— וואָס מאַכט עס אויס? what matters it? מה זה נוגע לי; עס מאַכט מיר ניט אויס it does not concern me לא אכפת לי.
אויסמאַליוצען = אויסדרעשן.
אויסמאַליעווען v. a. to paint צָבֹעַ, צַיֵּר.
אויסמאָלן[1] v. a. to paint צַיֵּר; to picture, describe תָּאֵר; || — זיך v. r. to imagine צַיֵּר לְעַצְמוֹ.
אויסמאָלן[2] v. a. to grind all up טְחֹן כֻּלּוֹ.
אויסמאַנטען = אויסמאַנצלען.
אויסמאַנצלען v. a. to screw out, obtain by cunning הַשֵּׂג בְּעָרְמָה; to obtain by begging הַשֵּׂג בְּתַחֲנוּנִים.
אויסמאַרדעווען = אויסמאַרען.
אויסמאַרען v. a. to starve, famish הַשְׁמֵד בְּרָעָב; || — זיך v. r. to starve גְּוֹעַ בְּרָעָב.
אויסמאַרקירן v. n. to manage סַדֵּר.
— אויסמאַרקירן צו לעבן מיט אַ דאָלער אַוואָך to manage to live on one dallar a week סדר את פרנסתו בדולר אחד לשבוע.
אויסמויערן v. a. to build (with bricks) בְּנֹה (בלבנים).
אויסמוטשען = אויסמאַטערן.
אויסמוליען v. a. to wear out by pinching הָרֵק עַל יְדֵי לְחִיצָה.
אויסמוסרן v. a. to reprove הוֹכֵחַ.
אויסמושטירן v. a. to drill, train חַנֵּךְ, לַמֵּד.
אויסמיאַרקעווען v. a. to allot, apportion חַלֵּק לְפִי הַמִּדָּה, הַקְצֵב.
אויסמיטלען זיך v. r. to manage to get along מְצֹא דֵי סִפּוּקוֹ, מְצֹא עֵצָה.
אויסמײַדן v. a. to avoid סוּר מִ־, נְטֵה מִ־; to let a person pass תֵּת לְאִישׁ לַעֲבֹר.
אויסמײַ||קען, — קענען v. a. to vomit out, throw up הָקִיא.
אויסמישן v. a. to mix בַּלֵּל, עַרְבֵּב.
אויסמישעניש n mixture בִּלְבּוּל, עִרְבּוּב.
אויסמעבלירן v. a. to furnish, fit up שִׂים כֵּלִים בְּבַיִת בְּ־, רַהֵט.
אויסמעלקן v. a. to milk out חָלֹב עַד גְּמִירָא.
אויסמענשלען v. a. to make a man of עֲשֵׂה לְאִישׁ; || — זיך v. r. to train up, educate חַנֵּךְ; to become a man הָיֹה לְאִישׁ.

אויסמעסטן v. a. to measure out מָדֹד.
אויסמעקן v. a. to erase, blot out, wipe off מָחֹק.
אויסן adv. outside, without מִחוּץ.
— אויסן בלײַבן to stay out השאר מחוץ.
אויסן זײַן v. n. to aim at כַּוֵּן, הִתְכַּוֵּן א).
אויסנאָגן v. a. to gnaw out כַּרְסֵם מִתּוֹךְ; to suck out מְצֹה, מָצֵץ.
אויסנאַם m (— ען pl) exception יְצִיאָה מִן הַכְּלָל.
אויסנאַמיג adj. exceptional יוֹצֵא מִן הַכְּלָל; extraordinary נַעֲלֶה.
אויסנאַרן v. a. to obtain by cunning הוֹצֵא בְּעָרְמָה (בְּהוֹנָאָה); to fathom a fool's thoughts חָקֹר מַחְשְׁבוֹת כְּסִיל.
— אויסנאַרן די בכורה to cheat, defraud רמאו, הוצא דבר ברמאות.
— (prov.) אַ נאַר קען מען ניט אויסנאַרן you cannot get at all the thoughts of a fool אי אפשר לכון לכל מחשבות כסיל.
אויסנאָרען v. a. to rummage everywhere חַפֵּשׂ, חַטֵּט בְּכָל מָקוֹם.
אויסנבלײַבן v. n. to remain without הִשָּׁאֵר מִחוּץ; to disappear הֵעָלֵם; to swoon, faint הִתְעַלֵּף.
אויסנווײַזניג = אויסווייזניג.
אויסנוצן v. a. to use up הוֹצֵא כֻּלּוֹ, הִשְׁתַּמֵּשׁ כֻּלּוֹ; to take advantage of הֲנָה מִ־.
אויסנזײַן = אויסן זײַן.
אויסניאַנטשען v. a. to nurse (a child) אָמֹן (ילד).
אויסניאַרען v. a. to exhaust הַכְחֵשׁ, רָזֹה ב).
אויסנײען v. a. to use up in sewing הוֹצֵא כֻּלּוֹ בִּתְפִירָה (למשל חוטים); to embroider רָקֹם.
אויסניכטערונג f sobering הֲפָגַת הַיַּיִן (משכור), הִתְפַּכְּחוּת.
אויסניכטערן v. a. to sober, make sober פַּכֵּחַ; || — זיך v. r. to sober up, become sober הָקֵץ מִיֵּינוֹ, הִתְפַּכֵּחַ.
אויסניצן v. a. to use up הוֹצֵא כֻּלּוֹ.
אויסניקערן v. a. to root out, destroy עָקֹר, אַבֵּד; to punish severely הַעֲנֵשׁ קָשֶׁה ג).
אויסנלאַנד = אויסלאַנד.
אויסנעם m exhaustion, end הֲרָקָה, הִתְרוֹקְנוּת; קֵץ.
— אָן אַן אויסנעם without end בלי קץ.
אויסנעמען v. a. n. to win the stake (at cards) זְכֵה בַּקֶּרֶן (במשחק הקלפים); to take off money for some purpose from the stakes (at cards) לָקֹחַ אֵיזֶה סְכוּם מֵהַקֶּרֶן לְאֵיזֶה דָּבָר (במשחק הקלפים); to take out, remove

---

א) אויסן איז דאָ אפשר דאָס צייטוואָרט אויסזען: קוקט מיט זײַן ווי ווי סען זיין — אַן איבערבלײַבאַכץ פֿון אַלט־יידיש, וואָס האָט געהאַט אַ קאָנוויגאַציע פֿון דעם אינפֿיניטיוו מיט זײַן.
ב) ר. изнурять. ג) פֿון ה. נעקר.

הוצא מ־; to stipulate הַתְנֵה; to meet with approbation קַבֵּל הַסְכָּמָה, מָצֹא חֵן; || — זיך v. r. to be spent, fail, be exhausted אָזֹל, אָפֹס, כָּלֹה; to look; appear הֵרָאֵה.

— אויסנעמען א ספר תורה to take out the scroll of the law from the holy ark הוצא ספר התורה מארון הקדש (לקריאה).

אויסנעמעניש *m* taking out of the scroll of the law from the holy ark הוֹצָאַת סֵפֶר הַתּוֹרָה מֵאֲרוֹן הַקֹּדֶשׁ (לקריאה).

אויסנעצן *v. a.* to wet thoroughly הַרְטֵב, לַחְלֵחַ, שָׁרֵה הֵיטֵב.

אויססאָבניען *v. n.* to waste, pine away כָּחֹשׁ, הֵרָזֵה.

אויססדרן *v. a.* to arrange סַדֵּר.

אויססייטשען *v. a.* to school, educate, train חַנֵּךְ, לַמֵּד.

אויססטרויען *v. a.* to build בָּנֹה; to dress קַשֵּׁט; || — זיך *v. r.* to dress oneself הִתְקַשֵּׁט.

אויססמאַליען *v. a.* to singe חָרֹךְ, שָׂרֹף סָבִיב סָבִיב; to heat (*a stove*) הַסֵּק.

אויססמאָקען *v. a.* to suck out מָצֹה, מָצֹץ.

אויססמאָקצען = אויססמאָקען.

אויססמאַרקען to throw out snot, to blow the nose נַקֵּה נְחִירָיו.

אויססמען *v. a.* to poison all הַרְעֵל, סַמֵּם בְּסַם־מָוֶת.

אויססטראַשען *v. a.* to threaten הַפְחֵד, אַיֵּם.

אויססקראָבען *v. a.* to scrape out גָּרֹד מ־.

אויסעט = אוים (נאך א צייטוואָרט)

אויסעסן *v. a.* to eat away, corrode אָכֹל מִתּוֹךְ־.

אויסער *prep.* out of מִחוּץ; except, beside מִלְּבַד, חוּץ מ־.

— אויסער דער שטאָט out of town מחוץ לעיר.

— זײַן אויסער זיך to be beside oneself יצא מדעתו.

אויסערגעוויינליך *adj.* unusual, extraordinary לֹא רָגִיל, בִּלְתִּי מָצוּי.

אויסערדעם *adv.* besides, moreover מִלְּבַד זֶה, זוּלַת זֶה.

אויסערליך *adj.* outward חִיצוֹנִי; foreign שֶׁל חוּץ לָאָרֶץ.

אויסערן־מיניסטער *m* Minister of Foreign Affairs, Foreign Secretary (*in England*) שַׂר שֶׁל עִנְיְנֵי חוּץ.

אויספּאַטשן *v. a.* to give a person a slap in the face סְטוֹר אִישׁ עַל הַלְּחִי.

אויספּאַטשקען *v. a.* to dirty, soil לַכְלֵךְ, טַנֵּף.

אויספֿאַל *m* falling out נְפִילָה מ־.

אויספֿאַלגן *v. a.* to fulfil מַלֵּא, הוֹצֵא לַפֹּעַל.

אויספֿאַלן *v. n.* to fall out נָפֹל מ־; to fall נָפֹל; to turn out, result יָצֹא לַסּוֹף; to take into one's head אָמֹר, חָשֹׁב (לעשות).

— ווי פֿאַלסט דו אויס? איך עלה על לבך? how did you take it into yuor head?

אויספּאַליען *v. a.* to heat thoroughly הַסֵּק הֵיטֵב.

אויספּאַלען = אויספּיעליען.

אויספּאַקן *v. a.* to unpack הוֹצֵא מִן הַחֲבִילָה.

אויספֿאָר *m* excursion נְסִיעַת טִיּוּל; departure נְסִיעָה.

אויספֿאַרבן *v. a.* to paint, color צָבֹעַ.

אויספֿאָרמעווען *v. a.* to shape יָצֹר, קָרֹץ; to train חַנֵּךְ.

אויספּאַרען *v. a.* to steam אַדֵּה, קַטֵּר.

אויספֿאָרן *v. n.* to ride out, take a ride *or* drive יָצֹא (על סוס או בעגלה); *v. a.* || to break up (*a road*) סַלֵּל, כָּבֹשׁ (דרך).

אויספֿאַרצן *v. a.* to remove by farting הוֹצֵא עַל יְדֵי נְפִיחָה.

אויספֿאַרקויף *m* clearance sale מְכִירָה עַד תֹּם כָּל הַסְּחוֹרָה.

אויספֿאַרקויפֿן *v. a.* to sell out מָכֹר אֶת כָּל הַסְּחוֹרָה.

אויספּאָרקען *v. a.* to rummage, search חַפֵּשׂ, מַשְׁמֵשׁ.

אויספּאַרריכטען *v. a.* to mend, repair תַּקֵּן.

אויספֿאָרשונג *f* investigation חֲקִירָה, דְּרִישָׁה; exploration תִּיּוּר.

אויספֿאָרשטן = אויספֿאָרשן.

אויספֿאָרשן *v. a.* to investigate חָקֹר, דָּרֹשׁ; to explore תּוּר.

אויספּאַשען *v. a.* to feed רָעֹה, הַאֲכֵל, אַבֵּס; to fatten פַּטֵּם; || — זיך *v. r.* to be fattened הִתְפַּטֵּם.

אויספּגרן *v. n.* to die out, fall (*of beasts*) מוּת, נָפֹל.

אויספּודערן *v. a.* to powder זָרֹה אָבָק עַל־, שִׂים פּוּךְ עַל־.

אויספּטרעווען *v. a.* to line שִׂים בִּטְנָה (מתחת לבגד).

אויספּוילן *v. n.* to rot inwardly הִרָקֵב מִתּוֹכוֹ.

— אויספּוילן די גאַל to annoy greatly הצק מאד.

אויספּויקן *v. a.* to drum out תּוֹפֵף קָלוֹ; to divulge (*a secret*) גַּלֵּה, פַּרְסֵם (סוד).

אויספּווישן *v. a.* to bulge out בָּלֹט, נָפֹחַ.

אויספּומפּען *v. a.* to pump out דָּלֹה (שָׁאֹב) עַד תֻּמּוֹ, מָשֹׁךְ (מים) מַשְׁאֵבָה.

אויספּועלן *v. a.* to accomplish הוֹצֵא לַפֹּעַל.

אויספּוץ *m* dress קִשּׁוּט.

אויספּוצן *v. a.* to dress קַשֵּׁט; to adorn, embellish הַדֵּר, יַפֵּה, פָּאֵר; to clean טַהֵר, נַקֵּה; to polish (*shoes*) מָרֹט, מָרֹק (נעלים); || — זיך *v. r.* to dress oneself קַשֵּׁט אֶת עַצְמוֹ, הִתְקַשֵּׁט.

אויספּורקען *v. a.* to poke (*fire*) חָתֹה; to injure קַלְקֵל עַל יְדֵי תְּחִיבָה; to take out by poking הוֹצֵא עַל יְדֵי תְחִיבָה.

אויספּידלען *v. a.* to play to the end (*a piece on the violin*) נַגֵּן עַד תֻּמּוֹ (איזה נגון על הכנור).

אויספּיטערן *v. a.* to feed, fatten רָעֹה, אַבֵּס, פַּטֵּם.

אויספײַלן v. a. to file out שׁוֹף בְּשׁוֹפִין מִתּוֹךְ־. — אויספײַלן אַ װענג to indent or tooth by filing עשה שנים למשור בשופין.

אויספײַנען v. a. to beautify יַפֵּה; to refine עַדֵּן; ‖ — זיך v. r. to boast הִתְפָּאֵר.

אויספײַנערן v. a. to improve הֵיטֵב, הַשְׁבֵּחַ; ‖ — זיך v. r. to perfect oneself הִשְׁתַּלֵּם.

אויספײַפֿן v. a. to utter by whistling שְׁרֹק לְ־ (לאות בזיון).

אויספילן v. a. to fill מַלֵּא.

אויספיעליען v. a. to weed out נַכֵּשׁ כֻּלּוֹ.

אויספיקן v. a. to peck out נַקֵּר מִ־; ‖ — זיך v. r. to break the shell (of birds) יָצֹא מִתּוֹךְ הַבֵּיצָה עַל יְדֵי נְקִירָה (צפרים); to arise (fig.) הִוָּלֵד, הִתְהַוֵּה.

אויספיר m conclusion מַסְקָנָה.

אויספירליך adj. detailed מְפֹרָט; ‖ adv. in detail בִּפְרָטִיּוּת, בִּפְרוֹטְרוֹט.

אויספירן v. a. n. to carry out, accomplish, הוֹצֵא לַפֹּעַל; to triumph נַצֵּחַ; to succeed הַצְלֵחַ; to abolish בַּטֵּל (מנהג); to lead everywhere הוֹלֵךְ לְכָל מָקוֹם; to hatch (birds) דְּגֹר; ‖ — זיך v. r. to lay one's case before a person עֲרֹךְ מִשְׁפָּטוֹ לִפְנֵי אִישׁ, הַגֵּשׁ מִשְׁפָּטוֹ לְאִישׁ.
— אויספירן די יאָרן to get through life בלה שנותיו.

אויספישן v. a. to eject in pissing הַשְׁלֵךְ או הוֹצֵא עַל יְדֵי הַשְׁתָּנָה; ‖ — זיך v. r. to piss, urinate הַשְׁתֵּן.

אויספישן v. a. to fish out דּוּג, צוּד (דגים).

אויספלאָדיען v. a. to breed, גַּדֵּל, פָּרֹה, יָלֹד.

אויספלאָנטען = אויספלאָנטערן.

אויספלאָנטערן to disentangle, extricate הוֹצֵא או שַׁחְרֵר מִסִּבּוּךְ; ‖ — זיך v. r. to extricate oneself הִשְׁתַּחְרֵר מִסִּבּוּךְ.

אויספלאַסטערן v. a. to pave רָצֹף, רַצֵּף.

אויספלאַפלען = אויספלוידערן.

אויספלאַצונג f bursting out הִתְפָּרְצוּת; explosion הִתְפּוֹצְצוּת.

אויספלאַצן v. n. to burst out הִתְפָּרֵץ; to explode הִתְפּוֹצֵץ.

אויספלאַקערן v. n. to flicker out, burn out הִתְלַהֵב וְדָעֹךְ.

אויספלוידערן v. a. to blab out גַּלֵּה, פַּרְסֵם (סוד).

אויספלומפען = אויספומפען.

אויספלוס m estuary מוֹצָא נָהָר.

אויספליאַדרעווען v. a. to sound, worm out (a secret) חָקֹר וְדָרֹשׁ (סוד).

אויספליסונג f flowing out זוֹב.

אויספליסן v. n. to flow out זוּב, נָזֹל מִ־, הִשְׁתַּפֵּךְ מִ־.

אויספליען v. n. to fly עוּף.

אויספליקן v. a. to pluck out מְרֹט, עַקֵּר.

אויספלעטן¹ v. a. to iron גַּהֵץ.

אויספלעטן² v. v. to raffle הַגְרֵל.

אויספלעכטן v. a. to untwist הַתֵּר קְלִיעוֹת; to twist קְלֹעַ, פַּתֵּל.

אויספעכן v. a. to pitch, coat with tar כַּפֵּר בְּזֶפֶת.

אויספעלן v. n. to be wanting חָסֹר; to be short לֹא הָיֹה מַסְפִּיק.
— עס פעלט מיר אויס געלט I am short of money חסר לי כסף, אין לי די כסף, כספי איננו מספיק.

אויספענזלען v. a. to brush on the inside מָשֹׁחַ בְּמִכְחוֹל בְּתוֹךְ־.

אויספעקלען v. a. to unpack הוֹצֵא מִן הַחֲבִילָה; ‖ — זיך v. r. to unpack one's goods הוֹצֵא אֶת סְחוֹרָתוֹ מִן הַחֲבִילָה; to show off (fig.) הִתְהַדֵּר, הִתְנָאֵה.

אויספראַווען v. a. to send, despatch שַׁלֵּחַ; to equip הַסְפֵּק; = אויסריכטן.

אויספרואוון v. a. to try, test נַסֵּה.

אויספרודזשען v. a. to clean from lice טַהֵר, פַּלֵּה מִכִּנִּים.

אויספרינדען v. a. to dress, bedeck, adorn קַשֵּׁט; ‖ — זיך v. r. to dress oneself הִתְקַשֵּׁט.

אויספריען v. a. n. to sweat out הָזֵעַ הֵיטֵב.

אויספרירן v. n. to freeze thoroughly קָפֹא כֻּלּוֹ.

אויספרעגלען v. a. to fry טַגֵּן.

אויספרעגן v. a. to question, examine דָּרֹשׁ, חָקֹר, שָׁאֹל.

אויספרעסן v. a. to press, squeeze out סָחֹט, זוּר; to extort לָקֹחַ בְּחָזְקָה (בִּגְנֵישָׁה); to iron גַּהֵץ.

אויספרעסן = אויסעסן.

אויסצאָלונג f paying out פֵּרָעוֹן, שִׁלּוּם, תַּשְׁלוּמִים; instalment תַּשְׁלוּם חֶלְקִי.

אויסצאָלן v. a. to pay out פָּרֹעַ, שַׁלֵּם מְעַט מְעַט.
— פאַרקויפן אויף אויסצאָלן to sell on instalments מכר סחורה בתנאי שהקונה ישלם מעט מעט.

אויסצאַפן v. a. to tap out. draw off בָּרֹז, הַזֵּל עַד תֻּמּוֹ.

אויסצוג m extxract הוֹצָאָה, תַּמְצִית.

אויסצוואָגן v. a. to comb סָרֹק בְּמַסְרֵק.

אויסצופן v. a. to pull out, pluck out מְרֹט, עַקֵּר.

אויסצוקן v. a. to flourish (letters) יַפֵּה בְּקַוִּים (אותיות).

אויסצייכענונג f marking רִשּׁוּם; distinction הִצְטַיְּנוּת.

אויסצייכענען v. a. to mark רָשֹׁם; to distinguish הַבְדֵּל, הַפְלֵה; to cancel, strike out מָחֹק; to write for, order דָּרֹשׁ בִּכְתָב; to extract, copy הַעְתֵּק (מספר); ‖ — זיך v. r. to distinguish oneself הִצְטַיֵּן.

אויסציילן v. a. to count, number מְנֵה, סַפֵּר.

אויסצינען v. a. to coat with tin צַפֵּה בִּבְדִיל.

אויסציִען *v. a.* to draw out, pull out הוֹצֵא מִ־, מָשֹׁךְ מִ־; to stretch, extend מַתֵּחַ; to extract, copy הַעְתֵּק (מספר); to drawl מָשֹׁךְ בְּדִבּוּר; ‖ ־ זיך *v. r.* to stretch oneself הִמָּתֵחַ; to be pinched הִדָּחֵק.

— אויסציִען זיך פֿאַר אַ גראָשן to be pinched for a penny לא היה בידו אף פרוטה.

אויסציִרן *v. a.* to adorn, embellish יַפֵּה, קַשֵּׁט.

אויסציִרקלען *v. a.* to measure with compasses תָּאֵר בִּמְחוּגָה; to work out nicely עָשֹׂה מְלָאכָה יָפָה.

אויסצערונג *f* consumption כַּחַשׁ, רָזוֹן, שַׁחֶפֶת.

אויסצערן *v. a.* to waste, consume הַחֲרֵב, אַכֵּל.

אויסקאַטשײַען = אויסקאַטשען.

אויסקאַטשען *v. a.* to roll גַּלְגֵּל; ‖ ־ זיך *v. r.* to roll oneself הִתְגַּלְגֵּל; to slip out הִשָּׁמֵט.

אויסקאָכן *v. a.* to boil sufficiently בַּשֵּׁל דֵּי צָרְכּוֹ; to boil out הוֹצֵא עַל יְדֵי בִּשּׁוּל (כמו מיץ מבשר).

אויסקאַלכן *v. a.* to kalsomine, whitewash סַיֵּד, הַלְבֵּן.

אויסקאַמען to comb out סָרֹק בְּמַסְרֵק.

אויסקאַפּען *v. n.* to drop *or* trickle out טַפְטֵף (נָטֹף) עַד תֻּמּוֹ.

אויסקאַקן *v. a.* to eject in going to stool הוֹצֵא עַל יְדֵי עֲשִׂיַּת צְרָכָיו; ‖ ־ זיך *v. r.* to go to stool עָשֹׂה צְרָכָיו.

אויסקאָרטשעווען *v. a.* to uproot שָׁרֵשׁ; to clear (*of roots or trees*) נַקֵּה (משרשים או מעצים).

אויסקאָרמען *v. a.* to feed, fatten הַאֲכֵל, אַבֵּס, פַּטֵּם.

אויסקאָרעניִען *v. a.* to root out עַקֵּר מִשֹּׁרֶשׁ; (*fig.*) to scold vehemently חָרֵף עַד מְאֹד.

אויסקוואַדרעווען *v. a.* to deal out, allot חַלֵּק; to assign מַנֵּה, הַקְצֵב.

אויסקוואַטשען *v. a.* to dirty by handling לַכְלֵךְ מֵרֹב שִׁמּוּשׁ בְּיָדַיִם.

אויסקוואַרן *v. n.* to dry up יָבֹשׁ, חָרֹב.

אויסקוועטשן *v. a.* to squeeze out זוּר, סָחֹט; ‖ ־ זיך *v. r.* to do something laboriously (*fig.*) עָשֹׂה דָבָר בִּכְבֵדוּת.

אויסקויף *m* buying out קְנִיָּה בֶּהָמוֹן; = אויסקויפֿגעלט.

אויסקויפֿגעלט *n* ransom כֹּפֶר, פִּדְיוֹן.

אויסקויפֿן *v. a.* to buy out קָנֹה בֶּהָמוֹן; to ransom פְּדֵה, גְּאֹל; ‖ ־ זיך *v. r.* to free onself הִשְׁתַּחְרֵר.

אויסקויקלען *v. a.* to roll גַּלְגֵּל; to destroy אַבֵּד.

— אויסקויקלען מיט אייער to roll eggs over a child's face העבר ביצה על פני ילד (סגולה).

אויסקומען *v. n.* to do, get along הִסְתַּפֵּק; to amount עָלֹה; to turn out קוּם, הָיֹה; to agree, come to an agreement הַשְׁלֵם, בֹּא לִידֵי הַסְכֵּם; to have to .. הָיֹה מֻכְרָח לְ־; to seem הֵרָאֵה.

— אויסקומען אָן דעם to do without הסתפק בלי זה.

— עס קומט אויס אַ דאָלאַר אויף אַ מענטשן it makes one dollar for a man זה עולה דולר אחד לאיש.

— עס קומט אויס ווי איך האָב געזאָגט it turns out as I have said כאשר אמרתי כן הוא.

— זיי קענען ניט אויסקומען צווישן זיך they cannot agree אינם יכולים לבא לידי הסכם.

— עס קומט מיר אויס צו זײַן אַליין I have to be alone מוכרח אני לשבת יחידי.

— מיר קומט אויס, אַז... it seems to me that ... לי נראה כי...

אויסקומעניש *n* livelihood, subsistence כַּלְכָּלָה פַּרְנָסָה; share חֵלֶק.

— (*iro.*) האָבן זײַן ערליך אויסקומעניש to receive his desert קַבֵּל גְּמוּלוֹ; to be punished הענש.

אויסקוק *m* look מַרְאֶה, פָּנִים; prospect תִּקְוָה.

אויסקוקן *v. n.* to look הֵרָאֵה; to spy רַגֵּל, תּוּר; to expect חַכֵּה, צַפֵּה.

אויסקורירן *v. a.* to cure out רַפֵּא כָּלִיל, הַחֲלֵם.

אויסקושן *v. a.* to kiss much נַשֵּׁק הַרְבֵּה.

אויסקײַלן *v. a.* to beat, lick הַכֵּה, הַלְקֵה, פַּרְגֵּל.

— אויסקײַלן רי זײַטן to give a sound drubbing הלקה במדה מרבה.

אויסקילן *v. a.* to cool thoroughly צַנֵּן (קָרֵר) כָּלִיל; ‖ ־ זיך *v. r.* to cool oneself הִצְטַנֵּן, הִתְקָרֵר.

אויסקינצלען *v. a.* to execute artistically עָשֹׂה בְּאוֹפֶן אָמָּנוּתִי; to make artistically עָשֹׂה בְּאֹפֶן מְלָאכוּתִי.

אויסקירעווען *v. a.* to turn הַפְנֵה, נַטֵּה הַצִּדָּה; ‖ ־ זיך *v. r.* to turn פָּנֹה (סוּר) הַצִּדָּה; to manage (*fig.*) to get along with little money עָלֹה בְּיַד אִישׁ לְנַהֵל עֲסָקָיו בִּמְעַט כֶּסֶף.

אויסקלאַפּן *v. a.* to beat out חָבֹט; to strike off, coin הַטְבֵּעַ.

אויסקלויבן = אויסקלײַבן.

אויסקלײַבן *v. a.* to choose, select, pick בָּחֹר, בָּרֹר; ‖ ־ זיך *v. r.* to prepare oneself הִכּוֹן, הִתְעַתֵּד.

— קוים אויסקלײַבן זיך to be slow היה אטי, התמהמה.

אויסקלײַבער = אויסטראַכטער.

אויסקליידן *v. a.* to clothe, dress הַלְבֵּשׁ; to undress פַּשֵּׁט, הַפְשֵׁט (בגדים); ‖ ־ זיך *v. a.* to clothe oneself הִתְלַבֵּשׁ אֶת עַצְמוֹ; to undress oneself הַפְשֵׁט אֶת בְּגָדָיו.

אויסקלײַען *v. a.* to glue, paste מָשֹׁחַ בְּדֶבֶק; ‖ ־ זיך *v. r.* to thicken (*like glue*) הִתְעַבֵּה (כדבק).

אויסקלינגען *v. a. n.* to ring out הַשְׁמֵעַ בְּצִלְצוּל; צַלְצֵל; to divulge, spread abroad (*a secret*) גַּלֵּה, פַּרְסֵם (סוד).

אויסקלעפּן *v. a.* to paper צַפֵּה בִּנְיָר; to glue *or* patse on הַדְבֵּק; to cover with mortar טוּחַ בְּחֹמֶר.

אויסקלערן *v. a.* to clear up נַקֵּה כָּלִיל; to invent הַמְצֵא.

אויסקנאַקן *v. a. n.* to crack בַּקֵּעַ; to explode הִתְבַּקֵּעַ; to stretch out (*one's bones*) מָתֹחַ, הַחֲלֵץ (עצמותיו).

אויסקנייטשן *v. a.* to wrinkle קַמֵּט; to smooth הַחֲלֵק.

אויסקנעטן *v. a.* to knead sufficiently לוּשׁ כֻּלּוֹ; to mould צוּר צוּרָה (מחמר).

אויסקעמען = אויסקאַמען.

אויסקעמפן *v. a.* to obtain by fighting הַשֵּׂג עַל יְדֵי מִלְחָמָה.

אויסקעראַכץ *n* sweepings אַשְׁפָּה, מַפָּל.

אויסקערן *v. a.* to turn inside out הָפֹךְ לַחוּץ; to tumble, upset הָפֹךְ, הַפֵּל; to pour out by tumbling a vessel שְׁפֹךְ עַל יְדֵי נְפִילַת כֶּלִי; to sweep טַאטֵא, גְּרֹף; || — זיך *v. r.* to tumble הִתְהַפֵּךְ, הִתְגַּלְגֵּל; to be poured out by the tumbling of a vessel הִשְׁתַּפֵּךְ עַל יְדֵי נְפִילַת כֶּלִי.

אויסקערעווען = אויסקירעווען.

אויסקראַצן *v. a.* to scratch out, scrape out נָרֹד מִ־; to erase מָחֹק; to get with difficulty הַשֵּׂג בְּקֹשִׁי; || — זיך *v. a.* to scratch oneself sufficiently הִתְגָּרֵד כָּלִיל.

— (*joc.*) ער קען זיך נאָר אָן דעם ניט אויסקראַצן! he cannot get along without it! אי אפשר לו להסתפק בלי זה!

— (*joc.*) קוים וואָס ער קראַצט זיך אויס he is very slow מתון הוא מאד בתנועתו.

אויסקריכן *v. n.* to fall off *or* out (*of hair*) נָשֹׁר (שערות).

אויסקרימען *v. a.* to bend, curve עַקֵּם, עַקֵּל.

אויסקריצן *v. a.* to engrave חַקֵּק; to scratch out, crase מָחֹק (מכתב).

אויסקרעמלען *v. a.* to expose, display (*one's goods*) הַצֵּג לְמַרְאֶה (סחורה); || — זיך *v. r.* ד. ז.

אויסקרענקען *v. a.* not to enjoy לֹא הָיֹה לְאִישׁ הֲנָאָה מִדָּבָר; to suffer for... הֵעָנֵשׁ עַל־.

אויסראָטן *v. a.* to root out, exterminate הַשְׁמֵד.

אויסראַמען *v. a.* to clear בַּעֵר, פַּנֵּה; to empty הָרֵק.

אויסרויבן *v. a.* to plunder, ransack בָּזֹז, חָמֹס, שָׁלֹל.

אויסרוימען = אויסראַמען.

אויסרויען *v. a.* to dig out חַפֵּר.

אויסרוען *v. a.* to rest (*one's limbs*) תֵּת מְנוּחָה (לאבריו); || — זיך *v. r.* to rest oneself, take a rest נוּחַ, הִנָּפֵשׁ.

אויסרוף *m* exclamation קְרִיאָה; proclamation קוֹל קוֹרֵא, כְּרוּז.

אויסרופֿוואָרט *n* (*gr.*) interjection מִלַּת הַקְּרִיאָה.

אויסרופֿונג = אויסרוף.

אויסרופֿן *v. a.* to call קְרָא; to proclaim, publish, advertise הַכְרֵז, פַּרְסֵם, הוֹדֵעַ בְּפוּמְבֵּי.

אויסרופֿצייכן = אויסגעשריי־צייכן.

אויסרופֿער *m* (*pl.* ס —) public crier כָּרוֹז, מַכְרִיז.

אויסרוקן *v. a.* to move, shift (*troops*) הַעֲבֵר מִמָּקוֹם לְמָקוֹם (אנשי חיל).

אויסרידלען *v. a.* to clean with a spade נַקֵּה בְּמַעְדֵּר.

אויסרייבן *v. a.* to rub out מְחֹק; to clean by rubbing נַקֵּה עַל יְדֵי שִׁפְשׁוּף; to wear out בַּלֵּה (בגד); || — זיך *v. r.* to be worn out בָּלֹה; (*fig.*) to become experienced הָיֹה לְבַעַל נִסָּיוֹן.

אויסרייד *m* subterfuge, pretext אֲמַתְלָא; reproof תּוֹכֵחָה; exegetical explanation בֵּאוּר, פֵּרוּשׁ.

אויסריידאַכץ = אויסריידעניש.

אויסריידן *v. a. n.* to say, utter הָגֹה, הוֹצֵא מִשְּׂפָתָיו; to reprove, reproach הוֹכֵחַ; to pour out (*one's* [*heart*]) שְׁפֹךְ (את לבו); to stipulate הַתְנֵה תְנָאִי; || — זיך *v. r.* to talk to the end דַּבֵּר עַד גְּמִירָא; to make a slip of the tongue הוֹצֵא מִפִּיו לֹא בְכַוָּנָה.

— ניט אויסגערעדט זאָל זײַן may I be forgiven for saying this לא יחשב לי לחטאה באמרי זאת.

אויסריידעניש *f, n* exegetical explanation בֵּאוּר, פֵּרוּשׁ.

אויסרייטן *v. n.* to ride out רָכֹב מִ־; || *v. n.* to break in (*a horse*) חַנֵּךְ (לַמֵּד) בִּרְכִיבָה (סוס).

אויסרייכערן *v. a.* to smoke out עַשֵּׁן כֻּלּוֹ; to fumigate חַטֵּא בְּאֵדִים; to smoke יַבֵּשׁ בֶּעָשָׁן.

אויסרייניגן *v. a.* to clean, clear נַקֵּה (טַהֵר) הֵיטֵב.

אויסרייסן *v. a. n.* to tear out קָרֹעַ מִתּוֹךְ־; to tear out, pull out עָקֹר; to extract (*a tooth*) הוֹצֵא (שן); to be swept away הִסָּחֵף (על ידי מים, כמו טחנה); to give it to a person חָרֵף אִישׁ; || — זיך *v. r.* to be torn out הֵעָקֵר; to tear oneself loose הִשְׁתַּחְרֵר.

אויסריכטונג *f* equipment הֲכָנַת כָּל צָרְכֵי אִישׁ, הַסְפָּקָה.

אויסריכטן *v. r.* to prepare הָכֵן; to equip הַסְפֵּק; || — זיך *v. r.* to prepare oneself הָכֵן אֶת עַצְמוֹ; to equip oneself הָכֵן לְעַצְמוֹ כָּל צְרָכָיו.

— אויסריכטן זיך אין וועג: to equip oneself for a journey הכן כל הדרוש לדרך.

— אויסריכטן אַ טאָכטער to equip one's daughter הלבש בתו די צרכה לחתונתה.

— אויסריכטן זיך אַ מפּלה to prepare one's own discomfiture הכן מפלה לעצמו.

אויסריִנען *v. n.* to run out, trickle out נָזֹל, זוּב כָּלוֹ.
– אויסגערונען ווערן, ז. אויסגערונען.
אויסריִפען *v. a.* to cool by frequently opening the door קָרֵר (את האויר בבית) עַל יְדֵי פְּתִיחַת הַדֶּלֶת לִפְעָמִים קְרוֹבוֹת א).
אויסרעכענען *v. a.* to calculate חַשֵּׁב; to enumerate מָנֹה, סָפֹר.
אויסשאָבן *v. a.* to scrape out גָּרֵד מ־.
אויסשאַליעווען *v. a.* to wainscot, cover with boards כַּסֵּה (קיר) בִּקְרָשִׁים ב).
אויסשאָקלען *v. a.* to shake out נַעֵר וְהַשְׁלֵךְ.
– אויסשאָקלען אימעצן פֿון אַרבל (*fig.*) to be superior to a person עלה על איש (בתורה, בחכמה וכד').
אויסשאַרן to rake out חָתֹה מ־.
אויסשאַרפֿן *v. a.* to sharpen הַשְׁחֵז, חַדֵּד.
אויסשַׁבְּחן *v. a.* to give a good rating נָזֹף, הוכח.
אויסשַׁדְכנען *v. a.* to seek in marriage שַׁדֵּךְ.
אויסשווינדלען *v. a.* to obtain by fraud הַשֵּׂג עַל יְדֵי הוֹנָאָה.
אויסשוויצן *v. n.* to cease sweating כַּלֵּה לְהָזִיעַ; to sweat out הוֹצֵא בְזֵעָתוֹ.
אויסשווענקען *v. a.* to rinse הָדִיחַ, שַׁטֵּף.
אויסשוכן *v. a.* to shoe הַנְעֵל.
אויסשָׁחטן *v. a.* to slaughter, kill off שָׁחֹט, הָרֹג וְאַבֵּד.
אויסשטאַטונג = אויסריכטונג.
אויסשטאַטן = אויסריכטן.
אויסשטאָפֿונג *f* stuffing מִלּוּא.
אויסשטאָפֿן *v. a.* to stuff מַלֵּא.
אויסשטאַפֿירונג *f* bride's outfit הַלְבָּשַׁת כַּלָּה (לחתונתה).
אויסשטאַרבן *v. n.* to become extinct מוּת עַד תֻּמָּם.
אויסשטודירן *v. a.* to finish a course of studies גְּמֹר חֹק־לִמּוּד.
אויסשטויבן *v. a.* to dust נַקֵּה מֵאָבָק.
אויסשטויסן *v. a.* to pound thoroughly כָּתֹשׁ הֵיטֵב.
אויסשטוקעווען *v. a.* to make anything of shreds and patches עֲשֵׂה דָבָר מִטְּלָאִים וּמַטְלִיּוֹת.
אויסשטײַגן *v. a. n.* to outbid הַעְדֵּף עַל הַמְּחִיר שֶׁאַחֵר נוֹתֵן; to get out *or* off יְצֹא אוֹ יְרֹד מ־.
אויסשטיין *v. n. a.* to stand to the end עֲמֹד עַד הַסּוֹף; to stand out, be owing הַגִּיעַ (כסף); to stand, bear, endure, suffer נְשֹׂא, כַּלְכֵּל. ‖ – זיך *v. r.* to lose strength, get vapid (*of wine*) הִפּוֹר, פּוּג (יין).
– האָבן געלט אויסשטיין to have outstanding debts היה לו חובות אצל איש.
– אויסשטיין רעם בלבול to stand the accusation

א) קלר. вирипати. ב) פֿון ר. шалёвка א ברעטל.

עמד בפני העלילה; (*joc.*) to take upon oneself the responsibility קבל על עצמו אחריות.
אויסשטײַער *f* (*pl.* ־ן) dowry, portion נְדָה; bride's outfit מַלְבּוּשֵׁי כַּלָּה.
אויסשטײַערן *v. a.* to endow נָתֹן נְדָה; to equip *or* fit out a bride נָתֹן מַלְבּוּשֵׁי כַּלָּה.
אויסשטיק *n* inventory פְּרָטָה, רְשִׁימָה (של מטלטלים).
אויסשטיקן¹ *v. a.* to embroider רָקֹם.
אויסשטיקן² to suffocate *or* choke all חַנֵּק כֻּלָּם.
אויסשטעכן *v. a.* to prick out נְקֹב חוֹרִים; to put out (*eyes*) נַקֵּר (עינים); to engrave חָרֹת, חַקֵּק.
אויסשטעכעווען *v. a.* to exchange, barter הַחֲלֵף, עֲשֵׂה חֲלִיפִין (בסחורות) א).
אויסשטעלאַכץ *n* arrangement סִדּוּר, סֵדֶר.
אויסשטעלונג *f* exposition, exhibition תַּעֲרוּכָה, רַאֲוָה.
אויסשטעלן *v. a.* to expose, exhibit הַצֵּג לְמַרְאָה; to draw (*a bill of exchange*) כְּתֹב, מַלֵּא (שטר); to arrange סַדֵּר; to teach, train, coach חַנֵּךְ, לַמֵּד; to ruin, undo הָרֹס; to squander בַּזְבֵּז (כסף).
אויסשטעלער *m* exhibitor מַצִּיג תַּעֲרוּכָה; drawer (*of a bill of exchange*) אִישׁ הַמְמַלֵּא שְׁטָר.
אויסשטערענען זיך *v. r.* to be covered with stars הָיֹה מוּאָר עַל יְדֵי כּוֹכָבִים; to clear up (*of the weather*) הָיֹה בָּהִיר (מהאויר).
אויסשטראַלונג *f* radiation הֲפָצַת אוֹר אוֹ חֹם.
אויסשטראַלן *v. a.* to radiate הָפֵץ אוֹר אוֹ חֹם.
אויסשטראָמען *v. n.* to flow out נָזֹל (שָׁטֹף) מ־.
אויסשטראָפֿן *v. a.* to reprove, reproach הוֹכֵחַ.
אויסשטרײַכן *v. a.* to strike out, cancel, cross מְחֹק.
אויסשטריקן *v. a.* to knit סְרֹג, סָרֹס.
אויסשטרעקן *v. a.* to send forth, stretch out שַׁלֵּחַ; מַתֵּחַ, פְּשֹׁט ‖ – זיך *v. r.* הִתְמַתֵּחַ.
אויסשטשירען *v. a.* to show (*one's teeth*) חָרֹק (שנים); to open wide (*one's eyes*) הַרְחֵב (עינים).
אויסשטשערבען *v. a.* to notch פַּגֵּם.
אויסשטשערען = אויסשטשירען.
אויסשיטן *v. a.* to shed, pour out, empty זְרֹה, פַּזֵּר, שְׁפֹךְ; ‖ – זיך *v. r.* to be shed הִזָּרֵה, הִשָּׁפֵךְ; to break out פָּרֹחַ (צרעת).
אויסשײַנעצן = אויסשײַנען.
אויסשיידונג *f* separation פְּרִידָה; secretion הַבְדָּלַת נוֹזְלִים בְּגוּף בַּעַל חַי.
אויסשיידן *v. a.* to separate פָּרֹד; to secrete הַבְדֵּל נוֹזְלִים בְּגוּף בַּעַל חַי.
אויסשיילן *v. a.* to shell קַלֵּף, הוֹצֵא מִן הַקְּלִפָּה.
אויסשײַנען *v. a.* to beautify יַפֵּה; ‖ – זיך *v. r.* הִתְיַפֵּה.

א) פֿון ר. Stich חילוף־האַנדל.

אויסשייערן *v. a.* to scour שַׁפְשֵׁף, נַקֵּה.

אויסשילטן *v. a.* to scold, curse קַלֵּל קְלָלוֹת נִמְרָצוֹת.

אויסשיסן *v. n.* to shoot, fire יָרֹה; to burst, explode הִתְפּוֹצֵץ.

אויסשיפן *v. a.* to discharge, unload פָּרֵק מַשָּׂא מֵאֳנִיָּה; || — זיך *v. a.* to disembark יָצֹא (יָרֹד) מֵאֳנִיָּה.

אויסשיקן *v. a.* to send out שַׁלֵּחַ לִמְקוֹמוֹת רַבִּים.

אויסשלאג *m* eruption סַפַּחַת, שְׁחִין.

אויסשלאגן *v. a.* to beat out, knock out הַכֵּה; to break out נַפֵּץ; to strike out (*the hour*) שַׁבֵּר; הַכֵּה (השעה); to break out הִתְפָּרֵץ (צרעת); to churn חַבֵּץ (עשה חמאה).
— אויסשלאגן די הוצאות to make the expenses השתכר די ההוצאות.

אויסשלאכטן *v. a.* to slaughter all, massacre טְבֹחַ, שְׁחֹט בֶּהָמוֹן.

אויסשלאפן זיך *v. n.* to sleep enough יָשֹׁן דַּיּוֹ.

אויסשלייפן¹ *v. a.* to whet, grind חַדֵּד, הַשְׁחֵז; to polish לַטֵּשׁ, מָרֹט.

אויסשלייפן² *v. a.* to make a bow or looped knot קְשֹׁר קֶשֶׁר.

אויסשליסונג *f* exclusion הוֹצָאָה מִן הַכְּלָל.

אויסשליסן *v. a.* to exclude הַפְרֵד, הוֹצֵא מִן הַכְּלָל.

אויסשלעפן *v. a.* to drag מְשֹׁךְ, סָחֹב; || — זיך *v. r.* to wander about נוּעַ, נוּד, נְסֹעַ בְּכָל הַמְּקוֹמוֹת.

אויסשמאקצען = אויססמאקען.

אויסשמועסן זיך *v. n.* to have a talk, discuss שׂוֹחֵחַ, הִתְוַכֵּחַ.

אויסשמידן *v. a.* to forge חָרֹשׁ (מתכת בפטיש).

אויסשמייסן *v. a.* to whip, flog הַכֵּה בְּשׁוֹט, הַלְקֵה.

אויסשמירן *v. a.* to smear מָרֹחַ, מָשֹׁחַ.

אויסשמעלצן *v. a. n.* to purify by melting נַקֵּה עַל יְדֵי הַתּוּךְ; to melt out הַנְתֵּךְ, הָמוֹג, הִמַּס.

אויסשמעקן *v. a.* to smell הָרֵחַ עַד תֻּמּוֹ; to smell out, nose out חָקֹר, רַגֵּל.

אויסשנורעווען = אויסשנירן.

אויסשניט *m* cut, clipping חֲתִיכָה, גְּזָר.

אויסשניידן *v. a.* to cut out חָתֹךְ, גְּזֹר מִ־; to carve חָרֹת, פַּתֵּחַ; || — זיך *v. r.* to be cut הֵחָתֵךְ מִ־.
— אויסשניידן די אייער to geld, castrate סָרֵס.

אויסשנייצן *v. a.* to blow (*the nose*) נַקֵּה (נחירים).

אויסשניצן *v. a.* to carve חָרֹת, פַּתֵּחַ.

אויסשנירן *v. a.* to unlace הַתֵּר, פַּתֵּחַ הַחֲבָלִים.

אויסשעכעווען *v. a.* to form a line, draw up in a line (*soldiers*) עֲרֹךְ שׁוּרָה, סַדֵּר בְּשׁוּרָה (אנשי חיל) א).

אויסשעלטן = אויסשילטן.

אויסשעפן *v. a.* to drain off, empty שְׁאֹב כֹּל־, הָרֵק.

א) פ. szykować אויסשטעלן אין ארדענונג.

אויסשערן *v. a.* to cut out with scissors גְּזֹר בְּמִסְפָּרַיִם מִתּוֹךְ־.

אויסשפאנען *v. a.* to stretch, extend מָתֹחַ; to unharness פַּתֵּחַ רְתֻמַת סוּס.

אויסשפאלירן *v. a.* to paper, hang with paper קַשֵּׁט בִּנְיָרוֹת (קיר).

אויסשפארן *v. a.* to distend הַרְחֵב.

אויסשפיאנירן *v. a.* to spy out רַגֵּל, חַפֵּשׂ הֵיטֵב.

אויסשפייען *v. a.* to spit out יָרֹק, פַּלֵּט רֻקּוֹ.

אויסשפיוען = אויסשפיאנירן.

אויסשפילן *v. n. a.* to play to the end שַׂחֵק עַד הַסּוֹף; to improve by playing עֲשֵׂה יוֹתֵר טוֹב עַל יְדֵי נְגִינָה (כלי שיר); to win הַצְלֵחַ בְּמִשְׂחָק; to raffle הַגְרֵל.

אויסשפינען *v. a.* to spin טְוֵה; to spin out, draw out מְשֹׁךְ, הַאֲרֵךְ.

אויסשפיצן *v. a.* to point, sharpen to a point חַדֵּד, עֲשֵׂה חוּד; to end, conclude גְּמֹר, סַיֵּם; || — זיך *v. r.* to narrow into a point הָלוֹךְ וְצַר עַד חוּד.

אויסשפירן *v. a.* to trace חָקֹר וְדָרֹשׁ; to spy, reconnoiter רַגֵּל, חָקֹר וְדָרֹשׁ.

אויסשפירער *m* spy, scout מְרַגֵּל.

אויסשפראך *f* pronunciation הֲבָרָה, מִבְטָא.

אויסשפראצן *v. n.* to sprout, bud, צָמֹחַ.

אויסשפרייטונג *f.* spreading מִפְרָשׂ, מִשְׁטָח; firmament רָקִיעַ.

אויסשפרייטן *v. a.* to spread out, פָּרֹשׂ, מָתֹחַ; פָּשֹׂק (רגלים).

אויסשפרינגען *v. n.* to burst, crack הִתְפּוֹצֵץ; to break out הִתְפָּרֵץ; to come out יָצֹא (סור).

אויסשפריצן *v. a. n.* to spirt, squirt out קַלֵּחַ; to sprinkle הַזֵּה; to spout out יָצֹא בְּזֶרֶם.

אויסשפרעכן *v. a.* to pronounce בַּטֵּא.

אויסשרויפן *v. a.* to unscrew, screw out הוֹצֵא בֹּרֶג.

אויסשרייבן *v. a.* to write in detail כְּתֹב בִּפְרוֹטְרוֹט; to copy הַעְתֵּק (מספר); to write for, order by mail הַזְמֵן עַל יְדֵי הַדֹּאַר; to strike out (*of a list*) מָחֹק (מרשימה); || — זיך *v. r.* to become experienced in writing הִתְרַגֵּל הַרְבֵּה אֶל הַכְּתִיבָה; to exhaust one's literary talent הִתְרוֹקֵן מִכִּשְׁרוֹנוֹ הַסִּפְרוּתִי.

אויסשרייען *v. n.* to cry out, exclaim קְרָא בְקוֹל; to proclaim, publish הַכְרֵז, פַּרְסֵם.

אויעזד *m* district (*in Russia*) מָחוֹז (ברוסיה).

אויעזדנע *adj.* of a district שֶׁל מָחוֹז.

אויער *n* (*pl.* ־ן) ear אֹזֶן; eye (*of a needle*) קוּף־מַחַט; handle בֵּית־צְבִיטָה, יַד כְּלִי.
— אפטראגן אין די אויערן to slander הָלוֹךְ רָכִיל.
— אנשטעלן די אויערן to listen attentively הקשב רב קשב.

— זײַן פֿאַרליבט איבער די אויערן to be over head and ears in love אהב אהבה עזה.

— זײַן אין חובות איבער די אויערן to be in debt over head and ears היה שקוע בחובות.

אויער־האָן *m* wood-cock תַּרְנְגֹל הַבָּר.

אויער־היטל *n* cap with ear-laps מִצְנֶפֶת עִם מְכַסֵּי־אָזְנַיִם.

אויער־וואַקס *n* ear-wax צוֹאַת הָאֹזֶן.

אויערל *n* haundle בֵּית־צְבִיטָה, יַד־כֶּלִי; eye (*of a needle*) קוֹף־מַחַט.

אויער־לעפל *n* ear-lap of a cap מְכַסֵּה־הָאֹזֶן בְּמִצְנֶפֶת.

אויער־לעפעלע *n* ear-picker מְנַקֶּית־הָאֹזֶן.

אויף *prep.* on עַל; at בְּ־; in בְּ־; ‖ *pred.* open פָּתוּחַ; in a turmoil בִּמְהוּמָה.

— אויף דעם טיש on the table על השלחן.

— אויף יידיש, אויף ענגליש in Yiddish, in English ביהודית, באנגלית.

— אויף דער נאַכט at night בלילה.

— אויף זײַן to be up, be awake היה עֵר; to be in a turmoil היה במהומה.

אויף־ *pref.* syllable prefixed to verbs for various significations הֲבָרָה נוֹסֶפֶת לִפְעָלִים לְהוֹרָאוֹת שׁוֹנוֹת.

אויפֿאָטעמען *v. n.* to recover one's breath שָׁאֹף רוּחַ מֵחָדָשׁ.

אויפֿאַרבעטן *v. a.* to make, prepore עָשֹׂה, הָכֵן.

אויפֿבוי *m* building, construction בְּנִיָּה.

אויפֿבויאונג = אויפֿבוי.

אויפֿבויען *v. a.* to build, construct בָּנֹה.

אויפֿבונטעווען *v. a.* to incite to insurrection הָסֵת לְמֶרֶד, עוֹרֵר לְמֶרֶד.

אויפֿביינן *v. a.* to unbend, straighten יַשֵּׁר.

אויפֿבײַסן *v. a.* to bite open פָּתֹחַ בִּנְשִׁיכָה.

אויפֿבינדן *v. a.* to untie, loosen הַתֵּר, פַּתֵּחַ; to fasten קָשֹׁר לְ־.

אויפֿבלאָזן *v. a.* to fill with wind נַפֵּחַ; to swell, inflate נַפֵּחַ, רוֹמֵם; ‖ — זיך *v. r.* to be inflated הִתְנַפֵּחַ; (*fig.*) to pride oneself הִתְפָּאֵר, הִתְרוֹמֵם.

אויפֿבליִען *v. n.* to blossom הַתְחֵל לִפְרֹחַ; (*fig.*) to flourish, prosper הַצְלֵחַ.

— ווידער אויפֿבליִען to revive שוב לתחיה.

אויפֿבליצן *v. n.* to flash הַבְרֵק, נַצְנֵץ.

אויפֿבלעטערן *v. a.* to turn over the leaves of a book הָפֹךְ עֲלֵי סֵפֶר, עַלְעֵל.

אויפֿבריִען *v. a.* to boil הַרְתֵּחַ, רַתֵּחַ.

אויפֿברעכן *v. a. n.* to break open שָׁבֹר וּפָתֹחַ; to step forward יָצֹא קָדִימָה; ‖ — זיך to be broken open הִשָּׁבֵר וְהִפָּתֵחַ.

אויפֿברענגען *v. a.* to bring together הָבֵא בְּמַגָּע־וּמַשָּׂא; to make angry הַכְעֵס, הַקְצֵף.

— (*id*) אויפֿברענגען אַ וואַנט מיט אַ וואַנט to make an awkward match שדך זווג לא הגון.

אויפֿברענען *v. n.* to flare up הִתְלַהֵב; (*fig.*) to fly into a passion בָּעֹר חֲמַת אִישׁ, הִתְאַנֵּף.

אויפֿגאָב *m* carnest דְּמֵי מְשִׁיכָה, דְּמֵי קְדִימָה.

אויפֿגאַבע *f* problem שְׁאֵלָה; lesson שִׁעוּר, לֶקַח; task חוֹבָה.

אויפֿגאַנג *m* rising עֲלִיָּה, מַעֲלָה; זְרִיחָה (של רחמה).

אויפֿגאָס *m* pouring upon שְׁפִיכָה עַל־.

אויפֿגיין to rise עָלֹה, הִתְנַשֵּׂא; זָרֹחַ (חמה).

אויפֿגיסן *v. a.* to pour upon שָׁפֹךְ עַל־.

אויפֿגעבלאָזן *adj.* swelled נָפוּחַ; (*fig.*) puffed up, haughty מִתְנַפֵּחַ, מִתְגָּאֶה, מִתְיָהֵר.

אויפֿגעבלאָזנקייט *f* swelling נִפּוּחַ; haughtiness הִתְנַפְּחוּת, גַּאֲוָה, יְהִירוּת.

אויפֿגעבן *v. a.* to give up עֲזֹב; to propose הַצֵּעַ; to serve (*a dish*) הָבֵא, הַגֵּשׁ (תבשיל, מנה); to feed (*a printing press*) שִׂים הַנְּיָר עַל מְכוֹנַת הַדְּפוּס.

אויפֿגעבער *m* proposer מַצִּיעַ; feeder (*on a printing press*) [מֵשִׂים הַנְּיָר עַל מְכוֹנַת הַדְּפוּס.

אויפֿגעבראַכט *adj.* angry, enraged, incensed מִתְאַנֵּף, מִתְקַצֵּף, מִתְעַבֵּר.

אויפֿגעבראַכטקייט *f* anger, rage קֶצֶף, זַעַם.

אויפֿגעטורעמט *adj.* towering, rising, high רָם, נִשָּׂא.

אויפֿגעטראָגן זײַן *v. p.* to be on friendly terms הָיֹה בְּיַחַס יְדִידוּת.

אויפֿגעטראָגן ווערן *v. p.* to swell תָּפֹחַ, צָבֹה; to be agitated זָעֹף, הִתְרַגֵּז.

אויפֿגעיאָרן *adj.* fermented תָּסוּם; (*fig.*) enlightened מַשְׂכִּיל.

אויפֿגעלאָף *m* concourse קְהַל־עָם; tumult, riot מְהוּמָה, מְבוּכָה.

אויפֿגעלאָפֿן *adj.* swollen נָפוּחַ; snrunken מְכֻוָּץ.

אויפֿגעלאָפֿן ווערן *v. p.* to swell הִתְנַפֵּחַ; to shrink הִתְכַּוֵּץ.

אויפֿגעלייגט *adj.* folded מְקֻפָּל; (*fig.*) well-disposed, good-humored, cheerful טוֹב־לֵב, שָׂמֵחַ.

אויפֿגעלייגטקייט *f* good disposition טוֹב־לֵב, שִׂמְחָה.

אויפֿגעקאָכט = אויפֿגעבראַכט.

אויפֿגעקומענער ‖ ־נע (*pl.* ־נע) *m* upstart, parvenu נִקְלֶה שֶׁעָלָה לְעֹשֶׁר אוֹ לִגְדוּלָּה.

אויפֿגעקלערט *adj.* enlightened מַשְׂכִּיל.

אויפֿגעראַמט *adj.* set in order מְסֻדָּר; (*fig.*) well-disposed, good-humored, cheerful טוֹב־לֵב, שָׂמֵחַ.

אויפֿגעראַמטקייט *f* order סֵדֶר; (*fig.*) good disposition טוּב־לֵב, שִׂמְחָה.

אויפֿגערוימט, ־קייט = אויפֿגעראַמט, ־קייט.

אויפֿגעריכט ווערן *v. p.* to be restored שׁוּב לִמְכוֹנוֹ; to be raised הִתְנַשֵּׂא.

אויפגראָבן *v. a.* to dig up חָפֹר וּפָתֹחַ.

אויפגריזען *v. a.* to gnaw all כַּרְסֵם כֻּלּוֹ; ‖ – זיך *v. r.* to be aggravated (*fig.*) הִצְטַעֵר מְאֹד.

אויפדעקן *v. a.* to uncover גַּלֵּה; to expose הַצֵּג לְמַרְאֶה.

אויפדערנאַכט *adv.* at night בַּלַּיְלָה; ‖ *s.* night-time עֵת לַיְלָה.

אויפדרוקן *v. a.* to print on הַדְפֵּס עַל־.

אויפדרייען *v. a.* to twist together קָלֹעַ יַחַד.

אויפדריקן *v. a.* to press together דָּחֹק יַחַד.

אויפהאָדאָווען *v. a.* to raise, rear, bring up גַּדֵּל, רַבֵּה, אַמֵּן.

אויפהאַלט *m* support תְּמִיכָה; stay יְשִׁיבָה (בדירה, בעיר); = אָפּהאַלט.

אויפהאַלטן *v. a.* to support תְּמֹךְ; to detain עַכֵּב; ‖ – זיך *v. r.* to stay, live יָשֹׁב, גּוּר, דּוּר.

אויפהאַקן *v. a.* to open with an axe בָּקֹעַ, פָּתֹחַ בְּגַרְזֶן; to open (*a wound*) פָּתֹחַ (מכה).

אויפהייבן *v. a.* to raise, lift up הָרֵם, נַשֵּׂא; ‖ – זיך *v. r.* to rise קוּם, הִתְרוֹמֵם.

אויפהענגען *v. a.* to hang up, suspend תְּלֹה; to hang (*a criminal*) תְּלֹה (איש אשר לו משפט מות).

אויפהער *m* cessation, discontinuation הֶפְסֵק.
— אָן אַן אויפהער endlessly בלי סוף.

אויפהערן *v. n.* to cease, discontinue, end חָדֹל, פָּסֹק.

אויפוואַכן *v. n.* to awake הָקִיץ, הִתְעוֹרֵר (משנה).

אויפוואַליען *v. a.* to heap up עָרֹם עֲרֵמָה, צָבֹר; to heap on צָבֹר, הַעֲמֵס עַל־.

אויפוואַקסן *v. n.* to grow up גָּדֹל וְהָיֹה לְאִישׁ.

אויפוואַרטונג *f* waiting הַמְתָּנָה; attendance שֵׁרוּת, שִׁמּוּשׁ.

אויפוואַרטן *v. n.* to wait הַמְתֵּן; to wait on, attend שָׁרֵת.

אויפוואַרפן *v. a.* to throw together, heap up עָרֹם עֲרֵמָה, צָבֹר; to add הוֹסֵף; to taunt חָרֵף; to raise (*a question*) עוֹרֵר (שאלה).

אויפוויגלען *v. a.* to instigate הָסֵת, עוֹרֵר (למרד).

אויפווייזן *v. a.* to show, prove הַרְאֵה, הוֹכֵחַ.

אויפוויקלען *v. a.* to wrap up כָּרֹךְ עַל־; to roll up גָּלֹל; to unroll גָּלֹל וּפָתֹחַ (מגלת ספר); to unfurl גָּלֹל וּפָרֹשׂ (דגל).

אויפוועקן *v. a.* to rouse, awaken הָעֵר, הָקֵץ, עוֹרֵר.

אויפזאַמלען = אויפקלייבן

אויפזאַץ *m* (– זאַצן, – זעץ *pl.*) composition חִבּוּר; head-dress פְּאֵר (של נשים) א).

א) אין דעם יידישן שפריכוואָרט: „וויבער האָבן דריי זעץ — איינזאַץ, אָפּזאַץ, אויפזאַץ.“

אויפזוכן *v. a.* to look for בַּקֵּשׁ, חַפֵּשׂ; to find מְצֹא; ‖ – זיך *v. r.* to be found הִמָּצֵא.

אויפזידן *v. a. n.* to boil up רַתֵּחַ, הַרְתֵּחַ, רָתֹחַ.

אויפזיין, ז. אונטער אויף.

אויפזען *v. n.* to superintend, supervise הַפְקֵחַ, הַשְׁגֵּחַ; ‖ sensation הִתְרַגְּשׁוּת, הִשְׁתּוֹמְמוּת.

אויפזעער *m* superintendent, supervisor מְפַקֵּחַ, מַשְׁגִּיחַ.

אויפזעצן *v. a.* to put (*in a carriage*) שִׂים (בעגלה); to set (*type*) סַדֵּר (אותיות); to compose חַבֵּר, עָרֹךְ; ‖ – זיך *v. a.* to get into a carriage יָשֹׁב בָּעֲגָלָה; to get on horseback עֲלֹה עַל סוּס; to sit up יָשֹׁב יָשָׁר (במטה); to retract one's word חֲזֹר מִדְּבָרָיו ב).

אויפחתמענען *v. a.* to unseal הָסֵר חוֹתָם; to open פָּתֹחַ.

אויפטאָטשען *v. a.* to gnaw, eat away, corrode גָּרֹם, כַּרְסֵם, אָכֹל.

אויפטאָן *v. a.* to achieve הַשֵּׂג, פָּעֹל, עֲשֵׂה עִנְיָן חָדָשׁ.

אויפטו *m* achievement פְּעֻלָּה; invention הַמְצָאָה; trick תַּחְבּוּלָה עָרְמָה.

אויפטון = אויפטאָן.

אויפטועניש = אויפטו.

אויפטערכען *v. a.* to sew together in a bungling manner תָּפֹר יַחַד בִּתְפִירוֹת נַסּוֹת.

אויפטראָג *m* relations מַשָּׂא וּמַתָּן.

אויפטראָגן *v. a.* to bring from many places הָבֵא מִמְּקוֹמוֹת רַבִּים.

אויפטרייבן *v. a.* to drive dogether גָּרֹשׁ יַחַד (למקום אחד).

אויפטרייסלען *v. a* to shake up הַרְעֵד, הַרְגֵּז.

אויפטרעט *m* appearance הוֹפָעָה.

אויפטרעטן *v. n.* to appear, make one's appearance הוֹפִיעַ, יָצֹא.

אויפטרענען *v. a.* to unsew פַּתֵּר הַתֶּפֶר; to rip open קָרֹעַ וּפָתֹחַ.

אויפיאָגן *v. a.* to drive together גָּרֹשׁ יַחַד (למקום אחד).

אויפיִרן = אויפיערן.

אויפיערן *v. n.* to ferment תָּסֹס.

אויפכאָווען = אויפהאָדעווען.

אויפכאַפּן *v. .a* to catch up, snatch חָטֹף; to take up (*words*) or שָׁמֹעַ; to accept eagerly קַבֵּל בִּתְשׁוּקָה; ‖ – זיך *v. r.* to rise, awake הָקִיץ, הִתְעוֹרֵר; to start הִזְדַּעְזֵעַ.
— אויפכאַפּן מיט ביידע הענט to accept very eagerly קבל בתשוקה רבה.

אויפלאַגע *f* edition הוֹצָאָה, מַהֲדוּרָה (של ספרים).

ב) אין דער באַדייטונג ביי ליפשיצן.

אויפֿלאָדן *v. a.* to load טָעֹן, הַעֲמֵס עַל־.

אויפֿליוף = אויפֿגעלאָף.

אויפֿלייפֿן *v. n.* to flock הִקָּבֵץ; to swell, rise, intumesce הִתְבַּלֵּט; to shrink הִתְכַּוֵּץ.

אויפֿליאַרעמען = אויפֿרודערן.

אויפֿלייגן *v. a.* to put together שִׂים דְּבָרִים יַחַד; to fold קַפֵּל; to raise הוֹסֵף (על השכר); to load on טָעֹן, הַעֲמֵס עַל־; ‖ — זיך *v. r.* to be folded הִקָּפֵל; to club together הִשְׁתַּתֵּף (בהוצאות, בנדבה); to contribute נָתֹן כְּתוֹר נְדָבָה. — אויפֿלייגן וועג to go round *or* out of one's way עקם הדרך, הלוך בארוכה.

אויפֿלעבן *v. a. n.* to revive הָשֵׁב או שׁוּב לִתְחִיָּה.

אויפֿמאַכן *v. a.* to open פָּתֹחַ; to collect (*donations*) אָסֹף, קַבֵּץ (נדבות).

אויפֿמאָלן *v. a.* to paint צַיֵּר.

אויפֿמאָנונג *v. a.* collection (*of a debt*) גְּבִיָּה.

אויפֿמאָנען *v. a.* to collect (*a debt*) גָּבֹה.

אויפֿמינטערונג *f* encouragement הִתְעוֹדְדוּת, זֵרוּז.

אויפֿמונטערן *v. a.* to encourage עוֹדֵד, אַמֵּץ לֵב.

אויפֿמינטערונג *f* resuscitation, revival הֲשָׁבָה לִתְחִיָּה, תְּחִיָּה.

אויפֿמינטערן *v. a.* to resuscitate, revive הָשֵׁב לִתְחִיָּה.

אויפֿמישונג *f* mixing בְּלִילָה, תַּעֲרוּבָה.

אויפֿמישן *v. a.* to mix בָּלֹל, עָרֹב; to find by turning the leaves of a book מְצֹא עַל יְדֵי עִלְעוּל; to remind (*something said*) הַזְכֵּר (שיחה).

אויפֿמערקזאַם *adj.* attentive מַאֲזִין, מַקְשִׁיב, מֵשִׂים לִבּוֹ.

אויפֿמערקזאַמקייט *f* attention הַקְשָׁבָה, כַּוָּנָה, שִׂימַת לֵב.

אויפֿן־אויוון *m* sleeping shelf on the top of a Russian stove רִצְפַּת־קְרָשִׁים תְּלוּיָה מִמַּעַל לַתַּנּוּר לִישׁוֹן עָלֶיהָ (בבתי האכרים ברוסיה).

אויפֿנאַשן *v. a.* to eat eagarly (*as dainties*) אָכֹל בְּתַאֲוָה רַבָּה (כמו ממתקים).

אויפֿניוכען זיך *v. rec.* to agree, concert הִתְחַבֵּר, חַבֵּל תַּחְבּוּלוֹת בַּסֵּתֶר א).

אויפֿנייען *v. a.* to sew תָּפֹר.

אויפֿנעמונג *f* reception קַבָּלָה, קַבָּלַת פָּנִים.

אויפֿנעמען *v. a.* to receive, entertain קַבֵּל פְּנֵי־; to gather up אָסֹף, צָבֹר.

אויפֿסטרויען *v. a.* to build בָּנֹה.

אויפֿסילען *v. a.* to string (*pearls*) חָרֹז (פנינים).

אויפֿעט = אויף (נאָך א צייטוואָרט).

אויפֿעסן *v. a.* to eat up אָכֹל כֻּלּוֹ; ‖ — זיך *v. r.* to grieve הִצְטַעֵר. — אויפֿעסן זיך דאָס האַרץ, אויפֿעסן זיך א לעבעדיגער to be greatly distressed הצטער מאד.

אויפֿעפֿענען *v. a.* to open פָּתֹחַ.

אויפֿפֿאָדערונג *f* challenge קְרִיאָה (להוכחה, למלחמה).

אויפֿפֿאָדערן *v. a.* to challenge קְרֹא (להוכחה, למלחמה).

אויפֿפֿאַלן *v. n.* to strike הִפָּלֵא בְּעֵינֵי איש.

אויפֿפּאַסונג *f* attention שִׂימַת־לֵב; care זְהִירוּת.

אויפֿפּאַסן *v. n.* to pay attention שִׂים לֵב; to take care הִזָּהֵר.

אויפֿפּאַקן *v. a.* to pack up חָבֹשׁ, אָרֹז (חבילה); to unpack הַתֵּר, הוֹצֵא (מן החבילה).

אויפֿפֿאָרן *v. n.* to come together הִתְאַסֵּף לְמָקוֹם אֶחָד.

אויפֿפּאָרן, אויפֿפּאָרען *v. a.* to couple אַחֵד, זַוֵּג, חַבֵּר; ‖ — זיך *v. r.* הִזְדַּוֵּג, הִתְחַבֵּר.

אויפֿפּוץ *m* dress קִשּׁוּט, פְּאֵר.

אויפֿפּוצן *v. a.* to dress קַשֵּׁט; to adorn יַפֵּה, פָּאֵר.

אויפֿפֿירונג *f* conduct, behavior מִנְהָג, הִתְנַהֲגוּת, מַעֲשִׂים; performance, play מִשְׂחָק.

אויפֿפֿירן *v. a.* to perform, play, represent שַׂחֵק, הַרְאֵה (על במת חזיון); ‖ — זיך *v. r.* to conduct oneself, behave הִתְנַהֵג.

אויפֿפּיקן *v. a.* to peck *or* pick up לַקֵּט כֻּלּוֹ בְּמַקּוֹר (כמו צפור); to open by pecking נַקֵּר וּפָתֹחַ; אָכֹל כֻּלּוֹ (על אדם).

אויפֿפֿלאַמען *v. n.* to blaze up הִתְלַהֵב; to fly into a passion הִתְאַנֵּף, הִתְקַצֵּף, חָרֹה אַפּוֹ.

אויפֿפּלאָנטען, אויפֿפּלאָנטערן *v. a.* to untangle הַתֵּר, פַּתֵּחַ הַסִּבּוּךְ.

אויפֿפֿלאַקערן = אויפֿפֿלאַמען.

אויפֿפֿרישן *v. a.* to refresh הָשֵׁב נֶפֶשׁ; to renew חַדֵּשׁ; to encourage עוֹדֵד.

אויפֿפּרעסן *v. a.* to press together דָּחֹק יַחַד.

אויפֿפֿרעסן *v. a.* to devour אָכֹל בִּתְשׁוּקָה רַבָּה.

אויפֿצאַפּלען *v. a.* to startle זַעְזֵעַ, הַרְתֵּעַ; ‖ — זיך *v. r.* to be startled הִזְדַּעְזֵעַ.

אויפֿצוג *m* show, pomp תִּפְאָרָה, פְּאֵר, כָּבוֹד.

אויפֿציטערן *v. a. n.* to terrify הַפְחֵד, הַבְהֵל; to be terrified הִפָּחֵד, הִבָּהֵל.

אויפֿצייכענונג *f* note רְשִׁימָה.

אויפֿצייכענען *v. a.* to note *or* write down רָשֹׁם, כָּתֹב.

אויפֿציילן *v. a.* to count סָפֹר, מָנֹה; to pay down הַרְצֵה (מעות על השלחן).

אויפֿציִען *v. a. n.* to draw together מְשֹׁךְ יַחַד; to bring up גַּדֵּל, חַנֵּךְ; to wait חַכֵּה, הַמְתֵּן; to salute קַדֵּם בִּירִיָּה (את המשמר).

אויפֿצערן *v. a.* to consume אָכֹל כֻּלּוֹ.

אויפֿקאָכן *v. a.* to boil בַּשֵּׁל, הָגֵד; to boil up (*fig.*) a person's blood הַעֲלֵה חֲמַת־, הַרְגֵּז; ‖ — זיך *v. r.* to be boiled הִתְבַּשֵּׁל; to be enraged (*fig.*) חָרֹה אַפּוֹ, הִתְאַנֵּף.

אויפֿקאָמפּאַנירן *v. a.* to bring together חַבֵּר, אַחֵד.

א) ר. снюхаться.

קרב איש לאיש; ‖ – זיך *v. r.* to associate with התחבר אל־.

אויפקוועלן *v. n.* to swell צבה, תפח; to spring up, bubble up נבע.

אויפקויפן *v. a.* to buy up, engross, forestall הקדם וקנה הכל.

אויפקויפער *m* engrosser, forestaller המקדים לקנות הכל.

אויפקומען *v. r.* to rise עלה לעשר או לגדולה; to come into use, get into vogue *or* fashion היה למנהג; to recover (*from an illness*) שוב לאיתנו, הרפא.

אויפקוויטלען = אפקוויטלען.

אויפקלאפן *v. a.* to join by knocking חבר על ידי הכאה; to knock open הכה ופתח.

אויפקלויבן = אויפקלייבן.

אויפקלייבן *v. a.* to gather אסף, קבץ; to collect קבץ; to save (*money*) חשך (כסף). — אויפקלייבן פאלדן to plait, ruffle סדר בקפילות.

אויפקלייען *v. a.* to paste on הדבק בדבק על־; to paste together חבר בדבק.

אויפקלעפן = אויפקלייען.

אויפקלערונג *f* enlightenment השכלה.

אויפקלערן *v. a.* to enlighten השכל.

אויפקנאקן *v. a.* to crack (*a nut*) בקע.

אויפקנייטשן *v. a.* to fold (*paper*) קפל (נייר).

אויפקניפן *v. a.* to tie up קשר; to untie התר הקשר.

אויפקנעפלען *v. a.* to unbutton פתח הכפתורים; ‖ – זיך *v. r.* to unbutton oneself פתח כפתורי בגדו.

אויפקערן *v. a.* to sweep together טאטא יחד.

אויפקראצן *v. a.* to open by scratching שרט ופתח; to scrape together אסף לאט לאט (כסף).

אויפראמען *v. a.* to clear off, remove הסר, הרק, בער; to set in order (*a house*) סדר, פנה (בית).

אויפרודערן *v. a.* to stir up, set in commotion הרגז, הרעש, ועוש.

אויפרוף *m* call קריאה; appeal קול־קורא, בקשה גלויה.

אויפרופן *v. a.* to call up קרא; to invite קרא; to call together קבץ, הקהל.

אויפרופנס *n* calling up to the reading of the Law (*in the synagogue*) קריאה לעלות לתורה (כבית הכנסת).

אויפרוקן *v. a.* to unbolt הסר בריח; to draw up קרב אחד אל אחד.

אויפריגלען *v. a.* to unbolt הסר בריח.

אויפרייבן *v. a.* (*sl.*) to eat up אכל כלו.

אויפריידן זיך *v. rec.* to communicate with each other בוא בדברים איש עם רעהו; to understand each other הבן איש לדברי רעהו; to agree, concert חבל תחבולות בסתר.

אויפרייסונג *f* tearing open פתיחה על ידי קריעה; opening (*of an abscess*) פתיחה (של מכה); explosion התפוצצות.

אויפרייסן *v. a. n.* to tear open קרע ופתח; to open (*of an abscess*) הפתח, הבקע (מכה); to explode התפוצץ; ‖ – זיך *v. r.* to be torn open הקרע והפתח; to start up קום ממקומו בחפזון.

אויפרייצונג *f* provocation הסתה; irritation גרוי.

אויפרייצן *v. a.* to provoke הסת; to irritate גרה.

אויפריכטיג *adj.* sincere, true תמים, נאמן.

אויפריכטיגקייט *f* sincerity תם, אמונה.

אויפריכטן *v. a.* to raise הקם; to comfort נחם; ‖ – זיך *v. r.* to rise קום.

אויפריכטעניש *f* comfort נחמה; happiness אשר; salvetion ישועה.

אויפרים *m* tearing open קריעה.

אויפריר *m* stir התעוררות; commotion מהומה.

אויפרירן *v. a.* to stir up עורר; to set in commotion הרגז, הרעש, ועוש.

אויפרעגונג *f* excitement התרגשות, רגז.

אויפרעגן *v. a.* to excite הרגז.

אויפרעכענען *v. a.* to reckon *or* count up חשב יחד.

אויפשארן *v. a.* to scrape together גרף, חתה יחד.

אויפשווימען *v. n.* to swim up צוף, עלה ושחה.

אויפשוועלן *v. n.* to swell up צבה, התנפח.

אויפשוידערן *v. a. n.* to shock הרעד, הרגז; to be shocked רעד מפחד.

אויפשטאנד *m* (*pl.* ן –) uprising, rebellion מרד.

אויפשטאפן *v. a.* to unbung הסר הפקק.

אויפשטויסן *v. a.* to belch נהק; ‖ – זיך *v. r.* to fall out הנצה, ריב.

אויפשטורעמען = אויפרודערן.

אויפשטייאונג *f* rising קימה, תקומה; resurrection תחית המתים.

אויפשטייגונג *f* rise עליה.

אויפשטייגן *v. n.* to rise עלה, התרומם; to ascend עלה.

אויפשטיין *v. n.* to stand up קום ממקומו, התיצב; to rise, get up קום משנתו; to rise, revolt התקומם, מרד. — אויפשטיין תחית המתים to rise from the dead שוב לתחיה, קום מהמתים.

אויפשטעכן *v. a.* to stitch up אחה, תפר יחד; to pierce open נקב ופתח.

אויפשטעלן *v. a.* to put up, set up העמד, הקם; to erect הקם, בנה. — אויפשטעלן די אויערן to prick up one's ears הקשב רב קשב.

אויפשטעקן = אויפשטאפן.

אויפשיטן v. a. to heap up צבר; to pour upon שפך על־.

אויפשייַנען v. n. to rise, shine עלה, זרח.

אויפשלאָגן v. a. to nail up חבר במסמרים; to break open שבר ופתח; to look for a passage in a book חפש בספר; to collect אסף, קבץ; to raise (a price) העלה (מחיר).

— אויפשלאָגן אַ געשעפט to open a business עשה מסחר.

אויפשלייפן v. a. to untie a loop התר לולאה.

אויפשלינגען v. a. to swallow בלע.

אויפשליסן v. a. to unlock, open פתח במפתח.

אויפשמייכלען v. n. to begin to smile החל לגחך.

אויפשמעקן זיך = אויפניוכען זיך.

אויפשנורעווען v. a. to lace, tie קשר בחבלים; to unlace, unstring התר את החבלים.

אויפשניט m split, cut גזור, חתוך.

אויפשניידן v. a. to cut open גזר, חתך ופתח.

אויפשפאַלטן v. a. to split open גזר ופתח.

אויפשפאַנען v. a. to harness together רתם יחד.

אויפשפאַרן v. a. to unbar הוצא את הבריח; to open wide פתח לרוחה.

אויפשפונטעווען v. a. to unbung הסר הפקק.

אויפשפיל m striking up of music נגינה על כלי שיר.

אויפשפיליען v. a. to unpin הסר הסכות; to unbutton פתח הכפתורים.

אויפשפילן v. a. n. to strike up התחל לנגן (על כלי שיר).

— אויפשפילן אַ חתונה (sl.) to play mischief עשה מהומה.

אויפשפרייטן v. a. to spread פרש.

אויפשפרינגען to spring up, jump up, start up קפץ ממקומו; to burst התבקע.

אויפשרויפן v. a. to screw on חבר על ידי בֹרג; to unscrew הוצא הבֹרג.

אויפשרייבן v. a. to write down כתב.

אויפשריפט f inscription כתבת; title שם (של מאמר או ענין בספר).

אויפשרעקן v. a. to frighten, startle החרד, הבהל.

אויפתּליען v. a. to hang (fl.) תלה.

אייער m air רוח; climate אקלים, אויר הארץ; smell, stench ריח סרחון.

אויערינגל n earring עגיל (של אזן).

אייִרן v. n. to stink הסרח.

איך int. oh! ah! אח!

אולאַנער m ulan פרש עם חנית.

אולי adv. perchance — אפשר.

אולי ירחם phr. perchance He will have pity —.

אום adj odd לא־זוגי; || n. odd number מספר לא־זוגי.

אום² prep. about סביב; אודות; on ב־; || conj. כדי.

— נים שטויזן אום אומעצן not to care about a person לא שים לב לאיש.

— אום שבת on a Sabbath-day ביום השבת א).

אום־ pref. about, round סביב; again שנית.

אום־² pref. not, un-, in-, im- לא, אי־.

אומאַכט = אוממאַכט.

אומאַנגענעם adj. unpleasant, disagreeable לא טוב, לא נעים.

אומאַנדערשן v. a. to change שנה; to alter שנה, תקן.

אומאָפּהענגיג adj. independent עומד ברשות עצמו שאינו תלוי בדעת אחרים, חפשי.

אומאָפּהענגיגקייט f independence עמידה ברשות עצמו, חפש, חרות.

אומאַקערן v. a. to plough again חרש שנית; to plough around חרש מסביב.

אומאַרבעטונג = איבעראַרבעטונג.

אומאַרבעטן = איבעראַרבעטן.

אומאָרדענונג f disorder לא־סדרים; confusion בלבול, ערבוביה.

אומאַרעמונג f embracing חבוק.

אומאַרעמען v. a. to embrace חבק.

אומאָרנטליך adj. dishonest, unfair בלתי ישר; ||—קייט f dishonesty לא־יושר.

אומבאַגרייַפליך adj. inconceivable לא מובן, קשה; ||—קייט f inconceivableness תכונת מה שלא מובן.

אומבאַגרענעצט adj. unlimited בלתי מגבל; ||—קייט f unlimitedness תכונת מה שאינו מגבל.

אומבאַדאַכט adj. thoughtless, inconsiderate אי־זהיר, בלי ישוב הדעת; ||—קייט f thoughtlessness אי זהירות.

אומבאַדייַטנדיג adj. insignificant קל הערך.

אומבאַדינגט adj. absolute חיובי מחלט; || adv. absolutely בלי שום תנאי, בהחלט, בחיוב.

אומבאַהאָלפן adj. clumsy, unhandy בלתי זריז לא יצלח; ||—קייט f clumsiness אי־זריזות.

אומבאַוואוסט adj unknown לא־נודע, לא־מפרסם; unconscious בלי דעת, בלי הרגש; ||—קייט f being unknown אי־פרסום; unconsciousness אי־הרגש.

אומבאַוואָפנט adj unarmed לא־מזין; ||—קייט f being unarmed אי־הזדינות.

אומבאַוויזן adj. unproved לא מוכח בראיות.

אומבאַוועגליך adj immovable שלא ינוע; ||—קייט f immobility אי־תנועה, אי־התנועעות.

אומבאַזאָרגט adj unconcerned, free from care

א) אין דער באַדייטונג אפשר פון ד. am (an) אַן; סגל. אַנ־דערוואַכן.

שֶׁאֵינוֹ דוֹאֵג, שָׁלֵו, שַׁאֲנָן; ‖ –קייט *f* freedom from care, security אִי־דְאָגָה, שַׁלְוָה.

אומבאַטעמט *adj.* tasteless בְּלִי טַעַם; ‖ –קייט *f* tastelessness חֹסֶר טַעַם.

אומבאַטראַכט *adj.* inconsiderate בְּלִי יִשּׁוּב הַדַּעַת.

אומבאַטריבט *adj.* untroubled בְּלִי צַעַר, שָׁקֵט, שָׁלֵו.

אומבאַליבט *adj.* disliked לֹא אָהוּב; ‖ –קייט *f* being disliked תְּכוּנַת מַה שֶּׁאֵינוֹ אָהוּב.

אומבאַלעזן *adj.* **unlettered, unread** לֹא בָקִי בִּסְפָרִים; ‖ –קייט *f* ignorance of litarature אִי־יְדִיעָה בִּסְפָרִים.

אומבאַמערקט *adj.* unnoticed בְּאֵין רוֹאֶה, שֶׁאֵינוֹ נִרְאֶה, בִּלְתִּי מֻרְגָּשׁ.

אומבאַניצט *adj.* unused לֹא מְשֻׁתַּמֵּשׁ.

אומבאַפלעקט *adj.* unpolluted, spotless, immaculate נָקִי, טָהוֹר; ‖ –קייט *f* spotlessness נִקָּיוֹן מֵחֵטְא, בֹּר.

אומבאַפרידיגט *adj.* unsatisfied לֹא־מִסְתַּפֵּק בְּ־.

אומבאַקאַנט *adj.* unknown לֹא־נוֹדָע.

אומבאַקאַנ‖טער *m* (*pl.* –טע) stranger זָר, נָכְרִי.

אומבאַקאַנטערהייט *adv.* unknown בְּלִי הֱיוֹת נוֹדָע.

אומבאַקאַנטשאַפט *f* unacquaintance אִי־הַכָּרוּת; ignorance אִי־יְדִיעָה.

אומבאַקוועם *adj.* inconvenient בִּלְתִּי נוֹחַ; uncomfortable בִּלְתִּי מְרֻוָּח; ‖ –קייט *f* inconvenience אִי נוֹחוּת; uncomfortableness אִי־הַרְוָחָה.

אומבאַקוועמליכקייט = אומבאַקוועמקייט.

אומבאַקימערט *adj.* unconcerned שֶׁאֵינוֹ דוֹאֵג, שָׁלֵו, שַׁאֲנָן; ‖ –קייט *f* unconcernedness לֹא דְאָגָה, שַׁלְוָה.

אומבאַרעכנט *adj.* inconsiderate בְּלִי יִשּׁוּב הַדַּעַת; ‖ –קייט *f* inconsiderateness אִי־הִתְחַשְּׁבוּת.

אומבאַרעמהאַרציג *adj.* merciless אַכְזָרִי; ‖ –קייט *f* mercilessness אַכְזָרִיּוּת.

אומבאַשטימט *adj.* indefinite לֹא מֻגְבָּל; סָתוּם; ‖ –קייט *f* indefiniteness סְתָמוּת.

— אומבאַשטימטע אַרט (*gr.*) infinitive mood המקור (של פעלים).

— אומבאַשטימטער אַרטיקל (*gr.*) indefinite article מלת אי־הידיעה.

אומבאַשלאָסן *adj.* undecided, irresolute מְפַקְפֵּק; ‖ –קייט *f* indecision, irresolution פִּקְפּוּק.

אומבאַשערט *adj.* not bestowed לֹא נָתוּן.

אומבאַשרייבליך *adj.* indescribable שֶׁאֵין לְתָאֵר בִּכְתָב.

אומבאַשריִען *int.* Heaven forfend! may no evil befall us! הַשֵּׁם יִשְׁמוֹר וְיַצִּיל! לֹא תָבֹא עָלֵינוּ רָעָה! לֹא תִשְׁלֹט בּוֹ עַיִן רָעָה! (על ילד).

אומבייט *m* change חִלּוּף.

אומבייטן *v. a.* to change הַחֲלֵף, הָמֵר; to commute שַׁנֵּה (פסק דין).

אומבינדן *v. a.* to tie round קָשֹׁר, כָּרֹךְ סָבִיב לְ־; to rebind קָשֹׁר שֵׁנִית.

אומבכּבֿוד, –יג *adj.* indecent אִי־הָגוּן, אִי־מְכֻבָּד; offensive, abusive מַעֲלִיב, נוֹגֵעַ בְּכָבוֹד.

אומבלאָנקען = אַרומבלאָנקען ווד.

אומבלעטערן *v. a.* to turn over the leaves (*of a book*) עַלְעֵל.

אומבּרחמנותדיג *adj.* merciless אַכְזָרִי; ‖ *adv.* mercilessly בְּאַכְזָרִיּוּת.

אומברענגען *v. a.* to kill, destroy הָרֹג, אַבֵּד, הַשְׁמֵד.

אומבתּרבות = אומבתּרבותדיג.

אומגאַנג *m* walk טִיּוּל; intercourse יַחַס מַשָּׂא וּמַתָּן בֵּין־.

אומגאַרטלען *v. a.* to gird on אַזֵּר, חָגֹר; ‖ – זיך *v. r.* to gird oneself אָזֹר, הִתְאַזֵּר.

אומגוט *adj.* amiss בִּלְתִּי נָאוֹת.

— נים נעמען פאַר אומגוט not to take amiss, to take no offence לא חשב לרעה או לפגיעה בכבוד.

אומגייאונג *f* walking about טִיּוּל.

אומגיין *v. n.* to walk about טַיֵּל; to behave הִתְנַהֵג; to have intercourse, associate with, keep company with הָיֹה בְּיַחַס עִם־.

אומגלויבליך *adj.* incredible בִּלְתִּי מְאֻמָּן, קָשֶׁה לְהַאֲמִין.

אומגלייביג *adj.* unbelieving, incredulous שֶׁאֵינוֹ מַאֲמִין, חֲסַר אֵמוּן; ‖ –ער *m* unbeliver, infidel כּוֹפֵר.

אומגלויבער = אומגלייבונגער.

אומגלייך *adj.* unequal בִּלְתִּי שָׁוֶה.

אומגליק *n* (*pl.* –ן) misfortune אֵיד, אָסוֹן, פֶּגַע, צָרָה.

— צום אומגליק unfortunately לדאבון לב.

אומגליקליך *adj.* unfortunate, unhappy, unlucky שֶׁל אֵיד, שֶׁל פֶּגַע, אֻמְלָל; ‖ –קייט *f* misfortune חֹסֶר מַזָּל.

אומגליקל‖עכער *m* (*pl.* –כע) unfortunate man אִישׁ שֶׁאֵין לוֹ מַזָּל, אִישׁ אֻמְלָל.

אומגעאַנדערשט *adj.* changed שֶׁנִּשְׁתַּנָּה, שֶׁנִּתְחַלֵּף.

אומגעבונג *f* surroundings, environs מֵסַב סְבִיבָה, מִגְרָשׁ; environment (*fig.*) סְבִיבָה חֶבְרָה.

אומגעבילדעט *adj.* uneducated לֹא־מַשְׂכִּיל, בַּעַר.

אומגעבן *v. a.* to surround סָבֹב, הַקֵּף.

אומגעבעטן *adj.* unasked לֹא שְׁאָלוֹ; uninvited לֹא־קָרוּא.

אומגעגעסן *adv.* without having eaten בְּלִי אָכֹל.

אומגעדאַוונט *adv.* without having prayed בְּלִי הִתְפַּלֵּל.

אומגעדולד *f* impatience קֹצֶר רוּחַ, קֹצֶר אַפַּיִם, אִי־סַבְלָנוּת.

אומגעדולדיג *adj.* impatient קְצַר רוּחַ, קְצַר אַפַּיִם, מְחֻסַּר סַבְלָנוּת.

אומנעדענקליך immemorial *adj.* שֶׁכְּבָר אָבַד זִכְרוֹ.

אומנעוואַשן unwashed *adj.* לֹא־רָחוּץ; ‖ without having washed the hands *adv.* בְּלִי נְטִילַת יָדַיִם.

אומנעוויס uncertain, doubtful *adj.* לֹא־בָרִי, מְסֻפָּק; ‖ –קייַט *f* uncertainty, doubtfulness סְפֵקוּת.

אומנעוויינטליך, אומנעוויינליך unusual *adj.* לֹא־שְׁכִיחַ, לֹא־רָגִיל, לֹא־מְצוּי, נִפְלָה; ‖ –קייַט *f* אִי־שְׁכִיחוּת.

אומנעזאַמט without delay *adv.* בְּלִי הִתְמַהְמְהוּת.

אומנעזונט unwholesome *adj.* לֹא מַבְרִיא.

אומנעזעגנט without taking leave *adj.* בְּלִי קַחַת בִּרְכַּת הַפְּרִידָה.

אומנעזען without seeing *adv.* בְּלִי רְאוֹת; without bing seen בְּלִי הֵרָאוֹת.

אומנעזעצליך illegal, unlawful *adj.* לֹא כַּחֹק, נֶגֶד הַחֹק; ‖ –קייַט illegality, unlawfulness הֲפָרַת חֹק, סֶלֶף חֹק.

אומנעטראַכט without thinking *adv.* בְּלִי חָשֹׁב; unprepared בְּלִי הִתְעַתֵּד.

אומנעטריי faithless, unfaithful, not loyal *adj.* כּוֹזֵב, בּוֹגֵד; ‖ –קייַט, –שאַפֿט *f* faithlessness בְּגִידָה.

אומנעלומפּערט clumsy *adj.* גַּס, מְגֻשָּׁם; לֹא מָהִיר, נִרְפֶּה. א)

אומנעפּילט not felt *adj.* בִּלְתִּי מֻרְגָּשׁ.

אומנעפֿער about, nearly *adv.* בְּעֵרֶךְ, קָרוֹב.

אומנעקערט on the contrary *adv.* לְהֶפֶךְ, אִפְּכָא.

אומנעריכט unexpected *adj.* אֲשֶׁר לֹא קִוָּה אִישׁ, שֶׁלֹּא עָלָה קוֹדֶם עַל הַדַּעַת, פִּתְאֹמִי; ‖ unexpectedly, unawares *adv.* בְּהֶיסַּח־הַדַּעַת, פִּתְאֹם.

אומנעריכטערהייט unexpectedly, unawares *adv.* בְּהֶיסַּח־הַדַּעַת, פִּתְאֹם.

אומנערן unwillingly *adv.* בְּלִי רָצוֹן; unintentionally בְּשׁוֹגֵג.

אומנערעכט unrighteous, unjust, wrong *adj.* לֹא־צַדִּיק, עַוָּל.

אומנערעכטיגקייַט injustice *f* לֹא־יֹשֶׁר, עָוֶל.

אומנעשטערט undisturbed *adj.* בְּלִי מְנִיעָה.

אומנראַד uneven, odd *adj.* לֹא־זוּגִי.

אומדאַנקבאַר ungrateful *adj.* כְּפוּי־טוֹבָה.

אומדערבאַרעמדיג, אומדערבאַרעמיג merciless *adj.* בְּלִי רַחֲמִים, אַכְזָרִי.

אומדערוואַרט unexpected *adj.* אֲשֶׁר לֹא קִוָּה אִישׁ; ‖ unawares *adv.* פִּתְאֹם.

אומדערקלערליך inexplicable *adj.* שֶׁלֹּא יְבֹאַר.

אומדריי turning *m* הֲסִבָּה, סִבּוּב.

אומדרייאונג turning about *f* הֲסִבָּה; revolution (*geogr.*) סִבּוּב (הארץ).

אומדרייען to turn *v. a.* סַבֵּב, סוֹבֵב; ‖ –זיך to turn *v. r.* סֹבֵב; to turn about סָבֹב; to revolve (*geogr.*) סָבֹב (הארץ).

א) אשר פון ד. lummerig הינקעדיג, שוואך? פגל. Lümmel אן אומנעלומפערטער מענש.

אומה *f* (*pl.* אומות) nation לְאֹם, עַם.

אומהאַלזן to embrace *v. a.* חַבֵּק.

אומה הישׂראלית *f* the Jewish nation –, עַם יִשְׂרָאֵל.

אומה ולשון *f* "nation and tongue," nation –.

אומוואַלגערן to overthrow *v. a.* הַפֵּל, הָפֹךְ, הָרֹס; ‖ –זיך to lie about *v. r.* הָיֹה נָפוֹץ; to be homeless הָיֹה בְּלִי מְקוֹם מְנוּחָה.

אומוואַליען to roll over *v. a.* גֹּלֵל; ‖ –זיך *v. r.* הִגָּלֵל.

אומוואַנדערן to wander about *v. n.* שׁוֹטֵט, נָסֹעַ מִמָּקוֹם לְמָקוֹם.

אומוואַרפֿן to overturn, upset, overthrow *v. a.* הַפֵּל, הָפֹךְ.

אומוויסנדיג ignorant *adj.* לֹא־לָמֵד, בַּעַר.

אומוויסנהייט ignorance *f* בַּעֲרוּת, בּוּרוּת.

אומוויען זיך to wander, roam about *v. n.* נָדֹד, הָלוֹךְ נָע וָנָד.

אומוויקלען to wind round *v. a.* כָּרֹךְ סָבִיב; to swathe again חַתֵּל (ילד) מֵחָדָשׁ.

אומווירדיג unworthy *adj.* לֹא־הָגוּן, לֹא־רָאוּי; abominable מָאוּס, מְתֹעָב; ‖ –קייַט *f* unworthiness לֹא־יְקָר; abomination תּוֹעֵבָה א).

אומוועג *m* (*pl.* –ן) roundabout way דֶּרֶךְ צְדָדִי.

אומות העולם *pl.* "the nations of the world," the gentiles –.

אומזאָץ = אַבאַראָס.

אומזוכן to seek *or* search everywhere *v. a.* בַּקֵּשׁ, חַפֵּשׂ בְּכָל מָקוֹם.

אומזיכער unsafe, insecure *adj.* לֹא בָטוּחַ; ‖ –קייַט *f* insecurity אִי־בִטְחָה.

אומזיסט gratis, free, free of charge *adv.* חִנָּם, בְּחִנָּם, מַגָּן; in vain לָרִיק, לַשָּׁוְא; ‖ gratuitous, *adj.* free הַנִּתָּן בְּחִנָּם; vain רֵיק.

— אומזיסטע אַרבעט labor in vain יגיעה לריק.

— אַן אומזיסטער עסער a parasite אוכל ואינו עושה.

אומזיסט־אומניִשט in vain, to no purpose *adv.* לְחִנָּם; for no reason עַל לֹא דָבָר.

אומזיסטיג gratuitous, free of charge *adj.* הַנִּתָּן בְּחִנָּם.

אומזעגלען to sail round, circumnavigate *v. a.* שָׁחֹה בָּאֳנִיָּה סָבִיב סָבִיב.

אומזען זיך to look about, look back *v. r.* הִסְתַּכֵּל, הִתְבּוֹנֵן, הַבֵּט מֵאַחֲרָיו.

אומזעצן to put differently *v. a.* עָרֹךְ בְּסֵדֶר אַחֵר; to change שַׁנֵּה; to put into another seat

א) טלמדים פלעגן איבערזעצן דאָס וואָרט תועבה — אומווירדיגקייט.

הושב בּמקום אחר; ‖ – זיך *v. r.* to take onother seat שב בּמקום אחר.

אומחן *m* disfavor, displeasure אי־רצון, אי־חסד, איבה.

— ווארפן אן אומחן אויף אומעצן to withdraw one's favor from a person חזר מאהבתו לאיש, מאס באיש.

אומטאָן זיך *v. r.* to change one's garments החלף שׂמלותיו.

אומטאַנצן *v. n.* to dance about רקד, פּזז כּה וכה.

אומטויש *m* change תּמורה, חליפה, חליפין.

אומטוישן *v. a.* to change המר, החלף.

אומטײַדערל *n* blot, stain, spot כּתם, רבב, שמץ פּסול א).

— נים לאָזן קיין אומטײַדערל פאַלן אויף... **not to allow to cast the slightest blemish upon... לא הניח להטיל שמץ פּסול ב־.**

אומטראָגן *v. a.* to carry from one place to another נשׂא ממקום למקום; ‖ – זיך *v. r.* to go carrying about הלוך ונשׂא.

אומטרײַבן *v. a.* to drive about גּרש הנה והנה; ‖ – זיך *v. r.* to rove about שוטט, היה נע ונד.

אומיאָגן = אַרומטרײַבן.

אומיסטן = אומישנע.

אומיעשטשען *v. a.* to place עשׂה מקום ל־; ‖ – זיך *v. r.* to find a place מצא לו די מקום.

אומישנע *adv.* intentionally, purposely בּכונה, בּמזיד ב).

אומכּבוד *m* disrespect, irreverence אי־כּבוד, פּחיתת הכּבוד.

אומלויף *m* running about מרוצה, ריצה; circulation (*of the blood*) סבוב, תּקופה (של הדם).

אומלויפן *v. n.* to run about רוץ הנה והנה; to circulate (*blood*) סבב, נקף (דם).

אומליב *adj.* disagreeable לא־נעים.

אומלייגן *v. a.* to put differently ערך בּסדר אחר; to lay about הניח מסביב; to put a person off his feet הפּל איש ארצה.

אוממאַכט *f* swoon התעלפות.

— פאַלן אין אוממאַכט to swoon, faint התעלף.

אוממאַכן *v. a.* to make over, alter עשׂה מחדש, שנה.

אוממאַרשירן *v. n.* to march about צעד הנה והנה, התהלך.

אוממיגלאַך = אוממעגלוך.

אוממעגליך *adj.* impossible אי אפשרי; ‖ *adv.* אי אפשר; ‖ – קייט *f* impossibility אי־אפשרות.

א) זעט אויס צו זיין פון מיטלהויכדייטש untaetelin, א קליינער מום, א קליינער חסרון. ב) פויליש umyślnie.

אוממענש *m* (*pl.* – ן) brute, barbarian אכזר, איש קשה.

אוממענשליך *adj.* inhuman, brutal, barbarous אכזרי, קשה; ‖ – קייט *f* inhumanity, barbarity אכזריות, קשי־לב.

אומן *m* (*pl.* אוּמנים) artisan, mechanic, craftsman –.

אומן יד *m* clever craftsman אומן מהיר.

אומנאַטירליך *adj.* unnatural בּלתּי טבעי; ‖ – קייט *f* unnaturalnes אי־טבעיות.

אומנות *f* trade, craft –.

אומניש *adv.* for nothing, for no reason על לא דבר.

אומעט[1] *m* ill humor, sadness, gloom עצב, עצבות.

אומעט[2] = אום (נאָך א צייטוואָרט).

אומעטום *adv.* everywhere בּכל מקום.

אומעטיג *adj.* ill-humored, sad, gloomy עצוב, עגום; ‖ – ליך *adj.* rather sad עצוב מעט; ‖ – קייט *f* ill humor, sadness, gloominess עצבות.

אומענדערן *v. a.* to change שנה.

אומער *m* humor, disposition מצב הרוח, מעמד הנפש.

— זיין אין א שלעכטן אומער to be in a bad humor, to be in one's mumps היה עצוב.

— זיין אין א גוטן אומער to be in a good humor היה שמח וטוב לב.

אומענדליך *adj.* endless, infinite שאין לו סוף; ‖ – קייט *f* endlessness, infinity אין־סוף.

אומערליך *adj.* dishonest בּלתּי ישר; ‖ – קייט *f* dishonesty אי־ישר.

אומפאַלן *v. n.* to fall, tumble נפל.

אומפּאַס *adj.* indisposed, unwell חולה; שאינו שלם בּגופו.

אומפּאַסיג *adj.* unbecoming לא־נאה, לא־הגון; improper, unfit לא נכון; ‖ – קייט *f* impropriety, unfitness דרך לא נאה.

אומפאַראַנטוואָרטליך *adj.* irresponsible לא־אחראי; ‖ – קייט *f* irresponsibility אי־אחריות.

אומפאַרדײַליך *adj.* indigestible שלא יעכל, שאי אפשר לעכל; ‖ – קייט *f* indigestibility אי־עכול (של מאכל); indigestion אי־עכול (מחלה).

אומפאַרהײַראַט *adj.* umarried לא נשׂוא, פּנוי.

אומפאַרזיכטיג *adj.* careless לא־נזהר; ‖ – קייט *f* carelessness אי־זהירות.

אומפאַרטײַאיש *adj.* impartial שאינו נושא פּנים, אי־צדדי; ‖ – קייט *f* impartiality אי־נשיאת פּנים, אי־צדדיות.

אומפאַרטײַדליך *adj.* unavoidable, inevitable הכרחי, שאי אפשר להמלט ממנו.

אומפֿאַרמעגליך *adj.* having no fortune, poor בלתי אמיד, שאין לו רכוש, עני, מסכן; || – קייט *f* want of fortune, poverty חסר רכוש, עניות, מסכנות.

אומפֿאָרן *v. n.* to ride about, travel נסע הנה והנה.

אומפֿאַרציַיליך *adj.* unpardonable שאין לכפר.

אומפֿאַרשטענדליך *adj.* unintelligible, incomprehensible שאי אפשר להבין או להשיג; || – קייט *f* unintelligibility, incomprehensibility תכונת דבר שאי אפשר להבין ולהשיג.

אומפֿאַרשעמט *adj.* impudent, shameless שאינו יודע בשת; || – קייט *f* impudence, shamelessness אי־בשת, חצפה.

אומפֿייִיג *adj.* unable, unfit, incapable חסר כשרון; || – קייט *n* unability, unfitness, incapacity חסר־כשרון.

אומפּונקטליך *adj.* unpunctual, inexact אי־מדיק, אי־דיקן; || – קייט *f* unpunctuality אי־דיוק, אי־דיקנות.

אומפֿירן *v. a.* to lead *or* carry about הולך ממקום למקום.

אומפֿלאַנצן *v. a.* to plant round נטע מסביב; to replant נטע מחדש.

אומפֿלייט *f* filth טנפת; vermin כנים; || – יג *adj.* filthy מטנף; scurvy מצרע; full of vermin מלא כנים.

אומפֿליִען *v. n.* to fly about עוף, עופף.

אומפֿלעכטן *v. a.* to twist round קלע מסביב.

אומפֿריַינטליך *adj.* unkind חסר ידידות או רעות, לא כרע; || – קייט *f* unkindness אי־ידידות, אי־רעות.

אומצאַמונג *f* hedge, fence, enclosure גדר, סיג, משוכה.

אומצאַמען *v. a.* to hedge round, fence, enclose גדר, הקף, עשה סיג ל־.

אומצוטרויען *n* distrust, mistrust, lack of confidence אי־אמון, חסר בטחון.

אומצוכט *f* uncleanliness, filth אי־נקיון, זהמה; unclan *or* filthy person (*fig.*) אדם שאינו אוהב את הנקיות.

אומצופֿרידן *adj.* discontented, dissatisfied שאינו שבע רצון, שאינו מתפּק; || – הייט, – קייט *f* discontentedness אי־שביעת רצון, אי־התפּקות.

אומצייַטיג *adj* unripe, immature בלתי בשל, עודנו בסר; premature בלא־עתו; || – קייט *f* unripenes, immaturity אי־בשול (של פרי).

אומציכטיג *adj.* unclean, filthy אי־נקי, מלכלך; || – קייט *f* אי־נקיון, זהמה.

אומקומען *v. n.* to perish אבד, הספה.

אומקומעניש *n* perishing אבדן.

אומקוקן זיך *v. r.* to look about הבט כה וכה.

אומקלייַבן זיך = איבערקלייַבן זיך.

אומקער *m* return שיבה.

אומקערן *v. a.* to turn הסב; to upset הפך על פניו; to return השיב; || – זיך *v. r.* to return שוב; to turn into ההפך ל־.

אומקרייַזונג = אומפֿלייזונג.

אומקריכן *v. a.* to creep about זחל ממקום למקום.

אומרו *f* disquietude, unrest חסר מנוחה; disturbance מהומה; restless person (*fig.*) איש אשר לא ינוח.

אומרויִיג *adj.* unquiet, restless אשר לא ישקט, אשר לא ינוח; || – קייט *f* restlessens אי־מנוחה.

אומר ועושה *adv.* "he saith and doeth," no sooner said than done, immediately תכף ומיד (נאמר על העשיה הבאה תכף אחר האמירה).

אומרוקן *v. a.* to move about הנע, התק ממקום למקום.

אומרייַזן *v. n.* to travel around נסע למקומות שונים.

אומריין *adj.* unclean, impure טמא, לא־טהור; || – קייט *f* uncleanness, impurity טמאה, אי־טהרה.

אומרינגלען = ארומרינגלען.

אומרעכט *n* wrong, injustice און, עולה. — האָבן אומרעכט to be wrong תעה, שגה, לא צדק.

אומשווימען *v. n.* to swim *or* float about שחה הנה והנה.

אומשוועבן *v. n.* to hover about רחף הנה והנה.

אומשולד *f* innocence תמימות, תם.

אומשולדיג *adj.* innocent תמים, תם; || – קייט *f* innocence תמימות, תם.

אומשטאַנד *m* (*pl.* – ן) circumstance מעמד, מצב, ענין.

אומשטאַנד||וואָרט *n* (*pl.* – ווערטער) adverb (*gr.*) תאר הפעל.

אומשטויסונג *f* knocking down הפלה על ידי נגיחה; repeal בטול (של חוק); reversal בטול (של פסק דין).

אומשטויסן *v. a.* to knock down הפל על ידי נגיחה; to repeal בטל (חוק); to reverse בטל (פסק דין).

אומשטיינס געזאָגט *int.* (אויסדריק פֿון באַדויערונג און אַרונטעראַכונג) alas! אהה! א)

— וואָס איז דער מענש, אומשטיינס געזאָגט! what is man, alas! אהה, מה הוא האדם!

— אומשטיינס געזאָגט, וואָס ער ווייס! what he knows is not much ידיעתו אך מעטה.

אומשטעלן = איבערשטעלן.

א) אויך: מישטיינס געזאָגט, נישטיינס געזאָגט. ז. אָנמערקונג אונטער מישטיינס געזאָגט.

אומשטערבליך *adj.* immortal בֶּן אַל־מָוֶת, נִצְחִי; || ־קייט *f* immortality אַל־מָוֶת, נִצְחִיּוּת.

אומשיטן = איבערשיטן.

אומשיקן *v. n.* to send about שַׁלֵּחַ לִמְקוֹמוֹת שׁוֹנִים.

אומשליאיען זיך to ramble about נוּעַ, שׁוּט מִמָּקוֹם לְמָקוֹם.

אומשלעפּן *v. a.* to drag about סָחֹב, מָשֹׁךְ מִמָּקוֹם לְמָקוֹם; || ־ זיך *v. r.* to ramble about נוּעַ, שׁוּט מִמָּקוֹם לְמָקוֹם.

אומשעדליך *adj.* harmless שֶׁאֵינוֹ מַזִּיק; || ־קייט *f* harmlessness תְּכוּנַת מַה שֶּׁאֵינוֹ מַזִּיק.

אומשפּאַנען = איבערשפּאַנען.

אומשפּרינגען *v. n.* to jump רָקֹד.

אומתּרבות *f* bad manners, rudeness אִי־דֶּרֶךְ אֶרֶץ, גַּסּוּת; || *adj.* impolite, rude בִּלְתִּי נִמּוּסִי, גַּס.

און *conj.* and וְ־.

אונגאַר *m* (*pl.* ־ן) Hungarian הוּנְגָּרִי.

אונגאַריש *adj.* Hungarian שֶׁל הוּנְגַּרְיָה, הוּנְגָּרִי.

אונגאַרן *npr.* Hungary הוּנְגַּרְיָה.

אונ־ ווערטער מיט דעם צוזעץ וועט מען געפֿינען אין פֿאַרבינדונג מיט אום־.

אונז *pron. pers.* **us** אוֹתָנוּ, לָנוּ; ourselves עַצְמֵנוּ.

אונזער *pron. poss.* (*pl.* ־ע) שֶׁלָּנוּ; || *abs.* ־ער, ־ע, ־ס (*pl.* ־ע) ours שֶׁלָּנוּ.

— אונזער הויז our house ביתנו; אונזערע הײַזער our houses בתינו.

— ער איז אונזערער he is ours לנו הוא; זי איז אונזערע she is ours לנו היא; דאָס איז אונזערס this is ours לנו זאת.

— אונזערער איינער one of us אחד מאתנו.

— דרײַ אונזערע three of us שלשה ממנו.

אונזערטוועגן *adv.* פֿון — for our sake בַּעֲבוּרֵנוּ; for our part מִצִּדֵּנוּ.

אונזעריג *pron. poss.* (דער ־ער, די ־ע, דאָס ־ע) ours שֶׁלָּנוּ.

אונטן *adv.* below לְמַטָּה.

אונטער¹ *prep.* under, beneath, below תַּחַת; between, among בֵּין, בְּקֶרֶב.

אונטער² *m* knave, jack (*at cards*) הָעֶבֶד, הָאִכָּר (בקלפים).

אונטער־ *pref.* under תַּחַת; under- שֵׁנִי, מִשְׁנֶה.

אונטער־אויוון *m* place behind a stove מָקוֹם מֵאֲחוֹרֵי הַתַּנּוּר; company sitting behind the stove in a synagogue קְבוּצַת רֵעִים הַיּוֹשְׁבִים מֵאֲחוֹרֵי הַתַּנּוּר בְּבֵית הַמִּדְרָשׁ.

אונטעראײַלן *v. a.* to hurry *or* urge a person הָאֵץ בְּאִישׁ, הָחֵשׁ; || ־ זיך *v. r.* to hurry, be in a hurry הֵחָפֵז.

אונטער־אָפֿיצער *m* non-commissioned officer מִשְׁנֵה ־מְ·תַיִם; corporal שַׂר עֲשָׂרָה.

אונטערבאַמקען *v. n.* to sing repeatedly the syllable "bam" שִׁיר וְחָזוֹר עַל הַהֲבָרָה ״באַם״; mutter, murmur לָחֹשׁ, רַטֵּן; = צובאַמקען.

אונטערבאַסעווען *v. n.* to assent, say yes to everything one says הַסְכֵּם, אָמֹר הֵן לְכָל אֲשֶׁר יֹאמַר אִישׁ.

אונטערבויען *v. a.* to build under בְּנֹה מִתַּחַת.

אונטערבייגן *v. a.* to bend under כָּפֹף מִלְּמַטָּה.

אונטערבינדן *v. a.* to tie under, bind underneath קָשֹׁר מִתַּחַת.

אונטערבלאָזן *v. a.* to blow under הָפֵחַ מִתַּחַת.

אונטערבעט *n* featherbed מַצָּע שֶׁל נוֹצוֹת.

אונטערבעטן *v. a.* to put bedding under הַצֵּעַ; to spread under הַצֵּעַ; **to pad** רַפֵּד.

אונטערבענקעלע *n* foot-stool הֲדֹם, שְׁרַפְרַף.

— אונטערשטעלן איינעם אַן אונטערבענקעלע to trip a person up המעד רגלי איש, הכשל אדם בדבר.

אונטערברומען *v. n.* to murmur, sing in an undertone זַמֵּר (רַנֵּן) בְּלַחַשׁ, רַטֵּן.

אונטערברעכונג *f* interruption הֶפְסֵק.

אונטערברעכן *v. a.* to interrupt הַפְסֵק דְּבָרִים.

אונטערברענגען *v. a.* to bring near, offer, present הַקְרֵב, הַגֵּשׁ מִנְחָה; to abolish בַּטֵּל, הַשְׁמֵד.

אונטערגאַנג *m* setting (*of the sun*) שְׁקִיעָה (של חמה); decline, fall יְרִידָה, מַפָּלָה; = איבערגאַנג.

אונטערגאַרטלען *v. a.* to gird אַזֵּר, חַגֵּר; || ־ זיך *v. r.* to gird oneself חֲגֹר מָתְנָיו; (*fig.*) to make a strenuous effort הִתְאַמֵּץ מְאֹד.

אונטערגיין *v. n.* to come near, approach קָרֹב, נָגֹשׁ; to set (*of the sun*) שָׁקֹעַ (חמה); to perish הֵאָבֵד; to decline, fall יָרֹד, נָפֹל; to go out of fashion יָצֹא מִן הַמִּנְהָג, הִבָּטֵל.

אונטערגיסן *v. n.* to pour under יָצֹק אֶל תַּחַת־.

אונטערגנבֿענען זיך *v. r.* to steal into הִתְגַּנֵּב אֶל־.

אונטערגעבן *v. a.* to give נָתֹן; to put under שִׂים מִתַּחַת; to add a piece under שִׂים חֲתִיכָה מִתַּחַת (בתפירה); || ־ זיך *v. r.* to surrender הִתְמַסֵּר לְ־, הִכָּנַע תַּחַת־.

— אונטערגעבן חשק to encourage, spur on נתן אמץ, עודד, האץ.

אונטערגעוואָרפֿן *adj.* subject נִכְנָע, מְשֻׁעְבָּד.

אונטערגעניי *n* vamps (*of shoes*) פְּנֵי הַנַּעַל (העור מעל להגלדה).

אונטערגעחתמעט *adj.* undersigned חָתוּם; || ־ער *m* signer חוֹתֵם.

אונטערגראָבן *v. a.* to undermine חָתֹר מִתַּחַת; injure הַזֵּק; || ־ זיך *v. r.* חָתֹר וּבוֹא בְּמַחְתֶּרֶת תַּחַת־.

אונטערדעסן *adv.* meanwhile, in the mean time בֵּין כֹּה וָכֹה, בֵּינְתַיִם.

אונטער־דעק *n* lower deck מִכְסֵה־אֳנִיָּה הַתַּחְתּוֹן.

אונטערדרוקן v. a. to print under הַדְפֵּס מִתַּחַת.

אונטערדרײַען v. r. = ארונטערדרײַען; ‖ – זיך v. r. to appear unexpectedly הִמָּצֵא, הִקָּרֵה.

אונטערדריקונג f oppression לַחַץ, נְגִישָׂה, רְדִיפָה.

אונטערדריקן v. a. to oppress לְחֹץ, נָגֹשׂ, רְדֹף; to suppress עָצֹר בְּעַד.

אונטערדריקער m oppressor לוֹחֵץ, נוֹגֵשׂ, רוֹדֵף.

אונטערדרעמלען v. n. to slumber a little נָרֹם מְעַט.

אונטערהאַלט m support, maintenance מִסְעָד, תְּמִיכָה, כַּלְכָּלָה, פַּרְנָסָה; entertainment שַׁעֲשׁוּעִים.

אונטערהאַלטונג = אונטערהאַלט.

אונטערהאַלטן v. a. to support תָּמֹךְ; to assist (in singing) עָזֹר (בזמרה); to entertain שִׂיחַ, דַּבֵּר עִם־; ‖ – זיך v. r. to entertain each other השתעשע, השתעה.

אונטערהאַלטער m supporter תּוֹמֵךְ; accompanier מְלַוֶּה (בזמרה או בכלי זמר).

אונטערהאַנדלונג f negotiation מַשָּׂא וּמַתָּן.

אונטערהאַנדלען v. a. to negotiate נָשֹׂא וְנָתֹן.

אונטערהאַנדלער m mediator, broker, agent סרסור.

אונטערהאַקן v. a. to curtail, cut off the lower end of גָּזֹר מִלְּמַטָּה.

אונטערהודען v. a. to instigate, incite, spur on גָּרֵה, עוֹדֵד, עוֹרֵר.

אונטער־הויז n lower house (of a parliament) בֵּית תַּחְתּוֹן (של נבחרי העם); House of Commons הַבַּיִת הַתַּחְתּוֹן בְּאַנְגְּלִיָּה.

אונטערהויזן pl. drawers תַּחְתּוֹנִים.

אונטערהידען = אונטערהודען.

אוטערהײַבן v. a. to raise, lift הָרֵם, נַשֵּׂא מְעַט.

אונטערהײצן v. a. n. to heat הַסֵּק; to make fire בָּעֵר אֵשׁ (בתנור).

אונטערהיצן v. a. to warm up חַמֵּם; (fig.) to spur on עוֹדֵד.

אונטערהעלפן v. a. to help, assist עָזֹר, תָּמֹךְ.

אונטערהעלפער m assistant עוֹזֵר, תּוֹמֵךְ; chorister משורר (עוזר לחזן).

אונטערהענגען v. a. to hang under תְּלֵה מִלְּמַטָּה.

אונטערהעצן v. a. to instigate, incite גָּרֵה, עוֹדֵד.

אונטערהעצער m instigator, inciter מְגָרֶה, מְעוֹדֵד.

אונטערהערן v. a. to overhear צוּת, שְׁמֹעַ בַּסֵּתֶר; ‖ – זיך v. r. ד. ז.

אונטערוואַקסן v. n. to grow up הָלוֹךְ וְגָדֵל, הָלוֹךְ וְצָמֹחַ.

אונטערוואַרטן v. n. to wait a little הַמְתֵּן, חַכֵּה מְעַט.

אונטערוואַרטשען v. n. to grumble a little הַרְגֵּן, רַגֵּן הִתְלוֹנֵן מְעַט.

אונטערוואַרעמען v. a. to warm up חַמֵּם מְעַט.

אונטערוואַרפונג f subjection הַכְנָעָה, שִׁעְבּוּד.

אונטערוואַרפן v. a. to throw under הַשְׁלֵךְ אֶל תַּחַת־; to throw to... הַשְׁלֵךְ לְ...; to leave sceretly at a person's door הָנִיחַ בַּסֵּתֶר אֶל פֶּתַח אִישׁ; to return sceretly (a stolen thing) הָשֵׁב בַּסֵּתֶר (דבר גנוב); to subject הַכְנֵעַ, שַׁעְבֵּד; ‖ – זיך v. r. to submit, subject onesef הִכָּנֵעַ, הִשְׁתַּעְבֵּד; to communicate itself (of a disease) הִדָּבֵק (מחלה).

אונטערווײַלאַך, – ס = הינטערווײַלאַך, – ס.

אונטערווישן v. a. to wipe under קַנֵּחַ מִלְּמַטָּה; ‖ – זיך v. r. to wipe oneself הִתְקַנֵּחַ.

אונטערוועגן, – ס adv. on the way בַּדֶּרֶךְ.

אונטערזאָגן v. a. to prompt, whisper to, breathe into a person's ear לַחַשׁ לְ־, עָזֹר בִּלְחִישָׁה; to inform הוֹדִיעַ.

אונטערזוכונג f examination, investigation, inquiry בִּקֹּרֶת, דְּרִישָׁה, חֲקִירָה.

אונטערזוכן v. a. to examine, investigate, inquire בַּקֵּר, דְּרֹשׁ, חֲקֹר.

אונטערזײמען v. a. to seam under עֲשֵׂה אִמְרָה מִתַּחַת.

אונטערזײַן v. n. to be or stay some time הָיֹה הִתְמַהְמֵהַּ מְעַט.

אונטערזינגען v. n. to sing a little שִׁיר, זַמֵּר מְעַט

אונטערזינדיגן to sin a little חֲטֹא מְעַט.

אונטערזיצן v. n. to sit some time יָשֹׁב מְעַט.

אונטערזעגן v. a. to saw under נְסֹר מִתַּחַת.

אונטערזעצן v. a. to put under שִׂים מִתַּחַת.

אונטער־חזן m assistant cantor חַזָּן שֵׁנִי.

אונטערחנפֿענען v. a. to flatter הַחֲנֵף; ‖ – זיך v. r. ד. ז.

אונטערחתמענען v. a. to sign, subscribe חֲתֹם מִתַּחַת.

אונטערטאַן m (pl. – ען) subject נָתִין.

אונטערטאַנצן v. n. to dance a little רְקֹד מְעַט.

אונטערטונקען v. a. to duck, immerse טְבֹל בַּמַּיִם; ‖ – זיך v. r. to dive הִטָּבֵל צָלֹל.

אונטערטוקן = אונטערטונקען.

אונטערטײל m lower part הַחֵלֶק הַתַּחְתּוֹן.

אונטערטעניג adj. submissive, humble נִכְנָע, מְשֻׁעְבָּד; ‖ – קײט f submissiveness, humility הַכְנָעָה.

אונטערטראָגן v. a. to carry some time נָשׂא מְעַט; to bring הָבֵא הַגֵּשׁ; to stir up, excite, agitate עוֹרֵר; to enrage, exasperate הַרְעֵם, הַקְצֵף, הַרְגֵּז.

אונטערטרײַבן v. a. to urge, spur on אַמֵּץ לֵב לְ־, הָעֵר עוֹדֵד.

אונטעריאָגן v. a. n. to urge, hurry הָאֵץ בְּ־, הָחֵשׁ; to run up to רוּץ לְ־.

אונטעריאָכונג f subjugation הַכְנָעָה, שִׁעְבּוּד.

אונטעריאָכן *v. a.* to subjugate הַכְנֵעַ, שַׁעְבֵּד, שִׂים תַּחַת עֹל.

אונטערכאַפּן *v. a.* to sing with, accompany by singing לַוֵּה בְּזִמְרָה; || — זיך *v. r.* to approach unexpectedly בּוֹא פִּתְאֹם. — אונטערכאַפּן אימעצן די רייד to interrupt a person speaking הכנס לתוך דברי חברו.

אונטערלאָג *m* anything thrust under דָּבָר שֶׁנּוֹתְנִים תַּחַת דָּבָר; lining בִּטְנָה.

אונטערלאָזן *v. a. n.* to send up secretly (*a cat, a dog*) שַׁלֵּחַ בַּסֵּתֶר (חתול, כלב); to emit a stench הוֹצֵא רֵיחַ רַע (מפי הטבעת).

אונטערלאַכן *v. n.* to snicker, giggle צְחֹק קְצָת, חַיֵּךְ.

אונטערלאַשטשען זיך *v. n.* to wheedle הַחֲנֵף.

אונטערלויפֿן *v. n.* to run up to, trip up הַמְעֵד, הַכְשֵׁל.

אונטערלײַב *m* abdomen בֶּטֶן.

אונטערלײגן *v. a.* to put *or* lay under שִׂים, הַנִּיחַ מִתַּחַת לְבֶגֶד.

אונטערלײַכטן *v. a.* to carry a light before a person הָאֵר לְאִישׁ.

אונטערליפּ *f* underlip הַשָּׂפָה הַתַּחְתּוֹנָה.

אונטערלענען *v. a.* to support תָּמֹךְ; to refresh סָעֵד; || — זיך *v. r.* to refresh oneself הִסָּעֵד.

אונטערלעקן *v. a.* to lick לָקֹק; to flatter הַחֲנֵף; || — זיך *v. r.* to flatter, wheedle הַחֲנֵף, הַחְלֵק לָשׁוֹן.

אונטערמויערן *v. a.* to build under בְּנֵה (בלבנים) מִתַּחַת.

אונטערמישן *v. a.* to intermix בְּלֹל, עָרֵב.

אונטערמסרן *v. a.* to inform against הַלְשֵׁן.

אונטערנײען *v. a.* to sew under תְּפֹר מִתַּחַת.

אונטערנעמונג *f* undertaking, enterprise קַבְּלָנוּת.

אונטערנעמען *v. a.* to undertake קַבֵּל עַל עַצְמוֹ לַעֲשׂוֹת; || — זיך *v. r.* ד. ז. הָחֵל לַעֲשׂוֹת.

אונטערנעמער *m* enterpriser, speculator קַבְּלָן, סַפְסָר.

אונטערסמאַליען *v. a.* to singe under צְרֹב מִתַּחַת.

אונטערעסן *v. n.* to eat a little אֱכֹל קְצָת.

אונטערער *adj.* lower תַּחְתּוֹן.

אונטערערדיש *adj.* underground, subterranean שֶׁמִּתַּחַת לָאָרֶץ.

אונטערפֿאָרן *v. n.* to ride up to הֲלוֹךְ בְּרֶכֶב לְ־; to ride partly נְסֹעַ בְּרֶכֶב קְצָת.

אונטערפֿוטרעווען *v. a.* to line (*a garment*) שִׂים בִּטְנָה מִתַּחַת (לבגד).

אונטערפֿוילן *v. n.* to rot a little רְקֹב קְצָת; || — זיך *v. r.* to be somewhat lazy הִתְעַצֵּל מְעַט.

אונטערפֿירן *v. a.* to accompany לַוֵּה; to act as best man הֱיֵה לְשׁוֹשְׁבִין (של החתן); to act as bridesmaid הֱיֵה לְשׁוֹשְׁבִינָה (של הכלה).

אונטערפֿירנס *n* bridesmanship שׁוֹשְׁבִינוּת (של החתן); bridesmaidship שׁוֹשְׁבִינוּת (של הכלה).

אונטערפֿירער *m* (*pl.* ־ס) best man שׁוֹשְׁבִין (של החתן); || ־קע *f* bridesmaid שׁוֹשְׁבִינָה (של הכלה).

אונטערפּישן *v. n.* to piss under הַשְׁתֵּן אֶל תַּחַת; || — זיך *v. r.* to piss under oneself הַשְׁתֵּן תַּחְתָּיו.

אונטערפֿליִען *v. n.* to fly up to עוּף אֶל־; to fly low הַשְׁפֵּל לָעוּף.

אונטערצײַכענונג = אונטערשריפֿט.

אונטערצײַכענען = אונטערשרײַבן.

אונטערצינדן *v. a.* to set on fire, set fire to שַׁלַּח אֵשׁ בְּ־, הַצֵּת אֵשׁ בְּ־.

אונטערציִען *v. a.* to pull together, tighten מָשׁוֹךְ וְהָזֵק; to make up the total סַכֵּם (חשבון).

אונטערקאָווען *a. v.* to shoe (*a horse*) דַּבֵּק נַעַל (לפרסת סוסים).

אונטערקאָלאַטשען = אונטערקאָלאַצען.

אונטערקאָלאַצען *v. a.* to stir, mix (*with flour*) בָּלֹל (בקמח).

אונטערקאַסערן *v. a.* to tuck up קַפֵּל (כנף בגד).

אונטערקויפֿן *v. a.* to bribe שַׁחֵד; || — זיך *v. r.* to ingratiate oneself הֵעָשֵׂה רָצוּי ע״י חֲנֻפָּה.

אונטער־קול *m* undertone קוֹל מַדְרֵגָה שְׁנִיָּה.

אונטערקוקן זיך *v. a.* to watch, observe צַפֵּה, הַשְׁגֵּחַ עַל־.

אונטערקײַקלען *v. a.* to roll under גֹּלַל (גַּלְגֵּל) אֶל תַּחַת; || — זיך *v. r.* to roll under הִתְגַּלְגֵּל אֶל תַּחַת.

אונטערקירצן *v. a.* to shorten, curtail קַצֵּר מִתַּחַת.

אונטערקלאַפּן *v. a.* to knock a little הַכֵּה קְצָת; to give a drubbing הַלְקֵה, פַּרְגֵּל.

אונטערקלייד *n* (*pl.* ־ער) skirt, petticoat שִׂמְלָה תַּחְתּוֹנָה (של אשה).

אונטערקלײַען *v. a.* to paste under דַּבֵּק (הַדְבֵּק) מִתַּחַת.

אונטערקנײטשן *v. a.* to crumple under קַפֵּל מִתַּחַת.

אונטערקריכן *v. n.* to crawl under זְחֹל מִתַּחַת.

אונטערראַמען *v. a.* to clean נַקֵּה.

אונטעררוקן *v. a.* to shove *or* thrust under הֲדֹף אֶל תַּחַת; to slip in הַחֲלֵק אֶל תַּחַת; || — זיך *v. r.* to steal into הִתְגַּנֵּב אֶל־.

אונטעררײַבן *v. a.* to rub a little שַׁפְשֵׁף מְעַט.

אונטעררייד *f* conversation, interview שִׂיחָה א).

אונטעררײדן *v. n.* to slander mildly רַנֵּן קְצָת. — אונטעררײדן אויף אימעצן to slander a person mildly רנן קצת אחרי איש.

אונטעררייכערן *v. a.* to smoke a little עַשֵּׁן מְעַט; to fumigate underneath קַטֵּר מִתַּחַת.

אונטעררײַסן זיך *v. r.* to rupture oneself גְּרֹם לְעַצְמוֹ שֶׁבֶר מֵעַיִם.

א) אין ליאַנדאָרס בריפֿנשטעלער.

אונטערשאָבן *v. a.* to scarpe under גָּרֵד מִתַּחַת.

אונטערשאַצן *v. a.* to underrate הַעֲרֵךְ בְּפָחוֹת מִשָּׁוְיוֹ, הַקְטֵן עֶרֶךְ דָּבָר אוֹ אִישׁ.

אונטערשאַרן *v. a.* to rake under גָּרֹף אֶל תַּחַת.

אונטערשווענקען *v. a.* to wash under הָדֵחַ מִתַּחַת.

אונטערשט *adj.* lower, lowest תַּחְתּוֹן.

אונטערשטופּן *v. a.* to help pushing עֲזֹר בִּדְחִיפָה; to back, help תְּמֹךְ, עֲזֹר.

אונטערשטופּער *m* backer, helper תּוֹמֵךְ עוֹזֵר.

אונטערשטוקעווען *v. a.* to add a piece under (*in sewing*) הוֹסֵף חֲתִיכָה מִתַּחַת (בתפירה).

אונטערשטײַבערעווען *v. a.* to support with piles תְּמֹךְ בְּבָלוּנִים.

אונטערשטיין *v. n.* to stand a little עֲמֹד מְעַט; to dare הָעֵז.

אונטערשטינקען *v. n.* to emit a stench הוֹצֵא רֵיחַ רַע.

אונטערשטיפֿן *v. n.* to frolic שַׂחֵק, הִשְׁתַּעְשֵׁעַ; to play pranks הִתְהוֹלֵל, הִשְׁתַּגֵּעַ.

אונטערשטיצונג *f* suport מִשְׁעָן; aid עֶזְרָה, תְּמִיכָה.

אונטערשטיצן *v. a.* to support תְּמֹךְ; to aid עֲזֹר, תְּמֹךְ.

אונטערשטעליג — הינטערשטעליג.

אונטערשטעלן *v. a.* to put under הַעֲמֵד מִתַּחַת, שִׂים מִתַּחַת; ‖ — זיך *v. a.* to dare הָעֵז.

— אונטערשטעלן אַ פֿוס to hold out the foot; to trip a person up (*fig.*) הושם רגל הכשל איש בדבר.

אונטערשטעקן *v. a.* to stick under תָּחֹב מִתַּחַת; to put under שִׂים מִתַּחַת.

אונטערשטרײַכן *v. a.* to underline, underscore רְשֹׁם קַו מִלְּמַטָּה (תחת מלה); to emphasise הַדְגֵּשׁ.

אונטערשיטן *v. a.* to spill *or* scatter under פַּזֵּר אֶל תַּחַת.

אונטערשייד *m* difference חִלּוּק; discrimination הַבְדֵּל, הַפְרֵשׁ.

אונטערשיידן *v. a.* to distinguish הַבְחֵן, הַבְדֵּל; to discriminate הַבְדֵּל, הַפְרֵשׁ.

אונטערשיסעלע *n* cavil, chicane, intrigue מִרְמָה, תַּחְבּוּלָה לְהָרַע, רְכִילוּת.

אונטערשיקן *v. o.* to send after שְׁלַח אַחֲרֵי כֵן.

אונטערשלאָגן *v. a.* to beat הַכֵּה, מְחֵה; to line שִׂים בִּטְנָה לְבֶגֶד; to mix (*with flour, etc.*) (עם קמח וכד׳); to defalcate, embezzle מְעֹל (בכספים); to intercept גְּנֹב, הַעְלֵם (מכתבים).

— אונטערשלאָגן די אויגן to give a person a black eye עשה חבורה מתחת לעינים.

— אונטערשלאָגן די פּרנסה to ruin a person by competition ירד לפרנסת איש.

אונטערשלאַק *m* lining בִּטְנָה.

אונטערשמייכלען *v. n.* to smile נַחֵךְ; to flatter הִתְחַנֵּף.

אונטערשמידן = אונטערקאָוועז.

אונטערשמירן *v. a.* to smear, grease מְשַׁח, מָרֵחַ בְּחֵלֶב; to bribe (*fig.*) שַׁחֵד.

אונטערשמעלצן *v. a.* to melt under הָמֵס מִתַּחַת.

אונטערשמש *m* assistant sexton (*in a synagogue*) סְגַן הַשַּׁמָּשׁ, שַׁמָּשׁ שֵׁנִי (בבית הכנסת).

אונטערשנורעווען *v. a.* to tie with a string קְשֹׁר בְּחֶבֶל.

אונטערשנײַדן *v. a.* to curtail קַצֵּר.

אונטערשערן *v. a.* to cut off with scissors קַצֵּץ בְּמִסְפָּרַיִם.

אונטערשפּאַרן *v. a.* to support, prop תְּמֹךְ; ‖ — זיך *v. r.* to lean הִשָּׁעֵן.

אונטערשפּרייטן *v. a.* to spread under הַצֵּעַ (פְּרֹשׂ) מִתַּחַת.

אונטערשפּרינגען *v. n.* to jump up to קְפֹץ אֶל־.

אונטערשרײַב = אונטערשריפֿט.

אונטערשרײַבן *v. a.* to write underneath כְּתֹב מִתַּחַת; to subscribe, sign חָתֹם; ‖ — זיך *a. r.* to sign one's name חָתֹם אֶת שְׁמוֹ.

אונטערשריפֿט *f* signature חֲתִימָה.

אוניאַט *m* Uniat, member of the Greek united church חָבֵר לְהַכְּנֵסִיָּה הַמְאֻחֶדֶת שֶׁל הַיְוָנִים.

אוניווערסיטעט *f* (*pl.* ן —) university בֵּית מִדְרָשׁ גָּבֹהַּ (לחכמות).

אוניפֿאָרמע *f* uniform בִּגְדֵי שְׂרָד.

אונס *m* compulsion —.

אונץ *f* (*pl.* ן —) aounce אוּנְקִיָּה (משקל).

אוסטאַוו *m* (*pl.* ן —) statute חֹק; statutes קֹבֶץ־חֻקִּים.

אוסטאָפּיעט *adj.* stupefied נִבְהָל, נִדְהָם.

אוספּאָקאָיען *v. a.* to calm, quiet הַשְׁקֵט, הַרְגֵּעַ.

אוספּיִען, אויספּיִען *v. n.* to have time הַסְפֵּק (זמן).

אוספּעך *f* success הַצְלָחָה; progresss הִתְקַדְּמוּת (בלמודים).

אוף[1] *int.* exclamation of fatigue קְרִיאָה שֶׁל עֲיֵפוּת.

אוף[2] = אויף.

אופֿ־ ווערטער מיט דעם צוזעץ וועט מען געפֿינען אין פֿאַרבינדונג מיט אויפֿ־.

אופֿאַרען *v. a.* to bring about גָּמֹר, בַּצֵּעַ;

אופֿן *m* (*pl* אוֹפַנִּים) manner, way אֹפֶן, דֶּרֶךְ; condition תְּנַאי; case אֹפֶן.

אופֿען *v. n.* to rely, trust, confide סָמֹךְ עַל־, בָּטֹחַ בְּ־.

אופֿק *m* horizon —.

אופּראַוויליאַיושטשע *m* manager מְנַהֵל

אופּראַוויליאַיען *v. n.* to manage, administer נַהֵל, נַהֵג.

אופּראַוויליעניע *f* management, administration הַנְהָגָה.

אופּראַווע *f* administration of a city פְּקִידוּת הָעִיר; board וַעַד שֶׁל פְּקִידִים; tribunal for artisans וַעַד עַל עִנְיְנֵי בַּעֲלֵי מְלָאכָה.

אופּראַזש *f* harness, atrappings כְּלֵי רְתָמָה.

אוציאַק *m* flight בְּרִיחָה.

— מאַכן איציאַק to take flight, run away ברח.

אוצר *m* (*pl.* אוצרות) treasure –; hoard –, מַטְמוֹן.

אוצרות-קרח *pl.* "the treasures of Korah," great wealth עֹשֶׁר רַב.

אוקאַז *m* (*pl.* –ן) ukase, decree פְּקוּדָה, גְּזֵרָה.

אוקאָס *adv.* aslant בַּאֲלַכְסוֹן; ‖ –נע *adj.* slant אֲלַכְסוֹנִי.

אוקיַנוס *m* (*pl.* –ן) ocean יָם הַגָּדוֹל.

אוקראָפּ *m* boiling water מַיִם רוֹתְחִים.

אור *m* light –.

אור־ *pref.* original, primitive מְקוֹר רִאשׁוֹן, קַדְמוֹנִי, עַתִּיק.

אורא = הורא.

אוראַדניק village-policeman, constable שׁוֹמֵר שֶׁל כְּפָר.

אור-אור־ *pref.* very ancient קַדְמוֹן מְאֹד.

אור-איינוואוינער *m* aboriginal, primitive inhabitant תּוֹשָׁב מְקוֹרִי אוֹ קַדְמוֹן.

אור-איניקל *c* great-grandchild בֵּן אוֹ בַּת הַנֶּכֶד, רִבֵּעַ.

אור-אַלט *adj.* very ancient עַתִּיק, קַדְמוֹנִי.

אוראַנוס *npr.* (*astr.*) Uranus אוּרָן (אחד מכוכבי לכת).

אור הַגָנוז *m* "the hidden light," light reserved for the pious in the future world אוֹר מוּכָן לַצַּדִּיקִים בָּעוֹלָם הַבָּא (לפי האגדה).

אורוואַנט *m* clamp, cramp-iron חִשּׁוּק בַּרְזֶל, מַכְשִׁיר בַּרְזֶל לְהִדּוּק.

אורזאַך *f* (*pl.* –ן) cause סִבָּה; reason טַעַם.

אורח *m* (*pl.* אורחים) guest, visitor אַכְסְנַאי, אֻשְׁפִּיז; stranger גֵּר.

אורח-הָגון (*pl.* אורחים-הגונים) respectable guest *or* visitor אוֹרֵחַ נִכְבָּד.

אורח-חַיִים = ארח-חַיִּים.

אורחטע *f* female guest *or* visitor אַכְסְנָאִית.

אורטייל *m* (*pl.* –ן) sentence פְּסַק־דִּין; judgment חַוַּת־דַּעַת, דֵּעָה.

אורטיילן *v. a. n.* to judge שָׁפַט, חָשַׁב.

אורים-ותומים *m* "light and truth," the oracle on the breastplate of the high priest הַמְקֻסָּם בְּחֹשֶׁן הַכֹּהֵן הַגָּדוֹל.

אורין *f* urine הַשְׁתָּנָה, מֵי רַגְלַיִם.

אורינאַל *m* (*pl.* –ן) urinal, chamber-pot כְּלִי לְהַשְׁתָּנָה.

אורלויב *m* (*pl.* –ן) leave, furlough נְתִינַת חֹפֶשׁ זְמַנִּי.

אור-עלטערן *pl.* forefathers, ancestors אָבוֹת קַדְמוֹנִים.

אור-פאָטער *m* (*pl.* –ס) forefather, ancestor אָב קַדְמוֹן.

אושאַק *m* (*pl.* –עס) door-post מְזוּזָה, אַמַּת הַסִּפִּים.

אושפיזין *pl.* "the guests," invitation to the manes of the patriarchs to be present in the booth on the feast of tabernacles הַזְמָנָה לְנִשְׁמוֹת הָאָבוֹת לָבוֹא לְהַסֻּכָּה.

אות¹ *f* (*pl.* אותיות) letter, character –.

אות² *m* (*pl.* אותות) sign –.

אות-בְּאות *adv.* literally –, מְדֻיָּק, מַמָּשׁ.

אותו-הָאִיש *m* "that man," Jesus Christ –, יֵשׁוּעַ הַנּוֹצְרִי.

אותו-מָקום *m* "that place," female sexual organ אֵבֶר הַמּוֹלִיד בִּנְקֵבָה, עֶרְוַת אִשָּׁה.

אותות-ומופתים *pl.* "signs and wonders," strong proofs מוֹפְתִים חוֹתְכִים, הוֹכָחוֹת נִמְרָצוֹת.

אותיות-מְרֻבָּעות *pl.* Hebrew square letters –.

אז¹ *conj.* that כִּי, שֶׁ־; if, when אִם; ‖ *adv.* how מָה.

— ער ווייס, אז... he knows that... הוא יודע כי...

— אז נים היינט איז מאָרגן if not to day it will be tomorrow אם לא היום יהיה מחר.

— אז וואויל איז צו אים! how happy is he! מה מאשר הוא!

— אז אָך או אז וויי! alas! אוי ואבוי!

אז² = אזש.

אזא *pron. dem.* such a כָּזֶה (כָּזֹאת); a kind of... מִין...; ‖ – *abs.* **אזאס** (= אַזוינס) something such, something like this דָּבָר כָּזֶה.

— אזא הויז such a house בית כזה.

— דאָס איז אזא חיה this is a kind of animal מין חיה הוא.

אזאס¹, ז. אזא.

אזאס² *int.* exclamation of contempt קְרִיאָה שֶׁל בּוּז.

אזבוק = אזבוקע.

אזבוקע *f* Russian alphabet הָאָלֶף־בֵּית הָרוּסִי.

אזבעסט *m* asbestos פִּשְׁתֵּי הָאֶבֶן, אֶבֶן־פְּתִילִים, אַמִּיַנְטוֹן.

אַזהָרה (*pl.* אזהרות) warning –.

אזוי *adv.* so, thus כֵּן, כָּךְ.

— אזוי אדער אזוי somehow or other אם כך או כך; at all events יהיה איך שיהיה.

— אזוי זיך for no particular reason בלי טעם מיוחד.

אזוי-גערופן *adj.* so-called הַמְכֻנֶּה.

אזוי‖נער, – נע, – נס *pron. dem.* (*pl.* – נע) such כָּזֶה, כָּזֹאת.

צויאט s. (pl. | -) Asiatic, uncivilised man בֶּן אֶרֶץ אַסְיָה, אִישׁ לֹא־מְנֻמָּס.
אָזוֹסט = וונסט.
אָזיערע s. lake אֲגַם.
אָז־יָשִׁיר s. Moses' song "then he sang," שִׁירַת הַיָּם שֶׁל משֶׁה.
אַזְכָּרָה = הַזְכָּרָה.
אָזְנַיִם s. pl. ears -.
אָזְנַיִם לַכֹּתֶל phr. walls have ears -.
אָזעטינער = אָזעלכער.
אָזעלכענער, באַטאָנטע פֿאָרמע פֿאַר אָזעלכער א).
— אָזעלכענע זאַכן such things as these דְּבָרִים כָּמוֹ אֵלֶּה.
אָזעל‖כער, - כע, - כס (- כע pl.) pron. dem. such כָּזֶה, כָּזאֹת.
אָזש prep. as far as עַד; till, until עַד; ‖ conj. even, so that עַד כִּי; ‖ adv. actually מַמָּשׁ.
— עס ווערט אָזש נים גוט it is actually nauseating נִגְעַל נַפְשׁ הוּא מַמָּשׁ.
אָזשעניצע s. bramble, blackberry תּוּת הַגְּדֵרוֹת.
א"ח abbr. = אִסְרוּ־חַג.
אחב"י abbr. = אַחֵינוּ בְּנֵי יִשְׂרָאֵל.
אֶחָד num. one -.
אַחְדוּת s. unity -.
אַחְדוּת־הַבּוֹרֵא phr. the unity of God -.
אֶחָד מֵאֶלֶף phr. one of a thousand -.
אַחוּץ prep. except, beside מִלְּבַד חוּץ מִ־.
אָחוֹר s. hind quarter, arse (vulg.) שֵׁת.
אֲחוֹרַיִם s. pl. = אָחוֹר.
אֲחִיזָה s. hold, grasp -.
אֲחִיזַת־עֵינַיִם s. deception, delusion -.
אָחִינוּ אַתָּה phr. "thou art our brother," you are one of our own! -
אַחֵינוּ־בְּנֵי־יִשְׂרָאֵל s. pl. "our brethren the sons of Israel," members of our race -.
אַחֵר adj. another -; a stranger - . נָכְרִי, זָר (ב).
אַחַר־הַמַּעֲשֶׂה adv. after the act -.
אַחֲרוֹן adj. (אַחֲרוֹנִים pl.) later, last מְאֻחָר; ‖ s. one of the later rabbinical legists אֶחָד מִן הַפּוֹסְקִים הָאַחֲרוֹנִים; the last of the seven men called to the reading of the law (in the synagogue) הָאַחֲרוֹן מִשִּׁבְעַת הַקְּרוּאִים לַתּוֹרָה.
אַחֲרוֹן אַחֲרוֹן חָבִיב phr. the best comes last, last but not least -.
אַחֲרוֹן־שֶׁל־פֶּסַח s. the last day of Passover -.

אַחֲרָיוּת s. responsibility -; risk סַכָּנָה.
— אויף מיינע אחריות on my responsibility עַל אַחְרָיוּתִי.
— קיין אחריות נים no risk, no danger אֵין כָּאן סַכָּנָה.
— קיין אחריות נים פֿון אַן עסק a pretty good affair עִנְיָן לֹא רַע.
אַחֲרֵי־כְּכַלּוֹת־הַכֹּל adv. "after all has ended," after all אַחַר כָּל הַדְּבָרִים.
אַחֲרִית־דָּבָר s. the end of the matter -, סוֹף דָּבָר.
אֲחַשְׁוֵרוֹשׁ npr. Ahasuerus (Persian king mentioned in the book of Esther) -.
אַחַת־וְאַחַת num. "one and one," several times פְּעָמִים אֲחָדוֹת.
— אַריינצייִלן אחת־ואחת to give several lashes הַלְקֵה פְּעָמִים אֲחָדוֹת.
אַחַת־לְאַחַת adv. "one added to one," taken together יַחַד.
אַחַת־לְאַחַת נִמְצָא חֶשְׁבּוֹן phr. many littles make a mickle -.
אַט = עַם.
אָט adv. here פֹּה; ‖ int. see! הִנֵּה רְאֵה!
— אַט איז ער here he is הִנֵּהוּ פֹּה.
— אַט איז עס — נעמס! here it is — take it! הִנֵּהוּ לְפָנֶיךָ — קָחֵהוּ.
— אַט דאָ right here בַּמָּקוֹם הַזֶּה.
— אַט האָסטו דיר! there you have it! מִי חָשַׁב כָּזֹאת!
— ווי גייט עס? — אָט! how do you do — so-so, middling מַה שְּׁלוֹמְךָ? — בֵּינוֹנִי, לֹא טוֹב וְלֹא רַע.
אָטאָ = אָט.
אָט־אָט adv. here it is הִנֵּהוּ לְפָנֶיךָ; very soon בְּעוֹד רֶגַע, מִיָּד, תֵּיכֶף.
אָטאַב = עטאַפּ.
אַטאַבע = אָטאַבע.
אַטאָם s. (- ען pl.) atom אָטוֹם, פְּרוּדָה.
אַטאַמאַן s. (- עס pl.) chief commander of the Cossacks רֹאשׁ הַקּוֹזָקִים.
אַטאַסע s. shaft-brace עֲבוֹת עֲגָלָה.
אַטאַקירן v. a. to attack נָפֹל עַל, הִתְנַפֵּל עַל־, פָּשֹׁט עַל־.
אַטאַקע s. attack נְפִילָה עַל־, הִתְנַפְּלוּת עַל־.
אַטאַרעס = אוטאַרעס.
אַטאַשע = אַטאַסע.
אַטדאַליען v. a. to remove, estrange הַרְחֵק.
אַטוואַזשען זיך v. r. to dare הַרְהֵב עֹז, עָרֹב לִבּוֹ.
אַטוידאַנס = אַדיוטאַנט.
אַטיעזדנע s. tip given at one's departure מַתָּנָה שֶׁנּוֹתֵן אִישׁ לִפְנֵי נְסִיעָתוֹ.
אַטיפקע s. shank of a tobacco pipe קְנֵה־מִקְטֶרֶת.

א) אָזעלכע באַטאָנטע פֿאָרמעס זיינען אויך גאַנצענער, גרויסענער, טריפֿהנער. ב) אין פֿראַנצער Handlexicon ווערט באַמערקט, אַז מיט דעם וואָרט מיינען די יידן אויך אַ קריסט.

אָטכאַיען to revive *v. a.* הָשֵׁב לִתְחִיָּה, הַחֲיֵה.

אַטלאַס atlas, collection of maps (*pl.* ן —) *m* מַחְבֶּרֶת מַפּוֹת הָאָרֶץ.

אַטלעס satin *m* אַטְלָס (ארג משי חלק).

אַטלעסן of satin *adj.* שֶׁל אַטְלָס.

אַטמאָספֿערע atmosphere *f* חֲלַל הָאֲוִיר, אֲוִיר.

אָטסטאַוונע retired *adj.* שֶׁנִּתְפַּטֵּר (ממשרה).

אָטסטאַווקע retirement *f* הִתְפַּטְּרוּת.

— אָנגעבן זיך אין אָטסטאַווקע to resign, tender one's resignation התפטר (ממשרה).

אַטעאיסט atheist *m* כּוֹפֵר בֵּאלֹהִים.

אָטעם breath *m* רוּחַ, נְשִׁימָה.

— אין איין אָטעם in one breath בנשימה אחת.

אָטעמען to breathe *v. n.* נָשֹׁם.

אַטעסטאַט certificate (*pl.* ן —) *m* תְּעוּדָה.

אָטפּוסק = אורלויב.

אָטפּראַווען to send, despatch *v. a.* שַׁלַּח, שָׁלֹחַ; ‖ — זיך to go away, repair *v. r.* הָלוֹךְ לְ־.

אָטקופּ farming, lease (*pl.* ן —) *m* חֲכִירָה.

אָטקופּשטשיק farmer, lease-holder (*pl.* עס —) *m* חוֹכֵר.

אָטריאַד detachament (*pl.* ן —) *m* מַחְלָקָה, גְּדוּד.

אָטרעמבעס bran *pl.* סֻבִּין, קִיבָר.

אָטשענע = נאָטשענע.

אָטשערעדע turn *f* תּוֹר; line שׁוּרָה.

אָטשערעדען to stand in line *v. a.* שָׁמוֹר אֶת תּוֹרוֹ.

אָטשערעט reed *m* קָנֶה.

אי and, also *conj.* וְ־, גַּם; even גַּם.

— אי... אי... both... and... גם... גם...

— אי ער אי זי both he and she גם הוא גם היא.

— אי דאָס and then, even then ואז, גם אז.

א״י = *abbr.* אֶרֶץ יִשְׂרָאֵל.

איאָ is it not so? *adv.* הַאִם לֹא כֵן?

איבוד = אָבוד.

איבונג exercise *f* תַּרְגִּיל.

איבל nausea *n.* ‖ nauseating *adj.* מְעוֹרֵר בְּחִילָה; בְּחִילָה.

— פֿאַר איבל האָבן, ז. פֿאַראיבל.

איבלען to nauseate *v. n.* עוֹרֵר בְּחִילָה.

איבלקייט nausea *f* בְּחִילָה, גֹּעַל־נֶפֶשׁ.

איבן to exercise, practise *v. n.* הִתְרַגֵּל, חָזֹר עַל־ (בלמודים).

איבער over, across *prep.* מֵעֵבֶר לְ־; over, above לְמַעְלָה מִ־, מֵעַל לְ־; above, beyond יוֹתֵר מִ־; over בְּמֶשֶׁךְ; about עַל־אוֹדוֹת.

— איבערן וועג across the way מעבר לדרך.

— איבער דעם קאָפּ over the head מעל לראש.

— איבער די כּחות above one's strength למעלה מן הכח.

— איבער נאַכט over night במשך הלילה.

— איבער אַכטאָג, איבער אַ יאָר in a week בעוד שבוע, בשנה הבאה.

איבער־ over, trans- *pref.* מֵעֵבֶר לְ־; above עַל, מֵעַל לְ־; again, re- עוֹד, שֵׁנִית.

איבער־איאָר next year *adv.* לַשָּׁנָה הַבָּאָה.

איבעראײַלן זיך to hurry too much, be in too great a hurry *v. n.* הַחְפֵּז, בַּהֵל, הָיֹה מְבֹהָל.

איבער־אַכטאָג next week *adv.* בַּשָּׁבוּעַ הַבָּא.

איבעראַנדערשן to change, alter *v. a.* הַחֲלֵף, שַׁנֵּה.

איבעראַנײַס again, anew *adv.* מֵחָדָשׁ.

איבעראַקערן to plough again *v. a.* חָרֹשׁ שֵׁנִית.

איבעראַרבעטן to do over again *v. a.* עֲשֵׂה שֵׁנִית, מֵחָדָשׁ; to revise הַגִּיהַּ מֵחָדָשׁ, תַּקֵּן (ספר); to change שַׁנֵּה; ‖ — זיך to overwork oneself *v. r.* עָבֹד יוֹתֵר מִדַּי, הִתְיַגֵּעַ בַּעֲבוֹדָה.

איבערבויען to rebuild *v. a.* בְּנֵה מֵחָדָשׁ.

איבערביטן to overcharge, ask too much *v. n.* (*for good?*) בַּקֵּשׁ מְחִיר גָּדוֹל (מכר במחיר יותר מדי).

איבערבייגן to bend over *v. a.* כָּפֹף לְמַעְלָה.

איבערבייזערן זיך to cease being angry *v. r.* חָדֹל מִכְּעֹס.

איבערבײַטן to change *v. a.* הַחֲלֵף, הָמֵר; to relieve הַחֲלֵף מִשְׁמָר.

איבערביינדל node, bony excrescence *n* פִּיקָא יוֹצֵא מֵעֶצֶם.

איבערבײַסן to bite apart *v. a. n.* חֲצֹה דָבָר בְּשִׁנַּיִם; to breakfast אֱכֹל אֲרוּחַת בֹּקֶר; to have a snack אֱכֹל אֲכִילָה קַלָּה.

איבערבינדן to bind over *v. a.* קְשֹׁר עַל־; to bind again, rebind קְשֹׁר שֵׁנִית; כָּרֹךְ שֵׁנִית (ספר).

איבערבלייבונג remnant, remainder *f* עוֹדֵף, שְׁאֵרִית.

איבערבלײַבן to remain *v. n.* הִשָּׁאֵר (במקום); to be left הִשָּׁאֵר, הִוָּתֵר.

איבערבלייבעניש remainder *f* שְׁאֵרִית, סַךְ הַנִּשְׁאָר.

איבערבליק survey, general view (*pl.* ן —) *m* הַשְׁקָפָה, סְקִירָה עַל־, בִּקֹּרֶת.

איבערבליקן to survey, make a survey of *v. a.* סְקֹר עַל־, בָּדֹק, בַּקֵּר.

איבערבלעטערן to turn the leaves of a *v. a.* book עַלְעֵל, הֲפֹךְ עָלֵי סֵפֶר; to pass over a passage in turning the leaves of a book עֲבֹר עַל דָּבָר בַּסֵּפֶר בְּעַלְעוּל.

איבערבעט featherbed *n* מַצָּע שֶׁל נוֹצוֹת.

איבערבעטן¹ to ask a person's pardon *v. a.* בַּקֵּשׁ סְלִיחָה מֵאִישׁ, פַּיֵּס; = איבערבוטן; ‖ — זיך *v. r.* to be reconciled, make friends עֲשֵׂה שָׁלוֹם עִם־.

— איך בעט איבער אײַער כבוד! with due respect to you במחילת כבודך.

איבערבעטן² to make the bed again *v. a.* הַצֵּעַ מִטָּה שֵׁנִית; to upholster again מַלֵּא שֵׁנִית בְּמוֹךְ.

איבערברונזן זיך to cease being angry *v. r.* חָדֹל מֵרְגֹז, חָדֹל מִכְּעֹס.
איבערברעכן to break apart *v. a.* שָׁבֹר לִשְׁנַיִם (לַחֲצָאִים).
איבערברענגען to bring, bear *v. a* הָבֵא, נָשֹׂא, מָסֹר לְ־.
איבערברענגער bearer *m* מוֹסֵר (של כתב).
איבערברענען to burn apart *v. a.* חַלֵּק בִּשְׂרֵפָה לִשְׁנַיִם; to burn too much שָׂרֹף לָרֹב.
איבערגאַנג transition, change; מַעֲבָר; passage *m* חִלּוּף, שִׁנּוּי; epidemic מַגֵּפָה מִתְהַלֶּכֶת.
איבערגוואַלד = איבערגעוואַלד.
איבערגיין to overflow; עָבֹר עַל to pass *v. n.* פִּי הַכְּלִי, עָלֹה עַל גְּדוֹתָיו; to surpass עָלֹה עַל־.
— איבערגיין נאָך אַ מאָל to repeat חזור, שנה.
— עס גייט אים איבער די סלינע his mouth is watering רירו יורד מפיו (מרוב תשוקה לדבר).
איבערגיסן to pour over *v. a.* יָצֹק עַל; to spill יָצֹק וְשָׁפֹךְ החוצה; to pour out of one vessel into another יָצֹק מִכְּלִי אֶל כְּלִי; to cast again (*metal*) יָצֹק שֵׁנִית (מתכת).
איבערגלוסטן זיך to lose one's desire *v. r.* חָדֹל מֵהִשְׁתּוֹקֵק לְדָבָר.
איבערגליִען to temper again *v. a.* לַבֵּן שֵׁנִית (ברזל); to overheat לַבֵּן יוֹתֵר מִדַּי.
איבערגליקליך overhappy *adj.* מְאֻשָּׁר מְאֹד.
איבערגעבונג delivery *f* מְסִירָה.
איבערגעבן to deliver *v. a.* מָסֹר; to commit מָסֹר; to give too much, give in excess תֵּת יוֹתֵר מִדַּי, תֵּת עוֹדֵף, הַעֲדֵף; ‖ — זיך *v. r.* to surrender הִמָּסֵר בְּיַד־; to devote oneself הַקְדֵּשׁ אֶת עַצְמוֹ לְ־; to addict oneself הִתְמַכֵּר (לדבר רע).
איבערגעגעבן devoted *adj.* מָסוּר, נָתוּן בְּגוּפוֹ וְנַפְשׁוֹ לְ־.
איבערגעוואַלד unwillingly, involuntarily *adv.* לֹא בִרְצוֹנוֹ, בְּעַל כָּרְחוֹ.
איבערגעוויכט overweight *n* עוֹדֵף עַל הַמִּשְׁקָל.
איבערגעלויף disturbance, rumpus *m* מְבוּכָה, מהומה.
איבערגענוג more than enough, over and above *adv.* יוֹתֵר מִדַּי.
איבערגעפּאַלענער timid person *m* פַּחְדָן.
איבערגעפוילט rotten *adj.* רָקוּב.
איבערגעקניפּט knotted, tied *adj.* קָשׁוּר בִּקְשָׁרִים.
איבערגעקערט reverse *adj.* הָפוּךְ.
איבערגעשטאַנען spoiled by standing too long *adj.* מְקֻלְקָל מֵרֹב עֲמִידָה.
איבערגעשפּיצט too sharp, very cunning *adj.* חָרִיף יוֹתֵר מִדַּי, עָרוּם מְאֹד.

איבערגראָבן to dig again *v. a.* חָפֹר שֵׁנִית; to dig across חָפֹר עַד הָעֵבֶר הַשֵּׁנִי; to dig all חָפֹר כֻּלּוֹ.
איבערדריבערן to persuade, induce *v. a.* פַּתֵּה.
איבערדעווערן to overcome *v. a.* הִתְגַּבֵּר עַל־, נַצֵּחַ.
איבערדענקען to think over *v. n.* הִמָּלֵךְ.
איבערדעקן to spread over, cover *v. a.* הַצֵּעַ עַל־, כַּסֵּה.
איבערדערציילן to tell again, retell, repeat *v. a.* סַפֵּר שֵׁנִית, חָזוֹר, שָׁנֹה.
איבערדרוקן to reprint *v. a.* הַדְפֵּס שֵׁנִית (מֵחָדָשׁ).
איבערדרייען to turn over *v. a.* הָפֹךְ, הַפֵּךְ.
איבערדריסיג tedious, wearisome *adj.* מְשַׁעֲמֵם.
איבערהאָבן to have had many *v. a.* הָיֹה לְאִישׁ דְּבָרִים רַבִּים; to have had several times הָיֹה דָבָר לְאִישׁ פְּעָמִים אֲחָדוֹת; to have gone through several times עָבֹר פְּעָמִים אֲחָדוֹת (על ספר).
איבערהאַטען to dam up *v. a.* סָכֹר, עֲשֵׂה סֶכֶר.
איבערהאַלטן to detain, hold *v. a.* עַכֵּב, עָצֹר בְּ־; to hold over עָצֹר יוֹתֵר מֵהַזְּמַן.
איבערהאַקן to cut in twain *v. a.* גָּזֹר לִשְׁנַיִם; to interrupt הַפְסֵק, הַפְרֵעַ (שיחה).
איבערהאָרעווען זיך to overwork oneself *v. r.* הַלְאֵה עַצְמוֹ בַעֲבוֹדָה.
איבערהויפּט in general, generally *adv.* בִּכְלָל; especially בְּיִחוּד.
איבערהייבן זיך to overstrain oneself *v. r.* הַלְאֵה (הוֹגֵעַ) אֶת עַצְמוֹ.
איבערהיפּן to skip over, omit *v. a.* פָּסֹחַ עַל דָּבָר הַשְׁמֵט (בכתב או בקריאה).
איבערהיפּערן = איבערהיפּן.
איבערוואַנדערן to transmigrate *v. n.* נָסֹעַ לְאֶרֶץ אַחֶרֶת, הַגֵּר, הִתְיַשֵּׁב בְּמָקוֹם אַחֵר.
איבערוואַקסן to overgrow *v. n.* צָמֹחַ עַל־; to outgrow גָּדֹל עַד מְאֹד.
איבערוואַרפן to throw over *v. a.* רָמֹה מִמָּקוֹם לְמָקוֹם; to throw every one הַטֵּל כָּל אֶחָד; to overthrow הָפֹךְ; ‖ — זיך *v. r.* to throw oneself over הִתְהַפֵּךְ; to be converted (*fig.*) הִשְׁתַּמֵּד; to cease quarreling חָדֹל מֵרִיב; to cease raging חָדֹל מֵרְגֹז.
— איבערוואַרפן זיך מיט די בליקן to wink at each other רמז בעינים איש אל רעהו, שקר איש אל רעהו.
איבערוואַשן to wash *v. a.* כַּבֵּס; to wash again כַּבֵּס שֵׁנִית.
איבערווייזן = איבערוועגן.
איבערוויינען זיך to cease crying *v. r.* חָדֹל לִבְכּוֹת.
איבערווינטערן to winter, pass the winter, hibernate *v. n.* חָרֹף, בַּלֵּה יְמֵי הַחֹרֶף.
איבערוויינקען זיך to wink at each other *v. rec.* שַׁקֵּר אִישׁ לְרֵעֵהוּ, קָרֹץ בְּעֵינַיִם זֶה לָזֶה.

איבערוויקלען *v. a.* to wrap up again כָּרֹךְ שֵׁנִית; to swathe again חַתֵּל שֵׁנִית.

איבערווישן *v. a.* to wipe again מָחֹה (קַנֵּחַ) שֵׁנִית.

איבערוועגן *v. a.* to weigh שָׁקֹל; to overbalance הַכְרֵעַ, עָלֹה בְמִשְׁקָל עַל־; to outweigh (*fig*) עָלֹה עַל־.

איבערוועלן זיך *v. imp.* to cease to be desirous חָדֹל לַחְמֹד.

— עס האָט זיך אים איבערגעוואָלט he has lost the desire חדל לחמוד (לרצות).

איבערווערטלען זיך *v. rec.* to exchange words, quarrel רִיב.

איבערזאָגן *v. a.* to say again, repeat אָמֹר שֵׁנִית, חָזֹר.

איבערזאַט *adj.* oversatiated, surfeited שָׂבֵעַ יוֹתֵר מִדַּי.

איבערזאַלצן *v. a.* to salt too much מָלֹחַ יוֹתֵר מִדַּי (מֵהַצֹּרֶךְ).

איבערזידן *v. a. n.* to overboil רַתֵּחַ, רָתֹחַ יוֹתֵר מִדַּי.

איבערזײַן *v. n.* to stay, remain הִתְמַהְמֵהַּ, הִשָּׁאֵר בְּמָקוֹם; to be in sereval places הָיֹה בִמְקוֹמוֹת שׁוֹנִים.

איבערזײַען *v. a.* to filter, strain סַנֵּן.

איבערזײַערן *v. a.* to make too sour הַחְמֵץ יוֹתֵר מִדַּי; to leaven too much הַחְמֵץ יוֹתֵר מִדַּי (שאור).

איבערזיפּן *v. a.* to resift, sift anew נַפֵּה שֵׁנִית (מֵחָדָשׁ).

איבערזיצן *v. n.* to outsit יָשֹׁב יוֹתֵר מִדַּי; to sit out יָשֹׁב עַד הַסּוֹף.

איבערזעגן *v. a.* to saw through נְסֹר בְּמַשּׂוֹר.

איבערזעטיגן *v. a.* to oversatiate הַשְׂבֵּעַ, רַוֵּה יוֹתֵר מִדַּי.

איבערזען *r. a.* to examine בָּדֹק; to see again רָאֹה שֵׁנִית; to revise הַגִּיהַּ, תַּקֵּן (ספר); to peruse קְרֹא (ספר).

איבערזעער *m* examiner בּוֹדֵק; reviser מַגִּיהַּ.

איבערזעץ *m* translation הַעְתָּקָה, תַּרְגּוּם.

איבערזעצונג = איבערזעץ.

איבערזעצן *v. a.* to transfer, put in another place שִׂים בְּמָקוֹם אַחֵר, הַעֲבֵר מִמָּקוֹם לְמָקוֹם; to translate הַעְתֵּק, תַּרְגֵּם; ‖ — זיך *v. r.* to change one's seat יָשֹׁב בְּמָקוֹם אַחֵר.

— איבערזעצן דעם מקח to overcharge מכר במחיר גדול יותר מדי.

איבערזעצער *m* translator מַעְתִּיק, מְתַרְגֵּם; interpreter מְתֻרְגְּמָן, מֵלִיץ.

איבערחזרונג *f* repetition חֲזָרָה; renewal הַתְחָלָה מֵחָדָשׁ.

איבערחזרן *v. a.* to repeat חָזֹר, שָׁנֹה; to renew הַתְחֵל מֵחָדָשׁ.

איבערחלאַנען *v. a.* to make feeble by fasting הַחֲלֵשׁ עַל יְדֵי תַעֲנִית.

איבערחלשן *v. n.* to cease fainting with hunger חָדֹל מֵהִתְעַלֵּף מֵרָעָב.

— עס האָט אים איבערגעחלשט דאָס האַרץ he does not feel hungry any more איננו מרגיש רעב עוד.

איבערטאָן *v. a.* to do again עָשֹׂה שֵׁנִית; ‖ — זיך *v. r.* to change one's germents הַחֲלֵף בְּגָדָיו.

איבערטײלן *v. a.* to divide חַלֵּק לַחֲלָקִים.

איבערטראָגונג *f* carrying over הַעֲבָרָה מִמָּקוֹם לְמָקוֹם.

איבערטראָגן *v. a.* to carry over נָשֹׂא, הַעֲבֵר מִמָּקוֹם לְמָקוֹם; to endure נָשֹׂא, סָבֹל; to gossip, tattle הָלוֹךְ רָכִיל.

איבערטראַכטן *v. n.* to think over חָשֹׁב; to fear, apprehend פָּחֹד, דָּאֹג.

איבערטרײַבונג *f* driving over גֵּרוּשׁ מִמָּקוֹם לְמָקוֹם; exaggeration הַפְלָגָה, הַפְרָזָה, גּוּזְמָא.

איבערטרײַבן *v. a.* to drive over גָּרֵשׁ מִמָּקוֹם לְמָקוֹם; to run down, tire (*a horse*) הַלְאֵה בִמְרוּצָה (סוס); to exaggerate הַפְלֵג, הַפְרֵז, גַּזֵּם.

איבערטרייסלען *v. a.* to shake up נַעְנֵעַ, נַדְנֵד, כַּשְׁכֵּשׁ; to shake out all הָנֵד כֻּלּוֹ.

איבערטרעטונג *f* stepping over, crossing עֲבָרָה; transgression עֲבָרָה עַל־, עֲבֵרָה.

איבערטרעטן *v. a.* to step over עָבֹר, דָּרֹךְ עַל־; to transgress עָבֹר חֹק.

איבערטרעסען = איבערטרייסלען.

איבערטרעפן *v. a.* to surpass, outdo עָלֹה עַל־.

איבעריאָגן *v. a.* to outrun הַקְדֵּם בִּמְרוּצָה.

איבער־יאָר = עִבּוּר־יאָר.

איבעריג *adj.* superfluous מְיֻתָּר, עֹדֵף; remaining, rest of יֶתֶר הַ־.

— די איבעריגע לײַט the rest of the people יתר האנשים.

איבעריגנס *adv.* as for the rest אוּלָם, מִבַּלְעֲדֵי זאת; besides חוּץ מִזֶּה, מִלְּבַד זֶה.

איבערינס *adv.* much, too much הַרְבֵּה, יוֹתֵר עַל הַמִּדָּה.

— ער איז נים איבעריגס קלוג he is not particularly wise איננו מצטין בחכמה.

איבערכאַפּן *v. a.* to grasp too much חָטֹף יוֹתֵר מִדַּי; to take, grasp לָקֹחַ, תָּפֹס.

— איבערכאַפּן עפּעס to take a snack אכל אכילת עראי.

— איבערכאַפּן דעם אָטעם to draw breath נשׁי השב רוח.

— איבערכאַפּן די מאָס to overdo עשה יותר על המדה; הפרז על המדה.

איבערכלאַנען = איבערחלאַנען.

איבערכראַפּען v. a. to outdo in snoring עלה על איש בנחירה.

איבערלאָדן v. a. to overload טען יותר מדי (על עגלה או אניה); to transfer from one conveyance to another פרק מעגלה אחת וטעון על עגלה אחרת; to overburden העמס יותר מדי.

איבערלאָזן v. a. n. to leave השאר, הותר.

איבערלויפן v. a. to outrun עלה על איש במרוצה; to overflow עבר את פי הכלי, עבר על גדותי־.

איבערלופטערן v. a. to air, ventilate רוח, טהר ברוח; to air again רוח שנית.

איבערליגן v. n. to lie some time שכב איזה זמן.

איבערלייג s. = איבערלייגונג; translation העתקה.

איבערלייגונג s. (pl. ־ען) consideration, deliberation התבוננות, ישוב הדעת.

איבערלייגן v. a. to put to another place הניח במקום אחר; to lay over שים על־; to translate העתק; ‖ ־ זיך v. r. to consider, deliberate התבונן, התיעץ, התישב.

איבערליידינגן v. a. to pour over הרק מכלי אל כלי.

איבערליידן v. a. to endure to the end נשא, סבל עד הסוף.

איבערלייטערן v. a. to rectify, distill again זקק שנית.

איבערלייענען v. a. to read through, peruse קרא.

איבערליפערן = איבערגעבן.

איבערלעבונג f survival השארה בחיים; experience נסיון.

איבערלעבן v. n. to survive, outlive חיה אחרי מות איש; עבר בחיים דרך מאורעות רבים; to live in many places גור במקומות רבים; to experience הרגש על ידי נסיון.

איבערלעזן = איבערלייענען.

איבערלערנען v. a. to learn or study again למד שנית; ‖ ־ זיך v. r. to learn too much למד יותר מדי.

איבערמאַכן v. a. to change, alter החלף, שנה; to transfer, make over (property) מסר לאיש (רכוש).

איבערמאָס n. excess מדה יתרה.

איבערמאָרגן adv. the day after tomorrow מחרתים.

איבערמויערן v. n. to rebuild בנה מחדש.

איבערמענשליך adj. superhuman למעלה מטבע האדם.

איבערמעסטן v. a. to measure מדד; to measure again מדד שנית.

איבערנאַטירליך adj. supernatural שלמעלה מהטבע.

איבערנייען v. a. to sew again תפר שנית.

איבערניצעווען v. a. to turn (a coat) הפך צד פנימי לחוץ (בתקון בגד ישן); to revamp (fig.) חדש פני־.

איבערנעכטיגן v. a. to pass the night לון, לין כל הלילה.

איבערנעמונג f taking possession, taking over קבלת אחוזה מ־.

איבערנעמען v. a. to take over, take possession of קבל מ־, קבל אחוזה מ־; to overtake תפש, לכד; to overcharge מכר במחיר יותר מדי; ‖ ־ זיך v. r. to boast, puff up התנאה, התפאר; to pass, end עבר, חלף.

איבערנעמער m receiver מקבל.

איבערסטרויען v. a. to rebuild בנה מחדש.

איבערסילען v. a. to thread over again חרז שנית (סנינים).

איבער‖ענטפערן, ־ ענפערן v. a. to deliver סגר, הסגיר, מסר בידי־.

איבערעסן v. a. to corrode, gnaw apart כרסם; ‖ ־ זיך v. r. to overeat, eat to excess אכל יותר מדי.

איבערפאַרדינגער m subletter משכיר או מוסר בקבלנות לשני.

איבערפאָרן v. n. a. to pass over, cross עבר (ממקום למקום); to run over רמס בעגלה.

איבערפאַל m sudden attack התנפלות פתאמית.

איבערפאַלן v. a. to attack suddenly, surprise התנפל פתאם.

איבערפאַקן v. a. to repack חבש שנית; to overload טען יותר מדי; ‖ ־ זיך v. r. to overeat אכל יותר מדי.

איבערפוילן v. n. to rot entirely רקב כלו.

איבערפוצן v. a. to clean or scour again נקה שנית; to trim again קשט שנית.

איבערפיצעווען v. a. to exceed עבר על־.

איבערפירונג f carrying, transport העברה; spoiling קלקול, השחתה.

איבערפירן v. a. to carry, transport העבר; to spoil קלקל, השחת; to lose אבד; ‖ ־ זיך v. r. to move to another place עבר למקום אחר; to be spoiled התקלקל, השחת.

איבערפירער m ferryman מעביר בספינה.

איבערפלאַנצן v. a. to replant נטע מחדש; to transplant העבר ונטע במקום אחר.

איבערפליסן v. n. to overflow זרם, שטף ועבר.

איבערפליען v. n. to fly over פרח או עוף לעבר השני.

איבערפרירן v. n. to freeze over, become encrusted with ice קפא על־; to be spoiled by freezing התקלקל על ידי קפאון.

איבערפרעגלען v. a. to fry again צלה או טגן שנית; to fry too much צלה או טגן יותר מדי.

איבערפֿרעגן v. a. to ask or inquire again שאל שנית.

איבערפֿרעסן = איבערעסן.

איבערצאָלן v. a. to overpay שלם יותר מהצרך.

איבערצאַמען v. a. to partition גדר, בנה מחצה.

איבערצאַפּן v. a. to tap again הוצא מתבית שנית (משקה).

איבערצוג m (pl. ־ן) covering, case כסוי, מכסה, מעטפה.

איבערצוקערן v. a. to sugar over, candy פזר סכר (נפת) על־.

איבערציִ m (pl. ־ען) cover, case מעטפה; tidy מעטפה (לכסא).

איבערצייַגונג f conviction הכרה פנימית, אמונה ברורה וחזקה.

איבערצייַגן v. a. to convince הוכח בראיות, הוכח ברור.

איבערצייכענען v. a. to draw again רשם שנית.

איבערציילונג f counting over ספירה.

איבערציילן v. a. to count over ספר; to count again ספר מחדש.

איבערציִען v. a. n. to cover חפה, כסה; to pass עבר; to remove to another place העתק ממקום למקום; || ־ זיך v. r. to be too exacting דיק יותר מדי; to be covered התכסה, התלבש; to remove העתק דירתו.

איבערציִער n overcoat בגד עליון.

איבערצלמען זיך v. r. to cross onoself, make the sign of the cross עשה סמן הצלב על חזהו (נוצרי).

איבערקאָכן v. a. to boil over again בשל שנית; to boil too much בשל יותר מדי; to digest עכל (מזון); || ־ זיך v. r. to be digested התעכל; to cease raging חדל מהתקצף.

איבערקאַמען v. a to comb again סרק שנית.

איבערקוואַטשען v. a. to dirty by handling too much לכלך מרב משמוש בידים.

איבערקויפֿן v. a. to buy over שחד.

איבערקוליען v. a. to turn, tumble הפך, הפל; || ־ זיך v. r. to tumble, turn head over heals התגולל, התהפך; to convert oneself (fig.) המר דתו, השתמד.

איבערקומען v. a. to get over יצא בשלום מענין רע; to tide over נצח, גבר על־.

איבערקוקן v. a. to look over עבר על־; to revise סקר שנית; || ־ זיך v. r. to exchage glances הביט; סקר איש אל רעהו.

איבערקייַען v. a. to chew over again העלה גרה; to chew well לעס עוד פעם; לעס היטב.

איבערקייַקלען v. a. to roll over נגלגל, הפך מצד אל צד.

איבערקלויבן = איבערקלײַבן.

איבערקלויבער = איבערקלײַבער.

איבערקלוגן v. a. to outwit, outdo in cunning התחכם על־, עלה בערמה על־.

איבערקלײַבן v. a. n. to pick, sort ברר; to be particular דיק, דקדק; || ־ זיך v. r. to remove, change one's residence העתק דירתו.

איבערקלײַבער m chooser בחרן; || ־קע f בחרנית.

איבערקלײדן זיך v. r. to change one's gurments החלף בגדיו.

איבערקלעמען = איבערחלשן.

איבערקלערן v. n. to think, consider חשב, התבונן.

איבערקניפּן v. a. to knot, tie again קשר בקשרים שנית.

איבערקנעטן v. a. to mix or knead again לוש מחדש (בצק).

איבערקנעפּלען v. a. to button again רכס בגדו שנית.

איבערקערונג f turning over התהפכות.

איבערקערן v. a. to turn over הפך; to upset הפל; to sweep again טאטא שנית; || ־ זיך v. r. to tumble התהפך, נפל; to convert oneself (fig.) המר דתו, השתמד.

— איבערקערן דאָס הויז to put everything in the house topsyturvy עשה אי־סדרים בביתו הפך עליונים למטה ותחתונים למעלה.

— איבערקערן די וועלט to play wild pranks השתובב, התחולל.

איבערקערעניש n overturn, overthrow מהפכה, הריסה; change שנוי.

איבערקרימען v. a. to imitate, mimic חקה (להתול).

איבערראַשונג f surprise פתיעה, הפתעה.

איבערראַשן v. a. to surprise הפתע.

איבעררופֿן זיך v. rec. to call to each other קרא זה לזה.

איבעררוקן v. a. to remove, shift העתק ממקום למקום.

איבעררײַבן v. a. to rub or grind well שחק א' טחון היטב.

איבעררעדן v. a. to persuade פתה; to mention הזכר; to discuss שוחח.

איבעררייניקן v. a. to clean again נקה, טהר שנית.

איבעררײַס m interruption הפסקה.

איבעררײַסן v. a. to tear in two קרע לחצאים; to interrupt הפסק; || ־ זיך v. r. to be rent in two הקרע לשנים.

איבעררעכענען v. a. to reckon over, count over חשב שנית; to consider חשב, התבונן; to overcharge מכר במחיר יותר מדי.

איבערשאַצן v. a. to overrate, overestimate הערך יותר מדי, הפרז על המדה.

איבערשאָקלען = איבערטרייסלען.

איבערשווימען = אריבערשווימען.

איבערשווענקען *v. a.* to rinse again הָדֵחַ שֵׁנִית; to make watery מָהֹל בַּמַּיִם.

איבערשוויצן זיך = דורכשוויצן זיך.

איבערשטאָפּן *v. a.* to overfill, overload מַלֵּא יוֹתֵר מִדַּי; || – זיך *v. a.* to overload one's stomach מַלֵּא בִטְנוֹ יוֹתֵר מִדַּי.

איבערשטאַרקן = גובר זיין.

איבערשטופּן *v. a.* to pull through, tide over עֲמֹד בִּפְנֵי דָבָר.

— איבערשטופן די שלעכטע צייטן to tide over the hard times עמד בפני העת הרעה.

איבערשטייגן *v. a.* to surpass עָלֹה עַל־.

איבערשטיין *v. n. a.* to stay over הִשָּׁאֵר בְּמָקוֹם; to overcome, endure סָבֹל, נָשׂא.

— איבערשטיין די נאכט to stay over night השאר במקום כל הלילה.

איבערשטימען *v. a.* to vote again נָתֹן קוֹל (בבחירה) שֵׁנִית, הַעֲמֵד לְמִנְיָן שֵׁנִית; to outvote נָתֹן רֹב דֵּעוֹת.

איבערשטעלן *v. a.* to put in another place הַעֲמֵד בְּמָקוֹם אַחֵר; to transpose הָפֹךְ סֵדֶר; to transform שַׁנֵּה צוּרָה; || – זיך *v. r.* to be transformed הִשְׁתַּנֵּה, שַׁנֵּה צוּרָתוֹ.

איבערשטעפּן *v. a.* to quilt over again תַּפֵּר שֵׁנִית.

איבערשטרײַכן = פארשטרײַכן.

איבערשיטן *v. a.* to spill *or* strew again שְׁפֹךְ (פַּזֵּר) שֵׁנִית; to strew upon פַּזֵּר עַל־; to pour from one vessel into another שְׁפֹךְ (פַּזֵּר) מִכְּלִי אֶל כֶּלִי; || – זיך *v. r.* to be spilled, be strewn הִתְפַּזֵּר.

איבערשײלן *v. a.* to husk *or* shell again הָסֵר הַקְּלִפָּה שֵׁנִית.

איבערשיקן *v. a.* to send, transmit, remit שָׁלֹחַ.

איבערשיפן *v. a.* to ship over, transport over (*in ships*) שָׁלֹחַ אוֹ הַעֲבֵר בָּאֳנִיָּה; || – זיך *v. r.* to sail over עָבֹר בָּאֳנִיָּה.

איבערשלאַג *m* hindrance מְנִיעָה, מַעֲצוֹר; interruption הַפְרָעָה, הַפְסָקָה.

איבערשלאַג = אויבערשלאַק.

איבערשלאָגן *v. a.* to interrupt הַפְסֵק, הַפְרֵעַ; mix בָּלֹל (מאכל); to cover (*bedding*) כַּסֵּה (כרים וכסתות); to inventory (*a store*) עֲשֵׂה פְּרָטָה (של חנות); to confiscate, seize הַחֲרֵם, תָּפֹס (סחורה).

איבערשלאָפן *v. n.* to oversleep יָשֹׁן יוֹתֵר מִדַּי; || – זיך *v. r.* to sleep for some time יָשֹׁן מְעַט; to sleep oneself sober יָשֹׁן עַד הִתְפַּכֵּחַ, הָקֵץ מִיֵּינוֹ.

איבערשלאַק = אויבערשלאַק.

איבערשלעפּן *v. a.* to dray to another place מָשֹׁךְ אוֹ סְחֹב לְמָקוֹם אַחֵר.

איבער||שמוגלען, – שמוכלען *v. a.* to smuggle הַעֲבֵר סְחוֹרָה מִבְּלִי שַׁלֵּם מֶכֶס, הַבְרָחָה.

איבערשמועסן *v. a.* to discuss שׂוֹחֵחַ, שִׂיחַ עִם אִישׁ.

איבערשמירן *v. a.* to grease over מָשֹׁחַ בְּחֵלֶב; to grease again מָשֹׁחַ, מָרֹחַ שֵׁנִית; to whitewash again הַלְבֵּן שֵׁנִית בְּסִיד.

איבערשנײַדן *v. a.* to cut, sever, cut in two חָתֹךְ, גָּזֹר לִשְׁנַיִם.

איבערשפּאַלטן *v. a.* to split in two בַּקֵּעַ לִשְׁנַיִם.

איבערשפּאַרן *v. a.* to gainsay, contradict סָתֹר דִּבְרֵי אִישׁ.

איבערשפּיליען *v. a.* to pin again חַבֵּר בְּסִכָּה שֵׁנִית; to button again כַּפְתֵּר שֵׁנִית.

איבערשפּילן *v. n.* to play over again שַׂחֵק שֵׁנִית, נַגֵּן שֵׁנִית.

איבערשפּיצן *v. a.* to outwit הִתְחַכֵּם עַל־.

איבערשפּרייטן *v. a.* to apread over פָּרֹשׂ, מָתֹחַ עַל־.

איבערשפּרינגען *v. a.* to jump over דַּלֵּג מֵעַל לְ־, דַּלֵּג עַל־.

איבערשרײַבן *v. a.* to copy כָּתֹב שֵׁנִית, הַעְתֵּק; || – זיך *v. rec.* to correspond בּוֹא בַחֲלִיפוֹת מִכְתָּבִים.

איבערשרײַען *v. a.* to cry louder than צְעֹק יוֹתֵר מֵחֲבֵרוֹ; || – זיך *v. r.* to cease crying חֲדֹל מִצְּעֹק.

איבערשריפט (*pl.* – ן) title, heading כְּתֹבֶת עַל־.

איבערשרעק *m* scare הַפְחָדָה.

איבערשרעקן *v. a.* to scare, frighten הַפְחֵד, הַבְהֵל; || – זיך *v. r.* to be scared הִפָּחֵד, הִבָּהֵל.

אײַבער = אֵבֶר.

איגנאָרירן *v. a.* to ignore חָשֹׁב לְאַיִן, בּוּז לְ־.

איד = ייד.

אידגעזקאָם = *abbr.* אידישער געזעלשאַפטליכער קאָמיטעט Jewish Social Committee (*in Soviet Russia*) וַעַד חֶבְרָתִי לַיְּהוּדִים (ברוסיה הסוביטית).

אידיאָט (*pl.* – ן) idiot טִפֵּשׁ, כְּסִיל.

אידיאָטיש *adj.* idiotic טִפְּשִׁי; || – קייט *f* טִפְּשׁוּת.

אידייע idea רַעְיוֹן.

אידיש, אידישליך, אידישקייט אידישקע = יידיש, יידישליך, יידישקייט, יידישקע.

אידליאַק = יידליאַק.

אידעאַל (*pl.* – ן) ideal מַשָּׂא נֶפֶשׁ, רַעְיוֹן נַעֲלֶה.

אידעאַליזם *m* idealism שְׁאִיפָה לִדְבָרִים נַעֲלִים.

אידעאַליסט *m* idealist דָּבֵק בְּרַעְיוֹן נַעֲלֶה.

אידענע = יידענע.

אי״ה = *abbr.* אִם יִרְצֶה הַשֵּׁם.

איוב *npr.* Job אִיּוֹב; the book of Job הַסֵּפֶר אִיּוֹב.

איוודע *adj.* coming, next הַבָּא.

— איוודע וואָך next week שבוע הבא.

— איוודעס יאָר next year שנה הבאה.

איוטש *int.* away! (*to a pig*) הָלְאָה! (לחזיר).

איז (דריטע פּערזאָן איינצאָל איצטיקע צייט פון זיין) *v. n.* he is הִנֵּהוּ, הִנֵּה.

איזאָלירן *v. a.* to isolate הַבְדֵּל, בָּדֵל; ‖ **— זיך** *v. r.* to be isolated הִבָּדֵל, הִתְבּוֹדֵד.

איזבאַװען *v. a.* to spoil קַלְקֵל.

איזבאָרשטשיק *m* (*pl.* **— עס**) tax-gatherer גּוֹבֵה הַמֶּכֶס.

איזדאַטשע = **רעשטע.**

איזדיעקעװען זיך *v. n.* to laugh at, scoff הָתֵל בְּ־, לָעֹג לְ־, הִתְעַלֵּל בְּ־.

איזװאָשטשיק *m* (*pl.* **— עס**) cab-man, coachman עֶגְלוֹן.

איזמיעשטשען זיך *v. r.* to be placed הוּשַׂם בְּ־, הֻנַּח בְּ־.

איזניוכען זיך *v. rec.* to agree, concert הִתְחַבֵּר עִם־, הַמְתֵּק סוֹד.

איזנישטשען *v. a.* to waste בַּזְבֵּז.

איזרינעװען *v. a.* to destroy הָרֹס, הַחֲרֵב.

איזשאַק = **יאָשוק.**

איטאַליע *npr.* Italy אִיטַלְיָה.

איטאַליעניש *adj.* Italian אִיטַלְקִי.

איטאַליענער *m* Italian אִיטַלְקִי.

איטלי‖כער, — כע, — ס *pron. indef.* every, every one כָּל אֶחָד, כָּל אַחַת.

אײ [1] *n* (*pl.* **— ער**) egg בֵּיצָה; stone, testicle אֶשֶׁךְ, בֵּיצָה (של זכר).

אײ [2] *adv.* before, ere קֹדֶם, לִפְנֵי.

אײ [3] *int.* beware!, take care!, have a care! הִזָּהֵר, הִשָּׁמֵר.

אײַ *int.* O! oh! אִיּ! הָהּ! gracious me! מָרְיָה דְּאַבְרָהָם! ‖ *conj.* then אִם כֵּן; but אֲבָל; and if וְאִם.

— איַ עס איז שלעכט! O it is bad! אוי, רע הדבר!

— איַ האָט ער אים געגעבן! he gave it to him! הוא נער בי כרבעי!

— איַ האָט ער געזונגען! he sang wonderfully! הפליא לזמר!

— איַ איז דאָך די קשיא the question then is השאלה היא אם כן.

— איַ פאַר װאָס גייט ער נישט? why does he not go then? אם כן מדוע איננו הולך?

— איַ װאָס? but what? אבל מה?

— איַ װעט איר זאָגן and if you will say ואם תאמרו.

— איַ ער װיל נישט גיין — מאַכט נישט אויס and if he will not go it does not matter ואם לא ילך אין בכך כלום.

— איַ װיל ער! of course he wants! בודאי הוא רוצה!

אײַ־אײַ *int* gracious me! מָרְיָה דְּאַבְרָהָם!

— איַ־איַ װיפל מענשן! gracious! how many peope מריה דאברהם, מה רב מספר האנשים!

אײַ־אײַ־אײַ *int.* gracious! מָרְיָה דְּאַבְרָהָם.

— איַ־איַ־איַ האָט ער געזונגען! gracious! how wonderfully he sang מריה דאברהם! מה מאד הפליא לזמר.

— נישט אַזױ איַ־איַ־איַ not extraordinary לא נפלא כל כך.

אײביג *adj.* eternal, everlasting נִצְחִי, קַיָּם לְעוֹלָם; ‖ *adv.* for ever לְעוֹלָם, לָנֶצַח; ‖ **— קײט** *f* eternity נֵצַח.

אײבער = **אויבער.**

אײבערשט = **אויבערשט.**

אײבעלע = **אויבל.**

אײבעלע [2] *n* trick עָרְמָה.

אײבערשטיבל = **אויבערשטיבל.**

אײבערשטער = **אויבערשטער.**

אײגל *n* little eye עַיִן קְטַנָּה; mesh (*in knitting*) לוּלָאָה, עֲנִיבָה (בארינגה); glass (*of spectacles*) זְכוּכִית (של משקפים).

אײגן *adj.* own שֶׁל עַצְמוֹ, שֶׁלּוֹ לְבַדּוֹ, עַצְמִי, מְיוּחָד; same אוֹתוֹ.

— אויף זײַן אײגענעם שטײגער in one's own way על פי דרכו המיוחד.

— אַן אײגענער מענש a relative *or* friend קרוב או מודע.

— די אײגענע זאַך, דאָס אײגענע the same thing אותו הדבר; דאָס איז די אײגענע זאַך this is the same thing היינו הך.

— שטאַרבן נישט מיטן אײגענעם טויט to die an unnatural death מות מיתה אי־טבעית או מיתה משונה.

— דער שײַן פֿון דער לבנה איז נישט קײן אײגענער the light of the moon is not her own אור הלבנה איננו עצמי.

אײגנהענדיג *adj.* in one's own hand כָּתוּב בְּעֶצֶם יָדוֹ; autographic כָּתוּב בְּעֶצֶם יַד אִישׁ.

אײגנטום *n* property קִנְיָן, רְכוּשׁ.

אײגנטימער *m* owner, proprietor אָדוֹן, בַּעַל.

אײגנטליך *adv.* properly בְּעֶצֶם, בֶּאֱמֶת.

אײגננוציג *adj.* selfish שֶׁל אַהֲבַת עַצְמִי; ‖ **— קײט** selfishness אַהֲבָה עַצְמִית.

אײגנס *n* property קִנְיָן, רְכוּשׁ; fortune עֹשֶׁר.

אײגנשאַפֿט *s.* (*pl.* **— ן**) quality, property תְּכוּנָה, סְגֻלָּה.

אײגע‖נער *m* (*pl.* **— נע**) relation, friend קָרוֹב, יָדִיד, רֵעַ; ‖ **— נע** *f* קְרוֹבָה, יְדִידָה, רֵעָה.

אײדים *m* (*pl.* **— ס**) son-in-law חָתָן.

אײדל *adj.* noble, noble-minded נָדִיב, יְקַר־רוּחַ; polite, civil בַּעַל דֶּרֶךְ אֶרֶץ, נִמּוּסִי; delicate עָדִין, עָנֹג, אָנִין; ‖ **— קײט** *f* nobleness נְדִיבוּת; politeness נִמּוּס; delicateness עֲדִינוּת, אֲנִינוּת.

אײדער *adv.* ere, before קוֹדֶם, טֶרֶם, לִפְנֵי; than מֵאֲשֶׁר, מִ־.

אײ־װײַס *n* albumen חֶלְבּוֹן, לוֹבֶן.

אײז ice *n* גְּלִיד, קֶרַח.
אײַז‖בארג ice-berg (*pl.* ־בערג —) *m* הַר קֶרַח צָף; ice-covered mountain הַר מְצֻפֶּה קֶרַח.
אײַז־בער polar bear, white bear (*pl.* ן —) *m* דֹּב הַצָּפוֹן, דֹּב הַלָּבָן.
אײַז־ים = אײַז־מער.
אײזל ass (*pl.* ען —) *m* חֲמוֹר.
אײַז־ליכטעלע icicle *n* פְּתִיל־קֶרַח.
אײַז־מער Polar sea *n* יָם הַקֶּרַח; glacier קַרְחוֹן (שכבת קרח על הר).
אײַזן iron *n* בַּרְזֶל; iron tool כְּלִי בַּרְזֶל.
— נויט ברעכט אײַזן necessity has no law ההכרח לא יגונה.
אײַזנבאַן railroad, railway (*pl.* ען —) מְסִלַּת הַבַּרְזֶל.
אײַזנבאַנד = אײַזנבאַן.
אײַזנבלעך sheet-iron *n* פַּח־בַּרְזֶל.
אײַזנהענדלער iron-monger *m* סוֹחֵר בְּבַרְזֶל.
אײַזנוואַרג ironware, hardware *n* כְּלֵי־בַּרְזֶל.
אײַזן־פאַבריק iron-works (*pl.* ן —) *f* חֲרֹשֶׁת שֶׁל בַּרְזֶל.
אײַזן־פײַלעכץ iron filings *n* נְסֹרֶת שֶׁל בַּרְזֶל.
אײַזנפֿעסט as strong as iron *adj.* חָזָק וְקָשֶׁה כְּבַרְזֶל.
אײַזן־קראָם hardware-store (*pl.* ען —) *f* חֲנוּת שֶׁל כְּלֵי בַּרְזֶל.
אײַזנקרעמער = אײַזנהענדלער.
אײַזנשטאַרק = אײַזנפֿעסט.
אײַזערן iron, of iron *adj.* שֶׁל בַּרְזֶל.
— אײַזערנע גבורה Herculean strength גבורה רבה, גבורה נפלאה.
— אײַזערנע געדולד great patience סבלנות גדולה.
אײַז־פֿעלד ice-field (*pl.* ער —) *n* שְׂדֵה קֶרַח צָף (בים הקרח).
אײַזקאַלט ice-cold *adj.* קַר כְּקֶרַח.
אײַז־קעלער ice-cellar, ice-house *m* מַרְתֵּף שֶׁל קֶרַח.
אײַטל nothing but, only *adv.* רַק.
אײַטער matter, pus *m* לֵחָה.
אײַטער udder *n* כְּחָל, עָטִין.
אײַטערדיג purulent *adj.* מוֹצִיא לֵחָה.
אײַטערן to suppurate *v. n.* הָמֵק, מַגֵּל.
אײַך you *pron. poss* אַתֶּם, לָכֶם.
אײַכל club (*at cards*) *f* הָעָלֶב (בקלפים).
אײל[1] oil *n* שֶׁמֶן.
אײל[2] ell, cubit *f* (*pl.* ן —) אַמָּה.
אײל־בילד oil-painting *n* צִיּוּר בְּצְבָעִים שֶׁל שֶׁמֶן.
אײלבערט olive *f* זַיִת.
אײלבערט‖בוים olive-tree (*pl.* ־בײמער —) *m* זַיִת עֵץ שֶׁמֶן.
אײלבערל olive *n* זַיִת.
אײליג[1] quick, hasty, speedy *adj.* אָץ, נֶחְפָּז, נִמְהָר,

אײליג[2] blunt, set on edge *adj.* קֵהֶה א).
אײליגקייט bluntness, setting on edge *f* קֵהוּת הַשִּׁנַּיִם.
אײלמאָלער painter in oil (*pl.* —) *m* צַיָּר בִּצְבָעִים שֶׁל שֶׁמֶן.
אײלמאָלערײַ painting in oil *f* מְלֶאכֶת צִיּוּר בִּצְבָעִים שֶׁל שֶׁמֶן.
אײלן to hasten, hurry *v. n.* מַהֵר; to press, urge הָאִיץ;‖ — זיך to make haste, hasten, *v. r.* hurry הֵחָפֵז, הָיֹה מְבֹהָל.
אײלן to oil *v. a.* מָשֹׁחַ בְּשֶׁמֶן.
אײלנדיג hasty *adj.* אָץ, נִמְהָר, נֶחְפָּז;‖ hastily *adv.* בְּחִפָּזוֹן.
אײלנדיג[2] = אײליג[2].
אײלעניש haste, hurry *n* מְהִירוּת חִפָּזוֹן.
אײל־פֿעסל oil-cask *n* חָבִית שֶׁל שֶׁמֶן.
אײל־קוכן oil-cake *m* עֻגַת שֶׁמֶן.
אײל־קוכל = אײל־קוכן.
אײל־קעלטער oil-press (*pl.* ן —) *m* בֵּית הַבַּד.
אײל‖קריג oil-cruet (*pl.* ־קריג —) *m* צַפַּחַת הַשֶּׁמֶן.
אײמעצער = אומעצער.
אײן one *num.* אֶחָד, אַחַת; same; אֶחָד none but, only רַק, כְּלוֹ (ע —*pl.*);‖ *abs.* — ער, — ע, — ס one (ע —*pl.*) אֶחָד, אַחַת; יָחִיד, יְחִידָה; אִישׁ, אִשָּׁה; ז. אײנס.
— אײן ברודער, אײן שוועסטער one brother, one sister אח אחד, אחות אחת.
— אין אײן שרעק all in a fear באימה גדולה.
— אין אײן שרײַען continually crying בצעקה בלי הרף.
— אין אײנע צרות all in troubles בצרה גדולה.
— אין אײן העמד barely in a shirt, with nothiug on but a shirt בכתנת לבד.
— אין אײן וועג at the same time בעת אחת
— אײנער אין דער וועלט only one in the whole world יחיד בכל העולם.
— אײנער אַלײן all alone יחידי.
— אײנער דעם אַנדערן each other איש את רעהו, איש לרעהו, זה את זה, זה לזה.
— (*emph.*) שוטה אײנער! big fool! שוטה גדול! לםדאק אײנער! you scoundrel! בן־בליעל!
— אַלע אײנס, ז. אײנס.
— אין אײנס, ז. אײנס.
אײן in *adv.* בְּתוֹךְ, בְּקֶרֶב.
— יאָר אײן, יאָר אויס year by year מדי שנה בשנה

א) אפשר פון אײן שורש מיט אײליג, סגל. פר. agacer רייצן די ציינער, פון אלטהויכדייטש hazjan הפעל אנטרייבן.

— נישט װײסן װאו אײַן, װאו אויס not to know how to behave לא ידע איך להתנהג.

אײַנ־ *pref.* in בְּתוֹךְ, בְּקֶרֶב, בְּ־.

אײַן־און־דרײַסיג *n* one-and-thirty, thirty-one (*game*) שְׁלֹשִׁים וְאֶחָד (מי[illegible]).

אײַנאָטעמען *v. a.* to inhale שָׁאֹף רוּחַ, נָשֹׁם.

אײַנאַנדער *adv.* each other אִישׁ אֶת רֵעֵהוּ.

אײַנאַרבעטן *v. a.* to work in שִׂים לְתוֹךְ־; to dirty, soil לַכְלֵךְ, טַנֵּף; ‖ — זיך *v. r.* to get used to some work הִתְרַגֵּל לַעֲבוֹדָה; to dirty *or* soil oneself הִתְלַכְלֵךְ.

אײַנאָרדענען *v. a.* to arrange סַדֵּר, עָרֹךְ.

אײַנבאַלזאַמירן *v. a.* to embalm חָנֹט (גופת מת).

אײַנבאַקן *v. a.* to bake well אָפֹה הֵיטֵב; ‖ — זיך *v. r.* to be baked thoroughly הֵאָפֵה דֵּי צָרְכּוֹ; to be impressed (*fig.*) הֵחָקֵק, הֵרָשֵׁם (בלב איש).

אײַנבויען *v. a.* to build in בָּנֹה בְּ־.

אײַנבוירן *v. a.* to pierce by boring נָקֹר בְּמַקְדֵּחַ.

אײַנבונד *m* (*pl.* ־ן) binding כְּרִיכָה.

אײַנבײגן *v. a.* to bend כָּפֹף; to incline הַטֵּה.

אײַנבײַסן *v. a.* to bite into נָשֹׁךְ בְּ־; ‖ — זיך *v. r.* to drive one's teeth into שִׂים אֶת שִׁנָּיו בְּ־.

— (*fig.*) אײַנבײַסן זיך אין אימעצן not to leave a person alone לא הרפה מאיש.

אײַנבילדונג *f* imagination דִּמְיוֹן.

אײַנבילדן זיך *v. r.* to imagine, fancy דַּמֵּה, תָּאֵר בְּרוּחוֹ.

אײַנבינדן *v. n.* to tie אָרֹז, קָשֹׁר; to bind (*a book*) כָּרֹךְ (ספר).

אײַנבינדער *m* book-binder כּוֹרֵךְ־סְפָרִים.

אײַנבינדערײַ *f* book-binding מְלֶאכֶת כְּרִיכַת סְפָרִים; bindery בֵּית חֲרשֶׁת לִכְרִיכַת סְפָרִים.

אײַנבירגערונג *f* naturalisation נְתִינַת זְכוּת אֶזְרָח.

אײַנבירגערן *v. a.* to naturalise נָתֹן זְכוּת אֶזְרָח לְ־; ‖ — זיך *v. r.* to become naturalised הָיֹה לְאֶזְרָח.

אײַנבלוטיגן *v. a.* to cover with blood גָּאֹל (לַכְלֵךְ) בְּדָם.

אײַנבליק *m* insight סְקִירָה אֶל תּוֹךְ־.

אײַנבליקן *v. n.* to look into הַשְׁקֵף אוֹ סָקֹר אֶל תּוֹךְ־.

אײַנבעטן *v. a.* to entreat בַּקֵּשׁ; ‖ — זיך *v. r.* to gain by entreaties זָכֹה ע״י בַּקָּשׁוֹת.

— מע קען זיך בײַ אים נישט אײַנבעטן all entreaties are lost on him לא ישים לב לכל הבקשות.

אײַנבראָטן *v. a.* to roast well צָלֹה דֵּי צָרְכּוֹ.

אײַנבראָך *m* breaking in כְּנִיסָה בְּחָזְקַת הַיָּד, מַחְתֶּרֶת; ruin, perdition חֻרְבָּן, כְּלָיָה, אָבְדָן; break of day עֲלִיַּת הַשַּׁחַר.

— (*geogr.*) אײַנבראָך פֿון ים gulf, bay מפרץ הים.

אײַנבריִען *v. a.* to soak in boiling water הַשְׁרֵה ברותחים; to boil sufficiently רַתֵּחַ דֵּי צָרְכּוֹ.

אײַנבראָקן *v. a.* to crumb *or* crumble into פּוֹרֵר לְתוֹךְ־.

אײַנברודיגן *v. a.* to dirty, soil לַכְלֵךְ, טַנֵּף.

אײַנברעכן *v. a.* to break at last שָׁבֹר לְסוֹף; to break open שָׁבֹר וּפָתֹחַ; to break (*of day*) עָלֹה (השחר); to break in (*Am.*) חַנֵּךְ; ‖ — זיך *v. r.* to break into פָּרֹץ בְּתוֹךְ־; בּוֹא בְּמַחְתֶּרֶת; to be broken הִשָּׁבֵר.

אײַנברעכער *m* burglar גַּנָּב הַבָּא בְּמַחְתֶּרֶת.

אײַנברען *m* burn כְּוִיָּה; brand תָּו עָשׂוּי בְּבַרְזֶל לוֹהֵט.

אײַנברענגעכץ *f* saving, economy חִסָּכוֹן.

אײַנברענגען *v. a.* to benefit הַרְוֵחַ; to bring in הַכְנֵס (רֶוַח).

אײַנברענגער *m* saver, economiser חוֹשֵׂךְ, מַרְוִיחַ עַל יְדֵי חִסָּכוֹן.

אײַנברענען *v. a.* to brand, mark by burning in הַתְוֵה תָו בְּבַרְזֶל לוֹהֵט.

אײַנגאַנג *m* entrance מָבוֹא; income הַכְנָסָה.

— האָבן אַן אײַנגאַנג בײַ אימעצן אין הויז to have the run of a house היה יוצא ונכנס בבית איש.

אײַנגײן *v. n.* to have the run of a house הָיֹה יוֹצֵא וְנִכְנָס בְּבֵית אִישׁ; to agree, consent הֵאוֹת לְ־, הַסְכֵּם; to be enjoyable הָיֹה הֲנָאָה לְאִישׁ; to fail הָלוֹךְ וְחָסֹר, הָלוֹךְ וְיָרֹד; to succeed עָלֹה בְּיַד אִישׁ, הַצְלֵחַ.

— עס גײט מיר נישט אײַן I do not enjoy אינני נהנה.

— ער גײט אײַן פֿון טאָג צו טאָג he is failing every day הוא הולך ויורד מיום ליום.

— דאָס װעט אים נישט אײַנגײן he will not succeed in this זה לא יעלה בידו.

אײַנגײ‖ער *m* one having the run of a house יוֹצֵא וְנִכְנָס בְּבֵית אִישׁ; ‖ — ערן, — ערקע *f* יוֹצֵאת וְנִכְנֶסֶת.

אײַנגיסן *v. a.* to pour in יָצֹק אֶל תּוֹךְ־.

אײַנגלויבן זיך *v. r.* to confide הַאֲמֵן בְּ־, שִׂים בִּטְחוֹנוֹ בְּ־.

אײַנגעבאַקן *adj.* baked אָפוּי; impressed (*fig.*) חָקוּק (בלב איש).

אײַנגעבאָרן *adj.* innate, inborn הַבָּא מִלֵּדָה.

אײַנגעבונג *f* administering (*of medicine*) נְתִינַת סַם־מַרְפֵּא לִשְׁתִיָּה.

אײַנגעבילדעט *adj.* conceited יָהִיר, גַּאַוְתָן; imaginary דִּמְיוֹנִי.

אײַנגעבירגערט *adj.* naturalised שֶׁנַּעֲשָׂה לְאֶזְרָח, שֶׁקִּבֵּל זְכוּת אֶזְרָח.

אײַנגעבן *v. a.* to administer (*medicine*) נָתֹן סַם־מַרְפֵּא לִשְׁתִיָּה; to present (*a petition*) הַגֵּשׁ; ‖ — זיך *v. r.* to prove successful עָלֹה יָפֶה.

— אײַנגעבן אַ ספר תורה to present a scroll of the Law to a synagogue הגש ספר התורה לבית הכנסת.

— עס האָט זיך אים איינגעגעבן he has succeeded עלה בידו, הצליח.

איינגעגעבן *adj.* successful שֶׁעָלָה יָפֶה.

איינגעגלויבט *adj.* confident [illegible].

איינגעדיקט *adj.* condensed (*milk*) מְעֻבֶּה (חלב).

איינגעהויקערט *adj.* bent, bowed כָּפוּף.

איינגעוואַנדערטער *m* immigrant מְהַגֵּר, בָּא לְאֶרֶץ נָכְרִיָּה.

איינגעוווינען *v. a.* to accustom הַרְגֵּל; ‖ — זיך *v. r.* to get used *or* accustomed הִתְרַגֵּל.

איינגעטריקנט ווערן *v. p.* to be dried up הִתְיַבֵּשׁ.

איינגעזונקען *adj.* sunken שָׁקוּעַ, טָבוּעַ.

איינגעזונקען ווערן *v. p.* to sink down טָבֹעַ, צָלֹל.

איינגעזעסן *adj.* settled שֶׁהִשְׁתַּקֵּעַ, שֶׁהִתְיַשֵּׁב.

איינגעחושכט *adj.* sad, gloomy עָצוּב, עָגוּם.

איינגעטריקנט *adj.* dried up יָבֵשׁ.

איינגעטריקנט ווערן *v. p.* to be dried up הִתְיַבֵּשׁ.

איינגעלויף *m* concourse, crowd אֲסֵפָה, הָמוֹן.

איינגעמאַכט *adj.* preserved מְטֻגָּן, כָּבוּשׁ (כמו פרות); soiled, dirty מְלֻכְלָךְ, מְטֻנָּף.

איינגעמאַכץ *n* preserves פְּרִי מְטֻגָּן.

איינגענורעט *adj.* covered מְכֻסֶּה; crumpled מְקֻפָּל.

איינגענעמען *adj.* pleasant, agreeable נֶחְמָד, נָעִים; ‖ — קייט *f* agreeableness נְעִימוּת.

איינגעפאַלן *adj.* sunken שָׁקוּעַ.

איינגעפונדעוועט *adj.* established מְיֻסָּד, מְכוּנָן עַל יְסוֹדוֹת חֲזָקִים.

איינגעפינען זיך *v. r.* to be found, stay הִמָּצֵא (במקום).

איינגעפלאַטשט *adj.* flattened שָׁטוּחַ.

איינגעפראָרן *adj.* frozen קָפוּא.

איינגעקאָרעניעט *adj.* rooted in נִשְׁרָשׁ.

איינגעקאָרעניעט ווערן *v. p.* to be rooted in הִשְׁתָּרֵשׁ.

איינגעשלאָסן *adj.* inclosed סָגוּר בְּ־; included נִכְלָל.

איינגעשפּאַרט *adj.* imprisoned כָּלוּא (בבית האסורים); stubborn, obstinate קְשֵׁה־עֹרֶף; ‖ — קייט *f* stubbornness, obstinacy קְשִׁי־עֹרֶף.

איינגעשרומפּן *adj.* shrunken מְכֻוָּץ.

איינגעשריבן *adj.* registered רָשׁוּם (בספר).

איינגראָבן *v. a.* to inter חָפֹר וְטָמֹן.

איינגראַווירן *v. a.* to engrave פַּתֵּחַ, חַקֵּק, חָרֹת בְּ־.

איינגרינזנען *v. a.* to bemire, dirty, soil [illegible] טַנֵּף.

איינדאַפּטשען = איינטאַפּטשען.

איינדאַרן *v. n.* to dry up הָרְזֵה, כָּחֹשׁ.

איינדעקן *v. a.* to cover, wrap up כַּסֵּה, עָטֹף, עָטֹה.

איינדראַטשעווען *r. a.* to dirty, soil לַכְלֵךְ, טַנֵּף.

איינדראָטעווען *v. a.* to fasten with wire חַזֵּק בְּחוּטֵי בַרְזֶל.

איינדרומלען *v. a.* to beat into a person's mind שַׁנֵּן; to persuade פַּתֵּה.

איינדרוק = איינדרוק.

איינדרוקן *v. a.* to print in הַדְפֵּס בְּ־.

איינדרייען *v. a.* to twist פַּתֵּל; to twist in שָׁזֹר לְתוֹךְ־.

איינדרימלען = איינדרעמלען.

איינדרינגען *v. n.* to penetate חָדֹר; to enter by force הִתְפָּרֵץ אֶל־.

איינדריק *m* (*pl.* —ן) impression טְבִיעָה בְּ־; impression פְּעֻלָּה, רֹשֶׁם.

איינדריקן *v. a.* to crush, press לָחֹץ; to impress טָבֹעַ.

איינדרעמלען *v. n.* to fall asleep נוּם, הֵרָדֵם.

איינהאַלט *m* check, stop מַעֲצוֹר, עִכּוּב.

איינהאַלטן *v. a.* to check, restrain עָצֹר, מָנֹעַ, עַכֵּב; to constipate עָצֹר (המעים); ‖ — זיך *v. r.* to restrain oneself בָּלֹם אֶת עַצְמוֹ, הִתְאַפֵּק.

איינהאַמעווען *v. a.* to check, restrain עָצֹר, עַכֵּב; to quiet, calm הַשְׁקֵט, הַרְגֵּעַ; to lull ([illegible]) הַשְׁקֵט (ילד).

איינהאַנדלען *v. a.* to buy. purchase קָנֹה.

איינהאַקן *v. a.* to cut in חָתֹךְ בְּ־, חָצֹב בְּ־.

איינהאָרבען = איינהויקערן.

איינהאָרן *m* (*pl.* —ס) unicorn (*animal*) קַרְנָף (מין חיה).

איינהויכן *v. a.* to inhale שָׁאֹף רוּחַ; to breathe into נָפֹחַ בְּ־.

איינהיטן *v. a.* to guard שָׁמֹר; to warn, caution הַזְהֵר.

איינהייט *f* unity אַחְדוּת; oneness יְחִידוּת.

איינהייצן *v. a.* to heat (*a stove*) הַסֵּק.

איינהייקערן *v. a.* to bend כָּפֹף; ‖ — זיך *v. r.* to bend oneself כָּפֹף אֶת עַצְמוֹ.

איינהיל *m* (*pl.* —ן) wrapper תַּכְרִיךְ, מַעֲטָפָה.

איינהילן *v. a.* to wrap, envelop עָטֹף; ‖ — זיך *v. r.* to wrap oneself הֵעָטֵף, הִתְעַטֵּף.

איינהעפטן *v. a.* to a stitch in (sheets) תְּפֹר יַחַד (גליונות של ספר).

איינהערן זיך *v. n.* to listen שָׁמֹעַ.

איינוואוינען זיך *v. r.* to get used to residence הִתְרַגֵּל לְדִירָה; ‖ *v. rec.* to get used to live together הִתְרַגֵּל לָדוּר יַחַד.

איינוואוינער *s.* (*pl.* —) inhabitant תּוֹשָׁב, יוֹשֵׁב, שָׁכֵן; dweller, tenant יוֹשֵׁב, שָׁכֵן (של בית).

איינוואַלגערן זיך *v. r.* to collapse הֵהָרֵס, נָפֹל.

איינוואַליען = איינוואָרפן; ‖ — זיך *v. r.* to collapse הֵהָרֵס, נָפֹל.

איינוואַנדערונג *f* immigration הִתְיַשְּׁבוּת בְּמָקוֹם אַחֵר.

איינוואַנדערן *v. n.* to immigrate הִתְיַשֵּׁב בְּמָקוֹם אַחֵר, הַגֵּר.

איינוואַנדערער *m* (*pl.* —) immigrant מְהַגֵּר, מִתְיַשֵּׁב.

איינוואַקסן *v. n.* to grow in צָמֹחַ בְּ־.

אײַנוואַרעמען *v. a.* to make warm הָחֵם, חַמֵּם.
אײַנוואָרף = אדערויף.
אײַנוואַרפֿן *v. a.* to overthrow הַפֵּל; to tear down הָרֹס; ‖ — זיך *v. r.* to collapse הֵהָרֵס, נָפֹל.
אײַנוואָרצלען *v. a.* to root in הַשְׁרֵשׁ; ‖ — זיך *v. r.* הִשְׁתָּרֵשׁ.
אײַנוויגן *v. a.* to lull a child to sleep יַשֵּׁן יֶלֶד (בנדנוד ושיר).
— (*fig.*) אײַנוויגן מיט פֿאַלשע האָפֿענונגען to delude with hopes התעה, ה. ער בתקוות שוא.
אײַנווייזן *v. n.* to show, prove הַרְאֵה הוֹכֵחַ.
אײַנווייקן *v. a.* to soak, steep שָׁרֵה הַשְׁרֵה; (*fig*) to involve, implicate סַבֵּךְ.
אײַנווילִיגונג *f* consent הַסְכֵּם הַסְכָּמָה רָצוֹן.
אײַנווילִיגן *v. n.* to consent הֵאוֹת לְ־, הַסְכֵּם לְ־.
אײַנוויקלען *v. a.* to wrap עֲטֹף.
אײַנווירקונג *f* influence הַשְׁפָּעָה.
אײַנווירקן *v. n.* to exert one's influence on הַשְׁפֵּעַ עַל־.
אײַנוועבן *v. a.* to weave in אָרֹג בְּ־.
אײַנווענדונג *f* objection עִרְעוּר.
אײַנווענדן *v. a.* to object עַרְעֵר, טְעֹן עַל־; = אָנווענדן.
אײַנזאַלצן *v. a.* to salt מָלֹחַ.
אײַנזאַם *ddj.* solitary, lonely בּוֹדֵד גַּלְמוּד, יְחִידִי.
אײַנזאַמלען *v. a.* to gather in אָסֹף, אָגֹר.
אײַנזאַמקייט *f* solitude, loneliness בְּדִידוּת, יְחִידוּת.
אײַנזאַפּן *v. a.* to imbibe סָפֹג, קָלֹט.
אײַנ‖זאַץ *m* (— זאַצן, — זעץ *pl.*) insertion (*of a dress*) מִלֻּאָה (לבגד); = סטאַווקע.
אײַנזידן = אײַנקאָכן.
אײַנזייגן *v. a.* to suck in, imbibe יָנֹק, מָצֹץ, סָפֹג.
אײַנזייטיג *adj.* one-sided מִצַּד אֶחָד; partial נוֹטֶה לְצַד אֶחָד; ‖ — קייט *f* one-sidedness, partiality צְדָדִיּוּת, נְטִיָּה לְצַד אֶחָד.
אײַנזיימען *v. a.* to seam, hem עָשֹׂה שָׂפָה (לבגד, למטפחת).
אײַנזײַן *v. n.* to be, stay, remain הָיֹה, הִמָּצֵא, יָשֹׁב.
אײַנזייען *v. a.* to sow in זָרֹעַ בְּ־.
אײַנזייערן *v. a.* to make sour הַחְמֵץ; to pickle (*eucumbers*) כָּבֹשׁ (קשואים).
אײַנזייפֿן *v. a.* to soap, lather שַׁפְשֵׁף בְּבֹרִית.
אײַנזילביג *adj.* one-syllabled, monosyllabic בַּעַל הֲבָרָה אַחַת.
אײַנזינקען *v. n.* to sink טָבֹעַ בִּמְצוּלָה.
אײַנזינקעניש *n* sinking טְבִיעָה בִּמְצוּלָה.
אײַנזיצן *v. n.* to remain sitting יָשֹׁב או הִשָּׁאֵר עַל מוֹשָׁבוֹ.
אײַנזעגן *v. a.* to saw in נַסֵּר בְּ־ (במגרה).
אײַנזען *v. n.* to see רָאֹה; to understand הָבֵן; to take into consideration הִתְבּוֹנֵן, ‖ *n.* discretion הֲבָנָה, כֹּחַ שׁוֹפֵט.
אײַנזעעניש *n* consideration הִתְבּוֹנְנוּת.
אײַנזעצונג *f* setting in שִׂימָה בְּתוֹךְ־; imprisonment שִׂימָה בְּכֶלֶא.
אײַנזעצן *v. a.* to set in שִׂים בְּתוֹךְ־; to imprison שִׂים בְּכֶלֶא; to arrange (*words*) סַדֵּר (מלות).
אײַנחזירן *v. a.* to dirty, soil לַכְלֵךְ, טַנֵּף; ‖ — זיך *v. r.* to dirty oneself הִתְלַכְלֵךְ הִטַּנֵּף.
אײַנחזרן *v. a.* to repeat, commit to memory חָזֹר עַל־, לָמֹד עַל פֶּה.
אײַנטאָגיג *adj.* of one day שֶׁל יוֹם אֶחָד; ephemeral שֶׁאֵינוֹ קַיָּם אֶלָּא יוֹם אֶחָד הוֹלֵךְ.
אײַנטאַמעווען *v. a.* to check, restrain עַכֵּב, עָצֹר.
אײַנטאָן *v. a.* to put in שִׂים בְּ־.
אײַנטאָפּטשען *v. a.* to tread *or* stamp in דָּרֹךְ, כָּבֹשׁ.
אײַנטוליען *v. a.* to calm, appease הַשְׁקֵט (ילד); to clasp חַבֵּק; to wrap, cover כַּסֵּה, עָטֹה, עָטֹף; ‖ — זיך *v. r.* to cover oneself הִתְעַטֵּף.
אײַנטונקען *v. a.* to dip in טָבֹל בְּ־; to duck טָבֹל בְּנָהָר; ‖ — זיך *v. r.* to duck הִטָּבֵל.
אײַנטוקן *v. a.* to immerse, duck טָבֹל (בנהר); ‖ — זיך *v. r.* to duck הִטָּבֵל.
אײַנטושען *v. a.* to extinguish, smother כַּבֵּה; ‖ — זיך *v. r.* to be smothered הִכָּבֵה.
אײַנטײַטשן *v. a.* to interpret, explain תַּרְגֵּם, בָּאֵר.
אײַנטיילונג *f* division חֲלוּקָה; classification סֵדּוּר לְפִי הַמִּינִים; arrangement סֵדֶר.
אײַנטיילן *v. a.* to divide חַלֵּק; to classify סַדֵּר לְפִי הַמִּינִים; to arrange סַדֵּר.
אײַנטענהן *v. a.* to argue טְעֹן.
אײַנטראָג *m* (*pl.* — ן) income, proceeds הַכְנָסָה.
אײַנטראָגן *v. a.* to bring profit הָבֵא רֶוַח.
אײַנטרויען זיך *v. r.* to confide in הַאֲמֵן בְּ־.
אײַנטריט *m* entrance מָבוֹא, כְּנִיסָה; admission רְשׁוּת הַכְּנִיסָה.
אײַנטרײַען *v. a.* (*Am.*) to accustom הַרְגֵּל; ‖ — זיך *v. r.* to get used *or* accustomed הִתְרַגֵּל.
אײַנטריפֿונג *f* instilling טִפְטוּף לְתוֹךְ־.
אײַנטריפֿן *v. a.* to instil טַפְטֵף לְתוֹךְ־.
אײַנטריקענען *v. a.* to dry up יַבֵּשׁ.
אײַנטרעגליך *adj.* profitable, lucrative שֶׁמַּכְנִיס רֶוַח.
אײַנטרעטן *v. a.* to tread *or* stamp in דָּרֹךְ, כָּבֹשׁ; to break up (*a road*) by treading סַלֵּל, כָּבֹשׁ (דרך) בּוֹסֵס; to dirty לַכְלֵךְ.
אײַנטרעסען *v. a.* to compress by shaking דָּחֹק יַחַד ע״י נִעֲנוּעַ.
אײַנטשאַדזען = אײַנטשאַדען.
אײַנטשאַדען *v. a.* to stupefy by the fumes of

charcoal הַפֵּל תַּרְדֵּמָה עַל יְדֵי אֵדֵי גֶּחָלִים; || — זיך v. r. to be stupefied by the fumes of charcoal הֵרָדֵם ע״י אֵדֵי גֶּחָלִים.

אײַניאָגן v. a. to overtake הַשֵּׂג, הַדְבֵּק, הַגֵּעַ לְ־.

אײַניאָריג adj. of one year, one year old בֶּן שָׁנָה אַחַת.

אײַניג adj. in accord, in harmony מַסְכִּימִים.
— זײַן אײַניג to agree הסכם.

אײַניגונג f agreement הַסְכָּמָה.

אײַניגן v. a. to unite אַחֵד; || — זיך v. r. to agree, come to terms הִתְאַחֵד, בּוֹא לִידֵי הַסְכֵּם.

אײַניגע pron. some, several, few אֲחָדִים, אֲחָדוֹת, קְצָת.

אײַניגקײַט f unity אַחְדוּת; accord הַסְכָּמָה.

אײַניקל n grandchild, grandson, granddaughter נֶכֶד, נֶכְדָּה.

אײַנישנען v. n. to fall asleep הֵרָדֵם, יָשֹׁן.

אײַנלאָג = אדערויף.

אײַנלאַגע f something inclosed, inclosure דָּבָר סָגוּר בְּ־ (ביחוד מכתב במכתב).

אײַנלאַדונג f invitation קְרִיאָה, הַזְמָנָה.

אײַנלאַדן v. a. to invite קְרֹא, הַזְמֵן.

אײַנלאַדעווען v. a. to arrange, make an arrangement עֲרֹךְ בְּסֵדֶר טוֹב, סַדֵּר בְּאֹפֶן יָפֶה.

אײַנלאָזן v. a. to leave off, give up עֲזֹב, חֲדֹל מִ־.

אײַנלויפֿן v. a. n. to run a certain distance within a certain time רוּץ מֶרְחָק יָדוּעַ בִּזְמַן יָדוּעַ; to shrink הִצְטַמְצֵם, הִצְטַמֵּק.

אײַנליאַפּען v. a. to smirch לַכְלֵךְ; || — זיך v. r. (sl.) to become enamored הִתְאַהֵב.

אײַנליבן זיך v. n. to become enamored, fall in love הִתְאַהֵב.

אײַנליגן v. n. to lie still שְׁכַב בְּלִי נוּעַ.

אײַנלוליען v. a. to lull to sleep יַשֵּׁן (ילד בנדנוד ושיר).

אײַנלײגן v. a. to lay in שִׂים בְּתוֹךְ־; to inlay שַׁבֵּץ; to coach כָּתֹב, חַבֵּר; to tear down (a house) הָרֹס (בית).
— אײַנלײגן די וועלט to move heaven and earth, make strenuous efforts התאמץ בכל כחו.

אײַנלײזן = לויזן.

אײַנליך = ענלוך.

אײַנלײטונג f introduction מָבוֹא, פְּתִיחָה, הַקְדָּמָה (לספר).

אײַנלײטן v. a. to introduce פְּתֹחַ, הַקְדֵּם (מאמר או ספר).

אײַנלײַטן v. a. to solder in חַבֵּר, דַּבֵּק (בבדיל).

אײַנלעבן זיך v. rec. to live in harmony with, live well together הָיֹה בְּהַתְאָמָה; to get used or accustomed הִתְרַגֵּל.

אײַנלערנען v. a. to learn thoroughly, learn by heart לְמֹד הֵיטֵב, לְמֹד עַל פֶּה; to coach לַמֵּד, חַנֵּךְ.

אײַנלעשן v. a. to put out, extinguish כַּבֵּה.

אײַנמאַכן v. a. to fix into שִׂים בְּ־; to preserve (fruits) כָּבֹשׁ (פרות); to mix (dough) לוּשׁ; to dirty לַכְלֵךְ, טַנֵּף; || — זיך v. r. to dirty or soil oneself הִתְלַכְלֵךְ.
— אײַנמאַכן ציצית to knot or tie fringes to a prayer-shawl קשר ציצות לטלית.
— אײַנמאַכן ברויט to mix dough לוש בצק; אײַנמאַכן חלה to mix dough for Sabbath loaves לוש בצק לחלות לשבת.

אײַנמאָל adv. once, one time פַּעַם אַחַת; once upon a time פַּעַם אַחַת, וַיְהִי הַיּוֹם; ז. אַמאָל, מאָל.
— אויף אײַנמאָל at once בבת אַחַת, בפעם אחת.
— מיט אײַנמאָל on a sudden, suddenly פתאם פתע.
— (iro.) שוין אײַנמאָל אַ מציאה! it is some bargain! מציאה נפלאה היא!

אײַנמאָליג adj. done or happening but once אֲשֶׁר יִקְרֶה פַּעַם אַחַת.

אײַנמאָנען v. a. to collect גְּבֵה.

אײַנמאָצעווען v. a. to fasten קְשֹׁר הֵיטֵב, חַזֵּק.

אײַנמויערן v. a. to immure שִׂים, תְּקֹעַ בְּחוֹמָה.

אײַנמושטירן v. a. to teach, train לַמֵּד, חַנֵּךְ.

אײַנמידן v. a. to tire, fatigue עַיֵּף, הוֹגֵעַ.

אײַנמידעכץ n fatigue עֲיֵפוּת, לֵאוּת.

אײַנמישן v. a. to mix in, put in בְּלֹל, עֲרֹב בְּתוֹךְ־.

אײַנמסרן v. a. to denonnce, inform against הַלְשֵׁן, מְסֹר.

אײַנמעסטן v. a. to cheat in measuring הוֹנֵה בְּמִדָּה.

אײַנמעשטשען זיך v. r. to find a place מְצֹא מָקוֹם לְעַצְמוֹ; to take a place or seat יָשֹׁב בְּמָקוֹם.

אײַנמערקונג = אָנמערקונג.

אײַנמערקן = אָנמערקן.

אײַננאַדושען v. a. to invite פַּתֵּה וּמְשֹׁךְ; || — זיך v. r. to get a footing in a place הַחָזֵק בְּמָקוֹם.

אײַננורען v. a. to cuddle up כַּבֵּה וְחַמֵּם; || — זיך v. r. to cuddle הִתְחַבֵּא וְהִדָּבֵק בְּ־ (כמו ילד באמו).

אײַננײען v. a. to stitch תְּפֹר בְּתוֹךְ־; to gear (a sewing machine) הַקְשֵׁר לִמְלָאכָה עַל יְדֵי תְּפִירָה.

אײַננעמונג f taking in הַכְנָסָה; conquest כִּבּוּשׁ.

אײַננעמען v. a. to take in הָבֵא, הַכְנֵס; to take (medicine) שְׁתֵה או בְּלַע (סם של רפואה); to conquer כְּבֹשׁ, לְכֹד; to calm, appease הַשְׁקֵט.
— אײַננעמען אַ מיתה משונה to die a violent death מות מיתה אי־טבעית.

אײַננעמעניש n swallowing בְּלִיעָה; medicine סַם שֶׁל רְפוּאָה.

אײַננעצן v. a. to wet, moisten הַרְטֵב, הַשְׁרֵה.

אײנס .1 הַמִּסְפָּר the figure 1 *s.*; אֶחָד one *num. abs.* (*pl.* ן –); ace (*at cards*) הָאֶחָד (בקלפים).

— אײנס אַ זײגער one o'clock שעה אחת לפי השעון.

— אײנס קער זיך נוט אָן מוטן אַנדערן one thing has nothing to do with the other אין זה נוגע לזה.

— ווערן אײנס מיט... to come to an agreement with... התאם, בוא לידי הסכמה עם...

— אַלץ אײנס all the same חד הוא, היינו הך.

— פֿאַר אײנס at the same time בעת אחת.

— אין אײנעם together ביחד.

אײנסטאַלירן to establish, set in order *v. a.* סַדֵּר, עָרֹךְ; || – זיך to establish oneself *v. r.* עָרֹךְ עִנְיָנָיו.

אײנסטל ace (*at cards*) *n* הָאֶחָד (בקלפים).

אײנסטרויען to establish *v. a.* יָסֹד, יַסֵּד; to set in order; || – זיך to establish oneself *v. r.* עָרֹךְ עִנְיָנָיו.

אײנסילען to thread (*a needle*) *v. a.* הַשְׁחֵל, עַיֵּל חוט (בקוף של מחט); to put in הַכְנֵס בְּתוֹךְ־.

אײנעכטן = אײערנעכטן.

אײנעסן זיך to stick to *v. r.* דָּבֹק בְּ־.

— אײנעסן זיך מיט די אויגן אין אומעצן to look eagerly at a person הבט אל איש בתשוקה.

אײנעקשנען זיך to be stubborn *v. r.* הַקְשֵׁה עָרְפּוֹ.

אײנער¹ unit (*pl.* ס –) *m* יְחִידָה.

אײן||נער² one, a man *pron. indef. m* אֶחָד, אִישׁ אֶחָד; || – נע one, a woman *f* אַחַת, אִשָּׁה אַחַת.

אײנערלײ one and the same *adj* מִמִּין אֶחָד.

אײנפֿאָדערן to demand (*payment*) *v. a.* גָּבֹה, תָּבֹעַ.

אײנפּאַטשן to flatten *v. a.* עֲשֵׂה שָׁטוּחַ וָדַק, פָּחֵס; = אָנפּאַטשן.

אײנפֿאַך plain, simple, ordinary *adj.* פָּשׁוּט; || – קײט simpleness, simplicity *f* פַּשְׁטוּת, פְּשִׁיטוּת.

אײנפֿאַל collapse, ruin *m* נְפִילָה, הֲרִיסָה; waste אִבּוּד, בִּזְבּוּז; idea רַעְיוֹן, הַמְצָאָה.

אײנפֿאַלן to collapse *v. n.* נְפֹל, הֵהָרֵס; to emaciate כָּחֹשׁ, הֵרָזֵה; to occur to one עָלֹה עַל דַּעַת אִישׁ.

— עס איז מיר אײנגעפֿאַלן און האַרצן I was frightened נבהלתי.

אײנפֿאַסונג setting, framing *f* מִשְׁבֶּצֶת, מִסְגֶּרֶת.

אײנפֿאַסן to set, frame *v. a.* שַׁבֵּץ, שִׂים בְּמִסְגֶּרֶת.

אײנפּאַסן to fit in *v. a.* שִׂים בְּתוֹךְ־.

אײנפּאַסקודיען to befoul *v. a.* טַנֵּף, לַכְלֵךְ.

אײנפּאַקן to pack up *v. a.* אָרֹז, חָבֹשׁ.

אײנפֿאָר entry *m* מָבוֹא; = אײנפֿאָר־הויז.

אײנפֿאַרביג of one color *adj.* בַּעַל גָּוֶן אֶחָד.

אײנפֿאַרבן to do over with paint or dye *v. a.* צָבֹעַ.

אײנפֿאָר||הויז *n* (– הײַזער *pl.*) inn אַכְסַנְיָה.

אײנפֿאָרן to make one's journey *v. a.* עֲשֵׂה נְסִיעָתוֹ; to break in (*a horse*) לַמֵּד, הַנְהֵג, הַרְגֵּל (סוס).

אײנפֿאַרשטאַנען agreed *adj.* מַסְכִּים.

אײנפֿאַרשטאַנען זײַן to agree *v. n.* הַסְכֵּם.

אײנפּודערן to powder thoroughly *v. a.* זָרֹק אֲבָקָה עַל כֻּלּוֹ.

אײנפּוליען to cover with dust *v. a.* אַבֵּק, כַּסֵּה, מַלֵּא אָבָק.

אײנפֿונדעווען to establish *v. a.* יָסֹד, יַסֵּד; to fasten חַזֵּק.

אײנפֿיר introduction *m* מָבוֹא, פְּתִיחָה; custom מִנְהָג; import הַכְנָסַת סְחוֹרָה בָּאָרֶץ.

אײנפֿירונג custom *f* מִנְהָג.

אײנפֿירן to introduce (*a custom*) *v. a.* הַנְהֵג, חַדֵּשׁ.

אײנפֿײַלן to indent by filing *v. a.* שׁוֹף בְּשׁוֹפִין בְּ־.

אײנפּישן to wet by pissing *v. a.* הַרְטֵב עַל יְדֵי הַשְׁתָּנָה.

אײנפּלאַטשן to flatten *v. a.* שַׁטֵּחַ.

אײנפּלאָנטען = אײנפּלאָנטערן.

אײנפּלאָנטערן to entangle *v. a.* סַבֵּךְ, סַכְסֵךְ.

אײנפֿלאַנצן to plant *v. a.* נָטֹעַ, שָׁתֹל.

אײנפֿלוס influence *m* הַשְׁפָּעָה.

אײנפֿליסן to flow in *v. a.* נָזֹל, שָׁטֹף לְתוֹךְ־.

אײנפֿלעכטן to twist in *v. a.* קָלֹעַ בְּתוֹךְ־.

אײנפּעדימען = אײנסולען.

אײנפֿעפֿערן to pepper *v. a.* זָרֹה פִּלְפְּלִים עַל־.

אײנפּעקלען¹ to bundle up *v. a.* אָרֹז, חָבֹשׁ.

אײנפּעקלען² pickle (*meat*) *v. a.* כָּבֹשׁ, הַחְמֵץ (בשר).

אײנפּראַווען to put in, set in *v. a.* שִׂים בְּ־.

אײנפּריִען to stew well *v. a.* בַּשֵּׁל הֵיטֵב.

אײנפֿרירן to freeze in *a. n.* קָפֹא.

אײנפּרעגלען to fry well *v. a.* טַגֵּן הֵיטֵב; to preserve (*fruits*) טַגֵּן (פרות).

אײנפּרעסן to press in *v. a.* דָּחֹק, לָחֹץ אֶל תּוֹךְ־.

אײנצאָל singular number (*gr.*) *f* מִסְפָּר יָחִיד (בדקדוק).

אײנצאָלונג payment *f* פֵּרָעוֹן.

אײנצאָלן to pay in *v. a.* פָּרֹעַ, שַׁלֵּם.

אײנצאַמען to hedge in, fence in, enclose *v. a.* גָּדֹר, שׂוֹךְ.

אײנצאַרענען to make angry, anger *v. a.* הַכְעֵס.

אײנציג single, sole, only *adj.* יָחִיד.

אײנציגװײַז singly, one by one, separately *adv.* אֶחָד אֶחָד; כָּל אֶחָד לְחוּד.

אײנציגקײט singleness *f* יְחִידוּת.

אײנצײַטיג simultaneous *adj.* שֶׁבִּזְמַן אֶחָד; contemporary שֶׁחַי בִּזְמַן אֶחָד; || *adv.* simultaneously בִּזְמַן אֶחָד.

איינצייכעניש *n* note, annotation רְשִׁימָה, הֶעָרָה.

איינצייכענען *v. a.* to note, write down רָשֹׁם; to annotate סַמֵּן בְּהֶעָרוֹת.

איינציִען *v. a.* to draw together, tighten מָשֹׁךְ יַחַד, חַבֵּר, חַזֵּק; to imbibe סַפֵּג; || — זיך *v. r.* to shrink הִתְכַּוֵּץ.

איינצל *adj.* single לְבַד, נִפְרָד; individual יְחִידִי, פְּרָטִי; || *adv.* by retail לַאֲחָדִים.

איינצלהייט *f* singleness יְחִידוּת; particular פְּרָט.

איינצערן *v. a.* to consume אָכֹל כַּלֵּה, בַּלֵּעַ.

איינקאַטשייען = איינקאַטשען.

איינקאַטשען *v. a.* to roll in גַּלְגֵּל, גֹּל לְתוֹךְ־.

איינקאָכן *v. a.* to boil sufficiently בַּשֵּׁל דֵּי צָרְכּוֹ; to thicken by boiling הַעֲבֵה עַל יְדֵי בִּשּׁוּל; || — זיך *v. r.* to be sufficiently boiled הִתְבַּשֵּׁל דֵּי צָרְכּוֹ; = איינקאָכען זיך.

איינקאָכן זיך *v. r.* to be enamored of הִתְאַהֵב.

איינקאַסירן *v. a.* to collect (*money*) גָּבֹה (כסף).

איינקאַקן *v. a.* to cover with dunng לַכְלֵךְ בְּצוֹאָה.

איינקאַרבן *v. a.* to notch חָרֹץ בְּ־ (עשה חריצים או פגימות).

איינקאַרגן *v. a.* to save חָשֹׂךְ.

איינקאָרטשען *v. a.* to bend כָּפֹף; עַקֵּם; || — זיך *v. r.* to be bent הִתְעַקֵּם.

איינקאָרעניען *v. a.* to root in הַשְׁרֵשׁ בְּ־; to inculcate שַׁנֵּן לְ־; || — זיך *v. r.* to take root הִשְׁתָּרֵשׁ.

איינקוואַטשען *v. a.* to dirty, soil, besemirch לַכְלֵךְ.

איינקוואַרטירן *v. a.* to quarter, lodge הַחֲנֵה; || — זיך *v. r.* to take lodgings חָנֹה, הִתְאַכְסֵן.

איינקוואַרן *v. n.* to become emaciated כָּחֹשׁ, הֵרָזֵה.

איינקוועטשן *v. a.* to squeeze in, press in דָּחֹק (לָחֹץ) אֶל־.

איינקויף *m* purchase קְנִיָּה.

איינקויף-געלט *n* admission fee מְחִיר הַכְּנִיסָה (לחברה).

איינקויפן *v. a.* to buy, purchase קָנֹה; || — זיך *v. r.* to join (*an association*) הִתְחַבֵּר (לאגודה).

— איינקויפן זיך אין אַ חברה to join, become a member of an association הִתְחַבֵּר לַאֲגוּדָה, הֵעָשֵׂה חָבֵר לָאֲגוּדָה.

איינקומעניש *n* refuge, asylum מִפְלָט, מִקְלָט.

איינקונפט *f* income, revenue הַכְנָסָה.

איינקוקן זיך *v. r* to look at הַבֵּט בְּ־.

איינקיטעווען *v. a.* to fasten with putty *or* cement טוּחַ אוֹ חַזֵּק בְּטִיחַ.

איינקייטלען *v. a.* to fasten with a chain חַבֵּר אוֹ חַזֵּק בְּכֶבֶל; to chain (*a door*) סָגֹר בְּרַתּוֹק.

איינקייטן *v. a.* to chain (*a prisoner*) אָסֹר בְּכַבְלֵי בַרְזֶל.

איינקירעווען *v. a.* to turn in הָסֵב לְתוֹךְ־.

איינקלאַמערן *v. a.* to include in brackets הַעֲמֵד בְּמִסְגְּרוֹת (בחצאי לבנה).

איינקלאַפּן *v. a.* to beat in, knock in הַכֵּה וְתָקֹעַ.

איינקלייען *v. a.* to paste in דַּבֵּק לְתוֹךְ־.

איינקלעפּן = איינקלייען.

איינקלעקן *v. a.* to blot, daub לַכְלֵךְ, גָּאֵל.

איינקנייטשן *v. a.* to crumple כָּפֹל, קַמֵּט.

איינקניענען to purchace קְנֵה.

איינקניפּן *v. a.* to tie in קָשֹׁר בְּ־.

איינקנעטן *v. a.* to mix (*dough*) לוּשׁ (בצק); to mix in שִׂים בְּבָצֵק.

איינקנעלן *v. a.* to inculcate שַׁנֵּן.

איינקער *m* putting up at an inn בִּיאָה לְמָלוֹן.

איינקערן *v. n.* to come in בֹּא אֶל־; to turn in הָסֵב לְתוֹךְ־; to put up (*at an inn*) סוּר (למלון); to sweep in טַאטֵא לְתוֹךְ־.

איינקריצן *v. a.* to engrave חַקֹּק, חָרֹת בְּ־.

איינקרעמפּעווען *v. a.* to tie fast קָשֹׁר הֵיטֵב.

איינראַמען *v. a.* to frame in שִׂים בְּמִסְגֶּרֶת; = איינרוימען.

איינרוימען *v. a.* to whisper לְחֹשׁ בְּאָזְנֵי אִישׁ.

איינרוען *v. n.* to rest שְׁקֹט.

איינרוקן *v. a.* to shove in דָּחֹף אֶל־; to indent (*typ.*) מְשֹׁךְ שׁוּרָה לְצַד פָּנִים.

איינרייבונג *f* rubbing into שִׁפְשׁוּף לְתוֹךְ־; embrocation סִיכָה, מְרִיחָה (של משחה לרפואה).

איינרייבן *v. a.* to rub שַׁפְשֵׁף; to embrocate סוּךְ, מְרֹחַ (משחה לרפואה).

איינרעדונג *f* persuasion הַסָּתָה פִּתּוּי.

איינרעדן *v. a.* to persuade הָסֵת, פַּתֵּה, דַּבֵּר עַל לֵב; || — זיך *v. r.* to believe הַאֲמֵן בְּדָבָר.

— איינרעדן זיך פֿייגעלאַך אין בוזעם to build castles in the air בנה מגדל פורח באויר.

איינרעדעכץ *n* fancy, imagination דִּמְיוֹנֵי רוּחַ.

איינרעדעניש *f* fancy, imagination דִּמְיוֹנֵי רוּחַ; obsession הַסָּתַת הַשָּׂטָן.

איינרייסן *v. a.* to tear, lacerate קָרֹעַ; || — זיך *v. r.* to be torn הִקָּרֵעַ; = אינטעררייסן זיך.

— איינרייסן די וועלט to do everything possible, leave no stone unturned עשה כל מה דאפשר.

— איינרייסן מיט אומעצן to provoke a person הכעס, הרעם.

איינריכטונג *f* arrangement עֲרִיכָה, סֵדֶר.

איינריכטן *v. a.* to arrange עֲרֹךְ, סַדֵּר; to dirty, soil לַכְלֵךְ.

אײַנרינגלען *v. a.* to put in parentheses שׂים בֵּין מַסְגְּרוֹת אוֹ חֲצָאֵי לְבָנָה.

אײַנריס *m* rent קֶרַע.

אײַנרעגענען *v. a.* to wet by rain הַרְטֵב עַל יְדֵי גֶשֶׁם.

אײַנרעכענען *v. a.* to include (*in an account*) כָּלֹל (בחשבון).

אײַנשאַפֿן *v. a.* to procure הַשֵּׂג; רְכשׁ.

אײַנשאַרן *v. a.* to scrape in גָּרֹף אֶל תּוֹךְ־.

אײַנשאַרפֿן *v. a.* to inculcate שַׁנֵּן לְ־.

אײַנשוויצן *v. a.* to cover with perspiration כַּסֵּה בְזֵעָה.

אײַנשווערן *v. a.* to cause to swear, swear in הַשְׁבֵּעַ.

אײַנשושקען *v. a.* to whisper לָחֹשׁ.

אײַנשטודירן *v. a.* to study לָמֹד בְּעִיּוּן.

אײַנשטויבן *v. a.* to cover with dust כַּסֵּה בְאָבָק || **— זיך** *v. r.* to be covered with dust מַלֵּא אָבָק; הִתְכַּסֵּה בְאָבָק.

אײַנשטיין *v. n.* to stand עֲמֹד; to lodge הִתְאַכְסֵן. — ער קען נים אײַנשטיין אויף אַן אָרט he cannot stand still in his place איננו יכול לעמוד במנוחה על מקומו.

אײַנשטילן *v. a.* to calm, appease הַרְגֵּעַ, הַשְׁקֵט.

אײַנשטימונג *f* agreement הַסְכָּמָה.

אײַנשטימיג *adj.* unanimous בְּדֵעָה אַחַת; || **— קייט** *f* unanimity דֵּעָה אַחַת.

אײַנשטימען *v. n.* to agree הֵאוֹת לְ־, הַסְכֵּם עִם־.

אײַנשטעכן *v. a.* to prick, puncture דָּקֹר, עֲשֵׂה דְקִירָה.

אײַנשטעל *m* venture, risk סַכָּנָה.

אײַנשטעלונג *f* stopping הַפְסָקָה.

אײַנשטעלן *v. a. n.* to put שִׂים, הָנִיחַ; to stop הַפְסֵק; to risk, jeopardise סַכֵּן, הַעֲמֵד בְּסַכָּנָה; to venture, risk עָרֹב לִבּוֹ; to quarter (*soldiers*) הַחֲנֵה (אנשי חיל); || **— זיך** *v. r.* to risk one's life חָרֵף נַפְשׁוֹ; to intercede for הִשְׁתַּדֵּל בְּעַד; to settle (*of water*) שָׁקֹעַ (מים, יין וכד׳); to become thick (*of milk*) הִתְעַבֵּה (כמו חלב).

אײַנשטעלעניש *n* venture, daringness הָעָזָה; intercession הִשְׁתַּדְּלוּת.

אײַנשטעלער *m* risker, jeopardier עַז נֶפֶשׁ, חָרֵף נַפְשׁוֹ.

אײַנשטעמפּלען *v. a.* to stamp in הַטְבֵּעַ בְּ־.

אײַנשטעקן *v. a.* to put in שִׂים בְּ־; to stick in תָּקֹעַ בְּ־; = אָנשטעקן.

אײַנשטעקנדיג = אָנשטעקנדיג.

אײַנשטרענגען = אָנשטרענגען.

אײַנשטשעמען *v. a.* to pinch לָחֹץ בְּ־; || **— זיך** *v. r.* to be pinched הִלָּחֵץ.

— אײַנשטשומען זיך אין אומעצן to fix one's eyes upon a person חדר איש בעיניו.

אײַנשויט *m* pillow-case, pillow-slip מַעֲטָפָה לְכַר וָכֶסֶת.

אײַנשיטן *v. a.* to strew in פַּזֵּר לְתוֹךְ־.

— אײַנשיטן בעטגעוואַנט to put in feathers in a pillow-case שים נוצות בתוך מעטפות של כרים וכסתות.

אײַנשימלען *v. n.* to get mouldy *or* musty הִתְעַפֵּשׁ, עָבֹשׁ.

אײַנשיסן *v. a.* to batter in by fire-arms הָרֹס עַל יְדֵי יְרִיָּה; || **— זיך** *v. r.* to exercise in shooting הִתְרַגֵּל לִירוֹת.

אײַנשיפונג *f* embarkation טְעִינָה (באניה).

אײַנשיפן *v. a.* to embark טְעֹן, הַעֲמֵס (באניה); || **— זיך** *v. r.* to embark בּוֹא בָאֳנִיָּה.

אײַנשיכּרן *v a.* to make drunk, intoxicate הַשְׁקֵה; || **— זיך** *v. r.* to get drunk שָׁתֹה לְשָׁכְרָה.

אײַנשלאָג *m* driving into תְּקִיעָה לְתוֹךְ־.

אײַנשלאָגן *v. a.* to beat in, knock in תָּקֹעַ לְתוֹךְ־; to strike הַלֹּם; to turn in the edge, tuck up קַפֵּל הַשָּׂפָה (כתפירת בגד).

אײַנשלאָפֿן *v. n.* to fall asleep הֵרָדֵם, יָשֹׁן.

אײַנשלום = אײַנלאַגע.

אײַנשלינגען *v. a.* to swallow בָּלֹעַ; || **— זיך** *v. rec.* to swallow each other בָּלֹעַ אִישׁ אֶת רֵעֵהוּ.

אײַנשליסונג *f* locking up סְגִירָה; inclusion הַכְלָלָה.

אײַנשליסן *v. a.* to lock up סָגֹר; to include הָכֵל, כָּלֹל.

אײַנשלעפֿערן *v. n.* to cause to sleep, lull to sleep יַשֵּׁן.

אײַנשמאָרן *v. a.* to stew קַטֵּר (בשר).

אײַנשמועסן = אײַנרעדן.

אײַנשמוצן *v. a.* to dirty, soil לַכְלֵךְ, טַנֵּף; || **— זיך** *v. r.* to dirty oneself הִתְלַכְלֵךְ.

אײַנשמידן *v. a.* to put in irons אָסֹר בְּכַבְלֵי בַרְזֶל; to hammer together חָרֹשׁ בַּרְזֶל יַחַד.

אײַנשמייכלען זיך *v. n.* to creep into a person's favor גְּנֹב לֵב אִישׁ עַל יְדֵי חֲנֻפָּה.

אײַנשמירן *v. a.* to besmear מְרֹחַ עַל־; = אײַנשמוצן.

אײַנשנורעווען *v. a.* to lace in tightly קְשֹׁר הֵיטֵב בִּפְתִילִים.

אײַנשניט *m* cut, incision חִתּוּךְ; notch חָרִיץ.

אײַנשנײַדן *v. a.* to cut, make an incision חָתֹךְ בְּ־; to indent חָרֹק בְּ־.

אײַנשנירן = אײַנשנורעווען.

אײַנשענקען *v. a.* to pour in (*drinks*) יָצֹק (משקה).

אײַנשערן *v. a.* to cut in (*with scissors*) גָּזֹר, חָתֹךְ (במספרים).

אײַנשפּאַלטן *v. a.* so split, make a split in בָּקֹעַ, עֲשֵׂה בְקִיעָה בְּ־.

איינשפּאַנען *v. a.* to harness, hitch רָתַם.

איינשפּאַרן *v. a.* to shut in סָגַר בְּ־; to imprison כָּלָא, שִׂים בְּבֵית סֹהַר; || ־ זיך *v. r.* to shut oneself in הִסְגִּיר, סָגַר בַּעֲדוֹ; to be obstinate, be stubborn הִתְעַקֵּשׁ, הִקְשָׁה עֹרֶף.

איינשפּאָרן *v. a.* to save, economise חָסַךְ.

איינשפּאָרעכץ *n* saving, economy חִסָּכוֹן.

איינשפּאַרעניש *n* obstinacy, stubbornness עַקְשָׁנוּת, קְשִׁי־עֹרֶף.

איינשפּאָרעניש = איינשפּאָרעכץ.

איינשפּאָרער *m* saver, economiser חוֹסֵךְ.

איינשפּרינגען *v. n.* to shrink הִתְכַּוֵּץ.

איינשפּרינקלען = איינשפּרענקלען.

איינשפּריצונג *f* injection הַזָּיָה אֶל תּוֹךְ־.

איינשפּריצן *v. a.* to inject הִזָּה אֶל תּוֹךְ־.

איינשפּרענקלען *v. a.* to besprinkle הִזָּה סָבִיב.

איינשרויפן *v. a.* to screw in בָּרַג, הִכְנִיס בְּבֹרֶג בְּ־.

איינשרומפּן *v. a.* to shrink כָּוַץ, צָמַק, הִתְכַּוֵּץ.

איינשרייב־געלט *n* entrance-fee דְּמֵי־כְנִיסָה (אל חברה).

איינשרייבן *v. a.* to write *or* note down כָּתַב בְּ־; to register רָשַׁם; || ־ זיך *v. r.* to enter one's name, enroll oneself הִכָּתֵב בְּ־; הִמָּנֶה בְּתוֹךְ־.

איינשרעקן *v. a.* to frighten, intimidate הִבְהִיל, אִיֵּם.

אייסערן זיך *v. r.* to express oneself חִוָּה דַעְתּוֹ; to be indignant כָּעַס, קָצַף.

אייער *pron. poss.* (*pl.* ־ע) your שֶׁלְּךָ, שֶׁלָּכֶם; || ־ער, ־ע, ־ס (־ע *pl.*) *abs.* yours שֶׁלְּךָ, שֶׁלָּכֶם.

אייער־בייגל *n* (*pl.* ־) egg cracknel כַּעַךְ־בֵּיצִים (כעך עשוי מקמח וביצים).

אייערטוועגן *adv.* פון ־ for your sake בַּעֲבוּרְכֶם, בִּשְׁבִילְכֶם; for your part מִצִּדְּכֶם.

אייעריג *pron. poss.* (דער ־ער, די ־ע, דאָס ־ע) yours שֶׁלְּךָ, שֶׁלָּכֶם.

אייערנעכטיג *adj.* of the day before yesterday שֶׁל שִׁלְשׁוֹם.

אייערנעכטן *adv.* the day before yesterday שִׁלְשׁוֹם.

אייפּעלע = נפּלע.

אייפערזוכט *f* jealousy קִנְאַת אַהֲבָה.

אייפערזיכטיג *adj.* jealous מְקַנֵּא.

אייפעריג *adj.* zealous קַנָּא; passionate מְהִיר־חֵמָה.

אייקען *v. n.* to groan הֶאֱנַח.

אייר = איר.

אייר *m* sweet fern, sweet rush קָנֶה, סוּף.

אייר־וואָרצל *f* root of sweet rush שֹׁרֶשׁ קָנֶה.

איך *pron. pers.* I אֲנִי, אָנֹכִי; || *s.* self עַצְמִיּוּת; ego אָנֹכִיּוּת.

— איך אַליין I myself אני בעצמי, לבדי.

— מיין איך my own self עצמיות שלי; my ego אנכיות שלי.

איכה *f* (*pl.* איכות) title of the Book of Lamentations מְגִלַּת אֵיכָה; lamentation קִינָה.

איכות *f* quality ־.

איך־שיהיה *adv.* be that as it may ־.

אילוזיע *f* illussion מַשְּׂאַת שָׁוְא, טָעוּת הַחוּשִׁים.

אילומינאַציע *f* illumination אוּרִים, אוֹר שִׂמְחָה.

— (*id.*) די קרוין פון דער אולומינאַציע the tip-top בחיר.

אילונית *f* barren woman ־.

— אַ קול פון אַן אילונית a rough voice קול גס.

אים *pron. pers.* (אַקוזאַטיוו און דאַטיוו פון ער) him, to him אותו, לו.

— אים אליין himself, to himself אותו לבדו, לו לבדו.

אימה *f* (*pl.* אימות) fear, fright אֵימָה, פַּחַד.

אימהדיג *adj.* terrible, fearful, frightful נוֹרָא.

אימה־ופחד *f* great terror אֵימָה גְדוֹלָה.

אימיגראַציע *f* immigration הִתְיַשְּׁבוּת בְּמָקוֹם אַחֵר.

אימענינניצע *f* who celebrates her birth-day חוֹגֶגֶת יוֹם הֻלַּדְתָּהּ.

אימענינניק *m* who celebrates his birth-day חוֹגֵג יוֹם הֻלַּדְתּוֹ.

אימענינעס *pl.* name's day, birthday יוֹם הֻלֶּדֶת; birthday celebration חַג יוֹם הֻלֶּדֶת.

אימעניע *f* estate אֲחֻזָּה, נַחֲלָה.

אימעץ = אימעצער.

אימעצער *pron. indef.* somebody, some one אֶחָד, אֵיזֶה אִישׁ, אַלְמוֹנִי.

אימער *adv.* always תָּמִיד.

אימערווייב *n* former wife, divorced wife מִי שֶׁהָיְתָה אֵשֶׁת־, גְּרוּשָׁה.

אימערמאַן *m* former husband, divorced husband מִי שֶׁהָיָה בַּעַל־, גָּרוּשׁ.

אימערשוויגער *f* former mother-in-law מִי שֶׁהָיְתָה חָמוֹת־.

אימפּעט *m* hurry, haste מְהִירוּת; momentum מְהִירוּת הַתְּנוּעָה.

אימפּעראַטער *m* emperor קֵיסָר.

אימפּעריאַל *m* imperial (*coin*) מַטְבֵּעַ זָהָב (לפנים ברוסיה).

אימפּעריע *f* empire אֶרֶץ מֶמְשֶׁלֶת קֵיסָר, קֵיסָרִיּוּת.

אימפּעריש *adj.* imperial שֶׁל אֶרֶץ מֶמְשֶׁלֶת קֵיסָר, קֵיסָרִי.

אימפּערסקע = אימפּעריש.

אימפּאָרטירן *v. a.* to import הִכְנִיס (סחורה) בָּאָרֶץ, הֵבִיא מִמְּדִינָה אַחֶרֶת.

אימת־מות *f* great fright אֵימָה גְדוֹלָה; danger סַכָּנָה.

אֵימת-מָותדיג *adj.* frightful נוֹרָא, אָיוֹם; dangerous מְסֻכָּן.

אֵימתא־דְצִבּורא *f* stage-fright ~.

אין *prep.* in, into, within בְּ־, בְּתוֹךְ־; of, about מִ־, עַל־; = אֶן.

— דערמאָנען זיך אין.... ז. אָן.

— פֿאַרגעסן זיך אין.... ז. אָן.

אֵין אונס *phr.* there is no "none compelling," compulsion ~.

אֵין בְּרֵירה there is no choice *or* alternative ~.

אינגאַנצן *adv.* wholly, at all לְגַמְרֵי, כְּלָל.

— גאָר אין גאַנצן wholly, at all לגמרי, כלל.

— גאָר אין גאַנצן ניט not at all לגמרי לא, כלל לא.

— צונעמען גאָר אין גאַנצן to take the whole לקח כלו.

אינגבער *m* ginger זַנְגְּבִיל.

אינגבערל *n* ginger candy מְמַתָּק שֶׁל זַנְגְּבִיל.

אינגיכן *adv.* soon בִּמְהֵרָה, בְּקָרוֹב.

אינגל = יונגל.

אֵין גַם אֶחד *phr.* there is not even one ~.

אינגעווייד *pl.* intestines, entrails, bowels מֵעַיִם, קְרָבַיִם.

אינגער = יונגער.

אינד ¹ *f* (*pl.* ~ן) wave, billow גַּל, מִשְׁבָּר.

אינד ² = הונט.

אינדוסטריע *f* (*pl.* ~ס) industry חֲרשֶׁת־הַמַּעֲשֶׂה, תַּעֲשִׂיָּה, עֵסֶק.

אינדוסטריעל *adj.* industrial שֶׁל תַּעֲשִׂיָּה.

אינדיִשקע *f* turkey-hen תַּרְנְגֹלֶת הֹדּוּ.

אינדיִק *m* (*pl.* ~עס) turkey-cock תַּרְנְגֹל הֹדּוּ.

אינדעך *m* indigo אִסְטִים (צבע תכלת).

אינדעם *adv.* meantime בֵּינְתַיִם.

— אינדעם ווי while בעת.

אינדערמיט *adv.* in the middle בְּאֶמְצַע, בְּתוֹךְ; in it בּוֹ, בָּהּ.

אינדערפֿרי *adv.* in the morning בַּבֹּקֶר.

אינדרויסן *adv.* outside בַּחוּץ.

אינהאַלט *m* contents תֹּכֶן; purport, meaning תֹּכֶן, עִנְיָן.

אֵינה מְקודשת *phr.* she is not wedded ~.

— (*joc.*) איז אינה מקודשת I don't care if not לא אכפת לי אם לא.

אינוואַליד *m* (*p.* ~ן) veteran soldier אִישׁ צָבָא הַנִּפְטָר לְבֵיתוֹ (מטחלה או מזקן).

אינוויינג = אינעווייניג.

אֵינו־יודע *phr.* he does not know ~; ‖ *m* ignoramus בּוּר.

אֵינו־יודע־שֶׁאֵינו־יודע *m* one who does not know that he is ignorant, a very ignorant person ~, אִישׁ בַּעַר.

אינזל *f* (*pl.* ~ען) island אִי.

אינזל-גרופּע *f* (*geogr.*) archipelago קְבוּצַת אִיִּים.

אינזשעניער *m* (*pl.* ~ן) engineer מְהַנְדֵּס, סוֹלֵל.

אֵין חָכמה וְאֵין תְּבונה נֶגד ... *phr.* no wisdom nor understanding avails against... ~.

— (*prov.*) אין חכמה ואין תבונה נגד שלעכטע קאָרטן nothing avails against losing cards (*against bad luck*) לא יועיל מאומה נגד קלפים שאינם זוכים (נגד מזל רע).

אינטים *adj.* intimate לְבָבִי, פְּנִימִי; familiar כְּאָח, כְּרֵעַ; ‖ ~קייט *f* intimacy לְבָבִיּוּת.

אינטעליגענט *adj.* intelligent מַשְׂכִּיל.

אינטעליגענץ *f* intelligence הַשְׂכָּלָה; = אינטעליגענציע.

אינטעליגענציע *f* intellectuals הַמַּשְׂכִּילִים בָּעָם.

אינטערווײַלעכס = הינטערווײַלעך.

אינטערע׳ס *m* (*pl.* ~ן) interest חֵפֶץ.

אינטע׳רעס *m* (*pl.* ~ן) matter, affair, business עִנְיָן, עֵסֶק.

אינטערעסאַנט *adj.* interesting מָלֵא עִנְיָן, מְעַנְיֵן.

אינטערעסאַנטע *adj.* party interested נוֹגֵעַ בְּדָבָר.

אינטערעסירן *v. a.* to interest עַנְיֵן.

אינטערעסנע = אינטערעסאַנט.

אינטריגאַנט *m* (*pl.* ~ן) intriguer, plotter אִישׁ רָכִיל, מְסַכְסֵךְ.

אינטריגירן *v. n.* to intrigue, plot הָלוֹךְ רָכִיל, סַכְסֵךְ.

אינטריגע *f* intrigue, plot סִכְסוּךְ.

אינײַנעם *adv.* together יַחַד, יַחְדָּיו.

איניציאַטאָר *m* initiator נוֹתֵן רַעְיוֹן לְדָבָר, מַחֵל.

איניציאַטיווע *f* initiative הַצָּעָה.

אינלאַנד *n* inland תּוֹךְ הָאָרֶץ.

אֵין לְדָבר סוף *phr.* there is no end to the matter ~.

אֵין לי *phr.* I have not ~.

— טענהן "אין לי" to plead insolvency טען "אין לי" פשט את הרגל.

אינלענדיש *adj.* domestic, native שֶׁל תּוֹךְ הָאָרֶץ.

אינלענדער *m* native יְלִיד הָאָרֶץ.

אֵין־לְשער *adj.* incalculable, immense ~.

אינמיטן *adv.* in the midst בְּתוֹךְ־, בְּאֶמְצַע.

אינמיטנדרינען *adv.* of a sudden, at once פִּתְאֹם.

אינסטאַנציע *f* instance, resort מַדְרֵגַת בָּתֵּי הַמִּשְׁפָּט.

אינסטיטוט *m* (*pl.* ~ן) institution, institute בֵּית־חִנּוּךְ, בֵּית־מִדְרָשׁ.

אינסטיטוטניק *m* student of an institute תַּלְמִיד שֶׁל בֵּית־חִנּוּךְ.

אינסטיטוטקע *f* female student of an institute תַּלְמִידָה שֶׁל בֵּית־חִנּוּךְ.

אינסטיטוציע *f* institution מוֹסָד.

אינסטינקט m (pl. ־ן) instinct חוש טבעי.
אינסטינקטיוו adj. instinctive בחוש טבעי.
אינסטרומענט m (pl. ־ן) instrument כלי־מלאכה;
כלי־זמר.
אינסטרוקציע f instruction פקודה, תפקיד.
אינסעקט m (pl. ־ן) insect שרץ.
אינספעקטער m inspector משגיח, מפקח.
אינעווייניג adv. in, inside, within בפנים, בתוך.
אינעווייניגסט adj. inward, inside, internal
אשר בתוך, פנימי.
אינערגעץ adv. somewhere באיזה מקום.
— אין ערגעץ ניט nowhere בשום מקום.
אינערליך adj. inward, internal פנימי; intrinsic
עצמי, עקרי, אמתי.
אינערפלעט = הינערפלעט.
אינפאַנטעריע f infantry חיל הרגלים.
אינפאָרמאַציע f information ידיעה.
אינפאָרמירן v. a. to inform הודע.
אינפלוענזע f influenza מין קדחת מתהלכת.
אינצווישן adv. meantime בינתים.
אינצידענט m (pl. ־ן) incident מקרה.
אינקוויזיטער m inquisitor שופט בעניני דת, אנקויזיטור.
אינקוויזיציע f iuquisition משפט הדת, אנקויזיציה.
אין קול ואין עונה phr. "there is neither a voice nor one answering," there is no response
אין כל מענה.
אין רגע בלי פגע phr. there is no moment without trouble —.
אין רחום בדין phr. there is no mercy in judgment —.
איסור = אסור
איסטמוס m (pl. ־ן) (geogr.) isthmus מצר־ארץ
(רצועת בשר המבדילה בין שני ימים).
איסלאַם m Islam תורת מחמד.
איספּאָווייעד f confession תודה (על פשע).
איספּאָווייעדן זיך v. r. to confess התודה.
איספּאָוויעדעווען = איספּאָווייעדן זיך.
איספּוזשען v. a. to frighten הפחד, הבעת; ‖ ־ זיך v. r. to be frightened, take fright הפחד.
איספּוסק m (pl. ־ן) flowing out, outflow שפך.
שטף (של נהר).
איספּעלנען v. a. to fulfil, perform, execute
מלא, הוצא לפעל.
איספּראַווניק m bailiff שר מחוז (ברוסיה).
איספּראַווגע adj correct, exact, punctual מדיק.
נכון; ‖ adv. punctually, correctly בדיוק.
איספּראַוויען זיך = ספּראַוויען זיך.
איסק m (pl. ־ן) complaint, action, claim
תביעה (במשפט).
איסקאַסעווען v. a. to to annul, abolish בטל.

איסקאָצל = סקאָצל.
איפּדע = אוודע.
איפּע = יופּע.
איצט adv. now, at present עתה, בזמן הנוכחי; ‖ ־יג adj. present של הזמן הנוכחי.
איצטער, ־דיג = איצט, ־יג.
איקאָנע f icon, holy image איקון, תמונה קדושה
(לנוצרים).
איקס־מיקס־דריקס m zigzag עקלקלות.
איקעוואַטע adj. stuttering, stammering מגמגם.
איקען v. n. to hiccup גהק; to make a noise
המה, נהם; ‖ ־ זיך = ואַיקען זיך.
איקעריי f noise המיה, המולה שאון.
איקרע f roe, spawn ביצי־דגים; caviare ביצי־דגים
מלוחות; calf (of a leg) קברת השוק.
איר [1] pron. pers. pl. you אתם, אתן.
איר [2] (אַקוזאַטיוו און דאַטיוו פון זי) pron. pers. her, to her אותה, לה.
איר [3] pron. poss. (pl. ־ע) her שלה; ‖ abs. ־ער, ־ע, ־ס hers, her own שלה; ז. אירע.
איר m (April-May) the Jewish month Iyar
החדש איר.
איראָניע f irony התול.
איראָניש adj. ironical התולי, של התולים, שניני.
אירזשאַ = זשאַווער.
אירזשען v. n. to neigh צהל (סוס).
אירטוועגן adv. פון ־ for her sake בעבורה, בשבילה; for her part מצדה.
איריג pron. poss. (דער ־ער, די ־ע, דאָס ־ע) hers שלה.
אירכע f leather, skin עור.
איר־ליכט n ignis fatuus, marsh-light, will-o'the-wisp; אור מתעה.
אירן v. n. to go astray תעה; to err, be mis-taken טעה, שגה.
אירע pron. poss. of them מהם.
— דריי אירע three of them, three pesons
שלשה אנשים.
אירצן v. a. to address with "you" דבר ליחיד
בלשון רבים (מפני הכבוד).
איש m (pl. אנשים) man —, אדם.
איש־אמת m honest man; truthful man —.
אישה = אשה.
איש־חשוב m (pl. אנשים־חשובים) respectable man, eminent man —.
איש־מפּי־איש adv. "one from the mouth of the other," by tradition —, על פי המסורה.
אך int. ah! אוי! הה!
אך [2] int. ah! oh! אהה! אויה!
— אך און וויי צו מיר! woe is me! אללי לי!

אך² *int.* with all my heart! בְּכָל לִבִּי!

— אך, פֿאַר וואָס נים? with all my heart, why not? בכל לבי, מדוע לא?

— אך, זאָל ער קומען! let him come, indeed! יבא נא!

אכאָטניק *m* volunteer מִתְנַדֵּב (ביחוד לעבודת הצבא).

אכאָטע *f* desire, will חֵשֶׁק, רָצוֹן.

אכבעראָש *m* (*pl.* ־ים) rascal, scoundrel בֶּן בְּלִיַּעַל; swinder, cheat רַמַּאי, נוֹכֵל[א].

אכבראָש = אכבעראָש.

אכבראָשעס *n* (*fl.*) plunder בִּזָּה, שָׁלָל (של גנבים).

אכוואָטניק = אכאָטניק.

אכזר *m* (*pl.* אכזרים) cruel man ־.

אכזרטע *f* cruel woman אִשָּׁה אַכְזָרִיָּה.

אכזריות *f* cruelty אַכְזָרִיּוּת.

אכזריות'דיג *adj.* cruel אַכְזָרִי.

אכט¹ *f* care, attention זְהִירוּת.

— נעמען אין אכט to take into consideration התבונן, שים אל לב.

— נעמען זיך אין אכט to be careful הזהר.

אכט² *num.* eight שְׁמוֹנָה; || *ord.* ־ער, ־ע eighth שְׁמִינִי, שְׁמִינִית.

אכטאָג *m* sennight, week שָׁבוּעַ; ||־יג *adj.* weekly שְׁבוּעִי, שֶׁל שָׁבוּעַ.

אכטאָגער *m* eight-day clock שְׁעוֹן שְׁבוּעִי.

אכטהאַלבן *num* seven and a half שִׁבְעָה וָחֵצִי.

אכטונג *f* esteem, respect כבוד; care זְהִירוּת.

— אכטונג געבן to take care השגיח.

אכטזײַטיג *adj.* octahedral בַּעַל שְׁמוֹנָה צְלָעוֹת.

אכט־חלק *m* eighth part שְׁמִינִית.

אכטיאָריג *adj.* eight years old בֶּן שְׁמוֹנָה שָׁנִים.

אכטל *n* eighth, eighth part שְׁמִינִית; eighth part of a tun שְׁמִינִית שֶׁל טוֹן (מדה בת 250 לטראות); || eight (*at cards*) *n* הַשְּׁמוֹנָה (בקלפים); octavo שְׁמִינִית שֶׁל גִּלָּיוֹן.

אכטלײַט||נער *m* (*pl.* ־נע) member of a committee of eight of an artisans' organisation חָבֵר לְוַעַד שֶׁל שְׁמוֹנָה בְּחֶבְרָה שֶׁל פּוֹעֲלִים (לפנים בליטא)

אכטן *v. a.* to respect, esteem כַּבֵּד.

אכטנס *adv.* in the eighth place שְׁמִינִית.

אכטענער = אכטאָגער.

אכט||עקיג, ־עקנדיג, ־עקעכיג = אכטקאַנטיג.

אכטערלײַ *adj* of eight kinds שֶׁל שְׁמוֹנָה מִינִים.

אכטקאַנטיג *adj* octagonal, octangular בַּעַל שְׁמוֹנָה זָוִיּוֹת.

אכילה *s.* (*pl.* אכילות) eating; eatable, food ־.

אכילה־ושתיה *s.* eating and drinking ־.

א) ז. עַכְבְּרָאש און אָנמערקונג.

אכלן *m* (*pl.* אכלנים) eater, glutton, gormand ־.

אכלען *v. a.* to eat אָכֹל.

אכלער = אכלן.

אכסניה *f* (*pl.* אכסניות) inn, hostelry, hotel מָלוֹן.

אכציג *num.* eighty שְׁמוֹנִים; || *ord.* ־טער, ־סטער eightieth הַשְּׁמוֹנִים.

אכציגיאָריג *adj.* eighty years old בֶּן שְׁמוֹנִים שָׁנָה.

אכציגט־חלק *m.* eightieth part הַחֵלֶק שֶׁבִּשְׁמוֹנִים.

אכציגטל = אכציגט־חלק.

אכציג||סטער, ־סטע *ord. num.* eightieth הַשְּׁמוֹנִים.

אכציגער *m* octogenerian זָקֵן בֶּן שְׁמוֹנִים שָׁנָה; alcohol of 80 proof אַלְכֹּהָל שֶׁל שְׁמוֹנִים מַעֲלוֹת.

אכציגערלײַ *adj.* of eighty kinds שֶׁל שְׁמוֹנִים מִינִים.

אכצן *num.* eighteen שְׁמוֹנָה עָשָׂר; || *ord.* ־טער the eighteenth הַשְּׁמוֹנָה עָשָׂר.

— וואָס איז מכוח אכצן און דרײַצן? what about that matter? מה על דבר הענין ההוא?

אכצענטל *n* eighteenth part הַחֵלֶק שֶׁבִּשְׁמוֹנָה עָשָׂר.

אָכצן *v. n.* to groan, sigh הֵאָנַח.

אכפּערקײט *f* reverence כָּבוֹד, יִרְאַת הַכָּבוֹד.

אכפּערן *v. a.* to revere כַּבֵּד.

אָכקען = אָכצן.

אָכראָנע *f* guard שְׁמִירָה, הֲגַנָּה.

אָכראָ||נע, ־נקע *f* day-nursery, foster-home בֵּית לִשְׁמִירַת יְלָדִים.

אָכריפּנען *v. n.* to grow hoarse הִנָּחֵר בְּגָרוֹן.

אַל *adj.* all כָּל־; ז. אויך אַלע.

— צו אַלעם דעם, צו דעם אַלעם in addition to this חוץ לזה.

אָל *f* awl מַרְצֵעַ.

אֵל *m* God ־, אֱלֹהִים.

אֶלָּא *conj.* but, but if ־, אֲבָל.

— אלא וואָדען?, ז. אונטער וואָדען.

אַלאַבאַסטער *s.* alabaster בַּהַט (מין אבן שיש לבנה).

אַלאַבאַסטערן *adj.* made of alabaster עָשׂוּי מִבַּהַט; like alabaster דּוֹמֶה לְבַהַט.

אַלבאָם *s.* (*pl.* ־ס, ־ען) album אַלְבּוֹם (ספר לתת בו תמונות).

אַל־באַקאַנט *adj.* generally known יָדוּעַ לַכֹּל.

אַלגעבראַיש *adj.* algebraic שֶׁל אַלְגֶּבְּרָה.

אַלגעבראַ *s.* algebra אַלְגֶּבְּרָה (חכמת החשבון על ידי קוים ואותיות שונים).

אַלגעמײן *adj.* general כְּלָלִי.

— אין אַלגעמײן in general, generally בכלל.

אַל־דאָס־בײזן, אַל־דאָס־גוטס = אַלדעם בײזן, אַלדעם גוטס (ז. אונטער אַלדע).

אַלדע, ־ס (= אַלע, ־ס) *pron. def.* all כָּל־.

— צו אַלדע רוחות! to all the demons! לכל הרוחות הרעות! (קללה).

— אַלדעם בײז every evil, every wicked thing כל רע.
— אַלדעם גוטס all good כל טוב.
אֱלֹהִים m God –.
אֶל הַמְּנוּחָה וְאֶל הַנַּחֲלָה phr. unto one's rest and possession –.
אֵלֶּה־תּוֹלְדוֹת phr. "these are the generations," such is the manner or way כַּךְ הוּא דֶרֶךְ־.
— אלה תולדות יונגאַטש such is the way of a scoundrel כך הוא דרכו של איש נבל.
אַלױן = אַלוּן.
אֱלוּל m the Jewish month Elul (Aug.-Sept.) הַחֹדֶשׁ אֱלוּל.
אֱלוּלדיג adj. of the month of Elul שֶׁל הַחֹדֶשׁ אֱלוּל.
— אלולדיגע װעטער autumn weather אויר הסתיו.
אַלון m alum צְרִיף, אַלּוּם (מין מלח).
אַלזאָ conj. therefore, consequently עַל כֵּן; then אִם כֵּן.
אַלט¹ adj. (comp. עלטער) old, aged זָקֵן; old יָשָׁן, old, ancient עַתִּיק, קַדְמוֹן.
אַלט² m alt, alto, counter-tenor קוֹל רָם (שם מקולות הנגון).
אַלטאַן m (pl. ־עס) gallery, balcony יָצִיעַ.
אַלטאַנקע f arbor, bower סֻכַּת נְצָרִים.
אַלט־געבאַקן adj. stale יָשָׁן, יָבֵשׁ (לחם).
אַלט־דײַטש adj. Old German שֶׁל אֶרֶץ אַשְׁכְּנַז מִלְּפָנִים; || n. Old German שְׂפַת אַשְׁכְּנַז הָעַתִּיקָה.
אַלטהויכדײַטש n Old High German אַשְׁכְּנַזִּית עֶלְיוֹנָה עַתִּיקָה.
אַלטואוקע f second fiddle, tenor violin כִּנּוֹר מִשְׁנֶה.
אַלטװאַרג f old things חֲפָצִים יְשָׁנִים; old clothes בְּגָדִים בָּלִים; (fig.) old people אֲנָשִׁים זְקֵנִים.
אַלטיסט m counter-tenor singer מְשׁוֹרֵר בְּקוֹל רָם.
אַלטײ m althaea, marsh-mallow כְּסָמָה (מין פרח).
אַלטײ־װאָרצל f root of althaea שֹׁרֶשׁ כְּסָמָה.
אַלטײ־סיראָפּ m syrup of althaea עֲסִיס כְּסָמָה.
אַלטײ־פּלעצל n pastille of althaea עֻגַּת כְּסָמָה.
אַלטליך adj. elderly, oldish זָקֵן מְעַט, יָשָׁן מְעַט.
אַלט־מאָדיש adj. old-fashioned יָשָׁן נוֹשָׁן, עַתִּיק.
אַלטעגליך adj. every-day, daily יוֹמִי; common, ordinary פָּשׁוּט.
אַלטעטשקער || m (pl. ־קעס) old man זָקֵן; || ־קע f old women אִשָּׁה זְקֵנָה.
אַלטער m (pl. ־טע) old man זָקֵן; = עלטער.
אַלטערהײט adv. in old age בִּימֵי הַזִּקְנָה, בִּימֵי הַשֵּׂיבָה.
אַלטערטום n antiquity עַתִּיקוּת; דּוֹרוֹת הַקַּדְמוֹנִים.
אַלט־פּעטעריש adj. patriarchal שֶׁמִּימֵי הָאָבוֹת; = אַלט־מאָדיש.

אַלט־פּרענקיש = אַלט־מאָדיש.
אַלטקײט f oldness יֹשֶׁן; old age זֹקֶן, זִקְנָה; antiquity עַתִּיקוּת.
אַליאַז = אַליאַם.
אַליאַנס f (pl. ־ן) alliance, confederacy אֲגֻדָּה.
אַליאַנץ = אַליאַנס.
אַליאַם m aloes אֲהָלוֹת.
אֵלִיָּהוּ הַנָּבִיא m the prophet Elijah –.
אֵלִיָּהוּ הַנָּבִיאס כּוֹס m the cup of wine reserved at the Passover ceremony for the prophet Elijah כּוֹס שֶׁל יַיִן שֶׁמַּעֲמִידִין בְּלֵילוֹת הַסְּדָרִים בְּפֶסַח לִכְבוֹד אֵלִיָּהוּ הַנָּבִיא.
אַליװקע f olive oil שֶׁמֶן זַיִת.
אַלײן adv. alone בָּדָד, לְבַדּוֹ; only בִּלְבַד; || pron. oneself עַצְמוֹ.
— ער איז אינגאַנצן אַלײן he is all alone הנהו בדד.
— ניט דאָס אַלײן not only this לא זאת בלבד.
— איך אַלײן, דו אַלײן, ער אַלײן א. א. װ. I myself, you yourself, he himself, etc. אני בעצמי, אתה בעצמך, הוא בעצמו וכו'.
— ער איז דער אמת אַלײן he is the incarnation of truth הוא איש שחותמו אמת.
אַלײניק m (pl. ־עס) oil-presser בַּדָּד.
אַלײע f avenue, walk שְׂדֵרָה, מַהֲלָכָה (בין שתי שדרות עצים).
אַליעם m sulphuric acid חֻמְצָן־גָּפְרִיתִי.
אַליעמבעק = אַלעמבעק.
אַל־יערליך adj. yearly, annual שְׁנָתִי; || adv. every year, annually מִדֵּי שָׁנָה בְשָׁנָה.
אַלַכסון m diameter; diagonal קֹטֶר.
— א האַלבער אלכסון radius חצי־קטר.
— (geom.) אלכסון פֿון א משולש hypotenuse אלכסון, הצד הארוך במשולש בעל זוית ישרה.
אַלֶכּסַנדר מוקדון npr. Alexander of Macedonia, Alexander the Great –.
אַלכע f (pl. ־ס) alder-tree לִבְנֶה רוֹמִי, אַלְמוֹן.
אַלכעמיסט m (pl. ־ן) alchemist אַלְכִּימַאי.
אַלכעמיע f alchemy אַלְכִּימְיָה.
אַלכעמיקער = אַלכעמיסט.
אַלם m powerful person אָדָם תַּקִּיף.
אַלמאַי adv. why then אִם כֵּן מַדּוּעַ?
אַלמאַכטיג adj. almighty, omnipotent הַכֹּל יָכֹל; || ־קײט f omnipotence יְכֹלֶת כֹּל.
אֵל מָלֵא רַחֲמִים m (pl. ־ס) "merciful God," prayer for the dead אַזְכָּרָה, תְּפִלַּת זִכָּרוֹן לַמֵּתִים.
אַלְמָן m (pl. ־ס, אַלְמָנִים) widower –.
אַלְמָנָה f (pl. אַלְמָנוֹת) widow –.
— א לעבעדיגע אלמנה a grass-widow אלמנה חיה.
אַלמעמער (pl. ־ס) reader's desk (in a synagogue) בִּימָה.

אַלמער m (ם –) closet, case (pl. אָרון, תֵּבָה ושל
ספרים, של בגדים וכד׳).
אַלס .conj when כַּאֲשֶׁר; as כְּמוֹ, כְּ־.
אַלסדינג = אַלצדינג.
אַלע .adj (בײנפ. אַלעמען) all כָּל־, כָּל הַ־; each,
every, all כָּל־; ז. אויך אַל, אַלץ.
— אַלע מענשן all the people כל האנשים.
— אַלע ווײַלע, אַלע טאָג, אַלע יאָר every moment,
every day, every year בכל רגע, בכל יום בכל שנה.
אַלע מאָל = אַלעמאָל.
— מער פֿאַר אַלעמען more than anybody יותר
מכל אדם.
— זײַן נ:ט מיט אַלעמען, ז. אינטער אַלץ.
אַלעמאָל .adv always בְּכָל עֵת, תָּמִיד.
אַלעמבעק m (–ן, – עס .pl) (chem.) alembec
מַצְרֵף, אַבִּיק (כלי לזקוק משקאות).
אַלעם = אַלץ.
אַלערהאַנט, –יִנג = אַלערלײ.
אַלערלײ .adj of all kinds מִכָּל הַמִּינִים.
אָלֶף m (–ן .pl) name of the letter א שֵׁם הָאוֹת א.
— פֿון אַלף ביז תו from Alpha to Omega מראש
עד סוף.
— אָנהײבן פֿון אַלף to start from the beginning
החל מראש (מחדש).
— נ:ט קענען קײַן אַלף to be entirely illiterate
לא ידע קרא וכתב לנמרי.
— נ:ט קענען מאַכן קײַן צלם פֿאַר אַן אַלף, ז. צלם.
אֶלֶף .num (אֲלָפִים .pl) a thousand –.
אֶלֶף־אֲלָפִים m (אַלפי־אֲלָפִים .pl) a thousand
thousands, a million –.
אַלף־בית m (–ן .pl) alphabet, Abece אָלֶף־בֵּית,
אַלְפָא־בֵיתָא; alphabet-table לוּחַ שֶׁל אָלֶף־בֵּית.
— נאָכן אַלף־בית alphabetically על פי סדר האלף־
בית.
אֶלֶף הַשִּׁשִּׁי m (of the the sixth millennium
[Jewish era) –.
— פֿאַרקריכן אין אלף הששי to deviate far from
the point נטה הרבה מן הענין.
אֶלפֿער m (.roubles etc) a thousand אֶלֶף (רו״ב וכד׳).
אֶלֶף פְּעָמִים .phr a thousand times –.
אַלץ .pron (בײנפ. אַלעמען) all, everything,
anything כֹּל, כָּל דָּבָר; ‖ .adv always תָּמִיד; only
רַק; ‖ .conj still, yet עוֹד.
— אַלץ ווײסן, אַלץ האָבן to know everything,
to have everything ידע הכל, היה לאיש כל.
— מער פֿאַר אַלץ most of all יותר מכל.
— בײַ אים איז אַלץ נאָרנישט he does not appreciate
anything כל דבר כאין נחשב בעיניו.
— מיר איז אַלץ אײנס it is all the same to me
אחת היא לי.

— ער טראַכט אַלץ פֿון שפּילן he thinks only of
play המשחק כל מזמותיו.
— ער ליגט נאָך אַלץ אין בעט he is still in bed
עודנו שוכב במטה.
— נאָך אַלץ נ:ט not yet עוד לא.
— אין אַלעמען in all בסך הכל.
— נאָך אַלעמען after all אחרי ככלות הכל, סוף סוף.
— זיך לײגן אין אַלעמען to go to bed in one’s
clothes שכב במטה ובגדיו עליו.
— זײַן נ:ט מיט אַלעמען to be unwell היה קצת חולה.
אַלץ־אײנס, –נער, –נע, –ס .adj the same אותו, אותה;
אֶחָד, אַחַת.
אַלצדינג .pron everything, all כֹּל, כָּל דָּבָר.
אַלקאָהאָל m alcohol אַלְכֹּהָל, כֹּהַל (מיץ יין שרף).
אַלקאָראַן m Koran, Alkoran קֻאֹרָן (תורת מחמד).
אַלקישטײַע f woolen satin אַטְלַס (מין ארג משי חלק).
אַלקישטײַען .adj of woolen satin שֶׁל אַטְלַס.
אַלקישטײַעס m coat of woolen satin בֶּגֶד שֶׁל אַטְלַס.
אַלקער m (ם– .pl) closet, alcove חֶדֶר, קֻבָּה.
אַל־רוסיש .adj all-Russian שֶׁלְּכָל אֶרֶץ רוּסִיָה.
אַלרײטניק m (– עס .pl) (.Am) upstart, parvenu
עָנִי שֶׁנִּתְעַשֵּׁר.
אַל תִּפְתַּח פֶּה לְשָׂטָן .phr give no occasion to
Satan –.
אַם f (– ען .pl) nurse, wet-nurse מֵינֶקֶת.
אַמאי .adv why then? מַדּוּעַ?
אִם אֵין אֲנִי לִי מִי לִי .phr "if I am not for my-
self — who is?," God is with those who
help themselves –.
אַמאָל .adv once, once upon a time פַּעַם אַחַת;
sometimes לִפְעָמִים, לְעִתִּים.
— מ:ט אַמאָל all at once, suddenly פִּתְאֹם.
אַמאָלדיג = אַמאָליג.
אַמאָליג .adj former אֲשֶׁר הָיָה לְפָנִים.
אַמאַליע f enamel צִפּוּי זְכוּכִית.
אַמאַלירן .v. a to enamel צַפֵּה בִזְכוּכִית.
אַמאָניאַק m ammoniac נִשְׁדּוּר (מין מלח).
אַמבאַר m (–ן .pl) storehouse, granary
מְגוּרָה, אָסָם.
אַמביטנע .adj ambitious רוֹדֵף אַחַר הַכָּבוֹד.
אַמביציע f ambition רְדִיפָה אַחַר הַכָּבוֹד, רֶגֶשׁ הַכָּבוֹד,
אַהֲבַת עַצְמוֹ.
אַמבעס m anvil סַדָּן.
אַמבראַ, אַמברע f amber כֹּפֶת הַיַּרְדֵּן, אֶבֶן הַכֹּפֶר, עַנְבָּר.
אַם־געלט n pay of a wet-nurse מַשְׂכֹּרֶת מֵינֶקֶת.
אַמה f (– אַמות .pl) ell, cubit –.
אָמה f the middle finger הָאֶצְבַּע הַתִּיכוֹנָה בַּיָּד.
אִמָּהוֹת .pl mothers, matriarchs, ancestresses –.
אֶמונה f (אֱמוּנוֹת .pl) religion, faith דָּת; faith,
confidence אֵמוּן, בִּטָּחוֹן.

— נאַרישע אמונה הויה fanaticism; superstition אמונה בשוא, הויה.

אֱמונות וְדֵעות *pl.* beliefs and opinions.—

אַמוניציע *f* ammunition הַסְפָּקַת אַנְשֵׁי הַצָּבָא.

אֱמונת־חֲכָמים *f* the faith of the sages.—

אָמורא *m* (*pl.* אֲמוֹרָאִים) one of the Talmudic doctors.—

אַמט *n* (*pl.* —ן) office מִשְׂרָה, פְּקִידוּת.

אַמוסטען = אומושנע.

אם ירצה השם *phr.* if it please God, God willing.—

אַמושנע = אומושנע.

אם כֵּן *conj.* if it be so, if that is the case; then.—

אָמֵן *adv.* amen, verily, truly.—

— זאָגן אָמן (*at prayer*) to say amen אמר אמן (בשעת התפלה); to give one's approval תת הסכמה.

אָמֵן וְכֵן יְהִי רָצוֹן *phr.* amen, and so may be the will of God.—

אָמֵן סֶלָה *adv.* true, may it come true.—

אָמניבוס *m* (*pl.* —ן) omnibus, bus עֲגָלָה לְנוֹסְעִים.

אַמסטער *m* hamster מִין חֹלֶד.

אָמער *adv.* rather, better יוֹתֵר מֵאֲשֶׁר, יוֹתֵר טוֹב; || *conj.* then אִם כֵּן.

— אָמער זאָגט עס אים you had better tell it to him יותר טוב לך להגיד זאת לו.

— אָמער פאַר וואָס גייט ער נישט? why does he not go then? אם כן מדוע לא ילך?

— אָמער מיר אַליין האָבן עס געטאָן why, we ourselves have done it הלא אנחנו בעצמנו עשינו זאת.

אַמעריקאַניש *adj.* American אֲמֵרִיקָנִי.

אַמעריקאַנער *m* American אִישׁ אֲמֵרִיקָנִי.

אַמפערן זיך = האַמפערן זיך.

אַמפערניש = האַמפערניש.

אַמצת־כּוח *f* strength, might.—

אמרו לאלהים *phr.* (*joc.*) "say it unto God," words thrown away דְּבָרִים לְלֹא תוֹעֶלֶת.

אמת *m* truth —; fact עֻבְדָּה; || *pred.* true נָכוֹן; || *adv.* it is true כֵּן הוּא; ז. אויך אָמתער.

— דאָס איז אַן אמת that is a fact עובדה היא.

— דאָס איז אמת that is true זה נכון.

— אין אמתן, אויף צון אמת in reality באמת.

— וואָס אמת איז אמת "what is true is true," it cannot be denied אי אפשר להכחש.

— אמת ער ווייס נישט, אָבער... it is true he does not know, but... כן הוא איננו יודע, אבל...

אמתדיג *adj.* real, true אֲמִתִּי, מַמָּשִׁי.

אמת וְיַצִּיב *adv.* true and firm.—

אמת|ער *adj.* — ע true אֲמִתִּי; truthful דּוֹבֵר אֱמֶת; real, geuine אֲמִתִּי, מַמָּשִׁי.

אַן *indef. art.* (קומט אנשטאט אַ פאַר אַ וואָקאַל) a, an אֶחָד.

— אַן עפּל an apple תפוח אחד.

— אַן איידעלער מענש a noble man איש נדיב.

אָן [1] *prep.* on, at, against עַל; about עַל אודות, עַל דְּבַר; || *adv.* forth הָלְאָה.

— אָנשפּאַרן זיך אָן... to lean on השען על...

— אָפּשלאָגן אָן וואַנט to hit against the wall הכה על הקיר.

— אָן אַ זייט aside הצדה.

— פאַרגעסן אָן... to forget about... שכח את...

— דערמאָנען זיך אָן to remember, think of... זכר את...

— פון אוצט אָן, פון היינט אָן henceforth מעתה, מהיום והלאה.

אָן [2] *prep.* without בְּלִי.

— אָן געלט without money בלי ממון.

— אָן דעם besides חוץ מזה.

אָן [3] *adv.* there שָׁם.

— אָן גייט ער there he goes שם הוא הולך.

— אָן דאָרטן there, yonder שם.

אָנ־ *pref.* on, at עַל־.

אַנאַטאָמיע *f* anatomy מְלֶאכֶת הַנִּתּוּחַ.

אַנאַטאָמירן *v. a.* to anatomise, dissect נַתֵּחַ.

אַנאַטאָמיש *adj.* anatomical שֶׁל נִתּוּחַ.

אַנאַליז *m* (*pl.* —ן) analysis הַפְרָדָה, נִתּוּחַ.

אַנאַליזירן *v. a.* to analyse הַפְרֵד, נַתֵּחַ (דבר לחלקיו).

אַנאַנאַס *m* (*pl.* ן) pine-apple קֹשֶׁט (שם פרי).

אַנאַנד, — ער *adv.* each other, one another זֶה אֶת זֶה, זֶה לָזֶה.

— אַלץ מיט אַנאַנדער the whole thing כל הענין.

— נאָך אַנאַנד = נאָכאַנאַנד.

אַנאָנים *adj.* anonymous בְּלִי שֵׁם, פְּלָאִי, אַלְמוֹנִי.

אָנאַרבעטן *v. a.* to prepare enough הָכֵן הַרְבֵּה; || — זיך *v. r.* to work enough עָבֹד, פָּעֹל הַרְבֵּה; to shit (*vulg.*) עָשׂה צְרָכָיו.

אַנאַרכיזם *m* anarchism הִתְנַגְּדוּת לְשִׁלְטוֹן.

אַנאַרכיסט *m* (*pl.* —ן) anarchist מִתְנַגֵּד לְשִׁלְטוֹן.

אַנאַרכיסטיש *adj.* anarchistic, anarchical שֶׁל הִתְנַגְּדוּת לְשִׁלְטוֹן.

אַנאַרכיע *f* anarchy הִתְנַגְּדוּת לְשִׁלְטוֹן; lawlessness הֶעְדֵּר חֻקִּים; confusion אִי־סְדָרִים.

אַנאַרכיש *adj.* anarchical שֶׁמִּתְנַגֵּד לְשִׁלְטוֹן; lawless בְּלִי חֻקִּים.

אָנבאָט *m* (*pl.* —ן) offer, bid הַצָּעָה, הַצָּעַת מְחִיר.

אָנבאָטונג = אָנבאָט.

אָנבאָטן *v. a.* to offer הַצֵּעַ; to bid הַצֵּעַ מְחִיר; || — זיך

to offer one's services, volunteer *v. r.* הִתְנַדֵּב.

אָנבּאַטרעפֿן to concern *v. a.* נָגֹעַ לְ־.

— וואָס אָנבּאַטרעפֿט as to מה שנוגע ל־.

אָנבּאַלאַנגען = אָנבּאַטרעפֿן.

אָנבאַקן to bake a great deal *v. a.* אָפֹה הַרְבֵּה.

אָנבאָרגן to borrow much *v. a.* לָוֹה הַרְבֵּה.

אָנבויען to build many houses *v. a.* בָּנֹה בָּתִּים רַבִּים.

אָנבויקערן = אָנבוזקערן.

אָנבידעווען זיך to suffer much *v. r.* סָבֹל הַרְבֵּה.

אָנבייגן to bend to *v. a.* כָּפֹף, הַטֵּה אֶל־; ‖ — זיך *v. r.* to bend to נָטֹה אֶל־; to stoop הִתְכּוֹפֵף.

אָנבייזערן זיך to rebuke, reprove *v. n.* גָּעֹר בְּ־, נָזֹף בְּ־.

אָנבייסן to bite at *v. a. n.* נָשֹׁךְ מְעַט; to breakfast אָכֹל אֲרוּחַת בֹּקֶר; ‖ breakfast *n.* אֲרוּחַת בֹּקֶר.

אָנבייקערן to beat, lick *v. a.* הַכֵּה, הַלְקֵה.

— אָנבייקערן אומעצן די ביינער to give a person a drubbing הכה איש בכח.

אָנבינדן to bind, tie, fasten on *v. a.* אָסֹר, קָשֹׁר עַל־.

אָנבלאָזן to puff up, inflate *v. a.* נָפֹחַ וּמַלֵּא; ‖ — זיך *v. r.* to swell, be puffed up הִתְנַפֵּחַ; to pout (*fig.*) זָעֹף, הִתְרַעֵם; to get proud הִמָּלֵא רוּחַ, הִתְגָּאָה.

אָנבליק *m* (*pl.* ן —) look, view הַשְׁקָפָה, מַבָּט; פָּנִים.

אָנבליקן to look at, view *v. a.* הַשְׁקֵף, הַבֵּט עַל־.

אָנבעטן ¹ to request *v. a.* בַּקֵּשׁ, שָׁאֹל; to invite many הַזְמֵן (קְרֹא) אֲנָשִׁים רַבִּים.

אָנבעטן ² to lay on, put on *v. a.* הַצֵּעַ עַל־.

אָנבראָך *m* break (*of day*) הוֹפָעַת הַיּוֹם.

אָנבראַניאיען זיך = אָנבראַקניען זיך.

אָנבראָקן to crumb. crumble *v. a.* פּוֹרֵר, פַּתֹּת.

אָנבראַקניען זיך to swell, be swollen *a. v.* הִתְנַפֵּחַ, צָבֹה.

אָנברוגזן זיך to pout, frown, be angry *v. r.* זָעֹף, הִתְרַעֵם.

אָנברויען to raise, cause (*a quarrel*) *v. a.* עוֹרֵר (ריב).

אָנברייטן to prerare, make ready *v. a.* הָכֵן; ‖ — זיך *v. r.* to prepares, oneself הָכֵן אֶת עַצְמוֹ, הִתְעַתֵּד.

אָנברעכן to break (*in quantity*) *v. a.* שָׁבֹר, שַׁבֵּר (כמות ידועה); to break, dawn הָיֹה אוֹר, הוֹפִיעַ, עָלֹה (השחר).

— אָנברעכן די ביינער to give a drubbing הכה, נתן מהלומות.

אָנברענען to burn (*a dish*) *v. a.* הַקְדֵּחַ (תבשיל); to light (*a cigar*) הַדְלֵק (סיגרה); to heat (*iron*) לַבֵּן (ברזל); ‖ — זיך *v. r.* to be heated הִתְלַהֵט.

אָנברעקלען = אָנבראָקן.

אָנגאַרטלען to gird *v. a.* אָזֹר, חָגֹר.

אָנגורטן to gird *v. a.* אָזֹר, חָגֹר.

— אָנגורטן די לענדן to gird the loins שנס את מתניו.

אָנגיין to arrive, come, appear *v. n. a.* בּוֹא; to proceed הוֹסֵף לַעֲשׂוֹת; to do, be possible הָיֹה אֶפְשָׁר; to be salable הָיֹה אֶפְשָׁר לְהִמָּכֵר; to concern נָגֹעַ לְ־; ‖ — זיך *v. r.* to walk much הָלוֹךְ הַרְבֵּה, טַיֵּל הַרְבֵּה.

— אָנגיין אין מיטנדרינען to appear unexpectedly בוא פתאם.

— אָנגיין מיט דער אַרבעט to proceed with the work הוסף לעשות במלאכה.

— דאָס וועט ניט אָנגיין! this will not do זה אי־אפשר!

— דאָס גייט מיך ניט אָן! this does not concern me! איננו נוגע לי!

אָנגיסן to pour *v. a.* יָצֹק, מָזֹג; to fill מַלֵּא.

אַנגל *m* (*pl.* ען —) fish-hook אַנְקוֹל לָצוּד דָּגִים; hinge ציר (של דלת); muscle of mastication שְׁרִיר הַלְּעִיסָה.

אַננס = אַננאַס.

אַנגסט *m* (*pl.* ן —) anxiety, fear, uneasiness דְּאָגָה, פַּחַד, אִי־מְנוּחָה; anguish יִסּוּרִים.

— האָבן אַנגסט to be afraid ירא.

— אַנגסטן באַשלאָגן מיך I am seized with fear רעד יאחזני.

אַנגסטבאַשלאָגעניש *s.* fear, anxiety פַּחַד, דְּאָגָה.

אָנגעבלאָזן *adj.* inflated נָפוּחַ; puffed up, proud גֵּאֶה; sulky, pouting זוֹעֵף, כּוֹעֵס; ‖ — קייט *f* inflation נִפּוּחַ, הִתְנַפְּחוּת; pride גַּאֲוָה; sulkiness זַעַף, רֹגֶז.

אָנגעבן to give *v. a.* נָתֹן; to present עָרֹךְ, הַגֵּשׁ (בקשה); to carry on עֲשֹׂה פְּרָעוֹת; ‖ — זיך *v. r.* to pass off for הִתְחַפֵּשׂ לְ־, הַצֵּג אֶת עַצְמוֹ בְּתוֹר־; to volunteer הִתְנַדֵּב.

— אָנגעבן מעשים to play mischief עשה פרעות.

— אָנגעבן זיך פֿאַר אַ יון to enlist for military service הרשם בתור חיל.

אָנגעבראַקניעט swollen *adj.* צָבֶה.

אָנגעברוגזט sulky, angry *adj.* זוֹעֵף כּוֹעֵס.

אָנגעברייט = אָנגעגרייט.

אָנגעגרייט ready, prepared *adj* מוּכָן.

אָנגעדראָלן swollen *adj.* צָבֶה; ‖ — ווערן *v. p.* to be swollen הִצָּבֵה, הִתְנַפֵּחַ.

אָנגעהערן to have a relation to *v. n.* הָיֹה נוֹגֵעַ לְ־; to be related to הָיֹה קָרוֹב לְ־; to concern נָגֹעַ לְ־; — זיך *v. r.* ד. ז.

אָנגעווייטיקט painful *adj.* מַכְאִיב.

— אָנגעווייטיקטע פֿראַגע vexed question שאלה מכאיבה.

אָנגעזאַלצן *adj.* salted מָלוּחַ; sad, dull (*fig.*) עָצוּב, עָגוּם.

אָנגעזען *adj.* respectable נִכְבָּד, חָשׁוּב; ‖ —קייט *f* respectability חֲשִׁיבוּת.

אָנגעטאָנענערהייט *adv.* dressed בִּהְיוֹתוֹ לָבוּשׁ, עם בְּגָדָיו עָלָיו.

— נים אָנגעטאָנענערהייט undressed בהיותו ערום, בלי בגדיו עליו.

אָנגעלייגט *adj.* appreciated חָשׁוּב; welcome רָצוּי.

אָנגעלייענט *adj.* well-read שֶׁקָּרָא הַרְבֵּה, בָּקִי; ‖ —קייט *f* knowledge of books יְדִיעָה בִּסְפָרִים, בְּקִיאוּת.

אָנגעלענט *p. p.* leaning נִשְׁעָן, מְסֻבָּה.

אָנגעלערנט *p. p.* learned, experienced לָמוּד, מְנֻסֶּה.

אָנגעמאָלט *adj.* painted מְצֻיָּר; like a painted picture, lifeless כִּתְמוּנָה מְצֻיֶּרֶת, בְּלִי רוּחַ חַיִּים.

— זיצן ווי אָן אָנגעמאָלטער to sit motionless ישב בלי תנועה.

אָנגעמאָסטן *adj.* made to measure עָרוּךְ לְפִי הַמִּדָּה; becoming הוֹלֵם.

אָנגענומען *adj.* accepted מְקֻבָּל, מֻסְכָּם; respectable חָשׁוּב; welcome רָצוּי.

אָנגענעם *adj.* pleasant, agreeable נָעִים, עָרֵב; acceptable מְקֻבָּל.

אָנגענעמען = אָנגענעם.

אָנגעפּיקעוועט *adj.* full, crowded, chock-full מָלֵא, צָבוּר.

אָנגעקלאָג‖טער *m* (*pl.* —טע) accused הַנֶּאֱשָׁם (בדיני נפשות); defendant נִתְבָּע (בדיני ממונות).

אָנגעריכט *adj.* prepared מוּכָן; firm, steadfast חָזָק, קָבוּעַ.

אָנגעשוואָלן *adj.* swoollen נָפוּחַ.

אָנגעשטויסן *adj.* sulky, angry זוֹעֵף, כּוֹעֵס.

אָנגעשטרענגט *adj.* strained מָתוּחַ; tired, weary יָגֵעַ.

אָנגעשלאָגן *adj.* overfilled, crowded מָלֵא, צָבוּר.

אָנגעשמעקט *adj.* with a breath שֶׁיֵּשׁ בּוֹ רֵיחַ שֶׁל־.

— אָנגעשמעקט מיט אפיקורסות infected with heresy שיש בו ריח של מינות.

אָנגעשריי *m* rebuke, reproof גְּעָרָה, נְזִיפָה.

אָנגראָבעווען = אָנראַבעווען.

אָנגראָבן *v. a.* to dig (*in quantity*) חָפֹר (כמות ידועה).

אָנגרוזען *v. a.* to load, lade טָעֹן (על אניה).

אָנגרייטיג *adj.* prepared מוּכָן; liable נוֹטֶה, עָלוּל.

אָנגרייטן *v. a.* to prepare, make ready הָכִין; ‖ —זיך *v. r.* to prepare oneself הָכִין אֶת עַצְמוֹ.

אָנגרייפֿן *v. a.* to grasp תָּפֹשׂ; to attack נָפֹל עַל־, הִתְנַפֵּל עַל־.

אָנגריף *m* (*pl.* —ן) attack, assault הִתְנַפְּלוּת (על אויב).

אָנדאַסן *v. n.* (*sl.*) to siht עָשֹׂה צְרָכָיו (הוצא צואה).

אָנדאָפּטשען = אָנטאָפּטשען.

אָנדודלען *v. a.* to fool, deceive הוֹנוֹת, רַמֵּה.

אָנדולן *v. a.* to weary with much talk הַלְאֵה בְּרֹב דְּבָרִים.

אָנדורען = אָנדולן.

אָנדײַטונג *f* hint, indication רֶמֶז; insinuation רְמִיזָה.

אָנדײַטן *v. a.* to hint רָמֹז; to insinuate רָמֹז.

אָנדינגען *v. a.* to hire שָׂכֹר.

אָנדענק *m* remembrance מַזְכֶּרֶת, זִכָּרוֹן.

אַנדער *pron. indef.* (*pl.* —ע) other אַחֵר; ‖ *abs.* —ער, —ע, —ס (*pl.* —ע) another אַחֵר, שׁוֹנֶה; ‖ *num.* second שֵׁנִי.

— איינער דעם אַנדערן each other זה את זה, זה לזה.

— איינע די אַנדערע one another אלה את אלה, אלה לאלה.

— אַ גאַנץ אַנדער זאַך quite a different matter דבר שונה לגמרי.

— נים קומען איינס צום אַנדערן to be incoherent היה בלי קשור (על דברי איש).

אַנדערהאַלבן = אַנדערטהאַלבן.

אַנדערוואָכן *adv.* on week-days בִּימֵי הַחוֹל.

אַנדערטהאַלבן *num.* one and a half אֶחָד וָחֵצִי.

אַנדערטמאָל *adv.* some other time בְּעֵת אַחֶרֶת.

אָנדערציילן *v. a.* to tell much הַרְבֵּה לְסַפֵּר.

אַנדערש *pron. indef.* other, different אַחֵר, שׁוֹנֶה; ‖ *adv.* otherwise, in a different manner בְּאֹפֶן אַחֵר, לֹא כֵן, שֶׁאֲנִי.

— עפּעס אַנדערש something different דבר אחר.

— נים אַנדערש not otherwise לא באופן אחר.

— ווערן אַנדערש to be changed השתנה.

אַנדערשוואו *adv.* elsewhere בְּמָקוֹם אַחֵר.

אַנדערשט = אַנדערש.

אַנדערשן *v. a.* to change, alter שַׁנֵּה.

אַנדראָגינוס *m* (*pl.* —ן) hermaphrodite, androgyne, androgynos.

אָנדרודלען *v. a.* to incite, instigate גָּרֵה, עוֹדֵד; to make angry הַכְעֵס, הַקְצֵף, הַרְעֵם.

אָנדרוקן *v. a.* to print a great quantity הַדְפֵּס הַרְבֵּה.

אָנדרייען *v. a.* to wind גָּלֹל, סַבֵּב; to swindle הוֹנוֹת, רַמֵּה; to incite עוֹדֵד, גָּרֵה.

— אָנדרייען דעם זייגער to wind the clock כונן את השעון.

— אָנדרייען פֿאַרן אויער to pull by the ear משך באזן.

אַנדרייסען v. a. to cheat, deceive, dupe רִמָּה.
אַנדריקן v. a. to press לָחַץ.
אַנהאָבן v. a. to bear or give birth to many יָלַד בָּנִים רַבִּים.
אַנהאָדעווען v. a. to raise גִּדֵּל; to feed הָזַן.
אַנהאַטען v. a. to accumulate, heap up צָבַר. קִבֵּץ הָכִין לְמַרְבֶּה.
אַנהאַלט m hold אֲחִיזָה; support, point of supprt מִשְׁעָן. סָמָךְ.
אַנהאַלטן v. a. n. to take hold of אָחֹז. הֶחֱזִיק; to continue, last הוֹסִיף הַמְשֵׁךְ; || — זיך v. r. to hold or stick to הֶחֱזִיק בְּ־
— דאָס וועט לאַנג ניט אַנהאַלטן this will not last long ימיו לא יארכו (ימשכו).
אַנהאַלטעניש n support, prop תְּמִיכָה. מִשְׁעָן. סָמָךְ; refuge מִקְלָט. מַחֲסֶה.
אַנהאַנדלען v. a. to buy or purchase much קָנָה הַרְבֵּה.
אַנהאָצקען זיך v. r. to jump enough דָּלַג לְמַדַּי. רָקַד הַרְבֵּה.
אַנהאַקן¹ v. a. to chop at הִתְחִיל לְקַצֵּץ (לַחְטֹב); to cut enough חָטַב דֵּי צָרְכּוֹ; to talk much (sl.) דִּבֵּר הַרְבֵּה.
אַנהאַקן² v. n. to stick, cleave דָּבַק א).
אַנהאָקן v. a. to hook on תָּלָה עַל אֻנְקָל; to reach, get or come to הִגִּיעַ לְ־.
— אַנהאָקן אָן עק וועלט to reach to the end of the world בּוֹא עד קצה תבל.
אַנהאָרעווען v. a. to acquire by toil הִשִּׂיג עַל יְדֵי עָמָל וַעֲבוֹדָה רַבָּה; || — זיך v. r. to toil hard הִלְאָה עַצְמוֹ בַּעֲבוֹדָה.
אַנהויכן v. a. to breathe upon נָשַׁם עַל־.
אַנהוליען זיך v. r. to revel enough הִתְהוֹלֵל הַרְבֵּה.
אַנהייב m beginning, commencement הַתְחָלָה. רֵאשִׁית.
אַנהייבן v. a. to begin, commence הֵחֵל הִתְחִיל; || — זיך v. a. to begin הֻתְחַל.
— אַנהייבן זיך מיט אימעצן to begin a quarrel with a person התחל לריב עם איש.
— עס הייבט זיך גאָר ניט אָן! nothing of the kind! לגמרי לא!
אַנהייבנס n beginning הַתְחָלָה.
אַנהייצן v. a. to heat much הִסִּיק הַרְבֵּה.
אַנהענגען v. a. to hang on תָּלָה עַל־; to burden הֶעֱמִיס עַל־; to impute יִחֵס (איזה דבר לאיש); on סָפַל עַל־; || — זיך v. r. to stick to דָּבַק בְּ־. הִתְדַּבֵּק אֶל־.

א) אין דיקס „שיינע מינקע": „עס וואָרען אים נערעס פּילע שדוכים און קיינער האָט אָנגעהאַקט".

אַנהענגער m adherent, follower הַנִּלְוֶה אֶל־. בֶּן סִיעָתוֹ שֶׁל־. תַּלְמִידוֹ שֶׁל־.
אַנהעפטן v. a. to attach הִדְבִּיק. חִבֵּר. קָשַׁר בְּ־.
אַנו int. now then! הָבָה!
אַנוואוקס m (pl. ן —) growth צְמִיחָה (על דבר); tumor סַפַּחַת. נֶפַח.
אַנוואַלגערן v. a. to pile up, heap up צָבַר; || — זיך v. r to roam about הָיָה נָע וָנָד.
אַנוואַליען v. a. to heap up, pile up צָבַר.
אַנוואָפּענען v. a. to arm זִיֵּן.
אַנוואַקסן v. n. to grow צָמַח; to increase הִרְבָּה.
אַנוואַרעמען v. a. to warm הֵחֵם. חִמֵּם; || — זיך v. r. to get warm הִתְחַמֵּם.
אַנוואַרפן v. a. to throw on הִשְׁלִיךְ עַל־; heap up הִשְׁלִיךְ וְצָבַר; to burden on הֶעֱמִיס עַל־; || — זיך v. r. to be a burden on הָיָה לְמַעֲמָסָה עַל־.
אַנווייזונג f draft הַמְחָאָה.
אַנווייזן v. a. to indicate הוֹרוֹת. רָמוֹז; to issue a draft נָתֹן הַמְחָאָה לְאִישׁ.
אַנווייזער m indicator רוֹמֵז.
אַנוויינען זיך v. r to weep much בָּכָה הַרְבֵּה.
אַנווינקען v. n. to hint, give a hint רָמַז; to wink קָרַץ.
אַנווינטשן v. n. to express one's good wishes to בִּקֵּשׁ טוֹב לְאִישׁ; to congratulate בֵּרֵךְ.
אַנווינטשעווען = אַנווינטשן.
אַנוויקלען v. a. to wind on כָּרַךְ עַל־.
אַנווענדן v. a. to use, employ הִשְׁתַּמֵּשׁ בְּ־.
— אָנווענדן אַלע כּוחות to exert oneself to the utmost התאמץ בכל כחו. ינע בכל מאמצי כחו.
אַנווערונג f losing, loss אֲבֵדָה. אִבּוּד.
אַנווערכעווען v. a. to fill to the brim מִלֵּא עַד הַשָּׂפָה.
אַנווערן v. a. to lose אִבֵּד.
אַנומעלט adv. some time ago לִפְנֵי זְמַן קָצָר. מִקָּרוֹב.
אַנוס m (pl. אֲנוּסִים) one who is forced to do something; — marano (מראנוס בספרד).
אֲנוּסָה f (pl. אֲנוּסוֹת) dishonored woman, raped — woman.
אַנוסטן = אַנומעלט.
אַנזאָג m announcement, message בְּשׂוֹרָה.
אַנזאָג־געלט n reward for bringing good news שְׂכַר בְּעַד בְּשׂוֹרָה טוֹבָה.
אַנזאָגן v. a. to tell much אָמֹר אוֹ סַפֵּר הַרְבֵּה; to announce בִּשֵּׂר; to warn הִזְהִיר; to charge, order צִוָּה.
אַנזאָגער m messenger מְבַשֵּׂר.
אַנזאַטלען v. a. to saddle חָבַשׁ (סוס או חמור); (fig.) to burden הֶעֱמִיס עַל־.

אַנזאָלען to cause worry *or* grief *v. n.* צער. נָתֹן דְּאָגָה בְּלֵב אִישׁ.
— עס איז אום אַנגעזאָלעט אויפֿן הארצן he is out of sorts הנהו עצוב רוּח.
אַנזאַלצן to salt sufficiently *v. a.* הַמְלֵחַ דֵּי צָרְכּוֹ; to harm a person, play a person a (*fig.*) trick הַזֵּק לְאִישׁ, עָשֹׂה עֲלִילָה בְּאִישׁ.
אַנזאַמלען to accumulate *v. a.* to gather ;אָסֹף; צָבֹר;|| — זיך *v. r.* to be accumulated הִצָּבֵר.
אַנזאַפּן to imbibe *v. a.* סָפֹג.|| — זיך *v. r.* ד. ז.
אַנזויפֿן זיך to drink oneself full *v. r.* שָׁתֹה לִרְוָיָה. שָׁכֹר.
אַנזייגן to suckle, give suck *v. a.* הֵינִיק;|| — זיך *r. r.* to have enough of sucking יָנֹק דֵּי צָרְכּוֹ.
אַנזופּן זיך to sup *or* sip enough *v. r.* לָעֹט לְמַדַּי; to drink much שָׁתֹה הַרְבֵּה.
אַנזידלען to scold *v. a.* to inveigh ;גָּעֹר בְּ־; נַזֵּה.
אַנזידן to form by boiling *v. n.* רָתֹחַ וְהַעֲלֵה זֻהֲמָא.
אַנזייפֿן to soap *v. a.* מָרֹחַ בְּבֹרִית. סַבֵּן; to make a person wait long הַכְרֵחַ אִישׁ לְהַמְתִּין זְמַן רַב;|| — זיך *v. r.* to soap oneself סַבֵּן אֶת עַצְמוֹ.
— אַנזייפֿן אַ מאָרדע (*sl.*) to give it to a person גער בּ־. נזף בּ־.
אַנזיכט *f* (*pl.* — ן) view מַרְאֶה; דְּמוּת. צוּרָה; opinion דֵּעָה. דַּעַת. סְבָרָה.
אַנזיכטיג visible, conspicuous *adj.* נִרְאֶה. נִכָּר. חָשׁוּב;|| — קייט *f* visibleness, conspicuousness חֲשִׁיבוּת.
אַנזיפּן to sift enough *v. a.* הָבֵר הַרְבֵּה.
אַנזעטיגונג *f* satiation שְׂבִיעָה. שֹׂבַע.
אַנזעטיגן to satiate *v. a.* הַשְׂבֵּעַ. רַוֵּה;|| — זיך *v. r.* to be satiated שָׂבוֹעַ.
אַנזעטן = אַנזעטיגן.
אַנזעהן to see *v. a. n.* ראֹה; to look at הַבֵּט. הִסְתַּכֵּל בְּ־; to consider הָשֹׁב לְ־;|| — זיך *v. r.* to see much רָאֹה הַרְבֵּה; to be significant, be of consequence הָיֹה חָשׁוּב. הָיֹה מְפוּרְסָם;|| *n* sight, look, appearance מַרְאֶה. דְּמוּת. צוּרָה; respect חֲשִׁיבוּת.
— איך קען אים נים אַנזעהן I cannot bear the sight of him מואס אני להסתכל בפניו. לא אוכל נשוא אותו.
— אַנזעהן פֿאַר אַ משוגענעם to consider a person crazy חשב איש למשוגע.
— אַנזעהן די וועלט to see the world ראה את העולם.
אַנזעציג settled, domiciled *adj* יוֹשֵׁב בְּמָקוֹם. מִשְׁתַּקֵּעַ.
אַנזעעוודיג conspicuous, visible, *adj.* נִרְאֶה. נִכָּר; considerable חָשׁוּב; good-looking יְפֵה תֹאַר.

אַנזעץ *m* bankruptcy, failure שְׁמִטַּת חוֹב. פְּשִׁיטַת הָרֶגֶל לְנוֹשִׁים.
אַנזעצן to seat many *v. a.* הוֹשֵׁב אֲנָשִׁים רַבִּים; to fail, become bankrupt שָׁמֹט חוֹב. פָּשֹׁט הָרֶגֶל לְנוֹשִׁים;|| — זיך *v. r.* to attach oneself to דָּבֹק. אָחֹז. תָּפֹשׂ בְּ־ (באדם. בדבר); not to leave alone לֹא הַרְפֵּה מִ־; to settle הִשְׁתַּקֵּעַ.
אַנזעצער *m* bankrupt פּוֹשֵׁט הָרֶגֶל.
אַנחזירן to fill with dirt *v. n.* מַלֵּא רֶפֶשׁ או צוֹאָה.
אַנחֶשבונען = אָנרעכענען.
אַנחתמענען to sign, seal *v. a.* חָתֹם.
אַנטאַב = טאַפּ.
אַנטאַבע *f* haft, handle אֹגֶן. נִצָּב.
אַנטאָן to do *v. a.* עָשׂה. גָּרֹם; to don, put on (*clothes*) לָבֹשׁ;|| — זיך *v. r.* to dress oneself לָבֹשׁ;|| *n* dress, attire לְבוּשׁ.
— אַנטאָן שאָדן to do damage נרם הזק. הפסד.
— אַנטאָן יסורים to inflict pain ענה. צער.
— אַנטאָן זיך אַ מעשה to commit suicide אבד עצמו לדעת.
אַנטאַסעווען to heap up, pile up *v. a.* צבר; to fill, cram מַלֵּא.
אַנטאַפּן to feel *v. a.* מַשֵּׁשׁ.
אַנטאַפּטשען to fill, fill up *v. a.* מַלֵּא
אַנטגײן to avoid, elude, escape *v. a.* סוּר מִ־. הִמָּלֵט.
אַנטדעקונג *f* discovry גִּלּוּי. הִתְגַּלּוּת.
אַנטדעקן to discover *v. a.* גָּלֹה. גַּלֵּה.
אַנטדרימלט ווערן = אַנטדרימלען.
אַנטדרימלען to fall asleep *v. a.* הֵרָדֵם.
אַנטהאַלטן to contain *v. a.* הָכֵל. כַּלְכֵּל;|| — זיך *v. r.* to be contained הִכָּלֵל. הָיֹה נִכְלָל בְּ־.
אַנטוויינען to wean from *v. a.* הַעְתֵּק מִשָּׁדַיִם; = אָפּגעוויינען.
אַנטוויקלונג *f* development הִתְפַּתְּחוּת.
אַנטוויקלען to develop *v. a.* פַּתֵּחַ;|| — זיך *v. r.* to devolop, be developed הִתְפַּתֵּחַ.
אַנטופּען זיך to stamp with the feet *v. n.* רָקֹעַ בְּרַגְלַיִם; to do much walking הָלוֹךְ עַד לְהִלָּאוֹת.
אַנטזאַגונג *f* refusal מֵאוּן. הֲשָׁבַת פְּנֵי אִישׁ רֵיקָם.
אַנטזאָגן to refuse *v. a.* מָאֵן. הָשֵׁב פְּנֵי אִישׁ רֵיקָם.
אַנטיקטשנע excellent, magnificent *adj.* מְצֻיָּן. נֶהְדָּר;|| — קייט *f* excellence, magnificence הִצְטַיְּנוּת. הֲדָר.
אַנטי־יידיש anti-Jewish *adj.* שֶׁמִּתְנַגֵּד לַיְּהוּדִים.
אַנטייל *m* part, share חֵלֶק. שֻׁתָּפוּת.
— נעמען אַנטייל to participate השתתף בּ־.
אַנטיילן to deal out *v. a.* חַלֵּק לְ־.
— אַנטיילן צרות to give much trouble הבא צרות רבות.

אַנטיליעריע = אַרטילעריע.

אַנטיליערסקע = אַרטילערסקע.

אַנטיסעמיט m (pl. –ן) anti-Semite, Jew-baiter שׂוֹנֵא בְנֵי שֵׁם, צוֹרֵר הַיְהוּדִים.

אַנטיסעמיטיזם m anti-Semitism שִׂנְאַת בְּנֵי שֵׁם, שִׂנְאַת הַיְהוּדִים.

אַנטיסעמיטיש adj. anti-Semitic שֶׁל שׂוֹנְאֵי בְנֵי שֵׁם, שֶׁל צוֹרְרֵי הַיְהוּדִים.

אַנטיק m (pl –ן) relic דָּבָר עַתִּיק; rarity דָּבָר יָקָר הַמְּצִיאוּת; ‖ = pred. = אַנטיטשנע.

אַנטיקל n something rare, something exquisite דָּבָר יָקָר הַמְּצִיאוּת, דָּבָר מְצֻיָּן.

אַנטיק‖סוחר m (pl. –סוחרים) antiquary סוֹחֵר שֶׁל דְּבָרִים עַתִּיקִים.

אַנטישען זיך = אַנטשעשען זיך.

אַנטל m (pl. –ען) wine barrel חָבִית לְיַיִן.

אַנטלויפֿן v. n. to run away, escape נוּס, בָּרֹחַ, הִמָּלֵט.

אַנטלײַען v. a. to borrow, lend from לָוֹה מ־; to lend הַלְוֵה.

אַנטפֿאַלן v. n. to escape הִמָּלֵט, הֵעָלֵם; ‖ – ווערן v. a. ד. ז.

— עס איז מיר אַנטפֿאַלן דער מאַמעס מילך (אַנטפֿאַלן געוואָרן דאָס געווּנט) I was greatly terrified נבהלתי מאד.

אַנטפֿאַנגען v. a. to take, receive קַבֵּל; to begin הַתְחֵל.

אַנטפּלעקונג f revelation הִתְגַּלּוּת; discovery תַּגְלִיָּה.

אַנטפּלעקן v. a. to reveal גַּלֵּה; to discover גַּלֵּה; ‖ – זיך v. r. to reveal oneself הִתְגַּלֵּה.

אַנטצינדונג f inflammation דַּלֶּקֶת.

אַנטצינדן v. a. to inflame הַדְלֵק, קְדֹחַ; ‖ – זיך v. r. to be inflamed הִתְלַהֵט.

אַנטציקונג f rapture, ecstasy שִׂמְחַת גִּיל, הִתְפַּעֲלוּת.

אַנטציקט adj. enraptured, delighted מָלֵא שִׂמְחָה.

אַנטציקן v. a. to enrapture מַלֵּא שִׂמְחָה.

אַנטקעגן prep. against נֶגֶד; in front of נֹכַח; toward לִקְרַאת; in regard to, over-against; in comparison with בְּעֶרֶךְ אֶל־; בְּנוֹגֵעַ לְ־; ז. אויך אַקעגן.

— אַרויסגיין אומעצן אַנטקעגן to go out to meet a person יצא לקראת איש.

— שטעלן זיך אַנטקעגן אומעצן to oppose a person התיצב נגד איש.

— רעדן אַנטקעגן to contradict התנגד, סתר (דברי איש).

— טראָגן אַנטקעגן (fig.) to give readily נתן בנפש חפצה.

אַנטקעגנדיג adj. opposite, lying opposite אֲשֶׁר מוּל, אֲשֶׁר נֹכַח; opposing מִתְנַגֵּד.

אַנטראָגן v. a. to carry, bring נָשֹׂא, הָבֵא.

אַנטרויען v. a. to entrust הַפְקֵד בְּיַד־; to trust הַאֲמֵן בְּ־.

אַנטרונען ווערן v. p. to escape הִמָּלֵט, נוּס, בָּרֹחַ.

אַנטרײַבן v. a. to drive (horses) דַּפֵּק, הָרֵץ (סוּסִים); to urge, spur on עוֹרֵר, הָאֵץ.

אַנטרײַבער m driver רַכָּב, עֶגְלוֹן.

אַנטרייסלען v. a. to shake נַעְנֵעַ; to drop by shaking הַפֵּל עַל יְדֵי נִעְנוּעַ.

אַנטרײַען v. a. (Am.) to try on לָבֹשׁ בֶּגֶד לְנַסּוֹתוֹ.

אַנטרינונג f escape מְנוּסָה, בְּרִיחָה.

אַנטרינען v. n. (p.p. אַנטרונען) to escape נוּס, בָּרֹחַ.

אַנטרינקען to give to drink הַשְׁקֵה; to make drunk שַׁכֵּר; ‖ – זיך v. r. to drink one's fill שָׁכֹר, שָׁתֹה לִרְוָיָה.

אַנטריפֿן v. a. to drip on טַפְטֵף עַל־, טַפְטֵף לְתוֹךְ־.

אַנטרעטן v. a. to tread on רָמֹס עַל־.

— אומעצן גראָב אַנטרעטן to treat a person roughly התנהג עם איש באופן גס.

אַנטרעסען = אַנטרייסלען.

אַנטרעפֿן v. a. to find, meet, hit, strike מָצֹא, פָּגֹשׁ; ‖ – זיך v. r. to meet הִפָּגֵשׁ.

אַנטשווייגן ווערן v. p. to become silent הֵאָלֵם, הִשְׁתַּתֵּק.

אַנטשווינדן v. n. to diappear הֵעָלֵם.

אַנטשולדיגונג f excuse סְלִיחָה, מְחִילָה; apology הִצְטַדְּקוּת, הִתְנַצְּלוּת.

אַנטשולדיגן v. a. to excuse סְלֹחַ, מְחֹל; ‖ – זיך v. r. to apologise הִצְטַדֵּק, הִתְנַצֵּל.

אַנטשטייאונג f coming into existence הִתְהַוּוּת; origin, rise מוֹצָא.

אַנטשטיין v. n. (p. p. אַנטשטאַנען) to come into existence הִתְהַוֵּה; to originate, take rise יָצֹא מִ־, צָמֹחַ מִ־; to curdle (of milk in the breasts) הִקָּרֵשׁ, הִקָּפֵא (חלב בשדים).

אַנטשיידונג f decision גְּמַר, הַחְלָטָה; פְּסַק דִּין.

אַנטשיידן v. a. to decide גְּמֹר בְּדַעְתּוֹ, הַחְלֵט; פַּסֵּק.

אַנטשלאָסן adj. resolute אַמִּיץ לֵב; ‖ – קייט f resolution אֹמֶץ לֵב.

אַנטשלאָפֿן ווערן v. n. to fall asleep יָשֹׁן, הֵרָדֵם.

אַנטשליסונג f resolution, decision גְּמַר.

אַנטשליסן זיך v. r. to decide, resolve, make up one's mind גְּמֹר בְּדַעְתּוֹ.

אַנטשעפּען v. a. to hang on, hook תָּלֹה בְּ־, רַכֵּס; ‖ – זיך v. r. to stick הִדָּבֵק בְּ־; to pick a quarrel הִתְאַנֵּה.

אַנטשעשען זיך v. r. to amuse or divert oneself sufficiently הִשְׁתַּעֲשֵׁעַ לְמַדַּי.

אַנטשפּוזן v. a. to betroth אָרֵשׂ; to espouse נָשֹׂא אִשָּׁה.

אַניאָגן v. a. to overtake רְדֹף וְהַשֵּׂג, הַדְבֵּק; ‖ – זיך v. r. to run a long time רוּץ זְמַן רַב.

— אָניאָגן אַ מורא to strike terror into a person הפל אימה על איש.

אַנידער *adv.* down לְמַטָּה.

אַנידער־ *pref.* down לְמַטָּה.

אַנידערוואַרפֿונג *f* throwing down הַשְׁלָכָה, הַפָּלָה לְמַטָּה.

אַנידערוואַרפֿן *v. a.* to throw down הַשְׁלֵךְ, הַפֵּל לְמַטָּה; ‖ — זיך *v. a.* to throw oneself down הִשָּׁלֵךְ לְמַטָּה, נְפֹל לְמַטָּה.

אַנידערזעצן *v. a.* to seat a person הוֹשֵׁב אִישׁ; ‖ — זיך *v. r.* to sit down יָשֹׁב.

אַנידערלייגן *v. a.* to put down שִׂים לְמַטָּה; **to lay** down הַנִּיחַ.

אַנידערפֿאַלן *v. n.* to fall down נְפֹל לְמַטָּה; to prostrate oneself נפל וְהִשְׁתַּחֲוֵה.

אַנידערשטעלן *v. a.* to put, place שִׂים, הַנִּיחַ.

אֲנִי הֶעֱשַׁרְתִּי אֶת אַבְרָם *phr.* I have made Abram rich.—

—זאָגן אני העשרתי את אברם to boast of having done a person a favor התפאר בעשות חסד עם איש.

אַניט *adv.* if not, or else, otherwise אִם לֹא, בִּלְעֲדֵי זֹאת.

אֲנִי־מַאֲמִין *s.* (*pl.* ־ם) "I believe," belief, creed עִקָּר, יְסוֹד (של אמונה או רעיון).

אַניע *adv.* not at all לְגַמְרֵי לֹא.

אֲנִי שְׁלֹמֹה *phr.* I am King Solomon.—

אָנכאַפּ *m* attack הִתְנַפְּלוּת עַל־; example, instance מָשָׁל, דּוּגְמָא.

אָנכאַפּן *v. a.* to seize, lay hold of חָטֹף, תָּפֹשׂ; to contract many debts לְוֵה הַרְבֵּה; to give an instance נְתֹן דּוּגְמָא; ‖ — זיך *v. r.* to be eager הִשְׁתּוֹקֵק מְאֹד; to ignite הִדָּלֵק; to fly in a passion הִתְקַצֵּף, הִתְרַגֵּז.

— אָנכאַפּן ביים האַרצן to touch a person to the quick נגע עד הנפש.

אָנכאַפּער *m* grabber חוֹטֵף; borrower who does not pay his debts לֹוֶה שֶׁאֵינוֹ מְשַׁלֵּם.

אָנכלאַפּאָטשען זיך *v. r.* to be in a great bustle יְגַע הַרְבֵּה.

אָנכראַקען *v. n.* to hawk and spit כַּחֵחַ וְיָרֹק הַרְבֵּה; to cover with spittle כַּסֵּה בְּרֹק.

אָנלאַדניעווען *v. a.* to pile, heap up צָבֹר.

אָנלאָדן *v. a.* to load טְעֹן, הַעֲמֵס; to charge (*a gun*) טְעֹן (קנה רובה).

אָנלאָדעווען = אָנלאָדן.

אָנלאָזן *v. a.* to let in נְתֹן, שִׂים בְּ־; to emit a stench הוֹצֵא רֵיחַ רָע (מהאחורים).

אָנלאַכן *v. n.* to laugh צְחֹק; ‖ — זיך *v. r.* to laugh much צְחֹק הַרְבֵּה.

אָנלויבן *v. a.* to praise much הַרְבֵּה לְהַלֵּל.

אָנלויף *m* run, rush מֵרוֹץ, מְרוּצָה.

אָנלויפֿן *v. n.* to run in, rush in מַהֵר לָרוּץ אֶל־; שְׁטֹף אֶל־ (מים); to come running בּוֹא בִּמְרוּצָה; to run into הִתְנַגֵּשׁ בְּ־; to make an irruption עֲלֵה עַל־ הִתְנַפֵּל עַל־ (אויב); to swell הִתְנַפֵּחַ, הִתְבַּלֵּט; ‖ — זיך *v. r.* to do much running רוּץ הַרְבֵּה; to run together, flock הִקָּבֵץ בִּמְרוּצָה.

— אָנלויפֿן זיך די פֿיס to tire one's feet by running הלאה את רגליו במרוצה.

אָנליאַפּען *v. a.* to pour on יְצֹק עַל־; to pour much יְצֹק הַרְבֵּה.

אָנלייגן *v. a.* to put on, lay on שִׂים עַל־; heap up, store צָבֹר; ‖ — זיך *a. r.* to lean upon הִשָּׁעֵן עַל־; to become a burden on הֱיֵה לְמַשָּׂא עַל־.

— אָנלייגן וועג to go about, go out of one's way הסב דרכו, עשה דרכו באריכות.

— אָנלייגן מיטן קאָפּ to die מות; to slave one's life out הונע את עצמו בעבודה קשה.

אָנליידן זיך *a. r.* to suffer much סְבֹל הַרְבֵּה.

אָנלייטן *v. a.* to solder to לַחֵם, רַתֵּךְ (דבק בבדיל).

אָנלייען *v. a.* to lend much הַלְוֵה הַרְבֵּה; to borrow much לְוֵה הַרְבֵּה.

אָנלייענען זיך *v. r.* to read much קְרָא הַרְבֵּה.

אָנליעפּען *v. a.* to stick upon הַדְבֵּק עַל־; ‖ — זיך *v. r.* to stick to הִדָּבֵק בְּ־.

אָנלענען *v. a.* to lean, support סְמֹךְ, תְּמֹךְ; ‖ — זיך *v. r.* to lean הִשָּׁעֵן.

אָנלערנען *v. a.* to teach, instruct הוֹרוֹת, לַמֵּד; to give a person a lesson הוֹכֵחַ לְאִישׁ; ‖ — זיך *v. r.* to learn much לְמֹד הַרְבֵּה; = אָפּלערנען זיך.

אָנמאַטערן זיך *v. r.* to torment oneself, suffer much הֵעָנֵה, סְבֹל לְמַדַּי.

אָנמאַכט = אוממאַכט.

אָנמאַכן *v. a.* to make, prepare עֲשֵׂה, הָכֵן; to occasion, cause גְּרֹם, הָסֵב; to soil, dirty לַכְלֵךְ, טַנֵּף; to shit (*vulg.*) עֲשֵׂה צְרָכָיו, הוֹצֵא צוֹאָה.

— אָנמאַכן חובות to contract many debts לוה הרבה.

— אָנמאַכן אין הויז to dirty the house טנף את הבית, עשה אי סדרים בבית.

— אָנמאַכן אין די הויזן to shit in one's breeches עשה צרכיו במכנסיו.

אָנמאָלן[1] *v. a.* to grind much טְחֹן הַרְבֵּה.

אָנמאָלן[2] *v. a.* to paint on צַיֵּר עַל־.

אָנמאָרדעווען זיך *v. r.* to tire, weary oneself הִתְיַגֵּעַ.

אָנמוטן *v. a.* to ask a person to do something בַּקֵּשׁ מֵאִישׁ לַעֲשׂוֹת דָּבָר.

אָנמוטשען *v. a.* to torment ענה, צער; ‖ — זיך *v. r.* to torment oneself התענה.

אָנמוליען *v. a.* to pinch, hurt לחץ, פצע.

אָנמידן זיך *v. r.* to fatigue *or* tire oneself התיגע.

אָנמײַקעװען, — ענען *v. n.* to vomit full הקא, מלא קיא.

אָנמיסטיגן *v. a.* to fill with rubbish מלא אשפה.

אָנמישן *v. a.* to mix בלל.

אָנמלאכהן *v. n.* to shit (*vulg.*) עשה צרכיו.

אָנמעלדונג *f* announcement, notice הודעה.

אָנמעלדן *v. a.* to announce, notify בשר, הודיע; ‖ — זיך *v. r.* to present oneself התיצב לפני־.

אָנמעלקן *v. a.* to milk full חלב די צרכו.

אָנמעסטן *v. a.* to measure ערך לפי המדה; to try on (*cothes*) נסה (בגד); to deceive, cheat רמה; ‖ — זיך *v. r.* to dare הרהב עז, העז.

אָנמערקונג *f* remark, note הערה, הגהה.

אָנמערקן *v. a.* to remark, observe הער; to annotate הגיה.

אָננעמען *v. a.* to grasp, take hold of, seize אחז תפש; to accept קבל; to adopt לקח לו־, קבל; to embrace קבל (אמונה); to assume, think שער, חשב; ‖ — זיך *v. r.* to undertake קבל על עצמו; to defend, take a person's part הגן על־, עמד לימין־; to take root (*of a plant*) השתרש; to be infected with, catch (*a disease*) חלה מחלה מתדבקת; to fall to a person's share נפל בגורל איש, היה חלקו.

— עס האָט אים אָנגענומען אַ שרעק he was seized with fright רעדה אחזתהו.

— אָננעמען זיך צו אימעצן to infect a person הדבק (מחלה) באיש.

אָננעצן *v. a.* to wet *or* moisten הרטב; ‖ — זיך *v. r.* to be moistened הרטב.

אָנסטראַשען *v. a.* to threaten, intimidate הפחד, איים על־.

אָנסטרױ *m* air פנים.

— מאַכן דעם אָנסטרױ to put on airs העמד פנים כאלו.

אָנסטרויען *v. a.* to tune (*a musical instrument*) כונן (כלי נגינה); to incite (*fig.*) עורר, הסת.

אָנסיכה *f* "I will make libation," a prayer said on Rosh-hashanah תפלה הנאמרת בראש השנה.

— בײַטן אָנסיכה אויף אהללה, ז. אַהללה.

אָנסמאַרקען, אָנסמאָרקען *v. a.* to fill with snivel מלא ריר האף.

אָנסמיליעװען *v. a.* to wax, cover with wax דנג, משח בדונג.

אָנסקאַלען *v. a.* to chip, split בקע, פקע.

אָנסקראָבען *v. a.* to scrape גרד.

אָנעט = אָן (נאָך אַ ציטװאָרט).

— ער גייט אָנעט (ער גייט אָן) he carries on הוא עושה פרעות.

אָנעטשע *f* rag סמרטוט, סחבה.

אָנעסן *v. a.* to eat אכל; ‖ — זיך *v. r.* to eat one's fill אכל דיו.

אָנעצע = אָנעטשע.

אָנעקלען *v. a.* to disgust גרם געל נפש לאיש.

אָנעקסירן *v. a.* to annex חבר, קשר (מדינה חדשה למדינה ישנה).

אָנערקענונג *f* acknowledgment, recognition הודאה הכרת טובה.

אָנערקענען *v. a.* to acknowledge, recognise הודה, הכר טובה.

אָנפּאַטשן *v. a.* to slap a person's face סטר איש על הלחי.

אָנפּאַטשקען *v. n.* to dirty, soil לכלך, טנף; ‖ *v. a. n.* to scribble כתב באופן גרוע.

אָנפּאָיען *v. a.* to give to drink, water השקה.

אָנפאַל *m* attack, assault התנפלות (על אויב); fit, paroxysm אחיזה (של מחלה).

אָנפאַלן *v. n.* to fall upon נפל, התנפל על־.

אָנפאַנג *m* beginning התחלה, ראשית.

אָנפאַנגען *v. a.* to begin, commence החל, התחל.

אָנפאַנגער *m* beginner מתחיל.

אָנפּאַסטן, אָנפּאַסן *v. a.* to fit כונן (דבר לדבר); to try on (*chothes*) נסה (בגד).

אָנפּאַשען *v. a.* to feed האכל, רעה; to fatten פטם; ‖ — זיך *v. r.* to eat one's fill אכל למדי.

אָנפּאַסקודיען *v. n.* to soil, dirty לכלך, טנף; to shit עשה צרכיו, הוצא צואה.

אָנפּאַקן *v. a.* to pack חבש; to cram, fill מלא; to heap up, pile up צבר; ‖ — זיך *v. r.* to gorge oneself with food שבע עד לזרא.

אָנפּאָרמעװען *v. a.* to train חנך, למד; to incite עורר (לעשות דבר).

אָנפאָרן *v. n.* to come up (*in a carriage*) הלוך וקרב (ברכב); to use, treat התנהג עם־.

— אימעצן גראָב אָנפאָרן to use one roughly התנהג עם איש באופן גס.

אָנפּאַרען *v. a.* to steam החם בהבל; to fill with steam מלא אד (הבל).

אָנפּאַשען = אָנפּאַסען.

אָנפּודערן *v. a.* to powder זרה אבק על־.

אָנפוילן *v. n.* to begin to rot, to rot a little החל לרקב, רקב מעט.

אָנפּוישן *v. a.* to swell, puff up נפח; ‖ — זיך *v. r.* to swell, be puffed up התנפח.

אָנפּוליען *v. a.* to fill *or* cover with dust אבק.

אָנפּומפּען *v. a.* to pump דלה (מים).

אָנפײַלן *v. a.* to begin to file החל לשפשף (בשופין).

אָנפײַערן to inflame *v. a.* הַלְהֵב.

אָנפײַפן to whistle much *v. a.* חַלֵּל (שָׁרֹק) הַרְבֵּה; to cheat, deceive (*fig.*) רַמֵּה הונות.

אָנפילן to fill *v. a.* מַלֵּא; to stuff מַלֵּא.

אָנפיקן to peck at *v. a.* נַקֵּר בְּחַרְטוּמוֹ בְּ־.

אָנפיקעווען to fill, crowd *v. a.* מַלֵּא.

אָנפירונג leadership, direction *f* הַנְהָגָה, הַנְהָלָה.

אָנפירן to bring much *v. a.* הָבֵא הַרְבֵּה; to lead, direct נָהֵג, נַהֵל; to deceive, disappoint הָפֵר הַבְטָחָתוֹ.

אָנפישן to piss *v. a.* הַשְׁתֵּן.

אָנפלאָדיען to bring forth *v. a.* הוֹצֵא, יָלֹד; to be prolific יָלֹד לָרֹב הַפָּרֵה.

אָנפלאָנטערן to tangle *v. a.* סַבֵּךְ, בַּלְבֵּל.

אָנפלאַפּלען = אָנפלוידערן.

אָנפלוידערן to chatter, talk nonsense *v. n.* פַּטְפֵּט, דַּבֵּר הֲבָלִים.

אָנפליִען to approach flying *v. n.* עוּף וְקָרֹב.

אָנפלעכטן to twist on *v. a.* קָלֹעַ וְחַבֵּר אֶל־.

אַנפלעקן = אָנטפלעקן.

אָנפּנימען to look at a person *v. a.* הַבֵּט בִּפְנֵי אִישׁ.

אָנפעלצן to clothe heavily *v. a.* לָבֹשׁ בְּגָדִים רַבִּים.

אָנפעפערן to pepper much *v. a.* זָרֹה פִּלְפְּלִים לָרֹב.

אָנפּראַטשען to put by a large quantity *v. a.* שִׂים לְמִשְׁמֶרֶת טָמֹן צָפֹן בְּמִסְפָּר רָב.

אָנפּראָפּן to fill, cram, stuff *v. a.* מַלֵּא.

אָנפרײען זיך to rejoice much *v. r.* שָׂמֹחַ הַרְבֵּה, שָׂבֹעַ שְׂמָחוֹת.

אָנפּרינדען to dress, bedeck, adorn *v. a.* קַשֵּׁט (בבגדים נאים).

אָנפרירן to freeze a little *v. a.* קָפֹא מְעַט; ‖ — זיך to freeze through *v. r.* קָפֹא כָּלִיל מִקֹּר.

אָנפרעג inquiry *m* חֲקִירָה וּדְרִישָׁה.

אָנפרעגן to inquire *v. a.* חָקֹר וְדָרֹשׁ; ‖ — זיך *v. r.* ד. ז.

— אָנפרעגן זיך אַ קלאַפּאַט to bring a misfortune upon oneself הבא צרה על עצמו.

אָנפרעסן to eat *v. a.* אָכֹל; ‖ — זיך *v. r.* to gorge oneself with food, glut oneself שָׂבֹעַ עַד לְזָרָא.

אָנצאַפּן to tap, draw *v. a.* בָּרֹז (כשקה).

אָנצאַצקען זיך to divert oneself much *v. r.* הִשְׁתַּעֲשֵׁעַ הַרְבֵּה (עם דבר חביב, עם ילד).

אָנצוג suit of clothes (*pl.* ן —) *m* חֲלִיפַת בְּגָדִים.

אָנצוהערן ־ געבן to hint *a. n.* רָמֹז.

אָנצוהערעניש hint *n* רֶמֶז; insinuation רֶמֶז מַעֲלִיב.

אָנצוהערנס = אָנצוהערעניש.

אָנצײכענונג mark *f* רְשִׁימָה; drawing שִׂרְטוּט.

אָנצײכענען to mark *v. a.* רָשֹׁם; to draw רָשֹׁם, שַׂרְטֵט.

אָנצײלן to count a great number *v. a.* מָנֹה סַפֵּר לָרֹב.

אָנצינדן to kindle, set on fire *v. a.* הַצֵּת; to inflame הַלְהֵב (רוח איש); light (*a candle*) הַדְלֵק (נר); ‖ — זיך *v. r.* to ignite הִדָּלֵק; to fly in a passion (*fig.*) הִתְקַצֵּף, הִתְרַגֵּז.

אָנציִען to stretch, strain *v. a.* מָתֹחַ; to wind (*a clock*) כּוֹנֵן (שעון); to draw (*of tea*) הוֹצֵא הַתַּמְצִית (של עלי התה); to take in, imbibe (*humidity, an odor*) סָפֹג, קָלֹט (לח, ריח); to ripen (*abscess*) פָּרֹחַ (מורסה); to come in time בּוֹא לְעֵת יְדוּעָה; ‖ — זיך *a. r.* to stretch הִמָּתֵחַ; to imbibe סָפֹג, קָלֹט.

— אָנציִען איוף נאַכטלעגער to come in time for night's lodging בוא לעת משכב הלילה.

אָנציִעשען זיך to amuse or divert oneself much *v. r.* הִשְׁתַּעֲשֵׁעַ הַרְבֵּה.

אָנקאָוען to forge on *v. a.* חַבֵּר מַעֲשֵׂה חָרָשׁ בַּרְזֶל; to shoe (*a horse*) הַנְעֵל (סוס).

אָנקאָכן to cook much *v. a.* בַּשֵּׁל הַרְבֵּה.

אָנקאָסען to mow *v. a.* קָצֹר (הציר).

אָנקאַפּען to pour by drops, to drop on *v. a. n.* נָטֹף עַל־.

אָנקאַקן to shit on (*vulg.*) *v. n.* הוֹצֵא צוֹאָה עַל־.

אָנקאַרבן to notch *v. a.* חָרֹק, עָשׂה חֲרִיקִים.

אָנקאָרמען to feed, nurse *v. a.* הַאֲכֵל, הָזֵן.

אָנקוואַטשען to scribble *v. a.* כָּתֹב בְּאוֹפֶן גָּרוּעַ.

אָנקוועטשן to press, squeeze, pinch *v. a.* לָחֹץ, דָּחֹק; to injure by pinching פָּצֹעַ עַל יְדֵי לְחִיצָה.

אָנקוועלן to swell *v. n.* תָּפֹחַ; to be delighted, beam with joy (*fig.*) שָׂבֹעַ שְׂמָחוֹת.

אָנקוועלן זיך to suffer much *v. r.* סָבֹל הַרְבֵּה.

אָנקויפן to buy, purchase much *v. a.* קָנֹה הַרְבֵּה.

אָנקומען to approach *v. n.* הָלוֹךְ וְקָרֹב; to arrive בּוֹא; to enter (*into service*) הִכָּנֵס (לעבודה); to depend on תָּלֹה בְּ־; to fall to one's lot נָפֹל בְּגוֹרַל אִישׁ, הַגֵּעַ לְאִישׁ; ‖ to use, treat *v. a.* הִתְנַהֵג עִם־.

— אום וועט אָנקומען אַ קליינער חלק he will get a small share הוא יקבל (ישיג) חלק קטן.

— אָנקומע אומעצן גראָב to treat a person roughly התנהג עם איש באופן גס.

— די פרנסה קומט אָן שווער it is hard to make a livelihood קשה הפרנסה לאיש.

אָנקוקן to look at *v. a.* הַבֵּט אֶל־; to inspect בַּקֵּר, נַסֵּה; to consider חָשֹׁב; ‖ — זיך to look *v. rec.* at each other סָקֹר אִישׁ אֶל רֵעֵהוּ; to look sufficiently at הַבֵּט לְמַדַּי אֶל־.

— אָנקוקן אומעצן פאַר אַ משוגענעם to consider a person insane חשב איש למשוגע.

— איך קען אים נים אַנקוקן! I cannot bear the sight of him! הנני מואס להביט בפניו.

אַנקיטעווען v. a. to fasten with putty or cement טוח בְּטִיח.

אַנקינדיגונג f announcement, notice בְּשׂוֹרָה, הוֹדָעָה.

אַנקינדיגן v. a. to announce, notify בַּשֵּׂר, הוֹדִיעַ.

אַנקל = פֿעטער.

אַנקלאָגן v. a. to accuse, charge הַאֲשֵׁם, קַבֵּל עַל־.

אַנקלאָגע f accusation, charge הַאֲשָׁמָה, קְבָלָנָה.

אַנקלאַפּאַטשען זיך = אָנכלאָפּאָטשען זיך.

אַנקלאַפּן v. n. to knock, rap דָּפֹק; || v. a. to lick הַכּוֹת.

— אַנקלאַפּן די ביינער to give a person a licking נתן מהלומות לאיש.

אַנקלייבן v. a. to gather אָסֹף; to accumulate (money) אָסֹף (כסף).

אַנקליידן v. a. to clothe הַלְבֵּשׁ.

אַנקלייען v. a. to paste, stick הַדְבֵּק אֶל־, חַבֵּר (בדבק).

אַנקלינגען v. n. to ring the bell צַלְצֵל בַּפַּעֲמוֹן.

אַנקלעפּן v. a. to paste, stick הַדְבֵּק, חַבֵּר (בדבק); || — זיך v. r. to stick הִדָּבֵק.

אַנקניפּן v. a. to tie on קָשֹׁר עַל־.

אַנקנעפּלען v. a. to button כַּפְתֵּר, רָכֹס לְ־.

אַנקס, אַנקסט = אננסס.

אַנקסטבאַשלאָגעניש = אַננסטבאַשלאָגעניש.

אַנקעגן = אנטקעגן.

אַנקעטע f questionnaire רְשִׁימָה שֶׁל שְׁאֵלוֹת (בדרישה וחקירה על ענין).

אַנקער m anchor (pl. ס —) עֹגֶן; keg, barrel חָבִית.

אַנקער m relation קִרְבָה, יַחַס.

אַנקערן v. a. to anchor עַגֵּן, הוֹרֵד הָעֹגֶן.

אַנקערן v. n. to sweep טַאטֵא, גָּרֹף; to concern נָגֹעַ; to be related הָיֹה קָרוֹב לְ־; || — זיך v. r. to have a relation to נָגֹעַ לְ־, הָיֹה קָרוֹב לְ־.

אַנקראָכמאַליען, אַנקראָכמאַלן v. a. to starch עַמֵּל, עֲשֵׂה בַּעֲמִילָן.

אַנקראַצן v. a. to scratch סָרֹט, שָׂרֹט.

אַנקריגן v. a to get, catch, get a hold of הַשֵּׂג, חָטֹף, אָחֹז, תָּפֹשׂ בְּ־.

אַנקריכיג adj. susceptible נוֹחַ לְקַבֵּל, נוֹטֶה, עָלוּל, (ביחוד למחלה).

אַנקת מסלדיך phr. "the cry of those who extol Thee," your cry is in vain! (*taunting answer of defaulting debtors to their creditors*) לַשָּׁוְא צַעֲקָתְךָ! (תשובה ליצנית של פושטי רגל לנושיהם).

אַנראַבעווען v. a. to amass by robbery אָסֹף לָרֹב בְּעֹשֶׁק.

אַנרויבן = אנראַבעווען.

אַנרופֿן v. a. to call, name קָרֹא, קָרֹא שֵׁם; || — זיך v. r. to answer עָנֹה; to be called or named הִקָּרֵא; to say אָמֹר; to recur חָזֹר (מחלה).

אַנרוקן v. a. to move or bring near to הַעְתֵּק, הַגֵּשׁ אֶל־, הַקְרֵב אֶל־; || — זיך v. r. to draw near, approach, come upon הִתְקָרֵב, נָגֹשׁ, בּוֹא עַל־.

— אַנרוקן דאָס הוטל to pull one's hat over one's eyes כסה את עיניו במגבעת.

אַנרייבן v. a. to rub חַכֵּךְ, שַׁפְשֵׁף; to grate גָּרֹד; to strike (*a match*) הַדְלֵק, הַצֵּת (אליתה).

— אַנרייבן אַ מאָרדע to give a severe scolding שפך קתון של בוז על־.

אַנרייד m arrangement קְנוּנְיָה; collusion הִתְקַשְּׁרוּת (לעשות דבר ברמאות).

אַנריידן v. n. to talk much דַּבֵּר הַרְבֵּה; to talk ill of דַּבֵּר בְּ־, נָתֹן דֹּפִי בְּ־; || v. a. to incite, instigate עוֹרֵר, הָסֵת (לעשות דבר); || — זיך v. r. to talk enough דַּבֵּר לְמַדַּי; to agree, concert עֲשֵׂה קְנוּנְיָה.

אַנריידער m inciter, instigator מְעוֹרֵר.

אַנרייכערן v. a. to fill with smoke מַלֵּא בְעָשָׁן; to light (*a cigar*) הַדְלֵק (סיגרה).

אַנרייסן v. a. n. to begin to tear הָחֵל לִקְרֹעַ; to pluck, gather (*flowers*) קָטֹף, לָקֹט (פרחים); to swell צָבֹה; to ripen (*abscess*) פָּרֹחַ (מורסה).

אַנרייצן v. a. to incite, instigate הָסֵת; to set on (*a dog*) גָּרֵה (כלב); || — זיך v. r. to tease much הִתְגָּרֵה הַרְבֵּה.

אַנריכטן זיך v. r. to be prepared הִכּוֹן; to be firm or steadfast הָיֹה קָבוּעַ.

אַנרינען v. n. to run in, flow in נָזֹל אֶל־.

אַנריסעווען v. a. to sketch רָשֹׁם, צַיֵּר.

אַנרירן v. a. to touch נָגֹעַ.

אַנרעגענען a. n. to rain הַמְטֵר.

אַנרעכענען v. a. to reckon חָשֹׁב; to count, number, enumerate מָנֹה, סַפֵּר; to cheat in reckoning רַמֵּה בְחֶשְׁבּוֹן.

אַנשאָבן v. a. to scrape גָּרֹד; to peel קַלֵּף.

אַנשאַטייען זיך a. r. to ramble much שׁוֹטֵט הַרְבֵּה.

אַנשאַפֿן v. a. to provide הָכֵן, הַסְפֵּק; to get, procure הַשֵּׂג.

אַנשאַרן a. v. to amass, accumulate צָבֹר הַרְבֵּה.

אַנשאַרפֿן a. v. to sharpen, whet חַדֵּד, הַשְׁחֵז.

אַנשווימונג f swimming to, floating to שָׁטֹף לְ־; influx מַה שֶׁהִתְקַבֵּץ עַל יְדֵי הַשֶּׁטֶף.

אַנשווימען v. n. to flow in, float in שָׁטֹף, זָרֹם אֶל־; to come in great numbers בּוֹא בְמִסְפָּר רָב.

אַנשווינדלען v. a. to swindle, cheat much הוֹנֹת, רַמֵּה הַרְבֵּה.

אַנשוויצן v. a. to sweat, perspire הָזֵעַ; || — זיך v. r. to work hard, be fatigued with work עָבֹד עֲבוֹדַת פֶּרֶךְ, הִתְעַמֵּל.

אַנשוועלן *v. n.* to swell צָבֹה, תָּפֹחַ.
אַנשוכן *v. a.* to shoe הַנְעֵל.
אַנשולדיגן זיך *v. r.* to run into debts שָׁקֹעַ בְּחוֹבוֹת.
אַנשושקען *v. a.* to whisper לָחֹשׁ בְּאָזְנֵי־.
אַנשטאָט = אַנשעכטען.
אַנשטאָט *prep* instead of בִּמְקוֹם־, תַּחַת.
אַנשטאַלט *f* (*pl.* ־ן) institution מוֹסָד.
אַנשטאַלעווען *v. a.* to steel צַפֵּה (ב־זל) בְּאַצְטָמָה; to harden (*fig.*) הַקְשֵׁה.
אַנשטאָפּן *v. a* to stuff, fill כַּבֵּשׁ מַלֵּא; ‖ – זיך *v. r.* to eat much אָכֹל הַרְבֵּה, מַלֵּא בִטְנוֹ.
אַנשטויבן *v. a.* to bedust, cover with dust אבק, כַּסֵּה בְאָבָק.
אַנשטויסן *v. a.* to push against דְּחֹף אֶל־; ‖ – זיך *v. r.* to be pushed against הִנָּגֵף, הִדָּחֵף אֶל־; to guess (*fig.*) מְצֹא, פָּתֹר הַחִידָה.
אַנשטופּן = אַנשטאָפּן.
אַנשטוקעווען *v. a.* to patch, piece טַלֵּא, תָּפֹר טְלָאי עַל־
אַנשטיין *v. a.* to insist on הַפְצֵר בְּ־; to stand up against קוּם עַל־; to be compatible with one's dignity יָאֹה, נָאֹה, הָיֹה לְפִי כְבוֹדוֹ; ‖ – זיך *v. r.* to stand long עֲמֹד הַרְבֵּה.
— עס שטייט אים ניט אָן he considers it beneath his dignity הוא חושב לו זאת לפחיתות הכבוד.
אַנשטינקען *v. n.* to emit a stench הַסְרֵחַ.
אַנשטיפֿן זיך *v. r.* to frolic much הִתְהוֹלֵל, הִשְׁתּוֹבֵב הרבה
אַנשטעכן *v. a.* to prick דָּקֹר; to thrust *or* stick into תָּחֹב; to stitch to תָּפֹר אֶל־, דַּבֵּק בְּמַחַט (פרחים וכד׳).
אַנשטעל *m* mien, air, attitude פָּנִים; gesture תְּנוּעָה; trick עָרְמָה.
— מאַכן אַן אַנשטעל to strike an attitude, assume an air הַעֲמֵד פנים כאלו.
אַנשטעלונג *f* placing, putting שִׂימָה; appointment מִנּוּי (למשרה)
אַנשטעלן *v. a.* to place *or* put many הַעֲמֵד הַרְבֵּה; to appoint הַפְקֵד, מַנֵּה; to fix (*one's eyes*) לְטֹשׁ עֵינָיו; to point, level (*a gun*) כּוֹנֵן (רובה); to incite עוֹרֵר; ‖ – זיך *v. r.* to affect *or* assume an air הַעֲמֵד פָּנִים כְּאִלּוּ.
אַנשטעלער *m* buffoon, harlequin לֵץ; = אַנשטעל.
אַנשטעמפּלען *v. a.* to stamp חָתֹם.
אַנשטענדיג *adj.* respectable נִכְבָּד חָשׁוּב הָגוּן; decent נִמּוּסִי; ‖ – קייט *f* respectability חֲשִׁיבוּת; decency נִמּוּסִיּוּת.
אַנשטעקונג *f* sticking תְּחִיבָה; infection, contagion הַדְבָּקַת מַחֲלָה, מַחֲלָה מִתְדַּבֶּקֶת.
אַנשטעקן *v. a.* to stick תָּחֹב; to put on (*slippers*) שִׂים (סנדלים על רגליו); to infect הַדְבֵּק מַחֲלָתוֹ בְּ־;
‖ – זיך *v. r.* to be infected, catch (*a disease*) חֲלֹה מַחֲלָה מִתְדַּבֶּקֶת.
אַנשטעקנדיג *adj.* contagious מִתְדַּבֵּק.
אַנשטראָפֿן *v. a.* to reprove יַסֵּר, הוֹכֵחַ.
אַנשטרענגונג *f* strain, effort הַמְרָצָה, הִתְאַמְּצוּת.
אַנשטרענגען *v. a.* to strain אַמֵּץ; ‖ – זיך *v. r.* to strain *or* exert oneself הִתְאַמֵּץ.
אַנשטשיפּען *v. a.* to pluck תָּלֹשׁ, קָטֹף; to pinch, nip לָחֹץ, צְבֹט.
אַנשטשערבען to notch פְּגֹם (סכין).
אַנשי־ *pl.* the men of...; – the members of... חַבְרֵי־; – the denizens of... תּוֹשָׁבֵי־.
אָנשיטן *v. a.* to strew upon זְרֹה עַל־; to fill מַלֵּא.
אַנשיילן *v. a.* to begin to peel הָחֵל לְקַלֵּף; to peel enough קַלֵּף דַּיּוֹ.
אַנשי כְּנֶסֶת הַגדולה *pl.* the men of the Great Synagogue (*assembly of Jewish schlars during the second temple*) –.
אֲנָשִׁים, ז. איש
אַנשימלען *v. n* to begin to mould הָחֵל לְעַבֵּשׁ.
אַנשיקן *v. a.* to send שַׁלַּח בְּ־; to send up secretly שַׁלַּח בַּסֵּתֶר
אַנשיקעניש *n* misfortune פֶּגַע צָרָה, אָסוֹן; nuisance דָּבָר מַטְרִיד, דָּבָר מַרְגִּיז.
אַנשי שלומנו *pl.* “our friends,” fellow belivers בַּעֲלֵי דֵעָה אַחַת.
אַנשכּורן *v. a.* to make drunk שַׁכֵּר, הַשְׁכֵּר; ‖ – זיך *v. r.* to get drunk הִשְׁתַּכֵּר.
אַנשלאָג *m* striking, stroke הַכָּאָה, דְּפִיקָה.
אַנשלאָגן *v. v.* to strike הַכֵּה; to fasten on הַדֵּק (במסמרים); to fill מַלֵּא; to offer הַצֵּעַ; ‖ – זיך *v. r.* to strike against הִתְנַגֵּף בְּ־; to offer one's services הִתְנַדֵּב לְאֵיזֶה דָבָר.
אַנשלאָפֿן זיך *v. n.* to sleep much יָשֹׁן הַרְבֵּה.
אַנשליידערן *v. a.* to heap up by throwing צָבֹר עַל יְדֵי הַשְׁלָכָה.
אַנשלייפֿן *v. a.* to whet הַשְׁחֵז.
אַנשלייפֿן *v. a.* to tie on קָשֹׁר עַל־.
אַנשליסן *v. a.* to join סַפֵּחַ, חַבֵּר; ‖ – זיך *v. r.* to join, attach oneself הִסָּפֵחַ, דָּבֹק, הִתְחַבֵּר.
אַנשלעפּן *v. a.* to bring much הָבֵא לָרֹב.
אַנשמידן *v. a.* to join by forging, weld דַּבֵּק בַּרְזֶל בְּבַרְזֶל, הַלְחֵם.
אַנשמייסן *v. a.* to whip יַסֵּר בְּשׁוֹטִים.
אַנשמירן *v. a.* to smear מָרֹחַ, מָשֹׁחַ; to scrawl כָּתֹב כְּתָב גָּרוּעַ; to scribble כָּתֹב כְּסוֹפֵר הֶדְיוֹט.
אַנשמעקן *v. a.* to smell הָרִיחַ; ‖ – זיך *v. r.* to smell much הָרִיחַ הַרְבֵּה; ז. אַנגעשמעקט.
אַנשנורעווען *v. a.* to fasten to, lace *or* string on קָשֹׁר עַל־.

אָנשנײַדן v. a. to begin to cut הָחֵל לַחְתֹּךְ; to mark by cutting סַמֵּן בְּחִתּוּךְ; to cut enough חָתֹךְ לְמַדַּי.
אָנשנײַען v. n. to snow הַשְׁלֵג.
אָנשנײַצן v. a. to fill with snivel מַלֵּא (מטנזלת) בְּרִיר הָאַף.
אָנשעטקעווען v. a. to chop חָתֹךְ לַחֲתִיכוֹת קְטַנּוֹת.
אָנשעכטן v. a. to slaughter, kill (*in a quantity*) שָׁחֹט לָרֹב.
אָנשעפּן v. a. to draw (*water*) שָׁאֹב; to draw in (*air*) שָׁאֹף (רוח).
אָנשערן v. a. to shear גָּזֹז.
אָנשפּאַלטן v. a. to begin to split הָחֵל לְבַקֵּעַ; to split a little בַּקֵּעַ מְעַט; || — זיך v. r. to begin to split הָחֵל לְהִבָּקֵעַ.
אָנשפּאַר = אָנשפּאַרעניש.
אָנשפּאַרן v. a. n. to support סָמֹךְ, תָּמֹךְ; to reach, come to הַגִּעַ; || — זיך v. r. to lean on הִשָּׁעֵן, סָמֹךְ עַל־.
— אָנשפּאַרן אין עק וועלט to get to the remotest parts of the world הגע לקצות הארץ.
— עס שפּאַרט אום אָן he is impatient קצרה רוחו.
אָנשפּאַרעניש n support, prop מִשְׁעָן; refuge מַחֲסֶה, מִקְלָט.
אָנשפּיליען v. a. to spool כָּרֹךְ עַל סְלִיל.
אָנשפּיגלען זיך v. r. to look in the mirror הַבֵּט בַּמַּרְאָה.
אָנשפּײַען v. n. to spit יָרֹק.
— אָנשפּײַען אומעצן אין פּנים to spit in a person's face ירק בפני איש; to despise a person (*fig.*) זלזל באיש, לעג לו.
אָנשפּיליען v. a. to pin חַבֵּר בְּסִיךְ.
אָנשפּילן v. n. to begin to play (*a game*) הָחֵל לְשַׂחֵק; || — זיך v. r. to have enough of play or sport שַׂחֵק לְמַדַּי.
— אָנשפּילן אַ קאָרט to lead a card היה הראשון בשחוק הקלפים.
אָנשפּילקעווען = אָנשפּיליען.
אָנשפּינען v. a. to begin to spin הָחֵל לָטְווֹת; to spin on טְוֹה עַל־; to spin enough טְוֹה לְמַדַּי.
אָנשפּיקעווען = אָנפּיקעווען.
אָנשפּרינקלען v. a. to sprinkle הַזֵּה.
אָנשפּריצן v. a. n. to sprinkle הַזֵּה; to splash הַתֵּז.
אָנשרויפן v. a. to screw on סָגֹר בְּבֹרֶג.
אָנשרײַבן v. a. to write כָּתֹב.
אָנשרײַען v. n. to scold גָּעֹר בְּ־; || — זיך v. r. to cry or bawl enough צָעֹק הַרְבֵּה.
אָנשרעקן v. a. to frighten הַפְחֵד, אַיֵּם.
אָסאָבע f person אִישׁ; handsome person בַּעַל הֲדָרַת פָּנִים.

אָסור pred. prohibited, forbidden; — int. || God forbid! חָלִילָה!
— אַז אָסור!, אָסור מור!, אָסור זאָל מיר זײַן! God forbid! חלילה, חלילה, לי!
— אָסור זאָגט שולער (שפּאַסיג אָנשטאָט די אויבנ־שטייענדיקע) א).
אִסור m (pl. אִסורים) prohibition.
אִסור חזיר int. "forbidden as pork," God forbid! חלילה!
אֲסורים pl. prisoners.
אָסור לְדַבֵּר phr. it is forbidden do talk.
אָסור לרחם phr. it is forbidden to have pity!
אַסותא int. "for health," God bless you! (*said te one sneezing*) לִרְפוּאָה! (לאדם מתעטש).
אָסט m east מִזְרָח.
אָסטאָראָזשנע adj. careful, cautious זָהִיר, נִזְהָר; || — קייט f carefulnes, caution זְהִירוּת.
אָסטראָג (pl. — ן) prison בֵּית אֲסוּרִים.
אָסטראָגניק m (pl. — עס) prisoner אָסוּר.
אַסטראָנאָם m (pl. — ען) astronomer תּוֹכֵן.
אַסטראָנאָמיע f astronomy תְּכוּנָה.
אַסיגנאַציע f bank-note שְׁטַר מָעוֹת.
אַסיגנירן v. a. to assign, allot הַקְצֵב, מַנֵּה.
אִסיים pl. the Essenes (*ancient Jewish sect*) מִפְלֶגֶת הָאִסִּיִּים (לפנים בישראל).
אַסימילאַטער m assimilator מַחֲזִיק בְּשִׁיטַת הַהִתְבּוֹלְלוּת.
אַסימילאַציע f assimilation הִתְבּוֹלְלוּת.
אָסינאָווע adj. aspen שֶׁל לִבְנֶה.
— אָסינאָווער בוים aspen-tree לבנה.
אָסינע f asp, aspen-tree לִבְנֶה, רוֹעֶד.
אָסים = אַסותא.
אָסיען m autumn, fall אָסִיף, חֹרֶף.
אֲסיפה f (pl. אֲסיפות) assembly gathering, meeting, אֲסֵפָה.
אסכר ווערן v. p. to die מוּת.
אַסליע = יאַסליע.
אַסמכתּא f (pl. אַסמכתּות) support, סֶמֶךְ.
אַסנאָוואַניע f foundation יְסוֹד.
אַסעסער m (pl. — ס) assessor יוֹשֵׁב רֹאשׁ; sheriff פְּקִיד עֶלְיוֹן.
אַסעקוראַנציע f insurance אַחֲרָיוּת (מן האש).
אָסקאָמע f setting one's teeth on edge קְהוּת שִׁנַּיִם.
אִסרו־חַג m "bind the festal offering," the first day after a holiday, — הַיּוֹם שֶׁלְּאַחַר הֶחָג.
אַסרן v. a to prohibit אַסֵּר.

א) בײַ נאַשערן אונטער *As osser* אין ידאָן קאַרלאָס׳ פון שילער קומט פאַר דאָס ענגלישע O sir (אָ מײַן הער). וואָס ווערט אויסגערעדט ווי אָסור.

אסתר-המלכה *f* Queen Esther –.
אסתר-תענית *m* the fast of Esther תַּעֲנִית אֶסְתֵּר.
אע"פ *abbr.* = אַף עַל פִּי although.
אעפ"כ *abbr.* = אַף עַל פִּי כֵן **yet, still**.

אַעראָפּלאַן = עראפלאן.
אָפּ *adv.* off הָלְאָה.
—זיין אָפּ to be off **לא חית עוד, חדל, פסק.**
—דער שידוך איז אָפּ the match is off השדוך בטל.
אָפּ־ *pref.* off, away, from הָלְאָה, מ־, מִן.
אַף = אויף.
אַף *m* (*pl.* ־ן) ape קוֹף.
אַפֿאָרדערן *v. n.* to afford (*Am.*) הָיֹה יְכֹלֶת בְּיָדוֹ א).
— איך קען נישט אַפֿאָרדערן I cannot afford אין ביכלתי.
אָפּאָטעמען *v. n.* to recover one's breath שׁוּב רוּחַ לְאִישׁ.
אָפּאַכטן *v. a.* to send for הַזְמֵן, קְרָא.
אָפּאַל *m* (*pl.* ־ן) opal לֶשֶׁם (אבן יקרה).
אָפּאַנטשע *f* round cloak מְעִיל עָגֹל (כלי שולים).
אָפּאָסום = בּעטל־פּור.
אַפּאָפּלעקציע *f* apoplexy שֶׁבֶץ.
אָפּאַקערן *v. a.* to finish ploughing כַּלֵּה לַחֲרֹשׁ.
אָפּאַר *m* (*pl.* ־ן) copy-slip דּוּגְמָא לִכְתִיבָה (לתלמידים).
אַפּאַראַט *m* (*pl.* ־ן) apparatus מְכוֹנָה.
אָפּאַרבעטן *v. a.* to do, perform עֲשֹׂה, גְּמֹר; to finish one's work כַּלֵּה מְלַאכְתּוֹ; to clear (*a debt*) by working שַׁלֵּם (חוב) בִּמְלַאכְתּוֹ.
אָפּאַרט *adj.* separte נִבְדָּל, נִפְרָד; || separately *adv.* לְחוּד; apart חוּץ, מִחוּץ, הַצִּדָּה.
אָפּאַרנעמען *v. a.* to take up הִתְעַנְיֵן בְּ־; || ־זיך *v. r.* to undertake קַבֵּל עַל עַצְמוֹ.
אָפּבאָדן *v. a.* to bathe רְחֹץ; to finish bathing גְּמֹר לִרְחֹץ; (*fig.*) to abuse, revile חָרֵף, גַּדֵּף; || ־זיך *v. r.* to bathe oneself רְחֹץ אֶת בְּשָׂרוֹ.
אָפּבאַקן *v. a.* to finish baking גְּמֹר, כַּלֵּה לֶאֱפוֹת.
אָפּבאַרען *v. a.* to wear out הִשְׁתַּמֵּשׁ עַד לִבְלָיָה.
אָפּבאַרשטן *v. a.* to brush off נַקֵּה בְּמִבְרֶשֶׁת.
אָפּבויען *v. a.* to build בְּנֵה; to rebuild, build anew בְּנֵה מֵחָדָשׁ; to finish building כַּלֵּה לִבְנוֹת; to make one's escape (*fig.*) נוּס, בְּרֹחַ.
אָפּבײַגלען *v. a.* to iron גַּהֵץ; to finish ironing כַּלֵּה לְגַהֵץ.
אָפּבײגן *v. a.* to bend aside הַטֵּה הַצִּדָּה; to straighten הַיְשֵׁר.
אָפּבײַטן *v. a.* to change הַחְלֵף; to relieve לָקֹחַ מְקוֹם אִישׁ בַּעֲבוֹדָה.
אָפּבײַסן *v. a.* to bite off נָשֹׁךְ, כְּרֹת בְּשִׁנָּיו.

א) פון ענגליש afford.

אָפּבינדן *v. a.* to unbind untie הַתֵּר פַּתֵּחַ.
אָפּבלאָזן *v. a.* to blow off הָפֵחַ, הַשֵּׁב.
— (*fig.*) אָפּבלאָזן איינעם דעם אָרט **to revere a** person כבד איש מאד.
אָפּבלויען *v. a.* to blue (*linen*) כַּחֵל (לבנים); to dye dark-blue צְבֹעַ בְּצֶבַע תְּכֵלֶת.
אָפּבליאַקירן *a. n.* to fade הוּעַם.
אָפּבליאַקעווען = אָפּבליאַקירן.
אָפּבליִען *v. n.* **to** cease blooming חָדֹל מִפְּרֹחַ.
אָפּבליצן *v. n.* to cease lightening חָדֹל מִבְּרֹק.
אָפּבעטן¹ *v. a.* to ask בַּקֵּשׁ; || ־זיך *v. r.* to beg to be relieved בַּקֵּשׁ לְהִפָּטֵר; to ask permission בַּקֵּשׁ רשות.
— אָפּבעטן צוריק to ask to return בקש להשיב.
— אָפּבעטן זיך אויף אַ טאָג to ask to be relieved for a day בקש חפש ליום אחד.
אָפּבעטן² *v. a.* to finish making the bed כַּלֵּה לְסַדֵּר אֶת הַמִּטָּה; || (*fig.*) *v. n.* to arrange, concert עֲשֹׂה קְנוּנְיָה.
אָפּבענטשן *v. n.* to finish saying grace גְּמֹר לְבָרֵךְ בִּרְכַּת הַמָּזוֹן.
אָפּבערשטן = אָפּבאַרשטן.
אָפּבראָטן *v. a.* to roast צְלֵה; to finish roasting כַּלֵּה לִצְלֹה.
אָפּבראָניען *v. a.* to defend הָגֵן עַל; to ward off הָגֵן נֶגֶד.
אָפּבראָך *m* breaking off שֶׁבֶר מ־.
אָפּבריזקען *v. a.* to bespatter (*with mud*) הַזֵּה (רפש) עַל־.
אָפּבריִען *v. a.* to scald שָׁלֵק (בשר); to boil רַתֵּחַ; || ־זיך *v. r.* to be scalded שָׁלֹק, הִשָּׂרֵף; (*fig.*) to have a bad experience הָיֹה לְאִישׁ נִסָּיוֹן רָע.
אָפּברעכן *v. a.* to break off שָׁבֹר מ־; to interrupt חָדֹל, הַפְסֵק; to vomit out הָקִיא.
אָפּברענגען *v. a.* to bring back, return הָשֵׁב.
אָפּברענען *v. a. n.* to burn down שָׂרֹף, הִשָּׂרֵף; to lose one's property by fire אָבֹד רְכוּשׁוֹ עַל יְדֵי הָאֵשׁ.
אָפּברעקלען *v. a.* to crumble off פָּרֵר; || ־זיך *v. r.* to be crumbled off הִתְפּוֹרֵר.
אָפּגאָט *m* (*pl.* ־געטער) idol אֱלִיל; || ־גאָטיש *adj.* idolatrous אֱלִילִי.
אָפּגאָלן *v. a.* to shave גַּלֵּחַ; || ־זיך *v. r.* to shave oneself הִתְגַּלֵּחַ.
אָפּגאַנג *m* going off הֲלִיכָה, יְצִיאָה; sale מְכִירָה.
אָפּגאָס *m* pouring off שְׁפִיכָה, יְצִיקָה; slops, dish-wash שׁוֹפְכִים.
אָפּגאַרטלען *v. a.* to ungird פַּתֵּחַ הָאֵזוֹר.
אָפּגטן *v. a.* to divorce גָּרֵשׁ, שַׁלֵּחַ (אשה).

אָפּגײן to walk off, go off *v. n.* הָלוֹךְ לוֹ; to pass off חָלֹף, עָבֹר; to leave נָסֹעַ; to end, expire (*term*) הִגָּמֵר (זמן); to succeed הַצְלֵחַ; to melt, thaw מוּג, מָסֹס (שלג); to abate שָׁקֹט, שָׁכֹךְ; to sell הִמָּכֵר; to be wanting, be missing, ail חָסֹר.

— דער כעס גײט אים אָפּ his anger is abating המתו שוככה.

— אָפּגײן מיט בלוט to lose much blood אבד דם הרבה.

— עס גײט אים גאָרנישט אָפּ he is not wanting anything לא יחסר לו דבר.

אָפּגילטן [1] to gild *v. a.* הַזְהֵב; to enrich (*fig.*) הַעֲשֵׁר.

אָפּגילטן [2] to prove successful *v. n.* הַצְלֵחַ.

אָפּגיסן to pour off *v. a.* שָׁפֹךְ; to pour on שָׁפֹךְ עַל־; to wash (*one's hands*) רָחֹץ, נָטֹל (ידיו); to cast (*metal*) יָצֹק, הַתֵּךְ (מתכת).

— אָפּגיסן נעגלוואַסער to wash the nails of one's hands רחץ צפרני הידים.

אָפּגלאַנצן to polish (*shoes*) *v. a.* מָרֹט, מָרֹק (נעלים); to reflect הַחֲזֵר קַרְנֵי אוֹרָה.

אָפּגליִען to heat thoroughly, make red-hot *v. a.* לַבֵּן (ברזל); || to cease glowing *v. n.* חָדֹל לְלַהֵט.

אָפּגליקן to prove successful *v. n.* צָלֹחַ.

אָפּגלעטן to polish *v. a.* מָרֹט, מָרֹק.

אָפּגנבֿ||ען, — ענען to steal *v. a.* גָּנֹב; || — זיך *v. r.* to steal *or* slink away הִתְגַּנֵּב מִ־, חָמֹק וְעָבֹר.

אָפּגעבאַרעט faded, worn out *adj.* בָּלֶה.

אָפּגעבליאַקעוועט = אָפּגעבאַרעט.

אָפּגעבן to give *v. a.* נָתֹן; to deliver מָסֹר (מכתב); to give back, return הַחֲזֵר, הָשֵׁב; || — זיך *v. r.* to devote oneself הִתְמַכֵּר לְ־; to resound הַשְׁמֵעַ הֵד; to have a smell of נָדֹף, הִנָּתֵן רֵחַ.

— אָפּגעבן כבוד to pay honor כבד.

— אָפּגעבן פֿאַר אַ יון to enlist into military service מסר לצבא.

— אָפּגעבן זיך מיט לערנען to devote oneself to study התמכר ללמודים.

אָפּגעבראָכן *adj.* שָׁבוּר מִ־.

אָפּגעברענט ווערן to be burned down *v. p.* הִשָּׂרֵף; to lose by fire אָבֹד עַל יְדֵי אֵשׁ.

אָפּגעברענ||טער *m* (*pl.* — טע) one who has lost his property by fire מִי שֶׁאָבַד אֶת רְכוּשׁוֹ בָּאֵשׁ.

אָפּגעדראָשען thrashed, beaten off *adj.* חָבוּט; trite, trivial (*fig.*) בָּלֶה.

— אָפּגעדראָשענע זאַך thrashed-out subject דברים שנאמרו פעמים רבות.

אָפּגעוויינען to wean from *v. a.* הָסֵר הַרְגֵּל מֵאִישׁ.

אָפּגעווינען to win from *v. a.* זָכֹה בְּמִשְׂחָק מִ־.

אָפּגעטאָנען done in a trickish way *adj.* עָשׂוּי בְּעָרְמָה.

אָפּגעטאָקט turned *adj.* חָרוּט; (*fig.*) neatly executed עָשׂוּי יָפֶה.

אָפּגעטערײַ idolatry *f* עֲבוֹדַת אֱלִילִים.

אָפּגעטראָגן worn out *adj.* בָּלֶה (בגד).

אָפּגעלאָזט, — קײַט = אָפּגעלאָזן, — קײַט.

אָפּגעלאָזן negligent *adj.* מִתְרַפֶּה, מִתְרַשֵּׁל; neglected עָזוּב; || — קײַט *f.* negligence רַשְׁלָנוּת.

אָפּגעלעבט decrepit *adj.* חַלָּשׁ מִזִּקְנָה; || — קײַט *f* decrepitude רִפְיוֹן מִזִּקְנָה.

אָפּגעלעגן retired *adj.* רָחוֹק, בּוֹדֵד.

אָפּגעמאַכט agreed *adj.* נִמְנֶה וְנִגְמָר, מְסֻכָּם.

אָפּגעניצט worn off *adj.* בָּלֶה.

אָפּגעפּאָרן faded, worn out *adj.* בָּלֶה.

אָפּגעפּײַנט refined, delicate *adj.* עָדִין, עָנֹג.

אָפּגעפּסקנט decided *adj.* שֶׁנֶּחֱרַץ מִשְׁפָּטוֹ; revoked בָּטֵל.

אָפּגעפֿרעגט refuted *adj.* מוּפְרָךְ.

אָפּגעצערט emaciated, wasted *adj.* כָּחוּשׁ, רָזֶה.

אָפּגעקאָכט boiled *adj.* מְבֻשָּׁל; scalded נִכְוֶה.

אָפּגעקומען empoverished *adj.* יוֹרֵד, מָךְ.

אָפּגעקלאַפּט = אָפּגעשלאָגן.

אָפּגעקרענקט weak, feeble *adj.* חָלָשׁ (מחלה).

אָפּגעראָטן to prove successful *v. n.* עָלֹה יָפֶה.

אָפּגערופֿן withdrawn from circulation *adj.* מוּצָא מִתְּקוּפָה (מטבעות); depreciated שֶׁנִּתְגַּנָּה בְּעֶרְכּוֹ.

אָפּגעריסן ragged, tattered *adj.* קָרוּעַ וּבָלוּי; torn away from נִקְרָע מֵעַל־; who has broken loose שֶׁהִתְפָּרֵץ.

אָפּגעריסע||נער *m* (*pl.* — נע) ragamuffin לָבוּשׁ בְּגָדִים קְרוּעִים.

אָפּגערעדט = ז. אָפּרוידן.

אָפּגעשוואַכט weak *adj.* חָלָשׁ.

אָפּגעשונדן stripped off *adj.* מְפֻשָּׁט, חָשׂוּף.

אָפּגעשטאַנען projecting *adj.* בּוֹלֵט; backward אִטִּי, מְפַגֵּר.

אָפּגעשטאָרבן dead *adj.* מֵת, בָּטֵל מִן הָעוֹלָם.

אָפּגעשלאָגן beaten off *adj.* חָבוּט.

— אַ פּעשלאָגענע הושענה. ז. הושענה.

אָפּגעשליסן = אָפּגעריסן.

אָפּגעשמאַקט tasteless *adj.* חֲסַר טַעַם, תָּפֵל.

אָפּגעשמיסן whipped *adj.* לָקוּי; beaten off חָבוּט; worn out בָּלֶה.

אָפּגעשניטן cut off *adj.* כָּרוּת.

— אָפּגעשניטענע יאָרן, ז. כרת־יאָרן.

אָפּגראָבן to dig off *v. a.* חָפֹר וְהָסֵר.

אָפּגראַבלען to scratch off *v. a.* קָרֹט מִ־.

אָפּגרונט m (pl. ן –) abyss, deep תְּהוֹם.

אָפּגרונטעווען v. a. to ground, lay the ground (in painting) מָשֹׁחַ הַמִּשְׁחָה הָרִאשׁוֹנָה (בציור).

אָפּגריזען v. a. to gnaw off כַּרְסֵם מ־.

אָפּגרענעצן v. a. to demarcate הַגְבֵּל, הַצֵּב גְּבוּל; to fence off הַבְדֵּל בְּגָדֵר.

אָפּדאַווענען v. a. to finish praying גְּמֹר, כַּלֵּה לְהִתְפַּלֵּל.

אָפּדאַנקען v. a. to thank, return thanks הוֹדֵה, הַכֵּר טוֹבָה; to resign, abdicate הִתְפַּטֵּר (ממשרה, מכסא המלוכה); to take leave of the world, die הִתְפַּטֵּר מִן הָעוֹלָם, מוּת.

אָפּדאַצן v. a. to win from זָכֹה כָּל הַכֶּסֶף בְּמִשְׂחָק.

אָפּדאַרן v. n. to dry up יָבֹשׁ.

אָפּדודלען v. a. to deceive רַמֵּה.

אָפּדוכטן זיך v. imp. to seem הִדָּמֵּה, הֵרָאֵה. — מיר דוכט זיך אַז meseems, methinks לי נראה, כמדומה לי.

אָפּדוכנען v. n. to finish pronouncing the priestly benediction גְּמֹר לְבָרֵךְ בִּרְכַּת כֹּהֲנִים.

אָפּדונערן v. n. to cease thundering חָדֹל מֵהַרְעֵם.

אָפּדיכען v. n. to draw breath שְׁאֹף רוּחַ; to take a rest נוּחַ, הִנָּפֵשׁ א).

אָפּדינגען v. a. to beat down (a price) הוֹרֵד (מחיר); to rent שָׂכֹר.

אָפּדינען v. n. to serve one's time שָׁרֵת כָּל זְמַנּוֹ; to repay שַׁלֵּם, גְּמֹל.

אָפּדעקן v. a. to uncover גַּלֵּה, גַּלֵּה; to unveil הָרֵם צָעִיף, גַּלֵּה.

אָפּדערציילן v. a. to report, repeat הוֹדַע, סַפֵּר דִּבְרֵי אֲחֵרִים, הֲלוֹךְ רָכִיל.

אָפּדראַפּען v. a. to scratch off גָּרֵד מ־.

אָפּדראַקען v. n. to scrawl, scribble כְּתֹב בְּאוֹפֶן גָּרוּעַ.

אָפּדרוק m impression הַדְפָּסָה.

אָפּדרוקן v. a. to print הַדְפֵּס.

אָפּדריבלעך pl. fragments, shavings, leavings נסֹרֶת, שְׁיָרִים, שִׁירַיִם.

אָפּדרייען v. a. to turn off (the neck) מְלֹק.

אָפּדרינגען v. a. to refute פָּרֵךְ, סָתֹר (דברי איש); to extort הוֹצֵא בַּחֲזָקָה.

אָפּדריקן v. a. to squeeze off הָסֵר עַל יְדֵי לְחִיצָה; to extort הוֹצֵא בְּחָזְקָה.

אָפּדרעשן v. a. to finish thrashing חָדֹל מִדּוּשׁ; to thrash, beat off דּוּשׁ חָבֹט.

אָפּדרשע|ן, – ענען v. a. to finish lecturing גְּמֹר, כַּלֵּה לִדְרֹשׁ.

אָפּהאָבן v. a. to have given birth הוֹלֵד; to have gone through עָבֹר (על ספר) עַד תֹּם.

א) פ. oddychać.

אָפּהאָגלען v. n. to cease hailing חָדֹל לָרֶדֶת (ברד).

אָפּהאָמשקען v. a. to cease swinging חָדֹל לְנַעְנֵעַ, לְנַדְנֵד.

אָפּהאַלט m keeping from מְנִיעָה מ־; hindrance, obstacle מְנִיעָה, מַעֲצוֹר.

אָפּהאַלטן v. a. to keep from מְנֹעַ מ־; to detain עַכֵּב; to hinder הָנֵא, הַפְרֵעַ; ‖ – זיך v. r. to abstain הִנָּזֵר; to restrain oneself הִתְאַפֵּק.

אָפּהאַלמעווען v. a. to unlock, unskid (a wheel) הָסֵר הַמַּעֲצוֹר (מאופן העגלה) א).

אָפּהאַנדלונג f buying from קְנִיָּה מ־; essay, dissertation, treatise חֲקִירָה (מדעית).

אָפּהאַנדלען v. a. to buy, purchase קָנֹה; to get something by bargaining עֲשֵׂה חוֹזֶה וְקָנֹה.

אָפּהאַקן v. a. to cut off כָּרֹת; to interrupt הַפְסֵק.

אָפּהאַרטעווען v. a. to harden הַקְשֵׁה.

אָפּהובּ‖לעווען, – לען v. a. to plane off הַקְצֵעַ בְּמַקְצוּעָה.

אָפּהונגערן זיך v. r. to starve גְּוֹעַ מֵרָעָב.

אָפּהיטעכץ n observance שְׁמִירָה (של חק); something to guard against, evil thing דָּבָר שֶׁצָּרִיךְ לְהִשָּׁמֵר מִמֶּנּוּ, דָּבָר רָע.

אָפּהיטונג f observance, keeping שְׁמִירָה; care הַשְׁגָּחָה.

אָפּהיטן v. a. to keep, observe שָׁמֹר; to take care of הַשְׁגֵּחַ עַל־; ‖ – זיך v. r. to take good care of oneself שָׁמֹר אֶת בְּרִיאוּתוֹ; to guard against הִשָּׁמֵר, הִזָּהֵר מ־.

אָפּהייבונג f cutting (of cards) הֲרָמַת קְלָפִים; taking off, removal הוֹרָדָה; ז. אָפּהייבן.

אָפּהייבן v. a. to cut (cards) הָרֵם קְלָפִים; to skim הָסֵר (זבדה מחלב); to take off, remove הוֹרֵד מֵעַל הַמִּטָּה. — אָפּהייבן אַ טויטן to remove a dead body from the death-bed to the floor הורד מת מעל מטתו לארץ. — אָפּהייבן סמעטענע to skim milk הסר זבדה מחלב.

אָפּהילכן v. a. to resound, echo הַשְׁמֵעַ הֵד.

אָפּהיניען v. n. to atay in a place a long time הִשָּׁאֵר בְּמָקוֹם זְמַן רָב.

אָפּהענגיג adj dependent תָּלוּי בְּדַעַת אֲחֵרִים, תָּלוּי בְּאֵיזֶה דָבָר; ‖ – קייט f dependence תְּלִיָּה בְּדַעַת אֲחֵרִים.

אָפּהענגען v. n. to depend on תָּלֹה בְּדַעַת אֲחֵרִים.

אָפּהענטיג adj. discouraged רְפֵה־יָדַיִם; disappointed אֹבֵד עֵצָה.

אָפּהעקלען v. a. to unhook פַּתֵּחַ הַקְּרָסִים.

א) ביי ליפשיצן, פון פ. hamować.

אפהערן *v. a.* to be through hearing שמע כל־.

אפוד *m* ephod (*official garment of priests*) —.

אפוואוינען *v. n.* to live a certain time ישב זמן ידוע.

אפוואויעווען *v. a.* to carry on עשה פרעות.

אפוואונדערן זיך *v. r.* to wonder sufficiently התפלא למדי.

אפוואלגערן זיך *v. r.* to lie some time הטל זמן ידוע; to ramble some time נוע ונוד זמן ידוע.

אפוואנדערן *v. n.* to wander off נסע מ־.

אפוואקסן *v. n.* to grow again צמח שנית.

אפווארטונג *f* waiting for המתנה ל־.

אפווארטן *v. a.* to wait for המתן ל־.

אפווארעמען *v. a.* to warm חמם.

אפווארפן *v. a.* to throw off השלך, זרק מ־; to return secretly השב בסתר; to cast round השלך מסביב; to reject דחה.

אפוואשן *v. a.* to wash off כבס; || — זיך *v. r.* to be washed off התכבס; to wash oneself התרחץ.

אפווידלען *v. a.* to deceive רמה.

אפווייזן *v. a.* to refuse, reject השב ריקם, דחה.

אפווייכונג *f* deviation נטיה מ־.

אפווייכן *v. n.* to deviate נטה, סור מ־.

אפוויינען *v. n.* to cease weeping חדל מבכי; to weep some time בכה זמן ידוע; to bewail, mourn over בכה ל־, ספד על־.

אפווייסן *v. a.* to whiten, whitewash לבן, סיד.

אפווייען *v. a.* to blow off השב.

אפווייקן *v. a.* to soak, wet שרה, הרטב; to loosen by soaking רפה על ידי שריה; || — זיך *v. r.* to become wet רטב; to loosen by wetting רפה על ידי רטיבה.

אפוויקלונג *f* unwinding הפרת הכריכה.

אפוויקלען *v. a.* to unwind הסר הכריכה מעל־.

אפווירען *v. a.* to line, rule סרגל.

אפווישן *v. a.* to wipe off מחה, קנח.

אפוועגן *v. a.* to weigh שקל.

אפווענדונג *f* turning off נטיה מ־.

אפווענדן *v. a.* to turn off נטה, הסב מ־; to disadvise יעץ לבלתי עשות; to refute סתר, הוכח נגד.

אפווענדעניש *n.* refutation סתירה.

אפוועקסלען *v. a.* to change החלף.

אפוועקסן *v. a.* to wax משח בשעוה; to black polish (*shoes*) משח (נעלים) בשחור.

אפווערן *v. a.* to defend הגן על־; to ward off הגן נגד־; || — זיך *v. r.* to defend oneself הגן על נפשו.

אפילע *adv.* much, a great deal הרבה.

אפותיקי *f* treasure, money אוצר, כסף.

אפזאג *m* refusal מאון, השבת פנים ריקם.

אפזאגן *v. n.* to finish saying גמר לאמר; to refuse מאן, השב ריקם; || *v. a.* to discharge, dismiss פטר; to bequeathe צוה בצואה; to give up יאש מ־; || — זיך *v. r.* to withdraw from התפטר מ־; to excuse oneself from התפטר מ־; to resign התפטר (מכהונה).

אפזאט *m* boiling away רתיחה.

אפזאטלען *v. a.* to unsaddle הסר המרדעת.

אפ||זאץ *m* (*pl.* — זאצן, — זעץ) pause הפסק; paragraph סעיף; sediment משקע, קיפה.

אפזויגן *v. a.* to cease sucking חדל לינק; to suck off ינק כל; to relieve by sucking off הקל (שדים) על ידי יניקה.

אפזויפן *v. a.* to drink off סבא, שתה כל.

אפזוכן *v. a.* to look for, find חפש, מצא; to pick off לקט; || — זיך *v. r.* to be found המצא.

אפזונדערונג *f* separation פרוד; isolation התבדלות, התבודדות;

אפזונדערן *v. a.* to separate הפרד; to set apart הצג לבד; to isolate הפרש, הבדל.

אפזופן *v. a.* to sip off לגם, גמע מ־.

אפזיגלען *v. a.* to unseal פתח החתום.

אפזידלען *v. a.* to scold גדף, חרף.

אפזידן *v. a.* to boil בשל, רתח; to poach (*eggs*) בשל מעט (ביצים); || — זיך *v. r.* to be turned or curdled (*milk*) הקפא (חלב).

אפזייאונג *f* straining, filtering זקוק, סנון.

אפזייגן *v. a.* to suckle, give suck היניק; to leave off suckling כלה להיניק.

אפזיימען *v. a.* to seam, hem תפר שפה (לבגד).

אפזיין *v. n.* to be, stay היה, שהה; to serve out one's time מלא צבאו.

אפזייען *v. a.* to strain, filter סנן.

אפזייפן *v. a.* to soap, wash with soap רחץ בבורית, סבן; to give a scolding (*fig.*) חרף, גדף.

אפזינגען *v. a. n.* to sing זמר, רנן; to cease singing חדל מזמר.

אפזיפן *v. a* to sift off הפרש על ידי הנפה; to finish sifting חדל מנפה.

אפזיפען = אפזשופען.

אפזיפצן *v. a.* to sigh האנח.

אפזיצן *v. n.* to sit out one's time מלא זמן ישיבתו; to desist from חדל מ־; || *v. a.* to clear by sitting in prison שלם (חוב או קנס) על ידי ישיבה בכלא; to stiffen (*a limb*) by sitting הקשה (אבר) על ידי ישיבה.

אפזעגלונג *f* sailing off הפלגה באניה.

אפזעגלען *v. n.* to sail off הפלג באניה.

אפזעגן *v. a.* to saw off נסר מ־.

אָפּזען v. a. to learn by looking at לָמֹד עַל יְדֵי רְאִיָּה.

אָפּזעץ m stop, pause הֶפְסֵק; = אָפּזאַץ.

אָפּזעצן v. a. to strike הַכֵּה, נַגֵּף; to finish composing type גָּמֹר לְסַדֵּר אוֹתִיּוֹת; to sell מָכֹר; to wear out (shoes) הַרְחֵב (נעלים בהליכה); || – זיך v. r. to settle (of liquids) שָׁקֹעַ, צָלֹל (נוזלים).

אָפּזשיפּען v. n to breathe נָשֹׁם, הוֹצֵא נְשִׁימָה.

אָפּזשירען v. a. to endorse אַשֵּׁר (שטר) עַל יְדֵי חֲתִימָה.

אָפּ־חבר pred. no friends any more לֹא עוֹד רֵעִים.

אָפּחוזקן v. a. to mock at, make fun of לָעֹג לְ־, הָתֵל בְּ־.

אָפּחושכן v. n. to suffer סָבֹל.

אָפּחיהן v. a. to revive הָשֵׁב לִתְחִיָּה.

אָפּחשבונען v. a. to finish reckoning גָּמֹר, כַּלֵּה לַחְשֹׁב.

אָפּחתמ ען, – ענען v. a. to finish signing גָּמֹר, כַּלֵּה לַחְתֹּם.

אָפּט adv. (אָפטער, עפּטער comp) oft, often, frequently לְעִתִּים קְרוֹבוֹת; || adj. frequent תָּכוּף, תָּדִיר.

אָפּטאָטשען v. a. to gnaw off כַּרְסֵם מְ־.

אָפּטאָן v. a. to finish גָּמֹר; to do, perform עָשֹׂה, מַלֵּא; to remove, turn away הָסֵר; to commit, perpetrate עָשֹׂה מַעֲשֶׂה רַע; to return הָשֵׁב גְּמוּל; to play a trick on a person עָשֹׂה מַעֲשֶׂה שֶׁל חֲרִיצוּת לְ־; || – זיך v. r. to depart, be turned away סוּר, הוּסַר.

אָפּטאָקן v. a. to turn (on a lathe) חָרֹט; to execute neatly עָשֹׂה בְּאֹפֶן יָפֶה.

אָפּטאַקסירן v. a. to assess, appraise הַעֲרֵךְ (מס).

אָפּטובלען v. a. to duck טָבֹל; || – זיך v. r. to duck הִטָּבֵל.

— (fig.) אָפּטובלען די נשמה to take a drink שָׁתֹה (יין).

אָפּטיפּן v. a. to baptise טַבֵּל, נַצֵּר.

אָפּטונקען v. a. to duck טָבֹל; || – זיך to duck הִטָּבֵל.

— (fig.) אָפּטונקען די נשמה to take a drink שָׁתֹה (יין).

אָפּטוקן v. a to duck טָבֹל; || – זיך v. r. to duck הִטָּבֵל.

אָפּטײטן v. a. to kill הָרֹג, הָמֵת; to destroy, (fig.) deaden הָרֹס, קַלְקֵל.

אָפּטײַטשן v. a. to translate תַּרְגֵּם.

אָפּטײלונג f separation הַפְרָדָה; division מַחְלָקָה; section, part חֵלֶק.

אָפּטײלן v. a. to divide, partition חַלֵּק; so separate הַפְרֵד.

אַפּטײק f (pl. –ן) pharmacy, apothecary's shop, drug store בֵּית מִרְקַחַת, בֵּית רְפוּאוֹת; grocery חֲנוּת מַכֹּלֶת, פֶּתֶק.

— נאַסע אַפּטײק pharmacy בית מרקחת.

אַפּטײקער m druggist, apothecary, pharmacist רוֹקֵחַ; grocer בַּעַל פֶּתֶק, בַּעַל חֲנוּת מַכֹּלֶת.

אַפּטײקערײַ f pharmacy רַקָּחוּת.

אַפּטײקעריש adj. of apothecary שֶׁל רוֹקֵחַ; of grocery שֶׁל פֶּתֶק.

אָפּטינקעווען v. a. to plaster, rough-cast טוּחַ.

אָפּטיציען v. a. to befool שַׁטֵּה, עָשֹׂה לְשׁוֹטֶה; to delude רַמֵּה.

אָפּטיק f optics תּוֹרַת הָאוֹר; תּוֹרַת חוּשׁ הָרְאוּת; חָכְמַת עֲשִׂיַּת כְּלֵי הַשְׁקָפָה.

אָפּטיקער m optician חוֹקֵר בְּתוֹרַת הָאוֹר; סוֹחֵר בְּמִשְׁקָפַיִם.

אַפּטיר m (pl. –ן) seton, fontanel מוּרְסָה מְלָאכוּתִית (להוציא לחה) א).

אָפּטמאָל adv. often, oftentimes, frequently לְעִתִּים קְרוֹבוֹת; sometimes לִפְעָמִים.

אַפּטעטשנע adj. pharmaceutical שֶׁל מִרְקַחַת סַמִּים.

אָפּטענהן v. n. to finish arguing כַּלֵּה לִטְעֹן, כַּלֵּה לְדַבֵּר.

אָפּטעסען v. a. to square, hew off הַקְצֵעַ.

אַפּטעקאַרסקע = אַפּטעטשנע.

אָפטער adv. comp oftener, more frequently לְעִתִּים יוֹתֵר קְרוֹבוֹת.

אָפּטערכען v. a. to botch, bungle עָשֹׂה מְלָאכָה נִפְסָה, עָשֹׂה דָּבָר כִּלְאַחַר יָד.

אָפּטראָגן v. a. to carry נָשֹׂא; to return הָשֵׁב; to wear out נָשֹׂא עַד לִבְלָיָה (בגדים); || – זיך v. r. to get off, make off, escape חָלֹף, עָבֹר, הִמָּלֵט, בָּרֹחַ; to die (sl.) מוּת.

— אָפּטראָגן א סוד to divulge a secret גלה סוד.

אָפּטראַכטן v. a. to devise הַמְצֵא (תחבולה).

אָפּטרויערן v. n. to cease mourning חָדֹל מֵהִתְאַבֵּל; to mourn a long time הִתְאַבֵּל זְמַן רָב.

אָפּטרײַבונג f driving off גֵּרוּשׁ; abortive תַּחְבּוּלָה לְהַפִּיל (נפל).

אָפּטרײַבן v. a. to drive off גָּרֵשׁ, הָשֵׁב; to produce abortion גָּרֹם לְהַפִּיל (נפל); to refine, distill זַקֵּק (משקאות).

אָפּטרײסלען v. a. to shake off נָעֹר מְ־; || – זיך v. r. to shake oneself from הִתְנַעֵר מְ־; to wash one's hands of an affair נָעֹר אֶת יָדָיו מִדָּבָר.

אָפּטרינקען v. a. to drink or sip off שָׁתֹה מְ־; to finish drinking כַּלֵּה לִשְׁתּוֹת.

אָפּטריפן v. n. to drop or trickle down נָטֹף מְ־.

אָפּטרעלײַקען v. a. to finish singing כַּלֵּה לְזַמֵּר.

אָפּטריקענען v. a. to dry יַבֵּשׁ; || – זיך v. r. to dry up יָבֹשׁ.

אָפּטרעט m (pl. –ן) water-closet מַחֲרָאָה, בֵּית הַכִּסֵּא.

אָפּטרעטן v. a. to tread upon דָּרֹס; to cede

א) פויליש־לאטייניש apertura.

עֲזֹב לְ־: to quit הִתְפַּטֵּר מִ־; to deviate סוּר, נְטֵה מִ־: to retreat, recede נָסֹג.

אַפּטרעט-ראַמער *m* night-man מְנַקֵּה מַחֲרָאוֹת.

אַפּטרענען *v. a.* to unstitch הַתֵּר תְּפֹר.

אַפּטְרָפּוֹס *m* (*pl.* אַפּטְרָפּסִים) guardian ~.

אַפּטְרָפּסוּת *f* guardianship ~.

אַפּטשאַטעווען *v. a.* to lie in wait for, waylay אָרֹב לְ־.

אַפּטשוכען *v. a.* to awake, revive הָעֵר, הָשֵׁב לִתְחִיָּה; || ~ זיך *v. r.* to recover, come to one's senses שׁוּב לְאֵיתָנוֹ, שׁוּב לִתְחִיָּה.

אַפּטשישטשען *v. a.* to clean נַקֵּה.

אַפּטשעפּען *v. a.* to detach הַפְרֵד; || ~ זיך *v. r.* to detach oneself הִפָּרֵד; to get rid of הִפָּטֵר מִ־.

— טשעפּע זיך אָפּ פון מיר! leave me alone! הרף ממני!

אַפּטשעשען = אָפּטעסען.

אַפּיאַווען זיך *v. r.* to appear unexpectedly הוֹפַע או הֵרָאֵה פִּתְאֹם.

אַפּיאום *m* opium רֹאשׁ, אַפְיוֹן.

אַפילו *conj.* even ~, אִם גַּם.

— כאָטש אַפילו even though, although גם אם.

אַפּיעטן *v. a.* to weed off נַכֵּשׁ; to finish weeding גְּמֹר לְנַכֵּשׁ.

אַפּיעקע *f* guardianship אַפּטְרָפּסוּת.

אַפּיציעל *adj.* official רִשְׁמִי.

אַפּיצער *m* (*pl.* ~ן) officer פְּקִיד צָבָא.

אַפּיקומן *m* (*pl.* ~ס) the azyme eaten at the conclusion of the passover feast ~, מַצָּה שֶׁאוֹכְלִים אַחַר סְעוּדַת הַפֶּסַח.

אַפּיקור-אַפּיקורוס *m* arch-heretic רֹאשׁ הַכּוֹפְרִים.

אַפּיקורוס *m* (*pl.* אַפּיקורסים) heretic ~, כּוֹפֵר.

אַפּיקורוסטע *f* female heretic כּוֹפֶרֶת.

אַפּיקורסות *f* heresy ~, כְּפִירָה.

אַפּיקורסיש *adj.* heretical שֶׁל כְּפִירָה.

אַפּיר[1] = אַפּאָר.

אַפּיר[2] *adv.* forth, out מִתּוֹךְ.

אַפּיר־ *pref.* forth, out מִתּוֹךְ־.

אַפּירברענגען *v. a.* to bring forth הוֹצֵא מִ־.

אַפּירגיין *v. n.* to go forth, go out יָצֹא מִ־.

אַפּירוואַרפן *v. a.* to throw out הַשְׁלֵךְ מִ־.

אַפּירטרענען *v. a.* to rip out of קָרֹעַ מִ־.

אַפּיריאָגן *v. n.* to run forth רוּץ מִ־.

אַפּירכאַפּן *v. a.* to snatch from חֲטֹף מִ־; || ~ זיך *v. r.* to run forth רוּץ מִ־.

אַפּירלויפן *v. n.* to run forth רוּץ מִ־.

אַפּירנעמען *v. a.* to take out from לָקֹחַ מִ־, הוֹצֵא מִ־; || ~ זיך *v. r.* to undertake, make up one's mind קַבֵּל עַל עַצְמוֹ, גְּמֹר בְּדַעְתּוֹ; = פירנעמען זיך.

אַפּירקומען *v. n.* to come forth יָצֹא מִ־; to appear הֵרָאֵה.

אַפּירקוקן *v. n.* to look out from הַבֵּט מִ־.

אַפּירקערן *v. a.* to sweep out from טַאטֵא מִתּוֹךְ־.

אַפּירופן *v. a.* to call out from קְרָא מִתּוֹךְ־.

אַפּירוקן *v. a.* to shove out from הַשֵּׁף מִ־, הוֹצֵא הַחוּצָה.

אַפּירשאַרן *v. a.* to rake out from גְּרֹף או חֲתֵה מִ־.

אַפּירשלעפּן *v. a.* to pull *or* drag out from מְשֹׁךְ או סְחֹב מִ־.

אַפּירשפּרינגען *v. a.* to jump *or* leap out from קְפֹץ מִ־, קְפֹץ הַחוּצָה.

אַפיש *m* (*pl.* ~ן) bill, play-bill מוֹדָעָה מִבֵּית חִזָּיוֹן.

אַפישקע *f* small play-bill מוֹדָעָה קְטַנָּה מִבֵּית חִזָּיוֹן.

אַפּכאָד = אָבכאָד.

אַפּכאַפּן *v. a.* to do in a hurry, perform quickly עֲשֵׂה מְהֵרָה, מַהֵר לַעֲשׂוֹת; to read through quickly קְרָא קְרִיאָה חֲטוּפָה; || ~ זיך *v. r.* to recover הָשֵׁב נַפְשׁוֹ.

אִפְּכָא-מִסְתַּבְּרָא *adv.* "the contrary is true," on the contrary ~.

אַפּכויכען *v. a.* to cheat רַמֵּה.

אַפּלאַגערן *v. a.* to store אֱגֹר.

אַפּלאָדירן *v. a.* to applaud מְחֹא כַף (לאות הסכם).

אָפּלאָדן[1] *v. a.* to unload פָּרֵק, הָסֵר מַשָּׂא.

אָפּלאָדן[2], ~ זיך *v. r.* to finish being at law כַּלֵּה לָדוּן עִם־.

אָפּלאָזן *v. a. n.* to let off עֲזֹב; to leave off חֲדֹל; to abate הָלוֹךְ וְחָסֵר, הָלוֹךְ וְרָפֹה; to thaw מַסֵּס (קרח); to cast off (*meshes of a stocking*) הַתֵּר (לולאות של פוזמק); to let out (*water*) הוֹצֵא (מים מנהר); to sell מְכֹר; || ~ זיך *v. r.* to be negligent הִתְרַשֵּׁל, הִתְרַפֵּה.

אָפּלאַטכענען *v. a.* to steal from גְּנֹב מִ־.

אָפּלאַכן *v. n.* to mock at, laugh at לָעֹג לְ־, לַגְלֵג עַל־.

אָפּלאָנטשען *v. a.* to detach from הַפְרֵד מִ־; || ~ זיך *v. r.* to detach oneself הִפָּרֵד.

אַפּלאַקירן *v. a.* to lacker, varnish מְשֹׁחַ בְּלַכָּה.

אָפּלויבן *v. a.* to praise much הַרְבֵּה לְהַלֵּל.

אָפּלויף *m* running off מְרוּצָה מִ־; expiration חֲלִיפָה, קֵץ.

אָפּלויפן *v. n.* to run off רוּץ; to flow off שְׁטֹף; to elapse, expire כָּלֵה, תַּמֵּם (זמן); to run down (*of a clock*) רוּץ מַהֵר (שעון).

אָפּלופּען *v. a.* to peel, strip off פַּצֵּל, קַלֵּף.

אָפּלושטשען *v. a.* to shell, husk פָּרֵק, קַלֵּף.

אָפּליאַמעווען *v. a.* to edge, border צַפֵּה הַשָּׂפָה (של בגד).

אָפּליאַפּען *v. a.* to botch עֲשֵׂה מְלָאכָה נִפְסָה.

אָפּליאַקירן = אָפּלאַקירן.

אָפּליגן v. n. to lie a long time שָׁכֹב זְמַן רַב; to stiffen (a limb) by lying הַקְשֵׁה (אבר) עַל יְדֵי שְׁכִיבָה.

אָפּליִגנערן v. a. to deceive, delude רַמֵּה, הַתְעֵה.

אָפּלייג = אָפּלייגונג.

אָפּלייגונג f laying aside שִׂימָה לְצַד; delay, postponement דִּחוּי, אַרְכָּה.

אָפּלייגן v. a. to lay or put aside הַנִּיחַ אוֹ שִׂים לְצַד; to delay, postpone דָּחֹה, הַאֲרֵךְ הַמּוֹעֵד; to suspend דָּחֹה (זמן עונש); to put by, save חָשׂךְ (כסף); to distribute (type) פַּזֵּר (אותיות הדפוס); || — זיך v. r. to devote oneself הַקְדֵּשׁ אֶת עַצְמוֹ.

אָפּלייגעניש n delaying דִּחוּי.

אָפּלייגער m delayer מְאַחֵר, דּוֹחֶה.

אָפּליידיגן v. a. to vacate, clear פַּנֵּה; to evacuate הָרֵק (עיר).

אָפּליידן v. n. to suffer סָבֹל.

אָפּלייזן = לויזן.

אָפּלייטן v. a. to unsolder הָסֵר הַמַּלְחָם (הדבק בבדיל).

אָפּלייטערן v. a. to clear טַהֵר, נַקֵּה; || — זיך v. r. to clear up הָיֹה בָּהִיר (האויר).

אָפּלייענען v. a. to be through reading כַּלֵּה לִקְרֹא.

אָפּלייקענונג f abnegation, denial הַכְחָשָׁה, שְׁלִילָה.

אָפּלייקעניש = אָפּלייקענונג.

אָפּלייקענען v. a. to abnegate, deny הַכְחֵשׁ, כַּפֵּר; || — זיך v. r. to deny, disavow הַכְחֵשׁ, מָאֵן לְהַכִּיר.

אָפּליִנירן = אָפּוורען.

אָפּלעבן v. n. to live some time in a place יָשֹׁב זְמַן יָדוּעַ בְּמָקוֹם; to come to life שׁוּב לִתְחִיָּה; to become decrepit הַחָלֵשׁ; to die מוּת.

אָפּלעזן = אָפּלייענען.

אָפּלעקן v. a. to lick off לַקֵּק מִ־.

אָפּלערנען v. a. to finish studying לָמֹד, כַּלֵּה לִלְמֹד; || — זיך v. r. to follow the exampte of לָמֹד מִ־, הָלוֹךְ בְּעִקְבוֹת־.

אָפּלעשן v. a. to extinguish כַּבֵּה; to slake (lime) יָצֹק מַיִם עַל סִיד; to cool (fig.) קָרֵר, הַשְׁקֵט.

אָפּמאָגערן v. a. to make lean, emaciate רַזֵּה; || — זיך v. r. to get lean הֵרָזֵה.

אָפּמאָזלען v. n. to go through measles הֵרָפֵא מִמַּחֲלַת הָאַדֶּמֶת.

אָפּמאַטערן v. a. to weary, tire out הַלְאֵה, יַגֵּעַ; || — זיך v. r. to tire oneself out הִתְיַגֵּעַ.

אָפּמאַך m agreement, stipulation חוֹזֶה, תְּנַאי; treaty אֲמָנָה, בְּרִית; arrangement, settlement סִדּוּר עִנְיָנִים, סִלּוּק; arbitration פְּשָׁרָה.

אָפּמאַכן¹ v. a. n. to undo, loose הַתֵּר; to undo, abolish בַּטֵּל; to make anew עֲשֵׂה מֵחָדָשׁ; to make up (Am.) מַלֵּא אֶת הֶחָסֵר; to contract עֲשֵׂה חוֹזֶה; to stipulate הַתְנֵה; to make a treaty עֲשֵׂה אֲמָנָה אוֹ בְּרִית; to arrange, settle סַדֵּר עִנְיָנִים, סַלֵּק; to arbitrate פַּשֵּׁר.

אָפּמאַכן² v. a. to fan off (dust) הָפֵחַ (אבק) מִ־; to remove הָסֵר מִ־.

אָפּמאַכער m adjuster, arbiter מְפַשֵּׁר.

אָפּמאָליעווען v. a. to do over with paint מְשֹׁחַ בְּשָׁשַׁר, צָבֹעַ.

אָפּמאָלן¹ v. a. to paint צַיֵּר; to depict, describe תָּאֵר.

אָפּמאָלן² v. a. to finish grinding גָּמֹר, כַּלֵּה לִטְחֹן.

אָפּמאַרשירן v. n. to march off עָבֹר, הָלוֹךְ לוֹ.

אָפּמאַשענעווען v. a. to defraud, cheat רַמֵּה.

אָפּמוטשען v. a. to torment עַנֵּה; || — זיך v. r. to torment oneself, suffer הִתְעַנֵּה, סָבֹל.

אָפּמויערן v. a. to finish building כַּלֵּה לִבְנוֹת; to build anew בְּנֵה מֵחָדָשׁ.

אָפּמוליען v. a. to wear off by pinching הָדֵק עַל יְדֵי לְחִיצָה.

אָפּמונטערן v. a. to resuscitate, revive הָשֵׁב לִתְחִיָּה.

אָפּמַלן v. a. to circumcise מוּל; to cut off כָּרֹת.

אָפּמעלן = אָפּמאָלען¹.

אָפּמעלקן v. a. to draw off by milking הוֹצֵא עַל יְדֵי חֲלִיבָה.

אָפּמענשלען v. a. to photograph (joc.) צַלֵּם; || — זיך v. r. to be photographed הִצְטַלֵּם.

אָפּמעסטן v. a. to measure מְדֹד.

אָפּמעקן v. a. to wipe off, blot out מְחֹה.

אָפּמעשרן v. a. to tithe עַשֵּׂר.

אָפּמשלען v. a. to illustrate, describe תָּאֵר.

אָפּמשפּטן v. a. to adjudge, חָרֹץ מִשְׁפָּט; to sentence, condemn הַרְשֵׁעַ, חַיֵּב.

אָפן adj. open פָּתוּחַ; frank, candid תְּמִים־לֵב; || adv. openly, publicly בְּפוּמְבֵּי, בְּפַרְהֶסְיָא.

— אָפן לײַב, ז. אָפנלײַב.

— אַן אָפענער מח a bright intellect כח־הבנה נפלא.

אָפּנאָגן v. a. to gnaw off כַּרְסֵם מִ־.

אָפּנאַרן v. a. to deceive רַמֵּה.

אָפּנאַרעכץ n deception רַמָּאוּת.

אָפנהאַרציג adj. frank, sincere תְּמִים־לֵב; || — קייט f frankness, sincerity תָּם־לֵב.

אָפּנוצן = אָפּנוצן.

אָפּנייגונג f turning away נְטִיָּה לְצַד.

אָפּנייגן v. a. to turn away הַטֵּה הַצִּדָּה.

אָפּנײען v. n. to finish sewing כַּלֵּה לִתְפֹּר; to provide with clothes הַלְבֵּשׁ.

אַפְּנִים = הַפָּנִים.

אָפּנוצן v. a. to use up כַּלֵּה בְּתַשְׁמִישׁ; to wear out כַּלֵּה; to improve by use הַשְׁבֵּחַ עַל יְדֵי תַשְׁמִישׁ; ‖ — זיך to wear out בָּלֹה.

אָפּנלײב m diarrhea שִׁלְשׁוּל.

אָפּנעמען v. a. to take away לָקֹחַ מִ־; to take back לָקֹחַ בַּחֲזָרָה; ‖ — v. n. to be paralysed הִשְׁתַּתֵּק, יָבֵשׁ.

— עס האָט אוהם אָפּגענומען דער לשון he has become speechless נאלם.

אָפּנעצן v. a. to make wet הַרְטֵב; to dedicate by drink חַנֵּךְ בִּשְׁתִיָּה.

אָפּסאַלעמוײדזשען v. a. to rattle off (*a prayer*) קְרֹא בִמְהִירוּת וּבְלִי כַוָּנָה.

אָפּסאַפּען = אָפּדוכען.

אָפּסאָץ = אָבצאָס.

אָפּסאָרטירן v. a to sort, assort הַפְרֵד לְפִי הַמִּינִים.

אָפּסחרן v. a. to buy קְנֵה.

אָפּסטראַשען v. a. to scare הַפְחֵד, אַיֵּם.

אָפּסטרעכעווען v. a. to take off the top *or* excess of a measure הָסֵר אֶת הָעוֹדֵף מֵראשׁ הַמִּדָּה.

אָפּסיליען v. a. to unstring הָסֵר מֵהַחֲרוּז.

אָפּסמאַליען v. a. to singe חָרֵךְ.

אָפּסמאָקען v. a. to suck off מְצֵה, מְצֹץ מִ־.

אָפּסמאַרקען v. a. to soil with snivel לַכְלֵךְ בְּרִיר הָאַף.

אָפּסמילעווען v. a. to wax מְשַׁח בְּדוֹנַג.

אָפּספּראַנזשקעווען v. a. to unbuckle פְּתַח אַבְזָם.

אָפּסקראָבען v. a. to scrape off גְּרֵד מִ־.

אָפּעט = אָפּ (נאָך א צייטוואָרט).

אַפּעטיט m (pl. ן —) appetite תַּאֲבוֹן (לאכילה); desire תַּאֲוָה.

אַפּעטיטנע *adj.* exciting appetite, relishable מְעוֹרֵר תַּאֲבוֹן; tempting מְעוֹרֵר תַּאֲוָה; palatable נָעִים לַחֵךְ.

אָפּעטעמען = אָפּאָטעמען.

אַפּעלאַציע f appeal אַנְקְלִיטָה, קְבִלָּנָה (לבית דין עליון).

אַפעליאום n (*astr.*) aphelion הַמֶּרְחָק הַיּוֹתֵר גָּדוֹל שֶׁל כּוֹכַב־לֶכֶת מִן הַשֶּׁמֶשׁ (במסלולו).

אַפּעלירן v. n. to appeal קַבֵּל (לבית דין עליון).

אַפּעלצין f (pl. ען —) orange תַּפּוּחַ־זָהָב.

אָפּענדיגן v. a. to end, finish גְּמֹר, כַּלֵּה.

אַפּענדיקס m (pl. ן —) appendix תּוֹסֶפֶת סְפֵי הֶעָנֵר.

אָפּענטפערן v. a. to answer, reply עֲנֵה, הָשֵׁב.

אָפענערהײט *adv.* openly בְּפוּמְבֵּי, בְּפַרְהֶסְיָא.

אָפּענפערן = אָפּענטפערן.

אָפּעסן v. a. to finish eating כַּלֵּה לֶאֱכֹל; to eat off כַּרְסֵם מִ־; to eat up אֱכֹל כֻּלּוֹ.

— אָפּעסן אומעצן דאָס האַרץ to grieve a person צַעֵר אִישׁ.

אַפּעקון m (pl. עס —) guardian אַפִּטְרֹפּוֹס.

אַפּעקונסטווע f guardianship אַפִּטְרֹפְּסוּת.

אָפּעקלען v. a. to disgust עוֹרֵר גֹּעַל נֶפֶשׁ; ‖ — זיך v. r. to be disgusted הַרְגֵּשׁ גֹּעַל נֶפֶשׁ.

אָפּעקן v. a. to end, make an end גְּמֹר; to settle גְּמֹר, בּוֹא לִידֵי גְמָר.

אָפּעראַטאָר m operator פּוֹעֵל; operator, surgeon מְנַתֵּחַ, רוֹפֵא (אמן בנתוח).

אָפּעראַציע f operation פְּעֻלָּה, נִתּוּחַ (בגוף החולה).

אָפּערירן v. a. to operate פְּעֹל, נַתֵּחַ, עֲשֵׂה נִתּוּחַ.

אָפּערע f opera מַחֲזֶה בִּנְגִינוֹת.

אָפּערעטע f operetta אָפֶּרֶטָּה.

אָפּפּאַטשן v. a. to slap סָטֹר.

— אָפּפּאַטשן אומעצן די פּליגלען to humble a person השפל איש.

אָפּפּאָכן v. a. to fan off הָפֵחַ מִ־.

אָפּפּאַל m falling off נְפִילָה מִ־; offal, refuse, waste מַפָּל, שְׁיָרִים.

אָפּפּאָלירן v. a. to polish מָרֹט, לְטשׁ.

אָפּפּאַלן v. n. to fall off נְפֹל מִ־; to abate הָלוֹךְ וְחָסֹר; to waste away, lose flesh כְּחשׁ, רָזֹה.

אָפּפּאַסטן v. n. to be through fasting כַּלֵּה צוֹם.

אָפּפּאַסן v. a. to measure מָדֹד; to watch, lie in wait for אָרֹב לְ־.

אָפּפּאַקן v. a. to unpack הַתֵּר חֲבִילָה.

אָפּפּאָקן v. n. to be through with pox הֵרָפֵא מִמַּחֲלַת הָאֲבַעְבֻּעוֹת.

אָפּפּאָר m departure נְסִיעָה מִ־.

אָפּפּאָראָשען = אָפּשטויבן.

אָפּפּאַרבן v. a. to dye, color צְבֹעַ.

אָפּפּאַרטאַטשעווען v. a. to botch, bungle עֲשֵׂה מְלָאכָה כִּלְאַחַר יָד.

אָפּפּאַרטיגן v. a. to despatch, dismiss שַׁלֵּחַ; to finish גְּמֹר; ‖ — זיך v. r. to get through one's work גְּמֹר מְלַאכְתּוֹ.

אָפּפּאָרן v. n. to set out, depart, leave נְסֹעַ, יְצֹא לְדַרְכּוֹ.

אָפּפּאַרען v. a. to scald שָׁלֹק; to steam קַטֵּר, חַמֵּם עַל יְדֵי קִטּוֹר.

אָפּפּאָרען v. a. to uncouple, separate הַפְרֵד.

אָפּפּאָרען זיך v. r. to be through one's work גְּמֹר מְלַאכְתּוֹ.

אָפּפּאַשען v. a. to feed, fatten רְעֵה, דַּשֵּׁן; ‖ — זיך v r. to get fat שָׁמֹן, כָּשֹׂה.

אָפּפּוילן v. n. to rot off רָקֹב וְנָפֹל מִ־.

אָפּפּוליען = אָפּשטויבן.

אָפּפּוצן v. a. to clean נַקֵּה; to polish, black נַקֵּה (נעלים); to dupe, deceive (*fig.*) רַמֵּה.

אָפּפּושן = אָפּאַרטאַטשעווען.
אָפּפּטרן v. a. to get through, finish גָּמֹר כֻּלּוֹ.
אָפּפּידלען v. a. to finish playing on a fiddle גְּמֹר לְנַגֵּן עַל הַכִּנּוֹר; to cut off clumsily (*fig.*) חָתֹךְ בְּאֹפֶן גַּס.
אָפּפּיטערן = אָפּפּאַשען.
אָפּפּײַלן v. a. to file off שַׁפְשֵׁף בְּשׁוֹפִין מִ־.
אָפּפּײַלעכץ n filings נְסֹרֶת.
אָפּפּינסטערן v. n. to live in misery חָיֹה בְעֹנִי.
אָפּפּיקן v. a. to peck off נַקֵּר מִ־.
אָפּפּירונג f carrying off נְשִׂיאָה אֶל־; purgative, physic סַם מְשַׁלְשֵׁל.
אָפּפּירן v. a. to carry, convey הוֹבֵל, הוֹלֵךְ לְ־; to accompany, escort לַוֵּה; to delay הַאֲרֵךְ, to delude by promises. disappoint אַחֵר; הַתְעֵה, הַטְעֵה; to purge שַׁלְשֵׁל (הקבה).
אָפּפּישן v. a. to wet by pissing הַרְטֵב עַל יְדֵי הַשְׁתָּנָה.
אָפּפּלאָגן זיך v. r. to suffer סָבֹל.
אָפּפּלאָנטערן v. a. to disentangle הַתֵּר, פַּתֵּחַ הַסִּבּוּךְ; to bring to an end הָבֵא לִידֵי גְמָר.
אָפּפּלאָנטרעווען = אָפּפּלאָנטערן.
אָפּפּליוכען v. a. to pour upon שָׁפֹךְ (מים) עַל־.
אָפּפּלײַצן v. n. to flow off זָרֹם, שָׁטֹף מִ־.
— אָפּפּלײַצן מיט בלוט to bleed אבד דם רב.
אָפּפּליסן v. n. to flow off זָרֹם מִ־.
אָפּפּליִען v. n. to fly off עוּף מִ־.
אָפּפּליקן v. a. to pluck off מָרֹט כֻּלּוֹ.
אָפּפּלעטן v. a. to iron גַּהֵץ.
אָפּפּלעכטן v. a. to untwist פַּתֵּחַ הַקְּלִיעָה.
אָפּפּסקן|ען, — ענען v. a. to decide חָרֹץ, פַּסֵּק.
אָפּפּענטשען v. a. to take off the locks (*of a horse*) פַּתֵּחַ הַכֶּבֶל (של רגלי סוס).
אָפּפּער = קָרבּן.
אָפּפּערן = מַקריב זײַן.
אָפּפּראַווען v. a. to finish גָּמֹר; to perform מַלֵּא; to plaster טוּחַ.
אָפּפּראָשען = אָפּשטויבן.
אָפּפּריצעווען v. a. to fool, dupe שַׁטֵּה, רַמֵּה.
אָפּפּרירן v. a. to freeze קָרֹר.
אָפּפּרישן v. a. to refresh הָשֵׁב נֶפֶשׁ; to renew חַדֵּשׁ.
אָפּפּרעגלען v. a. to fry טַגֵּן; to finish frying גְּמֹר לְטַגֵּן.
אָפּפּרעגן v. a. to contradict, refute סָתֹר, פָּרֵךְ.
אָפּפּרעמדן v. a. to estrange נַכֵּר, עֲשֵׂה זָר; ‖ — זיך to be estranged הִתְנַכֵּר.
אָפּפּרעסן to press דָּחֹק, לָחֹץ; to iron גַּהֵץ; to smooth עֲשֵׂה חָלָק.

— בײַ אים איז אָפּגעפּרעסט he takes it for granted הוא חושב זאת לדבר מוסכם.
אָפּצאָל m tax מַס, מֶכֶס; due מַס חֲבֵרִים; = אָפּצאָלונג.
אָפּצאָלונג f payment תַּשְׁלוּם; instalment תַּשְׁלוּם חֶלְקִי.
אָפּצאָלן v. a. to pay off שַׁלֵּם כֻּלּוֹ; to repay גָּמֹל.
אָפּצאַמען v. a. to fence off סוּךְ, הַבְדֵּל בְּגָדֵר.
אָפּצאַם = אָבצאַם.
אָפּצאַפּן v. a. to tap, draw בָּרֹז, הוֹצֵא (יין מכלי).
אָפּצוג m deduction נִכָּיוֹן; impression עָלֶה לְמִבְחָן (של בית דפוס); self-examination of a woman before coition בְּדִיקַת אִשָּׁה לִפְנֵי הַתַּשְׁמִישׁ א).
אָפּצווויטען v. n. to cease blossoming, fade, wither חָדֹל לִפְרֹחַ, נָבֹל.
אָפּצווייַנגע = אָבצווייַנגע.
אָפּצופּן v. a. to pluck off מָרֹט; to extort הוֹצֵא בְּחָזְקָה.
אָפּצוקערן v. a. to sugar, cover with sugar כַּסֵּה בְּסֻכָּר.
אָפּצי m drawing off מְשִׁיכָה מִ־.
אָפּצײַכענונג f marking off צִיּוּן; drawing תֵּאוּר.
אָפּצײַכענען v. a. to mark off צַיֵּן, סַמֵּן; to draw, delineate תָּאֵר, רָשֹׁם.
אָפּצײלן v. a. to count, number מְנֵה, סַפֵּר.
אָפּצײַמען v. a. to unbridle פַּתֵּחַ סוּם מַרְסָנוֹ.
אָפּציִען v. a. to draw off, drain הוֹצֵא (מים מנהר או משקה מחבית); to pull off מָשֹׁךְ מִ־; to deduct גָּרֹעַ, נַכֵּה מִ־ (בחשבון); to delay, protract הַשְׁהֵה, הַמְשֵׁךְ; to make an impression הַדְפֵּס גִּלָּיוֹן לְהַגָּהָה; to melt off הָמֵס; to flay, strip הַפְשֵׁט (עור); ‖ v. n. to go off, move away הָלוֹךְ לוֹ, נָסֹעַ מִ־; ‖ n. self-examination of women before coition בְּדִיקַת אִשָּׁה לִפְנֵי הַתַּשְׁמִישׁ א); ‖ — זיך v. r. to be protracted הִמָּשֵׁךְ (זמן); to drip, drop נָטֹף מִ־; to examine oneself before coition (*of women*) בָּדֹק אֶת עַצְמָהּ לִפְנֵי הַתַּשְׁמִישׁ א).
אָפּציפּערן v. a. to watch, waylay, spy אָרֹב לְ־.
אָפּצירקלען v. a. to measure with compasses מָדֹד בִּמְחוּגָה; to execute carefully עֲשֵׂה בְדִיוּק.
אָפּצעמען = אָפּצײַמען.
אָפּצערונג f emaciation כְּחִישׁוּת, רָזוֹן.
אָפּצערן v. a. to waste, emaciate עֲשֵׂה כָחוּשׁ; ‖ — זיך v. r. to waste away, fall off כָּחֹשׁ, הֵרָזֵה.
אָפּקאָכן v. a. to finish cooking גְּמֹר לְבַשֵּׁל; to cook בַּשֵּׁל; to boil רַתֵּחַ; to scald שַׁלֵּק; ‖ — זיך v. r. to be cooked הִתְבַּשֵּׁל.
אָפּקאָלופּען v. a. to pick off נַקֵּר מִ־.

א) חיי אדם ע״ט (הלכות נדה).

אָפּקאַלכן *v. a.* to calcimine, whitewash סַיֵּד.

אָפּקאָמאַנדעווען = אָפּוואויעווען.

אָפּקאַמען *v. a.* to comb off סָרֹק מִ־.

אָפּקאַנטשען *v. a.* to finish, end גָּמֹר, כַּלֵּה.

אָפּקאַניוטשען *v. a.* to pass in misery כַּלֵּה (ימיו) בְּעֹנִי.

אָפּקאָסטן to cost עָלֹה (במחיר).

אָפּקאָסען *v. a.* to mow off קָצֹר (חציר); to finish mowing כַּלֵּה לִקְצֹר.

אָפּקאַסערן to turn up, tuck up (*one's sleeves*) חָשֹׂף (שרוול).

אָפּקאָפּירן *v. a.* to copy הַעְתֵּק.

אָפּקאַפּען *v. n.* to drip, trickle נָטֹף, טַפְטֵף מִ־.

אָפּקאַציען זיך = אָפּקעצלען זיך.

אָפּקאַרגן *v. a.* to pinch קַמֵּץ.

אָפּקאָרמען = אָפּפּאַשען.

אָפּקאָרקעווען *v. a.* to uncork הוֹצֵא הַפְּקָק.

אָפּקוואַטשען *v. a.* to smear מָרֹחַ; to botch עֲשֹׂה מְלָאכָה גַסָּה.

אָפּקוועטשן *v. a.* to squeeze דָּחֹק, לָחֹץ.

אָפּקווּעלען זיך *v. r.* to suffer סָבֹל; to live in misery חֲיֹה בְּעֹנִי

אָפּ||קוילן, ־ קוילענען *v. a.* to finish slaughtering גָּמֹר לִשְׁחֹט; to ruin (*fig.*) כַּלֵּה, הַשְׁחֵת.

אָפּקויף *m* act of buying קְנִיָּה.

אָפּקויפן *v. a.* to buy, purchase from קָנֹה מִ־.

אָפּקויפער *m* buyer, purchaser קוֹנֶה.

אָפּקוילקלען *v. a.* to finish rolling גָּמֹר, כַּלֵּה לְגַלְגֵּל.

אָפּקומען *v. n.* to get off הִפָּטֵר; to suffer סָבֹל; to grow poor הֵעָנִי; to miss הָיֹה חָסֵר.

אָפּקומעניש *n* suffering צַעַר, יִסּוּרִים; atonement עֹנֶשׁ, כַּפָּרָה (בעד עוונות).

אָפּקוקן *v. a.* to learn by looking at לָמֹד עַל יְדֵי הִסְתַּכְּלוּת; to watch שָׁמֹר.

אָפּקיטעווען *v. a.* to remove the putty הָסֵר אֶת הַטִּיחַ.

אָפּקייטלען *v. a.* to unchain פַּתֵּחַ אֶת הַשַּׁרְשֶׁרֶת, הוֹצֵא אֶת הָוָו (של דלת).

אָפּקיילעכיגן *v. a.* to make round עֲשֹׂה עָגֹל, עַגֵּל.

אָפּקייען *v. a.* to chew off כָּסֹס, לָעֹס; to finish chewing גָּמֹר, כַּלֵּה לִלְעֹס.

אָפּקייקלען *v. a.* to roll off *or* away גַּלֵּל מִ־.

אָפּקילן *v. a.* to cool צַנֵּן, קָרֵר; to refresh הָשֵׁב נֶפֶשׁ; || ־ זיך *v. r.* to cool oneself הִצְטַנֵּן, הִתְקָרֵר; to refresh oneself הָשֵׁב נַפְשׁוֹ.

אָפּקינדלען *v. n.* to cease bearing עָמֹד מִלֶּדֶת; || ־ זיך *v. r.* to give birth to a child יָלֹד, מַלֵּט.

אָפּקינצלען *v. a.* to execute artistically עֲשֹׂה מַעֲשֵׂה אָמָּן.

אָפּקירעווען *v. a.* to turn away *or* aside הַטֵּה הַצִּדָּה; || ־ זיך *v. r.* to turn away נְטֹה הַצִּדָּה.

אָפּקירצונג *f* abridgement קִצּוּר; abbreviation נוֹטָרִיקוֹן, רָאשֵׁי תֵיבוֹת.

אָפּקירצן *v. a.* to abridge קַצֵּר; to abbreviate (*a word*) קַצֵּר (מלה).

אָפּקלאַפּן *v. a.* to strike הַכֵּה, נָגֹף; to strike off, beat off הָסֵר עַל יְדֵי הַכָּאָה; to cease striking חֲדֹל מֵהַכּוֹת; to rattle off (*fig.*) אֱמֹר בִּמְהִירוּת (למשל מזמור של תהלים).

אָפּ||קלויבן, ־ קלייבן *v. a.* to pick off, choose, select בָּחֹר.

אָפּקלייען *v. a.* to unglue הָסֵר הַדֶּבֶק.

אָפּקלינגען *v. a.* to cease ringing חֲדֹל מְצַלְצֵל; to echo, resound הַשְׁמֵעַ הֵד.

אָפּקלעפּן *v. a.* to remove something pasted הָסֵר הַמְּדֻבָּק; to separate הַפְרֵד; || ־ זיך *v. r.* to be removed הוּסַר; to be separated הִפָּרֵד.

אָפּקלעקן *v. a.* to blot מָחֹה, סַפֵּג (דיו).

אָפּקלערן *v. n.* to consider, deliberate הִתְבּוֹנֵן, הִסְתַּכֵּל.

אָפּקנאַקן *v. a.* to rattle off סַפֵּר בְּחִפָּזוֹן, קְרָא בִּמְהִירוּת.

אָפּקנייטשן *v. a.* to unfold הָסֵר, פַּתֵּחַ הַקְּמָטִים.

אָפּקנייפּן *v. a.* to pinch *or* nip off הָסֵר בִּצְבִיטָה.

אָפּקניפּן *v. a.* to untie פַּתֵּחַ, הַתֵּר (קשר).

אָפּקנעטן *v. a.* to finish kneading כַּלֵּה לָלוּשׁ.

אָפּקנעפּלען *v. a.* to unbutton פַּתֵּחַ הַכַּפְתּוֹרִים.

אָפּקעלבן זיך *v. r.* to calve יָלֹד (עגלים); to (*joc.*) give birth יָלֹד (על אשה).

אָפּקעצלען זיך *v. r.* to kitten יָלֹד חֲתוּלִים.

אָפּקערעווען = אָפּקירעווען.

אָפּקערן *a. n.* to turn away הָסֵר, נָטֹה; to sweep off טַאטֵא.

אָפּקערעכץ *n* sweepings מְאוּם אַשְׁפָּה.

אָפּקראַצן *v. a.* to scratch off, scrape off גָּרֹד מִ־.

אָפּקריגן *v. a.* to get from קַבֵּל מִ־.

אָפּקריגן זיך *v. n.* to quarrel some time רִיב, הִתְקוֹטֵט זְמַן יָדוּעַ; to cease quarrelling חֲדֹל מֵרִיב.

אָפּקרייען *v. a.* to cease crowing חֲדֹל מִקְּרֹא (על תרנגול).

אָפּקריכן *v. n.* to creep away זְחֹל מִ־; to wear off, fade, lose color כָּלֹה, נָבֹל, אָבֹד צִבְעוֹ.

אָפּקרימען *v. a.* to straighten יַשֵּׁר הַנָּטוּי הַיָּשָׁר.

אָפּקרייצן = אָפּקראַצן.

אָפּקרעכצן *v. n.* to cease groaning חֲדֹל מֵהַאֲנָחָה.

אָפּקרענקען *v. n.* to be ill some time חֲלֹה זְמַן יָדוּעַ.

אָפּראַוויע *f* stucco, plaster, rough-cast טִיחַ.

אָפּראַזירן = אָפּגאָלען.

אָפּראָטן *v. a.* to disadvise, dissuade יָעֹץ לְבִלְתִּי־.

אָפּראַטעווען *v. a.* to save, rescue הַצֵּל; to revive הַחֲיֵה, הָשֵׁב נֶפֶשׁ.

אָפּראַמען *v. a.* to clear off, פַּנֵּה; to clear remove בָּעֵר, הָסֵר.

אָפּרו *m* rest, repose מְנוּחָה.

אָפּרודערן¹ *v. n.* to row off שוּט מ־ (באניה).

אָפּרודערן² *v. n.* to cease pothering חָדֹל מֵהַרְעֵשׁ.

אָפּרוען *v. n.* to rest, take a rest נוּחַ; || — זיך *v. r.* ד. ז.

אָפּרוף *m* response מַעֲנֶה (על קריאה).

אָפּרופֿן *v. a.* to call off הָשֵׁב, הַחֲזֵר; to repeal, revoke בַּטֵּל (חק); to withdraw (*a coin*) from circulation הוֹצֵא (מטבע) מִמַּשָּׂא וּמַתָּן; || — זיך *v. r.* to respond, anewer עָנֵה; to react פָּעֹל בְּתוֹר תְּשׁוּבָה; to have an after-taste הָיֹה מוֹשֵׁךְ טַעַם.

— אָפּרופֿן זיך צוריק to recur, relapse חוֹר (מחלה).

אָפּרוקן *v. a.* to move off *or* away, shove off הָנֵעַ מ־, הַעְתֵּק מ־; to unbolt הוֹצֵא אֶת הַבְּרִיחַ.

אָפּריגלען *v. a.* to unbolt הוֹצֵא אֶת הַבְּרִיחַ, פָּתֹחַ.

אָפּריזען = אָפּגרוזען.

אָפּריזש = אופראַזש.

אָפּריטש *prep.* beside, except מִלְּבַד, חוּץ מ־.

אָפּריטשען *v. a.* to scratch off גָּרֵד מ־.

אָפּרייבן *v. a.* to rub off שׁוּף, מָחֹק; || — זיך *v. r.* to be rubbed off הִמָּחֵה.

אָפּרייד *m* arrangement, stipulation חוֹזֶה, תְּנַאי.

אָפּריידן *v. n.* to cease speaking חָדֹל מִדַּבֵּר; to talk to the end דַּבֵּר עַד גְּמִירָא; to arrange, agree, stipulate עֲשֵׂה חוֹזֶה, בּוֹא בְּהַסְכֵּם, הַתְנֵא; to make an appointment יָעֵד, קָבֹעַ (זמן, מקום לראיון); || *v. a.* to dissuade יָעֵץ לְבִלְתִּי־.

— אָפּריידן זיך פֿון האַרצן to disburden one's heart שפך את לבו בדברים.

— אָפּריידן קונים to take away customers משך קונים של אחרים.

— אָפּגערעדט דערפֿון disregarding, let alone מבלי שים לב אל־.

— פֿון דעם איז אָפּגערעדט there is no question about that אין כל ספק בזה.

אָפּריידעניש *n* stipulation, arrangement, agreement תְּנַאי, חוֹזֶה, הַסְכֵּם; appointment קְבִיעָה, יִעוּד (של זמן ומקום לראיון).

אָפּרייז = אָפּפּאַר.

אָפּרייזן = אָפּפֿאָרן.

אָפּרייטן *v. n.* to ride off רְכַב מ־.

אָפּרייכערן *v. n.* to finish smoking כַּלֵּה לְקַטֵּר.

אָפּרייניגן *v. a.* to clean נַקֵּה, טַהֵר; to evacuate הָרֵק (עיר).

אָפּרייסן *v. a.* to tear off קָרֹעַ מ־; to separate הַפְרֵד מ־; || — זיך *v. r.* to loose oneself הִשְׁתַּחְרֵר; to be separated הִפָּרֵד.

אָפּרייס־קאַלענדער *m* sheet-calendar לוּחַ הַשָּׁנָה שֶׁל עָלִים מְבוֹדָדִים (הנקרעים בכל יום, בכל שבוע או בכל חודש).

אָפּריכטן *v. a. n.* to perform עָרֹךְ, קַיֵּם; to backbite, speak ill of a person סַפֵּר אַחֲרֵי אִישׁ.

— אָפּריכטן גלות, ז. גָּלוּת.

אָפּריכטעווען *v. a.* to set in order, set aright הָבֵא בְּסֵדֶר (מכונה).

אַפּריל *m* April (*month*) אַפְּרִיל (החדש הרביעי לנוצרים).

אָפּרינען *v. n.* to drip, trickle down נָטֹף, נָזֹל, טַפְטֵף מ־.

אָפּריס *m* something torn off קֶרַע.

אָפּריסעווען *v. a.* to delineate, sketch תָּאֵר, צַיֵּר רָשֹׁם

אַפּריער *adv.* before קֹדֶם.

אַפּריקאָז *f* (— ן *pl.*) apricot אֲפַרְסֵק (מין פרי עץ).

אָפּריקרען זיך *v. n.* to be troublesome הָיֹה מַטְרִיד; to be adverse *or* contrarious הִתְנַגֵּד, הַמְרֵה.

אָפּרעגענען *v. n.* to cease raining חָדֹל מֵרֶדֶת גֶּשֶׁם.

אָפּרעכטן = אָפּריכטן.

אָפּרעכענען *v. a.* to finish reckoning חָדֹל מֵחַשֵּׁב; to deduct, discount נַכֵּה; || — זיך *v. r.* to settle with סַלֵּק הַחֶשְׁבּוֹן עִם־; to get even with (*fig.*) גְּמֹל לְאִישׁ כְּמַעֲשֵׂהוּ.

אָפּשאָבן *v. a.* to shave off, scarpe off גָּרֵד.

אָפּשאָבעכץ *n* shavings, scarpings נְסֹרֶת.

אָפּשאַכערן *v. a.* to buy cheaply קְנֵה בְזוֹל.

אָפּשאַליעווען *v. a.* to partition off with boards הַפְרֵד בִּקְרָשִׁים; to wainscot סַפֵּן, צַפֵּה (כתל) בִּקְרָשִׁים.

אָפּשאָמען = אָפּשוימען.

אָפּשאַפֿונג *f* dismissal פִּטּוּר (מעבודה); abolition בִּטּוּל.

אָפּשאָפּלען = אָפּשופּלען.

אָפּשאַפֿן *v. a.* to dismiss, discharge פַּטֵּר (מעבודה); to abolish בַּטֵּל.

אָפּשאַצונג *f* valuation, appraisal הַעֲרָכָה; appreciation הֲבָנַת עֶרֶךְ; בִּקֹּרֶת.

אָפּשאַצן *v. a.* to estimate, value, appraise הַעֲרֵךְ; to appreciate הָבֵן עֶרֶךְ, בַּקֵּר.

אָפּשאָקלען *v. a.* to shake off נָעֵר; || — זיך *v. r.* to wash one's hands of הִנָּעֵר מ־, הָסֵר אַחֲרָיוּת מ־.

אָפּשאַרן *v. a.* rake away חָתֹה, גָּרֹף וּפַזֵּר.

אָפּשאַרפֿן *v. a.* to sharpen חַדֵּד, הַשְׁחֵז.

אָפּשגצן — אָפּשווינגעצן.

אָפּשוואַכן *v. a.* to weaken הַחֲלֵשׁ, רַפֵּה.

אָפּשוואַרצן *v. a.* to blacken הַשְׁחֵר; to black (*shoes*) מָרֹט (נעלים).

אָפּשווייגן *v. n.* to be silent שְׁתֹק.

אָפּשווימען *v. n.* to swim off שְׂחֵה מ־.

אָפּשווינדלען *v. a.* to swindle out of, defraud הוֹנֵה, רַמֵּה.

אָפּשווענקען *v. a.* to wash off, clean by rinsing הָדִיחַ, שַׁטֵּף.

אָפּשווערן *v. n.* to take an oath הִשָּׁבֵעַ; ‖ — זיך *v. r.* ד. ז.

אָפּשוימען *v. a.* to scum, skim off הָסֵר הַקֶּצֶף או הַזֻּהֲמָה (מעל התבשיל).

אָפּשוסטערן *v. a.* to botch, bungle עֲשֵׂה מְלָאכָה נִפְסָה.

אָפּשופלען *v. a.* to shovel off הָסֵר בְּמַעְדֵּר.

אָפּשחטן = אָפּשעכטן.

אָפּשטאַטן *v. a.* to make עֲשֵׂה.

— אָפּשטאַטן אַ באַזוך to pay a visit בקר איש בביתו.

אָפּשטאָלעווען *v. a.* to steel הַקְשֵׁה (ברזל).

אָפּשטאַמונג *f* descent גֶּזַע; derivation שֹׁרֶשׁ (של מלה).

אָפּשטאַמען *v. n.* to descend יָצֹא, הִוָּלֵד; to be derived יָצֹא (שרש של מלה).

אָפּשטאָפּן *v. a.* to unstop, unbung הוֹצֵא הַמְּגוּפָה.

אָפּשטאַרבן *a. n.* to die מוּת.

אָפּשטודירן *v. a.* to finish studying גְּמֹר לִלְמֹד; to study carefully לְמֹד בְּעִיּוּן.

אָפּשטויבן *v. a.* to remove the dust from נָעֵר אָבָק מ־; ‖ — זיך *v. r.* to dust oneself הִתְנַעֵר מֵאָבָק.

אָפּשטויסן *v. a.* to push off דָּחֹה, דָּחֹף מ־; to repel הָדֹף.

אָפּשטופּן *v. a.* to push off *or* away דָּחֹה, דָּחֹף.

אָפּשטורכען *v. a.* to push off דָּחֹף.

אָפּשטייגונג = אראָפּשטײַגונג.

אָפּשטײַגן = אראָפּשטײַגן.

אָפּשטיין *v. n.* to stand a long time הַאֲרֵךְ לַעֲמֹד; to project, protrude בְּלֹט; to peel, come off הִתְפַּצֵּל; to separate oneself, retire הִבָּדֵל, הִנָּזֵר, פָּרֹשׁ.

אָפּשטימונג *f* voting, vote בְּחִירָה בְּגוֹרָל; decision by vote יִעוּד בְּגוֹרָל.

אָפּשטימען *v. a.* to vote בְּחֹר בְּגוֹרָל.

אָפּשטעכן *v. a.* to hurt by pricking פָּצֹעַ עַל יְדֵי דְקִירָה; to drain (*a river*) הוֹצֵא (מים מנהר).

אָפּשטעל *m* stop, pause הֶפְסֵק.

אָפּשטעלן *v. a. n.* to stop עָצֹר, עַכֵּב; to appoint יָעֵד, קָבֹעַ (זמן); to arrange with בּוֹא לִכְלַל הַסְכָּמָה עִם־; ‖ — זיך *v. r.* to stop, halt הִתְעַכֵּב, הִפָּסֵק; to settle, precipitate (*of liquids*) שָׁקֹעַ (נוזלים).

אָפּשטעמפּלען *v. a.* to stamp חָתֹם, סַמֵּן.

אָפּשטעפּן *v. a.* to stitch, quilt תַּפֵּר.

אָפּשטעקן *v. a.* to unstop, unbung הָסֵר הַמְּגוּפָה; to open פָּתֹחַ; to slip into a person's hand שִׂים בִּגְנֵבָה בְּיַד איש; to return secretly הָשֵׁב בַּסֵּתֶר.

אָפּשטערכען¹ = אָפּשטורכען.

אָפּשטערכען² = אָפּטערכען.

אָפּשטראַלן *v. n.* to reflect חָזֹר (קרני אורה).

אָפּשטרײַכן *v. a.* to dye (*furs*) צָבֹעַ.

אָפּשטשיפּען *v. a.* to pinch off קָטֹף, צָבֹט.

אַפּשיטא = פְּשִׁיטָא.

אָפּשיטן *v. a.* to pour off שָׁפֹךְ, (זָרֹק) מ־.

אָפּשײַ *m* fear יִרְאָה; respect, reverence כָּבוֹד, יִרְאַת־כָּבוֹד, דֶּרֶךְ־אֶרֶץ.

אָפּשײַגעצן *v. a.* to scold, give a scolding גָּעֹר בְּ־, נָזֹף בְּ־.

אָפּשייד *m* separating הַפְרָדָה; departure, parting, leaving פְּרִידָה.

— נעמען אָפּשייד to take leave of a person הפרד מאיש.

אָפּשיידן *v. a.* to separate הַפְרֵד, הַפְרֵשׁ; ‖ — זיך *v. r.* to be separated הִפָּרֵד, הִפָּרֵשׁ.

אָפּשיילן *v. a.* to pare, peel קַלֵּף, פַּצֵּל.

אָפּשיילעכץ *n* parings קְלִפָּה.

אָפּשײַן *m* reflection הַחֲזָרַת קַרְנֵי אוֹרָה; brightness זֹהַר.

אָפּשײַנען *v. n.* to reflect הַחֲזֵר קַרְנֵי אוֹרָה; to shine הַזְהֵר.

אָפּשײַערן *v. a.* to scour שׁוּף, שַׁפְשֵׁף; to cleanse, clean נַקֵּה.

אָפּשילדערונג *f* description תֵּאוּר, צִיּוּר.

אָפּשילדערן *v. a.* to describe, depict תָּאֵר, צַיֵּר.

— אָפּשילדערן פֿון אימעצן to slander a person דבר רע מאיש.

אָפּשימלען *v. n.* to wear off by mould בָּלֹה עַל יְדֵי עֹבֶשׁ.

אָפּשינדן *v. a.* to skin, flay הַפְשֵׁט.

אָפּשיסן *v. a.* to shoot off קַצֵּץ בִּירִיָּה.

אָפּשיפֿן זיך *v. r.* to sail off הַפְלֵג בָּאֳנִיָּה מ־.

אַפּשיק *int.* away! (*in driving off a cat*) הָלְאָה! (להתול).

אָפּשלאָגן *v. a.* to strike off, beat off חָבֹט מ־; to take away לָקֹחַ מ־; to strike against הַכֵּה בְּ־, עַל־; to deduct נַכֵּה (מחשבון); to dissuade, disadvise יָעֹץ לְבִלְתִּי־; to estrange, abalienate עֲשֵׂה זָר, נַכֵּר; to refute סַתֵּר, הוֹכֵחַ נֶגֶד; ‖ *v. n.* to reflect חָזֹר (קרני אור); to become mild (*of frost*) הִתְרַכֵּךְ (קור); ‖ — זיך *v. r.* to hit against הִתְנַגֵּף בְּ־.

— אָפּשלאָגן דעם מוט to discourage רפה ידי איש.

אָפּשלאָגעניש *n* refutation סְתִירָה, הוֹכָחָה נֶגֶד־.

אָפּשלאָס *m* ending, conclusion, close, end סִיּוּם, גְּמָר, סוֹף.

אָפּשלאַפֿן = אָפּשוואַכן.

אָפּשלאָפֿן *v. n.* to sleep a long time יָשֹׁן זְמַן רַב

אָפּשלײַפֿן [1] *v. a.* to grind off לַטֵּשׁ, הָסֵר עַל יְדֵי לְטִישָׁה; to polish מָרֹט, מָרֵק.

אָפּשלײַפֿן [2] *v. a.* to untie פַּתֵּחַ קֶשֶׁר.

אָפּשליסן *v. a.* to unlock, open פָּתֹחַ הַמַּנְעוּל; to lock up סָגֹר; to close (*an account*) גָּמֹר (חשבון); to conclude גָּמֹר (עסק).

אָפּשלעפּן *v. a.* to drag away מָשֹׁךְ, (סָחֹב) הָלְאָה.

אָפּשמדן *v. a.* to convert שַׁמֵּד.

אָפּשמועס = אָפּרײד.

אָפּשמועסן *v. n.* to talk to the end דַּבֵּר עַד גְּמִירָא; to arrange, agree גָּמֹר.

אָפּשמידן *v. a.* to finish forging כַּלֵּה לַחֲרֹשׁ (ברזל); to remove by forging הָסֵר עַל יְדֵי מְלֶאכֶת חָרָשׁ.

אָפּשמײַסן *v. a.* to whip הַלְקֵה בִּרְצוּעָה; to beat off חָבֹט מִ־; s. אָפּגעשמיסן.

אָפּשמירן *v. a.* to dirty *or* soil לַכְלֵךְ; to scribble כָּתֹב בְּאוֹפֶן גָּרוּעַ.

אָפּשמעלצן *v. a.* to melt off הַמְסֵה, הַתֵּךְ; ‖ — זיך *v. r.* to melt off הֻתַּךְ, הִמַּס.

אָפּשמשן *v. a.* to serve as beadle (*of a synagogue*) עָבֹד בְּתוֹר שַׁמָּשׁ.

אָפּשנורעווען *v. a.* to untie, unlace, unstring הַתֵּר הַחֲבָלִים.

אָפּשניט *m* cutting off, cut חֲתִיכָה, גֶּזֶר; defeat מַפָּלָה; punishment עֹנֶשׁ.

אָפּשנײַדן *v. a.* to cut off כָּרֹת, קָצֹץ; to reap קָצֹר; to mow (*grass*) קָצֹר (חציר); to pare (*nails*) קָצֹץ (צפרנים); ‖ *v. n.* to get off הִתְפַּטֵּר.

— אָפּשנײַדן פֿון אַ געשעפֿט to give up a business התפטר מעסק.

— גוט אָפּשנײַדן to come off with a whole skin יצא בשלום מעסק.

— שלעכט אָפּשנײַדן to come off badly יצא מעסק בנזק.

אָפּשנײען *v. n.* to cease snowing חָדֹל מֵהַשְׁלֵג.

אָפּשנײַצן *v. a.* to snuff (*a candle*) מָחֹט (פתילה); to blow (*one's nose*) נַקֵּה (נחיריו).

אָפּשניצל *n* shaving, paring נְסֹרֶת; particular פְּרָט; nicety, subtlety דִּיּוּק, פִּלְפּוּל, חִדּוּד; witticism הֲלָצָה.

אָפּשניצן *v. a.* to cut off, snip uff כָּרֹת, גָּזֹר מִ־.

אָפּשניצעכץ *n* chips, parings שְׁיָרִים, נְסֹרֶת.

אָפּשנעלן *v. a.* to remove by a jerk *or* fillip הָסֵר עַל יְדֵי דְחִיפָה בָּאֶצְבָּעוֹת.

אָפּשעטקעווען *v. a.* to cut off כָּרֹת (קָצֹץ) מִ־; to finish chopping (*cabbage*) כַּלֵּה לִגְזֹר (כרוב).

אָפּשעכטן *v. a.* to slaughter שָׁחֹט.

אָפּשעפּן *v. a.* to ladle out שָׁאֹב מִ־; to scum, skim off קַלֵּט (זוהמה מעל התבשיל).

אָפּשערן *v. a.* to cut קָצֹץ; to shear גָּזֹז.

אָפּשפּאַלטן *v. a.* to split off בָּקֹעַ, בַּקֵּעַ מִ־.

אָפּשפּאַנען *v. a.* to unhitch פַּתֵּחַ כְּלֵי הָרִתְמָה.

אָפּשפּאַרן *v. a.* to push back, repel דָּחֹה, (הָדֹף) לְאָחוֹר; to contradict, gainsay סָתֹר (דברי איש); to refute הוֹכֵחַ נֶגֶד; ‖ — זיך *v. r.* to altercate רִיב, (הִתְוַכֵּחַ) זְמַן רָב a long time.

אָפּשפּאָרן *v. a.* to save, economise, lay by חָשֹׂךְ, קַמֵּץ.

אָפּשפּונטעווען *v. a.* to unbung הוֹצִיא אֶת הַמְּגוּפָה.

אָפּשפּיגלונג *f* reflection חֲזָרַת קַרְנֵי אוֹר.

אָפּשפּיגלען *v. a. n.* to mirror הַרְאֵה כְּמוֹ בְּמַרְאָה; to reflect הַחֲזֵר קַרְנֵי אוֹר; ‖ — זיך *v. r.* to be reflected חָזֹר, הִנָּתֵז (קרני אור).

אָפּשפּײַען *v. a.* bespit-, bespew יָרֹק עַל־.

אָפּשפּיליען *v. a.* to unbutton פַּתֵּחַ הַכַּפְתּוֹרִים; to unpin הוֹצִיא הַסִּכָּה.

אָפּשפּילן *a. n.* to play צַחֵק, נַגֵּן; to finish playing גָּמֹר לְצַחֵק, לְשַׂחֵק; גָּמֹר לְנַגֵּן; ‖ — זיך *v. r.* to be performed הֵעָשֵׂה; to take place הֵעָשֵׂה, קָרֹה.

אָפּשפּינען *v. a.* to finish spinning גָּמֹר לָטְוֹת; to pay by spinning שַׁלֵּם עַל יְדֵי טְוִיָּה.

אָפּשפּיצן *v. a.* to sharpen to a point חַדֵּד; (*fig.*) to end גָּמֹר.

אָפּשפּעטן *v. a.* to make fun of לְעֹג לְ־.

אָפּשפּרונג *m* leaping *or* jumping off דִּלּוּג, (קְפִיצָה) מִ־; rebounding קְפִיצָה בַּחֲזָרָה.

אָפּשפּרינגען *a. n.* to leap off, jump off דַּלֵּג, (קָפֹץ) מִ־; to rebound קָפֹץ וְחָזֹר; to be effaced הִמָּחֵק (אותיות).

אָפּשפּריצן = באַשפּריצן.

אָפּשפּרעכן *v. a.* to conjure *or* charm away (*an evil eye*) לְחֹשׁ עַל־ (עין רעה).

אָפּשפּרעכער *m* charmer מְלַחֵשׁ; ‖ —ין *f* female charmer מְלַחֶשֶׁת.

אָפּשר *adv.* perchance, perhaps, maybe —.

אָפּשרויפֿן *v. a.* to unscrew הוֹצִיא בֹּרֶג.

אָפּשרײַבן *v. a.* to finish writing כַּלֵּה לִכְתֹּב; to inventory עָשֹׂה רְשִׁימָה אוֹ אַדְרַכְתָּא; to make over (*property*) כָּתֹב נְכָסָיו לְ־; to answer (*by letter*) תֵּת מַעֲנֶה (על ידי מכתב); ‖ — זיך *v. r.* to make an agreement *or* contract עָשֹׂה חוֹזֶה, הִתְחַיֵּב עַל יְדֵי שְׁטָר.

אָפּשרײַבער *m* maker of an inventory עוֹשֵׂה אַדְרַכְתָּא (של נכסים).

אָפּשרײַען *v. n.* to cease crying חָדֹל מִצְּעֹק; ‖ *v. a.* to effect a repeal of a decree by entreaty בַּטֵּל גְּזֵרָה עַל יְדֵי תַחֲנוּנִים; to restore to life by crying הָשֵׁב לִתְחִיָּה עַל יְדֵי צְעָקָה.

אָפּשרעקן *v. a.* to frighten, intimidate הַפְחֵד, אַיֵּם עַל־.

אֶצבּע f (pl. אֶצבָּעות) finger; — the index הָאֶצְבַּע הַשְּׁנִיָּה מֵהָאֲגוּדָל.

אֶצבּע־אֱלֹהִים f the finger of God, the work of God.

אצונג, ־ער, ־ערש = איצט, ־ער.

אָץ־לְהַעֲשִׁיר m one who hastens to become rich.

אַקאַדעמיע f academy תַּחְכְּמֹנִי, יְשִׁיבַת חֲכָמִים, בֵּית מִדְרָשׁ לְחָכְמוֹת.

אַקאַדעמיקער m academician חַכְמֹנִי.

אַקאַדעמיש adj. academical שֶׁל תַּחְכְּמֹנִי.

אַקאַלייען v. n. to die מוּת; to freeze הִקָּפֵא (מקור).

אַקאַליצע f environs, vicinity סְבִיבָה.

אַקאַלישקע f band (of a cap) זֵר (בכובע).

אַקאָמפּאַנירן v. a. to accompany (in music) לַוֵּה (בזמרה).

אַקאָפּ m (pl. ־עס) trench חָרִיץ, חֲפִירָה.

אַקאַציע f acacia שִׁטָּה (מין עץ).

אַקאָרד m (pl. ־ן) accord (in music) הַתְאָמָה, שִׁוּוּי הַקּוֹלוֹת (בשיר או בנגון).

אַקאָרשט adv. now, just now עַתָּה, זֶה עַתָּה; almost כִּמְעַט.

אַקְדָמוּת pl. "at the beginning," title of a hymn recited on Pentecost.

אַקוויט m alcohol, spirits כֹּהַל.

אַקוזאַטיוו m accusative or objective case יַחַס הַפָּעוּל.

אַקולע f shark (fish) כֶּלֶב הַיָּם, סְקַלִּידָה (מין דג).

אָקום־באָקום = הוקעס־פוקעס.

אָקון m (pl. ־עס) perch אֲקוּנָס (מין דג).

אַקוראַט adv. exactly בְּדִיּוּק.

אַקוראַטנע adj. accurate דַּיְקָן; exact מְדֻיָּק.

אַקושאָר m (pl. ־ן) accoucheur, midwife מְיַלֵּד; ‖ ־קע f accoucheuse, midwife מְיַלֶּדֶת.

אַקט m (pl. ־ן) act, deed, action מַעֲשֶׂה; act (of a play) מַעֲרָכָה (בחזיון); deed, document כְּתָב, שְׁטָר; joke, fun הֲלָצָה, בְּדִיחָה; protocol זִכְרוֹן דְּבָרִים.

— אָפּטאָן אַן אַקט to perpetrate an act עשה מעשה רע.

— אַן אַקט מיט אים! there is something strange about him! יש בו מן הזרות!

אָקטאָבער m October אוֹקְטוֹבֶּר (החדש העשירי לנוצרים).

אָקטאַוו m octavo שְׁמִינִית הַגִּלָּיוֹן (תבנית של עלי ספר).

אָקטאַווע f octave שְׁמִינִיָּה (בנגינה).

— אויף דער העכסטער אָקטאַווע at the top of one's voice בקול אדיר.

אַקטיאָר m (pl. ־ן) actor מְשַׂחֵק בְּתֵיאַטְרוֹן.

אַקטרוי m monopoly זְכוּת מְיֻחֶדֶת.

אַקטריסע f actress מְשַׂחֶקֶת בְּתֵיאַטְרוֹן.

אַקיצור = הַקִּצּוּר.

אַקיש int. away! (in driving off chickens) הָלְאָה! (לתרנגולות).

אַקן = נאָקן.

אַקס f (pl. ־ן) axle, axle-tree סַרְן, שַׁקָּא; (astr.) axis קֹטֶב.

— פֿער אַקס by waggon בעגלה.

אָקס m (pl. ־ן) ox, bull שׁוֹר, פַּר.

אַקסל m (pl. ־לען) axle-tree סַרְן, שַׁקָּא; shoulder כָּתֵף, שֶׁכֶם.

אַקסל־ביין n shoulder-bone, shoulder-blade עֶצֶם הַשֶּׁכֶם; = לאָפּעטקע.

אַקסל־פֿלעקל m linch-pin יָתֵד שֶׁל שַׁקָּא (לחזק את האופן).

אָקסן adj. of an ox, bull's שֶׁל שׁוֹר, שֶׁל פַּר; ox-like כְּמוֹ שׁוֹר; blockish, stupid טִפְּשִׁי.

אָקע[1] f game at cards מִין שְׂחוֹק בִּקְלָפִים.

אָקע[2] f weight of three pounds מִשְׁקָל שֶׁל שָׁלשׁ לִיטְרָאוֹת.

אָקעאַן m (pl. ־ען) ocean אוֹקְיָנוֹס, יָם הַגָּדוֹל.

אָקעאַניש adj. oceanic שֶׁל אוֹקְיָנוֹס, אוֹקְיָנִי.

— (geogr.) אָקעאַנישע אינזלען oceanic islands איים באוקינוס.

— (geogr.) אָקעאַנישע טײַכן oceanic rivers נהרות בתוך אוקינוס.

אַקעגן prep. about בְּעֶרֶךְ; on the contrary לְהֶפֶךְ; in regard to בְּנוֹגֵעַ לְ־; ז. אַנטקעגן.

— אַקעגן ושע however אולם; on the other hand להפך.

אַקער m (pl. ־ס) plough share מַחֲרֵשָׁה.

אַקערבויער m agriculturist עוֹבֵד אֲדָמָה; farmer, peasant אִכָּר.

אַקער־וואָגן m plough-truck עֲגָלַת הַמַּחֲרֵשָׁה.

אַקערמאַן = אַקערבויער.

אַקערן v. a. to plough, till חָרֹשׁ, פַּלֵּחַ; (fig.) to search חַפֵּשׂ, חָקֹר וְדָרֹשׁ.

— אַקערן מעשים to make a racket עשה מהומה הקם שאון.

אַקער־ערד f arable land אֲדָמָה לַחֲרִישָׁה.

אַקערשט = אַקאָרשט.

אַקציאָנער m (pl. ־ן) shareholder, stockholder בַּעַל מְנָיָה.

אַקציז f excise מֶכֶס פְּנִימִי; tax on liquors מֶכֶס עַל מַשְׁקָאוֹת.

אַקציזניק m (pl. ־עס) exciseman, excise-collector גּוֹבֵה הַמֶּכֶס, מַשְׁגִּיחַ עַל הַמֶּכֶס הַפְּנִימִי.

אַקציע f act מַעֲשֶׂה; occurrence מִקְרֶה, מְאֹרָע; share מְנָיָה, שְׁטַר מְנָיָה.

— אָפּטאָן אַן אַקציע to perpetrate an act עשה מעשה רע.

אקציעס-געזעלשאפט *f* stock-company חֶבְרָה שֶׁל בַּעֲלֵי מְנָיוֹת.

אַקצענט *m* (*pl.* ן -) accent נְגִינָה, טַעַם (בדקדוק).

אַקצעפּט *m* acceptance (*com.*) קַבָּלָה (של שטר).

אַקצעפּטאַנט *m.* (*pl.* ן -) *com.* acceptor, accepter מְקַבֵּל (שטר).

אַקצעפּטירן *v. a.* to accept (*com.*) קַבֵּל (שטר).

אָקראָפּ = אוקראָפּ.

אָקרוג *m* (*pl.* ן -) circuit, district גָּלִיל.

אָקרוזשנע *adj.* of a circuit, of a district שֶׁל גָּלִיל.

אָקרושקעס *pl.* graunlar sugar (*of confectioners*) גַּרְעִינֵי סֻכָּר (של אופים).

אָקרײַ‖ען *m* (- ען, - צעס *pl.*) corner crust (*of bread*) פְּאַת הַכִּכָּר (של לחם).

אָקרײַציק = אָקרײַעץ.

אָקרײַקע *f* list (*of cloth*), salvage (*of linen*) שְׂפַת הָאֶרֶג.

אָקרופּ = אוקראָפּ.

אָקרענט *m* (*pl.* ן -) boat, vessel, ship אֳנִיָּה, סְפִינָה.

אַראַביע *f* Arabia עֲרָב.

אַראַביש *adj.* Arabic עֲרָבִי, עַרְבִי.

אָראַטאָר *m* (*pl.* ס -) orator נוֹאֵם, מֵלִיץ.

אַראָמאַט *m* (*pl.* ן -) aroma בֹּשֶׂם, רֵיחַ.

אַראַמעאיש *adj.* Aramean ‖ *n* Aramean language, Aramaic אֲרַמִּי; אֲרָמִית.

אָראַנגוטאַנג *m* (*pl.* ען -) orang-outang אָדָם הַיַּעֲרִי (מין קוף).

אַראַנזשירן *v. a.* to arrange סַדֵּר, עָרֹךְ.

אָראַנזשערײַע *f* orangery, greenhouse, hot-house גַּן הַחֹרֶף.

אַראָפּ *adv.* off, down הָלְאָה, מַעַל (דבר), לְמַטָּה; = אַראָפּגיין.

— איך בין אַראָפּ I have gone down ירדתי מעל־.

— איך וועל אַראָפּ I will go down ארד מעל־.

— אַראָפּ פֿון זינען to become insane יצא מדעתו.

— אַראָפּ פֿון לײַב to emaciate כחש, הרזה.

אַראָפּ־ *pref.* off, down, from מֵעַל (דבר), לְמַטָּה.

אַראָפּאַכטן *v. a.* to invite קְרֹא (לבית איש).

אַראָפּבײגן *v. a.* to bend down כָּפֹף לְמַטָּה.

אַראָפּבינדן *v. a.* to untie and take off פַּתֵּחַ וְהָסֵר.

אַראָפּבלאָזן *v. a.* to blow off נָשֹׁב מִ־ (מֵעַל־).

אַראָפּברעכן *v. a.* to break off שָׁבֹר מִ־ (מֵעַל־).

אַראָפּברענגען *v. a.* to bring down הָבֵא מִ־ (מֵעַל־); to disadvise (*fig.*) הָבֵא אֶל־; יָעַץ לְבִלְתִּי־.

אַראָפּגיין *v. n.* to go down, descend יָרֹד מִ־ (מֵעַל־); to be deducted חָסֹר, הִגָּרַע.

— אַראָפּגיין פֿון זינען to go mad, become insane יצא מדעתו.

אַראָפּגיסן *v. a.* to pour off שָׁפֹךְ מֵעַל־; to pour down שָׁפֹךְ לְמַטָּה.

אַראָפּגליטשן זיך *v. r.* to slip גָּלֹשׁ מִ־ הֵחָלֵק מִ־.

אַראָפּגנב‖ען, - ענען *v. a.* to steal down גָּנֹב מִ־ (מֵעַל־).

אַראָפּגעבן *v. a.* to give *or* hand down נָתֹן אֶל־; to deduct, allow a discount נַכֵּה.

אָראָפּדערלאַנגען *v. a.* to hand down הוֹשֵׁט לְמַטָּה.

אַראָפּדראַפּען *v. a.* to scratch off גָּרֹט מִ־ ‖ - זיך *v. r.* to climb down טַפֵּס מֵעַל־.

אַראָפּדרײען *v. a.* to twist off, break off by turning הָסֵב וְשָׁבֹר מֵעַל־; to wring מְלֹק (ראש עוף).

אַראָפּדריקן *v. a.* to press down דָּחֹק, (לָחֹץ) מִ־; to squeeze down (*a price*) גָּרַע (מן המחיר).

אַראָפּהייבן *v. a.* to lift from נָשֹׂא מִ־.

אַראָפּהענגען *v. n.* to hang down, hang from תָּלֹה מִ־.

אַראָפּהרג‖ען, - ענען *v. a.* to throw a person down by force הַשְׁלֵךְ אִישׁ בְּחָזְקָה מֵעַל־.

אַראָפּוואַליען *v. a.* to throw down הַשְׁלֵךְ מִ־; ‖ - זיך *v. r.* to fall down נָפֹל מִ־.

אַראָפּוואַקסן *v. a.* to grow downward צָמֹחַ וְהָלוֹךְ לְמַטָּה.

אַראָפּוואַרפֿן *v. a.* to throw *or* cast off הַשְׁלֵךְ מִ־; to throw down הַשְׁלֵךְ מֵעַל־.

אַראָפּוויקלען *v. a.* to wind off הַתֵּר (פַּתֵּחַ) מִ־.

אַראָפּווײַזן *v. a.* to show downward הַרְאֵה לְמַטָּה.

אַראָפּווייען *v. a.* to blow off הַשֵּׁב מֵעַל־.

אַראָפּוועגן *v. a.* to weigh down נָטֹה לְמַטָּה (כמשא).

אַראָפּזען = אַראָפּקוקן.

אַראָפּזעצונג *f* beating down (*of a pirce*) הוֹרָדָה (מן המחיר); deposition (*from an office*) פִּטּוּר (ממשמרת).

אַראָפּזעצן *v. a.* to seat down הוֹשֵׁב לְמַטָּה; to beat down הַכֵּה וְהָסֵר; knock off, beat off הוֹרֵד (ממחיר); to depose (*from an office*) פַּטֵּר (ממשמרת); ‖ - זיך *v. r.* to seat oneself down יָשֹׁב לְמַטָּה; to set (*of the sun*) שָׁקֹעַ (חמה); to settle (*of liquids*) שָׁקֹעַ (נוזלים).

אַראָפּטראָגן *v. a.* to carry down נָשֹׂא לְמַטָּה; to sweep down סָחֹף (כזרם).

אַראָפּטרײַבן *v. a.* to chase down גָּרֵשׁ מֵעַל־.

אַראָפּטרייסלען *v. a.* to shake off *or* down נָעֹר מֵעַל־.

אַראָפּטריפֿן *a. n.* to drip *or* trickle down נָטֹף (טַפְטֵף) לְמַטָּה.

אַראָפּטרעטן *v. n.* to step down, walk down יָרֹד מֵעַל־.

אַראָפּיאָגן *v. a.* to chase down גָּרֵשׁ מֵעַל־; ‖ *v. n.* to run away נוּס, בָּרֹחַ.

אראָפּכאַפּן v. a. to snatch off חָטֹף מֵעַל־; to take off quickly הָסֵר בְּחִפָּזוֹן; ‖ ‒ זיך v. r. to get down in a hurry יָרֹד בְּחִפָּזוֹן.

אראָפּלאָזן v. a. to let down הוֹרֵד; to reduce (a price) הוֹרֵד (ממחיר); ‖ ‒ זיך v. r. to descend יָרֹד; to lower oneself, condescend הַשְׁפֵּל עַצְמוֹ, מְחֹל עַל כְּבוֹדוֹ.

— אראָפּלאָזן אין קעשענע to embezzle מעל בכספים.

אראָפּלויפן v. n. to run down רוּץ מֵעַל־.

אראָפּלייגן v. a. lay down שִׂים לְמַטָּה; ‖ ‒ זיך v. r. to lie down הַשְׁפֵּל לִשְׁכַּב; to lower oneself הַשְׁפֵּל אֶת עַצְמוֹ.

אראָפּמאַכן v. a. to remove הָסֵר מֵעַל־.

אראָפּנֶהרגן=אראָפּהרגען.

אראָפּנידערן v. a. n. to go down יָרֹד; to bring down הוֹרִיד.

אראָפּנעמען v. a. to take down לָקֹחַ מִ־; to remove הָסֵר מִ־; to take off, subtract חַסֵּר, הַפְחֵת; to cut (cards) הָסֵר חֵלֶק מִן הַקְּלָפִים (להניחם למטה מן הקבוצה); to photograph צַלֵּם; to skim (milk) הָסֵר אֶת הַזֻּבְדָּה (מן החלב); ‖ ‒ זיך v. r. to be photographed הִצְטַלֵּם.

— אראָפּנעמען אַ מוסר, ז. מוסר.

אראָפּסילען v. a. to unstring (beads) הָסֵר מֵחוּט (פנינים).

אראָפּפאַל m falling down נְפִילָה מִ־.

אראָפּפאַלן v. n. to fall down נְפֹל מִ־.

— אראָפּפאַלן ביי זיך to lose courage נפל לבו.

אראָפּפירן a. n. to ride down נְסֹעַ לְמַטָּה; to come down יָרֹד.

אראָפּפּטרן v. a. to remove הָסֵר מֵעַל־.

אראָפּפירן v. a. to lead down נַהֵל מֵעַל־.

— אראָפּפירן פון וועג to lead astray הסר מן הדרך, התעה.

אראָפּפליסן v. n. to flow down נְזֹל מֵעַל־.

אראָפּפליען v. n. to fly down עוֹפֵף מֵעַל־.

אראָפּצו adv. downward לְמַטָּה.

אראָפּציען v. a. to draw off מְשֹׁךְ מֵעַל־; to pull off, strip off פָּשֹׁט (עור וכד'); to deduct נַכֵּה (מן החשבון).

אראָפּקאַטשען v. a. to roll down גָּלֵל מִ־.

אראָפּקאָלערן v. a. to roll down גָּלֵל מֵעַל־.

אראָפּקאַפּען v. n. to drip or trickle down נָטֹף לְמַטָּה.

אראָפּקוליען זיך v. r. to tumble down הִתְגּוֹלֵל מֵעַל־.

אראָפּקומען v. n. to come down יָרֹד; to come, arrive בּוֹא.

אראָפּקוקן v. n. to look down הַבֵּט לְמַטָּה.

אראָפּקייקלען v. a. to roll down גָּלֵל מֵעַל־.

אראָפּקלאַפּן v. a. to knock off, beat off הַכֵּה וְהָסֵר, חָבֹט מִ־.

אראָפּקלעטערן v. n. to climb down טַפֵּס מֵעַל־, טַפֵּס וְיָרֹד.

אראָפּקראַצן v. a. to scratch off גָּרֵד מִ־.

אראָפּקריכן v. n. to crawl down זָחֹל מֵעַל־.

אראָפּרופן v. a. to call down קְרָא לָרֶדֶת.

אראָפּרוקן v. a. to shove down הַתֵּק מֵעַל־.

אראָפּרייסן v. a. to tear off קְרַע מֵעַל־.

אראָפּרינען v. n. to run down, trickle down נְזֹל מֵעַל־.

אראָפּרעכענען v. a. to deduct, discount נַכֵּה מִן הַחֶשְׁבּוֹן.

אראָפּשאָבן v. a. to scrape off גָּרֵד וְהָסֵר.

אראָפּשאָקלען v. a. to shake off נַעְנֵעַ וְהָסֵר.

אראָפּשאַרן v. a. to scrape off גְּרֹף מֵעַל־.

אראָפּשווענקען v. a. to wash off רָחֹץ, (הָדִיחַ) מֵעַל־.

אראָפּשטופּן v. a. to push off or down דְּחֹף מִ־, דְּחֹף לְמַטָּה.

אראָפּשטייגן v. n. to descend, go down יָרֹד.

אראָפּשטעלן v. a. to put or place down הַעֲמֵד (הַצֵּג) לְמַטָּה.

אראָפּשיטן v. a. to shed down, throw down זְרֹק, (פַּזֵּר) מֵעַל־

אראָפּשינדן v. a. to flay, strip off פָּשֹׁט (עור).

אראָפּשיסן v. a. to shoot off יְרֹה וְהָסֵר; to shoot down יְרֹה לְמַטָּה.

אראָפּשיקן v. a. to send down שְׁלַח לְמַטָּה.

אראָפּשכלען זיך v. r. to free oneself by cunning הִתְפַּטֵּר בְּעָרְמָה.

אראָפּשלאָגן v. a. to strike off, beat off הַכֵּה וְהָסֵר, חָבֹט מִ־.

— אראָפּשלאָגן פון מוט to discourage הפל לב איש.

אראָפּשלינגען v. a. to swallow בָּלֹעַ.

אראָפּשלעפּן v. a. to drag or pull down סְחֹב לְמַטָּה.

אראָפּשניידן v. a. to cut off גְּזֹר (כְּרֹת) מֵעַל־.

אראָפּשנעלן v. a. to remove by a fillip הָסֵר עַל יְדֵי דְחִיפָה בְּאֶצְבַּע.

אראָפּשערן v. a. to cut off, shear גְּזֹז.

אראָפּשפּרינגען v. n. to jump down דַּלֵּג (קַפֵּץ) מֵעַל־.

אראָפּשפּריצן v. a. sprinkle down הַתֵּז לְמַטָּה.

אראַק m arrac יַיִן שָׂרָף מֵאֹרֶז.

אַרְבֶּה m locust (one of the plagues of Egypt) –.

ארבוז m (pl. ן –) water-melon אֲבַטִּיחַ.

אָרביטע f (geogr.) orbit מַסְלוּל (של כוכב).

ארבל m (pl. –) sleeve שַׁרְוּל.

— לאַכן אין ארבל to laugh in one's sleeve צחק בלאט.

— שיטן פֿון ארבל to do a thing off-hand עשה דבר בלי הכנה קודמת.

ארבן *v. n.* to inberit יָרֹשׁ.

ארבע, ארבָּעה *num.* four —.

ארבָּעה בָּנים *pl.* "the four sons," the four types of men spoken of in the Haggadah (*the wise, the wicked, the naive, the ignorant*) —.

ארבעט *f* (*pl.* ־ן) work, labor מְלָאכָה, עֲבוֹדָה.

ארבעטאָרן *f* female worker, workwoman פּוֹעֶלֶת.

ארבעטאָרער = ארבעטער.

ארבעט־געבער *m* employer שׂוֹכֵר פּוֹעֲלִים.

ארבעט־יונג *m* (*pl.* ־ען) worker פּוֹעֵל; journeyman שׁוּלְיָא שֶׁנִּגְמַר.

ארבעט־מענש *m* (*pl.* ־ן) worker, active person אָדָם זָרִיז, עַסְקָנִי.

ארבעטן *v. n.* to work, labor פָּעֹל, עָשׂה מְלָאכָה, עָבֹד; ‖ *a. v.* to knit (*stockings*) טָרֹם (פוזמקאות).

— ארבעטן מעשים to play pranks, do mischief עשה תעלולים, השתובב התהולל.

— ארבעטן אויף אַלע כלים to work with might and main עבד בכל כחו.

ארבעטער *m* worker, workman, workingman, laborer פּוֹעֵל, בַּעַל־מְלָאכָה, עוֹבֵד; worker עַסְקָנִי.

ארבעטערקע = ארבעטאָרן.

ארבָּעים *num.* forty —.

ארבע־כּוסות *pl.* the four cups for the Passover ceremony —.

ארבע־כַּנפות *m* (*pl.* ־ן) ritual four-cornered garment —.

ארבעס *m* (*pl.* ־,־ן) pea אָפוּן.

— קלעפּן ווי ארבעס צום וואַנט to be absurd היה זר לענין.

ארבעסן *adj.* of peas שֶׁל אֲפוּנִים.

ארבעסניצע *f* woman selling boiled pease מוֹכֶרֶת אֲפוּנִים מְבֻשָּׁלִים.

ארבעס־שויטן *pl.* pea-pods, pea-shells קְצִיצוֹת או תַּרְמִילִים שֶׁל אֲפוּנִים.

ארבַּע פִּנות הָעולם *pl.* the four cornerss of the world —.

ארבַּע פַּרשיות *pl.* "the four sections," sections of the Law read on four Sabbaths preceding the Passover —.

ארבעריג = הארבעריג.

ארג *adj.* bad רַע.

אָרגאַן *n* (*pl.* ־ען) organ כְּלִי, מַכְשִׁיר. כְּלִי־מִבְטָא שֶׁל מִפְלָגָה (כמו עתון); = אָרגל.

אָרגאַניזאַציע *f* organisation הִסְתַּדְּרוּת.

אָרגאַניזירן *v. a.* to organise סַדֵּר, יַסֵּד.

אָרגאַניסט *m* (*pl.* ־ן) organist, organ-player מְנַגֵּן בְּעוּגָב.

אָרגל *f* (*pl.* ־ען) organ עוּגַב־הֵיכָל.

אָרגל־שפּילער *m* organist מְנַגֵּן בְּעוּגָב.

אָרדינאַריע *f* allowance of provisions הַסְפָּקַת מָזוֹן, קִצְבָה.

אָרדינער *adj.* ordinary רָגִיל, בֵּינוֹנִי, פָּשׁוּט, פָּחוּת.

אָרדענונג *f* order סֵדֶר; arrangement סִדּוּר.

אָרדענונג־צאָל *f* (*pl.* ־ן) ordinal number (*gr.*) מִסְפָּר סִדּוּרִי.

אָרדענען *v. a.* to set in order, arrange סַדֵּר.

אָרדן *m* (*pl.* ־ס) order, decoration, badge אוֹת־כָּבוֹד; order חֶבְרָה, אֲגֻדָּה.

אָרדער *f* (*pl.* ־ס) order פְּקֻדָּה (של שלחניה).

אַרויס *adv.* out מִן, מִתּוֹךְ, הַחוּצָה; ‖ *int.* get out! צֵא! ‖ = אַרויסגיין.

— איך בין אַרויס I have gone out יצאתי.

— איך וועל אַרויס I shall go out אצא.

אַרויסבאַגלייטן *v. a.* to see a person off לַוֵּה אִישׁ בְּצֵאתוֹ לַדֶּרֶךְ.

אַרויסבאַלייטן = אַרויסבאַגלייטן.

אַרויסבאַקומען *v. a.* to get *or* elicit from הוֹצֵא מִ־.

אַרויסבייסן *v. a.* to bite out נָשֹׁךְ מִתּוֹךְ־.

אַרויסבלאָזן *v. a.* to blow out נָשֹׁב מִתּוֹךְ־.

אַרויסבלאָנדזען *v. n.* to find one's way after going astray מְצֹא אֶת דַּרְכּוֹ אַחֲרֵי הֱיוֹתוֹ תוֹעֶה.

אַרויסבליען *v. a.* to shoot out פָּרֹחַ מִתּוֹךְ־.

אַרויסבראַקעווען *v. a.* to choose בָּחֹר; to reject מָאֵן.

אַרויסברעכן *v. a.* to break out שָׁבֹר מִתּוֹךְ־.

אַרויסברענגען *a. v.* to bring out הוֹצִיא.

— אַרויסברענגען פֿון געדולד, פֿון דער האָוט to try a person's patience, put a person in a passion הכעס (הקצף) איש.

אַרויסגאַבע *f* giving up מְסִירָה; edition מַהֲדוּרָה, הוֹצָאָה (של ספרים).

אַרויסגאַנג *m* (*pl.* ־גאַנגען, ־גענג) going out יְצִיאָה; exit מוֹצָא, פֶּתַח.

אַרויסגיין *v. n.* to go out יָצֹא; to appear הוֹפִיעַ, יָצֹא לָאוֹר (עתון, ספר).

— אַרויסגיין פֿון די כלים to lose patience התקצף.

— אַרויסגיין פֿון מאָדע to go out of fashion יצא מהמנהג.

— די פֿענסטער גייען אַרויס אין גאַס the windows are facing the street החלונות פונות אל הרחוב.

אַרויסגיסן *v. a.* to pour out שָׁפֹךְ מִ־.

אַרויסגליטשן זיך *v. r.* to slip out הִשָּׁמֵט הֵעָלֵם.

אַרויסגַנבֿעַנען, ־ענען *v. a.* to steal from גָּנֹב מִ־; ‖ ־זיך *v. r.* to slink out הִתְגַּנֵּב מִ־.

אַרויסגעבן *v. a.* to give out הוֹצִיא; to extradite מָסֹר (פושע למדינה אחרת); to betray מָסֹר עַל יְדֵי

בְּגִידָה; to publish הוֹצֵא לָאוֹר; ‖ –זיך v. r. to pretend to be, pass oneself for הִתְחַפֵּשׂ, תֵּת אֶת נַפְשׁוֹ כְּ־.

ארויסנעבער m publisher מוֹצִיא לָאוֹר.

ארויסגעוואָרפֿן adj. useless, vain, lost שֶׁאֵין בּוֹ תּוֹעֶלֶת.

ארויסגראָבן v. a. to dig out חֲפֹר מִ־.

ארויסדולובען v. a. to pick out נְקֹר מִ־.

ארויסדערטאַפּן v. a. to pull out מְשֹׁךְ מִ־; to sound חֲקֹר וְדָרֹשׁ.

ארויסדרייען v. a. to wrench out, wrest out הוֹצֵא בְּחָזְקָה; ‖ –זיך v. r. to free oneself, extricate oneself הִתְפַּטֵּר מִסְּבוּךְ.

ארויסדרינגען v. a. to infer from, conclude from הוֹכַח מִ־.

ארויסהאַקן v. a. to hew out חָטֹב (חָצֹב) מִ־; to knock out הַכֵּה וְהוֹצֵא.

ארויסהייבן v. a. to draw out, fetch out הוֹצֵא מִ־.

ארויסהעלפֿן v. a. to help עֲזֹר; to extricate הוֹצֵא, שַׁחְרֵר מִסְּבוּךְ.

ארויסהענגען v. a. to hang out תְּלֹה מחוץ.

ארויסוואַנדערן v. n. to emigrate יָצֹא מִ־, נְסֹעַ מִ־.

ארויסוואַקסן v. n. to grow out צְמֹחַ מִ־.

ארויסוואַרפֿן v. a. to throw out, eject הַשְׁלֵךְ מִ־.

ארויסווייזן v. a. to show הַרְאֵה; to expel גָּרֵשׁ מִ־; to oust הָסֵר מִמִּשְׁמֶרֶת; ‖ –זיך v. r. to show oneself הַרְאֵה אֶת עַצְמוֹ; to appear הֵרָאֵה.

ארויסוויקלונג f extrication שִׁחְרוּר מִסְּבוּךְ; development הִתְפַּתְּחוּת.

ארויסוויקלען v. a. to extricate שַׁחְרֵר מִסְּבוּךְ; to develop פַּתֵּחַ; ‖ –זיך v. r. to extricate oneself הִשְׁתַּחְרֵר מִסְּבוּךְ; to develop oneself הִתְפַּתֵּחַ.

ארויסזאָגן v. a. to speak out, utter, declare הַבֵּעַ, הַגֵּד (מה שבלבו); ‖ –זיך v. r. to express oneself, commit oneself חַוֵּה דַעְתּוֹ.

ארויסזייגן v. a. to suck out יְנֹק מִ־, מְצֹץ מִ־.

ארויסזען v. a. to see from רָאֹה מִ־.

ארויסזעצן v. a. to knock out הַכֵּה מִ־, הַפֵּל מִ־; to eject הַשְׁלֵךְ מִ־; ‖ v. n. to gush out שָׁטֹף מִ־; to rise (*as smoke, flames*) עָלֹה (עשן, להבה).

ארויסטאַסקען v. a. to drag out סְחֹב מִ־.

ארויסטעלעפּען v. a. to thrust out (*the tongue*) הַפֵּל הַחוּצָה (לשון).

ארויסטראָגן v. a. to carry out נְשֹׂא מִ־, הוֹצֵא מִ־.

ארויסטראָגער m divulger of a secret מְגַלֶּה סוֹד.

ארויסטרייבן v. a. to drive out גָּרֵשׁ מִ־, שַׁלַּח מִ־.

ארויסטריפֿן v. n. to drop out נְטֹף מִתּוֹךְ־.

ארויסטרעטונג f utterance הוֹדָעָה, חַוּוֹת דַּעַת; offensive excess תִּגְרָה, הִתְנַפְּלוּת; פְּעוּלָה מֻפְרֶזֶת, יְצִיאָה מִן הַגְּבוּל.

ארויסטרעטן v. n. to step out צְעֹד מִ־; to retire, withdraw יָצֹא מִ־; to express oneself חַוֵּה דַעְתּוֹ.

ארויסיאָגן v. a. to chase out גָּרֵשׁ מִ־; ‖ –זיך v. r. to run out רוּץ מִ־.

ארויסיאַדען v. a. to eat out of אֱכֹל מִתּוֹךְ־.

ארויסכאַפּן v. a. to snatch out of חֲטֹף מִתּוֹךְ־; ‖ –זיך v. r. to get out quickly יָצֹא מְבֹהָל, רוּץ מִ־; to slip a word הַפְלֵט מִלָּה. — ארויסכאַפּן זיך מיט א וואָרט to blab, blurt out a word הפלט מלה בלתי ראויה.

ארויסכאַרכלען v. a. to utter in a rattling voice בַּטֵּא בְּקוֹל נִחָר.

ארויסלאָזן v. a. to let out נָתֹן לָצֵאת; to set free שַׁלַּח לַחָפְשִׁי, פַּטֵּר; to leave out הַשְׁמֵט; to publish הוֹצֵא לָאוֹר; ‖ –זיך v. r. to go out יָצֹא.

ארויסלויפֿן v. n. to run out רוּץ מִ־.

ארויסלייגן v. a. to expose שִׂים הַחוּצָה.

ארויסלייַכטן v. n. to hold a light to a person going out הָאֵר לְאִישׁ בְּצֵאתוֹ.

ארויסמאַכן v. a. to take out הוֹצֵא; to extricate חַלֵּץ; ‖ –זיך v. r. to get off הֵחָלֵק מִ־; to extricate oneself הֵחָלֵץ; to shirk from הִסְתַּלֵּק מִ־, הִפָּטֵר מִ־.

ארויסמאַרשירן v. n. to march out צְעֹד מִ־, הָלֹךְ מִ־.

ארויסנאַרן v. a. to obtain by cunning *or* deception הַשֵּׂג בְּרַמָּאוּת.

ארויסנעמען v. a. to take out הוֹצֵא מִ־.

ארויססטאַרטשען v. n. to project, prominent בְּלֹט.

ארויססילען v. a. to draw out a thread from a needle הוֹצֵא חוּט מִמַּחַט.

ארויסעט = ארוים (נאָך א צײַטוואָרט).

ארויסעסן v. a. to eat out אֱכֹל מִתּוֹךְ־; to dislodge, drive away הָדֵחַ (איש ממקומו).

ארויספֿאָדערונג f challenge קְרִיאָה לְמִלְחָמָה.

ארויספֿאָדערן v. a. to challenge קָרֹא אוֹ תְּבֹעַ לְמִלְחָמָה.

ארויספֿאַלן v. n. to fall out נְפֹל מִ־.

ארויספֿאָר m driving out נְסִיעָה מִ־. — (*fig.*) ערשטער ארויספֿאָר start, beginning התחלה.

ארויספֿאָרן v. n. to drive out נְסֹעַ מִ־; to go הָלוֹךְ.

ארויספּטרן v. a. to dismiss פַּטֵּר; to send away שַׁלֵּחַ; ‖ –זיך v. r. to get rid of הִפָּטֵר מִ־.

ארויספֿירן v. a. to lead out נַהֵל מִ־, הוֹלֵךְ מִ־; carry out, convey out נְשֹׂא מִ־, הוֹבֵל מִ־. — (*fig.*) ארויספֿירן אומעצן אויף א דרך to make a person listen to reason החכם איש, הבא איש לידי הבנה.

ארויספּלאָנטערן v. a. to extricate שַׁחְרֵר מִסְּבוּךְ; ‖ –זיך v. r. to extricate oneself הִשְׁתַּחְרֵר מִסְּבוּךְ.

ארויספּלאַצן v. n. to burst out הִתְבַּקֵּעַ מִתּוֹךְ־.

אַרויספֿלי flying out *m* תְּעוּפָה מִ־.

אַרויספֿליִען to fly out *v. n.* עוּף (פָּרֹחַ) מִ־.

אַרויספּערען to thrust out, push out *v. a.* דָּחֹף מִ־; to cast out הַשְׁלֵךְ מִ־.

אַרויספּרעסן to press out, squeeze out *v. a.* מָצֹה מִ־, שָׁחֹט מִ־.

אַרויסציִען to draw out *v. a.* מָשֹׁה (מָשֹׁךְ) מִ־; to extract הוֹצֵא מִ־.

אַרויסקאַטשען to roll out *v. a.* גָּלֹל מִ־.

אַרויסקאָפּיִען זיך to get out, extricate oneself *v. a.* הִשְׁתַּחְרֵר מִ־.

אַרויסקאַפּען to drop out *v. n.* נָטֹף מִ־.

אַרויסקראַבקען זיך to crawl out *v. r.* זָחֹל מִ־; to extricate oneself הִשְׁתַּחְרֵר מִסְּבוּךְ.

אַרויסקראַסקען זיך = אַרויסקראַבקען זיך.

אַרויסקוועטשען to squeeze out *v. a.* מָצֹה, מָצֹץ מִ־.

אַרויסקומען to come out *v. n.* יָצֹא מִ־; to get abroad, become known הִוָּדַע, הִתְפַּרְסֵם (סוד); to ensue יָצֹא; to result יָצֹא לַפֹּעַל; to descend יָצֹא (מגזע משפחה); to be due from הָיֹה מַגִּיעַ מִ־.

אַרויסקוק outlook, view *m* מַבָּט, הַשְׁקָפָה; prospect צִפִּיָּה.

אַרויסקוקן to look out *v. n.* הַשְׁקֵף מִ־; to wait for צַפֵּה לְ־, חַכֵּה לְ־.

אַרויסקײַקלען to roll out *v. a.* גָּלֹל מִ־.

אַרויסקלאַפּן to beat out, knock out *v. a.* הוֹצֵא עַל יְדֵי הַכָּאָה.

אַרויסקלײַבן to pick out *v. a.* בָּחֹר מִ־; ‖ — זיך *v. r.* to remove from lodgings הַעְתֵּק דִּירָה.

אַרויסקערן to sweep out *v. a.* טַאטֵא מִ־.

אַרויסקריגן to get out *v. a.* הַשֵּׂג; to extort לָקֹחַ בִּנְגִישָׂה.

אַרויסקריכן to creep out *v. n.* זָחֹל וְיָצֹא.

אַרויסראַטעווען to save, rescue *v. a.* הַצֵּל מִ־, חַלֵּץ מִ־, מַלֵּט מִ־.

אַרויסראַטשקעווען to crawl out *v. n.* זָחֹל מִ־; ‖ — זיך *v. r.* to extricate oneself הִשְׁתַּחְרֵר מִסְּבוּךְ.

אַרויסרופֿונג calling *f* קְרִיאָה; challenge קְרִיאָה לְמִלְחָמָה.

אַרויסרופֿן to call *v. a.* קְרֹא; to challenge קְרֹא אוֹ תְּבֹעַ לְמִלְחָמָה.

אַרויסרוקן to shove out *v. a.* הַעְתֵּק מִ־; to move out הוֹצֵא מִ־; ‖ — זיך *v. r.* to get out of one's place הֵעָתֵק מִמְּקוֹמוֹ; to sneak out (*sl.*) הֵעָלֵם.

אַרויסרײדן to utter *v. a.* בַּטֵּא, הוֹצֵא מִפִּיו.

אַרויסרײַסן to tear out *v. a.* עָקֹר מִ־, קָרֹעַ מִ־; to snatch out חָטֹף מִ־; ‖ — זיך *v. r.* to free oneself הִשְׁתַּחְרֵר.

אַרויסריכטן to equip *v. a.* הַסְפֵּק.

אַרויסרינען to run out, trickle out *v. n.* נָזֹל מִ־.

אַרויסשאַרן to scrape out, rake out *v. a.* גָּרֹף מִ־.

אַרויסשווימען to swim out *v. n.* שָׂחֹה וְיָצֹא.

אַרויסשווענקען to wash *or* sweep out *v. a.* הָדִיחַ (שַׁטֵּף) מִ־.

אַרויסשטאַמען to descend from *v. n.* יָצֹא (מגזע משפחה); to arise יָצֹא (מדבר).

אַרויסשטאַרען = אַרויסשטאַרטשען.

אַרויסשטויסן to push out *v. a.* דָּחֹף מִ־, הָדֹף הַחוּצָה; to expel גָּרֵשׁ מִ־.

אַרויסשטופּן to push out *v. a.* דָּחֹף מִ־.

אַרויסשטײַגן to get out *v. n.* יָצֹא (מעגלה).

אַרויסשטעלן to put out *v. a.* הַצֵּג הַחוּצָה; to expose הַצֵּג לְמַרְאֶה; ‖ — זיך *v. r.* to come out, come forward יָצֹא; to defend, take a person's part הָגֵן עַל־, עֲמֹד לִימִין רֵעֵהוּ.

אַרויסשטעקן to put out *a. v.* הוֹצֵא; ‖ *v. n.* to stick out, jut out בָּלֹט.

אַרויסשטרעקן to put out *v. a.* הוֹצֵא.

אַרויסשיטן to pour out *v. a.* פַּזֵּר (שָׁפֹךְ) הַחוּצָה.

אַרויסשיסן to shoot out *v. a.* יָרֹה מִ־; ‖ *v. n.* to burst out, explode הִתְפּוֹצֵץ, הִתְבַּקֵּעַ.

אַרויסשיפֿן זיך to sail out *v. r.* הַפְלֵג בָּאֳנִיָּה מִ־.

אַרויסשיקונג sending out *f* שִׁלּוּחַ; banishment, exile גֵּרוּשׁ, גָּלוּת.

אַרויסשיקן to send out *v. a.* שַׁלֵּחַ; to banish, exile שַׁלֵּחַ, גָּרֵשׁ מִ־.

אַרויסשלאָגן to beat out, knock out *v. a.* הוֹצֵא עַל יְדֵי הַכָּאָה; ‖ *v. n.* to come out יָצֹא (זעה).

— אַרויסשלאָגן זיך עפּעס פֿון קאָפּ to forget about a thing שכח דבר.

— אַרויסשלאָגן זיך פֿון די כחות to lose one's strength אבד כחו.

אַרויסשלעפּן to drag out, pull out *v. a.* סָחֹב אוֹ מָשֹׁךְ מִ־.

אַרויסשמײַסן to throw out *v. a.* הַשְׁלֵךְ הַחוּצָה.

אַרויסשפּײַען to spit out *v. a.* פָּלֹט, הָקִיא.

אַרויסשפּראָצן to shoot up, sprout out *v. n.* צָמֹחַ מִ־.

אַרויסשפּרינגען to spring out, jump out *v. n.* דַּלֵּג (קַפֵּץ) מִתּוֹךְ־.

אַרויסשפּריצן to throw out *v. a.* הַזֵּה (זָרֹק) מִ־; to spout put הַזְרֵק.

אַרויסשרויפֿן to screw out *v. a.* הָסֵר הַבֹּרֶג.

אַרויסשרײַבן to write explicitly *v. a.* כָּתֹב בְּפֵרוּשׁ; to extract (*from a book*) הַעְתֵּק (ענין מספר).

אַרויף up, upwards *adv.* מַעְלָה, לְמַעְלָה.

אַרויפֿ־ on, upon, up *pref.* עַל.

אַרויפֿאַרבעטן (*Am.*) *v. a.* to bring to a prosperous condition הָבֵא (עסק) לְמַעֲמַד הַצְלָחָה; ‖ — זיך *v. r.* to work one's way up הִתְעַלֵּה.

ארויפבארג *adv.* uphill בְּמַעֲלֵה הָהָר, עַל הָהָר.

ארויפביינן *v. a.* to bend upwards נָטֹה לְמַעְלָה.

ארויפבינדן *v. a.* to tie on קָשֹׁר עַל־.

ארויפבלאָזן *v. a.* to blow up נָשֹׁב (דבר) עַל־.

ארויפבעטן *v. a.* to invite to come up קְרָא לַעֲלוֹת עַל־.

ארויפברענגען *v. a.* to bring up הָבֵא עַל־; to suggest רָמֹז עַל־.

ארויפגיין *v. n.* to go up, ascend עָלֹה עַל־.

ארויפגיסן *v. a.* to pour on שְׁפֹךְ עַל־, יָצֹק עַל־.

ארויפגעבן *v. a.* to put on שִׂים עַל־; to send up הַגֵּשׁ דָּבָר לְמַעְלָה.

ארויפגרעפצן *v. a.* to belch הַעֲלֵה עַל יְדֵי גִּהוּק.

ארויפדערלאַנגען *v. a.* to send up הַגֵּשׁ דָּבָר לְמַעְלָה.

ארויפדראַפּען זיך *v. r.* to clamber *or* climb up טַפֵּס וְעָלֹה.

ארויפדרייען *v. a.* to wind on סַבֵּב עַל־.

ארויפהאָדען = ארויפגרעפצן.

ארויפהענגען *v. a.* to hang on תְּלֵה עַל־.

ארויפוואַלגערן *v. a.* to roll upwards גַּלֵּל לְמַעְלָה.

ארויפוואַקסן *v. n.* to grow on צְמַח עַל־; to grow upwards צְמַח לְמַעְלָה.

ארויפוואַרפן *v. a.* to throw on הַשְׁלֵךְ עַל־; to throw upwards הַשְׁלֵךְ לְמַעְלָה.

— ארויפוואַרפן אויף אימעצן אַ שולד to lay a fault at another person's door שים עונו על איש נקי.

ארויפווייזן *v. a.* to show the way up הַרְאֵה לְאִישׁ הַדֶּרֶךְ הָעוֹלָה לְמַעְלָה.

ארויפוויקלען *v. a.* to wind on גַּלֵּל עַל־, כָּרֹךְ עַל־.

ארויפזעצן *v. a.* to put upon, place upon שִׂים עַל־, הוֹשֵׁב עַל־; ‖ — זיך *v. r.* to sit down on יָשֹׁב עַל־.

ארויפטאָן *v. a.* to put on שִׂים עַל־.

ארויפטראָגן *v. a.* to carry up הָבֵא עַל־.

ארויפטרייבן *v. a.* to drive upon גָּרֵשׁ עַל־.

ארויפטריפן *v. n.* to drip on נָטֹף עַל־.

ארויפטרעטן *v. n.* to tread upon דָּרֹךְ עַל־.

ארויפטשעפען *v. a.* to fasten on אֱחֹז עַל־, קָשֹׁר עַל־.

ארויפיאָגן *v. a.* to chase upon גָּרֵשׁ עַל־; to bring on (*terror*) הָבֵא (אימה) עַל־; ‖ — *v. n.* to run up רוּץ עַל־.

ארויפכאַפּן *v. a.* to take up הָבֵא לְמַעְלָה; to put on in a hurry (*a garment*) לְבֹשׁ (בגד) בְּחִפָּזוֹן; ‖ — זיך *v. r.* to go up hastily מַהֵר וְעָלֹה.

— ארויפכאַפּן זיך אויף אימעצן to attack a person התנפל על איש; to scold, revile חרף, גדף.

ארויפלאָזן *v. a.* to let go up נָתֹן לַעֲלוֹת; to send up שְׁלַח לְמַעְלָה.

ארויפלויפן *v. n.* to run up רוּץ לְמַעְלָה.

ארויפלייגן *v. a.* to put on, lay upon שִׂים עַל־; ‖ — זיך *v. r.* to be laid on הוּשַׂם.

— ארויפלייגן אויף אימעצן אַ שולד to lay a fault at another person's door שים עונו על איש נקי.

— ארויפלייגן זיך אויף אימעצן to be a burden on היה למשא על איש.

ארויפנייען *v. a.* to sew on תְּפֹר עַל־.

ארויפנעמען *v. a.* to take up נְטֹל לְמַעְלָה, הָבֵא לְמַעְלָה.

ארויפסילען *v. a.* to string on (*beads*) שִׂים (נינים) עַל חוּט, חָרֹז.

ארויפפאַלן *v. n.* to fall on *or* upon נְפֹל עַל־, הִתְנַפֵּל עַל־.

ארויפפאָרן *v. n.* to drive up עָלֹה (במרכבה); to run against (*driving*) פָּגֹעַ עַל־ (ברכבו).

ארויפפירן *v. a.* to lead up נַהֵל לְמַעְלָה; to carry up הָבֵא לְמַעְלָה.

ארויפפליען *a. n.* to fly up עוּף עַל־.

ארויפצו *adv.* upwards לְמַעְלָה.

ארויפציִען *v. a.* to draw up מְשֹׁךְ לְמַעְלָה; to draw up מְשֹׁךְ עַל־; to raise (*a price*) הַגְדֵּל (מחיר).

ארויפקאַטשען *v. a.* to roll up גַּלֵּל לְמַעְלָה; to roll upon גַּלֵּל עַל־.

ארויפקאַפּען *v. a. n.* to drop on נָטֹף עַל־, טַפְטֵף עַל־.

ארויפקאַראַבקען זיך *v. r.* to climb up טַפֵּס וְעָלֹה.

ארויפקומען *v. n.* to come up עָלֹה.

ארויפקוקן *v. n.* to look up הַבֵּט לְמַעְלָה.

ארויפקייקלען *v. a.* to roll up גַּלֵּל לְמַעְלָה; to roll upon גַּלֵּל עַל־.

ארויפקלאַפּן *v. a.* to fasten on by beating הַכֵּה וְאָחֹז אֶל־.

ארויפקלייען *v. a.* to paste on הַדְבֵּק (כדבק) עַל־.

ארויפקלעטערן *v. n.* to climb up טַפֵּס וְעָלֹה.

ארויפקלעפּן = ארויפקלייען.

ארויפקערן *v. a.* to turn up סַבֵּב עַל־; to sweep upon טַאטֵא עַל־.

ארויפקריכן *v. n.* to creep up זְחֹל וְעָלֹה עַל־.

ארויפראַטשקעווען זיך = ארויפקאַראַבקען זיך.

ארויפרופן *v. a.* to call up קְרָא לְמַעְלָה.

ארויפרוקן *v. a.* to shove up, move up דְּחֹף לְמַעְלָה, הַעְתֵּק לְמַעְלָה.

ארויפרייסן *v. a.* to lift up (*fig.*) הַגְבֵּהַּ.

ארויפרינען *v. n.* to trickle on נָטֹף עַל־.

ארויפרעגענען *v. a.* to rain on הַמְטֵר עַל־.

ארויפרעכענען *v. a.* to add, to an account הוֹסֵף לְחֶשְׁבּוֹן; to put to a person's account שִׂים לְחֶשְׁבּוֹן אִישׁ.

ארויפשווימען v. a. to swim up שְׂחֹה לְמַעְלָה; to come on the surface עֲלֹה, הֵרָאֵה עַל פְּנֵי (המים).
ארויפשווענקען v. a. to wash upon שְׁטֹף עַל־.
ארויפשטויסן v. a. to push up דְּחֹף עַל־.
ארויפשטופן = ארויפשטויסן.
ארויפשטייגן v. n. to rise, go up, ascend, עֲלֹה.
ארויפשטעלן a. v. to put upon הַעֲמֵד עַל, שִׂים עַל־.
ארויפשטעמפלען v. a. to stamp on חֲתֹם עַל־.
ארויפשטעקן v. a. to thrust from above נְעֹץ לְמַעְלָה.
ארויפשיטן a. a. to throw on, pour on זְרֹה (פַּזֵּר) עַל־.
ארויפשיסן v. a. to shoot up יְרֹה לְמַעְלָה; to shoot upon יְרֹה עַל־.
ארויפשיקן v. a. to send up שְׁלֹחַ אֶל־.
ארויפשלאָגן v. a. to fasten on by beating הַכֵּה וְאַחֵז אֶל־; to belch up גַּהֵק וְהַעֲלֵה; ‖ — זיך v. r. to get up עֲלֹה.
ארויפשלעפן v. a. to drag or pull up סְחֹב (מְשֹׁךְ) וְהַעֲלֵה; to drag upon סְחֹב עַל־, מְשֹׁךְ עַל־.
ארויפשפאַנען a. n. to stride up צְעֹד לְמַעְלָה.
ארויפשפארן v. a. n. to push on דְּחֹף עַל־; to come up עֲלֹה.
ארויפשפרינגען v. n. to jump upon דַּלֵּג (קַפֵּץ) עַל־.
ארויפשפרינקלען v. a. to sprinke on זְרֹק עַל־.
ארויפשפריצן v. a. n. to sputter on הַתֵּז עַל־; to squirt up הַתֵּז לְמַעְלָה.
ארויפשרויפן v. a. to screw on בָּרֵג מִלְמַעְלָה; to raise, screw up (a price) (fig.) הַעֲלֵה (מחיר).
ארויפשרייבן v. a. to write on כְּתֹב עַל־; to put to a person's account שִׂים לְחֶשְׁבּוֹן אִישׁ.
ארום adv. round, about סָבִיב; about, nearly קָרוֹב, בְּעֶרֶךְ; ‖ prep. about אודות, עַל.
— ארום און ארום round about סביב סביב; in all בסך הכל.
— אזוי ארום in this way באופן זה.
— ווי ארום in what way, how באיזה אופן, איך.
ארום־ prep. about, round סָבִיב.
ארומארבעטן v. a. to cultivate עַבֵּד; to elaborate הַשְׁלֵם, שַׁכְלֵל; ‖ — זיך v. r. to get through with one's work הַשְׁלֵם מְלַאכְתּוֹ.
ארומבויען v. a. to build round בְּנֵה סָבִיב; to enclose, fence in גְּדֹר.
ארומבייגן v. a. to bend round כְּפֹף סָבִיב.
ארומבייסן v. a. to bite on all sides נְשֹׁךְ מִסָּבִיב.
ארומבינדן v. a. to bind round קְשֹׁר מִסָּבִיב.
ארומבלאָנדזען v. n. to go astray, wander about תָּעֹה, שׁוֹטֵט.
ארומבלאָנדען v. a. to border with lace תְּפֹר שׁוּלֵי רִקְמָה מִסָּבִיב.

ארומבלאָנקען = ארומבלאָנדזען.
ארומברעכן v. a. to break on all sides שְׁבֹר מִסָּבִיב.
ארומברעמען v. a. to edge, border, hem עֲשֵׂה אִמְרָה או שָׂפָה מִסָּבִיב (לארג).
ארומברענען v. a. to singe or burn on all sides חָרֵךְ (שְׂרֹף) מִסָּבִיב.
ארומגאַרטלען v. a. to gird אַזֵּר, חֲגֹר.
ארומגיין v. n. to walk הָלוֹךְ; to go round הָלוֹךְ מִסָּבִיב, סֹבֵב.
— ארומגיין אהין און אהער to go up and down הלוך אנה ואנה.
ארומגיסן v. a. to pour about יְצֹק (נְסֹךְ) מִסָּבִיב.
ארומגלייכן v. a. to make even on all sides עֲשֵׂה יָשָׁר מִסָּבִיב.
ארומגעבן v. a. to distribute round חַלֵּק לְכָל אֶחָד; to sew round תְּפֹר מִסָּבִיב; to fence round גְּדֹר מְסָבִיב, הַקֵּף.
ארומגראָבן v. a. to dig round חֲפֹר מִסָּבִיב; to ditch עֲשֵׂה תְּעָלָה מִסָּבִיב.
ארומגרויזן v. a. to fence round גְּדֹר סָבִיב.
ארומגריזען v. a. to gnaw round כַּרְסֵם מִסָּבִיב.
ארומגרענעצן v. a. to limit round הַגְבֵּל מִסָּבִיב.
ארומדיכטעווען v. v. to stop up hermetically סְכֹר הֵיטֵב מִסָּבִיב.
ארומדרייען v. a. to turn round סַבֵּב; to wind round כָּרֵךְ מִסָּבִיב; ‖ — זיך v. r. to turn סֹבֵב; to walk about הָלוֹךְ אָנֶה וָאָנָה.
ארומהאַלזן v. a. to embrace חַבֵּק, חָבֹק.
ארומהאַקן v. a. to hew or cut round חָטֹב מִסָּבִיב, כָּרֹת (קַצֵּץ) מִסָּבִיב.
ארומהעבלעווען v. a. to plane round הַקְצֵעַ מִסָּבִיב.
ארומהילן v. a. to veil round עֲטֵה (עֲטֹף) מִסָּבִיב.
ארומהענגען v. a. to hang about תְּלֵה מִסָּבִיב.
ארומוואָגלען v. n. to ramble or wander about נְדֹד, הֱיֵה נָע וָנָד.
ארומוואָגלעניש n rambling, wandering נְדוּדִים.
ארומוואַלגערן זיך = וואַלגערן זיך.
ארומוואַשן v. a. to wash on all sides רְחַץ מִכָּל עֲבָרִים.
ארומוויליען v. a. to tend, wait on שָׁרֵת עַל־; to court חֲזֹר אַחֲרֵי (אשה).
ארומוויען זיך v. r. to wander about נְדֹד, הָלוֹךְ נָע וָנָד.
ארומוויקלען v. a. to wrap, envelop כָּרֵךְ מִסָּבִיב; to wind about סַבֵּב.
ארומווישן v. a. to wipe on all sides קַנֵּחַ מִסָּבִיב.
ארומזוכן v. a. to search everywhere חַפֵּשׂ בְּכָל מָקוֹם.
ארומזיימען = ארומברעמען.

אַרומזייפֿן *v. a.* to soap on all sides מָרֹחַ בְּבֹרִית מִסָּבִיב.

אַרומזעגלען *v. n.* to sail round נָסֹעַ בָּאֳנִיָּה מִסָּבִיב; to sail about נָסֹעַ בָּאֳנִיָּה הֵנָּה וָהֵנָּה.

אַרומזען *v. a.* to inspect בָּדֹק, בָּחֹן; to tend, take care of שָׁמֹר עַל־; ‖ — זיך *v. r.* to look about הַשְׁקֵף הֵנָּה וָהֵנָּה; to find מְצֹא, הָבֵן.

אַרומזעצן *v. a.* to put round שִׂים מִסָּבִיב; to seat round הוֹשֵׁב מִסָּבִיב; to plant round נָטֹעַ מִסָּבִיב; ‖ — זיך *v. r.* to sit down round a table יָשֹׁב מִסָּבִיב לְשֻׁלְחָן.

אַרומטעלעבענדען זיך *a. v.* to stroll הִתְהַלֵּךְ בְּלִי מַטָּרָה.

אַרומטאַנצן *v. a.* to dance about פַּזֵּז (רַקֵּד) מִסָּבִיב; to bustle שׁוֹטֵט הֵנָּה וָהֵנָּה.

אַרומטאָן *v. n.* to put about שִׂים מִסָּבִיב; ‖ — זיך *v. r.* to get through with one's work הַשְׁלֵם מְלַאכְתּוֹ.

אַרומטאַפּן *v. a.* to feel all over מָשֵׁשׁ מִכָּל עֲבָרִים.

אַרומטיילן *v. a.* to distribute round חַלֵּק לְכָל אֶחָד.

אַרומטינקעווען *v. a.* to rough-cast *or* plaster on all sides טוּחַ טִיחַ מִכָּל עֲבָרִים.

אַרומטענדלען *v. n.* to do business הִתְעַסֵּק בְּמִסְחָר.

אַרומטעסען = אַרומטשעשען.

אַרומטראָגן *v. a.* to carry about נָשֹׂא סָבִיב; ‖ — זיך *v. r.* to carry about one נָשֹׂא עִמּוֹ.

אַרומטרייַבן *v. a.* to drive about גָּרֵשׁ הֵנָּה וָהֵנָּה; to send about שַׁלַּח לִמְקוֹמוֹת רַבִּים; ‖ — זיך *v. r.* to ramble, wander שׁוֹטֵט, הָיֹה נָע וָנָד.

אַרומטרייַבער *m* rambler מְשׁוֹטֵט; tramp, vagabond רֵיקָן, אִישׁ נָע וָנָד.

אַרומטרעטן *v. a.* to tread on all sides דָּרֹךְ סָבִיב, רָמֹס סָבִיב עַל־.

אַרומטרענען *v. a.* to rip on all sides פַּתֵּחַ הַתֶּפֶר מִכָּל עֲבָרִים.

אַרומטשישטשען *v. a.* to clean on all sides נַקֵּה כָלִיל.

אַרומיאָגן = אַרומטרייַבן.

אַרומיג *adj.* surrounding, neighbouring אֲשֶׁר מִסָּבִיב, אֲשֶׁר בִּסְבִיבוֹת־.

אַרומכאַפּן *v. a.* to embrace חַבֵּק; to surround סֹבֵב, הַקֵּף; ‖ — זיך *v. r.* to embrace each other חַבֵּק אִישׁ אֶת אָחִיו.

אַרומלויפֿן *v. n.* to run about, ramble רוּץ הֵנָּה וָהֵנָּה, שׁוֹטֵט.

אַרומלויפֿעניש *n* running about מְרוּצָה הֵנָּה וָהֵנָּה.

אַרומלויפֿער *m* rambler מְשׁוֹטֵט.

אַרומלופּען *v. a.* to peel on all sides קַלֵּף, פַּצֵּל מִסָּבִיב; to skin, fleece (*fig.*) רַמֵּה, הוֹצֵא כֶּסֶף בְּתַרְמָאוּת.

אַרומליאַמעווען *v. a.* to edge round עֲשֵׂה שָׂפָה מִסָּבִיב.

אַרומליגן *v. n.* to lie about הִתְגַּלְגֵּל, שָׁכֹב סָבִיב.

אַרומלייטן *v. a.* to solder all over רַתֵּךְ, חַבֵּר (בִּבְדִיל) מִכָּל עֲבָרִים.

אַרומלעטען *v. n.* to run about, ramble רוּץ הֵנָּה וָהֵנָּה, שׁוֹטֵט.

אַרומלעקן *v. a.* to lick on all sides לַקֵּק מִסָּבִיב.

אַרוממאַכן *v. a.* to clean on all sides נַקֵּה סָבִיב.

אַרוממאַרשירן *v. n.* to march about צָעֹד הֵנָּה וָהֵנָּה.

אַרוממעסטן *v. a.* to measure round מָדֹד סָבִיב.

אַרומנייען *v. a.* to sew round תָּפֹר מִסָּבִיב.

אַרומנעמען *v. a.* to embrace חָבֹק, חַבֵּק; to fence round גָּדֹר מִסָּבִיב; to wrap, envelop כָּרֹךְ סָבִיב, כַּסֵּה מִסָּבִיב.

אַרומנעצן *v. a.* to wet on all sides הַרְטֵב מִסָּבִיב.

אַרומסמאַליען *v. a.* to singe on all sides חָרֹךְ סָבִיב.

אַרומעט = אַרום (נאָך אַ צייטוואָרט).

אַרומפֿאַדען = אַרומוויליען.

אַרומפֿאַלן *v. n.* to surround (*in an attack*) סֹבֵב, הִתְנַפֵּל סָבִיב.

אַרומפֿאָרן *v. n.* to ride *or* drive about נָסֹעַ הֵנָּה וָהֵנָּה; to tour נָסֹעַ נְסִיעַת טִיּוּל.

אַרומפֿאָרען זיך *v. r.* to occupy oneself with טַפֵּל בְּ־, הִתְעַסֵּק בְּ־.

אַרומפֿוילן *v. n.* to rot on all sides רָקֹב מִכָּל צַד.

אַרומפּוליען *v. a.* to dust on all sides נַקֵּה מֵאָבָק מִכָּל צַד.

אַרומפּוצן *v. a.* to clean on all sides קַשֵּׁט סָבִיב.

אַרומפֿיילן *v. a.* to file on all sides שׁוּף בְּשׁוֹפִין מִסָּבִיב.

אַרומפֿירן *v. a.* to lead round הוֹלֵךְ סָבִיב; to carry all over הַעֲבֵר לִמְקוֹמוֹת רַבִּים.

אַרומפּלאָנטערן *v. a.* to entangle on all sides סַבֵּךְ מִכָּל צַד.

אַרומפֿלאַנצן *v. a.* to plant round נָטֹעַ סָבִיב.

אַרומפֿליען *v. n.* to fly soar עוּף, עוֹפֵף, פָּרֹחַ; to fly round עוּף (עוֹפֵף) סָבִיב.

אַרומפֿליקן *v. a.* to pluck on all sides מְרֹט מִסָּבִיב.

אַרומפֿרירן *v. n.* to freeze on all sides קָפֹא סָבִיב.

אַרומפֿלעכטן *v. a.* to plait *or* twist round קַלֵּעַ סָבִיב.

אַרומפֿרעגן *v. a.* to inquire everywhere שָׁאֹל (חָקֹר וְדָרֹשׁ) בְּכָל מָקוֹם.

אַרומצאָלן *v. a.* to pay off שַׁלֵּם; ‖ — זיך *v. r.* to pay off one's debts סַלֵּק כָּל חוֹבוֹתָיו.

אַרומצאַמען *v. a.* to fence round גָּדֹר מִסָּבִיב.

אַרומצופּן = אַרומפֿליקן.

אַרומציִען **v. a.** to draw round about מָשׁךְ סָבִיב; || **v. n.** to wander about נָסֹעַ הֵנָּה וָהֵנָּה.

אַרומקאָווען **v. a.** to bind with iron חָשֹׁל בְּבַרְזֶל סָבִיב; to put in irons שִׂים בִּכְלֵי בַרְזֶל עַל־.

אַרומקאַטשײַען זיך **v. r.** to take a drive נָסֹעַ בַּעֲגָלָה.

אַרומקאַפּען **v. a. n.** to drip about נָטֹף (טַפְטֵף) סָבִיב.

אַרומקוקן **v. a.** to inspect בָּדֹק, בָּחֹן; || – זיך **v. r.** to look about הַבֵּט סְבִיבוֹתָיו; רָאֹה, הִתְבּוֹנֵן.

אַרומקיטעווען **v. a.** to cement with putty on all sides חַזֵּק בְּדֶבֶק מִכָּל צַד, מָרֹחַ בְּטִיחַ סָבִיב.

אַרומקײַלעכיגן **v. a.** to round, make round עַגֵּל עֲשֵׂה עָגֹל.

אַרומקײַקלען **v. a.** to roll about גָּלֹל (גַּלְגֵּל) סָבִיב.

אַרומקלאַפּן **v. a.** to beat round הַכֵּה סָבִיב.

אַרומקלײַבן **v. a.** to gather on all sides אָסֹף מִכָּל צַד.

אַרומקלײַען **v. a.** to paste on all sides הַדְבֵּק (בדבק) סָבִיב.

אַרומקלעפּן = אַרומקלײַען.

אַרומקערן **v. a.** to sweep about טַאטֵא סָבִיב.

אַרומקראַצן **v. a.** to scrape about גָּרֹד סָבִיב.

אַרומקריגן זיך **v. r.** to quarrel הִתְקוֹטֵט.

אַרומקריכן **v. n.** to creep about זָחֹל סָבִיב.

אַרומראַמען **v. a.** to clean or clear on all sides נַקֵּה סָבִיב.

אַרומרוקן **v. a.** to shift הַעֲבֵר מִמָּקוֹם לְמָקוֹם.

אַרומריזען = אַרומגריזען.

אַרומרײַבן **v. a.** to rub round שַׁפְשֵׁף מִסָּבִיב.

אַרומרײדן **v. a.** to talk about שׂוֹחַ עַל־, to discuss נָשֹׂא וְנָתֹן עַל־.

אַרומרײַזן **v. n.** to travel נָסֹעַ.

אַרומרײניגן **v. a.** to clean on all sides נַקֵּה מִכָּל צַד.

אַרומרײַסן **v. a.** to tear on all sides קָרֹעַ מִכָּל צַד; || – זיך **v. r.** (*fig.*) to quarrel הִתְקוֹטֵט.

אַרומרינגלען **v, a.** to surround סֹבֵב, הַקֵּף.

אַרומשאַבן **v. a.** to shave or scrape round גָּרֵד סָבִיב.

אַרומשאַלאַפּײַען זיך **v. r.** to loiter about, tramp, ramble שׁוֹטֵט בַּעֲצַלְתַּיִם.

אַרומשאַליעווען **v. a.** to wainscot round סַפֵּן, צַפֵּה (כּיתל בקרשים).

אַרומשווימען **v. n.** to swim or float about שָׂחֹה (צוּף) הֵנָּה וָהֵנָּה.

אַרומשווענקען **v. a.** to wash or rinse on all sides הָדִיחַ (שַׁטֵּף) סָבִיב.

אַרומשטאָפּן **v. a.** to stop up on all sides סָתֹם (סָכֹר) מִכָּל צַד.

אַרומשטויבן = אַרומפּוליען.

אַרומשטיין **v. n.** to stand about עָמֹד סָבִיב.

אַרומשטעלן **v. a.** to place round about הַעֲמֵד (הַצֵּב) סָבִיב; || – זיך **v. r.** to stand round about הִתְיַצֵּב סָבִיב.

אַרומשטעקן **v. a.** to stick round נָעֹץ מִסָּבִיב.

אַרומשטשיפּען **v. a.** to pluck or pull out on all sides מָרֹט מִכָּל צַד.

אַרומשיטן **v. a.** to strew about זָרֹה (פַּזֵּר) סָבִיב.

אַרומשײלן **v. a.** to peel or pare on all sides פַּצֵּל (קַלֵּף) סָבִיב.

אַרומשײַערן **v. a.** to scour on all sides שׁוּף (שַׁפְשֵׁף) סָבִיב.

אַרומשיפּן זיך = אַרומזעגלען.

אַרומשיקן **v. a.** to send about שָׁלֹחַ לִמְקוֹמוֹת רַבִּים.

אַרומשלאָגן **v. a.** to nail round חַזֵּק בְּמַסְמְרִים סָבִיב; || – זיך **v. r.** to fight הִלָּחֵם.

אַרומשליאָנדרעווען **v. n.** to stroll טַיֵּל, שׁוֹטֵט הֵנָּה וָהֵנָּה.

אַרומשליטלען זיך **v. r.** to be sleighing נָסֹעַ אוֹ הַחֲלֵק בַּעֲגָלַת חֹרֶף.

אַרומשלייפן **v. a.** to tie a knot or bow קָשֹׁר קֶשֶׁר.

אַרומשלעפּן **v. a.** to drag about מָשׁךְ (סָחֹב) הֵנָּה וָהֵנָּה; || – זיך **v. r.** to rove, tramp נוֹעַ מִמָּקוֹם לְמָקוֹם.

אַרומשמיעסן = אַרומרײדן.

אַרומשמידן **v. a.** to forge round חָשֹׁל בְּבַרְזֶל סָבִיב.

אַרומשמירן **v. a.** to smear round מָרֹחַ (מָשֹׁחַ) סָבִיב.

אַרומשמײַען **v. a.** to bustle, be busy הָיֹה עָסוּק.

אַרומשמעקן **v. n.** to sniff about הָרֵחַ מִכָּל צַד.

אַרומשנורעווען **v. a.** to lace about קָשֹׁר מִסָּבִיב.

אַרומשנײַדן **v. a.** to cut round כָּרֹת (קַצֵּץ) מִסָּבִיב.

אַרומשניצן **v. a.** to carve round פָּסֹל סָבִיב; to whittle round קַצֵּב, (גָּזֹר) סָבִיב.

אַרומשנירן = אַרומשנורעווען.

אַרומשעטקעווען **v. a.** to chop round חָתֹךְ מִסָּבִיב.

אַרומשערן **v. a.** to shear or cut round (*the hair*) גָּזֹז, סַפֵּר (השערות) סָבִיב; || – זיך **v. r.** to cut one's hair סַפֵּר שַׂעֲרוֹתָיו, הִסְתַּפֵּר.

אַרומשפּאַנען **v. n.** to walk about, stroll צָעֹד הֵנָּה וָהֵנָּה.

אַרומשפּינען **v. a,** to spin round טָוֹה מִסָּבִיב.

אַרומשפּילן זיך **v. r.** to play שַׂחֵק, צַחֵק.

אַרומשפּרייזן = אַרומשפּאַנען.

אַרומשפּרינגען **v. n.** to leap or jump about דַּלֵּג (קַפֵּץ) הֵנָּה וָהֵנָּה.

אַרומשרײַבן **v. a.** to describe צַיֵּר (תָּאֵר) בִּכְתָב.

אָרון (אֲרוֹנוֹת *pl.*) **m** holy ark (*in a synagogue*) אֲרוֹן הַקֹּדֶשׁ (בביה״כ); coffin אֲרוֹן שֶׁל מֵת.

אַרונטער **adv.** down אֶל תַּחַת, לְמַטָּה.

אַרונטער־ **pref.** down אֶל תַּחַת, לְמַטָּה; off מֵעַל־.

ארונטעראַרבעטן *v. a.* to bring down (*Am.*) הוֹרֵד (עסק).

ארונטערבייגן *v. a.* to bend down נָטֹה (כָּפֹף) לְמַטָּה.

ארונטערברעכן *v. a.* to break down שָׁבֹר מֵעַל־.

ארונטערברענגען *v. a.* to bring down הָבֵא אֶל תַּחַת־.

ארונטערגיין *v. n.* to go down יָרֹד לְמַטָּה; to resemble הַדַּמֵּה; to be included הָיֹה נִכְלָל.

ארונטערגיסן *v. a.* to pour down יָצֹק אֶל תַּחַת, יָצֹק מֵעַל־.

ארתטערגליטשן זיך *v. r.* to slip down הַחָלֵק לְמַטָּה.

ארונטערגנב‖ען, – ענען *v. a.* to steal, take down stealthily גָּנֹב מֵעַל־; ‖ – **זיך** *v. r.* to steal under הִתְגַּנֵּב אֶל תַּחַת.

ארונטערגעבן *v. a.* to deduct הַמְעֵט, הַפְחֵת (מהמחיר).

ארונטערגעזעצט *adv.* degradingly בְּזִלְזוּל, בְּקָלוֹן.

ארונטערדרייען *v. a.* to turn down הָסֵב לְמַטָּה; to remove by turning הָסֵר עַל יְדֵי סִבּוּב.

ארונטערדריקן *v. a.* to press down דָּחֹק לְמַטָּה.

ארונטערהאַקן *v. a.* to cut down קָצֹץ (כָּרֹת) מֵעַל־.

ארונטערהייבן *v. a.* to heave down, hand down הוֹרֵד מֵעַל־.

ארונטערהענגען *v. a. n.* to hang down תָּלֹה מֵעַל־.

ארונטערוואַרפן *v. a.* to throw down הַשְׁלֵךְ לָאָרֶץ; to underrate, belittle הַקְטֵן עֵרֶךְ.

ארונטערוואַשן *v. a.* to wash down שָׁטֹף מֵעַל־.

ארונטערווייען *v. a. n.* to blow down נָשֹׁב מֵעַל־; הַשֵּׁב מֵעַל־.

ארונטערווישן *v. a.* to wipe off מָחֹה מֵעַל־. קַנֵּחַ מֵעַל־.

ארונטערזעגן *v. a.* to saw off נַסֵּר מֵעַל־.

ארונטערזעצן *v. a.* to put down שִׂים אֶל תַּחַת; to knock down הַכֵּה וְהַפֵּל; to depose (*from an office*) הוֹרֵד (ממשמרת); to humiliate, degrade הַשְׁפֵּל כְּבוֹד אִישׁ, בַּזֵּה.

ארונטערטאָן *v. a.* to put under שִׂים אֶל תַּחַת.

ארונטערטובלען = ארונטערטונקען.

ארונטערטונקען *v. a.* to duck, submerge טָבֹל, הַטְבֵּעַ; ‖ – **זיך** *v. r.* to duck, dive טָבֹל, צָלֹל.

ארונטערטראָגן *v. a.* to carry down נָשֹׂא לְמַטָּה.

ארונטערטרייבן *v. a.* to chase down גָּרֵשׁ מֵעַל־, גָּרֵשׁ אֶל תַּחַת.

ארונטערטריפן *v. n.* to drop down, trickle down נָטֹף מֵעַל־.

ארונטערטרעטן *v. n.* to step down צָעֹד לְמַטָּה.

ארונטעריאָגן = ארונטערטרייבן.

ארונטערכאַפּן *v. a.* to take off quickly הָסֵר בְּחִפָּזוֹן; ‖ – **זיך** *v. r.* to run down רוּץ מֵעַל־, רוּץ אֶל תַּחַת.

ארונטערלאָזן *v. a.* to let down הוֹרֵד; to let a person go down נָתֹן לְאִישׁ לָרֶדֶת; to reduce (*a price*) הַפְחֵת (מחיר) ‖ – **זיך** *v. r.* to go down יָרֹד; not to be able to stand הָיֹה אִי אֶפְשָׁר לְאִישׁ לַעֲמֹד.

ארונטערלויפן *v. n.* to run down רוּץ מֵעַל־, רוּץ אֶל תַּחַת.

ארונטערלייגן *v. a.* to put under שִׂים אֶל תַּחַת.

ארונטערמאַכן *v. a.* to put down שִׂים אֶל תַּחַת; to remove הָסֵר מֵעַל־; to underrate, belittle הַקְטֵן עֵרֶךְ.

ארונטערמאַרשירן *v. n.* to march down צָעֹד לְמַטָּה.

ארונטערנעמען *v. a.* to take off *or* down הוֹרֵד מֵעַל־, הוֹרֵד לְמַטָּה; to remove הָסֵר מֵעַל־.

ארונטערפאַלן *v. n.* to fall down נָפֹל; to fall under נָפֹל אֶל תַּחַת.

ארונטערפאַטשן *v. a.* to remove by slapping הָסֵר עַל יְדֵי סְטִירָה.

ארונטערפאָרן *v. n.* to ride *or* drive down יָרֹד בַּעֲגָלָה.

ארונטערפירן *v. a.* to take down הוֹלֵךְ מֵעַל־, הוֹלֵךְ לְמַטָּה.

ארונטערפליסן *v. n.* to flow down זָרֹם מֵעַל־, זָרֹם לְמַטָּה.

ארונטערפליען *v. n.* to fly down עוּף מֵעַל־, עוּף אֶל תַּחַת; to run down רוּץ מֵעַל־, רוּץ אֶל תַּחַת.

ארונטערפרעסן = ארונטערדריקן.

ארונטערציען *v. a.* to pull down מָשֹׁךְ לְמַטָּה; to pull off מָשֹׁךְ מֵעַל־.

ארונטערקאַפּען = ארונטערטריפן.

ארונטערקומען *v. n.* to come down בּוֹא אֶל תַּחַת, יָרֹד; to become empoverished (*fig.*) הַעֲנִי, הָיֹה לְעָנִי.

ארונטערקוקן *v. n.* to look down הַבֵּט לְמַטָּה; (*fig.*) הַבֵּט עַל אִישׁ בְּבוּז.

ארונטערקייקלען *v. a.* to roll down גָּלֹל מֵעַל־, גָּלֹל אֶל תַּחַת.

ארונטערקלאַפּן *v. a.* to knock off הָסֵר עַל יְדֵי הַכָּאָה, חָבֹט מֵעַל־.

ארונטערקנייטשן *v. a.* to fold under קַפֵּל אל תַּחַת.

ארונטערקריכן *v. n.* to creep down זָחֹל לְמַטָּה; to creep under זָחֹל אֶל תַּחַת.

ארונטעררופן *v. a.* to call down קְרֹא לְאִישׁ לָרֶדֶת.

ארונטעררוקן *v. a.* to shove down דָּחֹף לְמַטָּה.

ארונטעררייסן *v. a.* to tear down הָרֹס; (*fig*) to run down זַלְזֵל, הָקֵל בְּ־.

ארונטעררינען *v. n.* to run *or* flow down נָזֹל מֵעַל־, נָזֹל אֶל תַּחַת.

אַרונטעררעגענען *v. n.* to rain down יָרֹד מָטָר.

אַרונטעררעכענען *v. a.* to discount, deduct נַכֵּה (מחשבון).

אַרונטערשאַצן *v. a.* to underrate הַעֲרֵךְ בִּפְחוֹת מִשָּׁוְיוֹ, הַקְטֵן עֶרֶךְ.

אַרונטערשאַרן *v. a.* to rake down גָּרֹף מֵעַל; to rake under גָּרֹף אֶל תַּחַת.

אַרונטערשווימען *v. n.* to float down צוּף לְמַטָּה; to swim under שְׂחֹה אֶל תַּחַת.

אַרונטערשווענקען *v. a.* to wash down שַׁטֵּף מֵעַל־.

אַרונטערשטויסן *v. a.* to push down הָדֹף לְמַטָּה.

אַרונטערשטופּן = אַרונטערשטויסן.

אַרונטערשטײַגן *v. n.* to go down, descend יָרֹד.

אַרונטערשטימען *v. a.* to vote down הַפֵּל גּוֹרָלוֹת נֶגֶד.

אַרונטערשטעלן *v. a.* to put *or* place down הַצֵּב (הַצֵּג) לְמַטָּה; to put under שִׂים מִתַּחַת.

אַרונטערשיטן *v. a.* to throw down זְרֹק לְמַטָּה; to strew under פַּזֵּר מִתַּחַת.

אַרונטערשײלן *v. a.* to peel off פַּצֵּל (קַלֵּף) מ־.

אַרונטערשײַנען *v. n.* to shine down זָרֹחַ עַל־.

אַרונטערשינדן *v. n.* to flay, strip off הַפְשֵׁט (עור).

אַרונטערשיסן *v. a.* to shoot down יָרֹה מֵעַל־.

אַרונטערשיקן *v. a.* to send down שַׁלַּח מֵעַל־; שַׁלַּח אֶל תַּחַת.

אַרונטערשלאָגן *v. a.* to beat off הַכֵּה וְהָסֵר; = אַראָפּשלאָגן.

אַרונטערשלעפּן *v. a.* to drag down סְחֹב מֵעַל־; סְחֹב לְמַטָּה.

אַרונטערשנײַדן *v. a.* to cut down קַצֵּץ (כְּרֹת) מֵעַל־.

אַרונטערשנעלן *v. a.* to send down by a fillip הָסֵר עַל יְדֵי סוּנְקֶרֶת.

אַרונטערשעטקעווען *v. a.* to chop *or* cut down חָתֹךְ מֵעַל־.

אַרונטערשערן *v. a.* to cut off (*the hair*) סַפֵּר, גָּזֹז (השערות) מֵעַל־.

אַרונטערשפּרינגען *v. n.* to leap *or* jump down רְקֹד (קַפֵּץ) מֵעַל־; רְקֹד אֶל תַּחַת.

אָרון־קודש *m* (*pl.* ־ן) holy ark, ark of the Law (*in a synagogue*) אֲרוֹן הַקֹּדֶשׁ (בבית כנסת).

אָרון שֶׁל מֵת *m* coffin ־.

אָרור *adj.* cursed ־.

אַרורה *f* (*pl.* אַרורות) vexatious woman, shrew קַנְתְּרָנִית, אִשָּׁה רָעָה.

אָרזשעך *m* (*pl.* ־ן) nut-tree אֱגוֹזָה (עץ האגוז).

אָרזשעכאָווע *adj.* of nut שֶׁל אֱגוֹז.

אָרחי־פּרחי *mpl.* ramblers, vagabonds, tramps ־, נָעִים וָנָדִים, פּוֹחֲזִים וְרֵיקִים.

אַרט *f* (*pl.* ־ן) kind, manner, wise, way אוֹפֶן; sort מִין.

אָרט *m* (*pl.* ערטער) space מָקוֹם; place, spot שֶׁטַח; seat מוֹשָׁב; position מַצָּב; situation מִשְׂרָה; passage (*of a book*) מָקוֹם (בספר); part (*of the body*) חֵלֶק (מן הגוף).

— גוטער אָרט, רויִנער אָרט graveyard, cemetery בית הקברות.

— אויפֿן אָרט on the spot באותו מקום, במקום המעשה.

— נוט טרעפֿן דעם אָרט to make a mistake טעה.

— נוט געפֿינען זיך קיין אָרט not to find rest anywhere, be in mortal anguish לא מצא מנוח, סבל יסורים גדולים.

אָרטאָגראַפֿיע *f* orthography, spelling יֹשֶׁר הַכְּתִיבָה, דִּינֵי הַכְּתִיבָה.

אָרטאָגראַפֿיש *adj.* orthographical כְּמִשְׁפַּט הַכְּתִיבָה.

אָרטאָדאָקס *m* (*pl.* ־ן) orthodox אָדוּק, חָרֵד.

־אַרטיג *suff.* like, resembling דּוֹמֶה, כְּמוֹ.

אָרטיג *adj.* local מְקוֹמִי.

אַרטילעריסט *m* artillery-man, cannonier קַלָּע, תּוֹתְחָנִי.

אַרטילעריע *f* artillery צְבָא הַקַּלָּעִים; כְּלֵי תוֹתָח, מִקְלָעוֹת.

אַרטילערסקע *adj.* of artillery שֶׁל צְבָא הַקַּלָּעִים; שֶׁל כְּלֵי תוֹתָח.

אַרטיסט *m* artist חָרָשׁ, אָמָּן.

אַרטיקל *m* (*pl.* ־ען) article דָּבָר; מַאֲמָר (בעתון); (*gr.*) מִלַּת הַמִּין.

— (*gr.*) באַשטימטער אַרטיקל definite article מלת הידיעה; אומבאַשטימטער אַרטיקל indefinite article מלת אי־הידיעה.

אַרטעל *m* (*pl.* ־ן) workmen's association חֲבוּרַת פּוֹעֲלִים.

אָרטשיק *m* (*pl.* ־עס) whiffhetree, swingletree (*of a carriage*) מוֹט עֲבוֹת הָעֲגָלָה.

אַריבער *adv.* over, across עַל; מֵעַל, מֵעֵבֶר אֶחָד לַשֵּׁנִי, מֵעֵבֶר; too much יוֹתֵר מִדַּי; = אַריבערגיין.

— אַריבער און אַריבער over and above, in excess יותר על המדה.

— איך בין אַריבער I have passed עברתי.

— איך וועל אַריבער I shall pass אעבור.

אַריבער־ *pref.* over, across עַל; מֵעֵבֶר אֶחָד לַשֵּׁנִי, מֵעֵבֶר.

אַריבערבייגן *v. a.* to bend over הַטֵּה עַל־, כָּפֹף עַל־; ‖ — זיך *v. r.* to bend over נָטֹה עַל־, הִכָּפֵף עַל־.

אַריבערברענגען *v. a.* to bring over הַעֲבֵר.

אַריבער‖גאַנג *m* (*pl.* ־גענג) passage מַעֲבָר; foot-bridge מַעֲבָרָה, גַּמְלָה.

אַריבערגיין *v. n.* to pass over עָבֹר עַל־; to cross הָלֹךְ לְעֵבֶר הַשֵּׁנִי; to exceed עָבֹר (על המדה).

אַריבערגיסן *v. a.* to pour from one vessel into another יָצֹק מִכְּלִי אֶל כְּלִי; to pour too much

יִצֹק יוֹתֵר מִדַּי; ||– זיך *v. r.* to overflow עָלֹה עַל הַגְּדוֹת.

אַריבערגליטשן זיך *v. r.* to slip over הַחָלֵק לְעֵבֶר הַשֵּׁנִי.

אַריבערגנב||ען, –ענען *v. a.* to take across by stealth, transport secretly הַעֲבֵר בִּגְנֵבָה; ||– זיך *v. r.* to get across by stealth הִתְגַּנֵּב אֶל עֵבֶר הַשֵּׁנִי.

אַריבערגעבן *v. a.* to give *or* hand across נָתֹן לְעֵבֶר הַשֵּׁנִי; to give too much נָתֹן יוֹתֵר מִדַּי.

אַריבערדראַפּען זיך *v. r.* to crawl across טַפֵּס וְהָלוֹךְ אֶל עֵבֶר הַשֵּׁנִי.

אַריבערדרייען *v. a.* to turn הֲפֹךְ.

אַריבערהייבן *v. a.* to lift and carry across הָרֵם וְנָשֹׂא אֶל עֵבֶר הַשֵּׁנִי.

אַריבערהענגען *v. a. n.* to hang over תָּלֹה מֵעַל לְ־.

אַריבערוואַקסן *v. n.* to grow over צָמֹחַ וְעָלֹה עַל־; || *v. a.* to overgrow כַּסֵּה בִּצְמָחִים; to overgrow, outgrow גָּדֹל יוֹתֵר מִדַּי, שְׂגֹה מִ־.

אַריבערוואַרפן *v. a.* to throw over הַשְׁלֵךְ לְעֵבֶר הַשֵּׁנִי; to stitch up עֲשֵׂה תְּפָרִים בְּ־.

אַריבערווייגן = אַריבערוועגן.

אַריבערוויקלען *v. a.* to wrap about כָּרֹךְ עַל־.

אַריבערוועגן *v. a.* to overweigh, outweigh עָלֹה בְּמִשְׁקָל, הַכְרֵעַ.

אַריבערזידן *v. n.* to boil over רָתֹחַ וְהִשְׁתַּפֵּךְ מֵעַל־.

אַריבערזעגלען *v. n.* to sail over נָסֹעַ בָּאֳנִיָּה לְעֵבֶר הַשֵּׁנִי.

אַריבערזעצן *v. a.* to transfer הוֹשֵׁב בְּמָקוֹם אַחֵר; to transplant נָטֹעַ בְּמָקוֹם אַחֵר.

אַריבערטראָגן *v. a.* to carry over, transport הַעֲבֵר אֶל עֵבֶר הַשֵּׁנִי; to bear, stand, endure סְבֹל.

אַריבערטרעטן *v. a.* to step over פְּסֹעַ לְ־.

אַריבעריאָגן *v. a.* to outrun הַקְדֵּם בִּמְרוּצָה.

אַריבערכאַפּן *v. a.* to seize and take across חֲטֹף וְלָקֹחַ לְעֵבֶר הַשֵּׁנִי; to exceed עֲבֹר (על המדה); ||– זיך *v. r.* to go over hastily עֲבֹר בְּחִפָּזוֹן. — אַריבערכאַפּן די מאָס, ז. איבערכאַפּן.

אַריבערלאָזן *v. a.* to let go over, let pass תֵּת לַעֲבֹר.

אַריבערלויפן *v. n.* to run over רוּץ לְ־; to run across עֲבֹר בִּמְרוּצָה; to overflow עֲבֹר עַל הַגְּדוֹת.

אַריבערלייגן *v. a.* to put over שִׂים מֵעַל־; to cross (*hands*) שִׂים בִּשְׁתִי וָעֵרֶב; to put to another place הַנַּח בְּמָקוֹם אַחֵר; to overlay צַפֵּה.

אַריבערלעבן *v. a.* to survive הִשָּׁאֵר בַּחַיִּים אַחֲרֵי־; to outlive חְיֵה יוֹתֵר מִ־; to bear, endure סְבֹל.

אַריבערמאַרשירן *v. n.* to march over צְעֹד וְעָבֹר.

אַריבערמישן *v. a.* to mix too much בָּלֹל יוֹתֵר מִדַּי; to pass over a passage in turning the leaves of a book עֲבֹר עַל עִנְיָן בַּסֵּפֶר בְּהַעְלָעוֹת יוֹתֵר מִדַּי.

אַריבערנייען *v. a.* to stitch up עֲשֵׂה תְּפָרִים בְּ־.

אַריבערנעמען *v. a.* to take over הַעֲבֵר; ||– זיך *v. r.* = איבערנעמען זיך.

אַריבערפאַלן *v. n.* to fall over נְפֹל אֶל־.

אַריבערפאָרן *v. n.* to pass over (*in a carriage*) עֲבֹר (בעגלה); to travel to נְסֹעַ אֶל; = איבערפאָרן.

אַריבערפיר = אַריבערפירונג.

אַריבערפירונג *f* transportation הַעֲבָרָה.

אַריבערפירן *v. a.* to lead over נְהֹג אֶל־; to transport הַעֲבֵר (בעגלה וכד׳).

אַריבערפליסן *v. n.* to overflow נְזֹל וְעָבֹר, הִשְׁתַּפֵּךְ.

אַריבערפליִען *v. n.* to fly over עֲבֹר בִּמְעוּף.

אַריבערפעקלען *v. a.* to transport הַעֲבֵר; to smuggle הַבְרֵחַ מִן הַמֶּכֶס.

אַריבערציִען *v. a.* to pull over מְשֹׁךְ אֶל־; to move to another place הַעְתֵּק דִּירָתוֹ.

אַריבערקאַטשען *v. a.* to roll over גָּלֹל מֵעַל־; גָּלֹל אֶל־.

אַריבערקאָכן *v. n.* to boil over בַּשֵּׁל וְהִשְׁתַּפֵּךְ.

אַריבערקומען *v. n.* to come over הָלוֹךְ וּבוֹא לְעֵבֶר הַשֵּׁנִי.

אַריבערקוקן *v. n.* to look across הַבֵּט אֶל עֵבֶר הַשֵּׁנִי.

אַריבערקייקלען *v. a.* to roll over גָּלֹל מֵעַל־; גָּלֹל אֶל־.

אַריבערקלעטערן *v. n.* to climb *or* clamber over טַפֵּס וְעָבֹר.

אַריבערקריגן *v. a.* to take across לָקֹחַ אֶל עֵבֶר הַשֵּׁנִי; ||– זיך *v. r.* to get across עֲבֹר אֶל עֵבֶר הַשֵּׁנִי; to escape הִמָּלֵט.

אַריבערקריכן *v. n.* to creep *or* crawl over זְחֹל וְעָבֹר.

אַריבעררופן *v. a.* to call to the other side קְרָא לָבֹא אֶל עֵבֶר הַשֵּׁנִי.

אַריבעררוקן *v. a.* to shove to the other side הַעְתֵּק אֶל עֵבֶר הַשֵּׁנִי.

אַריבעררינען *v. n.* to flow *or* run over נְזֹל וְהִשְׁתַּפֵּךְ.

אַריבערשאַרן *v. a.* to rake to the other side גְּרֹף (חָתֹה) לְעֵבֶר הַשֵּׁנִי.

אַריבערשווימען *v. n.* to swim across שְׂחֵה וְעָבֹר אֶל עֵבֶר הַשֵּׁנִי.

אַריבערשטופּן *v. a.* to push over דְּחֹף (הָדֹף) מֵעַל־.

אַריבערשטייגן *v. a.* to pass over by scaling עָלֹה וְעָבֹר; to surpass (*fig.*) עָלֹה עַל־.

אַריבערשטעלן *v. a.* to put across הַעֲמֵד בְּעֵבֶר הַשֵּׁנִי; to transport הַעֲבֵר; to smuggle הַעֲבֵר בִּגְנֵבָה, הַבְרֵחַ מִן הַמֶּכֶס

אריבערשיטן *v. a.* to pour out of one receptacle into another שָׁפֹךְ מִכְּלִי אֶל כְּלִי; to bestrew פַּזֵּר עַל־; to strew too much פַּזֵּר יוֹתֵר מִדַּי; || — זיך *v. r.* to be poured over *or* spilled הִשָּׁפֵךְ.

אַריבערשיסן *v. a.* to shoot across יָרֹה אֶל עֵבֶר הַשֵּׁנִי.

אריבערשיפֿן *v. a.* to ship over, ferry over הַעֲבֵר בָּאֳנִיָּה מֵעֵבֶר לְעֵבֶר; || — זיך *v. r.* to sail over, be shipped over עָבֹר בָּאֳנִיָּה מֵעֵבֶר לְעֵבֶר.

אריבערשיקן *v. a.* to send over שָׁלֹחַ אֶל־.

אַריבערשלאָגן *v. a.* to trump (*a card*) נַצֵּחַ (בקלפים).

אריבערשלעפּן *v. a.* to drag over סָחֹב וְהַעֲבֵר.

אַריבערשפּאַנען *v. n.* to walk *or* step over צְעֹד וְעָבֹר.

אַריבערשפּאַרן *v. a.* to overcome נַצֵּחַ (בדברים).

אריבערשפּרינגען *v. n.* to skip *or* jump over דַּלֵּג (קַפֵּץ) מֵעַל לְ־.

אַריבערשרײַען *v. n.* to shout from the other side צָעֹק מֵעֵבֶר הַשֵּׁנִי; || *v. a.* to outshout צָעֹק בְּקוֹל יוֹתֵר גָּדוֹל מִ־.

אָריגינאַל *n* (*pl.* ן —) original מָקוֹר רִאשׁוֹן; גוף, עֶצֶם (הכתב); (*fig.*) זָר, אִישׁ תָּמוּהַּ.

אָריגינעל *adj.* original מְקוֹרִי; מוּזָר.

אַריה *m* lion —; (*astr.*) Leo מַזַּל אַרְיֵה.

ארײַן *adv.* in, into בְּ־, בְּתוֹךְ־; = ארײַנגײן.

— איך בין ארײַן I come in נכנסתי.

— איך וועל ארײַן I shall come in אכנס.

— ארײַן! come in! בא הביתה! step lively! מהר ובא פנימה!

ארײַנ־ *pref.* in, into בְּ־, בְּתוֹךְ־.

ארײַנאַרבעטן *v. a.* to work in שִׂים בְּ־; to work much עֲסֹק הַרְבֵּה בִּמְלָאכָה.

ארײַנבאַוועגן *v. a.* to entice, allure פַּתֵּה, מְשֹׁךְ.

ארײַנבלאָזן *v. a.* to blow in נְפֹחַ בְּ־.

ארײַנבעטן *v. a.* to invite into קְרֹא אֶל־, הַזְמֵן אֶל־.

ארײַנבראָקן *v. a.* to crumb *or* crumble into פָּרֵר לְתוֹךְ־; to invest (*fig.*) הַשְׁקֵעַ (כסף בעסק).

ארײַנברעכן זיך *v. r.* to break into שְׁבֹר וְהִכָּנֵס, פְּרֹץ בְּתוֹךְ־.

ארײַנברענגען *v. a.* to bring in *or* into הָבֵא (הַכְנֵס) לְתוֹךְ־.

ארײַנברעקלען *v. a.* to crumble into פָּרֵר לְתוֹךְ־.

ארײַן||גאַנג *m* (*pl.* — גענג) entrance מָבוֹא; entering כְּנִיסָה.

ארײַנגײן *v. n.* to go in, enter בּוֹא אֶל־, הִכָּנֵס אֶל־.

ארײַנגיסן *v. a.* to pour in יְצֹק בְּ־.

ארײַנגליטשן זיך *v. r.* to slip into הַחֲלֵק אֶל תּוֹךְ־; (*fig.*) הִכָּנֵס בַּלָּט.

ארײַנגנב||ען, — ענען *v. a.* to smuggle in הָבֵא בִּגְנֵבָה אֶל־; || — זיך *v. r.* to steal into הִתְגַּנֵּב לְתוֹךְ־.

— ארײַנגנבענען זיך בײַ אימעצן אין בוזעם to worm oneself into a person's favor גנב לב איש.

ארײַנגעבן *v. a.* to put into שִׂים בְּ־; to suggest to a person נָתֹן בְּלֵב אִישׁ.

ארײַנגעטאָן *adj.* absorbed שָׁקוּעַ; given to שָׁקוּעַ.

ארײַנדרײען *v. a.* to turn in סַבֵּב לְתוֹךְ־; to intricate סַבֵּךְ; || — זיך *v. r.* to come in unexpectedly הִכָּנֵס לְמָקוֹם פִּתְאֹם; to intricate oneself הִסְתַּבֵּךְ.

ארײַנדרינגען *v. n.* to penetrate חָדֹר לְתוֹךְ־.

ארײַנדריקן *v. a.* to press into דָּחֹק (לָחֹץ) אֶל תּוֹךְ־.

ארײַנהאַקן *v. a.* to beat into, drive into תָּקֹעַ בְּ־; to give a whipping הַלְקֵה, הַכֵּה, יַסֵּר (בשוטים).

ארײַנהאַליען *v. a.* to throw in הַשְׁלֵךְ לְתוֹךְ־.

ארײַנוואַקסן *v. n.* to grow in צְמֹחַ לְתוֹךְ־.

ארײַנוואַרפֿן *v. a.* to throw in הַשְׁלֵךְ (הַטֵּל) לְתוֹךְ־; to put in הַכְנֵס.

— ארײַנוואַרפֿן אַ וואָרט to put in a word התערב בשיחה, הכנס בענין.

ארײַנווײען *v. a.* to blow in נְפֹחַ בְּ־.

ארײַנוויקלען *v. a.* to implicate סַבֵּךְ.

ארײַנזאָגן *v. n.* to put in a word הִתְעָרֵב בְּשִׂיחָה, הַכְנֵס בְּעִנְיָן; to rub it into a person דַּבֵּר לְאִישׁ דְּבָרִים חַדִּים.

ארײַנזײגן *v. a.* to suck in מָצֹה (מָצֹץ) אֶל־.

ארײַנזעגלען *v. n.* to sail in בּוֹא בָּאֳנִיָּה אֶל־.

ארײַנזען = ארײַנקוקן.

ארײַנזעצן *v. a.* to put in, place into שִׂים בְּ־, הוֹשֵׁב (הַנַּח) בְּ־.

ארײַנטאַלקעווען *v. a.* to put into a person's head שַׁנֵּן לְ־, שִׂים בְּלֵב אִישׁ.

ארײַנטאָן *v. a.* to put in שִׂים בְּ־; to spite הַכְעֵס, הַרְגֵּז; || — זיך *v. r.* to apply oneself diligently to שְׁקֹעַ ראשו וְרֻבּוֹ בְּ־.

ארײַנטונקען *v. a.* to dip into טְבֹל בְּ־.

ארײַנטיצען *v. a.* to thrust in דְּחֹף (הָדֹף) אֶל־.

ארײַנטראָגן *v. a.* to carry in, bring in נָשֹׂא (הָבֵא) לְתוֹךְ־; to enter (*into a book*) כְּתֹב בַּסֵּפֶר.

ארײַנטרײַבן *v. a.* to drive in גָּרֵשׁ אֶל־; to bring up to הָבֵא לִידֵי־.

ארײַנטרײסלען *v. a.* to shake in נָעֵר לְתוֹךְ־; to strew in זָרֹה אֶל תּוֹךְ־.

ארײַנטרינקען *v. a.* to drink much שָׁתֹה (סָבֹא) לְמַדַּי.

ארײַנטרעטן *v. n.* to step in צְעֹד אֶל תּוֹךְ־; to enter הִכָּנֵס.

ארײַנטרעסען = ארײַנטרײסלען.

ארײַנטרעפֿן *v. n.* to hit, hit the mark קְלֹעַ אֶל הַמַּטָּרָה

אריינשאכטשען = אריינשמיסן.

אריינניאָגן *v. a.* to chase *or* drive into הָנֵס אֶל־; to shoot in יָרֹה (כדור) לְתוֹךְ־; ‖ — זיך *v. r.* to run into רוּץ אֶל תּוֹךְ־.

אריינישב‖ען, — ענען *v. a.* (*sl.*) to put into a prison, lock up הוֹשֵׁב (שִׂים) בְּמַאֲסָר.

אריינכאַפּן *v. a.* to take in by force לָקֹחַ בְּחָזְקָה. לָכֹד; to seize חָטֹף. גָּזֹל; to take in hastily הַכְנֵס בְּחִפָּזוֹן; to do a thing while there is time עֲשׂה דָבָר בְּעוֹד יֵשׁ זְמָן; ‖ — זיך *v. r.* to run in רוּץ אֶל תּוֹךְ־; to come in hastily הִכָּנֵס בְּחִפָּזוֹן; to come in secretly הִכָּנֵס בַּסֵּתֶר.

אריינלאָזן *v. a.* to let in נָתֹן לְאִישׁ לָבוֹא לְתוֹךְ־; ‖ — זיך *v. r.* to enter into הִכָּנֵס; to indulge, give oneself up to הִתְמַכֵּר לְ־.

אריינלויף *m* running in מְרוּצָה לְתוֹךְ־.

אריינלויפן *v. n.* to run in רוּץ לְתוֹךְ־.

אריינלייגן *v. a.* to lay in, put in הַנֵּחַ (שִׂים) בְּ־; ‖ — זיך *v. r.* to put oneself in הַנֵּחַ אֶת עַצְמוֹ בְּ־; to be put in הִנָּתֵן לְתוֹךְ־; to give oneself up to הִתְמַכֵּר לְ־.

— אריינלייגן זיך אין א שלום to seek to bring about a peace between persons בַּקֵּשׁ לַעֲשׂוֹת שָׁלוֹם בֵּין אִישׁ לְרֵעֵהוּ.

אריינלעבן *v. n.* to live till חָיֹה עַד; ‖ — זיך *v. r.* to get used to הִתְרַגֵּל בְּ־.

אריינמאַכן *v. a.* to put in שִׂים בְּ־; ‖ — זיך *v. r.* to get into הִכָּנֵס אֶל־.

אריינמאַרשירן *v. n.* to march in צָעֹד וְהִכָּנֵס.

אריינמישונג *f* mixing in תַּעֲרוּבָה; interference, intervention הִתְעָרְבוּת בְּ־.

אריינמישן *v. a* to mix in עָרֵב (מָזֹג) בְּ־; to implicate, involve סַבֵּךְ; ‖ — זיך *v. r.* to meddle, interfere הִתְעָרֵב.

ארייננאַרן *v. a.* to lure *or* entice into מְשֹׁךְ בְּעָרְמָה אֶל־; ‖ — זיך *v. r.* to worm oneself in, intrude oneself הִכָּנֵס בְּעָרְמָה לְ־.

אריינניִיען *v. a.* to sew in תָּפֹר בְּתוֹךְ.

אריינגעמען *v. a.* to take in לָקֹחַ אֶל־; הַכְנֵס; to include כָּלֹל.

אריינסילען *v. a.* to put in (*thread into a needle*) שִׂים (חוּט בְּמַחַט).

— אריינסילען א פאָדים אין א נאָדל to thread a needle שִׂים חוּט בְּמַחַט.

אריינסמאָקען *v. a.* to suck in מָצֹה (מָצֹץ) אֶל־.

אריינעט = אריין (נאָך א צי טיוואָ־ט).

אריינעסן *v. a.* to eat much אֱכֹל הַרְבֵּה.

אריינפאַל *m* falling into נְפִילָה אֶל־; (*geogr.*) mouth (*of a river*) תּוֹצָאַת נָהָר (אֶל הַיָּם).

אריינפאַלן *v. n.* to fall in נְפֹל אֶל־; to be caught הִלָּכֵד; to be deceived טָעֹה.

— אריינפאַלן אין א הויז to come in suddenly into a house בּוֹא פִּתְאֹם בְּבַיִת.

— אריינפאַלן אין די רייד to interrupt a person speaking הַפְסֵק (הַפְרֵעַ) בְּשִׂיחָה.

— אריינפאַלן אין א צרה to get into trouble נְפֹל בְּצָרָה.

— אריינפאַלן אין לייטישע מיילער to become the talk of people הֱיֹה לְדִבַּת עָם.

אריינפאַסן *v. a.* to fit in הַתְאֵם.

אריינפאַקן *v. a.* to pack in אָרֹז; to get in שִׂים לְתוֹךְ־.

אריינפאָר *m* driving in בִּיאָה (בעגלה או על סוס); gateway מָבוֹא. שַׁעַר.

אריינפאָרן *v. n.* to drive in בּוֹא אֶל־ (בעגלה או על סוס); = פאַרפאָרן.

— (*sl.*) אריינפאָרן אין באַק to slap a person's face סְטֹר אִישׁ עַל הַלְּחִי.

— (*sl.*) אריינפאָרן אין די ציין to knock a person's teeth הַכֵּה בַּשִּׁנַּיִם.

אריינפוצן *v. a.* (*sl.*) to throw into הַשְׁלֵךְ אֶל־.

אריינפיר *m* leading in הוֹלָכָה לְתוֹךְ־; bringing in הֲבָאָה לְתוֹךְ־; importation הֲבָאַת סְחוֹרָה מִחוּץ לָאָרֶץ; introduction מָבוֹא. פְּתִיחָה (ש. ספר).

אריינפירן *v. a.* to lead in הוֹלֵךְ לְתוֹךְ־; to bring in הָבֵא לְתוֹךְ־; to import הַכְנֵס סְחוֹרָה מִחוּץ לָאָרֶץ; to introduce הַכְנֵס לְ־.

אריינפלאָנטערן *v. a.* to entangle, implicate, involve סַבֵּךְ. סַכְסֵךְ בְּ־.

אריינפליסן *v. n.* to flow in נְזֹל אֶל־. זְרֹם אֶל־. הִשְׁתַּפֵּךְ אֶל־.

אריינפלעכטן *v. a.* to twist in קַלֵּעַ בְּתוֹךְ־; to plait in קַלֵּעַ (בשערות); to implicate, involve סַבֵּךְ בְּ־.

אריינפעקלען *v. a.* to smuggle in הַכְנֵס סְחוֹרָה בִּגְנֵבָה (בהברחת המכס); ‖ — זיך *v. r.* to get into a vehicle with one's bundles הִכָּנֵס לְתוֹךְ עֲגָלָה עִם חֲבִילוֹתָיו.

אריינפערען *v. a.* to thrust in, push in דְּחֹף (הֲדֹף) אֶל תּוֹךְ־.

אריינפרעסן *v. a.* to press in דְּחֹק (לְחֹץ) אֶל תּוֹךְ־.

אריינפרעסן *v. a.* to eat much, gormandise אֱכֹל הַרְבֵּה. זָלֵל.

אריינצאַפּן *v. a.* to tap in בָּרֹז לְתוֹךְ־.

אריינצייכענען *v. a.* to enter (*in a book*) רְשֹׁם (בספר).

אריינציילן *v. a.* to include in an account חָשֹׁב בְּתוֹךְ־; to give a whipping הַלְקֵה.

אריינציִען *v. a.* to draw in מְשֹׁךְ לְתוֹךְ; ‖ *v. n.* to move into עָבֿר (לדירה); ‖ – זיך v. r. to move into עָבֿר (לדירה).

אַרײַנקאָכן v. a. to boil in בַּשֵּׁל בְּתוֹךְ.

אַרײַנקאַפּען v. n. to drop or trickle in נָטֹף לְתוֹךְ.

אַרײַנקוועטשן v. a. to squeeze in דָּחֹק (לָחֹץ) אֶל תּוֹךְ.

אַרײַנקומען v. n. to come in בּוֹא אֶל תּוֹךְ.

אַרײַנקוקן v. n. to look into הַשְׁקֵף לְתוֹךְ.

אַרײַנקײַקלען v. a. to roll in גַּלֵּל (גַּלְגֵּל) לְתוֹךְ.

אַרײַנקלאַפּן v. a. to beat in, drive in תָּקֹעַ (מסמר וכד׳).

אַרײַנקלײַבן זיך v. r. to move into בּוֹא, הִכָּנֵס (לדירה).

אַרײַנקלײַען v. a. to paste in, glue in דַּבֵּק לְתוֹךְ.

אַרײַנקלעפּן = אַרײַנקלײַען.

אַרײַנקנאַקן v. a. to knock in הַכֵּה לְתוֹךְ; (sl.) to gulp down בָּלֹעַ (משקה חריף).

אַרײַנקנײטשן v. a. to fold in כַּפֵּל (קַפֵּל) לְתוֹךְ.

אַרײַנקנעטן v. a. to knead in, mix in לוּשׁ בְּ־.

אַרײַנקערן v. a. to turn in הָסֵב (הַפְנֵה) אֶל־; (sl.) to gulp down הָפֹךְ אֶל פִּיו, בָּלֹעַ (משקה חריף).

אַרײַנקריגן v. a. to get הַשֵּׂג; to catch חַטֹּף, תָּפֹשׂ.

אַרײַנקריכן v. n. to creep or crawl in זָחֹל וְהִכָּנֵס. — מען קען ניט אַרײַנקריכן דעם צווייטן אין דער נשמה the human heart is a mystery לב איש מי יחקרנו?

אַרײַנראַשקעווען זיך v. r. to crawl in זָחֹל וְהִכָּנֵס.

אַרײַנרופֿן v. a. to call in קְרָא לְתוֹךְ.

אַרײַנרוקן v. a. to shove in תָּקֹעַ בְּ־.

אַרײַנרײַבן v. a. to rub into שׁוּף (מְרֹחַ) בְּ־; (sl.) to eat אָכֹל.

אַרײַנרײדן v. n. to put in a word הִתְעָרֵב בְּדָבָר, הִכָּנֵס בְּעִנְיָן.

אַרײַנרײַטן v. n. to ride in רָכֹב אֶל־

אַרײַנרײַסן v. a. to pull in מְשׁוֹךְ לְתוֹךְ; ‖ – זיך v. r. to get in by force, invade הִתְפָּרֵץ אֶל־.

אַרײַנרינען v. n. to flow in, run in נָזֹל (הִשְׁתַּפֵּךְ) אֶל־.

אַרײַנרעגענען v. n. to rain in יָרֹד גֶּשֶׁם לְתוֹךְ.

אַרײַנרעכענען v. a. to include in an account חָשֹׁב בְּתוֹךְ; כַּלֵּל בְּמִנְיָן.

אַרײַנשאַכערן v. a. to sell fraudulently מָכֹר בְּרַמָּאוּת.

אַרײַנשאָקלען v. a. to shake in נָעֵר לְתוֹךְ.

אַרײַנשאַרן v. a. to rake in גָּרֹף לְתוֹךְ.

אַרײַנשווימען v. n. to swim in שָׂחֹה לְתוֹךְ.

אַרײַנשווינדלען = אַרײַנשאַכערן.

אַרײַנשווענקען v. a. to carry in by washing שַׁטֵּף לְתוֹךְ.

אַרײַנשטויסן = אַרײַנשטופּן.

אַרײַנשטופּן v. a. to push in דָּחֹף (הָדֹף) אֶל תּוֹךְ; ‖ – זיך v. r. to push oneself in הִכָּנֵס בְּחָזְקָה.

אַרײַנשטורעמען v. n. to enter violently הִסְתָּעֵר (הִתְפָּרֵץ) אֶל־.

אַרײַנשטײַגן v. n. to step into צְעֹד לְתוֹךְ (עגלה וכד׳); to bid up הוֹסֵף עַל הַמְּחִיר (במכירה פומבית).

אַרײַנשטעכן v. a. to stick in דָּקֹר יְתֵד, נָעֹץ (תָּקֹעַ) בְּ־.

אַרײַנשטעלן v. a. to put in, place into שִׂים בְּ־, הַעֲמֵד בְּ־; to insert נָתֹן בְּ־; to quarter (*soldiers*) הַחֲנֵה (אנשי צבא בבית).

אַרײַנשטעמפּלען v. a. to stamp in חָתֹם בְּ־.

אַרײַנשטעפּן v. a. to quilt in, sew in תָּפֹר בְּ־.

אַרײַנשטעקן v. a. to stick in נָעֹץ (תָּחֹב, תָּקֹעַ) בְּ־.

אַרײַנשטראַלן v. n. to shine or radiate into הַזְהֵר (שַׁלֵּחַ קַרְנֵי אוֹר) לְתוֹךְ.

אַרײַנשיטן v. a. to pour in, shed in שָׁפֹךְ בְּ־ (אֶל־); to strew in פַּזֵּר לְתוֹךְ.

אַרײַנשײַנען v. n. to shine into הַזְהֵר לְתוֹךְ.

אַרײַנשיסן v. a. to shoot into יָרֹה לְתוֹךְ.

אַרײַנשיפֿן זיך v. r. to sail in בּוֹא בָּאֳנִיָּה אֶל־.

אַרײַנשיקן v. a. to send in שַׁלַּח אֶל־.

אַרײַנשלאָגן = אַרײַנקלאַפּן.

אַרײַנשלײערן v. a. to give in marriage by deception תֵּת לְאִשָּׁה בְּרַמָּאוּת.

אַרײַנשלעפּן v. a. to drag in מְשֹׁךְ (סַחֵב) לְתוֹךְ.

אַרײַנשמײַסן v. a. to give a whipping הַלְקֵה יַסֵּר בְּשׁוֹטִים.

אַרײַנשמעלצן v. a. to melt in הַתֵּךְ אֶל־.

אַרײַנשנײַדן = אַרײַנשמײַסן.

אַרײַנשנײען v. n. to snow in יָרֹד שֶׁלֶג בְּ־ (אֶל־).

אַרײַנשנעלן v. a. to send in by a fillip דָּחֹה בְּאֶצְבַּע אֶל־.

אַרײַנשפּאַרן v. a. to force in, push in לָחֹץ (דָּחֹה) אֶל־; ‖ – זיך v. r. to force or push oneself in הִלָּחֵץ (הִדָּחֵק) אֶל־.

אַרײַנשפּײַען v. a. to spit in יָרֹק אֶל־.

אַרײַנשפּינען v. a. to spin into טְוֹה לְתוֹךְ.

אַרײַנשפּרינגען v. n. to leap in, jump in דַּלֵּג (קְפֹץ) לְתוֹךְ.

אַרײַנשפּרינקלען v. a. to sprinkle in הַזֵּה (זְרֹק) אֶל־.

אַרײַנשפּריצן v. a. to spatter in הַתֵּז (זְרֹק) אֶל־.

אַרײַנשרויפֿן v. a. to screw in הַכְנֵס בֹּרֶג בְּ־.

אַרײַנשרײַבן v. a. to enter (*in a list*) כָּתֹב רָשֹׁם (ברשימה).

אריכות־ימים f length of days, long life –, אֹרֶךְ יָמִים.

אָרינע f ploughed field שָׂדֶה נֶחֱרָשׁ.

אַריסטאָקראַט m (pl. ן –) aristocrat אֶפְרָתִי, מְיוּחָס.

אריסטאָקראַטיע *f* aristocracy מרום עם הארץ, המיוחסים.
אריסטאָקראַטיש *adj.* aristocratic של המיוחסים.
אריסטאָקראַטקע *f* aristocratic lady מיוחסת.
אריע *f* aria, air, tune לחן.
אריטמעטיק *f* arithmetic חכמת החשבון.
אריטמעטיש *adj.* arithmetical של חכמת החשבון.
ארך־אפים *adj.* slow to anger, patient – . סבלן.
ארכיוו *m* (*pl.* – ן) archives גנז. בית גנזים.
ארכיטעקט (*pl.* – ן) architect בנאי.
ארכיטעקטער = ארכיטעקט.
ארכיטעקטור *f* architecture בניה. חכמת הבניה.
אַרמאַט *m* (– ן *pl.*) cannon, gun כלי־תותח.
אַרמיי *f* (– ען *pl.*) army חיל. צבא.
אַרן *v. a.* to concern נגע ל־.
— עס אַרט מיך נישט it does not concern me לא אכפת לי.
— וואָס אַרט עס מיך? what is it to me? מאי אכפת לי?
— אַרן ווי די וואַנט (ווי דער פֿאַראַיאָריגער שניי) not to concern in the least לא נגוע מאומה.
אָרן *v. n.* to pray התפלל.
אָרן־חושך = הרי־חשך.
אָרנטליך *adj.* honest, fair ישר; decent הגון.
אָרנטליכקייט *f* honesty, fairness ישר.
אָרן־קאָרן = הארן־קאָרן.
אַרסענאַל *m* (– ן *pl.*) arsenal בית הנשק.
אַרסעניק *m* arsenic אֶרֶס (מין סם מות).
אָרעם¹ *m* (– ס *pl.*) arm זרוע.
אָרעם² *adj.* poor עני; גרוע.
אָרעמאַן *m* (אָרעמעלייט *pl.*) poor man עני. דל. רש.
אָרעם‖באַנד *n* (– בענדער *pl.*) bracelet צמיד.
אָרעם‖בחור *m* (– בחורים *pl.*) poor student תלמיד עני; student of a Talmudical academy תלמיד בית הישיבה.
אַרענדאַטער = אַרענדאַר.
אַרענדאַר *m* (– ן, – עס *pl.*) farmer, lessee of a farm חוכר. אָרים.
אַרענדירן *v. a.* to farm חכר. לקח בחכירה; החכיר. נתן בחכירה.
אַרענדע *f* farm, lease חכירה.
— נעמען אין אַרענדע to take on a lease חכיר.
— געבן אין אַרענדע to let on a lease החכר.
אַרעסט *m* (– ן *pl.*) arrest תפיסה.
אַרעסטאַנט *m* (– ן *pl.*) prisoner אסיר. חבוש.
אַרעסטאַנטסקע *adj.* of prisoner של אסיר.
אַרעסטירן *v. a.* to arrest כלא. תפש.
ארצה *adv.* to the ground –.

— ליגן ארצה to be in bad circumstances היה במצב רע.
ארץ־ישראל *npr.* "the land of Israel," Judea, Palestine – .
ארץ־ישראל־פֿעדעם *pl.* "threads of the land of Israel," mellow autumn, (*Am.*) Indian summer סוף הקיץ.
ארצי־ = ארצע.
ארצע־ *adj.* arch-, arrant ראשון במדרגה. גמור. גדול. מפרסם.
ארצע־יונגאַטש *m* (– עס *pl.*) arch-rogue, arrant knave בן־בליעל מפרסם.
ארצע־מחוצף‖פּנים *m* (– פּנימער *pl.*) brazen-faced fellow חצוף גדול.
אַרקאַדע *f* arcade כפה בתבנית קשת.
אַרקאַן *m* (– ען *pl.*) lasso פלצור (חבל לתפוש בו בהמה בצווארה).
אָרקאַן *m* (– ען *pl.*) hurricane סופה.
אַרקויש *m* spelt כסמת.
אַרקטיש (*geogr.*) *adj.* arctic צפוני.
— אַרקטישער אָקעאַן Arctic Ocean ים הצפוני.
אָרקעסטער *n* (– ן *pl.*) orchestra חבר מנגנים. תזמרת.
אַרשין *m* (– ען *pl.*) arshin אמה רוסית.
אַש *f* ashes דשן.
— (*fig.*) מאַכן פֿון איםעצן אַש to scold a person severely חרף וגדף איש.
אשה *f* (נשים *pl.*) woman – ; wife – .
אשה רעה *f* wicked woman – .
אַשוסט *m* (– ן *pl.*) scoundrel, rogue בן־בליעל. נוכל.
אַשוסטווע *f* roguery נכלים. תחבולות מרמה.
אַשוסטערייַ = אַשוסטווע.
אשכּנז *npr.* Germany – . ארץ גרמניה.
אשכּנזי *m* (אשכּנזים *pl.*) German Jew יהודי בן ארץ גרמניה; adherent of the German-Jewish rite מחזיק במנהג היהודים הגרמנים.
אש־להבה *adv.* "blazing fire," in a rage בקצף גדול.
אשמדאי *npr.* Asmodeus (*King of the demons*) – (מלך השדים).
אשמנו *m* "we have trespassed," confession of sins וידוי.
— זאָגן אשמנו to confess one's sins התודה על חטאיו.
אַשעלעט = נאַשעלעט.
אשפּה *f* (אשפּות *pl.*) rubbish, trash – . דמן. זבל.
אשרי *m* "blessed," a psalm beginning with this word מזמור המתחיל במלה זו.

— קענען קלאָר ווי אַשרי to be very conversant with a thing ידע דבר על בוריו; to know by heart ידע על פה.

— קימען צו אַשרי to come late אחר לבוא (לביהכ״נ).

אשרי יושבי בֵיתֶךָ *phr.* "happy are they that dwell in Thy house," happy are those that stay at home מְאֻשָּׁרִים אֵלֶּה הַיּוֹשְׁבִים בְּבֵיתָם (ואינם יודעים מעמל הדרך).

אַשר־יָצַר *m* "who hath formed," hymn said after stool הִמְנוֹן שֶׁאוֹמְרִים אַחַר עֲשִׂיַּת הַצְּרָכִים.

אַשר־יצר־פּאַפּיר *n* toilet-paper נְיָר לְקִנּוּחַ; waste-paper נְיָר שֶׁאֵין בּוֹ חֵפֶץ.

אֵשֶׁת־אִיש *f* another man's wife, married woman אִשָּׁה שֶׁיֵּשׁ לָהּ בַּעַל.

אֵשֶׁת־אישניצע *f* married woman living with another man אִשָּׁה נְשׂוּאָה הַשּׁוֹכֶבֶת עִם אִישׁ אַחֵר.

אֵשֶׁת־אישניק *m* one who lives with another man's wife שׁוֹכֵב עִם אֵשֶׁת אַחֵר.

אֵשֶׁת־חַיִל *f* (ן–, ס– *pl.*) clever and active woman אִשָּׁה חֲרוּצָה, עַסְקָנִית.

אֵשֶׁת־חַילטע = אֵשֶׁת־חַיִל.

אֵשֶׁת־חַילן *v. n.* to be active (*of a woman*) הָיֹה חֲרוּצָה; to be a trades woman הָיֹה סוֹחֶרֶת.

אַתּה־בְחַרְתָּנוּ *m* "Thou hast chosen us," a prayer said on festivals תְּפִלָּה יְדוּעָה הַנֶּאֱמֶרֶת בְּיָמִים טוֹבִים.

אַתּה־בחַרְתָּנוּניק *m* chauvinist מִתְגָּאֶה בְּיִחוּס עַמּוֹ.

אַתּה־בחַרְתָּניק = אַתּה־בחַרְתָּנוּניק.

אַתּה־הָרְאֵית *m* "unto thee it was shewd," one of the Biblical verses recited on the feast of the rejoicing of the Law אֶחָד מֵהַפְּסוּקִים הַנֶּאֱמָרִים בְּשִׂמְחַת תּוֹרָה.

— (*joc.*) וואָס האָט אתה־הראיתה צו טאָן מיט דער ערענדע? this matter is irrelvant אין הדבר הזה שַׁיָּךְ לענייננו.

אֶת חֲטָאַי אֲנִי מַזְכִּיר *phr.* I recall my sins –.

אֶתְנַן־זונה *m* a harlot's hire, a harlot's gift –.

אֶתרוג *m* (*pl.* אֶתרוגים) lime, citron (*used by Jews on the feast of Tabernacles*) – פְּרִי עֵץ הָדָר (שלוקחים היהודים בחג הסכות).

ב.

ב *s.* the second letter of the Hebrew alphabet הָאוֹת הַשְּׁנִיָּה בָּאָלֶף־בֵּית הָעִבְרִי; ‖ *num.* two שְׁנַיִם; ב̈, ב׳ two thousand שְׁנֵי אֲלָפִים.

בְּ־ *pref.* in – (קומט מיט איינינע ניט העברעאישע ווערטער, ווי: בְּגראַנדע, בְּקומפּאַניע.

ב״א *abbr.* = ב׳ אֲלָפִים two thousand years (*of the Jewish era*) שְׁנֵי אֲלָפִים (לספירת היהודים).

באַ¹ = בײַ.

באַ² *int.* yet, but yet אֲבָל, אַךְ.

באַ־ *pref.* be, de- עַל, אודות, מ־; about, round סָבִיב.

באָא *s.* (ס– *pl.*) boa constrictor נְחַשׁ עֲנָק.

באַאומרואיגן *v. a.* to alarm, trouble הַחֲרֵד, הַרְגֵּז; ‖ זיך– *v. r.* to be alarmed, be troubled חָרֹד רָגֹז.

באַאַמ‖טער *s.* (טע– *pl.*) officer פָּקִיד.

באַאַרבעטונג *s.* cultivation (*of the soil*) עִבּוּד (האדמה); elaboration שִׁכְלוּל (מלאכה); עִבּוּד (של ענין ספרותי).

באַאַרבעטן *v. a.* to cultivate (*the soil*) עַבֵּד (האדמה); to elaborate שַׁכְלֵל (מלאכה); עַבֵּד (ענין ספרותי).

באָב *s.* (עס– *pl.* ,ן– ,–) broad bean פּוֹל גָּדוֹל.

באַביי *s.* (עס– *pl.*) ghost רוּחַ.

באַבסקע *adj.* old-womanish שֶׁל נָשִׁים זְקֵנוֹת.

— באַבסקע רפואה household remedy, domestic medicine תרופה או רפואה בֵּיתִית.

באָבע *s.* grandmother אֵם הָאָב אוֹ הָאֵם; old woman אִשָּׁה זְקֵנָה; midwife מְיַלֶּדֶת.

— דערצייל דאָס דער באָבען tell that to the marines אל נא תספר בדותה.

— מײַן באָבעס דאגה! that does not concern me! אין הדבר נוגע לי.

באָבעטשקע *s.* butterfly פַּרְפַּר, צִפֹּרֶת־כְּרָמִים.

באָבע־מַעשה = בָּבָא מַעֲשֶׂה.

באָבעסניצע *s.* woman selling boiled beans אִשָּׁה מוֹכֶרֶת פּוֹלִים מְבֻשָּׁלִים.

באַבעצע *s.* pile-driver הַלְמָן (כּוֹל עץ או ברזל לתקוע בו יתדות בארץ).

באָבעצע *s.* old woman אִשָּׁה זְקֵנָה.

באָבער *s.* (ס– *pl.*) beaver, castor בֵּבָר, בּוֹנֶה (מין חיה).

באַבערדלט *adj.* bearded בַּעַל זָקָן.

באָבערן *adj.* of beaver, beaver's מֵעוֹר הַבֵּבָר.

באַבקע *s.* little old woman אִשָּׁה זְקֵנָה קְטַנָּה; a cake baked with butter עֻגַּת־חֶמְאָה; buckwheat cake עֻגַּת כֻּסֶּמֶת.

באָבקע *s.* dung of sheep *or* goats צוֹאַת כְּבָשִׂים אוֹ עִזִּים.

— ציגענע באָבקעס dung of goats גללי עזים.

— באָבקעס! nonsense! דברים בטלים!

באַברעמט *adj.* edged, trimmed עִם שָׂפָה מְסָבִיב.

באַברעמעכץ *s.* edge, trimming שָׂפָה (לבגד).

באַברעמען *v. a.* to edge, border, trim תָּפֵּר סָבִיב, עָשׂה שָׂפָה מְסָבִיב.

באַבּרען זיך *v. r.* to search, rummage, fumble חַפֵּשׂ, מַשְׁמֵשׁ; to stir הִתְנוֹעֵעַ; to work slowly הִתְעַסֵּק בִּמְלָאכָה לְאַט.

באַגאַבט *adj.* gifted, endowed מְחֻנָּן; talented בַּעַל כִּשְׁרוֹנוֹת.

באַגאַזש *s.* baggage, luggage מַשָּׂא (שאיש מוביל אתו בדרכו).

באַגאַזשניק *s.* baggage strap רְצוּעָה לִקְשֹׁר בָּהּ מַשָּׂא.

באַגאָטיש = בּוּגאָטוּשׁ.

באַגאַטעל *s.* trifle דָּבָר קָטָן, דָּבָר פָּעוּט.

באַגולט *adj.* glit מְזֻהָב.

באַגזל‖ען, ־ענען *v. a.* to rob גָּזֹל מִ־.

באַגוטיגן *v. a.* to becalm, soothe הַשְׁקֵט, רַכֵּךְ; ‖ ־ זיך *v. r.* to calm oneself הַשְׁקֵט אֶת עַצְמוֹ.

באַגיין *v. a.* to commit עָשׂה (מעשה רע); ‖ ־ זיך *v. r.* to do הִסְתַּפֵּק; to behave הִתְנַהֵג.

— באַגיין זיך מיט אימעצן to treat a person התנהג עם איש.

באַגייסטערונג *s.* inspiration הִתְפַּעֲלוּת, הִתְלַהֲבוּת; הַשְׁפָּעָה אֱלֹהִית.

באַגייסטערט *adj.* inspired נִלְהָב.

באַגייסטערן *v. a.* to inspire הַלְהֵב; הַשְׁפֵּעַ עַל־.

באַגינסטיגן *v. a.* to favor רָצֹה בְּ־.

באַגינען *adv.* at dawn כַּעֲלוֹת הַשַּׁחַר.

באַגיסן *v. a.* to water, irrigate הַשְׁקֵה (גן); to spill on שָׁפֹךְ עַל־; ‖ ־ זיך *v. r.* to spill on one's garments שָׁפֹךְ (מים וכד׳) עַל בְּגָדָיו.

— באַגיסן זיך מיט טרערן to melt in tears בכה הרבה.

באַגלייבט *adj.* trustworthy נֶאֱמָן.

באַגלייטונג *s.* escort בְּנֵי־לְוָיָה; (*mus.*) accompaniment לְוָיָה (בשיר או בנגון).

באַגלייטן *v. a.* to accompany לַוֵּה (בדרך); לַוֵּה (בשיר או בנגון).

באַגלייטער *s.* companion מְלַוֶּה, בֶּן־לְוָיָה; (*mus.*) accompanier מְלַוֶּה (בשיר או בנגון).

באַגליקט *adj.* happy, fortunate מְאֻשָּׁר, מֻצְלָח.

באַגליקן *v. a.* to make happy עָשׂה מְאֻשָּׁר; to prosper הַצְלֵחַ.

באַגנאַדיגונג *s.* pardon, amnesty סְלִיחָה, מְחִילָה.

באַגנאַדיגן *v. a.* to pardon, forgive סָלֹחַ, מָחֹל.

באַגנב‖ען, ־ענען *v. a.* to steal from גָּנֹב מִ־.

באַגנעט = בּיּאָנעט.

באַגעגענונג *s.* meeting פְּגִישָׁה.

באַגעגעניש *s.* meeting פְּגִישָׁה; occurrence מְאֹרָע, מִקְרֶה.

באַגעגענען *v. a.* to meet פָּגֹשׁ, פָּגֹעַ; ‖ *v. n.* to happen קָרֹה; ‖ ־ זיך *v. rec.* to meet הִפָּגֵשׁ.

באַגענוגן זיך *v. r.* to be satisfied הִסְתַּפֵּק.

באַגער *s.* (*pl.* ־ן) desire חֵשֶׁק; request שְׁאֵלָה.

באַגעריג *adj.* desirous, eager מִתְאַוֶּה; ‖ ־קייט *s.* eagerness תְּשׁוּקָה.

באַגערן *v. a.* to desire הִתְאַוֵּה; to request בַּקֵּשׁ.

באַגראָב *s.* (*fig.*) scolding חֵרוּף.

— געבן אימעצן אַ באַגראָב to give it to a person דבר דברים קשים עם איש.

באַגראָבן *v. a.* to bury קָבֹר; to spoil (*fig.*) קַלְקֵל.

באַגרייפליך *adj.* conceivable מוּבָן.

באַגרייפן *v. a.* to conceive הָבֵן, הַשֵּׂג.

באַגרינדן *v. a.* to prove הוֹכֵחַ בִּרְאָיוֹת.

באַגריסונג *s.* greeting בִּרְכַּת שָׁלוֹם.

באַגריסן *v. a.* to greet, salute בָּרֵךְ בְּשָׁלוֹם.

באַגריף *s.* (*pl.* ־ן) conception, idea הַשָּׂגָה, מוּשָּׂג.

באַגרעבעניש *s.* (*pl.* ־ן) burial קְבוּרָה.

באַגרענעצונג *s.* limitation הַגְבָּלָה.

באַגרענעצן *v. a.* to limit הַגְבֵּל, הַקְטֵן.

באַד *s.* (*pl.* בעדער) bath מֶרְחָץ; watering-place מְקוֹם רַחְצָה (לרפואה).

— וואַרעמע בעדער thermal baths מעינות חמים.

באָד *s.* (*pl.* בעדער) bath-house בֵּית מֶרְחָץ.

— (*fig.*) פירן אימעצן אין באָד to dupe *or* humbug a person רמה איש, שטה באיש.

באַדאַכט *adj.* considerate מְיֻשָּׁב, מָתוּן; ‖ *adv.* considerately בְּיִשּׁוּב הַדַּעַת.

באַדאַכטן זיך *v. r.* to consider הִתְבּוֹנֵן, הִתְיַשֵּׁב.

באָד־אָנצוג *s.* (*pl.* ־ן) bathing-dress, bathing-suit בְּגָדִים לְרַחְצָה.

באַדאַנקען *v. a.* to thank הָשֵׁב תּוֹדָה לְ־.

באַדאַרף *s.* need צֹרֶךְ, הִצְטָרְכוּת.

באַדאַרפן *v. a. n.* to need, want, to have to צָרֹךְ.

— ווי עס באַדאַרף צו זיין properly כראוי.

באָד־‖בלאַט *s.* (*pl.* ־בלעטער) leaf of a bath-broom עָלֶה שֶׁל מַטְאֲטֵא בֵּית־מֶרְחָץ.

באָד־בעזעם *s.* (*pl.* ־ער) bath-broom מַטְאֲטֵא שֶׁל בֵּית־מֶרְחָץ.

באָד־‖גוי *s.* (*pl.* ־גויים) non-Jewish bath-attendant גּוֹי הַמְשָׁרֵת בְּבֵית־מֶרְחָץ.

באָד־געלט *s.* money for bathing מְחִיר בֵּית־הַמֶּרְחָץ.

באָד־יונג *s.* (*pl.* ־ען) loafer הוֹלֵךְ בָּטֵל, הוֹלֵל.

באַדויערן *v. a. n.* to deplore חוּס עַל־; to regret הִצְטַעֵר; ‖ *s.* regret צַעַר.

באַדײַ int. oh that לוּ; ‖ adv. rather מוּטָב.

באַדײַטונג s. (pl. ־ען) signification, meaning הוֹרָאָה; significance חֲשִׁיבוּת, עֵרֶךְ.

באַדײַטן v. a. to signify, mean הוֹרָה.

באַדײַטנדיג adj. significant, important חָשׁוּב, נִכְבָּד.

באַדינג s. (pl. ־ען) condition, stipulation תְּנַאי.

באַדינגונג s. (pl. ־ען) condition תְּנַאי, מַצָּב.

באַדינגען v. n. to stipulate הִתְנָה; ‖ ־ זיך v. r. ד. ז.

באַדינונג s. service, attendance שֵׁרוּת, שִׁמּוּשׁ.

באַדינ‖טער s. (pl. ־טע) servant, attendant מְשָׁרֵת.

באַדינען v. a. to attend, wait on שָׁרֵת לְ־; ‖ ־ זיך v. r. to make use of הִשְׁתַּמֵּשׁ בְּ־.

באַדמען v. a. to cover with blood כַּסֵּה בְּדָם.

באַדעווען v. n. to loaf בַּטֵּל זְמַן, הוֹלֵל.

באָדן v. a. to bathe רָחֹץ; ‖ ־ זיך v. r. to bathe הִתְרַחֵץ.

באַדענקען v. a. to consider הִתְבּוֹנֵן אֶל־; ‖ ־ זיך v. r. to consider הִתְבּוֹנֵן, חָשֹׁב.

באַדעקונג s. (pl. ־ען) covering מִכְסֶה, כִּסּוּי.

באַדעקן v. a. to cover כַּסֵּה.

באַדעקנס s. veiling of a bride כִּסּוּי כַּלָּה בְּצָעִיף.

באַדערפֿטיג adj. needy נִצְרָךְ.

באַדערפֿעניש s. (pl. ־ן) need, want צֹרֶךְ, מַחְסוֹר.

באַדריקונג s. (pl. ־ען) oppression לַחַץ, נְגִישָׂה.

באַדריקן v. a. to oppress לָחֹץ, נָגֹשׂ.

באַדריקער s. (pl. ־) oppressor לוֹחֵץ, נוֹגֵשׂ.

באַהאַגלען v. a. to cover with hail כַּסֵּה בְּבָרָד.

באַהאַוונט adj. versed בָּקִי.

באַהאַלטונג s. hiding, concealment הַטְמָנָה.

באַהאַלטן v. a. to hide, conceal הַטְמֵן, הַסְתֵּר; to bury קָבֹר (מת); ‖ ־ זיך v. r. to hide oneself הִתְחַבֵּא.

באַהאַנדלונג s. (pl. ־ען) treatment הִתְנַהֲגוּת עִם־; רִפּוּי.

באַהאַנדלען v. a. to treat הִתְנַהֵג עִם־; רַפֵּא.

באַהאַרצט adj. bold, courageous אַמִּיץ־לֵב; ‖ ־ קייט s. courage אֹמֶץ־לֵב.

באַהֲבה־רבה phr. with great love; ― with great pleasure בְּעֹנֶג וּבְרָצוֹן.

באַהֲבנט = באַהאַוונט.א)

א) באַהֲבנט זעט מיר אויס צו זײַן איינס פֿון יענע ניט־העבּ־רעאישע ווערטער אין יידיש, וועלכע מע האָט נעגעבן אַ העברע־אישן פּנים. מײַן השערה איז, אַז דאָס וואָרט איז פֿון דײַטש behaben פֿעסט האַלטן, און באַהאַוונט זאָל באַדײַטן: פֿעסט. (אין דײַטש, ווען מען וויל זאָגן זײַן באַהאַוונט אין אַ פֿאַך אָדער אַ וויסנשאַפֿט, זאָגט מען: fest sein).

באַהויפּטונג s. (pl. ־ען) assertion, statement הוֹדָעָה.

באַהויפּטן v. n. to assert, state אָמֹר, הוֹדִיעַ; ‖ v. a. to afford הַמְצֵא.

באַהיטן v. a. to guard שָׁמֹר.

― גאָט באַהיט! God forbid! חלילה!

באַהייצונג s. heathing, warming הַסָּקָה; fuel חֹמֶר לְהַסָּקָה.

באַהייצן v. a. to heat, warm הַסֵּק.

באַהילפֿיג adj. helpful עוֹזֵר.

― באַהילפֿיג זײַן to help, assist עוזר.

באַהעלטעניש s. (pl. ־ן) hiding-place מַחֲבֵא; hide-and-seek מִשְׂחַק הַמַּחֲבוֹאִים.

באַהעלפֿן v. a. to help, assist עֲזֹר; ‖ ־ זיך v. r. to make use of הִשְׁתַּמֵּשׁ בְּ־.

באַהענגען v. a. to hang round תְּלֹה סָבִיב; to cover with hangings כַּסֵּה בִּירִיעוֹת.

באַהעפֿטן v. a. to join חַבֵּר; ‖ ־ זיך v. r. to join דָּבֹק, הִתְחַבֵּר; to copulate הִזְדַּוֵּג.

באַהערשן v. a. to master, dominate מְשֹׁל עַל־, הִשְׂתָּרֵר עַל־.

באַוואוינען v. a. to occupy, reside in, inhabit יָשֹׁב בְּ־, דּוּר בְּ־, שָׁכֹן בְּ־.

באַוואוינער s. resident, inhabitant יוֹשֵׁב, תּוֹשָׁב; tenant שָׁכֵן.

באַוואונדערונג s. admiration הַעֲרָצָה, אַהֲבָה; wonderment תְּמִיהָה.

באַוואונדערן v. a. to admire הַעֲרֵץ; to wonder at הִתְפַּלֵּא עַל־.

באַוואוסט adj. known יָדוּעַ, מְפֻרְסָם; conscious מַרְגִּישׁ.

באַוואוסטזיניג adj. conscious בְּמַצָּב שֶׁל יְדִיעָה; ‖ ־ קייט s. consciousness מַצָּב שֶׁל יְדִיעָה.

באַוואוסטלאָז adj. unconscious מִבְּלִי הַרְגֵּשׁ; מִבְּלִי דַעַת.

באַוואַכונג s. watch, guard מִשְׁמָר.

באַוואַכן v. a. to watch, guard שָׁמֹר, נָטֹר.

באַוואַסערונג s. watering, irrigation הַשְׁקָאָה (של גן).

באַוואַסערן v. a. to water, irrigate הַשְׁקֵה (גן).

באַוואָפֿענונג s. armament נֶשֶׁק, כְּלֵי זַיִן.

באַוואָפֿענען v. a. to arm זַיֵּן, חַמֵּשׁ.

באַוואָרעניש s. (pl. ־ן) safety, security, guarantee בִּטָּחוֹן, עֲרֻבּוֹת, עֲרֻבָּה.

באַוואָרענען v. a. to secure, render safe הַבְטֵחַ; to keep from שָׁמֹר מִ־; to guarantee עֲרֹב; ‖ ־ זיך v. r. to preserve oneself הִשָּׁמֵר.

באַוואָרפֿן v. a. to pelt הַשְׁלֵךְ עַל; to whip-stitch תְּפֹר תְּפָרִים סָבִיב לְ־.

באוואַשן v. a. to wash all over רָחַץ אוֹ כִּבֵּס בְּכָל מָקוֹם;|| – זיך v. r. to wash oneself הִתְרַחֵץ, הִתְכַּבֵּס.
— באוואַשן זיך מיט טרערן to melt in tears בכה הרבה.

באווייבט adj. married (man) נָשׂוּי, בַּעַל אִשָּׁה.

באווייבן זיך v. r. to marry, wive, take a wife נָשָׂא אִשָּׁה.

באווייז s. (pl. – ן, – ־) proof רְאָיָה, מוֹפֵת; evidence עֵדוּת, הוֹכָחָה.

באווייזן v. a. to prove הוֹכֵחַ, אִמֵּת; to afford הִמְצִיא; to manage הוֹצִיא לַפֹּעַל.
— ער האָט נים באוויזן צו גיין he had no time to go לא הספיקה לו השעה ללכת.

באוויינט adj. weeping, whining בּוֹכֶה, מְיַלֵּל.
א באוויינטע נשמה weeper, whiner, whimperer בעל בכי, מילל.

באוויינען v. a. to bewail, lament בָּכָה לְ־, סָפַד עַל־.

באווילינגונג s. (pl. – ען) grant הַרְשָׁאָה, רִשָּׁיוֹן; consent הַסְכָּמָה.

באווילינט adj. kind, gracious טוֹב־לֵב, נָדִיב.

באווילינן v. a. to grant, allow הַרְשֵׁה, נָתֹן רִשָּׁיוֹן; to consent הַסְכֵּם.

באַוול s. cotton צֶמֶר גֶּפֶן; garn חוּט־פִּשְׁתִּים.

באַוול s. inferior goods סְחוֹרָה מִמִּין גָּרוּעַ.

באַוול־||בוים s. (– ביימער pl.) cotton-tree עֵץ צֶמֶר גֶּפֶן.

באַוולנע adj. of cotton שֶׁל צֶמֶר גֶּפֶן.

באַוול־סחורה = באַוול.

באַוול־צייג s. cotton-stuff אֶרֶג שֶׁל צֶמֶר גֶּפֶן.

באַוול־||קונה s. (– קונים pl.) buyer of inferior goods קוֹנֶה סְחוֹרָה מִמִּין גָּרוּעַ.

באַוועל||ע s. (– עך pl.) trifle דָּבָר קָטָן הָעֵרֶךְ.
— (ir.) = א באַוועלע! it is no small matter, indeed! לא דבר קטן הוא באמת!

באוועגונג s. (pl. – ען) motion תְּנוּעָה; movement תְּנוּעָה (חברתית, מדינית).

באוועגליך adj. mobile, movable מִתְנוֹעֵעַ.

באוועגן v. a. to move הָנֵעַ;|| – זיך v. r. to move הִתְנוֹעֵעַ.

באוועד s. trimming, border (of a lady's shirt) שָׂפָה (לכתנות נשים).

באוועזן v. a. to amuse, entertain שַׁעֲשֵׁעַ;|| – זיך v. r. to amuse oneself הִשְׁתַּעֲשֵׁעַ.

באווערט adj. proved true מְאֻמָּת.
— (prov.) וואָס איז באַשערט דאָס איז באווערט what is destined to be will come true מה שיעוד מראש בוא יבא.

באווערן v. n. to come true בּוֹא, קָרֹה.

באָונס adv. by compulsion –, בְּעַל כָּרְחוֹ.

באָופן adv. on condition בִּתְנַאי.

באור = ביאור.

באותו רגע adv. at that moment –.

באַז s. (pl. – ן) elder-tree עֵץ הַחֲלוּל.

באַזאַכט adv. softly, slowly לְאַט.

באַזאַלצן v. a. to salt מַלֵּחַ.

באַזוווע צווייט s. elder-blossom, elder-flower נִצָּן עֵץ הַחֲלוּל.

באַזאַץ s. (pl. – ן) trimming קִשּׁוּט לִשְׂפַת בֶּגֶד.

באַזאַר s. (pl. – ן) bazaar שׁוּק.

באַזאָרגט adj. anxious דּוֹאֵג, מְפַחֵד.

באַזאָרגן v. a. to do, perform, attend to עָשׂה הוֹצֵא אֶל הַפֹּעַל; to provide הַסְפֵּק, הָכֵן.

באַזודלען v. a. to soil לַכְלֵךְ.

באַזוך s. (pl. – ן) visit, call בִּקּוּר.
— מאַכן א באַזוך to pay a visit בַּקֵּר.

באַזוכן v. a. to visit, call on בַּקֵּר; to search, examine חַפֵּשׂ; to feel מַשְׁמֵשׁ.

באַזוכער s. (pl. –) visitor מְבַקֵּר, אוֹרֵחַ.

באַזונדער adj. separate נִבְדָּל, נִפְרָד; special מְיֻחָד;|| adv. separately לְחוּד.

באַזונדערס adv. especially, particulary בְּיִחוּד.

באַזיגן v. a. to conquer נַצֵּחַ.

באַזיגער s. (pl. –) conqueror מְנַצֵּחַ.

באַזייטיגן v. a. to remove הָסֵר.

באַזינגען v. a. to celebrate in song פָּאֵר (שַׁבֵּחַ) בְּשִׁיר.

באַזייען v. a. to sow over זָרֹעַ וּפַזֵּר עַל־.

באַזיץ s. possession קִנְיָן; חֲזָקָה.

באַזיץ||וואָרט s. (– ווערטער pl.) (gr.) possessive pronoun מִלַּת הַקִּנְיָן (בדקדוק).

באַזיצן v. a. to possess הָיָה לְ־.

באַזיצער s. (pl. –) possessor אָדוֹן, בַּעַל.

באַזיצפאַל s. (pl. – ן) (gr.) possessive case יַחַס הַקִּנְיָן (בדקדוק).

באַזען v. a. to look at הִסְתַּכֵּל בְּ־; to examine בָּדֹק.

באַזעצונג s. (pl. – ען) (mil.) garrisson מַצָּבָה, מִשְׁמָר (של אנשי חיל); occupation (of a house) הִתְיַשְּׁבוּת (בבית).

באַזעצן v. a. (mil.) to garrison הַצֵּב מִשְׁמָר (של אנשי חיל); to people מַלֵּא בְאוּכְלוּסִים; to occupy (a [house] מַלֵּא (בית); to seat (a bride) הוֹשֵׁב (כלה לפני החפה); to trim קַשֵּׁט (שפת בגד);|| – זיך v. r. to settle הִתְיַשֵּׁב (במקום).

באַזעצנס s. the seating of a bride הוֹשָׁבַת כַּלָּה (לפני החפה).

באַחנט adj. graceful, pleasant מָלֵא חֵן, נָעִים.

באַחשבונען = באַרעכענען.

באַט *s.* bid, offer הַצָּעָה (של מחיר).

באַטאַג = בּיטאַג.

באַטאַגעדיג = בּיטאַגעדיג.

באַטאַגט *adj.* elderly בָּא בַיָּמִים.

באַטאַליאָן *s.* (*pl.* ־ען) battalion גְּדוּד צָבָא.

באַטאַליע *s.* (*pl.* ־ס) battle, fight מִלְחָמָה.

באַטאַמט = באַטעמט.

באַטאָנונג *s.* (*pl.* ־ען) accentuation, emphasis הַטְעָמָה.

באַטאַניקע *s.* botany תּוֹרַת הַצְּמָחִים.

באַטאַניקער *s.* (*pl.* –) botanist חָכָם בְּתוֹרַת הַצְּמָחִים.

באַטאַניש *adj.* botanical אֲשֶׁר לְתוֹרַת הַצְּמָחִים.

באַטאָנען *v. a.* to accentuate, emphasise הַטְעֵם.

באַטאַפּן *v. a.* to feel מַשֵּׁשׁ.

באַטווינע *s.* leaves of beets עֲלֵי הַסֶּלֶק.

באַטיטלען *v. a.* to entitle כַּנֵּה בְּשֵׁם (ענין ספרות); to confer a title upon תֵּת שֵׁם כָּבוֹד לְ־.

באַטייט — באַדייטונג.

באַטייליגט *adj.* concerned, interested מִי שֶׁהוּא נוֹגֵעַ בְּדָבָר.

באַטייליגן זיך *v. r.* to take a part, participate השתתף.

באַטויִלן = ארומטוילן.

באַטינקע *s.* (*pl.* ־ס) lady's boot, half-boot נַעַל אִשָּׁה.

באַטיסט *s.* cambric בּוּצִית (שש דק).

באַטיסטן *adj.* of cambric שֶׁל בּוּצִית.

באַטיק = באַטונקע.

באַטן *v. a.* (*p. p.* געבאַטען) to bid, offer הַצֵּעַ (מחיר).

באַטעם *pl. s.* boots נַעֲלַיִם גַּסּוֹת, מוּקִים.

באַטעמט *adj.* tasty שֶׁיֵּשׁ לוֹ טַעַם טוֹב, מְתֻבָּל; ‖ ־קייט *s.* tastiness טַעַם טוֹב, תֶּבֶל.

באַטעמען *v. a.* to give a taste, give a relish נָתֹן טַעַם, תַּבֵּל.

באַטער *s.* (*pl.* –) bidder מַצִּיעַ (מחיר).

באַטערייע *s.* (*pl.* ־ס) battery מַעֲרֶכֶת כְּלֵי יְרִיָּה, סוֹלְלָה.

באַטראַכטונג *s.* (*pl.* ־ען) consideration הִתְבּוֹנְנוּת.

באַטראַכטן *v. a.* to consider הִתְבּוֹנֵן אֶל־; חָשֹׁב לְ־; ‖ ־ זיך *v. r.* to consider oneself חָשֹׁב אֶת עַצְמוֹ.

באַטרוג *s.* (*pl.* –ן) deception, deceit מִרְמָה, רַמָּאוּת.

באַטרויערן *v. a.* to lament, mourn אַבֵּל (סַפֵּד) עַל־.

באַטריבט *adj.* troubled, grieved נֶעְכָּר; sad עָגוּם.

באַטריבן *v. a.* to trouble, grieve עַכֵּר, צַעֵר.

באַטריגן *v. a.* (*p. p.* באַטראָגן) to deceive הוֹנֵה, רַמֵּה.

באַטריגער *s.* deceiver נוֹכֵל, רַמַּאי.

באַטריגעריש *adj.* deceitful מָלֵא מִרְמָה; deceptive מְרַמֶּה אֶת הָעֵינַיִם.

באַטרעטן *v. a.* to tread upon דָּרֹךְ עַל־; to offend הַעֲלֵב.

— באַטרעטן א מקח to offer a price הצע מחיר.

באַטרעף *s.* (*pl.* –ן) amount סַךְ, סְכוּם; value, worth עֵרֶךְ.

באַטרעפן *v. n.* to amount עֲלֵה לְסַךְ־; ‖ *v. a.* to concern נְגֹעַ לְ־.

באַטשווינע = באַטווינע.

באַטשייקע *s.* (*pl.* ־ס) embroidering frame מִסְגֶּרֶת הַטְּרִיסָה.

באַטשוק = באַטונקע.

באַ‖יאַרט, ־יאַרנט = באַטאַגט.

באַיורקע *s.* (*pl.* ־ס) spiral spring קְפִיץ לוּלְיָנִי.

בְּאֵימה וּבִיראה *phr.* with fear and awe —.

בְּאֵין־אופן *adv.* in no wise, in no case —.

בְּאֵין־בְּרֵירה *adv.* there being no choice —.

בְּאֵין־עִנְיָן־וָאופן *adv.* in no wise whatever —.

בְּאיסור *adv.* illicitly, unlawfully —.

באַיקאָט *s.* (*pl.* –ן) boycott חֵרֶם, אִסּוּר (נגד סחורה נגד אדונים קשים).

באַיקאָטירן *v. a.* to boycott הַחֲרֵם, אַסֹּר.

באַך¹ *s.* (*pl.* בּעך) brook נַחַל.

— פאַרגיסן בעך טרערן to melt in tears בכה הרבה.

באַך² *int.* thump!, bang! הַקָּשַׁת דָּבָר בִּנְפִילָתוֹ.

בְּאַ־כֹּח *s.* (*pl.* בְּאֵי־כֹּח) plenipotentiary —.

באַכטור *s.* (*pl.* ־עס) big fellow נַעַר גָּדוֹל.

באַכישופן, באַכּשפען *v. a.* to enchant, bewitch הַקְסֵם.

באַכמאַט *s.* (*pl.* ־עס) clumsy fellow אָדָם גַּס, אִישׁ בִּלְתִּי זָרִיז.

באַכע *s.* (*pl.* ־ס) blow, cuff הַכָּאָה.

באַכען *v. a.* to strike, cuff הַכֵּה (באגרוף).

באַל¹ *s.* (*pl.* –ן) ball כַּדּוּר.

באַל² *s.* (*pl.* בעלער) ball נֶשֶׁף, מִשְׁתֶּה.

באַלאַבעשקע *s.* (*pl.* ־ס) fritter boiled in water עֻגָּה קְטַנָּה מְבֻשֶּׁלֶת בַּמַּיִם.

באַלאַג *s.* trimming, edge שָׂפָה (של בגד).

באַלאַגאַן *s.* (*pl.* ־עס) tent אֹהֶל; showbooth סֻכָּה לְחִזְיוֹנוֹת.

באַלאַגערונג *s.* siege מָצוֹר.

באַלאַגערן *v. a.* to besiege צוּר עַל־.

באַלאַהורן = באַלאַיען.

באַלאָווע *adj.* of ball שֶׁל נֶשֶׁף, שֶׁל מִשְׁתֶּה.

באַלאָט *s.* (—ס *pl.*) ballot כּדור או פּתקה לבחירה; balloting הטלת גורלות (בבחירה); number of votes מספר הגורלות.

באַלאָטיראָוויקע *s.* (—ס *pl.*) balloting, ballot הטלת גורלות (בבחירה).

באַלאָטירן *v. a.* to ballot הטל גורלות (בבחירה).

באַלאַכאָן *s.* (—עס *pl.*) a kind of peasant's wide garment מין מעיל של אכרים; overcoat לבוש רחב.

באַלאַלײַקע *s.* (—ס *pl.*) balalaika (*a three-stringed guitar*) קתרס (נבל בעל שלשת מיתרים).

באַלאָן *s.* (—ען *pl.*) ballon כּדור פּורח באויר.

באַלאַנגען *v. n.* to belong היה שייך ל־; to concern נגע ל־.

באַלאַנגען אין *v. n.* to depend on תלה ב־.

באַלאָניע *s.* (—ס *pl.*) meadow אחו.

באַלאַנס, באַלאַנץ *s.* (—ן *pl.*) balance (*com.*) השוואה (של חשבון ההוצאה וההכנסה).

באַלאַסטן *v. a.* to burden הטל משא על; to debit (*com.*) רשם בתור חוב.

באַלאַקען *v. n.* to babble, chatter פּטפּט.

באַלבעטון = באַלמון.

באַלבען = באַלאַקען.

באַלד *adv.* soon תיכף, מיד, בקרוב, לאלתר; quick חיש, מהר.

— ווי באַלד as, since מכיון.

באַלדיג *adj.* early מוקדם; speedy מהיר.

באַלוואַן *s.* (—עס *pl.*) statue פּסל; blockhead טפש, שוטה, גלם.

באַלוינונג *s.* (—ען *pl.*) reward שכר.

באַלוינען *v. a.* to reward שלם שכר.

באַלזאַם *s.* balsam, balm בּלסמון, צרי.

באַלזאַמירן *v. a.* to embalm חנט.

באַלטון *s.* (—עס *pl.*) babbler, chatterer פּטפּטן.

באַלטײַען = באַלאַקען.

באַליאַשקע *s.* (—ס *pl.*) slough, scab נתק.

באַליבט *adj.* liked אהוב; popular רצוי לעם.

— ווי עס איז אײַך באַליבט as you please כּטוב בעיניך.

באַלײַבט *adj.* corpulent בעל בשר; ‖—קייט *s.* corpulence בּריאות בשר.

באַלייגן *v. a.* to overlay צפּה; to trim קשט; to put a bride and groom to the nuptial bed הובל חתן וכלה לחדר משכבם; to pay in, deposit שלם, הפקד (ממון).

באַלייגנס *s.* putting a bride and groom to the nuptial bed הובלת חתן וכלה לחדר משכבם.

באַליידיגונג *s.* (—ען *pl.*) offence, insult עלבון, פּגיעה בכבוד.

באַליידיגן *v. a.* to offend, insult עלב, פּגע בכבוד.

באַליידיגער *s.* (— *pl.*) offender, insulter עולב, פּוגע בכבוד.

באַלייזן = באַגלויבן.

באַלײַכטונג *s.* lighting, illumination הארה.

באַלײַכטן *v. a.* to light, illuminate האר.

באַלייע, באַליע *s.* (—ס *pl.*) wash-tub עריבה לכביסה.

באַליעווען *v. n.* to feast עשה משתה.

באַליעט *s.* (—ן *pl.*) ballet מחולות המחנים (בתיאטרון).

באַליעק *s.* (—עס *pl.*) beam, girder קורה.

באַליק *s.* (—עס *pl.*) white sturgeon הונה (מין דג).

באַלכסון *adv.* diagonally, obliquely —.

באַלמעטער = באַלעמער.

באַלן *s.* (—ס *pl.*) bale (*of goods*) חבילה (של סחורה); mark (*at school*) ציון, אות (לתלמידים).

באַלניצע *s.* (—ס *pl.*) hospital בּית־חולים.

באַלעבאַטיש *adj.* of household של בית; bourgeois, middle-class של עירנים ממצב בינוני; ‖—קייט *s.* household בית; קניני בית.

באַלעבאַטעווען *v. n.* to manage a house נהל בית; to rule משל.

באַלעבאַטשען = באַלאַקען.

באַלעבאָס *s.* (באַלעבאַטים *pl.*) owner of a house, landlord בעל בית; איש שיש לו בית; head of a house, master of a house ראש בית אב; manager of a house מנהל בית; master אדון; bourgeois עירני ממצב בינוני; member of a community חבר לעדה; (*fl.*) public prosecutor קטגור, תובע כללי (בבית המשפט).

באַלעבאָסטע *s.* female owner of a house, landlady בעלת בית, אשה שיש לה בית; lady, mistress בעלת בית, גברת בית.

באַלעבן *v. a.* to animate נפח רוח חיים ב־; to revive השב לתחיה, החיה.

באַלעבעסל *s.* young husband בעל אשה רך בשנים.

באַלענערן = באַלאַגערן.

באַלעווען *v. a.* to fondle פּנק (ילד); = באַליעווען.

באַלעט = באַליעט.

באַלעכעס *pl.* (*sl.*) eyes עינים.

באַלעמוט *s.* (—עס *pl.*) idle talker, babbler מדבר דברים בטלים, פּטפּטן; ‖—קע *s.* פּטפּטנית.

באַלעמוטשען *v. n.* to talk idly, babble דבּר דברים בטלים, פּטפּט.

— באַלעמוטשען די צײַט to trifle away one's time בלה זמן לבטלה.

באַלעמוצשווע *s.* (—ס *pl.*) idle talk, nonsense דברים בטלים, פּטפּוט.

באלעמער s. (—ס .pl) reading-desk (*in a synagogue*) בִּימָה (בביהכ"נ).

באלעסטיגונג s. molestation הַכְבָּדָה, טַרְחָנוּת.

באלעסטיגן v. a. to molest, trouble הָיֹה לְטֹרַח עַל־, הַלְאֵה.

באלעקן v. a. to lick round לָקֹק מִסָּבִיב; ‖ — זיך v. r. to lick oneself לָקֹק אֶת עַצְמוֹ; (*fig.*) to feel a strong desire for something חָמֹד לְדָבָר מְאֹד.

באלערונג s. (—ען .pl) instruction לִמּוּד, הוֹרָאָה.

באלערן v. a. to instruct לַמֵּד, הוֹרֵה.

באלערנדיג adj. instructive מְלַמֵּד, מַחְכִּים.

באלקאָן s. (—ען, —עס .pl) balcony מַעֲקֶה, גְּזוּזְטְרָא.

באלקע = באַליעק.

באלקן s. (—ס .pl) ceiling תִּקְרָה, סִפּוּן.

באָלשעוויזם s. Bolshevism בּוֹלְשֶׁוִיזְם, תּוֹרַת הַמִּפְלָגָה הָרוּסִית הַמַּאֲמִינָה בְּשִׁתּוּף נְכָסִים.

באָלשעוויסטיש adj. Bolshevist אֲשֶׁר לְתוֹרַת הַבּוֹלְשֶׁוִיזְם.

באָלשעוויק s. (—עס .pl) Bolshevik חָבֵר לְהַמִּפְלָגָה הָרוּסִית הַמַּאֲמִינָה בְּשִׁתּוּף נְכָסִים.

באם, באָם int. a syllable repeated in singing הֲבָרָה שֶׁחוֹזְרִים עָלֶיהָ בְּזִמְרָה.

בּאָם conj. if, in case אִם.

באמאַז s. (—ן .pl) dolt, blockhead סָכָל, הֶדְיוֹט.

באמאַכן זיך v. r. to befoul oneself טַנֵּף אֶת עַצְמוֹ.

באמאַליעווען = באמאָלן.

באמאָלן v. a. to paint over צַיֵּר עַל־.

באָמבאַרדירן v. a. to bombard יָרֹה כַּדּוּרֵי אֲבַק שְׂרֵפָה עַל־.

באמבוס s. (—ן .pl) bamboo חִזְרָן, בַּמְבּוּק (מין קנה).

באמבלען זיך v. r. to dangle תָּלֹה וְהִתְנוֹעֵעַ.

— באמבלען זיך אין קאָפּ (*fig.*) to have a vague idea היה לאיש ידיעה בלתי ברורה בדבר.

באָמבע s. (—ס .pl) bomb כַּדּוּר אֲבַק שְׂרֵפָה; burden מַשָּׂא.

באָמבעלע, באָמבערל s. (—עך .pl) pendant, drop תְּלִי־עֲדִי, נְטִיפָה.

באמונה adv. faithfully —.

באמונה שלי phr. upon my faith, upon me word —.

באמונה שלמה phr. with perfect faith —.

באמײַקן, —ענען v. a. to cover with vomit כַּסֵּה בְקִיא.

באמיאונג s. (—ען .pl) trouble טֹרַח, טִרְחָה.

באמיען v. a. to trouble הַטְרֵחַ; ‖ — זיך v. r. to trouble oneself טָרֹחַ; to endeavor הִשְׁתַּדֵּל.

באמיטלט adj. possessed of means, well-to-do אָמִיד, בַּעַל הוֹן.

בּאָם־לאו conj. if not אִם לֹא.

באמעלעך = פאמעלעך.

באמערקונג s. (—ען .pl) remark, observation הֶעָרָה.

באמערקן v. a. notice, observe הַרְגֵּשׁ, רָאֹה; to remark, observe הָעֵר.

באמקען, באָמקען v. n. to repeat the syllable באם or באָם in singing חָזֹר עַל הַהֲבָרָה "באם" או "באָם" בְּזִמְרָה.

באֱמת adv. in truth, truly, indeed —, אָמְנָם; earnestly, sincerely בִּרְצִינוּת, בְּכָל לֵב.

באַן s. (—ען .pl) railroad, railway מְסִלַּת בַּרְזֶל.

באַן s. (—עס .pl) money-order, cheque הַמְחָאָה.

באנאָזנדיג adj. big-nosed גְּדָל־חֹטֶם.

באנאַכט = ביינאַכט.

באנאַנד = ביינאַנד.

באנאַנע s. (—ס .pl) banana מוֹז, תְּאֵנַת חַוָּה.

באַנאַרישן זיך v. r. to comit a folly *or* an error הַסְכֵּל עֲשׂה, שְׁגֹה.

באַנבלען v. a. to slander, blacken נַבֵּל, דַּבֵּר רָעָה בְּ־; = באנעולהן.

באַנג adj. anxious דּוֹאֵג, מְצֻטָּעָר.

— באנג טאָן to be sorry הצטער; עס טוט מיר באנג I am sorry צר לי.

באַנד¹ s. (—ן .pl) bond, fetter מוֹסֵר.

באַנד² s. (בענדער .pl) band, ribbon סֶרֶט, פַּס; = ברוכבאַנד.

באַנד³ s. (בענד, בענדער .pl) volume כֶּרֶךְ (חלק מספר); binding כְּרִיכָה.

באנדאַזש s. (—ן .pl) bandage תַּחְבֹּשֶׁת.

באנדאַזשירן v. a. to bandage חָבֹשׁ.

באנדורע s. (—ס .pl) bandore בַּטְנוּן (כלי נגון); (*fig.*) something big and clumsy דָּבָר מְגֻשָּׁם.

באנדיט s. (—ן .pl) bandit שׁוֹדֵד.

באנדיטעווען v. n. to be a bandit הָיֹה שׁוֹדֵד.

באנדנמאַכער s. (— .pl) truss-maker עוֹשֶׂה חֲגוֹרוֹת לְשֶׁבֶר.

באַנדע s. (—ס .pl) band, gang חֶבֶר מְרֵעִים.

באָנדער s. (—ס .pl) cooper עוֹשֶׂה חָבִיּוֹת.

באנדעראָל s. (—ן .pl) banderole, label-band פַּס נְיָר לְכָרֵךְ סָבִיב הַסְּחוֹרָה (לאות שלום המכס); postal wrapper פַּס נְיָר לְכָרֵךְ סָבִיב דָּבָר הַנִּשְׁלָח עַל יְדֵי הַדֹּאַר.

באָנדערקע s. (—ס .pl) cooper's wife אֵשֶׁת הָעוֹשֶׂה חָבִיּוֹת.

באנוגן, —גענען זיך v. r. to be satisfied הִסְתַּפֵּק.

באַנומען adj. deprived of breath בְּלִי נִשְׁמַת חַיִּים; dumb נֶאֱלָם.

באנוצונג s. use, employment שִׁמּוּשׁ.

באנוצן v. a. to use, make use of, employ הִשְׁתַּמֵּשׁ בְּ־.

באַנטע s. (pl. ־ס) cross-beam, spar אַפְּרִיזָה, מַעֲזִיבָה (קורת המשען לגג); = קראָקווע.

באַנוט s. (pl. ־ן) rowdy אָדָם פָּרוּעַ; bully מִתְגָּרֶה, מִתְקוֹטֵט.

באַנייטיגן זיך v. r. to be in need of הִצְטָרֵךְ לְ־.

באַנײַען v. a. to renew חַדֵּשׁ; to begin to use הָחֵל לְהִשְׁתַּמֵּשׁ בְּ־; || ־ זיך v. r. to be renewed הִתְחַדֵּשׁ.

— באַנײַען זיך מיט אַ בגד to don a new garment לבש בגד חדש.

באַנייען v. a. to sew round תָּפֹר סָבִיב; to clothe הַלְבֵּשׁ.

באַניע s. (pl. ־ס) gourd דְּלַעַת, בּוּצִין.

באָנס = בּאָונס.

באַן־סטאַנציע s. (pl. ־ס) railroad station תַּחֲנָה שֶׁל מְסִלַּת בַּרְזֶל.

באַנעוולען v. a. to wrong עֲשֵׂה עָוֶל לְ־.

באַנעמונג s. (pl. ־ען) behavior, conduct הִתְנַהֲגוּת, מִדָּה; comprehension הֲבָנָה, הַשָּׂגָה; carrying away by a demon (of a child) חֲטִיפָה עַל יְדֵי שֵׁדא).

באַנעמען v. a. to comprehend הָבֵן, הַשֵּׂג; to take a way the breath שַׁלֵּל הַנְּשִׁימָה; || s. behavior הִתְנַהֲגוּת; || ־ זיך v. r. to behave, conduct oneself הִתְנַהֵג.

באַנעצעכץ s. (med.) cataplasm, wash מְלוּגְמָה, מֵי מַרְפֵּא (למכה).

באַנעצן v. a. to wet, moisten הַרְטֵב.

באַנק¹ s. (בענק) bench סַפְסָל; sweating-bench (in a Russian bath) אִצְטַבַּת הַזֵּעָה (במרחץ רוסי); bank שֻׁלְחָנִיָּה.

— זײַן אויפֿן באַנק און אונטערן באַנק to have one's ups and downs היה למעלה ולמטה, עלה וירד.

באַנק² = באַנג.

באַנק־ביליעט s. (pl. ־ן) bank-note, bank-bill שְׁטָר שֶׁל שֻׁלְחָנִיָּה.

באַנק־בעטל s. (pl. ־עך) turn-up bedstead, bed of boards סַפְסָל הַמִּשְׁתַּמֵּשׁ לְמִטָּה.

באַנקיר s. (pl. ־ן) banker שֻׁלְחָנִי.

באַנקירער = באַנקיר.

באַנק־נאָט = באַנק־ביליעט.

באַנקע¹ s. (pl. ־ס) cupping-glass קַרְנָא (למוץ דם).

— העלפֿן ווי אַ טויטן באַנקעס to be of no avail לא הועיל מאומה.

באַנקע² s. (pl. ־ס) ball כַּדּוּר.

באַנקע³ s. (pl. ־ס) (com.) bank-money שְׁטָרוֹת שֶׁל שֻׁלְחָנִיָּה.

באַנקעט s. (pl. ־ן) banquet מִשְׁתֶּה.

א) ז. נידערמאַן, התורה והחיים, ח״ג, זייט 84.

באַנק־קוועטשער s. (pl. ־) stay-at-home, sedentary man יוֹשֵׁב אֹהֶל; (fig.) one who devotes all his time to Study אִישׁ הַמַּקְדִּישׁ כָּל עִתּוֹ לַתּוֹרָה.

באַנקראָט adj. bankrupt שֶׁאֵינוֹ יָכֹל לְשַׁלֵּם, פּוֹשֵׁט אֶת הָרֶגֶל; || s. (pl. ־ן) bankruptcy פְּשִׁיטַת הָרֶגֶל.

באַנקראָטירן v. n. to become bankrupt, fail פָּשֹׁט אֶת הָרֶגֶל.

באַנקראָטסטווע s. (pl. ־ס) bankruptcy פְּשִׁיטַת הָרֶ׳.

באַנקראָטשטשיק s. (pl. ־עס) bankrupt לֹוֶה וְאֵינוֹ מְשַׁלֵּם, פּוֹשֵׁט אֶת הָרֶגֶל.

באַס s. (pl. ־ן) base הַקּוֹל הַתַּחְתּוֹן (בזמרה); bass-singer מְשׁוֹרֵר בְּקוֹל הַתַּחְתּוֹן.

באָס s. (pl. ־עס) boss, master (Am.) בַּעַל, אָדוֹן.

באַסאָק s. (pl. ־עס) conniver, indulger אִישׁ מַסְכִּים לְכָל מַה שֶּׁיֹּאמַר אוֹ יַעֲשֶׂה חֲבֵרוֹ.

באָסאַק s. (pl. ־עס) bare-footed man אִישׁ יָחֵף; vagabond רֵיק, בֶּן בְּלִיַּעַל.

באָסור = בְּאִיסוּר.

באַסטאַ int. enough! דַּי!

באָסיאַק = באָסאַק.

באַסיס s. (pl. ־ן) basis בָּסִיס, יְסוֹד.

באַסמאַרקען v. a. to cover with snivel לַכְלֵךְ בְּרִיר הָאַף; || ־ זיך v. r. to cover oneself with snivel הִתְלַכְלֵךְ בְּרִיר הָאַף.

באַערדיגן v. a. to bury, inter קָבֹר; (joc.) to honor כַּבֵּד (= באַערן).

באַערן v. a. to honor כַּבֵּד.

באַפֿאַל s. (pl. ־ן) attack הִתְנַפְּלוּת.

באַפֿאַלן v. a. to attack הִתְנַפֵּל עַל־.

באַפֿאַר adv. before קֹדֶם, לִפְנֵי כֵן.

באַפֿאַרסקען v. a. to besprinkle הַזֵּה סָבִיב.

באַפֿולמעכטיגן v. a. to empower, authorise תֵּת כֹּחַ וְהַרְשָׁאָה לְ־, הַרְשֵׁה.

באַפּוצן v. a. to adorn, embellish יַפֵּה; to trim קַשֵּׁט (מגבעות נשים).

באַפֿײַכטן v. a. to moisten הַרְטֵב.

באַפּישן v. a. to piss on הַשְׁתֵּן עַל־; || ־ זיך v. r. to wet oneself in pissing הַרְטֵב אֶת עַצְמוֹ בְּהַשְׁתָּנָה.

באַפֿלאַנצונג s. covering with plants כִּסּוּי בִּנְטָעִים.

באַפֿלאַנצן v. a. to cover with plants כַּסֵּה בִּנְטָעִים.

באַפֿלעקונג s. soiling, pollution טִנּוּף.

באַפֿלעקן v. a. to soil, pollute טַנֵּף, גָּאֵל; || ־ זיך v. r. to pollute oneself הִתְגָּאֵל.

באַפֿעדערן v. a. to feather כַּסֵּה נוֹצָה; || ־ זיך v. r. to be feathered עֲטֵה נוֹצָה.

באַפֿעל s. (pl. ־ן) order, command פְּקוּדָה, מִצְוָה, צִוּוּי.

באַפֿעלונגסאַרט *s.* imperative mood (*gr.*) דֶּרֶךְ הַצִּוּוּי (בדקדוק).

באַפֿעלן *v. a.* (באַפֿוילן *p. p.*) to order, command פָּקֹד, צַוֵּה.

— באַפֿעלן אַ גרוס to send regards שלח ברכת שלום.

באַפֿעלער *s.* (— *pl.*) commander מְצַוֶּה.

באַפֿעלקערונג *s.* (—ען *pl.*) population מִסְפַּר הַתּוֹשָׁבִים, אוּכְלוּסִים, יוֹשְׁבֵי הָאָרֶץ.

באַפֿעלקערן *v. a.* to people, populate הוֹשֵׁב בַּאֲנָשִׁים.

באַפֿעסטיגונג *s.* (—ען *pl.*) strengthening חִזּוּק; fortification חִזּוּק (מצודה).

באַפֿעסטיגן *v. a.* to strengthen חַזֵּק; to fortify חַזֵּק (מצודה).

באַפֿרוכפּערונג *s.* fructification הַפְרָאָה, הַזְרָעָה, עִבּוּר.

באַפֿרוכפּערן *v. a.* to fructify הַפְרֵה, הַזְרֵעַ, עַבֵּר.

באַפֿרידיגונג *s.* satisfaction מִלּוּא רָצוֹן־, פִּצּוּי.

באַפֿרידיגן *v. a.* to satisfy מַלֵּא רְצוֹן־, פַּצֵּה; to reward שַׁלֵּם.

באַפֿרייאונג *s.* deliverance, liberation הוֹצָאָה לַחָפְשִׁי, שִׁחְרוּר.

באַפֿריינדן *v. a.* to make a person acquainted with another קָרֵב לֵב אִישׁ לְאִישׁ; ‖— זיך *v. rec.* to become friends הִתְרוֹעֵעַ.

באַפֿרייען *v. a.* to deliver, liberate, set free הוֹצֵא לַחָפְשִׁי, שַׁחְרֵר.

באַפֿרייער *s.* (— *pl.*) deliverer, liberator מְשַׁחְרֵר.

באַפּרישטשעט *adj.* pimpled מָלֵא סִמְטוֹת; ‖— ווערן *v. p.* to be covered with pimples הִכָּסֵה בְּסִמְטוֹת.

באַץ *int.* slap! קוֹל מַכַּת לֶחִי.

באָץ *s.* dolt, stupid fellow בַּעַר, סָכָל, טִפֵּשׁ (=פּאָץ).

באַצאָלונג *s.* (—ען *pl.*) payment שִׁלּוּם; reward גְּמוּל, שָׂכָר.

באַצאָלן *v. a.* to pay שַׁלֵּם; to reward גְּמֹל; to repay, return גְּמֹל.

— באַצאָלן מיט אַ רעה פֿאַר אַ טובה to return evil for good גמל רע תחת טוב.

באַצוג *s.* reference, relation יַחַס; (— *pl.*) covering, case מִכְסֶה, מַעֲטָפָה.

באַצווינגען *v. a.* to subdue כָּבֹשׁ.

באַצויבערונג *s.* enchantment מִקְסָם, כִּשּׁוּף.

באַצויבערן *v. a.* to enchant, charm הַקְסֵם.

באַצופּן *v. a.* to pluck round מְרֹט מִסָּבִיב.

באַציאונג *s.* (—ען *pl.*) relation יַחַס; respect, regard יַחַס.

באָציאַן *s.* (—עס *pl.*) stork חֲסִידָה.

באָציעוואַטע *adj.* stupid טִפְּשִׁי.

באַציעכץ *s.* (— *pl.*) covering מִכְסֶה.

באַצייען *v. a.* to cover כַּסֵּה; to import (*goods*) הָבֵא (סחורה); ‖— זיך *v. r.* to relate הִתְיַחֵס; to refer רָמֹז.

באַ‖צײַטן, —צײַטנס *adv.* betimes, in time, in good time בְּעוֹד זְמַן, בְּעִתּוֹ.

באַצייכענונג *s.* (—ען *pl.*) designation צִיּוּן.

באַצייכענען *v. a.* to designate צַיֵּן, סַמֵּן.

באַצירק *s.* (— *pl.*) district גָּלִיל, פֶּלֶךְ; ward רֹבַע, שְׁכוּנָה (של עיר).

באַק *s.* (— *pl.*) cheek לְחִי.

— די באַק פֿון הינטער־חלק buttock שת.

באָק¹ *s.* (בעק *pl.*) he-goat עַתּוּד, תַּיִשׁ; jack, sawyer's-block חֲמוֹר (של חרש עץ וכד'); idol עֶצֶב אֱלִיל.

באָק² (—עס *pl.*) side צֶלַע, צַד.

— מיט די הענט אין די באָקעס with the arms a-kimbo בשים ידיו על מתניו.

באַק־אויוון *s.* (—ס *pl.*) bake-oven תַּנּוּר־מַאֲפֶה.

באַקאַליינע *adj* of groceries שֶׁל מִינֵי אֹכֶל.

באַקאַלייע *s.* dried fruit פְּרִי מְיֻבָּשׁ; grocery wares בְּשָׂמִים, מִינֵי אֹכֶל.

— באַקאַליינע קלייט grocery חנות של מיני אכל (של פרות, של בשמים).

באַקאַלייניק *s.* (—עס *pl.*) grocer בַּשָּׂם, סוֹחֵר פֵּרוֹת, סוֹחֵר בְּמִינֵי אֹכֶל.

באַקאַנט *adj.* known נוֹדָע; acquainted נוֹדָע.

— גוט באַקאַנט well-known מפורסם.

— באַקאַנט מאַכן to make known, publish, advertise הודיע, פרסם, הכרז.

— באַקאַנט מאַכן מיט אימעצן to acquaint a person with another עשה הכרות בין איש לרעהו.

— באַקאַנט ווערן to become known הודע, התפרסם.

— באַקאַנט ווערן מיט אימעצן to get acquainted with a person התודע, אל־, התרועע עם־.

באַקאַנטמאַכונג *s.* (—ען *pl.*) advertisement הוֹדָעָה, פִּרְסוּם, הַכְרָזָה.

באַקאַנ‖טער *s.* (—טע *pl.*) acquaintance מַכִּיר, מַכָּר, מוֹדָע; ‖—טע *s.* female acquaintance מַכִּירָה.

באַקאַנטשאַפֿט *s.* (— *pl.*) acquaintance הַכָּרוּת, יְדִיעָה.

באַקאַפּען *v. a.* to drop on הַטֵּף עַל־.

באַקאַקן *v. a.* to beshit עָשֹׂה צְרָכָיו עַל־, טַנֵּף בְּצוֹאָה־; ‖— זיך *v. r.* to befoul oneself הִטַּנֵּף, הִתְלַכְלֵךְ.

באַקדייזשע = דיוזשע.

באַקוועם *adj.* convenient נוֹחַ; comfortable מְרֻוָּח; ‖—קייט *s.* convenience נוחות; comfort הַרְוָחָה.

באַקוועמליך, —קייט = באַקוועם, —קייט.

באַקומען *v. a.* to get, receive קַבֵּל; to obtain הַשֵּׂג; ‖— *v. n.* to agree with הִתְאֵם לְ־ (בבריאות).

— זאָל עס אים וואויל באַקומען may it well agree with him, may he well enjoy it לו יִמתק לו זה. לו יקבל הנאה מזה.

באַקומערן v. a. to trouble הַטְרֵד, הַפְרֵעַ; to concern נָגֹעַ לְ־; ‖ — זיך v. r. to care דָּאֹג.

באַקלאָגן v. a. to lament סַפֵּד עַל; ‖ — זיך v. r. to complain הִתְאוֹנֵן.

באַקליידונג s. clothing הַלְבָּשָׁה.

באַקליידן v. a. to clothe, dress הַלְבֵּשׁ; (fig.) to scold גַּדֵּף, חָרֵף.

באַקלייען v. a. to paste on or over דַּבֵּק (הַדְבֵּק) עַל־.

באַקלעפּן = באַקלייען.

באַקלערן v. a. to consider, deliberate upon הִתְבּוֹנֵן אֶל־, חָשֹׁב עַל־; to contemplate הִסְתַּכֵּל בְּ־.

באַקן v. a. (געבאַקט, געבאַקן p. p.) to bake אָפֹה; to roast צְלֹה (תפוחים).

באַקנבאַרדן s. pl. side whiskers שְׂעַר־הַלְּחָיַיִם.

באַקן־חלב s. he-goat's fat חֵלֶב עַתּוּדִים.

באַקסער s. (pl. — ן) carob-bean, carob-pod, John's bread חָרוּב.

באַקסערן‖בוים s. (— ביימער pl.) carob-tree עֵץ חָרוּבִין.

באַקע s. groin כַּף הַיָּרֵךְ; = באַק².

באַקעוואַטע adj. goatish שֶׁל תַּיִשׁ; כְּתַיִשׁ.

באַקעם adv. sideways, sidewise בְּצַד, מֵהַצַּד.

— אויספאַלן באַקעם to turn out the wrong way יצא לא כהוגן.

— דאָס וועט אים אַרויסגיין באַקעם he will not enjoy it לא יהנה מזה; (fig.) he will smart for it ענש יענש על זה.

באַקענט = באַקאַנט.

באַקענען v. a. to confess הוֹדֵה עַל; ‖ — זיך v. rec. to get acquainted הִתְוַדֵּעַ אִישׁ אֶל רֵעֵהוּ, הִתְרוֹעֵעַ.

באַקפּאַן s. (pl. — ען) bake-pan מַשְׂרֵת לַאֲפִיָּה.

באַק‖צאָן s. (— ציינער pl.) grinding tooth, molar טֹחֲנָה.

באַקראַכן ווערן v. p. to get lousy הִמָּלֵא כִנִּים, הִנָּגֵף מִכִּנִּים.

באַקראָפּען v. a. to besprinkle הַזֵּה עַל.

באַר¹ s. (pl. — ן) pear אַגָּס.

באַר² adj. ready (money) מְזֻמָּן (כסף).

— באַר געלט ready money, cash כסף מזומן.

באַראַבאַליכע s. (pl. — ס) chatter-box פַּטְפְּטָנִית.

באַראַבאַליע s. (pl. — ס) potato תַּפּוּחַ אֲדָמָה.

באַראַבאַן s. (pl. — עס) drum תֹּף.

באַראַבאַניען v. n. to drum, beat the drum תּוֹפֵף, הַכֵּה בְתֹף.

באַראַבאַנשטשיק s. (pl. — עס) drummer מְתוֹפֵף, מַכֵּה בְתֹף.

באַראַבעווען = באַנגלען.

באַראַוויק s. (pl. — עס) a species of mushroom מִין פִּטְרִיָּה.

באַראָווקע = ברוסניצע.

באַראַט s. hazard מִקְרֶה.

— אויף גאָטס באַראַט at hap-hazard במקרה; at the mercy of God לחסד אלהים, להמקרה.

באַראַטן זיך v. r. to deliberate הִתְבּוֹנֵן, חָשֹׁב; ‖ v. rec. to take counsel together הִתְיָעֵץ.

באַראָמעטער s. (pl. — ן) barometer מוֹדֵד הָאֲוִיר (כלי).

באַראַן s. (pl. — עס) ram אַיִל.

באַראָן s. (pl. — ען) baron בָּרוֹן (אחד מחורי הארץ, שוע).

באַראַן־בוץ s. goring ram אַיִל מְנַגֵּחַ.

— מאַכן באַראַן־בוץ to gore like a ram נגח כאיל.

באַראַנטשיק s. (pl. — עס) little ram אַיִל קָטָן.

— טראָגן באַראַנטשיק to carry a child on the shoulders like a lamb נשא ילד על השכם כטלה.

באַראַנע = בראָנע.

באַראַנעווען = בראָנעווען.

באַראָנעסע s. (pl. — ס) baroness בָּרוֹנִית (אשת או בת איש שוע).

באַראַנקאָווע adj. of sheep-skin שֶׁל עוֹר כֶּבֶשׂ.

באַראַנקעס s. pl. sheep-skin עוֹר כֶּבֶשׂ.

באַראַש = בראַש².

באַרבאַר s. (pl. — ן) barbarian פֶּרֶא־אָדָם.

באַרבאַריזם s. barbarism פְּרָאוּת.

באַרבאַריש adj. barbarous פֶּרֶא.

באַרבלען זיך v. r. to toss about, struggle פַּרְכֵּס.

באַרבער s. (pl. — ס) (Am.) barber גַּלָּב, סַפָּר.

באַרג s. (בערג, בערגער pl.) mountain הַר; heap, mass עֲרֵמָה, קְבוּצָה, חֹמֶר.

— צוזאָגן גאָלדענע בערג to make ample promises הבטח על שקר.

באָרג s. credit, trust הַקָּפָה, אֲמוּנָה.

— אויף באָרג on credit, on trust בהקפה, באמונה.

באַרג־אַראָפּ adv. downhill בְּמוֹרַד הָהָר, מֵעַל הָהָר; ‖ s. slope, declivity מוֹרַד הָהָר.

— גיין באַרג־אַראָפּ to go downhill הלוך וירד.

באַרג־אַרויף adv. uphill בְּמַעֲלֵה הָהָר, עַל הָהָר; ‖ s. uphill מַעֲלֵה הָהָר.

— גיין באַרג־אַרויף to go uphill הלוך ועלה.

באָרגן v. a. to borrow לְוֹה; to take on credit לָקֹחַ בְּהַקָּפָה; to lend הַלְוֵה; to give on credit תֵּת בְּהַקָּפָה.

באַרג־רוקן s. (pl. — ס) ridge (geogr.) רֶכֶס (הרים).

באָרד s. (בערד pl.) beard זָקָן.

— די מעשה האָט שוין אַ באָרד (joc.) this is a very old story זה מעשה ישן נושן.

באָרדאַק = באָרדעל.

באָרדיאַגע = בראָדיאַגע.

באָרדעל s. (pl. ען —) brothel, disorderly house בֵּית זוֹנוֹת.

באַרואיגונג s. calming, appeasing הַשְׁקָטָה.

באַרואיגן v. a. to calm, appease הַשְׁקֵט, הַרְגֵּעַ.

באַרווע s. nap, hair, grain of cloth שְׂעָרוֹת שֶׁל אֶרֶג צֶמֶר.

באָרוועס adj. barefooted, barefoot יָחֵף.

באַרוט adj. tranquil שָׁקֵט, שָׁלֵו.

— נוט האָבן קיין באַרוטער מינוט not to have a moment's rest לא היה לאיש מנוחה אף רגע.

באַרויבונג s. robbing גְּזֵלָה, עֹשֶׁק; deprivation שְׁלִילָה.

באַרויבן v. a. to rob גְּזֹל מִ־; to deprive שְׁלֹל מִ־.

באַרוישונג s. intaxication שִׁכָּרוֹן.

באַרוישן v. a. to intaxicate שַׁכֵּר.

באַרוען v. n. to rest נוּחַ; הִשָּׁעֵן עַל־.

באָרוקן זיך v. rec. to wrestle, struggle הֵאָבֵק, הִלָּחֵם.

באָרטן s. shore חוֹף, שְׂפַת הַיָּם.

באַריטאָן s. (pl. ען —) barytone בָּרִיטוֹן (אחד מקולות הזמרה).

באַרייִדן v. a. to persuade פַּתֵּה; to talk ill of a person, backbite דַּבֵּר רָע מֵאִישׁ.

באַרייִדעוודיג adj. talkative, loquacious מַרְבֶּה לְדַבֵּר, דַּבְּרָן; ‖ — קייט s. talkativeness דַּבְּרָנוּת.

באַרייִדעריי s. evil talk, slander דִּבָּה.

באַרייזט adj. who has traveled much אֲשֶׁר נָסַע הַרְבֵּה, רָגִיל בִּנְסִיעוֹת.

באַרייטער s. (pl. —) horseman רַכָּב.

באַרייכן v. a. to enrich הַעֲשֵׁר.

באַרייכערן v. a. to fumigate קַטֵּר עַל־ (בְּ־).

באַרייסן v. a. to fleece עֲשֹׁק עַל יְדֵי הַעֲמָדַת מְחִיר רָב.

באַרייסער s. (pl. —) fleecer עוֹשֵׁק עַל יְדֵי הַעֲמָדַת מְחִיר רָב.

באַרייסעריי s. fleecing עֹשֶׁק עַל יְדֵי הַעֲמָדַת מְחִיר רָב.

בַּאֲרִיכוּת adv. at length, extensively —.

באַריכט s. (pl. ען —) report, account הוֹדָעָה, דִּין וְחֶשְׁבּוֹן.

באַריכטן v. a. to report, give an account הוֹדִיעַ, נָתֹן דִּין וְחֶשְׁבּוֹן.

באַרילעכן s. (pl. ס —) barrel, keg חָבִית קְטַנָּה.

באַרילקע = באַרילעכן.

באַרימט adj. celebrated, renowned, famous נוֹדָע, מְפֻרְסָם; ‖ קייט s. ronown, fame פִּרְסוּם, שֵׁם.

באַרימען זיך v. r. to boast, brag הִתְפָּאֵר.

באַרימער s. (pl. —, ס —) boaster, braggart מִתְפָּאֵר.

באַרימעריי s. boasting, bragging הִתְפָּאֲרוּת.

באַרימ‖ערן, — ערקע s. (pl. ס —) bragging woman אִשָּׁה מִתְפָּאֶרֶת.

באַרינע s. (pl. ס —) wild pine אֹרֶן הַיַּעֲרִי.

באַריקאַדירן v. a. to barricade סוֹךְ הַדְּרָכִים.

באַריקאַדע s. (pl. ס —) barricade מְסוּכַת הַדְּרָכִים.

באַרירונג s. contact נְגִיעָה.

באַרירן v. a. to touch נָגֹעַ; to mention הַזְכֵּר (ענין).

באַריש s. (pl. ן —) gain, profit בֶּצַע, רְוָחִים.

— טרונקען באַריש to drink at the conclusion of a bargain שתה בשעת גמירת עסק.

באַרישניע s (pl. ס —) young lady עַלְמָה.

באַרכן adj. of velvet שֶׁל קְטִיפָה.

באַרכעט s. velvet קְטִיפָה.

באַרכעס s. pl. white loaves for the Sabbath חַלּוֹת לְשַׁבָּת.

באַרלאָקל = בורלאָקל.

באַרלינקע = בערלינקע.

באַרנ‖בוים s. (pl. ביימער —) pear-tree עֵץ אַגָּסִים.

באַרנע = באַר.

באַרנצימעס s. (pl. ן —) stewed pears לִפְתָּן שֶׁל אַגָּסִים.

באַרנקוואַס s. perry מִיץ אַגָּסִים.

באַרעגנענען v. a. to rain over, wet by rain הַרְטֵב בְּגֶשֶׁם.

באַרעדעוודיג, — קייט = באַרייִדעוודיג, — קייט.

באַרעווען זיך = באָרען זיך.

באַרעזש s. barege (stuff) אָרִיג צֶמֶר דַּק.

באַרעכטיגן v. a. to justify הַצְדֵּק; to entitle נָתֹן זְכוּת עַל־.

באַרעכענונג s. calculation חֶשְׁבּוֹן; consideration הִתְבּוֹנְנוּת.

באַרעכענען v. a. to calculate עֲשֵׂה חֶשְׁבּוֹן, חַשֵּׁב; to consider הִתְבּוֹנֵן; ‖ — זיך v. r. to consider הִתְבּוֹנֵן.

באַרעמהאַרציג adj. merciful רַחוּם, רַחֲמָן; ‖ — קייט s. mercifulness, mercy רַחֲמָנוּת.

באָרען זיך v. r. to wrestle, struggle הֵאָבֵק, הִלָּחֵם.

באַרקע[1] s. (pl. ס —) barge מִין סִירָה שְׁטוּחָה.

באַרקע[2] s. (pl. ס —) shoulder שְׁכֶם.

באַרשט s. (pl. בערשט) brush מִבְרֶשֶׁת.

באַרשט = באָרשטש.

באַרשטאַן = באַשטאַן.

באַרשטיג adj. bristly סָמָר (כשערות קשות).

באַרשטן, באַרשטן v. a. to brush נַקֵּה בְּמִבְרֶשֶׁת.

באָרשטש s. soup with beet-root and meat מְרַק סֶלֶק וּבָשָׂר, תַּבְשִׁיל חָמִיץ עִם בָּשָׂר.

— (prov.) צו באָרשטש דאַרף מען נוט האָבן קיין צוויי

one can easily understand a thing which is plain נקל להבין דבר פשוט.

באשאָטנען *v. a.* to overshadow פָּרֹשׂ צֵל עַל־.

באשאַף *s.* creation בְּרִיאָה.

באשאַפונג *s.* creation, making יְצִירָה, עֲשִׂיָּה.

באשאַפן *v. a.* to create, make בְּרֹא, יָצֹר, עָשׂה.

באשווענקען *v. a.* to wash הָדֹחַ, שַׁטֵּף.

באשווערונג *s.* (*pl.* ־ען) binding by an oath; conjuration הַשְׁבָּעָה, קֶסֶם.

באשווערן *v. a.* to cause to swear, bind by an oath הַשְׁבֵּעַ; to conjure הַשְׁבֵּעַ, הַקְסֵם.

באשווערער *s.* (*pl.* ־) conjurer מַשְׁבִּיעַ, קוֹסֵם.

באשוכן *v. a.* to shoe הַנְעֵל (איש).

באשולדיגונג *s.* (*pl.* ־ען) accusation, charge הַאֲשָׁמָה.

באשולדיגן *v. a.* to accuse, charge הַאֲשֵׁם.

באשטאַטן *v. a.* to provide הַסְפֵּק; to squander בַּזְבֵּז.

באשטאַן *s.* (*pl.* ־עס) field of cucumbers *or* melons מִקְשָׁה.

באשטאַנד *s.* footing מַעֲמָד; existence קִיּוּם.

באשטיין *v. n.* to stand עֲמֹד; to endure סָבֹל; to exist קַיֵּם; to consist הָיֹה מֻרְכָּב מִ־, הָיֹה; to be equal שָׁקֹל (כנגד); to insist עֲמֹד עַל־ (דעה); to agree הֵאוֹת לְ־.
— באשטיין קענען צוויי to be equal to two היה שקול כנגד שנים.

באשטייערונג *s.* taxation שִׂימַת מַס עַל־.

באשטייערן *v. a.* to tax שִׂים מַס עַל־.

באשטימונג *s.* (*pl.* ־ען) appointment יְעִידָה; destination יִעוּד.

באשטימט *adj.* positive מֻחְלָט; definite מְסֻיָּם, יָדוּעַ.
— (*gr.*) באשטימטער אַרטיקל definite article מלת הידיעה.

באשטימען *v. a.* to appoint יָעֹד, קָבֹעַ; to destine יָעֹד מֵרֹאשׁ.

באשטעטיגונג *s.* (*pl.* ־ען) confirmation אִשּׁוּר, קִיּוּם.

באשטעטיגן *v. a.* to confirm אַשֵּׁר, קַיֵּם.

באשטעלונג *s.* (*pl.* ־ען) order הַזְמָנָה (של סחורה); appointment הַזְמָנָה (לזמן קבוע).

באשטעלן *v. a* to order (*goods*) זַמֵּן, הַזְמֵן (סחורה); to appoint הַזְמֵן (איש לזמן קבוע); to engage שָׂכֹר (איש לעבודה).

באשטענדיג, ־קייט = שטענדיג, ־קייט.

באשטעקלען זיך *v. r.* to provide oneself with a cane הָכֵן לְעַצְמוֹ מַקֵּל.

באשטעקן *v. a.* to bestick, stick over with נָעֹץ בְּ־.

באשטראָפונג *s.* (*pl.* ־ען) punishment עֹנֶשׁ.

באשטראָפן *v. a.* to punish עָנֹשׁ.

באשיטן *v. a.* to bestrew זָרֹה עַל; to cover (*with earth*) כַּסֵּה (בעפר).

באשייד *s.* (*pl.* ־ן) answer, decision מַעֲנֶה; interpretation פִּתְרוֹן, פֵּשֶׁר.

באשיידן[1] *v. a.* to explain, interpret בָּאֵר, פָּתֹר.

באשיידן[2] *adj.* modest עָנָו, צָנוּעַ; ‖ ־קייט *s.* modesty עֲנָוָה, צְנִיעוּת.

באשיינפּערלך *adv.* evidently, clearly, plainly נִרְאֶה לָעֵינַיִם, בָּרוּר.

באשיינען *v. a.* to shine upon הָאֵר עַל־.

באשיינען *v. a.* to beautify, embellish יַפֵּה, פָּאֵר, קַשֵּׁט.

באשיצונג *s.* protection הֲגָנָה, מַחְסֶה.

באשיצן *v. a.* to protect הָגֵן עַל־; ‖ ־ זיך *v. r.* to protect oneself הָגֵן עַל נַפְשׁוֹ.

באשיצער *s.* (*pl.* ־) protector מָגֵן.

באשירעמונג *s.* protection הֲגָנָה.

באשירעמען *v. a.* to protect הָגֵן עַל־.

באשלאָג *s.* garniture צִפּוּי, קִשּׁוּט.

באשלאָגן *v. a.* to nail שִׂים מַסְמְרִים בְּ־; to cover, line כַּסֵּה, צַפֵּה; to garnish קַשֵּׁט.
— באשלאָגן מיט אַ שווייס to cover with perspiration כסה בזעה.
— אַנגסטן באשלאָגן זיך, ז. אַנגסט.

באשלאָס, באשלוס *s.* (*pl.* ־ן) decision, resolution גְּמָר, הַחְלָטָה; conclusion גְּמָר, מַסְקָנָא.

באשליסן *v. n.* to decide, resolve גְּמֹר, הַחְלֵט.

באשליק *s.* (*pl.* ־ן, ־עס) bashlyk, Caucasian cowl בית־ראש, בַּרְדָּס, כֻּבְנָה.

באשלעג *s.* binding with iron חֲשִׁילָה בְּבַרְזֶל.

באשמוצן *v. a.* to dirty, soil לַכְלֵךְ, טַנֵּף.

באשמירן *v. a.* to coat, grease, anoint מָרֹחַ, מָשֹׁחַ (בשמן, בשומן); to besmear, besmirch לַכְלֵךְ, טַנֵּף.

באשמעלצן *v. a.* to melt on הַתֵּךְ (חלב) עַל־.

באשמעקט *adj.* graceful מָלֵא חֵן.

באשניידונג *s.* cutting round, trimming כְּרִיתָה מִסָּבִיב; circumcision מִילָה.

באשניידן *v. a.* to cut round, trim כָּרֹת מִסָּבִיב; to circumcise מוֹל.

באשניע *s.* (*pl.* ־ס) tower מִגְדָּל, מִצְפָּה.

באשעכע = בושעכע.

באשענקען *v. a.* to present a person with נָתֹן מַתָּנָה לְאִישׁ; to endow הַאֲצֵל.

באשעפטיגונג *s.* (*pl.* ־ען) occupation, business, employment עֵסֶק, מַעֲשֶׂה, עֲבוֹדָה.

באשעפטיגט *adj.* occupied, engaged, busy עָסוּק (בענין או בעבודה).

באשעפטיגן *v. a.* to employ תֵּת עֲבוֹדָה לְ־; to ento occupy *v.r.* זיך –‖ שַׁנֵּן; gage (*one's mind*) oneself עָסֹק.

באשעפּעניש *s.* (*pl.* ן –) creature בְּרִיָּה, יְצוּר.

באשעפער *s.* (*pl.* –) creator בּוֹרֵא, יוֹצֵר.

באשערט *adj.* destined יָעוּד מֵרֹאשׁ.

באשער‖טער *s.* (*pl.* טע –) future husband הַמְיוּעָד (חתן)

באשערטע *s.* (*pl.* –) future wife הַמְיוּעֶדֶת (כלה).

באשערן¹ *v. a.* to cut round with scissors קָצֹץ סָבִיב בְּמִסְפָּרַיִם.

באשערן² *v. a.* to destine יָעֵד מֵרֹאשׁ; to bestow נָתֹן, חָנֹן.

באשפּייַען *v. a.* to spit on יָרֹק עַל־; to soil by spitting on לַכְלֵךְ בְּרֹק.

באשפּריִנקלען *v. a.* to besprinkle הַזֵּה עַל־.

באשפּריצן *v. a.* to bespatter, besplash לַכְלֵךְ עַל יְדֵי הַזָּיָה; to besprinkle הַזֵּה עַל־.

באשפּרעכן = ארומרוידן.

בַּאשר *conj.* because מִפְּנֵי, מִכֵּיוָן; as if כְּאִלּוּ.

באשרייַבונג *s.* (*pl.* ען –) description תֵּאוּר (בכתב).

באשרייַבן *v. a.* to describe תָּאֵר (בכתב).

באשרענקונג *f* limitation, restriction הַגְבָּלָה.

באשרענקט *adj.* limited, restricted מֻגְבָּל.

באשרענקען *v. a.* to limit, restrict הַגְבֵּל, הַמְעֵט (זכיות).

בַּאשר־בְּכֵן *conj.* as, whereas מִכֵּיוָן שֶׁ־.

בָּבא־‖מַעשה *s.* (*pl.* מַעשיות –) story of Buovo סִפּוּר שֶׁל בּוּבוֹ; idle story סִפּוּר בָּדוּי א).

בִּבְחינת *adv.* in the sense of –, בְּמוּבָן, בְּתוֹר.

בָבל *npr.* Babylon אֶרֶץ בָּבֶל; = באָוול.

בָּבל־סְחוֹרה = באָוול־סחורה.

בָּבל־קוֹנה = באָוול־קונה.

בֶּגד *s.* (*pl.* בְּגָדים) garment –, לְבוּשׁ, מַלְבּוּשׁ.

בִּגדי־מַלכות *s. pl.* royal garments בִּגְדֵי מְלָכִים, בְּגָדִים נֶהְדָּרִים.

בִּגְדֵי־מֶשי *s. pl.* silk garments –.

בִּגְדֵי־שַׁבּת *s. pl.* Sabbath garments –.

בִּגְזֵלה *adv.* by robbery –,

בִּגְזֵרת *adv.* at the command of –.

בְּגִילה־בְּרִינה *phr.* with exultation and rejoicing –.

בגילוי־ראש *adv.* with uncovered head —.

בגילופין *adv.* tipsy מְבֻסָּם; in a jolly mood שָׂמֵחַ וְטוֹב לֵב.

בגימטריא *adv.* by the computation of the numerical value of words —.

בִּגְנֵבה *adv.* by stealth, secretly –, בַּסֵּתֶר.

בְּגעלע בְּגרינע, שפּאַסיג פֿאַר בְּגִילה בְּרינה.

בְּגראַנדע *adv.* in glory בִּגְדֻלָּה, בְּתִפְאָרָה.

בַּגרת = בוגרת.

בְּגַשמיות *adv.* materially –, בְּחָמְרִיּוּת.

ב״ד *abbr.* = בֵּית־דִּין.

בְּדוחק *adv.* in want, in poverty בְּמַחְסוֹר; with difficulty –, בְּקֹשִׁי.

בָּדוק ומנוסה *adj.* thoroughly tried (*of a remedy*) –.

בְּדורו *adv.* in his generation, in his time –.

בְּדחילו ורחימו *adv.* with awe and love, with reverence –, בְּיִרְאַת הַכָּבוֹד.

בַּדחן *s.* (*pl.* בַּדְחָנים) joculator, jester (*at a wedding*) –, מְבַדֵּחַ, מְהַתֵּל, מִתְלוֹצֵץ (בשמחת החתונה).

בַּדחנות *s.* profession of a jester –, אֻמָּנוּת שֶׁל בַּדְחָן; jest –, מַהֲתַלּוֹת, לָצוֹן; rhymes of a jester חֲרוּזִים שֶׁל בַּדְחָן.

בַּדחנען *v. n.* to play the jester עֲשֹׂה מַעֲשֵׂה בַּדְחָן, בַּדֵּחַ.

בְּדחק = בְּדוחק.

בְּדידי הָוא עובדא *phr.* I have experienced it myself –, לִי לְעַצְמִי קָרָה מַעֲשֶׂה כָּזֶה.

בְּדִיוּק *adv.* exactly, accurately, precisely –.

בְּדיל *s.* (*fl.*) tin for debasing coins בְּדִיל לְזִיּוּף מַטְבְּעוֹת.

בְּדיל־דַל, בְּדיל־הֶדל, בְּדילי־דַל *adv.* in great poverty בַּעֲנִיּוּת גְּדוֹלָה.

— ווערן בּדיל־הדל to be reduced to utter poverty הֶעָנִי מְאֹד.

בְּדִיעבד *adv.* after the act –, לְאַחַר הַמַּעֲשֶׂה.

בְּדִיקה *s.* (*pl.* בדיקות) examination, inspection (*of slaughtered animal*) –.

בְּדיקת־חמץ *s.* searching for leavened bread (*ceremony on the night before the eve of Passover*) –.

בְּדַלות *adv.* in poverty –, בַּעֲנִיּוּת.

— זיין בדלות to be poor היה עני; to worry (*tr.*) דאג.

— ווערן בדלות to become poor הֶעָנִי, היה לעני.

— שטעלן בדלות to empoverish הַעֲנִי, עֲשׂה לעני.

בִּדְלֵיכא *adv.* where there is nothing בְּמָקוֹם שֶׁאֵין מְאוּמָה.

בִּדְלֵיכא כּולו עַלמא לא פּליגי *phr.* where there is nothing there is no division of opinion –, בְּמָקוֹם שֶׁאֵין כְּלוּם אֵין שָׁם חִלּוּקֵי דֵעוֹת.

— בדליכא כולו עלמא לא פליגי (*joc.*) — וואו עס איז ניטאָ קרינט קיינער ניט where nothing is no-

---

א) די מעשה Buovo d'Antona (איטאַליעניש) איבערגעזעצט אין יידיש פֿון אליהו בחור.

thing can be had במקום שאין כלום אין לא״ש מאומה א).

בִּדְלֵית בְּרֵירָה *adv.* where there is no alternative בְּמָקוֹם שֶׁאֵין בְּרֵירָה.

בְּדֵעָה *adv.* of intention —, בְּכַוָּנָה, בְּמַחֲשָׁבָה.

— האָבן בדעה to intend התכון, חשב.

בְּדַעַת *adv.* wittingly, knowing —.

בֶּדֶק־הַבַּיִת *s.* repairing of a house of worship —, תִּקּוּן סִדְקֵי בֵּית תְּפִלָּה.

בַּדקעווען = בַּדק׳ען, — ענען.

בַּדק׳ען, — ענען *v. a.* to search, examine, inspect (*slaughtered animals*) בָּדֹק (בהמות אחר השחיטה).

בְּדֶרֶךְ *adv.* in the manner of, as בְּאוֹפֶן, בְּתוֹר.

בְּדֶרֶךְ־אַגַּב *adv.* by the way, in passing —, אַגַּב אוֹרְחָא.

בְּדֶרֶךְ הַיָּשָׁר *phr.* in the right path —.

בְּדֶרֶךְ־הַלָּצָה *adv.* in jest, as a jest, jocularly —.

בְּדֶרֶךְ־הַעֲבָרָה *adv.* metaphorically, figuratively בְּהַעֲבָרָה, בְּמוּבָן מֻשְׁאָל.

בְּדֶרֶךְ־כְּלָל *adv.* in general, generally בִּכְלָל.

בְּדֶרֶךְ־מְלִיצָה = בְּדֶרֶךְ־הַעֲבָרָה.

בְּדֶרֶךְ־מָשָׁל *adv.* allegorically —; figuratively בְּדֶרֶךְ הַעֲבָרָה.

בְּדֶרֶךְ־פְּרָט *adv.* particularly בִּפְרָט.

ב״ה *abbr.* = בַּעַל־הַבַּיִת.

ב״ה[2] *abbr.* = בָּרוּךְ הַשֵּׁם.

ב״ה[3] *abbr.* = בָּרוּךְ הוּא.

בה״ב *abbr.* = שֵׁנִי־חֲמִישִׁי־שֵׁנִי Monday-Thursday-Monday, fasts on the first and second Mondays and the first Thursday of the months Iyar and Heshvan תַּעֲנִיּוֹת בְּיוֹם שֵׁנִי א׳ וב׳ וּבְיוֹם חֲמִישִׁי א׳ בְּחָדְשֵׁי אִיָּר וְחֶשְׁוָן.

— פֿאַסטן בה״ב to fast on Mondays and Thursdays התענה ביום שני וחמישי.

בְּהֶבֶל פִּיו *phr.* with the breath of his mouth, בְּרוּחַ פִּיו; with the inanity of his words בְּרֵיקוּת דְּבָרָיו.

בְּהַדְרָגָה *adv.* by degrees, gradually מַדְרֵגָה־מַדְרֵגָה.

בִּהְיוֹת *conj.* whereas, as מִכֵּיוָן.

בְּהֶיתֵּר = בְּהֶתֵּר.

בְּהֶכְרֵחַ *adv.* of necessity, necessarily —.

בֶּהָלָה *s.* (*pl.* בֶּהָלוֹת) terror, fright —, פַּחַד־ חֲרָדָה; commotion, disturbance, tumult מְהוּמָה.

בַּהֲלָן *s.* (*pl.* בַּהֲלָנִים) one who is eager or anxious for something מִשְׁתּוֹקֵק לְדָבָר, נִבְהָל לְדָבָר א).

— זײַן אויף אַלץ אַ בהלן to be eager for everything השתוקק לכל דבר.

— אַ בהלן אויף די סחורה an eager customer for the goods משתוקק לקנות הסחורה.

— זײַן אַ בהלן צו וויסן to be curious to know השתוקק לדעת.

— אַ בהלן אויף מוזיק a lover of music אוהב זמרה.

בַּהֲלָנוּת *s.* eagerness תְּשׁוּקָה, חֵפֶץ.

בַּהֲלָנטע *s.* a woman who is eager for something אִשָּׁה מִשְׁתּוֹקֶקֶת לְדָבָר.

בְּהֵמָה *s.* (*pl.* בְּהֵמוֹת) cow פָּרָה; beast חַיָּה; (*fig.*) simpleton, fool טִפֵּשׁ, שׁוֹטֶה; (*fl.*) examining magistrate קֻסְדוֹר (חוקר ודורש של בית המשפט).

— קלײנע בהמות small cattle בהמות דקות.

— גרויסע בהמות black cattle בהמות גסות.

בְּהֵמָה בְּצוּרַת אָדָם *phr.* a beast in the shape of man, fool טִפֵּשׁ, שׁוֹטֶה.

בְּהֵמָה גַּסָּה *s.* a head of black cattle —.

בְּהֵמָה דַקָּה *s.* a head of small cattle —.

בְּהֵן צֶדֶק שֶׁלִּי, בְּהֵן שֶׁלִּי *adv.* upon my word of honor —.

בְּהֶסַּח־הַדַּעַת *adv.* unexpectedly —, פִּתְאֹם.

בְּהֶסְכֵּם *adv.* by common consent —, בְּהַסְכָּמָה; in accordance —, בְּהַתְאָמָה.

— בלײַבן בהסכם to be agreed היה מוסכם.

בְּהַעֲבָרָה בְּעָלְמָא *adv.* in passing, by the way אַגַּב אוֹרְחָא.

בְּהַקָּפָה *adv.* on trust, on credit —.

בְּהָרַב *s.* the son of Rabbi... בֶּן הָרַב...

בְּהַרְחָבָה *adv.* comfortably —, בִּרְוָחָה.

בְּהֶתֵּר *adv.* licitly —.

בּוּ *int.* exclamation to a child to frighten it with a bear קְרִיאָה לַיֶּלֶד לְהַפְחִידוֹ בְּדוֹב.

בּוֹגֵד *s.* (*pl.* בּוֹגְדִים) traitor —.

בּוֹגֶרֶת *s.* (*pl.* — ן) pubescent maid, marriageable maiden —, נַעֲרָה שֶׁהִגִּיעַ פִּרְקָהּ.

בודאָטשניק *s.* police-soldier, policeman שׁוֹטֵר, שׁוֹמֵר הָעִיר.

בְּוַדַּאי *adv.* surely, undoubtedly —, לְנָכוֹן, בְּלִי סָפֵק.

א) דער שפּאַסיגער טייטש קומט דערפֿון, וואָס קריגן האָט צוויי באַדייטונגען: שטרייטן און באַקומען. פֿליגי ווערט פֿון גמרא־לערנער פֿאַרטייטשט קריגן ד. ה. שטרייטן מיט די פּיינוגנען.

א) לינעצקי שרײַבט מיט רעכט בַּהלן אָנשטאָט בַּעלן, ווײַל נאָך דער באַדייטונג נאָך איז דאָס וואָרט זיכער פֿון דעם העברע־אישן שרש בהל, זײַן געאײַלט, געריג. פֿאַרגלײַך נבהל להון (משלי כ״ח, כ״ב).

בודניק = בודאָטשניק.

בודע s. booth ;סכּה, מלונה dog-kennel, dog-house מלונת כּלב.

בודק זײַן v. a. to search, examine, inspect בּדק.

בודקע s. booth ;סכּה, מלונה sentry-box סכּת־משמר (של אנשי חיל).

בודײַ s. (pl. עס –) bull שור.

בוודאי = בּודאי.

בוזינע s. elder, elder-tree עץ־החלול.

בוזיק s. (pl. עס –) cone, strobile אצטרובּל.

בוזעם s. (pl. ס –) bosom ;חיק breast חזה, שד; = ים־בוזעם.

בוזעם־קעשענע s. (pl. ס –) breast-pocket כּיס של בּגד אצל החזה.

בוט לקע s. (pl. ס –) bottle בּקבּוק.

בוטים s. a kind of tax imposed by the Kahal formerly in Poland מין מכס של הקהל לפנים בּפּולין א).

בוטע conj. as if, as though כּאלו.

בוטעל = בוטילקע.

בוטעלקע s. (pl. ס –) button-hole אבקה, קהה; = בוטילקע.

בויאַן s. (pl. עס –) turbulent person איש ריב, קנטרן; insolent person עז־פּנים.

בויאַניען v. n. to be turbulent הקם מהומה.

בויאַניש adj. turbulent, wild שואן, פּרא.

בויאַנסקע adj. of a turbulent person של איש ריב, של קנטרן.

בויגן s. (pl. ס –) bow ;קשת sheet (of paper) גליון (נייר).

— איבערציִען דעם בויגן to be too exacting דרש או תבע יותר מדי.

— אַ פּערטל בויגן quarto רביעית הגליון; אן אכטל בויגן octavo שמינית הגליון.

בויגנשיסער s. bowman, archer ;קשת (astr.) Sagittarius, Bowman מזל קשת.

בויד s. (pl. ן –) booth of a vehicle ;סכּת עגלה a half covered vehicle עגלה מסככת עד חציה.

בוידעם s. (pl. ס, – ער –) garret עליה.

— אויסלאָזן זיך אַ בוידעם to result in nothing היה לאפס.

— בוידעם מיט פּאָליצע (id.) **incongruous matters** דברים בלתי מתאימים.

בוידעם־שטיבל s. (pl. עך –) attic חדר עליה.

בויטון = באַלטון.

בײַטען, בויטשען v. a. to shake up נער, בּלל.

א) אפשר פון מיטלהויכדייטש bodem (גרונט); גרונט־שטייער?

בויך s. (pl. בײַכער) belly, abdomen ;בּטן, כּרס maw, paunch בּטן של חיה.

בויכגאַרטל s. (pl. ען –) belly-band (of a horse) חגורת הבּטן (של סוס).

בויכגרימעניש s. belly-ache, gripes, colic כּאב הבּטן; כּאב מעים.

בויכווייטיג s. (pl. ן –) belly-ache כּאב הבּטן.

בויך־׀׀סברה s. (pl. סברות –) unfounded opinion דעה שאין לה יסוד.

בויכפּאַס = בויכגאַרטל.

בויכרעדער s. (pl. –) ventriloquist מדבּר מן הבּטן.

בוים s. (pl. בײמער) tree עץ.

בוימײַסטער = אַרכיטעקטער.

בוימל s. olive-oil, oil שמן זית, שמן.

בוינע[1] s. (pl. ס –) abattoir, slaughter-house בּית המטבּחים.

בוינע[2] s. (pl. ס –) bean פּול.

בויסטרוק s (pl. עס –) bastard ;ממזר rascal נבל.

בויען v. a. to build, construct בּנה.

— בויען צוריק (sl.) to pack off נוס, ברח.

בויער s. (pl. –) builder בּונה.

בויערן v. a. to bore נקב בּמקדח, קדח.

בויקונסט = אַרכיטעקטורע.

בויקע[1] s. (pl. ס –) butter-churn כּלי לעשות חמאה.

בויקע[2] adj. bold, daring ;אמיץ לב ׀׀ – קײַט s. boldness אמץ לב.

בויקערן = בויקערן.

בוך[1] s. (pl. ביכער) book ;ספר quire כ"ד גליונות של נייר.

בוך[2] int. bang! צול (קול נפילה).

בוכהאַלטער s. (pl. ס –) book-keeper מנהל ספרי חשבּונות.

בוכהאַלטעריע s. book-keeping הנהלת ספרי חשבּונות.

ביכהענדלער s. (pl. –) bookseller מוכר ספרים.

בוכטע s. (pl. ס –) bay, bight, creek (geogr.) לשון ים (קטנה).

בוכטע[2] s. (pl. ס –) wagon עגלה.

בוכן v. a. to book, enter into a book רשם בּספר.

בוכן׀׀בוים s. (pl. בײמער –) beech-tree אשור, אלה.

בוכענציע s. (pl. ס –) fisticuff מכּת אגרוף.

בוכציע, בוכצע = בוכענציע.

בוכשטאַב s. (pl. ן –) letter אות.

בולאַווע s. (pl. ס –) club, stick, cudgel מקל עבה, אלה.

בולאַנע adj. dun, light bay (horse) כּתם־חור, שרק (סוס).

בול־בול int. Chuck! (noise in drinking from a bottle) בּק־בּק!

בולבע[1] s. (pl. ס –) potato תּפּוח אדמה.

בולבע² *s.* (*pl.* ־ס) bubble אֲבַעְבּוּעָה (של מים); air-bladder (*of a fish*) שַׁלְפּוּחִית (של דג).

בולבעוואַטע *adj.* puffed נָפוּחַ.

בולבען *v. n.* to bubble, rise in bubbles בַּעְבֵּעַ; ‖ ־זיך *v. r.* ד. ז.

בולדאַוועשקע *s.* (*pl.* ־ס) club מַקֵּל יָד עָבֶה.

בולוואַן = באַלוואַן.

בולט *adj.* projecting, salient, prominent, in distinct בָּרוּר א); ־relief

בוליאָן *s.* bouillon, broth מְרַק בָּשָׂר.

בולעווע = בולאַווע.

בולקע *s.* (*pl.* ־ס) white loaf גְּלוּסְקָא, חַלָּה.

בולקען = בולבען.

בונד¹ *s.* (*pl.* ־ן) bond קֶשֶׁר; bundle צְרוֹר; (*pl.* בּינד) binding כְּרִיכָה; confederacy, league אֲגֻדָּה; covenant בְּרִית.

בונד² *npr.* the Bund (*a Jewish socialist organisation in Poland*) הַבּוּנְד (אגודה סוציאלית יהודית בפולין).

בונדיזם *s.* the teachings of the Bund תּוֹרַת הַבּוּנְד.

בונדיסט *s.* (*pl.* ־ן) Bundist, member of the Bund חָבֵר לְהַבּוּנְד.

בונדיסטיש *adj.* of Bundists שֶׁל חַבְרֵי הַבּוּנְד; appertaining to the teachings of the Bund שֶׁשַּׁיָּךְ לְתוֹרַת הַבּוּנְד.

בונדיש *adj.* of the Bund שֶׁל הַבּוּנְד.

בונדע *s.* (*pl.* ־ס) **a kind of dress for women** (*in Russia*) **מִין שִׂמְלַת אִשָּׁה (ברוסיה).**

בונט *s.* (*pl.* ־ן) rebellion, revolt מֶרֶד.

בונטאָוושטשיק *s.* (*pl.* ־עס) rebel, revolter מוֹרֵד.

בונטעווען *v. a.* to stir up to a rebellion עוֹרֵר לְמֶרֶד; ‖ ־זיך *v. r.* to rebel, revolt מָרֹד.

בונקע *s.* (*pl.* ־ס) a kind of jug with a narrow neck מִין כַּד עִם צַוָּאר צַר.

בּוּעה *s.* (*pl.* בּוּעות) pulmonary vesicle ־.

בּוֹעל זײַן *v. a.* to cohabit בָּעֹל.

בוף *s.* (*pl.* ־ן) puff נְפוּחָה (בבגד).

בופלאָקס *s.* (*pl.* ־ן) wild ox שׁוֹר פֶּרֶא; (*fig.*) rude fellow אִישׁ גַּס.

בופל־אָקס *s.* (*pl.* ־ן) buffalo תְּאוֹ.

בופעט *s.* (*pl.* ־ן) sideboard מְזָנוֹן (ארון לשים בו כלים ומיני אכל); buffet מְזוּנָה, שֻׁלְחָן עָרוּךְ.

בופעטשיק *s.* (*pl.* ־עס) buffet keeper מַזָּן, עוֹרֵךְ הַשֻּׁלְחָן (לעדה); butler מְשָׁרֵת שֶׁל חֲדַר הַשֻּׁלְחָן.

בוצים *conj.* as if כְּאִלּוּ.

א) בולט ווערט אין אמעריקע פון פילע עם־הארציש אויסגערעדט בּוּלְט.

בוצקען זיך *v. rec.* to butt each other נָגֹחַ זֶה אֶת זֶה; (*fig.*) to altercate הִתְוַכֵּחַ, נָגֹחַ זֶה אֶת זֶה (בהלכה); to toss הִתְהַפֵּךְ מִצַּד אֶל צַד.

בוקן זיך *v. r.* to bow הִשְׁתַּחֲוָה.

בוקסנבוים *s.* (*pl.* ־בײמער) box-tree אֶשְׁכְּרוֹעַ.

בוקעט *s.* (*pl.* ־ן) bouquet, nosegay צְרוֹר פְּרָחִים.

בוקשע *s.* (*pl.* ־ס) nave of a wheel טַבּוּר הָאוֹפָן.

בּור *s.* (*pl.* בּוּרים) ignoramus עַם־הָאָרֶץ; ill-bred man, boor אִישׁ גַּס.

בּוֹרא *s.* Creator, God ־.

בּוֹרא בָּרוּךְ הוּא *s.* the Creator, blessed be He, God ־.

בּוֹרא מְאוֹרֵי הָאֵשׁ *s.* "He who createth the light of the fire," benediction on the light of the הבדלה (*which see*) בִּרְכַּת נֵר הַהַבְדָּלָה. — (*sl.*) מאכן בורא מאורי האש to set a house on fire הַצִּית בַּיִת בָּאֵשׁ.

בּוֹרא מִינֵי מְזוֹנוֹת *s.* "He who createth different kinds of food," benediction on light foods בְּרָכָה עַל מַאֲכָלִים קַלִּים שׁוֹנִים.

בּוֹרא נְפָשׁוֹת *s.* "He who createth souls," grace after light meals in which no bread is used בִּרְכַּת הַמָּזוֹן עַל אֲרוּחָה קַלָּה בְּלִי לֶחֶם.

בּוֹרא־נְפָשׁוֹת־קלײַזל *s.* (*pl.* ־עך) brothel (*sl.*) בֵּית זוֹנוֹת.

בּוֹרא עוֹלם *s.* Creator of the world ־.

בּוֹרא פְּרִי הַגָּפֶן *s.* "He who createth the fruit of the vine," benediction on wine בְּרָכָה עַל יַיִן.

בּוֹרא פְּרִי הָאֲדָמה *s.* "He who createth the fruit of the earth," benediction on vegetables בְּרָכָה עַל יְרָקוֹת.

בּוֹרא פְּרִי הָעֵץ *s.* "He who createth the fruit of the tree," benediction on fruits of trees בְּרָכָה עַל פֵּרוֹת אִילָנוֹת.

בוקשפּאַן = בוקסנבוים.

בורג *s.* (*pl.* ־ן) castle בִּירָה, מְצַד.

בורגמײַסטער *s.* (*pl.* ־ס) burgomaster, mayor (*in Germany*) רֹאשׁ הָעִיר (בגרמניה).

בּור דאורײַתא *s.* an ignoramus even according to the Mosaic law, a very ignorant man ־, עַם הָאָרֶץ גָּמוּר.

בורדע *s.* muddy beverage מַשְׁקֶה עָכוּר.

בּוֹרחַ *s.* (*pl.* בּוֹרחים) fugitive ־.

בורטשען *v. n.* to grumble רָטֹן, נָהֹם; הָרְגַּן; to ferment חָמֹר.

בורטשערײַ *s.* grumbling רִטּוּן.

בוריאַן *s.* high grass in the steppes עִשְׂבּוֹת מִדְבָּר.

בורילע *s.* (—ס *pl.*) ill-bred man, rude fellow אִישׁ גַּס.

בורלאַצקע *adj.* rude גַּס.

בורלאַק *s.* (—עס *pl.*) rude fellow, boor אִישׁ גַּס.

בורלאָקל *s.* (—עך *pl.*) pendant נְטִיפָה, מַתְלָה (צעצוע על שרשרת).

בורליאַטש *s.* (—עס *pl.*) fur galosh עַרְדָּל מְעוֹר שֵׂעָר.

בורלעסק *adj.* burlesque הִתּוּלִי, שֶׁל בַּדְּחָנוּת.

בורנעס *s.* (—ן *pl.*) burnouse בּוּרְנָס (מין בגד ערבי).

בורע¹ *s.* (—ס *pl.*) storm, tempest סְעָרָה.

בורע² *adj.* dark-brown, chestnut (*horse*) שָׁחֹם.

בורען *v. n.* to rumble הָמָה, חָמַר; || *v. a.* to incite, stir up גָּרָה, הֵסִית.

בורענונג *s.* (—ען *pl.*) agitation, uproar מְהוּמָה, שָׁאוֹן.

בורעק *s.* (—עס *pl.*) beet-root סֶלֶק.

בורעקאָווע *adj.* of beet-root שֶׁל סֶלֶק.

בורקע *s.* (— ס *pl.*) fur-coat אַדֶּרֶת שֵׂעָר.

בּוֹרֵר *s.* (בּוֹרְרִים *pl.*) elector —, בּוֹחֵר; arbitrator —, מְפַשֵּׁר.

בּוֹרְרוּת *s.* arbitration —, פְּשָׁרָה; בֵּית־דִּין שֶׁל בּוֹרְרִים.

בּוֹררן *v. n.* to arbitrate פַּשֵּׁר.

בורשטין *s.* amber אֶבֶן כֹּפֶר, עִנְבָּר.

בורשטינען *adj.* of amber שֶׁל עִנְבָּר.

בושה *s.* (בושות *pl.*) shame —, חֶרְפָּה; bashfulness —, בַּיְשָׁנוּת.

בושיק = בושעל.

בושעווען *v. n.* to storm, rage רָעַשׁ, רָגַשׁ.

בושעל *s.* (בושלעס *pl.*) stork חֲסִידָה.

בושעליכע *s.* (—ס *pl.*) female stork חֲסִידָה (נקבה).

בּוֹשֶׁת־פָּנִים *s.* bashful person בַּיְשָׁן, בַּיְשָׁנִית.

בְּזֶה הַלָּשׁוֹן *adv.* in these (in the following) words —.

בְּזָדוֹן וּבִשְׁגָגָה *phr.* in presumption and in error, intentionally and unintentionally — (*of sinning*).

בָּזֶה וּבַבָּא *phr.* in this and in the other world —, בָּעוֹלָם הַזֶּה וּבָעוֹלָם הַבָּא.

בָּזוּי *s.* (בְּזוּיִים *pl.*) contemptible fellow, — אִישׁ נִבְזֶה.

בָּזוּי וּמְבוּזֶה *adj.* very contemptible נִבְזֶה מְאֹד.

בְּזוֹל *adv.* cheaply —.

בְּזוֹל־הַזּוֹל *adv.* very cheaply בְּזוֹל גָּדוֹל.

בִּזּוּי־בִּזְיוֹנוֹת *s. pl.* great shame בִּזָּיוֹן גָּדוֹל.

בִּזָּיוֹן *s.* (בִּזְיוֹנוֹת *pl.*) shame —, חֶרְפָּה.

בְּזוֹל־זוֹל, בְּזוֹלֵי־זוֹל = בְּזוֹל־הַזּוֹל.

בִּזְכוּת *adv.* because of the merits of... —; because of בִּגְלַל.

בִּזְכוּת זֶה *adv.* because of this בִּגְלַל זֶה.

בחדר״ג *abbr.* = בְּחֵרֶם דְּרַבֵּנוּ גֵּרְשׁוֹם by the anathema of our master Gershom (*abbreviation written on a sealed letter as a warning that no person other than the addressee should open it*) — (ראשי תבות שכותבים על גב מכתב חתום שלא יפתחהו אחר); ז. חֵרֶם דְּרַבֵּנוּ גֵּרְשׁוֹם.

בְּחַדְרֵי־חֲדָרִים *adv.* "in the innermost chambers," in a secret place, secretly בְּמָקוֹם סֵתֶר, בְּמִסְתָּרִים.

בָּחוּר *s.* (בַּחוּרִים *pl.*) young man, boy צָעִיר, עֶלֶם; fellow אִישׁ; bachelor —, רַוָּק; student of a Talmudical academy תַּלְמִיד הַיְשִׁיבָה.

בַּחורוויַז *adv.* while young בִּהְיוֹתוֹ צָעִיר; while unmarried בִּהְיוֹתוֹ פָּנוּי.

בַּחורטע *s.* (—ס *pl.*) (*sl.*) maid, woman בְּתוּלָה, אִשָּׁה.

בַּחורן *v. n.* to lead the life of a bachelor הָיָה בְלֹא אִשָּׁה, הָיָה פָּנוּי.

בַּחורעץ *s.* (—עס *pl.*) big young fellow בָּחוּר גָּדוֹל.

בַּחוריש *adj.* of a young man שֶׁל צָעִיר; of a bachelor שֶׁל רַוָּק, שֶׁל פָּנוּי.

בְּחוּשׁ *adv.* plainly, clearly בָּרוּר.

בַּחֲזָקָה *adv.* by possession —; by inheritance בִּירוּשָּׁה.

בְּחֶזְקַת *adv.* in the condition בְּמַצַּב; in the presumption that בְּהַנָּחָה שֶׁ־.

בְּחֶזְקַת כַּשְׁרוּת *phr.* in the presumtion of being fit (*ritually*) —.

בְּחֶזְקַת סַכָּנָה *phr.* in the presumtion of danger —.

בַּחֲזָרָה *adv.* back, in return —.

— שיקן בחורה to return החזר.

בְּחִינָה *s.* (בְּחִינוֹת *pl.*) probation —, נִסָּיוֹן; sense מוּבָן; category סוּג.

בְּחִנָּם *adv.* gratuitously, gratis, free חִנָּם.

בְּחִיר *s.* paragon —, הַנִּבְחָר וְהַטּוֹב.

בְּחִירָה *s.* choice —; free will חֹפֶשׁ הָרָצוֹן.

בְּחִנָּם = בְּחִינָם.

בְּחִפָּזוֹן *adv.* in haste —.

בַּחֲצִי־חִנָּם *adv.* "half free," very cheaply בְּזוֹל גָּדוֹל.

בְּחֵרֶם *adv.* by excommunication —.

— פּרענן בחרם to force one by threat of excommunication to tell something אִים עַל אִישׁ בחרם להגיד דבר.

— (*id.*) פרעג מיך בחרם! I don't know anything about it אינני יודע מזה מאומה.

בְּחֶרְפָּ||תו (—תִי, —תֵנוּ) *adv.* to his (my, our) shame—.

בַּחֲשִׁיבוּת *adv.* in esteem ,–. בְּכָבוֹד.

בְּטֶבַע *adv.* by nature –. בְּתְכוּנָה.

בָּטוּחַ *pred.* sure, certain, confident trustworthy –. נֶאֱמָן;|| *s.* (*pl.* בְּטוּחִים) trustworthy person –. אִישׁ נֶאֱמָן.

בְּטוּחָה־שְׁמִיר *s.* (*fl.*) a thief in concealment גַּנָּב בְּמַחֲבוֹא.

בְּטוּחוֹת *s.* security, guarantee עֲרֵבוּת.

בָּטוּל = בִּיטוּל.

בָּטוּל־הַיֵּשׁ = בִּיטוּל הַיֵּשׁ.

בִּטָּחוֹן *s.* (*pl.* בִּטְחוֹנוֹת) confidence –. אֱמוּנָה; reliance; hope תִּקְוָה.

— זײַן בטחון איז צעקראָכן his hope has come to naught תקותו היתה לאפס.

בִּטְחוֹנוֹת *s.* reliance בִּטָּחוֹן.

בָּטֵל *pred.* null, void –.

— בטל ווערן to cease כלה, חדל מהיות.

— בטל מאַכן to annul, make void בַּטֵּל.

בָּטֵל בְּשִׁשִּׁים *phr.* lost as one part in sixty –.

בָּטֵל־וּמְבוּטָל *pred.* null and void –.

בַּטָּלוֹת *s.* self-disparagement זִלְזוּל עַצְמוֹ.

בַּטְלָן *s.* (*pl.* בַּטְלָנִים) idler –. הוֹלֵךְ בָּטֵל; unworldly man –. אִישׁ שֶׁאֵינוֹ יוֹדֵעַ הֲלִיכוֹת הָעוֹלָם; unpractical man אָדָם שֶׁאֵינוֹ מֵעוֹלַם הַמַּעֲשֶׂה; one maintained by the community that he may devote himself to study and religion אִישׁ מִתְפַּרְנֵס מִן הַצִּבּוּר לְמַעַן יוּכַל לַעֲסֹק בַּתּוֹרָה וּבְמִצְוֹת.

בַּטְלָנוּת *s.* idleness –; idle thoughts רְעוּת רוּחַ; idle talk דְּבָרִים בְּטֵלִים; unworldliness חֹסֶר יְדִיעָה בַּהֲלִיכוֹת הָעוֹלָם; unpracticality תְּכוּנַת מִי שֶׁאֵינוֹ מֵעוֹלַם הַמַּעֲשֶׂה.

בַּטְלָניש *adj.* of an idler שֶׁל בַּטְלָן; unworldly חֲסַר יְדִיעָה בַּהֲלִיכוֹת הָעוֹלָם; unpractical שֶׁאֵינוֹ מֵעוֹלַם הַמַּעֲשֶׂה;||–קײט *s.* = בַּטְלָנוּת.

בַּטְלען *v. a.* to idle away (*one's time*) הוֹצֵא (זמנו) לְבַטָּלָה; = אויסבַּטלען.

בײַ־ *pref.* ☛ ווערטער מיט דעם צוזעץ וועט מען געפֿינען אין פֿאַרבינדונג מיט באַ־.

בײַאָגראַפֿיע *s.* (*pl.* –ס) biography, life תּוֹלְדוֹת אִישׁ, דִּבְרֵי יְמֵי חַיֵּי אִישׁ.

ביאה *s.* coition –. בְּעִילָה.

ביאור *s.* (*pl.* ביאורים) commentary בֵּאוּר, פֵּרוּשׁ; Mendelsohn's (and his associates') commentary on the Bible בֵּאוּרוֹ שֶׁל מֶנְדֶּלְסוֹן (וַחֲבֵרָיו) עַל כִּתְבֵי הַקֹּדֶשׁ.

בײַאָלאָגיע *s.* biology תּוֹרַת כֹּחַ הַחִיּוּנִי, תּוֹרַת הַחַיִּים.

ביאת המשיח *s.* the coming of the Messiah –.

ביבולע־פּאַפּיר *s.* blotting-paper נְיָר סוֹפֵג.

ביבולקע *s.* cigarette-paper נְיָר לְסִגַרְיוֹת.

ביבל *s.* (*pl.* –ען) Bible, Holy Scriptures כִּתְבֵי הַקֹּדֶשׁ, מִקְרָא, תַּנַ"ךְ.

ביבליאָטעק *s.* (*pl.* –ן) library בֵּית סְפָרִים, סִפְרִיָּה.

ביבליאָטעקער *s.* (*pl.* –ס) librarian פְּקִיד בֵּית סְפָרִים.

ביבליש *adj.* biblical שֶׁל כִּתְבֵי הַקֹּדֶשׁ.

ביבער = באָבער.

ביבער־גאַל *s.* (*pharm.*) castoreum זֶרֶמֶת בֵּבֶר.

ביבערן = באָבערן.

ביגאָטיש *adj.* bigoted, fanatical אָדוּק.

ביגוס *s.* hash בְּלִיל.

ביגל־אײַזן *s.* (*pl.* –ס) pressing-iron, goose מַגְהֵץ.

ביגל־ברעט *s.* (*pl.* –ער) ironing-board לוּחַ־עֵץ לְגַהֵץ עָלָיו.

ביגל||באָק *s.* (*pl.* –בעק) ironing jack חֲמוֹר (כַּן) לְגִהוּץ.

ביגלען *v. a.* to iron, press גַּהֵץ.

ביגלער *s.* (*pl.* –) ironer, presser מְגַהֵץ.

בְּיָד חֲזָקָה *adv.* with a strong hand, by force –.

בְּיָדַיִם *adv.* with the hands –.

בידנע *adj.* poor עָנִי; wretched, miserable אֻמְלָל.

בידע *s.* (*pl.* –ס) misery עֳנִי; misfortune אָסוֹן.

בידעווען *v. n.* to be miserable הָיֹה אֻמְלָל; to suffer סָבֹל.

בידקע *s.* (*pl.* –ס) two-wheeled cart אֲסֵדָה (עגלה בעלת שני אופנים).

בְּיָד רָמָה *adv.* high-handedly –.

בְּיוֹדְעִים *adv.* wittingly בִּצְדִיָּה; with everybody's knowledge, openly בְּגָלוּי.

ביוּרע *s.* (*pl.* –ס) bureau, office לִשְׁכַּת סוֹפְרִים.

ביוּרקע *s.* (*pl.* –ס) desk, writing-table מַכְתֵּבָה.

ביוש *s.* (*pl.* ביושים) shame –. בִּזָּיוֹן.

— שטעלן אין ביוש to put to shame הכלם, בַּיֵּשׁ.

ביז *prep.* to, till, until עַד; as far as עַד.

— ביז אַהער to this place עד הלום; to this time, hitherto עד העת הזאת, עד עכשו.

— ביז אַהין to that place לשם; till (to) that time עד העת ההיא.

— ביז אַצונד till (until) now עד עתה.

— ביז הײַנטיגן טאָג to this day עד היום הזה.

— גײן ביז וואַרשע to go as far as Warsaw נסע עד ורשה.

— פֿון ווילנע ביז וואַרשע from Wilno to Warsaw מוילנה לורשה.

— ביז וואַנען, ז. ביזוואַנען.

ביזאַהעריג *adj.* having taken place hitherto שֶׁקָּרָה (שֶׁהָיָה) עַד עַתָּה.

— די בחוואהערונגע ידיעות the news received hitherto הידיעות שנתקבלו עד עתה.

— דער בחוואהערונגער גובערנאַטער the retiring Governor שר הפלך המתפטר עתה.

בִּזוואַנעס = בִּזוואַנען.

בִּזוואַנען *adv.* till when?, how long? עַד אָנָה?, עַד מָתַי? how far? עַד אֵיזֶה מָקוֹם? || *conj.* (= ביז) till, until עַד אֲשֶׁר.

בִּזקל, בִּזקן, בִּזקעלע = ביז א.

בִּזקלוואַנעס, בִּזקלוואַנען = בִּזוואַנען.

בִּיחידות *adv.* in solitude, alone בָּדָד; ‑ privately ‑.

בּוט *s.* (*pl.* ‑ן) tub, vat אַמְבָּט, חָבִית.

ביטול *s.* nullification ‑.

ביטול־היש *s.* denial of all that exists ‑.

בּוטל *s.* (*pl.* ‑ען) bath-tub אַמְבָּט.

בּוטל־מאַכערן *s.* (*pl.* ‑ס) bath-woman מְשָׁרֶת בֵּית הָאַמְבַּטָּאוֹת.

בּוטן *v. a.* to invite הַזְמֵן, קָרֹא לְ־; to bid, wish בָּרֵךְ.

— בוטן גוט יום־טוב to congratulate (personally) upon a holiday ברך בשמחת החג.

— גיין גוט יום־טוב בוטן to go visiting on a holiday בקר בית איש ביום החג.

בּוטער¹ *s.* (*pl.* ‑ס) inviter מַזְמִין; congratulator מְבָרֵךְ (בשמחת חג).

בּוטער² *adj.* bitter מַר; || ‑קייט *s.* bitterness מְרִירוּת.

בּוטער־וואַסער *s.* bitter water מַיִם מָרִים (לרפואה).

בּוטער־זאַלץ *s.* Epsom salt מֶלַח אַנְגְלִי.

בּוטש *s.* seduction, temptation הַתְעָיָה.

— אַרויספירן אומעצן אויף א בוטש to seduce or tempt a person התעה איש.

בּוטשעווען זיך *v. r.* to toil hard for a livelihood התפרנס ביגיעה רבה.

ביי *prep.* at, near, by עַל, אֵצֶל, לְיַד; with אֵצֶל, אֶת־, לְ־; about בְּעֵרֶךְ, כְּ־.

— ביי דעם טיש at the table על השלחן.

— ביי דעם אָרט near the place אצל המקום.

— ביי דעם קוואַל at (near, by) the fountain על העין, אצל המעין.

— ביי דעם וועג by the roadside ליד הדרך.

— ביי דעם טאַטן at the father's, with the father בבית האב, אצל האב.

— ביים זינען in one's senses בדעתו.

— טראַכטן ביי זיך to think to oneself אמר בלבו.

ביזקל, ביזקן, ביזקעלע זיינען צוזאַמענזעצונגען פון ביז מיט דעם מיטלדייטשן וואָרט kein (קענן). אין אַלט־יידיש האָט מען געשריבן: ביז קען.

— זיין ביי זיך גרויס to consider oneself great היה גדול בעיניו.

— זיין ביי געלט to have money היה לאיש כסף.

— ביי דריי שעה about three hours בערך שלש שעות, כשלש שעות.

ביי *pref.* at, near, by, with, to אֵצֶל, אֶת־, לְ־.

בייבאַק *s.* (*pl.* ‑עס) stout and slow man אָדָם בָּרִיא וְעָצֵל.

בייבי *s.* (*pl.* ‑ס) baby (*Am.*) תִּינוֹק.

בייבערעק *s.* outlying place מָקוֹם מִחוּץ לַגְּבוּל א).

— פאַרקריכן אין בייבערעק to get into an outlying place יצא מחוץ לגבול; to digress (*fig.*) from the subject נטה מן הענין.

בייג *s.* (*pl.* ‑ן) bend, curve כְּפִיפָה, עִקּוּם.

ביי גאַס *s.* (*pl.* ‑ן) by-street חוּץ צְדָדִי.

בייגאַרטל *s.* (*pl.* ‑עך) money-belt אֵזוֹר מָעוֹת.

בייגונג *s.* (*pl.* ‑ען) bending כְּפִיפָה; (*gr.*) declension נְטִיָּה (בדקדוק).

בייגל *s.* (*pl.* ‑) round cracknel כַּעַךְ.

בייגן *v. a.* (*p. p.* געבייגט, געבויגן) to bend, bow כָּפֹף; to curve עַקֵּם; to inflect, decline (*gr.*) (*nouns*) נַטֵּה (שמות ופעלים); conjugate (*verbs*); || ‑זיך *v. r.* to be bent הִכָּפֵף; to curve הִתְעַקֵּם.

בייגע(וו)דיג *adj.* flexible נִכְפָּף, גָּמִישׁ; manageable נוֹחַ לְשָׁמַע; declinable (*gr.*) מְקַבֵּל נְטִיּוֹת.

בייגע||לע *s.* (*pl.* ‑לעך) small cracknel כַּעַךְ קָטָן; ringlet טַבַּעַת קְטַנָּה; small sheet (*of paper*) גִּלָּיוֹן קָטָן; dance in a ring מָחוֹל בְּעִגּוּל.

בייפאַל *s.* (*pl.* ‑ן) oblique case (*gr.*) יַחַס לֹא יָשָׁר, יַחַס נָטוּי.

ביידל *s.* (*pl.* ‑עך) booth סֻכָּה.

ביידע *pron.* both, two שְׁנַיִם, שְׁנֵי־.

— מיר ביידע both of us שנינו.

— איינס פון די ביידע either, one of the two אחד מהשנים.

— קיינס פון די ביידע neither לא זה ולא זה.

ביידערליי *adj.* of both kinds, of the two kinds מִשְּׁנֵי הַמִּינִים.

בייהאָר *s.* long hair at the back of the head שְׂעָרוֹת אֲרֻכּוֹת מֵאֲחוֹרֵי הָרֹאשׁ.

בייוואוינען *v. n.* to be present, attend הִמָּצֵא, הָיֹה (במקום).

ביי||וואָרט *s.* (*pl.* ‑ווערטער) adjective (*gr.*) שֵׁם הַתֹּאַר (בדקדוק).

בייוועג *s.* (*pl.* ‑ן) by-way, by-road דֶּרֶךְ צְדָדִי.

בייז *adj.* bad, evil רַע; wicked רָשָׁע; severe

א) אפשר פון Biberach, א שטאָט אין דייטשלאַנד.

קָשֶׁה; fierce נוֹרָא; angry, indignant כּוֹעֵס, קוֹצֵף;|| evil, wrong *s.* רָעָה, עָוֶל.

— א בייז אויג an evil eye עין רעה.

— א בייזע שעה an ill-fated hour שעה רעה, שעה אי־מאֻשרה.

— א בייזער חלום an evil dream חלום רע.

— א בייזע מחשבה an evil thought מחשבה רעה.

— א בייזע בשורה ill news, evil tidings בשורה רעה.

— א בייזער מענש a wicked man איש רע, רשע; stern person אדם קשה, איש זועף.

— א בייזע חיה a fierce beast חיה רעה.

— זיין בייז to be angry כעס, קצף.

— טאָן בייז to do wrong עשה עָוֶל.

— מיט בייזן with severity בקשי.

— אל דאָס בייז, ז. אלדע.

בייזאך *s.* (— ן *pl.*) by-matter, secondary matter דָּבָר טָפֵל; accessory דָּבָר הַשַּׁיָּךְ לְאַחֵר. rare prodigy פֶּלֶא גָּדוֹל.

בייזליך *adj.* rather angry כּוֹעֵס מְעַט.

בייזער *s.* reproof, rebuke גְּעָרָה, נְזִיפָה.

בייזערן זיך *v. r.* to be angry כָּעַס, קָצַף; to reprove גָּעַר.

בייזקייט *s.* angriness כַּעַס, קֶצֶף.

בייט *s.* exchange חִלּוּף.

— מאַכן א בייט to exchange החלף.

בייט *s.* (— ן *pl.*) bed עֲרוּגָה.

ביי טאָג *adv.* by day, in the day-time בַּיּוֹם, יוֹמָם.

בייטאָגעדיג *adj.* of day-time שֶׁל עֵת הַיּוֹם.

ביי־טייך *s.* (— ן *pl.*) tributary (*geogr.*) נְהַר צְדָדִי (המשתפך לנהר אחר).

בייטל *s.* (— ען *pl.*) bag, purse כִּיס (לכסף).

בייטל־טיר *s.* (— ן *pl.*) marsupial חַיָּה בַּעֲלַת כִּיס.

בייטלען *v. a.* to bolt טָחַן וְנִפָּה.

בייטלער *s.* purse-maker עוֹשֶׂה כִּיסִים; bolter טוֹחֵן וּמְנַפֶּה.

בייטלשניידער *s.* pickpocket גּוֹנֵב מֵהַכִּיסִים.

בייטן *v. a.* (געביטן *p. p.*) to change הַחֲלֵף, הָמֵר.

בייטש *s.* (— ן *pl.*) whip שׁוֹט, פַּרְגּוֹל.

בייכיג *adj.* bellied, big-bellied בַּעַל בֶּטֶן, בַּעַל בֶּטֶן גְּדוֹלָה.

בייכל *s.* (— עך *pl.*) little belly בֶּטֶן קְטַנָּה.

— מאַכן (צושטעלן) א בייכל to make pregnant עַבֵּר, נתון הריון.

— פּאַטשן זיך און בייכל to congratulate oneself התברך בלבו.

בייכלען *v. n.* to drink שָׁתֹה.

בייל *s.* (— ן *pl.*) bruise, contusion חַבּוּרָה.

בייל *s.* threads חוּטִים.

ביילאַגע *s.* (— ס *pl.*) supplement הוֹסָפָה.

ביילאַד *s.* (— ן *pl.*) small drawer within a larger one קֻפְסָה קְטַנָּה בְּתוֹךְ גְּדוֹלָה.

ביילייגן *v. a.* to join, add סַפֵּחַ, הוֹסֵף.

ביילעק *s.* shoulder of a fowl שְׁכֶם הָעוֹף.

ביים = ביי דעם, ז. ביי.

ביין *s.* (— ער *pl.*) bone עֶצֶם.

— ברעכן די ביינער to give a licking הלקה, פרגל.

— אַרויס מיט גאַנצע ביינער to come off with a whole skin הנצל בלי פגע.

— דאָס איז ער מיט די ביינער it is none but himself זה הוא ולא אחר.

— ער איז דער טאַטע מיט די ביינער he his just like his father הנהו ממש כאביו, הנהו עצב דמות אביו.

— א ייד מיט די ביינער a typical Jew יהודי בעצב דמותו.

— ער ווייס נישט צו פון ציין צו פון ביין he does not know whence אינו יודע מאין א).

ביינאַכט *adv.* at night בַּלַּיְלָה.

ביינאַכטיג *adj.* of night, nocturnal שֶׁל לַיְלָה, לֵילִי.

ביינאַנד *adv.* together יַחַד, יַחְדָּו.

ביינדל *s.* (— עך *pl.*) small bone עֶצֶם קְטַנָּה; small cube, die קוּבִיָּה קְטַנָּה; stone, kernel (*of fruits*) חַרְצָן, גַּרְעִין.

— (*fig.*) אָפּלעקן א ביינדל to benefit הרויח.

ביינערדיג *adj.* bony אֲשֶׁר בּוֹ עֲצָמוֹת; קָשֶׁה כְּעֶצֶם.

ביינען, ביינערן *adj.* of bone, made of bone שֶׁל עֶצֶם, עָשׂוּי מֵעֶצֶם.

ביינטאָג = בייטאָג.

בייסעכץ *s.* itching, prurigo חִכּוּךְ.

בייסונג = בייסעכץ.

בייסטרוק *s.* (— עס *pl.*) bastard מַמְזֵר.

בייסיג = בייסנדיג.

בייסן *v. a.* (געביסן *p. p.*) to bite נָשֹׁךְ;|| *v. n.* to itch חַכֵּךְ, צָרֹב.

בייסנדיג *adj.* biting נוֹשֵׁךְ; biting, mordant חָרִיף, עוֹקֵץ.

בייסעניש *s.* biting נְשִׁיכָה; itching, prurigo חִכּוּךְ.

— בייסעניש און רייסעניש strife, quarrel ריב, מדון.

בייס||צאָן *s.* (— ציינער *pl.*) incisive tooth, incisor חוֹתֶכֶת, מַלְתָּעָה.

בייסצוואַנג *s.* (— ען *pl.*) cutting nippers, pincers צְבַת קוֹרֶצֶת.

א) ווערט געזאָגט פון איינעם וואָס לעבט אָן חשבון און ווייס ניט פון וואַנען זיין פרנסה נעמט זיך. אייזיק מאיר דיק זאָגט ערגעץ, אז דאָס ווערטל איז אנטשטאַנען דורך צוקוקן זיך צו דעם לעבן פון הינט: ווען א הונט צערייסט אמאל זיין אסליע גריזענדיג א ביין און עס גייט אים בלוט, ווייס ער ניט, צי דאָס איז פון זיינע ציין צי פון דעם ביין.

בײַע = בײַקע.

בײַץ = אָפּקירצונג פֿון בײַציטער, ז.

בײַצײַטנס = באַצײַטנס.

בײַצימער s. (pl. ־ן) side-chamber, adjoining room חֶדֶר צְדָדִי.

בײַצימער = בײַצימער.

בײַקאַמער = בײַצימער.

בײַ־||קול s. (pl. ־קולות) falsetto, head-voice קוֹל דַּק.

בײַ־קױלכל s. (pl. ־עך) shrill voice קוֹל חַד.

בײַקומען v. a. to overcome נִצַּח, גָּבַר עַל־.

בײַקע s. (pl. ־ס) nursery-tale אַגָּדָה לִילָדִים; story, fib בְּדוּתָה; lie שֶׁקֶר.

בײַ־קעלכל = בײַ־קױלכל.

בײַקערן v. a. to lick הִכָּה.

— בײַקערן די בײנער to give a licking הִלְקָה.

בײַשטידל s. (pl. ־עך) door-post מְזוּזָה, אַמַּת הַסִּפִּים.

בײַשטײן v. n. to stand by, help עָמַד לִימִין־, עָזַר לְ־; to resist עָמַד בְּ־.

— בײַשטײן דעם נסיון to resist the temptation עמד בנסיון.

— זײַן זכות זאָל אונז בײַשטײן may his merits protect us זכותו יגן עלינו.

בײַשטײער s. (pl. ־) by-stander נִצָּב; helper עוֹזֵר, מוֹשִׁיעַ.

בײַשטראָך = בײַשטריך.

בײַשטריך s. (pl. ־ן) comma קַו מַפְסִיק.

בײַשטריכל = בײַשטריך.

בײַישן s. (pl. בײַישנים) bashful person ־.

בײַישנות s. bashfulness ־.

בײַשפּיל s. (pl. ־ן) example, instance דּוּגְמָה, מָשָׁל; example מוֹפֵת.

ביכולת, ביכלת adv. in ability ־.

— זײַן ביכולת to be able היה לאל ידו.

ביכער־קענער s. (pl. ־) bibliographer מְבַקֵּר סְפָרִים; man of letters יַדְעָן בִּסְפָרוּת.

ביכער־קענערײַ s. bibliography בִּקֹּרֶת סְפָרִים; knowledge of literature יְדִיעָה בִסְפָרוּת.

ביכער־שאַפֿע s. (pl. ־ס) book-case אֲרוֹן שֶׁל סְפָרִים.

ביל[1] s. barking נְבִיחָה.

ביל[2] s. (pl. ־ס) bill מַעֲרֶכֶת חֹק חָדָשׁ (באנגליה ובאמיריקה).

בילד s. (pl. ־ער) picture, portrait דְּמוּת, צֶלֶם.

בילדונג s. education חִנּוּךְ; culture הַשְׂכָּלָה, תַּרְבּוּת.

בילדן v. a. to form, make יָצַר, עָשָׂה; to educate לִמֵּד, חִנֵּךְ; to cultivate הִשְׂכִּיל, עָשָׂה לְבֶן תַּרְבּוּת.

בילדערשריפֿט s. picture-writing, hieroglyphics כְּתָב הַחַרְטֻמִּים (של מצרים).

בילדשײן adj. very beautiful יָפֶה מְאֹד.

בילטע s. jelly קִפָּאוֹן (עסיס קפוא ממיץ פרי).

ביליאָן s. (pl. ־ען) billion מְאַת אֶלֶף רִבּוֹא.

ביליאַר, ביליאַרד s. billiards מִשְׂחַק הַכַּדּוּרִים.

ביליאַרד־שטעקן s. (pl. ־ס) billiard-stick, cue מַקֵּל לְמִשְׂחַק הַכַּדּוּרִים.

ביליג adj. cheap בְּזוֹל; ||־קײט s. cheapness זוֹל.

בילעט s. (pl. ־ן) ticket פִּתְקָה; bank-note שְׁטַר מָעוֹת; licence רִשָּׁיוֹן.

בילכער adj. comp. preferable רָאוּי לְיִתְרוֹן, מְבֻכָּר; קֹדֶם לְ־; ||־קײט s. preference יִתְרוֹן, בְּכּוֹר; מִשְׁפַּט הַקְּדִימָה.

בילן (געבילט, געבולן p. p.) v. n. to bark נָבַח.

— בילן אויף דער לבנה (fig.) to bark at the moon נבח מול הירח (הרעם על איש בלי יכולת לנגוע בו).

בילע conj. no matter אֵין בְּכָךְ כְּלוּם; = אַבי.

— אַ בילע װאָס anything, whatever מה שיהיה.

— אַ בילע װער whoever, anybody מי שיהיה.

בילער s. (pl. ־) barker נַבְחָן; (fig.) slanderer הוֹלֵךְ רָכִיל.

בילערײַ s. barking נְבִיחָה; (fig.) slander רְכִילוּת.

בימה s. (pl. בימות) bema, pulpit ־, בָּמָה (בביהכ"נ).

בין[1] s. (pl. ־ען) bee דְּבוֹרָה.

בין[2] (ערשטע פּאַרשױן אײנצאָל איצטיגע צײַט פֿון זײַן) v. n. am הִנְנִי.

בין אָדם לחברו phr. between a man and his neighbor ־.

בין אָדם למקום phr. between man and God ־.

בין ארור המן לברוך מרדכי phr. between "cursed be Haman" and "blessed be Mordecai" (*that is, the difference between the meanings of these two phrases*) ־.

— נים װיסן בין ארור המן לברוך מרדכי (id.) to be so drunk as not to be able to distinguish between one thing and another היה מְבֻסָּם עד אשר לא ידע להבחין בין דבר לדבר.

בינד||װאָרט s. (pl. ־װערטער) conjuction (gr.)

בינדונג s. binding קִשּׁוּר; עֲקֵדָה (של קרבן).

בינדל = בינטל.

בינדן (געבונדן p. p.) v. a. to bind קָשַׁר; עָקַד (קרבן).

בינדע s. (pl. ־ס) bandage תַּחְבֹּשֶׁת; neck-tie עֲנִיבָה, מִטְפַּחַת הַצַּוָּאר.

בינדרימען s. (pl. ־ס) strap רְצוּעָה.

בינדשטריך s. (pl. ־ן) hyphen קַו הַמְחַבֵּר.

בין־הזמנים adv. between school terms בֵּין זְמַנֵּי

הַלִּמּוּד; || s. interval between school terms, vacation הָעֵת הַחָפְשִׁית שֶׁבֵּין זְמַנֵּי הַלִּמּוּד.

בֵּין־הַשְּׁמָשׁוֹת adv. in the dusk, at twilight ~, בֵּין הָעַרְבַּיִם; || s. dusk, twilight ~, דִּמְדּוּמִים.

בֵּינוֹ לְבֵין עַצְמוֹ adv. by himself, alone ~, לְבַדּוֹ, בְּלִי אַחֵר עִמּוֹ.

בֵּינוֹני adj. mediocre; ~ middling, medium ~.

בינטל s. (pl. ~עך) bundle צְרוֹר, אֲגֻדָּה.

בֵּינֵיהֶם adv. "among them," among the gentiles בֵּין הַגּוֹיִם.

— בײַ זיי בֵּינֵיהֶם among the gentiles בין הגוים, בין אומות העולם.

בֵּינִי־לְבֵינִי adv. meantime, meanwhile בֵּינְתַיִם.

בֵּין כֶּסֶא לֶעָשׂוֹר adv. "between new-moon and the tenth," between New-Year's day and the day of Atonement בֵּין רֹאשׁ הַשָּׁנָה וְיוֹם הַכִּפּוּרִים.

בֵּין מִנְחָה לְמַעֲרִיב adv. between the afternoon prayers and the evening services ~; in the evening בָּעֶרֶב.

בינסט = בִּיסט.

בינע s. (pl. ~ס) stage בָּמָה, בִּימָה (של תיאטרון).

בינען־האָדעוואַניע s. apiculture תַּרְבּוּת דְּבוֹרִים.

בֵּין רֶגֶל לְרֶגֶל s. "between festivals," half-holidays (middle days of Passover and of Tabernacles) חוֹל הַמּוֹעֵד.

בינשטאָק s. (pl. ~ן) bee-hive כַּוֶּרֶת.

ביס[1] s. (pl. ~ן) bite נְשִׁיכָה.

ביס[2] int. bis! עוֹד פַּעַם! (לאות הסכם ורצון).

ביסט (צווייטע פּאַרשוין איינצאָל איצטיגע צייט פֿון זיין) v. n. thou art, you are הִנְּךָ, הִנֵּךְ.

ביסטרע adj. swift, rapid נִמְהָר, מָהִיר; sharp, keen חַד, חוֹדֵר; wild פֶּרֶא; || ~קייט s. swiftness מְהִירוּת; sharpness, keenness חַדּוּת; wildness פְּרָאוּת.

ביסל s. (pl. ~עך) small quantity כַּמּוּת קְטַנָּה; || adv. a little, somewhat מְעַט, קְצָת; some מְעַט.

— אַ ביסל פֿון אַלץ a little of everything קצת מכל דבר.

— אַ ביסל וואַסער a little water, some water מעט מים.

— (id.) אַ ביסל אַ חוצפּה! what a nerve! איזו עזות!

— (id.) געזען אַ ביסל? did you ever see such a thing? הראית כזאת מימיך?

ביסלעכווײַז adv. by little and little מְעַט מְעַט, קִמְעָא קִמְעָא; gradually לְאַט, בְּהַדְרָגָה; || ~ער, ~ע adj. gradual, slow הַדְרָגָתִי, אִטִּי.

ביסן s. (pl. ~ס) bit, morsel חֲתִיכָה קְטַנָּה, פֵּרוּר.

— אַ גוטער ביסן a dainty bit מאכל תאוה.

ביסער s. glass-beads, glass-pearls פְּנִינֵי זְכוּכִית.

ביסקל, ביסקן, ביסקעלע = בּוּז.

ביסקלוואַנען, ביסקנוואַנען = בּוּזוּוַאנִען.

ביעגלע adj. fugitive בּוֹרֵחַ.

בִּיעוּר־חָמֵץ s. removal of leaven (on the eve of Passover) ~ (בערב פסח).

ביעלעריבעצע s. (pl. ~ס) white salmon לָבִים (דג).

ביפשטיק s. (pl. ~ן) beefsteak אֻמְצָה (נתח בשר).

בֵּיצָה s. (pl. בֵּיצִים) egg; ~ testicle ~, אֶשֶׁךְ.

בֵּיצִימער s. (pl. ~) (Am.) nickname of an Irishman כִּנּוּי לְאִירְלַנְדִּי[א].

ביק s. (pl. ~עס) bull, ox שׁוֹר.

ביקור־חולים s. visiting of the sick ~; hospital בֵּית חוֹלִים.

ביקס s. (pl. ~ן) rifle, gun רוֹבֶה.

ביקשע = בוקשע.

ביר s. beer שֵׁכָר, זִתּוּם.

בירגעלט s. drink-money מַתְּנַת כֶּסֶף לִשְׁתִיָּה.

בירגער s. (pl. ~) citizen אֶזְרָח.

בירגערליך adj. civil אֶזְרָחִי; citizenlike כְּאֶזְרָח.

בירגערקריג s. (pl. ~ן) civil war מִלְחֶמֶת הָאֶזְרָחִים.

בירגעררעכט s. (pl. ~ן) civil rights זְכוּת אֶזְרָח; citizenship אֶזְרָחִיּוּת.

בירגערשאַפֿט s. citizenship אֶזְרָחִיּוּת.

בירגערמײַסטער = בורגמײַסטער.

בִּירוּשָׁה adv. by inheritance ~; by heredity ~ (מתכונות גופניות ונפשיות העוברות מאבות לבנים).

בִּירוּשָׁהדיג adj. hereditary עוֹבֵר בִּירֻשָּׁה.

בירזשע s. (pl. ~ס) exchange מִקְנֵה הַסּוֹחֲרִים וְהַשֻּׁלְחָנִים.

בירשענק s. (pl. ~ען) beer-house, beer-salon בֵּית שֵׁכָר.

בישאָף s. (pl. ~ן) bishop ראש הַכֹּהֲנִים (הנוצרים).

בִּישן, בִּישָׁנוּת = בייִשן, בייִשנות.

בישעכע = בעשעכע.

בַּיִת s. (pl. בָּתִּים) house ~.

בֵּית s. (pl. בֵּיתִין) name of the letter ב שֵׁם הָאוֹת ב.

בֵּית־דִין s. (pl. ~ס, בָּתֵּי־דִינִין) court of justice, tribunal, judicial council ~, בֵּית הַמִּשְׁפָּט, הַדַּיָּנִים.

בֵּית־דִין צֶדֶק s. righteous court, righteous judges ~.

בֵּית־דִין שטיבל s. (pl. ~עך) chamber of justice, chamber of the judges חֲדַר הַדַּיָּנִים.

א) שפּאַסיגע איבערזעצונג פֿון Irish (אייריש), וואָס דערמאָנט אָן דאָס וואָרט אַ ייִער.

בית־דין של מעלה s. celestial council of justice.

בית־דין‖שמש s. (pl. ־שמשים) beadle, messenger of a court שמש של בית־דין.

בית־החולים = בית־חולים.

בית־החיים = בית־חיים.

בית־הכבוד = בית־הכסא.

בית־הכנסת s. (pl. בתי־כנסיות) synagogue.

בית־הכסא s. (pl. ־ם) privy, water-closet.

בית־המדרש = בית־מדרש.

בית־המקדש s. (pl. ־ן) sanctuary, temple בית מקדש, היכל.

בית־הקברות s. (pl. בתי־קברות) graveyard, cemetery.

בית־התורפה s. "house of shame," a heathen house of worship *or* temple בית תפלה של עובדי אלילים.

בית־זונות s. (pl. בתי־זונות) brothel.

בית־חולים s. (pl. בתי־חולים) hospital.

בית־חיים s. (pl. ־ם) "the house of the living," graveyard, cemetery בית הקברות.

בית־מדרש s. (pl. ־ן, בתי־מדרשים) house of study and prayer, בית שלומדים ומתפללים בו.

בית־עולם, בית־עלמין s. (pl. ־ם) "house of eternity," graveyard, cemetery, בית הקברות.

בית־קבול s. receptacle; stomach (*joc.*) קבה.

בית ראשון s. the first temple (*Solomon's*) (ביה״מ שבנה שלמה).

בית שני s. the second temple (*built by those who returned from Babylon*) (ביה״מ שבנו עולי בבל).

בכבוד adv. honorably, respectably, בחשיבות; ‖ ־ער, ־ע adj. honorable, respectable, dignified חשוב, הגון, נכבד; well-bred אדיב, נמוסי.

— א בכבודער מענש well-bred man, a gentleman איש מנומס, אדם אדיב.

בכבוד גדול adv. with great honor; with pleasure בענג וברצון.

בכבודיג adj. respectable נכבד, חשוב; well-bred נמוסי, מנומס.

בכבודיגקייט, בכבודקייט s. respectability חשיבות; good breeding אדיבות, נמוסיות.

בכבודו ובעצמו adv. in one's own person הוא בעצמו, הוא ולא אחר.

בכדי = כדי.

בכדי שיעשה adv. enough time to do it.

בכוח pred. potential, אפשרי; able לאל ידו.

בכוון = בכיוון.

בכוונה adv. with devotion, בעיון; = בכיוון.

בכוסו בכיסו בכעסו phr. by his cup, by his purse, by his anger.

— מע דערקענט א מענשן בכוסו בכיסו בכעסו (*prov.*) the character of a man is recognised by his cup, by his purse, by his anger אדם ניכר בשתיתו בממונו ובכעסו.

בכור s. (pl. בכורים) first-born son.

בכורה s. primogeniture; birthright משפט הבכורה.

בכורטע s. (pl. ־ם) first-born daughter בת בכירה.

בכור־שטן s. "chief demon," rebellious person איש שובב.

בכח = בכוח.

בכיה s. (pl. בכיות) weeping.

בכיה לדורות s. "a weeping for generations," perpetual cause of sorrow דבר גורם צער לימים רבים.

בכיוון adv. purposely, intentionally, בכוונה.

בכי טוב adv. auspiciously בהצלחה.

בכל אשר אפנה phr. whither I turn.

בכלל adv. in general, generally; inclusively.

בכל מאמצי כח adv. with might and main בכח ועוז, בכל כח.

בכל מכל כל phr. of everything, of all sorts מכל דבר, מכל המינים.

בכל תפוצות ישראל phr. in all places of Jewish dispersion.

בכן, בכן conj. then; ובכן therefore על כן, לפיכך.

בכתב adv. in writing.

בלא = בלוי.

בלא adv. not לא; ‖ prep. without בלי.

בלא נוזמא adv. without exaggeration, בלי הפרזה.

בלאוו = בלוי.

בלאוואל s. purple stuff תכלת.

בלאווס s. blue color צבע תכלת.

בלאז s. blow נשב; blister אבעבועה; vesicatory מזור לקרחה (= בלאזנפלאסטער).

— געבן א בלאז, טאן א בלאז to blow נשב.

בלאזזאק s. (pl. ־ן) bellows מפוח.

בלאזן s. (pl. ־ם) buffoon מתהולל, לץ; scoundrel, varlet נבל.

בלאזן v. a. n. (p. p. געבלאזן) to blow נשב, נפח; תקע (שופר); ‖ ־זיך v. r. to swell התנפח, התנשא; to pout (*fig.*) זעף.

— בלאזן פון זיך to be proud, put on airs התנאה.

בלאָזנפּלאַסטער s. (pl. ~ס) vesicatory מְזוֹר לְמָרְסָה.

בלאָזעניש s. blowing נְשִׁיבָה; (fig.) pouting פָּנִים זוֹעֲפִים.

בלאַט s. (pl. בלעטער) leaf עָלֶה; דַּף (של ספר); layer שִׁכְבָה; paper, gazette עִתּוֹן; sheet רקוּעַ.

— אַ בלאַט לאָקשן a sheet of dough for noodles רקוּע של בצק לאטריות.

— שלאָגן (שלוגן) בלאַט to concert סדר או חבל תחבולות יחד.

בלאָטיג adj. muddy מְרֻפָּשׁ, עָכוּר; poor, of small value דַּל, קַל הָעֵרֶךְ.

— אַ בלאָטיגער עסק a poor business עסק קל הערך.

בלאָטע s. (pl. ~ס) mud, mire בִּצָּה, רֶפֶשׁ; dirt, filth זֻהֲמָא; something worthless דָּבָר אַפְסִי.

— (fig.) אַריינפירן אימעצן און אַ בלאָטע to bring trouble upon a person הבא צרה על איש.

— (fig.) לאָזן אימעצן און אַ בלאָטע to leave a person in the lurch עזב איש במבוכה.

— (fig.) דאָס איז בלאָטע! that's nothing! זה אין ואפס!

בלאָטער s. (pl. ~ן) blister אֲבַעְבּוּעָה.

בלאַט‖שלאָס s. (pl. ~שלעסער) dead-lock מַנְעוּל קָבוּעַ בְּתוֹךְ הַדֶּלֶת.

בְּלֹא יוֹדְעִים adv. unwittingly בְּלִי דַעַת; without anybody's knowledge, secretly בְּלִי יְדִיעַת אִישׁ, בַּסֵּתֶר.

בלאָם s. (pl. ~עס) film, scum (of milk) קְרוּם (על פני חלב); fur, skin פַּרְוָה, עוֹר.

בלאָמבע = פּלאָמבע.

בלאָמבירן = פּלאָמבירן.

בלאַמירן v. a. to blame הַאֲשֵׁם; to disgrace, discredit הָמֵט חֶרְפָּה עַל־; ‖ ~זיך v. r. to disgrace oneself הָמֵט חֶרְפָּה עַל עַצְמוֹ.

בלאָנד[1] adj. blond, fair, light-colored צָהֹב, בָּהִיר.

בלאָנד[2] s. silk-lace סַלְסָלָה שֶׁל מֶשִׁי.

בלאָנדזען v. n. to go astray, ramble about תָּעֹה.

בלאָנדין s. (pl. ~ען) light-haired man צְהַבְהַב, בַּעַל שְׂעָרוֹת צְהַבְהַבּוֹת.

בלאָנדינקע s. (pl. ~ס) light-haired woman צְהַבְהַבָּה, בַּעֲלַת שְׂעָרוֹת צְהַבְהַבּוֹת.

בלאָנדען = בלאָנדזען.

בלאַנק s. (pl. ~ען) blank נְיָר חָלָק (שצריך למלא בפרטים); brightness בָּרָק (של חרב); ‖ adj. blank חָלָק, בִּלְתִּי כָתוּב.

בלאַנקיטנע adj. sky-blue, azure שֶׁל צֶבַע תְּכֵלֶת.

בלאַנקעט s. (pl. ~ן) carte blanche הַרְשָׁאָה עַל גִּלָּיוֹן חָלָק (גליון חתום שהרשות למקבלו למלא אותו כרצונו).

בלאַנקען v. n. to be bright, shine הַבְרֵק, הִתְנוֹצֵץ.

בלאָנקען v. n. to wander, ramble נוּד, הִטַּלְטֵל.

בלאַס adj. pale חִוֵּר.

בלאַס־בלוי adj. pale-blue כְּעֵין תְּכֵלֶת כֵּהָה.

בלאַס־געל adj. pale-yellow צָהֹב כֵּהֶה.

בלאַס־גרין adj. pale-green יְרַקְרַק כֵּהֶה.

בלאַסקייט s. paleness, pallor חִוְרַת פָּנִים.

בלאַס־רויט adj. pale-red אָדֹם כֵּהֶה.

בלאָף s. (pl. ~ס) bluff (Am.) רַמָּאוּת; הִתְפָּאֲרוּת.

בלאָפן v. n. to bluff (Am.) רַמֵּה; הִתְפָּאֵר.

בלאָפּעוואַטע adj. clumsy לֹא מָהִיר, נִרְפֶּה.

בלאָפער s. (pl. ~ס) bluffer (Am.) רַמַּאי; מִתְפָּאֵר.

בלאָקאַדע s. (pl. ~ס) blockade מָצוֹר, מַחְסוֹם מִבְצָר אוֹ חוֹף.

בלאָקירן v. a. to blockade סְגֹר מִבְצָר או חוֹף.

בְּלֹא רְאִיָּה adv. without seeing בְּלִי רְאוֹת.

בִּלְבּוּל s. (pl. בִּלְבּוּלִים) false accusation עֲלִילַת שָׁוְא; cavil תֹּאֲנָה.

בִּלְבּוּל־דָּם s. blood-accusation, accusation of ritual murder עֲלִילַת דָּם.

בִּלְבּולניק s. (pl. ~עס) caviller מְבַקֵּשׁ תּוֹאֲנוֹת.

בְּלֵב וָנֶפֶשׁ adv. with heart and soul, sincerely.

בלודנע adj. stray, lost תּוֹעֶה, אוֹבֵד.

בלוזע s. (pl. ~ס) blouse מְעִיל קָצָר.

בלוט s. blood דָּם.

— בלוט און מילך youthful, very young באביב עלומים.

— דאָס ליגט און זיין בלוט that runs in his blood כך הוא בטבעו.

— האָבן הייס בלוט to be hot-headed, be passionate היה מהיר חמות.

— (prov.) בלוט איז ניט קיין וואַסער blood is thicker than water שארי בשר מתקרבים תמיד.

בלוט־אָרעם adj. bloodless, anemic חֲסַר דָּם, שֶׁדָּמָיו מוּעָטִים.

בלוט‖באָד s. (pl. ~בעדער) massacre הֶרֶג רָב.

בלוטדאָרשטיג adj. bloodthirsty צָמֵא לְדָם.

בלוטזויגער s. (pl. ~ס) blood-sucker מוֹצֵץ דָּם; (fig.) extortioner מוֹצִיא דָמִים (ממון) מֵחֲבֵרוֹ.

בלוטיג adj. bloody מְגֹאָל בְּדָם.

בלוט־יונגט s. (pl. ~ן) youthful person אִישׁ אוֹ אִשָּׁה בַּאֲבִיב עֲלוּמִים.

בלוטן v. n. to bleed זוֹב דָּם.

בלוטסטראָפּן s. (pl. ~ס) drop of blood (in an [egg) טִפַּת דָּם (בביצה).

בלוטשטורץ s. (pl. ~ן) hemorrhage פֶּרֶץ דָּם.

בלושקע s. spun yarn צֶמֶר מְשֻׁזָּר.

בלושקען adj. of spun yarn שֶׁל צֶמֶר מְשֻׁזָּר.

בלוי adj. blue תְּכֹל, שֶׁגְּוָן תְּכֵלֶת לוֹ.

בלויז adv. only, merely רַק, אַךְ; besides מִלְּבַד זֶה; ‖ ־ער, ־ע adj. bare עָרֹם, בִּלְתִּי מְכֻסֶּה; ‖ s. blank מָקוֹם חָלָק (בכתב).

בלויליך adj bluish כְּחַל מְעַט.

בלויקייט s. blueness, blue color צֶבַע תְּכֵלֶת.

בלוישטיין s. (pl. ־ער) azure-stone, lapis lazuli אֶבֶן הַתְּכֵלֶת.

בלום s. (pl. ־ען) flower פֶּרַח, צִיץ.

בלומען‖טאָפּ s. (pl. ־טעפּ) flower-pot עֲצִיץ.

בלומענמאַכער s. (pl. ־) flower-maker עוֹשֵׂה פְרָחִים.

בלומענקרויט s. cauliflower כְּרוּבִית.

בלוצקע, בלוצקען = בלושקע, בלושקען.

בְּלַחַשׁ adv. in a whisper ־.

בליאַטעווען v. a. to confirm אַשֵּׁר, קַיֵּם (על פי החוק).

בליאַטראַן s. (pl. ־עס) panneled screen מְחִיצָה מְשֻׁבָּצָה לוחות עץ א).

בליאַכע s. (pl. ־ס) axle-tree clip, chip plate חִדּוּק הַשֶּׁקָא.

בליאַסק s. (pl. ־עס) brightness, lustre בָּרָק, זֹהַר.

בליאַסקען v. n. to be bright, shine הַבְרֵק, הַזְהֵר.

בליאַקירן = בליאַקעווען.

בליאַקעווען v. n. to lose its color, fade דָּהָה, כָּהָה.

בליאַשקע s. (pl. ־ס) spangle נְקֻדַּת זָהָב אוֹ כֶסֶף; gold-thread or silver-thread פְּתִיל זָהָב אוֹ כֶסֶף.

בליזנע s. (pl. ־ס) scar צַלֶּקֶת.

בליי s. lead עוֹפֶרֶת.

בלייבן v. n. (p. p. געבליבן) to remain, be left הִשָּׁאֵר, הִוָּתֵר; to stay יָשֹׁב אוֹ עָמֹד עַל מְקוֹמוֹ; to abide עָמֹד (בדעה); to be decided הִגָּמֵר.

— בלייבן בײַם וואָרט to abide by one's word עמד בדבורו.

— בלייבן אָן חלשות, בלייבן אונטער די הענט to swoon, faint התעלף.

— עס איז געבליבן בײַ דער אסיפה it has been decided at the meeting נמנה ונגמר באספה.

בלייוואַסער s. (pharm.) lead-water מֵי־עוֹפֶרֶת.

בלייווייס s. white paint שִׁיד־עוֹפֶרֶת.

בלייווייס־זאַלב s. (pharm.) unguentum plumbi מִשְׁחַת־עוֹפֶרֶת.

בלייז adj. dim כֵּהֶה.

— בלייזע אויגן dim eyes עינים כהות ב).

בלייך adj. pale חִוֵּר.

בלייכן v. a. to bleach חַוֵּר, הַלְבֵּן, כַּבֵּס.

בלייכקייט s. paleness, pallor חִוְרַת פָּנִים.

בלייען adj. of lead, leaden שֶׁל עוֹפֶרֶת.

בלייער s. (pl. ־ס) a ten-pfennig piece מַטְבֵּעַ שֶׁל עֲשָׂרָה פִינִיגִים (בגרמניה); lead-pencil עֵט־עוֹפֶרֶת.

בלייערל = פּלאָמבע.

בלייפּעדער = בלייפּען.

בלייפּען s. (pl. ־ס) lead-pencil עֵט עוֹפֶרֶת.

בלייקע = בלייפּען.

בליישטיין = גראַפיט.

בליישטיפט = בלייפּען.

בְּלִי מַסְקָנָא adv. without resolve ־, בְּלִי הַחְלָטָה.

בלינד adj. blind עִוֵּר; ‖ ־ער, ־ע s. blind man, blind woman אִישׁ עִוֵּר, אִשָּׁה עִוֶּרֶת.

— אַ בלינדער פּאַסאַזשיר a stowaway איש שהתגנב לתוך אניה, נוסע נעלם.

— בלינדע קישקע blind gut, caecum מעי האטום.

בלינדזעקייט s. blind-mans-buff צְחוֹק־שִׁמְשׁוֹן.

בלינדערהייט adv. blindly בְּעִוָּרוֹן.

בלינדקייט s. blindness עִוָּרוֹן.

בְּלִי נֶדֶר adv. without vowing ־.

בְּלִי נֶדֶר וּבְלִי מַסְקָנָא adv. without vowing and without resolve ־.

בלינע = בלונצע.

בְּלִי סָפֵק adv. doubtless ־.

בלינצלען, בלינצן v. n. to blink, twinkle נַצְנֵץ; קָרֹץ.

בלינצע s. (pl. ־ס) pancake, flatcake לְבִיבָה, תופין.

בליעכץ s. (pl. ־ן) blossom נִצָּה, נִצָּן.

בליען v. n. to bloom, blossom הַעֲלֵה נִצָּה, הָנֵץ, פָּרֹחַ; to flourish הַצְלֵחַ.

בליץ s. (pl. ־ן) lightning בָּרָק; flash בְּרַק אוֹר.

בליץ־אָפּפֿירער s. (pl. ־ס) lightning-conductor כְּלִי־רְעָם.

בליצן v. n. to lighten בָּרֹק; to flash הַבְרֵק.

בליצשטראַל s. (pl. ־ן) flash of lightning קַו הַבָּרָק.

בליק s. (pl. ־ן) look, glance מַבָּט, סְקִירָה.

בליקן v. n. to look, glance הַבֵּט, סְקֹר.

בלישטש s. shine, glitter זֹהַר, בָּרָק.

בלישטשען v. n. to be bright, shine, glitter הַזְהֵר, הַבְרֵק.

בלישטשענדיג adj. bright, shining מַזְהִיר, מַבְהִיק.

בל"ם abbr. = בְּלִי מַסְקָנָא.

בל"נ abbr. = בְּלִי נֶדֶר.

בל"ס abbr. = בְּלִי סָפֵק.

א) ביי ליפשיצן. ב) ביי ליפשיצן.

בְּלַע"ז *adv.* in a foreign language בְּלָשׁוֹן נָכְרִיָּה; || *s.* (*pl.* —) a foreign word מִלָּה נָכְרִיָּה.א)

בלעזל *s.* (*pl.* —עך) bubble אֲבַעְבּוּעָה (של מים); blister אֲבַעְבּוּעָה (מורסה).

בלעזלען *v. n.* to bfow softly נָשֹׁב קַל; || —זיך *v. r.* to bubble בַּעְבֵּעַ.

בלעטל *s.* (*pl.* —עך) leaflet עָלֶה קָטָן; ticket כַּרְטִיס, פִּתְקָא; permit, license רִשָּׁיוֹן (ביחוד של תלמידים); wafer (*for sealing*) בָּצֵק לַחֲתִימָה.
— דאָס בלעטל אין שלונג epiglottis, throat-clap כסוי הקנה.

בלעטע||לע *s.* (*pl.* —לעך) leaflet עָלֶה קָטָן; washer פִּסַּת מַתֶּכֶת עֲגֻלָּה (להזק ברג או לשמור דבר מחכוך).

בלעטערדיג, בלעטעריג *adj.* leaf-shaped בִּדְמוּת עָלִים; lamellated, schistous מֻרְכָּב מִשְׁכָבוֹת.

בלעטערן *v. a.* to turn the leaves of a book הָפֹךְ עֲלֵי סֵפֶר, עַלְעֵל.

בלעך *s.* (*pl.* —) sheet, sheet-metal, tin-plate פַּח; sheet-iron פַּח בַּרְזֶל; baking tin כְּלִי פַּח בַּרְזֶל לַאֲפִיָּה.

בלעכוואַרג *s.* tinware כְּלֵי פַּח.

בלעכל *s.* (*pl.* —עך) a small piece of tin-plate חֲתִיכַת־פַּח קְטַנָּה.

בלעכן *adj.* made of tin-plate שֶׁל פַּח.

בלעכער *s.* (*pl.* —, —ס) tinman, tinsmith חָרַשׁ פַּחִים, פֶּחָח.

בלעכשער *s.* (*pl.* —) tin-shears מִסְפָּרַיִם לַחְתּוֹךְ פַּחִים.

בִּלְעָם *npr.* Balaam; || *s.* (*pl.* —ס) insolent man עַז פָּנִים.

בלענדזון *v. a.* to delude הַתְעֵה.

בלענדן *v. a.* to blind עַוֵּר, סַמֵּא; to dazzle הַכֵּה בְּסַנְוֵרִים על ידי זהר; to delude הַתְעֵה.

בלענדעניש *s.* dazzling עִוָּרוֹן על ידי זהר; delusion הַתְעָיָה; deception אֲחִיזַת עֵינַיִם.

בָּלָק *npr.* Balak (*king of Moab*); one of the weekly sections of the Law סֵדֶר בָּלָק.
— לערנען מיט אומעצן בלק to give a person his lesson יַסֵּר אִישׁ.

בִּלְשׁוֹן נְקִיָּה *adv.* euphemistically.

בִּלְשׁוֹן סַגִּי נְהוֹר by antiphrasis.

בִּלְתִּי סָפֵק = בְּלִי סָפֵק.

בִּמְהֵרָה בְיָמֵינוּ *adv.* speedily in our days, soon.

בִּמְזוּמָן, בִּמְזוּמָנִים *adv.* in ready money, in cash.

בְּמֵזִיד *adv.* intentionally.

בִּמְחִילָה *adv.* with forgiveness.

בִּמְחִילָה גְמוּרָה *adv.* with full forgiveness.

בִּמְחִילַת כְּבוֹדוֹ *adv.* with his forgiveness, with due respect to him.

בְּמַחֲשָׁבָה *adv.* in thought, in mind.

בְּמֵילָא = מְמֵילָא.

בִּמְלוֹא מובן הַמִּלָּה in the full sense of the word.

בְּמַמָּשׁוּת *adv.* substantially.

בְּמַעֲמַד *adv.* in the presence of בִּפְנֵי־.

בְּמִצְוֹתָיו *adv.* "with his commandments," intaxicated, tipsy מְבֻסָּם.

בְּמָקוֹם *adv.* in a place.

בִּמְקוֹם *prep.* in place of, instead of תַּחַת; || *s.* substitute מְמַלֵּא מְקוֹם פְּלוֹנִי.

בִּמְקוֹם שֶׁאֵין אִישׁ *phr.* in a place where there is no man.
— (*prov.*) במקום שאין איש איז א הערינג אויך א פיש in the land of the blind the one-eyed people are kings במקום שאין איש נכבד גם איש נקלה לנכבד יחשב.

בְּמֶשֶׁךְ *adv.* in the course of.

בְּמַתָּנָה *adv.* as a gift, as a present, gratis חִנָּם.

בֵּן *s.* (*pl.* בָּנִים) son.
— (*ir.*) א טײַערער בן! a fine fellow! בן יקיר!

בֶּן־אָדָם *s.* (*pl.* בְּנֵי־אָדָם) son of man, mortal.

בֶּאֱמָנוֹת *adv.* in faith, honestly.

בְּנָאָק *s.* (*pl.* —עס) wanton son בֵּן שׁוֹבָב.

בֶּן־אַרְבָּעִים *s.* a man forty years old.

בִּנְבוּאָה *adv.* by prophesy.

בֶּן־בַּיִת *s.* (*pl.* בְּנֵי־בַּיִת) housemate; frequent visitor of a house יְדִיד הָרָגִיל לָבוֹא אֶל הַבַּיִת.

בֶּן־בְּקוּעָה = בֶּן־פְּקוּעָה.

בֶּן־בְּרִית *s.* (*pl.* בְּנֵי־בְּרִית) "son of the covenant," a Jew יְהוּדִי.

בֶּן־גְּדוֹלִים *s.* (*pl.* בְּנֵי־גְדוֹלִים) descendant of eminent people, aristocrat אִישׁ מִגְּדוֹלֵי הַיַּחַשׂ.

בֶּן־הנדה *s.* (*pl.* —ס) one born of coition during his mother's uncleanness.

בֶּן־הָרַב *s.* (*pl.* בְּנֵי־הָרַב) the son of a rabbi.

בנוגע *prep.* concerning אודות.

בֶּן־זוּג *s.* one of a pair אֶחָד מֵהַזּוּג; destined husband מִי שֶׁמְּזֻמָּן לִהְיוֹת בַּעַל לְאִשָּׁה.

בֶּן־זְקוּנִים *s.* a son born in the father's old age, the youngest son.

א) בלע"ז ווערט געוויינליך אָנגענומען פאַר א ר"ת פון בלשון עמים זרים (אין דער שפּראַך פון פרעמדע פעלקער). אנדערע דענקען, ניט קוקנדיג וואָס די אלטע מפרשים שרייבן עס ווי א ר"ת, אז דאָס וואָרט איז פון העבר. לעז, ריידן א פרעמדן לשון.

בֶּן־חורין *s.* (בְּנֵי־חורין *pl.*) free man.—

בֶּן־טובים *s.* one born of a good family.—

בְּנֵי־אָדָם *s.* "the sons of men," recital over פְּסוּקִים שֶׁאוֹמְרִים בְּסֵדֶר the sacrificial fowl הַכַּפָּרוֹת.

— קוקן ווי אַ האָן אין בני־אדם to look at something written without understanding it הבט בדבר כתוב בלי הבן.

בְּנֵי־בַּיִת *s. pl.* household —, מִשְׁפָּחָה.

בְּניחותא *adv.* mildly, softly בְּמְתִינוּת.

בֶּן־יָחִיד *s.* (בְּנִים־יְחִידִים *pl.*) an only son.—

בֶּן־יְחִידיש *adj.* of an only son שֶׁל בֵּן יָחִיד; tender רַךְ, עָנוֹג; capricious שַׁגְעוֹנִי.

בְּנימוס, — דיג polite *adj.*||; — politely *adv.* נִמּוּסִי.

בָּנִים מַשְׁחִיתִים *s. pl.* "corrupters," mischievous children בָּנִים רָעִים.

בְּנֵי־מֵעַיִם *s. pl.* intestines.—

בְּנֵי־משה *s. pl.* "the sons of Moses," Jews supposed to inhabit the region beyond the legendary river Sambatyon הַיְּהוּדִים הַיּוֹשְׁבִים מֵעֵבֶר לְנְהַר סַמְבַּטְיוֹן (על פי האגדה).

בִּנְיָן *s.* (בִּנְיָנִים *pl.*) building, structure.—

בְּנֵי־עֲלִיה *s. pl.* persons of high standing, eminent persons.—

בֵּן יַקִּיר *s.* darling son —, בֵּן נֶחְמָד.

בֶּן־יִשְׂרָאֵל *s.* (בְּנֵי־יִשְׂרָאֵל *pl.*) Israelite, Jew —, יְהוּדִי.

בֶּן־מָוֶת *s.* "one condemned to death," one fatally ill חוֹלֶה מְסֻכָּן.

בֶּן־מֶלֶךְ *s.* (בְּנֵי־מְלָכִים *pl.*) prince —.

בְּנִמצא *adv.* in existence בִּמְצִיאוּת; obtainable שֶׁאֶפְשָׁר לְהַשִּׂיג.

בֶּן־נֹחַ *s.* "son of Noah," avaricious man, miser קַמְצָן.

בְּנֵס *adv.* with a miracle.—

בֵּן סורר ומורה *s.* a rebellious son.—

בֶּן עולם הַבָּא *s.* one worthy of the world to come.—

בְּנעימות, — דיג *adv.* suavely, pleasantly, gracefully —, בְּנֹעַם.

בֶּן־עיר *s.* (בְּנֵי־עיר *pl.*) fellow-townsman.—

בֶּן־פְּקועה *s.* (— ס *pl.*) fruit found in the womb of a slaughtered animal.—

בִּנְקִיטַת חֵפֶץ *adv.* by taking hold of an object (to swear by it).—

בִּנְקִיטַת סֵפֶר *adv.* by taking hold of a book (to swear by it).—

בֶּן־שִׁבְעִים *s.* a man seventy years old, septuagenarian.—

בִּנְשִׁימָה אחת *adv.* in one breath, at a breath.—

בִּנְשִׁיקָה *adv.* with a kiss.—

— שטאַרבן בנשיקה to die calmly מות בשקט ובמנוחה.

בֶּן־תּוֹרָה *s.* learned man, scholar.—

בֶּן־תַּרְבּוּת *s.* well-bred man.—

בְּסֵבֶר פָּנִים יָפוֹת *adv.* with a cheerful countenance, cheerfully.—

בס"ה *abbr.* בְּסַךְ־הַכֹּל.

בְּסוֹד *adv.* secretly בַּסֵּתֶר; as a secret כְּדָבָר סֵתֶר.

בְּסודי־סודות, בְּסוֹד־סוֹדוֹת *adv.* very secretly נִסְתָּר מְאֹד.

בְּסַךְ־הַכֹּל *adv.* in all, all told.—

בעי *int.* bleat of sheep קוֹל הַצֹּאן.

בע²י *int.* exc'amation of taunt קְרִיאַת לַעַג.

בע־ *pref.* [illegible] ווערטער מיט דעם צווייק וועט מען נעפינען אין פאַרבינדונג מיט באַ־.

בעבל *s.* (— עך *pl.*) small bean פּוֹל קָטָן.

בעבעכעס *s. pl.* entrails, bowels, guts קְרָבַיִם. מֵעַיִם; rags סְמַרְטוּטִים; bedding מַכְשִׁירֵי מִטָּה.

בעבען *v. n.* to jabber, babble נִמְנֵם.

בעבקע = בטמקע.

בַּעֲגָלָא *adv.* soon —, בְּקָרוֹב.

בַּעֲגָלָא וּבִזְמַן קָרִיב *adv.* speedily and at a near time, very soon בִּזְמַן קָרוֹב מְאֹד.

בעדיי = באָדיי.

בְּעַד כָּל הוֹן, — דְעָלְמָא *phr.* for all the wealth of the world.—

בעדער *s.* (— ס *pl.*) bath-keeper בַּעַל בֵּית מֶרְחָץ, בַּלָּן.

בעדערקע *s.* (— ס *pl.*) bath-keeper's wife אֵשֶׁת הַבַּלָּן; female bath-keeper בַּלָּנִית.

בעה"ב *abbr.* = בַּעַל הַבַּיִת.

בעוה"ר *abbr.* = בַּעֲווֹנוֹתֵינוּ הָרַבִּים.

בַּעֲווֹנוֹתֵינוּ הָרַבִּים *adv.* because of our many sins.—

בְּעוּר־חָמֵץ = בִּיעוּר־חָמֵץ.

בעזובושניצע *s.* (— ס *pl.*) shameless woman לֹא יוֹדַעַת בֹּשֶׁת, חֲצוּפָה.

בעזובושניק *s.* (— עס *pl.*) shameless man לֹא יוֹדֵעַ בֹּשֶׁת, חָצוּף.

בעזדיעטניצע *s.* (— ס *pl.*) childless woman עֲקָרָה.

בעזדיעטניק *s.* (— עס *pl.*) childless man עָקָר.

בעזדיעלניק *s.* (— עס *pl.*) idler עָצֵל, רֹעֶה־רוּחַ; rascal, rogue פּוֹחֵז, רֵיק.

בעז"ה *abbr.* = בְּעֶזְרַת הַשֵּׁם.

בעזחרפטניצע = בעזבושניצע.

בעזחרפטניק = בעזבושניק.

בעזלאַד *s.* (— ן *pl.*) disorder אִי־סֵדֶר.

בעזלאָדניק *s.* (— עס *pl.*) hermit מִתְבּוֹדֵד.

בעזמען *s.* (— ס *pl.*) steelyard קְנֵה־מִשְׁקָל.

בעזנאָסע *adj.* noseless חֲרוּם אַף.

בעזעם s. (pl. ~ער) besom, broom מְטַאֲטֵא, מַכְבֵּד; tail (of a comet) זָנָב (של כוכבא דשביט).

בעזעמען v. a. to rub with a broom (in a bath) שַׁפְשֵׁף בִּמְטַאֲטֵא (בבית מרחץ).

בעזפּאַספּאָרטנע adj. without a passport בְּלִי תְעוּדַת נְסִיעָה.

בעזפּעטשנע adj. careless שֶׁאֵינֶנּוּ דוֹאֵג; safe בּוֹטֵחַ; || ~קייט s. carlessness לֹא־דְאָגָה; safety בִּטְחָה.

בְּעֶזְרַת הַבּוֹרֵא adv. by the help of the Creator ~.

בְּעֶזְרַת הַשֵּׁם adv. by the help of God ~.

בעט s. (pl. ~ן) bed מִטָּה; bed (of a river) (geogr.) קַרְקַע נָהָר.

בעטגעוואַנט s. bedding מַכְשִׁירֵי מִטָּה (כרים וכסתות).

בעט־דעקע s. (pl. ~ס) blanket מִכְסֶה, שְׂמִיכָה.

בעט־וועש s. bed-linen לְבָנִים לְמִטָּה.

בעטל[1] s. (pl. ~עך) small bed מִטָּה קְטַנָּה, עֶרֶשׂ קָטָן.

בעטל[2] s. beggary שְׁאֵלָה עַל הַפְּתָחִים; = בעטלערײַ.

בעטל־ברויט s. bread of mendicity or charity לֶחֶם חֶסֶד.

בעטלען v. a. n. to beg בַּקֵּשׁ (נדבות), חֲזֹר עַל הַפְּתָחִים.

בעטלער s. (pl. ~, ~ס) beggar מְבַקֵּשׁ (נדבות), חוֹזֵר עַל הַפְּתָחִים; poor man עָנִי, דָּל.

בעטלערײַ s. beggary חֲזָרָה עַל הַפְּתָחִים; poverty עֲנִיּוּת, דַּלּוּת.

בעטלערל s. (pl. ~עך) "little beggar," beggar's tune נִגּוּן שֶׁל חוֹזְרִים עַל הַפְּתָחִים.

בעטן[1] v. a. (p. p. געבעטן) to beg, request, pray בַּקֵּשׁ, שָׁאֹל; to invite קְרֹא, הַזְמֵן (לשמחה); || ~זיך v. r. to beg, pray הִתְחַנֵּן; to be required, be needed הָיֹה דָרוּשׁ.

— בעטן אויף אַ חתונה to invite to a wedding קרא לחתונה.

— זאָגט מיר, איך בעט אײַך tell me, pray (or please) הגידו נא לי.

— (id.) זיך לאָזן בעטן to be reluctant פקפק.

— דאָ בעט זיך אַ לאַטע a patch is needed here פה דרושה מטלית.

— דער פּסוק בעט זיך מע זאָל אים דרשענען the passage requires an interpretation המקרא צריך לדרש, המקרא אומר דרשני.

בעטן[2] to make (the bed) הַצֵּעַ (המטה); to upholster רַבֵּד, רַפֵּד (כלי בית).

בעטער s. (pl. ~, ~ס) solicitor מְבַקֵּשׁ; intercessor מֵלִיץ, מִשְׁתַּדֵּל (בעד איש); messenger inviting to a wedding or banquet שָׁלִיחַ קוֹרֵא לַחֲתוּנָּה אוֹ לִסְעוּדָה.

— אַ גוטער בעטער זאָל ער זײַן פֿאַר אונדז may he be a good intercessor for us (of a deceased person) מליץ טוב יהיה בעדנו (על נפטר).

בעטציג s. bedtick אֶרֶג לְצִפּוּי כָּרִים וּכְסָתוֹת; bed-clothes, sheets and blankets מַרְבַדִּים, מַצָּעוֹת (למטה).

בעטקע s. (pl. ~ס) mushroom כְּמֵהָה, פִּטְרִיָּה.

בעטשען v. n. to bleat גָּעֹה (כצאן); to jabber נַמְנֵם.

בְּעֵינַי רָאִיתִי phr. I have seen it with my eyes ~.

בְּעִיקָר adv. mainly, substantially ~.

בְּעֵירוֹם וּבְחוֹסֶר כֹּל phr. "naked and in want of everything," in a destitute condition בְּעֹנִי וּבְ[illegible].

בעך int. thump! צוּל! (קול נפילה או הכאה).

בעכטע = בוכטע.

בעכער s. (pl. ~ס) cup כּוֹס.

בעל s. (pl. ~ן) fold, double קֶמֶט, כֶּפֶל.

בַּעַל־אֲבֵידָה s. (pl. ~ס) one who has lost something, a loser ~.

בַּעַל־אוּמָנוּת s. (pl. בַּעֲלֵי־אוּמָנוּת) one having a profession or trade ~.

בַּעַל־אַחֲרָיוּת s. (pl. בַּעֲלֵי־אַחֲרָיוּת) one who is responsible אַחֲרַאי.

בַּעַל־אַכְסַנְיָה s. (~ס, pl. בַּעֲלֵי־אַכְסַנְיוֹת) innkeeper ~.

בַּעַל־אָמִיר = באַלעמער.

בַּעַל־אִשָּׁה s. (pl. בַּעֲלֵי־נָשִׁים) married man ~.

בַּעַל־בָּטוּחַ s. (pl. בַּעֲלִים־בְּטוּחִים) reliable or trustworthy person אִישׁ בָּטוּחַ, אִישׁ נֶאֱמָן.

בַּעַל־בִּטָּחוֹן s. (pl. בַּעֲלֵי־בִּטָּחוֹן) one who relies on God אִישׁ הַשָּׂם בִּטְחוֹנוֹ בֵּאלֹהִים.

בַּעַל־בַּיִת = באַלעבאָס.

בַּעַל־בַּיִתטע = באַלעבאָסטע.

בַּעַל־בְּכִי s. (pl. בַּעֲלֵי־בְּכִי) one who is inclined to weep, weeper, whiner ~, אִישׁ נוֹחַ לִבְכּוֹת.

בַּעַל־בְּרִית s. (pl. ~ן) father of a child to be circumcised ~.

בַּעַל־בְּשׂוֹרָה s. (pl. בַּעֲלֵי־בְּשׂוֹרוֹת) one who brings tidings אִישׁ בְּשׂוֹרָה.

בַּעַל־בָּשָׂר s. (pl. בַּעֲלֵי־בָּשָׂר) fat or corpulent man אִישׁ בְּרִיא בָשָׂר.

בַּעַל־בַּתּישקייט = באַלעבאַטישקייט.

בַּעַל־בַּתּעווען = באַלעבאַטעווען.

בַּעַל־גַּאֲוָה s. (~ס, pl. בַּעֲלֵי־גַאֲוָה) proud man, haughty person גֵּאֶה.

בַּעַל־גַאֲוה||טע, ~ניצע s. (pl. ~ס) proud or haughty woman גֵּאָה.

בעל-נאוהניק s. (עס – pl.) proud or haughty man נָאֶה; = בעל-גאוה.

בעל-נוזמא s. (בעלי-נוזמא pl.) exaggerator מְגַזֵּם, מַפְלִיג.

בעל-גוף s. (בעלי-גופים pl.) corpulent man אָדָם בָּרִיא; land-owner בַּעַל קַרְקָעוֹת; tavern-keeper בַּעַל בֵּית מַרְזֵחַ.

בעל-דבר s. (בעלי-דברים pl.) the person in question הָאִישׁ שֶׁמְּדַבְּרִים בּוֹ; opponent, plaintiff תּוֹבֵעַ (בבית דין); Satan הַשָּׂטָן.

בעל-דברן s. (בעלי-דברנים pl.) one who has the gift of the gab, talker אִישׁ שֶׁיֵּשׁ לוֹ הַכִּשָּׁרוֹן לְדַבֵּר, דַּבְּרָן.

בעל-דברן v. a. (fl.) to beat הַכֵּה, הַלְקֵה; to kill הֲרֹג, הָמֵת.

בעל-דין s. (בעלי-דינים pl.) party to a law-suit ~; plaintiff ~ בַּעַל דְּבָרִים, תּוֹבֵעַ.

בעל-דעה s. (בעלי-דעות pl.) influential person ~, אָדָם תַּקִּיף; man of firm opinion אִישׁ הָעוֹמֵד בְּדַעְתּוֹ.

בעל-דקדוק s. (בעלי-דקדוק pl.) grammarian מְדַקְדֵּק.

בעל-דרך-ארץ s. (בעלי-דרך-ארץ pl.) man of manners, civil person אִישׁ מְנֻמָּס.

בעל-||דרשן, ~ דרשער = דרשן.

בעל-האזע = בעל-האזעניק.

בעל-האזעניצע s. (ס – pl.) impudent woman חֲצוּפָה.

בעל-האזעניק s. (עס – pl.) impudent man חָצוּף.

בעל-הבית = באלעבאס.

בעל-הביתטע = באלעבאסטע.

בעל-הביתל = באלעבעסל.

בעל-הבתיש, ~ קייט = באלעבאטיש, ~ קייט.

בעל-הבתעוען = באלעבאטעווען.

בעל-הגוף = בעל-גוף.

בעל-הוצאה s. (בעלי-הוצאות pl.) one who is at a great expense אִישׁ שֶׁמּוֹצִיא הַרְבֵּה (לכלכלת ביתו).

בעל-הלואה s. (בעלי-הלואות pl.) money-lender מַלְוֶה כֶּסֶף.

בעל-המצאה s. (בעלי-המצאות pl.) jester, joker לֵץ.

בעל-העגלה = בעל-עגלה.

בעל-העזע, ~ ניצע, ~ ניק = בעל-האזע, ~ ניצע, ~ ניק.

בעלי-התוספות s. pl. the Tosaphists, the authors of תוספות.

בעל-זכרון s. (בעלי-זכרון pl.) one having a retentive memory מִי שֶׁיֵּשׁ לוֹ זִכָּרוֹן מְשֻׁמָּר.

בעל-חוב s. (בעלי-חובות pl.) debtor ~.

בעל-חי s. (בעלי-חיים pl.) living being דָּבָר חַי, בַּעַל-חַיִּים.

בעל-חייב s. (ס – pl.) guilty person אִישׁ אָשֵׁם בְּדָבָר.

בעל-חלומות s. (בעלי-חלומות pl.) dreamer ~, חוֹלֵם חֲלוֹמוֹת; בַּעַל הֲזָיָה.

בעל-חשבון s. (בעלי-חשבון pl.) reckoner, arithmetician מָהִיר בְּחָכְמַת הַחֶשְׁבּוֹן.

בעל-חתונה s. (בעלי-חתונה pl.) father of the bride or of the bridegroom אֲבִי הַכַּלָּה אוֹ אֲבִי הֶחָתָן.

בעל-טאקסע s. (ס –, בעלי-טאקסע pl.) tax-farmer חוֹכֵר הַמֶּכֶס.

בעל-טובה s. (בעלי-טובות pl.) benefactor עוֹשֶׂה טוֹב, גּוֹמֵל חֶסֶד.

בעל-טובהניצע s. (ס – pl.) benefactress גּוֹמֶלֶת חֶסֶד.

בעלי-בתיש, ~ קייט = באלעבאטיש, ~ קייט.

בעלי-התלמוד s. pl. the doctors of the Talmud חַכְמֵי הַתַּלְמוּד.

בעל-יועץ s. (בעלים-יועצים pl.) adviser יוֹעֵץ.

בעל-יושר s. (בעלי-יושר pl.) man of justice אִישׁ יָשָׁר, יַשְׁרָן.

בעל-יכולת s. (בעלי-יכולת pl.) a man of considerable means אִישׁ אָמִיד.

בעלי-מים s. pl. urinary organs כְּלֵי הַהַשְׁתָּנָה (כחי); genitals כְּלֵי הַהוֹלָדָה.

בעל-יסורים s. (בעלי-יסורים pl.) one who is suffering pain ~, אִישׁ מַכְאוֹבוֹת.

בעליק s. (עס – pl.) beam קוֹרָה.

בעל-כוח s. (בעלי-כוח pl.) man of strength, strong man אִישׁ גְּבוּרָה, גִּבּוֹר.

בעל-כים s. (בעלי-כים pl.) capitalist, wealthy man ~, בַּעַל הוֹן, אִישׁ אָמִיד.

בעל-כעסן = כעסן.

בעל-כרחו, בעל-כרחך adv. against one's will, perforce ~.

בעל-לשון s. (בעלי-לשונות pl.) linguist יוֹדֵעַ לְשׁוֹנוֹת.

בעל-לשון-קודש s. (בעלי-לשון-קודש pl.) Hebraist, Hebrew scholar יוֹדֵעַ הַלָּשׁוֹן הָעִבְרִית.

בעלמא adv. in general ~, בְּדֶרֶךְ כְּלָל, סְתָם.

בעל-מאמין s. (בעלי-מאמינים pl.) believer מַאֲמִין. — א נארישער בעל-מאמין a superstitious liever מאמין בהבלים; a fanatic, a bigot בעל הזיה.

בעל-מגיה s. (ס –, בעלי-מגיהים pl.) corrector, proof-reader מַגִּיהַּ (בבית דפוס).

בעל-מדקדק s. (בעלי-מדקדקים pl.) grammarian בָּקִי בְּדִקְדּוּק הַלָּשׁוֹן.

בעל-מוח s. (בעלי-מוח pl.) brainy man שֵׂכֶל.

בַּעַל-מום s. (pl. בַּעֲלֵי-מומים) cripple —.
בַּעַל-מוסף s. (pl. בַּעֲלֵי-מוסף) cantor officiating at the additional service on Sabbaths and holidays חַזָּן הַמִּתְפַּלֵּל תְּפִלַּת מוּסָף.
בַּעַל-מופת s. (pl. בַּעֲלֵי-מופְתים) miracle-worker, thaumaturgist עוֹשֶׂה מוֹפְתִים.
בַּעַל-מַזל = בַּר מַזל.
בַּעַל-מְחַבֵּר s. (pl. בַּעֲלֵי-מְחַבְּרים) author מְחַבֵּר.
בַּעַל-מַחלוקת s. (pl. בַּעֲלֵי-מַחלוקת) inciter of quarrels, intriguer מְעוֹרֵר מְדָנִים.
בַּעַל-מַחְשָׁבות s. (pl. בַּעֲלֵי-מַחְשָׁבות) thinker בַּעַל עִיּוּן, בַּעַל הִגָּיוֹן.
בַּעַל-מְטופל = מְטופל.
בַּעַל-מְלָאכה s. (—ס, בַּעֲלֵי-מְלָאכה pl.) workman פּוֹעֵל; artisan, mechanic אוּמָן.
בַּעַל-מְלָאכהש adj. of a workman שֶׁל פּוֹעֵל; of mechanics שֶׁל אוּמָנִים; workmanlike כְּדֶרֶךְ אוּמָן, אוּמָנוּתִי.
בַּעַל-מִלְחָמה s. (pl. בַּעֲלֵי-מִלְחָמה) warrior אִישׁ מִלְחָמָה; soldier חַיָּל, אִישׁ צָבָא.
בַּעַל-מְנַגן s. (pl. בַּעֲלֵי-מְנַגְּנים) one who has musical abilities יוֹדֵעַ לְנַגֵּן, יוֹדֵעַ לְזַמֵּר.
בְּעַל מְנַת adv. on condition עַל מְנָת, בִּתְנַאי.
בַּעַל-מְפונִיצע s. (pl. —ס) delicate woman עֲנֻגָּה; fastidious woman דַּיְקָנִית.
בַּעַל-מְפונק s. (pl. בַּעֲלֵי-מפונְקים) delicate man מְפֻנָּק, אִסְטְנִיס, עָנֹג; fastidious man דַּיְקָן.
בַּעַל-מִצְוה s. (pl. בַּעֲלֵי-מִצְוות) observer of religious commands שׁוֹמֵר מִצְוָה; benefactor עוֹשֶׂה חֶסֶד.
בַּעַל-מִצְוָהטנִיצע s. (pl. —ס) benefactress אִשָּׁה עוֹשָׂה חֶסֶד.
בַּעַל-מִצְוָהטנִיק s. (pl. —עס) benefactor עוֹשֶׂה חֶסֶד; = בַּעַל-מִצְוה.
בַּעַל-מַצליח s. (pl. בַּעֲלֵי-מַצְליחים) one who always succeeds אִישׁ מַצְלִיחַ תָּמִיד.
בַּעַל-מָיצְרא = בַּר-מָיצְרא.
בַּעַל-מְקובל s. (pl. בַּעֲלֵי-מְקובָּלים) cabbalist, mystic מְקֻבָּל.
בַּעַל-מְקַנא s. (pl. בַּעֲלֵי-מְקַנְאים) envier, grudger מְקַנֵּא.
בַּעַל-מִשְׁפָּחה s. (pl. בַּעֲלֵי-מִשְׁפָּחות) family man אִישׁ שֶׁיֵּשׁ לוֹ אִשָּׁה וּבָנִים.
בַּעלן = בַּהלן.
בַּעַל-נֶאֱמָנות s. (pl. בַּעֲלֵי-נֶאֱמָנות) trustworthy man אִישׁ נֶאֱמָן.
בַּעלָנות = בַּהלָנות.
בַּעלנטע = בַּהלנטע.
בַּעַל-נס s. (pl. בַּעֲלֵי-נִסים) miracle-worker —.

בַּעַל-סְברא s. (pl. בַּעֲלֵי-סְבָרא) one who offers an opinion אִישׁ מַצִּיעַ סְבָרָא.
בַּעַל-סוד s. (pl. בַּעֲלֵי-סודות) one who keeps a secret שׁוֹמֵר סוֹד, שֶׁאֵינוֹ מְגַלֶּה סוֹד.
בַּעַל-עֲבֵירה s. (—ס, בַּעֲלֵי-עֲבֵירה pl.) sinner חוֹטֵא.
בַּעַל-עֲבירהנִיק = בַּעַל-עֲבֵירה.
בַּעַל-עֲגָלה s. (pl. בַּעֲלֵי-עֲגָלות) coachman, driver עֶגְלוֹן.
בַּעַל-עַוְלה s. (pl. בַּעֲלֵי עַוְלות) wrong-doer, wronger עוֹשֶׂה עָוֶל.
בעלעטריסט s. (pl. —ן) belletrist מְחַבֵּר דְּבָרִים הַשַּׁיָּכִים לַסִּפְרוּת הַיָּפָה.
בעלעטריסטיקע s. belles-lettres, polite literature הַסִּפְרוּת הַיָּפָה (ספורים, חזיונות וכד׳).
בעלעטריסטיש adj. belletristic שֶׁל הַסִּפְרוּת הַיָּפָה.
בעלעם s. (pl. —ס) cataract (in the eye) תְּבַלּוּל בָּעַיִן, בַּרְקִית.
בעלעמעטשען v. n. to jabber נִמְנֵם.
בעלעטער = באלעטער.
בַּעַל-עסק s. (pl. בַּעֲלֵי-עֲסקים) man of business אִישׁ שֶׁיֵּשׁ לוֹ עֵסֶק.
בַּעַל-עֵצה s. (pl. בַּעֲלֵי-עֵצות) adviser יוֹעֵץ.
בְּעַל פֶּה adv. orally —, עַל פֶּה; by heart עַל פֶּה.
בַּעַל-פּועל s. (pl. בַּעֲלֵי-פּועלים) efficient teacher מוֹרֶה מוֹעִיל.
בַּעַל-פַּחד s. (pl. בַּעֲלֵי-פַּחד) timid person, coward פַּחְדָן.
בַּעַל-פְּעולה = בַּעַל-פּועל.
בעלפֿער = באהעלפֿער.
בַּעַל-פַּרְנָסה s. (pl. בַּעֲלֵי-פַּרְנָסה) one who is prosperous in business אִישׁ מַצְלִיחַ בְּעֵסְקוֹ.
בַּעַל-צְדָקה s. (pl. בַּעֲלֵי-צְדָקה) charitable man, philantropist —, נָדִיב.
בַּעַל-צְדָקהטע s. (pl. —ס) charitable woman אִשָּׁה נְדִיבָה.
בַּעַל-קַבָּלה s. (pl. בַּעֲלֵי-קַבָּלה) cabbalist, mystic מְקֻבָּל.
בַּעַל-קורא = בַּעַל-קְריאה.
בעלקע = בעליק.
בַּעַל-קֶרי s. (pl. בַּעֲלֵי-קֶרי) one who has pollutions —.
בַּעַל-קְריאה s. (pl. —ס) reader of the Law in the Synagogue קוֹרֵא בַּתּוֹרָה בְּבֵית הַכְּנֶסֶת.
בַּעַל-רַחֲמים s. (pl. בַּעֲלֵי-רַחֲמים) merciful *or* compassionate man —, רַחֲמָן.
בַּעַל-רַחֲמן s. (pl. בַּעֲלֵי-רַחֲמָנים) = בַּעַל-רַחֲמים.
בַּעַל-שַׁחֲרית s. (pl. בַּעֲלֵי-שַׁחֲרית) cantor officiating at the morning service חַזָּן הַמִּתְפַּלֵּל תְּפִלַּת שַׁחֲרִית.

בעל-שם s. (בעלי-שמות pl.) "master of the name," miracle-worker – , עושה מופתים.

בעל-שמחה s. (בעלי-שמחות pl.) host of an entertainment בעל סעודה.

בעל-שמחהטע s. (pl. ס –) hostess of an entertainment בעלת סעודה.

בעל-שם-טוב s. "Master of the Good Name," epithet of the founder of the Hasidic sect כנוי של מיסד כת החסידים.

בעל-שמסקע adj. of a miracle-worker של בעל שם.

בעל-שפע s. (בעלי-שפע pl.) one who is prosperous in business איש מצליח בעסקו.

בעל-תאוה s. (בעלי-תאוות pl.) sensualist – , אוהב תענוגי בשרים; passionate man – , איש שיצרו מתגבר עליו.

בעל-תאוהניצע s. (pl. ס –) sensual woman בעלת תאוה, אוהבת תענוגי בשרים; passionate woman אשה שיצרה מתגבר עליה.

בעל-תאוהניק s. (pl. עס –) = בעל-תאוה.

בעל-תוקע s. (pl. ס –) blower of the trumpet or Shofar on New Year's day תוקע בשופר בראש השנה.

בעל-תכלית s. (בעלי-תכליתים pl.) one who is solicitous about the outcome of a thing דואג לסופו של דבר; one who is solicitous about the future דואג לעתיד.

בעל-תנך s. (בעלי-תנך pl.) biblical scholar, Biblicist מלמד בכתבי הקדש.

בעל-תפילה s. (בעלי-תפילות pl.) person who leads in prayer or worship עובר לפני התבה. שליח צבור.

בעל-תקיעה s. (pl. ס –) = בעל-תוקע.

בעל-תשובה s. (בעלי-תשובה pl.) repenter, repentant – .

בעל-תשובהניק s. (pl. עס –) = בעל-תשובה.

בעמידה adv. standing – , מעמד.

בענדל s. (pl. עך –) lace, ribbon סרט; string שרוך (לקשר נעל).

בענזין s. benzine בנזין (מין נפט).

בענטשונג (pl. ען –) blessing ברכה.

בענטשליכט s. (pl. –) Sabbath candle (lit on the eve of Sabbath) נר לשבת.

בענטשן v. a. to bless ברך; || v. n. to say grace after meals ברך ברכת המזון; || s. grace after meals ברכת המזון.

— בענטשן ליכט to light candles on the eve of Sabbath הדלק נרות בערב שבת.

— בענטשן חנוכה-ליכט to light candles on the feast of the Maccabees הדלק נרות של חנוכה.

בענטשערל s. (pl. עך –) booklet containing the form of grace after meals קונטרס קטן כולל ברכת המזון.

בענעפיט s. (pl. ס –) benefit (Am.) תועלת; benefit performance משחק בתיאטרון לטובת אחד המשחקים או לטובת איזה דבר; = בענעפיס.

בענעפיס s. (pl. ן –) benefit performance משחק בתיאטרון לטובת אחד המשחקים.

בענקארט s. (pl. עס –) bastard ממזר.

בענק-טאן s. anxiety דאגה, פחד.

בענקל s. (pl. עך –) small bench ספסל קטן; stool הדם, שרפרף.

בענקען v. n. to long געגע.

בענקעניש, בענקשאפט s. longing געגועים.

בעסט adj. sup. best הטוב מ־, מעלה; || s. the best מבחר.

— צום בעסטן in the best manner באופן היותר טוב.

בעסטיע s. (pl. ס –) beast, brute חיה, חיה רעה.

בעסיעדקע s. (pl. ס –) lower, arbor סכת נצרים.

בעסמענטאזש (pl. ן –) graveyard, cemetery בית הקברות א).

בעסער adj. comp. better טוב מ־; || adv. better מוטב; rather יותר.

בעסערונג s. (pl. ען –) improvement הטבה.

בעסערן v. a. to better, improve היטב; || – זיך v. r. to improve, be improved הוטב.

בעעצם adv. in substance, substantially, properly בעקר, באמת.

בעקן s. (pl. ס –) basin אגן; basin (geogr.) שפלה (של נהר).

בעקען v. n. to baa געה (כשור); to bleat געה (כצאן); to repeat the syllable בע חזור על ההברה בע; to jabber נמנם.

בעקער s. (pl. ס –) baker אופה.

בעקעריי s. (pl. ען –) bakery מאפיה.

בעקעריש adj. baker's של אופה.

בעקעשע s. (pl. ס –) a large coat lined with fur אדרת־שער גדולה.

בעקר = בעיקר.

בער s. (pl. ן –) bear דב; clumsy person (fig.) אדם מגשם.

— דער ווייסער בער white bear, polar bear דב הלבן (של הציר הצפוני).

— בערן אויף שויבן ice-figures on window-panes צורות קרח על שמשות החלון.

בערעזע s. (pl. ס –) birch, birch-tree לבנה.

א) דאס ווארט איז א צונויפזעצונג פון העברעאיש בית און פויליש cmentarz (בית-עולם).

בעראָזעווע *adj.* of birch שֶׁל לִבְנֶה.
בערגיג *adj.* hilly, mountainous נַבְנֹן, מָלֵא הָרִים.
בערגל *s.* (‑עך *pl.*) hillock גִּבְעָה.
בערג־פלאַקס = אַזבעסט.
בערג־קייט *s.* (‑ן *pl.*) mountain-chain, ridge שׁוּרַת הָרִים, רֶכֶס.
בערדיג *adj.* bearded בַּעַל זָקָן.
בערדע *s.* (‑ס *pl.*) a losing card קְלָף שֶׁאֵינוֹ זוֹכֶה.
— האָבן אַ בערדע to lose (*at cards*) הפסד (במשחק הקלפים).
בערדע‖לע *s.* (‑לעך *pl.*) little beard זָקָן קָטָן; key-bit אַרְכֻּבָּה, מִין (שן המפתח).
בערווענע *s.* (‑ס *pl.*) beam קוֹרָה.
בערזע = בורושע.
בערטע *s.* (‑ס *pl.*) hillock גִּבְעָה, תֵּל.
בעריִלעכן = בארולעכן.
בעריש *adj.* bear's, of bear שֶׁל דֹּב.
בְּעֶרֶך *adv.* about, nearly ‑.
בערלינער *adj.* of Berlin שֶׁל בֶּרְלִין;‖ *s.* (‑ *pl.*) inhabitant of Berlin יוֹשֵׁב בֶּרְלִין; moderner אִישׁ מֵהַדּוֹר הֶחָדָשׁ.
בערלינקע *s.* (‑ס *pl.*) a piece of $7^1/_2$ copecks (*in the Baltic provinces*) מַטְבֵּעַ שֶׁל $7^1/_2$ קְפֵּקוֹת (במחוזות הים הבלטי): a kind of boat מִין סִירָה.
בערעזע, בערעזעווע = בעראָזע, בעראָזעווע.
בערעזענע = בעראָזעווע.
בערע‖לע[1] *s.* (‑לעך *pl.*) little bear, young bear, bear's cub דֹּב קָטָן, דֹּב צָעִיר.
בערע‖לע[2] *s.* (‑לעך *pl.*) teasel צֶמַח קוֹצִי שֶׁמִּשְׁתַּמְּשִׁים בּוֹ לִסְרוֹק אָרִיג שֶׁל צֶמֶר; hatchel, wool-card מַסְרֵק לְאָרִיג שֶׁל צֶמֶר.
בערעמיע = ברעמעניע.
בערשטל *s.* (‑עך *pl.*) brush מִבְרֶשֶׁת.
בערשטן *v. a.* to brush נַקֵּה בְּמִבְרֶשֶׁת.
בעש"ט *abbr.* = בַּעַל־שֵׁם־טוֹב.
בעשעכע *s.* erysipelas שׁוֹשַׁנָּה (מחלה).
בְּעֵת *adv.* at the time, when, while ‑.
בְּעֵת־מַעֲשֶׂה *adv.* at the time of the act, at the time ‑.
בְּפֶה אֶחָד *adv.* unanimously פֶּה אֶחָד, בְּדֵעָה אַחַת.
בְּפֶה מָלֵא *adv.* frankly ‑.
בְּפֵירוּשׁ *adv.* expressly ‑, בְּבֵרוּר.
בְּפוֹעַל מַמָּשׁ *adv.* actually בְּפֹעַל.
בִּפְנֵי כָּל עַם וְעֵדָה *adv.* publicly, openly ‑, בַּקָּהָל, בְּפוּמְבֵּי.
בְּפַרְהֶסְיָא *adv.* openly, publicly ‑, בְּפוּמְבֵּי.
בִּפְרוֹטְרוֹט *adv.* with all particulars ‑, בְּכָל הַפְּרָטִים; each one separately ‑ אֶחָד וְאֶחָד לְבַדּוֹ.
בְּפֵרוּשׁ = בְּפֵירוּשׁ.
בִּפְרָט *adv.* particularly, especially ‑, בְּיִחוּד.

בְּפַשְׁטוּת *adv.* simply ‑, פָּשׁוּט.
בְּצִבּוּר = בְּצִיבּוּר.
בְּצַוָּואָה, בְּצַוָּאָה *adv.* by will *or* testament ‑.
— אָפּזאָגן בצוואה to bequeath הַשְׁאֵר בְּצַוָּאָה.
בְּצוּרַת *adv.* in the form *or* image of ‑, בִּדְמוּת.
בְּצוּרַת אָדָם *adv.* in the shape of man ‑, בִּדְמוּת אָדָם.
בְּצִיבּוּר *adv.* in a gathering, in public ‑.
— דאַווענען בציבור to pray in public התפלל בציבור.
בְּצִמְצוּם *adv.* scantily ‑, בְּקַמְצָנוּת; precisely בְּדִיּוּק.
בִּצְנִיעוּת *adv.* chastely, modestly ‑.
בְּקאַקְתֶּךָ *adv.* (*sl.*) rotten בְּמַצָּב רָע.
בְּקַבָּלָה *adv.* by tradition, traditionally ‑.
בְּקַו הַבְּרִיאוּת *ad.* in good health ‑, בִּבְרִיאוּת.
בְּקוֹלֵי־קוֹלוֹת *adv.* very loud, vociferously בְּקוֹל רָם, בְּשָׁאוֹן.
בְּקוּמפּאַניע *adv.* in company בְּחֶבְרָה, בִּקְבוּצָה.
בִּקּוּר־חוֹלִים = בִּיקוּר־חוֹלִים.
בָּקִי *adj.* versed ‑;‖ *s.* one versed in something אִישׁ בָּקִי בְּדָבָר.
בְּקִיאוּת *s.* conversance ‑.
בְּקִיצוּר *adv.* briefly ‑; in short ‑.
בְּקִיצוּר הַדָּבָר *adv.* in short, to make the long story short בְּלִי הַאֲרֵךְ בָּעִנְיָן.
בְּקֵירוּב *adv.* approximately ‑; soon בְּקָרוֹב.
בְּקִצּוּר = בְּקִיצוּר.
בְּקִצּוּר הַדָּבָר = בְּקִיצוּר הַדָּבָר.
בְּקֵרוּב = בְּקֵירוּב.
בְּקָרוֹב *adv.* soon ‑.
בַּקָּשָׁה *s.* (בַּקָּשׁוֹת *pl.*) request ‑, שְׁאֵלָה; petition ‑, prayer ‑, תְּחִנָּה.
בראַגע = בראַהע.
בראָדעוּקע *s.* (‑ס *pl.*) wart יַבֶּלֶת.
בראָדזען *v. n.* to wander, ramble טַיֵּל, נוּד; to wade עָבֹר בְּרֶגֶל (נהר).
בראָדיאַגע *s.* (‑ס *pl.*) vagabond, vagrant, tramp נָע וָנָד, נוֹדֵד בְּלִי מַטָּרָה.
בראַהע *s.* malt-grains, mash of brewers בְּלִיל לַשֵּׁכָר.
בראַוו *adj.* brave, gallant אַמִּיץ לֵב; honest יָשָׁר.
בראַוואָ *int.* bravo! הֵידָד!
בראָווארניק *s.* (‑עס *pl.*) brewer, workman in a brewery מְבַשֵּׁל שֵׁכָר.
בראָווער *s.* (‑ן *pl.*) brewery בֵּית לְבִשּׁוּל שֵׁכָר.
בראַווקייט *s.* bravery אֹמֶץ לֵב; honesty יֹשֶׁר לֵב.
בַּר־אוֹרְיָן *s.* man of learning, learned man בֶּן תּוֹרָה, לַמְדָּן.
בראַזג *s.* (‑עס *pl.*) knock, bang דְּפִיקָה, הַכָּאָה.
בראַזגען *v. n.* to knock, bang דְּפֹק, הַכֵּה.

בראַזן = ברויזן².

בראַט s. (pl. ‑עס) brother, good fellow אָח, יְדִיד.

בראַטאַק s. (pl. ‑עס) contemptible brother אָח נִבְזֶה.

בראָטן v. a. to roast צָלֹה; || s. roast צָלִי.

— (fig.) מאַכן פֿון עפּעס אַ בראָטן to make much ado about something הגדל ערך איזה דבר.

בראָטנזופּ s. (pl. ‑ן) gravy מְרַק צָלִי.

בראָטנס s. roast, roasted meat צָלִי, בָּשָׂר צָלוּי.

בראָטפֿאַן s. (pl. ‑ען) frying-pan מַחֲבַת.

בראַטשנע adj. rejected פָּסוּל, נִפְסָל; = בראַקאָוונע.

בראָך s. (pl. ‑ן) fracture, breaking שֶׁבֶר; crack, rent סֶדֶק, קֶרַע; breach פֶּרֶץ; (fig.) misfortune שֶׁבֶר, אָסוֹן.

— אַ בראָך איז מיר! woe me! אַלְלַי לִי!

בראָכשטול s. delivery-chair אָבְנַיִם, מַשְׁבֵּר.

— זיצן אויף דעם בראָכשטול to be in labor ישב על המשבר, סבל חבלי לדה.

בראַם s. (pl. ‑ען) gate שַׁעַר; field-gate, barrier כֶּלֶם, מַחְסֹם (לדרך).

בראַנד s. burning בְּעֵרָה, שְׂרֵפָה; (fig.) active person חָרוּץ, חָרוּצָה.

— די קאַלטע בראַנד gangrene דַּלֶּקֶת.

בראַנדאָפּפֿער s. (pl. ‑ס) burnt-offering עוֹלָה.

בראַנדוואונד s. (pl. ‑ן) burn כְּוִיָּה.

בראַנדזעליעט = בראַנזעליעט.

בראַנדעווען v. n. to revile גַּדֵּף.

בראָנז s. bronze, brass בְּדִיל נְחֻשְׁתָּן.

בראָנזן adj. of bronze, brazen מִבְּדִיל נְחֻשְׁתָּן.

בראַנזעליעט s. (pl. ‑ן) bracelet אֶצְעָדָה, צָמִיד.

בראַנזשע s. (pl. ‑ס) line (of commerce) מַחְלָקָה, סְעִיף (של מסחר).

בראָניען זיך v. r. to defend oneself הָגֵן עַל עַצְמוֹ.

בראָנע s. (pl. ‑ס) harrow מַשְׂדֵּדָה.

בראָנעווען v. a. to harrow שַׂדֵּד בְּמַשְׂדֵּדָה.

בראָנפֿן s. brandy, liquor יֵין שָׂרוּף.

בראָנפֿנברענער s. (pl. ‑) distiller צוֹרֵף מַשְׁקָאוֹת.

בראָנפֿנברענעריי s. (pl. ‑ען) distillery מִצְרַף מַשְׁקָאוֹת.

בראַסליעט = בראַנזעליעט.

בראַק s. damage קִלְקוּל; defect מוּם; damaged goods סְחוֹרָה מְקֻלְקָלָה.

בראָק s. (pl. ‑ן) bit, shred פֵּרוּר.

בראַקירן v. a. to reject פָּסֹל, פַּסֵּל; to pick and choose בָּרֹר הַרְבֵּה.

בראַקירער s. (pl. ‑) chooser בּוֹרֵר.

בראַקירערקע s. (pl. ‑ס) a woman who picks and chooses בּוֹרֶרֶת.

בראָקן v. a. to break into crumbs פָּרֵר; to cut into shreds חָתֹךְ לִגְזָרִים קְטַנִּים; (fig.) to talk much דַּבֵּר הַרְבֵּה.

בראָש¹ s. (pl. ‑ן) brooch סִכַּת־חָזֶה.

בראָש² adv. besides מִלְּבַד זֶה, חוּץ מִזֶּה.

— בראָש נאָך and especially וּביחוד.

בְּרֹאש adv. at the head ‑.

בְּרֹאש גָּלוּי adv. openly, publicly בְּפוּמְבֵּי, בְּפַרְהֶסְיָא, בַּקָּהָל.

בראָשורע s. (pl. ‑ס) brochure, pamphlet מַחְבֶּרֶת, קֻנְטְרֵס.

בראָשירן v. a. to bind in a paper-cover כָּרֹךְ בִּכְרִיכָה קַלָּה.

בְּרֵאשִׁית s. Genesis (*first book of Moses*) סֵפֶר בְּרֵאשִׁית.

בַּר־בֵּי־רַב דְּחַד יוֹמָא s. a "a pupil of one day," beginner מַתְחִיל בְּלִמּוּדִים.

בְּרַבִּים adv. publicly בַּקָּהָל.

בָּרָד s. hail (*one of the ten plagues of Egypt*) מַכַּת בָּרָד (במצרים).

בַּר־דַּעַת s. (pl. ‑ן) intelligent person ‑, בַּעַל שֵׂכֶל.

בָּרָה כַּחַמָּה pred. "clear as the sun," very clear בָּרוּר מְאֹד.

בָּרָה כַּשֶּׁמֶשׁ = בָּרָה כַּחַמָּה.

בְּרוּאִים s. pl. creatures ‑.

בְּרוֹגז pred. angry, sullen, morose כּוֹעֵס, זוֹעֵף.

— זײַן ברוגז מיט אימעצן to be on bad terms with a person היה ביחס רע עם איש.

בְּרוֹגז־טאַנץ s. a kind of wedding-dance מִין מָחוֹל לַחֲתוּנָּה.

בְּרוֹגזן זיך v. r. to be angry, be sullen כָּעֹס, זָעֹף.

ברוד s. dirt, filth זֻהֲמָה, חֶלְאָה; dried sweat זֵעָה יְבֵשָׁה.

ברודיג adj. dirty, filthy מְזֹהָם, מְלֻכְלָךְ; || ‑קייט s. dirtiness, filthiness זֻהֲמָה, חֶלְאָה.

ברודנע = ברודיג.

ברודער s. (pl. ברידער) brother אָח.

ברודער־מאָרד s. (pl. ‑ן) fraricide רֶצַח אָח.

ברודערשאַפֿט = ברודערשאַפֿט.

בְּרוּחָנִיּוּת adv. spiritually ‑.

ברוטאָ adv. (com.) gross, brutto עִם הַמַּעֲטָפָה (סחורה); || s. gross weight מִשְׁקַל הַסְּחוֹרָה עִם מַעֲטַפְתָּהּ.

ברוטאַל adj. brutal אַכְזָרִי, קָשֶׁה.

ברויז s. (pl. ‑ן, ברײַזער) brew-house, brewery בֵּית בִּשּׁוּל שֵׁכָר.

ברויזן¹ v. n. to roar, rage הָמֹה, סָעֹר, רָגֹשׁ; to ferment תָּסֹס.

ברויזן² s. (— ס) crumb פֵּרוּר.

ברויט s. (pl. — ן) bread לֶחֶם; loaf of bread כִּכַּר לֶחֶם; (fig.) occupation, business עֵסֶק, עֲבוֹדָה.

ברויט‖בוים s. (pl. — ביימער) bread-tree עֵץ הַלֶּחֶם (מין עץ עושה פרי לחם).

ברויטגעבער s. (pl. —) bread-winner מְפַרְנֵס.

ברויכן v. a. to use הִשְׁתַּמֵּשׁ בְּ־; to need צָרִיךְ לְ־.

ברוין adj. brown חוּם, שָׁחֹם; ‖ — קייט s. brownness צֶבַע חוּם.

ברוינליך adj. brownish אֲדַמְדָּם.

ברוינען v. a. to make brown עָשֹׂה חוּם.

ברויען v. a. to brew בַּשֵּׁל שֵׁכָר (= ברײַען); (fig.) to contrive, plot חַבֵּל תַּחְבּוּלָה, קָשֹׁר קֶשֶׁר; (fig.) to incite, stir, instigate גָּרֵה, עוֹרֵר.

ברויער = ברײַער.

ברויערײַ = ברײַערײַ.

בָּרוּךְ adj. blessed —.

ברוך s. scraps שִׁבְרֵי־כֵלִים; (pl. — ן) rupture, hernia שֶׁבֶר, פֶּרֶץ מֵעַיִם.

ברוך־אײַזן s. scrap iron בַּרְזֶל שָׁבוּר.

ברוך‖באַנד s. (pl. — באַנדן, — בענדער) truss חֲגוֹרָה לַשֶּׁבֶר.

ברוכגאָלד s. broken gold זָהָב שָׁבוּר.

ברוכגאַרטל s. (pl. — ען) = ברוכבאַנד.

בָּרוּךְ דַּיַּן הָאֱמֶת phr. praised be the true Judge! (words said upon being informed of a person's death) —.

בָּרוּךְ הַבָּא int. "blessed be he who cometh," welcome! —.

בָּרוּךְ־הַבָּא s. (pl. — ס) welcome, reception קַבָּלַת פָּנִים.

בָּרוּךְ הוּא phr. praised be he —.

— גאָט ברוך הוא God, praised be He המקום ברוך הוא.

בָּרוּךְ הַיּוֹשֵׁב int. (pl. בְּרוּכִים הַיּוֹשְׁבִים) "blessed be he who sitteth," good appetite to you! יִטְעַם לְךָ אָכְלְךָ!

בָּרוּךְ הַשֵּׁם int. God be praised, thank God תּוֹדָה לָאֵל.

בָּרוּךְ־הַשֵּׁם s. man of account אָדָם חָשׁוּב.

— ער איז אַ גאַנצער ברוך־השם he is a man of good account אדם חשוב הוא מאד.

בָּרוּךְ חַיּוּתְכֶם int. "blessed be your living," good appetite to you! יִטְעַם לְךָ אָכְלְךָ!

בָּרוּךְ מַזְכִּיר נִשְׁכָּחוֹת int. blessed be He who bringeth to rembrance things forgotten (said at recalling a thing forgotten) —.

בָּרוּךְ שלעפּעטראַנטע, שפּאַסיג פֿאַר בָּרוּךְ שֶׁפְּטָרַנִי.

בָּרוּךְ שֶׁפְּטָרַנִי phr. blessed be He who hath freed me from the responsibility (said by a father at his son's confirmation) —‖ int. I am glad, I am rid of it! אֶשְׂמַח כִּי הִתְפַּטַּרְתִּי מִזֶּה!

ברום s. (pl. — ען) roar, roaring נַהַם.

ברומבלען v. n. to murmur, sing in a low tone לָחֹשׁ, זַמֵּר בְּלַחַשׁ.

ברומען v. n. to roar נָהֹם; to grumble הִרְגֵּן.

ברונעט adj. brunet, dark, brown חוּם, שָׁחֹם; ‖ s. dark-complexioned man אִישׁ שָׁחֹם.

ברונעטע, ברונעטקע s. (pl. — ס) brunette, dark-haired girl or woman שְׁחֻמָּה.

ברונעם s. (pl. — ס, ברינעמער) well בְּאֵר.

ברוס s. (pl. — עס) squared beam קוֹרָה מְרֻבַּעַת.

ברוסט s. (pl. — ן, בריסט) breast שַׁד; breast, chest חָזֶה.

ברוסט־ביין (pl. — ער) breast-bone, sternum עֶצֶם הֶחָזֶה.

ברוסט־בילד s. (pl. — ער) bust פְּרוֹטוֹמָה (תבנית איש עד קצה החזה).

ברוסט‖טוך s. (pl. — טיכער) stays, bodice חֲזִיָּה (של אשה).

ברוסט־טיי s. pectoral tea תֵּה לִרְפוּאַת הֶחָזֶה.

ברוסלינע = ברוסניצע.

ברוסניצע s. (pl. — ס) red bilberry, cranberry מִין דְּמוּמִית.

ברוק s. (pl. — ן) pavement מַרְצֶפֶת, רִצְפָּה.

ברוקאַווניק = ברוקירער.

ברוקווע s. (pl. — ס) turnip לֶפֶת הַכְּרוּב.

ברוקירן v. a. to pave רָצֹף, רַצֵּף.

ברוקירער s. (pl. —) paver מְרַצֵּף.

ברוקען v. n. to coo הָמֹה (כיונה).

ברוקשטיין s. (pl. — ער) paving-stone אֶבֶן מַרְצֶפֶת.

ברושטין, ברושטינען = בורשטין, בורשטינען.

ברושניצע = ברוסניצע.

ברושקע = ברוקווע.

ברשקעס s. pl. belly-pieces of fur עוֹרוֹת הַבֶּטֶן (של חיה).

בְּרַחֲבוּתדיג adv. at ease, comfortably בְּהַרְחָבָה.

בְּרָחֵל בִּתְּךָ הַנאַקעטע, שפּאַסיג פֿאַר בְּרָחֵל בִּתְּךָ הַקְּטַנָּה.

בְּרָחֵל בִּתְּךָ הַקְּטַנָּה adv. "for Rachel thy younger daughter," expressly בְּפֵרוּשׁ.

— אויסרעדן ברחל בתך הקטנה to stipulate explicitly התנה בפירוש.

ברי s. scalding שְׁלִיקָה.

בְּרִיאָה s. (pl. בְּרִיאוֹת) creature —; clever and active woman אִשָּׁה בַּעֲלַת כִּשְׁרוֹנוֹת וּזְרִיזָה.

בְּרִיאוּת־הַגּוּף s. health of the body, health —, בְּרִיאוּת.

בּריאת-העולם s. creation of the world, — יְצִירַת הָעוֹלָם.

ברִיד = ברוד.

ברִידזען זיך v. r. to loathe, have a disgust for בְּחֹל נַפְשׁ אִישׁ בְּדָבָר.

ברִידערלִיך adj. brotherly, fraternal שֶׁל אָח; כְּמוֹ אָח; ‖ —קייט s. brotherliness, fraternity אַחֲוָה.

ברִידערשאַפט s. brotherhood, fraternity אַחֲוָה.

ברִידקע adj. loathsome, ugly, nasty מְעוֹרֵר בְּחִילָה, מָאוּס.

בּריה s. (pl. בְּרִיּוֹת) creature, — בְּרִיאָה; clever person אִישׁ זָרִיז, חָרוּץ, חָרוּצָה; expert אָמָן, מוּמְחֶה.

בּריהטע, בּריהכע s. (pl. ס—) clever and active woman אִשָּׁה בַּעֲלַת כִּשְׁרוֹנוֹת וּזְרִיזָה, אִשָּׁה חֲרוּצָה.

בּריה משונה s. (pl. בְּרִיּוֹת מְשׁוּנוֹת) strange creature, — בְּרִיאָה מְשׁוּנָה.

בּריה‖ן, —נען זיך v. r. to show one's cleverness הַרְאָה חֲרִיצוּתוֹ; to brave הִתְרָאָה כְּגִבּוֹר, הִתְאַזֵּר עֹז.

בּריה נפלאה s. (pl. בְּרִיּוֹת נִפְלָאוֹת) very clever person בַּעַל-כִּשְׁרוֹנוֹת נִפְלָא, אִישׁ חָרוּץ מְאֹד.

בּריהש adj. clever חָרוּץ, זָרִיז.

בּריהשאַפט s. cleverness חֲרִיצוּת, זְרִיזוּת.

בּריהשקייט = בּריהשאַפט.

בריוו s. (pl. —) letter, epistle מִכְתָּב, אִגֶּרֶת.

בריוזאַמד s. sand for sprinkling on a letter חוֹל לְפַזֵּר עַל מִכְתָּבִים.

בריוזאַמדל s. (pl. —עך) sand-box כְּלִי לְחוֹל (לפזר על מכתבים).

בריווטרעגער s. (pl. —) letter-carrier נוֹשֵׂא אִגְּרוֹת.

בריוונשטעלער s. (pl. —ס) letter-writer אִגְּרוֹן, קֹבֶץ מִכְתָּבִים.

בריווּ‖לע s. (pl. —לעך) small letter, note אִגֶּרֶת קְטַנָּה; packet (of needles) חֲבִילָה (של מחטים).

בריוופּאָשט s. mail, post דּוֹאַר.

בריווקאַסטן s. (pl. —ס) letter-box תֵּבַת מִכְתָּבִים.

בּר-יוכני s. legendary huge bird צִפּוֹר אַגָּדִי גָּדוֹל מְאֹד.

בּריונא s. (pl. —ס) licentious person, libertine אִישׁ פָּרִיץ; ז. ריש בּריוני.

ברִיזאַלב s. unguentum plumbi (pharm.) מִשְׁחַת עוֹפֶרֶת.

ברִיזגאַלקע s. (pl. —ס) syringe חִקָּן (כלי-זרק).

ברִיטאַן s. (pl. —עס) bull-dog כֶּלֶב עַב-הַפֶּה; (fig.) insolent talker פּוֹעֵר פֶּה, פּוֹשֵׂק שְׂפָתַיִם.

ברִיטווע s. (pl. —ס) razor תַּעַר, מוֹרָה.

ברִיטנאַגל s. (pl. —ן) plank-nail מַסְמֵר לִקְרָשִׁים א).

א) ביי ליפשיצן; פון דייטש Brettnagel.

ברִיטשקע s. (pl. —ס) britzka, half covered vehicle עֲגָלָה קַלָּה.

ברײַהויז = ברויז.

ברײַט¹ adj. broad, wide רָחָב; (fig.) liberal נְדִיב לֵב; ‖ adv. at ease, comfortably בְּהַרְחָבָה; ‖ s. breadth, width רֹחַב; latitude (geogr.) רֹחַב (הארץ); קַו הָרֹחַב (של הארץ).

— לעבן ברייט to live in fine style התנהג בתפארה.

ברײַט² pred. ready, prepared נָכוֹן, מוּכָן.

ברײַטבײנעריג adj. broad-shouldered רְחַב הַכְּתֵפַיִם.

ברײַטליך adj. rather broad, rather wide רָחָב מְעַט; ‖ adv. at ease, comfortably בְּהַרְחָבָה.

ברײַטן v. a. to prepare, make ready הָכִין.

ברײַטקייט s. broadness, wideness רֹחַב; (fig.) insolence עַזּוּת.

ברײַלאַפט, ברײַלעפט s. wedding חֲתוּנָּה א).

ברײַנדעלע-קאַזאַק s. brave and energetic woman אִשָּׁה זְרִיזָה וְעַזַּת הָרוּחַ.

ברײַע = בראַהע.

ברײַען v. a. n. to brew בַּשֵּׁל מַשְׁקֶה; (fig.) to talk דַּבֵּר, פַּטְפֵּט.

— וואָס זאָל איך אײַך לאַנג ברײַען? to make a long story short בלי הארך בדבור.

ברײַער s. (pl. —ס) brewer מְבַשֵּׁל מַשְׁקֶה.

ברײַערײַ s. (pl. —ען) brewery בֵּית בִּשּׁוּל מַשְׁקָאוֹת.

בּרייתא s. (pl. בָּרַיְתוֹת) extraneous teaching (Tannaitic teaching not included in the Mishnah) —, הֲלָכָה חִיצוֹנִית (אחת מהלכות התנאים שלא באו במשנה).

ברִיל s. (pl. —ן) eye-glass מִשְׁקָף; spectacles מִשְׁקָפַיִם.

בריליאַנט s. (pl. —ן) brilliant יַהֲלֹם מְלֻטָּשׁ; jewel אֶבֶן יְקָרָה.

בריליאַנטין s. a kind of cambric מִין אָרִג בַּד דַּק.

בריליאַנטינען adj. of cambric שֶׁל אָרִג בַּד דַּק.

בריליאַנטירט adj. cut into facets מְלֻטָּשׁ.

בריליאַנטן adj. of brilliants, of jewels יַהֲלֹמִים; שֶׁל אֲבָנִים יְקָרוֹת; precious יָקָר.

בריליאַנטעווען = ברילִיוען.

בריליאַנטשיק s. (pl. —עס) jeweller מוֹכֵר אֲבָנִים טוֹבוֹת.

ברִיליוען v. n. to shine, glitter הַבְהֵק, הַזְהֵר.

בריליק s. (pl. —עס) vizor מִצְחָה (של כובע).

ברִילן¹ s. pl. = בריל.

ברִילן² v. n. to roar נָהֹם (כאריה).

ברינדזע s. a kind of whey cheese מִין גְּבִינָה מְנֻסְיוֹב הֶחָלָב.

א) אלט-יידיש פון מיטלהויכדייטש Brutlouf, Brutlouft.

בריען *v. a.* to scald שָׁלַק; to boil הִרְתִּחַ (חלב); to irritate (*fig.*) גֵּרָה, הִרְעִם;|| — **זיך** *v. r.* to scald oneself שָׁלַק אֶת עַצְמוֹ.

בריף = ברווו.

בריפֿזאַמד = ברוווזאַמד.

בריפֿזאַמדל = ברוווזאַמדל.

בריפֿנשטעלער = ברווונשטעלער.

בריפֿפּאַשטש = ברוווּפּאַטשט.

בריפֿקאַסטן = ברוווקאַסטן.

בריק¹ *s.* (— *pl.* ן) bridge גֶּשֶׁר.

בריק² *s.* (— *pl.* עס) kick בְּעִיטָה.

בריקל *s.* (— *pl.* עך) little bridge גֶּשֶׁר קָטָן; stair-case כֶּבֶשׁ.

בריקע *s.* (— *pl.* ס) waggon עֲגָלָה.

בריקעווען = בריקען.

בריקען *v. a.* to kick בָּעַט;|| — **זיך** *v. r.* to kick בָּעַט; to be obstinate (*fig.*) הִקְשָׁה עָרְפּוֹ; (*fig.*) to be dissatisfied לֹא הָיָה רוּחוֹ נוֹחָה, הִתְאוֹנֵן.

בְּרֵירה *s.* (בְּרֵירוֹת *pl.*) alternative, choice —, בְּחִירָה.

ברושליק *s.* (— *pl.* עס) jacket בֶּגֶד קָצָר.

בְּרית *s.* (— *pl.* ן) covenant —; circumcision ceremony —, בְּרִית מִילָה.

בְּרַיתא = בְּרַייתא.

בְּרית-חֲדָשה *s.* the New Testament —.

בְּרית מִילה *s.* (— *pl.* ס) circumcision ceremony —.

בְּרָכה *s.* (בְּרָכוֹת *pl.*) blessing —; benediction —; children's morning prayer תְּפִלַּת הַבֹּקֶר לִילָדִים.

— מאַכן ברכה (*id.*) to have something ההנה (ממאכל או ממשתה).

— (*prov.*) אַ סך מלאכות און ווייניג ברכות. ז. מלאכה.

בְּרָכה אחרונה *s.* grace after refreshments or light meals בְּרָכָה אַחַר מַאֲכָלִים קַלִּים.

בְּרָכה לְבַטָּלה *s.* benediction pronounced in vain —; lost labor (*fig.*) יְגִיעָה לָרִיק; a (*fig.*) good-for-nothing אִישׁ שֶׁאֵין בּוֹ תּוֹעֶלֶת.

בִּרְכּת-הַמָּזון *s.* grace after meals —.

בִּרְכּת-כֹּהנים *s.* priestly benediction —.

בַּר-מַזל *s.* (— *pl.* ס) favorite of fortune, lucky person —.

בִּרְמִיזה *adv.* by a hint —.

בַּר-מִינַן *s.* (— *pl.* ס) dead person מֵת, נִפְטָר; dead body, corpse גְּוִיַּת מֵת.

בַּר-מִיצרא *s.* (— *pl.* ס) one having the right of a neighbor or the right of priority אִישׁ שֶׁיֵּשׁ לוֹ זְכוּת הַשְּׁכֵנוּת אוֹ זְכוּת הַקְּדִימָה.

בַּר-מִנַן = בַּר־מִינַן.

בַּר-מִצְוה *s.* (— *pl.* ס) a boy about to be confirmed —; confirmation of a boy חֲגִיגַת יוֹם מְלֹאת לַנַּעַר י״ג שָׁנִים.

בַּר-נָשׁ *s.* man, human being בֶּן אָדָם, אָדָם.

בַּר-סַמכא *s.* (— *pl.* ס) one who can be relied on, authority —.

ברעג *s.* (— *pl.* ן) shore חוֹף, שָׂפָה; bank שָׂפָה (של נהר); end (*fig.*) סוֹף, קֵץ, גְּבוּל; (— *pl.* עס) brim, border (*of a hat, of a garment*) שָׂפָה (של כובע, של בגד).

ברעג-רעכט *s.* (— *pl.* ן) riparian rights זְכוּת עַל קַרְקַע חוֹף הַיָּם אוֹ שְׂפַת הַנָּהָר.

ברעד *s.* delirium טִשְׁטוּשׁ הַרַעְיוֹנוֹת; nonsense הֲבָלִים.

ברעדיען *v. n.* to rave דִּבֵּר מִתּוֹךְ שִׁגָּעוֹן; to talk nonsense דִּבֵּר הֲבָלִים.

ברעווּעריע *s.* (— *pl.* ס) brawl, riot קְטָטָה, מְהוּמָה.

ברעט *s.* (— *pl.* ער) board, plank קֶרֶשׁ.

ברעטערן *adj.* of boards שֶׁל קְרָשִׁים.

ברעך *s.* scrap metal שִׁבְרֵי מַתֶּכֶת.

ברעכאייזן *s.* (— *pl.* ס) pig-iron בַּרְזֶל מְהֻתָּךְ; crow-bar כַּשִּׁיל.

ברעכמיטל *s.* (— *pl.* ען) emetic אִפְּקַטְוָנִין (סם מעורר הקאה).

ברעכן *v. a.* to break שָׁבַר, שִׁבֵּר;|| *v. n.* to vomit הֵקִיא; to sin חָטָא;|| — **זיך** *v. r.* to break הִשָּׁבֵר; to twist oneself (*in gymnastics*) הִתְפַּתֵּל, הִתְעַקֵּם (בחנוך האב ים).

— ברעכן די הענט to wring one's hands פרש ידיו.

— זיך ברעכן דעם קאָפּ (דעם מוח) to rack one's brains התאמץ להבין, יגע למצוא.

— עס ברעכן מיר די ביינער I feel a pain in my bones הנני מרגיש כאב בעצמותי.

— די וואָס ברעכן אָן גאָט they who sin against God החוטאים לה׳.

ברעכעניש *s.* (— *pl.* ן) vomiting הֲקָאָה; rheumatic pain כְּאֵב הָאֵבָרִים.

ברעכער *s.* (— *pl.* —, ס) principal worker ראשׁ הָעַסְקָנִים; head manager ראשׁ הַמְּנַהֲלִים.

ברעכפּולווער *s.* (— *pl.* ס) emetic powder אֲבַק הֲקָאָה.

ברעמ¹ = ברעמעניע.

ברעמ² *s.* (— *pl.* ען) brow, eye-brow גַּבַּת הָעַיִן.

ברעמעניע *s.* (— *pl.* ס) load מַשָּׂא, נֵטֶל.

— אַ ברעמעניע האָלץ a load of wood מלוא זרועתיו עצים.

ברען *s.* burn צָרֶבֶת, כְּוִיָּה; heat חֹם; fervor, (*fig.*) ardor הִתְלַהֲבוּת; very active person (*fig.*) אִישׁ זָרִיז וּמָלֵא חַיִּים.

ברענבריל s. = ברענגלאָז.

ברענגאָלד s. smelted gold procured by burning old galloon מַסֶּכֶת זָהָב שֶׁל רִקְמָה בָּלָה.

ברענ||גלאָז s. (pl. –גלעזער) burning-glass זְכוּכִית שׂוֹרֶפֶת.

ברענגען v. a. (p. p. געבראַכט, געברענגט) to bring הָבֵא; to yield הוֹצֵא (פֵּרוֹת וכד׳).

— ברענגען צו אָרעמקײט to reduce to poverty הבא לידי ע.יות.

— ברענגען צו אַ נסיון to lead into temptation הבא לידי נסיון.

ברענזילבער s. smelted silver procured by burning old galloon מַסֶּכֶת כֶּסֶף שֶׁל רִקְמָה בָּלָה.

ברענמאַטעריאַל s. (pl. –ן) combustible חֹמֶר בּוֹעֵר; = הייצמאַטעריאַל.

ברענענדיג adj. burning בּוֹעֵר; hot חַם; (fig.) fervent, ardent מִתְלַהֵב.

ברענען v. a. n. to burn בָּעֵר, יָקֹד, לָהֹט; (fig.) to be in a rage קָצֹף, קָדֹחַ אַף אִישׁ; (fig.) in a hurry אוּץ, מַהֵר; (fig.) to be dear הָיֹה יָקָר (במחיר).

ברענער s. (pl. –) incendiary מַבְעִיר בְּעֵרָה; distiller מְבַשֵּׁל מַשְׁקָאוֹת; (pl. –ס) coffee-roaster כְּלִי לְקָלִיַּת הַקַּהֲוָה.

ברענקנויט s. (pl. –ן) fuse מָצִית (פתילה להדליק חמר מפוצץ).

ברעקל s. (pl. –עך) crumb, bit פֵּרוּר; something small דָּבָר קָטֹן.

— אַ ברעקל קינד an infant תינוק.

ברעקלדיג adj. crumbling נוֹחַ לְהִתְפּוֹרֵר.

ברעקלען v. a. to crumble פָּרֵר; || זיך v. r. to crumble הִתְפּוֹרֵר; (fig.) to be dissatisfied, be unwilling הָיֹה אִי־שְׂבַע רָצוֹן, לֹא רָצֹה.

בְּרֵרה = בְּרֵירָה.

בִּרְשׁוּת adv. by permission –.

בר-שכל s. (pl. –ס) sensible person בַּעַל שֵׂכֶל יָשָׁר.

בִּשְׁגָגה adv. by error, unconsciously –.

בְּשׁוֹגג adv. unintentionally –, בְּלִי כַּוָּנָה.

בְּשׁוּם אוֹפן adv. in no wise, in no manner –.

בְּשׁוּם עִנְיָן וְאוֹפֶן adv. in no way, under no circumstances בְּשׁוּם אוֹפֶן שֶׁיִּהְיֶה.

בְּשׂוֹרה s. (pl. בְּשׂוֹרוֹת) message –; news, tidings –, יְדִיעָה.

בְּשׂורה-געלט s. reward for bringing a good message שְׂכַר בְּשׂוֹרָה טוֹבָה.

בשורה-זאָגער s. (pl. –, –ס) messenger מְבַשֵּׂר.

בְּשׂוֹרה טוֹבה s. (pl. בְּשׂוֹרוֹת טוֹבוֹת) good news, good or glad tidings –.

בְּשׂורה רעה (pl. בְּשׂוֹרוֹת רָעוֹת) bad news, evil tidings –.

בְּשׁוּתָּפוּת adv. in partnership –; in common יַחְדָּו; || –ער, –ע adj. common, joint שֶׁל שֻׁתָּפוּת, מְשֻׁתָּף.

בשותפותדיג adj. common, joint שֶׁל שֻׁתָּפוּת, מְשֻׁתָּף; || adv. in common יַחְדָּו.

בשותפיש = בְּשׁותפותדיג.

בְּשײַמפּערליך = באַ־אַמפּערליך א).

בְּשַׁלְוָה adv. in peace, at rest –, בִּמְנוּחָה.

בְּשָׁלוֹם adv. in peace –; in safety, safely –, בְּבִטְחָה.

בִּשְׁלֵימוּת adv. completely, perfectly –, כֻּלּוֹ, כְּלִי חִסָּרוֹן.

בִּשְׁלָמָא adv. granted, it is right if... הָנִיחָא, טוֹב הַדָּבָר אִם...

בִּשְׁלֵמוּת = בִּשְׁלֵימוּת.

בְּשֵׁם adv. in the name of –.

בְּשֵׁם אוֹמְרוֹ adv. in the name of him that said it –.

— זאָגן אַ זאַך בשם אומרו to report a thing in the name of him that said it אמר דבר בשם אומרו.

בְּשֵׁם אֱלֹהֵי יִשְׂרָאֵל in the name of the God of Israel –.

בְּשִׂמְחה רַבּה adv. with great joy –; with pleasure בְּעֹנֶג.

בְּשָׂמים s. pl. spices, groceries –; מִינֵי מַכֹּלֶת.

בְּשָׂמים-בּיקסל s. (pl. –עך) spice-box תֵּבַת בְּשָׂמִים.

בְּשָׂמימדיג adj. spicy, fragrant, aromatic בְּשָׂמִי.

בְּשָׂמים-קראָם (pl. –ען) grocery חֲנוּת בְּשָׂמִים; חֲנוּת מַכֹּלֶת.

בְּשָׂמים-קרעמער s. (pl. –ן) grocer מוֹכֵר בְּשָׂמִים; מוֹכֵר מַכֹּלֶת.

בְּשֵׁן וָעַיִן adv. "with a (*smitten*) tooth or eye," with a loss בְּנֵזֶק.

— ארויסגיין בשן ועין to come off with a loss יצא מעסק בנזק.

בְּשָׁעַת adv. when, while, during –, בְּעֵת.

בִּשְׁעַת הַדְּחָק adv. in a time of need –, בְּעֵת הַהֶכְרֵחַ, בְּעֵת מַחְסוֹר.

בְּשַׁעְתּוֹ adv. in his time –.

בְּשַׁעְתָּם adv. in their time –.

א) פֿון מיטלהויכדייטש schinbaerlich, עס זעט אויס, אז די פֿאָרזילבע פֿון דעם וואָרט אין יידיש איז ניט באַ־, נאָר דער העברעאישער אות השמוש בּ־, וועלכער איז אפֿשר אריבערגעטראָגן געוואָרן פֿון דעם וואָרט בְּחוּש, וואָס האָט די זעלבינע באַדייטונג. אין דייטש קומט דאָס וואָרט קיינמאָל ניט פֿאַר מיט דער פֿאָרזילבע -be.

בְּשָׁעַת מַעֲשֶׂה *adv.* at the time of the occurrence, at the time בְּעֵת הַהִיא, אָז.

בָּשָׂר *s.* flesh, meat.

בָּשָׂר בְּחָלָב *s.* "meat with milk," animal food mixed with milk-food.

בָּשָׂר וְדָגִים *s. pl.* meat and fish.

בְּשַׂר־וָדָם *s.* (pl. ־ס) "flesh and blood," a man, a mortal אִישׁ, אָדָם, בֶּן תְּמוּתָה.

— אַ פּראָסטער בשר־ודם a plain mortal אדם פשוט.

בָּשָׂר כָּשֵׁר *s.* kosher meat (*meat prepared according to the Jewish dietary laws*).

בִּשְׁתֵּי יָדַיִם *adv.* with both hands.

— דוחה זיין בשתי ידים "to repel with both hands," to refuse entirely דחה לגמרי.

בִּשְׁתִיקָה *adv.* on the quiet, secretly חֶרֶשׁ, בַּסּוֹד.

בּשֶׁת־פָּנִים *s.* bashfulness, בַּיְשָׁנוּת; bashful person בַּיְשָׁן.

בּשֶׁת־פָּנִימדיִג *adj.* bashful בַּיְשָׁן; ‖ *adv.* bashfully בְּבֹשֶׁת פָּנִים.

בַּת *s.* (בָּנוֹת *pl.*) daughter.

בַּת־הַיַּעֲנָה *s.* (־ס *pl.*) ostrich.

— אַ קול פון אַ בת־היענה a strange voice קול מוזר.

בְּתוֹכָם *adv.* among them.

בְּתוּלָה *s.* (בְּתוּלוֹת *pl.*) maiden; (*astr.*) Virgin, Virgo מַזַּל בְּתוּלָה; queen (*at cards*) הַמַּלְכָּה (בקלפים).

בְּתוּלִים *s. pl.* virginity.

בְּתוּפִּים וּבִמְחוֹלוֹת *adv.* with drums and dances.

— אַרויסגיין אַנטקעגן אומעצן בתופים ובמחולות to give a person an enthusiastic reception קבל פני איש בהתלהבות.

בְּתוֹר, בְּתוֹרַת *conj.* as.

בְּתוֹרַת גְּמִילוּת חֶסֶד *phr.* as a free loan.

בְּתוֹרַת הַלְוָאָה *phr.* as a loan.

בְּתוֹרַת־זַכַּאי *s.* "as a priveleged person," a kind of tax imposed by the Kahal formerly in Poland מִין מַס שֶׁהִטִּיל הַקָּהָל לְפָנִים בְּפּוֹלִין.

בתורת עֵצָה *phr.* as advice.

בַּת־יְחִידָה *s.* (־ס *pl.*) an only daughter.

בַּת־יְחִידקע = בַּת־יְחִידָה.

בָּתִּים *s. pl.* cases for phylacteries בָּתֵּי תְּפִלִּין.

בַּת־יִשְׂרָאֵל *s.* (בְּנוֹת־יִשְׂרָאֵל *pl.*) daughter of an Israelite, Jewess יְהוּדִיָּה.

בַּת־כֹּהֵן *s.* the daughter of a priest.

— אַ שכל פון אַ בת־כהן, ז. שֵׂכֶל.

בְּתַכְלִית הַשְּׁלֵימוּת *adv.* with utmost perfection.

בִּתְמִידוּת *adv.* continually, permanently.

בִּתְמִיהָ *adv.* with wonderment; ‖ *s.* wonderment תְּמִיָּה, הִתְפַּלְאוּת.

— מיט אַ בתמיה with an expression of wonderment בפנים מפיקים התפלאות.

בִּתְמִימוּת *adv.* naively, innocently.

בִּתְמִימותדיִג *adj.* naive, innocent תָּמִים, תָּם; ‖ *adv.* naively בִּתְמִימוּת.

בַּת־מַלְכָּה (־ס *pl.*) princess, בַּת מֶלֶךְ.

בִּתְנַאי *adv.* provided that, on condition that בִּתְנַאי שֶׁ־, בְּאֹפֶן שֶׁ־.

בְּתֻפִּים וּבִמְחוֹלוֹת = בְּתוּפִּים וּבִמְחוֹלוֹת.

בַּת־קוֹל *s.* (־ס *pl.*) echo, הֵד הַקּוֹל; oracular voice.

בְּתַרְבּוּת *adv.* with good manners בְּנִמּוּס.

בַּת־שִׁבְעִים *s.* a woman seventy years old, septuagenarian.

בִּתְשׁוּבָה *adv.* in answer, in reply; in repentance.

ג.

ג *s.* the third letter of the Hebrew alphabet הָאוֹת הַשְּׁלִישִׁית בְּאָלֶף־בֵּית הָעִבְרִי; ‖ *num.* three שְׁלֹשָׁה; ג׳, ג׳ three thousand שְׁלֹשָׁה אֲלָפִים.

ג״א *abbr.* = ג׳ אֲלָפִים three thousand years (*of the Jewish era*) שְׁלֹשָׁה אֲלָפִים (לספירת היהודים).

גאָב *s.* (־ן *pl.*) gift מַתָּנָה.

— גאָטס גאָב the gift of God מתנת אלהים.

— געבן אומעצן די גאָב to give a person a good scolding גער באיש.

גאָבונעס = קאָבונעס.

גאָגאָטשען *v. n.* to gobble קַרְקֵר יצעק בקול אַוָּז.

גאָג־מאָגאָג *npr.* Gogmagog גּוֹג־מָגוֹג (שם של ענק)א.

— גרויס ווי גאָג־מאָגאָג gigantic, huge עֲנָקִי, גדול מאד.

גאָגל־מאָגל *s.* (־ס *pl.*) egg-flip מְזֶג בֵּיצִים (משקה חריף מעורב עם ביצים ונפט)ב.

א) דאָס וואָרט האָט זיך אפשר פאַרטראָגן צו אונז פון ענגלאַנד, וואו עס איז דאָ אַ לעגענדע פון אַ קיניג פון די ריזן מיט דעם דאָזיגן נאָמען. Gog און Magog זיינען די סאַזולערע נעמען פון צוויי הילצערנע גרויסע פיגורן אין דעם Guildhall (ראַטהויז) פון לאָנדאָן. ב) אין דייטש Hoppel-Poppel.

נאַגעלעך *s. pl.* barley שְׂעוֹרִים.

נאַוה *s.* pride, haughtiness ~.

נאַוהדיג *adj.* proud, haughty נֵאֶה ‖ *adv.* proudly בְּגַאֲוָה.

נאַוהניק *s.* (~ים *pl.*) haughty man אִישׁ גֵּאֶה.

נאַווניאַק *s.* (~עס *pl.*) worthless person אִישׁ קַל הָעֵרֶךְ; a good-for-nothing אִישׁ לֹא־יִצְלָח.

נאַוען = האַפּן.

נאַווענדזען *v. n.* to chat, prattle פִּטְפֵּט.

נאַווענדע *s.* (~ס *pl.*) chit-chat, idle talk פִּטְפּוּט; idle story סִפּוּר בָּדוּי.

— מאַכן נאַווענדעס מיט אימעצן to dally with a person שַׁעֲשַׁע עִם אִישׁ.

נאַווער *s.* slaver, saliva רִיר.

נאַווערטיכעל‖לע *s.* (לעך *pl.*) slavering-cloth, bib סִנּוֹר שֶׁל יֶלֶד.

נאַווערפאַרטעכל = נאַווערטוכעלע.

נאַווערן *v. n.* to slaver הוֹצֵא רִיר.

נאַוואַן *s.* (~עס *pl.*) stupid person, dolt בַּעַר, טִפֵּשׁ.

גְאוּלה *s.* (גְאוּלוֹת *pl.*) redemption, deliverance ~.

גְאוּלה שְׁלֵימה *s.* perfect redemption ~.

גָאוֹן *s.* (גְאוֹנִים *pl.* (title of the presidents [of the Babylonian academies]; ~ eminent rabbinical scholar רַב גָּדוֹל מְפֻרְסָם בַּתּוֹרָה; ~ genius בַּעַל כִּשְׁרוֹנוֹת נִפְלָאִים.

גְאוֹנוּת *s.* office of a Gaon ~; great scholarship ~; ingenuity ~, חֲרִיפוּת.

גְאוֹניש *adj.* of the Gaonim שֶׁל הַגְּאוֹנִים; ingenious חָרִיף, חַד הַשֵּׂכֶל.

גאַז *s.* (~ן *pl.*) gas אֵד, גַּז.

גאַזאָווניע *s.* (~ס *pl.*) gas-plant בֵּית הֲכָנַת הַגַּז.

גאַז-באַלײַכטונג *s.* gas-light מְאוֹר הַגַּז.

גאַזן [1] *adj.* of gas שֶׁל גַּז.

גאַזן [2] *adj.* of gauze שֶׁל חוֹרִי.

גאַזע [1] *s.* kerosene נֵפְט, נַפְטָא.

גאַזע [2] *s.* gauze חוֹרִי (ארג מעשה רשת).

גאַז-רער *s.* (~ן *pl.*) gas-pipe צִנּוֹר הַגַּז.

גאַזעט *s.* (~ן *pl.*) gazette, newspaper עִתּוֹן.

גאָט *s.* God אֵל (שם כללי); God (*pl.* געטער) אֵל, אֱלֹהִים.

— גאָט העלף! God bless you! יברכך ה׳!

— גאָט צו דאַנקען, אַ דאַנק גאָט thank God תודה לאל.

— גאָט זאָל געבן God grant יתן ה׳, מי יתן ו...

— גאָט זאָל שומר ומציל זײַן! God forbid! ה׳ ישמור ויציל!, חלילה!

— מיט גאָטס הילף God helping בעזרת ה׳.

— קומען צו גאָט (*id.*) to attain one's end הגיע למטרתו.

— גיך צו גאָט קומען (*id.*) to die מות.

— האָבן גאָט אין האַרצן (*id.*) to have mercy רחם.

— גאָט דו נשמה שולדיג זײַן (*id.*) to be a poor, innocent soul היה איש תמים.

— לעבן ווי גאָט אין אדעס. ווי גאָט אין פראַנקרײַך, ז. אדעס פראַנקרײַך.

גאָטאָוואַלניע *s.* (~ס *pl.*) case (for mathematical instruments) תִּיק, נַרְתִּיק (לכלי הנדסה).

גאָטוועס = גאָטקעס.

גאָטהייט *s.* godhead, deity אֱלֹהוּת, אֵל; divinity אֱלֹהוּת, תְּכוּנַת הָאֵל.

גאַטונג *s.* (~ען *pl.*) kind, sort מִין; example, instance דֻּגְמָא.

— אויך גוב איך אַ גאַטונג here is an instance הא לך דוגמא.

גאָטו‖נעק *s.* (~נקעס *pl.*) sort, kind מִין.

גאָטינע *s.* (~ס *pl.*) goddess אֱלִילָה.

גאָטיעס = גאָטקעס.

גאָטס-געזעגנס *s.* (~ן *pl.*) caricature דְּמוּת מַהֲתַלּוֹת.

גאָטס-דינסט *s.* divine service עֲבוֹדַת אֱלֹהִים.

גאָטס-סטראַפּטשע *s.* (~ס *pl.*) God's attorney (iro.) בָּא כֹחַ אֱלֹהִים, מֵלִיץ אֱלֹהִים.

גאָטקעס *s. pl.* drawers תַּחְתּוֹנִים.

גאַל *s.* gall, bile מָרָה, מְרֵרָה; something very bitter (*fig.*) דָּבָר מַר מְאֹד; spite (*fig.*) הִתְמַרְמְרוּת.

— אַרבעטן מיט דער גאַל to labor very hard עמל הרבה מאד.

— ברעכן מיט גרינע גאַל to vomit violently הקיא בחוזק.

— אַ מענטש אָן אַ גאַל a tender-hearted man אדם רך הלב, איש טוב לב מאד.

— נים האָבן קיין גאַל to be tender-hearted, be soft-hearted היה רך הלב, היה טוב לב.

— האָבן אַ גאַל to have boldness היה לאיש אמץ לב; to have strength היה לאיש כח.

— מע דאַרף האָבן אַ גאַל צו אים one must have strength to deal with him דרוש אמץ כח להתעסק עמו.

— טאָן אימעצן אין דער גאַל אַרײַן to spite a person הרגז איש.

— דאָס איז אוין גאַל it is one and the same אחד הוא[א].

גאַלאָווע *s.* (~ען, ~עס *pl.*) mayor ראש הָעִיר.

גאַלאַנט *adj.* gallant, polite נִמּוּסִי; gay מִתְהַדֵּר בִּלְבוּשׁוֹ.

גאַלאַנטעריי *s.* fancy-goods כְּלֵי קִשּׁוּט.

[א] אין דער פראַזע, וועלכע מע הערט אפט פון דעם עולם, האט גאַל קיין שייכות ניט מיט דעם וואָרט אין די פריערדיגע פראַזעס. איין גאַל איז אַ פאַרגרייזונג פון דעם פראַנצייזישן égal וואָס גלייך, איינערליי.

גאלאפ s. (—ן .pl) gallop קְרִבּוּר, דַּהֲרָה.
גאלאפירן v. n. to gallop כַּרְכֵּר, דָּהֹר.
גאלאש s. (—ן .pl) galoche, overshoe עַרְדָּל.
גאלגאן s. (—עס .pl) rogue, scoundrel נָבָל, בְּלִיַּעַל.
גאלגאנסקע adj. of turkey-cock שֶׁל תַּרְנְגוֹל הוֹדוּ.
— גאלגאנסקער האָן turkey-cock תרנגול הודו.
גאלד s. gold זָהָב; (fig.) something dear דָּבָר יָקָר.
— מײַן גאלד! my darling! חביבי!
גאלדארבעטער = גאלדשמיד.
גאלדגעוויכט s. (—ן .pl) gold-weight, troy-weight מֹאזְנַיִם לְזָהָב.
גאלדגעשטיקט adj. gold-embroidered רָקוּם זָהָב.
גאלדוואַרג s. golden ware, gold articles כְּלֵי זָהָב.
גאלדן adj. gold, golden שֶׁל זָהָב; (fig.) dear יָקָר.
גאלדפירער s. (—, —ס .pl) gold-finder, night-workman מְנַקֶּה מַחֲרָאוֹת.
גאלדראָמער = גאלדפירער.
גאלדשמיד s. (—ן .pl) goldsmith צוֹרֵף זָהָב.
גאלדשניט s. (—ן .pl) gilt-edge שׁוּלַיִם מְצֻפִּים זָהָב (בספר).
גאלדשפינער s. (—, —ס .pl) spinner of gold-threads טֹוֶה חוּטֵי זָהָב; one who is quickly getting rich מִתְעַשֵּׁר בִּמְהִירוּת.
גאלוואַניזירן v. a. to galvanise הוֹצֵא חַשְׁמַל גַּלְוָנִי.
גאלוואַניזם s. galvanism גַּלְוָנִיּוּת (כח החשמל אשר יולד מתנועת שתי מתכות שונות).
גאלוואַניש adj. galvanic שֶׁל הַחַשְׁמַל הַגַּלְוָנִי.
גאליאָרקע s. (—ס .pl) gallery (of a theatre) יָצִיעַ (בתיאטרון).
גאליג adj. gally דּוֹמֶה לְמָרָה; (fig.) bitter מַר.
גאליער s. (—ן .pl) galley אֳנִיַּת מְשׁוֹטִים.
גאלמעסער s. (—ס .pl) razor תַּעַר.
גאלן v. a. to shave גַּלֵּחַ || — זיך v. r. to shave oneself הִתְגַּלֵּחַ.
גאלע adj. pure טָהוֹר.
גאלער s. (—, —ס .pl) shaver, barber מְגַלֵּחַ, גַּלָּב.
גאלעריע s. (—ס .pl) gallery יָצִיעַ, גְּזֻוזְטְרָא.
גאלעס s. gallnut עָפָץ.
גאלקע s. (—ס .pl) small ball כַּדּוּר קָטָן; ballot כַּדּוּר הַגּוֹרָל.
— (joc.) מאכן א גאלקע to get drunk השתכר.
גאלקעווען v. n. to ballot הַפֵּל גּוֹרָל.
גאָמלקע s. (—ס .pl) triangular lump of cheese גְּבִינָה בַּעֲלַת שָׁלֹשׁ קְצוֹת א)
גאָמקע s. (—ס .pl) sponge סְפוֹג.
גאָנאָווסקע adj. of a thief, thievish שֶׁל גַּנָּב.
גאנג s. (—ען, גענג .pl) course מַהֲלָךְ; gait, pace הֲלִיכָה; ticking (of a clock) תְּנוּעָה (של שעון); errand שְׁלִיחוּת; method שִׁטָּה, סֵדֶר; way, manner דֶּרֶךְ, הַנְהָגָה, מִנְהָג; dress הַלְבָּשָׁה; set קְבוּצָה שְׁלֵמָה (של ספרים).
— האָבן אַ גוטן גאַנג to have a quick pace עשה פסיעות נסות.
— שיקן אַ גאַנג to send on an errand שלח בשליחות.
— גיין אַ גאַנג to go on an errand הלך בשליחות.
— (id.) דאָס איז פֿ‍ּעלג מור אַ גאַנג! this is quite a distance! זה מרחק רב! this is quite a job! זוהי מלאכה לא קלה!
— גיין אַ גאַנג ווי אַ בעטלער to be dressed like a beggar היה לבוש קרעים כעני החוזר על הפתחים.
— מיאוסע גענג bad ways, bad manners דרכים כעור, הנהגות מגונות.
— אַ גאַנג בוכער a set of books קבוצה שלמה של ספרים.
— פֿאַר איין גאַנג at the same time בעת אחת.
גאַנגוועגעלע||לעך (—לעך .pl) s. child's go-cart עֲגָלַת יְלָדִים (מוט עם סובב להרגל ילד ללכת).
גאַנז s. (—גענז .pl) goose אַוָּז.
גאַנטע = שונדל.
גאַנעק s. (—עס .pl) balcony יָצִיעַ.
גאַנער s. (—ס .pl) gander אַוָּז זָכָר.
גאַנערײַ s. gobbling קְרִיאַת אַוָּזִים, קוֹל אַוָּזִים.
גאַנערן v. n. to gobble קְרֹא כְּאַוָּז.
גאַנץ adj. whole, entire, complete שָׁלֵם;|| adv. wholly, entirely, completely כָּלִיל.
— און גאַנצן, ז. אינגאַנצן.
גאַנצאָפּפֿער s. (—ס .pl) burnt-offering עוֹלָה.
גאַנקע s. (—ס .pl) wing of a top כָּנָף שֶׁל סְבִיבוֹן.
גאַנשער s. (—ס .pl) gander אַוָּז זָכָר; large big-bellied bottle בַּקְבּוּק גָּדוֹל.
גאַס s. (—ן .pl) street רְחוֹב, חוּץ.
גאָס s. (—ן .pl) pouring שֶׁפֶךְ, שְׁפִיכָה.
גאָסודאַרסטווענע adj. of state, of empire שֶׁל הַמַּלְכוּת.
— גאָסודאַרסטווענע באַנק imperial bank השולחניה של המלוכה.
— גאָסודאַרסטווענע דומע Imperial Duma בית מועצת המלוכה (לפני המהפכה המדינית ברוסיה).
גאַסט s. (געסט .pl) guest אוֹרֵחַ; visitor מְבַקֵּר, אוֹרֵחַ.
— זײַן צו גאַסט to be on a visit התארח אצל איש.
גאַסט||הויז s. (—הײַזער .pl) inn בֵּית אוֹרְחִים, מָלוֹן, אַכְסַנְיָה.
גאַסטווירט s. (—ן .pl) inn-keeper בַּעַל אַכְסַנְיָה.
גאַסטינעץ s. (—עס .pl) highway דֶּרֶךְ הַמֶּלֶךְ; present, gift מַתְּנַת אוֹרֵחַ.

א) פון רוסיש КОМУ אַ שטיק, אַ קלומפּ.

גאַסטפֿרײַנדליך *adj.* hospitable מְקַבְּלִים אוֹרְחִים; ‖ –קײַט *s.* hospitality הַכְנָסַת אוֹרְחִים.

גאַסטצימער *s.* (–ן *pl.*) sitting-room, parlor חֲדַר אוֹרְחִים.

גאַסטראָלירן *v. n.* to star שַׂחֵק בְּתוֹר אַקְטוֹר מְצֻיָּן.

גאַסניונג *s.* (–ען *pl.*) street-boy, gamin נַעַר מְשׁוֹטֵט בָּרְחוֹבוֹת.

גאַסנמיידל *s.* (–עך *pl.*) strumpet זוֹנָה מְשׁוֹטֶטֶת בָּרְחוֹבוֹת.

גאַסנשמועס *s.* (–ן *pl.*) talk of the street שִׂיחַת אֲנָשִׁים בָּרְחוֹבוֹת.

גאָספּאָדיניע *s.* (–ס *pl.*) lady of the house, housewife, hostess גְּבֶרֶת הַבַּיִת, בַּעֲלַת הַבַּיִת.

גאָספּאָדע *s.* (–ס *pl.*) inn, hotel מָלוֹן, אַכְסַנְיָה.

גאָפּל *s.* (–ען *pl.*) fork מַזְלֵג.

גאָפֿן *v. n.* to gape פָּעֹר פֶּה, הִשְׁתָּאֵה.

גאָפֿע¹ *s.* (–ס *pl.*) gaper, yawner פּוֹעֵר פִּיו; fool מְפַהֵק; פֶּתִי.

גאָפֿע² *s.* (–ס *pl.*) crow עוֹרֵב.

גאָר¹ *adv.* wholly, entirely כָּלִיל; all כֹּל, הַכֹּל; very מְאֹד; ‖ –ער, –ע *adj.* whole כָּל.

— גאָר דאָס געלט all the money כל הכסף.

— גאָר קיינער נישט none at all אין אף אחד.

— גאָר אינגאַנצן entirely כלו, כליל.

— ביז גאָר to the end עד תמו; to the utmost עד כמה שאפשר, עד מאד.

— פֿון דער גאָרער וועלט of the whole world מכל העולם.

גאָר² *s.* (–ן *pl.*) top, tee-totum גַּלְגַּלָּן, סְבִיבוֹן (למשחק ילדים בחנוכה); = דרוידל.

גאָראָדאָוואָי *s.* (–עס *pl.*) policeman שׁוֹמֵר הָעִיר.

גאָראָדניטשע *s.* (–ס *pl.*) town-bailiff שַׂר הָעִיר.

גאָראַטשקע *s.* (–ס *pl.*) burning fever קַדַּחַת; fit of anger (*fig.*) חָרוֹן, כַּעַס, רֹגֶז; hurry (*fig.*) מְהִירוּת.

גאָראַלניע *s.* (–ס *pl.*) distillery בֵּית שְׂרֵפַת יַיִן.

גאָראַנטיע *s.* (–ס *pl.*) guarantee עֲרֻבָּה, עֲרֵבוּת.

גאָראַנטירן *v. a.* to guarantee עָרֹב בְּעַד.

גאָרב¹ *s.* (–עס *pl.*) sheaf אֲלֻמָּה.

גאָרב² *s.* (–עס *pl.*) hump, humpback חֲטוֹטֶרֶת, גַּבְנוּן.

גאָרבאַרניע *s.* (–ס *pl.*) tan-house, tannery בֵּית עִבּוּד עוֹרוֹת, בּוּרְסְקִי.

גאָרבאַרניק *s.* (–עס *pl.*) tanner מְעַבֵּד עוֹרוֹת, בּוּרְסִי.

גאָרבן *v. a.* to tan, curry עַבֵּד עוֹרוֹת.

גאָרבער = גאָרבאַרניק.

גאָרבער-האָלץ *s.* sumac אוֹג (עץ שמשתמשים בעליו לעבוד עורות).

גאָרבערײַ = גאָרבאַרניע.

גאָרבער-קאָרע *s.* tan גֶּלֶד לְעִבּוּד עוֹרוֹת.

גאַרגאָל *s.* (–עס *pl.*) throat גָּרוֹן, גַּרְגֶּרֶת.

גאָרגל *s.* (–ען *pl.*) throat גָּרוֹן, גַּרְגֶּרֶת; gullet לוֹעַ; windpipe קָנֶה.

גאָרגלען *v. n.* to gargle עַרְעֵר גְּרוֹנוֹ, גַּרְגֵּר (שטף את הגרון); ‖ זיך *v. r.* to brawl, be noisy קְרֹא בְגָרוֹן, צָרֹחַ; to trill, quaver צַרְצֵר (השמע קול רועד בשירה).

גאָרגל-‖קנאָפּ *s.* (–קנעפּ *pl.*) Adam's apple פִּיקָה שֶׁל גַּרְגֶּרֶת.

גאַרדזיאָל *s.* (–ן – –עס *pl.*) throat גָּרוֹן; gullet לוֹעַ.

גאַרדין *s.* (–ען *pl.*) curtain מָסָךְ.

גאַרדעראָבע *s.* (–ס *pl.*) wardrobe מֶלְתָּחָה; מִכְסַת בְּגָדִים.

גאַרטל *s.* (–ען *pl.*) girdle, belt אַבְנֵט, אֵזוֹר, חֲגוֹרָה; zone (*geogr.*) אֵזוֹר הָאָרֶץ.

— (*geogr.*) מעסיגער גאַרטל temperate zone אזור ממוזג.

— (*geogr.*) קאַלטער גאַרטל frigid zone אזור קר.

— (*geogr.*) הייסער גאַרטל torrid zone אזור חם.

גאַרטלען *v. a.* to gird אַזֵּר, חֲגֹר.

גאָרטן *s.* (–ס, גערטנער *pl.*) garden גַּן.

גאָרטנוואַרג *s.* gardenware, garden-truck, vegetables, greens יֶרֶק הַגַּן, יְרָקוֹת.

גאָרטנשטיבל = זומערשטובל.

גאָרטשיצע *s.* (–ס *pl.*) mustard חַרְדָּל; mustard-plaster, sinapism תַּחְבֹּשֶׁת שֶׁל חַרְדָּל.

גאָרילע *s.* (–ס *pl.*) gorilla גּוֹרִילָה (קוף באפריקה היותר קרוב לאדם).

גאָרליטש *s.* (–עס *pl.*) pigeon-hawk דַּיָּה הַטּוֹרֶפֶת יוֹנִים.

גאָרלע *s.* (–ס *pl.*) throat גָּרוֹן, גַּרְגֶּרֶת.

גאַרן *v. n.* to be eager הִשְׁתּוֹקֵק, הִכָּסֵף; to long, yearn הִתְגַּעְגֵּעַ; ‖ *s.* eagerness הִשְׁתּוֹקְקוּת; longing גַּעְגּוּעִים.

גאָרן *s.* (–, –ס *pl.*) story, floor קוֹמָה[א].

גאָרנדיג *adj.* storied בַּעַל קוֹמוֹת.

— צוויי-גאָרנדיג two-storied בעל שתי קומות; דריי-גאָרנדיג three-storied בעל שלש קומות.

גאַרניזאָן *s.* (–ען *pl.*) garrison חֵיל הַמִּשְׁמָר, מַצָּב.

גאָרנישט *adv.* not at all לְגַמְרֵי לֹא; ‖ *pron. ind.* nothing לֹא מְאוּמָה, לֹא דָבָר (= גאָרנישט).

גאָרנישט = גאָרנוריעכץ.

גאַרניטער *s.* (–ס *pl.*) suit of clothes חֲלִיפַת בְּגָדִים; set עֵרֶךְ כֵּלִים אוֹ מַכְשִׁירִים.

גאַרניִרעכץ *s.* garniture, trimming קִשּׁוּט (של בגד).

גאַרניִרקע *s.* (–ס *pl.*) garnisher, trimmer מְקַשֶּׁטֶת (בגד).

א) פֿון פּויליש góra אויבערשטער עטאַזש.

גאָרנישט *pron. ind.* nothing לא־מְאוּמָה, כְּלוּם, אֶפֶס; ‖ *s.* a nobody אִישׁ קַל הָעֵרֶךְ.
— מאַכן צו גאָרנישט to set at naught שים לאפס, שים לאַל.
— מאַכן זיך גאָרנישט פֿון עפּעס to make little of something זלזל בדבר.
— אויסלאָזן זיך מיט גאָרנישט to come to nothing היה לאַל.
גאָרסעווען *v. a.* to cut a dress low חָתֹךְ בֶּגֶד עַד הֶחָזֶה; to bear the neck and shoulders חָשֹׂף הַצַּוָּאר וְהַכְּתֵפַיִם.
גאָרסעט = קאָרסעט.
גאָרע *s.* (*pl.* ־ס) groove, rabbet חָרִיץ, חָרִיק.
גאַרעס *s.* worsted, yarn מַטְוֵה צֶמֶר.
גאַרעסן *adj.* of worsted שֶׁל מַטְוֵה צֶמֶר.
גאַרפֿינקל *s.* (*pl.* ־ען) carbuncle כַּדְכֹּד (מין אבן יקרה).
גאַרקיך *s.* (*pl.* ־ן) eating-house בֵּית אֹכֶל.
גאַשטשינעץ = גאָסטינעץ.
גַבָּאוּת *s.* wardenship, trusteeship ־, מִשְׂרַת הַגַּבַּאי.
גַבַּאי *s.* (*pl.* גַבָּאִים) warden or trustee of a synagogue ־, מְפַקֵּחַ עַל בֵּית הַכְּנֶסֶת; treasurer of a congregation גִּזְבַּר הָעֵדָה; collector of alms, almoner, deacon מְקַבֵּץ נְדָבוֹת לִצְדָקָה, מְמוּנֶּה עַל הַצְּדָקָה.
גַבַּאי־הַכּוֹלל *s.* (*pl.* גַבָּאִים־הַכּוֹלְלִים) general almoner, general deacon מְמוּנֶּה כּוֹלֵל עַל הַצְּדָקָה.
גַבּאיטע *s.* (*pl.* ־ס) almoner, deaconess מְמוּנָּה עַל הַצְּדָקָה; wife of a גבאי (*q. v.*) אֵשֶׁת גַּבַּאי.
גְבול *s.* (*pl.* גְבוּלים) limit, boundary, border ־; end ־, קָצֶה; limits, domain תְּחוּם.
גִבּור = גיבור.
גְבוּרה *s.* (*pl.* גְבוּרות) might, strength ־, כֹּחַ, עֹז; heroism ־, רוּחַ גְּבוּרָה; exploit, heroic act ־, מַעֲשֵׂה גְבוּרָה.
— אַ שוואַרצע גבורה devilish power כח של מזיקים.
גְבוּרות הַבּוֹרא *s. pl.* mighty deeds of God, wonders ־, נִפְלָאוֹת.
גְביר *s.* (־ן, גְבירים *pl.*) wealthy man, rich man עָשִׁיר.
גְביר אַדיר *s.* (*pl.* גְבירים אַדירים) a very rich man אִישׁ עָשִׁיר מְאֹד.
גְבירה *s.* (*pl.* גְבירות) wealthy lady, rich woman אִשָּׁה עֲשִׁירָה.
גְבירהטע = גְבִירָה.
גְבירויש *adj.* of the rich, belonging to the rich שֶׁל עֲשִׁירִים, שֶׁשַּׁיָּךְ לָעֲשִׁירִים.
גְבירנטע = גְבִירָה.
גְביר עָצום = גְבִיר אַדִיר.

גְבירעשאַפֿט *s.* riches, wealth עֲשִׁירוּת, עֹשֶׁר.
גְבִית עֵדות *s.* the taking of testimony, hearing of witnesses ־.
גֶבֶר *s.* (*pl.* ־ן) strong man בַּעַל כֹּחַ.
גֶבֶר אַלים *s.* strong man בַּעַל כֹּחַ; man of violence בַּעַל אֶגְרוֹף.
גַבְרָן *s.* (*pl.* גַבְרָנים) = גֶּבֶר.
גדויל *s.* (*pl.* ־ן) a kind of pear מִין אַגָּס.
גָדול *adj.* (*pl.* גְדולים) great ־; ‖ *s.* great man אָדָם גָּדוֹל; a groschen ־ (מטבע) א).
גָדול = גידול.
גָדול בְּיִשְׂרָאֵל *s.* a great man in Israel ־.
גְדול־בָּנִים = גידול־בָנים.
גְדול־הַדּוֹר *s.* (*pl.* גְדוֹלֵי־הַדּוֹר) one of the great men of the age ־.
גדולדיג *adj.* proud, haughty, vain גֵּאֶה, יָהִיר.
גְדוּלה *s.* (*pl.* גְדולות) grandeur ־; honor, glory כָּבוֹד, תִּפְאֶרֶת.
— (*id.*) אַ גדולה אויף דיין באַבען! you may boast, indeed! הוכל להתפאר באמת!
גדולניק = גידולניק.
גְדול־ראש *s.* (*pl.*) cunning blade אָדָם עָרוּם.
גְדי *s.* kid ־; Capricorn (*astr.*) מַזַּל גְּדִי.
גַדלות *s.* pride, haughtiness גַּאֲוָה, גַּאַוְתָנוּת.
גַדלותדיג *adj.* proud, haughty גֵּאֶה, גַּאַוְתָן.
גַדלן *s.* (*pl.* גַדְלָנים) proud or haughty person גַּאַוְתָן.
גַדלָנות *s.* haughtiness גַּאַוְתָנוּת.
גדר *s.* (*pl.* גְדָרים) fence ־; fence to the law סְיָג לַתּוֹרָה; definition ־, הַגְבָּלָה (בהגיון).
— מאַכן אַ גדר to make it a rule עשה לחק.
גואווערנאַנטקע *s.* (*pl.* ־ס) governess אֹמֶנֶת.
גואל *s.* (*pl.* גואלים) redeemer, deliverer ־; relative קָרוֹב.
גואל־צֶדֶק *s.* (the ־) the righteous redeemer [*Messiah*] (המשיח).
גובערנאַטאָר *s.* (*pl.* ־ס) governor שַׂר פֶּלֶךְ, שַׂר גָּלִיל.
גובערנאַטאָרסקע *adj.* gubernatorial שֶׁל שַׂר פֶּלֶךְ.
גובערניע *s.* (*pl.* ־ס) government, province (in Russia) פֶּלֶךְ, גָּלִיל (ברוסיה).
גובערנסקע *adj.* of government, of province שֶׁל פֶּלֶךְ, שֶׁל גָּלִיל.
גובקע = גאָמקע.
גובר זיין *v. n.* to conquer, overcome גָּבֹר עַל־, נַצֵּחַ.

א) גדול אין דער באַדייטונג פֿון גראָשן איז מסתמא די איבערזעצונג פֿון gros, grosse, דעם נאָמען פֿון דער מטבע אין מיטלהויכדייטש.

גוֹג וּמָגוֹג Gog and Magog (*two peoples*) *npr.* (שני עמים).
— די מלחמה פֿון גוג ומגוג the war of Gog and Magog, the struggle to precede the Messianic time מלחמת גוג ומגוג, המלחמה העתידה להיות לפני ביאת המשיח.
גודל = אגודל.
גוואַלד *s.* (—ן *pl.*) force כֹּחַ; violence חָמָס; cry צְעָקָה; call for help קְרִיאָה לְעֶזְרָה;‖ *int.* help! הוֹשִׁיעוּ! הַצִּילוּ!; gracious!, good heavens! מָרֵיהּ דְּאַבְרָהָם!
— מיט גוואַלד בכח, בחזקה; בעל כרחו. by force
— מאַכן אַ גוואַלד צעק, צרח; to raise a cry to call for help קרא לעזרה.
— גוואַלד געשריגן! good heavens! מריה דאברהם!
גוואַלדאָווּנע *adj.* great, mighty גדול, כַּבִּיר.
גוואַלד־‖גלאָק *s.* (—גלעקער *pl.*) alarm bell פַּעֲמוֹן רַעַשׁ.
גוואַלד־זאַך *s.* (—ן *pl.*) matter of compulsion דְּבַר אֹנֶס; = גוואַלד־טאַט.
גוואַלדיג *adj.* terrible אָיֹם, נוֹרָא; great, mighty גָּדוֹל, כַּבִּיר.
גוואַלדינקעס *int.* gracious!, good heavens! מָרֵיהּ דְּאַבְרָהָם!
גוואַלד־טאַט *s.* (—ן *pl.*) act of violence מַעֲשֵׂה חָמָס.
גוואַלדעווען *v. n.* to cry, scream צָעַק, זָעַק.
גוואַלדריס *s.* (—ן *pl.*) rent קְרִיעָה.
גוואַרדיי‖עץ *s.* (—צעס *pl.*) soldier of the guard אֶחָד מֵחֵיל שׁוֹמְרֵי הַמֶּלֶךְ.
גוואַרדיסט *s.* (—ן *pl.*) = גוואַרדייעץ.
גוואַרדיע *s.* the guards חֵיל שׁוֹמְרֵי הַמֶּלֶךְ.
גוואַרדיע־פּולק *s.* (—ן *pl.*) guard regiment גְּדוּד שֶׁל חֵיל שׁוֹמְרֵי הַמֶּלֶךְ.
גווינט *s.* (—ן *pl.*) worm of a screw חֲרִיצֵי הַבֹּרֶג.
גווינטאָווניק *s.* (—עס *pl.*) screw-tap מַקְדֵּחַ שֶׁעוֹשִׂים בּוֹ חוֹר לְבֹרֶג.
גווינטאָווקע *s.* (—ס *pl.*) rifle מִין קְנֵה־רוֹבֶה.
גוז *s.* (—ן, —עס *pl.*) button, knob כַּפְתּוֹר; swelling, wen חַבּוּרָה.
גוזמא *s.* (גוזמות, גוזמאות *pl.*) exaggeration, — הַפְרָזָה; great number מִסְפָּר רַב.
גוזמאדיג *adj.* exaggerated מֻגְזָם, נִפְרָז; enormous גָּדוֹל מְאֹד.
גוֹזר זיין *v. n.* to decree, order גָּזַר, צִוָּה.
גוֹזר דין זיין *v. n.* to decree judgment גָּזַר דִּין; to order גָּזַר, צִוָּה.
גוֹזר תַּעֲנִית זיין *v. n.* to decree a fast גָּזַר תַּעֲנִית.
גוט¹ *adj.* good טוֹב; kind טוֹב־לֵב; ‖ *adv.* well הֵיטֵב.
— אַ גוט אויג, ז. גוט־אויג.
— גוט אָרט, גוטער אָרט, ז. גוט־אָרט.
— גוטער ייד, ז. גוטער־ייד.
— אַ גוטע שעה a propitious hour שעת רצון.
— גוט מאָרגן! good morning! צפרא טבא!
— גוטן אָוונט! good evening! רמשא טבא!
— אַ גוטן טאָג! (קורץ: אַ גוטן!) good day! היה שלום! (כשנפטרים ביום).
— אַ גוטע נאַכט! good night! היה שלום (כשנפטרים בלילה).
— גוט שבת!, ז. שבת.
— גוט יום־טוב!, ז. יום־טוב.
— גוט וואָך!, ז. וואָך.
— גוט יאָר!, ז. יאָר.
— גוט יאָר, גוטער יאָר (דער היפוך פֿון שוואַרץ יאָר), ז. גוט־יאָר.
— גוט זיין, גוט זאָגן פֿאַר אומעצן to vouch, stand security for a person היה ערב לאיש.
— זיין גוט מיט אימעצן to be on good terms with a person היה בשלום עם איש.
— גוט הייסן, ז. גוטהייסן.
— גוט אָפּ, ז. גוט־אָפּ.
— מיט גוטן amicably בנעם; of one's own accord ברצונו הטוב.
— צום גוטן favorably לטוב.
גוט² *s.* (גיטער *pl.*) estate אֲחֻזָּה.
גוט־אויג *s.* (לשון סגי נהור פֿאַר בייז אויג) evil eye עַיִן רָעָה.
גוט־אָפּ (*Am.*) *pred.* well off, well-to-do אָמִיד, בְּמַצָּב טוֹב.
גוט־אָרט *s.* graveyard, cemetery בֵּית הַקְּבָרוֹת.
גוטברידערשאַפֿט *s.* good-fellowship אַחֲוָה, רֵעוּת.
גוט־זאָגן *v. n.* to vouch עָרַב.
גוט־זאָגער *s.* (—, —ס *pl.*) voucher, surety עָרֵב.
גוט־יאָר *s.* (דער היפוך פֿון שוואַרץ־יאָר) (גוטע־יאָר *pl.*) good spirit, kind genius רוּחַ טוֹב.
— דער גוט־יאָר ווייס אים! the good spirit knows what is the matter with him! הרוח הטוב יודע מה עמו!
— אַ גוט־יאָר אויף אייך! a blessing upon your head! תחול ברכה על ראשך!
— אַ גוט־יאָר אויף אייך, וואָס רעדט איר! man alive, what are you talking! מה זה תדבר, ידידי!
גוט־יום־טוב־בוטן *s.* visiting on a holiday בִּקּוּר בְּבֵית אִישׁ בְּיוֹם חַג; ז. בוטן.
גוט־יום־טוב־בוטער *s.* (—, —ס *pl.*) holiday visitor מְבַקֵּר בְּבֵית אִישׁ בְּיוֹם חַג.
גוטמאַן *s.* (—עס *pl.*) buckwheat pudding פַּשְׁטִידָא שֶׁל כֻּסֶּמֶת.
גוטמוטיג *adj.* good-natured טוֹב־לֵב;‖ —קייט *s.* good-naturedness טוּב־לֵב.

גוטס *s.* good טוֹב, טוֹבָה; property, goods רְכוּשׁ.
— מאַן גוטס to do good עשה טוב, עשה חסד.
— (*id.*) וואָס מאַכט איר גוטס? how are you, my friend? מה שלומך, ידידי?
— (*id.*) וואָס גוטס וועט איר זאָגן? what will you please to say? מה יהיה רצונך לאמר?
גוטסקייט = גוטקייט.
גוטער־ייד *s.* (*pl.* גוטע־יידן) thaumaturgic rabbi רַב בַּעַל־מוֹפֵת.
גוט־פֿרײַנט *pred.* at peace, on friendly terms בְּמַעֲמַד שָׁלוֹם.
— גוט־פֿרײַנט ווערן to be reconciled, make peace with הַשְׁלֵם עִם.
גוטקייט *s.* goodness, kindness טוֹבָה, טוּב־לֵב; good quality מַעֲלַת דָּבָר.
גוי *s.* (*pl.* גויים) gentile, non-Jew —, נָכְרִי, לא־יְהוּדִי; irreligious Jew יְהוּדִי הָעוֹבֵר עַל הַדָּת; a Jew ignorant in matters of his religion יְהוּדִי בּוּר בְּעִנְיְנֵי דָתוֹ; (*fig.*) thumb אֲגוּדָל, בֹּהֶן.
גוי גמור *s.* (*pl.* גויים גמורים) an absolutely irreligious Jew —.
גוידער *s.* (*pl.* — ס) goiter קְאַה בְּצַוָּאר אָדָם; double chin סַנְטֵר כָּפוּל.
גויה *s.* (*pl.* גויות) gentile woman, non-Jewess —, נָכְרִית, לא־יְהוּדִיָּה; irreligious Jewess יְהוּדִית הָעוֹבֶרֶת עַל הַדָּת; a Jewess ignorant in matters of her religion אִשָּׁה יְהוּדִית שֶׁאֵינָהּ יוֹדַעַת מֵעִנְיְנֵי דָתָהּ.
גויהטע = גויה.
גוייִש *adj.* gentile, non-Jewish שֶׁל גּוֹי, שֶׁל נָכְרִי, לא־יְהוּדִי; || *s.* non-Jewish *or* foreign language שָׂפָה שֶׁאֵינָהּ יְהוּדִית, לָשׁוֹן נָכְרִיָּה.
גויִישק = גוייִש.
גויִישקייט *s.* gentilism, non-Jewishness גּוֹיוּת, אִי־יַהֲדוּת.
גויעץ *s.* (*pl.* — עס) ignorant Jew יְהוּדִי בַּעַר.
גולאַש *s.* goulash תַּבְשִׁיל מְתֻבָּל שֶׁל חֲתִיכוֹת בָּשָׂר קְטַנּוֹת.
גולדן *s.* (*pl.* — ס) florin זָהוּב (מטבע).
גוליע *s.* (*pl.* — ס) tumor בְּלִיטָה, חַבּוּרָה.
גוליעוואַטע *adj.* tumorous בָּלוּט.
גולל *s.* (*pl* גוללים) a stone for covering a tomb made in a rock —, אֶבֶן לִסְתִימַת קֶבֶר חָצוּב בַּסֶּלַע.
גולם *s.* (*pl.* גולמים, — ס, — ער) clay-figure of a human being —; (*fig.*) dummy גּוּף מְלָאכוּתִי; (*fig.*) fool, idiot, dummy טִפֵּשׁ, שׁוֹטֶה; clumsy fellow אָדָם בִּלְתִּי זָרִיז.
— (*fig.*) ליימענער גולם clumsy fellow אדם בלתי זריז.
— (*prov.*) דער עולם איז אַ גולם the mass of the people is stupid המון העם נבער מדעת.

גומל *s.* thanksgiving "he who vouchsafeth," for escaping peril of life תּוֹדָה לַה' עַל הַצָּלָה מִסַּכָּנָה.
— בענשן גומל to thank God for escaping peril of life הודות לה' על הצלה מסכנה.
גומל־חסד *s.* (*pl.* גומלי־חסדים) a bestower of loving-kindness —.
גומל־חסד זײַן *v. n.* to bestow loving-kindess גָּמֹל חֶסֶד.
גומע *s.* gum, rubber קוּמָא, שְׂרָף; = גומעלאַסטיק.
גומעלאַסטיק *s.* rubber, gum elastic, caoutchouc קוּמָא קְפִיצִי, שְׂרָף גָּמִישׁ.
גומען[1] *s.* (*pl.* — ס) palate חֵךְ.
גומען[2] *adj.* of gum, of rubber שֶׁל קוּמָא, שֶׁל שְׂרָף; of rubber, of gum elastic, of caoutchouc שֶׁל קוּמָא קְפִיצִי, שֶׁל שְׂרָף גָּמִישׁ.
גומעראַביק *s.* gum arabic קוּמָא או שְׂרָף עֲרָבִי; mucilage דֶּבֶק שֶׁל שְׂרָף עֲרָבִי.
גומר זײַן *v. a.* to finish, conclude גָּמַר.
גונצשטריך *s.* (*pl.* — ן) fine stroke (*in writing*) קַו יָפֶה (בכתיבה).
גוס *s.* pouring שֶׁטֶף; casting יְצִיקָה.
גוסט *s.* (*pl.* — ן) taste טַעַם.
גוסס *s.* (*pl.* גוססים) one lying in agony, dying person אִישׁ סוֹבֵל הַיִּסּוּרִים הָאַחֲרוֹנִים לִפְנֵי הַמָּוֶת, אָדָם גּוֹסֵס; || *pred.* dying גּוֹסֵס; || — ער, — ע *adj.* dying גּוֹסֵס.
גוססדיג *adj.* dying גּוֹסֵס.
גוססן *v. n.* to lie in agony, be dying סָבֹל הַיִּסּוּרִים הָאַחֲרוֹנִים לִפְנֵי הַמָּוֶת, הָיֹה גּוֹסֵס.
גוסען = גוססן.
גוס־רעגן *s.* (*pl.* — ס) pouring rain גֶּשֶׁם שׁוֹטֵף.
גוף *s.* (*pl.* גופים) body —, גְּוִיָּה; barrel of a quill קָנֶה שֶׁל נוֹצָה (לכתיבה).
גופא *pron.* oneself, themselves גופו, גופה, גופם (בעצמו, בעצמה, בעצמם).
גופניות (*pl.* —) corporality, materiality —, גַּשְׁמִיּוּת, חָמְרִיּוּת; corporal thing דָּבָר גַּשְׁמִי.
גורטן *v. a.* to gird אָזֹר, חָגֹר.
גורל *s.* (*pl.* גורלות) lot —; מַזָּל.
— וואַרפן גורל to cast lots הפל גורלות.
— אַ טרויעריגער גורל a sad lot גורל רע.
גורם זײַן *v. a.* to cause, bring about, occasion גָּרַם.
גורס זײַן *v. a.* to read גָּרַס.
גושן *npr.* Goshen (*a district in Egypt where the Hebrew dwelt*) — (מחוז במצרים שישבו בה העברים).
— פאַרקריכן אין גושן to deviate far from the subject נטה הרבה מן הענין.
גזילה *s.* (*pl.* — ות) robbery —.

גְזֵירָה s. (גְזֵירוֹת pl.) evil decree; גְזַר־דִין קָשֶׁה; calamity, misfortune פֻּרְעָנוּת.
— (fl.) מאַכן גזירות (לייען: גזירעס) to make a noise הקם שאון.
גְזֵירָה־שָׁוָה s. (גְזֵירוֹת־שָׁווֹת pl.) analogy הֶקֵּשׁ (על ידי מלה דומה).
גְזֵירַת־שְׁמַד s. (גְזֵירוֹת־שְׁמַד pl.) decree of forcible conversion —.
גְזֵירוֹת־תַּ״ח s. massacre of Jews by the Cossacks in 408 (1648) —. הֶרֶג הַיְּהוּדִים עַל יְדֵי הַקּוֹזַקִּים בִּשְׁנַת ת״ח.
גְזֵלָה = גְזֵילָה.
גַזְלָן s. (גַזְלָנִים pl.) robber, highwayman, brigand —, שׁוֹדֵד; murderer רוֹצֵחַ.
— מאַכן זיך אַ האַרץ פֿון אַ גזלן to take courage, take heart, nerve oneself התחזק, התאזר עז.
גַזְלָנוּת s. robbery, brigandage —; extortion גָזֵל, חָמָס.
גַזְלָנטע s. (— ס pl.) female brigand גַזְלָנִית.
גַזְלָניש adj. of robber, of brigand שֶׁל גַזְלָן; of robbery, of brigandage שֶׁל גַזְלָנוּת; murderous רַצְחָנִי.
גַזל||ען, — ענען v. a. to rob גָזֹל, שָׁדֹד.
גַזלעוואויסטווע s. robbery, extortion גֶזֶל, חָמָס.
גֶזע s. (— ס pl.) stock, descent —, יַחַס מִשְׁפָּחָה.
גְזַר s. (— ן pl.) decree גְזַר־דִין; punishment עֹנֶשׁ; misfortune אָסוֹן, פֶּגַע, פֻּרְעָנוּת.
— (prov.) אַ נאַר איז אַ גזר a fool is a misfortune כסיל הוא פגע.
גְזַר־דִין s. (— ס pl.) decree, sentence —, פְּסָק.
גְזֵרָה = גְזֵירָה.
גְזֵרָה־שָׁוָה = גְזֵירָה שָׁוָה.
גְזֵרַת־שְׁמַד = גְזֵירַת־שְׁמַד.
גְזֵרַת־תַּ״ח = גְזֵירַת־תַּ״ח.
ג״ח abbr. = גְמִילוּת־חֶסֶד.
גחש״א abbr. = גְמִילוּת־חֶסֶד־שֶׁל־אֱמֶת.
גֵט s. (גִטִין, גיטין pl.) bill of divorcement —, סֵפֶר כְּרִיתוּת; divorce גֵרוּשִׁין.
גִבּוֹר s. (גִבּוֹרִים pl.) strong man, hero —.
גיבורנע s. tax for the maintenance of soldiers (*imposed by the Kahal formerly in Poland*) מַס לְהַסְפָּקַת אַנְשֵׁי חַיִל (שהטיל הקהל לפנים בפולין).
גיבערנע = גיבורנע.
גִיד s. (גִידִין pl.) tendon, sinen —; male organ, penis —, אֵבֶר הַזָּכָר.
גִיד הַנָּשֶׁה s. the long sinen, nervus —
גידול s. bringing up —; size —, גֹדֶל; stature, height קוֹמָה.
גידול בָּנִים s. the bringing up of children —.

גידולניק s. (— עס pl.) tall man אִישׁ גְבַהּ קוֹמָה.
גֵיהִנֹם s. (— ס pl.) Gehenna, hell, inferno —, שְׁאוֹל.
גיטאַרע s. (— ס pl.) guitar קַתְרוֹס, כִּנּוֹר.
גיטער s. pl. estates אֲחֻזּוֹת, נְכָסִים.
גייִדער = גוידער.
גייִוועגעלע = גאַנגוועגעלע.
גייִוער = גאַווער.
גייִווערן = גאַווערן.
גייִזער s. (— ס pl.) geyser (*geogr.*) מַעְיָן הַמַּטִּיל מַיִם רוֹתְחִים.
גיין v. n. (p. p. געגאַנגען) to go הָלֹךְ; to walk הִתְהַלֵּךְ, טַיֵּל; to be going חָשֹׁב (לעשות דבר); to go off, sell הִמָּכֵר; to do הָיֹה טוֹב; to be lucky צְלֹחַ || v. a. to play (*a card*) הוֹצֵא (קלף).
— די סחורה גייט גוט the goods sell well הסחורה נמכרת בנקל, על הסחורה יש קופצים רבים.
— עס גייט אים he is in the way of good luck הנהו מצליח; עס גייט אים ניט he has no luck איננו מצליח.
— עס גייט מיר ניט אויפֿן האַרץ it is not to my liking לא בלבבי הוא, לא טוב בעיני.
— דאָס וועט ניט גיין this will not do זה לא יתכן.
— עס גייט! done! טוב הדבר! (על התערבות או קניה).
— ווי גייט עס? how do you fare? איך מצבך?
— עס גייט אים גוט he fares well מצבו טוב; עס גייט אים שלעכט he fares ill מצבו רע.
— גיין אין עפּעס to be a question of... היה לשאלה אם...
— גיין אין דעם, גיין דערינען to be a question whether... היה לשאלה אם...
— עס גייט אים אין לעבן it is to him a question of life שאלת החיים הוא לו.
— עס גייט מיר ניט דערינען it is of no consequence to me איננו נחשב למאומה לי.
— גיין פֿאַר אַ יון to enlist in the army הכנס לעבודת הצבא.
— גיין אין אַ מלבוש to wear a garment היה לבוש בגד.
— גיין צו קינד to labor with child, be in labor סבל חבלי לדה.
— גיין פֿאַרלאָרן to be lost אבד.
— וואָס וועט איר גיין (שפּילן)? what will you play? איזה קלף תוציא?
גייסט s. (— ער pl.) spirit רוּחַ.
גייסטיג adj. spiritual רוּחָנִי.
גייסטליך adj. clerical שֶׁל כֹּהֲנִים, שֶׁל כְּהוּנָּה.
גייסטלי||כער s. (— כע pl.) clergyman כֹּהֵן.
גייענדיג adj. going הוֹלֵךְ; flowing, running (*of water*) שׁוֹטֵף || adv. while walking בְּלֶכְתּוֹ.

גײער *s.* (*pl.* –, –ס) hawker, peddler רוֹכֵל; walker הוֹלֵךְ, אִישׁ קַל בְּרַגְלָיו; going-wheel אוֹפָן הַמִּסְתּוֹבֵב (בשעון).

גײַך *s.* (*pl.* –ן) tapeworm כֶּרֶץ (תולעת במעי החיים).

גײַציג[1] *adj.* full of tapeworms מָלֵא קְרָצִים.

גײַציג[2] eager מִשְׁתּוֹקֵק; spirited מִתְלַהֵב; ‖ –קײַט *s.* eagerness תְּשׁוּקָה; spiritedness הִתְלַהֲבוּת.

גיך *adj.* quick מָהִיר; ‖ *adv.* quick, quickly בִּמְהִירוּת; ‖ –קײַט *s.* quickness מְהִירוּת.

גיל *s.* (*pl.* –ן) = גוליע.

גילגול = גִלְגּוּל.

גילוי = גִלּוּי.

גילדײַן (אַזוי רעדט אַרוים דער שמש אין שול דאָס וואָרט גילדן בײַם פֿאַרקויפֿן די עליות).

גילדן[1] *s.* (*pl.* –, –ס) a coin of 15 copecks מַטְבֵּעַ שֶׁל 15 קָפֵּיקוֹת.

גילדן[2] *adj.* gold, golben שֶׁל זָהָב; = גאָלדן, גילדערן.

— גילדענע אָדער piles, hemorrhoids טחורים, תחתוניות.

גילדע *s.* (*pl.* –ס) guild מִפְלֶגֶת סוֹחֲרִים.

גילדערן *adj.* gold, golden שֶׁל זָהָב; = גאָלדן, גילדן[2].

— גילדערנע וואָך "golden week," the first week after marriage השבוע הראשון אחר החתונה.

— גילדערנע יויך "golden soup," the soup served to the bride and bridegroom המרק שנותנים להחתן והכלה אחר החֻפּה.

גילזע *s.* (*pl.* –ס) paper-case (*of a cigarette, of a rocket*) מַעֲטָפָה (של סיגרטה, של זיקה).

גילטיג *adj.* valid, lawful טוֹב, כָּשֵׁר; current עוֹבֵר לַסּוֹחֵר; ‖ –קײַט *s.* validity אִשּׁוּר.

— אַ גילטיגע מטבע a current coin מטבע עוברת לסוחר.

גילטן[1] *v. n.* (*p. p.* געגאָלטן) to be valid הָיָה כָּשֵׁר; to be current עָבֹר לַסּוֹחֵר; to pass, be reputed הֵחָשֵׁב לְ־; to prove successful צָלֹחַ, הַצְלֵחַ.

— די מטבע גילט this coin is current המטבע הזאת עוברת לסוחר.

— ער גילט פֿאַר אַ גרויסן למדן he is reputed to be a great scholar הוא נחשב ללמדן גדול.

— עס האָט אים געגאָלטן אין זײַן עסק he was successful in his business הוא הצליח בעסקו.

גילטן[2] *v. a.* (*p. p.* געגילט, געגולט) to gild הַזְהֵב, צַפֵּה זָהָב.

גילטעניש *s.* snatching, taking away חֲטִיפָה.

גיליאָטינע *s.* (*pl.* –ס) guillotine מַכְרֵתָה (מכונה להמית פושעים בצרפת).

גימטריא *s.* (*pl.* גימטריאות) computation of the numerical value of words צְרוּפֵי הָאוֹתִיּוֹת לְמִסְפָּרָן; method of interpretation by the numerical value of letters (*by which words of equal value are given the same meaning*).

— ייִן איז אין גימטריא זיבעציג (י=10, י=10, נ=50) יין is seventy numerically יין בגימטריא שבעים.

— יין (=70) איז אין גימטריא סוד (=70) by numerical interpretation סוד is the equivalent for יין יין בגימטריא סוד.

גימל *s.* (*pl.* –ען) name of the letter ג שֵׁם הָאוֹת ג.

גימנאַזיע *s.* (*pl.* –ס) gymnasium גִּמְנַזְיוּם (בית ספר תיכוני).

גימנאַזיסט *s.* (*pl.* –ן) student of a gymnasium תַּלְמִיד הַגִּמְנַזְיוּם.

גימנאַזיסטקע *s.* (*pl.* –ס) תַּלְמִידַת הַגִּמְנַזְיוּם.

גימנאָט *s.* (*pl.* –ן) gymnot צְלוֹפָה חַשְׁמַלִּית.

גימנאַסטיקע *s.* gymnastics חִנּוּךְ הָאֵבָרִים, הִתְגּוֹשְׁשׁוּת.

גינגאָלד *s.* fine gold פָּז, כֶּתֶם.

גינגאָלדן *adj.* of fine gold שֶׁל פָּז, שֶׁל כֶּתֶם.

גינען = פֿאַרגונען.

גינער = פֿאַרגינער.

גינציג *adj.* hearty, sincere לְבָבִי; faithful, sincere נֶאֱמָן; ‖ –קײַט *s.* sincerity לְבָבִיּוּת.

גיס-אָפּפֿער *s.* (*pl.* –ס) libation, drink-offering נֶסֶךְ.

גיסאַרניע *s.* (*pl.* –ס) foundry בֵּית הַתֻּכָּה, בֵּית יְצִיקָה (של מתכת).

גיסטער *s.* croup (*med.*) אַסְכָּרָה.

גיסן *v. a.* (*p. p.* געגאָסן) to pour יָצֹק; to melt יָצֹק, הָמֵס; to cast, found יָצֹק, הַתֵּךְ (מתכת).

גיסער *s.* (*pl.* –) founder מַתִּיךְ.

גיסערײַ = גיסאַרניע.

גיפֿט *s.* (*pl.* –ן) poison אֶרֶס, רַעַל; venom אֶרֶס, רַעַל (של בעלי חיים).

גיפֿטיג *adj.* poisonous אַרְסִי, שֶׁל רַעַל; venomous מָלֵא רַעַל (על בעלי חיים); ‖ –קײַט *s.* poisonousness אַרְסִיּוּת; venomousness אַרְסִיּוּת (של בעלי חיים).

גיפֿטן *v. a.* to poison הַרְעֵל.

גיפּס *s.* gypsum, plaster גֶּפֶס, אֶבֶן־גִּיר.

גירסא *s.* (*pl.* גירסות) reading, variant –, נוּסָח.

גירסא-דְיַנקותא *s.* what has been learned in childhood מַה שֶּׁלָּמַד אִישׁ בְּיַלְדוּתוֹ.

גלאָבוס *s.* (*pl.* –ן, עס) globe כַּדּוּר בִּדְמוּת הָאָרֶץ.

גלאַװנע *adj.* chief, principal רָאשִׁי.

גלאַװנעקאָמאַנדעשטשע *s.* (*pl.* –ס) chief commander רֹאשׁ שָׂרֵי צָבָא.

גלאָז s. glass (pl. גלעזער) זְכוּכִית; glass, drinking-glass גָּבִיעַ, כּוֹס (של זכוכית).

גלאָזור s. glaze צִפּוּי זְכוּכִית.

גלאָזיג adj. glassy דּוֹמֶה לִזְכוּכִית.

גלאָזירן v. a. to glaze צַפֵּה בְּחֹמֶר מַבְרִיק.

גלאַט adj. smooth חָלָק; fluent חָלָק, קַל; plain, ordinary פָּשׁוּט, מִמִּין הָרָגִיל; || adv. smoothly בְּאוֹפֶן חָלָק; fluently בְּקַלּוּת; for no reason בְּעָלְמָא.

— נישט גלאַט not smooth, rough לא חלק, שרוט; (fig.) wrong בלתי נכון, לא כראוי; suspicious עלול לחשד.

— גלאַטע קינדער ordinary children ילדים ממין הרגיל, ילדים פשוטים.

— אַ גלאַטע צונג an oiled tongue לשון חלקה.

— גלאַט אין דער וועלט אַרײַן at random בעלמא.

— גלאַט אַזוי, גלאַט אַזוי זיך for no particular reason בלי טעם מיוחד.

— ער איז גלאַט אַ שוטה he is a fool anyhow שוטה הוא בכל אופן.

גלאַטיג adj. smooth חָלָק (= גלאַט).

— נישט גלאַטיג (fig.) wrong לא נכון; suspicious עלול לחשד.

גלאַטקייט s. smoothness חֲלָק, חֲלָקָה; plainness פְּשִׁיטוּת.

גלאָמפּ s. (— עס pl.) stupid fellow, dummy טִפֵּשׁ, גֹּלֶם.

גלאַנץ s. (— ן pl.) gloss צַחְצוּחַ; lustre בָּרָק, זֹהַר.

גלאַנציג adj. glossy נוֹצֵץ, מַבְרִיק.

גלאַנצן v. n. to glitter, be bright נָצֵץ; to polish (shoes) צַחְצֵחַ, נַקֵּה (נעלים).

גלאָנצן = גלאַנצן.

גלאַסע-הענטשקע s. (— ס pl.) kid-glove נַעַל־יַד שֶׁל עוֹר גְּדִי.

גלאַסנע s. (— ס pl.) alderman נִבְחָר (בסוד מועצות העיר).

גלאַצע s. (— ס pl.) bald part of the head, bald-pate קָרְחָה בָּרֹאשׁ.

גלאָצן v. a. to open wide (one's eyes) הַרְחֵב (עיניו).

גלאָק s. (גלעקער pl.) bell פַּעֲמוֹן.

גִלְגּוּל s. (גִלְגּוּלים pl.) metamorphosis חֲלִיפַת צוּרָה; transmigration of the soul, metempsychosis —, גִּלְגּוּל הַנְּשָׁמָה מִגּוּף אֶחָד לְגוּף אַחֵר; transmigrant —, נְשָׁמָה שֶׁנִּתְגַּלְגְּלָה לְגוּף אַחֵר; evil spirit רוּחַ רָעָה; whim רוּחַ שִׁגָּעוֹן.

גִלְגּוּל-הַנֶּפֶשׁ s. transmigration of the soul, metempsychosis —, גִּלְגּוּל הַנְּשָׁמָה לְגוּף אַחֵר.

גִלְגּוּל-מחילות s. "the rolling through caves," underground migration of the dead to the Holy Land at the time of the resurrection גִּלְגּוּל הַמֵּתִים מִקִּבְרֵיהֶם לְאֶרֶץ הַקְּדוֹשָׁה לְעֵת תְּחִיָּתָם.

גִלְגּוּל-שֶׁלג s. self-mortification by rolling in snow עִנּוּי נַפְשׁוֹ עַל יְדֵי גִּלְגּוּל בְּשֶׁלֶג.

גַלְגַל s. (גַלְגַלים pl.) sphere —, כַּדּוּר; wheel — אוֹפָן.

גַלְגַל-הַחוֹזר s. revolving sphere —; turning wheel אוֹפַן מִתְהַפֵּךְ; (fig.) wheel of fortune אוֹפַן שֶׁל מַזָּל.

גָלוּח s. (גְלוּחים pl.) shaven man אִישׁ מְגֻלָּח.

גלויבן v. a. n. to believe הַאֲמֵן; || s. (— ס pl.) belief, faith, religion אֱמוּנָה.

גלויבערזאַלץ s. Glauber salt מֶלַח גְּלוֹבֶּר (מין נתר).

גִלוּי-דַעת s. opinion —.

גִלוּי-עֲריות s. incest —; adultery נִאוּפִים.

גִלוּי-ראש s. barehededness —.

גִלוּי-שְׁכִינה s. revelation of the divine glory —.

גלוסט = גלוסטונג.

גלוסטונג s. (— ען pl.) lust, desire תַּאֲוָה, חֵשֶׁק, חֶמְדָּה.

גלוסטן v. a. to covet, desire חָמֹד, חָשֹׁק; || — זיך v. r. to have a desire הִתְאַוֵּה.

— עס גלוסט זיך מיר I have a desire הנני מתאוה.

גלושען v. a. to stun, deafen הַדְהֵם.

גָלוּת s. (— ן pl.) exile —; the diaspora קִבּוּץ הַיְּהוּדִים הַפְּזוּרִים בְּאַרְצוֹת הַגּוֹיִם; אַרְצוֹת פְּזוּרֵי הַיְּהוּדִים, persecutions, sufferings רְדִיפוֹת, יִסּוּרִים.

— אָפּרוכטן גלות to lead a life of wandering and deprivations היה נע ונד וחיה חיי צער (לשם שמים).

— זײַן בײַ אומעצן אין גלות to be oppressed by a person עֻנָּה תחת ידי איש.

גָלוּת הַשְּׁכִינה s. the exile of the divine glory —.

— קלאָגן אויף גלות השכינה to lament the exile of the divine glory הצטער על גלות השכינה.

גָלוּת-||לאַנד s. (— לענדער pl.) one of the lands of the diaspora אֶרֶץ מֵאַרְצוֹת פְּזוּרֵי הַיְּהוּדִים.

גָלוּת-מִצְרַיִם s. servitude of the Hebrews in Egypt —.

גָלוּת-סְפָרד s. expulsion of the Jews from Spain —.

גַלח s. (גַלָחים pl.) clergyman, priest —, כֹּהֵן נוֹצְרִי.

— (fl.) גלח מאַכן to steal from a clergyman גנב מכהן נוצרי.

גַלח-בַּית s. (— ן pl.) (fl.) parsonage בֵּית כֹּהֵן הַכְּפָר.

גַלחות s. office of a clergyman מִשְׂרַת גַּלָּח אוֹ כֹּהֵן נוֹצְרִי.

גַלחיש adj. of clergy, clerical שֶׁל מִפְלֶגֶת הַכֹּהֲנִים הַנּוֹצְרִים; || s. Latin רוֹמִית.

— גלחישע ציפֿערן Roman figures סמני המספר בכתב רומי.

גליד s. (‑ער .pl) limb, member אֵבֶר, פֶּרֶק.

גליד-געשוויסטערקינד = גליד־שוועסטערקינד.

גליד-שוועסטערקינד s. (‑ער .pl) second cousin שְׁלִישִׁי בִּשְׁלִישִׁי.

גליווערן = פֿארגליווערן.

גִליון s. (גִליונות .pl) margin (of a book) ‑. שׁוּלֵי הַגִּלָּיוֹן (החלק הבלתי כתוב בדף).

גליטש s. (‑ן .pl) skating-ground חֲלַקְלַקָּה; slip הַחֲלָקָה.

— א גליטש טאָן זיך to slip החלק.

גליטשיג adj. slippery חָלָק, חֲלַקְלַק.

גליטשן זיך v. r. to skate הַחֲלֵק עַל הַגְּלִיד.

גלייב||נער s. (‑נע .pl) believer מַאֲמִין.

גלייבן = גלויבן.

גלייד s. hawthorn מִין קוֹץ.

גלייזן = גלעזערן.

גלייט s. litharge, protoxide of lead מַרְתֵּכָה.

גלײַך adj. straight יָשָׁר; even זוגי (מספר); right, good יָשָׁר, נָכוֹן; direct יָשָׁר; equal, like דּוֹמֶה, שָׁוֶה; rational, reasonable יָשָׁר עַל פִּי הַשֵּׂכֶל; || adv. alike שָׁוֶה, בְּאוֹפֶן שָׁוֶה; as if כְּאִלּוּ, כְּמוֹ; directly, soon תֵּכֶף, מִיָּד, כְּרֶגַע; ז. גלײַכן¹.

— מיר איז אַלץ גלײַך it is all the same to me כי הכל אחד.

— און גלײַכן געלט at a reasonable price במקח השוה.

— גלײַך ווי as if כאלו, כמו.

— גלײַך אויף גלײַך equally שוה בשוה; by halves לחצאים.

גלײַכבאַדײַטנדיג adj. equivalent, synonymous דּוֹמֶה בְּהוֹרָאָה.

גלײַכגילטיג adj. indifferent אָדִישׁ, קַר הָרוּחַ; || ‑קייט s. indifference אֲדִישׁוּת, קֹרֶת רוּחַ.

גלײַכגעוויכט s. equilibrium שִׁוּוּי הַמִּשְׁקָל.

גלײַכהייט s. equality (of rights) שִׁוּוּי (זכיות); = גלײַכקייט.

גלײַכוואָרט = גלײַכווערטל.

גלײַכווענס adv. straight יָשָׁר.

גלײַכווערטל s. (‑עך .pl) bon-mot, witticism הֲלָצָה, חִדּוּד.

גלײַכווערטלען זיך v. r. to say witticisms דַּבֵּר הֲלָצוֹת.

גלײַכן¹ s. comparison דִּמְיוֹן, עֵרֶךְ; equal מִי שֶׁהוּא דּוֹמֶה לַחֲבֵרוֹ (במעלה).

גלײַכן² v. a. to compare דַּמֵּה, הַשְׁוֵה; (Am.) to like, be fond of אָהֹב; || ‑ זיך v. r. to compare oneself הִדַּמֵּה; to reconcile oneself, make peace with הַשְׁלֵם עִם־.

גלײַכנאַכט s. (‑ן .pl) equinox (astr.) שִׁוּוּי הַיּוֹם וְהַלַּיְלָה.

— גלײַכנאַכט פֿון פֿרילינג vernal equinox שווי היום והלילה בתקופת ניסן.

— גלײַכנאַכט פֿון האַרבסט autumnal equinox שווי היום והלילה בתקופת תשרי.

גלײַכעניש s. (‑ן .pl) comparison שִׁוּוּי, דִּמְיוֹן; simile, parable דִּמְיוֹן, מָשָׁל.

גלײַכקייט s. straightness, evenness אִי־עֲקַמּוּמִיּוּת; equality שִׁוְיוֹן, שִׁוּוּי; reasonableness מַה שֶּׁהוּא יָשָׁר עַל פִּי הַשֵּׂכֶל.

גלײַכקלינגענדיג adj. (gr.) homonymous, paronymous דּוֹמֶה בְּמִבְטָא אֲבָל לֹא בְּהוֹרָאָה (מלה).

גלילה s. the rolling up of the scroll of the Law (in the synagogue) ‑.

— געבן גלילה to honor one with the rolling up of the scroll of the Law כבד איש בגלילת ספר התורה.

גלינצערן v. n. to glisten, glitter הַבְרֵק, נָצֹץ.

גליִען v. n. to glow, be red-hot לָהֹט.

גליִענדיג adj. glowing, red-hot לוֹהֵט, מְלֻבָּן.

גליק s. (‑ן .pl) good fortune, good luck מַזָּל; happiness אֹשֶׁר; success הַצְלָחָה.

— צום גליק fortunately, happily לאשרי.

— ווינשן גליק to congratulate ברך במזל טוב.

— כאַפּן דאָס גליק פֿאַרן עק (id.) to fix the wheel of fortune שנה מרוצת גלגל החוזר.

גליקוואונש s. (‑ן .pl) felicitation, congratulation בְּרָכָה, בִּרְכַּת מַזָּל טוֹב.

גליקליך adj. happy, fortunate, lucky מְאֻשָּׁר, מֻצְלָח.

גליקן v. n. to prove successful הַצְלֵחַ.

גלעזירן = גלאַזירן.

גלעזל s. (‑עך .pl) little glass כּוֹס שֶׁל זְכוּכִית קְטַנָּה; spectacle-glass זְכוּכִית שֶׁל מִשְׁקָפַיִם.

גלעזער s. (‑ס, ‑ .pl) glazier קוֹבֵעַ שְׁמָשׁוֹת (בחלונות).

גלעזערן¹ v. n. to glaze קָבֹעַ שְׁמָשׁוֹת (בחלונות).

גלעזערן² adj. of glass שֶׁל זְכוּכִית.

גלעט s. (‑ן .pl) stroke לְטִיפָה.

— געבן אַ גלעט to stroke לַטֵּף; (fig.) to flatter החנף.

גלעט-הובל s. (‑ען .pl) smoothing-plane מַקְצוּעָה מַחֲלֶקֶת.

גלעטן v. a. to smooth הַחֲלֵק; to stroke, caress לַטֵּף; to polish נַהֵץ, מָרֹט, הַחֲלֵק.

גלעטשטיין s. (‑ער .pl) polishing-stone אֶבֶן מַחֲלֶקֶת.

גלעטשער s. (‑ס .pl) glacier (geogr.) קַרְחוֹן (שכבת קרח על הר).

גלענצן = גלאַנצן.

גלענצנדיג *adj.* bright נוֹצֵץ, מַבְהִיק; splendid, magnificent יָפֶה, נֶהְדָּר, מְפֹאָר.

גלעקל *s.* (pl. -עך) little bell פַּעֲמוֹן קָטָן.

— (*fig.*) מיט גלעקלעך with ornaments בקשוטים.

גַל־שֶל־עֲצָמות *s.* a heap of bones —.

— מאַכן פֿון אומעצן אַ גל־של־עצמות to annihilate a person השמיד איש.

גַם אתם *int.* "ye likewise," the same to you!, I wish you the same! —.

גמול *s.* recompense, reward —, שָׂכָר.

גָמור *adj.* (pl. גמורים) complete, perfect, absolute —, שָׁלֵם.

גַם זו לְטובה *phr.* this, too, is for the best —.

גַם־זו־לְטובהניק *s.* (pl. -עס) optimist טוּבְזָן.

גמ"ח *abbr.* = גְמילות־חֶסד.

גִמַטְריא = גימַטְריא.

גְמילות־חֶסד *s.* (pl. גְמילות־חסָדים) benevolence; — loan without interest הַלְוָאָה בְּלִי רִבִּית.

גְמילות־חסָדים *s.* free loan institution מוֹסָד לְהַלְווֹת כֶּסֶף בְּלִי רִבִּית.

גְמילות־חֶסד־שֶל־אֶמת *s.* "true benevolence," burial of the dead קְבוּרַת הַמֵּתִים; burial society חֶבְרָה לִקְבוּרַת הַמֵּתִים.

גִמל = גימל.

גַם לִי גַם לָך לא יִהיה *phr.* it shall be neither mine nor thine —.

גמַר *s.* conclusion —, סוֹף; decision הַחְלָטָה.

גְמָרא *s.* (pl. גמָרות) part of the Talmud commenting on the Mishnah —, חֵלֶק הַתַּלְמוּד הַמְבָאֵר אֶת הַמִּשְׁנָה; volume of the Talmud אֶחָד מִכְּרָכֵי הַתַּלְמוּד.

גְמָרא־ניגון *s.* contillation of Talmud students הַנְּגִינָה שֶׁלּוֹמְדִים בָּהּ אֶת הַתַּלְמוּד.

גְמָרא־קאָפּ = גְמָרא־קעפּל.

גְמָרא־קעפּל *s.* (pl. -עך) casuist פַּלְפְּלָן, בַּעַל פִּלְפּוּל; subtile person עָרוּם, חַד הַשֵּׂכֶל.

גְמַר־דין *s.* (pl. -ס) decision —, הַחְלָטָה.

גְמַר חתימה טובה *phr.* "conclusion of a good sealing," I wish you a final good sealing for a happy year! (*greeting on Hoshana Rabba*) —.

גנאָד *s.* (pl. -ן) favor חֶסֶד; grace חֵן.

גְנַאי *s.* shame —, גְּנוּת, בּוּז.

— זאָל אים צו קיין גנאי נים זיין with due respect to him במחילת כבודו.

גנאָי *s.* dung, manure זֶבֶל.

גַנב *s.* (pl. גַנָבים) thief —; sly or tricky man עָרוּם; (*fig.*) something stuffed inserted in a pudding דָּבָר מְמֻלָּא שֶׁשָּׂמִים בְּתוֹךְ פַּשְׁטִידָא.

— (*prov.*) אויף אַ גנב ברענט דאָס היטל a guilty mind is never at ease לב פושע לא ידע שלוה.

גְנֵבה *s.* (pl. גְנֵבות) theft, larceny —; something stolen —, דָּבָר גָּנוּב.

גְנֵבות *s.* cunning, trickiness עָרְמָה.

גַנבטע *s.* (pl. -ס) female thief גַּנֶּבֶת; sly or tricky women עֲרוּמָה.

גַנָבים־שליסל *s.* (pl. -ען) pick-lock מַפְתֵּחַ שֶׁמִּשְׁתַּמְּשִׁים בּוֹ הַגַּנָּבִים.

גְנֵביש *adj.* thievish שֶׁל גַּנָּבִים; trickish שֶׁל עָרְמָה.

גַנָבסקע = גאַנאָווסקע.

גַנב‖ען, -ענען *v. a.* to steal גָּנֹב.

גנאַמניק *s.* (pl. -עס) cunning blade, sharper עָרוּם, נוֹכֵל.

גנוי = גנאַי.

גניאַדע *adj.* chestnut, roan (*of horse*) אָמֹץ (סוס).

גנידע *s.* (pl. -ס) nit אֻנְבָּה (ביצת כנים); mean person אָדָם שָׁפָל.

גניטל *s.* (-ך, pl. -עך, -ען) club מַקֵּל חוֹבְלִים.

גנעדיג *adj.* gracious, merciful חַנּוּן, רַחוּם; ‖ -קייט *s.* graciousness חֲנִינָה, חֶסֶד.

גַן־עֵדן *s.* (pl. -ס) the garden of Eden —; paradise —; place of pleasure מְקוֹם עֹנֶג.

גַן־עֵדנדיג *adj.* paradisical שֶׁל גַּן עֵדֶן; delightful מָלֵא עֹנֶג.

גַן־עֵדן הַתַּחתּון *s.* the nether paradise —; (*joc.*) steam-bath מֶרְחַץ־הַזֵּעָה.

גְסיסה *s.* point of death, breathing one's last גְּוִיעָה, יְצִיאַת הַנֶּפֶשׁ; agony —, חֶבְלֵי מָוֶת.

— מאַכן מיט דער גסיסה to be in agony סבל חבלי מות.

געאָגראַף *s.* (pl. -ן) geographer כּוֹתֵב הָאָרֶץ.

געאָגראַפֿיע *s.* geography כְּתִיבַת הָאָרֶץ.

געאָגראַפֿיש *adj.* geographical אֲשֶׁר לִכְתִיבַת הָאָרֶץ.

געאײַל *s.* hurry, haste חִפָּזוֹן.

געאײַלעניש = געאײַל.

געאָלאָגיע *s.* geology חֵקֶר תְּכוּנוֹת הָאָרֶץ.

געאָלאָגיש *adj.* geological אֲשֶׁר לְחֵקֶר תְּכוּנוֹת הָאָרֶץ.

געאָמעטריע *s.* geometry הַנְדָּסָה, מְדִידָה.

געאָמעטריש *adj.* geometrical שֶׁל הַנְדָּסָה.

געאַרבעטס *s.* something made or done אֵיזֶה דָּבָר שֶׁנַּעֲשָׂה.

געאָרעמט *adj.* arm-in-arm שְׁלוּב־זְרוֹעַ.

געבאָט *s.* (pl. -ן ,-ע) order, commandment מִצְוָה, פְּקוּדָה.

— די צען געבאָט the ten commandments, the decalogue עשרת הדברות.

געבאַקנס *s.* something baked מַאֲפֶה.

געבאָרן *adj.* born נוֹלָד; innate טָבוּעַ מִלֵּדָה; ‖ *s.* birth לֵדָה.

נעבאָרן ווערן *v. p.* to be born הִוָּלֵד.

נעבאָרן-טאָג *s.* day of birth יוֹם הֻלֶּדֶת.

נעבוירן = נעבאָרן.

נעבוירן ווערן = נעבאָרן ווערן.

נעבולבעט, שפאסיג פאַר נעבילדעט.

נעבונדן *adj.* bound קָשׁוּר, אָסוּר; מְכוֹרָךְ (ספר); (*phys.*) latent כָּמוּס.

— נעבונדענע היץ latent heat חֹם כמוס (בקיטור, בענן).

נעבורט *s.* (*pl.* ־ן) birth לֵדָה; ז. נעבירט.

נעביט *s.* (*pl.* ־ן) domain, territory גְּלִיל, חֶבֶל; (*fig.*) province, domain, sphere, department מִקְצוֹעַ (של מדעים).

נעביטן *v. a.* (*p. p.* נעבאָטן) to order, command צִוָּה, פָּקַד.

נעביי *s.* (*pl.* ־ען) structure בִּנְיָן.

נעבייזעריי *s.* reproving נְזִיפָה.

נעבייטלט *adj.* bolted, sifted מְנֻפֶּה (קמח); soft, spongy (*of pickled cucumbers*) רַךְ, סְפוֹגִי (מקשואים כבושים).

נעביין *s.* bones עֲצָמוֹת.

— פֿאַרשילטן אימעצנס נעביין to accurse a person ארר או קלל איש.

— נים וויסן וואו אימעצנס נעביין איז אהינגעקומען not to know what has become of a person לא ידע איה נעלם איש.

נעבייר-מוטער *s.* womb רֶחֶם.

נעביירן *v. a.* (*p. p.* נעבוירן, נעבאָרן) to beget, bear, give birth יָלַד.

נעבילדעט *adj.* educated, cultured מְחֻנָּךְ, מְלֻמָּד, מַשְׂכִּיל, בַּעַל תַּרְבּוּת.

נעבילעריי *s.* barking נְבִיחָה.

נעבינד *s.* (*pl.* ־ן) connection קֶשֶׁר, הִתְחַבְּרוּת.

נעבירט *s. pl.* descent יַחַס מִשְׁפָּחָה; family מִשְׁפָּחָה; generations תּוֹלְדוֹת.

נעבירטיג *adj.* native יְלִיד אֶרֶץ.

נעבליטן *s. pl.* blood דָּם; temperament מֶזֶג; passions תַּאֲוָה, יֵצֶר לֵב.

נעבלימט *adj.* flowered מְצֻיָּר או מְקֻשָּׁט בִּפְרָחִים.

נעבלעטערט *adj.* stratified, in layers שֶׁל שִׁכְבוֹת.

נעבן *v. a.* (*p. p.* געגעבן) to give נָתַן, תָּת; to deal (*cards*) חִלֵּק (קלפים); ‖ *v. n.* to happen הִקָּרָה; to be there, exist הָיֹה בִּמְצִיאוּת.

— איך וועל אים נעבן! I will give it to him! אראה לו את ידי!

— עס קען נעבן it may happen אפשר שיקרה.

— ער איז דער גרעסטער שוטה וואָס קען נעבן he is the greatest fool there is אין טפש כמוהו.

— נעבן אַ זעץ, נעבן אַ קלאַפּ to strike a blow נתן מהלומה.

— נעבן אַ געשריי to utter a scream הוצא קול צעקה.

— נעבן אַ זעץ מיטן טיר to bang the door סגר הדלת בדפיקה.

— נעבן אַ טופּ מיטן פוס to stamp one's foot רקע ברגל.

— נעבן מיט עפּעס אין קאָפּ to strike a person's head with something הכה בדבר על ראש איש.

נעבעט *s.* (*pl.* ־ן, ־ער) prayer תְּפִלָּה, בַּקָּשָׁה.

נעבעק = נעבעקס.

נעבעקל *s.* (*pl.* ־עך) batch מִסְפַּר כִּכְּרֵי לֶחֶם הַנֶּאֱפִים בְּבַת אַחַת.

נעבעקס *s.* (*pl.* ־ן) what is baked, baker's wares (*bread, cakes*) מַאֲפֶה, דְּבָרִים אֲפוּיִים (לחם, עוגות).

נעבערג *s.* (*pl.* ־ן) chain of mountains קְבוּצַת הָרִים.

נעבראָטן *adj.* roasted צָלוּי; hot רוֹתֵחַ, חַם; (*fig.*) sly, cunning, crafty עָרוּם.

— אַ נעבראָטענער יונג a crafty fellow, a cunning blade ערום, נוכל.

— נעבראָטענע ליידן great tortures ענויים קשים.

נעבראָטנס *s.* (*pl.* ־ן) roast צְלִי, בָּשָׂר צָלוּי.

נעברויך *s.* (*pl.* ־ן) use שִׁמּוּשׁ, צֹרֶךְ.

נעבראָכט *adj.* ruptured שָׁבוּר, בַּעַל שֶׁבֶר.

נעברעכעניש *s.* (*pl.* ־ן) deformity צוּרָה מְכֹעֶרָה; ugly person אִישׁ מְכֹעָר; misfortune פֶּגַע.

נעגאָרסעוועט *adj.* decolleté, cut low חָתוּךְ או פָּתוּחַ עַד הֶחָזֶה (בגד אשה); bare-necked, in a low-cut dress חֲשׂוּף הַצַּוָּאר, לָבוּשׁ בְּבֶגֶד פָּתוּחַ עַד הֶחָזֶה.

נעגולט *adj.* gilt מְזֻהָב.

נעגועימל *s.* (*pl.* ־עך) love אַהֲבָה, חִבָּה; love-affair עֲגָבִים.

נעגלייזט *adj.* glazed עִם לוּחוֹת שֶׁל זְכוּכִית, עִם שִׁמְשׁוֹת.

— נעגלייזטע טירן glass-doors, Venetian doors דלתות עם לוחות של זכוכית.

נעגליכן *adj.* comparable, like מָשׁוּל, נִמְשָׁל, דּוֹמֶה.

נעגן = קעגן, אקעגן, אנטקעגן.

נעגנזייטיג *adj.* mutual, reciprocal הֲדָדִי, מְשֻׁתָּף; ‖ ־קייט *s.* reciprocity הֲדָדִיּוּת, שִׁתּוּף.

נעגנט *s.* (*pl.* ־ן) region חֶבֶל אֶרֶץ, גְּלִיל, סְבִיבָה.

נעגנער *s.* (*pl.* ־, ־ס) opponent מִתְנַגֵּד, אוֹיֵב.

נעגנשטאַנד *s.* (*pl.* ־ן) object דָּבָר; subject עִנְיָן.

נעגרייזלט *adj.* curled מְסֻלְסָל (שערות); with flourishes עִם סִלְסוּלִים (כתב).

נעראכט *adj.* mentioned נִזְכָּר.

= נים פאַר אייך נעראכט! may this never happen to you! לא יקרה לך אסון כזה!

— נים היינט נעראכט! God preserve us! ה׳ ישמרנו!

נעדאַכט ווערן *v. p.* to be remembered, be mentioned הִזָּכֵר, הִפָּקֵד.
— נוט נעדאַכט זאָל ער ווערן! may there be no remembrance of him! לא יפקד שמו!
— דיין פוס זאָל בײַ מיר נוט נעדאַכט ווערן! don't set your foot in my house! לא תצעד רגלך על מפתן ביתי!

נעדאַנק *s.* (*pl.* ען —) thought מַחֲשָׁבָה; idea רַעְיוֹן.
— קומען אומעצן אויף ד׳ נעדאַנקען to come into one's mind, occur to one עלה על דעת איש.

נעדאַנקענשטראָך = נעדאַנקענשטריך.

נעדאַנקענשטריך *s.* (*pl.* ן —) dash קַו מַפְסִיק.

נעדויערן *v. n.* to last, continue אָרַךְ, הִמָּשֵׁךְ.

נעדולד *s.* patience סַבְלָנוּת.

נעדולדיג *adj.* patient אֶרֶךְ אַפַּיִם, סַבְלָן.

נעדישעכץ *s.* stewed meat צְלִי קְדֵרָה (=ראָסל-פלייש).

נעדייען *v. n.* to thrive, prosper הַצְלַח.

נעדיכט[1] *adj.* thick, dense עָבֶה.
— די רעכטע נעדיכטע (*id.*) the main part, the substance העיקר.

נעדיכט[2] *s.* (*pl.* ען —) poem שִׁיר.

נעדיכטעניש *s.* thickness עֳבִי

נעדירן = נעדויערן.

נעדישעכץ = נעדושעכץ.

נעדעכטעניש = נעדעכעניש.

נעדעכעניש *s.* (*pl.* ן —) memory כֹּחַ הַזִּכָּרוֹן; remembrance זֵכֶר.

נעדענקען *v. a. n.* to remember זָכֹר.

נעדערעם *s. pl.* bowels, entrails, intestines מֵעַיִם, קְרָבַיִם.

נעדראָטעוועט *adj.* fastened with wire קָשׁוּר בְּחוּטֵי בַרְזֶל.

נעדראָלן *adj.* swollen נָפוּחַ, צָבֶה.

נעדראָלן ווערן *v. p.* to swell, be swollen הִתְנַפֵּחַ, צָבֹה.

נעדראַנג *s.* (*pl.* ען —) inference הוֹכָחָה, מַסְקָנָא.

נעדרונגען זיין *v. p.* to be inferred, follow הָיֹה מוּכָח, יָצֹא מִ־.

נעדריי *s.* (*pl.* ען —) maze מְבוּכָה.

נעדרייעניש = נעדריי.

נעדרינגעניש *s.* drawing of inferences הוֹכָחָה.

נעדרינגערײַ = נעדרונגעניש.

נעדרענג *s.* (*pl.* ען —) crowd, crush דֹּחַק, דְּחִיקַת הָמוֹן רָב.

נעהאַלט *s.* (*pl.* ן —) salary מַשְׂכֹּרֶת.

נעהאַנגענער *s.* (*pl.* נע —) one hanged תָּלוּי.

נעהאַקט *adj.* cut, chopped חָתוּךְ, קָצוּץ.
— נעהאַקטע וואונד a cut wound חבורה חתוכה; (*fig.*) נעהאַקטע וואונדן great pains יסורים גדולים.

נעהאָרזאַם *adj.* obedient מַקְשִׁיב, שׁוֹמֵעַ.

נעהויבן *adj.* exalted נִשָּׂא, נַעֲלֶה; proud גֵּאֶה.
— נעהויבענע שטימונג high spirits התרוממות הרוח.

נעהיט *adj.* careful, guarded נִזְהָר.

נעהיי *s.* (*pl.* ען —) dwelling, abode מָעוֹן, בַּיִת.

נעהיי *s.* impudence, nerve עַזּוּת, חֻצְפָּה.

נעהיים *adj.* secret, private נִסְתָּר.
— אין נעהיים secretly בסתר.

נעהיימעניש *s.* (*pl.* ן —) secret דְּבַר סֵתֶר; mystery סוֹד.

נעהילך *s.* (*pl.* ן —) echo הֵד קוֹל.

נעהילף *s.* (*pl.* ן —) assistant, associate עוֹזֵר.

נעהילץ *s.* (*pl.* ן —) timber, lumber עֵצִים לְבִנְיָה.

נעהילצהענדלער *s.* (— ,— ס *pl.*) timber-merchant סוֹחֵר בְּעֵצִים לְבִנְיָה.

נעהירן *s.* (*pl.* ס —) brain מֹחַ.

נעהעפט *s.* (*pl.* ן —) premises of a farm מִגְרָשׁ, חָצֵר.

נעהער[1] *s.* hearing שְׁמִיעָה.

נעהער[2], דריטע פּערזאָן איינצאָל איצטיגע צייט פון נעהערן.

נעהעריג *adj.* proper, due נָאוֹת; ‖ *adv.* properly, duly כָּרָאוּי; ‖ —קייט *s.* propriety מַה שֶׁהוּא נָאוֹת.

נעהערן *v. n.* to belong, הָיֹה שַׁיָּךְ לְ־; to concern נָגֹעַ לְ־.
— דאָס בוך נעהערט צו מיר the book belongs to me הספר שייך לי.
— דאָס נעהער (נעהערט) נים צו דער זאַך this has no ralation to the matter אין הדבר הזה שייך להענין.
— דאָס נעהערט נים צו מיר! this does not concern me! אין הדבר הזה נוגע לי!
— ווען עס נעהער צו זיין properly כראוי, כמשפט.
— מע נעהער צו ליינען one has to read צריך לקרות.
— עס נעהער שוין זיין שפּעט it is probably late כנראה הזמן מאוחר.

נעהערנערט *adj.* horned, having horns מַקְרִין, בַּעַל קַרְנַיִם.

נעוואוינהייט *s.* (*pl.* ן —) habit הֶרְגֵּל, רְגִילוּת.

נעוואוינשאַפט = נעוואוינהייט.

נעוואויר ווערן = יעוואָר ווערן.

נעוואַלד, נעוואַלט = גוואלד.

נעוואַנט *s.* (*pl.* ן —) cloth אֶרֶג צֶמֶר.
— אַריינשטעקן אין נעוואַנט (*id.*) to take into military service לקח לצבא.

נעוואַקסן *adj.* grown מְגֻדָּל.

נעוואָר ווערן *v. n.* to learn, be informed שָׁמֹעַ, הַשִּׂיג יְדִיעָה.

נעוואָרנט זיין *v. p.* to be warned, be cautioned הֻזְהַר; to be cautious הִזָּהֵר.

געוואָרעווערן = געוואָר ווערן.

געוויאָנזלט *adj.* smoked מְעֻשָּׁן, מְיֻבָּשׁ בְּעָשָׁן (דגים).

געוויטער *s.* (*pl.* ־ן) storm, tempest סְעָרָה.

געוויינונג = געוואוינהייט.

געוויינט *adj.* accustomed, used מֻרְגָּל.

געוויינ(ט)ליך *adj.* customary, usual נָהוּג, רָגִיל, מָצוּי, שָׁכִיחַ; ordinary, common פָּשׁוּט; ‖ *adv.* usually עַל פִּי הָרָגִיל; of course כַּמּוּבָן.

געוויינען *v. a.* to accustom הַרְגֵּל בְּ־, הַסְכֵּן אֶל־; ‖ ־זיך *v. r.* to accustom oneself הִתְרַגֵּל בְּ־; to exercise, practise עֲשֹׂה תַרְגִּילִים, שַׁנֵּה, חֲזוֹר עַל־.

געוויכט *s.* (*pl.* ־ן) weight מִשְׁקָל; scales, balance מאזְנַיִם.

געוויכטיג *adj.* ponderous, heavy כָּבֵד.

געווין *s.* (*pl.* ־ען) gain, profit בֶּצַע, רֶוַח.

געווינס *s.* (*pl.* ־ן) winning זְכִיָּה בְגוֹרָל; something won, prize פְּרָס.

געווינסט = געווינס.

געווינען *v. a.* (*p. p.* געוואונען) to gain הַרְוַח; to win זְכֹה בְגוֹרָל; to beget, bear יָלֹד.

געווינער *s.* (*pl.* ־, ־ס) winner זוֹכֶה בְגוֹרָל.

געווינערן *s.* (*pl.* ־ס) woman lying-in יוֹלֶדֶת.

געוויס *adj.* certain, sure בָּטוּחַ, נָכוֹן, בָּרוּר; certain יָדוּעַ; ‖ *adv.* certainly, surely, positively לָבֶטַח, אֶל נָכוֹן, בְּוַדַּאי, בְּבֵרוּר; ‖ ־הייט *s.* certainly בֵּרוּר.

געוויסן *s.* (*pl.* ־ס) conscience הַכָּרָה פְּנִימִית.

געוויסער *s.* (*pl.* ־ן) flood, inundation שֶׁטֶף.

געוויקלט *adj.* wrapped כָּרוּךְ, עָטוּף; swaddled מְחֻתָּל (ילד).

— (*joc.*) אַ געוויקלט קינד a sly blade איש ערום.

געוויקס *s.* (*pl.* ־ן) growth גִּדּוּל, צְמִיחָה; stature קוֹמָה.

געוויקסיג *adj.* full-grown, tall מְגֻדָּל, גְּבַהּ קוֹמָה.

געווירעט *adj.* ruled, made with lines מְסֻרְגָּל.

געווירץ *s.* (*pl.* ־ן) spice בֹּשֶׂם.

געוועב *s.* (*pl.* ־ן) web, tissue אֶרֶג, אָרִיג.

געוועזן (פאַרגאַנגענע צייט פון זיין) *v. aux.* had already כְּבָר...

— ער האָט געוועזן גענומען he had taken already כבר לקח.

— ער איז געוועזן געקומען he had come already כבר בא.

געוועזן *adj.* former שֶׁהָיָה.

— אַ געוועזענער משרת a former servant מי שהיה משרת.

געוועט *s.* (*pl.* ־ן) bet, wager הִתְעָרְבוּת.

— גיין אין געוועט to bet, wager התערב.

געוועלב *s.* (*pl.* ־ן) vault כִּפָּה; store, shop חָנוּת.

געוועלבער *s.* (*pl.* ־, ־ס) shop-keeper חֶנְוָנִי.

געוועלטיגן *v. n.* to rule מְשֹׁל.

געוועלטיגער *s.* (*pl.* ־) ruler מוֹשֵׁל.

געווענדט זיין *v. p.* to depend תָּלֹה בְּ־.

— געווענדט זיין אָן (אין) עפּעס to depend on something היה תלוי בדבר.

געווענטן *adj.* of cloth שֶׁל אֲרִיג צֶמֶר.

געווענטשניט *s.* (*pl.* ־ן) cloth-trade, drapery מִסְחַר שֶׁל אַרִיגֵי צֶמֶר.

געווענטשניטער *s.* (*pl.* ־, ־ס) cloth-merchant, woolen-draper סוֹחֵר בְּאַרִיגֵי צֶמֶר.

געוועסער = געוויסער.

געוועקס *s.* (*pl.* ־ן) plant צֶמַח, נֶטַע.

געוועקס־גאַרטל *s.* (*pl.* ־ען) (*geogr.*) zone of vegetation אֵזוֹר הַצְּמָחִים.

געוועקסט *adj.* waxed, rubbed with wax מָשׁוּחַ בְּדוֹנַג; polished מְצֻחְצָח, חָלָק.

געווער[1] *s.* (*pl.* ־) weapon, arm כְּלִי זַיִן.

געווער[2] = געווערג.

געווער[3] *s.* (*pl.* ־ן) mechanism מַנְגָּנוֹן (אברי המכונה).

געווערטלעריי *s.* exchange of words, quarrel וִכּוּחַ, רִיב.

געווערן *v. n.* to last, continue אָרֹךְ, הִמָּשֵׁךְ.

געזאַלבט *adj.* anointed מָשׁוּחַ.

געזאַלצן *adj.* salted מָלוּחַ; ‖ ־קייט *s.* saltnesss טַעַם מֶלַח.

געזאַנג *s.* (*pl.* ־ען, געזענגער) song שִׁיר; singing זִמְרָה, רִנָּה.

געזאַנד‖טער *s.* (*pl.* ־טע) ambassador צִיר.

געזויגן (פון זייען) *adj.* filtered מְסֻנָּן.

געזונט *adj.* (*comp.* געזינטער) sound, healthy, well בָּרִיא; strong חָזָק; wholesome מַבְרִיא (מזון); ‖ *adv.* soundly, well הֵיטֵב, כָּרָאוּי; ‖ *s.* health בְּרִיאוּת.

— געזונטער פאַרשטאַנד common sense שכל ישר.

— געזונטע קלעפּ heavy blows מהלומות קשות.

— אַרבעטן געזונט to work energetically עשה במלאכה בכל כח.

— צו געזונט! God bless you! אסותא! (למתעטש).

— זיי געזונט! זייט געזונט! farewell! שלום! (ברכת פרידה).

— געזונט זאָלט איר זיין! God bless you! ברוך תהיה!

— געזונט זאָלט איר זיין, וואָס רעדט איר! man alive, what are you talking! מה זה תדבר, ידידי!

געזונטערהייט *adv.* in health בִּבְרִיאוּת; while being in good health בִּהְיוֹתוֹ בִּבְרִיאוּת שְׁלֵמָה.

— פאָרט געזונטערהייט! God speed you! יצליחך ה' על דרכך!

— גייט געזונטערהייט! God be with you! לֵךְ בְּשָׁלוֹם!

געזידלעריי *s.* scolding חֵרוּף.

געזייערט *adj.* soured, made sour נָחְמָץ; pickled כָּבוּשׁ; leavened חָמוּץ.

— געזייערטע אוגערקעס pickled cucumbers קשואים כבושים.

— געזייערטער טייג leavened dough בצק נחמץ.

געזיכט *s.* (*pl.* ־ער) face, countenance פָּנִים.

געזיכט־פארב *s.* (*pl.* ־ן) complexion צֶבַע אוֹ מַרְאֵה הַפָּנִים.

געזימס *s.* (*pl.* ־ן) cornice כַּרְכֹּב (מסגרת לעמוד או לבנין).

געזימס־הובל *s.* (*pl.* ־ען) grooving-plane, rabbet-plane מַקְצוּעָה לַעֲשִׂיַּת חֲרִיצִים.

געזינגעריי *s.* singing זִמְרָה, רִנָּה.

געזינד *s.* (*pl.* ־ן) household בְּנֵי בַיִת; family מִשְׁפָּחָה.

געזינדל *s.* (*pl.* ־עך) mob, rabble עֲדַת רֵיקִים וּפוֹחֲזִים.

געזעגנ‖טאנץ *s.* (*pl.* ־טענץ) farewell dance (*a kind of wedding dance*) מְחוֹל הַפְּרִידָה (מין מחול בשמחת חתונה).

געזעגענען זיך *v. r.* to bid farewell, take leave, part with לָקַחַת בִּרְכַּת הַפְּרִידָה, הִפָּרֵד מִ־.

— געזעגענען זיך מיט די פאר גראשן (*fig.*) to give up one's money as lost התיאש ממעותיו.

געזעל *s.* (*pl.* ־ן) associate, chum חָבֵר; journey man שׁוּלְיָא שֶׁנִּגְמַר (תלמיד לאומן שנגמר למודו).

געזעליג *adj.* sociable מִתְרוֹעֵעַ; ‖ ־קייט *s.* sociability רֵעוּת.

געזעלן זיך *v. r.* to associate הִתְרוֹעֵעַ.

געזעלנשאפט = געזעלשאפט.

געזעלשאפט *s.* (*pl.* ־ן) society, company אֲגֻדָּה, חֶבְרָה; companionship רֵעוּת.

געזעלשאפטליך *adj.* social חֶבְרוּתִי.

געזעמל *s.* (*pl.* ־ען) crowd הָמוֹן; noisy, noise of many voices קוֹל מְדַבְּרִים יַחַד.

געזעס *s.* (*pl.* ־ן) seat מוֹשָׁב; hind parts, posteriors אָחוֹר, אֲחוֹרַיִם, שֵׁת.

געזעץ *s.* (*pl.* ־ן, ־ע) law חֹק, מִשְׁפָּט; parsing (*gr.*) נִתּוּחַ חֶלְקֵי הַמִּשְׁפָּט (בדקדוק).

געזעצ‖בוך *s.* (*pl.* ־ביכער) book of laws סֵפֶר הַחֻקִּים.

געזעצגעבונג *s.* (*pl.* ־ען) law-giving, legislation נְתִינַת חֻקִּים.

געזעצגעבער *s.* (*pl.* ־, ־ס) law-giver, legislator נוֹתֵן חֻקִּים, מְחוֹקֵק.

געזעצט *adj.* sedate רָצִין, מְיֻשָּׁב; ‖ ־קייט *s.* sedateness רְצִינוּת, יִשּׁוּב.

געזעצליך *adj.* lawful, legal שֶׁלְּפִי הַחֹק; legitimate כָּשֵׁר; ‖ *adv.* lawfully, legally לְפִי הַחֹק; ‖ ־קייט *s.* lawfulness, legality תְּכוּנַת מַה שֶּׁהוּא לְפִי הַחֹק, יֹשֶׁר הַחֻקִּים.

געחכמהט *adj.* subtile מְפֻלְפָּל.

געטא *s.* (*pl.* ־ס) ghetto, Jews' quarter גֵּיטוֹ, שְׁכוּנָה מְיֻחֶדֶת לַיְּהוּדִים.

געטאקט *adj.* turned on the lathe עָשׂוּי עַל יְדֵי מְכוֹנַת חָרָשׁ; elaborate (*fig.*) מְשֻׁכְלָל.

געטומל = טומל.

געטליך *adj.* divine אֱלֹהִי; נִשְׂגָּב, נַעֲלֶה.

געטראנק *s.* (*pl.* געטרענק) drink, beverage מַשְׁקֶה.

געטרויען *v. a.* to trust בָּטֹחַ בְּ־, הַאֲמֵן לְ־; ‖ ־זיך *v. r.* to dare, venture עָרֹב לִבּוֹ.

געטריי *adj.* true, faithful נֶאֱמָן; ‖ ־שאפט *s.* faithfulness אֵמוּן, אֱמוּנָה.

געטרענק = געטראנק.

געטרענקל *s.* (*pl.* ־עך) drink מַשְׁקֶה.

— ווינער געטרענקל Viennese liquor משקה הבא מוינה.

געיאמער *s.* (*pl.* ־ן) wailing, lamentation יְלָלָה, מִסְפֵּד.

געיעג *s.* (*pl.* ־ן) hunting, chase צַיִד, רְדִיפָה.

געכתיבהט *adj.* written in Hebrew square letters כָּתוּב בִּכְתָב מְרֻבָּע.

געל *adj.* yellow צָהֹב; who has lived a long time in America (*Am.*) הַיּוֹשֵׁב מִכְּבָר בְּאָמֶרִיקָה; sensational (*Am.*) מַבְהִיל; unrespectable (*Am.*) בִּלְתִּי הָגוּן.

— א געלע צייטונג a sensational paper עתון עם ידיעות מבהילות.

געלאדעניש *s.* lading טְעִינָה.

געלאסן *adj.* calm, cool מָתוּן, קַר רוּחַ; ‖ ־קייט *s.* calmness, coolness מְתִינוּת.

געלאף = געלויף.

געלבל = געלכל.

געלבליך *adj.* yellowish צָהֹב מְעַט.

געלויף *s.* (*pl.* ־ן) running מְרוּצָה.

געלונגען *adj.* successful שֶׁעָלָה יָפֶה; excellent טוֹב מְאֹד.

געלוסטן = גלוסטן.

געלזוכט *s.* jaundice יֵרָקוֹן (מחלה).

געלט *s.* (*pl.* ־ן) money כֶּסֶף, מָעוֹת, מָמוֹן.

— זיין בײַ געלט to be in funds היה לאיש ממון; ניט זיין בײַ געלט to be short of money לא היה לאיש ממון.

— געלט גייט צו געלט (*prov.*) money begets money ממון מוליד ממון.

געלט־גארטל *s.* (*pl.* ־ען) money-belt אֵזוֹר־כֶּסֶף.

נעלט־זענדונג s. (pl. —ען) remittance מִשְׁלוֹחַ כֶּסֶף.

נעלט־מאנגל s. (pl. —ען) want of money חֹסֶר כֶּסֶף.

נעלט‖שידוך s. (pl. —שידוכים) money match נִשּׂוּאִים לְשֵׁם מָמוֹן.

נעליבטע s. (pl. —ן) beloved, sweetheart אֲהוּבָה; mistress פִּלֶגֶשׁ.

נעליבן‖טער s. (pl. —טע) beloved, lover אָהוּב, מְאַהֵב.

נעליטן adj. who has suffered שֶׁסָּבַל.

— מלחמה נעליטענע war sufferers אלה שסבלו מהמלחמה.

נעליימט adj. paralysed מִי שֶׁיָּבְשׁוּ אֵבָרָיו; יָבֵשׁ (יד, רגל).

נעליינדל s. (pl. —עך) galloon, gold-lace רִקְמַת זָהָב.

נעליפינ adj. fluent, easy מָהִיר, קַל (בלשון).

נעלינגען v. n. (p. p. נעלונגען) to succeed צָלַח, עָלָה בְּיַד אִישׁ; to prove successful עָלָה יָפֶה.

— מיר וועט נעלונגען I will succeed אצליח, יעלה בידי.

נעלינקט adj. left-handed אִטֵּר.

נעליען adj. lent לָווּי.

— שטיין ווי א נעליענער (id.) to stand perplexed עמד נבוך.

נעלכל s. (pl. —עך) yolk חֶלְמוֹן.

נעלכן s. (pl. —ס) = נעלכל.

נעלענן adj. opportune נָאוֹת, מוּכְשָׁר.

נעלענן זיין v. p. to concern נָגַע לְ־.

— עס איז מיר נים נעלענן it does not concern me איננו נוגע לי.

נעלענן ווערן v. p. to be brought to bed (*with a child*), be confined, be delivered (*of a child*) יָלַד, הִמְלִיט (בן או בת).

נעלעננהייט s. (pl. —ן) opportunity, chance הִזְדַּמְּנוּת, שְׁעַת הַכֹּשֶׁר, מִקְרֶה.

נעלענער s. (pl. —ס, —ן) couch, bed מִשְׁכָּב, מִטָּה; lair מְאוּרָה, מִרְבָּץ (לחיה); the lying in bed (*of a sick person*) מִשְׁכָּב (של חולה).

נעלענערט adj. long-lain, old שֶׁנִּתְקַלְקֵל מִנּוּחוֹ יָמִים רַבִּים, בָּלֶה.

נעלעכטער s. (pl. —ס, —) laughter צְחוֹק, שְׂחוֹק.

— מאכן לממושע נעלעכטער to become the laughing-stock of the people היה לשחוק עם.

נעלענדער s. (pl. —ס) balustrade מַעֲקֶה.

נעלענק s. (pl. —ן) coloratura, grace-note (mus.) נֹעַם הַנְּגִינָה.

נע‖לער s. (pl. —לע) yellow-haired mam אִישׁ בַּעַל שְׂעָרוֹת צְהֻבּוֹת; one who has lived a long time in America (Am.) אִישׁ הַיּוֹשֵׁב מִכְּבָר בַּאֲמֵרִיקָה.

נעלערנט adj. learned, erudite מְלֻמָּד; ‖ —קייט s. learning, erudition לַמְדָנוּת, חָכְמָה.

נעלקייט s. yellowness צֶבַע צָהֹב.

נעמאטערט adj. forced דָּחוּק.

— א נעמאטערטער פּשט a forced interpretation באור דחוק, פירוש בדוחק.

נעמאך [1] s. (pl. —ן) building בִּנְיָן; room, chamber חֶדֶר.

נעמאך [2] adv. at ease בְּשַׁלְוָה; softly, gently בְּשֶׁקֶט, בְּנַחַת.

— לאָז מיך נעמאך! leave me alone! הנח לי!, חדל ממני!

נעמאכט adj. artificial מְלָאכוּתִי; affected, not real מְעֻשֶּׂה, אִי־טִבְעִי, אִי־אֲמִתִּי.

— א נעמאכטע מינע affected mien תנועה אי־טבעית.

נעמאָלט adj. painted מְצֻיָּר.

נעמאָלט זיין v. p. to be possible הִתָּכֵן.

— ווי קען עס נעמאָלט זיין? how is it possible? איך יתכן?

נעמאַרק s. (pl. —ן) boundary, limit גבול.

נעמאַשמעט adj. current רַץ (כתב א).

— נעמאַשמעטע אותיות current handwriting כתב רץ, אותיות כתיבה.

נעמבע s. (pl. —ס) (cont.) mouth פֶּה.

— מאַך צו די נעמבע! shut your mouth! סגור פיך!

נעמויזעכץ s. (pl. —ן) marsk בִּצָּה.

נעמיט s. (pl. —ער) spirit, heart רוּחַ, לֵב; humor מַצַּב רוּחַ.

— א שווער נעמיט heavy heart לב עצוב, צער.

נעמיין adj. mean, base, low בָּזוּי, שָׁפָל; common פָּשׁוּט, גָּרוּעַ; poor עָנִי.

נעמיינדע s. (pl. —ס) community קְהִלָּה, עֵדָה.

נעמיינהייט s. meanness, baseness שִׁפְלוּת; דְּבַר בְּלִיַּעַל.

נעמיש = נעמישעכץ.

נעמישעכץ s. (pl. —ן) mixture תַּעֲרוּבָה; mash בְּלִיל.

נעמלאכהט adj. artificial מְלָאכוּתִי; not genine, sham אִי־אֲמִתִּי, מְדֻמֶּה; counterfeited מְזֻיָּף; botched, bungled שֶׁלֹּא נַעֲשָׂה כָּרָאוּי, גַּס (מלאכה).

נעמַמזורט adj. smart פִּקֵּחַ; clever מָהִיר, חָרוּץ; skilfully made עָשׂוּי בְּיַד חָרוּצִים.

א) אין פראַנער Handlexicon אונטער דעם ווארט ,,אות" קומט אפשר פון משיטא, דעם נאָמען פון דער העברעאישער שרייבשריפט.

נעמעל *s.* (*pl.* –ן) picture, portrait צִיוּר; example מָשָׁל.
— איך גיב אײַך אַ נעמעל I will give you an example אתן לך משל.
— ס'איז גאָר קיין נעמעל ניט it is impossible זה אי אפשר, זה לא יתכן.

נעמעלק *s.* quantity of milk which a cow gives at a time מִדַּת חָלָב שֶׁפָּרָה נוֹתֶנֶת בְּפַעַם אַחַת.

נעמערק = געמאַרק.

נעמפּע *s.* (*pl.* –ס) small island in a river אִי קָטָן בְּנָהָר.

נענאַנט *adj.* named נִקְרָא בְּשֵׁם, מְכוּנֶּה.

נענאַר *s.* fooling לִגְלוּג.
— האָבן דאָס גענאַר פֿון אימעצן to make a fool of a person התלוצץ על איש, השטה באיש.

נענאַרט *adj.* deceptive, delusive מַתְעֶה, מַטְעֶה; false כּוֹזֵב; unsubstantial שֶׁאֵין בּוֹ מַמָּשׁ; not genuine אִי־אֲמִתִּי.

נענאַרט זײַן *v. p.* to be deceived, be mistaken שָׁגֹה, טָעֹה.

נענאַרן = נאַרן.

נענאַרערײַ *s.* deception רַמָּאוּת, רְמִיָּה.

נענהרגט ווערן *v. p.* to be killed הֵהָרֵג.

נענוג *adj.* sufficient, adequate מַסְפִּיק; ‖ *adv.* sufficiently, enough דַּי; ‖ –קײַט *s.* sufficiency סִפּוּק.
— נענוג זײַן to suffice הַסְפֵּק.

נענוי *adj.* exact, precise מְדֻיָּק; ‖ *adv.* exactly, precisely בְּדִיּוּק.

נענוס *s.* (*pl.* –ן) enjoyment הֲנָאָה.

נענוזלען זיך *v. imp.* to be itching הָיֹה תַאֲוָה לְאִישׁ.
— עס נענוזלט זיך אים he is itching הנהו מתאוה תאוה.

נענזן *adj.* of goose שֶׁל אַוָּז.
— נענזענע שמאַלץ goose fat שומן של אוז.
— נענזענע פּענע goose-quill נוצה של אוז.

נענזנווײַן *s.* Adam's ale (*joc.*) מַיִם.

נענזנס *s.* fleshy parts of a goose בְּשַׂר אַוָּז.

נענזנפֿלײש = נענזנס.

נענזער = גאַנער.

נענינן *s.* sufficiency סִפּוּק.
— צו נענינן sufficiently דַּי.

נעניזקט *adj.* hurt נִזָּק.

נעניט *adj.* experienced בָּקִי, רָגִיל א).

נעניטקײַט *s.* experience בְּקִיאוּת.

נעניטשאַפֿט = נעניטקײַט.

נענײ *s.* sewing תְּפִירָה.

נענײַגט *adj.* inclined, disposed נוֹטֶה.

נענײט [1] *adj.* sewn תָּפוּר.

נענײט [2] *adj.* forced, compelled אָנוּס.

נענייטיג *adj.* necessary נִצְרָךְ, נָחוּץ.

נענייטיגט = גענויט[2].

נענייטיגן זיך *v. r.* to need, want, be in need of צָרֹךְ לְ־, הִצְטָרֵךְ לְ־; = נויטיגן זיך.

נענייטס *s.* something sewn דָּבָר תָּפוּר.

נעניסן *v. a.* (*p. p.* גענאָסן) to enjoy הַהֲנֵה מִ־; to partake (*of food or drink*) הַהֲנֵה (ממאכל או ממשתה).
— געניסן אימעצנס זכות, ז. זכות.

נעניצעוועט *adj.* turned (*coat*) הָפוּךְ לַחוּץ (צד פניםי של בגד); vamped מְתֻקָּן וְנַעֲשָׂה כְּמוֹ חָדָשׁ.

נעניק *s.* (*pl.* –ן) nape of the neck מַפְרֶקֶת, עֹרֶף.
— ברעכן דאָס גענויק, ברעכן האַלז און געניק to break one's neck שבר מפרקתו.

נענעזונג *s.* recovery, cure מַרְפֵּא.

נענעזן *adj.* recovered, cured נִרְפָּא.

נענעזן ווערן *v. p.* to recover, be recovered to health שׁוּב לִבְרִיאוּת, הֵרָפֵא.

נענע(ע)נען *v. n.* to come near, approach נָגֹשׁ, קָרֹב.

נענעץ *s.* (*pl.* –ן) yawn פִּהוּק.

נענעצן *v. n.* to yawn פַּהֵק; to idle (*fig.*) הָלוֹךְ בָּטֵל.

נענעראַל *s.* (–ן, *pl.* גענעראַלער) general שַׂר־צָבָא.

נענעראַל־ (אין צונויפֿזעצונגען) general כְּלָלִי, רָאשִׁי.

נענעראַל־אַגענט *s.* (*pl.* –ן) general agent סוֹכֵן כְּלָלִי.

נענעראַל־אַדיוטאַנט *s.* (*pl.* –ן) adjutant-general שָׁלִישׁ לַמֶּלֶךְ.

נענעראַל־גובערנאַטער *s.* (*pl.* –ס) governor-general שַׂר הַגָּלִיל, פֶּחָה.

נענעראַל־גובערניע *s.* (*pl.* –ס) general-government (*in Russia*) גָּלִיל הָעוֹמֵד תַּחַת מִשְׂרַת פֶּחָה.

נענעראַל־לייטענאַנט *s.* (*pl.* –ן) lieutenant-general לֵיטֶנַנְט רָאשִׁי.

נענעראַל־מאַיאָר *s.* (*pl.* –ן) major-general מַיוֹר רָאשִׁי.

נענעראַלסקע *adj.* of general שֶׁל שַׂר־צָבָא.

נענעראַל־פֿעלדמאַרשאַל *s.* (*pl.* –ן) fieldmarshal general ראש שָׂרֵי הַחֲיָלִים.

נענעראַל־קאָנסל *s.* (*pl.* –ען) קוֹנְסוּל רָאשִׁי, צִיר רָאשִׁי.

נענעראַל־שטאַב *s.* (*pl.* –ן) general staff ראש מֶרְכַּז שָׂרֵי הַחַיִל.

נענעראַלשע *s.* (*pl.* –ס) general's lady אֵשֶׁת שַׂר־צָבָא.

נעסיוועט = געכּתיבהט, כּתיבהט.

נעסל *s.* (*pl.* –עך) lane רְחוֹב קָטָן.

נעסטאַהע = נעשמת.

א) פֿון מיטלהויכדייטש genietet, geniet געאיבט.

געסקע s. (—ס pl.) yoke נַב־בֶּגֶר.

געסרחה s. (—ס pl.) stench סִרְחוֹן, בְּאֹשׁ.

געעלטערט ווערן v. p. to grow old זָקֵן, הִזְדַּקֵּן.

געפּאַוולט = קאַפּאַוולט.

געפּאַטשעריי s. (—ען pl.) clapping סְפִירָה; clapping מְחִיאַת כַּפַּיִם.

געפּאַלדערוועט adj. folded קָפוּל.

געפֿאַלן v. n. (— p. p.) to fall, occur (of a holiday) חוּל (יום טוב).

— ווען דער ערשטער טאָג פּסח געפֿאַלט זונטיג when the first day of Passover occurs on Sunday אם יום ראשון של פסח חל ביום א'.

געפֿאַנגענ|נער s. (—נע pl.) captive, prisoner שָׁבוּי.

געפֿאַר s. (—ן pl.) danger, peril סַכָּנָה.

געפּוצט adj. dressed לָבוּשׁ; embellished מְיֻפֶּה, מְקֻשָּׁט; decorated polished (shoes) מְצֻחְצָח (נעלים).

געפּיאַטנעוועט adj. stained כָּתֵם.

געפֿײַנט adj. hated, disliked שָׂנוּא.

געפֿיל s. (—ן pl.) sense חוּשׁ; feeling רֶגֶשׁ.

געפּילדער s. (—ס pl.) noise, uproar שָׁאוֹן, מְהוּמָה א).

געפֿילט adj. filled, stuffed מְמֻלָּא.

— געפֿילטע פֿיש stuffed fish דגים ממולאים.

געפֿילעכץ s. (—ן pl.) stuffing מִלּוּא.

געפּינטלט adj. speckled עָקֹד, בָּרֹד; dotted נָקֹד.

געפֿינען v. a. (געפֿונען p. p.) to find מָצָא; to discover גִּלָּה; ‖—זיך v. r. to be found הִמָּצֵא.

— זיך לאָזן שיין געפֿינען (id.) to show oneself generous הראה את נדבת לבו.

געפּלוידער s. chit-chat, babble פִּטְפּוּט.

געפֿלײַסט adv. diligently בַּחֲרִיצוּת; purposely בְּכַוָּנָה.

געפּליעסקעריי s. clapping מְחִיאַת כַּפַּיִם.

געפּלעווט adj. amazed, startled, dumfounded, stupefied מִשְׁתּוֹמֵם, נִבְעָת, נִבְהָל ב).

געפּלעפּט = געפּלעווט.

געפֿלעקט adj. spotted מְנֻמָּר.

געפֿעלינקייט s. (—ן pl.) favor חֶסֶד, טוֹבָה.

געפֿעלן v. n. (— p. p.) to be pleasing הָיָה טוֹב בְּעֵינֵי־.

— עס געפֿעלט מיר I like it טוב בעיני.

— זי געפֿעלט מיר I like her טובה היא בעיני.

— טוט ווי איך געפֿעלט do as you please (as you like) עשו כטוב בעיניכם.

— נישט געפֿעלן not to be pleasing לא היה טוב בעיני־; to seem unwell הראה כאינו בריא בגופו.

א) דייטש Gepolter. ב) פֿון פּלאַטדייטש bluffen אָדער הויכדייטש verblüffen.

— זי געפֿעלט מיר נישט I don't like her איננה טובה בעיני; she seems to me unwell נראה לי כאינה בריאה בגופה.

געפֿעלן זײַן v. n. to be pleasing הָיָה טוֹב בְּעֵינֵי־.

— דאָס איז מיר געפֿעלן I like it זה טוב בעיני.

געפּעל|לע s. (—לעך pl.) little fork מַזְלֵג קָטָן; one of the forked twigs put into the hands of a dead body at its burial (according to Jewish cutsom) אַחַת מֵהַמַּזְלְגוֹת שֶׁל עֲנָפִים שֶׁמְּנִיחִים בִּידֵי הַמֵּת בִּשְׁעַת הַקְּבוּרָה (כפי מנהג היהודים).

געפֿענקעניש s. (—ן pl.) prison, jail בֵּית אֲסוּרִים, סֹהַר; venison, game צַיִד.

געפֿעס s. (— pl.) vessel, utensil כְּלִי.

געפּעקלט adj. contraband שֶׁנִּכְנַס בְּהַבְרָחַת הַמֶּכֶס.

געפּערלט adj. pearl-like, pearly דּוֹמֶה לִפְנִינִים.

געפֿערליך adj. dangerous, perilous מְסֻכָּן; ‖—קייט s. dangerousness סַכָּנָה.

געפֿראָרן adj. frozen מְקֻפָּא מִקֹּר, קָפוּא.

געפֿרוירן = געפֿראָרן.

געפֿרעגטערהייט adv. having asked אַחֲרֵי שְׁאֹל.

— נישט געפֿרעגטערהייט without having asked בלי שאל.

געפֿרעגלס s. preserves פֵּרוֹת כְּבוּשׁוֹת.

געצאָלט s. (—ן pl.) pay, reward תַּשְׁלוּם, שָׂכָר.

געצאָלטס, געצאָלץ = געצאָלט.

געצאַצקעט adj. ornamented, embellished מְקֻשָּׁט, מְיֻפֶּה; fondled (fig.) מְפֻנָּק.

געצוואונגען adj. forced, compelled אָנוּס, מֻכְרָח; ‖—קייט s. constraint הֶכְרֵחִיּוּת.

געצויגן adj. drawn מָשׁוּךְ; brought up מְגֻדָּל.

געצוקערט adj. sugared שֶׁהוּשַׂם סֻכָּר עָלָיו אוֹ לְתוֹכוֹ.

געצײַג s. (— pl.) tool, instrument כְּלִי מְלָאכָה.

געצייכנט adj. marked רָשׁוּם; מְסֻמָּן; drawn, designed מְשֻׂרְטָט.

געציילט adj. numbered, counted סָפוּר, מָנוּי; small in number, few מְעַט.

געציינדלט adj. dented בַּעַל שִׁנַּיִם (דבר).

געצעלט s. (—ן pl.) tent אֹהֶל.

געקאַכטס = געקעכץ.

געקאָרטשעט adj. bent כָּפוּף; wrinkled קָמוּט.

געקווייטלט adj. flowered מְצֻיָּר בִּפְרָחִים.

געקוועטשט adj. forced דָּחוּק.

געקינצלט adj. artificial מְלָאכוּתִי, אִי־טִבְעִי.

געקלאַפּעריי s. rattling קִשְׁקוּשׁ.

געקלינגלט adj. subtilised מְפֻלְפָּל.

געקעכץ s. (—ן pl.) cooked, dish תַּבְשִׁיל, נָזִיד.

געקריג s. quarreling רִיב.

געראָטן v. n. (— p. p.) to succeed עָלָה יָפֶה; to grow well, thrive צָמַח לָרֹב.

— די אַרבעט איז אים נעראָטן his work has been a success מלאכתו עלתה יפה.
— די תבואה איז נעראָטן the crop is plentiful יש שפע ביבול השדה.
נעראָטן² *adj.* successful שֶׁעָלָה יָפֶה; plentiful שֶׁל שֶׁפַע; bright, clever יָפֶה, טוֹב, מַשְׂכִּיל; resembling הוֹלֵךְ אַחֲרֵי־, דוֹמֶה בְּתָאֳרוֹ לְ־.
— אַ נעראָטענער יאָר a year of plenty שנת שפע (ביבול השדה).
— נעראָטענע קינדער bright (clever) children בנים טובים, בנים משכילים.
— ער איז נעראָטן אין זײַן טאַטן he resembles his father הוא הולך אחרי אביו.
נעראָטנקײַט *s.* success הַצְלָחָה; plenty, abundance (*of a crop*) שֶׁפַע (ביבול השדה); brightness, cleverness יֹפִי, יִתְרוֹן, הֶכְשֵׁר; resemblance דִּמְיוֹן (כתואר פנים לאיש).
נעראָלדיע *s.* (*pl.* ס —) heraldry יְדִיעַת כִּתְבֵי הַיַּחַשׂ; eminence, distinction רֹם הַמַּעֲלָה.
נעראַם *adj.* roomy, spacious מְרֻוָּח, נִרְחָב; ‖ — קײַט *s.* spaciousness רֶוַח, מֶרְחָב.
נעראַנגל *s.* (*pl.* ען —) struggle הִתְאַבְּקוּת; dispute וִכּוּחַ.
נערב, נערבאָווע = הערב, הערבאָווע.
נערגעל‖לע *s.* (*pl.* לעך —) little gullet לוֹעַ קָטָן. ז. גאָרגל.
נערודער *s.* (*pl.* ס —) noise, tumult, commotion שָׁאוֹן, הֲמֻלָּה, מְהוּמָה.
נערויש *s.* (*pl.* ן —) noise שָׁאוֹן.
נערוך *s.* (*pl.* ן —) smell, odor רֵיחַ.
נערונען ווערן *v. p.* to curdle הִקָּרֵשׁ, הִקָּפֵא.
נערונצלט *adj.* wrinkled קָמוּט.
נערטנער *s.* (*pl.* —, ס —) gardener גַּנָּן.
נערײד *s.* (*pl.* ן —) talk שִׂיחָה; rumor שְׁמוּעָה.
נערײדערײַ = נערויד.
נערײטלט *adj.* reddish אֲדַמְדָּם.
נערײַסערײַ *s.* tearing קְרִיעָה; seizing חֲטִיפָה.
נעריכט *s.* (*pl.* ן —) court, tribunal בֵּית דִּין; judgment מִשְׁפָּט; dish תַּבְשִׁיל.
נעריכט‖אָרט *s.* (*pl.* ערטער —) jurisdiction גְּלִיל הַמִּשְׁפָּט.
נעריכט־דינער *s.* (*pl.* —) process-server שְׁלִיחַ בֵּית דִּין.
נעריכט‖הויז *s.* (*pl.* הײַזער —) court-house בֵּית הַמִּשְׁפָּט.
נעריכטליך *adj.* judicial שֶׁל בֵּית הַמִּשְׁפָּט.
נעריכט־שרײַבער *s.* (*pl.* —, ס —) clerk of the court סוֹפֵר בֵּית דִּין.
נעריס, נעריסן = נרוס, גרוסן.
נעריפסט *adj.* channeled, hollow צִנּוֹרִי, גָּבוּב.

נערן *adv.* willingly, gladly בְּרָצוֹן, בְּחֵפֶץ לֵב.
נערעטעניש *s.* (*pl.* ן —) plenty, abundance (*of a crop*) שֶׁפַע (ביבול השדה); bright(clever)child יֶלֶד מַשְׂכִּיל.
נערעכט *adj.* right, just צַדִּיק, יָשָׁר, זַכַּאי; right-handed, dexterous אֲשֶׁר כֹּחוֹ בְּיָדוֹ הַיְמָנִית; ‖ *s.* right צֶדֶק.
— (*prov.*) גאָט איז נערעכט און זײַן משפט איז נערעכט God is right and his judgment is right צדיק ה׳ וישר משפטו.
— אָפּגעבן אױמעצן דאָס נערעכט to acknowledge that a person is right הודה לאיש כי הצדק אתו.
נערעכטיגקײַט *s.* justice צֶדֶק, יֹשֶׁר.
נערעש *s.* (*pl.* ן —) noise שָׁאוֹן, רַעַשׁ.
נערשט *s.* (*pl.* ן —) stye (*med.*) שְׂעוֹרָה, שְׂעוֹרִים; חִלָּזוֹן (שעורה שבעפעף).
נערשטן *adj.* of barley שֶׁל שְׂעוֹרִים.
— נערשטענע גריץ barley-groats גרש שעורים.
נערשטנמעל *s.* barley-meal קֶמַח שְׂעוֹרִים.
נערשטנצוקער *s.* barley-sugar נֹפֶת שְׂעוֹרִים.
נעשאַנק *s.* (*pl.* ען —) present, gift מַתָּנָה.
נעשוואָלן *adj.* swollen צָבֶה; inflated נָפוּחַ.
נעשוואָלן ווערן *v. p.* to swell צָבֹה; to become inflated הִתְנַפֵּחַ.
נעשוואָרן *adj.* sworn נִשְׁבָּע.
— אַ נעשוואָרענער שונא a sworn enemy שונא בנפש.
נעשוואָרע‖נער *s.* (*pl.* נע —) juror, juryman שׁוֹפֵט נִשְׁבָּע.
— נערוכט פֿון נעשוואָרענע jury סוד שופטים נשבעים.
נעשווילעכץ *s.* (*pl.* ן —) swelling נֶפַח, שְׂאֵת.
נעשווינט *adj.* quick, swift מָהִיר, קַל; ‖ — קײַט *s.* swiftness מְהִירוּת.
נעשוויר *s.* (*pl.* ן —) abscess, ulcer מוּרְסָה.
נעשווישטשערײַ *s.* twittering, chirping צִפְצוּף.
נעשוועלן *v. n.* (נעשוואָלן *p. p.*) to swell צָבֹה, הִתְנַפֵּחַ.
נעשוועסטערקינד = שוועסטערקינד.
נעשוועכט *adj.* weak (*of the memory*) חַלָּשׁ (זכרון).
נעשטאַטן לאָזן *v. a.* to allow הַנֵּחַ, הַרְשֵׁה, נָתֹן לְ־.
נעשטאַלט *s.* (*pl.* ן —) form, shape, figure תַּבְנִית, דְּמוּת, צוּרָה.
נעשטאַנק *s.* (*pl.* ען —) stench [illegible]
נעשטוינן, ז. שטײנן.
נעשטופּלט *adj.* pock-marked מָלֵא בֶּהָרוֹת שְׁקַעֲרוּרוֹת, נָקֹד; perforated (*of cakes*) מָלֵא חוֹרִים, נָקוּב (עוגה, מצה).
נעשטײן *v. n.* (נעשטאַנען *p. p.*) to stand עָמֹד (= שטײן²).

— געשטאַנען אקעגן to withstand, resist, bear up against עמד בפני׳.

געשט׳קט¹ *adj.* suffocating מַחֲנִיק (אויר).

געשט׳קט² *adj.* embroidered רָקוּם.

געשטעל *s.* (*pl.* ן־) stand עֶמְדָּה; scaffold פִּגּוּם (מכון שהבנאים עומדים עליו); base, pedestal בָּסִים, כֵּן.

געשטעלט *adj.* established קָבוּעַ.

געשטרויכלט ווערן *v. p.* to stumble הִכָּשֵׁל.

געשײַט *adj.* smart, clever פִּקֵּחַ.

געש׳כטליך *adj.* historical אֲשֶׁר לְדִבְרֵי הַיָּמִים.

געש׳כטע *s.* (*pl.* ס־) tale, story סִפּוּר; history דִּבְרֵי הַיָּמִים, תּוֹלָדוֹת.

געש׳כטע-שרײַבער *s.* (*pl.* ־, ־ס) writer of stories סוֹפֵר סִפּוּרִים; historian סוֹפֵר דִּבְרֵי הַיָּמִים.

געש׳קט *adj.* clever, skilful חָרוּץ, מָהִיר; ‖ ־קײַט *s.* cleverness, skilfulness חֲרִיצוּת.

געש׳קן זיך *v. r.* to become, befit הָיֹה נָאֶה; to be probable הָיֹה קָרוֹב לֶאֱמֶת.

— ווי געש׳קט זיך עס? how can that be? איך יתכן?

— עס געש׳קט זיך ניט it is improbable רחוק מהאמת.

געשל׳דער *s.* (*pl.* ן־) harness רְתָמָה; appurtenances אֲבִזָרָא (צרכי דבר).

געשל׳דערעכץ *s.* (*pl.* ן־) string of amber rings put on a child's neck as an amulet מַחֲרֹזֶת שֶׁל טַבָּעוֹת עִנְבָּר שְׁתוּלִים עַל צַוַּאר יֶלֶד לִשְׁמִירָה (נגד עין הרע).

געשל׳פֿן *adj.* sharpened, whetted לָטוּשׁ; polished, smooth חָלָק.

— א געשל׳פֿן צונגל voluble *or* glib tongue לשון מהירה.

געשלעג *s.* (*pl.* ן־) scuffle, fight הַכָּאָה.

געשלעכט *s.* (*pl.* ן־) sex מִין; gender (*gr.*) מִין (בדקדוק).

געשלעכטליך *adj.* sexual שֶׁל הַמִּין.

געשלענגלט *adj.* winding עֲקַלְקַל.

געשמא = געשמט.

געשמאַק *s.* (*pl.* ן־) taste טַעַם; ‖ *adj.* tasteful שֶׁיֵּשׁ בּוֹ טַעַם טוֹב; ‖ *adv.* eagerly בִּתְשׁוּקָה.

געשמדט *adj.* converted שֶׁהֵמִיר דָּתוֹ.

— געשמדטע האַלז (*id.*) glutton, gormand זולל וסובא.

געשמײַ *adv.* in spite of, in defiance of לַמְרוֹת, לְהַכְעִיס א).

א) אפשר פֿון מיטלהויכדײַטש smahen פֿאַראַכטן, שפּאָטן.

— געשמײַ דיר פֿאַרפֿאַלן! I defy you! הנני לועג לך! א)

געשמײַדיג *adj.* flexible רַךְ; nimble זָרִיז.

געשמײַלך *s.* fat שׁוּמָן; beads פְּנִינֵי זְכוּכִית.

געשמײַק *s.* finery, jewellery תַּכְשִׁיטִים.

געשמירט *adj.* greased, oiled מָשׁוּחַ (כחלב, בשמן).

— גײן ווי געשמירט to go on smoothly הלוך בלי מעציר (עסק).

געשעד׳גט *adj.* cute, sly פִּקֵּחַ, עָרוּם.

געשעלטערײַ *s.* scolding חֵרוּף, גִּדּוּף; cursing קִלּוּל.

געשענק = געשאַנק.

געשע(ע)ן *v. n.* (*p. p.* ־) to happen, come to pass קָרֹה, הָיֹה.

— וואָס איז מיט דיר געשען? what is the matter with you? מה לך?

— וואָס געשען איז געשען what is done cannot be undone מה שנעשה אין להשיב.

געשעעניש *s.* (*pl.* ן־) happening, occurrence, event מִקְרֶה, מְאוֹרָע.

געשעפֿט *s.* (*pl.* ן־) business עֵסֶק, מִסְחָר.

געשעפֿט׳גן זיך *v. r.* to command, give orders פָּקֹד, צַוֵּה.

געשעפֿט-פּאַפּיר *s.* (*pl.* ן־) commercial paper כְּתָב מִסְחָרִי.

געשעפֿטסטרעגער = געשעפֿטספֿירער.

געשעפֿטספֿירער *s.* (*pl.* ־, ־ס) manager מְנַהֵל הָעֵסֶק.

געשעפֿטסרײַזנ‖דער *s.* (*pl.* ־דע) commercial traveller נוֹסֵעַ מִסְחָרִי.

געשפּאַלטן *adj.* cloven, split שָׁסוּעַ; divided נֶחֱלָק.

געשפּאַן *s.* (*pl.* ־ען) harness רְתָמָה; team צֶמֶד (סוסים); outfit (*fig.*) כָּל צָרְכֵי דָבָר.

געשפּאַנט *adj.* stretched מָתוּחַ; bent דָּרוּךְ (קשת).

— אין געשפּאַנטע באַציאונגען in strained relations ביחס לא־טוב.

געשפּאַנט זײַן *v. p.* to be anxious, be impatient כָּלֹה עֵינֵי אִישׁ לְדָבָר.

געשפּיקעוועט *adj.* filled, stuffed מְמֻלָּא; stout חָזָק, בָּרִיא.

געשפּעט *s.* (*pl.* ן־) mockery לָצוֹן; trifle (*fig.*) דְּבַר קָטָן הָעֵרֶךְ.

געשפּעטנע *adj.* ugly מָאוּס, מְכֹעָר.

— (*ir.*) ניט קײן געשפּעטנער עסק! a pretty good

א) געשמײַ ניט געוויינטליך מיט דעם וואָרט פֿאַרפֿאַל; בײַ ליפֿשיצן קומט עס מיט דעם וואָרט אפֿילו (״געשמײַ אים אפֿילו״). על פי טעות — זעט אויס — אנשטאָט אפֿולע.

עניָן נחמד הוא — האם לא כן? business — isn't it?

געשפּרעך s. (pl. ־ן) conversation שִׂיחָה.

געשפּרענקלט adj. speckled בָּרֹד, עָקֹד.

געשריִי s. (pl. ־ען) cry, scream, shriek קוֹל, צְעָקָה.

געשריִיבעכץ s. (pl. ־ן) something written, writing דְּבַר כָּתוּב, כְּתָב.

געשריפֿטס s. (pl. ־ן) handwriting כְּתִיבָה; document כְּתָב, תְּעוּדָה; legend (of a coin) כְּתֹבֶת (של מטבע).

געשריפֿץ = געשריפֿטס.

ג"פּ abbr = ג' פְּעָמִים three times שָׁלֹשׁ פְּעָמִים.

גֵּר s. (pl. ־ גֵּרִים) stranger, foreigner זָר, נָכְרִי; — proselyte, convert to Judaism נָכְרִי שֶׁקִּבֵּל עָלָיו דָּת יִשְׂרָאֵל.

גראַ = גרוי.

גראָב adj. thick עָבֶה; coarse גַּס, מִמִּין גָּרוּעַ; rough, rude, impolite גַּס, אִי־מְנֻמָּס.

— (fig.) אַ גראָבער קאָפּ a thickhead, a blockhead טפש, שוטה.

— אַ גראָבער יונג a rude fellow אדם גס; an ignoramus בור; עם־הארץ.

גראָבאַרניע, גראָבאַרניק = גאַרבאַרניע, גאַרבאַרניק.

גראָביאַן s. (pl. ־עס) rude person אָדָם גַּס; impertinent person עַז־פָּנִים.

גראָביאַניען v. a. to use a person rudely הִתְנַהֵג עִם אִישׁ בְּגַסּוּת; to abuse הַעֲלֵב, פָּגֹעַ בִּכְבוֹד־.

גראָביאַנסטווע s. rudeness, impertinence גַּסּוּת, עַזּוּת.

גראָביאַנסקע adj. rough, rude גַּס.

גראָביאַנקע s. (pl. ־ס) rude woman אִשָּׁה גַסָּה.

גראָבל s. (pl. ־ען) scratch סְרִיטָה.

גראָבליע s. (pl. ־ס) rake מַגּוֹב.

גראָבליעווען v. a. to rake גָּבֹב בְּמַגּוֹב.

גראָבלען v. a. to scratch סָרֹט, שָׂרֹט; to feel מַשֵּׁשׁ; ‖ — זיך v. r. to stir הִתְנוֹעֵעַ; to clamber טַפֵּס וְעָלֹה.

גראָבן[1] v. a. (p. p. געגראָבן) to dig חָפֹר, כָּרֹה.

גראָבן[2] s. (pl. ־ס) ditch תְּעָלָה.

גראָבקייט s. (pl. ־ן) thickness עֳבִי (= גרעב); roughness, rudeness גַּסּוּת.

גראָבשטיכל s. (pl. ־עך) graving-tool, burin צִפֹּרֶן, מַגְלֵף.

גראָב־שריפֿט s. (pl. ־ן) engraved writing כְּתֹבֶת קַעֲקַע.

גראַגער s. (pl. ־ס) rattle קַשְׁקֶשֶׁת.

גראַגערן v. n. to rattle קַשְׁקֵשׁ; to bawl (fig.) קְרֹא בְּגָרוֹן, נַרְגֵּר.

גראַד[1] s. (pl. ־ן) degree מַדְרֵגָה, מַעֲלָה; class מִפְלָגָה; carat (weight) קֶרֶט (משקל).

גראַד[2] adj. straight, even יָשָׁר; plain פָּשׁוּט, יָשָׁר.

גראָד pred. even (number) זוגי (מספר); ‖ adv. just מַמָּשׁ, דַּוְקָא.

— גראָד צי אום? even or odd? זוגי או אי זוגי? (מספר).

— גראָד אין דער רגע just at the moment, at the very moment באותו רגע ממש.

— גראָד ווען ער איז דאָ just when he is here דוקא בשעה שהוא כאן.

— גראָד פֿאַרקערט quite the contrary דוקא להפך.

גראַדאָנאַטשאַלניק s. (pl. ־עס) governor of a town (in Russia) שַׂר הָעִיר (ברוסיה).

גראַדגעוויכט s. (pl. ־ן) troy-weight מֹאזְנַיִם לְמִשְׁקַל זָהָב.

גראַדנדיג adj. checkered, with squares מְשֻׁבָּץ, מְקֻנָּן.

גראַדע adj. just, exactly בְּדִיּוּק; = גראָד.

גראַדקע s. (pl. ־ס) set of shelves for vessels שׁוּרַת אִצְטַבּוֹת לְכֵלִים.

גראַווירער s. (pl. ־ן) engraver מְפַתֵּחַ, מְחוֹקֵק.

גראַווירונג s. (pl. ־ס) engraving פִּתּוּחַ.

גראָז[1] s. (pl. ־ן) grass עֵשֶׂב, דֶּשֶׁא; herb עֵשֶׂב; — a blade of grass קֶלַח עֵשֶׂב.

גראָז[2] s. (pl. —) (com.) gross (12 dozen) שְׁנֵים־עָשָׂר, תְּרֵיסָר.

גראָזיג adj. grassy דּוֹמֶה לְעֵשֶׂב; grassy, covered with grass מְכֻסֶּה בְּעֵשֶׂב.

גראַטולירן v. a. to congratulate בָּרֵךְ.

גראַטע s. (pl. ־ס) lattice שְׂבָכָה; bar בְּרִיחַ, מְחִיצָה.

— אײַזערנע גראַטעס iron bars בריחי ברזל; prison בית אסורים.

גראַטקע[1] s. (pl. ־ס) small gain קְצָת רֶוַח.

גראַטקע[2] = גראַדקע.

גראַטש[1] s. (pl. ־עס) hot-headed man רַתְחָן, קַפְּדָן.

גראַטש[2] s. (pl. ־עס) gambler מְשַׂחֵק (בקלפים, בקוביא וכדו').

גראַכאָווינע s. (pl. ־ס) pease-straw קַשׁ־קִטְנִית.

גראַלדיע = גערעלדיע.

גראַם[1] s. (pl. ־ען) rhyme חָרוּז.

— אָן טעם, אָן גראַם without reason or rhyme בלי טעם ובלי תבונה.

— גראַם שטראַם, ז. גראַם־שטראַם.

גראַם[2] s. (pl. —) gramme גְּרַם (משקל של 15½ גרעינים בערך).

גראַם[3] adj. = געראַם.

גראַמאַטיק s. (pl. ־ן) grammar דִּקְדּוּק; סֵפֶר דִּקְדּוּק.

גראַמאַטיקע = גראַמאַטיק.

גראַמאַטיקער s. (pl. —) grammarian מְדַקְדֵּק.
גראַמאַטיש adj. grammatical אֲשֶׁר לְדִקְדּוּק. grammatically correct נָכוֹן עַל פִּי דִקְדּוּק.
גראַמזאָגער s. (pl. ס —) rhymester חַרְזָן.
גראָמידע s. (pl. ס —) heap, pile עֲרֵמָה; (fig.) the villagers בְּנֵי כְפָר, כְּפָרִים.
גראָמניצע s. candlemas חַג הַטֹּהַר הָעֶלְמָה מִרְיָם (חג לנוצרים ביום ב׳ לחדש פבר.).
גראַמענזאָגער, גראַמענמאַכער = גראַמזאָגער.
גראַם־שטראַם s. silly or bad rhymes חֲרוּזִים בְּלִי טַעַם.
— גראַם־שטראַם מאַך מיר אַ ליִעטניק it is nothing but silly rhymes אין בזה כלום אלא חרוזים בלי טעם א).
גראַן s. (pl. —) grain (weight) גַּרְעִין, מִשְׁקַל שְׂעוֹרָה אַחַת.
גראַנאַט s. (pl. ן —) garnet מִין אֶבֶן יְקָרָה; pomegranate רִמּוֹן; grenade, shell רִמּוֹן־קֶלַע, כַּדּוּר־קֶלַע.
גראַניט s. (pl. ן —) granite שַׁהַם (מין אבן קשה מא־).
גראַסע s. (pl. ס —) lime-pit, mortar-pit בּוֹר שִׂיד (לבנין).
גראַף s. (pl. ן —) count, earl נָסִיךְ, קָמְטוֹן; a kind of iron pot מִין סִיר בַּרְזֶל.
גראַפּיט s. graphite, black-lead אֶבֶן־עוֹפֶרֶת.
גראַפיניע s. (pl. ס —) countess נְסִיכָה, קוֹמְטוֹנִית.
גראַפינקע = קאַראַפינקע.
גראַשיצע s. (pl. ס —) sweet bread שְׁקֵד הֶחָזֶה (של עגל).
גראַשל = גרוישל.
גראָשן s. (pl. ס —) groschen אֲגוֹרָה (מטבע קטנה = ½ קופיקה רוסית).
— ניט ווערט קיין גראָשן not worth a farthing אינו שוה פרוטה.
— ניט האָבן קיין גראָשן to be penniless היה בלי פרוטה היה עני.
— האָבן די גראָשנס to have money היה לאיש כסף; to have cash היה לאיש כסף מזומן.
— אַ שיינער גראָשן a pretty penny, a nice round sum of money סכום הגון.
גראָ‖שן, —שענער, —שענע adj. of the price of a groschen שֶׁל מְחִיר אֲגוֹרָה.
גראָשנדיג adj. of the price of a groschen שֶׁמְּחִירוֹ אֲגוֹרָה; low-priced שֶׁמְּחִירוֹ מְעַט.
גַּרְגֶּרֶת s. throat —, גָּרוֹן.

א) דער באַוואוסטער פילאָלאָג ב. באָראַכאָוו ז״ל האָט מיר אַמאָל געזאָגט, אַז ער האָט געהערט צווישן סטודענטן (מסתמא ייִדישע) אַ לאַטיינישן נוסח פון דער טשיקאַווער פראַזע, ווי פאָלגט: „gramina, stramina, fac mihi lectum“ — „היי, שטרוי, מאַך מיר דאָס בעט“.

— אַריַינקריכן אומעצן אין גרגרת אַריַין to touch a person to the quick נגע עד הנפש.
גרוב s. (pl. גרובער) pit, hole בּוֹר, גֵּב; grave קֶבֶר.
— גראָבן אויף אומעצן אַ גרוב (fig.) to seek a person's ruin חרש רעה על איש.
גרוביאַן, גרוביאַנסטווע, גרוביאַנסקע, גרוביאַנקע = גראָביאַן, גראָביאַנסטווע, גראָביאַנסקע, גראָביאַנקע.
גְּרוֹגֶרֶת־דְּרֶבִּי־צָדוֹק s. “the dry fig of Rabbi Zadok,” something dry and lean דָּבָר יָבֵשׁ וְכָחוּשׁ.
גרודע s. (pl. ס —) lump of earth, clod, heap רֶגֶב עָפָר, עֲרֵמָה.
גרוז¹ s. (pl. —) load, cargo מַשָּׂא, טַעַן.
גרוז² s. gravel חָצָץ.
גרוזאָווטשיק s. (pl. עס —) shipper שׁוֹלֵחַ מַשָּׂא בָּאֳנִיָּה.
גרוי adj. gray אָפוֹר, שָׁחֹף.
גרויל s. horror, terror, shudder אֵימָה, פַּחַד, רַעַד.
גרויליך adj. grayish אֲפוֹרִי.
גרוילן v. imp. to shudder רָעַד.
גרויס adj. great, large, big גָּדוֹל; proud גֵּאֶה.
גרויסאַרטיג adj. magnificent מְפֹאָר, מְהֻדָּר; ‖ —קייט s. magnificence פְּאֵר, הָדָר.
גרויסהאַרציג adj. magnanimous בַּעַל נֶפֶשׁ נְדִיבָה.
גרויסהערצאָג s. (pl. ן —) grand-duke נָסִיךְ גָּדוֹל.
גרויסהערצאָג‖טום s. (pl. —טימער) grandduchy נְסִיכוּת גְּדוֹלָה.
גרויסן v. a. to extol גַּדֵּל, רוֹמֵם; ‖ —זיך v. r. to boast, brag הִתְפָּאֵר.
גרויספירשט s. (pl. ן —) = גרויסהערצאָג.
גרויסקייט s. greatness גֹּדֶל; pride, boast גַּאֲוָה, הִתְפָּאֲרוּת.
גרויפּ s. a grain of groats גַּרְגַּר־גֶּרֶשׂ, רִיפָה; (pl. ן —) grits, groats גֶּרֶשׂ, גְּרִיסִים, רִיפוֹת.
גרויקייט s. grayness צֶבַע אָפוֹר.
גרונדוואָגע s. (pl. ס —) plumb-line אֲנָךְ.
גרונט s. (pl. ן —) ground קַרְקַע; foundation יְסוֹד; bottom תַּחְתִּית, קַרְקַע (של נהר או ים); grounds, residue, sediment שְׁמָרִים; (fig.) ground, reason טַעַם; (fig.) limit גְּבוּל.
— אָן אַ גרונט without a limit or end בלי גבול, בלי קץ.
— עפּעס מיט אַ גרונט something substantial דבר ממשי.
— אין גרונט, אין גרונט גענומען properly speaking באמת.
גרונטאָווגע adj. fundamental יְסוֹדִי; thorough נָכוֹן; ‖ adv. thoroughly עַד הַיְסוֹד, עַל בּוּרְיוֹ, בְּדִיּוּק.

גרונט-אײַגנטום *s.* real estate נִכְסֵי דְלָא נָיְדֵי, קִנְיַן קַרְקָעוֹת.

גרונטיִג = גרונטאָוונע, גרונטלוך.

גרונטעווען *v. a.* to impaste, lay the ground (*of a painting*) צָבֹעַ אֶת יְסוֹד הַצִּיּוּר; to plunge to the bottom הַשְׁקֵעַ עַד הַתְּהוֹם; (*fig.*) to sound, fathom חָקֹר וְדָרֹשׁ.

גרונטפֿעסטיִגן *v. a.* to lay the foundation of, establish יַסֵּד, כּוֹנֵן.

גרונט-צאָל *s.* (*pl.* ־ן) (*gr.*) cardinal number מִסְפָּר יְסוֹדִי.

גרום = גרים.

גרופּע *s.* (*pl.* ־ס) group קְבוּצָה, לַהֲקָה.

גרופּירן *v. a.* to group סַדֵּר לִקְבוּצוֹת.

גָרוש *s.* (גְרושים *pl.*) divorced man. ־

גֵרוש = גירוש.

גְרושה *s.* (גְרושות *pl.*) divorced woman, divorcée. ־

גֵרטע *s.* (*pl.* ־ס) female proselyte גִּיּוֹרֶת.

גריבלען¹ *v. n.* to search, inquire חַפֵּשׂ, חָקֹר.

גריבלען² *v. n.* to swarm שָׁרֹץ א).

— שווּבלען און גריבלען to be swarming שרץ לרוב.

גריבע = שוואוים.

גריבעלע *s.* (*pl.* ־לעך) little pit, little hole גּוּמָא קְטַנָּה; dimple גּוּמָא בַּלֶּחִי.

גריבענע *s.* (*pl.* ־ס) scrap שְׁוִיסֶק.

גריוו *s.* (*pl.* ־ן) = גריבענע.

גריווניע *s.* (*pl* ־ס) ten copecks עֶשֶׂר קָפִּיקוֹת (מטבע רוסית).

גריווע *s.* (*pl.* ־ס) mane רַעְמָה (שער שעל צואר חיה).

גריזאָטע *s.* (*pl.* ־ס) chagrin, vexation צַעַר.

גריזען *v. a.* to gnaw, corrode גָּרֹם, כַּרְסֵם; (*fig.*) to worry, torment צַעֵר, עַנֵּה; = גרימען; || ־זיך *v. r.* to worry הִצְטַעֵר; *v. rec.* to vex each other הַרְגֵּז אִישׁ אֶת רֵעֵהוּ.

גריזעניע = גריזאָטע.

גרײַנער, גרײַנערן = גראַנער, גראַנטרן.

גרײַז *s.* (*pl.* ־ן) error, mistake שְׁגִיאָה, טָעוּת, שִׁבּוּשׁ; misprint טָעוּת הַדְּפוּס.

גרײַזגראָ = גרײַזגרוי.

גרײַזגרוי *adj.* gray, hoary שָׂב, לְבַן־שֵׂעָר.

גרײַזיִג *adj.* full of errors מָלֵא שְׁגִיאוֹת.

גרײַזל *s.* (*pl.* ־עך) curl תַּלְתַּל.

גרײַזלדיִג *adj.* curly מְסֻלְסָל.

גרײַזלען *v. a.* to curl תַּלְתֵּל, סַלְסֵל; || ־זיך *v. r.* to be curled הָיֹה לְתַלְתַּלִּים.

גרײַזלעניש *s.* curling סִלְסוּל.

א) דייטש kribbeln קריבן.

גרײַזן *v. n.* to err טָעֹה, תָּעֹה; to sin חָטֹא.

גרײַזשיִק *s.* (*pl.* ־ס) = גרושל.

גרייט *adj.* ready נָכוֹן, מוּכָן, מְזֻמָּן.

— איך בין גרייט I am ready הנני נכון

— גרייט געלט ready money, cash כסף מזומן.

גרייטן *v. a.* to make ready, prepare הָכֵן; || ־זיך *v. r.* to prepare oneself הָכֵן אֶת עַצְמוֹ.

— גרייטן צום טיש to set *or* cover the table ערך השולחן.

גרייטקייט *s.* readiness, preparedness הֱיוֹת נָכוֹן לְ־.

גרייכן *v. n.* to reach הַשֵּׂג לְ־, הַגֵּעַ לְ־.

גריילעג *adj.* remarkable נִפְלָא, מְצֻיָּן; || *adv.* very much מְאֹד.

גרײַליך *adv.* very much מְאֹד.

גרייס *s.* size גֹּדֶל, מִדָּה.

גרײַפּל = גרוים.

גרײַפֿן *v. a.* (*p. p.* געגריפֿן) to grasp, take hold of אָחוֹז.

גרײַצער¹ *s.* (*pl.* ־ס) corkscrew מַחֲלֵץ פְּקָקִים.

גרײַצער² *s.* (*pl.* ־ס, ־) kreuzer מַטְבֵּעַ אוֹסְטְרִית (= 1/60 של זהוב).

גרײַשל *s.* (*pl.* ־עך) tripe הַמְסֵס (של בהמה דקה).

גריל *s.* (*pl.* ־ן) cricket צְרָצוּר (מין חגב).

גרילכע־דל *s.* (*pl.* ־עך) little cricket צְרָצוּר קָטָן.

גרילצן *v. n.* to chirp צַרְצֵר.

— גרילצן אין די אויערן to din into a person's ears קשקש באזני איש.

גרים *s.* make-up (*of an actor*) פִּרְכּוּס (של משחק על הבמה).

גרימען *v. n.* to cause gripes גָּרֹם מַכְאוֹבֵי בֶטֶן; to be kindled (*anger*) חָרֹה (אף).

— עס גרימט מיר אין בויך I have the gripes אחזוני מכאובי בטן.

— זײַן צאָרן וועט גרימען his wrath will be kindled יחרה אפו.

גרימעניש *s.* gripes, colic מַכְאוֹבֵי בֶטֶן, כְּאֵב מֵעַיִם.

גרימצאָרן *s.* burning wrath חֲרִי־אַף.

גרין *adj.* green יָרֹק; unripe בִּלְתִּי בָשֵׁל; (*Am.*) new-come שֶׁבָּא מִקָּרוֹב; (*Am.*) green, inexperienced חָדָשׁ, מְחֻסַּר נִסָּיוֹן; || *s.* spade תָּו הַשָּׁחוֹר (בקלפים).

גרינג *adj.* easy קַל, נוֹחַ; light קַל (במשקל); || ־קייט *s.* easiness קַלּוּת; lightness קַלּוּת (במשקל).

גרינד *s.* scab, mange גָּרָב, צָרַעַת.

גרינדונג *s.* foundation, establishment יִסּוּד.

גרינדל = גרינד.

גרינדן *v. a.* to found, establish יַסֵּד.

גרינדער *s.* (*pl.* ־, ־ס) founder מְיַסֵּד.

גרינהאָרן *s.* (*pl.* ־ס) (*Am.*) new-comer, new immigrant אִישׁ שֶׁבָּא מִקָּרוֹב.

גרינוואַרג s. greens, vegetables יְרָקוֹת.

גרינזשאַל = קינזשאַל.

גרינזשעלע s. (pl. ס –) a peasant's sledge עֲגָלַת־חֹרֶף שֶׁל אִכָּר.

גרינטליך adj. thorough נָכוֹן, מְדֻיָּק; || adv. thoroughly עַל בּוּרְיוֹ, בְּדִיּוּק, בִּשְׁלֵמוּת; || –קייט s. thoroughness דִּיּוּק, שְׁלֵמוּת.

גרינליך adj. greenish יְרַקְרַק.

גרינס s. (pl. –ן) verdure, herbage דֶּשֶׁא, יֶרֶק עֵשֶׂב; greens, vegetables יְרָקוֹת.

גרינען v. n. to grow green הָפַךְ יָרֹק; to put forth leaves הוֹצִיא פֶּרַח.

גרינ||נער s. (pl. –נע) (Am.) new-comer, new immigrant אִישׁ שֶׁבָּא מִקָּרוֹב; (Am.) greenhorn, inexperienced person אִישׁ מְחֻסַּר נִסָּיוֹן.

גרינע s. (pl. –) (Am.) female new-comer אִשָּׁה שֶׁבָּאָה מִקָּרוֹב; (Am.) inexperienced woman אִשָּׁה מְחֻסֶּרֶת נִסָּיוֹן.

גרינערהייט adv. while yet green, while yet unripe בְּעוֹדֶנּוּ יָרֹק, בְּעוֹדֶנּוּ בֹּסֶר; (Am.) while yet new in the country בִּהְיוֹתוֹ עוֹד חָדָשׁ בַּמְּדִינָה.

גרינצייג = גרינוואַרג.

גרינקייט s. greenness יְרָקוֹת, צֶבַע יָרֹק.

גרינשפּאַן s. verdigris חֲלוּדַת נְחֹשֶׁת.

גרוס¹ s. (pl. –ן) greeting, compliments, regards, respects בִּרְכַּת שָׁלוֹם, דְּרִישַׁת שָׁלוֹם.

גרוס² = גרויז².

גרוסן v. a. to greet בֵּרֵךְ בְּשָׁלוֹם; to give compliments or regards דָּרַשׁ לְשָׁלוֹם־.

גריפּ s. grippe מִין קַדַּחַת.

גריפֿל s. (pl. –ען) slate-pencil שֶׁרֶד, עֵט (מאבן).

גריץ s. grits, groats גֶּרֶשׂ, גְּרִיס.

גריציע = גריץ.

גריקע s. buckwheat כֻּסֶּמֶת.

גֹרם s. cause גּוֹרֵם, סִבָּה.

גֹרסא = גירסא.

גרעב s. thickness עֳבִי; fatness מִשְׁמָן.

גרעבליך adj. rather thick עָבֶה קְצָת; somewhat rude גַּס קְצָת.

גרעבליע s. (pl. –ס) dam, dike שְׁכַר־מַיִם.

גרעבס, גרעבסן = גרעפּס, גרעפּצן.

גרעבער s. (pl. –ס, –) digger חוֹפֵר.

גרעבץ, גרעבצן = גרעפּס, גרעפּצן.

גרעמפּליע s. (pl. –ס) card, hatchel מַסְרֵק (לצמר לפשתים וכד׳).

גרעמפּליעווען v. a. to car, comb סֵרֵק (צמר, פשתים וכד׳).

גרענאַדיר s. (pl. –ן) grenadir קַלָּע רַגְלִי (בחיל הצבא).

גרענדע s. (pl. –ס) grandeur, pomp כָּבוֹד, תִּפְאָרֶת א).

— פֿירן אַ גרענדע to live in grand style התנהג בתפארת.

— פֿירן די גרענדע to lead, be a leader היה למנהיג, היה לראש.

גרענעץ s. (pl. –ן) boundary, border גְּבוּל (של מקום); limit, bound גְּבוּל, קֵץ.

— אָן אַ גרענעץ boundless בלי גבול, לאין סוף.

— אַלץ האָט אַ גרענעץ there is a limit to everything יש גבול וקצב לכל דבר.

גרענעצן v. n. to border upon הָשְׁעַן לִגְבוּל; || –זיך v. r. = ד. ז.

גרעפּס, גרעפּסן = גרעפּץ, גרעפּצן.

גרעפּץ s. (pl. –ן) belch, eructation גִּהוּק.

גרעפּצן v. n. to belch, eructate גִּהֵק.

גרעצי = גריק.

גרעק s. (pl. –ן) Greek יְוָנִי.

גרעקיש adj. Greek, Grecian יְוָנִי, שֶׁל יָוָן.

גר־צדק s. (pl. גרי־צדק) righteous proselyte, true convert to Judaism –, נָכְרִי שֶׁקִּבֵּל עָלָיו דַּת יִשְׂרָאֵל בְּתָם־לֵב.

גשם s. "rain," prayer for rain offered on the eighth day of Tabernacles תְּפִלַּת גֶּשֶׁם שֶׁמִּתְפַּלְּלִים בִּשְׁמִינִי עֲצֶרֶת.

גשמיות s. materialism –, חָמְרִיּוּת.

גשמיותדיג adj. material גַּשְׁמִי, חָמְרִי.

גשן = גושן.

א) גרענדע איז אידענטיש מיט grenda אדער granda פֿון פּויליש סלאַנג. אונטער Granda אין קאַרלאָוויטשעס Slownik Gwar Polskich ווערט געבראַכט דער אויסדרוק na grende, na grande און דערקלערט: na du y rozmiar — אויפֿן גרויסן אופֿן.

ד.

ד s. the fourth letter of the Hebrew alphabet הָאוֹת הָרְבִיעִית בָּאָלֶף־בֵּית הָעִבְרִי; || num. four אַרְבָּעָה; ד׳, ד׳ four thousand אַרְבָּעָה אֲלָפִים.

ד־ pref. of שֶׁל (אין אראַמעאיש פֿאַרזעצל, וואָס קומט אַמאָל מיט ניט־אראַמעאישע ווערטער, ווי אין: טוב־דטוב׳ פּראָ־צענט־דפּראָצענט).

ד״א abbr. = ד׳ אֲלָפִים four thousand years (of the Jewish era) אַרְבָּעָה אֲלָפִים (לספירת היהודים).

דאָ here; שָׁם there *adv.* פֹּה, כָּאן, הָכָא.
— זיין דאָ to be there, exist; היה במציאות to be present היה נוכח, המצא (במקום).
— עס איז דאָ there is; עס זיינען דאָ there are יש, ישנם.
— דאָ... דאָ... now... now פעם... ופעם א).
— דאָ קאַלט, דאָ וואַרעם now cold, now warm פעם קר ופעם חם.
— דאָ לאַכט ער, דאָ וויינט ער at one time he laghs, at another he cries פעם הוא צוחק ופעם הוא בוכה.
— דאָ איז ער דאָ, דאָ איז ער דאָרטן now he is here, now he is there פעם הוא פה ופעם הוא שם.
— דאָ איז ער דאָ, דאָ איז ער נישטאָ now he is present, now he is absent פעם ישנו ופעם איננו.
דאָבאַוועון to add *v. a.* הוֹסֵף.
דאָבאַוועקע *s.* (—ס *pl.*) addition הוֹסָפָה.
דאָבוּוועון to get, obtain *v. a.* הַשֵּׂג.
— דאָבוּוועון די לעבער (*fig.*) to annoy, worry, nag הרעם, הרגז איש.
דאָבניע *s.* (—ס *pl.*) rammer קֹבֶל.
דאָברי־דזיען *s.* "good morning," music played in honor of the bride on the morning of the wedding-day נִגּוּן בִּכְלֵי זֶמֶר לִכְבוֹד הַכַּלָּה בְּבֹקֶר יוֹם הַחֲתוּנָּה.
דאָברע־מזל *s.* good fortune מַזָּל טוֹב.
דאָגאָדזען to please, satisfy *v. a.* מַלֵּא שְׁאֵלַת־, עֲשֵׂה רְצוֹן־.
דאגה *s.* (דאגות *pl.*) care, worry, anxiety דְּאָגָה.
דאגהן to care, worry, be anxious *v. n.* דְּאֹג.
דאָגמע *s.* (—ס *pl.*) dogma יְסוֹד, עִקָּר (בדת).
דאגת־חיונה = דאגת־פרנסה.
דאגת־פַּרְנָסָה *s.* worry about a livelihood —.
דאָדאַ‖טעק *s.* (—טקעס *pl.*) addition הוֹסָפָה.
דאָדערט (באטאנענדינג פארמע פאר דא) *adv.* right here בְּמָקוֹם הַזֶּה.
דאָוואָד *s.* (—ן *pl.*) proof עֵדוּת, מוֹפֵת.
דאָוויערענאָסט *s.* (—ן *pl.*) power of attorney הַרְשָׁאָה.
דאַוו(ע)נען *v. n. a.* to pray, worship הִתְפַּלֵּל; ‖ *s.* prayer תְּפִלָּה.
— דאַוונען שחרית to say the morning-prayers התפלל תפלת שחרית.
דאָזאָר *s.* (—ן *pl.*) warden of a synagogue גַּבַּאי שֶׁל בֵּית הַכְּנֶסֶת.
דאָזאָרצע *s.* (—ס *pl.*) overseer, inspector מַשְׁגִּיחַ.

דאָזיג (דער —ער׳ די —ע׳ דאס —ע) *pron. dem.* this, that הַזֶּה, הַהוּא.
דאָזע *s.* (—ס *pl.*) dose מָנָה (ברפואה).
דאַטום = דאַטע.
דאַטיוו *s.* dative case (*gr.*) יַחַס שֶׁאֵלָיו.
דאַטירן to date *v. a.* רְשֹׁם זְמַן.
דאַטע *s.* (—ס *pl.*) date זְמַן (יום בחדש והשנה).
— ביז דאַטע till now עד עתה, עד היום.
דאַטשע *s.* (—ס *pl.*) country-house בֵּית־קַיִץ, בֵּית־שָׂדֶה.
דאָיאָנקע = דאָיניצע.
דאָיניצע *s.* (—ס *pl.*) milk-pail סֵפֶל לַחֲלִיבָה.
דאַך *s.* (דעכער *pl.*) roof גַּג, מִכְסֶה.
דאָך yet, still, however *conj.* אֶפֶס, בְּכָל זֹאת.
דאַכאָוועקע = דאַכצוגל.
דאַכטן *v. a. n.* to think חָשֹׁב; to mention הַזְכֵּר; ‖ *v. imp.* to seem הֵרָאֵה; ‖ —זיך *v. r.* to seem הֵרָאֵה כְּ־.
— מיר דאַכט, מיר דאַכט זיך it seems to me, meseems נראה לי.
— זאָל זיך דיר דאַכטן imagine תאר בנפשך.
— זאָלסט עס פאַר קיינעם ניט דאַכטן do not mention it to anybody אל תגלה זאת לאיש.
— ניט פאַר אייך געדאַכט! God preserve you from such evil! ישמרך ה׳ מצרה כזאת!
דאַכציגל *s.* (— *pl.*) tile רַעַף, קַרְמִיד.
דאַכשטיבל = בוידעם־שטיבל.
דאַלאָזשען = דאָקלאַדעווען.
דאַלאָטע = דאַלעטע.
דאַלאָניע *s.* (—ס *pl.*) the palm of the hand כַּף הַיָּד, טֶפַח.
דאָלאַר *s.* (—ן *pl.*) dollar דּוֹלָר (שקל אמיריקה).
דאָלבען to chisel, hollow *v. a.* נְקֹב, נַקֵּר.
דאָליע *s.* (—ס *pl.*) lot גּוֹרָל, חֵלֶק (בחיים).
דאָלמעטשער *s.* (—ס *pl.*) interpreter מֵלִיץ, תֻּרְגְּמָן.
דאַלסע, דאַלסע־נעקעף = דַּלְתָה, דַּלְתָה־נָקֵב.
דאָלעטע *s.* (—ס *pl.*) chisel מַפְסֶלֶת.
דאָלער *s.* (—ס *pl.*) = דאָלאַר.
דאַלפער = דלפער.
דאַם *s.* draughts, checkers (*game*) מִשְׂחַק הַפְּסִפָּסִים; man אֶחָד מֵהַפְּסִפָּסִים.
דאָם *s.* (—ען *pl.*) dome כִּפָּה.
דאַמאַלט, דאַמאַלס(ט) = דעמעלט.
דאַמאַלסדיג = דעמעלטדיג.
דאָמאָוויק *s.* (—עס *pl.*) house-demon, hobgoblin שֵׁד.
דאַמאַסקין *s.* damask-silk מִין אֶרִיג יָפֶה שֶׁל מֶשִׁי.
דאַמב = דעמב.
דאַמבע (—ס *pl.*) dam, dike סֶכֶר.

א) דא... דא... איז אפשר דאס רוסישע TO... TO... און האט קיין שייכות ניט מיט דא אין דער נעוויינטליכער באדייטונג.

ד' אַמות *s. pl.* four ells *or* cubits אַרְבַּע אַמּוֹת; a man's own little place מָקוֹם קָטָן הַמְיוּחָד לְאִישׁ.

— (*id.*) נים שטיין און אומעצנס ד' אמות to have no contact with a person לא היה מגע ומשא עם איש.

ד' אַמות על ד' אַמות *s. pl.* four cubits by four cubits, four square cubits אַרְבַּע אַמּוֹת מְרֻבָּעוֹת; narrow space מָקוֹם צַר.

דאָמינאָ *s.* domino (*game*) דּוֹמִינוֹ (מין קוביא).

דאַמסקע *adj.* ladies' שֶׁל נָשִׁים.

— אַ דאַמסקער שנײַדער ladies' tailor חייט לנשים.

דאַמע *s.* (— ס *pl.*) lady אִשָּׁה נִכְבָּדָה.

דאַמענברעט *s.* (— ער *pl.*) draught-board לוּחַ מִשְׂחַק הַפְּסִפָּסִים.

דאַמף *s.* steam אֵד, קִיטוֹר.

דאַמפער *s.* (— ס *pl.*) steamer אֳנִיַּת קִיטוֹר.

דאַמפשיף *s.* (— ן *pl.*) = דאַמפער.

דאַסקע = דאָס.

דאָנאָס *s.* (— ן *pl.*) denouncement, information מַלְשִׁינוּת, מְסִירָה.

דאָנאָסעווען *v. a.* to denounce, inform הַלְשֵׁן, מָסֹר.

דאָנאָשטשיק *s.* (— עס *pl.*) denouncer, informer מַלְשִׁין, מוֹסֵר.

דאַנדיק *s.* (— עס *pl.*) fool טִפֵּשׁ, שׁוֹטֶה.

דאַנעט = דאַנען.

דאַנען *adv.* פון — from here, from there, thence מִזֶּה, מִשָּׁם.

דאָנערשטיק *s.* Thursday הַיּוֹם הַחֲמִישִׁי (בשבוע).

דאָנערשטיקדיק *adj.* of Thursday שֶׁל הַיּוֹם הַחֲמִישִׁי.

דאַנק *s.* (— ען *pl.*) thanks תּוֹדָה, חֵן־חֵן; gratitude הַכָּרַת טוֹבָה, תּוֹדָה.

— אַ שיינער דאַנק אײַך! I thank you very much!, many thanks! תודה רבה לך!, חן־חן!

— אַ דאַנק דעם thanks to that הודות לזה.

דאַנקבאַר *adj.* thankful, grateful מַכִּיר טוֹבָה; ‖ — קייט *s.* thakfulness, gratitude הַכָּרַת טוֹבָה.

דאַנקעווען = דאַנקען.

דאַנקען *v. a. n.* to thank, give thanks הָגֵה תּוֹדָה, אָמֹר חֵן־חֵן.

דאָס¹ *def. art.* (די! *pl.*) the הַ־ (מלת הידיעה למין סתמי); ‖ *pron. dem.* this, that הַזֶּה, הַהִיא; זֶה, זֹאת; something understood or hinted at דָּבָר מֻבָן אוֹ מֻרְמָז.

— דאָס קינד, די קינדער the child, the children הילד, הילדים.

— דאָס מאָל this time בפעם הזאת.

— איך ווייס דאָס I know this אני יודע זאת.

— ווי רופֿט מען דאָס? how do you call that? איך תקרא לדבר הזה?

— דאָס הייסט that is הלא הוא.

— ער איז אַ גרויסער דאָס he is a big fool שוטה גדול הוא.

— ער איז אַ שטיקל דאָס he is somewhat of an impudent fellow הנהו קצת הצוף.

— דאָס... דאָס... now... now... פעם... ופעם...

— דאָס קאַלט, דאָס וואַרעם now cold, now warm פעם קר ופעם חם.

דאָס² *conj.* that שֶׁ־.

— איך ווייס, דאָס זיי זענען דאָ ניטאָ I know that they are not here יודע אנכי שאינם פה.

דאָסאַדנע *adj.* vexing מַכְעִיס, מַרְגִּיז.

דאָסאַדע *s.* (— ס *pl.*) vexation, grief כַּעַס, רֹגֶז.

דאָסגלײַכן = דעסגלײַכן.

דאָסדאָזיגע, ז. דאָזיג.

דאָסזעלבּיגע, ז. דערזעלביגער.

דאָסיג *adj.* somewhat wrong קְצָת לֹא נָכוֹן.

דאָסן *v. n.* to shit עָשֹׂה צְרָכָיו.

דאָסקילען = דאָקוטשען.

דאָפּראָס *s.* (— ן *pl.*) examination, hearing חֲקִירָה וּדְרִישָׁה, גְּבִיַּת עֵדוּת.

דאַצן *v. a.* to beat at play, win from נַצֵּחַ (במשחק).

דאָקאַזשען *v. a.* to afford הַמְצֵא; to get, obtain הַשֵּׂג; to bring about הוֹצֵא לַפֹּעַל.

דאָקוטשליווע *adj.* troublesome, annoying מַרְגִּיז, מַטְרִיד.

דאָקוטשען *v. a.* to trouble, annoy הַרְגֵּז, הַטְרֵד, הַלְאֵה.

דאָקומענט *s.* (— ן *pl.*) document כְּתָב, שְׁטָר, תְּעוּדָה.

דאָקוקע *s.* annoyance הַרְגָּזָה.

דאָקטאָריע *s.* medicine, medical science חָכְמַת הָרְפוּאָה.

דאָקטער *s.* (דאָקטוירים *pl.*) doctor, physician רוֹפֵא; doctor חָכָם (כנוי כבוד למלומד).

דאָקטערן¹ *s.* (— ס *pl.*) female doctor, doctress רוֹפְאָה; doctor's wife אֵשֶׁת רוֹפֵא.

דאָקטערן² *v. a.* to doctor, cure, treat רַפֵּא, רַפֵּא; ‖ — זיך *v. r.* to be treated by physicians הֵרָפֵא עַל יְדֵי רוֹפֵא.

דאָקטערקע = דאָקטערן¹.

דאָקטעריש *adj.* of a doctor שֶׁל רוֹפֵא.

דאָקלאַד *s.* (— ן *pl.*) report, presentment דִּין וְחֶשְׁבּוֹן, הַרְצָאָה.

דאָקלאַדעווען *v. a.* to report נָתֹן דִּין וְחֶשְׁבּוֹן, הַרְצֵה.

דאָקליד = באַלאָג.

דאַר *adj.* dry יָבֵשׁ; lean, meager כָּחוּשׁ.

— דאַרע קושקע, ז. דאַרע־קושקע.

דאַר *s.* phthisis, consumption שַׁחֶפֶת (= דער*).
דאַרבן *v. n.* to be in want, starve הָיָה חָסֵר לֶחֶם, רָעֵב; ‖ –זיך *v. r.* to live in privation הָיָה בְּחֹסֶר.
דאַרים = דאַרעם.
דאָרט = דאָרטן.
דאָרטיג *adj.* of that place שֶׁל הַמָּקוֹם הַהוּא.
דאָרטן *adv.* there שָׁם, הָתָם.
דאַרמעיעד = דאַרמעיעדניק.
דאַרמעיעדניצע *s.* (*pl.* ס–) female parasite אוֹכֶלֶת חִנָּם, מְלַחֶכֶת פִּנְכָּא.
דאַרמעיעדניק *s.* (*pl.* עס–) parasite, spunger אוֹכֵל חִנָּם, מְלַחֵךְ פִּנְכָּא.
דאַרן *v. n.* to dry up חָרֵב, יָבֵשׁ; to wither נָבֵל, כָּמֵשׁ; to become lean כָּחַשׁ, הָרְזָה.
— (*fig.*) דאַרן אימעצן דער קאָפּ to worry דאג.
דאָרן *s.* (*pl.* דערנער) thorn חוֹחַ.
דאָרעם *s.* cause סִבָּה.
— (*prov.*) יעדער װאָרעם האָט אַ דאָרעם thre is no effect without a cause אֵין מְסֻבָּב בלי סבה א).
דאַרעניש *s.* leanness רָזוֹן.
דאַרע־קישקע *s.* (*pl.* ס–) sausage נַקְנִיק.
דאָרף *s.* (*pl.* דערפער) village כְּפָר.
דאָרפיש *adj.* of village, rustic שֶׁל כְּפָר, כַּפְרִי.
דאָרפסמאַן *s.* (*pl.* –לײַט) villager, countryman יוֹשֵׁב כְּפָר, כַּפְרִי.
דאַרפן *v. n.* to need, want צָרַךְ, הִצְטָרֵךְ; to have to הָיָה חוֹבָה עַל־, הָיָה מוּטָל עַל־.
— מע דאַרף it is necessary נחוץ הוא.
— װי עס דאַרף צו זײַן properly באופן נאות, כראוי.
דאַרקײַט *s.* dryness חֹרֶב, יֹבֶשׁ; leanness רָזוֹן.
דאָרשט *s.* thirst צִמָּאוֹן.
דאָרשטיג *adj.* thirsty צָמֵא.
דאָרשטן *v. n.* to thirst הָיָה צָמֵא; to have (*fig.*) an ardent desire for עָרַג לְ־, שָׁאַף לְ־.
— עס דאָרשט מיך I am thirsty הנני צמא.
דאַשעק *s.* (*pl.* עס–) = ברולִיק.
דבוק = דיבוק.
דבור = דיבור.
דביקות *s.* religious ecstasy; – excessive devoutness חֲסִידוּת יְתֵרָה.
דביקען זיך *v. r.* to be in ecstasy הָיָה בְּמַצָּב שֶׁל דְּבֵקוּת; to display excessive devoutness הַרְאָה חֲסִידוּת יְתֵרָה.
דבקות, דבקען זיך = דביקות, דביקען זיך.
דבר *s.* (*pl.* דברים) thing; – word –, מִלָּה.
דבר־אחר *s.* (*pl.* דברים־אחרים) "another thing," a pig, a hog חֲזִיר; (*fig.*) abominable person אָדָם מְתֹעָב, אִישׁ מָאוּס.

דבר אל העצים ואל האבנים *phr.* "speak to the trees and stones," to preach to the winds דַּבֵּר עַל אָזְנַיִם חֵרְשׁוֹת.
דבר השוה לכל נפש *phr.* a thing of value to everybody –.
דבר חדש *s.* something new –.
דבר־חכמה *s.* something wise –.
דבר ידוע *s.* something well-known –.
דברי־חול *s. pl.* secular words –.
דברים בגו *adv.* there is something in it –, יֵשׁ בָּזֶה אֵיזֶה דָּבָר אוֹ פְּנִיָּה.
דברים בטלים *s. pl.* idle words –.
דברים כהויתם *s. pl.* things as they really are –.
דברים שבלב *s. pl.* matters of the heart, feelings –.
דבר־מצוה *s.* (*pl.* ס–) good deed, act of kindness –, מַעֲשֶׂה טוֹב.
דברן *v. n.* (*sl.*) to speak, talk דַּבֵּר.
דברן *s.* (*pl.* דברנים) talkative man –, פַּטְפְּטָן; orator –, נוֹאֵם.
דבר־פלא *s.* something wonderful –;
דבר־של־קיימא *s.* something lasting –.
דגים *s. pl.* fish –; Fishes, Pisces (*astr.*) מַזַּל דָּגִים.
דגל *s.* (*pl.* דגלים) lanner, flag –, נֵס; (*fl.*) garment מַלְבּוּשׁ.
דדים *s. pl.* breasts, teats –, שָׁדַיִם.
דהיינו *adv.* for instance –, לְמָשָׁל; namely –, לֵאמֹר, כְּלוֹמַר.
דהינו = דהיינו.
דו *pron. pers.* thou, you אַתָּה.
דוב *s.* (*pl.* עס–) = דעמב.
דובאָװע = דעמבן.
דובינקע *s.* (*pl.* ס–) club מַקֵּל־יָד, מַקֵּל־חוֹבְלִים.
דובלטאָװע *adj.* double כָּפוּל.
דובעלירער *s.* (*pl.* ס–, –) jeweller אָמָן בְּמִשְׁבְּצוֹת אֲבָנִים טוֹבוֹת; מוֹכֵר אֲבָנִים טוֹבוֹת.
דודע *s.* (*pl.* ס–) pipe חָלִיל; bag-pipe חֵמֶת־חֲלִילִים, סוּמְפּוֹנְיָה; (*fig.*) burden מַשָּׂא, סֵבֶל.
— האַלטן זיך מיט דער דודע to bear the burden נשא הסבל.
דודקע *s.* (*pl.* ס–) pipe חָלִיל.
דוהע *s.* (*pl.* ס–) bow, arch קֶשֶׁת; the bow over a horse-collar קֶשֶׁת הָעֹל לַסּוּס.
דװאָריאַנין *s.* (*pl.* עס–) nobleman אָצִיל.
דװאָריאַנסטװע *s.* nobility מִפְלֶגֶת הָאֲצִילִים.
דװאָריאַנסקע *adj.* of nobility שֶׁל הָאֲצִילִים.
דװאָריאַנקע *s.* (*pl.* ס–) noblewoman אֲצִילָה.
דװאָרניק *s.* (*pl.* עס–) janitor, house-porter שׁוֹמֵר הֶחָצֵר, שׁוֹעֵר.

א) = דײַטש Jedes Darum hat sein Warum.

דוואָרעצקע *s.* (*pl.* ם –) major domo, steward סוֹכֵן הַבַּיִת אוֹ הֶחָצֵר.

דַווקא *adv.* only –, רַק; necessarily –, בְּהֶכְרֵחַ.
— דווקא אַזוי און נומ אַנדערש only so and not otherwise כך ולא באופן אחר.
— נומ דווקא אַזוי not exactly in this manner לאו דווקא באופן זה.
— נומ דווקא היינט not necessarily today לאו דווקא היום.
— דווקא נומ! in spite of you I shall not do it! לא אעשה זאת למרות רצונך!
— חיל איך דווקא אַזוי! I want so in spite of you! חפץ אני בזה למרות רצונך!

דוחה זיין *v. a.* to repel דָּחָה; to refuse דָּחָה, הֵשִׁיב אָחוֹר; to annul בִּטֵּל.
— דוחה זיין בשתי ידים "to repel with both hands," to refuse utterly דחה לגמרי.
— פיקוח נפש איז דוחה שבת the saving of life annuls the Sabbath פקוח נפש דוחה (מבטל) את השבת.

דוחק *s.* pinch –, לַחַץ; want, scarcity חֹסֶר, מַחְסוֹר.

דוחק זיין *v. a.* to press, urge דָּחַק, הֵאִיץ.

דוחק אֶת הַשָּׁעָה זיין *v. n.* to press the time דָּחֹק אֶת הַשָּׁעָה (התאמץ שיבא דבר יותר מהר).

דויבען = דאָלבען.

דויען זיך *v. r.* to pout זָעַף (=בלאָזן זיך).

דויער *s.* duration אֹרֶךְ (זמן), הֶמְשֵׁךְ.

דויערונג = דויער.

דוך *s.* spirit רוּחַ; breath נְשִׁימָה; heat (*of an [oven]*) חֹם (של תנור).
— געבן דוך to give heat נתן חם; (*fig.*) to let one-self loose דבר ככל העולה על רוחו.

דוכאָווגע *adj.* spiritual רוּחָנִי; clerical שֶׁל מִפְלֶגֶת כֹּהֲנֵי הַדָּת.

דוכאָוו|נער *s.* (*pl.* – נע) clergyman, minister כֹּהֵן הַדָּת, מְשָׁרֵת בֵּית יְיָ.

דוכאָווענסטווע *s.* clergy מִפְלֶגֶת כֹּהֲנֵי הַדָּת.

דוכטן = דאַכטן.

דוכנען *v. n.* to perform the priestly bene-diction בֵּרֵךְ בִּרְכַּת כֹּהֲנִים, עָלָה לַדּוּכָן.

דוּכָּס *s.* (*pl.* דוּכָּסים) duke –, נָסִיךְ.

דוּכָּסָה *s.* (*pl.* דוּכָּסות) duchess –, נְסִיכָה.

דול *adj.* confused מְבֻלְבָּל; mad מְטֹרָף, מְשֻׁגָּע.
— מאַכן דול to confuse בלבל.

דולדן *v. a.* to suffer סָבַל; to tolerate סָבַל, הִתְיַחֵס בְּסַבְלָנוּת לְ־.

דול|הויז *s.* (*pl.* – הייזער) insane-asylum, lunatic asylum בֵּית מְשֻׁגָּעִים.

דולובען = דלובען.

דולן *v. a.* to disturb בִּלְבֵּל; to annoy הֶלְאָה.
— דולן אומעצן און די אויערן to din into a person's ears קשקש באזני איש.
— דולן אומעצן דעם מוח to annoy a person by talking הלאה איש בדברים.

דולעניש *s.* din שָׁאוֹן, קִשְׁקוּשׁ; confusion בִּלְבּוּל, מְבוּכָה.

דומע *s.* (*pl.* – ס) council (*in Russia*) מוֹעֶצֶת (ברוסיה); town-hall בֵּית מוֹעֶצֶת הָעִיר.
— גאָסודאַרסטווענע דומע, ז. גאָסודאַרסטווענע.

דומפּיג *adj.* mouldy עָבֵשׁ.

דונער *s.* (*pl.* – ן) thunder רַעַם.

דונערדיג *adj.* of thunder שֶׁל רַעַם; thunderous שׁוֹאֵן כְּרַעַם.

דונער־קלאַפּ *s.* (*pl.* – ק, עס) thunderbolte קוֹל רַעַם.

דועט *s.* (*pl.* – ן) duet (*mus.*) צִמְדָּה (זמרת שנים).

דועל *s.* (*pl.* – ן) duel מִלְחֶמֶת שְׁנַיִם, מִלְחֶמֶת בֵּינַיִם.

דוּפּען = אופּען.

דופק *s.* pulse –.
— אָנכאַפּן (א טאַפּ טאָן) דעם דופק to feel a person's pulse משש דפקו של אדם; to sound (*fig.*) a person's mind חקר לדעת מחשבתו של אדם.

דוצן *v. a.* to address with "thou" דִּבֵּר לְאִישׁ בִּלְשׁוֹן נוֹכֵחַ יָחִיד.

דַ ק׳ = דווא.

דוקאַט *s.* (*pl.* – ן) ducat (*gold coin*) אָדוֹם (מטבע זהב).

דוקעם = דוּקֶם.

דור *s.* (*pl.* דורות) generation –; age –, תְּקוּפָה; brood בְּרֵכָה (אפרוחים שיצאו בזמן אחד מהבצים).

דוראַקעס *s. pl.* "fools," sort of game at cards שׁוֹטִים, מִין מִשְׂחָק בִּקְלָפִים.

דור־דורות *s. pl.* many generations דּוֹרוֹת רַבִּים.
— אויף דור־דורות for many generations לדורות רבים.

דור־הַמַּבּוּל *s.* the generation that perished in the deluge –.

דור־הַמִּדְבָּר *s.* the generation that wandered in the desert –.

דור־הַפְּלָגָה *s.* the generation that was scattered after the building of the tower of Babel –.

דורך *prep.* through בְּעַד; by עַל יַד, עַל יְדֵי.
— דורך און דורך through and through, right through בעד, חלף ועבר.

דורך־ *pref.* through בְּעַד; thoroughly הֵיטֵב.

דורכאַנאַנד *adv.* one after another, consecutively בָּזֶה אַחַר זֶה, כְּסֵדֶר; continually בְּלִי הֶפְסֵק.

דורכאַקערן *v. a.* to plough through חָרֹשׁ כָּל־; to search all over (*fig.*) חַפֵּשׂ בְּכָל מָקוֹם.

דורכאַרבעטן *v. a.* to work through הַשְׁלֵם כֻּלּוֹ; to knead (*dough, clay*) לוּשׁ (בצק, חמר).

דורכבויערן *v. a.* to bore *or* pierce through נְקֹב מִשְּׁנֵי קְצוֹתָיו.

דורכבויקערן = דורכבײַקערן.

דורכבײַסן *v. a.* to bite through נְשֹׁךְ כָּל־.

דורכבײַקערן *v. a.* to lick soundly הַלְקֵה הֵיטֵב.

דורכבליקן *v. a.* to look *or* glance through הַשְׁקֵף בְּעַד; to see through חֲדֹר בְּמַבָּט.

דורכבלעטערן *v. a.* to turn over the leaves of a book, to glance through (*a book*) הָפֹךְ עַלֵּי סֵפֶר, עַלְעֵל, עַלְעֵל וְעַיֵּן.

דורכברעכן *v. a.* to break שָׁבֹר; to break through פָּרֹץ, חָתֹר (בדבר); ‖ –זיך *v. r.* to be broken הִשָּׁבֵר, הִבָּקֵעַ; to break through הִתְפָּרֵץ.

דורכברענען *v. a.* to burn through נָקֹב עַל יְדֵי אֵשׁ; ‖ –זיך *v. r.* to be burnt through נָקֹּב עַל יְדֵי אֵשׁ.

דורכ‖גאַנג *s.* (–גענג *pl.*) passage מַעֲבָר.

דורכגיין *v. a.* to go through, pass through עָבֹר, חָלֹף; to look over (*fig.*) עָבֹר (על כתב); to read through (*fig.*) קְרֹא כֻלּוֹ; ‖ –זיך *v. r.* to take a walk הִתְהַלֵּךְ, טַיֵּל.

דורכגייער *s.* (– *pl.*) passer-by עוֹבֵר, הֵלֶךְ.

דורכגעטריבן *adj.* crafty, cunning עָרוּם, בַּעַל מְזִמּוֹת.

דורכגעלעכערט *adj.* pierced with holes, perforated נָקוּב.

דורכגעפּריעט *adj.* sweated out רָטֹב מִזֵּעָה; boiled enough מְבֻשָּׁל כֻּלּוֹ.

דורכגראָבן *v. a.* to dig through חַפֹּר.

דורכדעם *adv.* by this עַל יְדֵי זֶה, בָּזֶה.

דורכדענקען = דורכטראַכטן.

דורכדרינגען *v. a.* to penetrate חָדֹר (במבט).

דורכדרינגענדיג *adj.* penetrating חוֹדֵר (מבט).

דורכדרייען *v. a.* to twist *or* wind through פַּתֵּל בְּעַד־; ‖ –זיך *v. r.* to wind through הִתְפַּתֵּל בְּעַד־; to come and go בּוֹא וָשׁוֹב.
— עס דרייען זיך דורך פֿילע מענשן many people come and go אנשים רבים באים ושבים.

דורכדרעליעווען = דורכבויערן.

דורכהאָבן *v. a.* to go through, read through קְרֹא מֵהָחֵל עַד כַּלֵּה.

דורכהאַקן *v. a.* to cut through חָטֹב מֵעֵבֶר לְעֵבֶר.

דורכהייצן *v. a.* to heat thoroughly הַסֵּק הֵיטֵב.

דורכוואַנדערן *v. a.* to pass *or* travel through עָבֹר (במסעות).

דורכוואַקסן *v. n.* to grow through צָמֹחַ מִבֵּין־.

דורכוואַרעמען *v. a.* to warm through הַחֵם הֵיטֵב; ‖ –זיך *v. r.* to be warmed through הִתְחַמֵּם הֵיטֵב.

דורכוואַרפֿן *v. a.* to throw through הַשְׁלֵךְ בְּעַד־; to interweave אָרֹג בְּתוֹךְ־; to mention (*fig.*) among other things הַזְכֵּר בְּתוֹךְ שְׁאָר דְּבָרִים; ‖ –זיך *v. r.* to appear here and there הֵרָאֵה פֹּה וָשָׁם.

דורכוואַשן *v. a.* to wash thoroughly כַּבֵּס הֵיטֵב; to wash through, wear by washing בַּלֵּה עַל יְדֵי כִּבּוּס.

דורכווייען *v. a. n.* to winnow הָבֵר, זָרֹה; to blow through נָשֹׁב בְּעַד־.

דורכווייקן *v. a.* to soak thoroughly הַשְׁרֵה כֻּלּוֹ.

דורכוועבן *v. a.* to interweave אָרֹג בְּתוֹךְ־.

דורכוועג = דורכגאַנג.

דורכווערטלען זיך *v. rec.* to quarrel רִיב אִישׁ עִם רֵעֵהוּ.

דורכויס *adv.* entirely כֻּלּוֹ; absolutely, positively, by all means בְּהֶחְלֵט, בְּכָל אוֹפֶן.
— דורכויס ניט by no means בשום אופן.

דורכויסיג *adj.* entire שֶׁכֻּלּוֹ.
— אַ דורכויסיגער פֿוטער a coat entirely lined with fur בגד שכֻּלו מְכֻסה בעור שער.

דורכזאַלצן *v. a.* to salt thoroughly מַלֵּחַ הֵיטֵב.

דורכזאַפּן *v. a.* to soak רַוֵּה, הַשְׁקֵה.

דורכזוכונג *s.* (–ען *pl.*) serching חִפּוּשׂ.

דורכזוכן *v. a.* to search חַפֵּשׂ.

דורכזיידן = דורכקאָכן.

דורכזײַן *v. n.* to stay a certain time יָשֹׁב זְמַן מָה בְּמָקוֹם; to have finished גָּמֹר.

דורכזײַען *v. a.* to filter, strain סַנֵּן.

דורכזײַערן *v. a.* to sour הַחְמֵץ; to leaven הַחְמֵץ (עסה).

דורכזיכטיג *adj.* transparent שָׁקוּף, זַךְ; ‖ –קייט *s.* transparency שְׁקִיפוּת.

דורכזיפּן *v. a.* to sift נַפֵּה; to search (*fig.*) בָּדֹק.

דורכזעגן *v. a.* to saw through נַסֵּר כֻּלּוֹ.

דורכזען *v. a.* to see through רְאֵה בְּעַד־; to look through, read through עָבֹר (על ספר); to revise הַגֵּהַ.

דורכזעצן *v. a.* to beat or break through הַכֵּה וְשָׁבֹר; to carry out, accomplish הוֹצֵא לַפֹּעַל; ‖ *v. n.* to ooze through נָזֹל אוֹ נָטֹף מִ־ (כמו מים מכלי).

דורכזשאַווערן *v. n.* to become entirely rusty הֶחָלֵד כֻּלּוֹ.

דורכטראָגן *v. a.* to carry through נְשׂא בְּעַד־.

דורכטראַכטן *v. a.* to think over, deliberate הִתְיַשֵּׁב, הִתְבּוֹנֵן.

דורכטרייַבן *v. a.* to drive through נָּרֵשׁ, שַׁלֵּחַ.

דורכטריפן *v. n.* to drip through טַפְטֵף בְּעַד־.

דורכטריקענען *v. a.* to dry thoroughly יַבֵּשׁ כֻּלּוֹ.

דורכיאָגן *v. a.* to chase *or* drive through נָּרֵשׁ מִ־; || *v. n* to run through רוּץ וְעָבֹר.

דורכלאָזן *v. a.* to let through, allow to pass נָתֹן לַעֲבֹר; to miss עֲזֹב (הזדמנות, שעת הכשר).

דורכלויגן *v. a.* to buck, steep thoroughly in lye הַשְׁרֵה הֵיטֵב בְּמֵי אֵפֶר.

דורכלויזן *v. a.* to louse פַּלֵּה; to search (*fig.*) thoroughly חַפֵּשׂ הֵיטֵב.

דורכלויפן *v. n.* to run through רוּץ בֵּין־; to flow through נְזֹל בְּעַד־; || *v. a.* to peruse hastily קְרֹא בִּמְהִירוּת.

דורכלופטערן *v. a.* to air, ventilate אַוֵּר (טַהֵר לפני הרוח).

דורכלייַטערן *v. a.* to purify צָרֹף, זַכֵּךְ.

דורכלייַכטן *v. n.* to shine through הוֹפִיעַ בְּעַד־; to be transparent הָיֹה שָׁקוּף.

דורכלייענען *v. a.* to read through קְרֹא כֻּלּוֹ.

דורכלעבן *v. n.* to spend one's life בַּלֵּה יָמָיו; = איבערלעבן.

דורכלעזן = דורכלייענען.

דורכלעכערן *v. a.* to pierce through נְקֹב חוֹר; to bore, perforate נַקֵּב.

דורכלערנען *v. a.* to learn thoroughly לָמֹד כֻּלּוֹ.

דורכמאַכן *v. a.* to finish גְּמֹר; to experience רָאֹה (מאורעות).

דורכמאַרשירן *v. n.* to march through צָעֹד וְעָבֹר.

דורכמישן *v. a.* to mix בַּלֵּל; to mix thoroughly בַּלֵּל הֵיטֵב; to turn (*the leaves of a book*) הָפֹךְ (עלה ספר), עַלְעֵל; || — **זיך** *v. r.* to appear here and there הֵרָאֵה פֹּה וָשָׁם.

דורכמעסטן *v. a.* to measure through מָדֹד כֻּלּוֹ.

דורכמעסטער *s.* (*pl.* ס —) one who measures through מוֹדֵד כֻּלּוֹ; diameter (*geom.*) קֹטֶר (רֹחַב העגיל).

דורכנייען *v. a.* to sew through תְּפֹר; to quilt, stitch on both sides תְּפֹר מֵעֵבֶר לְעֵבֶר.

דורכנעמען *v. a.* to put through הַעֲבֵר דֶּרֶךְ־; to put through הַכְנֵס בְּ־, הַשְׁחֵל (חוט בקופו של מחט); to wire-draw הַעֲבֵר חוּט בַּרְזֶל דֶּרֶךְ חוֹרִים; to drench, wet through and through רַטֵּב כֻּלּוֹ; to comprehend, understand (*fig.*) הָבֵן הֵיטֵב; to penetrate (*fig.*) חָדֹר; to size up הַעֲרֵךְ (ערך איש).

דורכנעצן *v. a.* to wet through and through רַטֵּב כֻּלּוֹ.

דורכסילען *v. a.* to put through הַכְנֵס בְּ־, הַשְׁחֵל (חוט בקופו של מחט).

דורכפּאַטשן *v. a.* to slap soundly סָטֹר הֵיטֵב.

דורכפאַל *s.* (*pl.* ן —) falling through נְפִילָה בְּעַד־; failure (*fig.*) אִי־הַצְלָחָה; diarrhea (*med.*) שִׁלְשׁוּל.

דורכפאַלן *v. n.* to fall through נְפֹל בְּעַד־; (*fig.*) to fail לֹא הַצְלֵחַ, לֹא עֲלֹה יָפֶה.

דורכפאָר *s.* (*pl.* ן —) passage מַעֲבָר; thoroughfare רְחוֹב מַעֲבָר.

דורכפאָרן *v. n.* to pass through עָבֹר דֶּרֶךְ־; to drive through עָבֹר בַּעֲגָלָה; || — **זיך** *v. r.* to take a ride *or* drive נְסֹעַ לְטִיּוּל.

דורכפאַרען *v. a.* to steam thoroughly חַמֵּם כֻּלּוֹ בְּהֶבֶל; to stew well בַּשֵּׁל הֵיטֵב; || — **זיך** *v. r.* to be thoroughly steamed הִתְחַמֵּם הֵיטֵב בְּהֶבֶל; to be well stewed הִתְבַּשֵּׁל הֵיטֵב.

דורכפאָרער *s.* (*pl.* —, ס —) passing traveler עוֹבֵר אֹרַח.

דורכפאָרשונג *s.* (*pl.* ען —) investigation דְּרִישָׁה, חֲקִירָה; exploration תִּיּוּר.

דורכפאָרשן *v. r.* to investigate, examine דָּרֹשׁ, חָקֹר; to explore תּוּר (ארץ).

דורכפוילן *v. n.* to rot entirely הֵרָקֵב כֻּלּוֹ.

דורכפייַכטן *v. a.* to wet through הַרְטֵב; || *v. n.* to perspire lightly הָזֵעַ בְּאֹפֶן קַל.

דורכפיילן *v. a.* to file through שַׁפְשֵׁף בְּשׁוֹפִין לְהַקְצָאִים.

דורכפּיקן *v. a.* to peck through נְקֹב בְּמַקּוֹר.

דורכפירונג *s.* leading through הַעֲבָרָה; conduction (*phys.*) הַעֲבָרָה (של חם, של חשמל); execution (*fig.*) הוֹצָאָה לַפֹּעַל.

דורכפירן *v. a* to lead through הוֹלֵךְ וְהַעֲבֵר (איש); to carry through הַעֲבֵר (דבר); to accompany לַוֵּה; to conduct (*phys.*) הַעֲבֵר (חם, חשמל); to execute (*fig.*) הוֹצֵא לַפֹּעַל.

דורכפירער *s.* (*pl.* —, ס —) one who leads through מוֹלִיךְ וּמַעֲבִיר; one who carries through מַעֲבִיר (דבר); one who accompanies מְלַוֶּה; conductor (*phys.*) מַעֲבִיר (חם, חשמל); executor (*fig.*) מוֹצִיא לַפֹּעַל.

דורכפליסן *v. n.* to flow through שְׁטֹף דֶּרֶךְ־; to run through נְזֹל מֵעֵבֶר לְעֵבֶר.

דורכפליען *v. n.* to fly through עוּף וְעָבֹר; to rush through עָבֹר בִּמְהִירוּת.

דורכפלעכטן *v. a.* to interweave, intertwine קַלֵּעַ בֵּין־.

דורכפרירן *v. n.* to freeze through קְפֹא כֻּלּוֹ מִקֹּר.

דורכציִען *v. a.* to draw *or* pull through מְשֹׁךְ וְהַעֲבֵר; to put through הָבֵא דֶּרֶךְ־, הַכְנֵס בְּ־, הַשְׁחֵל (חוט בקופו של מחט); || *v. n.* to go through עָבֹר דֶּרֶךְ־.

דורכקאַטשען = דורכקײַקלען.

דורכקאָכן *v. a.* to boil thoroughly בַּשֵּׁל הֵיטֵב.

דורכקאַפּען = דורכטריפן.

דורכקוועטשן *v. a.* to squeeze through דָּחֹק בְּעַד־.

דורכקומען *v. n.* to get through עָבֹר; (*fig.*) to come to an understanding הִתְפַּשֵּׁר.

דורכקומעניש *s.* (*pl.* ן —) understanding, agreement פְּשָׁרָה.

דורכקוקן *v. n.* to look through הַשְׁקֵף בְּעַד; to look through, read through עָבֹר (על ספר); to revise הַגֵּהַּ.

דורכקײַלן *v. a.* to give a drubbing הַכֵּה, הַלְקֵה. — דורכקײַלן די זײַטן to give a good drubbing הכה מכה רבה.

דורכקלאַפּן *v. a.* to knock through הַכֵּה וְהוֹצֵא; to lick, give a licking הַכֵּה, הַלְקֵה.

דורכקלעטערן *v. n.* to climb through טַפֵּס וְעָבֹר.

דורכקנײַטשן *v. a.* to read through carefully קְרֹא בְּשִׂים לֵב, קְרֹא בְדִיּוּק.

דורכקנעטן *v. a.* to knead thoroughly לוּשׁ הֵיטֵב.

דורכקענען *v. a.* to know thoroughly יָדֹעַ (איש) הֵיטֵב.

דורכקריגן *v. a.* to get through הַעֲבֵר וְהָבֵא; || — זיך *v. r.* to get through יָצֹא וְעָבֹר.

דורכקריגן זיך *v. rec.* to quarrel רִיב, הִתְקוֹטֵט.

דורכקריכן *v. n.* to creep through זָחֹל וְעָבֹר; to get through with difficulty גָּמֹר בִּכְבֵדוּת.

דורכראַצן = דורכזשאַווערן.

דורכרוקן *v. a.* to push through דָּחֹף וְהַעֲבֵר.

דורכרײַבן *v. a.* to rub through, make holes by rubbing *or* friction עֲשׂה חוֹרִים עַל יְדֵי שִׁפְשׁוּף; || — זיך *v. r.* to be rubbed through הֵעָשֵׂה חָרוּר עַל יְדֵי שִׁפְשׁוּף; (*fig.*) to develop oneself הִתְפַּתֵּחַ.

דורכרײדן זיך *v. r.* to talk over, discuss הַדַּבֵּר עַל־, הִשְׁתָּאֵה עַל־.

דורכרײַזע *s.* traveling through מַעֲבָר.

דורכרײַזן *v. n.* to travel through עָבֹר (במקום).

דורכרײַטן *v. n.* to ride through עָבֹר בִּרְכִיבָה.

דורכרײַניגן *v. a.* to clean thoroughly טַהֵר כֻּלּוֹ, נַקֵּה הֵיטֵב.

דורכרײַסן *v. a.* to tear up, tear asunder קָרֹעַ כֻּלּוֹ, קָרֹעַ לַחֲצָאִים; || — זיך *v. r.* to push oneself through הִדָּחֵק וְעָבֹר בֵּין־; to break through בָּקֹעַ אֶל־.

דורכרינען *v. n.* to run through נָזֹל מֵעֵבֶר לְעֵבֶר.

דורכרעגענען *v. n.* to rain through עָבֹר מֵי גְשָׁמִים (בבנין, בבגד); || — זיך *v. r.* to rain יָרֹד מָטָר.

דורכרעדן זיך = דורכרײדן זיך.

דורכרעכענען *v. a.* to reckon, calculate חָשֹׁב.

דורכשווימען *v. n.* to swim through שָׂחֹה מֵעֵבֶר לְעֵבֶר; to swim past שָׂחֹה וְעָבֹר.

דורכשוויצן *v. n.* to sweat for some time זוּעַ זְמַן־מָה; to ooze through טַפְטֵף בְּעַד־; to be soaked in sweat (*of clothes*) רָטֹב מִזֵּעָה; || — זיך *v. r.* to sweat for some time זוּעַ זְמַן־מָה.

דורכשווענקען *v. a.* to rinse out הָדֵחַ; to wash שְׁטֹף (נהר, ים).

דורכשטודירן *v. a.* to study thoroughly לָמֹד הֵיטֵב; to examine thoroughly הִתְבּוֹנֵן בְּדָבָר הֵיטֵב.

דורכשטויסן *v. a.* to push through הדף בעד־; || — זיך *v. r.* to push oneself through הִדָּחֵק וְעָבֹר.

דורכשטופּן = דורכשטויסן.

דורכשטעכן *v. a.* to pierce through דָּקֹר או נָקֹב מֵעֵבֶר לְעֵבֶר; רָצֹעַ (במרצע).

דורכשטעפּן *v. a.* to quilt תָּפֹר מֵעֵבֶר לְעֵבֶר.

דורכשטעקן *v. a.* to stick תָּקֹעַ בְּעַד־; to put through הַעֲבֵר בְּעַד־; to push through הָדֹף בְּעַד; || *v. n.* to stick out בָּלֹט מִתּוֹךְ־.

דורכשטראַלן *v. n.* to send rays through הָפֵץ קַרְנַיִם בְּעַד־.

דורכשײַנען = דורכלײַכטן.

דורכשײַערן *v. a.* to scour thoroughly מָרֹק הֵיטֵב.

דורכשימלען *v. n.* to get mouldy all over עָבֹשׁ כֻּלּוֹ.

דורכשיסן *v. a.* to shoot through יָרֹה בְּעַד־; חַלֵּף בְּכַדּוּר שֶׁל קְנֵה־רוֹבִים מֵעֵבֶר לְעֵבֶר.

דורכשיפן *v. a.* to transport in a boat הַעֲבֵר בָּאֳנִיָּה; || — זיך *v. r.* to sail through עָבֹר בָּאֳנִיָּה.

דורכשיקן *v. a.* to send שַׁלֵּחַ.

דורכשלאָגן *v. a.* to break through פָּרֹץ; || — זיך *v. r.* to break into בָּקֹעַ אֶל־; to make a shift to live מְצֹא דֶרֶךְ לְהִתְפַּרְנֵס.

דורכשלאָפן *v. n.* to sleep יָשֹׁן; || — זיך *v. r.* to sleep some time יָשֹׁן זְמַן מָה.

דורכשלאַק *s.* (*pl.* ן —) filter, strainer מְסַנֶּנֶת; puncher מַקָּב לַעֲשׂוֹת נְקָבִים בְּבַרְזֶל.

דורכשליטלען זיך *v. r.* to have a sleigh-ride נָסֹעַ בַּעֲגָלַת חֹרֶף לְטִיּוּל.

דורכשלײַדערן *v. a.* to fling through הַשְׁלֵךְ בְּעַד־.

דורכשלעפּן *v. a.* to drag trhough מְשֹׁךְ בְּעַד־.

דורכשמוגלען *v. a.* to smuggle through הַעֲבֵר בִּגְנֵבָה, הַעֲבֵר בְּלִי מֶכֶס.

דורכשמועסן זיך = דורכרײדן זיך.

דורכשניט *s.* (*pl.* ן —) cross-cut חִתּוּךְ עָרֹב; average סְכוּם מְמֻצָּע.

דורכשניטליך average, medium *adj.* מְמֻצָּע, בֵּינוֹנִי; ‖ on the average *adv.* בִּסְכוּם מְמֻצָּע.

דורכשנײַדן to cut trough *v. a.* חָתַךְ, חָצָה.

דורכשפּאַצירן to pass through *v. n.* עָבַר בֵּין־; ‖ ־ זיך to take a walk *v. r.* טִיֵּל.

דורכשפּאַרן to push through *v. a.* דָּחַק בְּעַד־.

דורכשפּרײַזן to stalk through *v. n.* צָעַד וְעָבַר.

דורכשפּרינגען to leap *or* jump through *v. n.* דִּלֵּג בְּעַד־.

דורכשפּריצן to squirt through *v. n.* יָצָא בְזֶרֶם בְּעַד־; ‖ to syringe *v. a.* הִזָּה בְחֹקֶן; to sprinkle thoroughly הִזָּה לְמַדַּי.

דורכשרײַבן זיך to correspond *v. rec.* בּוֹא בִכְתוּבִים, כָּתֹב אִישׁ לְרֵעֵהוּ.

דורכשרײַען זיך to shout to each other *v. rec.* צָעֹק אוֹ קָרֹא אִישׁ לְרֵעֵהוּ.

דורם זײַן to trample *v. a.* דָּרַס; to tear טָרַף.

דורען¹ fool (*pl.* דורניעס) *s.* שׁוֹטֶה, פֶּתִי.

דורען² to bother *v. a.* הִטְרִיד, בִּלְבֵּל.

— דורען אומעצן דעם קאָפּ (דעם מוח) to bother a person's head הטרד איש.

דורשט, דורשטיג, דורשטן = דאָרשט, דאָרשטיג, דאָרשטן.

דושליוויע asthmatic *adj.* קְצַר הַנְּשִׁימָה.

דושנע suffocating, sultry *adj.* מָלֵא חֹם מַחֲנִיק; ‖ ־ קײַט suffocating heat *s.* חֹם מַחֲנִיק.

דושען to suffocate *v. a.* חָנַק, חִנֵּק.

דושקע small bow (*pl.* ־ ס) *s.* קֶשֶׁת קְטַנָּה; handle יָדִית (אזן כלי); guard נִצָּב (יד חרב); clavicle עֶצֶם הַמַּפְתֵּחַ (עצם ענק הצואר).

דזיאַד old beggar (*pl.* ־ עס) *s.* זָקֵן שׁוֹאֵל עַל הַפְּתָחִים.

דזיובען to peck *v. a.* נִקֵּר בְּמַקּוֹר.

דזיִשקע wild *adj.* יַעֲרִי (פרי).

— דזיִשקע עפּעלעך wild apples תפוחים יעריים.

דזיעגיעץ = דזשעגעכץ.

דזיעלניק distributer of charity (*pl.* ־ עס) *s.* מְחַלֵּק צְדָקָה.

דזיערקאַטש worn-out broom (*pl.* ־ עס) *s.* מַטְאֲטֵא נִשְׁחָת.

דזיִק wild *adj.* פְּרָאִי; ‖ ־ קײַט wildness *s.* פְּרָאוּת.

דזשאַד, דזשאָד = דזיאַד.

דזשובען = דזיובען.

דזשיִק, ־ קײַט = דזיִק, ־ קײַט.

דזשעגעכץ tar *s.* עִטְרָן; cart-grease, wheel-grease מִשְׁחַת עֲגָלוֹת.

דזשעלניצע ward of a city (*pl.* ־ ס) *s.* חֵלֶק הָעִיר.

דזשערקאַטש = דזיערקאַטש.

דחק = דוחק.

דֹּחַק difficulty *s.* קֹשִׁי, כְּבֵדוּת.

דַּחְקוּת want *s.* מַחְסוֹר.

די the (*pl.* ־) *def. art.* הַ־ (מלת הידיעה למין נקבה); ‖ this *pron. dem.* הַזֹּאת.

— די מאַמע the mother האם; this mother האם הזאת.

— די מאַמעס the mothers האמות. these mothers האמות האל.

דיאַגנאָז diagnosis (*med.*) (*pl.* ־ ן) *s.* הַכָּרַת מַחֲלָה.

דיאָד = דזשעגעכץ.

דיאַדקע under-tutor, instructor of recruits (*mil.*) (*pl.* ־ ס) *s.* מוֹרֶה לַחֲנִיכֵי הַצָּבָא.

דיאַלעקט dialect (*pl.* ־ ן) *s.* מִבְטָא (אופן לשון מיוחד לאיזה מחוז או מדינה).

דיבאָם upright, on end *adv.* בִּזְקִיפָה.

— שטעלן זיך דיבאָם to stand on end (*of hair*) סמר (שערות); to rear, prance (*of a horse*) עמד על הרגלים האחרונות (סוס).

דידאָזינגע, ז. דאָזינג.

דִּיבּוּק an evil spirit by which a person is possessed (*pl.* דִּיבּוּקים) *s.* רוּחַ רָעָה הַשּׁוֹכֶנֶת בְּאִישׁ.

דִּיבּוּר speech (*pl.* דִּיבּוּרים) *s.* ־; word ־ , מִלָּה; manner of speaking אוֹפֶן הַדִּבּוּר; pronunciation מִבְטָא; conversation שִׂיחָה.

דַּיָּה לְצָרָה בְּשַׁעְתָּהּ sufficient to the day is the evil thereof *phr.* ־.

דַּי וְהוֹתֵר more than enough, enough and to spare *adv.* ־, יוֹתֵר מִדַּי.

דיוואַן carpet (*pl.* ־ עס) *s.* מַרְבָד; sofa מִטַּת־מוֹשָׁב.

דיוויזיע division (*mil.*) (*pl.* ־ ס) *s.* לִגְיוֹן, פְּלֻגָּה (בחיל הצבא).

דיזעלבינגע, ז. זעלבינג.

די‖זער, ־ זע, ־ זעס this (*pl.* ־ זע) *pron. dem.* הַזֶּה, הַזֹּאת (= דער, די, דאָס).

דיטאָ ditto, as aforesaid *adv.* כָּאָמוּר לְמַעְלָה; ‖ *s.* ditto, the aforesaid, the same thing הַדָּבָר הַנִּזְכָּר לְמַעְלָה, אוֹתוֹ הַדָּבָר.

דיטקע[א] a silver groschen (*pl.* ־ ס) *s.* אֲגוֹרַת כֶּסֶף.

דיטקען of the price of a silver groschen *adj.* שֶׁל מְחִיר אֲגוֹרַת כֶּסֶף.

— אַ דיטקענער קוכן a cake of the price of a silver groschen עוגה שמחירה אגורת כסף.

דײַזשע kneading trough (*pl.* ־ ס) *s.* מִשְׁאֶרֶת, מָלוּשׁ.

דײַזשע־באָרשטש a dish of leavened dough *s.* נְזִיד בָּצֵק נָחְמָץ.

דײַטליך plain, clear, distinct *adj.* בָּרוּר; ‖ *adv.* plainly, clearly, distinctly בָּרוּר, בְּבֵרוּר;

[א] דיטקע = דײַטש Dittchen, פּויליש dydek.

|| –קייט *s.* plainness, clearness, distinctness בֵּרוּר.

דײַטש *adj.* German אַשְׁכְּנַזִּי, גֶּרְמָנִי; || *s.* the German language לָשׁוֹן אַשְׁכְּנַזִּי.

— דײַטשער ים, ז. נאָרד־מער.

דײַטשוואַרג *s.* German books סְפָרִים בִּלְשׁוֹן אַשְׁכְּנַז (בתור סחורה)א).

דײַטשון *s.* (*pl.* –עס) German Jew (*cont.*) יְהוּדִי אַשְׁכְּנַזִּי; moderner אִישׁ מֵהַדּוֹר הֶחָדָשׁ.

דײַטשונע = דײַטשון.

דײַטשוש = דײַטש.

דײַטשמעריזם *s.* (*cont.*) Germanism (of Yiddish) גִּזּוּן אַשְׁכְּנַזִּי (של יידיש).

דײַטשמעריש *adj.* (*cont.*) quasi-German שֶׁהוּא כְּגִזּוּן לָשׁוֹן אַשְׁכְּנַזִּי; || *s.* Germanised Yiddish יִידִישׁ כְּגִזּוּן לָשׁוֹן אַשְׁכְּנַזִּי.

דײַטש־פּורים *s.* (*fl.*) bunch of pick-locks אֲגֻדַּת מַפְתְּחוֹת שֶׁל גַּנָּבִים.

דײַן *s.* (*pl.* דַיינים) judge –, שׁוֹפֵט; associate of a rabbi –.

דײַ||ן *pron. poss.* (*pl.* –נע) thy, your שֶׁלְּךָ.

דַיינוּת *s.* office of an associate of a rabbi –.

דײַנטוועגן *adv.* for your sake – פֿון בַּעֲבוּרְךָ, בִּשְׁבִילְךָ; for your part מִצִּדְּךָ.

דײַניג *pron. poss. abs.* (דער –ער, די –ע, דאָס –ע) thine, yours שֶׁלְּךָ.

דײַ||נער *pron. poss. abs.* (–נע, –נס) thine, yours שֶׁלְּךָ.

דײַקסל *s.* (*pl.* –ען) = דושל.

דיך[1] (אקוזאטיוו פֿון דו) *pron. pers.* thee, you אוֹתְךָ (אוֹתָךְ).

דיך[2] *s.* (*pl.* –ן) thigh יָרֵךְ.

דיכאָוויטשנע = דושלווע.

דיכטער = פּאָעט.

דיכען *v. n.* to breathe נָשֹׁם.

דיל *s.* (*pl.* –ן) floor רִצְפָּה.

דיל־דַלְפֿן *s.* (*fl.*) pick-lock מַפְתֵּחַ שֶׁל גַּנָּבִים.

דילע = דיעלע.

דילעזשאַנס *s.* (*pl.* –ן) stage-coach מֶרְכֶּבֶת־עָם.

דילעטאַנט *s.* (*pl.* –ן) dilettante, amateur אוֹהֵב חָכְמָה אוֹ אוּמָנוּת (בלי הבן אותן היטב).

דילעטאַנטקע *s.* (*pl.* –ס) lady amateur אוֹהֶבֶת חָכְמָה אוֹ אוּמָנוּת.

די לְצָרָה בְּשַׁעְתָּהּ, ז. דיה...

דימיטירן *v. a.* to dismiss שַׁלֵּחַ, פַּטֵּר (ממשמרת).

דימיסיע *s.* dismissal פִּטּוּרִים; retirement, resignation הִתְפַּטְּרוּת.

— אײַנגעבן זיך אין דימיסיע to resign, tender one's resignation התפטר (ממשרה).

דימענט *s.* (*pl.* –ן) diamond יַהֲלֹם, אֶבֶן־שֹׁהַם; precious stone, gem אֶבֶן יְקָרָה; (*fig.*) kind-hearted person אִישׁ טוֹב־לֵב; (*typ.*) the diamond, smallest printing-type אוֹתִיּוֹת קְטַנּוֹת מְאֹד (של דפוס).

דימענט־הענדלער *s.* (*pl.* –, –ס) jeweller מוֹכֵר אֲבָנִים יְקָרוֹת.

דימענטיג *adj.* kind-hearted טוֹב־לֵב.

דימענטן *adj.* of diamonds שֶׁל יַהֲלֹמִים; of gems שֶׁל אֲבָנִים יְקָרוֹת; (*fig.*) kind-hearted טוֹב־לֵב.

— דימענטענע חתונה diamond wedding, sixtieth anniversary of the wedding חגיגת שנת הששים לנשואים.

דַין *s.* (*pl.* דַינים) = דיין.

דין *s.* (*pl.* דינים) law –, חֹק.

דין *adj.* thin דַּק; slender דַּק, כָּחוּשׁ.

דינאַמיט *s.* dynamite דִּינָמִיט (מין חמר מתפוצץ).

דינאַסטיע *s.* (*pl.* –ס) dynasty בֵּית הַמַּלְכוּת.

דינג *s.* thing דָּבָר.

דינגען *v. a.* (*p. p.* געדונגען) to hire שָׂכֹר; || –זיך *v. r.* to bargain, haggle הִתְוַכֵּחַ עַל דְּבַר הַמְּחִיר; (*fig.*) to argue הִתְוַכֵּחַ.

דינגעניש *s.* bargaining, haggling וִכּוּחַ עַל דְּבַר הַמְּחִיר.

דַיֵנוּ *adv.* it is sufficient for us –, דַּי לָנוּ.

דין־וְחֶשְׁבּוֹן *s.* account –.

דַיָנוּת = דַיינוּת.

דיני מָמוֹנוֹת *s. pl.* laws concerning pecuniary matters, civil laws –.

דיני נְפָשׁוֹת *s. pl.* laws concerning capital crimes, criminal laws –.

דיניע *s.* (*pl.* –ס) melon אֲבַטִּיחַ צָהֹב.

דינסט *s.* (*pl.* –ן) service עֲבוֹדָה; female servant, maid-servant שִׁפְחָה, אָמָה.

דינסטיג *s.* Tuesday הַיּוֹם הַשְּׁלִישִׁי (בשבוע).

דינסטיגדיק *adj.* of Tuesday שֶׁל הַיּוֹם הַשְּׁלִישִׁי.

דינסט־מויד *s.* (*pl.* –ן) (*cont.*) maid-servant שִׁפְחָה.

דינסט־מיידל *s.* (*pl.* –עך) maid-servant, servant-girl שִׁפְחָה, אָמָה.

דינען *v. n.* to serve שָׁרֵת; to serve as, serve for הָיֹה לְ־, שַׁמֵּשׁ לְ־.

— זיך לאָזן דינען to listen שמע, הקשב.

דינער *s.* (*pl.* –, –ס) servant מְשָׁרֵת, עֶבֶד.

דינערן *s.* (*pl.* –ס) female servant מְשָׁרֶתֶת, שִׁפְחָה.

דינערשאַפֿט *s.* (*pl.* –ן) servants, domestics מְשָׁרְתֵי הַבַּיִת.

דינקייט *s.* thinnes דַּקּוּת; slenderness כְּחִישׁוּת.

א) דײַטשוואַרג געפֿינט זיך אין דעם אויסצוג פֿון זאָלקווער פּינקס אין דעם ספר „קריה נשגבה" פֿון ש. באָבער (זייט 104, כנ).

דין־תורה s. (pl. ם –) lawsuit –, מִשְׁפָּט.

דיסטילאַטער s. (pl. ם –) distiller צוֹרֵף (משקים).

דיסטילאַציע s. distillation מִצְרָף (משקים).

דיסטילירן v. a. to distill צָרֹף (משקים).

דיסציפּלינע s. discipline מִשְׁמַעַת; מִשְׁטָר.

דיסציפּלינירן v. a. to discipline עָנֹשׁ עֹנֶשׁ מַרְדּוּת; הָבֵא בְמִשְׁטָר.

דיסקאָנטירן = שקאָנטירן.

דיסקאָנטע = שקאָנטע.

דיסקוטירן v. a. n. to discuss הִתְוַכֵּחַ עַל־.

דיסקוסיע s. (pl. ם –) discussion וִכּוּחַ.

דיעט s. diet הִלְכוֹת אֲכִילָה (ביחוד לחולים).

דיעלע s. (pl. ם –) lawsuit מִשְׁפָּט.

דיפטעריע s. diphtheria אַסְכָּרָה.

דיפּלאָמאַט s. (pl. ן –) diplomat חֲכַם מְדִינָה.

דיפּלאָמאַטיע s. diplomacy חָכְמַת הַמְּדִינָה.

דיפּלאָמע s. (pl. ם –) diploma תְּעוּדָה.

דיק adj. thick עָבֶה; fat, corpulent בָּרִיא, בַּעַל בָּשָׂר.

דיקאַ = דוּוקאַ.

דיקדוק, דיקדוקי־ = דקדוק, דקדוקי־.

דיקטאָוועקע s. (pl. ם –) dictation הַקְרָאָה.

דיקטאַטורע s. dictatorship שִׁלְטוֹן יָחִיד.

דיקטאַטער s. (pl. ם –) dictator שַׁלִּיט יְחִידִי.

דיקטירן v. a. to dictate הַקְרֵא, הַכְתֵּב; to dictate, prescribe פַּקֵּד, צַוֵּה.

דיקטעווען v. a. to dictate הַקְרֵא, הַכְתֵּב.

דיקקייט s. thickness מַעֲבֶה, עֳבִי; fatness, corpulence בְּרִיאוּת בָּשָׂר.

דיר (אקוזאטיוו און דאטיוו פֿון דו) pron. pers. thee, you; to thee, to you אוֹתְךָ (אוֹתָךְ); לְךָ (לָךְ).

דירה s. (pl. דירות) dwelling, lodging, apartments –.

דירה־געלט s. rent שְׂכַר דִּירָה.

דירה נאה s. pleasant dwelling –.

דירינירן v. a. to direct, conduct נַהֵל, נַצֵּחַ (להקת שרים או מנגנים).

דירינענט s. (pl. ן –) director, conductor מְנַהֵל, מְנַצֵּחַ (להקת שרים או מנגנים).

דירעקט adj. direct יָשָׁר; || adv. direct, straight יָשָׁר.

דירעקטאָריום s. (pl. ם –) board of directors וַעַד מְנַהֲלִים.

דירעקטער s. (pl. ם –) director, manager מְנַהֵל.

דירעקציע s. (pl. ם –) management הַנְהָלָה, הַנְהָגָה.

דישל s. (pl. עס –) shaft, draught-bar מוֹט הַרְתָּמָה (בעגלה).

דישליאָווע adj. of a draught-bar שֶׁל מוֹט הַרְתָּמָה.

דישען v. n. to breathe נָשֹׁם; || v. a. to suffocate חָנֹק, חַנֵּק.

דלאַט s. (ן –, pl. עס –) = דאַלעטע.

דלאָניע = דאַלאָניע.

דלד = דלת.

דלד אַמות = ד' אַמות.

דלובען v. a. to scoop כָּרֹה; to pick (one's teeth) חָצֹץ (השנים).

דלובענינע s. tedious work מְלָאכָה מְיַגַּעַת; tedious matter עִנְיָן מַלְאֶה.

דלוטיק, דלוטע = דאַלעטע.

דלות s. poverty –, עֲנִיּוּת.

דלי s. bucket –; Aquarius (astr.) מַזַּל דְּלִי.

דלפֿון prn. one of the sons of Haman אֶחָד מִבְּנֵי הָמָן; = דַלְפֿן.

דלפֿן s. (pl. דַלְפֿנים) poor, devil דַּל, אֶבְיוֹן.

דלפֿער s. (pl. ם –) beggar (fl.) עָנִי חוֹזֵר עַל הַפְּתָחִים.

דלת s. ד name of the letter שֵׁם הָאוֹת ד.

דלתה s. (pl. דלתות) pick-lock (fl.) וָו לְמַפְתֵּחַ (שמשתמשים בו הגנבים).

דלתה־נקב s. (pl. ם –) key-hole (fl.) חוֹר לְמַפְתֵּחַ.

דם s. blood –; ז. דמים.

דמיון s. (pl. דמיונות) comparison –; imagination –; example –; מָשָׁל.

דמים s. pl. blood –, דָּם; money –, מָעוֹת.

— צאַפּן אומעצן די דמים to torment a person ענה נפש איש, הציק לאיש.

— איינפֿאַלן אומעצן די דמים to be frightened הִבָּהֵל.

דמי־קדימה s. earnest, advance –.

דם־שונא s. (pl. שונאים –) deadly enemy אוֹיֵב נֶפֶשׁ.

דמעות־שליש s. pl. "tears by measure," many tears –.

— וויינען מיט דמעות שליש to shed many tears בכה בדמעות שליש.

דן זיין v. a. to judge דּוּן, שְׁפֹט.

דנאָ s. (pl. ען –) bottom קַרְקַע, תַּחְתִּית.

דניאָווקע s. (pl. ם –) day's rest מְנוּחַת יוֹם.

דעביט s. (pl. ן –) debit חוֹב, הַסַּךְ הַמַּגִּיעַ (הסך הרשום בספרי חשבונות בתור חוב).

דעביטער s. (pl. ם –) debtor בַּעַל חוֹב.

דעה s. (pl. דעות) opinion –, סְבָרָה; iufluence כֹּחַ, תֹּקֶף; vote – (בבחירה).

— זאָגן אַ דעה to dictate פַּקֵּד, צַוֵּה.

— האָבן אַ דעה to have a say היה לאיש דעה בדבר; to have an influence היה לאיש השפעה על־.

— שלאָגן זיך מיט דער דעה to waver, hesitate פַּקְפֵּק.

דעה־זאָגער s. (pl. ם –, ־ –) dictator מְצַוֶּה.

דעהע = דוהע.

דעוויז s. (pl. ן –) motto פִּתְגָּם.

דעזשורנע *adj.* upon duty, waiting הָעוֹמֵד עַל מִשְׁמַרְתּוֹ, מְמַלֵּא מִשְׁמֶרֶת יוֹמוֹ.

דעזינפעקציע *s.* disinfection נִקּוּי, חִטּוּי.

דעזינפעקצירן *v. a.* to disinfect חַטֵּא, נַקֵּה, טַהֵר.

דעזענטיר = דעזערטור.

דעזערטיר *s.* (*pl.* ־ן) deserter בּוֹרֵחַ.

דעטייל *s.* (*pl.* ־ן) detail פְּרָט; retail מְכִירָה לַאֲחָדִים.

דעטרונקירן *v. a.* (*com.*) to deduct נַכֵּה א).

דעליע *s.* (*pl.* ־ם) a large cloak with long sleeves מְעִיל רָחָב עִם שַׁרְוּלִים אֲרֻכִּים.

דעליקאט = דעליקאטנע.

דעליקאטנע *adj.* delicate עָדִין, עָנוֹג, רַךְ.

דעליקאטעסן *s. pl.* delicacies מַטְעַמִּים.

דעליקאטעסניק *s.* (*pl.* ־עס) (*Am.*) dealer in delicacies סוֹחֵר בְּמַטְעַמִּים.

די על די *pred.* "four by four (ells)," narrow צַר (מקום).

— א חדר ד' על ד' a very small room חדר קטן מאד.

דעלעגאט *s.* (*pl.* ־ן) delegate צִיר, שָׁלִיחַ.

דעלעגאציע *s.* (*pl.* ־עס) delegation מַלְאָכוּת, חֶבֶר צִירִים.

דעלעזשאנס = דוּלעזשאנס.

דעם (דאטיוו און אקוזאטיוו פון דער) *def. art.* the הַ־; || *pron. dem.* this זֶה.

דעמאגאג *s.* (*pl.* ־ן) demagogue מַדִּיחַ הָעָם.

דעמאלט, דעמאלס, דעמאלדיג = דעמעלט, דעמעלטדיג.

דעמאקראט *s.* (*pl.* ־ן) democrat מַחֲזִיק בְּשִׁטַּת מֶמְשֶׁלֶת הָעָם; Democrat מַחֲזִיק בְּשִׁטַּת הַמִּפְלָגָה הַדֵּימוֹקְרַטִּית בְּאַמֵּירִיקָה.

דעמאקראטיע *s.* democracy מֶמְשֶׁלֶת הָעָם; Democracy הַמִּפְלָגָה הַדֵּימוֹקְרַטִּית בְּאַמֵּירִיקָה.

דעמאקראטיש *adj.* democratic אֲשֶׁר לְמֶמְשֶׁלֶת הָעָם; Democratic אֲשֶׁר לְמִפְלֶגֶת הַדֵּימוֹקְרַטִּים בְּאַמֵּירִיקָה.

דעמאנסטראציע *s.* (*pl.* ־ם) demonstration הוֹכָחָה בְּפִרְסוּם.

דעמב *s.* (*pl.* ־עס) oak אֵלָה, אַלּוֹן.

דעמבן *adj.* oak, oaken שֶׁל אֵלָה.

דעמלט *adv.* then אָז, בַּזְּמַן הַהוּא.

דעמלטיג *adj.* of that time שֶׁל הַזְּמַן הַהוּא.

דעמפן *v. a.* to stew צְלֵה בִּקְדֵרָה.

דען *conj.* then אֵפוֹא.

— וואס וויל ער דען? what then does he want? מה אפוא רצונו?

— וואס דען? is it not so? האם לא כן?

— וואס זשע דען? what then? מה אפוא?

— צו דען וויל is it because האם מפני ש־

— ווילן מיר דען do we really want האם רוצים אנחנו באמת.

דעניק *s.* (־עס) cover צָמִיד; bottom תַּחְתִּית (של כלי); crown of a cap *or* hat ראֹשׁ כֹּבַע (החלק העליון של כבע).

דענסטמאל, דענצמאל = דעמעלט.

דענקען *v. n.* to think חָשֹׁב, דַּמֵּה.

דענקער *s.* (*pl.* ־) thinker הוֹגֶה דֵעוֹת, חוֹקֵר.

דעס(ט)גלייכן *adv.* likewise, in like manner כְּמוֹ כֵן, בְּאוֹתוֹ אוֹפֶן.

דעסטוועגן *adv.* פון־ nevertheless אַף עַל פִּי כֵן, בְּכָל זֹאת.

דעסיאטינע *s.* (־ם .*pl*) acre (*land measure*) כִּבְרַת אֲדָמָה (מדת אדמה רוסית בת 2400 סַזֶ'ן מְרֻבָּע).

דעסיאטניק *s.* (*pl.* ־עס) constable שׁוֹטֵר.

דעסיאטעכע *s.* the tenth Friday after Easter הַיּוֹם הַשִּׁשִּׁי לַשָּׁבוּעַ הָעֲשִׂירִי אַחַר הַפַּסְחָא (יום שוק ברוסיה הלבנה).

דעסן, דעסען *s.* (*pl.* ־ם) pattern, design מַרְשֵׁם, צִיּוּר.

דעספאט *s.* (*pl.* ־ן) despot עָרִיץ.

דעספאטיזם *s.* despotism עָרִיצוּת.

דעספאטיש *adj.* despotic עָרִיץ.

דעספעראד *s.* (*pl.* ־ן) wilful person אִישׁ הוֹלֵךְ בִּשְׁרִירוּת לִבּוֹ.

דעפא *s.* (*pl.* ־ם) depôt, warehouse בֵּית אוֹצָר (לסחורה).

דעפאזיציע *s.* (*pl.* ־ם) deposition נְתִינָה לְמִשְׁמֶרֶת, מְסִירָה לְפִקָּדוֹן.

דעפאנירן *v. a.* to deposit נָתֹן לְמִשְׁמֶרֶת, הַפְקֵד.

דעפארטעמענט *s.* (*pl.* ־ן) department מַחְלָקָה (בבית משרת המלוכה); פֶּלֶךְ מְדִינִי (בצרפת).

דעפוטאט *s.* (*pl.* ־ן) deputy מוּרְשֶׁה.

דעפוטאציע *s.* (*pl.* ־ם) deputation מַלְאָכוּת, חֶבֶר צִירִים (= דעלעגאציע).

דעפיציט *s.* (*pl.* ־ן) deficit חֶסְרוֹן, גֵּרָעוֹן.

דעפעש *s.* (*pl.* ־ן) despatch, telegram תֶּלֶגְרַמָּה.

דעפעשירן *v. n.* to telegraph שְׁלֹחַ יְדִיעָה עַל יְדֵי הַתֶּלֶגְרָף.

דעצעמבער *s.* December דֶּצֶמְבֶּר (הח' השנים־עשר לנוצרים).

דעק *s.* (*pl.* ־ן) cover צָמִיד; bottom קַרְקַע, תַּחְתִּית (של כלי); deck (*of a ship*) סִפּוּן אֳנִיָּה.

דעקאבר = דעצעמבער.

דעקאראציע *s.* (*pl.* ־ם) decoration קִשּׁוּט, תִּפְאוֹרָה (ביחוד של תיאטרון).

דעקארירן *v. a.* to decorate קַשֵּׁט, פָּאֵר.

דעקונג *s.* covering כִּסּוּי; guarantee, security עֲרֻבּוּת; payment תַּשְׁלוּם.

דעק||טוך *s.* (*pl.* ־טיכער) bride's veil צְנִיף כַּלָּה.

דעקידע *adv.* at times לִפְעָמִים.

א) אין ליאנדארס בריפנשטעלער.

דעקל s. (pl. —עך) cover, lid צָמִיד (לכלי).

דעקלאַמאַציע s. (pl. —ס) recitation קְרִיאָה בְּקָהָל.

דעקלאַמירן v. n. to recite קָרֹא בְקָהָל.

דעקן v. a. to cover כַּסֵּה; to give a security for a person עָרֹב בְּעַד אִישׁ; to pay שַׁלֵּם.

דעקע s. (pl. —ס) cover מִכְסֶה; blanket שְׂמִיכָה.

דעקרעט s. (pl. —ן) decree גְּזֵרָה, פְּקֻדָּה.

דער¹ def. art. (pl. די) the הַ־ (מלת הידיעה למין זכר); || pron. dem. this הַזֶּה; פְּלוֹנִי.

— דער טאַטע the father האב; this father האב הזה.

— די טאַטעס the fathers האבות; these fathers האבות האלה.

— דער און דער Mr. so and so איש פלוני.

דער² s. phthisis, consumption שַׁחֶפֶת (= דאַר).

דער־¹ pref. syllable prefixed to verbs for various significations הֲבָרָה נוֹסֶפֶת לִפְעָלִים לְהוֹרָאוֹת שׁוֹנוֹת א).

דער־² pref. syllable prefixed to verbs to signify completion of action הֲבָרָה נוֹסֶפֶת לִפְעָלִים לְהוֹרָאַת הַשְׁלָמַת הַפְּעֻלָּה ב).

דעראָביען = דעררָאביען.

דעראָן adv. thereon עַל זאת.

— נים זיין מים אימעצן נים דעראָן not to be with a person on good terms לא היה עם איש ביחם טוב.

— עס גיים מיר נים דעראָן it does not concern me אין זה נוגע לי, לא אכפת לי.

דעראַרבעטן v. a. to finish working גְּמֹר מְלַאכְתּוֹ; || — זיך v. r. to play mischief הִשְׁתּוֹבֵב, הִתְהוֹלֵל; to work till עָמֹל בִּמְלַאכְתּוֹ עַד־.

דערבאַקן¹ v. a. to finish baking גְּמֹר לֶאֱפוֹת.

דערבאַקן² adj. baked sufficiently אָפוּי כָּל צָרְכּוֹ.

— נים דערבאַקן not sufficiently baked לא אפוי כל צרכו; not sufficiently developed (fig.) שלא התפתח כל צרכו (איש).

דערבאַרעמדיג adj. merciful רַחֲמָן; || —קייט s. = דערבאַרעמקייט.

דערבאַרעמען זיך v. r. to have pity on רַחֵם.

דערבאַרעמקייט s. mercy, pity רַחֲמִים, רַחֲמָנוּת.

דערבייוען זיך v. r. to get at, come at הַגֵּעַ לְ־.

דערביי adv. thereat, at it אֵצֶל זֶה; near קָרוֹב; in addition to it, besides נוֹסָף לְ־, מִלְּבַד זֶה.

— זיין דערביי to be present היה נוכח.

דערבייאיג adj. near, neighboring קָרוֹב, אֲשֶׁר אֵצֶל.

דערבייזיין s. presence נוֹכְחוּת.

דערבייזערן v. a. to make angry הַכְעֵס.

דערבייסן v. a. to finish biting כַּלֵּה לִנְשֹׁךְ.

א) = מיטלהויכדייטש -der, ניידייטש -er. ב) = רוסיש -до, פויליש -do.

דערבליִכן = דערזען.

דערבעטן v. a. to implore, entreat פְּצֹר בְּ־, בַּקֵּשׁ מִ־.

דערגאָדזען v. a. to please, satisfy, gratify עֲשׂה רְצוֹן־.

דערבראָטן v. a. to finish roasting כַּלֵּה לִצְלוֹת.

דערגיין v. n. to come up to, come at הָלוֹךְ עַד־, בּוֹא עַד־, הַגֵּעַ עַד־; to suffice, be sufficient הָיֹה דַי; to become ripe הַבְשֵׁל (פרות); to die מוּת; || v. a. to acquire (knowledge) הַשֵּׂג, רְכשׁ (ידיעה); to find out מְצֹא; || — זיך v. r. to become known הִוָּדַע, הִגָּלֵה.

— אומעצן עפעס נים דערגיין to be short of something חסר לאיש דבר מה.

— דערגיין אוינעם דעם עק (די יאָרן) to make an end of a person, torment a person ירד עד לחיי איש, הצק איש.

דערגיסן v. a. to pour full יָצֹק וּמַלֵּא.

דערגעבן v. a. to add הוֹסֵף.

— נים דערגעבן to give less נתן פחות.

דערגרונטעווען v. a. to sound חָקֹר וְדָרשׁ; to get to the bottom חָקֹר עַד הַיְסוֹד.

דערגרייכונג s. attainment הַגָּעָה, הַשָּׂגָה.

דערגרייכן v. a. tn reach, attain הַגֵּעַ, הַשֵּׂג.

דערדאָזיגער, ז. דאָזיג.

דערדושען v. a. to strangle חַנֹּק, הַחֲנֵק.

דערדינען זיך v. r. to obtain by service הַשֵּׂג בַּעֲבוֹדָתוֹ, זָכֹה בַּעֲבוֹדָתוֹ.

— דערדינען זיך צו אַן אָפיצערסקן טשין to rise to the rank of officer זכה בעבודתו למעלת פקיד צבא.

דערדע s. a game at cards מִין מִשְׂחָק בִּקְלָפִים.

דערהאַלטונג s. preservation קִיּוּם (נפש); support תְּמִיכָה; receipt קַבָּלָה.

דערהאַלטן v. a. to preserve קַיֵּם (נפש); to support תָּמֹךְ; to receive קַבֵּל.

דערהאַלטער s. (pl. —, —ס) preserver מְקַיֵּם (נפש); supporter תּוֹמֵךְ; receiver מְקַבֵּל.

דערהאַרן v. a. to live till חָיֹה עַד.

— דערהאַרן צו זען to live to see וזכה לראות.

דערהויבן ווערן v. p. be raised, be elevated הִנָּשֵׂא, הִתְרוֹמֵם, עָלֹה לִגְדוּלָּה.

דערהויכונג, דערהויכן = דערהייכונג, דערהייכן.

דערהויפט adv. especially בְּיִחוּד (= איבערהויפט).

דערהייבונג s. raising, elevation הֲרָמָה לְמַעְלָה; promotion הַעֲבָרָה לְמַדְרֵגָה יוֹתֵר גְּבוֹהָה.

דערהייבן v. a. to raise, elevate נָשֹׂא, הָרֵם לְמַעְלָה; to promote הַעֲבֵר לְמַדְרֵגָה יוֹתֵר גְּבוֹהָה.

דערהייכונג s. elevation, exaltation הֲרָמָה.

דערהייכן v. a. to elevate, exalt נַשֵּׂא, רוֹמֵם.

דערהיצט *adj.* hot חַם.
דערהיצן *v. a.* to heat, warm up חַמֵּם, יַחֵם; to irritate גָּרֵה.
דערהערן *v. a.* to hear שָׁמֹעַ; to hear to the end שְׁמֹעַ עַד גְּמִירָא.
דערהרגענען *v. a.* to kill הָרֹג.
דערוואַקסן¹ *v. n.* to grow up הַגֵּעַ לְקִצָּה גִדּוּלוֹ.
דערוואַקסן² *adj.* grown up, adult בָּא בַאֲנָשִׁים.
דערוואָרגן = דערווערגן.
דערוואָרגן ווערן *v. p.* to be choked הֵחָנֵק.
דערוואַרטונג *s.* (*pl.* ־ען) expectation צִפִּיָּה, תּוֹחֶלֶת.
דערוואַרטן *v. a.* to await, expect צַפֵּה לְ־, יַחֵל לְ־, חַכֵּה לְ־; ‖ ־זיך *v. r.* to wait for חַכֵּה לְ־.
— נים דערוואַרטן זיך to wait in vain חכה לשוא.
דערוואַרעמען *v. a.* to warm, make warm חַמֵּם.
דערוואַשן *v. a.* to finish washing כַּלֵּה לְכַבֵּס אוֹ לִרְחוֹץ; to wash thoroughly כַּבֵּס אוֹ רָחוֹץ כֻּלּוֹ.
דערווידער *adv.* against נֶגֶד.
— זיין דערווידער to oppose התנגד לְ־.
דערווייזן *v. a.* to prove הוֹכֵחַ, אַמֵּת; to afford הַמְצֵא.
דערווייטערונג *s.* removal הַרְחָקָה.
דערווייטערן *v. a.* to remove הַרְחֵק; ‖ ־זיך *v. r.* to withdraw, retire הִתְרַחֵק.
דערווייל = דערווײַלע.
דערווײַלונג *s.* choosing, election בְּחִירָה.
דערווײַליג *adj.* temporary, provisional זְמַנִּי.
דערווײַלן *v. a.* to choose, elect בָּחֹר.
דערווײַלע *adv.* meantime, meanwhile בֵּין כֹּה וָכֹה, בֵּינְתַיִם; for the present לְעֵת עַתָּה.
— אויף דערווײַלע temporarily לפי שעה.
דערווייסט (= ווער ווייסט) *v. a.* who knows מִי יוֹדֵעַ.
— דערווייסט וואָס who knows what מי יודע מה.
— מע מיינט ער איז דערווייסט וואָס people think he is a prodigy אנשים חושבים אותו לדבר פלא.
דערווייקן *v. a.* to soak sufficiently הַשְׁרֵה לְמַדַּי.
דערוויסן זיך *v. r.* to hear, to learn, be informed שָׁמֹעַ, הִוָּדַע לְ־.
דערווישן *v. a.* to find מְצֹא.
דערוועגן *v. a.* to make up the weight מַלֵּא הַמִּשְׁקָל.
דערוועגן זיך *v. r.* to dare הָיֹה, הָעֵז, עָרֹב לִבּוֹ.
דערוועקן *v. a.* to awake, rouse הָעֵר, עוֹרֵר.
דערווערגן *v. a.* to choke חָנֹק, הַחֲנֵק.
דערווים *adv.* of it, from it מִזֶּה.
— מאַכן זיך דערווים גאָרנים to pay no attention to it לא שים לב לדבר הזה.

דערויף *adv.* thereon, on it עַל זֶה; ‖ *s.* = אַדעררויף.
דערום *adv.* therefore עַל כֵּן, לָכֵן.
דערונטער *adv.* thereunder תַּחְתָּיו; among בְּתוֹכָם.
— זיין דערונטער to be insolvent קצר יד איש לשלם חובו.
דערזאָגן *v. a.* to say to the end אָמֹר עַד גְּמִירָא.
דערזיצן *v. n.* to sit to the end יָשֹׁב עַד הַסּוֹף.
דערזען *v. a.* to see, perceive, espy, discover רָאֹה, גַּלֵּה; ‖ ־זיך *v. r.* to see each other רָאֹה אִישׁ אֶת אָחִיו.
דערזעלבינער, ז. זעלביג.
דערזשעלע *s.* (*pl.* ־ס) handle יָדִית, יָד (לכלי).
דערטאַפּן *v. a.* to catch, surprise חָטֹף, תָּפֹשׂ; to find מָצֹא.
דערטראָגן *v. a.* to carry to a place נָשֹׂא עַד מָקוֹם; to bear, suffer נָשֹׂא, סָבֹל.
דערטראַכטן *v. a.* to invent חָשֹׁב וּמָצֹא (תחבולה); ‖ ־זיך *v. r.* to think until one finds חָשֹׁב עַד מְצוֹא.
דערטרונקען ווערן *v. p.* to be drowned טָבֹעַ.
דערטרייבן *v. a.* to chase to רְדֹף עַד־.
דערטרינקען *v. a* to drown טַבֵּעַ; ‖ ־זיך *v. r.* to drown, be drowned טָבֹעַ, טֻבַּע.
דערטרינקעניש *s.* (*pl.* ־ן) deluge, inundation מַבּוּל, שֶׁטֶף.
דערטרעגליך *adj.* bearable שֶׁאֶפְשָׁר לְסַבֵּל.
דערטרענקען, דערטרענקעניש = דערטרינקען, דערטרינקעניש.
דערטשמעליען *v. a.* to dizzy, stupefy הַבְהֵל הַדְהֵם.
דעריאָגן *v. a.* to overtake הַשִּׂיג, הַדְבֵּק.
דעריבער *adv.* therefore עַל כֵּן, לָכֵן.
דעריין *adv.* therein בָּזֶה.
דערימעך = דעריבער.
דערינען *adv.* therein בָּזֶה.
— אין דערינען in this בזה.
— אין מיטן דערינען all at once פתאם.
דעריענינגער, ז. יעניג.
דעריש = דערעש.
דערכאַפּן *v. a.* to catch up, take up תָּפֹשׂ דָּבָר בְּנָפְלוֹ.
דערכּעסן = דערצאָרענען.
דערלאָזן *v. a.* to allow, permit נָתֹן, הַרְשֵׁה, הַתֵּר.
דערלאַנגען *v. a.* to give, hand הַגֵּשׁ, נָתֹן; to reach הַשֵּׂג.
דערלויבן *v. a.* to allow, permit הַרְשֵׁה, הַתֵּר.
דערלויבעניש *s.* (*pl.* ־ן) permission, leave רְשׁוּת, רִשָּׁיוֹן; permit כְּתָב הַרְשָׁאָה.
דערלויפן *v. n.* to run up to רוּץ עַד־.

דערלייגן *v. a.* to add הוֹסֵף; to lose הַפְסֵד (בעסק).

דערליזונג *s.* (*pl.* ־ען) redemption, deliverance גְּאוּלָה, פְּדוּת.

דערליזן *v. a.* to redeem, deliver גְּאֹל, פְּדֵה.

דערליזער *s.* (*pl.* ־, ־ס) redeemer, deliverer גּוֹאֵל, פּוֹדֶה.

דערלייענען *v. a.* to finish reading, read to the end כַּלֵּה לִקְרֹא, קְרָא עַד הַסּוֹף.

דערלעבן *v. n.* to live till חְיֵה עַד; ‖ *v. a.* to live to see זְכֵה לִרְאוֹת.

— וואָס איך האָב דערלעבט! what I have come to! לאיזו מדרגה הגעתי! what I have lived to see! למה שזכיתי!

דורכלעזן = דורכלייענען.

דערלענגערן *v. a.* to prolong הַאֲרֵךְ.

דערלערנען *v. a.* to learn, acquire by learning לָמֹד.

דערלעשן *v. a.* to extinguish entirely כַּבֵּה עַד הַסּוֹף.

דערמאַכן *v. a.* to finish, complete כַּלֵּה, הַשְׁלֵם (עבודה).

דערמאָנונג *s.* (*pl.* ־ען) remembrance זְכִירָה; mention זֵכֶר.

דערמאָנען *v. a.* to remind הַזְכֵּר (העלה על לב אחר); to mention הַזְכֵּר (העלה על הפה); ‖ ־זיך *v. r.* to remember, recollect זְכֹר, הִזָּכֵר.

דערמאָרדונג *s.* (*pl.* ־ען) murder, killing רְצִיחָה, הֲרִיגָה.

דערמאָרדן *v. a.* to murder, kill רְצַח, הֲרֹג.

דערמוטיגונג *s.* encouragement עוֹדְדוּת.

דערמונטערונג, דערמונטערן = אויפמונטערונג, אויפמונטערן.

דערמיט *adv.* therewith בָּזֶה.

דערמינטערונג, דערמינטערן = אויפמינטערונג, אויפמינטערן.

דערמעסטן *v. a.* to finish measuring כַּלֵּה לִמְדֹד; to make up the measure מַלֵּא הַמִּדָּה.

דערנאָך *adv.* thereafter, afterwards אַחֲרֵי כֵן.

דערנאָכדעם = דערנאָך.

דערנידערונג *s.* (*pl.* ־ען) humiliation הַשְׁפָּלָה.

דערנידעריגן *v. a.* to lover, humble הַשְׁפֵּל; ‖ ־זיך *v. r.* to humble oneself הַשְׁפֵּל אֶת עַצְמוֹ.

דערניוגע *s.* turf, sod, sward עֲשָׂבָה (רגב אדמה עם עשב).

דערנעבן *adv.* near אֵצֶל.

דערנענטערונג *s.* approachment קִרְבָה.

דערנענטערן *v. a.* to bring near הַקְרֵב; ‖ ־זיך *v. r.* to come near, approach קְרַב, נְגֹשׁ.

דערנערדיג *adj.* of thorns, thorny שֶׁל קוֹצִים.

דערנערונג *s.* nourishment מָזוֹן; maintenance כַּלְכָּלָה, פַּרְנָסָה.

דערנערן *v. a.* to nourish זוּן; to maintain כַּלְכֵּל, פַּרְנֵס.

דערסטראָיען *v. a.* to finish building כַּלֵּה לִבְנוֹת.

דערסקילען = דאָקושען.

דער־עיקר *adv.* principally, especially בְּעִקָּר, בְּיִחוּד.

דער־עיקרשט = דער־עיקר.

דערעסן[1] *v. a.* to finish eating כַּלֵּה לֶאֱכֹל; to eat sufficiently אָכֹל דַּיּוֹ; to trouble, annoy הָצֵק, הַלְאֵה.

דערעסן[2] *adj.* troublesome מַטְרִיד.

— אַ דערעסענער חוב a troublesome debt חוב שאין לבעליו מנוחה ממנו.

דערעש *s.* (*pl.* ־עס) roan horse סוּס שָׂרֹק וּבָרֹד.

דערפּאַקן *v. a.* to finish packing גְּמֹר לַחֲבֹשׁ.

דערפאַר *adv.* on account of it, because of it בִּגְלַל זֶה; therefore עַל כֵּן, לָכֵן; therefor, for it בְּעַד זֶה; חֵלֶף זֶה.

— מיר וועלן זיך ניט קריגן דערפאַר we shall not quarrel on account of that לא נריב בגלל הדבר הזה.

— ער איז אַ שלעכטער מענש, דערפאַר האָט מען אים פיינט he is a bad man, therfore he is hated אדם רע הוא, על כן שונאים לו.

— דערפאַר ווייל ער איז גוט האָבן אים אַלע האָלט because he is good he is loved by everybody יען כי הוא טוב כל אדם אוהב אותו.

— זי איז ניט שיין, דערפאַר איז זי קלוג she is not pretty, but, to make amends, she is wise איננה יפה, אבל חלף זה חכמה היא.

— וויפל וועט ער באַצאָלן דערפאַר? how much will he pay for it? כמה ישלם בעד זה?

דערפאַרבן *v. a.* to finish dyeing כַּלֵּה לִצְבֹּעַ.

דערפון *adv.* thereof, of it מִזֶּה.

— מאַכן דערפון to be off מהר ללכת; to be quick מהר.

דערפילונג[1] *s.* perception by feeling הַרְגָּשָׁה.

דערפילונג[2] *s.* fulfilment קִיּוּם.

דערפילן[1] *v. a.* to perceive by feeling הַרְגֵּשׁ.

דערפילן[2] *v. a.* to fulfil קַיֵּם, מַלֵּא.

דערפראָרן ווערן *v. p.* to be frozen הִתְקָרֵר, קָפֹא מִקֹּר.

דערפרוירן ווערן = דערפראָרן ווערן.

דערפרייען *v. a.* to rejoice שַׂמֵּחַ; ‖ ־זיך *v. r.* to rejoice שְׂמֹחַ.

דע־פרירן *v. n.* to freeze קָרֹר, קָפֹא מִקֹּר.

דערפרישונג *s.* (*pl.* ־ען) refreshment הֲשָׁבַת נֶפֶשׁ.

דערפרישן *v. a.* to refresh הָשֵׁב נֶפֶשׁ; ‖ ־זיך *v. r.* to refresh oneself הָשֵׁב נַפְשׁוֹ.

דערפרעגן *v. a.* to find out by enquiring מְצֹא עַל יְדֵי שְׁאֵלוֹת; ‖ ־זיך *v. r.* ד. ג.

דערצאָלונג *s.* rest of the payment שְׁאֵרִית הַתַּשְׁלוּם.

דערצאָלן *v. a.* to pay up, pay the rest שַׁלֵּם הַשְּׁאֵרִית.

דערצאַפּלט ווערן = דערציטערט ווערן.

דערצאָרענען *v. a.* to vex, make angry הַכְעֵס.

דערציִאונג *s.* breeding, education גִּדּוּל, חִנּוּךְ.

דערצו *adv.* thereto, to it לָזֶה; in addition to, besides נוֹסָף עַל זֶה, מִלְּבַד זֶה.

— וואָס זאָגט איר דערצו? what do you think of it? מה מחשבתך על זה?

דערציטערט ווערן *v. p.* to tremble, start רָעֹד, הִתְפַּלֵּץ, הֵרָתֵעַ.

דערציילונג *s.* (*pl.* ־ען) narrative, story, tale סִפּוּר, מַעֲשֶׂה.

דערציילן *v. a.* to narrate, relate, tell סַפֵּר, הַגֵּד.

דערציִען *v. a.* to draw up to, stretch up to מְשֹׁךְ עַד־; to prolong הַמְשֵׁךְ, הַאֲרֵךְ (זמן); to bring up גַּדֵּל; to educate חַנֵּךְ; || *v. n.* to last till הִמָּשֵׁךְ עַד; to live till חָיֹה עַד־.

דערציִער *s.* (*pl.* —) educator מְחַנֵּךְ, אוֹמֵן.

דערצערענען = דערצאָרענען.

דערקאַזען = דאָקאַזען.

דערקאָכן *v. a.* to boil enough גְּמֹר לְבַשֵּׁל.

דערקאַנטשען *v. a.* to finish הַשְׁלֵם, כַּלֵּה, גְּמֹר.

דערקוויקונג *s.* (*pl.* ־ען) refreshment הֲשָׁבַת נֶפֶשׁ; recreation שַׁעֲשׁוּעַ; delight עֹנֶג, תַּעֲנוּג.

דערקוויקן *v. a.* to refresh הָשֵׁב נֶפֶשׁ; to recreate שַׁעֲשֵׁעַ; to delight עַנֵּג.

דערקוויקעניש = דערקוויקונג.

דערקוועטשן *v. a.* to crush to death לָחֹץ עַד מָוֶת.

דערקוטשען = דאָקוטשען.

דערקויפן *v. a.* to buy in addition קְנֹה עוֹד.

דערקונדיגונג *s.* inquiry שְׁאֵלָה וַחֲקִירָה.

דערקונדיגן זיך *v. r.* to inquire שְׁאֹל וְחָקֹר עַל־.

דערקלעטערן *v. n.* to climb up to טַפֵּס וְעָלֹה עַד־.

דערקלעמען *v. a.* to pinch לָחֹץ (לב).

דערקלערונג *s.* (*pl.* ־ען) explanation בֵּאוּר, פִּתְרוֹן; declaration הוֹדָעָה, גִּלּוּי דַּעַת.

דערקלערן *v. a.* to explain בָּאֵר, פָּתֹר; to declare הוֹדִיעַ, גַּלֵּה דַעְתּוֹ.

דערקעגן *adv.* against it נֶגֶד זֹאת; on the contrary לְהֶפֶךְ; however אֲבָל, אוּלָם.

דערקענונג *s.* recognition הַכָּרָה.

דערקענען *v. a.* to recognise הַכֵּר, יָדֹעַ; to distinguish הַבְחֵן.

דערקראַצן *v. a.* to scratch to the end גָּרֹד עַד הַסּוֹף; to find (*fig.*) מְצֹא.

דערקריכן *v. n.* to crawl *or* creep up to זָחֹל עַד־; to attain one's end by cringing (*fig.*) הַשֵּׂג מַטְּרָתוֹ עַל יְדֵי הַכְנָעָה.

דעראַביען *v. a.* to gain *or* earn by labor הִשְׂתַּכֵּר בַּעֲבוֹדָתוֹ.

דערגרזנען *v. a.* to make angry הַרְגֵּז, הַכְעֵס.

דעררײדן *v. n.* to finish speaking כַּלֵּה לְדַבֵּר; || ־זיך *v. r.* to tpeak till דַּבֵּר עַד־.

דעררײניגן *v. a.* to clean to the end נַקֵּה עַד הַסּוֹף.

דערשוויצט ווערן *v. p.* to be in a perspiration כֻּסֵּה זֵעָה.

דערשטופּן *v. a.* to push up to דָּחֹק לְ־; || ־זיך *v. r.* to push at הִדָּחֵק אֶל־.

דערשטוקעווען *v. a.* to piece, add חַבֵּר, הוֹסֵף (בתפירה).

דערשטיקונג *s.* choking חֶנֶק; suffocation חֲנִיקָה (על ידי אדים).

דערשטיקן *v. a.* to choke חָנֹק, חַנֵּק; to suffocate חַנֵּק (על ידי אדים); to crush (*fig.*) דַּכֵּא; to suppress שַׁתֵּק (שמועה).

דערשטיקעניש *s.* suffocation חֲנִיקָה; crush, crowd הָמוֹן רַב, קָהָל גָּדוֹל.

דערשטעכן *v. a.* to stab דָּקֹר.

דערשיטן *v. a.* to add by strewing זָרֹה עוֹד; to strew as much as is wanted זָרֹה וּמַלֵּא אֶת הֶחָסֵר.

דערשיינונג *s.* (*pl.* ־ען) appearance הוֹפָעָה; phenomenon מַרְאֶה; יְצִיאָה לָאוֹר (בדפוס).

דערשיינען *v. n.* to appear הֵרָאֵה, הוֹפִיעַ; יָצֹא לָאוֹר (בדפוס).

דערשיסן *v. a.* to shoot to death, kill by shooting הָמֵת בִּירִיָּה.

דערשיקן *v. a.* to send the remainder שַׁלַּח אֶת הַשְּׁאֵרִית.

דערשלאָגן[1] *v. a.* to kill הַכֵּה, הָמֵת; to depress, deject דַּכֵּא, הַשְׁפֵּל (רוח איש); to make dull הַקְהֵה (רגשות); || ־זיך *v. r.* to attain to הַשֵּׂג.

— אַ דונער האָט מיך דערשלאָגן! woe is me! אוי ואבוי לי!

דערשלאָגן[2] *adj.* depressed, dejected, low-spirited נִדְכֶּה, שְׁפַל רוּחַ; dull עָצֵב, עָגוּם; || ־קייט *s.* dejectedness, depression, dulness עַצְבוּת, עָגְמָה.

דערשלאָפן *v. n.* to sleep a little longer יָשֹׁן עוֹד מְעַט.

דערשלינגען *v. a.* to swallow בַּלֵּעַ.

דערשלעפּן *v. a.* to draw *or* drag up to מָשֹׁךְ אוֹ סָחֹב עַד־; || ־זיך *v. r.* to drag oneself up to הִמָּשֵׁךְ אוֹ הִסָּחֵב עַד־, הָלֹךְ בִּכְבֵדוּת עַד־.

דערשמעקן *v. a.* to smell, scent הַשֵּׂג בְּחוּשׁ הָרֵיחַ; to find out, detect (*fig.*) מְצֹא, גַּלֵּה.

דערשנאַפּן = דערשמעקן.

דערשראָקן *adj.* frightened, alarmed, started נִבְהָל, נִבְעָת; || ־קייט *s.* fright פַּחַד.

דערשרייבן *v. a.* to finish writing כַּלֵּה לִכְתֹּב, כְּתֹב עַד תֻּמּוֹ; to describe enough תָּאֵר לְמַדַּי.

דערשרעק *s.* (*pl.* ־ן) fright פַּחַד, אֵימָה.

דערשרעקן *v. a.* to frighten הַפְחֵד, הַבְעֵת, הַבְהֵל; ‖ ־זיך *v. r.* to be frightened, be started הִבָּעֵת, הִבָּהֵל.

דעת *s.* reason, understanding, ־; knowledge ־; intelligence ־; opinion ־.

דַעת־הַקָהל *s.* public opinion ־.

דַעְתָּן *s.* (*pl.* דַעְתָּנים) man of intelligence ־, בַּר דַּעַת; man of firm opinion ־, אִישׁ עוֹמֵד עַל דַּעְתּוֹ.

דַעְתָּנות *s.* firmness of opinion עֲמִידָה עַל דַּעַת.

דַף *s.* (*pl.* ־ן, דַפים) leaf (*of a book*) ־, עָלֶה (של ספר); folio ־ (של גמרא).

דְפיסה *s.* (*pl.* דְפיסות) wax impression of (*fl.*) keys קְבִיעַת מַפְתְּחוֹת בְּדוֹנַג.

דפק, דֶפק = דופק.

דְפּראָצענט *s.* of interest שֶׁל רִבִּית, דְּרִבִּית.

— פּראָצענט דפּראָצענט compound interest רבית דרבית.

דִקְדוק *s.* (*pl.* דִקְדוקים) grammar ־; a particular פְּרָט.

דִקְדוקי־סופְרים *s. pl.* pedantry of scholars ־.

דִקְדוקי־עֲניות *s. pl.* pedantry, pedantism ־, דַּיְקָנוּת; trifling matter קְטַנּוֹת.

דראַב *s.* (*pl.* ־עס) rogue, scoundrel נוֹכֵל, נָבָל, בֶּן בְּלִיַּעַל; rude fellow אָדָם גַּס; ragamuffin לְבוּשׁ קְרָעִים.

דראָב *s.* (*pl.* ־ן) fraction תִּשְׁבֹּרֶת.

דראַביאַק *s.* (*pl.* ־עס) rogue, scoundrel נוֹכֵל, נָבָל, בֶּן בְּלִיַּעַל (=דראַב).

דראַבינע *s.* (*pl.* ־ס) rack-waggon, open-sided waggon עֲגָלָה פְּתוּחָה בִּצְדָדֶיהָ.

דראָבּיסקעס *s. pl.* giblets קְרָבַיִם וְאֵבָרִים קְטַנִּים שֶׁל עוֹף; small remnants שְׁאָרִים קְטַנִּים.

דראָבנע *adj.* minute דַּק, קָטָן מְאֹד; ‖ *s.* small money, change מָעוֹת קְטַנּוֹת.

דראַבע *s.* (*pl.* ־ס) cart-rack, waggon-ladder סֻלַּם עֲגָלָה.

דראָבע = דראָבּיסקעס.

דראַבקע *s.* (*pl.* ־ס) loose woman אִשָּׁה פְּרוּצָה.

דראַגונער *s.* (*pl.* ־) dragoon פָּרָשׁ קַל (בצבא).

דראַדעדאַם *s.* a kind of fine cloth for ladies' garments מִין אָרִיג דַּק לְבִגְדֵי נָשִׁים א).

דראָזש *s.* shiver, chill רַעַד, חַלְחָלָה בְּעֵת מְקֹר.

דראָזשען *v. n.* to shiver רָעַד, חוּל.

א) פראַנצייזיש drap de dames. דאָס װאָרט געפינט זיך אין ליאַנדאָרס בריפשטעלער.

דראָזשקאַרזש *s.* (*pl.* ־עס) cabman, cab-driver עֶגְלוֹן, רַכָּב.

דראָזשקע *s.* (*pl.* ־ס) droshky, cab כִּרְכָּרָה, מֶרְכָּבָה קַלָּה.

דראָט *s.* (*pl.* ־ן) wire חוּט בַּרְזֶל.

דראָט־אַרבעט *s.* wirework מְקֻלַּעַת חוּטֵי בַרְזֶל; (*fig.*) fine work מְלָאכָה יָפָה.

דראַטווע *s.* (*pl.* ־ס) shoemaker's thread חוּט זִפּוּת (של רצענים).

דראָטן *adj.* of wire שֶׁל חוּטֵי בַּרְזֶל.

דראָטעווען *v. a.* to fasten with wire חַזֵּק בְּחוּטֵי בַּרְזֶל.

דראַכמע *s.* (*pl.* ־ס) drachm שְׁמִינִית הָאוּנְקִיָּה (משקל).

דראַלען *v. n.* to run quick רוּץ מַהֵר.

דראַמאַטיש *adj.* dramatic שֶׁל מַחֲזֶה, שֶׁל חִזָּיוֹן, חֶזְיוֹנִי.

דראַמע *s.* (*pl.* ־ס) drama מַחֲזֶה, חִזָּיוֹן.

דראָן = דעראָן.

דראָנג *s.* (*pl.* ־עס, דרענגער) pole, staff מוֹט, בַּד; (*fl.*) crowbar קַנְטָר (מוט ברזל לקרקר קיר); (*fig.*) tall awkward booby אִישׁ גְּדָל־קוֹמָה וּבִלְתִּי זָרִיז.

דראָנזשעק *s.* (*pl.* ־עס) side-horse, off-horse סוּס מִשְׁנֶה, סוּס נוֹסָף.

דראַנזשקע = דראָזשקע.

דראַניצע *s.* (*pl.* ־ס) shingle גַּב (לכסות גג).

דראַפּ[1] *s.* (*pl.* ־עס) scratch סְרִיטָה.

דראַפּ[2] *s.* cloth אָרִיג צֶמֶר.

דראַפּאַטש *s.* (*pl.* ־עס) worn-out broom מַטְאֲטֵא נִשְׁחָת (=דויערקאַטש).

דראַפּן *adj.* of cloth שֶׁל אָרִיג צֶמֶר.

דראַפּען *v. a.* to scratch גָּרֵד, סָרֵט; ‖ ־זיך *v. rec.* to scratch each other סָרֵט אִישׁ אֶת רֵעֵהוּ; ‖ ־זיך *v. r.* to climb, clamber טַפֵּס.

דראַקע *s.* (*pl.* ־ס) fight, brawl, row הַכָּאָה, מַצָּה, מְהוּמָה.

דראַקען *v. n.* to scribble, scrawl כַּתֵּב כְּתָב רָע.

דראַשטש, דראַשטשען = דראַז, דראַזשען.

דראַשקע = דראָזשקע.

דַרגא *s.* (*pl.* דַרְגות) degree ־, מַדְרֵגָה.

דַרדקי־מְלַמד *s.* (*pl.* ־ מְלַמדים) teacher of small children, abecedarian מוֹרֶה הַקְּרִיאָה לַיְלָדִים מַתְחִילִים.

דרויב, דרויבע = דראָבּיסקעס.

דרויסן *adv.* outside, without מִחוּץ; ‖ *s.* the exterior חוּץ.

— אין דרויסן outside, out of doors בחוץ.

— פון דרויסן from the outside, externally מחוץ.

דרויסנדיג *adj.* outside שֶׁל חוּץ.

דרום = דערום.

דָרום s. south ~, נֶגֶב.

דָרומדיג adj. southern, meridional דְּרוֹמִי.

דָרום־ווינט s. (~ן .pl) south wind רוּחַ דְּרוֹמִית.

דָרום־זייט s. south side צַד דָּרוֹם.

דָרום־זייטיג adj. of the south side, southern שֶׁל צַד דָּרוֹם, דְּרוֹמִי.

דרומלען v. n. to thrum קַשְׁקֵשׁ.

— דרומלען עפּעס אומעצן אין קאָפּ to have a vague notion about a thing היה לאיש ידיעה בלתי ברורה מדבר.

דרוק¹ s. (~עס .pl) pole, staff מוֹט (=דרונגע¹).

דרוק² s. (~ן .pl) printing-establishment, printing-house דְּפוּס, בֵּית דְּפוּס; printing הַדְפָּסָה.

דרוקן v. a. to print הַדְפֵּס.

דרוקער s. (~, ~ס .pl) printer מַדְפִּיס.

דרוקעריי s. (~ען .pl) printing-establishment דְּפוּס, בֵּית דְּפוּס.

דרוקער־פּרעס = דרוק־פּרעס.

דרוקעריש adj. printer's שֶׁל מַדְפִּיס.

דרוק־פעלער s. (~ן, ~ס .pl) misprint, erratum טָעוּת הַדְּפוּס.

דרוק־פּרעס s. (~ן .pl) printing-press מְכוֹנַת דְּפוּס.

דרוק־שריפט s. (~ן .pl) type, printing-type אוֹתִיּוֹת דְּפוּס.

דרוש s. (דרושים .pl) homiletical discourse ~, דְּרָשָׁה; homiletics ~.

— האַלטן אַ דרוש to deliver a discourse דרש דרוש (או דרשה).

דריבלען v. a. to wear out by rubbing, make threadbare בַּלֵּה עַל יְדֵי שִׁפְשׁוּף (בגד).

דריבנע = דראָבנע.

דרינגע¹ s. (~ס .pl) pole, staff מוֹט.

דרינגע² s. (~ס .pl) kick בְּעִיטָה; twitching מְשִׁיכָה פִּתְאֹמִית.

— געבן אַ דרינגע to kick, wince בעט; to twitch משך פתאם.

דרינגען v. n. to kick, wince בָּעֹט (סוס); to twitch מָשֹׁךְ פִּתְאֹם.

דריזל s. (~עך .pl) gland שָׁקֵד (בגוף בעל חי); tumor חַבּוּרָה.

דריטהאַלבן num. two and a half שְׁנַיִם וָחֵצִי.

דריט־חלק s. (~חֲלָקִים .pl) = דריטל¹.

דריטל¹ s. (~עך .pl) third part, one third שְׁלִישׁ, שְׁלִישִׁית.

דריטל² = דרעטל.

דריטנס adv. thirdly, in the third place שְׁלִישִׁית.

דריי num. three שְׁלֹשָׁה.

דריי s. (~ען .pl) turn, turning הֶפֶךְ, הֲסִבָּה; (fig.) trick תַּחְבּוּלַת עָרְמָה.

דריי־איינינקייט s. trinity שִׁלּוּשׁ (אמונת הנוצרים בשלוש האלהות).

דריי־באַנק s. (~בענק .pl) turn-bench, turning lathe שֻׁלְחַן חָרָשׁ.

דריידל s. (~עך .pl) top, tee-totum סְבִיבוֹן (ביחוד לחנוכה); (fig.) trick תַּחְבּוּלַת עָרְמָה.

דריי וואָכן s. pl. the three weeks preceding the ninth of Ab הַשְּׁלֹשָׁה שָׁבוּעוֹת שֶׁלִּפְנֵי תִּשְׁעָה בְּאָב (שאסור בהם לעשות שמחה).

דרייטל s. (~עך .pl) a three, a playing card with three spots קְלָף עִם שָׁלֹשׁ נְקֻדּוֹת.

דריי־כּלל s. (arithm.) rule of three עֵרֶךְ הַמְשֻׁלָּשׁ.

דריילינג s. (~ס .pl) trilling אֶחָד מִשְּׁלֹשָׁה שֶׁנּוֹלְדוּ בְּבֶטֶן אֶחָת; three children born at the same birth שְׁלֹשָׁה יְלָדִים שֶׁנּוֹלְדוּ בְּבֶטֶן אֶחָת.

דרייסיג num. thirty שְׁלֹשִׁים.

דרייסיגט = דרייסיגסט.

דרייסיגטל = דרייסיגסטל.

דרייסיגט־חלק = דרייסיגסטל.

דרייסיגסט ord. num. thirtieth הַשְּׁלֹשִׁים.

דרייסיגסטל s. (~עך .pl) a thirtieth part חֵלֶק שְׁלֹשִׁים, חֵלֶק אֶחָד מִשְּׁלֹשִׁים.

דרייסיגער s. (~ .pl) a person thirty years old בֶּן שְׁלֹשִׁים שָׁנָה, בַּת שְׁלֹשִׁים שָׁנָה.

דרייסיגערליי adj. of thirty kinds שֶׁל שְׁלֹשִׁים מִינִים.

דרייעלע, פאַרקלענערונגסוואָרט פון דריי.

דרייען v. a. to turn סַבֵּב, הָפֵךְ; to twist פַּתֵּל, שְׁזֹר (חוטים); (fig.) to cheat הוֹנֵה, רַמֵּה; ‖ v. n. to be stormy סָעֹר; ‖ ~זיך v. r. to turn, revolve סֹבֵב, הִסְתּוֹבֵב, הִתְהַפֵּךְ; to wriggle (as a worm) הִתְפַּתֵּל (כתולעת); to move to come and go הָלוֹךְ וָשׁוֹב.

— דרייען אַ קאָפּ to bother a persons head הלאה איש בדברים.

— זיך דרייען אַ קאָפּ to rack one's brains יגע למצא.

— דרייען מיטן צינג to chatter פטפט; to contradict oneself סתר את דבריו.

— דרייען מיטן גראָבן פינגער to subtilise התפלפל.

— עס שנייט און עס דרייט it is snowing and stormy יורד שלג ונושב רוח סערה.

— ער דרייט זיך מיט זיין ווייב he lives in disharmony with his wife אין שלום בינו ובין אשתו.

דרייעק s. (~ן .pl) (geom.) triangle מְשֻׁלָּשׁ.

דרייעקיג adj. triangular מְשֻׁלָּשׁ, בַּעַל שָׁלֹשׁ זָוִיּוֹת.

דרייעקנדיג, דרייעקעכיג = דרייעקיג.

דרייער s. (~ס .pl) coin of three groschen

מַטְבֵּעַ שֶׁל שָׁלשׁ אֲגוֹרוֹת; three-rouble bill שְׁטָר כֶּסֶף שֶׁל שְׁלשָׁה רוּבָל (ברוסיה).

דרייער s. (pl. ־ס) turner מְסַבֵּב, מְהַפֵּךְ; (fig.) swindler, cheat, trickster רַמַּאי, נוֹכֵל, בַּעַל עָרְמָה; rattle מְנַעְנֵעַ (לשעשועי ילדים).

דרײַערינג adj. triple, threefold מְשֻׁלָּשׁ, פִּי שְׁלשָׁה.

דרײַערליי adj. of three kinds שֶׁל שְׁלשָׁה מִינִים.

דרײַפוס s. (pl. ־ן) tripod חֲצוּבָה.

דרײַפיסיג adj. three-footed, three-legged בַּעַל שָׁלשׁ רַגְלַיִם.

— דרײַפיסיגער שטול three-legged chair טרסקל.

דרײַצן num. thirteen שְׁלשָׁה עָשָׂר, שְׁלשׁ עֶשְׂרֵה.

— (id.) וואָס איז מכוח אכצן און דרײַצן? what is about money? ומה על דבר מעות?

דרײַצנט ord. num. thirteenth הַשְּׁלשָׁה עָשָׂר.

דרײַצנטל s. (pl. ־עך) a thirteenth part הַחֵלֶק הַשְּׁלשָׁה עָשָׂר.

דרײַ‖קאָפּ s. (pl. ־קעפּ) schemer בַּעַל מְזִמּוֹת, בַּעַל תַּחְבּוּלוֹת; swindler, cheat, trickster רַמַּאי, נוֹכֵל, בַּעַל עָרְמָה.

דריכנען v. n. (cont.) to sleep, slumber יָשֹׁן, נוּם.

דריליך s. ticking בַּד עָבֶה.

דרילינג = דרײַלינג.

דריליעס = דרעליעס.

דרילך = דריליך.

דרילן = דרעליעווען.

דרימבליע s. (pl. ־ס) drone, crembalum מִין חֲצוֹצְרָה.

דרימבליען v. n. to jingle, scrape צַלְצֵל, קַשְׁקֵשׁ (נגן בנבל בלי דעת).

דרימבלקע s. (pl. ־ס) rebeck מִין נֵבֶל (שמנגנים בו בני כפר).

דרימל, דרימלען = דרעמל, דרעמלען.

דרינגען v. a. (p. p. געדרונגען) to urge הָאֵץ בְּ־; to infer הוֹכֵחַ מִ־.

דרינגעניש s. drawing inferences הוֹכָחָה.

דרינען = דערינען.

דריסקען v. n. to shit עָשׂה צְרָכָיו.

דְּרִיסַת־הָרֶגֶל s. "a treading of the foot," access to a house רְשׁוּת לְהִכָּנֵס לְבֵית אִישׁ.

דריפען = דריסקען.

דריפקע s. (pl. ־ס) slut אִשָּׁה מְלֻכְלֶכֶת.

דריק[1] s. (pl. ־ן) pressure לְחִיצָה; stress, accent הַדְגָּשָׁה, טַעַם, נְגִינָה.

דריק[2] s. (pl. ־עס) pole, staff מוֹט (= דרונג¹).

דריקן v. a. to press לָחֹץ, דָּחֹק; to oppress נָגֹשׂ; to accent, accentuale הַדְגֵּשׁ, הַטְעֵם קוֹלוֹ עַל־.

דריקער s. oppressor לוֹחֵץ, נוֹגֵשׂ.

דְּרִישָׁה־וַחֲקִירָה s. inquiry, investigation ־.

דֶּרֶךְ s. (pl. דְּרָכִים) way, road, path ־, אֹרַח.

— ווייזן דעם דרך to show the way הראה דרך; to turn out of doors שלח (גרש) איש מביתו.

— נעמען דעם דרך to pack off ברח לו.

— פאַרקריכן אין וויטע דרכים to go too far into a subject הכנס לתוך ענין יותר מדי.

דֶּרֶךְ־אֶרֶץ s. "the way of the world," good manners, politeness ־, נִמּוּס יָפֶה; respect כבוד.

— מיט גרויס דרך־ארץ very respectfully ברוב כבוד.

דרך־אֶרצדיג adj. mannerly, polite נִמּוּסִי; respectful מִתְיַחֵס בְּכָבוֹד.

דֶּרֶךְ־הַטֶּבַע s. "the way of nature," law of nature חֹק הַטֶּבַע.

— מיט אַ דרך־הטבע naturally, as a matter of course באופן טבעי או רגיל, כמובן.

דֶּרֶךְ־הַמֶּלֶךְ s. highway ־, דֶּרֶךְ כְּבוּשָׁה.

דֶּרֶךְ־הַמְּמוּצָע s. middle course ־.

דֶּרֶךְ־הַתַּגָּרִים s. the custom or manner of merchants ־ דֶּרֶךְ הַסּוֹחֲרִים.

דַּרְכֵי־שָׁלוֹם s. pl. the ways of peace ־.

— פון דרכי־שלום וועגן for the sake of peace מפני השלום.

דרעטל s. (pl. ־עך) small wire חוּט־בַּרְזֶל קָטָן; knitting-needle מַחַט אוֹרְגִים.

דרעל s. (pl. ־ן) drill, trepan מַקְדֵּחַ.

דרעליעווען v. a. to drill, bore קָדֹחַ (חור) נָקֹב.

דרעליעס s. pl. jelly of the feet of calves or oxen מָרָק מְקֻרָּשׁ מֵרַגְלֵי בְהֵמָה.

דרעמל s. (pl. ־ען) slumber תְּנוּמָה.

— כאַפּן אַ דרעמל to take a nap נמנם מעט.

דרעמלען v. n. to slumber, doze נַמְנֵם.

דרען s. dog-wood, cornel מִין עֵץ נוֹשֵׂא גַּרְגִּירִים אֲדֻמִּים.

דרענגל s. (pl. ־עך) little pole מוֹט קָטָן; (fig.) sorry horse סוּס גָּרוּעַ.

דרעק s. dirt, filth חֶלְאָה; excrements צוֹאָה; (fig.) something worthless דָּבָר פָּחוּת; (fig.) (pl. ־עס) weakling חֲלַשׁ הַדַּעַת.

דרעקיג adj. dirty, filthy מְטֻנָּף.

דרעקיש adj. of excrements שֶׁל צוֹאָה; (fig.) worthless פָּחוּת, קַל הָעֵרֶךְ; (fig.) weak חַלָּשׁ (בדעת).

דרערד (= דער ערד), ז. ערד.

דרעשוואַלץ s. (pl. ־ן) threshing-sledge מוֹרַג.

דרעשטעס = דראָזש.

דרעש־מאַשין s. (pl. ־ען) threshing-machine מַחְבֵּטָה.

דרעשן v. a. (p. p. געדראָשן) to thresh דּוּשׁ, חָבֹט.

דרעשער s. (pl. ־, ־ס) thresher דָּשׁ, חוֹבֵט.

דְּרַשׁ s. (pl. ־ן) scholastic interpretation ־.

דְרָשָׁה s. (pl. דְרָשׁוֹת) discourse, lecture; – sermon; – speech, oration; – נְאוּם.

דְרָשָׁה־‖געשאַנק s. (– געשאַנקען, – געשענק pl.) wedding-present מַתָּנָה לַחֲתוּנָה.

דְרָשָׁהצקע s. (– ס pl.) little sermon דְּרָשָׁה קְטַנָּה.

דַרשָׁן s. (pl. דַרשָׁנִים) lecturer; – דּוֹרֵשׁ בָּרַבִּים; preacher מַטִּיף.

דַרש‖ען, – ענען v. n. to lecture, preach דָּרַשׁ; to interpret דָּרַשׁ, בֵּאֵר.

— (iro.) ער האָט וואויל גערדרשעט! he well deserves a reward! ראוי הוא לשכר!

דת s. religion –, תּוֹרַת הָאֱמוּנָה.

דת הַמְשִׁיחִית s. the Christian religion –, תּוֹרַת הָאֱמוּנָה הַנּוֹצְרִית.

ה.

ה s. the fifth letter of the Hebrew alphabet הָאוֹת הַחֲמִישִׁית שֶׁל הָאָלֶף־בֵּית הָעִבְרִי; ‖ num. five חֲמִשָּׁה; ה׳, ה׳ five thousand חֲמֵשֶׁת אֲלָפִים.

— (joc.) באַווייזן אַ ה אין סידור "to show ה in the prayer-book," to give a horse no hay לא נתן חציר לסוס.

הַ־ pref. the – (העברעאישער באַשטימטער אַרטיקל, וועלכער ווערט אָפֿט אויך באַנוצט מיט ניט־העברעאישע ווערטער).

— כל הנעלמן all the money כל הון דעלמא.

— כל הפאַרגעניגנס all the pleasures כל התענוגים.

הא int. ha!, eh!, what! מָה?; Sir?, Madam? מַה יֹּאמַר אֲדוֹנִי?, מַה תֹּאמַר גְּבִרְתִּי?

— הא, וואָס האָב איך אײַך געזאָגט? well, what did I tell you? עתה, מה אמרתי לך?

הָא s. (pl. – ען) name of the letter ה שֵׁם הָאוֹת ה.

האָב s. belongings הוֹן.

— האָב און גוטס all belongings כל הון ורכוש.

האַבונגסטווע s. aspiration after gain שְׁאִיפָה לְבֶצַע.

האַבונגעווען = האַבעווען.

האָבן v. a. (p. p. געהאַט) to have הָיָה לְ־; to bear, give birth to יָלַד.

— האָבן אַ קינד to have a child היה לאיש ילד; to bear a child ילד יֶלֶד.

— האָבן רעכט to be right היה לאיש הצדק.

— וואָס האָב איך דערפֿון? what good is it to me? איזו תועלת יש לי מזה?

— האָבן עפּעס צו (קעגן) אימעצן to have something against a person היה לאיש תרעומה על רעהו.

— דאָס האָט ניט צו מיר this has nothing to do with me אין הדבר הזה נוגע לי.

— אָט האָסטו דיר! there it is!, there is a nice job! ענין לא רע הוא!

— נאַ, דאָ האָסטו! take it!, there's for you! הא לך חלקך!

— וועלן האָבן to desire to have חפץ שיהיה לו; to assert, maintain סבר.

— וואָס ווילסטו האָבן פֿון מיר? what do you want of me? מה תבקש ממני?

האַבעווען v. n. to aspire after gain שָׁאַף לְבֶצַע[א].

האָבער s. oats שִׁבֹּלֶת שׁוּעָל.

— עס שטעכט (בײַסט) אים דער האָבער he is provender-pricked וישמן ויבעט.

האָבער־גריץ s. oat-grits גֶּרֶשׂ שִׁבֹּלֶת שׁוּעָל.

האָבער־גריציע = האָבער־גריץ.

האָבערן adj. of oats שֶׁל שִׁבֹּלֶת שׁוּעָל.

— האָבערנע גריץ oat-grits גרש של שבלת שועל.

האָבערצוקער = גערשטנצוקער.

הָא נִבְרָא וְהָא צאַצקע phr. (joc.) here is the man and here is the proof הֲרֵי לְפָנֶיךָ הָאִישׁ וְהָעֵדוּת[ב].

האָגל s. (pl. – ען) hail בָּרָד.

האָגלען v. n. to hail בָּרֹד, יָרֹד בָּרָד.

האַדזיען v. n. to be loathsome הָיָה נִתְעָב; ‖ – זיך v. r. to loathe, feel nausea בָּחֹל, חוּשׁ גֹּעַל נֶפֶשׁ לְ־.

האָדוווּלע s. nourishment כַּלְכָּלָה, מָזוֹן.

האַדיע adv. enough דַּי.

האָדעוואַניע s. breeding, rearing גִּדּוּל.

האָדעווען v. a. to breed, rear גַּדֵּל; ‖ – זיך v. r. to be reared גֻּדַּל.

— בײַ אים האָדעווען זיך ניט קיין קינדער his children die when young בניו מתים בעודם באבם.

האַדען = האַדזיען.

האָדער s. (pl. – ס) rag, tatter סְמַרְטוּט, קֶרַע; paper-money (fl.) שְׁטָרוֹת (של כסף).

האָדערן v. a. to tatter קָרֹעַ לִקְרָעִים.

האַדקע adj. disgusting, nauseous מְעוֹרֵר גֹּעַל נֶפֶשׁ; ugly, dirty מְכֹעָר, מְגֹאָל.

א) האַבעווען זעט אויס סלאַוויש. אין משעכיש habati כאַפּן. ב) פֿאַראַדיע אויף דאָס תלמודישע ווערטל: הא גברא והא דיסקא — דאָ איז די פּאַרשוין און דאָ איז דער כתב.

האָוודיע s. (pl. ס–) multitude, crowd, mob הָמוֹן, אֲסַפְסוּף.

האָוויַע s. (pl. ס–) grimace, gesture, gesticulation תְּנוּעָה.

האָווירן v. a. to please עָשׂה רְצוֹן־א).

— מע קען אים נים האָווירן he is hard to please קשה להשביעו רצון.

האָווען v. n. to be busy, be hustling, hustle יָגֹעַ הַרְבֵּה, הָיֹה עָסוּק מְאֹד.

האָוועניש s. bustling, hustling יְגִיעָה רַבָּה (בעסק).

האַווקע s. (pl. ס–) bark, barking נְבִיחָה.

האַווקען v. n. to bark נָבֹחַ.

האַווקערײַ s. barking נְבִיחָה.

האָוחז בְּיַד s. "he who holdeth in his hand," grasping אֲחִיזָה בְּיָד ב).

— (prov.) האוחז ביד איז די בעסטע תפילה "holding in the hand is the best of prayers," possession is nine points of the law מי שיש דבר בידו לו הזכות עליו.

האָז s. (pl. ן–) hare אַרְנֶבֶת.

האָזיש adj. of hare שֶׁל אַרְנֶבֶת.

= האָזשער נוס hazelnut לוּז.

האָזל||נוס (pl. נים–) hazelnut לוז (אגוז קטן).

האָזן adj. of hare שֶׁל אַרְנֶבֶת.

— האָזן נוסל hazelnut לוּז.

האָז־נוס, האָזן־נוס = האָזלנוס.

האָזע s. impudence, insolence עַזּוּת, חֻצְפָּה ג).

האָזעדיג adj. impudent, insolent שֶׁל עַזּוּת.

האָזעניצע s. (pl. ס–) impudent woman חֲצוּפָה.

האָזעניק s. (pl. עס–) impudent man חָצוּף.

האָטעל s. (pl. ן–) hotel מָלוֹן, אַכְסַנְיָה.

האַטען v. a. to dam up (with brushwood), make a road on swampy ground סָתֹם מֵי בִצָּה (בנצרים), שׂים דֶּרֶךְ בַּבֹּץ.

האַטקע s. (pl. ס–) fascine-way, fagot-way דֶּרֶךְ בַּבִּצָּה עָשׂוּי בִּנְצָרִים.

האַטשיק s. (pl. עס–) little hook וָו, קֶרֶס.

האַטשקען = האַצקען.

האַלאָבליע s. (pl. ס–) thill, shaft זְרוֹעַ הָעֲגָלָה; bow (of spectacles) זְרוֹעַ (של משקפים)

א) האָווירן = דייטש hofieren, ראַגאַדזען, צופֿרידנשטעלן.

ב) האוחז ביד זיינען די ערשטע ווערטער פֿון א תפילה, וואָס מע זאָגט ראש־השנה. ג) האָזע ווערט געווײנטליך אָנגענומען פֿאַר העברעאיש און געשריבן העזה. עס שיקט זיך ניט, אז דאָס פֿאָלק זאָל האָבן געשאַפֿן א נייע העברעאישע פֿאָרמע, ווען עס האָט פֿאַ זיך געהאַט די אַלטע פֿאָרמע עזות. דאָס וואָרט קומט אפשר פֿון די ראָמאַנישע שפּראַכן — פֿון פֿראַנצייזיש oser אָדער פּראָוואַנסאַליש ausar, דערוועגן זיך.

= פֿאַלן אין די האַלאָבליעס to fall or die under one's burden נפל תחת משאו; to collapse, break down נפל תחתיו, כשל כחו.

— אַרויס פֿון די האַלאָבליעס to break loose התפרץ, פרק עול.

האַלאַדריגע s. (pl. ס–) ragamuffin לָבוּשׁ קְרָעִים.

האַלאַדרילע = האַלאַדריגע.

האַלאָוויע = האַלאָווישקע.

האַלאַטע s. rabble אֲסַפְסוּף.

האַלאַנדסקע = האָלענדיש.

האַלאַס s. noise, uproar שָׁאוֹן, מְהוּמָה.

— (prov.) וואו דלות, דאָרט איז האַלאַס where there is poverty there is uproar באשר העניות שם מהומה.

האַלאַסנע adj. loudly, aloud בְּקוֹל רָם.

האַלאַסען v. n. to lament loudly יַלֵּל בְּקוֹל.

האַלאַפּוזניק s. (pl. עס–) poor devil, ragamuffin עָנִי, לָבוּשׁ קְרָעִים.

האַלב adj. half חֲצִי.

— האַלבע נאַכט midnight חצי הלילה.

— האַלב אײנס half past twelve (o'clock) חצי השעה הראשונה; האַלב דרײַ half past two חצי השעה השלישית.

האַלב־אינזל s. (pl. ען–) peninsula חֲצִי־אִי.

האַלב־געבראָטן adj. half-roasted נָא, שֶׁאֵינוֹ צָלוּי כָּל צָרְכּוֹ.

האַלב־זײַדן adj. half-silk שֶׁחֶצְיוֹ מֶשִׁי.

— (fig.) האַלב־זײַדענע ברויט bread of coarse rye mixed with bolted flour לחם של קמח דגן גס מעורב עם קמח מנופה.

האַלב־חודש s. middle of the month חֲצִי הַחֹדֶשׁ.

האַלב־חודשדיג adj. semimonthly לַחֲצִי הַחֹדֶשׁ, לִשְׁבוּעַיִם יָמִים.

האַלבע־||לְבָנה s. (pl. לְבָנות–) half-moon, crescent חֲצִי הַלְּבָנָה; parenthesis חֲצִי לְבָנָה; a crescent-shaped cap כּוֹבַע כְּתַבְנִית חֲצִי הַלְּבָנָה.

האַלב־קוגל s. (pl. ען–) hemisphere (geogr.) חֲצִי הַכַּדּוּר.

האַלב־קייל = האַלב־קוגל.

האַלבקײַלעכדיג adj. half-round, semi-circular בַּחֲצִי עִגּוּל.

האַלדער s. gobbling קִרְקוּר (של התרנגול ההודי).

האַלדערן v. n. to gobble קַרְקֵר א).

האַלובען v. a. to fondle, caress חַבֵּק, לַטֵּף.

האַלובצעס s. pl. cabbage leaves stuffed with millet or chopped meat עֲלֵי כְרוּב מְמֻלָּאִים בְּדֹחַן אוֹ בְבָשָׂר קָצוּץ, מְלִיאִים.

האַלון = אַלון.

א) האַלדערן = דייטש haudern.

האלז s. (pl. העלזער) neck צַוָּאר; throat גָּרוֹן.
— געשמדטער האלז, ז. געשמדט.
— שטרעקן דעם האלז to sacrifice oneself חרף נפשו למות.
— קריכן אימעצן פון האלז to surfeit, gorge שבע יותר מדי.

האלז-און-נאקן s. nape of the neck עֹרֶף, מַפְרֶקֶת.
— נעבן אײנעם האלז-און-נאקן to turn a person out גרש איש מביתו.

האלז||באנד s. (— בענדער) neck-lace עֲנָק.

האלזווייטיג s. (pl. —ן) pain in the neck כְּאֵב בַּצַּוָּאר; pain in the throat כְּאֵב בַּגָּרוֹן.

האלז||טוך s. (pl. — טיכער) neck-cloth, neck-tie מִטְפַּחַת הַצַּוָּאר, אֲנָד.

האלזטיכל = האלזטוך.

האלזן v. a. to embrace חַבֵּק; || — זיך v. rec. to embrace each other חִבֵּק איש את רֵעֵהוּ.

האלזשטיק = האלזטוך.

האלט int. halt!, stop! עֲמֹד!

האלט האבן v. a. to love, like, be fond of אָהֹב.

האלטן v. a. (p. p. געהאלטן) to hold אָחֹז, תָּפֹס; to hold, contain הָכִיל (כלי); to keep, maintain הַחֲזֵק; to keep, observe שָׁמֹר (חק); to consider חָשֹׁב; to deliver נָאֹם, דָּרֹשׁ (נאום, דרשה); || v. n. to halt, stop עָמֹד; to be at a place הָיֹה בְּמָקוֹם; to maintain, be of opinion סָבֹר, הָיֹה דַעְתּוֹ; to last הִתְקַיֵּם; || — זיך v. r. to hold to הַחֲזֵק בְּ־; to stick הִדָּבֵק; to last הִתְקַיֵּם; to consider oneself חָשֹׁב אֶת עַצְמוֹ; to deport oneself, behave הִתְנַהֵג.
— האלטן אימעצן אין די הענט to have a person in one's power החזק איש ברשותו, משל באיש.
— האלטן ווארט to keep one's word שמר מוצא פיו, קים הבטחתו.
— האלטן קאפ to remember זכר.
— האלטן שבת to **keep** *or* **observe** the Sabbath שמר את השבת.
— האלטן עפעס בסוד to keep a thing secret החזק דבר בסוד, העלם דבר.
— האלטן עקזאמען to go in for an examination עמד על המבחן.
— האלטן מויל to keep one's mouth shut שים ידו על פיו, החרש.
— האלטן סטאנציע to lodge שכן, ישב בבית.
— האלטן ערגעץ שבת to stop at some place for the Sabbath השאר במקום עד אחר השבת.
— האלטן מלחמה to war, make war לחם, הלחם.
— ערליך האלטן to honor כבד.
— האלטן אימעצן בײַ זײַן ווארט to take a person at his word דרש מאיש לקים הבטחתו, עמד על הבטחת איש.
— האלטן אין לייענען to be still reading קרא עוד; to be engaged in reading היה עסוק בקריאה.
— וואו האלט איר? at what passage are you? באיזה מקום (בספר) אתה קורא?
— האלטן ווייט to be far advanced הגיע למדרגה גבוהה.
— ווי האלט עס מיט אים? how is he? איך מצבו?
— ווי האלט דער קורס? what is the rate of exchange? מה שער הכסף?
— האלטן אין איין לייענען to be continually reading קרא בלי הפסק.
— האלטן אין דער סברא to be of the opinion סבר, חשב, היה דעתו.
— האלטן בײַ עפעס to be engaged in something היה עסוק בדבר.
— האלטן בײַם שטארבן to be on the point *or* verge of death היה קרוב למות.
— האלטן פון... to believe in... האמן ב־; to think highly of... חשב, כבד, הוקיר; ניט האלטן פון... not to believe in... לא האמן ב־; to think little of... חשב לקטן ערך; to give over הִנָּאֵשׁ מ־.
— האלטן מיט (פאר) אימעצן to side with a person עמד על צד איש.
— האלטן פאר... to consider, think חשב ל־; האלטן אימעצן פאר א קלוגן to consider a person wise חשב איש לחכם.
— דאס וועט זיך לאנג ניט האלטן this will not last long זה לא יתקים לארך ימים.
— די בגדים האלטן זיך the clothes wear well הבגדים אינם בלים.
— בײַ אים האלטן זיך ניט קיין קינדער his children die when young בניו מתים בעודם בילדותם.
— האלטן זיך אויף די פיס to be able to stand יכל לעמד על רגליו.
— האלטן זיך בײַ... to stick to... החזק ב־; האלטן זיך דערבײַ to stick to it החזק בזה.
— האלטן זיך בײַ דער זאך to keep to the point לא סור (לא נטה) מן הענין.
— האלטן זיך אן עצה מיט... to consult about a thing with..., to **take counsel** with... הִוָּעֵץ, המתק סוד עִם...
— האלטן זיך מיט דער דודע to bear the burden נשא הסבל א.

האלטער s. (pl. —ס) penholder יַד הָעֵט.

א) „פון דער חופה צו דער סעודה — **האלט זיך, האלט זיך** מיט דער דודע" (פאלקסווערטל).

האַליִש *s.* (–ן *pl.*) poor devil, ragamuffin עָנִי, לָבוּשׁ קְרָעִים.

האַלישקע *s.* (–ס *pl.*) pellet, small ball of dough כַּדּוּר שֶׁל בָּצֵק.

האַלמע *s.* (–ס *pl.*) brake, skid יָתֵד הַמְעַכֶּבֶת (מעצור לאופני עגלה).

האַלמעווען *v. a.* to skid עַכֵּב בְּיָתֵד (אופני עגלה).

האַלעבורדע *s.* (–ס *pl.*) tumult, turmoil, turbulence מְהוּמָה.

האָלענדיִש *adj.* Dutch הוֹלַנְדִי.

האָלענדער *s.* (– *pl.*) Dutchman אִישׁ הוֹלַנְדִי.

האָלענדערקע *s.* (–ס *pl.*) Dutch woman אִשָּׁה הוֹלַנְדִית; Dutch cow פָּרָה הוֹלַנְדִית.

האָלץ *s.* wood עֵצִים (להסקה); (העלצער *pl.*) block of wood בּוּל עֵץ.

— ווי האָלץ in great plenty, galore (*fig.*) הרבה מאד; געלט ווי האָלץ money galore הכסף לרב; קלעפּ ווי האָלץ many blows מהלומות רבות.

האָלץ-העקער *s.* (–, –ס *pl.*) wood-cutter חוֹטֵב עֵצִים.

האָלץ-זעגעכץ *s.* saw-dust נְסֹרֶת.

האָלץ-זעגער *s.* (–, –ס *pl.*) sawyer מְנַסֵּר.

האָלציִג *adj.* woody עֲצִי (שיש בו מתכונת עץ).

האָלץ-עפּל||ע *s.* (–לעך *pl.*) wood-apple, crab-apple תַּפּוּחַ יַעֲרִי.

האָלצערן = הילצערן.

האַלקע *s.* (–ס *pl.*) ball of dough כַּדּוּר שֶׁל בָּצֵק.

האַמאַרניע *s.* (–ס *pl.*) forge בֵּית חָרֹשֶׁת בַּרְזֶל אוֹ נְחֹשֶׁת.

האַמסטערל *s.* (–עך *pl.*) hamster מִין חֻלְדָּה.

האָמעאָפּאַטיע *s.* homeopathy הוֹמֵיאוֹפַּתְיָה (שטה מיוחדת ברפואה).

האַמעווען *v. a.* to check, restrain עָצֹר, עַכֵּב.

האַמעטנע *adj.* heavy כָּבֵד א); clumsy גַּס, מְגֻשָּׁם.

האַמער *s.* (–ן *pl.*) hammer פַּטִּישׁ, מַקֶּבֶת, קוּרְנָס.

האַמערן *v. n.* to strike with a hammer הַכֵּה בְּפַטִּישׁ, הַכֵּה.

האַמפּערן זיך *v. r.* to wrangle, altercate הִתְאַבֵּק, הִתְוַכֵּחַ, רִיב ב).

האַמפּערניש *s.* wrangling, altercation וִכּוּחַ, רִיב.

האָן *s.* (–ען, הענער *pl.*) cock, rooster תַּרְנְגוֹל.

א) האַמעטנע איז אפשר פֿון פּויליש hamanny, װײַער גרויס (פֿון haman, א גרויסער געזונטער יונג); אָדער אפשר האָט עס א שייכות מיט דעם גלייכקלינגענדיגן טשעכישן װאָרט hamotny, מאַטעריעל, קערפּערליך, וואָס קען אויסגעטייטשט ווערן: גראָב, מגושמדיג? (hamak אין טשעכיש: א גראָבער יונג). ב) האַמפּערן זיך האָט אפשר א שייכות מיט פֿראַנצייזיש s'emparer, װערן בעל-הבית פֿון עפּעס דורך גובר זיין.

— (*fig.*) א רויטער האָן fire שרפה.

— (*id.*) אויסלאָזן זיך א האָן to result in nothing היה לאפס.

האָנאָר, האָנאָראָווע = האָנער, האָנערעאָווע.

האָנאָראַר *s.* honorarium, honorary, fee שָׂכָר, מַשְׂכֹּרֶת.

האַנדזיע *s.* (–ס *pl.*) doll, puppet בֻּבָּה.

האַנדל *s.* commerce, trade מִסְחָר, מַרְכֹּלֶת.

האַנדלונג *s.* (–ען *pl.*) commercial house, business establishment בֵּית מִסְחָר; deed, action מַעֲשֶׂה, פְּעֻלָּה.

האַנדלען *v. n.* to trade, do business עָסֹק בְּמִסְחָר, סָחֹר; to act, behave פָּעֹל, הִתְנַהֵג; ||–זיך *v. r.* to be a question *or* matter הָיֹה לִשְׁאֵלָה.

— עס האַנדלט זיך ווענן געלט it is a question *or* matter of money שאלת כסף היא.

האַנדל-מיניסטער *s.* minister of commerce שַׂר הַמִּסְחָר.

האַנדל-מיניסטעריום *s.* ministry of commerce פְּקִידוּת שַׂר הַמִּסְחָר.

האַנדלס-מאַן *s.* (–לײַט *pl.*) merchant סוֹחֵר.

האַנדלשאַפֿט *s.* business עֵסֶק, מִסְחָר.

האַנט *s.* (–הענט *pl.*) hand, arm יָד, זְרוֹעַ; hand (*at cards*) תּוֹר (של משחק בקלפים); אֶחָד מֵהַמְשַׂחֲקִים (בקלפים); hand, workman (*Am.*) פּוֹעֵל.

— צו דער האַנט at hand, ready at one's hand מוכן לפני איש.

— גיין האַנט אין האַנט to go hand in hand הלוך שלובי ידים; (*fig.*) היה בעצה אחת.

— מאַכן (זיך) אונטער האַנט to concert עשה יד אחת.

— אָװעקמאַכן אונטער דער האַנט to disparage, belittle הקטן ערך, הקל ב־.

— פֿאַר דער האַנט at present לעת עתה.

— גיין פֿון דער האַנט to meet a ready sale מצא קונים רבים (מסחורה).

— דריקן אומעצן די האַנט to shake hands with a person תקע כף רעהו.

— נוט האָבן זיך אין דער האַנט to be unable to control oneself לא יכל למשל ברוחו.

— אָװעקנעמען די האַנט פֿון האַרצן to lose one's patience כשל כח סבלו; to despair התיאש א).

— אַראָפּנעמען די האַנט פֿון האַרצן to overcome one's hard-heartedness התגבר על קשי לבו.

— נוט טאָן (אַרײַנטאָן) קיין האַנט אין קאַלט וואַסער to idle away one's time בטל זמנו.

— לעבן פֿון האַנט אין מויל to live from hand to mouth חיה (התפרנס) בצמצום.

— (*prov.*) אוין האַנט וואַשט די צווייטע one good

א) אין די באַדײַטונגען ביי ליפּשיצן.

turn deserves another, people should help one another איש את אחיו יעזור.

— אַ גרינגע (לײַכטע) האַנט a ready hand, a lucky hand יד קלה למלאכה.

— מיט אַ פֿולער האַנט liberally ביד נדיבה.

— האָבן אַ פֿאַרמאַכטע האַנט to be stingy היה קמצן, היה כילי.

— האָבן אַן אָפֿענע האַנט to be liberal היה נדיב לב.

— זײַן אימעצנס רעכטע האַנט to be a person's right hand *or* factotum היה עוזר ראשי לאיש בכל עסקיו.

— ברעכן די הענט to wring one's hands פרש בידיו.

— צעפֿירן זיך די הענט to command, give orders פקד, צוה, שלט.

— איבערגײן אין אַנדערע הענט to change hands עבֹר לרשות איש אחר.

— האַלטן אימעצן אין די הענט, ז. האַלטן.

— טראָגן אימעצן אויף די הענט to fondle a person פנק איש; to make much of a person הוקיר איש.

— אָפּנעמען ווי מיט די הענט to cure as with a touch רפא כמו בנגיעה בידים (מתרופה למחלה).

— ניט וויסן פֿון זײַנע הענט און פֿיס not to know a hawk from a handsaw, be very stupid לא ידע בין ימינו לשמאלו, היה בער.

— (*id.*) אָן הענט און אָן פֿיס without sense בלי טעם (ענין); without skill בלי כשרון (מלאכה).

— האָבן גילדערנע הענט to be skilful at work, be handy היה מוכשר למלאכה.

— האָבן לײמענע הענט to be unhandy היה אי מוכשר למלאכה.

— האָבן לאַנגע הענט to be light-fingered, be given to stealing היה נוטה לגנב.

האַנטאַבע = אַנטאַבע.

האַנט־אַרבעט *s.* (‑ן *pl.*) manual work מְלֶאכֶת יָד.

האַנטגעלט *s.* earnest-money דְּמֵי קְדִימָה, כֶּסֶף עֵרָבוֹן.

האַנטמאַכערײַ *s.* waving of hands תְּנוּעַת יָדַיִם, נִפְנוּף יָדַיִם.

האַנטמיל *s.* (‑ן *pl.*) handmill רֵחַיִם שֶׁל יָד.

האַנט־‖מְלָאכה *s.* (‑מְלָאכות *pl.*) manual work מְלֶאכֶת יָד; trade, handicraft מְלָאכָה, אוּמָנוּת.

האַנטעך *s.* (‑ער *pl.*) towel אַלּוּנְטִית, מַגֶּבֶת.

האַנטפֿאַס *s.* (‑ן *pl.*) laver (*of a synagogue*) כִּיּוֹר.

האַנטשטיבל *s.* (‑עך *pl.*) side-room חֶדֶר צְדָדִי.

האַנטשטערקע = האַנטשערקע.

האַנטשלאַק *s.* (‑ן *pl.*) striking of hands תְּקִיעַת כָּף.

האַנטשערקע *s.* (‑ס *pl.*) dish-clout אַלּוּנְטִית לְנַגֵּב כֵּלִים.

האַנטשריפֿט *s.* (‑ן *pl.*) handwriting, hand כְּתַב־יָד.

האָניק *s.* honey דְּבַשׁ.

— אויסגעפּוצט אין עסיק און אין האָניק dressed elegantly הָדוּר בִּלְבוּשׁוֹ.

האָניקדיק *adj.* honeyed, sweet מָתֹק כִּדְבַשׁ, מָתֹק.

האָניק־טײַגל *s.* (‑עך *pl.*) little ball of dough fried in honey כַּדּוּר קָטָן שֶׁל בָּצֵק מְטֻגָּן בִּדְבַשׁ.

האָניק־לעקעך *s.* (‑ן *pl.*) honey-cake, gingerbread עֻגַּת־דְּבַשׁ, דֻּבְשָׁן.

האָניק־קוכן *s.* (‑ס *pl.*) = האָניק־לעקעך.

האָניק־פֿלײש *s.* meat dressed in honey בָּשָׂר בִּדְבַשׁ.

האָניק־קיכל *s.* (‑עך *pl.*) small honey-cake עֻגַּת־דְּבַשׁ קְטַנָּה.

האָנעטשע = אָנעטשע.

האָנער *s.* honor כָּבוֹד; sense of honor רֶגֶשׁ כָּבוֹד; ambition אַהֲבַת הַכָּבוֹד.

— רירן אימעצן דעם האָנער to offend a person פגע בכבוד איש.

האָנעראָווע *adj.* honorable נִכְבָּד; sensitive, touchy רַגְשָׁנִי; ambitious אוֹהֵב כָּבוֹד.

האָנערעוואַטע *adj.* sensitive, touchy רַגְשָׁנִי; ambitious אוֹהֵב כָּבוֹד.

האַס *s.* hatred שִׂנְאָה.

האַסט *s.* haste מְהִירוּת, חִפָּזוֹן

האַסטיק *adj.* hasty נִמְהָר.

האָסטיען זיך *v. r.* to be on a visit for a long time הִתְאָרֵחַ זְמַן רָב.

האָסטשיע *s.* (‑ס *pl.*) spiky thorn קוֹץ, עָקֶץ, חֵדּוּד.

האַסלע *s.* (‑ס *pl.*) watch-word סִמָּן לְאוֹת, אִמְרָה; conspiracy קֶשֶׁר.

האַסן *v. a.* to hate שָׂנֹא.

האָספּאָדאַר *s.* (‑עס *pl.*) master אָדוֹן.

האָספּי‖טאַל *s.* (‑טאַלן, ‑טעלער *pl.*) hospital בֵּית־חוֹלִים.

הֵאע‖לע *s.* (‑לעך *pl.*) a tablet inscribed with the letter ה (*amulet for infants*) לוּחַ עִם אות ה (קמיע לתינוקות).

האָפּ *int.* hop! רְקוֹד!

האַפּט[1] *s.* substance מַמָּשׁוּת; strength חֹזֶק.

האַפּט[2] *s.* embroidery רִקְמָה.

האַפּטיק *adj.* substantial שֶׁיֵּשׁ בּוֹ מַמָּשׁוּת.

האַפּטן *v. n.* to become security עָרֹב, הָיֹה עָרֵב, הָיֹה אַחֲרָאִי.

האַפּטשי *int.* atcha!, tish-ho! עֲטִישָׁה!

האַפּמאַנישע טראָפּן = הַאַרְצטראָפּן.

האָפּן s. (pl. ־ס) harbor, port חוף, נָמָל.

האָפּן s. hop, hops כְּשׁוּת.

האָפּן v. n. to hope קִוָּה, חִכָּה, יִחֵל, צִפָּה.

האָפּן־צײַט s. establishment of the port (geogr.) חֶשְׁבּוֹן הַזְּמַן שֶׁבּוֹ יַגִּיעַ שֶׁטֶף הַיָּם לְכָל חוֹף.

האָפֿענונג s. (pl. ־ען) hope תִּקְוָה, תּוֹחֶלֶת.

האָפֿערדיג adj. proud, haughty נֵאֶה; hasty, passionate מְהִיר חֵמָה, נוֹחַ לִכְעֹס; || ־קײַט s. pride, haughtiness גַּאֲוָה, נַאֲוָה.

האָפֿערניג, ־קײַט = האָפֿערדיג, ־קײט.

האָפֿצי = האָפּטשו.

האָפּקע s. (pl. ־ס) dance מָחוֹל.

האָץ int. hop! רְקוֹד!

האָצעלקע s. (pl. ־ס) jumper, hopper מְדַלֵּג, מְקַפֵּץ.

האָצעפּלאָץ prn. Hotzeplotz שֵׁם עִיר א).

— פֿאַרקריכן אין האָצעפּלאָץ (fig.) to digress from the subject נטה מן הענין.

האָצקע s. (pl. ־ס) jump, hop רִקּוּד; shaking נִדְנוּד.

האָצקען v. n. to jump, hop רָקַד; || v. a. to shake נִדְנֵד, נִעֲנַע; || ־זיך v. r. to jump רָקַד.

האַק s. (pl. העק) axe גַּרְזֶן, קַרְדֹּם.

— מיט האַק און פּאַק (id.) with bag and baggage הוא וכל אשר לו, במקלו ותרמילו ב).

האַק s. knock, blow הַכָּאָה; cut חִתּוּךְ.

— אַ האַק אין מאָרדע a knock on the jaw הכאה על הלוע.

האָק s. (pl. ־ן) hook וָו, קֶרֶס; fish-hook חַכָּה.

האָקוס־פּאָקוס s. jugglery אֲחִיזַת עֵינַיִם ג).

— מאַכן האָקוס־פּאָקוס to juggle, play tricks אחז עינים, רִמָּה.

האַקמעסער s. (pl. ־ס) meat-chopper, chopping-knife קוֹפִיץ.

האַקן v. a. n. to cut, chop גָּזַר; חָטַב (עצים); to knock הִכָּה; to talk (fig.) דִּבֵּר, פִּטְפֵּט.

— האַקן אין טיר to knock violently at the door הכה בחוזקה על הדלת.

— האַקן אַ מאָרדע to knock a person on the jaw הכה איש על הלוע.

א) אַ שטאָט אין שלעזיע, װערט דערמאָנט אין די שו"ת הרמ"א (בן ציון כ"ץ, לקורות היהודים ברוסיא פולין וליטא, זייט 29).

ב) = דײַטש mit Sack und Pack. ג) עס איז דאָ אַ סברא, אַז האָקוס־פּאָקוס איז אַ פֿאַרגרײַזונג פֿון דער לאַטײַנישער פֿאָרמעלע hoc est corpus (דאָס איז דער קערפּער פֿון יעזוסן), װעלכע די קאַטױלישע גלחים זאָגן אױפֿהײבנדיג דאָס הײליגע ברױט. צױבערער און קונצנמאַכער, װעלכע האָבן די פֿאָרמעלע באַנוצט, זאָלן זי האָבן אַזױ פֿאַרגרײַזט.

— האַקן אין דער װעלט אַרײַן to talk at random דבר דברים בעלמא.

— האַקן ליגנס to tell many lies הִרְבָּה לְשַׁקֵּר.

— האַקן װי אין קרויט to talk away הרבה לדבר, פטפט בלי הפסק.

האַקע s. hitch מַעֲצוֹר, עִכּוּב.

האַקע־באַקע, אין דעם פֿאַלגנדיגן אויסדריק:

— פֿאַרשלאָגן זיך האַקע־באַקע to deceive oneself רִמָּה את עצמו א).

האַר s. (pl. ־ן) lord, master אָדוֹן.

— גאָט דער האַר the Lord God אדני אלהים.

האָר s. (pl. ־) hair שֵׂעָר, שַׂעֲרָה; main-spring (of a watch) קְפִיץ (בשעון); a little (fig.) מְעַט.

— רײַסן די האָר אויף זיך to tear one's hair, be in despair התמרמר מתוך יאוש.

— די האָר שטעלן זיך קאַפּויר one's hair stands on end שערותיו תסמרנה.

— עס װעט אײַך קײן האָר ניט נעקרומט װערן not a hair of your head shall be hurt לא יפֹּל משערת ראשך ארצה.

— גרינג װי אַ האָר פֿון מילך very easy קל מאד.

— אויף אַ האָר to a hair, to a hair's breadth, exactly בדיוק.

— ניט אַ האָר not a whit, not in the least לא אף כחוט השערה.

— נאָך אַ האָר a little more עוד מעט; nearly כמעט; ער איז נאָך אַ האָר דערהרגעט געװאָרן he was near being killed; he had a narrow escape כרגע היה בינו ובין המות.

— הענגען אויף אַ האָר to hang by a thread היה תלוי בשערה.

האָראָכװעניק s. (pl. ־עס) pease-cake עֻגַת אֲפוּנִים.

האַראַפּניק s. (pl. ־עס) whip מַגְלֵב, פַּרְגּוֹל.

האַרב adj. sharp חָרִיף; hard, difficult קָשֶׁה, חָמוּר; bad רָע.

— אַ האַרבע קשיא a difficult question שאלה קשה או חמורה.

האָרב s. (pl. ־עס) hump, hunch חֲטוֹטֶרֶת, גַּבְנוּן.

האַרבאַטניק s. (pl. ־עס) tea-cake עֻגָה לֶאֱכֹל עִם מַשְׁקֵה הַתֵּה.

האָרבאַטע adj. hum-backed בַּעַל חֲטוֹטֶרֶת, גִּבֵּן.

האָרבאַטש s. (pl. ־עס) hump-back, hunch-back גִּבֵּן.

האָרבול s. (pl. ־יעס) = האָרבאַטש.

האָרבון s. (pl. ־עס) = האָרבאַטש.

א) אַבער מאַװיטש, "אין אַ שטורעם־צײַט", יובילעאום־אויס־גאַבע 31: "פֿאַרשלאָגנס זיך האַקע־באַקע, כדי דו זאָלסט פֿאַר־שפּאָרן טראַכטן". זעט אויס פֿון קלײנרוסיש ваби ати баки, אָפּנאַרן.

הארבליך *adj.* rather sharp קצת חריף; rather difficult קצת קשה; || pretty, fairly *adv.* די.
— הארבליך מחיה fairly pleasant די נעים א).

הארבסט *s.* autumn, fall בציר, עת הבציר.

הארבען *v. a.* to bend כפף; || זיך — *v. r.* to bend, stoop השח, כפף גבו.

הארבעריג *s.* (— ן *pl.*) shelter מחסה; dwelling, abode משכן, מעון; travellers' inn מלון, אכסניה.

הארבקייט *s.* sharpness חריפות; difficulty קשי.

הארט¹ *adj.* hard קשה; hard-hearted קשה-לב; || close *adv.* סמוך מאד.
— א הארט איי a hard-boiled egg ביצה קשה (ביצה שנתקשה בבישול).
— א הארטער שלאף sound sleep שנה עמוקה; האבן א הארטן שלאף to sleep soundly ישן שנה עמוקה.
— א הארטער לייב constipation עצירות.
— הארט ביי close to סמוך מאד ל־.

הארט² *s.* hardening, temper חשום (קשוי ברזל באש ובמים).

הארטלייביג *adj.* constipated נעצר, סתום המעים; stingy (*fig.*) קמצני.

הארטנעקיג *adj.* stiff-necked, stubborn קשה ערף.

הארטעווען *v. a.* to harden, temper חסם (הקשה ברזל באש ובמים).

הארטקייט *s.* hardness קשי, קשיות; hard-heartedness קשי-לב.

הארטשיצע *s.* mustard חרדל; (— עס *pl.*) mustard-plaster, sinapism תחבשת של חרדל.

האריג *adj.* hairy שעיר.

האריזאָנט *s.* (— ן *pl.*) (*geogr.*) horizon אפק (חוג השמים).

הארייי-הארייי-הארייי *int.* call of attention by the jester at a wedding קריאת הבדחן לקרואי החתונה לשום לב.
— הארייי-הארייי-הארייי! חתנס צד, דרשה-געשאנק hear! ye, relatives of the bridegroom, come out with your wedding-presents שמעו נא קרובי החתן, הגישו את מתנותיכם לכבוד החתונה!

האריעם-קאָרנעם = האָרן-קאָרן.

הארכן *v. a.* to hear שמע; to listen האזן.

הארלאַטשיק *s.* (— עס *pl.*) a narrow-necked milk-pot כלי ארך הצואר לחלב.

הארמאַט = ארמאַט.

הארמאָניע *s.* harmony הסכמת קולות השיר; הסכמה, התאמה, אחדות.

הארמאָניק *s.* (— עס *pl.*) harmonica מפוחית (כלי זמר).

הארמאָנירן *v. n.* to hamonise, accord הנעם קול יחד, הסכל בקול אל־; to harmonise, aggree (*fig.*) הסכם עם־, התאם ל־.

הארמידער *s.* clutter, bustle, hurly-burly שאון, מהומה.

הארמל = הארמעלע.

הארמעלע *s.* (— לעך *pl.*) ermine חלד הרים.

הארן¹ *v. n.* to wait חכה ל־.

הארן² = ארן.

האָרן¹ *s.* (הערנער *pl.*) horn קרן; feeler, antenna (*of insects*) קרן המשוש (של שרצים).
— (*id.*) ער איז נים מוּם הערנער he is not out of the ordinary איננו יוצא מהרגיל.

האָרן² *adj.* of hair של שער.

האָרנאָדל *s.* (— ען *pl.*) hair-pin מכבנת.

האָרן-בהמות *s. pl.* horned cattle צאן ובקר.

האָרנדיג *adj.* horny, horned קרני.

הארנטע *s.* (— ס *pl.*) mistress, lady גבירה.

האָרן-קאָרן *adv.* topsyturvy בערבוביא.

האָרנעם-קאָרנעם = האָרן-קאָרן.

האָרעוואַניע *s.* labor, toil עבודה רבה, עבודה קשה.

האָרעווען *v. n.* to labor hard, toil, drudge עמל הרבה, עבד עבודה קשה.

האָרעלע *s.* very small quantity כמות קטנה מאד.

הארעלקע *s.* corn brandy יין דגן.

האַרף *s.* (— ן *pl.*) harp נבל.

האָרעפּאַשניק *s.* (— עס *pl.*) toiler, drudge איש עמל הרבה.

האָרעפּאַשנע *adj.* toiling עמל הרבה, עובד עבודה קשה.

האַרץ *s.* (הערצער *pl.*) heart לב; pith לב עץ.
— מים הארץ with feeling ברגש.
— מומן גאַנצן הארצן with all one's heart בכל לבו, בכל נפשו.
— נאָך אומעצנס הארצן to one's liking כלבבו.
— זיין אומעצן נים צום הארצן not to be in good humor היה עצוב רוח.
— זיך נעמען צום הארצן to have anxiety היה לאיש דאגה מדבר.
— זיין אומעצן שווער אויפן האַרצן to be depressed, be dejected היה נכא רוח.
— מאַכן זיך האַרץ to take heart, take courage אזר עוז, התאמץ.
— (*joc.*) מאַכן זיך א האַרץ פון א גולן to pluck up courage אזר עוז, התאמץ.
— נים האָבן קיין האַרץ עפּעס צו טאָן to lack courage to do a thing לא מצא את לבבו לעשות דבר.
— שווער מאַכן אומעצן דאָס האַרץ to discourage a person שלל אמץ רוח מאיש.

א) דער אויסדריק געפינט זיך אין „פישקע דער קרומער" אדעסער אויסגאַבע, זייט 42).

— האָבן אויף אימעצן אַ הארץ to have a grudge against a person היה לאיש טינא על רעהו; to be angry with a person כעס על איש.

— דאָס הארץ זאָגט מיר I have a presentiment יש לי הרגשה קודמת, הנני חש עתידות.

— האָבן נאָט אין הארצן to have mercy רחם.

— מיין הארץ! my love!, my dear! יקירי! (יקירתי!).

הארצבּרעכעניש s. (pl. ־ן) heart-break שֶׁבֶר לֵב, כְּאֵב לֵב.

הארץ־גרובל s. pit of the stomach, anticardium חֲלַל הַלֵּב.

הארצוויטיג s. (pl. ־ן) heart-ache כְּאֵב לֵב.

הארצטראָפּן s. pl. Hoffmann's drops, ether drops טִפּוֹת שֶׁל הוֹפְמַן (רפואה).

הארציג adj. hearty, cordial לְבָבִי, מֵעֹמֶק לֵב; sincere לְבָבִי, אֲמִתִּי, נֶאֱמָן; kind טוֹב; ‖ ־קייט s. heartiness לְבָבִיּוּת; sincerity לְבָבִיּוּת, אֲמִתִּיּוּת.

הארצליך, ־קייט = הארציג, ־קייט.

הארצעדיג adj. kind טוֹב.

הארצפריינט s. (pl. ־) sincere friend רֵעַ נֶאֱמָן, יְדִיד נֶאֱמָן.

הארצקלאַפּן = הארצקלאַפּעניש.

הארצקלאַפּעניש s. palpitation of the heart דְּפִיקַת הַלֵּב.

הארצקלעמעניש s. grief צַעַר.

הארצרייסנדיג adj. heart-rending קוֹרֵעַ לֵב.

האַרשייטל s. (pl. ־עך, ־ען) wig פֵּאָה נָכְרִית, שְׂעַר נָכְרִי.

האַרשפּילקע = האַרנאָדל.

הַבְדָּלָה s. (pl. הַבְדָּלוֹת) ceremony of ushering out the Sabbath (*benediction of the cup at the conclusion of the Sabbath to separate it from the week-days*); ~ light used in the ceremony of ushering out the Sabbath נֵר הַבְדָּלָה; twisted wax-light נֵר קָלוּעַ שֶׁל שַׁעֲוָה.

הַבְטָחָה s. (pl. הַבְטָחוֹת) promise, assurance ~.

—געבן אַ הבטחה to promise הבטח.

הֶבֶל[1] npr. Abel (*son of Adam*) —.

הֶבֶל[2] s. (pl. הֲבָלִים) vanity ~; nothingness ~, אַפְסוּת; nonsense ~, טִפְּשׁוּת; superstition אֱמוּנָה תְּפֵלָה.

הֲבֵל הֲבָלִים s. vanity of vanities ~.

הֶבלניצע s. (pl. ־ס) useless woman אִשָּׁה שֶׁאֵין בָּהּ תּוֹעֶלֶת.

הֶבלניק s. (pl. ־עס) useless man אִישׁ שֶׁאֵין בּוֹ תּוֹעֶלֶת.

הֶבלען v. n. to occupy oneself with trifling matters עָסֹק בִּדְבָרִים קַלֵּי עֵרֶךְ.

הבע"ל abbr. = הַבָּא (הַבָּאָה) עָלֵינוּ לְטוֹבָה "which may come to us for good," the coming (*day or year*) הַבָּא (הַבָּאָה).

הַגְבָּה = הַגְבָּהָה.

הַגְבָּהָה s. the lifting of the scroll of the Law (*for rolling it up*) ~.

הַגָּדָה s. (pl. הַגָּדוֹת) book containing the home services for the first two nights of Passover ~; = אַגָּדָה.

— (*id.*) נוט מיינען די הגדה, נאר די קנוידלעך to be only after the material benefit of a thing בקש רק את התועלת החמרית של דבר.

הַגָּהָה s. (pl. הַגָּהוֹת) revision ~; correction, (*typ.*) proof-reading ~; annotation ~, הֶעָרָה.

הֲגַם conj. although אַף כִּי, אִם גַּם.

הדור־הַכָּבוֹד, ז. הידור־.

הֶדְיוֹט s. (pl. הֶדְיוֹטִים) layman ~, אָדָם פָּשׁוּט.

הֲדַס s. (pl. הֲדַסִּים) myrtle ~; = הֲדַסָּה.

הָדָס s. (pl. ־ן) spice-box תֵּבַת בֹּשֶׂם.

הֲדַסָּה s. (pl. הֲדַסּוֹת) myrtle branch עֲנַף הֲדַס.

הָדָס־פּושקע‖לע s. (pl. ־לעך) = הָדָס.

הַדְרָכָה s. training, education ~, חִנּוּךְ.

הַדְרָן s. (pl. ־ס) discourse held by a student upon having completed the study of a treatise of the Talmud דְּרָשָׁה שֶׁדּוֹרֵשׁ הַלּוֹמֵד כְּשֶׁגּוֹמֵר אַחַת מִמַּסֶּכְתּוֹת הַתַּלְמוּד.

הַדְרַת־פָּנִים s. stately appearance ~; stately person אִישׁ תֹּאַר.

ה"הי abbr. = הֲלֹא הוּא that is ~.

ה"ה[2] abbr. = הערן Messrs. (Messieurs) הָאֲדוֹנִים.

הוא־אַמִינא s. (pl. ־ס) supposition, hypothesis הַנָּחָה, הַשְׁעָרָה; probability אֶפְשָׁרוּת.

הובל s. (pl. ־ען) plane מַקְצוּעָה.

הובליעווען, הובלעווען = הובלען.

הובלען v. a. to plane הַקְצֵעַ.

הובל־‖שפּאָן s. (pl. ־שפּענער) shaving מַפַּל הַמַּקְצוּעָה.

הודו[1] s. "give thanks," name of a certain morning prayer שֵׁם אַחַת מִתְּפִלּוֹת הַבֹּקֶר.

הודו[2] npr. India ~.

— פון הודו ביז כוש "from India to Ethiopea," a very long distance מרחק רב.

— ווי קומט הודו צו כוש? "what has India to do with Ethiopia?," what connection is there between these two remote matters? איזה יחס יש בין שני הדברים הרחוקים האלה?

הודיען v. n. to sound, tinkle, hum צַלְצֵל, הָמֹה.

הוֹדָעָה s. (pl. הוֹדָעוֹת) announcement, advertisement ~, מוֹדָעָה, הַכְרָזָה; declaration ~.

הודען = הודיען.

הו־האַ s. noise שָׁאוֹן, הֲמֻלָּה.

הַוואיה = האוויע א).

הוזאר s. (pl. ן –) hussar פָּרָשׁ, רַכָּב (בחיל הצבא).

הושען = הוידען.

הוט s. (pl. הִיט) hat כּוֹבַע; bonnet כּוֹבַע שֶׁל אִשָּׁה.

הוטע s. (pl. ס –) glass-works בֵּית הַתּוּךְ זְכוּכִית.

הויב s. (pl. ן –) cap, cowl כּוֹבַע, צָנִיף.

הויבנפוצערן s. (pl. ס –) milliner מְקַשֶּׁשֶׁת כּוֹבְעֵי נָשִׁים.

הוידלקע = הוידעווקע.

הוידע s. (pl. ס –) swing נַדְנֵדָה; see-saw נִדְנוּד.

הוידעוודיג adj. swinging מִתְנַדְנֵד.

הוידעווקע s. (pl. ס –) see-saw נַדְנֵדָה.

הוידען v. a. to see-saw, swing נִדְנֵד; to balance הָנִיעַ; || –זיך v. r. to see-saw oneself הִתְנַדְנֵד; to balance הִתְנוֹעֵעַ.

הַוויהי s. (by transposition) the name Jehova הַשֵּׁם יְהֹוָה (בשנוי סדר האותיות).

הַוִיה [2] s. (pl. הַוְיוֹת) = האוויע.

הַוְיוֹת דְּאַבַּיי וְרָבָא pl. the debates of the Talmudic doctors Abaye and Raba.

הויז s. (pl. הַייזער) house בַּיִת; vestibule, corridor מִסְדְּרוֹן, אוּלָם.

— (Am.) דאָס ווייסע הויז the White House הבית הלבן (בית מושב נשיא ארצות הברית באמיריקה).

— גוון איבער די הייזער to go a-begging, beg from house to house חזר על הפתחים.

הויז [2] = הויזן [2].

הויזגעזינד s. (pl. ן –) household, family בֵּית אָב, מִשְׁפָּחָה, בְּנֵי בַיִת.

הויז-זאכן s. pl. household furniture כְּלֵי בַיִת.

הויז-זוכונג s. (pl. ען –) domiciliary visit חִפּוּשׂ בְּבַיִת (על פי פקודת הממשלה).

הויזירן v. n. to peddle, go about peddling רָכַל. חָזַר עַל הַפְּתָחִים בְּמִינֵי סְחוֹרָה שׁוֹנִים.

הויזירער s. (pl. ס –) peddler רוֹכֵל.

הויזליך adj. domestic בֵּיתִי, שֶׁל בַּיִת.

הויזלערער s. (pl. ס –, –) private teacher מוֹרֶה פְּרָטִי.

הויזמענש s. (pl. ן –) domesticated man, stay-at-home יוֹשֵׁב תָּמִיד בְּבַיִת.

הויז||מְשָׁרֵת s. (pl. מְשָׁרְתִים –) domestic servant מְשָׁרֵת בְּבַיִת.

הויזן [1] v. n. to live peacefully חָיָה בְּשָׁלוֹם עִם־.

הויזן [2] s. pl. breeches, trousers, pants מִכְנָסַיִם.

— (fig.) טראָגן די הויזן to wear the breeches משל על איש (נאמר על אשה).

הויזנבלאָזן s. pl. fish-glue דֶּבֶק שֶׁל דָּגִים.

א) דער אויסלייג הוואיה געפינט זיך ביי ליפשיצן.

הויזנטרעגער s. pl. braces, suspenders כְּתֵפוֹת (רצועות לאחז המכנסים).

הויזנציַיג s. material or stuff for pants אֶרֶג לְמִכְנָסַיִם.

הויזפריַינט s. (pl. –) family friend יְדִיד בַּיִת.

הויזראַט s. household furniture כְּלֵי בַיִת.

הויט s. (pl. ן –) skin עוֹר; skim קְרוּם (על פני חלב וכדו׳).

— שינדן די הויט to skin הפשט עור; (fig.) to skin, fleece גזל מ־.

— צוטערן אויף אומעצן די הויט to be afraid פחד.

— שפרינגען פון הויט to get out of one's temper התרגז; to make streneous efforts התאמץ בכל כחו.

— זַין הויט און ביינער to be rawboned היה כחוש מאד.

— פון העלער הויט, ז. העל [2].

הויטשינדער s. (pl. ס –, –) skinner, fleecer, extortioner גּוֹזֵל.

הויך [1] adj. high, tall גָּבֹהַּ; elevated, exalted רָם, נִשָּׂא; loud רָם (קול); || adv. highly מְאֹד; loudly. aloud בְּקוֹל רָם.

— א הויכער אָרט height גבעה.

הויך [2] s. (pl. ן –) breath נְשִׁימָה.

הויכגעשעצט adj. highly esteemed נִכְבָּד מְאֹד, חָשׁוּב מְאֹד.

הויכדייַטש, הויכטייַטש s. High German שְׂפַת אַשְׁכְּנַז הָעֶלְיוֹנָה.

הויכ||לאַנד s. (pl. לענדער –) highland (geogr.) אֶרֶץ גְּבוֹהָה.

הויכן v. n. to breathe נָשַׁם.

הויכקייט s. height גֹּבַהּ; highness רוֹמְמוּת; = הויך.

הויל [1] adj. naked, bare עָרֹם; pure, unmixed טָהוֹר; || adv. barely רק א).

הויל [2] adj. s. hollow רֵיק ב).

— (id.) הוילע גאָלד, פוסטע זילבער "hollow gold, empty silver," it is neither gold nor silver איננו לא זהב ולא כסף ג).

הוילקייט s. nakedness, bareness מַעֲרֹם, מַעַר.

הויערן v. n. to crouch, couch רָבַץ ד).

הויף s. (pl. ן –) court חָצֵר, הֵיכָל (של מלך); yard, courtyard חָצֵר (של בית).

הויפט- adj. head, chief, principal רָאשִׁי, עִקָּרִי.

א) = רוסיש голый, קליינרוסיש голий, голо. ב) = דייטש hohl, פוסט. ג) א ווערטל אין ליטע. אזוי זאגט איינער, ווען מע ווייזט אים עפעס פון פראסטן מעטאל, וואס מע מיינט, אז עס איז גאלד. ד) = דייטש kauern, אנידערזעצן זיך, קניען זיך (ווי א חיה ארום א מענטש).

הויפּטבוך s. (—בּיכער .pl) ledger ספר ראשי (להנהלת החשבונות).

הויפּטוואַך s. (— ן .pl) main guard חיל המשמר.

הויפּטוואָרט s. (—ווערטער .pl) (gr.) noun, substantive שם, שם העצם (בדקדוק).

הויפּטזאַך s. (— ן .pl) main thing, principal thing עקר.

הויפּטמאַן s. (—לײַט .pl) chief, chieftain ראש, מנהל.

הויפֿן s. (— ס .pl) handful חפן, קמץ, מלא־כף.

היקען = האווקען.

הויקער s. (— ס .pl) hump, hunch חטוטרת, גבנון; hunchback איש גבן.

הויקערדיג adj. hunchbacked גבן; bent, crooked כפוף.

הולטײַ s. (— עס .pl) debaucher רודף תענוגי בשרים; knave, rogue נבל, נוכל.

הולטײַסטווע s. (— ס .pl) debauchery פריצות; knavery, roguery נבלה, נכל.

הולטײַסקע adj. debauched, dissolute של פריצות; knavish, roguish של נבל, של נוכל; ‖ —קײַט s. debauchery פריצות; knavishness נבלה, נכל.

הולטײַעווען = הולטעווען.

הולטײַקע s. (— ס .pl) debauched woman פרוצה.

הולטעווען v. n. to debauch רדף תענוגי בשרים, היה שטוף בפריצות.

הוליאַנע = הוליאַנקע.

הוליאַנקע s. (— ס .pl) revelry שמחה, הוללות.

הוליאַק s. (— עס .pl) merry fellow, reveller מתהולל.

הוליגאַן s. (— עס .pl) rowdy אדם פרוע.

הוליען v. n. to be merry שמח; to revel התהולל.

הולך = הילוך.

הולך־בטל s. idler —.

הולכן v. n. to go, walk הלוך.

הולך־רכיל s. tale-bearer, slanderer —.

הולפּאַק s. (— עס .pl) ragamuffin לבוש קרעים, פוחח.

הולקע s. (— עס .pl) drinking-bout, carouse משתה.

הומאָר s. humor, wit הלצה, התול; = אומער.

הומאָריסט s. (— ן .pl) humorist בעל הלצה.

הומאָריסטיש adj. humorous של הלצה.

הון s. (הינער .pl) hen, chicken תרנגלת.

הון s. wealth עשר, רכוש.

הונגער s. hunger רעב, רעבון; famine רעב (בארץ).

הונגעריג adj. hungry רעב; ‖ —קײַט s. hungriness, hunger רעבון.

הונגערן v. n. to starve רעב; to be hungry היה רעב.

— עס הונגערט מיך I am hungry אני רעב.

הונדערט num. hundred מאה.

הונדערט־חלק = הונדערטל.

הונדערטל s. (— עך .pl) one hundredth part חלק אחד ממאה.

הונדערט(סט) ord. num. hundredth המאה.

הונדערטער s. (— .pl) a hundred מאה.

הונדערטערלײ adj. of a hundred kinds של מאה מינים.

הונט s. (הינט .pl) dog כלב.

— (id.) דאָ ליגט דער הונט באַגראָבן there's the rub דא היא עקא.

— (id.) הונטס יאָרן a long time ימים רבים, זמן רב א).

— אַ הונט אויף היי a dog in the manger כלב באבוס (איש שעינו רעה באחרים).

הון עצום s. great wealth —, רכוש גדול.

הונקע s. (— ס .pl) horse-cloth מכסה לסוס.

הוסאַר = הוזאַר.

הוסט s. cough שעול.

הוסטן v. n. to cough שעל.

הוסט־פּלעצל s. (— עך .pl) cough-lozenge עגת רפואה לשעול.

הוסן = הוסטן.

הוספה s. (הוספות .pl) addition —; raise (of wages) העלאה (של שכר); supplement — (לדבר ספרותי).

הופקע s. agaric, spunk ספוג בוער (שמשתמשים בו להבעיר אש).

הוצאה s. (הוצאות .pl) expense —; removal of the scroll of the Law from the ark הוצאת ספר התורה מן הארון (לקריאה).

הוצאות־הדרך s. pl. travelling expenses —.

הוצאות קטנות s. pl. small expenses, minor expenses —.

הו"ק abbr. = הוצאות קטנות.

הוק s. (— עס .pl) noise, din שאון, קשקוש.

הוקען v. n. to whoop, shout צוח; to knock דפק.

הוקעס־פּוקעס האָקוס־פּאָקוס.

הור s. (— ן .pl) whore, prostitute זונה.

הוראַ int. hurra(h) הידד!

הורבע s. (— ס .pl) heap גל, ערמה.

הורג = הרוג.

הורט s. wholesale סיטונות (מכירה בסחורה גסה).

א) אַזוי אויך אין ענגליש: a dog's age (אַ הונטס עלטער), אַ לאַנגע צײַט.

wholesale-dealer, who- (pl. ־עס) s. הורטאָוויניק
lesaler סיטון (מוכר במדה גסה).
שֶׁל סִיטוֹנוּת. wholesale adj, הורטאָוונע
בְּסִיטוֹנוּת. by wholesale adv. הורטאָם
הַגָּדָה לִילָדִים א). nursery-tale (pl. הוריות) s. הוריה
גְּדוּדִים גְּדוּדִים. in crowds adv. הורמעם
נָאֹף. to fornicate v. a. n. הורן
brothel, disorderly (pl. ־הײַזער) s. הורנ||הויז
בֵּית זוֹנוֹת. house
קִיפָּא, מִשְׁקָע, שְׁמָרִים. sediment (pl. ־ס) s. הושטשע
עֲנַף עֵץ ,־ osier-branch (pl. הוֹשַׁעְנוֹת) s. הוֹשַׁעְנָא
עֲרָבָה.
— to beat off the leaves from שלאָגן הושענות
the osier-branches (on the Great Hosanah)
חבט ענפי ערבה (בהושענא רבא).
— a beaten off osier- אן אָפּגעשלאָגענע הושענא
something worth- (fig.) ערבה חבוטה; branch
less דבר חסר ערך.
the Great Hosanah (the se- s. הוֹשַׁעְנָא רַבָּא
־.[venth day of the feast of Tabernacles)
special hymns for the feast s. pl. הוֹשַׁעְנוֹת
־.of Tabernacles
הוֹשַׁעְנָא רַבָּא. = abbr. הוש"ר
־.be very careful phr. הִזָּהֵר וְהִזָּהֵר
אַזְהָרָה, הַתְרָאָה. ־ warning (pl. הַזְהָרוֹת) s. הַזְהָרָה
memorial prayer for (pl. הַזְכָּרוֹת) s. הַזְכָּרָה
תְּפִלַּת זִכָּרוֹן לַמֵּתִים. ־ the dead
הַזְכָּרַת־נְשָׁמוֹת = הַזְכָּרָה.
־.summons (pl. הַזְמָנוֹת) s. הַזְמָנָה
הֶזֵּק = הֶיזֵק.
־.decision (pl. הַחְלָטוֹת) s. הַחְלָטָה
favorable interpretation of an s. הֲטָבַת־חֲלוֹם
־.evil dream
פֹּה, בַּמָּקוֹם הַזֶּה. here, in this place adv. הי[1]
נִחוּךְ. he! (a sound made in laughing) int. הי[2]
אֲשֶׁר פֹּה, of this place adj. הי||ג, ־ גער ־ גע
אֲשֶׁר בָּזֶה; שֶׁל הַמָּקוֹם הַזֶּה.
שֶׁל הָאָרֶץ הַזֹּאת. of this country adj. היגלענדיש
a native or inhabitant (pl. ־) s. היגלענדער
יְלִיד אוֹ יוֹשֵׁב הָאָרֶץ הַזֹּאת. of this country
הי||גער (pl. ־גע) s. = הינלענדער.
־.hurra(h)! int. הידד
כָּבוֹד. respect s. הידור־הַכָּבוֹד
— with the grea- מיט דעם גרעסטן הידור־הכבוד
test respect בכבוד היותר גדול.
הידען = הודיען.
נִחוּךְ. tehee! int. הי־הי
נַחַךְ. to giggle v. n. הי־היקען

א) הוריה געפינט זיך ביי ליפשיצן.

־.that will never be! phr. הָיֹה לֹא תִהְיֶה
צוֹאָה. excrement (pl. ־עס) s. הײַוואַק, הײַוונק
דָּבָר חָסֵר עֵרֶךְ. something worthless (fig.) טִנּוּף;
"this day," first word of each verse s. היום
of a prayer closing the Rosh-hashana
מִלַּת הַיּוֹם בִּפְסוּקֵי הַתְּפִלָּה הָאַחֲרוֹנָה בְּרֹאשׁ service
הַשָּׁנָה.
— to come too late קומען נאָך אַלע היומס (id.)
האחר לבוא.
— after all that has been נאָך אַלע היומס (id.)
said or done ואחרי כל הדברים.
it follows from what we phr. הַיּוֹצֵא מִדְּבָרֵינוּ
־.say
אַחֲרֵי אֲשֶׁר, מִכֵּיוָן. whereas conj. הֱיוֹת
קִלְקוּל. damage ;נֶזֶק ,־ loss (pl. הֶיזֵקוֹת) s. הֶיזֵק
הײַט = הוֹטע.
כִּכָּר loaf (of sugar) ;כּוֹבַע cap (pl. ־ען) s. הײַטל
(של סֻכָּר).
to keep. ;שְׁמֹר to watch, guard, keep v. a. הײַטן
to look out, v. r. זיך־||;(מצוה) שְׁמֹר observe
הִזָּהֵר. be careful
— to observe the Sabbath הײַטן שבת שמר את
השבת.
שׁוֹמֵר. guard, keeper (pl ־ס ,־) s. הײַטער
חָצִיר. hay s. היי[1]
שְׁמַע־נָא! hey! int. היי[2]
עֲלִיָּה. rise ;הֲרָמָה lift (pl. ־ן) s. הייב
— הרם. to lift, raise געבן אַ הייב
— קום; עלה. to rise געבן זיך אַ הייב
cap, hood (of a woman) (pl. ־עך) s. הײַבל
כִּפָּה, צָעִיף; מִין צָעִיף שֶׁיֵּשׁ לִפְעָמִים עַל רֹאשׁ caul
יֶלֶד בְּהִוָּלְדוֹ.
— to be born with a געבאָרן ווערן אין אַ הײַבל
caul, be a favorite of fortune היה בר מזל.
(מוט להרים בו משא). מָנוֹף lever (pl. ־ס) s. הייבלקע
הָרֵם; to lift, raise (p. p. געהויבן) v. a. הייבן[1]
עֲלֵה. to rise v. r. זיך־|| ;רוֹמֵם to exalt (fig.)
הִתְרוֹמֵם.
מְיַלֶּדֶת. midwife (pl. ־ס) s. הייבן[2]
tube, wine- מֵרִים; raiser (pl. ־ס) s. הייבער
מַשְׁאֵף, דִּיוֹפִי (קנה להעלות בו משקה). taster, siphon
מַלְגֵּז, מַזְלֵג לְחָצִיר. pitchfork (pl. ־ען) s. היי־גאָפּל
עוֹבֵד אֱלִילִים. heathen (pl. ־ן) s. הייד
לֵךְ!, קָדִימָה! march!, onward! int. הײַדאַ
חַיָּל רַגְלִי אוּנְגָּרִי. haiduck (pl. ־עס) s. הײַדוק
שׁוֹדֵד דְּרָכִים. highwayman (pl. ־עס) s. הײַדעמאַק
(מין שְׁמָרִים yeast ;שְׁמָרִים, מִשְׁקָע dregs s. pl. הייוון
חמר להחמיץ את הבצק).
בַּיִת קָטָן. little house (pl. ־עך) s. הײַזל
מִכְנָסַיִם לִקְטַנִּים. children's pants s. pl. הײַזלעך

הײזער־גײער s. (pl. ־, ־ס) one who is begging from house to house חוזר על הפתחים.

הײזעריג adj. hoarse נִחָר, צָרוּד;|| ־קײט s. hoarseness נַחֲרַת הַגָּרוֹן.

הײזקע = הײזל.

הײזקעס = הײזלעך.

־הײט suff. syllable suffixed to an adjective to signify state הֲבָרָה נוֹסֶפֶת לְשֵׁם תֹּאַר לְהוֹרָאַת מַצָּב.

— יונגערהײט when young בהיותו עול ימים.

— קראַנקערהײט while being sick בהיותו חולה.

הײטאַ int. to the right! (*to a horse or ox*) הַיָּמִין! (לסוס או לשור).

הײטל s. (pl. ־עך) pellicle, membrane עוֹר דַּק, קְרוּם; skim קֶצֶף, קְרוּם (על פני חָלָב וכד׳).

הײטע s. walk (*in infants' language*) טִיּוּל (בלשון תינוקות).

— גײן הײטע to go for a walk הלוך לטיל.

הײטער[1] = אײטער.

הײטער[2] adj. cheerful שָׂמֵחַ, טוֹב־לֵב;|| ־קײט s. cheerfulness שִׂמְחָה, טוּב־לֵב.

הײ־יאָר adv. this year בַּשָּׁנָה הַזֹּאת*).

הײ־יאָריג adj. of this year שֶׁל הַשָּׁנָה הַזֹּאת.

הײך s. height גֹּבַהּ, קוֹמָה.

הײל s. (pl. ־ן) cave מְעָרָה.

הײלונג s. healing, cure מַרְפֵּא.

הײליג = אײליג[1], אײליג[2].

הײליג adj. holy, sacred קָדוֹשׁ.

— הײליגער אָרט graveyard בית הקברות.

הײליגן v. a. to sanctify קַדֵּשׁ; to consecrate הַקְדֵּשׁ.

הײלי||גער s. (pl. ־גע) saint קָדוֹשׁ.

הײליגקײט s. (pl. ־ן) holiness, sacredness קְדוּשָּׁה.

הײליגקײט = אײליגקײט.

הײלן[1] v. n. to whine יַלֵּל (ככלב).

הײלן[2] = אײלן.

הײלן v. a. to heal, cure רַפֵּא, רַפֵּא;|| ־זיך v. r. to be healed, be cured הֵרָפֵא; to heal up הִתְרַפֵּא (חבורה).

הײלעניש = אײלעניש.

הײם s. (pl. ־ען) home בַּיִת; home, asylum מַחֲסֶה.

— אין דער הײם at home בבית.

הײמזיצער s. (pl. ־, ־ס) domesticated man, stay-at-home יוֹשֵׁב בַּיִת, יוֹשֵׁב אֹהֶל.

הײמיג adj. who stays at home יוֹשֵׁב בַּיִת.

הײמיש adj. domestic בֵּיתִי; native שֶׁל תּוֹךְ הָאָרֶץ, שֶׁל אֶרֶץ מוֹלֶדֶת; familiar קְרוֹב בַּיִת;|| ־קײט s. familiarity הֲלִיכוֹת אִישׁ קְרוֹב בַּיִת.

*) הײ־יאָר = אַלטהויכדײטש hiuru, הײנטיגן יאָר.

הײמליך adj. careless בְּלִי דְאָגָה; cheerful שָׂמֵחַ, טוֹב־לֵב;|| ־קײט s. carelessness אִי־דְאָגָה; cheerfulness שִׂמְחָה, טוּב־לֵב.

— נישט הײמליך cheerless, gloomy עצוב, עגום.

הײנו adv. that is ־, הֲלֹא הוּא, כְּלוֹמַר.

הײנו הך adv. it is the same thing ־, אַחַת הִיא.

הײנט adv. today הַיּוֹם; now עַתָּה; moreover, besides, withal מִלְּבַד זֶה, נוֹסָף לָזֶה;|| s. this day, the present הַיּוֹם הַזֶּה, הַזְּמַן הַנּוֹכְחִי.

— פֿון הײנט ביז מאָרגן from today till tomorrow מהיום עד מחר.

— פֿון הײנט אָן henceforth מהיום והלאה.

— זי איז קלוג, הײנט איז זי שײן she is wise and pretty withal חכמה היא ונוסף לזה יפה היא.

— הײנט דאַרפֿסט איר װיסן moreover you ought to know מלבד זה לך לדעת.

— הײנט װער װײס װאָס ער מײנט! but who knows his object? ומי יודע את כונתו.

הײנטװעלטיג adj. of modern times, modern שֶׁל הָעֵת הַחֲדָשָׁה.

הײנטװעלטי||גער s. (pl. ־גע) moderner אִישׁ מֵהַדּוֹר הֶחָדָשׁ.

הײנטװעלטיש = הײנטװעלטיג.

הײנטיג adj. of today שֶׁל הַיּוֹם הַזֶּה; of the present time שֶׁל הָעֵת הַזֹּאת.

— הײנטיגע צײט the present time העת הזאת, הזמן הזה.

— ביז הײנטיגן טאָג to this day עד היום הזה.

הײס adj. hot חַם, רוֹתֵחַ; fiery בּוֹעֵר, יוֹקֵד; (*geogr.*) torrid חַם; (*fig.*) ardent נִלְהָב.

— (*geogr.*) הײסער גאַרטל, ז. גאַרטל.

— הײסע בלײ molten lead עופרת מתכה.

— אַ הײסער װוּנש an ardent wish חפץ מעמק לב.

— פֿאַרגיסן הײסע טרערן to weep bitterly בכה בדמעות שליש.

— אַ הײסער טאַטע, אַ הײסע מאַמע a devoted father, a devoted mother אב נאמן, אם נאמנה.

— אַ הײסער חסיד an ardent adherent of Chasidism חסיד נלהב; (*fig.*) an ardent partisan חבר נלהב של איזו מפלגה.

— ליבן הײס to love ardently אהב בכל נפשו.

הײסן v. a. n. (p. p. געהײסן) to bid, order, command פָּקֹד, צַוֵּה; to call, name קְרֹא שֵׁם; to be called הִקָּרֵא; to signify, mean הוֹרָה.

— טאָן װי מע הײסט to do as ordered עשה כמצוה.

— דאָס הײסט, עס הײסט that is הלא הוא, רצוני לומר.

— וואָס הײסט דאָס? what does this mean? מה יורה זה?

— אַלץ הײסט קלוג! you call it wise! אינה דומה לחכמה.

— אַלץ הײסט אַ מענש! but what kind of man אינו דומה אדם לאדם.

— אָט דאָס הײסט אַ מענש! this is what I call a man זה הוא אשר שם אדם נאה לו!

— דאָס הײסט געשלאָפֿן! that's a sound sleep! זאת היא תרדמה!

— דאָס הײסט גערעדט! that I call talking! זה הוא דבור נמרץ!

— וואָס הײסט? how now? מה זאת?

— **וואָס הײסט ער וועט ניט גײן?** what do you mean by saying he will not go? מה **כונתך** באמרך כי לא ילך?

— הײסט עס... so... ובכן...

— זײט איר, הײסט עס, צופֿרידן so you are satisfied ובכן הנך שבע רצון.

הײסקײט *s.* hotness, heat, warmth חֹם; (*fig.*) ardor הִתְלַהֲבוּת.

הײען *v. n.* to delay אחר; ‖ –זיך *v. r.* ד. ז.

הײַער, –ן = הײַ־יאָר, –ן.

הײפּטל *s.* (*pl.* –עך) head ראש.

— אַ הײפּטל קרויט a cabbage-head ראש ירק־כרוב.

— אַ הײפּטל קנאָבל a head of garlic ראש שומים.

הײקע *s.* (*pl.* –ס) delay אחור.

הײצן *v. a.* to heat בַּעֵר, הַסֵּק.

הײצער *s.* (*pl.* –, –ס) fire-maker, furnace-man מַסִּיק אֶת הַתַּנּוּר; fireman מַסִּיק עֲגָלַת קִיטוֹר; stoker מַסִּיק שֶׁל אֳנִיַּת קִיטוֹר.

הײשעריק *s.* (*pl.* –ן) locust חָגָב; אַרְבֶּה.

הַיֶּלֶד אֵינֶנּוּ *phr.* "the child is not there," he has escaped הוא בָּרַח, נֶעְלַם.

הילוך *s.* (–ן, הילוכים *pl.*) dress תִּלְבֹּשֶׁת.

הילולא־וְחִנְגָא *s.* "wedding and dance," merriment, reverly שִׂמְחָה, חֲגִיגָה, הוללות.

הילזע = נילזע.

הילים = אָגולנע.

הילך *s.* (*pl.* –ן) sound, echo קוֹל, הֵד.

הילכיג *adj.* resounding מַשְׁמִיעַ קוֹל מַשְׁמִיעַ הֵד.

הילכן *v. n.* to resound, echo הַשְׁמֵעַ קוֹל, הַשְׁמֵעַ הֵד.

הילן *v. a.* to cover, wrap כַּסֵּה, עֲטֹף.

הילף *s.* help, aid, assistance עֵזֶר; salvation ישועה.

הילפֿלאָז *adj.* helpless שֶׁאֵין לוֹ עֹזֵר, עָזוּב.

הילפאַק = הולפאַק.

הילצערן *adj.* wooden שֶׁל עֵץ.

— (*fig.*) הילצערנע עברי faulty reading קריאה מלאה שגיאות.

הימל *s.* (*pl.* –ען) heaven, sky רָקִיעַ, שָׁמַיִם.

— אַ קלאָרער הימל a clear sky, a serene day שמים בהירים, יום בהיר.

— (*fig.*) הייבן אין הימל, לויבן אין הימל אַרײַן to extol a person to the skies העלה איש עד לשמים.

— זײַן אין זיבעטן הימל to be in the seventh heaven, be very happy היה מְאֻשָּׁר מאד.

— אַ ליאַרעם אַז הימל עפֿן זיך! a tumult rending the skies שאון בוקע רקיעים, שאון עולה עד לב השמים.

הימלבעט *s.* (*pl.* –ן) tester-bed, canopy-bed מִטָּה עִם חֻפָּה.

הימלדינג = הימלש.

הימלפֿאַרב *s.* sky-color, sky blue תְּכֵלֶת הַשָּׁמַיִם; azure צֶבַע תְּכֵלֶת.

הימלפלעט = הונערפלעט.

הימלש *adj.* heavenly, celestial שֶׁל הַשָּׁמַיִם, שְׁמֵימִי.

הין *adv.* thither לְשָׁם.

— הין און צוריק to and fro הֵנָּה וְהֵנָּה.

הינד *s.* (*pl.* –ן) hind צְבִיָּה, אַיָּלָה.

הינדישקע = אינדושקע.

הינדיק = אינדיק.

הינדערן *v. a.* to hinder הַפְרֵעַ, מְנֹעַ, עֲצֹר.

הינדערניש *s.* (*pl.* –ן) hindrance, obstacle מַעֲצוֹר, מְנִיעָה.

הינו = היינו.

הינו הך = היינו הך.

הינטיש *adj.* doggish שֶׁל כֶּלֶב, כַּלְבִּי; (*fig.*) mean, nasty שָׁפָל, מְגוּנֶּה.

— אַ הינטישע צורה an ugly face פני כלב, פנים מכוערים.

— אַ הינטישע פּרנסה a nasty business עסק מגונה.

— הינטישע שטיק mean tricks, knavish tricks תחבולות ערמה.

הינטן *adv.* behind מֵאַחֲרֵי; ‖ *s.* back אָחוֹר; hind part, arse אֲחוֹרַיִם, שֵׁת.

— פֿון הינטן at the back מאחור.

— (*fig.*) גײן הינטן אַרום to deceive רַמֵּה.

הינטער *prep.* behind מֵאֲחוֹרֵי; beyond מֵעֵבֶר, מֵאַחֲרֵי.

הינטערגאַס *s.* (*pl.* –ן) back-street, back-alley רְחוֹב צְדָדִי.

הינטערגעסל = הינטערגאַס.

הינטערוויי‖לעך, –לעכס, –לעכץ *adv.* backwards אֲחוֹרַנִּית; (*fig.*) from behind מֵאָחוֹר; cunningly, craftily בְּעָרְמָה.

הינטער־חלק *s.* hind part, buttecks אֲחוֹרַיִם, שֵׁת.

הינטערטיר *s.* (*pl.* –ן) back-door דֶּלֶת צְדָדִית, פֶּתַח צְדָדִי.

הינטערן־אויוון *s.* (—ס *pl.*) place behind an oven מָקוֹם מֵאֲחוֹרֵי הַתַּנּוּר.

הינטערן־אויוונדיג *adj.* which is behind an oven שֶׁמֵּאֲחוֹרֵי הַתַּנּוּר.

— הינטערן־אויוונדיגע סברות opinions of idlers discussing behind the oven סברות של בטלנים המתוכחים מאחורי התנור.

הינטערפּיסל *s.* (—עך *pl.*) trick מִרְמָה, עָרְמָה.

הינטערשט *adj.* hind, hindmost אֲחוֹרִי, אַחֲרוֹן.

הינטערשטאָטיש *adj.* suburban שֶׁמִּחוּץ לָעִיר, שֶׁבִּסְבִיבוֹת הָעִיר.

הינטערשטיבל *s.* (—עך *pl.*) back-room חֶדֶר שֶׁמֵּאֲחוֹרֵי הַבַּיִת, חֶדֶר צְדָדִי.

הינטערשטעליג *adj.* behindhand מְפַגֵּר; outstanding, owing בִּלְתִּי נִפְרָע, נִשְׁאָר חַיָּב.

— בלייבן הינטערשטעליג to be in arrears השאר חיב (חלק מחוב).

הינטערשיסע||לע *s.* (—לעך *pl.*) cavil מִרְמָה.

היניען *v. n.* to stay long in a place שָׁהֹה בְּמָקוֹם זְמַן רַב א).

הינען, הינענדיג = הי, הונ.

הינער־אויג *s.* (—ן *pl.*) corn יַבֶּלֶת (בבשר הרגלים).

הינערפלעט *s.* lethargy חֳלִי תַּרְדֵּמָה, מָוֶת מְדֻמֶּה ב).

הינערפרעסער *s.* (—, —ס *pl.*) one who feeds on chicken-flesh אוֹכֵל בְּשַׂר תַּרְנְגוֹלוֹת.

— (*fig.*) אַן אַלטער הינערפרעסער an experienced person בעל נסיון.

הינערקויט *s.* dung of chickens לִשְׁלֶשֶׁת, צוֹאַת תַּרְנְגוֹלוֹת.

הינעריש *adj.* of hen, of chicken שֶׁל תַּרְנְגוֹלֶת.

— (*fig.*) הינערשע פוס weak support משענת לא־חזקה.

— הינערשער קאָפּ a weak memory זכרון חלש.

הינקומען = אַהינקומען.

הינקעדיג *adj.* lame, halt חִגֵּר, פִּסֵּחַ.

הינקעדיגערהייט *adv.* being lame בִּהְיוֹתוֹ צוֹלֵעַ.

הינקען *v. n.* (געהינקט, געהונקען *p. p.*) to limp, halt צָלֹעַ.

הינקענדיג *adj.* hobbling צוֹלֵעַ; = הינקעדיג.

היסט = יוסט.

היסטאָריע *s.* (—ס *pl.*) history דִּבְרֵי הַיָּמִים, תּוֹלְדָה; story סִפּוּר, מַעֲשֶׂה.

היסטאָריקער *s.* (— *pl.*) historian סוֹפֵר דִּבְרֵי הַיָּמִים.

היסטאָריש *adj.* historical שֶׁל דִּבְרֵי הַיָּמִים.

היסטעריע *s.* hysteria, hysterics הִסְטֵרְיָה (התעוררות העצבים לשחוק ולבכי).

היסטעריקע = היסטעריע.

היסטעריש *adj.* hysterical שֶׁל הִסְטֵרְיָה.

היפּאָפּאָטאַם *s.* (—עס *pl.*) hippopotamus סוּס הַיְאוֹר.

הֵיפּוּך, הֵיפֶך *s.* (הֵיפּוּכִים, הֵיפָכִים *pl.*) contrary, reverse —; contrast —.

היפּן *v. a.* to skip, omit דַּלֵּג, הַשְׁמֵט (ענין בספר).

היפּערן = היפּן.

היפּקע = הופּקע.

היפּש *adj.* considerable חָשׁוּב.

היץ *s.* (—ן *pl.*) heat חֹם; delirium טִשְׁטוּשׁ הָרַעְיוֹנוֹת.

— געבונדענע היץ, ז. געבונדן.

— רעדן פון היץ to rave דבר מתוך טשטוש הרעיונות; (*fig.*) to talk nonsense דבר דברי תוהו.

היציג *adj.* hot חַם; passionate בַּעַל תַּאֲוָה; hot-headed מְהִיר חֵמָה, רַתְחָן; ||—קייט *s.* passion תַּאֲוָה; hot-headedness רַתְחָנוּת.

היצן *v. a.* to make hot הָחֵם, חַמֵּם; ||—זיך *v. r.* to get hot, get excited הִתְעַבֵּר, הִתְרַגֵּז.

היצעל *s.* (—ס, היצליעס *pl.*) dog-killer הוֹרֵג כְּלָבִים; (*fig.*) rascal, scoundrel נָבָל, בֶּן בְּלִיַּעַל.

היצ||קאָפּ *s.* (—קעפּ *pl.*) hothead, hot-headed man מְהִיר חֵמָה, רַתְחָן.

היץ־קראַנקהייט *s.* burning fever קַדַּחַת.

היץ־שלאַק *s.* heat-stroke, sunstroke מַכַּת שֶׁמֶשׁ, חֹלִי חַמָּה.

היק *s.* (—עס *pl.*) shout צְעָקָה, צְוָחָה.

היקעוואַטע = איקעוואַטע.

היקען *v. n.* to shout צָעֹק, צְוֹחַ.

היקען זיך = זאַאיקען זיך.

הירזש *s.* millet דֹּחַן.

הירזשיג *adj.* like millet כְּדֹחַן; granular בַּעַל גַּרְעִינִים.

הירזשן *adj.* of millet שֶׁל דֹּחַן.

הירושען = אורושען.

הירן = יורן.

הירש *s.* (—ן *pl.*) deer, stag, hart צְבִי.

הירשנהאָרן *s.* hart's horn, stag's horn קֶרֶן הַצְּבִי; hartshorn (*pharm.*) קֶרֶן צְבִי (רפואה).

הֲיִתָּכֵן *adv.* is it possible? —, הַאִם אֶפְשָׁר הוּא?

הֶיתֵּר *s.* (—ס, הֶיתֵּרִים *pl.*) permission —.

— מאַכן זיך אַ היתר to allow oneself התר לעצמו.

הַכְבָּדָה *s.* (הַכְבָּדוֹת *pl.*) burdensomeness, incommodity טֹרַח, תְּלָאָה.

הַכֹּל־בַּאֲשֶׁר־לַכֹּל *adv.* all things together, everything הַכֹּל בְּיַחַד, הַכֹּל.

הַכֹּל־בַּכֹּל *adv.* bag and baggage הוּא וְכָל אֲשֶׁר לוֹ.

הַכֹּל הֶבֶל *phr.* all is vanity —.

א) אפשר פון רוסיש гинуть, פאַרפאַלן ווערן. ב) אַלט־יידיש "הִינֶרפְּרִיטאַ", "הִינְבְרוטאַ", פון דייטש hinbrüten, זיין פאַרטיפּט (ז. נידעמאַן, "התורה והחיים", I, זייט 174).

הַכְּלָל adv. the main thing is הָעִקָּר הוּא; in short, in a word בְּלִי הַאֲרֵךְ בִּדְבָרִים.

הַכֹּל־פּאַקל, שפּאַסיג פאַר הכּל־בּכּל.

הכ״מ abbr. = הֲרֵינִי כַּפָּרַת מִשְׁכָּבוֹ (מִשְׁכָּבָהּ) I am the atonement for his (her) death (*abbreviation used in letters in reference to a parent within a year of his or her death*) (כּך כותבים כשמזכירים שם אב או אם בתוך שנה לפטירתם).

הֲכָנָה s. (pl. הֲכָנוֹת) preparation. — מאַכן הכנות to make preparations הכין את עצמו; to delay הארך.

הַכְנָסָה s. (pl. הַכְנָסוֹת) income; putting in of the scroll of the Law into the ark הַכְנָסַת סֵפֶר הַתּוֹרָה לְתוֹךְ הָאָרוֹן.

הַכְנָסַת־אוֹרְחִים s. hospitality.

הַכְנָסַת־כַּלָּה s. portioning of a poor bride.

הַכְנָעָה s. (pl. הַכְנָעוֹת) subjection; humility.

הַכְרָזָה s. (pl. הַכְרָזוֹת) proclamation.

הֶכְרֵחַ s. (pl. הֶכְרֵחִים) necessity.

הַכְרָעָה s. (pl. הַכְרָעוֹת) overweight, addition to weight; inclination נְטִיָּה (לאחד משני צדדים); decision, הַחְלָטָה.

הֶכְשֵׁר s. (pl. הֶכְשֵׁרִים) permit; rabbinical license.

הַלְבָּשָׁה s. clothing, dressing; clothes, garments בְּגָדִים.

הַלְוָאָה = הַלְוָוָאָה.

הַלְוַאי = הַלְוַוַאי.

הַלְוָוָאָה s. (pl. הַלְוָוָאוֹת) loan.

הַלְוַוַאי int. oh that! may לוּ!, מִי יִתֵּן וְהָיָה.

הִלוּךְ = הִילוּךְ.

הֲלִיכָה s (pl. הֲלִיכוֹת) going, walking; conduct, הַנְהָגָה.

הֲלָכָה s. (pl. הֲלָכוֹת) law, דִּין; the legislative part of the Talmud. — אַ שווערע הלכה a hard problem שאלה חמורה.

הֲלָכָה לְמַעֲשֶׂה s. law for practical application.

הֲלָכָה לְמֹשֶׁה מִסִּינַי s. a law given to Moses on Mount Sinai.

הֲלָכוֹת s. pl. the laws of...; matters of... עִנְיְנֵי...
— (joc.) אין הלכות עסן איז ער אַ גרויסער למדן he is an expert in matters of diet מומחה הוא בעניני האכילה.

הַלכ‖ן, – ענען v. n. to go, walk הָלוֹךְ.

הַלכענער s. (pl. —, — ס) one who goes (*fl.*) to steal אִישׁ הוֹלֵךְ לִגְנֹב.

הִלְכְתָא לִמְשִׁיחָא s. a law applying to Messianic times; a matter of the future דָּבָר הַשַּׁיָּךְ לֶעָתִיד.

הַלֵּל s. Psalms of praise recited on new moons and holidays.

הַלְמַאי = אַלְמַאי.

הֲלָצָה s. (pl. הֲלָצוֹת) joke, jest, witticism, בְּדִיחָה, לֵיצָנוּת.

הם int. hum!, ahem! קְרִיאָה שֶׁל פִּקְפּוּק.

הַמַּבְדִּיל s. "He who separateth," a prayer said by Jewish women at the close of Sabbath תְּפִלַּת הַמַּבְדִּיל.

הָמוֹן s. the common people, הָאֲנָשִׁים הַפְּשׁוּטִים; crowd, multitude, קְבוּצַת אֲנָשִׁים רַבִּים; rable, mob דַּלַּת הָעָם.

הֲמוֹן־עַם s. the common people, הָאֲנָשִׁים הַפְּשׁוּטִים.

הַמּוֹצִיא s. benediction pronounced on bread בִּרְכַּת הַמּוֹצִיא; a slice of bread חֲתִיכַת לֶחֶם. — מאַכן המוציא to pronounce the benediction on bread ברך ברכת המוציא.

הָמָן npr. Haman; ‖ s. (pl. ס —) Jew-baiter צוֹרֵר הַיְּהוּדִים; wicked man רָשָׁע. — המנס מפלה Haman's downfall מפלת המן; (*fig.*) a great defeat מפלה גדולה.

הָמָן־טאַש s. (pl. ן —) triangular cake stuffed with poppy כִּיסָן בַּעַל שָׁלֹשׁ קְרָנוֹת מְמֻלָּא פֶּרֶג (מאפה לפורים).

הַמַנטש = הָמָן־טאַש.

הָמָן־קלאַפּער = הָמָן־קלעפּל.

הָמָן־קלעפּל s. (pl. עך —) rattle used by children on Purim קַשְׁקֶשֶׁת שֶׁמְּקַשְׁקְשִׁים בָּהּ יְלָדִים בְּפוּרִים.

הַמְצָאָה s. (pl. הַמְצָאוֹת) new idea, חִדּוּשׁ; joke בְּדִיחָה; trick תַּחְבּוּלָה.

הֶמְשֵׁךְ s. (pl. הֶמְשֵׁכִים, הֶמְשֵׁכִים) continuation; connection, קֶשֶׁר, חִבּוּר.

הַמְתָּקַת־הַדִּינִים s. mitigation of the severity of the laws.

הֵן s. yes, aye; ‖ conj. and גַּם. — הן... הן... both... and... גם... גם...; הן ער הן זי both he and she גם הוא גם היא.

הֲנָאָה s. (pl. הֲנָאוֹת) benefit, תּוֹעֶלֶת; pleasure עֹנֶג.

הִנֵּה int. lo!, see!

הַנְהָגָה s. (pl. הַנְהָגוֹת) management; conduct, מִנְהָג.

א) די ענגלישע יידן רופן אַן אַ המן־טאַש "Hamans ears" — „המנס אויערן", ווייל ער האָט די פאָרעם פון אַ אויער.

הַנָחה s. (pl. הַנָחות) reduction; ~ concession (of a price) הַפְחָתָה (של מחיר).

הנ"ל abbr. הַנִזְכָּר לְמַעלה mentioned above ~.

הַן־צֶדק s. word of honor ~.

הָסב־בעט s. (pl. ~ן) leaning couch (seat equipped with pillows to lean on during the Passover banquet) כִּסֵּא הַהֲסִבָּה (כסא עם כרים להשען עליהם בעת הסדר בליל פסח).

הַסבָּרה s. (pl. הַסבָּרות) explanation ~, בֵּאוּר; invention הַמְצָאָה; trick תַּחְבּוּלַת עָרְמָה.

הֶסכּם s. (pl. ~ס) agreement ~; convention ~, דָּבָר מְקֻבָּל.

הַסכָּמה s. (pl. הַסכָּמות) approval ~; sanction ~, אִשּׁוּר; testimonial ~, תְּעוּדָה (לספר).

הַס מִלְהַזכּיר int. make no mention of it! חָלִילָה לְהַזְכִּיר זֹאת!

הֶספּד s. (pl. הֶספֵּדים) funeral oration ~.

הַספָּקה s. (pl. הַספָּקות) providing for, maintenance, pension ~.

העַ int. eh? מַה?

העבל, העבלעווען = הובל, הובלען.

הַעבָרה s. removal, deposition ~. הֲסָרָה מִמִּשְׁמֶרֶת.

העבּרעאיש adj. Hebrew עִבְרִי; || s. the Hebrew language הַלָּשׁוֹן הָעִבְרִית.

הע־הע int. oh!, alas! וַי וַי!

הַעוויה, הַעויה = האוועע.

הָעזה = האָזע.

הָעזהניצע, הָעזהניק = האָזעניצע, האָזעניק.

העזעלעך s. pl. the game of hares (a children's game in which one player, the dog, chases the others, the hares, until he catches one of them, who then takes his place) מִשְׂחַק הָאַרְנָבוֹת (משחק של ילדים כזה: אחד מהמשחקים, הכלב, רודף אחרי חבריו, הארנבות, עד תפשו אחד מהם, והנתפש יהיה לכלב).

העט[1] adv. far, far-off רָחוֹק, רָחוֹק מְאֹד.

העט[2] (פון האָבן) v. aux. would, should פֹּעַל עֵזֶר לְדֶרֶךְ הַתְּנַאי.

— איך העט געוועזן געשיקט I should have sent שלחתי לו... א).

— (prov.) העט איך און פעטעך געבן קיין מכּם empty words fill no sack דברים ריקים לא יועילו מאומה.

העטמאַן s. (pl. ~עס) commander, in-chief (formerly in Poland) רֹאשׁ הַצָּבָא (לפנים בפולין); chief of the Cossacks רֹאשׁ הַקּוֹזַקִּים.

העכט s. (pl. ~ן) pike זְאֵב הַמַּיִם (מין דג); (fig.) important person אָדָם חָשׁוּב.

העכסט adj. sup. highest הַיּוֹתֵר גָּבֹהַּ, עֶלְיוֹן; || adv. very מְאֹד.

א) דער זאַץ איז גענומען פון ״סערקעלע״.

העכסטנס adv. at the highest, at the most, at best לְכָל הַיּוֹתֵר.

העכער adj. comp. higher יוֹתֵר גָּבֹהַּ, גָּבֹהַּ מִדַּי.

העכערן v. a. to raise (a price, wages, etc.) הַעֲלֵה, הוֹסֵף עַל־ (מחיר, שכר וכד').

העל[1] s. hell שְׁאוֹל, גֵּיהִנֹּם.

העל[2] adj. clear, bright בָּהִיר; light (color) בָּהִיר (צבע).

העל[3], אין פֿאַלגנדינגן אויסדריק:

— פֿון העלער הויט suddenly, unexpectedly פתאם א).

העלבליך adj. rather light בָּהִיר מְעַט, קְצָת בָּהִיר.

העל־ברוין adj. light brown אֲדַמְדַּם, שָׁרֹק מְעַט.

העלד s. (pl. ~ן) hero גִּבּוֹר, אַבִּיר.

העלדינע = העלדין.

העלדיש adj. heroic, heroical שֶׁל גִּבּוֹר, מָלֵא גְבוּרָה; || ~קייט s. heroism גְּבוּרָה, רוּחַ גְּבוּרָה.

העלדין s. (pl. ~ס) heroine גִּבּוֹרָה.

העלזל s. (pl. ~עך) little neck צַוָּאר קָטָן; skin of the neck of a fowl עוֹר הַצַּוָּאר שֶׁל עוֹף.

העליש adj. of hell, infernal שֶׁל שְׁאוֹל, שֶׁל גֵּיהִנֹּם.

— אַ העלישער פֿײַער infernal fire אש הגיהנם.

העלער s. (pl. ~, ~ס) heller (small German coin) הֶלֶר (מטבע אשכנזית קטנה).

— נוט ווערט קיין צעבראָכענעם העלער not worth a forthing אינו שוה פרוטה.

העלערהויט, ז. העל[3].

העלפֿאַנד s. (pl. ~ן) elephant פִּיל.

העלפֿאַנדביין s. ivory שֵׁן הַפִּיל, שֶׁנְהַבִּים.

העלפֿט s. (pl. ~, ~ן) half חֵצִי, מַחֲצִית.

העלפֿן v. a. (p. p. געהאָלפֿן) to help, aid, assist עֲזֹר, הוֹעֵל.

העלפֿנביין = העלפֿאַנדביין.

העלקייט s. clearness, brightness בְּהִירוּת.

העמאָרױדן = מערידן.

העמד s. (pl. ~ער) shirt כֻּתֹּנֶת.

— (fig.) נוט האָבן קיין העמד אויפֿן לײַב not to have a shirt to one's back, be utterly destitute לא היה לאיש כתנת לעורו, היה עני גמור.

— (fig.) בלײַבן אין איין העמד to be reduced to utter poverty הדלדל מאד, בוא לידי עניות גמורה.

— (fig.) אויסטאָן אומעצן אין איין העמד to reduce a person to utter poverty הבא איש לידי עניות גמורה.

העין int. exclamation of displeasure קְרִיאַת אִי־רָצוֹן.

א) = דייטש aus heiler Haut, פלוצלינג, אן קיין שום באקאנטער סבה (ווי א געשוויר, וואס ברעכט אויס אויף א געזונטן לייב).

— העָן אַ בּוּסלי! did you ever see such a thing!, what do you think of it! הראית דבר כזה מימיך!

העַנג־גאַנעק s. (pl. עס –) gallery גְּזוּזְטְרָא.

העַנג־ווינגל s. (pl. עך –) hanging cradle עֶרֶשׂ תְּלוּיָה.

העַנגל s. (pl. עך –) cluster (of grapes) אֶשְׁכֹּל (ענבים).

העַנג־לאָמפּ s. (pl. ן –) hanging lamp, swing-lamp מְנוֹרָה (של שמן) תְּלוּיָה.

העַנג־לײַכטער s. (pl. ס –, –) chandelier מְנוֹרָה (של נרות) תְּלוּיָה, נִבְרֶשֶׁת.

העַנגעלע s. (pl. לעך –) little cluster אֶשְׁכֹּל קָטָן; = באַמבערל.

הענגען v. a. n. (p. p. געהאַנגען) to hang תָּלָה.

— (fig.) הענגען אין לופטן to be in suspense היה תלוי ועומד.

הענגער s. (pl. ס –) hanger תָּלוּי (עניבה מחֻברת לבגד לתלותו בה).

הענג־קאַלנער s. (pl. ס –) cape שִׁכְמִיָּה.

הענגשלאָס s. (pl. שלעסער –) padlock מַנְעוּל תָּלוּי (מנעול נפרד מן הדלת).

הענדלער s. (pl. –, ס –) merchant סוֹחֵר.

הענדעם־פענדעם adv. at full speed בִּמְהִירוּת רַבָּה, בְּחִפָּזוֹן א).

הענטל s. (pl. עך –) little hand יָד קְטַנָּה; handle יָד (של סכין, של חנית וכד'); handle, hilt יָד, נִצָּב (של חרב); helve יָד (של גרזן).

הענטשקע s. (pl. ס –) glove בֵּית־יָד.

הענטשקע־לשון s. thieves' jargon לְשׁוֹן הַגַּנָּבִים.

הענטשקע־מאַכער s. (pl. –, ס –) glover עוֹשֵׂה בָּתֵּי־יָדַיִם.

הענקער s. (pl. ס –) hangman, executioner תַּלְיָן.

העסליך adj. ugly נִבְזֶה, מְכֹעָר; ‖ קייט – s. ugliness כִּעוּר.

העסע s. (pl. ס –) lamp-bracket קְנֵה מְנוֹרָה; sconce מְנוֹרָה מְחֻבָּרָה לְהַקִּיר ב).

העפּ int. halves! לַחֲצָאִים! (כך יאמר אדם לחברו בראותו שמצא איזה דבר); ‖ s. extortion מִקַּח שֹׁחַד.

העפט s. (pl. ן –) writing-book, copy-book מַחְבֶּרֶת לִכְתִיבָה; part (of a book) חוֹבֶרֶת (של ספר).

העפטיג adj. violent חָזָק, עַז.

העפטן v. a. to embroider רָקַם.

העפליך adj. polite נִמּוּסִי, מְנֻמָּס; ‖ קייט – s. politeness נִמּוּס, דֶּרֶךְ אֶרֶץ.

א) = פויליש pędem, געשווינט. ב) אפשר פון פויליש eso, אן אייזן אין דער פאָרמע פון דעם אות S, ווייל די הערן פון אַזעלכע לייכטער האָבן געוויינטליך אַזאַ פאָרמע.

העפּן v. n. to jump, dance רָקַד.

העצן v. a. to incite גֵּרָה, עוֹדֵד; שִׁסָּה (כלבים).

העצקע s. (pl. ס –) jump, hop רִקּוּד; shaking נִדְנוּד.

— (fig.) נעמען אויף די העצקע to deceive, cheat רִמָּה.

העצקעדיג adj. shaking מְנַעְנֵעַ.

העצקען v. a. to shake נִדְנֵד; (fig.) to deceive, cheat רִמָּה; ‖ זיך – v. r. to jump, hop רָקַד.

העצקע־קַדַחת s. intermittent fever רַעַד הָאֵבָרִים.

העק s. (pl. ן –) enclosure מָקוֹם גָּדוּר; retired place מָקוֹם בּוֹדֵד.

העקל¹ s. (pl. עך –) hatchet גַּרְזֶן קָטָן.

העקל² s. (pl. עך –) hook וָו, קֶרֶס; crochet-needle מַחַט לַאֲרִיגָה.

העקלען v. a. to crochet אָרַג בְּמַחַט, וָרַד.

העקער¹ s. (pl. –, ס –) cutter, chopper חוֹתֵךְ; wood-cutter חוֹטֵב עֵצִים; knave (at cards) הַשֶּׁבֶר, הָאִכָּר (בקלפים).

העקער² s. retail מְכִירָה לַאֲחָדִים א).

העקערן v. a. to retail מָכַר לַאֲחָדִים.

הער s. (pl. ן –) gentleman אָדוֹן; Mr. (Mister) מַר, אָדוֹן (כנוי הכבוד לפני שם איש); Sir אָדוֹן (כנוי הכבוד בלי הזכר השם).

— צוויי הערן two gentlemen שני אדונים.

— הער נ. Mr. N. מר נ.

— ווערטער הער! dear Sir! אדון נכבד!

הערב s. (pl. ן –) arms, coat of arms גֻּשְׁפַּנְקָא, אוֹת מְדִינָה; stamp חוֹתָם.

הערבאָווע adj. stamped נִסְמָן בְּחוֹתַם הַמְּלוּכָה.

— הערבאָווע פּאַפּירן stamped papers ניירים בחותם המלוכה, ניירים של גושפנקא.

— הערבאָווע מאַרקע duty stamp חותמה של מכס.

הערב־שילד s. (pl. ן –) blazon מָגֵן עִם גֻּשְׁפַּנְקָא.

הערט, הערטאָווניק = הורט, הורטאָווניק.

הערטל s. (pl. עך –) flock (of geese) עֵדֶר (של אוזים) ב).

הערטשיצע = האַרטשוצע.

הערינג = האָרינג.

הַעֲרָכָה s. (pl. הַעֲרָכוֹת) estimate of taxes הַעֲרָכַת מִסִּים.

הערליך adj. glorious מְפֹאָר, נֶהְדָּר; ‖ קייט – s. glory פְּאֵר, הָדָר.

הערליכן v. a. to glorify פֵּאֵר, הִדֵּר.

הערן v. a. n. to hear שָׁמַע; to feel (a smell) הֵרְגִּישׁ (ריח); to obey שָׁמַע בְּקוֹל; ‖ s. hearing שְׁמִיעָה; hearsay שְׁמוּעָה.

א) פון דייטש Höker, קליינהענדלער. ב) זעט אויס פון דייטש Herde, א סטאַדע.

— הערן אומעצן ווי די קאַץ to pay no attention to a person לא שים לב לדברי איש.

— לאָזן הערן to let hear השמיע; to teach למד; וואָס לאָזט עס אונז הערן? what does it teach us? מאי קמשמע לן?

הערנערדיג *adj.* horned בעל קרנים.

הערער *s.* (*pl.* –) hearer שומע.

הערצאָג *s.* (*pl.* ן–) duke דוכס.

הערצאָגינע *s.* (*pl.* ס–) duchess דוכסה.

הערצן = אורצן.

הערש = הורש.

הערשאַפט¹ *s.* (*pl.* ן–) domination, rule, reign ממשל, שלטון.

הערשאַפט² *s.* (*pl.* ן–) host צבא א).

הערשן *v. n.* to dominate, rule, reign משל, שלט.

הערשנהאָרן = הורשנהאָרן.

הערשעווען = הערשן.

העתקה *s.* (*pl.* העתקות) translation –.

הפוך = היפוך.

הפטורה *s.* (*pl.* הפטורות) extract from the prophets read after the weekly section of the Law –.

— (*id.*) אַ נאָמען פון דער הפטורה a fictitious name שם בדוי.

הפך = היפוך.

הפכפך *s.* (*pl.* הפכפכים) changeling, unsteady person –, קל הדעת.

הפלא ופלא *adv.* wonderfully, remarkably נפלא מאד.

הפנים *adv.* apparently, evidently כנראה.

— הפנים ער ווייס אַלץ he apparently knows everything כנראה הוא יודע הכל.

— הפנים ער ווייס? does he really know? האם באמת הוא יודע?

הפסק *s.* (*pl.* הפסקים) pause, stop –, הפסקה; interruption –.

הפסקה *s.* (*pl.* הפסקות) pause –, הפסק; interval –, בין־זמנים.

— פאַסטן הפסקות to fast on every Monday and Thursday or other fixed days התענה בכל שני וחמישי או בשאר ימים קבועים.

הפקר *pred.* masterless, ownerless שאין לו בעלים; unbridled, licentious שובב, פריץ.

— לאָזן אויף הפקר to leave to the mercy of God נטש על יד המקרה.

הפקר־וועלט *s.* unbridled world, licentious world עולם של הפקרות או פריצות.

א) פון דייטש Heer, ארמיי.

הפקרות *s.* licentiousness פריצות.

הפקר־זאַך *s.* (*pl.* ן–) anything without an owner דבר שאין לו בעלים.

הפקר־יונג = הפקר־מענש.

הפקר־מענש *s.* (*pl.* ן–) licentious person, libertine איש שובב.

הפקר־פּעטרושקע *int.* it is lawlessness! לית דין ולית דיין! א).

הצד השוה שבהן *phr.* the point which they have in common –.

הצטרכות *s.* (*pl.* ן–) necessity –.

הצלחה *s.* (*pl.* הצלחות) prosperity –, שפע; success –.

הק' *abbr.* = הקטן.

הקב"ה *abbr.* = הקדוש־ברוך־הוא.

הקדוש־ברוך־הוא *s.* the Holy One, blessed be He, God –, אלהים.

הקדמה *s.* (*pl.* הקדמות) preface –; preamble פתיחה; introduction –, מבוא.

הקדש *s.* (*pl.* הקדשים) anything consecrated –, דבר הקדש; almshouse, poorhouse –, בית מחסה לעניים; hospital בית חולים; filthy place מקום מלכלך.

הקדשניצע *s.* (*pl.* ס–) female inmate of a poorhouse אשה יושבת בבית מחסה לעניים; low woman אשה שפלה.

הקדשניק *s.* (*pl.* עס–) male inmate of a poorhouse איש יושב בבית מחסה לעניים; low fellow אדם שפל.

הקטן *adj.* "the minor," the insignificant (*epithet of modesty used by rabbis before their signature*) –, קטן הערך (כך כותבים הרבנים מענוה לפני חתימת שמותיהם).

הקיצור *adv.* in short, in a word –, בקצרה.

הקפה *s.* (*pl.* הקפות) circuitous procession with the scroll of the Law in the synagogue –, סבוב עם ספר התורה בבית הכנסת (בשמחת תורה); credit (*com.*) –.

הקצור = הקיצור.

הרג *s.* slaughter –, הריגה; capital punishment by decapitation מיתת בית דין על ידי חרב.

הרגל *s.* habit –.

הרגל נעשה טבע *prov.* use is a second nature –.

א) עס זעט אויס, אז דער אויסדריק באַטייט הפקר ווי פּעטרושקע, וועלכע האָט אַ קליינעם ווערט. סע זאָגט אין יידיש „ס'איז ווערט אַ פּעטרושקע", דאָס הייסט, עס האָט קיין ווערט ניט.

הַרגענען *v. a.* to kill, murder; הָרֹג to lick, beat; הַכֵּה to spoil (*fig.*) קַלְקֵל.
— איך בין אַ געהרגעטער מענש I am a ruined man גברא קטילא אנא.
— הרגענען די עברי to mutilate the words in reading קלקל את המלות בקריאה.
הַרגָשה *s.* (הַרגָשות *pl.*) feeling ~.
הַר־הַבַּיִת *s.* the mount of the Temple ~.
הִרהוּר *s.* (הִרהוּרים *pl.*) thought ~, מַחֲשָׁבָה.
הַר־הַזֵּיתִים *s.* Mount of Olives ~.
הרובע *s.* (*pl.* ס ~) oven, stove תַּנּוּר.
הָרוּג *s.* (הֲרוּגים *pl.*) slain person, murdered man ~.
הרודע = נרודע.
הַרוָוחה *s.* (הַרוָוחות *pl.*) comfort ~, הַרְחָבָה; gain, profit ~, רֶוַח.
הַרוָחה = הַרְוָחה.
הַרחָבה *s.* (הַרחָבות *pl.*) comfort, ease ~.
הַרחָבת־הַזְּמַן *s.* extension of time, prolongation ~, אַרְכָּה.
הֲרֵי אַתְּ מְקוּדֶשֶׁת *phr.* "behold, thou art consecrated," (*words from the formula said by the bridegroom while placing the ring on the finger of the bride*) ~.
הֲרִיגה *s.* (הֲרִיגות *pl.*) slaughter, massacre ~, הֶרֶג; fight, scuffle הַכָּאָה, הִתְאַבְּקוּת בִּמְהוּמָה.
הֲרֵי זֶה מְשׁוּבָּח *phr.* it is accounted praiseworthy ~; all the better עוד יותר טוב.
הָרֵי־חוֹשֶׁך *s. pl.* "the mountains of darkness," far-off region מָקוֹם רָחוֹק מְאֹד.
— אין הרי־חושך, הינטער די הרי־חושך far away, at the world's end במקום רחוק מאד.
הָרִים־וּגְבָעוֹת *s. pl.* "mountains and heights," great promises הַבְטָחוֹת גְּדוֹלוֹת.
— צוזאָגן הרים־וגבעות to make great promises הבטח הבטחות גדולות.
הֶרֶף־עַיִן *s.* a twinkle of the eye, instant ~, רֶגַע.
הר״ר *abbr.* = הָרַב רַבִּי the erudite master ~.
הַרְשָׁאה *s.* (הַרְשָׁאות *pl.*) power of attorney ~.
הַשְׁאָרת־הַנֶּפֶשׁ *s.* immortality of the soul ~, נִצְחִיּוּת הַנְּשָׁמָה.
הַשְׁבָּעה *s.* (הַשְׁבָּעות *pl.*) conjuration ~.
הַשָׁבת־אֲבֵידה *s.* return of something lost ~.
הַשָּׂגה *s.* (הַשָּׂגות *pl.*) conception, idea מֻשָּׂג; power of conception ~, כִּשְׁרוֹן הַהֲבָנָה.
הַשְׁגָּחה *s.* supervision, care; Providence הַשְׁגָּחָה אֱלֹהִית.
— השגחה אויף כשרות supervision over the ritual preparation of food השגחה על כשרות המאכלות.
— זיין אונטער אומעצנס השגחה to be under a person's care היה תחת השגחת איש.
הַשְׁגָּחה פְּרָטִית *s.* special providence ~.
הש״י *abbr.* = הַשֵּׁם־יִתְבָּרֵךְ.
הַשִׁיבֵנוּ־הַלְכענען *v. n.* to retreat, escape (*fl.*) הִסֹּג אָחוֹר, בְּרֹחַ.
הש״ת = הש״י.
הַשְׂכָּלה *s.* enlightenment ~; culture, education ~; civilisation ~, תַּרְבּוּת.
הַשְׁלָמה *s.* (הַשְׁלָמות *pl.*) culture, education ~; accomplishment כִּשָּׁרוֹן.
הַשֵּׁם *s.* "the name," God ~, אֱלֹהִים.
הַשְׁמָטה *s.* (הַשְׁמָטות *pl.*) omission (*of a word* [*or passage*) ~.
הַשֵּׁם יַצְלִיחַ דַּרְכְּךָ *phr.* "may God prosper thy way," a pleasant journey to you! God speed you! הַשֵּׁם יַצְלִיחַ אֶת מַעֲשֶׂיךָ.
הַשֵּׁם־יִתְבָּרֵךְ *s.* "praised be the name," God ~, אֱלֹהִים.
הִשָּׁמֵר לְךָ פֶּן־ *phr.* take heed lest ~; (*joc.*) be careful with your pen הִזָּהֵר בְּעֶטְךָ א).
הַשְׁעָרה *s.* (הַשְׁעָרות *pl.*) conjecture, supposition, hypothesis ~.
הַשְׁפָּעה *s.* (הַשְׁפָּעות *pl.*) inspiration, influence ~.
— די געטליכע השפעה the divine inspiration ההשפעה האלהית.
— האָבן אַ השפעה אויף אומעצן to have an influence on a person השפיע על איש.
הִשְׁתַּדְּלות *s.* endeavours ~, הִתְאַמְּצוּת; mediation ~.
הִשְׁתּוֹקְקוּת *s.* desire, longing ~, גַּעֲגוּעִים.
הַשְׁתָּנה *s.* urine ~, מֵי רַגְלַיִם.
הִשְׁתַּפְּכוּת־הַנֶּפֶשׁ *s.* outpouring of the heart ~.
הִתְבּוֹדְדוּת *s.* seclusion, isolation ~.
הִתְגַּלּוּת *s.* revelation ~, גִּלּוּי.
הִתְגַּלּוּת־הַשְּׁכִינה *s.* revelation of the divine glory ~, גִּלּוּי שְׁכִינָה.
הִתְחַדֵּשׁ = תִּתְחַדֵּשׁ.
הִתְחַיבות = הִתְחַיְּבוּת.
הַתְחָלה *s.* (הַתְחָלות *pl.*) beginning, commencement ~; initiation ~; elementary knowledge ~, רֵאשִׁית לִמּוּדִים.
הִתְלַהֲבוּת *s.* ardor ~; enthusiasm ~.
הִתְלַהֲבוּתדיג *adj.* ardent נִלְהָב; enthusiastic מִתְלַהֵב.
הַתְמָדה *s.* perseverance, assiduity ~; application, diligence ~, חֲרִיצוּת.

א) א ווארטשפּיל: פֶּן — פען.

הִתְמַנּוּת s. appointment –; office פְּקוּדָה, מִשְׂרָה.

הִתְנַגְּדוּת s. opposition –.

הִתְנַצְּלוּת s. apology –, הִצְטַדְּקוּת.

הִתְעוֹרְרוּת s. awakening –; inspiration הִתְפַּעֲלוּת, הִתְלַהֲבוּת.

הִתְעָרוּתָא דִלְעֵילָא s. awakening from above –, הִתְעוֹרְרוּת מִלְמַעְלָה.

הִתְעָרוּתָא דִלְתַתָּא s. awakening from below – הִתְעוֹרְרוּת מִלְּמַטָּה.

הִתְפַּעֲלוּת s. enthusiasm –.

— קעלבערנע התפעלות, ז. קעלבערן.

הִתְפַּשְּׁטוּת הַגַּשְׁמִיּוּת s. abstraction of corporality, detachment from one's material being –.

הַתִּקְוָה s. "the hope," name of the Zionist national hymn שֵׁם הַשִּׁיר הַלְּאֻמִּי שֶׁל הַצִּיּוֹנִים.

הֶתֵּר s. permission –.

הֶתֵּר־עִסְקָא s. (– ס pl.) "permission of transaction," rabbinical permission to take interest (otherwise forbidden) by a certain arrangement –.

הַתָּרַת־נְדָרִים s. annulment of vows –,

ו, וו.

ו s. the sixth letter of the Hebrew alphabet הָאוֹת הַשִּׁשִּׁית בְּאָלֶף־בֵּית הָעִבְרִי; || num. six שִׁשָּׁה.

ו־ pref. and –.

וַאֲדָר s. additional Adar אֲדָר שֵׁנִי; ז. אדר נאדר.

וְאַהֲבַת s. (– עס pl.) friend יָדִיד.

וָאו = וָו.

וְאֵינֶנּוּ phr. and he is not there –.

— ער איז אוועק ואיננו! he went away and disappeared הלך לו ונעלם.

וְאִם תֹּאמַר מַה נֹּאכַל phr. "and if ye shall say, What shall we eat?," and what about means of life? וּמַה אודות הַכַּלְכָּלָה?

וּבָא לְצִיּוֹן גּוֹאֵל וְנֹאמַר אָמֵן phr. and the redeemer shall come unto Zion and we shall say, – Amen (usual conclusion of a sermon) (סיום רגיל של דרשה).

וגו' abbr. = וְגוֹמֵר etc., and so forth –.

וַדַּאי s. certainty –.

ודוי = וידוי.

וְהָא רְאָיָה phr. the proof is –.

וְהוּא־רַחוּם s. "and he is merciful," a prayer said on Mondays and Thursdays תְּפִלָּה הַנֶּאֱמֶרֶת בְּיוֹם שֵׁנִי וַחֲמִישִׁי.

וְהַשֵּׁנִית adv. and secondly –.

וָו s. (וָוִין pl.) name of the letter ו שֵׁם הָאוֹת ו.

וואַבעריעס s. pl. women (cont.) נָשִׁים.

וואָג s. (– ן pl.) weight מִשְׁקָל; balance פֶּלֶס, מֹאזְנַיִם.

וואַגאַבונד s. (– ן pl.) vagabond פַּרְחִי.

וואָג־געלט s. weight-money, weighage שְׂכַר הַמִּשְׁקָל.

וואַגלען v. n. to wander נָדֹד, נוּעַ וָנוּד.

וואַגלעניש s. (– ן pl.) wandering תְּנוּדָה.

וואַגן v. n. to dare עָרַב לִבּוֹ; הֵעֵז.

וואָגן s. (– ס, וועגן, וועגענער pl.) wagon cart עֲגָלָה.

— (prov.) אויף וואָס פאַר אַ וואָגן מע זיצט אַזאַ ניגון זינגט מען when you are at Rome you must do as the Romans do אולית לקרתא הלך בנמוסיה.

וואָגנוועג s. (– ן pl.) cart-way דֶּרֶךְ לַעֲגָלוֹת.

וואָגשאָל s. (– ן pl.) balance, pair of scales פֶּלֶס, מֹאזְנַיִם.

וואָדען abbr. = וואָס דען.

— אֶלָּא וואָדען? but what? אלא מאי?

וואָדקע s. Russian brandy יֵין שָׂרוּף רוּסִי.

וואו adv. where אֵי, אַיֵּה, אֵיפֹה.

וואוהין adv. whither, where אָנָה, לְאָן.

וואָווקעלאַק = וואָלפּקעלאַק.

וואוי s. (– עס pl.) roar, howl יְלָלָה.

וואויל adj. good טוֹב, יָפֶה; || adv. well טוֹב, יָפֶה, הֵיטֵב; || s. welfare אשֶׁר, הַצְלָחָה.

— אַ וואוילער מענש a good man אדם טוב.

— אַ וואוילער יונג a good fellow אדם טוב; a boaster, a braggart מתפאר, אוהב להתפאר.

— וואויל איז דעם מענשן, וואָס... happy is the man who... אשרי האיש אשר...

— אַז וואויל איז צו אים! how happy is he! מה מאושר הוא!

— ער ווייס וואויל, אַז... he knows well that... הוא יודע היטב כי...

— זיך לאָזן וואויל גיין to enjoy oneself, have a good time התענג.

— אַרבעטן פאַר דאָס וואויל פון דער מענשהייט to work for the welfare of mankind עשה לטובת המין האנושי.

וואוילטאַט s. (– ן pl.) benevolence, charity מַעֲשֵׂה חֶסֶד וּצְדָקָה.

וואוילטונג *s.* (*pl.* ־ען) ease, comfort, luxury הֲרָוָחָה, הַרְחָבָה, תַּעֲנוּג.

וואוילטונער *s.* (*pl.* ־) sybarite רוֹדֵף תַּעֲנוּגִים.

וואוילטעטיג *adj.* benevolent, charitable שֶׁל חֶסֶד; עוֹשֶׂה חֶסֶד; ‖ ־קייט *s.* benevolence, charity מַעֲשֵׂה חֶסֶד וּצְדָקָה.

וואויל־יונגיש *adj.* boasting, boastful אוֹהֵב לְהִתְפָּאֵר.

וואויל־לערנער *s.* (־, ־ס *pl.*) good student תַּלְמִיד טוֹב.

וואוילקייט *s.* goodness טוּב, תְּכוּנָה טוֹבָה.

וואוילקענעוודיג *adj.* educated, learned מְלֻמָּד.

וואוינונג *s.* (*pl.* ־ען) dwelling, residence דִּירָה, מִשְׁכָּן.

וואוינען *v. n.* to dwell, reside, live דּוּר, שָׁכֹן, יָשֹׁב.

וואויסק = וואַיסק.

וואויען *v. n.* to howl, roar יָלֹל, נָהֹם.

וואולקאַן *s.* (־ען, ־עס *pl.*) volcano הַר אֵשׁ, הַר שְׂרֵפָה.

וואונד *s.* (*pl.* ־ן) wound, sore חַבּוּרָה, פֶּצַע, מַכָּה

וואונדער *s.* (*pl.* ־) wonder פֶּלֶא; miracle נֵס, מוֹפֵת.

וואונדערבאַר *adj.* wonderful נִפְלָא; miraculous מוֹפְתִי.

וואונדערליך = וואונדערבאַר.

וואונדערן *v. a.* to astonish, surprise הָיֹה לְפֶלֶא לְ־; ‖ ־זיך *v. r.* te wonder הִתְפַּלֵּא; to be astonished, be surprised הִשְׁתּוֹמֵם.

— עס וואונדערט מיך I am surprised לפלא הוא בעיני.

וואונדפלייש = ווילדפלייש.

וואונק *s.* (*pl.* ־ען) wink הֶרֶף עַיִן; hint רֶמֶז.

וואונש *s.* (*pl.* ־ן) wish חֵפֶץ, רָצוֹן, בַּקָּשָׁה, מִשְׁאֲלוֹת־לֵב; בְּרָכָה.

וואו־עס־איז *adv.* anywhere בְּאֵיזֶה מָקוֹם שֶׁיִּהְיֶה.

וואוקס *s.* (*pl.* ־ן) growth גִּדּוּל, צְמִיחָה; stature קוֹמָה (של איש).

וואַזאַווניע *s.* (*pl.* ־ס) carriage-shed, carriage-house דִּיר לַמֶּרְכָּבוֹת.

וואַזאַניק = וואַזע.

וואַזאָנע *s.* (*pl.* ־ס) flower-pot עָצִיץ; indoor plant נֶטַע בַּיִת.

וואַזנען זיך *v. r.* to have much to do with טַפֵּל בְּ־.

וואַזע *s.* (*pl.* ־ס) vase סֵפֶל, אֲגַרְטָל.

וואַזשנע *adj.* important חָשׁוּב, נִכְבָּד, בַּר־הָעֵרֶךְ.

וואַזשען *v. n.* to dare עָרֹב לִבּוֹ.

וואַטאַווע *adj.* of wadding שֶׁל מוֹךְ; wadded מְמֻלָּא עִם מוֹךְ.

וואַטלמאַכער = וואַטנמאַכער.

וואַטנמאַכער *s.* (*pl.* ־, ־ס) wadding-maker עוֹשֶׂה מוֹךְ.

— (*id.*) כאַפּט אים דער וואַטנמאַכער! the dence take him! יקחהו השטן!

וואַטע *s.* wadding, cotton מוֹךְ.

וואַטעווען *v. a.* to wad מַלֵּא מוֹךְ.

וואַיט *s.* (*pl.* ־עס) bailiff שׁוֹפֵט הַכְּפָר.

וואַילנע *adj.* free חָפְשִׁי; slow מָתוּן.

וואַיסק *s.* army חַיִל.

וואַיעווען *v. n.* to war, fight הִלָּחֵם; = שטופן.

וואַיענע *adj.* military אֲשֶׁר לְהַצָּבָא; martial אֲשֶׁר לְהַמִּלְחָמָה.

וואַך[1] *s.* (*pl.* ־ן) watch, guard חֵיל הַמִּשְׁמָר.

וואַך[2] *adj.* awake עֵר.

וואָך *s.* (*pl.* ־ן) week שָׁבוּעַ.

— גוט וואָך! good week! happy week! שבועתא טבא (ברכת שלום בליל מוצאי שבת).

וואַך־בודקע *s.* (*pl.* ־ס) sentry-box סֻכַּת מִשְׁמָר.

וואַכמייסטער *s.* (*pl.* ־ס) quarter-master שַׂר הַמְמֻנֶּה עַל מְנוּחַת הַצָּבָא בַּמִּלְחָמָה; sergeant-major of cavalry שַׂר הַמֵּאָה בְּחֵיל הָרֶכֶב.

וואַכן *v. n.* to watch שָׁמֹר עַל־; to be awake, be up הָיֹה עֵר.

וואַכנאַכט *s.* (*pl.* ־ן) watch-night (*watch kept over a male child on the night before circumcision*) לֵיל שִׁמֻּרִים (שמירת הילד בלילה שקודם המילה).

וואַכנדיג *adj.* awake עֵר.

וואָכנדיג = וואָכעדיג.

וואָכנגעלט *s.* weekly payment תַּשְׁלוּם שְׁבוּעִי; usury רִבִּית.

וואָכן‖טאָג *s.* (*pl.* ־טעג) week-day יוֹם הַחוֹל.

וואָכנשריפט *s.* (*pl.* ־ן) weekly publication, weekly עִתּוֹן שְׁבוּעִי.

וואָכעדיג *adj.* of week-day שֶׁל יְמֵי הַחוֹל; every-day, ordinary פָּשׁוּט; profane מְחֻלָּל.

וואָכער *s.* usury רִבִּית, נֶשֶׁךְ.

וואָכערניק *s.* (*pl.* ־עס) usurer מַלְוֶה בְּרִבִּית.

וואָכקע, ־קייט = ווילגאָטנע, ־קייט.

וואַל[1] *s.* (*pl.* ־ן) rampart, bulwark דָּיֵק, סוֹלְלָה; cylinder גָּלִיל (של עץ או מתכת).

וואַל[2] *s.* (*pl.* ־ן) election בְּחִירָה.

וואָל *s.* wool צֶמֶר.

וואָלאָסט *s.* (*pl.* ־ן) bailiwick מָחוֹז (ברוסיה).

וואַלגער‖האָלץ *s.* (*pl.* ־העלצער) wooden roller (*for dough*) גָּלִיל (לבצק).

וואַלגערן זיך *v. r.* to roll הִתְגַּלְגֵּל; to lie about, be scattered הָיֹה נָפוֹץ; to lie in neglect הָיֹה

מְנָח בְּלִי שִׂים אִישׁ לֵב; to wander about, be homeless הָיָה נָע וָנָד, הָיָה בְּלִי מָקוֹם מְנוּחָה.

— װאַלגערן זיך אין דער פֿרעמד to live away from home ישב במקום זר.

— (id.) נױט װאַלגערן זיך to be scarce היה יקר המציאות; not to be overmuch לא היה יותר מדי; בײַ אים װאַלגערט זיך נױט קײן געלט he has not overmuch money אין לו כסף יותר מדי; אַזעלכע (גרױסע) מענטשן װאַלגערן זיך נױט there are not many (great) persons like these לא רב מספר אנשים (גדולים) כמו אלה.

װאַלד s. (pl. װעלדער) wood, forest יַעַר, חֹרֶשׁ.

װאַלד־אײזל s. (pl. ־ען) wild ass פֶּרֶא, עָרוֹד.

װאַלד־בערנע s. (pl. ־ס) wild pear אַגָּס יַעֲרִי.

װאַלד־‖גַזְלָן s. (pl. ־גַזְלָנִים) highwayman לִסְטִים, שׁוֹדֵד.

װאַלד־הענדלער s. lumberman, lumbermerchant סוֹחֵר עֲצֵי בִנְיָן.

װאַלדיִג adj. woody רַב הַיְּעָרוֹת.

װאַלדמענטש s. (pl. ־ן) wild man פֶּרֶא אָדָם; orang-outang אָדָם הַיַּעֲרִי (מין קוף).

װאַלד־‖רוח s. (pl. ־רוחות) wood-demon שָׂעִיר, שֵׁד.

װאַלד־עפּ‖לע (pl. ־לעך) crab-apple תַּפּוּחַ יַעֲרִי.

װאָל־הענדלער s. (pl. ־, ־ס) wool-merchant סוֹחֵר צֶמֶר.

װאָלװל adj. (comp. װאָלװעלער) cheap זוֹל, נִמְכָּר בְּזוֹל; ‖ ־קײט s. cheapness זוֹל.

װאָלט (פֿון װעלן) v. aux. would, should פֹּעַל עוֹזֵר לְדֶרֶךְ הַתְּנָאִי.

— איך װאָלט גײן I would go הלכתי לו...

װאַליאַ int. come on! sweep along! לֵךְ בִּמְהִירוּת! הָבָה!

װאַליאַיען v. a. to roll גַּלְגֵּל; to give a drubbing to נָתֹן מַהֲלֻמּוֹת לְ־; ‖ ־זיך v. r. to roll, lie, wallow הִתְגַּלְגֵּל (ברפש).

װאָליִג adj. woolly כְּמוֹ צֶמֶר, צַמְרִי.

װאַליוטע s. (pl. ־ס) amount (of a bill of exchange) עֶרֶךְ, סְכוּם (של שטר חוב); rate of exchange מְחִיר, שַׁעַר (של שטרות כסף).

װאַליז s. (pl. ־ן) valise אַמְתַּחַת לַדֶּרֶךְ, אַרְגָּז לַדֶּרֶךְ.

װאַליזע s. (pl. ־ס) chest of a carriage תֵּבַת מֶרְכָּבָה.

װאַלײַ = װאַליאַ.

װאָליע s. (pl. ־ס) crop, craw מוּרְאָה; goitre זֶפֶק (בצואר אדם).

װאַליען v. a. to roll גַּלְגֵּל; to heap צָבֹר; to come up in thick clouds (smoke) הִתְאַבֵּךְ וְהִתְרוֹמֵם (עשן); ‖ ־זיך v. r. to roll הִתְגַּלְגֵּל (= װאַליאַיען זיך).

— עס װאַליעט אַ רױך פֿון קױמען smoke comes up in thick clouds from the chimney עשן מתאבך ועולה מן הארובה.

— װאַליען זיך אױף דער ערד to roll *or* lie on the ground התגלגל על הרצפה.

— װאַליען זיך אין בעט to lie in bed sluggishly שכב במטה בעצלתים.

װאַליעץ[1] s. (pl. װאַליִצעס) = װאַלץ[2].

װאַליעץ[2] s. (pl. ־ן) = װאַלץ[1].

װאַליער s. power כֹּחַ, שִׁלְטוֹן א).

װאַליק s. (pl. ־עס) fishing-net מִכְמֹרֶת, חֵרֶם; drag-net מִכְמֶרֶת; roller גָּלִיל.

װאַלִיק s. (pl. ־עס) felt-boot, felt-shoe נַעַל לֶבֶד.

װאָלן adj. woolen שֶׁל צֶמֶר.

װאַלעך s. Wallachian אִישׁ מְדִינַת וָלַכְיָה; Wallachian dance מָחוֹל וָלַכִי; Wallachian tune נִגּוּן וָלַכִי.

װאַלעכל s. Wallachian tune נִגּוּן וָלַכִי

װאַלעריאַנע s. valerian קָרוּא (מין צמח).

װאָלף s. (pl. װעלף) wolf זְאֵב.

װאַלפֿיש s. (pl. ־ן) whale תַּנִּין.

װאָלפֿ‖צאָן s. (pl. ־צײנער) wolf's tooth שֵׁן זְאֵב.

װאָלפֿצײנדל s. (pl. ־עך) a piece of bone shaped like a wolf's tooth (*given to children during their teething*) חֲתִיכַת עֶצֶם כִּדְמוּת שֵׁן זְאֵב (שנותנים לילדים בעת צמיחת השנים).

װאָלפֿקעלאַק = װאָלקעלאַק.

װאַלץ[1] s. (pl. ־ן) roller גָּלִיל.

װאַלץ[2] s. (pl. ־ן) waltz וַלְס (מחול).

װאָלצײַג s. woolen cloth, worsted stuff אֲרִיג שֶׁל צֶמֶר.

װאַלצן[1] v. a. to roll גַּלֵּל, גַּלְגֵּל.

װאַלצן[2] v. n. to waltz יָצֹא בְּמָחוֹל וַלְס.

װאַל־קאַמף s. (pl. ־ן) electoral contest, electoral campaign מִלְחֶמֶת הַבְּחִירָה.

װאָלקן s. (pl. ־ס) cloud עָנָן, עָב.

װאָלקנבראָך s. (pl. ־ן) cloudburst נִגְּרַת מַיִם; heavy shower סַגְרִיר.

װאָלקנדיִג adj. cloudy מְעֻנָּן, שֶׁל עָנָן.

װאָלקע = אָבאָז.

װאָלקעװען v. a. to full כָּבֹשׁ, דּוּשׁ (צמר).

װאָלקעלאַק s. (pl. ־עס) wolf-man, werewolf אָדָם שֶׁנֶּהְפַּךְ לִזְאֵב ב).

װאָלקענען v. n. to become cloudy כֻּסָּה בְּעָנָן.

װאַמפּ s. (pl. ־ן) tripe מֵעַיִם (של בהמה).

װאַמפּיר s. (pl. ־ן) vampire עֲטַלֵּף מוֹצֵץ דָּם.

א) בײַ ליפֿשיצן; פּױליש walor (פֿון פֿראַנצײזיש valeur), מאַכט־ קראַפֿט. ב) פּױליש wilkolak.

וואַן *int.* get out!, begone!, away! לֵךְ צֵא!, מִפָּנַי!, גַּשׁ הָלְאָה!

וואַנדערונג *s.* (*pl.* ־ען) wandering נְסִיעָה.

וואַנדערן *v. n.* to wander נוּד, נָסֹעַ.

וואַנדערנדיג *adj.* wandering נוֹסֵעַ; nomadic נוֹסֵעַ וְיוֹשֵׁב אֹהֶל.

— וואַנדערנדיגער שבט nomadic tribe שבט נוסע ויושב אהלים.

וואַנדערער *s.* (*pl.* —) wanderer נוֹסֵעַ, הֵלֵךְ.

וואַנדראָוושטשיק *s.* (*pl.* ־עס) one who is fond of traveling אָדָם אוֹהֵב לִנְסֹעַ.

וואַנדרעווען = וואַנדערן.

וואַנט *s.* (*pl.* ווענט) wall קִיר, כֹּתֶל.

— צודריקן צום וואַנט to drive to the wall לחץ אל הקיר; to nonplus (*fig.*) הבא במבוכה.

— רעדן צו דער וואַנט to preach to the winds דבר לאיש לשוא.

— גיין מיטן קאָפּ דורכן וואַנט to attempt the impossible נסה לעשות דבר שאי אפשר לעשות.

— צונויפברענגען אַ וואַנט מיט אַ וואַנט to bring together two opposites חבר שני הפכים יחד.

— זײַן ווי אונטערן וואַנט to be downhearted, be dispirited היה עצוב רוח.

— קריכן אויף די ווענט to climb the walls טפס ועלה על הקירות; to be raving, be running mad (*fig.*) היה מֻכֵּה שגעון.

— ווענט האָבן אויערן (*prov.*) walls have ears אזנים לכותל.

וואַנטורע *s.* (*pl.* ־ס) adventure מִקְרֶה נִפְלָא, דָּבָר זָר, פֶּלֶא.

וואַנט־זייגער *s.* (*pl.* ־ס) clock שָׁעוֹן שֶׁעַל הַקִּיר.

וואַנט־לוח *s.* (*pl.* ־לוחות) sheet-almanac לוּחַ לְהִדָּבֵק עַל הַכֹּתֶל.

וואַניענקע *s.* (*pl.* ־ס) wash-tub עֲרֵבָה לִכְבִיסָה.

וואָנכען *v. a.* to smell, scent הָרִיחַ.

וואַנס, וואַנסע = וואָנץ, וואָנצע.

וואַנע *s.* (*pl.* ־ס) bathing-tub, bath אַמְבַּטְּי.

וואַנעט = וואָנען.

וואַנעליע *s.* vanilla וָנִילָה (מין צמח בשם).

וואַנען *adv.* whence פֿון־ מֵאַיִן.

וואַנען זיך *v. r.* to curl (*of smoke*) הִתְאַבֵּךְ א).

וואַנץ *s.* (*pl.* ־ן) bug, bed-bug פִּשְׁפֵּשׁ.

וואָנץ *s.* (*pl.* ־ן) mustache שָׂפָם.

וואַנציג *adj.* full of bugs מָלֵא פִּשְׁפְּשִׁים.

וואַנצן־פּולווער *s.* bug-powder אֲבַק אַרְסִי לְפִשְׁפְּשִׁים.

וואָנצע = וואָנץ.

א) ביי לינעצקין: אפשר פֿון רוסיש виться, דרייען זיך, שלענגלען זיך.

וואָס [1] *pron. interr.* what מַה; || *pron. rel.* who, which, that אֲשֶׁר, שֶׁ־.

— וואָס זאָגט ער? what does he say? מה הוא אומר?

— וואָס עס איז, וואָס ניט איז something, anything איזה דבר שהוא, משהו.

— וואָס פֿאַר אַ what kind of איזה.

— דער מאַן, וואָס איז דאָ געווען the man who was here האיש אשר היה פה.

— דאָס בוך, וואָס איך לייען the book which I read הספר אשר אני קורא.

— אַלץ, וואָס איך ווייס all that I know כל מה שאני יודע.

וואָס [2] *conj.* that שֶׁ־; as כַּאֲשֶׁר.

— ניט גענוג וואָס not enough that לא די ש־.

— נאָר וואָס just now זה עתה.

— וואָס גיכער as soon as possible במהירות האפשרית.

— וואָס... דאָס..., וואָס... אַלץ... the... the... כאשר... כן...; וואָס מער מע לערנט דאָס (אַלץ) מער ווייס מען the more we learn the more we know כאשר נרבה ללמוד כן נרבה לדעת.

— וואָס אַ מאָל every time כל פעם.

וואַסינג *s.* (*pl.* ־ען) hamper סַל הָעֲגָלָה א).

וואַסער *s.* (*pl.* —) water מַיִם; water, lustre (*of diamonds*) זֹהַר, בָּרָק (של אבנים טובות).

— געדיכטע וואַסער cement מִשְׁחַת חֵמָר.

— גיין דורך פֿייער און וואַסער to go through thick and thin בוא באש ובמים, סבל הרבה.

— זײַן ווי צוויי טראָפּנס וואַסער to be like as two peas היה דומים בדמותם כשתי טפות מים.

— רעדן ווי אַ וואַסער to speak fluently דבר בקלות.

וואָסער *pron. interr.* what, which אֵיזֶה.

וואַסערגיסער *s.* (*pl.* ־, ־ס) water-pourer יוֹצֵק מַיִם (ללוש הבצק למצות).

וואַסערדיג *adj.* watery מֵימִי; flat, flabby (*fig.*) תָּפֵל, חֲסַר טַעַם.

וואַסער־וואָג *s.* (*pl.* ־ן) water level מִדַּת הַמַּיִם.

וואַסער־טרעגער *s.* (*pl.* ־, ־ס) water-carrier שׁוֹאֵב מַיִם.

וואַסערמיל *s.* (*pl.* ־ן) water-mill טַחֲנַת הַמַּיִם.

וואַסערפֿאַל *s.* (*pl.* ־ן) waterfall, cataract מַפַּל מַיִם, אֲשֵׁדָה.

וואַסערפֿירער *s.* (*pl.* ־, ־ס) water-carrier מוֹבִיל מַיִם, שׁוֹאֵב מַיִם.

וואַסער־קראַנקהײט *s.* dropsy, hydropsy הִדְרוֹקָן, אַדְרוֹפְּקָא.

א) ביי ליפשיצן; פויליש wasąg, אַ וואָגן־קאָרב.

וואַסער-רער *s.* (-ן *pl.*) water-pipe צִנּוֹר הַמַּיִם.

וואַסער-שייד *s.* (-ן *pl.*) divide (*geogr.*) מְחִיצַת מַיִם (אדמה גבוהה שהגשמים הנופלים עליה יחלקו לשני ראשים).

וואַסקאָבאָיניע *s.* (-ס *pl.*) wax-works מַכְבֵּשׁ הַדּוֹנַג.

וואַפֿליע *s.* (-ס *pl.*) waffle, wafer רְקִיקָה (רקיק ריפות).

וואָפֿן *s.* (- *pl.*) weapon, arm כְּלִי זַיִן, אָזֶן.

וואַפנע *s.* lime גִּיר, שִׂיד.

וואַפנע-טרעגער *s.* (-, -ס *pl.*) hod-carrier נוֹשֵׂא מַרְבְּסֵיד לְבִנְיָן.

וואָפֿנען *v. a.* to arm זַיֵּן, חַמֵּשׁ.

וואָפֿן-שטילשטאַנד *s.* (-ן *pl.*) armistice הַפְסֵק מִלְחָמָה.

וואַקאַנט *adj.* vacant פָּנוּי, לא נוֹשָׁב.

וואַקאַנס *s.* (-ן *pl.*) vacancy מָקוֹם פָּנוּי, מִשְׂרָה פְּנוּיָה.

וואַקאַציע *s.* (-ס *pl.*) vacation חֹפֶשׁ (מעבודה, מלמודים).

וואָקזאַל *s.* (-ן *pl.*) railway station, terminus, depôt בֵּית נְתִיבוֹת, תַּחֲנָה.

וואַקלען *v. a.* to shake הָנֵעַ, נַדְנֵד; ‖ -זיך *v. r.* to shake oneself הִתְנוֹעֵעַ, הִתְנוֹדֵד.

וואַקס *s.* wax דּוֹנַג, שַׁעֲוָה.

וואַקסן[1] *v. n.* (געוואַקסן *p. p.*) to grow גָּדַל, צָמַח, רָבָה.

וואַקסן[2] = וועקסן.

וואַקעווען = וואַקלען.

וואָקעלאַק = וואָלקעלאַק.

וואָר[1] *adj.* true, truthful אֲמִתִּי.

— אַ וואָר וואָרט a word of truth דבר אמת.

וואָר[2] *s.* reality מְצִיאוּת.

— אויף וואָר in reality באמת; awake בהקיץ.

וואָראָטשיק *s.* (-עס *pl.*) bag for straining שַׂק לְסַנֵּן.

וואָראָנע *s.* (-ס *pl.*) raven, crow עוֹרֵב; (*fig.*) simpleton שׁוֹטֶה.

וואָרג *s.* wares סְחוֹרָה.

וואָרגן = ווערגן.

וואָרהאַפֿטיג *adj.* true, truthful אֲמִתִּי; ‖ *adv.* truly, indeed בֶּאֱמֶת, אָמְנָם; ‖ -קייט *s.* truthfulness אֲמִתִּיּוּת.

וואָרהייט *s.* (-ן *pl.*) truth אֱמֶת.

וואָרט *s.* (ווערטער *pl.*) word דָּבָר, מִלָּה, תֵּבָה; promise הַבְטָחָה.

— וואָרט אין וואָרט word for word, verbatim מלה במלה, אות באות.

— מיט איין וואָרט in a word, in short במלה אחת, בקצרה.

— געבן אַ וואָרט to give *or* pledge one's word, to promise הבטח.

— האַלטן וואָרט to keep one's word שמר מוצא שפתיו.

— אַ וואָרט איז אַ וואָרט! a word must be kept חיב אדם לשמור מוצא שפתיו.

— נעמען אימעצן ביים וואָרט to take a person at his word תבע מאיש לשמר מוצא שפתיו.

— נים האָבן קיין ווערטער to remain silent האלם.

— ביי די ווערטער at these words, so saying באמרו זאת.

וואָרטאָרן *s.* (-ס *pl.*) sick-murse שׁוֹמֶרֶת חוֹלִים.

וואַרטוש = ווערמוט.

וואָרטזאָגער *s.* (-, -ס *pl.*) spokesman בָּא-כֹחַ.

וואַרט-זאַל *s.* (-ן *pl.*) waiting-room חֲדַר הַתַּחֲנָה (אשר למסילת הברזל).

וואַרטע *s.* (-ס *pl.*) guard, watch מִשְׁמָר.

וואַרטעווניק *s.* (-עס *pl.*) guard, keeper, watchman שׁוֹמֵר.

וואַרטעפּל *s.* (-עך *pl.*) marionette, puppet בֻּבָּה א).

וואָרטלערע *s.* (*gr.*) etymology כְּלָלֵי הַמִּלִּים (בדקדוק).

וואַרטן *v. n.* to wait חַכֵּה, הַמְתֵּן.

וואָרטס‖מאַן *s.* (-לייט *pl.*) one who keeps his word אָדָם הָעוֹמֵד בְּדִבּוּרוֹ.

וואַרטספּרוי = וואָרטאָרן.

וואַרטערן, וואַרטערקע = וואָרטאָרן.

וואָרטפֿאָרשונג *s.* etymological research, etymology חֵקֶר שָׁרְשֵׁי הַמִּלִּים.

וואָרטצייכן *s.* (-ס *pl.*) watchword, pass-word סִמָּן, אֲמִירָה לְאוֹת; proof אוֹת, מוֹפֵת.

— (*prov.*) אַ ליגן מיט אַ וואָרטצייכן a lie with a proof שקר עם אות ב).

וואָרטשען *v. n.* to grumble הַרְגֵּן.

וואַריאַט *s.* (-ן *pl.*) madman, fool מְטֹרָף.

וואַריאַטקע *s.* (-ס *pl.*) madwoman מְטֹרֶפֶת.

וואַרך = ווירעך.

וואַרמעס = וואַרעמעס.

וואָרן = וואָרעם[2].

וואָרנעטשקע *s.* (-ס *pl.*) fritter עֻגָּה קְטַנָּה מְמֻלֵּאת.

וואַרסטעט = וואַרשטאַט.

וואַרע[1] *s.* (-ס *pl.*) ware, goods סְחוֹרָה.

וואַרע[2] *s.* (-ס *pl.*) room, way מָקוֹם מְרֻוָּח, מָקוֹם פָּנוּי.

— מאַכן אַ וואַרע to make way פנה דרך.

וואַרעטענע *s.* (-ס *pl.*) spindle פֶּלֶךְ.

א) פֿון קליינרוסיש вертоп, אַ טעאַטער פֿון ליאַלקעס.

ב) אין דער באַדייטונג דאַרף דאָס וואָרט אפשר זיין וואָר־צייכן (ז. גרינבוים, כרעסטאמאטיע, 422).

ווארעטשעק s. (pl. ־עס) funnel מַשְׁפֵּךְ.

ווארעם adj. warm חַם;‖ s. warmth חֹם.

— אין דער ווארעם in warmness בחום.

ווארעם[1] s. (pl. ווערעם) worm תּוֹלַעַת.

— (id.) מיט גרויסע ווערעם with great difficulty ברב תלאה.

— (id.) לאכן מיט ווערעם to laugh with anguish צחק בכאב נפש.

ווארעם[2] adv. because כִּי, יַעַן.

— יעדער ווארעם האט א דארעם. ז. דארעם.

ווארעם‖באד s. (pl. ־בעדער) thermal springs מַעְיָנוֹת חַמִּים.

ווארעמען v. a. to warm חַמֵּם.

ווארעמעס s. dinner לֶחֶם הַצָּהֳרָיִם.

ווארעם‖פלאש s. (pl. ־פלעשער) hot-water bottle בַּקְבּוּק־חַמִּים (לחמם בו את הרגלים במטה).

ווארעמקייט s. warmth, warmness חֹם, חֲמִימוּת.

ווארעמשטיין s. (pl. ־ער) hot stone for warming אֶבֶן חַמָּה לְחַמֵּם בָּהּ.

ווארענונג s. (pl. ־ען) warning אַזְהָרָה, הַתְרָאָה.

ווארעניע s. (pl. ־ס) preserves רִבָּה (פרי מְטֻגָּן).

ווארעניק s. (pl. ־עס) curd-dumpling חֲבִיצָה מְמֻלָּאָה גְבִינָה.

ווארענען v. a. to warn הִזְהִיר, הִתְרָה.

ווארף s. (pl. ־ן) throw, throwing הַשְׁלָכָה.

ווארפלקע s. (pl. ־ס) sling קֶלַע, מַרְגֵּמָה.

ווארפן v. a. n. (p. p. געווארפן) to throw, cast הִשְׁלִיךְ, יָרָה, רָמָה, קָלַע; to shake, tremble הִתְנַעְנַע, רָעַד; to quit, leave עָזַב, נָטַשׁ, זָנַח;‖ ־זיך v. r. to sprawl, to toss about הִתְהַפֵּךְ, הִתְנוֹעֵעַ; struggle פִּרְכֵּס, פִּרְפֵּר; to throw oneself upon הִתְנַפֵּל עַל־.

— ווארפן די ארבעט to quit work עזב את המלאכה.

— ווארפן מיט די הענט און מיט די פיס to sprawl, struggle פרפר בידיו ורגליו.

— עס ווארפט מיט אים he is trembling הוא רועד.

— ווארפן זיך אהין און אהער to be unstable התהפך, השתנה.

— ווארפן זיך אין די אויגן to strike the eye הגלה לעינים.

ווארפער = ווארפלקע.

ווארצאבע s. (pl. ־ס) window-frame מִסְגֶּרֶת הַחַלּוֹן; door-case מִסְגֶּרֶת הַדֶּלֶת, אַמּוֹת הַסִּפִּים.

— די אויבערשטע ווארצאבע the upper beam of a door משקוף.

— די אונטערשטע ווארצאבע the threshold, the sill מפתן.

ווארצאדלע s. (pl. ־ס) mirror רְאִי, מַרְאָה.

ווארצל s. (pl. ־ען) root שֹׁרֶשׁ.

ווארצלען v. n. to root הִכָּה שֹׁרֶשׁ, הִשְׁתָּרֵשׁ.

ווארקען v. n. to coo נָהַם (כיונה).

ווארשטאט s. (pl. ־ן) workshop, work-room חֲדַר הַמְּלָאכָה; work-bench שֻׁלְחַן הַמְּלָאכָה.

וואש־בעקן s. (pl. ־ס) wash-basin, wash-bowl סִיר רַחַץ.

וואש־טיש s. (pl. ־ן) wash-stand שֻׁלְחַן לְרַחֲצָה.

וואשטשענעס s. pl. rough-wax דּוֹנַג גַּס, שְׂרִידֵי הַדּוֹנַג.

וואשן v. a. (p. p. געוואשן) to wash רָחַץ, כִּבֵּס; to scold (sl.) חֵרֵף, גִּדֵּף;‖ ־זיך v. r. to wash oneself הִתְרַחֵץ; to wash one's hands נָטַל יָדָיו (לפני האכילה).

— גייט וואשט זיך "go and wash your hands," have dinner with us אכול אתנו לחם.

— דער וואס איך האב די הענט ניט געוואשן "he whom I must not mention without washing my hands," God אלהים.

וַדאי = וַדַּאי.

ווי adv. how אֵיךְ; like כְּ־, כְּמוֹ; as כְּ־, כְּמוֹ, כַּאֲשֶׁר;‖ conj. than מִ־.

— ווי צו טאן how to do איך לעשות.

— ווי ער, ווי זי like him, like her כמוהו, כמוה.

— טאן ווי ער טוט to do as he does עשה כאשר הוא עושה.

— טאן בעסער ווי ער to do better than he does עשה טוב ממנו.

— ווי למשל as for instance כמו למשל.

— ווי דו ווילסט as you like כחפצך, כאשר עם לבבך.

— ווי אזוי? how? איך?

— ווי טייער? how much?, at what price? בכמה?, באיזה מחיר?

— ווי באלד as soon as, whereas מיד, כאשר; מכיון.

— ווי עס איז somehow באיזה אופן שהוא.

— ווי צום בעסטן in the best way possible באופן (על צד) היותר טוב.

— ווי צום גיכסטן as quick as possible במהירות היותר גדולה, מהר מאד.

— ווי נאך! I should think so!, I should say so! בודאי!

וויא int. hoy!, whup! קְרִיאָה לְסוּס לָלֶכֶת.

וויאז s. (pl. ־ן) bond, tie קֶשֶׁר.

וויאזאניע s. binding, tying, bandage קִשּׁוּר.

וויאזשון s. (pl. ־עס) caviller מִתְאַנֶּה.

וויאזשען זיך v. r. to cavil, pick a quarrel הִתְאַנָּה לְ־.

וויאטרעק = ווינטמיל.

וויאלע adj. faded, withered נָבֵל.

וויאלען v. n. to fade, wither נָבֵל.

וויאלקעווע adj. of wiolet שֶׁל סִגָּל.

— וויאלקעווע ווארצל iris, iris-root שרש סגל.

וויאַנדזולען to dry by smoking, smoke *v. a.* יַבֵּשׁ בְּעָשָׁן (דגים).

וויאַניען = וויאַלען.

וויאַסלע = וועסלע.

וויאַקען to jabber *v. n.* פִּטְפֵּט, נִמְנֵם.

וויאָרסט verst (*pl.* ־ן, ־) *s.* כִּבְרַת אֶרֶץ, שְׁבִיעִית הַמִּיל הָרוּסִית (בערך 2/3 מיל אנגלית).

וויבאָיע hollow, pit, hole (*on a road*) (*pl.* ־ס) *s.* שְׁקַעֲרוּרָה (בדרך).

וויבאָר election (*pl.* ־עס) *s.* בְּחִירָה, הֲטָלַת גּוֹרָלוֹת.

וויביעג shift (*pl.* ־עס) *s.* תַּחְבּוּלָה, עָרְמָה.

וויג cradle (*pl.* ־ן) *s.* עֶרֶשׂ; swing נַדְנֵדָה.

וויגאָדע advantage (*pl.* ־ס) *s.* רֶוַח, הֲנָאָה, תּוֹעֶלֶת; comfort הַרְוָחָה, הַרְחָבָה.

וויגאָדנע advantageous, profitable *adj.* מוֹעִיל, מֵבִיא רֶוַח; comfortable מְרֻוָּח, נָעִים.

וויגאָוואָר rebuke, reproof (*pl.* ־ן) *s.* נְזִיפָה.

וויגן to swing, rock *v. a.* הָנֵעַ, נַדְנֵד; ‖ ־ זיך *v. r.* to rock oneself הִתְנַדְנֵד.

וויגע‖לע cradle (*pl.* ־לעך) *s.* עֶרֶשׂ.

וויד appearance (*pl.* ־ן) *s.* מַרְאֶה; document תְּעוּדָה.

ווידאָ‖טעק profit, thrivingness, (*pl.* ־טקעס) *s.* רֶוַח, תְּבוּאָה (של שדה) yielding

ווידוי = וִידּוּי.

ווידלע fork, pitchfork (*pl.* ־ס) *s.* מַזְלֵג, קִלְשׁוֹן.

ווידמונג[1] dedication (*pl.* ־ען) *s.* הַקְדָּשָׁה.

ווידמונג[2] swarming *s.* שֶׁרֶץ.

ווידמען to dedicate *v. a.* הַקְדֵּשׁ.

ווידמענען to swarm *v. n.* שָׁרֹץ א).

ווידער[1] ram (*pl.* ־ן) *s.* אַיִל.

ווידער[2] again, anew *adv.* שׁוּב, עוֹד פַּעַם, מֵחָדָשׁ; ‖ but *conj.* אֲבָל, אוּלָם.

— ווידער און אָבער again and again שוב ושוב פעם.

— ווידער, וואָס אַרט עס מיך? but what is that to me? אבל מה אכפת לי?

— ער, ווידער, וויל עס ניט טאָן as for him, he is unwilling to do it אולם הוא איננו חפץ לעשות זאת.

ווידער־אײַנאַנד = ווידעראַנאַנד.

ווידעראַנאַנד against each other *adv.* אִישׁ נֶגֶד רֵעֵהוּ; ‖ contradiction *s.* נִגּוּד, סְתִירָה; contrast הִפּוּךְ.

ווידערוואַקסונג aftermath *s.* סְפִיחַ ב).

ווידער־טעם bad taste *s.* טַעַם רָע.

ווידער־פּאַרטײַ opponents (*pl.* ־ען) *s.* כִּתָּה מִתְנַגֶּדֶת.

א) זעט אויס פֿון מיטלהויכדייטש wimmen, באַוועגן זיך, רירן זיך. ב) אזוי פֿלעגן מלמדים איבערזעצן דאָס וואָרט ספיח ; חוטש.

ווידערצן = גודיען.

ווידערקויף repurchase, redemption *s.* גְּאוּלָה.

ווידער‖קול echo (*pl.* ־קולות) *s.* הֵד, בַּת־קוֹל.

ווידערשטאַנד resistance, opposition (*pl.* ־ן) *s.* הִתְנַגְּדוּת.

ווידערשטיין to resist, oppose *v. n.* הִתְנַגֵּד.

ווידערשײַן reflection (*pl.* ־ען) *s.* אוֹר חוֹזֵר.

ווידערשפּעניג rebellious *adj.* מוֹרֵד, מַמְרֶה.

ווידערשפּעניגן to rebel, be rebellious *v. n.* מָרֹד, מָרֹה.

ווידערשפּעניקייט rebelliousness *s.* מֶרֶד, מְרִי.

ווידערשפּענעדיג = ווידערשפּעניג.

ווידערשפּרוך contradiction (*pl.* ־ן) *s.* סְתִירָה.

ווידערשפּרעכן to contradict *v. a.* סָתֹר (דברי איש); ‖ ־ זיך to contradict oneself *v. r.* סָתֹר אֶת דְּבָרָיו.

ווידרע otter (*pl.* ־ס) *s.* שׁוּעַל הַמַּיִם.

ווי־הייסט־מען־דאָס something unmentionable *s.* דָּבָר שֶׁלֹּא נָאֶה לְפָרֵשׁ בִּשְׁמוֹ.

— ער איז אַ גרויסער ווי־הייסט־מען־דאָס he his a big fool שוטה גדול הוא.

— מיט אַ נאַקעטן ווי־הייסט־מען־דאָס with bared buttocks חֲשׂוּף שֵׁת.

וויִהע eyelid (*pl.* ־ס) *s.* רִים, עַפְעַף.

וויוואַד = וויוואַט.

וויוואַט long live!, hurrah! *int.* יְחִי!

וויוועסקע sign, sign-board (*pl.* ־ס) *s.* צִיּוּן, שֶׁלֶט (של בית מסחר) (*of a shop*)

וויון grounding (*fish*) (*pl.* ־עס) *s.* צְלֹפַח הַנָּהָר (מין דג).

וויושקע = יושקע.

וויזיט visit (*pl.* ־ן) *s.* בִּקּוּר.

וויזיט־קאַרטע visiting-card (*pl.* ־ס) *s.* כַּרְטִיס הַבִּקּוּר.

וויזיר vizier (*pl.* ־ן) *s.* וְזִיר (יועץ במדינות המחמדים).

וויזירן to visé (*a passport*) *v. a.* אַשֵּׁר (תעודת מסע).

וויזל־טיר bison, ure-ox (*pl.* ־ן) רְאֵם א).

וויזע[1] lawn (*pl.* ־ס) *s.* חֶלְקַת עֵשֶׂב, כַּר.

וויזע[2] first hand (*at cards*) *s.* הַמְשַׂחֵק הָרִאשׁוֹן (בקלפים).

וויזע[3] visa (*pl.* ־ס) *s.* אִשּׁוּר (של תעודת מסע).

וויז‖לע weasel (*pl.* ־לעך) *s.* חֹלֶד.

וויטישקע = וויטושקע.

וויטיש hypocritical *adj.* חָנֵף, צָבוּעַ.

וויטישקע reel (*pl.* ־ס) *s.* סְלִיל (להעלות עליו חוטים).

וויטעווען זיך = וויטען זיך.

וויטען זיך to greet each other, salute *v. rec.* בָּרֵךְ אִישׁ אֶת רֵעֵהוּ בְּשָׁלוֹם each other

א) דייטש Wisent.

ווִיטריאָל s. vitriol קַנְקַנְתּוֹם.

ווײ¹ s. (pl. ־ען) pain כְּאֵב.

— די ווײען פֿון געבורט labor-pains, throes חבלי יולדה.

ווײ² adj. painful, aching כּוֹאֵב, דָוֶה.

— ווײ טאָן to be aching כָּאֹב; to give pain הכאב; to hurt פצע, הכאב, הָרֵעַ.

— דער קאָפּ טוט מיר ווײ I have a head-ache הנני חש בראשי.

ווײ³ int. woe!, alas!, oh! הוי!, אוי!, אֲבוֹי! אַלְלַי!

— ווײ איז מיר!, ווײ צו מיר! woe is me! אוי לי!, אללי לי!

ווײַב s. (pl. ־ער) wife אִשָּׁה, רַעְיָה.

ווײַבל s. (pl. ־עך) young married woman עַלְמָה, אִשָּׁה בִּימֵי נְעוּרֶיהָ.

ווײַבליך adj. female שֶׁל נָשִׁים; שֶׁל נְקֵבוֹת; (gr.) feminine שֶׁל מִין נְקֵבָה.

ווײַבספּאַרשוין s. (pl. ־ען) woman אִשָּׁה.

ווײַבעלע s. (pl. ־לעך) little woman אִשָּׁה צְעִירָה; female (of animals) נְקֵבָה (של חיות); eye (for a hook) לוּלָאָה (לקרס).

— אַ מענעלע און אַ ווײַבעלע hook and eye זוג קרסים.

ווײַבסלײַט s. pl. women נָשִׁים.

ווײַבערָאַ s. (pl. ־ס) wife (cont.) אִשָּׁה.

ווײַבער־טײַטש s. women's German (a kind of Judaeo-German printing-type) כְּתָב אַשְׁכְּנַזִּי לְנָשִׁים (מין אותיות שמדפיסים בהן ספרים לנשים בלשון יהודית־אשכנזית).

ווײַבעריש = ווײַבערש.

ווײַבערש adj. women's, female שֶׁל נָשִׁים; womanish, womanly כְּאִשָּׁה, כַּנָּשִׁים.

— ווײַבערשער זומער mellow autumn, summer of St. Martin, Indian summer עת הבציר.

ווײדל s. (pl. ־ען) tail זָנָב.

ווײדלען v. n. to wag the tail הָנֵעַ הַזָּנָב הֵנָּה וָהֵנָּה; to fawn הַחֲנֵף.

ווײַז s. (pl. ־ן) tune, melody קוֹל נְעִימָה, נְגִינָה.

־ווײַז suff. in the manner of בְּאוֹפֶן, בְּדֶרֶךְ; while בְּעוֹד.

— פּאָרווײַז by pairs שנים שנים.

— צײַטנווײַז at times לפעמים.

— מײדלווײַז while yet unmarried בעודנה פנויה.

ווײַזגעבן זיך v. r. to appear הֵרָאֵה ‖ s. appearance מַרְאֵה פָּנִים א).

ווײַזן v. a. (p. p. געוויזן) to show הַרְאֵה ‖ ־ זיך v. r. to appear הִתְרָאֵה, הֵרָאֵה.

א) ביי אבראמאוויטשן אין „ווינשפינגערל“.

ווײַזער s. (pl. ־ס) hand (of a clock) מָחוֹג (של שעון).

ווײַט adj. far, distant, remote רָחוֹק; far-reaching אֲשֶׁר לְמֵרָחוֹק ‖ adv. far רָחוֹק.

— ווײַט און ברייט far and wide רחוק מאד, בכל הסביבה.

— פֿון ווײַטן, פֿון דער ווײַטנס from afar, from a distance מרחוק.

ווײַטיג s. (pl. ־ן) pain, ache כְּאֵב.

ווײַטער adv. farther הָלְאָה; further לְהַלָּן; forward הָלְאָה; again עוֹד; in the future לֶעָתִיד.

— ווײַטער אַ מאָל again עוד הפעם.

ווײַטערדיג adj. further הַבָּא לְהַלָּן; other, remaining אַחֵר, יֶתֶר הַ־, שְׁאָר.

ווײַטקײַט s. distance מֶרְחָק.

ווײך adj. soft, tender רַךְ.

ווײכהאַרציג adj. tender-hearted רַךְ הַלֵּב.

ווײכטיר s. (pl. ־ן) mollusk רַכִּיכָה.

ווײכליך adj. rather soft קְצָת רַךְ, רַךְ מְעַט.

ווײכן v. n. (p. p. געווײכט, געוויכן) to keep away, keep aloof הִתְרַחֵק מִ־.

ווײכקײַט s. softness, tenderness רֹךְ, רַכּוּת.

ווײַל¹ conj. because כִּי, יַעַן.

ווײַל² adv. while, as long as כָּל זְמַן, בְּעוֹד.

ווײַלן v. n. to wait, stay הִתְמַהְמֵהַּ, הִתְעַכֵּב.

ווײלן v. a. to choose בָּחֹר; to elect בָּחֹר (למשרה).

ווײַלע s. (pl. ־ס) while רֶגַע.

ווײלער s. (pl. ־, ־ס) chooser בּוֹחֵר; elector בּוֹחֵר (למשרה).

ווײַמפּערל = ווײַנפּערל.

ווײַן s. (pl. ־ען) wine יַיִן.

ווײַנגאָרטן s. (pl. ־גאָרטנס, ־גערטנער) vineyard כֶּרֶם.

ווײַנגלאָז s. (pl. ־גלעזער) wine-glass כּוֹס לְיַיִן.

ווײַנגערטנער s. (pl. ־, ־ס) wine-dresser כּוֹרֵם.

ווײַנהאַנדלונג s. (pl. ־ען) wine-business מִסְחַר יַיִן; wine-shop בֵּית יַיִן.

ווײַנהויז s. (pl. ־הײַזער) distillery בֵּית מִשְׂרָפוֹת יַיִן; wine-shop בֵּית יַיִן.

ווײַנהײוון s. wine-lees, yeast שְׁמָרִים.

ווײַנהענדלער s. (pl. ־, ־ס) wine-merchant מוֹכֵר יַיִן.

ווײַנצויף s. wine-punch מַשְׁקֶה מְמֻזָּג בְּיַיִן.

ווײַנטרויב s. (pl. ־ן) grape עֵנָב.

ווײַניג adj. winy, vinous אֲשֶׁר טַעַם יַיִן לוֹ.

ווײניג adj. few מְעַט ‖ adv. little מְעַט.

— צום ווײניגסטן at least לכל הפחות.

ווײַניגקײַט s. winy taste טַעַם יֵינִי.

ווײניגקײַט s. fewness, littleness מִעוּט.

ווײניגסטנס adv. at least לְכָל הַפָּחוֹת.

ווײנען *v. n.* to weep, cry בָּכֹה.

ווײנענדיג *adj.* weeping, whining בּוֹכֶה, בַּכְיָנִי;‖ ־ערהײט weepingly, whiningly *adv.* בְּבַכְיָנוּת, בְּבֶכִי.

ווײַנעסיג *s.* wine-vinegar חֹמֶץ יַיִן.

ווײַנער *s.* (־, ־ס *pl.*) wine-merchant, keeper of a wine-shop מוֹכֵר יַיִן.

ווײנערן *s.* female weeper *or* lamenter מְקוֹנֶנֶת.

ווײַנ‖פלאַש *s.* (־פלעשער *pl.*) wine-bottle בַּקְבּוּק שֶׁל יַיִן.

ווײַנפּערל *s.* (־עך *pl.*) currant עֵנָב הַשּׁוּעָל.

ווײַנקעלטער *s.* (־ן *pl.*) wine-press גַּת.

ווײַנקעלער *s.* (־ן *pl.*) wine-cellar מַרְתֵּף שֶׁל יַיִן.

ווײַנשטאָק *s.* (־ן *pl.*) wine גֶּפֶן.

ווײַנשטײן *s.* tartar אֶבֶן יַיִן.

ווײַנשל *s.* (־ען *pl.*) cherry דֻּבְדְּבָנִיָּה א).

ווײַנשל‖בױם *s.* (־בײמער *pl.*) cherry-tree עֵץ דֻּבְדְּבָן.

ווײַנשל‖בלאַט *s.* (־בלעטער *pl.*) leaf of a cherry-tree עֲלֵה דֻּבְדְּבָן.

ווײַנשענק *s.* (־ען *pl.*) wine-shop, wine-house בֵּית יַיִן.

ווײַנשענקער *s.* (־, ־ס *pl.*) keeper of a wine-house בַּעַל בֵּית יַיִן.

ווײַס *adj.* white לָבָן.

— שוואַרץ אויף ווײַס, ז. שוואַרץ.

— ווײַסע חברה scamps בני בליעל; wags לצים.

ווײַסברויט *s.* white bread, wheaten bread לֶחֶם חִטִּים.

ווײַסזאַלב = ברויזאַלב.

ווײַסל *s.* (־עך, ־ען *pl.*) albumen, white (*of an egg*) חֶלְבּוֹן (של ביצה); white (*of the eye*) לֹבֶן (בעין).

— (*fig.*) אַ ווײַסל פון אויג a thief גנב; a shrewd fellow אדם ערום.

ווײַסלעכן *s.* white (*of an egg*) חֶלְבּוֹן (של ביצה).

ווײַסן *v. a.* to whiten הַלְבֵּן; to whitewash, kalsomine הַלְבֵּן בְּסִיד.

ווײַ‖סער *s.* (־סע *pl.*) white man אָדָם לְבַן עוֹר (הפוכו של כושי).

ווײסער *s.* (־, ־ס *pl.*) knower, connoisseur יוֹדֵעַ, יַדְעָן.

ווײסער־חֶבְרהניק *s.* (־עס *pl.*) rogue, scamp בֶּן בְּלִיַּעַל; wag לֵץ.

ווײַסצײַג *s.* linen לְבָנִים.

ווײַסקײט *s.* whiteness לֹבֶן.

ווײען *v. n.* to blow נָשֹׁב; to fan הָנֵף בִּמְנִיפָה; to winnow זָרֹה (דגן).

א) מיטלהויכדײטש weihsel, נײַדײטש Weichsel אָדער Weichselkirsche.

ווײַעניש *s.* labor, throes חֶבְלֵי יוֹלֵדָה.

ווײער *s.* (־ס *pl.*) fan מֵנִיף, מְנִיפָה.

ווײץ *s.* wheat חִטָּה.

— טונקעלע ווײץ spelt כֻּסֶּמֶת.

ווײצן *adj.* of wheat, wheaten שֶׁל חִטָּה.

ווײקן *v. a.* to soak הַשְׁרֵה.

ווײקען *v. n.* to cry oh!, to groan קְרֹא אוֹי!, הֵאָנֵחַ, הֵאָנֵק.

ווײקשאַפֿט *s.* vessel for soaking meat כְּלִי לְהַשְׁרָה בּוֹ בָּשָׂר.

ווײרעך *s.* incense לְבוֹנָה.

וויכאָוואַניק *s.* (־עס *pl.*) pupil חָנִיךְ.

וויכאָוואַנעץ = וויכאָוואַניק.

וויכאַט = וויכעטש.

וויכוח = ויכוח.

וויכוחן זיך = ויכוחן זיך.

וויכטיג *adj.* important חָשׁוּב;‖ ־קײט *s.* importance חֲשִׁיבוּת.

וויכעד = וויכעטש.

וויכעטש *s.* (־ן, ־עס *pl.*) wisp of straw, scouring-clout, dish-clout צְרוֹר שֶׁל קַשׁ אוֹ סְמַרְטוּט לְמָרֵק בּוֹ כֵּלִים.

וויכער *s.* (־ס *pl.*) whirlwind סוּפָה, סְעָרָה.

ווילגאַד, ־נע = ווילגאַט, ־נע.

ווילגאַט *s.* moisture, dampness רְטִיבוּת, לַחוּת.

ווילגאַטנע *adj* moist, damp רָטֹב, לַח.

ווילד *adj.* wild, savage פֶּרֶא; extraordinary, great יוֹצֵא מֵהָרָגִיל, גָּדוֹל.

— אַ ווילדע מציאה a great bargain מציאה גדולה.

— אַ ווילדער גיבור a great hero גבור גדול.

— ווילד פרעמד, ז. ווילד־פרעמד.

ווי‖לדער *s.* (־דע *pl.*) savage פֶּרֶא.

ווילדפאַנג = ווינטפאַנג.

ווילדפלײש *s.* proud flesh, fungus בְּשַׂר חַי (בנגע).

ווילד־פרעמד *adj.* entirely strange זָר לְגַמְרֵי.

ווילדקײט *s.* wildness פְּרָאוּת.

ווילינג *adj.* willing, ready חָפֵץ, מוּכָן;‖ ־קײט *s.* willingness, readiness חֵפֶץ.

ווילִיע *npr.* Wilija וִילְיָה (שם נהר).

— (*id.*) די ווילִיע ברענט ניט there is no hurry אין הדבר נחוץ א).

ווילִיען *v. n.* to turn הַהָפֵךְ, פָּנֹה; = פאָדען.

ווילן *s.* will רָצוֹן, חֵפֶץ.

ווילנדיג *adj.* willing רוֹצֶה, מְרוּצֶה.

— ווילנדיג — ניט ווילנדיג willy-nilly, nolens volens ברצונו או לא ברצונו.

א) אַ ווערטל אין ליטע.

ווילע s. (pl. ־ס) fork, garbage-fork מַזְלֵג (לאשפה).

ווילעוועק s. (pl. ־ס) unripe egg בֵּיצָה שֶׁלֹּא הִתְבַּשְּׁלָה כָּל צָרְכָּהּ.

ווילענטשוק s. (pl. ־עס) a native of Vilna אִישׁ וִלְנָה; free-thinker חָפְשִׁי בְּדֵעוֹת א).

ווילקע s. (pl. ־ס) fork מַזְלֵג (ביחוד לקדרות בתנור).

ווילשענע adj. aldern שֶׁל אַלְמוֹן.

ווימאָראָזעק s. spirits of a frozen liquor כֹּהֶל שֶׁל מַשְׁקֶה מְקֻפָּא.

ווימפער s. (pl. ־ן) eyelash רִים.

ווינד adj. unhappy אֻמְלָל.

— ווי! און ווינד איז מיר! how unhappy I am! מה אֻמלל אני!

ווינדל s. (pl. ־עך) swaddling-band, swaddling-cloth חִתּוּל.

ווינדלען v. a. to swaddle, swathe חִתֵּל (ילד).

ווינדע s. (pl. ־ס) pulley, windlass גַּלְגַּל תְּנוּפָה, מְכוֹנָה לִתְנוּפָה.

ווינט s. (pl. ־ן) wind רוּחַ.

— (id.) רעדן אויפֿן ווינט to speak to no purpose, to talk idly דבר בלי מטרה.

— (id.) קריגן ווינט to get wind, to learn הודע, שמע.

ווינטיג adj. windy שֶׁל רוּחַ; אֲשֶׁר רוחות מצויות שָׁם; נוֹשֵׁב.

ווינטמיל s. (pl. ־ן) windmill טַחֲנַת רוּחַ.

ווינטעלאַטער = ווענטילאַטער.

ווינטער s. (pl. ־ן) winter חֹרֶף, סְתָו.

ווינטערדיג adj. wintry שֶׁל חֹרֶף.

ווינטערן v. n. to winter, pass the winter חָרַף, בַּלֵּה יְמֵי הַחֹרֶף.

ווינטער‖נאַכט s. (pl. ־נעכט) winternight לֵיל חֹרֶף.

ווינטפֿאַנג s. (pl. ־ען) wind-flower, rose-campion אַסְתֵּר (מין פרח).

ווינטפּאָקן s. pl. chicken-pox, hives אֲבַעְבּוּעוֹת הָרוּחַ (מחלה).

ווינטרויזעלע = ווינטפֿאַנג.

ווינוק s. (pl. ־עס) brandy-distiller שׂוֹרֵף יַיִן ב).

ווינציג adj. very little מְעַט מְאֹד; ‖ ־קייט s. small quantity כַּמּוּת קְטַנָּה.

ווינק = וואונק.

ווינקל s. (pl. ־ען) corner פִּנָּה, קֶרֶן זָוִית; (geom.) angle זָוִית.

א) ביי דיקן אין „שיינע מינקע". ב) ווינוק איז פּויליש און קליינרוסיש; געפֿינט זיך אין דעם אויסצוג פֿון דעם פּנקס פֿון ואלקווא אין באַבערס „קריה נשגבה", זייט 83.

ווינקל־אַדוואָקאַט s. (pl. ־ן) hedge-lawyer, shyster עוֹרֵךְ דִּין רַמַּאי.

ווינקלדיג adj. cornered, angular שֶׁל זָוִיּוֹת, בַּעַל זָוִיּוֹת.

ווינקלמאָס s. (pl. ־ן) goniometer מוֹדֵד פִּנָּה.

ווינקלשטיין s. (pl. ־ער) corner-stone אֶבֶן פִּנָּה.

ווינקע‖לע s. (pl. ־לעך) little corner זָוִית קְטַנָּה.

— האָבן אַן אייגן ווינקעלע to have one's own home היה לאיש אחוזת בית.

ווינקען v. n. (p. p. געוואונקען) to wink, beckon רָמֹז.

ווינשן v. n. (p. p. געוואונשן) to wish, desire רָצֹה, חָפֹץ; to wish בָּרֵךְ.

ווינשעוואַניע s. (pl. ־ס) congratulation בְּרָכָה.

ווינשעווען v. a. to congratulate בָּרֵךְ; ‖ ־זיך v. rec. to exchange wishes, congratulate each other בָּרֵךְ אִישׁ אֶת רֵעֵהוּ.

ווינשפֿינגערל s. (pl. ־עך) magic ring טַבַּעַת שֶׁל כְּשָׁפִים.

וויסט¹ adj. waste, desolate, solitary שָׁמֵם; gloomy עֲצוּב רוּחַ.

— וויסט און לער waste and void תוהו ובוהו.

וויסט² s. whist מִין מִשְׂחָק בִּקְלָפִים.

וויסטאַווע, וויסטאַווקע s. (pl. ־ס) exposition תַּעֲרוּכָה.

וויסטירן v. n. to play with שַׂחֵק עִם (בקלפים).

וויסטע adv. (com.) at sight אַחֲרֵי הַהַרְאָיָה (בשטר, בהמחאה).

וויסטעניש s. (pl. ־ן) desert מִדְבָּר.

וויסטקייט s. desolation שְׁמָמָה; gloominess עֶצֶב, עָגְמָה.

וויסיגליך adv. wittingly בְּכַוָּנָה, בִּצְדִיָּה.

וויסיפּקע s. (pl. ־ס) rash שְׁחִין בָּעוֹר.

וויסן v. a. (p. p. געוואוסט) to know יָדֹעַ; ‖ s. knowledge יְדִיעָה.

— צו וויסן טאָן, געבן צו וויסן to inform הודיע.

— ווער ווייסט וואָס God knows what מי יודע מה.

וויסנשאַפֿט s. (pl. ־ן) science מַדָּע.

וויסנשאַפֿטליך adj. scientific מַדָּעִי.

וויספּע s. (pl. ־ס) island אִי.

וויסקראַב, ־עק = ווישקראַב.

וויעדמע s. (pl. ־ס) witch מְכַשֵּׁפָה.

וויעטראַק = וויאַטרעק.

וויען זיך = אַרומוויען זיך.

וויעכע s. (pl. ־ס) sign צִיּוּן, שֶׁלֶט.

וויעפּער s. (pl. ־ס) wild hog, boar חֲזִיר יַעַר.

וויערבע s. (pl. ־ס) willow עֲרָבָה.

וויפּוסקע s. (pl. ־ס) edge, edging שָׂפָה.

וויפֿל adv. how much, how many כַּמָּה.

וויפֿלט, ־ער, ־ע adj. what, which אֵיזֶה (במספר).

— דער וויפּלטער איז היינט? what date is to-day? איזה יום בחדש היום?

וויץ *s.* (*pl.* ־ן) wit שְׁנִינָה, witticism שְׁנִינוּת; חִדּוּד; jest בְּדִיחָה, הֲלָצָה.

וויציג *adj.* witty שָׁנוּן, חַד, מְחַדֵּד.

וויצלינג *s.* (*pl.* ־ן) wit, joker בַּעַל חִדּוּדִים, בַּדְחָן.

וויצלען זיך *v. r.* to try to be witty, to crack jokes דַּבֵּר דִּבְרֵי חִדּוּדִים, דַּבֵּר שְׁנִינוּת.

וויצלער = וויצלינג.

וויצע *s.* (*pl.* ־ס) withe עָנָף שֶׁל עֲרָבָה.

וויצע־ *pref.* vice- מִשְׁנֶה לְ־.

וויצע־גובערנאַטער *s.* (*pl.* ־ס) vice-governor מִשְׁנֶה לְשַׂר פֶּלֶךְ.

וויצע־קיניג *s.* (*pl.* ־ן) viceroy מִשְׁנֶה לְמֶלֶךְ.

וויצקע = וויצע.

וויקל *s.* (*pl.* ־ען) swaddling-cloth, swathing-band חִתּוּל; wrapper עֲטִיפָה, כְּרִיכָה.

וויקלען *v. a.* to swaddle, swathe חַתֵּל (ילד); to wrap עָטֹה, עָטֹף, כָּרֹךְ.

וויקלשנור *s.* (*pl.* ־ן) swaddling-band חִתּוּל.

וויקסן = וועקסן.

וויראָ‖דעק *s.* (*pl.* ־דקעס) monster, deformed being בַּעַל־מוּם; abortion נֵפֶל.

ווירזשנע *adv.* expressly בְּפֵרוּשׁ.

ווירבלווינט = וויכער.

ווירדיג *adj.* worthy הָגוּן, חָשׁוּב.

ווירוואַר *s.* (*pl.* ־ן) confusion, chaos מְהוּמָה, עִרְבּוּבְיָה.

ווירזשוטקע *s.* (*pl.* ־ס) outcast, reprobate אִשָּׁה נִבְזָה.

ווירט *s.* (*pl.* ־ן) host בַּעַל בַּיִת, אֻשְׁפִּיז.

ווירטין *s.* (*pl.* ־ס) hostess בַּעֲלַת בַּיִת, אֻשְׁפִּיזָה.

ווירטשאַפט *s.* (*pl.* ־ן) economy כַּלְכָּלָה; house-keeping הַנְהָלַת בַּיִת; household furniture כְּלֵי בַּיִת.

ווירטשאַפטליך *adj.* economic שֶׁל כַּלְכָּלָה; שֶׁל הַנְהָלַת הַבַּיִת.

ווירע *s.* (*pl.* ־ס) ruler סַרְגֵּל; ruled line שִׂרְטוּט, קַו.

ווירען *v. a.* to rule, make lines סַרְגֵּל, שַׂרְטֵט.

ווירצונג *s.* seasoning תַּבְלִין.

ווירצן *v. a.* to season תַּבֵּל.

ווירקונג *s.* (*pl.* ־ען) action מַעֲשֶׂה; effect פְּעֻלָּה.

ווירקליך *adj.* real אֲמִתִּי; ‖ *adv.* really, indeed בֶּאֱמֶת; ‖ ־קייט *s.* reality אֲמִתִּיּוּת.

ווירקן *v. n.* to act פָּעֹל, עָשֹׂה; to have an effect פָּעֹל עַל־.

וויש *s.* wiping קִנּוּחַ.

— געבן אַ וויש to wipe קַנֵּחַ.

וויש‖טוך *s.* (*pl.* ־טיכער) clout סְמַרְטוּט לְקִנּוּחַ.

ווישן *v. a.* to wipe קַנֵּחַ.

ווישניאָווע *adj.* of cherry שֶׁל דֻּבְדְּבָנִים.

ווישניאַק, ווישניק *s.* cherry-brandy יֵין דֻּבְדְּבָנִים.

ווישניעווע = ווישניאָווע.

ווישפּעדער *s.* (*pl.* ־ן) goosewing כְּנַף אַוָּז (להסר אבק).

ווישקע *s.* (*pl.* ־ס) rein רֶסֶן.

ווישקראַב *s.* scrapings, rest of dough גֶּרֶד, שִׁבְרֵי בָּצֵק (של משארת).

ווסטרענציען *v. a.* to meet פָּגֹשׁ, קַבֵּל פָּנִים.

וֶוסֶת *s.* menses, menstruation —, דֶּרֶךְ הַנָּשִׁים.

וועבל *s.* linen בַּד.

וועבלען *adj.* of linen שֶׁל בַּד.

וועב־מאַשין *s.* (*pl.* ־ען) loom מְכוֹנַת אֲרִיגָה.

וועבן *v. a.* to weave אָרֹג.

וועבע = וועבל.

וועבער *s.* (*pl.* ־, ־ס) weaver אוֹרֵג.

וועבעריי *s.* weaving, weaver's trade אֲרִיגָה, מְלֶאכֶת הָאֲרִיגָה.

וועבשטול *s.* (*pl.* ־ן) loom מְכוֹנַת הָאֲרִיגָה.

וועבערשיפל *s.* (*pl.* ־עך) shuttle בּוּכְיָאר.

וועג *s.* (*pl.* ־ן) way, road דֶּרֶךְ, אוֹרַח; path נָתִיב.

— (*fig.*) אַראָפּגיין פֿון וועג to swerve from the right path סור מדרך הישר.

— פֿאַר איין וועג at the same time בעת אחת, כאחת.

— ריידן פֿון וועג to talk nonsense דבר הוללות.

וועג־הוצאות *s. pl.* travelling-expenses הוֹצָאוֹת הַדֶּרֶךְ.

וועג־טולופּ *s.* (*pl.* ־עס) travelling sheepskin coat בֶּגֶד שֶׁל עוֹר כְּבָשִׂים לְנוֹסְעִים.

וועגן[1] *v. a.* (*p. p.* געוואויגן) to weigh שָׁקֹל.

וועגן[2] *prep.* about עַל דְּבַר, אוֹדוֹת; on account of בִּגְלַל; for the sake of בִּגְלַל.

— פֿון וועגן because of מפני; in the name of בשם.

וועגס‖מאַן *s.* (*pl.* ־לייט) traveller נוֹסֵעַ, הֹלֵךְ, עוֹבֵר וָשָׁב.

וַועד = וַעַד.

וועדלעג *prep.* according to לְפִי־.

וועוויאָרקע = וועווערקע.

וועווערקע *s.* (*pl.* ־ס) squirrel סְנָאִי.

וועוריק = וועווערקע.

וועזן *s.* (*pl.* ־ס) being, creature בְּרִיָּה, יְצוּר; fuss, noise שָׁאוֹן.

— מאַכן אַ וועזן פֿון עפּעס to make much ado about something הגדל ערך איזה דבר.

וועזשע *s.* arrest כֶּלֶא, תְּפִיסָה א).

וועט *s.* (*pl.* ־ן) bet, wager הִתְעָרְבוּת.

א) ביי ליטווישען פֿון קליינרוסיש вежа, א טורעם, ארעסט

וועטן v. n. to bet, wager; הִתְעָרֵב ‖ — זיך v. r. ד. ז.

וועטער s. (pl. — ן) weather מַצַּב הָאֲוִיר.

וועטער־ביוראָ s. (pl. — ס) weather bureau לִשְׁכַּת הַהִסְתַּכְּלוּת בְּמַצַּב הָאֲוִיר.

וועטער־גלאָז = באראָמעטער.

וועטער־‖נביא s. (pl. — נְבִיאִים) weather prophet מַגִּיד מֵרֹאשׁ מַצַּב הָאֲוִיר.

וועטער־נְבִיאות s. weather forecast חִשּׁוּב מֵרֹאשׁ עַל מַצַּב הָאֲוִיר.

וועטער־קענטשאַפט s. meteorology יְדִיעַת טִיב הָאֲוִיר.

וועטשטיין = שארפשטיין.

וועטשערינקע s. (pl. — ס) evening party מִשְׁתֵּה עֶרֶב.

וועטשערע s. (pl. — ס) supper סְעוּדַת הָעֶרֶב.

וועכטער s. (pl. —, — ס) keeper, watchman, guard שׁוֹמֵר.

וועבנג s. dislocation פֵּרוּק, הֲקָעָה.

וועכעכאָליע s. (pl. — ס) musk-rat עַכְבַּר הַמֶּשֶׁק.

וועלאָסיפּעד s. (pl. — ן) bicycle אוֹפַנַּיִם.

וועלגער‖האָלץ s. (pl. — העלצער) roller גְּלִיל עֵץ, מַעֲרוֹךְ (לרדד בצק).

וועלגערן v. a. to roll גָּהֵץ (לְבָנִים); רַדֵּד (בצק).

וועלדל s. (pl. — עך) forest חֹרֶשׁ.

וועלט s. (pl. — ן) world עוֹלָם; universe תֵּבֵל; the world, the people of the world בְּנֵי אִישׁ; great number, multitude מִסְפָּר רָב.

— די אַלטע וועלט the Old World העולם הישן (אירופה, אסיה ואפריקה).

— די נייע וועלט the New World הארץ החדשה (אמיריקה).

— די וועלט this world העולם הזה.

— יענע וועלט the other world, the future world העולם הבא.

— אַ וועלט מיט מענשן a multitude of people המון רב.

— ארויסגיין אין דער וועלט to introduce oneself to notice התודע לעולם.

— קלוג ווי די וועלט very wise חכם מאד.

— עס איז מיט אים אַ גאַנצע וועלט, עס קאָכט די וועלט מיט אים there is great fuss about him הוא מרעיש את העולם.

— אויף היינטיגן טאָג שטייט די וועלט this day will decide היום הזה יחתוך את הדין.

— רעדן אין דער וועלט אריין to talk at random דבר דברים בעלמא.

— אויף וואָס די וועלט שטייט with might and main בכל כח.

— ארבעטן אויף וואָס די וועלט שטייט to work with might and main עבד בכל כחו.

— שרייען אויף וואָס די וועלט שטייט to scream at the top of one's voice צעק בכל כחו.

— פּאַרפירן וועלטן to play mischief עשה מעשה תעתועים.

וועלט־באַרימט adj. world-renowned, far-famed מְפֻרְסָם בְּכָל הָעוֹלָם.

וועלט־געשיכטע s. universal history דִּבְרֵי יְמֵי הָעוֹלָם.

וועלט־טייל s. (pl. — ן) part of the world חֵלֶק הָעוֹלָם.

וועלטליך adj. worldly מָסוּר לְעִנְיְנֵי הָעוֹלָם הַזֶּה; secular חִלּוֹנִי, לֹא קָדוֹשׁ; ‖ — קייט worldliness עִנְיְנֵי הָעוֹלָם הַזֶּה; secularity עִנְיְנֵי חוֹל.

וועלט־מִלְחָמָה s. world-war מִלְחֶמֶת הָעוֹלָם (המלחמה הגדולה שהיתה בין שנות 1914—1918).

וועלין s. vellum גְּוִיל.

וועלין־פּאַפּיר s. vellum-paper נְיָר כְּעֵין גְּוִיל.

וועליש adj. Italian אִיטַלְקִי.

— וועלישער נוס walnut אגוז הגדול, קרוה.

— וועלישע אותיות Hebrew characters of Italian origin כתב עברי שמוצאו מאיטליה.

וועל‖כער, — כע, — כעס pron. interr. which?, ‖ pron. rel. which, who, that; what? אֵיזֶה? אֲשֶׁר, שֶׁ־.

וועלכערליי adj. of what kind מֵאֵיזֶה מִין.

וועלן v. n. (p. p. געוואָלט, געוועלט) to be willing רָצֹה; to wish חָפֹץ; to desire אָבֹה; to intend, be about כַּוֵּן; to attempt נַסֵּה.

וועלער s. (pl. — ס) one who has a will or desire מִי שֶׁחוֹשֵׁק; will, desire חֵשֶׁק.

— האָבן אַ גרויסן וועלער to have a great desire חשק הרבה.

וועלקן v. n. to wither, fade, decay נָבֹל.

וועמען (דאטיוו און אקוזאטיוו פון ווער) pron. poss. whom לְמִי, אֶת מִי.

וועמענס, וועמעס (געניטיוו פון ווער) pron. interr. whose? שֶׁל מִי? ‖ pron rel whose אֲשֶׁר לְ־.

וועמער abbr. = וועלן מיר א).

ווען adv. when מָתַי, אֵימָתַי; if אִם.

ווענדונג s. (pl. — ען) turn הִפּוּךְ; manner of expression שִׁנּוּי; דֶּרֶךְ בִּטּוּי.

ווענדן v. a. to turn הָפֹךְ, הָסֵב; ‖ — זיך v. r. to turn פָּנֹה, שְׁעֵה; to depend הָיֹה תָלוּי.

ווענד־פּונקט s. (pl. — ן) (geogr.) tropic נְקוּדַת הַהִפּוּךְ, עגול ההפוך.

ווענדקע s. (pl. — ס) fishing-line, fishing-rod חַכָּה.

ווענוס npr. Venus כּוֹכַב נֹגַהּ; אֱלִילַת הָאַהֲבָה.

א) אין "סערקעלע".

ווענעריש *adj.* venereal, syphilitic שֶׁל מַחֲלַת זִמָּה. — ווענערישע קראַנקהײט venereal disease מחלת זמה.

ווענטילאַטאָר *s.* (ס —) (*pl.* ventilator אֲרֻבַּת רוּחַ, רַוְחָן, מְאַוְרֵר.

וועסט [1] *s.* west מַעֲרָב.

וועסט [2] *s.* (ן —) (*pl.* vest, waist-coat חֲזִיָּה.

וועסטליך *adj.* western, westerly מַעֲרָבִי.

וועסטל = וועסט[2].

ווע‏סלע *s.* (ס —) (*pl.* oar מָשׁוֹט.

ווע‏סנע *s.* spring אָבִיב.

ווע‏סעלקע *s.* (ס —) (*pl.* clothes-peg קְלָב (לתלות בגדים).

ווע‏ספּע *s.* (ס —) (*pl.* wasp צִרְעָה.

וועפּן = אויסוועפּן.

וועק־זייגער *s.* (ס —) (*pl.* alarm-clock שָׁעוֹן מֵעִיר.

וועקן *v. a.* to wake, awake, rouse הָעֵר, עוֹרֵר.

וועקסל *s.* (ען —) (*pl.* exchange חִלּוּף; bill of exchange, promissory note שְׁטַר חוֹב.

וועקסל־געשעפט *s.* (ן —) (*pl.* exchange-business מִסְחַר הַשְּׁטָרוֹת, שֻׁלְחָנוּת.

וועקסלען [1] *v. a.* to exchange הַחֲלֵף.

וועקסלען [2] = וועקסן.

וועקסלער *s.* (— *pl.*) money-exchanger חַלְפָן, שֻׁלְחָנִי.

וועקסן [1] *v. a.* to wax מָשֹׁחַ בְּדוֹנַג; to polish, black (*shoes*) צַחְצֵחַ, הַשְׁחֵר (נעלים).

וועקסן [2] *adj.* waxen שֶׁל דּוֹנַג.

וועקסשטיין = שאַרפשטיין.

וועקער *s.* (— ,ס — *pl.*) waker מְעוֹרֵר; = וועק־זייגער.

ווער *pron. interr.* who? מִי? ‖ *pron. rel.* he who, she who מִי שֶׁ־; ‖ *pron. indef.* some-one, some-body, anybody מִי שֶׁהוּא.

— ווער עס איז whoever מי שיהיה.

ווערבליוד *s.* (ן — עס —) (*pl.* camel גָּמָל.

ווערבע *s.* (ס —) (*pl.* willow עֲרָבָה.

ווערבעווען *v. a.* to enroll, enlist, recruit מָשֹׁךְ אֲנָשִׁים לַצָּבָא.

ווערבענע *adj.* of willow שֶׁל עֲרָבָה.

ווערגן *v. a.* (נעוואָרגן *p. p.*) to choke חָנֹק, חַנֵּק.

ווערדע *s.* (ס —) (*pl.* worth, value מְחִיר, עֵרֶךְ; dignity עֵרֶךְ.

ווערט [1] *s.* (ן —) (*pl.* worth מְחִיר, עֵרֶךְ.

ווערט [2] *adj.* worth שָׁוֶה.

ווערטוט *s.* (ן —) (*pl.* cheese-fritter עֻגָּה מְמֻלֵּאת גְּבִינָה.

ווערטל *s.* (עך —) (*pl.* witticism הֲלָצָה; proverb, saying מָשָׁל; פִּתְגָּם.

ווערטל־זאָגער *s.* (— ,ס — *pl.*) wit, wit-cracker שְׁנָנָא, בַּדְחָן.

ווערטל־זאָגעריי *s.* saying of witticisms בַּדְּחָנוּת.

ווערטליך *adj.* literal אוֹת בְּאוֹת; מַמָּשׁ ‖ *adv.* literally, verbatim אוֹת בְּאוֹת.

ווערטלען זיך *v. r.* to crack jokes דַּבֵּר דִּבְרֵי חִדּוּדִים; to make caustic remarks דַּבֵּר דְּבָרִים עוֹקְצִים.

ווערטעפּיאַן = פּאָרטעפּיאַן.

ווערטער *s.* (— ,ס — *pl.*) attendant מְשָׁרֵת; = וועכטער.

ווערטער‖בוך *s.* (ביכער — *pl.*) dictionary, lexicon סֵפֶר מִלִּים, מִלּוֹן.

ווערטערן *s.* nurse שׁוֹמֶרֶת חוֹלִים.

ווערטערקע = ווערטערן.

ווערטפּאַפּיר *s.* (ן —) (*pl.* bond, security שְׁטָר.

ווערך *s.* (עס —) (*pl.* upper part, top רֹאשׁ; upper leather, upper (*of a shoe*) פְּנֵי הַנַּעַל; excess עוֹדֵף, גֹּדֶשׁ.

— געבן אַ מאָס מיט אַ ווערך to give a heaped measure נתן מדה גדושה.

ווערכניאַק *s.* (עס —) (*pl.* horseman רוֹכֵב, פָּרָשׁ; upper millstone, runner אֶבֶן־רֵחַיִם עֶלְיוֹנָה, פֶּלַח רֶכֶב.

ווערמוט *s.* wormwood לַעֲנָה.

ווערן [1] *v. n.* (נעוואָרן *p. p.*) to become, get, grow, turn הָיֹה, הֵהָפֵךְ.

— ווערן רייך to become *or* get rich התעשר.

— ווערן אַלט to grow old זקן, הזדקן.

— ווערן רויט to turn red אדם, התאדם.

— ניט ווערן to disappear אבד, הֵעָלֵם.

ווערן [2] *v. a.* to forbid, disallow אָסֹר, לֹא הַרְשֵׁה.

ווערן זיך *v. r.* to struggle הִתְאַבֵּק; to defend oneself הָגֵן עַל נַפְשׁוֹ.

ווערעד *s.* (ן —) (*pl.* rash שְׁחִין בְּעוֹר.

ווערעטע *s.* sack-cloth, coarse cloth אֲרִג עָב, בַּד עָב.

ווערעטענע = וואָרעטענע.

ווערעמדיג *adj.* full of worms מָלֵא רִמָּה.

ווערעמען *v. n.* to be full of worms הָיֹה מָלֵא רִמָּה.

ווערעם־צוקערקע *s.* (ס —) (*pl.* worm-cake, worm-lozenge, worm-tablet עֻגַּת תּוֹלָעִים (עוגת מרקחת נגד התולעים שבמעים).

ווערעמקרויט *s.* anthelmintic herb צֶמַח־תּוֹלָעִים (מין צמח מר שמשתמשים בו נגד התולעים שבמעים).

ווערצ‖ע‏לע *s.* (לעך —) (*pl.* little root שֹׁרֶשׁ קָטָן.

ווערק *s.* (— *pl.*) work פֹּעַל, מִפְעָל; work, book חִבּוּר, סֵפֶר; works, movement (*of a clock*) מְכוֹנָה (של שעון); mechanism מְכוֹנָה, מַנְגְּנוֹן.

ווערקצייג *s.* (ן —) (*pl.* instrument, tool כְּלִי מְלָאכָה, מַכְשִׁיר.

וּוערשקע s. vershok (*16-th part of an arshine*) לְבַע הַזֶּרֶת (חלק הששה עשר באמה הרוסית).

וועש s. linen, clothes; לְבָנִים wash בְּגָדִים אֲשֶׁר יְכֻבְּסוּ.

וועש־געלט s. wash-money, charge for washing דְּמֵי כִּבּוּסָה.

ועשן, וועשנע = וועשערן.

וועשעריי s. (pl. ‑ען) laundry מַכְבֵּסָה.

וועשערן s. (pl. ‑ס) washerwoman כּוֹבֶסֶת.

וועשערקע = וועשערן.

ווישט s. gullet, esophagus.

וַותְּרן s. (pl. וַותְּרָנים) generous *or* liberal person; נָדִיב; one who is yielding אִישׁ הַמְוַתֵּר.

וַותְּרנות s. generosity, liberality; נְדִיבוּת; yieldingness.

וַיֹאמר־דָוד s. "and David declared," a certain psalm said while covering one's eyes with an arm מִזְמוֹר יָדוּעַ שֶׁאוֹמְרִים בְּשִׂים זְרוֹעַ עַל הָעֵינַיִם.

וַיֹאמר־דוד־גליטש s. skating while covering one's eyes with an arm הַחֲלָקָה עַל הַקֶּרַח בְּשִׂים זְרוֹעַ עַל הָעֵינַיִם.

וַיָבוא הָמן phr. "and Haman came," the fellow is here! (*said about an undesirable person coming into a house*) הִנֵּה הָאִישׁ בָּא! (כך אומרים על אדם בלתי רצוי הבא לבית).

וַיִברח s. escape בְּרִיחָה, מְנוּסָה.

— מאַכן ויברח to escape, run away, abscond בּרֹחַ, הֵעָלֵם, השתמט.

וַיִברח־מאַכער s. runaway, absconder בּוֹרֵחַ, מִשְׁתַּמֵּט.

וידוי s. (pl. וידויים) confession.

— זאָגן וידוי to confess one's sins before death התודה על חטאיו לפני מותו.

וַיְהי s. (pl. ‑ס) "and it came to pass," evil occurrence, trouble מִקְרֶה רָע, צָרָה.

וַיְהי הַיוֹם phr. "and there was a day," and it happened נִקְרָה.

וַיְזָתא Vayezatha (*one of the sons of Haman*) (אחד מבני המן); ‖ s. fool פֶּתִי; (*vulg.*) male organ, penis אֵבֶר הַזָּכָר.

ויכּוח s. (pl. ויכּוּחים) dispute, debate.

ויכּוחן זיך v. r. to dispute, debate הִתְוַכֵּחַ.

וַיְכֻלו s. "and were finished," extract from Genesis recited at the benediction of the cup on Friday night פְּסוּקִים מִסֵּפֶר בְּרֵאשִׁית הַנֶּאֱמָרִים בְּקִדּוּשׁ בְּלֵיל יוֹם הַשִּׁשִּׁי.

— (*sl.*) אַ קלאַפּ און ויכולו a clear indication רמז ברור א).

וַיַציב s. "and fixed," rendezvous of thieves (*fl.*) מְקוֹם אֲסֵפַת גַּנָּבִים.

וַיִצעקו s. "and they cried," cry, howl צְעָקָה, צְוָחָה.

— מאַכן אַ ויצעקו to raise a howl צעק צעקה, צעק חמס.

וְיֵש לְיַשב בְּדוחק phr. it can be explained by a strain.

וְיִתּן לְךָ s. "and he shall give unto thee," verses recited at the close of Sabbath פְּסוּקִים הַנֶּאֱמָרִים בְּמוֹצָאֵי שַׁבָּת.

וְכַדומה adv. and the like.

וכו' abbr. = וכולא etc., and so forth.

וכּוח = ויכּוח.

וכּוחן זיך = ויכּוחן זיך.

וְכַך הָיה אומר... וְכַך הָיה מונה phr. thus he was saying... thus he was counting א).

— (*prov.*) פון וכך היה אומר בוז וכך היה מונה איז אַ לאַנגע ווײַלע there is a long while between saying and counting (promising and paying) יש שהות רבה בין אמירה לספירה (בין הבטחה לשלם ומנית המעות).

וְכָל כַּת דִילֵיה phr. and all his (Satan's) company.

וְכָרות s. male organ (*sl.*) אֵבֶר הַזָּכָר.

וָלַד s. (pl. ‑ן) fruit found in the womb of a slaughtered animal.

ומַפְליא לַעֲשות phr. and he doeth wondrously.

— (*joc.*) שור־בור ומפליא לעשות all sorts of worthless things דברים קלי ערך מכל המינים.

וְנֶאמר s. (pl. ‑ס) "and it is said," a scriptural verse of those occurring in the prayers for Rosh-hashanah פָּסוּק מִכִּתְבֵי הַקֹּדֶשׁ מֵאֵלֶּה הַנִּמְצָאִים בִּתְפִלּוֹת רֹאשׁ הַשָּׁנָה.

וְנֶאמרל, פאַרקלענערוואָרט פון וְנֶאמר.

— זינגען אַ ונאמרל to sing one of the scriptural verses occurring in the prayers for Rosh - hashanah זמר אחד מהכתובים הנמצאים בתפלות ראש השנה.

וּנְתַנֶה־תוקף s. "and we will declare the might," name of a prayer said on Rosh-hashanah and the day of Atonement תְּפִלָּה הַנֶּאֱמֶרֶת בְּרֹאשׁ הַשָּׁנָה וּבְיוֹם כִּפּוּר.

— (*id.*) קלאָגן אומעצן פאַרן (לאָדן אומעצן צום) ונתנה־

א) ביי דיקן אין "פּאַסלאַניק", זייט 52.

א) פראַזעס פון יום־כּפּורדיגער עבודה, וועלכע באַציִען זיך אויף דעם, ווי דער כהן גדול האָט געזאָגט אין דער עבודה און ווי ער האָט געציילט די שפּרינגקלונגען פון דעם בלוט פון קרבן חטאת.

תוקף not to be able to do anything against a person לא יכל לעשות מאומה נגד איש.

וָסַת = וֶסֶת.

וַעַד s. (וַעדים .pl) committee; council.

וַעַד אַרְבַּע אֲרָצוֹת s. the Council of the Four Lands (*conference of rabbis and Kahal leaders of four provinces formerly in Poland*).

וַעַד הַכּוֹלֵל s. (וַעדים הַכּוֹלְלִים .pl) general committee, central committee.

וַעַד הַכְּלָלִי = וַעַד הַכּוֹלֵל.

וַעַד הַכַּשְׁרוּת s. committee supervising the proper preparation of food according to Jewish law.

וַעַד כָּל הַכּוֹלְלִים s. central committee of all communities.

וְעַל כּוּלָם *adv.* and above all; וְיוֹתֵר מִכֹּל and in addition וְנוֹסָף לָזֶה.

וְצִדְקָתְךָ s. "and thy righteousness," sanctimonious person, hypocrite מִתְחַסֵּד, צָבוּעַ א).

וְקַבְּצֵנוּ יַחַד *phr.* "and gather us together," (*joc.*) we are all beggars כֻּלָּנוּ קַבְּצָנִים.

וָשֶׁט = וֶושט.

וָתִיקִין *s. pl.* the pious הַחֲסִידִים, הַיְרֵאִים.

— אויפשטיין ותיקין to rise at day-break for prayer קום עם הנץ החמה לתפלה.

וַתְּרָן, וַתְּרָנוּת = וואַתרן, וואַתרנות.

א) וצדקתך אין דער באדייטונג געפינט זיך אין יקב הישר אין אגהייב פרק נב.

ז.

ז s. the seventh letter of the Hebrew alphabet הָאוֹת הַשְּׁבִיעִית בְּאָלֶף־בֵּית הָעִבְרִי; ‖ *num.* seven שִׁבְעָה.

זאַיִקע s. (ס — .pl) stutterer, stammerer כְּבַד־פֶּה, מְגַמְגֵּם.

זאַיִקען זיך *v. r.* to stutter, stammer גִּמְגֵּם.

זאַבאַבאָנעס *s. pl.* superstitions הֲזָיוֹת; nonsense דְּבָרִים תְּפֵלִים, טִפְּשׁוּת.

זאַבאַווע s. (ס — .pl) amusement, diversion, pastime, sport שַׁעֲשׁוּעַ.

זאַבאַווען *v. a.* to amuse, divert שִׁעֲשֵׁעַ; ‖ — זיך *v. r.* to amuse *or* divert oneself הִשְׁתַּעֲשֵׁעַ.

זאַבאַווקע s. (ס — .pl) plaything צַעֲצוּעַ; = זאַבאַווע.

זאַבאַרען *v. a.* to steal גָּנֹב.

זאָגטער s. informer, denouncer מוֹסֵר, מַלְשִׁין א).

זאַגל s. (ען — .pl) mast תֹּרֶן.

זאָגן *v. a. n.* to say, tell אָמֹר; to read קְרֹא; to preach דְּרשׁ.

— וואָס זאָגט איר דערצו? what do you think of this? מה דעתך על זה?

— דאָס האָט גאָרנישט צו זאָגן this does not matter זה לא נחשב למאומה.

— וואָס איר זאָגט! you don't say! באמת?

— האָבן צו זינגען און צו זאָגן to have a great deal to do היה לאיש להתעסק הרבה בדבר.

— דאָס האַרץ זאָגט מיר I have a presentiment הנני מרגיש מראש.

— זאָגט ער says he הוא אומר; I say (*joc.*) אני אומר.

א) ביי ליפשיצן.

זאַגניאַטקע = נאַגניאַטקע.

זאַגע s. (ס — .pl) legend אַגָּדָה.

זאָגעניש s. (ן — .pl) saying אֲמִירָה; reading קְרִיאָה.

זאָגער s. (ס — .pl) preacher מַגִּיד, מוֹכִיחַ.

זאָגערקע s. (ס — .pl) woman prompting prayers to female worshippers אִשָּׁה קוֹרֵאת תְּפִלּוֹת לִפְנֵי הַנָּשִׁים.

זאַגראַניטשנע *adj.* foreign שֶׁל חוּץ לָאָרֶץ.

זאַד[1] s. (זעדער .pl) hind quarter אֲחוֹרַיִם, שֵׁת.

זאַד[2] s. boiling רְתִיחָה א).

— עסן פון דעם זאַד to eat something hot אכל תבשיל בעודו רותח.

זאַדאָטעק s. (טקעס — .pl) = האַנטגעלט.

זאַדאַטשע s. (ס — .pl) problem שְׁאֵלָה; task שִׁעוּר; exercise תַּרְגִּיל.

זאַדושען *v. a.* to choke, suffocate, stifle חָנֹק.

זאַדיאַק s. (*astr.*) zodiac אֵזוֹר הַמַּזָּלוֹת.

זאָדע s. soda סוֹדָה (מין מלח).

זאָדע־וואַסער s. soda-water מֵי־סוֹדָה.

זאַ‖דעק s. (דקעס — .pl) back (*of a seat*) גַּב (של כסא).

זאַ‖דעק s. (דקעס — .pl) hind quarter (*of animals*) אֲחוֹרַיִם.

זאַדעק־פלייש s. buttock (*of beef*) בְּשַׂר הָאֲחוֹרַיִם.

זאַדישען = זאַדושען.

זאַוואָד s. (ן — .pl) works, factory, mill בֵּית מְלָאכָה, בֵּית חֲרֹשֶׁת; stud מִקְנֵה סוּסִים.

א) פון זידן.

זאוואקולעק *s.* (*pl.* ־לקעם) backstreet, lane חוץ צְדָדִי.

זאוואלע *s.* (*pl.* ־ס) obstruction, bar סְגָר; bolt בְּרִיחַ; hindrance מְנִיעָה.

זאוואלקעס *s. pl.* mumps דַּלֶּקֶת הַשְּׁקֵדִים.

זאווילקעס *s. pl.* the glands of the throat שְׁקֵדֵי הַצַּוָּאר.

זאוויִנגען זיך *v. r.* to take eagerly to קָרֹב לַעֲבוֹדָה בְּחֵשֶׁק.

זאוויעסע *s.* (*pl.* ־ס) hinge צִיר (של דלת).

זאוועלאָקע *s.* (*pl.* ־ס) seton, rowel פְּתִילָה (שיתנו בפי מכה להוציא לַח).

זאוועסקע *s.* (*pl.* ־ס) linchpin יָתֵד מַבְרִיחַ (של יד האופן).

זאווערוכע *s.* (*pl.* ־ס) snow-storm סוּפַת שֶׁלֶג; disturbance (*fig.*) מְהוּמָה.

זאזוליע *s.* (*pl.* ־ס) cuckoo קוּקִי, קוֹרֵא (מין עוף).

זאזיענטע *adj.* stubborn קְשֵׁה־עֹרֶף.

זאט *adj.* full, filled to satiety שָׂבֵעַ; ‖ *adv.* sufficiently, enough דַּי.

— צו זאט to satiety לשובע.

— עסן צו זאט to eat one's fill אכל לשובע.

— זיין זאט פון עפעס to get sick *or* tired of something קוץ בדבר.

זאָט *s.* boiling רְתִיחָה; cooked dish נָזִיד.

זאטישנע *adj.* calm שָׁקֵט.

זאָטל *s.* (*pl.* ־ען) saddle אֻכָּף, כַּר, מַרְדַּעַת.

זאָטל־מאַכער *s.* (־, ־ס *pl.*) saddle worker עוֹשֶׂה אֻכָּפִים, כָּרָר.

זאָטלען *v. a.* to saddle אַכֵּף, חָבשׁ.

זאָטלער = זאָטל־מאַכער.

זאטערען *v. a.* to steep (*malt*) הַשְׁרֵה (זרעוני משרה).

זאטקייט *s.* fulness, satiety שֹׂבַע; surfeit שְׂבִיעָה יְתֵרָה.

זאטשאדעט ווערן = פאַרטשאדעט ווערן.

זאטשעפען *v. a.* to provoke הִתְגָּרֵה בְ־.

זאטשעפקע = זאַציעפקע.

זאַיעץ *s.* (*pl.* ־צעם) hare אַרְנֶבֶת.

— שפילן אין זאַיצעם to play tag שחק במשחק הארנבות.

זאך *s.* (־ן, אָפטמאָל ־עס *pl.*) thing דָּבָר, חֵפֶץ; matter עִנְיָן; business עֵסֶק; ז. זאכן.

— ריידן צו דער זאך to speak to the point דבר דברים הנוגעים אל הענין.

— דאָס איז אייער זאך this ix your business הדבר הזה נוגע לך לבדך.

— די קונדערשע זאך convulsion עֲוִית, פרכוס (מחלה).

זאכט *adv.* softly, quietly לְאַט, בְּנַחַת.

זאכיד *s.* preparation הֲכָנָה א).

זאַכליך *adj.* neuter (*gr.*) מִמִּין סְתָמִי.

זאכן *s. pl.* effects חֲפָצִים; clothes בְּגָדִים.

זאָכן *v. n.* to be ill הָיֹה חוֹלֶה ב).

זאכעניש *s.* (*pl.* ־ן) thing, matter דָּבָר, עִנְיָן (= זאך).

זאַל *s.* (*pl.* ־ן) hall אוּלָם, חֶדֶר; parlor, drawing-room חֲדַר אוֹרְחִים.

זאַלאַבערן *v. a.* to steal (*sl.*) גָּנֹב.

זאַלאָג *s.* (*pl.* ־ן) deposit פִּקָּדוֹן; security עֲרֵבוּת; pledge, pawn, mortgage עֵרָבוֹן, מַשְׁכּוֹן.

זאָלאָטוכע *s.* scrofula מַחֲלַת הַשְּׁקֵדִים.

זאָלאָטניק *s.* (*pl.* ־עס) zolotnik (96-th part [of a Russian pound) זוֹלוֹטְנִיק (החלק התשעים וששה מליטרא רוסית).

זאַלב *s.* (*pl.* ־ן) salve מִשְׁחָה; ointment מִשְׁחָה.

זאַלבונג *s.* anointing מְשִׁיחָה בְּשֶׁמֶן.

זאַלבן *v. a.* to anoint מָשֹׁחַ בְּשֶׁמֶן.

זאַלבע־ *pref.* together יַחַד.

זאַלבעדריט *adv.* by three שְׁלָשְׁתָּם.

זאַלבענאַנד *adv.* both together שְׁנֵיהֶם יַחַד.

זאַלבעפערט *adv.* by four אַרְבַּעְתָּם.

זאַלבעצווייט *adv.* by two, two together שְׁנֵיהֶם יַחַד.

זאַלדע *s.* balance, remainder (*com.*) סַךְ הַנִּשְׁאָר לְשַׁלֵּם.

זאַלדע־וועקסל *s.* (*pl.* ־ען) balance-bill שְׁטַר חוֹב עַל הַסַּךְ הַנִּשְׁאָר לְשַׁלֵּם ג).

זאַליאַזניק *s.* (*pl.* ־עס) ironmonger סוֹחֵר בַּרְזֶל.

זאָלן *v. n.* (*p. p.* געזאָלט, געזעלט) to owe, be under obligation, shall הָיֹה (לעשות).

— דו זאָלסט גיין you shall go תלך; דו זאָלסט ניט גיין you shall not go לא תלך.

— זאָל ער גיין let him go ילך נא; ער זאָל ניט גיין he shall not go לא ילך.

— וואָס זאָל איך טאָן? what shall I do?, what am I to do? מה לי לעשות?

— ווען איך זאָל וויסן, ווען איך זאָל געווען וויסן if I knew לו ידעתי.

זאָלען *v. a.* to buck, steep in lye שָׁרֹה בְּמֵי בֹרִית.

זאַלפע *s.* (*pl.* ־ס) salvo יְרִיַּת קְנֵי רוֹבֶה רַבִּים.

זאַלץ *s.* (*pl.* ־ן) salt מֶלַח.

— עסן אומעצנס ברויט און זאַלץ to enjoy a person's hospitality אכל על שולחן חברו.

א) ביי ליפשיצן. ב) מיטלהויכדייטש sochen, זיין קראנק.
ג) אין ליאָנדארס בריפנשטעלער פאַרגרייזט: זאאלע־וועקסל.

זאַלצוואַסער s. salted water, brine מַיִם מְלוּחִים; sea-water מֵי הַיָּם.

זאַלץ־זײַערע s. hydrochloric acid חֹמֶץ הַמֶּלַח.

זאַלציג adj. salty שֶׁל מֶלַח; briny מָלוּחַ.

זאַלצמעסטל s. (pl. ־עך) salt-cellar, salt-box כְּלִי מֶלַח.

זאַלצן v. a. (p. p. געזאַלצט, געזאַלצן) to salt מָלַח.

זאַמאַך s. (pl. ־ן) swing תְּנוּפָה בְּכֹחַ.

זאַמאַך־‖ראָד s. (pl. ־רעדער) fly-wheel גַּלְגַּל הַתְּנוּפָה.

זאַמאָרען v. a. to exhaust, waste הִכְחִישׁ, רָזָה, יָגַע.

זאַמד s. sand חוֹל.

— (fig.) שוטן זאַמד אין די אויגן to throw dust in a person's eyes נִקֵּר עֵינֵי אִישׁ.

זאַמד־‖באַנק s. (pl. ־בענק) sand-bank (geogr.) שִׂרְטוֹן (גבעת חול בים).

זאַמד־‖באַרג s. (pl. ־בערג) (geogr.) חוֹלָה (גבעת חול על שפת ים).

זאַמדיג adj. sandy שֶׁל חוֹל; חוֹלִי.

זאַמד־פֿירער s. (pl. —, ־ס) sand carrier מוֹבִיל חוֹל.

זאַמד־צוקער s. brown sugar, coarse sugar סֻכָּר גַּס.

זאַמדשטײן s. (pl. ־ער) sandstone אֶבֶן חוֹל.

זאַמושען = פֿאַרמושען.

זאַמיט s. cross-beam uniting two posts of a wall קוֹרָה הַמְקַשֶּׁרֶת שְׁנֵי עַמּוּדִים שֶׁל קִיר א).

זאַמיערען זיך v. r. to lift one's hand against נוֹפֵף יָדוֹ עַל־; to intend, design הִתְכַּוֵּן, זָמַם לַעֲשׂוֹת.

זאַמלונג s. (pl. ־ען) collection אֹסֶף, קִבֶּץ.

זאַמל־‖נאָמען s. (pl. ־נעמען) collective (gr.) noun שֵׁם הַקִּבּוּץ (בדקדוק).

זאַמלען v. a. to collect, gather אָסַף, קִבֵּץ; ‖ ־זיך v. r. to assemble הִקָּבֵץ.

זאַמלער s. (pl. —, ־ס) collector אוֹסֵף, מְאַסֵּף.

זאַמען זיך v. r. to tarry, be late הִתְמַהְמַהּ, אֵחַר.

זאָמען s. (pl. ־ס) seed זֶרַע; = זוימען.

זאַמש = זעמש.

זאַנאַוויעס = גאַרדין.

זאַנאָרען v. n. to breed, multiply פָּרָה, רָבָה; ‖ ־זיך v. r. to nestle קִנֵּן, שִׂים מוֹשָׁב בְּ־.

זאַנג s. (pl. ־ען) ear (of corn) שִׁבֹּלֶת.

זאַנודען = פֿאַרנודען.

זאָנטיק s. (pl. ־עס) parasol שִׁמְשִׁיָּה.

זאַנײטעצע s. (pl. ־ס) whitlow, agnail נֶגַע צִפֹּרֶן.

זאַנע s. calico אֵטוּן צֶמֶר גֶּפֶן.

זאַנען adj. of calico שֶׁל אֵטוּן צֶמֶר גֶּפֶן.

א) בײַ לינעצקין אין „דאָס חסידישע יינגל“.

זאַנפֿט adj. soft, mild רַךְ, נוֹחַ, מָתוּן.

זאַסאַדקע s. (pl. ־ס) ambuscade, ambush מַאֲרָב.

זאַסטאַווען v. a. to force, compel, oblige הִכְרִיחַ.

זאַסטאַווקע s. (pl. ־ס) sluice דֶּלֶת הַנָּהָר.

זאַסטופּ s. (pl. ־עס) spade קַרְדֹּם.

זאַסטעווקע s. sluice דֶּלֶת הַנָּהָר (= זאַסטאַווקע).

— אויף אַלע זאַסטעווקעס with all might בכל כחו.

זאַסיע int. away! (to a dog) לֵךְ הָלְאָה (לכלב).

זאַסיק s. (pl. ־עס) bin, rack (in a granary) גְּדֶרֶת בָּאָסָם (פנה לצבור שם תבואה).

זאַסלינקע s. (pl. ־ס) oven-door, oven-lid דֶּלֶת־תַּנּוּר.

זאַפּאַלניצקע s. (pl. ־ס) tinder-box כְּלִי לְבָעֵר אֵשׁ.

זאַפּאַלקע = שוועבעלע.

זאַפּאָנקע s. (pl. ־ס) stud, shirt button כַּפְתּוֹר לְכֻתֹּנֶת.

זאַפּאַס s. (pl. ־ן) provision, store, supply אוֹצָר, פִּקָּדוֹן.

— אין זאַפּאַס in reserve מוּכָן.

זאַפּאַס־טיר s. (pl. ־ן) emergency exit מוֹצָא (פתח) לִשְׁעַת הַצֹּרֶךְ.

זאַפּאַסנע adj. in store, ready, spare הַנִּמְצָא בָּאוֹצָר, מוּכָן; of reserve שֶׁל מִלּוּאִים (ח״ל).

זאַפּאַסעווען v. a. to provide, store, supply, reserve אָצַר, הֵכִין לֶעָתִיד.

זאַפֿט s. (pl. ־ן) sap, juice מִיץ; לֵחַ.

זאַפֿטיג adj. juicy מָלֵא לֵחַ; ‖ ־קײט s. juiciness לֵחוּת.

זאַפּראַווע s. (pl. ־ס) heel-piece (of a shoe) גַּב הַנַּעַל.

זאַפֿרען s. saffron כַּרְכֹּם.

זאַפּרעשטשאַיען v. a. to prohibit אָסַר, צִוָּה לְבִלְתִּי.

זאַץ s. (pl. ־ן) sentence מַאֲמָר, מִשְׁפָּט (בדקדוק, בהגיון); set קִבֶּץ, אֹסֶף (של ספרים); composition סִדּוּר (של אותיות בדפוס); limit גְּבוּל.

זאַציעפּקע s. (pl. ־ס) cavil, chicane תֹּאֲנָה, עֲלִילָה.

זאַציערקע s. paste boiled into a soup תַּבְשִׁיל קֶמַח.

זאַץ־פּונקט s. (pl. ־ן) period נְקֻדָּה מַפְסֶקֶת.

זאַק s. (pl. זעק) bag, sack יַלְקוּט, שַׂק.

זאָק s. (pl. ־ן) sock, stocking פּוּזְמָק.

זאַקאַבלוק = אַבצאַס.

זאַקאַז s. (pl. ־ן) order הַזְמָנָה.

זאַקאַזנע adj. ordered מְזֻמָּן, דָּרוּשׁ.

זאַקאַזנאָיע adj. registered רָשׁוּם עַל יְדֵי הַדּוֹאַר.

זאַקאַלעץ s. slack-baked part of bread מַאֲפֶה־נָא בְּלֶחֶם.

זאַקאָן s. (pl. ־עס) law חֹק, מִשְׁפָּט.

זאַקאַנטשיק = זאַקאָניק.

זאַקאָניק s. (‏-עס .pl) one versed in law יודע דת.

זאַקאָנע adj. lawful כַּחֹק, כְּדָת מֻתָּר.

זאַקוציע s. (‏-ס .pl) exaction נְגִישָׁה בְּדִין; exactor נוֹגֵשׂ.

זאַקלאַדניק = ערבניק.

זאַקלאַשטשינע s. dedication of a house חֲנֻכַּת בַּיִת.

זאַק־נאָדל s. (‏-ען .pl) packing-needle מַחַט לְשַׂקִּים.

זאַקנבענדל s. (‏-עך .pl) garter שְׂרוֹךְ לְפוּזְמְקָאוֹת.

זאַקרויב s. spoil, booty שָׁלָל.

זאַראָווקע s. (‏-ס .pl) incandescent mantle חֹמֶר בּוֹעֵר, חֹמֶר מֵאִיר.

זאַראַז = זאַרעס.

זאַראַזליווע adj. contagious, infectious מַדְבִּיק מַחֲלָה.

זאַראַזע s. (‏-ס .pl) contagion, contagious disease מַחֲלָה מִתְדַּבֶּקֶת; pestilence מַגֵּפָה.

זאַראַזען v. a. to infect הִדְבִּק (מחלה); ‖ -זיך v. r. to be infected, catch (a disease) חָלָה מַחֲלָה מִתְדַּבֶּקֶת.

זאָרג s. (‏-, -ן .pl) care דְּאָגָה.

זאָרגן‖באַנק s. (‏-בענק .pl) intelligence office בֵּית לְשְׂכִירוּת מְשָׁרְתִים.

זאָרגן v. n. to care דָּאג; to worry, have anxiety דָּאג, הִצְטָעֵר; ‖ -זיך v. r. ד. ז.

זאַריזנעט ווערן v. p. to stick (in mire) הָטְבַּע (בבוץ).

זאַרעס adv. immediately, at once תֵּיכֶף וּמִיָּד, בְּרֶגַע.

זאָרעס s. pl. bugle call at day-break and evening twilight תְּרוּעַת שׁוֹפָר בַּעֲלוֹת הַשַּׁחַר וּבֵין הָעַרְבַּיִם.

זאַשפּעריס, זאַשפּרעס s. pl. cold fit, chill סִמּוּר מָקוֹר א).

— עס איז מיר פֿאַרנאַגנען זאַשפּרעס I am nipped by frost סמר בשרי מקור.

זאת חנוכּה s. last day of the feast of Maccabess יוֹם אַחֲרוֹן שֶׁל חֲנֻכָּה ב).

זבאָרנע adj. of meeting שֶׁל אֲסֵפָה.

זביטקע s. (‏-ס .pl) trick, prank עָרְמָה, מַעֲשֵׂה קֻנְדָּס.

זבל s. dung -.

זבל־גרעבער s. (‏-ס .pl) (fl.) one seeking a treasure by rhabdomancy מְבַקֵּשׁ אוֹצָר עַל יְדֵי מַקֵּל קְסָמִים.

זבת חלב ודבש phr. flowing with milk and honey (of a rich country) -.

זגורע adv. in advance לְמַפְרֵעַ.

זגראַבנע adj. dexterous, handy זָרִיז; nice, neat יָפֶה.

זגראַדנע adj. comfortable מְרֻוָּח.

זדאָלנע adj. able, capable מֻכְשָׁר.

זדראַסטווען זיך v. rec. to greet or salute each other בֵּרֵךְ אִישׁ אֶת רֵעֵהוּ בְּשָׁלוֹם.

זָהב טָהור phr. pure gold -.

זָהוּב s. (זְהוּבִים .pl) a gold coin, a gulden -.

זָהִיר adj. careful, cautious -.

זָהִיר וְזָהִיר = הִזָּהֵר וְהִזָּהֵר.

זוג s. (זוגות .pl) pair -; even number מִסְפָּר זוּגִי.

זוּגָתִי (זוּגָתְךָ, זוּגָתוֹ) s. my wife, (your wife, his wife) - אִשְׁתִּי (אִשְׁתְּךָ, אִשְׁתּוֹ).

זוד s. boiling רְתִיחָה (= זאַד ²).

זודיג adj. boiling, hot רוֹתֵחַ.

זוהר s. the Zohar (cabbalistic paraphrase of the books of Moses) -.

זוואַניע s. name שֵׁם; mention זֵכֶר.

זוואָניצע s. (‏-ס .pl) steeple, belfrey מִגְדַּל פַּעֲמוֹן (של בית תפלה לנוצרים).

זווג = זיווג.

זווערי‖נעץ s. (‏-נצעס .pl) menagerie, zoological garden בֵּיבָר, גַּן הַחַיּוֹת.

זויבער adj. clean, neat נָקִי, יָפֶה; ‖ -קייט s. cleanness, neatness נְקִיּוּת, יֹפִי.

זויג‖חיה s. (‏-חיות .pl) mammal חַי יוֹנֵק.

זויגן v. a. (געזויגט, געזויגן .p. p) to suck יָנֹק; מָצֹה = זויגן.

זויג־קינד s. (‏-ער .pl) sucking child, infant, baby יוֹנֵק, תִּינוֹק.

זויל s. (‏-ן .pl) sole גְּלֻדָּה.

זוים s. (זוימען .pl) hem, seam, edge, border שָׂפָה (לבגד).

זוימען s. pl. linseed זֶרַע פִּשְׁתִּים.

זוימען זיך = זאַמען זיך.

זויער adj. sour חָמֵץ; pickled כָּבוּשׁ.

— זויערע אוגערקע pickled cucumber קִשּׁוּא כָבוּשׁ.

זויער־זאַלץ s. tartaric acid מֶלַח חָמֵץ.

זויערטייג s. leaven שְׂאוֹר, מַחְמֶצֶת.

זויערליך = זעַערליך.

זויערמילך s. curdled or sour milk חֲלֵב חָמוּץ, קוּם.

זויערפלייש s. beef steeped in vinegar בָּשָׂר מְבֻשָּׁל בְּחֹמֶץ.

א) קליין־רוסיש Зашпори, א שאַרפער ווייטיג אין די הענט פֿון אָפּפרירן. ב) ווערט אזוי אנגערופֿן, ווייל אין דעם טאג לייענט מען די פרשה, וואס הייבט זיך אן מיט די ווערטער „זאת חנכת המזבח".

וויערקײַט = װײַערקײַט.

ווײערקרויט *s.* pickled *or* sour cabbage כְּרוּב כָּבוּשׁ.

ווײערשטאָף *s.* oxygen חַמְצָן.

זויפֿן *v. a. n.* to drink שָׁתֹה. שָׁכֹר.

זויפֿער *s.* (*pl.* —, — ס) hard drinker, drunkard שִׁכּוֹר.

זוכה זײַן *v. n.* to be worthy, be favored זָכֹה.

— זוכה זײַן צו אַ טרעפֿער (*in lottery*) to win a prize זכה בגורל.

זוכה בְּדין זײַן *v. n.* to win a law-suit זָכֹה בְּדִין.

זוכן *v. a.* to seek, look for, search בַּקֵּשׁ. חַפֵּשׂ; ‖ — זיך *v. r.* to pick a quarrel with בַּקֵּשׁ עֲלִילוֹת לְ־.

זוכעניש *s.* seeking, looking for חִפּוּשׂ. דְּרִישָׁה.

זול *s.* plenty; — cheapness שֶׁפַע.

זולל *s.* (זוללים *pl.*) glutton, gormand —.

זולל וְסובא *s.* (זוללים וְסובאים *pl.*) glutton and drunkard —.

זומען, זומען = זשומושען, זשומען.

זומער *s.* summer קַיִץ.

— װײַבערשער זומער summer of St. Martin, Indian summer עת הבציר.

זומערפֿייגע‖לע *s.* (*pl.* — לעך) butterfly פַּרְפָּר.

זומער־שפּראָץ = זומער־שפּרינקל.

זומער־שפּרינקל *s.* (*pl.* — עך) freckle נְקֻדָּה עַל הַפָּנִים.

זומפּ *s.* (*pl.* — ן) swamp, marsh, bog, mire בֹּץ. בִּצָּה.

— אַרײַנפֿירן אין אַ זומפּ (*fig.*) to bring trouble upon a person הבא רעה על איש.

זומפּיג *adj.* swampy שֶׁל בִּצָּה. אֲשֶׁר בִּצּוֹת בּוֹ.

זונדערבאַר *adj.* strange זָר. תָּמוּהַ.

זון¹ *s.* (*pl.* זין) son בֵּן.

זון² *s.* (*pl.* — ען) sun שֶׁמֶשׁ. חַמָּה.

זונדערלאָ *s.* son (*cont.*) בֵּן (בדרך בזיון).

זונדערן¹ = אָפּזונדערן.

זונדערן² *conj.* but כִּי אִם.

זונה *s.* (זונות *pl.*) whore, prostitute, disorderly woman —.

זונזײגער *s.* (*pl.* — ס) sun-dial אֶבֶן־שָׁעוֹת.

זונטיג *s.* Sunday יוֹם רִאשׁוֹן (בשבוע).

זונטיגדיג *adj.* of Sunday שֶׁל יוֹם רִאשׁוֹן.

זונסט *adv.* else, otherwise בְּאֹפֶן אַחֵר. בִּלְעֲדֵי זֹאת. זוּלַת זֹאת.

זונענדיג *adj.* sunny מָלֵא אוֹר הַשֶּׁמֶשׁ.

זונשטאַנד *s.* (*pl.* — ן) solstice (*astr.*) שְׁבִיתַת הַשֶּׁמֶשׁ (כמדומה) בִּתְקוּפַת תַּמּוּז.

זופּ *s.* (*pl.* — ן) sip, draught; soup מָרָק; לְגִימָה. גְּמִיאָה.

זופּ־לעפֿל *s.* (*pl.* — ען) soup-ladle כַּחְשָׁה.

זופּן *v. a.* to sip לָעֹט. גַּמֵּא; to swallow בַּלֵּעַ; (*fig.*) to say *or* read quickly אָמֹר אוֹ קְרֹא בִּמְהִירוּת.

זופּנפֿלײש *s.* boiled beef, soup-meat בָּשָׂר מְבֻשָּׁל בְּמָרָק; beef בְּשַׂר בְּהֵמָה גַּסָּה.

זי *pron. pers.* she הִיא; ‖ *s.* (*pl.* — ען) female נְקֵבָה.

— זי אַלײן she herself היא בעצמה; לבדה.

זיאַבע = זשאַבע.

זיבן *num.* seven שִׁבְעָה.

— (*id.*) מיט אַלע זיבן זאַכן with all appurtenances עם כל הדברים השייכים לְ־.

זיבנקאַנטיג *adj.* heptagonal בַּעַל שֶׁבַע זָוִיּוֹת.

זיבעט, — ער, — ע *ord. num.* seventh שְׁבִיעִי. שְׁבִיעִית.

זיבעטהאַלבן *num.* six and a half שִׁשָּׁה וָחֵצִי.

זיבעט‖חלק *s.* (*pl.* — חלקים) seventh part שְׁבִיעִית.

זיבעטל *s.* (*pl.* — עך) seventh, seventh part שְׁבִיעִית; seven months' child יֶלֶד נוֹלָד אַחַר שִׁבְעָה חֳדָשִׁים שֶׁל הֵרָיוֹן.

זיבעטנס *adv.* in the seventh place הַשְּׁבִיעִית.

זיבע‖לע *s.* (*pl.* — לעך) seven (*at cards*) הַשִּׁבְעָה (בקלפים); seven months' child יֶלֶד נוֹלָד אַחַר שִׁבְעָה חֳדָשִׁים שֶׁל הֵרָיוֹן (= זיבעטל).

זיבנערלײ *adj.* of seven kinds שֶׁל שִׁבְעָה מִינִים.

זיבעציג *num.* seventy שִׁבְעִים.

זיבעציגט, — ער, — ע = זיבעציגסט, — ער, — ע.

זיבעציגט‖חלק *s.* (*pl.* — חלקים) seventieth part הַחֵלֶק שֶׁבְּשִׁבְעִים.

זיבעציגסט, — ער, — ע *ord. num.* seventieth הַשִּׁבְעִים.

זיבעציגער *s.* (*pl.* —) septuagenarian זָקֵן בֶּן שִׁבְעִים שָׁנָה.

זיבעציגערלײ *adj.* of seventy kinds שֶׁל שִׁבְעִים מִינִים.

זיבעצן *num.* seventeen שִׁבְעָה עָשָׂר.

זיבעצענט, — ער, — ע *ord. num.* the seventeenth הַשִּׁבְעָה עָשָׂר.

זיבעצענטל *s.* (*pl.* — עך) seventeenth part הַחֵלֶק שֶׁבְּשִׁבְעָה עָשָׂר.

זיג *s.* (*pl.* — ן) victory נִצָּחוֹן.

זיגל *s.* (*pl.* — ען) seal חוֹתָם.

זיגל־לאַק = טרופּוואַקס.

זיגלען *v. a.* to seal חָתֹם.

זיגל־רינג *s.* (*pl.* — ען) signet-ring טַבַּעַת.

זיגן *v. n.* to win, be victorious, gain the victory נַצֵּחַ.

זיגער *s.* (*pl.* —) victor, conqueror מְנַצֵּחַ.

זיד = דָּרוֹם.

זיד־ווינט = דָּרוֹם־ווינט.

זידל־||וואָרט *s.* (-ווערטער *pl.*) abusive word, invective חֵרוּף, נְאָצָה.

זידליך = דרומדיג.

זידלען *v. a.* to scold, revile חֵרֵף, גִּדֵּף.

זידלערײַ *s.* scolding, abusive words, invectives דִּבְרֵי חֵרוּף.

זיד־פּאָל *s.* (*geogr.*) south-pole צִיר הַדְּרוֹמִי.

זידן *v. n.* (געזאָדן, געזאָטן *p. p.*) to seethe, boil רָתַח.

— זידן לײַכט to simmer רתח במתינות.

זידערײַ *s.* refinery בֵּית חֲרֹשֶׁת לְזִקּוּק.

זידנדיג *adj.* seething רוֹתֵחַ; זוֹעֵף (ים).

זִיו הַשְּׁכִינָה *s.* the splendor of the divine glory.-

זִיווּג *s.* (זיווגים *pl.*) conjugal union, marriage נְשׂוּאִים; one of a married couple אֶחָד מִן הַזּוּג.

זִיוּף *s.* (זיופים *pl.*) forgery.-

זיז = בַּר יוֹכְנִי.

זיטשקע = דזשוטשקע.

זײ *pron. pers.* they הֵם, הֵן.

— זײ אַלײן they themselves הם בעצמם; לבדם.

זײגן *v. a.* to suckle, give suck הֵינִיק.

זײגנדיג *adj.* suckling, giving suck מֵינִיקָה; sucking יוֹנֵק.

— זײגנדיגע פֿרױ sucking woman אשה מיניקה; זײגנדיג קינד suckling child יונק שדים.

זײַ־געזונט *s.* farewell בִּרְכַּת פְּרִידָה; leave פְּרִידָה.

זײגער *s.* (-ס *pl.*) clock שָׁעוֹן.

זײגערל *s.* (-עך *pl.*) watch שְׁעוֹן כִּיס.

זײגער־מאַכער *s.* (-ס *pl.*) watch-maker שׁוֹעָן, מְתַקֵּן שְׁעוֹנִים.

זײגער־מײַסטער = זײגער־מאַכער.

זײגערן *s.* (-ס *pl.*) nursing woman, wet-nurse אִשָּׁה מֵינִיקָה, מֵינֶקֶת.

זײד *s.* silk מֶשִׁי; (*fig.*) kind-hearted person אִישׁ טוֹב־לֵב.

זײד־||וואָרעם *s.* (-ווערעם *pl.*) silkworm תּוֹלַעַת מֶשִׁי.

זײדן *adj.* silk, of silk, silken שֶׁל מֶשִׁי; (*fig.*) gentle, delicate עָדִין; (*fig.*) kind-hearted טוֹב־לֵב.

— אַ זײדענער יונגערמאַן gentle young man עלם עדין, עלם רך.

— זײדענער מענש kind-hearted person איש טוב־לב.

— זײדענע טאָרבע, ז. טאָרבע.

זײדנצײַג *s.* silks אֶרֶג מֶשִׁי, סְחוֹרַת מֶשִׁי.

זײַדע *s.* (-ס *pl.*) pimple at the angles of the mouth סִמְטָה בְּפִנּוֹת הַפֶּה א).

זײדע *s.* (-ס *pl.*) grandfather אָב־זָקֵן; old man זָקֵן, סָבָא.

זײַט *s.* (-ן *pl.*) side צַד, עֵבֶר; party, part צַד; page צַד, דַּף (של ספר).

— אָן אַ זײַט aside, apart הַצִּדָּה.

— פֿון אײן זײַט on one hand מצד אחד; פֿון דער אַנדערער זײַט on the other hand מצד אחר.

— פֿון מײַן זײַט for my part מצדי.

— נעמען אימעצנס זײַט to take a person's part, to side with a person צדד עם איש.

— אַ נעלעכטער אָן אַ זײַט without joking בלי לצון.

— אָננעמען אימעצנס ווערטער פֿון דער שלעכטער זײַט to take a person's words in a bad sense דרש דברי איש לגנאי.

זײַטיג *adj.* of side שֶׁל צַד, צְדָדִי; strange צְדָדִי, זָר.

— זײַטיגער װעג side-way, by-way דרך צדדי.

— אַ זײַטיגער מענש a stranger איש זר.

— זײַטיגע זאַך by-matter דבר צדדי.

— זײַטיגע הכנסות perquisites הכנסות צדדיות.

— זײַטיגע חכמות secular sciences למודי חול.

זײַטל *s.* (-עך *pl.*) page צַד, דַּף (של ספר) half of an animal cut lengthwise חֲצִי גְוִיַּת בְּהֵמָה הַמְּנֻתָּחָה לְאָרְכָּהּ.

זײַטשיך (פֿון זײַט זיך) *s.* leave פְּרִידָה.

— (*joc.*) האָט מיר אַ גוטן זײַטשיך! I wish yon a happy journey! השם יצליח דרכך!

זײל *s.* (-ן *pl.*) pillar עַמּוּד.

זײל *s.* (-ן *pl.*) soul נֶפֶשׁ, נְשָׁמָה.

זײם *s.* (-ען *pl.*) seam, edge שָׂפָה (= זוים).

זײמען *v. a.* to seam עָשָׂה שָׂפָה לְ־.

זײמער *s.* (-ס *pl.*) hemmer עוֹשֶׂה שָׂפָה (לבגד וכד׳).

זײַן[1] *v. n.* (געוועזן, געווען *p. p.*) to be הָיָה; to take place הָיָה (בזמן קבוע); to have sexual intercourse with שָׁכַב עִם־, יָדַע.

זײַן[2] *pron. poss.* (-ע *pl.*) his שֶׁלּוֹ; || *abs.* -ער -ע, -ס (-ע *pl.*) his שֶׁלּוֹ, אֲשֶׁר לוֹ.

— לאָזן זײַן to let alone הניח, הרפה מ־.

— באַשטײן אויף זײַנס to persist, listen to no argument עמד על דעתו.

זײַן = זַיִן.

זײַנטוועגן *adv.* פֿון — for his sake בַּעֲבוּרוֹ, בִּשְׁבִילוֹ; for his part מִצִּדּוֹ.

זײַניג *pron. poss.* (דער —ער, די —ע, דאָס —ע) his שֶׁלּוֹ.

א) ביי ליפשיצן; קלײַנרוסיש заїда, א פּרישטשיק בײַ די װינקלען פֿון מויל.

זײַען v. a. (p. p. געזײַט, געזווינן) to filter, strain סַנֵּן.

זײַער s. (pl. ־ס) filter, strainer מְסַנֶּנֶת.

זייען v. a. to sow זָרַע.

זייער[1] adv. very, much, greatly, highly מְאֹד.

זייער[2] pron. poss. (pl. ־ע) their שֶׁלָּהֶם, שֶׁלָּהֶן; ‖ abs. ־ער, ־ע, ־ס (־ע) theirs שֶׁלָּהֶם, אֲשֶׁר לָהֶם.

— דרײַ זייערע three of them שלשה מהם.

זייעריג pron. poss. (דער ־ער, די ־ע, דאס ־ע) theirs שֶׁלָּהֶם, שֶׁלָּהֶן.

זײַערליך adj. sourish חָמֵץ.

זײַערן v. a. to sour הַחְמֵץ; to leaven הַחְמֵץ (בצק); to pickle כָּבֹשׁ (קשואים וכד׳); ‖ ־זיך v. r. to get sour הַחְמֵץ; to ferment הַחְמֵץ (בצק).

זײַערקייט s. sourness, acidity חֻמְצָה.

זייף s. (pl. ־ן) soap בֹּרִית, סַבּוֹן.

זייפּבלעזל s. (pl. ־עך) soap-bubble שַׁלְפּוּחִית בֹּרִית.

זייפּזידער s. (pl. ־) soap-boiler מְבַשֵּׁל סַבּוֹן.

זײַפן = נײַפן.

זייפן v. a. to soap, wash with soap, lather סַבֵּן.

— זייפן א מאָרדע (sl.) to give a good scolding חָרֵף, נָזֹף בְּ־.

זייפנבולבע = זייפּבלעזל.

זייפנמאַכער = זייפּזידער.

זייפּשטיין s. (pl. ־ער) soap-stone אֶבֶן בֹּרִית.

זיך pron. refl. self, oneself עַצְמוֹ; myself, yourself, himself, herself, itself, ourselves, yourselves, themselves עַצְמִי, עַצְמְךָ, עַצְמוֹ, עַצְמָהּ, עַצְמֵנוּ, עַצְמְכֶם, עַצְמָם; ‖ pron. rec. each other, one another אִישׁ אֶת רֵעֵהוּ א).

— נעמען אויף זיך to take upon oneself נטל על עצמו, קבל עליו.

— נאַרן זיך to deceive oneself רמה את עצמו.

— באַגריסן זיך to greet each other ברך איש את רעהו בשלום.

— זײַן אויסער זיך to be beside oneself יצא מדעתו; רגז מאד.

— קומען צו זיך to come to oneself, come to התישב דעתו, הרגע; שוב לאיתנו (ממחלה).

— א זאַך פֿאַר זיך a thing by itself דבר בפני עצמו.

א) אין ליטווישן דיאַלעקט קומט זיך אין פֿאַרבינדונג מיט א ציטוואָרט אויך פֿאַר די ערשטע און צווייטע פּאַרשוין; צ. ב. איך דריי זיך, דו דרייסט זיך, מיר דרייען זיך, איר דרייט זיך (אין פּוילישן דיאַלעקט: איך דריי מיך, דו דרייסט דיך, מיר דרייען אונז, איר דרייט אייך).

— פֿון זיך אַליין of itself מעצמו.

זיכט s. (com.) sight הַרְאָיָה (של שטר או המחאה).

זיכער adj. sure, certain בָּטוּחַ, וַדַּאי; safe, secure בָּטוּחַ; ‖ adv. certainly, surely בְּוַדַּאי.

— נעמען אויף זיכער to take for granted חשב בתור דבר מוסכם.

זיכערהייט s. certainty וַדַּאי; covenant בְּרִית; = זיכערקייט.

זיכערליך adv. certainly, surely בְּוַדַּאי.

זיכערליכן adv. safely, in safety בֶּטַח, בְּבִטְחָה.

זיכערן v. a. to secure, insure הַבְטֵחַ.

זיכערקייט s. safety, securily בִּטְחָה.

זִיכּרון = זִכָּרוֹן.

זילב s. (pl. ־ן) syllable הֲבָרָה.

זילבער s. silver כֶּסֶף.

— וואַרשעווער זילבער silver-plated ware כֵּלִים (ממתכת גרועה) מְצֻפִּים כֶּסֶף.

זילבערגלייט s. litharge of silver מַרְתֵּךְ.

זִילזול = זִלְזוּל.

זילבער־הענדלער s. (pl. ־) merchant of silverware סוֹחֵר כְּלֵי כֶסֶף.

זילבערוואַרג s. silverware כְּלֵי כֶסֶף.

זילבערן adj. of silver שֶׁל כֶּסֶף.

זילבער־פֿרעסטע‖לע s. (pl. ־לעך) hoar-frost, rime כְּפוֹר.

זימוווליע s. winter fodder מִסְפּוֹא לְעֵת הַחֹרֶף.

זימעווען v. n. to winter חָרֹף.

זימענע s. winter-corn זֶרַע הַחֹרֶף.

זַיִן s. (pl. ־ס) name of the letter ז שֵׁם הָאוֹת ז.

זין = זינען.

זינגעכץ s. singing שִׁיר, זִמְרָה.

זינגען v. a. n. (p. p. געזונגען) to sing, chant שִׁיר, זַמֵּר.

— האָבן צו זינגען און צו זאָגן, א סך זמירות צו זינגען האָבן to have a great deal te do היה לאיש להתעסק הרבה בדבר.

זינגער s. (pl. ־ס) singer, chanter מְשׁוֹרֵר.

זינג־פֿויגל s. (pl. ־עך, ־ען) singing bird צִפּוֹר מְזַמֶּרֶת.

זינד s. (pl. ־) sin, transgression חֵטְא, עָוֹן, פֶּשַׁע, עֲבֵרָה.

זינד־אָפּפֿער s. (pl. ־) sin-offering חַטָּאת.

זינדבאָק s. scape-goat שְׂעִיר לַעֲזָאזֵל.

זינדיג adj. sinful, iniquitous חוֹטֵא, פּוֹשֵׁעַ; ‖ ־קייט s. sinfulness חֵטְא, רֶשַׁע.

זינדיגן v. n. to sin, transgress חָטֹא, עָוֹה, פָּשֹׁעַ, עָבֹר עֲבֵרָה.

זינט adv. since מִן־, מִ־, מִיּוֹם.

זינען s. sense שֵׂכֶל, דַּעַת; mind מַחֲשָׁבָה, דֵּעָה.

— קומען אין זינען אַרײַן to occur עלה על דעת איש.

— ארויס פון זינען to lose one's senses, become insane יצא מדעתו.

— זיין בײַם זינען to be in one's senses היה בדעתו; נים זיין בײַם זינען to be out of one's mind היה משוגע.

— האָבן אין זינען to have in mind זכר.

— ארויס פון זינען to escape one's memory שכח.

זינקען *v. n.* (*p. p.* געזונקען) to sink טָבַע, צָלַל.

זיס *adj.* sweet מָתוֹק, נָעִים.

זיס-וואַסער *s.* fresh-water מֵי נָהָר, מַיִם בִּלְתִּי מְלוּחִים.

זיסט *adv.* else, otherwise בְּאוֹפֶן אַחֵר, אִלְמָלֵא כֵן.

זיסליך *adj.* sweetish קְצָת מָתוֹק; ‖ ־קייט *s.* sweetishness מְתִיקוּת.

זיסקייט *s.* sweetness מְתִיקוּת, נְעִימוּת.

ז״ע *abbr.* = זכותו יָגֵן עָלֵינוּ.

זיענעץ = דושעגעבץ.

זיפּ *s.* (*pl.* ־ן) sieve כְּבָרָה, נָפָה.

זיפּן *v. a.* to sift כָּבַר, הֵנִיף בִּכְבָרָה.

זַיְפָן *s.* (*pl.* זַיְפָנִים) forger ־.

זיפּען = זשופּען.

— ער זיפּעט נאָך he is still breathing עוד יש נשמה באפו.

זיפּענדיג *adj.* breathing heavily נוֹשֵׁם בִּכְבֵדוּת.

זיפץ *s.* (*pl.* ־ן) sigh, groan אֲנָחָה.

זיפצן *v. n.* to sigh, groan הֵאָנַח, הֵאָנֵק.

זיפצעניש *s.* sighing אֲנָחָה.

זיץ *s.* (*pl.* ־ן) seat מוֹשָׁב, מָקוֹם.

זיצונג *s.* (*pl.* ־ען) sitting יְשִׁיבָה; session יְשִׁיבָה (אסיפה של ועד).

זיצן *v. n.* (*p. p.* געזעסן) to sit יָשַׁב; to live יָשַׁב (בבית); to be imprisoned יָשַׁב בְּמַאֲסָר.

— זיצן אויף רבנות to occupy the rabbinical chair שבת על כסא הרבנות.

— בלײַבן זיצן to remain unmarried השאר פנויה.

— זיצן אויף הונדערט דאָלער אַ וואָך to have an income of hundred dollars a week היה לאיש הכנסה של מאה דולרים בשבוע.

זיצנדיג *adj.* sitting יוֹשֵׁב; ‖ *adv.* while sitting בִּהְיוֹתוֹ יוֹשֵׁב.

זיצנדיגערהייט *adv.* in a sitting posture בִּישִׁיבָה.

זיצערן *s.* (*pl.* ־ס) huckstress רוֹכֶלֶת בַּשּׁוּק.

זיצערקע = זיצערן.

זיקנה = זִקְנָה.

זַיִת *s.* (*pl.* זֵיתִים) olive ־.

זַכַּאי *adj.* innocent ־, נָקִי.

זָכָה־בְּגוֹרָל *s.* "he has won in the lottery," a winning ticket פִּתְקָה הַזּוֹכָה בְּגוֹרָל.

זכות *s.* (*pl.* ־ן) merit; privilege, right ־.

— זיין זכות זאָל מיר בײַשטיין may his merits stand me by זכותו יגן עלי.

— געפינען אַ זכות אויף אימעצן to find something in a person's favor מצא זכות על איש.

— געניסן אימעצנס זכות to benefit by another person's merits ההנה מזכותו של אחר.

זכות־אָבות *s.* ancestral merit ־.

זכותו יָגֵן וַאֲנָחָה, שפּאַס׳ג פאַר זכותו יגן עלינו; ז. יָגוֹן וַאֲנָחָה.

זכותו יָגֵן עָלֵינוּ *phr.* may his merit defend us ־.

זְכִיָּה *s.* (־ *pl.* זְכִיּוֹת) privilege ־; honor כָּבוֹד.

— האָבן די זכיה to have the honor היה לאיש הכבוד.

זָכָר *s.* (*pl.* זְכָרִים) male, male person ־.

זֵכֶר *s.* remembrance ־; hint ־, רֶמֶז; trace סִמָּן.

זִכָּרוֹן *s.* (*pl.* ־ס) memory ־; ז. זִכְרוֹנוֹת.

זִכְרוֹנוֹ (זִכְרוֹנָהּ) לִבְרָכָה *phr.* "may his (her) memory be blessed," of blessed memory ־.

זִכְרוֹנוֹת *s. pl.* memoirs ־.

זֵכֶר לְחוּרְבָּן *phr.* as remembrance of the destruction of the Temple ־.

זֵכֶר לְטִיט *phr.* as remembrance of the clay (*of the bricks the Hebrews made in Egypt*) ־.

זֵכֶר צַדִּיק לִבְרָכָה *phr.* blessed be the memory of the righteous man ־.

ז״ל *abbr.* = זִכְרוֹנוֹ לִבְרָכָה.

זִלְזוּל *s.* (*pl.* זִלְזוּלִים) cheapening, lowering ־; abuse נְאָצָה, גְּדוּפָה.

זִלְזוּל־מְקָח *s.* lowering of the price ־.

זלידניע *adj.* troublesome, molesting, annoying הַרְגָּזִי, שַׁעֲמָם.

זליפּעץ *s.* rough end of a loaf קָצֶה מְחֻסְפָּס שֶׁל כִּכַּר לֶחֶם.

זְמִירוֹת *s. pl.* Sabbath hymns ־.

זְמַן *s.* (*pl.* זְמַנִּים) time ־; schoolterm ־, זְמַן לִמּוּד.

זְמַן חֵרוּתֵנוּ *s.* the season of our freedom (*Passover*) ־.

זְמַן מַתַּן תּוֹרָתֵנוּ *s.* the season of the givinng of our Law (*Pentecost*) ־.

זְמַן פֵּרָעוֹן *s.* term of payment, guarter-day ־.

זְמַן שִׂמְחָתֵנוּ *s.* the season of our gladness (*Feast of Tabernacles*) ־.

זֶמֶר *s.* song שִׁיר; tune נִגּוּן.

זנאַטשנע *adj.* considerable חָשׁוּב.

זנאַטשען *v. n* to signify, mean הוֹרָה; to be of consequence *or* importance הֶחְשַׁב; to suffice הָיָה מַסְפִּיק.

זנאַכער *s.* (*pl.* ־ס) sorcerer מְכַשֵּׁף, יִדְּעֹנִי.

זנאַכערטע *s.* (*pl.* ־ס) sorceress מְכַשֵּׁפָה.

זנאַכערקע = זנאַכערטע.

זנאק (‎-עס .pl) sign אות: שֶׁלֶט (על בית מסחר).

זָנב .s (זְנָבים .pl) tail —; penis אֵבר הַזָּכָר; fool שׁוֹטֶה.

זנות .s adultery —.

זְנות-ליטעראַטור .s pornography סִפְרוּת שֶׁל זְנוּת, סִפְרוּת עֲגָבִים.

זעאונג .s (‎-ען .pl) seeing רְאִיָּה; vision חָזוֹן, מַרְאֶה; meeting רֵאָיוֹן.

זעג .s (‎-ן .pl) saw מְגֵרָה, מַשּׂוֹר.

זעגל¹ .s (‎-ען .pl) sail מִפְרָשׂ.

זעגל² .s (‎-עך .pl) little saw מַשּׂוֹר קָטָן.

זעגל‖בוים .s (‎-בײמער .pl) mast תֹּרֶן.

זעגלטוך .s sail-cloth אֶרֶג שֶׁל מִפְרָשִׂים.

זעגלמײַ(נ)סטער .s (‎-ס .pl) captain חֹבֵל.

זעגלען .v. n to sail עָבֹר בַּיָּם.

זעגלשיף .s (‎-ן .pl) sailing-vessel אֳנִיַּת תְּרָנִים.

זעגן .v. a (געזעגט, געזעגן .p, p) to saw נָסֹר, נָרֹר.

זעגענען זיך = געזעגענען זיך.

זעגעץ = דזשעגעכץ.

זעגער .s (‎-, ‎-ס .pl) sawyer נוֹסֵר, מְנַסֵּר; wood-sawyer גּוֹזֵר עֵצִים בַּמַּשּׂוֹר.

זעדל .s (‎-עך .pl) back-piece of trousers הַחֵלֶק הָאֲחוֹרִי שֶׁל הַמִּכְנָסַיִם.

זעט .s fulness, satiety שֹׂבַע (= זאַטקייט).

זעטיג .adj satisfying, nourishing מַשְׂבִּיעַ (מזון).

זעטיגונג .s satiation שְׂבִיעָה.

זעטיגן .v. a to satiate, satisfy הַשְׂבֵּעַ.

זעטיגקייט .s nutritiveness הֲזָנָה; fulness שֹׂבַע.

זעטן .v. a. n to satisfy הַשְׂבֵּעַ; to be nourishing הָיֹה מְזִין.

זעכציג .num sixty שִׁשִּׁים.

זעכציגסט-חֵלק = זעכציג(ס)טל.

זעכציג(ס)ט .ord. num sixtieth הַשִּׁשִּׁים.

זעכציג(ס)טל .s (‎-עך .pl) sixtieth part חֵלֶק אֶחָד מִשִּׁשִּׁים.

זעכציגער .s a man sixty years old, sexagenarian בֶּן שִׁשִּׁים.

זעכציגערליי .adj of sixty kinds שֶׁל שִׁשִּׁים מִינִים.

זעכצן .num sixteen שִׁשָּׁה עָשָׂר.

זעכצנט .ord. num sixteenth הַשִּׁשָּׁה עָשָׂר.

זעכצנטל .s (‎-עך .pl) sixteenth part הַחֵלֶק הַשִּׁשָּׁה עָשָׂר.

זעלביג .adj (דער זעלביגער, די זעלביגע, דאָס זעלביגע) same אוֹתוֹ הַ־, עַצְמוֹ.

— די זעלביגע זאַך the same thing אותו הדבר.

— אין דער זעלביגער צייט at the same time באותו הזמן, באותה שעה.

זעלבסט .pron oneself אוֹתוֹ בְנַפְשׁוֹ, בְּעַצְמוֹ; myself, yourself, himself, herself, itself, ourselves, yourselves, themselves בְּעַצְמִי, בְּעַצְמְךָ, בְּעַצְמוֹ, בְּעַצְמָהּ, בְּעַצְמֵנוּ, בְּעַצְמְכֶם, בְּעַצְמָם.

זעלבסט-געשפּרעך .s (‎-ן .pl) soliloquy שִׂיחָה עִם לְבָבוֹ; monologue שִׂיחַת יָחִיד.

זעלבסטהערשאַפֿט .s autocracy שִׁלְטוֹן יְחִידִי.

זעלבסטהערשער .s autocrat מוֹשֵׁל יְחִידִי.

זעלבסטמאָרד .s (‎-ן .pl) suicide אִבּוּד עצמו לָדַעַת.

זעלבער(ט) = זעלבסט.

זעלט (פֿון זאָלן) .v. aux if לוּ, אִלּוּ.

— זעלט עס אַנדערש זײַן were it otherwise אִלּו היה באופן אחר.

זעלטן .adj rare יָקָר, יְקַר הַמְּצִיאוּת, לֹא מָצוּי; ‖ .adv rarely, seldom לְעִתִּים רְחוֹקוֹת.

זעלטנהייט rarity דָּבָר יְקַר הַמְּצִיאוּת.

זעלנער .s (‎- .pl) soldier חַיָּל, אִישׁ צָבָא (= סאָלדאַט).

זעלנערײַ .s military service עֲבוֹדַת הַצָּבָא.

זעלנעריש .adj of soldier שֶׁל חַיָּל; soldierly, soldierlike כְּחַיָּל.

זעלצער .s seltzer, selters מֵי־סֶלְצֶר (מין מי־מחצב).

זעמדל .s (‎-עך .pl) a grain of sand גַּרְגֵּר חֹל.

זעמדער .s (‎-ס .pl) sand-box מִזְרֶה (כלי לאבק סופרים).

זעמליאַנקע .s (‎-ס .pl) earthen hut, mud-hut בֵּית עָפָר.

זעמל .s (‎- .pl) roll, small white loaf גְּלוּסְקָה.

זעמל-מעל .s fine flour סֹלֶת.

זעמסטווע .s (‎-ס .pl) provincial government (in Russia) פְּקִידוּת עָרֵי הַשָּׂדֶה.

זעמסקע .adj provincial שֶׁל עָרֵי הַשָּׂדֶה.

זעמער .abbr = זײַנען מיר we are הִנֵּנוּ.

זעמש .s chamois, shammy עוֹר יְעֵלִים.

זעמשן .adj of shammy שֶׁל עוֹר אַיָּל.

זעמשער .s (‎-, ‎-ס .pl) shammy dresser מְעַבֵּד עוֹר יְעֵלִים.

זעמש-טיר .s (‎-ן .pl) chamois יָעֵל.

זעניט .s (geogr.) zenith נְקוּדַת הַקָּדְקֹד.

זענען = זײַנען.

זענעפֿט .s mustard חַרְדָּל; mustard-plaster, sinapism תַּחְבֹּשֶׁת חַרְדָּל.

זעסל .s (‎-עך .pl) chair כִּסֵּא.

זעע .s (‎-ן .pl) sea יָם.

זעע‖הונט .s (‎-הינט .pl) seal כֶּלֶב הַיָּם.

זעע-הינטן .adj of seal שֶׁל כֶּלֶב הַיָּם.

זעע(וו)דיג .adj sighted, capable of seeing רוֹאֶה, שֶׁיָּכֹל לִרְאוֹת; ‖ ‎-קייט .s ability to see רְאִיָּה.

זע(ע)ן¹ .v. a. n (געזע(ע)ן .p. p) to see רָאֹה, חֲזוֹת;

א) אין „סערקעלע“.

‖ — זיך v. r. to be seen הֵרָאֵה; ‖ — זיך v. rec. to see each other, meet הִתְרָאֵה.

— זע, טו מיר אַ טובה please do me a favor אנא עשה לי חסד.

זע(ע)ן² s. sight, vision רְאִיָּה.

זעע־קראַנקהײט = ים־קראַנקהײט.

זעער s. (—, — ס pl.) seer, prophet רוֹאֶה, נָבִיא.

זעץ s. (—, — ן pl.) stroke, blow, knock הַכָּאָה.

— טאָן אַ זעץ to strike הכה; to burst התפרץ, התפוצץ.

— אַ זעץ אָן דרערד a knock against the ground הכאה על הארץ; (fig.) ס'איז װערט אַ זעץ אָן דרערד it is worth nothing לא שוה כלום.

זעצל s. (— עך pl.) a row of like objects increasing in size שורת דְּבָרִים דוֹמִים הָעוֹלִים לְפִי גָדְלָם א).

זעץ־מאַשין s. (— ען pl.) (typ.) type-setting machine, linotype מְכוֹנָה לְסַדֵּר אוֹתִיּוֹת.

זעצן v. a. to seat הוֹשִׁיב; to set, put, place שִׂים (במקום); to set, plant נָטַע; (gr.) to arrange סַדֵּר (מלים); (typ.) to set, compose סַדֵּר (אותיות); ‖ v. n. to rise עָלֹה; to rush שָׁטֹף (מים); to burst הִתְפּוֹצֵץ; to knock, strike הַכֵּה; ‖ — זיך v. r. to sit, sit down, seat oneself, be seated, take a sit יָשֹׁב; to settle (of liquids) שָׁקֹעַ (נוזלים); to set (of the sun) שָׁקֹעַ (חמה).

זעצער s. (—, — ס pl.) type-setter, compositor מְסַדֵּר (אותיות); one who puts bread into the oven נוֹתֵן לֶחֶם אֶל הַתַּנּוּר (אופה).

זעצערײַ s. typesetting, composition מְלֶאכֶת הַסִּדּוּר.

זעץ־קאַסטן s. (— ס pl.) letter-case תֵּבַת הַסִּדּוּר.

זעקל¹ s. (— עך pl.) small sack שַׂק קָטָן.

זעקל² s. (— עך pl.) little stocking פּוּזְמָק קָטָן.

זעקס num. six שִׁשָּׁה.

זעקס־און־זעכציג s. (game at cards) sixty-six שִׁשִּׁים וְשִׁשָּׁה (משחק קלפים).

זעקסטהאַלבן num. five and a half חֲמִשָּׁה וָחֵצִי.

זעקסט ord. num. sixth הַשִּׁשִּׁי.

זעקסט־חלק = זעקסטל.

זעקסטל s. sixth-part הַחֵלֶק הַשִּׁשִּׁי; (card) six קְלָף עִם שֵׁשׁ נְקֻדּוֹת.

זעקס־עק s. (— ן pl.) hexagon תְּמוּנָה בַּעֲלַת שֵׁשׁ זָוִיּוֹת.

זעקס־עקיג adj. hexagonal בַּעַל שֵׁשׁ זָוִיּוֹת.

זעקס־עקעכיג = זעקס־עקיג.

זעקסער s. (— ס pl.) coin of six groschen מַטְבֵּעַ שֶׁל שֵׁשׁ אֲגוֹרוֹת.

זעקס־קאַנט = זעקס־עק.

א) בײַ ליפשיצן.

זעקס־קאַנטיג = זעקס־עקיג.

זעקסערלײ adj. of six kinds שֶׁל שִׁשָּׁה מִינִים.

זעקעלע = זעקל¹, זעקל².

זערנע s. (— ס pl.) grain גַּרְגַּר, גַּרְעִין.

זצ"ל abbr. = זֵכֶר צַדִּיק לִבְרָכָה.

זקיװוקע s. (— ס pl.) cane-head גֻּלַּת מַטֶּה; ferule מַסְמֵר הַמַּטֶּה (בקצהו התחתון).

זָקֵן s. (זְקֵנִים pl.) old man, aged man —.

זְקֵנָה s. (זְקֵנוֹת pl.) old woman, aged woman —.

זִקְנָה s. old age —.

זראַזע s. (— ס pl.) force-meat ball תַּבְשִׁיל שֶׁל בָּשָׂר קָצוּץ.

זרוב s. (— עס pl.) ruin מַפֹּלֶת, חָרְבָּה.

זְרִיסט s. (— ן pl.) growth צֶמַח.

זְרוֹעַ s. (— ס pl.) shank-bone —; a bone with some flesh on it (used at the Passover ceremony) —.

זָרִיז s. (זְרִיזִים pl.) one who is prompt —.

זְרִיעָה s. (זְרִיעוֹת pl.) seed —, זֶרַע.

זְרִיעָה־תְּבוּאָה s. seed-grain גַּרְעִינֵי זֶרַע.

זֶרַע s. seed —; semen — (של זכר או נקבה).

זֶרַע־הַמְּלוּכָה s. royal lineage, royal blood —.

זרענטשנע adj. handy זָרִיז, מָהִיר.

זַרְקע s. throwing הַשְׁלָכָה.

זַרְקענען v. a. to throw out, chase away הַשְׁלֵךְ הַחוּצָה, גָּרֵשׁ; (fl.) to throw away something stolen הַשְׁלֵךְ דָּבָר גָּנוּב.

— געבן אַ זרקע אַרױס to throw out השלך החוצה.

זֶרֶת s. span —; the little finger —.

זשאַבע s. (— ס pl.) frog צְפַרְדֵּעַ.

זשאַברעס s. pl. gills אֲגִידִים.

— (id.) ער איז בלײַך אונטער די זשאַברעס he is dispirited הנהו עצוב רוח.

זשאַווער s. rust חֲלוּדָה; mildew עֹבֶשׁ (חלודה בתבואה).

זשאַווערן¹ v. n. to rust, become rusty הַעֲלֵה חֲלוּדָה.

זשאַווערן² v. n. to breathe נָשֹׁם.

— קוים װאָס ער זשאַווערט he is hardly breathing כל עוד נשמתו בו.

זשאַיב, זשאַיבן = זשויב, זשויבן.

זשאַלאָבע¹ s. (— עס pl.) complaint תְּלוּנָה, קְבָלָנָה; mourning אֵבֶל; = זשלויב.

זשאַלאָבע² = זשלאַיב.

זשאַלאָבנע adj. of mourning שֶׁל אֵבֶל.

זשאַלאָבע = זשאַלאָבע¹.

זשאָלאָדע s. (— ס pl.) acorn בַּלּוּט, אֱגוֹז־אַלּוֹן.

זשאַלאָװאַניע s. (— ס pl.) salary מַשְׂכֹּרֶת.

זשאַלעװען v. a. to pity חוּס; to spare חָשׂךְ, קַמֵּץ.

זשאַלעװען זיך v. r. to complain הִתְאוֹנֵן, קַבֵּל עַל־.

זשאלקעווען = באדויערן.

זשאנדאר s. (‏- ן .pl) gendarm שוֹטֵר קָזָן.

זשאנדארסקע of gendarme adj. שֶׁל שׁוֹטֵר קָזָן.

זשאנדצע s. (‏- ס .pl) manager מְנַהֵל.

זשאקעט s. (‏- ן .pl) jacket בֶּגֶד קָצָר.

זשאר s. burning coal גַּחֲלֵי אֵשׁ.

זשארנע s. (‏- ס .pl) millstone אֶבֶן רֵחַיִם; hand-mill רֵחַיִם שֶׁל יָד.

זשארקען זיך v. r. to scorch צָרֹב.

זשוואווע lively, brisk adj. מָהִיר, זָרִיז.

זשוויר s. gravel חָצָץ.

זשוזשע s. fire, light (*in talking to an infant*) אֵשׁ, אוֹר (כשמדברים לתינוק).

זשוזשען v. n. to hum, buzz הָמֹה, זַמְזֵם.

זשוזשעניש s. humming, buzzing זִמְזוּם.

זשוזשערײַ = זשוזשעניש.

זשויב s. source of riches מְקוֹר הָעֹשֶׁר.

זשויבן v. n. to get rich quickly הִתְעַשֵּׁר בִּמְהִירוּת; to earn much הַשְׂתַּכֵּר הַרְבֵּה.

זשויען = זשוזשען.

זשוליק s. (‏- עס .pl) rascal, rogue, thief נוֹכֵל, גַּנָּב.

זשומזשען v. n. to jar נָתֹן קוֹל רוֹעֵד; = זשומען.

זשופיצע s. (‏- ס .pl) gaberdine בֶּגֶד עֶלְיוֹן אָרֹךְ.

זשוק s. (‏- עס .pl) beetle חִפּוּשִׁית, חָסִיל.

— זשוק און זשאבע (.id) Jack, Tom and Harry כל אדם.

זשוראווינע s. (‏- ס .pl) whortleberry דְּמוּמִית.

זשוראוליע s. (‏- ס .pl) crane עָגוּר, כְּרוּכְיָא.

זשורנאל s. (‏- ן .pl) journal סֵפֶר יוֹמִי; מִכְתַּב-עִתִּי.

זשיד s. (‏- עס .pl) Jew יְהוּדִי (שם גנאי בפי הרוסים).

זשידאָווסקע Jewish adj. שֶׁל יְהוּדִים (בדרך גנאי).

זשידאָווקע s. (‏- ס .pl) Jewess אִשָּׁה יְהוּדִית.

זשיווויצע s. galipot גֹּפֶר (זפת עצי ארז).

זשיוועקיסט s. bog-asphodel חֲבַצֶּלֶת הַבִּצָּה (מין פרח).

זשיזשעליצעס s. pl. refining cinders כְּנֵי בַרְזֶל.

זשיליעט s. (‏- ן .pl) waistcoat חֲזִיָּה.

זשילע s. (‏- ס .pl) tendon, sinew גִּיד.

זשילקטע = זשלוקטע.

זשילקע s. stalks *or* ribs of tobacco leaves קְנֵי עָלֵי הַטַּבָּק.

זשימזשען = זשומזשען.

זשיפען v. n. to flicker דָּעֹךְ א); to breathe faintly נָשֹׁם בְּלִי כֹחַ.

— ער זשיפעט נאך he is still breathing עוד נשמתו בו.

— קאם וואס ער זשיפעט he is hardly breathing כל עוד נשמתו בו.

זשיראנט s. (‏- ן .pl) endorser מְאַשֵּׁר בַּחֲתִימָתוֹ (שטר).

זשיראף s. (‏- ן, - עס .pl) giraffe נָמֵר הַגְּמַלִּי (מין חיה).

זשירע s. (‏- ס .pl) endorsement אִשּׁוּר חֲתִימָה.

זשירעווען זיך v. r. to fatten, become fat דָּשֹׁן, שָׁמֹן, פָּשֹׂה.

זשירען v. a. to endorse אַשֵּׁר בַּחֲתִימָה.

זשלאָב s. (‏- עס .pl) boor; peasant אִכָּר; אָדָם גַּס.

זשלאָיב s. (‏- עס .pl) manger, crib אֵבוּס.

זשלאָקען, זשליאָקען v. a. to gulp, quaff, swill גָּמֹעַ, לָעֹט.

זשליוקטע s. (‏- עס .pl) bucking-tub כְּלִי לְמֵי אֵפֶר.

זשמוט s. (‏- עס .pl) bundle (*of hemp*) אֲגֻדָּה (של קנבוס); tangle קְוֻצָּה.

זשמורקעס s. pl. blind-man's-buff צְחוֹק שִׁמְשׁוֹן.

זשמיד = זשמוט.

זשמינדיאק s. (‏- עס pl) miser niggard קַמְצָן.

זשמיקען v. a. to rub with soap מָרֹחַ בֹּרִית עַל-.

זשמעניע s. (‏- ס .pl) handful מְלֹא-כַף, קֹמֶץ.

זשע conj. then, now נָא, אֵפוֹא.

— גיי זשע! go now! לך נא!

— וואס זשע ווילסט דו? what do you want then? מה אפוא רצונך?

זשעבראק s. (‏- עס .pl) mendicant, beggar עָנִי חוֹזֵר עַל הַפְּתָחִים.

זשעברע¹ s. (‏- ס .pl) rib צֵלָע.

זשעברע² (‏- ס .pl) gill אֲגִיד.

זשעברעווען, זשעברען v. n. to beg חֲזֹר עַל הַפְּתָחִים.

זשעדנע adj. greedy, eager לָהוּט, מִשְׁתּוֹקֵק; in want of בְּחֶסֶר.

— זיין זשעדנע אַ שטיקל ברויט to be in want of a piece of bread לא היה לאיש פרוסת לחם.

זשעני s. (‏- ען .pl) genius אִישׁ הָרוּחַ, גָּאוֹן, עִלּוּי.

זשעניִרן זיך v. r. to feel embarrassed *or* inconvenienced הִתְבּוֹשֵׁשׁ.

זשעראוול s. (‏- עס .pl) draw-beam קִילוֹן.

זשערעבטשיק s. (‏- עס .pl) colt, foal סְיָח.

זשערעבעץ s. (‏- עס .pl) stallion סוּס בִּלְתִּי מְסֹרָס.

זשערעוול = זשעראוול.

זשערעכלינע s. (‏- ס .pl) huckleberry אֲרִיכָה (מין גרגרים חמוצים).

א) אין דער באדייטונג ביי פראפ. בירנבוים אין דעם ווערטער-בוך צו זיין יידישער גראמאטיק. מיר איז אזא טייטש פון זשיפען ניט באקאנט.

ח.

ח *s.* the eighth letter of the Hebrew alphabet הָאוֹת הַשְּׁמִינִית בְּאָלֶף־בֵּית הָעִבְרִי; ‖ *num.* eight שְׁמוֹנָה.

חאַסליערע *s.* (*pl.* ־ס) wedding (*cont.*) חֲתֻנָּה.

חאָס־דַרְגה = נְחוּת־דַּרְגָּא.

חבּ״ד (ראשי תיבות פֿון חָכְמָה, בִּינָה, דַּעַת) *s.* name of a Chasidic sect שֵׁם כַּת חֲסִידִית.

חבּ״דניצע *s.* (*pl.* ־ס) house of worship of the חבּ״ד sect בֵּית תְּפִלָּה שֶׁל הַכַּת הַחַבַּ״דִית.

חבּ״דניק *s.* (*pl.* ־עס) adherent of the חבּ״ד sect חָבֵר לְהַכַּת הַחַבַּ״דִית.

חִבּוּט־הַקֶּבֶר, ז. חִיבּוּט־.

חִבּוּר = חִיבּוּר.

חבורה *s.* (*pl.* חבורות) company.

חֶבְלֵי־לֵידָה *s. pl.* pains of childbirth, throes.

חֶבְלֵי־מָשִׁיחַ *s. pl.* the sufferings before the advent of Messiah.

חבר *s.* (*pl.* חֲבֵרִים) companion, associate, comrade.

חֶבְרָה *s.* (*pl.* חֶבְרוֹת) society; association, fraternity, אֲגֻדָּה; congregation; club; fellowship, שֻׁתָּפוּת; band, company; gang, חֶבֶר.

חבֵרה *s.* (*pl.* חבֵרות) female comrade.

חֶבְרה־באָרשט *s.* "sour soup club," crowd of poor folks קִבּוּץ אֲנָשִׁים דַּלִּים.

חֶבְרה־מאַן *s.* (*pl.* ־לייט) member of a society חָבֵר לְחֶבְרָה; knave, tricky fellow נוֹכֵל רַמַּאי; tough guy אָדָם קָשֶׁה.

חֶברהניק *s.* (*pl.* ־עס) rascal נָבָל.

חֶבְרה־קַדִישא *s.* "holy association," burial society.

חֶבְרהש *adj.* of society שֶׁל חֶבְרָה.

חַבְרוּתא *s.* (*pl.* חַבְרוּתות) company, חֶבְרָה; fellowship, company חֶבְרָה, שֻׁתָּפוּת; gang, חֶבֶר.

חַבְרותאדיג *adj.* of fellowship שֶׁל חַבְרוּתָא, שֶׁל שֻׁתָּפוּת; mutual מְשֻׁתָּף.

חַבֶרטאָרן *s.* (*pl.* ־ס) female companion חֲבֵרָה.

חַבֶרטע = חַבֶרטאָרן.

חַבְרַיא *s.* (*pl.* חַבְרַיות) company, gang חֶבְרָה, חֶבֶר.

חבר־לאַפ *s.* fellowship, comradeship יַחַס חֲבֵרִים, חֲבֵרוּת.

חברליך *adv.* as a comrade כְּחָבֵר, כְּרֵעַ.

חברן זיך *v. r.* to associate with הִתְחַבֵּר לְ־.

חברשאַפט *s.* comradeship, חֲבֵרוּת.

חָגא *s.* (*pl.* ־ס, חָגָאוֹת) non-Jewish holiday.

— (*prov.*) אַז מע קלונגט אַזוי אַ חגא no smoke without some fire יש קצת אמת בכל שמועה.

חַג־הָאָסִיף *s.* the feast of ingathering (*feast of Tabernacles*).

חַג־הַבִּכּוּרִים *s.* the feast of the first fruits (*Pentecost*).

חַג־הַמַּצּוֹת *s.* the feast of unleavened bread (*Passover*).

חַד־בְּדָרָא *s.* the greatest man of the age.

חַד־גַּדְיָא *s.* (*pl.* ־ס) "one kid," a ballad recited at the Passover home service שִׁיר הַגַּדְיִי שֶׁשָּׁרִים בְּלֵיל פֶּסַח; (*sl.*) idle story סִפּוּר בָּדוּי; prison בֵּית הָאֲסוּרִים.

— אַריינזעצן אין חד־גדיא to lock up כלא.

חֶדְוָה *s.* joy, שִׂמְחָה.

חִדוש = חִידוש.

חִדושדיג = חִידושדיג.

חִדושליך = חִידושליך.

חִדושן זיך = חִידושן זיך.

חֵדֶר *s.* (*pl.* חֲדָרִים) room, chamber; school; elementary school בֵּית סֵפֶר לְמַתְחִילִים;

— אויסזאָגן פֿון חדר to tell tales out of school גלה סודות.

חֵדֶר־הַקָּהָל *s.* the council room of the Kahal.

חֵדֶר־יינגל *s.* (*pl.* ־עך) school-boy נַעַר שֶׁל בֵּית הַסֵּפֶר.

חָדָש *adj.* new; ‖ *s.* new crop, תְּבוּאָה חֲדָשָׁה.

חֹדש, חָדשדיג = חודש, חודשדיג.

חֲדָשׁוֹת *s. pl.* news.

חָדשימדיג (צונויפֿגעזעצט מיט צאָלן) *adj.* of months שֶׁל חֳדָשִׁים.

— צען־חדשימדיג of ten months, decimestrial של עשרה חדשים.

ח״ו *abbr.* = חַס וְשָׁלוֹם.

חוֹב *s.* (*pl.* חובות) debt; duty, חוֹבָה.

חוֹבב *s.* (*pl.* חוֹבְבִים) lover, אוֹהֵב.

חוֹבב־צִיוֹן *s.* (*pl.* חוֹבְבֵי־צִיוֹן) lover of Zion.

חודש *s.* (*pl.* חֳדָשִׁים) month.

חודשדיג *adj.* monthly חָדְשִׁי.

חודש־רעטעכל *s.* (*pl.* ־עך) radish צְנוֹן.

חוה״מ *abbr.* = חוֹל הַמּוֹעֵד.

חוהמ״ס *abbr.* = חוֹל־הַמּוֹעֵד סוּכּוֹת.

חוהמ״פּ *abbr.* = חוֹל הַמּוֹעֵד פֶּסַח.

לַעַג, שְׂחוֹק; mockery, ridicule, fun *s.* **חוזק**
טִפֵּשׁ, שׁוֹטֶה א). simpleton, fool
לוֹעֵג. mocker (*pl.* ם–) *s.* **חוזק-מאַכער**
לָעַג לְ־. to mock, make fun *v. n.* **חוזקן**
.– repeater (*pl.* חוזרים) *s.* **חוזר**
.– repenter (*pl.* חוזרים-בִּתְשׁוּבה) *s.* **חוזר-בִּתְשׁוּבה**
חָזַר בִּתְשׁוּבָה. to repent *v. n.* **חוזר-בִּתְשׁוּבה זײַן**
.– sinner (*pl.* חוֹטְאִים) *s.* **חוטא**
to sin by worshiping the *v. n.* **חוטא-בְּעֵגל זײַן**
חָטָא. to sin ; חָטָא בְּעֵגֶל golden calf
חָטָא. to sin *v. n.* **חוטאן**
.– spinal cord, spinal column *s.* **חוט-הַשִּׁדְרה**
צְחוֹק. ,– mockery and ridicule, fun *s.* **חוכא-וטלולא**
.– farmer, lessee (*pl.* חוֹכְרים) *s.* **חוכר**
;– sick person, patient (*pl.* חוֹלָאִים) *s.* **חולה**
.– sick, ill *pred.* ||
.– one fatally ill *s.* **חולה-מסוכּן**
intermediary week-days of a *s.* **חול-הַמּועד**
.– holiday (*of Passover or Tabernacles*)
.– epileptic *s.* **חולה-נופל**
mental disease, psychopathy *s.* **חולי-הַנֶּפש**
חָלִי הַנֶּפֶשׁ.
disease of the bowels, bowel- *s.* **חולי-מֵעַים**
חָלִי הַמֵּעַיִם. complaint
חָלִי הַנְּפִילָה. epilepsy *s.* **חולי-נוֹפלים**
name of one of the Hebrew (*pl.* ם–) *s.* **חולם**
שֵׁם אַחַת הַנְּקוּדוֹת בִּלְשׁוֹן הָעִבְרִית (·). vowel-points (·)
חֹטֶם שָׂרוּט. scratched nose (*pl.* – נעזער) *s.* **חולם-||נאָז**
.– sickly woman (*pl.* ן–) *s.* **חולָנית**
epidemic, ;– weakness, faintness *s.* **חולשה**
מַגֵּפָה. plague
very nauseous, very *pred.* **חולשה-חַלָשות**
abominable, מְעוֹרֵר בְּחִילָה גְדוֹלָה; repulsive
great nauseouseness, great *s.* || מְתֹעָב; nasty
בְּחִילָה גְדוֹלָה, גֹּעַל-נֶפֶשׁ גָּדוֹל. repulsiveness
גּוּף. body ;– matter *s.* **חומר**
to fill one's stomach, to אָנשטאָפּן דעם חומר –
מלא בטנו, אכל. eat
rigor ;קֹשִׁי ,– difficulty (*pl.* חוּמְרות) *s.* **חומרא**
הַכְבָּדָה (בעניני דת ודין) ,– (*in matters of law*)
one of the five books (*pl.* חוּמָשים) *s.* **חומש**
.– the pentateuch ;– of Moses
flatterer, cringer, (*pl.* חוֹנְפים, חַנָּפים) *s.* **חונף**
חַנָּף. sycophant
marriage-cere- ;– canopy (*pl.* חופּות) *s.* **חופּה**
חֲתֻנָּה, כְּלוּלוֹת. wedding ;סִדּוּר קִדּוּשִׁים ,– mony

א) חוזק האָט קיין שייכות ניט אין באַדייטונג מיט דעם
העברעאישן שורש חזק. מיר זעט אויס, אַז עס איז דאָס אַלט-
הויכדייטשע hosc אָדער מיטלהויכדייטשע hosche, שפּאָט.

– marriage-ceremony *s. pl.* **חופּה-וְקידושין**
בִּגְדֵי wedding-dress (*pl.* – ער) *s.* **חופּה-קלײד**
כְּלוּלוֹת.
beside, besides *prep.* || ;– outside *adv.* **חוץ**
something exceptional, *s.* || ;מִלְּבַד ,–
דָּבָר הַיּוֹצֵא מֵהָרָגִיל, דָּבָר יָקָר. something rare
outside of the land of *adv.* **חוץ-לָאָרץ**
.– abroad ;– Israel
.– supernaturally *adv.* **חוץ לְדֶרך הַטֶּבַע**
מִלְּבַד זֶה. ,– besides this *adv.* **חוץ לָזה**
בְּתוֹר הוֹסָפָה. ;– extra *adv.* **חוץ לְחֶשְׁבּון**
"outside of the camp," se- *adv.* **חוץ לְמַחֲנה**
מֻבְדָּל מִתּוֹךְ הָעֵדָה. questered
.– arrogance, insolence (*pl.* חוּצְפּות) *s.* **חוּצפּה**
arrogant woman (*pl.* ם–) *s.* **חוצפּהניצע**
אִשָּׁה חֲצוּפָה.
אָדָם חָצוּף. arrogant man (*pl.* – עס) *s.* **חוצפּהניק**
ז. חָק. ;– law, rule (*pl.* חוּקים) *s.* **חוק**
a law which shall not *phr.* **חוק וְלא יַעֲבור**
.– pass, unalterable law
חוקל, פֿאַרקלענערוואָרט פֿון חוק-לְיִשְׂרָאֵל.
"a law unto Israel," title of *s.* **חוק-לְיִשְׂרָאֵל**
a book of extracts from the Bible, the
.– Talmud, and the Zohar for daily study
to examine thoroughly *v. a.* **חוקר-ודורש זײַן**
חָקַר וְדָרַשׁ.
כֶּלֶא. "hole," prison, jail *s.* **חור**
to imprison, to incarcerate אַרײַנרוקן אין חור –
שׂים בכלא.
חָרְבָּה. ruin (*pl.* חוּרְבות) *s.* **חורבה**
אָסוֹן. disaster ; – destruction (*pl.* חוּרְבָּנות) *s.* **חורבן**
עשה שמות. to play havoc אָנמאַכן אַ חורבן –
אוי לי! woe me! ! אַ חורבן איז מיר –
חורש = חֹרֶשׁ.
.– sense (*pl.* חוּשים) *s.* **חוש**
חָשַׁד. to suspect *v. a.* **חושד זײַן**
suspecter of innocent per- *s.* **חושד-בִּכְשֵׁרים**
.– sons
– sense of taste, taste *s.* **חוש-הַטַּעַם**
.– sense of touch, touch *s.* **חוש-הַמִּישוש**
.– sense of sight, sight *s.* **חוש-הָרְאִיה**
.– sense of smell, smell *s.* **חוש-הָרֵיח**
.– sense of hearing, hearing *s.* **חוש-הַשְּׁמִיעה**
אִישׁ חֲלוּשׁ imbecile, silly person, fool *s.* **חושים**
דַּעַת, אָדָם אֱוִילִי, טִפֵּשׁ.
חֲלוּשׁ דַּעַת imbecile, silly, foolish *adj.* **חושימדיג**
אֱוִילִי, טִפְּשִׁי.
חושימניק = חושים.
gloom, de- (*fig.*) ;אֲפֵלָה ,– darkness *s.* **חושך**
אֹפֶל. dark *pred.* ;עַצְבוּת pression

— עס טוט זיך חושך! something terrible is going on! מעשים נוראים יעשו שם!

חושך־ואַפלה *pred.* very dark אָפֵל מְאֹד.

חושך־מצרים *s.* Egyptian darkness, thick darkness אֲפֵלָה גְדוֹלָה.

חושכן *v. n.* to suffer סָבֹל.

חושכניש *s.* darkness חֹשֶׁךְ.

חושן *s.* breast-plate (*of the high priest*) —.

חושן־ואפוד *s.* breast-plate and vestment (*of the high priest*) —.

חושן־משפט *s.* "the breast-plate of judgment," title of one of the parts of the שולחן־ערוך —.

חות־דעת *s.* opinion דֵּעָה.

חווק = חיזוק.

חוק־הדת = חיזוק־.

חזיר *s.* (*pl.* חזירים) pig, hog, sow; — pork בְּשַׂר חֲזִיר; a filthy person (*fig.*) אָדָם נִמְאָס; avaricious person קַמְצָן.

— (*id.*) טוט דיר אינווינעם חזירים נעפאַשעט! none of your familiarity, please!, speak to your equals like that, please! דבר דברים כאלה לאנשים כערכך!

חזיר־אויער *s.* pig's ear (*a certain mocking grimace*) אֹזֶן הַחֲזִיר (תנועה ידועה להתול).

חזיר־האָר *s.* bristle שֵׂעָר שֶׁל חֲזִיר.

חזירטע *s.* (*pl.* ־ס) avaricious woman קַמְצָנִית.

חזיר־מילך *s.* milk found in the breasts of some new-born children חָלָב הַנִּמְצָא לִפְעָמִים בְּחָזוֹת יְלָדִים בְּהִוָּלְדָם.

חזיריי *s.* swinishness מַעֲשֵׂה חֲזִיר; filth זֻהֲמָה; obscenity נִבּוּל פֶּה, טִנּוּף.

חזירינע *s.* (*pl.* ־ס) filthy woman אִשָּׁה מְלֻכְלֶכֶת.

חזירניצע *s.* (*pl.* ־ס) pork-eater, Jewess who eats food forbidden by law אוֹכֶלֶת בְּשַׂר הַחֲזִיר, יְהוּדִיָּה הָאוֹכֶלֶת טְרֵפוֹת.

חזירניק *s.* (*pl.* ־עס) pork-eater, a Jew who eats food forbidden by law אוֹכֵל בְּשַׂר הַחֲזִיר, יְהוּדִי אוֹכֵל טְרֵפוֹת; dealer in pigs סוֹחֵר חֲזִירִים.

חזירעוואַטע *adj.* piggish, pig-like כַּחֲזִיר.

חזיר־פיסל *s.* (*pl.* ־עך) big's foot רֶגֶל הַחֲזִיר.

— (*id.*) זיך מאַכן חזיר־פיסל כשר to display one's good parts, to assume an air of piety הראה את מדותיו הטובות, התחסד (החזיר הוא מפרים פרסה כבהמה כשרה ו).

חזיר־פליייש pork בְּשַׂר הַחֲזִיר.

חזיר־פעטס = חזיר־שמאַלץ.

חזיר־פעל *s.* pigskin עוֹר הַחֲזִיר.

חזיריש *adj.* pig's, hog's, sow's שֶׁל חֲזִיר; piggish, hoggish מְלֻכְלָךְ, נִמְאָס.

— (*prov.*) פון אַ חזירשן עק קען מען קיין שטריימל ניט מאַכן you cannot make a silk purse out of a sow's ear אי אפשר להוציא יקר מזולל.

חזיר־שטאַל *s.* (*pl.* ־ן) pigsty רֶפֶת חֲזִירִים.

חזיר־שמאַלץ *s.* hog-fat, lard שֻׁמָּן שֶׁל חֲזִיר.

חז"ל *abbr.* = חֲכָמֵינוּ זִכְרוֹנָם לִבְרָכָה our sages, blessed be their memory —.

חזן *s.* (*pl.* חזנים) reader, cantor —.

חזנות *s.* office of a reader *or* cantor —; synagogal music זִמְרַת בֵּית הַתְּפִלָּה.

חזנטע *s.* (*pl.* ־ס) cantor's wife אֵשֶׁת הַחַזָּן.

חזניש *adj.* of a cantor, cantor's שֶׁל חַזָּן.

— חזנישע מוזיק synagogal music זמרת בית התפילה.

חזק *int.* be of good courage! —.

חזקה *s.* (*pl.* חזקות) possesion —, אֲחֻזָּה; right of possession —, מִשְׁפַּט אֲחֻזָּה; claim, right —, זְכוּת; presumption —, הֲנָחָה, סְבָרָא.

— האָבן אויף עפּעס אַ חזקה to have a claim *or* right to something היה לאיש חזקה על דבר.

— שטעלן אויף דער חזקה to presume הניח.

חזקה־געלט *s.* money for the cession of the right of possession דְּמֵי חֲזָקָה.

חזקה־פעדערן *s. pl.* feathers to which slaughterers of fowls are entitled נוצות שֶׁיֵּשׁ לְשׁוֹחֲטֵי עוֹפוֹת זְכוּת עֲלֵיהֶן א).

חזקת־ישוב *s.* right of settlement — ב).

חזר־בחור *s.* (*pl.* ־בחורים) coach, private tutor חוזר לְתַלְמִיד שִׁעוּרוֹ ג).

חזרה *s.* (*pl.* חזרות) repetition —; return —.

חזרן *v. a.* to repeat חָזֹר עַל שִׁעוּר.

חזרת־הש"ץ *s.* repetition of the Eighteen Benedictions by the cantor —.

חטא *s.* (*pl.* חטאים) sin, offense, crime —.

חטאת¹ *s.* sin-offering —.

חטאת² *s.* (*pl.* חטאתים) sinner חוטא; scamp, wanton fellow הולל ד).

חטאתי *int.* I have sinned! —.

— זאָגן חטאתי to confess one's sin הודה על חטאתו; to regret התחרט.

חטאות־נעורים *s. pl.* sins *or* faults of youth —.

חשיבה *s.* (*pl.* חשיבות) precious thing —, דָּבָר יָקָר; favor חֶסֶד.

א) אין די „הלאַטשע" קאַפּ. 9. ב) איינס פון די געזעצן פון דעם פאַרצייטיגן קהל אין פוילן. ג) אין דייטשלענדישן יידיש. ד) חטאת, אַ זינדיקער, איז ניט אַמעריקאַניש, ווי באַמערקט אין "אידיש ווערטערבוך" פון ספּיוואַק־יהואש. דאָס וואָרט געפינט זיך אין פּראַגער Handlexicon, וואו עס ווערט פאַרטייטשט: schlechter, liederlicher Mensch.

חטף s. (pl. חטפן) a sheva (׃) connected with a vowel (as ־ֲ ־ֱ) -.

חי adj. living; - living being s.||-.

חי״ num. eighteen שְׁמוֹנָה עָשָׂר.

חיב = חַיָּב.

חיבוט־הַקֶבר s. "percussion of the grave," punishment inflicted on the defunct at the grave; - suffering יִסּוּרִים.

— (id.) ער וועט שוין קיין חיבוט־הקבר נים האָבן he has suffered enough הוא סבל למדי.

חיבור s. (pl. חיבורים) composition, work, book -. סֵפֶר; addition (arith.) - (בחשבון); interpretation (in studying the Pentateuch) תַּרְגּוּם וּבֵאוּרִים (בלמוד החומש).

— מאַכן אַ חיבור to compose a work, to write a book חבר ספר; to add up חבר מספרים.

— לערנען חומש מים חיבור to learn the Pentateuch with interpretation למד החומש עם תרגום ובאורים א).

חי־געלעבט adv. merry שָׂמֵחַ, עָלֵז.

— עס זאָל זיין חי־געלעבט! let us live away! נשמח נא ונתענג!

חידה s. (pl. חידות) riddle -.

חידוש s. (pl. חידושים) news חֲדָשָׁה; novelty - דָּבָר חָדָשׁ; new invention הַמְצָאָה חֲדָשָׁה; rarity דָּבָר יָקָר בִּמְצִיאוּת; wonder פֶּלֶא; ז. חידושים.

חידושדיג adj. wonderful נִפְלָא.

חידושים s. pl. novellae (of the legists) חִדּוּשֵׁי תּוֹרָה (של הפוסקים).

חידושליך adj. wonderful נִפְלָא; delightful נֶחְמָד.

חידושן זיך v. r. to wonder, be surprised הִתְפַּלֵּא, הִשְׁתּוֹמֵם.

חיה s. (pl. חיות) animal, beast, brute -. חַי.

— צווייפֿיסיגע חיה two-footed animal, biped חיה בעלת שתי רגלים; man (cont.) אדם.

— פֿירפֿיסיגע חיה quadruped חיה בעלת ארבע רגלים.

— זויגענדיגע חיה mammal חי יונק.

— קריכענדיגע חיה reptile רמש.

— (Am. cont.) גרינע חיה newcomer, new immigrant חדש מקרוב בא.

א) אין אבראַמאָוויטשעס „קליין מענשעלע״, קאַפּ. 4: „ביי אַכט יאָר האָב איך געלערנט חומש מיט חיבור מיט אלע אויס־ריידענישן פֿון רש״י. חיבור אין דער באַדייטונג באַגעגנט מען שוין אין 17־טן יאָרהונדערט. ז. „מנהג מקרי דרדקי״ אין דעם אויסצוג „מנהגים דק״ק ווירמייזא מהר״ר יוזפא שמש הלוי תכ״ג—תל״ג״ אין גידעמאַנס „התורה והחיים״, ח״ג, 230—232, וואו עס שטיים: „דבר גדול הוא לנערים שילמדו כל שבוע הסדרא עם ידיעת החִיבּוּר ופירש״י״.

חיה||לע s. (pl. - לעך) little animal חַיָּה קְטַנָּה; louse כִּנָּה.

— ווייכע חיהלע mollusk רכיכה.

חיה־רָעה s. (pl. חיות־רָעות) wild beast -.

חיהש adj. of animal, of beast שֶׁל חַיָּה; beastly כְּחַיָּה.

חיוב s. (pl. חיובים) duty, obligation -. חוֹבָה.

חיונה s. living, livelihood כַּלְכָּלָה, פַּרְנָסָה.

— צוען חיונה פֿון... to support oneself by... התפרנס מ־.

חי וְקַים phr. the living and ever-existing One (words of a certain prayer said with a very loud voice) -.

— שרײַען חי וקים to protest in vain ערער על דבר לשוא.

חי־וְקים s. (pl. - ס) man, fellow בֶּן אָדָם, אִישׁ.

— אַ פּראָסטער חי־וקים a plain or unconventional fellow אדם פשוט.

חיות s. life חַיִּים; danger of life סַכָּנַת נֶפֶשׁ.

— ער ווייס נים פֿון זיין חיות he does not know what is the matter with him איננו יודע מה לו.

— קיין חיות נים tolerably, pretty well די טוב, די יפה; exceedingly מאד מאד.

— קיין חיות נים פֿון אַן עסק a pretty good business עסק לא רע.

— זי איז קיין חיות נים פֿאַר אים she is fascinated with him היא אוהבת אותו מאד מאד.

חיות s. life חַיִּים; vital strength כֹּחַ חִיּוּנִי; livelihood כַּלְכָּלָה; pleasure עֹנֶג, תַּעֲנוּג.

חיותן זיך v. r. to take pleasure in, be delighted with הִתְעַנֵּג בְּ־.

חיזוק s. strength -; strengthening -.

חיזוק־הַדָּת s. strengthening of the faith -.

חיש = חַיִּים.

חיי־אָדם s. "the life of man," title of a well-known compendium of Jewish religious laws -; loaf of bread (joc.) כִּכַּר לֶחֶם.

חייב pred. guilty -.

חייב־מיתה pred. liable to the penalty of death -.

חייב־מיתהניק s. (pl. - עס) a person liable to capital punishment אָדָם שֶׁהוּא חַיָּב מִיתָה.

חייט s. (pl. חַיָּטִים) tailor (cont.) -.

חייל = חַיִל.

חיים s. pl. life -.

חיים־אֲרוּכים s. pl. long life -.

חיירעש = חֵרֶשׁ.

חיי־שעה s. pl. "life of a while," momentary pleasure -, עֹנֶג שָׁעָה.

חיל s. (pl. חֲיָלוֹת) army, military force -.

חילול s. profanation, desecration.

חילול־הכּבוד s. insult, humiliation.

חילול־השם s. profanation of God's name; disgrace חרפּה.
— עס איז אַ חילול־השם פֿאַר די גויים it is a disgrace in the eyes of the gentiles לחרפּה הוא בעיני הגויים.

חילול־שבת s. violation of the Sabbath.

חילוף s. exchange; barter.

חילופֿן v. a. to barter, trade, exchange החלף.

חילוק s. (pl. חילוקים) difference הבדל; (pl. ־ן) division (arith.); intricate rabbinical discourse.

חילוקי־דעות s. pl. differences of opinion.

חילס||מאַן s. (pl. ־לייט) soldier חיל.

חילע־חלשות = חולשה־חלשות.

חינוך s. education; dedication.

חינוך־הגדר s. dedication of a fence or gate; of a cemetery.

חינם adv. free, gratis.

חיסור s. subtraction (arith.).

חיצוניות s. externality, outwardness.

חי־קק־סערעבראָם s. (sl.) paltry sum סכום קטן מאד א).

חירק s. (pl. ־ן) name of the Hebrew vowel-point ִ שם התנועה ִ.

חית s. (pl. ־ן) name of the Hebrew letter ח שם האות ח.

חיתוך s. cutting of the prepuce.

חיתוך־הדיבור s. articulation, distinct pronunciation מבטא ברור.

חכירה s. (pl. חכירות) lease, farm.

חכם s. (pl. חכמים) wise man, sage; savant מלמד.

חכם s. (pl. ־ס) rabbi of Portuguese Jews; rabbi of Karaites.

חכם־בלילה s. "a sage at night," a man of doubtful wisdom אדם שאינו חכם כל כך.

חכם־בעיניו s. one who is wise in his own eyes, self-conceited person.

חכמה s. (pl. חכמות) wise woman.

חכמה s. (pl. חכמות) wisdom; science, art ידיעה, אמנות; joke, jest, witticism הלצה, בדיחה; trick ערמה.
— אָן חכמות plainly באופן פשוט.

חכמהדיג adj. wise חכם; witty בדיחי.

חכמהן זיך v. r. to affect wisdom התחכם; to trifle התלוצץ; crack jokes השתעשע בדברים פעוטים.

חכמות־חיצוניות s. pl. secular sciences.

חכמי־לעזשאַנקע s. pl. "the sages of the stove-couch," idlers discussing politics in the synagogue beihnd the stove בטלנים המתוכחים על עניני המדינות בבית המדרש מאחורי התנור.

חכמי־יון s. pl. the sages or philosophers of Greece.

חכם־להרע s. one who is wise only to do evil.

חכם־מחוכם s. a very wise man חכם גדול.

חכמנית s. (pl. ־ן, חכמניות) wise waman אשה חכמה.

חכם־עתיק s. (pl. חכמים־עתיקים) eminently wise man חכם גדול א).

חכמת s. (pl. ־ן) wise woman אשה חכמה.

חכמת־||אלוהות s. theology חכמת האלהות; — אלוקות metaphysics חכמת מה שאחר הטבע ב).

חכמת־הטבע s. physics.

חכמת־היד s. palmistry; manual skill (joc.) (of thieves) אומנות יד (של גנבים).

חכמת־המדידה s. geometry.

חכמת־הנפש s. psychology.

חכמת־הניתוח s. anatomy.

חכמת־הפּרצוף s. physiognomy.

חכמת־הרפואה s. medicine.

חכמת־התכונה s. astronomy.

חכמת־יון s. philosophy of the Greeks; foreign sciences חכמות נכריות.

חכמת־שלמה s. wisdom of King Solomon, great wisdom חכמה גדולה.

חל זיין v. n. to fall, occur (of a holiday) חול; to apply חול על־; to be obligatory חול על־, היה חובה על־.

חלאת s. (pl. ־ן) illness, sickness, disease מחלה.
— פֿאַרשטיין אַ חלאת (id.) to understand nothing לא הבן מאומה; געבן אַ חלאת to give nothing לא נתן מאומה.

חלב s. tallow.

חלבדיג adj. tallowy כחלב; tallowed משוח בחלב; = חלבן.

חלב־ודבש s. milk and honey.

חלבן adj. of tallow של חלב.
— אַ חלבנע ליכט a tallow-candle נר של חלב.

חלבנה s. galbanum (a kind of resin); something inferior דבר גרוע.

א) אין דעם שפּאַסיגן אויסדריק שטייט ק״ק פֿאַר קאַק; סערעבראָם איז רוסיש און באַטייט: אין זילבער.

א) אין סראַנער Handlexicon אונטער ותיק: chochom vattik — חכם ותיק. ב) אין דער באַדיטונג ביי ליפשיצן.

חלה s. (pl. חלות) loaf, sabbath loaf –; לֶחֶם חִטִּים white bread, wheaten bread; offering of dough, bread-offering –.
— נעמען חלה to separate the bread-offering (*by throwing a piece of the dough into the fire*) הפרש חלה.
חלום s. (pl. חלומות) dream –; fancy, imagination דִּמְיוֹן.
— אַ בייזער חלום an evil dream חלום רע.
— אַ פוסטער חלום a meaningless dream חלום שאין בו כלום.
— קומען צו חלום to appear in a dream הֵרָאה בחלום.
חלומען v. n. to dream חָלַם; to fancy דִּמָּה; || – זיך v. imp. to dream חָלַם; to seem הֵרָאֵה.
— עס האָט זיך מיר געחלומט I have dreamt חלמתי.
חלוף, חלופן = חילוף, חילופן.
חלוץ¹ s. (pl. חלוצים) vanguard –; pioneer –.
חלוץ² s. (pl. חלוצים) man releasing his brother's widow from the levirate marriage –.
חלוצה s. (pl. חלוצות) woman released from the levirate marriage –.
חלוק = חילוק.
חלוקה s. (pl. חלוקות) division, distribution –.
חלוקי-דעות = חילוקי-.
חליען v. n. (cont.) to be sick חָלָה; to lie in bed שָׁכַב בְּמִטָּה.
חלילה int. God forbid!, by no means! –.
חלילה-וָחס = חלילה.
חליען v. n. (cont.) to be ill, be sick חָלָה.
חליפּושניצע = חניפּושניצע.
חליפּושניק = חניפּושניק.
חליצה s. release from the levirate marriage –.
— געבן חליצה to release one's brother's widow from the levirate marriage חלץ, תת חליצה ליבמתו.
— נעמען חליצה to be released from the levirate marriage קבל חליצה מיבם.
חלי-רע = כאָלערע.
חלל s. (pl. –ים) vacuum –; cavity –, חור.
חלף s. (pl. חלפים) slaughterer's knife –.
חלפן s. (pl. חלפנים) money-changer, banker –, שֻׁלְחָנִי.
חלפנות s. money-exchange business, banking –.
חלק adj. blank (*of drawn lots*) –, בִּלְתִּי כָּתוּב.

חלק s. (pl. חלקים) part, portion –, מָנָה; part (*of a book*), volume –, כֶּרֶךְ.
— געבן אומעצן אַ חלק (id.) to give a person a piece of one's mind גער באיש.
חלק-לעולם-הבא s. a share in the world to come –.
חלקת-הלשון s. smoothness of the tongue, glib –.
חלש s. (pl. חלשים) weak or sickly man –.
חלשות s. nausea –, בְּחִילָה; faint, swoon –, הִתְעַלְּפוּת.
— פאַלן אין חלשות to faint, to swoon התעלף.
חלשותדיג adj. nauseous מְעוֹרֵר בְּחִילָה.
חלשות-טראָפּנס s. pl. spirit of sal-ammoniac, spirit of hartshorn טִפַּת שֶׁל כֹּהֶל נשדור.
חלשן v. n. to faint, swoon הִתְעַלֵּף; to have a strong desire הִשְׁתּוֹקֵק מְאֹד.
— חלשן נאָך עפּעס to have a strong desire for something השתוקק מאד לדבר.
— חלשן נאָך אומעצן to be infatuated with אהב מאד.
— חלשן עסן to be very hungry היה רעב מאד.
ח"מ abbr. = חתום-מטה.
חם = כאַם.
חמה s. wrath, anger –.
חמולע, חמוק = כאַמולע, כאַמוק.
חמור s. (pl. חמורים) ass, donkey –; dunce, stupid fellow בַּעַר, טִפֵּשׁ; (fl.) examining magistrate קסדור.
— עס ווענדט זיך וואו דער חמור שטייט (id.) the meaning of an ambiguous word is known by the context הוראת מלה הנשמעת לכמה פנים ידועה מהמשך הענין א).
חמוריש adj. asinine, stupid טִפְּשִׁי, קְשֵׁה הֲבָנָה; rude גַּס.
חמימה s. (pl. חמימות) heat, hot weather חֲמִימוּת, חֹם חָזָק.
חמישי ord. num. fifth –; fifth man at the reading of the Law (*in the synagogue*) הַחֲמִישִׁי הָעוֹלֶה לַתּוֹרָה.
חמץ s. leaven –, שְׂאוֹר, מַחְמֶצֶת; leavened bread –; (fl.) undesirabe person or thing אָדָם אוֹ דָבָר בִּלְתִּי רָצוּי; stolen goods דְּבָרִים גְּנוּבִים.
חמץ-בטלען v. n. (fl.) to remove stolen goods from the house בַּעֵר דְּבָרִים גְּנוּבִים מִן הַבַּיִת.

א) דער אויסדריק נעמט זיך דערפֿון, וואָס חמור קלינגט ווי דאָס אַראַמעאישע חמר, ווײַן. עס איז דאָ אַן אונטערשייד אין די תנועות (חֲמוֹר, חֲמַר), אָבער דער עולם רעדט אַרויס ביידע ווערטער גלייך: חָמֹר.

חמצדיג *adj.* containing leaven, having the properties of leaven שֶׁיֵשׁ בּוֹ חָמֵץ.

חמר = חַמוֹר.

חמר־אייזל *s.* fornicator נוֹאֵף.

חמש־מגילות *s. pl.* the five rolls (*the five biblical books: Canticles, Ruth, Lamentations, Ecclesiastes, Esther*).

חמשה *num.* five.

חמשה חומשי תורה *s. pl.* the five books of the Law, the Pentateuch.

חמשה־עשר־בשבט *s.* the fifteenth day of the month of Shebat which is New-Year's day for trees (*a semi-holiday*).

חמשים *num.* fifty.

חן *s.* (*pl.* ־ען) grace, favor; attraction. — געפינען חן ביי אומעצן to find grace in a person's eyes מצא חן בעיני איש. — האבן דעם זיבעטן חן to be very beautiful, to be charming היה יפה מאד, היה נחמד.

חן־באראָדעווקע *s.* (*pl.* ־ס) beauty wart יַבֶּלֶת־חֵן.

חן־גריבע||לע *s.* (*pl.* ־לעך) beauty dimple גּוּמַת־חֵן.

חנדל *s.* (*pl.* ־עך) coquettish look or mien מַבָּט אוֹ תְּנוּעָה שֶׁל הִתְגַנְדְּרוּת.

חנ״ה *abbr.* = חלה, נדה, הדלקה dough-offering, conduct during the menses, kindling of the Sabbath lights (*the three obligations of Jewish women*).

חנוך = חִינוּךְ.

חנוכה *s.* Hanukah, feast of the Maccabees.

חנוכה־געלט *s.* Hanukah money, pecuniary presents *or* tips given on the feast of the Maccabees מַתְּנַת כֶּסֶף לִכְבוֹד הַחֲנֻכָּה.

חנוכה־דריידל *s.* (*pl.* ־עך) Hanukah top, Hanukah teetotum סְבִיבוֹן לַחֲנֻכָּה.

חנוכה־לאָמפ *s.* (*pl.* ־ן) Hanukah lamp מְנוֹרָה לַחֲנֻכָּה.

חנוכה־ליכטל *s.* (*pl.* ־עך) Hanukah candle נֵר חֲנֻכָּה.

חנוכה־לעמפל, פארקלענערוואָרט פון חנוכה־לאָמפ.

חנוכת־הבית *s.* dedication of a house; dedication of a synagogue.

חנינה *s.* mercy ־, רַחֲמִים.

חניפה *s.* (*pl.* חניפות) flattery חֲנֻפָּה.

חניפהניק *s.* (*pl.* ־עס) flatterer חוֹנֵף, מַחֲלִיק לָשׁוֹן.

חניפהניקל, פארקלענערוואָרט פון חניפהניק.

חניפושניצע *s.* (*pl.* ־ס) female flatterer מַחֲלִיקָה לָשׁוֹן.

חניפושניק *s.* (*pl.* ־עס) flatterer חוֹנֵף, מַחֲלִיק לָשׁוֹן.

חנם = חִינָם.

חן־מאַכער *s.* (*pl.* ־) affected person, אָדָם מִתְיַפֶּה, אִישׁ מִתְהַדֵּר.

חנעוודיג *adj.* graceful מָלֵא חֵן.

חנפ||ען, ־ענען *v. a.* to flatter הַחֲנֵף, הַחֲלֵק לָשׁוֹן.

חנק *s.* strangling (*one of the four modes of capital punishment among the ancient Hebrews*).

חס האָבן, ז. חס זיין.

חסד *s.* (*pl.* חסדים) favor; benevolence. — עס איז מוס חסד (*id.*) it is endurable אפשר לנשוא, לא רע.

חס־וחלילה *int.* God forbid!

חסור = חִיסוּר.

חס־ושלום = חַס־וְחָלִילָה.

חס זיין *v. n.* to have pity חוּס.

חסיד *s.* (*pl.* חסידים) pious man; adherent, follower; adherent of the Chassidic sect חָבֵר לְכַּת.

חסידאַרניע *s.* Chassidic oratory בֵּית תְּפִלָּה שֶׁל הַחֲסִידִים.

חסידות *s.* Chassidism.

חסידי־אומות־העולם *s. pl.* the pious among the gentiles.

חסידים־שטיבל = חַסִידאַרניע.

חסידיש *adj.* Chassidic, appertaining to the Chassidic sect שֶׁל הַחֲסִידִים.

חסידל *s.* (*pl.* ־עך) Chassid חָסִיד; Chassidic tune *or* dance נִגּוּן אוֹ מָחוֹל שֶׁל הַחֲסִידִים.

חסיד־שוטה *s.* foolish saint; foolish adherent of the Chassidic sect.

חסידקע *s.* (*pl.* ־ס) the wife of a Chassid אֵשֶׁת חָסִיד.

חסר *s.* (*pl.* חסרים) something defective; defective month (*a Jewish month having only 29 days*).

חסר ווערן *v. a. n.* to lose אִבֵּד; to be lost הֵאָבֵד, הֵעָלֵם.

חסרדיג *adj.* defective שֶׁחָסֵר בּוֹ, שֶׁאֵינֶנּוּ שָׁלֵם.

חסר־דעה *pred.* insane, crazy חֲסַר דֵּעָה, מְשֻׁגָּע.

חסר־דעהניק *s.* (*pl.* ־עס) insane man, crazy person אָדָם חֲסַר דֵּעָה.

חסרון *s.* (*pl.* חסרונות) defect, fault.

חסרון־כיס *s.* loss of money, pecuniary loss.

חפה = חוּפָּה.

חפץ *s.* (*pl.* חפצים) thing ־, article; דָּבָר. — אַ טייערער חפץ a costly thing דבר יקר ערך; a fine fellow (*fig. iro.*) אדם נאה.

חֲפָצוֹת, חֲפָצִיּוֹת *s. pl.* manners מִדּוֹת; whims שִׁגְעוֹנוֹת.

חִצוֹנִיּוֹת = חִיצוֹנִיּוֹת.

חָצוּף *s.* (*pl.* חצופים) arrogant man, insolent fellow ־.

חֲצוּפָה *s.* (*pl.* חצופות) wanton woman פְּרוּצָה.

חֲצוּפַּסְטְע *s.* (*pl.* ־ס) wanton woman פְּרוּצָה.

חָצוּפִיש *adj.* wanton פָּרוּץ.

חֲצוֹת *s.* midnight service, nocturn תִּקּוּן חֲצוֹת.

— אָפּריכטן חצות to perform the midnight service עשה תקון חצות.

חֲצִי־חִינָם, ז. בַּחֲצִי־חִינָם.

חֲצִיפוּת *s.* impudence ־, חֻצְפָּה; wantonness פְּרִיצוּת.

חֲצִי־שַׁבָּתל *s.* (*pl.* ־עך) a kind of cap מִין כֹּבַע.

ח״ק *abbr.* = חֶבְרָה־קַדִּישָׁא.

חֲקִירָה *s.* (*pl.* חֲקִירוֹת) inquiry, investigation ־; philosophy פִּילוֹסוֹפְיָה.

חֲקִירָה־וּדְרִישָׁה *s.* thorough investigation ־.

חֲקִירָהן *v. n.* to inquire חָקֹר; to philosophise הִתְפַּלְסֵף.

חֲקִירָה־‖סֵפֶר *s.* (*pl.* ־סְפָרִים) philosophic book סֵפֶר פִּילוֹסוֹפִי.

חַקְרָן *s.* (*pl.* חַקְרָנִים) inquirer ־, חוקר; philosopher ־, פִּילוֹסוֹף.

חַקְרָנטע *s.* (*pl.* ־ס) female inquirer חַקְרָנִית.

חַקְרָנען זיך *v. r.* to philosophise הִתְפַּלְסֵף.

חָרֵב *adj.* destroyed הָרוּס; waste ־, שָׁמֵם.

חָרֵב־וּמוּחְרָב *adj.* utterly destroyed הָרוּס עַד הַיְסוֹד; utterly waste שָׁמֵם מְאֹד.

חָרוּב = חָרֵב.

חֲרוֹסֶת *s.* a mixture of fruits, nuts, spices, and wine used at the Passover ceremony as a symbol of the mortar the Hebrews made in Egypt ־.

חָרוּץ *s.* (*pl.* חֲרוּצִים) diligent man אִישׁ חָרוּץ, אָדָם זָרִיז; keen person אִישׁ חָרִיף.

חֲרָטָה *s.* (*pl.* חֲרָטוֹת) regret ־, נִחַם.

— האָבן חרטה to regret התחרט, התנחם; to change one's mind שנה את דעתו.

— (*id.*) חרטה איז נים מעשה סוחר it is not becoming a man to change his mind לא נאה לאדם לשנות את דעתו.

חֲרָטָה־געלט *s.* smart-money דְּמֵי חֲרָטָה.

חַרְטֻמִּים *s. pl.* Egyptian sages, sacred scribes ־.

חַרְטֻמִּים־כְּתָב *s.* hieroglyphic writing כְּתָב הַחַרְטֻמִּים.

חָרִיף *s.* (*pl.* חֲרִיפִים) sagacious person בַּעַל שֵׂכֶל חָרִיף; sagacious scholar לַמְדָן חָרִיף.

חֲרִיפוּת *s.* sagacity, keenness ־.

חֲרִיפוּתדִיג *adj.* sagacious, keen חָרִיף; **excellent** מְאֹד נַעֲלֶה.

חֲרִיצוּת *s.* diligence ־; sagacity, keenness חֲרִיפוּת.

חֵרֶם *s.* (־ס, *pl.* חֲרָמִים) anathema, ban, excommunication ־; ז. חֲרָמוֹת.

— אַרײַנלײגן אין חרם to anathematise, to excommunicate הַחֲרֵם.

חֵרֶם דְּרַבֵּנוּ גֵּרְשׁוֹם *s.* anathema of Rabbi Gershom (*anathema against polygamy, divorcing a woman without her consent, and the opening of correspondence by a person other than the addressee*) ־.

חֲרָמוֹת *s. pl.* curses קְלָלוֹת.

חֶרֶס־הַנִּשְׁבָּר *s.* broken potsherd ־; man (*fig.*) הָאָדָם.

חֶרְפָּה *s.* (*pl.* חֶרְפּוֹת) disgrace, shame ־, בּוּשָׁה.

חֶרְפּוֹת־וּבִיוּשִׁים *s. pl.* great disgrace חֶרְפָּה גְּדוֹלָה, דֵּי בִּזָּיוֹן.

חֵרֶשׁ *s.* hush-money דְּמֵי שְׁתִיקָה; bribe שֹׁחַד.

חֵרֶשׁ־שׁוֹטֶה־וְקָטָן *s. pl.* a deaf person, an idiot, and a minor (*persons who are not responsible for their acts*) ־.

חֶשְׁבּוֹן *s.* (*pl.* חֶשְׁבּוֹנוֹת) reckoning ־; account ־; bill ־.

— אויף דעם חשבון פון... at the expense of... על חשבונו של...

חֶשְׁבּוֹן־הַנֶּפֶשׁ *s.* "account of the soul," introspection ־.

חֶשְׁבּוֹנען *v. a.* to reckon, count חָשֹׁב, מָנֹה.

חֶשְׁבּוֹן־צֶדֶק *s.* just account, true account ־.

חֲשַׁד *s.* (*pl.* חֲשָׁדִים) suspicion ־.

חָשׁוּב *adj.* (*pl.* חֲשׁוּבִים) esteemed, respected ־; prominent ־; important ‖ ־קײַט *s.* esteemableness חֲשִׁיבוּת.

חָשׁוּד *adj.* suspected ־.

חֶשְׁוָן, חֶשְׁוָון *s.* the Jewish month Heshvan (*October-November*) ־.

חֲשִׁיבוּת *s.* esteem ־; prominence ־; importance ־.

חֹשֶׁךְ = חוֹשֶׁךְ.

חֲשֵׁכוּת *s.* darkness חֹשֶׁךְ, אֲפֵלָה.

חשכן, חשכניש = חושכן, חושכניש.

חַשְׁמוֹנָאִים *npr. pl.* the Hasmoneans (*the original family name of the Maccabeans*) ־.

חשן = חושן.

חשן־וְאֵפוֹד = חושן־.

חשן־מִשְׁפָּט = חושן־.

חֵשֶׁק *s.* desire ־; diligence ־.

חשש *s.* apprehension, suspicion.

חשש־חמץ *s.* a suspicion of leaven, a trace of leaven.

חת־דרגה = נחות־דרגה.

חתום *s.* (*pl.* חתומים) one undersigned; subscriber.

חתום־מטה *s.* (*pl.* חתומים־מטה) one undersigned below.

חתונה *s.* (*pl.* חתונות) wedding, marriage; nuptials; confusion, turmoil (*fig.*) מבוכה, מהומה.
— חתונה מאַכן to give in marriage השא, תת לאיש; to marry, wive השא אשה; (*sl.*) to destroy something הרס דבר.
— חתונה האָבן to marry, to get married הנשא.
— (*id.*) טאַנצן אויף צוויי חתונות to play two parts at a time היה לאיש שני תפקידים בעת אחת.

חתונה־קלייד *s.* (*pl.* ־ער) wedding-dress בגד לחתונה.

חתיכה *s.* (*pl.* חתיכות) piece.

חתימה *s.* (*pl.* חתימות) signature; seal.

חתימה־טובה *s.* "good sealing," sealing of a favorable decree for the new year.

חתימה־שטעכער *s.* (—, — ס *pl.*) seal-engraver מחוקק חותמות.

חתימת־התלמוד *s.* completion of the redaction of the Talmud.

חתימת־זקן *s.* full beard.

חתמ||ען, — ענען *v. a.* to sign חתם; || — זיך *v. r.* to sign one's name חתם את שמו.

חתן *s.* (*pl.* חתנים) bridegroom; intended, fiancé, ארוס.

חתן־||בחור *s.* (— בחורים *pl.*) marriageable young man בחור ראוי לנשואים.

חתן־כלה *s. pl.* bridegroom and bride, engaged couple חתן וכלה, ארוס וארוסה.

חתן־מאָל *s.* entertainment of the bridegroom משתה החתן.

ט.

ט *s.* the ninth letter of the Hebrew alphabet האות התשיעית של האלף־בית העברי; || *num.* nine תשעה.

טאַ *int.* eh!. well! עתה!

טאָ *conj.* then ובכן, אפוא.
— טאָ זאָל זײַן אַזוי then let it be so ובכן יהיה כך.
— טאָ פֿאַרוואָס גייט ער נים? why does he not go then? מדוע זה איננו הולך?

טאַבאַטשניק *s.* (*pl.* ־עס) tobacconist מוכר טבק; dealer in snuff מוכר טבק להריח.

טאַבאַק *s.* tobacco טבק; ז. טאַבעק.

טאַבון *s.* (*pl.* ־עס) drove of horses עדר סוסים.

טאַבונסקע *adj.* of a drove (*of horses*) של עדר (סוסים).

טאַבליצע *s.* (*pl.* ־ס) table לוח, טבלה.

טאַבעל *s.* holiday, gala-day חג.

טאַבעלטיר *s.* symmetry, proportion תאום, שווי המדה, ערך א).

טאַבעלנע *adj.* of holiday של חג.

טאַבעלע *s.* (*pl.* ־ס) table לוח.

טאַבעק *s.* snuff טבק להריח.

טאַבעקירקע *s.* (*pl.* ־ס) snuff box קפסת טבק להריח.

טאַבעקע = טאַבעק.

טאַבעק־פּושקעלע = טאַבעקירקע.

טאָג *s.* (*pl.* טעג) day יום.
— עסן טעג to have free board by days in several houses אכל על שולחן אחרים בימים קצובים.
— בײַ טאָג by day, in the day-time ביום.
— טאָג פֿאַר טאָג day by day יום יום.
— אײן טאָג איבערן אַנדערן every other day בכל שני ימים.
— עס ווערט טאָג the day breaks, it dawns הבקר מאיר.
— אין מיטן העלן טאָג in broad day-light בעצם היום.
— אַ גוטן טאָג! good day! שלום!, חיה בטוב!
— לעבן אַ גוטן טאָג to enjoy life התענג בחיים.
— קלאָר ווי דער טאָג as clear as noonday ברור כיום, ברור כשמש.
— (*id.*) לויבן אין טאָג אַרײַן to praise exceedingly הרבה להלל.
— (*id.*) אַ נעכטיגער טאָג! not at all!, nothing of the kind! לא היו דברים מעולם!

טאָג־אַרבעט *s.* day-labor עבודת יום.

טאָג־אַרבעטער *s.* (*pl.* —) day-laborer שכיר יום.

א) ביי ליפשיצן.

טאָג־בוך s. (pl. ־ביכער) journal סֵפֶר יוֹמִי; diary יוֹמָן.

טאָג־בלאַט s. (pl. ־בלעטער) daily paper יוֹמָן.

טאָגן v. n. to dawn עָלֹה הַשַּׁחַר.

טאָגעדיג adj. daily יוֹמִי.

טאָוואַר s. goods, merchandise סְחוֹרָה.

טאָוואַרישטשעס s. journeymen פּוֹעֲלִים.

טאָוואַרנע adj. of goods, of merchandise שֶׁל סְחוֹרָה.

— טאָוואַרנער פּאָיעזד freight-train רכבת של סחורה.

— טאָוואַרנע סטאַנציע freight-station, goods-station תחנה של סחורה.

טאָוול s. (pl. ־ען) tablet לוּחַ (של אבן וכד׳) א); board, cover לוּחַ (צפוי לספר).

— לייענען אַ בוך פֿון טאָוול בּיז טאָוול to read a book from beginning to end קרא ספר מראש עד סוף.

טאָוול־פּאַפּיר s. pasteboard לוּחַ נְיָר מְדֻבָּק.

טאַט s. (pl. ־ן) deed מַעֲשֶׂה.

טאַטאַרסקע adj. Tartar תַּתָּרִי, שֶׁל עַם הַתַּתָּרִים.

טאַטאַרסקע זיליע s. reed, rush סוּף, קְלָמוֹס.

טאַטינקע s. (pl. ־ס) dear father אָב יָקָר.

טאַטינקעס int. gracious! מָרְיָה דְאַבְרָהָם.

טאַטיש adj. of a father שֶׁל אָב; fatherlike כְּאָב.

טאַטנס־טאַטע s. father's father אֲבִי הָאָב.

— (sl.) מאַכן אין טאַטנס־טאַטן אַריין to curse a person's father קלל אבי איש.

טאַטע s. (pl. ־ס) father אָב; papa אַבָּא.

— (id.) אָװעקלייגן דעם טאַטן to sign one's name חתם את שמו ב).

— (joc.) אַ טאַטן ווייזט מען ניט קיין האַלבע אַרבעט one must not show a fool anything unfinished אין מראים לשוטה דבר שלא נגמר.

טאַטע־יונה int. (joc.) O heaven!, O God! אָבִינוּ שֶׁבַּשָּׁמַיִם!

טאַטע־מאַמע s. pl. father and mother, parents אָב וָאֵם, הוֹרִים.

טאַטע־פֿאָטער int. O heaven!, O God! אָבִינוּ שֶׁבַּשָּׁמַיִם!

טאַטער s. (־ן, ־ס pl.) Tartar תַּתָּר; conjurer יִדְּעוֹנִי.

טאַטעריש adj. Tartaric תַּתָּרִי; || s. Tartar language לְשׁוֹן הַתַּתָּרִים.

א) „לוחות אבנים" אין דער תורה פֿלעגן מלמדים טייטשן „שטיינערנע טאָוולען". ב) דער אויסדריק נעמט זיך נעיוים דערפֿון, וואָס פֿאַרצייטן פֿלעגן יידן ביים אונטערשרייבן זיך אָנגעבן דעם טאַטנס נאָמען, ווי: יצחק בן יעקב, דוד בן משה א. א. וו.

טאָטשילע s. (pl. ־ס) whetstone, grindstone מַשְׁחָזֶת.

טאָטשען v. a. to gnaw נַקֵּר.

טאָטשקע s. (pl. ־ס) wheelbarrow עֲגָלַת יָד.

טאָילקע s. (pl. ־ס) skein, hank דּוֹלְלָה (פקעת חוטים).

טאָכטער s. (pl. טעכטער) daughter בַּת.

טאָכטערלאָ s. (cont.) daughter בַּת.

טאָל s. (pl. ־ן) valley עֵמֶק.

טאַלאַנט s. (pl. ־ן) talent כִּשְׁרוֹן.

טאַלאַפּען, טאַלאַפּקען = בראָדזען.

טאַלענטפֿול adj. talented בַּעַל כִּשְׁרוֹן.

טאַליע s. (pl. ־ס) figure, shape גִּזְרַת הַגּוּף; waist מָתְנַיִם; pack (of cards) צְרוֹר (של קלפים).

טאָלמאַטש s. (pl. ־עס) interpreter תֻּרְגְּמָן, מֵלִיץ.

טאָלמאַטשען v. a. to interpret תַּרְגֵּם.

טאַלמע s. (pl. ־ס) a kind of long cloak (for ladies) מְעִיל אָרֹךְ (לנשים).

טאַלעבענדען זיך v. r. to stroll טַיֵּל; to dangle הִתְנַעֲנֵעַ.

טאַלעפּוס s. (pl. ־עס) big-bellied person בַּעַל כֶּרֶס.

טאַלעפּעטשען v. n. to jabber נַמְנֵם.

טאַלעץ s. throwing הַשְׁלָכָה.

— אַ טאַלעץ געבן אַרויס to throw out השלך החוצה.

טאַלער s. (pl. ־ס) thaler שֶׁקֶל גֶּרְמָנִי; dollar (Am.) שֶׁקֶל אֲמֵרִיקָנִי (= דאָלער).

טאָלעראַנט adj. tolerant סַבְלָן.

טאָלעראַנץ s. tolerance סַבְלָנוּת.

טאַלפּאַס = טאַלעפּוס.

טאָלק s. (pl. ־ע) order סֵדֶר.

— דערגיין אַ טאָלק to make out הבן דבר לאשורו.

— ניט קענען דערגיין קיין טאָלק not to be able to make head or tail of a thing לא יכל להבן.

— רעדן מיט אַ טאָלק to speak clearly or plainly דבר בטוב טעם.

טאָלקעווען v. n. to explain בָּאֵר; to talk דַּבֵּר.

טאַמאָזשנע s. (pl. ־ס) custom-house בֵּית הַמֶּכֶס.

טאָמבאַק s. tombac, pinchbeck טוּמְבָּק, נְחֹשֶׁת לְבָנָה (נחשת מעורבת עם בדיל).

טאָמבאַקן adj. of tombac שֶׁל טוּמְבָּק.

טאָמער adv. maybe, perchance אֶפְשָׁר, אוּלַי, שֶׁמָּא; פֶּן || conj. if, in case אִם.

— טאָמער פֿאַרקערט maybe it is the contrary אולי הוא ההפך מזה.

— טאָמער קומט ער — זאָג עם אים if he comes, tell it to him אם יבוא תגידו לו זאת.

— איך האָב מורא טאָמער וועט זי חלשן I am afraid she will faint ירא אנכי פן תתעלף.

טאָן¹ *s.* (*pl.* טענער) sound, tone, note קול; tone, manners, fashion טַעַם; accent מִדָּה, מִנְהָג.

— געבן דעם טאָן to give the note נתן קול היסודי לשיר; to set the fashion היה למופת במנהג חדש; to lead הורה דרך.

טאָן² *v. a. n.* (*p. p.* געטאָן) to do, act עָשָׂה; || — זיך *v. r.* to be done הֵעָשָׂה; to happen, be going on קָרֹה, הֵעָשָׂה.

— טאָן אַן אַרבעט to do work עשה מלאכה.

— טאָן געשעפֿט to do business עסק במסחר.

— טאָן אַ טרונק בראָנפֿן to take a drink of whiskey שתה כוס יין שרף.

— טאָן אַ זעץ, טאָן אַ קלאַפּ to strike a blow הכה פעם אחת, הכה.

— טאָן אַ שפּרונג to take a leap רקד פעם אחת, רקד.

— טאָן אַ געשריי to utter a scream צעק; to hollow at נתן בקול על־, גער ב־.

— טאָן אַ זעץ מיטן טיר to bang the door סגר הדלת בחזקה.

— טאָן אַ טופּ מיטן פֿוס to stamp one's foot רקע ברגל.

— קריגן עפּעס צו טאָן to get some work השיג עבודה.

— טאָן צו ווסן, צו ווסן טאָן to inform הודיע.

— אומעצן עפּעס טאָן to do a person an injury, to hurt a person עשה רעה לאיש.

— האָבן מיט אומעצן צו טאָן to have dealings with a person היה משא ומתן לאיש עם־; to have a difference with a person היה דין ודברים לאדם עם־.

— דאָס האָט מיט אייך ניט צו טאָן it has nothing to do with you אין הדבר הזה נוגע לך.

— האָב מיט אים ניט צו טאָן! leave him alone! הרפה ממנו!

— טאָן אומעצן צום טויט to vex a person to death, to worry the life out of a person הציק לאיש מאד.

— טאָן מיט אומעצן, טאָן מיט אומעצן אַ שידוך to enter into an alliance of marriage with a person השתדך או התחתן עם איש.

— עס טוט זיך ניט ווי עס רעדט זיך it is easier said than done נקל לדבר מעשות דבר.

— וואָס טוט זיך דאָ? what is happening *or* going on here?, what is up here? מה נעשה פה?

— וואָס טוט זיך מיט אים? what is the matter with him? מה לו?

— עס טוט זיך! there is a great hubbub! מעשים! שאון ומהומה!

— עס האָט זיך אַ בוסל געטאָן! it was quite lively! שאון גדול היה שם!

טאָנבאַנק *s.* (*pl.* — בענק) counter, shop-counter שֻׁלְחַן חֲנוּת.

טאָן־געבער *s.* (*pl.* —, — ס) leader מַנְהִיג, מוֹרֵה דֶרֶךְ.

טאַנדעט *s.* second-hand goods, old clothes בְּגָדִים יְשָׁנִים; bungling work מְלָאכָה נְפָה וּפְחוּתָה.

טאַנדעטניצע *s.* (*pl.* — ס) woman dealing in old clothes אִשָּׁה מוֹכֶרֶת בְּגָדִים יְשָׁנִים.

טאַנדעטניק *s.* (*pl.* — עס) dealer in old clothes מוֹכֵר בְּגָדִים יְשָׁנִים; botching *or* jobbing tailor חַיָּט נָם.

טאַנדעטנע *adj.* second-hand, old יָשָׁן (בגדים), botched נָם (מלאכה).

— טאַנדעטנע אַרבעט bungling work מלאכה נפה.

טאַנדעט־שניידער *s.* (*pl.* —, — ס) botching tailor חַיָּט נָם.

טאַניקלאַט *s.* satin-cloth? מִין אַטְלַס? א)

טאַנענבוים *s.* (*pl.* — ביימער) fir-tree אַשּׁוּחַ.

טאַנץ *s.* (*pl.* טענץ) dance מָחוֹל.

טאַנצמייַסטער *s.* (*pl.* — ס) dancing-master מְלַמֵּד מְחוֹלוֹת.

טאַנצן *v. n.* to dance חוּל בְּמָחוֹל; רָקַד.

— טאַנצן אַרום אומעצן (*id.*) to pay great attention to a person הלך אחרי איש, שמש לאיש.

טאַסן, טאַסעווען *v. a.* to shuffle (*cards*) נָעַר (קלפים).

טאַסקע = שלעפּ.

טאַסקעזוליע = טאַטאַרסקע זוליע.

טאַסקען = שלעפּן.

טאַפּ *s.* (*pl.* — ן) touch, feeling מִשּׁוּשׁ.

— געבן אַ טאַפּ to feel מַשֵּׁשׁ.

טאָפּ *s.* (*pl.* טעפּ) pot פָּרוּר, קְדֵרָה; peck קַב (מדה יבשה); gallon מִדָּה לְמַשְׁקֶה (= $4\frac{1}{2}$ ליטר).

טאָפּאַז *s.* (*pl.* — ן) topaz פִּטְדָה.

טאָפּאָל־בוים *s.* (*pl.* — ביימען, — ביימער) poplar tree צַפְצָפָה.

טאָפּאָליע = טאָפּאָל־בוים.

טאָפּאַס = טאָפּאַז.

טאָפּאָריסקע = טאָפּאָרישטשע.

טאָפּ־געבראָטנס *s.* pot-roast צְלִי קְדֵרָה.

טאַפּטשאַן *s.* (*pl.* — עס) plank-bed, bed of boards מִשְׁכַּב קְרָשִׁים.

טאַפּטשאַן *s.* (*pl.* — עס) shelf for plates and dishes אִצְטַבָּה לְכֵלִים.

טאָפּטשען *v. a.* to tread רָמַס.

טאָפּל *adj.* double כָּפוּל; || *adv.* double בִּכְפָלַיִם, פִּי שְׁנַיִם.

א) ביי ליפשיצן, איבערגעזעצט сатинблокъ.

טאַפּליע .s (‒ ס .pl) pane of glass לוח זכוכית. panel שִׁמְשָׁה; לוּחַ עֵץ (לתשבץ).
טאָפּלען .v. a to double כַּפֵּל; to multiply כַּפֵּל (מספר).
טאַפּן .v. a to feel מַשֵּׁשׁ; to grope גַּשֵּׁשׁ (כעור).
טאַפּעצירן .v. a to upholster סַפֵּן, צַפֵּה (רהיטים); to hang with paper צַפֵּה בִנְיָר.
טאַפּעציר־נאָדל .s (‒ען .pl) tapestry-needle מַחַט לִמְלֶאכֶת הַצִּפּוּי.
טאַפּעצירער .s (‒ .pl) upholsterer מְצַפֵּה רָהִיטִים; paper-hanger, paperer מְצַפֵּה בִנְיָר.
טאַפּעצירעריי .s upholstery צִפּוּי רָהִיטִים; paper-hanging צִפּוּי בִנְיָר.
טאָפּאָרישטשע .s (‒ס .pl) handle of an axe יַד הַקַּרְדֹּם.
טאַפֿט .s taffeta אַטּוּן מֶשִׁי.
טאַפֿטן .adj of taffeta שֶׁל אַטּוּן מֶשִׁי.
טאַץ .s (‒ן .pl) tray טַס.
טאַצן .s. pl cymbals מְצִלְתַּיִם.
טאַק = טאַקע.
טאָק¹ .s (‒ן .pl) turner's lathe שֻׁלְחַן הַמְּלָאכָה שֶׁל חָרָשׁ; turner's work מַעֲשֵׂה חָרָשׁ.
טאָק² .s (‒ן .pl) doll בֻּבָּא.
טאָקאַרניע .s (‒ס .pl) turner's shop בֵּית חֲרֹשֶׁת הֶחָרָשׁ; turning-lathe שֻׁלְחַן הֶחָרָשׁ.
טאָקאַרסקע .adj of a turner שֶׁל חָרָשׁ.
טאַקטור .s pasteboard לוּחַ נְיָר מְדֻבָּק.
טאַקטורן .adj of pasteboard שֶׁל לוּחַ נְיָר מְדֻבָּק.
טאָקײַער .adj of Tokaj שֶׁל טוֹקַי (עיר בהונגריה); ‖ .s Tokay יֵין טוֹקַי.
טאָקן .v. a to turn חָרֹשׁ; to elaborate (fig.) עַבֵּד הֵיטֵב, שַׁכְלֵל.
טאַקסירן .v. a to tax, rate הַעֲרֵךְ.
טאַקסירונג .s taxation, rating הַעֲרָכָה.
טאַקסע .s (‒ס .pl) tax מֶכֶס; fixed price מֶקַח קָצוּב.
טאַקע .adv indeed, really אָמְנָם, כֵּן, בֶּאֱמֶת.
טאַקעוש = טאַקע.
טאָקער .s (‒ס .pl) turner חָרָשׁ.
טאָקערש .adj turner's שֶׁל חָרָשׁ.
טאַקעש = טאַקע.
טאַראַבאַן .s drum תֹּף.
טאַראַבאַניען .v. n to drum תּוֹפֵף.
טאַראַטשען = טאַראַשטשען.
טאַראַנטאַז .s tarantass, traveling coach עֲגָלַת מַסָּע (ברוסיה).
טאַראָפּעטשען זיך .v. r to wrestle, struggle פַּרְכֵּס.
טאַראַקאַן .s (‒עס .pl) cockroach מַקָּק.

טאַראַראַך .int thump! קוֹל דָּבָר בְּנָפְלוֹ; ‖ .s noise שָׁאוֹן.
טאַראַראַם .s (‒עס .pl) noise, tumult שָׁאוֹן.
טאַראַראַמעווען, טאַרעראַמען .v. n to make a noise הָקֵם שָׁאוֹן.
טאַראַראַמטשיק .s (‒עס .pl) noise maker הוֹמֶה, שׁוֹאֵן.
טאַראַשטשען .v. a to open wide (one's eyes) הַרְחֵב עֵינָיו.
טאָרבע .s (‒עס .pl) bag תַּרְמִיל.
— זײַדענע טאָרבע a sliken bag תרמיל של משי; aristocratic beggar (fig.) עני בן טובים.
טאָרג .s (‒עס .pl) bidding, auction הִתְחָרוּת סוֹחֲרִים, מְכִירָה פֻּמְבִּית.
טאָרגעווען .v. n to bargain, trade סָחֹר, תַּגֵּר.
טאָרט .s (‒ן .pl) tart לַחְמָנִיָּה, פַּשְׁטִידָה.
טאַרטאַק .s (‒עס .pl) sawmill מַנְסֵרָה.
טאָרטורעס .s. pl rack אוֹפַן עִנּוּי.
— ציִען אויף טאָרטורעס (fig.) to extend to the utmost המשך או הארך עד כמה שאפשר.
טאַריף .s (‒ן .pl) tariff תַּעֲרִיף (רשימת מחירים או מסים).
טאָרמאָשען .v. a to shake, stir הָנֵעַ, עוֹרֵר.
טאָרן .v. n to be allowed הָיֹה מֻתָּר.
— נישט טאָרן to be forbidden היה אסור.
— מע טאָר נישט it is forbidden אסור הוא.
טאָרנאַדאָ .s (‒ס .pl) tornado עַלְעוֹל.
טאַרע .s (‒ס .pl) tare (com.) מִשְׁקַל הַחִתּוּלִים (בסחורה).
טאַרעווען .v. a to tare נַכֵּה מִשְׁקַל הַחִתּוּלִים (בסחורה).
טאַרען .v. a to pull about מְשֹׁךְ הֵנָּה וָהֵנָּה; to harass, annoy, vex הָצֵק; to urge, spur on הָאֵץ.
— עס טאַרעט פֿון אים די קישקעס ארויס (id.) he is embittered, he is pained הוא מתחמץ, הוא מתמרמר.
טאָרעם = טוּרעם².
טאָרף .s turf, peat כָּבוּל (חמר להסקה).
טאָרפּענטין .s turpentine שְׂרַף הָאֵלָה.
טאָרקע .s (‒ס .pl) grater מַמְפִיָּה (מגררת לגרד בה חזרת, תפוחי אדמה וכדי).
טאָרקע .s (‒ס .pl) push דְּחִיפָה.
— אַ טאָרקע טאָן to push דחף.
טאָרקען .v. a to touch נָגֹעַ; to push דָּחֹף.
טאַשמע .s (‒ס .pl) tape סֶרֶט.
טאַשן = טאַסעווען.
טאַשעמקע, פֿאַרקלענערוואָרט פֿון טאַשמע.
טְבִילָה .s (טְבִילוֹת .pl) dipping, immersion ‒; baptism ‒; ablution ‒ (של נוצרים).

טְבִיעוּת־עַיִן s. "impression of the eye," keen sight -.
טֶבַע s. nature -; property -, תְּכוּנָה.
טִבְעִיוּת s. naturalism -.
טַבַּעַת־קִידוּשִׁין s. marriage-ring -.
טֵבֵת s. the Jewish month Tebeth (December-January) הַחֹדֶשׁ טֵבֵת.
ט״ג abbr. = טײַטשער גראָשן.
טָהוֹר adj. (טְהוֹרִים .pl) clean -; pure -.
טַהֲרָה s. cleanness -; purification -; ablution of a dead body before the burial טָהֳרַת הַמֵּת.
טַהֲרה־ברעט s. (- ער .pl) ablution board (for washing dead bodies before burial) -.
טַהֲרה־שטיבל s. (- עך .pl) chamber of ablution (for washing dead bodies before burial) -.
טו = טאָ.
ט״ו num. fifteen חֲמִשָּׁה עָשָׂר.
ט״ו־כִּסְלֵיו s. the 15-th day of Kislev (a fast for the souls of the departed) -.
טואַלעט s. toilet קִשּׁוּט; dressing-table שֻׁלְחַן לְקִשּׁוּט הַנָּשִׁים; dress, toilett הַלְבָּשָׁה.
טוֹב adj. (טוֹבִים .pl) good -.
טוֹב־דְטוֹב adj. the very best הַטּוֹב מִכֹּל.
טוֹבה s. (טוֹבוֹת .pl) service, favor -; benefit תּוֹעֶלֶת.
טוֹב־הַקָהל s. (טוֹבֵי־הַקָהָל .pl) elder of the community מַנְהִיג הָעֵדָה.
טוֹבֵי־הָעִיר s. pl. elders of the city מַנְהִיגֵי הָעִיר.
טוֹבל זײַן v. a. to dip, immerse טָבֹל.
— טובל זײַן דו נשמה (joc.) to take a drink שתה כוס יין שרף.
טוֹבלען v. a. to dip, immerse טָבֹל; ‖ — זיך v. r. to immerse oneself טָבֹל.
טוֹבת־הַכְּלָל s. the good of the public -.
טוֹבת־הֲנָאה s. benefit הֲנָאָה, תּוֹעֶלֶת.
טוואַן s. (- עס .pl) mud בּוֹץ, רֶפֶשׁ.
טוואָרעך = צוואָרעך.
טווש adv. in the footsteps בְּעִקְבֵי־.
— טווש נאָך אים in his footsteps בעקביו.
טוטון = טיטון.
טוטשע s. (- ס .pl) cloud עָנָן; swarm, host הָמוֹן.
טוי s. dew טַל.
טויב¹ s. (- ן .pl) dove, pigeon יוֹנָה.
— ער וויל נעבראָטענע טויבן זאָלן אים פֿליען אין מויל אַרײַן he expects that fortune will come awoing to him רצונו שפרנסתו תמצא לו בלי עמל ועבודה.
טויב² adj. deaf חֵרֵשׁ.

טויבליך adj. rather deaf, hard of hearing קְצַת חֵרֵשׁ.
טויבנשלאַג s. (- ן .pl) dove-house, pigeon-house אֲרֻבַּת יוֹנִים, שׁוֹבָךְ.
טויבקייט s. deafness חֵרְשׁוּת.
טויב־שטום adj. deaf and dumb, deaf-mute חֵרֵשׁ־אִלֵּם.
טויג s. (- עס .pl) barn, thrashing-floor, corn-floor גֹּרֶן, מְגוּרָה.
טויגליך adj. fit, useful, serviceable רָאוּי, מֻכְשָׁר, אֲשֶׁר יִצְלַח לְ־; ‖ — קייט s. fitness, usefulness הֶכְשֵׁרוּת, כִּשְׁרוֹן לְ־.
טויגן v. n. to be fit, be of use כָּשֵׁר לְ־ צָלֹחַ לְ־, סָכֹן.
טויגעניכטס s. (- ן .pl) a good-for-nothing אִישׁ לֹא יִצְלַח לִמְאוּמָה.
טויגער¹ s. (- ס .pl) one who is fit, capable person בַּעַל כִּשְׁרוֹן.
טויגער² = תּוֹגר.
טויז s. (טייַז .pl) ace (at cards) הָאֶחָד (בקלפים).
טויזנט num. thousand אֶלֶף; ‖ s. (- ן, - ער .pl) אֶלֶף.
טויזנט־חֵלק = טויזנטל.
טויזנטל s. (- עך .pl) thousandth part הַחֵלֶק הָאַלְפִּי.
טויזנט(סט) ord. num. thousandth הָאֶלֶף.
טויזנטער s. (- .pl) a thousand אֶלֶף.
טויזנטערליי adj. of a thousand kinds שֶׁל אֶלֶף מִינִים.
טויט¹ s. (- ן .pl) death מָוֶת.
— מאַכן אומעצן אַ טויט not to leave alone, to trouble לא הרפה מאיש, הלאה.
— שטאַרבן נויט מיטן אייגענעם טויט, ז. אויגן.
טויט² adj. dead מֵת.
— טויט שלאָגן to kill המית, הרג.
— נויט טויט נוט לעבעדיג (id.) in a great mortal fright בפחד גדול.
— מיט טויטע קללות with vehement curses בקללות נמרצות; מיט טויטע שבועות with solemn oaths באָלות א).
טויט־בעט s. death-bed מִשְׁכַּב הַמָּוֶת.

א) דער זין פֿון טויטע אין די צוויי אויסדריקן איז ניט פֿאַרשטענדליך. עס איז אפשר אַ פֿאַרגרייזונג פֿון eite, די מיטלצאַל פֿון דעם אַלטדייטשן וואָרט eit, אַ שבועה. די ווערטער שבועות און קללות דיפֿערענצירן דאָ אפשר די באַדייטונג, ווייל דאָס וואָרט פֿאַר שבועה האָט אין מאַנכע שפּראַכן אויך די באַדייטונג פֿון קללה (ווי העברעאיש אָלָה און ענגליש oath). eite האָט זיך דאָ לייכט נעקענט פֿאַרגרייזן אין טויטע דורך די אַריבערציאונג פֿון דעם „ט" פֿון „מיט": מי־טויטע.

טויט-הונגעריג adj. starving, very hungry רָעֵב מְאֹד.

טויטנוואָגן s. (pl. ־ס) funeral carriage עֲגָלָה לַאֲרוֹן הַמֵּת.

טויט|ער s. (pl. ־טע) dead man, the deceased or defunet מֵת, נִפְטָר; dead body מֵת.

טויטפֿאַל s. (pl. ־ן) case of death מִקְרֵה מָוֶת.

טויטקייט s. deadness מָוֶת; paleness חִוָּרוֹן.

טויט-|קלאַפּ s. (pl. ־קלעפּ) death-blow מַכַּת מָוֶת.

טויט-קראַנק adj. fatally ill חוֹלֶה מְאֹד, מְסֻכָּן.

טוי-טראָפּן s. (pl. ־ס) dew-drop נֵטֶף טַל.

טויטשטראָף s. (pl. ־ן) death-penalty, capital punishment עֹנֶשׁ מָוֶת.

טויט-שיכּור adj. dead-drunk, as drunk as a fiddter שִׁכּוֹר מְאֹד.

טויט-|שלאָג, טויט-|שלאַק s. (־שלעג, ־שלעק pl.) deadly blow מַכַּת מָוֶת.

טויטשלעגער s. (pl. ־, ־ס) killer הוֹרֵג, מֵמִית.

טויט-שלעפֿעריג adj. very sleepy נִרְדָּם.

טויטשען זיך v. r. to bubble, boil fast רָתַח; to make a noise, be noisy הֵקִים שָׁאוֹן; || v. rec. to fight הִכָּה אִישׁ אֶת רֵעֵהוּ.

טויט-שרעק s. (pl. ־, ־ן) deadly terror אֵימַת מָוֶת.

טויער s. (pl. ־ן) gate שַׁעַר.

טויער-וועכטער s. (pl. ־, ־ס) gate-keeper שׁוֹעֵר.

טויף-וואַסער s. baptismal water מֵי הַטְּבִילָה (לשם הנצרות).

טויפֿונג s. baptism טְבִילָה (לשם הנצרות).

טויף-מוטער s. (pl. ־ס) godmother סַנְדְּקִית (לנוצרים).

טויפֿן v. a. to baptise טִבֵּל, נִצֵּר; || ־זיך v. r. to be baptised, be converted to Christianity הִתְנַצֵּר.

טויף-פֿאָטער s. (pl. ־ס) godfather סַנְדָּק (לנוצרים).

טוי-|פֿראָסט s. (pl. ־פֿרעסט) hoar-frost, rime כְּפוֹר.

טויף-צעטל s. (pl. ־ען) certificate of baptism תְּעוּדַת הַהִתְנַצְּרוּת.

טויף-שיין s. (pl. ־ען) = טויף-צעטל.

טויש s. (pl. ־ן) exchange, barter חִלּוּף.

טוישן v. a. to exchange, barter הֶחֱלִיף.

טוך s. (pl. ־ן) cloth אֶרֶג צֶמֶר; (pl. טיכער) cloth חֲתִיכַת אֶרֶג פִּשְׁתִּים (למטפחה); shawl מִטְפַּחַת.

טוך-הענדלער s. (pl. ־, ־ס) cloth-merchant, draper סוֹחֵר בְּאָרִיגֵי צֶמֶר.

טוכלע adj. tainted, putrefied מְעֻפָּשׁ; || ־קייט s. taint, putrefaction עִפּוּשׁ.

טול s. (pl. ־ן) net, tulle חוֹרִי.

טולן, טוליען adj. of tulle שֶׁל חוֹרִי.

טולופּ s. (pl. ־עס) shee-skin coat בֶּגֶד מְעוֹר כְּבָשִׂים.

טולופּל, פֿאַרקלענערוואָרט פֿון טולופּ.

טוליען v. a. to calm, soothe הִשְׁקִיט; to clasp חִבֵּק, אִמֵּץ אֶל־; || ־זיך v. r. to cling to הִדָּבֵק בְּ־.

טוּמאה s. (טוּמאות pl.) uncleanness, impurity ־.

טומאה-הו|לע s. (pl. ־לעך) a heathen chapel בֵּית תְּפִלָּה קָטָן שֶׁל עוֹבְדֵי אֱלִילִים.

טומאַן s. (pl. ־ען, ־עס) fog, mist, haze אֵד, עֲרָפֶל; darkness אֲפֵלָה, עֲלָטָה.

טומאַן-בילד (pl. ־ער) dissolving view תְּמוּנָה עוֹבֶרֶת כַּצֵּל.

טומאַנע adj. foggy, misty, hazy אֵדִי, עַרְפִּלִּי; dark אָפֵל.

טוּמאת-מת s. uncleanness of a dead body ־.

טומטום s. (pl. ־ס) sexless animal or person ־.

טומל s. (pl. ־ען) tumult, noise שָׁאוֹן, מְהוּמָה.

טומלדיג adj. noisy שְׁאוֹנִי.

טומלען v. a. to make a noise שָׁאַן, הָמָה; to disturb הִפְרִיעַ; || v. n. to bustle שׁוֹטֵט הֵנָּה וְהֵנָּה, עָמַל בַּשָּׁוְא.

טומפּיג adj. blunt, dull קֵהֶה.

טון[1] s. (pl. ־ען) tun, barrel חָבִית.

טון[2] s. (pl. ־) ton (Am.) טוֹן (מדה בת 2240 ליטראות).

טון[3] v. a. (p. p. געטון) = טאָן.

טונדרע s. (pl. ־ס) tundra מְקוֹם בִּצָּה (נגלד).

טוניק s. (pl. ־עס) tunic מִין חֲלִיצָה (בגד עליון קצר לנשים).

טונעל s. (pl. ־ן) tunnel נִקְבָּה.

טונק s. (pl. ־ען) dipping טְבִילָה; broth, sauce מָרָק.

טונקל adj. (טונקעלער, טונקלער comp.) dark כֵּהֶה (צבע); obscure (fig.) חָשׁוּךְ; dim כֵּהֶה (עינים); נִסְתָּר; || ־קייט s. darkness כֵּהוּת (צבע); חֹשֶׁךְ; dimness כֵּהוּת (עינים).

טונקלען v. n. to grow dark כָּהָה, חָשַׁךְ.

טונקען v. a. to dip טָבַל; to duck טִבֵּל; || ־זיך v. r. to duck טָבַל.

טונק-שיף s. (pl. ־ן) submarine אֳנִיָּה טוֹבֶלֶת (אנית מלחמה ההולכת מתחת לפני הים).

טועה זיין זיך v. r. to err, be mistaken טָעָה, שָׁגָה.

טועכץ s. (pl. ־ן) doing עֲשִׂיָּה, מַעֲשֶׂה.

טועם זיין v. a. to taste טָעַם.

טועם-טעם זיין v. n. to taste טָעַם.

טוען s. (טוענים pl.) plaintiff תּוֹבֵעַ; pleader, lawyer ־, מֵלִיץ.

טוער s. (—, —ס pl.) doer, active person עוֹשֶׂה, פּוֹעֵל; worker עַסְקָן.

טוערקע s. (—ס pl.) active woman אִשָּׁה פּוֹעֶלֶת; female worker עַסְקָנִית.

טופ = טופּע.

טופּיאַק = מאַטראַץ.

טופּיצע s. (—ס pl.) blunt axe גַּרְזֶן קֵהֶה; (fig.) stupid person, blockhead אָדָם קְשֵׁה הֲבָנָה, טִפֵּשׁ.

טופּליע s. (—ס pl.) slipper קַרְק (נעל הבית).

טופּע s. stamping (of the foot) רְקִיעָה.

— אַ טופּע טאָן מיטן פוס to stamp one's foot רקע ברגל.

טופּען v. n. to stamp one's foot רָקַע בְּרֶגֶל.

טופּצען v. a. to tread דָּרַךְ; = טופּען.

טוץ s. (— pl.) dozen תְּרֵיסַר (קבוץ של שנים עשר דברים).

טוקאַץ s. (—ן pl.) pounder, pestle עֱלִי, מָדוֹךְ.

טוקן v. a. to duck, immerse טָבַל; ‖ — זיך v. r. to duck טָבַל; to dive, plunge טָבַל, צָלַל.

טוקעווע שמאַלץ s. fat of beef חֵלֶב שֶׁל בְּהֵמָה גַּסָּה.

טוקערן s. (—ס pl.) woman administering the ablutions to women אִשָּׁה הַמְפַקַּחַת עַל טְבִילַת הַנָּשִׁים.

טוקערקע = טוקערן.

טורבאַן s. (—עס pl.) turban טָבוּל (מצנפת שחובשים לראש בארץ הקדם).

טורטל-טויב s. (—ן pl.) turtle-dove תּוֹר.

טורמאַן s. (—עס pl.) inconstant man הֲפַכְפַּךְ א).

טורמע s. (—ס pl.) prison, jail בֵּית הָאֲסוּרִים, כֶּלֶא.

טורעם s. (—ס pl.) tower מִגְדָּל.

טורען v. a. to wake עוֹרֵר; to urge, spur on הֵאִיץ.

טורעס s. pl. fooleries מַהֲתַלּוֹת.

— פירן פון איינעם טורעס to make fun of a person לעג ל־, התל ב־.

טורקיז s. turquoise תַּרְקִיָּה (אבן יקרה).

טורקען = טאַרקען.

טוש s. Indian ink פִּיחָן, דְּיוֹתִית.

טושירן v. a. to wash with Indian ink פִּיחַ, דִּיֵּת.

טושע s. (—ס pl.) douche, shower-bath מִקְלַחַת.

טושען v. a. to smother כִּבָּה.

ט"ז num. sixteen שִׁשָּׁה עָשָׂר.

טיאָכקע s. (—עס pl.) throb דְּפִיקָה.

— טאָן אַ טיאָכקע to beat, to throb דפק (לב).

טיאָכקען v. n. to beat, throb דָּפַק (לב).

טיאָקען = טיאָכקען.

א) ביי ליפשיצן.

טיגל s. (—ען pl.) crucible, melting-pot כּוּר.

טיגער s. (—ס pl.) tiger טִגְרִים, נָמֵר.

טיטון s. tobacco טַבָּק; an inferior sort of tobacco טַבָּק מִמִּין גָּרוּעַ.

טיטוס npr. Titus; ‖ — s. wicked person רָשָׁע.

טיטל s. (—ען pl.) title תֹּאַר כָּבוֹד; כִּנּוּי, שֵׁם; title, heading שֵׁם סֵפֶר אוֹ מַאֲמָר.

טיטל‖בלאַט s. (—בלעטער pl.) title-page שַׁעַר הַסֵּפֶר.

טיטל‖וואָרט s. (—ווערטער pl.) head-word (in a dictionary) עֵרֶךְ (אחת מהתבות הערוכות על פי סדר הא"ב במלון).

טיטשקע¹ s. (—ס pl.) pole, stake (to support climbing plants) בַּד, מוֹט (לתמוך נטעים עולים ומשתרגים).

טיטשקע² s. (—ס pl.) swarm, host קִבּוּץ, הָמוֹן, צָבָא א).

טיי s. tea תֵּה.

טיי‖בוים s. (—ביימען, —ביימער pl.) tea-tree עֵץ הַתֵּה.

טייבלש adj. of dove, of pigeon שֶׁל יוֹנָה.

טייבעלע s. (—לעך pl.) little dove, dovie יוֹנָה צְעִירָה, אֶפְרֹחַ יוֹנִים; darling אֲהוּבָה.

— מיין טייבעלע! my dove!, my darling! יונתי תמתי!, אהובתי!

טייג s. dough, paste בָּצֵק, עִסָּה.

טייגיג adj. doughy רַךְ כְּבָצֵק; לֹא אָפוּי כָּל צָרְכּוֹ.

טייגל s. (—עך pl.) pellet of dough גֻּלָּה קְטַנָּה שֶׁל בָּצֵק.

טייגעכץ s. (—ן pl.) pudding חֲבִיצָה, פַּשְׁטִידָא.

טייוול s. (—ען, טייוואָלים, טייוולאָנים pl.) devil, dence שֵׁד, שָׂטָן.

— דער טייוול זאָל אים נעמען! the deuce take him! השטן יקחהו!

— גיי צום טייוול! go to the dence! לך לעזאזל!, גש הלאה!

טייוולס-פינגער s. finger-stone, thunder-stone גִּירָא דְלוּלִיתָא.

טייוולסקויט s. devil's dung, asafetida צֹאַת הַשָּׂטָן (מין זפת מעלה צחנה).

טייוולש adj. devilish שֶׁל שֵׁד, שֶׁל שָׂטָן.

טייט s. (—ן pl.) hint, intimation רֶמֶז.

טייטל s. (—ען pl.) fescue יָד (מקל קטן להראות האותיות לתלמיד).

טייטל s. (—ען pl.) date תְּמָרָה.

א) ביי לינעצקין אין "דאָס חסידישע יונגעל"; זעט אויס פאַר קלענערוואָרט פון רוסיש тѵча. וואָס האָט די זעלבינע באַדייטונג.

טײַטל||בױם s. (־בײמען, ־בײמער pl.) date-palm תָּמָר.

טײטליך adj. deadly שֶׁל מָוֶת.

טײַטלען v. a. to point with a fescue הַרְאֵה בְּיָד (ז. טײַטל).

טײַטן v. a. to point הַרְאֵה.

— טײַטן אויף אימעצן מיט די פֿינגער to point at a person with the finger הראה על איש באצבע.

טײטן v. a. to kill הָמֵת, הָרֹג.

טײַטש[1] = דײַטש.

טײַטש[2] s. (־ן pl.) translation, interpretation תַּרְגּוּם; signification, meaning, sense הוֹרָאָה.

— וואָס טײַטש? ז. סטײַטש.

טײַטש־חומש s. (־חומשים pl.) Pentateuch in Yiddish translation for women חוּמָשׁ בְּהַעְתָּקָה יְהוּדִית לְנָשִׁים.

טײַטשיש adj. German אַשְׁכְּנַזִּי (= דײַטש).

טײַטשן v. a. to translate, interpret תַּרְגֵּם, בָּאֵר.

טײַך s. (־ן pl.) river, stream נָהָר.

טײַכל s. (־עך pl.) little river, small stream, brook נָהָר קָטָן, נַחַל.

טײַכ||לע s. (־עך pl.) rivulet נָהָר קָטָן מְאֹד.

טײל s. (־ן pl.) part חֵלֶק; portion, share חֵלֶק, מָנָה.

— נעמען אַ טײל אין עפּעס to take a part in, to participate in השתתף ב־.

טײלב .ר. ־קײט = טײלעוודיג, ־קײט.

טײלונג s. (־ען pl.) division חִלּוּק, חֲלֻקָּה.

טײלכל s. (־עך pl.) small part, particle חֵלֶק קָטָן.

טײלמאָל adv. sometimes לִפְעָמִים.

טײלן v. a. to divide חַלֵּק; ||־זיך v. r. to be divided הִתְחַלֵּק; || v. rec. to divide among themselves חַלֵּק בֵּינֵיהֶם.

טײלנעמער s. (־, ־ס pl.) participant מִשְׁתַּתֵּף בְּדָבָר.

טײלס adv. partly בְּמִקְצָת.

טײל וודיג adj. divisible מִתְחַלֵּק; ||־קײט s. divisibility הִתְחַלְּקוּת.

טײלער s. (־, ־ס pl.) divider מְחַלֵּק; (arith.) divisor מִסְפָּר הַמְּחַלֵּק.

טײ־לעפֿע||לע s. (־לך pl.) tea-spoon כַּף קְטַנָּה (כמו הכף לשתית התה).

טײ־מ־שין = סאַמעוואַר.

טײַנ adj. secret נִסְתָּר; private, privy פְּרָטִי, חֲשָׁאִי, סוֹדִי.

— טײַנע סאָוויעטניק privy councilor יועץ סודי.

טײַסטער s. (־ס pl.) pocket-book, wallet אַרְנָק א).

א) קלײנרוסיש און ווײַסרוסיש тайстра.

טײ־פּושקע s. (־ס pl.) tea-canister, tea-caddy תֵּבָה לְתֵה.

טײ־קאַן s. (־ען pl.) tea-pot קֻמְקוּם, תֵּיוֹן.

טײַען[1] v. a. to hide, conceal הַסְתֵּר; ||־זיך v. r. to hide or conceal oneself הִסָּתֵר, הִסְתַּתֵּר א).

טײַען[2] v. n. to melt הִמֵּס, הָמוֹס ב).

טײַער adj. dear יָקָר; valuable, costly יְקַר עֵרֶךְ; rare יָקָר; excellent מְצֻיָּן; elegant, sublime נַעֲלֶה; || adv. dearly בְּיֹקֶר. ||־קײט s. dearness לֹא רָגִיל; dearth יֹקֶר; valuableness יְקָרוּת; יִקְרַת עֵרֶךְ.

— באַצאָלן טײַער to pay dearly שלם מחיר רב.

— (iro.) עס קאָסט אים טײַער! he cannot afford to do it! אין ביכלתו לעשות זאת!

טײשן a. a. to deceive, delude רַמֵּה, סַמֵּא עֵינַיִם.

טיכטיג adj. fit, able, capable בַּעַל כִּשְׁרוֹן, מֻכְשָׁר, מְסֻגָּל, חָרוּץ; ||־קײט s. fitness, ability כִּשְׁרוֹן, חֲרִיצוּת.

טיכל s. (־עך pl.) handkerchief מִטְפַּחַת הָאַף; piece of cloth חֲתִיכַת בַּד.

— (fl.) געלבוזשרענע טיכלעך prostitutes זונות ג).

טילינן v. a. to blot out מָחֹה.

טילעק s. (טילקעס pl.) heel, backside (of a shoe) אֲחוֹרֵי הַנַּעַל.

טילקאָ adv. only רַק ד).

טימעניצע s. (־ס pl.) scab, scurf (of children) סַפַּחַת הַקָּדְקֹד (של ילדים).

טינוף s. filth, dirt ־, חֶלְאָה; excrements צוֹאָה; (fig.) good-for-nothing איש לא יִצְלַח לִמְאוּמָה.

טינוף־טינופת s. worthless goods סְחוֹרָה גְרוּעָה מְאֹד.

טינופת s. dirt חֶלְאָה; worthless goods סְחוֹרָה גְרוּעָה; (fig.) slut אִשָּׁה מְלֻכְלָכָה.

טינט s. ink דְּיוֹ.

טינטאָרן, טינטהאָרן s. (־ס pl.) ink-horn קֶרֶן דְּיוֹ; = טינטער.

טינטער s. (־ס pl.) inkstand דְּיוֹתָה.

טינטערל s. (־עך pl.) little inkstand דְּיוֹתָה קְטַנָּה; mud-hole בִּצָּה.

טינטפּלעק s. (־ן pl.) ink-blot כֶּתֶם־דְּיוֹ.

טינפֿע s. (־ס pl.) ancient Polish coin (= 36 groschen) מַטְבֵּעַ עַתִּיקָה פּוֹלָנִית (= 36 גדולים) ה).

טינק s. plaster, rough-cast טִיחַ, מֶלֶט.

טינקעוואַניע s. plastering, rough-casting טִיחַ; = טינק.

טינקעווען v. a. to plaster, rough-cast טוּחַ.

א) רוסיש таить, פֿאַרבאַרגן. ב) רוסיש таять, צעגײן. ג) בײ נאַשערן: ווערט אַזוי גענוצט אין ווין. ד) בײ לינעצקין. ה) פּויליש tynfa, דײַטש Tympf.

טיעשען *v. a.* to divert שַׁעֲשֵׁעַ; ‖ —זיך *v. r.* to divert oneself הִשְׁתַּעֲשֵׁעַ.

טיפּ *s.* (*pl.* —ן) type טְפוּס.

טיף *adj.* deep עָמֹק; profound עָמֹק; ‖ *s.* depth עֹמֶק.

טיפּאָגראַפיע *s.* (*pl.* —ס) printing-house בֵּית דְּפוּס.

טיפּאָגראַפיש *adj.* typographical שֶׁל דְּפוּס, שֶׁל הַדְפָּסָה.

טיפֿאָן *s.* (*pl.* —ן) typhoon עַלְעוֹל.

טִיפָּה־סְרוּחָה *s.* putrefying drop (*semen*) — (הזרע).

טִיפָּה־מִן־הַיָּם *s.* a drop of the sea —.

טִיפְּשׁוּת־פֶּה *s.* nonsense שְׁטוּת.

טִיפוּס *s.* typhus טִיפוּס (מחלה).

טיפֿזיניג *adj.* profound עָמֹק, חָרִיף; ‖ —קייט *s.* profoundness עֹמֶק, חֲרִיפוּת.

טיפֿעניש *s.* (*pl.* —ן) depth עֹמֶק.

טיפֿקייט *s.* depth עֹמֶק; profoundness עֹמֶק, חֲרִיפוּת.

טִיפֵּשׁ *s.* (*pl.* טִיפְּשִׁים) fool —, שׁוֹטֶה.

טִיפְּשָׁה *s.* (*pl.* טִפְּשׁוֹת) foolish woman אִשָּׁה טִפְּשִׁית.

טִיפְּשׁוּת *s.* foolishness —, שְׁטוּת.

טיפּשטע = טִיפְּשָׁה.

טיציען *v. a.* to obtrude, press on a person something not asked for נָטֹל עַל־. אַלֵּץ אִישׁ לְקַבֵּל עֲצָתוֹ.

טיצן *v. a.* to thrust דָּחֹף.

— טיצן דעם גראָבן פֿינגער to thrust the **thumb** (*in a lively argument*) דחף את בהן ידו (מהתלהבות בוכוח) א).

טיק *s.* ticking מִין אָרִג (שעושים ממנו תיקים לכרים וכסתות).

טיק־טאַק *s.* tick-tack, ticking (*of a clock*) תִּקְ־תַּק (קול תנועת השעון).

טיקען *v. a.* to thrust, stick דָּחֹף, תָּחֹב; = טוציען.

טיר¹ *s.* (*pl.* —ן) door דֶּלֶת, פֶּתַח.

— ווײַזן אימעצן די טיר to show a person the door, to turn a person out גרש איש מביתו.

טיר² *s.* (*pl.* —ן) animal חַיָּה.

טיראַן¹ *s.* (*pl.* —ען) tyrant אַכְזָר, עָרִיץ.

טיראַן² *s.* (*pl.* —עס) one wearing out his clothes in a short time אָדָם הַמְבַלֶּה בְּגָדָיו בִּזְמַן קָצָר ב).

טיראַניזירן *v. a.* to tyrannise הִתְנַהֵג בְּאַכְזָרִיּוּת עִם־.

א) ביי לינעצקין אין „דאָס חסידישע יונגל" קאַפּ. 12.
ב) פּויליש tyran, פֿון tyrać אויסטראַגן, אָפּניצן.

טיראַניש *adj.* tyrannical אַכְזָרִי; ‖ *adv.* tyrannically בְּאַכְזָרִיּוּת, בִּטְרוֹנְיָה.

טיראַנסטווע *s.* tyranny אַכְזָרִיּוּת, עָרִיצוּת, טְרוֹנְיָה.

טיר־גאָרטן *s.* (*pl.* —ס) zoological garden גַּן הַחַיּוֹת.

טִירְדוּת *s.* occupation —.

טיר־היטער *s.* (—, *pl.* —ס) door-keeper שׁוֹמֵר הַסַּף.

טיר־וועכטער = טיר־היטער.

טִירְחָה *s.* (*pl.* טִירְחוֹת) trouble, pains —, טֹרַח עָמָל, יְגִיעָה.

טיש *s.* (*pl.* —ן) table שֻׁלְחָן.

— גרייטן צום טיש to set the table ערך השלחן.

— גיין צום טיש to go in to dinner ישב אל הלחם.

— (*id.*) עס איז דאָ מיט וועמען צו גיין צום טיש he is a personality איש תאר הוא.

— (*id.*) אַרבעטן אויף טישן און אויף בענק to work with might and main עבד בכל כחו.

טיש־‖גַבַּאי *s.* (*pl.* —גַבָּאִים) manager at a Chasidic Rabbi's table גַּבַּאי הַשֻּׁלְחָן לְרַב הַחֲסִידִים.

טיש־ווײַן *s.* table-wine יַיִן לִשְׁתִיָּה בְּעֵת הָאֹכֶל.

טיש‖טוך *s.* (*pl.* —טיכער) table-cloth מַפַּת הַשֻּׁלְחָן, מַפָּה.

טישטוך־מערעזשע *s.* table-cloth embroidery? רִקְמָה לְמַפָּה? א)

טישען = טיעשען.

טיש־צײַג *s.* table-linen לְבָנִים לְשֻׁלְחָן.

טישקעסטל *s.* (*pl.* —עך) table-drawer תֵּבַת הַשֻּׁלְחָן.

טיש־שמועס *s.* (*pl.* —ן) table-talk שִׂיחָה בִּסְעוּדָה.

טית *s.* (*pl.* —ן) name of the letter ט שֵׁם הָאוֹת ט.

טכויר *s.* (*pl.* —ן) polecat, fitchcat תְּלָא־אִילָן; coward (*fig.*) חֻלְדָּה; פַּחְדָן.

טכוירן *adj.* of polecat שֶׁל חֻלְדָּא.

טַל *s.* "dew," a prayer said on the first day of Passover תְּפִלַּת טַל שֶׁאוֹמְרִים בְּיוֹם א׳ שֶׁל פֶּסַח.

טָלֶה *s.* lamb —; Lamb, Aries (*astr.*) מַזַּל טָלֶה.

טלומאַטש = טאָלמאַטש.

טלומאַטשען = טאָלמאַטשען.

טַל־וּמָטָר *s.* "dew and rain," words added to the Eighteen Benedictions during the winter מִלּוֹת הַנּוֹסָפוֹת לִתְפִלַּת שְׁמֹנֶה עֶשְׂרֵה בִּימֵי הַחֹרֶף.

— (*id.*) קליינינקע ווי אַ טל־ומטר very small קטן מאד ב).

א) ביי ליפֿשיצן איבערגעזעצט копорная заштопка. ב) דער אויסדרוק נעמט זיך דערפֿון וואָס די ווערטער טל ומטר זײַנען געוויינטלעך געדרוקט אין קליינע אותיות.

טַל-וּמְטַל s. (pl. -עך) something very small דָּבָר קָטָן מְאֹד.

שלון||מעק s. (pl. -מקעס) traveling-bag צִקְלוֹן, אַמְתַּחַת; bundle חֲבִילָה.

טלײַען = טלוען.

טלים s. (pl. -ן) trot מַהֲלַךְ־סוּס א).

טליִען v. n. to burn without flame בָּעֹר בְּלִי שַׁלְהֶבֶת; to smoulder נָחֹל.

טַלית s. (pl. טַלֵיתים) prayer-shawl -.

טלית-||זאַק s. (pl. -זעק) bag for the prayer-shawl שַׂק לְטַלִּית.

טַלֵיתניק s. (pl. -עס) manufacturer of prayer-shawls עוֹשֶׂה טַלִּיּוֹת.

טַלִית-קָטָן s. (pl. -ס) = אַרְבַּע-כַּנְפוֹת.

טָמֵא adj. (pl. טְמֵאים) unclean, impure -; || s. unclean man -.

טְמֵאה s. (pl. טְמֵאות) unclean woman -.

טָמאקײַט s. uncleanness, impurity טֻמְאָה.

טִנוּף = טִינוּף.

טִנֹפת = טִינוֹפֶת.

טס int. hush! הַס!

טַס s. (pl. -ן) plate as ornament for the scroll of the Law -.

-טע suff. feminine termination of nouns הֲבָרָה נוֹסֶפֶת לְשֵׁמוֹת לְהוֹרָאַת מִין נְקֵבָה ב).

טעאַטער s. (pl. -ן, -ס) theatre תֵּאַטְרוֹן, בֵּית מִשְׂחָק; fun שַׁעֲשׁוּעַ.

טעאַטער-||טאַנץ s. (pl. -טענץ) ballet מְחוֹלוֹת הַמַּחֲנַיִם.

טעאַטער-שטיק s. (pl. -ער) play, drama מִשְׂחָק, חִזָּיוֹן, דְּרָמָה.

טעאָלאָג s. (pl. -ן) theologian עוֹסֵק בְּחָכְמַת הָאֱלֹהוּת.

טעאָלאָגיע s. theology חָכְמַת הָאֱלֹהוּת.

טעאָריע s. (pl. -ס) theory תּוֹרָה, הֲלָכָה; עִיּוּן.

טעאָרעטיש adj. theoretical עִיּוּנִי.

טעגליך adj. daily יוֹמִי; || adv. every day יוֹם יוֹם.

טעג-עסער s. (pl. -, -ס) one having free board by days in several houses אוֹכֵל עַל שֻׁלְחַן אֲחֵרִים בְּיָמִים קְצוּבִים.

טעג-פרעסער s. (pl. -, -ס) (cont.) = טעג-עסער.

טעהע s. sorrow, sadness יָגוֹן, תּוּגָה.

טָעוּת s. (pl. -ן) mistake, error -.

טָעוּת-גָמוּר s. decided error -.

טָעוּת-הַדְּפוּס s. typographical error, misprint -.

טעטיִג adj. active חָרוּץ, שׁוֹקֵד עַל מַעֲשָׂהוּ; || -קײַט s. חֲרִיצוּת, שְׁקִידָה.

א) פּויליש klus. ב) = אראמעאיש -תא.

טעכנאלאָג s. (pl. -ן) technologist טֶכְנוֹלוֹג, חָכָם חֲרָשִׁים.

טעכנאלאָגיע s. technology טֶכְנוֹלוֹגְיָה, חָכְמַת חֲרָשִׁים.

טעכנאָלאָגיש adj. technological שֶׁל הַטֶּכְנוֹלוֹגְיָה.

טעכניק(ע) s. technics חֲרֹשֶׁת, חֻקֵּי הָאֻמָּנוּת; technical skill, workmanship מְלָאכָה; (mus.) technique אוֹפֶן הָעֲשִׂיָּה (בנגינה על כלי זמר).

טעכניש adj. technical טֶכְנִי, מְלַאכוּתִי, שֶׁל אֻמָּנוּת.

טעכערן v. a. to cut to pieces גָּזֹר לִגְזָרִים; = טערכען.

טעליגע s. (pl. -ס) cart, waggon עֲגָלָה.

טעליִצע s. (pl. -ס) calf, heifer עֶגְלָה.

טעלעבענדען זיך = באַמבלען זיך.

טעלעגראַמע s. (pl. -ס) telegram טֶלֶגְרַמָּה.

טעלעגראַף s. (pl. -ן) telegraph טֶלֶגְרָף.

טעלעגראַפּיסט s. (pl. -ען) telegraphist, telegrapher עוֹשֶׂה מְלֶאכֶת הַטֶּלֶגְרָפִיָּה.

טעלעגראַפּירן v. a. to telegraph הוֹדִיעַ עַל יְדֵי הַטֶּלֶגְרָף.

טעלעגראַפּיע s. telegraphy טֶלֶגְרָפִיָּה.

טעלעגראַפּיש adj. telegraphic טֶלֶגְרָפִי.

טעלעמעטשע s. (pl. -ס) blow, knock מַהֲלוּמָה, מַכָּה.

טעלעסקאָפּ s. (pl. -ן) telescope מִשְׁקֶפֶת.

טעלעפאָן s. (pl. -ען) telephone טֶלֶפוֹן (מכונה לדבר על ידה מרחוק).

טעלעפאָניסטקע s. (pl. -ס) telephone girl, telephone operator פּוֹעֶלֶת בִּמְכוֹנַת הַטֶּלֶפוֹן.

טעלעפאָנירן v. a. to telephone הוֹדִיעַ עַל יְדֵי הַטֶּלֶפוֹן.

טעלעזען v. n. to trudge הָלֹךְ בִּכְבֵדוּת.

טעלער s. (pl. -, -ס) plate צַלַּחַת, קְעָרָה, פִּינְכָּא.

— (id.) אַרויסווײַזן אַלץ אויפן טעלער to show very clearly הראה ברור מאד.

טעלערל s. (pl. -עך) little plate צַלַּחַת קְטַנָּה.

— (id.) דאָס טעלערל פון הימל the moon הלבנה; something impossible דבר אי־אפשרי א).

— (id.) צעטראָגן אויף טעלערלעך to spread a rumor widely הפץ שמועה ברבים.

— (id.) צעלייגן אויף טעלערלעך to state in detail באר דבר לפרטיו.

טעלערלעקער s. (pl. -, -ס) sponger, hanger-on מְלַחֵךְ פִּינְכָּא.

טַעַם s. (pl. טְעָמים) taste -; ground -; sense, reason -, שֵׂכֶל, תְּבוּנָה.

א) ווען איינער וויל האבן עפּעס, וואס איז אומעגליך צו דאקאזען, זאגט מען: „ער וויל האבן דאס טעלערל פון הימל". דאס ווערטל נעמט זיך דערפון, וואס קליינע קינדער ווילן אמאל מע זאל זיי געבן די לבנה.

— אָן אַ טַעם און אָן אַ ראַם without rhyme or reason בלי כל טעם.

טעמניצע s. (pl. ־ס) prison, jail בֵּית סֹהַר, כֶּלֶא.

טעמנע adj. dark אפל.

טעמע s. (pl. ־ס) subject נוֹשֵׂא, נוֹשֵׂא הָעִנְיָן.

טעמפּ adj. blunt קֵהֶה; dull קְשֵׁה הֲבָנָה.

— אַ טעמפּער מוח a dull head מוח אטום.

טעמפּאָ s. tempo, time (mus.) מִדַּת הָעֵת (בשיר).

טעמפּל s. (pl. ־ען) temple הֵיכָל.

טעמפּעראַטור s. (pl. ־ן) temperature מִדַּת הַחֹם.

טעמפּעראַמענט s. (pl. ־ן) temperament מֶזֶג, תְּכוּנָה.

טענאָר s. (pl. ־ן) tenor טֶנוֹר (קול).

טענדלען v. n. to deal in second-hand goods, sell frippery סָחֹר בִּדְבָרִים יְשָׁנִים; ‖ ־זיך v. r. to play, trifle with הִשְׁתַּעֲשֵׁעַ עִם־.

טענדלער s. (pl. ־, ־ס) dealer in second-hand goods אִישׁ סוֹחֵר בִּדְבָרִים יְשָׁנִים.

טענדלערקע s. (pl. ־ס) woman dealing in second-hand goods אִשָּׁה סוֹחֶרֶת בִּדְבָרִים יְשָׁנִים.

טענדע־ווערענדע s. (pl. ־ס) stole, sacerdotal vestment בֶּגֶד הַשָּׁרֵת (לכהן) א)

טענדענציע s. (pl. ־ס) tendency נְטִיָּה, שְׁאִיפָה, מְגַמָּה.

טענדענציעז adj. having a tendency שֶׁיֵּשׁ לוֹ נְטִיָּה.

טַענה s. (pl. טַענות) plea; ־ claim, pretension תְּבִיעָה; ־ argument, הוֹכָחָה.

טַענה־וּמַענה s. (pl. טַענות־וּמַענות) claim ־, תְּבִיעָה; controversy, contention, argument וִכּוּחַ הוֹכָחָה.

טענהן v. n. to plead טָעֹן; to claim, pretend תָּבֹעַ.

טענטלען v. n. so smear, blot לַכְלֵךְ, הַכְתֵּם, טַשְׁטֵשׁ.

— טענטלען מיט דער פּען to scrawl, to scribble כתב באופן גרוע.

טענענבוים = טאַנענבוים.

טענצלען v. n. to dance רָקֹד.

טענצער s. (pl. ־, ־ס) dancer לִמּוּד מָחוֹל; מְרַקֵּד.

טענצערקע s. (pl. ־ס) female dancer מְחוֹלֶלֶת, מְרַקֶּדֶת.

טעסט s. (pl. ־ן) crucible, melting-pot כּוּר; puncheon דְּפוּס לְמַטְבְּעוֹת.

טעסטאַמענט s. testament בְּרִית.

— דער נײַער טעסטאַמענט the New Testament ברית החדשה.

א) אמשר פֿון פּויליש tędy-owędy, אהער—אהין, ווייל אַ טענדע־ווערענדע פֿארלייגט זיך איין פֿאָרנט און איף הינטן, ווי אַן ארבע־כנפות.

טעסליאַרסקע adj. carpenter's שֶׁל נַגָּר.

טעסליער s. (pl. ־ס) carpenter נַגָּר.

טעסליערײַ s. carpentry נַגָּרוּת.

טעסען v. a. to hew, square הַקְצֵעַ.

טעפּיך s. (pl. ־ן) tapestry כְּבִיר, מַרְבָד.

טעפּער s. (pl. ־ס) potter יוֹצֵר חֶרֶשׂ, קַדָּר.

טעפּערײַ s. potter's trade מְלֶאכֶת יוֹצֵר חֶרֶשׂ; pottery בֵּית יוֹצֵר חֶרֶשׂ.

טעצעלע s. (pl. ־לעך) small tray טַס קָטָן; saucer תַּחְתִּיָּה.

טעקע s. (pl. ־ס) satchel תִּיק, יַלְקוּט; portfolio, paper-case תִּיק לִנְיָרוֹת.

טערטל־מערטל s. a game at cards מִין מִשְׂחָק בִּקְלָפִים.

טעריטאָריע s. (pl. ־ס) territory טֵירִיטוֹרְיָה, חֶבֶל אֲדָמָה.

טערכען v. a. to bungle, botch עָשֹׂה בְּאוֹפֶן גַּס, עָשֹׂה בְּלִי כִשְׁרוֹן.

טערמאָמעטער s. (pl. ־ס) thermometer מַדְחֹם.

טערמיט s. (pl. ־ן) termit נְמָלָה לְבָנָה.

טערמין s. (pl. ־ען) term זְמַן קָבוּעַ; term מִלָּה, בִּטּוּי.

טערמיצע s. (pl. ־ס) floor-deal קֶרֶשׁ הָרִצְפָּה (לוח עץ לקרקע הבית).

טערנע s. (pl. ־ס) sloe, sloe-thorn קוֹץ, סִילוֹן.

טערנען adj. of sloe שֶׁל קוֹץ, שֶׁל סִילוֹן.

טערעלײַקען — טרעלײַקען.

טערעם s. mockery, raillery לַעַג, הֲתוּלִים.

— מאַכן טערעם פֿון אימעצן to make fun of a person לעג לאיש.

טערעפּען v. a. to pull מָרֹט, מָשֹׁךְ הֵנָּה וָהֵנָּה.

טערעפּעשטשען v. n. to shake, tremble רָעֹד.

טערפּעליווע adj. patient סַבְלָן.

טערפּעטין = טערפּענטין.

טערפּען[1] v. a. to suffer, bear, endure סָבֹל; to tolerate סָבֹל, הִתְיַחֵס בְּסַבְלָנוּת לְ־.

טערפּען[2] v. n. to grow stiff הִתְקַשֵּׁה (אבר).

טערפּקע adj. sharp, sour מַר, חָמִיץ; ‖ ־קייט s. sharpness, sourness מְרִירוּת, טַעַם חָמִיץ.

טערק s. (pl. ־ן) Turk תּוּרְקִי, תּוֹגָר.

טערקיז = טורקיז.

טערקײַ npr. Turkey תּוּרְקִיָּה.

טערקינע s. (pl. ־ס) Turkish woman אִשָּׁה תּוּרְקִית.

טערקיש adj. Turkish תּוּרְקִי.

— טערקישע באָד Turkish bath, steam-bath מרחץ תורקי, מרחץ הועה.

— טערקישע ווייץ maiz, Iindian corn תִּירָס, דורה.

— אָפּטאָן אימעצן אויף טערקיש (*id.*) to play a person a trick עשה מעשה של חריצות לאיש.

טערקל־טויב *s.* (*pl.* ן –) turtle-dove תּוֹר (יונה).

טפּו = פּו, פּוי, פּע.

טֶפַח *s.* (*pl.* טְפָחִים) width of the palm of the hand (*measure*) –.

טָפֵל *s.* secondary matter –.

טְפֵל־מָקוֹם *s.* old part of a town חֵלֶק יָשָׁן שֶׁל עִיר.

טפּרו, טפּרוּ *int.* ho!, whoa! קְרִיאָה לְסוּס לַעֲמֹד.

טִפּש = טִיפּש.

טִפּשה = טִיפּשה.

טִפּשות = טִיפּשות.

טִפּשות־פּה = טִיפּשות־.

טקאַטשאַלניע *s.* (*pl.* ס –) weaver's workshop בֵּית הָאֲרִיגָה.

טקאַצקע *adj.* weaver's שֶׁל אוֹרְגִים.

— טקאַצקע לײַוונט hand-made linen-cloth מין בד עשוי בידים.

טראַאיצע *s.* trinity שִׁלּוּשׁ (של הנוצרים).

טראָג *s.* (*pl.* ן –) carrying נְשִׂיאָה.

— טאָן אימעצן אַ טראָג to get into a fit of running היה לאיש התרגשות פתאומית לרוץ.

טראָגבעט *s.* (*pl.* ן –) litter, stretcher מִטָּה לָשֵׂאת בָּהּ חוֹלִים.

טראַגיִקער *s.* (*pl.* –) tragedian מְשַׂחֵק בִּטְרַגֶדְיָה.

טראַגיִש *adj.* tragical מְעַצִּיב.

טראָגן¹ *v. a.* (*p. p.* געטראָגן) to carry, bear נָשֹׂא; to wear נָשֹׂא, הִשְׁתַּמֵּשׁ בְּ־ (בגד); to produce נָשֹׂא (פרי); to bring in, yield הַכְנֵס (רוח); to be sufficient, suffice הַסְפֵּק; to be pregnant, be with child הָרֹה; ‖ –זיך *v. r.* to be carried הִנָּשֵׂא; to wear הִנָּשֵׂא (בגד); to pack off, decamp בְּרֹחַ, הִמָּלֵט.

טראָגן² *adj.* pregnant הָרָה (= טראָגעדיג).

— פון זאָגן ווערט מען נים טראָגן (*prov.*) words are of no effect אין ממשות בדברים.

טראָגנדיג = טראָגעדיג.

טראָגעדיג *adj.* pregnant הָרָה, מְעֻבֶּרֶת; ‖ –קײַט *s.* pregnancy הֵרָיוֹן, עִבּוּר.

טראַגעדיע *s.* (*pl.* ס –) tragedy טְרַגֶדְיָה.

טראַדיציע *s.* (*pl.* ס –) tradition מָסוֹרָה, קַבָּלָה.

טראָט *s.* (*pl.* –) treading מִדְרָךְ; step צַעַד.

טראָטואַר *s.* (*pl.* ן –) side-walk מִדְרָכָה.

טראַטע *s.* (*pl.* ס –) draft, draught הַמְחָאָה.

טראָיִקע *s.* (*pl.* ס –) a team of three horses abreast שְׁלֹשָׁה סוּסִים רְתוּמִים יַחַד; company of three חֶבְרָה שֶׁל שְׁלֹשָׁה.

טראַך *int.* crack!, crash קוֹל רַעַשׁ.

טראַכט *s.* thinking מַחֲשָׁבָה.

— טאָן אַ טראַכט to think חשב, העלה על הדעת.

טראַכטן *v. n.* to think חָשֹׁב, דַּמֵּה.

טראַך־עטאַזשנע *adj.* of three stories בַּעַל שָׁלֹשׁ דְּיוֹטוֹת א).

טראַכקען *v. n.* to crack, crash נָתֹן קוֹל רַעַשׁ.

טראָל(ד) *s.* (*pl.* ן –) tassel צִיצָה ב).

טראָלט = טראָל(ד).

טראָמאַס *s.* shaking, iolting נִעֲנוּעַ, טִלְטוּל.

טראָמאַסען *v. a.* to shake, jolt הָנֵעַ, טַלְטֵל.

טראָמבע = טרובע.

טראָמבען = טרובען

טראַמוויי *s.* (*pl.* ס –) tramway מְסִלַּת בַּרְזֶל שֶׁל עִיר, מֶרְכָּבָה כְּלָלִית.

טראָמף *s.* (*pl.* ן –) trump הַקְּלָף הַמְנַצֵּחַ.

טראָמפּייט = טרומייט.

טראָן *s.* train-oil, blubber עִטְרָן, שֶׁמֶן דָּגִים.

טראָן *s.* (*pl.* ען –) throne כִּסֵּא הַמַּלְכוּת.

טראַנזשיר־לעפל *s.* (*pl.* ען –) ladle כַּף בּוֹחֶשֶׁת בַּחֲשָׁה ג).

טראַנטע *s.* (*pl.* ס –) rag סְחָבָה, סְמַרְטוּט.

טראַנספּאָרט *s.* (*pl.* ן –) transport הַעֲבָרָה, הַעֲבָרַת סְחוֹרָה.

טראַנספּאָרטירן *v. a.* to transport הַעֲבֵר, הַעֲבֵר סְחוֹרָה.

טראַנספּאָרטירער *s.* (*pl.* –, –ס) transporter מַעֲבִיר, מַעֲבִיר סְחוֹרָה.

טראַנספּאָרט־קאָנטאָר *s.* (*pl.* ן –) transportation office עֵסֶק הַעֲבָרַת סְחוֹרָה.

טראַנק *s.* corruption, bad smell (*of wine*) קִלְקוּל, הַשְׁחָתָה, בְּאֹשׁ (של משקים): madness, stupefaction שִׁגָּעוֹן, רוּחַ עִוְעִים.

טראַנצפּאַראַט *s.* (*pl.* ן –) blind, window-blind וִילוֹן (החלון).

טראַנצפּאָרט = טראַנספּאָרט.

טראַסטינע = טראָשטשינע.

טראַסק *s.* (*pl.* עס –) crack, crash קוֹל רַעַשׁ, knock הַכָּאָה.

— זיך פירן מיטן טראַסק (*id.*) to live in high style התנהג בתפארת.

טראַסקען = טראַכקען.

טראַף¹ *s.* (*pl.* ן –) hit, chance הַצְלָחָה.

טראַף² *s.* (*pl.* ן –) syllable הֲבָרָה.

— האַלב טראַף לייענען to spell קרא לאותיות.

— גאַנץ טראַף לייענען to syllabise קרא להברות.

א) ביי לינעצקין אין „דאָס חסידישע יונגעל". ב) = דייטש Troddel. ג) טראַנזשיר־לעפל איז עם־האַרציש נאָכגעמאַכט נאָך דעם דייטש־פראַנצייזישן וואָרט טראַנשיר־מעסער, אַ מעסער צום שניידן חלקים ביים טיש. טראַנשיר איז פון פראַנצייזיש trancher, שניידן.

טראָפּי = טראָפּן.

טראָפּ² s. (pl. —) cantillation נְגִינָה; accent טַעַם.

טראָפּ³ s. simpleton סָכָל.

— נאַרישער טראָפּ fool טפש, שוטה.

טראָפּיק s. (pl. —ן) tropic עִגּוּל הַהִפּוּךְ (חוג תקופת השמש).

טראָפּיש adj. tropical אֲשֶׁר לְעִגּוּל הַהִפּוּךְ.

— טראָפּישע לענדער tropical countries המדינות אשר באזור החם.

טראָפּן s. (pl. —, —ס) drop טִפָּה.

— דער בױטערער טראָפּן "the bitter drop," brandy יין שרף.

— יום־כפּורדיגע טראָפּנס, ז. חלשות־טראָפּן.

טראַפּקע s. (pl. —ס) rag סְחָבָה, סְמַרְטוּט.

טראָצינעס s. pl. saw-dust נְסֹרֶת.

טראַצען v. a. to spend הוֹצֵא, בַּזְבֵּז.

טראַקט s. (pl. —ן) highway דֶּרֶךְ סְלוּלָה, דֶּרֶךְ הַמֶּלֶךְ.

טראַקטאַט s. (pl. —ן) treaty אֲמָנָה, בְּרִית.

טראַקטיר s. (pl. —ן) restaurant בֵּית אֹכֶל.

טראַקטירן v. a. to treat כַּבֵּד בְּ־; to negotiate בּוֹא בְמַשָּׂא וּמַתָּן עִם־.

טראַקטירשטשיק s. (pl. —עס) restaurant-keeper בַּעַל בֵּית אֹכֶל.

טראָשטש s. reed קָנֶה; cane מִשְׁעֶנֶת קָנֶה.

טראָשטשינע = טראָשטש.

טראָשטשען¹ adj. of reed שֶׁל קָנֶה.

טראָשטשען² = טרעשטשען.

טרדות = טירדות.

טרובאַטש s. (pl. —עס) trumpeter מְחַצְצֵר.

טרובע s. (pl. —ס) trumpet חֲצוֹצְרָה.

טרובען v. n. to blow the trumpet חַצְצֵר בַּחֲצוֹצְרָה.

טרובקע s. (pl. —ס) small pipe אבוב או צנור קָטָן.

טרוד adj. occupied, busy עָסוּק; ‖ s. a busy person אָדָם עָסוּק.

טרוד s. labor, toil עֲבוֹדָה, עָמָל.

טרודאָוויק s. (pl. —עס) member of the labor party (*formerly in Russia*) חָבֵר לְמִפְלֶגֶת הַפּוֹעֲלִים.

טרודנע adj. hard, difficult כָּבֵד, קָשֶׁה; wearisome מַלְאֶה.

טרויב s. (pl. —ן) bunch of grapes אֶשְׁכּוֹל.

טרוים s. (pl. —ען) = חָלוֹם.

טרויסט s. (pl. —ן) consolation נֶחָמָה.

טרויען v. a. to trust הַאֲמֵן; ‖ —זיך v. r. to venture עֲרֹב לִבּוֹ.

טרויער s. (pl. —ן) sorrow, grief יָגוֹן, עֶצֶב; mourning אֵבֶל.

טרויעריג adj. sad, mournful עָצֵב, נוּגֶה; ‖ —קייט s. sadness, grief עֶצֶב, יָגוֹן.

טרויער־מאַרש s. (pl. —ן) funeral march נְגִינָה לִלְוָיַת הַמֵּת.

טרויערן v. n. to grieve, mourn הִתְעַצֵּב, הִתְאַבֵּל.

טרויערקייט = טרויערונקייט.

טרויקע — טראָיקע.

טרומבע = טרונע.

טרומייט s. (pl. —ן) trumpet חֲצוֹצְרָה, שׁוֹפָר.

טרומייטער = טרומייט.

טרומייטערן v. n. to sound the trumpet תְּקֹעַ בַּשּׁוֹפָר.

טרומנע = טרונע.

טרומף = טראָמף.

טרונע s. (pl. —ס) coffin אָרוֹן (למת).

טרונף = טראָמף.

טרונק s. (pl. —) drink, draught שְׁתִיָּה, גְּמִיאָה.

— טאָן אַ טרונק to take a draught שתה או גמא פעם אחת.

— טאָן אַ טרונק בראַנפן to take a drink שתה כוס יין שרף.

טרוס s. (pl. —ן, —עס) coward פַּחְדָן.

טרוסקאַווע s. (pl. —ס) strawberry גַּרְגְּרֵי אֲדָמָה.

טרופ s. (pl. —ן, —עס) corpse גְּוִיַּת מֵת.

טרופליע s. (pl. —ס) truffle (*a mushroom*) מִין פִּטְרִיָּה.

טרופע s. (pl. —ס) troop, company לַהֲקָה (של משחקים).

טרוקן adj. dry יָבֵשׁ; barren בִּלְתִּי פּוֹרִי; ‖ —קייט s. dryness יֹבֶשׁ, יַבָּשׁוּת.

— (id.) אָפּשנײַדן טרוקן to come off with a whole skin יצא בשלום מענין רע.

טרושטשאָבע s. (pl. —ס) slum רֹבַע מְגֻנֶּה שֶׁל עִיר.

טרחה = טירחה.

טרחענען v. a. to trouble, molest הַטְרֵחַ, הַטְרֵד, הַפְרֵעַ.

טרחענער s. (pl. —ס) troublesome person, molester מַטְרִיחַ, מַטְרִיד, מַפְרִיעַ.

טריאומף s. (pl. —ן) triumph נִצָּחוֹן.

טריאומפירן v. n. to triumph נַצֵּחַ, שָׂמֹחַ בְּנִצָּחוֹן.

טריאַטער = טעאַטער.

טריבי adj. muddy עָכוּר.

טריב² s. (pl. —ן) pinion אוֹפַן מֵנִיעַ הָאוֹפַנִּים (בשעון).

טריבונע s. (pl. —ס) tribune בָּמָה.

טריט s. (pl. —) step, pace צַעַד, פְּסִיעָה; footprint רֹשֶׁם הָרֶגֶל, עָקֵב.

טרײַ, —הײט = געטרײַ, —שאַפט.

טרײַבאַטש s. (pl. —עס) one who removes the forbidden fat and veins from kosher meat, a porger מְנַקֵּר.

טרײַב־אײַז s. drift ice גושי קרח הצפים על פני המים.

טרײַבױטשער = טרײַבאַטש.

טרײַבל *s.* (*pl.* ‑עך) paper-case, paper-tube (*of a cigarette*) צִנּוֹב שֶׁל נְיָר (לסיגרטה).

טרײַבן *v. a.* (*p. p.* געטריבן) to drive גָּרֵשׁ; to urge הָאֵץ; to carry on דַּיֵּה, עָסֹק בְּ־; to still, distil זַקֵּק.

— טרײַבן געשעפֿט to carry on business עסק במסחר.

— טרײַבן שפּאַס, טרײַבן קאַטאָוועס to make fun בדח, התבדח.

— טרײַבן בראַנפֿן to still brandy זקק יין שרף.

— טרײַבן אימעצן צו משוגעת to drive a person mad הבא איש לידי שגעון.

טרײַבער *s.* driver מְנַהֵג (בהמות נושאות משא).

טרײַבערן *v. a.* to remove the forbidden fat and veins from kosher meat, to porge נַקֵּר; to beat, drub (*sl.*) הַכֵּה א).

טרײַב־פֿעדער *s.* (*pl.* ‑ן) moving-spring קָפִיץ הַמֵּנִיעַ (בשעון).

טרײסטונג *s.* (*pl.* ‑ען) comforting נִחוּם; consolation נֶחָמָה.

טרײסטן *v. a.* to comfort, console נַחֵם.

טרײסטער *s.* (‑, ‑ס *pl.*) comforter מְנַחֵם.

טרײסלען *v. a.* to shake נַעְנֵעַ, כַּשְׁכֵּשׁ; ‖ ‑זיך *v. r.* to shake נוּעַ, הִתְנַעְנֵעַ; to shiver רָעֹד.

טרײף = טְרֵיף.

טרײַשאַפֿט *s.* faithfulness, fidelity אֱמוּנָה.

טריליאָן *s.* (*pl.* ‑ען) trillion טְרִלְיוֹן (1 עם י״ח אפסים, ובאמיריקה 1 עם י״ב אפסים).

טריליעט = טואַלעט.

טרימקען *v. n.* to sing "trim trim" זַמֵּר "טְרִים־טְרִים".

טרינאָזשקע *s.* (*pl.* ‑ס) tripod חֲצוּבָה.

טרינישקע = טרינאָזשקע.

טרינקאַל = טרינק־געלט.

טרינק־‖גלאָז *s.* (*pl.* ‑גלעזער) goblet כּוֹס.

טרינק־געלט *s.* drink-money, tip מַתְּנַת כֶּסֶף.

טרינקען *v. a.* (*p. p.* געטרונקען) to drink שָׁתֹה; ‖ ‑זיך *v. r.* to drown הִטָּבֵעַ.

טרינקער *s.* (‑, ‑ס *pl.*) drinker שׁוֹתֶה.

טריסנען = טרעסנען.

טריסקאַווקע *s.* (*pl.* ‑ס) strawberry גַּרְגְּרֵי אֲדָמָה.

טְרֵיף, ‑ער, ‑ע *adj.* improper according to the dietary laws שֶׁאֵינוֹ רָאוּי לַאֲכִילָה עַל פִּי הַדִּין; illegitimate שֶׁהוּא נֶגֶד הַחֹק.

— טריפֿע פֿלייש meat which is improper for food according to law בשר שאינו ראוי לאכילה על פי הדין.

— אַ טריפֿער מסחר an illegitimate business מסחר שהוא נגד החוק.

— טריפֿע סחורה contraband goods סחורה שהובאה בהברחת המכס.

— אַ טריפֿער האַלז a glutton זולל; a sweet-toothed person אוהב ממתקים, לַקְקָן.

טריף = טריפֿוואַקס.

טריף־נעווירץ *s.* myrrh נָטָף.

טְרֵיפֿה *s.* (*pl.* טְרֵיפֿות) food forbidden by the dietary laws מַאֲכָל אָסוּר עַל פִּי הַדִּין; something forbidden דָּבָר אָסוּר.

— עסן טריפֿות to eat forbidden food אכל מאכלים אסורים.

טְרֵיפֿה‖נער, ‑נע *adj.* forbidden אָסוּר; vicious רַע, מָשְׁחָת (המִּדּוֹת).

— טריפֿהנע כלים vessels improper for use כלים אסורים.

— טריפֿהנער בײן vicious person איש משחת המדות.

— טריפֿהנער האַלז one who eats forbidden food אוכל טרפות; a glutton זולל; a sweet-toothed person אוהב ממתקים.

— טריפֿהנער מזל damned good luck הצלחה גדולה (נאמר על הצלחת אדם רע).

טְרֵיפֿה־פּסול = טְרֵיף־פָּסוּל.

טריפֿוואַקס *s.* sealing-wax חֹמֶר חוֹתָם.

טריפּל *s.* tripoli, rottenstone מִין אֶבֶן־קְרֵטִיקוֹן (שעושים ממנו אבק למרט בו מתכת).

טריפּל *s.* (*pl.* ‑עך) drop of dough נְטִיף שֶׁל בָּצֵק (לשום במרק).

טריפּלקע *s.* (*pl.* ‑ס) icicle? שֵׁן־קֶרַח? א).

טריפֿן *v. n.* to drip, drop נָטֹף, טַפְטֵף.

טְרֵיפֿניאַק *s.* (*pl.* ‑עס) one who eats food forbidden by law אוֹכֵל טְרֵפוֹת.

טריפּען *v. a.* to pull out, pluck out (threads) עַקֵּר, מָרֹט (חוטים); ‖ ‑זיך *v. r.* to become threadbare בָּלֹה (בגד).

טריפּער *s.* (*pl.* ‑ס) gonorrhea (*med.*) זוֹב בָּשָׂר.

טְרֵיף־פָּסוּל *s.* (*pl.* ‑ס) forbidden book סֵפֶר אָסוּר.

טריקאָ *s.* tricot טְרִיקוֹ (מין אריג צמר).

טריקעניש *s.* (*pl.* ‑ן) dryness חֹרֶב, יֹבֶשׁ; dry land יַבָּשָׁה.

טריקענען *v. a. n.* to dry יַבֵּשׁ; יָבֹשׁ; ‖ ‑זיך *v. r.* to dry, become dry הִתְיַבֵּשׁ.

א) טרײבערן איז געווים פֿון אַ סלאַווישן מקור; רוסיש теребить ציען, צופֿן; קליינרוסיש теребити, רייניגן; פּויליש trzebić אפּרייניגן (אויסהאַקן) אַ וואַלד.

א) ביי אבראמאוויטשן אין "ספר הבהמות", יובילעאום אויסגאַבע, זייט 30.

טרעבוך s. (‎—עס pl.) tripe, guts קְרָבַיִם, מֵעַיִם.

טרעבעווען v. a. to demand, require דָּרֹשׁ, שָׁאֹל; to summon קָרֹא, תָּבֹעַ.

טרענער s. (—, —ס pl.) carrier, porter נוֹשֵׂא סַבָּל, סַבָּל.

טרעוואָגע s. (—ס pl.) alarm, disturbance חֲרָדָה, הֲמֻלָּה, מְהוּמָה.

— קלאַפּן טרעוואָגע to beat the alarm תּוֹפֵף בְּתֹף לְעוֹרֵר.

טרעט s. treading רְמִיסָה; step צַעַד.

— מאַן אַ טרעט to tread רמס; to step צעד.

טרעטמיל s. (—ן pl.) treadmill רֵחַיִם שֶׁל סוּסִים.

טרעטן v. a. n. to tread, trample דָּרֹךְ, רָמֹס, בּוֹס; to tread, step צָעֹד.

טרעל s. (—ן pl.) trill, quaver סִלְסוּל (בזמרה).

טרעל‖בויך s. (—בײַכער pl.) big-bellied person בַּעַל בֶּטֶן גְּדוֹלָה.

טרעלײַקען v. n. to trill סַלְסֵל (בזמרה); to sing זַמֵּר.

טרעלן v. n. to trill, quaver סַלְסֵל (בזמרה).

טרעלעץ s. (—עס pl.) hurl, throw הַשְׁלָכָה.

טרעמבוך, טרעמבע = טרעלבויך.

טרענען v. a. to rip קָרֹעַ; ‖—זיך v. r. to rip הִתְקָרֵעַ.

טרענקען v. a. to give to drink הַשְׁקֵה; ‖—זיך v. r. to drown הִטָּבֵעַ.

טרעסט s. (—ן pl.) lace, galloon רִקְמָה, רִקְמַת זָהָב אוֹ כֶּסֶף.

טרעסנען v. n. to burst הִתְפּוֹצֵץ; הִתְפַּקֵּעַ.

טרעסע s. shaking, shake נִעֲנוּעַ.

— געבן אַ טרעסע to shake נַעְנֵעַ.

טרעסעדיג adj. shaking, jolting מְנַעֲנֵעַ, מְזַעְזֵעַ, מְטַלְטֵל.

טרעסעווי‏צע s. intermittent fever חֲלִי הָרְעִידָה.

טרעפּ s. (— pl.) step, stair כֶּבֶשׁ, מַדְרֵגָה.

טרעף s. club הַצְּלָב (בקלפים).

טרעפּל [1] s. (—עך pl.) little step כֶּבֶשׁ קָטָן.

טרעפל [2] s. (—עך pl.) little drop טִפָּה קְטַנָּה.

טרעפן v. a. to hit קָלֹעַ אֶל הַמַּטָּרָה; to guess מָצֹא (חידה); to happen, chance קָרֹה, הִקָּרֵה; to succeed הַצְלֵחַ; ‖—זיך v. r. to come to pass הִקָּרֵה; ‖ v. rec. to meet הִפָּגֵשׁ.

טרעפעניש s. (—ן pl.) occurrence, happening מִקְרֶה.

טרעפער s. (—, —ס pl.) guesser מוֹצֵא חִידָה; diviner, fortune-teller מַגִּיד מֵרֹאשׁ; prize פְּרָס, גּוֹרָל.

טרער s. (—ן pl.) tear דִּמְעָה.

טרערן v. n. to water דָּמֹעַ.

— עס טרערט אים אַן אויג one of his eyes is watering אחת מעיניו דומעת.

טרעשטש s. (—עס pl.) crack נִפּוּץ.

טרעשטשען v. n. to crack הִתְפּוֹצֵץ; הִבָּקֵעַ בְּקוֹל.

טְרֵף = טְרֵיף.

טְרֵפָה = טְרֵיפָה.

טְרֵפָה־פָּסול = טְרֵיף־פָּסול.

טְרֵפהנער = טְרֵיפהנער.

טְרֵפוֹת s. —, food forbidden by law טְרֵפָה.

טשאָבעטע s. (—ס pl.) large and heavy shoe נַעַל גָּדוֹל וְכָבֵד.

טשאַד s. (—ן pl.) charcoal fume קִיטוֹר גֶּחָלִים.

טשאַדזען = טשאַדען.

טשאַדנע adj. fumous, fumy מָלֵא קִיטוֹר גֶּחָלִים.

טשאַוואַן = טשוגון.

טשאַוואונערן = טשוגונען.

טשאַטע s. (—ס pl.) company, band חֶבֶר, כְּנוּפְיָה; flock עֵדֶר.

טשאַטעווען v. a. to lurk for אָרֹב לְ־.

טשאַטעסוויַיז adv. in flocks עֲדָרִים עֲדָרִים.

טשאַטשקע = צאַצקע.

טשאַכאָטקע s. consumption שַׁחֶפֶת.

טשאַכאָטאָטשניק s. consumptive חוֹלֵה שַׁחֶפֶת.

טשאַכטשען v. a. to whip, lash הַלְקֵה, הַכֵּה בְּשׁוֹט.

טשאַכנען v. n. to pine oway עָטֹף, כָּחֹשׁ.

טשאָלנט s. (—ן pl.) Sabbath dishes cooked during Friday night in a closed stove and served warm חַמִּין, חַמִּים.

טשאָלנט־בּרעטל s. (—עך pl.) board for closing the stove into which the dishes for the Sabbath are placed לוּחַ־עֵץ לְכִסּוּי הַתַּנּוּר שֶׁשָּׂמִים בּוֹ אֶת הַתַּבְשִׁילִים לְשַׁבָּת.

טשאָנג s. (—עס pl.) draught רוּחַ מְפַלֵּשׁ וְעוֹבֵר.

טשאַסאָוואָי s. (—עס pl.) sentinel עוֹמֵד עַל הַמִּשְׁמָר.

טשאַסט s. (—ן pl.) police-office, round-house בֵּית הַמִּשְׁמָרָה.

טשאַסטנע adj. private פְּרָטִי.

טשאַסעם adv. sometimes לִפְעָמִים.

טשאַפּ [1] s. (—עס pl.) tuft of hair קְוֻצָּה (שער).

טשאַפּ [2] s. (—ן, —עס pl.) tank גִּנִּית גְּדוֹלָה.

טשאַפּאָווע s. tunnage, tax laid on a tun מֶכֶס עַל חָבִית (של משקה).

טשאַפּעק s. bribe, extortion מִקַּח שֹׁחַד.

טשאַפּקעווען v. n. to stand before a person cap in hand, to humble oneself עָמֹד לִפְנֵי אִישׁ עִם מִצְנַפְתּוֹ בְּיָדוֹ, הִתְרַפֵּס לִפְנֵי־.

טשאַצקע = צאַצקע.

טשאַק s. splendor הָדָר, כָּבוֹד.

— מיטן גאַנצן טשאַק with all one's splendor בכל כבודו והדרו.

טשאַקנדיג adj. merry, lively שָׂמֵחַ, עָלֵז.

טשאַקען זיך v. r. to be merry, be lively הָיֹה שָׂמֵחַ א).

טשאָקען v. n. to clash הַכֵּה, הַקֵּשׁ.

— טשאָקען מיט די גלעזלעך to touch glasses הַשֵּׁק כּוֹס לְכוֹס (לפני השתיה).

טשאָרט s. (pl. ־עס) devil שֵׁד, שָׂטָן.

טשאָרלע s. (pl. ־ס) a kind of earthen vessel מִין כְּלִי חֶרֶס ב).

טשאָרלעטשקע, פֿאַרקלענערוואָרט פֿון טשאָרלע.

טשאָרנע s. rough-draught נוּסְחָה ראשׁוֹנָה, נוּסְחָה לֹא־נְקִיָּה.

טשאָרנעהוז s. (pl. ־ן) stork חֲסִידָה.

טשאַשקע s. (pl. ־ס) cup כּוֹס; wooden tankard סֵפֶל שֶׁל עֵץ.

טשוב s. (־ן, pl. ־עס) tuft, forelock צִיצַת ראשׁ, בְּלוֹרִית.

טשובאַטע adj. tufted שֶׁיֵּשׁ לוֹ בְּלוֹרִית.

טשוגון s. (pl. ־עס) cast iron בַּרְזֶל מְהֻתָּךְ; cast-iron pot סִיר שֶׁל בַּרְזֶל מְהֻתָּךְ.

טשוגונטשיק s. (pl. ־עס) small cast-iron pot סִיר קָטָן שֶׁל בַּרְזֶל מְהֻתָּךְ.

טשוגונען adj. of cast iron שֶׁל בַּרְזֶל מְהֻתָּךְ.

טשודנע adj. strange זָר, מוּזָר; ‖ —קייט s. strangeness זָרוּת.

טשוהון = טשוגון.

טשוהונטשיק = טשוגונטשיק.

טשוהונען = טשוגונען.

טשוהונקע s. (pl. ־ס) railroad מְסִלַּת בַּרְזֶל.

טשוואַליעם adv. at full speed בִּמְרוּצָה מְהִירָה.

טשוואַניען זיך v. r. to boast, brag הִתְפָּאֵר.

טשוואַק = טשוועק.

טשוועק s. (pl. ־עס) nail מַסְמֵר.

טשוועקעווער s. (pl. ־ס) nailer of shoes מְסַמֵּר נְעָלִים.

טשוטקע adj. sensitive רַגְשָׁנִי; light (of sleep) קַל (שֵׁנָה).

טשוטשיק s. (pl. ־עס) kid יֶלֶד קָטָן.

טשוטשעלע s. (pl. ־ס) scarecrow, bugbear מִפְלֶצֶת, דַּחְלִיל.

טשוטשקע s. (pl. ־ס) puppy כֶּלֶב קָטָן, כְּלַבְלַב.

טשויקע s. (pl. ־ס) a kind of overcoat מִין בֶּגֶד עֶלְיוֹן.

טשוכען v. a. to wake עוֹרֵר; ‖ — זיך v. r. to wake up הִתְעוֹרֵר; to scratch oneself הִתְגָּרֵד.

טשומערקע s. (pl. ־ס) a kind of peasant's coat מִין מְעִיל שֶׁל אִכָּרִים.

טשומאַק s. (pl. ־עס) waggoner, carter, carrier עֶגְלוֹן.

טשופּרינע = טשוב.

טשוקינע s. lotto, keno (game) לוֹטוֹ (משחק של כרטיסים עם מספרים).

טשיבוק, טשיבעק s. (pl. ־עס) tube of a tobacco-pipe שְׁפוֹפֶרֶת שֶׁל מִקְטֶרֶת.

טשיהונקע = טשוהונקע.

טשיזשיק s. (pl. ־עס) siskin, serin חִרְפִּי (מין עוף קטן).

טשיכן s. pl. knockle-bones, jackstones, dibs עַצְמוֹת הַקַּרְסֻלַּיִם (מין משחק עם עצמות רגלי אילים).

טשייניק s. (pl. ־עס) tea-pot קֻמְקוּם, תֵּיוֹן.

— האַקן אַ טשייניק (id.) to talk at random דבר בעלמא, דבר הבלים.

טשייני s. (pl. ־ס) tea-house בֵּית לִשְׁתִיַּת הַתֵּה.

טשין s. (־ען, pl. ־עס) rank מַדְרֵגָה (במשרת הפקידים).

טשינאָווניק s. (pl. ־עס) functionary פָּקִיד, מְמֻנֶּה.

טשינש s. (pl. ־ן) rent דְּמֵי שְׂכִירוּת (של קרקעות).

טשיסטע adj. clean טָהוֹר; pure נָקִי.

— אַ טשיסטער יונג a fine fellow איש יפה תואר.

— אַ טשיסטער משוגענער an actual lunatic איש משוגע ממש.

טשיפּ־טשיפּ int. call to chickens קְרִיאָה לְתַרְנְגוֹלוֹת.

טשיפּעליאַווע adj. lisping מְדַבֵּר בִּשְׁרִיקָה; stammering עִלֵּג לָשׁוֹן.

טשיפּען v. a. to pinch צָבֹט, לָחֹץ.

טשיפּעק = טשעפּעק.

טשיפּקעלע = מוזגל.

טשיקאַווענע adj. curious מוּזָר; remarkable נִפְלָא.

טשיקאַווע adj. curious מִתְאַוֶּה (לידיעה); סַקְרָנִי.

טשיקאַוועס = טשיקאַוועשטש.

טשיקאַוועשטש s. curiosity תַּאֲוָה לָדַעַת; remarkable thing דָּבָר נִפְלָא.

— אויף טשיקאַוועשטש for curiosity's sake רק למען דעת.

טשיריק s. (pl. ־עס) little boil, foruncle כִּיב קָטָן.

טשירקען v. n. to chirp צַפְצֵף.

טשישטשען v. a. to clean (brush, polish) נַקֵּה (נקה בגדים במברשת, צחצח נעלים).

טשכאַן = טשעכאַן.

טשמוט s. (pl. ־עס) knave, rogue רַמַּאי, נוֹכֵל.

טשמוטערײַ s. knavery, deceit רַמָּאוּת, נְכָלִים.

טשמעל s. (pl. ־עס) blow מַכָּה.

טשמעליען v. a. to stupefy הַבְהֵל, הַדְהֵם.

טשעהייען זיך v. r. to run about, roam שׁוֹטֵט.

טשעטווערטאַק s. (pl. ־עס) chetvertak, quarter of a ruble רֶבַע הָרֻבָּל.

א) פֿון דייטש schäkern, זיין לוסטיג? ב) ווייסרוסיש цёрла, א כלי צום רייבן מאָן, פֿעפֿער און אנדערע זאַכן פֿאַר נעבעקסן.

טשעטווערִיק *s.* (*pl.* ~עס) chetverik, grain-measure מִדַּת תְּבוּאָה (שמנה קבים).

טשעך *s.* (*pl.* ~ן) Czech, Bohemian בּוֹהֶמִי.

טשעכאָטעטשניק = טשאַכאָטאָטשניק.

טשעכאָטקע = טשאַכאָטקע.

טשעכאָל *s.* (*pl.* ~ן) case, cover תִּיק, מַטְפָּחָה.

טשעכאָן *s.* (*pl.* ~עס) shield fish (*a kind of carp*) מִין שִׁבּוּטָא.

טשעכיִש *adj.* Czechian, Bohemian שֶׁל בּוֹהֶמְיָה.

טשעכעווע *s.* scratching סְרִיטָה.

— אַ טשעכעווע טאָן to scratch סרט, גרד.

טשעכעווען זיך *v. r.* to scratch oneself הִתְגָּרֵד.

טשעכענער = טשעכיִש.

טשעלאָ *s.* paragon הַנִּבְחָר וְהַטּוֹב.

טשעליאַדניִק *s.* (*pl.* ~עס) journeyman שׁוּלְיָא (עוזר לבעל מלאכה).

טשעלישטשע *s.* (*pl.* ~ס) smelting-furnace כּוּר בַּרְזֶל.

טשעמאָדאַן *s.* (*pl.* ~עס) valise, leather-case אַמְתַּחַת, אַרְגַּז לַדֶּרֶךְ.

טשעמעריִצע *s.* hellebore, sneeze-wort הַרְנוּף (מין צמח מר).

טשעסליעווען *v. a.* to hew *or* square הִקְצֵעַ.

טשעס‖ליער *s.* (*pl.* ~ליערס, ~ליאַרעס) carpenter נַגָּר.

טשעסליעריַי *s.* carpentry נַגָּרוּת.

טשעפּ *s.* rent קֶרַע.

טשעפּוכאַ *s.* nonsense אִוֶּלֶת, דְּבָרִים בְּטֵלִים.

טשעפּטשיִכע *s.* (*pl.* ~ס) the second stomach of ruminant animals הַקֵּבָה הַשְּׁנִיָּה שֶׁל בְּהֵמוֹת.

טשעפּען¹ *v. a.* to touch נָגֹעַ;‖ ~זיך *v. r.* to pick a quarrel, cavil הִתְאַנָּה לְ־, שִׂים עֲלִילוֹת לְ־.

טשעפּען² *v. a.* to graft, inoculate הַרְכֵּב, הַדְבֵּק.

— טשעפּען פּאָקן to vaccinate הדבק אבעבועות בקר בעור איש.

טשעפּעק *s.* (*pl.* ~עס) cap מִצְנֶפֶת; bonnet מִגְבַּעַת אִשָּׁה.

טשעפּקע¹ *s.* grafting הַרְכָּבָה; grafted twig עֲנַף הַרְכָּבָה.

טשעפּקע² *adj.* clean, neat נָקִי;‖ ~קייט *s.* cleanness, neatness נְקִיּוּת.

טשעק *s.* (*pl.* ~ן) cheque, check הַמְחָאָה.

טשערטאַ *s.* pale of Jewish settlement (*formerly in Russia*) תְּחוּם הַיְּהוּדִים (לפנים ברוסיה).

טשערטען *v. a.* to draw שַׂרְטֵט.

טשעריִק = טשיריִק.

טשערניטשקע = טשערנישקע.

טשערניִצע *s.* (*pl.* ~ס) whortleberry, huckleberry, blackberry גַּרְגַּר הַשָּׁחוֹר.

טשערנישקע *s.* fennel-flower קֶצַח (זרע כמון שחור).

טשערע *s.* (*pl.* ~ס) turn תּוֹר סֵדֶר.

טשערעדע *s.* (*pl.* ~ס) herd, flock, drove עֵדֶר.

טשערעוויַי *adv.* by turns חֲלִיפוֹת.

טשערעט *s.* (*pl.* ~ן) reed קָנֶה, קְנָהָא.

טשערעטן *adj.* of reed שֶׁל קָנֶה.

טשערעפּ *s.* (*pl.* ~עס) skull קָדְקֹד.

טשערעפּאַכע *s.* (*pl.* ~ס) turtle, tortoise צַב הַשִּׁרְיוֹן.

טשערעפּאַשקע, פֿאַרקלענערוואָרט פֿון טשערעפּאַכע.

טשערעפּיצע (*pl.* ~ס) tile לְבֵנַת גַּג רַעַף.

טשערעשניע *s.* (*pl.* ~ס) cherry דֻּבְדְּבָנִיָּה.

טשערפּען = טערפּען

טשעשליער = טשעסליער טעסליער.

טשעשליעריַי = טשעסליעריַי, טעסליעריַי.

טשעשען¹ = טשעסליעווען טעסען.

טשעשען² *v. a.* to caress לַטֵּף (ילד);‖ ~זיך *v. r.* to be delighted הִתְעַנֵּג.

— טשעשען זיך מיט אימעצן to enjoy oneself with a person התענג עם איש.

טשרעט = טשערעט.

טשרעטל, פֿאַרקלענערוואָרט פֿון טשרעט.

א) פּויליש czeret, oczeret, טראָסטש

י.

י *s.* the tenth letter of the Hebrew alphabet הָאוֹת הָעֲשִׂירִית בְּאָלֶף־בֵּית הָעִבְרִי;‖ *num.* ten עֲשָׂרָה.

יאָ *adv.* yes כֵּן, הֵן.

יאַאיִטשניִצע *s.* (*pl.* ~ס) omelet לְבִיבַת בֵּיצִים.

יאַבעדן = יאַבעדעווען.

יאַבעדניק *s.* (*pl.* ~עס) chicaner מְבַקֵּשׁ תּוֹאֲנוֹת, אִישׁ מָדוֹן.

יאַבעדע *s.* (*pl.* ~ס) chicane, cavil חִפּוּשׂ מוּמִים, אַהֲבַת מָדוֹן.

יאַבעדעווען *v. n.* to chicane בַּקֵּשׁ תּוֹאֲנוֹת שִׂים עֲלִילוֹת דְּבָרִים עַל־.

יאָגד *s.* hunting צַיִד.

יאַגדע *s.* (*pl.* ~ס) berry גַּרְגִּיר.

יאָגד‖הונט *s.* (*pl.* ~הינט) hound כֶּלֶב צַיִד.

יאַגואַר *s.* (*pl.* ~ן) jaguar יַגוּאַר (מין נמר אמיריקני).

יאָגן *v. a.* to chase רְדֹף אַחֲרֵי; to press גָּרֵשׁ; *v. n.* to run רוּץ;‖ ~זיך *v. r.* to run הָאֵץ, רוּץ.

— יאָגן זיך נאָך אימעצן to pursue a person

to run after a person (*fig.*) רדף אחרי איש; בקש קרבת איש.

יאַנעדע = יאַנדע.

יאַנעניש *s.* (*pl.* ־ן) running מְרוּצָה; haste חִפָּזוֹן.

יאָד *s.* iodine (*pharm.*) יוֹד (כבמיה).

יאַדלאָווע *adj.* of fire שֶׁל אֲשׁוּחִים.

יאַדלע *s.* (*pl.* ־ס) fir-tree אַשׁוּחַ.

יאַדלענע = יאַדלאָווע.

יאַדען *v. a.* to vex הָצֵק הַלְאֵה.

יאָדער *s.* (*pl.* ־ן) kernel חַרְצָן, גַּרְעִין.

יאָדערדיג *adj.* full of kernels, kernelly מָלֵא גַרְעִינִים; stout, lusty (*fig.*) חָזָק, בָּרִיא.

יאַדעשליווע *adj.* asthmatic קְצַר הַנְּשִׁימָה; ‖ ־קייט *s.* asthma קֹצֶר הַנְּשִׁימָה.

יאָדרע = יאָדער.

יאָון = יָוָן.

יאַווען *v. a.* to produce, exhibit (*a passport*) הַרְאֵה (תעודת מסע); ‖ ־זיך *v. r.* to show oneself הִגָּלֵה; to appear, present oneself הֵרָאֵה אֶת פְּנֵי־, בּוֹא לִפְנֵי־.

יאַווקע *s.* (*pl.* ־ס) showing, producing (*of a passport*) הַרְאוֹת (תעודת מסע); appearance בִּיאָה לִפְנֵי־.

יאוש *s.* despair ־.

יאַזדע *s.* (*pl.* ־ס) trip, journey נְסִיעָה.

יאָזש *s.* (*pl.* ־ן) hedge-hog קִפּוֹד.

יאָזשיק, פֿאַרקלענערוואָרט פֿון יאָזש.

יאַט *s.* (*pl.* ־עס) boy (*cont.*) נַעַר.

יאַטל *s.* (*pl.* ־עך) child (*cont.*) יֶלֶד; bastard מַמְזֵר.

יא־טעביע־דאַם *s.* important person אָדָם חָשׁוּב א). — ער איז אַ גאַנצער יא־טעביע־דאַם he is quite an important person אדם חשוב הוא כאר.

יאַטקע *s.* (*pl.* ־עס) meat-market חֲנוּת שֶׁל בָּשָׂר, אִטְלִיז.

יאַטקע־‖קלאָץ *s.* (*pl.* ־קלעצער) butcher's block סַדָּן שֶׁל קַצָּב; kick with the knee in (*sl.*) a person's buttocks בְּעִיטָה בְּבֶרֶךְ בַּאֲחוֹרֵי אִישׁ.

יאַטרען *v. a.* to generate pus מַגֵּל; ‖ ־זיך *v. r.* to suppurate הִתְמַגֵּל.

יאַך = אויך.

יאָך *s.* (*pl.* ־ן) yoke עֹל; duty (*fig.*) חוֹבָה.

יאַכט [1] = יאַגד.

יאַכט [2] yacht אֳנִיַּת טִיּוּל.

א) פֿון דער רוסישער פֿראַזע Я тебѣ дамъ! איך וועל דיר געבן!

יאַכן־פּלאַסטער *s.* (*pl.* ־ס) vesicatory plaster, diachylon רְטִיָּה מִשֶּׁחֶת הַלַּחָה א).

יאכלוהו *pred.* "they shall consume it," lost (*of a debt*) אָבַד ב). — דאָס געלט איז יאכלוהו the money is lost הכסף אבד.

יאַלאָוועץ juniper עַרְעָר.

יאַלאָווקע *s.* (*pl.* ־ס) barren cow פָּרָה שֶׁאֵינָה מוֹלִידָה.

יאָלאָפּ *s.* (*pl.* ־עס) clumsy big fellow אָדָם גָּדוֹל וְלֹא מָהִיר; blockhead, fool אָדָם קְשֵׁה הֲבָנָה, שׁוֹטֶה.

יאָלאָפּאַטראָן = יאָלאָפּ.

יאָלד *s.* (־ן, *pl.* ־עס) son of a wealthy man בֶּן עָשִׁיר; dude, fop אִישׁ מִתְהַדֵּר בִּלְבוּשׁוֹ, גַּנְדְּרָן; simpleton, fool טִפֵּשׁ, שׁוֹטֶה.

יאָלדאָווקע *s.* (*pl.* ־ס) fashionable woman אִשָּׁה מִתְהַדֶּרֶת בִּלְבוּשָׁהּ, גַּנְדְּרָנִית.

יאָ/דיש *adj.* foppish שֶׁל גַּנְדְּרָן.

יאָלדעווען *v. a.* to make a fool of הַשְׁטֵה בְּ־, לְעַג לְ־; to play a trick on רַמֵּה.

יאַלעוויטשענע *adj.* of the leather of a calf מֵעוֹר עֵגֶל.

יאַלעווע *adj.* barren, dry בִּלְתִּי פּוֹרִי, יָבֵשׁ.

יאַלעוועץ = יאַלאָוועץ.

יאַלעווקע = יאַלאָווקע.

יאָמער *s.* (*pl.* ־ן) lamentation נְהִי, יְלָלָה; misery עֳנִי, עָמָל.

יאָמערליך *adj.* lamentable שֶׁל נְהִי, שֶׁל צַעַר; miserable, wretched אֻמְלָל.

יאָמערן *v. n.* to lament יָלֵל.

יאַמקע *s.* (*pl.* ־ס) corner in the front part of an oven פִּנָּה בַּחֵלֶק הַחִיצוֹנִי שֶׁל תַּנּוּר.

יאַמש *s.* (*pl.* ־ן) bamboo אַגְמוֹן, קְנֵה סִינִים ג).

יאַמשאָווע, יאַמשן *adj.* of bamboo שֶׁל אַגְמוֹן.

יאַמש־‖שטאָק (*pl.* ־שטעק) מַטֵּה אַגְמוֹן.

יאַנוואַר *s.* January (*month*) יַנֻּאַר (החדש הראשון לנוצרים).

יאָנטעוו *s.* (*pl.* יאָנטויווים) = יום־טוב.

יאָנטעווודיג = יום־טובדיג.

יאָנץ *s.* (*pl.* ־עס) fool טִפֵּשׁ.

יאַנקאַטע = איקעוואַטע.

יאַסטרעב *s.* (־ן, *pl.* ־ס) hawk נֵץ, אַיָּה.

יאַסליעס, יאַסלעס *s. pl.* gum (*of the teeth*) חֲנִיכַיִם (בשר השנים) ד).

יאַסמין *s.* jasmine יַסְמִין (פרח).

א) יאַכן איז, זעט אויס, אַ פֿאַרגרייזונג פֿון דעם וואָרט diachylon, וואָס ווערט באַנוצט אין אַלע אייראָפּעאישע שפּראַכן.

ב) יאכלוהו ווערט אַרויסגערעדט מיט אַ שטאַרקן דריק אויף "הו". ג) רוסיש камышъ? ד) פּויליש dziąsła.

יאַסען *s.* ash-tree צַפְצָפָה.
יאַסענאָווע *adj.* ashen שֶׁל צַפְצָפָה.
יאַק[1] *s.* (pl. ־ן) jacket בֶּגֶד קָצָר.
יאַק[2] *adv.* how אֵיךְ; like כְּמוֹ.
— מיר יאַק מיר, נאָר ער... be it as it may about me, but he... יהיה איך שיהיה עמדי, אך הוא... א).
יאַקאָם *adv.* somehow בְּאֵיזֶה אוֹפֶן שֶׁהוּא.
יאַקאָר *s.* (pl. ־ן) anchor עֹגֶן.
יאַקבי, יאַקבע *adv.* as if, quasi כְּאִלּוּ.
יאָקטער, שפּאַסיג פֿאַר דאָקטער.
יאָקל *s.* simpleton טִפֵּשׁ; louse (*fl.*) כִּנָּה.
יאָקעלן *v. a.* to knock in (*a window or door*) (*fl.*) הַכֵּה וְשָׁבֹר (חלון או דלת).
יאָקעמענער *s.* intruder into a house (*fl.*) כּוֹנֵס לְבַיִת (כננב).
יאַר *s.* (pl. ־ן) ravine נַחַל, גַּיְא.
יאָר *s.* (pl. ־, ־ן) year שָׁנָה.
— איבער אַ יאָר, ז. איבער־אַ־יאָר.
— אַלע יאָר every year בכל שנה; אַלע יאָרן all his life כל ימי חייו.
— אַ גאַנץ יאָר the whole year כל השנה.
— (*id.*) אַ ייִד פֿון אַ גאַנץ יאָר an everyday man, an ordinary man אדם בלתי מצוין.
— גוט יאָר! good year! (*reply to the greetings* גוט שבת! גוט מאָרגן!, *etc.*) שתא טבא!
— אַ גוט יאָר אויף איך! אַ גוטער יאָר אויף אייך!, ז. גוט־יאָר.
— אַ בייזער יאָר a calamity שבר, צרה; אַ בייזער יאָר אויף אים! may a calamity come upon him צרה תבואהו!
— אַ שוואַרץ יאָר, ז. שוואַרץ־יאָר.
— שוואַרצער יאָר calamity שבר, צרה.
— גיי צו אַלע שוואַרצע יאָר!, go to the devil!, the dence take you! לך לעזאזל! ז. אויך שוואַרץ־יאָר.
— צו לאַנגע יאָר for long life (*said after mentioning a deceased person*) לאורך ימים (אומרים כך כשמזכירים שם נפטר).
— איער ברודער, איך צו לאַנגע יאָר, פֿלעגט זאָגן your deceased brother, may you live long, used to say אחיך המת, תאריך ימיך, היה אומר.
— אַ מענש אין יאָרן an elderly person איש בא בימים.
— אַ מיידל אין יאָרן a maiden who has passed the age of marriage בתולה שכבר הגיע פרקה.
יאָר־‖בוך *s.* (־ביכער pl.) year-book סֵפֶר שְׁנָתִי.

א) ביי לינעצקין אין „דאָס חסידישע יונגעל“.

יאָר־‖גאַנג *s.* (pl. ־גאַנגען, ־גענג) annual set of a serial publication, yearly numbers of a periodical שָׁנָה, קְבוּצָה שְׁנָתִית שֶׁל עִתּוֹן.
יאָר־געלט *s.* annual allowance דְּמֵי שָׁנָה, קִצְבָּה שְׁנָתִית.
יאָרהונדערט *s.* (pl. ־ער) century מֵאָה שָׁנָה.
יאַרזשינע *s.* vegetables, pulse יְרָקוֹת, קִטְנִיּוֹת.
יאָרטויזנט *s.* (pl. ־ער) millennium אֶלֶף שָׁנָה.
יאָריג *adj.* annual שְׁנָתִי.
יאַריד = יְרִיד.
יאַרידניק = יְרִידְנִיק.
יאַרליק *s.* (pl. ־ן, ־עס) label, ticket פִּתְקָה לְאוֹת.
יאַרמאָ *s.* yoke עֹל (= יאָך).
יאַרמעלקע *s.* (pl. ־ס) under-cap, skull-cap כִּפָּה, כֻּמְתָּא; cupola, dome כִּפָּה.
יאָר־מענש *s.* (pl. ־ן) a servant engaged by the year מְשָׁרֵת שָׂכוּר לְשָׁנָה.
יאָרן *v. n.* to stay a year יָשֹׁב שָׁנָה אַחַת; ‖ ־זיך *v. r.* to be a person's birth-day הָיֹה יוֹם הֻלֶּדֶת שֶׁל אִישׁ.
— ער יאָרט זיך אין מיי his birth-day is in May יוֹם הֻלַּדְתּוֹ הוּא בחדש מַי.
יאַרסקע *adj.* of vegetables, of pulse שֶׁל יְרָקוֹת, שֶׁל קִטְנִיּוֹת.
יאָר־עדות *s.* (pl. ־) hired witness עֵד שָׂכוּר, עֵד לוֹקֵחַ שֹׁחַד.
יאַרע־וואַקס *s.* virgin wax דּוֹנַג חָדָשׁ.
יאַרענע *s.* spring-corn דְּגַן הָאָבִיב, דְּגַן הַקַּיִץ.
יאָר־‖עסק *s.* (pl. ־עסקים) continual bother טִרְדָּה מִמֻשֶּׁכָה.
יאַרעץ־וואַקס = יאַרע־וואַקס.
יאָרצײַט *s.* (pl. ־ן) anniversary of a person's death יוֹם זִכָּרוֹן לְמֵת; anniversary service, obit הַזְכָּרָה שְׁנָתִית לִנְשָׁמָה.
— שטעלן יאָרצײַט to light a candle at the anniversary of a deceased הדלק פעם בשנה נר לנשמה.
— (*id.*) שטעלן יאָרצײַט נאָך עפּעס to give something up as lost התיאש מדבר.
יאָרצײַט־ליכט *s.* (pl. ־) candle lit at the anniversary of a deceased נֵר־נְשָׁמָה שְׁנָתִי.
יאַרקע = יאַרענע.
יאַשטשיק *s.* (pl. ־עס) box תֵּבָה.
יאַשטשער = יאַשטשערוצע.
יאַשטשעריצע *s.* (pl. ־ס) lizard לְטָאָה, סַלַמַנְדְּרָא; vicious woman (*fig.*) אִשָּׁה רָעָה.
יאַשטשערקע = יאַשטשערוצע.
— לאַכן מיט יאַשטשערקעס to laugh with anguish צחק בכאב לב.

יאשמע s. (‏‑ס pl.) jasper יָשְׁפֵה (מין אבן יקרה).
יָבוֹא יוֹמוֹ phr. his day or time will come ‑ א).
יְבָרֶכְךָ phr. may he (God) bless you ‑.
יַבָּשָׁה s. (יַבָּשׁוֹת pl.) dry land ‑; continent ‑.
י"ג abbr. = יַיִן גֶפֶן.
יָגוֹן־וַאֲנָחָה s. much "sorrow and sighing," aggravation צַעַר גָּדוֹל.
יְגִיעָה s. (יְגִיעוֹת pl.) labor ‑, עָמָל; ‑effort, endeavor הִשְׁתַּדְּלוּת.
יְגִיעַ־כַּפּוֹ s. the labor of his hand ‑.
יָגַעְתִּי וּמָצָאתִי phr. "I have labored and found," by looking for a thing one will find it כְּשֶׁמְּבַקְשִׁים דָּבָר יִמְצְאוּ אוֹתוֹ.
יַד s. (יָדַיִם pl.) hand ‑; (‑ן pl.) fescue for the reading of the Law יָד לִקְרִיאַת הַתּוֹרָה.
יַד־אַחַת s. alliance, league אֲגֻדָּה, בְּרִית.
— מאַכן יד־אחת to league התאגד, עשה ברית.
יָדוּעַ adj. known ‑.
יְדִיד s. (יְדִידִים pl.) friend ‑.
יְדִידִי s. my friend ‑.
יְדִידי־בריוו‖לע s. (‑לעך pl.) a letter of friendship מִכְתַּב יְדִידוּת.
יְדִיעָה s. (יְדִיעוֹת pl.) knowledge ‑; information, advice, intelligence ‑; news ‑.
— גאָטס ידיעה omniscience, predestination דעת הכל, יעוד מראש ב).
יַד־נֶקֶב s. opening in a door large enough (fl.) to pass the hand through it נֶקֶב בְּדֶלֶת שֶׁאֶפְשָׁר לְהַכְנִיס בּוֹ אֶת הַיָּד.
יַדְעָן s. (יַדְעָנִים pl.) one who has much knowledge ‑.
יַהֲדוּת s. Judaism ‑.
יְהוּדִי s. (יְהוּדִים pl.) Jew ‑.
יַהוּדִי s. (יַהוּדִים pl.) (Am.) nickname given to a German Jew כִּנּוּי לִיהוּדִי גֶּרְמָנִי.
יְהוָֹה s. Jehovah, God ‑, אֱלֹהִים ג).
יְהִיה אֵיךְ שֶׁיִּהְיֶה phr. be it as it may ‑.
יִהְיֶה מַה שֶּׁיִּהְיֶה phr. no matter what ‑.
יִהְיֶה מִי שֶׁיִּהְיֶה phr. whoever it is, no matter who, anybody ‑.
יְהִי־רָצוֹן s. (‑ס pl.) "may it be the will," a prayer beginning with these words תְּפִלָּה הַמַּתְחֶלֶת בְּמִלּוֹת אֵלּוּ.
יואוועלירער = דובעלירער.
יוביליאַר s. (‑ן pl.) a person whose jubilee is being celebrated בַּעַל־הַיּוֹבֵל.

א) שפאַסיג זאָגט מען אמאָל פּלעאָנאַסטיש: „עס וועט קומען זיין יבוא יומו". ב) ביי ליפּשיצן. ג) ארויסגערעדט אין א תפילה אדער אין לערנען די תורה אָדוֹנָי. אין אנדערע פאַלן אדושם.

יובילײ = יובילעאום.
יובילעאום s. (‑ס pl.) jubilee חַג הַיּוֹבֵל.
יוֹבֵל s. (‑ס, יוֹבְלִים pl.) jubilee ‑; long period of time זְמַן אָרֹךְ.
— איין מאָל אין אַ יובל once in a long time פעם אחת בזמן רב.
יובעלירער = דיבעלירער.
יובקע s. (‑ס pl.) petticoat שִׂמְלָה תַּחְתּוֹנָה (של אשה).
יוגנט s. (‑ן pl.) youth, youthful age עֲלוּמִים, נְעוּרִים. נֹעַר; youth עֶלֶם צָעִיר, עַלְמָה צְעִירָה; young generation הַדּוֹר הַצָּעִיר.
יוד s. (‑ן pl.) name of the letter י שֵׁם הָאוֹת י.
יודאַק s. (‑עס pl.) Jew (cont.) יְהוּדִי.
יודנטום = יודנטום.
יוֹדֵעַ s. one who knows ‑.
יוֹדֵעַ־הַכֹּל s. one who knows everything, one who is omniscient ‑.
יוֹדֵעַן v. n. to know יָדַע.
יוֹדֵעַ־נַגֵּן s. (יוֹדְעֵי־נַגֵּן pl.) one who is cunning in singing or playing ‑.
יוֹדֵעַ־סֵפֶר s. (יוֹדְעֵי־סֵפֶר pl.) one who is versed in books ‑.
יודער s. (‑ס pl.) a ten-groschen piece מַטְבֵּעַ שֶׁל עֲשָׂרָה גְרוֹלִים.
יָוָון = יָוָן.
יו"ט abbr. = יום־טוב.
יוטש = אַ יוטש.
יוטשען v. n. to grunt צָעַק כַּחֲזִיר.
יוי = יאָ, יע.
יויזל npr. Jesus יֵשׁוּעַ, יֵשׁוּ.
יויך s. (‑ן pl.) soup מָרָק.
— נעבראַטענע יויך sauce רֹטֶב (מין בשר מטֻגן).
— גולדערנע יויך, ז. גולדערן.
יוירונג s. fermentation תְּסִיסָה.
יוירן v. n. (נעיאָרן p. p.) to ferment תָּסַס; חָמַץ.
יו"כ abbr. = יום־כיפור.
יופט s. cow-hide עוֹר פָּרָה (לנעלים).
יופטאָווע adj. of cow-hide שֶׁל עוֹר פָּרָה.
יוכע s. blood of a beast דַּם חַיָּה.
— פאַרקאָכטע יוכע (fig.) bad temper חמת איש רתחנות.
יוכ"פ abbr. = יום־כיפור.
יוכ"ק abbr. = יום־כיפור־קטן.
יוֹלֶדֶת s. (יוֹלְדוֹת pl.) woman in childbed ‑.
יולי s. (month) July יוּלִי (החדש השביעי לנוצרים).
יוֹם s. (יָמִים pl.) day ‑; psalm of the day מִזְמוֹר הַיּוֹם (הנאמר אחר תפלת הבקר).
— יום א' Sunday יום ראשון.
— יום ב' Monday יום שני.
— יום ג' Tuesday יום שלישי.

— יום ד׳ Wednesday יום רביעי.

— יום ה׳ Thursday יום חמישי.

— יום ו׳ Friday יום ששי.

יומא־דפגרא s. (pl. ס –) day of leisure, holiday.–

יום־הארוך s. the longest day of the year, the summer solstice.–

יום־הדין s. the day of judgment.–

יום־הזכרון s. the day of remembrance (*Jewish New Year's day*) [–.

יום־הקצר s. the shortest day of the year, the winter solstice.–

יום־השבת s. Sabbath-day, Saturday.–

יום־ולילה adv. day and night.–

יום־טוב s. (pl. ימים־טובים) holiday, festival, feast –, חג; trump-card קלף מנצח; importance חשיבות.

— מאכן א יום־טוב to make a holiday, to cease from work שבת מעבודה.

— גוט יום־טוב! "good holiday!," a greeting on a holiday ברכת שלום ביום חג.

— גוט יום־טוב, נא דיר! this I did not expect כזאת לא פללתי.

— גוט יום־טוב, ער איז דא! unexpectedly he is here פתאם הנהו פה.

— גוט יום־טוב בוטן, ז. גוט־יום־טוב־בוטן.

— וואס איז דער יום־טוב מיט אים? wherein is his importance? במה חשיבותו? א).

יום־טובדיג adj. of holiday, of festival, festal, festive של חג; joyful של שמחה, שמח; solemn חגיגי; excellent נעלה.

יום־כיפור s. Day of Atonement.–

יום־כיפורדיג adj. of the Day of Atonement של יום כפור.

— יום־כיפורדיגע טראפּנס, ז. חלשות־טראפּנס(ס).

יום־כיפור־ליכט s. (pl. –) candle for the Day of Atonement נר ליום כפור.

יום־כיפור־קטן s. minor Day of Atonement (*last day of every Jewish month on which pious Jews are fasting till noon*) [–.

יומם־ולילה = יום־ולילה.

יון¹ npr. Greece –, ארץ יון.

יון² s. (pl. יונים) Russian soldier, soldier חיל רוסי, חיל, איש צבא.

— (id.) אריינפאלן ווי א יון אין סוכה to break in upon a conversation with an irrelevant remark הכנס לתוך שיחה בדברים שאינם נוגעים לענין.

יונג¹ s. (pl. –ען) boy נער; fellow איש; servant משרת.

יונג² adj. (comp. יינגער) young צעיר, קטן, רך.

יונגאטש s. (pl. –עס) rude young man בחור גס; rascal בן בליעל.

יונגוואַרג s. young folks אנשים צעירים, ילדים רכים.

יונגעטש|קער, –קע adj. very young רך מאד.

יונגערהייט adv. when young בעודנו צעיר, בעודנו רך.

יונגערמאן s. (pl. יונגעלייט) young man צעיר, עלם, בחור א).

— זײדענער יונגערמאן, ז. זײדן.

יונגערמאנטשיק s. (pl. יונגעמאנטשיקעס) young man אדם צעיר.

יונגפרוי s. (pl. –ען) virgin, damsel בתולה, עלמה.

יוניש adj. of soldier של חיל, של איש צבא; soldierly שהוא כחיל; Russian language רוסית.

— יונישע תורה obscene language נבול פה.

יונית s. Russian language רוסית.

יונסקע = יוניש.

יונקער s. (pl. ס –) younker, young nobleman אציל צעיר (בגרמניה); cadet חניך פקידי צבא; jack, knave אכר (בקלפים).

יוסטיץ s. justice משפט.

יוסטיץ־מיניסטער s. (pl. ס –) Minister of Justice שר המשפט.

יוסטיץ־מיניסטעריום s. Ministry of Justice פקידות שר המשפט.

יוס|טער, –טע adj substantial ממשי; well-to-do אמיד.

— א יוסטער בעל־הבית a well-to-do man, man of substance אדם אמיד, בעל הון.

יועץ s. (pl. יועצים) adviser.–

יופיטער npr. (astr.) Jupiter כוכב לכת יופיטר.

יופע s. (pl. ס –) short overcoat for men מעיל עליון קצר לגברים; jacket for women בגד קצר לנשים.

יופקע¹ = יופע.

יופקע² = יובקע.

יוצא adj. done נגמר.

— פון יוצא וועגן for the sake of appearance לפנים, למראה עין.

יוצא זיין v. n. to do one's duty יצא ידי חובתו.

— יוצא זיין פאר אומעצן to acquit oneself towards a person יצא ידי חובתו לאיש.

יוצא־מן־הכלל s. exception to the rule, exception דבר היוצא מהכלל.

א) אין ווייסרוסיש великое-свято (א גרויסער יום־טוב) איראניש: א גרויסער מענש, א יחסן.

א) יונגערמאן ווערט געוויינטליך געשריבן געטיילט: יונגער מאן.

יוצרות *s. pl.* liturgic poetry recited on certain Sabbaths and festivals פִּיוּטִים הַנֶּאֱמָרִים בְּשַׁבָּתוֹת וְיָמִים טוֹבִים יְדוּעִים.
— פֿאַרבײַטן די יוצרות (*id.*) to confound one thing with another החלף דבר בדבר, ערבב ענין בענין.
— קעלבערנע יוצרות nonsense דברים תפלים.

יוצר מְשָׁרְתִים וַאֲשֶׁר מְשָׁרְתָיו *s. pl.* "who createth ministering angels, ministers who...," a host of servants הָמוֹן מְשָׁרְתִים א).

יוקן *v. n.* to itch חַכֵּךְ, צָרֹב, גָּרֹה.

יוקס *s.* trash, worthless goods אַשְׁפָּה, סְחוֹרָה גְרוּעָה.

יוקש = איומש.

יוראָפּ *npr.* Europe (*Am.*) אֵירָפָּה.

יורגענע *adj.* of the day of St. George שֶׁל יוֹם גֵּיאָרְגִיּוּס (ז. יוריע).
— יורגענע ראַטע payment to be made on the day of St. George פרעון של יום גיארגיוס ב).

יורד *s.* (*pl.* יוֹרְדִים) impoverished man אִישׁ שֶׁיָּרַד מִנְּכָסָיו.
— ווערן אַ יורד to become impoverished ירד מנכסיו, היה לעני.

יורדעקע = יורודעקע.

יורה־דֵעָה *s.* "teacher of knowledge," title of one of the parts of the שולחן־ערוך.

יורודעקע *s.* (*pl.* ס –) judicial district of a town (*formerly in Poland*) פְּלֻגַּת עִיר לְבָתֵּי דִינִים (לפנים בפולין).

יוריִדיש *adj.* juridical שֶׁל חָכְמַת הַמִּשְׁפָּטִים.

יוריִסט *s.* (*pl.* ן –) jurist חָכָם בְּחָכְמַת הַמִּשְׁפָּטִים.

יוריִספרודענציע *s.* jurisprudence חָכְמַת הַמִּשְׁפָּטִים.

יוריע *s.* day of St. George (*term for payment of rent formerly in Poland*) יוֹם גֵּיאָרְגִיּוּס (זמן פרעון דמי דירה לפנים בפולין).

יורקע *s.* (ס –) boor (*pl.* בַּעַר, אָדָם גַּס.
— שווײַגן ווי יורקעס הונט (*id.*) not to utter a sound לא הוציא מפיו אף הגה, היה כאלם.

יורש *s.* (*pl.* יוֹרְשִׁים) heir.

יורשטע *s.* (*pl.* ס –) heiress יוֹרֶשֶׁת.

יורש־עֶצר *s.* successor to the throne, crown-prince; successor יוֹרֵשׁ.

יושב־אוהל *s.* a stay-at-home, domesticated man אִישׁ יוֹשֵׁב תָּמִיד בַּבַּיִת; one who devotes his whole time to study אִישׁ מַקְדִּישׁ כָּל עִתּוֹ לַתּוֹרָה.

א) דאָס וואָרט ואשר ווערט דאָ שטאַרק באַטאָנט: נ־אַ־שֶר. ב) בײַ דיקן אין „פּאָסלאַניק", זײַט 61.

יושען *v. n.* to flow abundantly (*of blood*) נָזֹל בְּמִדָּה מְרֻבָּה (דם).

יושקע 1 *s.* (*pl.* ס –) soup מָרָק.

יושקע 2 *s.* (*pl.* ס –) flue-plate, damper מִכְסֵה לַאֲרֻבַּת הֶעָשָׁן.

יושר *s.* justice, equity; sense of justice.
— לויט יושר by right עַל פִּי יוֹשֶׁר.

יותר *adv.* more.

יִזְכּור *s.* "may (God) remember," memorial prayer for the dead תְּפִלַּת זִכָּרוֹן לַמֵּתִים.

יַחדו *adv.* together. יַחַד! לַחֲצָאִים!; halves! (כך אומר אדם לחברו בראותו שמצא איזה דבר).

יחוד *s.* unity (*of God*) אַחְדוּת; staying of a man with a woman privately.

יִחוס *s.* (*pl.* יִחוּסִים, ן –) descent; genealogy יַחַס מִשְׁפָּחָה; noble descent; importance חֲשִׁיבוּת.

יִחוס־בריוו *s.* genealogical document כְּתָב הַיַּחַס.

יחוסדיג = יַחְסָנִיש.

יִחוסן זיך *v. r.* to be proud of one's descent הִתְגָּאֵה בְּיַחַס מִשְׁפַּחְתּוֹ.

יִחוס־עַצְמו *s.* personal worth.

יחוס־‖שִׁידוך *s.* (*pl.* שִׁידוּכִים –) alliance with a person of good birth בְּרִית נְשׂוּאִים עִם אִישׁ אוֹ אִשָּׁה מִמִּשְׁפָּחָה מְיֻחֶסֶת.

יחי' *abbr.* = יְחִיֶה.

יָחִיד *s.* (*pl.* יְחִידִים) individual; sole person אָדָם יְחִידִי.
— אַ יחיד מיט סחורה sole trader, monopolist סוחר יחידי של איזו סחורה.

יָחִיד־בְּדורו *s.* the only one in his generation, the greatest man of the age.

יְחִידי־סְגולה *s. pl.* the few chosen ones, the best.

יְחִידיש *adj.* private שֶׁל יָחִיד, פְּרָטִי.

יחיה *int.* may he live! (*a word put after the name of a person in a letter*).

יְחִי־הַמֶלך *int.* long live the King!

יַחְסָן *s.* (*pl.* יַחְסָנִים) man of noble descent מְיֻחָס; aristocrat אִישׁ מִגְּדוֹלֵי הַיַּחַס; proud *or* haughty man אָדָם גֵּאֶה; privileged person אִישׁ שֶׁיֵּשׁ לוֹ זְכוּת מְיֻחָדָה.

יַחסנדיג *adj.* like an aristocrat כְּאִישׁ הַיַּחַס; proud, haughty גֵּאֶה, יָהִיר.

יַחְסנות *s.* noble descent יִחוּס; pride, haughtiness גַּאַוְתָנוּת.

יַחְסנטע *s.* (*pl.* ס –) lady of noble descent מְיֻחֶסֶת; aristocratic lady אִשָּׁה מִגְּדוֹלֵי הַיַּחַס; proud woman אִשָּׁה גַּאַוְתָנִית; privileged woman אִשָּׁה שֶׁיֵּשׁ לָהּ זְכוּת מְיֻחָדָה.

יַחְסָניש *adj.* aristocratic שֶׁל יַחְסָנִים.

יַחְסנען זיך *v. r.* to be proud of הִתְפָּאֵר בְּ־.

— יחסנען זיך מיט אומעצן to be proud of a person התפאר באיש.

יַחַץ *s.* "he shall halve," breaking of the middle cake into halves (*at the Passover ceremony*) ־.

ייִאוש = יאוש.

יי"נ *abbr.* = יֵין נֶסֶךְ.

ייד *s.* (*pl.* ־ן) Jew, Hebrew, Israelite יְהוּדִי. עִבְרִי, בֶּן יִשְׂרָאֵל; man אִישׁ; little finger זֶרֶת (האצבע הקטנה).

— ר' ייד! Mister! אדוני!

— ער איז שוין אַ גרויסער ייד he is already a grown man כבר גדול ויהי לאיש.

יידיש *adj.* Jewish, Hebrew יְהוּדִי, עִבְרִי; Yiddish ‖ *s.* Yiddish, the Yiddish language יִידִישׁ, הַלָּשׁוֹן הַיִּידִישִׁית.

יידיש־דײַטש *adj.* Judaeo-German יְהוּדִי־אַשְׁכְּנַזִּי; ‖ *s.* Judaeo-German יְהוּדִית־אַשְׁכְּנַזִּית (לשון).

יידישליך *adv.* after the Jewish manner כְּדֶרֶךְ הַיְּהוּדִים.

יידישן *v. a.* to Judaise גַּיֵּר; to circumcise מוֹל; to translate into Yiddish תַּרְגֵּם לְיִידִישׁ.

יידישקייט *s.* Jewish faith, Judaism יַהֲדוּת.

יידינקע *s.* (*pl.* ־ס) Jewess יְהוּדִיָּה.

יידל *s.* (*pl.* ־עך) Jew (*cont.*) יְהוּדִי.

— (*Am.*) אַ יידל פֿון די סויט "a Jew from the South," a shrewd fellow אדם ערום.

יידליאַק *s.* (*pl.* ־עס) worthless Jew יְהוּדִי קַל הָעֵרֶךְ, יְהוּדִי בָּזוּי.

יידע‖לע *s.* (*pl.* ־לעך) little Jew יְהוּדִי קָטָן.

— די רויטע יידעלעך "the red Jews," Jews supposed to inhabit the region beyond the legendary river Sambatyon היהודים היושבים מעבר לנהר סמבטיון (על פי האגדה).

יידענע *s.* (*pl.* ־ס) Jewish woman יְהוּדִיָּה, אִשָּׁה יְהוּדִית; woman אִשָּׁה; elderly woman אִשָּׁה בָּאָה בַּיָּמִים; old-fashioned Jewish woman יְהוּדִיָּה מִטִּפּוּס הַיָּשָׁן; wife אִשָּׁה.

— מײַן יידענע my wife אשתי.

יידשן *v. a.* to circumcise מוֹל א).

ייַטשניצע, ייַעטשניצע, ייַשניצע = יאַיטשניצע.

יַיִן *s.* wine ־.

יינגל *s.* (*pl.* ־עך) boy, youth, youngster נַעַר; male child יֶלֶד זָכָר.

יינגלווייַז *adv.* when a boy בְּעוֹדֶנּוּ נַעַר.

יינגליש *adj.* boyish, puerile נַעֲרוּתִי, יַלְדוּתִי; foolish טִפְּשִׁי; ‖ ־קייט *s.* boyishness, puerility נַעֲרוּת.

יינגלען זיך *v. r.* to make oneself look young הִתְרָאָה כְּצָעִיר.

יינגער *adj. comp.* younger צָעִיר מִ־.

יין־גֶפֶן *s.* grape-wine ־; wine יַיִן.

יין־הַמְשׁוּמָר *s.* wine reserved for the righteous to the time of the coming of Messiah ־.

יין־נֶסֶךְ *s.* "wine of libation," wine touched by an idolator (*forbidden to Jews*) ־.

יין־שֶׁל־פֶּסַח *s.* wine for Passover ־.

יין־שָׂרָף *s.* brandy ־.

ייִפע = יופע.

ייִרן = יוירן.

יישוב = ישוב.

יישר־כּוֹח *s.* thanks תּוֹדָה.

ייתור = יתור.

יְכוֹלען *v. n.* to be able יָכֹל.

— ער יכולט נים he is unable, he cannot איננו יכול.

יְכוֹלת *s.* ability, strength ־; possibility ־.

יְכלען = יְכוֹלען.

יְכֹלת = יְכוֹלת.

יֶלד *s.* (*pl.* יְלָדִים) child ־; fellow (*joc.*) אִישׁ; a piece of money, coin (*fl.*) מַטְבֵּעַ.

יְלוּד־אִשָּׁה *s.* "he who is born of a woman," man, mortal בֶּן אָדָם, בֶּן תְּמוּתָה.

יְלָלה *s.* (*pl.* יְלָלוֹת) wailing, lamentation ־.

יַם *s.* (*pl.* ־ען, יַמִּים) sea ־; ocean ־; (*fig.*) great multitude, great number הָמוֹן, מִסְפָּר רַב.

— אַ ים מיט מענטשן a great multitude of people המון רב.

— אַ ים מיט געלט much money ממון רב.

— אַ ים מיט צרות a sea of troubles צרות רבות.

יַם־אויסגוס *s.* (*pl.* ־ן) bay (*geogr.*) מִפְרַץ יָם.

יַם־אוקינוס *s.* ocean אוֹקְיָנוֹס.

יַם־בוזעם *s.* (*pl* ־ס) = יַם־אויסגוס.

יַם־‖גזלן *s.* (*pl* ־גַּזְלָנִים) pirate, corsaire שׁוֹדֵד יָם.

יַם־הַגָּדוֹל *npr.* "the Great Sea," the Mediterranean יָם הַתִּיכוֹן.

יַם־‖הונט *s.* (*pl.* ־הינט) seal כֶּלֶב הַיָּם.

יַם־הַמֶּלַח *npr.* the Salt Sea, the Dead Sea ־.

יַם־הַקֶּרַח *npr.* the Frozen Ocean, the Arctic Ocean ־.

יַם־וואַסער *s.* sea-water, salt-water מֵי הַיָּם, מֵי מֶלַח.

יַם־זאַלץ *s.* sea-salt מֶלַח הַיָּם.

א) אזוי זאגן דייטשע יידן אנשטאט יידישן. דאס ווארט קלינגט ווי ייִטשן.

ים־||חזיר s. (pl. חזירים) sea-hog, porpoise חֲזִיר הַיָּם (מין דג).

ים־||חיה s. (pl. —חיות) marine animal חַיַּת הַיָּם.

יִמַח שְׁמוֹ phr. (pl. יִמַּח שְׁמָם) may his name be blotted out! (curse) —.

יִמַּח שְׁמוֹ וְזִכְרוֹ phr. may his name and remembrance be blotted out! (curse) —.

יִמַח־שְׁמוֹניצע s. (pl. —ס) wicked woman אִשָּׁה רָעָה.

יִמַּח־שְׁמוֹניק s. (pl. —עס) wicked man, scoundrel אָדָם רָע, בֶּן בְּלִיַּעַל.

יְמֵי־הַגְּבָלה s. pl. = שְׁלֹשֶׁת־יְמֵי־הַגְּבָלה.

יָמים־וְשנ ים s. pl. days and years, a very long time זְמַן רַב מְאֹד.

יָמים־נוראים s. pl. the fearful days (New Year's Day, Day of Atonement, and days between them) —.

יָמים־נוֹרָאִימדיג adj. of the fearful days שֶׁל הַיָּמִים הַנּוֹרָאִים.

ים־מענש s. (pl. —ן) merman אֱלִיל הַיָּם.

ים־פאַס = ים־שטראַס.

ים־פאָרער s. (pl. —, —ס) sea-farer עוֹבֵר יַמִּים.

ים־פיש s. (pl. —, —ן) sea-fish, salt-water fish דַּג הַיָּם.

ים־פערד s. (pl. —) sea-horse, walrus סוּס הַיָּם.

ים־קאַנאַל = ים־שטראַס.

ים־||קאַץ s. (pl. —קעץ) sea-cat (fish) חָתוּל הַיָּם (מין דג); long-tailed monkey קוֹף אֶרֶךְ הַזָּנָב.

ים־קראַנקהייט s. sea-sickness מַחֲלַת הַיָּם.

ים־קרענק = ים־קראַנקהייט.

ים־רויבער = ים־גזלן.

ים־שטאָק = יאַמש־שטאָק.

ים־שטראַס s. (pl. —ן) straits, narrows (geogr) מְצַר יָם.

ים־שיימען = יאַמשאַון, יאַמשן.

ים־שיף s. (pl. —ן) sea-boat אֳנִיַּת יָם.

יָנטוב = יום־טוב.

יָנטובדיג = יום־טובדיג.

יְניקה s. (pl. יְנִיקוֹת) benefit —, הֲנָאָה, תּוֹעֶלֶת.

— ציען אַ יניקה פון עפּעס to derive a benefit from something הוציא תועלת מדבר.

יְסוֹד s. (pl. יְסוֹדוֹת) foundation, basis; element —.

— די פיר יסודות the four elements (fire, water, earth, air) הארבעה יסודות (אש, מים, עפר, רוח).

יסורים s. pl. sufferings, pains —.

יע adv. yes כֵּן, אָמְנָם, הֵן.

יַעֲבוֹר עָלַי מָה phr. come what may יִהְיֶה מַה שֶּׁיִּהְיֶה.

יעגלעם s. pl. millet-seeds גַּרְעִינֵי דֹחַן.

יעגער s. (pl. —, —ס) hunter, huntsman צַיָּד.

יעדנעראַל, —סקע = גענעראַל —סקע.

יעדנפאַלס adv. at all events, at any rate בְּכָל אוֹפֶן.

יעדעמאַשק = דאַמאַסקין.

יעדער, יעדע, יעדעם pron. indef. each, every, כָּל; either (of two) || abs. יעדערער, יעדערע every one, every body כָּל אֶחָד, כָּל אַחַת, כָּל אִישׁ, כָּל אִשָּׁה.

— יעדער איינער, אַ יעדער every one, every body כל אחד, כל אדם.

— יעדערער פון די צוויי either of the two כל אחד מהשנים.

יעזואיט s. (pl. —ן) Jesuit יֵשׁוּעִי.

יעזואיטיש adj. Jesuitical שֶׁל הַיֵּשׁוּעִים.

יעזוס s. Jesus יֵשׁוּ; pitiable person אִישׁ מְעוֹרֵר רַחֲמִים.

יעזוס־קריסטוס s. Jesus Christ יֵשׁוּ הַנּוֹצְרִי.

יעטווידער, יעטווידע pron. indef. every כָּל.

יעטן v. a. to weed נַכֵּשׁ.

יעלאָווע adj. of fir שֶׁל עֵץ אַשּׁוּחַ.

— יעלאָווער בוים fir-tree אשוח.

יַעֲלֶה s. (pl. יַעֲלוֹת) "may it come up," first word of a Jom Kippur prayer said in a very loud voice תֵּבָה רִאשׁוֹנָה שֶׁל תְּפִלָּה לְיוֹם כִּפּוּר הַנֶּאֱמֶרֶת בְּקוֹל רָם; howl צְעָקָה; tumult, turmoil שָׁאוֹן, מְהוּמָה.

— מאַכן אַ יעלה, מאַכן יעלות to raise a howl צעק, צוח.

יַעֲלֶה־וְיָבוֹא s. "may it rise and come," name of a prayer said on new moon and on holidays תְּפִלָּה הַנֶּאֱמֶרֶת בְּרֹאשׁ חֹדֶשׁ וּבְחַגִּים.

יעלניק s. branches of red fir עֲנָפִים שֶׁל אַשּׁוּחַ אָדֹם.

יעלקע adj. putrefied, rotten נָמֵק, רָקוּב.

יעמאָלט adv. then אָז.

יַעֲמוֹד int. "let stand up," a word by which a Jew is called to the reading of the Law in the synagogue מִלַּת קְרִיאָה לַעֲלוֹת לַתּוֹרָה.

יעמלט, יעמעלט = יעמאָלט.

יענטע prn. name of a woman שֵׁם אִשָּׁה; woman אִשָּׁה; old-fashioned woman אִשָּׁה מִשְּׁפּוּם יָשָׁן.

— אַ יענטע ווי אַלע יענטעס a woman like all other women אשה כמו שאר הנשים.

— (id.) די זעלבינע יענטע נאָר אַנדערש געשלייערט the same thing only in a different form אותו הדבר רק באופן אחר.

יענטשען v. n. to groan הֵאָנֵחַ, הֵאָנֵק.

יעניג pron. dem. (דער יעניגער, די יעניגע, דאָס יעניגע) he who מִי שֶׁ־.

יענם הַדָּבָר הַהוּא. that thing *pron. dem.*
יענער, יענע, יענץ הַהוּא; that *pron. dem.* other שֵׁנִי; אִישׁ. אֲנָשִׁים. one
— יענער מאַן, יענע פֿרוי that man, that woman האיש ההוא. האשה ההיא.
— אויף יענער זײַט ים on the other side of the ocean על עבר השני של האוקינוס.
— יענע וועלט the other world העולם הבא.
— ווי זאָגט יענער? how does one say? איך יאמרו האנשים?
יענער = יאַנוואַר.
יענעראַל = גענעראַל.
יענעראַלסקע = גענעראַלסקע.
יענעראַלשע = גענעראַלשע.
יענץ הַדָּבָר הַהוּא; that thing *pron. dem.* ‖ *s.* fornication (*vulg.*) נִאוּף.
יענצן to fornicate *v. a. n.* נָאֹף.
יענצער *s.* (— ,— ס *pl.*) fornicator מְנָאֵף.
יענקי *s.* (— ס *pl.*) Yankee (*Am.*) יַנְקִי (יליד אמיריקה).
יעסיען *s.* autumn, fall אָסִיף, חֹרֶף (= אָסיען).
יעסיענדיג *adj.* autumnal שֶׁל אָסִיף, שֶׁל חֹרֶף.
יעפֿרייטער *s.* (— ס *pl.*) corporal שַׂר עֲשָׂרָה (בצבא).
יַעקב־אָבינו *s.* our ancestor Jacob —.
יעקל [1] פֿאַרקלענערוואָרט פֿון יאַק.
יעקל [2] fool שׁוֹטֶה.
יערינג = יאָרינג.
יעריי *s.* (=ען, —עס *pl.*) (*Russian*) priest כֹּהֵן נוֹצְרִי (רוסי).
יערכע *s.* leather, skin עוֹר (= אורכע).
יערכען *adj.* of leather, of skin שֶׁל עוֹר.
יערליך *adj.* yearly, annual שְׁנָתִי; ‖ *adv.* every year, annually בְּכָל שָׁנָה.
יערן = יוירן.
יערן זיך = יאָרן זיך.
יָפֶה *s.* (*fl.*) respectable sum סַךְ הָגוּן.
יְפֵהפִיָה *s.* (יְפֵהפִיּוֹת *pl.*) beautiful woman אִשָּׁה יְפַת תֹּאַר.
יְפֵפִה *s.* (יְפֵפִיּוֹת *pl.*) = יְפֵהפִיָה.
יְפַת־תּוֹאַר *s.* (— ן *pl.*) beautiful woman, beauty אִשָּׁה יְפַת תֹּאַר.
יְצִיאַת־הַנֶּפֶשׁ *s.* the parting of the soul, last breath —.
יְצִיאַת־מִצְרַיִם *s.* the going forth from Egypt, the exodus —.
יְצִיאַת־נְשָׁמָה = יְצִיאַת־הַנֶּפֶשׁ.
יְצִירָה *s.* creation of the world —.
יֵצֶר־הָרע *s.* (— ס *pl.*) evil inclination —; passion תַּאֲוָה, תְּשׁוּקָה.
— אָננעמען אומעצן אַ יצר־הרע to be seized with a passion התאוה תאוה.
— אַ קוסֶּערנער יצר־הרע abnormal passion תאוה בלתי נורמלית (כמו תאות איש לאשה מבוערת).
יֵצֶר־טוֹב *s.* good inclination —.
יְקוּם־פּוּרְקָן *s.* (— ס *pl.*) "may salvation be vouchsafed," title of two Sabbath prayers שֵׁם שֶׁל שְׁתֵּי תְּפִלּוֹת לְשַׁבָּת.
יַקְנְהַ"ז [1] *abrr.* יַיִן, קִידוּשׁ, נֵר, הַבְדָּלָה, זְמַן benediction on wine, Kiddush, benediction on light, Habdalah, thanksgiving for the return of the season (*order of ceremonies to be observed when the night of Passover coincides with the close of Sabbath*) —.
יַקְנְהַ"ז [2] *s.* wine and candles for Sabbaths and holidays יַיִן וְנֵרוֹת לְשַׁבָּתוֹת וְיָמִים טוֹבִים.
— האַנדלען מיט יקנה"ז to sell wine and candles for Sabbaths and holidays מכר נרות לשבתות וחגים.
יָקָר *s.* a splendid man —.
יְקַר־הַמְּצִיאוּת *s.* rarity —.
יַקְרוּת *s.* dearth יֹקֶר, רָעָב; scarcity מַחְסוֹר; exorbitant price מְחִיר גָּדוֹל.
יַקְרָן *s.* (יַקְרָנִים *pl.*) one who charges exorbitant prices אִישׁ הַמּוֹכֵר סְחוֹרָתוֹ בְּיֹקֶר.
יַקְרָנוּת *s.* the charging of exorbitant prices מְכִירָה בְּיֹקֶר.
יַקְרָנטע *s.* (— ס *pl.*) woman who charges exorbitant prices אִשָּׁה הַמּוֹכֶרֶת סְחוֹרָתָהּ בְּיֹקֶר.
יַקְרָנען זיך *v. r.* to demand exorbitant prices דָּרֹשׁ מְחִיר גָּדוֹל, מָכֹר סְחוֹרָתוֹ בְּיֹקֶר.
יָרֵא *s.* (יְרֵאִים *pl.*) God-fearing man —.
יִרְאָה *s.* fear of God —, יִרְאַת אֱלֹהִים; awe יִרְאַת הַכָּבוֹד.
יְרֵא־וְשָׁלֵם *s.* a God-fearing and sincere man —.
יְרֵא־שָׁמַיִם *s.* God-fearing man —, אִישׁ יְרֵא אֱלֹהִים.
יְרֵא־שָׁמַיִמדיג *adj.* God-fearing יְרֵא שָׁמַיִם, יְרֵא אֱלֹהִים.
יִרְאַת־הַכָּבוֹד *s.* awe, reverence —.
יִרְאַת־שָׁמַיִם *s.* fear of God —, יִרְאַת אֱלֹהִים.
יִרְאַת־שָׁמַיִם־פָּנימל *s.* (— עך *pl.*) sanctimonious face פְּנֵי אִישׁ מִתְחַסֵּד.
יִרְגָּזוּן *s.* "they tremble," wrath, fury, rage קֶצֶף, חֲרוֹן אַף.
יַרְדֵּן *npr.* Jordan (*river*) —.
יָרוּם־הוֹדוֹ *phr.* may his glory be enhanced (*added after the name of a ruler in the prayer for his welfare*) —.
יְרוּשָׁה *s.* (יְרוּשׁוֹת *pl.*) inheritance, heritage —.
יְרוּשָׁלַיִם *npr.* Jerusalem —.
יְרוּשַׁלְמִי *s.* Hierosolymitan Talmud תַּלְמוּד יְרוּשַׁלְמִי; (— ס *pl.*) Hierosolymitan, inhabitant of Jerusalem —.

יריד *s.* (–ן, ירידים *pl.*) fair; – tumult, (*fig.*) uproar שאון, מהומה.

ירידה *s.* downfall; – impoverishment. – דלדול.

ירידניק *s.* (–עס *pl.*) one who visits fairs :סוחר נוסע לירידים.

יריעה *s.* (–יריעות *pl.*) curtain; – one of the sheets of parchment of which the scroll of the Law is made up. –

ירקות *s. pl.* greens, vegetables. –

ירש||ען, – ענען *v. a.* to inherit, get by inheritance ירש.

יש *s.* existence, being. – מציאות; something substantial דבר ממשי.

— זיך האלטן פאר א גאנצן יש to consider oneself an important person חשב את עצמו לאדם גדול.

י״ש *abbr.* = יין־שׂרף א).

יש־אומרים *s.* "there are those who say," an opinion דעה.

— עס איז דא א יש־אומרים there is an opinion יש דעה.

ישב||ען, – ענען *v. a.* to seat הושב.

ישוב *s.* (ישובים *pl.*) settlement, colony; – village כפר; colonisation; – deliberation. –

ישוב־ארץ־ישׂראל *s.* colonisation of Palestine. –

ישוב־הדעת *s.* consideration, deliberation. –

ישוב־העולם *s.* preservation of the world. – קיום העולם.

ישובן זיך *v. r.* to consider, deliberate התישב; to take counsel התיעץ; to hesitate פקפק.

ישובניצע *s.* (–ס *pl.*) countrywoman יושבת כפר.

ישובניק *s.* (–עס *pl.*) countryman, villager יושב כפר, בן כפר.

א) דער אות „ש" אין י״ש ווערט ארויסגערעדט ווי „ש" (שין ימין), הגם אין שׂרף איז א שׂ (שין שמאל).

ישו־הנוצרי *npr.* Jesus of Nazareth, Jesus Christ. –

ישועה *s.* (ישועות *pl.*) salvation. –

ישועות־ונחמות *s. pl.* salvations and consolations. –

ישיבה *s.* (ישיבות *pl.*) Talmudical academy, Rabbinical college. –

ישיבה־||בחור *s.* (– בחורים *pl.*) student of a Talmudical academy תלמיד הישיבה.

ישיבה־ מאַן *s.* (– לײַט *pl.*) = ישיבה־בחור.

ישיבהניק = ישיבה־בחור.

ישיבה־של־מטה *s.* the mundane court of justice. –

ישיבה־של־מעלה *s.* Celestial court of justice. –

יש־מאין *s.* something created out of nothing. –

ישן *adj.* old; – last year's grain. –

ישקני *phr.* let him kiss me (*used in a vulgar sense*). –

ישׂראל *npr.* Israel; – one who is neither a Cohen nor a Levite. –

ישר והפוך *phr.* right way and reverse. –

ישרן *s.* (ישרנים *pl.*) upright man. –

ישרנות *s.* uprightness, fairness. –

יתום *s.* (יתומים *pl.*) orphan. –

יתומה *s.* (יתומות *pl.*) female orphan. –

יתומיקײַט = יתומישקײַט.

יתומיש *adj.* of orphans של יתומים.

יתומישקײַט *s.* orphanhood מעמד יתום.

יתור *s.* remnant of a customer's cloth appropriated by a tailor. –

יתר הפליטה *s.* the rest that has escaped, the little that has remained. – המעט הנשאר.

יתרו *npr.* Jethro (*father-in-law of Moses*). –

— יתרוס נעמען many names שמות רבים.

יתרון *s.* (יתרונות *pl.*) advantage. –

יתר־שאת *s.* excess מדה יתרה.

כ.

כ *s.* the eleventh letter of the Hebrew alphabet האות כ׳ בא״ב העברי; ‖ *num.* twenty עשרים.

כ׳ *abbr.* = אוך.

כאַאָס *s.* (–ן *pl.*) chaos, confusion אי־סדרים, בלבול גדול.

כאַבאַדניצע, כאַבאַדניק = חב״דניצע, חב״דניק.

כאַבאַניק *s.* (–עס *pl.*) dangler after women רודף נשים.

כאַבאַר *s.* bribe שחד.

כאַבאַרניק *s.* (–עס *pl.*) bribe-taker לוקח שחד.

כאַבײַ = כּוּבּע.

כאַדאַטײַ *s.* (–עס *pl.*) interceder, mediator משתדלן.

כאַדאַטײַסטווע *s.* intercession, mediation שתדלנות, השתדלות.

כאַדאַטײַסטווען *v. n.* to intercede, mediate השתדל בעד־.

כאַדאַראַם *adv.* in motion בְּתְנוּעָה.
— גיין כאַדאַראַם to be in motion היה בתנועה.
כאָוועָן *v. a.* to raise, breed, rear גַּדֵּל.
כאַזײַסטווע *s.* economy עִנְיְנֵי בַּיִת; household furniture כְּלֵי בַיִת.
— פֿירן די כאַזײַסטווע to keep house, manage the house הנהל בית.
כְּאַחד הָרֵיקִים *phr.* "as one of the worthless," as a mean *or* low person ~, כְּאָדָם שָׁפָל.
— זידלען כאחד הריקים to scold as a low person does חרף כאדם שפל.
כאַטע־פּאַקרישקע *adv.* secretly, privately בִּשְׁתִיקָה, בְּסוֹד.
כאָטש *conj.* though, although אַף כִּי, אַף עַל פִּי שֶׁ־; notwithstanding that גַּם אִם; even though הֲגַם; || *adv.* at least לְכָל הַפָּחוֹת.
כאָטש־אַפילו *conj.* although אַף כִּי, אַף עַל פִּי שֶׁ־.
כאָטשבע, כאָטשיק, כאָטשע = כאָטש.
כְּאִילו־לאָ־יָדע = כְּלֹא־יָדַע.
כ ־כא *int.* ha-ha! (*laughter*) הַא־הַא! (צחוק).
כאָכאָל *s.* (*pl.* ~עס) tuft of hair צִיצַת שְׂעָרוֹת; nickname of a Little-Russian כִּנּוּי לְבֶן רוּסְיָה הַקְּטַנָּה.
כאָלאָדעץ *s.* cold dish of kvass and hash תַּבְשִׁיל קַר שֶׁל מַשְׁקֶה חָמוּץ עִם בְּלִיל בָּשָׂר וִירָקוֹת.
כאַלאַט *s.* (*pl.* ~ן) loose cloak בֶּגֶד אָרֹךְ וְרָחָב; morning-gown לְבוּשׁ הַבֹּקֶר.
כאַלאַטניק *s.* (*pl.* ~עס) patcher מְטַלֵּא.
כאַלופּע *s.* (*pl.* ~ס) peasant's hut בַּיִת קָטָן שֶׁל אִכָּר.
כאַלופּקע, פֿאַרקלענערוואָרט פֿון כאַלופּע.
כאַלט = *abbr.* ניכט וואַלט.
כאַליאַווע = כאַליעווע.
כאַליאַסטרע *s.* (*pl.* ~ס) company, gang כְּנוּפְיָה, חֲבֻרָה.
כאַליעווע *s.* (*pl.* ~ס) boot-leg בֵּית־שׁוֹקַיִם (בנעל).
— אַ מויל ווי אַ כאַליעווע a big mouth פֶּה רָחָב.
כאָליערישנע *adj.* choleric שֶׁל חֳלִי־רָע; מֵעֵין חֳלִי־רָע.
כאָליערינע *s.* cholerine חֳלִי־רָע קַל.
כאָליעריע *s.* (*pl.* ~ס) cholera חֳלִי־רָע; sickly person אָדָם חוֹלָנִי; good-for-nothing אִישׁ שֶׁלֹּא יַצְלַח לִמְאוּמָה.
כאָל ערע *s.* cholera חֳלִי־רָע.
כאַם *s.* (*pl.* ~עס) boor, churl בַּעַר, בּוּר, אָדָם גַּס א).
כאַמולע, פֿאַרגרעסערוואָרט פֿון כאַם.

א) כאַם ווערט אָפֿט געשריבן חַם, ווי עס וואָלט זיין העברעאיש; אָבער עס איז אַ סלאַוויש וואָרט (פּויליש און רוסיש).

כאַמסין *s.* khamsin רוּחַ זִלְעָפוֹת בְּמִצְרַיִם הַנּוֹשֵׁב חֲמִשִּׁים יוֹם (מזה שמו בע״בית: חמסין).
כאַמסקע *adj.* boorish, rude שֶׁל בַּעַר, גַּס.
כאָמעט, כאָמעָנט *s.* (*pl.* ~ן) horse's collar סִמְלוֹן.
כאַן *adv.* here ~, פֹּה; || *s.* (*fl.*) prison כֶּלֶא, בֵּית סֹהַר.
כאַנדרע *s.* hypochondria מָרָה שְׁחוֹרָה.
כאַנדראָניע *s.* (*pl.* ~ס) idle talk דְּבָרִים בְּטֵלִים; idle story, tale of a tub סִפּוּר בָּדוּי א).
כאַנטע *s.* (*pl.* ~ס) whore, strumpet זוֹנָה ב).
כאַסליערע = חַאסליערע.
כאַפּ *s.* snatch חֲטִיפָה; snap תְּפִיסָה מְהִירָה; conception רַעְיוֹן.
— געבן אַ כאַפּ to snatch חטף.
— געבן זיך אַ כאַפּ (*id.*) to jump up, start קָפֹץ ממקומו, הזדעזע.
— דאָס איז אַ כאַפּ פֿון אַ גאון this is an ingenious conception זה הוא רעיון גאוני.
כאַפּון *s.* (*pl.* ~עס) snatcher חוֹטֵף.
כאַפּטירל *s.* (*pl.* ~עך) trap-door דֶּלֶת מִתְנַפֶּלֶת; trap מַלְכֹּדֶת.
כאַפּטע *s.* (*pl.* ~ס) company, band, gang חֶבֶר, קְבוּצָה.
כאַפּטעסווײַז *adv.* in companies, in bands קְבוּצוֹת קְבוּצוֹת.
כאַפּן *v. a.* to snatch, snap חָטֹף; to seize, capture תָּפֹס; to catch תָּפֹס, לָכֹד; צוּד (דגים); to borrow לָוֹה; || *v. n.* to be, make הָיֹה, עָשֹׂה (סכום); || ~זיך *v. r.* to be in a hurry מַהֵר; to discover גַּלֵּה, מָצֹא.
— כאַפּן אַ הלוואה to obtain a loan לוה מלוה.
— עס כאַפּט אַ דאָלער אויף אַ מענטש it makes one dollar for a man עולה דולר אחד לאיש.
— עס כאַפּט אַ ביסל קורץ it is rather short קצר הוא מעט.
— ער האָט זיך געכאַפּט צו שפּעט he discovered too late הוא אחר לגלה (מה שקרה).
כאַפּעניש *s.* snatching חֲטִיפָה; haste, hurry מְהִירוּת; blindman's-buff צְחוֹק שִׁמְשׁוֹן; = כאַפּערניש.
כאַפּטקעסטל *s.* (*pl.* ~עך) trap מַלְכֹּדֶת.
כאַפּער *s.* (*pl.* ~ס) snatcher חוֹטֵף; catcher, captor תּוֹפֵשׂ, לוֹכֵד.
כאַפּערײַ *s.* snatching חֲטִיפָה; hurry, haste חִפָּזוֹן.
כאַפּערניש *s.* forestalling הַקְדֵּם לַחְטֹף.
כאַפּשטײַגל = כאַפּקעסטל.

א) = פּויליש androny. ב) האָט כאַנטע אפשר אַ שייכות מיט דעם כאַלדעאישן וואָרט לחינתא, אַ קעבסווייב?

כאָר s. (pl. ־ן) chorus מַקְהֵלָה, תִּזְמֹרֶת; choir מַקְהֵלָה שֶׁל בֵּית כְּנֶסֶת.

כאַראָבע s. (pl. ־ס) illness, sickness, disease חַלָּה.

— פּאַנסקע כאַראָבע, ז. פּאַנסקע.

כאַראָבען v. n. to be ill, be sick חָלָה.

כאַראַקטער s. (pl. ־טערס ־ טע'רן) character, nature תְּכוּנָה, טֶבַע, אֹפִי.

כאַראַקטעריזירן v. a. to characterise צַיֵּן טֶבַע שֶׁל־.

כאַראַקטעריסטיש adj. characteristic אָפְיָנִי.

כאַראַשטשעווען v. a. to geld, castrate סָרֵס א).

כאַרט, כאַרט s. (pl. ־עס) greyhound כֶּלֶב הַצַּיָּדִים; slender person (fig.) אָדָם כָּחוּשׁ.

כאַרטש s. victuals, provisions, eatables מָזוֹן, צֵידָה.

כאַרטשעווניע s. (pl. ־ס) eating-house בֵּית אֹכֶל.

כאָריסט s. (pl. ־ן) chorist, chorus singer מְשׁוֹרֵר בְּמַקְהֵלָה.

כאָריסטקע s. (pl. ־ס) female chorus singer מְשׁוֹרֶרֶת בְּמַקְהֵלָה.

כאַרכלען v. n. to rattle נָשֹׁם בְּנַחֲרָה.

כאַרכלענדיג adj. rattling נוֹשֵׁם בְּנַחֲרָה.

כאַרכלעריי s. rattling נַחֲרָה.

כאָרשול s. (pl. ־ן) Choral synagogue בֵּית כְּנֶסֶת עִם מַקְהֵלָה.

כַּאֲשֶׁר אָבַדְתִּי אָבָדְתִּי phr. "and if I perish, I perish," I am lost anyway.

כְּבַד־פֶּה s. "one who is slow of speech," stammerer, stutterer מְגַמְגֵּם.

כָּבוֹד s. honor, glory; respect.

— לייגן כבוד אויף אומעצן to respect a person כבד איש.

— איך בעט איבער אייער כבוד I beg your pardon הנני מבקש מחילה מכבודך.

כְּבוֹד־ s. (a word used in a letter before the name of the person addressed) the honor of.

כִּבּוּד = כִּיבּוּד.

כִּבּוּד־אָב, כִּבּוּד־אֵם = כִּיבּוּד.

כִּבְיָכוֹל adv. (expression used in the Talmud when attributing to God things possible only in the case of human beings) as if it were possible; God s. ‖ אֱלֹהִים.

כְּדַאי adj. worth, worth while.

כִּדְבָעֵי adv. properly.

כְּדוֹמֶה adv. like כְּמוֹ; as for instance כְּמוֹ לְמָשָׁל.

כְּדוֹמֶה־לְמָשָׁל adv. as for instance, as for example כְּמוֹ לְמָשָׁל.

כַּדּוּר s. (pl. כַּדּוּרִים) globe, sphere.

— האַלבער כדור hemisphere חצי כדור.

כַּדּוּר־הָאָרֶץ s. the terrestrial globe.

כְּדֵי conj. in order to, in order that בִּכְדֵי, לְמַעַן.

— כדי צו זען in order to see בכדי לראות.

— כדי ער זאָל זען in order that he may see בכדי שיראה, למען יראה.

כַּדִּין adv. according to the law.

כַּדִּין־וְכַדָּת adv. according to all the requirements of the law.

כְּדֶרֶךְ־הַטֶּבַע adv. naturally; as usually כְּרָגִיל.

כַּדָּת adv. according to the law.

כַּדָּת adv. according to custom, כְּמִנְהָג.

כְּדַת משֶׁה וְיִשְׂרָאֵל phr. according to the law of Moses and Israel.

כְּהַאי לִשְׁנָא = כְּגוֹן הַ לָּשׁוֹן.

כְּהַוָויָה adv. as it is, as it happened כְּמוֹ שֶׁהוּא כְּמוֹ שֶׁהָיָה.

כְּהוּנָּה s. priesthood.

כְּהַיּוֹם adv. to day, now הַיּוֹם, עַתָּה.

כֹּהֵן s. (כֹּהנים, כֹּהֲנִים (pl. priest; a descendant of the priestly race.

כֹּהֵן־גָּדוֹל s. (כֹּהנים־גְּדוֹלִים (pl. high priest.

כָּהֵנָּה וְכָהֵנָּה phr. "such and such things," many more things.

כְּהֶרֶף־עַיִן adv. instantly.

כּוֹבַע s. hat, cap.

כּודער־מ־דער s. (pl. ־ס) (sl.) prison כֶּלֶא, בֵּית סֹהַר א).

כוואַט s. (pl. ־עס) clever man חָרוּץ; bold man אִישׁ אַמִּיץ לֵב.

כוואַטסקע adj. clever חָרוּץ; bold אַמִּיץ לֵב.

כוואַליע s. (pl. ־ס) wave, billow גַּל, מִשְׁבָּר.

כוואַליעדיג adj. billowy מְכֻסֶּה גַלִּים.

כוואַראָבע = כאַראָבע.

כוואָראַסט s. brushwood הֲמָסִים.

כוואָרען = כאַראָבען.

כוואַשטש s. whipping הַכָּאָה בְּשׁוֹט.

כוואַשטשען v. a. to whip הַכֵּה בְּשׁוֹט.

כַּוָּון = כִּיוּון.

כַּוָּונָה s. (כַּוָּונוֹת (pl. intention, purpose, object; meaning הוֹרָאָה; fervor, devotion.

— אַ טיפע כוונה a profound meaning כוונה עמוקה.

— דאַווענען מיט כוונה to pray with fervor התפלל בכוונה.

כ׳וועל = abbr. איך וועל.

א) בײַ ליפשיצן פון קליין־רוסיש Халащати.

א) האָט אַסך אַ שייכות מיט דעם ענגלישן hugger-mugger אַ באַהעלטעניש.

כוח s. (pl. כּוחות) strength, might; — power, power of attorney.
— מיטן גאַנצן כוח with all one's strength בכל כחו.
— מיט אַלע כוחות with might and main בכל מאמצי כח.
— אָוועקלייגן אַלע כוחות to go at it tooth and nail עבד בכל מאמצי כח.
— אָנווערן די כוחות to exhaust oneself, be worn out אבד כחו, חלש.
— שרייען מיט אַלע כוחות to shout at the top of one's voice צעק בכל כחו.
— אַרבעטן איבער די כוחות to overwork oneself עבד יותר מכפי כחו.

כּוח־גַבְרא s. vigor of manhood, virility.
— נים האָבן קיין כוח־גברא to be impotent לא היה לאיש כח גברא.

כּוח־הַדִיבּור s. power of speech, gift of the gab.

כּוח־הַדִמיון s. power of imagination, imagination.

כּוח־הַקֵדם s. (cont.) כּוח־הַמְדַמֶה א).

כּוח־הַמְדַמֶה s. power of imagination (= כּוח־הַדִמיון).

כּוח־הַמושך s. power of attraction, attraction.

כּוח־הַרְשָאה s. (pl. ־ס) authorisation.

כּוחות־הַנֶפֶש s. pl. powers of the soul.

כּוח״ט abbr. = כְּתִיבָה וַחֲתִימָה טובָה.

כוטער s. (pl. ־ס) farm, farm-house בַּיִת וְשָׂדֶה בְּמִגְרַשׁ עִיר, פַּרְוָר.

כּויכע s. (pl. ־ס) dealer in old clothes סוחֵר בִּבְגָדִים יְשָׁנִים; cheat רַמַּאי.

כּויכען v. n. to cheat הונָה, רִמָּה.

כּוך s. breath, blow נְשִׁימָה, נְשִׁיבָה; allurement, decoy פִּתָּיוֹן.
— נים קיין כוך נים קיין דוך there is neither blow nor breath (said of a stove in which the fire has gone out) [אין שם לא נשיבה ולא נשימה (נאמר על תנור שכבה בו האש).
— אונטערגעבן כוך to allure, decoy פִּתָּה.

כּוכב s. Mercury (astr.) מַזַּל כּוֹכָב.

כּוכען v. n. to breathe, blow נָשַׁם, נָשַׁב.

כּולה־תּורה s. the whole of the Law כָּל הַתּוֹרָה.

כּולו adv. all, wholly כֹּל, לְגַמְרֵי.

כּולו־הַאי adv. so much; ‖ conj. for "all this," all that בְּכָל זֹאת.

כּולו־רֶוח adj. all profit.

כּולינאַן = הולוגאַן.

א) ביי אבראמאָוויטשן אין „פישקע".

כּולל adj. general, כְּלָלִי; ‖ s. community עֵדָה, קְהִלָּה.
— אין כולל in general, generally בִּכְלָל.

כּולל זיין v. a. to contain הֵכִיל; to unite, combine כָּלַל.

כּומר s. (pl. כּוּמְרים) priest, clergyman — כֹּהֵן (נוצרי).

כַּוָנה = כַּוָּונָה.

כּוס s. (pl. כּוסות) cup.
— מאַכן אַ כוס to take a drink שתה כוס.

כּוסה = כּוס.

כּוסהן v. a. to drink שָׁתָה (יין).

כּופר s. (pl. כּופְרים) abnegator, unbeliever, heretic.

כּופר־בְּעִיקר s. (pl. כּופְרים־בְּעִיקר) one who denies the existence of God, atheist.

כּופר־הַכּל s. one who denies everything.

כּורְעים s. pl. genuflection.
— פאַלן כורעים to genuflect, to kneel כָּרַע.

כּותל s. wall.

כּותל־מַעֲרָבי s. the western wall of the Temple (which still remains).

כָּזָב s. (pl. כְּזָבים) falsehood, lie.

כָּזָב־וָשֶקר s. falsehood and deceit; ‖ pred. utterly untrue שֶׁקֶר לְגַמְרֵי.

כַּזְבָן s. (pl. כַּזְבָנים) liar, שַׁקְרָן.

כַּזְבָנטע s. (pl. ־ס) female liar כַּזְבָנִית, שַׁקְרָנִית.

כֹּח = כּוח.

כְּחוּט־הַשַׂעֲרה adv. as a hair's breadth.
— זיך מדקדק זיין כחוט־השערה to be very particular דקדק מאד.

כְּחול־הַיָם adv. as the sands of the sea, very numerous.

כְּחומר בְּיַד הַיוצר phr. as clay in the hand of the potter.

כ״י abbr. = כְּתַב־יָד.

כְּיָאוּר adv. at day-break כְּאוֹר הַבֹּקֶר א).

כּיבּוּד s. (pl. כּיבּוּדים) honoring; — honor; — regale, cheer, תִּקְרֹבֶת.

כּיבּוּד־אָב s. honoring one's father.

כּיבּוּד־אֵם s. honoring one's mother.

כיבנען v. n. to miss, be wanting חָסַר ב).

כיבע conj. unless, except אִם לֹא, אֶלָּא.

כְּיַד־הַמֶלך adv. "according to the state of the king," royally, richly.

כַּיָדוּע adv. as it is known.

א) ביי ליפשיצן; ביאור איז פארגרייזט פון באור. ב) ביי דיקן אין „סאָסלאַניק".

כִּי־הוּא־זֶה *adv.* "that it is this," as much as this כְּמוֹת כָּזֹאת

— נים האבן אפילו כי־הוא־זה not to have even as much as this, to have absolutely nothing לא היה לאיש אף כמלוא נימה.

כִּיוון *s.* intention ~, כַּוָּנָה.

— מיט א כיוון intentionally בכונה.

כִּיּוֹר *s.* (*pl.* ~ים) water-basin, laver (*in a synagogue*) ~.

כִּיזוּב = כָּזָב.

כִּיזוּב־יִשְׁקָר = כָּזָב־.

כיטראַסט *s.* (*pl.* ~ן) cunning, artifice, craft עָרְמָה.

כיטראַק *s.* (*pl.* ~עס) cunning man, crafty person עָרוּם.

כיטרע *adj.* cunning, crafty, sly עָרוּם; ‖ ~קייט *s.* cunningness, craftiness עַרְמוּמִית.

כיך *s.* giggle נחוך צחוק.

כי־כי *int.* tee hee! קול נחוך.

כיכען *v. n.* to giggle נָחַךְ צָחֹק.

כיליען *v. n.* to grow weak הֶחֱלַשׁ.

כימיע = כעמיע.

כימיק = כעמיקער.

כימיש = כעמיש.

כימענעקאַרע *s.* (*pl.* ~ס) chimera דִּמְיוֹן כּוֹזֵב.

כִּינָה *s.* (*pl.* כִּנִּים) louse ~.

כינין, כינע *s.* (*med.*) quinine כינין

כינעסקע הון *s.* guinea-hen תַּרְנְגֹלֶת פְּנִינִים.

כִּיס *s.* purse, bag ~, scrotum ~ כִּיס הַמְּבוּשִׁים.

כִּיסא = כִּסֵּא

כִּיסלער *s.* (*pl.* ~ס) pickpocket גּוֹנֵב מֵהַכִּיסִים; deceiver רַמַּאי.

כיק *s.* cut made with a knife in the throat חִתּוּךְ בְּצַוָּאר.

— מאַכן כיק to make a cut in the throat עשה התוך בצואר

כיקען *v. a.* to cut the throat חָתַךְ הַצַּוָּאר.

כירורג *s.* (*pl.* ~ן) surgeon רוֹפֵא מְנַתֵּחַ.

כירורגיע *s.* surgery מְלֶאכֶת הַנִּתּוּחַ.

כירורגיש *adj.* surgical שֶׁל נִתּוּחַ.

כירליאַק = כערליאַק

כִּישׁוּף *s.* (*pl.* ~ים) sorcery, witchcraft ~; magic ~. קְסָמִים; charm, spell קֶסֶם.

— אַנטאָן אַ כישוף to enchant הַקְסֵם

כישופדיג *adj* magical שֶׁל כְּשָׁפִים; enchanting מַקְסִים.

כִּישׁוּף־מאַכער *s.* (*pl.* ~ ~ס) sorcerer מְכַשֵּׁף.

כִּישׁוּף‖מאַכערן, ~מאַכערקע *s.* (*pl.* ~ס) sorceress מְכַשֵּׁפָה.

כִּישׁוּפן *v. n.* to practice magic עָשָׂה קְסָמִים; to charm, attract קָסַם, מָשַׁךְ לֵב.

כִּיתָּה *s.* (*pl.* כִּיתּוֹת) sect ~ כַּת; class (*of a school*) ~; group ~, קְבוּצָה.

כִּיתּותווייז *adv.* in groups בִּקְבוּצוֹת קְבוּצוֹת.

כ כ ב = כּוֹכָב.

כַּךְ הָוָא (הָוָה) *phr.* so it was, so it turned out to be וכך היה.

כַּכָּתוּב *phr.* as it is written in the Scriptures ~.

כָּל־ *pron.* all, every ~

כָּל אוּמָה וְלָשׁוֹן *phr.* "every nation and tongue," every nation on earth ~

כְּלאַחַר־יָד *adv.* carelessly ~; by the way, in passing ~, דֶּרֶךְ אַגַּב; in a nonchalant way ~.

כְּלא־יָדַע *adv.* as if not knowing כְּאִלּוּ אֵינוֹ יוֹדֵעַ.

— זיך מאַכן כלא־ידע to affect ignorance העמד פנים כאינו יודע; to connive העמד פנים כאינו רואה.

כלאַם *s.* rubbish, trash, old clothes or furniture אַשְׁפָּה, בְּגָדִים בָּלִים אוֹ כְּלֵי בַיִת יְשָׁנִים.

כלאַמידע *s.* (*pl.* ~ס) worn out garment, rag בֶּגֶד בָּלֶה, סְחָבָה.

כלאָפּ *s.* (*pl.* ~עס) peasant אִכָּר; boor, churl בַּעַר, אָדָם גַּס; big lad בָּחוּר גָּדוֹל.

כלאָפּאָטע *s.* (*pl.* ~ס) trouble, bother, bustle טֹרַח, מִרְדָּה; care דְּאָגָה.

כלאָפּאָטשען *v. n.* to have much trouble *or* bother, to bustle יָגַע הַרְבֵּה.

כלאָפּסקע *adj.* rustic, boorish, churlish כַּפְרִי, גַּס; awkward בִּלְתִּי זָרִיז.

כלאָראָפאָרם *s.* chloroform כְּלוֹרוֹפוֹרְם.

כלאָראָפאָרמירן *v. a.* to chloroform יַשֵּׁן בִּכְלוֹרוֹפוֹרְם.

כֶּלֶב *s.* (*pl.* כְּלָבִים) dog ~; wicked man, scoundrel אָדָם רָע, בֶּן בְּלִיַּעַל.

כָּל־בּוֹ *s.* "everything in him," do-all, factotum אִישׁ עוֹשֶׂה כָּל דָּבָר; jack at all trades אָדָם עוֹשֶׂה כָּל מְלָאכָה; everything bad כָּל דָּבָר רָע (כּאיש; book containing all the prayers for the entire year סִדּוּר שֶׁל כָּל הַתְּפִלּוֹת וְהַפִּיּוּטִים לְכָל הַשָּׁנָה.

— ער איז אַ כל־בו he is a factotum הוא עושה כל דבר.

— אין אים איז כל־בו everything bad is in him כל מדה רעה בו.

כָּל־בּוֹנִיצע *s.* (*pl.* ~ס) wicked woman בַּת בְּלִיַּעַל.

כָּל־בּוֹנִיק *s* (*pl.* ~עס) wicked man, rascal בֶּן בְּלִיַּעַל; jack at all trades (*joc.*) אָדָם עוֹשֶׂה כָּל מְלָאכָה.

כְּלַבטע s. (pl. ‎–ס) “a bitch,” wicked woman אִשָּׁה רָעָה.

כֶּלֶב־שֶׁבִּכְּלָבִים s. “a dog of dogs,” very wicked man אָדָם רָע מְאֹד.

כָּל דְּאַלִּים גָּבַר phr. whoever is strong prevails.

כָּל־דָּבָר־אָסוּר s. “every forbidden thing,” all that is bad.

כָּל־דְּבַר־שׁוֹרש s. “the whole root of the matter,” all details, all particulars כָּל פְּרָטֵי דָּבָר.

כָּל הַ־ pref. all the.

— כל הפּאַרגעניגנס all the pleasures.

— כל הגעלטן all the money כל הון דעלמא.

כַּלָּה s. (pl. כַּלּוֹת) bride.

— אויס כלה ווײַטער אַ מויד the match is off השדוך בטל.

כָּלֶה ווערן v. p. to be destroyed כָּלֹה; to disappear הֵעָלֵם.

כַּלָּה־באַדעקנס s. pl. veiling of a bride כִּסּוּי כַּלָּה בִּצְעִיף.

כָּל־הוֹן־דְּעָלְמָא s. all the wealth of the world.

כַּלָּה־||מויד s. (‎–מיידן pl.) marriageable maiden בְּתוּלָה הָרְאוּיָה לְהִנָּשֵׂא.

כָּל־הַמִּינִים s. pl. all kinds, all sorts.

כַּלָּה־||מַתָּנָה s. (‎–מַתָּנוֹת pl.) bridal gift or present מַתָּנָה לְכַלָּה.

כַּלָּהן זיך v. n. to dress in order to attract young men קַשֵּׁט אֶת עַצְמָהּ לִמְשׁוֹךְ לֵב בְּחוּרִים.

כָּל־הַנְּגִישׁוֹת s. pl. all the harassments, all the vexations.

כָּל־הַנְּעָרִים s. pl. all the boys together.

— אויפֿרופֿן כל־הנערים to call all boys in a group to the reading of the Law קרא לתורה כל הנערים בקבוצה (בשמחת תורה).

כַּלָּה־||סִידוּר s. (‎–סִידוּרים pl.) bride’s prayerbook סִדּוּר לְכַלָּה.

כָּל־הַפַּסלָנוּת s. all the blemishes, all the vices כָּל הַמּוּמִים, כָּל הַחֲטָאִים.

כָּל־הַצָּרוֹת s. pl. all the troubles.

כָּל הַקּוֹדם זָכָה phr. he who comes first wins.

כָּל־הַתּוֹרה־כּוּלה s. the entire Law.

כָּל הַתְחָלוֹת קָשׁוֹת phr. all beginnings are difficult.

כְּלוֹת־הַנֶּפֶשׁ s. expiration of the soul.

כָּל־וְכֹל s. factotum עֹסֵק בְּכָל דָּבָר.

כָּל־וָלֶךְ = כָּל־וְכֹל.

כְּלוֹמַר adv. “as if to say,” that is.

כְּלוֹמפּרשט = כְּלוֹמרשט.

כְּלוֹמרשט adv. as if כְּאִלּוּ; not in reality לֹא בֶּאֱמֶת; for appearance’s sake לְמַרְאִית עַיִן.

— כלומרשט ניט וויסן to pretend not to know העמד פנים כאינו יודע.

— כלומרשט אַ תּירוץ a sham excuse תצדוקה לא אמיתית.

כְּלוֹמרשטן adv. = כְּלוֹמרשט; || adj. sham, unreal לֹא אֲמִתִּי.

כל"ז abbr. = כְּלִי־זֶמֶר.

כָּל־זְמַן adv. as long as.

כָּל זְמַן שֶׁהַנְּשָׁמָה בְּקִרְבִּי phr. so long as the soul is within me.

כְּלֵזְמר = כְּלֵי־זֶמֶר.

כִּלְחוֹךְ־הַשּׁוֹר adv. (joc.) “as the ox licketh up,” at day-break כַּעֲלוֹת הַשַּׁחַר.

כָּל־חֲמָתוֹ (חֲמָתִי) s. all his (my) wrath.

כָּל־טוּב s. all good, all manner of good.

— פֿון כל־טוב of everything in abundance מכל דבר בשפע.

כֵּלִי[1] s. (pl. כֵּלִים) utensil, vessel; instrument, organ.

— פּאָרצעלײַענע כלים porcelain vessels כלים של חרסינה.

— דער חזן האָט אַ טײַערע כלי the cantor has a splendid organ החזן יש לו כלי־נגינה מצוין.

— (id.) אַרויס פֿון די כלים to lose all patience קצר רוח איש מהכיל.

— (id.) מאַכן אומעצן פֿאַר אַ כלי to make of one a useful man עשה איש לאדם מועיל.

— (id.) ער איז אַ פֿײַנע כלי he is a fine fellow אדם יפה הוא.

כֵּלִי[2] s. (pl. ‎–ם) barrel, cask חָבִית.

כַּלְיא adj. spoiled, vitiated מְקֻלְקָל, נִשְׁחָת א).

כליאָבען v. a. to gulp לָעֹט.

כליאַניען v. n. to languish, pine הִצְטַעֵר, הִתְעַנֵּה.

כליאַסק s. (pl. ‎–עס) thwack הַכָּאָה; box on the ear הַכָּאָה עַל הַלְּחִי; whipping, lashing הַכָּאָה בְשׁוֹט.

כליאַסקען v. a. to thwack הַכֵּה; to slap סָטֹר; to whip, lash הַכֵּה בְשׁוֹט.

כליאַפּ = כליאַסק.

כליאַפּען = כליאַסקען.

א) דאָס וואָרט ווערט געוויינטליך געשריבן קאַליע אי ס־אָם. שטראַק אין זיין Jüdisches Wörterbuch באַצייכנט עס אַלס פּויליש (האָבנדיג מסתמא אין זינען kaleczyć מאַכן פֿאַר אַ קאַליקע). מיר זעט אויס, אַז דאָס וואָרט איז פֿון דעם העברעאישן שורש כלה, וואָס האָט אין יידיש געקראָגן די באַדייטונג פֿאַרדאָרבן, ווי אין מכלה מאַכן, מכולה.

כְּלֵי־בַּיִת *s. pl.* house furniture -.

כְּלֵי־גוֹלָה *s. pl.* equipment for exile -.

כליוו *s.* (*pl.* ן -) sty, cow-house מִכְלָה, רֶפֶת.

כליושטש, כליושטשען = כליעשטש, כליעשטשען.

כליושק = כליאַסק.

כליושקען *v. r.* to pour שָׁטַף.

כְּלֵי־זָהָב *s. pl.* gold vessels -.

כְּלֵי־זַיִן, כְּלֵי־זַיִן *s.* (*pl.* כְּלֵי־) **weapon, arms** -.

כְּלֵי־זֶמֶר *s. pl.* musical instruments -; (*fl.*) weapons כְּלֵי זַיִן.

כְּלֵי־זֹמֵר *s.* (*pl.* כְּלֵי־זְמָרִים) musician מְנַגֵּן בִּכְלֵי זֶמֶר.

כּוֹל־יָכוֹל *adj.* omnipotent, almighty -.

כֵּלִי‖לע *s.* (*pl.* -לעך) small cask חָבִית קְטַנָּה.

כָּל־‖יָמַי (-יָמָיו) "all my (his) days," all my (his) life -.

כְּלִי־נִפְלָא, כְּלִי־נִפְלָאָה *s.* person having wonderful abilities בַּעַל כִּשְׁרוֹן נִפְלָא; **wonderful** musical talent כִּשְׁרוֹן נִפְלָא לִנְגִינָה.

כליעוו = כליוו.

כליעפּטשען *v. a.* to sip גָּמָא.

כליעשטש *s.* (*pl.* עס -) whipping, lashing הַכָּאָה בְּשׁוֹט.

כליעשטשען *v. a.* to whip, lash הִכָּה בְּשׁוֹט.

כליפּ *s.* sobbing יְבָבָה.

כליפּען *v. n.* to sob, whimper יִבֵּב.

כליפּעריי *s.* sobbing יְבָבָה.

כְּלֵי־קוֹדֶשׁ *s.* (*pl.* כְּלֵי־) one holding an ecclesiastical office, an ecclesiastic אִישׁ נוֹשֵׂא מִשְׂרָה קְדוֹשָׁה בָּעֵדָה.

כלישטש *s.* ?א).

כְּלִי־שָׁלֵם *s.* something complete *or* perfect דָּבָר שָׁלֵם; a gifted person (*fig.*) בַּעַל כִּשְׁרוֹן.

כְּלַל־יִשְׂרָאֵל *s.* all Israel, the whole Jewish nation -.

כְּלַל־יִשְׂרָאֵל אַחִים *phr.* all Jews are brethren -.

כְּלַל־יִשְׂרָאֵל חברים *phr.* all Jews are comrades -.

כְּלָל¹ *s.* (*pl.* כְּלָלִים) rule -; public, community קָהָל; number מִסְפָּר.

— אַ כלל פֿון דקדוק **a rule** of grammar כלל של דקדוק.

— אַרבעטן פֿאַרן כלל **to work for the good of the public** עבד לטובת הכלל.

— אין כלל in general בכלל; **included in the** number נכלל במספר.

— (*id.*) אַ כלל, דער כלל איז in short בקיצור.

— (*id.*) זיין פֿאַר אומעצן נאָר אַ כלל **to be** infatuated with a person אהב איש מאד.

כְּלָל² *adv.* at all -, לִגְמָרֵי.

— כלל ניט **not at all, by no means** לא כלל, לגמרי לא.

כְּלָל־וּכְלָל *adv.* absolutely לִגְמָרֵי, לַחֲלוּטִין.

כְּלָל־זאַך *s.* (*pl.* ן -) public matter עִנְיַן הַקָּהָל.

כְּלָל־טוּער *s.* (*pl.* - ,ס -) social worker עוֹסֵק בְּעִנְיְנֵי הַקָּהָל, עוֹסֵק בְּצָרְכֵי צִבּוּר.

כְּלַל־יִשְׂרָאֵל *s.* the whole Jewish nation -.

כְּלָל־מענטש = כְּלָל־טוּער.

כָּל מַאֲמִינִים שֶׁהוּא "all believe that he (God) **is," first words of a** prayer said on Rosh-hashanah -.

— (*joc.*) פֿון כל מאמינים שהוא of all kinds, of all sorts מכל המינים.

כָּל־מוּם־רַע *s.* every vice -.

כָּל־מִינֵי *s. pl.* all kinds, all sorts -.

כָּל מַלְכֵי מִזְרָח וּמַעֲרָב *phr.* **all the kings of the** East and West -.

כָּל־נִדְרֵי *s. pl.* **"All vows,"** declaration on the **eve of the Day of Atonement concerning** vows -.

כָּל־עֲבוֹדַת־פֶּרֶךְ *s.* **all manner of hard labor** -.

כלעבן *int.* **by my life!, upon my word!** בְּחַיַּי!, עַל אֱמוּנָתִי! ‖ *adv.* indeed אָמְנָם, בֶּאֱמֶת.

כָּל־ערליי *adj.* **of all kinds, of every kind** מִכָּל הַמִּינִים.

כָּל־שֶׁכֵּן *adv.* the more so, certainly -, עַל אַחַת כַּמָּה וְכַמָּה.

כַּמָּה *adv.* many הַרְבֵּה, מִסְפָּר רַב.

— כמה יאָרן many years כמה שנים, שנים רבות.

כמאַל *s.* (*pl.* יעס -) thrashing מַלְקָה, הַכָּאָה.

כמאַליען *v. a.* to thrash הִלְקָה, הִכָּה.

כמאַרנע *adj.* cloudy מְעֻנָּן.

כמאַרע *s.* (*pl.* ס -) cloud עָנָן, עֲרָפֶל.

כמאַרען זיך *v. r.* to become cloudy כֻּסָּה בְעָנָן.

כַּמָּה־טְעָמִים *s. pl.* many reasons -.

כַּמָּה־שָׁנִים *s. pl.* many years -.

כְּמוֹ *adv.* like, as if -; *pred.* **not genuine,** imitated לֹא אֲמִתִּי, מְחֻקֶּה; ‖ *s.* **something** like, something in the nature of דָּבָר כְּמוֹ...

כַּמּוּבָן *adv.* of course -.

כמורנע *adj.* cloudy, overcast מְעֻנָּן; **gloomy** אָפֵל.

כַּמּוּת *s.* quantity -.

א) ביי אבראַמאָוויטשן אין „דאָס קליינע מענטשעלע", קאַפּ. 4: „נאַסע ווי אַ כלישטש". דאָס וואָרט איז געוויס אידענטיש מיט хлющ, וואָס איז פֿאַרצייכנט אין גרינטשענקאָס Словарь Украинского языка, וואו עס ווערט דערביי געבראַכט די פֿראַזע мокрий як хлющ. וואָס איז хлющ איז ווייס גרינ־טשענקאָ ניט, נאָר ער איז משער: ?струя дождя, אַ שטראָם פֿון רעגן?

כמלך־בגדוד *adv.* as a king among his troops —.

כמעט *adv.* almost —.

— כמעט נים hardly, scarcely בקושי, כמעט שלא.

כמשמעות *adv.* apparently כפי הנראה.

כנגד *prep.* against —; in comparison with נגד; || *s.* an opponent מתנגד.

— זיין א כנגד to be an opponent, to oppose התנגד.

כנה = כינה.

כנהוג *adv.* as customary, as usual —.

כנופיה *s.* (*pl.* כנופיות) company — חברה.

כן יאבדו *phr.* so shall they perish (*said upon hearing of the death or misfortune of a hated person*) —.

כניאק *s.* (*pl.* —עס) mollycoddle אדם שאין בו אמץ. איש רך לב כאשה א).

כן ירבו *phr.* so may they increase, may there be many like them (*said when desirable persons are mentioned*) —.

כנ"ל *abbr.* = כנזכר למעלה as mentioned above —.

כנסת־הגדולה *s.* the Great Synagogue, the Great Assembly —.

כנסת־ישראל *s.* the Jewish community, the Jewish nation —.

כנפה *s.* (*pl.* כנפות) one of the four corners of the ritual garment אחת מכנפות בגד הציצית.

כסא־הכבוד *s.* the throne of glory (*of God*) —.

כסא־הרבנות *s.* rabbinical chair —.

כסא־מלוכה *s.* the throne —.

כסא־של־אליהו־הנביא *s.* chair of the prophet Elijah (*chair of the godfather at the circumcision ceremony*) —.

כסדר *adv.* in regular order, seriatim —; in succession —; all along תמיד.

כסומא־בארובה *adv.* "as a blind man hits upon a window", accidentally במקרה.

— טרעפֿן כסומא־בארובה to hit upon a thing accidentally מצא דבר במקרה.

כ' סיון *s.* the 20th day of Sivan (*fast-day in commemoration of the Ukrainian massacre of 1648*) —.

כסלו, כסליו *s.* the Jewish month Kislev (*November-December*) החדש כסלו.

כסעודת שלמה בשעתו *phr.* as the banquets of King Solomon in his glorious time (*said of sumptuous repasts*) —.

כסף *s.* silver —; money —, ממון.

א) אפשר פֿון רוסיש хныкa, א בעוויינטע נשמה?

כעלות־הבוקר, בעלות־השחר *adv.* at day-break, at dawn —.

כעלעמער *adj.* of Khelm של עיר חלם, חלמי.

— כעלעמער נאראָנים the fools of Khelm הפתאים החלמיים; Abderites, stupid persons פתאים שוטים.

כעמיע *s.* chemistry כימיה.

כעמיקער *s.* (*pl.* —) chemist חכם הכימיה.

כעמיש *adj.* chemical של הכימיה.

כעני בפתח *phr.* as a poor man at the door, as a beggar —.

כעס *s.* (*pl.* ן—) anger, wrath, passion —.

כעסן *s.* (*pl.* כעסנים) passionate man, man inclined to anger —, איש נוח לכעס.

כעסנטע *s.* (*pl.* ס—) passionate woman, woman inclined to anger אשה נוחה לכעס.

כעסן זיך *v. r.* to be angry כעס.

כעסנען זיך = כעסן זיך.

כעפרא דארעא *phr.* as the dust of the earth —, כעפר הארץ.

— מאַכן אומעצן כעפרא דארעא to scold a person severely חרף וגדף איש.

כערליאַק *s.* (*pl.* —עס) sickly person חולני.

כף *s.* (*pl.* ן—) Kaph name of the hard כ (כּ) שם האות כ הדגושה (כּ).

— קרומט כף כ the letter כ האות כ.

כף *s.* (*pl.* ן—) Khaph, name of the aspirated כ שם האות כ הרפה.

— לאַנגע כף (ך) long Khaph, final Khaph כף זקופה (ך).

— קרומע כף (כ) the bent Khaph כף כפופה (כ).

כף־הקל *s.* the sling (*one of the tortures of hell*) כף הקלע א).

— גיין אין כף־הקל to go to hell הלך לאבדון.

כפוי־טובה *s.* (*pl.* כפויי־טובה) ungrateful person —.

כפול־שמונה *adj.* twisted eightfold (*of threads for the fringes of a ritual vestment*) —.

כפול־שמונהדיג *adj.* = כפול־שמונה; (*fig.*) heavy, powerful קשה, חזק.

— א כפול־שמונהדיגער פּטש a smart box on the ear סטירה קשה.

כפי *prep.* according to —; || *adv.* as, according as —.

כפי־המדובר *adv.* as stipulated, as arranged —.

כפירה *s.* denial of the existence of God, atheism —.

א) הקל איז אַן אָפּקירצונג פֿון הקלע.

multiplication (*arith.*) ;– the double *s.* כֵּפֶל
– twice *adv.*‖; – . פִּי שְׁנַיִם.

.– many times more *s. pl.* כֵּפל־כִּפְלַיִם

כֵּפֵל. to multiply (*arith.*) *v. a.* כֵּפלען

forgiveness ;– atonement (*pl.* כַּפָּרוֹת) *s.* כַּפָּרה
sacrificial fowl ;קָרְבָּן – . sacrifice ;סְלִיחָה . –
(*cock or hen slaughtered on the eve of the Day*
עוֹף [*of Atonement as a sacrifice for one's sins*)
שֶׁל כַּפָּרָה.

to have no forgiveness נישט האָבן קיין כפרה —
לא היה לאיש כפרה על עוונותיו.

to suffer for זיין אַ כפרה פֿאַר אימעצנס זינד —
סבל בעד עוונות איש. somebody's sins

to perform the sacrificial ce- שלאָגן כפרות —
remony (*to turn the sacrificial fowl around*
[*ones head while saying the prescribed formula*)
עשה כפרה.

to abandon a שלאָגן מיט אימעצן כפרות (*id.*) —
שלח to dismiss a person ;עזב איש person
איש מפניו.

to be good for nothing טויגן אויף כפרות (*id.*) —
לא צלח למאומה; היה בלתי מועיל. to be useless

I have no איך דאַרף דאָס האָבן אויף כפרות (*id.*) —
אין לי שום תועלת בזה. use for this

מות. to die, drop dead די כפרה ווערן (*id.*) —
נפל ומות.

to become in- די כפרה ווערן פֿאַר אימעצן (*id.*) —
אהב איש אהבה עזה. fatuated with a person

— (*id.*) כפרות גיין to be ruined אבד, הפסד א).

it serves him !אַ שיינע, ריינע כפרה (*id.*) —
הוא קבל את ענשו הראוי לו! right!

money for charity on the eve *s.* כַּפָּרה־געלט
of the Day of Atonement in lieu of the
דְּמֵי כַּפָּרָה (מעות לצדקה בערב יום sacrificial fowl
הכפורים במקום עוף הכפרה).

sacrificial cock (*pl.* –הענער) *s.* כַּפָּרה־‖האָן
תַּרְנְגוֹל לְכַפָּרָה; אָדָם מְעֻנֶּה innocent victim (*fig.*)
עַל לֹא חָמָס בְּכַפּוֹ.

sacrificial hen (*pl.* –הינער) *s.* כַּפָּרה־‖הון
תַּרְנְגוֹלֶת לְכַפָּרָה.

innocent victim (*fig.*) (*pl.* –עך) *s.* כַּפָּרה־הינדל
אָדָם מְעֻנֶּה עַל לֹא חָמָס בְּכַפּוֹ.

sacrificial ceremony on the *s.* כַּפָּרות־שלאָגן
עֲשִׂיַּת כַּפָּרָה eve of the Day of Atonement
בְּעֶרֶב יוֹם הַכִּפּוּרִים.

chicken (*thieves' language*) (*pl.* –ס) *s.* כַּפָּרהניצע
תַּרְנְגוֹלֶת (בלשון הגנבים).

to open or pick pockets (*fl.*) *v. a.* כַּפּתורן
פָּתַח כִּיסִים אוֹ גָּנַב מֵהַכִּיסִים.

.– a true priest כֹּהֵן צֶדֶק = *abbr.* כ״ץ[1]

"refined silver," money כֶּסֶף צָרוּף = *abbr.* כ״ץ[2]
.–

as sheep without a shep- *phr.* כְּצֹאן בְּלִי רוֹעֶה
.– herd, without a leader

as a cake made with *phr.* כְּצַפִּיחִית בִּדְבַשׁ
נָעִים מְאֹד לַחֵךְ. honey, very delicious

.– as formerly, as of yore *adv.* כְּקֶדֶם

as the skin of garlic, *phr.* כִּקְלִיפַּת הַשּׁוּם
בְּלִי עֵרֶךְ. worthless

as hard as the parting *phr.* כִּקְרִיעַת יַם־סוּף
קָשֶׁה מְאֹד. of the Red Sea, very hard

כראָמקען = כראָמשקען.

כראָמשקע *s.* crunching כִּרְסוּם; cartilage סְחוּס.

כראָמשקעדיג *adj.* cartilaginous כְּעֵין סְחוּס.

כראָמשקען *v. a.* to crunch כִּרְסֵם.

כראָנאָלאָגיע *s.* (–ס *pl.*) chronology סֵדֶר הַזְּמַנִּים.

כראָנאָלאָגיש *adj.* chronological שֶׁל סֵדֶר הַזְּמַנִּים.

lean person, bare-bone (*pl.* –ס) *s.* כראָנדיע
אָדָם דַּק בָּשָׂר, אָדָם כָּחוּשׁ.

כראָניקע *s.* (–ס *pl.*) chronicle, annals דִּבְרֵי הַיָּמִים.

כראָניש *adj.* chronic מַאֲרִיךְ יָמִים, מִמֻּשָּׁךְ (מחלה).

כראָפּ *s.* (–ן *pl.*) snore נַחֲרָה.

כראָפּע = כראָפּ.

כראָפּען *v. n.* to snore נָחֹר; to snort נָחֹר (סוס).

כראַקען *v. n.* to hawk, expectorate כּוֹחַ.

כְּרוּב *s.* (כְּרוּבִים *pl.*) (*angel*) cherub –.

כְּרוּז *s.* (כְּרוּזִים *pl.*) proclamation –.

כרוקע *s.* (–ס *pl.*) grunt נְאָקָה (של חזיר).

כרוקען *v. n.* to grunt נָאֹק כַּחֲזִיר.

as far as East from *phr.* כִּרְחוֹק מִזְרָח מִמַּעֲרָב
שׁוֹנֶה מְאֹד. West, very different

כריין *s.* horse-radish חֲזֶרֶת, מָרוֹר.

כרייניאָווקע = כרוינניק.

vessel for horse-radish (*pl.* –עס) *s.* כרייניק
כְּלִי לַחֲזֶרֶת.

winding of the phy- (*pl.* כְּרִיכוֹת) *s.* כְּרִיכה
.– lactery strap around the hand

כריפּען *v. n.* to rattle נַחֵר (בגרון).

כריפּענדיג *adj.* rattling מְנַחֵר.

כריפּקע *s.* hoarseness נַחֲרַת הַגָּרוֹן.

עִיר large city ;עִיר , – City (*pl.* כְּרַכִּים) *s.* כְּרַךְ
גְּדוֹלָה.

.– volume (*pl.* כְּרָכִים) *s.* כֶּרֶךְ

כְּרַךְ־גָּדוֹל *s.* large city עִיר גְּדוֹלָה.

. – rectum (*pl.* –ס) *s.* כַּרְכַּשְׁתָּא

כרעניק = כרוינוק.

א) ביי נאַשערן אונטער Kapore.

פּרעיה־דאַבוהעדיג adj. ‖ adv. sullen, sulky; not on friendly terms זועף; בְּיַחַס לא טוֹב.

כּרפּס s. parsely or other vegetables used at the Passover ceremony —.

כּרת s. exterpation; — premature death מִיתָה בְּלֹא יוֹמָהּ.

כּרת־יאָרן s. pl. premature death מִיתָה בְּלֹא יוֹמָהּ.

— האָבן כּרת־יאָרן to die prematurely מות בלא עתו; to suffer much (id.) סבל הרבה.

כּשוף = כּישוף.

כּשופדיג = כּישופדיג.

כּשוף־מאַכער, — ן = כּישוף־מאַכער, — ן.

כּשופן = כּישופן.

כּשורה adv. in the right order, properly —, כָּרָאוּי.

כּשם conj. as —.

כּשמו כּן הוא phr. as his name is, so is he —.

כּשר adj. proper for use, properly prepared according to the Jewish ritual laws, kosher —; lawful —, מֻתָּר; legitimate —.

— כּשר פֿלייש kosher meat, meat prepared according to the Jewish ritual laws בשר כשר.

— אַ כּשרער מסחר a legitimate business מסחר כשר.

— אַ כּשר קינד a legitimate child ילד כשר.

— אַ כּשרער ייד a pious Jew יהודי כשר, יהודי דבק בדת.

— אַ כּשרער מענש an honest man איש ישר.

— אַ כּשר בהמהלע a naive person איש תם.

כּשר־וישר adj. right and proper, just and fair —.

כּשרות s. the Jewish dietary laws —.

כּשר־‖טאַנץ s. (pl. — טענץ) bride's dance מְחוֹל הַכַּלָּה.

כּשרן v. a. to make fit for use according to the ritual laws הַכְשֵׁר לְתַשְׁמִישׁ לְפִי חֻקֵּי הַדָּת; to declare to be lawful הַכְשֵׁר, הַחְלֵט כִּי דָבָר כָּשֵׁר לְפִי הַחֹק.

— כּשרן פֿלייש to make meat fit for use (by soaking and salting it) הכשר בשר (על ידי שריה ומליחה).

— כּשרן כּלים אויף פּסח to make vessels fit for Passover use (by dipping them into boiling water) הכשר כלים לפסח (על ידי הגעלה).

— כּשרן אַ אויוון אויף פּסח to make a stove fit for Passover use (by heating it intensively) הכשר תנור לפסח (על ידי הסקה מרובה).

כּשרים s. viands prepared according to the Jewish dietary laws מַאֲכָלוֹת כְּשֵׁרִים (ביחוד בשר).

כּשרקייט s. fitness for use according to the Jewish dietary laws כַּשְׁרוּת; lawfulness תְּכוּנַת מַה שֶׁהוּא מֻתָּר לְפִי הַחֹק.

כּשר־שטיין s. (pl. — ער) a heated stone used in cleaning utensils and tables for Passover אֶבֶן לוֹהֶטֶת לְהַגְעָלַת כֵּלִים לְפֶסַח.

כּת s. (pl. כּתּות) sect; — company —.

כּתב s. (pl. כּתבים) writing; — handwriting —; document; — contract —, חוֹזֶה. כְּתַב־יָד

כּתבא־רבא s. good penman —, כּוֹתֵב כְּתִיבָה יָפָה; clever writer סוֹפֵר מָהִיר.

כּתבות = קאַטאָוועס.

כּתב־יד s. (— ן, כּתבי־יד pl.) manuscript —.

כּתב־משיטא = משיטא.

כּתבן s. (pl. כּתבנים) writer —.

כּתב‖ן, — ענען v. a. to write כָּתֹב.

כּתה = כּיתה.

כּתותוויזו = כּיתותוויזו.

כּתובה s. (pl. כּתובות) marriage-contract —; sum fixed in a marriage-contract כְּתַב הַנִּשּׂוּאִים; סְכוּם הַכֶּסֶף הַקָּבוּעַ בִּכְתוּבָּה.

כּתובה־דאוריתא s. marriage-contract according to the Law of Moses —, כְּתַב הַנִּשּׂוּאִים עַל פִּי תּוֹרַת משֶׁה.

כּתוב־וחתום adj. written and confirmed by signature —.

כּתובים s. pl. the Hagiographa —.

כּתיב s. (pl. — ן) "written," a Masoretic term indicating how a certain word in the scriptural text should be written —.

כּתיבה s. writing; — registration —, רְשִׁימָה (כּסס־).

כּתיבה־וחתימה־טובה s. a good writing and sealing in the book of life (a greeting on Rosh-Hashana) —.

כּתיבעט adj. written in Hebrew square letters כָּתוּב בְּאוֹתִיּוֹת מְרֻבָּעוֹת.

כּת־ליצן s. (pl. כּת־ליצנים) demon שֵׁד; mocker לֵץ.

כּתר s. (pl. כּתרים) crown (gold or silver ornament of the scroll of the Law) —.

ל.

ל *s.* the twelfth letter of the Hebrew alphabet הָאוֹת הַשְּׁתֵּים עֶשְׂרֵה בְּאָלֶף־בֵּית הָעִבְרִי; || *num.* thirty שְׁלֹשִׁים.

לא *adv.* not- ; false, untrue (*fl.*) כּוֹזֵב לֹא נָכוֹן.

— (*id.*) absolutely not לא מוט אן אלף לגמרי לא א).

— לא מוט א ספאָדעק, לא מוט א פּוֹר, פאַראַדיעס אויף לא מוט אן אלף.

לאַבאַנדז = לאַבענדז.

לאַבאָראַטאָריע *s.* laboratory בֵּית הַכָנָה (לחמרים כימיים).

לאַבוּד = לְאִיבּוּד.

לאַבונג *s.* (-ען *pl.*) refreshment הֲשָׁבַת נֶפֶשׁ; דָּבָר הַמֵּשִׁיב נֶפֶשׁ (ביחוד מאכל); pleasure מַחְמָד, תַּעֲנוּג.

לאַבוס *s.* (-עס *pl.*) a good-for-nothing boy נַעַר רֵיק ב).

לאַבזעגל *s.* (-עך *pl.*) frame-saw מַשּׂוֹר בְּמִסְגֶּרֶת.

לאַבּידע *s.* aconite, sorrel הָמִיר.

לאַבן *s.* (-ס *pl.*) loaf כִּכָּר (לחם).

לאַבן *v. a.* to refresh, revive הָשֵׁב נֶפֶשׁ; || -זיך *v. r.* to refresh oneself הָשֵׁב נַפְשׁוֹ.

לאַבעדראַנעץ = אַבאַדראַנעץ.

לאַבעדרזיקעס = אַבעדרוקעס.

לאַבענדז *s.* (-עס *pl.*) swan בַּרְבּוּר הַבָּר.

לאַבערן *v. n.* to jabber, gabble פִּטְפֵּט.

לאַג *s.* (-ן *pl.*) crease קֶמֶט (בבגד); fold קְפִילָה; layer, lamina שִׁכְבָה.

לאַגאָדנע *adj.* soft, mild רַךְ.

לאַגיק, לאַגיקע *s.* logic חָכְמַת הַהִגָּיוֹן.

לאַגיש *adj.* logical הֶגְיוֹנִי, לְפִי הַהִגָּיוֹן.

לאַגל *s.* (-ען *pl.*) skin-bottle נֹאד.

לאַגן *v. n.* to lie שַׁקֵּר.

לאַגע *s.* (-ס *pl.*) situation, position, condition מַצָּב.

לאַגער *s.* (-ן *pl.*) camp מַחֲנֶה; warehouse, store מַחְסָן.

לאַגערן *v. n.* to camp חָנָה.

לאַגראַן *s.* (-עס *pl.*) giant עֲנָק.

לאַד *s.* (-ן *pl.*) order סֵדֶר; understanding, agreement הֲבָנָה הַדָּדִית, הַסְכָּמָה.

לאַדאָוויניע = ליאַדאָווניע.

לאַ־דָבָר *s.* suspicious thing דָּבָר חָשׁוּד.

לא דובים ולא יער *phr.* "neither bears nor woods," wholly untrue לא־אֱמֶת לְגַמְרֵי.

לאַדונג *s.* (-ען *pl.*) lading, cargo טַעַן, מַשָּׂא.

לאַדי[1] *s.* (-ס *pl.*) lady גְּבִירָה אַנְגְּלִית א).

לאַ־די *adv.* not enough that... לֹא דַי שֶׁ־.

לאַדיש *s.* (-עס *pl.*) earthen milk-pot, jar כְּלִי חֶרֶס לְחָלָב, כַּד ב).

לאַדישקע, פאַרקלענערוואָרט פון לאַדיש.

לאַדן *s.* (-ס *pl.*) shop, store חֲנוּת.

לאַדן[1] *s.* (-ס *pl.*) shutter דֶּלֶת חַלּוֹן, תְּרִיס.

לאַדן[2] *v. a.* to load, lade טָעֹן, שִׂים מַשָּׂא עַל־; to charge (*a gun*) מַלֵּא (קנה רובה).

לאַדן[3] *v. a.* to sue at law תָּבֹעַ; to cite before the court קְרֹא לְמִשְׁפָּט; || -זיך *v. r.* to be at law with רִיב עִם־, הִדּוֹן עִם־ ג).

לאַדנעווען, לאַדעווען *v. a.* to load, lade טָעֹן, שִׂים מַשָּׂא עַל־ (= לאַדן[2]).

לאַדעניש *s.* (-ן *pl.*) law-suit מִשְׁפָּט, רִיב.

לאַדעס = ליאַדעס.

לאַדקע *s.* (-ס *pl.*) boat סִירָה.

לא הא ולא הא *phr.* neither this nor that -.

לאַהוּבִי *phr.* to my dear friend -.

לאַהוּבִי־בריוו *s.* (- *pl.*) letter of friendship מִכְתַּב יְדִידוּת.

לא הָיָה *phr.* "there never was," absolutely untrue לא־אֱמֶת לְגַמְרֵי.

לא הָיָה ולא נִבְרָא *phr.* "it never existed nor ever was created," it is pure invention בָּדוּי הוּא לְגַמְרֵי.

לא היו דברים מעולם *phr.* these things never happened, it is absolutely untrue - . לא־אֱמֶת לְגַמְרֵי.

לאַו *s.* (לאַווין *pl.*) negative precept, prohibitive command -; || *adv.* not - . לֹא.

לאַו דבּורים *phr.* no talking! אַל תְּדַבֵּר!

לאַו־דַוְקָא *adv.* not exactly, not necessarily -.

לאַו דיבּרן = לאַו דבורים.

לאַווינע *s.* (-ס *pl.*) avalanche (*geogr.*) מַפֹּלֶת שֶׁלֶג (שעת שלג נתקה מהר).

א) דאָס ווערטל נעמט זיך דערפון, וואָס אין העברעאיש איז דאָ א וואָרט לו (צו אים), וואָס ווערט אויסגערעדט ווי לא. דאָס מיינט אלזאָ: לא מיט אן אלף, ניט מיט א ואו. ב) פּויליש lobus, obuz, א צעלאָזענער יונג.

א) אין ליאַנדאָרס בריפנשטעלער, זייט 96. ב) ווייסרוסיש гладышъ, פּויליש gladysz, א ליימענער קרוג פאַר מילך. ג) דייטש laden, רופן צום געריכט; ביי ליפשיצן לָדין, ווי עס וואָלט זיין העברעאיש.

לאַוניק s. (pl. ־עס) alderman נִבְחָר (בסוד מועצות העיר).

לאַווע[1] s. (pl. ־ס) row שׁוּרָה (של אנשים או צפרים); sidewalk מִדְרָכָה.

לאַווע[2] s. lava לָבָה (חמרים מותכים השוטפים מהר אש).

לאַווקאַסט s. (pl. ־ן) skill זְרִיזוּת, חֲרִיצוּת.

לאַווקע adj. skilful, dexterous זָרִיז, חָרוּץ.

לַאו כָּל אָדָם זוכה phr. not every man is worthy or favored by fortune.

לְאוֹרֶךְ יָמִים phr. for length of days, for long life.

לאָז[1] s. running מְרוּצָה.

— זיך געבן אַ לאָז to begin to run התחל לרוץ.

לאָז[2] s. (pl. ־ן) lot גּוֹרָל.

לאַזאַרעט s. (pl. ־ן) lazaretto, hospital בֵּית חוֹלִים.

לאָזונג s. (pl. ־ען) watchword אִמְרָה לְאוֹת.

לאַזורעק, לאַזורקע s. blue, bluing צֶבַע תְּכֵלֶת (לכבוס).

לאָזן v. a. (געלאָזט, געלאָזן p. p.) to let, leave נָתֹן, הַנֵּחַ (לעשות); to leave עָזֹב, הַנֵּחַ; || v. n. thaw הָמוֹס, הִפָּשֵׁר; || ־זיך v. r. to set off, start יָצֹא (לדרך); to let הַנֵּחַ.

— לאָזן אומעצן גיין to let a person go הנח לאיש ללכת.

— לאָזן מאַכן to let make נתון לעשות; to order something made צוה לעשות דבר.

— לאָז ער גיין let him go ילך נא; לאָזן זיי גיין let them go ילכו נא.

— לאָזן זיך אין וועג to set out on a journey יצא בדרך.

— זיך לאָזן גיין to start התחל ללכת.

— לאָזן זיך לויפן to begin to run התחל לרוץ.

לאָזע s. (pl. ־ס) twig עָנָף.

לאָזשי s. (pl. ־ען) lodging דִּירָה, מְקוֹם לִינָה.

לאַזשע s. agio, price of exchange מְחִיר חִלּוּף מָעוֹת.

לאָזשע s. (pl. ־ס) box (in a theatre) לִשְׁכָּה (בתיאטרון).

לַאֲחָדִים adv. by retail בִּמְכִירָה זְעִירָה.

לַאֲחָדימניק s. (pl. ־עס) retailer מוֹכֵר זְעִיר, סִדְקִי.

לְאַחַר־הַמַּעֲשֶׂה adv. after the occurrence.

לְאַחַר מֵאָה שָׁנִים phr. "after a hundred years," after a person's death.

לְאַחַר מוֹתוֹ (מותה) phr. after his (her) death.

לאַטאַ = משוקיניע.

לאַטוטניק s. (pl. ־עס) piecer, patcher, repairer מְטַלֵּא (בגדים); cobbler מְטַלֵּא (נעלים).

א) אין דער באַדייטונג אָנשטאָט זאָלן.

לאַטײַן s. Latin רוֹמִית.

לאַטײַניש adj. Latin לְשׁוֹן רוֹמִית.

לאַטײַנער s. (pl. ־) Latin scholar מְלֻמָּד בִּלְשׁוֹן רוֹמִית.

לאַטכ||ען, ־ענען v. a. to steal (sl.) גָּנֹב[א].

לאַטכער s. (pl. ־ס) thief (sl.) גַּנָּב.

לאַטע[1] s. (pl. ־ס) patch טְלַאי.

לאַטע[2] s. (pl. ־ס) lath בַּד, קֶרֶשׁ.

לאַט||ען, ־ענען v. a. to patch, repair טַלֵּא, תַּקֵּן בִּטְלָאִים.

לאָטער s. (pl. ־ס) rogue נוֹבָל, רַמַּאי.

לאָטעריי s. (pl. ־ען) lottery הַגְרָלָה.

לאָטערײַקע = משוקיניע.

לאַטקע[1] s. (pl. ־ס) pancake לְבִיבָה.

לאַטקע[2] s. (pl. ־ס) small patch טְלַאי קָטָן[ב].

לא־יאוחר adv. not later.

לְאִיבּוּד adv. to waste, to nought.

לא־יוצלח s. (pl. ־ס) a good-for-nothing אִישׁ שֶׁלֹּא יִצְלַח לִמְאוּמָה.

לא־יוצלח, ־דיג adj. good for nothing שֶׁלֹּא יִצְלַח לִמְאוּמָה.

לֹא יִזָּכֵר וְלֹא יִפָּקֵד phr. it shall not be remembered nor mentioned.

לֹא יֶחֱרַץ s. hush-money דְּמֵי שְׁתִיקָה (שוחד שנותנים לאיש שלא יגלה דבר[ג]).

לא־יֶחֱרַץ־געלט = לֹא יֶחֱרַץ.

לֹא יֶחֱרַץ כֶּלֶב לְשׁוֹנוֹ phr. "a dog shall not sharpen his tongue," no one will open his mouth לֹא יִהְיֶה אִישׁ פּוֹצֶה פֶּה.

לא־יִמָּלֵט adv. "it cannot escape," it is unavoidable אִי אֶפְשָׁר לְהִמָּנַע מ־.

לֹא יַעֲלֶה וְלֹא יָבֹא phr. "may it never go up nor come," may it never happen לֹא יְאֻנֶּה.

לאַך s. laugh צְחוֹק.

לאָך s. (pl. לעכער) hole חוֹר; deficit (fig.) גֵּרָעוֹן (בחשבון).

לאַכודרע s. (pl. ־ס) ragamuffin אִישׁ לָבוּשׁ קְרָעִים.

לא־כָּל־שֶׁכֵּן = כָּל־שֶׁכֵּן.

לאַכמאַן s. (pl. ־עס) garment בֶּגֶד; wide garment בֶּגֶד רָחָב.

לאַכמאַנעס s. pl. rags סְחָבוֹת, סְמַרְטוּטִים.

לאַכן v. n. to laugh צָחֹק, שָׂחֹק.

לאַכנדיג adj. laughing צוֹחֵק; comical מְבַדֵּחַ, מֵבִיא לִידֵי גְּחוּךְ.

לאַכע s. (pl. ־ס) rag סְחָבָה, סְמַרְטוּט.

א) לאַטכען איז אפשר אַ פֿאַרגרײַזונג פֿון לָקַחַת.
ב) ווײַסרוסיש аладка. ג) פֿון „לא יחרץ כלב לשונו" אין שמות י״א, ז.

לאַכער s. (– ס pl.) laugher צחקן.
לא כּצעקתה phr. "not according to the cry," not so bad as that לא רע כּל כּך.
לאֲלפים ולרבבות phr. in thousands and myriads, in very great numbers.
לאַם s. (לעמער pl.) lamb טלה.
לאַם[1] adj. lame נכה רגל.
— קרום און לאַם crooked and lame עקש ומקלקל.
לאָם[2] s. (– עס pl.) crow-bar קנטר.
לאָמבאַרד s. (– ן pl.) pawn-shop בית מלוה.
לאָמבאַרד-קוויט s. (– ן pl.) pawn-ticket תעודת בית מלוה, תעודת ערבון.
לאָמבאַרדאָווע adj. of pawn-shop של בית מלוה.
— לאָמבאַרדאָווע קוויטן pawn-tickets תעודות של בית מלוה.
לאָמבער-טישל s. (– עך pl.) ombre table? שלחן לשחוק אומבר? א).
לא מדובשך ולא מעוקצך phr. "I neither want thy honey nor thy sting," I neither want your favors nor your disfavors לא מטובתך ולא מרעתך.
לאַמטער לאַמטערן = לאַמטערנע.
לאַמטערנע s. (– ס pl.) lantern פנס, עששית.
לאָמיך abbr. = לאָז מיך let me הבה.
— לאָמיך גיין let me go אלכה נא.
לאָמיר abbr. = לאָזן מיר (לאָזט אונז) let us הבה.
— לאָמיר גיין let us go נלכה נא.
לא מעוקצך ולא מדובשך, שפּאַסיג פֿאַר לא מדובשך ולא מעוקצך.
לאַמען v. a. to make lame עשה לחגר.
לאָמפּ s. (– ן pl.) lamp מנורה.
לאַמפּאַדנע adj. of a sacred lamp של נר תמיד
לאַמפּאַדע s. (– ס pl.) sacred lamp נר תמיד (ביחוד לנוצרים).
לאַמפּאַס s. (– ן pl.) stripe (on one side of pantaloons) קו, פס (רצועה מצבע אחר בצד המכנסים).
לאַמפּערט s. (– עס pl.) policeman שוטר ב).
לאַמרן v. n. to say (sl.) אמר.
לאַן s. (– עס pl.) field שדה ג).
לאַנג adj. long ארך; || adv. long זמן ארך, זמן רב.
לאַנג-אויערדיג adj. long-eared ארך אזנים.
לאַנגאַנעדיג adj. of long ago שהיה מכבר.
לאַנגהאַלזיג adj. long-necked ארך הצואר.
לאַנגווייליג adj. tedious, wearisome משעמם; || –קייט s. tediousness שעמום.

לאַנגווײַלן v. a. to weary שעמם; || – זיך v. r. to feel weary השתעמם.
לאַנגזאַם adj. slow מתמהמה, מתון; || –קייט slowness התמהמהות, מתינות.
לאַנגקייט s. length ארך.
לאַנג-שאַל s. (– ן pl.) long shawl, plaid מטפחת גדולה להתעטף בה.
לאַנד s. (לענדער pl.) land אדמה, קרקע; יבשה; country ארץ, מדינה.
לאַנדהויז s. (– הײַזער pl.) country-house, villa מעון קיץ.
לאַנדווירטשאַפֿט s. rural economy, agriculture עבודת האדמה.
לאַנדונג s. landing ביאה על היבשה.
לאַנדטאַג s. diet of a province אספת הנבחרים של גליל (בגרמניה).
לאַנדן v. n. to land בוא (עלה) אל היבשה; || v. a. to land העלה אל היבשה.
לאַנדסמאַן s. (– לײַט pl.) countryman בן ארץ, בן עיר.
לאַנדקאַרט s. (– ן pl.) map (geogr.) מפה.
לאַנדשאַפֿט s. (– ן pl.) landscape ציור כברת ארץ מהוה טבע.
לאַנדשפּראַך s. (– ן pl.) language of a country לשון מדינה.
לאַנטוך, לאַנטעך s. (– עס pl.) large sack שק גדול.
לאַנטערנע = לאַמטערנע
לאַנטשניק s. (– עס pl.) connecting-part (in a machine, in garments) חלק המחבר (במכונה, בבגדים).
לאַנטשען = לאַשטשען.
לאַנצעט s. (– ן pl.) lancet איזמל (של רופאים).
לאַנקאַט s. calico ארג מצמר גפן.
לאַנקאַטן adj. of calico של ארג צמר גפן.
לאַנקע s. (– ס pl.) lawn, meadow כר.
לאָס s. (– ן, – עס pl.) elk איל הקרה (חיה).
לאַסון s. (– עס pl.) sweet-tooth, dainty person אוהב ממתקים, לקקן.
לאַסט s. (– ן pl.) load, burden משא; burden טרח.
לאַסטאָטשקע s. (– ס pl.) swallow סנונית, דרור.
לאַסטינג s. lasting לסטינג (מין אריג חלק של צמר).
לאַסטינגן adj. of lasting של לסטינג.
לאַסטיקע = לאַסטינג.
לאַסטעפּקע = לאַסטאָטשקע.
לאַסט-פֿערד s. (– pl.) pack-horse סוס משא.
לאָסן adj. of elk של איל הקרה.
לאַסקעי s. (– ס pl.) kindness, favor חסד.
— אָנקוקען צו אומעצנס לאַסקע to ask a person's

א) ביי לינעצקין אין „דאָס חסידישע יונגעל", אפשר פֿון l'hombre, דעם פֿראַנצייזישן נאָמען פֿון א מין קאָרטנשפּיל.
ב) אין "סערקעלע"; אין דייטשער גוינערשפּראַך Lampen, א פּאָליציאַנט. ג) קליינרוסיש лан.

to depend on a person's ;בקש חסד מאיש favor
.favor היה תלוי בחסד איש
to lose a person's — אָנווערן די לאַפּקע בײַ אומעצן
.favor הַבְאַשׁ באיש

לאַפּקע² .s (‑ס .pl) (of a shirt) gusset מִשְׁבֶּצֶת
.(בכתונת תחת האצילות)

לאָ עֲלֵיכֶם .phr "be it not so with you," God
!preserve you — הַשֵּׁם יִשְׁמָרְךָ (מצרה זו)
I am ill, God pre- — איך בין קראַנק, לאָ עליכם
!serve you חולה אני, השם ישמרך

לאָ־עֲלֵיכֶמדיג .adj indisposed, unwell קְצָת חוֹלֶה.

לאָ עָלֵינוּ .phr "be it not so with us," God
!preserve us — .הַשֵּׁם יִשְׁמְרֵנוּ

לאָער .adj covetous, greedy, eager חוֹמֵד
מִשְׁתּוֹקֵק, לָהוּט; ‖ ‑קײַט .s covetousness, gree-
.diness תְּשׁוּקָה לְדָבָר א)

לאַפּ¹ .s snatching חֲטִיפָה.

לאַפּ² .s (‑ן .pl) (of a coat) facing, lapel דַשׁ
.(כֶּפֶל שפת פי בגד)

לאַף .s running מְרוּצָה.

לאַפּאַיוקע .s (‑ס .pl) bribe שֹׁחַד.

לאַפּוס = לאַפּוּס.

לַאפּוּקי, לְאַפּוּקי .adv on the contrary ;אֲבָל ;but
.לְהֶפֶךְ

לאָ־פָּחוֹת .adv not less —.

לאַפּטשע = לאַפּציע.

לאַפּטשען .v. n to itch ;עָקַץ ;to pinch ;לָחַץ
.to be spicy, be pungent הָיָה חָרִיף (טעם) ב)
I feel heavy at heart — עס לאַפּטשעט בײַם האַרץ
.לבי ילחץ

לאָ פִּידַלְתִּי .phr "so I have not fiddled," I
don't care if I have not succeeded לא
.אִכְפַּת לִי אִם לא הִצְלַחְתִּי ג)

לאַפּיס .s lapis causticus, lunar caustic אֶבֶן
.שׂוֹרֶפֶת (ששורפים בו פצעים)

לאַפּן .v. a to snatch חָטַף.

לאַפּניען .v. n to burst הִבְקִיעַ.

לאַפּנטיצל .s (‑עך .pl) fur-cap with lappets
כּוֹבַע שֵׂעָר; (.fig) awkeward fellow אִישׁ בִּלְתִּי
.זָרִיז

לאַפּנען = לאַפּניען.

לאַפּסערדאַק .s (‑עס .pl) tattered garment
לְבוּשׁ קָרוּעַ; (.fig) ragamuffin, tatterdemalion
.אִישׁ לָבוּשׁ קְרָעִים

לאַפּע .s (‑ס .pl) paw כַּף רֶגֶל חַיָּה; (.cont) hand
.יָד

א) לאָער איז, יעס אויס, אַ פֿאַרגרײַזונג פֿון להוט.
ב) מסתמא פֿון קלײנרוסיש лопати, קוועטשן. ג) אַ שפּאַסיגע
איבערזעצונג פֿון דעם ווערטל „איז ניט געפֿידלט".

לאָפּעטע .s (‑ס .pl) shovel יָעֶה, מַרְדֶּה, מַגְרֵפָה.

לאָפּעטקע .s (‑ס .pl) spatula מַרְדֶּה קְטַנָּה שֶׁל
.רוֹקְחִים; shoulder-blade עֶצֶם הַכָּתֵף

לאַפּענע .s (‑ס .pl) rag קֶרַע, סְחָבָה.

לאַפּ־צאַפּ .adv in a hurry בְּחִפָּזוֹן, בִּמְהִירוּת.

לאַפּציע .s (‑ס .pl) bast shoe הַטְּנָא (נעל עור עזים).
to change — ביטן אַ שוך אויף אַ לאַפּציע (.id)
.like for like החלף דבר בדומה לו

לאַפּקע .s (‑ס .pl) little paw כַּף רֶגֶל קְטַנָּה (של
חיה); little hand יָד קְטַנָּה; bribe שֹׁחַד.

לאַץ = לאַפּ².

לאַציע .s shellac מִין כֹּפֶר.

לאַק .s sealing-wax דוֹנַג חוֹתָם varnish לַכָּה.

לאָק .s (‑ן .pl) lock קְוֻצָּה דַלָּה.

לאָקאַטאָר .s (‑ן .pl) tenant תּוֹשָׁב, שָׁכֵן

לאָקאַל .adj local מְקוֹמִי; ‖ .s (‑ן .pl) מָקוֹם
.(לאספות)

לאָקאָמאָטיוו .s (‑ן .pl) locomotive קַטָּר מְכוֹנַת
.הקיטור

לאָקאָמען זיך .v. r to eat dainties אָכַל מַטְעַמִּים;
to be delighted with הִתְעַנֵּג בְּ־; = רוידעווען
.זיך

לאַקײ .s (‑ען, ‑עס .pl) lackey מְשָׁרֵת

לאַקיר .s lacker, varnish לַכָּה

לאַקירן .v. a to lacker, varnish צִפָּה בְּלַכָּה

לא קָם כְּמוֹהוּ .phr there arose not one like him
.(of a phenomenal man)— א)

לאָקן = לאָגן.

לאַקס .s (‑ן .pl) salmon אִלְתִּית, לְכִים.

לאַקסירן .v. n to have the flux or diarrhea
.חָלָה בְּמַחֲלַת הַשִּׁלְשׁוּל

לאַקסיר־מיטל .s (‑ען .pl) laxative, purgative
.סַם מְשַׁלְשֵׁל

לאַקסירעכץ .s flux, diarrhea שִׁלְשׁוּל.

לאַקעטקע .s (‑ס .pl) dainty, titbit מַמְתָּק.

לאַקערן .v. n to lie in wait אָרַב בְּ.

לאַקריץ .s licorice שׁוּשׁ.

לאַקריץ־פּלעצל .s (‑עך .pl) marsh-mallow
.paste, white licorice שׁוּשׁ לָבָן

לאָקש .s (‑ן .pl) noodle אִטְרִיָּה ג).

לאָקשן .s. pl noodles, vermicelli, macaroni
אִטְרִיּוֹת; a whip of straps פַּרְגּוֹל שֶׁל רְצוּעוֹת.

לאָקשן־ברעט .s (‑ער .pl) board (noodle-board
.(on which noodles are made) לוּחַ הָאִטְרִיּוֹת

לאָקשן־טאָפּ .s (‑טעפּ .pl) stew-pot קְדֵרָה
.לִצְלִיָּה

א) אָפּט אויך אָפּגעקירצט: ל'א ק'ם. ב) אַלטהויכדײַטש lôkên
לויערן. ג) אפשר פֿון רוסיש лапша?

לאָקשן־טײַגעכץ *s.* (—ן *pl.*) soft noodle-pudding חֲבִיצָה שֶׁל אִטְרִיּוֹת.

לאָקשן־קוגל *s.* (—ען *pl.*) solid noodle-pudding פַּשְׁטִידָה שֶׁל אִטְרִיּוֹת.

לאָקשן־קודש, שפּאַסיג פֿאַר לְשׁוֹן־קוֹדֶשׁ.

לאָרבער־||בוים *s.* (—ביימער *pl.*) laurel-tree, bay-tree דַּפְנָה.

לאָרבער־||בלאַט *s.* (—בלעטער *pl.*) bay-leaf עֲלֵה דַפְנָה.

לאָרבער־||קראַנץ *s.* (—קרענץ *pl.*) laurel, laurel-crown זֵר שֶׁל דַּפְנָה.

לאָרד *s.* (—ן *pl.*) lord אָדוֹן, אָצִיל.

לאָרדן־הויז *s.* House of Lords בֵּית הָאֲצִילִים (הבית העליון בפּרלמנט האנגלי).

לאַרווע = ליאַרווע.

לאָרנעט *s.* (—ן *pl.*) lorgnette, opera-glass מִשְׁקֶפֶת אַסְפַּקְלַרְיָה.

לאַרע *s.* (—ס *pl.*) market-stall חֲנוּת קְטַנָּה בְּשׁוּק (בנויה כתֵבה).

לאַשטשען *v. a.* to caress לְטַפֵּף (ילד); || — זיך *v. r.* to caress each other לְטַפֵּף אִישׁ אֶת רֵעֵהוּ.

לאָשעק *s.* (—עס *pl.*) colt, foal סְיָח.

לֵב *s.* (לְבָבוֹת *pl.*) heart; — nerve אֹמֶץ לֵב.

לְבַד *prep.* except —.

לְבַד ווערן *v. n.* to be lost אָבַד, הָאֻבַּד; to be wasted אָבַד לָרִיק א).

לֵב־טוֹב *s.* kind heart; — kind-hearted person אִישׁ טוֹב לֵב.

לֵב־טוֹביג *adj.* (*fl.*) kind-hearted, good-natured טוֹב לֵב.

לְבָנָה *s.* (לְבָנוֹת *pl.*) moon — יָרֵחַ.

— האַלבע לבנה half-moon, crescent חֲצִי הַלְּבָנָה חֲצִי הַיָּרֵחַ; = האַלבע־לְבָנָה.

— בילן אויף דער לבנה to bark at the moon נָבַח נֶגֶד הַלְּבָנָה.

לָבָן הָאֲרַמִּי *npr.* Laban the Aramean (*father-in-law of the patriarch Jacob*); — deceiver, cheat רַמַּאי, נוֹכֵל.

לְבָנָה־יאָר *s.* (—ן *pl.*) lunar year שְׁנַת הַלְּבָנָה.

לְבָנוּנִית *s.* whiteness —, לֹבֶן.

לִבְרִיאַת הָעוֹלָם *phr.* of the creation of the world —.

לִבְרָכָה *adv.* for a blessing —.

לְגַבֵּי *prep.* at — אֵצֶל; in comparison with בְּעֵרֶךְ לְ־.

ל״ג־בָּעוֹמֶר *s.* the 33rd day of the Omer (*the 33rd of the 49 days counted from the second day of Passover to Pentecost; it is a half-holiday*) —.

לְגָלוּתֵינוּ *phr.* of our exile (*of the era counted from the Jewish captivity after the destruction of the second Temple*) —.

לְגַמְרֵי *adv.* wholly, totally; — absolutely לַחֲלוּטִין.

לְדִידִי *adv.* according to my view — לְפִי דַעְתִּי.

לְדִין = לאַדן א).

לְדִיניש = לאַדענוּש.

לְהַבָּא *adv.* in the future —, לֶעָתִיד.

לְהַבָּאדיג *adj.* future עָתִיד || *adv.* in the future לְהַבָּא, לֶעָתִיד.

לְהַבְדִּיל *adv.* to make a distinction (*expression used when sacred and profane things are mentioned simultaneously*) —; || *s.* holy man אִישׁ קָדוֹשׁ ב).

לְהַבְדִּיל־אֶלֶף־הַבְדָּלוֹת *adv.* to make a thousand distinctions (*intensification of the meaning of* לְהַבְדִּיל) —.

לְהַדְ״ם *abbr.* = לֹא הָיוּ דְבָרִים מֵעוֹלָם.

לְהוּט *adj.* covetous, greedy, eager —, חוֹמֵד, מִשְׁתּוֹקֵק.

לְהוּשרע = לְהוּם.

לְהַיָּא *adv.* suppose נְנִיחַ, נְשַׁעֵר בְּנַפְשֵׁנוּ ג).

לְהֵיפֶך *adv.* contrary to —.

לְהַכְעִיס *adv.* in spite of —, לְמָרוֹת.

לְהַכְעִיסניצע *s.* (—ס *pl.*) spiteful woman אִשָּׁה מַכְעִיסָה.

לְהַכְעִיסניק *s.* (—עס *pl.*) spiteful man אִישׁ מַכְעִיס.

לְהַפֵּך = לְהֵיפֶך.

לה״ק *abbr.* = לְשׁוֹן־הַקּוֹדֶשׁ.

לְהַרוֹג־וּלְאַבֵּד *pred.* "to kill and destroy," incensed, enraged מָלֵא חֵמָה.

ל״ו = לָמֶד־וָאו.

לוב *s.* bast קְלִפַּת עֵץ, שִׁיפָה.

לוגן *v. n.* to look הִבִּיט; to lurk אָרַב.

לוה = לווה.

לוֹוֶה *s.* (לוֹוִים *pl.*) borrower, debtor —.

לְוָויה = לְוָיָה.

א) בײַ ליפּשיצן: װעט אוים אַ פֿאַרגרײַזונג פֿון לאַיבוד זײַן.

א) בײַ ליפּשיצן לְדִין אַנשטאָט לאַדן, װי עס װאָלט זײַן העברעאיש! ב) בײַ אַבראַמאָװיטשן אין „דאָס קלײנע מענטשעלע", קאַפּ. 1: „דער צװיאַמשיצער להבדיל". ג) אַזױ איז דאָס װאָרט בײַ אַבראַמאָװיטשן אין „מסעות בנימין", אין לעצטן קאַפּיטל; בײַ ליפּשיצן און בײַ הורװיצן עליהייא. בײַ נאַשערן איז דאָס װאָרט Elojhehe מיט דעם טײַטש: jedenfalls, אין יעדן אופן.

לושע s. (pl. ־ס) puddle, pool בִּצָּה, מַדְמֵנָה (כנוס מים).

לוח s. (pl. לוּחות) table, tablet; ־ calendar, almanac ־.

לוחה s. (pl. לוּחות) one of the tables given to Moses on Mount Sinai אַחַת מֵהַלּוּחוֹת שֶׁנִּתְּנוּ לְמשֶׁה עַל הַר סִינַי.

לוט npr. Lot (the son of Abraham's brother) ־. ― שיכור ווי לוט dead-drunk, as drunk as a fiddler שכור מאד.

לוטעראַנער s. (pl. ־) Lutheran לוּתְרִי.

לוטשניק s. (pl. ־עס) pan for fire-sticks (for illumination) מַחְתָּה לַאֲלִיתוֹת (למאור).

לויב s. praise תְּהִלָּה, שֶׁבַח; ode שִׁיר תְּהִלָּה.

לויבן v. a. to praise הַלֵּל, שַׁבֵּחַ.

לויג s. lye, buck מֵי אֵפֶר, בּוֹרִית.

לויג-זאַלץ s. alkaline salt אַשְׁלָג.

לויגן v. a. to steep in lye שִׂים בְּמֵי אֵפֶר.

לְוָיָה s. (pl. לְוָיות) funeral procession ־ הַלְוָיַת הַמֵּת.

לויז[1] s. (pl. לייז) louse כִּנָּה.

לויז[2] adj. loose שֶׁאֵינוֹ מְחֻבָּר, בִּלְתִּי מְהֻדָּק; soft רַךְ; free חָפְשִׁי.

לויז-איי s. (pl. ־ער) nit בֵּיצַת כִּנָּה.

לויזן v. a. to clean of lice פַּלֵּה; to search (sl.) חַפֵּשׂ, בָּדֹק; || ־ זיך v. r. to clean oneself of lice פַּלֵּה עַצְמוֹ.

לויט[1] s. (pl. ־) half an ounce חֲצִי אוּנְקִיָּה.

לויט[2] prep. according to לְפִי, כְּפִי.

לויטער[1] adj. clear, pure בָּהִיר, זַךְ, טָהוֹר; neat, tidy נָקִי, יָפֶה; || ־קייט s. clearness בְּהִירוּת.

לויטער[2] = ליוטערא).

לויכטן = לײַכטן.

לוין s. (pl. לײַנען) reward שָׂכָר; wages שְׂכִירוּת.

לוינען v. n. to pay הָיֹה כְּדַאי; || ־ זיך v. r. ד. ז. ― עס לוינט, עס לוינט זיך it pays, it is worth while כדאי הוא. ― עס לוינט נישט, עס לוינט זיך נישט it does not pay, it is not worth while אינו כדאי, אינו שוה.

לויענען = לייענען.

לויערן v. n. to lurk, lie in wait אָרֹב.

לויערער s. (pl. ־) lurker אוֹרֵב.

לויף s. run, running מְרוּצָה.

לויפן v. n. (p. p. געלאָפן) רוּץ; to flow שָׁטֹף, זָרֹם.

לויפעניש s. running מְרוּצָה.

לויפער s. (pl. ־ס) runner רָץ.

לִוְיָתָן s. leviathan, sea-monster ־.

א) ביי ליפשיצן לאָיטער אַנשטאָט לייטער.

לולב s. (pl. לוּלָבִים) palm-branch (used with the אתרוג on the feast of Tabernacles) ־.

לוּמְדוּת s. learning, erudition ־.

לוּמְדִים s. pl. learned men, scholars ־.

לוּמְדִיש adj. learned, erudite ־.

לוּמְדֵי-תּוֹרָה s. pl. learners of the Law, rabbinical scholars ־.

לומען v. a. to waste אַבֵּד חִנָּם א).

לומען זיך v. r. to mock, scoff, make game of הָתֵל בְּ־ ב).

לומפּ s. (pl. ־ן) rogue, scoundrel נָבָל, נוֹכֵל.

לומפּן s. pl. rags סְחָבוֹת, סְמַרְטוּטִים.

לומפּיג adj. ragged, beggarly קָרוּעַ, דַּל; worthless בְּלִי עֵרֶךְ.

לומפּערײַ s. roguery נְבָלִים, תַּחְבּוּלוֹת מִרְמָה.

לונג = לונגען.

לונגען s. pl. lungs רֵאָה.

לונגען-אָנטצינדונג s. pneumonia דַּלֶּקֶת הָרֵאָה.

לונגען-לעבער s. lungs and liver together הָרֵאָה וְהַכָּבֵד כְּאֶחָד. ― אַ קאַלטער לונגען-לעבער (id.) an indifferent person איש קר רוח, אדם אדיש.

לונגען-פעלער s. (pl. ־ן) pulmonary disease, consumption מַחֲלַת הָרֵאָה, שַׁחֶפֶת.

ל״ו-ניק = למד־וואוניק.

לונק s. dislocation שְׁמוּטָה, פֵּרוּק.

לוסט s. desire חֵפֶץ, תְּשׁוּקָה.

לוסטיג adj. merry, cheerful עַלִּיז, שָׂמֵחַ; comical, droll בַּדְּחָנִי; || ־קייט s. merriment, cheerfulness עַלִּיזוּת, שִׂמְחָה, טוּב לֵב.

לוסטע s. (pl. ־ס) big piece, big slice פְּרוּסָה גְּדוֹלָה ג).

לוסטער = ליוסטער.

לוסטראַציע = ליוסטראַציע.

לוסטרייזע s. (pl. ־ס) pleasure-trip נְסִיעָה שֶׁל תַּעֲנוּג.

לוסקע = לושקע.

לוער, ־קייט = לאָער, ־קײַט.

לופּ s. (pl. ־עס) thick lip שָׂפָה עָבָה ד).

לופט s. (pl. ־ן) air אֲוִיר, רוּחַ. ― לאָזן אַ לופט to fart הפיח. ― אין לופטן in the air באויר.

לופט-באַלאָן s. (pl. ־ען) balloon, air-ship כַּדּוּר פּוֹרֵחַ.

א) קליינרוסיש глумити, ווייסרוסיש глумиць פאַרבראַכן, מאַכן שאָדן. ב) רוסיש глумиться, שפּאָטן. ג) קליינרוסיש און ווייסרוסיש луста, ליטוויש lustas. ד) ליטוויש lupa א ליפּ.

לופט־בילד s. (pl. ־ער) airy phantom תְּמוּנָה מְדוּמָה בָּאֲוִיר.
לופט־גאַרטל s. (pl. ־ען) air zone (geogr.) אֲזוֹר הָאֲוִיר.
— שטילער לופט־גאַרטל zone of the calms אזור האויר השָׁקֵט (שאין רוחות חזקות מנשבות שם).
לופט־טירל s. (pl. ־עך) air-valve מַדַּף הָאֲוִיר.
לופטיג adj. airy אֲוִירִי; cool קָרִיר; (fig.) nimble, lively קַל הַתְּנוּעָה, זָרִיז; ‖ ־קייט s. coolness קְרִירוּת.
לופט־מסחר = לופט־עסק.
לופט־מענש s. (pl. ־ן) nondescript אָדָם שֶׁאֵין לוֹ עֵסֶק קָבוּעַ; idler בַּטְלָן.
לופטן־שפרונג s. (pl. ־ען) caper, somersault קְפִיצָה מְשֻׁנָּה.
לופט־‖עסק s. (pl. ־עסקים) a business without a foundation עֵסֶק שֶׁאֵין לוֹ יְסוֹד.
לופטערונג s. airing קְרִירָה בְּרוּחַ.
לופטערן v. a. to air, ventilate פַּזֵּר בְּרוּחַ, רַוֵּחַ.
לופט־שטיבל = זומער־שטיבל.
לופטשטיין s. (pl. ־ער) aerolith, meteoric stone אֶבֶן אֲוִיר, אֶבֶן אֵשׁ (הנופלת מן הרקיע).
לופטשיף s. (pl. ־ן) air-balloon אֳנִיַּת אויר.
לופטשיק = ליוכטע.
לופט־‖שלאָס s. (pl. ־שלעסער) air-castle מִגְדָּל פּוֹרֵחַ בָּאֲוִיר.
— בויען לופט־שלעסער to build castles in the air בנה מגדלים פורחים באויר.
לופט־שפיגלונג s. (pl. ־ען) mirage (geogr.) שָׁרָב (מראה מתעה באויר).
לופינע s. (pl. ־ס) husk, shell קְלִפָּה.
לופע s. (pl. ־ס) barrel of a gun קְנֵה תוֹתָח.
לופען v. a. to peel off, strip off פַּצֵּל, קַלֵּף; ‖ ־זיך v. r. to peel off הִתְפַּצֵּל.
לוקסים s. (pl. ־ן) luxury מוֹתָרוֹת.
לושטשען v. a. to husk, shell קַלֵּף.
לושע s. (pl. ־ס) heavy blow הַכָּאָה חֲזָקָה.
לישען v. n. to stun, deafen הַדְהֵם.
לושפייקע s. (pl. ־ס) husk, shell קְלִפָּה.
לושקע s. (pl. ־ס) husk, shell קְלִפָּה; scale (of fish) קַשְׂקֶשֶׂת.
לְזֵכֶר עולם phr. for everlasting remembrance.
לַחָה = לֵיחָה.
לְחוּמרא adv. on the side of strictness (in the interpretation of a law).
— נוהג לחומרא to be strict הַחְמֵר.
לחות = לֵיחוּת.
לְחַיִּים int. for long life!, for health! (at drinking); ‖ ־ s. drinking שְׁתִיָּה.
— מאַכן אַ לחיים to take a drink שתה כוס יין.

לְחַיִּים וְלִבְרָכָה phr. for health and blessing!
לְחַיִּים טובים וּלְשָׁלום phr. for a happy life and for peace!
לַחֲלוּטִין adv. positively, absolutely.
לֶחֶם, לַחְמָא s. bread.
לֶחֶם לֶאֱכול וּבֶגֶד לִלְבּוש phr. bread to eat and raiment to put on.
לֶחֶם־עוֹנִי s. bread of poverty, unleavened cakes.
לֶחֶם־עֲנִיִּים s. bread for the poor.
לַחֲצָאִים, לַחֲצָאִין adv. by halves.
לַחֲרָפָה וְלִשְׁנִינָה phr. for shame and derision.
לחש s. (pl. ־ן, לְחָשִׁים) whispered prayer, incantation; formula of an incantation.
לְטוֹבָה adv. for good, for happiness.
לְטוֹבַת־ adv. in favor of; for the good or benefit of.
לְטוֹבַת־הַכְּלָל adv. for the public good, for the good of mankind.
ליאַג = ליאַק.
ליאַד s. ice קֶרַח.
ליאַדאָווניע s. (pl. ־ס) ice-house מַרְתֵּף קֶרַח.
ליאַדע adv. no matter what, whatever אֵיזֶה שֶׁהוּא.
— ליאַדע ווער no matter who, anybody איזה איש שיהיה.
ליאַדעס s. pl. ices גְּלִידָה (מאכל).
ליאַ־שעק, פאַרקלענערוואָרט פון ליאַק.
ליאַכאַנע s. (pl. ־ס) big dish קְעָרָה גְּדוֹלָה.
ליאַליע s. (pl. ־ס) puppet בֻּבָּה.
— אַ שטומע ליאַליע dummy אדם שהוא כאלם.
ליאַלקע s. (pl. ־ס) doll, puppet בֻּבָּה.
ליאַמאָוועקע = ליאַמעוועקע.
ליאַמעווען v. a. to edge, border, trim תָּפֹר שָׂפָה מְסָבִיב.
ליאַמעוועקע, ליאַמקע s. (pl. ־ס) edge, border שָׂפָה מְסָבִיב.
ליאָן[1] s. hemp קַנַּבּוֹס; linen בַּד.
ליאָן[2] s. pin, nail יָתֵד, מַסְמֵר א).
ליאַנאָ s. (pl. ־ס) llano (geogr.) עֲרָבָה (בדרום אמיריקה).
ליאָן־זאָמען s. (pl. ־) hemp-seed זֶרַע קַנַּבּוֹס.
ליאַנע־זאָמען s. (pl. ־) linseed, flax-seed זֶרַע פִּשְׁתִּים.
ליאָס s. (pl. ־ן) lot גּוֹרָל.
ליאָפּ s. wetness רְטִיבָה; slap סְטִירָה.

א) ביי הורוויץ.

ליאפען *v. n.* to pour much שָׁפַךְ (נשם); to slap סָטַר, מָחָה; to smear מָשַׁח בְּאוֹפֶן גַּס.

ליאפּעס *s.* chloride of silver כֶּסֶף הַחְלוֹרִי א).

ליאַקי *s.* sealing-wax חֹמֶר חוֹתָם.

ליאַק² *s.* (*pl.* ־עס) narrow-mouthed earthen vessel כְּלִי חֶרֶס עִם צַוָּאר צַר ב); = ליאַק.

ליאַק *s.* herring-pickle, brine מְרִים, צִיר (מי מלח של דגים מלוחים) ג).

ליאַקיִ = לאַקיִ.

ליאַרווע *s.* (*pl.* ־ס) slovenly person אָדָם מְלוּכְלָךְ ד).

ליאַרעם *s.* (*pl.* ־ס) noise, tumult שָׁאוֹן, הֲמוּלָה.

ליאַרעמען *v. n.* to be noisy, brawl הָמָה, שָׁאוֹן.

ליאַשטשען = לאַשטשען.

ליב *adj.* dear אָהוּב; pleasant, agreeable נֶחְמָד, נָעִים.

— אַ ליבער מענש a pleasant man איש נחמד.

— אַ ליבע וואַרעמקייט a pleasant warmness חֹם נעים.

— אַ ליבע הנאה profound pleasure הנאה גדולה, עֹנג גדול.

— זײַן ליבער נאָמען "his gracious name," God שמו הטוב", אלהים.

— ליב האָבן to love, to like אהב.

— אָננעמען פֿאַר ליב to put up with קבל (צרה) באהבה.

— צו ליב טאָן, ז. צוליב.

— מיט ליב איך אײַער גאַסט! welcome to your guest! ברוך האורח! ה).

— אַז איך איז ליב איז מיר ניחא if it is agreeable to you it is agreeable to me as well אם הדבר נעים לך נעים הוא גם לי.

ליבהאָבער *s.* (*pl.* ־ס, ־) lover אוֹהֵב; amateur אוֹהֵב, יְדִיד (של איזו חכמה או אמנות).

ליבהאַרציג *adj.* amiable אָהוּב מְאֹד, נָעִים מְאֹד.

ליבליך *adj. s.* lovely, amiable, agreeable אָהוּב. ‖ ־קייט *s.* loveliness, agreeableness נֶחְמָד, נָעִים; נְעִימוּת.

ליבלינג *s.* (*pl.* ־ן, ־ס) favorite אָהוּב נַפְשׁוֹ.

ליבן *v. a.* to love אָהַב; ‖ ־זיך *v. r.* to love each other אָהַב אִישׁ אֶת רֵעֵהוּ.

ליבנדיג *adj.* loving אוֹהֵב.

ליבסט *adj. sup.* dearest הָאָהוּב מִכֹּל, הַיָּקָר מִכֹּל; best הַטּוֹב מִכֹּל.

א) ביי הורוויצן. ב) ווייסרוסיש ГЛЯКЪ. ג) דייטש Lake. ד) פּויליש larwa. ה) אין „סערקעלע": אין דער פֿראַזע איז ניט קלאָר, אויב ליב איז אַן אײנשטאַנטוואָרט אָדער אַ נאָמענוואָרט (ליבע).

ליבע *s.* (*pl.* ־ס) love, affection אַהֲבָה, חִבָּה.

— שפּילן אַ ליבע to be in love אהב את־, עגב על־.

ליבער *adv.* rather, sooner יוֹתֵר טוֹב.

ליבעראַל *adj.* liberal חָפְשִׁי; נְדִיב לֵב.

ליבעראַליזם *s.* liberalism דֵּעָה חָפְשִׁית; נְדִיבוּת.

ליבערשט = ליבער.

ליברע *s.* (*pl.* ־ס) quire (*of paper*) צְרוֹר נְיָר (כ״ד גליונות).

ליבשאַפֿט = ליבע.

ליגאַטע *s.* (*pl.* ־ס) privilege זְכוּת מְיוּחָדָה; exemption חֹפֶשׁ.

ליגן¹ *s.* (*pl.* ־ס) lie, falsehood כָּזָב, שֶׁקֶר.

— זאָגן אַ ליגן to tell a lie הגד שקר.

— זאָגן ליגן to lie שַׁקֵּר.

— אַ ליגן פֿון שלום־בית וועגן a white lie שקר מפני דרך שלום.

ליגן² *v. n.* (*p. p.* געלעגן) to lie שָׁכַב; נוּחַ; to be situated הִמָּצֵא (במקום); to pay a fine (*at cards*) שַׁלֵּם קְנָס (בקלפים).

— ליגן אומעצן אויפֿן האַלז to be a burden on a person היה למֹרח על איש.

— ליגן אויף די ביכער to plod at one's books היה שקוע בספרים.

— געלעגן ווערן, ז. געלעגן.

ליגנס = ליגן¹.

ליגנער *s.* (*pl* ־ס) liar שַׁקְרָן, כַּזְּבָן.

ליגנערן *v. n.* to tell lies, to lie שַׁקֵּר, כַּזֵּב.

ליגנדיג *adj* lying שׁוֹכֵב; מֻנָּח.

ליגעמיניע *s* (*pl.* ־ס) medley, confusion עִרְבּוּבְיָה.

ליגער *s.* (*pl* ־ס) beam, sleeper קוֹרַת הַיְסוֹד, מַסָּד.

ליד *s* (*pl.* ־ער) song שִׁיר.

לידאָר *s* (*pl.* ־ן) Louis-d'or (*French gold coin*) לואידור (מטבע זהב בפראַנציה) א).

לידל *s* (*pl* ־עך) little song, ditty שִׁיר קָטָן.

לידער־ביך *s* (*pl.* ־ביכער) song-book סֵפֶר שֶׁל שִׁירִים.

ליהודים *adv.* "for the Jews," gladness, joy שִׂמְחָה, שָׂשׂוֹן.

— עס טוט זיך דאָרטן ליהודים there is great joy there שמחה גדולה שם.

ליובאָווניצע *s.* (*pl.* ־ס) lover, sweetheart, mistress מְאַהֶבֶת.

ליובאָווניק *s.* (*p.* ־עס) lover מְאַהֵב.

ליובען *v. a.* to caress לִטֵּף, חִבֵּק; ‖ ־זיך *v. r.* to caress each other לִטֵּף או חִבֵּק איש אֶת רֵעֵהוּ.

א) אין ליאַנדאָרס בריפֿנשטעלער.

ליובעניו *int.* my darling!, my love! אֲהוּבִי!, אֲהוּבָתִי!

ליוואַק *s.* (*pl.* ‎-עס) left-handed person אִטֵּר יַד יְמִינוֹ.

ליוועראַ [1] *s.* (*pl.* ‎-ס) winding-machine מְכוֹנַת תְּנוּפָה (למשא); wine-taster דָּיוֹפִי (קנה להעלות בו משקה).

ליוועראַ [2] = ליבּרע.

ליוועראַנט *s.* (*pl.* ‎-ן) contractor קַבְּלָן; horse-dealer סוֹחֵר סוּסִים א).

ליוכטע *s.* (*pl.* ‎-ס) air-hole (*in an oven*) אֲרֻבַּת הֶעָשָׁן.

ליוליו, ליוליע *int.* lullaby! שְׁכַב! הֵרָדֵם! (לילד).

ליוליען *v. a.* to lullaby יַשֵּׁן יֶלֶד בְּשִׁיר.

ליולקע *s.* (*pl.* ‎-ס) pipe, tobacco-pipe מִקְטֶרֶת. — (*fig.*) אויסגעריבּערטע ליולקע cunning fellow אדם ערום.

ליוסטער [1] *s.* gloss צַחְצוּחַ.

ליוסטער [2] = העסע.

ליוסטראַציע *s.* (*pl.* ‎-ס) revision of revenues בְּדִיקַת חֶשְׁבּוֹן הַהַכְנָסוֹת (של אחוזה).

ליוסטרין *s.* lustrine, lustring אֶרֶג צֶמֶר נוֹצֵץ.

לֵיחה *s.* expectoration —, כִּיחַ.

לֵיחות, לֵיחעץ = לֵיחה.

ליטאָגראַף *s.* (*pl.* ‎-ן) lithographer מַדְפִּיס בָּאֲבָנִים.

ליטאָגראַפיע *s.* (*pl.* ‎-ס) lithography הַדְפָּסָה בָּאֲבָנִים; lithographic printing-office בֵּית הַדְפָּסָה בָּאֲבָנִים.

ליטאָקע *s.* (*pl.* ‎-ס) mill-course עֲרֵבָה, סְרִיד (של מחנה).

ליטוואַטשקע *s.* (*pl.* ‎-ס) Lithuanian Jewess יְהוּדִיָּה לִיטָאִית.

ליטוואַק *s.* (*pl.* ‎-עס) Lithuanian Jew יְהוּדִי לִיטָאִי; herring (*joc.*) דָּג מָלוּחַ. — (*joc.*) קוילן אַ ליטוואַק to dress a herring חתך דג מלוח לאכלו.

ליטווין *s.* (*pl.* ‎-עס) Lithuanian לִיטָאִי נוֹצְרִי.

ליטווינקע *s.* (*pl.* ‎-ס) Lithuanian woman לִיטָאִית נוֹצְרִית.

ליטוויש *adj.* Lithuanian לִיטָאִי.

ליטײַן, ליטײַניש = לאַטײַן, לאַטײַניש.

ליטײַנער = לאַטײַנער.

ליטעראַט *s.* (*pl.* ‎-ן) man of letters אִישׁ עוֹסֵק בְּסִפְרוּת (סופר, מחבר).

ליטעראַטור *s.* (*pl.* ‎-ן) literature סִפְרוּת.

ליטעראַריש *adj.* literary סִפְרוּתִי.

ליטקע *s.* (*pl.* ‎-ס) calf (*of the leg*) קִבֹּרֶת הַשּׁוֹק, סֹבֶךְ (ברגל).

-לײַ *suff.* kind, manner מִין, אוֹפֶן. — איינערלײַ of one kind, of the same kind ממין אחד. — צווייערלײַ of two kinds משני מינים. — צענערלײַ of ten kinds של עשרה מינים. — אַלערלײַ of all kinds מכל המינים.

ליטשמאַן *s.* (*pl.* ‎-עס) counter (*at games*) תָּו (במשחק).

לײַב *s.* (*pl.* ‎-ער) body בָּשָׂר, גוּף. — מיט לײַב און זיל body and soul בכל לבבו ונפשו. — מיט לײַב און לעבן with might and main בכל מאמצי כחו. — נים האָבן קיין גראָשן בײַ זײַן לײַב און לעבן not to have a penny to one's name לא היה לאיש אף פרוטה אחת. — אַראָפּ פֿון לײַב to become emaciated היה דל וכחוש.

לײב *s.* (*pl.* ‎-ן) lion אַרְיֵה.

לײַב-אַדיוטאַנט *s.* (*pl.* ‎-ן) aide-de-camp סְגָן, שָׁלִישׁ (של שר צבא).

לײַב-‖גַבּאי *s.* (*pl.* ‎-גַבָּאים) body-guard of a Chasidic rabbi שׁוֹמֵר לְרֹאשׁ רַב הַחֲסִידִים.

לײַב-גוואַרדיע *s.* (*pl.* ‎-ס) life-guard חֵיל שׁוֹמְרֵי רֹאשׁ הַמֶּלֶךְ.

לײַב-‖דאָקטער *s.* (*pl.* ‎-דאָקטוירים) body-physician, court-physician רוֹפֵא הַמֶּלֶךְ.

לײַב-וואַך = לײַב-גוואַרדיע.

לײַבטעקענאַשל *s.* (*pl.* ‎-עך) a kind of jacket מִין בֶּגֶד קָצָר (לנשים).

לײַבּיג *adj.* of the body שֶׁל בָּשָׂר, שֶׁל גוּף.

לײבּיכע *s.* (*pl.* ‎-ס) lioness לְבִיאָה.

לײַבל *s.* (*pl.* ‎-עך) waist, jacket חָזִיָּה, גוּפָה.

לײַבליך *adj.* bodily שֶׁל גוּף; full, german קָרוֹב (קרבת משפחה). — אַ לײַבליכער ברודער a full brother אח מלדה. — אַ לײַבליכער קרוב relation by blood קרוב ממשפחתו.

לײַבל-שטאַן *s.* (*pl.* ‎-ען) waist of a dress מֹתֶן שֶׁל בֶּגֶד.

לײַב-מענש *s.* (*pl.* ‎-ן) adjutant סְגָן, שָׁלִישׁ.

לײַבסערדאַק, לײַבצודאַק = לאַפּסערדאַק.

לײַב-קאָליר *s.* flesh-color צֶבַע עוֹר בָּשָׂר.

לײַב-שטראָף *s.* (*pl.* ‎-ן) corporal punishment עֹנֶשׁ גּוּף, מַלְקוּת.

לײַבשמערץ *s.* (*pl.* ‎-ן) belly-ache כְּאֵב בֶּטֶן.

לײגן *v. a.* to lay, put, place הַנִּיחַ, שׂוּם; to lay down, lower הַנִּיחַ לְמַטָּה; ‖ -זיך *v. r.* to lie down שָׁכַב, רָבַץ; to lay (*eggs*) מִלֵּט, הַטֵּל (ביצים). — לײגן קאָרטן to tell fortunes by cards הגד עתידות על ידי קלפים.

א) אין דער צווייטער באַדייטונג בײַ ליפשיצן.

— נוט לייגן זיך אויפֿן מוח to be incomprehensible היה אי אפשר להשג.

לייד s. (—, — ן pl.) sorrow יָגוֹן, צַעַר.

— אין פֿריידן און ליידן in times of joy and in times of sorrow בעת שמחה ובעת צער.

— (id.) געברענטע לייד great tortures ענוּיים קשים.

— לייד טאָן to be sorry היה צר לאיש; עס טוט מיר לייד I am sorry צר לי.

ליידאַצקע s. (— ס pl.) villainous or nasty woman בַּת בְּלִיַּעַל.

ליידאַצקע adj. villainous, nasty נָבָל, רָע.

ליידאַק s. (— עס pl.) villain, nasty man, scoundrel נָבָל, בֶּן בְּלִיַּעַל.

ליידאַשטשע adv. lazily בַּעֲצַלְתַּיִם א); = ליעדאַשטשע.

ליידיג adj. empty רֵיק; vacant פָּנוּי (מקום); idle בָּטֵל (שאינו עושה דבר).

— מיט ליידיגע הענט empty-handed בידים ריקות.

ליידיגגייער s. (—, — ס pl.) idler בַּטְלָן.

ליידיגקייט s. emptiness רֵיקוּת.

ליידן s. (געליטן p. p.) to bear, suffer סָבַל, נָשָׂא.

ליידנשאַפֿט s. (— ן pl.) passion תַּאֲוָה, יֵצֶר.

ליידנשאַפֿטליך adj. passionate שֶׁיִּצְרוֹ מִתְגַּבֵּר עָלָיו.

ליידער int. unfortunately לְצַעֲרִי, לְדַאֲבוֹנִי.

לייוונט s. (— ן pl.) linen בַּד.

לייוונטן adj. of linen שֶׁל בַּד.

לייז[1] s. liberation שִׁחְרוּר ב).

לייז[2] s. vintage בָּצִיר ג).

לייז[3] adj. soft, gentle קַל, חֲרִישִׁי ד).

לייזגעלט s. ransom כֹּפֶר, פִּדְיוֹן.

לייזונג s. proceeds, amount realised by a sale פִּדְיוֹן, כֶּסֶף הַמִּמְכָּר.

לייזיג adj. lousy נָגוּעַ כִּנִּים.

לייזן v. a. to realise by a sale פָּדָה כֶּסֶף.

לייזעכץ = לייזונג.

לייזט־נאַלד s. tin-plate רִקּוּעַ בְּדִיל (למראות) ה).

לייט[1] s. pl. (ביינג. לייטן) people, men, persons, folks אֲנָשִׁים, בְּרִיּוֹת.

— וואָס וועלן לייט זאָגן? what will people say? מה יאמרו הבריות?

— אַלטע לייט old folks זקנים.

— גלייך מיט לייטן like everybody ככל אדם.

לייט[2] s. (— pl.) grown-up man אִישׁ גָּדוֹל; respectable man אִישׁ נִכְבָּד; rich man אָדָם עָשִׁיר.

— אַ גרויסער לייט a great man אדם גדול; גרויסע לייט great men אנשים גדולים.

לייט־אייזן s. (— ס pl.) soldering iron מַלְחֵם.

לייט־אַרטיקל s. (— ען pl.) leading article, leader מַאֲמָר רָאשִׁי (בעתון).

לייטונג s. (— ען pl.) guidance, direction, management הַנְהָלָה, הַנְהָגָה.

לייַ(ט)זעליג adj. pleasant, amiable נֶחְמָד, אָהוּב, חָבִיב; popular אָהוּב לַבְּרִיּוֹת; ‖ — קייט s. amiability חֲבִיבוּת; grace, favor חֵן.

לייַ(ט)זעליגן v. a. to favor, show favor to הַרְאֵה חִבָּה לְ־.

לייטיג adj. containing half an ounce of gold or silver (of an alloy) מֵכִיל חֲצִי אוּנְקִיָּה שֶׁל זָהָב אוֹ כֶּסֶף (ממתכת מרכבה).

לייטיש adj. people's שֶׁל אֲנָשִׁים, שֶׁל הַבְּרִיּוֹת; decent, respectable הָגוּן; ‖ — קייט s. respectability הֲגִינוּת.

— אַרײַנפֿאַלן אין לייטישע מײַלער to become the talk of the people היה לדבת עם.

— מאַכן לייטיש געלעכטער to become the laughing-stock of the people היה לשחוק עם.

לייטן v. a. to lead, guide, direct נִהֵל, הִנְהִיג.

לייטן v. a. to solder רִתֵּךְ.

לייטענאַנט s. (— ן pl.) lieutenant לֵיטֶנַנְט.

לייטער s. (— ס pl.) ladder סֻלָּם.

לייטערן v. a. to purify, refine נִקָּה, צָרַף; ‖ — זיך v. r. to clear up הָאוֹר, הִטָּהֵר (האויר).

לייכט adj. easy קַל, נוֹחַ.

לייכטאַרנע = לאַמטערנע.

לייכטזיניג adj. light-minded, frivolous קַל הַדַּעַת; ‖ — קייט s. light-mindedness, frivolity קַלּוּת הַדַּעַת.

לייכט־טורעם s. (— ס pl.) light-house מִגְדַּל הַמָּאוֹר (בים).

לייכטן v. n. to give light, shine הֵאִיר, בָּהַק.

לייכטנדיג adj. giving light, shining מֵאִיר.

לייכטער s. (—, — ס pl.) candlestick פָּמוֹט, נִבְרֶשֶׁת (לנר).

לייכן v. n. to laugh צָחוֹק א).

לייכעץ = ליחות, ליחעץ.

ליילעך s. (— ער pl.) sheet, bed-sheet סָדִין.

ליים s. clay, mud חֹמֶר טִיט.

ליימיג adj. clayey, muddy מָלֵא טִיט.

ליים־טרעגער s. (—, — ס pl.) hod-carrier נוֹשֵׂא חֹמֶר (לבנין).

ליימל s. (— עך pl.) clay candlestick פָּמוֹט שֶׁל חֹמֶר.

ליימן adj. of clay שֶׁל חֹמֶר.

— אַ ליימענער טאָפּ an earthen pot סיר חרש.

א) ביי ליפשיצן. ב) ביי ליפשיצן; פֿון דייטש lösen, לייז מאַכן. ג) ביי ליפשיצן; פֿון דייטש Lese. ד) דייטש leise. ה) ביי ליפשיצן.

א) ביי הורוויצן.

— (*fig.*) לוימענע הענט clumsy hands ידים לא מהירות.

ליין *s.* flax פִּשְׁתִּים.

לײַנזאָמען, לײַנזוימען *s. pl.* linseed זֶרַע פִּשְׁתִּים.

לײַנען¹ *s.* linen בַּד.

לײַנען² *adj.* of linen שֶׁל בַּד.

לײַסט *s.* (*pl.* —ן) list פַּס, נֶסֶר; edge, border שָׂפָה (לארג).

לײַסטער = רײַסטער.

לײַען *v. a.* (*p. p.* געליִען) to borrow לָוָה, שָׁאַל; to lend הִלְוָה; ‖ —זיך *v. r.* to borrow לָוָה, שָׁאַל.

לײענען *v. a.* to read קָרָא; ‖ *s.* reading קְרִיאָה.

— (*id.*) אַ שווערער לײענען difficult problem שאלה קשה, ענין קשה.

לײעק = לײקע.

לײפּסערדאַק לאַפּסערדאַק.

לײץ *s.* (*pl.* —ן) = לײצע.

לײצע *s.* (*pl.* —ס) rein רֶסֶן.

לײקע *s.* (*pl.* —ס) funnel מַשְׁפֵּךְ.

לײקענען *v. n.* to deny הַכְחֵשׁ.

— לײקענען אין גאָט to deny the existence of God כפר בעִקָּר.

ליכט *s.* (*pl.* —) light אור; candle נֵר.

ליכט־בענטשן *s.* "blessing of the lights," lighting of the Sabbath candles הַדְלָקַת הַנֵּרוֹת לַשַּׁבָּת.

— צו ליכט־בענטשן at the time of lighting the Sabbath candles לעת הדלקת הנרות לשבת.

ליכטיג *adj.* light, lightsome, bright, clear בָּהִיר, נָאוֹר; lucid בָּהִיר, זַךְ; ‖ —קײט *s.* lightsomeness, clearness אוֹר, בְּהִירוּת.

ליכטע‖לע *s.* (*pl.* —לעך) little candle נֵר קָטָן; = אײן־ליכטעלע.

ליכטציער *s* (—. —ס *pl.*) chandler עוֹשֶׂה נֵרוֹת.

ליכט־קרוין *s.* (*pl.* —ען) (*geogr.*) corona עֲטֶרֶת אוֹר (סביב השמש או הירח).

ליכט־רינג *s.* (*pl* —ען) (*geogr.*) halo טבעת אור (סביב השמש או הירח).

ליכע *s.* (*pl* —ס) evil רָעָה.

לילה־שמירה *s.* (*fl.*) night-watchman שׁוֹמֵר בַּלַּיְלָה.

ליליע *s.* (*p.* —ס) lily חֲבַצֶּלֶת, שׁוֹשָׁן.

לילית *npr.* Lilith (*queen of the demons*); ‖ *s.* wicked woman אִשָּׁה רָעָה.

ליל־שמורים *s.* "night of observance," the first night of Passover.

לימוד *s.* (*pl.* לימודים) study; subject of study.

לימוד־זכות *s.* justification.

לימודיות *s. pl.* subjects of study, sciences; mathematics חָכְמַת הַשִּׁעוּרִים.

לימענאַדע *s.* lemonade מַשְׁקֶה שֶׁל לִימוֹן.

לימענאַציע = אילומינאַציע.

לימענע *s.* (*p.* —ס) lemon לִימוֹן.

לינד *adj.* mild, soft קַל, נוֹחַ.

לינדנבוים *s.* (*pl.* —בײמער) linden, limetree תִּרְזָה.

לינדוואָרעם *s.* (*pl.* —ווערעם) winged dragon, flying serpent שָׂרָף א).

לינדערונג *s.* (*pl.* —ען) alleviation, soothing הֲקַלָּה הַשְׁקָטָה; mitigation הֲקַלָּה הַמְתָּקָה.

לינדערן *v. a.* to alleviate, soothe הָקֵל, הַשְׁקֵט; to mitigate הָקֵל הַמְתֵּק (דין).

לינז *s.* (*pl.* —ן) lentil עֲדָשָׁה.

לינזע, לינטע = לינז ב).

ליניאיען = ליניען.

ליניע *s.* (*pl.* —ס) line קַו, שִׂרְטוּט; rule, ruler סַרְגֵּל; line (*of a railroad*) מְסִלָּה.

ליניען *v. n.* to fade דָּהָה; to moult נָשַׁר (שערותיו נוצותיו).

ליניִרן *v. a.* to rule שַׂרְטֵט סַרְגֵּל.

לינע *s.* (*pl.* —ס) rule, ruler סַרְגֵּל (= ליניע).

לינען *v. a.* to rule סַרְגֵּל (= ליניִרן).

לינק¹ = לונק.

לינק² *adj.* left שְׂמֹאל, שְׂמָאלִי; wrong בִּלְתִּי נָכוֹן; irreligious פּוֹשֵׁעַ בְּדָת; radical קִיצוֹנִי (בעניני כתה).

— די לינקע האַנט the left hand היד השמאלית.

— די לינקע זײַט the left side הצד השמאלי; the wrong side הצד הבלתי נכון.

— אַ לינקער סאָציאַליסט a radical socialist סוציליסט קיצוני.

— (*fl.*) לינקע מזומן counterfeit money כסף מזויף.

— (*id.*) אויפשטײן אויף דער לינקער זײַט to get out of bed the wrong leg foremost, to be in an ill humor היה סר וזעף.

לינקס *adv.* to the left הַשְּׂמֹאלָה, מִשְּׂמֹאל.

ליסט¹ *s.* (*pl.* —ן) list רְשִׁימָה ג).

ליסט² *s.* (*pl* —ן) certificate תְּעוּדָה ד).

ליסיטאַציע = ליציטאַציע.

ליסינע *s.* (*pl.* —ס) baldness, bald place קָרַחַת, גַּבַּחַת.

א) בײַ אַבראַמאָוויטשן אין „מסעות בנימין השלישי"; דײַטש Lindwurm, אַ פליענדיגע שלאַנג אין וואָרט־דער־קלערונגען צו ישעיה אין אַ כתב־יד פון 15־טן יאָרהונדערטס ווערט שרף פאַרטײַטשט lintwurm (ז. גרינבוים כרעסטאָמאַטיע, 42. ב) בײַ ליפשיצן. ג) דײַטש Liste. ד) רוסיש листъ.

ליסע .adj bald קָרֵחַ, גִּבֵּחַ.

ליסקע = טוטשקע.

ליעבעד .s (~ עס .pl) swan בַּרְבּוּר.

ליעגער .s (pl. ס—) ground-sill, ground-beam מַסָּד.

ליעדאַשטשע .s (pl. ס –) idler, lazy fellow עָצֵל.

ליעוואַרדע = לעוואַרדע.

ליעושעק .s (pl. עס –) lie-a-bed, lazy person עָצֵל, עַצְלָן.

ליעטניק .s (pl. ס –) summer garment בֶּגֶד קַיִץ; summer-visitor אוֹרֵחַ קַיִץ.

– גראָב־שטראָם מאַך מיר א ליעטניק. ז. גראָם־שטראָם.

ליעטנע .adj light קַל (בגד).

ליענטע .s (pl. ס –) ribbon מִקְלַעַת.

ליעסניק .s (pl. עס –) forester יַעֲרָן, שׁוֹמֵר יַעַר.

ליעפּען .v. a to stick together דַּבֵּק; to mo- del (clay) יָצַר (חמר); ‖ – זיך .v. r to stick הִדַּבֵּק.

ליעפּקע .adj sticky מְדַבֵּק, צָמוּג.

– האָבן ליעפּקע פינגער. ז. פינגער.

ליעק = לויקע.

ליעשטש .s (pl. עס –) bream אַבְרוֹמָה (מין דג).

ליפּ .s (pl. ן –) lip שָׂפָה.

ליפּאָווע .adj of a linden-tree שֶׁל תִּרְזָה.

ליפּאָווע־צווי(ע)ט = ליפּאָווע־קוויאַט.

ליפּאָווע־קוויאַט .s lime-blossom פֶּרַח שֶׁל תִּרְזָה (לרפואה).

ליפּן־פּאָמאַדע .s pomatum, pomade מִשְׁחָה לַשְּׂפָתַיִם.

ליפּע .s (pl. ס –) linden-tree, lime-tree תִּרְזָה.

ליפּעווע־צוויט = ליפּאָווע־קוויאַט.

ליפּענע = ליפּאָווע.

ליפּעץ .s honey gathered in the month of July דְּבַשׁ שֶׁאוֹסְפִים בְּחֹדֶשׁ יוּלִי.

ליפֿעראַנט .s (pl. ן –) contractor קַבְּלָן (= ליווערא:ט.

ליפֿערן .v. a to furnish הַמְצֵא, הַסְפֵּק; to deli- ver מְסֹר.

ליפּקע = ליעפּקע.

ליציטאַנט .s (pl ן –) bidder (at an auction) מַצִּיעַ מְחִיר (במכירה פומבית).

ליציטאַציע .s (pl. ס –) auction, public sale מְכִירָה פּוּמְבִּית.

לֵיצן .s (pl. לֵיצָנִים) scoffer לֵץ; goblin שֵׁד.

לֵיצָנות .s joking – לָצוֹן, הִתּוֹלִים בַּדְּחָנוּת; mockery לַעַג; ‖ – דיג .adj jocular, humorous מְבַדֵּחַ.

לֵיצָנֵי־הַדּוֹר .s. pl the mockers of the age, the mockers –, הַלֵּצִים.

ליצע .s evidence הוֹכָחָה בְּרוּרָה; trace, trail עִקְּבוֹת, סִמָּן א).

ליקווידאַציע .s liquidation, settlement פֵּרָעוֹן; שִׂימַת קֵץ לְעִנְיָן, סִדּוּר עִנְיָן.

ליקווידירן .v. a to liquidate, settle פָּרַע; שִׂים קֵץ לְעִנְיָן, סַדֵּר עִנְיָן.

ליקוועער = ליקערב).

ליקוי .s (ליקויים .pl) eclipse קַדְרוּת כְּבִיָּה.

ליקוי־חמה .s (pl. ס –) eclipse of the sun –.

ליקוי־לְבנה .s (pl. ס –) eclipse of the moon –.

ליקל .s (pl. עך –) back-street רְחוֹב צְדָדִי.

ליקעי = לויקע.

ליקעי .s bast, lime-bast שִׁיפַת תִּרְזָה, סִיב; bast-wisp אֲגֻדַּת לִיפִים (כעין ספוג לרחיצה).

ליקער .s (pl. ן –) לִיקֵר (משקה מְמֻתָּק).

ליריק .s lyric poetry לִירִיּוּת (שירת השתפכות הנפש); = ליריקער.

ליריקער .s (pl. –) lyric, lyric poet מְשׁוֹרֵר לִירִי.

ליריש .adj lyric, lyrical לִירִי.

לירע .s (pl. ס –) lyre לִירָה (מין כנור).

לישועתך קִוִּיתִי .phr for Thy salvation I hope (said after sneezing) –.

לישיַ .s (pl. עס –) herpes, tetter חֲסַפְנִית, בֹּהַק.

לישע, לישען = לושע לושען.

לישקע .s (pl. ס –) odd number מִסְפָּר אִי־זוּגִי.

לֵית בְּרֵירה .phr there is no choice, there is no alternative אֵין בְּרֵירָה.

לית דין וְלית דַּיָּן .phr there is neither law nor judge, it is lawlessness –.

לְיֶתֶר בִּטָּחון .phr for greater security, to be on the safe side –.

לְיֶתֶר חִיזוּק .phr for greater strength, to make it stronger –.

לִכבוד .adv in honor of לִכְבוֹד־.

– לכבוד אים לכבוד איר in his honor, in her honor לכבודו. לכבודה.

לִכבוד .phr to the honor of (word of address (in letters) –; ‖ .s the word "לִכְבוֹד" הַמִּלָּה "לִכְבוֹד".

– אויסצוקן א "לכבוד" to flourish the word "לכבוד") כתב את המלה "לכבוד" בקשוטים.

לִכבוד שַׁבת .phr in honor of the Sabbath –.

לְכָה־דודי .s "come, my beloved," name of a hymn sung on Friday eve to greet the Sabbath –.

לכה"פ .abbr = לְכָל־הַפָּחוֹת.

א) קליינרוסיש лице. ב) ביי ליפשיצן.

לְכוּ־נְרַנְּנָה *s.* "O come, let us exult," psalm recited on the eve of the Sabbath. — ארײַנפֿאַרן מיטן דישקל אין לכו־נרננה — to reach a place at the moment of the reception of the Sabbath בוא למקום ברגע קבלת השבת.

לְכָל־הַדֵּעוֹת *adv.* according to all opinions; at any rate בְּכָל אוֹפֶן.

לְכָל־הַפָּחוֹת *adv.* at least.

לָכֵן *adv.* therefore.

לְכַף־זְכוּת *adv.* "in the scale of merit," in a person's favor, favorably. — דן זײַן אומעצן לכף־זכות — to judge a person favorably דון איש לכף זכות.

לְכַף־חוֹב *adv.* "in the scale of demerit," unfavorably. — דן זײַן אומעצן לכף חוב — to judge a person unfavorably דון איש לכף חוב.

לִכְשֶׁיִּרְצֶה *phr.* if he is willing, if he so wishes.

לְכַתְּחִלָּה *adv.* at the beginning, at first, מֵעִקָּרָא.

לְלַעַג וּלְקֶלֶס *phr.* for mockery and derision.

לָמָּאי *adv.* why?, to what purpose? מַדּוּעַ?

לָמֶד *s.* (*pl.* ן —) name of the letter ל שֵׁם הָאוֹת ל.

לָמֶד־אָלֶף *adv.* not, no לא א).

לַמֶד־וָאו *s.* "thirty-six," the thirty-six secret saints (*supposed to be there in every generation*) הַשְּׁלֹשִׁים וְשִׁשָּׁה צַדִּיקִים הַנִּסְתָּרִים (הנמצאים לפי האגדה בכל דור) = לַמֶד־וָאוּנִיק.

לַמֶד־וָאוּניצע *s.* (*pl.* ס —) saintly woman אִשָּׁה חֲסִידָה וּצְנוּעָה.

לַמֶד־וָאוּניק *s.* (*pl.* עס —) one of the thirty-six secret saints אֶחָד מֵהַשְּׁלֹשִׁים וְשִׁשָּׁה צַדִּיקִים הַנִּסְתָּרִים; saintly man אִישׁ חָסִיד וְצָנוּעַ.

לַמֶד־וָוּניצע = לַמֶד־וָאוּניצע.

לַמֶד־וָוּניק, לַמֶד־וָוּציק = לַמֶד־וָאוּניק.

לַמְדָן *s.* (*pl.* לַמְדָנִים, לוֹמְדִים) learned man, erudite, scholar; (*fl.*) arrant rogue, expert swindler רַמַּאי מֵהַמַּדְרֵגָה הָרִאשׁוֹנָה, רַמַּאי מוּמְחֶה; (*fl.*) one who gets wiser after having been robbed אִישׁ שֶׁהַנִּסָּיוֹן מַחְכִּים אוֹתוֹ לְהִזָּהֵר מִגַּנָּבִים.

לַמדנית = לוֹמְדוֹת.

לִמּוּד, לִמּוּדִיוֹת = לִימוּד, לִימוּדִיּוֹת.

למוד־זכות = לימוד־.

לִמוֹרַת־רוּחַ *adv.* "as a grief of mind," mortifying מַכְעִים, מַרְגִּיז.

א) אין פֿראַנצײַ Handlexicon.

לְמַזָּל *adv.* in a propitious hour בְּעֵת רָצוֹן.

לְמַטָּה־שִׁיבער *s.* (*fl.*) intruder into a cellar מִתְגַּנֵּב אֶל מַרְתֵּף.

לֶמֶךְ *npr.* Lamech.

לֶמֶךְ[2] *s.* (*pl.* ס —) man of a weak character אָדָם חַלּוּשׁ הַמֶּזֶג; a good-for-nothing אִישׁ לֹא־יִצְלָח א).

למע״ה *abbr.* = לְמַעַן־הַשֵּׁם.

לְמַעְלָה מֵהַשֵּׂכֶל *phr.* beyond reason.

לְמַעְלָה מִן הַטֶּבַע *phr.* beyond nature, supernatural.

לְמַעַן דַּעַת *phr.* that all may know.

לְמַעַן הָאֱמֶת *phr.* for the sake of truth.

לְמַעַן־הַשֵּׁם *adv.* "for the sake of God," positively, without fail בְּהֶחְלֵט. — איר זאָלט אים למען־השם זען — be sure to see him ראה תראה אותו.

לְמַרְאִית עַיִן *phr.* as far as appearances go.

לְמָשָׁל *adv.* for example, for instance.

לְמָשָׁל וְלִשְׁנִינָה *phr.* for mockery and derision.

לְסוֹף *adv.* at the end, finally.

לְסוֹף יָמָיו *phr.* "at the end of his days," at his old age, לְעֵת זִקְנָתוֹ.

לְסֵירוּגִין *adv.* alternately.

לעבי *s.* jovial living, revelry חַיֵּי עֲלִיזִים, הוֹלְלוּת. — נעמען אַ לעבי. טאָן אַ לעבי — to indulge in revelry התהולל עשה הילולא וחננא.

לעבי[2] *int.* my dear! my darling! יַקִּירִי!, חֲבִיבִי! — טאַטע לעבי! — my dear father! אבי יקירי! — דוד לעבי! — my dear David! דָּוִד יקירי!

לַעֲבוֹדַת הַבּוֹרֵא *phr.* to the service of God.

לעבן־יונג *s.* (*pl.* עו —) man of pleasure, man of the world אִישׁ רוֹדֵף תַּעֲנוּגִים.

לעבליך *adj.* lukewarm פּוֹשֵׁר, לא חַם וְלֹא קַר; ‖ —קייט *s* lukewarmness תְּכוּנַת מַה שֶׁהוּא לא קַר וְלֹא חַם.

לעבן *v. n.* to live חָיֹה. — לעבן אַכציג יאָר — to live eighty years חיה שמונים שנה. — לעבן לאַנג — to live long הארך ימים. — זאָל איך אַזוי לעבן! — upon my life! בחיי! — לעבן מיט ברויט און וואַסער — to live upon bread and water בלכל נפשו בלחם ומים. — לעבן פֿון האַנט און מויל — to live from hand to mouth חיה בצמצום.

א) קלײנרוסיש лемеха, лемішка, אַ מענש מיט אַ שוואַכן כאַראַקטער; פּויליש lemiecha, אַ לא יוצלח.

— לעבן ווי און טאָג אַרײַן to live in grand style חיה בהרחבה.

— לעבן מיט זײַן ווײַב to live with one's wife ראה חיים עם אשתו.

— לעבן ווי אַ קאַץ מיט אַ הונט to agree like dog and cat לא היה בשלום איש עם רעהו.

לעבן³ s. (—ס .pl) life חַיִּים; living, livelihood מִחְיָה, פַּרְנָסָה; darling, dear אָהוּב (אֲהוּבָה) נֶפֶשׁ, מַחְמָד.

— זײַן בײַם לעבן to be alive היה בחיים.

— אַ לאַנג לעבן a long life חיים ארוכים.

— אַ גוט לעבן harmony התאמה, שלום; intimacy לבביות (בין זכר לנקבה).

— אַרבעטן מיט לײַב און לעבן to work with might and main עבד בכל מאמצי כחו.

— גײן אין לעבן אַרײַן to be a matter of life and death נגע עד נפש.

— קום צו מיר, מײַן לעבן! come to me, my dear! בואה אלי, מחמדי!

— ברודער לעבן! my dear brother! אחי יקירי.

לעבן⁴ prep. near, at קָרוֹב, אֵצֶל.

לעבנסבאַשרײַבונג = ביאָגראַפיע.

לעבנסמיטל s. (—ען .pl) means of life אֶמְצָעִים לְכַלְכָּלָה.

לעבנספֿראַגע s. (—ס .pl) vital question, question of life and death שְׁאֵלַת הַחַיִּים.

לעבעדיג adj. living, alive, live חַי; lively עֵרָן; nimble, quick זָרִיז, מָהִיר; jolly עַלִּיז, שָׂמֵחַ; ‖ adv. full of life מָלֵא חַיִּים; quickly בִּמְהִירוּת.

— אַ לעבעדיגע וועלט a great bustle שאון גדול.

— נים טויט נים לעבעדיג, ז. טויט.

לעבעדי‖גער s. (—גע .pl) living person אָדָם חַי; the Living One, God הַחַי וְקַיָּם, אֱלֹהִים.

— (.id) אויפֿעסן זיך אַ לעבעדיגער to be grieved to death הצטער מאד, הצטער עד מות.

— (.id) ער רײַסט פֿון לעבעדיגע און פֿון טויטע he takes from all, all's fish that comes to his net הוא גוזל מכל אדם.

— ווײס דער לעבעדיגער! God knows! אלהים יודע.

לעבעדיגערהײט adv. while alive בְּעוֹדֶנּוּ בַּחַיִּים.

לעבעדיגקייט s. being alive, livingness חַיּוּת; liveliness חַיּוּת, עֵרָנוּת.

לעבער s. (—ס .pl) liver כָּבֵד.

— נעמען אומעצן דעם לעבער to touch a person to the quick נגע עד נפש איש.

לעבער-טראַן s. cod-liver oil שֶׁמֶן הַכָּבֵד.

לעבער-קראַנקהײט s. disease of the liver, heptical disease מַחֲלַת הַכָּבֵד.

לעגירן v. a. to alloy (metals) מִזֵּג (מתכות).

לעגענדע s. (—ס .pl) legend אַגָּדָה, הַגָּדָה.

לעגער-געלט s. savings כֶּסֶף חָשׁוּךְ.

לעגערן זיך v. r. to lie down שָׁכַב; to camp חָנָה.

לעגער-סחורה s. goods spoiled through lying סְחוֹרָה שֶׁנִּתְקַלְקְלָה מְנוּחָה יָמִים רַבִּים.

לעדוויצע s. sirloin בְּשַׂר הַיָּרֵךְ.

לעדע‖לע s. (—לעך .pl) lid (of the eye) עַפְעַף, שְׁמוּרָה.

לעדער s. leather גֶּלֶד, עוֹר; strap רְצוּעַת עוֹר.

לעדערוואַרג s. leather-goods, leather-goods סְחוֹרַת עוֹר.

לעדערן adj. of leather שֶׁל עוֹר.

לעוואַדע s. (—ס .pl) fenced meadow כַּר דֶּשֶׁא עִם גָּדֵר.

לעוואַנטינע s. (silk-cloth) levantine מִין אֲרִג מֶשִׁי.

לעולם-ועד adv. for ever and ever —.

לעולם תּקח phr. "at all times shalt thou take," never refuse to take anything —.

לעז s. (—ן .pl) point (at cards) נְקֻדָּה (במשחק הקלפים); vintage בָּצִיר (= לויז²)

לעזאזל adv. "to Azazel," to the devil —.

לעילא-ולעילא adv. excellent, tiptop — הָכִי מְשֻׁבָּח.

לעזן v. a. (p.p. געלעזן) to read קָרָא (= לייענען).

לעזער s. reader קוֹרֵא.

לעזעשטאָף s. reading matter חֹמֶר לְמִקְרָא.

לעזשאַנקע s. (—ס .pl) stove-couch מִשְׁכַּב תַּנּוּר.

לעטאַקעס s. pl. flood-gate שַׁעַר נְהָרוֹת, דֶּלֶת הַנָּהָר א)

לעטוואַק = ליטוואַק.

לעטשניצע s. (—ס .pl) hospital, sanatorium בֵּית חוֹלִים.

לעטשעלעך s. pl. shoes, slippers נְעָלִים, סַנְדָּלִים

לעכל s. (—עך .pl) little hole חוֹר קָטָן; eye קוֹף (של מחט) (of a needle)

לעכע‖לע s. (—לעך .pl) little hole חוֹר קָטָן.

לעכע‖לע׳ s. (—לעך .pl) smile גִּחוּךְ, צְחוֹק קַל.

לעכערדיג adj. full of holes מָלֵא חוֹרִים; porous סְפוֹגִי.

לעכערן v. a. to make holes in, perforate נָקֹב, קָדֹחַ.

לעכצן v. n. to yearn or languish for הִשְׁתּוֹקֵק לְ־, עָרֹג לְ־.

לעמזשיק s. (—עס .pl) fool שׁוֹטֶה, פֶּתִי.

לעמיש s. (—ן .pl) ploughshare אֵת.

לעמע‖לע s. (—לעך .pl) lambkin שֶׂה קָטָן; (.fig) innocent thing אִישׁ תָּם.

לעמערן adj. of lamb שֶׁל שֶׂה.

לעמפערט s. (—ן .pl) leopard אֲרִי הַבַּרְדְּלָס, נָמֵר.

לעמעשקע׳ s. (—ס .pl) naive person, fool אִישׁ תָּם, שׁוֹטֶה.

א) בײַ הורוויצן.

לעמעשקע s. pap, mush, gruel מָזוֹן רַךְ, מִקְפָּה.

לענג s. length אֹרֶךְ; longitude (geogr.) אֹרֶךְ (הארץ).

לענגליך adj. rather long אָרֹךְ מְעַט; oblong מָאֳרָךְ.

לענגעכיג adj. oblong מָאֳרָךְ.

לענגער adj. comp. longer אָרֹךְ יוֹתֵר; ‖ adv. some time ago לֹא כְבָר.

לענד s. (pl. — ן) loin, hip חָלָץ, מָתְנַיִם, יָרֵךְ.
— אָנגורטן די לענדן (fig.) to gird one's loins, חגר את מתניו. to prepare oneself for a task הכין את עצמו לעבודה.

לענען זיך v. r. to lean הִשָּׁעֵן.

לענקעשקע s. zigzags עֲקַלְקַלּוֹת א).

לעסטערונג s. blasphemy, reviling גִּדּוּף.

לעסטערן v. a. to blaspheme, revile גַּדֵּף.

לע״ע abbr. = לְעֵת־עַתָּה.

לעפּאַק s. (pl. — עס) lad, fellow נַעַר, אִישׁ.

לעפּעשיכע s. (pl. — ס) idle woman בַּטְלָנִית; gossip פַּטְפְּטָנִית ב).

לעפּיש adj. slow, sluggish נִרְפֶּה.

לעפֿל s. (pl. — ען, —) spoon כַּף; hand-shovel, scoop מַגְרֵפָה קְטַנָּה (של רוקחים).

לעפּל s. (pl. — עך) tip of the ear תְּנוּךְ.

לעפֿלדיג adv. by spoonfuls בְּשִׁעוּר כַּף בְּכָל פַּעַם.

לעפֿעלע s. (pl. — לעך) little spoon כַּף קְטַנָּה; pit of the stomach כַּף הֶחָזֶה.

לעפּץ = ליפּ.

לעפּקע = ליעפּקע.

לעצט adj. last אַחֲרוֹן; final, ultimate סוֹפִי.

לעק s. (pl. —, — ן) licking לְקִיקָה; a very small quantity כַּמּוּת קְטַנָּה מְאֹד.
— געבן א לעק, טאָן א לעק to lick לקק.
— א לעק וואַסער a little water מעט מים.
— וויסן א לעק פֿון אלץ to know a little of everything ידע מעט מכל ענין.

לעקיש s. (pl. — עס) simpleton, fool בַּעַר, שׁוֹטֶה ג).

לעקישעוואַטע adj. sheepish, foolish טִפְּשִׁי.

לעקן v. a. to lick לָקֹק, לָחֹךְ; (fig.) to flatter הַחֲנֵף.
— לעקן די פֿינגער פֿון עפּעס (id.) to be delight with something התענג בדבר.

לעקסיקאָן s. (pl. — ען) lexicon, dictionary סֵפֶר מִלִּים, מִלּוֹן.

א) ביי ליפשיצן. ב) פֿון קליינרוסיש лепетати, פּלוידערן.
ג) אפשר פֿון ליטוויש lokys, א בער; עס איז דא אין יידיש א ווערטל: ווער — לעקיש דער בער?

לעקעך s. gingerbread, ginger-cake דֻּבְשָׁן, עֻגַּת דְּבַשׁ; rhomb, lozenge רִבּוּעַ אֲלַכְסוֹנִי א).

לעקעך־און־בראַנפֿן s. (pl. — ס) feast מִשְׁתֶּה.

לעקעכל s. (pl. — עך) little ginger-cake עֻגַּת דְּבַשׁ קְטַנָּה; bait (fig.) מַמְתָּק לִמְשׁוֹךְ בּוֹ.

לעקעכעוואַטע adj. with rhombs עִם מְרֻבָּעִים אֲלַכְסוֹנִים; of diamonds שֶׁל רִבּוּעִים (קלפים).

לעקער s. (pl. — ס) licker מְלַקֵּק; neat's tongue לְשׁוֹן שׁוֹר; flatterer (fig.) חוֹנֵף.

לעקערײַ s. licking לְקִיקָה; flattery (fig.) חֲנֻפָּה; dainty, sweatmeat מַמְתָּק.

לעקציע s. (pl. — ס) lesson לֶקַח, שִׁעוּר; lecture הַקְרָאָה.

לער s. apprenticeship לִמּוּד מְלָאכָה.

לער adj. empty רֵיק.
— וויסט און לער waste and void תהו ובהו.

לְעֵרֶךְ adv. about, nearly —.

לערנגעלט s. tuition fee שְׂכַר לִמּוּד; apprentice's fee שְׂכַר לִמּוּד מְלָאכָה.

לערנונג s. learning לִמּוּד; instruction הוֹרָאָה.

לערניונג s. (pl. — ען) apprentice לוֹמֵד מְלָאכָה, שׁוּלְיָא.

לערנען v. n. to learn לָמֹד; ‖ v. a. to teach לַמֵּד.

לערנער s. (—, pl. — ס) learner, student לוֹמֵד.

לערער s. (—, pl. — ס) teacher מוֹרֶה.

לערערקע s. (pl. — ס) teacher, tutoress, instructress מוֹרָה.

לערקייט s. emptiness רִיק, רֵיקוּת.

לעשטש = ליעשטש.

לעשטשיטקע s. (pl. — ס) shingle גָּב.

לעשטשען זיך = לאַשטשען זיך.

לעשן v. a. (p. p. געלאָשן) to extinguish כַּבֵּה; to blot סַפֵּג (דיו).

לעשער s. (pl. — ס) extinguisher מְכַבֶּה; blotter סוֹפֵג (צרור נייר סופג לספג דיו).

לעשפּאַפּיר s. blotting-paper נְיַר סוֹפֵג.

לֶעָתִיד adv. in the future —.

לֶעָתִיד־לָבוֹא adv. in the future (when Messiah will come) —.

לְעֵת־עַתָּה adv. for the present —.

לפ״ג abbr. = לִפְרָט גָּדוֹל.

לְפָחוֹת adv. at least —.

לְפִי־עֵרֶךְ adv. in proportion, comparatively —; about בְּעֵרֶךְ.

לְפִי־שָׁעָה adv. temporarily —.

לְפִיכָךְ adv. therefore —.

א) לעקעך איז א פֿאַרגרייזונג פֿון דייטש Lebkuchen.

לפני־ולפנים adv. in the innermost -.
לפנים adv. for appearance's sake, for form's
sake -.
לפנים־משורת־הדין adv. "outside of the range
of the law," indulgently -, בחנינה, בותרנות.
לפ"ק abbr. = לפרט קטן.
לפרט גדול phr. by the major computation
of the Jewish era (containing the thou-
sands] - א).
לפרט קטן phr. by the minor computation
of the Jewish era (omitting the thou-
sands] - ב).
לץ s. (pl. לצים) joker; - derider; - mocker
מתלוצץ; - demon, devil -, שד.
לצורך־ adv. for the use of, for the interest
of -.
לצעווען v. n. to mock התלוצץ.
לקוי = ליקוי.
לקוי־חמה, לקוי־לבנה = ליקוי־.
לקולא adv. on the side of lenience, with
lenience (in the interpretation of a law) -.
לקותא s. paralysis, palsy שתוק אברים ג).
לקחנען, - ענען v. a. to take לקח; to steal
גנב.
לקט s. "gleaning," ears left in the field
after harvesting to be gleaned by the
poor (anciently among the Hebrews) -.
לרוב adv. in abundance, galore -.
לרצון adv. to one's wish -.
— די זאך איז מיר נים לרצון the thing is not to
my wish הדבר לא לרצוני הוא.
לשון s. (pl. לשונות) tongue, language -; style
סגנון הלשון.
— (id.) געבן לשון to open one's mouth, to
talk פתח את פיו, דבר; to speak with force
דבר במרץ.
— (id.) ארוים מים לשון! speak up! גלה מה
שבלבך!
לשון־אשכנז s. the German language -.
לשון־גאוה s. haughty speech -.
לשון־הגר s. the Hungarian language -.
לשון־הקודש = לשון־קודש.
לשון־הרע s. evil talk, slander -.
לשון־זכר (gr.) s. masculine gender -.
לשון־יון s. the Greek language, the Russian -;
language לשון רוסיה.

לשון־יחיד (gr.) s. singular number -.
לשון־נופל־על־לשון s. play upon words, pun -.
לשון־נכרי s. foreign language -.
לשון־למודים s. "the language of the learned,"
eloquent speech - . מליצה, יפי לשון.
לשון־נקבה (gr.) s. feminine gender -.
לשון־נקיה s. euphemism -.
לשון־סגי־נהור antiphrasis -.
לשון־ספרדי s. the Judeo-Spanish language,
Ladino -.
לשון־עברי s. the Hebrew language -.
לשון־עזות s. arrogant speech -.
לשונען v. n. (fl.) to speak דבר.
לשון־צרפת s. the French language -.
לשון־קודש s. "the sacred lauguage," Hebrew
language הלשון העברית.
לשון־קודשדיג adj. Hebrew עברי (לשון).
לשון־רבים (gr.) s. plural number -.
לשון־רכילות s. slanderous language, slander -.
לשיטתו adv. according to his theory -.
לשם־ adv. for the sake of -.
לשמה adv. for its own sake, for the love
of it -.
— לערנען תורה לשמה to devote oneself to the
study of the Law for its own sake למוד
תורה לשמה.
לשמו־ולשמה adv. for the purpose of the
thing alone לשם הדבר לבד (נאמר על דבר הנעשה
בכונה לשמוש מיוחד).
לשם מצוה phr. for the sake of the good
deed, without selfish motives -.
לשם שמים phr. for the sake of Heaven -; =
לשם מצוה.
לשנה הבאה בירושלים phr. the next year in
Jerusalem -.
לשנה טובה phr. "for a good year!," a happy
new year! -.
לשנה־טובה s. (pl. ־ס) New-Year's greeting
ברכה לראש השנה: New-Year's card כרטים
לברכת ראש השנה.
לשנה טובה תכתב (תכתבו .pl) phr. may you be
inscribed for a happy year! -.
לשנה טובה תכתב ותחתם (תכתבו ותחתמו .pl) phr.
may you be inscribed for a happy year
and may it be sealed unto you!
לתורה ולחופה ולמעשים טובים phr. for the Law,
for wedlock, and for good deeds -.
— איר זאלט. בגדל זיין אייער זון לתורה ולחופה ולמעשים

א) ווי ה'תרפ"ה (5685). ב) ווי תרפ"ה (685). ג) ביי
ליפשיצן.

טובים may you bring up your son for the Law, for wedlock, and for good deeds תגדל את בנך לתורה ולחופה ולמעשים טובים.

לְתַרְבּוּת רָעָה phr. to depravity –. — ארויסגיין לתרבות רעה to become depraved יצא לתרבות רעה. התקלקל במדות.

מ.

מ s. the thirteenth letter of the Hebrew alphabet הָאוֹת הַשְּׁלֹשׁ עֶשְׂרֵה בְּאָלֶף־בֵּית הָעִבְרִי; ‖ num. forty אַרְבָּעִים.

מ' = abbr. מע'.

מאַ int. bellowing of a cow גְּעִיַּת הַפָּרָה.

מאַאוּנעווע = מאַהוּנעווע.

מְאַבּד זײַן to waste בִּזְבֵּז.

מְאַבּד־עַצמו־לָדַעַת s. one who commits suicide, a suicide –.

מאַבּיליזירן v. a. to mobilise גִּיֵּס (אסף צבא).

מאַגאַזין s. (pl. –ען) magazine, warehouse אוֹצָר, מַחְסָן; store חֲנוּת.

מאַגאַזינירער = מאַגאַזינער.

מאַגאַזינער s. (pl. –ס) warehouse-keeper בַּעַל הָאוֹצָר; פְּקִיד הָאוֹצָר.

מאַגאַריטש s. wetting of a bargain שְׁתִי הַקִּנְיָן; drink-money דְּמֵי שְׁתִיָּה.

— טרינקען מאַגאַריטש to have a drink at the closing of a bargain שתה בעת קנית דבר.

— קריגן מאַגאַריטש to get drink-money קבל דמי שתיה.

מאַגיסטראַט s. (pl. –ן) magistracy, city-council מוֹעֶצֶת הָעִיר.

מאַגיק s. magic קֶסֶם, קְסָמִים.

מאַגיקער s. (pl. –) magician קוֹסֵם.

מאַגיש adj. magic, magical שֶׁל קְסָמִים.

מאַנגל s. (pl. –לען, –ליעס) roller, mangle (for linen) מַעֲגִילָה, מַכְבֵּשׁ (להחליק לבנים).

מאַגליעווען v. a. to mangle הִכְבִּישׁ (לבנים).

מאָגן[1] s. (pl. –ס) stomach קֵבָה, אִצְטוֹמְכָה.

מאָגן[2] = מעגן.

מאַגנאַט s. (pl. –ן) magnate שׁוֹעַ, אָצִיל.

מאַגנעזיע s. magnesia מַגְנֶזְיָה (מין עפר שידי).

מאַגנעט s. (pl. –ן) magnet, loadstone אֶבֶן שׁוֹאֶבֶת.

מאַגנעטיזירן v. a. to magnetise פָּעַל בְּכֹחַ אֶבֶן הַשּׁוֹאֶבֶת (האצל כח אבן השואבת על גוף אחר).

מאַגנעטיזירער s. (pl. –) magnetiser פּוֹעֵל בְּכֹחַ אֶבֶן הַשּׁוֹאֶבֶת.

מאַגנעטיזם s. magnetism כֹּחַ אֶבֶן הַשּׁוֹאֶבֶת.

מאַגנעטיש adj. magnetic שֶׁל הָאֶבֶן הַשּׁוֹאֶבֶת; (fig.) attractive מוֹשֵׁךְ.

מאָגן־פּולווער s. (pl. –ס) stomachic powder אָבָק לְאִצְטוֹמְכָה.

מאָגן־קאַטאַר s. catarrh of the stomach קַטַּר הָאִצְטוֹמְכָה.

מאָגן־קראַנקהייט s. disease of the stomach מַחֲלַת הָאִצְטוֹמְכָה.

מאָגער adj. meager, lean דַּק, כָּחוּשׁ, רָזֶה. ‖ –קייט s. meagerness, leanness כְּחִישׁוּת, רָזוֹן.

מאָד = מויד.

מאַדאַם s. (pl. –ען) madam גְּבֶרֶת; Mrs. (before the name) מָרַת.

מאַדים[1] s. Mars (planet) הַכּוֹכָב מַאְדִּים.

מאַדים[2] s. (pl. –ס) mischievous fellow מַזִּיק; clever person אָדָם זָרִיז, אִישׁ חָרוּץ.

מאָדיש adj. stylish, fashionable לְפִי הָאָפְנָה הַחֲדָשָׁה, הָדוּר בְּלְבוּשׁוֹ.

מאָדן s. pl. maggots, worms תּוֹלָעִים א).

מאָדניצע s. (pl. –ס) modiste, milliner, dress-maker עוֹשָׂה וּמוֹכֶרֶת קִישׁוּטֵי נָשִׁים, עוֹשָׂה כּוֹבָעִים לְנָשִׁים, תּוֹפֶרֶת בְּגָדִים לְנָשִׁים; stylish woman אִשָּׁה הַמִּתְקַשֶּׁטֶת לְפִי הָאָפְנָה הַחֲדָשָׁה.

מאָדנע adj. = מאָדיש; strange זָר, תָּמוּהַּ.

מאָדע s. (pl. –ס) fashion, style, vogue אָפְנָה.

מאָדע־וואַרן s. pl. fancy goods קִישׁוּטִים.

מאָדעל s. (pl. –ן) model, form דֻּגְמָא, תַּבְנִית.

מאָדערן adj. modern הַיּוֹתֵר חָדָשׁ.

מֵאָה s. (pl. מֵאוֹת) a hundred; – money מָעוֹת.

— שוואַרצע מאה "black hundred," nickname of a reactionary league in Russia כנוי לאגודה של מתנגדי החפש ברוסיה.

— (prov.) ווער עס האָט די מאה האָט די דעה he who has money has a voice מי שיש לו מעות יש לו דעה.

מאַהאָן s. mahogany עֵץ סוּמָק.

מאַהאָגען adj. of mahogany שֶׁל עֵץ סוּמָק.

מֵאַהֲבָה adv. out of love –.

מֵאַהֲבַת מָרְדְּכַי phr. out of love for Mordecai –.

— ער טוט עס ניט מאהבת מרדכי נאָר משנאת המן. ז. מִשִּׂנְאַת הָמָן.

מאָהולניק s. (pl. –עס) cemetery בֵּית הַקְּבָרוֹת.

א) ביי ליפשיצן: פון דייטש Made, א ווערעמל.

מאַהאָגאָניע *adj.* of mahogany שֶׁל עֵץ סוּמָק (= מאַהאָגען).

מאָווריִע *s.* remnant of a customer's material appropriated by a tailor יִתּוּר א).

מאָווע *s.* (pl. ־ס) speech, talk דִּבּוּר; idle talk פִּטְפּוּט.

מְאוּימדיִג *adj.* fearful, frightful, terrible אָיֹם. נוֹרָא.

מִאוּס = מיאוּס.

מָאוּס *adj* disgusting. —

מאור־הַגּוֹלָה *s.* "the light of the exile," title of an eminent Jewish leader or scholar. —

מאָזאַאיִק(ע) *s.* mosaic מַשְׂכִּית (משבצת אבנים מגוּנים שונים).

מאָזאָליִע *s.* (pl. ־ס) corn (*on the foot*) יַבֶּלֶת; callosity קְשִׁי עוֹר הַבָּשָׂר.

מאַזורקע *s.* (pl. ־ס) mazurka (*a Polish dance*) מִין מָחוֹל פּוֹלַנִי.

מאַזט = מאַסץ.

מאָזלען[1] *s. pl.* measles בֶּהָרוֹת.

מאָזלען[2] *v. n.* to have measles חָלֹה בְּמַחֲלַת הַבֶּהָרוֹת.

מאֹזנַיִם *s. pl.* scales —; Libra (*artr.*) מַזָּל מֹאזְנַיִם.

מאַזניִצע *s* (pl. ־ס) grease-box, tar-bucket תֵּבַת מִשְׁחָה, דְּלִי זֶפֶת (למשחת ידות האופנים).

מאַזעפּע *s.* (pl. ־ס) slovenly person אָדָם מְלֻכְלָךְ ב).

מאַזש(ע) *s.* cart-grease מִשְׁחַת עֲגָלָה.

מאַזשען *v. a.* to smear, grease מָשֹׁחַ: ‖ *v. n.* to scrawl, scribble כָּתֹב בְּאוֹפֶן גָּרוּעַ.

מֵאֲחוֹרֵי הַפַּרְגּוֹד *phr.* from behind the curtain. — (*id.*) הערן מאחורי הפרגוד to learn from a secret source שְׁמֹעַ מאחורי הפרגוד.

מאַט[1] *s.* mate (*at chess*) מָט (במשחק האשקוקה). — מאַכן מאַט to check-mate נַצֵּחַ.

מאַט[2] *adj.* feeble רָפֶה; dim, dull, pale כֵּהֶה (צבע); weary, exhausted עָיֵף, נִלְאָה.

מאָט[1] *s.* (pl. ־ן) moth סָס, עָשׁ.

מאָט[2] (pl. ־עס) skein, hank פְּקַעַת.

מאָטאָ *s.* (pl. ־ס) motto אִמְרָה, פִּתְגָּם.

מאַטיל *s.* mythical dragon with two long arms שָׂרָף אַגָּדִי בַּעַל שְׁתֵּי זְרוֹעוֹת אֲרֻכּוֹת ג).

מאַטוּרע *s.* final examination at a gymnasium הַבְּחִינָה הָאַחֲרוֹנָה בְּגִמְנַסְיוּם; certificate of admission to the university תְּעוּדַת הַכְּנִיסָה לָאוּנִיבֶרְסִיטָה.

מאָטיוו *s.* (pl. ־ן) motive טַעַם נִמּוּק; tune נִגּוּן, לַחַן.

מאָטיל *s.* (pl. ־טילן, ־טיליעס) butterfly פַּרְפַּר.

מאָטיע *npr.* Motye קִצּוּר הַשֵּׁם מָרְדֳּכַי. — (*id.*) ניט בײַ מאָטיען! not I! לא לִי!, לא אני!

מאַטן *v. a.* to check-mate נַצֵּחַ (במשחק האשקוקה).

מאַטעזש, מאַטעזשניק = מיאַטעזש מיאַטעזשניק.

מאַטעמאַטיק(ע) *s.* mathematics חָכְמַת הַחֶשְׁבּוֹן, חָכְמַת הַשִּׁעוּרִים, הַנְדָּסָה.

מאַטעמאַטיקער *s* (pl. —) mathematician חֲכַם הַחֶשְׁבּוֹן, מְהַנְדֵּס.

מאַטעמאַטיש *adj.* mathematical שֶׁל חָכְמַת הַחֶשְׁבּוֹן, הַנְדָּסִי.

מאָטען *v. a.* to wind גָּלֹל, כָּרֹךְ (חוטים).

מאָטעק *s.* (pl. ־עס, מאָטקעס) skein, hank פְּקַעַת.

מאַטעראַץ = מאַטראַץ.

מאַטעריאַל *s.* (pl. ־ן) material חֹמֶר, גֶּשֶׁם.

מאַטעריאַליזם *s.* materialism חָמְרִיּוּת, גַּשְׁמִיּוּת.

מאַטעריאַליסט *s.* (pl. ־ן) materialist בַּעַל חָמְרִיּוּת, בַּעַל גַּשְׁמִיּוּת.

מאַטעריע *s.* (pl. ־ס) matter חֹמֶר; stuff, material אָרִיג; pus מוּגְלָא.

מאַטעריעל *adj.* material חָמְרִי, גַּשְׁמִי.

מאַטערן *v. a.* to torment, torture הָצֵק, עַנֵּה; ‖ ־ זיך *v. r.* to drudge, slave עָמֹל הַרְבֵּה.

מאַטערניש *s.* (pl. ־ן) drudgery, labor עָמָל; pains יִסּוּרִים.

מאַטערקע *s.* (pl. ־ס) screw-nut אֵם הַבֹּרֶג.

מאַטקײַט *s.* feebleness רִפְיוֹן; dimness, dulness כֵּהוּת; weariness, fatigue, exhaustion עֲיֵפוּת.

מאַטקע *s.* (pl. ־ס) mother אֵם.

מאַטראָז *s.* (pl. ־ן) sailor חוֹבֵל מַלָּח.

מאַטראָנע *s.* (pl. ־ס) matron אִשָּׁה נְשׂוּאָה.

מאַטראַץ *s.* (pl. ־ן) mattress מִזְרָן.

מאַטראַצניק *s.* mattress maker עוֹשֶׂה מִזְרָנִים.

מאַטריאַל = מאַטעריאַל.

מאַטש *s* lurch (*at cards*) מָט (במשחק הקלפים). — מאַכן מאַטש to win the lurch נַצֵּחַ.

מאָטשיִג *adj.* squashed, soft מְעוּךְ רַךְ.

מאָטשינקע *s.* (pl. ־ס) soft boiled egg גְּרָמִיקָה.

מאָטשעווניק *s.* (pl. ־ס) water-closet בֵּית כִּסֵּא.

מאַי *s.* May (*month*) מַי (החדש החמישי לנוצרים); branches with leaves and blossoms עֲנָפִים עִם עָלִים וּנְצָנִים.

א) דאָס וואָרט איז געוואָרן (און ווערט נאָך אפשר איצט אויך) באַניצט אין ווילנע; אפשר פון העברעאיש מבריח, אַ שמוגלער. ב) קליינרוסיש און ווייסרוסיש. ג) בײַ אבראַמאָ־וויטשן אין „מסעות בנימין השלישי"; ווערט דערמאָנט אין „[illegible]ל העולם", שער ו.

מאַיאָוונִיק s. (‑עס .pl) guest of a summer resort אורֵחַ מְעוֹן קַיִץ א).

מאַיאָוויע adj. of May שֶׁל הַחֹדֶשׁ מַי.

מאַיאָנ‖טעק s. (‑טקעס .pl) estate, property אֲחֻזָּה, קִנְיָן.

מאַיאָר s. (‑ן .pl) major מַיּוֹר (אחד מפקידי הצבא).

מאַיאָריטעט s. (‑ן .pl) majority רֹב, מַרְבִּית.

מַאי דְקָא אַמְרִי רַבִּיצִן phr. what the wife of the rabbi says מַה שֶּׁאוֹמֶרֶת אֵשֶׁת הָרַב ב).

— ער ווייס נים מאי דקא אמרי רביצן he is a know-nothing איננו יודע מאומה.

מאַיוּווקע s. (‑ס .pl) May pic-nic טִיּוּל בִּימֵי הָאָבִיב.

מְאַיים זײַן v. a. to intimidate, frighten, scare אִיֵּם, הִפְחִיד.

מְאַים זײַן = מְאַיים זײַן.

מאָיל s. (‑ .pl) moth סָס, עָשׁ.

מאַיעסטעט s. (‑ן .pl) majesty הוֹד, הָדָר, הוֹד מַלְכוּת.

מאַיעסטעט־באַליידיגונג s. lese-majesty, high-treason בִּזָּיוֹן הוֹד מַלְכוּת, בְּגִידָה בַּמֶּלֶךְ.

מאַיעסטעטיש adj. majestic שֶׁל הוֹד מַלְכוּת; מָלֵא הוֹד, נֶהְדָּר, נִשְׂגָּב, נַעֲלֶה.

מַאי קָא מַשְׁמַע לָן phr. what does he give us to understand? ‑.

מֵאִיר־בַּעַל־הַנֵּס npr. Meir the Miracle-Worker (a Tanna of the second century) ‑.

מֵאִיר־בַּעַל־הַנֵּס־פּוּשקע s. (‑ס .pl) an alms-box for the poor of the Holy Land קֻפַּת רַבִּי מֵאִיר בַּעַל הַנֵּס.

מַאי שְׁנָא phr. what is the difference? ‑

מאַך s. (‑ן .pl) movement, motion, swing תְּנוּעָה, נִדְנוּד ג).

— אַ מאַך מוּטן האַנט a motion with the hand תנועה ביד.

— אַ מאַך טאָן מיטן האַנט to wave one's hand הניע את ידו, הניף את ידו.

— (.fig) אַ מאַך טאָן מיטן האַנט אויף עפּעס to despair of התיאש מ־.

— נעמען אַ מאַך מיט אַ טיכל to wave a handkerchief הניף ממפחת.

— מיט איין מאַך with one motion בתנועה אחת; in a moment, instantly ברגע אחד, כהרף עין.

מאָך s. moss אֵזוֹב, סָחָב.

מאַכאָרקע s. sort of tobacco of an inferior quality מִין טַבַּק גָּרוּעַ.

מאַכזאָקעס = מִתְנָקוֹת.

א) ביי דיקן אין דעם „הוילעהרער". ב) שפּאַסיג אַנשטאַט מאי דקא אמרי רבנן (וואָס די חכמים זאָגן). ג) מאָך איז פּלאַוויש (רוסיש махъ, פּויליש mach).

מאַכט s. might, force, power כֹּחַ, חֹזֶק, עֹז, אֹמֶץ; government מֶמְשָׁלָה.

מאַכטײַסע adv. well, be it so טוֹב, יְהִי כִדְבָרֶיךָ; with pleasure בְּנֶפֶשׁ חֲפֵצָה א).

מאָכיג adj. mossy מְכֻסֶּה סְחָב.

מַאכיל־טְרֵיפוֹת זײַן v. a. to feed with food forbidden by law הֶאֱכִיל טְרֵפָה.

מַאכיל־טְרֵיפוּתניק s. (‑עס .pl) butcher who sells forbidden meat טַבָּח מוֹכֵר בְּשַׂר אָסוּר.

מאַכינאַציע s. (‑ס .pl) mechanism מוּכָנִי, מַנְגּוֹן.

מאַכינע, מאַכינע s. (‑ס .pl) anything huge or enormous דָּבָר גָּדוֹל מְאֹד.

מַאֲכָל s. (מַאֲכָלִים .pl) eatable, food; ‑ delicious food אֹכֶל נָעִים; (.fig) pleasure תַּעֲנוּג.

מאַכליאַרקע s. (‑ס .pl) hucksteress רוֹכֶלֶת.

מאַכליאַר s. (‑עס .pl) huckster רוֹכֵל; cheat, rogue רַמַּאי, נוֹכֵל.

מאַכמעד npr. Mahomed מַחֲמַד.

מאַכמעדאַניש adj. Mahommedan מַחֲמַדִּי.

מאַכמעדאַנער s. (‑ .pl) Mahommedan מַחֲמַדִּי, מַחֲזִיק בְּתוֹרַת מַחֲמַד.

מאַכן¹ v. a. to make, do עָשָׂה; to compose, write חִבֵּר, כָּתַב; to make, cause הֶעֱשָׂה, גָּרַם; to make, force הִכְרִיחַ; to make, gain, earn הִרְוִיחַ, הִשְׂתַּכֵּר; to make by perquisites הִרְוִיחַ מֵהַכְנָסוֹת צְדָדִיּוֹת; ‖ .v. n to say אָמַר; to be pronounced בְּטָא (טלה); ‖ ‑זיך .v. r to be made הֵעָשָׂה, הֵעָשׂוֹת; to happen, occur קָרֹה, הִקָּרָה; to pretend, affect הֵעָמֵד פָּנִים כְּאִלּוּ.

— מאַכן אַ געשריי to set up a loud cry צווח, צעק צעקה גדולה.

— מאַכן אַ בגד to make a garment עשה בגד.

— מאַכן אַ חיבור to compose or write a work כתב חבור, חבר ספר.

— מאַכן אימעצן עסן to make a person eat האכיל איש; הכרח איש לאכל.

— מאַכן אַ פאַרמעגן to make a fortune עשה רכוש גדול.

— (.Am) מאַכן אַ לעבן to make a living השתכר די מחיתו.

— מאַכן צען דאָלער אַ וואָך to make or earn ten dollars a week הרויח או השתכר עשרה דולרים בשבוע; to make ten dollars a week by perquisites הרויח עשרה דולרים בשבוע מהכנסות צדדיות.

א) דאָס וואָרט ווערט געוויינטליך געשריבן מהיכא־תיתי, אָבער עס האָט ניט די מינדסטע שייכות אין באַדייטונג מיט די צוויי אַראַמעאישע ווערטער. מיר זעט אויס, אַז מאַכטייסע איז פון דייטש (ich) möchte es, וואָס מיינט: גערן.

— מאַכן אַ ליאַרעם (אַ גערודער) to make a tumult הקם שאון.

— מאַכן אַ וועזן (אַ פּירוש) פֿון עפּעס to make much ado about something הגדל ערך איזה דבר.

— מאַכן מחוקות מיט אומעצן to fool *or* dally with a person השתעשע עם איש.

— מאַכן האַוואַיעס to make faces *or* grimaces עקם את פניו. עשה תנועות.

— מאַכן יד־אחת מיט אומעצן to league *or* unite with a person התאחד עם איש. התחבר עם איש.

— מאַכן פּליטה (ויברח) to make off, to escape, to abscond ברח. השמט.

— מאַכן אַ ווײַטן וועג to go *or* travel a great distance הלך דרך רחוקה.

— מאַכן חובות to contract debts לוה הרבה.

— מאַכן אַפּעטיט to give appetite עורר תאבון.

— מאַכן צו גאָרנישט to set at naught הפך לאין; to belittle הקטן ערך.

— מאַכן צו קלײנגעלט to belittle הקטן ערך.

— וואָס מאַכט איר? how do you do?, how are you? מה שלומך?

— מאַכן ער זאָל גיין to make him go הכרח אותו ללכת.

— מאַכן אַזוי ווי ער וואָלט to make as if, to make as though העמד פנים כאִלו.

— ער מאַכט אונטער זיך he is unable to retain his feces איננו יכול לעצור את הצואה.

— (*vulg.*) מאַכן אין טאַטן אַרײַן to swear by cursing a man's father חרף איש בקללו את שם אביו.

— ער מאַכט צו איר he says to her הוא אומר אליה.

— רש״י מאַכט אויף דעם פּסוק Rashi comments upon this verse רש״י מפרש את המקרא הזה.

— ווי מאַכט דאָס וואָרט? how is this word pronounced? איך מבטאים את המלה הזאת?

— מאַכן זיך ניט זעענדיג to connive at העמד פנים כאינו רואה.

— מאַכן זיך כלא־ידע to affect ignorance העמד פנים כאינו יודע.

— עס קען זיך מאַכן it may happen אפשר שיקרה.

— עס וועט זיך מאַכן אַ שעת־הכושר an opportunity will present itself תזדמן שעת הכשר.

— עס מאַכט זיך ניט אַזוי גרינג it cannot be done so easily לא בנקל יעשה הדבר.

מאַכן² *s.* making, work עֲשִׂיָּה. מְלָאכָה; incidentals, perquisites הַכְנָסָה צְדָדִית.

— באַצאָלן פֿאַרן מאַכן to pay for making, to pay for the work שלם בעד־המלאכה.

— קריגן צען דאָלער אַ וואָך אַחוץ מאַכן to get ten dollars a week beside tips קבל עשרה דולרים בשבוע מלבד מתנות.

מאַכן³ *v. n.* to brandish, wave הָנִיף. נוֹפֵף; to wag נַעֲנֵעַ; to move הָנִיעַ; to beat (*wings*) קַשְׁקֵשׁ (בכנפים) א).

— מאַכן מיטן האַנט to wave one's arm הניף את ידו.

— מאַכן מיט די פֿליגלען to beat the wings קַשקש בכנפים.

— מאַכן מיט די ליפּן to move the lips הניע את שפתיו.

— מאַכן מיטן עק to wag the tail נענע בזנבו.

— מאַכן מיטן שווערד to brandish the sword הניף את החרב.

— (*id.*) מאַכן מיט די ווײַטן to writhe with pain התהפך ביסורים; to labor very hard עבוד בשארית כחו.

— מאַכן מיט דער גסיסה to be in the agony of death התהפך בחבלי מות.

מאַכעכטס, מאַכעכץ *s.* tips, incidentals, perquisites מַתָּנוֹת. הַכְנָסוֹת צְדָדִיּוֹת.

מאַכער *s.* (*pl.* ־ס) maker עוֹשֶׂה; worker עַסְקָן; leader מְנַהֵל; broker, agent סַרְסוּר; shrewd man אִישׁ עָרוּם; swindler רַמַּאי.

מאַכערטע *s.* (*pl.* ־ס) female worker עַסְקָנִית; shrewd woman אִשָּׁה עֲרוּמָה.

מאַכערײַ *s.* (*pl.* ־ען) doing, work עֲשִׂיָּה. מִפְעָל; business, affair עֵסֶק.

מאַכערקע = מאַכערטע.

מאַכקע *adj.* mossy מָלֵא טְחָב; downy מָלֵא שֵׂעָר דַּק.

מאָל¹ *s.* (*pl.* ־) time פַּעַם.

— אײן מאָל one time, once פעם אחת; צוויי מאָל twice שתי פעמים. פעמַים; דרײַ מאָל three times, thrice שלש פעמים.

— מיט אַ מאָל at one time בפעם אחת. בבת אחת; suddenly פתאם.

— אײן מאָל פֿאַר אַלע מאָל once for all בפעם האחרונה.

— אַ מאָל איבער אַ מאָל by turns, alternately לסרוגין.

מאָל² *s.* meal אֲרוּחָה.

— ניט האָבן אויפֿן מאָל to have no money even for one meal לא היה לאיש ממון אפילו לארוחה אחת.

מאַלאַד *s.* malt-residuum, brewer's dregs גֶּפֶת שְׂעוֹרִים ב).

מאָלאַדזיִנעס = מאָלאָזיווע.

א) מאַכן³ איז סלאַוויש (רוסיש махать, פּויליש machać).

ב) קלײנרוסיש молот.

מאָלאָדיעץ s. (pl. עס -) brave fellow בֶּן חַיִל.

מאָלאָזיווע s. colostrum חֲלֵב רִאשׁוֹן (ראשית חלב היולדות).

מאָלאָטאַרניע s. (pl. ס -) barn-floor for thrashing corn גֹּרֶן לָדוּשׁ.

מאָלאָציען v. a. (corn) to thrash דוש.

מאַלאַריע s. malaria קַדַּחַת הַבִּצּוֹת.

מאַלדעווישקע s. (pl. ס -) crab-louse מִין כִּנָּה.

מאַליִגנע s. (pl. ס -) malignant fever קַדַּחַת רָעָה.

מאָליִטווע s. (pl. ס -) prayer תְּפִלָּה (נוצרית).

מאַליִנאָווע adj. of raspberry שֶׁל גַּרְגְּרֵי סְנֶה הַמַּעֲרָבִי.

מאַליִנאָווקע s. raspberry wine מַשְׁקֵה גַּרְגְּרֵי סְנֶה הַמַּעֲרָבִי.

מאַליִניִק s. (pl. עס -) raspberry-bush סְנֶה הַמַּעֲרָבִי.

מאַליִנע s. (pl. ס -) raspberry גַּרְגַּר סְנֵה הַמַּעֲרָבִי.

מאַלינקע, פֿאַרקלענער וואָרט פֿון מאַלינע.

— (id.) אויפֿכאַפּן ווי אַ מאַלינקע to take up eagerly קבל בתשוקה.

מאַליעוואַניע s. painting צְבִיעָה; צִיּוּר.

מאַליעווען v. a. to paint צָבַע; צִיֵּר.

מאָליען זיך v. r. to pray הִתְפַּלֵּל.

מאַליער s. (pl. ליערס -, ליאַרעס -) painter צוֹבֵעַ; צַיָּר.

מאָלן¹ v. a. to paint צָבַע; צִיֵּר; to represent תָּאַר.

— מאָלן זיך דעם פּנים to paint one's face פרכס את פניו.

— עס איז געמאָלט it is possible אפשר, יתכן.

מאָלן² v. a. to grind טָחַן.

מאָלעכץ s. grist תְּבוּאָה לִטְחִינָה.

מאַלנאַ s. mullah, Turkish priest מֻלָּה, כֹּהֵן טוּרְקִי.

— (id.) זיצן ווי אַ מאַלנאַ to sit motionless ישב בלי תנועה.

מאַלע adv. of little consequence קַל הָעֵרֶךְ.

— מאַלע וואָס ער זאָגט what he says is of little consequence אין כל ערך לדבריו.

— מאַלע וואָס no matter what כל דבר שהוא.

— מאַלע וואָס קען טרעפֿן who knows what may happen מי יודע מה שיקרה.

מאָלעקול s (pl. ן -) molecule גוּף פְּרָדִי (חלק היותר קטן שאינו מתחלק עוד).

מאָלער s (pl. ס -) painter צַיָּר.

מאָלערייַ s. painting מְלֶאכֶת הַצִּיּוּר.

מאַלפּע s. (pl. ס -) monkey, ape קוֹף.

מאַלץ s malt מִשְׁרַת זֵרְעוֹנִים.

מאָלצייַט s. (pl. ן -) meal אֲרוּחָה; banquet מִשְׁתֶּה.

מאַלצן v. a. to malt הִשְׁרָה זֵרְעוֹנִים.

מאַמזעל s. (pl. ן -) young lady, miss בְּתוּלָה, עַלְמָה, צְעִירָה, רִיבָה.

מאַמין s. (pl. מאַמינים) believer -.

מאַמינים־בני־מאַמינים s. pl. believers who are the sons of believers (attribute of the Jewish people) -.

מאַמע s. (pl. ס -) mother אֵם, אִמָּא.

מאַמעטליווע adj. stuttering, lisping מְגַמְגֵּם.

מאַמעלוק s. (pl. ן -) slave עֶבֶד (ביחוד בן נוצרי שהיה לעבד להמחמדים ונתגדל באמונתם).

מאַמעליגע s. sort of dish of the flour of maize מִין תַּבְשִׁיל מִקֶּמַח דּוּרָה.

מאַמע־לשון s. mother-tongue לְשׁוֹן עַמּוֹ.

מאַמען v. n. to call continually "mamma!" קָרֹא בְּלִי הֶפְסֵק "אִמָּא!"

— וואָס מאַמעסטו! why do you continually call "mamma!" מדוע אתה קורא "אמא!" בלי הפסק!

מאָמענט s. (pl. ן -) moment רֶגַע.

מאָמענטאַל adj. momentary שֶׁל רֶגַע; || adv. momentarily בְּרֶגַע.

מאַמעניו s mamma, dear mother אִמָּא.

מאַמעש s. cotton-lining אֶרֶג צֶמֶר גֶּפֶן לְבִטְנָה א).

מאַמקע = אֵם.

מאַמקען = מאַמען.

מאמר s. (pl. מאמרים) article (in a newspaper, magazine, etc.) -.

מאמר־המוסגר s. parenthesis -.

מאַן¹ s. (pl. מענער) man אִישׁ, גֶּבֶר.

מאַן² s. (pl. מענער, מאַנען) husband בַּעַל אִשָּׁה.

מאָן s. poppy פֶּרֶג; (fig.) little bit חֲתִיכָה קְטַנָּה; something very small דָּבָר פָּעוּט.

מאָנאַט s. (pl. ן -) month חֹדֶשׁ.

מאָנאַטליך adj. monthly חָדְשִׁי.

— די מאָנאַטליכע menses, menstruation וסת.

מאָנאַטשריפֿט s. (pl. ן -) monthly עִתּוֹן חָדְשִׁי.

מאָנאַטקעס s. pl. belongings, chattels קִנְיָנִים מְטַלְטְלִים ב).

מאָנאַך s. (pl. ן -) monk נָזִיר (נוצרי).

מאָנאָלאָג s. (pl. ן -) monologue שִׂיחַת יָחִיד.

מאָנאַסטיר s. (pl. ן -) monastery, convent מִנְזָרָה (בית נזירים לנוצרים).

מאָנאָפּאָל s. (pl. ן -) monopoly זְכוּת מְיֻחֶדֶת.

מאָנאַרך s. (pl. ן -) monarch מוֹשֵׁל, מֶלֶךְ.

מאָנאַרכיניע s. (pl. ס -) monarchess מוֹשֶׁלֶת, מַלְכָּה.

א) דאָס וואָרט געפֿינט זיך אין ליאַנדאַרס בריפֿנשטעלער און ביי דיקן אין "די אידישע קליידער"; אפשר פֿון ליטוויש pamušas, אונטערשלאַק. ב) פּויליש manatki.

מאָנאַרכיסט s. (pl. ־ן) monarchist אִישׁ נוֹטֶה אַחֲרֵי מֶלֶךְ.

מאָנאַרכיע s. (pl. ־ס) monarchy מֶמְשָׁלָה, מַמְלָכָה.

מאָנאַרכיש adj. monarchical שֶׁל מוֹשֵׁל, שֶׁל מֶלֶךְ.

מאָנאַרכע s. (pl. ־ס) lord אָדוֹן גָּדוֹל.

— לעבן ווי אַ מאָנאַרכע to live in plenty and luxury הִתְעַנֵּג עַל רַב טוּב.

מאָנאַשקע s. (pl. ־ס) nun נְזִירָה (נוצרית).

מאַנגל¹ s. (pl. ־ען) want, lack חֹסֶר, מַחְסוֹר.

מאַנגל² s. (pl. ־ען) mangle מַכְבֵּשׁ, מַעֲרִיךְ (של כובסים).

מאַנגלען¹ v. n. to want, lack חָסֹר.

מאַנגלען² v. a. to mangle הַכְבֵּשׁ (לבנים).

מאַנדאָלינע s. (pl. ־ס) mandoline נֵבֶל שְׁמִינִית.

מאַנדאַרין s. (pl. ־ען, ־עס) mandarin שַׂר סִינִי.

מַאן־דְאָמַר s. (pl. ־ס) one who says, one who opines; — specialist מוּמְחֶה א).

מאַנדירל s. (pl. ־עך) sort of dress for women מִין בֶּגֶד לְנָשִׁים.

מַאן דְכַר שְׁמֵיה phr. "who mentions its name," this is not to be thought of אֵין לְהַעֲלוֹת זֹאת עַל הַדַּעַת.

מאַנדל s. (pl. ־ען) almond שָׁקֵד; tonsil שְׁקֵד הַצַּוָּאר.

מאָנדל s. (pl. ־עך) poppy-cake עֻגַּת פָּרָג.

מאַנדל־אייל s. almond-oil שֶׁמֶן שְׁקֵדִים.

מאַנדל־בוים s. (pl. ־ביימער) almond-tree עֵץ הַשָּׁקֵד.

מאַנדל־זייף s. almond-soap בֹּרִית שְׁקֵדִים.

מאַנדל־מילך s. almond-milk, emulsion of almonds חֲלֵב שְׁקֵדִים.

מאַנדל־סיראָפּ s. syrup of almonds עֲסִיס שְׁקֵדִים.

מאַנדל־קוכן s. (pl. ־ס) almond-cake עֻגַּת שְׁקֵדִים.

מאַנדל־קערן s. (pl. ־ער) almond, kernel of an almond שָׁקֵד, חַרְצַן שָׁקֵד.

מאָנדע. ע = מאָנדל.

מאַנדריש, מאָנדריש s. (pl. ־עס) clown, buffoon merry-andrew לֵץ, מוּקְיוֹן ב).

מאַנהויז s. (pl. ־הייזער) mad-house, bedlam בֵּית מְשֻׁגָּעִים ג).

מאָנומענט s. (pl. ־ן) monument מַצֶּבֶת זִכָּרוֹן.

מאָנונג s. (pl. ־ען) dunning תְּבִיעָה, דְּרִישָׁה (של חוב).

מאַנוסקריפּט s. (pl. ־ן) manuscript כְּתַב יָד.

מאַנופֿאַקטור s. (pl. ־ן) manufacture מְלֶאכֶת בֵּית חֲרֹשֶׁת.

א) אין דער צווייטער באדייטונג ביי ליפשיצן. ב) זעט אויס פֿון פּויליש mądry, קלוג. ג) ביי דיקן אין "קאָוונער בריקע"; מאַנ־ אפשר פֿון דייטש Wahn, משוגעת.

מאָנטיג s. Monday יוֹם שֵׁנִי.

מאָנטיגדיג adj. of Monday שֶׁל יוֹם שֵׁנִי.

מאַנטיל s. (pl. ־ן) mantilla מְעִיל לְנָשִׁים.

מאַנטילקע s. (pl. ־ס) mantlet מְעִיל קָטָן.

מאַנטינע s. kind of taffeta מִין אֶרֶג שֶׁל מֶשִׁי.

מאַנטינען adj. of taffeta שֶׁל אֶרֶג מֶשִׁי.

מאַנטל s. (pl. ־ען) mantle, cloak מְעִיל, אַדֶּרֶת.

מאָנטען v. a. to lure מָשֹׁךְ פַּתֵּה; = אויסמאַנצלען.

מאָנטעניש s. luring פִּתּוּי.

מאָנטשי(נ)ק adj. very little, tiny, minute הַקְּטַנְטָן מְעוּט.

מאָנטשער = מוטשניק.

מאָנייט = מאָנאַט.

מאַניע s. (pl. ־ס) mania שִׁגָּעוֹן.

מאַניעווורע s. (pl. ־ס) manœuvre מָרוֹן, תַּרְגִּיל הַחַיִל.

מאַניפּאַרנע מאַניפּאָרנע s. (pl. ־ס) shift, trick תַּחְבּוּלַת עָרְמָה.

מאַניפּאַרנע־לשון s. rogues' language לְשׁוֹן רַמָּאִים.

מאַניפֿעסט s. (pl. ־ן) manifesto מוֹדָעָה, חַוַּת־דַּעַת גְּלוּיָה.

מאַניר s. (pl. ־ן) manner מִנְהָג, תְּנוּעָה.

מאַניש = מענוש.

מאַנישקע s. (pl. ־ס) chemisette מְכַסֶּה בַד לֶחָזֶה.

מאַנכמאָל adv. sometimes לִפְעָמִים.

מאַנכער ־ כע pron. indef. some אֶחָד אֵיזֶה.

מְאַנס זיין v. a. to violate, dishonor, ravish, commit rape on אָנֹס (אשה).

מאַנסביל s. (־, ־ן, מאַנסלייט pl.) male person גֶּבֶר, זָכָר.

מאַנסביליש adj. male, of a male person שֶׁל גֶּבֶר, שֶׁל זָכָר.

מאָנסון s. (pl. ־ען) monsoon רוּחַ תְּקוּפָתִי בְּיָם הודו.

מאַנע = מאַנע־גרייפּלעך.

מאַנע־גרייפּלעך pl. s. manna-croup, semolina גְּרִים הַמָּן (מין גריס רך).

מאַנעזש s. (pl. ־ן) riding-ground רִיס (מקום לרכבה).

מאָנעטע s. (pl. ־ס) coin מוֹנֵיטָה, מַטְבֵּעַ.

מאַנעלע = מענעלע.

מאָנעלע s. (pl. ־לעך) poppy-cake עֻגַּת פָּרָג, (= מאָנדל); little bit חֲתִיכָה קְטַנָּה.

מאָנען v. a. to dun, demand תָּבֹעַ, דָּרֹשׁ (חוב).

מאַנע־קאַשע s. manna gruel דַּיְסָה מִגְּרִים הַמָּן.

מאָנער s. (pl. ־, ־ס) dunner תּוֹבֵעַ.

מאָנץ s. little bit חֲתִיכָה קְטַנָּה.

מאַנצלען *v. a.* to obtain by cunning הוֹצִיא בְּעָרְמָה א).
מאָנקאַלב *s.* moon-calf, nole סַנְדָּל (נֵפֶל שנתמעך בבטן אמו) ב).
מאַנקאָליע *s.* hypochondria מָרָה שְׁחוֹרָה, עַצְבָנוּת.
מאַנקאָליעניק *s.* (*pl.* ־עס) hypochondriac בַּעַל מָרָה שְׁחוֹרָה, עַצְבָן = חושימניק.
מאַנקעט, מאַנשעט *s.* (*pl.* ־ן) cuff קְצֵה הַשַּׁרְוּל (בכתנת), צָמִיד זְרוֹעַ.
מאַנשעסטן־סאַמעט *s.* cotton-velvet, velveteen קְטִיפָה שֶׁל צֶמֶר גֶּפֶן ג).
מאָס *s.* (*pl.* ־ן) measure מִדָּה; = מאַסשטאַב.
— אין מאָס moderately במדה בינונית.
— איבער דער מאָס immoderately, to excess יותר על המדה.
— איבערכאַפּן די מאָס, ז. איבערכאַפּן.
מאַסאַזש *s.* massage רִפּוּי עַל יְדֵי מִעוּךְ הָאֵבָרִים.
מאַסאַזשיסט *s.* (*pl.* ־ן) massagist, masseur רוֹפֵא עַל יְדֵי מִעוּךְ הָאֵבָרִים.
מאַסאַזשיסטקע *s.* (*pl.* ־ס) masseuse רוֹפְאָה עַל יְדֵי מִעוּךְ הָאֵבָרִים.
מאַסט *s.* (*pl.* ־ן) suit, color (*at cards*) צֶבַע (בקלפים).
מאַסטיקע *s.* mastic מַסְטִּכָה (מין שרף ריחני).
מאַסטערסקאַיע *s.* (*pl.* ־ס) workshop בֵּית מְלָאכָה.
מאַסיוו, מאַסיוון, מאַסיפנע *adj.* massive, solid עָב, מוּצָק.
מאַסירניק = מָסוֹר ד).
מאַסליאַנקע *s.* butter-milk מֵי חָלָב.
מאַסליטשקענע *adj.* of butter שֶׁל חֶמְאָה.
מאַסלינע *s.* (*pl.* ־ס) olive זַיִת.
מאַסלינקע = מאַסליאַנקע.
מאַסליעניצע *s.* butter-week, Shrove-tide שְׁבוּעַ מַאַכְלֵי חֶמְאָה (לנוצרים).
מאַסניצע *s.* (*pl.* ־ס) churn כְּלִי לַעֲשִׂית חֶמְאָה.
מאַסע[1] *s.* (*pl.* ־ס) mass גֶּשֶׁם, חֹמֶר.
מאַסע[2] *s.* (*pl.* ־ן) mass קְהַל עָם, הָמוֹן.
מְאַסֵף זײַן *v. a.* to collect אָסֹף, קַבֵּץ.
מְאַסֵף־מָמון זײַן *v. a.* to collect much money אָסֹף מָמוֹן רָב.
מאַסץ[1] *s.* (*pl.* ־ן) ointment, salve מִשְׁחָה, תַּחְבֹּשֶׁת.
מאַסץ[2] *s.* (*pl.* ־ן) color, suit (*at cards*) צֶבַע (בקלפים).

— שאַרע מאַסץ mercurial ointment משחת כסף חי.
מאַסקאַ‖ל *s.* (*pl.* ־ליעס) Russian soldier חַיָל רוּסִי.
מאַסקוויטעריש *adj.* Muscovian, Russian מָסְקְוִי, רוּסִי.
מאַסקירן *v. a.* to mask הָלֵט בְּאֵפֶר; ‖ ־זיך *v. r.* to mask oneself הָלֵט פָּנָיו בְּאֵפֶר; הִתְחַפֵּשׂ.
מאַסקנבאַל *s.* (*pl.* ־בעלער) masquerade מַרְזֵחַ אֲפֵרִים.
מאַסקע[1] *s.* (*pl.* ־ס) mask אֵפֶר, מַסְוֶה.
מאַסקע[2] *adj.* thick עָב; massive מוּצָק.
מאַסקעראַד *s.* (*pl.* ־ן) = מאַסקנבאַל.
מאַסשטאַב *s.* (*pl.* ־ן) standard אַמַּת הַמִּדָּה קְנֵה הַמִּדָּה.
מאָפּס *s.* (*pl.* ־ן) pug-dog מִין כֶּלֶב; fool (*fig.*) שׁוֹטֶה.
מאַפּע = מַפָּה.
מאַץ = מאַטש.
מאָצנע *adj.* strong חָזָק; fastened מְהֻדָּק.
מאָצעווען *v. a.* to strengthen חַזֵּק; to fasten הַדֵּק.
מאַצען = מאַטן.
מאַקאָהינע *s.* (*pl.* ־ס) pestle for pounding poppy עֱלִי לִכְתֹּשׁ בּוֹ פֶּרֶג (ושאר דברים).
מאַקאָוויקע *s.* (*pl.* ־ס) poppy-head רֹאשׁ פֶּרֶג.
מאַקאַראָנע *s.* (*pl.* ־ס) macaroni פְּתִילֵי בָצֵק; macaroon עֻגָה קְטַנָּה מְתוּקָה מִקֶּמַח שְׁקֵדִים.
מאַקוך *s.* oil-cake גֶּפֶת (סיגי שמן כתית).
מאַקולאַטור *s.* waste-paper גִּלְיוֹנוֹת נִשְׁחָתִים (בבית דפוס).
מאַקוליער *s.* (*pl.* ־ליאַרעס) = מעקלער.
מאַקסימום *s.* maximum מַעֲלָה הָעֶלְיוֹנָה הַמֹּדֵד הַיּוֹתֵר גְּדוֹלָה.
מאַקעטער *s.* (*pl.* ־ס) kind of earthen pot מִין סִיר חֶרֶשׂ.
מאַקערעל *s.* (*pl.* ־ן) mackerel כּוּסְיָה (מין דג).
מאַקרעטע *s.* (*pl.* ־ס) bowl for rinsing קְעָרָה לְהָדִיחַ בָּהּ.
מאָראָזשענע *s.* ice-cream גְּלִידָה.
מאָראָטשען *v. a.* to trouble, bother הַטְרֵד.
מאָראַל *s.* morals, morality מוּסָר.
מאָראַליש *adj.* moral מוּסָרִי; touching, moving, plaintive, sad נוֹגֵעַ עַד לֵב, מְעוֹרֵר עֶצֶב.
— אַ מאָראַלישער ניגון a plaintive tune נגון מעורר עצב.
מאַראַנץ *s.* (*pl.* ־ן) orange תַּפּוּחַ זָהָב.
מאָרג *s.* (*pl.* ־עס) acre צֶמֶד שָׂדֶה.
מאָרגן *s.* morning בֹּקֶר; ‖ *adv.* to-morrow מָחָר.
— גוט מאָרגן! good morning! צפרא טבא!

א) זון ווייס־רוסיש Мандзярицъ אויסנאַרן. ב) ביי לינעצקין אין „דאָס חסידישע יונגעל"; דייטש Mondkalb. ג) אין ליאַנדאָרס בריפנשטעלער: אַ מין סאַמעט, וואָס ווערט געמאַכט אין מאַנטשעסטער, ענגלאַנד. ד) ביי דיקן אין „מאַסלאָניק".

שֶׁל יוֹם מָחָר. of to-morrow *adj.* מאָרגנדיג

בַּבֹּקֶר. in the morning — צו *adv.* מאָרגנס

כּוֹכַב הַבֹּקֶר, שַׁחַר. morning-star *s.* מאָרגנשטערן

מאָרגע = מאָרג.

מאָרגעדיג = מאָרגנדיג.

רֶצַח. murder (*pl.* ־ן) *s.* מאָרד

רָצֹחַ. to murder *v. a.* מאָרדן

סַנְטֵר. chin (*pl.* ־ס) *s.* מאָרדע

הַלְאֵה, הוֹגֵעַ; to weary, tire *v. a.* מאָרדעווען
to weary *v. r.* זיך —|| ;הַשְׁלֵךְ to throw, toss
to toss ;הִתְעַנֵּה, עָמֹל oneself, work hard, plod
הִתְהַפֵּךְ, הִתְנוֹעֵעַ. about

מאָרדיצקע, פאַרקלענערוואָרט פון מאָרדע.

נְמִיָּה. marten (*pl.* ־ס) *s.* מאַרדער

מֵעוֹר שֵׂעָר שֶׁל נְמִיָּה. of marten's fur *adj.* מאַרדערן

שָׁהֹה, הָיֹה נִרְפֶּה. to be slow, delay *v. n.* מאַרודישען

אִשָּׁה נִרְפָּה. slow woman (*pl.* ־ס) *s.* מאַרודניצע

אִישׁ נִרְפֶּה. slow man (*pl.* ־עס) *s.* מאַרודניק

מַלְאֶה. wearisome *adj.* מאַרודנע

עֲבוֹדָה wearisome work (*pl.* ־ס) *s.* מאַרודע
מַלְאָה.

מֶרְץ (החדש השלישי לנוצרים). March (*month*) *s.* מאַרץ

מוֹסֵר נַפְשׁוֹ עַל קִדּוּשׁ martyr (*pl.* —) *s.* מאַרטירער
הַשֵּׁם קָדוֹשׁ.

מאָריטש = מאַגאַריטש.

one who prolongs, one who spins *s.* מַאֲרִיךְ
.— one who is slow ;— out (*in speaking*)

to prolong, spin out (*in speaking*) *v. a.* מַאֲרִיךְ זײַן
הַאֲרֵךְ (בדבור).

to spin out in speaking *v. n.* מַאֲרִיךְ־בְּדִיבּוּרים זײַן
הַאֲרֵךְ בְּדִבּוּר.

מַאֲרִיךְ־יָמִים־וְשָׁנִים זײַן *v. n.* to live long הַאֲרֵךְ יָמִים.

דָּבָר כָּבוּשׁ (ביחוד דגים). marinade *s.* מאַרינאַט

מִין חֲלִיצָה. kind of blouse (*pl.* ־ס) *s.* מאַרינאַרקע

כָּבֹשׁ. to marinate, pickle *v. a.* מאַרינירן

צִי, יַמִּיָּה; חֵיל יַמִּי. marine, navy *s.* מאַרין

מוֹחַ עֲצָמוֹת. marrow ;מוֹחַ brain *s.* מאַרך

עֶצֶם מוֹחַ; marrow-bone (*pl.* ־ער) *s.* מאַרכביין
חוּט הַשִּׁדְרָה א). back-bone, spine

מִקֶּמַח of the finest flour *adj.* מאַרמאַנסקע
הַיּוֹתֵר טוֹב.

מאַרמל = מאַרמער.

חֲבִיץ פֵּרוֹת נָזִיד. marmalade *s.* מאַרמעלאַד

שַׁיִשׁ. marble *s.* מאַרמער

שֶׁל שַׁיִשׁ. of marble *adj.* מאַרמערן

רַע הַמַּרְאֶה. ill-looking, unsightly *adj.* מאַרנע

הַכּוֹכָב מַאְדִּים. Mars *s.* מאַרס

מִין אָרֶג מִצֶּמֶר עִזִּים. mohair *s.* מאָרע

א) אין דער צווייטער באַדייטונג ביי שטראַקן.

מאָרעווקע = מוראַשקע.

דֻּבְדְּבָן הַבָּר. morello, rough cherry *s.* מאַרעלע

זיך —|| ;עַנֵּה to torment, mortify *v. a.* מאָרען
עַנֵּה אֶת נַפְשׁוֹ. to mortify oneself *v. r.*

מאַרענאַטע = מאַרינאַט.

coregonus marœna, see- (*pl.* ־ס) *s.* מאַרענע
מִין צְלֹפָח. eel

שֶׁל אָרֶג of striped mohair? *adj.* מאָרענפּאַסענע
פַּסִּים מִצֶּמֶר עִזִּים? א).

שֵׁכָר מְבֻשָּׁל בְּחֹדֶשׁ מֶרְץ. March-beer *s.* מאַרעץ

שֶׁל הַחֹדֶשׁ מֶרְץ. of March *adj.* מאַרצאָווע

— מאַרצאָווע ביר March-beer שכר מבושל בחדש מֶרץ.

מַאֲפֵה סֻכָּר marchpane (*pl.* ־עס) *s.* מאַרציפּאַן
וּשְׁקֵדִים, מַמְתַּקִּים.

מְגֻוָּן. variegated *adj.* מאַרציפּענאָווע

variegated brocade מאַרציפּענאָווע שפּאַניער —
רקמה מְגֻוָּנָה.

שׁוּק. market (*pl.* מערק, מערקער) *s.* מאַרק[1]

מַרְק (מטבע בגרמניה). mark (*pl.* ־ן) *s.* מאַרק[2]

נוֹחַ touchy ;זָר, תָּמוּהַ strange *adj.* מאַרקאָטנע
לְהִתְרַגֵּשׁ.

גּוֹנֵב market thief (*pl.* ־גַנָבים) *s.* מאַרק־||גַנב
בַּשּׁוּק.

יוֹם שׁוּק. market-day (*pl.* ־טעג) *s.* מאַרק־||טאָג

אִישׁ מוֹכֵר stall-keeper (*pl.* ־ס) *s.* מאַרק־זיצער
סְחוֹרָה בַּשּׁוּק; rude fellow אָדָם גַּס.

female stall-keeper (*pl.* ־ס) *s.* מאַרק־זיצערקע
אִשָּׁה מוֹכֶרֶת סְחוֹרָה בַּשּׁוּק; rude woman אִשָּׁה גַּסָּה.

מַרְקִיז, רוֹזֵן. marquis (*pl.* ־ן) *s.* מאַרקיז

מַרְקִיזָה. marchioness (*pl.* ־ס) *s.* מאַרקיזע

טְמֵא foul-mouthed fellow (*pl.* ־ן) *s.* מאַרק־ייִד
שְׂפָתַיִם, עַז פָּנִים.

foul-mouthed woman (*pl.* ־ס) *s.* מאַרק־ייִדענע
אִשָּׁה טְמֵאַת שְׂפָתַיִם, עַזַּת פָּנִים.

to aim ;סַמֵּן, שִׂים אוֹת to mark *v. a. n.* מאַרקירן
כַּוֵּן.

trader, merchant (*pl.* ־ן) *s.* מאַרק־מענש
סוֹחֵר.

זיך —|| ;(= מערקן) שִׂים לֵב לְ־ to mark *v. n.* מאַרקן
שַׁעֵר, דַּמֵּה. to suppose, imagine *v. r.*

אִשָּׁה טְמֵאַת foul-mouthed woman *s.* מאַרק־צוויג
שְׂפָתַיִם, עַזַּת פָּנִים.

חוֹתֶמֶת. stamp (*pl.* ־ס) *s.* מאַרקע

begone! *int.* || ;הֲלִיכָה march (*pl.* ־ן) *s.* מאַרש
צֵא!

אֲחוֹרַיִם, שֵׁת ב). arse *s.* מאָרש

א) ביי לינעצקין אין „דאָס חסידישע יונגעל“. ב) מאָרש איז מסתמא פון דייטש Arsch (ענליך אין האָלענדיש naars אַנשטאָט aars).

מאַרשאַל s. (pl. ן -) marshal מַצְבִּיא.
מאַרשטשקע s. (pl. ס -) wrinkle קֶמֶט.
מאַרשירן v. n. to march צָעַד.
מאַרשלוט = מאַרשרוט.
מאַרשעליק s. (pl. עס -) joculator, jester (at [weddings) בַּדְחָן.
מאַרשרוט s. (pl. ן -) route דֶּרֶךְ הַמַּסָּע.
מאַשוס־אָקס s. (pl. ן -) musk-ox מֶשֶׁק.
מאַשטירן = מושטירן.
מאַשטש = מאַסץ.
מאַשטשען זיך v. r. to find a place מָצָא לוֹ מָקוֹם.
מאַשין s. (pl. ען -) machine מְכוֹנָה.
מאַשינאָווע adj. made by machine עָשׂוּי עַל יְדֵי מְכוֹנָה.
מאַשינוסט s. (pl. ן -) machinist מְכוֹנַן מְכוֹנָה.
מאַשינעריי = מאַשינעריע.
מאַשינעריע s. machinery, mechanism מְכוֹנָה. מַנְגְּנוֹן.
מאַשליאַנקע, מאַשלינקע = מאַסליאַנקע.
מאַשעניק s. (pl. עס -) rogue, shark, rascal רַמַּאי. נוֹכֵל, נָבָל, בֶּן בְּלִיַּעַל.
מאַשענסטווע s. (pl. ס -) roguery, rascality רַמָּאוּת. נְכָלִים.
מאַשענעווען v. n. to sharp, cheat רִמָּה, עָשָׂה מַעֲשֵׂה רַמַּאי.
מאַשץ = מאַסץ.
מאַשרוט = מאַרשרוט.
מְבָאר s. (מְבָארים .pl) exegete, exegetist -.
מְבָאר זײַן v. a. to expound, explain -.
מְבוּזה ווערן v. p. to be degraded הִתְבַּזָּה.
מְבוּטל adj. null. void, made void -.
מְבוּיש ווערן v. p. to be abashed, be shamed הִתְבַּיֵּשׁ.
מְבוּכה s. (מְבוּכות .pl) embarrassment -; con- fusion -.
מַבּול s. (pl. ס -) flood, deluge -.
מְבוּלבל ווערן v. p. to be confused הִתְבַּלְבֵּל.
מְבוּלבלקייט s. confusion בִּלְבּוּל.
מְבוּסם, - דיג adj. tipsy, drunk, intoxicated שִׁכּוֹר.
מְבַזה זײַן v. a. to put to shame הַלְבֵּן, בַּיֵּשׁ.
מַבחין זײַן v. a. to distinguish הַבְחֵן.
מַבטיח זײַן v. a. to assure, promise הַבְטֵחַ.
מְבַטל זײַן v. a. to annul, make void בַּטֵּל; to ignore, הַקְטֵן עֵרֶךְ; belittle, make little of disregard לֹא שִׂים לֵב לְ־.
מִבֶּטן אִמו phr. from his mother's womb, from his birth -.
מְבַיש זײַן v. a. to abash, shame בַּיֵּשׁ.
מֵבין s. (מְבִינים .pl) judge, connoiseur, expert -.
מֵבין־בְּלָשון זײַן v. n. to understand the language שָׁמֹעַ אֶת הַלָּשׁוֹן.
מְבינה s. (מְבִינות .pl) female connoisseur, ex- pert -.
מְבינות s. knowledge יְדִיעָה בְדָבָר.
מְבינטע, מְבינת = מְבִינָה.
מֵבין־כָּל־דִיבּור זײַן v. n. to understand every word שָׁמֹעַ כָּל מִלָּה.
מֵבין־כָּל־דָבָר s. one who understands every word -; one who understands every thing -.
מְבִיש זײַן = מְבַייש זײַן.
מְבַלבל זײַן v. a. to confuse בַּלְבֵּל.
מְבַער זײַן v. a. to clear, remove בַּעֵר.
מְבַער־חָמץ זײַן v. n. to remove the leaven (on the eve of Passover) בַּעֵר חָמֵץ.
מְבַקר s. (מְבַקְרים .pl) critic -.
מְבַקר־חולה זײַן v. n. to visit a sick person בַּקֵּר חוֹלֶה.
מְגַדל זײַן v. a. to bring up גַּדֵּל.
מָגו = מִיגו.
מְגוּלגל ווערן v. n. to transmigrate הִתְגַּלְגֵּל. הִכָּנֵס בְּגוּף אַחֵר; to be metamorphosed פָּשֹׁט צוּרָה וְלָבֹשׁ צוּרָה; to appear הִמָּצֵא.
— מגולגל ווערן אין אַ הונט to transmigrate into a dog הכנס נשמת איש בגוף כלב; to be meta- morphosed into a dog לבש צורת כלב. הֵהָפֵךְ לכלב.
— מגולגל ווערן אין אַ ארט to appear in a place המצא במקום. התגלגל במקום.
מְגושם, - דיג adj. material גַּשְׁמִיִּי; clumsy גַּס.
מְגושמקייט s. materiality גַּשְׁמִיּוּת; clumsiness גַּסּוּת.
מְגַזם זײַן v. a. to exaggerate גַּזֵּם. הַגְזֵם.
מַגיד s. (מַגִידים .pl) preacher -.
מַגידות s. profession of a preacher -; prea- ching -.
מַגידקע s. (pl. ס -) preachear's wife אֵשֶׁת הַמַּגִּיד.
מַגידטע s. (pl. ס -) woman-preacher אִשָּׁה דַּרְשָׁנִית.
מַגיה s. (מַגִיהים .pl) reviser -; proof-reader -.
מַגיה זײַן v. a. to revise הַגִּיהַּ. עַיֵּן מֵחָדָשׁ; to correct הַגִּיהַּ. תַּקֵּן.
מְגַייר זײַן v. a. to convert to Judaism גַּיֵּר;
|| - זיך v. r. to be converted to Judaism הִתְגַּיֵּר.
מְגִילה s. (מְגִילות .pl) roll, book-roll -; the Book of Esther מְגִלַּת אֶסְתֵּר; lengthy letter (fig.) מִכְתָּב אָרֹךְ.

מְהוּמה *s.* (מְהוּמות *pl.*) tumult, turmoil, dis- turbance –, שָׁאוֹן, רַעַשׁ.

מהומהדיג *adj.* tumultuous שְׁאוֹנִי, רוֹעֵשׁ.

מהור״ר *abbr.* = מוֹרֵנוּ הָרַב וְרַבֵּנוּ רַב our teacher the scholar, and our master, Mr.– (*title written before the name of an eminent rabbi or Talmudic scholar*) –.

מַהוּת *s.* essence, nature, quality –, תְּכוּנָה, טֶבַע.

מַהוּת־מענש *s.* (– ן *pl.*) man of quality אָדָם שֶׁיֵּשׁ לוֹ עֵרֶךְ.

מַה־טּוב *adv.* well and good טוֹב מְאֹד, טוֹב.

מֵהַיּוֹם־וָהָלְאָה *adv.* from this day on, hence- forth –.

מְהֵיכִי־תֵּיתִי = מאַכּטוֹוּסע.

מה־יַעשהניק *s.* (– עס *pl.*) licentious fellow הוֹלֵל; בַּטְלָן idler.

מַה־יָּפִית *s.* "how fair thou art," title of a Sabbath hymn שֵׁם שִׁיר יָדוּעַ לְשַׁבָּת.

— (*id.*) זוננגען מה־יפית to cringe, to be servile התרפס, הִכָּנַע א).

מַה־יָּפִיתניק *s.* (– עס *pl.*) a Jew who has no national pride יְהוּדִי שֶׁאֵין לוֹ גַּאֲוָה לְאֻמִּית; cringer אָדָם מִתְרַפֵּס, אִישׁ מַכְנִיעַ אֶת עַצְמוֹ.

מַה יָּקָר *phr.* "how dear," how much? what is the price? מַה הַמְּחִיר?

מְהִירוּת *s.* skill, dexterity; – quickness, speed –, זְרִיזוּת, חֲרִיצוּת.

מַהֲלָך *s.* (– ן *pl.*) way, distance –, דֶּרֶךְ, מֶרְחָק; great distance מֶרְחָק רַב.

מַהֲלָךְ־רַב *s.* great distance –, מֶרְחָק רַב.

מַה לְּקָרֵב וּמַה לְּרַחֵק *phr.* what to accept and what to reject –.

מַה מָּצִינוּ *phr.* as we find in another case –.

מְהַנֶה זײַן *v. a.* to benefit הֵנָה.

מה נִשְׁתַּנָּה *phr.* (*phrase* wherefore is different? *in the Haggada beginning a series of questions concerning the night of Passover*) –.

— א חכם פֿון מה נשתנה a sage of the Passover questions, a fool חכם השואל שאלת מה נשתנה, שוֹטֶה.

מַהסְתָּם = מִסְתָּמא.

מְהַפֵּךְ זײַן *v. a.* to turn into הָפַךְ לְ־.

מַהפֵּכה *s.* (מַהפֵּכות *pl.*) overthrow, ruin, destruction –.

א) די באַדײַטונג פֿון מה־יפית נעמט זיך דערפֿון, וואָס אַמאָל פֿלעגן פּוילישע פּריצים פֿון שפּאַס וועגן צווינגען יידן צו זינגען די זמירה און זיי פֿלעגן עס נעבעך טאָן מיט גרויס הכנעה.

— (*id.*) שרײַבן אַ גאַנצע מגילה to write a very long letter כתב מכתב ארך מאד.

מְגִילת־אֶסְתּר *s.* the Book of Esther –.

מָגֵן זײַן *v. a.* to defend הֵגֵן.

מַגֵּיפה = מַגֵּפה.

מַגֵּיר זײַן = מְגַייר זײַן.

מְגַלֶּה זײַן *v. a.* to reveal, disclose גִּלָּה.

מְגִלָּה = מְגִילָּה.

מְגִלַּת־אֶסְתּר = מְגִילַּת־.

מָגֵן־דָּוִד *s.* (– ן, – ס *pl.*) "David's shield," hexagram תְּמוּנַת שֵׁשׁ קְצָווֹת.

מַגע־וּמַשָּׂא *s.* intercourse, contact –.

מַגֵּפה *s.* (מַגֵּפות *pl.*) plague, epidemic –.

מְגַשֵּׁם זײַן *v. a.* to materialise הִגְשִׁים.

מִדְאורײַתא *adv.* according to the Mosaic law –.

מִדְבּר *s.* (מִדְבָּריות *pl.*) desert, wilderness –.

מִדה, מִדת־ = מִידה, מִידת־.

מְדוּבּר *s.* agreement, understanding –.

מַדְחה זײַן *v. a.* to repel דָּחָה.

מְדִידה *s.* geometry –.

מְדִינה *s.* (מְדִינות *pl.*) country, province –; state –.

מַדְפִּיס *s.* (מַדְפִּיסים *pl.*) printer, publisher –.

מְדַקְדֵק זײַן *v. n.* to be particular, be strict דִּקְדֵּק.

מִדְרַבָּנָן *adv.* according to the Rabbinic law –.

מַדְרֵגה = מַדְרֵיגה.

מַדְרֵיגה *s.* (מַדְרֵיגות *pl.*) degree, class –; condition –, מַצָּב.

מַדְריך זײַן *v. a.* to guide הַדְרִיךְ; to teach לִמֵּד.

מִדְרש *s.* (מִדְרָשים *pl.*) Midrash, homiletical exposition of the Scriptures –.

מֵהַאי־טַעמא *adv.* for this reason –, מִטַּעַם זֶה.

מַה־בְּכַּך *phr.* what does it matter? –.

מַה־דָאךְ *conj.* if אִם א).

מְהַדר זײַן *v. n.* to be particular, be strict דִּקְדֵּק (במצוות).

מְהַדר־בְּמִצְוות *s.* one who is strict in matters of religion –.

מְהַדר־מִן־הַמְהַדְרים *s.* (מְהַדְרים־ *pl.*) one who is extremely pedantic –.

מֵהוֹדו וְעַד כּוּשׁ *phr.* "from India to Ethiopia," a very great distance מֶרְחָק רַב.

מְהוּדר *adj.* (מְהוּדָּרים *pl.*) very fine, choice –, נִבְחָר.

מְהוּדרדיג = מְהוּדר.

א) מה־דאך ווערט באַנוצט אַנשטאָט אויב אין אַ קל־וחומר.

מַה פִּשְׁעִי וּמַה חַטָּאתִי *phr.* what is my sin and what is my fault?

מְהַרְהֵר זײַן to think הִרְהֵר.

— מהרהר זײַן אויף אימעצן to suspect a person חשד איש.

מְהַרְהֵר־בִּתְשׁוּבה זײַן *v. n.* to think of repentance הִרְהֵר בִּתְשׁוּבָה.

מה רַעַש *phr.* what is all this noise about?

מַהַרְשָׁ"אָ *abbr.* = מוֹרֵנוּ הָרַב שְׁמוּאֵל אֵידֶלש our teacher, the scholar, Samuel Edels; — his commentary on the Talmud.

מַהַרְשָׁ"אָ־קאָפּ *s.* (*pl.* ־קעפּ) subtle mind שֵׂכֶל חָרִיף.

מַה שְּׁמֶךָ, מַה שִּׁמְכֶם *phr.* what is your name?

מַה שִּׁנּוּי *phr.* what is the difference?

מו *int.* moo גְּעִיַּת פָּרָה.

מוּבָן מֵאֵילָיו *phr.* it is self-evident, it is plain.

מוֹדה זײַן *v. n.* to confess, own הוֹדָה.

מוֹדה־אני *s.* "I give thanks," prayer said upon rising.

מוֹדה־וּמִתְוַדה זײַן זיך *v. r.* to earnestly confess הוֹדָה בְּלֵבָב שָׁלֵם.

מוֹדים *s.* "we give thanks," a certain prayer —, תְּפִלָּה יְדוּעָה.

מוֹדיע זײַן *v. a.* to inform, notify הוֹדִיעַ.

מוֹדָעה *s.* (*pl.* מוֹדָעוֹת) announcement, advertisement —, הוֹדָעָה.

מוֹהל *s.* (*pl.* מוֹהלים) circumciser.

מוֹהל־מעל *s.* circumciser's powder (*in which the cut off prepuce is put*) אָבָק שֶׁל מוֹהֵל (לשום בו את ערלת הנטול).

מוֹהל־מעסער *s.* (*pl.* ־ס) circumcision knife אִזְמֵל שֶׁל מוֹהֵל.

מוֹהלשאַפט *s.* (*pl.* ־ן) profession of a circumciser אוּמָנוּת שֶׁל מוֹהֵל; circumcision מִילָה.

מְוַתּר זײַן *v. a.* to forgo, give up וִתֵּר, מָחַל.

מוּז *s.* (*pl.* ־ן) absolute obligation, necessity חוֹבָה; הֶכְרֵחַ גָּמוּר.

מוּזיק *s.* music מוּסִיקָה, נְגִינָה, זִמְרָה.

מוּזיקאַליש *adj.* musical מוּסִיקִי.

מוּזיקאַנט *s.* (*pl.* ־ן) musician מְנַגֵּן, נוֹגֵן.

מוּזיקע = מוּזיק.

מוּזיקער = מוּזיקאַנט.

מוּזן *v. n.* must, to be obliged הָיָה חַיָּב, הָיָה מֻכְרָח, הָיָה צָרִיךְ.

— איך מוז גיין I must go צריך אני ללכת.

— עס מוז שוין זײַן שפּעט it is probably late נראה שהוא מאוחר.

מוּזע *s.* (*pl.* ־ס) muse בַּת־הַשִּׁירָה.

מוּזעאום *s.* (*pl.* ־ס) museum מוּזֵאוֹם (בית אוצר לדברים עתיקים).

מוּזשיק *s.* (*pl.* ־עס) peasant, farmer, countryman אִכָּר, כַּפְרִי.

מוּזשיצקע *adj.* of peasant שֶׁל אִכָּר.

מוֹח *s.* (*pl.* מוֹחות) brains; — head ראש.

מוֹח־קנײַטש *s.* (*pl.* ־ן) thinking, deliberation מַחֲשָׁבָה, שִׁקּוּל דַּעַת.

מוּחזק *s.* (*pl.* מוּחְזָקים) one who is considered to be.

— ער איז אַ מוחזק פֿאַר אַן ערליכן יידן he is considered to be a sincere Jew הוא נחשב ליהודי נאמן.

מוֹחל זײַן *v. a.* to forgive מָחַל.

— זײַט מוחל I beg your pardon במחילת כבודך, please הואל נא.

מוּחרם *adj.* excommunicated.

מוּט *s.* courage אֹמֶץ לֵב.

— זײַן צו מוט to be in good humor היה במצב־רוח טוב.

מוּטוויליג *adj.* wanton, wicked שׁוֹבָב.

מוּטוויליגן *v. n.* to act proudly *or* wickedly עָשָׂה בְּזָדוֹן.

מוּטוויליגקײַט *s.* wantonness שׁוֹבָבוּת, זָדוֹן.

מוּטיג *adj.* courageous עַז הָרוּחַ, אַמִּיץ הַלֵּב; ‖ ־קײַט *s.* courage אֹמֶץ לֵב.

מוּטל זײַן *v. n.* to be incumbent on הָיָה מוּטָל עַל־.

מוּטל־בְּסָפֵק *adj.* thrown in doubt, doubtful.

מוּטלפערל = פּערלמוטער.

מוּטנע *adj.* turbid, troubled דָּלוּחַ, עָכוּר; ‖ ־קײַט *s.* turbidness עֲכִירוּת.

מוּטער *s.* (*pl.* ־ס) mother אֵם; womb רֶחֶם.

מוּטערלײַב *s.* womb רֶחֶם.

מוּטערפערל = פּערלמוטער.

מוּטערקע *s.* (*pl.* ־ס) screw-nut אֵם הַבֹּרֶג.

מוּטער־קרענק *s.* disease of the womb מַחֲלַת הָרֶחֶם.

מוּטער־שפּיגל *s.* metroscope, speculum uteri רְאִי הָרֶחֶם.

מוּטער־שפּראַך *s.* (*pl.* ־ן) mother-tongue, native language לְשׁוֹן עַמּוֹ.

מוּטשנישטשקע *s.* (*pl.* ־ס) meal-woman מוֹכֶרֶת קֶמַח.

מוּטשניק *s.* (*pl.* ־עס) meal-man, flour-dealer מוֹכֵר קֶמַח.

מוטשען v. a. to torment, torture עִנָּה.

מוטשענינע s. (pl. –ס) torture עִנּוּי.

מוטשעניק s. (pl. –עס) martyr מְעֻנֶּה עַל קִדּוּשׁ הַשֵּׁם, קָדוֹשׁ.

מויד s. (pl. מיידן) maid נַעֲרָה זְקֵנָה; servant אָמָה, שִׁפְחָה.

מוידווייז adv. in maidenhood בִּהְיוֹתָהּ פְּנוּיָה.

מויז s. (pl. מייז) mouse עַכְבָּר.

מויל s. (pl. מיילער) mouth פֶּה; mouth (geogr.) (of a river) שְׂפַת נָהָר.
— אריינלייגן אימעצן אין מויל to give a person his cure שים דברים בפי איש.

מויל־איזל s. (pl. –ען) mule פֶּרֶד.

מויל‖באנד s. (pl. –בענדער) = מוילשלאָס.

מויל־גְזֵילה s. theft of food גְּנֵבַת מָזוֹן.

מוילוואָרף s. (pl. –ן) mole חֹלֶד.

מויל־מעל = מוהל־מעל.

מויל‖שלאָס s. (pl. –שלעסער) muzzle מַחְסוֹם אוֹ סוֹגֵר לַפֶּה.

מויער s. (pl. –ן) wall חוֹמָה; brick-house בֵּית אֲבָנִים.

מויערן v. a. to build (in stone or brick) בָּנֹה (בנין אבנים).

מויערער s. (pl. –) mason, bricklayer גּוֹדֵר, בַּנַּאי, מַנִּיחַ לְבֵנִים.

מויערקאָפּ = מערקאָפּ.

מוכאָמאָר s. (pl. –עס) fly-mushroom, toad-stool פִּטְרִיַּת הַזְּבוּבִים.

מוכ"ז abbr. = מוֹסֵר כְּתָב זֶה bearer of this writing, presenter –.

מוכיח s. (pl. מוכיחים) preacher, exhorter –.

מוכן־ומזומן adj. quite ready –.

מוכן־לפורעניות adj. liable to the punishments of God, liable to misfortunes –.

מוכס s. (pl. מוכסים) tax-collector –.

מוכר s. (pl. מוכרים) seller, vender, dealer –.

מוכר־ספרים s. (pl. מוכרי־) bookseller –.

מוכר־ספרימניק = מוכר־ספרים.

מוכר־תבואה s. (pl. מוכרי־) dealer in grain, corn-merchant –.

מולאַט s. (pl. –ן) mulatto בֶּן תַּעֲרוּבוֹת (מאנשים לבנים וכושים).

מולאַטקע s. (pl. –ס) mulatto woman בַּת תַּעֲרוּבוֹת (מאנשים לבנים וכושים).

מולב = מילב.

מולד s. (pl. מולדות) new moon –.

מולטער s. (pl. –ס, מילטער) trough עֲרֵבָה.

מוליאַר s. (pl. –עס) mason, bricklayer בַּנַּאי בָּאֲבָנִים, מַנִּיחַ לְבֵנִים.

מוליאַרסקע adj. of mason, of bricklayer שֶׁל בַּנַּאי בָּאֲבָנִים, שֶׁל מַנִּיחַ לְבֵנִים; of masonry שֶׁל בַּנָּאוּת בָּאֲבָנִים.

מוליען v. a. to rub, press חַכֵּךְ, לָחֹץ.

מוליער = מוליאַר.

מולירן v. a. to deceive, dupe רַמֵּה[א].

מולך־בכיפה s. ruler of the universe –.

מום s. (pl. מומים) defect, blemish, deformity –.

מומחה s. (pl. –ס, מומחים) expert, specialist –.

מומחהנטע s. (pl. –ס) female expert מוּמְחָה.

מומיע s. (pl. –ס) mummy חָנוּט.

מומלען v. n. to murmur, whisper לָחֹשׁ; to speak in an undertone דַּבֵּר בְּלַחַשׁ.
— מע מומלט it is whispered אנשים מתלחשים.

מומע s. (pl. –ס) aunt דּוֹדָה.

מומר s. (pl. מומרים) apostate –.

מומר־להכעיס s. (pl. מומרים־) one who oposta-tises out of spite מֵמִיר דָּתוֹ לְהַכְעִיס; one who openly violates the commands of religion עוֹבֵר עַל חֻקֵּי הַדָּת בְּפַרְהֶסְיָא.

מום־רע s. bad fault –.

מונדיר s. (pl. –ן) uniform בֶּגֶד שְׂרָד.

מונדשטיק s. (pl. –ן, –עס) mouth-piece, pipe tip קְצֵה קָנֶה מְקַטֶּרֶת; cigar mouth-piece קָנֶה מְקַטֶּרֶת לְסִיגָרִים.

מונטער adj. lively, sprightly מָלֵא חַיִּים, עֵר; ‖ –קייט s. liveliness עֵרוּת.

מוניציע s. munition מַכְשִׁירֵי הַזִּיּוּנוֹת (לאנשי צבא).

מונשטיק = מונדשטיק.

מוסטער s. (pl. –ן) sample דּוּגְמָה; pattern דְּמוּת, תַּבְנִית; example מוֹפֵת.

מוסטערקאַרטע s. (pl. –ס) sample-card כַּרְטִיסִים שֶׁל דּוּגְמוֹת (מסחורה).

מוסיף זיין v. a. to add, increase הוֹסִיף.
— מוסיף זיין אויף אימעצנס שכירות to raise a person's wages הוסיף על משכרתו.

מוסירן v. n. to effervesce תָּסֹס, רָתֹחַ (יין).

מוסכם adj. agreed upon –.

מוסל‖מאַן s. (pl. –מענער) Mussulman מֻשְׁלְמִי (מאמין בדת מחמד).

מוסמך s. (pl. מוסמכים) one ordained as Rabbi –.

מוסף s. (pl. מוספים) the additional service for Sabbaths and festivals –.

מוסקול s. (pl. –ען) muscle שְׁרִיר.

מוסקולעז adj. muscular בַּעַל שְׁרִירִים חֲזָקִים.

מוסקע s. (pl. –) style of arranging the hair on the forehead אוֹפֶן סְרִיקַת הַשְּׂעָרוֹת עַל הַ···

א) פון פויליש mylić, פארפירן, אפנארן.

מוסר s. words of reproof; — morals, ethics דִּבְרֵי מוּסָר; example מוֹפֵת לְמוּסָר.

— זאָגן מוסר to moralise יַסֵּר, הוֹכִיחַ.

— אַראָפּנעמען זיך אַ מוסר פֿון... to take an example from... לָקֹחַ מוּס׳ מ־.

מוסר s. (מוֹסְרִים .pl) informer, denouncer, delator —.

מוסר זיין v. a. to deliver מָסֹר.

מוסר־הַשְׂכֵּל s. (ס— .pl) wise instruction; — moral (of a fable); example מוֹפֵת לְמוּסָר; לֶקַח מוּסָר (של משל).

מוסר־זאָגער s. (ס— .pl) moralist מוֹכִיחַ.

מוסר־מוד״ה זיין v. n. to declare openly, to warn הוֹדִיעַ בָּרַבִּים, הַזְהֵר.

מוסרן v. a. to preach morals יַסֵּר, הוֹכִיחַ.

מוסרניק s. moralist בַּעַל מוּסָר; one who belongs to the school of moralists אֶחָד מִבַּעֲלֵי הַמּוּסָר.

מוסר־נֶפֶש זיין זיך v. r. to lay down or sacrifice one's life מָסֹר נַפְשׁוֹ.

מוסר||סֵפֶר s. (סְפָרִים— .pl) book of moral instruction סֵפֶר מוּסָר.

מוסר־שטיבל s. (עך— .pl) school of the moralists בֵּית לִמּוּד לְבַעֲלֵי הַמּוּסָר.

מועד s. one who is apt to do mischief —.

מועל־בִּשְׁלִיחוּת זיין v. n. to abuse one's mission מָעֹל בִּשְׁלִיחוּת.

מוף, מופֿטע s. (ס— .pl) muff יְדוֹנִית.

מוּפְלָא s. (מוּפְלָאִים .pl) wonderful man —.

מוּפְלָג s. (מוּפְלָגִים .pl) distinguished scholar —.

מוּפְלְגֵי־תּוֹרה s. pl. distinguished scholars of the Law —.

מופן v. n. to move (Am.) הַעְתֵּק דִּירָתוֹ.

מופֿע = מוף, מופֿטע.

מוּפְקָר s. (מוּפְקָרִים .pl) libertine, licentious fellow הוֹלֵל, אִישׁ שׁוֹבָב; daring man אַמִּיץ לֵב.

מוֹפֵת s. (מוֹפְתִים .pl) sign, proof; — miracle, — פֶּלֶא, נֵס.

מוצא־חֵן זיין v. n. to find grace מְצֹא חֵן.

מוֹצָאֵי־יום־טוב s. close of holiday (night of the last day of a festival) —.

מוֹצָאֵי־יוֹם־כִּפּוּר s. close of the Day of Atonement —.

מוֹצָאֵי־שַׁבָּת s. close of the Sabbath (saturday night) —.

מוציא s. (ס— .pl) slice (of bread) חֲתִיכָה (של לחם); ז. הַמּוֹצִיא.

מוציא זיין v. a. to free a person from a duty by performing it oneself הוֹצִיא, פַּטֵּר אִישׁ מֵחוֹבָה; to spread (an evil report) הוֹצִיא (לעז).

מוציא־לַעַז זיין v. n. to spread an evil report הוֹצִיא לַעַז.

מוציא־שֵׁם זיין v. n. to spread a rumor הוֹצִיא שְׁמוּעָה.

מוציא־שֵׁם־רַע זיין v. n. to spread an evil report, to slander הוֹצִיא שֵׁם רָע, הוֹצִיא דִּבָּה.

מוציא־שְׁנָתוֹ זיין to live to the end of the year מַלֵּא שְׁנָתוֹ.

מוּצְלָח s. (מוּצְלָחִים .pl) lucky man אִישׁ מַצְלִיחַ.

מוצ״ש abbr. = מוֹצָאֵי־שַׁבָּת.

מוצש״ק abbr. = מוֹצָאֵי־שַׁבָּת־קוֹדֶשׁ.

מוק s. (ן— .pl) gnat יַתּוּשׁ.

מוקיר־רַבָּנָן s. admirer of learned men —.

מוקנשמאַלץ s. "gnat's fat," non-existent article דָּבָר שֶׁאֵינוֹ בִּמְצִיאוּת א).

— (.id) עס איז דאָרט דאָ פֿון מוקנשמאַלץ there there of everything יֵשׁ שָׁם מִכָּל דָּבָר.

מוקען v. n. to moo, to low גָּעֹה פָּרָה.

מוּקְצֶה adj. improper to the touch (on Sabbath) —.

מוּקְשֶׁה adj. difficult to understand —.

מוֹרָא s. (ס—, מוֹרָאוֹת— .pl) fear, fright —, אֵימָה; — apprehension, anxiety —, דְּאָגָה.

— האָבן מורא to fear, be afraid יָרֹא, פַּחֹד.

מוראדיג adj. fearful, frightful, dreadful נוֹרָא.

מורא־נַפְשניק s. (עס— .pl) terrible man אִישׁ נוֹרָא.

מוראַשקע s. (ס— .pl) ant נְמָלָה.

מוּרְגָל adj. experienced —.

מורד זיין v. n. to rebel, revolt מָרֹד.

מורד־בְּמַלְכוּת s. (מוֹרְדִים־ .pl) one who rebels against the government —.

מורד־בְּמַלְכוּת־זיין v. n. to rebel against the government מָרֹד בְּמַלְכוּת.

מורה־דֶרֶך s. guide —.

מורה־הוֹרָאָה s. (מוֹרֵי־הוֹרָאוֹת .pl) one who decides matters of rabbinical law, a rabbi —, רַב.

מורה־מוֹרֵנוּ s. (ס— .pl) a great scholar רַבָּן גָּדוֹל.

מורזע s. (ס— .pl) person with a dirty face אָדָם עִם פָּנִים מְלֻכְלָכִים.

מוריד זיין v. a. to lower, detract הוֹרִיד, הַקְטֵן עֶרֶךְ.

— דאָס איז נוט מעלה און נוט מוריד this neither adds nor detracts זֶה אֵינוֹ מַעֲלֶה וְאֵינוֹ מוֹרִיד.

מוֹרַי־וְרַבּוֹתַי s. pl. my masters and sirs —.

א) פֿון דייטש Mückenfett.

מורין *s.* (–ען, –עם *pl.*) Moor כּוּשִׁי.

מורינקע *s.* (–ס *pl.*) Moorish woman כּוּשִׁית.

מורמלען *v. n.* to murmur, whisper לָחֹשׁ; to mutter, mumble רַטֵּן.

— מורמלען אויף אימעצן to murmur against a person התלונן על איש; רנן אחרי איש.

מוֹרֵנוּ *s.* "our master," one of the degrees conferred by Talmudical academies (*formerly in Poland*) אֶחָד מִכִּנּוּיֵי הַכָּבוֹד שֶׁנָּתְנוּ לְגוֹמְרֵי הַיְשִׁיבָה (לפנים בפולין).

מוּרְשֶׁה *s.* (–ס, מוּרְשִׁים *pl.*) plenipotentiary, deputy –.

מושב *s.* settlement, colony –; residence, home –.

מושב־זְקֵנִים *s.* (–ס *pl.*) home for aged people –.

מושׂג *s.* (מוּשָׂגִים *pl.*) conception –,

מושוה = מוּשְׁוֶה.

מוּשְׁוֶה ווערן *v. n.* to agree, come to terms הִשְׁתַּוֵּה, הִתְפַּשֵּׁר.

מושטיר *s.* (–ן *pl.*) drilling, military exercise חִנּוּךְ הַצָּבָא.

מושטירונג = מושטיר.

מושטירן *v. a.* to drill חַנֵּךְ צָבָא.

מוּשְׂכָּל־רִאשׁוֹן *s.* first conception –; axiom –.

מושל *s.* (מוֹשְׁלִים *pl.*) ruler –; supreme judge (*fl.*) רֹאשׁ הַשּׁוֹפְטִים; chief of police (*fl.*) רֹאשׁ הַמִּשְׁטָרָה.

מושלין *s.* muslin מַלְמָלָה.

מושלינען *adj.* of muslin שֶׁל מַלְמָלָה.

מוּשְׁלָם *s.* (מוּשְׁלָמִים *pl.*) highly accomplished man –.

מוּשְׁלֶמֶת *s.* (–ן *pl.*) highly accomplished woman –.

מושקאט *s.* (–ן *pl.*) nutmeg אֱגוֹז מוּשְׁקָט; muscadel יֵין מוּשְׁקָט.

מושקאט־||בוים *s.* (–בײמער *pl.*) nutmeg-tree עֵץ הַמּוּשְׁקָט.

מושקאט־בלוּט *s.* (–ן *pl.*) flower of the nutmeg-tree נִצַּן עֵץ הַמּוּשְׁקָט.

מושקאט־קויל *s.* (–ן *pl.*) nutmeg אֱגוֹז מוּשְׁקָט.

מושקע *s.* (–ס *pl.*) kind of jacket for women מִין בֶּגֶד קָצָר לְנָשִׁים.

מושקעט = מושקאט.

מושקעט־בלוּט = מושקאט־.

מושקעט־קויל = מושקאט־.

מוּתּר = מֻנּוּתּר.

מוּתָּר *adj.* allowed, permitted (*by law*) –.

מוֹתָר *s.* rest, remainder –.

מוֹתָרוֹת *s. pl.* luxury –.

מוּתָּר לָךְ thou art relived (*formula used phr. in relieving a person of a vow*) –.

מִזְבֵּחַ *s.* (מִזְבְּחוֹת *pl.*) altar –.

מִזְבֵּחַ־געלט *s.* sacred money כֶּסֶף קֹדֶשׁ.

מֶזֶג *s.* temper, nature, disposition –, טֶבַע, תְּכוּנָה.

מֶזֶג־טוֹב *s.* good nature, gentle heart –.

מִזְדַּמֵּן זײַן זיך *v. r.* to happen, to chance הִזְדַּמֵּן.

מַזְהִיר זײַן *v. a.* to warn הַזְהֵר.

מְזֻוָּג = מְזווג.

מְזַוֵּוג זײַן *v. a.* to pair, couple, match זַוֵּג.

מְזַוֵּוג־זִוּוּגִים *s.* coupler, match-maker (*said of God*) –.

מְזוּזָה *s.* (מְזוּזוֹת *pl.*) door-post amulet, mezuzah –.

מזומן *s.* (מְזֻמָּנִים *pl.*) ready money, cash כֶּסֶף מְזֻמָּן; a company of three men חֲבוּרָה שֶׁל שְׁלשָׁה אֲנָשִׁים.

— בענטשן מזומן to say grace in a company of three ברך ברכת המזון בחבורה של שלשה אנשים.

מְזוֹנוֹת *s. pl.* food –; alimony –, כַּלְכָּלָה; benediction on various kinds of food בִּרְכַּת מְזוֹנוֹת.

מְזוֹן־סְעוּדָה־אַחַת *s.* food for one meal –.

מז״ט *abbr.* = מַזָּל־טוֹב.

מֵזִיד *s.* one who acts wickedly, one who offends wittingly –.

מְזַיֵּיף זײַן *v. a.* to falsify, forge –.

מַזִּיק *s.* (מַזִּיקִים *pl.*) mischievous fellow –; daring man, dare-devil אִישׁ אַמִּיץ לֵב; clever man אָדָם חָרוּץ; demon, devil –, שֵׁד.

מַזִּיק זײַן *v. a.* to hurt, injure –.

מַזִּיקן = מַזִּיק זײַן.

מְזַכֶּה זײַן *v. a.* to favor זַכֵּה; to entitle זַכֵּה.

מַזְכִּיר־זײַן *v. a.* to remind הַזְכֵּר.

מַזְכִּיר־נְשָׁמוֹת זײַן *v. n.* to say the memorial prayer for the dead אֱמֹר תְּפִלַּת הַזְכָּרַת נְשָׁמוֹת.

מַזָּל *s.* (מַזָּלוֹת *pl.*) star, planet –; sign of the zodiac –; luck, fortune –.

— (*iro.*) א מזל (ס'מזל) אויף אים וואָס ער ווײס! he knows pretty much, indeed! יודע הוא הרבה באמת!

— (*id.*) שטײן אויף אימעצנס מזל to be a person's mascot (*at games*) עמד אצל איש בתור מביא הצלחה (במשחקים).

מַזָּל־בְּרָכָה *s.* prosperity, success הַצְלָחָה; abundance (*of a crop*) שֶׁפַע (בתבואות השדה).

מַזָּלדיג *adj.* lucky בַּעַל מַזָּל, מַצְלִיחַ; מֵבִיא הַצְלָחָה.

מְזַלְזֵל זיין v. a. to cheapen הוזל; to disregard, slight זִלְזֵל.

מְזַלְזֵל־מקח זיין v. n. to cheapen, reduce the price הוזל מְחִיר.

מַזל־טוב int. (congratulation) good luck! –.

– :עבן מזל־טוב to congratulate ברך בהצלחה.

מַזל־טובֿ s. (– ס pl) family feast חַג מִשְׁפָּחָה.

מִזְמוֹר s. (מִזְמוֹרים pl.) psalm –.

– (id.) ווי אַ מזמור fluently במרוצה, במהירות.

מִזְנה זיין v. n. to commit adultery, to whore זָנָה.

מְזָרֵז זיין v. a. to urge on, hurry on זֵרֵז.

מִזרח s. (מִזרחים pl.) East –; picture hung on the Eastern wall תְּמוּנָה שֶׁשָּׂמִים עַל הַקִּיר הַמִּזְרָחִי (בבית הכנסת או בבית פרטי).

מִזרחדיג adj Eastern מִזְרָחִי.

מִזרח־וואַנט s. Eastern wall קִיר מִזְרָחִי.

מִזרח־ווינט s. East wind רוּחַ מִזְרָחִית.

מִזרח־זייט s. East, East side צַד מִזְרָח.

מִזרח־זייטיג adj Eastern שֶׁל צַד מִזְרָח.

מִזְרָחִי s. (מִזְרָחִים pl.) member of the orthodox group of Zionists –.

מ'ח = מוח.

מח s. (in Brody, Galicia) nickname of an Armenian בְּנוּי לְאַרְמִינִי (בעיר ברודי בגליציה); = תמחה א).

מחאה s. (מחאות pl.) protest –.

מחבל s. (מְחַבְּלִים pl.) destroyer –; = מַזִּיק.

מחבר s. (מְחַבְּרִים pl.) author, writer –. סוֹפֵר.

מְחַבֵּר זיין v. a to compose, write חִבֵּר. כָּתַב.

מְחַדש זיין v. a. to renew חִדֵּשׁ; to invent something new –. בָּרָא דָּבָר חָדָשׁ.

– מחדש זיין די לבנה to bless the new moon חדש (קדש) את הלבנה.

מחויב adj obliged –. חַיָּב.

מְחוּיבֿדיג adj obligatory מְחוּיָב מוּטָל. ‖ –קייט s. obligation חִיּוּב.

מְחוּלק זיין v. n. to be of different opinion, to differ, disagree הָיָה שׁוֹנֶה בְּדֵעָה.

מחוסר־לֶחם s. one who is wanting bread, a very poor man חֲסַר לֶחֶם. עָנִי גָּדוֹל.

מחוץ־לַמחנה adv. outside of the camp, ostracised מֻבְדָּל.

מחוּצניג adj. coming from outside הַבָּא מִחוּץ.

– מחוצנע פליוש kosher meat brought to a town from a village (where it is not subject to tax) בָּשָׂר הַבָּא לָעִיר מִן הַחוּץ.

א) פון מחה תמחה את זכר עמלק.

– מחוצנער ארבעטער a non-union workman פועל שאינו חבר לאגודת פועלים.

מחוצף‖פנים s. (–פּנימער pl.) brazen-faced man, arrogant fellow חָצוּף גָּדוֹל.

מחוקק s. (מְחוֹקְקִים pl.) engraver of printing-types מְחוֹקֵק אוֹתִיּוֹת הַדְּפוּס.

מחוש = מֵיחוּש.

מחותן s. (מְחוּתָּנִים pl.) bride's or bridegroom's father –; relation by marriage –. קָרוֹב עַל יְדֵי חִתּוּן; connection מוֹדַע.

מחותנעשאַפט s. connection by marriage חִתּוּן.

מחותנת = מְחוּתֶּנֶתטע.

מחותנתטע s. (– ס pl.) bride's or bridegroom's mother מְחֻתֶּנֶת; relation by marriage מְחֻתֶּנֶת, קְרוֹבָה עַל יְדֵי חִתּוּן; connection מוֹדַעַת.

מחזור s. (מחזורים pl.) cycle of years (in the Jewish almanac) –; cycle of prays for the holidays, prayer-book for the festivals –.

מחזור־הלבנה s. cycle of the moon, lunar cycle –.

מחזיר־לְמוּטב זיין v. a. to reclaim הֶחֱזִיר לְמוּטָב.

מחזק זיין v. a. to strengthen חִזֵּק; to encourage עוֹדֵד.

מחזקות s. pl. dallying, trifling שְׂחוֹק הֲבָלִים א).

– מאַכן מחזקות מיט אימעצן to dilly-dally with a person שַׁעֲשֵׁעַ עִם אִישׁ.

מחיב = מְחַייב.

מחיה s. (מחיות pl.) nourishment כַּלְכָּלָה; living פַּרְנָסָה; = מִיכע.

מחיה s. (מחיות pl.) pleasure, delight תַּעֲנוּג, עֹנֶג; ‖ –דיג adj. refreshing מֵשִׁיב נֶפֶשׁ.

מחיה זיין v. a. to refresh הֵשִׁב נֶפֶשׁ; to delight עִנֵּג.

מחיה־מתים זיין v. a. to resurrect, revive הֶחֱיָה מֵתִים הֵשִׁב לִתְחִיָּה.

מחיהניש = מְחִיה.

מחיה־נפשות. –דיג adj. refreshing מֵשִׁיב נֶפֶשׁ; delightful מְשַׁעֲשֵׁעַ עֹנֶג.

מחייב זיין v. a. to find or pronounce guilty חִיֵּב; to necessitate עָשָׂה לְהֶכְרֵחִי.

– דער שכל איז מחייב it stands to reason השכל מחייב.

מחייה = מְחִיה.

מחילה s. (מחילות pl.) forgiveness, pardon –.

מחילה־גמורה s. full forgiveness –.

מחיצה s. (מחיצות pl.) partition –.

מחלה זיין = מחלל זיין ב).

א) מחזקות איז ניט פון דעם העברעאישן שורש חזק; ז. אַנמערקונג אונטער חוזק. ב) ביי ליפשיצן מחלה אנשטאט מחלל.

מַחלוקה = מַחלוקת.

מַחלוקת *s.* (—ן מַחלוקות *pl.*) division of opinion, contention.

מְחַלל זײַן *v. a.* to profane חִלֵּל (השם); to violate חִלֵּל (שבת).

מְחַלל־הַשֵּׁם זײַן *v. n.* to profane the name of God חִלֵּל הַשֵּׁם.

מְחַלל־שַׁבת *s.* (מְחַלְלֵי־שַׁבת *pl.*) violator of the Sabbath.

מְחַלל־שַׁבת זײַן *v. n.* to violate the Sabbath חִלֵּל אֶת הַשַּׁבָּת.

מחלל־שבתניק = מחלל־שבת.

מְחַלק *s.* (מְחַלְקים *pl.*) pittancer (*in a Talmudical academy*) מְחַלֵּק מָזוֹן (בישיבה); controvertist חוֹלֵק עַל־.

מְחַלק זײַן *v. a.* to divide חִלֵּק.

מַחמיר *s.* (מַחמירים *pl.*) rigorous interpreter of the law.

מַחמיר זײַן *v. n.* to be rigorous in the interpretation of the law.

מַחמת *conj.* because, because of מִפְּנֵי־.

מַחמת כַּמה טַעמים *phr.* for several reasons, for more than one reason.

מַחנה *s.* (מַחנות *pl.*) camp; host צָבָא; multitude הָמוֹן.

מְחַנך זײַן *v. a.* to teach, initiate לִמֵּד, חִנֵּךְ; to dedicate חִנֵּךְ (בית).

מַחצית־הַשֶּׁקל *s.* capitation of half a shekel.

מְחק *s.* erasure מַחַק, מְחִיקָה; falsified account חֶשְׁבּוֹן מְזֻיָּף.

מֶחקר *s.* research; philosophy פִילוֹסוֹפְיָה.

מָחר *adv.* to-morrow.

מְחַרחר־ריב *s.* fomenter of a quarrel, make-bate.

מַחריב זײַן *v. a.* to destroy, lay waste הֶחֱרִיב.

מַחריב־עולָמות זײַן *v. n.* to destroy worlds הֶחֱרִיב עוֹלָמוֹת.

מַחרים זײַן *v. a.* to excommunicate, anathematise.

מְחָרף־וּמְגַדף *s.* insulter and blasphemer.

מְחָרף־וּמְגַדף זײַן *v. a.* to insult and blaspheme.

מָחרת־יום־הַכִּפּורים *s.* the Day after the Day of Atonement.

מַחשָׁבה *s.* (מַחשָׁבות *pl.*) thought.

מַחשָׁבה־זָרה *s.* (מַחשָׁבות־זָרות *pl.*) strange thought, evil thought.

מַחשָׁבה־טובה *s.* (מַחשָׁבות־טובות *pl.*) good thought.

מַחשָׁבה כְּמַעשׂה *phr.* intention is the same as the act.

מַחשָׁבה־רָעה *s.* (מַחשָׁבות־רָעות *pl.*) evil thought.

מַחשָׁבותן *adv.* by the way, apropos אַגַּב אוֹרְחָא.

מַטבֵּע *s.* (מַטבֵּעות *pl.*) coin; money מָמוֹן.

מטה = מיטה.

מְטַהר זײַן *v. a.* to declare as clean טִהֵר; to wash (*a dead body*) טִהֵר (מת).

מטול = מאַטול.

מְטופל *s.* (—ס *pl.*) one who is burdened with a large family.

מְטורף *s.* (מְטורָפים *pl.*) insane man.

מְטורֶפת *s.* (—ן *pl.*) insane woman.

מְטושטש *adj.* indistinct (*writing*); deranged מְשֻׁגָּע.

מְטטרון *npr.* name of one of the angels ministering before the throne of God.

מֵטיב זײַן *v. n.* to do good הֵיטִיב; to make amends שִׁלֵּם נֵזֶק.

מֵטיל־אֵימה זײַן *v. n.* to spread terror הֵטִּיל אֵימָה.

מֵטיל־מַים זײַן *v. n.* to make water, urinate הִשְׁתִּין א).

מַטיף *s.* (מַטיפים *pl.*) orator, preacher.

מְטַלטלים *s. pl* movables, chattels, household articles, furniture.

מְטַמא זײַן *v. a.* to make unclean, defile, pollute טִמֵּא; to korrupt שִׁחֵת ב).

מַטמון *s.* (—ס, מַטמונים *pl.*) hoard, treasure אוֹצָר.

מַטעַמים *s. pl* savory dishes, dainties, delicacies.

מַטריח זײַן *v. a.* to trouble הִטְרִיחַ.

מי = מע (מען).

מִי *s.* labor, toil יְגִיעָה, עָמָל; trouble טֹרַח.

מִיאוס *adj.* ugly מְכֹעָר; disgusting, repulsive מָאוּס, נִתְעָב; obscene מָאוּס, בִּלְתִּי טָהוֹר, בִּלְתִּי צָנוּעַ; bad רַע.

מִיאוס־וּמָאוס *adj.* very tedious מְשַׁעֲמֵם.

מִיאוס־וּמָאוס װערן *v. n.* to become tedious הָיָה מְשַׁעֲמֵם.

מִיאוסן זיך *v. r.* to loathe, have a disgust קוּץ בְּ־, בָּחַל.

מִיאוסניצע *s.* (—ס *pl.*) ugly woman אִשָּׁה מְכֹעֶרֶת.

מִיאוסניק *s.* (—עס *pl.*) ugly fellow אִישׁ מְכֹעָר.

א) אין פראַנער Handlexicon. ב) אין דער צװײטער באַדײטונג בײ אַבראַמאָװיטשן אין „װינטשפינגערל" (יובילעאום־אױסגאַבע, זײט 287).

מיאוסקייט s. loathsomeness מָאוּס; ugliness כִּעוּר; something disgusting דְּבַר מָאוּס; something bad דָּבָר רָע; ugly person אָדָם מְכֹעָר; mouse עַכְבָּר.

מיאוען = מיויקען.

מיאטעזש s. (pl. ־ן) rebellion, sedition מֶרֶד, מְרִידָה.

מיאטעזשניק s. (pl. ־עס) rebel מוֹרֵד.

מיאטעליצע s. (pl. ־ס) snow-storm סוּפַת שֶׁלֶג.

מיאטקע s. mint מִנְתָּה, דַּנְדְּנָה.

מיאטקע־טראָפּן s. pl. mint-drops טִפּוֹת מִנְתָּה.

מיאטש s. (pl. ־עס) ball כַּדּוּר (למשחק).

מיאטשען v. a. to knead, work (clay) לוּשׁ, נַבֵּל (חמר).

מיאל־טאַבאַק s. tobacco dust טַבָּק שָׁחוּק.

מיאַן s. (pl. ־ס) capricious person בַּעַל שִׁגְעוֹנוֹת א).

מְיָאֵשׁ זיין זיך v. r. to despair, give up hope הִתְיָאֵשׁ.

מְיַבֵּם זיין v. a. to marry the widow of a childless brother יַבֵּם; (joc.) to appropriate, steal לָקַחַת לְעַצְמוֹ, גָּנֹב.

מינא s. (pl. ־ס) choice, alternative בְּרֵרָה ב).

מינו conj. because יַעַן אֲשֶׁר, הוֹאִיל וְ־; || s. reason טַעַם.

מיגלעך, ־קייט = מעגליך, ־קייט.

מיגלען v. n. to shine, glitter הַזְהֵר.

מיגסטור = מוקסטור.

מיגעגע = מעגעגע.

מיד adj. weary, tired נִלְאֶה, עָיֵף.

מידה s. (pl. מִדּוֹת) trait of character ־, תְּכוּנָה; manner, habit ־, מִנְהָג, הֶרְגֵּל.
— גוטע מידה good trait, virtue מִדָּה טוֹבָה.
— שלעכטע מידה bad trait, vice מִדָּה רָעָה.

מידה־טובה s. (pl. מִדּוֹת־טוֹבוֹת) good trait of character, virtue ־.

מִדָּה כְּנֶגֶד מִדָּה phr. measure for measure, like for like ־.
— באַצאָלן מידה כנגד מידה to return like for like, to pay a person in his own coin שלם מדה כנגד מדה.

מידה־רָעָה s. (pl. מִדּוֹת־רָעוֹת) bad trait of character, vice ־.

מִיָּד לְיָד phr. from hand to hand ־.

מידן v. a. to weary, fatigue הַלְאֵה; || ־ זיך v. r. to fatigue oneself עָמֹל, הִתְעַמֵּל.

מידניצע = מיעדניצע.

מידקייט s. weariness, fatigue עֲיֵפוּת.

א) ביי ליפשיצן אָנשטאָט מַאַן. ב) ביי ליפשיצן; אפשר האָט עס אַ שייכות מיט מינו?

מִדַּת־הַדִּין s. justice ־.

מִדַּת־הָרַחֲמִים s. mercy, indulgence ־.

מיוחס s. (pl. מְיוּחָסִים) man of noble birth, aristocrat ־.

מיוחסת s. (pl. ־ן) woman of noble birth ־.

מיויקען v. n. to mew יַלֵּל (כחתול).

מיזוקל s. (pl. ־עך) sucking-bottle בַּקְבּוּק לְהָנִיק בּוֹ.

מיזיניצע s. (pl. ־ס) youngest daughter בַּת צְעִירָה.

מיזיניק s. (pl. ־עס) youngest son, youngest child בֵּן צָעִיר, יֶלֶד צָעִיר.

מיזינקע = מיזיניצע.

מיזערנע adj. poor, miserable דַּל, אֻמְלָל; lean, thin דַּל־בָּשָׂר.

מְיַחֵד זיין זיך v. r. to be alone (of a man with [a woman]) הִתְיַחֵד (איש עם אשה).

מיחוש s. (pl. ־ן) weakness ־, חֻלְשָׁה; disease מַחֲלָה; chronic disease חֻלְשָׁה תְּמִידִית א).

מְיַחֵס זיין זיך v. r. to be proud of one's decent הִתְגָּאֵה בְּיִחוּס מִשְׁפַּחְתּוֹ.

מיט ¹ s. middle, midst אֶמְצַע.
— אין דער מיט in the middle באמצע.

מיט ² prep. with, by עִם, אֶת, בְּ־.

מיטאָג s. midday, noon צָהֳרַיִם; = מיטוג.

מיטאָגדיג adj. of midday, of noontide שֶׁל הַצָּהֳרַיִם.

מיטאָג־צייט s. noontide עֵת הַצָּהֳרַיִם; = מיטוג־צייט.

מיטאָלאָגיע s. mythology מִיתוֹלוֹגְיָה (הגדת האלילים).

מיטאַנאַנדער adv. together יַחַד.
— אַלץ מיטאַנאַנדער all things together כל הדברים יחד.

מיטאַרבעטן v. n. to collaborate עָבֹד יַחַד עִם־, הָיֹה חָבֵר בַּעֲבוֹדָה.

מיטאַרבעטער s. (pl. ־) collaborator חָבֵר בַּעֲבוֹדָה.

מיטבירגער s. (pl. ־) fellow-citizen חָבֵר בְּאֶזְרָחוּת הָאָרֶץ.

מיט||ברודער s. (pl. ־ברידער) comrade חָבֵר, רֵעַ, אָח.

מיטברענגען v. a. to bring along with one הָבֵא עִמּוֹ.

מיטגיבערל s. (pl. ־עך) commission פְּקוּדָה.

מיטגיין v. n. to go along with הָלוֹךְ עִם־.

מיטגליד s. (pl. ־ער) member חָבֵר.

מיטגעבן v. a. to give a person something to take along with נָתֹן לְאִישׁ דָּבָר לָקַחַת עִמּוֹ.

מיטה s. (pl. ־ס) bed ־; stretcher for the dead מִטָּה לְמֵתִים.

מיטהאַלטן v. n. to side with הַחֲזֵק עִם־.

א) אין דער לעצטער באדייטונג ביי ליפשיצן.

מיטהעלפן *v. a.* to aid, assist עָזוֹר לְ־.
מיטהעלפער *s.* (*pl.* ־, ־ס) helper, assistant עוֹזֵר.
מיטוואָך *s.* Wednesday יוֹם רְבִיעִי.
— (*id.*) ווײסן ווי א קו פון מיטוואָך to know nothing לא ידע מאומה.
מיטוואָכדיג *adj.* of Wednesday שֶׁל יוֹם רְבִיעִי.
מיטווירקונג *s.* cooperation פְּעוּלָּה בְּיַחַד.
מיטווירקן *v. n.* to cooperate פָּעֹל יַחַד.
מיטזײַן *v. n.* to be together with הָיֹה יַחַד עִם־.
מיטטײלונג *s.* (*pl.* ־ען) communication הוֹדָעָה.
מיטטײלן *v. a.* to communicate הוֹדִיעַ.
מיטיג *s.* (*pl.* ־ן) dinner אֲרוּחַת הַצָּהֳרָיִם.
מיטיג־צײַט *s.* dinner-time עֵת אֲרוּחַת הַצָּהֳרָיִם.
מיטינג *s.* (*pl.* ־ס, ־ען) meeting אֲסֵפָה.
מיטינקע *s.* (*pl.* ־ס) mitten בֵּית־יָד בְּלִי אֶצְבָּעוֹת.
מיטל¹ *s.* (*pl.* ־ען) means, medium אֶמְצָעִי; means, way דֶּרֶךְ; remedy תַּחְבּוּלָה.
מיטל² *adj.* middle אֶמְצָעִי; middling, medium בֵּינוֹנִי.
מיטל־אַלטער *s.* middle ages יְמֵי הַבֵּינַיִם.
מיטל‖וואָרט *s.* (*pl.* ־ווערטער) participle (*gr.*) בֵּינוֹנִי (בדקדוק).
מיטלוועג *s.* (*pl.* ־ן) middle course דֶּרֶךְ מְמֻצָּע.
מיטלײַד *s.* compassion, pity חֶמְלָה.
מיטלײַדן *v. n.* to suffer together with סָבֹל יַחַד עִם־.
מיטל־לענדיש *adj.* Mediterranean תִּיכוֹן.
— מיטל־לענדישער ים Mediterranean Sea ים התיכון.
מיטל‖מאַן *s.* (*pl.* ־לײַט) man of moderate means בַּעַל אֶמְצָעִים בֵּינוֹנִים (לחיים).
מיטלמעסיג *adj.* middling, medium בינוני; mediocre בֵּינוֹנִי (אדם).
מיטלסט *adj. sup.* middle הָאֶמְצָעִי.
מיטלען זיך *v. r.* to arrange among themselves סַדֵּר בֵּינוֹ לַחֲבֵרוֹ.
מיטלפּאַל *s.* middle, midst אֶמְצַע, תָּוֶךְ.
מיטלפּונקט *s.* (*pl.* ־ן) centre מֶרְכָּז.
מיטלקאַסטן *s.* (*pl.* ־ס) solitaire (jewel) אֶבֶן בָּרֶקֶת גְּדוֹלָה.
מיטל־קלאַס *s.* middle class מַפְלָגָה בֵּינוֹנִית.
מיטל־שול *s.* (*pl.* ־ן) intermediate school בֵּית סֵפֶר בֵּינוֹנִי.
מיטלשטיק *s.* (*pl.* ־ער) middle part חֵלֶק אֶמְצָעִי.
מיטמאַכן *v. a.* to experience הָיֹה לְאִישׁ נִסְיוֹנוֹת.
מיטמענטש *s.* (*pl.* ־ן) fellow-man עָמִית.
מיטן *s.* (*pl.* ־ס) middle, midst אֶמְצַע, תָּוֶךְ; center מֶרְכָּז.
— אין מיטן טאָג in broad daylight בעצם היום; אין מיטן נאַכט at midngiht בחצות הלילה.
— אין מיטן דערינען all at once פתאם.
מיטש *s.* flash הַבְרָקָה.
— מאַן א מיטש אין די אויגן to flash הַבְרֵק, נָצֹץ.
מיטעלעק = מיטעלקע.
מיטעלקע *s.* (*pl.* ־ס) dust-broom יָעֶה, מְנַקִּית.
מיטען *v. n.* to flash הַבְרֵק, נָצֹץ.
מיטעסן *v. n.* to eat together with אָכֹל יַחַד עִם־.
מיטערע *adj.* crazy, insane מְשֻׁגָּע א).
מיטפאָרן *v. n.* to ride along with נְסֹעַ יַחַד עִם־.
מיטפילן *v. n.* to sympathise with הִשְׁתַּתֵּף בְּצַעַר אִישׁ.
מיטפירן *v. a.* to carry along with one הוֹלֵךְ עִמּוֹ.
מיטקומען *v. n.* to come along with בּוֹא יַחַד עִם־.
מיטשיקן *v. a.* to send along with שָׁלֹחַ יַחַד עִם־.
מיטשלעפן *v. a.* to drag along סָחֹב.
מיטשען *v. n.* to bellow גָּעֹה (שור).
מיטשפּילן *v. n.* to play with שָׂחֹק יַחַד עִם־.
מײַ, מײַאָוונעק, מײַאָווע, מײַאָוועקע = מאַי, מאַיאָוונעק, מאַיאָווע, מאַיאָוועקע.
מײַאַש זײַן זיך = מְיָאֵשׁ זײַן זיך.
מײדל *s.* (*pl.* ־עך) girl, lass נַעֲרָה, צְעִירָה; maiden בְּתוּלָה, עַלְמָה.
מײדלווײַז *adv.* in maidenhood בִּהְיוֹתָהּ בְתוּלָה.
מײדלש *adj.* girlish שֶׁל נַעֲרָה; of a maiden שֶׁל בְּתוּלָה.
מײַדן *v. a.* (*p. p.* געמיטן) to shun, keep from סוּר מִ־; ‖ ־ זיך *v. r.* to miss each other לֹא מָצֹא אִישׁ אֶת רֵעֵהוּ.
מִי יוֹדֵעַ *phr.* who knows? ־.
מײַזן *adj.* of mice שֶׁל עַכְבָּרִים.
מײַזנדרעק *s.* dung of mice צוֹאַת עַכְבָּרִים.
מײַטקעס *s. pl.* breeches, pants מִכְנָסַיִם ב).
מײַל *s.* (*pl.* ־ן) mile מִיל, פַּרְסָה.
מײַלאַכס־גרײַפלעך = מַלְכֶם־.
מײַן *pron. poss.* (*pl.* ־ע) my שֶׁלִּי.
מײַן¹ *s.* object, intention כַּוָּנָה.
מײַן² *adv.* more יוֹתֵר.
מײנונג *s.* (*pl.* ־ען) opinion דֵּעָה, סְבָרָה.
מײַנטוועגן *adv.* for my sake ־ פון בַּעֲבוּרִי, בִּשְׁבִילִי; for my part מִצִּדִּי.
מײַניג *pron. poss. abs.* (דער ־ער, די ־ע, דאָס ־ע) mine שֶׁלִּי.
מײַן־מײַן־מײַן *int.* call to a cow קְרִיאָה לְפָרָה.
מײַנסטנס *adv.* mostly, for the most part עַל פִּי רוֹב.

א) בײַ ליפשיצן. ב) קלײנרוסיש маитки, װײַסרוסיש маетки.

מײנסטער = מײַסטער.

מײנען *v. n.* to think חָשֹׁב; to mean כַּוֵּן.

מײנ||ער *pron. poss. abs.* (— נע, — נס) mine שֶׁלִּי; I אֲנִי.

— מײַנער איז ניט קײן נאַר! I am not a fool! אינני מן השוטים!

מײסד = מְיַסֵּד.

מײסט, מײסטנס = מײנסטנס.

מײַסטער *s.* (*pl.* —ס) master חָרָשׁ, אָמָן; skilful man אִישׁ מָהִיר.

מײַסטערווערק *s.* (*pl.* —) masterpiece יְצִירָה אָמָּנוּתִית.

מײַסטערן = מײַסטערװען.

מײַסטערקע *s.* (*pl.* —ס) skilful woman אִשָּׁה מְהִירָה.

מײַסטעריש *adj.* masterly מַעֲשֵׂה יְדֵי אָמָּן.

מײַסטערװען *v. n.* to work עָשֹׂה מְלָאכָה.

מײער *s.* (*pl.* —ן) carrot גֶּזֶר א).

מײַערל *s.* (*pl.* —עך) small stone-house בַּיִת אֲבָנִים קָטָן.

מײַקעכץ *s.* vomit קִיא.

מײַק||ען, —ענען *v. n.* to vomit הָקִיא.

מײַרע *s.* (*pl.* —ס) piece of dough for Passover cakes חֲתִיכַת בָּצֵק לְמַצּוֹת ב).

מײַשב = מְיַשֵּׁב.

מיך *pron. pers.* (אַקוזאַטיװ פֿון איך) me אוֹתִי; myself עַצְמִי.

מִיכָאֵל *npr.* name of one of the ministering angels.

מיכע *s.* (*pl.* —ס) dish of bread soaked in boiling water מַאֲכַל לֶחֶם בְּמַיִם רוֹתְחִים.

מיל *s.* (*pl.* —ן) mill טַחֲנָה.

— (*id.*) זײַן אין מיל, אין באָד און אין הקדש to go through the mill, to have hard experiences התנסה בנסיונות קשים.

מילא *adv.* well, let it be so —, יְהִי כֵן.

מילא־בכן *adv.* well then טוֹב עַתָּה.

מילב *s.* (*pl.* —ן) mite קַרְצִית, דִּירָה; moth עָשׁ.

מילביג *adj.* full of mites מָלֵא דִירוֹת; mothy מָלֵא עָשׁ.

מילגרוים *s.* (*pl.* —ען) pomegranate רִמּוֹן ג).

מילד *adj.* mild, gentle רַךְ; liberal, generous נְדִיב לֵב ד); ||—קײט *s.* mildness רֹךְ.

א) מײער — אַזוי איז דאָס װאָרט אין פּױלישן דיאַלעקט; אין ליטװישן — מער. ב) זעט אויס פֿון רוסיש мѣра, אַ מאָס. ג) מילגרוים איז פֿון די ראָמאַנישע שפּראַכן (לאַטײניש malum granatum, גראַנאַט־עפּל). ד) אין דער צװײטער באַדײטונג בײַ ליפֿשיצן.

מילה *s.* (*pl.* מִילוֹת) circumcision —; male organ, penis אֵבֶר הַזָּכָר, אַמָּה.

מיליאָן *s.* (*pl.* —ען) million אֶלֶף אֲלָפִים, מִלְיוֹן.

מיליאָנאָװע *adj.* millionary בַּעַל מִלְיוֹן.

מיליאָנט־||חלק *s.* (*pl.* חֲלָקִים) millionth part חֵלֶק אֶחָד מִמִּלְיוֹן.

מיליאָנטשיק = מיליאָנער.

מיליאָנער *s.* (*pl.* —ן) millionaire בַּעַל מִלְיוֹן.

מיליאָסן *s. pl.* millions מִלְיוֹנִים.

מיליאַרד *s.* (*pl.* —ן) milliard מִלְיַרְד (אלף מליון).

מילי־דעלמא *s. pl.* worldly affairs, practical matters —.

מיליוטן־פּלאַסטער *s.* (*pl.* —ס) melilot-plaster מִין תַּחְבֹּשֶׁת.

מיליטער *s.* military, army צְבָא מִלְחָמָה, חַיִל.

מיליטער־גערעכט *s.* (*pl.* —ן) court-martial בֵּית מִשְׁפָּט צְבָאִי.

מיליטער־דינסט *s.* military service עֲבוֹדַת הַצָּבָא.

מיליטעריש *adj.* military צְבָאִי, חַיְלִי.

מילינציע *s.* (*pl.* —ס) pancake with cheese-curds לְבִיבָה עִם גְּבִינָה רַכָּה.

מילינעס, מילינקעס *s. pl.* soap-suds מֵי בֹרִית.

מיליע־מיליאָן *s.* (*pl.* —ען) trillion טְרִלְיוֹן.

מיליע־מיליאָסן *s. pl.* many millions מִלְיוֹנִים רַבִּים.

מיליץ *s.* militia חֵיל אֶזְרָחִים מְזֻיָּנִים.

מיליציאַנט *s.* (*pl.* —ן) policeman שׁוֹטֵר.

מיליציע *s.* police מִשְׁטָרָה.

מילך *s.* milk חָלָב; milt (*of fishes*) חֲלֵב הַדָּגִים.

— (*id.*) בלוט און מילך youthful עול ימים.

— (*id.*) גרינג װי אַ האָר פֿון מילך as easy as kissing קל מאד.

מילכגאָס = מילכװעג.

מילכהערינג *s.* (*pl.* —) milter דָּג מָלוּחַ עִם חָלָב.

מילכװעג *s.* (*astr.*) milky way נְתִיב הֶחָלָב (ברקיע).

מילכיג *adj.* of milk חֲלָבִי, שֶׁל חָלָב.

— מילכיגע מאכלים milk-foods מאכלי חלב.

— מילכיגע כלים vessels for milk-food כלים למאכלי חלב.

מילכיגס *s.* milk food מַאֲכַל חָלָב.

מילכיגער, מילכיקער *s.* (*pl.* —) milk-man, dairy-man מוֹכֵר חָלָב, חַלְבָן.

מילכיגערן, מילכיקערן *s.* (*pl.* —ס) milk-woman, dairy-woman מוֹכֶרֶת חָלָב, חַלְבָנִית.

מילכנער־פֿיש *s.* (*pl.* -) milter דָּג עִם חָלָב (דג זכר).

מילכעדיג = מילכיג.

מילנער *s.* (*pl.* —, —ס) miller טוֹחֵן.

מילנערקע *s.* (*pl.* —ס) female miller טוֹחֶנֶת; miller's wife אֵשֶׁת הַטּוֹחֵן.

מילץ *s.* (*pl.* —ן) milt, spleen טְחוֹל.

מילשטיין s. (pl. ־ער) mill-stone אֶבֶן רֵחַיִם, פֶּלַח.

מילתא־דבדיחותא s. jest, joke —, בְּדִיחָה.

מים s. pl. water —.

מים־אחרונים s. pl. water for washing the hands after meals —.

מים־חיים s. pl. aqua vitae, liquor, brandy מַשְׁקֶה מְשַׁכֵּר, יַיִן שָׂרָף.

מימיק(ע) s. mimicry, mimic art הַמְּלָאכָה לְדַבֵּר בִּתְנוּעוֹת.

מימיקער s. (pl. —) mimic מוֹמוֹס, מְדַבֵּר בִּתְנוּעוֹת.

מימיש adj. mimic, mimical מוֹמוֹסִי.

מימלען = מומלען.

מים־ראשונים s. pl. water for washing the hands before meals —.

מים־שלנו s. pl. water which staid in a vessel overnight (*used in kneading the dough for Passover cakes*) —.

מימרא s. (pl. מימרות) word —, מִלָּה, דִּבּוּר; sentence, paragraph (*of the Talmud*) —.

מין s. (pl. מינים) sort, kind —; sex מִין הַחַי (זכר או נקבה); gender (*gr.*) מִין (בדקדוק).

מינאָריטעט s. (pl. —ן) minority מִעוּט.

מינאָריע s. (pl. —ס) manner מִנְהָג, דֶּרֶךְ, תְּנוּעָה; = מאַנופֿאַרגע.

מינדסט adj. the least הַפָּחוֹת, הַקָּטָן.

— דער מינדסטער פֿינגער the little finger קֹטֶן, זֶרֶת (אצבע הקטנה).

מינדער־יעריג adj. minor, under-aged קָטָן, שֶׁלֹּא בָגַר; ‖ —קייט s. minority, nonage אִי־בַגְרוּת.

מינוט s. (pl. —ן) minute רֶגַע, דַּק.

מינוטן־ווייזער s. (pl. —ס) minute-hand מַחֲט הַדַּקִּים (של שעון).

מינוס s. minus סִמַּן הַחִסּוּר (בחשבון).

מינטערן v. a. to revive הָשֵׁב נֶפֶשׁ, חַיֵּה.

מיני s. pl. kinds of —.

— אַזוינע מיני חברה־לייט such kind of fellows מיני אנשים כאלה.

מיניאַטור s. (pl. —ן) miniature זְעֵיר אַנְפִּין.

מיניאָנע adj. changing colors מַחֲלִיף גְּוָנִים א).

מינימום s. minimum מִינִימוֹן (השעור היותר קטן).

מיניס‖טער s. (pl. —טערס, —טאָרן) minister מִינִיסְטֵר, שַׂר הַמֶּמְשָׁלָה.

מיניסטעריום s. (pl. —ס) ministry מִינִיסְטֶרְיוֹן, פְּקִידוּת שַׂר הַמֶּמְשָׁלָה.

מיניסטעריש adj. ministerial שֶׁל מִינִיסְטֵר, שֶׁל שַׂר הַמֶּמְשָׁלָה.

מינישקע = מאַנישקע.

א) ביי ליפשיצן.

מינסט = מונדסט.

מיניע s. (pl. —ס) mien, look, air תְּנוּעַת הַפָּנִים.

— אַ ווייערע מיניע a wry face פנים נזעמים.

מינע s. (pl. —ס) mine מִכְרֶה, חֲפִירָה.

מינעווען v. a. to undermine כָּרֹה מִתַּחַת, חָפֹר מִתַּחַת.

מינען זיך v. r. to pull faces עָשֹׂה תְּנוּעוֹת.

מינער adv. less פָּחוֹת.

מינעראַל s. (pl. —ן) mineral מִינֶרָל, דּוֹמֵם, מַחְצָב.

מינעראַלאָגיע s. mineralogy חָכְמַת הַמַּחְצָבִים.

מינעראַל־קוואַל s. (pl. —ן) mineral spring מַעְיָן מִינֶרָלִי; מַעְיָן רְפוּאָה.

מינער־יעריג = מינדער־יעריג.

מינערונג s. lessening, diminishing הַמְעָטָה, הַקְטָנָה.

מינערן v. a. to lessen, diminish הַפְחֵת, הַקְטֵן.

מינץ s. (pl. —ן) coin מַטְבֵּעַ; money מָעוֹת; small money, change מָעוֹת קְטַנּוֹת.

מיסברויך s. abuse שִׁמּוּשׁ בְּדָבָר לְרָעָה.

מיסברויכן v. a. to abuse הִשְׁתַּמֵּשׁ בְּדָבָר לְרָעָה.

מיַסד s. (pl. מיַסדים) founder —.

מיַסד זיין v. a. to found, establish יַסֵּד.

מיסט s. dung, refuse, rubbish אַשְׁפָּה, דֹּמֶן; manure זֶבֶל (לזַבל שדה).

מיסט־בערגל s. (pl. —עך) dung-heap, dunghill עֲרֵמַת אַשְׁפָּה.

מיסט־הויפֿן = מיסט־בערגל.

מיסטיג adj. of rubbish שֶׁל זֶבֶל.

מיסטיגן v. n. to manure זַבֵּל.

מיסטפֿיך s. dirty creature, dirty fellow אָדָם מְגֹאָל א).

מיסט־קאַסטן s. (pl. —ס) garbagebox תֵּבַת אַשְׁפָּה.

מיסיאָנער s. (pl. —ן) missionary שָׁלִיחַ, מִיסְיוֹנֶר.

מיסיע s. mission שְׁלִיחוּת.

מיסעס (pl. —ן) mistress (*Am.*) בַּעֲלַת הַבַּיִת; Mrs. מָרַת־.

מיעדניצע s. (pl. —ס) wash-basin אַגַּן רַחְצָה.

מיען זיך v. r. to trouble oneself טָרֹחַ, יָגֹעַ, עָמֹל.

— מיען זיך פֿאַר אימעצן to intercede for a person השתדל בעד איש.

מיענטע = מיאַטקע.

מיעסטעטשקע s. (pl. —ס) townlet עִיר קְטַנָּה, עֲיָרָה.

מיעץ זיין זיך v. r. to take counsel הִוָּעֵץ.

מיעשאָנזשניק s. (pl. —עס) brasier חָרַשׁ נְחֹשֶׁת.

מיעשטשאַנעס s. pl. burghers יוֹשְׁבֵי עִיר.

מיץ s. (pl. —ן) cap מִצְנֶפֶת.

מיצוואָטניצע s. (pl. —ס) benefactress עוֹשָׂה טוֹב.

מיצוואָטניק s. (pl. —עס) benefactor עֹשֶׂה טוֹב.

א) אין "סערקעלע", פֿון דייטש Mistvieh.

מיצקע s. (pl. ־ס) night-cap כּוֹבַע לַיְלָה.

מֵיצִיר s. oppressor, persecutor —, לוֹחֵץ.

מיק = מוק.

מיקלאָמפערשט = קְלוֹמרשט.

מיקסטור s. (pl. ־ן) mixture בְּלִיל סַמִּים.

מיקראָסקאָפּ s. (pl. ־ן) microscope מִשְׁקֶפֶת מַגְדֶּלֶת.

מיר¹ pron. pers. (דאַטיוו פון איך, אין ליטווישן דיאַלעקט אויך אַקוזאַטיוו) to me לִי; me אוֹתִי.

— וואָס מיר געלט? what does money concern me? מה לי כסף?

— וואָס מיר זאָרג? what do I care? לא אדאג מאומה.

— (id.) מיר ניט דיר ניט ז. מיר־ניט־דיר־ניט.

מיר² pron. pers. (מערצאָל פון איך) we אֲנַחְנוּ.

מירביג adj. soft רַךְ; brittle מִתְפּוֹרֵר.

מֵי־רַגְלַיִם s. pl. urine —, הַשְׁתָּנָה.

מירטן‖בוים s. (pl. ־ביימער) myrtle-tree עֵץ הֲדַס.

מיריאַד s. (pl. ־ן) myriad רְבָבָה.

מירמלען = מורמלען.

מירמלשטיין s. (pl. ־ער) marble אֶבֶן שַׁיִשׁ.

מיר'ן abbr. = מיר וועלן.

מיר־ניט־דיר־ניט adv. without any reason בְּלִי כָל טַעַם

מירצעשעם = אִם יִרְצֶה הַשֵּׁם.

מְיַשֵּׁב זיין זיך v. r. to consider הִתְיַשֵּׁב; to hesitate פִּקְפֵּק.

מִי־שֶׁבֵּרַךְ s. (pl. ־ן, ־ס) "he that blessed," a blessing prayer תְּפִלַּת בְּרָכָה; (sl.) abusive word, curse חֶרְפָּה, קְלָלָה.

— מאַכן אימעצן אַ מי־שברך to call down a blessing upon a person אמר תפלת ברכה לאיש; (sl.) to curse a person חרף איש, קלל איש.

— אַ רוסישער מי־שברך curse, swearing קללה, חרוף, ולזול.

מישונג s. (pl. ־ען) mixture בְּלִיל, עֵרְבּוּב.

מישורע s. tinsel זְהַב לֹא־אֲמִתִּי, קִשּׁוּט פְּחוּת עֵרֶךְ.

מישטיינס נעוואָגנט int. alas!, unfortunately! אֲהָהּ!, לְצַעֲרִי!א)

— וואָס איז דער מענש, מישטיינס־נעוואָגנט! what is man. alas! אהה, מה הוא האדם!

— מישטיינס־נעוואָגנט וואָס קען איך טאָן! unfortunately, what can I do! אהה, מה אוכל לעשות!

— איך, מישטיינס־נעוואָגנט! poor I!, poor me! אני פחות הערך!

מישטיק = מונדשטיק.

מישטרינניק s. (pl. ־עס) scaffolding, trestle כֵּן, גֹּרֶם, פִּיגָם.

מישמאַש s. medley, chaos עִרְבּוּבְיָה.

מִי־שֶׁמְחוּיב s. one who is bound in duty —.

מישן v. a. to mix עָרֹב, בָּלֹל; to mingle עַרְבֵּב; to turn over the leaves of (ספר) עַלְעֵל; to shuffle (cards) נַעֵר (קלפים); ‖ ־זיך v. r. to mingle הִתְעָרֵב (בין הבריות); to interfere הִתְעָרֵב (בדבר).

— עס מישט מיר דער קאָפּ my head is giddy ראשי עלי כגלגל.

מישעניגע s. (pl. ־ס) medley, confusion עִרְבּוּב, בִּלְבּוּל.

מִיתה s. (pl. מִיתות) death —.

מִיתה־מְשונה s. (pl. מִיתות־מְשונות) unnatural death —, מִיתָה אִי־טִבְעִית.

— (sl.) מיתה־משונה קאָליר strange color צבע משונה, צבע מוזר.

מְיַתֵּר זיין v. n. to benefit, profit הַרְוִיחַ.

מְכַבֵּד זיין v. a. to honor כַּבֵּד; to treat, regale נָתֹן כָּבוֹד לְ־, הָאֲרֵחַ; (sl.) to give a scolding הָרֵף, גָּעֹר בְּ־.

מַכַּבִּי npr. (pl. מַכַּבִּים) Maccabee, Maccabean —.

מַכְבִּיד זיין v. a. to burden הַכְבֵּד, הַטֵּל מַשָּׂא עַל־.

מַכָּה s. (pl. מַכּוֹת) plague —; blow —; boil, abscess, wound —, מוּרְסָה.

— (joc.) די דריטע מכה the third plague of Egypt, vermin מכת כנים.

— (sl.) קענען אַ מכה to know nothing לא ידע מאומה.

מַכָּה אֲשֶׁר לא כְּתוּבָה בַּתּוֹרָה phr. "a plague which is not written in the book of the Law," uncommon plague —.

מַכָּה בְּצִדּוֹ phr. a wound in a person's side —.

מְכוּבָּד s. (pl. מְכוּבָּדִים) honorable person —.

מְכַוֵּון זיין v. n. to intend, purpose כַּוֵּן.

מכּוח prep. about, concerning אוֹדוֹת.

מְכוּלה adj. spoiled, out of order מְקֻלְקָל; bankrupt פּוֹשֵׁט רֶגֶל לְנוֹשָׁיו.

מְכוּלהדיג adj. spoiled מְקֻלְקָל.

מְכוֹער adj. ugly —.

מְכוֹערת s. (pl ־ן) ugly woman אִשָּׁה מְכוֹעֶרֶת; contemptible beautiful woman אִשָּׁה יָפָה נִמְאָסָה.

מַכּוֹת־אַכְזָרִיות = מַכּוֹת־רֶצַח.

מַכּוֹת־רֶצַח s. pl. murderous blows —.

מכּ״ח = מִכֹּחַ.

מַכְחִיש זיין v. n. to deny הַכְחֵשׁ.

מֵכִין זיין v. a. to prepare הָכֵן; ‖ ־זיך v. r. to prepare oneself הָכֵן אֶת עַצְמוֹ.

א) מישטיינס (אָדער: אומשטיינס, נישטיינס) איז אפשר אַ פאַרגרייזונג פון פּויליש niestety!, nieszczęściem! וועלכע האָבן די זעלביגע באַדייטונג.

מְכִירה s. (מְכִירות pl.) – sale.

מַכִּיר־טובה s. – grateful man.

מַכִּיר־טובה זײַן v. n. to be grateful הַכֵּר טוֹבָה.

מַכִּיר־מְקומו זײַן v. n. to know one's place הַכֵּר מְקוֹמוֹ.

מְכִירת־חָמֵץ s. the sale of leaven to a non-Jew on the eve of Passover.

מְכִירת־יוסף s. the story of Joseph and his brothers who sold him for a slave.

מְכַלה מאַכן v. a. to destroy כַּלֵּה; to spoil קַלְקֵל.

מִכָּל הַמִינים phr. – of all kinds.

מִכָּל־וָכֹל adv. entirely לְגַמְרֵי.

מִכְּלומְפרשט, מִכְּלומרשט = כְּלוֹמַרְשְׁט.

מִכָּל טוב phr. – of all good things.

מִכָּל־שֶׁכֵּן = כָּל־שֶׁכֵּן.

מַכְנִיס־אורח s. (מַכְנִיסֵי־אורְחים pl.) hospitable man.

מַכְנִיע זײַן זיך v. r. to humble oneself הִכָּנֵעַ.

מִכְנָסַיִם s. pl. – breeches.

מֶכֶס s. – tax, duty, custom.

מָכְסן s. – farmer of taxes, farmer of customs.

מְכַפֵּר זײַן v. a. – to forgive, atone for.

מַכְרִיז זײַן v. n. to proclaim הַכְרֵז.

מַכְרִיז־ומודיע זײַן v. n. to proclaim and make known הַכְרֵז וְהוֹדֵעַ.

מַכְרִיע זײַן v. n. to decide הַכְרֵעַ.

מכ״ש abbr. = מִכָּל־שֶׁכֵּן.

מִכְשול s. (מִכְשולים pl.) stumbling block, obstacle, hindrance.

מַכְשִׁיל זײַן v. a. to cause to stumble, cause to sin הַכְשֵׁל.

מַכְשִׁיר זײַן v. a. to legitimate, legitimise הַכְשֵׁר; to make fit הַכְשֵׁר.

מַכְשִׁירים, מַכְשִׁירין s. pl. – tools, instruments.

מְכַשֵּׁף s. (מְכַשְּׁפים pl.) – sorcerer.

מְכַשֵּׁפה s. (מְכַשֵּׁ־ות pl.) – sorceress, witch.

מִכְתָּב s. (מִכְתָּבים pl.) – letter, epistle.

מִכְתָּב־לַאֲהובי־בריוו s. letter of friendship מִכְתַּב יְדִידוּת.

מַכַּת־מְדינה s. – common evil of a country.

מַל זײַן v. a. to circumcise מול.

מָלֵא adj. – full; (fig.) drunk, tipsy שִׁכּוֹר; || s. – full month (Jewish month having 30 days).

מָלֵא² s. obit, mass for the dead תְּפִלָּה בְּעַד הַמֵּתִים הַזְכָּרַת נְשָׁמָה.

מלאַדזינעם = מאַלאַזווע.

מְלא־הָמַן = מְלֹא־חֵמה א).

מָלֵא־וָגָדוש adj. – chock-full, full of knowledge.

מָלֵא־חֵמה adj. – full of wrath, incensed.

מָלֵא־חֵן adj. – full of grace, graceful.

מלאיען v. a. to cause nausea גָּרֹם בְּחִילוּת.

מַלְאָך s. (מַלְאָכים pl.) – angel.

מְלָאכה s. (מְלָאכות pl.) – work; – trade אוּמָנוּת.

— (id.) מאַכן מלאכות to be ceremonious, to delay עשה הכנות. התמהמה.

— (id.) ניט מאַכן קײן מלאכות to make short work גמר דבר בלי התמהמה.

— (id.) גאָר אָן שום מלאכות without any ceremonies בלא עסק גדול. בלא פקפוק.

— (prov.) אַ סך מלאכות און װײניג ברכות he who has many trades accomplishes little מי שיש לו אומניות רבות איננו מצליח הרבה.

מַלְאַך־הַגּואל s. – redeeming angel.

מְלָאכה־געלט s. pay for work שְׂכַר מְלָאכָה.

מַלְאַך־הַדומה s. angel of the realm of the dead.

מַלְאַך־הַמָוֶת s. – angel of death; murderer רוֹצֵחַ.

מְלָאכהן v. n. to bungle, botch עָשֹׂה מְלָאכָה גַּסָּה; (vulg.) to shit עָשֹׂה צְרָכָיו.

מְלָאכהנען v. n. to work עָשֹׂה מְלָאכָה.

— (fl.) קופה מלאכהנען to break a safe שבר קופת כסף.

— (fl.) לבנה מלאכהנען to bore a hole נקב. עשה חור.

מַלְאַך־חַבָּלה s. (מַלְאֲכֵי־חַבָּלה pl.) destroying angel; – mischievous man אָדָם רָע.

מַלְאֲכֵי־השרת s. pl. – the ministering angels.

מַלְאָכים־כְּתָב s. "angalic writing", illegible handwriting כְּתָב שֶׁאִי אֶפְשָׁר לִקְרֹא.

מַלְאַך־מושיע s. – saving angle.

מְלֶאכֶת־הַקֹדש s. the sacred art (the art of printing).

מְלאָפום = מְלוּפָן.

מְלא־רְציחה adj. in a rage, incensed מָלֵא חֵמָה.

מְלא־שִׂמחה adj. – full of joy.

מלאָשנע adj. faint חַלָּשׁ.

מַלְבּוש s. (מַלְבּושים pl.) – garment.

מַלְבּושי־יום־טוב s. pl. – holiday attire.

מַלְבּושי־כָּבוד s. pl. – state robes.

מַלְבּושי־שַׁבת s. pl. – Sabbath attire.

מַלְבִּיש־עֲרומים s. "he who clothes the naked," one who provides the poor with clothes.

מַלְוה s. (מַלְוים, ־ס pl.) – lender, money-lender.

מְלַוה זײַן v. a. to accompany, see off לַוֹּת.

א) בײַ אבראַמאָװיטשן אין „ספר הבהמות“.

מלוה־בריבית s. (pl. מלוים־) one who lends money on interest, usurer -.
מלוהטע s. (pl. ס־) female money-lender מלוה.
מלוה־מלכה s. (pl. ס־) "ushering out the queen," repast ushering out the Sabbath סעודת מוצאי שבת.
מלוה־מלכה זײַן v. n. "to usher out the queen," to usher out the Sabbath by a repast עשה סעודה בליל מוצאי שבת.
מלויצען v. a. to thrash דוש.
מלוכה s. (pl. מלוכות) government; -kingdom -; state -, ממשלה; מדינה.
מלוכה־אַנשטאַלט s. (pl. ן־) state-institution מוסד מדיני.
מלוכה־געלט s. state-money כסף מדינה.
מלוכה־מענש s. (pl. ן־) statesman איש מדיני.
מלוכה־פּאָליציי s. government police משטרת המלוכה.
מלוכה־פֿאַרראַט s. high treason בגידה במלוכה.
מלומד s. (pl. מלומדים) learned man -.
מלומדת s. (pl. ן־) learned woman -.
מלומדתטע = מלומדת.
מלופֿן s. name of the vowel ֻ or וּ שם התנועה ֻ או וּ.
מלופֿן־קינד s. (pl. ער־) abecedarian ילד לומד האלף־בית.
— (id.) ער איז ניט קיין מלופֿן־קינד he is no fool הוא אינו שוטה.
מלח s. salt -.
מלחמה s. (pl. מלחמות) war -.
מליאָווען v. n. to faint away התעלף, נפל ברוח.
מליץ s. (pl. מליצים) advocate, defender; one who writes in a florid style -.
מליצה s. (pl. מליצות) flowery language; figure of speech -.
מליצה־בוכל s. (pl. עך־) book written in flowery language ספר מליצה.
מליץ־יושר s. (pl. מליצי־) advocate, defender, intercessor -.
מלך s. (pl. מלכים) king, ruler -.
מלך־גרײַפּלעך s. pl. semolina גריסים דקים.
מלכה s. (pl. מלכות) queen -; ten (card) העשרה (בקלפים).
מלך־המשיח s. the King Messiah -.
מלכות¹ s. (pl. מלכיות) kingdom, state מלוכה, מדינה; government ממשלה.
מלכות² s. (pl. מלכותים) King מלך.
מלכות־אוצר s. King's treasure אוצר מלך.

— אַ טאָג פֿון מלכות־אוצר a bright day, glorious weather אויר יפה מאד.
מלכות־ברויט s. kind of holiday loaf מין חלה ליום טוב.
מלכות־שמים s. kingdom of heaven -.
מלך־חסד s. (pl. מלכי־) gracious king -.
מלך־מלכי־המלכים s. the King of all kings, God - אלהים.
מלך־סאָבעצקי s. King Sobieski המלך סוביסקי (שמלך בפולין במאה הי"ז).
— פֿון מלך־סאָבעצקים יאָרן in times past בזמן שכבר עבר.
מלכם־גרײַפּלעך = מלך־גרײַפּלעך.
מלמד s. (pl. מלמדים) teacher, instructor -; מורה; unpractical person אדם רחוק מעולם המעשה; בטלן; fool שוטה.
מלמדות s. teachership, office of teacher משרת מורה.
מלמד־זכות זײַן v. n. to say something in a person's favor, to defend למד זכות.
מלמד־חובה זײַן v. n. to say something against a person, to accuse למד חובה.
מלמדיש adj. of teacher של מלמד; unpractical רחוק מעולם המעשה.
מלמדקע s. (pl. ס־) teacher's wife אשת מלמד.
מלן v. a. to circumcise מול.
מלעטשאַרנע s. (pl. ס־) dairy מחלבה.
מלקהן v. a. to lash, lick הלקה.
מלקות s. pl. stripes, lashes -.
מלשין s. (pl. מלשינים) slanderer, calumniator; informer -.
מלשין זײַן v. n. to slander, calumniate הלשן; to inform against הלשן.
מלשינות s. slander, calumny; information against a person -.
מם s. (pl. ען־) name of the letter מ שם האות מ.
מה־נפשך adv. in either case, one or the other - בכל אופן.
ממון s. money -.
ממונה s. (pl. ממונים) officer - פקיד; chief, head - ראש; overseer - מפקח.
ממון־קורח s. "Korah's money," great wealth עשר רב.
ממזר s. (pl. ממזרים) illegitimate child, bastard; shrewd fellow אדם ערום.
ממזר־בלבול s. (pl. ־בלבולים) accusation of being a bastard עלילה על איש שהוא ממזר; false accusation עלילת שוא.
ממזר־בן־הנדה s. bastard born of coition during his mother's uncleanness -.

ממזורק s. (pl. ־עס) cunning blade, sharper, swindler אָדָם עָרוּם. רַמַּאי. נוֹכֵל.

ממזורטע s. (pl. ־ס) female bastard מַמְזֶרֶת; cunning woman אִשָּׁה עֲרוּמָה.

ממזרײַ s. roguish trick מַעֲשֵׂה נוֹכֵל; betrayal (fl.) בְּגִידָה עַל יְדֵי מְסִירָה.

ממזרן v. n. to betray (fl.) בָּגֹד עַל יְדֵי מְסִירָה.

ממזריש adj. of bastard שֶׁל מַמְזֵר; cunning, shrewd עָרוּם.

ממזר־שטיקל s. (pl. ־עך) roguish trick מַעֲשֵׂה נוֹכֵל.

ממילא adv. of itself ־ מֵאֵלָיו; as a matter of course כְּדָבָר הַמּוּבָן מֵאֵלָיו.

ממיתן v. a. to beat black and blue הַכֵּה מַכָּה רַבָּה.

ממלא זײַן v. a. to fulfil מַלֵּא.

ממלא־מקום s. substitute ־.

ממלא־מקום זײַן v. a. to fill a person's place, to substitute מַלֵּא מְקוֹם־.

ממליץ s. (pl. ממליצים) pleader, defender ־, סַנֵּגוֹר.

ממליץ זײַן v. n. to plead הַמְלֵץ, לַמֵּד סַנֵּגוֹרְיָה.

ממעך זײַן v. a. to squeeze, crush מָעֵךְ.

ממציא זײַן v. a. to invent הַמְצֵא; to make it a habit שִׂים לְמִנְהָג.

ממצרים ועד הנה phr. "from Egypt until here," very long, very far אָרֹךְ מְאֹד, רָחֹק מְאֹד.

ממרא = מֵימְרָא.

ממש adv. really ־; exactly ־ בֶּאֱמֶת.

ממשות s substance, substantiality ־

— האבן א ממשות to be substantial היה ממש ב־.

— נים האבן קיין ממשות to be unsubstantial לא היה ממש ב־; to be flimsy היה קלוש.

ממשותדיג adj. substantial מַמָּשִׁי.

ממשלה s. (pl. ממשלות) rule ־; government ־.

ממתיק זײַן v. a. to sweeten, make pleasant מַתֵּק הַנְּעִים; to mitigate הַמְתֵּק (דין).

ממתקים s. pl. sweetmeats ־; money (sl.) מָעוֹת.

מן s. manna ־.

מנגן s (pl. מנגנים) musician ־.

מנדב s. (pl. מנדבים) donor, contributor ־.

מנדב זײַן v. a to donate, contribute נְדֹב.

מנדר זײַן v. a. to vow, promise נְדֹר.

מנהג s. (pl. מנהגים) custom ־; rite מִנְהָג דָּתִי.

מנהג־אשכנז s. the rite of the German Jews ־.

מנהג־המדינה s. the custom of the land ־.

מנהג־ספרד s. the rite of the Spanish or Portuguese Jews ־.

מנהיג s. (pl. מנהיגים) leader ־.

מנה־יפה s. fine sum, respectable sum סְכוּם הָגוּן.

מן־המובחר adv. of the best ־.

מן־המצרן = מְצִירָן.

מן־הסתם = מִסְתָּמָא.

מן־הצד adv. indirectly, underhand ־.

מן־השמים adv from heaven, from God ־.

מן־התורה adv. according to the Law (of Moses) ־.

מנוול s. (pl. מנוולים) ugly person ־.

מנוולטע s. (pl. ־ס) ugly woman אִשָּׁה מְנֻוָּלָה.

מנוולת s. (pl. מנוולות) = מְנוּוָלטע.

מנוחה s. (pl. מנוחות) repose, rest ־.

מנוחה־שעה s. rest for a while ־.

מנוסע s. (pl. ־ס) pluck קְרָבַיִם שֶׁל בְּהֵמָה (הלב, הכבד והראה).

מנורה s. (pl. מנורות) lamp ־; chandelier ־, נִבְרֶשֶׁת.

מנורת־המאור s. "the lamp of light," title of a well-known book on morals ־.

מנחה s. (pl. מנחות) offering ־; prayer offered in the afternoon, evening service ־.

מנחה־גדולה s. evening service performed at an early hour (12:30 p. m.) ־.

מנחה־קטנה s evening service performed at a late hour (3:30 p. m.) ־.

מנחם זײַן v. a. to console, comfort ־.

מנחם־אב s. "consoling Ab," the month of Ab הַחֹדֶשׁ אָב.

מנחם־אבל זײַן v. a. to comfort a mourner, offer condolences to a mourner ־.

מניה־וביה adv. at once, instantly ־, כְּרֶגַע, כְּהֶרֶף עַיִן.

— ענטפערן מניה־וביה to repartee נתן תשובה מהירה.

מנין s. (pl. מנינים) ten male persons necessary for public worship ־; ten עֲשָׂרָה.

מניעה s. (pl. מניעות) obstacle, hindrance ־.

מנישקע[1] s. (pl. ־ס) nun נְזִירָה נוֹצְרִית (= מאַ־נאַשקע[א]).

מנישקע[2] s (pl. ־ס) curd-fritter לְבִיבָה מְמֻלֵּאת גְּבִינָה (מבושלה[ב]).

מנכּה זײַן v. a. to deduct נַכֵּה.

מנצח זײַן v. a. to overcome, conquer נַצֵּחַ.

מנקר s. (pl מנקרים) one who removes the forbidden fat and veins from meat ־.

מנקר זײַן v. a. to remove the forbidden fat and veins from meat נַקֵּר.

מנשק זײַן v. a. to kiss (sl.) נַשֵּׁק.

מס s. tribute ־; tax ־.

מ״ס abbr. = מוֹכֵר־סְפָרִים.

א) פויליש mniszka. ב) קליינרוסיש манишка.

מְסִבָּה = מְסִיבָּה.

מַסְבִּיר זײַן *v. a.* to explain הַסְבֵּר.

מְסַדֵּר *s.* (*pl.* מְסַדְּרִים) arranger –.

מְסַדֵּר זײַן *v. a.* to arrange סַדֵּר; ‖ – זיך *v. r.* to prepare oneself הָכֵין אֶת עַצְמוֹ.

מְסַדֵּר־קִידוּשִׁין *s.* officiator at marriage ceremonies –.

מְסַדֵּר־קִידוּשִׁין זײַן to perform the marriage ceremony סַדֵּר קִדּוּשִׁין.

מְסוּגָל *adj.* apt, fit –, מֻכְשָׁר.

מְסוּכָּן *adj.* dangerously ill –, חוֹלֶה מְאֹד

מִסּוֹף עוֹלָם וְעַד סוֹפוֹ *phr.* from one end of the world to the other –.

מְסוּפָּק, – דיִג *adj.* doubtful, in doubt –.

מְסוּפָּק זײַן *v. n.* to doubt, be in doubt הִסְתַּפֵּק, הָיֹה בְּסָפֵק.

מָסוּר = מוֹסֵר.

מְסוֹרָה *s.* (מְסוֹרוֹת *pl.*) tradition –; Masora (*system of critical notes to the scriptural text*) –.

מִסְחָר *s.* (מִסְחָרִים *pl.*) trade, commerce, business –.

מִסְחָרן *v. n.* to trade, engage in commerce סָחֹר.

מְסִיבָּה *s.* (מְסִיבּוֹת *pl.*) company at a table –.

מַסִּיג־גְּבוּל זײַן *v. n.* to infringe *or* encroach upon a person's rights הַסֵּג גְּבוּל.

מַסִּיחַ־דַּעַת זײַן *v. n.* to turn away one's thoughts from a thing הַסֵּחַ דַּעְתּוֹ מִדָּבָר.

מְסַיֵּים זײַן *v. a.* to complete, finish סַיֵּם.

מְסַיֵּיעַ זײַן *v. a.* to help, aid סַיֵּעַ, עֲזֹר.

מְסִירָה *s.* (מְסִירוֹת *pl.*) denouncement, information –; betrayal בְּגִידָה עַל יְדֵי מְסִירָה

מַסִּירְנִיק *s.* (– עס *pl.*) informer מוֹסֵר[א].

מְסִירַת־מוֹדָעָה *s.* declaration –.

מְסִירַת־נֶפֶשׁ *s.* risk of life, self-sacrifice –.

מֵסִית־וּמַדִּיחַ *s.* inciter, seducer –.

מַסְכִּים זײַן *v. n.* to agree, approve, consent הַסְכֵּם.

מַסֶּכְתָּא *s.* (מַסֶּכְתּוֹת *pl.*) treatise of the Talmud –.

מְסַלֵּק זײַן *v. a.* to settle, pay off סַלֵּק (חוב).

מַסְפִּיד זײַן *v. a.* to deliver an eulogy upon a deceased person הַסְפֵּד מֵת.

מַסְפִּיק זײַן *v. n.* to suffice, be sufficient הַסְפֵּק.

מַסְקָנָא *s.* (מַסְקָנוֹת *pl.*) conclusion, result –, הַחְלָטָה

מָסָר = מוֹסֵר.

א) בײַ דיקן אין „פּאָסלאַניק".

מַסְרִיחַ זײַן *v. n.* to stink הַסְרֵחַ, בָּאשׁ.

מַסרן *v. a.* to inform against, betray מְסֹר. הַלְשֵׁן.

מְסָרֵס זײַן *v. a.* to castrate סָרֵס.

מִסְתָּמָא *adv.* probably –, כַּנִּרְאֶה; of course בְּוַדַּאי.

מִסְתַּפֵּק־בְּמוּעט *s.* one who is satisfied with little –.

מע[1] *pron. indef.* one, people אִישׁ, אֲנָשִׁים.

מע[2] *int.* be it as it may יִהְיֶה אֵיךְ שֶׁיִּהְיֶה; so-so טוֹב, בֵּינוֹנִי.

מע[3] *int.* bleating קוֹל כֶּשֶׂב אוֹ עֵז.

מַעֲבִיר זײַן *v. a.* to remove, depose הָסֵר (ממשרה)· to let pass תֵּת לַעֲבֹר (זמן).

מַעֲבִיר־בְּקוּלְמוּס זײַן *v. a.* to write anew הַעֲבֵר בְּקוּלְמוֹס, כָּתֹב מֵחָדָשׁ; to retell, repeat סַפֵּר שׁוּב חֲזוֹר עַל־[א].

מַעֲבִיר־נַחֲלָה זײַן *v. a.* to disinherit שָׁלֵל זְכוּת יְרוּשָׁה מִ־.

מַעֲבִיר־סֶדְרָה זײַן *v. n.* to read the weekly section of the Pentateuch קְרֹא סֵדֶר הַשָּׁבוּעַ

מַעֲבִיר־קְרִיאָה זײַן = מַעֲבִיר־סֶדְרָה זײַן.

מעבל *s.* furniture כְּלֵי בַיִת, רָהִיטִים.

מעבלירן *v. a.* to furnish רַהֵט.

מַעֲבַר־יַבּוֹק *s.* "the forα of Jabbok," book of prayers for the dying and dead סֵפֶר תְּפִלּוֹת בְּעַד גּוֹסְסִים וְנִפְטָרִים.

מֵעֵבֶר־לַיָּם *adv.* beyond the sea –.

מעגליך *adj.* possible אֶפְשָׁרִי; ‖ – קײַט *s.* possibility אֶפְשָׁרוּת, יְכֹלֶת.

מעגן *v. n.* may, be allowed יָכֹל, הָיֹה רְשׁוּת בְּיַד אִישׁ הָיֹה מֻתָּר לְ־.

— ער מעג זיך גײן he may go הרשות בידו ללכת.

— איך מעג דאָס טאָן I am allowed to do it מותר לי לעשות זאת.

— עס מעג זײַן אַזוי let it be so יהי כן.

מְעַגֵּן זײַן *v. a.* to desert one's wife עַגֵּן.

מעגענע *s.* (– ס *pl.*) idler, dawdler בַּטְלָן, עַצְלָן

מעד *s.* mead, hydromel מַשְׁקֵה דְבַשׁ.

מעדאַיל *s.* (– ן *pl.*) medal אוֹת כָּבוֹד, מַטְבֵּעַ כָּבוֹד

מעדאַליאָן *s.* (– ען *pl.*) medallion מַשְׂכִּיָּה.

מעדיצין *s.* (– ען *pl.*) medicine רְפוּאָה; חָכְמַת הָרְפוּאָה.

מעדליעווען *v. n.* to delay שָׁהֹה, אַחֵר.

מַעֲדַנֵּי־מֶלֶךְ *s. pl.* royal dainties –.

מעהאָמער *abbr.* = מוֹר הָאָבֶן מוֹר[ב].

מְעוּבֶּרֶת *adj.* pregnant –.

א) אין דער צווייטער באַדייטונג בײַ דיקן אין „פּאָסלאַניק".

ב) אין „סע־קעלע".

מְעוּט = מִיעוּט.

מֵעוֹר־אֶחָד *adj.* made of one piece of leather or parchment. -

מְעוֹרָב־עִם־הַבְּרִיּוֹת *s.* one who comes in contact with people, sociable man. -

מְעוֹרֵר זײַן *v. a.* to awaken, rouse, stir עוֹרֵר.

מָעוֹת *s. pl.* money. -

מְעוֹת־חִיטִּים *s. pl.* "wheat money," contributions for providing the poor with Passover cakes. -

מעזיניק = מזוינִיק.

מעזשע *s.* (*pl.* ־ס) furrow, boundary גְּבוּל; ridge מַעֲנִית.

מעטאָדע *s.* (*pl.* ־ס) method שִׁטָּה, סֵדֶר.

מעטאַל *s.* (*pl.* ־ן) metal מַחְצָב, מַתֶּכֶת.

מעטאַלן *adj.* of metal, metallic שֶׁל מַתֶּכֶת.

מעטאַפֿיזיק(ע) *s.* metaphysics חָכְמַת מַה שֶּׁלְּמַעְלָה מֵהַטֶּבַע.

מעטאַפֿיזיש *adj.* metaphysical שֶׁל מַה שֶּׁלְּמַעְלָה מֵהַטֶּבַע.

מעטיִצע *s.* sweepings, refuse מְאוּס, אַשְׁפָּה.

מעטעאָר *s.* (*pl.* ־ן) (*geogr.*) meteor מַרְאֶה בָאֲוִיר. אֶבֶן אֶלְגָּבִישׁ.

מעטעאָראָלאָגיע = וועטער־קענשאַפֿט.

מעטלע *s.* (*pl.* ־ס) broom מַטְאֲטֵא.

מעטליצע = מיאַטעליצע.

מעטען *v. a.* to mark סַמֵּן.

מעטער *s.* meter מֶתֶר (מדה צרפתית) מִשְׁקָל (בשיר).

מעטקע *s.* (*pl.* ־ס) mark, sign סִמָּן.

מעטריִקע *s.* (*pl.* ־ס) registry of births רְשִׁימַת הַנּוֹלָדִים; certificate of birth תְּעוּדַת לֵדָה.

מעטריִקע־||בוך *s.* (*pl.* ־ביכער) register of births סֵפֶר רְשִׁימַת הַנּוֹלָדִים.

מעטרעסע *s.* (*pl.* ־ס) mistress פִּילֶגֶשׁ.

מעטשעט *s.* (*pl.* ־ן) mosque מִסְגָּד.

מֵעִיד זײַן *v. n.* to testify הֵעִיד.

מֵעִיז (פָּנִים) זײַן *v. a.* to dare, contradict הֵעֵז, הִתְנַגֵּד.

מֵעִיקָּרָא *adv.* from the beginning, from the first מִתְּחִלָּה.

מע"כ *abbr.* = מַעֲלַת־כְּבוֹדוֹ.

מעד1 = מוד.

מעד2 = מאַד.

מעכאַניזם *s.* (*pl.* ־ען) mechanism מוּכְנִי, מַנְגָּנוֹן.

מעכאַניִק *s.* (*pl.* ־עס) mechanician, mechanic מֵכַנִּיק, מְכוֹנָן (מבין בחוקי המכונות).

מעכאַניִקע *s.* mechanics מֵכַנִּיקָה (תורת חוקי המכונות, תורת המנוחה והתנועה).

מעכאַניִש *adj.* mechanical מֵכָנִי, מְכוֹנִי; || *adv.* mechanically כְּמַעֲשֵׂה הַמְּכוֹנָה, בִּבְלִי דַעַת.

מְעַכֵּב זײַן *v. a.* to hinder, impede עִכֵּב.

מְעַכֵּב־הַגְּאוּלָה זײַן *v. n.* it impede the redemption (*of the Jewish people*) עִכֵּב אֶת הַגְּאוּלָה.

מְעַכֵּב־הַקְּרִיאָה זײַן *v. n.* to stop the reading of the Law (*in order to call the attention of the worshippers to some grievance*) עִכֵּב אֶת הַקְּרִיאָה.

מעכטיג *adj.* mighty, powerful אַדִּיר, חָסִין, בַּעַל יְכֹלֶת.

מעכטיגן זיך *v. r.* to command, give orders פָּקַד, צִוָּה.

מְעַכֵּל זײַן *v. a.* to digest עִכֵּל.

מעל *s.* flour קֶמַח.

מעלאָדיע *s.* (*pl.* ־ס) melody, tune נִגּוּן, לַחַן, נְעִימָה.

מעלאָדיש *adj.* melodious עָרֵב, נָעִים (לשמיעה).

מעלאָדראַמע *s.* (*pl.* ־ס) melodrama מֶלוֹדְרַמָּה (שעשוע עצב בלווית שיר).

מעלאַנכאָליע *s.* melancholy, sadness מָרָה שְׁחוֹרָה, עַצְבוּת.

מעלאַנכאָליש *adj.* melancholic, melancholy, sad בַּעַל מָרָה שְׁחוֹרָה, עָצוּב.

מעלדונג *s.* (*pl.* ־ען) announcement, information, advice הוֹדָעָה, יְדִיעָה.

מעלדן *v. a.* (*p. p.* געמאָלדן) to announce, inform, advise הוֹדִיעַ, הִשְׁמִיעַ; || ־ זיך *v. r.* to announce a person's visit בִּשֵּׂר בּוֹא אִישׁ; to appear, present oneself to בּוֹא לַעֲמֹד לִפְנֵי־; to send in one's name בִּשֵּׂר בּוֹאוֹ.

— מיט רעספּעקט צו מעלדן with due respect to you בִּמְחִילַת כְּבוֹדְךָ.

מעלדעווען = מעלדן.

מַעֲלָה *s.* (*pl.* מַעֲלוֹת) quality תְּכוּנָה, מִדָּה; advantage יִתְרוֹן.

— האַלטן זיך אין דער מעלה to behave decently הִתְנַהֵג בְּנִמּוּס.

מַעֲלֶה זײַן *v. a.* to lift הֶעֱלָה, הֵרִים.

— דאָס איז נישט מעלה און נישט מוריד, ז. מוֹרִיד זײַן.

מַעֲלֶה־גֵרָה זײַן *v. n.* to chew the cud הֶעֱלָה גֵרָה.

מַעֲלֶה־גֵרהן = מַעֲלֶה־גֵרָה זײַן.

מעליאַנע = דוניע.

מעליג *adj.* mealy, farinaceous קִמְחִי.

מַעֲלִים זײַן *v. a.* to hide, conceal הֶעְלִים.

מעליסע־קרײַטער *s. pl.* leaves of balm-mint עֲלֵי פֶּרַח הַדְּבַשׁ.

מעלן1 *s.* (געמעלט, געמאָלן *p. p.*) to paint צִיֵּר; to picture, sketch צִיֵּר, תֵּאֵר.

מעלן2 *adj.* of flour שֶׁל קֶמַח, קִמְחִי.

מעלער1 *s.* (*pl.* ־) painter צַיָּר.

מעלער2 *s.* (*pl.* ־) flour-dealer, meal-man מוֹכֵר קֶמַח.

מעלץ־||הויז s. (־הײַזער pl.) malt-house בּית משׁרת זרעונים.

מעל־צוקער s. ground sugar סֻכּר טחון.

מעלק s. (־ן pl.) dairy מחלבה.

מעלקן v. a. (געמאָלקן p. p.) to milk חלב;||־זיך v. r. to give milk תּת חלב.

מעלקעדיג adj. giving milk חוֹלבת (פרה).

מעלקער s. (־, ־ס pl.) milker חוֹלב.

מעלקערין = מעלק.

מעלק־שעפל s. (־עך, ־ען pl.) milk-pail כּלי החליבה.

מעל־שפּײַז s. (־ן pl.) farinaceous food מאכל קמח.

מעלתו s. his eminence (title) ־.

מעלת־כּבוֹדו s. the eminence of his honor (title) ־.

מעמאָריאַל s. (־ן pl.) memorial כּתב בּקשׁה.

מעמבער s. (־ס pl.) (Am.) member חבר.

— (id.) אַ נעבראָכענער מעמבער a hard-up person אדם במצב רע.

מעמד s. situation, condition, cricumstances ־, מצב.

— זײַן אין אַ גוטן מעמד, זײַן גוט אין־מעמד to be in good circumstances היה במצב טוב.

מעמדות¹ s. pl. selections from the Scriptures and rabbinical lore read after the morning service ־.

מעמדות² s. pl. contributions נדבות.

מעמדות־געלט s. contribution money כּסף נדבוֹת.

מעמד־פּרנסה s. subsistence פּרנסה; career דרך החיים.

מען pron. indef. one, people איש, אנשים.

מענדאַיל = מעדאַיל.

מענדע||לע s. (־לעך pl.) little husband בּעל אשׁה קטן.

מענה־לשוֹן s. "answer of the tongue," title of a book containing prayers recited on graves ־; (sl.) glib tongue לשוֹן מהירה.

מענטע = מיאַטקע.

מענטע־טראָפּן = מיאַטקע־טראָפּן.

מענטע||לע s. (־לעך pl.) mantlet מעיל קטן.

— אַ מענטעלע פון אַ ספר־תורה a mantlet of the scroll of the Law מעיל של ספר תורה.

מענטש = מענש.

מענטשליך, ־קײַט = מענשליך, ־קײט.

מענטשלען = מענשלען.

מענטשעלע = מענשעלע.

מענטשען v. a. to torment, torture ענה (= מוטשען).

מענטשען זיך v. r. to take courage התחזק והיה לאיש.

מענינגעס = אומעניגעס.

מענין לענין phr. from one subject to another ־.

מענײש adj. male, masculine של זכר; broad-shouldered רחב הכּתפים א).

מענליך adj. male, masculine מין זכר.

מענסקע adj. men's של אנשים, של גברים.

— אַ מענסקער שנײַדער men's tailor תוֹפר בּגדי גברים.

מענע||לע s. (־לעך pl.) little husband בּעל אשׁה קטן; male (of animals) זכר (של חיות); hook קרס.

אַ מענעלע און אַ װײַבעלע, ז. װײַבעלע.

מענערליך = מענײש.

מענערש adj. men's של אנשים, של גברים.

מענש זײַן v. a. to punish ענשׁ; to fine קנס.

מענש s. (־ן pl) human being, man בּן אדם, אדם, איש; person אדם, איש; servant, employee משׁרת.

מענשהײַט s. humanity אנוֹשׁיוּת; mankind מין האנוֹשׁי.

מענשיש adj. human של אדם.

— מענשישע פלײש human flesh בּשר אדם.

מענשליך adj. human של אדם, אנוֹשׁי; civil נמוּסי; humane רחמני;||־קײַט s. humanity אנוֹשׁיוּת; civility נמוּסיוּת.

מענשלען v. a. to educate, civilise חנך, השׂכּל.

מענשנפֿײַנט s. (־ pl.) misanthrope שׂוֹנא הבּריוֹת.

מענשנפֿרײַנט s. (־ pl.) friend of mankind, humanitarian אוֹהב הבּריוֹת.

מענשנפֿרעסער s. (־ pl.) man-eater, cannibal אוֹכל אדם.

מענשע||לע s. (־לעך pl.) little man, manikin איש קטן.

מעסאָנזשניק = מעשאָנזשניק.

מעסט s. grain measure מדת תּבוּאה.

מעסטונג s. measuring מדידה.

מעסטל s. (־עך pl.) measure מדה.

מעסטן v. a. (געמאָסטן p. p.) to measure מדד.

מעסטע s. (־ס pl.) slipper סנדל.

מעסיג adj. moderate בּינוֹני; temperate ממזג.

— (geogr.) מעסיגער גאַרטל temperate zone אזוֹר הממוּזג (של כּדור הארץ).

מעסער s. (־ס pl.) knife סכּין.

— (id.) זײַן מיט אימעצן אויף מעסערס to be at daggers drawn with a person שׂנא איש מאד.

א) אין דער צווייטער באַדייטונג בײַ ליפשיצן.

מעסער־שמיד .s (—ן .pl) cutler חָרַשׁ סַכִּינִים.

מעער = מערי.

מעערקאָפּ = מערקאָפּ.

מעערשאָם = מערשאָם.

מעקלען .v. n to do business as a broker, to broke תַּוֵּךְ, הָיָה לְסַרְסָר.

מעקלער .s (—ס .pl) broker סַרְסָר.

מעקלעריי .s brokerage, broker's fee סַרְסָרוּת.

מעקן .v. a to blot out, erase מָחֹה, מָחֹק.

מעקע‖לע .s (—לעך .pl) fool שׁוֹטֶה.

מעקען .v. a to baa, bleat נָעֹה (ככבש, כעז).

מעקענע .s chaff מוֹץ.

מעקער .s (—ס .pl) eraser מוֹחֵק; rubber רְשׁוּנָה לִמְחוֹק בָּהּ דְּיוֹ.

מַעקרן .v.a "to root out," to turn everything searching הָפֹךְ כָּל דָּבָר בְּחִפּוּשׂ.

מערי .s (—ן .pl) sea יָם.

מערי .s (—ן .pl) carrot גֶּזֶר.

מערי matter דָּבָר א).

— וואָס איז דער מער? ?what is the matter מה הדבר?

מערי .adv more יוֹתֵר, טְפֵי; longer עוֹד.

— איך קען שוין מער נים אויסהאַלטן I cannot bear any longer אין בי כח לסבל עוד.

— מער נים נישט מער only רק.

— נאָך מער nay לא זה בלבד.

מַערב .s west —.

מַערב־ווינט .s west wind רוּחַ מַעֲרָבִי.

מַערב־זייט .s west side צַד מַעֲרָב.

מערבינג = מורבינג.

מַערבית .s recitals for holiday evening ser- vice —.

מַערב שַׁבּת לְעֶרֶב שַׁבָּת phr from one eve of Sabbath to another —.

מערדער .s (— .pl) murderer רוֹצֵחַ.

מערדעריש .adj murderer's שֶׁל רוֹצֵחַ; murderous שֶׁל רֶצַח.

מַערה .s (מַערות .pl) cave מְעָרָה.

מערהייט .s plurality יֶתֶר עַל־.

מער־ווייניג .adv more or less יוֹתֵר אוֹ פָּחוֹת.

מערזשקע = מוראַשקע.

מעריישער .s (—ס .pl) mortar מְדוֹכָה, מַכְתֵּשׁ.

מַעריב .s evening service —.

מעריזאַלניק .s (—עס .pl) one who is afflicted with piles מֻכֵּה טְחוֹרִים.

מעריזיאַן .s (—ען .pl) (geogr.) meridian עִגּוּל הַצָּהֳרַיִם, קַו חֲצִי הַיּוֹם (בכדור הארץ).

מעריזן .s. pl hemorrhoids, piles טְחוֹרִים.

א) דייטש Märe, אַ מעשה; אַ זאַך.

מערידנדיג .adj hemorrhoidal שֶׁל טְחוֹרִים.

מערידן־פּראָ‖שעק .s (—שקעס .pl) powder for piles אָבָק לִרְפוּאַת טְחוֹרִים.

מעריטורע .s pension מַשְׂכֹּרֶת חֶסֶד.

מערישקע = מוראַשקע.

מערישקע־שפּירט .s formic acid חֻמְצַת נְמָלִים.

מַערָכה .s (מַערָכות .pl) lot גּוֹרָל.

— אַ גוטע מערכה good fortune הצלחה; אַ שלעכטע מערכה bad fortune מזל רע.

מערליע .s muslin for lining מַלְמָלָה לְבִטְנָה.

מערמלשטיין = מורמלשטיין.

מערן .v. a to increase הַרְבֵּה.

מערסטנס = מיינסטנס.

מערנצימעס .s (—ן .pl) stewed carrots גְּזָרִים מְטֻגָּנִים.

מערעזשע .s embroidery רִקְמָה.

מערעזשען .v. a to embroider רָקֹם.

מערעזשע־נאָדל .s (—ען .pl) embroidery-needle מַחַט לְרִקְמָה.

מערע‖לע .s (—לעך .pl) little carrot גֶּזֶר קָטָן.

מערערליי .adj of several kinds מִמִּינִים שׁוֹנִים.

מערעשטשען זיך .v. r to be dim הָיֹה אָפֵל, הָיֹה כֵּהָה.

מערצאָל .s (gr.) plural רַבִּים (בדקדוק).

מער‖קאָפּ .s (—קעפּ .pl) ear-shell, sea-ear קֵן שַׁבְּלוּל.

מערקווירדיג .adj remarkable מְצֻיָּן, נִפְלָא; ‖—קייט .s ramarkability פְּלָא; remarkable thing דָּבָר מְצֻיָּן.

מערקור .s (astr.) Mercury כּוֹכַב מַרְקוּלִיס.

מערקן .v. a. n to mark שִׂים לֵב לְ־; to perceive רָאֹה, הַכֵּר.

מערשאָם .s meerschaum קֶצֶף הַיָּם.

מערשאָמינג .adj of meerschaum שֶׁל קֶצֶף הַיָּם.

מערשעלע, פאַרקלענערווארט פון מאַרש.

מער־שפּיגל .s (geogr.) sea-level רָמַת הַיָּם.

מְערת־הַמַּכְפֵּלה .s the cave of Machpelah (burial-place of the Jewish patriarchs and ma- triarchs) —.

מְערת־פּריצים .s den of robbers —.

מעש .s brass נְחֹשֶׁת צְהֻבָּה.

מעשאַנזשניק .s (—עס .pl) brazier חָרַשׁ נְחֹשֶׁת.

מעש־בלעך .s sheet-brass פַּח נְחֹשֶׁת.

מַעשהי .s (מַעשים .pl) deed, act —; occurrence מִקְרֶה, מְאֹרָע.

— שיינע מעשים good deeds, good acts מעשים טובים, מעשים יפים.

— שלעכטע מעשים evil deeds מעשים רעים.

— אַרבעטן מעשים (id.) to rage התרגז, פעל בקצף.

מַעֲשֶׂה² *s.* (*pl.* מַעֲשׂוֹת, מַעֲשִׂיוֹת) tale, story, anecdote — סִפּוּר, מַעֲשִׂיָּה; fact עֻבְדָּה; thing, matter דָּבָר; female genital organ (*sl.*) אֵבֶר הַנְּקֵבָה.

— דערציילן אַ מעשה to tell a story סַפֵּר מעשה.

— וואָס איז די מעשה? what is the matter? מה הדבר?

— די מעשה איז אַזוי the fact is this העובדה כך היא.

— ווי די מעשה איז be it as it may יהיה איך שיהיה.

— געהערט אַ מעשה! did you ever see such a thing! הראית כזאת מימיך!

— אַ שיינע מעשה בלעבן! a pretty pickle! ענין יפה הוא! (נאמר על צרה).

— אָט דאָס איז די מעשה that is just the thing זה הוא הדבר.

— אַ קשיא אויף אַ מעשה! who knows! מי יודע!

— (*prov.*) אויף אַ מעשה פרעגט מען קיין קשיא ניט an idle story is not subject to criticism אין מקשין על ספור בדוי.

— אָנטאָן זיך אַ מעשה to commit suicide שלח יד בנפשו.

— פאַרשטעלן אַ מעשה to do some dirty action עשה תועבה; to commit a crime פשע פֶּשַׁע.

— געכאַפּט אין דער מעשה suspected in heresy חשוד במינות.

— קיין מעשה ניט pretty well, tolerably well, passably לא רע.

— נאָך אַלע מעשות after all אחר כל הדברים.

מַעֲשֵׂה³ *adv.* like, as, in the manner of כְּמוֹ, כְּדֶרֶךְ.

— מעשה מענש like a man כדרך איש.

— מעשה גנב like a thief כדרך גנב.

מַעֲשֶׂה־בּוּך *s.* (*pl.* —עך) book of tales, story-book סֵפֶר סִפּוּרִים.

מַעֲשֵׂה־בְּרֵאשִׁית *s.* cosmogony, history of creation.

מַעֲשֶׂהלע *s.* (*pl.* —לעך) little story סִפּוּר קָטָן, מַעֲשִׂיָּה.

מַעֲשֵׂה־מֶרְכָּבָה *s.* mystic lore concerning the celestial throne-charist.

מַעֲשֵׂה נִסִּים *s.* story of miracles.

מַעֲשֵׂה־סְדוֹם *s.* "act of Sodom," cruelty אַכְזְרִיּוּת.

מַעֲשֶׂהרע = מַעֲשֶׂה־רַע.

מַעֲשֶׂה־רַע *s.* (*pl.* מַעֲשִׂים־רָעִים) evil deed;

— קיין מעשה־רע ניט tolerably, passably לא רע.

מַעֲשֵׂה־שַׁבָּת *s.* babble (*fl.*) פִּטְפּוּט.

מַעֲשֶׂה־שֶׁהָיָה *s.* (*pl.* מַעֲשִׂים־שֶׁהָיוּ) "a thing that occurred," occurrance, fact — מְאֹרָע.

מַעֲשֵׂה־שָׂטָן *s.* devil's work; — *adv.* unfortunately לְרָעַת אִישׁ, לְאָסוֹנוֹ.

מַעֲשֶׂה־תָּלוּי *s.* "story of the crucified one," story of Jesus Christ.

מעשטיינס־געזאַנג = מושטיינס־.

מעשטע = מעסטע.

מַעֲשֵׂה־יָדַי (יָדָיו) *s.* the work of my (his) hands.

מַעֲשִׂים אֲשֶׁר לֹא יֵעָשׂוּ *phr.* "deeds that ought not to be done," outrageous deeds נְבָלוֹת.

מַעֲשִׂים־בְּכָל־יוֹם *s. pl.* every-day occurrences.

מַעֲשִׂים־טוֹבִים *s. pl.* good deeds.

מַעֲשִׂים־רָעִים *s. pl.* evil deeds.

מַעֲשִׂים־תַּעְתּוּעִים *s. pl.* scandalous deeds תּוֹעֵבוֹת, נְבָלוֹת.

מעשן, מעשערן *adj.* of brass שֶׁל נְחשֶׁת צְהֻבָּה.

מַעֲשֵׂר *s.* (*pl.* מַעַשְׂרוֹת) tithe.

מַעַשְׂרן *v. a.* to tithe עַשֵּׂר.

מַעְתִּיק *s.* (*pl.* מַעְתִּיקִים) translator מְתַרְגֵּם.

מַעְתִּיק זיין *v. a.* to translate הַעְתֵּק, תַּרְגֵּם.

מֵעֵת־לְעֵת *s.* (*pl.* —ן) the 24 hours of the day, day יוֹם תָּמִים.

מֵעֵת־לְעֵתנדיג *adj.* of 24 hours, diurnal שֶׁל יוֹם תָּמִים.

מֵעֵת־לְעֵתער *s.* (— . — ס *pl.*) day-clock שְׁעוֹן יוֹמִי.

מַפָּה *s.* (*pl.* מַפּוֹת) table-cloth; covering for — map (*geogr.*); — the scroll of the Law.

מפולפל *s.* subtiliser, subtle Talmudic scholar.

מפוניצע *s.* (*pl.* —ס) delicate woman אִשָּׁה מְפֻנֶּקֶת; fastidious woman בַּחֲרָנִית.

מפונק *s.* (*pl.* מפונקים) delicate man; fastidious man בַּחְרָן.

מפורסם *s.* (*pl.* מפורסמים) well-known man, prominent man.

מפורסם מאַכן *v. a.* to make known, divulge פַּרְסֵם.

מְפוּרְסֶמֶת *s.* (*pl.* —ן) well-known woman.

מְפוֹרָשׁ *adv.* express, explicitly בְּפֵרוּשׁ, בְּבֵרוּר.

מַפְטִיר *s.* (*pl.* —ס) one called to the reading of the lesson from the Prophets; reading of the lesson from the Prophets קְרִיאַת הַהַפְטָרָה.

— געבן מפטיר to call a person to the reading of the lesson from the Prophets קרא איש לקריאת ההפטרה.

קויפֿן זיך אַ מפּטיר (*id.*) — to bring trouble upon oneself הבא צרה על עצמו.

מִפִּיו הַקָּדוֹשׁ *phr.* from his holy mouth -.

מְפַיֵּיס זײַן *v. a.* to conciliate, appease פַּיֵּס.

מַפִּילע, פֿאַרקלענערוואָרט פֿון מַפִּיל.

מַפִּיל = מַפִּיל־קינד.

מַפִּיל זײַן *v. a.* to miscarry הַפִּיל.

מַפִּיל־קינד *s.* (*pl.* ער -) abortion נֵפֶל.

מפּיס = מְפַיִּיס.

מַפָּלה *s.* (מַפָּלוֹת *pl.*) defeat ; - downfall -.

— האָבן אַ מפּלה to suffer defeat, to be defeated הֻכֵּה, הִנָּגֵף.

מַפְלִיא זײַן to declare to be wonderful הַפְלֵא; = מַפְלִיג זײַן.

מַפְלִיג זײַן *v. a.* to exaggerate הַפְלֵג הַגְזֵם.

מַפְלען = מַפִּיל זײַן.

מְפַלְפֵּל זײַן זיך *v. r.* to subtilise פַּלְפֵּל, הִתְפַּלְפֵּל; || *v. rec.* to debate, dispute הִתְוַכֵּחַ.

מִפְּנֵי הַשָּׁלוֹם *phr.* for the sake of peace -.

מַפְסִיק זײַן *v. n.* to pause הַפְסֵק; to interrupt one's prayers הַפְסֵק בִּתְפִלָּה; || *v. a.* to separate, divide הַבְדֵּל.

מְפַצֶּה זײַן *v. a.* to conciliate פַּצֵּה, רַצֵּה.

מַפְצִיר זײַן *v. a.* to urge, beg insistently הַפְצֵר.

מַפְקִיר זײַן *v. a.* to declare to be ownerless הַפְקֵר (בטל רשות הקנין); to leave to the mercy of God נְטשׁ עַל יַד הַמִּקְרֶה; || - זיך *v. r.* to sacrifice oneself מָסֹר נַפְשׁוֹ.

מְפַרְנֵס זײַן *v. a.* to sustain, support פַּרְנֵס כַּלְכֵּל.

מְפַרְסֵם זײַן *v. a.* to make known, divulge פַּרְסֵם.

מְפָרְשִׁים *s. pl.* commentators -.

מַפְתֵּחַ *s.* (מַפְתְּחוֹת *pl.*) index (*of a book*) -.

מִפֶּתַח בֵּיתוֹ *phr.* out of the door of one's house -.

— ער גייט נישט אַרויס מפּתח ביתו he never goes out of his house איננו יוצא מביתו. הוא יושב תמיד בבית.

מ״ץ *abbr.* = מוֹרֵה צֶדֶק "a true teacher," a rabbi -.

מְצאַצע, שפּאַסיג אָנשטאָט מְצִיאָה.

מַצָּב *s.* situation, condition -.

מַצֵּבָה *s.* (מַצֵּבוֹת *pl.*) tomb-stone -.

מִצַּד *prep.* from the part of -.

מִצְדֵי־צְדָדִים *adv.* on all parts -.

מַצְדִּיק זײַן *v. a.* to justify הַצְדֵּק.

מַצְדִּיק־הַדִּין זײַן *v. n.* to justify the judgment הַצְדֵּק הַדִּין.

מַצָּה *s.* (מַצּוֹת *pl.*) unleavened cake, Passover cake -.

מַצָּה־בעקער *s.* (- , ס - *pl.*) baker of Passover cakes אוֹפֵה מַצּוֹת.

מַצָּה־ברײַ *s.* panade of Passover cakes מַאֲכָל שֶׁל מַצּוֹת שְׁרוּיוֹת בְּמַיִם חַמִּים.

מַצְהדינגס *s.* dish made of Passover cakes תַּבְשִׁיל שֶׁל מַצּוֹת.

מַצָּה־וואַסער *s.* water used in kneading the dough for Passover cakes מַיִם שֶׁמְּשַׁמְּשִׁים בָּהֶם לְלִישַׁת הַבָּצֵק לְמַצּוֹת.

— גיין ווי מצה־וואַסער to sell quickly, to meet with a ready sale הִמָּכֵר במהירות. מצא קונים רבים.

מַצָּה־מעל *s.* flour made of Passover cakes קֶמַח עָשׂוּי מִמַּצּוֹת.

מַצָּה־רעדל *s.* (- עך *pl.*) little indented wheel for perforating Passover cakes אוֹפַן קָטֹן בַּעַל שִׁנַּיִם שֶׁנּוֹקְבִים בּוֹ מַצּוֹת.

מַצָּה־רעדלער *s.* (- *pl.*) one who perforates Passover cakes with an indented wheel נוֹקֵב מַצּוֹת בְּאוֹפַן בַּעַל שִׁנַּיִם.

מַצָּה־שְׁמוּרָה *s.* Passover cakes made of flour watched with special care -.

מִצְוָה *s.* (מצוות *pl*) commandment ; - good deed, act of benevolence - מַעֲשֶׂה טוֹב.

— אַ מצוה אויף אים! (*id.*) it serves him right! הוא קבל את העונש הראוי לו!

מִצְוָה־טאַנץ || *s.* (- טענץ *pl.*) dance with the bridegroom and bride מָחוֹל עִם הֶחָתָן וְהַכַּלָּה.

מִצְוָהטניצע *s.* (- ס *pl.*) benefactress עוֹשָׂה צְדָקָה. עוֹשָׂה טוֹב.

מִצְוָהטניק *s.* (- עס *pl.*) benefactor עוֹשֶׂה צְדָקָה עוֹשֶׂה טוֹב.

מִצְוָה לְחַסֵּר *phr.* it is but just to cause a loss (*said when something is taken from a stingy person*) -.

מִצְווה = מִצְוָה.

מִצְטָרֵף לָזֶה *phr.* in addition to this -.

מִצְוַת־אֲנָשִׁים־מְלֻמָּדָה *s.* "the acquired precept of men," acquired habit -.

מִצְוַת־לֹא־תַעֲשֶׂה *s.* (מִצְווֹת־ *pl.*) prohibitive command -.

מִצְוַת־עֲשֵׂה *s.* (מִצְווֹת־ *pl.*) mandatory command -.

מֵצַח־אִשָּׁה־זוֹנָה *s.* "a whore's forehead," brazen face, impudence עַז פָּנִים, חֻצְפָּה.

מְצִיאָה *s.* (מְצִיאוֹת *pl.*) find ; - bargain ; - קְנִיָּה בְּזוֹל; worth, value (*fig.*) עֵרֶךְ.

— אַ קנאַפּע מציאה not much of a bargain מצי..ה קטנה; a thing of little value דבר קטן הערך.

— אַ מציאה פֿון אַ גנב מציאה a great bargain גדולה.
— וואָס איז די מציאה מיט אים? of what consequence is he? במה נחשב הוא?
— פֿאַר אַ מציאה at least לכל הפחות; צוואַנציג שטוק פֿאַר אַ מציאה twenty at least עשרים לכל הפחות.
מְצִיאוּת s. existence -.
מַצִיל זײַן v. a. to save הַצֵּל.
מְצִיצה s. sucking of the blood of the prepuce at circumcision -.
מֵצִיר זײַן = מַפְצִיר זײַן.
מַצְלִיחַ זײַן v. n. to prosper, succeed הַצְלֵחַ.
מְצַמְצֵם זײַן v. a. to limit, reduce הַקְטֵן, הַפְחֵת; to concentrate הַרְכֵּז.
מִצְנֶפֶת s. turban -; covering for the head of a dead person מַעֲטָפָה לְרֹאשׁ הַמֵּת.
מְצִיעָתא s. middle part of a paragraph of the Mishnah -.
מְצַעֵר זײַן v. a. to grieve צַעֵר; ‖ - זיך v. r. to be grieved הִצְטַעֵר.
מִצְרִי s. (pl. מִצְרִים) Egyptian -.
מִצְרַיִם npr. Egypt -.
מִצְרַיִם־‖הונט s. (- הינט pl) "Egyptian dog," non-barking dog כֶּלֶב שֶׁאֵינוֹ נוֹבֵחַ א).
מְצָרֵף זײַן v. a. to add in reckoning, to add, include צָרֵף.
— מצרף זײַן צו אַ מנין to include in the number of men required for public worship צרף למנין.
מְקַבֵּל s. (pl. מְקַבְּלִים) receiver -; recipient of charity מְקַבֵּל צְדָקָה.
מְקַבֵּל זײַן v. a. to receive קַבֵּל.
מְקַבֵּל־בְּאַהֲבָה זײַן v. a. to put up with, bear without protest קַבֵּל בְּאַהֲבָה.
מְקַבֵּל־נַחַת זײַן v. n. to derive pleasure, be delighted קַבֵּל נַחַת, הִתְעַנֵּג.
מְקַבֵּל־פָּנִים זײַן v. a. to receive, to welcome קַבֵּל פְּנֵי־.
מְקַבֵּל־קִנְיָן זײַן v. n. to confirm an agreement by taking hold of a garment or handkerchief קַבֵּל קִנְיָן.
מְקַבֵּל־שַׁבָּת זײַן v. n. to inaugurate the Sabbath קַבֵּל הַשַּׁבָּת.
מְקַבֵּר זײַן v. a. to bury, inter קַבֵּר.

א) ביי אבראַמאָוויטשן אין „אין אַ שטורעם־צייט"; אַנדייטונג אויף די ווערטער אין שמות, יא, ז: ולכל בני ישראל לא יחרץ כלב לשונו.

מַקְדִים זײַן זיך v. r. to get before, come before הַקְדֵּם, בּוֹא לִפְנֵי־.
מַקְדִּישׁ זײַן v. a. to devote הַקְדֵּשׁ; to dedicate (a book) הַקְדֵּשׁ (ספר).
מִקַּדְמַת־דְּנָא adv. of old -.
מִקְדָּשׁ = בֵּית־הַמִּקְדָּשׁ.
מְקַדֵּשׁ זײַן v. a. to declare as one's wife, to take to wife קַדֵּשׁ, לָקֹחַ לְאִשָּׁה; to hallow, bless (the new moon) קַדֵּשׁ, בָּרֵךְ (את החדש).
מְקַדֵּשׁ־הַשֵּׁם זײַן v. n. "to sanctify the name of God," to sacrifice oneself for the glory of God קַדֵּשׁ הַשֵּׁם, מָסֹר נַפְשׁוֹ עַל קִדּוּשׁ הַשֵּׁם.
מְקוּבָּל s. (pl. מְקוּבָּלִים) cabbalist -.
מִקְוֶה s. (pl. מִקְווֹת, מִקְוָאוֹת) pool for ablution -.
מְקוּיָם ווערן v. p. to be fulfilled, come true, be realised קוּם, בּוֹא, יָצֹא אֶל הַפֹּעַל.
מָקוֹם s. (pl. מְקוֹמוֹת) place -; town, city עִיר.
— אין ווײַטע מקומות in far-off countries במדינות רחוקות.
מקים־גייער s. one traveling with his wares in surrounding places איש סובב עם סחורתו במסבי עירו א).
מקום־ואו s. the city of Vienna הָעִיר וִינָא ב).
מְקוֹם־מְנוּחה s. place of rest -.
מְקוֹם־מקלט s place of refuge -.
מְקוֹם־קָדוֹשׁ s "holy place," house of prayer בֵּית תְּפִלָּה.
מְקוֹם־תּוֹרה s. place of learning -.
מְקוֹנֵן s (pl. מְקוֹנְנִים) mourner, author of the Lamentions (Jeremiah) -.
— דערויף קלאָגט דאָך יענער מקונן! (id.) there is the rub! דא היא עקא!
מָקוֹר s. (pl. מְקוֹרִים) source, origin -.
מְקוֹרָב s. (pl. מְקוֹרָבִים) intimate מִקְּרָבָיו שֶׁל אִישׁ.
מְקוֹר־הַחַיִּים s. the fountain of life -.
מקח s. (pl. מקחים) price - מְחִיר.
מִקָּח־וּמִמְכָּר s. pl. buying and selling, trade - מִסְחָר.
מקח־טעות s. wrong transaction עֵסֶק טָעוּת; (fig.) mistake טָעוּת.
מְקַטְרֵג s. (pl. מְקַטְרְגִים) accuser -.
מקטרג זײַן v. a. to accuse -.
מַקִּיאָן = מוּזקען.
מְקַיֵּים זײַן = מְקַיֵּם זײַן.
מֵקִיל s. (pl. מְקִילִים) lenient interpreter of the law -.

א) ביי נאַשערן. ב) ביי נאַשערן.

מַקיל זיין *v. n.* to be lenient in interpreting the law הָקֵל.

מְקַיים זיין *v. a.* to fulfil קַיֵּם, מַלֵּא.

מְקַיים־פְּסַק זיין *v. n.* to execute judgment קַיֵּם פְּסָק.

מַקים זיין *v. a.* to appoint הָקֵם.

מַקלען *v. a.* to lick with a stick הַכֵּה בְמַקֵּל.

מְקַנא *s.* (*pl.* מְקַנְאים) envier, one who begrudges. —

מְקַנא זיין *v. a.* to envy, begrudge קַנֵּא.

מַקף *s.* (*pl.* ן —) hyphen. —

מַקפיד *s.* (*pl.* מַקְפּידים) a particular *or* fastidious person אִישׁ מַקְפִּיד, דַּיְקָן.

מַקפיד זיין *v. n.* to be particular *or* fastidious הַקְפֵּד, דַּיֵּק.

מְקַצר זיין *v. a.* to shorten קַצֵּר; to be short קַצֵּר בִּדְבָרִים.

מְקַצר־יָמים זיין *v. n.* to shorten a person's life קַצֵּר יְמֵי אִישׁ; to embitter a person's life (*fig.*) מָרֵר חַיֵּי אִישׁ.

מְקַצר־יָמים־וְשָׁנים זיין = מְקַצר־יָמים זיין.

מִקְצָת *s.* a small part, a little. —

מִקְצָת־מִן־הַמִּקְצָת *s.* a very small part, very little. —

מְקָרב זיין *v. a.* to bring near קָרֵב; to (*fig.*) befriend קָרֵב.

מִקְרה *s.* (*pl.* מִקְרים) chance, accident. —

מַקריב זיין *v. a.* to offer, sacrifice הַקְרֵב; || — זיך *v. r.* to sacrifice oneself הַקְרֵב אֶת עַצְמוֹ.

מַקְשה־לֵילד *s.* a woman having hard labor (*in giving birth*) אִשָּׁה מַקְשָׁה לָלֶדֶת; a writer (*fig.*) who produces with great labor סוֹפֵר מַקְשֶׁה לִכְתֹּב.

מַקשן *s.* (*pl.* מַקְשָׁנים) one who likes to ask questions. —

מַר־בַּר־רַב־אַשי *npr.* Mar-bar-Rab-Ashi (*appellation of Tabyomi, an eminent amora of the 5th cent.*) —, eminent man אָדָם רָם הַמַּעֲלָה.

מָרא־דְאַתְרא *s.* "master of the place," the rabbi of a town. —

מַראה *s* (*pl.* מַראות) appearance; — color, צֶבַע.

מַראה־מָקום *s.* reference; — index מַפְתֵּחַ (לספר)א); hope תִּקְוָה ב).

מַראית־עַין *s.* appearance; — good looks יֹפִי תֹּאַר.

מראק = שפרויערנג.

א) אין בראָנער Handlexicon אונטער ראה. ב) ביי ליפשיצן.

מראָקן = שפרויען.

מַרביץ זיין *v. a.* to spread (*learning*) הַרְבֵּץ (תורה).

מַרגיש זיין *v. a.* to feel הַרְגֵּשׁ.

מְרַגלים *s. pl.* spies. —

מָרה־שְׁחורה *s.* melancholy, gloom —, עַצְּבוּת.

מָרה־שְׁחורהדיג *adj.* melancholy, melancholic, gloomy בַּעַל מָרָה שְׁחוֹרָה, עֲצוּב רוּחַ.

מָרה־שְׁחורהן *v. n.* to be melancholy הָיֹה עֲצוּב רוּחַ.

מָרה־שְׁחורהניצע *s.* (*pl.* ס —) melancholy woman בַּעֲלַת מָרָה שְׁחוֹרָה, אִשָּׁה עֲצוּבַת רוּחַ.

מָרה־שְׁחורהניק *s.* (*pl.* עס —) melancholy man, melancholiac בַּעַל מָרָה שְׁחוֹרָה, אִישׁ עֲצוּב רוּחַ.

מְרובע *s.* a square —. || square *adj.* —.

מַרוויח זיין *v. a. n.* to gain, profit הַרְוֵחַ.

מרויח זיין = מַרְוִיחַ זיין.

מְרוצה *adj.* willing. —

מרוק *s.* (*pl.* עס —) grumbler מִתְלוֹנֵן; peevish *or* surly fellow אָדָם זוֹעֵף.

מָרור *s.* bitter herb. —

מַרחיק זיין *v. a.* to remove הַרְחֵק, הָסֵר; to keep away, keep aloof רַחֵק, סוּר; || — זיך *v. r.* to keep away הַרְחֵק; to withdraw נְסֹג אָחוֹר.

מַרחיק־מִן־הַשֵּׂכל זיין *v. a.* to remove from reason, to make less comprehensible הַרְחֵק מִן הַשֵּׂכֶל.

מְרחם זיין זיך *v. r.* to have pity רַחֵם.

מֶרחץ *s.* (מֶרְחֲצָאות, ן —) bath-house —; vapor-bath מֶרְחַץ הַזֵּעָה.

מֶרחץ *s.* (*fl.*) linen, clothes לְבָנִים.

מַרחצער *s.* (*fl.*) thief who steals linen גַּנָּב הַגּוֹנֵב לְבָנִים; thief who steals from persons sleeping in an inn גַּנָּב הַגּוֹנֵב מֵאֲנָשִׁים הַיְשֵׁנִים בְּאַכְסַנְיָה.

מֶרחק *s.* (*pl.* מֶרְחַקים) distance, distant place —, מָקוֹם רָחוֹק.

מֶרחק־רַב *s.* great distance. —

מַרְחֶשון = חֶשְׁוָן.

מְרידה *s.* (*pl.* מְרִידות) rebellion, revolt, sedition —, מֶרֶד.

מריקען *v. n.* to bleat נָעֹה.

מֶרְכּז *s.* centre. —

מַר־נֶפש *s.* (*pl.* מָרֵי־נֶפש) one who is bitter in spirit, one who is sad *or* sorroful. —

מַרעיש־עולם זיין *v. n.* to stir up the world, to make a great stir הַרְעֵשׁ הָעוֹלָם.

מַרפא־לָשון *s.* "the healing of the tongue," speech, talk דִּבּוּר.

מַרשעת *s.* (*pl.* ן —) wicked woman אִשָּׁה רָעָה.

מָרת *s.* (*title*) Mistress, *Mrs.* —.

מַשׂא s. (pl. מַשׂאות) burden; load.
מַשׂא־ברִיוו s. (pl. –) bill of carriage, bill of conveyance סֵפֶר מַשָּׂא (למשא שמובילים בעגלה או על מסילת הברזל); bill of lading סֵפֶר מַשָּׂא (למשא שמובילים באניה).
מַשׂא־וּמַתּן, מַשׂא־מַתּן s. business, עֵסֶק, מִסְחָר; negotiation, שִׂיחַ וָשִׂיג; (fl.) thieves' business עֵסֶק הַגַּנָּבִים.
— (fl.) אַ צורלוכער משא־מתן burglary committed when people are asleep חתירה בשעה שאנשי הבית ישנים.
מַשׂא־פֿוּר s. (pl. –ן) goods-van עֲגָלָה לְמַשָּׂא.
מַשׂא־פָּנים s. partiality.
מַשׂא־צוּג s. (pl. –ן) goods-train, freight-train רַכָּבוֹת (של מסילת הברזל) לִסְחוֹרָה.
מַשׁבּיע זײַן v. a. to conjure הַשְׁבֵּעַ.
מִשַּׁבּת־לְשַׁבּת adv. from Sabbath to Sabbath, once a week.
מַשׁגיח s. (pl. מַשׁגיחים) inspector; supervisor, superintendant, מְפַקֵּחַ.
מַשׁגיח זײַן v. n. to supervise, superintend הַשְׁגִּיחַ עַל־, פָּקֹד עַל־; to take care הַשְׁגִּיחַ עַל־.
מַשׁדך זײַן v. a. to match, ally by marriage שַׁדֵּךְ; to unite אַחֵד; ‖ –זיך v. r. to be allied by marriage הִשְׁתַּדֵּךְ; to be united הִתְאַחֵד.
משה npr. Moses; ‖ s. (Am.) one of the common people, ignorant person אֶחָד מִן הָעָם, אִישׁ בַּעַר.
משה־מְחוּיב = מִי־שֶׁמְּחוּיָב.
משה־מְחוּיבניק s. (pl. –עס) person thrown upon an office by nepotism אִישׁ שֶׁנּוֹתְנִים לוֹ פְּקֻדָּה מִשּׁוּם קִרְבַת מִשְׁפָּחָה א).
משה־רַבּנו s. our master Moses.
משה־רַבּנוס־בְּהֵמה‖לע s. (pl. –לעך) lady-cow, ladybird, ladybug מִין חִפּוּשִׁית.
משה־רַבּנוס־פֿערדעלע, משה־רַבּנוס־קױעלע = משה־רַבּנוס־בְּהֵמהלע.
משה־תּו = משה־תַּחת.
משה־תַּחת s. (Am.) nickname of the common people כִּנּוּי לְהָמוֹן הָעָם.
מַשׂוא־פָּנים = מַשׂא־פָּנים.
מְשוּגע pred. crazy, mad, insane.
מְשוּגעוואַטע adj. rather crazy קְצָת מְשֻׁגָּע.
מְשוּגעים־‖הויז s. (– הײַזער pl.) insane-asylum, lunatic-asylum בֵּית מְשֻׁגָּעִים.
מְשוּגע‖ן, – נער, – נע adj. crazy, mad, insane מְשֻׁגָּע.
— משוגענער הונט mad dog, rabid dog כלב שוטה.

מְשוּגענע s. (pl. –) mad woman, insane woman אִשָּׁה מְשֻׁגָּעָה.
מְשוּגע‖נער s. (– נע, מְשוּגעים pl.) madman, insane man, lunatic אִישׁ מְשֻׁגָּע.
מְשוּגענערהײט adv. like a madman כְּאִישׁ מְשֻׁגָּע.
מְשוּגעת s. (pl. –ן) madness שִׁגָּעוֹן; whim, caprice שִׁגָּעוֹן.
מַשְׁוֶה זײַן = מַשְׁווה זײַן.
מַשְׁווה זײַן v. a. to square, adjust סַדֵּר (חשבון).
מְשוּלח s. (pl. מְשוּלחים) delegate שָׁלִיחַ; travelling agent סוֹכֵן נוֹסֵעַ; messenger sent to solicit relief שָׁלִיחַ לְקַבֵּץ נְדָבוֹת (לעזרת עניים או לתמיכת מוסדים).
מְשוּלַחת s. (pl. –ן) plague, misfortune פֶּגַע רָע.
מְשוּמד s. (pl. מְשוּמָדים) apostate, renegade, converted Jew, מוּמָר; impudent fellow אִישׁ חָצוּף; rogue, rascal בֶּן בְּלִיַּעַל; (fl.) traitorous thief גַּנָּב שֶׁבָּגַד בַּחֲבֵרָיו.
— אויף אַלע משומדים נעזאָגט נעוואָרן! may all apostates have such fate! (curse) כך יהיה גורל כל המשומדים! (קללה).
מְשוּמד־לְהַכעיס = מוּמָר־לְהַכְעִיס.
מְשוּמדסקע adj. apostatical שֶׁל מְשֻׁמָּד; impudent חָצוּף; roguish שֶׁל בֶּן בְּלִיַּעַל; cunning, shrewd עָרוּם.
— משומדסקע גליד impudent fellow איש חצוף; cunning blade אדם ערום.
מְשוּמד־קאָפּ = שְׁמַד־קאָפּ.
מְשוּמֶדת = מְשוּמדתטע.
מְשוּמַדתטע s. (pl. –ס) female apostate, converted Jewess מְשֻׁמֶּדֶת; impudent woman אִשָּׁה חֲצוּפָה; roguish woman בַּת בְּלִיַּעַל; cunning woman אִשָּׁה עֲרוּמָה.
מְשוּנה pred. strange, queer, wild, מוּזָר; unnatural אִי־טִבְעִי.
מְשוּנה‖ן, – נער, – נע adj. strange, queer, wild מְשֻׁנֶּה, מוּזָר; unnatural אִי־טִבְעִי.
מְשוּעבּד pred. enslaved, subjected.
מְשוּפּע pred. sloping, inclined.
מְשוּפּעדיג adj. sloping, inclined מְשֻׁפָּע.
מְשוּפּעקײַט s. slopeness שִׁפּוּעַ.
מְשוּפּרי־דְשוּפּרי adv. of the very best מִמִּין הַיּוֹתֵר מְשֻׁבָּח.
מְשוֹרר s. (pl. מְשוֹררים) chorist, choir-singer מְשׁוֹרֵר בְּמַקְהֵלָה; poet.
מְשַׁחד זײַן v. a. to bribe שַׁחֵד.
מַשְׁחית s. (pl. מַשְׁחיתים) destroyer; mischievous fellow, devil מֵרֵעַ, מַזִּיק; clever fellow אָדָם חָרוּץ.
משטײַנס נעזאָגט = מישטײַנס נעזאָגט.

א) בײ אבראַמאָװיטשן אין „װינשפֿינגערל“, בוך 7, קאַפּ. 4.

מַשִׂיג זײַן v. a. to conceive, understand הִשִּׂג, הֵבִין.

מָשִׁיחַ s. (pl. מְשִׁיחִים) Messiah -.

— פֿאַלשער משיח false Messiah, pseudo-Messiah משיח שקר.

מָשִׁיחַ־בֶּן־דָוִד s. Messiah, the son of David -.

מָשִׁיחַ־בֶּן־יוֹסֵף s. Messiah, the son of Joseph (*who, it is believed, will precede Messiah, the son of David*) -.

מָשִׁיחַ־צײַט s. Messianic time יְמוֹת הַמָּשִׁיחַ; (*fig.*) the millenium עֵת הָאֹשֶׁר וְהַשָּׁלוֹם בְּכָל הָעוֹלָם.

מְשִׁיטא s. cursive Hebrew writing כְּתַב־רַשִׁ"י עִבְרִי א).

מֶשֶׁךְ s. (pl. -ן) term זְמַן קָבוּעַ.

מִשְׁכַּב־זָכוּר s. sodomy, buggery -.

מַשְׁכּוֹן s. (pl. מַשְׁכְּנוֹת) pawn, pledge -, עֵרָבוֹן.

— אַ לעבעדיגער משכון hostage איש לקוח לערבון.

מַשְׁכּוֹנען v. a. to pawn, pledge מִשְׁכֵּן, תֵּת בְּעֵרָבוֹן.

מַשְׂכִּיל s. (pl. מַשְׂכִּילִים) enligitened man -; adherent of the השכלה -.

מָשָׁל s. (pl. מְשָׁלִים) parable, simile -; fable -; example, instance -.

מִשְׁלוֹח־מָנוֹת = שַׁלַח־מָנוֹת.

מְשַׁלֵחַ זײַן v. a. to send away שִׁלַּח; to dismiss שִׁלַּח. פִּטֵּר.

מִשְׁלַחַת = מְשׁוּלַחַת.

מַשְׁלִישׁ זײַן v. a. to deposit with a third person הִשְׁלִישׁ.

מְשַׁלֵם זײַן v. n. to pay שִׁלֵּם.

מְשַׁלְמען = מְשַׁלֵם זײַן.

מָשְׁלען v. n. to illustrate by similes תֵּאֵר בְּדִמְיוֹנוֹת וּמְשָׁלִים.

מְשַׂמֵחַ זײַן v. a. to rejoice, make glad שִׂמַּח; to entertain שִׁעֲשַׁע; || -זיך v. r. to make merry to entertain oneself שִׂמַּח אֶת עַצְמוֹ, עָשָׂה הִילוּלָא וְחִנְגָּא; הִשְׁתַּעֲשַׁע.

מַשְׁמִיעַ זײַן v. n. to be understood, to appear, to follow הִשְׁמִיעַ, הִשְׁתַּמֵּעַ.

א) עס זיינען נאָך דאָ אַנדערע פֿאָרמעס פֿון דעם וואָרט. יצחק בער לעווינזאָהן אין „בית יהודה" (פרק קכ"ט) ניט אויסער משיטא אויך משהיים. גרינבוים אין Jüdischd. Chrest. (זייט 494) ברענגט פֿון אליהו בחורס „תשבי" די פֿאָרמע משקיט און באַמערקט, אַז די דייטשע יידן רופֿן די שריפֿט מעשיט. אין פּראַגער Handlexicon ווערן די אותיות פֿון דער שריפֿט אָנגערופֿן געמאַשטעטע. די עטימאָלאָגיע איז ניט באַקאַנט. מיר זעט אויס, אַז דאָס וואָרט איז פֿון אַראַמעאיש יְשַׁט, אויסשטרעקן, אויסציען (דערפֿון שיטה, אַ ליניע, אַ שורה) און באַדייט אַ געצויגענע שריפֿט כנגד דעם כתב מרובע, וואָס איז אַ שריפֿט אָן צוגן.

מַשְׁמַע, מַשְׁמָעוּת adv. apparently, evidently כְּפִי הַנִּרְאֶה.

— משמעות, אַז... it is apparent that... נראה ש...

מִשְׁמָר s. (pl. מִשְׁמָרוֹת) guard, watch -; relief הַחֲלָפַת מִשְׁמָר א).

מְשַׁמֵּר זײַן v. a. to guard, preserve שָׁמַר.

— גאָט זאָל אונז משמר זײַן may God preserve us ישמרנו אלהים.

מְשַׁמֵּשׁ s. (pl. מְשַׁמְשִׁים) attendant -.

מְשַׁמֵּשׁ זײַן v. a. to attend שִׁמֵּשׁ.

מְשַׁמֵּשׁ־הַמִּטָּה זײַן v. n. to have sexual intercourse שִׁמֵּשׁ הַמִּטָּה.

מִשִּׂנְאַת הָמָן phr. out of hatred for Haman -.

— ער טוט עס נוט מאהבת מרדכי נאָר משנאת המן he is doing it not for the love of his friend, but to spite his enemy הוא עושה זאת לא מאהבתו לידידו, כי אם להרגיז את שונאו.

מִשְׁנָה s. Mishnah, collection of traditional laws (*forming the text of the Talmud*) -; paragraph of the Mishnah (pl. מִשְׁנָיוֹת) -.

מְשַׁנֶּה זײַן v. a. to change שִׁנָּה; to go back from, break (*one's word*) שִׁנָּה (מוצא שפתיו).

מְשַׁנֶּהדיג adj. going back from, breaking (*one's word*) מְשַׁנֶּה (מוצא שפתיו).

מְשַׁנֶּה־מָקוֹם זײַן v. n. to change one's place שִׁנָּה מְקוֹמוֹ.

מְשַׁנֶּה מָקוֹם מְשַׁנֶּה מַזָּל phr. he who changes his place changes his luck -.

מְשַׁנֶּהניק s. (pl. -עס) one who is breaking his word מְשַׁנֶּה דִּבּוּרוֹ.

מְשַׁנֶּה־שֵׁם זײַן v. a. to change a person's name שִׁנָּה שֵׁם אִישׁ.

מִשְׁנֵה־תּוֹרָה s. Deuteronomy (*the fifth book of Moses*) -.

מִשְׁנָיוֹת s. Mishnah מִשְׁנָה; (pl. -ן) set of the books of the Mishnah קְבוּצַת סִפְרֵי הַמִּשְׁנָה.

מִשָּׁנִים־קַדְמוֹנִיּוֹת adv. of old, from the remote time -.

מְשַׁעֵר זײַן v. n. to conjecture שִׁעֵר.

מְשַׁעֵר זײַן זיך v. r. to imagine, suppose שִׁעֵר דִּמָּה.

מִשְׁפָּחָה s. (pl. מִשְׁפָּחוֹת) family -; relationship קִרְבַת מִשְׁפָּחָה; relative קָרוֹב.

מִשְׁפַּחְתָּה s. family (*cont.*) מִשְׁפָּחָה.

מִשְׁפָּט s. (pl. מִשְׁפָּטִים) judgment -; sentence -; lawsuit -, רִיב.

מִשְׁפְּטן v. a. to judge שָׁפַט; || -זיך v. r. to be at law רִיב.

א) אין דער צווייטער באַדייטונג בײַ ליפשיץ.

מַשְׁפִּיע זײַן *v. a.* to influence, have an influence on הַשְׁפִּיעַ עַל־.

מַשְׁקֶה *s.* (מַשְׁקוֹת, מַשְׁקָאוֹת *pl.*) beverage; — liquor מַשְׁקֶה חָרִיף.

מִשְׁקוֹלֶת *s.* balance, equilibrium שִׁוּוּי מִשְׁקָל.

— שטיין אויף משקולת to be tottering התמוטט.

מִשְׁקָל *s.* weight; — meter (*in verses*) —.

מִשְׁקָל־רִאשׁוֹן = מוּשְׂכָּל־רִאשׁוֹן.

מְשַׁקֵר זײַן *v. n.* to lie שַׁקֵּר.

מְשָׁרֵת *s.* (מְשָׁרְתִים *pl.*) servant, valet, attendant; — merchant's clerk מְשָׁרֵת בְּבֵית מִסְחָר.

מְשָׁרֶתטע *s.* (*pl.* — ס) house-maid מְשָׁרֶתֶת.

מִשְׁתַּדֵּל זײַן זיך *v. r.* to endeavor הִשְׁתַּדֵּל; to intercede הִשְׁתַּדֵּל בְּעַד־.

מִשְׁתֶּה *s.* (מִשְׁתּוֹת *pl.*) banquet —.

מַשְׁתִּין זײַן *v. n.* to piss, urinate, make water הַשְׁתֵּן.

מֵת *s.* (מֵתִים *pl.*) dead body, dead person, defunct —.

מֵת ווערן *v. n.* to die מוּת.

מִתְבּוֹדֵד זײַן זיך *v. r.* to be in solitude הִתְבּוֹדֵד.

מִתְגַּבֵּר זײַן זיך *v. r.* to show oneself strong הִתְגַּבֵּר; to prevail הִתְגַּבֵּר.

מִתְוַדָּה = מִתְוַודֶה.

מִתְוַודֶה זײַן זיך *v. r.* to confess הִתְוַדָּה.

מִתְוַוכֵּחַ זײַן זיך *v. r.* to dispute, debate הִתְוַכֵּחַ.

מִתְוַכֵּחַ = מִתְוַוכֵּחַ.

מָתוֹק¹ *adj.* sweet, pleasant — נָעִים.

מָתוֹק² *s.* must, new wine עָסִיס א).

מָתוֹק מִדְּבַשׁ *phr.* sweeter than honey —.

מָתוֹק מֵזֶפֶת *phr.* sweeter than tar — (שפּאַסיג אנשטאָט מָתוֹק מִדְּבַשׁ).

מְתוּשֶׁלַח *npr.* Methuselah —.

— מתושלחס יאָרן Methuselah's age שנות חיי מתושלח; a very great age (*fig.*) חיים ארוכים מאד.

מִתְחַיֵב = מִתְחַיֵיב.

מִתְחַיֵיב זײַן זיך *v. r.* to bind oneself, pledge oneself הִתְחַיֵּב.

מִתְחַיֵיב־בְּנַפְשׁוֹ *s.* one who is the cause of his own undoing —.

מַתְחִיל *s.* (מַתְחִילִים *pl.*) beginner —.

מַתְחִיל זײַן *v. a.* to begin, commence —.

מִתְחַכֵּם זײַן זיך *v. r.* to rack one's wits הִתְחַכֵּם.

מִתְחַתֵּן זײַן זיך *v. r.* to become related *or* connected by marriage הִתְחַתֵּן.

מִתְיַאֵשׁ זײַן זיך *v. r.* to despair הִתְיָאֵשׁ.

מִתְיַחֵס זײַן זיך *v. r.* to boast of one's birth הִתְפָּאֵר בְּיִחוּסוֹ.

מֵתֵי־מִדְבָּר *s. pl.* those who died in the wilderness (*the Hebrews that wandered in the desert after their exodus from Egypt*) —.

מֵתִים־שטיבל *s.* (— עך *pl.*) dead-house, mortuary בֵּית מֵתִים.

מִתְיַעֵץ זײַן זיך *v. r.* to deliberate, consider הִוָּעֵץ; to take counsel הִתְיָעֵץ.

מְתִיקוּת *s.* sweetness, pleasantness —.

מַתִּיר זײַן *v. a.* to declare legal הַתֵּר; to allow, permit הַתֵּר, תֵּת רְשׁוּת.

מַתִּיר־אֲסוּרִים *s.* liberator of prisoners —.

מַתִּיר־דָם זײַן *v. a.* to outlaw הַתֵּר דָם.

מַתִּיר־נֶדֶר זײַן *v. n.* to annul a vow הַתֵּר נֶדֶר.

מִתְכַּוֵּון זײַן זיך *v. r.* to aim, intend, design, purpose כַּוֵּן.

מַתֶּכֶת *s.* (מַתָּכוֹת *pl.*) metal —.

מַתְמִיד *s.* (מַתְמִידִים *pl.*) assiduous student —.

מֵת־מִצְוָה *s.* dead person whose burial is an obligation upon the community —.

מֵתן *v. n.* to die, fall dead (*sl.*) מוּת, נְפֹל מֵת.

מַתָּן־בְּסֵתֶר *s.* secret gift *or* donation; — bribe שֹׁחַד; kick in the privy parts (*sl.*) הַכָּאָה בִּמְבוּשִׁים.

מִתְנַגֵּד *s.* (מִתְנַגְּדִים *pl.*) opponent; — opponent of Chassidism, non-Chassid —.

מִתְנַגֵּד זײַן זיך *v. r.* to oppose הִתְנַגֵּד.

מִתְנַגְּדוּת *s.* opposition to Chassidism, rabbinism הִתְנַגְּדוּת לַחֲסִידוּת.

מַתָּנָה *s.* (מַתָּנוֹת *pl.*) present, gift —.

מַתַּן־תּוֹרָה *s.* the giving of the Law —.

מִתְנַצֵּל זײַן זיך *v. r.* to justify oneself, excuse oneself הִצְטַדֵּק; to complain הִתְאוֹנֵן א).

מַתְּנַת־יָד *s.* present מַתָּנָה; bribe שֹׁחַד; hand-blow מַכַּת־יָד; slap in the face, box on the ear מַכַּת לֶחִי ב).

מִתְעַסֵּק זײַן זיך *v. r.* to busy oneself with הִתְעַסֵּק בְּ־.

מִתְעַסְקִים *s. pl.* burial attendants מִתְעַסְּקִים בִּקְבוּרוֹת.

מִתְפַּלֵּל *s.* (מִתְפַּלְלִים *pl.*) one who prays —.

מִתְפַּלֵל זײַן *v. n.* to pray הִתְפַּלֵּל.

מְתַקֵן זײַן *v. a.* to improve תַּקֵּן; to reform, reclaim תַּקֵּן; to institute (*a law*) תַּקֵּן, קָבֹעַ (חק).

א) מָתוֹק² געפֿינט זיך בײַ ליפשיצן; אפשר אַ פֿאַרהעברעאישונג פֿון רוסיש Мусть אָדער דײַטש Most, נײַער ווײַן.

א) אין דער לעצטער באַדײַטונג בײַ ליפשיצן. ב) אין דער לעצטער באַדײַטונג אין פראַגער Handlexicon.

מִתְקַנא זײַן זיך *v. r.* to envy קַנֵּא; to become jealous קַנֵּא.

מַתְרה זײַן *v. a.* to warn הַתְרֵה, הַזְהֵר.

מִתְרַחק זײַן זיך *v. r.* to keep away, keep aloof רָחֹק.

מִתְרַעם זײַן זיך *v. r.* to grumble, complain הִתְאוֹנֵן.

נ.

נ *s.* the fourteenth letter of the Hebrew alphabet הָאוֹת הָאַרְבַּע עֶשְׂרֵה בְּאָלֶף בֵּית הָעִבְרִי; ‖ *num.* fifty חֲמִשִּׁים.

נאַ *int.* (*pl.* נאַט) here! הֵא! קַח לְךָ!

— נאַ דיר (נאַט איַך) געלט here is money for you הא לך (הא לכם) כסף.

— (*id.*) נאַ דיר! (נאַט איַך!) here you have it! מי חשב כזאת!

נאַאיוו *adj.* naive תָּמִים; ‖ — קייַט *s.* naiveness תְּמִימוּת.

נאַבאָר *s.* (— ן *pl.*) recruiting, recruitment מִצְבָּא, לְקִיחַת אֲנָשִׁים לַצָּבָא; (*typ.*) composition סִדּוּר (אותיות הדפוס).

נאַבי *s.* beaten road דֶּרֶךְ כְּבוּשָׁה.

נאַגייַקע *s.* (— ס *pl.*) whip פַּרְגּוֹל.

נאָגל *s.* (*pl.* נעגל) nail (*of a finger*), claw (*nail of an animal*) צִפֹּרֶן; nail (*pin*) מַסְמֵר.

— (*fig.*) אַרייַנפֿאַלן אין אימעצנס נעגל to fall into a person's hands נפל בידי איש.

— (*fig.*) האַלטן אימעצן אין די נעגל to hold a person in one's power החזק איש ברשותו, משל באיש.

— (*id.*) וויסן אַלץ וואָס אונטערן נאָגל to know every secret ידע כל דבר סתר.

נאַגלע *adj.* pressing, urgent נָחוּץ א).

נאָגן[1] *v. a.* to gnaw כַּרְסֵם; to suck מָצֵץ.

נאָגן[2] *v. n.* to pine away, languish, droop הֵחָלֵשׁ, נְפֹל בְּרוּחַ.

נאַגניאָטשקע *s.* (— ס *pl.*) corn (*on the feet or hands*) יַבֶּלֶת (בבשר הרגלים והידים).

נאַגעוואַלד *adv.* beating the alarm בְּקוֹל תֹּף קוֹרֵא לְבֶהָלָה; violently בְּחֹזֶק.

נאַגראַדע *s.* (— ס *pl.*) reward גְּמוּל.

נאַדאַן = נַדן.

נאַדזאָר *s.* supervision הַשְׁגָּחָה.

נאַדזען, נאַדזשען *v. a.* to decoy, allure פַּתֵּה, מְשֹׁךְ.

נאַדיר *s.* (*geogr.*) nadir נְקֻדַּת הָרֶגֶל.

נאָדל *s.* (— ען *pl.*) needle מַחַט.

— נאָדל צום צירעווען darning-needle מחט לתקון פוזמקאות.

נאָדלדיג *adj.* needle-shaped כְּמַחַט.

— נאָדלדיגע ביימער coniferous trees עצי קוצים.

נאָדל־טעשל *s.* (— עך *pl.*) needle-case קֻפְסַת מחטים.

נאַדעליזשען *v. a.* to compensate גְּמֹל, נְתֹן פִּצּוּי.

נאָדלער *s.* (— *pl.*) needle-maker עוֹשֵׂה מְחָטִים.

נאַהאַלנע = נאַגלע.

נאַהיט *s.* heart-pea, heartseed מִין עֵנָב.

נאַהייַקע = נאַגייַקע.

נאָווינע *s.* news חֲדָשָׁה, דָּבָר חָדָשׁ.

— דאָס איז ניט קיין נאָווינע that is of frequent occurrence לא דבר חדש הוא.

— איין מאָל אין אַ נאָווינע once in a long while פעם אחת בזמן ארוך.

— פֿאַר אַ נאָווינע for a change לְשִׁנּוּי

נאָוינט = אָוונט.

נאָוונט־שטערן = אָוונט־שטערן.

נאָוועליסט *s.* (— ן *pl.*) novellist סוֹפֵר סִפּוּרִים.

נאָוועלע *s.* (— ס *pl.*) novel סִפּוּר.

נאָוועמבער *s.* (*month*) November נוֹבֶמְבֶּר (החדש האחד עשר לנוצרים).

נאווף = נִיאוּף.

נאָז *s.* (*pl.* נעז, נעזער) nose חוֹטֶם.

— רוקן די נאָז אומעטום to poke one's nose everywhere התערב בכל דבר.

— ציען זיך זעלבסט ביי זיין נאָז to reprove oneself הוכיח את עצמו.

— פֿירן פֿאַר די נאָז to lead a person by the nose משל באיש.

— פֿאַרדרייען די נאָז to pout זעף.

— פֿאַרריסן די נאָז to hold up one's head, to be haughty התגאה.

— קריגן אַ מיאוסע נאָז to be reproved הוכח, סבל תוכחה.

— בלייבן מיט אַ נאָז to meet with a repulse הושב פני איש ריקם.

— אַוועקגיין מיט אַ נאָז to go away with a long face יצא בחרפה.

— האָבן פֿליי אין דער נאָז to be haughty התגאה.

נאָזהאָרן *s.* (— ס *pl.*) rhinoceros קַרְנַף.

נאָז־טיכל *s.* (— עך *pl.*) pocket-handkerchief מִטְפַּחַת הָאַף, מִמְחָטָה.

נאַזיטשען = נארײַען.

נאָזלעכער *s. pl.* nostrils נְחִירַיִם.

נאַזנאַטשען *v. a.* to appoint יָעֹד, קָבֹעַ, מַנֵּה.

א) ביי ליפשיצן; פויליש nagly, איילנדיג, זייער נייטיג.

נאָזנדיג adv. backward אֲחוֹרַנִּית.

נאַט¹, ז. נאָ.

נאַט² s. large quantity, heap (of money) סְכוּם גָּדוֹל.

— אַ נאַט מיט געלט a heap of money כסף רב.

נאָט¹ s. (pl. נעט) seam תֶּפֶר, תְּפִירָה.

— אַריבערגעוואָרפענע נאָט whip-stitching (in sewing) תְּפִירָה סָבִיב הַשָּׂפָה.

נאָט² s. (mus.) note אות הַזִּמְרָה; ז. נאָטן.

נאָטאַריום s. (pl. ־ן) notary public נוֹטַרְיוֹן (סופר הקהל).

נאַטור s. nature טֶבַע, תּוֹלָדָה; nature, character טֶבַע.

נאַטוראַלנע adj. real, genuine אֲמִתִּי.

נאַטוראַליזירן v. a. to naturalise אַזְרַח, עָשׂה לְאֶזְרָח; ‖ — זיך v. r. to become naturalised הִתְאַזְרַח, הָיָה לְאֶזְרָח.

נאַטור־וויסנשאַפט s. natural science, natural philosophy יְדִיעַת הַטֶּבַע.

נאַטור־פאָרשונג s. natural philosophy, physical research חֵקֶר הַטֶּבַע.

נאַטור־פאָרשער s. (pl. —) natural philosopher, naturalist, physicist חוֹקֵר הַטֶּבַע.

נאָטיץ s. (pl. ־ן) note רְשִׁימָה בַּסֵּפֶר.

נאָטיץ־‖בוך s. (pl. ־ביכער) note-book סֵפֶר זִכְרוֹנוֹת.

נאָטיץ־ביכל, פאַרקלענערוואָרט פון נאָטיץ־בוך.

נאַטירליך adj. natural טִבְעִי; unaffected טִבְעִי, פָּשׁוּט; ‖ — קייט s. naturalness טִבְעִיּוּת; unaffectedness פַּשְׁטוּת, פְּשִׁיטוּת.

נאָטן s. pl. (mus.) notes אוֹתִיּוֹת הַזִּמְרָה; music עֲלֵי אוֹתִיּוֹת הַנִּגּוּן.

נאָטע s. (pl. ־ס) note מְסִירַת מוֹדָעָה (של ממלכה אחת לשניה).

נאַטערוואַטע adj. stubborn קְשֵׁה עֹרֶף, סוֹרֵר.

נאַטשאַלניק s. (pl. ־עס) chief, head ראֹשׁ, פָּקִיד, שַׂר.

נאַטשאַלניק־סטאַנציע s. station-master פְּקִיד הַתַּחֲנָה.

נאַטשאַלסטווע s. authorities רָשׁוּת, שְׂרָרָה, מֶמְשָׁלָה.

נאַטשענע s. (pl. ־ס) leaves of beets עֲלֵי הַסֶּלֶק *).

נאַיאָמשטשיק s. (pl. ־עס) lessee, tenant שׂוֹכֵר.

נאָיען v. a. to ache הִכְאַב; to grieve הֶאֱדִיב, צָעַר.

נאָך¹ prep. after אַחַר; according to לְפִי.

— נאָך זיין טויט after his death אחר מותו.

— נאָך דעם דין according to the law לפי החוק.

*) ווייסרוסיש нацина.

— נאָך וואָס, ז. נאָכוואָס.

נאָך² adv. yet, still עוֹד; more יוֹתֵר.

— נאָך פאַר זיין טויט even before his death עוד לפני מותו.

— נאָך אין צווייטן יאָרהונדערט as early as the second century כבר במאה השנית.

— נאָך מער even more עוד יותר.

נאָכאַל s. (pl. ־ן) impudent man אָדָם חָצוּף.

נאָכאַנאַנד adv. successively כְּסֵדֶר; continually תָּמִיד.

נאָכבאַמבלען זיך = באַמבלען זיך.

נאָכגיין v. n. to go after, follow הָלוֹךְ אַחֲרֵי־.

נאָכגעבאָרן adj. born after one's father's death, posthumous שֶׁנּוֹלַד אַחַר מוֹת אָבִיו.

נאָכגעביג adj. yielding וַתְּרָן; ‖ — קייט s. yieldingness וַתְּרָנוּת.

נאָכגעבן v. n. to yield וִתֵּר עַל דַּעְתּוֹ; to grant מִלֵּא (בקשה) (a request) ‖ — זיך v. r. to smell הֵרִיחַ; to submit הִתְמַסֵּר הִכָּנַע; to smell הֵרִיחַ.

נאָכגעמאַכט adj. artificial מְלָאכוּתִי; counterfeit מְזֻיָּף.

נאָכגעריכט s. (pl. ־ן) dessert קִנּוּחַ סְעוּדָה, תַּרְגִּימָא.

נאָכגעשמאַק s. after-taste טַעַם אַחַר טַעַם, טַעַם מַר.

נאָכגריבלען v. n. to rack one's brains about something חָקֹר אַחֲרֵי־.

נאָכדעם adv. after, afterward אַחֲרֵי כֵן, אַחֲרֵי זֹאת.

נאָכדערציילן v. a. to repeat a story, tell a story after a person סַפֵּר דִּבְרֵי אֲחֵרִים.

נאָכדרוקן v. a. to reprint הַדְפֵּס שֵׁנִית; to pirate הַדְפֵּס סֵפֶר בְּלִי רְשׁוּת בְּעָלָיו.

נאָכהענגען v. n. to hang תָּלֹה.

נאָכהענגערל = באַמבעלע, באַמבערל.

נאָכוואָס adv. why לָמָּה, מַדּוּעַ.

נאָכוואַרעמעס s. afternoon meal סְעוּדַת אַחַר הַצָּהֳרַיִם; ‖ afternoon adv. אַחַר הַצָּהֳרָיִם.

נאָכוואַרפן v. a. to throw after הַשְׁלֵךְ אַחַר־.

נאָכווייען s. pl. after-pains הַחֲבָלִים שֶׁאַחַר הַלֵּדָה; painful effects (fig.) תּוֹצָאוֹת מַכְאִיבוֹת.

נאָכווייעניש = נאָכווייען.

נאָכזאָגן v. a. to repeat a person's words חֲזֹר דִּבְרֵי אִישׁ; to say, tell אָמֹר, סַפֵּר.

— נאָכזאָגן אומעצן אַ שבח to say something to a person's credit, to speak a person's praise ספר בשבחו של אדם.

נאָכזוכן v. a. to search, look for, seek after חַפֵּשׂ; to inquire חָקֹר וְדָרֹשׁ.

נאָכזינגען v. a. to repeat a person's singing

חזור שיר איש; to sing with, accompany (*in* [*singing*]) לוה בשיר.

נאָכזוען *v. a.* to look through, revise בדק, הגיה.

נאַכט *s.* (*pl.* נעכט) night לילה, ליל.
— בײַ נאַכט at night בלילה.
— איבער נאַכט overnight במשך הלילה.
— אַ גוטע נאַכט! good night! לילא טבא! (ברכת הפרידה בלילה).

נאָכטאָן *v. a.* to imitate חקה.

נאָכטאַנצן *v. n.* to dance after a person, to follow a person in dancing רקד אחרי איש במחול; to imitate, ape חקה, חקה כקוף.

נאָכטאַנצער *s.* (*pl.* —) imitator, aper מחקה, מחקה כקוף.

נאַכטגײן *v. n.* to go to school at night הלוך לבית הספר בלילה.

נאַכטוואַנדלער *s.* (*pl.* —) noctambulist, somnambulist סהרורי (מוכה ירח).

נאַכט-טאָפּ = אורינאַל.

נאַכטיגאַל *s.* (*pl.* —ן) nightingale זמיר.

נאָכטײַטן *v. a.* to point after a person with one's finger הראה על איש באצבע.

נאַכט-כּלי = אורינאַל.

נאַכטלעגער *s.* (*pl.* —ס) night's rest משכב הלילה; night's lodging, night's quarters מקום ללון.

נאָך-טעם *s.* after-taste טעם אחר טעם, טעם מר.
— האָבן אַ נאָך-טעם to have an after-taste היה לדבר טעם מר.

נאַכט||פֿויגל *s.* (*pl.* —פֿײגל, —פֿײגלעך) night-bird צפור הלילה.

נאָכטראָגן *v. a.* to carry after נשא אחרי־.
— נאָכטראָגן אַ שנאה to bear a person rancor *or* ill-will שטם איש.

נאָכטראַכטן *v. n.* to consider התבונן.

נאַכטשאַטעווען = משאַטעווען.

נאַכט||שומר *s.* (*pl.* —שומרים) night-watchman שומר לילה.

נאַכט-שטול *s.* (*pl.* —ן) close-stool, privy chair כסא לצרכים.

נאָכשעפּען = אָנשעפּען.

נאָכיאָגן *v. a.* to run after, pursue רדף אחרי־.

נאָכיאָגעניש *s.* running after, persuit רדיפה אחרי־.

נאָכלאָזן *v. a.* to leave השאר; to relax הרפה; || *v. n.* to abate החלש; to be diminished פחת; התמעט; to cease חדל (מחלה); || —זיך *v. r.* to slacken, relax הרפה.

נאָכלויפֿן *v. n.* to run after רוץ אחרי־.

נאָכלײַכטן *v. n.* to f llow a person wilh a light הלוך אחרי איש והאר לו.

נאָכלײַע *s.* (*pl.* —ס) idle person עצלן, עצלנית; sloven, slut אדם מלכלך.

נאָכלעסיג *adj.* negligent מתרפה, מתרשל; || —קײַט *s.* negligence התרפות, התרשלות.

נאָכמאַכונג *s.* imitation חקוי; counterfeiting, forgery זיפנות.

נאָכמאַכן *v. a.* to imitate חקה; to counterfeit, forge זיף.

נאָכמאַכער *s.* (*pl.* —) imitator מחקה; counterfeiter, forger זיפן.

נאָכמאָלן *v. a.* to copy (*a drawing or painting*) העתק (שרטוט או ציור).

נאָכמיטאָג *s.* afternoon השעה שאחר הצהרים; || *adv.* in the afternoon אחר הצהרים.

נאָכמעסטן *v. a.* to verify the measure בדק המדה.

נאָכנאַמע *s.* (*pl.* —ס) reimbursement, cash on delivery תשומת-תשלום, תשלומי סוף (תשלום בשעת קבלת הסחורה).

נאָכנישטערן *v. a.* to seek after, search after, inquire after חקר ודרש אחרי־.

נאָכנעמען *v. a.* to reimburse oneself for קבל תשלום בעד־.

נאָכסאַל *adv.* because יען כי, מפני ש־.
— ער איז אין כּעס נאָכסאַל זי וויל נישט גײן he is angry because she does not want to go הוא כועס מפני שהיא אינה רוצה ללכת.

נאָכפֿאַלן *v. n.* to fall after נפל אחרי־.

נאָכפֿאָרן *v. n.* to ride after נסע (בעגלה) אחרי־; to travel after נסע אחרי־.

נאָכפֿאָרשונג *s.* inquiry, investigation חקירה ודרישה.

נאָכפֿאָרשן *v. a.* to inquire, investigate חקר ודרש.

נאָכפּויקן *v. n.* to accompany in drumming תופף עם מתופפים.

נאָכפֿירן *v. a.* to carry *or* lead after הולך אחרי־.

נאָכפֿײַפֿן *v. n.* to imitate another's whistling חקה בשריקה.

נאָכפּלאַפּלען = נאָכפּלוידערן.

נאָכפּלוידערן *v. n.* to repeat another's babble חזור פטפוט איש.

נאָכפֿליִען *v. n.* to fly after עוף אחרי־; to run after רוץ אחרי־.

נאָכפֿרעגן *v. a.* to ask for, inquire after שאל על־, חקר ודרש.

— נוט נאָכפֿרעגן נאָך אימעצן (*id.*) not to care for a person לא השגיח באיש, לא שים לב לאיש.

נאָכציִיכענען *v. a.* to copy a drawing רָשֹׁם עַל פִּי דוּגְמָה.

נאָכציילן *v. a.* to verify the number בָּדֹק הַמִּסְפָּר.

נאָכצילן *v. n.* to take aim at כּוֹנֵן (רובה) אֶל־.

נאָכציִען *v. a.* to draw after מָשֹׁךְ אַחֲרָיו; to travel after נָסֹעַ אַחֲרֵי־; to side with עָמֹד עַל צַד־, צַדֵּד עִם־.

נאָכקאַטשען *v. a.* to roll after גַּלֵּל אַחֲרֵי־.

נאָכקוויטל *s.* (*pl.* ־עך) termless receipt in lieu of a promissory note שְׁטַר קַבָּלָה בְּלִי זְמַן קָצוּב בִּמְקוֹם שְׁטַר חוֹב.

נאָכקוויטשען *v. a.* to imitate another's squeaking חַקֵּה בְּצִפְצוּף.

נאָך־קול = ווידער־קול.

נאָכקומען *v. n.* to come after בּוֹא אַחֲרֵי־.

נאָכקוקן *v. a.* to look after הַבֵּט אַחֲרֵי־.

נאָכקלאַנג *s.* (*pl.* ־ען) echo הֵד.

נאָכקלעטערן *v. n.* to climb after טַפֵּס אַחֲרֵי־.

נאָכקלעפּען *v. n.* to repeat mechanically חֲזֹר דִּבְרֵי אִישׁ בְּלִי דַעַת.

נאָכקלערן *v. n.* to deliberate חָשֹׁב, הִתְבּוֹנֵן; to inquire into, scrutinize חָקֹר וְדָרֹשׁ.

נאָכקריכן *v. n.* to crawl after זָחֹל אַחֲרֵי־; to climb after טַפֵּס אַחֲרֵי־.

נאָכקרימען *v. a.* to mimic, ape חַקֵּה, חַקֵּה כְּקוֹף; ‖ ־זיך *v. r.* to mock, mimic הִתְעוֹלֵל, הִתְחַקֵּה.

נאָכקרימעניש *s.* aping חִקּוּי כְּקוֹף; parody חִקּוּי (של ענין ספרותי).

נאָכרופֿן *v. a.* to call *or* shout after a person קְרֹא אַחֲרֵי אִישׁ.

נאָך־ריח *s.* after-smell רֵיחַ אַחַר רֵיחַ, רֵיחַ רָע.

נאָכרייד *s.* slander דִּבָּה, לַעַז.

נאָכריידן *v. n.* to imitate another's manner of apeaking חַקֵּה בְּדִבּוּר; to repeat another's words חֲזֹר עַל דִּבְרֵי אִישׁ; to slander הוֹצִיא דִבַּת אִישׁ רָעָה.

נאָכרייטן *v. n.* to ride after a person, follow a person on horseback רְכֹב אַחֲרֵי אִישׁ.

נאָכריכט *s.* (*pl.* ־ן) news, advice, intelligence יְדִיעָה.

נאָכרעכענען *v. a.* to reckon again חָשֹׁב שֵׁנִית; to verify the account בָּדֹק הַחֶשְׁבּוֹן.

נאָכשטאַרבן *v. n.* to die after another person מוּת אַחֲרֵי אִישׁ.

נאָכשטופּן = אונטערשטופּן.

נאָכשטופּער = אונטערשטופּער.

נאָכשיסן *v. n.* to shoot after יָרֹה אַחֲרֵי־.

נאָכשיקן *v. a.* to send after שַׁלַּח אַחֲרֵי־.

נאָכשליסל *s.* (*pl.* ־ען) false key, picklock מַפְתֵּחַ מְזֻיָּף.

נאָכשלעפּן *v. a.* to drag *or* trail after מָשֹׁךְ אוֹ סָחֹב אַחֲרֵי־; ‖ ־זיך *v. r.* to be trailed (*of garments*) הִסָּחֵב; to dangle after women רְדֹף אַחֲרֵי נָשִׁים; to follow הָלֹךְ אַחֲרֵי־.

נאָכשלעפּער *s.* (*pl.* ־ס) dangler after women רוֹדֵף אַחֲרֵי נָשִׁים; follower הוֹלֵךְ אַחֲרֵי־.

נאָכשמעקן = נאָכנושטערן.

נאָכשפּאַנירן *v. a.* to spy after תּוּר אַחֲרֵי־.

נאָכשפּייַ = נאָכנעריכטס.

נאָכשפּילן *v. n.* to repeat a piece of music played by another חֲזֹר עַל נְגִינַת אִישׁ אַחֵר.

נאָכשפּירן *v. a.* to trace, search חָקֹר, חַפֵּשׂ; = נאָכקלערן.

נאָכשפּעטן = נאָכקרימען זיך.

נאָכשפּרינגען *v. n.* to jump after רָקֹד אַחֲרֵי־.

נאָכשפּריצן *v. n.* to spirt *or* squirt after זָרֹק אַחֲרֵי־.

נאָכשרייבן *v. a.* to copy הַעְתֵּק, כָּתֹב מֵעַל־.

נאָכשרייען *v. n.* to scream *or* shout after הָרֵם קוֹל אַחֲרֵי־.

נאָכשריפֿט *s.* (*pl.* ־ן) postscript תּוֹסֶפֶת אַחֲרוֹנָה (במכתב).

נאַל = אַל.

נאַלאָג *s.* (*pl.* ־ן) tax, impost, imposition מֶכֶס, מַס.

נאַלע‖פּעק *s.* (*pl.* ־פּקעס) picture of a person pasted to a window as a sign that he has contributed to a charitable purpose תְּמוּנַת אִישׁ מְדֻבֶּקֶת לַחַלּוֹן לְאוֹת כִּי נָתַן אֶת נִדְבָתוֹ לִדְבַר צְדָקָה.

נאָם = אָם.

נאָמאַד *s.* (*pl.* ־ן) nomad נוֹסֵעַ בָּאֹהֶל.

נאָמאַדיש *adj.* nomadic שֶׁל נוֹסֵעַ בָּאֹהֶל.

נאָמאַל *s.* alluvion, slime שִׁרְטוֹן, מִשְׁקַע מַיִם.

נאָמיך = לאָמיך.

נאָמינאַטיוו *s.* (*gr.*) nominative יַחַס הַיָּשָׁר (בדקדוק).

נאָמיעסטניק *s.* (*pl.* ־עס) viceroy מִשְׁנֶה, אֲחַשְׁדַּרְפָּן.

נאָמיר = לאָמיר.

נאָמן *s.* (*pl.* נאמנים) trustee נֶאֱמָן, מְמֻנֶּה עַל כְּסָפִים.

נאמנה *s.* (*pl.* נאמנות) faith, religion אֱמוּנָה, דָּת.

נאמנות *s.* confidence אֱמוּנָה, אֵמוּן; word of honor שְׁבוּעָה בֶּאֱמוּנָתוֹ; trusteeship מִשְׂרַת נֶאֱמָן.

נאמנטע *s.* (*pl.* ־ס) female trustee מְמֻנָּה עַל כְּסָפִים.

נאָמען *s.* (*pl.* נעמען) name שֵׁם; reputation שֵׁם פִּרְסוּם.

— האָבן אַ נאָמען to be reputed היה מפורסם.

(*id.*) — זײַן ליבער נאָמען "his dear name," God אלהים.

נאָמענס‖טאָג *s.* (*pl.* ־טעג) name's day יום הַקְּרָא שֵׁם; birth day יום הֻלֶּדֶת.

נאַנטשען = ניאַנטשען.

נאָניק *s.* rash on the chin or under the nose אֲבַעְבּוּעוֹת עַל הַסַּנְטֵר או מִתַּחַת הַחוֹטֶם.

נאַנקע¹ = ניאַנקע.

נאַנקע² *s.* nankeen נַנְקִין (מין אריג של צמר גפן).

נאַנקען *adj.* of nankeen שֶׁל נַנְקִין.

נאָס *s.* sneeze עֲטִישָׁה.

נאַס *adj.* wet, moist לַח, רָטֹב.

— נאַסע אַפּטײק, ז. אַפּטײק.

נאַסאָס *s.* (*pl.* ־ן) pump מַשְׁאֵבָה (מכונה לשאב מים).

נאַסטיעזש = נאַסטשעז.

נאַסטשעז *adv.* wide open פָּתוּחַ כֻּלּוֹ.

נאַסיאַדען זיך *v. r.* to hunt, pursue רָדֹף.

נאַסיעדלע *s.* (*pl.* ־ס) perch, roost מוֹט הַתַּרְנְגוֹלִים (לשבת עליו).

נאַסיִניע, נאַסיעניע *s.* seed, sowing-seed זֶרַע.

נאַסיעקע *s.* cut, incision, notch הֲצִיבָה, חָרִיץ.

נאַסליעדניק *s.* (*pl.* ־עס) heir, successor יוֹרֵשׁ; successor to the crown יוֹרֵשׁ עֶצֶר.

נאַסעניע = נאַסיִניע, נאַסיעניע.

נאַסקאָס *adv.* obliquely בַּאֲלַכְסוֹן; aslope מְשֻׁפָּע.

נאַסקײט *s.* wetness, moisture רְטִיבוּת, לַחוּת.

נאָענט *adj.* near, close קָרוֹב, סָמוּךְ; ‖ ־קײט *s.* nearness, proximity קִרְבוּת.

נאַפּאַסט *s.* misfortune אָסוֹן; outrage, violence חָמָס.

נאַפּט *s.* naphtha, petroleum נֵפְט, נַפְטָא.

נאַפּל¹ *s.* (*pl.* ־ען) navel, umbilicus שֹׁרֶר, טַבּוּר.

נאַפּל² *s.* (*pl.* ־ען) nipple פִּטֹּמֶת (של דדי אשה).

נאַפּל־בראָך *s.* navel rupture שֶׁבֶר הַשֹּׁרֶר.

נאַפּל־שנור *s.* (*pl.* ־ן) umbilical cord חֲבוּל הַשֹּׁרֶר.

נאַפּעראָד *adv.* onward, forward לְפָנִים, קָדִימָה.

נאַפּקע *s.* (*pl.* ־ס) whore, prostitute זוֹנָה, מְנָאֶפֶת.

נאַפּקע־בית *s.* (*pl.* ־ן) disorderly house, brothel בֵּית זוֹנוֹת.

נאַפּקעניק *s.* (*pl.* ־עס) whoremonger רוֹעֶה זוֹנוֹת.

נאַפּשיקלאַד *adv.* for instance, for example לְמָשָׁל.

נאַציאָנאַל *adj.* national לְאֻמִּי.

נאַציאָנאַליטעט *s.* nationality לְאֻמִּיּוּת לְאֹם.

נאַציע *s.* (*pl.* ־ס) nation לְאֹם, אוּמָּה.

נאַקלאַדנײַע *s.* (*pl.* ־ס) invoice, bill of parcels רְשִׁימָה (שנותן סוחר על הסחורה ששלח) א).

א) אין ליאַנדאָרס בריפֿנשטעלער.

נאַקן *s.* neck, nape עֹרֶף.

— געבן אומעצן אין האַלז און נאַקן (*id.*) to chase a person out גָּרֵשׁ אִישׁ.

נאַקעט *adj.* naked, nude עָרוֹם.

נאַקעטערהײט *adv.* naked בִּהְיוֹתוֹ עָרוֹם.

נאַקעטקײט *s.* nakedness, nudity מָעוֹר, מַעֲרֻמִּים.

נאַקשטאַלט *adv.* in the shape of, like בְּתַבְנִית־, כְּמוֹ.

נאַר *s.* (־ן, *pl.* נאַראָנים, נאַראָנים) fool פֶּתִי, שׁוֹטֶה.

נאָר *adv.* only, but רַק, אַךְ; ‖ *conj.* but אֲבָל.

— נאָר וואָס just now זה עתה.

נאַראָדאָווצע *s.* (*pl.* ־ס) member of the people's party חָבֵר לְהַמִּפְלָגָה הָעֲמָמִית.

נאַראָטשנע *adv.* purposely בְּכַוָּנָה.

נאַראָטשעסטווע *adj.* ordered, made to order מְזֻמָּן; solid, durable חָזָק, קַיָּם א).

נאַראַפּ *s.* (*pl.* ־ן) negro, black man כּוּשִׁי, אָדָם שָׁחוֹר.

נאַראַפּניק = נאַגײַקע.

נאָרד *s.* north צָפוֹן.

נאָרד־ווינט *s.* northwind רוּחַ צְפוֹנִי.

נאָרד־ליכט *s.* northern light אוֹר הַצְּפוֹנִי (הבא מן הציר).

נאָרד־מער *s.* North-Sea, German Ocean יָם הַצְּפוֹנִי.

נאָרד־פּאָליוס *s.* north-pole צִיר הַצְּפוֹנִי.

נאַרוש *s.* four cards of one suit אַרְבָּעָה קְלָפִים שֶׁל גּוּן אֶחָד (במשחק).

נאַרײַען *v. a.* to help a person to a thing, to procure הַמְצֵא.

נאַריש *adj.* foolish אֱוִילִי, טִפְּשִׁי.

— מאַכן זיך נאַריש to play the fool התעולל, השתגע.

נאַרישוואַטע *adj.* foolish טִפְּשִׁי.

נאַרישקײט *s.* (*pl.* ־ן) foolishness, folly אִוֶּלֶת, טִפְּשׁוּת; trifle (*fig.*) דְּבַר קַל הָעֵרֶךְ.

נאָרמאַל *adj.* normal נוֹרְמָלִי, טִבְעִי.

נאַרן *v. a.* to fool הַשְׁטֵה בְּ־; to deceive רַמֵּה; ‖ ־זיך *v. r.* to make a mistake טָעֹה, שָׁגֹה.

נאַרע *s.* (*pl.* ־ס) plank-bed, bed of boards אִצְטַבָּה (לישון עליה), מִשְׁכַּב קְרָשִׁים.

נאָרע *s.* (*pl.* ־ס) hole, den מְאוּרָה, חוֹר.

נאָרען *v. n.* to dig, rummage כָּרֹה, חַטֵּט; ‖ ־זיך *v. r.* ד. ז.

נאַרעשטשע *adv.* as for the rest, besides אוּלָם, מִבַּלְעֲדֵי זֹאת.

נאַששטשעס = נאַסטשעז.

א) בײַ ליפשיצן.

נאַשװוקע s. (pl. ס –) piece sewed on מַטְלִית תְּפוּרָה עַל־.

נאַשײניק s. (pl. עס –) collar (as ornament for a beast) עֲנָק (לצואר בהמה).

נאַשילניק s. (pl. עס –) collar-strap רְצוּעַת הָעֹל; chin-band רְצוּעַת הַסַּנְטֵר.

נאַשן v. n. to eat dainties אָכֹל מַמְתַּקִּים; || — v. a. to pick, steal גָּנֹב.

— (fig.) נאַשן פֿון אומעצן to learn something from a person למד דבר מאיש.

נאַשעלע s. (pl. ס –) rope-handle of a bucket חֶבֶל שֶׁל דְּלִי א).

נאַשער s. (pl. ס –) sweet-tooth אוֹכֵל מַמְתַּקִּים.

נאַשערײַ s. dainties, titbits מַמְתַּקִּים; fondness of dainties אַהֲבַת מַמְתַּקִּים.

נאַשערן, נאַשערקע s. (pl. ס –) female sweet-tooth אוֹכֶלֶת מַמְתַּקִּים.

נאַשפּיץ adv. tandem בִּרְתִימַת סוּסִים בְּאֹרֶךְ.

— פֿאָרן נאַשפּיץ to drive tandem נסע ברתימת סוסים בארך.

נִבְהל װערן v. p. to be seized with fright הִבָּהֵל.

נִבְהל־וְנִשְתּומם װערן v. p. to be amazed, be astounded הִבָּהֵל וְהִשְׁתּוֹמֵם.

נְבוּאה s. (נְבוּאות pl.) prophecy —.

נִבּול־פֶּה s. obscene language —.

נִבּול־פֶּהניק s. (pl. עס –) obscene talker, foul-mouthed fellow מְנַבֵּל פִּיו.

נִבְזה s. (נִבְזים pl.) despicable person —.

נִבְזק = נִבְזֶה.

נָביא s. (נְביאים pl.) prophet —; (fl.) leader of a gang of thieves רֹאשׁ חֶבֶר גַּנָּבִים.

נְביאה s. (נְביאות pl.) prophetess —.

נְביאהטע = נְבִיאָה.

נְביאות = נְבוּאָה.

נְביאים s. pl. the Prophets (part of the Scriptures) —.

נְביאים־אַחרונים s. pl. the Later Prophets (part of the Scriptures) —.

נְביאים־וּכְתובים s. pl. the Prophets and the Hagiographa (part of the Scriptures) —.

נְביאים־ראשונים s. pl. the First Prophets (part of the Scriptures) —.

נְביאיש adj. prophetic שֶׁל נָבִיא.

נְבֵילה s. (נְבֵילות pl.) carcass —; (fig.) sloven, slut אִישׁ רַשְׁלָנִי, אִשָּׁה רַשְׁלָנִית.

נְבֵילות־וּטְרֵיפות s pl forbidden meats בָּשָׂר אָסוּר, מַאֲכָלוֹת אֲסוּרִים.

א) פּויליש nosidła.

נָבל s. vile person —.

נְבֵלה = נְבֵילָה.

נְבֵלות־וּטְרֵפות = נְבֵילוֹת־וּטְרֵיפוֹת.

נִבְרח adj. fleeing בּוֹרֵחַ, נָס.

נֶגד pred. against —.

נ׳ ג׳ ה׳ ש׳ abbr. = נישט, גאַר, האַלב, שטעל nothing, all, half, put אֶפֶס, כֻּלּוֹ, מֶחֱצִית, שִׂימָה א).

נִגוד = נִיגוּד.

נִגון = נִיגוּן.

נִגְזל s. one who has been robbed אִישׁ שֶׁנִּגְזַל מִמֶּנּוּ; one who has been wronged אִישׁ שֶׁעָשׂוּ לוֹ רָעָה.

נִגְזר װערן v. p. to be decreed הִגָּזֵר.

נַגח s. goring animal —, נַגְחָן.

נָגיד s. (נְגידים pl.) wealthy man עָשִׁיר.

נְגידה s. (נְגידות pl.) wealthy woman אִשָּׁה עֲשִׁירָה.

נְגידות s. wealth, riches עֹשֶׁר.

נְגידיש adj. of the rich שֶׁל עֲשִׁירִים; rich עָשִׁיר; || — קײט s. wealth, riches עֹשֶׁר.

נְגידית, נְגידיתטע = נְגִידָה.

נְגידעשאַפּט, נְגידעשאַפּטעניש = נְגִידוּת.

נְגינה s. (נְגינות pl.) tonic accent —, טַעַם; singing, music שִׁירָה, זִמְרָה.

נְגישות s. pl. oppressions, vexations, tortures —.

נִגְלה s. doctrine of that which is manifest תּוֹרַת הַדְּבָרִים הַנִּגְלוִים.

נִגְמר adj. concluded —.

נֶגע s. (נְגָעים pl.) plague —; (pl. ס –) annoying person אָדָם מַטְרִיד.

נֶגען v. a. to vex, annoy, nag הַטְרֵד, הַלְאֵה, הָרֵעַ.

נֶגע־צָרַעת s. (pl. ן –) "leprosy-spot," plague, nuisance דָּבָר מַטְרִיד; very annoying person אָדָם מַטְרִיד מְאֹד.

נְדָבה s. (נְדָבות pl.) donation, contribution —.

א) די אותיות נ׳ ג׳ ה׳ ש׳ שטײען אויף חנוכה־דרײדלעך צו װײזן, אויב מע געװינט אָדער מע װערט אָן, און װיפֿל מע געװינט — אַ טײל אָדער אין גאַנצן. כדי צו פֿאַרבינדן דאָס דרײדל־שפּיל מיט חנוכה האָט מען צוגעטראַכט, אַז די אותיות זײַנען די ראשי־תיבות פֿון נס גדול היה שם (אַ גרויסער נס איז געשען דאָרטן). דרײדל־שפּיל האָבן ייִדן בלי ספק איבערגענומען פֿון די אומות העולם. אויף דעם tee-totum, אָדער ענגלישן דרײדל, זײַנען אַמאָל געשטאַנען די אותיות A T N D, װעלכע זײַנען די ראשי־תיבות פֿון די לאַטײַנישע װערטער Aufer (נעם צו), Depone (לײג, שטעל), Nihil (גאָרניט), Totum (אין גאַנצן, גאָר). פֿון דעם לעצטן װאָרט נעמט זיך מסתמא דער נאָמען נ אָ ר פֿאַר אַ חנוכה־דרײדל.

נַדְבָן *s.* (נַדְבָנים *pl.*) liberal donor —.
נַדְבָנות *s.* liberality, generosity —.
נַדְבָנטע *s.* (—ס *pl.*) generous woman נַדְבָנִית.
נִדה = נִידה.
נְדוּניא = נַדָן.
נִדְחה *s.* (—ס *pl.*) "postponed," fast or festival postponed to another day תַּעֲנִית אוֹ חַג שֶׁנִּדְחָה לִזְמַן אַחֵר.
— מאַכן אַ נדחה to postpone דחה דבר לזמן אחר.
נָדיב *s.* (נְדִיבים *pl.*) generous man —.
נַדָן, נַדָן *s.* (נַדָנס, נַדָנען *pl.*) dowry, portion —, נְדוּנְיָה.
נֶדר *s.* (נְדָרים *pl.*) vow —.
— מאַן אַ נדר to vow נדר נדר.
נֶהֱנה זײַן *v. n.* to enjoy הֵהָנֵה; to profit הַרְוִיחַ.
נֶהְפַּך װערן *v. p.* to be turned *or* changed הֵהָפֵךְ.
נֶהֱרג װערן *v. p.* "to be killed," to be hurt, be injured הִנָּזֵק, הֵחָבֵל.
נֶהֶרגן *v. a.* to hurt by beating הַכֵּה וּפְצַע; ‖ —זיך *v. r.* to be hurt, be injured הִנָּזֵק, הֵחָבֵל.
נו *int.* now! well! עַתָּה! הָבָה! then וּבְכֵן; ‖ *conj.* and if וְאִם.
— נו, לאָמיר גײן now let us go עתה נלכה, הבה נלכה.
— נו, גײ שוין go then וּבכן לך נא.
— נו, יע yes, indeed כן באמת
— נו, אַז ער װעט װיסן איז װאָס? and what if he should know? ומה אם ידע?
נוֹאף *s.* (נוֹאפים *pl.*) fornicator, whoremonger —, רוֹעה זונות.
נואפן *v. n.* to fornicate, lecher נָאֹף.
נוֹגע זײַן *v. a.* to concern נָגֹעַ לְ־.
נוֹגע־בְּדָבר *s.* (נוֹגְעים־בְּדָבר *pl.*) interested party, party concerned —.
נוֹגע־בִּכבוד זײַן *v. a.* to injure a person's honor, to offend, insult נָגֹעַ בִּכְבוֹד אִישׁ.
נוֹגש *s.* (נוֹגְשים *pl.*) oppressor —.
נוֹגש זײַן *v. a.* to press, urge נְגֹשׂ, לָחֹץ; to force הַכְרֵחַ, אַלֵּץ.
נודאָטע *s.* nausea בְּחִילָה; tedium שִׁעֲמוּם.
נודושען, נודיען = נודען.
נודנאָסט *s.* nausea בְּחִילָה.
נודניצע *s.* (—ס *pl.*) female bore אִשָּׁה מְשַׁעֲמֶמֶת.
נודניק *s.* (—עס *pl.*) bore אִישׁ מְשַׁעֲמֵם.
נודנע *adj.* nauseating מְעוֹרֵר בְּחִילָה; tedious מְשַׁעֲמֵם; ‖ —קײט *s.* nausea בְּחִילָה; tedium שִׁעֲמוּם.

נודע = נודאָטע.
נודען *v. n.* to cause nausea עוֹרֵר בְּחִילָה; to be irksome, to bore שַׁעֲמֵם.
נוהג זײַן זיך *v. r.* to behave, act הִתְנַהֵג; to be wont to הָיֹה לְאִישׁ הַמִּנְהָג.
נוהג־כָּבוד זײַן *v. n.* to pay respect נָהֹג כָּבוֹד בְּ־.
נוּזשניק *s.* (—עס *pl.*) water-closet בֵּית־הַכִּסֵּא, מַחֲרָאָה.
נוֹטה *adj.* inclined —.
נוֹטה־לָמות *s.* (נוֹטים־לָמות *pl.*) one who is at the point of death, one fatally ill —.
נוֹטה־לָמותדיג *adj.* dying, fatal ill נוֹטֶה לָמוּת.
נוֹטְרִיקון *s.* shorthand-writing by initials — כְּתִיבָה קְצָרָה בְּרָאשֵׁי תֵּבוֹת; phrase composed of words whose initials are in a given word —.א)
נויט *s.* (— ן *pl.*) necessity, need הֶכְרֵחַ צֹרֶךְ; want חֹסֶר מַחְסוֹר; trouble צָרָה.
— אָנטאָן זיך אַ נויט to make a strenuous effort התאמץ מאד.
נויטבאַדערפֿטיג *adj.* poor, needy עָנִי מְחֻסַּר אֶמְצָעִים.
נויטװענדיג = נײטיג.
נויטפֿאַל *s.* case of need שְׁעַת הַדְּחָק.
נויט־פּוטער *s.* butter made of sweet milk חֶמְאָה מֵחָלָב שֶׁלֹּא הִתְחַמֵּץ.
נויט־קאַסע *s.* savings-bank קֻפַּת חִסָּכוֹן; savings כֶּסֶף חָסוּךְ.
נויען = נאָיען.
נול *s.* (—ן *pl*) naught, cipher, zero אֶפֶס (אוֹת 0 במספרים).
נולד װערן *v. p.* to be born הִוָּלֵד.
נולד־מָהול *s.* one born circumcised (*without a prepuce*) —.
נומער *s.* (—ן *pl.*) number מִסְפָּר.
נומערירן *v. a.* to number, mark with a number רְשֹׁם בְּמִסְפָּר.
נומעראַציע *s.* numeration כְּתִיבַת מִסְפָּרִים.
נון *s.* (—ען *pl.*) Nun, name of the letter נ — שֵׁם הָאוֹת נ.
— קרומע נון (נ) bent Nun נון כפופה (נ).
— לאַנגע נון (ן) long Nun, final Nun נון זקופה (ן).
נון *int.* lo!, see! הִנֵּה.
נוס *s.* (נִיס *pl*) nut אֱגוֹז.
— װעלױשער נוס, װעלטשן נוס walnut אגוז הגדול, קָרוּה.

א) למשל, שבת איז נוטריקון: ש'נה ב'שבת ת'ענוג (שלאָף שבת איז אַ פֿאַרגעניגן).

— (*fig.*) אַ הארטער נום a hard problem שאלה קשה.

נום‖בוים *s.* (*pl.* ‑בײמער) nut-tree עֵץ הָאֱגוֹז, אֱגוֹזָה.

נוסח *s.* (*pl.* ‑ן, נוּסְחָאוֹת) form; ‑ formula.

נוסח־אַשְׁכְּנַז *s.* form of prayers according to the rite of the German Jews ‑.

נוסח־הָאֲרִ״י *s.* form of prayers according to the rite of Rabbi Isaac Luria (1534—1572) ‑.

נוסח־סְפָרַד *s.* form of prayers according to the rite of the Spanish-Portugueese Jews ‑.

נוסנבוים = נום־בוים.

נוץ *s.* (*pl.* ‑ן) use תּוֹעֶלֶת, בֶּצַע.

נוציג *adj.* useful מוֹעִיל;‖‑קײט *s.* usefulness תּוֹעֶלֶת.

נוצליך = נוציג.

נוצן *v. n.* to be of use קָלַן, צָלַח לְ־.

נוֹצְרִי *s.* (*pl.* נוֹצְרִים) the Nazarene, Christ; ‑ Christian, מְשִׁיחִי.

נוֹצְריטע *s.* (*pl.* ‑ס) Christian woman אִשָּׁה נוֹצְרִית.

נוקם זײַן זיך *v. r.* to take revenge נָקֹם, הִנָּקֵם.

נוקם־ונוטר *s.* (*pl.* נוֹקְמִים־וְנוֹטְרִים) revengeful *or* vindictive person אִישׁ נוֹקֵם וְנוֹטֵר.

נוקען *v. n.* to repeat the word „נו״ חָזֹר עַל הַמִּלָּה „נו״; to impel, urge on הָאֵץ.

נורען = איננורען.

נושא־חֵן זײַן *v. n.* to find favor מָצֹא חֵן.

נושא־פָּנִים זײַן *v. a.* to treat a person with partiality נָשֹׂא פְּנֵי אִישׁ; to have regard for, to respect כַּבֵּד.

נושא־פֵּרות זײַן *v. n.* to bear fruits נָשֹׂא פֵּרוֹת.

נותן *s.* (*pl.* נוֹתְנִים) ‑ giver.

נותנטע *s.* (*pl.* ‑ס) female giver נוֹתֶנֶת.

נותנען *v. a.* to give נָתֹן.

נִזְהר זײַן *v. p.* to be careful, be cautious הִזָּהֵר.

נִזוק ווערן = ניזוק ווערן.

נִזוקן = ניזוקי־.

נְזִיד־עֲדָשִׁים *s.* pottage of lentils (*for which Esau sold his birthright*) ‑.

נָזִיר *s.* (*pl.* נְזִירִים) ascetic, recluse; ‑ Nazarite ‑, פָּרוּשׁ.

נ״ח *abbr.* = נִשְׁאַר חַיָּב.

נֹחַ *npr.* Noah ‑.

— נחס תיבה נח Noah's ark תבת נח; (*fig.*) crowded vehicle עגלה מלאה אנשים.

— (*id.*) שרײַבן נח מיט זיבן גרײַזן to write with many errors כתב בשגיאות רבות.

נְחוּת־דַּרְגָא *s.* low birth, low station מַדְרֵגָה שְׁפֵלָה, מוֹצָא אִישׁ מִמִּשְׁפָּחָה אִי־חֲשׁוּבָה.

נַחֲזוֹר לְעִנְיָנֵנוּ *phr.* let us return to our subject ‑.

נַחֲלה *s.* (*pl.* נַחֲלוֹת) ‑ inheritance, יְרוּשָּׁה; possession, estate ‑, קִנְיָן, אֲחֻזָּה.

נֶחָמה *s.* (*pl.* נֶחָמוֹת) ‑ consolation; delight עֹנֶג.

נֶחְסר *s.* shortage, deficiency (*in an account*) גֵּרָעוֹן (בחשבון).

נַחַת *s.* delight, pleasure ‑, עֹנֶג, תַּעֲנוּג.

— קלײַבן נחת פֿון עפּעס to be delighted with something קבל נחת מדבר.

נחתדיג *adj.* delightful מַשְׂבִּיעַ עֹנֶג, נֶחְמָד.

נחת־רוּחַ *s.* delight, pleasure ‑, עֹנֶג.

נְטִיה *s.* (*pl.* נְטִיּוֹת) inclination; ‑ tendency ‑.

נְטִילַת־יָדַיִם *s.* washing of the hands (*before meals*) ‑.

נְטִילת־לולב *s.* shaking of the palm-branch (*on the feast of Tabernacles*) ‑.

נ״י *abbr.* = נֵרוֹ יָאִיר.

נִיאוּף *s.* adultery, prostitution ‑.

ניאַנטשען *v. a.* to nurse אָמֹן, טַפֵּחַ.

ניאַניע = ניאַנקע.

ניאַנקע *s.* (*pl.* ‑ס) nurse אֹמֶנֶת.

ניאָרען זיך *v. r.* to dig, rummage חַטֵּט, מַשְׁמֵשׁ.

ניגוד *s.* (*astr.*) opposition ‑ (מצב הלבנה באמצע החדש).

ניגון *s.* (*pl.* נִיגוּנִים) ‑ tune, melody, לַחַן.

ניגעלע, פֿאַרקלענערוואָרט פֿון ניגון.

נִידה *s.* (*pl.* נִידּוֹת) ‑ menstruation; a woman in her menses ‑.

נידע *s.* (*pl.* ‑ס) nit נְבָא (ביצת כנים).

נידער *s.* low place מָקוֹם נָמוּךְ.

— אַן דער נידער below לְמַטָּה.

נידערגעשלאָגן *adj.* depressed, dispirited עָצוּב רוּחַ; ‖‑קײט *s.* depression עַצְבוּת, דִּכְדּוּךְ.

נידערטרעכטיג *adj.* base, mean, vile שָׁפָל, נָבָל.

נידעריג *adj.* low שָׁפָל; base, mean, vile נָבָל; short, small (*of stature*) קָצָר, קָטָן (בקומה); ‖‑קײט *s.* lowness שִׁפְלוּת; meanness, baseness, vileness שִׁפְלוּת, נְבָלָה.

נידערלאַג *s.* (*pl.* ‑ן) warehouse, store-house, magazine אוֹצָר, מְזָוֶה.

נידערלאַנד *s.* (*geogr.*) lowland שְׁפֵלָה.

נידערן *v. n.* to go down יָרֹד.

ניהיליזם *s.* nihilism נִיהִילוּת, שִׁטַּת הָאַיִן.

ניהיליסט *s.* (*pl.* ‑ן) nihilist מַחֲזִיק בְּשִׁטַּת הָאַיִן.

ניוויזיק = נְבוּזִיק.

ניוועטש *adv.* to nothing, at naught לְאֶפֶס, לְאַיִן.

— גיין אין ניוועטש to come to nothing, to be wasted היה לאפס. אָבֹד לַשָּׁוְא.

ניוכען *v. a.* to smell הָרִיחַ.

ניונכקעןלע *s.* (־לעך *pl.*) innocent person אִישׁ תָּם א).

ניזוק ווערן *v. p.* to be hurt, be injured הִנָּזֵק, הֵחָבֵל.

ניזוקן *v. a.* to hurt, injure חָבֹל, פָּצֹעַ.

ניט[1] *s.* (־ן *pl.*) rivet, cramp, iron pin מַסְמֵר; brown color (*of something baked*) צֶבַע אָדֹם־שְׁחַרְחַר (של מאפה).

— באַקומען אַ ניט to become brown ההפך פני דבר אלם־שחרחר.

ניט[2] *adv.* not לֹא, אַיִן; ‖ *conj.* neither גַּם לֹא; no matter אֵין בְּכַךְ כְּלוּם ב).

— איך וויל ניט I do not want אינני רוצה.

— ניט... ניט... neither... nor... לא... גם לא... לא... ולא...

— ווער ניט איז whoever, no matter who מי שהוא.

— וואָס ניט איז whatever, no matter what מה' שהוא.

— ווי ניט איז no matter how איך שהוא.

— ווער ער זאָל ניט זיין whoever he be מי שיהיה.

— וואָס עס זאָל ניט זיין whatever it be מה שיהיה.

— ווי עס זאָל ניט זיין however it be איך שיהיה.

ניט ווערן *v. n.* to disappear הֵעָלֵם.

ניטאָ *adv.* there is not אַיִן, לֹא יֵשׁ, לֵיכָּא; ‖ *pred.* absent בִּלְתִּי נוֹכֵחַ, אֵינֶנּוּ.

— ניטאָ קיין געלט there is no money אין כסף.

— ער איז ניטאָ he is absent, he is gone איננו (בביתו, במקומו).

— ניטאָ וואָס צו פריידן זיך there is no reason to rejoice אין לשמח.

— ניטאָ פאַר וואָס! don't mention it! (*in response to thanks*) אין דבר! (תשובה לתודה).

ניט־ניט *adv* nauseating מְעוֹרֵר בְּחִילָה.

— מיר איז ניט־ניט I am nauseating, I feel sick הנני מרגיש בחילה.

ניט־גוטער *s.* (־טע *pl.*) evil spirit, devil רוּחַ רָעָה, שֵׁד, מַזִּיק.

ניט־גוטקייט *s.* nausea בְּחִילָה, קֶבֶס.

ניט־געבעטן *adj* uninvited לֹא קָרוּא.

ניט־געבעטענערהייט *adv.* uninvited לֹא קָרוּא.

ניט־היגיג *adj.* not of this place לֹא מֵהַמָּקוֹם הַזֶּה; strange, foreign זָר, נָכְרִי.

ניט־היגער *s.* (־גע *pl.*) stranger, foreigner זָר, נָכְרִי.

ניטל *s.* Christmas tide חַג הֻלֶּדֶת יֵשׁוּעַ א).

ניטן *s. pl.* manners, habits הֶרְגֵּלִים, מִנְהָגִים ב).

ניטע *int.* (ניטעט *pl.*) don't touch it!, don't do it! אַל תִּגַּע בָּזֶה! לֹא תַעֲשֶׂה זֹאת!

ניטעווען = פאַרניטעווען.

ניט־קשה = נישקאָשע.

ניט־שוין־זשע *adv.* is it possible?, indeed? הַאֶפְשָׁר?, הַאֻמְנָם? ג).

ניי *adj.* new חָדָשׁ; modern (*time, custom*) חָדָשׁ (זמן, מנהג).

— אויף דאָס ניי, פון דאָס ניי anew, again מחדש, שוב.

ניי־גאָלד *s.* plated gold נְחֹשֶׁת מְצֻפָּה זָהָב.

נייגונג *s.* (־ען *pl.*) inclination נְטִיָּה.

נייגן *v. a.* to incline הַטֵּה, כַּפֵּף; ‖ ־זיך *v. r.* to incline נָטֹה; to bow הִתְכּוֹפֵף הִשְׁתַּחֲוֹת.

נייגעריג *adj.* anxious, curious מִשְׁתּוֹקֵק לָדַעַת; ‖ ־קייט *s.* curiosity הַתְּשׁוּקָה לָדַעַת.

נייגעבאָרן *adj.* new-born נוֹלָד מִקָּרוֹב.

ניידייטש *s.* modern German אַשְׁכְּנַזִּית הַחֲדָשָׁה.

נייוועלטיש *adj.* modern שֶׁל הָעֵת הַחֲדָשָׁה, מִדּוֹר הֶחָדָשׁ.

ניי־זילבער *s.* plated silver נְחֹשֶׁת מְצֻפָּה כֶּסֶף.

נייזן *v. a.* to rob, fleece גָּזֹל מ־, הוֹצִיא בְּרַמָּאוּת.

נייזער *s.* (־ס *pl.*) fleecer גּוֹזֵל, חוֹמֵס.

נייטאָרן = נויטערן.

נייטיג *adj.* necessary דָּרוּשׁ, נָחוּץ, נִצְרָךְ; ‖ ־קייט *s.* necessity נְחִיצוּת.

נייטיגן זיך *v. r.* to be in need of הִצְטָרֵךְ לְ־.

נייטן *v. a.* to force, compel הַכְרֵחַ, כָּפֹה.

נייטערן, נייטערקע *s.* (־ס *pl.*) seamstress תּוֹפֶרֶת.

נייטראַל *adj.* neutral שֶׁאֵינֶנּוּ נוֹטֶה לְאַחַד הַצְּדָדִים, שֶׁעוֹמֵד מֵרָחוֹק.

נייטראַליטעט *s.* neutrality אִי־נְטִיָּה לְאַחַד הַצְּדָדִים, עֲמִידָה מִן הַצַּד.

ניי־יאָר *s.* New Year's day רֹאשׁ הַשָּׁנָה.

ניי־מאָדיש *adj.* new-fashioned עָשׂוּי לְפִי הָאָפְנָה הַחֲדָשָׁה.

ניי־מאָדנע = ניי־מאָדיש.

ניי־מאַשין *s.* (־ען *pl.*) sewing-machine מְכוֹנַת הַתְּפִירָה.

א) אפשר פין פוליש niuń, אַ נאַר. ב) ניט אלס .conj איז אַן איבערזעצונג פון דעם רוסישן ни

א) פון לאַטייניש natalis, פון געבורט. ב) ביי דיקן אין „די קאָוונער בריקע" (זייט 11): „די וויטן אין די ניטן פון פראָסטן נאַראָד"; זעט אויס פון מיטל־ויכדייטש nieten, איבן. ג) ניט־שוין־זשע איז אַן איבערזעצונג פון דעם רוסישן неужели.

נײַן *adv.* no לא, אין.

נײַן *num.* nine תִּשְׁעָה.

נײַנט *ord. num.* ninth תְּשִׁיעִי.

נײַנטהאַלבן *num.* eight and a half שְׁמוֹנָה וָחֵצִי.

נײַנט־||חלק *s.* (*pl.* –חלקים) = נײַנטל.

נײַנטל *s.* (*pl.* –ען) ninth part הַחֵלֶק הַתְּשִׁיעִי; nine (*at cards*) הַתִּשְׁעָה (בקלפים).

נײַנטנס *adv.* ninthly, in the ninth place תְּשִׁיעִית.

נײַן־טעג *s. pl.* the nine days between the first and the tenth of Ab (*during which Jews abstain from meat and wine*) תִּשְׁעַת הַיָּמִים מֵרֹאשׁ חֹדֶשׁ אָב עַד עֲשָׂרָה בּוֹ (שבהם נזורים מבשר ומיין).

נײַניעריג *adj.* nine years old בֶּן תֵּשַׁע שָׁנִים; noneunial, recurring every ninth year הַחוֹזֵר בְּכָל שָׁנָה תְּשִׁיעִית.

נײַנערלײ *adj.* of nine kinds שֶׁל תִּשְׁעָה מִינִים.

נײַנציג *num.* ninety תִּשְׁעִים.

נײַנציגסט *ord. num.* ninetieth הַתִּשְׁעִים.

נײַנציגסט־||חלק *s.* (*pl.* –חלקים) = נײַנציגסטל.

נײַנציגסטל *s.* (*pl.* –עך) ninetieth part הַחֵלֶק הַתִּשְׁעִים.

נײַנציגסט = נײַנציגסט.

נײַנציגסטל = נײַנציגסטל.

נײַנציגער[1] *s.* nonagenarian זָקֵן בֶּן תִּשְׁעִים שָׁנָה.

נײַנציגער[2] *adj.* of 90 proof שֶׁל תִּשְׁעִים מַעֲלוֹת.

— נײַנציגער שפּירט alcohol of 90 proof כֹּהַל של תשעים מעלות.

נײַנציגערלײ *adj.* of ninety kinds שֶׁל תִּשְׁעִים מִינִים.

נײַנצן *num.* nineteen תִּשְׁעָה עָשָׂר.

נײַנצנט *ord. num.* nineteenth הַתִּשְׁעָה עָשָׂר.

נײַנצנט־||חלק *s.* (*pl.* –חלקים) = נײַנצ(ע)נטל.

נײַנצ(ע)נטל *s.* (*pl.* –עך) nineteenth part הַחֵלֶק הַתִּשְׁעָה עָשָׂר.

נײַנצענערלײ *adj.* of nineteen kinds שֶׁל תִּשְׁעָה עָשָׂר מִינִים.

נײַס *s.* (*pl.* –ן) something new דָּבָר חָדָשׁ, חִדּוּשׁ; news (*pl.* –) חֲדָשָׁה, יְדִיעָה חֲדָשָׁה.

נײַעס *s.* (*pl.* –) news חֲדָשָׁה, יְדִיעָה חֲדָשָׁה.

נײַעקײַט *s.* newness חִדּוּשׁ.

נײַערהײַט *adv.* when new, while new בְּעוֹדֶנּוּ חָדָשׁ

נײַערט *adv* only, but רַק.

נײ־פֿאָדעם *s.* sewing-thread חוּט לִתְפִירָה.

נײַפּעלע = נֶפֶלע.

נײַצײַטונג *s.* (*pl.* –ען) newspaper, gazette עִתּוֹן.

נײַצײַטונגס *s.* news חֲדָשָׁה; = נײַצײַטונג.

נײַקײַט *s.* newness חִדּוּשׁ; modernness חִדּוּשׁ (במנהג).

נײ־קישע||לע *s.* (*pl.* –לעך) sewing-cushion כַּר לִמְחָטִים.

ניכווען *v. n.* to fail (*in health*) הֶחֱלַשׁ, חָלֹה.

ניכטער *adj.* empty, fasting בְּבֶטֶן רֵיקָה; sober פִּכֵּחַ, בִּלְתִּי שִׁכּוֹר.

ניכטער(נ)ערהײט *adv.* fasting, on an empty stomach בְּבֶטֶן רֵיקָה.

ניכטערקײַט *s.* fasting, emptiness of the stomach רֵיקוּת הַבֶּטֶן; sobriety אִי־שִׁכָּרוֹן, הִתְפַּכְּחוּת.

ניכײַ *conj.* oh that! לוּ, מִי יִתֵּן וְ־; ought צָרִיךְ.

— ניכײַ וואָלט ער בעסער געשטאָרבן! oh that he had died! לו מת!

— ניכײַ וואָלט ער זאָגן, אַז ער ווײסט ניט he ought to say that he did not know היה לו לאמר שאיננו יודע.

ניכפּה *s.* epilepsy חֳלִי הַנְּפִילָה.

ניכפּהניק *s.* (*pl.* –עס) whimsical person אָדָם שִׁגְעוֹנִי; scoundrel בֶּן־בְּלִיַּעַל.

ניכּר *adj.* noticeable, visible –, נִרְאֶה.

ניליע *s.* rottenness רִקָּבוֹן.

נימוס *s.* custom –, מִנְהָג; etiquette דֶּרֶךְ אֶרֶץ; civility, politeness נִמּוּסִיּוּת.

נימער־ערגער *adv.* tolerably well, so-so לֹא רַע, בֵּינוֹנִי.

ניס *s.* sneeze עֲטִישָׁה.

— טאָן אַ ניס to sneeze עָטֹשׁ.

ניסים, ז. נֵס.

ניסל[1] *s.* (*pl.* –עך) small nut, hazelnut אֱגוֹז קָטָן, לוּז.

ניסל[2] *s.* (*pl.* –עך) nit אִנְבָּה (= גנידע).

ניסן *v. n.* (*p. p.* גענאָסן) to sneeze עָטֹשׁ, זוֹרֵר.

ניסן *s.* the Jewish month Nisan (*March-April*) הַחֹדֶשׁ נִיסָן.

ניעדאָאימקעס *s. pl.* arrears (*of taxes*) חוֹב, שְׁאֵרִית (של מסים).

ניעזאַקאָנע *adj.* unlawful לֹא כַּדָּת, נֶגֶד הַחֹק.

ניצול ווערן *v. p.* to be saved הִנָּצֵל.

ניצוץ *s.* spark –.

ניצחון *s.* (*pl.* ניצחונות) triumph –.

ניצליך, –קײַט = נוצליך, –קײַט.

ניצן *v. a.* to use, make use הִשְׁתַּמֵּשׁ בְּ־.

ניצעווען *v. a.* to turn (*a coat*) הָפֹךְ צַד פְּנִימִי לַחוּץ (בתקון בגד ישן) א).

ניקאָטין *s.* nicotine נִיקוֹטִין (חֹמר ארסי של הטבק).

ניקאָלײַעווסקע *adj.* of the time of Czar Nicholas I מִימֵי הַקֵּיסָר נִיקוֹלַי הָרִאשׁוֹן.

— אַ ניקאָלײַעווסקער סאָלדאַט a soldier of the time of Nicholas I. איש צבא מימי ניקולי הראשון.

א) פֿון רוסיש лицевать, שײַן מאַכן פֿון דרויסן.

ניקוד *s.* punctation of Hebrew words –.

ניקל *s.* nickel (*metal*) נִיקֶל (מין מתכה לבנה).

ניקס *s.* zinc-salt מֶלַח הַצִּינְק א).

ניקס-נוץ *s.* (*pl.* – ן) a good-for-nothing אִישׁ לֹא יִצְלַח לִמְאוּמָה ב).

ניר *s.* (*pl.* – ן) kidney כִּלְיָה.

נירן-קראַנקהײַט *s.* disease of the kidneys, nephritis מַחֲלַת הַכְּלָיוֹת.

נירקע *s.* (*pl.* – ס) little den מְאוּרָה קְטַנָּה.

נישט *adv.* not לֹא (= נִיט); ‖ *pron. ind.* nothing אֶפֶס.

— ווערן צו נישט to come to nothing הָיָה לְאֶפֶס.

— ברויט מיט נישט dry bread (*without butter*) לחם יבש (בלי חמאה).

— זופּ מיט נישט soup without any seasoning or flavoring מרק בלי תבלין.

נישטאָ = נִיטאָ.

נישט ווערן = נִיט ווערן.

נישטיג *adj.* of nothing אַפְסִי; worthless בְּלִי עֵרֶךְ; insignificant קַל עֵרֶךְ; ‖ – קייט *s.* nothingness אַפְסוּת; insignificance קַלּוּת עֵרֶךְ.

נישטײַנס נעזאָגט = מישטײַנס-נעזאָגט.

נישטל *s.* (*pl.* – עך) worthless card קְלָף שֶׁאֵין לוֹ עֵרֶךְ; (*fig.*) worthless person, a nobody אָדָם בְּלִי עֵרֶךְ.

נישטערן *v. n.* to search, rummage חִפֵּשׂ, חִטֵּט ג).

נישט-קשה = נִישקאָשע.

נישטשען *v. a.* to waste בִּזְבֵּז.

נישמער *adv.* only רַק; but אֲבָל; ‖ *s.* cavil תֹּאֲנָה.

נישקאָשע *adv.* tolerably, pretty well שֶׁאֶפְשָׁר לְסַבֵּל. בֵּינוֹנִי. לֹא רַע; ‖ *int.* no matter!, never mind! אֵין בְּכָךְ כְּלוּם! ד).

נישקאָשעדיג *adj.* tolerable, passable, pretty good, good enough, not bad שֶׁאֶפְשָׁר לְסַבֵּל. בֵּינוֹנִי. טוֹב לְמַדַּי. לֹא רַע.

ניתל = נוטל.

נ"ך *abbr.* = נְבִיאִים-וּכְתוּבִים.

נכבד *s.* (*pl.* נִכְבָּדִים) respectable man –. אָדָם חָשׁוּב.

נכבדי-העיר *s. pl.* the notables of the town –.

נכד *s.* grandson –.

נכלל *adj.* included –.

נכנע *s.* (*pl.* נִכְנָעִים) submissive *or* humble person –.

נכנעדיג *adv.* submissively, humbly בְּהַכְנָעָה.

נכסים *s. pl.* estates, property אֲחֻזּוֹת. קִנְיָנִים.

נכסי-מלוג *s. pl.* usufruct estate –.

נכסי-צאן-ברזל *s. pl.* "estate of iron sheep," estate for whose full value the holder is responsible to the proprietor –.

נכפה = ניכפה.

נכפהניק = ניכפהניק.

נכר = ניכר.

נכשל ווערן *v. p.* to stumble הִכָּשֵׁל.

נכתב *s.* (*pl.* נִכְתָּבִים) one who is registered (*as a citizen*) אִישׁ שֶׁשְּׁמוֹ רָשׁוּם בַּסֵּפֶר (כתור אזרח).

נמאס *adj.* disgusting, disgustful –; tiresome מַלְאֶה.

נמאס-ומאוס *adj.* very disgustful נִמְאָס מְאֹד.

נמנו וגמרו *phr.* "the ballots were counted and they decided," it has been definitely decided –.

נמסר ווערן *v. p.* to be delivered הִמָּסֵר.

נמצא *s.* (*pl.* נִמְצָאִים) being – עֶצֶם.

נמצא *adv.* hence, consequently וּבְכֵן. הַיּוֹצֵא מִזֶּה.

נמשל *s.* (*pl.* נִמְשָׁלִים) thing compared דָּבָר מָשׁוּל. moral (*of a fable*) מוּסָר (של משל).

נס *s.* (*pl.* נִסִּים) miracle – פֶּלֶא.

— גאָטס נסים! great miracles! נסים גדולים! נפלאות גדולות!

— לעבן מיט נסים to sustain oneself by miracle התפרנס בדרך נס.

נס גדול היה שם . נ' ג' ה' ש'.

נסיון *s.* (*pl.* נִסְיוֹנוֹת) trial; experience; temptation –.

— בײַשטיין אַ נסיון to withstand a temptation עָמוֹד בְּנִסָּיוֹן.

נסים-ונפלאות *s. pl.* miracles and wonders, great miracles –.

נסיעה *s.* (*pl.* נְסִיעוֹת) journey –.

נסך = יין נֶסֶך.

א) ניקס נעפֿינט זיך ביי ליפשיצן און הורוויצן. אונטער никсъ אין נאָסאָוויטשעס Словарь Бѣлорусскаго Нарѣчія ווערט באַמערקט, אַז יידן מאַכן פֿון דעם שטאָף אַ באַנעצעכץ פֿאַר די אויגן. ב) ניקס-נוץ איז פֿון דייטש Nichtsnutz. ג) נישטערן איז מסתמא פֿון דייטש nisteln, שאַרן, זוכן. ד) נישקאָשע ווערט געוויינטליך געשריבן נישט-קשה, ווי עס וואָלט באַשטיין פֿון נישט און העברעאיש קשה. אָבער נישט קשה באַדייט גאָר עפּעס אַנדערש. אין פּראַגער Hand-lexicon קומט אונטער דעם וואָרט קשה די פֿראַזע: Lass dir nur nichts kosche sein, וועלכע זי'ט פֿאַרטייטשט: Lass dir nur nichts schwer fallen. מיר באַנוצן דאָס וואָרט קשה געוויינטליך אין דער באַדייטונג: שווער צו פֿאַרשטיין (ווי למשל: די זאַך איז מיר קשה). מיר זעט אויס, אַז נישקאָשע איז פֿון פּויליש niezgorszy, וואָס האָט אַקוראַט די זעלביגע באַדייטונג.

נִסְתַּלֵק ווערן *v. p.* to depart, die (*of a saintly person*) הִסְתַּלֵּק, מות.

נִסְתָּר [1] *s.* esoteric doctrine, mystery, cabbala — , חָכְמַת הַסּוֹד, קַבָּלָה.

נִסְתָּר [2] *s.* (*pl.* נִסְתָּרים) a saint who lives in hiding צַדִּיק נִסְתָּר.

נ"ע *abbr.* = נִשְׁמָתוֹ עֵדֶן his soul is in the paradise (*written after the name of a deceased person*) — .

נעבן — לעבן[2].

נעבעך *int.* it is a pity! צַר לִי!, חֲבָל! ‖ *s.* poor wretch, poor thing אִישׁ אוֹבֵד א).

נעבעכל *s.* (— עך *pl.*) object of pity, poor thing אִישׁ מְעוֹרֵר רַחֲמִים.

נַעֲבֵירה = עֲבֵירה.

נעגאַטיוו *adj.* negative שְׁלִילִי; ‖ *s.* (— ן *pl.*) negative זְכוּכִית הַצְּלָמִים.

נעגל־וואַסער *s.* water for washing the hands in the morning מַיִם לִנְטִילַת הַיָּדַיִם בַּבֹּקֶר.

— אָפּגיסן נעגל־וואַסער to wash one's hands in the morning נטל את ידיו בבקר.

נעגע‖לע *s.* (— לעך *pl.*) small nail צִפֹּרֶן קָטָן; clove צִפֹּרֶן־בֹּשֶׂם, נְכֹאת.

נעגעלע־‖בוים *s.* (— ביימער *pl.*) clove-tree עֵץ צִפֹּרֶן־בֹּשֶׂם.

נעגעלעך־אייל *s.* oil of cloves שֶׁמֶן צִפָּרְנֵי־בֹשֶׂם.

נעגער *s.* (— ס *pl.*) negro כּוּשִׁי.

נעגערקע *s.* (— ס *pl.*) negress כּוּשִׁית.

נעדיזגע = אַמיעזדגע.

נעוואָד *s.* (— ן *pl.*) fishing-net מִכְמֹרֶת, חֵרֶם (הדיגים).

נעווילניק *s.* (— עס *pl.*) bondman, slave עֶבֶד שָׁבוּי.

נעוועלה = דבוק ב).

נַע־וָנָד *adj.* wandering, homeless —.

נַע־וָנָדניק *s.* (— עס *pl.*) wanderer, vagabond אִישׁ נוֹדֵד; homeless person אִישׁ שֶׁאֵין לוֹ מָקוֹם קָבוּעַ.

נַע־וָנַדעווען *v. n.* to wander about נוֹעַ וָנוּד.

נעטאָ־וואָג *s.* net weight מִשְׁקָל מְדֻיָּק, (משקל הסחורה חוץ מן המעטפות).

נְעִילה *s.* closing service of the Day of Atonement —.

נְעִימות [1] *s.* pleasantness —.

נְעִימות [2] *s.* civility, politeness נִמּוּסִיּוּת (= נִימוּס).

נעכטיג *adj.* of yesterday שֶׁל יוֹם אֶתְמוֹל.

א) עס זעט אויס אז נעבעך איז פון פויליש niebogi, אָרעם. ב) ביי לינעצקין אין „דאָס חסידישע יונגעל".

— זיין ווי אַ נעכטיגער (*id.*) to be dispirited היה עצוב רוח; to be lifeless היה בלי רוח חיים.

נעכטיגן *v. n.* to pass the night לוּן.

נעכטן *adv.* yesterday אֶתְמוֹל.

נֶעְלָם *s.* (*pl.* נֶעְלָמים) "one who is hidden," one who is not registered (*as a citizen*) אִישׁ שֶׁשְּׁמוֹ אֵינוֹ רָשׁוּם בַּסֵּפֶר (בתור אזרח).

נעמליך *adj.* same אותו; ‖ *adv.* namely, to wit הַיְנוּ.

— דו נעמלוכע זאַך the same thing אותו הדבר.

נעמען *v. a.* (*p. p.* גענומען) to take לָקַח, אָחֹז, תָּפֹשׂ; ‖ *v. n.* to begin הָחֵל; ‖ — זיך *v. r.* to begin, undertake to נָגֹשׁ, קָרֹב (אל פעולה); to begin, undertake הָחֵל בְּ־.

— נעמען אַ ווייב to marry, wive נשא אשה.

— נעמען אַ מאַן to marry הנשא לאיש.

— נעמען אַ קינד to help to bear, to deliver יַלֵּד.

— נעמען אין פלען to take prisoner לקח איש בשבי.

— עס נעמט אַ פראָסט it freezes קרה בחוץ.

— נעמען מאַן to begin to do החל לעשות.

— נעמען זיך צו עפּעס to undertake something החל בדבר.

— נעמען זיך צו אַן אַרבעט to set to work קרב אל המלאכה.

— נעמען זיך צו די כלי זיין to take up arms אחז בנשק.

— נעמען זיך עפּעס צום האַרצן to take something to heart שים דבר על לב.

— פון וואַנען נעמט ער זיך? where does he come from? מאין הוא בא?

נַעֲנוּעים *s. pl.* the motions made in shaking the palm-branch (*on the feast of Tabernacles*) —.

נעסט *s.* (— ן *pl.*) nest קֵן.

נעסטל [1] *s.* (— עך *pl.*) nettle-fish, jelly-fish מִין חַיַּת הַיָּם בְּמֶרֶק מִקְפָּא א).

נעסטל [2] *s.* (— עך *pl.*) multiped מַרְבֵּה רַגְלַיִם (מין זבוב).

נעסטל [3] *s.* muslin מַלְמָלָה ב).

נעסטל [4] *s.* (— עך *pl.*) shoe-string, shoe-lace שְׂרוֹךְ נַעַל ג).

נעסטן *v. n.* to be nestled קַנֵּן.

נעסעסער *s.* case (*of instruments*) תִּיק, נַרְתִּיק (לכלי מלאכה) ד).

א) דייטש Meernessel. ב) דייטש Nesseltuch. ג) דייטש Nestel. ד) ביי ליפשיצן: פראַנצייזיש necessaire אַ מין רייזע־קעסטל.

נעפּטון *s.* (*astr.*) Neptune נֶפְּטוּן (אחד מכוכבי לכת).

נעפּל *s.* (*pl.* –ען) fog, mist עֲרָפֶל.

נעפּלדיג *adj.* foggy, misty עַרְפִּלִי, מְכֻסֶּה בַּעֲרָפֶל.

נעץ¹ *s.* (*pl.* –ן) net רֶשֶׁת; fishing-net מִכְמֹרֶת.

נעץ² wet, wetness רְטִיבוּת; dampness, moisture רְטִיבוּת, לַחוּת א).

נעצן *v. a.* to wet, make wet הִרְטִיב; to burn, be on fire שָׂרַף, הָיָה לִשְׂרֵפָה ב).

נָעצר *adj.* constipated –.

נָעצריג = נָעצר.

נעקרוט = רעקרוט.

נַערה־הַמְאוֹרָשׂה *s.* a betrothed maiden (*who has been dishonored*) –.

נַעֲרִיצְךָ *s.* "we will reverence Thee," hymn of sanctification in the additional service for Sabbath הַקְּדוּשָּׁה בְּמוּסַף לְשַׁבָּת.

נערוו *s.* (*pl.* –ן) nerve עוֹרֶק, עָצָב.

נערוון־פֿיבער *s.* nervous fever קַדַּחַת הָעוֹרְקִים; typhus טִיפוּס (מחלת החום מתדבקת).

נערוון־צערודערונג *s.* shattering of the nerves הֲרִיסַת הָעֲצַבִּים.

נְפוּח *s.* (*pl.* נְפוּחִים) swelling נִפּוּחַ; bulk גּוּף, גֹּדֶל; fart נְפִיחָה.

נְפוּח־זאַך *s.* (*pl.* –ן) bulky *or* cumbersome thing דָּבָר מְגֻשָּׁם.

נִפְטר *s.* (*pl.* נִפְטָרים) deceased person –.

נִפְטר ווערן *v. n.* to depart, die מוּת.

נְפִיחה *s.* (*pl.* נְפִיחות) fart –.

נְפִילים *s. pl.* antediluvian giants –.

נֵפֶל *s.* abortion –.

נִפְלא *adj.* wonderful –.

נִפְלָאות *s. pl.* wonders –.

נֵפֶלע *s* (*pl.* נֵפֶלעך) abortion –; infant תִּינוֹק, עוֹלָל.

נַפְקא־מִינא *s.* (*pl.* –ס) difference הֶבְדֵּל.

נַפְקה *s.* (*pl.* נַפְקות) whore, prostitute זוֹנָה.

נַפְקהניק *s.* (*pl.* –עס) whoremonger רוֹעֶה זוֹנוֹת.

נֶפֶשׁ *s.* (*pl.* נְפָשׁות) soul –; person –. אִישׁ אֶחָד; contemptible creature בְּרִיָּה נִמְאָסָה אָדָם נִמְאָס.

נֶפֶשׁ *s.* mean creature בְּרִיָּה שְׁפָלָה, אָדָם שָׁפָל.

נֶפֶשׁ־אַחַת *adj.* "one soul," attached to each other דָּבֵק אִישׁ בְּאָחִיו.

נִצול ווערן = נִיצול ווערן.

נִצְחון *s.* (*pl.* נִצְחונות) triumph –; ambition רְדִיפָה אַחֲרֵי כָבוֹד.

נַצְחן *s.* (*pl.* נַצְחָנים) disputatious person אִישׁ רִיב; ambitious person רוֹדֵף אַחֲרֵי כָבוֹד.

א) דייטש Nässe. ב) אין דער צווייטער באַדייטונג ביי ליפשיץ.

נַצְחָנות *s.* disputatiousness נְטִיָּה לְהִתְוַכֵּחַ; ambition רְדִיפָה אַחֲרֵי כָבוֹד.

נִצרך *s.* (*pl.* נִצְרָכים) needy person מְחֻסָּר, אִישׁ מָצוֹק.

נְקֵבה = נְקֵיבה.

נְקֵבהש = נְקֵיבהש, נְקֵיבוּש.

נְקָבים *s. pl.* openings, apertures (*of the body*); easement – עֲשִׂיַּת הַצְּרָכִים.

— גיין אויף נקבים to ease one's bowels עשה צרכיו.

נְקָבים־גְדולים *s. pl.* the greater apertures (*of the body*) –; stool, evacuation יְצִיאָה.

נְקָבים־קְטַנים *s. pl.* the lesser apertures (*of the body*) –; urination הַשְׁתָּנָה.

נְקֵבוּש = נְקֵיבהש, נְקֵיבוּש.

נְקוד = נִיקוּד.

נְקודה *s.* (*pl.* נְקודות) vowel-point –.

נְקודים־וּבְרודים *adj.* "dotted and spotted," of all colors מִכָּל הַגְּוָנִים.

נָקי *adv.* "clean," penniless בְּלִי פְרוּטָה אַחַת.

נְקִיטת־חֵפֶץ *s.* taking hold of an object (*to confirm a transaction*) –.

נְקִי־כַּפַּים *s.* one whose hands are clean, incorruptible person –.

נְקֵיבה *s.* (*pl.* נְקֵיבות) female –; woman אִשָּׁה; strong and bold woman אִשָּׁה בְּרִיאָה וְאַמִּיצַת לֵב; prostitute זוֹנָה.

— אַ כוואַטסקע נקיבה a brave woman אשה אמיצת לב.

נְקֵיבהש, נְקֵיבוּש *adj.* female, feminine שֶׁל נְקֵבָה.

נְקִיות *s.* easement –.

נְקָמה *s.* (*pl.* נְקָמות) revenge, vengeance –.

נֵר *s.* (*pl.* נֵרות) light, candle –.

נִרְדף *s.* (*pl.* נִרְדָפים) one who is persecuted –.

נֵרו יָאיר *phr.* may his light shine (*words put after the name of a person in a letter*) –.

נֵר־נְשָׁמה = נְשָׁמה־לויכט.

נֵר־תָּמיד *s.* continual light (*in the synagogue*) –.

נִשְׁאר *s.* remainder, balance שְׁאֵרִית (מה שנשאר בחשבון).

נִשְׁאר־חַייב *adj.* due –; ‖ *s.* balance due שְׁאֵרִית הַחוֹב.

נִשׂוּאין *s. pl.* marriage, wedlock –.

נָשׂיא *s.* (*pl.* נְשׂיאים) prince, chief –; president –.

נְשִׂיאים *s. pl.* "princes," twelve passages of Numbers read successively on the first twelve days of Nisan –.

נְשִׂיאת־פָּנים *s.* partiality –.

נָשים ז. אשה.

נָשים־צַדְקָניות *s. pl.* pious women –.

נְשָׁמה *s.* (נְשָׁמות *pl.*) soul; — darling (*fig.*) אָהוּב, אֲהוּבָה.

— אַ טײַערע נשמה a good soul נפש יקרת.

— מײַן נשמה! my darling!, my love! אהובי! (אהובתי!).

— אַ באַוויינטע נשמה a whiner, a whimperer בעל בכי.

— ארויסנעמען אומעצן די נשמה to tire a person's life out הֵציק איש עד מות.

— נישט האָבן קײַן גראָשן בײַ דער נשמה to be penniless היה בלי פרוטה אחת.

— גאָט די נשמה שולדיג זײַן to be innocent היה תמים.

נְשָׁמה־יְתֵירה *s.* additional soul (*which a Jew is supposed to have on Sabbath*) —.

נְשָׁמה־ליכט *s.* candle lighted in memory of a departed soul נֵר נְשָׁמָה.

נִשְׁמת *s.* "the soul of," title of a Sabbath hymn —.

נִשְׁמת־חַיים *s.* the breath of life —.

נִשְׂרף *s.* (נִשְׂרָפים *pl.*) one who has suffered by fire —.

נִשְׁתּומם *adj.* astonished, surprised מִשְׁתּוֹמֵם. מִשְׁתָּאֶה.

נִשְׁתּומם ווערן *v. p.* to be astonished, be surprised הִשְׁתּוֹמֵם. הִשְׁתָּאֵה.

נִתְבַקש ווערן *v. p.* "to be summoned," to die (*of a saintly man*) מות.

נִתְגַדל ווערן *v. p.* to be magnified, be exalted הִתְגַּדֵּל. הִתְעַלֵּה; to become great גָּדֹל. עָלֹה בְּמַעְלָה.

נִתְגַלה ווערן *v. p.* to be revealed הִתְגַּלֵּה.

נִתְחַדש ווערן *v. p.* to be renewed הִתְחַדֵּשׁ; to be innovated, be introduced as new הִתְחַדֵּשׁ.

נִתְחַמץ ווערן *v. p.* to become sour הִתְחַמֵּץ; (*fig.*) to become loose *or* licentious הִתְחַמֵּץ יָצֹא לְתַרְבּוּת רָעָה.

נְתִינה *s.* (נְתִינות *pl.*) gift, donation מַתָּנָה. נְדָבָה; tribute, tax מַס.

נתל = נִיטל.

נְתַנה־תּוקף = וּנְתַנֶּה־תֹּוקֶף.

נִתנען *v. a.* to give נָתֹן.

נִתְעַשר ווערן *v. p.* to become rich הִתְעַשֵּׁר

נִתְפָּעל *adj.* enthusiastic מִתְפָּעֵל. מִתְלַהֵב; surprised מִשְׁתּוֹמֵם.

נִתְפָּעל ווערן *v. p.* to get enthusiastic הִתְפָּעֵל; to be surprised הִשְׁתּוֹמֵם.

נִתְרַבה ווערן *v. p.* to increase, be multiplied הִתְרַבֵּה.

ס.

ס *s.* the fifteenth letter of the Hebrew alphabet הָאוֹת הַחֲמֵשׁ עֶשְׂרֵה בְּאָלֶף־בֵּית הָעִבְרִי; ‖ *num.* sixty שִׁשִּׁים.

ס' *abbr.* = עס, סע, דאָס, וואָס, ווי אין די פֿאָלגנדיגע ביישפּילן:

— ס'איז (עס איז) it is הוא.

— ס'גייט (עס גייט, סע גייט) it goes הולך.

— ס'רוב (דאָס רוב) the most part הרוב.

— ס'אַ (וואָס פֿאַר אַ) what איזה.

־ס *suff.* ווערט אָפֿט צוגעגעבן צו צייטווערטער אין דער באַפֿעלנדיגער אַרט אין מערצאָל, ווי למשל:

— מאַכטס make עשה.

— גייטס go לֵךְ.

— נעמטס take קח.

ס'אַ *abbr.* = וואָס פֿאַר אַ.

סאָבילטאַש *s.* (—ן *pl.*) pocket-book כִּיס. תִּיק.

סאַבליע *s.* (—ס *pl.*) sabre חֶרֶב.

סאַבעצקי = מֶלֶךְ־סאַבעצקי.

סאָבראַניע *s.* (—ס *pl.*) meeting אֲסֵפָה.

סאָגאַן *s.* (—עס *pl.*) cast-iron pot סִיר שֶׁל בַּרְזֶל מוּתָּךְ (= פּשוּגון).

סאַגע *s.* sago אֹרֶז תְּמָרִים.

סאָד *s.* (סעדער *pl.*) orchard גַּן פֵּרוֹת.

סאַדזעווקע *s.* (—ס *pl.*) pond, pool בְּרֵכָה.

סאַדלע *s.* hog's grease חֵלֶב שֶׁל חֲזִיר.

סאָדע *s.* soda סוֹדָה (מין מלח).

סאָדע־וואַסער *s.* soda-water מֵי סוֹדָה.

סאָדע־זייף *s.* soda-soap בֹּרִית נֶתֶר.

סאָדע־פֿאַבריק *s.* (—ן *pl.*) soda-works בֵּית עֲשִׂיַּת הַסּוֹדָה.

סאָדע־פּראָ‖שעק *s.* (—שקעס *pl.*) soda-powder אֲבַק הַסּוֹדָה.

סאַוויע *s.* (—ס *pl.*) shroud תַּכְרִיךְ לְמֵת.

סאָוויעט *s.* (—ן *pl.*) council סוֹד. מוֹעֵצָה; soviet סוֹבְיֶט (עדת נועצים בדבר הנהגת המדינה ברוסיה).

סאָוויעטניק *s.* (—עס *pl.*) councilor יוֹעֵץ.

סאָוויעטסקע *adj.* of the Soviets שֶׁל הַסּוֹבְיֶטִים.

סאָוויעט־רוסלאַנד *s.* Soviet Russia רוּסְיָה הַסּוֹבְיֶטִית (רוסיה המתנהלת על פי עדות נועצים).

סאָוויעסט *s.* conscience הַכָּרָה פְּנִימִית. מַצְפּוּן.

סאָוויעסטנע *adj.* conscientious שֶׁל הַכָּרָה פְּנִימִית; בַּר לֵבָב.

סאָווע *s.* (‎—ס *pl.*) owl יַנְשׁוּף (מין עוף).
סאָוועגעט *s.* (‎—ן *pl.*) capped watch שָׁעוֹן כַּיִם עִם כִּסּוּי.
סאָזלקע, סאָזעווקע, סאָזשלקע = סאַדזעווקע.
סאַזשע *s.* soot פִּיחַ, שְׁחוֹר.
סאַזשעווקע = סאַדזעווקע.
סאַזשען *s.* (‎— *pl.*) Russian fathom (7 *feet*) סַנָּן (מדת אדמה ברוסיה).
סאָט *s.* (‎—עס *pl.*) honey-comb יַעֲרָה.
סאַטורן *s.* (*astr.*) Saturn שַׁבְּתָאי (אחד מכוכבי לכת).
סאַטין *s.* satin אַטְלַס מֶשִׁי.
סאַטיריק *s.* (‎—ער *pl.*) satirist סוֹפֵר שְׁנִינוֹת.
סאַטיריש *adj.* satirical שֶׁל שְׁנִינָה.
סאַטירע *s.* (‎—ס *pl.*) satire סְתִירָה, שְׁנִינָה, הֲלָצָה.
סאַטן = שאָטן.
סאַטנדיג = שאָטנדיג.
סאָטניע *s.* (‎—ס *pl.*) a hundred מֵאָה; a company of hundred גְּדוּד שֶׁל מֵאָה.
סאָטניק *s.* (‎—עס *pl.*) centurion שַׂר מֵאָה.
סאָטסקע *s.* (‎—ס *pl.*) hundreder (*rural police commissary*) שַׂר מֵאָה (פקיד המשטרה בכפר).
ס׳איז *abbr.* = עס איז.
סאַילקע *s.* (‎—ס *pl.*) attic חֲדַר עֲלִיָּה.
סאַילקעלע, פֿאַרקלענערוואָרט פֿון סאַילקע.
סאַכאַר־סאַטורן *s.* saccharum Saturni, sugar of lead סֻכַּר עוֹפֶרֶת.
סאַכע *s.* (‎—ס *pl.*) hook-plough מַחֲרֵשָׁה.
סאָלאָוויי *s.* (‎—עס *pl.*) nightingale זָמִיר.
סאָלאָווייטשיק, פֿאַרקלענערוואָרט פֿון סאָלאָוויי.
סאַלאַטע *s.* lettuce חַזֶּרֶת, חַסָּא.
סאַלאַמאַנדרע *s.* (‎—ס *pl.*) salamander סַלַמַנְדְּרָה (מין לטאה).
סאַלאָמיאַנקע *s.* straw matting, straw covering מַצַּע תֶּבֶן.
סאַלאַמיאַק *s.* ammoniac נִשְׁדּוּר.
סאַלאַמיאַק־טראָפּן = חַלְשׁוּת־טראָפּנס.
סאַלאַנקע *s.* (‎—ס *pl.*) barrel, cask חָבִית קְטַנָּה.
סאַלאָפּ *s* salep, salop סַלֶּפּ (מין צמח שמשתמשים בשרשו לרפואה).
סאָלדאַ = זאָלדע.
סאָלדאַט *s.* (‎—ן *pl.*) soldier אִישׁ צָבָא, חַיָּל.
סאָלדע = זאָלדע.
סאַלהאַן *s.* (‎—עס *pl.*) slaughter-house בֵּית מִטְבָּחַיִם. tallow-boilery בֵּית לְבַשּׁוּל חֵלֶב.
סאָלטיס *s.* village-magistrate זְקַן הַכְּפָר.
סאַליאָפּ *s.* (‎—ן, ‎—עס *pl.*) mantua, cloak מְעִיל נָשִׁים, מַעֲטָפָה.
סאָליד = סאָלידנע.
סאָלידנע *adj.* honest יָשָׁר, הוֹלֵךְ תּוֹם; staid, sober רְצִינִי, מְיֻשָּׁב.

סאַליטרע *s.* salpetre, nitre מֶלַח נֶתֶר, מִלְחַת.
סאַליטרעווען *v. a.* to bestrew with salpetre זָרֹק מִלְחַת עַל־.
סאַליסטאַרטערים, סאַליסטאַטאַריום *s.* salt of tartar, sal tartre מֶלַח הַחֲמוּצִי.
סאַליע *s.* (‎—ס *pl.*) parlor, drawing-room חֲדַר הָאוֹרְחִים; salon טְרַקְלִין.
סאַליעס = סאַליאָפּ.
סאַלניצע *s.* (‎—ס *pl.*) salt-cellar כְּלִי מֶלַח.
סאַלניצקע, פֿאַרקלענערוואָרט פֿון סאַלניצע.
סאַלעמיאַק = סאַלאַמיאַק.
סאַלעמיידזשען *v. n.* to sing-song, recite monotonously זַמֵּר בְּקוֹל אֶחָד, אָמֹר בְּנִגּוּן אֶחָד וּבְלִי כַּוָּנָה.
סאַלף *s.* elixir מַשְׁקֵה רְפוּאָה; panacea תְּרוּפָה לְכָל מַחֲלָה א).
סאַמאָוואַר *s.* (‎—ן *pl.*) samovar (*Russian tea-urn*) מוֹלִיאַר, מַרְתֵּחַ.
סאַמאָפּאָמאָץ *s.* self-help תְּשׁוּעַת יָד.
סאַמביר, סאַמבירסקע = סוביר, סובירסקע.
סאַמום *s.* simoom רוּחַ זִלְעָפוֹת (באפריקה).
סאַמע *adj.* self אוֹתוֹ, עֶצֶם; very הַיּוֹתֵר; just מַמָּשׁ.
— אין דעם סאַמע זעלבינן טאָג on the selfsame day בעצם היום ההוא, באותו היום.
— אין סאַמע מיטן טאָג at high noon בעצם היום.
— פֿון סאַמע אָנהייב from the very beginning מראש ומתחלה.
— דאָס סאַמע בעסטע the very best היותר טוב.
— דאָס סאַמע געדיכטסטע the thickest part החלק היותר עבה; (*fig.*) the most interesting part החלק היותר מעַניֵן.
— סאַמע פּוטער just butter ממש חמאה.
סאַמעוואָ‖לעץ *s.* (‎—לעצעס *pl.*) wilful person, wayward person הוֹלֵךְ בִּשְׁרִירוּת לִבּוֹ.
סאַמעט *s.* velvet קְטִיפָה.
סאַמעטן *adj.* of velvet שֶׁל קְטִיפָה.
סאַניטאַריום *s.* (‎—ס *pl.*) sanitarium מְקוֹם שְׁמִירַת הַבְּרִיאוּת.
סאָנישניק *s.* (‎—עס *pl.*) sun-flower זְהָרָה (מין פרח).
סאַנצעלאָמעס *int.* alas!, unfortunately אֲהָהּ! לְמָרַת רוּחִי ב).

א) ביי ליפשיצן, סאַלף איז אפשר פֿון אַלף (ס׳אַלף = דאָס אַלף); פֿאַרגלייך דייטש All-heil, אַ קרייטעכץ־רפואה צו אַלע קראַנקהייטן. ב) ביי אבראַמאָוויטשן אין „ווינטשפֿינגערל" (זייטן 212, 213) און „ספר הבהמות" (זייט 46, 65). די עטימאָלאָגיע פֿון דעם וואָרט איז ניט באַקאַנט. איך האָב געהערט פֿון אַ זקן אַ למדן, אַז סאַנצעלאָמעס אָדער צאַנצעלאָמעס איז אַפּט באַנוצט געוואָרן אין די אויסרייד

סאָס *s.* sauce, gravy רֹטֶב.

סאָסולקע *s.* (*pl.* ס –) icicle פְּתִיל קֶרַח.

סאָסלאָוויע *s.* (*pl.* ס –) class of society מִפְלָגָה.

סאָסנאָווע *adj.* of pine שֶׁל תּוֹרְנִיתָה.

סאָסנע *s.* (*pl.* ס –) pine תּוֹרְנִיתָה.

סאָסנענע = סאָסנאָווע.

סאָפּ *int.* on!, forward! (*to oxen*) הָלְאָה!, קָדִימָה! (לשוָרים).

סאָפּאָזשניק = שוסטער.

סאָפּיאַן *s.* morocco, morocco-leather עוֹר מְאָדָּם.

סאָפּיאַנען *adj.* of morocco-leather שֶׁל עוֹר מְאָדָּם.

סאַפּיאָר *s.* (*pl.* ן –) sapper חוֹפֵר מְחִלּוֹת (איש צבא).

סאָפּיט = סופּיט.

סאָפּיע = סאָפֿע.

סאָפֿע *s.* (*pl.* ס –) sofa מִטַּת מוֹשָׁב.

סאָפּע *s.* (*pl.* ס –) ladle כַּף בּוֹחֶשֶׁת, בַּחְשָׁה.

סאַפּעזשאַנקע *s.* (*pl.* ס –) a kind of delicious pear מִין אַגָּס שֶׁיֵּשׁ לוֹ טַעַם טוֹבא).

סאָפּען, סאָפּען *v. n.* to pant, puff נָשֹׁם, נָחֹר.

סאָפּראַן *s.* soprano סוֹפְּרָנוֹ (קול דק ורם).

סאָציאַל *adj.* social סוֹצִיָּלִי, כְּלָלִי, חֶבְרָתִי.

סאָציאַליזם *s.* socialism סוֹצִיָּלִיּוּת (תורת תקון הנהגת החברה).

סאָציאַליסט *s.* (*pl.* ן –) socialist סוֹצִיָּלִיסְט (מחזיק בתורת תקון הנהגת החברה).

סאָציאַליסטיש *adj.* socialistic שֶׁשַּׁיָּךְ לְהַסּוֹצִיָּלִיּוּת.

סאָצקע = סאָטסקע.

סאָק *s.* (*pl.* ן –) sap, juice מִיץ פְּרִי, עָסִיס.

סאָקאָצען *v. n.* to chuck נַעְנֵעַ, קַרְקֵר (כתרנגולות); to chatter (*fig.*) פַּטְפֵּט.

סאַק־וואַיאַזש *s.* (*pl.* ן –) travelling-bag מַלְתַּחַת הַדֶּרֶךְ.

סאַקווע *s.* (*pl.* ס –) sack for oats, haversack שַׂק לְשִׁבֹּלֶת שׁוּעָל, שַׂק לְמִסְפּוֹא.

סאַקסאַקן *s. pl.* sheepskins with long wool עוֹרוֹת כְּבָשִׂים עִם שֵׂעָר אָרֹךְ.

ס׳אַרא *abbr.* = וואָס פֿאַר א.

סאַראַטע = סעראַטע.

סאַראַסאַטקע *s.* (*pl.* ס –) packing-needle מַחַט לִתְפִירַת שַׂקִּים.

ביים לערנען גמרא, האָב אָבער פֿון אים ניט געקענט דערגיין אין וואָס פֿאַר א באַדייטונג. אפשר אין דער דאָזיגער אומבאַקאַנטער באַדייטונג האָט עס א שייכות מיט צאַנצאָנעס, וואָס זיין טייטש איז: אין יעדן פֿאַל, ז. צאַנצאָנעס.

א) אין נאָסאָוויטשעס Словарь Бѣлорусскаго Нарѣчія ווערט באַמערקט, אז דאָס וואָרט שטאַמט אפשר פֿון סאַפּיעהא, דעם נאָמען פֿון א פּוילישן פֿירשט אין וועמעס סעדער עס זיינען געוואַקסן אזעלכע באַרן.

סאָראָקע *s.* (*pl.* ס –) magpie עוֹרֵב הָעֲמָקִים.

סאַרדין = סאַרדינקע.

סאַרדינקע *s.* (*pl.* ס –) sardine סַלְתָּנִית.

סאַרווער *s.* (*pl.* ס –) server, waiter (*at a table*) שַׁמָּשׁ, מֶלְצָר.

סאַרווירן *v. n.* to serve, wait (*at a table*) שַׁמֵּשׁ.

סאָרט *s.* (*pl.* ן –) sort, kind מִין.

סאָרטירן *v. a.* to sort, assort סַדֵּר, מַיֵּן (הפרד דבר דבר למינהו).

סאָרטירער *s.* (*pl.* –) sorter, assorter מְסַדֵּר, מְמַיֵּן.

סאָרטעווען = סאָרטירן.

סאַרײַ *s.* (*pl.* עס –) shed דִּיר.

סאַרנע *s.* (*pl.* ס –) chamois, wild goat יַעֲלָה, עֵז הַיַּעַר.

סאָרע = שאָרע.

סאַרקאַזם *s.* sarcasm הִתּוּל, לַעַג.

סאַרקאַסטיש *adj.* sarcastic מָלֵא הִתּוּל.

סבה = סיבה.

סביבה *s.* (*pl.* סְבִיבוֹת) environs, neighborhood, environments, surroundings; – vicinity (*fig.*) –.

סבלן *s.* (*pl.* סַבְלָנִים) patient person; – tolerant person –.

סבלנות *s.* patience; – tolerance –.

סבלנטע *s.* (*pl.* ס –) patient woman סַבְלָנִית; tolerant woman סַבְלָנִית.

סבראָד *s.* rabble אֲסַפְסוּף.

סברה *s.* (*pl.* סְבָרוֹת) opinion –, דֵּעָה; supposition, conjecture הַשְׁעָרָה.

— עס איז דאָ א סברה there is an opinion יש דעה.

— עס איז א סברה (*id.*) there is a likelihood, it is possible אפשר.

סברה||לע *s.* (*pl.* – לעך) witticism, joke הֲלָצָה.

סגול *s.* name of the Hebrew vowel-point ֶ שֵׁם הַנְּקוּדָה ֶ בִּלְשׁוֹן הָעִבְרִית.

סגוף = סיגוף.

סגי־נהור *s.* blind man –, עִוֵּר.

סג״ל *abbr.* = סְגַן לְוִיָּה associate of the Levitic order (*abbreviation added by Levites to their names*) –.

סגן *s.* associate, vice- –.

סגראַדנע = זגראַדנע.

סדום *npr.* Sodom (*a city destroyed by God for its iniquity*) –; || *s.* iniquitous place מְקוֹם רֶשַׁע.

סדום־ועמורה *npr. pl.* Sodom and Amora (*two cities destroyed by God for their iniquity*) –.

סדור = סידור.

סדר *s.* (*pl.* סְדָרִים) order, arrangement –, מַעֲרָכָה; one of the six divisions of the ceremony; — Talmud, אֶחָד מִשֵּׁשֶׁת סִדְרֵי הַתַּלְמוּד; — of the first two Passover nights, מִנְהֲגֵי שְׁנֵי הַלֵּילוֹת הָרִאשׁוֹנִים שֶׁל פֶּסַח.

סֵדֶר־בַּעַל־חוֹב *s.* meeting of creditors אֲסֵפַת נוֹשִׁים (היורדת לנכסי בעל חוב).

סֶדְרָה *s.* (*pl.* סְדָרוֹת) weekly section of the Pentateuch —, סֵדֶר; series סֵדֶר.

סֵדֶר־הָעוֹלָם *s.* the order *or* custom of the world —.

סֵדֶר־זְרָעִים *s.* order of seeds (*division of the Talmud containing the laws concerning husbandry*) —.

סֵדֶר־טַהֲרוֹת *s.* order of purifications (*division of the Talmud*) —.

סֵדֶר־מוֹעֵד *s.* order of festivals (*division of the Talmud*) —.

סַדְרן *v. n.* to arrange סַדֵּר; to perform the Passover ceremony עָשֹׂה הַסֵּדֶר בְּפֶסַח; || — זיך *v. r.* to prepare oneself סַדֵּר אֶת עַצְמוֹ.

סֵדֶר־נְזִיקִין *s.* order of injuries *or* damages (*division of the Talmud*) —.

סֵדֶר־נָשִׁים *s.* order of women (*division of the Talmud containing conjugal laws*) —.

סֵדֶר־עוֹלָם — סֵדֶר־הָעוֹלָם.

סֵדֶר־קָדָשִׁים *s.* order of consecrations (*division of the Talmud*) —.

ס״ה *abbr.* = סַךְ־הַכֹּל.

סוֹבֵא *s.* (*pl.* סוֹבְאִים) drunkard —.

סובאָטניק *s.* (*pl.* — עס) Sabbatarian שׁוֹמֵר שַׁבָּת (מן הכת הרוסית הנוטה ליהדות).

סוביעקט *s.* (*pl.* — ן) fellow (*cont.*) אִישׁ; merchant's clerk מְשָׁרֵת בְּבֵית מִסְחָר.

סוביעקטיוו *adj.* subjective אִישִׁי, עַצְמִי.

סוביעקציע *s.* (*pl.* — ס) bother טִרְחָה.

סוֹבֵל זיין *v. a.* to bear, endure, tolerate סָבֹל.

סובסידיע *s.* (*pl.* — ס) subsidy עֶזְרָה, תְּמִיכָה.

סובסקריפּציע *s.* (*pl.* — ס) subscription חֲתִימָה עַל־.

סוברעטקע *s.* (*pl.* — ס) soubrette מְשָׁרֶתֶת (בקומדיה).

סוּג *s.* (*pl.* סוּגִים) sort, class —.

סוּגְיָא *s.* (*pl.* סוּגְיוֹת) course of debate (*in the Talmud*) —.

סוגרן *v. a.* (*fl.*) to close, lock סָגֹר.

סוֹד *s.* (*pl.* סוֹדוֹת) secret, mystery —.

סוד *s.* (*pl.* — ן) judgment מִשְׁפָּט, דִּין; court of justice בֵּית הַמִּשְׁפָּט, בֵּית דִּין.

סוֹדיתדיג *adj.* mysterious סוֹדִי, נִסְתָּר.

סודיאַ *s.* (— ס, — ען *pl.*) judge שׁוֹפֵט.

סודיעבנע *adj.* of court of justice שֶׁל בֵּית הַמִּשְׁפָּט.

— סודיעבנער סליעדאָוואַטעל examining magistrate קסדור.

— סודיעבנער פּריסטאַוו bailiff שְׁלִיחַ בֵּית דִּין.

סודיען *v. a.* to judge שָׁפֹט, דּוּן; || — זיך *v. r.* to be at law הִשָּׁפֵט עִם־.

סודען זיך *v. rec.* to whisper to each other לָחֹשׁ אִישׁ לְרֵעֵהוּ.

סוואָיסקע *adj.* of one's own making, home-made, solid עָשׂוּי בְּיָדָיו, עָשׂוּי בַּבַּיִת, מַמָּשִׁי (מלאכה).

סוואָנד = טשאַד.

סוואָרבע = עֶשְׂרִים־וְאַרְבָּעָה.

סוואָרען *s.* (*pl.* — ס) coupling-bolt (*of a coach*) יְתַד הַמּוֹט (בעגלה).

סוויטע[1] *s.* (*pl.* — ס) coat of coarse cloth בֶּגֶד מַאֲרִיג גַּס.

סוויטע[2] *s.* (*pl.* — ס) suite, relinue בְּנֵי לְוָיָה.

סוויטקע, פֿאַרקלענערוואָרט פֿון סוויטע[1].

סוויטשען[1] *v. n.* — אין די אויגן to tell the truth in a person's face הַגֵּד אֶת הָאֱמֶת בְּפָנָיו.

סוויטשען[2] *v. a.* to instruct, train לַמֵּד, חַנֵּךְ א).

סוויניאַק *s.* (*pl.* — עס) dirty fellow אָדָם נִבְזֶה; niggard, miser קַמְצָן.

סוויענדזשאַרניעס *s. pl.* itching eruption, eczema שְׁחִין עוֹקֵץ.

סוויענצען *v. a.* to consecrate, hallow (*by holy water*) הַקְדֵּשׁ (במים קדושים).

סווישטש *s.* (*pl.* — עס) whistle, whistling שְׁרִיקָה; do-nothing, idler, loafer הוֹלֵךְ בָּטֵל, הוֹלֵל.

סווישטשען *v. n.* to whistle שָׁרֹק; חַלֵּל בֶּחָלִיל.

סוזשעט *s.* (*pl.* — ן) subject נוֹשֵׂא, עִנְיָן.

סוֹחֵר *s.* (*pl.* סוֹחֲרִים) merchant, businessman; — (*fig.*) sly blade, rogue אָדָם עָרוּם, נוֹכֵל.

סוחרטע *s.* (*pl.* — ס) trades woman סוֹחֶרֶת; cunning woman אִשָּׁה עֲרוּמָה.

סוֹחֲריש *adj.* of merchant שֶׁל סוֹחֵר; commercial מִסְחָרִי.

סוֹחֲרעריי *s.* trade, commerce מִסְחָר.

סוֹחֵר־תְּבוּאָה *s.* (*pl.* סוֹחֲרֵי־) grain merchant —.

סוֹטָה *s.* (*pl.* סוֹטוֹת) woman suspected of infidelity —.

סוטענער *s.* (*pl.* — ס) petticoat-pensioner שְׂכִיר אִשָּׁה (איש העוזר לאשה בעסקים נסתרים ב).

סויבל *s.* sable תַּחַשׁ הַצְּפוֹנִי.

סויבלען, סויבלנע *adj.* of sable שֶׁל תַּחַשׁ הַצְּפוֹנִי.

סוויוע = סאָוויע.

סויט *s.* (*Am.*) South דָּרוֹם (דרום ארצות הברית).

— אַ יודל פֿון די סויט, ז. יודל.

א) פויליש cwiczyć, לערנען, מדריך זיין. ב) ביי שטארקן.

סוכאָטניצע s. (pl. ־ס) consumptive woman חוֹלַת שַׁחֶפֶת.

סוכאָטניק s. (pl. ־עס) consumptive man חוֹלֵה שַׁחֶפֶת.

סוכאָטע s. consumption, phthisis שַׁחֶפֶת.

סוכאַר s. (pl. ־עס) biscuit פַּת־לֶחֶם מְיֻבֶּשֶׁת.

סוכאַרקע, פאַרקלענערוואָרט פון סוכאַר.

סוכּה s. (pl. סוּכּוֹת) booth, tabernacle (*booth in which Jews eat during the feast of Tabernacles*).

סוכּות s. pl. the feast of Tabernacles.

סולטאַן s. (pl. ־ען, ־עס) sultan שֻׁלְטָן (מלך תוגרמה).

סולטאַנע, סולטאַנקע s. (pl. ־ס) sultana שֻׁלְטָנִית (מלכת תוגרמה).

סומאַטאָכע s. (pl. ־ס) stir, uproar, hubbub, confusion מְהוּמָה, מְבוּכָה.

סומך זײַן זיך v. r. to depend *or* rely on סָמַךְ עַל־.

סומע s. (pl. ־ס) sum סַךְ, סַךְ־הַכֹּל, סְכוּם.

סונעסקע s. (pl. ־ס) foot-rail of a chair מִסְגֶּרֶת לְרַגְלֵי כִּסֵּא א).

סוף s. end, conclusion; — result מוֹצָא דָּבָר. — מאַכן אומעצן אַ שוואַרצן סוף to rate a person, give it to a person נוּף בְּאִישׁ.

סוף אָדם לָמות phr. the end of man is death.

סופּאָנעס s. pl. thongs of the collar of a horse רְצוּעוֹת לְצַוָּארוֹן שֶׁל סוּס ב).

סוף בְּהֵמה לִשְׁחִיטה phr. the end of cattle is slaughter.

סוף גַּנב לִתְלִיה phr. the end of a thief is hanging.

סוף־חודש s. end of the month.

סופּיט s. (pl. ־ן) ceiling סִפּוּן, תִּקְרָה.

סוף־יָמיו adv. at the end of a person's life.

סוף־כָּל־סוף adv. in the end, when all comes to all סוֹף סוֹף; in the long run סוֹף סוֹף.

סופֿליאָר s. (pl. ־ן) prompter מַקְרִיא (בתיאטרון).

סופֿלירן v. n. to prompt הַקְרֵא.

סוף־פָּסוק s. end of a verse.

סופֿר s. (pl. סוֹפְרִים) scribe (*of scrolls of the Law*).

סופֿר־הַקָּהל s. clerk of the community, public clerk.

סופֿרוּת s. profession of a scribe.

סופֿריש adj. of scribes שֶׁל סוֹפְרִים.

— סופֿרישע טינט a scribe's ink דְּיוֹ שֶׁל סוֹפְרִים.

א) רוסיש суножка, פוס פון אַ שטול אָדער טיש. ב) רוסיש супоня.

סופֿר־סְתָּ״ם s. scribe of scrolls, phylacteries, and door-post amulets.

סוק s. (pl. ־עס) knag, knot (*of a tree*) קֶשֶׁר, סְקוּם (בעץ); excrescence סַפַּחַת.

סוקיענקע s. (pl. ־ס) woman's dress שִׂמְלַת אִשָּׁה.

סוקניע = בונדע.

סוקעוואַטע adj. knotty מָלֵא קְשָׁרִים.

סור־בור s. medley, hodgepodge עַרְבּוּבְיָה; something worthless דָּבָר בְּלִי עֶרֶךְ.

סור־בור־וּמַפְלִיא־לַעשׂות adv. (sl.) quickly בִּמְהִירוּת א).

סורדוט s. (pl. ־ן) surtout, frock-coat שִׂמְלָה עֶלְיוֹנָה.

סורר־וּמורה s. refractory son בֵּן סוֹרֵר וּמוֹרֶה.

סותר זײַן v. a. to contradict סָתַר; ‖ ־ זיך v. r. to contradict oneself סָתַר אֶת דְּבָרָיו.

סְחורה s. (pl. סְחוֹרוֹת) merchandise, goods; — impudent person (*fig.*) חָצוּף, חֲצוּפָה.

סַחְרַײַ s. (pl. ־עס) petty trader סוֹחֵר קַל הָעֶרֶךְ; cheat, swindler רַמַּאי ב).

סַחְרַײַקע s. (pl. ־ס) petty tradeswoman סוֹחֶרֶת קַלַּת הָעֶרֶךְ.

סַחְרען v. n. to trade סָחֹר; to swindle רַמֵּה.

סט int. hist!, hush! הַס!

סטאַבליע, סטאַבלע = שטאַפּל.

סטאַדאָלע s. (pl. ־ס) slall, stable רֶפֶת, סְכָלָה.

סטאַדע s. (pl. ־ס) herd, flock עֵדֶר.

סטאַדע'לע = סטאַדאָלע.

סטאַוו s. (pl. ־ן) pond בְּרֵכָה, אֲגַם מַיִם.

סטאַווקע s. stake (*at play*) קֶרֶן (במשחק).

סטאַטוט s. (pl. ־ן) statute חֹק.

סטאַטיסטיקע s. statistics סְטַטִיסְטִיקָה.

סטאַטיסטיש adj. statistical שֶׁל סְטַטִיסְטִיקָה.

סטאַטסקע adj. of state שֶׁל הַמְּדִינָה; civil אֶזְרָחִי.

סטאַטסקע סאָוויעטניק s. (pl. ־עס) councilor of state יוֹעֵץ הַמְּדִינָה.

סטאַטעטשנע adj. mannerly, well-behaved, polite מִתְנַהֵג בְּדֶרֶךְ אֶרֶץ, מְנֻמָּס; = סאָלידנע.

סטאַטעטשנקייט s. mannerliness, politeness נִמּוּסִיּוּת, דֶּרֶךְ אֶרֶץ.

סטאַטעק s. politeness, good manners נִמּוּסִיּוּת, דֶּרֶךְ אֶרֶץ; mannerly person בַּעַל נִמּוּס, בַּעַל דֶּרֶךְ אֶרֶץ.

סטאַטקע s. (pl. ־ס) set of millstones, mill-course רֶכֶב הָרֵחַיִם.

א) בײַ אבראַמאָוויטשן אין „ווינשפינגערל“ (זײַט 365). ב) בײַ דיקן אין „הויזלעהרער“; פּויליש szachraj, אַ קלײנער הענדלער, אַ שווינדלער.

סטאַטקעווען v. n. to behave well הִתְנַהֵג הֵיטֵב, הָלוֹךְ בְּתֹם.

סטאַטשעק¹ s. (pl. ־עס) wax-taper נֵר שֶׁל שַׁעֲוָה.

סטאַטשעק² s. (pl. ־עס) boot-tree, last דְּפוּס נַעַל א).

סטאַי int. stop!, halt! עֲמֹד!

סטאַיאָנצנע adj standing, upright זָקוּף.
— אַ סטאַיאָנצנער קאָלנער a stand-up collar צווארן זקוף.

סטאַיען = סטייען.

סטאַיקע¹ s. (pl. ־ס) standing-stool כִּסֵּא לַעֲמֹד בְּתוֹכוֹ (לילדים).

סטאַיקע² s. (pl. ־ס) shop-counter שֻׁלְחַן הַחֲנוּת.

סטאַלב s. (pl. ־עס) post, pillar עַמּוּד.

סטאָ||ליאַר s. (pl. ־ליאַרעס) joiner חָרַשׁ עֵצִים, נַגָּר.

סטאָליאַרניע s. (pl. ־ס) joiner's workshop בֵּית מְלֶאכֶת הַנַּגָּר.

סטאָליאַרסקע adj. joiner's שֶׁל נַגָּר.

סטאָליער = סטאָליאַר.

סטאָליִרן = דיסטיליִרן.

סטאַלנע adj. sedate מְיֻשָּׁב, מָתוּן.

סטאַן s. (pl. ־עס) police district רֹבַע הַמִּשְׁטָרָה.

סטאַן s. (pl. ־ען) waist מֹתֶן (של בגד); skirt, tail (of a gown) שׁוּל (הבגד) ב).

סטאַנאָוואָי s. (pl. ־עס) commissary of rural police פְּקִיד הַמִּשְׁטָרָה בַּכְּפָר.

סטאַנגרעט s. (pl. ־ן) coachman עֶגְלוֹן.

סטאַניע s. (pl. ־ס) cart-shed דִּיר לַעֲגָלוֹת; stable אֻרְוַת סוּסִים.

סטאַניק s. (pl. ־עס) bodice חֲזִיָּה (של אשה); waist (of a garment) מֹתֶן (הבגד).

סטאַנציע s. (pl. ־ס) station תַּחֲנָה; lodgings דִּירָה.
— (id.) בעטן פֿאַר אומעצן סטאַנציע to intercede for a person השתדל בעד איש.

סטאָס s. (pl. ־ן) cubic fathom of wood שָׁלֹשׁ אַמּוֹת מְקֻבָּעוֹת שֶׁל עֵצִים.

סטאָפּל = שטאַפּל.

סטאָפּניע s. (pl. ־ס) degree מַדְרֵגָה.

סטאָפּעט = שטאַפֿעט.

סטאַציע s. (pl. ־ס) station תַּחֲנָה.

סטאַצעק = סטאַטשעק¹.

סטאַראָזימניק s. (pl. ־עס) one who knows everything, wise person אִישׁ יוֹדֵעַ הַכֹּל, חָכָם.

סטאַראָזש = סטרוזש.

א) ביי ליפשיצן. ב) אין דער צווייטער באַדייטונג ביי ליפשיצן.

סטאַראַניע s. (pl. ־ס) endeavor, effort הִשְׁתַּדְּלוּת, הִתְאַמְּצוּת; application, assiduity שְׁקִידָה.

סטאַראָסטע s. (pl. ־ס) chief of a village זְקַן הַכְּפָר (ברוסיה) (in Russia); starost, governor of a province (in Poland) שַׂר פֶּלֶךְ (בפולין).

סטאַרוך s. (pl. ־עס) old man זָקֵן, סָבָא.

סטאַרוכע s. (pl. ־ס) old woman זְקֵנָה.

סטאַרטשען v. n. to protrude, stick out, project, jut out בָּלֹט, הִתְבַּלֵּט.

סטאַריזנע s. old clothes, old furniture בְּגָדִים יְשָׁנִים, כְּלֵי־בַיִת יְשָׁנִים.

סטאַרין s. stearine שׁוּמַן הַחֵלֶב.

סטאַרינאָווע adj. of stearine שֶׁל שׁוּמַן הַחֵלֶב.

סטאַרען זיך v. r. to endeavor, try הִשְׁתַּדֵּל; to apply oneself, be diligent שָׁקֹד עַל־.

סטאַרשינאַ s. (pl. ־ס) head, chief רֹאשׁ.

סטאַרשע adj. superior, first רֹאשׁ, רִאשׁוֹן.

סטודענט s. (pl. ־ן) student תַּלְמִיד (של בית מדרש גבה).

סטודענטסקע adj. of student שֶׁל תַּלְמִיד.

סטודענטקע s. (pl. ־ס) female student תַּלְמִידָה (של בית מדרש גבה).

סטוטשנע adj. artificial, imitated מְלָאכוּתִי.
— סטוטשנע קאַראַקול imitated Persian lamb-skin עור־כבש פרסי מלאכותי.

סטוי = סטאַי.

סטויג s. (pl. ־עס) stack, rick עֲרֵמָה (של חציר או תבואה).

סטויפּ s. (pl. ־עס) post עַמּוּד; fool (fig.) שׁוֹטֶה.

סטויפּעוואַטע adj. woody נִרְאֶה כָּעֵץ.

סטויק = סטויג.

סטויקע = סטאַיקע.

סטוסאַק = שטוסאַק.

סטופּלען = שטופּלען.

סטופּע s. (pl. ־ס) mortar מְדוֹכָה; (fig.) blockhead הֶדְיוֹט, נִבְעָר מִדַּעַת.

סטוק s. (pl. ־עס) knock, rap דְּפִיקָה.

סטוקלקע s. kind of game at cards מִין מִשְׂחָק בִּקְלָפִים.

סטוקען v. n. to knock, rap דָּפֹק.

סטורמאַק = שטורמאַק.

סטיבון s. (pl. ־עס) solid onion tube אֲבוּבֵי בְצָלִים קָשָׁה.

סטיגאַטער s. (pl. ־ס) adversary שׂוֹטֵן, מִתְקוֹמֵם.

סטידע s. (pl. ־ס) birth-mark, mole בַּהֶרֶת בְּגוּף מִלֵּדָה.

סטיטשקע s. (pl. ־ס) quarrel, dispute רִיב.

סטייט s. (pl. ־ס) State (Am.) אַחַת מְדִינוֹת הַבְּרִית (באמיריקה).

סטײַטש *int.* what does it mean?, how is that? מה זאת? is it possible? הֲיִתָּכֵן?
— סטײַטש, איך האָב עס אים דאָך געזאָגט why, I have told him that ראה, הלא הגדתי לו זאת.
— סטײַטש, אַ טאַטע! just think, a father! ציר בנפשך — אב! (כלומר: מי לנו יקר מאב).

סטײַ *s.* (*pl.* ־ס) flight, flock עֵדֶר (צפרים).

סטײַען *v. n.* to be sufficient, suffice הַסְפֵּק, הָיֹה דַי.
— ניט סטײַען to be insufficient לא הספק, לא היה די; to disappear העלם.

סטיל[1] *s.* style (*of language*) סִגְנוֹן (הלשון) א).

סטיל[2] *s.* (*pl.* ־ן) handle, haft יָד, יָדִית (= שטיל ב).

סטילעוואַטע = סטעלעוואַטע.

סטינקע *s.* (*pl.* ־ס) smelt מִין דָּג קָטָן ג).

סטיִם *s.* crisis מַשְׁבֵּר ד).

סטיִסאַק *s.* (*pl.* ־עס) fisticuff מַכַּת אֶגְרוֹף.

סטיִסק *s.* (*pl.* ־עס) jam, crush לַחַץ, קָהָל גָּדוֹל.

סטיִסקעס *s. pl.* straining (*at stool*) הִתְאַמְּצוּת רַבָּה (בעשית הצרכים).

סטיִפּענדיע *s.* (*pl.* ־ס) stipend תְּמִיכָה.

סטיִרדיִש, סטיִרדעס = סטערדיִש, סטערדעס.
— גיין מיט סטיִרדעס to be quarrelsome התנהג בקנתור; to spite הרגז, הכעס.

סטעזשקע *s.* (*pl.* ־ס) foot-path מִשְׁעוֹל, שְׁבִיל.

סטעכעווען *v. a.* to exchange, barter הַחֲלֵף (סחורה).

סטעליע *s.* (*pl.* ־ס) ceiling סִפּוּן, תִּקְרָה.

סטעלמעך *s.* (*pl.* ־ן) cart-wright עַגְלָן, עוֹשֵׂה עֲגָלוֹת; wheel-wright עוֹשֵׂה אוֹפַנִּים.

סטעלניִק *s.* (*pl.* ־עס) honey-comb יַעֲרָה.

סטעלעוואַטע *adj.* bent, round-backed כָּפוּף, גִּבְנוֹנִי.

סטעמפּל *s.* (*pl.* ־ען) seal, stamp חוֹתָם.

סטעמפּליִוואַנע *adj.* stamped נִסְמָן בְּחוֹתַם הַמְּלוּכָה.

סטעמפּליִווען *v. a.* to stamp סַמֵּן בְּחוֹתָם.

סטעמפּעווען *v. a.* to sponge (*a cloth*) הַרְטֵב בְּהֶבֶל (אריג).

סטענאָגראַף *s.* (*pl.* ־ן) stenographer, short-hand writer סְטֵינוֹגְרָף, כּוֹתֵב בִּכְתִיבָה מְקֻצָּרָה.

סטענאָגראַפיע *s.* stenography, shorthand סְטֵינוֹגְרַפְיָה, כְּתִיבָה מְקֻצָּרָה.

סטענאָגראַפיִרן *v. a.* to write in shorthand כָּתֹב בִּכְתִיבָה מְקֻצָּרָה.

סטענאָגראַפיש *adj.* stenographic, in shorthand סְטֵינוֹגְרָפִי, כָּתוּב בִּכְתִיבָה מְקֻצָּרָה.

א) דייטש Stil. ב) דייטש Stiel. ג) פויליש stynka, פון דייטש Stinte. ד) ביי ליפשיצן.

סטענגע *s.* (*pl.* ־ס) ribbon מְקַלַּעַת.

סטענדער *s.* (*pl.* ־ס) book-holder שֻׁלְחָן לְסֵפֶר, עַמּוּד הַקְּרִיאָה.

סטעפּ *s.* (*pl.* ־עס) steppe מִדְבָּר, עֲרָבָה.

סטעפּע = סטעפּ.

סטעפּעוויִק *s.* (*pl.* ־עס) inhabitant of a steppe יוֹשֵׁב הָעֲרָבָה.

סטעפּקע = שטויסל.

סטערדיִש *adj.* angry כּוֹעֵס; cross זוֹעֵף; spiteful מַכְעִיס, מַרְגִּיז.

סטערדעס *s. pl.* anger כַּעַס; spite הִתְרַגְּזוּת.

סטערווע *s.* (*pl.* ־ס) carrion, carcase נְבֵלָה, פֶּגֶר.

סטערטע = סטויג.

סטערעאָטיִפּ *s.* (*pl.* ־ן) stereotype סְטֵירֵיאוֹטִפָּה (דפוס מוצק).

סטעשקע = סטעזשקע.

סְטְרָא־אַחְרָא = סִיטְרָא־.

סטראָגע *adj.* severe, strict, rigid קָשֶׁה, נִמְרָץ, חָמוּר; ‖ ־קייט *s.* severity, rigidity, strictness קָשׁוּת, חֻמְרָה.
— אַ סטראָגער באַפעל a strict order פקודה נמרצה.

סטראַדען זיך *v. r.* to strain oneself הִתְאַמֵּץ מְאֹד.

סטראַזשאַק *s.* (*pl.* ־עס) watchman, fireman שׁוֹמֵר, אֶחָד מִצְּבָא הַמְּכַבִּים.

סטראַזשניִק *s.* (*pl.* ־עס) watchman, guard (*of the frontier*) שׁוֹמֵר (הגבול).

סטראַזשע *s.* (*pl.* ־ס) watch, guard מִשְׁמָר.

סטראַטשען *v. a.* to spend, squander בַּזְבֵּז.
— סטראַטשען די צייט to lose time by waiting אבד זמן על ידי המתנה.

סטראָי *s.* order, manner סֵדֶר, אוֹפֶן; line שׁוּרָה.
— שטיין אין סטראָי to stand in line עמד בשורה.

סטראָיען *v. a.* to build, construct בָּנֹה; to make עָשֹׂה; to dress קַשֵּׁט; ‖ ־זיך *v. r.* to be building, be in progress of construction הִבָּנֵה; to dress הִתְקַשֵּׁט.
— סטראָיען אַ הויז to build a house בנה בית.
— סטראָיען פּלענער (*fig.*) to contrive schemes חַבֵּל תחבולות.
— סטראָיען די וואָנצעס to fix one's mustaches עשה שפמו; to be haughty (*fig.*) התגאה.

סטראַך *s.* (*pl.* ־ן) fright, dread, terror פַּחַד, מוֹרָא, אֵימָה, חֲרָדָה.
— אַ סטראַך! it is terrible! מה נורא!

סטראַכאָוויקע *s.* insurance הַבְטָחַת נְזָקִים; premium, payment for insurance דְּמֵי הַבְטָחָה.

סטראַכירן *v. a.* to insure הַבְטֵחַ נְזָקִים.

סטראָם-האָלאָוואָי *adv.* headlong, precipitately בְּחִפָּזוֹן א).

סטראָמקע *s.* (pl. ס –) splinter, prickle קִיסָם, עֹקֶץ ב).

סטראָנגע *s.* (pl. ס –) trout מִין דָּג.

סטראָפּטשע *s.* (pl. ס –) attorney, pleader עוֹרֵךְ דִּין, טוֹעֵן.

— (*iro.*) גאָטס סטראָפּטשע, ז. גאָטס-סטראָפּטשע.

סטראָפּקעס *s. pl.* toothwork, toothing מַעֲשֵׂה שִׁנַּיִם (בסדור לבנים בבנין); threads of a textile חוּטֵי אָרֶג.

סטראַצען = סטראַטשען.

סטראָקאַטש *s.* (pl. עס –) roan horse סוּס אֲדַמְדַּם-אָפוֹר.

סטראָקע *s.* (pl. ס –) lace שְׂרוֹךְ (לבגד).

סטראַשאַק = סטראַשונעק.

סטראַשונעק *s.* (pl. נקעס –) threat אִיּוּם.

סטראַשידלע *s.* (pl. ס –) scarecrow, bugbear מִפְלֶצֶת.

סטראַשנע *adj.* dreadful, frightful, terrible אָיֹם, נוֹרָא; || *adv.* terribly נוֹרָא; awfully, very מְאֹד.

סטראַשען *v. a. n.* to threaten אִיֵּם עַל-, הִפִּיל אֵימָה עַל-; to menace אִיֵּם עַל-; הָיָה רָעָה אוֹ סַכָּנָה נִשְׁקָפָה לְ-; to bluff (*at cards*) אִיֵּם (במשחק הקלפים).

סטרוזש *s.* (pl. עס –) watchman, door-keeper, janitor שׁוֹמֵר הַבַּיִת.

סטרוזשקע[1] *s.* (pl. ס –) watchman's wife אֵשֶׁת שׁוֹמֵר; janitress שׁוֹמֶרֶת הַבַּיִת.

סטרוזשקע[2] *s.* (pl. ס –) shaving (*of a plane*) שְׁפוּי, מַפַּל הַמַּקְצוּעָה.

סטרוטשע *s.* (pl. ס –) pod תַּרְמִיל (מעטפת פול או אָפוּן).

סטרוטשקע, פאַרקלענערוואָרט פון סטרוטשע.

סטרוי, סטרויען = סטראָי, סטראָיען.

סטרומענט = אונסטרומענט.

סטרונע *s.* (pl. ס –) string מֵיתָר, נִימָה; hair of a horse's tail שַׂעֲרָה מִזְּנַב סוּס.

סטרופּ *s.* (pl. עס –) scurf, scab סַפַּחַת, יַלֶּפֶת; scar צַלֶּקֶת, חָרִיךְ (בעור).

סטרופּעוואַטע *adj.* full of scars מָלֵא צַלָּקוֹת.

סטרוצקע = סטרוטשקע.

סטרוי *s.* manner דֶּרֶךְ, אֹפֶן; spirit רוּחַ; footstep עָקֵב.

סטרוגעווען *v. n.* to baste, sew slightly תָּפַר תְּפִירוֹת קְלוּשׁוֹת.

א) רוסיש стремглавъ, קליינרוסיש стрімголов. ב) אַשר פון קליינרוסיש стромили, שטעכן.

סטריזהע *s.* sward-cutter מַגָּל לִקְצֹר בּוֹ עֵשֶׂב; turf-plough מַחֲרֵשָׁה לַחֲרשׁ בָּהּ עֲשָׂבָה.

סטריזשאָן *s.* (pl. עס –) core (*of an aposteme*) תּוֹךְ שֶׁל מוּרְסָה.

סטריזשקע = סטרוזשקע.

סטרייק *s.* (– ן, pl. ס –) strike שְׁבִיתָה.

סטריכע *s.* (pl. ס –) projection of a roof כִּיזְלֵי הַגַּג, סֶרַח הַגַּג; thatched roof גַּג שֶׁל תֶּבֶן.

סטרימקע *adj.* tall גָּבֹהַּ.

סטרעכע = סטריכע.

סטרעכעווען = אָפּסטרעכעווען.

סטרעלקע *s.* (pl. ס –) switch, switch-rail מַכְשִׁיר לְהַעֲבָרַת מֶרְכָּבוֹת (ממסילה למסילה).

סטרעמיען = סטרעמעניע.

סטרעמעניע *s.* (pl. ס –) stirrup רְכֻבָּה.

סטרעמפּל *s.* (pl. עך –) icicle פְּתִיל קֶרַח; = באָמבעלע, באָמבערל.

סי = עס.

סיאַטקע *s.* (pl. ס –) hair-net שְׂבָכָה לַשֵּׂעָר.

סיאַרקע = סירקע.

סִבָּה *s.* (pl. סִבּוֹת) cause –, גּוֹרֵם; accident –, מִקְרֶה; adventure –, אָסוֹן; –, מִקְרֶה.

סיביר *npr.* Siberia סִבִּירְיָה (ברוסיה).

סיבירניק *s.* (pl. עס –) criminal who has been exiled to Siberia פּוֹשֵׁעַ שֶׁשֻּׁלַּח לְסִבִּירְיָה.

סיבירסקע *adj.* Siberian שֶׁל סִבִּירְיָה.

סִיָג *s.* (סְיָגִים) fence –, גָּדֵר.

סִגוּף *s.* (pl. סִגוּפִים) mortification, penance –.

סיגנאַל *s.* (pl. ן –) signal אוֹת.

סיגנאַציע = אַסיגנאַציע.

סיגנע *s.* (pl. ס –) mark סִמָּן.

סיגנעט *s.* (pl. ן –) signet-ring טַבַּעַת.

סידון *s.* (pl. עס –) a child which is not able to walk יֶלֶד שֶׁאֵינוֹ יָכוֹל לָלֶכֶת.

סִדור *s.* (סִדוּרים) order סֵדֶר; order of prayers, prayer-book סֵדֶר הַתְּפִלּוֹת, סֵדֶר הַתְּפִלּוֹת.

סידעלע = סיעדעלע.

סידעלקע *s.* (pl. ס –) embroidering needle מַחַט לִרְקֹם בּוֹ.

סיוואַכע *s.* weak corn-brandy יַיִן דָּגָן קָשׁוּשׁ; bad liquor יַיִן שָׂרָף גָּרוּעַ.

סיוואַק *s.* (pl. עס –) gray horse סוּס אָפוֹר.

סִיוָן = סִיוָן.

סיווע *adj.* gray אָפוֹר; שָׂב; || –קייט *s.* grayness צֶבַע אָפוֹר; שֵׂיבָה.

סִיּוּם *s.* (pl. ס –) end, conclusion –, גְּמָר; celebration at the conclusion of some work or study –.

סיון s. the Jewish month Sivan (*May-June*) הַחֹדֶשׁ סִיוָן.

סיור־ביור = סור־בור.

סיורטוק s. (*pl.* ־עס) surtout, overcoat מְעִיל עֶלְיוֹן (של גבר).

סיורפריז s. (*pl.* ־ן) surprise הַפְתָּעָה.

סיטניצע s. bread of sifted rye לֶחֶם מִדָּגָן מְנֻפֶּה.

סיטנע *adj.* of sifted rye מִדָּגָן מְנֻפֶּה.

סיטען *v. a.* to wind on a reel גָּלֵל עַל סְלִיל (חוטים).

סיטקע s. (*pl.* ־ס) sieve נָפָה; net רֶשֶׁת; fishing-net מִכְמֹרֶת.

סִיטְרָא־אַחֲרָא s. "the other side," the company of Satan מַחֲנֵה הַשָּׂטָן.

סיטשקע s. chopped straw, chaff קַשׁ כָּתִית (למספוא).

סיי *conj.* whether בֵּין.

— סיי... סיי... whether... or... בין... ובין...; both... and... אם... ואם...; גם... גם...

— סיי גוט סיי שלעכט whether good or bad אם טוב ואם רע.

— סיי ער, סיי זי both he and she גם הוא גם היא.

— סיי ווי, סיי ווי at any rate, at all events בכל אופן, על כל פנים.

סיידן *conj.* unless בִּלְתִּי אִם.

סיילקע = סאילקע.

סיים s. (*pl.* ־ען) diet, Polish parliament וַעַד הַמְּדִינָה בְּפּוֹלִין.

סִיכְסוּך s. (*pl.* סִיכְסוּכִים) entanglement; dispute, quarrel רִיב.

סִילוּק s. (*pl.* סִילוּקִים) settlement, payment תַּשְׁלוּם; rebuke (*fig.*) נְזִיפָה, דְּבָרִים קָשִׁים; || *adv.* settled (*of an account*) הַחֶשְׁבּוֹן נִגְמַר.

סִילוּקן *v. a.* to settle, pay off סַלֵּק, שַׁלֵּם, פָּרַע.

סיליאייע s. (*pl.* ־ס) blay, bleak (*fish*) מִין לָבִים.

סיליארקע = סאלניצע.

סילען = ארײנסילען, אויססילען.

סילע־נאדל s. (*pl.* ־ען) bodkin מַחַט לְרַכֵּס, מַחַט לְחָרוּז.

סילצע s. (*pl.* ־ס) snare פַּח, מוֹקֵשׁ.

סימבאל s. (*pl.* ־ן) symbol סֵמֶל.

סימבאליש *adj.* symbolic שֶׁל סֵמֶל, סִמְלִי.

סימיע s. hemp-seed זֶרַע קַנְבּוֹס.

סימיע־אייל s. hemp-seed oil שֶׁמֶן קַנְבּוֹס.

סִימָן s. (*pl.* סִימָנִים) sign, mark אוֹת; symptom, indication; omen, presage.

סִימָן־דַלּוּת s. indication of poverty.

סִימָן־טוֹב s. good omen.

סִימָנִים s. *pl.* the jugular vein and œsophagus (*which must be severed in slaughtering animals for food*).

סימני־נַעֲרוּת s. *pl.* signs of puberty (*of maidens*).

סימן־מובהק s. clear sign.

סימפאטיזירן *v. n.* to sympathise הִשְׁתַּתֵּף בְּצַעַר אוֹ שִׂמְחָה.

סימפאטיע s. sympathy הִשְׁתַּתְּפוּת בְּצַעַר אוֹ שִׂמְחָה; אַהֲבָה, חִבָּה.

סימפאטיש *adj.* sympathetic אָהוּב, חָבִיב.

סינאגאגע s. (*pl.* ־ס) synagogue בֵּית הַכְּנֶסֶת.

סינאד s. (*pl.* ־ן) synod סוֹד רָאשֵׁי הַכֹּהֲנִים.

סִינַי *npr.* Mount Sinai.

סיניאק s. (*pl.* ־עס) bruise, livid spot חַבּוּרָה (ממ־אה תכלת).

סינעפיזמע s. (*pl.* ־ס) sinapism, mustard-plaster תַּחְבֹּשֶׁת חַרְדָּל.

סינקע s. thumb-blue צֶבַע תְּכֵלֶת לְכְבִיסָה.

סיסטעם s. (*pl.* ־ען) system שִׁטָּה, סֵדֶר.

סיסטעמאטיזירן *v. a.* to systematise עָרוֹךְ בְּשִׁטָּה, סַדֵּר.

סיסטעמאטיש *adj.* systematical עָרוּךְ בְּשִׁטָּה, מְסֻדָּר.

סיסטעמע = סיסטעם.

סיעדכע = סעדעכע.

סיעדעלע s. (*pl.* ־ס) hen-roost, perch בַּד לְלִינַת עוֹפוֹת.

סיעטשקע = סיטשקע.

סיענאזשענץ s. (*pl.* ־ן) meadow אָחוּ.

סיעניק s. (*pl.* ־עס) hay-mattress מִזְרָן שֶׁל חָצִיר.

סיעראטשקען *adj.* of coarse gray cloth שֶׁל אֶרֶג אָפוֹר גַּס.

סיערמיעגגע = סערמיגע.

סֵיפָא s. end, conclusion סוֹף; last part of a paragraph of the Mishnah.

סיפאן s. (*pl.* ־ען, ־עס) syphon נְשִׁתָּה.

סיפאק s. (*pl.* ־עס) bribe-taker, extortioner רוֹדֵף שַׁלְמוֹנִים, חוֹמֵס.

סִיפּוּר s. (*pl.* סִיפּוּרִים) tale, story, narration מַעֲשֶׂה.

סִיפּוּרֵי־מַעֲשִׂיּוֹת s. *pl.* tales, stories סִפּוּרִים, בְּדוּחוֹת.

סיפילים s. syphilis מַחֲלַת זְנוּת.

סיפקע *adj* crumbling מִתְפּוֹרֵר; || ־קייט s. crumbling הִתְפּוֹרְרוּת.

סיץ, סיצן = צוץ, ציצן.

סיראוואטקע s. whey קוּם, נְסִיוּב הֶחָלָב.

סיראפ s. (*pl.* ־ס) syrup עֲסִיס.

סִירְכָה s. (*pl.* סִירְכוֹת) adhesion (*on the lungs*).

סירניקל = שוועבעלע.

סירע adj. gray אָפור (= שאַרע).
סירקע s. sulphur גָפְרִית.
סֻכָּה, סֻכּות = סוּכּה, סוּכּות.
סַך s. (pl. ן–) amount –, סְכוּם; great amount סְכוּם גָדול; ‖ adv. much, many הַרְבֵּה, רַבִּים.
— אַ סך געלט much money כסף הרבה.
— אַ סך מענשן many persons אנשים רבים.
סַך־הַכּולל s. total –.
סַך־הַכֹּל s. sum total, aggregate amount –.
סְכום s. sum –; tax מֶכֶס.
סַכִּין s. knife –.
סְכַך s. branches of red fir used for covering the booth made for the feast of Tabernacles –.
סְכַך־‖בוים s. (pl. –ביימער) red fir-tree תּוּרְנִיתָא הָאֲדֻמָּה.
סַכָּנָה s. (pl. סַכָּנות) danger, peril –.
סַכָּנותדיג adj. dangerous, perilous מְסֻכָּן; terrible נוֹרָא.
סַכָּנַת־נְפָשות s. peril of life –.
סְכְסוך = סיכסוך.
סלאַוויאַניש, סלאַוויש adj. Slavic, Slavonic סְלָוִי; ‖ s. Slavonic language הַלָּשׁון הַסְּלָוִית.
סלאַי¹ s. (pl. –עס) layer, stratum שִׁכְבָה א).
סלאַי² s. (pl. –עס) jar כַּד, פַּךְ ב).
סלאַיטשיק, סלאַיעק, פֿאַרקלענערוואָרט פֿון סלאַי².
סלאַמבאַן s. (pl. –עס) field-gate, barrier מַחְסום הַדְּרָכִים.
סלאַנינע s. bacon בְּשַׂר חֲזִיר (מלוח ומעושן).
סלוב s. betrothal אירוסין; marriage נִשּׂואִים.
סלוזשבע s. (pl. –ס) service עֲבודָה.
סלוזש‧ן v. n. to serve עָבַד.
סלוטשיי s. (pl. –עס) occurrence מִקְרֶה; occasion הִזְדַּמְּנוּת.
סלופּ s. (pl. –עס) post עַמּוּד.
סלוק, סלוקן = סילוק, סילוקן.
סליאַד s. (pl. –ן, –עס) trace, track, footprint רֹשֶׁם, עָקֵב.
— קומען אויפֿן סליאַד to be on the scent מצא עקבות איש.
סליאָטע s. (pl. –ס) slushy weather גֶשֶׁם וָטִיט.
סליאַקאָטע, סליוכאָטע = סליאָטע.
סליונע = סלינע.
סְלִיחה s. (pl. סְלִיחות) forgiveness –, מְחִילָה; penitential prayer –; book of penitential prayers –.
סְלִיחה־וּמְחִילה s. pl. forgiveness –.
סלימאַק s. (pl. –עס) snail חֹמֶט, שַׁבְּלוּל.

א) רוסיש слой. ב) פּויליש słój.

סלינע s. saliva, spittle רִיר הַפֶּה.
— עס רינט אים די סלינע his mouth is watering רירו יורד מפיו (מחשק לדבר).
סלינען v. n. to salivate הורִד רִיר.
סליעד = סליאַד.
סליעדאָוואַטעל s. (pl. –ליעס) examining magistrate חוקֵר בֵּית דִּין, קַסְדּור.
סליעדסטווע s. (pl. –ס) inquiry, examination, investigation חֲקִירָה וּדְרִישָׁה.
סליעדעווען v. a. to inquire, investigate חָקַר; to trace חִפֵּשׂ עֲקֵבות.
סליעפּאַק s. (pl. –עס) blind fellow (cont.) עִוֵּר.
סמאַדער s. (pl. –ס) slovenly person רַשְׁלָנִי.
סַם s. (pl. סַמִּים) poison –, אֶרֶס.
סמאַהע s. scum on the lips קֶצֶף עַל הַשְּׂפָתַיִם.
סמאָט = סמאָטר.
סמאָטר s. (pl. –עס) muster, review (of an army) מִפְקָד, בִּקֹּרֶת.
סמאָטרעווען v. a. to muster, review בִּקֵּר, פָּקַד (צבא).
סמאָטרינעס s. pl. visit of a bridegroom to the bride רְאִיַּת פְּנֵי הַכַּלָּה.
סמאָטשקע s. smack צְלִיל שְׂפָתַיִם; sucking מְצִיצָה.
סמאָטשקען v. n. to smack צָלֵל בִּשְׂפָתָיו; to suck מָצַץ.
סמאָליאַרנע s. (pl. –ס) a place where pitch is burned בֵּית בִּשּׁוּל זֶפֶת.
סמאַלינעס s. pl. smell of something singed רֵיחַ דָּבָר חָרוּךְ.
סמאַליען v. n. to be singed הִתְחָרֵךְ; ‖ v. a. to sweal חָרַךְ, הִבְהֵב (שערות מחזיר); ‖ –זיך v. r. to be singed הִתְחָרֵךְ.
סמאָלע s. pitch, tar כֹּפֶר, זֶפֶת.
סמאַקעווען v. a. to smack, taste טָעַם; ‖ –זיך v. r. to smack one's lips in eating צָלֵל בִּשְׂפָתַיִם בַּאֲכִילָה; to relish, delight הִתְעַנֵּג.
סמאָקען, סמאָקצען v. a. to suck מָצַץ; to kiss with a smack נָשַׁק בְּצִלְצוּל.
סמאָראָדינע s. (pl. –ס) black currant עֵנָב הַשּׁוּעָל.
סמאַראָוואַז s. (pl. –עס) wagon greaser מושֵׁחַ עֲגָלות; dirty fellow אָדָם מְלֻכְלָךְ.
סמאַרען v. n. to snort נָחַר.
סמאַרק, סמאָרק s. (pl. –עס) snot, snivel רִיר הָאַף, כִּיחַ הָאַף.
סמאַרקאַטע adj. snotty בַּעַל חֹטֶם מְלֻכְלָךְ.
סמאַרקאַטש s. (pl. –עס) snotty fellow בַּעַל חֹטֶם מְלֻכְלָךְ; worthless fellow אָדָם שֶׁאֵין לו עֵרֶךְ.
סמאַרקעכץ s. snot, snivel כִּיחַ הָאַף.

סמאַרקען, סמאָרקען *v. n.* to snivel כּוֹחַ, מָחֹט, הוֹצִיא רִיר הָאַף.

סַמְבַּטְיוֹן *npr.* Sambatyon (*legendary river supposed to throw stones on week-days and to rest on Sabbath*); — restless fellow (*fig.*) אָדָם שֶׁאֵינוֹ שׁוֹקֵט.

סַם־הַמָּוֶת *s.* deadly poison —, אֶרֶס מֵמִית.

סַם־הַמָּוֶתדיג *adj.* poisonous, deadly אַרְסִי, שֶׁל אֶרֶס מֵמִית.

סמוטנע = אומעטיג.

סמיאַטקע *s.* (*pl.* ס —) soft-boiled egg בֵּיצָה שֶׁאֵינָהּ מְבֻשֶּׁלֶת כָּל צָרְכָּהּ.

סמיאַטקע־איי = סמיאַטקע.

סמיאַלע *adj.* bold אַמִּיץ לֵב; ‖ *adv.* boldly בְּאֹמֶץ לֵב.

סמיטשיק, פֿאַרקלענערוואָרט פֿון סמיק.

סְמִיכָה *s.* (*pl.* סְמִיכוֹת) ordination of a rabbi, rabbinical diploma —.

סְמִיכוֹת = סְמִיכָה.

סְמִיכוּת־הַפָּרָשָׁה *s.* connection of one portion of the Law with another; — connection, relation (*fig.*) יַחַס.

סמיליעווען = אַנסמיליטווען.

סמיעלאָסט *s.* boldness, courage אֹמֶץ לֵב.

סמיציק, פֿאַרקלענערוואָרט פֿון סמיק.

סמיק *s.* (*pl.* עס —) fiddlestick, bow קֶשֶׁת (לנגן בו על הכנור); death (*sl.*) מָוֶת א). — (*id.*) נעמען אומעצן צום סמיק to take a person to task בקש מאיש דין וחשבון.

סמיקען *v. n.* to fiddle נַגֵּן עַל הַכִּנּוֹר.

סַמֶךְ *s.* (*pl.* ן —) name of the letter ס שֵׁם הָאוֹת ס.

סְמַךְ, סֶמֶךְ *s.* point of support, ground —.

סִמָּן, סִמָּנֵי = סִימָן, סִימָנֵי.

סמעטאַנקע *s.* cream זֻבְדָּה, שַׁמֶּנֶת.

סמעטניק *s.* (*pl.* עס —) dunghill, dung-heap עֲרֵמַת אַשְׁפָּה.

סמעטע *s.* (*pl.* ס —) estimate (*of taxes*) חֶשְׁבּוֹן עָרוּךְ, הַעֲרָכָה (של מסים וכד').

סמעטענע *s.* sour cream זֻבְדָּה חֲמוּצָה.

סַמען *v. a.* to poison סַמֵּם, הַרְעֵל.

סמערען *v. a.* to subdue הַכְנֵעַ.

סמראָד *s.* stench סִרְחוֹן, בְּאֹשׁ.

סנאַסט *s.* (*pl.* ן —) skeleton שֶׁלֶד; set of mill-stones מְכוֹנַת אַבְנֵי הָרֵחַיִם.

סנאָפּ *s.* (*pl.* עס —) sheaf אֲלֻמָּה, עָמִיר.

סנאָפּער = מאָרעס.

א) ביי לינעצקין אין „דאָס חסידישע יונגעל".

סַנְדְּק *s.* (*pl.* עס —) man holding the child at circumcision; — thief who is to give part of his theft (*fl.*) גַּנָּב שֶׁמּוּטָל עָלָיו לָתֵת חֵלֶק מִגְּנֵבָתוֹ.

סַנְדְּקָאוּת *s.* office of a סַנְדְּק —.

סַנְהֶדְרִין *s. pl.* Sanhedrin (*highest Jewish tribunal at the time of the second Temple, consisting of 71 members*) —.

סנוק *s.* (*pl.* עס —) snout חַרְטֹם.

סַנֵּיגוֹר *s.* advocate, defender —.

סע = עס.

סעדעכע *s.* (*pl.* ס —) market-woman אִשָּׁה תַּגֶּרֶת בַּשּׁוּק; woman selling fruits אִשָּׁה מוֹכֶרֶת פֵּרוֹת א).

סְעוּדָה *s.* (*pl.* סְעוּדוֹת) repast, meal, banquet —, מִשְׁתֶּה.

סְעוּדָה־מַפְסֶקֶת *s.* the last meal before a fast —.

סְעוּדָה־שֶׁאֵינָהּ־מַסְפֶּקֶת *s.* a meal which is not sufficient —.

סְעוּדַת־הַבְרָאָה *s.* meal given by neighbors to a mourner upon his return from the funeral —.

סְעוּדַת־מִצְוָה *s.* meal at a religious festivity —.

סְעוּדַת־פּוּרִים *s.* Purim banquet —.

סעטיען *s.* (*pl.* ס —) cake of rarefied dough עֻגָה מִבָּצֵק קָלוּשׁ.

סעטשקע = סימשקע.

סעכער = סוכאָר.

סעכערל = סוכאַרקע.

סעלוואַס *s. pl.* selvas (*geogr.*) כְּלָווֹת (מישורים גדולים בדרום אמיריקה המכוסים ביערים קדמונים).

סעליאַווע = סיליאַווע.

סעליִטרע = סאַליטרע.

סעלעריע *s.* celery כַּרְפַּס.

סעמײנע *adj.* of family שֶׁל מִשְׁפָּחָה.

סעמינאַר *s.* (*pl.* ן —) seminary בֵּית תַּלְמוּד מוֹרִים; בֵּית מִדְרַשׁ רַבָּנִים.

סעמעטשקע *s.* (*pl.* ס —) sunflower-seed זֶרַע הַזְּהָרָה.

סעמער *s.* (*pl.* ן —) stall, stand שֻׁלְחָן לִסְחוֹרָה (בשוק).

סעמערניצע *s.* (*pl.* ס —) market-woman אִשָּׁה סוֹחֶרֶת בַּשּׁוּק.

סעמערניק *s.* (*pl.* עס —) market-man סוֹחֵר בַּשּׁוּק.

סענאַט *s.* (*pl.* ן —) senate סֵינָט, בֵּית מוֹעֲצוֹת מְלוּכָה.

א) אין דער צווייטער באַדייטונג ביי ליפּשיצן.

סענאַטסקע *adj.* of senate, senatorial שֶׁל הַסֶּנַט.

סענאַ||טער *s.* (*pl.* –טאָרן) senator סֶנָטוֹר, יוֹעֵץ מְלוּכָה.

סענדאַק *s.* (*pl.* –עס) giant pike-perch אַקּוּנָס הַזְּאֵב (מין דג).

סענט *s.* (*pl.* –ן) cent מַטְבֵּעַ אֲמֵרִיקִי (אחד ממאה בדולר).

סעניק = סיעניק.

סענס[1] *s.* sense שֵׂכֶל, טַעַם.

סענס[2] *s.* infusion *or* essence of tea מִשְׁרַת הַתֵּה.

סענעס = סענעס־בלעטער.

סענעס־בלעטער *s. pl.* senna (*purgative leaves*) עֲלֵי סֶנָּה (לשלשול).

סענץ = סענס[2].

סענק = סוק.

סעסיע *s.* (*pl.* –ס) session יְשִׁיבָה, עֵת הַיְשִׁיבָה.

סעפּטעמבער *s.* September (*month*) סֶפְּטֶמְבֶּר (החדש התשיעי לנוצרים).

סעפּעט *s.* (*pl.* –ן) travelling-bag אַמְתַּחַת הַדֶּרֶךְ; old travelling-bag אַמְתַּחַת בָּלָה א).

סעקונדאַנט *s.* (*pl.* –ן) second (*at a duel*) עֵד בְּמִלְחֶמֶת שְׁנַיִם.

סעקונדע *s.* (*pl.* –ס) second רֶגַע (אחד מששים בדק); second (*geogr.*) שְׁנִיָּה (אחד מששים במעלה).

סעקונדע־וויַיזער *s.* (*pl.* –ס) seconds-hand מַחֲוֵה הָרְגָעִים (של שעון).

סעקוראַציע = סטראַכאָווקע.

סעקוריִרן = סטראַכירן.

סעקטע *s.* (*pl.* –ס) sect כִּתָּה.

סעקציע *s.* (*pl.* –ס) section מַחְלָקָה, מִפְלָגָה.

סעקרעט *s.* (*pl.* –ן) secret סוֹד, דְּבַר סֵתֶר.

סעקרעטאַר *s.* (*pl.* –ן) secretary מַזְכִּיר.

סעקרעטנע *adj.* secret נִסְתָּר; || *adv.* secretly בְּהַסְתֵּר.

סעראָוואַטקע = סיראָוואַטקע.

סעראַטע *s.* oil-cloth שַׁעֲוָנִיָּה (ארג מדונג).

סערדאַק *s.* (*pl.* –עס) corset, bodice חֲזִיָּה (של אשה).

סערדוט = סורדוט.

סערדעליע = סאַרדינקע.

סערוועטקע = סיראָוואַטקע.

סערדצע *int.* my heart!, my dear! אֲהוּבִי! (אֲהוּבָתִי!).

סערוויז *s.* (*pl.* –ן) service כְּלֵי הַשֻּׁלְחָן.

סערוויִרן *v. a. n.* to serve (*a meal*) הָבֵא, הַגֵּשׁ (ארוחה); to lay *or* set the table עָרֹךְ הַשֻּׁלְחָן.

סערוועט *s.* (*pl.* –ן) table-cloth מַפָּה.

א) אין דער צווייטער באַדייטונג ביי ליפשיצן.

סערוועטקע *s.* (*pl.* –ס) napkin מַפָּה קְטַנָּה, מִטְפַּחַת פֶּה.

סערוועטשאַנע *adj.* of table-cloth שֶׁל מַפָּה.

סערטוק = סורטוק.

סעריאָזנע *adj.* serious רְצִינִי; || –קייט *s.* seriousness רְצִינוּת.

סעריי = סאַרײַ.

סעריע *s.* (*pl.* –ס) series שׁוּרָה.

סערמיאַנקע = סערמוגע.

סערמיגע *s.* (*pl.* –ס) dowlas, coarse cloth אָרִיג גַּס; coat of dowlas מְעִיל שֶׁל אָרִיג גַּס.

סערנע = סאַרנע.

סערעפּ = סוראָפּ.

סערפּ *s.* (*pl.* –עס) sickle מַגָּל, חֶרְמֵשׁ.

סערצע = סערדצע.

ספּאַד *s.* (*pl.* –ן) slope, declivity מוֹרָד; water-fall מוֹרַד מַיִם.

ספּאָדיק = ספּאָדעק.

ספּאָדניצע *s.* (*pl.* –ס) petticoat שִׂמְלָה תַּחְתּוֹנָה (של אשה).

ספּאָדעק[1] *s.* (*pl.* –עס) high fur-cap כּוֹבַע שֵׂעִיר גָּבֹהַּ. — (*id.*) גייען אין ספּאָדעק to wear the breeches מושל באיש (נאמר על אשה).

ספּאָ||דעק[2] *s.* (*pl.* –דקעס) saucer בָּזָךְ (קערה קטנה).

ספּאָדקע = ספּאָדעק[2].

ספּאַזמירן *v. n.* to have the spasms הִתְעַוֵּת, הִתְחַלְחֵל.

ספּאַזמע *s.* (*pl.* –ס) spasm עֲוִית, חַלְחָלָה.

ספּאָטיקען זיך *v. r.* to stumble הִכָּשֵׁל.

ספּאַלאָשען זיך *v. r.* to dash off הִתְרוֹצֵץ פִּתְאֹם.

ספּאַלניע *s.* (*pl.* –ס) bed-room, bed-chamber חֲדַר הַמִּטּוֹת.

ספּאָמיניענען זיך *v. r.* to recollect הִזָּכֵר.

ספּאָנדזשקייק *s.* (*Am.*) sponge-cake עֻגָּה סְפוֹגִית (עוגה מתוקה ורכה כספוג). — (*joc.*) קאָלוואַריער ספּאָנדזשקייק coarse rye-bread לחם דגן גס.

ספּאָסאָב *s.* (*pl.* –ן, –עס) means אֶמְצָעִי, תַּחְבּוּלָה.

ספּאָקאָינע *adj.* quiet, calm, still שָׁקֵט, חֲרִישִׁי; = סאָלידנע.

ספּאָקאָינעקייט *s.* quietness, calmness, stillness שֶׁקֶט; = סאָלידנעקייט.

ספּאָקולן *s. pl.* spectacles מִשְׁקָפַיִם.

ספּאָרען *v. n.* to dispute, quarrel הִתְוַכֵּחַ, רִיב.

ספּדן *s.* (*pl.* ספּדנים) funeral orator סַפְדָּן –.

ספּולקע *s.* (*pl.* –ס) spool סְלִיל.

ספּור = סיפּור.

ספּורי־ = סיפּורי־.

ספּיאַלטער s. spelter, zinc אָבָץ (מין מתכת).

ספּידניאַק s. (pl. ־עס) lower millstone פֶּלַח תַּחְתִּית.

ספּיזשאַרניע s. (pl. ־ס) pantry, larder חֲדַר מָזוֹן, מְזָוֶה.

ספּינע s. (pl. ־ס) back, spine גַּב.

ספּינקע s. (pl. ־ס) back; גַּב back (of a chair) גַּב, מִסְעָד (ש׳ כסא).

ספּיעשנע adj. pressing, urgent נחוץ.

ספּיצע s. (pl. ־ס) spoke of a wheel חִשּׁוּק (באופן העגלה).

ספירה¹ s. counting of the Omer סְפִירַת הָעֹמֶר; = ספירה־צײַט.

ספירה² s. (pl. ספירות) "sphere," one of the ten emanations from God (in the cabala) אחת מֵעֶשֶׂר אֲצִילוֹת הַנֶּאֱצָלוֹת מֵאֱלֹהִים (בקבלה).

ספירה־צײַט s. the period of the counting of the Omer (49 days between the 2nd day of Passover and Pentecost) יְמֵי הַסְּפִירָה.

ספּירט, ספּירימעס s. alcohol כֹּהַל.

ספּלאַוו s. (pl. ־עס, ־ן) melting הִתּוּךְ (של מתכת); allayage הַרְכָּבָה עַל יְדֵי מְזִיגָה; rafting דּוֹבְרָה.

ספּליעטניע s. (pl. ־ס) gossip, tale-bearing רְכִילוּת.

ספּעציאַליזירן v. a. to specialise הַפְרֵד לְמִינִים; ‖ ־זיך v. r. to specialise הִתְמַחָה.

ספּעציאַליטעט s. (pl. ־ן) specialty קִנְיָן מְיוּחָד (במסחר וכו׳); specialty הִתְמַחוּת, מוּמְחִיוּת.

ספּעציאַליסט s. (pl. ־ן) specialist מוּמְחֶה.

ספּעציעל adj. special פְּרָטִי, מְיוּחָד.

ספּעקולאַנט s. (pl. ־ן) speculator סַפְסָר.

ספּעקולאַציע s. speculation סַפְסָרוּת.

ספּעקולירן v. n. to speculate סַפְסֵר.

ספּעקטאַקל s. (pl. ־ען) spectacle, show מַחֲזֶה, רַאֲוָה.

ספּעקטע s. (pl. ־ס) hot-house גַּן הַחֹרֶף.

ספּעקע s. very hot weather חֹם חָזָק.

ספֿערע s. (pl. ־ס) sphere סְפִירָה, גַּלְגַּל, כַּדּוּר.

ספק s. (pl. ספקות) doubt־.

ספקות s. doubt, uncertainty־.

ספק־ספקא s. very doubtful matter־.

ספקן זיך v. r. to doubt, be in doubt סַפֵּק, סָפַק, הָיָה מְסֻפָּק.

ספר s. (pl. ספרים) scroll of the Law; ־book סֵפֶר הַתּוֹרָה.

ספּראַווגע adj. clever, skilful זָרִיז, מָהִיר.

ספּראַווע s. (pl. ־ס) lawsuit דִּין, מִשְׁפָּט.

ספּראַוועטשנע adj. current, market (price) שֶׁל שַׁעַר הַשּׁוּק.

ספּראַווען זיך v. r. to manage יָכֹל לְ־.

— ספּראַווען זיך מיט אימעצן to master a person גבר על איש.

ספּראַווקע s. (pl. ־ס) inquiry, investigation דְּרִישָׁה, חֲקִירָה.

ספּראַנזשקע s. (pl. ־ס) buckle אַבְזָם.

ספרא־רבא s. clever writer סוֹפֵר מָהִיר.

ספר־גורלות s. fortune-book־.

ספרד = נוסח־ספרד.

ספרדי s. (pl. ספרדים) Spanish or Portuguese Jew יְהוּדִי סְפָרַדִּי.

ספרדיש adj. of the Spanish or Portuguese Jews שֶׁל הַיְּהוּדִים הַסְּפָרַדִּים.

ספר־הזיכרונות s. book of records, chronicle, ־diary.

ספר־החתום s. sealed book־.

ספּרוזשינע s. (pl. ־ס) spring קְפִיץ.

ספּריטנע adj. lively, speedy, swift, nimble זָרִיז, מָהִיר, קַל.

ספרים־חיצונים s. pl. heretical books־.

ספּרענזשינע = ספּרוזשינע.

ספר־פּראַניק s. book of the wash-beetle (jocularly for a book of laws) סֵפֶר הַמְּזוֹר (כדרך הלצה על ספר דינים).

— עס שטייט אין ספר־פּראַניק (joc.) it is written in the book of the wash-beetle כתוב בספר המזור.

ספר־תורה s. (pl. ־ס) scroll of the Law־.

סצישק s. (pl. ־עס) crush, throng, crowd דֹּחַק, הָמוֹן רַב.

סציזשקע = סטעזשקע.

סציערווע = סטערווע.

סצירקע s. (pl. ־ס) dish-clout אֲלוּנְטִית לְנַגֵּב כֵּלִים.

סצענע s. (pl. ־ס) scene מַחֲזֶה.

סצעפּטער s. (pl. ־ס) sceptre שֵׁבֶט מַלְכוּת, שַׁרְבִיט.

סקאָבל s. (pl. ־עך) cramp, cramp-iron מְחַבֶּרֶת, חִשּׁוּק בַּרְזֶל.

סקאָבליקל, פֿאַרקלענערוואָרט פֿון סקאָבל.

סקאָבקע s. (pl. ־ס) parenthesis סוֹגֵר (אחד משני חצאי לבנה שמשתמשים בהם לסמן מאמר מוסגר).

סקאַדראָן s. (pl. ־ען) squadron גְּדוּד פָּרָשִׁים; חֵלֶק אֳנִיּוֹת מִלְחָמָה.

סקאַוואָטשען v. n. to whine, howl יָלֵל, צָרַח.

סקאָווקע = זקיווקע.

סקאָוואָראָדע s. frying-pan מַחֲבַת, מַשְׂרֵת.

סקאַזקע s. (pl. ־ס) tale, legend סִפּוּר, בְּדוּתָה, הַגָּדָה; census סֵפֶר הַפְּקֻדִּים.

סקאַט s. flaw (in metals) סֶדֶק (במתכות); crack, chink סֶדֶק; scratch שָׂרֶטֶת.

סקאָטאָבאָיניע *s.* (*pl.* ם—) slaughter-house, abattoir בֵּית הַמִּטְבָּחַיִם.

סקאַליעטשען זיך *v. r.* to injure oneself, hurt oneself הִנָּזֵק, הִתְחַבֵּל.

סקאַליק *s.* (*pl.* עס—) small bottle בַּקְבּוּק קָטָן.

סקאַלע *s.* (*pl.* ם—) rock צוּר, סֶלַע.

סקאַלעט = סקעליעט.

סקאַלען *v. a.* to chip, splinter בַּקֵּעַ שְׁבָבִים.

סקאַלקע *s.* splinters שְׁבָבִים.

סקאָמפּאַנײַען זיך *v. r.* to become associated with הִתְחַבֵּר לְ־.

סקאָמפּאַניען זיך = סקאָמפּאַנײַען זיך.

סקאַנדאַל *s.* (*pl.* ן—) outrage שַׁעֲרוּרָה, נְבָלָה; brawl, row, riot מְהוּמָה, פְּרָעוֹת.

סקאַנדאַליסט *s.* (*pl.* ן—) brawler מֵקִים שָׁאוֹן, עוֹשֵׂה פְּרָעוֹת.

סקאָנפֿוזשען *v. a.* to confuse, perplex בַּלְבֵּל, הָבֵא בִּמְבוּכָה.

סקאַסקע = סקאַזקע.

סקאַצל קומט *int.* welcome! (*to a woman*) בְּרוּכָה הַבָּאָה!א).

סקאַרב *s.* house goods of a land-owner כְּלֵי בֵּית שֶׁל בַּעַל אֲחֻזָּה; treasury אוֹצַר הַמְּדִינָה.

סקאַרבאָווע *adj.* of land-owner שֶׁל בַּעַל אֲחֻזָּה; of treasury שֶׁל אוֹצַר הַמְּלוּכָה; old, traditional יָשָׁן, קָדוּם.

— סקאַרבאָווע ניגונים traditional tunes נגונים ישנים.

סקאָרינקע *s.* (*pl.* ם—) crust (*of bread*) קְרוּם קְלִפָּה (של לחם).

סקאַרלאַטין *s.* scarlet-fever סַסְגּוֹנִית (מחלה).

סקאַרמושש *s.* (*pl.* עס—) conical paper-bag מַעֲטֶפֶת־נְיָר חֲרוּטִית.

סקאָרע = סקאָרינקע.

סקאַרפּעטקע *s.* (*pl.* ם—) sock גֶּרֶב קָצָר.

סקובענט, שפּאַסיג פֿאַר סטודענט.

סקוואָז־סטראָי *adv.* through the line בֵּין הַשְּׂדֵרוֹת.

— גיין סקוואָז־סטראָי to run the gauntlet, to be flogged through the line עבֹר בין שורות מיסרים בשבטים.

— טרײַבן סקוואָז־סטראָי to make a person run the gauntlet, to flog a person through the line העבר איש בין שורות מיסרים בשבטים.

סקווערניאַק = ושמונדיאַק.

סקושנע *adj.* wearisome, tedious מְשַׁעֲמֵם; sad, עָצוּב; ‖ —קייט *s.* wearisomeness, tediousness שִׁעֲמוּם; sadness melancholy עֶצֶב.

סקויט *s.* (*pl.* ן—) scout מְרַגֵּל, צוֹפֶה.

סקויטניק = סקויט.

סקויטסקע *adj.* of scout שֶׁל מְרַגֵּל.

סקיבע *s.* (*pl.* ם—) big piece, big slice חֲתִיכָה גְדוֹלָה.

סקיווקע = זקיווקע.

סְקִילה *s.* Stoning (*one of the four modes of capital punishment among the ancient Hebrews*) .—

סקיפּקע = זקיווקע.

סקיצע *s.* (*pl.* ם—) sketch תֵּאוּר, ציור (ספרותי).

סקלאַד *s.* (*pl.* ן—) warehouse, storehouse אוֹצָר, חָנוּת; cellar, vault מַרְתֵּף.

סקלאַדניק *s.* (*pl.* עס—) proprietor of a warehouse בַּעַל אוֹצָר, בַּעַל חָנוּת.

סקלאַדנע *adj.* harmonious מְסֻדָּר הֵיטֵב; ‖ —קייט *s.* harmony סֵדֶר נָכוֹן.

סקלאַדקע *s.* (*pl.* ם—) contribution, clubbing נְתִינַת נְדָבָה בְּשֻׁתָּפוּת; fold, plait קְפִילָה.

סקליעפּ *s.* (*pl.* עס—) cellar, vault מַרְתֵּף; store חָנוּת.

סקליעפּאָווע *adj.* of vault, of cellar שֶׁל מַרְתֵּף; of shop שֶׁל חָנוּת; ‖ *s.* shopkeeper's clerk מְשָׁרֵת שֶׁל חָנוּת.

סקליעפּעניע *s.* vault, arch-roof כִּפָּה.

סקליעפּעווען *v. n.* to make a vault עֲשֵׂה כִפָּה.

סקליעפּען *v. a.* to forge together, weld חַשֵּׁל יַחַד, דַּבֵּק יַחַד בָּאֵשׁ (מתכת).

סקלעפּ = סקליעפּ.

סקלעפּאָווע = סקליעפּאָווע.

סקלעפּעניע = סקליעפּעניע.

סקלעפּעווען = סקליעפּעווען.

סקלעפּען = סקליעפּען.

סקנערניק = ושמונדיאַק.

סקעליעט *s.* (*pl.* ן—) skeleton שֶׁלֶד.

סקעלעט = סקעליעט.

סקעפּטיקער *s.* (*pl.* —) sceptic סַפְקָן (מטיל ספק בכל דבר).

סקעפּטיציזם *s.* scepticism סַפְקָנוּת.

סקעפּטיש *adj.* sceptical שֶׁל סַפְקָנוּת.

סקראָבען *v. a.* to scrape גָּרֵד.

סקראָפֿל *s.* scrofula מַחֲלַת הַשְּׁקֵדִים.

סקרוך *s.* (*pl.* עס—) shiver, thrill רַעַד, חִיל.

סקרוכען *v. n.* to cause a shiver הַרְעֵד.

סקריטשען *v. n.* to gnash חָרֹק (שִׁנַּיִם).

סקריניע *s.* (*pl.* ם—) chest, box תֵּבָה, אָרוֹן.

סקרינקע, פֿאַרקלענערוואָרט פֿון סקריניע.

א) עס איז דאָ אַן אַלטע השערה, אַז סקאַצל איז אַ פֿאַרגרײַזונג פֿון גאָטס ווילן און אַז פֿרויען וועלן אַזוי באַגריסט, ווײַל זיי זאָגן אין די ברכות השחר „שעשני כרצונו".

סקרי׳פ s. (pl. עס –) creaking noise, squeak קול חורק, סְחָרָק.

סקרי׳פען v. n. to creak, squeak חָרַק.

סראָדע־פּאָסט s. Mid-Lent אֶמְצַע יְמֵי הַצּוֹם הַגָּדוֹל (לנוצרים).

סראָוועטקע s. whey נְסִיוּב הֶחָלָב (= סוראָוואָטקע).

סראָוועטשנע adj. of whey שֶׁל נְסִיוּב הֶחָלָב.

סראַטש s. shit צוֹאָה.

סראָק s. (pl. ן –) term זְמָן.

סראָקע = סאָראָקע.

ס׳רוב adv. mostly לָרֹב.

סְרָחה s. (pl. סְרָחוֹת) stench סִרְחוֹן.

סַרְחָן, – ענען v. n. to stink הִסְרִיחַ.

סַרְחענער s. (pl. –) stinker (fl.) סַסְרִים; tobacco-pipe מִקְטֶרֶת.

סַרְטָן s. Cancer (astr.) מַזַּל סַרְטָן.

סָרִיס s. (pl. סָרִיסִים) eunuch, castrated man –; barren man עָקָר.

סִרְכָא = סִירְכָא.

סַרְסור s. (pl. ים –) broker, mediator –.

סַרְסָרן v. n. to act as broker, mediate סִרְסֵר.

ס״ת abbr. = סֵפֶר־תּוֹרָה.

סְתִירה s. (pl. סְתִירוֹת) contradiction –.

סְתָם adv. indefinitely, at random –, בְּעָלְמָא.

— סתם אַ מענש an ordinary person אדם פשוט.

סת״ם abbr. = סְפָרִים תְּפִילִּין מְזוּזוֹת.

סִתְרֵי־תּוֹרה s. pl. occult philosophy נִסְתָּר, חָכְמַת הַסּוֹד; something intelligible דָּבָר בִּלְתִּי מוּבָן.

ע.

ע s. the sixteenth letter of the Hebrew alphabet הָאוֹת הַשֵּׁשׁ עֶשְׂרֵה בָּאָלֶף־בֵּית הָעִבְרִי; ‖ num. seventy שִׁבְעִים.

ע׳ abbr. = עַמּוּד page, column –.

ע״א abbr. = עַמּוּד א׳ first page –.

ע״ב abbr. = עַמּוּד ב׳ second page –.

עב s. (pl. ן –) ebb (geogr.) יְרִידַת הַמַּיִם (בים).

עֶבֶד s. (pl. עֲבָדִים) slave –.

עַבְדוּת s. slavery –.

עֶבֶד־כְּנַעֲנִי s. Canaanitish slave –.

עֲבוֹדה s. (pl. עֲבוֹדוֹת) service –; divine service עֲבוֹדַת אֱלֹהִים; certain part of the service for the Day of Atonement –.

עֲבוֹדה־זָרה s. (pl. עֲבוֹדוֹת־זָרוֹת) idolatry –.

עֲבוֹדת־הַבּוֹרא s. divine service –.

עֲבוֹדת־הַקוֹדש s. holy work –.

עֲבוֹדת־פֶּרֶך s. hard labor –.

עִבּוּר = עִיבּוּר.

עִבּוּר־יאָר = עִיבּוּר־.

עֲבֵירה s. (pl. עֲבֵירוֹת) transgression, sin –; waste בִּזְבּוּז, אֲבֵדָה.

— אַן עבירה דאָס געלט it is a waste of money בזבוז מעות הוא.

— אַן עבירה די צייט it is a waste of time אבדת זמן הוא.

— האָבן אַן עבירה אויף אימעצן to give a person trouble wrongfully הטרד איש חנם.

עֶבֶן־האָלץ s. ebony הָבְנֶה.

עֲבֵירה גּוֹרֶרֶת עֲבֵירה phr. one sin leads to another –.

עָבָר s. the past –.

עֲבֵרה = עֲבֵירָה.

עִבְרִי s. (pl. עִבְרִים) Hebrew, Jew –.

עִבְרי s. Hebrew עִבְרִית; reading קְרִיאָה.

— זאָגן עברי to read קרא.

— ניט קענען קיין עברי not to be able to read, be illiterate לא ידע קרא.

עִבְרִי אָנֹכִי phr I am a Jew –.

עִבְרִי בְּלא phr. Jew, say no! (*said in the presence of a person who does not understand Hebrew*) –.

עִבְרִי־טײַטש s. Judæo-German, Yiddish לְשׁוֹן יְהוּדִית־אַשְׁכְּנַזִּית, יִידִישׁ.

עִבְרי׳ש s. Judæo-German (fl.) לְשׁוֹן יְהוּדִית־אַשְׁכְּנַזִּית.

עִבְרִית־בְּעִבְרִית s. the method of teaching Hebrew in Hebrew –.

עגאָאיזם s. egotism, selfishness אָנֹכִיּוּת, אַהֲבַת עַצְמוֹ.

עגאָאיסט s. (pl. ן –) egotist, selfish person אִישׁ אוֹהֵב עַצְמוֹ.

עגאָאיסטיש adj. egotistic, selfish אָנֹכִיִּי, אוֹהֵב עַצְמוֹ.

עגבער s. (pl. ס –) gimlet, borer מַקְדֵּחַ.

עגבערן v. a. to bore נָקֹב בְּמַקְדֵּחַ.

עגדעס, עגדעש s. (pl. ן –) lizard לְטָאָה.

עגול = עִיגּוּל.

עֲגָלוֹת־שעכטער s. (pl. –) (fl.) wagon thief, one who steals from wagons גּוֹנֵב מֵעֲגָלוֹת.

עָגוּן s. (pl. עֲגוּנִים) deserted husband –.

עֲגוּנה s. (pl. עֲגוּנוֹת) deserted wife –.

עֵגֶל s. "calf," the golden calf (*made by Aaron*) עֵגֶל הַזָּהָב.

עֲגָלָה s. (pl. עֲגָלוֹת) wagon. —
עֵגֶל־הַזָּהָב s. the golden calf. —
עֶגְלָה־עֲרוּפָה s. the broken-necked heifer (*anciently an expiatory sacrifice for a murder committed by an unknown hand; so called because the neck of the victim was to be broken*). —
עָגְמַת־נֶפֶשׁ s. grief —, צַעַר.
עַד prep. till, until. —
עֵדָה s. (pl. עֵדוֹת) community, congregation —, קְהִלָּה; crowd קָהָל.
עַד־הַיּוֹם, עַד־הַיּוֹם־הַזֶּה adv. to this day. —
עדוקאַציע s. education חִנּוּךְ.
עדוקירן v. a. to educate חַנֵּךְ.
עֵדוּת s. (pl. —) testimony; — witness עֵד.
— זאָגן עדות to testify העד.
— זיין אַן עדות to be a witness היה עֵד.
עדותטע s. (pl. —ס) female witness עֵדָה.
עדותן זיך v. r. to take *or* call to witness יָעַד עֵד.
עַד־חָרְמָה adv. "to the place Hormah," utterly עַד מְאֹד.
— רודפן עד־חרמה (id.) to persecute a person utterly רדף איש עד מאד.
עַד־כָּאן adv. to this place. —
עַד־לֵב־הַשָּׁמַיִם adv. to the very heavens. —
עַד־לְחַיִּים adv. to the end of life. —
— רודפן אימעצן עד־לחיים to make an end of a person ירד עם איש עד לחייו.
עַד־לְחֶשְׁבּוֹן adv. up to the account. —
עַד מֵאָה שָׁנִים phr. (*words added after a question about a person's age*) to a hundred years. —
— ווי אַלט זײַט איר — עד מאה שנים? how old are you — may you reach a hundred years? כמה ימי חייך — עד מאה שנים?
עַד־סוֹף־כָּל־הַדּוֹרוֹת adv. to the end of all generations, for ever. —
עַד־עַתָּה adv. until now. —
עדערן v. a. to torture by pulling the veins עַנֵּה עַל יְדֵי נִקּוּר הַגִּידִים.
עֲדַת־יִשְׂרָאֵל s. the community of Israel. —
ע"ה abbr. = עָלָיו־הַשָּׁלוֹם.
עהע int. aha!, so!
עוֹבֵד־גִּלּוּלִים s. (pl. עוֹבְדֵי־גִלּוּלִים) idolater. —
עוֹבְדָה s. (pl. עוֹבְדוֹת) task, function, duty תַּפְקִיד, פְּעֻלָּה, חוֹבָה; fact, occurrence. —
עוֹבֵד־כּוֹכָבִים־וּמַזָּלוֹת s. (pl. עוֹבְדֵי־) worshipper of the stars and planets, idolater. —
עוֹבֵד־עֲבוֹדָה־זָרָה s. (pl. עוֹבְדֵי־) idolater. —
עוּבָּר s. embryo, fetus. —

עוֹבֵר זײַן v. a. n. to transgress עָבֹר, עָבֹר עַל־.
עוֹבֵר־בָּטֵל s. (pl. —ס) dotard זָקֵן חָלוּשׁ דַּעַת.
עוֹבֵר־שְׁבוּעָה זײַן v. n. to break one's oath הָפֵר שְׁבוּעָתוֹ.
עוֹבֵר־שְׁבוּעהניק s. (pl. —עס) one who breaks his oath מֵפֵר שְׁבוּעָה.
עוֹג־מֶלֶךְ־הַבָּשָׁן npr. Og, the King of Bashan. —
עודף s. excess, surplus. —
עוה"ב abbr. = עוֹלָם־הַבָּא.
עוה"ז abbr. = עוֹלָם־הַזֶּה.
עוואַנגעליום s. Gospel, New Testament אֶוַנְגֶּלְיוֹן, בְּרִית חֲדָשָׁה.
עַוְלָה s. (pl. עַוְלוֹת) wrong —, עָוֶל.
עַוְלהן v. a. to wrong עָשֹׂה עָוֶל לְ־.
עָוֹן s. (pl. עֲוֹנוֹת) sin —, חֵטְא.
עֲוֹנוֹת־רִאשׁוֹנִים s. pl. former sins. —
עָוֹן־פְּלִילִי s. sin punishable by death, great sin. —
עווער = אויער.
עוֹכֵר יִשְׂרָאֵל s. "disturber of Israel," one who brings shame upon the Jewish people. —
עוֹל s. yoke. —
עֻוְלָה = עַוְלָה.
עוֹלָה s. (pl. עוֹלוֹת) burnt offering, sacrifice. —
עוֹלה־יָפֶה זײַן v. n. to prove successful עָלֹה יָפֶה.
עוֹלה־לַתּוֹרה זײַן v. n. to go up to the reading of the Law (*in the synagogue*) עֲלֹה לַתּוֹרָה.
עוֹלה־רֶגֶל זײַן v. n. to make a pilgrimage to Jerusalem for a holiday עֲלֹה לָרֶגֶל; to make a pilgrimage to a holy place עֲלֹה לְמָקוֹם קָדוֹשׁ.
עוֹלה־תְּמִימה s. (pl. עוֹלוֹת־תְּמִימוֹת) victim without blemish; innocent victim (*fig.*). —
עוֹלם¹ s. (pl. עוֹלָמוֹת) world. —
עוֹלם² s. (pl. —) crowd קָהָל, הָמוֹן; public קָהָל; folks, people אֲנָשִׁים.
— אַן עולמס ווערטל a popular saying פתגם העם.
— עולם, צום עסק! folks, let's start! רבותי, נקרב אל המלאכה!
עולם־גולם s. the masses הֲמוֹן הָעָם.
עולם־הָאֱמֶת s. "the true world," the other world. —
עולם־הַבָּא s. world to come, future world; — reward in the world to come גְּמוּל בָּעוֹלָם הַבָּא.
עולם־הַזֶּה s. this world; — sensual pleasures תַּעֲנוּגֵי בְשָׂרִים.

עולם־הזוהניצע s. (pl. ס—) woman who indulges in sensual pleasures רודֶפֶת תַּעֲנוּגֵי בְשָׂרִים.
עולם־הזוהניק s. (pl. עס—) one who indulges in sensual pleasures רודֵף תַּעֲנוּגֵי בְשָׂרִים.
עולם־הַנְשָׁמות s. the world of souls —.
עולם־הָעֶלְיון s. the higher or spiritual world —.
עולם־הָפוּך s. reversed world; — perverse world —.
עולם־הַשָּׁפֵל adj. the lower or material world — . עולָם הַחָמְרִי.
עולם־הַשֶּׁקֶר s. "the world of falsehood," the material world, this world — . הָעולָם הַזֶּה.
עולם־הַתּוהו s. the world of chaos —; = עולם־התועה.
עולם־התוהוניק = עולם־התועהניק.
עולם־הַתּועה s. the world of stray or wandering ghosts עולָם הַנְשָׁמות הַתּועות.
עולם־הַתּועהניק s. (pl. עס—) a stray or wandering ghost נְשָׁמָה תּועָה.
עולם־הַתַּחְתּון s. the lower world, this world — . הָעולָם הַזֶּה.
עולם־וּמְלואו s. the world and its fulness —.
— ווערט אַן עולם ומלואו very valuable יקר מאד.
עולָמות s. pl. foundations of charity —.
עולָמות־עֶלְיונים s. pl. the higher worlds —.
עולָמות־נעלט = עולָמות.
עול־מַלְכוּת s. "the yoke of the Kingdom," duties towards the state —.
עול־מַלְכוּת־שָׁמַיִם s. the yoke of the Kingdom of heaven —.
עולם־קָטָן s. little world, microcosm —.
— דער מענש איז אַ עולם־קטן man is a little world within himself האדם הוא עולם קטן בפני עצמו
עולמש adj. people's, popular שֶׁל הָעָם; public שֶׁל הַקָּהָל.
עול־תּורה s. "the yoke of the Law," obligation to study the Law —.
עומד־בְּנִסָּיון זיין v. n. to resist the temptation עָמַד בְּנִסָּיון.
עומר s. (ancient dry measure) omer —.
עָוֹן = עָווֹן.
עונג s. pleasure —.
עונג־רוּחָני s. spiritual pleasure —.
עונג־שַׁבָּת s. pleasure of the Sabbath —
עונש s. punishment —.
עוסק זיין זיך v. r. to occupy oneself, to devote oneself עָסַק.

עוסק־בְּמִצְוות זיין v. r. to devote oneself to charitable deeds —.
עוסק־בְּצָרְכֵי־צִיבּוּר s. (עוסקים־ pl.) one who works for the interest of the community —.
עוף s. (עופות pl.) fowl —; flesh of fowls בְּשַׂר עופות.
עופעולע s. (לעך— pl.) little child, baby תִּינוק.
עוקר זיין v. a. to extripate, root out עָקַר ‖ v. n. to escape בָּרַח.
עוקר־מִן־הַשּׁורש זיין v. a. to root out, root up שֵׁרֵשׁ.
עושה־שָׁלום s. peace-maker —.
עושר s. riches, wealth —; rich man עָשִׁיר.
עֲזָאזֵל npr. Azazel (place whither the scape-goat was to be sent) —.
עִזָּבוֹן = עִיזָבוֹן.
עַזוּת s. arrogance, impudence —.
עזותדיג adj. arrogant, impudent עַז פָּנִים.
עַזּוּת־מְחוּצֶף־פָּנִים s. very insolent fellow חָצוּף גָּדול.
עַזותניצע s. (pl. ס—) arrogant woman עַזַּת פָּנִים, אִשָּׁה יְהִירָה.
עַזותניק s. (pl. עס—) arrogant man עַז פָּנִים, אִישׁ יָהִיר.
עַזוּת־פָּנִים s. (פָּנימער pl.) arrogant man, impudent man עַז פָּנִים.
עַזותקייט = עַזוּת.
עַז־פָּנִים = עַזּוּת־פָּנִים.
עֲזָרָה s. (עֲזָרות pl.) court (of the Temple) —.
עֵזֶר־כְּנֶגְדּו s. helpmate, wife אִשָּׁה.
עֶזְרַת־נָשִׁים s. women's apartment (of a synagogue) —.
ע"ט abbr. = עִבְרִי־טײַטש.
עט int. it's nothing!, it's of no consequence! אֵין בְּכָךְ כְּלוּם.
־עט suff. ווערט אָפט צוגעגעבן צו פֿארווערטער, וואָס זײַנען פֿארבונדן מיט אַ צײַטוואָרט, ווי: ער שטייט אויפֿ׳עט, ער הייבט אָנ׳עט, ער שטעלט זיך אָפּ׳עט; מאַנכמאָל אויך צו אַנדערע ווערטער, ווי: אַליינ׳עט, אויכ׳עט א).
עטאַזש s. (pl. ן—) story, floor דְּיוטָה, קומָה.
עטאַזשיג adj. storied בַּעַל קומות.
— צווײַ־עטאַזשיג two-storied בעל שתי קומות; דרײַ־עטאַזשיג three-storied בעל שלש קומות.
עטאַזשערקע s. (pl. ס—) set of shelves כּוֹנָנִית.
עטאַט s. municipal taxes מַס הָעִיר.

א) בײַ אַבראַמאָוויטשן אין „פֿישקע דער קרומער": נישטאָ וואָס צו טאַנ׳עס.

עטאַטאָווע *adj.* registered in the list of taxes רָשׁוּם בְּסֵפֶר הַמִּסִּים.

עטאַפּ *s.* (*pl.* ־ן) station מְקוֹם מַעֲמָד; etape תַּחֲנָה לַאֲסִירִים (ברוסיה).

עטוואָס *pron. ind.* somewhat, something דָּבָר־מָה, מְאוּמָה; some, a little מַשֶּׁהוּ, מְעַט.

עטוואָסיג *adj.* some, slight קַל.

עטימאָלאָגיע *s.* etymology חֵקֶר מִלִּים; תּוֹרַת חֶלְקֵי הַדִּבּוּר (בדקדוק).

עטיקעט *s.* (*pl.* ־ן) label, ticket פִּתְקָה לְאוֹת.

עטליכע *pron. ind.* some, several אֲחָדִים.

עט־עט־עט *int.* bah!, pshaw! קְרִיאַת בּוּז.

עטעמען = אָטעמען.

עטער *s.* ether אֲוִיר, אֵיתֶר (מין נוזל מתאדה).

עֲטָרָה *s.* (*pl.* עֲטָרוֹת) crown ־, כֶּתֶר; ornamental collar of a prayer-shawl ־; glans penis ־.

עיבור = עיבור־יאָר.

עיבור־יאָר *s.* (*pl.* ־ן) leap-year שָׁנָה מְעֻבֶּרֶת.

עיגול *s.* (*pl.* עיגולים) circle ־.

עיו"ט *abbr.* = עֶרֶב־יוֹם־טוֹב.

עִיזָבוֹן *s.* legacy, inheritance ־.

עִיכּוּב *s.* hindrance, obstacle ־, מְנִיעָה.

עִילוּי *s.* (*pl.* עִילוּיִים) one endowed with extraordinary abilities, a genius בַּעַל כִּשְׁרוֹנוֹת מְצֻיָּנִים, גָּאוֹן.

עילויִיש *adj.* ingenious גְּאוֹנִי.

עַיִן *s.* (*pl.* ־ס) name of the letter ע שֵׁם הָאוֹת ע.

עַיִן־הָרַע *s.* (*pl.* ־ס) evil eye ־. — געבן אַן עין־הרע to cast an evil eye upon, to eye-bite הזיק בעין רעה. — קיין עין־הרע נישט! may no evil eye hurt you! לא תזיק לך עין רעה!

עִינוּי *s.* (*pl.* עִינוּיִים) affliction, torture ־.

עֵינַיִם *s. pl.* eyes ־.

עֵין־יַעֲקֹב *s.* title of a well-known collection of the Agadahs of the Talmud ־.

עַיִן־לֹא־רָאֲתָה *pred.* "no eye has ever seen it," exquisite, rare מְצֻיָּן, יָקָר.

עִיפּוּש *s.* (*pl.* ־ן) stench סַרְחוֹן; epidemic דֶּבֶר, מַגֵּפָה.

עֵיצָה = עֵצָה.

עִיקָר *s.* (*pl.* עִיקָרִים) principal thing ־; dogma עִקָּר דָּתִי; one of the leaders of a community אֶחָד מִמַּנְהִיגֵי הַקְּהִלָּה.

עִיר־הַנִּדַּחַת *s.* outcast city, culpable city ־.

עֵירוּב *s.* (*pl.* עֵירוּבִים) a wire fixed to poles as a regulation by which it is permitted to carry articles on Sabbath עֵרוּב תְּחוּמִין.

עֵירוּב־תַּבְשִׁילִין *s.* some article of food cooked on the eve of a holiday as a regulation by which it is permitted to prepare food for Sabbath on a holiday immediately preceding it ־.

עִיר־מְלוּכָה *s.* capital city ־.

עִיר־מִקְלָט *s.* (*pl.* עָרֵי־מִקְלָט) city of refuge ־.

עַד = אויך.

עכאָ *s.* (*pl.* ־ס) echo הֵד.

עַכְבְּרָאש *s.* (*pl.* ־ן) scoundrel, rogue בֶּן בְּלִיַּעַל, רַמַּאי א).

עכּוּב = עיכּוב.

עכו"ם *abbr.* עובד כוכבים ומזלות.

עכט *adj.* real, genuine, pure אֲמִתִּי; ‖ ־קייט *s.* genuineness, purity אֲמִתִּיּוּת.

עלאַסטיש *adj.* elastic גָּמִישׁ, קְפִיצִי; ‖ ־קייט *s.* elasticity גְּמִישׁוּת.

עַל־אַחַת־כַּמָּה־וְכַמָּה *adv.* the more so ־.

עַל אֵם הַדֶּרֶךְ *phr.* in the middle of the way ־.

עַל אֱמוּנָתִי *phr.* upon my faith, upon my word of honor ־.

עַל אַפִּי וְעַל חֲמָתִי *phr.* "it is provoking my anger," I am disgusted with it תָּקוּץ נַפְשִׁי בְּזֹאת.

עַל דַּעַת הַקָּהָל *phr.* with the knowledge *or* consent of the community ־.

עַל־הַנִּסִּים *s.* "for the wonders," thanksgiving prayer said on Hanukah and Purim ־.

עַל הָעֵצִים וְעַל הָאֲבָנִים *phr.* "on trees and stones," at random בְּעַלְמָא.

עַל הַתּוֹרָה וְעַל הָעֲבוֹדָה *phr.* at the study of the Law and the service of God ־. — זיין על התורה ועל העבודה to be assiduous היה חרוץ ושוקד על־.

עלוי = עילוי.

עָלוּל *adj.* liable ־.

עַל־חֵטְא *s.* "for the sin," confession of sins recited on the Day of Atonement ־. — שלאָגן זיך על־חטא (*id.*) to repent, regret התחרט, הצטער.

עלטסט *adj. sup.* oldest, eldest הַגָּדוֹל (מבנים).

עלטער[1] *adj. comp.* older זָקֵן מִ־; יָשָׁן מִ־; elder גָּדוֹל מִ־.

עלטער[2] *s.* age יָמִים, שָׁנִים, שְׁנוֹת חַיֵּי־.

עלטער־באָבע *s.* (*pl.* ־ס) great grandmother אֵם הָאֵם הַזְּקֵנָה.

א) עכבראש איז אָן ספק פון עכבר ראש, אַ גויערשע איבערזעצונג פון דייטש Mäusekopf, אַ ליידאַקי, אַ ביטערער יונג.

עלטער־זיידע *s.* (*pl.* ס—) great grandfather אֲבִי הָאָב הַזָּקֵן, אֲבִי הָאֵם הַזְּקֵנָה.

עלטער־מומע *s.* (*pl.* ס—) great aunt, grand-aunt אֲחוֹת הָאָב הַזָּקֵן, אֲחוֹת הָאֵם הַזְּקֵנָה.

עלטערן *s. pl.* parents אָבוֹת, הוֹרִים.

עלטערן זיך *v. r.* to grow old הִזְקִין, זָקַן.

עלטער־פֿאָטער *s.* (*pl.* ס—) ancester; אָב רִאשׁוֹן; grandfather אָב זָקֵן א).

עלטער־פֿעטער *s.* (*pl.* ס—) great uncle, grand-uncle אֲחִי הָאָב הַזָּקֵן, אֲחִי הָאֵם הַזְּקֵנָה.

עלטערשאַפֿט *s.* being older הֱיוֹת זָקֵן מִ־.

עֲלִיָה *s.* (*pl.* עֲלִיוֹת) going up to the reading of the Law.

— געבן אַן עליה to call up to the reading of the Law קרא לעלות לתורה.

עָלֶיהָ הַשָּׁלוֹם *phr.* peace upon her, peace to her memory.

עָלָיו הַשָּׁלוֹם *phr.* peace unto him, peace to his memory.

עָלָיו הַשְׁנאַבל. שפאַס׳נ אַנשטאָט עָלָיו הַשָּׁלוֹם

עַל יְהוָֹה ועַל מְשִׁיחוֹ *phr.* against God and his anointed.

— רעדן על יהוה ועל משיחו to revile all that is sacred נדף כל דבר קדוש.

עליהיי *conj.* as if, as though כְּאִלּוּ; suppose נַנִּיחַ.

עָלַי וְעַל צַוָּארִי *phr.* "upon me and upon my neck," upon my responsibility עַל אַחֲרָיוּתִי.

עֲלֵיכֶם־וְעַל־בְּנֵיכֶם *int.* upon you and upon your children (*said in response to* שלום־עליכם).

עֲלֵיכֶם־שָׁלוֹם *int.* peace be upon you! (*response to* שלום־עליכם).

עֲלִילַת־דָּם *s.* blood-accusation, accusation of ritual murder.

עֲלִילַת־שֶׁקֶר *s.* false accusation.

עָלֵינוּ *s.* "upon us," name of a prayer said at the close of the service.

— (*id.*) קומען צו עלינו to come late אחר לבא.

עליפּסע *s.* (*pl.* ס—) ellipse עִגּוּל אָרֹךְ.

עֲלִית־נְשָׁמָה *s.* "ascention of the soul," high spirits הִתְרוֹמְמוּת הָרוּחַ.

עַל־כָּל־פָּנִים *adv.* at any rate, at all events.

עַל־כֵּן *adv.* therefore.

עַל מְנָת לְקַבֵּל פְּרָס *phr.* with the condition of receiving a reward.

עלנבויגן *s.* (*pl.* ס—) elbow מַרְפֵּק.

עלנד *s.* misery עֹנִי; ‖ *adj.* miserable, wretched אֻמְלָל; lonely, friendless בּוֹדֵד, גַּלְמוּד.

עלסט = עלטסט.

עלסטער *s.* (*pl.* טע—) head, chief ראש.

עלעגאַנט *adj.* elegant מְקֻשָּׁט, יָפֶה.

עלעהיי = עליהיי.

עלעמענט *s.* (*pl.* ן—) element יְסוֹד; (*chem.*) element חֹמֶר יְסוֹדִי.

עלעמענטאַר *adj.* elementary יְסוֹדִי, שֶׁל רֵאשִׁית.

עלעמענטאַר־בוך *s.* (*pl.* ביכער—) elementary book סֵפֶר רֵאשִׁית הַלִּמּוּד.

עלעקטראָווע *s.* electric works מְקוֹם הֲכָנַת הַחַשְׁמַל.

עלעקטריזירן *v. a.* to electrify חִשְׁמֵל.

עלעקטריציטעט *s.* electricity חַשְׁמַל, אֶלֶקְטְרוֹן.

עלעקטריש *adj.* electric חַשְׁמַלִּי, אֶלֶקְטְרוֹנִי.

עלעקטריע = עלעקטריציטעט.

עלערהויט = העלער הויט; ז. העל³.

עלף *num.* eleven אַחַד עָשָׂר.

עלפֿאַנד = העלפֿאַנד.

עלפֿאַנדביין = העלפֿאַנדביין.

עלפֿט *ord. num.* eleventh הָאַחַד עָשָׂר.

עלפֿטהאַלבן *num.* ten and a half עֲשָׂרָה וָחֵצִי.

עלפֿט־חלק = עלפֿטל.

עלפֿטל *s.* (*pl.* עך—) eleventh part הַחֵלֶק הָאַחַד עָשָׂר.

עַל־פִּי *prep.* after, according to; through, by עַל יְדֵי.

עַל־פִּי דִּין *phr.* according to the law.

עַל־פִּי דֶּרֶךְ הַטֶּבַע *phr.* according to nature, naturally.

עַל־פִּי טָעוּת *phr.* by mistake, by error.

עַל־פִּי יוֹשֶׁר *phr.* by right.

עַל־פִּי נֵס *phr.* by miracle, miraculously.

עַל־פִּי סְבָרָא *phr.* according to reason.

עַל־פִּי סוֹד *phr.* by mystery, mystically.

עַל־פִּי סִיבָּה *phr.* by accident, accidentally.

עַל־פִּי רוֹב *phr.* mostly, mainly.

עַל־פִּי שֵׂכֶל *phr.* by reason, rationally, logically.

עלפֿנביין = העלפֿאַנדביין.

עַל צַד הַיּוֹתֵר טוֹב *phr.* in the best manner possible.

עלצט = עלטסט, עלסט.

עלצטער = עלסטער.

עלק *s.* (*pl.* ן—) elk, moose-deer מִין צְבִי גָּדוֹל.

עם = אום.

עמאַנציפּאַציע *s.* emancipation שִׁחְרוּר.

עמאַנציפּירן *v. a.* to emancipate שִׁחְרֵר.

עַם־אָרֶץ = עם־הארץ.

עַם־אַרצות = עם־הארצות.

א) אין דער באַדייטונג אין ליאַנדאָרס בריפֿנשטעלער.

עַם־אַרצ׳יש, ־קײַט = עַם־האַרצ׳יש, ־קײַט.

עַם־הָאָרץ *s.* (*pl.* עַם־הָאַרצים) ignoramus, illiterate person. בּוּר.

עַם־הָאַרצות *s.* ignorance, illiteracy בּוּרוּת.

עַם־הָאַרצ׳יש *adj.* ignorant, illiterate בַּעַר, בּוּר; ‖ ־קײַט *s.* ignorance בּוּרוּת.

עַם הַדּוֹמֶה לַחֲמוֹר *phr.* an asinine people, a boorish people. עַם גַּס.

עַמוּד *s.* (*pl.* עַמוּדים) column, page; cantor's desk.

עַמוּד־הָאֵש *s.* pillar of fire.

עַמוּד־הֶעָנָן *s.* pillar of cloud.

עַמוּד־הַתָּוֶך *s.* middle pillar, mainstay.

עמיגראַנט *s.* (*pl.* ־ן) emigrant מְהַגֵּר.

עמיגראַציע *s.* emigration הִגּוּר, הֲגִירָה (יציאה מארצו).

עמיגרירן *v. n.* to emigrate הִגֵּר (יצא מארצו).

עַם חָכָם וְנָבוֹן *phr.* a wise and intelligent people (*in reference to the Jewish people*).

עמיץ, עמיצער = אומעץ, אומעצער.

עָמִיק *adj.* profound (*of thought*) עַמְקָן, חָרִיף א).

עַמְ־ *s.* "thy people," common people, rabble הֶמוֹן.

עַם־לא־הָיָה *s.* a people like which there never existed, a savage people. עַם פֶּרֶא.

עמעץ, עמעצער = אומעץ, אומעצער.

עמער *s.* (*pl.* ־ס) pail, bucket דְּלִי.

עמעריטורע *s.* pension מַשְׂכֹּרֶת חֶסֶד.

עַם־קְשֵׁה־עוֹרֶף *s.* stiff-necked people (*in reference to the Jewish people*).

עֲמָלֵק *npr.* Amalek (*a people inimical to the Hebrews*); (*pl.* עֲמָלֵקים) enemy of the Jews שׂוֹנֵא הַיְּהוּדִים; wicked man אָדָם רָע.

עמר = עומר.

ענג *adj.* narrow (*space*), tight (*clothes*) צַר, דָּחוּק; close קָרוֹב מְאֹד.

ענגליש *adj.* English אַנְגְּלִי.

— ענגלישע זאַלץ Epsom salt מלח אנגלי.

— ענגלישער פּלאַסטער court-plaster תחבשת אנגלית.

— ענגלישע קיך stove-plate לוח כירים.

ענגקײַט *s.* narrowness (*of space*), tightness (*of clothes*) צָרוּת, דֹּחַק.

ענגשאַפט *s.* narrowness דֹּחַק; crush לַחַץ, דֹּחַק.

ענד = ענדע.

ענדיגן *v. a.* to end, finish, conclude גָּמַר, הִשְׁלִים, כִּלָּה, סִיֵּם.

ענדיטשקע = אונדוטשקע.

ענדיק = אונדיק.

ענדליך *adv.* finally, at last לְסוֹף, לְאַחֲרוֹנָה.

ענדע *s.* (*pl.* ־ס) end קֵץ, סוֹף.

ענדעס־פענדעס = הענדעס־פענדעס.

ענדערונג *s.* (*pl.* ־ען) change שִׁנּוּי.

ענדערן *v. a.* to change שִׁנָּה.

עָנָו *s.* (*pl.* עֲנָוִים) meek *or* modest person.

ענוי = עִינוּי.

ענט־ *pref.* ווערטער מיט דעם צוזעץ וועט מען געפינען אין פאַרבינדונג מיט אַנט־.

ענטוזיאַזם *s.* enthusiasm הִתְלַהֲבוּת.

ענטוזיאַסטיש *adj.* enthusiastic מִתְלַהֵב.

ענטל *s.* (*pl.* ־עך) duck בַּר אַוָּז.

ענטפער[1] *s.* (*pl.* ־ס) answer, reply מַעֲנֶה, תְּשׁוּבָה.

ענטפער[2] *conj.* either אוֹ.

— ענטפער... אָדער... either... or... או... או...

ענטפערן *v. n.* to answer, reply עָנָה, הֵשִׁיב.

עָני *s.* (*pl.* עֲנִיים) poor man.

עניו = עָנָו.

עָני־וְאֶבְיון *s.* (*pl.* עֲנִיים־וְאֶבְיונים) very poor man עָנִי עַד מְאֹד.

עֲנִיווּת *s.* meekness, modesty.

עֲנִיוותדיג *adj.* meek, modest עָנָו; ‖ ־קײַט *s.* meekness, modesty עֲנָיוּת.

עֲנִיוּת *s.* poverty.

עָני חָשׁוּב כְּמֵת *phr.* one who is poor is regarded as dead.

עָני־מְדוּכּא *s.* one crushed by poverty, very poor man.

עִנְיָן *s.* (*pl.* עִנְיָנים) matter, business עֵסֶק; subject.

ענליך *adj.* similar, resembling דּוֹמֶה לְ־; ‖ ־קײַט *s.* similarity, resemblance דִּמְיוֹן, דְּמוּת.

עֲנֵנוּ *s.* "answer us," name of a prayer said on fast-days.

— (*id.*) מע דאַרף מיט אים קײן עננו ניט זאָגן he is not in need of anybody's sympathy אינגו צריך לרחמי איש.

ענעם *s.* anise אָנִים (מין צמח), כַּמּוֹן הַמִּצְרִי.

ענעם־אײל *s.* anise oil שֶׁמֶן אָנִים.

ענעם־בראַנפן *s.* anisette יֵין שָׂרָף שֶׁל אָנִים.

ענערגיע *s.* energy עֹז רוּחַ, מֶרֶץ.

ענערגיש *adj.* energetic עַז הָרוּחַ, בַּעַל מֶרֶץ.

ענפער, ענפערן = ענטפער, ענטפערן.

ענציקלאָפּעדיע *s.* (*pl.* ־ס) encyclopedia אֶנְצִיקְלוֹפֶּדְיָה, כָּל־בּוֹ, מַחֲזוֹר הַחָכְמוֹת.

א) ביי ליפשיצן.

ענק *pron. pers.* (דאַטיוו און אַקוזאַטיוו פון עץ) you, to you אֶתְכֶם לָכֶם א).

ענקער *pron. poss.* your שֶׁלָּכֶם.

עס *pron. pers.* it; there הוא. הִיא. זֶה ואת; אותו אוֹתָהּ.

— דאָס קינד איז שוואַך עס קען נים גיין the child is feeble, it cannot walk הילד חלש איננו יכול ללכת.

— ועסט דו דאָס בוך? — איך האָב עס געקויפט do you see the book? — I have bought it הרואה אתה את הספר? — אני קניתי אותו.

— איך זע עס I see it אני רואה זאת

— איך האָב עס I have it יש לי זאת

— ביסט דו עס? is it you? האתה הוא?

— עס וועט זיין אַ צייט there will be a time יהיה יום. יבוא יום.

— עס זיינען געקומען צוויי מענשן there came two persons באו שני אנשים.

עס־טיש *s.* (*pl.* ן —) dining-table שֻׁלְחַן הָאֲרוּחָה.

עסיג¹ *s.* vinegar חֹמֶץ.

— (*id.*) געפוצט אין עסיג און אין האָניג pranked up, finely dressed מְקֻשָּׁט יפה.

עסיג² *adj.* which eats שֶׁאוֹכֵל; biting, sharp עוֹקֵץ. חַד.

עסיג־פלייש *s.* meat stewed in vinegar בָּשָׂר מְבֻשָּׁל בְּחֹמֶץ.

עס־לעפל *s.* (*pl.* עֶן —) table-spool כַּף אֲכִילָה.

עסן *v. a.* (*p. p.* געגעסן) to eat אָכֹל; to gnaw כַּרְסֵם; ‖ *s.* eating אֲכִילָה.

— (*id.*) נים וויסן מיט וואָס מ'עסט עס not to have the slightest knowledge of a thing לא היה לאיש שום ידיעה מדבר.

עסנוואַרג *s.* eatables, victuals מַכֹּלֶת. אֹכֶל. מָזוֹן.

עסע = העסע.

עסע־בעט = הַסֵּב־בֶּעט.

עסענץ *s.* essence תַּמְצִית.

עסער *s.* (*pl.* ס —) eater אוֹכֵל.

— אַ קליינער עסער a poor eater אוכל מעט.

— אַ גרויסער עסער a great eater אוכל הרבה.

עסעריג *adj.* eatable, edible רָאוּי לַאֲכִילָה; biting, sharp עוֹקֵץ. חַד.

— עסעריגע קעלט biting cold קֹר עוֹקֵץ.

עֵסק *s.* (*pl.* עֲסָקִים) business. matter — עִנְיָן.

— דאָס איז נים מיין עסק this is no concern of mine אין הדבר הזה נוגע לי.

עַסְקְן זיך *v. r.* to engage הִתְעַסֵּק בְּ־.

עַסְקָן *s.* (*pl.* עַסְקָנִים) social worker —.

עס־שטוב *s.* (*pl.* ן —) dining-room חֲדַר הָאֹכֶל.

עפּאָכע *s.* (*pl.* ס —) epoch תְּקוּפָה.

עפּאָלעט *s.* (*pl* ן —) epaulet, shoulder-knot כּתֵפָה.

עפּוש = עִיפּוּש.

עפּושן = עִיפּוּשׁן.

עפּיגראַם *s.* (*pl.* ען —) epigram מִכְתָּם.

עפּידעמיע *s.* (*pl* ס —) epidemic מַגֵּפָה.

עפּידעמיש *adj.* epidemic שֶׁל מַגֵּפָה.

עפּיזאָד *s.* (*pl.* ן —) episode מִקְרֶה צְדָדִי.

עפּיקער *s* (*pl.* —) epic poet מְשׁוֹרֵר שִׁירֵי עֲלִילָה.

עפּיש *adj* epic שֶׁל שִׁירֵי עֲלִילָה.

עפּל *s.* (*pl.* —) apple תַּפּוּחַ.

עפּל־בוים *s.* (*pl.* —ביימער) apple-tree תַּפּוּחַ. עֵץ הַתַּפּוּחַ.

עפּל־טרעגער *s.* (*pl.* —) one who sells apples מוֹכֵר תַּפּוּחִים.

עפּל־צימעס *s.* apple stew תַּבְשִׁיל תַּפּוּחִים.

עפּל־קוואַס *s.* cider יֵין תַּפּוּחִים.

עפֿנטליך *adj.* public צִבּוּרִי. שֶׁל קָהָל; ‖ *adv.* publicly בְּפַרְהֶסְיָה. בְּפוּמְבֵּי. בַּקָּהָל.

עפֿענונג *s.* (*pl.* ען —) opening, aperture פֶּתַח חוֹר.

עפֿענען *v. a.* to open פָּתֹחַ.

עפּעס *pron. ind.* something מְאוּמָה; somewhat some, a little מַשֶּׁהוּ; מְעַט.

עפֿעקט *s.* (*pl.* ן —) effect הַפְלָאָה.

עפּר־ואפר *s. pl.* dust and ashes —.

— (*id.*) מאַכן עפּר־ואפר to reduce to nothing, destroy, ruin שים לאין. הַכְחֵד. הַשְׁמֵד.

עץ *pron pers* you אַתֶּם א).

עַצְבוּת *s.* sadness, melancholy —.

עֵצָה *s* (*pl.* עֵצוֹת) advice, counsel —.

— זיך געבן אַן עצה to find a way מצא תחבולה.

עצה־געבער *s.* (*pl.* —) adviser יוֹעֵץ.

עֵץ־הַדַּעַת *s.* the tree of knowledge —.

עֵץ־הַחַיִּים *s.* the tree of life —.

עצהיו״ט *abbr.* = עַל צַד הַיּוֹתֵר טוֹב.

עצהן *v. n* to advise, give an advice יָעֹץ; ‖ — זיך *v. rec.* to consult, deliberate הִתְיָעֵץ. הִמָּלֵךְ

עצום *adj* mighty, great —.

עֵץ חַיִּים *s* (*pl* ס —) "tree of life," one of the two wooden rollers upon which the scroll of the Law is rolled up —.

עצי־זית *s. pl* olive-wood —.

עֲצִירוּת *s* constipation —.

עֲצִירוּת־גְּשָׁמִים *s.* want of rain —.

עָצֵל *s* sluggard —.

א) אין פוילישן דיאַלעקט; פון מיטלהויכדייטש ênk, אייך.

א) אין פוילישן דיאַלעקט; פון מיטלהויכדייטש ëz, איר.

עצלות *s.* ‎—‎ sloth, laziness.

עֶצם *s.* ‎—‎ substance.

— אין עצם בעצם, בעיקר. substantially

עֶצם־הַדָבר *s.* ‎—‎ the substance of the matter.

עֲצָמות *s. pl.* ‎—‎ bones

— צוען די עצמות הלאה, קצר רוח איש (באריכות דברים). to make impatient

עַצְמות־הַיְבֵשות *s. pl.* the dry bones (*revived by the prophet Ezekiel*) ‎—‎.

עֶצם־זאַך *s.* (‎—‎ן *pl.*) essential matter דָבָר עִקָרִי.

עֶק *s.* (‎—‎ן *pl.*) tail זָנָב; end קֵץ, סוֹף.

— עק וועלט the end of the world, a far-off place קצה העולם, מקום רחוק מאד.

— (*id.*) ס'איז נאָר עק וועלט! it is something extraordinary! דבר היוצא מהרגיל הוא!

— (*id.*) דערנייִן אומעצן דעם עק to make an end of a person ירד עם איש עד לחייו.

עקאָנאָם *s.* (‎—‎ען *pl.*) housekeeper, steward סוֹכֵן.

עקאָנאָמיע *s.* economy כַּלְכָּלַת בַּיִת; חִסָּכוֹן.

עקאָנאָמיש *adj.* economical שֶׁל כַּלְכָּלָה; שֶׁל חִסָּכוֹן.

עקבויער = ענבער.

עִקְבְתא־דִמְשיחא *s. pl.* heels of the Messiah, signs of the Messianic time עִקְבוֹת הַמָּשִׁיחַ, אוֹתוֹת יְמוֹת הַמָּשִׁיחַ.

עֲקֵדה = עקידה.

עקדעש = ענדעש.

עֲקוּדים־נְקוּדים־וּבְרוּדים *adj.* striped and dotted and spotted, of all sorts of colors ‎—‎ מִכָּל מִינֵי גְוָנִים.

עקוואַטער *s.* equator קַו הַמַּשְׁוֶה.

עקזאַמען *s.* (‎—‎ס *pl.*) examination מִבְחָן, נִסָּיוֹן.

עקזאַמענירן *v. a.* to examine בָּחֹן, נַסֵּה.

עקזים = הענדעם־פענדעם.

עקזעמפּלאַר *s.* (‎—‎ן *pl.*) copy (*of a book*) אֶכְּסֶמְפְּלָר; specimen דוּגְמָא.

עקזעקוציע *s.* (‎—‎ס *pl.*) execution הוֹצָאָה לַפֹּעַל (פסק דין); exactor נוֹגֵשׂ א).

עקשיקע *s.* hectic, consumption שַׁחֶפֶת ב).

עקיג *adj.* angular, cornered בַּעַל זָוִיּוֹת.

— דרייַ־עקיג three-cornered בעל שלש זויות; פֿיר־עקיג four-cornered בעל ארבע זויות.

עֲקֵידה *s.* "binding," story of the binding of Isaac whom Abraham intended to sacrifice to God ‎—‎.

עקיפּאַזש *s.* (‎—‎ן *pl.*) carriage מֶרְכָּבָה.

א) אין דער צווייטער באדייטונג ביי הורוויצן. ב) ביי ליפשיצן.

עקל¹ *s.* (‎—‎עך *pl.*) little tail זָנָב קָטָן.

עקל² *s.* disgust, nausea גֹּעַל נֶפֶשׁ, בְּחִילָה.

עקלדיג *adj.* disgusting, nauseating מְעוֹרֵר גֹּעַל נֶפֶשׁ, מְעוֹרֵר בְּחִילָה.

עקליפּטיק *s.* (*astr.*) ecliptic קַו הַקְּדָרוֹת.

עקליפּס = ליקוי.

עקלען *v. n.* to make feel disgusted, cause nausea עוֹרֵר גֹּעַל נֶפֶשׁ, גָּרֹר בְּחִילָה.

— עס עקלט מיר I feel disgusted, I nauseate הנני מרגיש געל נפש.

ענקן *v. a.* to end, finish גָּמֹר, הַשְׁלֵם, כַּלֵּה; ‖ ‎—‎ זיך *v. r.* to end, be finished הִגָּמֵר; to be very eager for כָּלֹה נֶפֶשׁ אִישׁ לְ־.

עקסטרע *adv.* extra, besides מִלְּבַד זֶה, בְּתוֹר הוֹסָפָה; specially בְּיִחוּד; purposely בְּכַוָּנָה.

עקסטראַקט *s.* (‎—‎ן *pl.*) extract, essence תַּמְצִית, מִיץ.

עקסטרעם *s.* (‎—‎ען *pl.*) extreme קָצֶה.

עקסיסטירן *v. n.* to exsist הָיֹה, הִמָּצֵא, הִתְקַיֵּם.

עקסיסטענץ *s.* existence יֵשׁוּת, קִיּוּם.

עקסעלע פֿאַרקלענערוואָרט פֿון אָקס.

עקסעלענץ *s.* (*title*) excellency הוֹד מַעֲלָתוֹ.

עקספּאָרט *s.* (‎—‎ן *pl.*) export, exportation הוֹצָאַת סְחוֹרָה מִמְּדִינָה.

עקספּלאָדירן *v. n.* to explode פּוֹצֵץ, הִתְפּוֹצֵץ, הִתְפָּרֵץ.

עקספּלואַטאַטער *s.* (‎—‎ס *pl.*) exploiter מְנַצֵּל.

עקספּלואַטאַציע *s.* exploitation נִצּוּלָה.

עקפּלואַטירן *v. a.* to exploit נַצֵּל.

עקספּעדיטער *s.* (‎—‎ס *pl.*) sender, forwarding agent, shipping agent מְשַׁלֵּחַ, פְּקִיד הַמִּשְׁלוֹחִים.

עקספּעדיציע *s.* (‎—‎ס *pl.*) sending, forwarding מִשְׁלוֹחַ; expedition מִשְׁלַחַת.

עקספּעדירן *v. a.* to send, forward שַׁלֵּחַ.

עקספּעדירער = עקספּעדיטער.

עקספּערט *s.* (‎—‎ן *pl.*) expert מוּמְחֶה.

עקספּרעסער *s.* (‎—‎ס *pl.*) express שָׁלִיחַ מְיֻחָד.

עקעדיג = עקיג.

עקעכדיג, עקעכיג = עקיג.

עָקָר *s.* (עֲקָרים *pl.*) barren man ‎—‎.

עִקָר = עיקר.

עַקְרָב *s.* scorpion ‎—‎; Scorpio (*astr.*) מַזַּל עַקְרָב.

עֲקָרָה *s.* (עֲקָרות *pl.*) barren woman ‎—‎.

עקרייַעץ *s.* (‎—‎ן, ‎—‎עס *pl.*) end of a loaf פְּרוּסַת כִּכַּר לֶחֶם הַקִּיצוֹנָה.

עֲקֶרֶת־הַבַּיִת *s.* mistress of the house, housewife בַּעֲלַת הַבַּיִת, גְּבֶרֶת הַבַּיִת.

עַקְשָן *s.* (עַקְשָנים *pl.*) stubborn *or* obdurate man ‎—‎, אִישׁ קְשֵׁה עֹרֶף.

עַקְשָׁנוּת s. stubbornness, obduracy —. קְשִׁיוּת עֹרֶף.

עַקְשָׁנוּתדִיג adj. stubborn, obstinate, obdurate קְשֵׁה עֹרֶף.

עקשנטע s. (pl. ס —) stubborn or obdurate woman אִשָּׁה קְשַׁת עֹרֶף.

עַקשנען זיך v. r. to be stubborn, be obdurate הִתְעַקֵּשׁ הִקְשָׁה עָרְפּוֹ.

ער pron. pers. he הוּא; || s. (pl. ן—) male זָכָר.

—ער אַליין he himself בעצמו; לבדו.

ער־ pref. ווערטער מיט דעם צווזעץ ווערט מען געפינען אין פאַרבינדונג מיט ד ע ר־.

עראַפּלאַן s. (pl. ען—) aeroplane אֲוִירוֹן.

עֶרֶב s. eve (of Sabbath, of a holiday) —.

עָרֵב s. (pl. עֲרֵבִים) surety —.

עָרֵב זיין v. n. to guarantee עָרֹב.

עֲרָבָה s (pl. עֲרָבוֹת) willow —.

עֶרֶב־וָבוֹקֶר adv. in the evening and in the morning —.

עֲרֵבוּת s. security, guarantee — תְּעֻרוּבָה.

עֲרֵבוּת־מאַן s. (pl. לייט —) surety בַּעַל עֵרָבוֹן.

עֶרֶב־יום־טוב s. eve of a holiday —.

ערבית s. evening service —.

ערבניק s. (pl. עס —) hostage בֶּן־תְּעֻרוּבָה.

ערב־סוכות s. eve of the feast of Tabernacles —.

ערב־פסח s. eve of Passover —.

ערב־ראש־חודש s. eve of new moon —.

עֵרֶב־רַב s. mixed multitude, rabble —, אֲסַפְסוּף.

ערב־שבועות s. eve of Pentecost —.

ערב־שבת s. eve of the Sabbath —.

ערב־שבת־קודש s. eve of the holy Sabbath —.

ערגסט adj. sup. worst הֲכִי גָרוּעַ.

ערגעץ adv. somewhere בְּאַחַד הַמְּקוֹמוֹת, בְּאֵיזֶה מָקוֹם.

— אין ערגעץ נים nowhere בשום מקום.

— ערגעץ וואו somewhere, in some place באיזה מקום.

— ערגעץ א some איזה; ערגעץ א קינד some child איזה ילד.

ערגער adj. comp. worse גָּרוּעַ מִ־, גָּרוּעַ יוֹתֵר.

ערגערן v. a. to vex, tease, grieve הַרְעֵם, צַעֵר; || — זיך v. r. to grieve הִצְטַעֵר.

ערגערניש s. grief צַעַר.

ערד s. earth (as planet) אֶרֶץ; earth (as matter) אֲדָמָה, עָפָר; land, ground אֲדָמָה.

— גייזן אין דער ערד to die מות.

— ליגן אין דער ערד to be dead היה מת; (fig.) to be badly off היה במצב רע.

— (fig.) זיין אין דער ערד to be in a bad condition היה במצב רע.

— (vulg.) גיי אין דער ערד אריין! go to hell! לך לאבדון!

— (vulg.) מיטן קאָפּ אין דער ערד! to hell with it! ילך לאבדון!

ערד־אַרבעט s. agriculture עֲבוֹדַת הָאֲדָמָה.

ערד־אַרבעטער s. (pl. —) agriculturist, farmer עוֹבֵד אֲדָמָה, אִכָּר.

ערד־באַזיץ s. landed property, land אֲחֻזַּת אֲדָמָה.

ערד־באַשרייבונג s. geography כְּתִיבַת הָאָרֶץ.

ערד־טרעטעניש s. press, crush הָמוֹן דּוֹחֵק.

ערדיש adj. earthly אַרְצִיִּי; temporal שֶׁל הָעוֹלָם הַזֶּה.

ערדן adj. of earth שֶׁל אֲדָמָה; earthen שֶׁל חֶרֶס.

— ערדענע כלים earthenware כלי חרס.

ערדערן = ערדן.

ערדציטערניש s. (pl. ן—) earthquake רַעַשׁ הָאָרֶץ.

ערד־קויל s terrestrial globe or sphere כַּדּוּר הָאָרֶץ.

עָרוֹב s. gad-fly (one of the plagues of Egypt) —.

עֵרוּב = עירוב.

עֵרוּב־תַּבְשִׁילִין = עירוב־.

עֶרְוָה s. (pl. עֲרָיוֹת) the pudenda —.

עָרוּךְ s. "arranged and ready," title of a certain Talmudic lexicon —.

ער"ח abbr. עֶרֶב־ראש־חודש.

ערטערווייז adv. in some places, here and there בִּמְקוֹמוֹת אֲחֵרִים, כֹּה וָכֹה.

עֲרָיוֹת s. pl. incest —.

עֲרֵילָה = עֲרֵלטע.

עִירִי־מִקְלָט, ז. עִיר־מִקְלָט.

עֵרֶךְ s. estimation, value; comparison; proportion —.

— נאָכן ערך נאָך in proportion, comparatively לפי הערך.

— אין דעם ערך about so much בערך כך וכך.

— אָן אַן ערך without end באין קץ, בלי תכלית.

— אַן ערך about בערך, קרוב ל־.

ערך־הַמְשׁוּלָשׁ s. (arithm.) rule of three —.

עָרֵל s. (pl. עֲרֵלִים) uncircumcised, non-Jew —.

עֲרֵלָה = עֲרֵלטע.

עָרְלָה s. (pl. עָרְלוֹת) prepuce —.

עֲרֵלטע, עֲרֵלטע s. (pl. ס —) non-Jewess —.

ערליך adj. honest יָשָׁר, כֵּן; || —קייט s. honesty יֹשֶׁר, יִשְׁרַת לֵב.

— ערליך האַלטן to honor כבד.

עָרְמָה s. cunning —; deceit מִרְמָה.

ערנסט adj. earnest, serious ;רְצִינִי || —קײַט s. רְצִינוּת earnestness, seriousness
ערע s. (pl. ס—) era מִנְיָן, תַּאֲרִיךְ.
ערצן = אורצן.
ערשט num. ord. first ;רִאשׁוֹן || adv. at first רִאשׁוֹנָה; only, only now, just now אַךְ זֶה, זֶה עַתָּה; || conj. but אַךְ, אֲבָל.
— איצט ערשט just now זה עתה.
— ערשט נעכטן only yesterday זה אתמול.
— איך האָב געמיינט ער איז שוין אַוועק, ערשט ער איז נאָך דאָ I thought he was gone, but he is still here חשבתי שכבר הלך לו אך עודנו פה.
ערשטלינג s. (—ען pl.) first-born child פֶּטֶר רֶחֶם, בְּכוֹר; woman giving birth for the first time מַבְכִּירָה.
ערשטנס adv. firstly, first רִאשׁוֹנָה.
ע׳ש abbr. = עֶרֶב־שַׁבָּת.
עשאַפּאָט s. (pl. ן—) scaffold תְּלִיָּה.
עשׂה s. (pl. ס—) mandatory command מִצְוַת עֲשֵׂה.
עשׂו npr. Esau (Jacob's brother); — non-Jew גּוֹי.
עשיר s. (pl. עֲשִׁירִים) rich man, wealthy man —.
עשירה s. (pl. עֲשִׁירוֹת) rich woman, wealthy woman —.
עשירות s. riches, wealth — עֹשֶׁר.
עשירות־שֶׁל־קורח s. great wealth of Korah. wealth עֹשֶׁר גָּדוֹל א).
עשי״ת abbr. = עֲשֶׂרֶת־יְמֵי־תְּשׁוּבָה.
עש״ק abbr. = עֶרֶב־שַׁבַּת־קוֹדֶשׁ.
עשׂרה num. ten —.

עשׂרה־בְּטֵבת s. (fast-day the tenth of Tebeth *in commemoration of the first siege of Jerusalem*) —.
עשׂרה־בַּטְלָנים s. pl. "ten idlers," ten pious men maintained by a congregation to insure a quorum for worship —.
עשׂרה־ראשונים s. pl. the first ten men who come to the synagogue for worship —.
עשׂרות = עֲשִׂירוּת.
עשׂרים־וְאַרְבּעה s. "the twenty-four," the scriptures ;כִּתְבֵי הַקֹּדֶשׁ books of the Prophets and the Hagiographa נְבִיאִים וּכְתוּבִים.
עשׂר־מַכּות s. pl. the ten plagues (of Egypt) —.
עשׂרת־בְּני־הָמן s. pl. the ten sons of Haman —.
עשׂרת־הַדִּבְּרות s. pl. the ten commandments, the decalogue —.
עשׂרת־הַשְׁבָטים s. pl. the ten lost tribes of Israel —.
עשׂרת־יְמֵי־תְּשׁובה s. pl the ten days of penitence (*interval between Rosh-hashanah and Yom-Kippur*) —.
עת־חֶדוה s. a time of joy, merriment, revelry —. הִילוּלָא וְחִנְגָּא.
עתיד s. future —.
עתידות s. pl. future events —.
עת־לַעשׂות s. a time to do, a time to be active —.
עת־צָרה s. a time of trouble —.
עת־רָצון s. propitious time —.

פּ.

פּ s. the seventeenth letter of the Hebrew alphabet הָאוֹת הַשְּׁבַע עֶשְׂרֵה בְּאָלֶף־בֵּית הָעִבְרִי: || num. eighty שְׁמוֹנִים.
פּ׳ abbr. = פָּסוּק; פֶּרֶק; פָּרָשָׁה.
פּאַ s. (pl. ען—) Pê, name of the hard פּ (פּ) שֵׁם הָאוֹת פּ הַדְּגוּשָׁה (פּ).
פֿאַ s. (pl. ען—) Fê, name of the aspirated פֿ שֵׁם הָאוֹת פ הָרָפָה.
— לאַנגע פֿאַ (ף) long Fê, final Fê פא זקופה (ף).
— קרומע פֿאַ (פ) the bent Fê פא כפופה (פ).
פּאָכמקע s. catching, seizure תְּפִיסָה.

פּאָכמשטשיק s. (pl. עס—) catcher, seizer תּוֹפֵס, לוֹכֵד.
פּאָבאַטשען = מוחל זײַן.
פּאָגאָדע s. weather מַצַּב הָאֲוִיר.
פּאָגאָדנע adj. serene, clear טָהוֹר, צַח (האויר).
פּאָגאָטאָװיע s. readiness הֱיוֹת מוּכָן.
— סטאַציע פֿון פּאָגאָטאָװיע life-saving station מקום להצלת נפשות.
פּאָגאַנע adj. abominable נִתְעָב.
פּאָגױיִשקע adv. in a language spoken by non-Jews בִּלְשׁוֹן הַגּוֹיִם.
פּאָגזשעב s. burial קְבוּרָה.
פּאָגראָם s. (pl. ען—) riot פְּרָעוֹת.

א) אין פּראָנער Handlexicon.

פּאָגראָמירן v. n. to riot עָשׂה פְּרָעוֹת; || v. a. to attack הִתְנַפֵּל עַל־.

פּאָגראָמשטשיק s. (pl. ־עס) rioter פּוֹרֵעַ, עוֹשֵׂה פְּרָעוֹת.

פּאָגראַפּסקע adv. like a lord כְּאָדוֹן גָּדוֹל.

פּאָד s. (pl. ־ן) floor of an oven, hearth-stone רִצְפַּת תַּנּוּר.

פּאָדאָבנע adj. similar דּוֹמֶה.

פּאָדאַגרע s. podagra, gout פּוֹדַגְרָה (מין מחלת הרגלים).

פּאָדאָזרעווײַען v. a. to suspect חָשַׁד.

פּאָדאַט = פּאָדאַטעק.

פּאָדאַטעק (pl. ־טקעס) impost, tax מַס.

פּאָדאַנסטווע s. subjectdom, citizenship נְתִינוּת, אֶזְרָחִיּוּת.

פּאָדאַנע s. (pl. ־ס) subject, citizen נָתִין, אֶזְרָח.

פּאָדאָנקעס s. pl. dregs מִשְׁקָע, פְּקָטִים.

פּאָד־באָקיעס adv. akimbo בְּשִׂים יָדָיו עַל מָתְנָיו.

פּאָדוואָינע adj. double כָּפוּל.

— פּאָדוואָינע שפּילקע hair-pin מכבנת (מחט לשער).

פּאָדוואַל s. (pl. ־ן) cellar מַרְתֵּף; wholesale liquor business מִסְחַר סִיטוֹנִי שֶׁל יֵין שָׂרָף.

פּאָדווירקע s. (pl. ־ס) inn מָלוֹן.

פּאָדויל s. (pl. ־ן) plain at the foot of a hill מִישׁוֹר לְרַגְלֵי גִבְעָה.

פּאָדושנע s. head-tax, capitation כֶּסֶף גֻּלְגֹּלֶת.

פּאָדזיאַקע s. (pl. ־ס) thanks, gratitude תּוֹדָה.

פּאָדטווערדעווען v. a. to confirm אִשֵּׁר, קִיֵּם.

פּאָדטיאַושקעס = שלייקעס.

פּאָדיאַק(ע) = פּאָדזיאַקע.

פּאָדלאָג s. (pl. ־ן) fraud רַמָּאוּת, זִיּוּף.

פּאָדלאָגע s. (pl. ־ס) floor רִצְפָּה.

פּאָדלאָסט s. (pl. ־ן) meanness, baseness, base act נְבָלָה.

פּאָדלונג = ווערדלונג.

פּאָדליעץ s. (pl. ־עס) vile man, dastard, scoundrel נָבָל, בֶּן בְּלִיַּעַל.

פּאָדלע s. (pl. ־ס) carrion נְבֵלָה.

פּאָדלע adj. mean, base, dastard, vile שָׁפָל, נָבָל.

פּאָדלעגלע adj. subject מְשֻׁעְבָּד.

פּאָדמאַטקע = פּאָדנאָסעק.

פּאָדנאָסעק s. (pl. ־סקעס) new sole גְּלָדָה חֲדָשָׁה.

פּאָדניסק s. (pl. ־עס) = פּאָדנאָסעק; axle-tree clip חִזּוּק לְשַׁקָּא.

פּאָדסוד adv. subject to trial מוּטָל תַּחַת מִשְׁפָּט.

פּאָדסודימע s. (pl. ־) the accused הַנֶּאֱשָׁם.

פּאָדסקראָבעק s. (pl. ־בקעס) a loaf made of dough scraped from the trough חַלַּת־לֶחֶם מִבָּצֵק הַמְּגֹרָד מִן הָעֲרֵבָה.

פּאָדעלעק = פּודעלעק.

פּאָדען v. n. to pay great attention to, to wheedle שִׁמֵּשׁ, הֶחֱנִיף.

פּאָדעסקע s. (pl. ־ס) garter בִּירִית (קשור לגרב).

פּאָדעפּאַלנע adj. daring, bold, fearless אַמִּיץ לֵב; || ־קייט s. boldness אֹמֶץ לֵב.

פּאָדעשווע s. (pl. ־ס) sole גְּלָדָה, סוּלְיָה.

פּאָד־פּאָלקאָווניק s. lieutenant-colonel מִשְׁנֶה שַׂר הַגְּדוּד.

פּאָדפּאַן s. (pl. ־עס) "under-lord," one who plays the lord אִישׁ מִתְנַהֵג כְּאָדוֹן גָּדוֹל.

פּאָדפּאָרע s. (pl. ־ס) support, prop תְּמִיכָה, מִשְׁעָן.

פּאָדפּאָרקע = פּאָדפּאָרע.

פּאָדצאַפּען = פּאָצאַפּען.

פּאָדקופּ s. bribe שֹׁחַד.

פּאָדקעווע s. (pl. ־ס) horseshoe נַעַל הַסּוּס.

פּאָד־ראַבינטשיק s. young assistant of a rabbi מִשְׁנֶה־רַב צָעִיר.

פּאָדראָבנע adj. detailed, particular, circumstantial מְפֹרָט.

פּאָדראָבעק = דראָבוסקעס.

פּאָדראַד s. (pl. ־ן) contract, undertaking קַבְּלָנוּת.

פּאָדראַדעווען v. n. to contract, undertake הִתְנָה תְּנָאֵי קַבְּלָנוּת, קִבֵּל קַבְּלָנוּת.

פּאָדראַטשיק s. (pl. ־עס) contractor, undertaker קַבְּלָן.

פּאָדריוו s. (pl. ־ן) harm, detriment נֵזֶק (על ידי הסגת גבול).

פּאָדריוונע adj. detrimental שֶׁגּוֹרֵם נֵזֶק (על ידי הסגת גבול).

פּאָדרענצנע adj handy, clever זָרִיז.

פּאָדשיווקע s. (pl. ־ס) piece sewed under חֲתִיכָה תְּפוּרָה מִתַּחַת.

פּאֵה¹ s. (pl. פּאות) side-lock ־.

— (id.) ניט ליגן אין פּאה not to interest לא ענין.

— (id.) ניט ליגן אין דער לינקער פּאה not to interest in the least לא ענין כלל.

פּאֵה² s. corner of the field left for the benefit of the poor (*anciently among the Hebrews*) ־.

פּאהאָנע = פּאָגאָנע.

פּאהיבעל s. ruin, destruction כְּלָיָה, אָבְדָן.

פּאֵהקעלע, פּאֵ־קלענערוואָרט פון פּאֵה¹.

פּאַיאָליע adv. slowly, gently לְאַט, בִּמְתִינוּת.

פּאַוואָליענקע adv. very slowly לְאַט מְאֹד.

פּאַוואָלנע adj. slow, quiet אִטִּי, שָׁקֵט.

פּאַוויאַלנע adj. general, wholesale כְּלָלִי.

פּאָווסטערנע adv. immediately after תֵּכֶף אַחֲרֵי־.

פּאָוויאַט s. district (*in Poland*) מָחוֹז (במדינת פולין).
פּאָוויאַלעט adj. faded, withered נָבֵל.
פּאָוויאַלעט ווערן v. p. to fad, wither נָבֹל.
פּאָווידלע s. stewed fruit, jam רִבָּה; stewed plums מִרְקַחַת שְׁזִיפִין.
פּאָוויעטקע s. (pl. ־ס) shed, stable סֻכָּה, אֻרְוָה.
פּאָוויעסטקע s. (pl. ־ס) notification, notice הוֹדָעָה; summons הַזְמָנָה (למשפט).
פּאָווערנע = פּאָווערענע.
פּאָווסטאַניע s. (pl. ־ס) rebellion, insurrection מֶרֶד.
פּאָווסטאַ‖ניעץ s. (pl. ־נצעס) rebel מוֹרֵד.
פּאַווע s. (pl. ־ס) peahen, peacock טַוָּס.
פּאָוועטיניע s. cobweb קוּרֵי עַכָּבִישׁ.
פּאָוועטיניע־געוועב = פּאָוועטיניע.
פּאַוועליאָן s. curtain יְרִיעָה, מָסָךְ, וִילוֹן.
פּאָווערײַען v. a. to verify בָּחֹן, בָּדֹק (חשבון וכד').
פּאָווערענע s. (pl. ־ס) attorney בָּא כֹחַ, מוּרְשֶׁה.
פּאָזאַלעווען = פּאָזשאַלעווען.
פּאָזאַמענט s. passementerie-work מְלֶאכֶת פְּתִילִים רְקוּמֵי זָהָב אוֹ כֶּסֶף.
פּאָזאַמענטיר s. (pl. ־ן) passementerie-worker, lace-maker פּוֹתֵל.
פּאַזוואָליען v. a. to allow, permit הַרְשֵׁה.
פּאַזוכע s. (pl. ־ס) bosom חֵיק.
פּאָזיוו s. (pl. ־ן) summons הַזְמָנָה.
פּאָזיטיוו adj. positive חִיּוּבִי, מֻחְלָט.
פּאָזיטנע adj. of deposit שֶׁל פִּקָּדוֹן; ‖ s. paper-money, bank-notes כֶּסֶף־נְיָר, שְׁטָרֵי הַמַּלְכוּת.
פּאָזיטשקע s. (pl. ־ס) loan הַלְוָאָה.
פּאָזיעמקע s. (pl. ־ס) strawberry גַּרְגְּרֵי אֲדָמָה.
פּאָזיציע s. (pl. ־ס) position מָקוֹם, מַצָּב.
פּאָזיר s. show, appearance מַרְאֶה.
פּאַזע adv. close קָרוֹב מְאֹד א).
— פּאַזע לעבן close by קרוב מאד ל־.
פּאָזע s. (pl. ־ס) pose מַעֲמָד, מַצָּב.
פּאַזעכע = פּאַזוכע.
פּאָזשאַלסע־מײַלע־באָזשע int. God have pity upon us! ה' יְרַחֵם!
פּאָזשאַלעווען v. a. to grant, endow חָנֹן.
פּאָזשאַר s. (pl. ־ן) fire, conflagration שְׂרֵפָה, בְּעֵרָה.
פּאָזשאַרניק s. (pl. ־עס) fireman מְכַבֵּה אֵשׁ.
פּאָזשאַרנע adj. of fire שֶׁל שְׂרֵפָה; ‖ s. depot of the fire-brigade מְקוֹם הַמְכַבִּים.
— פּאָזשאַרנע קאָמאַנדע fire-company, fire-brigade גדוד מכבי אש.

א) זעט אויס פֿון ליטוויש pas, ביי.

פּאָזשיווען זיך v. r. to profit, derive, benefit הַרְוִיחַ.
פּאַט s. (pl. ־ן) lap of a pocket כְּנַף הַכִּיס.
פּאָטאַטשקע s. (pl. ־ס) woman who consents to everything אִשָּׁה מַסְכֶּמֶת לְכָל דָּבָר.
פּאָטאָמסטווע s. posterity זֶרַע.
פּאָטאָק s. (pl. ־עס) current, stream שֶׁטֶף מַיִם.
פּאַטאָקע s. treacle, molasses שְׂרַף הַסֻּכָּר; virgin honey צוּף דְּבַשׁ.
פּאָטאַקעווען v. n. to consent to everything הַסְכֵּם לְכָל דָּבָר (שיאמר איש).
פּאָטאַש s. potash קַלְיָא, אֶשְׁלָג.
פּאָטווערדעווען v. a. to confirm אַשֵּׁר, קַיֵּם.
פּאָטווערזשדען = פּאָטווערדעווען.
פּאָטויפֿען זיך v. r. to be comprehensible הָיֹה אֶפְשָׁר לְהַשִּׂיג א).
— דאָס פּאָטויפֿעט זיך אים נים און קאָס he cannot comprehend this אי אפשר לו להשיג זה.
פּאָטיאַטש s. shoemaker's stirrup רְצוּעַת הַבִּרְכַּיִם לְסַנְדְּלָרִים.
פּאַטיאָק = פּאָטאָק.
פּאָטילִיטשניק s. (pl. ־עס) cuff on the nape of the neck הַכָּאָה בְּעֹרֶף.
פּאָטיליצע s. (pl. ־ס) nape of the neck, occiput עֹרֶף, אֲחוֹרֵי הָרֹאשׁ.
— (id.) קראַצן זיך און פּאָטיליצע to hesitate פקפק.
פּאָטילניצע = פּאָטיליצע.
פּאָטיעכע s. amusement, diversion שַׁעֲשׁוּעַ; delight עֹנֶג.
פּאַטיקע = פּאָטאָקע.
פּאָטיקען זיך v. r. to stumble כָּשֹׁל, הִתְנַגֵּף.
פּאַטלע s. (pl. ־ס) abundance of hair שִׁפְעַת שֵׂעָר.
פּאַטלעזשאַנע s. (pl. ־ס) tomato עַגְבָנִית.
פּאַטעלניע = סקאָווראָדע.
פּאַטעלקע = פּעטעלקע.
פּאַטענט s. (pl. ־ן) licence תְּעוּדַת מִסְחָר; patent תְּעוּדַת זְכוּת עַל הַמְצָאָה חֲדָשָׁה; patented clock שָׁעוֹן שֶׁיֵּשׁ עָלָיו תְּעוּדַת זְכוּת.
פּאַטענטירן v. a. to patent הַשֵּׂג תְּעוּדַת זְכוּת עַל־.
פּאָטראַווע s. (pl. ־ס) dish מַאֲכָל, תַּבְשִׁיל.
פּאַטראָן¹ s. (pl. ־עס) cartridge נַרְתִּיק (לאבק שרפה).
פּאַטראָן² s. (pl. ־עס) (cont.) student of a Talmudical academy תַּלְמִיד הַיְשִׁיבָה; unpractical man אָדָם שֶׁאֵינוֹ מְעֻלָּם הַמַּעֲשֶׂה.

א) אפשר פֿון רוסיש подобаться, פּאַסטן, נעשיקן זיך.

פּאַטראָנסקע *adj.* of a Talmud student של תלמיד הישיבה.

פּאָטראַפּ(י)ען *v. a.* to hit קלע; to satisfy השבע רצון.

פּאַטרול *s.* (*pl.* ־ן) patrol גדוד השומרים הסובבים בעיר.

פּאַטרולירן *v. a.* to patrol סבב בעיר לשמרה.

פּאַטריאָט *s.* (*pl.* ־ן) patriot אוהב מולדתו.

פּאַטריאָטיזם *s.* patriotism אהבת המולדת.

פּאַטריאָטיש *adj.* patriotic של אהבת המולדת.

פּאָטרעט *s.* (*pl.* ־ן) portrait תמונת איש.

פּאָטרעכעס *s. pl.* entrails, bowels, guts קרבים, מעים (= בעבעכעס).

פּאַטש *s.* (*pl.* פּעטש) clap מחיאה; slap *or* smack in the face, box on the ear סטירה, מכת לחי.

— (*id.*) אַ פּאַטש אין פּנים insult עלבון, פגיעה בכבוד.

— (*id.*) אַ פּאַטש פֿון זײַן ליבן נאָמען divine punishment ענש אלהים.

— (*id.*) אַ פּאַטש אין גוט שבת something foreign to the subject דבר שאינו שיך לענין.

פּאָטשאָטנע *adj.* honorable נכבד.

פּאָטשאַ‖טעק *s.* (*pl.* ־טקעס) beginning התחלה; reproof גערה.

פּאָטשאָנג *s.* (*pl.* ־עס) train רכבת.

פּאָטשאָנ‖טעק *s.* (*pl.* ־טקעס) beginning התחלה.

פּאָטשט *s.* post, mail דואר; post-office בית דואר; rumor (*fig.*) שמועה; gossip (*fig.*) רכילות.

פּאָטשטאָווע *adj.* postal, of mail של דואר.

— פּאָטשטאָווע פּאַפּיר note-paper ניר למכתבים.

פּאָטשטאַליאָן *s.* (*pl.* ־עס) postman, letter-carrier דור, נושא המכתבים.

פּאָטשט־אָנווײַזונג *s.* (*pl.* ־ען) post-office money-order המחאת בית הדואר.

פּאָטשטאַר = פּאָטשטער.

פּאָטשט־געלט *s.* postage מחיר המשלוח (על ידי הדואר).

פּאָטשט־טרעגער = פּאָטשטאַליאָן.

פּאָטשט־מאַרקע *s.* (*pl.* ־ס) postage-stamp חותמת הדואר.

פּאָטשט־מײַ(נ)סטער *s.* (*pl.* ־ס) postmaster פקיד הדואר.

פּאָטשטער *s.* (*pl.* ־ס) keeper of the mails חוכר הדואר, מחזיק הדואר; = פּאָטשטאַליאָן.

פּאָטשט־פּאַפּיר *s.* note-paper ניר למכתבים.

פּאָטשט־קאַנטאָר *s.* (*pl.* ־ן) post-office בית הדואר.

פּאָטשט־קאַרט *s.* (*pl.* ־ן) post-card, postal card כרטיס, גלויה.

פּאָטשט־קעסטל *s.* (*pl.* ־עך) letter-box, mail-box תבת הדואר למכתבים.

פּאָטשינקע *s.* (*pl.* ־ס) mending, repair תקון.

פּאַטשן *v. a.* to clap מחא (כפים); to smack a person's face, to box a person's ears סטר, הכה איש על לחייו; ‖ ־זיך *v. rec.* to smack one another's face סטר איש את רעהו, הכה איש את אחיו על הלחיים.

— (*id.*) פּאַטשן זיך אין בײַכעלע to boast התברך בלבבו.

פּאָטשעראַנע *adj.* ground טחון.

— פּאָטשעראַנע גרײַפּלעך semolina, farina גריסים דקים.

פּאַטשערע = פּאַציטר.

פּאַטשערקע = פּאַציערקע.

פּאַטשקון *s.* (*pl.* ־עס) soiler מלכלך; scribbler, scrawler סופר גרוע.

פּאַטשקען *v. a.* to dirty, soil לכלך, טנף; to scribble, scrawl כתב באופן גרוע; ‖ ־זיך *v. r.* to have to do with טפל ב־.

פּאַטשקעניע *s.* soiling לכלוך; tiring work מלאכה מלאה.

פּאַי = פּײַ.

פּאַיאַץ *s.* (*pl.* ־ן) clown ליצן, גחכן.

פּאַיל = פּאַליע.

פּאַילטאָ *s.* (*pl.* ־ס, ־נען) paletot, overcoat בגד עליון.

פּאָילקע *s.* polka (*dance*) פולניה (מין מחול).

פּאָימעניק *s.* (*pl.* ־עס) one captured for military service תפוש, נלכד (לעבודת הצבא).

פּאָימענע = פּאָימעניק.

פּאָיע *s.* watering השקאה.

— געבן פּאָיע to water, to give to drink השקה (בהמות).

פּאָיעזד *s.* (*pl.* ־ן) train רכבת.

פּאָיען *v. a.* to water, give to drink השקה (בהמות).

פּאָישט *s.* felt לבד, פליון.

פּאָישטן *adj* of felt של לבד.

פּאַכאָ‖לעק *s.* (*pl.* ־לקעס) boy, fellow נער.

פּאָכאָזשע = פּאָדאָבנע.

פּאָכוואַל = פּאָכוואַלע.

פּאָכוואַלע *s.* (*pl.* ־ס) praise, commendation שבח, מהלל, תהלה.

פּאַכווע *s.* (*pl.* ־ס) armpit בית שחי.

פּאַכט *s.* (*pl.* ־ן) farm, lease-hold שדות נשכרים; dairy-farm מחלבה; lease חכירה.

— געבן אין פּאַכט to farm out החכיר.

פּאַכטער *s.* (*pl.* ־) lease-holder חוכר.

פּאַכיר *s.* (*pl.* ־ן) bladder שַׁלְחוּפִית; blister אֲבַעְבּוּעָה.

פּאַכירל, פֿאַרקלענערוואָרט פֿון פּאַכיר.

פּאַל *s.* pole, pale יָתֵד, מוֹט, בַּד.

— זעצן אויפֿן פּאַל to empale הוֹשִׁיב על המוט (בדרך עונש).

פּאָל[1] *s.* (*pl.* ־ן) floor רִצְפָּה (= פּאָדלאָגע); bed of boards מִטָּה שֶׁל קְרָשִׁים; upper bench in a steam-bath סַפְסָל עֶלְיוֹן בְּמֶרְחַץ־הַזֵּעָה.

פּאָל[2] *s.* (*pl.* ־ן) pole (*geogr.*) צִיר.

פּאַלאַדעווען *v. n.* to agree, make it up הַשְׁלֵם; || *v. a.* to adjust, settle סַדֵּר.

פּאָלאָווינעס *s. pl.* saw-dust נְסֹרֶת.

פּאָלאָווע *s.* chaff מוֹץ.

פּאַלאַזשע *s.* packing up אֲרִיזָה.

פּאָלאָזשעניע *s.* condition מַצָּב, מַעֲמָד.

פּאַלאַטע *s.* (*pl.* ־ס) chamber אוּלָם, הֵיכָל; court of justice, tribunal בֵּית דִּין.

פּאַלאַטקע *s.* (*pl.* ־ס) tent, pavilion אֹהֶל, סֻכָּה.

פּאַלאַנט *s.* battledore מַקֵּל לִמְשַׂחֵק הַכַּדּוּרִים; tennis מִשְׂחַק הַכַּדּוּרִים.

פּאָלאָניק *s.* (*pl.* ־עס) skimmer, ladle בַּחֲשָׁה.

פּאָלאָנקע *s.* (*pl.* ־ס) ice-hole מַחְצָב בַּקֶּרַח.

פּאָלאָסקאַטניצע *s.* (*pl.* ־ס) slop-bowl קְעָרַת הַשְּׁטִיפָה.

פּאַלאַפּ *s.* (*pl.* ־עס) ceiling תִּקְרָה, סִפּוּן.

פּאַלאַץ *s.* (*pl.* ־ן) palace הֵיכָל אַרְמוֹן.

פּאָלאַר־בער *s.* (*pl.* ־ן) polar bear, white bear דֹּב הַצִּיר, דֹּב לָבָן.

פּאָלאַר־ליכט *s.* polar light אוֹר הַצִּיר.

פּאַלגע *s.* nickname of a tailor כִּנּוּי לְחַיָּט.

פּאַלובע *s.* deck מִכְסֵה הָאֳנִיָּה.

פּאָלוואַרק *s.* (*pl* ־ן) bulwark מִבְצָר.

פּאָלווערי׳זאַטער = פּולווערי זאַטער.

פּאַלומ||סעק *s.* (*pl.* ־סקעס) platter קְעָרָה שְׁטוּחָה.

פּאָלין *s.* wormwood לַעֲנָה.

פּאָליאַק *s.* (*pl.* ־ן) Pole פּוֹלְנִי.

פּאָליאַרעס = פּוליאַרעס.

פּאָליובען *v. n.* to please מָצֹא חֵן, הָיֹה נָעִים לְ־; to agree with הַתְאֵם (לבריאות).

פּאָליוס = פּאָל[2].

פּאָליווע *s.* glaze (*of pottery*) זְגוּג (של כלי חרס); earthenware כְּלֵי חֶרֶס.

פּאָליוועטע *adj.* glazed מְזֻגָּג.

פּאָליטור *s.* polish, gloss בָּרָק; varnish לַכָּה (משחת מורקים).

פּאָליטורן *v. a.* to polish מָרֹק, צַחְצֵחַ; to varnish מָרֹק בְּלַכָּה.

פּאָליטישנע *adj.* artful, cunning עָרוּם; civil, polite מְנֻמָּס.

פּאָליטיק = פּאָליטיקע.

פּאָליטיקאַנט *s.* (*pl.* ־ן) politician אִישׁ מְדִינִי, cunning man אִישׁ עָרוּם.

פּאָליטיקירן *v. n.* to use cunning עָרֹם, הַעֲרֵם.

פּאָליטיקע *s.* politics מְדִינִיּוּת; policy שִׁטָּה מְדִינִית; cunning עָרְמָה.

פּאָליטיקער *s.* (*pl.* ־) politician, statesman חֲכַם מְדִינִי.

פּאָליטיש *adj.* political מְדִינִי.

פּאָלין = פּאָלון.

פּאָליניצע *s.* round loaf כִּכַּר לֶחֶם עָגֹל; baked pudding פַּשְׁטִידָא.

פּאָליס *s.* (*pl.* ־ן) policy (*of insurance*) תְּעוּדַת הַבִּטָּחוֹן.

פּאָליסאַדע *s.* palisade גֶּדֶר יְתֵדוֹת, חִפּוּף.

פּאָליסטראַנט *s.* (*pl.* ־ן) educated man אִישׁ מְלֻמָּד א).

פּאָליס||מאַן *s.* (־מענער, ־לײַט *pl.*) policeman שׁוֹטֵר.

פּאָליע[1] *s.* (*pl.* ־ס) pile כְּלוֹנָסָה.

פּאָליע[2] = פּאָל.

פּאָליעוואַניע *s.* hunting צַיִד.

פּאָליעווען *v. n.* to go to rut (*of animals*) הָיֹה בְּתַאֲוַת רְבִיעָה (בעלי חיים).

פּאָליעט = עפּאָליעט.

פּאָליען *v. a. n.* to burn בָּעֵר, שָׂרֹף.

פּאָליענע *s.* (*pl.* ־ס) billet (*of wood*) גֶּזֶר עֵץ.

פּאָליץ = פּאַלאַץ.

פּאָליציאַנט *s.* (*pl.* ־ן) policeman שׁוֹטֵר (= פּאָליסמאַן).

פּאָליצײַ *s.* police מִשְׁטָרָה; police-station בֵּית הַמִּשְׁטָרָה.

פּאָליצײַיִשע *adj.* of police שֶׁל הַמִּשְׁטָרָה; || *s.* police-man שׁוֹטֵר.

פּאָליציע = פּאָליצײַ.

פּאָליצמײַ(נ)סטער *s.* (*pl.* ־ס) chief of police רֹאשׁ הַמִּשְׁטָרָה.

פּאָליצע = פּאָליצײַ.

פּאָליצע *s.* (*pl.* ־ס) shelf אִצְטַבָּה.

פּאָליקלינִיק *s.* (*pl.* ־ן) policlinic בֵּית חוֹלִים צִבּוּרִי.

פּאָליר *s.* polish בָּרָק.

פּאָליר־אײַזן *s.* (*pl.* ־ס) polishing-iron מַלְטֵשׁ.

פּאָלירן *v. a.* to polish, burnish מָרֹט, מָרֹק, לַטֵּשׁ.

פּאָליר־פּײַל *s.* (*pl.* ־ן) polishing-file שׁוֹפִין לְלַטֵּשׁ.

א) ביי לינעצקין אין „דאָס חסידישע יונגעל"; פּויליש palestrant, אַדוואָקאַט.

פאַליש s. ante-room, ante-chamber (of a synagogue) פְּרוֹזְדוֹר, אוּלָם (של בית הכנסת).
פאַלמע s. (pl. ־ן) palm, palm-tree תָּמָר, דֶּקֶל.
פאַלמעסן v. a. to dissect and inspect (a dead body) נִתַּח וּבָדַק (גוף המת); to embalm חָנַט.
פאַלנע adj. full, complete, perfect מָלֵא, שָׁלֵם.
פאַלנעמאָץ s. (pl. ־עס) plenipotentiary בָּא כֹחַ מוּרְשֶׁה.
פאַלע s. (pl. ־ס) skirt, fly כְּנַף בֶּגֶד. — (id.) רײַסן די פאַלעס האָיך; to press, to urge תבע בחזקה. to dun
פאַלעמיזירן v. n. to dispute הִתְוַכֵּחַ.
פאַלעמיק s. dispute, polemics וִכּוּחַ.
פאַלעמיש adj. polemical שֶׁל וִכּוּחַ.
פאַלען v. a. to weed נִכֵּשׁ.
פאַלעס = פולאָס.
פאַלערינע = פעלערינע.
פאַלק s. (pl. ־ן) regiment גְּדוּד.
פאַלקאָוויע adj. regimental שֶׁל גְּדוּד.
פאַלקאָווניצע s. (pl. ־ס) colonel's wife אֵשֶׁת פְּקִיד הַגְּדוּד.
פאַלקאָווניק s. (pl. ־עס) colonel פְּקִיד הַגְּדוּד.
פאַלקע s. (pl. ־ס) stick מַקֵּל.
פאַלקע s. (pl. ־ס) leg שׁוֹק.
פאָל־קרײַז s. polar circle (geogr.) עִגּוּל הַצִּיר, קַו הַצִּיר.
פאָל־שטערן s. pole-star כּוֹכַב הַצִּיר.
פאָמאַדע s. (pl. ־ס) pomatum מִשְׁחָה לְשֵׂעָר.
פאָמאָשטשניק s. (pl. ־עס) assistant עוֹזֵר.
פאָמאַיניצע s. (pl. ־ס) slop-tub עֲבִיט.
פאָמאַינע יאַמע s. cess-pool, sewer תְּעָלַת שׁוֹפְכִין.
פאָמאָסט s. wooden floor רִצְפַּת עֵץ.
פאָמויע s. (pl. ־ס) frying-pan מַחֲבַת.
פאָמויניצע, פאָמוניצע = פאָמאַיניצע.
פאָמאַציעווען v. a. to strengthen, fasten חִזֵּק, הִדֵּק.
פאָמיאַטניק s. (pl. ־עס) monument מַצֶּבֶת זִכָּרוֹן.
פאָמיאָנטעק s. (pl. ־טקעס) memorial, remembrance, token דְּבַר־מָה לְזִכָּרוֹן, אוֹת זִכָּרוֹן.
פאָמײַניצע = פאָמאַיניצע.
פאָמיענטען זיך v. r. to recollect, remember, call to mind הִזָּכֵר.
פאָמיעס s. pl. slops שׁוֹפְכִין.
פאָמיעשטשיק s. (pl. ־עס) land-holder, country-squire בַּעַל אֲחֻזָּה.
פאַמס = פאַנס.
פאַמסן = פאַנסן.
פאַמעליק = פאַמעלע.
פאַמעלע s. (pl. ־ס) hearth-broom, malkin סַמְטָא הַתַּנּוּר.

פאַמעלעך adv. slowly לְאַט, בִּמְתִינוּת.
פאָמעראַנץ s. (pl. ־ן) orange תַּפּוּחַ זָהָב.
פאָמעשטשען v. a. to place שִׂים (במקום) || ־ זיך v. r. to place oneself מָצֹא לוֹ מָקוֹם.
פאַמפאַ s. (pl. ־ס) pampa עֲרָבָה (בדרום אמיריקה).
פאַמפּושקע s. (pl. ־ס) pancake לְבִיבָה, עֻגַּת הַמַּשְׂרֵת.
פאָמפע¹ s. pomp תִּפְאֶרֶת.
פאָמפע² s. (pl. ־ס) pump מַשְׁאֵבָה, מַשְׁאֵבָה.
פאָמפע³ s. (pl. ־ס) lighted paper cone for blowing smoke into a person's nose (a trick) חָרוּט שֶׁל נְיָר דָּלוּק לְפַחַת עָשָׁן בְּאַף אִישׁ (להתעלל בו א).
פאָמפּעדיקל s. (pl. ־ען) pendulum (of a clock) מְטֻטֶּלֶת ב).
פאַמפּעשטשעניע = פאַמפּעטשעניע.
פאָמפּען v. a. n. to pump שָׁאַב בְּמַשְׁאֵבָה.
פאַן s. (pl. ־עס) lord אָדוֹן, אָצִיל.
פאַנאָראַמע s. (pl. ־ס) panorama מַרְאֶה כְּלָלִי (מראות הטבע); תְּמוּנָה נִשְׁקֶפֶת מִבַּעַד לִזְכוּכִית מַגְדֶּלֶת.
פאַנדורע s. (pl. ־ס) bandore בַּטְנוּן (= באַנדורע).
פאַנטאַלאָנעס s. pl. pantaloons מִכְנָסַיִם.
פאַנטאָפל s. (pl. ־) slipper סַנְדָּל.
— (id.) זײַן אונטער די פאַנטאָפל to be henpecked היה נכנע לאשתו.
פאַנטאָפל־מאַן s. (pl. ־מאַנען, ־מענער) hen-pecked husband אִישׁ שֶׁאִשְׁתּוֹ מוֹשֶׁלֶת בּוֹ.
פאַנטאָמימע s. pantomime מָחוֹג.
פאַנטשקע s. (pl. ־ס) puff (pastry) סוּפְגָּן.
פאַניבראַט s. fellow, equal, close friend חָבֵר מְקֹרָב מְאֹד.
— זײַן מיט אימיצן פאַניבראַט to be a hail-fellow well met with a person היה מקרב מאד לאיש.
פאַניטש s. (pl. ־עס) young nobleman אָצִיל צָעִיר.
פאַני־מאַטקע s. (pl. ־ס) abbess, lady superior (of a nunnery) גְּבִירָה רָאשִׁית (לנוצרים); mistress of the house גְּבֶרֶת הַבַּיִת.
פאַניבראַציע = פאַניבראַט.
פאַניענקע s. (pl. ־ס) young lady גְּבֶרֶת צְעִירָה.
פאַניק(ע) s. (pl. ־ס) panic בֶּהָלָה, מְהוּמָה.
פאַנסיאָן s. (pl. ־ען) boarding-school בֵּית חֲנִיכִים; boarding-house בֵּית אֲרוּחָה.
פאַנס s. crimson color צֶבַע אָדֹם.
פאַנסן adj. crimson, red אָדֹם.
פאַנסעווע = פאַנסן.
פאַנסקע adj. of lord, of master שֶׁל הָאָדוֹן.

א) רוסיש пимфа. ב) דײַטש־לאַטייניש Perpendikel.

— פאנסקע כאראבע (*id.*) slight indisposition מחלה קלה.
פאַנע *s.* (*pl.* ס —) lady גְּבֶרֶת.
פאַנעווען *v. n.* to live like a lord הִתְנַהֵג כְּאָדוֹן גָּדוֹל.
פאַנעראַמע = פּאַנאָראַמע.
פאַנצער *s.* (*pl.* ס —) armor-plate שִׁרְיוֹן, מָגֵן.
פאַנצערן *v. a.* to arm with mail, protect with armor כַּסֵּה בְשִׁרְיוֹן.
פאַנקעווען *v. n.* to indulge פַּנֵּק, מַלֵּא רָצוֹן א).
פאַנש *s.* punch פּוּנְשׁ (מין משקה מסוּג).
פאַנשעווען *v. n.* to drink, feast, revel שָׁתֹה, חָגֹג הִתְהוֹלֵל.
פאַנשטשיזניק *s.* (*pl.* עס —) peasant subject to statute-labor אִכָּר מְשֻׁעְבָּד לַאֲדוֹנָיו.
פאַנשטשיזנע *s.* statute-labor מַס עוֹבֵד מֵהָאִכָּרִים לַאֲדוֹנֵיהֶם.
פאַנשטשינע = פּאַנשטשיזנע.
פאַס[1] *s.* (*pl.* ן —) stripe, line קַו; strap, strip רְצוּעָה, פַּס; belt, girdle חֲגוֹרָה.
— רייסן א פאס (*id.*) to exact a high price, to extort הוציא בחזקה מחיר גדול.
פאַס[2] *s.* (פּעסער *pl.*) passport תְּעוּדַת מַסָּע.
פאַסאַד *s.* (*pl.* ן —) suburb, faubourg מִגְרַשׁ עִיר.
פאַסאַזש *s.* (*pl.* ן —) passage מָבוֹי מְפֻלָּשׁ, מַעֲבַר שׁוּק; sea-voyage נְסִיעָה עַל הַיָּם.
פאַסאַזשיר *s.* (*pl.* ן —) passenger נוֹסֵעַ.
— א בלונדער פאסאזשיר, ז. בלונד.
פאַסאַט־ווינט *s.* (*pl.* ן —) (*geogr.*) trade-wind רוּחַ קָדִים (רוח תדירה המנשבת מן הים).
פאַסאַל *s.* (*pl.* ן —) = פּאַסלאַניק.
פאַסודע *s.* plates and dishes, utensils כְּלֵי בַיִת.
פאַסט = פּאָסט.
פאַסטאַמענט *s.* (*pl.* ן —) pedestal בָּסִיס, כַּן.
פאַסט־אַנוויַיזונג = פּאָסט־אַנווייזונג.
פאַסטאָי *s.* quartering, quarters (*of soldiers*) תַּחֲנוֹת (מעון זמני לאנשי צבא); quartered soldiers אַנְשֵׁי צָבָא שֶׁהָעֳמְדוּ בְּבֵית אִישׁ.
פאַסטאָיאַ||לעץ *s.* (*pl.* לצעס —) lodger גֵּר, שָׁכֵן.
פאַסטוי = פּאַסטאָי.
פאַסטוך *s.* (*pl.* ער —) shepherd רוֹעֶה.
פאַסטושכע *adj.* of shepherd, pastoral שֶׁל רוֹעֶה.
פאַסטושקע *s.* (*pl.* ס —) shepherdess רוֹעָה.
פאַסטי||ווען *s.* (*pl.* ווצעס —) small tub סִיר רַחַץ קָטָן.

א) פּאַנקעווען נעפינט זיך ביי ליפשיצן און הורוויצן; זעט אויס פון העברעאיש פנק.

פאַסטילניק *s.* (*pl.* עס —) tanner בּוּרְסִי, מְעַבֵּד עוֹרוֹת.
פאַסטילקע *s.* (*pl.* ס —) pastille פַּסְטִילוֹס (לרפואה).
פאַסטן = פּאָסן.
פאָסטן *s.* (*pl.* —) post מַעֲמָד, מִשְׂרָה.
פאַסטעווקע = פּאָסטעמקע.
פאַסטעלע *s.* (*pl.* ס —) sandal הִיפּוֹנָא, סוּלִית.
פאָסטעמפּאָווע *adj.* progressive מִתְקַדֵּם.
פאַסטעמקע *s.* (*pl.* ס —) conduct מִנְהָג, מַעֲלָל; grimace, gesture תְּנוּעָה; whim שִׁגָּעוֹן.
פאַסטער = פּאָסטמאַליאָן.
פאַסטערניאַק *s.* parsnip אַסְפַּסְנִין.
פאָסט־פאַרטע = פּאָסט־געלט.
פאָסט־קאַרט(ל) = פּאָסט־קאַרט.
פאַסטקע *s.* (*pl.* ס —) trap פַּח, מַלְכֹּדֶת.
פאַסטראָיקע *s.* (*pl.* ס —) building, structure בִּנְיָן.
פאַסטראָניק *s.* (*pl* עס —) trace, pulling-strap עֲבוֹת הָעֲגָלָה.
פאַסטראָנקעס *s. pl.* halters, ropes חֲבָלִים.
פאַסטראַשען = סטראַשען.
פאַסיג *adj.* suitable, becoming הָגוּן, יָאֶה, נָאוֶה.
פאַסיטשניק *s.* (*pl.* עס —) apiarist מְגַדֵּל דְּבוֹרִים.
פאַסילקע *s.* (*pl.* ס —) thing sent, parcel, package צְרוֹר שָׁלוּחַ.
פאַסיע *s.* passion קֶצֶף.
— אריינקומען אין דער פּאַסיע to get into a passion התקצף.
פאַסינקע = בּינשטאָק.
פאַסירונג *s.* (*pl.* ען —) happening, occurrence, event מִקְרֶה, מְאוֹרָע.
פאַסירן *v. n.* to happen, occur, come to pass קָרֹה, הִקָּרֵה;|| — זיך *v. r.* ד. ז.
פאַסיר־שיַין *s.* (*pl* ען —) pass רִשְׁיוֹן לַעֲבֹר.
פאַסכע *s.* Easter, Easter-week פַּסְחָא לְנוֹצְרִים.
פאַסלאַ||ניעץ *s* (*pl.* נצעס —) messenger שָׁלִיחַ.
פאַסלאַניק *s.* (*pl.* עס —) envoy, ambassador צִיר (של מדינה).
פאַסלושנע *adj.* obedient מַקְשִׁיב, נִכְנָע;|| — קייט *s.* obedience הַקְשָׁבָה, הִכָּנְעָה.
פאַסליעדנע *adj.* last, latest אַחֲרוֹן; the lowest הַדַּל, הַשָּׁפָל.
— פּאַסליעדנע מעל coarse meal קיבורה, שירי הקמח.
פאַסמאַצקע *s.* (*pl.* ס —) dainty, delicacy מַאֲכַל תַּאֲוָה.
פאַסמאַקעווען *v. a.* to taste טָעֹם;|| — זיך *v. r.* to relish הָיֹה נָעִים לְחֵךְ אִישׁ.
פאַסמע *s.* (*pl.* ס —) skein פְּקַעַת; series (*fig.*) סֵדֶר, שׁוּרָה.

פּאַסן¹ v. n. to suit, fit; הָלַם to be fitting, be becoming הָיָה יָאֶה; to match הִתְאִים לְ־.

פּאַסן² v. n. to pass (*at cards*) שָׁבַת (בְּמִשְׂחַק הַקְּלָפִים).

פּאַס|נוּען v. a. to flog יִסֵּר בְּשׁוֹטִים.

פּאַסעכע s. drought בַּצֹּרֶת.

פּאַסען = פּאַשען.

פּאַסעסיע s. (pl. ־ס) estate אֲחֻזָּה.

פּאַסעסער s. (pl. ־ס) land-holder, lessee שׂוֹכֵר אֲחֻזָּה.

פּאַ|סעק s. (pl. ־סקעס) small stroke *or* line קַו קָטָן; פַּס קָטָן small stripe; small strap רְצוּעָה קְטַנָּה; small belt *or* girdle חֲגוֹרָה קְטַנָּה; a game with a perforated strap מִשְׂחָק בִּרְצוּעָה עִם חוֹרִים.

פּאַסעק־שפּילער s. (pl. ־, ־ס) gambler מְשַׂחֵק; speculator סַפְסָר.

פּאַספּאָרט s. (pl. ־ן) passport תְּעוּדַת מַסָּע.

פּאַספּאָרטנע adj. of passport שֶׁל תְּעוּדַת מַסָּע.

פּאַספּעווען v. n. to come in time בֹּא בְעִתּוֹ.

פּאַספּען = פּאַספּעווען.

פּאַספּישנע = מרונק־געלט.

פּאַסצילע = פּאַסצילקע.

פּאַסצילקע s. (pl. ־ס) rag put under a child סְחָבָה שֶׁמַּצִּיעִים תַּחַת יֶלֶד.

פּאַסקודזע(ש)ען v. a. n. to foul גֵּאֵל, טִנֵּף; to shit עָשָׂה צְרָכָיו.

פּאַסקודניאַק = פּאַסקודניק.

פּאַסקודניצע s. (pl. ־ס) nasty woman אִשָּׁה נִתְעָבָה.

פּאַסקודניק s. (pl. ־עס) nasty man אִישׁ נִתְעָב.

פּאַסקודנע adj. abominable, nasty, filthy נִתְעָב, מְזֹהָם.

פּאַסקודסטווע s. (pl. ־ס) abomination, filth תּוֹעֵבָה, זֻהֲמָה; nasty woman אִשָּׁה נִתְעָבָה.

פּאַסקודע s. nasty thing דָּבָר נִתְעָב.

פּאַסקודען = פּאַסקודז(ש)ען.

פּאַסקוויל s. (pl. ־ן) libel, lampoon כְּתַב פַּלַּסְתֵּר.

פּאַסקעוואַטע adj. striped מְסֻמָּן בְּקַוִּים.

פּאַסק|ע|לע s. (pl. ־לעך) little stripe פַּס קָטָן.

פּאַעדינטשע adj. of one whole piece מֵחֲתִיכָה אַחַת (שֶׁל אָרִיג).

פּאַעדינעק = דועל.

פּאָעזיע s. poetry שִׁירָה, פִּיּוּט.

פּאָעט s. (pl. ־ן) poet מְשׁוֹרֵר, פַּיְּטָן.

פּאָעטיש adj. poetical שִׁירִי, פִּיּוּטִי.

פּאַפּ s. paste דֶּבֶק.

פּאָפּ s. (pl. ־עס) priest, parson כֹּהֵן, כֹּמֶר.

פּאַף int. crash! קוֹל יְרִיָּה.

פּאַפּאַ s. papa אַבָּא.

פּאַפּאַדען זיך v. r. to fall into נָפֹל בְּ־.

פּאַפּאַס s. pasture מִרְעֶה; food אֹכֶל, מָזוֹן.

פּאַפּאַרען v. a. to pour boiling water upon שָׁפֹךְ רוֹתְחִים עַל־.

פּאַפּוגײַ s. (pl. ־עס) parrot תֻּכִּי.

פּאָפּולאַריטעט s. popularity פִּרְסוּם.

פּאָפּולער adj. popular מְפֻרְסָם לַכֹּל; מוּבָן לַכֹּל.

פּאַפּוסע s. (pl. ־ס) tattered book סֵפֶר קָרוּעַ וּבָלוּי.

פּאַפּיר s. paper נְיָר; (pl. ־ן) document כְּתָב.

פּאַפּיראָס s. (pl. ־ן) cigarette סִיגַרְיָה.

פּאַפּיראָסניק s. (pl. ־עס) cigarette-maker עוֹשֶׂה סִיגַרְיוֹת.

פּאַפּיראָס־פּאַפּיר s. cigarette-paper נְיַר דַּק לְסִיגַרְיוֹת.

פּאַפּיר־געלט s. paper-money, bank-notes שְׁטַר כֶּסֶף.

פּאַפּירל s. (pl. ־עך) note פִּתְקָה.

פּאַפּיר־מיל s. (pl. ־ן) paper-mill בֵּית חֲרֹשֶׁת נְיָר.

פּאַפּירן adj. of paper שֶׁל נְיָר.

פּאַפּישל s. (pl. ־עך) roll of tobacco גְּלִיל שֶׁל טַבָּק.

פּאַפּל|בוים s. (pl. ־בײמער) poplar-tree צַפְצָפָה.

פּאַפּלען v. a. to eat אָכֹל.

פּאַפּלעקציע = אַפּאָפּלעקציע.

פּאַפּן v. n. (*cont.*) to sleep יָשֹׁן.

פּאַפּסט s. (pl. ־ן) pope אַפִּיפְיוֹר.

פּאַפּסטליך adj. of the pope, papal שֶׁל הָאַפִּיפְיוֹר.
— **פּאַפּסטליכער שטאַט** Papal State מְדִינַת הָאַפִּיפְיוֹר.

פּאַפּע s. bread (*in baby-language*) לֶחֶם (בִּלְשׁוֹן שֶׁמְּדַבְּרִים לְתִינוֹקוֹת).

פּאַפּעטשעניע s. care דְּאָגָה לְ־, פִּקּוּחַ.

פּאָפּעליאַטע adj. ash-colored, ash-gray אָפוֹר, שֶׁל מַרְאֵה אֵפֶר.

פּאָפּערעק adv. across, athwart בָּרֹחַב, בָּעֵרֶב; athwart בְּקֶרִי, לְמֹרַת רוּחַ אִישׁ.

פּאַפּערקע s. (pl. ־ס) wing joint פֶּרֶק הַכָּנָף.

פּאַפּעשאַיעס = פּאָפּשאָיעס.

פּאַפּקע s. (pl. ־ס) doll בֻּבָּה.

פּאָפּראַווען v. a. to mend, repair, improve תַּקֵּן; ‖ ־זיך v. r. to improve תַּקֵּן עַצְמוֹ; הֵרָפֵא.

פּאָפּראַווקע s. (pl. ־ס) repair תִּקּוּן; correction תִּקּוּן (שֶׁל טָעוּת); improvement הֲטָבָה (שֶׁל בְּרִיאוּת).

פּאָפּשאָיעס = קוקורוזע.

פּאָץ s. (pl. פּעץ) male organ, penis אֵבֶר הַזָּכָר; fool אָמָּה; פֶּתִי, שׁוֹטֶה א).

א) אפשר פון ווייסרוסיש ПОТКА.

פּאַצאַפּען *v. a.* to catch, seize חָטַף.
פּאַ־צַדיק *s.* (*fl.*) police מִשְׁטָרָה.
פּאַצוק *s.* (–עס *pl.*) rat עַכְבָּר גָּדוֹל.
פּאַציאַפּען = פּאַצאַפּען.
פּאַצינקע *s.* lulling to sleep יַשֵּׁן (ילד).
פּאַציעכע *s.* (–ס *pl.*) comfort, delight נֶחָמָה, תַּעֲנוּג; fun שַׁעֲשׁוּעַ.
פּאַציענט *s.* (–ן *pl.*) patient חוֹלֶה.
פּאַציער *s.* (–עס *pl.*) the Lord's prayer, Christian prayer תְּפִלָּה לְנוֹצְרִים.
— זאָגן פּאַציערעס to pray התפלל.
פּאַציערקע *s.* (–ס *pl.*) bead פְּנִינַת זְכוּכִית.
פּאַצקען = פּאַטשקען.
פּאַק[1] *s.* (פּעק *pl.*) pack, bale חֲבִילָה.
פּאַק[2] *conj.* then וּבְכֵן.
— ער וועט מיך פּאַק גליקליך מאַכן he will then make me happy ובכן יאשרני.
פּאָק *s.* pock אֲבַעְבּוּעָה; ז. פּאָקן.
פּאַקאָוונע *adj.* of load שֶׁל מַשָּׂא.
— אַ פּאַקאָוונער וואָגן truck עגלה למשא.
פּאָקאַז *s.* show, exhibition מַרְאֶה, רַאֲוָה.
פּאָקאַזאַניע *s.* (–ס *pl.*) testimony, evidence עֵדוּת.
פּאָקאָי *s.* (–עס *pl.*) chamber חֶדֶר.
פּאָקאָיאָווע, פּאָקאָיאָווע = פּאָקאָיואָווקע.
פּאָקאָיואָווקע *s.* (–ס *pl.*) chamber-maid מְשָׁרֶתֶת.
פּאַקאָסט *s.* (–ן *pl.*) malicious deed מַעֲשֶׂה רָע; harm, injury נֶזֶק.
פּאָקאָסט *s.* varnish לַכָּה.
פּאַקאָסטניק *s.* (–עס *pl.*) malicious man אָדָם רָע.
פּאָקאָרנע *adj.* submissive, humble, obedient נִכְנָע, מַקְשִׁיב.
פּאָקוטע *s.* (–ס *pl.*) penance סִגּוּף, תְּשׁוּבָה.
פּאָקוטעווען *v. n.* to do penance הִסְתַּגֵּף, עִנָּה אֶת נַפְשׁוֹ.
פּאָקוליע, –ס *s.* hemp הַנַּבּוּס.
פּאָקום = פּאָקאָסט.
פּאָקופּקע *s.* (–ס *pl.*) purchase קְנִיָּה.
פּאַקט, פּאַקטער = פּאַכט, פּאַכטער.
פּאַקירער = פּאַקער.
פּאָקלאַזשע *s.* cargo, load מַשָּׂא.
פּאַק־לייַוונט *s.* pack-cloth בַּד לַאֲרִיזָה.
פּאַק־נאָדל *s.* (–ען *pl.*) packing-needle מַחַט לַאֲרִיזָה.
פּאַקן *v. a.* to pack אָרַז, עָשָׂה חֲבִילָה; to catch חָטַף, לָכַד; to eat much (*sl.*) אָכַל הַרְבֵּה; ‖ –זיך *v. r.* to pack off, make off בָּרַח, נוּס; to eat much אָכַל הַרְבֵּה.

פּאָקן[1] *s. pl.* pox, small-pox אֲבַעְבּוּעוֹת.
— שטעלן פּאָקן to vaccinate הִרכב אבעבועות.
פּאָקן[2] *v. n.* to have small-pox הָיָה אֲבַעְבּוּעוֹת לְאִישׁ.
פּאַקנטרעגער *s.* (–, –ס *pl.*) itinerant book-seller מוֹכֵר סְפָרִים נוֹדֵד.
פּאָקן־מַגֵפה *s.* small-pox epidemic מַגֵּפַת אֲבַעְבּוּעוֹת.
פּאַקע‖וואַנעט, –וואַנען *conj.* till, until עַד שֶׁ־.
פּאַקעט *s.* (–ן *pl.*) packet, package, parcel חֲבִילָה.
פּאַקעט־‖בוך *s.* (–ביכער *pl.*) (*Am.*) pocket-book אַרְנָק א).
פּאַקעסט = פּאַקאָסט.
פּאַקעסטניק = פּאַקאָסטניק.
פּאַקער *s.* (–ס *pl.*) packer אוֹרֵז, עוֹשֶׂה חֲבִילוֹת; (*sl.*) great eater אִישׁ אוֹכֵל הַרְבֵּה.
פּאַק־פּאַפּיר *s.* packing-paper, wrapping-paper נְיָר לַאֲרִיזָה, נְיָר לִכְרִיכָה.
פּאַק־צייַג *s.* packing-materials חֹמֶר לַאֲרִיזָה.
פּאָקראָי, פּאָקרוי *s.* cut, shape, fashion גִּזְרָה, אָפְנָה.
פּאָקריִשקע *s.* (–ס *pl.*) cover, coverlet צָמִיד; cover צִפּוּי.
פּאָר *s.* (– *pl.*) pair זוּג, צֶמֶד; coulpe זוג (איש ואשה); match דָּבָר מַתְאִים לְשֵׁנִי; ‖ *pron. ind.* a couple of, a few אֲחָדִים.
— ער איז פּאָר איר נים קיין פּאָר he is no match for her איננו מתאים לה.
— אַ פּאָר ווערטער a few words דברים אחדים.
פּאֵר *s.* ornament –, תִּפְאֶרֶת.
פּאַראַ‖באַק *s.* (–בקעס *pl.*) farm-hand עוֹבֵד הָאֲדָמָה.
פּאַראַגראַף *s.* (–ן *pl.*) paragraph סָמָן, סָעִיף.
פּאַראַד *s.* (–ן *pl.*) parade חֲגִיגָה, תַּהֲלוּכָה.
— (*id.*) מאַכן אַ פּאַראַד פֿון עפּעס to make much of a thing הפלג דבר, הגדל ערך.
פּאַראַדנע *adj.* state, gala שֶׁל חַג.
— פּאַראַדנע טיר, פּאַראַדנע פּרעס main entrance מבוא ראשי.
פּאַראַדעק = פּאָראַנדעק.
פּאַראַוואַן *s.* (–עס *pl.*) screen דֹּפֶן מַבְדִּיל, מָסָךְ.
פּאַראָוויק *s.* (–עס *pl.*) boiler, steam-engine דּוּד הַקִּיטוֹר, מְכוֹנַת קִיטוֹר.
פּאַראָווע *adj.* of steam קִיטוֹרִי, שֶׁל קִיטוֹר.
פּאַראַזיט *s.* (–ן *pl.*) parasite מְלַחֵךְ פִּנְכָּה.
פּאָראָך *s.* powder אֲבַק שְׂרֵפָה.
פּאַראָכאָד *s.* (–ן *pl.*) steamboat, steamer אֳנִיַּת קִיטוֹר.

א) ענגליש pocket-book.

פּאַראַליִש *s.* paralysis, palsy נֶכֶה, שִׁתּוּק.
פּאַראַלעל־קרייז *s.* (*pl.* ן –) (*geogr.*) parallel קַו מַקְבִּיל, עִגּוּל מַקְבִּיל.
פּאַראַם = פּראָם.
פּאַראַנ‖דעק *s.* (*pl.* –דקעם) order סֵדֶר.
פּאַראַנדקעווען *v. n.* to manage נַהֵל.
פּאַראַניען זיך *v. r.* to come early, hurry, hasten הַקְדֵּם לָבֹא, מַהֵר.
פּאַראַסאָל *s.* (*pl.* ן –) parasol שִׁמְשִׁיָּה; umbrella מִטְרִיָּה.
פּאַראַסאָן *s.* (*pl.* ען –) = פּאַראַסאָל.
פּאַראַסטע *s.* (*pl.* ס –) sail מִפְרָשׂ.
פּאַראַסינע *s.* sail-cloth, canvass בַּד הַמִּפְרָשׂ, בַּד נֵס.
פּאַראַסעלעכל, פֿאַרקלענערוואָרט פֿון פּאַראַסאָל
פּאַראַפּיע *s.* (*pl.* ס –) parish קְהִלָּה דָתִית (תחת כהן אחד).
פְּאַר־הַדּוֹר *s.* the ornament of the generation (*of an eminent man*) –.
פּאָרווייז *adv.* by pairs, by couples שְׁנַיִם שְׁנַיִם.
פּאָרוטש(נ)יק *s.* (*pl.* –עס) lieutenant לְטַנָּנְט (פקיד הצבא).
פּאָרוטשעניע *s.* (*pl.* ס –) commission, errand, order מְלָאכוֹת, פְּקוּדָה.
פּאַרוק = פּאַריק.
פּאָרוקע *s.* (*pl.* ס –) guarantee עֵרָבוֹן; bail, surety עֲרֻבּוֹת.
פּאַרטאַטש *s.* (*pl.* –עס) botcher, bungler עוֹשֶׂה מְלָאכָה גַּסָּה.
פּאַרטאַטשעווען *v. n.* to botch, bungle עֲשֵׂה מְלָאכָה גַּסָּה.
פּאַרטאַטשקע *adj.* bungling גַּס (מלאכה).
פּאָרט־טאַבאַק *s.* tobacco-pouch כִּיס לְטַבָּק.
פּאַרטיזאַניש *adj.* partisan שֶׁל מִפְלָגָה.
פּאַרטיי¹ *s.* (*pl.* ען –) party מִפְלָגָה א).
פּאַרטיי² *s.* (*pl.* ען –) match שִׁדּוּךְ; game מִשְׂחָק; lot, parcel חֲבִילַת סְחוֹרָה ב).
פּאַרטייאיש *adj.* partial נוֹטֶה לְצַד אֶחָד, נוֹשֵׂא פָנִים; ‖ –קייט *s.* partiality נְטִיָּה לְצַד אֶחָד, מַשֹּׂא פָנִים.
פּאַרטיע *s.* (*pl.* ס –) party מִפְלָגָה (= פּאַרטיי¹); class כִּתָּה (בבית ספר); party, company חֶבְרָה, חֲבוּרָתָא; lot, parcel חֲבִילַת סְחוֹרָה.
פּאָרטמאָנע(ע) *s.* (*pl.* ס –) money-bag, purse כִּיס לְמָעוֹת, אַרְנָק.
פּאָרט־סיגאַר *s.* (*pl.* ן –) cigar-case כִּיס לְסִיגָרוֹת.
פּאָרטע = פּאָטשט־נעלט.
פּאָרטער *s.* porter פּוֹרְטֶר (מין שכר כֵּהֶה).

א) דייטש Partei. ב) דייטש Partie; אין דער צווייטער און דריטער באַדייטונג אין ליאַנדאַרס בריפֿנשטעלער.

פּאָרטפּאָליאָ *s.* (*pl.* ס –) portfolio תִּיק הַסּוֹפֵר, יַלְקוּט הַכְּתָבִים.
פּאָרטרעט *s.* (*pl.* ן –) portrait צוּרַת אָדָם.
פּאַרטשיק *s.* (*pl.* –עס) hackney-coachman עֶגְלוֹן, רַכָּב.
פּאַרטשעווע *adj.* brocaded אָרוּג בְּזָהָב וָכֶסֶף.
פּאָריטש *prep.* near אֵצֶל.
פּאַריץ = פָּרִיץ.
פּאַריק *s.* (*pl.* ן –) wig פֵּאָה נָכְרִית.
פּאַרך *s.* (*pl.* –עס) scab, scurf גָּרָב, מִסְפַּחַת; (*fig.*) wicked man בְּלִיַּעַל, נָבָל.
פּאָרך *s.* dust אָבָק.
פּאַרכוטש *s.* (*pl.* –עס) wicked man בְּלִיַּעַל, נָבָל.
פּאַרכוואַטע *adj.* scabby, scurvy מֻכֵּה גָרָב.
פּאָרל *s.* (*pl.* –עך) loving couple זוּג נֶאֱהָבִים.
פּאַרלאַמענט *s.* (*pl.* ן –) parliament בֵּית נִבְחֲרֵי הָעָם, בֵּית מוֹרְשֵׁי הָעָם.
פּאַרלאַמענטאַריש *adj.* parliamentary שֶׁל בֵּית נִבְחֲרֵי הָעָם.
פּאַרמע(נ)ט *s.* parchment גְּוִיל, קְלָף.
פּאָרן *v. a.* to pair, couple זַוֵּג; ‖ –זיך *v. r.* to pair, mate, copulate הִזְדַּוֵּג.
פּאַרנע *adj.* sultry, sweltering חַם עַד לְהַחֲנִיק.
פּאָרסקען *v. n.* to snort נַחֵר.
פּאַרע¹ *s.* vapor, steam אֵד, הֶבֶל, קִיטוֹר; (*fig.*) breath נְשִׁימָה.
פּאַרע² *s.* (*pl.* ס –) para (*small Turkish coin*) פָּרָה (מטבע קטנה בטורקיה).
פּאַרעבאָק = פּאַראַבאָק.
פּאַרעווע *adj.* having neither the substance of meat nor of milk (*of food*) שֶׁאֵין בּוֹ לֹא מִן הַבָּשָׂר וְלֹא מִן הֶחָלָב (ממאכל); (*fig*) neither one thing nor the other לֹא הָא וְלֹא הָא א).
— פּאַרעווע געקעכץ something cooked without meat or milk תבשיל בלא בשר ובלא חלב.
— פּאַרעווע כלים vessels not used for cooking meat or milk כלים שאין משתמשים בהם לבשל בשר או חלב.
— פּאַרעווע לאָקשן (*id.*) neither fish nor flesh אדם שאינו לא הא ולא הא.
פּאַרעוויק *s.* (*pl.* –עס) vessel for boiling or scalding כְּלִי לִרְתִיחָה אוֹ לִשְׁלִיקָה.
פּאַרעטשקע *s.* (*pl.* ס –) currant עֵנָב הַשּׁוּעָל.
פּאַרען *v. a.* to steam קַטֵּר; to lather, make sweat הָזֵעַ; ‖ *v. imp.* to be sultry הָיָה חַם עַד לְהַחֲנִיק; ‖ –זיך *v. r.* to lather oneself רָחֵץ אֶת בְּשָׂרוֹ בְּהֶבֶל.

א) פּאַרעווע איז אפשר פֿון דייטש bar (מיטלהויכדייטש par), נאַקעט, פּוסט, אָן אינהאַלט.

פּאָרען זיך *v. r.* to occupy oneself הִתְעַסֵּק, טַפֵּל; to intercede הִשְׁתַּדֵּל.
— פּאָרע זיך נישט! don't touch! אל תגע!
פּאַרענטשע *s.* (—ס *pl.*) balustrade, hand-rail מַעֲקֶה, מִסְעָד; back (*of a chair*) גַּב (של כסא).
פּאָרעצקע = פּאָרעטשקע.
פּאָר־‖פֿאָלק *s.* (— פֿאָלקן, — פֿעלקער *pl.*) married couple זוג, אִישׁ וְאִשְׁתּוֹ.
פּאַרפֿומירן *v. a.* to perfume בַּסֵּם, בַּשֵּׂם.
פּאַרפֿומע *s.* (—ס *pl.*) perfume בֹּשֶׂם.
פּאָרפּלען זיך *v. r.* to struggle, flounder פַּרְכֵּס.
פּאַרציע *s.* (—ס *pl.*) portoin, share חֵלֶק, מָנָה.
— (*id.*) געבן אימעצן אַ פּאַרציע to give a person a piece of one's mind נער באיש, נזף באיש.
פּאַרצע *s.* (—ס *pl.*) ugly face פָּנִים מְכֹעָרִים א).
פּאָרצעלײַ *s.* porcelain, china חַרְסִינָה.
פּאָרצעלײַען *adj.* of porcelain שֶׁל חַרְסִינָה.
פּאַרצערו, פּאַרצערע = פּאַרצע.
פּאַרק *s.* (—ן *pl.*) park גַּן טִיּוּל.
פּאַרקאַן *s.* (—עס *pl.*) paling, fence גָּדֵר.
פּאַרקן = פּאַרקאַן.
פּאַרקע[1] *s.* (—ס *pl.*) stage-coach מֶרְכֶּבֶת עָם.
פּאַרקע[2] *s.* pair זוג.
פּאָרקע *s.* touch נְגִיעָה.
— געבן אַ פּאָרקע to touch נגע.
פּאַרקעט *s.* parquetry, inlaid floor רִצְפָּה מְשֻׁבֶּצֶת.
פּאָרקען *v. a.* to search, rummage, fumble חַפֵּשׂ, חַטֵּט, מַשְׁמֵשׁ; ‖ — זיך *v. r.* ד. ז.
פּאַרשוין *s.* (—ען *pl.*) person אָדָם, אִישׁ; handsome man אִישׁ יָפֶה, יְפֵה תֹאַר; beautiful woman, beauty אִשָּׁה יָפָה, יְפַת תֹּאַר; passenger נוֹסֵעַ (בעגלה); hero מְפוּם רָאשִׁי (בסִפּור).
פּאַרשוין־הוֹצאָות *s. pl.* travelling expenses הוֹצָאוֹת הַדֶּרֶךְ.
פּאַרשוק *s.* (—עס *pl.*) hog חֲזִיר, אָדָם שָׁפָל.
פּאַרשטשיק *s.* (—עס *pl.*) bath-attendant מְשָׁרֵת בְּבֵית מֶרְחָץ.
פּאַרשיווע *adj.* scabby, scurvy בַּעַל גָּרָב, מֻכֵּה שְׁחִין.
פּאַרשיוועט ווערן *v. p.* to become scurvy הִנָּגַע בְּגָרָב.
פּאַרשי‖ווּעץ *s.* (— ווּצעס *pl.*) mean man אָדָם שָׁפָל, אָדָם רָע.
פּאַש *s.* (—ן *pl.*) pack (*of cards*) חֲבִילַת קְלָפִים.
פּאַשאַ *s.* (—ס, — ען *pl.*) pasha, bashaw פֶּחָה, נְצִיב, שַׂר (בטורקיה).
פּאַשאָל־וואָן *int.* begone! לֵךְ מִמֶּנִּי!, צֵא!
פּאָשאַנעווען = שאַנעווען.

פּאָשטשעלקע = פּאָסציעלקע.
פּאָשלינע *s.* custom, customs-duty מֶכֶס.
פּאַשן *v. n.* to pass (*at cards*) שָׁבֹת (במשחק הקלפים); to sell stolen goods (*fl.*) מָכֹר סְחוֹרָה גְנוּבָה; to smuggle (*fl.*) הַעֲבֵר בִּגְנֵבָה.
פּאַשע *s.* pasture מִרְעֶה.
פּאַשען[1] *v. a.* to pasture, feed רָעֹה; ‖ — זיך *v. r.* to graze, feed רָעֹה.
פּאַשען[2] *v. n.* to pant, puff נָשֹׁם בִּכְבֵדוּת (מחם).
פּאַשקעוויל = פּאַסקוויל.
פּ"ג *abbr.* = פּוילישער גראָשן Polish groschen גָּדוֹל פּוֹלָנִי.
פְּגִימה *s.* (פְּגִימות *pl.*) notch חָרִיץ; — defect מוּם, חִסָּרוֹן.
פְּגִירה *s.* (פְּגִירות *pl.*) death מִיתָה; carcass פֶּגֶר, נְבֵלָה.
פְּגַם *s.* blemish, defect מוּם, חִסָּרוֹן.
פֶּגַע *s.* (פְּגָעים *pl.*) plague, misfortune צָרָה, אָסוֹן.
פֶּגר *s.* (פְּגָרים *pl.*) corpse, dead body — נְבֵלַת אָדָם (בלשון בוז); deadly poison (*fl.*) סַם הַמָּוֶת.
פַּגרן *v. n.* to die (*of animals*) מוּת; ‖ *v. a.* (*fl.*) to poison סַמֵּם, הַרְעֵל.
פֶּגע־רַע *s.* (פְּגָעים־רָעים *pl.*) evil occurrence, mishap אָסוֹן; nuisance דְּבַר מַרְגִּיז; nagging person אִישׁ מַרְגִּיז, אִשָּׁה מַרְגִּיזָה.
פִּדיון *s.* (פִּדיונות *pl.*) ransom, redemption — כֹּפֶר; money given to a Chasidic rabbi for his advice or blessing —; amount realised by a sale — כֶּסֶף הַמִּמְכָּר.
פִּדיון־הַבֵּן *s.* (—ס *pl.*) "redemption of the son," ceremony of redeeming the first-born son —.
פִּדיון־שְׁבוּיים *s.* redemption of prisoners —.
פֶּה־אֶחד *adv.* "one mouth," unanimously —.
פֶּה־אֶל־פֶּה *adv.* "mouth to mouth," personally —.
פֶּה־קָדוש *s.* holy mouth, holy lips —.
פו *int.* pugh! fie! בּוּשָׁה; חֶרְפָּה!
פּואיטינע = פּאָוועטיניע.
פּובליטשנע *adj.* public פֻּמְבִּי, שֶׁל קָהָל.
פּובליקום = פּובליקע.
פּובליקירן *v. a.* to publish, advertise הוֹדִיעַ בַּקָּהָל.
פּובליקע *s.* public קָהָל, צִבּוּר.
פּוגם זײַן *v. a.* to notch פָּגֹם (סכין וכד'); to injure, harm הַזֵּק, קַלְקֵל; to do wrong עָשֹׂה עָוֶל, חָטֹא.
פּוגע זײַן *v. a.* to offend פָּגֹעַ בִּכְבוֹד־.
פּוגע־בְּכָבוד זײַן *v. a.* to offend פָּגֹעַ בִּכְבוֹד־.

א) פֿון פּרצוף.

פוד s. (pl. ~ן) pood (weight of 40 Russian pounds) פוד (משקל רוסי בן ארבעים פונט).

פודל s. (pl. ~ס) poodle כֶּלֶב שָׂעִיר.

פודניק s. weight of one pood מִשְׁקַל פוד אֶחָד.

פודע||לע¹ s. (pl. ~לעך) little box תֵּבָה קְטַנָּה.

פודעלע² s. (pl. ~ס) scare-crow, bugbear מִפְלֶצֶת, דַּחְלִיל; fool כְּסִיל, פֶּתִי א).

— מאַכן פודעלע פֿון אימעצן to make fun of a person התל באיש, לעג לאיש.

פודעלעק = פודעלע¹.

פודער s. powder אֲבָקָה.

פודערן v. a. to powder זָרֹה אֲבָקָה עַל־.

פודרע = פודער.

פוהאַטש s. (pl. ~עס) owl אֹחַ, יַנְשׁוּף.

פוהע s. (pl. ~ס) thick end of an egg הַקָּצָה הָעָבָה שֶׁל בֵּיצָה.

פוזאַטע adj. big-bellied בַּעַל כֶּרֶס.

פוזאַלע = פודעלע².

פוזשעלע s. (pl. ~ס) whip-stick יַד חַשּׁוֹט.

פוזיר s. (pl. ~ן, ~עס) bladder שַׁלְפּוּחִית; bubble אֲבַעְבּוּעָה; blister אֲבַעְבּוּעָה (מורסה).

פוזע s. (pl. ~ס) big belly בֶּטֶן גְּדוֹלָה, כֶּרֶס גָּדוֹל.

פוטען v. a. to tangle סַבֵּךְ; to confuse בַּלְבֵּל; || ~זיך v. r. to become confused הִתְבַּלְבֵּל.

פוטער s. butter חֶמְאָה.

— (id.) מיט דער פוטער אַראָפּ adversely בלי הצלחה.

פוטער־בעטקע s. (pl. ~ס) annulated boletus מִין פִּטְרִיָּה.

פוטער־נעבעקס s. light pastry מַאֲפֵה חֶמְאָה.

פוטער־נעבעקסל, פֿאַרקלענערוואָרט פֿון פוטער־נעבעקס.

פוטער||פֿאַס s. (pl. ~פֿעסער) butter-tub חָבִית לְחֶמְאָה; sheath, case (of the sun) (joc.) נַרְתִּיק (של החמה) ב).

פוטער־קוכן s. (pl. ~ס) cake baked with butter עֻגַת חֶמְאָה.

פוטער־קיכל, פֿאַרקלענערוואָרט פֿון פוטער־קוכן.

פוי int. fire!, give fire! יְרֵה! (לרובים בקני אש).

פויזע¹ s. crawl, crawling זְחִילָה.

— מאַן אַ פויזע to crawl once זחל פעם אחת.

פויזע² s. (pl. ~ס) pause הֶפְסֵק, מְנוּחָה.

פויזען v. n. to crawl, creep זָחֹל.

פויטינע, פויטשינע = פאָוועטוניע.

פויליש adj. Polish פּוֹלָנִי.

פוילן npr. Poland פּוֹלִין, פּוֹלוֹנְיָה.

פויער s. (pl. פויערים) peasant, farmer אִכָּר; rustic בֶּן כְּפָר; churl אָדָם גַּס; blockhead אִישׁ קְשֵׁה הַהֲבָנָה; pawn (at chess) חַיָּל (באשקוקה).

— (prov.) אַ פויער בלייבט אַ פויער you cannot make a silk purse out of a sow's ear אי אפשר לשנות טבע איש בער.

פויערטע s. (pl. ~ס) peasant woman אֵשֶׁת אִכָּר, אִשָּׁה כַּפְרִית.

פויעריש = פויערש.

פויערש adj. of peasant שֶׁל אִכָּר; rustic כַּפְרִי; churlish גַּס.

— פויערשער קאָפּ dull head מוח קשה ההבנה.

פויפּס = פאָפּס.

פויק s. (pl. ~ן) drum תֹּף.

— אָנעסן זיך ווי אַ פויק to eat more than one's fill אכל יותר מדי.

פויקן v. n. to drum תּוֹפֵף.

פוישט = פאָישט.

פוישטן = פאָישטן.

פוישן v. a. to puff up נַפֵּחַ; || v. n. to swell out, puff out, bulge out הִתְנַפֵּחַ, הִתְרוֹמֵם.

פוך s. down מוֹךְ (נוצות רכות).

פוכאָווע adj. of down, downy שֶׁל מוֹךְ.

פוכיג adj. downy, soft כְּמוֹךְ, רַךְ.

פוכיר, פוכירל = פאָכור, פאָכורל.

פוכקע adj. soft רַךְ.

— (id.) האָבן פוכקע לבבות to be soft-hearted היה בעל נפש רכה, היה רחמן.

פול s. dust אָבָק.

פולאָפּ s. ceiling תִּקְרָה, ספון.

פולווער s. powder אֲבַק שְׂרֵפָה.

פולווער||יזאַטער s. pulveriser מְזַלֵּף.

פולט s. (pl. ~ן) desk שֻׁלְחָן לִכְתִיבָה.

פוליאַרעס s. (pl. ~ן) wallet תִּיק שֶׁל נְיָרוֹת.

פוליען v. a. to dust הָסֵר אָבָק מִ־.

פולס s. pulse דֹּפֶק.

פולסטאַ||נעק s. (pl. ~נקעס) half station חֲצִי תַחֲנָה.

פולעמיאָט s. (pl. ~ן) machine-gun מְכוֹנָה לִירוֹת כַּדּוּרֵי עוֹפֶרֶת.

פולק = פאָלק.

פולקאָווניצע = פאָלקאָווניצע.

פולקאָווניק = פאָלקאָווניק.

פומפּ = פאָמפּע.

פומפּען = פאָמפּען.

פונדל s. (pl. ~ען) bundle צְרוֹר א).

א) מסתמא פֿון רוסיש пугало. ב) אין דער צווייטער באַדייטונג איז פוטער שפּאַסיג אָנשטאָט דייטש Futter, אַ באַדעקונג, אַ שייד.

א) ביי דיקן אין „אידעשע קליידער", זייט 7: „צוויי פונדלען פלאַקס".

פונקט s. (pl. ן–) point, dot נְקֻדָּה; clause, paragraph סָעִיף; || adv. just, exactly בְּדִיּוּק, מַמָּשׁ.
— פונקט אין דער צײַט just in time בְּעִתּוֹ, בִּשְׁעַת הַכֹּשֶׁר.
— פונקט דער היפוך just the reverse, exactly the opposite מַמָּשׁ הַהֵפֶךְ.
פונקטירן v. a. to punctuate נַקֵּד.
פונש s. punch פּוּנְשׁ (מין משקה ממוזג).
פוסדערקע s. (pl. ס–) bottle-case אַרְגָּז לְצַדָּה.
פוסט adj. empty רֵיק; hollow חָלוּל; vain שָׁוְא.
— פּיסטע דיבורים idle words, idle talk דברים בטלים.
פוסט־און־פּאַס = פּוסטעפּאַס.
פוסט־און־פּאַסניק = פּוסטעפּאַסניק.
פוסט־און־פּאַסעווען = פּוסטעפּאַסעווען.
פוסטאַמענט = פּאָסטאַמענט.
פוסט(י)אַק s. (pl. עס–) empty-headed fellow אָדָם רֵיק, בּוּר.
פוסטילניק = פּאַסטולניק.
פוסטינע s. (pl. ס–) desert, waste מִדְבָּר, שְׁמָמָה.
פוסטעווען v. n. to lie waste שָׁאָה, שָׁמֵם; to be vacant הָיָה רֵיק; to be uninhabited הָיָה לֹא נוֹשָׁב.
פּיסטעניש s. emptiness רֵיקוּת.
פוסטעפּאַס adv. idle רֵיק, בָּטֵל א).
פוסטעפּאַסניק s. (pl. עס–) idler הוֹלֵךְ בָּטֵל, בַּטְלָן.
פוסטעפּאַסנע adj. idle הוֹלֵךְ בָּטֵל
פוסטעפּאַסעווען v. n. to idle away one's time בַּטֵּל זְמַנּוֹ, הָלַךְ בָּטֵל.
פוסטערקע s. (pl. ס–) bonnet מִצְנֶפֶת אִשָּׁה
פוסטקייט s. emptiness רֵיקוּת; hollowness חָלָל.
פוסטקע s. (pl. ס–) ruin חוּרְבָּה; deserted house בַּיִת שָׁמֵם.
פּוסק s. (pl. פּוֹסְקִים) legist–.
פּוֹסְקִים־אַחֲרוֹנִים s. pl. the later legists–
פּוֹסְקִים־ראשונים s. pl. the earlier legists–
פּוֹעֵל s. (pl. פּוֹעֲלִים) journeyman–.
פּוֹעֵל־יוֹצא s. (pl. ס–) consequence, result תּוֹצָאָה, פְּעֻלָּה.
פּוֹעלן v. n. to accomplish הוֹצֵא לַפֹּעַל.
פּוֹעֵל־צִיּוֹן s. (פּוֹעֲלֵי־צִיּוֹן pl.) "worker of Zion," Zionist-socialist סוֹצִיַּלִיסְט צִיּוֹנִי.
פוף [1] s. puff (at one's pipe) שְׁאִיפַת עָשָׁן (ממקטרת).
פוף [2] s. puff, show הִתְנַדְּרוּת.
פּופלאַקס = בּופּלאַקס.
פּופּעק s. (pl. ־פקעס) navel שֹׁרֶר.

א) פֿון קליינרוסיש пустопаш, אַן אַ פּאַסטוך.

פּיפּקע = פּאַפּקע.
פוץ [1] s. dress קִשּׁוּט; device, fraud תַּחְבּוּלָה, מְזִמָּה, מִרְמָה.
פוץ [2] s. throw הַשְׁלָכָה, זְרִיקָה; || int. thump!, bang! קוֹל נְפִילָה; || adv. straight תֵּכֶף, מִיָּד
- אַ פוץ טאָן to throw השלך.
פוץ־||באַרשט s. (pl. בערשט–) brush for polishing shoes מִבְרֶשֶׁת לִצְחִצוּחַ נְעָלִים; broom מַטְאֲטֵא.
פוציעבינע = פּוציעבינע.
פוצמאַכערן s. (pl. ס–) milliner עוֹשָׂה כּוֹבְעֵי נָשִׁים
פוצן v. a. to dress קַשֵּׁט; to clean נַקֵּה; to polish צַחְצֵחַ (נעלים); || –זיך to dress הִתְקַשֵּׁט.
פוצעכץ s. dress, ornament קִשּׁוּט
פוק . (pl. עס–) crack בְּקִיעַ.
פוקד־עֲקָרוֹת זײַן v. n. to bring about the conception of barren women (by cabalistic means) פָּקֹד עֲקָרוֹת.
פוקלע adj. convex בּוֹלֵט; || –קייט s convexity בְּלִיטָה.
פוקען v. n. to crack, burst הִבָּקַע
פוקעניש = צעפּוקעניש.
פורים s. Purim (festival on the 14th of Adar) –.
— (prov.) פורים איז נים קיין יום־טוב, קדחת איז נים קיין קרענק Purim is no holiday, fever is no malady פורים איננו חג והקדחת אינה מחלה א).
פורים־גרייט s. Purim furniture מַכְשִׁירִים לְפוּרִים
פורימדיג adj. of Purim שֶׁל פּוּרִים.
פורים־פּלאָדן s. (pl. ס–) Purim cake עֻגָּה לְפוּרִים.
פורים־קָטָן s. the small Purim (the 14th of the first Adar in a leap-year when Purim is observed in the following month) –.
פורים־שפּיל s. (pl. ן–) Purim play מְשַׂחֵק לְפוּרִים; burlesque מִשְׂחָק בְּדִיחָתִי
פורים־שפּילניק = פּורים־שפּילער
פורים־שפּילער s. (pl. –) Purim player מְשַׂחֵק בְּפוּרִים; burlesque actor בַּדְחָן.
פורען = פּורקען.
פורענות . (פּוּרְעָנִיּוֹת pl.) punishment עֹנֶשׁ; misfortune אָסוֹן.
פורעצקע = פּאַרעטשקע.
פורפיר s. purple אַרְגָּמָן.
פורקע s. poking תְּחִיבָה, דְּחִיפָה.
פורקען v. n. to poke תָּחֹב, דָּחֹף.

א) דאָס ווערטל גייט אויך אום ביי די ווייסרוסן און קליינרוסן. אין גרינטשענקאָס Словарь Украинскаго языка אונטער Гаман ווערט ציטירט: Гаман не свято, трясця не хороба.

פּורץ־גָּדר זײַן *v. n.* "to break a hedge," to violate a law עָבֹר חֹק.

פּורש־בִּשְׁמוֹ זײַן *v. n.* to disclose his name גַּלֵּה אֶת שְׁמוֹ.

פּורש־מִן־הַצִּיבּור *s.* one who separates himself from the community ־.

פּישטשששאק = פּוסט(י)אַק.

פּושע־יִשְׂרָאֵל *s.* "offender against Israel," irreligious Jew יְהוּדִי עוֹבֵר עַל דָּתוֹ.

פּושקע *s.* (*pl.* ־ס) box קֻפָּה, תֵּבָה; alms-box קֻפַּת צְדָקָה.

פּושקע־געלט *s.* alms-money דְּמֵי צְדָקָה.

פּושקעלע פֿאַרקלענערוואָרט פֿון פּושקע.

פּותיקי = אַפּוּתִיקִי.

פּותר זײַן *v. a.* to interpret, explain פָּתֹר.

פּותר־חלום זײַן *v. n.* to interpret a dream פְּתֹר חֲלוֹם.

פּזמון = פּיזמון.

פַּזְרן *s.* (פַּזְרָנִים *pl.*) liberal donor מַשְׁפִּיעַ לָרֹב; squanderer ־, בַּזְבְּזָן.

פַּזְרָנות *s.* liberality הַשְׁפָּעָה לָרֹב; squandering ־, בַּזְבְּזָנוּת.

פּזרנטע *s.* (*pl.* ־ס) liberal woman מַשְׁפִּיעָה לָרֹב; squanderer בַּזְבְּזָנִית.

פַּחד *s.* (פְּחָדים *pl.*) fear, fright, terror ־, אֵימָה.

— האָבן פּחד to be afraid פּחד, ירא.

פְּחָדימדיג *adj.* fearful, frightful מַפְחִיד, נוֹרָא, אָיֹם.

פַּחדן *s.* (פַּחְדָנים *pl.*) timid person, coward ־, מוּג לֵב.

פַּחְדָנות *s.* timidity, cowardice ־.

פּחדנטע *s.* (*pl.* ־ס) timid woman פַּחְדָנִית.

פְּחותי־עֶרֶך *s. pl.* people of low condition ־.

פְּחיתות־הַכָּבוד *s.* humiliation ־.

פְּחַת *s.* want of weight ־, חֶסְרוֹן הַמִּשְׁקָל; offal, waste פְּסֹלֶת.

פְּטום = פּיטום.

פָּטור *adj.* not guilty לֹא חַיָּב; free, exempt ־, מְשֻׁחְרָר; || *int.* of course, certainly מוּבָן, בְּוַדַּאי; enough דַּי.

— פּטור פֿון מצוות free from religious obligations פּטור ממצוות.

— פּטור נו! what a question! אין כל ספק!

— און פּטור! and basta!, and enough! ודי!

פָּטור ווערן *v. p.* to get rid הִפָּטֵר, הִתְפַּטֵּר.

פִּטור *s.* (פִּטורים *pl.*) liberation ־, שִׁחְרוּר.

פְּטירה *s.* departure, decease, death ־, מִיתָה.

פּטרו *int.* ho!, hoa! עֲמֹד! (קריאה לסוס).

פַּטְרָן = פּאַטראָן.

פּטרן *v. a.* to free פָּטֹר, שַׁחְרֵר; to end, finish גָּמֹר; to spend, squander, waste הוֹצִיא, בַּזְבֵּז; to destroy, ruin כַּלֵּה, הָרֹס.

— פּטרן צײַט to waste time בטל זמן.

פּטרניש *s.* getting rid, riddance הִתְפַּטְּרוּת.

פּטְרנבקע = פּאַטראָנטקע.

פּיאַווקע *s.* (*pl.* ־ס) leech עֲלוּקָה; sucker (*fig.*) אָדָם־עֲלוּקָה.

פּיאַטאַק *s.* (*pl.* ־עס) five-copeck piece מַטְבֵּעַ שֶׁל חָמֵשׁ קֻפֵּיקוֹת (ברוסיה).

— נישט ווערט קיין פּיאַטאַק not worth a snap אין שוה מאומה.

פּיאַטע *s.* (*pl.* ־ס) heel עָקֵב; the sole of the foot כַּף הָרֶגֶל.

— האָבן זיך אין דער לינקער פּיאַטע not to think of a thing at all לא חשב מדבר לגמרי.

— ער האָט מער שכל אין פּיאַטע ווי דו אין קאָפּ he has more wit in his little finger than you have in your head קטנו עבה ממתניך.

פּיאָן *s.* (־ען, ־עס *pl.*) plumb-line אֲנָךְ; pawn (*at chess*) חַיָּל (במשחק האשקוקה) א).

פּיאַנאָ *s.* (*pl.* ־ס) piano פְּסַנְתֵּר.

פּיאַני־הָעִיר *s. pl.* the drunkards of the town שִׁכּוֹרֵי הָעִיר ב).

פּיאַניסט *s.* (*pl.* ־ן) pianist מְנַגֵּן עַל הַפְּסַנְתֵּר.

פּיאַניצע[1] *s.* (*pl.* ־ס) drunkard שִׁכּוֹר.

פּיאַניצע[2] *s.* (*pl.* ־ס) bilberry, whortleberry מִין דֻּמְדְּמָנִית (גרגרים חמוצים).

פּיאַנסטווע *s.* drunkenness שִׁכָּרוֹן.

פּיאַנעווען *v. n.* to drink, drink to excess שָׁתֹה לְשָׁכְרָה.

פּיאַנטעק = פּריטוג.

פּיאַנע[1] = פּיענע.

פּיאַנע[2] = פּיאַנאָ.

פּיאָס *s.* (*pl.* ־ן) dog כֶּלֶב.

פּיאַק = פּיאַניצע.

פּידאַשיק *s.* (*pl.* ־עס) penthouse, fore-roof סְכָכָה.

פּידבאָקים = פּאָד־באָקיעס.

פּידביציע *s.* instep? גַּב הָרֶגֶל?

פּידלאָגע = פּאָדלאָגע.

פּידלע = פּודעלע.

פּידניסיק = פּאָדנאָסעק.

פּידסווינק *s.* (*pl.* ־עס) little boy נַעַר קָטָן.

פּידסטאַוו = פּאָסטאַמענט.

א) ביי ליפשיצן; אין דער ערשטער באַדייטונג פֿון פֿראַנצייזיש plomb, אין דער צווייטער — פֿראַנצ. pion. ב) ביי אבראַמאָוויטשן אין „אַלטע מעשה" (קאַפּ. 1); פּאַראָדיע אויף „פּני העיר".

פּידען *v. n.* to hurry מַהֵר.

פּידפּאַ‖לעק *s.* (*pl.* ‎—לקעס) flat loaf כִּכַּר לֶחֶם שָׁטוּחַ.

פּידפּיל *s.* hole under a Russian stove חוֹר מִתַּחַת לְתַנּוּר רוּסִי.

פּידקאָווע = פּאָדקאָווע.

פּידקאָוען = פּאָדקאָוען.

פּידרווו = פּאָדרוו.

פּידריוז *s.* (*pl.* ‎—ס) iron band under sledge-beams פַּס בַּרְזֶל תַּחַת צַלְעוֹת עֶגְלַת חֹרֶף.

פּידשאָפּיק *s.* (*pl.* ‎—עס) socket חוֹר (לשום בו גליל וכד׳).

פּידהובעל = פּאָהובעל.

פּיוונוק *s.* mallow אַדְנִי, הַרְנִי.

פּיווקע = פּיאָווקע.

פּיזמון *s.* (*pl.* ‎—ס, פּיזמונים) liturgic poem מִין פִּיּוּט; tale, story סִפּוּר.

— דער אַלטער פּיזמון (*id.*) the same old story עִנְיָן לֹא חָדָשׁ הוּא.

פּיזמע *s.* (*pl.* ‎—ס) idle story, fiction בְּדוּתָה א).

פּיזעם *s.* musk-rat מֹשֶׁק (חיה); musk בֹּשֶׂם הַמֹּשֶׁק; remedy in extreme distress (*fig.*) תְּרוּפָה בְּעֵת צָרָה.

פּיזשעלע = פּוזשעלע.

פּיטאַק = פּיאַטאַק.

פּיטום *s.* (*pl.* ‎—ס) tip of fruits פִּטֹּם, פִּטְמָה.

פּיטיאַשקע *s.* (*pl.* ‎—ס) brace, suspender כְּתֵפָה.

פּיטעלקע = פּעטעלקע.

פּיטשינקע *adj.* very little, tiny, minute קָטָן מְאֹד, קְטַנְטַן.

פּיטשעווקעס = פּוטשטשעווקעס.

פּיטשעריצע *s.* (*pl.* ‎—ס) mushroom פִּטְרִיָּה.

פּיטש־פּאַטש *adv.* quick, in a hurry חִישׁ, מַהֵר.

פּײַ¹ *s.* a kind of stuff מִין אָרִיג.

פּײַ² *s.* share מְנָיָה, חֵלֶק.

פּײַשיק *s.* (*pl.* ‎—עס) sharer בַּעַל מְנָיָה (איש שיש לו חלק בדבר).

פּײַדע¹ *s.* (*pl.* ‎—ס) lump, clod גּוּשׁ, רֶגֶב.

פּײַדע² *s.* (*Am.*) pay שְׂכַר מְלָאכָה ב).

פּײַם *s.* (*pl.* ‎—ס) coin of 3 groschen מַטְבֵּעַ שֶׁל שְׁלֹשָׁה גְּדוֹלִים ג).

— נים ווערט קיין פּײַם not worth a doit אין שוה כלום.

פּײַן *s.* pain, torture, sufferings יִסּוּרִים, עִנּוּיִם; affliction עֹנִי.

א) ביי ליפשיצן; אפשר פון פּיזמון. ב) פון ענגליש pay-day, צאָל־טאָג. ג) פון דייטש Böhm.

פּײַניקן *v. a.* to torment, afflict עַנֵּה; ‖ —זיך *v. r.* to torment oneself הִתְעַנֵּה.

פּײַניקער *s.* (*pl.* —) tormentor מְעַנֶּה.

פּײַערטע = פּויערטע.

פּײַקלען *v. n.* to drum תּוֹפֵף.

פּײַקלער *s.* (*pl.* —) drummer מְתוֹפֵף, מַכֶּה בַּתֹּף.

פּײַקעלע, פֿאַרקלענערוואָרט פֿון פּאַה.

פּיל *s.* (*pl.* ‎—ן) pill גַּרְגֵּר (כדור רפואה קטן).

פּילֶגֶשׁ *s.* (פּילַגְשִׁים *pl.*) concubine, mistress —.

פּילדערן *v. n.* to make a noise, make a tumult הָמֹה, שָׁאֹן.

פּילוסוף *s.* (פּילוסופים *pl.*) philosopher —.

פּילוסופיה *s.* philosophy —.

פּילטש *s.* felt לֶבֶד, נִמְטָא.

פּילטשוג *adj.* like felt כִּלְבָד; spongy סְפוֹגִי.

פּילוניצע *s.* (*pl.* ‎—ס) strawberry גַּרְגִּיר אָדֹם.

פּילומיסקע = פּאַלומיסעק.

פּילנאַסט *s.* care דְּאָגָה לְ־, פִּקּוּחַ.

פּילנעווען = פּולעווען.

פּילעווען *v. a.* to look after, take care of שָׁמֹר עַל־, דָּאֹג לְ־, פַּקֵּחַ; to nurse אָמֹן, הָזֵן.

פּילעניצע = פּולוניצע.

פּילפּול = פִּלְפּוּל.

פּילצל *s.* girl נַעֲרָה א).

פּילץ־צײַג = פּילטש.

פּילקע¹ *s.* (*pl.* ‎—ס) ball כַּדּוּר.

פּילקע² *s.* (*pl.* ‎—ס) dish-cloth, dish-clout אֲלוּנְטִית לִנְגּוּב כֵּלִים.

פּילקעלע = ווונדעלע.

פּימס *s.* pumice אֶבֶן הַסְּפוֹג.

פּימסן *adj.* of pumice שֶׁל אֶבֶן הַסְּפוֹג.

פּימסן און ראָמסן עס־האַרציש אָנשטאָט פִּיתֹם־וְרַעַמְסֵס

פּימסנהאָלץ *s.* pitch-wood עֲצֵי גֹּפֶר ב).

פּינאָקל *s.* (*Am.*) pinochle מִין מִשְׂחָק בִּקְלָפִים.

פּינטל *s.* (*pl.* ‎—עך) point, dot נְקוּדָה; blink, twinkle נִצְנוּץ, קְרִיצָה.

— מאַכן אַ פּינטל to make a dot עשה נקודה.

— געבן אַ פּינטל מיטן אויג to blink, to twinkle נצנץ בעין, קרץ עין.

— די שוואַרצע פּינטלעך (*id.*) letters אותיות.

פּינטלען *v. a.* to dot, point נַקֵּד; ‖ *v. n.* to blink, twinkle נַצְנֵץ, קָרֹץ.

פּינטע‖לע *s.* (*pl.* ‎—לעך) little dot נְקוּדָה קְטַנָּה.

— דאָס פּינטעלע ייִד (*id.*) the essence of a Jew תמצית של יהודי.

פּינע *s.* foam, froth קֶצֶף.

א) אין פּראָנער Handlexicon. ב) פּימס איז דאָ אפשר פֿון לאַטייניש pinus, אַ סאָסנע, וועלכע איז איינער פֿון די פּעכביימער.

פּינען *v. n.* to foam, froth הַעֲלֵה קֶצֶף, חָמַר.

פּינצאַק = פּענצאַק.

פּינקס *s.* (–ן, פּינקסים *pl.*) book of records (*of a community*) –.

פּיסאַצקע *s.* parquetry רִצְפָּה מְשֻׁבֶּצֶת.

פּיסאַקע *s.* (–ס *pl.*) scribbler כַּתְּבָן, סוֹפֵר הֶדְיוֹט.

פּיסטאָליעט *s.* (–ן *pl.*) pistol קָנֶה רוֹבֶה קָטָן.

פּיסטאָנע *s.* (–ס *pl.*) piston, copper-cap מַבְעֶרֶת.

פּיסטויל = פּיסטאָליעט.

פּיסטולניק = פּאַסטולניק.

פּיסטעמקעס = פּאַסטעמקעס.

פּיסטרע *s.* striped linen, ticking בַּד־מְנֻמָּר.

פּיסטרען *adj.* of striped linen שֶׁל בַּד מְנֻמָּר; many-colored, variegated מְנֻמָּר, הָמוּב.

פּיסנע *adj.* meager רָזֶה, דַּל; dry יָבֵשׁ.

פּיסק[1] *s.* (–עס *pl.*) mouth פֶּה; beak מַקּוֹר; neck, gullet (*of a vessel*) צַוָּאר (של כלי).

— געבן איבערן פּיסק to strike in the chops סטר על הפה.

— האָבן אַ גוטן פּיסק to have the gift of the gab היה איש שפתים.

— האַלטן דעם פּיסק to shut one's mouth סגר פיו, הַחרש.

— מאַכן פּיסקעס to make wry faces עקש פניו.

פּיסק[2] *s.* piping, squeaking צִפְצוּף (של עופות).

פּיסקאַטע *adj.* clamorous, noisy סוֹאֵן, רוֹעֵשׁ; foul-mouthed שֶׁפִּיו דּוֹבֵר נְבָלָה.

פּיסקאַטש *s.* (–עס *pl.*) large mouth פֶּה רָחָב.

פּיסקליאַטקע‖לע *s.* (–לעך *pl.*) chick אֶפְרוֹחַ.

פּיסקעס *s. pl.* sandy country חוֹלוֹת, מְקוֹם חוֹל.

פּיעטוך *s.* (–ע ס *pl.*) cock תַּרְנְגוֹל.

פּיעכאָטע *s.* infantry חֵיל הָרַגְלִים.

פּיעכאָטנע *adj.* of infantry שֶׁל חֵיל הָרַגְלִים.

פּיעליען *v. a.* to weed נַכֵּשׁ.

פּיענע *s.* scum, foam, froth קֶצֶף.

פּיעס = פּיאָס.

פּיעסטען = פּיעשטשען.

פּיעסניע *s.* (–ס *pl.*) song שִׁיר.

פּיעסע *s.* (–ס *pl.*) piece, play חִזָּיוֹן, מַחֲזֶה.

פּיעקעלע = פּיעקעלעק.

פּיעקעלעק *s.* (–עס *pl.*) box-like annex behind an oven אֲחוֹרֵי תַנּוּר בִּדְמוּת תֵּבָה; a niche in an oven where the coals are raked together פִּי תַנּוּר שֶׁגַּחֲלֵי הָאֵשׁ נֶאֱסָפִים בּוֹ.

פּיעקער = בעקער.

פּיעשטשוך *s.* (–עס *pl.*) tenderling יֶלֶד מְפֻנָּק.

פּיעשטשען *v. a.* to fondle, caress, pet פַּנֵּק, לַטֵּף; ‖–זיך *v. r.* to whine, complain בָּכֹה, הִתְאוֹנֵן.

פּיע‖שעק *s.* (–שקעס *pl.*) pawn (*at chess*) חַיָּל (במשחק האשקוקה).

פּיפּס *s.* pipe, squeak צִפְצוּף; sound קוֹל.

פּיפּסן *v. n.* to pipe, squeak צִפְצֵף; to emit a sound הַשְׁמֵעַ קוֹל.

פּיפּעס = פּופּעץ.

פּיפּעץ *s.* (–ן, –עס *pl.*) pip (*disease of fowls*) סַפַּחַת עַל לְשׁוֹן עוֹף.

פּיפּערנאַטער *s.* (–ן, –ס *pl.*) viper, adder שְׁפִיפוֹן.

פּיף־פּאַף *int.* bang!, crash קוֹל יְרִיָּה.

פּיפּקע *s.* (–ס *pl.*) smoking-pipe מִקְטֶרֶת; nipple פִּטְמָה; wart יַבֶּלֶת; knob בְּלִיטָה.

פּיפּקעוואַטע *adj* knobby מָלֵא בְּלִיטוֹת.

פּיפּקע‖לע *s.* (–לעך *pl.*) pimple סַמְטָה; bud נִצָּן, נֶבֶט.

פּיפּקען *v. n.* to smoke a pipe עַשֵּׁן בְּמִקְטֶרֶת.

פּיצינקע = פּוטשונקע.

פּיציעבינע *s.* water-mill? טַחֲנַת מַיִם?

פּיציערוצע = פּומשערוצע.

פּיצל *s.* (–עך *pl.*) small piece, bit, particle חֲתִיכָה קְטַנָּה, חֵלֶק קָטָן, פְּתוֹת, פֵּרוּר; particular פְּרָט.

— אַ פּיצל ברויט a bit of bread פרור לחם.

— אַ פּיצל קינד a little child ילד קטן; פּיצלעך קינדער little children ילדים קטנים.

— מיט אַלע פּיצעלעך with all details עם כל הפרטים; in every particular לכל פרטיו.

פּיצלען *v. a.* to cut into small pieces חַתֵּךְ לַחֲתִיכוֹת קְטַנּוֹת.

פּיצעלע, פאַרקלענערווארט פון פּוצל.

פּיק־פּיצלעך *s. pl.* small pieces, bits, particles חֲתִיכוֹת קְטַנּוֹת, פֵּרוּרִים.

— צעברעכן אין פּיק־פּיצלעך to break into small pieces שבר לרסיסים.

פּיק[1] *s.* peck, pecking נְקִירָה; fillip הַכָּאָה בְּאֶצְבַּע.

פּיק[2] *s.* spade (*card*) הַשָּׁחוֹר (אחד מהקלפים).

פּיק־בער־וויק *int.* cry of a bird קְרִיאַת עוֹף.

פּיקדון *s.* deposit, trust –.

פּיקהאָלץ *s.* wood-pecker (*bird*) תִּנּוּם, נַקָּר (עוף מנקר בעצים).

פּיקוח־‖נפש, –נפשות *s.* the saving of life –. הַצָּלַת נֶפֶשׁ; pleasure, delight עֹנֶג.

פּיקח *s.* (פּיקחים *pl.*) wise man –, חָכָם.

פּיקחות *s.* wisdom –, חָכְמָה.

פּיקחית *s.* (–ן *pl.*) wise woman –, חֲכָמָה.

פּיקן *v. a.* to peck נַקֵּר; to fillip הַכֵּה בְּאֶצְבַּע; to eat (*sl.*) אָכֹל; ‖–זיך *v. r.* to hatch יָצֹא מֵהַבֵּיצָה; to bud צִיץ; to form, be formed הִתְהַוֵּה.

— (*id.*) מע דאַרף אום נוט פוקן די צונג his tongue is well-hung איש מהיר בלשונו הוא.

פיקניק *s.* (*pl.* ~ס) picnic מִשְׁתֵּה רֵעִים מִחוּץ לָעִיר; feast מִשְׁתֶּה, חֲגִיגָה.

פיקע¹ *s.* (*pl.* ~ס) lance, spear חֲנִית, רֹמַח.

פיקע² *s.* piqué, quilting פִּיקָה (מין אריג).

פיקעט *s.* (*pl.* ~ן) picket, guard חֵיל הַמִּשְׁמָר.

פיראָג *s.* (*pl.* ~ן) pasty, cake לַחְמָנִיָּה; pie עֻגָּה מְמֻלָּאָה.

פיראָזשקע *s.* (*pl.* ~ס) small cake לַחְמָנִיָּה קְטַנָּה.

פירוש *s.* (*pl.* פירושים) commentary ~, בֵּאוּר; signification ~, הוֹרָאָה (של מלה).

פירכען *v. n.* to hawk, cough כַּעְכַּע, שָׁעַל.

פירע(ז)שקע *s.* (*pl.* ~ס) small cake fried in honey עֻגָּה קְטַנָּה מְטֻגָּנָה בִּדְבַשׁ.

פירען = פורען.

פירקען *v. n.* to sniff, snort הָרִיחַ, נָחַר.

פיש־גריבל *s.* (*pl.* ~עך) pissing hole גּוּמָא לְהַשְׁתָּנָה.

פיש־טאָפּ *s.* (*pl.* ~טעפּ) chamber-pot, urinal כְּלִי לְהַשְׁתָּנָה.

פישטש *s.* piping, squeaking צִפְצוּף (= פוסק²).

פישטשעווקעס *s. pl.* details, particulars פְּרָטֵי דָבָר; appurtenances דְּבָרִים הַשַּׁיָּכִים לְ־ א).

פישטשען *v. n.* to pipe, squeak צִפְצֵף; to whine בָּכֹה.

פישטשענע *adj.* whining בַּכְיָנִי.

פישן *v. n.* to piss, urinate הִשְׁתִּין.

— (*id.*) פישן מים בוימל to be sanctimonious התחסד.

פישעכץ *s.* urine הַשְׁתָּנָה, מֵי רַגְלַיִם.

פישע־פייזע *s.* a game at cards מִין מִשְׂחָק בִּקְלָפִים.

פישער *s.* (*pl.* ~ס) pisser מַשְׁתִּין; Youngster צָעִיר.

פישערן *s.* (*pl.* ~ס) female pisser מַשְׁתִּינָה.

פישערקע = פישערן.

פישש *int.* exclamation expressing importance קְרִיאָה לְהַבִּיעַ חֲשִׁיבוּת שֶׁל דָּבָר.

פיתם־ורעמסס *npr.* פיתם און רעמסס, Pithom and Raamses (*two cities built by the Hebrews in Egypt*) ~.

א) אָפּט אויך פיטשעווקעס; אפשר פון :ליינרוסיש підшивка, אונטערנענייטע שטיקלעך. אונזער־ווערטל „מיט אַלע פישטשעווקעס" קומט אפשר פון שניידער, וועלכע קענען זאָגן, לויבנדיג זייערס אַ שטיקל אַרבעט, אַז עס איז געמאַכט מיט אַלע פידשיווקעס (підшивки).

— (*id.*) אויפּטאָן פיתם־ורעמסס to do much work עבֹד עבודה רבה.

— (*id.*) מע האָט דאָרט געמאַכט פיתם און רעמסס large and magnificent edifices were erected there בניינים גדולים ומפוארים נבנו שם.

פיתחון־פה *s.* "opening of the mouth," courage אֹמֶץ לֵב לְדַבֵּר; to speak cause, occasion גֹּרֶם; pretext אַמַתְלָא; secret arrangement (*fl.*) חוֹזֶה בַּסֵּתֶר.

פי־תמיד *s.* continual drinking שְׁתִיָּה תְּמִידִית א).

— חברה פי־תמיד a drinking club חברה לשתיה.

פי־תמידניק *s.* (*pl.* ~עס) drinker שׁוֹתֶה; member of a drinking club חָבֵר לְחֶבְרַת שׁוֹתִים.

פיתרון *s.* (*pl.* פיתרונות) interpretation ~.

פיתרון־חלומות *s.* interpretation of dreams ~.

פיוט *s.* (*pl.* פיוטים) liturgic poetry ~, שִׁירֵי עֲבוֹדַת ה'; liturgic poem ~, שִׁיר לַעֲבוֹדַת ה'.

פייטן *s.* (*pl.* פייטנים) liturgic poet ~, מְחַבֵּר שִׁירִים לַעֲבוֹדַת ה'.

פכיקען *v. n.* to whine, whimper בָּכֹה, הֵאָנֵק, הֵאָנַח.

פלא *s.* (*pl.* פלאים) wonder, miracle ~.

פלאָג *s.* (*pl.* ~, ~ן) plague מַכָּה, נֶגַע; trouble צָרָה.

פלא־והפלא *adj.* extremely wonderful נִפְלָא מְאֹד.

פלאָגן *v. a.* to plague עַנֵּה; to trouble הָבֵא צָרָה עַל־, הַטְרֵד; ‖ ~זיך *v. r.* to suffer סָבֹל; to drudge עָבֹד עֲבוֹדָה קָשָׁה.

פלאָד *s.* (*pl.* ~ן) brood, breed מִשְׁפָּחָה, מִין (של חיות ועופות).

פלאָדזשען *v. a.* to propagate, multiply הַפְרֵה, הַרְבֵּה; ‖ ~זיך *v. r.* to multiply פָּרֹה, רָבֹה.

פלאָדנע *adj.* fruitful פּוֹרֶה.

פלאַוואָסקע *s.* powder אֲבָקָה.

פלאַוושיק *s.* (*pl.* ~עס) float (*of a fishing-rod*) מָצוֹף (נזר עץ קשור אל החכה).

פלאַווען *v. a.* to bathe (*horses*) רָחֵץ (סוסים).

פלאַזום *adv.* flat upon the ground, lying שָׁטוּחַ עַל הָאֲדָמָה, מֻשְׁכָּב.

פלאָטווע *s.* (*pl.* ~ס) rafter קוֹרָה.

פלאַטינע *s.* platinum זְהַב לָבָן.

פלאַטע *s.* (*pl.* ~ס) plate לוּחַ.

פלאָטעצע *s.* (*pl.* ~ס) dace, dart (*fish*) מִין דָּג.

פלאָטניק *s.* (*pl.* ~עס) carpenter נַגָּר.

פלאַטפאָרמע *s.* (*pl.* ~ס) platform מַעֲמָד, בִּימָה, צְחָחַת (מקום מורם לעמידה).

א) פי איז דאָ פון רוסיש пить, טרינקען.

פלאָטקע[1] *s.* (*pl.* ־ס) roach (*fish*) מִין דָּג; little fish דָּג קָטָן.

פלאָטקע[2] = פליאָטקע.

פלאָטקעווען = פליאָטקעווען.

פלאָטקע־מאַכער = פליאָטקע־מאַכער.

פלאָטקערײַ = פליאָטקערײַ.

פלאַטשיִג *adj.* flat שָׁטוּחַ; ‖ ־קײַט *s.* flatness שְׁטִחִיּוּת.

פלאָטשע *s.* (*pl.* ־ס) roach (*fish*) מִין דָּג (= פלאָטקע[1]).

פלאָטשענעצקע, ־נע = פלאָטשענקע, ־נע.

פלאָטשענקע *s.* printed calico אָרִיג צֶמֶר גֶּפֶן (עם ציורים).

פלאָטשענקענע *adj.* of printed calico שֶׁל אָרִיג צֶמֶר גֶּפֶן.

פְּלְאִימדיִג *adj.* wonderful נִפְלָא.

פְּלְאִי־פְּלָאִים *s. pl.* great wonders נִפְלָאוֹת גְּדוֹלוֹת.

פלאַכאָווע *adj.* of logs שֶׁל בּוּלֵי עֵצִים.

פלאַכטע *s.* (*pl.* ־ס) linen sheet סָדִין; piece of coarse cloth חֲתִיכַת אָרִיג גַּס.

פלאַכע *s.* (*pl.* ־ס) log בּוּל עֵץ.

פלאָמביִרן *v. a.* to affix a leaden seal to שִׂים חוֹתַם עוֹפֶרֶת עַל־; to fill (*a tooth*) מַלֵּא (שן נקובה).

פלאָמבע *s.* (*pl.* ־ס) leade seal חוֹתַם עוֹפֶרֶת.

— לײגן אַ פלאָמבע אויף עפּעס to affix a leaden seal to something שים חותם עופרת על דבר.

פלאַן *s.* (פלאַנען, פלענער *pl.* א) plan (*drawing*) רִשְׁמָה, תַּבְנִית, תָּכְנִית; plan, scheme הַצָּעָה, תַּחְבּוּלָה, עֵצָה.

פלאַנטאַציע *s.* (*pl.* ־ס) plantation מַטָּעָה, נְטִיעַת גַּנּוֹת וּכְרָמִים.

פלאַנטיִרן = פלאַנטעווען.

פלאַנטעווען *v. a.* to plane, level הַיְשִׁיר, שִׂים לְמִישׁוֹר, סַלֵּל (דרך).

פלאָנטען *v. a.* to tangle, confuse סַבֵּךְ, בַּלְבֵּל.

— פלאָנטען מיט די פֿיס to reel חוג ונוע כשכור.

— פלאָנטען מיט דער צונג to falter נמגם, הנקש בלשונו.

פלאָנטע = פלאָנטעניִנע.

פלאָנטעניִנע *s.* tangle, confusion סִבּוּךְ.

פלאָנטעניִש *s.* tangling, tangle סִבּוּךְ.

פלאָנטער *s.* (*pl.* ־ס) tangle סִבּוּךְ; puzzle סִבּוּךְ, חִידָה.

פלאָנטערן *v. a.* to tangle סַבֵּךְ; ‖ ־זיִך *v. r.* to be tangled הִסְתַּבֵּךְ; to falter גַּמְגֵּם, הִנָּקֵשׁ בִּלְשׁוֹנוֹ; ז. פלאָנטען.

פלאַניִטעס *s.* change of weather שִׁנּוּי הָאֲוִיר.

א) ביי לינעצקין אויך: פלאַנעס.

פלאַנכענען *v. n.* to weep, whine בָּכֹה, הֵאָנֵחַ א).

פלאַנמײַ(נ)סטער *s.* (*pl.* ־ס) land-surveyor, geodesist מוֹדֵד אֲדָמָה.

פלאַנעווען *v. n.* to plan, scheme זָמֹם, חָשֹׁב, חַבֵּל תַּחְבּוּלוֹת.

פלאַנעט *s.* (*pl.* ־ן) planet כּוֹכַב לֶכֶת, מַזָּל.

פלאַנען = פלאַנעווען.

פלאַנקען *s.* (*pl.* ־ס) paling, fence גָּדֵר, סְיָג.

פלאַסטיִנק *s.* (*pl.* ־עס) phonograph plate *or* record לוּחַ רְשִׁימַת הַקּוֹלוֹת שֶׁל פוֹנוֹגְרָף.

פלאָסטער *s.* fat of fowls שׁוּמָן שֶׁל עוֹפוֹת.

פלאָסקע = פלאַטשיִג.

פלאַפּלען *v. n.* to chatter, babble פַּטְפֵּט.

פלאַפּערן = פלאַפּלען.

פלאַץ[1] *s.* (פלעצער, פלעץ *pl.*) place מָקוֹם.

פלאַץ[2] *s.* burst, crack הִתְפּוֹצְצוּת, בְּקִיעַ.

— (*fig.*) קריגן די פלאַץ to burst הָמֹם מכעס.

פלאַצאָווע *s.* ground-rent מַס קַרְקָעוֹת.

פלאַצבאַזיִצער *s.* (*pl.* —) agent סוֹכֵן ב).

פלאַציִג, ־קײַט = פלאַטשיִג, ־קײַט.

פלאַצן *v. n.* to burst, crack, split הִתְפּוֹצֵץ, הִתְבַּקֵּעַ.

— (*fig.*) פלאַצן פֿון געלעכטער to split one's sides with laughter כלה כחו משחוק.

— (*fig.*) פלאַצן פֿון קנאה to burst with envy כלה עיני איש בקנאתו.

— (*fig.*) עס האָט געפּלאַצט מײַן געדולד my patience is exhausted כלתה סבלנותי.

פלאַצענקע, ־נע = פלאָטשענקע, ־נע.

פלאַצרעגן *s.* (*pl.* ־ס) pelting rain, downpour גֶּשֶׁם שׁוֹטֵף.

פלאַקאַט *s.* (*pl.* ־ן) placard הוֹדָעָה גְּלוּיָה.

פלאַקיִרן *v. a.* to plate (*metals*) צַפֵּה (מתכות).

פלאַקסיִווע *adj.* weeping, whining בַּכְיָנִי; rainy שֶׁל גֶּשֶׁם.

— פלאַקסיִווע טאָג rainy day יום גשם, יום סגריר.

פלאַשטש *s.* (*pl.* ־ן) cloak מְעִיל, אַדֶּרֶת.

פלאָשטש *s.* double seam אִמְרָה כְּפוּלָה.

פלאָשטשען *v. n.* to make a double seam עֲשֵׂה אִמְרָה כְּפוּלָה.

פּלֶגש = פּילֶגש.

פלוג *s.* (*pl.* ־ן) ploughshare מַחֲרֵשָׁה.

פְּלוּגְתָּא *s.* (פְּלוּגְתּוֹת *pl.*) contention, division of opinion מַחֲלֹקֶת, חִלּוּקֵי דֵעוֹת.

פלוט *s.* (*pl.* ־עס) light-minded man קַל דַּעַת; hasty man פַּחֲזָן; babbler פַּטְפְּטָן.

א) ביי אבראַמאָוויטשן אין „פֿישקע דער קרומער"; אין פּראַגער Handlexicon פלנגנה; פֿון לאַטייניש plangere, וויינען, זיפֿצן. ב) ביי ליפּשיצן.

פלוטיכע s. (pl. ־ס) light-minded woman קַלַּת דַּעַת; hasty woman פַּחֲזָנִית.

פלוטישקייט s. light-mindedness קַלּוּת דַּעַת; hastiness פַּחֲזָנוּת.

פלוטעוואַטע adj. light-minded קַל דַּעַת; hasty פּוֹחֵז.

פלוטעווען v. n. to act in a light-minded manner עָשׂה בְּקַלּוּת דַּעַת; to get tangled, become confused הִסְתַּבֵּךְ, הִתְבַּלְבֵּל (= פלאָנטערן זיך).

פלוטען = פלוטעווען.

פלוידער||זאַק s. (pl. ־זעק) chatter-box, babbler פַּטְפְּטָן.

פלוידעריי s. chat, chatter פַּטְפְּטָנוּת, פִּטְפּוּטֵי דְבָרִים.

פלוידערן v. n. to chatter, babble פִּטְפֵּט.

פלוידערער s. (pl. ־) chatterer פַּטְפְּטָן.

פלוידערקע s. (pl. ־ס) female chatterer, chatter-box פַּטְפְּטָנִית.

פלויט s. (pl. ־ן) fence גָּדֵר.

פלוין s. (pl. ־ען) plain מִישׁוֹר.

פלומפּ = פּאָמפּע².

פלומפּען = פּאָמפּען.

פְּלוֹנִי s. a certain one, an unknown one, Mr. N. ־.

פְּלוֹנִי־בֶּן־פְּלוֹנִי s. N., the son of N. ־.

פְּלוֹנִיסטע s. (pl. ־ס) wife אִשָּׁה.

פְּלוֹנִית s. a certain woman, an unknown woman, Mrs. N. פְּלוֹנִית; wife אִשָּׁה.

פלוסוף = פילוסוף.

פלוסופיה = פילוסופיה.

פלוצטהאַלבן = פלוצלונג.

פלוצים, פלוצלים = פלוצלונג.

פלוצלונג adv. suddenly, unexpectedly פִּתְאֹם.

פלוצלונגדיג adj. sudden, unexpected פִּתְאֹמִי.

פלוצערן s. pl. cucumbers, melons קִשּׁוּאִים, אֲבַטִּיחִים.

פלושק, פלושקען, פלושקעריי = פליושק, פליושקען, פליושקעריי.

פְּלֵטה = פְּלֵיטה.

פליאַגע = פלאָג.

פליאָווקע = פיאָווקע.

פליאָטניצע s. (pl. ־ס) tale-bearer, slanderer הוֹלֶכֶת רָכִיל.

פליאָטקע s. (pl. ־ס) fib, story, lie, slander בְּדוּתָה, שֶׁקֶר, רְכִילוּת; intrigue סַכְסְכָנוּת.

פליאָטקעווען v. n. to slander הָלַךְ רָכִיל; to intrigue סִכְסֵךְ.

פליאָטקע־מאַכער s. (pl. ־ס) tale-bearer, slanderer הוֹלֵךְ רָכִיל, מְחַרְחֵר רִיב; intriguer מְסַכְסֵךְ.

פליאָטקעריי s. tale-bearing, slander רְכִילוּת; intrigue סִכְסוּךְ.

פליאַכע s. (pl. ־ס) tow בַּד נְעֹרֶת; flake of snow גַּרְגִּיר שֶׁלֶג.

פליאַם s. (pl. ־עס) spot (on velvet) כֶּתֶם (על קטיפה).

פליאַמיסטע adj. full of spots מָלֵא כְתָמִים.

פליאַמע s. (pl. ־ס) spot, stain כֶּתֶם, רְבָב.

פליאַנטער s. (pl. ־ס) plumb-line אֲנָךְ.

פליאַנטערעווען = פלאָנטעווען.

פליאַץ s. (pl. ־ן) plot חֶלְקָה (לבנין).

פליד, פלידנע = פלאָד, פלאָדנע.

פליודערן s. pl. trousers, breeches מִכְנָסַיִם.

פליוּוקע = פליעווקע.

פליוך¹ s. pouring, gush שֶׁטֶף, זֶרֶם.

פליוך² s. (pl. ־עס) cuff, box on the ear מַכַּת לֶחִי.

פליוכען v. n. to pour, gush שָׁפַךְ, זָרַם.

פליוך־רעגן s. (pl. ־ס) pouring rain גֶּשֶׁם שׁוֹטֵף.

פליוסק, פליוסקען, פליוסקעריי = פליושק, פליושקען, פליושקעריי.

פליוצערן = פלוצערן.

פליוש s. plush קְטִיפָה שְׂעִירָה.

פליושן adj. of plush שֶׁל קְטִיפָה שְׂעִירָה.

פליושק s. (pl. ־עס) splash סְפִיקָה בַמַּיִם; נִתּוּז מַיִם.

פליושקען v. a. to splash סָפַק הַמַּיִם; || ־זיך v. r. to splash סָפַק הַמַּיִם; || ־זיך v. rec. to splash each other הִכָּה אִישׁ עַל רֵעֵהוּ.

פליט = פליטע.

פְּלֵיטה s. escape ־, מְנוּסָה. — מאַכן פליטה to escape, run away ברח, נוס.

פְּלֵיטה־מאַכער s. (pl. ־ס) escaper, runaway בּוֹרֵחַ.

פליטניק s. (pl. ־עס) raftsman מַשִּׁיט דֹּבְרוֹת.

פליטע¹ s. (pl. ־ס) raft דֹּבְרָה, רַפְסֹדָה.

פליטע² s. (pl. ־ס) plate לוּחַ בַּרְזֶל; hearth-plate לוּחַ הַכִּירַיִם.

פלייט = פלויט.

פלייצע s. (pl. ־ס) shoulder שְׁכֶם, כָּתֵף. — קווטשען מיט די פלייצעס to shrug the shoulders משך הכתפים.

פלייצקע s. (pl. ־ס) shoulder piece of a garment כֶּתֶף הַבֶּגֶד.

פליך s. (pl. ־עס) bald pate, bald place קָרַחַת.

פליכעוואַטע adj. bald, bald-headed קֵרֵחַ.

פלימעניצע, פלימעניק = פלעמעניק, פלעמעניצע, פלעמעניק.

פלים s. velveteen קְטִיפָה דַלָּה.

פלימן adj. of velveteen שֶׁל קְטִיפָה דַלָּה.

פליעווע s. (pl. ־ס) chaff מוֹץ; film קְרוּם.

פליעוקע *s.* (*pl.* ־ס) film; קרום; skim, scum קרום, קצף.

פליעטשען *v. n.* to lie; שקר; to babble פטפט.

פליעך, פליעכעוואַטע = פליך, פליכעוואַטע.

פליען = פלען.

פליעסק *s.* clap מחיאת כפים; splash ספיקה בכפים.

פליעסקען *v. n.* to clap מחא כף; to splash ספק הכפים.

פליצעם = פלוצלונג.

פלעווע = פליעווע.

פלעווקע = פליעווקע.

פלעט *s.* (*pl.* ־ן) ticket פתקה; raffle ticket פתקה של הגרלה.

— אַ פלעט אויף שבת assignment of a poor man to a place where he is to get his Sabbath meals קביעת עני לאיזה מקום לסעודות השבת.

פלעט־אײַזן *s.* (*pl.* ־ס) flat-iron, goose מגהץ

פלעטן *v. a.* to iron, press גהץ; to crush, break רצץ, רוצץ.

— פלעטן אומעצן דעם מוח to break a person's head רוצץ גלגלתו.

פלעמעניצע *s.* (*pl.* ־ס) niece בת אח או אחות.

פלעמעניק *s.* (*pl.* ־עס) nephew בן אח או אחות.

פלען *s.* captivity שבי שביה.

— נעמען אין פלען to take prisoner לקח בשבי.

פלענום *s.* plenary meeting, full house שלחן מלא.

פלעניק *s.* (*pl.* ־עס) prisoner שבוי.

פלעצל[1] *s.* (*pl.* ־עך) cake עגה; pastille עגה קטנטנה לרפואה.

— אַ פלעצל האָניג honeycomb יערה, חלת דבש.

פלעצל[2] *s.* (*pl.* ־עך) small square (*of a city*) רחבה קטנה.

פלעפן *v. a.* to stupefy הבהל הדהם.

פלפול *s.* (*pl.* פלפולים) casuistry, sophistry, casuistic debate ־.

פלפוליסט *s.* (*pl.* ־ן) casuist, sophist, casuistic disputant בעל פלפול, מתפלפל.

פלפולן, פלפלען *v. n.* to subtilise התפלפל.

פמליא *s.* household, family ־, משפחה.

פמליא־של־מעלה *s.* the celestial family, the ministering angels ־, מלאכי השרת.

פנוי *s.* (*pl.* פנויים) unmarried man ־.

פנויה *s.* (*pl.* פנויות) unmarried woman ־.

פני *s. pl.* leading people, the elite of society אנשים חשובים, חשובי העדה.

פניה *s.* (*pl.* פניות) design, purpose ־.

פני־העיר *s. pl.* the leading people of the city חשובי העיר.

פנים *s.* "the inward," the text of a book ־.

פנים *s.* (*pl.* פנימער) face, appearance, look ־, מראה; respectability חשיבות; ז. אויך הפנים.

— מאַכן אַ זויערן פנים to make a wry face עקם הפנים (מרגש אי נעימות).

— האָבן אַ פנים פון חוזק to look funny, to look queer היה לאיש פנים משונים; to be insignificant היה בלתי חשוב.

— האָבן אַ פנים בײַ לײַטן to be respected by people היה חשוב בעיני הבריות.

— עס האָט קיין פנים ניט it is unbecoming לא נאה.

— האָבן אַ פאַרוואָשן פנים to be impudent היה חצוף.

— שנײַצן די נאָז און שמירן דאָס פנים to disgrace one's own relations המט חרפה על שארי בשרו.

— אַראָפּ פון פנים to become lean-faced הרזה פניו.

פנים־אל־פנים *adv.* face to face ־.

— שטעלן פנים־אל־פנים to confront העמד פנים אל פנים.

פנימדיג, פּנימדיג *adj.* faced בעל פנים.

— צוויי־פנימדיג double-faced בעל שני פנים; hypocritical צבוע.

פנים־חדשות *s.* "new face," newcomer ־, אורח חדש.

פנימיות *s.* inwardness, internality ־.

פנימל *s.* (*pl.* ־עך) little face פנים קטנות.

פניצל, שטאַט: אַנשטאָט פנימל.

פנקס = פּינקס.

פס = פשט.

פסול *s.* blemish ־, מום.

פסול, ־דיג *adj.* unfit פסול.

פסול־לעדות *adj.* unfit to be a witness ־.

פסולת *s.* dross, scoria סיגים; offal ־.

פסוק *s.* (*pl.* פסוקים) verse ־, כתוב, מאמר; the Scriptures (*particularly the books of the [Prophets and the Hagiographa*) ־.

— אַ פסוק פון תנ"ך a verse from the Scriptures פסוק אחד מכתבי הקדש.

— לערנען פסוק to learn the Scriptures למד כתבי הקדש.

— ניט לאָזן קומען צום פסוק (*id.*) not to let a person do a thing לא נתן לאיש לעשות דבר.

פסח *s.* Passover חג הפסח.

פסחאָווקע *s.* Passover brandy יין שרף לפסח.

פסחדיג of Passover *adj.* שֶׁל פֶּסַח.

פסט hush! *int.* הַס!

פסיאקרעוו = פשאקרעוו.

פסיכאלאָגיע psychology *s.* חָכְמַת הַנֶּפֶשׁ.

פסיכאלאָגיש psychological *adj.* שֶׁל חָכְמַת הַנֶּפֶשׁ.

פֶּסל hewn image, statue *s.* –.

פְּסלות unfitness *s.* –, פְּסוּל; dishonesty עָוֶל.

פַּסלָנות meanness, baseness, vileness *s.* נְבָלָה.

פַּסל||ען, – ענען to declare legally unfit, *v. a.* invalidate פָּסֹל; to cut off קָצֹץ; to remove evil effects from הָסֵר פְּעֻלּוֹת רָעוֹת מִ־.

— פסלען א קאץ to cut off the tail of a cat (*thus removing the effects of evil spirits*) קצץ זנב חתול (להסיר פעולות המזיקים).

— פסלען א קינד to rub the face of a child with urine (*thus removing the effects of an evil eye*) שפשף פני ילד בהשתנה (להסיר פעולות עין רעה).

פּנֵי־פָּנים lovely face (*fl.*) *s.* פָּנִים נֶחֱמָדִים.

פְּסלת = פְּסוֹלֶת.

פסעוודאָנים pseudonym (*pl.* –ען) *s.* שֵׁם בָּדוּי.

פְּסק decision, sentence (*pl.* פְּסָקים) *s.* –, גְּזַר דִּין, מִשְׁפָּט; punishment עֹנֶשׁ.

פְּסק־געלט fee for deciding a case *s.* שְׂכַר בְּעַד פְּסַק דִּין.

פְּסק־דין decision, sentence *s.* –, מִשְׁפָּט.

פַּסקְ||ענען, – ענען to decide *v. a.* פָּסֹק, חָרֹץ מִשְׁפָּט.

פעדאַגאָג pedagogue (*pl.* –ן) *s.* פֵּדָגוֹג.

פעדאַגאָגיע pedagogy *s.* פֵּדָגוֹגִיָה, חָכְמַת הַחִנּוּךְ.

פעדאַגאָגיש pedagogical *adj.* שֶׁל הַפֵּדָגוֹגִיָה.

פעדאַל pedal (*pl.* –ן) *s.* דַּוְשָׁה.

פעדאַנט pedant (*pl.* –ן) *s.* דַּיְקָן, דַּקְדְּקָן.

פעדאַנטיזם pedantry *s.* דַּיְקָנוּת, דַּקְדְּקָנוּת.

פעדאַנטיש pedantic *adj.* שֶׁל דַּיְקָנוּת.

פעדלען to peddle (*Am.*) *v. n.* רָכֹל.

פעדלער peddler (*Am.*) (*pl.* –ס) *s.* רוֹכֵל.

פעוונע sure, certain *adj.* וַדַּאי, בָּרוּר, נָכוֹן.

— נעמען אויף פעוונע to take it for granted חשב לדבר ברור.

פְּעולה effect (*pl.* פְּעולות) *s.* –, result –, רֹשֶׁם; מוֹצָא; progress (*in studies*) הַצְלָחָה, הִתְקַדְּמוּת (בלמודים).

— מאַן א פעולה to make progress הצלח, התקדם (בלמודים).

— וואָס איז די פעולה? what's the use? מה התועלת היוצאה מזאת?

פעטיציע petition (*to the court*) (*fl.*) (*pl.* –ס) *s.* כְּתַב בַּקָּשָׁה (לבית המשפט).

פעטליע noose (*pl.* –ס) *s.* לוּלָאָה.

פעטעלקע button-hole *s.* חוֹר לְכַפְתּוֹר; eye (*for a hook*) לוּלָאָה לְקֶרֶס.

פעטראָל, פעטראָליום petroleum, coal-oil *s.* נֵפְט, נַפְטָא (מין שמן מאור היוצא מן האדמה).

פעטרושקע parsley *s.* כַּרְפַּס.

— נוט ווערט קיין פעטרושקע not worth a straw אינו שוה כלום.

פעטשאַ jelly of calves' or cows' feet *s.* קָרִישׁ שֶׁל רַגְלֵי עֵגֶל אוֹ פָּרָה.

פעטשאַט seal (*pl.* –ן) *s.* חוֹתָם.

פעטשאַטעק = פאַטשאַטעק.

פעטשורקע small recess in the (*pl.* –ס) *s.* wall of an oven for keeping cooked food warm שְׁקַע קָטָן בְּכֹתֶל שֶׁל תַּנּוּר לְחִמּוּם הַתַּבְשִׁיל.

פעטשיי, פּעטשע = פעטשאַ.

פעטשענע burned clay (*in a stove*) *s.* חֹמֶר שָׂרוּף (בתנור).

פעטשערע nich in an oven (*pl.* –ס) *s.* פִּי תַנּוּר.

פעטשקע¹ penis of a child (*pl.* –ס) *s.* אַמָּה שֶׁל יֶלֶד; fool פֶּתִי, שׁוֹטֶה.

פעטשקע² little stove (*pl.* –ס) *s.* תַּנּוּר קָטָן.

פעך¹ pitch *s.* זֶפֶת, כֹּפֶר.

— גוסן אויף אומעצן פעך און שוועבל (*id.*) to assail a person violently התנפל על איש בחרפות נמרצות.

פעך² = פוך.

פעכאָווע = פוכאָווע.

פעכיר = פאַכיר.

פעכן¹ of pitch *adj.* שֶׁל זֶפֶת, שֶׁל כֹּפֶר.

פעכן² to pitch *v. a.* זַפֵּת בְּזֶפֶת, כָּפֹר בַּכֹּפֶר.

פעכנען to swell, be swollen *v. n.* הִתְנַפֵּחַ, צָבֹה.

פעכקע = פוכקע.

פעל raw silk *s.* כָּלָךְ (משי לא מעובד).

פעליקאַן pelican (*bird*) (*pl.* –עס) *s.* רָחָמָה, קָאַת (מין עוף).

פעלן of raw silk *adj.* שֶׁל כָּלָךְ.

פעלענע skirt, lappet (*pl.* –ס) *s.* חֹצֶן.

פעלערינע pelerine (*pl.* –ס) *s.* כְּתֵפִיָּה.

פעלץ pelisse (*pl.* –ן) *s.* אַדֶּרֶת שֵׂעָר.

— ריסן דעם פעלץ (*id.*) to strain oneself התאמץ.

— א צדיק אין פעלץ (*id.*) not much of a pious man לא צדיק כל כך.

פַּעם time (*pl.* פְּעָמים) *s.* –.

פַּעם־אַחת־בּיובל "once in a jubilee," once *adv.* in a long while, very seldom פַּעַם אַחַת בִּזְמַן אָרֹךְ.

פעמפּיק belly (*pl.* –עס) *s.* כָּרֵס; small-sized and corpulent person אָדָם קְצַר וְעָבֶה.

פען pen (*pl.* –עס) *s.* עֵט, קוּלְמוֹס.

— נוט קרוגן קיין אינגעטונקטע פען פון אומעצן to

receive no word from a person לא קבל שום ידיעה מאיש.

פענדזשע = פענזע.

פענזל s. (pl. ־עך) brush מִצְבּוֹעַ.

פענזליק, פאַרקלענערוואָרט פון פענזל.

פענזלען v. a. to paint צָבַע, צִיֵּר.

פענזע s. mockery, ridicule, fun שְׂחוֹק, לַעַג.

— מאַכן פענזע פון אומעצן to make fun of a person לעג לאיש.

פענטיוך s. (pl. ־עס) blockhead בַּעַר, סָכָל.

פענטע s. (pl. ־ס) fetter כֶּבֶל.

פענטען v. a. to fetter אָסַר בְּכֶבֶל (רגלי סוס).

פעניאָק = פעניע.

פעניע s. (pl. ־ס) stump, stock גֶּזַע.

פעניצל, שפאַסיג אָנשטאָט פּענימל.

פענכער s. (pl. ־ס) bladder שַׁלְפּוּחִית.

פענמעסערל s. (pl. ־עך) penknife אוֹלָר.

פענסיאָן = פּאַנסיאָן.

פענסיע s. (pl. ־ס) pension שְׂכַר חֶסֶד.

פענסעק = פענצאַק.

פענע s. (pl. ־ס) quill נוֹצָה עָבָה; pen עֵט.

פענעץ s. (־ן, ־ער) slice חֲתִיכָה, פְּרוּסָה.

פענעצל s. (pl. ־עך) small slice חֲתִיכָה קְטַנָּה; biscuit חֲתִיכַת־לֶחֶם מְיֻבָּשָׁה.

פענצאַק, פענצעק s. peeled barley שְׂעוֹרָה קְלוּפָה.

פענקע s. (pl. ־ס) stump (of a feather) שֹׁרֶשׁ הַנּוֹצָה.

פענקען v. n. to burst, crack הִבָּקַע, הִסָּדֵק.

פעסט s. pest, plague דֶּבֶר, מַגֵּפָה.

פעסטען v. a. to fondle, pet פִּנֵּק, חִבֵּב; || ־זיך v. r. to whine, complain בָּכֹה, הִתְאוֹנֵן.

פעסטשעגע adj. whining בַּכְיָנִי.

פעסימיזם s. pessimism יֵאוּשׁ, סַפְקָנוּת.

פעסימיסט s. (pl. ־ן) pessimist נוֹאָשׁ, סַפְקָן.

פעסימיסטיש adj. pessimistical נוֹאָשׁ.

פעפּלניצע s. (pl. ־ס) ash-dish, ash-tray מַאֲפֵרָה, כְּלִי אֵפֶר.

פעפער s. (pl. ־ס) great sleeper (cont.) אִישׁ אוֹהֵב לִישׁוֹן הַרְבֵּה.

פעציא = פעטשא.

פעצקע = פעטשקע¹.

פעקאַרניע = בעקערײַ.

פעקל s. (pl. ־עך) package, bundle, parcel חֲבִילָה, צְרוֹר; smuggled goods, contraband סְחוֹרָה שֶׁנִּכְנְסָה בְּהַבְרָחַת הַמֶּכֶס; gang (fig.) חֶבֶר; trouble, care (fig.) צָרָה, דְּאָגָה.

פעקלאָק = פעקעלעק.

פעקל־מאַכער s. (pl. ־) smuggler מַבְרִיחַ מֶכֶס.

פעקלען v. a. to smuggle הִבְרִיחַ מֶכֶס.

פעקל־פירער = פעקל־מאַכער.

פעקלער = פעקל־מאַכער.

פעקעליעק s. (pl. ־לעקעס) bed of boards over a stove (in Russia) מִטַּת קְרָשִׁים מֵעַל לַתַּנּוּר (ברוסיה).

פעקער s. (־, ־ס) packer אוֹרֵז חֲבִילוֹת.

פער¹ s. leading person אִישׁ הַיּוֹתֵר חָשׁוּב א).

— דער פער פון דער קהילה the leading man of the community החשוב בעדתו, הנכבד בעדתו.

פער² prep. per, by, through עַל יְדֵי.

פערבענדעווען v. n. to be capricious, be very particular הִתְנַהֵג בְּשִׁגָּעוֹן, הִקְפִּיד מְאֹד.

פערדולע s. (pl. ־ס) quack רוֹפֵא נוֹכֵל.

פערוועסקע s. (pl. ־ס) heifer bringing forth young for the first time פָּרָה מַבְכִּירָה.

פערזאָן s. (pl. ־ען) person אָדָם, אִישׁ, נֶפֶשׁ.

פערזיינליך adj. personal פְּרָטִי, מְיֻחָד; || adv. personally בְּנַפְשׁוֹ, בְּעַצְמוֹ, פֶּה אֶל פֶּה.

פעריאָדיש adj. periodical תְּקוּפָתִי.

פעריאָדע s. (pl. ־ס) period תְּקוּפָה, זְמַן.

פעריאַל = אומפעריאַל.

פעריהעליום s. (geogr.) perihelium הָרֶוַח הַיּוֹתֵר קָרוֹב בֵּין כּוֹכַב לֶכֶת וְהַשֶּׁמֶשׁ.

פערילע s. sarsaparilla מִין שֹׁרֶשׁ רְפוּאָה.

פערינע s. (pl. ־ס) feather-bed מַצָּע שֶׁל נוֹצוֹת, כֶּסֶת.

פערינקע, פאַרקלענערוואָרט פון פערינע.

פערוסטע adj. striped עִם קַוִּים, עִם פַּסִּים.

פערישקע = פערסיק.

פערל s. (pl. ־) pearl פְּנִינָה, מַרְגָּלִית; pearl (type) מִין אוֹתִיּוֹת (בדפוס).

פערלגרויפּן s. pl. barley, pearl-barley גֶּרֶשׂ שְׂעוֹרִים.

פערלגריץ = פערלגרויפּן.

פערל־הון s. (pl. ־הינער) guinea-hen מִין תַּרְנְגֹלֶת בְּאַפְרִיקָה.

פערלמוטער s. mother-of-pearl דַּר, צֶדֶף.

פערלמוטערן adj. of mother-of-pearl שֶׁל דַּר.

פערלען v. n. to sparkle נָצַץ; to drop like pearls נָפֹל כִּפְנִינִים (על דברים מפי איש).

— עס פערלט פון זיין מויל words drop from his lips like so many pearls פיו מפיק מרגליות.

פערסידסקע adj. Persian שֶׁל פָּרַס.

פערסיע npr. Persia פָּרַס.

פערסיק s. (pl. ־עס) peach אֲפַרְסֵק.

פערספעקטיוו s. (pl. ־ן) perspective צִיּוּר דְּבָרִים כְּמוֹ שֶׁהֵם נִרְאִים מֵרָחוֹק; prospect מַבָּט, תִּקְוָה בֶּעָתִיד.

א) זעט אויס פון העברעאיש פאר, גלאַנץ.

פערע s. scum on preserves קֶצֶף עַל פְּנֵי רִבָּה.
פערעבאַר s. excess (of taxes) יִתְרָה (על מסים).
פערעבויצע s. (pl. ס —) earthen hut? בֵּית חֹמֶר?
פעּרעגראַף = פּאַראַגראַף.
פערעדניע s. (pl. ס —) antechamber, foreroom פְּרוֹזְדוֹר, מִסְדְּרוֹן.
פערעדעווען זיך v. rec. to vie with each other in running רוּץ בְּהִתְחָרוּת; to vie with each other הִתְחָרָה.
פערעוואָד s. (pl. ן —) translation הַעְתָּקָה, תַּרְגּוּם; money-order, draft הַמְחָאָה.
פערעכאָד s. (pl. ן —) transition מַעֲבָר.
פערעמ(י)עשטשען v. a. to remove שִׂים בְּמָקוֹם אַחֵר; || — זיך v. r. to change one's place הַחֲלֵף מְקוֹמוֹ.
פערען v. a. to press forward, push on דָּחֹק.
פערעם s. boron בּוֹרוֹן (מין מלח).
פערעס(י)אַדקע s. (pl. ס —) change (of carriages) שִׁנּוּי עֲגָלוֹת (על מסלת הברזל).
פערעסיפּ s. (pl. ן —) dam, dike סֶכֶר.
פערצעליי = פּאַרצעליי.
פערעקופּקע s. buying up מִקְנֶה לִפְנֵי כָל קוֹנֶה.
פערעקעפּקע = פּערעקופּקע.
פערפּומע = פּאַרפּומע.
פערקאַיל s. muslin מַלְמָלָה.
פערקאַילן adj. of muslin שֶׁל מַלְמָלָה.
פערקעל = פּערקאַיל.
פעשל, פּאַרקלענערוואָרט פון פּאַש.
פעשפעטן זיך = באַנאַרושן זיך.
פִּקָּדוֹן = פּיקָדון.
פִּקּוּחַ־נֶפֶשׁ = פּיקוּח־.
פִּקֵּחַ, פִּקְחוּת, פִּקְחִית = פּיקח, פּיקחות, פּיקחית.
פָּקִיד s. (pl. פְּקִידִים) superintendent —.
פראָ prep. for בְּעַד, בִּשְׁבִיל; as for מַה שֶּׁנּוֹגֵעַ לְ־.
— פראָ מיר as for me, for my part מה שנוגע לי, מצדי.
פֶּרא s. (pl. פְּרָאִים) wildman, savage —.
פֶּרא־אָדם s. (pl. ס —) = פֶּרא.
פראָבאַי s. (pl. עס —) iron-cramp אוּנְקָל.
פראָבאַיטשיק s. (pl. עס —) little iron-cramp אוּנְקָל קָטָן; mandrel, punch מַנְקֵב, דַּקָּרוֹן.
פראָבע s. (pl. ס —) trial, probation, test בְּחִינָה, מַסָּה; experiment נִסָּיוֹן; proof אוֹת, עֵד; assay בְּחִינַת כֶּסֶף אוֹ זָהָב; proof (arith.) בְּחִינַת חֶשְׁבּוֹן; proof מִדַּת חֹזֶק הַכֹּהַל; sample דּוּגְמָה; rehearsal חֲזָרָה, סִדּוּר (של מנגן או משחק).
— נעמען אויף פראָבע to take on trial or probation לקח לְמַסָּה (לראות אם יסכן).
— מאַכן אַ פראָבע to make a test עשה בחינה; to try נסה.
— מאַכן פראָבע to rehearse סדר את עצמו (לנגן או לשחק).
— דאָס וועט זיין די פראָבע this will be the proof זה יהיה האות.
פראָבקע¹ s. (pl. ס —) sample דּוּגְמָה.
פראָבקע² s. (pl. ס —) cork, cork-stopper שַׁעַם, פְּקָק הַשַּׁעַם.
פראַגנען v. n. to long for, thirst after חָשֹׁק, הִשְׁתּוֹקֵק לְ־.
פראָגראַמע s. (pl. ס —) program תָּכְנִית.
פראָדוצירן v. a. to produce עָשֹׂה, הוֹצִיא.
פראָדוקט s. (pl. ן —) product מוֹצָא, יְבוּל.
פראָדוקציע s. production יְצִירָה, עֲבוֹדָה.
פראָוואָדניק s. (pl. עס —) guide מְנַהֵל, מוֹרֵה דֶרֶךְ.
פראָוואָזשיטעלסטווע s. right of residence זְכוּת יְשִׁיבָה בְּמָקוֹם.
פראָוואָרנע adj. quick, prompt, nimble מָהִיר, זָרִיז, קַל; || — קייט s. quickeness מְהִירוּת.
פראַווּדע adv. it is true כֵּן.
פראָוויאַנט s. provisions אַסְפָּקָה (מזון וצידה לצבא).
פראָוויאַנט־מייסטער s. (pl. ס —) commissary, master of provisions פְּקִיד הָאַסְפָּקָה.
פראַווידלע s. (pl. ס —) rule, principle כְּלָל, חֹק.
פראָוויזיע s. provision, victuals צֵידָה.
פראָוויזער s. (pl. ס —) pharmacist רוֹקֵחַ.
פראַוויטעלסטווע s. government מֶמְשָׁלָה.
פראַווילע = פראַווידלע.
פראָווינציאַל adj. provincial שֶׁל גָּלִיל, שֶׁל מְדִינָה; || s. provincial בֶּן כְּפָר.
פראָווינציע s. (pl. ס —) province גָּלִיל, מָחוֹז, מְדִינָה.
פראַוויען v. n. to order, command פַּקֵּד; || v. a. to manage נַהֵל.
פראַוולעניע s. government, administration שִׁלְטוֹן, הַנְהָלָה.
פראַווע s. (pl. ס —) right מִשְׁפָּט, זְכוּת; right, title זְכוּת (על קרקע); deed כְּתַב הַזְּכוּת.
פראַווען v. n. to rule, administer מָשֹׁל, נַהֵל; || v. a. to do, perform עָשֹׂה; to rough-cast, plaster טוּחַ.
פראַזדניק s. (pl. עס —) holiday, festival חַג, יוֹם טוֹב, מוֹעֵד.
פראַזדנעווען v. a. to celebrate חָגֹג; || v. n. to take a holiday עָשֹׂה חַג.
פראַזוויסקע s. (pl. ס —) surname כִּנּוּי, שֵׁם מִשְׁפָּחָה.
פראָזע s. prose פְּרוֹזָה, מְלִיצָה חָפְשִׁית.
פראָזשבע s. (pl. ס —) petition בַּקָּשָׁה, מִכְתַּב בַּקָּשָׁה.
פראָזשינע = פּרוזשינע.
פראַזשע s. thread, yarn חוּט.
פראַזשען v. a. to fry טַגֵּן; to stew צָלֹה.
פראַזשעניצע = פּרעזשעניצע.

פראַזשעקטער *s.* (*pl.* ־ס) reflector מַחֲזִיר קַרְנֵי אוֹר (מכונה).

פראָטאָקאָל *s.* (*pl.* ־ן) protocol זִכְרוֹן דְּבָרִים; official report הוֹדָעָה רִשְׁמִית.

פראָטיוונע *adj.* repugnant זָר, שֶׁהוּא לְמוֹרַת רוּחַ.

פראָטיווען *v. n.* to pick a quarrel, quibble, cavil שִׂים עֲלִילוֹת לְ־, הִתְאַנֵּה לְ־; to be fastidious דַּקְדֵּק בִּדְבָרִים קַלֵּי עֵרֶךְ.

פראָטעזשירן *v. a.* to protect, favor הָגֵן עַל־.

פראָטען *v. a.* to hide, put by טָמֹן, צָפֹן.

פראָטענציע = פרעטענזיע.

פראָטעסט *s.* (*pl.* ־ן) protest מְחָאָה.

פראָטעסטאַנט *s.* (*pl.* ־ן) Protestant פְּרוֹטֶסְטַנְט.

פראָטעסטירן *v. n.* to protest מַחֵה, עַרְעֵר עַל־; to protest (*a bill of exchange*) מָאֵן לְגָאוֹל (שטר שֻׁלחני).

פראָטעקציע *s.* protection הֲגָנָה עַל־.

פראַטש *s.* (*pl.* ־עס) beater, beetle פַּטִּישׁ כָּבֵד.

פראַטשקאַרניע *s.* (*pl.* ־ס) laundry מַכְבֵּסָה, בֵּית כְּבִיסָה.

פראַטשקע *s.* (*pl.* ־ס) laundress, washer-woman כּוֹבֶסֶת.

פראַטשקעס = פראַצקעס.

פראָיעקט *s.* (*pl.* ־ן) project הַצָּעָה.

פראָיעקטירן *v. a. n.* to project הַצֵּעַ.

פראַכוויע *s.* (*pl.* ־ס) diocese, bishopric אַפַּרְכְיָה.

פראַכט *s.* magnificence הָדָר, תִּפְאֶרֶת; beauty יֹפִי.

פראַכטפול *adj.* splendid magnificent הָדוּר, מְפֹאָר.

פראַכן = פריכן.

פראַל *s.* clash שָׁאוֹן.

— גיבן אַ פראַל to fall with a clash התנפל בשאון.

פראָלאָג *s.* (*pl.* ־ן) prologue הַקְדָּמָה, פְּתִיחָה.

פראָלאָנגאַציע *s.* prolongation אַרְכָּה.

פראָלאָנגירן *v. a.* to prolong הַאֲרֵךְ הַמּוֹעֵד.

פראַלניק = פראַניק.

פראַלניע *s.* (*pl.* ־ס) laundry מַכְבֵּסָה, בֵּית כְּבִיסָה.

פראָלעטאַריאַט *s.* proletariat דַּלֵּי הָעָם, עֲנִיִּים, פּוֹעֲלִים עֲנִיִּים.

פראָלעטאַריער *s.* (*pl.* ־) proletarian דַּל, פּוֹעֵל עָנִי.

פראָלעטאַריש *adj.* proletarian, proletary שֶׁל דַּלִּים, שֶׁל פּוֹעֲלִים עֲנִיִּים.

פראַלעש *s.* wrath, fury, rage קֶצֶף, חֲרוֹן אַף.

פראַלקע *s.* (*pl.* ־ס) distaff כִּישׁוֹר.

פראַם *s.* (*pl.* ־ען) pram, punt מַעְבָּרָה.

פראַניק[1] *s.* (*pl.* ־עס) washing-beetle עֵץ לַחְבּוֹט לְבָנִים בִּכְבִיסָה.

פראַניק[2], ז. ספר־פראַניק

פּראָסט *adj.* simple, plain, common, ordinary פָּשׁוּט; rude גַּס.

פראָסטאַטשקע *s.* (*pl.* ־ס) ignorant woman בּוּרָה, אִשָּׁה נִבְעֲרָה מִדַּעַת.

פראָסטאַצקע *adj.* churlish, rude גַּס; of ignorance שֶׁל בּוּרוּת.

פראָסטאַק *s.* (*pl.* ־עס) churl אָדָם גַּס; ignorant man בּוּר, עַם הָאָרֶץ.

פראָסטיטוטקע *s.* (*pl.* ־ס) prostitute זוֹנָה.

פראָסטיטוציע *s.* prostitution זְנוּת.

פראָסטקייט *s.* simplicity פַּשְׁטוּת; ignorance בּוּרוּת.

פראָסליצע = פראַלקע.

פראָסע *s.* millet דֹּחַן.

פראָספּעקט *s.* (*pl.* ־ן) prospectus תָּכְנִית (של ספר).

פראָפּאָרשטשיק *s.* (*pl.* ־עס) ensign נוֹשֵׂא הַדֶּגֶל.

פראָפיט *s.* (*pl.* ־ן) profit רֶוַח.

— (*fl.*) פראָפיט אויבער די אַקסל מאַכן to be a rag-picker עסק בלקיטת סחבות.

פראָפיטירן *v. n.* to profit הַרְוִיחַ.

פראָפיל *s.* profile תֹּאַר דָּבָר מִצִּדּוֹ.

פראָפּן *v. a.* to stuff, cram, crowd מַלֵּא.

פראָפּנציער *s.* cork-screw מַחְלֵץ.

פראָפעט = נביא.

פראָפעסיע *s.* (*pl.* ־ס) profession אֻמָּנוּת, עֵסֶק.

פראָפעסער *s.* (*pl.* ־ס) professor מוֹרֶה בְּבֵית סֵפֶר עֶלְיוֹן.

פראַצע *s.* labor, toil עֲבוֹדָה, יְגִיעָה.

פראַצעוואַניע = פראַצע.

פראַצעווען *v. n.* to labor, toil עָבֹד, יָגֹעַ, עָמֹל.

פראָצענט *s.* (*pl.* ־ן) per cent אֶחוּז מִמֵּאָה; percentage חֵלֶק מִמֵּאָה; usury, interest רִבִּית.

פראָצענטניק *s.* (*pl.* ־עס) usurer מַלְוֶה בְּרִבִּית.

פראָצענט־דפראָצענט *s.* compound interest רִבִּית דְּרִבִּית.

פראָצעס *s.* (*pl.* ־ן) lawsuit מִשְׁפָּט.

פראָצעסיע *s.* (*pl.* ־ס) procession תַּהֲלוּכָה.

פראָצעסירן זיך *v. r.* to be at law with הִשָּׁפֵט עִם־.

פראָצקעס *s. pl.* absence הִתְרַחֲקוּת.

— אין פראָצקעס אוועקגיין to be away *or* off התרחק (ממקומו).

פראָקאַט *s.* hire, rent שְׂכִירָה.

פראָקוראָר *s.* (*pl.* ־ן) public prosecutor תּוֹבֵעַ כְּלָלִי, קַטֵּגוֹר.

פראַקטיצירן *v. a. n.* to practise (*law, medicine*) עָסֹק בְּ־, עָשֹׂה; = פראַקטיקירן.

פראַקטיקירט *adj.* experienced בַּעַל נִסָּיוֹן.

פראַקטיקירן *v. n.* to practise עָשֹׂה בְּפֹעַל

פראַקטיקע s. (pl. ־ס) practice מַעֲשֶׂה, שִׁמּוּשׁ; experience נִסָּיוֹן.

פראַקטיש adj. practical מַעֲשִׂי, שִׁמּוּשִׁי || adv. practically בְּמַעֲשֶׂה, בְּנִסָּיוֹן.

— אַ פראַקטישער מענש a practical man אדם מעולם המעשה.

פראָקלאַמאַציע s. (pl. ־ס) proclamation מוֹדָעָה גְלוּיָה, פִּרְסוּם, כְּרוּז.

פראָקלאַמירן v. a. to proclaim הוֹדִיעַ גָּלוּי, פַּרְסֵם, הַכְרֵז.

פראָקליאַטע adj. cursed, damned אָרוּר.

פראַקסע = פראַקטיקע.

פראָשען v. a. to bedust, cover with dust כַּסֵּה בְּאָבָק.

פראָשעניע = פראָזשבע.

פראָ‖שעק s. (pl. ־שקעס) powder אֲבָקָה.

פראָשפּאָרט = פּאַספּאָרט.

פָּרָה אֲדֻמָּה s. the red heifer (*sacrifice whose ashes were used in preparing the water of purification*) —.

פרו = פּאַרו.

פּראָוו s. (pl. ־ן) trial נִסָּיוֹן.

פּראָוון v. a. to try נַסֵּה; to attempt נַסֵּה.

פּראָווער s. (pl. ־ס) examiner מַבְחִין.

פרוב = פּראָוו.

פּרובירן v. a. to test בָּחוֹן; = פּראָוון.

פרודזשען v. a. to clean by vapor נַקֵּה עַל יְדֵי חֹם.

פְּרוֹזְדוֹר s. antechamber ־, אוּלָם.

פרוזשינע s. (pl. ־ס) spring קְפִיץ.

פְּרוּטָה s. (פְּרוּטוֹת pl.) small coin, mite, farthing ־.

פרוטיע s. (pl. ־ס) rod, twig שֵׁבֶט, זְמוֹרָה.

פָּרוֹכֶת s. (pl. ־ן) curtain before the holy of holies ־, הַמָּסָךְ שֶׁלִּפְנֵי קֹדֶשׁ הַקֳּדָשִׁים (במקדש); curtain of the holy ark ־, מָסַךְ אֲרוֹן הַקֹּדֶשׁ.

פֵּרוּשׁ = פֵּירוּשׁ.

פָּרוּשׁ s. (פְּרוּשִׁים) one who lives in separation from his wife ־, אִישׁ הַנִּבְדָּל מֵאִשְׁתּוֹ; recluse מִתְבּוֹדֵד.

פְּרוּשִׁי s. (pl. פְּרוּשִׁים) Pharisee ־.

פְּרוּשִׁיש adj. pharisean, pharisaic שֶׁל הַפְּרוּשִׁים.

פָּרְחָה נִשְׁמָתוֹ phr. his soul flew away, he died ־.

פָּרְחָה־נִשְׁמָתוֹ ווערן v. r. to die מוּת; to be frightened to death הִבָּהֵל עַד מָוֶת.

פְּרַט s. (pl. פְּרָטִים) detail, particular ־, מִקְרֶה בּוֹדֵד; individual אִישׁ פְּרָטִי; regard, respect יַחַס; computation of time חֶשְׁבּוֹן הַשָּׁנִים; chronogram ־, מִסְפַּר הַשָּׁנִים בְּאוֹתִיּוֹת שֶׁל מִלָּה אוֹ פָּסוּק.

— מיט אַלע פּרטים with all details לכל פרטיו.

— אין דעם פּרט in this respect ביחס זה; אין אַלע פּרטים in every regard בכל יחס.

פְּרַט־גָּדוֹל s. the major computation ־; ז. לִפְרַט גָּדוֹל.

פְּרַט־קָטָן s. the minor computation ־; ז. לִפְרַט קָטָן.

פְּרִי s. (פֵּרוֹת, פֵּירוֹת pl.) fruit ־.

פריאוט s. (pl. ־ן) asylum מַחֲסֶה, מִקְלָט.

פריזאָם s. (pl. ־ען) draft לְקִיחָה לַצָּבָא.

פריבאַווען v. a. to add הוֹסֵף.

פריבאַווקע s. (pl. ־ס) addition הוֹסָפָה.

פריבלודנע adj. stray תּוֹעֶה.

פריבענדעווען = פּערבענדעווען.

פריגאָוואָר s. (pl. ־ן) sentence מִשְׁפָּט, פְּסַק דִּין.

פריוואַט adj. private פְּרָטִי, יְחִידִי || adv. privately, in private בִּיחִידוּת.

פריוואַט־לערער s. (pl. ־) private teacher מוֹרֶה פְּרָטִי.

פריוואַט־שטונדע s. (pl. ־ס) private lesson שִׁעוּר פְּרָטִי.

פריוויטשקע s. (pl. ־ס) habit הֶרְגֵּל.

פריווילעגיע s. (pl. ־ס) privilege זְכוּת מְיֻחָדָה.

פריווילעגן = פריווילעגיע.

פריוועט s. (pl. ־ן) privy, water-closet בֵּית הַכִּסֵּא.

פריווער = פּראָווער.

פריזבע s. (pl. ־ס) seat of earth round a house מוֹשָׁב אֲדָמָה סָבִיב לַבַּיִת.

פריזוויסקע = פראָזוויסקע.

פריזיוו s. (pl. ־ן) call to military service, conscription קְרִיאָה לַעֲבוֹדַת הַצָּבָא.

פריזיווניק s. (pl. ־עס) one called to military service קָרוּא לַעֲבוֹדַת הַצָּבָא.

פריזמע s. (pl. ־ס) prism זְכוּכִית מְשֻׁלֶּשֶׁת.

פריזנאַיען, פריזנאַווען v. a. to acknowledge הוֹדֵה עַל־; to confirm, certify אַשֵּׁר.

פריטאָ conj. yet בְּכָל זֹאת.

פריטאָם adv. in addition to that, besides מִלְּבַד זֶה.

פריטוכלע adj. musty עָבֵשׁ.

פריטוליע s. (pl. ־ס) shelter מַחֲסֶה.

פריטוליען v. a. to clasp to one's breast חַבֵּק; to shelter נָתֹן מַחֲסֶה לְאִישׁ.

פריטולישטשע, פריטולעק = פריטוליע.

פריטיקעלע adj. particular (Am.) דַּיְקָן.

פריטנע adj. fleet, swift מָהִיר, קַל.

פריטראַווע s. (pl. ־ס) bait מָזוֹן לָצוּד בּוֹ.

פריטש = אָפּריטש.

פריטשינע s. (pl. ־ס) cause, reason סִבָּה, טַעַם.

פּרי־שמעליען *v. a.* to stupefy, perplex הַבְהֵל, הַדְהֵם.

פּריטשעפּע¹ *s.* (*pl.* ־ס) one who picks a quarrel, caviller מְבַקֵּשׁ תֹּאֲנוֹת; hangby, sponger מְלַחֵךְ פִּנְכָּא.

פּריטשעפּע² *s.* (*pl.* ־ס) pole of a draw-well מוֹט הַבְּאֵר (הוריד ולהרים בו את הדלי).

פּריטשעפּקע *s.* (*pl.* ־ס) cavil, quibble תֹּאֲנָה.

פּרי‖דעק *s.* (*pl.* ־דקעס) fore-quarter (*of an animal*) הָרֶבַע מֵעֵבֶר הַפָּנִים.

פּרייז *s.* (*pl.* ־ן) price מְחִיר, מֶקַח.

פּרייז־קוראַנט *s.* (*pl.* ־ן) price-list רְשִׁימַת הַסְּחוֹרוֹת וּמְחִירָן.

פּרייכן *v. n.* to pant, breathe heavily נָשֹׁם בִּכְבֵדוּת.

פּרייס *s.* (*pl.* ־ן) cockroach מַקָּק.

פּרייסיש *adj.* Prussian שֶׁל פְּרוּסְיָה.

פּרייסן *npr.* Prussia פְּרוּסְיָה.

פּרייען = פּריען.

פּריכאָד *s.* (*pl.* ־ן) income, revenue הַכְנָסָה.

פּרילאַנטשען *v. a.* to carres לַטֵּף.

פּרילישען = פּריטשמעליען.

פּרימאַ *s.* first rate quality מֻבְחָר; ‖ *adj.* of first rate quality מֵהַמִּין הַמְּעֻלֶּה.

פּרימאַדאָנאַ *s.* (*pl.* ־ס) prima donna, leading lady מְשׁוֹרֶרֶת הָרִאשָׁה.

פּרימעטע *s.* (*pl.* ־ס) sign, mark סִמָּן, תָּו, אוֹת.

פּרימער *s.* (*pl.* ־ן) example מָשָׁל, דּוּגְמָה, מוֹפֵת.

פּרינדען = אָנפּרינדען.

פּרינץ *s.* (*pl.* ־ן) prince בֶּן מֶלֶךְ.

פּרינציפּ *s.* (*pl.* ־ן) principle כְּלָל, עִקָּר, יְסוֹד.

פּרינצמעטאַל *s.* prince's metal נְחֹשֶׁת לְבָנָה.

פּרינצעטאַל = פּרינצמעטאַל.

פּרינצעסן *s.* (*pl.* ־ס) princess בַּת מֶלֶךְ.

פּריסאַדעס *s. pl.* rows of trees along both sides of a walk שׁוּרוֹת עֵצִים מִשְּׁנֵי צִדֵּי מְקוֹם טִיּוּל.

פּריסואָיע(ווע)ן *v. a.* to appropriate to oneself לָקַחַת לְעַצְמוֹ.

פּריסוטסטווע *s.* (*pl.* ־ס) council-chamber חֲדַר הַמּוֹעָצָה.

פּריסטאַוו *s.* (*pl* ־עס) commissary (*of police*) שׁוֹטֵר.

פּריסטאַווטשיק *s.* (*pl.* ־עס) purveyor מַסְפִּיק.

פּריסטאַווציק = פּריסטאַווטשיק.

פּריסטראָיקע *s.* (*pl.* ־ס) annex בִּנְיָן נוֹסָף.

פּריסיאַזשנע *adj.* sworn מֻשְׁבָּע; ‖ *s.* juror, jury-man שׁוֹפֵט מֻשְׁבָּע.

פּריסיאַזשנע סוד *s.* jury חֶבֶר שׁוֹפְטִים מֻשְׁבָּעִים.

פּריסיאַזשנע פּאָווערענע *s.* (*pl.* ־ס) attorney, lawyer עוֹרֵךְ דִּין.

פּריסינקע *s.* squatting, bending of the knees (*in a dance*) קְרִיסָה תַּחְתָּיו (ברקוד).

פּריסמאַצקעס *s. pl.* sweets, sweetmeats מַמְתַּקִּים.

פּריסמאַק *s.* lettuce, vegetables חֲזֶרֶת, חַסָּא, יְרָקוֹת; seasoning, flavoring תַּבְלִין.

פּריסנע *adj.* fresh, sweet (*water*) מָתוֹק.

פּריסעק *s.* live ashes, embers אֵפֶר לוֹהֵט, רֶמֶץ.

פְּריעה *s.* tearing of the prepuce at circumcision ־.

פּריען *v. n.* to perspire, sweat הָזֵעַ; ‖ *v. a.* to stew בַּשֵּׁל בְּאוֹפֶן קַל.

פּריעקט = פּראָיעקט.

פּריפּאַס *s.* (*pl.* ־ן) supply, provision צֵידָה.

פּריפּאַרקע *s.* (*pl.* ־ס) cataplasm מְלוּגְמָה חַמָּה, אִסְפְּלָנִית.

פּריפּע‖טשעק *s.* (*pl.* ־טשקעס) hearth, fire-place אָח.

פּריפּראַווע *s.* (*pl.* ־ס) seasoning תַּבְלִין.

פְּריץ *s.* (*pl.* פְּרִיצִים) nobleman, aristocratic gentleman, lord אָצִיל, אָדוֹן.

פְּרִיצה = פְּרִיצטע.

פְּרִיצות¹ *s.* licentiousness, lewdness ־.

פְּרִיצות² *s.* nobleness, aristocraticness אֲצִילוּת.

פְּרִיצטע *s.* (*pl.* ־ס) noblewoman, aristocratic lady אֲצִילָה, גְּבִירָה.

פְּרִיציש *adj.* noble, aristocratic אָצִיל, עָדִין; ‖ ־קייט *s.* nobleness, aristocraticness אֲצִילוּת.

פְּרִיצעווען *v. n.* to play the lord הִתְנַהֵג כְּאָדוֹן.

פּריצענט = פּראָצענט.

פּריצעפּקע = פּריטשעפּקע.

פּריקאַהאַ‖לעק *s.* (*pl.* ־לקעס) little *or* provincial Kahal קָהָל קָטָן; ז. קהל.

פּריקאַז *s.* (*pl.* ־ן) order, command מִצְוָה, פְּקוּדָה.

פּריקאַזעווען *v. a.* to order, command פָּקֹד, צַוֵּה.

פּריקאַזשטשיק *s.* (*pl.* ־עס) merchant's clerk מְשָׁרֵת בְּבֵית מִסְחָר; steward, overseer מְפַקֵּחַ (באחוזה).

פּריקוסקע *s.* bite אֲכִילָה עִם־.
— טרינקען טיי מיט פּריקוסקע to drink tea taking a bite of sugar with it שתה התה ואכל הסֻכָּר בעת השתיה.

פּריקלאַד *s.* (*pl.* ־ן) butt-end (*of a gun*) נִצַּב הָרוֹבֶה; accessory דָּבָר נוֹסָף.

פּריקרע *adj.* disagreeable, unpleasant בִּלְתִּי נְעִים; sweetish, mawkish מָתוֹק עַד גֹּעַל נֶפֶשׁ; touchy נוֹחַ לְהִתְרַגֵּשׁ; strange, queer זָר; peevish, sullen זוֹעֵם, זוֹעֵף.

פְּרִישה *s.* separation ־, הִתְרַחֲקוּת; discord פֵּרוּד.

פּרישווע s. (pl. –ס) upper (of a shoe) פְּנֵי הַנַּעַל (= ווערך).

פּרישטש s. (pl. –עס) pimple, pustule קְמָטָה, אֲבַעְבּוּעָה.

פּרישטשעוואַטע = באַפּרישטשעט.

פָּרֹכת = פָּרוֹכת.

פַּרְנס s. (פַּרְנָסִים .pl) leader, head of a community –, רֹאשׁ הָעֵדָה.

פַּרְנָסה s. (פַּרְנָסוֹת .pl) sustenance, livelihood –, כַּלְכָּלָה; occupation, רֶוַח; profit, gain business עֵסֶק.

פַּרְנָסה בְּכָבוֹד phr. a livelihood with honor –.

פַּרְנָסה־געבער s. (pl. –, –ס) breadwinner מְפַרְנֵס.

פַּרְנס־חוֹדש s. monthly elder of the community –.

פּרעבענדעווען = פּערבענדעווען.

פּרעגלען v. a. to fry טַגֵּן; ‖ –זיך v. r. to be fried הִטַּגֵּן; to be in a rage (fig.) הִתְרַגֵּז.

פּרעדסיעדאַטעל s. (pl. –עס) chairman יוֹשֵׁב בְּרֹאשׁ.

פַּרְעֹה npr. Pharaoh –.

פּרעוויאַנט = פּראָוויאַנט.

פּרעווער s. (pl. –ס) prior (of a monastery) רֹאשׁ הַנְּזִירִים (לנוצרים).

פַּרְעון s. payment –.

פּרעזידיום s. presidency, chairmanship נְשִׂיאוּת, יְשִׁיבָה בְּרֹאשׁ.

פּרעזידענט s. (pl. –ן) president נָשִׂיא; ‖ –שאַפֿט s. presidency נְשִׂיאוּת.

פּרעזענט s. (pl. –ן, –ער) present מַתָּנָה.

פּרעזשעניצע s. (pl. –ס) omelet לְבִיבַת בֵּיצִים.

פּרעטענדירן v. n. to pretend הִתְחַפֵּשׂ לְ־; תָּבֹעַ, הַצֵּג תְּבִיעָה עַל־.

פּרעטענדענט s. (pl. –ן) pretender מִתְחַפֵּשׂ; תּוֹבֵעַ, מַצִּיג תְּבִיעָה עַל־.

פּרעטענזיע s. (pl. –ס) pretension, claim הִתְחַפְּשׂוּת; טַעֲנָה, תְּבִיעָה.

פּרעמיע s. (pl. –ס) premium פְּרָס.

פּרענומעראַנט s. (pl. –ן) subscriber הָרֹחֵם, חוֹתֵם.

פּרענומעראַציע s. subscription חֲתִימָה.

פּרענומערירן v. n. to subscribe חָתֹם עַל־.

פּרענט s. (pl. –עס) rod מוֹט; pole, stake שׁוֹט; bar (of metal) מְטִיל.

— ברענגען אויפֿן פּרענט to flog הלקה.

פּרענטל s. (pl. –עך) knitting-needle מַחַט לִסְרִיגָה.

פּרענטע = פּרענט.

פּרעס s. (pl. –ן) press מַכְבֵּשׁ; printing-press מְכוֹנַת דְּפוּס; = פּרעסע.

פּרעס־אײַזן s. (pl. –ס) iron, goose מַגְהֵץ.

פּרעסירן v. a. to forsake, abandon, leave עָזֹב, זָנֹחַ.

פּרעסל = פּרעס־אײַזן.

פּרעסלעך s. pl. pressed coal, coal-dust bricks לְבֵנִים שֶׁל אֲבַק פֶּחָמִים (להסקה).

פּרעסן v. a. to press כָּבֹשׁ, לָחֹץ; to press, to iron גַּהֵץ.

פּרעסנציִער s. (pl. –, –ס) printer who works at a hand-press מַדְפִּיס בְּמַכְבֵּשׁ יָד.

פּרעסע s. press עִתּוֹנוּת.

פּרעסער s. (pl. –, –ס) presser, ironer מְגַהֵץ.

פּרעפּלען v. a. to sing in an undertone (a prayer) זַמֵּר בְּלַחַשׁ (תפלה).

פּרעפֿעראַנס s. preference (game at cards) פְּרֶפֶרַנְס (משחק בקלפים).

פַּרְצוּף s. (פַּרְצוּפִים .pl) face, physiognomy –, פָּנִים; ugly face פָּנִים מְכֹעָרִים.

פַּרְצוּף־פָּנים s. face, countenance פָּנִים, מַרְאֶה.

פֶּרק s. (פְּרָקִים .pl) section, chapter –; = פִּרְקֵי־אָבוֹת.

פִּרְקֵי־אָבוֹת s. pl. "the chapters of the fathers," collection of moral teachings of the ancient rabbis –.

פְּרָקים s. pl. = פִּרְקֵי־אָבוֹת; a kind of Hebrew printing-type מִין אוֹתִיּוֹת דְּפוּס.

פֶּרק־שִׁירה s. "the chapter of hymn," collection of verses of praise to God put into the mouths of animals –.

פָּרָשה s. (פָּרָשִׁיּוֹת .pl) section or chapter of the Pentateuch, weekly section of the Law –, פָּרָשַׁת הַשָּׁבוּעַ, סִדְרָה; one of the parchment slips of the phylacteries inscribed with pessages of the Law –.

פָּרָשת־הַחוֹדש s. "the section of the month," sec ion of the Law read on the Sabbath preceding the month of Nisan –.

פָּרָשת־זָכוֹר s. "the section Remember," section of the Law read on the Sabbath preceding Purim –.

פָּרָשת־פָּרה s. "the section of the heifer," section of the Law read on the first of the two Sabbaths preceding the month of Nisan –.

פָּרָשת־שְׁקָלים s. "the section of shekels," section of the Law read on the Sabbath preceding the month of Adar –.

פּשׂאַ דושאַ s. scoundrel, rascal בֶּן בְּלִיַּעַל, נָבָל א).

א) פּויליש psia dusza, הינטישע נשמה.

פשאַקרעוו *s.* (~עס *pl.*) scoundrel, rascal בֶּן בְּלִיַּעַל, נָבָל א).

פָּשוּט¹ *adj.* simple, plain; ~ common, ordinary ~, רָגִיל, שָׁכִיחַ; modest תָּמִים; ‖ *adv.* plainly בִּפְשִׁיטוּת.

פָּשוּט² *s.* (*small German copper coin*) pfennig~ פְּרוּטָה.

פָּשוּט-בְּתַכְלִית-הַפְּשִׁיטוּת *adj.* exceedingly simple פָּשׁוּט עַד מְאֹד.

פְּשׁוּטוֹ-כְּמַשְׁמָעוֹ *adv.* "its meaning is as its signification", literally, plainly~.

פְּשַׁט *s.* (פְּשָׁטִים *pl.*) meaning, sense, signification ~, הוֹרָאָה, כַּוָּנָה; commentary פֵּרוּשׁ; interpretation of a text according to the plain meanings of the words~.

פַּשְׁטוּת *s.* simplicity, plainness ~, פְּשִׁיטוּת.
— אין פשטות plainly, literally בפשיטות, כפשוטו.

פְּשָׁטל *s.* (~עך *pl.*) commentary פְּשָׁט, פֵּרוּשׁ; casuistic interpretation בֵּאוּר בְּדֶרֶךְ פִּלְפּוּל.

פְּשָׁטלדיג *adj.* casuistical בְּדֶרֶךְ פִּלְפּוּל.

פְּשָׁטל-זאָגער *s.* (~ *pl.*) casuist מִתְפַּלְפֵּל.

פְּשָׁטלען זיך *v. r.* to use casuistry, subtilise הִתְפַּלְפֵּל.

פְּשָׁטלער = פְּשָׁטל-זאָגער.

פַּשְׁטָן *s.* (פַּשְׁטָנִים *pl.*) one who interprets a text according to the plain meanings of the words~.

פְּשִׁיטָא *adv.* certainly, undoubtedly ~, בְּוַדַּאי, בְּלִי סָפֵק; let alone וְכָל שֶׁכֵּן.
— פשיטא שוין the more so וכל שכן.

פְּשִׁיטָא-דִּפְשִׁיטָא *adv.* all the more so בְּוַדַּאי וּבְוַדַּאי.

א) פויליש psia krew, הינטיש בלוט.

פּשיטולעק = פּרוטוליע.

פשיסטאַ‖נעק *s.* (~נקעס *pl.*) stopping-place, station (*of a railroad*) תַּחֲנָה (של מסלת ברזל).

פּשיק *int.* (*to a cat*) away! לֵךְ הָלְאָה! (לחתול).

פּשיקאָנען זיך *v. r.* to ascertain מָצֹא עַל יְדֵי חֲקִירָה וּדְרִישָׁה.

פשעדניע *s.* (~ס *pl.*) ante-room פְּרוֹזְדוֹר, מִסְדְּרוֹן.

פשענישקע = קוקורוזע.

פשעפוסטקע *s.* (~ס *pl.*) pass, permit to pass רִשְׁיוֹן לַעֲבוֹר.

פְּשָׁרָה *s.* (פְּשָׁרוֹת *pl.*) compromise ~, פְּשָׁר; arbitration ~, פְּשָׁר.

פְּשָׁרָה-מאַכער = פַּשְׁרָן.

פְּשָׁרוֹת *s.* mediation פְּשָׁרָה.

פַּשְׁרָן *s.* (פַּשְׁרָנִים *pl.*) one who effects a compromise, mediator מְפַשֵּׁר.

פַּשְׁרָנוּת *s.* mediatorship פְּעֻלַּת הַמְפַשֵּׁר.

פְּתוּחַ *s.* (*fl.*) breaking in of a door שְׁבִירַת דֶּלֶת.

פַּתַּח *s.* (~ן *pl.*) name of the Hebrew vowel-sign ~ שֵׁם הַתְּנוּעָה ַ.

פִּתְחוֹן-פֶּה = פִּיתְחוֹן-.

פַּתַּח-שִׁין-שאַ *int.* hush! הַס!

פֶּתִי *s.* (פְּתָיִים, פְּתָאִים *pl.*) fool ~, כְּסִיל, שׁוֹטֶה.

פְּתִיחָה *s.* (פְּתִיחוֹת *pl.*) opening~; (*fl.*) key-hole חוֹר הַמַּנְעוּל; = פְּתִיחַת-הָאָרוֹן.
— (*fl.*) פלאָטע פּתיחה mortise-lock מנעול קבוע בצד הדלת.

פְּתִיחַת-הָאָרוֹן *s.* opening of the holy ark (*in the synagogue*) ~.

פַּת-לֶחם *s.* piece of bread ~.

פִּתְרוֹן *s.* interpretation ~, פֵּשֶׁר; solution ~.

פִּתְרוֹן-חֲלוֹם *s.* interpretation of a dream ~.

פֿ.

פֿאַבל *s.* (~ען *pl.*) fable מָשָׁל.

פֿאַבריטשנע *adj.* of factory שֶׁל בֵּית חֲרֹשֶׁת.

פֿאַבריצירן *v. a.* to make, manufacture עָשֹׂה (בבית חרשת); to fabricate הַמְצֵא, בַּדֵּה.

פֿאַבריק *s.* (~ן *pl.*) factory בֵּית חֲרֹשֶׁת.

פֿאַבריקאַנט *s.* (~ן *pl.*) manufacturer בַּעַל בֵּית חֲרֹשֶׁת.

פֿאַבריקאַציע *s.* manufacturing חֲרֹשֶׁת, תַּעֲשִׂיָּה.

פֿאַבריקע = פֿאַבריק.

פֿאַגאָט *s.* bass-voice קוֹל שָׁפָל.

פֿאָדעם *s.* (פֿעדעם, פֿעדעמער *pl.*) thread, string חוּט.

פֿאָדער *adj.* ~נישט unpleasant בִּלְתִּי נָעִים; *s.* פֿאָדערונג.

פֿאָדער- (אין צונויפֿזעצונגען) front-, fore- קִדְמִי, רִאשׁוֹן.

פֿאָדערונג *s.* (~ען *pl.*) demand דְּרִישָׁה; claim תְּבִיעָה.

פֿאָדער-טייל *s.* (~ן *pl.*) fore-part הַחֵלֶק הַקִּדְמִי.

פֿאָדעריי *adj.* ~ניט not particularly good, poor לֹא טוֹב כָּל כָּךְ, פָּחוּת.

פֿאָדערן *v. a.* to demand בַּקֵּשׁ, דָּרֹשׁ; to claim תָּבֹעַ.

פֿאָדערשט *adj.* fore, foremost קִדְמִי, רִאשׁוֹן.

פאַז s. (—ן .pl) (geogr.) phasis צורה (של הלבנה).
פאָטאָגראַף = פאָטאָגראַפּשטשיק.
פאָטאָגראַפּשטשיק s. (—עס .pl) photographer צַלָּם.
פאָטאָגראַפּיע s. (—ס .pl) photography מְלֶאכֶת הַצִּלּוּם; photographer's studio צַלָּמָנִיָּה; photograph צֶלֶם, תְּמוּנָה.
פאָטאָגראַפּירן v. a. to photograph צַלֵּם; ‖ —זיך v. r. to have one's photograph taken הִצְטַלֵּם.
פאָטאָגראַפּיש adj. photographic שֶׁל מְלֶאכֶת הַצִּלּוּם.
— פאָטאָגראַפּישע קאַרטע photograph צלם, תמונה.
פאָטעל s. (—ן .pl) easy-chair, arm-chair כֻּרְסָא, כִּסֵּא עִם יָדוֹת.
פאָטער s. (—ס .pl) father אָב, אַבָּא.
פאָטערלאַנד s. fatherland, native country אֶרֶץ אָבוֹת, אֶרֶץ מוֹלֶדֶת.
פאָטערליך adj. fatherly, paternal שֶׁל אָב, כְּאָב.
פאָטער־שטול = פאָטעל.
פאַטשײַלע s. (—ס .pl) shawl מִטְפַּחַת, סוּדָר.
פאַטשײַלקע s. (—ס .pl) pocket-handkerchief מִטְפַּחַת כִּיס.
פאַיאַנטשטשיק s. (—ס .pl) dealer in crockery סוֹחֵר בִּכְלֵי חֹמֶר לָבָן.
פאַיאַנס, פאַיאַנץ s. crockery כְּלֵי חֹמֶר לָבָן.
פאַיעטאָן s. (—ען .pl) phaeton, carriage מֶרְכָּבָה.
פאַך s. (—ן .pl) branch, department, line סָנִיף, מִקְצוֹעַ (של עסק); trade, profession אֻמָּנוּת, עֵסֶק; sort מִין; specialty מֻמְחִיּוּת; layer, stratum שִׁכְבָה.
פאָך s. blowing נֶשֶׁב, נְשִׁיבָה; fanning תְּנוּפָה.
— געבן אַ פאָך to blow, to fan נשב, הנף.
פאַכאָווע adj. of trade, of profession שֶׁל אֻמָּנוּת.
פאָכן v. a. to blow נָשֹׁב; to fan הָנֵף.
— (id.) פאָכן מיט דער נשמה to be fatally ill היה חולה אנוש.
פאָכער s. (—ס .pl) fan מֵנִיף, מְנִיפָה.
פאַל¹ s. (—ן .pl) fall נְפִילָה.
— געבן אַ פאַל to fall נפל.
פאַל² s. (פאַלן, פאַל .pl) case אוֹפֶן; מִקְרֶה.
— פאַר קיין פאַל ניט by no means בשום אופן.
פאַלב s. (—ן .pl) fold, plait קֶמֶט, כֶּפֶל.
פאַלבאַן s. (—עס .pl) flounce זִיז, קְפִילָה (קשוט לבגד).
פאַלבאַנע = פאַלבאַן.
פאַלבן v. a. to fold קַמֵּט, כָּפֹל.
פאַלג = פאַלב.
פאָלגן v. a. to obey הַקְשֵׁב, שְׁמֹעַ בְּקוֹל; to take a person's advice שְׁמֹעַ לַעֲצַת אִישׁ.
פאָלגנדיג adj. following הַבָּא לְהַלָּן, שֶׁאַחַר זֶה.

פאָלגע s. (—ס .pl) foil עָלֶה כֶּסֶף (לאחורי מראה).
פאָלד = פאַלב.
פאָלדרעווען = פאַלבן.
פאָלוואַרק = פּאָלוואַרק.
פאָליאָ s. (—ס .pl) folio תַּבְנִית חֲצִי גִלָּיוֹן; דַּף (בספרי חשבונות).
פאַליגע s. epilepsy חֳלִי הַנְּפִילָה, חֳלִי נִכְפֶּה.
פאַליע s. (—ס .pl) wave, billow גַּל, מִשְׁבָּר.
פאַליערטשיק, פאַלירטשיק s. (—עס .pl) dumpling כֻּפְתָּה (של בצק).
פאָליעש s. fullery בֵּית כּוֹבְסִים (לאריגי צמר).
פאַלן v. n. (.p. p געפאַלן) to fall נָפֹל.
— פאַלן אויף דער ערד to fall to the ground נפל לארץ.
— פאַלן פון די פיס to stagger התנודד (בהליכה).
— פאַלן אימעצן שווער to be hard to היה כבד על־.
— פאַלן אויף אַ געדאַנק to come into one's mind, to occur to one עלה על לבו, עלה על דעתו.
— פאַלן אויף אַ פלאַן to hit upon an expedient מצא תחבולה.
פאַלנדיג adj. falling נוֹפֵל.
— (geogr.) פאַלנדיגע שטערן shooting stars כוכבים נופלים.
פאַלצן v. a. (sheets) to fold קַפֵּל (גליונות).
פאַלצעט s. falsetto קוֹל בִּלְתִּי נָכוֹן (בזמרה).
פאָלק s. (.pl פעלקער) people, nation עַם, גּוֹי, אֻמָּה.
פאָלקסליד s. (—ער .pl) popular song שִׁיר עַמָּמִי.
פאָלקשול s. (—ן .pl) puplic school בֵּית סֵפֶר עַמָּמִי.
פאַלש adj. false כּוֹזֵב; false, counterfeit מְזֻיָּף; faithless לֹא נֶאֱמָן, בּוֹגֵד; ‖ s. (—ן .pl) fraud, רַמָּאוּת, זִיּוּף forgery.
פאַלשעווען v. a. n. to falsify, counterfeit זַיֵּף; to do something superficially עָשֹׂה מְלַאכְתּוֹ רְמִיָּה.
פאַלשקײַט s. falsity, falseness שֶׁקֶר, רְמִיָּה; fraud רַמָּאוּת; simulation, hypocrisy רְמִיָּה, צְבִיעוּת.
פאַמיליאַנט s. (—ן .pl) one belonging to a family בֶּן מִשְׁפָּחָה.
פאַמיליע s. (—ס .pl) family מִשְׁפָּחָה; = פאַמיליע־נאָמען.
פאַמיליע־נאָמען s. (—נעמען .pl) family name surname שֵׁם הַמִּשְׁפָּחָה.
פאַמעליע = פאַמיליע.
פאַמ.ען = פאַנ.ען.
פאַן s. (—ען .pl) pan מַחֲבַת.

פאָן s. (‑ען, ‑עס, ‑פֶענער pl.) flag, banner דֶּגֶל, נֵס; (fig.) aristocracy הַמְיוּחָסִים.

— גאָלדענע פאָן nobility, aristocracy האצילים, המיוחסים.

פאַנאַבעריע s. (‑ס pl.) aristocrat יַחְסָן א).

פאַנאַבעריעש adj. aristocratic שֶׁל יַחְסָנוּת.

פאָנאָגראַף s. (‑ן pl.) phonograph מְכוֹנַת הַדִּבּוּר.

פאַנאַטיזם s. fanaticism, bigotry אֲדִיקוּת, קַנָּאוּת.

פאַנאַטיקער s. (‑ pl.) fanatic, bigot אָדוּק, קַנַּאי.

פאַנאַטיש adj. fanatical, bigoted אָדוּק, קַנַּאִי.

פאַנאַנדער = פונאַנדער.

פאַנגען v. a. (p. p. געפאַנגען) to capture, take prisoner שָׁבֹה; to catch לָכֹד, צוּד.

פאָנד s. (‑ן pl.) fund קֶרֶן קַיֶּמֶת.

פאַנט s. (‑ן pl.) pawn, pledge מַשְׁכּוֹן, עֲבוֹט, עֵרָבוֹן.

פאַנטאָווע adj. of pawn, of pledge שֶׁל מַשְׁכּוֹן.

— פאַנטאָווע לאָטערײ raffling of gifts הגרלת מתנות.

פאַנטאַזיאָר s. (‑ן pl.) visionary, dreamer שׁוֹגֶה בְדִמְיוֹנוֹת, בַּעַל הֲזָיָה.

פאַנטאַזיע s. (‑ס pl.) fancy, imagination, dream דִּמְיוֹן, הֲזָיָה.

פאַנטאַזירן v. n. to fancy, dream, rave שָׁגֹה בְדִמְיוֹנוֹת, הָזֹה.

פאָנטאַן s. (‑ען pl.) fountain מִזְרָקָה.

פאַנטאַסט = פאַנטאַזיאָר.

פאַנטאַסטיש adj. fantastical דִּמְיוֹנִי.

פאָניע s. nickname of a Russian כִּנּוּי לְרוּסִי.

פאַניר, פאַנער s. veneer, scale-board צִפּוּי עֵץ, נְסָרִים דַּקִּים.

פאַנירן v. a. to veneer צַפֵּה עֵץ.

פאַנע־בְּרִיה = פאַנאַבעריע.

פאַנע־בְּרִיהש = פאַנאַבעריעש.

פאָנפאַטש s. (‑עס pl.) snuffler נַחְרָן, מְדַבֵּר מִנְּחִירָיו.

פאָנפע s. (‑ס pl.) lighted paper cone for blowing smoke into a person's nose (a trick) חָרוּט שֶׁל נְיָר דָּלוּק לְפַחֵת עָשָׁן בְּאַף אִישׁ (להתעלל בו).

פאָנפעוואַטע adj. snuffling הַמְדַבֵּר מִנְּחִירָיו.

פאָנפען v. n. to snuffle, speak through the nose דַּבֵּר מֵהַנְּחִירַיִם.

פאַנקוכן s. (‑ס pl.) pancake חֲבִיתָה, עֻגַּת מַחֲבַת.

פאַס s. (פעסער pl.) barrel, cask חָבִית.

— ניט רײדן פון דער הוילער פאַס to have something from reliable sources דבר על פי מקורים נאמנים.

פאַסאַד s. (‑ן pl.) façade, face פְּנֵי בִנְיָן.

א) פון פויליש fanaberye פוץ, פליטערלעך, יחוס.

פאַסאָליע s. (‑ס pl.) kidney-bean, haricot פּוֹל, שְׁעוּעִית.

פאַסאָן s. (‑ען pl.) fashion, style צוּרַת בֶּגֶד, גִּזְרָה, תַּבְנִית.

פאַסאָנדיג adj. of good fashion שֶׁל גִּזְרָה יָפָה.

פאַסטן v. n. to fast צוּם, הִתְעַנֵּה.

פאַסטער s. (‑ pl.) faster צָם, מִתְעַנֶּה.

פאַסטרינע s. (‑ס pl.) baste, long stitch תְּפִירָה קְלוּשָׁה; basting thread חוּט שֶׁל תְּפִירָה.

פאַסטרינעווען v. a. to baste תָּפֹר בִּתְפִירוֹת קְלוּשׁוֹת.

פאָסיליע s. (‑ס pl.) fossil גּוּף מְאֻבָּן (מגופים המאֻבנים של בעלי חיים וצמחים הנמצאים במחפרות).

פאָספער s. phosphorus פּוֹסְפוֹר, זַרְחִית.

פאַסקע s. (‑ס pl.) butter-tub חָבִית לְחֶמְאָה.

פאַעטאָן = פאַיעטאָן.

פאַצײלע, פאַצײלקע = פאַטשײלע, פאַטשײלקע.

פאַקולטעט s. (‑ן pl.) faculty מַחְלֶקֶת הַלִּמּוּדִים (בבית מדרש המדעים).

פאָקוס[1] s. focus נְקוּדַת הַשְׂרֵפָה.

פאָקוס[2] s. (‑ן pl.) juggler's trick, legerdemain מַעֲשֵׂה חֲרִיצוּת, אֲחִיזַת עֵינַיִם, מִקְסָם.

פאָקוסניק s. (‑עס pl.) juggler, prestidigitator מְאַחֵז עֵינַיִם, קוֹסֵם.

פאַקט s. (‑ן pl.) fact עוּבְדָא, מַעֲשֶׂה שֶׁקָּרָה, דְּבַר אֱמֶת.

פאַקטורע s. (‑ס pl.) invoice חֶשְׁבּוֹן הַסְּחוֹרָה.

פאַקטיש adj. actual שֶׁבְּפֹעַל.

פאַקטער s. (‑ס, פאַקטוירים pl.) agent, broker סַרְסוּר.

פאַקטערעווען v. n. to play the broker, transact business for others סַרְסֵר.

פאַקל s. (‑ען pl.) torch אֲבוּקָה, אוּר.

פאָקע s. (‑ס pl.) seal כֶּלֶב הַיָּם.

פאָקענע adj. of sealskin שֶׁל עוֹר כֶּלֶב הַיָּם.

פאַר prep. for בְּעַד, בַּעֲבוּר; before לִפְנֵי; ago לִפְנֵי כֵן; for, of מִ־; || conj. than מֵאֲשֶׁר, מִ־.

— פאַר וועמען איז דאָס געלט? for whom is the money? בעד מי הכסף?

— פאַר דער צײט before the time לפני עתו.

— פאַר עדות before witnesses, in the presence of witnesses בפני עדים.

— פאַר צוויי וואָכן two weeks ago לפני שני שבועות.

— פאַר הונגער of hunger מרעב; פאַר פרייד for joy משמחה.

— מורא האָבן פאַר אומעצן to be afraid of a person ירא מפני־, ירא את־.

— ער איז בעסער פאַר איר he is better than she is הוא טוב ממנה.

פאַר־ pref. syllable prefixed to verbs for various significations הֲבָרָה נוֹסֶפֶת לִפְעָלִים לְהוֹרָאוֹת שׁוֹנוֹת.

פֿאַר־ before, in front of, ahead *pref.* לִפְנֵי.

פֿאַרװוּירט fetid, having a bad smell *adj.* מַסְרִיחַ.

פֿאַר־אײַנס = פֿאַרװנס.

פֿאַראומווירדיגן to abominate, abhor *v. a.* שִׁקֵּץ, תִּעֵב.

פֿאַראומערט sad *adj.* עָצוּב, עָגוּם.

פֿאַראומערן to sadden *v. a.* הֶעֱצִיב.

פֿאַראומרײניגן to pollute *v. a.* טִמֵּא; to soil לִכְלֵךְ.

פֿאַראיאָריג of last year *adj.* שֶׁל הַשָּׁנָה שֶׁעָבְרָה.

פֿאַראיאָרן last year *adv.* בַּשָּׁנָה שֶׁעָבְרָה, אֶשְׁתָּקַד.

פֿאַראיאָרעדיג = פֿאַראיאָריג.

פֿאַראײביגן to perpetuate *v. a.* עָשָׂה לְקַיָּם, עָשָׂה לְנִצְחִי.

פֿאַראײדלען to ennoble, elevate *v. a.* עִלָּה, רוֹמֵם.

פֿאַראײן union, society, association (*pl.* ען—) *s.* אֲגֻדָּה, חֶבְרָה.

פֿאַראײניגן to unite *v. a.* אִחֵד; ‖ —זיך to unite *v. r.* הִתְאַחֵד.

פֿאַראינטערעסירן to interest *v. a.* עִנְיֵן; ‖ —זיך to interest oneself *v. r.* הִתְעַנְיֵן.

פֿאַראיעריג = פֿאַראיאָריג.

פֿאַראיקען זיך to stutter, stammer *v. r.* גִּמְגֵּם.

פֿאַראירן זיך to go astray *v. r.* תָּעָה.

פֿאַראַכטונג contempt *s.* בִּזָּיוֹן.

פֿאַראַכטן to despise *v. a.* בָּזָה.

פֿאַראַן there is, there are *adv.* יֵשׁ.

פֿאַראַנטװאָרטליך responsible *adj.* אַחֲרַאי; ‖ —קײט *s.* responsibility אַחֲרָיוּת.

פֿאַראַנען = פֿאַראַן.

פֿאַראַנקערן to anchor *v. a.* עָגַן.

פֿאַראַקערן to till, plough *v. a.* עָבַד, חָרַשׁ.

פֿאַראַרבעטן to elaborate *v. a.* עִבֵּד; to soil לִכְלֵךְ.

פֿאַראַרענדעװען to rent *v. a.* הִשְׂכִּיר (שדה או בית).

פֿאַרב paint, dye (*pl.* ן—) *s.* צֶבַע (חמר); color צֶבַע, גָּוֶן; complexion צֶבַע הַפָּנִים.

פֿאַרבאַדינג preliminary condition (*pl.* ען—) *s.* תְּנַאי רִאשׁוֹן.

פֿאַרבאַהאַלטן to hide, conceal *v. a.* הֶחְבִּיא, הִסְתִּיר.

פֿאַרבאָט prohibition (*pl.* ן—) *s.* אִסּוּר.

פֿאַרבאָטן[1] = פֿאַרבױטן[1].

פֿאַרבאָטן[2] prohibited, forbidden *adj.* אָסוּר.

פֿאַרבאַלאַמוטשען = פֿאַרבאַלעמוטשען.

פֿאַרבאַלאַקען to spend time in babbling *v. a.* בִּלָּה זְמַן בִּפְטְפוּט.

פֿאַרבאַל(י)עװען to squander *v. a.* בִּזְבֵּז (ממון).

פֿאַרבאַלעמוטשען to detain by talking *v. a.* עִכֵּב עַל יְדֵי שִׂיחָה; to confound by talking בִּלְבֵּל בִּדְבָרִים; ‖ —זיך *v. r.* to perplex or confuse oneself הִתְבַּלְבֵּל.

פֿאַרבאַלעמוטשען = פֿאַרבאַלעמוטשען.

פֿאַרבאַנד federation (*pl.* ן—) *s.* אֲגֻדָּה.

פֿאַרבאַנדאַזשירן to bandage *v. a.* חָבַשׁ.

פֿאַרבאַק spoiled egg (*pl.* ן—) *s.* בֵּיצָה נִשְׁחָתָה.

פֿאַרבאַקן dried *adj.* שֶׁנִּתְיַבֵּשׁ.

פֿאַרבאָרגן[1] to conceal *v. a.* הִסְתִּיר; ‖ *adj.* concealed נִסְתָּר.

פֿאַרבאָרגן[2] to lend out *v. a* הִלְוָה.

פֿאַרבאַריקאַדירן to barricade *v. a.* שָׂם מַעְצוֹר לְ־, סוֹךְ.

פֿאַרבויען to cover with buildings *v. a.* כִּסָּה בְּבִנְיָנִים, בָּנָה עַל־.

פֿאַרביג colored *adj.* מְגֻוָּן.

פֿאַרביטן[1] to forbid *v. a.* אָסַר.

פֿאַרביטן[2] changed *adj.* מְשֻׁנֶּה.

— זײַן אַ פֿאַרביטענער to be out of sorts, not to be in one's usual humor הֶהָפֵךְ לְאִישׁ אחר, היה במצב רוח אחר.

פֿאַרביטערן to embitter *v. a.* מֵרַר.

פֿאַרבײַ over *adj.* עוֹבֵר; ‖ by, past *adv.* אֵצֶל.

— זײַן פֿאַרבײַ to be on the point of death היה סמוך למיתתו; איך בין פֿאַרבײַ I am lost אבדתי.

פֿאַרבײַג bow (*pl.* ן—) *s.* הִשְׁתַּחֲוָיָה.

פֿאַרבײַגן to bend *v. a.* כָּפַף; to omit (*fig.*) הִשְׁמִט; ‖ —זיך to bow *v. r.* הִשְׁתַּחֲוָה.

פֿאַרבײַגײן to pass *v. n.* עָבַר, חָלַף.

פֿאַרבײַגײענדיג by the way *adv.* אַגַּב אוֹרְחָא.

פֿאַרבײזט sullen, sulky *adj.* זוֹעֵף.

פֿאַרבײַטן to change *v. a.* הֶחֱלִיף; to substitute מִלֵּא מְקוֹם־.

פֿאַרבײַטראָגן to carry past *v. a.* נָשָׂא וְעָבַר.

פֿאַרבײַלאָזן to let pass *v. a.* נָתַן לַעֲבֹר.

פֿאַרבײַלויפֿן to run past *v. n.* רוּץ וְעָבַר.

פֿאַרבײַסן to bite *v. n.* נָשַׁךְ; to take a snack אָכַל מַאֲכָל קַל (אחר השתיה); ‖ *s.* snack, bit מַאֲכָל קַל, קִנּוּחַ (אחר השתיה).

— (*fig.*) פֿאַרבײַסן די צונג, פֿאַרבײַסן מיט די ליפּן to hold one's tongue שתק, החרש, שים יד לפה.

פֿאַרבײַסעכץ *s.* snack, bit מַאֲכָל קַל, קִנּוּחַ (אחר השתיה).

פֿאַרבײַפֿאָרן to drive past *v. n.* נָסַע וְעָבַר.

פֿאַרבײַפֿירן to lead past *v. a.* הוֹלִיךְ וְעָבַר.

פֿאַרבינדונג s. (pl. ־ען) connection קֶשֶׁר, חִבּוּר; embryo עֻבָּר א).

פֿאַרבינדן v. a. to bind קָשַׁר, חִבֵּר.

פֿאַרביסן adj. relentless; cunning עָרוּם; בְּלִי רַחֲמִים; stubborn קְשֵׁה עֹרֶף; ‖ ־קייט s. cunning עָרְמָה; stubbornness קְשִׁי עֹרֶף.

פֿאַרבלאָון = פֿאַרבלויען.

פֿאַרבלאָזן v. a. to blow off הָפֵחַ מֵעַל־.

פֿאָר‖בלאַט s. (pl. ־בלעטער) title-page שַׁעַר (של ספר).

פֿאַרבלאָטיגן v. a. to cover with mud, to dirty כַּסֵּה בְּרֶפֶשׁ, לִכְלֵךְ.

פֿאַרבלאָנדזו(ש)ען v. n. to go astray תָּעָה.

פֿאַרבלאָנזען = פֿאַרבלאָנדז(ש)ען.

פֿאַרבלאָפֿן v. a. to deceive (Am.) רִמָּה.

פֿאַרבלוטיגן v. a. to stain with blood גָּאַל בְּדָם.

פֿאַרבלויען v. a. to blue צָבַע בְּצֶבַע תְּכֵלֶת.

פֿאַרבלויט adj. dyed blue צָבוּעַ תְּכֵלֶת.

פֿאַרבלייבן v. n. to remain הִשָּׁאֵר.

פֿאַרבליען v. n. to fade נָבֹל.

פֿאַרבלישטשען v. a. to dazzle הַכֵּה בְּסַנְוֵרִים.

פֿאַרבלאָנקען זיך v. r. to go astray תָּעָה.

פֿאַרבלענדן v. a. to dazzle הַכֵּה בְּסַנְוֵרִים; (fig.) to deceive רִמָּה.

פֿאַרבלענדעניש s. deception, illusion מַשְּׂאַת שָׁוְא.

פֿאַרבלענזן = פֿאַרבלענדן.

פֿאַרבן v. a. to color, dye, paint צָבַע.

פֿאַרבעטן¹ v. a. to invite הַזְמֵן, קְרֹא אֶל־.

פֿאַרבעטן² v. a. to make the bed סַדֵּר הַמִּטָּה.

פֿאַרבענקען זיך v. r. to long, have a longing הִתְגַּעְגֵּעַ.

פֿאַרבענקעניש s. longing גַּעְגּוּעִים.

פֿאַרבעסערונג s. improvement הֲטָבָה, תִּקּוּן.

פֿאַרבעסערן v. a. to improve הֵיטֵב, תַּקֵּן.

פֿאַרבער s. (pl. ־, ־ס) dyer צוֹבֵעַ.

פֿאַרבעריי s. dyer's trade מְלֶאכֶת צוֹבְעִים.

פֿאַרבראָטן v. a. to touch נָגֹעַ.

— **פֿאַרבראָטן** בײַם האַרץ to touch to the quick נגע עד הנפש.

פֿאַרבראַקירן v. a. to reject פְּסֹל.

פֿאַרבראָקן v. a. to crumble פָּרֵר.

פֿאַרברודזשען v. a. to soil, to dirty לִכְלֵךְ.

פֿאַרברודיגן, פֿאַרברודען = פֿאַרברודזשען.

פֿאַרברויכן = פֿאַרנוצן.

פֿאַרברוינען v. a. to make brown עֲשֵׂה חוּם.

פֿאַרברידערונג s. fraternisation, brotherhood אִחוּי, אַחֲוָה.

פֿאַרברידערן v. a. to unite like brothers אַחֵה, עֲשֵׂה לְאַחִים.

פֿאַרברייטונג s. spreading הֲפָצָה.

פֿאַרברייטן v. a. to spread הָפֵץ.

פֿאַרברייטערן v. a. to extend הַרְחֵב.

פֿאַרבריִען v. a. to scald שָׁלֹק בְּרוֹתְחִים; to boil, cook בַּשֵּׁל.

פֿאַרברעך s. (pl. ־ן) crime פֶּשַׁע.

פֿאַרברעכן v. a. to break off שָׁבֹר מִ־; to wring פָּרֹשׁ (בידים).

פֿאַרברעכער s. (pl. ־, ־ס) criminal פּוֹשֵׁעַ.

פֿאַרברעמען = אַרומברעמען.

פֿאַרברענגען v. a. to pass (time) בַּלֵּה; to spend (money) הוֹצִיא (כסף); ‖ v. n. to amuse oneself הִשְׁתַּעֲשֵׁעַ.

פֿאַרברענגען v. a. to bring before הָבֵא לִפְנֵי־.

פֿאַרברענגער s. (pl. ־, ־ס) spendthrift, squanderer בּוֹזְבְזָן.

פֿאַרברענט adj. burnt שָׂרוּף; (fig.) ardent, devoted נִלְהָב, אָדוּק, מָסוּר (לרעיון); ‖ ־קייט s. devotion אֲדִיקוּת, הִתְמַסְּרוּת.

פֿאַרברענען v. a. to burn שָׂרֹף.

פֿאַרברעקלען v. a. to crumble פָּרֵר.

פֿאַרגאַווערן v. a. to beslaver לִכְלֵךְ בְּרִיר.

פֿאַרגאַלן v. a. to embitter מָרֵר.

פֿאַרגאַלקעווען v. a. to blackball הַגְרֵל נֶגֶד־.

פֿאַרגאַנגען adj. past שֶׁעָבַר; ‖ ־הייט s. the past, time past עָבָר.

פֿאַרגאַפֿט adj. amazed מִשְׁתּוֹמֵם.

פֿאַרגאַפֿן זיך v. r. to be amazed הִתְפַּלֵּא הִשְׁתּוֹמֵם.

פֿאַרגאַרטלען v. a. to gird חָגֹר, אָזֹר.

פֿאַרגוואַלדיגן v. a. to violate אָנֹס, עַנֵּה.

פֿאַרגיטיגונג s. reward גְּמוּל; compensation פִּצּוּי.

פֿאַרגיטיגן v. a. to reward גָּמֹל; to compensate פַּצֵּה.

פֿאַרגיין v. n. to get into בֹּא אֶל־; to pass עָבֹר, חָלֹף; to disappear הֵעָלֵם; to pine away, die גָּוֹעַ, מוּת; ‖ ־זיך v. r. to lose one's breath הִתְעַלֵּף (מקצר הנשימה); to have a fit of coughing הִשְׁתַּעֵל בְּלִי הֶרֶף; to have dealings with הֱיֵה לְאִישׁ מַשָּׂא וּמַתָּן עִם־.

— **פֿאַרגיין** אומעצן דעם וועג to get into a person's way התיצב לשטן על דרך איש.

— **פֿאַרגיין** אין טראָגן tn conceive, to become pragnant התעבר.

פֿאַרגײַן v. n. to go on הִקָּרֵה, הֵעָשֵׂה.

פֿאַרגילטן v. a. to gild הַזְהֵב.

פֿאַרגינען v. a. (p. p. פֿאַרגונען) not to begrudge, not to envy, to wish well לֹא קַנֵּא.

א) אין דער באַדייטונג ביי ליפשיצן.

בְּ־, דָּרשׁ טוֹב לְ־; ‖ – זיך *v. r.* to allow oneself הַרְשֵׁה לְעַצְמוֹ.

פֿאַרגינער *s.* (*pl.* –, – ס) well-wisher דּוֹרֵשׁ טוֹב.

פֿאַרגיסן *v. a.* to spill, shed שָׁפֹךְ; to feed up הַרְוֵה (ילד בּ־לב) (*a child on milk*).

— פֿאַרגיסן מיט בלײַ to stop up or fix with molten lead סתם או הַדבק בעופרת מֻתּכה; פֿאַרגיסן א לאָך מיט פּעך to stop up a hole with pitch סתם נקב בזפת.

פֿאַרגיפֿטונג *s.* poisoning סִמּוּם.

פֿאַרגיפֿטיגן — פֿאַרגיפֿטן.

פֿאַרגיפֿטן *v. a.* to poison הַרְעֵל, סַמֵּם; הָמֵת עַל יְדֵי רַעַל.

פֿאַרגלאָצן *v. a.* to roll up (*one's eyes*) גַּלְגֵּל עֵינָיו לְמַעְלָה.

פֿאַרגלויבן *v. a.* to confide הַפְקֵד; גַּלֵּה (סוד); ‖ – זיך *v. r.* to rely בָּטֹחַ בְּ־; to confide a secret גַּלֵּה סוֹד.

פֿאַרגלוסטן זיך *v. r.* to get a desire הִתְאַוֵּה.

פֿאַרגלושען *v. a.* to stun הַחֲרֵשׁ הָאָזְנַיִם.

פֿאַרגליווערן *v. a. n.* to stiffen הִתְקַשֵּׁה; to congeal קָפֹא; to curdle קָרֹשׁ; to be benumbed קָפֹא (אברים) א).

פֿאַרגלייבן = פֿאַרגלויבן.

פֿאַרגלײַזט *adj.* fixed, stiff, having a glazed look קָבוּעַ (מַבָּט).

פֿאַרגלײַזן *v. a.* to stiffen הַקְשֵׁה.

— פֿאַרגלײַזן די אויגן to fix one's eyes קבע עיניו.

פֿאַרגלײַך *s.* (*pl.* –ן) comparison דִּמְיוֹן, עֶרֶךְ; agreement, compromise הַסְכָּמָה, פְּשָׁרָה.

פֿאַרגלײַכונג *s.* compromise פְּשָׁרָה.

פֿאַרגלײַכן *v. a.* to compare דַּמֵּה, עֲרֹךְ; ‖ – זיך *v. r.* to compare הִשְׁתַּוֵּה; to come to an agreement or compromise בּוֹא לִידֵי הַסְכָּמָה אוֹ פְּשָׁרָה.

פֿאַרגלײַכער *s.* (*pl.* –, – ס) compromiser מְפַשֵּׁר, מְתַוֵּךְ.

פֿאַרגלײַסט = פֿאַרגלײַזט.

פֿאַרגלעזערט = פֿאַרגלײַזט.

פֿאַרגלעטן *v. a.* to smooth הַחֲלֵק; to palliate הַקְטֵן, הָקֵל, כַּסּוֹת (פשע); ‖ – זיך *v. r.* to comb one's hair שָׂרֹק שְׂעָרוֹ.

פֿאַרגנבֿעןען, – ענען זיך *v. r.* to steal into הִתְגַּנֵּב אֶל־.

פֿאַרגעבונג *s.* forgiveness, pardon כַּפָּרָה, מְחִילָה, סְלִיחָה.

פֿאַרגעבן *v. a.* to forgive, pardon כַּפֵּר, מְחֹל, סְלֹחַ; to give, set נָתֹן (עבודה וכד׳); to misdeal (*cards*) חַלֵּק בְּאֹפֶן בִּלְתִּי נָכוֹן (קלפים); to season, flavor תַּבֵּל.

— פֿאַרגעבן אומעצן מיט עפּעס to set a person a task, to put a question נתן עבודה לאיש, שאל שאלה.

— פֿאַרגעבן א געקעכטס to season or flavor a soup תַּבֵּל מרק.

פֿאַרגעטערונג *s.* deification אִלּוּל; adoration הַעֲרָצָה.

פֿאַרגעטערן *v. a.* to deify אַלֵּל; to adore הַעֲרֵץ.

פֿאַרגעלט *adv.* turned yellow שֶׁנֶּהְפַּךְ לְצָהֹב.

פֿאַר־געלט *s.* fare דְּמֵי נְסִיעָה.

פֿאַרגעלטונג *s.* recompense, reward גְּמוּל, שָׂכָר.

פֿאַרגעלטן *v. a.* to recompense, reward גָּמֹל, שַׁלֵּם שָׂכָר.

פֿאַרגעלן *v. a.* to make yellow הַפֹךְ צָהֹב.

פֿאַרגעניגן *s.* (*pl.* – ס) pleasure, delight עֹנֶג, תַּעֲנוּג, נַחַת רוּחַ; amusement שַׁעֲשׁוּעִים.

פֿאַרגעניגענען זיך *v. r.* to amuse or entertain oneself הִשְׁתַּעֲשֵׁעַ.

פֿאַרגעס־מיך־ניט *s.* forget-me-not זִכְרִינִי, אַל תִּשְׁכָּחֵנִי (מין פרח).

פֿאַרגעסן *v. a.* to forget שָׁכֹחַ, נָשֹׁה.

פֿאַרגראָבן *v. a.* to bury קָבֹר; to hide (*fig.*) הַסְתֵּר; ‖ – זיך *v. r.* to hide הִסְתַּתֵּר.

פֿאַרגראַיזען *v. a.* to enclose, fence גָּדֹר.

פֿאַרגריזען *v. a.* to vex, torture הַרְגֵּז, עַנֵּה.

פֿאַרגרײַזט *adj.* full of errors, faulty מְשֻׁבָּשׁ; erring מוּטְעֶה.

פֿאַרגרײַזלען *v. a.* to curl סַלְסֵל.

פֿאַרגרײַזן *v. a.* to corrupt (*a word*) קַלְקֵל, שַׁבֵּשׁ (מלה); to misspel כָּתֹב בִּשְׁגִיאוֹת; ‖ *v. n.* to sin, err חָטֹא, תָּעֹה.

פֿאַרגרייטן *v. a.* to prepare, provide הָכֵן.

פֿאַרגרינגערן *v. a.* to facilitate הָקֵל; to relieve, alleviate הָקֵל, רַכֵּךְ.

פֿאַרגרינט *adj.* turned green שֶׁנֶּהְפַּךְ לְיָרֹק; mouldy, musty שֶׁהֶעֱלָה חֲלוּדָה.

פֿאַרגרינען *v. n.* to turn green הֵהָפֵךְ לְיָרֹק; to bocome rusty הַעֲלֵה חֲלוּדָה.

פֿאַרגרעבט *adj.* rude, boorish, ignorant גַּס, בַּעַר.

פֿאַרגרעבן *v. a.* to make rude עֲשׂה לְגַס.

פֿאַרגרעסער‖גלאָז *s.* (*pl.* – גלעזער) magnifying-glass זְכוּכִית מַגְדֶּלֶת.

פֿאַרגרעסערן *v. a.* to enlarge הַגְדֵּל, הַרְחֵב; to magnify הַגְדֵּל; to exaggerate גַּזֵּם.

פֿאַרדאגהט *adj.* worried, care-worn מָלֵא דְּאָגָה.

פֿאַרדאגהן *v. n.* to worry דָּאֹג; ‖ – זיך *v. r.* to fear פָּחֹד.

א) פֿאַרגליווערן האָט אפשר א שייכות מיט לאַטייניש gelare, פריירן.

פֿאַרדאַכט s. suspicion חָשַׁד.

פֿאַרדאַמען v. a. to damn נִדָּה; to condemn הִרְשִׁיעַ, הֶאְשִׁים; to doom דּוּן, שָׁפַט.

פֿאַרדאַנקען v. a. to owe הָיָה חַיָּב תּוֹדָה עַל־. — איך האָב דאָס איך צו פֿאַרדאַנקען I owe this to you לך אני חיב תודה על זאת, מידך לי זאת.

פֿאַרדאַרבן (p. p. פֿאַרדאָרבן) v. a. to spoil קִלְקֵל; to corrupt הִשְׁחִית.

פֿאַרדאָרבן adj. corrupt, depraved מָשְׁחָת; ‖ ־קייט s. corruption, depravity הַשְׁחָתַת הַמִּדּוֹת.

פֿאַרדאָרבעניש s. corruption הַשְׁחָתָה.

פֿאַרדאַרט adj. dry יָבֵשׁ.

פֿאַרדאַרט ווערן = פֿאַרדאַרן.

פֿאַרדאַרן v. n. to dry up, wither הִתְיַבֵּשׁ, נָבֵל.

פֿאַרדבֿקעט adj. absorbed in pious thoughts שָׁקוּעַ בִּדְבֵקוּת דָּתִית.

פֿאַרדבֿקען זיך v. r. to be absorbed in pious thoughts הָיָה שָׁקוּעַ בִּדְבֵקוּת דָּתִית.

פֿאַרדולן v. a. to stun, confuse with noise הִבְהִיל, הָמַם.

פֿאַרדומפּט = פֿאַרדומפּן[1].

פֿאַרדומפּן[1] adj. dull, smothered (voice) מְבֻלָּע, חָלָשׁ (קול); musty מְעֻפָּשׁ.

פֿאַרדומפּן[2] v. a. to smother בִּלַּע, הֶחֱלִישׁ (קול); ‖ v. n. to grow dull, be smothered הִבָּלַע, הֶחֱלַשׁ (קול); to grow musty הִתְעַפֵּשׁ.

פֿאַרדורען v. a. to confuse with talking בִּלְבֵּל עַל יְדֵי שִׂיחָה.

פֿאַרדושען v. a. to stifle חָנַק, חִנֵּק; to smother כִּבָּה.

פֿאַרדייאונג s. digestion עִכּוּל.

פֿאַרדייען v. a. to digest עִכֵּל; to enjoy הִתְעַנֵּג עַל־. — איך וואָלט פֿאַרדייעט I should relish, I should enjoy התענגתי על־.

פֿאַרדינגען v. a. to rent, let out הִשְׂכִּיר; ‖ ־זיך v. r. to hire oneself הִשָּׂכֵר.

פֿאַרדינסט s. (pl. ־ן) gain, profit רֶוַח; earnings שָׂכָר; merit פֹּעַל טוֹב, צְדָקָה, זְכוּת.

פֿאַרדינען v. a. to gain, earn הִרְוִיחַ, הִשְׂתַּכֵּר; to deserve, merit הָיָה רָאוּי לְ־, זָכָה.

פֿאַרדינער s. (pl. ־, ־ס) one who earns much money מִשְׂתַּכֵּר הַרְבֵּה.

פֿאַרדישען v. a. = פֿאַרדושען; ‖ ־זיך v. r. to lose one's breath נָשַׁם בִּכְבֵדוּת; to choke, be suffocated הִתְעַלֵּף מִקֹּצֶר הַנְּשִׁימָה.

פֿאַרדעהען = פֿאַרדייען.

פֿאַרדעכטיג adj. suspicious חָשׁוּד.

פֿאַרדעכטיגן v. a. to suspect חָשַׁד בְּ־.

פֿאַרדעכטליך adj. suspicious, distrustful חֲסַר אֵמוּן; = פֿאַרדעכטיג.

פֿאַרדעכטעווען v. a. to stop up hermetically סָתַם הֵיטֵב.

פֿאַרדעם adv. before לִפְנֵי כֵן.

פֿאַרדענקען v. a. to blame דּוּן לְכַף חוֹב.

פֿאַרדעק s. (pl. ־ן) cover מִכְסֶה; deck מִכְסֵה הָאֳנִיָּה.

פֿאַרדעקן v. a. to cover כִּסָּה.

פֿאַרדראַטעווען = פֿאַרדראָקטן.

פֿאַרדראָטעווען v. a. to fasten with wire הִדֵּק בְּחוּטֵי בַּרְזֶל.

פֿאַרדראָס s. vexation כַּעַס, צַעַר, רֹגֶז, מוֹרַת רוּחַ.

פֿאַרדראָסיג adj. vexatious מַכְעִיס, מְצַעֵר, מַרְגִּיז.

פֿאַרדראָקען v. a. to dirty, soil לִכְלֵךְ.

פֿאַרדרייען v. a. to distort, twist סִלֵּף, עִקֵּל; to tangle סִבֵּךְ; to turn הָפַךְ; ‖ v. n. to be capricious הִתְנַהֵג בְּשִׁגָּעוֹן.

פֿאַרדריי‖לע s. (pl. ־לעך) tangle, complication סִבּוּךְ.

פֿאַרדרייעניש s. (pl. ־ן) tangle, complication סִבּוּךְ.

פֿאַרדרייער s. (pl. ־, ־ס) distorter מְסַלֵּף, מְעַקֵּל; capricious person בַּעַל שִׁגְעוֹנוֹת.

פֿאַרדריסן v. a. to vex, grieve הִכְעִיס, הִרְגִּיז, צִעֵר. — עס פֿאַרדריסט מיך I am grieved הנני מצטער.

פֿאַרדריפּען v. a. to bedraggle, bespatter with mud לִכְלֵךְ בְּרֶפֶשׁ.

פֿאַרדריקן v. a. to press לָחַץ.

פֿאַרהאָרעוועט adj. very busy עָסוּק מְאֹד, טָרוּד הַרְבֵּה; absorbed in thoughts שָׁקוּעַ בְּמַחֲשָׁבוֹת.

פֿאַרהאַטען v. a. to dam in עָשָׂה סֶכֶר לְ־.

פֿאַרהאַיצן v. a. to bewitch כִּשֵּׁף.

פֿאַרהאַלטן v. a. to detain עִכֵּב, עָצַר; to stop סָתַם; ‖ ־זיך v. r. to behave הִתְנַהֵג. — פֿאַרהאַלטן זיך מיט אימעצן to associate with התרועע.

פֿאָרהאַלטן v. a. to reprove הוֹכִיחַ.

פֿאַרהאַלמעווען v. a. to check, skid (wheels) עָצַר, עִכֵּב (אופנים).

פֿאַרהאַמעווען v. a. to stop סָתַם, עִכֵּב (תרוצת דם); to calm הִשְׁקִיט; = פֿאַרהאַלמעווען.

פֿאַרהאַמערן v. a. to close tight with nails סָגַר הֵיטֵב בְּמַסְמְרוֹת.

פֿאַרהאַן, פֿאַרהאַנען = פֿאַראַן, פֿאַראַנען.

פֿאַרהאַנג s. (pl. ־ען) curtain מָסָךְ.

פֿאַרהאַנדלונג s. (pl. ־ען) negotiation מַשָּׂא וּמַתָּן.

פֿאַרהאַנדלען v. n. to negotiate נָשָׂא וְנָתַן עִם־; ‖ v. a. to sell מָכַר; ‖ ־זיך v. r. to get into business trouble בָּא בִּמְבוּכָה בְּמִסְחָר.

פֿאַרהאַנדן adj. existing נִמְצָא.

פאַרהאַנדן זײַן to exist, be there v. n. הָיֹה בִּמְצִיאוּת, הִמָּצֵא.
פאַר‖האַנט s. (‑ הענט .pl) lead (at cards) יָד רִאשׁוֹנָה (בקלפים).
— זײַן פאַרהאַנט to have the lead, to be the first player היה המשחק הראשון.
פאַרהאַסט hated adj. שָׂנוּא.
פאַרהאָפן = האָפן.
פאַרהאַקן to begin to hew v. a. הַתְחֵל לִקְצֹץ; to notch, indent חָרֹק, עֲשֵׂה חָרִיק; to shut סְגֹר (דלת); to stun, confuse הָמֹם, בַּלְבֵּל; ‖ ‑ זיך v. r. to stammer, stutter הִסָּגֵר; to be shut גַּמְגֵּם; to be tangled הִסְתַּבֵּךְ; to become obstinate הִתְעַקֵּשׁ, הַקְשֵׁה עָרְפּוֹ.
— פאַרהאַקן דעם קאָפּ to confuse, to confound המם, בלבל (על ידי דברים).
פאַרהאַרטונג hardening s. הִשּׁוּי.
פאַרהאַרטעוועט hardened adj. מְקֻשֶּׁה.
פאַרהאַרטעווען to harden v. a. הַקְשֵׁה.
פאַרהאָרעוועט earned by hard work adj. נִמְצָא בִּיגִיעַ כַּפַּיִם; weary with toil יָגֵעַ מֵרֹב עֲבוֹדָה.
פאַרהאָרעווען to earn by hard work v. a. מְצֹא בִּיגִיעַ כַּפָּיו.
פאַרהויז vestibule s. פְּרוֹזְדוֹר.
פאַרהויכט bedimmed by having been breathed upon adj. עָמוּם עַל יְדֵי נְשִׁימָה.
פאַרהויכן to bedim by breathing upon v. a. עָמֹם עַל יְדֵי נְשִׁימָה עַל־.
פאַרהוילן = פאַרהײלן[2].
פאַרהויף s. (‑ ן .pl) fore-court, court חָצֵר, עֲזָרָה.
פאַרהויצען = פאַרהאַיצען.
פאַרהויקערן to bend (the body) v. a. כָּפֹף (את הגוף).
פאַרהולטײַעווען to squander in debauchery v. a. בַּזְבֵּז בְּהוֹלֵלוּת.
פאַרהוליען to squander in feasting v. a. בַּזְבֵּז בְּמִשְׁתֶּה וְשִׂמְחָה.
פאַרהונגערט famished adj. גּוֹוֵעַ מֵרָעָב.
פאַרהונגערן to starve v. n. גְּוֹעַ מֵרָעָב.
פאַרהוסטן זיך to have a fit of coughing v. r. הִשְׁתַּעֵל בְּלִי הֶרֶף.
פאַרהוסן זיך = פאַרהוסטן זיך.
פאַרהיטן to preserve, prevent v. a. שְׁמֹר, הָגֵן, מְנַע בְּעַד־.
— פאַרהיטן פון בייז to preserve from evil שמר מרעה.
— פאַרהיטן אַ קרענק to prevent a disease מנע בעד מחלה.
פאַרהײבן to raise v. a. הָרֵם; to tuck up, turn up קַפֵּל לְמַעְלָה (כנף בגד).
פאַרהײזל, פאַרקלענערוואָרט פון פאַרהויז.

פאַרהײליגן to declare holy v. a. הַקְדֵּשׁ.
פאַרהײלן[1] to heal v. a. רַפֵּא; ‖ ‑ זיך to heal v. r. up הִתְרַפֵּא.
פאַרהײלן[2] v. a. (פאַרהוילן .p. p) to conceal, cover הַעֲלֵם, כַּסֵּה.
פאַרהײַען זיך to tarry, stay too long v. r. הִתְמַהְמֵהַּ.
פאַרהילכן to resound, to echo v. n. הַשְׁמַע הֵד; ‖ to deafen v. a. הַחֲרֵשׁ.
פאַרהילן to veil v. a. עַטֵּה, עָטֹף.
פאַרהילעכן = פאַרהילכן.
פאַרהילצערט ווערן to become woody v. p. הִתְקַשֵּׁה כָּעֵץ; to grow stiff הִתְקַשֵּׁה.
פאַרהיניען to tarry, stay too long v. n. הִתְמַהְמֵהַּ.
פאַרהיקען זיך = פאַראיקען זיך.
פאַרהעלטעניש s. (‑ ן .pl) relation יַחַס; proportion עֵרֶךְ.
פאַרהעמדל = מאַנושקעס.
פאַרהענגען to cover with a curtain v. a. פְּרֹשׂ מָסָךְ עַל־.
פאַרהעפטן to darn v. a. תַּקֵּן עַל יְדֵי סְרִיגָה; ‖ ‑ זיך to lace oneself tight v. r. הִתְאַזֵּר הֵיטֵב.
פאַרהעקלען to hook and eye v. a. רָכֹס.
פאַרהעקערן to sell by retail v. a. מְכֹר לַאֲחָדִים.
פאַרהער examination s. מִבְחָן; דְּרִישָׁה, חֲקִירָה.
פאַרהערן to examine v. a. נַסֵּה, בְּחֹן (בלמודים); דְּרֹשׁ, חֲקֹר; to mishear לֹא שְׁמֹעַ הֵיטֵב (דברי איש); ‖ ‑ זיך to vie with each other, to rival v. rec. הִתְחָרֵה אִישׁ עִם רֵעֵהוּ.
פאַרהערעניש examination s. בְּחִינָה; דְּרִישָׁה, חֲקִירָה.
פאַרהערער s. (ס ‑ ,‑ .pl) examiner מְנַסֶּה, בּוֹחֵן (בלמודים).
פאַרוואָגלט wandering, homeless adj. נוֹדֵד, שֶׁאֵין לוֹ בַּיִת וּמַחֲסֶה; miserable אֻמְלָל.
פאַרוואָגלט ווערן to lead a life of a wanderer v. p. הָיֹה נוֹדֵד; to lead a miserable life הָיֹה חַיֵּי צַעַר; to become waste שָׁמֹם, הָחֳרֵב.
פאַרוואָגלען זיך to wander about v. r. נְדֹד.
פאַרוואונדונג injury s. פְּצִיעָה.
פאַרוואונדן to wound, injure v. a. פַּצֵּעַ.
פאַרוואונדערונג wonder, surprise, astonishment s. תְּמִיָּה, פְּלִיאָה, הִשְׁתּוֹמְמוּת.
פאַרוואונדערן זיך to wonder, be surprised, be astonished v. r. תְּמֹהַּ, הִתְפַּלֵּא, הִשְׁתּוֹמֵם.
פאַרוואַלגערן to fill up, cover up v. a. מַלֵּא, כַּסֵּה[א]; ‖ ‑ זיך to be lying in a place v. r. נוֹחַ בְּמָקוֹם; to be lost אָבֹד.
פאַרוואַלטונג management s. הַנְהָגָה.

א) אין דער באַדייטונג ביי ליפשיצן.

פאַרוואַלטן to manage *v. a.* נָהֵג, נַהֵל.

פאַרוואַלטער manager (*pl.* ס –, –) *s.* מְנַהֵל.

פאַרוואַליען overload, to fill up *v. a.* טָמֵם יוֹתֵר מִדַּי, מַלֵּא, סָתֵם.

פאַרוואַלען = פאַרוואַלגערן.

פאַרוואָלקנט cloudy, overcast *adj.* מְעֻנָּן.

פאַרוואַנדלען to transform, change *v. a.* שַׁנֵּה פְּנֵי־.

פאַרוואָס why *adv.* לָמָּה, מַדּוּעַ; || reason *s.* טַעַם.

— גאָר אָן אַ פאַרוואָס without any reason בלי שום טעם.

פאַרוואַסערן to water, dilute *v. a.* מָסֹךְ בְּמַיִם; to weaken (*fig.*) הַחֲלֵשׁ (ענין ספרותי).

פאַרוואַקסן to be grown over (*with grass*) *v. n.* כֻּסֵּה (בעשב); to close (*of a wound*) סָגֹר (מכה).

פאַרוואַקסן ווערן = פאַרוואַקסן.

פאַרוואָר truly, indeed *adv.* בֶּאֱמֶת.

פאָר||וואָרט preface (*pl.* ווערטער –) *s.* הַקְדָּמָה; preposition (*gr.*) מִלַּת הַיַּחַס.

פאַרוואָרלאָזט neglected *adj.* נָטוּשׁ, עָזוּב; scabby, mangy מֻכֵּה צָרַעַת.

פאַרוואָרלאָזן to neglect *v. a.* נָטֹשׁ, עָזֹב

פאַרוואָרליִזט, פאַרוואָרלעפּסט = פאַרוואָרלאָזט.

פאַרוואָרעניש = פאַוואָרעניש.

פאַרוואָרענען = באַוואָרענען.

פאַרוואָרף reproof (*pl.* ן –) *s.* תּוֹכָחָה.

פאַרוואַרפן to throw *v. a.* הַשְׁלֵךְ; to throw into הַשְׁלֵךְ לְ־; to mislay הָנֵחַ בְּמָקוֹם בִּלְתִּי נָכוֹן; to turn into הָפֹךְ לְ־; to cover, fill up כַּסֵּה, מַלֵּא (בחול, בעפר, בשלג); || זיך – *v. r.* to turn הֵהָפֵךְ; to be turned into הֵהָפֵךְ לְ־.

— פאַרוואַרפן אין אַ קלאַטשע to turn into a mare הפך לסוסה.

— פאַרוואַרפן מיטן קאָפּ to turn away one's head הסב את ראשו; to be unwilling (*fig.*) מָאֵן, לא רצה.

— פאַרוואַרפן אַ וואָרט פאַר אימעצן to put in a word for a person דַבר טובות על איש.

פאַרוואָרפן overladen, overloaded *adj.* עָמוּס מְאֹד; retired עָזוּב, בּוֹדֵד (מקום).

— פאַרוואָרפן מיט אַרבעט overladen with work עמוס מאד בעבודה.

— אַ פאַרוואָרפענער ווינקל a retired nook זוית עזובה, מקום בודד.

פאַרוואָרפן ווערן to be thrown beyond *v. p.* הֻשְׁלַךְ; to be turned into הֵהָפֵךְ לְ־; to be bereaved (*of children*) שָׁכֹל.

— פאַרוואָרפן ווערן פאַר אַ חיה to be turned into an animal ההפך לחיה.

פאַרוואַשן¹ to wash off *v. a.* כַּבֵּס.

פאַרוואַשן² washed *adj.* מְכֻבָּס.

— אַ פאַרוואַשן פּנים (*id.*) shameless person איש לא ידע בשת, חצוף.

פאַרוויאַלעט faded, withered *adj.* נָבֵל.

פאַרוויאַלען to fade, wither *v. n.* נָבֹל.

פאַרוויאַניען = פאַרוויאַלען.

פאַרוויגן to rock to sleep, lull to sleep *v. a.* יַשֵּׁן (ילד); to bring into reputation (*fig.*) פַּרְסֵם.

פאַרווייטיקט painful *adj.* מַכְאִיב.

פאַרווייַלונג pastime, amusement, entertainment *s.* בִּלּוּי זְמַן, שַׁעֲשׁוּעִים.

פאַרווייַלן to stay, tarry *v. n.* הִתְמַהְמֵהַּ; to pass time כַּלֵּה זְמַן; to amuse oneself הִשְׁתַּעֲשֵׁעַ.

פאַרווייַנט red with weeping *adj.* אָדֹם מִבֶּכִי.

פאַרווייַנען to weep over *v. a.* בָּכֹה לְ־.

פאַרווייַסן to whiten *v. a.* הַלְבֵּן; to flavor with milk or cream תֵּת חָלָב אוֹ זֻבְדָּה (בנזיד).

פאַרווייען to blow up, cover up (*with snow*) *v. a.* זָרֹה עַל־, כַּסֵּה בְּ־ (שלג, חול).

פאַרווייקן to put in for soaking *v. a.* הַשְׁרֵה.

פאַרווילדעוועט wild, unruly *adj.* פֶּרֶא, פָּרוּעַ.

פאַרווילדעווען to make wild *v. a.* עָשֹׂה לְפֶרֶא.

פאַרוויסטונג devastation *s.* חֻרְבָּן, מְשַׁמָּה.

פאַרוויסטן to lay waste, devastate *v. a.* הַחֲרֵב, הָשֵׁם.

פאַרוויסטער devastator, destroyer (*pl.* –) *s.* מַחֲרִיב.

פאַרוויקלען to roll *or* wrap up *v. a.* גָּלֹל, כָּרֹךְ; to entangle (*fig.*) סַבֵּךְ; || זיך – *v. r.* to entangle oneself הִסְתַּבֵּךְ.

פאַרווירקליכן to realise *v. a.* הוֹצֵא לַפֹּעַל, קַיֵּם.

פאַרווישן to wipe off *v. a.* מָחֹה.

פאַרוועטן זיך = וועטן זיך.

פאַרוועלן זיך to have a desire *v. r.* חָשֹׁק, הִשְׁתּוֹקֵק.

— אים האָט זיך פאַרוועלט שפּילן he had a desire to play חשקה נפשו בשחוק.

פאַרוועלקן = פאַרוויאַלען.

פאַרווענ(ד)ט transposed *adj.* בְּסֵדֶר הָפוּךְ (עלי ספר).

פאַרווענדן to use, employ *v. a.* הִשְׁתַּמֵּשׁ בְּ־; to transpose הָפֹךְ הַסֵּדֶר (בעלי ספר).

פאַרווערבעווען = ווערבעווען.

פאָר׳ווערטס forward *adv.* לְפָנִים, קָדִימָה.

פאַרווערן to prohibit, forbid *v. a.* אָסֹר עַל־, צַוֵּה לְבִלְתִּי־.

פאַרווערשעווען to appropriate *v. a.* לָקֹחַ (לעצמו).

— פאַרווערשעווען זיך אַן אָרט to appropriate to oneself a place לקח מקום לעצמו.

פאָרויס before *adv.* לְפָנִים, קָדִימָה; in advance מֵרֹאשׁ.

פאָרויסזאָגן to foretell, predict *v. a.* הַגֵּד מֵרֹאשׁ.

פאָרויסזען to foresee *v. a.* רָאֹה מֵרֹאשׁ.

פאַרזאָגן v. a. to order צַוֵּה; to warn הַזְהֵר, הַתְרֵה; to prohibit צַוֵּה לְבִלְתִּי־.

— (id.) פאַרזאָגן אַ צענטן to be careful in the future היה נזהר לעתיד.

פאָרזאָגן v. a. to read before קְרָא לִפְנֵי־.

פאַרזאַלצן v. a. to salt מַלַּח.

פאַרזאַמונג s. retardation, delay אִחוּר.

פאַרזאַמלונג s. (pl. ־ען) meeting אֲסֵפָה.

פאַרזאַמלען v. a. to assemble אָסֹף, הַקְהֵל; || ־זיך v. r. to assemble, meet הִתְאַסֵּף.

פאַרזאַמען v. a. to retard אַחֵר; || ־זיך v. r. to stay too long הִתְמַהְמֵהַּ, שָׁהֹה.

פאַרזאָמען = פאַרזאַמען.

פאַרזאַראַזען v. a. to infect אַלֵּחַ, הַדְבֵּק מַחֲלָתוֹ בְּ־.

פאַרזאָרגט adj. worried מָלֵא דְאָגָה; provided מֻבְטָח, מְזֻמָּן דֵּי צְרָכוֹ.

פאַרזאָרגן v. a. to provide הַסְפֵּק; to dispatch שַׁלֵּחַ; || ־זיך v. r. to provide oneself הַסְפֵּק לְעַצְמוֹ, הָכֵן לוֹ צְרָכָיו; to grieve הִצְטַעֵר.

פאַרזאָרגער s. (pl. ־, ־ס) provider מַסְפִּיק, מְפַרְנֵס.

פאַרזבלען v. a. (fl.) to get a person into a pickle הָבֵא אִישׁ לִידֵי צָרָה.

פאַרזוימען = פאַרזאַמען.

פאַרזויערט adj. sour חָמוּץ; (fig.) sullen זוֹעֵף, נִזְעָם.

פאַרזוכן v. a. to taste טְעֹם.

פאַרזונקען adj. absorbed שָׁקוּעַ (ברעיונות).

פאַרזופן v. a. to drink after שָׁתֹה אַחַר־; to drink in order to take away a bad taste שָׁתֹה לְמַעַן הָסֵר טַעַם רָע.

פאַרזיגלען v. a. to seal up חָתֹם, סָגֹר בְּחוֹתָם.

פאַרזידן v. n. to begin to boil הָחֵל לִרְתּוֹחַ; || v. a. to boil הַרְתֵּחַ.

פאַרזייגן v. a. to quiet a child by suckling הַשְׁקֵט יֶלֶד בִּינִיקָה.

פאַרזיימען v. a. to seam, hem עֲשֵׂה אִמְרָה לְ־.

פאַרזייען v. a. to sow זְרֹעַ.

פאַרזייפן = זייפן.

פאַר־זיך adv. by itself, by oneself בְּעַצְמוֹ, בִּפְנֵי עַצְמוֹ.

פאַרזיכטיג adj. careful, cautious זָהִיר, נִזְהָר; || ־קייט s. carefulness, cautiousness זְהִירוּת.

פאַרזיכערונג s. assurance הַבְטָחָה; = סטראַכאָווקע.

פאַרזיכערן v. a. to assure הַבְטֵחַ; = סטראַכירן; || ־זיך v. r. to rely, count upon בְּטֹחַ בְּ־.

פאַרזילבערן v. a. to silver, plate צַפֵּה בְּכֶסֶף.

פאַרזינדיגן v. a. to forfeit by sin אַבֵּד עַל יְדֵי חֵטְא; to lose אַבֵּד; || ־זיך v. r. to sin, offend חָטֹא.

— (id.) ניט צו פאַרזינדיגן I cannot complain, אין להתאונן; tolerably well לא רע.

פאַרזינקען = זינקען.

פאַרזיסן v. a. to sweeten הַמְתֵּק.

פאָרזיצער s. (pl. ־, ־ס) chairman יוֹשֵׁב בְּרֹאשׁ.

פאַרזיצן v. n. to remain unmarried הִשָּׁאֵר פָּנוּי אוֹ פְּנוּיָה.

פאַרזעגן v. a. to saw improperly נַסֵּר לֹא כָרָאוּי.

פאַרזען v. a. to furnish, provide הָכֵן, הַסְפֵּק; to mistake שְׁגֹה; || s. mistake שְׁגִיאָה.

פאַרזעסן adj. who has remained unmarried שֶׁנִּשְׁאַר פָּנוּי.

— אַ פאַרזעסענע מויד an old maid בתולה זקנה.

פאַרזעעניש s. (pl. ־ן) monster, freak דָּבָר מְשֻׁנֶּה, בַּעַל צוּרָה מְשֻׁנָּה, אָדָם מְכֹעָר.

פאַרזעצן v. a. to pawn, mortgage מַשְׁכֵּן;

פאָרזעצן a. v. to continue הַמְשֵׁךְ, הַאֲרֵךְ.

פאַרזשאַווערט adj. rusty חָלוּד, צָרוּד.

פאַרזשמורען v. a. to half-close סָגֹר לְמֶחֱצָה (העינים).

— פאַרזשמורען די אויגן to half-close the eyes הבט בעינים סגורות למחצה, מַצְמֵץ.

פאַרזשעך s. (pl. ־ן) peach אֲפַרְסֵק.

פאַרחושט adj. sentimental רַב רֶגֶשׁ.

פאַרחושכט adj. dismal, depressed קוֹדֵר.

פאַרחושכן v. a. to darken הַחְשֵׁךְ; to embitter מָרֵר.

פאַרמזירן v. a. to dirty, soil לַכְלֵךְ.

פאַרחידושן זיך v. r. to wonder, be astonished הִתְפַּלֵּא, הִשְׁתּוֹמֵם.

פאַרחיהשט adj. brutalised נֶהְפַּךְ לְחַיָּה רָעָה.

פאַרחלומט adj. dreamy כְּחוֹלֵם.

פאַרחלשט adj. faint חַלָּשׁ.

פאַרחלשן v. n. to become faint חָלֹשׁ; || ־זיך v. r. to become faint הִתְחַלֵּשׁ; to long הִתְגַּעְגֵּעַ.

פאַרחתמ||ען, ־ענען v. a. to seal up חָתֹם, סָגֹר בְּחוֹתָם; || ־זיך v. r. to sign one's name חָתֹם אֶת שְׁמוֹ.

— פאַרחתמענען זיך פאַר אימעצן to vouch for a person עָרֹב בְּעַד איש (בחתימת ידו).

פאָרט adv. for all that, after all בְּכָל זֹאת, אַחֲרֵי כָל הַדְּבָרִים; || conj. then אֵפוֹא.

— עס וועט פאָרט ניט טויגן it will not do after all לא יסכון אחרי כל הדברים.

— וואָס וויל ער פאָרט? what does he want then? מה אפוא רצונו?

פאַרטאָג adv. at day-break, in the gray of the morning בַּעֲלוֹת הַשַּׁחַר, לִפְנוֹת בֹּקֶר; || s. day-break, dawn עֵת עֲלוֹת הַשַּׁחַר.

פאַרטאָגיג adj. of day-break שֶׁל עֵת עֲלוֹת הַשַּׁחַר.

פאַרטאָיען = פאַרטײַען.

פֿאַרטאַכל(י)עווען = פֿאַרטכּל(י)עווען.
פֿאַרטאַמעווען *v. a.* to check, stop עָצַר, עִכֵּב.
פֿאַרטאָן *adj.* busy עָסוּק; absorbed שָׁקוּעַ.
פֿאַרטאָן¹ *v. a.* to use up, spend הִשְׁתַּמֵּשׁ בְּ־, הוֹצִיא; הִשְׁקִיעַ (כסף בעסק); to lend, loan הִלְוָה; || ־זיך *v. r.* to be absorbed (*in thought*) הָיָה שָׁקוּעַ (ברעיונות).
פֿאַרטאַסקען *v. a.* to drag away סָחַב עַד־.
פֿאַרטאָפּלען *v. a.* to double כָּפַל.
פֿאַרטאַראַמען, פֿאַרטאַרעראַמען *v. a.* to deafen by noise הֵרֵשׁ אָזְנַיִם בְּשָׁאוֹן.
פֿאַרטויבן = פֿאַרטייבן.
פֿאַרטווישען *v. a.* to overwhelm, oppress דִּכֵּא, הֵעִיק.
פֿאַרטוך *s.* (*pl.* ־ער) apron סִנָּר, חֲגוֹרָה.
פֿאַרטולי׳ן *v. a.* to wrap up, cover snugly עָטָה, עָטַף.
פֿאַרטומלען *v. a.* to stun הָמַם; to confound בִּלְבֵּל.
פֿאַרטון = פֿאַרטאָן.
פֿאַרטונקען *adj.* full of water (*cloud*) מָלֵא מַיִם (ענן).
פֿאַרטונקלען *v. a.* to darken הֶאֱפִיל.
פֿאַרטושען *v. a.* to extinguish, smother כִּבָּה.
פֿאַרטיג *adj.* ready מוּכָן, מְזֻמָּן; finished גָּמוּר.
פֿאַרטייבן *v. a.* to stun הָמַם.
פֿאַרטיידיגונג *s.* defence הֲגַנָּה.
פֿאַרטיידיגן *v. a.* to defend הֵגֵן עַל־.
פֿאַרטיידיגער *s.* (*pl.* ־) defender מָגֵן.
פֿאַרטייטשונג *s.* interpretation תַּרְגּוּם, בֵּאוּר.
פֿאַרטייטשן *v. a.* to interpret תִּרְגֵּם, בֵּאֵר.
פֿאַרטיילן *v. a.* to distribute חִלֵּק בֵּין־; to wrong a person of his share הוֹנָה אִישׁ בְּחֶלְקוֹ.
פֿאַרטייען *v. a.* to hide, conceal הֶחְבִּיא, הִסְתִּיר; || ־זיך *v. r.* to hide oneself הִתְעַלֵּם, הִסְתַּתֵּר.
פֿאַרטיליגן *v. a.* to annihilate, exterminate, destroy הִשְׁמִיד, הִכְחִיד.
פֿאַרטיליגער *s.* (*pl.* ־) destroyer מַשְׁמִיד.
פֿאַרטינקעווען *v. a.* to do over with plaster טוּחַ, שִׂים תַּחְבֹּשֶׁת עַל־.
פֿאַרטיפֿן *v. a.* to deepen הֶעֱמִיק; || ־זיך *v. r.* to become absorbed הִתְעַמֵּק.
פֿאַרטישיק *s.* (*pl.* ־עס) cod-piece, flap of trowsers כְּנַף הַמִּכְנָסַיִם.
פֿאַרטל *s.* (*pl.* ־ען) way, means, expedient אֶמְצָעִי, תַּחְבּוּלָה; cunning, device, shift, trick תַּחְבּוּלַת עָרְמָה.
פֿאַרטעמפּט *adj.* dull קְשֵׁה הֲבָנָה.
פֿאַרטענטלען = פֿאַרדראַקען.
פֿאַרטעסען = טעסען.

פֿאַרטערמינינג *adj.* prior to the term לִפְנֵי זְמַנּוֹ.
פֿאַרטערעראַמען = פֿאַרטאַראַמען.
פֿאַרטערפנעט ווערן *v. p.* to grow torpid, be benumbed הָיָה חֲסַר הַרְגָּשָׁה.
פֿאָרטקע *s.* (*pl.* ־ס) small gate, wicket שַׁעַר קָטָן; casement-window אֶשְׁנָב.
פֿאַרטראָגן¹ *v. a.* to carry away נָשָׂא מִ־; to bear, stand נָשָׂא, סָבַל.
— עס פֿאַרטראָגט מיר דאָס האַרץ נישט I have not the courage אֵין בִּי אֹמֶץ לֵב.
פֿאַרטראָגן² *adj.* very busy עָסוּק מְאֹד; = פֿאַרטראַכט.
פֿאַרטראָגן ווערן *v. p.* to be carried away הִנָּשֵׂא.
פֿאַרטראָווען = פֿאַרטרויען.
פֿאַרטראַכט *adj.* absent מְפֻזָּר (ברעיונות); absorbed שָׁקוּעַ (ברעיונות).
פֿאַרטראַכטן *v. a.* to conceive חָשַׁב; || ־זיך *v. r.* to take into one's head עָלָה בְּמַחֲשַׁבְתּוֹ; to be absorbed in thoughts הָיָה שָׁקוּעַ בְּרַעְיוֹנוֹת.
פֿאַרטראַכטערהייט *adv.* being absorbed in thoughts בִּהְיוֹתוֹ שָׁקוּעַ בְּרַעְיוֹנוֹת.
פֿאַרטראַכטקייט *s.* thoughtfulness, absorption in thoughts שְׁקִיעָה בְּרַעְיוֹנוֹת.
פֿאַרטראָדט *adj.* very busy עָסוּק מְאֹד.
פֿאַרטרוי׳ען *v. a.* to confide גִּלָּה (סוד); to trust הִפְקִיד בְּיַד; || ־זיך *v. r.* to rely בָּטַח בְּ־, הֶאֱמִין בְּ־.
פֿאַרטרויערט *adj.* sad עָצוּב, עָגוּם.
פֿאַרטרונקען *adj.* intoxicated, drunk שִׁכּוֹר; flooded, inundated שָׁטוּף.
פֿאַרטרונקען ווערן *v. p.* to be flooded הִשָּׁטֵף.
פֿאַרטרייבונג *s.* exile, expulsion גּוֹלָה, גָּלוּת, גֵּרוּשׁ.
פֿאַרטרייבן *v. a.* to drive away גֵּרֵשׁ; to exile, expel הִגְלָה; to pass בִּלָּה (זמן).
פֿאַרטרייסלען *v. a.* to throw (*dust*) זָרַק (אבק).
— ער האָט פֿאַרטרייסלט אַן אויג he got dust in his eye אבק נזרק בעינו.
פֿאַרטרינקען *v. a.* to spend in drink הוֹצִיא כַּסְפּוֹ בִּשְׁתִיָּה; to drink after שָׁתָה אַחַר־; to flood, inundate שָׁטַף; to drown הִטְבִּיעַ; || ־זיך *v. r.* to sink שָׁקַע.
— פֿאַרטרינקען די צרות to drown one's troubles in drink הטבע את צערו במשקה משכר.
— פֿאַרטרינקען זיך אין חובות to be deeply in debt, to be involved in debts היה שקוע בחובות.
פֿאַרטריקנט *adj.* dried, dry יָבֵשׁ.
פֿאַרטריקענען *v. a.* to dry up יִבֵּשׁ; = פֿאַרוויאַלען.
פֿאַרטרעטונג *s.* representation שְׁלִיחוּת.

פֿאַרטרעטן v. a. to dirty by trampling upon רָמֹס וְלַכְלֵךְ; to cover by trampling upon כַּסֵּה בִּרְמִיסָה; to represent הָיֹה שְׁלִיחוֹ שֶׁל־; to substitute מַלֵּא מְקוֹמוֹ שֶׁל־.

פֿאַרטרענקען v. a. to flood, inundate שָׁטֹף בְּזֶרֶם.

פֿאַרטשאַדעט adj. stupefied by fumes of charcoal נִרְדָּם עַל יְדֵי אֵדֵי פֶּחָמִים.

פֿאַרטשאַדען זיך v. r. to be stupefied by fumes of charcoal הֵרָדֵם עַל יְדֵי אֵדֵי פֶּחָמִים.

פֿאַרטשוואָקעווען v. a. to nail הַדְבֵּק בְּמַסְמְרִים.

פֿאַרטשעפּען v. a. to hook, catch רְכֹס בְּ־, אָחֹז בְּ־; to touch נְגֹעַ בְּ־; || — זיך v. r. to hook, catch הֵאָחֵז בְּ־; to provoke, pick a quarrel הִתְגָּרֵה בְּ־, קַנְטֵר.

פֿאַרטשריט s. (pl. — ן) progress הִתְקַדְּמוּת.

פֿאַריאָגן v. a. to chase, drive away גָּרֵשׁ; to drift (with snow, with sand) פַּזֵּר (שלג, חול) עַל־.

פֿאַריאַדען v. a. to tire out a person's patience הָצֵק רוּחַ אִישׁ.

פֿאַריאָמערט adj. lamenting, wailing מְיַלֵּל.

פֿאַריבל s. (pl. — ס) grudge תַּרְעֹמֶת, רֹגֶז, שִׂנְאָה.

— האָבן אויף אומעצן (א) פֿאַריבל to have a grudge against a person היה לאיש תרעמת על רעהו.

— פֿאַריבל האָבן to take in ill part, to take amiss היה רע בעיני־.

— האָט קיין פֿאַריבל נים excuse me, I beg your pardon סלח נא לי, הנני מבקש סליחתך.

פֿאַריושען זיך v. r. to get wild, get into a rage הִפָּרֵעַ, הִתְרַגֵּז מְאֹד.

פֿאַריינם adv. simultancously, at the same time בִּזְמַן אֶחָד, בְּאוֹתוֹ הַזְּמַן.

פֿאַרינטשיק, פֿאַריניק s. (pl. — עס) trickster, rogue, cheat בַּעַל עָרְמָה, נוֹכֵל, רַמַּאי.

פֿאַרינע s. trickery, roguery עָרְמָה, רַמָּאוּת.

פֿאַריענטשען v. a. to tire a person with one's complaints הַלְאֵה אִישׁ בִּתְלוּנוֹתָיו.

פֿאַריתומט adj. orphaned, deserted, desolate יָתוֹם, עָזוּב, גַּלְמוּד.

פֿאַרכאַפּט ווערן v. p. to disappear הֵעָלֵם; to die suddenly מוּת מִיתָה חֲטוּפָה.

פֿאַרכאַפּן v. a. to seize חָטֹף; to forestall הַקְדֵּם; || — זיך v. r. to be stopped הֵעָצֵר, הִתְעַכֵּב; to falter, stutter גַּמְגֵּם.

— פֿאַרכאַפּן אומעצן דעם אָטעם to be put out of breath הֵעָצֵר נשימת איש.

פֿאַרכאַפּעניש s. seizing חֲטִיפָה; disappearance הֵעָלְמָה; death מִיתָה.

פֿאַרכוּסעט adj. tipsy, intoxicated מְבֻסָּם.

פֿאַרכוּסען v. a. to make drunk עָשֹׂה לְשִׁכּוֹר, שַׁכֵּר.

פֿאַרכט s. fear מוֹרָא, פַּחַד; awe יִרְאַת הַכָּבוֹד.

פֿאַרכטיג adj. fearful נוֹרָא.

פֿאַרכישופֿן v. a. to bewitch, charm כַּשֵּׁף, הַקְסֵם; לְקֹחַ נֶפֶשׁ.

פֿאַרכליאַפּען v. a. to splash on שָׁפֹךְ עַל־, הַתֵּז עַל־.

פֿאַרכלינען זיך v. r. to choke oneself (in drinking) הֵחָנֵק (בשתיה).

פֿאַרכליפּען זיך v. r. to sob הִתְיַפֵּחַ.

פֿאַרכמאַרען v. a. to cloud, darken עַנֵּן, הַקְדֵּר; || — זיך v. r. to be clouded, be darkened הִתְכַּסֵּה בַעֲנָנִים, הִתְקַדֵּר.

פֿאַרכמורען = פֿאַרכמאַרען.

פֿאַרכּעסט adj. angry כּוֹעֵס, זוֹעֵף.

פֿאַרכצום adj. Gog-fearing יְרֵא אֱלֹהִים.

פֿאַרכראַקען v. a. to bespit כּוּחַ עַל־.

פֿאַרכריפּעט adj. hoarse צָרוּד.

פֿאַרלאַג s. (pl. — ן) publication הוֹצָאָה (של ספרים); publishing house בֵּית הוֹצָאַת סְפָרִים.

פֿאַרלאָדן v. a. to spend money in lawsuits הוֹצִיא כֶּסֶף בְּמִשְׁפָּטִים.

פֿאַרלאָזט, פֿאַרלאָזן adj. desolate עָזוּב; neglected עָזוּב, נָטוּשׁ; || — קייט s. desolation עֲזוּבָה.

פֿאַרלאָזן v. a. to leave עָזֹב; to forsake, abandon, desert עָזֹב, זָנֹחַ, נָטֹשׁ; to neglect עָזֹב, נָטֹשׁ; to let grow (hair, nails) גַּדֵּל (שערות, צפרנים); || — זיך v. r. to rely, depend upon בָּטֹחַ בְּ־, סָמֹךְ עַל־.

— פֿאַרלאָזן מיט סמאָלע to pitch, to tar משח בזפת.

פֿאַרלאַטען = לאַטען.

פֿאַרלאַכן זיך v. r. to laugh oneself to death מַלֵּא פִיו שְׂחוֹק.

פֿאַרלאַנג s. (pl. — ען) desire חֵפֶץ, רָצוֹן; demand תְּבִיעָה, דְּרִישָׁה.

פֿאַרלאַנגען v. a. to desire חָפֹץ, רָצֹה; to demand תָּבֹעַ, דָּרֹשׁ.

פֿאַרלאָפּן adj. tarnished מְכֻסֶּה בְהֶבֶל.

פֿאַרלאָרן adj. lost אוֹבֵד, אָבוּד.

— גיין פֿאַרלאָרן to be lost אבד.

פֿאַרלאָשן adj. extinguished כָּבוּי.

פֿאַרלדין = פֿאַרלאָדן א).

פֿאַרלויבן v. a. to praise, commend הַלֵּל.

פֿאַרלויף s. course מֶשֶׁךְ; expiration, lapse קֵץ.

פֿאַרלויפֿיג = דערווייל.

פֿאַרלויפֿן v. n. to run out of the way נְטֹה מִן הַדֶּרֶךְ בִּמְרוּצָה; to run into רוּץ לְתוֹךְ; to get before הַקְדֵּם; to happen קְרֹה; || — זיך v. r. to happen קְרֹה.

א) ז. אַנמערקונג א) אונטער לדין.

— פארלויפן מיט בלוט to grow purple האדם כארגמן; to obtain with great labor (*fig.*) השג ביגיעה רבה.

פארלוסט *s.* (*pl.* ן–) loss אבדה, הפסד.

פארלושען = פארגלושען.

פארליאפעט *adj.* in love with, enamored of אוהב, חושק ב־.

פארליאפען *v. a.* to besmear טוח; to bespatter הזה (רפש), לכלך; ‖ – זיך *v. r.* to fall in love (*sl.*) with אהב, חשק ב־.

פארליבט *adj.* in love with, enamored of אוהב, חושק ב־.

פארליבן זיך *v. r.* to fall in love with אהב, חשק ב־, התאהב.

פארליגן *v. n.* to lie long, be damaged by lying נוח זמן רב, בלה, התקלקל (מנוחו ימים רבים).

פארליטן *adj.* patient סבלן; ‖ – קייט *s.* patience סבלנות.

פארלייגט *adj.* crossed חבוק, משכל (ידים).

— זיצן מיט פארלייגטע הענט (*id.*) to sit idle חבק ידים, הלך בטל.

פארלייגן *v. a.* to block up עצר, עכב; to clog up, stop up סתם; to load העמס; to mislay הנח במקום בלתי נכון; to cross (*the hands*) חבק, שכל (הידים); ‖ – זיך *v. r.* to set one's heart at something שים לבו לדבר; to be pricked up (*ears*) הנטה לשמע (אזנים).

— פארלייגן אימעצן א קלאץ (*id.*) to puzzle a person בלבל דעת איש.

— פארלייגן מיטן קאפ (*id.*) to die מות.

פארלייגן *v. a.* to propose הצע לפני־.

פארליידיגט *adj.* filled, not empty ממלא, לא ריק א).

פארליידיגן *v. a.* to fill מלא א).

פארליידן *v. a.* to bear, stand, tolerate סבל.

פארלייזיגט *adj.* lousy נגוע כנים.

פארלייזיגט ווערן *v. p.* to get lousy היה נגוע כנים.

פארלייטן *v. a.* to solder רתך.

פארלייכטערן = פארגרינגערן.

פארליימדונג *s.* calumny, slander דבה, רכילות.

פארליימדן *v. a.* to calumniate, slander הוציא דבה.

פארליימדער *s.* (*pl.* –) calumniator, slanderer מוציא דבה, הולך רכיל.

פארלייען *v. a.* to lend, loan הלוה, השאל.

פארלייענען זיך *v. r.* to read much, read incessantly קרא הרבה, קרא בלי הרף.

פארלייענען *v. a.* to read to קרא לפני־.

א) ביי ליפשיצן.

פארלייקענען *v. a.* to deny כחש; to conceal הסתר; to disown מאן להכיר, הכחש.

פארלירן *v. a.* (*p. p.* פארלארן, פארלוירן) to lose אבד; הפסיד; ‖ – זיך *v. r.* to be lost, disappear אבד, העלם.

פארלעבן *v. a.* to spend, use up (*for living*) הוציא (לכלכלה).

פארלעגן *adj.* long-lain שהיה מונח זמן רב; damaged by lying מקלקל (מנוחו ימים רבים); delayed, old (*debt*) ישן (חוב); long retired בודד (מקום).

פארלעגער *s.* (*pl.* –, – ס) publisher מוציא לאור.

פארלעגערט *adj.* long-lain שהיה מונח זמן רב; not fresh, old לא חדש, ישן.

פארלעזונג *s.* (*pl.* – ען) lecture הרצאה, שעור.

פארלעזן *v. a.* to lecture הקרא, הרצא; = פארלייענען.

פארלענגערונג *s.* prolongation הארכה.

פארלענגערן *v. a.* to prolong הארך (זמן); to make longer הארך (בגד וכדו׳).

פארלענדן *v. a.* to finish כלה, גמר; to destroy כלה, השמד.

פארלעקט *adj.* tipsy, intoxicated (*sl.*) מבסם.

פארלעשן *v. a.* to extinguish כבה; ‖ – זיך *v. r.* to be extinguished הכבה.

פארמאגן *v. a.* to have, possess, own היה ל־, היה בעל־; to be capable of doing יכל לעשות.

— וואס א יונגאטש פארמאגט! what a scoundrel is capable of doing! ראה מה שיכול לעשות בן בליעל!

פארמאווערן = פארמויערן.

פארמאט *s.* (*pl.* ן–) size (*of a book*) תבנית, מדת ארכו ורחבו של ספר.

פארמאטערן *v. a.* to tire out הלאה, הוגע.

פארמאכן *v. a.* to close, shut סגר; ‖ – זיך *v. r.* to close הסגר.

פארמאליטעט *s.* (*pl.* ן–) formality חקת המנהג.

פארמאליעווען *v. a.* to bepaint, cover with paint משח צבע על־.

פארמאלנע *adj.* formal על פי חקת המנהג; stamped נסמן בחותם הממלכה.

פארמאסקירן *v. a.* to mask שים מסכה על פני־; to disguise כסה, העלם; ‖ – זיך *v. r.* to put on a mask, disguise שים מסכה על פניו, התחפש.

פארמאצעווען = מאצעווען.

פארמאראטשען *v. a.* to stupefy הבהל, הדהם.

פארמארען *v. a.* to exhaust הכחש, רזה; ‖ – זיך *v. r.* to exhaust oneself כחש, הרזה.

פארמונע = פראמונע.

פארמוחען זיך = פארמויפן זו־.

פאַרמוטשען *v. a.* to torture to death עַנֵּה עַד מָוֶת.

פאַרמויערן *v. a.* to wall up גָּדֹר בְּחוֹמָה; = אײַנמויערן.

פאַרמולירן = מולירן.

פאַרמורזעווען *v. a.* to dirty the face לְכַלֵּךְ הַפָּנִים; || — זיך *v. r.* to dirty one's face לְכַלֵּךְ אֶת פָּנָיו.

פאַרמיאוסן *v. a.* to make loathsome נַוֵּה; || — זיך *v. r.* to annoy שַׁעֲמֵם א).

פאַרמיטיג *adv.* in the forenoon לִפְנֵי הַצָּהֳרָיִם.

פאַרמיטלונג *s.* mediation פְּשָׁרָה.

פאַרמיטלען *v. a.* to mediate פַּשֵּׁר.

פאַרמיטלער *s.* (pl. —, —ס) mediator מְפַשֵּׁר, סַרְסָר.

פאַרמײַדן *v. a.* to avoid חָשֹׂךְ, מְנֹעַ מִ־.

פאַרמײַער *s.* clasp, hook לֻלָאָה, קֶרֶס ב).

פאַרמינערונג *s.* diminution, lessening גֵּרָעוֹן, הַמְעָטָה.

פאַרמינערן *v. a.* to diminish, lessen גָּרֹעַ, הַמְעֵט; || — זיך *v. r.* to be diminished, abate הִתְמַעֵט, הָלֹךְ וְחָסֹר.

פאַרמיסטיגן *v. a.* to manure זַבֵּל.

פאַרמישן *v. a.* to mix בָּלֹל, עַרְבֵּב; to confuse בַּלְבֵּל; || — זיך *v. r.* to mix, mingle הִתְבּוֹלֵל, הִתְעָרֵב.

פאַרמישעכץ *s.* mixture בְּלִיל, עִרְבּוּב.

פאַרמסרן *v. a.* to denounce הַלְשֵׁן; to slander הַכּוֹת בְּלָשׁוֹן.

פאָרמע *s.* (pl. —ס) form, shape צוּרָה, גִּזְרָה, תַּבְנִית.

פאָרמעג = פאַרמעגן[1].

פאַרמעגליך *adj.* wealthy אָמִיד.

פאַרמעגן[1] *s.* (pl. —ס) property, wealth, fortune נְכָסִים, הוֹן, עֹשֶׁר.

פאַרמעגן[2] *v. a.* to have, possess, own הָיֹה לְ־, הָיֹה בַּעַל־; ז. פאַרמאָגן.

פאַרמעגנס = פאַרמעגן[1].

פאָרמעווען *v. a.* to form עָשֹׂה, יָצֹר, צוּר.

פאַרמעלינן *v. a.* to cover with flour כַּסֵּה בְּקֶמַח.

פאָרמע|לע *s.* (—לעך, —לעס pl.) formula, form נוּסָח.

פאָרמען = פאָרמעווען.

פאָרמענע *adj.* formal עַל פִּי חֻקַּת הַמִּנְהָג; of state שֶׁל תִּפְאֶרֶת.

פאַרמענטשען = פאַרמוטשען.

פאַרמעסטן *v. a.* to measure inaccurately מָדֹד בְּאֹפֶן בִּלְתִּי מְדֻיָּק; to cheat in measuring רַמֵּה בְּמִדָּה; || — זיך *v. r.* to aim a blow הָרֵם יָד.

פאַר־מעקן *v. a.* to obliterate, efface מָחֹק.

פאַרם *s.* (pl. —ס) farm (*Am.*) אֲחֻזַּת שָׂדֶה.

פאָרם = פאָרמע.

פאַרמער *s.* (pl. —ס) farmer (*Am.*) אִכָּר.

פאַרמערײַ *s.* farming אִכָּרוּת.

פאַרמערן *v. a.* to increase, multiply הַרְבֵּה; || — זיך *v. r.* to multiply הִתְרַבֵּה.

פאַרמערעזשען *v. a* to stitch up תַּפֵּר; to darn תַּקֵּן עַל יְדֵי סְרִינָה.

פאַרמָרהשְחורהט *adj.* melancholy, gloomy עָצֵב, עָגוּם.

פאַרמַשכּונען *v. a.* to pawn, mortgage מַשְׁכֵּן.

פאַרמִשְפּטן *v. a.* to sentence, condemn דּוּן, חַיֵּב.

פאָרן *v. n.* (*p. p.* געפאָרן) to ride, drive, go (*in a vehicle*) נָסֹעַ (בעגלה); to go נָסֹעַ.

— פאָרן קײן װאַרשע to go to warsaw נסע לְוַרְשָׁה.

— פאָרן רײַטנדיג to ride on horseback רכב עַל סוּס.

פאַרנאָגלען *v. a.* to nail up חַזֵּק בְּמַסְמְרִים.

פאַרנאַדזען *v. a.* to decoy, entice פַּתֵּה, מָשֹׁךְ בְּעָרְמָה; || — זיך *v. r.* to sneak in הִתְגַּנֵּב.

פאַרנאַכט *adv.* in the evening, in the dusk לִפְנוֹת עֶרֶב, בֵּין הָעַרְבַּיִם; || *s.* of the evening evening עֶרֶב.

פאַרנאַכטיג *adj.* of evening שֶׁל עֶרֶב.

פאַרנאָכלעסיגן *v. a.* to neglect עָזֹב, נָטֹשׁ, לֹא שִׂים לִבּוֹ אֶל־.

פאַרנאַנדערד = פונאַנדערד.

פאַרנאַנט *adj.* reputed, known מְפֻרְסָם, נוֹדָע.

פאַרנאַראָווען זיך *v. r.* to become restive הַקְשֵׁה עָרְפּוֹ.

פאַרנאַרישט *adj.* foolish מְפֻשָּׁי; = פאַרפֿרעמט.

פאַרנאַרן *v. a.* to entice מָשֹׁךְ בְּעָרְמָה; to sell below the price מָכֹר בְּפָחוֹת מֵהַמְּחִיר.

פאַרנאַשן *v. a.* to spend on dainties הוֹצִיא כַּסְפּוֹ בְּמַמְתַּקִּים.

פאַרנודזשען, פאַרנודען *v. a.* to bore to death שַׁעֲמֵם עַד מָוֶת.

פאַרנומען *adj.* occupied, busy עָסוּק, טָרוּד; occupied (*place*) מָלֵא, לֹא רֵיק (מקום).

פאָרנט *adv.* before, in front מִמּוּל, מִפָּנִים; || *s.* forepart, front חֵלֶק קִדְמִי, פָּנִים.

— דאַװנען פון פאָרנט to recite the first prayers of the morning service קרא את התפלות הראשונות של שחרית.

א) אין דער באַדײַטונג בײַ ליפשיצן. ב) בײַ ליפשיצן: פֿראַנצײזיש fermoir, אַ האַק.

פֿאַרניטעווען ¹ *v. a.* to rivet, clinch חַבֵּר בְּמַסְמְרִים.

פֿאַרניטעווען ² *v. a.* to brown (*in baking*) הַשְׁחֵר, אַדֵּם (מאפה).

— מײַן ברויט איז פֿאַרניטעוועט my bread is browned אדמו פני לחמי.

פֿאַרנייג *s.* (*pl.* ־ן) bow הִשְׁתַּחֲוָיָה.

פֿאַרנייגן זיך *v. r.* to bow הִשְׁתַּחֲוֵה.

פֿאַרנייען *v. a.* to sew up תַּקֵּן בִּתְפִירָה; to sew in שִׂים בְּדָבָר וְתַפֵּר.

פֿאַרניכטן *v. a.* to annihilate, destroy כַּלֵּה, אַבֵּד, הַשְׁמֵד.

פֿאַרניצן *v. a.* to use הִשְׁתַּמֵּשׁ בְּ־; to use up הִשְׁתַּמֵּשׁ בְּכֻלּוֹ.

פֿאַרנעם *s.* something huge דָּבָר גָּדוֹל מְאֹד; volume, size, bulk הֶקֵּף, גֹּדֶל תְּפוּחַ; something important דָּבָר חָשׁוּב; important person אָדָם חָשׁוּב.

פֿאַרנעם *adj.* prominent חָשׁוּב, נַעֲלֶה.

פֿאַרנעמען *v. a.* to take לָקֹחַ; to occupy, take up (*a space*) לָקֹחַ (מקום); to start (*work*) הַתְחֵל; to seize תָּפֹשׂ; to grasp, conceive תָּפֹשׂ, הַשֵּׂג; to take (*a fortress*) לָכֹד (מצודה); to take prisoner שְׁבֵה; to hear, listen הַקְשֵׁב; ‖ ־ זיך *v. r.* to occupy oneself הִתְעַסֵּק.

— פֿאַרנעמען די אויגן to engage the eyes משך את העינים.

— פֿאַרנעמען בײַם האַרצן to oppress the heart הצק לב.

— פֿאַרנעמען אימעצן דעם אָטעם to put a person out of breath לא נתן לאיש להשיב רוחו.

פֿאַרנעמען זיך = אַפּירנעמען זיך.

פֿאַרנעצן *v. a.* to make wet הַרְטֵב.

פֿאַרנקרויט *s.* fern שָׁרָךְ.

פֿאַרסאָפּעט *adj.* panting, breathless בִּנְשִׁימָה קְצָרָה.

פֿאַרסאַרען *v. a.* to cover, fill up (*with earth*) כַּסֵּה, סָתֹם (בעפר).

— פֿאַרסאַרען די אויגן to throw dust in a person's eyes השלך אבק בעיני איש.

פֿאַרסטאַמפּען *v. a.* to bar (*the way*) שׂוּךְ, גָּדֹר (דרך).

פֿאַרסטראָיען = פֿאַרבויען.

פֿאַרסטראַכירן = סטראַכירן.

פֿאַרסטראַשען *v. a.* to frighten הַפְחֵד.

פֿאַרסטרופּען *v. n.* to form a scar קָרֹם; to close up, heal (*a wound*) הֵרָפֵא (חבורה).

פֿאַרסטרינע = פֿאַסטרינע.

פֿאַרסטרינעווען = פֿאַסטרינעווען.

פֿאַרסלינען *v. a.* to beslaver לַכְלֵךְ בְּרִיר; ‖ ־ זיך *v. r.* to beslaver oneself הִתְלַכְלֵךְ בְּרִירוֹ.

פֿאַרסמאָדערן *v. a.* to smirch לַכְלֵךְ.

פֿאַרסמאַליען *v. a.* to singe, burn חָרֹךְ, צָרֹב.

פֿאַרסמאַלציעווען *v. a.* to grease מָשֹׁחַ בְּחֵלֶב, לַכְלֵךְ בְּשׁוּמָן.

פֿאַרסמאַרקען = באַסמאַרקען.

פֿאַרסמען *v. a.* to poison סַמֵּם, הַרְעֵל; ‖ ־ זיך *v. r.* to poison oneself הַרְעֵל אֶת עַצְמוֹ.

פֿאַרסע *s.* pride, haughtiness גַּאֲוָה.

פֿאַרספקט *adj.* despairing מִתְיָאֵשׁ.

פֿאַרסרחענען *v. a.* to fill with stench מַלֵּא צַחֲנָה.

פֿאַרעל *s.* (*pl.* ־ן) trout דַּג הַמִּצְרִי.

פֿאַרעלטערן *v. a.* to make old הַזְקֵן; ‖ ־ זיך *v. r.* to grow old זָקֵן.

פֿאַרענגט *adj.* hard up, in strait circumstances בְּמַצָּב קָשֶׁה.

— זײַן פֿאַרענגט אין געלט to be hard up for money, to be in straits היה בלחץ כסף.

פֿאַרענגט ווערן *v. p.* to be in strait circumstances הָיֹה בְּמַצָּב קָשֶׁה.

פֿאַרענגען *v. a.* to straiten הָצֵר; ‖ ־ זיך *v. r.* to be straitened for money הָיֹה בְּדֹחַק כֶּסֶף.

פֿאַרענדיגן *v. a.* to finish, complete כַּלֵּה, גָּמֹר.

פֿאַרענדערונג *s.* (*pl.* ־ען) change שִׁנּוּי, תְּמוּרָה.

פֿאַרענדערן *v. a.* to change שַׁנֵּה; ‖ ־ זיך *v. r.* to change, be changed הִשְׁתַּנֵּה.

פֿאַרענטפֿערונג *s.* justification הִצְטַדְּקוּת, הִתְנַצְּלוּת.

פֿאַרענטפֿערן *v. a.* to answer, explain עֲנֵה, בָּאֵר; to justify, defend הַצְדֵּק, הָגֵן עַל־; ‖ ־ זיך *v. r.* to justify oneself, defend oneself הִצְטַדֵּק, הָגֵן עַל עַצְמוֹ.

— פֿאַרענטפֿערן אַ קשיא to answer *or* explain a difficult question תרץ קושיא.

פֿאַרענפֿערונג, פֿאַרענפֿערן = פֿאַרענטפֿערונג, פֿאַרענטפֿערן.

פֿאַרעסן *adj.* sullen, morose זוֹעֵף.

פֿאַרעסן זיך *v. r.* to grieve, worry הִצְטַעֵר, דָּאֹג.

פֿאַרעסקט *adj.* busy עָסוּק.

פֿאַרעפּושט *adj.* having a bad smell, fetid נִבְאָשׁ, מַסְרִיחַ.

פֿאַרעפּושן *v. a.* to fill with stench מַלֵּא צַחֲנָה.

פֿאַרעפֿנטליכן *v. a.* to publish פַּרְסֵם.

פֿאַרעקשנען *v. a.* to lose by stubbornness אַבֵּד עַל יְדֵי קַשְׁיוּת עֹרֶף; ‖ ־ זיך *v. r.* to be stubborn הַקְשֵׁה עָרְפּוֹ.

פֿאַרערגערט ווערן = פֿאַרערגערן זיך.

פֿאַרערגערן *v. a.* to make worse הָרֵעַ; ‖ ־ זיך *v. r.* to grow worse הוּרַע.

פֿאַרערן *v. a.* to revere, admire הָדֹר פְּנֵי, כַּבֵּד, הַעֲרֵץ.

פֿאַרערער s. (pl. —) admirer מְכַבֵּד, מַעֲרִיץ.

פֿאַרפּאַטשקען v a to dirty, soil לִכְלֵךְ, טִנֵּף.

פֿאַרפּאַטשן v. a. to squander בִּזְבֵּז (כסף); to convict הוֹכֵחַ.

— פֿאַרפּאַטשן אימעצן דעם פּנים to convict a person הוכח לאיש עונו.

פֿאַרפּאַכטן v. a. to farm הַחְכֵּר.

פֿאַרפֿאַל s. (pl. ן —) occurrence מִקְרֶה.

פֿאַרפֿאָלגונג s. (pl. ען —) persecution רְדִיפָה.

פֿאַרפֿאָלגן v. a. to persecute רָדֹף.

פֿאַרפֿאַליעט = פֿאַרפֿלאָמט.

פֿאַרפֿאַליען זיך = פֿאַרפֿלאָמען זיך.

פֿאַרפֿאַלן adj. lost אוֹבֵד, אָבוּד; ‖ adv. it's of no use לא יועיל כלום.

פֿאַרפֿאַלן ווערן v. p. to be lost אָבֹד.

פֿאַרפֿאַסונג s. (pl. ען —) composition, work חִבּוּר, סֵפֶר.

פֿאַרפֿאַסטן v. n. to eat before a fast אָכֹל לִפְנֵי הַצּוֹם.

פֿאַרפּאַסן v. n. to pass, not to play שָׁבֹת (במשחק הקלפים); to misfit לֹא הָלֹם.

פֿאַרפֿאַסן v. a. to compose, write כָּתֹב, חַבֵּר (ספר).

פֿאַרפֿאַסער s. (pl. ס —) writer, author סוֹפֵר, מְחַבֵּר.

פֿאַרפּאַסקודזשען v. a. to befoul, make dirty טַנֵּף, לַכְלֵךְ.

פֿאַרפּאַסקוד(י)ען = פֿאַרפּאַסקודזשען.

פֿאַרפּאַפּן v. a. to paste up טוֹחַ וְדַבֵּק.

פֿאַרפּאַצקען = פֿאַרפּאַטשקען.

פֿאַרפּאַצקעט adj. effeminate, delicate מְפֻנָּק.

פֿאַרפּאַקן v. a. to pack up אָרֹז.

פֿאַרפּאָראַשען v. a. to cover with dust כַּסֵּה בְאָבָק, אַבֵּק.

פֿאַרפֿאַרבן v. a. to color, point, dye צָבֹעַ.

פֿאַרפֿאָרן v. n. to drive up to בּא אֶל־ (בעגלה על סוס); to turn in נָטֹה, סוּר אֶל־; to mistake one's way, go astray טָעֹה בְדַרְכּוֹ, תָּעֹה; ‖ v. a. to spend in travelling הוֹצִיא בִנְסִיעוֹת.

— פֿאַרפֿאָרן אין אַ קרעטשמע to turn into an inn בּא אל אכסניה.

— פֿאַרפֿאָרן דאָס גאַנצע געלט to spend all the money in travelling הוציא את כל הכסף בנסיעה.

— (fig.) פֿאַרפֿאָרן אין אַ פֿרעמדע קעשענע to pick a pocket שים ידו בכים זר, גנב.

— (fig.) פֿאַרפֿאָרן אימעצן אין באַק to give a person a box on the ears סטר איש על הלחי.

פֿאַרפֿאַרעט adj. busy עָסוּק.

פֿאַרפּאַרען v. a. to boil up הַרְתֵּחַ.

פֿאַרפּאַרשיוועט adj. scabby מְנֻגָּע בְּסַפַּחַת.

פֿאַרפּוטען v. a. to entangle סַבֵּךְ; to perplex בַּלְבֵּל; ‖ — זיך v. r. to be entangled הִסְתַּבֵּךְ; to be perplexed הִתְבַּלְבֵּל.

פֿאַרפֿוילט adj. rotten רָקוּב.

פֿאַרפֿוילט ווערן v. p. to become rotten הֵרָקֵב.

פֿאַרפֿוילן v. n. to rot away, putrefy הֵרָקֵב.

פֿאַרפֿול adv. fully, completely בִּשְׁלֵמוּת.

פֿאַרפֿולט adj. full, complete שָׁלֵם.

פֿאַרפּוליען v. a. to cover with dust כַּסֵּה בְאָבָק.

פֿאַרפֿולן v. a. to make full מַלֵּא; to complete הַשְׁלֵם.

פֿאַרפֿולקומט adj. perfected מְשֻׁכְלָל.

פֿאַרפֿולקומען v. a. to perfect שַׁכְלֵל.

פֿאַרפֿונדעווען v. a. to strengthen, establish חַזֵּק, יַסֵּד עַל בְּסִיס קַיָּם; ‖ — זיך v. r. to supply oneself הִסְתַּפֵּק לוֹ.

פֿאַרפּוץ s. adornment, dress קִשּׁוּט.

פֿאַרפּוצונג = פֿאַרפּוץ.

פֿאַרפּוצט adj. dressed מְקֻשָּׁט.

פֿאַרפּוצן v. a. to adorn, dress קַשֵּׁט; to trim (a hat) קַשֵּׁט (מגבעת).

פֿאַרפּוצעכטס, פֿאַרפּוצעכץ = פֿאַרפּוץ.

פֿאַרפּירקע s. (pl. ס —) porcelain plate פִּינְכָּא שֶׁל קוֹנְיָה.

פֿאַרפּײַלן v. a. to file שׁוֹף בְּשׁוֹפִין.

פֿאַרפֿײַנטן זיך v. rec. to become enemies הָיֹה לְאוֹיְבִים.

פֿאַרפֿײַנערונג s. refinement עִדּוּן; improvement הַשְׁבָּחָה.

פֿאַרפֿײַנערן v. a. to refine עַדֵּן; to improve הֵיטֵב, הַשְׁבֵּחַ.

פֿאַרפֿילן v. a. to fill, make full מַלֵּא.

פֿאַרפֿינסטערונג s. darkning, eclipse קַדְרוּת.

פֿאַרפֿינסטערט ווערן v. p. to be in distress, suffer הָיֹה בְצַעַר, סָבֹל.

פֿאַרפֿינסטערן v. a. to darken הַחְשֵׁךְ, הַקְדֵּר; (fig.) to embitter מָרֵר.

פֿאַרפֿינען זיך v. r. to foam, froth הַעֲלֵה קֶצֶף.

פֿאַרפֿינצטערונג, פֿאַרפֿינצטערט ווערן, פֿאַרפֿינצטערן = פֿאַרפֿינסטערונג, פֿאַרפֿינסטערט ווערן, פֿאַרפֿינסטערן.

פֿאַרפּיעשטשען v. a. to fondle פַּנֵּק.

פֿאַרפֿירט adj. misled, misguided מוּתְעֶה.

פֿאַרפֿירן v. a. to lead, bring הוֹבֵל, הָבֵא; to lead astray, mislead הַתְעֵה; to seduce פַּתֵּה; to establish יַסֵּד (עסק).

— פֿאַרפֿירן אַ שמועס to enter into a conversation התחל לדבר עם איש.

— פֿאַרפֿירן אַ קריג to raise a quarrel התחל לריב.

— פֿאַרפֿירן אַ פּראָצעס מיט אימעצן to bring action against a person דון, השפט עם איש.

— פֿאַרפֿירן מעשים to do mischief עשה מעשים רעים.

פֿאַרפֿירן *v. a.* to bring before הָבֵא לִפְנֵי־.

פֿאַרפֿירער (*pl.* —) *s.* misleader מַתְעֶה; seducer מְפַתֶּה.

פֿאַרפֿירעריש *adj.* misleading מַתְעֶה; seductive מְפַתֶּה.

פֿאַרפּישן = באַפּישן.

פֿאַרפֿל (*pl.* —) *s.* crumb of dough פֵּרוּר שֶׁל בָּצֵק; (*fig.*) undersized person אִישׁ קְטַן קוֹמָה א).

פֿאַרפֿע‖לע (*pl.* —לעך) *s.* = פֿאַרקלענערוואָרט פֿון פֿאַרפֿל; little tuft קְוֻצָּה קְטַנָּה (של שער עורות).

פֿאַרפּלאָדושען, פֿאַרפּלאָד(י)ען *v. a.* to breed, multiply הַפְרֵה, הַרְבֵּה; ‖ —זיך *v. r.* to multiply פְּרֹה, רְבֵה.

פֿאַרפֿלאַמט *adj.* red (*in the face*) אָדֹם; excited נִרְגָּשׁ.

פֿאַרפֿלאַמען זיך *v. r.* to get red (*in the face*) הִתְאַדֵּם; to be excited הִתְרַגֵּשׁ.

פֿאַרפֿלאַמטקייט *s.* excitement הִתְרַגְּשׁוּת.

פֿאַרפּלאָנטען = פֿאַרפּלאָנטערן.

פֿאַרפּלאָנטערן *v. a.* to entangle, implicate סַבֵּךְ; ‖ —זיך *v. r.* to be entangled הִסְתַּבֵּךְ.

פֿאַרפּלאַנצן = פּלאַנצן.

פֿאַרפּלוטעווען = פֿאַרפּלוטען.

פֿאַרפּלוטען *v. a.* to cheat, defraud רַמֵּה; to put a person off with promises הַבְטֵחַ עַל שֶׁקֶר; ‖ —זיך *v. r.* to entangle, embroil סַבֵּךְ; to be entangled הִסְתַּבֵּךְ; to go astray תְּעֵה.

פֿאַרפּלוידערן זיך *v. r.* to chat too much פַּטְפֵּט יוֹתֵר מִדַּי.

פֿאַרפֿלוכן = פֿאַרשילטן.

פֿאַרפּליאַמען = פֿאַרפֿלעקן.

פֿאַרפּליושקען *v. a.* to besplash זְרֹק עַל־.

פֿאַרפֿלייצונג (*pl.* —ען) *s.* inundation, flood שֶׁטֶף, מַבּוּל.

פֿאַרפֿלייצן *v. a.* to inundate, to flood שְׁטֹף וְכַסֵּה.

פֿאַרפֿליכטן זיך *v. r.* to bind oneself הִתְחַיֵּב.

פֿאַרפֿליסן *v. n.* to flow away נְזֹל וְעָבֹר.

פֿאַרפֿליען *v. n.* to fly away עוּף וְעָבֹר.

פֿאַרפֿלעכטן *v. a.* to plait, interlace קַלַּע.

פֿאַרפֿלעקן *v. a.* to spot, stain הַכְתֵּם.

פֿאַרפּעטשאַטעווען *v. a.* to seal חָתֹם.

פֿאַרפּעכן *v. a.* to pitch מָשֹׁחַ בְּזֶפֶת.

פֿאַרפֿעלן *v. a. n.* to omit הַשְׁמֵט; to miss הַחְטֵא (מטרה); to fail לֹא צְלֹחַ.

פֿאַרפּעסטן *v. a.* to infect הַדְבֵּק מַגֵּפָה בְּ־.

פֿאַרפּראַווען *v. a.* to season, flavor תַּבֵּל.

פֿאַרפֿראַכטן *v. a.* to freight, load טְעֹן (סחורה באניה).

פֿאַרפּראַצעווען *v. a.* to earn by labor הִשְׂתַּכֵּר בִּיגִיעָה.

פֿאַרפּראַשען = פֿאַרפּראָשען.

פֿאַרפֿרוירן *adj.* frozen קָפוּא, מְקֹרָר; ‖ *v. n.* = פֿאַרפֿרירן.

פֿאַרפֿרומט *adj.* pious אָדוּק, דָּבֵק בַּדָּת.

פֿאַרפֿרי *adv.* betimes בְּעוֹד זְמַן, בְּהֶקְדֵּם.

פֿאָר־פּרײַז = פֿאָר־געלט.

פֿאַרפּריעט *adj.* spoiled by perspiration מְקֻלְקָל עַל יְדֵי זֵעָה; festered רָקוּב.

פֿאַרפּריעט ווערן *v. p.* to get spoiled by perspiration הִתְקַלְקֵל עַל יְדֵי זֵעָה; to be festered הֵרָקֵב.

פֿאַרפֿרירן *v. n.* to freeze קָפֹא, הִקָּפֵא.

פֿאַרפֿרעמדן *v. a.* to alienate, estrange נַכֵּר, עֲשֵׂה זָר; ‖ —זיך *v. r.* to be estranged הִתְנַכֵּר.

פֿאַרפֿרעמדעכץ *s.* alienation, estrangement הִתְנַכְּרוּת.

פֿאַרפּרעסן *v. a.* to iron, smooth גַּהֵץ, הַחֲלֵק.

פֿאָרץ (*pl.* פֿערץ) *s.* fart נְפִיחָה.

פֿאַרצאַגט *adj.* despondent, disheartened נוֹאָשׁ, עֲצוּב רוּחַ.

פֿאַרצאַגן *v. n.* to be despondent, be disheartened הִוָּאֵשׁ, הִתְעַצֵּב.

פֿאַרצאַמונג *s.* fence גָּדֵר.

פֿאַרצאַמען, פֿאַרצאָמען *v. a.* to fence in שׂוֹךְ, גְּדֹר.

פֿאַרצאַפּלט ווערן *v. p.* to tremble, shudder רְגֹז, חוּל; to be enraptured הִתְלַהֵב.

פֿאַרצאַפּן = צאַפּן.

פֿאַרצוואָקעווען *v. a.* to bar the way to success גְּדֹר הַדֶּרֶךְ בְּעַד הַהַצְלָחָה.

פֿאַרצווייטעט ווערן = פֿאַרשימלט ווערן.

פֿאַרצווייפֿלונג *s.* despair יֵאוּשׁ.

פֿאַרצווייפֿלט *adj.* despondent נוֹאָשׁ.

פֿאַרצווייפֿלען *v. n.* to despair הִתְיָאֵשׁ.

פֿאַרצויבערן *v. a.* to bewitch, charm כַּשֵּׁף, הַקְסֵם.

פֿאַרצויגן *adj.* covered מְכֻסֶּה; overcast מְעֻנָּן; fondled מְפֻנָּק.

— רעדן פֿאַרצויגן to speak with a peculiar accent דבר במבטא מוזר.

פֿאַרצווימונג, פֿאַרצווימען = פֿאַרצאַמונג, פֿאַרצאַמען.

א) מיטלהויכדייטש varveln, זוס מיט נעריבענעם טייג; עסטרייכיש Farvel, מעל־שפייז.

פֿאַרצוקונג *s.* prey טֶרֶף.

פֿאַרצוקט *adj.* torn טֹרָף.

פֿאַרצוקן *v. a.* to tear טָרֹף; to twist (*words*) פַּתֵּל (תבות); to write with flourishes כָּתֹב בְּסַלְסוּלִים; to sell quickly at a high price מָכֹר בִּמְהִירוּת בִּמְחִיר גָּבֹהַּ.

פֿאַרצוקערן *v. a.* to sugar הַמְתֵּק בְּסֻכָּר; = פֿאַרצוקן.

פֿאַרצהָקענען *v. a.* (*fl.*) to gamble away אַבֵּד בְּמִשְׂחָק.

פֿאַרציאַפּעט *adj.* ill-looking דַּל הַמַּרְאֶה.

פֿאַרציטערט ווערן *v. p.* to tremble with fear חָרֹד מִפַּחַד.

פֿאַרצײַטיג *adj.* former, ancient קַדְמוֹנִי, עַתִּיק.

פֿאַרצײַטיגנס, פֿאַרצײַטיש = פֿאַרצײַטיג.

פֿאַרצײַטן *adv.* formerly, anciently לְפָנִים, מִיָּמִים קַדְמוֹנִים.

פֿאַרצײַטנס = פֿאַרצײַטן.

פֿאַרצײכעניש *s.* (*pl.* ן —) register, list רְשִׁימָה.

פֿאַרצײכענען *v. a.* to write down, note down רָשֹׁם.

פֿאַרצײלן *v. a.* to miscount, make a mistake in counting טָעֹה בְּמִסְפָּרָה; to tell סַפֵּר.

פֿאַרצײמען *v. a.* to bridle בָּלֹם, שִׂים רֶסֶן בְּפִי סוּס.

פֿאַרצינען *v. a.* to tin כַּסֵּה בִּבְדִיל.

פֿאַרציִען *v. a. n.* to tighten הַדֵּק; to wait הַמְתֵּן; to delay אַחֵר; to fondle פַּנֵּק; ‖ — זיך *v. r.* to be covered (*with a film*) הִכָּסֵה (בקרום); to be delayed הִמָּשֵׁךְ. — פֿאַרציִען מיט די פּלײצעס to shrug one's shoulders משׁך בכתפיו.

פֿאַרצירן *v. a.* to embellish קַשֵּׁט.

פֿאַרצירעווען *v. a.* to darn תַּקֵּן בִּסְרִיגָה.

פֿאַרצן *v. n.* (*p. p.* געפֿאַרצט, געפֿאָרצן) to fart הָפִיחַ. — זאָל ער פֿאַרצן און זאַמד (*vulg.*) may he rest in peace ינוח בקברו.

פֿאַרצעמען = פֿאַרצײמען.

פֿאַרצענעווען *v. a.* to rate הַעֲרֵךְ.

פֿאַרצערטלט *adj.* effeminate מְפֻנָּק.

פֿאַרצערטלען *v. a.* to fondle פַּנֵּק.

פֿאַרצערן *v. a.* to consume אָכֹל כֻּלּוֹ; הַעֲלֵה (על דג).

פֿאַרצערעווען = פֿאַרצירעווען.

פֿאַרצרָהט *adj.* depressed קוֹדֵר.

פֿאַרקאָווען *v. a.* to put in irons אָסֹר בְּכַבְלֵי בַרְזֶל; to rivet חַבֵּר בְּמַסְמְרִים; to shoe (*a horse*) הַדְבֵּק פַּרְסוֹת בַּרְזֶל לְסוּס. — פֿאַרקאָוועט מיט אײַז covered with ice (*windows*) [מְכֻסֶּה בְּקֶרַח (חלונות)].

פֿאַרקאַטעווען *v. a.* to flog to death יַסֵּר בְּשׁוֹטִים עַד מָוֶת.

פֿאַרקאַטשען *v. a.* to turn up, tuck up קַפֵּל, חָפֹת (שרוֹל, בגד); ‖ — זיך *v. r.* to be tucked up הִתְקַפֵּל; to tuck up one's dress חָפֹת אֶת בְּגָדוֹ; to get ready (*fig.*) הָכֵן אֶת עַצְמוֹ.

פֿאַרקאָכט *adj.* ardent נִלְהָב; agitated נִרְעָשׁ.

פֿאַרקאָכט ווערן *v. p.* to be agitated, be moved הֵרָעֵשׁ.

פֿאַרקאָכן *v. a.* to boil הַרְתֵּחַ; ‖ — זיך *v. r.* = פֿאַרקאָכען זיך. — פֿאַרקאָכן אַ קאַשע (*fig.*) to make a mess עשה מבוכה או ערבוביה.

פֿאַרקאָכן זיך *v. r.* to fall in love with חָשֹׁק בְּ־, הִתְאַהֵב.

פֿאַרקאָכעניש *s.* agitation הִתְרַגְּשׁוּת.

פֿאַרקאָלאָטשען *v. a.* to mix בָּלֹל; to perplex, confuse בַּלְבֵּל; ‖ — זיך *v. r.* to be perplexed, be confused הִתְבַּלְבֵּל.

פֿאַרקאָלאָיִצען = פֿאַרקאָלאָטשען.

פֿאַרקאַלײעט ווערן *v. p.* to freeze הִקָּפֵא מִקֹּר (= אָקאַלײען).

פֿאַרקאַלעקאַטשען *v. a.* to confuse with talking בַּלְבֵּל בְּשִׂיחָה.

פֿאַרקאַמען *v. a.* to comb back שָׂרֹק שְׂעָרוֹ לְאָחוֹר.

פֿאַרקאַנטשען *v. a.* to finish גָּמֹר.

פֿאַרקאַסערן = פֿאַרקאַטשען.

פֿאַרקאַפּען *v. a.* to bedrop הַטֵּף עַל־, הַזֵּה עַל־.

פֿאַרקאָציעראָבען *v. a.* to crumple קַמֵּט; to botch עֲשֵׂה בְּאֹפֶן גַּס.

פֿאַרקאַקן *v. a.* to dirty with excrements לַכְלֵךְ בְּצוֹאָה.

פֿאַרקאָרטשען *v. a.* to wrinkle קַמֵּט.

פֿאַרקאָרקעווען *v. a.* to cork up סָתֹם בִּפְקָק, פַּקֵּק.

פֿאַרקוואַטשקען *v. a.* to besmear גָּאֵל, לַכְלֵךְ.

פֿאַרקוואָלן *adj.* swollen נָפוּחַ, צָבֶה.

פֿאַרקוועטשן *v. a.* to press, oppress לָחֹץ; to bar the way to success גָּדֹר הַדֶּרֶךְ בְּעַד הַהַצְלָחָה; = פֿאַרתַּכליעווען א).

פֿאַרקויטיגן *v. a.* to soil לַכְלֵךְ.

פֿאַרקוילן *v. a.* to convert into coal הָפֹךְ לְפֶחָם.

פֿאַרקויף *s.* (*pl.* ן —) sale מֶכֶר, מִמְכָּר.

פֿאַרקויפֿן *v. a.* to sell מָכֹר.

פֿאַרקויפֿער *s.* (*pl.* —) seller מוֹכֵר.

פֿאַרקולופּען *v. a.* to touch to the quick נָגֹעַ עַד הַנֶּפֶשׁ.

פֿאָרקומען *v. n.* to occur, take place קָרֹה, הָיֹה.

א) ז. פֿאַרקוועטשן ביי ליפֿשיצן.

פֿאַרקוקן *v. a.* to lose sight of לֹא שִׂים לִבּוֹ אֶל־; to make a mistake טָעָה; || — זיך *v. r.* to stare at הִסְתַּכֵּל בְּ־.
— פֿאַרקוקן זיך אויף אימעצן (*fig.*) to take after a person עָשֹׂה כְּמַעֲשֵׂה אִישׁ.
פֿאַרקיטעווען *v. a.* to cement, fasten with putty טוּחַ בְּטִיחַ.
פֿאַרקייטלען *v. a.* to fasten with a chain סָגֹר בְּשַׁרְשֶׁרֶת.
פֿאַרקײַכן זיך *v. r.* to get into a fit of coughing הִשְׁתַּעֵל בְּלִי הֶרֶף; to be asthmatical נָשֹׁם בִּכְבֵדוּת.
פֿאַרקײַלעכיקן *v. a.* to round, make round עַגֵּל, עֲשֵׂה עָגֹל.
פֿאַרקײַקלען *v. a.* to roll away to some place גַּלֵּל לְאֵיזֶה מָקוֹם.
פֿאַרקילונג *s.* cold הִצְטַנְּנוּת.
פֿאַרקילן *v. a.* to make cold קָרֵר; || — זיך *v. r.* to catch cold הִצְטַנֵּן, הִתְקָרֵר.
פֿאַרקיכנעט ווערן *v. p.* to be pasted up, to close, stop חֻבַּר עַל יְדֵי דֶּבֶק, הִסָּתֵם.
פֿאַרקירעווען *v. a.* to turn up, turn aside הָסֵב הַצִּדָּה; || — זיך *v. r.* to turn aside סָבֹב הַצִּדָּה.
פֿאַרקירצונג *s.* shortening קִצּוּר (מדת דבר או זמן); abridgment קִצּוּר (ענין ספרותי); abbreviation קִצּוּר (תֵּבָה).
פֿאַרקירצן *v. a.* to shorten קַצֵּר (מדת דבר או זמן); to abridge קַצֵּר (ענין ספרותי); to abbreviate קַצֵּר (תֵּבָה).
פֿאַרקלאַפּן *v. a.* to nail up חַזֵּק בְּמַסְמְרִים; to confuse with talking בַּלְבֵּל בְּשִׂיחָה; = פֿאַר־צוואָקעווען.
פֿאַרקלויבן זיך = פֿאַרקלײַבן זיך.
פֿראַקליאַקנעט *adj.* stiff (*finger*) שֶׁנִּתְקַשָּׁה (אצבע).
פֿאַרקלויזנערט *adj.* cloistral נִבְדָּל מֵעוֹלָם הָעֲשִׂיָּה.
פֿאַרקלײַבן זיך *v. r.* to get into a place בֹּא אֶל מָקוֹם.
פֿאַרקלײַדן *v. a.* to squander money for clothes בַּזְבֵּז כֶּסֶף בִּבְגָדִים; = פֿאַרמאַסקירן.
פֿאַרקלײַען *v. a.* to paste up דַּבֵּק, טוּחַ וְסָתֹם.
פֿאַרקלינגען *v. a.* to stun by ringing הָמֹם בְּצִלְצוּל.
פֿאַרקלינעווען *v. a.* to fasten with a wedge חַזֵּק בְּיָתֵדוֹן.
פֿאַרקליִען זיך *v. r.* to begin to smoulder הִבָּהֵב.
פֿאַרקלעמטקײט *s.* pressure מוּעָקָה; anxiety דְּאָגָה; difficulty, embarrassment מַצָּב קָשֶׁה, מְבוּכָה.
פֿאַרקלעמען *v. a.* to press, oppress לָחֹץ.
— פֿאַרקלעמען אין (בײַם) האַרצן to feel heavy at heart הַרְגֵּשׁ מוּעָקָה, הִתְעַצֵּב אֶל לִבּוֹ.
פֿאַרקלעמענהײט = פֿאַרקלעמטקײט.
פֿאַרקלענערוואָרט *s.* (— ווערטער *pl.*) (*gr.*) diminutive noun שֵׁם הַקְּטָנָה.
פֿאַרקלענערונג *s.* diminution, reduction הַקְטָנָה, הַפְחָתָה.
פֿאַרקלענערן *v. a.* to diminish, reduce הַקְטֵן, הַפְחֵת.
פֿאַרקלעפּן = פֿאַרקלײַען.
פֿאַרקלעקן *v. a.* to blot הַכְתֵּם.
פֿאַרקלערט *adj.* absorbed in thoughts שָׁקוּעַ בְּמַחֲשָׁבוֹת.
פֿאַרקלערן *v. a.* to consider הָשֵׁב; || — זיך *v. r.* to meditate, reflect שָׁקֹעַ בְּמַחֲשָׁבוֹת, הִתְבּוֹנֵן.
פֿאַרקנאַקט *adj.* tipsy, intoxicated מְבֻסָּם.
פֿאַרקנײטשן *v. a.* to wrinkle קַמֵּט; to dog's-ear קַפֵּל (קצה עלה בספר); to omit הַשְׁמֵט.
פֿאַרקניפּן *v. a.* to tie with a knot, to tie, to connect קָשֹׁר בְּקֶשֶׁר, קַשֵּׁר, חַבֵּר.
פֿאַרקנסן *v. a.* to betroth אָרֵשׂ, יָעֵד (בתולה); to fine קְנֹס; || — זיך *v. r.* to become engaged הֵאָרֵשׂ, הִתְאָרֵשׂ.
פֿאַרקנעטן *v. a.* to knead, mix (*dough*) לוּשׁ.
פֿאַרקנעכטן = פֿאַרשקלאַפֿן.
פֿאַרקנעפּלען *v. a.* to button כַּפְתֵּר; (*fig.*) to unite אַחֵד.
פֿאַרקעמען = פֿאַרקאַמען.
פֿאַרקער *s.* intercourse יַחַס בֵּין־, מַשָּׂא וּמַתָּן בֵּין־.
פֿאַרקערט *adj.* reversed, inverted, turned the wrong way הָפוּךְ; perverse מְקֻלְקָל, מָשְׁחָת; || *adv.* on the contrary לְהֶפֶךְ.
פֿאַרקערן *v. a. n.* to turn הָסֵב; to turn over הָפֹךְ; to sweep out טַאטֵא; || — זיך *v. r.* to have intercourse with הָיֹה בְּמַשָּׂא וּמַתָּן עִם־; to be turned into הֵהָפֵךְ לְ־.
פֿאַרקערעווען = פֿאַרקירעווען.
פֿאַרקערפּערונג *s.* embodiment הִגָּשְׁמָה.
פֿאַרקערפּערן *v. a.* to embody גַּשֵּׁם, הַגְשֵׁם.
פֿאַרקראָכן ווערן = באַקראָכן ווערן.
פֿאַרקריגן זיך *v. r.* to fall out רִיב עִם־.
פֿאַרקריכן *v. n.* to creep into זָחֹל לְ־; to get to a place הַגֵּעַ לְמָקוֹם.
— פֿאַרקריכן אין אלף השׁשׁי, ז. אֶלֶף הַשִּׁשִּׁי.
— פֿאַרקריכן אין בײַבעראָק, ז. בײַבעראָק.
פֿאַרקרימט *adj.* bent, crooked נַעֲוֶה, מְעֻקָּם.
פֿאַרקרימען *v. a.* to bend עַוֵּה, עַקֵּם; || — זיך *v. r.* to cut faces, to make a wry face עַקֵּם פָּנָיו.
פֿאַרקריפּלען *v. a.* to cripple נָתֹן מוּם בְּ־.

פאַרקריצן v. n. to gnash, grind חָרֹק.
— פאַרקריצן מיט די ציין to gnash one's teeth חרק שניו.
פאַרקרעמפּעווען = פאַרמאָצעווען.
פאַרקרענקט adj. weak, feeble חַלָּשׁ, רְפֵה כֹחַ.
פאַרקרענקען v. a. to spend through illness הוציא הונו בְּמַחֲלָה.
פאַרראַטן v. a. to betray בָּגֹד בְּ־; to lead astray הַתְעֵה.
פאַרראַמען, פאַרראָמען v. a. to set in order סַדֵּר, פַּנֵּה (בית); to mislay שִׂים בְּמָקוֹם לא נָכוֹן.
פאַרראָסטן v. n. to rust הַעֲלֵה חֲלוּדָה.
פאַרראַשטשעטשען v. a. to leaven (dough) הַחְמֵץ.
פאַררויכערן v. a. to blacken with smoke הַשְׁחֵר בְּעָשָׁן; to begin to smoke הָחֵל לְעַשֵּׁן; to light (a cigar, a pipe) הַדְלֵק (סגרה, מקטרת).
פאַררופן adj. ill-reputed בַּעַל שֵׁם רָע.
פאַררופן v. a. to call, invite קְרֹא, הַזְמֵן; ‖ — זיך v. r. to refer to הַרְאֵה מָקוֹם בְּ־, הִסְתַּיֵּעַ בְּדִבְרֵי־.
פאַררוקן v. a. to shove in דָּחֹף לְ־; = פאַררוגלען.
— פאַררוקן טשאָלנט to seal the Sabbath food in the oven סגר מאכלי השבת בתנור.
פאַררוקער s. (pl. ־ס) bolt בְּרִיחַ.
פאַררוגלען v. a. to bolt, bar סָגֹר בִּבְרִיחַ.
פאַררינעווען = פאַסטרונעווען.
פאַררינגעט ווערן v. p. to stick in the mire טָבֹעַ בְּבֹץ.
פאַרריבן v. a. to blot out מָחֹק; to smooth הַחֲלֵק.
פאַרריידן v. a. to word, ply with words הַטְרֵד בִּדְבָרִים; to charm away לָחֹשׁ עַל־; to smooth by talking (a blunder) הַחֲלֵק בִּדְבָרִים (שגיאה); ‖ — זיך v. r. to blunder in speaking שְׁגֵה בִּדְבָרִים; to clear oneself by fine words הִצְטַדֵּק בִּדְבָרִים נָאִים.
— פאַרריידן אַן עין־הרע to charm away the effects of an evil eye לחש על עין רעה.
— (fig.) פאַרריידן אומעצן די ציין to turn away a person's attention from a subject השיא איש לדבר אחר.
— פאַרריידן אומעצן צום טויט to word a person to death הלאה איש בדברים עד מות.
פאַררייכערן = פאַררויכערן.
פאַררייסן v. a. to tear up קָרֹעַ; to raise up, crane, stretch הָרֵם, הוֹשֵׁט, הַאֲרֵךְ; ‖ — זיך v. r. to fall out הִתְקוֹטֵט.
— פאַררייסן דעם קאָפּ to raise up one's head, to crane one's neck הרם ראשו, הושט צוארו (להביט למעלה).
— פאַררייסן דעם עק to raise its tail הרם זנבו.

— (fig.) פאַררייסן די נאָז to be haughty הגבה אף, התגאה.
פאַרריכטן v. a. to mend, repair תַּקֵּן (קרע וכד'); to correct תַּקֵּן (טעות).
פאַררימערן = פאַראומערן.
פאַררינגלען v. a. to put in parentheses סָגֹר בַּחֲצָאֵי לְבָנָה.
פאַרריסן adj. haughty גֵּאֶה.
פאַרריקט = מְשֻׁגָּע.
פאַרריקל s. (pl. ־עך) bolt בְּרִיחַ.
פאַררעגענען v. a. to wet by rain הַרְטֵב בְּגֶשֶׁם.
פאַררעדע = הַקְדָּמָה.
פאַררעטער s. (pl. ־) traitor בּוֹגֵד, פּוֹשֵׁעַ.
פאַררעכענען v. a. to include in the account הָבֵא בְּחֶשְׁבּוֹן; ‖ — זיך v. r. to misreckon, miscalculate טָעֹה בְּחֶשְׁבּוֹן.
פאַררעשטירן v. a. to sequestrate, seize תָּפֹשׂ.
פאַרשאַטן = שאַטן.
פאַרשאַכערן v. a. to barter away מָכֹר בְּאַחַר יָד.
פאַרשאָלטן adj. cursed אָרוּר.
פאַרשאַליעווען v. a. to wainscot כַּסֵּה בְלוּחוֹת עֵץ (כתל).
פאַרשאַפן v. a. to acquire, obtain, procure הַשֵּׂג, רְכֹשׁ; to afford הַמְצֵא; ‖ — זיך v. r. to order צַוֵּה, נָתֹן פְּקוּדָה.
— פאַרשאַפן זיך מיט אומעצן to order a person about צוה על איש לעשות דבר, נתן פקודות לאיש.
פאַרשאַקלען = פאַרטרייסלען.
פאַרשאַרט adj. stubborn קְשֵׁה עֹרֶף.
פאַרשאַרלאַטאַנען, ‖ ־נעווען v. a. to squander in debauchery בַּזְבֵּז כַּסְפּוֹ בְּהוֹלֵלוּת.
פאַרשאַרן v. a. to bury קָבֹר, טָמֹן; to cover with earth כַּסֵּה בְעָפָר; to rake up גָּרֹף, חָתֹה; to tuck up, turn up קַפֵּל לְמַעְלָה (כנף בגד).
פאַרשאַרפן v. a. to sharpen חַדֵּד.
פאַרשאַרצט adj. tucked up, turned up קָפוּל לְמַעְלָה (כנף בגד).
פאַרשוואונדן ווערן v. p. to disappear הֵעָלֵם.
פאַרשוואַרצט adj. gloomy, dismal אָפֵל, עָגוּם.
פאַרשוואַרצט ווערן v. p. to suffer סָבֹל.
פאַרשוואַרצן v. a. to blacken הַשְׁחֵר.
— (fig.) פאַרשוואַרצן אומעצן די אויגן to bring shame upon a person הבא חרפה על איש.
— (fig.) פאַרשוואַרצן זיך דאָס פּנים to bring shame upon oneself, to humiliate oneself הבא חרפה על עצמו, השפל את עצמו.
פאַרשווייגן v. n. to pass over in silence, keep secret, suppress עָבֹר עַל דָּבָר בִּשְׁתִיקָה, הַסְתֵּר דָּבָר; to brook (an affront) נָשֹׂא בְּסַבְלָנוּת (עלבון).

פאַרשוויסינט sweaty *adj.* מְכֻסֶּה זֵעָה.

פאַרשווימען to swim away *v. n.* שָׁחֹה הָלְאָה; (*fig.*) to flood *v. a.* שָׁטֹף, כַּסֵּה בְזֶרֶם. || to pass עָבֹר, חָלֹף;

פאַרשווינדלען to cheat, defraud *v. a.* רַמֵּה.

פאַרשווינדן *v. n.* (*p. p.* פאַרשוואונדן) to disappear הֵעָלֵם, הִסָּתֵר.

פאַרשווינען *v. n.* (*p. p.* פאַרשוואונען) = פאַרשווינדן.

פאַרשוויצט = פאַרשוויסינט.

פאַרשוויצט ווערן to be in a sweat *v. p.* הָזֹעַ, הִתְכַּסֵּה זֵעָה.

פאַרשוויצן to wet with sweat *v. a.* הַרְטֵב בְּזֵעָה; || — זיך to be in a sweat *v. r.* הִתְכַּסֵּה בְזֵעָה.

פאַרשוועכן to desecrate, profane *v. a.* חַלֵּל.

פאַרשווענדן to squander *v. a.* בַּזְבֵּז.

פאַרשווענדער squanderer (*pl.* — ס) *s.* בַּזְבְּזָן.

פאַרשווענקען to wash off *v. a.* שָׁטֹף.

פאַרשווערן to conjure *v. a.* הַשְׁבֵּעַ; || — זיך *v. r.* to renounce doing נָדֹר לְבִלְתִּי־.

פאַרשולדיגן זיך to commit an offence *v. r.* חָטֹא, פָּשֹׁעַ; to be involved in debts שָׁקֹעַ בְּחוֹבוֹת.

פאַרשול preparatory school (*pl.* — ן) *s.* בֵּית סֵפֶר מְכִין.

פאַרשונג inquiry, investigation *s.* חֲקִירָה, דְּרִישָׁה.

פאַרשט board, plank; beam (*pl.* — ן) *s.* קוֹרָה; קֶרֶשׁ.

פאַר||שטאָט suburb (*pl.* — שטעט) *s.* פַּרְוָר.

פאַרשטאָכן pricked *adj.* נָקוּב.

— פאַרשטאָכענע אויגן (*id.*) brazen face, impudence מצח נחושה, חוצפה.

פאַרשטאַנד understanding, intelligence, wit, *s.* בִּינָה, דַּעַת, חָכְמָה, תְּבוּנָה, שֵׂכֶל. sense, reason

— געזונטער פאַרשטאַנד common sense שכל ישר.

פאַרשטאָפּונג constipation; stopping *s.* סְתִימָה; עֲצִירוּת.

פאַרשטאָפּט stopped up *adj.* סָתוּם, אָטוּם.

— פאַרשטאָפּטער קאָפּ (*fig.*) blockhead (מוח) איש קשה הבנה, אטום המוח, טִפֵּשׁ.

פאַרשטאָפּן to stop up *v. a.* סְתֹם, סָכֹר, אַטֵּם.

פאַרשטאָקט hardened *adj.* מְקֻשֶּׁה.

פאַרשטאָקן to harden (*one's heart*) *v. a. n.* הַקְשֵׁה (לבו); to be hardened הָקְשֵׁה.

פאַרשטאַרונג stiffness *s.* קִשּׁוּי.

פאַרשטאַרט frozen; stiff *adj.* קָשֶׁה; קָפוּא.

פאַרשטאַרקונג strengthening *s.* חִזּוּק.

פאַרשטאַרקן to strengthen *v. a.* חַזֵּק.

פאַר||שטוב *s.* (*pl.* — שטובן, — שטיבער) antechamber, foreroom פְּרוֹזְדוֹר.

פאַרשטויבן to cover with dust *v. a.* כַּסֵּה בְּאָבָק.

פאַרשטויכן to sprain (*one's foot*) *v. a.* נָקֹעַ (רגל).

פאַרשטויסן to repudiate, reject *v. a.* דָּחֹה, הַשְׁלֵךְ מֵעַל פָּנָיו.

פאַרשטומט ווערן to become speechless *v. p.* הֵאָלֵם.

פאַרשטומען = פאַרשטומט ווערן.

פאַרשטומפּיגן to make blunt, make dull *v. a.* הַקְהֵה.

פאַרשטונקען stinking, fetid *adj.* נִבְאָשׁ, נִסְרָח.

פאַרשטונקען ווערן to become fetid *v. p.* הִבָּאֵשׁ, הִסָּרֵחַ.

פאַרשטופּן to push into a corner *v. a.* דָּחֹף לְזָוִית; to put by הַצְפֵּן, טָמֹן; = פאַרשטאָפּן.

פאַרשטוקעווען to piece in *v. a.* תָּפֹר חֲתִיכָה בְּתוֹךְ־.

פאַרשטיין to understand, comprehend *v. a.* בִּין, הָבֵן, הַשֵּׂג; || — זיך to understand each other *v. rec.* הָבֵן אִישׁ לְרֵעֵהוּ.

— געבן צו פאַרשטיין to explain בָּאֵר.

פאַרשטיינען to stone *v. a.* סַקֵּל, רְגֹם.

פאַרשטיינערט petrified *adj.* נֶהְפָּךְ לְאֶבֶן, מְאֻבָּן.

פאַרשטיינערט ווערן to be petrified *v. p.* הִתְאַבֵּן.

פאַרשטיינערן to petrify *v. a.* הֲפֹךְ לְאֶבֶן, אַבֵּן.

פאַרשטייער representative (*pl.* —) *s.* מוּרְשֶׁה; leader מַנְהִיג, רֹאשׁ.

פאַרשטינקען to fill with a stench *v. a.* מַלֵּא בָאְשָׁה, מַלֵּא צַחֲנָה; || to become fetid *v. n.* הִבָּאֵשׁ, הִסָּרֵחַ.

פאַרשטיפטעווען to fasten with pins *v. a.* חַזֵּק בְּמַסְמְרִים.

פאַרשטיפן to sin, err *v. n.* חָטֹא, תָּעֹה.

פאַרשטיקן to muffle *v. a.* הַחֲלֵשׁ (קול); to suppress שַׁתֵּק (שמועה).

פאַרשטן = פאַרשן.

פאַרשטעכן to get a splinter in *v. a.* תָּחֹב קוֹץ בִּבְשָׂרוֹ; || — זיך to stick *v. r.* הִדָּבֵק (קוץ בין השנים).

— פאַרשטעכן זיך די פינגער (*id.*) to take a bribe לקח שחד.

פאַרשטעכעווען to exchange, barter *v. a.* הַחֲלֵף (סחורה).

פאַרשטעלונג barring *s.* חִסּוּם; disguise הִתְחַפְּשׂוּת; occultation (*astr.*) כִּסּוּי, הַסְתָּרָה (כסוי כוכב אחד על ידי כוכב אחר).

פאַרשטעלונג introduction (*pl.* — ען) *s.* הַצָּגָה לִפְנֵי־; performance הַצָּגָה (חזיון).

פאַרשטעלט disguised *adj.* מִתְחַפֵּשׂ; dissembled צָבוּעַ; || — קייט disguise *s.* הִתְחַפְּשׂוּת; dissimulation צְבִיעוּת.

פאַרשטעלן to bar *v. a.* חָסֹם, גָּדֹר בְּעַד־; to screen, cover הָסֵךְ בְּעַד־, כַּסֵּה; || — זיך to disguise *v. r.*

oneself הִתְחַפֵּשׂ; to dissemble הִצְטַבֵּעַ; to screen oneself הֵסֵךְ בַּעֲדוֹ, הִתְכַּסָּה.

פאַרשטעלן *v. a.* to represent תָּאֵר; to introduce הַצֵּג; || – זיך *v. r.* to imagine דַּמֵּה.

פאַרשטעמפּלען *v. a.* to seal חָתֹם.

פאַרשטענדיג *adj.* intelligent, sensible נָבוֹן; || – קייט *s.* intelligence הֲבָנָה, שֵׂכֶל.

פאַרשטענדליך *adj.* intelligible מוּבָן; = פאַרשטענדיג.

פאַרשטעפּן *v. a.* to quilt, stitch תַּפֵּר.

פאַרשטעקל *s.* (*pl.* – עך) stopper, cork פְּקָק.

פאַרשטעקן *v. a.* to stop up סָתֹם, אָטֹם.

פאַרשטערט *adj.* marred מוּפָר.

— אַ פאַרשטערטע שמחה marred joy שמחה מופרה.

פאַרשטערן *v. a.* to mar הָפֵר, הַשְׁבֵּת.

פאַרשטרייכן *v. a.* to strike out, cancel מָחֹק; to wipe off מָחֹה.

— פאַרשטרייכן שפּייעכץ to wipe off spittle מחה רק א).

פאַרשטריכלט *adj.* abbreviated by a stroke מְקֻצָּר עַל יְדֵי קַו (תבה).

פאַרשטריכלען *v. a.* to abbreviate by a stroke קַצֵּר עַל יְדֵי קַו (תבה).

פאַרשטשאָבען *v. a.* to stitch up in a bungling manner תַּפֵּר בִּתְפִירָה גַּסָּה.

פאַרשטשימען *v. a.* to clinch דָּחֹק, לָחֹץ.

פאַרשידן, – קייט = פאַרשיידן, – קייט.

פאַרשיטן *v. a.* to shed פַּזֵּר; to bestrew זָרֹה עַל־; to fill up, cover (*a ditch*) מַלֵּא, סָתֹם (חפירה).

— פאַרשיטן טיי to make tea הָכֵן תֵּה.

פאַרשיידן *adj.* different, various שׁוֹנֶה; || – קייט *s.* variety, diversity שִׁנּוּי, שׁוֹנִיּוּת.

פאַרשייט *adj.* wanton, licentious הוֹלֵל, פָּרוּץ; || – קייט *s.* wantonness, licentiousness הוֹלֵלוּת, פְּרִיצוּת.

פאַרשיינען *v. a.* to radiate upon הָפֵק אוֹר עַל־.

פאַרשיכורן *v. a.* to make drunk שַׁכֵּר, הַשְׁקֵה; to spend in drink הוֹצִיא הוֹנוֹ בִשְׁתִיָּה.

פאַרשילטן *v. a.* to accurse קַלֵּל, אָרֹר.

— פאַרשילטן אומעצנס געבוין, ז. געבוין.

פאַרשימלט *adj.* mouldy עָבוּשׁ, מְעֻפָּשׁ.

פאַרשימלען *v. n.* to get mouldy הִתְעַבֵּשׁ, הִתְעַפֵּשׁ.

פאַרשיקן *v. a.* to banish, exile הַגְלֵה.

פאָרשלאַג *s.* (*pl.* – ן) proposition הַצָּעָה.

פאַרשלאָגן *v. a.* to nail up הַדְבֵּק בְּמַסְמְרִים; to interrupt הַפְרֵעַ (משיחה); || *v. n.* to give a bad smell נָתֹן רֵיחַ רָע; to have the appearance of הָיֹה בְמַרְאֵה־; || – זיך *v. r.* to hide הִסְתַּתֵּר.

— פאַרשלאָגן אין נאָז to send a bad smell to the nose העלה צחנה באף.

— פאַרשלאָגן אין רויט to appear red היה כמראה אדם.

— פאַרשלאָגן זיך אין אַ ווינקל to hide in a corner הסתתר בקרן זוית.

פאָרשלאָגן *v. a.* to propose הַצֵּעַ.

פאַרשלאָגן ווערן *v. p.* to be carried away הָגְלֵה.

פאַרשלאָגעניש *s.* interruption הַפְרָעָה (משיחה).

פאַרשלאַפט ווערן *v. p.* to become weak חָלֹשׁ, הִתְחַלֵּשׁ.

פאַרשלאַפן *v. a.* to weaken הַחֲלֵשׁ.

פאַרשלאָפן [1] *adj.* sleepy נִרְדָּם, אֲחוּז שֵׁנָה.

פאַרשלאָפן [2] *v. a.* to miss in sleeping אַחֵר עַל יְדֵי שֵׁנָה.

פאַרשלאָפנקייט *s.* sleepiness נוּמָה.

פאַרשלומפּערן *v. a.* to dirty with mud לַכְלֵךְ בְּרֶפֶשׁ (בגד).

פאַרשלוקן = פאַרשלינגען.

פאַרשליידערן *v. a.* to fling away הַשְׁלֵךְ.

פאַרשלייערן *v. a.* to veil כַּסֵּה בְּצָעִיף; to marry הַשִּׂא בִתּוֹ; (*fig.*) to deceive, dupe, רַמֵּה, הַתְעֵה.

פאַרשלייפן [1] *v. a.* to sharpen, whet הַשְׁחֵז.

פאַרשלייפן [2] *v. a.* to tie with a slip-knot קָשֹׁר בְּלוּלָאָה.

פאַרשלינגען *v. a.* to swallow בַּלֵּעַ.

פאַרשליסן *v. a.* to shut, close, lock סָגֹר, נָעֹל.

פאַרשליפן = פאַרשלעפּערן.

פאַרשלעפּט *adj.* prolonged, protracted מְמֻשָּׁךְ.

— פאַרשלעפּטע קרענק prolonged disease מחלה ממושכה; (*fig.*) sharper, cunning blade רמאי, נוכל.

פאַרשלעפּן *v. a.* to drag away to a place סָחֹב עַד־; (*fig.*) to prolong, delay הַמְשֵׁךְ, הַשְׁהֵה; || – זיך *v. r.* to come to a place dragging along הַגֵּעַ בִּכְבֵדוּת עַד־; to be prolonged, be delayed הִמָּשֵׁךְ, הִשְׁתַּהֵה.

פאַרשלעפערן *v. a.* to cause to sleep, lull יַשֵּׁן; to sleep to stupefy (*by a soporific*) הַקְהֵה (על ידי תחבולה מישנת).

פאַרשמאָדערט *adj.* dirty מְלֻכְלָךְ.

פאַרשמאָדערן *v. a.* to dirty לַכְלֵךְ.

פאַרשמאַכט *adj.* faint חַלָּשׁ.

פאַרשמאַכטן *v. n.* to languish, faint away הֵחָלֵשׁ, הִתְעַלֵּף.

פאַרשמאָלן = פאַרשמעלן.

א) אין „לב טוב“.

פֿאַרשמאַלצן, פֿאַרשמאַלצעוועט *adj.* greasy מְלֻכְלָךְ בְּשׁוּמָן.

פֿאַרשמאַנדערט = פֿאַרשמאַדערט.

פֿאַרשמועסן זיך *v. r.* to engage in a long talk שׂוֹחֵחַ הַרְבֵּה.

פֿאַרשמוצן *v. a.* to dirty, soil לִכְלֵךְ.

פֿאַרשמײַלעט, פֿאַרשמײַלען = פֿאַרסמאַליעט, פֿאַר־סמאַליען.

פֿאַרשמײַעט *adj.* very busy עָסוּק מְאֹד א).

פֿאַרשמיצן *v. a.* to fling, hurl away הִשְׁלִיךְ; to lick הִלְקָה.

פֿאַרשמירן *v. a.* to besmear טִנֵּף, גֵּאֵל.

פֿאַרשמַעהיש = פֿאַרשמײַעט.

פֿאַרשמעלן, פֿאַרשמעלערן *v. a.* to narrow, make narrower הֵצַר, הִקְטִין.

פֿאַרשמעקן *v. a.* to fill with a pleasant odor מִלֵּא רֵיחַ טוֹב; || *v. n.* to taste well הָיָה מָתוֹק לַחֵךְ.

— פֿאַרשמעקן עפּעס אומעצן to get a desire for something התאוה תאוה לדבר.

פֿאָרשן *v. a.* to inquire, investigate חָקַר, דָּרַשׁ.

פֿאַרשנאַשקעט = פֿאַרקנאַקט.

פֿאַרשנורעווען *v. a.* to cord אָסַר בְּחֶבֶל; to lace (*a corset*) קָשַׁר בַּחֲבָלִים (בית־חזה).

פֿאַרשנײַדן *v. a.* to cut חָתַךְ; to spoil in cutting קִלְקֵל בַּחִתּוּךְ; to destroy הִכְרִית.

פֿאַרשנייען *v. a.* to cover with snow כִּסָּה בְּשֶׁלֶג.

פֿאַרשניצן *v. a.* to sharpen עָשָׂה חוּד לְ־.

פֿאַרשעלטן = פֿאַרשולטן.

פֿאַרשעמען *v. a.* to abash, make a person blush הִכְלִים, בִּיֵּשׁ; || — זיך *v. r.* to be abashed, blush הִתְבַּיֵּשׁ.

פֿאַרשענערן *v. a.* to embellish, beautify פֵּאֵר, יִפָּה.

פֿאַרשענקען *v. a.* to give away נָתַן בְּמַתָּנָה.

פֿאָרשער *s.* (*pl.* —) inquirer, investigator חוֹקֵר.

פֿאַרשערן *v. a.* to trim קִצֵּץ (זקן); to spoil in cutting קִלְקֵל בִּקְצִיצָה.

פֿאַרשפּאָטן *v. a.* to mock, deride לָעַג לְ־.

פֿאַרשפּאַרן *v. a.* to bar נָעַל בְּעַד־; = אײַנשפּאַרן.

פֿאַרשפּאָרן *v. a.* to save, spare חָשַׂךְ.

— פֿאַרשפּאָרן געלט to save money חשך כסף.

— פֿאַרשפּאָרן די מיִרחה to spare oneself the trouble לא היה צריך לו להטריח את עצמו, היה חפשי מטרח.

— פֿאַרשפּאָרן צו גײן to spare oneself the trouble of going לא היה צריך לו ללכת.

א) אפשר פֿון רוסיש смага, שוים אויף די ליפּן.

פֿאַרשפּאָרער *s.* (*pl.* ־ס, ־) saver חוֹשֵׂךְ, מְקַמֵּץ.

פֿאַרשפּונטעווען *v. a.* to bung up סָתַם בִּמְגוּפָה.

פֿאַרשפּײַען = באַשפּײַען.

פֿאָרשפּיל *s.* (*pl.* ־ן) prelude מָבוֹא הַנְּגִינָה; merry entertainment on the night of the Sabbath preceding the wedding שִׂמְחָה שֶׁעוֹשִׂים בְּמוֹצָאֵי שַׁבָּת שֶׁלִּפְנֵי הַחֲתֻנָּה א).

פֿאַרשפּיליען *v. a.* to pin חִבֵּר בְּסִכָּה; to button כִּפְתֵּר.

פֿאַרשפּילן *v. a.* to lose אִבֵּד (במשחק); to forfeit אִבֵּד (על ידי ענש).

פֿאַרשפּילער *s.* (*pl.* ־ס) loser מְאַבֵּד.

פֿאַרשפּיצט *adj.* pointed מְחֻדָּד; cunning (*fig.*) עָרוּם.

פֿאַרשפּיצן *v. a.* to point, sharpen חִדֵּד.

פֿאַרשפּלט *adj.* humiliated נִכְנָע.

פֿאַרשפּעטיגט *adj.* retarded שֶׁעָבַר זְמַנּוֹ.

פֿאַרשפּעטיגן *v. a.* to retard אִחֵר, הִשְׁהָה; || *v. n.* to be late אִחֵר הַמּוֹעֵד.

פֿאַרשפּעטן = פֿאַרשפּאָטן.

פֿאַרשפּענדירן *v. a.* to squander בִּזְבֵּז ב).

פֿאַרשפּראָכן, ז. פֿאַרשפּרעכן.

פֿאַרשפּרייטן *v. a.* to spread פִּזֵּר, הֵפִיץ; to spread, stretch פָּרַשׂ; to spread, cover כִּסָּה; || — זיך *v. r.* to spread הִתְפַּשֵּׁט; to extend הִתְרַחֵב; to expatiate הֶאֱרִיךְ בִּדְבָרִים.

פֿאַרשפּרינגען = אוועקשפּרינגען.

פֿאַרשפּריצן = באַשפּריצן.

פֿאַרשפּרעכן *v. a.* to promise הִבְטִיחַ; to charm לָחַשׁ (על מחלה).

— פֿאַרשפּראָכענע בוימל oil over which an incantation has been said שמן שאמרו עליו לחש.

פֿאַרשקע = פֿאָשקע.

פֿאַרשרויפֿן *v. a.* to screw בָּרַג.

פֿאַרשרומפּן *adj.* shrunken מְכֻוָּץ.

פֿאַרשרומפּן² *v. n.* to shrink הִתְכַּוֵּץ.

פֿאַרשריט = פֿאַרטשרוט.

פֿאַרשרײַבן *v. a.* to write down כָּתַב, רָשַׁם; to enter כָּתַב בְּ־, רָשַׁם בְּ־; || — זיך *v. r.* to enter one's name כָּתַב יָדוֹ לְ־.

פֿאָרשרײַבן *v. a.* to order פָּקַד, צִוָּה; = פֿירשרײַבן.

פֿאַרשרײַען *v. a.* to deafen חֵרֵשׁ אָזְנַיִם; to cast an evil eye upon נָתַן עַיִן רָעָה בְּ־.

פֿאָרשריפֿט *s.* (*pl.* ־ן) copy מִכְתָּב לְלַמֵּד (דוגמת כתיבה לתלמידים).

פֿאַרתּכל(י)עווען *v. a.* to squander בִּזְבֵּז; to put by חָשַׂךְ (כסף).

א) ז. „ספר מטעמים“, חתן וכלה, קכט. פֿאַרצײַטן אין עסטרײַך האָט מען אזוי אָנגערופֿן די תנאים. ב) ביי ליפֿשיצן.

פּאַשינע s. (pl. ־ס) fascine חֲבִילַת זְרָדִים (שמשתמשים בה לְבַצֵּר תעלות).
פּאַשקע s. dressed lamb-skin עוֹר כֶּבֶשׂ מְעֻבָּד.
פּוטער s. (pl. ־ס) fur-coat אַדֶּרֶת שֵׂעָר; fur פַּרְוָה.
פּוטערוואַרג = רויכוואַרג.
פּוטערפּאַס s. case, covering נַרְתִּיק א).
פּוטרעוואַניע s. lining בִּטְנָה.
פּוטרעווען v. a. to line שִׂים בִּטְנָה לְבֶגֶד; to glue underneath דַּבֵּק מִתַּחַת לְ־.
פּוטש int. gone!, lost! אֵינֶנּוּ!
פּוי int. fie! בּוּשָׁה!, חֶרְפָּה!
פּויגל s. (pl. פייגלעך, פייגלען, פייגל) bird צִפּוֹר; clever fellow, stout blade אָדָם חָרוּץ; rouble רוּבָּל (כסף רוסיה).
— אַ בלינדער פויגל a very slow person אדם נרפה מאד.
פּויגלדיג adj. light קַל; splendid טוֹב מְאֹד.
פּויגלמילך s. star-flower מִין פֶּרַח; (fig.) anything delicious דָּבָר נָעִים לַחֵךְ.
— האָבן פון פויגלמילך to have of every thing that is good התענג על כל טוב.
פּויגלש adj. of bird, bird's שֶׁל צִפּוֹר.
פּויל adj. rotten, putrid רָקוּב, נָמֵק; lazy, indolent עָצֵל; || s. rot, putridity רָקָב, רִקָּבוֹן.
פּוילבליך־רויט adj. putridly-red אָדֹם כְּמַרְאֵה רָקָב.
פּוילטיר s. sloth הֶעָצֵל (מין חיה).
פּוילן v. n. to rot, putrefy רָקַב; || — זיך v. r. to be lazy הִתְעַצֵּל, הִתְרַשֵּׁל.
פּוילעניש s. rot רִקָּבוֹן; laziness עַצְלוּת, הִתְרַשְּׁלוּת.
פּוילער s. (pl. —, ־ס) lazy man, idler, sluggard עָצֵל, מִתְרַשֵּׁל.
פּוילקייט s. rottenness, putridity רִקָּבוֹן; laziness, indolence עַצְלוּת, הִתְרַשְּׁלוּת.
פּויסט s. (pl. ־ן) fist אֶגְרוֹף.
פּול adj. full מָלֵא.
פּולוואַ||רעק, פּולווע||רעק s. (pl. ־רקעס) farm אֲחֻזָּה.
פּולמאַכט s. power of attorney הַרְשָׁאָה, כֹּחַ הַרְשָׁאָה.
פֿולע, ז. אַפֿולע.
פֿולקום adj. perfect שָׁלֵם, גָּמוּר; || adv. perfectly בִּשְׁלֵמוּת.
פֿולקייט s. fullness מִלּוּי; abundance שֶׁפַע.
פֿון prep. of שֶׁל; from מִן, מִ־; of, about אוֹדוֹת, עַל־; || conj. than מֵאֲשֶׁר, מִ־.
פֿונאַנדער־ pref. prefix signifying separation or intensity of action תּוֹסֶפֶת לְהוֹרָאַת הַפְרָדָה או חֹזֶק הַפְּעֻלָּה. ☛ אַנשטאַט ווערטער מיט דעם צוזעץ, אייסער עטליכע, וואָס קומען דאָ אונטן, זאָל מען זוכן ווערטער מיט דעם צוזעץ צע־, וואָס האָט די זעלבינע באַדייטונג ווי פֿונאַנדער־.
פֿונאַנדערזאָגן v. n. to explain בָּאֵר; to dictate פַּקֵּד.
פֿונאַנדערזיגלען v. a. to unseal הָסֵר הַחוֹתָם.
פֿונאַנדערמאַכן v. a. to take apart הַפְרֵד; to open פָּתֹחַ.
פֿונאַנדערעפֿענען v. a. to open wide פָּתֹחַ לִרְוָחָה.
פֿונאַנדערפֿרעגן v. a. to inquire שְׁאַל הֵיטֵב, חָקֹר וְדָרֹשׁ.
פֿונאַנדערקלייבן v. a. to sort בָּרֵר, סַדֵּר; to analyse נַתֵּחַ לִפְרָטָיו; to distribute (type) הַפְרֵד (אותיות מסדרות).
פֿונאַנדעררייסן v. a. to tear asunder קָרֹעַ לִשְׁנַיִם; to rip open קָרֹעַ וּפָתֹחַ.
פֿונאַנדערשייד s. separation, severance הַפְרָדָה.
פֿונאַנדערשיידן = צעשיידן.
פֿונדאַמענט s. (pl. ־ן) foundation יְסוֹד, מַסַּד; basis בָּסִיס, יְסוֹד.
פֿונדאַמענטאַלנע adj. fundamental יְסוֹדִי.
פֿונדאַסניי adv. anew, again מֵחָדָשׁ, עוֹד הַפַּעַם, שׁוּב.
פֿונדוש s. fund, capital stock קֶרֶן קַיֶּמֶת.
פֿונדעווען v. a. to found, establish יַסֵּד; to treat כַּבֵּד, תֵּת כָּבוֹד לְאוֹרֵחַ.
פֿונדעסטוועגן adv. yet, nevertheless בְּכָל זֹאת.
פֿונדערווייטנס adv. from afar, from a distance מֵרָחוֹק.
פֿונוואַנען adv. from where, whence מֵאַיִן.
פֿונט s. (pl. —, ־ן) pound לִטְרָא.
פֿונטיג adj. of one pound, weighing one pound שֶׁל לִטְרָא אַחַת, שֶׁמִּשְׁקָלוֹ לִטְרָא אַחַת; weighing... pounds שֶׁמִּשְׁקָלָם... לִטְרָאוֹת.
— דריי־פֿונטיג weighing three pounds שמשקלם שלש לטראות.
פֿונפֿצן = פֿופֿצן.
פֿונק s. (pl. ־ען) spark נִיצוֹץ, זִיק.
פֿונקציע s. (pl. ־ס) function תַּפְקִיד; class of society מִפְלָגָה; illustrious birth יַחַס הַתּוֹלָדָה, אֲצִילוּת.
פֿוס י s. (pl. פֿיס) foot, leg רֶגֶל.
— דײַן פֿוס זאָל בײַ מיר נישט געדאַכט ווערן! don't set your foot in my house! לא תדרך רגלך על מפתן ביתי!
— (fig.) זײַן מיט אימעצן אויף אַ גוטן פֿוס to be on good terms with a person היה עם איש ביחס ידידות.

א) אין ליאַנדאָרס ברייפֿנשטעלער אַלס אַ שיידל פֿון אַ בוך.

— אויסציען די פוס to stretch one's feet משך את רגליו; (*fig.*) to die מות.

— (*fig.*) שטעלן אימעצן אויף די פוס to set a person on a firm footing העמד איש במצב נכון, עזר לאיש להתפרנס.

— שטיין אויף די אייגענע פוס to be self-supporting לא הצטרך לתמיכה.

— פאלן אימעצן צו די פוס to entreat *or* implore a person חלה פני איש, התחנן אל איש.

— (*joc.*) נעמען די פוס אין די הענט און אנטלויפן to scamper away ברח, נוס.

— איבערקערן מיטן קאפ אראפ און מיט די פוס ארויף to turn upside down הפך עליונים למטה ותחתונים למעלה.

פוס ² *s.* scoria, dross (*of metals*) פְּסֹלֶת (של מתכות).

פוס||באד *s.* (*pl.* ‎-בעדער) foot-bath מֶרְחַץ רַגְלַיִם.

פוסבענקל = פוסבענקעלע.

פוסבענקע||לע *s.* (*pl.* ‎-לעך) foot-stool הֲדֹם, שְׁרַפְרַף.

פוסגייער *s.* (*pl.* –, ‎-ס) foot-passenger, pedestrian הֵלֵךְ, רַגְלִי.

פוסטריט *s.* (*pl.* –) footstep צַעַד.

פוסנאגע = פוסנאהע.

פוסנאהע *s.* jelly of cows' or calves feet קָרִישׁ שֶׁל רַגְלֵי פָּרָה אוֹ עֵגֶל א).

פוסנס, ז. צופוסנס.

פוס-פונקט *s.* (*geogr.*) nadir נְקֻדַּת הָרֶגֶל.

פוסקן-פלאסטער *s.* brown ointment מְשִׁיחָה שְׁחוּמָה (שעושים ממנה רטיות למשך הלחה ממכה) ב).

פופציג *num.* fifty חֲמִשִּׁים.

פופציגט = פופציגסט.

פופציגט-חלק = פופציגסטל.

פופציגטל = פופציגסטל.

פופציגסט *ord. num.* fiftieth הַחֲמִשִּׁים.

פופציגסטל *s.* (*pl.* ‎-עך) fiftieth part חֵלֶק הַחֲמִשִּׁים.

פופציגער *s.* (*pl.* –) a person fifty ears old בֶּן חֲמִשִּׁים שָׁנָה, בַּת חֲמִשִּׁים שָׁנָה.

פופציגערליי *adj.* of fifty kinds שֶׁל חֲמִשִּׁים מִינִים.

פופצן *num.* fifteen חֲמִשָּׁה עָשָׂר.

פופצנט *ord. num.* fifteenth הַחֲמִשָּׁה עָשָׂר.

פופצענטל *s.* (*pl.* ‎-עך) fifteenth part חֵלֶק הַחֲמִשָּׁה עָשָׂר.

פוציעווען *v. a. n.* to add too much הוֹסֵף יוֹתֵר מִדַּי; to take too much לָקֹחַ יוֹתֵר מִדַּי; to exceed the bounds עָבֹר עַל הַמִּדָּה.

א) פון פוס און רויש nora. ב) אין לאטיין unguentum fuscum.

פוקס *s.* (*pl.* ‎-ן) fox שׁוּעָל; cunning blade עָרוּם.

פוקסיכע *s.* (*pl.* ‎-ס) she-fox, vixen שׁוּעָלָה.

פוקסיש *adj.* of a fox שֶׁל שׁוּעָל; foxy, cunning עָרוּם.

פוקסן *adj.* of a fox שֶׁל שׁוּעָל; = פוקסן.

פור *s.* (*pl.* ‎-ן) wehicle, waggon עֲגָלָה.

פוראזשקע *s.* (*pl.* ‎-ס) foraging-cap וַרְשְׁבִי, מִצְנֶפֶת.

פוריע *s.* (*pl.* ‎-ס) lofly airs יְהִירוּת, הִתְגַּדְּלוּת.

— מאכן פוריעס to put on airs התגאה, התגדל.

פורל, פארקלענערווארט פון פור.

פור||מאן *s.* (*pl.* ‎-מאנעס, ‎-לייט) driver, coachman עֶגְלוֹן.

פורמאנסקע *adj.* of driver, of coachman שֶׁל עֶגְלוֹן.

פורמאנקע *s.* (*pl.* ‎-ס) waggon and horse עֲגָלָה וְסוּס.

פורעם *s.* (*pl.* ‎-ס) form תַּבְנִית; image דְּמוּת, צֶלֶם; mold אָבְנַיִם.

— אין דעם פורעם פון גאט in the image of God בצלם אלהים.

פושן *v. a.* to bungle, botch עֲשֵׂה מְלָאכָה גַסָּה.

פושער *s.* (*pl.* ‎-ס) bungler, botcher עוֹשֶׂה מְלָאכָה גַסָּה.

פי = פוי.

פיאל = פיאלעט.

פיאל-ווארצל *s.* (*pharm.*) orris-root, root of the Florentine iris שֹׁרֶשׁ הַסֶּגֶל.

פיאלעט *s.* violet color צֶבַע תְּכֵלֶת.

פיאלקע *s.* (*pl.* ‎-עס) violet סֶגֶל (פרח).

פיארד *s.* (*geogr.*) fiord, fjord לְשׁוֹן־יָם צָרָה (בנורוויגיה).

פיבער *s.* fever קַדַּחַת.

פיגור *s.* (*pl.* ‎-ן) figure דְּמוּת, צוּרָה.

פידל *s.* (*pl.* ‎-ען) fiddle, violin כִּנּוֹר, נֵבֶל.

פידלען *v. a.* to fiddle, play on the violin נַגֵּן בְּכִנּוֹר.

פידלער *s.* (*pl.* –) fiddler, violinst מְנַגֵּן בְּכִנּוֹר.

פידערינג *adj.* elastic גָּמִישׁ, קְפִיצִי; ||-קייט *s.* elasticity גְּמִישׁוּת, קְפִיצוּת.

פידערן *v. n.* to be elastic הָיֹה גָמִישׁ.

פיזיאלאגיע *s.* physiology תּוֹרַת הַחַיִּים.

פיזיאלאגיש *adj.* physiological שֶׁל תּוֹרַת הַחַיִּים.

פיזיאגנאמיע *s.* physiognomy פַּרְצוּף, תֹּאַר פָּנִים; חָכְמַת הַפַּרְצוּף.

פיזיאנאמיע = פיזיאגנאמיע.

פיזיקע *s.* phisics, natural philosophy חָכְמַת הַטֶּבַע.

פיזיקער *s.* (*pl.* –) physicist, naturalist חָכָם בְּחָכְמַת הַטֶּבַע, טִבְעוֹנִי.

פִּיזִיש *adj.* physical שֶׁל חָכְמַת הַטֶּבַע; גּוּפָנִי, חָמְרִי.

פִּיטערן *v. a.* to feed הַאֲכֵל, הָזֵן; to pasture רְעֵה.

פִּיטרינע = וואַרצאַבע.

פִּיטש־נאַס *adj.* all wet רָטֹב כֻּלּוֹ.

פֵּײַ *s.* grey squirrel סְנָאִי אָפוֹר.

פֵּײַג *s.* (pl. ־ן) fig תְּאֵנָה; fico תְּאֵנַת אֶצְבָּעוֹת (שימת האגודל בין האצבע והאמה לאות בזיון); nothing לא מְאוּמָה.

— שטעלן אַ פֵּײַג to give the fico נתן לאיש תאנת אצבעות (לאות בזיון).

— קריגן אַ פֵּײַג to get nothing לא השג מאומה.

פֵּײַגלדיג = פויגלדיג.

פֵּײַגעלע *s.* (pl. ־לעך) little bird צִפּוֹר קְטַנָּה, אֶפְרֹחַ; little child (*fig.*) יֶלֶד קָטָן, עוֹלָל.

פֵּײַגנבוים *s.* (pl. ־ביימער) fig-tree תְּאֵנָה, עֵץ תְּאֵנָה.

פֵּײַכט *adj.* damp, moist, humid לַח, רָטוֹב; ‖ ־קייט *s.* damness, moisture, humidity לַחוּת, רְטִיבוּת.

פֵּײַל[1] *s.* (pl. ־ן) file שׁוֹפִין.

פֵּײַל[2] *s.* (pl. ־ן) shaft, arrow חֵץ.

— (*id.*) פֵּיל אויסן בויגן swift as an arrow כחץ מקשת.

פֵּײַל־און־בויגן = פיילנבויגן.

פֵּײַלן *v. a.* to file שׁוֹף, גָּרֹר בְּשׁוֹפִין.

פֵּײַלנבויגן *s.* (pl. ־ס) bow קֶשֶׁת.

פֵּײַלעכץ *s.* filings נְסֹרֶת.

פֵּײַן *adj.* fine, nice יָפֶה, נָאֶה; gentle עָדִין; ‖ *adv.* nicely יָפֶה.

פֵּײַנגאָלד *s.* fine gold, pure gold פָּז, זָהָב טָהוֹר.

פֵּײַנד, פֵּײַנדשאַפט = פיינט, פיינטשאַפט.

פֵּײַנזילבער *s.* pure silver כֶּסֶף טָהוֹר; smelted silver obtained by burning old galloon כֶּסֶף מֻתָּךְ הַיּוֹצֵא מִשְּׂרֵפַת רִקְמַת כֶּסֶף.

פֵּײַנט *s.* (pl. ־) enemy, adversary שׂוֹנֵא, אוֹיֵב.

פֵּײַנט האָבן *v. a.* to hate, dislike שְׂנֹא.

פֵּײַנטשאַפט *s.* enmity, hatred שִׂנְאָה, אֵיבָה.

פֵּײַנע בריה = פאַנאַבעריע.

פֵּײַנקוכן = פאַנקוכן.

פֵּײַנקייט *s.* fineness יֹפִי; gentleness עֲדִינוּת.

פֵּײַעלע, פאַרקלענערוואָרט פון פיי.

פֵּײַען *adj.* of gray squirrel שֶׁל סְנָאִי אָפוֹר.

פֵּײַענפעלץ *s.* (pl. ־ן) pelisse of gray squirrel מְעִיל עוֹרוֹת סְנָאִים אֲפוֹרִים.

פֵּײַער *s.* (pl. ־ן) fire אֵשׁ; (*Am.*) fire, conflagration בְּעֵרָה, שְׂרֵפָה; (*fig.*) ardor הִתְלַהֲבוּת.

— (*id.*) קריכן אין פייער, זיך שפילן מיט פייער to court danger הסתכן.

פֵּײַער־אָפּפער *s.* (pl. ־ס) burnt-offering אִשֶּׁה, עוֹלָה.

פֵּײַערגעצייג *s.* tinder-box שְׁפוֹפֶרֶת לִקְדִיחַת הָאֵשׁ.

פֵּײַערדיג *adj.* fiery שֶׁל אֵשׁ; ardent (*fig.*) נִלְהָב.

פֵּײַער‖וואַנט *s.* (pl. ־ווענט) party-wall, partition-wall חַיִץ לְמָגֵן מִשְּׂרֵפָה.

פֵּײַערוואַרג = פייערווערק.

פֵּײַערווערק *s.* fireworks אוּרִים, צִיּוּרֵי אֵשׁ.

פֵּײַער‖טאָפּ *s.* (pl. ־טעפּ) fire-pot, chafing-pan סִיר גֶּחָלִים, כִּיּוֹר אֵשׁ.

פֵּײַערלעפל *s.* (pl. ־ען) coal-shovel, fire-shovel יָעֶה לִגְרֹף בּוֹ גֶּחָלִים.

פֵּײַער‖מאַן *s.* (pl. ־לייט) fireman (*Am.*) אִישׁ שֶׁל צְבָא הַמְכַבִּים.

פֵּײַערן[1] *v. n.* to flame, flash הַלְהֵב, הַבְרֵק.

פֵּײַערן[2] *v. a.* to celebrate חָגֹג.

פֵּײַערצוואַנג *s.* (pl. ־ען) fire-tongs מֶלְקָחַיִם.

פֵּײַערצייג = פייערגעצייג.

פֵּײַערקע *s.* (pl. ־ס) chafing-dish כָּנִין.

פֵּײַערשפּײַענדיג *adj.* vomiting fire מֵקִיא אֵשׁ.

— (*geogr.*) פייערשפייענדיגער באַרג volcano הר געש, הר שרפה.

פֵּײַף[1] *s.* (pl. ־ן) fife חָלִיל; pipe מִקְטֶרֶת.

פֵּײַף[2] *s.* whistling שְׁרִיקָה.

— טאָן אַ פייף to whistle שָׁרֹק.

פֵּײַפֿיאַל *s.* (pl. ־ן) flute חָלִיל.

פֵּײַפל *s.* (pl. ־עך) whistle חָלִיל.

פֵּײַפלעך *s. pl.* mandrakes דּוּדָאִים (מין צמח).

פֵּײַפן *v. n.* (p. p. געפייפט, געפיפן) to pipe, to whiste חַלֵּל בֶּחָלִיל, צַפֵּר, שָׁרֹק.

— (*id.*) פייפן אויף אימעצן to disregard a person לא שים לב לאיש.

פֵּײַפער *s.* (pl. ־, ־ס) piper, whistler מְחַלֵּל בֶּחָלִיל, צוֹפֵר, שׁוֹרֵק.

פֵּײַפקע *s.* (pl. ־ס) blowpipe קְנֵה הַפָּחָה, קְנֵה הַצּוֹרְפִים.

פֵּיִיש *adj.* fat, obese, corpulent שָׁמֵן, בְּרִיא בָשָׂר.

פִּיך *s.* cattle מִקְנֶה, צֹאן וּבָקָר.

פִּיל *adv.* much, many הַרְבֵּה; how much כַּמָּה (= וויפל).

פִּילע *adj.* many רַבִּים.

פִילאָזאָף *s.* (pl. ־ן) philosopher חָכָם, פִּילוֹסוֹף.

פִילאָזאָפיע *s.* philosophy פִּילוֹסוֹפְיָה.

פִילאָזאָפירן *v. n.* to philosophise הִתְפַּלְסֵף.

פִילאָזאָפיש *adj.* philosophical פִּילוֹסוֹפִי.

פִילאָלאָג *s.* (pl. ־ן) philolog בַּלְּשָׁן, חָכָם בִּלְשׁוֹנוֹת.

פִילאָלאָגיע *s.* philology בַּלְשָׁנוּת.

פִילאָלאָגיש *adj.* philological שֶׁל בַּלְשָׁנוּת.

פִילאַנטראָפּ *s.* (pl. ־ן) philantropist אוֹהֵב הַבְּרִיּוֹת; benevolent man בַּעַל צְדָקָה.

פִילאַנטראָפּיע *s.* philantropy אַהֲבַת הַבְּרִיּוֹת; benevolence צְדָקָה.

פּילאַנטראָפּיש *adj.* philantropic שֶׁל אַהֲבַת הַבְּרִיּוֹת; benevolent שֶׁל צְדָקָה.

פּילאָסאָף, פּילאָסאָפיע, פּילאָסאָפיש = פּילאָזאָף, פּילאָזאָפיע, פּילאָזאָפיש.

פּילגעטערײַ *s.* polytheism רִבּוּי אֱלֹהוֹת.

פּילווײַבערײַ *s.* polygamy רִבּוּי נָשִׁים.

פּילווײַבערניק *s.* (*pl.* עס –) polygamist מַרְבֶּה נָשִׁים.

פּיל-ווײניג *adv.* more or less אִם מְעַט וְאִם הַרְבֵּה.

פּילונג *s.* feeling הַרְגָּשָׁה.

פּילזײַטיג *adj.* many-sided מְרֻבֵּה צְדָדִים; versatile מָהִיר בְּעִנְיָנִים שׁוֹנִים.

פּיליזשאַנקע *s.* (*pl.* ס –) cup סֵפֶל.

פּיליער *s.* (*pl.* ס –) fisherman דַּיָּג; pillar, prop עַמּוּד, מִשְׁעָן.

פּיליערש *adj.* of fisherman שֶׁל דַּיָּג.

פּילמע *s.* (*pl.* ס –) film קְרוּם.

פּילמענערײַ *s.* polyandry רִבּוּי בְּעָלִים.

פּילן[1] *v. a. n.* to feel הַרְגֵּשׁ; ‖ –זיך *v. r.* to be felt הֻרְגַּשׁ.

פּילן[2] *v. a.* to fill, stuff מַלֵּא.

פּילעכץ *s.* filling, stuffing מִלּוּא.

פּילערלײ *adj.* of many kinds מִמִּינִים רַבִּים.

פּילפאַך, פּילפאַכיג *adj.* manifold מְרֻבֶּה, שׁוֹנֶה.

פּילץ *s.* felt לֶבֶד.

פּילציג *adj.* like felt כְּלֶבֶד.

פּילצן *adj.* of felt שֶׁל לֶבֶד.

פּילקײַט *s.* large quantity, abundance כַּמּוּת גְּדוֹלָה, שֶׁפַע.

פּינאַנס *s.* (*pl.* ן –) finance עִנְיְנֵי כְּסָפִים.

פּינאַנס-מיניסטער *s.* minister of finance שַׂר הַמְּמֻנֶּה עַל עִנְיְנֵי כְּסָפִים.

פּינאַנץ = פּינאַנס.

פּינאַנציעל *adj.* financial שֶׁל עִנְיְנֵי כְּסָפִים.

פּינגער *s.* (*pl.* –) finger אֶצְבַּע.

— גראָבער פּינגער thumb אגודל, בֹּהֶן.

— פּינגער פון פוס toe אצבע הרגל.

— ווײסן עפּעס קלאָר אויף די פּינגער to have something at one's fingers' ends ידע דבר על בוריו.

— ניט אַ קלאַפּ טאָן מיט אַ פינגער אָן אַ פינגער, ניט אַרײַנטאָן קײן פינגער אין קאַלטע וואַסער not to do an earthly thing לא עשה שום דבר.

— טײַטלען אויף אימעצן מיט די פּינגער to point at a person the finger of scorn רמז על איש באצבע.

— קוקן אויף עפּעס דורך די פינגער to shut one's eyes to a thing, to connive at a thing העמד פנים כאינו רואה.

— לעבן פון די פינף פינגער to live by ones labor התפרנס מיגיע כפיו.

— לעקן די פינגער פון עפּעס to be delighted with something התענג הרבה מאד על דבר.

— רײדן פון פינגער to speak without knowledge דבר בלי דעת.

— בײַסן זיך די פינגער to strongly regret התחרט מאד, הצטער מאד.

— קוקן אימעצן אויף די פינגער to have a strict eye on a person שמר איש (שלא יגנוב).

— קײן פינגער אין מויל דאַרף מען אים ניט אַרײַנלײגן one must be on guard with him צריך להזהר ממנו.

— האָבן לאַנגע פינגער, האָבן קלעפּיגע פינגער to be light-fingered, to have sticky hands היה נוטה לגנוב.

פּינגערהוט *s.* (*pl.* ן –) thimble בית אצבע.

פּינגערוט = פּינגערהוט.

פּינגערל *s.* (*pl.* עך –) ring טַבַּעַת.

פּינגערשטעכער = אַליאָס.

פּיניר, פּינירן = פּאַניר, פּאַנירן.

פּינסטער *adj.* dark, obscure, gloomy חָשׁוּךְ, אָפֵל; ‖ *s.* darkness חֹשֶׁךְ.

— אין דער פינסטער in the dark בחשך.

פּינסטערליך *adj.* rather dark אָפֵל מְעַט.

פּינסטערן *v. n.* to suffer סָבֹל צָרוֹת.

פּינסטערניש *s.* darkness, obscurity חֹשֶׁךְ, אֲפֵלָה.

פּינסטערקײַט = פּינסטערניש.

פּינעף = פּינף.

פּינעפגילדנשטיק *s.* piece of five guldens מַטְבֵּעַ שֶׁל חֲמִשָּׁה זְהוּבִים.

פּינף *num.* five חֲמִשָּׁה.

פּינפט *ord. num.* fifth חֲמִישִׁי.

פּינפט-חלק = פּינפטל.

פּינפטהאַלבן *num.* four and a half אַרְבָּעָה וָחֵצִי.

פּינפטל *s.* (*pl.* עך –) fifth part חֲמִישִׁית; five (*at cards*) הַחֲמִשָּׁה (בקלפים).

פּינפער *s.* (*pl.* ס –) piece of five groschens מַטְבֵּעַ שֶׁל חֲמִשָּׁה גְדוֹלִים.

פּינפערל *s.* (*pl.* עך –) five-ruble bank-note שְׁטָר שֶׁל חֲמִשָּׁה רוּבָּל.

פּינפערלײ *adj.* of five kinds שֶׁל חֲמִשָּׁה מִינִים.

פּינצטער, פּינצטערן, פּינצטערניש, פּינצטערקײַט = פּינסטער, פּינסטערן, פּינסטערניש, פּינסטערקײַט.

פּינקלדיג *adj.* sparkling מַזְהִיר.

פּינקלען *v. n.* to sparkle, glitter הַבְרֵק, הִתְנוֹצֵץ.

פּיסטל *s.* (*pl.* ען –) fistula בֶּתֶר (מכה טריה זבה לח); = פּאַלצעט.

פּיסטל-נעזאַנג = פּאַלצעט.

פֿיס־טריט s. pl. footsteps עֲקֵבוֹת.
— אומעצן נאָכגיין פֿיס־טריט to dog a person's heels *or* footsteps, to sadow a person הלך בעקבות איש. הלך אל אשר ילך איש.
פֿיסל s. (pl. ־עך) little foot רֶגֶל קְטַנָּה.
— (*fig.*) אונטערשטעלן אומעצן אַ פֿיסל to trip up a person's heel הכשל פעמי איש.
פֿיסקאַל s. (pl. ־ן) spy, detective מְרַגֵּל. שׁוֹטֵר חָרֵשׁ.
פֿיפֿיג adj. sharp, cunning חָרוּץ. עָרוּם; ‖ ־קייט s. sharpness חֲרִיצוּת.
פֿיצינע s. (pl. ־ס) outhouse אֲגַף הַבִּנְיָן א).
פֿיצקען v. a. to whip, flog הַלְקֵה בְּשׁוֹטִים.
פֿיקס adj. ready נָכוֹן.
— פֿיקס און פֿאַרטיג quite ready נכון לגמרי.
פֿיקסאַטור s. a dye for mustaches כְּחַל הַשָּׂפָם. פּוּךְ הַשָּׂפָם.
פֿיקסן [1] adj. of fox-skin שֶׁל עוֹר שׁוּעָל.
פֿיקסן [2] v. a. (*Am.*) to fix, mend תַּקֵּן; ‖ ־זיך v. r. to improve one's health הֵיטֵב אֶת בְּרִיאוּתוֹ.
פֿיקסעטאָר = פֿיקסאַטור.
פֿיקס־שטערן s. (pl. ־) (*astr.*) fixed star כּוֹכָב קַיָּם.
פֿיר [1] s. (פֿון פֿירן) passing הַעֲבָרָה.
— אַ פֿיר טאָן to pass הַעֲבֵר.
— אַ פֿיר טאָן מיטן סמיק to pass the bow (*over* [*the violin*) העבר הקשת (על הכנור).
— אַ פֿיר טאָן מיט די אַקסלען to shrug one's shoulders משך הכתפים.
פֿיר [2] num. four אַרְבָּעָה.
פֿיר־ pref. preposition added to verbs for various significations מִלַּת הַיַּחַס נוֹסֶפֶת לִפְעָלִים לְהוֹרָאוֹת שׁוֹנוֹת.
פֿירברענגען v. a. to say, utter הַבֵּעַ. בַּטֵּא.
פֿירגיין v. n. to pass by עָבֹר; to happen קָרֹה.
פֿירגעבן v. a. to propose הַצֵּעַ.
פֿירגעריכט s. (pl. ־ן) first dish, entrée פַּרְפֶּרֶת (נזיד שלפני המזון).
פֿירגריסל s. (pl. ־עך) first greeting in a letter בִּרְכַּת שָׁלוֹם בְּרֹאשׁ מִכְתָּב.
פֿירהאָבן v. n. to pick a quarrel הִתְאַנֵּה לְ־; to commit adultery נָאֹף.
פֿירהאַלטן v. a. to reprove גָּעֹר בְּ־.
פֿירהאַנג = פֿאָרהאַנג.
פֿירהויז s. (pl. ־ן) anteroom, lobby פְּרוֹזְדוֹר. מִסְדְּרוֹן.
פֿירהײַזל, פֿאַרקלענערוואָרט פֿון פֿירהויז.
פֿירוואָרף s. (pl. ־ן) reproof גְּעָרָה.

פֿירוואַרפֿן v. a. to reprove גָּעֹר בְּ־.
פֿירווענטל s. (pl. ־עך) front wall כֹּתֶל קִדְמִי.
פֿירונג s. (pl. ־ען) conduct, behavior הִתְנַהֲגוּת; custom מִנְהָג.
פֿירזאָגן v. a. to say to אָמֹר לִפְנֵי־.
— פֿירזאָגן אַ ליגן to lie שַׁקֵּר.
פֿירזאָגערן s. (pl. ־ס) a woman who reads prayers to women אִשָּׁה קוֹרֵאת תְּפִלּוֹת לְנָשִׁים.
פֿירזאָרג = נויטפֿאַל.
פֿירזינגען v. a. to sing to זַמֵּר לִפְנֵי־.
פֿירטראָגן v. a. to carry past נָשֹׂא וְעָבֹר.
פֿירטרעפּ s. pl. steps before a stair-case מַדְרֵגוֹת שֶׁלִּפְנֵי כֶבֶשׁ.
פֿירלויפֿן v. n. to run past רוּץ וְעָבֹר.
פֿירלייגן v. a. to propose to הַצֵּעַ לִפְנֵי־.
פֿירלייענען v. a. to read to קְרֹא לִפְנֵי־.
פֿירמע s. (pl. ־ס) firm שֵׁם בֵּית מִסְחָר; בֵּית מִסְחָר.
פֿירן v. a. to convey, carry הוֹלֵךְ, הוֹבֵל; to lead, guide הַנְהֵג; to manage נַהֵל; ‖ ־זיך v. r. to conduct oneself הִתְנַהֵג; to be the custom הָיֹה הַמִּנְהָג.
— פֿירן סחורה to carry goods הובל סחורה.
— פֿירן געשעפֿטן to manage affairs נהל עסקים.
— פֿירן אַ משפּט to carry on a lawsuit הִשָּׁפֵט עִם־. דוּן.
— פֿירן ביכער to keep books נהל ספרי חשבונות.
— אַזוי פֿירט זיך such is the custom כך המנהג.
— אַזוי פֿירט זיך ניט such things cannot be tolerated כן לא יעשה.
פֿירנעמען זיך v. r. to resolve, make up one's mind הַחְלֵט. גָּמֹר.
פֿירעכץ s. conduct, behavior הִתְנַהֲגוּת.
פֿירעק s. (pl. ־ן) square מְרֻבָּע.
פֿירעקיג, פֿירעקעכיג adj. square מְרֻבָּע.
פֿירער s. (pl. ־, ־ס) guide מוֹלִיךְ (בדרך); leader מַנְהִיג.
פֿירערליי adj. of four kinds שֶׁל אַרְבָּעָה מִינִים.
פֿירפֿאַך, פֿירפֿאַכיג adj. fourfold פִּי אַרְבָּעָה.
פֿירפֿיסיג adj. four-footed, quadruped בַּעַל אַרְבַּע רַגְלַיִם.
פֿירערן, פֿירערקע s. (pl. ־ס) female leader מַנְהִיגָה.
פֿירפּלוידערן v. a. to chat to פַּטְפֵּט לִפְנֵי־.
פֿירפֿליִען v. n. to fly past עוּף וְעָבֹר.
פֿירקאַנטיג adj. four-cornered, square מְרֻבָּע.
פֿירקומען v. n. to occur, happen קָרֹה. הָיֹה.
פֿירקען v. n. to sniff, snort הָרֵחַ. נָחֹר.
פֿירשט s. (pl. ־ן) prince נָסִיךְ.
פֿירשטיִער = פֿאָרשטויער.
פֿירשטליך adj. princely שֶׁל נָסִיךְ.

א) פּויליש oficyna, אַפּט־הויז, פֿליגל פֿון אַ הויז.

פֿירשטין s. (pl. ‑ס) princess נְסִיכָה.
פֿירשטנטום s. (pl. ‑ס) principality נְסִיכוּת.
פֿירשטעלן = פֿאָרשטעלן.
פֿירשפּילן v. a. to play before שַׂחֵק לִפְנֵי־; to show how to play הַרְאֵה אֵיךְ לְשַׂחֵק.
פֿירשפּרעכער s. (pl. ‑, ‑ס) interpreter תְּרְגְּמָן; advocate מֵלִיץ.
פֿירשרײַבן v. a. to prescribe צַוֵּה.
פֿירשריפֿט = פֿאָרשריפֿט.
פֿיש s. (pl. ‑, ‑ן) fish דָּג.
— געפֿילטע פֿיש ז. געפֿילט.
פֿיש־אײל s. fish-oil שֶׁמֶן דָּגִים.
פֿיש־בײן s. whalebone עֶצֶם תַּנִּין.
פֿישבײנערן adj. of whalebone שֶׁל עֶצֶם תַּנִּין.
פֿיש־טראָן s. fish-oil,train-oil שֶׁמֶן דָּגִים.
פֿיש־יויך s. fish-broth מְרַק דָּגִים.
פֿישן v. a. to fish, catch fish צוּד דָּגִים.
פֿיש־נעץ s. (pl. ‑ן) fishing-net חֵרֶם, מִכְמֹרֶת.
פֿישער s. (pl. ‑, ‑ס) fisherman דַּיָּג.
פֿיש־קלײ s. isinglass דֶּבֶק דָּגִים.
פֿיש־שמאַלץ = פֿיש־אײל.
פֿלאַג s. (pl. ‑ן) flag, ensign דֶּגֶל, נֵס.
פֿלאָדן s. (pl. ‑ס) flat cake צַפִּיחִית.
פֿלאָט s. (pl. ‑ן) fleet, navy צִי מִלְחָמָה.
פֿלאַטערל s. (‑עך) butterfly פַּרְפַּר.
פֿלאַטערן v. n. to flutter הִתְנוֹעֵעַ; to tremble חָרֹד.
פֿלאַטערניש s. trembling, fear חֲרָדָה, פַּחַד.
פֿלאַך adj. flat שָׁטוּחַ, שָׁפֵל.
פֿלאַכגרונט s. shallow (geogr.) קַרְקַע אִי־עָמוֹק.
פֿלאָכט s. (pl. ‑ן) fool שׁוֹטֶה, פֶּתִי.
פֿלאַכ‖לאַנד s. (pl. ‑לענדער) plain (geogr.) מִישׁוֹר.
פֿלאַכע s. (pl. ‑ס) flake (of snow) פְּתִית (שֶׁל שֶׁלֶג).
פֿלאַכצװאַנג s. (pl. ‑ען) flat pliers מֶלְקָחַיִם שְׁטוּחוֹת.
פֿלאַכקײט s. flatness שְׁטִחִיּוּת.
פֿלאַם s. (pl. ‑ען) flame, blaze לֶהָבָה, שַׁלְהֶבֶת.
פֿלאַמען v. n. to burn, flame, blaze בָּעֹר, יָקֹד, לָהֹט; to blush (fig.) הִתְאַדֵּם (פנים).
פֿלאַמענדיג adj. flaming לוֹהֵט.
פֿלאַמפֿײַער s. blazing fire אֵשׁ לוֹהֵט.
פֿלאַמפֿײַערדיג adj. flaming, blazing לוֹהֵט.
פֿלאַנג s. (pl. ‑עס) flank, side צַד, אֲגַף (של צבא).
פֿלאַנעל(ע) s. flannel אֶרֶג צֶמֶר רַךְ; = פֿלױמוך.
פֿלאַנעלן adj. of flannel שֶׁל אֶרֶג צֶמֶר רַךְ.
פֿלאַנץ s. (pl. ‑ן) plant צֶמַח, נֶטַע.
פֿלאַנצונג s. (pl. ‑ען) planting נְטִיעָה; = פֿלאַנץ.
פֿלאַנצן v. a. to plant נָטֹעַ, שָׁתֹל.

פֿלאַנצער s. (pl. ‑, ‑ס) planter נוֹטֵעַ.
פֿלאַנקען s. flank (of an animal) צַד (של בעל חי).
פֿלאָם = פֿלױמפֿעדער.
פֿלאַסטער s. (pl. ‑ס) plaster תַּחְבֹּשֶׁת, רְטִיָּה.
פֿלאָספֿעדער = פֿלױמפֿעדער.
פֿלאַקאָנטשיק s. (pl. ‑עס) flagon פַּךְ, זְכוּכִית קָטָן.
פֿלאָקן s. (pl. ‑ס, פֿלעקער) pole מוֹט, כְּלוֹנָס.
פֿלאָקן־שיסער s. (pl. ‑, ‑ס) mock-hero, braggadocio מִתְרָאֶה לְגִבּוֹר, אוֹהֵב לְהִתְפָּאֵר.
פֿלאַקס s. flax פִּשְׁתָּה.
פֿלאַקסן adj. of flax, flaxen שֶׁל פִּשְׁתָּה.
פֿלאַקער s. (pl. ‑ן) flame לֶהָבָה.
פֿלאַקערן v. n. to flame, blaze הַלְהֵב.
פֿלאַש s. (pl. פֿלעשער) bottle בַּקְבּוּק.
פֿלוג s. flight מָעוֹף.
— אין פֿלוג at the first glance בהשקפה ראשונה.
פֿלוט s. (pl. ‑ן) tide (geogr.) עֲלִיַּת הַמַּיִם.
— הויכע פֿלוט spring tide עליה גדולה.
— נידעריגע פֿלוט neap tide עליה קטנה.
פֿלוי s. (pl. פֿלײ) flea פַּרְעוֹשׁ.
פֿלויט = פֿלײט.
פֿלוים s. (pl. ‑ען) plum פֶּגֶע, שְׁזִיף.
פֿלוימעניויך s. soup of plums מְרַק שְׁזִיפִים.
פֿלוימענצימעס s. plum-stew שְׁזִיפִים מְטֻגָּנִים.
פֿלוי־פּראָ‖שעק s. (pl. ‑שקעס) flea-powder אֲבַק אַרְסִי לְפַרְעוֹשִׁים.
פֿלוך s. (pl. ‑ן) curse קְלָלָה.
פֿלוכן v. a. to curse קַלֵּל.
פֿלוק = פֿלוג.
פֿלי s. flying מָעוֹף, תְּעוּפָה.
— געבן אַ פֿלי to fly עוּף.
פֿליאַגמע s. phlegm לֵחָה, כִּיחַ וְנִיעַ.
פֿליאַדער s. (pl. ‑ס) frivolous person אִישׁ קַל הַדַּעַת; deceiver רַמַּאי.
פֿליאַדערן v. n. to act in a frivolous way הִתְנַהֵג בְּקַלּוּת הַדַּעַת; ‖ v. a. to fool, dupe רַמֵּה, הַתְעֵה; ז. פֿליאַדרעווען.
פֿליאַדרע s. grain (of wood) גִּידֵי עֵצִים; flawn (of stones) גִּידֵי אֲבָנִים.
פֿליאַדרעווען v. a. to worm a secret out of a person חָקֹר לָדַעַת דְּבַר סֵתֶר; to fool, dupe רַמֵּה, הַתְעֵה.
פֿליאָנדער s. (pl. ‑ס) flounder פּוּטִית (מין דג).
פֿליאָנדערקע = פֿליאָנדער.
פֿליאַסק s. (pl. ‑עס) slap סְטִירָה.
פֿליאַסקע = פֿליאַסקעדרינגע.
פֿליאַסקעדרינגע s. (pl. ‑ס) nickname of an unsightly person כִּנּוּי לְאָדָם מְכֹעָר.
פֿליאַסקען v. a. to slap סָטֹר.

פליאַקע s. pluck, tripe, intestines קֶרֶב, מְעֵי בְּהֵמָה.

פליג s. (pl. ־) fly זְבוּב.

— שפּאַנישער פליג Spanish fly, cantharis זבוב ספרד.

— (id.) האָבן פליגן אין נאָז to have whims היה לאיש שגעונות.

— (id.) הרגענען צוויי פליגן מיט איין קלאַפּ to kill two birds with one stone עשה שני דברים בבת אחת.

— (id) מאַכן פון א פליג א העלפאַנד to make a mountain of a mole-hill הפרז דבר מאד.

פליגל s. (pl. ־, ־ען) wing כָּנָף; wing (of a [building) אֲגַף (של בנין); brim, flap (of a hat) כְּנַף כּוֹבַע.

— (id.) א גראָבער פליגל a rude person אדם גס.

— (fig.) אָפּהאַקן אומעצן די פליגל to clip a person's wings הַפֵּל פְּנֵי אִישׁ.

פליגל־אַדיוטאַנט s. (pl. ־) aide-de-camp מִשְׁנֶה הַשָּׁלִישׁ לַמֶּלֶךְ.

פליגלדיג adj. winged בַּעַל כְּנָפַיִם.

פליגן־פּאַפּיר s. fly-paper נְיָר לִתְפִישַׂת זְבוּבִים.

פליגן־פּאַכער s. fly-flap, fly-flapper מֵנִיף לְגֵרוּשׁ זְבוּבִים.

פליגנקויט s. fly-blow, fly-speck צוֹאַת זְבוּבִים.

פליגנעלע¹, פאַרקלענערוואָרט פון פליג.

פליגנעלע², פאַרקלענערוואָרט פון פליגל.

פליט s. (pl. ־) lancet אִזְמֵל.

פליטער־טעג s. pl. honey-moon שְׁבוּעוֹת הָרִאשׁוֹנִים שֶׁאַחַר הַחֲתוּנָּה.

פליטערל s. (pl. ־עך) spangle נְקוּדַּת כֶּסֶף.

— עפּעס מיט פליטערלעך something showy דבר מזהיר, דבר נוצץ.

פלײַ = פּלוי.

פלייט s. (pl. ־) flute חָלִיל.

פלייטוך s. lint פְּתִילֵי מָזוֹר.

פלייטער s. (pl. ־ס) flutist, flute-player מְנַגֵּן בֶּחָלִיל.

פלייס s. diligence שְׁקִידָה; purpose, intention כַּוָּנָה.

— מיט פלייס purposely, intentionally בְּכַוָּנָה, בִּפְנִיָּה.

פלייסיג adj. diligent שׁוֹקֵד עַל־, חָרוּץ; ‖ ־קייט s. diligence שְׁקִידָה.

פלייסן זיך v. r. to try, endeavor הִשְׁתַּדֵּל.

פלײַ־פּראָשעק = פּלוי־פּראָשעק.

פלייצן v. n. to flow שָׁטַף; to spread פַּעְפַּע (דיו בנייר).

פלייץ־פּאַפּיר s. blotting-paper נְיָר סוֹפֵג.

פלייש s. flesh בָּשָׂר; meat בָּשָׂר (למאכל).

— (id) א שטוק פלייש מיט צוויי אויגן stupid person, blockhead טִפֵּשׁ, א"ש קשה הבנה.

פלייש־באַנק s. (pl. ־בענק) butcher's stall מִקּוּלִּין.

פליישיג adj. of flesh, of meat שֶׁל בָּשָׂר; fleshy מָלֵא בָּשָׂר; stout עָבֶה, שָׁמֵן.

פליישיגס s. animal food מַאֲכַל בָּשָׂר.

פליכט s. (pl. ־) duty חוֹבָה.

פלינק = געשווינט.

פליסיג adj. fluid, liquid נוֹזְלִי; fluent קַל; ‖ ־קייט s. fluidness טֶבַע דָּבָר נוֹזֵל; fluid, liquid נוֹזֵל; fluentness קַלּוּת.

פליסן v. n. (p. p. געפלאָסן) to flow נָזַל.

פליספעדער s. (pl. ־) fin סְנַפִּיר.

פליען v. n. (p. p. געפלויגן) to fly עוּף; to flee נוּס, בָּרֹחַ.

— נאָר געשטויגן און נאָר געפלויגן, ז. שטײַגן.

פליענדיג adj. flying מְעוֹפֵף.

פליעניש s. flying מָעוּף, מְעוּפָה.

פליק s. flucking, pulling מְרִיטָה, מְשִׁיכָה; taer קֶרַע.

פליקן v. a. to pluck, pull מָרֹט, מָשֹׁךְ; to tear קָרֹעַ.

פלעגמאַטיש adj. phlegmatic קַר הָרוּחַ, קַר הַמֶּזֶג.

פלעגמע = פליאַגמע.

פלעגן v. n. to be accustomed, to use to הָיֹה רָגִיל, הָיָה.

— איך פלעג גיין I used to go הייתי הולך.

— ער פלעג (פלעגט) זאָגן he used to say היה אומר.

פלעגע s. care, nursing פְּקוּדָּה.

פלעדל, פאַרקלענערוואָרט פון פלאָדן.

פלעדערוויש s. (pl. ־) goose-wing (for dusting), כְּנַף אַוָּז (להסר בו אבק), יָעֶה. whisk, duster

פלעדער‖מויז s. (pl. ־מײַז) bat, flittermouse עֲטַלֵּף.

פלעדערפלאַס = פליספעדער.

פלעך s. (pl. ־) surface שֶׁטַח עֶלְיוֹן; plain, level מִישׁוֹר.

פלעכטל s. (pl. ־עך) twist מִקְלַעַת; braid מִקְלַעַת שֵׂעָר.

פלעכטן v. a. (p. p. געפלאָכטן) to twist קָלֹעַ; to braid קָלֹעַ שֵׂעָר.

פלעם s. (pl. ־ען) ringing box on the ear מַכַּת לֶחִי חֲזָקָה, סְטִירָה גְדוֹלָה.

פלעמען v. a. to give a ringing box on the ear סָטֹר בְּכָל כֹּחַ.

פלעק s. (pl. ־) spot, stain כֶּתֶם; birth-mark שׁוּמָא; stigma שֶׁמֶץ פְּסוּל, דֹּפִי; spot place מָקוֹם.

— ניט רירן זיך פֿון פלעק not to move from the place לא נוע ממקומו.

— דערהרגענען אויפֿן פלעק to kill on the spot המת כרגע.

פלעק־טיפוס s. spotted typhus טיפוס כתמי.

פלעקל s. (pl. ־עך) small stake; peg יתד קטן; מסמר עץ.

פלעקן v. a. to strain. spot הכתם.

פלעקנדיג adj. stained, spotted מלא כתמים.

פלעקן־זייף s. soap for removing stains בורית לכתמים.

פלעשל s. (pl. ־עך) small bottle בקבוק קטן.

פע int. fie! בוש והכלם!

פֿ ברואר = פעווראל.

פעדעמדיג adj. threaden של חוטים; fibrous של ליפים (של חוטים בצומח או בבשר).

פעדער¹ s. (pl. ־ן) feather נוצה; pen עט; spring (of a watch) קפיץ (של שעון); fin סנפיר (= פלוספעדער).

פעדער² adj. fore קדמי, אשר לפני־.

פעדעראל adj. federal מאוחד.

פעדעראציע s. (pl. ־ס) federation ברית, אגדה.

פעדער־האלטער s. (pl. ־ס) penholder יד לעט.

פעדער־חלק s. forepart החלק הקדמי.

פעדערמעסערל s. (pl. ־עך) penknife אולר, תער הסופר.

פעדערן¹ v. a. to anticipate, be beforehand הקדם בּ־; ‖ ־זיך v. r. to rise early השכם (בבקר); to be beforehand הקדם.

— פעדערן אומעצן שלום to be beforehand in greeting a person הקדם בדרישת שלום איש א).

פעדערן² = פאדערן.

פעדערשט adj. fore, front, anterior קדמי, אשר לפני־.

פעווראל s. February פיברל (החדש השני לנוצרים).

פעט adj. fat שמן, דשן.

פעטס s. fat חלב, שומן.

פעטער s. (pl. ־ס) uncle דוד.

פעטקייט s. fatness משמן, שמנונית.

פעכטן v. n. (p. p. געפאכטן) to fence התגושש (בחרב).

פעכטער s. (pl. ־) fencer מתגושש.

פעכלען v. n. to shine, glitter הברק.

פעכער = פאכער.

פעכערן v. a. to fan הנף במניף.

פעל s. (pl. ־ן) skin, hide עור.

פעלד s. (pl. ־ער) field שדה.

א) אין „לב טוב".

פעלדארבעט s. field-labor, agricultural labor עבודת אדמה.

פעלדארבעטער s. (pl. ־) field-laborer, agricultural laborer עובד אדמה.

פעלד־גזלן s. (pl. ־גזלנים) highwayman שודד בדרך, לסטים על פרשת דרכים.

פעלד־געריכט s. (pl. ־ן) court-matrial משפט צבאי.

פעלד־יעגער s. (pl. ־, ־ס) courier, state-messenger רץ הממשלה.

פעלדמארשאל s. (pl. ־ן) field-marshal ראש הצבא.

פעלד־מעסטן s. measuring of the ground of a graveyard with threads of cotton (custom) מדידת שדה הקברות בחוטים של צמר גפן (מנהג).

פעלד־מעסטערן s. (pl. ־ס) a woman who measures the ground of a graveyard אשה מודדת שדה הקברות.

פעלד־פירות s. pl. produce of the fields יבול השדה.

פעלדפעבל s. (pl. ־ס) sergeant-major סגן פקיד הצבא.

פעלדשער s. (pl. ־שערס, ־שארעס) assistant-surgeon עוזר לרופאים, חובש חולים.

פעלז s. (pl. ־ן) rock סלע, צור.

פעלזן = פעלז.

פעליג¹ adj. full, complete מלא, שלם; ‖ adv. fully, completely בשלמות.

פעליג² adj. due שהגיע זמנו.

פעליעטאן s. (pl. ־ען) feuilleton פוליטון, עלון (חלק משעשע של עתון).

פעליעטאניסט s. (pl. ־ן) feuilletonist כותב פוליטונים.

פעלן¹ adj. of skin של עור.

פעלן² v. n. to be wanting, miss חסר; to be short היה בלתי מספיק; to blunder שגה; to leave out עזב; ‖ ־זיך v. r. to cease, disappear חדל, העלם.

— דער טויט פעלט קיינעם ניט death leaves out nobody המות לא יעזוב גם אחד א).

— (id.) עס וועט אייך מער ניט פעלן! you will get it if you do that! תשיג ענשך אם תעשה זאת!

פעלער s. (pl. ־ן) defect, fault חסרון, מגרעת; blunder, mistake שגיאה; error, misprint טעות, טעות הדפוס; disease מחלה.

פעלפ s. plush פלוסין (מין אריג שער).

א) אין „לב טוב".

פֿעלפּן *adj.* of plush שֶׁל פְּלוּסִין.

פֿעלשן *v. a.* to falsify, forge, counterfeit זַיֵּף (כתב, כסף); to adulterate זַיֵּף (צרכי אכל); ‖ *v. n.* to deal treacherously בָּגֹד.

פֿעלשער *s.* (*pl.* –) falsifier, forger, counterfeiter זַיְּפָן; traitor בּוֹגֵד.

פֿענדל ¹, פֿאַ־קלענערוואָרט פֿון פֿאַן.

פֿענדל ², פֿאַרקלענערוואָרט פֿון פֿאָן.

פֿענדן *v. a.* to seize as pledge חָבֹל, מַשְׁכֵּן.

פֿענסטער *s.* (*pl.* –) window חַלּוֹן.

— (*id.*) די הויכע פֿענסטער aristocratic society גדולי היחש, רמי המעלה.

פֿענצטער = פֿענסטער.

פֿעסט *adj.* firm חָזָק, אֵיתָן; fixed (*price*) קָבוּעַ (מחיר).

פֿעסטונג *s.* (*pl.* –ען) fort, fortress מְצוּדָה מִבְצָר.

פֿעסטיגן *v. a.* to strengthen חַזֵּק, אַמֵּץ.

פֿעסטיגקייט, פֿעסטקייט *s.* strength, firmness חֹזֶק, אֹמֶץ.

פֿעסטן = פֿעסטיגן.

פֿעסטשטעלן *v. a.* to establish, determine הַחְלֵט, קָבֹעַ.

פֿעפֿער *s.* pepper פִּלְפֵּל.

— טערקישער פֿעפֿער cayenne pepper פלפל המתֻרְמָל.

— (*id.*) געבן אימעצן פֿעפֿער to give it to a person הראה לאיש את ידו.

פֿעפֿעראָווע *adj.* of porcelain שֶׁל חַרְסִינָה

פֿעפֿער־‖בוים *s.* (*pl.* –ביימער) pepper-tree עֵץ הַפִּלְפֵּל.

פֿעפֿערדיג *adj.* peppery שֶׁיֵּשׁ לוֹ טַעַם פִּלְפֵּל; peppered שֶׁיֵּשׁ בּוֹ פִּלְפֵּל; biting מַר, עוֹקֵץ.

פֿעפֿערזיכטיג, שפּאַסיג אַנשטאָט איזפֿערזוכטיג.

פֿעפֿעריג = פֿעפֿערדיג.

פֿעפֿער־מינץ *s.* peppermint דַּנְדַּנָּא פִּלְפְּלִית.

פֿעפֿערן *v. a.* to pepper זָרֹה פִּלְפֵּל עַל־. שִׂים פִּלְפֵּל בְּ־.

פֿעפֿערניצע *s.* (*pl.* –ס) pepper-box קֻפְסַת הַפִּלְפְּלִים.

פֿעפֿער־פּושקע = פֿעפֿערניצע.

פֿעפֿערקוכן *s.* (*pl.* –ס) gingerbread עֻגָה מְתֻבָּלָה. חַלַּת דְּבַשׁ.

פֿער־ *pref.* ☛ ווערטער מיט דעם צוזעץ וועט מען געפֿינען אין פֿאַרבינדונג מיט פֿאַר־.

פֿערד *s.* (*pl.* –) horse סוּס; fool טִפֵּשׁ, שׁוֹטֶה א).

— (*prov.*) א געשענקטן פֿערד קוקט מען ניט אין די ציין אין מדקדקים beggars must not be choosers בדבר הנתון חִנָּם.

פֿערדאַק *s.* (*pl.* –עס) horse (*cont.*) סוּס; big fool שׁוֹטֶה גָּדוֹל.

פֿערד־באַן *s.* tramway מְסִלַּת בַּרְזֶל לְסוּסִים.

פֿערד־‖גנב *s.* (*pl.* –גַנָבים) horse-thief גּוֹנֵב סוּסִים.

פֿערד־הענדלער *s.* (*pl.* –) horse-dealer סוֹחֵר סוּסִים.

פֿערדיש *adj.* of horse שֶׁל סוּס; foolish טִפְּשִׁי.

פֿערדישקייט *s.* foolishness טִפְּשׁוּת.

פֿערדמיל = טרעטמיל.

פֿערדס־גנב = פֿערד־גנב.

פֿערדס־פֿוס־פֿאָדקעוועס־אייניקל *s.* distant relative בֶּן מִשְׁפָּחָה רָחוֹק.

פֿערדער = פֿערטער.

פֿערז *s.* (*pl.* –ן) verse חָרוּז; strophe, stanza בַּיִת (בשיר).

פֿערטהאַלבן *num.* three and a half שְׁלֹשָׁה וָחֵצִי.

פֿערט־חלק = פֿערטל.

פֿערטטיילן = פֿערטלען.

פֿערטל *s.* (*pl.* –עך, –ען) one fourth, quarter רְבִיעִית, רֶבַע, רֹבַע.

פֿערטלדיג *adj.* of a quarter שֶׁל רְבִיעִית; quarto (*book*) בְּתַבְנִית רְבִיעִית הַגִּלָּיוֹן (ספר).

פֿערטל־יעריג *adj.* of a quarter שֶׁל רֶבַע שָׁנָה.

פֿערטלען *v. a.* to quarter גָּזֹר לְאַרְבָּעָה חֲלָקִים.

פֿערטנס *adv.* in the fourth place רְבִיעִית.

פֿערטער *adj.* fourth רְבִיעִי.

פֿערטקע = פֿאָרטקע.

פֿערישקע *s.* (*pl.* –ס) peach אֲפַרְסֵק.

פֿערציג *num.* forty אַרְבָּעִים.

פֿערציגסט *ord. num.* fortieth הָאַרְבָּעִים.

פֿערציגסט־חלק = פֿערציגסטל.

פֿערציגסטל *s.* (*pl.* –עך) fortieth part חֵלֶק הָאַרְבָּעִים.

פֿערציגסט, פֿערצינסטל = פֿערציגסט, פֿערציגסטל.

פֿערציגערליי *adj.* of forty kinds שֶׁל אַרְבָּעִים מִינִים.

פֿערצן *num.* fourteen אַרְבָּעָה עָשָׂר.

פֿערצנט *ord. num.* fourteenth הָאַרְבָּעָה עָשָׂר.

פֿערצנט־חלק = פֿערצנטל.

פֿערצנטל *s.* (*pl.* –עך) fourteenth part חֵלֶק הָאַרְבָּעָה עָשָׂר.

פֿערשטאָט = פֿאָרשטאָט.

פֿערשקע = פֿערישקע.

פֿעש = פֿייש.

פֿראַגע *s.* (*pl.* –ס) question, interrogation שְׁאֵלָה; question, matter עִנְיָן.

פֿראַגעצייכן *s.* (*pl.* –ס) note of inerrogation סִמַּן הַשְּׁאֵלָה.

א) אין דער צווייטער באַדייטונג איז די מערצאָל אויך פֿערדעס.

פראַזיאָר s. (pl. ־ן) phrase-monger מְרַדֵּף מְלִיצוֹת.
פראַזע s. (pl. ־ס) phrase בִּטּוּי, מַאֲמָר.
פראַכט s. freight, cargo מַשָּׂא; = פראַכט־געלט.
פראַכט־געלט s. freightage שְׂכַר הוֹבָלַת הַמַּשָּׂא.
פראַכט־וואַגאָן s. (pl. ־ען, ־עס) freight-car עֲגָלַת מַשָּׂא.
פראַכט־שיף s. (pl. ־ן) freighter, cargo-vessel, merchant-man אֳנִיַּת מַשָּׂא.
פראַמוגע s. (pl. ־ס) niche מִשְׁקָע בְּקִיר.
פראַנג s. (pl. ־ען) = פראַנז.
פראַנז s. (pl. פרענז) fringe צִיצַת פְּתִילִים, קֶרֶץ.
פראַנט s. (pl. ־ן) dandy, dude מִתְיַפֶּה בִּלְבוּשׁוֹ.
פראָנט s. (pl. ־ן) front פָּנִים, חֵלֶק קִדְמִי; שְׂדֵרוֹת הַצָּבָא.
פראָנטאָווו(נ)ע adj. fore, front קִדְמִי.
פראַנטעווען v. n. to play the dandy הִתְיַפָּה בִּלְבוּשׁוֹ.
פראַנצויז s. (pl. ־ן) Frenchman צָרְפָתִי, פְּרַנְצִי.
פראַנצייזיש adj. French צָרְפָתִי, פְּרַנְצִי; || s. French, French language צָרְפָתִית, לְשׁוֹן צָרְפַת.
פראַנצייזקע s. (pl. ־ס) French woman אִשָּׁה צָרְפָתִית.
פראַנצן s. pl. syphilis, venereal disease מַחֲלַת זִמָּה.
פראַנצעוואַטע adj. syphilitic חוֹלֵה מַחֲלַת זִמָּה.
— אַ פראַנצעוואַטע מויל foul mouth פה דובר נבלה.
פראַנק¹ s. (pl. ־ען) franc פְּרַנְק (מטבע פרנצית).
פראַנק² adj. free חָפְשִׁי.
— פראַנק און פריי perfectly free חפשי לגמרי.
פראַנקאָ adv. prepaid, post-paid בְּתַשְׁלוּם לְמַפְרֵעַ (דמי המשלוח).
פראַנקירן v. a. to prepay שַׁלֵּם לְמַפְרֵעַ (דמי המשלוח).
פראַנקרייַך npr. France צָרְפַת, פְּרַנְצִיָּה.
— (id.) לעבן ווי גאָט אין פראַנקרייך to live in clover חיה בכל טוב.
פראָסט s. (pl. פרעסט) frost, cold קֹרַח, קָרָה.
פראָסטיג adj. frosty, cold קַר.
פראַסק s. (pl. פרעסק) slap, box on the ear מַכַּת לֶחִי, סְטִירָה.
פראַסקען v. a. to slap סָטֹר.
פראַק s. (pl. ־ן, ־עס) dress-coat, swallow-tail בֶּגֶד קָצוּץ כְּנָפַיִם.
פראַקעם = האָלובצעס.
פראָש s. (pl. פרעש) frog צְפַרְדֵּעַ.
פרוי s. (pl. ־ען) woman אִשָּׁה; wife אִשָּׁה (אשת הבעל).
פרויענטייַטש s. ladies' German (*a kind of Judeo-German characters*) אַשְׁכְּנַזִּית לְנָשִׁים (מין כתב יהודי־אשכנזי).

פרוכבערן = פרוכפערן.
פרוכט s. (pl. ־ן) fruit פְּרִי.
פרוכטאָווע adj. of fruit שֶׁל פְּרִי עֵץ.
— פרוכטאָווע ביימער fruit-trees עצי פרי.
פרוכטבאַר adj. fruitful פּוֹרֶה.
פרוכטבאַרן זיך = פרוכפערן זיך.
פרוכטבאַרקייט s. fruitfulness פּוֹרִיּוּת.
פרוכט־בוים s. (pl. ־ביימער) fruit-tree עֵץ פְּרִי.
פרוכטיג = פרוכטבאַר.
פרוכט־מעסער s. (pl. ־ס) fruit-knife סַכִּין לְפֵרוֹת.
פרוכפערדיג adj. fruitful פּוֹרֶה.
פרוכפערונג s. increase, multiplication, propagation פְּרִיָּה, רְבִיָּה.
פרוכפערן זיך v. r. to increase, multiply פָּרֹה וְרָבֹה.
פרום adj. pious, devout חָסִיד, חָרֵד, יְרֵא אֱלֹהִים.
פרומאַק s. (pl. ־עס) devout man חָסִיד, אָדוּק.
פרומקייט s. piety, devoutness חֲסִידוּת.
פרי adj. early מוּקְדָּם; || adv. early בְּשָׁעָה מוּקְדֶּמֶת, בַּבֹּקֶר הַשְׁכֵּם.
— אין דער פרי, ז. אונדערפרי.
פריד = פרידן.
פריד־אָפּפער s. (pl. ־ס) peace-offering זֶבַח שְׁלָמִים.
פרידליך adj. peaceable, peaceful שֶׁל שָׁלוֹם; || adv. peaceably, peacefully בְּשָׁלוֹם.
פרידן s. peace שָׁלוֹם.
פריזור s. hair-dressing תִּסְרֹקֶת, תִּסְפֹּרֶת.
פריזירן v. a. to dress the hair סָרֹק הַשְּׂעָרוֹת.
פריזירער s. (pl. ־) hair-dresser סַפָּר, גַּדָּל.
פריי adj. free חָפְשִׁי; leisurely פָּנוּי (זמן); vacant פָּנוּי (מקום).
פרייד s. (pl. ־ן) joy שִׂמְחָה, שָׂשׂוֹן.
פרייהייט s. freedom, liberty חֹפֶשׁ, חֵרוּת, דְּרוֹר.
פרייטיג s. Friday יוֹם הַשִּׁשִּׁי.
— פרייטיג צו נאַכטס on Friday evening בליל שבת.
פרייטיגדיג adj. of Friday שֶׁל יוֹם הַשִּׁשִּׁי.
פריילעך adj. joyful, joyous שָׂמֵחַ; || ־קייט s. joyfulness שִׂמְחָה.
פרייַלין s. (pl. ־ס) young lady, miss בְּתוּלָה, עַלְמָה.
פרייַמאַיאָר s. (pl. ־ן) one who is free from all obligations אָדָם הַפּוֹרֵק מֵעָלָיו עוֹל הַמִּצְווֹת.
פרייַמייַער s. (pl. ־ס) freemason גּוֹדֵר; = פריי־מאַיאָר.
פרייַנד = פריינט.
פרייַנדין, פרייַנדינע s. (pl. ־ס) female friend יְדִידָה, רֵעָה, חֲבֵרָה.

פרײַנט s. (pl. –) friend יְדִיד, רֵעַ, חָבֵר, אוֹהֵב.
פרײַנטליך adj. friendly מָלֵא אַהֲבָה, מָלֵא יְדִידוּת; ‖ –קײַט s. friendliness יְדִידוּת, רֵעוּת.
פרײַנטשאַפט s. friendship יְדִידוּת, רֵעוּת.
פרײַען v. a. to make glad שַׂמֵּחַ; ‖ –זיך v. r. to rejoice, be glad שָׂמַח, עָלַז, שׂוּשׂ.
— עס פרײַט מיך I am glad אשמח מאד.
פרײַקײַט s. liberty חֹפֶשׁ.
פרײַשטאַט s. (pl. –ן) free state מְדִינָה חָפְשִׁית.
פרײַ‖שטאָט s. (pl. –שטעט) free city עִיר חָפְשִׁית.
פרילינג s. spring אָבִיב.
פרימאָרגן s. morning בֹּקֶר, צַפְרָא.
פרימאָרגנס adv. early in the morning בַּבֹּקֶר הַשְׁכֵּם.
פרימזל s. vermicelli אִטְרִיּוֹת.
פריער adv. earlier קֹדֶם לְ־; before קֹדֶם.
פריערדיג = פריעריג.
פריעריג adj. earlier, previous הַקּוֹדֵם.
פריצײַטיג adj. premature, untimely קֹדֶם זְמַנּוֹ, בְּלֹא יוֹמוֹ.
פריץ s. (–ן, pl. –עס) novice אִישׁ מִקָּרוֹב בָּא, לֹא מְנֻסֶּה, מַתְחִיל.
פריצעווען v. a. (a novice) to gull, dupe רִמָּה, הִתֵּל בְּ־, הִתְעָה (אדם מתחיל).
פריר, פרירינג = פריער, פריעריג.
פרירן v. n. (p. p. נעפֿראָרן, געפֿרווירן) to freeze קָפָא בַּקֹּר.
— עס פרירט אין דרויסן it is cold outside קרה בחוץ.
פריר־פונקט s. freezing point נְקֻדַּת הַקֹּר (במדדחם).
פריש adj. fresh טָרִי, רַעֲנָן, חָדָשׁ; cool קַר; brisk, lively מָהִיר, זָרִיז.
— פרישע ניַעס the latest news חדשות אחרונות.
— אַ פרישע וואונד a raw wouud מכה טריה.
פרישן v. a. to freshen חַדֵּשׁ.
פרישצאַפּלדיג adj. very fresh, live טָרִי מְאֹד, חַי.
פרישקײַט s. freshness טְרִיּוּת; coolness קְרִירוּת; liveliness מְהִירוּת, זְרִיזוּת.

פרעבעלישקע s. (pl. –ס) Fröbelian teacher מוֹרָה עַל פִּי שִׁטַּת פְרֶבֶּל (פדגוג אשכנזי, מיסד גן הילדים).
פרעג s. question שְׁאֵלָה.
— אַ פרעג טאָן to ask שאל שאלה.
פרעגן v. a. to ask, inquire שָׁאַל.
— (id.) איך פרעג נאָך אײַם נים I will do as I please אעשה כרצוני (בלי שאול את פיו).
פרעגעניש s. (pl. –ן) asking questions דְּרִישָׁה וּשְׁאֵלָה.
פרעך adj. Impudent חָצוּף, עַז פָּנִים; ‖ –הײַט s. impudence חֻצְפָּה, עַזּוּת.
פרעכפערן זיך v. r. to brave הִתְעַזֵּז, הִתְרָאָה כְּגִבּוֹר; = פרוכפערן זיך.
פרעמד adj. strange זָר, נָכְרִי; strange, odd מוּזָר; not one's own, belonging to another שֶׁאֵינוֹ שֶׁלּוֹ, שֶׁשַּׁיָּךְ לְאַחֵר; ‖ s. a strange place, place not ones's own מָקוֹם זָר (עיר או ארץ נכריה).
— אין דער פרעמד in a strange place, in a strange or foreign land במקום זר, בארץ נכריה.
פרעמ‖דער s. (pl. –דע) stranger, foreigner זָר, נָכְרִי, גֵּר.
פרעמדאַרטיג adj. foreign נָכְרִי, מֵאֶרֶץ נָכְרִיָּה; exotic מֵאֶרֶץ אַחֶרֶת (חיות וצמחים).
פרענזעלע, פֿאַרקלענערוואָרט פון פראַנז.
פרענק s. (pl. –ען) spanish Jew (in Turkey) יְהוּדִי סְפָרַדִּי (בתורקיה).
פרענקיש adj. of Spanish Jews שֶׁל הַיְּהוּדִים הַסְּפָרַדִּים.
פרעס s. gluttony זוֹלְלוּת.
— האַלט האָבן דעם פרעס to be gluttonous היה זולל.
פרעסט s. set term, given time זְמַן קָבוּעַ.
פרעסן v. a. to eat voraciously זָלַל.
פרעסער s. (–, pl. –ס) voracious eater, glutton זוֹלֵל.
פרעסערײַ s. gluttony זוֹלְלוּת.

צ.

צ s. the eighteenth letter of the Hebrew alphabet הָאוֹת הַשְּׁמוֹנָה עֶשְׂרֵה בְּאָלֶף בֵּית הָעִבְרִי; ‖ num. ninety תִּשְׁעִים.
צְאֶינָה־וּרְאֶינָה s. "go forth and behold," title of a Haggadic interpretation of the Penteteuch in Yiddish.–
צאָל = צָל.
צאָל[1] s. (pl. –ן) number מִסְפָּר.
צאָל[2] s. (pl. –) inch אֶצְבַּע (מדת האורך).
צאָל[3] s. duty, custom מֶכֶס.
צאָלונג s. payment פִּרְעוֹן, תַּשְׁלוּמִים.
צאָל־טאַריף s. (pl. –ן) tariff תַּעֲרִיף.
צאָליוּוקע s. inch-board קֶרֶשׁ שֶׁעָבְיוֹ אֶצְבַּע.
צאָלנע s. (pl. –ס) canoe סִירָה.
צאָלן v. a. to pay שִׁלֵּם.
צאָלער s. (–, pl. –ס) payer מְשַׁלֵּם.

צאַם, צאָם s. (— עןpl.) fence גָּדֵר.
צאַמען, צאָמען v. a. to fence, enclose הַקֵּף גָּדֵר.
צאָמיִם s. summons הַזְמָנָה (למשפט) א).
צאָמיִסן v. a. to summon הַזְמֵן (למשפט) א).
צאָן s. (צײן, צײנער .pl) tooth שֵׁן; cog, dent שֵׁן אוֹפָן.
— בײַם קינד שנײַדן זיך צײנער the child is teething שִׁנַּיִם צומחות לילד.
— קריצען מיט די צײן to grind one's teeth חרק שניו.
— פֿאַררײדן די צײן to mutter incantations on a tooth-ache לחש על כאב שנים; (fig.) to divert from the subject השיא לדבר אחר, אמר „עורבא פרח".
— (id.) שרײַען אויף די צײן to cry for pain צעק מכאב.
— (fig.) שאַרפֿן די צײן אויף עפּעס to have a design upon a thing התכון לדבר.
— (id.) ניט קוקן אומעצן אין די צײן not to brook an insult at a person's hands לא נשא עלבון מאיש.
— (id.) לײגן די צײן אויפֿן פּאָליצע to suffer from hunger, to starve עָנֵה ברעב; to have nothing to eat לא היה לאיש מה לאכל.
— (id.) איך האָב שוין אויף דעם מײַנע צײנער אויפֿגעגעסן I have grown old in the practice of it כל ימי עסקתי בזאת, לא נפלאת זאת ממני.
— (id.) קלעקן אויף אַ צאָן, זײַן געגוג אויף אַ צאָן to be very scanty לא הספק אף מעט.
— (id.) ער װײס ניט צו פֿון צײן צו פֿון בײן, ז. בײן.
צאָנבערשטל s. (— עךpl.) tooth-brush מְנַקִּית שִׁנַּיִם.
צ נדאָקן֗טער s. (— טוירים .pl) dentist, surgeon-dentist רוֹפֵא שִׁנַּיִם.
צאָנװײטיג s. toothach כְּאֵב שִׁנַּיִם.
צאָנצאָנעם adv. at any rate, at all events בְּכָל אוֹפֶן ב).
צאָן־קָדָשִׁים s. the holy flock (the Jewish people) [—].
צאַנקן s. ingot, pig, bar מְטִיל (של מתכת).
צאַנקען v. n. to flicker, flare נָצֵץ, טַפְטֵף (נר לפני הדעכו) ג).
צאָנשטעכער s. (— סpl.) toothpick מְנַקֵּר שִׁנַּיִם.
צאַפּ s. (— עס .pl) he-goat תַּיִשׁ.
צאָפּ s. (צעפּ .pl) braid מִקְלַעַת, קְוֻצָּה; tendon, sinew גִּיד בְּשַׂר בְּהֵמָה.

צאַפּ־לאַפּ adv. in a hurry, helter-skelter בְּחִפָּזוֹן.
צאַפּלדיג = פּרושצאַפּלדיג.
צאַפּלען זיך v. r. to toss about, fidget about פַּרְכֵּס, פַּרְפֵּר בְּיָדָיו וְרַגְלָיו.
צאַפּן[1] s. (— סpl.) plug, bung מְגוּפָה.
צאַפּן[2] adj. of he-goat שֶׁל תַּיִשׁ.
צאַפּן[3] v. a. to tap, draw בָּרֹז.
צאַפּן[4] v. a. to grasp, catch תָּפֹשׂ, חָטֹף.
צאַפּן־בערדל s. (— עךpl.) beard of a he-goat זְקַן תַּיִשׁ.
צאָפּנען v. n. to withdraw, retire נָסֹג אָחוֹר, שׁוּב.
צאַפּנשטינקעדיג adj. hircinous מַסְרִיחַ כְּתַיִשׁ.
צאַצע = צאַצקע.
צאַצקע s. (— סpl.) toy, plaything כְּלִי מִשְׂחָק; צַעֲצוּעַ; ornament פְּאֵר.
צאַצקעדיג adj. fine, nice, bright יָפֶה.
צאַצקעװאַטע adj. ornamented מְקֻשָּׁט.
צאַצקען זיך v. r. to adorn oneself הִתְקַשֵּׁט; to play צַחֵק, הִשְׁתַּעֲשֵׁעַ; to delight in הִתְעַנֵּג עַל־; to take pride in הִתְגָּאֵה בְּ־.
— צאַצקען זיך מיט אַ קינד to play with a child השתעשע עם ילד.
— זי צאַצקעט זיך מיט איר געראָטענעם זון she takes pride in her clever son היא מתגאה בבנה החכם.
— ער צאַצקעט זיך מיט ספרים he takes delight in books הוא מתענג על ספרים.
צאַצקענדיג adv. with flourishes (writing) בְּקִשּׁוּטִים (כתב).
— שרײַבן צאַצקענדיג to write with flourishes כתב בקשוטים.
צאַקלדיג, צאַקלען זיך = ציקלדיג, ציקלען זיך.
צאַר s. (— ןpl.) Czar, tzar מֶלֶךְ, קֵיסָר.
צאַראַפּען v. a. to scratch גָּרֹד, חַטֵּט.
צאַרגע s. (— סpl.) hoop חִשּׁוּק, אזור בַּרְזֶל.
צאַרט adj. tender, delicate רַךְ.
צאַרטקײט s. tenderness רַכּוּת.
צאָרן s. anger, wrath כַּעַס, חָרוֹן, קֶצֶף.
צאָרנדיג adj. angry, wrathful כּוֹעֵס, זוֹעֵף.
צאַרסקע adj. czarish שֶׁל מֶלֶךְ, שֶׁל קֵיסָר.
צאָרענען, צאָרענען v. n. to be angry כָּעֹס, הִתְקַצֵּף.
צְבוּעַ s. (צבועים .pl) = צבועיאַק.
צְבוּעַטשען = צבועיאַטשען.
צְבוּעיאַטשען v. n. to be a hypocrite הָיֹה צָבוּעַ.
צְבוּעיאַצטװע s. hypocrisy צְבִיעוּת.
צְבוּעיאַצקע adj. hypocritical שֶׁל צָבוּעַ, שֶׁל צְבִיעוּת.
צְבוּעיאַק s. (— עס .pl) hypocrite צָבוּעַ.

א) אין ענגלאַנד; פֿון ענגליש summuns, אַ לאַדונג פֿאַרן געריכט. ב) בײַ נאַשערן פֿון פֿראַנצײזיש sans soin, אָן זאָרג. ג) זעט אויס פֿון דײַטש schwanken.

צבור = ציבור.

צביעות = צבועיאצטווע.

צביאק = צבועיאק.

צעב"ח = abbr. צער־בעלי־חיים.

צד s. (pl. צדדים) side, part. —

(id.) — האָבן אַ צד אין עפּעס to have a claim on היה לאיש מליצים באיזה influence in some place מקום.

צדה־לדרך s. food for the journey, provision. —

צדוק־הדין s. "righteousness of (God's) judgment," prayer said at burials צדוק הדין.

צדי — צדיק[1].

צדיק[1] s. (pl. —ן) name of the letter צ שם האות צ.

— קרומע צדיק (צ) crooked Tzadi צדי כפופה (צ).

— לאַנגע צדיק (ץ) long Tzadi, final Tzadi צדי זקופה (ץ).

צדיק[2] s. (pl. צדיקים) pious man, saint —, חסיד; Chasidic rabbi —, רב החסידים; police (fl.) משטרה; perfidious man (fl.) בוגד; crow-bar קנטר.

צדיק יסוד עולם phr. a saint is the foundation of the world. —

צדיק־תמים s. (pl. צדיקים־תמימים) just and perfect man, very pious man. —

צדקה s. (pl. צדקות) act of benevolence מעשה צדקה; benevolence —; alms, charity. —

צדקה־גדולה s. central charitable organisation. —

צדקה־געלט s. alms דמי צדקה.

צדקה־פושקע s. (pl. —ס) alms-box, charity-box קפסת צדקה.

צדקה תציל ממות phr. charity delivereth from death. —

צדקות s. righteousness, piety. —

צדקנית s. (pl. —ן, צדקניות) = צדקת.

צדקת s. (pl. —ן) pious woman. —

צדקתטע s. (pl. —ס) = צדקת.

צד־שכנגדו s. opposing party, opponent —, מתנגד.

צו[1] prep. to אל, ל־; at ב־.

— צו מײַן פרײַנט to my friend לידידי.

— צו יענער צײַט at that time בעת ההיא.

— צו ביסלעך by little מעט מעט, קמעא קמעא; a little each מעט לכל אחד.

— צו צען סענט אַ פונט at ten cents a pound במחיר עשרה סנטים הליטרא.

צו[2] adv. closed סגור.

— די טיר איז צו the door in closed הדלת סגורה.

צו[3] adv. too יותר מדי.

— צו פיל too much יותר מדי.

— (prov.) וואָס צו איז אומגעזונט every excess is hurtful יתר כנטול דמי.

צו[4] conj. whether אם (= צי).

צו־[1] pref. preposition prefixed to verbs to signify addition or approach מלת היחס נוספת לפעלים להוראת הוספה או התקרבות.

צו־[2] pref. syllable prefixed to verbs to signify separation or intensity of action הברה נוספת לפעלים להוראת הפרדה או חוזק הפעלה.

☛ ווערטער מיט דעם צוזעץ וועט מען געפינען אין פאַרבינדונג מיט צע־.

צואה s. excrement. —

צוואה = צוואה.

צוואַקס s. increase רביה, התרבות.

צוואַקסן v. n. to adhere by growing הדבק על ידי צמיחה; to increase רבה, התרבה.

צוואַרפן v. a. to throw to השלך אל־; ‖ —זיך v. r. to communicate itself הדבק (מחלה).

צוויגן v. a. to lull to sleep ישן (ילד).

צווײַזן v. a. to indicate, show רמז, הראה; to direct הורה.

צוווײַלן adv. at times לפעמים.

צווינקען v. n. to wink, give a wink קרץ בעיניו אל־.

צווינטשעווען v. a. to wish, congratulate ברך (בסמן טוב).

צוווישנשנײַד = צווישנשניד.

צוועגן v. a. to add to the weight הוסף על המשקל.

צווענדן v. a. to turn to הפנה ל־.

צואײַגענונג s. appropriation לקיחה לעצמו.

צואײַגענען v. a. to appropriate לקח לעצמו.

צואײַלן v. a. to hasten, urge on החש, האץ ב־; ‖ —זיך v. r. to hurry, hasten מהר.

צואַרבעטן v. a. to finish working כלה מלאכתו; to work till עשה מלאכתו עד־; to add, put to עשה הוספה ל־; to add by knitting הוסף בסריגה.

צוואַר‖לע s. (pl. —לעך) neckerchief, necktie מטפחת הצואר, עניבה א).

צובאַמקען v. n. to accompany a singer by repeating the syllable "bam" לוה מנגן בהברת הקול "בם"; to consent (fig.) הסכם.

צובאַסעווען v. n. to say yes to anything

א) אין פראַגנער Handlexicon.

a person says אָמֹר אָמֵן עַל כָּל דִּבְרֵי אִישׁ; to confirm אַשֵּׁר (דברי איש).

צובאַקן *v. a.* to bake a little more אָפֹה עוֹד מְעַט; to bake too much אָפֹה יוֹתֵר מִדַּי.

צובויען *v. a.* to build to, add to (*a building*) בָּנֹה אֵצֶל, הוֹסֵף (בנין).

צוביַדעווען *v. n.* to suffer סָבֹל.

צובייגן *v. a.* to bend to כָּפֹף לְ־, הַטֵּה לְ־.

צובייסן *v. a.* to take a bit *or* a snack (*after* [*a drink*) אָכֹל מַאֲכָל קַל (אחרי שתיה); ‖ *s.* snack מַאֲכָל קַל; lunch אֲכִילָה אֲרָעִית.

צובינדן *v. a.* to bind, tie קָשֹׁר.

צובעטן *v. a.* to make the bed הַצֵּעַ הַמִּטָּה.

צובער = צעבער.

צובראָטן *v. a.* to roast a little צָלֹה מְעַט.

צוברוינען *v. a.* to brown (*in baking*) אַדֵּם (פני לחם באפיה).

צובריִטן = צוגרייטן.

צוברענגען *v. a.* to bring to הָבֵא לְ־; to pass (*time*) בַּלֵּה (זמן).

צוברענען *v. a.* to burn, scorch צָרֹב, כְּוֹה.

צוג *s.* (*pl.* ן–) draught רוּחַ מְפַלֵּשׁ וְעוֹבֵר; stroke תְּנוּעָה; train רַכֶּבֶת.

— מיט איין צוג at a stroke בתנועה אחת; at a stretch בלי הפסק.

צוג ווערן *v. n.* to lose courage נָפֹל בְּרוּחַ א).

צוגאָב *s.* (*pl.* ן–) addition הוֹסָפָה.

— אַלס צוגאָב into the bargain בתור הוספה.

צוגאַנג *s.* approach, access גִּישָׁה אֶל־.

צוגאַרטל|ען *v. a.* to gird חָגֹר, אָזֹר; ‖ – זיך *v. r.* to gird oneself הִתְאַזֵּר.

צוגזל|ען, – ענען *v. a.* to rob גָּזֹל, שָׁדֹד.

צוגיבן = צוגעבן.

צוגיין *v. n* to approach, come near נְגֹשׁ, קָרֹב; to go on הָיֹה, הִקָּרֵה.

צוגיסן *v. a.* to pour to, pour more יָצֹק לְ־, הוֹסֵף (מים וכד׳).

צוגלופט *s.* draught רוּחַ מְפַלֵּשׁ וְעוֹבֵר.

צוגלייך *adv.* together יַחַד עִם־; at the same time, simultaneously בְּאוֹתָהּ הַשָּׁעָה, בִּזְמַן אֶחָד.

צוגלייכן *v. a.* to compare עָרֹךְ, דַּמֵּה, הַקֵּשׁ; to make even עָשֹׂה יָשָׁר.

צוגלעטן *v. a.* to smooth, make smooth הַחֲלֵק.

צוגנב|ען, – ענען *v. a.* to steal גָּנֹב.

צוגעבונדן *adj.* tied קָשׁוּר; attached קָשׁוּר (בנפש); ‖ – קייט *s.* attachment קִשּׁוּר (בנפש), אַהֲבָה.

צוגעבן *v. a.* to add הוֹסֵף; to admit הוֹדֵה.

צוגעברענט *adj.* burned, singed צָרוּב.

צוגעברענט ווערן *v. p.* to be burnt הִצָּרֵב.

צוגעדאַרט *adj.* dried on יָבֵשׁ וְנִדְבָּק אֶל־.

צוגעדולט *adj.* mad, crazy מְשֻׁגָּע, מְטֹרָף.

צוגעוואַקסן ווערן *v. p.* to be grown to הִדָּבֵק עַל יְדֵי צְמִיחָה; to become attached (*fig.*) הִדָּבֵק (באיש).

צוגעוויינען *v. a.* to accustom הַרְגֵּל; ‖ – זיך *v. r.* to accustom oneself הִתְרַגֵּל בְּ־, הִסְכֵּן אֶל־.

צוגעזאָטן ווערן *v. p.* to stick fast הִדָּבֵק מְאֹד (דבר לדבר); to be strongly attached הִדָּבֵק מְאֹד (בנפש), הִתְאַהֵב מְאֹד.

צוגעטאָז *adj.* attached נִדְבָּק.

צוגעלאָזט *adj.* kind, indulgent, complaisant טוֹב לֵב, מֵאִיר פָּנִים; ‖ – קייט *s.* kindness, complaisance טוּבַת לֵב.

צוגעלעגערט *adj.* spoiled by lying מְקֻלְקָל, בָּלֶה (מנוחו ימים רבים); stale יָשָׁן, בָּלֶה.

צוגעלעגערט ווערן *v. p.* to be spoiled by lying הִתְקַלְקֵל (מנוחו ימים רבים).

צוגעסמאַליעט ווערן *v. p.* to be singed הִצָּרֵב.

צוגעפּאַסט *adj.* fit מֻכְשָׁר, רָאוּי; symmetrical מַתְאִים; ‖ – קייט *s.* fitness הַכְשָׁרָה; symmetry תֵּאוּם, הַתְאָמָה.

צוגעקליבן = צוגעפּאַסט.

צוגעשטאַנען *adj.* fitted, fitting יָאֶה לְ־, מַקְבִּיל אֶל־.

— גוט צוגעשטאַנענע פֿענסטער well-fitted windows חלונות מַקבילים היטב.

צוגעשלאָגן *adj.* somewhat rotten רָקוּב מְעַט; = צוגעדולט.

צוגפּלאַסטער *s.* (*pl.* ס–) vesicatory רְטִיָּה מוֹשֶׁכֶת (הלחה), אִסְפְּלָנִית.

צוגרייטונג *s.* preparation הֲכָנָה.

צוגרייטן *v. a.* to prepare הָכֵן; ‖ – זיך *v. r.* to prepare oneself הָכֵן אֶת עַצְמוֹ.

צודינען *v. n.* to render a service to a person עָשֹׂה חֶסֶד לְ־.

צודישען *v. a.* to strangle חָנֹק, חַנֵּק; to extinguish כַּבֵּה.

צודעמפּן *v. a.* to stew a little בַּשֵּׁל מְעַט.

צודעק *s.* (*pl.* ן–) cover מִכְסֶה; blanket שְׂמִיכָה.

צודעקן *v. a.* to cover כַּסֵּה.

צודרייען = צושרויפֿן.

צודריקן *v. a.* to press לָחֹץ, דָּחֹק; to crush הָעֵק, רַצֵּץ.

צוהאַלטן *v. a.* to hold אָחֹז, הַחֲזֵק; to accompany סַבֵּב; לַוֵּה (בזמרה); ‖ – זיך *v. r.* to hold to הַחֲזֵק בְּ־.

א) בײַ לישיצן; פֿון דײַטש zagen, ניט האָבן קיין מוט.

צוהאָרעווען *v. n.* to work, toil, labor יָגַע, עָמַל; to exert oneself הִתְאַמֵּץ.

צוהובלעווען *v. a.* to plane a little הַקְצֵעַ מְעַט.

צוהונדער = צוהונדערט.

צוהוסטן *v. n.* to cough a little הִשְׁתָּעֵל מְעַט.

צוהינקען *v. n.* to hobble a little צָלֹעַ מְעַט.

צוהעקלען *v. a.* to hook and eye רָכֹס (בנגד).

צוהערן *v. n.* to listen שָׁמֹעַ; ‖ — זיך *v. r.* to hear, listen to שָׁמֹעַ, הַקְשֵׁב.

צוהערער *s.* (— *pl.*) hearer, listener, auditor שׁוֹמֵעַ.

צוהרגן‖ען, — ענען *v. a.* to kill הָרֹג, הָמֵת.

צוואָג *s.* water for washing one's head מֵי רְחִיצַת הָרֹאשׁ.

צוואָגן *v. a.* to wash and comb רָחֹץ וְסָרֹק (ראש); to give a scolding (*fig.*) גָּעֹר בְּ־, נָזֹף בְּ־ (*fig.*); to give a licking הַלְקֵה, הַכֵּה.

צַוָאה *s.* (צַוָאות *pl.*) last will, testament —.

צַוָאה־אויספֿירער *s.* (— *pl.*) executor מְקַיֵּם צַוָּאַת הַמֵּת.

צוואָך = צוואָק.

צוואַנג¹ *s.* (— ען *pl.*) tongs מֶלְקָחַיִם, צְבָת.

צוואַנג² *s.* compulsion אֹנֶס, הַכְרָחָה, כְּפִיָּה.

צוואַנציג *num.* twenty עֶשְׂרִים.

צוואַנציגסט *ord. num.* twentieth הָעֶשְׂרִים.

צוואַנציגסט־חלק = צוואַנציגסטל.

צוואַנציגסטל *s.* (— עך *pl.*) twentieth part חֵלֶק הָעֶשְׂרִים.

צוואַנציגסט, צוואַנציגסטל = צוואַנציגט, צוואַנציגטל.

צוואַנציגער *s.* twenty groschens עֶשְׂרִים גְּדוֹלִים.

צוואַנציגערליי *adj.* of twenty kinds שֶׁל עֶשְׂרִים מִינִים.

צוואָק *s.* (— עס *pl.*) nail מַסְמֵר.

צוואָרעך *s.* whey-cheese, cottage-cheese, pot-cheese גְּבִינָה רַכָּה.

צוואַטשען = צְבוֹעִיאַטשען.

צוויט *s.* (— ן *pl.*) flower פֶּרַח; bloom פְּרִיחָה; color צֶבַע.

צוויטאַטשנע־טיי *s.* mixed bloom-tea תֵּה בָּלוּל בִּפְרָחִים.

צוויטען *v. n.* to bloom פָּרֹחַ.

צוויטשערן *v. n.* to twitter צַיֵּץ.

צוויי *num.* two שְׁנַיִם.

— אין צווייען double כפול פי שנים; in two, in twain לשנים, לשני גזרים.

צווייג *s.* (— ן *pl.*) twig, branch עָנָף, זְמוֹרָה.

צווייגהאַפֿטיג *adj.* branchy עָבֹת, רַב עֲנָפִים.

צווייַדײַטיג *adj.* ambiguous נִשְׁמָע לִשְׁנֵי פָנִים; ‖ — קייט *s.* ambiguity שְׁנֵי פָנִים.

צווייזייטיג *adj.* two-sided בַּעַל שְׁנֵי צְדָדִים; double-faced בַּעַל שְׁנֵי פָנִים.

צווייט *ord. num.* second שֵׁנִי.

צווייטל *s.* (— עך *pl.*) deuce (*at cards*) זוג (בקלפים).

צווייטנס *adv.* secondly, in the second place שֵׁנִית.

צוויי־יאָריג *adj.* two ears old בֶּן שְׁתֵּי שָׁנִים; bieunial שֶׁל מֶשֶׁךְ שְׁנָתַיִם.

צווייענדיג *adj.* double כָּפוּל, פִּי שְׁנַיִם.

צווייער *s.* (— ס *pl.*) 2 groschens, copeck שְׁנֵי גְדוֹלִים, קָפֵּיקָה (מטבע רוסית); 30 copecks שְׁלֹשִׁים קָפֵּיקוֹת.

צווייעריג *adj.* double מִשְׁנֶה, כָּפוּל.

צווייערל *s.* (— עך *pl.*) copeck קָפֵּיקָה (מטבע רוסית).

צווייערליי *adj.* of two kinds שֶׁל שְׁנֵי מִינִים.

צווייפֿיסיג *adj.* two-legged, bipedal בַּעַל שְׁתֵּי רַגְלַיִם.

צווייפֿל = ספק.

צווייפּנימדיג *adj.* double-faced, hypocritical בַּעַל שְׁנֵי פָנִים, צָבוּעַ.

צווילינג *s.* twins תְּאוֹמִים.

צווינגען *v. a.* (געצוואונגען *p. p.*) to oblige, force, compel הַכְרֵחַ, אַלֵּץ, אָנֹס, כַּפֵּה.

צווינטער *s.* (— ס *pl.*) cemetery בֵּית הַקְּבָרוֹת.

צוויק¹ *s.* (— עס *pl.*) beet-root סֶלֶק; capon תַּרְנְגֹל כָּרוּת.

צוויק² check מַעֲצוֹר.

— האַלטן אימעצן אין צוויק to keep a check upon a person שים מעצור לאיש.

צוויקל = צוויקלע.

צוויקלע *s.* (— ס *pl.*) gore, gusset מַטְלִית בִּדְמוּת זָוִית.

צווישן *prep.* between, among בֵּין, בְּתוֹךְ.

צווישנדעק *s.* between-decks, steerage מִכְסֶה אֳנִיָּה הָאֶמְצָעִי (מקום המסע הכי זול של אניה).

צווישנשייד *s.* distinction, division הַבְדָּלָה; difference הֶבְדֵּל, הֶפְרֵשׁ, חִלּוּק.

צוועלף *num.* twelve שְׁנֵים עָשָׂר.

צוועלפֿט *ord. num* twelfth הַשְּׁנֵים עָשָׂר.

צוועלפֿט־חלק = צוועלפֿטל.

צוועלפֿטל *s.* (— עך *pl.*) twelfth part חֵלֶק הַשְּׁנֵים עָשָׂר.

צוועלפֿערליי *adj.* of twelve kinds שֶׁל שְׁנֵים עָשָׂר מִינִים.

צווענגל *s.* (— עך *pl.*) pincers צְבָת קְטַנָּה.

צוועק *s.* (— ן *pl.*) aim, purpose, object מַטָּרָה, תַּכְלִית.

צווערן *s.* thread חוּט.

צווירן *adj.* threaden שֶׁל חוּטִים.

צוזאָג *s.* (— ן *pl.*) promise הַבְטָחָה.

צוזאָגן *v. a.* to promise הַבְטֵחַ.
צוזאַמען *adv.* together יַחַד, יַחְדָּו.
צוזאַמענ־ *pref.* ווערטער מיט דעם צוזעץ, או־סער די עשליכע, וואָס קומען דאָ ווייטער, ווערט מען געפינען אין פאַרבינדונג מיט צונויפ־.
צוזאַמענהאַנג *s.* connection חִבּוּר; context הֶמְשֵׁךְ עִנְיָנִים.
צוזאַמענפאָר *s.* (*pl.* ־ן) convention, congress אֲסֵפָה כְּלָלִית.
צוזאַמענפאָרן *v. n.* to come together, meet, הִתְאַסֵּף לְמָקוֹם אֶחָד;‖ ־ זיך assemble, convene *v.* ר. ז.
צוזאַמענשטויס *s.* (־ן *pl.*) collision, clash הִתְנַגְּשׁוּת.
צוזאַמענשטויסן זיך *v. r.* to collide, clash הִתְנַגֵּשׁ.
צוזאַץ = צוזעץ.
צוזוכן = צוקלײַבן.
צוזידן *v. a.* to weld by boiling חַבֵּר עַל יְדֵי רְתִיחָה.
צוזינגען *v. n.* to sing with, accompany (*in singing*) זַמֵּר עִם־, לַוֵּה (בזמרה).
צוזען *v. a.* to behold, look on, witness רָאֹה, הַבֵּט אֶל־; to look indifferently at הַבֵּט בְּקָרוּת רוּחַ אֶל־; to take care of דְּאֹג לְ־.
— איך קען דאָס ניט צוזען I cannot look at it with indifference אינני יכול להביט אל זאת בקרות רוח.
— אומעצן גוט צוזען to take good care of a person דאג לאיש באופן נאות.
צוזעץ *s.* (־ן *pl.*) addition הוֹסָפָה.
צוזעצל, פאַרקלענערוואָרט פון צוזעץ.
צוזעצן *v. a.* to add הוֹסֵף;‖ ־ זיך *v. r.* to take a seat, sit down יָשֹׁב אֶל־; to press hard upon, be urgent upon הָצֵק לְ־, פָּצֹר בְּ־.
צוחנפֿ‖ען, ־ ענען זיך *v. r.* to ingratiate oneself by flattery הַחֲנֵף, הִתְחַבֵּב.
צוחתמ‖ען, ־ ענען *v. a.* to seal חָתֹם;‖ ־ זיך *v. r.* to add one's signature הוֹסֵף חֲתִימָתוֹ.
צוטאָן *v. a.* to add הוֹסֵף; to attach הַדְבֵּק, חַבֵּר; to close סְגֹר (עינים).
— צוטאָן מיט אַן אויג to sleep ישן.
צוטוליען *v. a.* to press, clasp חַבֵּק;‖ ־ זיך *v. r.* to cling to הִדָּבֵק בְּ־; to nestle close to a person הִתְרַפֵּק עַל אִישׁ.
צוטײַלן *v. a.* to deal out, give חַלֵּק לְ־, נָתֹן.
צוטײַל קומען *v. n.* to fall to a person's lot נָפֹל בְּגוֹרַל אִישׁ.
צוטעסען *v. a.* to hew to fit הַקְצֵעַ לְפִי הַמִּדָּה.
צוטראָגן *v. a.* to bring near הַגֵּשׁ, הַקְרֵב.

צוטראַכטן *v. a.* to devise הַמְצֵא תַּחְבּוּלָה.
צוטרוי, צוטרויען *s.* confidence אֱמוּנָה, מִבְטָח.
צוטריטליך *adj.* accessible שֶׁאֶפְשָׁר לָגֶשֶׁת אֵלָיו, שֶׁאֶפְשָׁר לְהַשִּׂיג.
צוטרײַבן *v. a.* to drive to, drive up נְהֹג אֶל־; to drive on, spur הָאֵץ, נְגֹשׂ בְּ־.
צוטרין *s.* (־ען *pl.*) lemon לִימוֹן.
צוטרין־זאַלץ = וויער־זאַלץ.
צוטרינקען *v. n.* to drink a person's health שְׁתֹה לְחַיֵּי אִישׁ;‖ *v. a.* to give a love-potion to הַשְׁקֵה סַם אַהֲבָה.
צוטריקענען *v. a. n.* to dry up a little יַבֵּשׁ מְעַט, יָבֹשׁ מְעַט.
צוטרעט *s.* access אֶפְשָׁרוּת לְהַגִּיעַ, רְשׁוּת לָגֶשֶׁת אֶל־.
צוטרעטן *v. a.* to step near, come near גַּשׁ, קָרֹב אֶל־; to tread down, trample on רְמֹס אֶת־.
צוטרעפֿן *v. a.* to hit כַּוֵּן אֶל־, קָלֵעַ אֶל־; to please, satisfy הַשְׂבֵּיעַ רָצוֹן.
צושעפען *v. a.* to fasten upon הֵאָחֵז בְּ־;‖ ־ זיך *v. r.* to fasten upon הֵאָחֵז בְּ־; to cavil, chicane הִתְאַנֵּה, שִׂים עֲלִילוֹת דְּבָרִים.
צושעפעניש *s.* (־ן *pl.*) cavil, chicane עֲלִילָה, תֹּאֲנָה; nuisance דָּבָר מַטְרִיד.
צויאָגן = צולויפֿן.
צויבער, צויבערײַ = כִּשּׁוּף.
צויבערן¹ = מְכַשְּׁפָה.
צויבערן² = כִּישׁוּפִן.
צויבערער = מְכַשֵּׁף.
צוינג *s.* (*pl.* צײַג) bitch כַּלְבָּה.
צויט *s.* (־ן *pl.*) tuft of hair קְוֻצַּת שֵׂעָר; pendent rag סְמַרְטוּט סָרוּחַ.
צוים *s.* (־ען *pl.*) bridle מֶתֶג, רֶסֶן (= צאַם²).
צוימען *v. a.* to bridle רַסֵּן, בְּלֹם (שים רסן בפי סוס).
צויק = צוינג.
צוכאַפּן *v. a.* to snatch away חָטֹף;‖ ־ זיך *v. r.* to take eagerly to a thing קָרֹב אֶל דָּבָר בִּתְשׁוּקָה רַבָּה.
צוכט *s.* (־ן *pl.*) tidy woman אִשָּׁה אוֹהֶבֶת נִקָּיוֹן.
צוכען = טשוכען.
צולאָג *s.* (־ן *pl.*) addition to weight הוֹסָפָה לְמִשְׁקָל.
צולאָז *s.* admission רְשׁוּת.
צולאָזן *v. a.* to admit, allow הַרְשֵׁה; to join (*boards*) חַבֵּר (קרשים); to fit in הָבֵא בְּתוֹךְ־; to reduce (*a price*) הוֹרֵד (מחיר); to cut to measure גְּזֹר לְפִי הַמִּדָּה;‖ ־ זיך *v. r.* to be indulgent הֱיֵה טוֹב.
צולאַטכ‖ען, ־ ענען = צונויפ‖ען, ־ ענען.
צולאַטען *v. a.* to patch הַטְלֵא, תַּקֵּן.

צולאַנטשען to join to *v. a.* חַבֵּר לְ־; to show favor to הַרְאֵה חִבָּה לְ־; ‖ ־ זיך *v. r.* to join to ingratiate oneself by flattery הִתְחַבֵּר לְ־; הִתְחַבֵּב עַל יְדֵי חֲנֻפָּה.

צולהַכְעִים, צולהַכְעִים *adv.* for spite לְהַכְעִים, לְמָרוֹת; ‖ *s.* (*pl.* ־ן) spite מְרִי, זָדוֹן, קֶרִי.

— אויף צולהכעים for spite להכעים.

— טאָן צולהכעים to spite הכעים.

צולהַכְעיסניק, צולהַכְעיסניק *s.* (*pl.* ־עס) spiteful person אִישׁ מַכְעִים, מַמְרֶה, הוֹלֵךְ בְּקֶרִי.

צולויפֿן to run to *v. n.* רוּץ אֶל־.

צוליאַמעווען to edge *v. a.* שִׂים שָׂפָה (לבגד).

צוליב because of; for the sake of *adv.* לְמַעַן; מִפְּנֵי־.

— אימעצן צוליב טאָן to oblige a person עשה חסד עם איש.

צוליבזאַך favor (*pl.* ־ן) *s.* חֶסֶד.

צולייג addition (*pl.* ־ן) *s.* הוספה; = צולאָג.

צולייגן to add *v. a.* הוֹסֵף; to apply שִׂים עַל־; to lose הַפְסֵד (ממון בעסק); ‖ ־ זיך *v. r.* to take a nap שְׁכַב לָנוּם מְעַט.

צולייטן to solder to *v. a.* לַחֵם (דבק בבדיל).

צולייכטן to give light to *v. a.* הָאֵר לְ־.

צוליעפּען to paste to *v. a.* הַדְבֵּק לְ־.

צולענען to lean against *v. a.* סְמֹךְ אֶל־, הַשְׁעֵן אֶל־; to close (*a door*) סְגֹר (דלת).

צולעצט at last *adv.* לְבַסּוֹף.

צולערנען to teach, instruct *v. a.* לַמֵּד, הוֹרוֹת.

צולעשטשען to show favor to *v. a.* לַטֵּף, הַרְאֵה חִבָּה לְ־.

צום = צו דעם. *abbr.*

צומאַכן to close, shut *v. a.* סְגֹר; to stop up סָתֹם; to make extra עֲשֵׂה בְּתוֹר הוֹסָפָה; attach to חַבֵּר אֶל־; ‖ ־ זיך *v. r.* to be closed הִסָּגֵר.

— צומאַכן די אויגן to close one's eyes סגר את עיניו; to die (*fig.*) מות.

צומאָרגנס in the morning *adv.* בַּבֹּקֶר.

צום־גְּדַלְיָה the fast of Gedaliah (*3rd day s.* [*of Tishri*) ־.

צומוטשען זיך to tire *or* weary oneself *v. r.* הִתְיַגֵּעַ.

צומויערן to build to, to add (*to a build-* *v. a.* [*ing*) בְּנֵה אֵצֶל, הוֹסֵף בִּנְיָן עַל בִּנְיָן; = פּאַרמויערן.

צוּמח plant *s.* צֶמַח.

צומישונג admixture *s.* תַּעֲרוּבָה, מֶזֶג.

צומישן to add in mixing *v. a.* בַּלֵּל וְהוֹסֵף עַל־.

צומעסטן to measure *v. a.* מֹדֵד; to commensurate הַתְאֵם (במדה).

צונאַדזשען to decoy *v. a.* פַּתֵּה אֶל־, מְשֹׁךְ.

צונאַכטס at night *adv.* בַּלַּיְלָה.

צונאָמען surname (*pl.* צונעמען) *s.* שֵׁם נוֹסָף, כִּנּוּי.

צונארן to decoy *v. a.* פַּתֵּה אֶל־.

צונג tongue (*pl.* ־ען, צינגער) *s.* לָשׁוֹן.

— ציִען פֿאַרן צונג to draw words from a person משך דברים מפי איש.

צונד = אצונד.

צונויפֿ־ together *pref.* יַחַד, יַחְדָּו א).

צונויפֿבייגן to bend up *v. a.* כָּפֹף, קָרֹס.

צונויפֿבינדן to bind together *v. a.* קָשֹׁר, אַגֵּד יַחַד.

צונויפֿבעטלען to collect by begging *v. a.* קַבֵּץ עַל יְדֵי בַּקָּשַׁת נְדָבוֹת.

צונויפֿברענגען to bring together *v. a.* הָבֵא יַחַד, הָבֵא לְמָקוֹם אֶחָד.

צונויפֿגיין = צונויפֿקומען.

צונויפֿגיסן to pour together, mix *v. a.* מְזֹג יַחַד, מָסֹךְ.

צונויפֿגעזעצט composite *adv.* מֻרְכָּב.

צונויפֿגראַבלען to rake together *v. a.* גָּרֹף יַחַד.

צונויפֿדרייען to twist together *v. a.* פַּתֵּל יַחַד.

צונויפֿדריקן to press together, compress *v. a.* לָחֹץ, דָּחֹק.

צונויפֿוואַקסן to grow together *v. n.* הִתְאַחֵד בְּגָדוֹל.

צונויפֿוואַרפֿן to throw together *v. a.* צָבֹר בְּצִבּוּר אֶחָד.

צונויפֿוויקלען to wrap up, roll up, wind *v. a.* גַּלֵּל.

צונויפֿזאַמלען to gather *v. a.* אָסֹף, קַבֵּץ; to assemble הַקְהֵל.

צונויפֿזוכן to gather, collect *v. a.* קֹשֵׁשׁ, לַקֵּט.

צונויפֿזעצן to seat together *v. a.* הוֹשֵׁב יַחַד; to put together, compose הַרְכֵּב.

צונויפֿטשעכערן to piece together *v. a.* חַבֵּר גְּזָרִים לִגְזָרִים; = צונויפֿטערכען.

צונויפֿטערכען to botch up *v. a.* תְּפֹר יַחַד בְּאֹפֶן גַּס.

צונויפֿטראָגן to carry to one place *v. a.* נְשָׂא כֻּלָּם אֶל מָקוֹם אֶחָד.

צונויפֿטרייבן to drive together *v. a.* גָּרֵשׁ לְמָקוֹם אֶחָד.

צונויפֿטרעפֿן זיך to meet *v. r.* הִפָּגֵשׁ, הִזְדַּמֵּן.

צונויפֿטשעפּען to link *v. a.* קָשֹׁר, שַׁלֵּב; to combine קָשֹׁר אַחַד.

א) פֿון דייטש zu Hauf, אין א קופּע, צוזאַמען; zu Hauf bringen, צונויפֿברענגען. אין ספר חסידים (װאַרשע, תרס"ה, זייט 79): „דעם שידוך צום הויף פֿירן".

צונויפכאַפּן *v. a.* to snatch up, scrape together אסף בחטיפה.

צונויפלאָזן *v. a.* to melt, mix up together התך יחד, מזג.

צונויפגעלאָף *s.* concourse, crowd קהל עם.

צונויפלויפן *v. n.* to flock, throng הקהל, הקוה; to shrink התכוץ, קמט; ‖ — זיך *v. r.* ד. ז.

צונויפלויפעניש *s.* flocking, concourse קהל עם.

צונויפלייגן *v. a.* to put together, lay together הנח יחד; to fold כרך, כפל; ‖ — זיך *v. r.* to contribute, club השתתף איש בחלקו.

צונויפלייטן *v. a.* to solder לחם.

צונויפלייען *v. a.* to make up by borrowing on all sides קבץ על ידי הלואות במקומות שונים.

צונויפליעפען = צונויפקלעפן.

צונויפמישן *v. a.* to mix בלל, ערב.

צונויפניטעווען *v. a.* to rivet חבר במסמרים.

צונויפנייען *v. a.* to sew together תפר יחד.

צונויפנעמען *v. a.* to take together לקח יחד; to gather אסף, קבץ; to unite אחד.

צונויפסטריגעווען *v. a.* to tack, baste תפר יחד באופן זמני.

צונויפסטשאָבען *v. a.* to sew together in a bungling manner תפר יחד באופן גס.

צונויפפאַלן *v. n.* to coincide, synchronise with הזדמן בעת אחת.

צונויפפאַקן *v. a.* to pack up together ארז יחד.

צונויפפאָר = צוזאמענפאָר.

צונויפפאַרטאַליען *v. a.* to join in a bungling manner חבר באופן גס.

צונויפפּאָרן *v. a.* to pair, couple, match זוג.

צונויפפאָרן = צוזאמענפאָרן.

צונויפפּויקן *v. a.* to call together by beating the drum הקהל בתף; to assemble hurriedly הקהל בחפזון.

צונויפפירן *v. a.* to bring together הבא יחד; = צונויפמישן.

צונויפפלאָנטערן *v. a.* to entangle, twist, mix up סבך, בלל.

צונויפפליסן *v. n.* to flow together השתפך יחד (למקום אחד).

צונויפפליען *v. n.* to fly together עוף יחד (למקום אחד).

צונויפפליעניש *s.* flying together מעופה יחדו.

צונויפפלעכטן *v. a.* to interweave, twist קלע.

צונויפציאונג *s.* addition חבור (בהשבון).

צונויפציען *v. a.* to draw together משך אחד לאחד; to contract כוץ; to add up חבר (מספרים); ‖ — זיך *v. r.* to be contracted הקוץ.

צונויפציילן = צונויפרעכענען.

צונויפקאָוועון *v. a.* to forge together חשל יחד; to put in irons אסר בכבלים.

צונויפקאַטשען *v. a.* to roll up גלל; ‖ — זיך *v. r.* to writhe התעקל (מכאב).

צונויפקאָכן זיך *v. r.* to be curdled (*milk*) הקרש (חלב).

צונויפקאָלעפּוצקען *v. a.* to mix בלל.

צונויפקאָמפּאַניען זיך *v. r.* to associate with התחבר ל־.

צונויפקוועטשן *v. a.* to press together, compress דחק יחד.

צונויפקויפן *v. a.* to buy up, forestall קנה הכל.

צונויפקײַקלען *v. a.* to conglomerate גלם דבר כבדור; to crumple קמט; ‖ — זיך = צונויפקאַטשען זיך.

צונויפקומען *v. n.* to come together, meet האסף, התקבץ; ‖ — זיך *v. r.* ד. ז.

צונויפקומעניש *s.* meeting, conference אספה.

צונויפקלויבן *v. a.* to gather אסף; to scrape together אסף קמעה קמעה; ‖ — זיך *v. r.* to assemble, gather, meet התאסף.

צונויפקלעפן *v. a.* to paste together דבק יחד בדבק.

צונויפקניפּן *v. a.* to tie *or* knot together קשר יחד.

צונויפקנעטן *v. a.* to knead לוש.

צונויפקנעפּלען *v. a.* to button up כפתר יחד.

צונויפקערן *v. a.* to sweep together טאטא וכנס יחד.

צונויפקרעמפּעווען = צונויפשנורעווען.

צונויפרופן *v. a.* to call together קרא לבא יחד, הקהל.

צונויפרוקן *v. a.* to bring together הגש אחד באחד; ‖ — זיך *v. r.* to move close to each other התנגש אחד באחד.

צונויפריידן זיך *v. rec.* to communicate with each other בא בדברים; to concert סדר יחד.

צונויפרעכענען *v. a.* to reckon up חשב יחד.

צונויפשאַרן *v. a.* to rake up גרף יחד.

צונויפשווייסן *v. a.* to weld, hard-solder (*metals*) חשל, הלחם (דבק יחד שתי חתיכות מתכת).

צונויפשטופּן *v. a.* to press together דחק יחד.

צונויפשטוקעווען *v. a.* to piece together חבר יחד (חתיכות של אריג).

צונויפשטעלן *v. a.* to put together שים יחד; to compose חבר; to mix מזג.

צונויפשטערכען = צונויפטערכען.

צונויפשטראָמען = צונויפפליסן.

צונויפשוטן v. a. to strew together פַּזֵּר יַחַד (למקום אחד).

צונויפשלאָגן v. a. to join together חַבֵּר יַחַד (במסמרים); to scrape up קָבֵץ עַל יָד.

צונויפשלעפן v. a. to drag together סָחֹב וְאָסֹף יַחַד.

צונויפשמעלצן v. a. to melt together הַתֵּךְ יַחַד.

צונויפשנורעווען, צונויפשנערעווען v. a. to fasten with a cord קָשֹׁר בְּחֶבֶל.

צונויפשפאַנען v. a. to harness together רָתֹם יַחַד.

צונויפשפיליען v. a. to pin together חַבֵּר יַחַד בְּסִכָּה.

צונויפשרויפן v. a. to screw together, join by screws בָּרֹג יַחַד.

צונויפשרומפן v. n. to shrink הִתְכַּוֵּץ.

צונויפשרייבן זיך v. rec. to correspond בֹּא בִכְתוּבִים.

צונויץ = צונוץ.

צונטער s. tinder אֲלִיתָה.

צוניטעווען v. a. to rivet חַבֵּר בְּמַסְמְרִים; to brown (in baking) אַדֵּם (פני לחם באפיה).

צונייטן v. a. to urge, spur on הָאֵץ בְּ־; || — זיך v. r. to exert oneself, make efforts הִתְאַמֵּץ.

צונייען v. a. to sew on תָּפֹר לְ־.

צוניץ adv. of use מוֹעִיל.

— צוניץ קומען to be of use היה מועיל.

צונעמען v. a. to take away לָקֹחַ מִ־; to receive (a visitor) קַבֵּל (אורח); to deliver of a child יַלֵּד.

צונעמעניש s. (pl. ן —) nickname כִּנּוּי, שֵׁם לְוַי (להתול).

צוסטראַיען = צובויען.

צוסטריגעווען v. a. to baste to תָּפֹר בְּאוֹפֶן זְמַנִּי לְ־.

צוסמאַליען v. a. to singe a little צָרֹב מְעַט.

צועסן זיך v. r. to become tedious or wearisome הָיֹה מְשַׁעֲמֵם.

— דאָס האָט זיך מיר צוגעגעסן I am disgusted with it בחלה נפשי בזה.

צוערשט adv. at first בַּתְּחִלָּה.

צופּ s. (pl. ן —) pull, twitch מְרִיטָה, מְשִׁיכָה, צְבִיטָה.

— טאָן אַ צופּ to give a tug משך משיכה חזקה; to twitch משך באופן פתאמי.

צופּאַטשן v. a. to clap one's hands to a person מָחֹא כַפַּיִם לְאִישׁ.

צופאַל s. (pl. ן —) accident מִקְרֶה, מְאֹרָע; chance מִקְרֶה, הִזְדַּמְּנוּת.

צופאַלן v. n. to fall to a person's share נָפֹל בְּגוֹרַל אִישׁ; to throw oneself (at a person's feet) הִתְנַפֵּל (לרגלי איש); to come suddenly בֹּא פִתְאֹם (לילה); = צוכאַפּן זיך.

צופּאַסטן, צופּאַסן v. a. to suit, fit כַּוֵּן דָּבָר לְדָבָר; to join, put together חַבֵּר יַחַד.

צופּאַקן v. a. to add in packing חָבֹשׁ וְהוֹסֵף עַל־.

צופאָר s. driving up בִּיאָה בָרֶכֶב.

צופאַרבן v. a. to dye צָבֹעַ.

צופּאָרן v. a. to pair, match זַוֵּג.

צופאָרן v. n. to drive up בֹּא בָרֶכֶב.

צופוס adv. on foot בְּרַגְלָיו.

— גיין צופוס to go on foot, to walk הלך ברגליו.

צופוסנ(ס) adv. at one's feet מַרְגְּלוֹתָיו.

צופיילן v. a. to file שׁוֹף בְּשׁוֹפִין.

צופיל adv. too much יוֹתֵר מִדַּי.

צופּילעווען v. a. to look after, tend שָׁמֹר עַל־.

צופיר s. importation הֲבָאָה (של סחורה).

צופירן v. a. to lead to הוֹלֵךְ אֶל־; to import הָבֵא (סחורה).

צופלוס s. (pl. ן —) inlet (geogr.) מְבוֹא נָהָר.

צופלייסן adv. purposely, intentionally בְּכַוָּנָה; in jest בִּצְחוֹק.

צופלייסנדיג adj. sham, mock, not genuine, not real מְזֻיָּף, לֹא אֲמִתִּי.

צופּלינע s. whip פַּרְגּוֹל (של מלמדים) א).

צופּלינקע, פאַרקלענערוואָרט פון צופּלינע.

צופליסן v. n. to flow to נָזֹל לְ־.

צופליען v. n. to fly to עוּף לְ־.

צופּליעסקען v. a. to clap one's hands מָחֹא כַפַּיִם.

צופּלעטשען v. a. to flatten פָּחֹס, עֲשֵׂה שָׁטוּחַ וְדַק.

צופּן v. a. to pull, twitch מְרֹט, צָבֹט; to (fig.) buy quickly קְנֵה בִמְהִירוּת.

צופּסקן||ען, — ענען v. a. to adjudge, award פָּסֹק לִזְכוּת מִי שֶׁהוּא.

צופעליג adj. accidental מִקְרִי; || adv. accidentally בְּמִקְרֶה, בְּהִזְדַּמְּנוּת.

צופּראַווען v. a. to fit to תַּקֵּן לְפִי־; to prepare הָכִין; to season (food) תַּבֵּל.

צופרידן adj. satisfied, pleased שָׂמֵחַ, שְׂבַע רָצוֹן.

צופרידן שטעלן v. a. to satisfy הַשְׂבֵּעַ רָצוֹן, מַלֵּא רְצוֹן אִישׁ.

צופרידנקייט s. satisfaction שְׂבִיעַת רָצוֹן.

צופריער adv. before קֹדֶם.

א) פויליש dysc'plina, אַ בייטש מיט ניין לאַקשן, אָדער ווייסרוסיש джупло, אַ ציגיינערשע נאַגייקע.

צוצאָלן *v. a.* to pay in addition שלם עוד, הוסף.

צוצאָלעכץ *s.* additional payment תשלומים נוספים.

צוציאונג *s.* attraction משיכה, כח המושך; gravi-tation כח הכבד.

צוציילן *v. a.* to count something out to a person ספר ונתן לאיש.

צוציליעווען *v. a.* to darn תקן על ידי סריגה.

צוציען *v. a.* to call in a person קרא לו איש (לעזר לו); to attract משך אליו, לבב.

צוציק *s.* (*pl.* – עס) puppy כלב קטן; little boy נער קטן.

צוק *s.* (*pl.* – ן) flourish סלסול (בכתב); = צוקווינט.

צוקאָווען = צושמידן.

צוקאַטשען *v. a.* to roll to, roll up גלגל אל־.

צוקאָכן *v. a.* to boil a little more בשל עוד מעט.

צוקאָמען = צוקעמען.

צוקאָפּנ(ס) *adv.* at one's head מראשותיו; || *s.* head of the bed ראש המטה, ראשות.

צוקאָרקעווען *v. a.* to cork up סתם בפקק.

צוקווינט *s.* draught רוח מפלש ועובר.

צוקוועטשן *v. a.* to press to דחק ל־.

צוקויפן *v. a.* to buy more קנה עוד.

צוקומען *v. n.* to approach נגש, קרב ל־; to occur, happen קרה, הקרה; to increase התרבה.

צוקומעניש *s.* (*pl.* – ן) evil occurrence מקרה רע, פגע רע.

צוקונפט *s.* future עתיד.

צוקוקן *v. n.* to look הבט; || – זיך *v. r.* to look at, observe הבט אל־, התבונן ל־, השגיח על־.

צוקוקער *s.* (*pl.* –, – ס) spectator רואה, מביט.

צוקייטלען = פארקיטלען.

צוקייקלען *v. a.* to roll to גלל אל־.

צוקילן זיך *v. r.* to catch a slight cold התקרר מעט, החלה מעט מקור.

צוקינע = משוקינע.

צוקינפטיג = קומענדיג.

צוקלאָגן *v. a.* to make a complaint against קבל על־.

צוקלאָגער *s.* (*pl.* –, – ס) complainant קובל, מאשים; denouncer, informer מלשין.

צוקלאָמערשט *adv.* pretendedly, ostensibly בהעמדת פנים כאלו.

צוקלאַפּן *v. a.* to knock, beat הכה; to fasten by knocking חזק על ידי הכאה.

צוקליובן, צוקלייבן *v. a.* to fit, match התאם, מצא דבר מתאים.

צוקלייען *v. a.* to paste to חבר בדבק אל־.

צוקלעמען *v. a.* to jam, pinch לחץ.

צוקלעפּן *v. a.* to paste to, attach דבק ב־; || – זיך *v. r.* to stick, cleave דבק ב־.

צוקלערן *v. a.* to devise המצא תחבולה.

צוקן *v. a. n.* to twitch משך באופן פתאמי, התכוץ באופן פתאמי; to write with flourishes כתב בסלסולים.

צוקנאַקן *v. n.* so snap, click השמע קול הכאה (בלשון או באצבעות); ז. קנאקן.

צוקנדיג *adj.* adorned with flourishes מקשט בסלסולים (כתב).

צוקניפּן *v. a.* to tie, knot קשר.

צוקנעלן *v. n.* to engage in teaching in addition to one's other occupation עסק במלמדות מלבד עבודה אחרת.

צוקנעפּלען *v. a.* to button כפתר.

צוקעמען *v. a.* to comb סרק.

צוקער *s.* sugar סכר.

צוקער־בוריק *s.* (*pl.* – עס) beet-root, beet סלק.

צוקערבעקער = צוקערניק.

צוקערבעקערײַ = צוקערניע.

צוקערגעבעקס *s.* confectionery ממתקים, סכריות; sweet cakes מאפה סכר.

צוקערדיג *adj.* of sugar של סכר; sweet מתוק.

צוקערוואַרג *s.* sugar-sweets, sweetmeats, candy סכריות.

צוקער־טשערעט *s.* (*pl.* – ן) sugar-cane קנה סכר, קנה דבש.

צוקערלעקעך *s.* (*pl.* – ן, – ער) gingerbread דבשן.

צוקערמאַנדל *s.* (*pl.* – ען) sug red almond שקד ממגן בסכר.

צוקערן[1] *adj.* of sugar של סכר; || *v. a.* to sugar המתק בסכר, כסה בסכר.

צוקערן[2] *v. a.* to turn to הסב אל־; to sweep to טאטא אל־; || *v. n.* to be related התיחס ל־, החשב אל משפחת־ א).

צוקערניע *s.* (*pl.* – ס) confectionery, confectioner's shop בית מאפה ממתקים, בית מכירת סכריות.

צוקערניצע *s.* (*pl.* – ס) sugar-box קפסת סכר.

צוקערניק *s.* (*pl.* – עס) confectioner אופה ממתקים, עושה סכריות.

צוקערפּאַפּיר *s.* wrapping-paper of a sugar-loaf ניר שכורכים בו ככר סכר.

צוקערפּושקע = צוקערניצע.

צוקער־צוועננגל *s.* (*pl.* – עך) sugar-nippers

א) אין דער לעצטער באדייטונג אין „סערקעלע“.

sugar-tongs מֶלְקָחַיִם לְסֻכָּר (לשבר בהם); צְבָת לְסֻכָּר (לאחז בו).

צוקערקע s. comfit (pl. ס–) מַמְתָּק, סֻכָּרִיָּה.

צוקערקראַנקהייט s. diabetes מַחֲלַת הַסֻּכָּר.

צוקערשויטן s. pl. sweet peas אֲפוּנִים מְתוּקִים.

צוקריגן v. a. to receive in addition קַבֵּל נוֹסָפוֹת.

צוקריכן v. n. to creep to זָחֹל עַד־.

צוקרעכצן v. n. to sob a little הֵאָנֵחַ מְעַט.

צוראַטשקעווען זיך = צוקריכן.

צוראַמען = אויפֿראַמען.

צורבא־דְרַבָּנָן s. profound scholar ־.

צורה s. (pl. צורות) face —, פָּנִים; (fig.) respectable appearance פָּנִים הֲגוּנִים, מַרְאֶה הָגוּן.

— האָבן אַ צורה to have a respectable appearance היה לאיש או לדבר פנים הגונים; האָבן אַ צורה בײַ לײַטן to be respected by people היה חשוב בעיני הבריות.

— נים האָבן קיין צורה to have a poor appearance לא היה לאיש או לדבר פנים הגונים.

— שפּאַרן אין צורה (sl.) to eat voraciously אכל כזולל.

צורו adv. at rest בִּמְנוּחָה.

— לאָזן צורו to leave or let alone תת מנוחה ל־, הרפה מ־.

צורוף s. call קְרִיאָה.

צורופֿן v. a. to call to קְרָא אֶל־.

צורוקן v. a. to move to, shove to הַעְתֵּק ל־; ‖ — זיך v. r. to draw near to קְרַב אֶל־.

צוריגלען v. a. to bolt נְעֹל (בבריח).

צורײדן v. a. to persuade פַּתֵּה; to advise יָעֹץ.

צורײַסן v. a. to tear a little קְרַע מְעַט.

צורייצן v. a. to incite גָּרֵה, עוֹדֵד.

צוריכטן v. a. to prepare הָכֵן; to season, flavor תַּבֵּל (= צופּראַווען).

צוריכטעווען v. a. to prepare הָכֵן.

צוריק adv. back בַּחֲזָרָה; backwards לְאָחוֹר, אֲחוֹרַנִּית; behind מֵאָחוֹר; again שׁוּב, מֵחָדָשׁ.

צוריק־ pref. back בַּחֲזָרָה; backwards לְאָחוֹר; behind מֵאָחוֹר; again, re- שׁוּב, מֵחָדָשׁ.

צוריקבייגן v. a. to bend back כּוֹפֵף לְאָחוֹר.

צוריקבײַטן v. a. to re-exchange שׁוּב וְהַחֲלֵף.

צוריקבלײַבן v. n. to remain behind הִשָּׁאֵר עַל מְקוֹמוֹ.

צוריקבעטן v. a. to ask or demand back דְּרֹשׁ לְהָשִׁיב.

צוריקברענגען v. a. to bring back הָשֵׁב, הַחֲזֵר.

צוריקגיין v. n. to go back שׁוּב, חֲזֹר; to belch, eructate גָּעֹה, נְהֹק.

צוריקגיסן v. a. to pour back שׁוּב וְיָצֹק מִכְּלִי אֶל כְּלִי.

צוריקגעבן v. a. to give back, return הָשֵׁב, הַחֲזֵר.

צוריקגעהאַלטנקייט s. restraint הִתְאַפְּקוּת.

צוריקגעצויגן adj. retired מִתְבּוֹדֵד; ‖ —קייט s. retirement הִתְבּוֹדְדוּת.

צוריקגעשטאַנען adj. backward אִטִּי, מְפַגֵּר; ‖ —קייט s. backwardness אִטִּיּוּת.

צוריקדרייען v. a. to turn back הָסֵב לְאָחוֹר; ‖ v. n. to retract חֲזֹר מִדְּבָרָיו.

צוריקהאַלטן v. a. to keep back, restrain עֲצֹר בְּעַד־; ‖ — זיך v. r. to restrain oneself הִתְאַפֵּק.

צוריקוואַרפֿן v. a. to throw back הַשְׁלֵךְ לְאָחוֹר; to reflect (light) הָחֲזֵר (קרני אורה).

צוריקווייזן v. a. to reject דָּחֹה.

צוריקוועגס adv. on the way back בְּשׁוּבוֹ מִדַּרְכּוֹ.

צוריקטרײַבן v. a. to drive back גָּרֵשׁ לְאָחוֹר.

צוריקטרעטן v. n. to step back, recede הִסּוֹג לְאָחוֹר.

צוריקכאַפּן = צוריקנעמען.

צוריקלויפֿן v. n. to run back רוּץ לְאָחוֹר.

צוריקלייגן v. a. to put again הַנִּיחַ שֵׁנִית.

צוריקנעמען v. a. to take back לְקֹחַ בַּחֲזָרָה; to revoke בַּטֵּל, שַׁנֵּה.

צוריקענ(ט)פֿערן v. n. to answer, reply עֲנֵה, הָשֵׁב.

צוריקפֿאָרן v. n. to ride back שׁוּב מִדַּרְכּוֹ, נְסֹעַ לְאָחוֹר.

צוריקפֿאַלן v. n. to fall back נְפֹל לְאָחוֹר.

צוריקפֿירן v. a. to lead back נַהֵל בַּחֲזָרָה; to carry back הוֹבֵל בַּחֲזָרָה (בעגלה).

צוריקפֿליִען v. n. to fly back שׁוּב בִּמְעוֹף.

צוריקציִען v. a. to draw back מְשֹׁךְ לְאָחוֹר; to retract הָשֵׁב (דבריו); to withdraw לְקֹחַ בַּחֲזָרָה; ‖ — זיך v. r. to retire, withdraw נְסֹג אָחוֹר.

צוריקקומען v. n. to come back שׁוּב.

צוריקקוקן v. n. to look back הַבֵּט לְאָחוֹר.

צוריקקערן v. a. to give back, return הָשֵׁב, הַחֲזֵר; ‖ — זיך v. r. to return שׁוּב.

צוריקקריכן v. n. to creep or crawl back זָחֹל לְאָחוֹר; שׁוּב.

צוריקרופֿן v. a. to call back הָשֵׁב; to revoke בַּטֵּל.

צוריקשאַרן v. a. to rake back גְּרֹף לְאָחוֹר.

צוריקשווימען v. n. to swim back שְׂחֵה לְאָחוֹר.

צוריקשטויסן v. a. to push back הֲדֹף לְאָחוֹר; to repel דָּחֹה.

צוריקשטופּן = צוריקשטויסן.

צוריקשטייַן v. n. to be backward פּגר.

צוריקשטעלן v. a. to restore הָשִׁיב לְאֵיתָנוֹ.

צוריקשטראַלן v. n. to reflect הַחֲזִיר קַרְנֵי אוֹרָה.

צוריקשיקן v. a. to send back, return שַׁלַּח בַּחֲזָרָה, הָשִׁיב.

צוריקשלאָגן v. a. to strike back הַחֲזִיר מַכּוֹת; to beat back, repulse הָדֹף אָחוֹר.

צוריקשלעפּן v. a. to drag back סָחֹב לְאָחוֹר.

צוריקשפּרינגען v. n. to leap back קָפֹץ לְאָחוֹר; to rebound קָפֹץ בַּחֲזָרָה, קָפֹץ מִמְּקוֹמוֹ.

צורירן זיך v. r. to touch נָגֹעַ בְּ־; to come near נָגֹשׁ.

צורך s. (pl. צְרָכִים) need, necessity נְחִיצוּת; stool ~, עֲשִׂיַּת צְרָכָיו.

— גיין אויפן צורך to ease oneself עשה צרכיו.

צורעכטמאַכן v. a. to put in order, adjust סַדֵּר; to repair, mend הָכִין, סַדֵּר; to prepare תַּקֵּן; to do away with (sl.) הַעֲבֵר, הָסֵר; הָמֵת.

צורעכטקומען v. n. to come to an understanding הִתְפַּשֵּׁר, הִשְׁתַּוֵּה.

צורעכענען v. a. to add in reckoning, include הוֹסֵף, כָּלֵל (בחשבון); to ascribe, attribute יַחֵס לְ־; to cheat in counting רַמֵּה בְחֶשְׁבּוֹן.

צורר s. (pl. צוֹרְרִים ~) enemy ~, שׂוֹנֵא.

צוֹרר־הַיְהוּדים s. (pl. צוֹרְרֵי־הַיְהוּדים) enemy of the Jews, Jew-baiter ~.

צורת־אָדם s. human face ~.

צורת־אות s. form of a letter ~.

— נישט קענען קיין צורת־אות to be illiterate היה בור שאינו יודע קרא וכתב.

צורת־מַטְבֵּעַ s. face of a coin ~.

— נישט וויסן קיין צורת־מטבע to be a stranger to worldly affairs לא ידע מאומה מעניני העולם הזה.

צושאַנצן v. a. to help a person to something הַמְצֵא דָּבָר לְאִישׁ; to pass on something to a person הַטֵּה דָּבָר אֶל אִישׁ.

צושאַרן v. a. to rake up to גָּרֹף לְ־; to cover up by scraping גָּרֹד וְכַסֵּה; to procure (fig.) הַמְצֵא (רֶוַח לאיש); || — זיך v. r. to come near קָרֹב; to ingratiate oneself with a person הַחֲנֵף, הִתְחַבֵּב.

— צושאַרן זיך צו אַ מיידל to court a girl חזר אחרי נערה.

צושאַרפן v. a. to sharpen a little חַדֵּד מְעַט.

צושאַדכענען זיך v. r. to court חָזֹר אַחֲרֵי (אשה); to ingratiate oneself with a person הַחֲנֵף, הִתְחַבֵּב.

צושווייַגן v. n. to keep silence שָׁתֹק.

צושווייסן v. a. to weld to הַלְחֵם, לַחֵם.

צושווימען v. n. to swim to שָׂחֹה אֶל־.

צושווערן v. a. to promise by oath הַבְטֵחַ עַל יְדֵי שְׁבוּעָה.

צושטאַנד s. (pl. ~ן) condition מַעֲמָד, מַצָּב.

צושטאָפּן v. a. to stop up סָתֹם.

צושטופּן v. a. to push to דָּחֹף לְ־; to press to דָּחֹק לְ־.

צושטוקעווען v. a. to add a piece to חבר חֲתִיכָה אֶל־, תָּפֹר חֲתִיכָה אֶל־.

צושטייַן v. n. to join הִתְאַחֵד עִם־, הִתְחַבֵּר עִם־; to fit יָאֹה, הָיֹה מְכֻוָּן לְ־; to stick, adhere דָּבֹק, הִסָּפֵחַ; to insist, urge upon הָאֵץ, הַפְצֵר בְּ־; to press hard לָחֹץ; to get tired, be fatigued הִלָּאֵה, פַּגֵּר.

— צושטייַן ווי אַ קלעק, ז. קלעק.

צושטייַער s. contribution נְדָבָה.

— געבן צושטייַער to contribute השתתף ב־, נדב לְ־.

צושטימונג s. consent הַסְכָּמָה.

צושטימען v. n. to consent, agree הַסְכֵּם.

צושטעכן v. a. to stitch up חַבֵּר בִּתְפִירָה.

צושטעלן v. a. to put, place (a pot) שְׁפֹת (קדרה); to add הוֹסֵף; to furnish הַמְצֵא (סחורה); to deliver מְסֹר, הַמְצֵא (סחורה למקום); to stop, halt עֲמֹד מִלֶּכֶת, הִתְעַכֵּב.

— צושטעלן אַ בייכל (id.) to make pregnant עַבֵּר.

צושטעקן = פֿאַרשטעקן.

צושיטן v. a. to pour a little more שְׁפֹךְ עוֹד מְעַט.

צושיפֿן זיך v. r. to sail to הַפְלֵג בָּאֳנִיָּה אֶל־.

צושיקן v. a. to send to שַׁלַּח אֶל־.

צושלאָגן v. a. to affix דַּבֵּק אֶל; to nail to תָּקֹעַ בְּמַסְמְרִים אֶל־; || — זיך v. r. to get, come at הַגֵּעַ לְ־.

צושליסן = פֿאַרשליסן.

צושלעפּן v. a. to drag to סָחֹב עַד־; || — זיך v. r. to drag oneself up to בֹּא בִּכְבֵדוּת עַד־.

צושמירן v. a. to smear a little מְשַׁח מְעַט; to close up by smearing סְתֹם עַל יְדֵי מְשִׁיחָה.

צושמעלץ s. seasoning, flavoring תַּבְלִין.

צושמעלצן v. a. to fuse חַבֵּר עַל יְדֵי הַתָּכָה; to melton הַתֵּךְ עַל־.

צושנורעווען = פֿאַרשנורעווען.

צושניט s. cut (of a garment) גְּזוֹר (של בגד).

צושניידן v. a. to cut out גְּזֹר לְפִי הַמִּדָּה (בגד).

צושניידער s. (pl. ~, ~ס) cutter גּוֹזֵר אֶרֶג (לבגדים).

צושערן v. a. to cut with scissors גְּזֹר בְּמִסְפָּרַיִם; to cut, clip (the hair) גָּזֹז (שער).

צושפּאַנען *v. a.* to harness to רָתֹם לְ־; || *v. n.* to stride to צָעֹד לְ־.

צושפּאַרן *v. a.* to press לָחֹץ; to shut, bar סָגֹר; to lean, rest סָמֹךְ; to insist on, urge upon הָאֵץ, הַפְצֵר בְּ־; || ־זיך *v. r.* to take a nap שָׁכֹב לָנוּם מְעַט.

צושפּייז *s.* (*pl.* ־ן) vegetables eaten with meat לִפְתָּן.

צושפּיל *s.* accompaniment לְוָיָה (בכלי זמר).

צושפּיליען *v. a.* to pin חַבֵּר בְּסִכָּה; to button כַּפְתֵּר.

צושפּילן *v. a.* to accompany לַוֵּה (בכלי זמר).

צושפּילק||ען, ־ענען *v. a.* to pin חַבֵּר בְּסִכָּה.

צושפּיצן *v. a.* to point חַדֵּד.

צושפּרינגען *v. n.* to gallop to קָפֹץ אֶל־; to come galloping בֹּא בִקְפִיצָה.

צושרויפֿן *v. a.* to screw to סָגֹר בְּבֹרֶג.

צושרייבן *v. a.* to add in writing כָּתֹב עוֹד, הוֹסֵף בִּכְתָב; to ascribe, attribute יַחֵס לְ־.

צושרייען *v. n.* to cry to, call to קְרֹא אֶל־.

צחקן *s.* (*fl.*) gambler מְשַׂחֵק (בקלפים וכד').

צחקען *v. n.* (*fl.*) to play שַׂחֵק; to jest, joke כַּדֵּה, הִתְלוֹצֵץ.

צי¹ *s.* drawing, pulling מְשִׁיכָה; whiff (*at a pipe*) מְשִׁיכַת עָשָׁן מִמִּקְטֶרֶת.

— געבן אַ צי to draw, to pull מְשֹׁךְ.

צי² *conj.* whether אִם.

— צי דען? then? האם?; צי דען ווייס ער ניט? does he not know then? האם איננו יודע?

— צי דען ווייל is it because האם מפני ש־.

— צי... צי...; צי... או... whether... or... אם... או...

צי ער צי זי whether he or she אם הוא או היא.

ציאונג *s.* drawing (*of lots*) מְשִׁיכָה (של גורלות).

ציאייזן *s.* (*pl.* ־ס) wire-drawing, plate כְּלִי לְמַעֲשֵׂה חוּטֵי מַתֶּכֶת.

ציאָנג *s.* draught מְשִׁיכַת אֲוִיר (של תנור); = צוג־ווינט.

ציאָנגע *s.* (*pl.* ־ס) salmon לָכִּים.

ציבוך *s.* (*pl.* ־עס) shank of a tobacco-pipe קְנֵה מִקְטֶרֶת.

ציבולניצע *s.* dish of onions תַּבְשִׁיל שֶׁל בְּצָלִים.

ציבולניק *s.* (*pl.* ־עס) dealer in onions סוֹחֵר בִּבְצָלִים; = ציבולניצע.

ציבור *s.* community, public ־.

ציביך = ציבוך.

ציבלקע, ציבלקעלע, פֿאַרקלענערווערטער פֿון ציבעלע.

ציבעך = ציבוך.

ציבעלע *s.* (*pl.* ־ס) onion בָּצָל, שׁוּם.

— גרינע ציבעלע, ז. שמשיפּואַר.

— (*id.*) ניט ווערט קיין ציבעלע it is not worth a straw אינו שוה אפילו קליפת השום.

ציבעלע־טרערן *s. pl.* false tears דִּמְעוֹת שָׁוְא.

ציברינע *s.* (*pl.* ־ס) brim of a well קִירוֹת בְּאֵר מְקוֹרוֹת עֵץ.

ציג *s.* (*pl.* ־ן) goat עֵז.

— (*id.*) דאָס איז ניט מײַן ציג this does not concern me הדבר הזה איננו נוגע לי.

ציגאַן *s.* (*pl.* ־עס) = ציגײַנער.

ציגאַר *s.* (*pl.* ־ן) cigar, segar סִגָּרָה.

ציגאַר־פּיסקל, ציגאַרן־פּיסקל = ציגאַר־שפּיצל.

ציגאַר־שפּיצל *s.* (*pl.* ־עך) cigar-tip קְנֵה סִגָּרָה קָצָר.

ציגאַרן־שפּיץ *s.* (*pl.* ־ן) cigar-holder קְנֵה סִגָּרָה.

ציגײַנער *s.* (*pl.* ־) gipsy צוֹעֲנִי.

ציגײַנעריש = ציגײַנערש.

ציגײַנערל *s.* (*pl.* ־עך) little gipsy צוֹעֲנִי קָטָן; pocket-knife with a wooden handle אוֹלָר עִם נִצָּב שֶׁל עֵץ.

ציגײַנערקע *s.* (*pl.* ־ס) gipsy woman צוֹעֲנִית.

ציגײַנערש *adj.* of gipsy שֶׁל צוֹעֲנִי; gipsy-like כְּצוֹעֲנִי.

ציגײַנערשפּראַך *s.* gipsy language, Romany לְשׁוֹן הַצוֹעֲנִים.

ציגיעלנע = ציגעלניע.

ציגל *s.* (*pl.* ־) brick לְבֵנָה.

ציגן *adj.* of goat שֶׁל עֵז.

— ציגענע מילך goat's milk חלב עזים.

ציגנוואַלף *s.* kind of game מִין מִשְׂחָק.

ציגעלניע *s.* (*pl.* ־ס) brick-yard מַלְבֵּן.

ציגעלניק *s.* (*pl.* ־עס) brick-maker עוֹשֶׂה לְבֵנִים.

צידה־לדרך *s.* food for the journey, provisions ־.

צידקות *s.* piety חֲסִידוּת, יִרְאַת אֱלֹהִים.

ציהונדער *s.* strict examination חֲקִירָה וּדְרִישָׁה א).

— נעמען אימעצן אויפֿן ציהונדער to cross-question a person, to take a person to task הקר ודרש איש, בקש מאיש דין וחשבון.

ציהערסטו, ציהערסטע *s.* wife אִשָּׁה ב).

א) ביי אבראַמאָוויטשן אין „פֿישקע דער קרומער"; פּויליש cuhunder, קליינרוסיש цугундер, ווייסרוסיש цугуіндеръ. אין נאָסאָוויטשעס Словарь Бѣлорусскаго Нарѣчія ווערט ביי דעם וואָרט באַמערקט, אַז עס איז פֿון יידיש ?zu Hunden מיין השערה איז, אַז ציהונדער איז דער נאָמען פֿון אַן אינ־סטרומענט, מיט וועלכן מע פֿלעגט אַמאָל פּייניגן באַשולדיגטע זיי זאָלן זיך מו־ה זיין, און די פֿראַזע „נעמען אויפֿן ציהונדער" איז אַ מליצה. ב) אַמאָליגע פֿרומע לייט פֿלעגן זייערע ווייבער ניט רופֿן ביי זייערע נעמען, נאָר רופֿן זיי „צי הערסט דו". דער

ציוואַן s. (pl. ־עס) land-steward מְנַהֵל אֲחֻזָּה א).
ציוויל = ציווילנע.
ציוויליזאַציע s. civilisation הַשְׂכָּלָה, תַּרְבּוּת.
ציוויליזירן v. a. to civilise הַשְׂכֵּל, עָשׂה לִבֵן תַּרְבּוּת, נַמֵּס.
ציווילנע adj. civil אֶזְרָחִי.
ציון npr. Zion ־.
— ציונס קלאָג great lamentation יללה גדולה.
ציוניזם s. Zionism ציוֹנִיּוּת.
ציוניסט s. (pl. ־ן) Zionist צִיּוֹנִי.
ציור s. (pl. ציורים) picture ־, תְּמוּנָה.
ציזיג, ציזיק = טשיזשליק.
ציזמעס s. pl. half-boots מוּקִים ב).
ציטו s. even number מִסְפָּר זוּגִי.
ציטו int. hist!, hush! הַס!
ציטאַדעל s. (pl. ־ן) citadel חוֹמָה, מִבְצָר.
ציטאַט s. (pl. ־ן) quotation דְּבָרִים מוּבָאִים מִסֵּפֶר.
ציטירן v. a. to quote הָבֵא דְבָרִים מִסֵּפֶר.
ציטער s. tremble, quake רְעָדָה, זַעֲזוּעַ; vibration נִדְנוּד.
— אַ ציטער טאָן to tremble רעד, הזדעזע; to vibrate התנדנד.
ציטערדיג adj. quivering רוֹעֵד; vibrating מִתְנַדְנֵד.
ציטערונג s. vibration נִדְנוּד.
ציטעריג adj. fondled, tender מְפֻנָּק, עָנֹג, רַךְ; sensitive בַּעַל נֶפֶשׁ רַכָּה, רַגְשָׁנִי.
— אַ ציטעריג קינד a tender child ילד מפנק, ילד אִיסְטְנִיס.
ציטערן v. n. to tremble, quake, shiver רָעֵד, חָרֹד; to fear, be afraid יָרֹא, פָּחֹד.
ציטערניש s. trembling, quaking, shivering רַעַד, רְעָדָה, חִיל; fear, fright יִרְאָה, פַּחַד.
ציך s. material, stuff, cloth אָרִיג.
צייגעניש s. (pl. ־ן) certificate תְּעוּדָה.
צייגערן v. n. to delay אַחֵר.
צייט s. (pl. ־ן) time עֵת, זְמַן; term זְמַן קָבוּעַ; tense (gr.) זְמַן (בדקדוק); menses, menstruation אֹרַח נָשִׁים, וֶסֶת.
— אין צייט at the proper time בעתו.
— ניט אין צייט out of time, not timely לא בעתו.
— פּונקט אין דער צייט in the nick of time בו ברגע, ברגע זה.

מהרי"ל (ר' יעקב הלוי ממולין, 15.—14. יאָרהונדערט) פּלעגט רופן זיין ווייב „הערט איר" (גידעמאַן, „התורה והחיים", ח"ג, 80).

א) פּויליש ciwun. ב) ביי דיקן אין „פּאַסלאַניק": פּויליש ci my.

— מיט דער צייט in the course of time במשך הזמן.
— פון צייט צו צייט from time to time, at time's, now and then לעתים.
— אין דער לעצטער צייט lately, newly, recently מקרוב.
— אין די אַלטע צייטן in olden time's, in days of yore בימים קדמונים.
— זי איז אויף דער צייט she is near her reckoning or time קרובה היא לזמן לֵדָה.
צייט [2] prep. since מִ־, מִן־.
צייטווייליג adj. temporary, provisional זְמַנִּי, אַרְעִי.
צייטונג s. (pl. ־ען) journal, newspaper, gazette עִתּוֹן.
צייטונג־שרייבער s. (pl. ־, ־ס) journalist כּוֹתֵב בְּעִתּוֹנִים; newspaper editor עוֹרֵךְ עִתּוֹן.
צייטיג adj. ripe, mature בָּשֵׁל, מְבֻכָּר; ‖ ־קייט s. ripeness, maturity בִּשּׁוּל, בִּכּוּר.
צייטליך adj. timely בְּעִתּוֹ, בְּעוֹד מוֹעֵד.
צייטנווייז adv. at times לְעִתִּים, לִפְרָקִים.
צייטפראַגע s. (pl. ־ס) question or topic of the day שְׁאֵלַת הַזְּמַן.
צייטרעכענונג s. computation of time, era חֶשְׁבּוֹן הַשָּׁנִים; chronology סֵדֶר הַזְּמַנִּים.
צייטשריפט s. (pl. ־ן) periodical מִכְתָּב עִתִּי.
צייכן s. (pl. ־ס) sign, mark, symptom אוֹת, סִמָּן; scar צַלֶּקֶת.
צייכנס s. pl. knuckle-bones, jackstones (game) קַרְסֻלִּים, עִגּוּלֵי אֶבֶן (קרסלי עגל או עגולי אבן למשחק).
צייכענונג s. (pl. ־ען) drawing רִשּׁוּם, צִיּוּר.
צייכענען v. a. to draw רָשֹׁם, צַיֵּר; to mark סַמֵּן; to sign חָתֹם.
צייכענער s. (pl. ־, ־ס) draughtsman רַשָּׁם, צַיָּר; banner דָּגָל, נֵס א).
צייל s. (pl. ־ן) line שׁוּרָה, שִׁיטָה (בספר); row שׁוּרָה (של דברים).
— אַ צייל ציגל a row of bricks שורת לבנים, נדבך.
ציילונג s. counting, numbering סְפִירָה; census מִפְקַד (העם).
ציילן v. a. to count, number סָפֹר, מָנֹה.
ציילער s. (pl. ־, ־ס) one who counts, reckoner סוֹפֵר, מוֹנֶה, חוֹשֵׁב; numerator (arith.) מוֹנֶה (בתשבורת).

א) אין דער צווייטער באַדייטונג פון מיטלהויכדייטש zeichenaere, אַ פאָן, אין קרבן־מנחה עברי־טייטש ווערט „והוא נסי" פאַרטייטשט: „ער איז מיין צייכענער".

צײַמל s. (pl. ‑עך) bridle רֶסֶן.
צײַנבערשטל = צאָנבערשטל.
צײַנדאָקטער = צאָנדאָקטער.
צײַנדל s. (pl. ‑עך) little tooth שֵׁן קְטַנָּה; tooth, cog (of a tool) שֵׁן (של כלי מלאכה); clove שֵׁן (של שום).
— אַ צײַנדל קנאָבל a clove of garlic שן של שום.
צײַנדלען v. a. to indent עָשׂה פְּצִירוֹת בְּ־, עָשׂה פְּגִימוֹת בְּ־.
צײַנווייטיג = צאָנווייטיג.
צײַנשטעכערל = צאָנשטעכער.
צײַקלדיג adj. with puppies הָרָה (כלבה).
צײַקלען זיך v. r. to pup, whelp יָלַד כְּלָבִים.
צײַת זײַן v. a. to obey שָׁמַע בְּקוֹל־.
ציך s. (pl. ‑ן) pillow-case, pillow-slip תַּכְרִיךְ כַּר, תִּיק כַּר, מַעֲטֶפֶת כַּר.
ציכטיג adj. clean, nead, tidy נָקִי; ‖ ‑קייט s. cleanliness, tidiness נִקָּיוֹן, נְקִיּוּת.
ציל s. (pl. ‑ן) aim, end מַטָּרָה, תַּכְלִית; purpose, object מַטָּרָה, כַּוָּנָה; term, time זְמַן; destination מְחוֹז חֵפֶץ; mark, target מַטָּרָה (לירות בה).
— טרעפֿן אין ציל to hit the mark קלע אל המטרה.
— געבן דרײַ טעג ציל to allow three day's time הארך המועד לשלשה ימים.
ציל־אַרבעט s. limit-work עֲבוֹדָה לְפִי שִׁעוּר קָבוּעַ.
צילינדער s. (pl. ‑ס) cylinder גָּלִיל, אִצְטְוָנָה; lever-watch מִין שָׁעוֹן שֶׁל כִּיס; = צילינדערהוט.
צילינדער‖הוט s. (pl. ‑היט) silk-hat, high hat, stovepipe כּוֹבַע בִּתְמוּנַת גָּלִיל.
ציליעווען = סוליען.
צילן v. a. to aim קָלַע, כּוֹנֵן, כִּוֵּן.
צילעווען זיך = צילן.
צילען = סולען.
צילע־נאָדל = סולע־נאָדל.
צילענדער = צילינדער.
צימבל s. (pl. ‑ען) cymbal מְצִלְתַּיִם.
— (id.) נעמען אימעצן אויפֿן צימבל to cross-question a person, to take a person to task דרש וחקר איש, דרש מאיש דין וחשבון.
צימבלען v. n. to play on the cymbals נִגֵּן בִּמְצִלְתַּיִם; to play badly, tinkle, jingle נִגֵּן בְּאוֹפֶן רָע, נִגֵּן בְּזִמְזוּם; to whip, lash, lick (sl.) פִּרְגֵּל, הִלְקָה.
צימבלער s. (pl. ‑, ‑ס) cymbalist מְנַגֵּן בִּמְצִלְתַּיִם.
צימבריק = צימערונג.
צימענט = צעמענט.
צימעס s. (pl. ‑ן) stewed vegetables or fruit יְרָקוֹת אוֹ פֵּרוֹת מְטֻגָּנִים.
— (id.) מאַכן אַ צימעס פֿון עפּעס to make much ado about a thing הקם שאון על דבר, הגדל ערך איזה דבר.
— (id.) אַ מויד ווי אַ צימעס a robust maiden בתולה בריאה.
צימער s. (pl. ‑ן) room, chamber חֶדֶר.
צימערינג, צימרינג, צימרינד s. cinnamon קִנָּמוֹן.
צין s. tin בְּדִיל.
צינאָבער s. cinnabar גִּנְבַּר אֲדַמְדָּמִי.
צינאָווקע s. (pl. ‑ס) mat מַחְצֶלֶת.
צינאיבער = צינאָבער.
צינגל s. (pl. ‑עך) little tongue, languet לָשׁוֹן קְטַנָּה; index, cock (of a balance) מַחַט הַמֹּאזְנַיִם; key-bit פִּין, שֵׁן הַמַּפְתֵּחַ.
צינד = אַצונד.
צינדל = צינדל־האָלץ.
צינדלאָך s. touch-hole, vent (of a gun) חור לְאָ_ק הַשְּׂרֵפָה (בקנה הקלע).
צינדל־האָלץ s. sandal, sandal-wood עֵץ אַלְמֻגִּים.
צינדן v. a. (p. p. אָנגעצונדן) to kindle הַדְלֵק.
צינדער[1] s. (pl. ‑) one who kindles מַדְלִיק.
צינדער[2] = אַצונדער.
צינז s. (pl. ‑ן) tribute מַס; = טשינש.
צינזווען = אָפּטאַקסירן.
ציניזם s. cynicism, obscenity נִבּוּל פֶּה.
ציניקער s. (pl. ‑) cynic מְנַבֵּל פִּיו.
ציניש adj. cynical, obscene מְנֻוָּל.
צינען adj. of tin שֶׁל בְּדִיל.
צינעפּיזמע = סינעפּיזמע.
צינערן = צינען.
צינק s. zinc אָבָץ (מין מתכת).
צינקעווען v. a. to coat with zinc צַפֵּה בְּאָבָץ.
צינקער = שפּריכטער.
צינש = טשינש.
ציעמנע adj. dark אָפֵל.
ציען v. a. (p. p. געצויגן) to draw, pull, tug מָשֹׁךְ; ‖ v. n. to go הָלֹךְ, נָסֹעַ; to move הָעְתֵּק דִּירָתוֹ; to continue, last, live הִמָּשֵׁךְ, הִתְקַיֵּם, חָיֹה; ‖ ‑זיך v. r. to stretch, extend הִמָּתֵחַ, הִשְׂתָּרֵעַ; to continue הִמָּשֵׁךְ; to seem long הֶאֱרֵךְ (זמן) (of time); to be elastic הִתְגַּמֵּשׁ.
— ציען אַ ליניע to draw a line מָשֹׁךְ קַו.
— ציען די ווערטער to drawl out one's words משך המלים בדבור.
— ציען ליכט to dip candles יצק נרות.
— עס ציט מיך I have a mind הנני נוטה ל־.
— עס ציט מיר אין האַרצן I am sick, I have a nausea הנני חולה, הנני בוחל.

ציען s. shade צל. גנן.

ציערפליווע patient adj. סבלן.

ציערפען to bear, endure, tolerate v. a. סבל.

ציעשליעווען, ציעשליער, ציעשליערײַ = משעסליע־ווען, משעסליער, משעסליערײַ.

ציעשען to delight v. a. ענג; ‖ — זיך to be v. r. delighted התענג.

ציפּ s. (pl. — עס) flail מקל דיש. חריק.

ציפּעק = משעפּעק.

ציפּלינג s. correction, punishment מוסר. ענש; = צופּלונג.

ציפער s. (pl. — ן) figure ספרה. אות המספר; number מספר.

ציפער‖בלאַט s. (pl. — בלעטער) dial-plate, face לוח המספרים (בשעון).

ציפּ־ציפּ = משופּ־משופּ.

ציפּצעניוז s. (pl. — ס) bird of baked dough צפור של בצק אפוי.

ציפּקעלעך s. pl. dough-crumbs (eaten with beans) פרורי בצק (הנאכלים עם פולים).

ציפרע s. (pl. — ס) coat of arms גשפנקה; initials, monogram מסבבה (ראשי תבות השם מסבכים יחד).

ציץ s. calico ארג דק מצמר גפן.

ציצה s. (pl. ציצות) one of the tassels of the four-cornered garment —.

(id.) — גאָט און ציצות very devout person, saint צדיק. חסיד. קדוש עליון.

ציצית־כּנפות = אַרבע־כּנפות.

ציצן adj. of calico של ארג דק מצמר גפן.

ציצערא s. pica (type of 12 points) ציצרו (מין אותיות דפוס).

ציצקע s. (pl. — ס) breast, nipple, teat דד. פטמת.

ציקאַווע, ציקאַוונע, ציקאַוועסט = משוקאַווע, משוקאַוונע, משוקאַוועס.

ציקאָריע s. chicory אנטוב. עולש.

ציקוטן־פּלאַסטער s. plaster of sieutine תחבשת רוש.

ציקל = צוקעלע.

ציקלאָן s. (pl. — ען) cyclone רוח סעה. סופה.

ציקלינע s. (pl. — ס) plane, shaving-knife מקצועה; smell of urine ריח השתנה.

ציקלען זיך v. r. to kid, bring forth kids ילד גדיים; to sing in a tremulous voice שיר בקול רועד (כקול הגדי).

ציקע‖לע s. (pl. — לעך) kid גדי.

ציקען זיך v. r. to sell slowly הסבר לאט לאט.

ציראַטע = סעראַטע.

צירה s. ‥ name of the Hebrew vowel-point שם התנועה ‥.

צירולניק s. (pl. — עס) barber גלב. ספר.

צירונג s. ornament קשוט. יפוי; jewellery תכשיטים.

צירליך adj. neat, nice, elegant יפה. מקשט.

(fl.) — צורליכער משא־מתן breaking in when people are asleep חתירה (של גנבים) בשעה שאנשי הבית ישנים.

צירליך־מאַנירליך adj. formal, finical נמוסי; ‖ adv. formally לפי הנמוס.

צירליכקייט s. niceness יפי.

צירן v. a. to adorn קשט. יפה.

צירעווען v. a. to darn תקן על ידי סריגה.

צירק s. (pl. — ן) circus קרקוס. אצטדין.

צירקולאַר s. (pl. — ן) circular מכתב חוזר. מכתב גלוי.

צירקולאַציע s. circulation סבוב. תקופה; הפצה (של עתון).

צירקולירן v. n. to circulate סבב חזר; הפוץ (עתון).

צירקום = צורק.

צירקל s. circle עגול. חוג; compasses מחוגה; police-station בית המשטרה.

צירקלען v. a. to measure with the compasses חוג במחוגה; to elaborate carefully עבד בדיוק.

צירקע = סצירקע.

צישן = צווישן.

צל s. (coin.) kreutzer פּרוּטה א).

צלאַפּ s. nickname of a Chassid כנוי לחסיד.

צלם s. (צלמים pl.) cross צלב. שתי וערב.

— נוט קענען מאַכן קיין צלם נאָר אן אלף not to know even how to write a cross לא ידע לכתב אפילו סמן במקום אות.

צלם־אלהים s. the image of God —.

צלמניק s. (pl. — עס) bigot, fanatic אדוק. קנאי.

צלמען זיך v. r. to cross oneself, make the sign of the cross עשה על עצמו סמן הצלב.

צלמער s. name of a coin שם מטבע ב).

צלם־‖קאָפּ s. (pl. — קעפּ) cunning blade ערום; heretic אפיקורוס.

צמאָקען v. n. to smack צלל בשפתים.

צמוקים s. pl. raisins —.

א) אין פראַנער Handlexicon; פון צלם, דעם איבערזעץ פון Kreuzer. ב) אין דער הקדמה צו וויצנהויזנס איבערזעץ פון תנ״ך; אפשר אן איבערזעץ פון דייטש Kreuzthaler א טאַלער מיט א צלם.

צמענטאַרזש, צמענטער s. cemetery בית הקברות, שׂדה קבורה.

צמר s. wool –.

צמר־גפן s. cotton –.

צנאָטע s. (pl. ם –) manner, habit מדה, הרגל.

צנוע s. (pl. צנועים) modest and pious man –.

צנועדיג adj. modest, chast, pious צנוע.

צנועה s. (pl. צנועות) modest or chaste woman, pious woman –.

צניעות s. modesty, chastity, piety –.

צניעותדיג = צנועדיג.

צניק s. abecedarian לומד האלף־בית א).

צע־ pref. syllable prefixed to verbs signify separation or intensity of action הברה נוספת לפעלים להוראת הפרדה או חזוק הפעלה ב).

צעאַקערן v. a. to plough up חרש.

צעבאַלעווען v. a. to fondle, spoil (a child) פנק (ילד).

צעבאָרשטן = צעשויבערן.

צעבויטען = צעקאָלאָטען.

צעבונטעווען v. a. to stir up, incite עורר (למרד); ‖ – זיך v. r. to revolt, mutiny מרד.

צעבישעוועט adj. mad, enraged משׁגע, סוער.

צעבייגן v. a. to bend כפף.

צעבייזערן v. a. to provoke, make angry הכעס, הקצף; ‖ – זיך v. r. to get angry, fly into a passion התקצף, התרגז.

צעבײַלן v. a. to bruise פצע.

צעבײַסן v. a. to bite in several places נשך במקומות שונים; to bite in two נשך לשנים.

צעבילן זיך v. r. to bark continually הלך ונבח.

צעבינדן v. a. to unbind, unloose התר, פתח.

צעבלאָזן v. a. to kindle a fire by blowing נפח ולבה אש; to scatter by blowing הפה והפץ; to exaggerate (fig.) הגזם; ‖ – זיך v. r. to be kindled by blowing התלבה; to puff, to swell התנפח.

צעבלוטיגן v. a. to wound, make bleed פצע, הכה עד שפך דם.

צעבליִען זיך v. r. to bloom, blossom, open (of flowers) פרח, ציץ, פתח נצתו.

צעבעל־בתען זיך v. r. to order about צוה, נתן פקדות.

צעבער s. (– בערס, – בע׳רעס pl.) tub גיגית.

צעבערקען v. a. to rouse העֵר, עורר; to give a person no rest גזל מנוחת איש.

א) ביי ליפשיצן. ב) צע־ = דייטש zer- (מיטלהויכדייטש ze-, zer-).

צעבראָכן adj. broken נשבר; ‖ – קייט s. brokenness רוח נשברה.

צעבראַנדעווען v. a. to scold vehemently תת גערה קשה ב־.

צעברעכן v. a. to break שבר.

— (fig.) צעברעכן דעם קאָפּ to rack one's brains הוגיע את מוחו, התאמץ להבין.

צעברענען v. a. to burn, scorch צרב; ‖ – זיך v. r. to be burned הכוה; to blaze up התלבה; (fig.) to become enthused התלהב.

צעברעקלט ווערן v. p. to be crumbled התפורר.

צעברעקלען v. a. to crumble פורר, פתת; to break to pieces שבר לרסיסים; ‖ – זיך v. r. to crumble התפורר.

צעגאַוויאַגען v. a. to disfigure, distort השחת פני־, עות.

צעגאַרטלען v. a. to ungirdle התר, פתח (אזור); ‖ – זיך v. r. to ungirdle oneself פתח חגורתו; (fig.) to open one's purse פתח את ידו.

צעגיין v. n. to go asunder, separate, part הפרד, הלך איש למקומו; to scatter הפזר; to melt המס (שלג); to dissolve המס (מלח וכד׳); ‖ – זיך v. r. to differ היה שונה (בדעות).

צעגיסן v. a. to pour out יצק; ‖ – זיך v. r. to pour itself out השתפך; to overflow שטף.

צעגלידערונג s. analysis הפרדה, נתוח.

צעגלידערן v. a. to analyse פרד, נתח.

צעגעבן v. a. to give away נתן בתור מתנה; to distribute, deal out חלק.

צעגעלניע = צינגעלניע.

צעגראַבלען v. a. to scratch שרט.

צעגראָבן v. a. to dig up, dig open חפר.

צעדולן v. a. to confound בלבל.

צעדער‖בוים s. (– ביימער pl.) cedar-tree ארז.

צעדראָבען v. a. to mince, cut into small pieces קצץ לחתיכות קטנות; to crumble פורר.

צעדראַפּען = צעגראַבלען.

צעדרוזגען v. a. to dash to pieces שבר לרסיסים.

צעדרויבלען = צעברעקלען.

צעדריבלען = צעטרופען.

צעדרייען v. a. to untwist התר מקלעה; to distort עות, עקם; to derange, disturb בלבל הפרע.

צעדריקן v. a. to crush דכא, הדק.

צעדרעכען זיך v. r. to wake up התעורר (משנתו).

צעהאָדערט adj. tattered קרוע ובלוי.

צעהאָדערן v. a. to tatter קרע לגזרים.

צעהאַמפּערן זיך v. r. to quarrel ריב.

צעהאַקן v. a. to cut קצץ.

צעהאַרעפּאַלצען = צעקאַרדאַשען.

צעהוידען v. a. to swing נַעְנֵעַ.

צעהוליען זיך v. r. to grow lively הָיֹה עָלִיז, הִתְעַלֵּז; to riot הִתְהוֹלֵל.

צעהוס(ט)ן זיך v. r. to get into a fit of coughing שָׁעֹל בְּלִי חָשֹׂךְ.

צעהיצן v. a. to heat חַמֵּם; to excite גָּרֵה; || — זיך v. r. to be heated הִתְחַמֵּם; to get excited הִתְגָּרֵה.

צעהענגען v. a. to hang out or about תְּלֹה בְּכָל צַד.

צעהרגען, — ענען v. a. to kill הָרֹג; to cripple עֲשֹׂה לְבַעַל מוּם; to spoil קַלְקֵל.

צעוואליען v. a. to pull down, demolish הָרֹס.

צעוואקסן זיך v. r. to spread in growing שַׂגְשֵׂג.

צעווארעמען v. a. to warm up חַמֵּם; || — זיך v. r. to be warmed up הִתְחַמֵּם.

צעווארפן v. a. to throw about, scatter הַשְׁלֵךְ סָבִיב, פַּזֵּר; to pull down, demolish הָרֹס; to unfold פַּשֵּׁט (דבר מקופל); to dishevel פָּרֹעַ (שערות הראש); || — זיך v. r. to be scattered הִפָּזֵר; to fall to pieces הִתְפָּרֵד; to get angry הִתְקַצֵּף; to break out פָּרֹחַ (צרעת).

צעוויגן v. a. to set swinging הָבֵא לִידֵי נִדְנוּד; || — זיך v. r. to get into full swing הִתְנַדְנֵד בְּחָזְקָה; to take courage (fig.) הִמָּלֵא רוּחַ עֹז.

צעוויינען זיך v. r. to get into a fit of weeping, weep much נָתֹן קוֹל בִּבְכִי, בָּכֹה הַרְבֵּה.

צעווייקן v. a. to soak שָׁרֵה; || — זיך v. r. to be soaked הִשָּׁרֵה.

צעווילדעוועט adj. grown wild פָּרוּעַ.

צעווילדעווען v. a. to make wild עֲשֹׂה לְפֶרֶא.

צעוויקלען v. a. to unwind, unroll גַּלֵּל וּפַתֵּחַ.

צעוועגן v. a. to weigh out שָׁקֹל אֶחָד אֶחָד לְבַדּוֹ.

צעווערטלען זיך v. r. & to quarrel or dispute a little הִתְקוֹטֵט מְעַט.

צעווואַתרנען זיך v. r. to become generous הֵעָשֵׂה נְדִיב לֵב.

צעזייט adj. scattered מְפֻזָּר.

צעזייען v. a. to scatter פַּזֵּר.

צעזינגען זיך v. r. to sing much שִׁיר הַרְבֵּה.

צעזיפצן זיך v. r. to utter many groans הַשְׁמֵעַ אֲנָחוֹת רַבּוֹת.

צעזעצט ווערן v. p. to burst, crack הִתְבַּקֵּעַ, הִתְפּוֹצֵץ.

צעזעצטערהייט adv. in a vexed condition בְּשֶׁבֶר רוּחַ.

צעזעצן v. a. to seat הוֹשֵׁב; to break שַׁבֵּר; || — זיך v. r. to take seats יָשֹׁב כָּל אֶחָד עַל מְקוֹמוֹ; to burst הִתְבַּקֵּעַ, הִתְפּוֹצֵץ.

צעזעצעניש s. vexation, heart break כַּעַס, רֹגֶז, שֶׁבֶר רוּחַ.

צעזשאַרען זיך v. r. to begin to flame or blaze הִתְלַהֵט, הִתְלַהֵב.

צעטאַנצן זיך v. r. to get into a fit of dancing רָקֹד בְּתַאֲוָה גְדוֹלָה.

צעטאַרען v. a. to pull about מָרֹט הֵנָּה וָהֵנָּה.

צעטומלען v. a. to confuse, disturb בַּלְבֵּל, הַפְרֵעַ.

צעטיילונג s. division חֲלֻקָּה.

צעטיילן v. a. to divide חַלֵּק; to distribute חַלֵּק לְכָל אֶחָד; || — זיך v. r. to be divided הֵחָלֵק; to divide among themselves v. rec. חַלֵּק בֵּינֵיהֶם.

צעטל s. (pl. — ען, — ער) note פִּתְקָה; lottery-ticket שְׁטַר הַגּוֹרָלוֹת.

צעטעכערן = אויסטעכערן.

צעטעלע s. (pl. — לעך) little note פִּתְקָה קְטַנָּה.

צעטערכען = צעשטערכען.

צעטראָגן¹ adj. distracted, absent-minded מְפֻזַּר הָרַעְיוֹנוֹת.

צעטראָגן² v. a. to carry about נָשֹׂא הֵנָּה וָהֵנָּה; to scatter פַּזֵּר; to spread, divulge הָפֵץ, פַּרְסֵם (שמועה); to break הָרֹס; || — זיך v. r. to be scattered הִפָּזֵר; to be spread abroad הִתְפַּרְסֵם.

צעטראָגעניש = צעטראָגנקייט.

צעטראָגנקייט s. distraction, absent-mindedness פִּזּוּר הָרַעְיוֹנוֹת.

צעטראַסקען v. a. to break שַׁבֵּר.

צעטרייבן v. a. to drive away, disperse גָּרֵשׁ, פַּזֵּר.

צעטרייסלען v. a. to shake through נַעְנֵעַ כֻּלּוֹ, טַלְטֵל כֻּלּוֹ.

צעטריפען v. a. to separate into filaments הַפְרֵד לְחוּטִים (אריג של בגד).

צעטרעטן v. a. to trample or crush under foot דָּרֹס, רָמֹס עַל־.

צעטרענען v. a. to unrip פַּתֵּחַ הַתֶּפֶר.

צעטרענצלען v. a. to squander, waste בַּזְבֵּז.

צעטרעסען = צעטרייסלען.

צעטרעסקען v. a. to crack בַּקֵּעַ, סַדֵּק.

צעיאָגן v. a. = צעטרייבן; || — זיך v. r. to run away, disperse בְּרֹחַ, הִתְפַּזֵּר.

צעיאַטען זיך v. r. to suppurate הַמֵּק (חבורה).

צעיאַכמערט adj. excited נִלְהָב.

צעיאַכמערן זיך v. r. to get excited הִתְעוֹרֵר, הִתְלַהֵב.

צעיאָמערן זיך v. r. to lament vehemently יַלֵּל יְלָלָה גְדוֹלָה.

צעיושען v. a to make bleed הַכֵּה עַד שְׁפֹךְ דָּם;

‖ — זיך v. r. to get wild, get furious הִשְׁתּוֹבֵב; to run amuck הִשְׁתּוֹבֵב וְרוּץ (סוּס).

צעיַחמערט, צעיַחמערן זיך = צעיאַכמערט, צעיאַכמערן זיך.

צעך s. (pl. — ן) guild, trade-union אֲגֻדַּת אוּמָנִים, חֶבֶר בַּעֲלֵי מְלָאכָה; drinking-bout, carousal מִשְׁתֶּה.

צעכאָווע adj. of guild, of trade-union שֶׁל אֲגֻדַּת אוּמָנִים.

צעכאַפּן v. a. to snatch quickly away חָטֹף בִּמְהִירוּת; to snatch all חָטֹף כֻּלּוֹ.

צעכמײַסטער s. (pl. — ס) master of a guild ראש אֲגֻדַּת אוּמָנִים.

צעכליפּען זיך v. r. to get into a fit of sobbing הֵאָנֵק בְּלִי הֶרֶף.

צעכמײַנסטער = צעכמײַסטער.

צעכראַסטען, צעכראַשטשען v. a. to unbutton one's clothes, bare one's chest פַּתֵּחַ כַּפְתּוֹרָיו, גַּלֵּה חָזֵהוּ א).

צעלאָזט, צעלאָזן adj. dissolute, loose פָּרוּץ.

צעלאָזן v. a. to dismiss פַּטֵּר, שַׁלֵּחַ; to give the rein (to a horse) הַשְׁמֵט מִיָּדוֹ רֶסֶן (שֶׁל סוּס); to dissolve (parliament) בַּטֵּל; to melt הָמֵס; to spoil (a child) פַּנֵּק; ‖ — זיך v. r. to scatter הִתְפַּזֵּר; to run at full speed רוּץ בִּמְהִירוּת גְּדוֹלָה; to get into a fit of talking הַרְבּוֹת שִׂיחָה, דַּבֵּר בְּלִי הֶרֶף; to get spoiled הִתְפַּנֵּק.

צעלאַכן זיך v. r. to burst out laughing פְּרֹץ בְּקוֹל צְחוֹק; to begin to laugh הָחֵל לִצְחֹק.

צעלאַכעס, צעלאָכעם = צוֹלְהָבְעִים, צוֹלְהָבְעִים.

צעלויפן v. n. to run away, disperse בְּרֹחַ, הָפוֹץ לְכָל צַד; ‖ — זיך v. r. v. ד. ז.

צעלומען v. a. to waste בַּזְבֵּז.

צעלופען v. a. to waste by peeling בַּזְבֵּז עַל יְדֵי קִלּוּף.

צעליאַרעמען זיך v. r. to make a great noise הָקֵם שָׁאוֹן גָּדוֹל.

צעלײַגט adv. comfortably בְּהַרְחָבָה.

צעלײַגן v. a. to lay הַנֵּחַ; to arrange סַדֵּר; to make (a fire) הַצֵּת (אֵשׁ); to analyse נַתֵּחַ; ‖ — זיך v. r. to stretch oneself הִתְמַתֵּחַ; to make oneself comfortable הִתְנַהֵג בְּהַרְחָבָה; to assume airs רְהֹב, הִתְגָּאֵה.

צעלײַטן v. a. to unsolder הָסֵר הָרִתּוּךְ (בִּבְדִיל).

צעלײַען v. a. to lend, loan הַלְוֵה.

צעלניק s. haberdashery סְחוֹרָה קַלָּה.

א) קליינרוסיש розхристати, ווייסרוסיש разхристывацъ, אַפּקנעפּלען, אַפּרעקן די ברוסט.

צעלניקער s. (pl. — ס) haberdasher מוֹכֵר סְחוֹרָה קַלָּה.

צעלעכטס = צעלעכצט.

צעלעכצט adj. full of leaks מָלֵא בְּקִיעִים (חָבִית); languid, faint עָטוּף, חַלָּשׁ א).

צעלעכצט ווערן v. p. to get leaky דָּלֹף, סַפְסֵף.

צעלעץ s. virgin soil, fallow land קַרְקַע בְּתוּלָה.

צעלקעס s. pl. large pearl-barley גֶּרֶשׂ שְׂעוֹרִים גְּדוֹלִים.

צעמאַכן v. a. to undo סַתֵּר מַה שֶּׁנַּעֲשָׂה; to loose הַתֵּר.

צעמאָלן v. a. to grind טְחֹן.

צעמיאַטשען v. a. to knead well (dough) לוּשׁ (בָּצֵק); to work (clay) לוּשׁ (חֹמֶר).

צעמינצעווען v. a. to conert into money הַחֲלֵף בִּמְזֻמָּנִים.

צעמישונג s. mixing בְּלִילָה; confusion בִּלְבּוּל.

צעמישט adj. mixed בָּלוּל; confused מְבֻלְבָּל.

צעמישן v. a. to mix בְּלֹל, עַרְבֵּב; to confuse בַּלְבֵּל; ‖ — זיך v. r. to get confused הִתְבַּלְבֵּל.

צעמענט s. cement, mortar מֶלֶט.

צעמעסטן v. a. to measure off, divide מְדֹד וְחַלֵּק.

צעמערינצע s. hellebore, sneezwort הַרְגֵּף (מִין צֶמַח מַר).

צעמערשטן v. a. to crush דַּכֵּא.

צענדלינג s. ten, half a score עֲשָׂרָה.

צענדלונג = צענדלינג.

צענ‖זאָר s. (pl. — זאָרס, — זאָ׳רן) censor מְבַקֵּר, בּוֹדֵק.

צענזוס s. (pl. — ן) census מִפְקַד הָעָם.

צענזורירן v. a. to censor בַּקֵּר, בָּדֹק.

צענזור(ע) s. censorship בִּקֹּרֶת, בְּדִיקָה.

צענט[1] = סענט.

צענט[2] ord. num. tenth עֲשִׂירִי.

— פֿאַרזאָגן אַ צענטן (id.) to be very careful in the future הזהר מאד לעתיד.

צענטאַריע s. wartwort, wolf's milk חַלְבָּב ב).

צענטהאַלבן num. nine and a half תִּשְׁעָה וָחֵצִי.

צענט־חלק = צענטל.

צענטל s. (pl. — עך) tenth part עֲשִׂירִית; ten (at cards) הָעֲשָׂרָה (בַּקְּלָפִים).

צענטער s. (pl. — ס) centre מֶרְכָּז.

צענטראַל adj. central מֶרְכָּזִי.

צענטראַל־הײצונג s. central heating הַסָּקָה מֶרְכָּזִית, הַסָּקָה כְּלָלִית.

א) פֿון מיטלהויכדייטש lëchen, קרינן שפּאַלטן און ריגען; פֿאַרשמאַכטן. ב) ביי הורוויצן.

צענוואָריג, ־יעריג *adj.* ten years old בֶּן עֶשֶׂר שָׁנִים; decennial שֶׁל עֶשֶׂר שָׁנִים.

צענישטערן, צענישטשען *v. a.* to annihilate כַּלֵּה, הַשְׁמֵד; to waste בַּזְבֵּז.

צענע *s.* (*pl.* ־ס) price מְחִיר.

צענעמען *v. a.* to take all לָקֹחַ כֻּלּוֹ; to take apart, take to pieces הַפְרֵד לַחֲלָקָיו; to analyse נַתֵּחַ; to move, touch עוֹרֵר רַחֲמִים, נָגֹעַ בַּלֵּב.

צענעם = סענעס.

צענער *s.* (*pl.* ־ס) coin of ten groschens מַטְבֵּעַ שֶׁל עֲשָׂרָה גְּדוֹלִים.

צענעריג *adj.* decimal עֶשְׂרוֹנִי.

צענערל, פאַרקלענערוואָרט פון צענער.

צענערליי *adj.* of ten kinds שֶׁל עֲשָׂרָה מִינִים.

צענער־תּשְׁבּוֹרת *s.* decimal fractions תִּשְׁבֹּרֶת עֶשְׂרוֹנִית.

צעסאָרטעווען *v. a.* to assort הַפְרֵד לְפִי הַמִּינִים.

צעסוקען *v. a.* to untwist הַתֵּר (פתיל); to dishevel פָּרֹעַ (שערות הראש).

צעסילען *v. a.* to unstring פָּרֵק (מחרוזת).

צעסליאַר = משעסליער.

צעעסן *v. a.* to corrode אַכֵּל, כַּרְסֵם.

צעעפֿנט *adj.* open פָּתוּחַ.

צעפּאַטלען *v. a.* to dishevel פָּרֹעַ (שערות הראש).

צעפּאַטשן *v. a.* to slap a person's face סָטֹר אִישׁ עַל הַלֶּחִי; ‖ ־זיך *v. r.* to figth הַכֵּה אִישׁ אֶת רֵעֵהוּ.

צעפּאַטשקען *v. a.* to disfigure נַוֵּל; to spoil mar קַלְקֵל.

צעפּאַלאַשען זיך = ספּאַלאַשען זיך.

צעפּאַלן *v. n.* to fall apart, collapse נָפֹל, הֵהָרֵס.

צעפּאַלנקייט *s.* ruinous state מַצַּב הֲרִיסָה.

צעפּאַסעווען *v. a.* to stripe, lash יַסֵּר בִּרְצוּעָה, יַסֵּר בִּשְׁבָטִים.

צעפּאָקט *adj.* pock-marked מָלֵא אֲבַעְבּוּעוֹת.

צעפּאַקן *v. a.* to unpack הַתֵּר חֲבִילָה.

צעפּאָרן¹ *adj.* out of order מְקֻלְקָל; confused מְבֻלְבָּל.

צעפּאָרן² *v. n.* to drive off, depart, separate נָסֹעַ, הִפָּרֵד; ‖ *v. a.* to derange בַּלְבֵּל; ‖ ־זיך *v. r.* to drive off, depart, separate נָסֹעַ הִפָּרֵד.

צעפּאַרען *v. a.* to warm up by steam חַמֵּם עַל יְדֵי קִיטוֹר.

צעפּוילט *adj.* rotten רָקוּב; ‖ ־קייט *s.* rotten-ness רִקָּבוֹן.

צעפּויקן *v. a.* to make wid'ly know הוֹדִיעַ בְּקָהָל רָב.

צעפּוכא = משעפּוכא.

צעפּוקעט ווערן *v. n.* to burst הִתְבַּקֵּעַ.

צעפּוקען *v. n.* to burst הִתְבַּקֵּעַ, הִתְפּוֹצֵץ.

צעפּוקעניש *s.* bursting הִתְפּוֹצְצוּת.

— (*fig.*) אויף צעפּוקעניש for spite להכעיס, על אפו ועל חמתו.

צעפּיילן *v. a.* to file all שׁוֹף כֹּל.

צעפּייערן זיך *v. r.* to be inflamed הִתְלַהֵב; (*fig.*) to fall into ecstasy בֹּא בַּעֲלִיצוּת.

צעפּיעסטעט, צעפּיעסטען, צעפּיעשטשעט, צעפּיעשטשען = צעפּעסטעט, צעפּעסטען.

צעפּיצלען *v. a.* to cut *or* break into small pieces קַצֵּץ לַחֲתִיכוֹת קְטַנּוֹת, פַּרְפֵּר; to shred קָרֹעַ לִסְחָבוֹת.

צעפּיקן *v. a.* to peck asunder נַקֵּר וְהַפְרֵד, חֲצֵה בַּמַּקּוֹר.

צעפּירן *v. a.* tc convey about, transport הוֹבֵל לִמְקוֹמוֹת שׁוֹנִים; to mix בָּלֹל; to dilute מָזֹג (כמו מלח במים).

— (*fig.*) צעפּירן זיך די הענט to command, give orders צוה, נתן פקודות.

צעפּלי¹ *s.* (*pl.* ־עך) little bung מְגוּפָה קְטַנָּה; icicle פְּתִיל קֶרַח; suppository חֲדוּדִית קְטַנָּה שֶׁל חֹמֶר מְשַׁלְשֵׁל.

צעפּל², פאַרקלענערוואָרט פון צאַפּ.

צעפּלאַמט *adj.* excited נִלְהָב.

צעפּלאַמען *v. a.* to inflame הַלְהֵב.

צעפּלאַצן *v. a.* to burst הִתְבַּקֵּעַ, הִתְפּוֹצֵץ.

צעפּלאַקערן *v. n.* to be inflamed, blaze up הִתְלַהֵב, הִתְלַהֵט; ‖ ־זיך *v. r.* ד. ז.

צעפּלאַשעט *adj.* blown by the wind נָשׁוּב; dashing off מִתְרוֹצֵץ פִּתְאֹם (סוס).

צעפּלוידערן זיך *v. r.* to get into a fit of chatting הַרְבֵּה לְפַטְפֵּט.

צעפּלינג *s.* (*pl.* ־ן) hair-ribbon (*for plaits*) סֶרֶט לְמִקְלַעַת שֵׂעָר.

צעפּליסן *v. n.* to melt *or* flow away הִמַּס.

צעפּליען *v. n.* to fly asunder עוּף וְהִפָּרֵד.

צעפּליק = צעפּלינג.

צעפּליקן *v. a.* to tatter קָרֹעַ לִגְזָרִים.

צעפּלעטשן *v. a.* to flatten, make flat פַּחֵס, רַקֵּעַ.

צעפּלעכטן *v. a.* to untwist הַתֵּר (מקלעת); to dissipate, squander בַּזְבֵּז א).

צעפּענקען = צעפּוקען.

צעפּעסטעט *adj.* fondled, spoild (*child*) מְפֻנָּק.

צעפּעסטען *v. a.* to fondle, spoil (*a child*) פַּנֵּק; ‖ ־זיך *v. r.* to cry like a fondled child בְּכֵה כְּיֶלֶד מְפֻנָּק.

צעפּעק = משעפּעק.

א) אין דער צווייטער באַדייטונג ביי ליפשיץ.

צעפּעקלען זיך v. r. to open one's bundles הַתֵּר אֶת חֲבִילוֹתָיו.

צעפֿערטלען v. a. to quarter גְּזֹר לְאַרְבָּעָה חֲלָקִים.

צעפּראַלן v. a. to open wide פָּתֹחַ לִרְוָחָה.

צעפֿראָרן adj. frozen, frost-bitten מְקֻפָּא מִקֹּר.

צעפּריִעט adj. sweaty מְכֻסֶּה בְזֵעָה; rotten by sweat נָמֵק מִזֵּעָה.

צעפֿרעסן v. a. to corrode כַּרְסֵם.

צעצאָלן v. a. to pay off all creditors שַׁלֵּם לְכָל נוֹשָׁיו.

צעצויגן adj. drawn out מָשׁוּךְ; stretched מָתוּחַ.

צעצוקערן v. a. to sell at a high price מָכֹר בִּמְחִיר גָּבֹהַּ.

צעציִען v. a. to draw out הַמְשֵׁךְ, הַאֲרֵךְ; to stretch מָתֹחַ

צעקאָדערן v. a. to tatter קָרֹעַ לִגְזָרִים (בגד).

צעקאַטעווען v. a. to flog יַסֵּר בִּרְצוּעָה או בְשׁוֹטִים.

צעקאַטשען v. a. to roll asunder גַּלֵּל וְהַפְרֵד; to unroll פְּרֹשׂ, גַּלֵּל וּפַתֵּחַ.

צעקאָכט adj. boiled well מְבֻשָּׁל הֵיטֵב; enraged, infuriated מָלֵא חֵמָה.

צעקאָכן v. a. to boil well בַּשֵּׁל הֵיטֵב; to enrage, infuriate הַעֲלֵה חֵמָה, הַקְצֵף; ‖ — זיך v. r. to become enraged or furious חָרָה אַפּוֹ, הִתְקַצֵּף.

צעקאָלאַטשען v. a. to shake up, stir up נָעֵר וּבַלֵּל.

צעקאָליטען, צעקאָליצען = צעקאָלאַטשען.

צעקאַליעטשען v. a. to wound פָּצֵעַ; to cripple, maim, mutilate הַטֵּל מוּם בְּ־, עֲשֵׂה לְבַעַל מוּם, קַטֵּעַ.

צעקאַמען v. a. to comb apart סָרֵק וְהַפְרֵד.

צעקאַפּן v. a. to spoil (sl.) קַלְקֵל.

צעקאַרבן v. a. to notch פַּגֵּם, צַלֵּק.

צעקאַרדאַשען v. a. to cut to pieces קַצֵּץ לִגְזָרִים; to bruise, wound מָעֵךְ פַּצֵּעַ; to make a person bleed פַּצֵּעַ אִישׁ עַד שֶׁפֶךְ דָּם.

צעקאָשמען v. a. to dishevel פָּרֵעַ (שערות הראש).

צעקוואַטשען v. a. to squash מָעֵךְ, מַסְמֵס.

צעקוואַשען v. a. to slash (by beating) פַּצֵּעַ, מָחֹץ.

צעקוועטשן v. a. to crush מָעֵךְ, הָדֵךְ.

צעקושן זיך v. r. to kiss each other נָשֹׁק אִישׁ אֶת רֵעֵהוּ.

צעקײַלן v. a. to drub, thrash הַלְקֵה; to bruise פַּצֵּעַ.

צעקײַען v. a. to chew well לְעֹס הֵיטֵב.

צעקלאָגן זיך v. r. to get into a fit of weeping, weep much בָּכֹה הַרְבֵּה.

צעקלאַפּן v. a. to beat to pieces, break to pieces נַפֵּץ, שַׁבֵּר; to pound or beat small כָּתֹשׁ; to beat, defeat (fig.) נַצֵּחַ, הַפֵּל; ‖ — זיך v. r. to be broken to pieces הִשָּׁבֵר לִרְסִיסִים; to be bruised הִפָּצֵעַ.

צעקלײַבן v. a. to assort סַדֵּר לְפִי הַמִּינִים.

צעקלײַען v. a. to unglue הַפְרֵד הַדִּבּוּק; ‖ — זיך v. r. to get unglued הִפָּרֵד.

צעקלינגען v. a. to make known, divulge פַּרְסֵם, גַּלֵּה בָרַבִּים.

צעקלעמט adj. grieved, distressed נֶעֱצָב, נִכְאֵה לֵב.

צעקנאַקן v. a. to crack פַּצֵּחַ, נַפֵּץ.

צעקנייטשן v. a. to crumple, wrinkle קַפֵּל, קַמֵּט.

צעקנוילן = צעקנייטשן.

צעקניפּן v. a. to untie, loose (a knot) הַתֵּר (קשר).

צעקנעפּלען v. a. to unbutton הַתֵּר כַּפְתּוֹרִים.

צעקעמען = צעקאַמען.

צעקערן v. a. to scatter by sweeping טַאטֵא וּפַזֵּר; to upset הָפֹךְ.

צעקראָכן adj. gone to pieces בָּלֶה (בגד); rotten נָמֵק; soft-hearted (fig.) רַךְ לֵבָב.

צעקראַצן v. a. to scratch גָּרֵד.

צעקריגן זיך v. r. to fall out צֵאת לְרִיב, הִתְקוֹטֵט.

צעקריכן v. n. to go to pieces בָּלֹה (בגד); to rot הִמַּק; to separate slowly הִפָּרֵד לְאַט לְאַט (אנשים).

צעקריצן = צעקראַצן.

צעקרישען = צעברעקלען.

צעקרעלן = צעדראַפּען.

צער s. anxiety, worry —, דְּאָגָה; heart-sore כְּאֵב לֵב; pity חֶמְלָה.

צעראַבירן, צעראַבעווען v. a. to rob, plunder גָּזֹל מְ־, שָׁדֹד, בֹּזוּ.

צעראַטע = סעראַטע.

צעראַצן = צעקראַצן.

צער־גידול־בנים s. pains of bringing up children —.

צערודערן v. a. to upset הָבֵא בִמְבוּכָה; to disturb הַפְרֵעַ.

צערויבן = צעראַבירן.

צערונג s. food, victuals מָזוֹן.

צערונגען ווערן = צערינען.

צערונצלען v. a. to wrinkle קַמֵּט.

צערוקן v. a. to move or push asunder הַעְתֵּק אֶחָד מִמִּשְׁנֵהוּ.

צערטליך adj. fond, loving אוֹהֵב, חוֹבֵב; ‖ — קייט s. fondness אַהֲבָה, חִבָּה.

צערטלען v. a. to fondle פַּנֵּק.

צערייווקע s. darning תִּקּוּן עַל יְדֵי סְרִיגָה.

צעריישען = צעקראַצן.

צערייבן v. a. to rub small שָׁחֹק הֵיטֵב.

— (fig.) צערייבן צייט to waste time אבד זמן.

צערייידן זיך v. r. to get into a fit of talking דַּבֵּר הַרְבֵּה.

צעריַיסן v. a. to tear to pieces קָרֹעַ לִגְזָרִים; to tear טָרֹף (כחיה); to pull apart נַתֵּק אֶחָד מִמִּשְׁנֵהוּ; to set at variance הַפְרֵד (כדעות); || — זיך v. r. to burst הִתְבַּקֵּעַ; to tear, to rent הִקָּרֵעַ.

— (id.) איך קען זיך נים צעריַיסן I cannot do everything at once אי אפשר לי לעשות כל דבר בפעם אחת.

— (id.) עס גייט נים, כאָטש צעריַים זיך! it won't work! הועל לא יועיל!

צערייצן v. a. to irritate, provoke גָּרֵה, הַרְגֵּז.

צערינעוועט adj. ruined הָרוּס.

צערינען v. n. to flow away נָזֹל וְאָזֹל; to melt, dissolve הִמּוֹס; to vanish הֵעָלֵם; to go to nothing הָיֹה לְאַל.

צעריסן adj. torn קָרוּעַ; (fig.) not on good terms לֹא בְּשָׁלוֹם.

צעריפּעט adj. (voice) screaking חוֹרֵק (קול).

צערירן v. a. to stir up זַעֲזֵעַ.

צערן v. a. to consume, waste אָכֹל, כַּלֵּה; to nourish הָזֵן; || — זיך v. r. to be nourished הִזּוֹן, אָכֹל וְשָׁתֹה.

צערנונג = צערונג.

צערעווען = צירעווען.

צערעכענען זיך v. r. to settle one's account with גָּמֹר חֶשְׁבּוֹנוֹתָיו עִם־.

צערעמאָניע s. (pl. ס —) ceremony, formality חֻקַּת הַמִּנְהָג.

צערעמאָניען זיך v. r. to stand upon ceremony, be ceremonious הִתְנַהֵג עַל פִּי חֻקַּת הַמִּנְהָג.

צערעפּעט adj. clumsy, awkward, too large גַּס, מְגֻשָּׁם, רָחָב מְאֹד.

— גיין צערעפּעט to walk like a clumsy fellow הלך כאדם גס.

צערעפּן v. a. to disfigure קַלְקֵל אֶת הַצּוּרָה.

צערקווע s. (pl. ס —) Russian church בֵּית תְּפִלָּה רוּסִי.

צערקולאַר = צירקולאַר.

צערקל = צירקל.

צערקען זיך v. r. to ooze, leak בָּצֹץ, טַפְטֵף.

צער־רפוי־שבת־ובושת s. "pain, healing, idleness, disgrace," compensation for all injuries inflicted on a person.

צעשאַבן v. a. to scrape גָּרֵד.

צעשאָטן adj. scattered מְפֻזָּר; dilapidated הָרוּס.

צעשאָקלען v. a. to shake, rock נַדְנֵד; || — זיך v. r. to shake, move to and fro נוּעַ כֹּה וָכֹה, הִתְנוֹעֵעַ.

צעשאַרן v. a. to scrape asunder גָּרֵד וְהַפְרֵד.

צעשאַסטשען v. a. to waste, squander בַּזְבֵּז.

צעשוואַימען ווערן v. p. to melt, dissolve הִמּוֹס.

צעשויבערט adj. disheveled פָּרוּעַ, מְסֻבָּךְ.

צעשויבערן v. a. to dishevel סַבֵּךְ (שערות הראש).

צעשטאָפּן v. a. to stuff, cram מַלֵּא, פַּטֵּם.

צעשטויבן v. a. to reduce to dust הָפֹךְ לְאָבָק; || — זיך v. r. to fall to dust הֵהָפֵךְ לְאָבָק.

צעשטויסן¹ adj. pounded כָּתוּת.

צעשטויסן² v. a. to pound כַּתֵּת.

צעשטופּן v. a. to push or shove asunder הָדֹף וְהַפְרֵד; || — זיך v. r. to be pushed or shoved asunder הֵהָדֵף וְהִפָּרֵד.

צעשטיקלען v. a. to cut into small pieces קַצֵּץ לִגְזָרִים קְטַנִּים.

צעשטעכן v. a. to prick all over דָּקֹר עַל פְּנֵי כֻלּוֹ.

צעשטעקן v. a. to stick in several places תָּחֹב בִּמְקוֹמוֹת שׁוֹנִים; (fig.) to lend out to many persons הַלְוֵה לַאֲנָשִׁים רַבִּים.

צעשטערונג s. destruction הֲרִיסָה.

צעשטערכען v. a. to disturb בַּלְבֵּל; to frustrate שִׂים לְאַל; || — זיך v. r. = צעקריגן זיך.

צעשטערן v. a. to destroy הָרֹס, הַחֲרֵב; to spoil קַלְקֵל; to mar הָפֵר (שמחה).

צעשטערער s. (pl. —) destroyer מְהָרֵס, מַחֲרִיב.

צעשטרודלען v. a. to confuse, disturb בַּלְבֵּל, הַפְרֵעַ.

צעשיידערן v. a. to break to pieces שַׁבֵּר, נַפֵּץ.

צעשיטן v. a. to strew, scatter הָפֵץ, פַּזֵּר; || — זיך v. r. to be strewn, be scattered הָפוֹץ, הִתְפַּזֵּר.

צעשיידן v. a. to separate הַפְרֵד, הַבְדֵּל; || v. rec. to part הִפָּרֵד אִישׁ מֵרֵעֵהוּ.

צעשיסן v. a. to kill off by shooting הָמֵת בִּירִיָּה; to shoot to pieces שַׁבֵּר לִרְסִיסִים בִּירִיָּה; to pierce with bullets נַקֵּב בְּכַדּוּרֵי יְרִיָּה.

צעשיקן v. a. to send in various directions שָׁלֹחַ לִמְקוֹמוֹת רַבִּים.

צעשלאָגן¹ adj. confused מְבֻלְבָּל.

צעשלאָגן² v. a. to beat or break to pieces, smash שַׁבֵּר, נַפֵּץ לִרְסִיסִים; to beat, defeat נַצֵּחַ, הַפֵּל; to confuse, disturb בַּלְבֵּל; to interrupt הַפְרֵעַ (שיחה); to divert, relax (one's mind) הַפֵּחַ (דעתו); || — זיך v. r. to be broken to pieces

‖ — v. rec. to lick each other הַכֵּה אִישׁ אֶת רֵעֵהוּ. הִשָּׁבֵר לִרְסִיסִים;

צעשלעפן v. a. to drag asunder סָחֹב לְכָל עֵבֶר.

צעשמועסן זיך v. r. to have a long discussion שׂוֹחֵחַ הַרְבֵּה.

צעשמייכלען זיך v. r. to smile heartily נָחֹךְ בְּכָל לֵב.

צעשמייסן v. a. to flog הַכֵּה בְשׁוֹטִים.

צעשמיצן v. a. to throw about הַשְׁלֵךְ הֵנָּה וָהֵנָּה; ‖ — זיך v. r. to struggle with one's hands and feet פַּרְכֵּס, פַּרְפֵּר בְּיָדָיו וּבְרַגְלָיו; to get wild הִתְהוֹלֵל.

צעשמירן v. a. to spread grease on מָשֹׁחַ עַל פְּנֵי־; (fig.) to amplify הַרְבֵּה, הַרְחֵב (בכתב או בדבור).

צעשמעטערן v. a. to break to pieces, smash, shatter שַׁבֵּר לִרְסִיסִים, נַפֵּץ.

צעשמעלצן v. a. to melt הַמְסֵה, הַתֵּךְ; ‖ — זיך v. r. to melt, be melted הִמּוֹס, הִנָּתֵךְ.

צעשנורעווען v. a. to unlace הַתֵּר הַחֲבָלִים.

צעשניידן v. a. to cut גָּזֹר, בָּתֹר.

צעשעדיגן v. a. to injure, hurt פַּצֵּעַ, הַזֵּק.

צעשערן v. a. to cut with scissors חָתֹךְ בְּמִסְפָּרַיִם.

צעשפאלטן v. a. to split בַּקֵּעַ.

צעשפארן v. a. to distend, widen by pushing הַרְחֵב בִּדְחִיקָה; to open by pushing פָּתֹחַ בִּדְחִיקָה; to thrust asunder דָּחֹק וְהַפְרֵד; ‖ — זיך v. r. to distend הִתְרַחֵב; to be thrust asunder הִפָּרֵד בִּדְחִיקָה.

צעשפיליען v. a. to unbutton הַתֵּר הַכַּפְתּוֹרִים.

צעשפילן זיך v. r. to play heartily שַׂחֵק בְּתַאֲוָה; to be moved, be agitated סָעֹר, רָגֹשׁ; to rise עָלֹה, הִתְרוֹמֵם (דמיון); to spread (of blushes) פָּרֹשׂ (אדם על הפנים).

צעשפליטערט adj. split, divided בָּקוּעַ, נִפְרָד; ‖ — קייט s. splitting, division בְּקִיעָה, פֵּרוּד.

צעשפליטערן v. a. to split, divide בַּקֵּעַ, הַפְרֵד.

צעשפרונגען = צעזעצט.

צעשפרייזן v. a. to spread wide, open wide פָּרֹשׂ, פַּשֵּׂק; to thrust or push asunder דָּחֹף וְהַפְרֵד.

צעשפרייטן v. a. to spread שַׁטֵּחַ, פָּרֹשׂ; to spread, scatter הָפֵץ, פַּזֵּר; ‖ — זיך v. r. to be spread הִשָּׁטֵחַ, הִפָּרֵשׂ; to be spread, be scattered הִפּוֹץ, הִתְפַּזֵּר; to stretch oneself הִתְמַתֵּחַ (בכסא); to amplify הַרְחֵב, הַרְבֵּה (בכתב או בדבור).

צעשפרינגען v. n. to burst הִבָּקַע, הִתְפּוֹצֵץ.

צעשפרינגעניש s. bursting הִתְפּוֹצְצוּת; (fig.) bitterness מָרַת רוּחַ.

— אויף צעשפרונגעניש for spite להכעיס, למרת רוח־.

צעשראקן adj. frightened נִבְהָל.

צעשרויפן v. a. to unscrew פַּתֵּחַ הַבֹּרֶג; (fig.) to confuse, upset בַּלְבֵּל, הָבֵא בִמְבוּכָה.

צעשרייבן זיך v. r. to write much כָּתֹב הַרְבֵּה; to give a receipt כָּתֹב שְׁטָר קַבָּלָה.

צעשרייען v. a. to make known by loud crying הוֹדֵעַ בְּקוֹל רָם; ‖ — זיך v. r. to utter loud cries צָעֹק מְאֹד; to scold גָּעֹר.

צָפוֹן s. north —.

צָפוֹנדיג adj. northern צְפוֹנִי.

צָפוֹן־ווינט s. north-wind, Boreas רוּחַ צְפוֹנִית.

צָפוֹן־זייט s. north, north-side צָפוֹן, צַד צָפוֹן; ‖ — יג adj. of north-side, northern שֶׁל צַד צָפוֹן, צְפוֹנִי.

צָפוֹן־יַם npr. North Sea, German Ocean יָם הַצְּפוֹנִי.

צְפוֹנִית = צָפוֹן־ווינט.

צָפוֹן־ליכט s. northern lights, aurora borealis אוֹר הַצְּפוֹנִי (הבא מן הציר).

צָרָה s. (pl. צָרוֹת) trouble, misery —, מְצוּקָה; a good-for-nothing אִישׁ לֹא יִצְלָח.

— זיין אויף צרות to be badly off, to be hard up היה במצב רע, היה בלי פרוטה.

— דאָס איז די צרה! that is the rub! דא עקא!

צָרהדיג adj. bad, miserable רַע.

צֵרוּף s. (pl. צֵרוּפים) combination חִבּוּר; Cabalistic combination of letters or words צֵרוּף אוֹתִיּוֹת אוֹ תֵּבוֹת שֶׁל בַּעֲלֵי הַקַּבָּלָה.

צָרוֹת־צְרוֹרוֹת s. pl. great troubles צָרוֹת גְּדוֹלוֹת.

צ'רך = צורך.

צָרְכי־צִיבּוּר s. pl. needs or interests of the community —.

צָרְכי־רַבִּים s. pl. interests of the public —.

צָרַעַת s. leprosy —; (fig.) plague, nuisance דָּבָר מַטְרִיד.

צָרַת רַבִּים חֲצִי נֶחָמָה phr. "troubles shared by many are half consolation," troubles shared in common are endurable —.

ק.

ק s. the nineteenth letter of the Hebrew alphabet וְהָאוֹת הַתְּשַׁע עֶשְׂרֵה בָּאָלֶף־בֵּית הָעִבְרִי; ‖ num. hundred מֵאָה.

קאָאָפּעראַטיוו s. (pl. ־ן) coöperative society חַבְרוּתָא, שֻׁתָּפוּת (של סוחרים או פועלים).

קאַבאַן s. (pl. ־עס) wild boar חֲזִיר הַבָּר, חֲזִיר הַיַּעַר; fattened hog חֲזִיר מְפֻטָּם.

קאַבאַק s. (־ן, pl. ־עס) tavern בֵּית יַיִן, בֵּית מַרְזֵחַ; pumpkin דְּלַעַת, בּוּצִין.

קאַבאַקל, פאַרקלענערוואָרט פון קאַבאַק.

קאָבילע s. (pl. ־ס) mare סוּסָה.

קאַבינעט s. (pl. ־ן) cabinet חֲדַר הַכְּתִיבָה, חֲדַר הָעֲבוֹדָה.

קאַבציע s. (pl. ־ס) sock גֶּרֶב קָצָר.

קאַבקע s. (pl. ־ס) toe (of a shoe) חַרְטוֹם הַנַּעַל.

קאָבריק s. (pl. ־עס) carpet מַרְבָד; fur cover (in a sledge) שְׂמִיכָה (בעגלת חרף).

קאָברעץ = קאָבריק.

קאַגאַניעץ, קאַגאַניק = קאַנעץ.

קאַדוויטשען v. a. to beat, lick הַכֵּה; to shake נַעֲנֵעַ.

קאַדזילע s. (pl. ־ס) censer מַחְתַּת הַקְּטֹרֶת.

קאַדיניע — טאַלעפּום.

קאַדיק s. (pl. ־עס) devil שֵׁד, שָׂטָן א).

— דער קאַדיק זאָל אים כאַפּן! the deuce take him! יקחהו השטן!

קאָדע s. fat tail (of sheep) אַלְיָה.

קאַדענץ s. term of office זְמַן שֶׁל מִשְׂרָה.

קאַדעס s. (pl. ־עס) water-tub, water-cask חָבִית לְמַיִם.

קאָדער s. (pl. ־ס) tatter, rag סְחָבָה ב).

קאָדערן v. a. to tear to pieces קָרֹעַ לִגְזָרִים.

קאַדקע s. (pl. ־ס) tub גִּיגִית.

קאַדריל s. quadrille מְחוֹלַת הָאַרְבָּעָה.

קאָוואַדלע s. (pl. ־ס) anvil סַדָּן.

קאָוואַ‖ל s. (pl. ־ליעס) blacksmith נַפָּח, חָרָשׁ.

קאַוואַליער s. (pl. ־ן) gentleman, chivalrous man אִישׁ נִמּוּסִי; partner (at a dance) בֶּן זוּג (לאשה במחול).

קאַוואַלעריע s. cavalry חֵיל הַפָּרָשִׁים.

קאָוואַלטשיק, פאַרקלענערוואָרט פון קאָוואַל.

קאַוואָן = קאַוועגע.

קאָוואַניע s. forging חֲשִׁילַת בַּרְזֶל.

א) פויליש kaduk, טײַוול. ב) מיטלהויכדײַטש koder, לאַטע.

קאַוויאַר s. caviar בֵּיצֵי־דָגִים מְלוּחִים.

קאַוויאַרניע s. (pl. ־ס) coffee-house, café בֵּית מִשְׁתֵּה קַהֲוָה.

קאַווירן v. a. to guarantee עָרֹב.

קאַווע s. coffee קַהֲוָה.

קאַווע‖בוים s. (pl. ־בײמער) coffee-tree עֵץ הַקַּהֲוָה.

קאָוועןן v. a. to forge, hammer חָשֹׁל בַּרְזֶל; to shoe (a horse) תֵּת פַּרְסוֹת בַּרְזֶל לְסוּס; to put in irons אָסֹר בְּכַבְלֵי בַרְזֶל.

קאַווענטשען זיך v. r. to trouble oneself continually with טָרֹחַ תָּמִיד בְּדָבָר.

קאַווענע s. (pl. ־ס) watermelon אֲבַטִּיחַ.

קאַווע־פּושקע s. (pl. ־ס) canister קוּפָּה לְקַהֲוָה.

קאַווע־קריגל s. (pl. ־עך) coffee-pot קְמְקוּם לְבַשֵּׁל בּוֹ קַהֲוָה.

קאַווציע s. security עֲרֵבוּת; bail עֵרָבוֹן (בעד אסיר).

קאַזאַטשאָק = קאַזאַצקע.

קאַזאַטשינג s. (pl. ־ס) story סִפּוּר.

קאַזאַטשקע s. (pl. ־ס) Cossack woman אִשָּׁה קוֹזָקִית.

קאַזאַלע s. (pl. ־ס) tale, legend סִפּוּר, אַגָּדָה.

קאַזאַצקע[1] s. (pl. ־ס) Cossack dance מָחוֹל קוֹזָקִי.

קאַזאַצקע[2] adj. Cossack's שֶׁל קוֹזָק, קוֹזָקִי.

קאָזאַק[1] s. (pl. ־ן) Cossack קוֹזָק; bold fellow אָדָם אַמִּיץ לֵב.

— כאַפּן אַ קאָזאַק (id.) to catch a Tartar טָעֹה. שנה להנאתו.

קאָזאַק[2] s. (pl. ־עס) prison תְּפִיסָה, בֵּית אֲסוּרִים.

קאַזאַקיש = קאַזאַצקע[2].

קאַזאַרמע s. (pl. ־ס) barracks קְסַרְקְטִין.

קאָזיאָל s. (pl. ־עס) he-goat, billy-goat עַתּוּד, תַּיִשׁ.

קאַזיאָנע adj. of the crown שֶׁל מַלְכוּת, שֶׁל הַמֶּמְשָׁלָה.

קאַזידלע = קאַדזילע.

קאָזיר s. (pl. ־עס) trump (at cards) קְלָף הַמְנַצֵּחַ.

קאָזיראָק s. (pl. ־עס) visor מִצְחָה (של כובע).

קאָזלאָווע = קאָזלענע.

קאָזלע s. (pl. ־ס) coach-box מוֹשַׁב הָרַכָּב; sawing jack, sawyer's block חֲמוֹר (של חרש עץ וכד'); trestle מְכוֹנָה (של בנאים).

קאָזלענע adj. of he-goat שֶׁל תַּיִשׁ.

קאַזנאַ s. exchequer אוֹצַר הַמְּדִינָה, גִּנְזָךְ.

קאַזנאַטשײ s. (pl. ־עס) treasurer גִּזְבָּר.

קאַזנאַטשײַסטווע s. (—ס pl.) treasury, exchequer בֵּית הָאוֹצָר, גִּנְזָךְ.

קאַזניאַ = קאַזנאַ.

קאָזע s. (—ס pl.) goat עֵז; prison תְּפִיסָה; cheat, trickster (*at games*) רַמַּאי (במשחקים).

קאַט s. (—עס pl.) executioner, hangman תַּלְיָן.

קאָט s. (—עס pl.) he-cat, tom-cat חָתוּל זָכָר.

קאָטאַ int. away! (*to a tom-cat*) לֵךְ הָלְאָה! (לחתול).

קאָטאָװעס s. jest, fun, joke בְּדִיחָה, הֲלָצָה! א).

— אויף קאָטאָװעס for fun בדרך בדיחה.

— נוט איוף קאָטאָװעס earnestly, in dead earnest באמת, ברצינות.

— אַ קאָטאָװעס עפּעס? is it a small matter? האם דבר קטן הוא?

— טרײַבן קאָטאָװעס to jest, to joke התלוצץ.

קאָטאָװעס-טרײַבער s. (— . —ס pl.) joker בַּדְחָן, מתלוצץ.

קאָטאָװעסל, פֿאַרקלענערװאָרט פֿון קאָטאָװעס.

קאַטאַלאָג s. (—ן pl.) catalogue רְשִׁימָה.

קאַטאַליק = קאַטויל.

קאַטאַסטראָפֿע s. (—ס pl.) catastrophe, disaster אָסוֹן.

קאַטאַר s. catarrh דַּלֶּקֶת עוֹר הָרִיר; = קאַטער.

קאַטאָרגע s. hard labor, penal servitude עֲבוֹדַת פֶּרֶךְ, עֲבוֹדַת עֲנוּשִׁים.

קאַטאָרזשניק s. (—עס pl.) convict שָׁפוּט לַעֲבוֹדַת פֶּרֶךְ; חַיָּב פּוֹשֵׁעַ.

קאַטאָרזשנע adj. of penal servitude שֶׁל עֲבוֹדַת עֲנוּשִׁים.

— קאַטאָרזשנע אַרבעט penal servitude, hard labor עבודת ענושים, עבודת פרך; hard (*fig.*) work עבודה קשה.

קאָטאָרי pron. rel. which אֲשֶׁר, שֶׁ־ ב).

— אַ מענש קאָטאָרי װעלכער... (*joc.*) a man who... אדם ש...

קאַטויל s. (—ן pl.) Catholic קַתּוֹלִי.

קאַטויליש adj. Catholic קַתּוֹלִי.

קאָטוך s (—עס pl.) hen-house לוּל.

קאָטושקע s. (—ס pl.) bobbin, spool סְלִיל.

קאַטשײַען זיך v. r. to roll הִתְגַּלְגֵּל; to take a drive נָסַע בַּעֲגָלָה לְטִיּוּל; to skate הַחֲלֵק עַל הַגְּלִיד.

קאָטינקע s. (—עס pl.) kitten גּוּר הֶחָתוּל, חֲתַלְתּוּל.

קאָטליער s (—ליערס, —ליאַרעס pl.) boiler-maker, kettle-maker חָרַשׁ דּוּדֵי נְחֹשֶׁת.

קאָטלעט s. (—ן pl.) cutlet קְצִיצָה.

א) אפשר פֿון פּויליש gadywać רײדן, פּלוידערן? ב) רוסיש который, װעלכער.

קאַטלעקאַניע s. (—ס pl.) person of low birth אִישׁ מִמִּשְׁפָּחָה דַלָּה א).

קאַטעדראַל s. (—ן pl.) cathedral בֵּית כְּנֶסֶת (לנוצרים).

קאַטעדרע = קאַפֿעדרע.

קאַטעװניק s. (—עס pl.) jester, joker בַּדְחָן, לֵיצָן.

קאַטעװען v. a. to flog, whip הַכֵּה בְּשׁוֹט, הַלְקֵה.

קאַטער s. (—ס pl.) cold נְזִילָה.

קאָטער s. (—ס pl.) he-cat, tom-cat חָתוּל זָכָר.

— הערן אומעצן װי דעם קאָטער to pay no attention to a person לא שים לב לאיש.

קאַטערינשטשיק s. (—עס pl.) organ-grinder קוֹנֵן בְּתֵבָה מְנַגֶּנֶת.

קאַטערינע = קאַטערינקע.

קאַטערינקע s. (—ס pl.) street-organ תֵּבָה מְנַגֶּנֶת.

קאַטערן v. a. to disconcert בַּלְבֵּל, הַפְרֵעַ.

קאַטש s. (—ן pl.) coach מֶרְכָּבָה.

קאַטשאַן s. (—עס pl.) cabbage-stalk, cabbage-stump קֶלַח שֶׁל כְּרוּב; blockhead (*fig.*) שׁוֹטֶה, הֶדְיוֹט; ז. קאַטשען².

קאַטשײַען זיך v. r. to roll, wallow הִתְגּוֹלֵל.

קאַטשן s. (— pl.) stalk stump קֶלַח ב).

— קאַטשן פֿון קוקערוזעס spikes of Indian corn, (*Am.*) corn-cobs קלחים של תירס.

קאַטשעלאַב, קאַטשעלאַפּ s. (—עס pl.) botcher, bungler עוֹשֶׂה מְלָאכָה נִפְסָה; nickname of a Chassid שֵׁם גְּנַאי לְחָסִיד.

קאַטשעלקע s. (—ס pl.) rolling-pin מַעֲרוֹךְ (גליל עץ); calender מַכְבֵּשׁ (להחליק לבנים).

קאַטשען¹ v. a. to roll גַּלֵּל; ‖ — זיך v. r. to roll הִתְגּוֹלֵל.

קאַטשען² s. (—עס pl.) stalk, stump קֶלַח (= קאַטשאַן, קאַטשן).

קאַטשען³ adj. of duck שֶׁל בַּר אַוָּז.

קאַטשער s. (—ס pl.) drake בַּר אַוָּז (זכר).

קאָטשערע s. (—ס pl.) poker, oven-fork אוּד (להפך הנחלים בתנור).

— (*id.*) לאַפּעטעס און קאָטשערעס a bad handwriting כתב רע.

קאַטשקע s. (—ס pl.) duck בַּר אַוָּז (נקבה).

קאַטשקען adj. of duck שֶׁל בַּר אַוָּז.

קאַידריש = קוידריש.

קאַיוט s. (—עס pl.) cabin (*of a ship*) חֲדַר הָאֳנִיָּה.

קאָך s. noise, tumult שָׁאוֹן, מְהוּמָה; sensation, stir הִתְרַגְּשׁוּת, הִתְעוֹרְרוּת; restless person אָדָם זָרִיז.

א) בײַ ליפֿשיצן. ב) אין חיי אדם ע״ט.

קאַבאַניק s. (pl. ‎-עס) lover אוהב, מאהב.
קאַכבוך s. (pl. ‎-ביכער) cook-book ספר המבשלים.
קאַכל s. (pl. ‎-) tile, Dutch tile רעף תנור.
קאַכל-אויוון s. (pl. ‎-ס) stove made of Dutch tiles, cockle-stove תנור של רעפים.
קאַכליע = קאַכל.
קאַכליע = קאַכלעפל.
קאַכליען adj. of tiles של רעפים.
קאַכלעפל s. (pl. ‎-ען) scoop, ladle כף בוחשת. בחשה; busy-body (fig.) עוסק בעניני אחרים. מתערב בעניני אחרים.
קאָכן v. a. to cook בשל; to boil בשל, הרתח; ‖ v. n. to boil רתח; to be agitated (fig.) הרעש; ‖ ‎-זיך v. r. to be cooked התבשל; to boil רתח; to be excited (fig.) התרגש; to be in a rage התקצף.
— עס קאָכט מיט אום די וועלט there is a stir in the world about him הנהו מרעיש את העולם.
— עס קאָכט די שטאָט the town is in a turmoil העיר במהומה.
— ער קאָכט זיך he is excited הוא מתרגש; he is in a rage הוא מתקצף.
קאָכן זיך v. r. to be in love with אהב, חשק ב־.
קאָכעניש s. agitation, excitement התרגשות; rage קצף; noise, tumult שאון, מהומה.
קאַלאַדאַטש s. (pl. ‎-עס) kitchen-knife מאכלת.
קאַלאַטאָיקע (pl. ‎-ס) churn-staff מדוך של מחמאה; churn מחמאה, מחבצת.
קאַלאַטשען, קאַלאַיצען = קאַלאַציען.
קאַלאַמוטנע adj. troubled, turbid עכור, דלוח; gloomy עצוב, עגום.
קאַלאָמעל s. calomel כסף חי ממתק.
קאַלאַנטער s. quarantine הסגר (מחסום למגפה).
קאַלאָניאַל adj. colonial של מושבה.
קאַלאָניסט s. (pl. ‎-ן) colonist, settler נוה במושבה.
קאַלאָניע s. (pl. ‎-ס) colony מושבה.
קאַלאַסע = קאַלאַשע.
קאַלאַציען v. a. to shake, stir נער, בחש.
קאַלאַקאַטשען v. n. to chatter פטפט.
קאַלאַראַווע = קאַלוראַווע.
קאַלאַש = גאַלאַש.
קאַלאַשע s. (pl. ‎-ס) one of the legs of trousers אחד משוקי המכנסים א).
קאַלב s. (pl. קעלבער) calf עגל; fool (fig.) שוטה.

א) פויליש kolosza.

קאַלבאַס = קאַלבאַסע.
קאַלבאַסניק s. (pl. ‎-עס) sausage-man עושה נקניקים; one who eats forbidden food אוכל טרפות.
קאַלבאַסע s. (pl. ‎-ס) sausage נקניק.
קאָלבע s. (pl. ‎-ס) butt-end of a gun קצה העבה של קנה רובים.
קאַלבפלייש s. veal בשר עגל.
קאָלדוניע s. (pl. ‎-ס) witch, sorceress מכשפה.
קאָלדרע s. (pl. ‎-ס) quilt מכסה, שמיכה.
קאָלווראָט s. (pl. ‎-ן) turn pike בריח, בלם (מחסום לדרך); draw-beam (of a well) קילון.
קאַלוזשע s. (pl. ‎-ס) puddle בצה.
קאָלומבוסעס מדינה npr. (Am.) Columbus's land, America ארץ קלומבוס, אמריקה.
קאַלופּען v. a. to pick נקר; ‖ ‎-זיך v. r. to be slow at one's work היה אטי במלאכתו.
קאַלט adj. cold קר, צונן; indifferent (fig.) אדיש.
— אַ קאַלטער גזלן a cold-blooded murderer רוצח קר הרוח.
— אַ קאַלטע מומע aunt by marriage דודה על ידי התחתנות.
קאַלטבלוטיג adj. indifferent אדיש; cold-blooded קר רוח; ‖ ‎-קייט s. indifference אדישות; cold-bloodedness קרת רוח.
קאָלטן s. (pl. ‎-ס) elf-lock, plica polonica לבד, קליק, סבכת שער (מחלה).
— (id.) עס פֿאַרדרייט זיך אים דער קאָלטן he is becoming whimsical הוא מתעקש.
קאָלטענע = קאָלטן.
קאָלטענעוואַטע adj. with elf-locks עם לבדים, עם קליקים.
קאַליאַס s. (pl. ‎-ן) calash, open carriage מרכבה פתוחה.
קאַליאַסקע = קאַליאַס.
קאַליאַקען v. n. to chatter, babble פטפט.
קאַליגראַף s. (pl. ‎-ן) calligrapher אמן במלאכת הכתיבה, כותב אמן.
קאַליגראַפיע s. calligraphy כתיבה יפה.
קאַליטקע s. small door דלת קטנה.
קאַליטשען = קאַליעטשען.
קאָליי s. (pl. ‎-ס) cart-rut, wheel-track מסלול (של אופני עגלה); rail מסלת הברזל; turn (at a game) תור (במשחק).
— (fig.) אַרויסגיין פֿון קאָליי to go out of one's way נטה מדרכו.
קאַלייען v. n. to be cold היה קר ל־.
קאָלייקע s. (pl. ‎-ס) little railroad מסלת ברזל קטנה; = טראַמוויי.

קאַלינע s. (pl. ‑ס) water-elder, guelder-rose מִין עֵץ נוֹשֵׂא גַּרְגְּרִים אֲדֻמִּים.
קאַליע adj. spoiled, out of order מְקֻלְקָל.
— קאַליע מאַכן to spoil קַלְקֵל.
קאַליִע = אונדעך.
קאַליע s. (pl. ‑ס) case, bale (of goods) אֲרִזָה, חֲבִילָה (של סחורה); necklace שַׁהֲרוֹן, עֲנָק; wheel-track מַסְלוּל אוֹפָן; railroad מְסִלַּת בַּרְזֶל.
קאַליעזשע = קאַלוזשע.
קאַליעטשען v. a. to hurt פָּצַע, הִזִּיק; to maim, cripple, disable הַטֵּל מוּם בְּ־, עָשָׂה לְבַעַל מוּם.
קאַליענדע s. (pl. ‑ס) new year's gift מַתָּנָה לְרֹאשׁ הַשָּׁנָה (לנוצרים) א).
— גיין אויף קאַליענדעס to go from door to door with wishes of a happy new year חזר על הפתחים לברך בברכת ראש השנה (ולקבץ מתנות) ב).
קאַליעצטווע s. (pl. ‑ס) maim מוּם; defect מוּם, חִסָּרוֹן.
קאַליעקע = קאַליקע.
קאַליפֿאָניע s. colophony נֹפֶת אַלָּה.
קאַליקע s. (pl. ‑ס) cripple בַּעַל מוּם.
— מאַכן פֿאַר אַ קאַליקע to cripple עשה לבעל מום.
קאָליר s. (pl. ‑ן) color צֶבַע; compolexion צֶבַע הַפָּנִים, מַרְאֵה הָעוֹר.
קאָליראָווע adj. of diverse colors, variegated שֶׁל גְּוָנִים שׁוֹנִים, מְגֻוָּן.
קאָלירנדיג = קאָליראָווע.
קאַליש s. soup, porridge נָזִיד.
קאַלך s. lime גִּיר, סִיד, שִׂיד.
קאַלך־אויוון s. (pl. ‑ס) lime-kiln כִּבְשָׁן.
קאַלכוואַסער s. lime-water מֵי סִיד.
קאַלכיג adj. limy כְּסִיד.
קאַלכשטיין s. (pl. ‑ער) limestone אֶבֶן סִיד.
קאַלמוס s. sweet-flag, sweet-rush קְלָמוּס, סוּף; comfits of sweet-flag מַמְתַּקִּים שֶׁל קְלָמוּס.
קאַלנער s. (pl. ‑ס) collar בֵּית צַוָּאר, צַוָּרוֹן.
קאָלע s. (pl. ‑ס) railroad מְסִלַּת בַּרְזֶל; (= קאַליע).
קאָלעבליק s. tumult, uproar שָׁאוֹן, מְהוּמָה; confusion מְבוּכָה.
קאָלעגע s. (pl. ‑ס) colleague חָבֵר, בֶּן אוּמָנוּתוֹ.
קאַלעך = קאַלך.
קאַלעמוטנע = קאַלאַמוטנע.
קאַלענדאַר s. (pl. ‑ן) = קאַלענדער.

א) פּויליש kolęda, אַ מתנה לכבוד ניי־יאָר. ב) ביי יידן אין פּוילן איז געווען אַן ענליכער מנהג ביי חזנים אום חנוכה.

קאַלענדער s. (pl. ‑ס) calendar, almanac לוּחַ הַשָּׁנָה.
קאַלענדרעווען v. n. to go from house to house הָלַךְ מִבַּיִת לְבַיִת א).
קאַלעקאַטקע s. (pl. ‑ס) clapper, toy contrived to make a clattering sound (used by Jewish children on Purim) קַשְׁקֶשֶׁת ב).
קאַלעקאַטשען v. n. to jabber, chatter פִּטְפֵּט.
קאָלעקטאָר s. (pl. ‑טערס, ‑טאָירן) collector מְאַסֵּף, גּוֹבֶה.
קאָלעקציע s. (pl. ‑ס) collection קִבּוּץ, קְבוּצָה.
קאַלפּאַק s. (pl. ‑עס) night-cap כִּפָּה; high fur cap (worn by young men on Sabbaths and holidays) כֹּבַע עוֹר רָם (שנושאים הבחורים בשבתות ובימים טובים) ג; shade כֹּבַע מְנוֹרָה.
קאַם¹ s. (pl. ‑ען) comb מַסְרֵק; כַּרְבֹּלֶת (בראש התרנגול).
קאַם², קאָם adv. hardly כִּמְעַט שֶׁ־, בְּקשִׁי.
קאָמאָד s. (pl. ‑ן) chest of drawers אֲרוֹן מְגֵרוֹת.
קאָמאָדע = קאָמאָד.
קאָמאַנדאַנט s. (pl. ‑ן) commandant שַׂר הַמִּבְצָר.
קאָמאַנדיר s. (pl. ‑ן) commander מְפַקֵּד הַצָּבָא.
קאָמאַנדירן v. a. to command פָּקֵד הַצָּבָא.
קאָמאַנדע s. (pl. ‑ס) command פִּקּוּד; band, company, brigade גְּדוּד.
— באַסע קאָמאַנדע, ז. באַסע.
— פּאָזשאַרנע קאָמאַנדע, ז. פּאָזשאַרנע.
קאָמאַנדעווען v. a. n. to command פָּקַד (צבא); to order, give orders פָּקַד, צִוָּה.
קאָמאָנס s. pl. Commons הַבַּיִת הַתַּחְתּוֹן (בפרלמנט האנגלי).
קאָמאַר s. (pl. ‑עס) gnat בַּקָּה (מין יתוש).
קאָמאָרניק s. (pl. ‑עס) lodger, tenant דַּיָּר, שָׁכֵן; bailiff שְׁלִיחַ בֵּית דִּין; surveyor מוֹדֵד אֲדָמָה.
קאָמאָרנע s. rent שְׂכַר דִּירָה.
קאָמאָרע = קאַמער.
קאָמאַש¹ s. (pl. ‑ן) gaiter מוֹק ד).
קאָמאַש² s. red fustian stuff אָרִיג אָדֹם מִכַּרְפַּס ה).
קאָמאַשניק s. (pl. ‑עס) gaiter-maker עוֹשֵׂה מוֹקִים.
קאַמבעלע s. (pl. ‑ס) flat-fish, flounder פּוּטִית (מין דג).

א) ביי אַבראַמאָוויטשן אין „פֿישקע דער קרומער“, קאַפּ. 4; זעט אויס פֿון פּויליש kolędować, גיין פֿון הויז צו הויז באַגריסן צום נייעם יאָר. ז. קאַליענדע. ב) פּויליש klekot, אַ קלאַפּער, וואָס קריסטליכע קינדער האָבן באַנוצט אין די קאַר־ציאַלעס. ג) אין דער באַדייטונג ביי שטראַקן. ד) פּויליש kamasz. ה) רוסיש кумачъ.

קאָמוניזם s. communism תּורת השתּוף בּנכסים.

קאָמוניסט s. (pl. ־ן) communist מחזיק בּתורת השתּוף בּנכסים.

קאָמוניסטיש adj. communistic של תורת השתוף בּנכסים; של מחזיקים בּתורת השתּוף בּנכסים.

קאָמוניקאַציע s. (pl. ־ס) communication יחש, חבּור.

קאָמונע s. (pl. ־ס) commune אגדה.

קאָמיזויל = קאַמיזעלקע.

קאָמיטעט s. (pl. ־ן) committee ועד.

קאַמילן־טיי s. camomile-tea תה הקמילה (מין ציץ השדה).

קאַמין s. (pl. ־עס) fire-place אח.

קאָמינאַר s. (pl. ־עס) chimney-sweep מנקה ארבּות.

קאָמיניק = קאַמין.

קאָמיניק s. (pl. ־עס) lodger, tenant דיר, שכן (= קאָמאָרניק).

קאָמינעק = קאַמין.

קאָמיסאַר s. (pl. ־ן) commissary פּקיד, מורשה.

קאָמיסאַריאַט s. (pl. ־ן) commissariat פּקדה, משמרת.

קאָמיסיאָנער s. (pl. ־ן) commissioner אמין, סוכן.

קאָמיסיע s. (pl. ־ס) commission מלאכות, שרות; אמינות; committee ועד.

קאָמיקער s. (pl. ־) comic, comic actor, comedian בּדחן.

קאָמיש s. reed סוף.

קאָמיש adj. comical מבדח.

קאָמיש־בּרויט s. biscuit לחם נקדים.

קאַמלאַציק s. camlettine כּמלום קל; ז. קאַמליעט.

קאַמליעט, קאַמלעט s. camlet כּמלום (ארג מצמר עזים).

קאַמליעטן, קאַמלעטן adj. of camlet של כּמלום.

קאָמע s. (pl. ־ס) lump, clod גוש, רגב.

קאָמעדיאַנט s. (pl. ־ן) comic actor בּדחן; acrobat לולין, מדלג על חבל.

קאָמעדיאַנטסקע adj. acrobatic של לולין.

קאָמעדיאַנטקע s. (pl. ־ס) comic actress בּדחנית; female acrobat לולינית, מדלגת על חבל.

קאָמעדיע s. (pl. ־ס) comedy חזון התולים; circus קרקוס, אצטדין א).

קאָמעזעלקע s. (pl. ־ס) waistcoat חזיה (לגברים).

קאָמעט s. (pl. ־ן) comet כּוכב שבט.

קאָמעניאַר = קאָמינאַר.

א) אין דער צווייטער באַ־ייטונג ביי ליפּשיצן.

קאָמענדע s. (iro.) command, leadership ראשות, הנהגה.

קאָמער s. (pl. ־ן) chamber חדר; closet חדר מיוחד.

קאָמער = קאָמאָר.

קאָמעראַד s. (pl. ־ן) comrade חבר.

קאָמערדינער s. (pl. ־) chamberlain פּקיד על היכל מלך.

קאַמערטאָן s. (pl. ־ס) diapason קולן.

קאַמערטוך s. cambric ארג בּד דק.

קאָמערציע s. commerce מסחר.

קאָמערציעל adj. commercial של מסחר, מסחרי.

קאַמף s. (pl. ־ן) fight, struggle מלחמה.

קאָמפּאָזי||טער s. (pl. ־טערס, ־טאָ'רן) composer מחבּר מנגינות.

קאָמפּאָזיציע s. (pl. ־ס) composition חבּור מנגינות.

קאָמפּאָט s. stewed fruit תּבשיל של פּרות (לקנוח סעודה).

קאָמפּאַניאָן s. (pl. ־ען) companion חבר; partner שתף.

קאָמפּאַניע s. (pl. ־ס) company חברה, כּנופיה.

קאָמפּאַנירן זיך v. r. to associate התחבּר.

קאָמפּאַס s. (pl. ־ן) compass מחט המגנט, מצפּין.

קאָמפּלימענט s. (pl. ־ן) compliment שבח, חנופה.

קאַמפער s. camphor כּפור (מין צמח ותמציתו).

קאַמפער־שפּירטעס s. spirit of camphor כּהל כּפורי.

קאָמפּרעס s. (pl. ־ן) compress תּחבּשת.

קאַן s. (pl. ־ען) can פּך, כּד, קנקן.

קאָן s. (pl. ־ען) stake מערב (הכּסף שמעמידים המשחקים בּקלפים); turn (in a game) תּור (במשחק); figure (of a dance) מערכת מחוללים.

קאָנאָוואַל = קאָנעוואַל.

קאַנאַווע s. (pl. ־ס) ditch תּעלה.

קאַנאַל s. (pl. ־ן) canal, channel תּעלה, צנור.

קאַנאָן s. (pl. ־ען) cannon, gun תּותח, מקלעה.

קאַנאַפּליע s. hemp קנבּוס.

קאַנאַפּע s. (pl. ־ס) sofa, couch ספּה, צפּתּא.

קאַנאַריק s. (pl. ־עס) canary, canary-bird קנרית (מין צפור).

קאָנגרעס s. (pl. ־ן) congress אספת צירים, כּנסיה.

קאָנדוק||טער s. (pl. ־טערס, ־טאָ'רן) conductor מנהיג הרכּבת.

קאַנדידאַט s. (pl. ־ן) candidate איש עומד להבּחר.

קאַנדיטאָר s. (pl. ־ס) confectioner עושה ממתּקים.

קאַנדיטעריי s. confectionery ממתּקים, סכּריות; בּית מכירת ממתּקים

קאָנדיציע s. (pl. ־ס) condition תּנאי; situation, employment משרה, עבודה.

קאַנדל-צוקער *s.* sugar-candy, rock-candy סֻכַּר גָּלוּד א).

קאַנדעליאַבּרע *s.* (*pl.* ־ס) chandelier נִבְרֶשֶׁת.

קאַנוואולסיע, קאַנוואולציע *s.* convulsion עֲוִית, שֶׁבֶץ, פִּרְכּוּס.

קאַנוואַי = קאַנעוואַי.

קאַנווע *s.* canvas קַנְוָה (מין ארג פשתים); אַטּוּן לְרִקְמָה; בַּד הַצַּיָּרִים.

קאַנווערט *s.* (*pl.* ־ן) envelope מַעֲטָפָה (למכתב).

קאַניקען = מויקען.

קאַנוס *s.* (*pl.* ־ן) cone חַדּוּדִית.

קאַנורע *s.* (*pl.* ־ס) dog-hole, kennel מְעוֹן כֶּלֶב, מְאוּרָה.

קאַנזל = קאַנסל.

קאַנט *s.* (*pl.* ־ן) side צַד, צֶלַע; angle זָוִית; edge, border שָׂפָה; country אֶרֶץ, מְדִינָה.

קאַנטאָן *s.* (*pl.* ־ען) canton גָּלִיל.

קאַנטאָניסט *s.* (*pl.* ־ן) soldier's son בֶּן חַיָּל (לפנים, בהלקח בני החילים הקטנים); one captured for military service when a child נִלְקָד לַעֲבוֹדַת הַצָּבָא בְּעוֹדֶנּוּ יֶלֶד.

קאַנטאָר *s.* (*pl.* ־ן) counting-room חֲדַר הַחֶשְׁבּוֹנוֹת; office חֲדַר הָעֵסֶק.

קאַנטאָרשטשיק *s.* (*pl.* ־עס) banker שֻׁלְחָנִי.

קאַנטאָרסקע *adj.* of counting-room שֶׁל חֲדַר הַחֶשְׁבּוֹן; of banker שֶׁל שֻׁלְחָנִי.

קאַנטאָרקע *s.* (*pl.* ־ס) desk מַכְתֵּבָה.

קאַנטיג *adj.* cornered, angular בַּעַל זָוִיּוֹת, בַּעַל צְלָעוֹת.

קאַנטיג *adj.* visible, evident נִרְאֶה, נִכָּר.

קאַנטע *s.* (*pl.* ־ס) account חֶשְׁבּוֹן.

— נעמען אויף קאַנטע to take on credit לָקַח עַל חשבון, לקח בהקפה.

קאַנטע-בוך *s.* (*pl.* ־ביכער) account-book סֵפֶר הַחֶשְׁבּוֹנוֹת.

קאַנטעווען *v. a.* to square הִקְצִעַ, עָשָׂה רִבּוּעַ; to put on its side הִנִּיחַ עַל צִדּוֹ.

קאַנטעט, קאַנטענט *adj.* content שְׂבַע רָצוֹן.

קאַנטעקירענט *s.* running account חֶשְׁבּוֹן חוֹלֵף.

קאַנטער = חַזָּן.

קאַנטראַבאַנדטשיק *s.* (*pl.* ־ס) contrabandist, smuggler מַכְנִיס סְחוֹרָה בְּהַבְרָחַת הַמֶּכֶס.

קאַנטראַבאַנדע *s.* contraband הַבְרָחַת מֶכֶס; smuggled goods סְחוֹרָה שֶׁנִּכְנְסָה בְּהַבְרָחַת מֶכֶס.

קאַנטראָל = קאַנטראָליע.

קאַנטראָליאָר *s.* (*pl.* ־ן) controller שׁוֹלֵט; בּוֹדֵק חֶשְׁבּוֹן.

קאַנטראָליע *s.* (*pl.* ־ס) controll שִׁלְטוֹן; בְּדִיקַת חֶשְׁבּוֹן.

קאַנטראָלירן *v. a.* to control שָׁלַט עַל־; בָּדַק חֶשְׁבּוֹן.

קאַנטראַסט *s.* (*pl.* ־ן) contrast נִגּוּד, הֵפֶךְ.

קאַנטראַקט *s.* (*pl.* ־ן) contract, agreement אֲמָנָה, שְׁטַר אֲמָנָה.

קאַנטרע *adv.* contrary, in opposition כְּנֶגֶד.

קאַנטרעבאַנט, קאַנטרעבאַנטשיק = קאַנטרעבאַנדע, קאַנטרעבאַנדטשיק.

קאַנטשאַפט *s.* acquaintance הַכָּרוּת; מַכִּירִים.

קאַנטשיק *s.* (*pl.* ־עס) leather whip פַּרְגּוֹל (שוט רוסי).

קאַנטשען *v. a.* to end, finish גָּמַר, כִּלָּה.

קאָניאַק *s.* cognac קוֹנְיַק (יין שרף מענבים).

קאָניאַק *s.* (*pl.* ־עס) hobby רַעְיוֹן חָבִיב; forte כֹּחַ, אֹמֶץ.

— דאָס איז זײַן קאָניאַק that is his forte בזה כחו גדול.

קאַניבאַל *s.* (*pl.* ־ן) cannibal אוֹכֵל אָדָם.

קאָניוך *s.* (*pl.* ־עס) groom, stable-man מַשְׁגִּיחַ עַל סוּסִים, מְשָׁרֵת הָאֻרְוָה.

קאָניושניע *s.* (*pl.* ־ס) stable אֻרְוָה.

קאָניטשינע *s.* clover, trefoil תִּלְתָּן.

קאַניץ = קאַנעץ.

קאַניקולעס *s. pl.* vacations פַּגְרָה, יְמֵי חֹפֶשׁ מִלִּמּוּדִים.

קאָנסאָנאַנט *s.* (*pl.* ־ן) consonant אוֹת בְּלִי תְנוּעָה.

קאָנסול = קאַנסל.

קאָנסולאַט *s.* (*pl.* ־ן) consulate בֵּית פְּקִידוּת הַצִּיר.

קאָנסולעם *s.* (*pl.* ־ס) consultation of physicians סוֹד רוֹפְאִים.

קאָנסטיטוציאָנעל *adj.* constitutional לְפִי מִשְׁפַּט הַמְּלוּכָה.

קאָנסטיטוציע *s.* (*pl.* ־ס) constitution מִשְׁפַּט הַמְּלוּכָה (תקנות יסודיות של מדינה).

קאָנסיסטאָריע *s.* (*pl.* ־ס) consistory וַעַד הַנְהָגַת עִנְיְנֵי הַכְּנֶסֶת.

קאָנסערוואַטאָריע *s.* (*pl.* ־ס) conservatory בֵּית לִמּוּד שִׁירָה וְזִמְרָה.

קאָנסערוואַטיוו *adj* conservative מַחֲזִיק סֵדֶר הַיָּשָׁן.

קאַנע *s.* (*pl.* ־ס) clyster, enema זְרִיקָה לְתוֹךְ הַמְּעַיִם; enema-syringe חֹקֶן (כלי שזורקים בו נוזלים לתוך המעים דרך פי הטבעת); chicane (*fig.*) תֹּאֲנָה.

— מאַכן אַ קאַנע to give an enema זרק נוזלים לתוך מעי איש על ידי חקן; to chicane (*fig.*) התאנה לי־.

קאַנעוואַי *s.* (*pl.* ־עס) convoy, escort לִוְיַת שׁוֹמְרִים.

א) דייטש Kandiszucker.

קאַנוואָיען v. a. to convoy, escort לַוֵּה בְּעֶזְרַת שׁוֹמְרִים.

קאָנוואַל s. (pl. ־עס) horse-doctor רוֹפֵא סוּסִים; = פֿאַרטאַטש.

קאָנען = קענען.

קאַנעץ s. (pl. ־ן) candle-end שְׁיָרֵי הַנֵּר, זְנַב הַנֵּר; illumination-lamp מְנוֹרַת לַיְלָה א).

קאַנעצל, פֿאַרקלענערוואָרט פֿון קאַנעץ.

קאַנפֿאַליע = קאַלופֿאַניע.

קאָנפֿיסקירן v. a. confiscate הַחֲרֵם.

קאַנפֿעקט s. (pl. ־ן) comfit מַמְתָּק.

קאַנפֿעקטור s. confiture, sweetmeats מַמְתַּקִּים.

קאָנפֿער = קאַמפֿער.

קאָנפֿערענץ s. (pl. ־ן) conference מוֹעָצָה, אֲסֵפָה.

קאַנפֿער־שפּירטעס = קאַמפֿער־שפּירטעס.

קאַנצלער s. (pl. ־ס) chancellor ראשׁ שָׂרֵי הַמְּלוּכָה.

קאַנצעלאַריע s. (pl. ־ס) governement-office, seal-office, office לִשְׁכַּת סוֹפְרֵי הַמֶּמְשָׁלָה.

קאַנצעראַליע, שפּאַסיג פֿאַר קאַנצעלאַריע.

קאָנצערט s. (pl. ־ן) concert נְגִינָה וְזִמְרָה לִפְנֵי קָהָל.

קאָנצערטיסט s. (pl. ־ן) performer in a concert מְזַמֵּר לִפְנֵי הַקָּהָל.

קאָנקורירן v. n. to compete הִתְחָרֵה.

קאָנקורס s. (pl. ־ן) competition הִתְחָרוּת.

קאָנקורענט s. (pl. ־ן) competitor מִתְחָרֶה.

קאָנקורענציע s. competition הִתְחָרוּת.

קאָסאָקע adj. squint-eyed פּוֹזֵל.

קאָסטיאָר s. (pl. ־עס) wood-pile עֲרֵמַת עֵצִים.

קאָסטיום s. (pl. ־ען) costume תִּלְבֹּשֶׁת; suit of clothes עֵרֶךְ בְּגָדִים.

קאַסטן s. (pl. ־ס) box, case, chest תֵּבָה, אַרְגָּז; barl (of a watch) תֵּבַת הַקְּפִיץ (בשעון של כיס).

קאָסטן¹ s. pl. cost, expense הוֹצָאָה.

קאָסטן² v. n. to cost עָלֹה בִּמְחִיר.

— לאָזן זיך קאָסטן to spend much money הוציא כסף רב.

קאָסטער = קאָסטיאָר.

קאָסינקע s. (pl. ־ס) neckerchief מִטְפַּחַת הַצַּוָּאר.

קאַסיער = קאַסיר.

קאַסיר s. (pl. ־ן) cashier פָּקִיד עַל הַכֶּסֶף (בבית מסחר); treasurer גִּזְבָּר.

קאַסירן v. a. to cancel בַּטֵּל (כתב); to annul, reverse בַּטֵּל (פסק דין).

קאַסע s. (pl. ־ס) treasury אוֹצַר הַכְּסָפִים; money-box, strong-box, chest, safe תֵּבַת הַכֶּסֶף, אֲרוֹן הַכֶּסֶף; great quantity כַּמּוּת גְּדוֹלָה.

א) קליינרוסיש каганецъ, א נאַכט־לעמפּל.

קאָסע¹ s. (pl. ־ס) scythe מַגַּל־קָצִיר.

קאָסע² s. tendon, sinew עוֹרֶק, מֵיתָר.

קאָסע³ adj. oblique לא יָשָׁר, נָטוּי בַּאֲלַכְסוֹן; slant, sloping מְשֻׁפָּע; cross, squint נַעֲוֶה (עינים).

קאַסע־בוך s. (pl. ־ביכער) cash-book סֵפֶר הָעֲסָקִים הַנַּעֲשִׂים בְּכֶסֶף מְזֻמָּן.

קאָסען v. a. to mow קָצֹר (חציר).

קאָסענירן v. a. to beat down the price גָּרֵעַ מִן הַמְּחִיר.

קאָסענירער s. (pl. ־, ־ס) one who beats down the price גּוֹרֵעַ מִן הַמְּחִיר.

קאָסענירערקע s. (pl. ־ס) woman who beats down the price אִשָּׁה גּוֹרַעַת מִן הַמְּחִיר.

קאָסעקייט s. obliqueness נְטִיָּה בַּאֲלַכְסוֹן; slopeness שִׁפּוּעַ.

קאָסציאָל s. (pl. ־עס) Polish church בֵּית תְּפִלָּה פּוֹלָנִי.

קאַסקע s. (pl. ־ס) helmet קוֹבַע.

קאָסקען v. a. to caress fondle חַבֵּב.

קאַפּ s. (pl. ־ן) drop טִפָּה, אֵגֶל; (fig.) drop, bit, little קְצָת, מְעַט.

— מאַן אַ קאַפּ to drop נָטֹף.

קאַפּ² s. (pl. ־ן) cape (geogr.) ראש (שן בחוף היבשה הנכנס לתוך הים).

קאָפּ s. (pl. קעפּ) head ראשׁ, גֻּלְגֹּלֶת.

— הערן מיט קאָפּ to listen attentively שמע בזהירות.

— זיך ברעכן דעם קאָפּ to rack one's brains הוגע את מחו.

— אַרויסשלאָגן זיך עפּעס פֿון קאָפּ to get rid of an idea, to think of it no longer הרחק דבר מלבו, חדל מחשב מדבר

— האָבן אין קאָפּ (id.) to be tipsy היה מבסם.

— קאָפּ אויף קאָפּ at an average בערך מְמֻצָּע, בסכום ממצע.

— שטויסן אויף די קעפּ to throng הִדָּחֵק בהמון.

— מיטן קאָפּ אַראָפּ און מיט די פֿיס אַרויף topsyturvy, upside down מְהֻפָּךְ, עליונים למטה ותחתונים למעלה.

— זאָל ער זיך שלאָגן קאָפּ אין וואַנט! the deuce take him! יקחהו השטן!

קאַפּאַוול adj. apt עָלוּל א).

קאָפּאָטע s. (pl. ־ס) coat מְעִיל.

קאַפּאַל = קאַפּאַוול.

קאַפּאַן s. panade מַאֲכַל לֶחֶם מְבֻשָּׁל ב).

קאָפּאַרניק s. (pl. ־עס) crafty person אָדָם עָרוּם; rogue נָבָל.

קאָפּדאַרעניש s. worry דְּאָגָה.

א) פֿ־אַנצייזיש capable, פֿייאיג. ב) דאָס וואָרט איז באַנוצט געוואָרן אין נאָוואַרעדאָק, מינסקער גובערניע.

קאַפּדולעניש s. confusion בִּלְבּוּל הַמֹּחַ.

קאַפּדרײַעניש s. head-breaking עָמָל; trouble צָרָה; = קאַפּדולעניש.

קאַפּ||האָן s. (pl. –הענער) capon תַּרְנְגוֹל מְסֹרָס.

קאַפּווייטיג s. (pl. –ן) head ache כְּאֵב הָראשׁ.

קאַפּוזיען v. a. to confuse בַּלְבֵּל.

קאַפּוט adj. lost, dead אָבֵד, מֵת א).

— גיין קאַפּוט, ווערן קאַפּוט to be lost, to perish אבד.

קאַפּויער = קאַפּויר.

קאַפּויערדיג adj. contrary, reverse הָפוּךְ, מִתְנַגֵּד.

קאַפּויר adv. contrary, reversely, the wrong way בְּאוֹפֶן הָפוּךְ.

— איבערקערן קאַפּויר to turn topsyturvy, to turn upside down הפך עליונים למטה ותחתונים למעלה.

— זיינע האָר שטעלן זיך קאַפּויר his hair stands on end תסמר שערת בשרו.

קאַפּול = קאָפּוט.

קאַפּוליער adj. of Kopyl (a town) שֶׁל קַפּוּלְיָה (עיר בפלך מינסק ברוסיה).

— (id.) אַ קאַפּוליער אָנצוהערעניש a rough hint רמז גס.

קאַפּוסטע s. cabbage כְּרוּב.

קאַפּוצע s. (pl. –ס) woman's cap כְּבֵינָה לְראשׁ אִשָּׁה, לְנָשִׁים.

קאַפּטאַן = קאַפּטן.

קאַפּ||טוך s. (pl. –טיכער) head-cloth, kerchief for the head מִטְפַּחַת הָראשׁ.

קאַפּטור s. (pl. –עס) cowl, hood כִּפָּה, צָעִיף; lamp-shade כּוֹבַע מְנוֹרָה.

קאַפּטל s. (pl. –עך) jacket בֶּגֶד קָצָר.

קאַפּטן s. long coat בֶּגֶד אָרֹךְ.

קאָפּטע s. (pl –ס) woman's jacket בֶּגֶד קָצָר לְנָשִׁים.

קאָפּטשאַנקע s. (pl. –ס) smoked herring דָּג מָלוּחַ מְעֻשָּׁן, חַלָּק מְעֻשָּׁן.

קאָפּטשען v. a. to smut הַשְׁחֵר בְּעָשָׁן; to smoke, smoke-dry עַשֵּׁן (דגים וכד').

קאַפּידריך = קאַפּויר.

קאָפּיט s. (pl. –עס) last, boot-tree אָמוּם, דפוס נַעַל ב).

קאַפּיטאַל s. (pl. –ן) capital הוֹן; קֶרֶן.

קאַפּיטאַליסט s. (pl. –ן) capitalist בַּעַל הוֹן.

קאַפּיטאַלנע adj. capital, important מְצֻיָּן, נִכְבָּד.

קאַפּיטאַן s. (pl. –עס) captain פְּקִיד הַצָּבָא; ראשׁ הָאֳנִיָּה, רַב חֹבֵל.

קאַפּיטל s. (pl. –ען, –עך) chapter פֶּרֶק.

קאָפּיטע s. (pl. –ס) hoof טֶלֶף, פַּרְסָה; = קאָפּיט.

א) דייטש kaputt, פֿון פֿראַנצייזיש capot, פֿאַרלאָרן (אין שפּילן). ב) פּויליש kopyto.

קאָפּײַען v. a. to dig חָפֹר; ||–זיך v. r. to ransack חַפֵּשׂ הֵיטֵב.

קאָפּיע s. (pl. –ס) copy הַעְתֵּק, הַעְתָּקָה.

קאָפּיקע s. (pl. –ס) copeck קֶפֵּיקָה (מטבע קטנה רוסית).

קאָפּיקענע adj. of the price of a copeck שֶׁל מְחִיר קֶפֵּיקָה.

קאָפּירן v. a. to copy הַעְתֵּק.

קאָפּירער s. (pl. –, –ס) copyist מַעְתִּיק.

קאַפּישאָן s. (pl. –עס) capouch, hood, cowl כִּבְנָה, בַּרְדָּס.

קאַפּל s. (pl. –עך) skull-cap כִּפָּה, כֻּמְתָּה.

קאָפּלימענט = קאָמפּלימענט.

קאַפּליצע s. (pl. –ס) chapel בֵּית תְּפִלָּה קָטָן (לנוצרים).

קאָפּמענטש s. (pl. –ן) brainy person, intellectual man בַּעַל מֹחַ חָרִיף, בַּעַל שֵׂכֶל.

קאָפּנבערשטל s. (pl. –עך) hair-brush מִבְרֶשֶׁת לְשַׂעֲרוֹת הָראשׁ.

קאָפּנטיכל = קאָפּטוך.

קאָפּנקעסטל s. (pl. –עך) treasure chest kept under the pillow אַרְגַּז הַמְּרַאֲשׁוֹת (ארגז של כסף שמניחים תחת הכר).

קאַפּסל s. (pl. –עך) capsule חֻתֶּלֶת כַּדּוּר; peg (of a violin) יָתֵד לִמְתֹחַ מֵיתְרֵי הַכִּנּוֹר.

קאַפּע s. (pl. –ס) bedspread מִכְסֶה מִטָּה.

קאַפּע = קאַווע.

קאַפּע' = קאַוויאַרניע.

קאַפּע־בוים = קאַווע־בוים.

קאַפּעדרע s. (pl. –ס) cathedra, chair קַתֶּדְרָה.

קאָפּעטע = קאָפּיטע.

קאַפּעטשקע = קאַ'פּעלע.

קאַפּעליוש s. (pl. –ן) hat מִגְבַּעַת.

קאַפּעליוש־מאַכער s. (pl. –ס) hat-maker עוֹשֵׂה מִגְבָּעוֹת.

— (id.) אוים קאַפּעליוש־מאַכער! no leader any more! ירד מגדולתו!

קאַפּעליושניק = קאַפּעליוש־מאַכער.

קאַפּעליע s. (pl. –ס) orchestra תִּזְמֹרֶת, חֶבֶר מְנַגְּנִים.

קאַפּעלמײַ(נ)סטער s. (pl. –ס) leader of an orchestra, conductor מְנַצֵּחַ (על חבר מנגנים).

קאַפּע'לע = קאַפּעליע.

קאַ'פּע||לע s. (pl. –לעך) little drop טִפָּה קְטַנָּה; a little מְעַט.

קאַפּען v. n. to trickle נָטֹף.

קאָפּען v. a. to dig חָפֹר; to tread down, kick בְּעַט.

קאַפּעקאַל = כַּף־הַקַּל.

קאָפּערטע s. (pl. ־ס) watch-case תֵּבַת שָׁעוֹן שֶׁל כִּיס; = קאָנווערט.

קאַפּציע = קאַבציע.

קאַפּ־קאַפּ adv. by drops טִפָּה טִפָּה.

קאַפּקע s. (pl. ־ס) tip of a shoe רֹאשׁ נַעַל; = קאַפּסל.

קאָפּקע s. (pl. ־ס) woman's cap צָנִיף נָשִׁים.

קאַפּראַל s. (pl. ־ן) corporal שַׂר עֲשָׂרָה.

קאַפּראַלנע = קאַפּראַל.

קאַפּריז s. (pl. ־ן) caprice, whim שִׁגָּעוֹן.

קאַפּריזנע adj. capricious, whimsical בַּעַל שִׁגְעוֹנוֹת.

קאַפּשאַן = קאַפּושאָן.

קאָפּשווינדל s. vertigo סְחַרְחֹרֶת.

קאָפּשטײַער s. (pl. ־ן) head-tax, capitation מַס גֻּלְגֹּלֶת.

קאָפּשטיק s. ingenious idea רַעְיוֹן נִפְלָא, הַמְצָאָה חֲרִיפָה.

קאַפּשיק s. (pl. ־עס) tobacco-bag, purse כִּיס לְטַבָּק.

קאַץ s. (pl. קעץ) cat חָתוּל.

— נאַס ווי אַ קאַץ dripping wet רָטֹב כֻּלּוֹ.

— הערן ווי די קאַץ to disobey לא שמע בקול־; to pay no attention to לא שים לב לאיש.

— קויפן אַ קאַץ אין אַ זאַק to buy a pig in a poke קנה דבר בלא ראיה.

— אַרויסלאָזן די קאַץ פון זאַק to disclose the secret גלה את הסוד.

— ווי קומט די קאַץ איבערן וואַסער? how can the thing be done? איך יַעשה הדבר?

— נים קענען אַ קאַץ דעם עק פאַרבינדן to be good for nothing לא צלח למאומה.

— וואו נעמט מען די קאַץ? where is the money to be got?, how about the cash? הכסף מאין ימצא? א).

קאָץ s. (pl. ־ן) carpet, rug מַרְבָד, מַצָּע.

קאַצאַפּ s. (pl. ־עס) nickname of a Great Russian כִּנּוּי לְבֶן רוּסְיָה הַגְּדוֹלָה.

קאָציען זיך v. r. to kitten יָלֹד חֲתוּלִים.

קאַציעס = וואַקאַציעס.

קאָצל קומט = סקאָצל קומט.

קאַצן adj. cat's שֶׁל חָתוּל.

קאַצן־אויג s. (pl. ־ן) cat's eye עֵין חָתוּל.

קאַצן־מוזיק s. caterwauling יִלְלַת חֲתוּלִים.

קאַצן־מוח s. cat's brain מֹחַ שֶׁל חָתוּל; forgetful person שַׁכְחָן.

קאַצעלאַפּ s. (pl ־עס) cat catcher לוֹכֵד הַחֲתוּלִים ב).

קאַצעלקע = קאַטשעלקע.

קאַצער = קאַטשער.

קאַק s. (vulg.) cacking עֲשִׂיַּת צְרָכִים.

קאַקאָ, קאַקאַאָ, קאַקאָי s. cocoa קַקָאָה.

קאָקאָס s. (pl. ־ן) cocoa-nut נַרְגִּיל, אֱגוֹז הוֹדוּ.

קאָקאַרדע s. (pl. ־ס) cockade שׁוֹשָׁן (אות פקידות על הכובע).

קאָקול s. cockle, corn-cockle קִמּוֹשׁ ג).

קאַקטוס s. (pl. ־ן) cactus צָבָר (מין צמח).

קאָקים = קאָקאָס.

קאָקליעש, קאָקליש s. whooping-cough שִׁעוּל הַחֲמוֹר (מחלת ילדים).

קאַקן v. n. to kack, shit (vulg.) עָשֹׂה צְרָכָיו.

קאָקס s. pl. cokes פַּחֲמֵי אֶבֶן שְׂרוּפִים.

קאָקס־ניס s. pl. butter-nuts אֱגוֹזֵי פֶּרֶךְ ג).

קאַקע s. cack (in infant's language) צוֹאָה (בלשון תינוקות).

קאָקעטיש adj. coquettish אוֹהֵב לְהִתְיַפּוֹת, אוֹהֵב לְהִתְגַּנְדֵּר; עוֹגֵב.

קאָקעטקע s. (pl. ־ס) coquette מִתְיַפָּה, גַּנְדְּרָנִית, עַגְבָנִית; flirt עַגְבָנִית.

קאַקער s. (pl. ־ס) shitter (vulg.) עוֹשֶׂה צְרָכָיו; shit-sack, funk (fig.) מוּג לֵב; a good-for-nothing אִישׁ לֹא יִצְלַח לִמְאוּמָה.

קאַקערוזע = קוקורוזע.

קאָראָ s. diamond (at cards) הַמְרֻבָּע (במשחק הקלפים).

קאַראַאול s. guard, watch מִשְׁמָר; watch-house בֵּית הַמִּשְׁמָר; || int. help! הוֹשִׁיעוּ! הַצִּילוּ!

קאַראַאים s. (pl. ־עס) Karaite קְרָאִי.

קאָראַב = קאָראַבל.

קאָראַבל s. (pl. ־ס) ship אֳנִיָּה, סְפִינָה.

קאָראָבעלניק s. (pl. ־עס) hawker, peddler רוֹכֵל.

קאָראָבקע s. (pl. ־ס) box תֵּבָה; meat-tax מֶכֶס הַבָּשָׂר.

קאָראָבקעלע, פאַרקלענערוואָרט פון קאָראָבקע.

קאַראַבקען זיך v. r. to clamber טַפֵּס.

קאַראַהאָד s. (pl. ־ן) choral dance, round dance מָחוֹל בְּעִגּוּל.

קאַראַוואול = קאַראַאול.

קאָראַל s. (pl. ־ן) coral אַלְמוֹג; בָּסִית (מין פניני הים).

קאָראָמיסלע, קאָראָמעסלע s. (pl. ־ס) yoke (of water-bearers) דִּגְלָה, אֵסֶל (מוט לשאת בו דליים).

קאַראַנדאַש = שרײַב־פענדל.

א) קאַץ אין דער פראַזע איז אפשר פון דייטש 'Katz (אויך Geldkatze), אַ געלט־גאַרטל, אַ געלט־בייטל. מע זאָגט ענליך אין דייטש: ?'wo bleibt die Katz, וואָס איז מכוח געלט?

א) ביי דיקן אין „הונט אלס שדכן", קאַפּ. 2. ב) ביי הורוויצן; קליינרוסיש кокіль. ג) ביי הורוויצן.

קאַראַנט = קוראַנט.

קאַראַנטין *s.* quarantine הַסְגֵר.

קאָראָנע *s.* (pl. ―ס) crown (*of a tooth*) עֲטֶרֶת הַשֵּׁן, רֹאשׁ הַשֵּׁן.

קאָראָנקע *s.* (pl. ―ס) lace סַלְסָלָה.

קאַראַ-קען זיך *v. r.* to dally הִתְרַפֵּה, הִתְרַשֵּׁל; = קאַראַבקען זיך.

קאַראַפֿינקע *s.* (pl. ―ס) flagon, decanter בַּקְבּוּק שֻׁלְחָן.

קאָראָפּקע = קאָראָבקע.

קאַראַקול *s.* dressed lamb-skin עוֹר טְלָאִים מְעֻבָּד.

קאַרב *s.* (pl. ―ן) notch פְּגִימָה, צַלֶּקֶת, חָרִיק; ruble רוּבְּל (מטבע רוסית) א).

— טרעפֿן אין קאַרב אַרײַן to hit the mark קלע אל המטרה.

קאָרב *s.* (pl. קערב, קערבער) basket סַל.

קאַרבונקל *s.* (pl. ―עס) carbuncle כַּדְכֹּד (אבן יקרה); גַּחֶלֶת (מחלה).

קאַרבן *v. a.* to notch פָּגַם, צַלֵּק, חָרֵק.

קאָרבע *s.* (pl. ―ס) handle, crank יָד (של מכונה).

קאַרבעוואַטע *adj.* notched מְצֻלָּק, חָרוּק.

קאַרג *adj.* scanty דַּל, מְצֻמְצָם; stingy, niggardly קַמְצָנִי; ‖ *adv.* little מְעַט.

קאַרגן *v. n.* to be stingy קַמֵּץ; to economise, save קַמֵּץ, חָשֹׂךְ.

קאַר‖גער *s.* (pl. ―גע) stingy person, niggard קַמְצָן.

קאַרגקייט *s.* scantiness צִמְצוּם; stinginess, niggardliness קַמְצָנוּת.

קאַרגשאַפֿט *s.* stinginess, niggardliness קַמְצָנוּת.

קאָרד *s.* cord, rope חֶבֶל.

קאַרדופּל *s.* (pl. ―ס) shrimp, pigmy, dwarf נַנָּס, גַּמָּד.

קאַרדימאָן *s.* cardamom זֶרַע שֶׁל מִין צֶמַח (שמשתמשים בו לרפואה).

קאַרדינאַל *s.* (pl. ―ן) cardinal חַשְׁמָן.

קאָרזש *s.* (pl. ―עס) a kind of cake מִין עֻגָּה; dust אָבָק ב).

קאַרט = קאַרטע.

קאָרט[1] (pl. ―ן) card קְלָף (למשחק).

— געבן קאָרטן to deal cards חלק קלפים.

— אַראָפּנעמען קאָרטן to cut cards הסר חלק מן הקלפים.

— טאַסעווען קאָרטן to shuffle cards נַעֵר קלפים.

— וואַרפֿן קאָרטן, לייגן קאָרטן to tell fortunes by cards נחש על ידי קלפים.

— (*id.*) זאָגן אויף אימעצן אַלץ וואָס אין קאָרט שטייט to impute to a person every evil thing יחס לאיש כל דבר רע א).

קאָרט[2] *s.* a kind of inferior cloth מִין אֶרֶג גָּרוּעַ; tricot טְרִיקוֹ (מין אריג צמר) ב).

קאַרטאַטש *s.* (pl. ―ן) grape-shot כַּדּוּר הַמּוֹשָׁם בְּמַקְלֵעַ.

קאַרטאָפּל = קאַרטאָפֿליע.

קאַרטאָפֿליע *s.* (pl. ―ס) potato תַּפּוּחַ אֲדָמָה.

קאַרטוז *s.* (pl. ―ן) cap מִצְנֶפֶת.

קאַרטון = ציץ.

קאַרטיאָזשניק *s.* (pl. ―עס) card-player שׂוֹחֵק בִּקְלָפִים; gambler שָׁטוּף בְּמִשְׂחָק.

קאַרטינע *s.* (pl. ―ס) picture צִיּוּר; scene מַחֲזֶה.

קאַרטל *s.* (pl. ―עך) small card כַּרְטִיס קָטָן; = פּאָסט-קאַרט.

קאָרטן *adj.* of a kind of inferior cloth שֶׁל מִין אֶרֶג גָּרוּעַ.

קאָרטנוואַרפֿער *s.* (pl. ―, ―ס) man telling fortunes by cards מַגִּיד עֲתִידוֹת עַל יְדֵי קְלָפִים, מְנַחֵשׁ בִּקְלָפִים.

קאָרטנוואַרפֿערן, ―וואַרפֿערקע *s.* (pl. ―ס) woman telling fortunes by cards מַגֶּדֶת עֲתִידוֹת עַל יְדֵי קְלָפִים, מְנַחֶשֶׁת בִּקְלָפִים.

קאָרטנלייגער = קאָרטנוואַרפֿער.

קאָרטנלייגערקע = קאָרטנוואַרפֿערקע.

קאָרטנשפּיל *s.* play *or* game at cards מִשְׂחַק הַקְּלָפִים.

קאָרטנשפּילער *s.* (pl. ―, ―ס) card-player שׂוֹחֵק בִּקְלָפִים.

קאַרטע *s.* (pl. ―ס) card כַּרְטִיס; map מַפָּה.

קאַרטע פּאָבי‌טו) *s.* (pl. ―טן) certificate *or* permit of residence תְּעוּדַת יְשִׁיבָה בְּמָקוֹם.

קאָרטען *v. a.* to worry, torment עַנֵּה, הָצֵק.

— עס קאָרטעט אים he is worried השקט לא יוכל.

קאָרטש[1] *s.* (pl. ―עס) cramp עֲוִית; wrinkle קֶמֶט.

קאָרטש[2] *s.* (pl. ―עס) stump (*of a tree*) גֶּזַע עֵץ.

קאָרטשעווען *v. a.* to uproot, stub up שָׁרֵשׁ גִּזְעֵי עֵצִים.

קאָרטשען *v. a.* to shrink כַּוֵּץ; to wrinkle קַמֵּט;

א) קאַרב אין דער צווייטער באַדייטונג איז אפשר אַן איבערזעצונג פֿון רוסיש рубль, וואָס קומט מסתמא פֿון рубить, האַקן; פֿאַרגלייך рубецъ, אַ קאַרב. ב) אין דער צווייטער באַדייטונג ביי הורוויצן.

א) די פֿראַזע נעמט זיך מסתמא פֿון לייגן קאָרטן. ב) אין דער צווייטער באַדייטונג ביי ליפּשיצן.

||-זיך *v. r.* to shrink הִתְכַּוֵּץ; to be wrinkled הִתְקַמֵּט; to make grimaces עִוָּה פָּנָיו.

קאָרידאָר, קאָרידאָר *s.* (pl. ־ן) corridor, lobby אוּלָם, מִסְדְּרוֹן.

קאָריטע *s.* (pl. ־ס) trough שֹׁקֶת, אֵבוּס; eaves דִּלְפָּה.

קאָרין *s.* (pl. ־עס) earthen hut בִּקְתַּת עָפָר.

קאַרינקע = סקאָרינקע.

קאַריערע *s.* (pl. ־ס) career מְסִלָּה בַּחַיִּים, עֵסֶק.

קאָריק = צוריק.

קאָריק = קאָרעק.

קאָריש = קאָרעס.

קאָרישטש *s.* profit, advantage רֶוַח, תּוֹעֶלֶת.

— גיין אין קאָרישטש to be of advantage היה לתועלת, היה מועיל.

קאָרכיש *adj.* choral, of a choral synagogue שֶׁל תִּזְמֹרֶת, שֶׁל בֵּית כְּנֶסֶת עִם מַקְהֵלַת מְשׁוֹרְרִים.

קאַרליק *s.* (pl. ־עס) pigmy, dwarf נַנָּס, גַּמָּד.

קאַרמאַנ(ש)טשיק *s.* (pl. ־עס) pick-pocket גּוֹנֵב מִן הַכִּיסִים.

קאַרמין *s.* carmine כְּרוֹם (מין צבע אדם).

קאַרמעזין *s.* crimson כַּרְמִיל (צבע שָׁנִי).

קאָרמע *s.* food, fodder מִסְפּוֹא.

קאַרמעלקע *s.* (pl. ־ס) caramel מִין מַמְתָּק שֶׁל סֻכָּר.

קאָרמ|ען, ־ענען *v. a.* to feed, nurse הַאֲכֵל, זוּן; to suckle, nurse הֵנֵק (ילד).

קאָרן[1] *s.* rye דָּגָן, שִׁפּוֹן.

קאָרן[2] *adj.* of rye שֶׁל דָּגָן.

קאָרניז = געזומס.

קאָרנלעקעך *s.* gingerbread דֻּבְשָׁן.

קאָרסעט *s.* (pl. ־ן) corset מָחוֹךְ.

קאַרע[1] *s.* (pl. ־ס) punishment עֹנֶשׁ.

קאַרע[2] = קאַראַ.

קאַרע[3] *adj.* black שָׁחוֹר.

קאָרע *s.* rind, bark קְלִפָּה; crust קְרוּם.

קאַרעהאָד = קאַראַהאָד.

קאָרעטאָר = קאָרידאָר.

קאַרעט = קאַרעטע.

קאַרעטניק *s.* (pl. ־עס) coach-maker עוֹשֶׂה מֶרְכָּבוֹת.

קאַרעטנע *adj.* of carriage שֶׁל מֶרְכָּבָה.

— קאַרעטנע שליטן coach on slides עגלת חרף.

קאַרעטע *s.* (pl. ־ס) coach, carriage מֶרְכָּבָה.

קאָרעל = קאָראַל.

קאָרען[1] *s.* (pl. ־ס) root שֹׁרֶשׁ.

קאָרען[2] *adj.* of rind, of bast, of bark שֶׁל קְלִפַּת עֵץ.

קאָרעניען *v. a.* to scold violently חָרֵף מְאֹד.

קאַרעס *s.* (pl. ־ן) crucian, crucian-carp שִׁבּוּטָא קָטָן (דג).

קאָרעספּאָנדענט *s.* (pl. ־ן) correspondent בָּא בִּכְתוּבִים; כּוֹתֵב בְּעִתּוֹן.

קאָרעספּאָנדענציע *s.* (pl. ־ס) correspondence בּוֹא בִכְתוּבִים, חֲלִיפוֹת מִכְתָּבִים; מִכְתָּב בְּעִתּוֹן.

קאָרעץ *s.* (pl. ־עס) a corn-measure מִדָּה שֶׁל תְּבוּאָה (בת שלשים ושנים קבים).

קאָר|עק *s.* (pl. ־קעס) cork שַׁעַם (קלפּת עץ); cork, stopper פְּקָק; heel of a shoe עָקֵב נַעַל.

קאָרעקטור *s.* (pl. ־ן) proof-reading הַגָּהָה; proof, proof-sheet גִּלָּיוֹן הַהַגָּהָה.

קאָרעקטער *s.* (pl. ־טערס, ־טאָרן) proof-reader מַגִּיהַּ.

קאָרעש = קאָרעס.

קאַרפּ *s.* (pl. ־ן) carp שִׁבּוּטָא (דג).

קאַראַפּאַטווע *s.* (pl. ־ס) partridge קוֹרֵא (צפור).

קאַרפּאַטע *adj.* hunch-backed, gibbous בַּעַל חֲטוֹטֶרֶת, גִּבֵּן.

קאָרפּוס *s.* (pl. ־ן) corps גְּדוּד; long-primer (*type*) מִין אוֹתִיּוֹת דְּפוּס.

קאָרפּוסנע *adj.* of a corps שֶׁל גְּדוּד.

קאָרפּע *s.* lint פְּקִיעַ, פְּתִיתִים.

קאַרפּענאָסע *adj.* hook-nosed בַּעַל חֹטֶם נִבְנוּנִי.

קאָרץ = קאָרעץ.

קאָרץ = קאָרטש[2].

קאַרצער *s.* (pl. ־ס) lock-up (*for students*) כֶּלֶא (לתלמידים).

קאַרק *s.* (pl. ־עס) nape, neck עֹרֶף, מַפְרֶקֶת.

— (*id.*) זיצן אומעצן אויפֿן קאַרק to be a burden on a person היה למשא על איש.

— (*id.*) שטויסן אומעצן איבערן קאַרק to urge *or* hurry a person האץ באיש, החש איש.

— (*id.*) געבן אין קאַרק to chase out גרש.

קאַרקאַשטע, קאַרקאַשקע = כַּרְכַּשְׁתָּא.

קאָרקן *adj.* of cork שֶׁל שַׁעַם.

קאָרקנציִער *s.* (pl. ־ס) cork-screw מַחְלֵץ.

קאָרקעווען *v. a.* to cork סָתֹם בְּפְקָק, פַּקֵּק; = שפּונטעווען.

קאַרש *s.* (pl. ־ן) cherry דֻּבְדְּבָן.

קאַרשול = כאַרשול.

קאָשוליע *s.* rash of scarlet fever שְׁחִין שֶׁל סַסְגּוֹנִית.

קאָשאַרקע *s.* (pl. ־ס) booth of a railroad signal-man סֻכַּת הַנּוֹתֵן אוֹתוֹת לְרַכָּבוֹת עַל מְסִלַּת הַבַּרְזֶל.

קאָשולקע *s.* (pl. ־ס) shirt כְּתֹנֶת.

קאַשטאַן *s.* (pl. ־עס) chestnut עַרְמוֹנִית; chestnut horse סוּס אָמֹץ.

קאַשטאַן|בוים *s.* (pl. ־ביימער) chestnut-tree עַרְמוֹן.

קאַשטאַנעוואַטע *adj.* chestnut אָמֹץ, אֲדַמְדַּם כֵּהֶה.

קאָשיק *s.* (pl. ־עס) basket סַל.

קאַשמאַר s. (pl. ן –) night mare מוּעָקַת לַיְלָה, חֲלוֹם מֵעִיק.

קאַשמיר s. cashmere קַשְׁמִיר (מין ארג צמר).

קאַשניק s. (pl. עס –) groat-cake עֻגַת גְּרִיסִים; thick gruel דַּיְסָה עָבָה; = קנוש.

קאַשניק s. (pl. עס –) tape סֶרֶט.

קאַשע s. gruel דַּיְסָה, בְּלִיל גֶּרֶשׂ; pap מִקְפָּה, מָזוֹן רַךְ (לילדים); pulp מִקְפָּה שֶׁל פֵּרוֹת; חֹמֶר רַךְ לַעֲשִׂיַּת נְיָר; hodgepodge, mess תַּעֲרֹבֶת, עִרְבּוּב.

— (id.) פֿאַרקאָכן אַ קאַשע to make a mess עשה ערבוביה, עשה מבוכה.

— (id.) ניט לאָזן זיך שפּײַען אין דער קאַשע to brook no wrong לא נשא עָוֶל.

קאַשע s. horse (infant's language) סוּס (בלשון תינוקות).

קאַשע־בולבע s. mashed potatoes תַּפּוּחֵי אֲדָמָה מוּדְקָקִים.

קאַשענירן = קאַסענירן.

קאַשענירער, – קע = קאַסענירער, – קע.

קאַשציאָל = קאָסציאָל.

קאַשקעט s. (pl. ן –) cap כּוֹבַע, מִצְנֶפֶת.

קאַשקע, קאַשקעלע, פֿאַרקלענערווערטער פֿון קאַשע.

קאָסקען = קאַשקען.

קאַשקען v. a. to pamper פַּנֵּק; || – זיך v. r. to stir הִתְנוֹעֵעַ.

קַב־הַיָּשָׁר s. "righteous measure," title of a book of moral lectures. –

קבוץ = קִיבּוּץ.

קְבוּרה s. (pl. קְבוּרוֹת) burial –; (fig.) hiding-place מַחֲבֵא (של גנבים).

קבורת־חמור s. "burial of an ass," ignominious burial. –

קַבָּלה s. (pl. קַבָּלוֹת) receipt –, שׁוֹבֵר; tradition –, מְסוֹרָה; cabala, mysticism. –

קַבָּלה־||ספר s. (– סְפָרִים pl.) cabalistic book סֵפֶר קַבָּלָה.

קַבָּלה־צעטל s. (– עך, – ען pl.) receipt שְׁטַר קַבָּלָה, שׁוֹבֵר.

קַבָּלה־קוויטל = קַבָּלה־צעטל.

קַבְּלן s. (pl. קַבְּלָנים) contractor. –

קַבְּלָנות s. contractorship. –

קַבָּלת־פָּנים s. reception, welcome; gathering of guests at the house of the bridegroom before the wedding ceremony. –

קַבָּלת־קִנְיָן s. confirmation of an arrangement by taking hold of a garment or handkerchief; preliminary stipulations of marriage. –

קַבָּלת־שַׁבָּת s. service on Friday evening to inaugurate the Sabbath. –

קַבְּצן s. (pl. קַבְּצָנים) indigent man, pauper, beggar עָנִי, אֶבְיוֹן, חוֹזֵר עַל הַפְּתָחִים א).

קַבְּצָנות s. indigence, poverty עֲנִיּוּת, דַּלּוּת.

קַבְּצנטע s. (pl. ס –) indigent woman, poor woman אִשָּׁה עֲנִיָּה.

קַבְּצָניש adj. of indigent person שֶׁל עָנִי; beggarly כְּדֶרֶךְ חוֹזֵר עַל הַפְּתָחִים.

קַבְּצָניש s. begging חֲזָרָה עַל הַפְּתָחִים.

קַבְּצָנען v. n. to live by begging חֲזֹר עַל הַפְּתָחִים.

קֶבֶר s. (pl. קְבָרים) grave, tomb. –

— (id.) רײַסן קברים to leave no stone unturned, to make strenuous efforts התאמץ בכל כחו.

קֶבֶר־אָבות s. parents' grave, father's or mother's tomb. –

— גײן אויף קבר־אבות to visit the graves of parents הלך על קברי אבות.

קְבָרות־בלעטלעך s. pl. "grave leaves," gray hair שְׂעָרוֹת לְבָנוֹת.

קְבָרות־ייִד = קְבָרות־מאַן.

קְבָרות־||מאַן s. (– לײַט pl.) grave-digger, sexton, undertaker מְקַבֵּר, קַבְּרָן.

קברותניק = קברות־מאַן.

קברות־שטיבל s (– עך pl.) dead-house, mortuary בֵּית לְמֵתִים; residence of the grave-digger on the cemetery בֵּית הַקַּבְּרָן עַל שְׂדֵה הַקְּבָרוֹת.

קֶבֶר־יִשְׂרָאל s. grave or burial on a Jewish cemetery. –

קַבְּרן s. (pl. קַבְּרָנים) grave-digger, sexton. –

קַבְּרָניש adj. grave-diggers' שֶׁל קַבְּרָנִים.

קָדוש adj. holy –; || s. (pl. קְדוֹשים) saint, martyr –, נֶהֱרַג עַל קִדּוּשׁ הַשֵּׁם.

— (id.) שפּרינגען קדוש פֿאַר אומעצן to revere a person הַעֲרֵץ אִישׁ.

— (id.) מאַכן פֿאַר אַ קדוש to murder, to kill רצח, הרג; to beat murderously הכה מכות נמרצות.

קְדוּשה s. (pl. קְדוּשות) holiness –, קֹדֶשׁ; sanctification hymn. –

קדוש = קִידוש.

קדוש־החודש = קידוש־החודש.

קדושין = קידושין.

א) עס איז דאָ אַ סברה, אַז קבצן איז דאָס פּויליש kapcan, אַן אומגליקליכער, אָרעמער מענטש (פֿון skapać, kapać, skapciec, שוואַך ווערן, אויסגיין, אָרעם ווערן). דער העברעאישער שורש קבץ מיינט זאַמלען, וואָס האָט ניט קיין דירעקטע שייכות מיט אָרעמקייט. צו מערקן, אַז דאָס וואָרט נייט בלויז אין סלאַווישע מדינות.

קדושין־פֿינגערל = קידושין־.

קדוש־עליון s. a saint of the Most High.

קדחת s. (pl. ־ן) fever.

— (id.) קדחת מיט כשרע פֿאַדים absolutely nothing לא כלום לגמרי, שום דבר.

קדחת־רביעית s. quartan fever.

קדחת־שלישית s. tertian fever.

קדיש s. (pl. קדישים) doxology recited after services (קדיש שאומרים אחר התפלה); prayer for the dead (קדיש יתום); son בן.

— (id.) זאָגן קדיש נאָך עפּעס to give up something for lost התיאש מדבר.

— (iro.) אַ מיִערער קדיש a darling son בן נחמד, בן יקיר.

קדישניק s. (pl. ־עס) one who says the prayer for the dead מי שאומר קדיש.

קדיש־קדישין s. a saint of saints.

ק״דם = קודם.

קדמון s. (pl. קדמונים) ancient; אדם קדמון ancient; חכם קדמון philosopher or scholar.

— אונזערע קדמונים our ancients, our ancestors קדמונינו, אבותינו.

— פֿון קדמונים אָן from ancient times, from times immemorial מימים קדמונים.

קדר s. (pl. קדרים) Tartar; תתר; Tartar healer, conjurer רופא תתרי. רופא על ידי השבעות.

ק״דש = קודש.

קדשה s. (pl. קדשות) whore, prostitute זונה.

קדשים־קלים s. "sacrifices of a lesser degree of holiness," a kind of game מין משחק.

קדשי־קדשים s. holy of holies (innermost chamber of the sanctuary) קדש הקדשים.

קדש־קדשים = קודש־.

קהילה s. (pl. קהילות) community, congregation, עדה; Jewish consistory מועצה בענייני דת ישראל.

קהילה־קדושה holy community.

קהל s. community, עדה; public, צבור; leaders of the community מנהיגי הקהלה; Kahal, communal assembly מועצת קהלה; autonomous administration of Jewish communities formerly in Poland הקהל. ההנהגה אבטונומית של קהלות היהודים לפנים בפולין.

קהלה = קהילה.

קהלה־קדושה = קהילה־.

קהלן זיך v. r. to dabble with communal affairs, play the social worker עסק בענייני הקהל, עסק בצרכי צבור.

קהל־מאַן s. (pl. ־לײַט) member of the Kahal or communal assembly חבר של מועצת קהלה.

קהלש adj. communal, public של קהל, צבורי; of the Kahal של הקהל (ז. קהל).

— קהלשע געלט public money כסף הקהל, כסף צבורי.

— (id. cont.) קהלשע קליאַמקע public servant איש נושא משרה בקהל.

קהל־שטיבל s. (pl. ־עך) council room of the Kahal חדר הקהל, בית הקהל (ז. קהל).

קהל־שמש s. (pl. ־שמשים) messenger of the Kahal שמש הקהל, שליח הקהל (ז. קהל).

קהלת s. Ecclesiastes (one of the books of the Scriptures).

קו s. (pl. קי) cow פרה.

ק״ו abbr. = קל־וחומר.

קובוץ s. name of the Hebrew vowel ֻ שם התנועה ֻ.

קוביק s. (pl. ־עס) cub מעקב.

קובל s. (pl. ־ען) tub, vat גיגית, חבית.

קובליק s. (pl. ־עס) hair-pad, chignon, rat כר לשער (כר קטן לגלל עליו קווצות שער).

קובע זײַן v. a. to appoint, set, fix קבע (זמן).

קובעבע s. cubeb מין צמח.

קובעק s. (pl. ־בקעס) mug כוס, קבעת.

קובקע = קאָפּקע.

קוגל s. (pl. ־ען) pudding פשטידה.

קוגל־טאָפּ s. (pl. ־טעפּ) pudding-pot סיר הפשטידה.

קודלע s. (pl. ־ס) tuft, lock קווצה.

קודלעוואַטע adj. in locks בקווצות; hairy, shaggy שעיר.

קודם adv. before, לפני כן; first קדם כל.

קודם־המעשה adv. before the act, before the occurrence.

קודם־כל adv. first.

קודם־כל־דבר adv. first of all.

קודעלניע s. (pl. ־ס) distaff כישור.

קודרע = קודלע.

קודש adj. holy.

קודש־קדשים adj. most holy קדוש מאד.

קו־הבריאות s. good condition of health.

קו־החיים s. the line of life (on the palm of the hand).

קו־המשוה s. (geogr.) equator.

קוואַדראַט s. (pl. ־ן) square מרבע, רבוע.

קוואַדראַט־מײַל s. (—, —ן .pl) square mile פַּרְסָה מְרֻבָּעָה.

קוואַדראַטנע adj. square מְרֻבָּע.

קוואַדריליאָן s. (—ען .pl) אֶלֶף טְרִלְיוֹנִים (בצרפת ובאמיריקה), מִלְיוֹן טְרִלְיוֹנִים (באנגליה).

קוואַטיר[1] s. (—ן .pl) lodgings, apartments דִּירָה, מָעוֹן; quarters (mil.) תַּחֲנָה.
— גלאַוונע קוואַטיר head-quarters תחנה הראשה.

קוואַטיר[2] s. (—ן .pl) shutter דֶּלֶת הַחַלּוֹן, תְּרִיס.

קוואַטירל[1] s. (—עך .pl) measure of one fourth of a quart רְבִיעִית רֹבַע הַקַּב.

קוואַטירל[2] = קוואַטיר[2].

קוואַטער s. (—ס .pl) godfather, person bringing in the child for circumcision הָאִישׁ הַמַּכְנִיס אֶת הַיֶּלֶד לְהִמּוֹל.

קוואַטערשאַפט s. godfathership תַּפְקִיד הַמַּכְנִיס אֶת הַיֶּלֶד לְהִמּוֹל.

קוואַטש s. (—עס .pl) tar-brush צִיצַת מִשְׁחָה לְמְשֹׁחַ יַד הָאוֹפָן בְּעִטְרָן; dish-clout אֲלוּנְטִית לִנְגּוֹב כֵּלִים; squash בּוּכְנָה שֶׁל מַשְׁאֵבָה; sucker (of a pump) דָּבָר רַךְ אוֹ מָעוּךְ; twaddle (fig.) פִּטְפּוּט, דְּבָרִים בְּטֵלִים; mollycoddle (fig.) אִישׁ רַךְ הַלֵּב.

קוואַטשע = קוואָקע.

קוואַטשען v. a. to smear מָשֹׁחַ; to squash מָעֹךְ; to scribble (fig.) כָּתֹב בְּאוֹפֶן גַּס; to twaddle (fig.) פַּטְפֵּט, דַּבֵּר דְּבָרִים בְּטֵלִים.

קוואַטשקע = קוואָקע.

קוואַטשקען v. a. to dirty, daub לַכְלֵךְ, גָּאֵל; to scribble (fig.) כָּתֹב בְּאוֹפֶן גַּס.

קוואַל s. (—ן .pl) source מָקוֹר; spring מַעְיָן.

קוואַליטעט s. (—ן .pl) quality אֵיכוּת, תְּכוּנָה.

קוואַס s. kvass מַשְׁקֶה חָמִיץ רוּסִי.

קוואַסיע s. quassia מִין עֵץ.

קוואַסניצע[1] s. (—ס .pl) kvass-woman מוֹכֶרֶת מַשְׁקֶה חָמִיץ.

קוואַסניצע[2] s. (—ס .pl) dish of soured apples תַּבְשִׁיל שֶׁל תַּפּוּחִים מְחֻמָּצִים.

קוואַסניק s. (—עס .pl) kvass-brewer, kvass-man עוֹשֶׂה מַשְׁקֶה חָמִיץ, מוֹכֵר מַשְׁקֶה חָמִיץ.

קוואַסען v. n. to get sour, become acid הַחְמֵץ.

קוואַסעץ s. sorrel חָמִיד (= שטשאַוו).

קוואַפּען זיך v. r. to be eager for הָיֹה לָהוּט אַחֲרֵי.

קוואָקטשען v. n. to cluck נַעְנֵעַ (תרנגולת).

קוואָקע s. (—ס .pl) clucking hen, brood-hen תַּרְנְגֹלֶת דּוֹגֶרֶת.

קוואָקען v. n. to cluck נַעְנֵעַ (תרנגולת); to brood, hatch דָּגֹר.

קוואַקען v. n. to quack קַרְקֵר (כר אווז); to croak קַרְקֵר (צפרדע); = קראַקען.

קוואָקצע = קוואָקע.

קוואָקצען = קוואָקטשען.

קוואַר adj. dry יָבֵשׁ; meager, emaciated דַּל, כָּחוּשׁ, רָזֶה.

קוואַרט s. (— .pl) quart רֹבַע הַקַּב; (קווערט .pl) ladle, dipper כְּלִי שְׁאִיבָה (לשתיה).
— (.id) מאַכן פֿון אַ וואָרט אַ קוואַרט to spin a yarn, to make a long rigmarole הרבה לפטפט, הכבר מלים.

קוואַרטאַל s. (—ן .pl) quarter, ward רֹבַע הָעִיר.

קוואַרטאַלנע s. (— .pl) police-officer of a ward שׁוֹטֵר רֹבַע הָעִיר.

קוואַרטיר = קוואַטיר[1].

קוואַרטירל = קוואַטירל[1].

קוואַרטל s. (—ען .pl) quarter, ward רֹבַע הָעִיר; quarter of a year רֶבַע שָׁנָה.

קוואַרטעלאָווע adj. quarterly שֶׁל רֶבַע שָׁנָה.

קוואַרן v. n. to wither נָבֹל, יָבֹשׁ; to emaciate הֵרָזֵה, כָּחֹשׁ.

קוואַשע s. a Russian drink of water and honey מַשְׁקֶה רוּסִי שֶׁל מַיִם וּדְבַשׁ.

קוויאַט = קוויט.

קוויט[1] s. (—ן .pl) receipt, quittance שְׁטַר קַבָּלָה, שׁוֹבֵר.

קוויט[2] adj. quits, clear מְסֻלָּק, נְקִי מְחוֹב.
— זײַן קוויט to be quits היה נקי מחוב; to be square, be even היה נקי איש מאחיו.

קוויטאַנציע = קוויט[1].

קוויטל s. (—עך, —ען .pl) note פִּתְקָה; ticket כַּרְטִיס, פִּתְקָה; receipt שְׁטַר קַבָּלָה; pawn-ticket פִּתְקָה שֶׁל בֵּית מַלְוָה; draft הַמְחָאָה.

קוויטעווען v. n. to receipt, give a receipt נָתֹן שְׁטַר קַבָּלָה; || —זיך v. r. to be quits סַלֵּק, הִנָּקֵה מֵחוֹבוֹ.

קוויטקע = קוויטל.

קוויטש s. (—ן, —עס .pl) squeak צְרִיחָה, פְּעִיָּה.

קוויטשען v. n. to squeak צָרֹחַ, פָּעֹה.

קוויטשער s. (—ס .pl) squeaker צוֹרֵחַ, פּוֹעֶה; (.fig) pig, hog חֲזִיר.

קוויטשערײַ s. squeaking צְרִיחָה, פְּעִיָּה.

קווייט s. (—ן .pl) flower, blossom פֶּרַח, צִיץ.

קווייטל, פֿאַרקלענערוואָרט פֿון קווייט.

קווייטלען v. n. to blossom פָּרֹחַ, נָצֹץ; || v. a. to figure (stuffs) יַפֵּה בְּצִיּוּרִים (אריגים).

קווינט s. (—ן .pl) quint (of a violin) חֲמִישִׁית (הנים הדק בכנור); scruple $1^1/_4$ מִשְׁקַל $1^1/_4$ סְקְרוּפֶּל; particle, bit קְצָת.

קווינטעסענץ s. quintessence תַּמְצִית, תֹּכֶן הַדָּבָר.

קוויקן to refresh *v. a.* השב נפש ‖ — זיך *v. r.* to refresh oneself השב נפשו; to be delighted התענג.

קוויקעניש refreshment *s.* השבת נפש; delight ענג.

קוועטש *s.* (— ן *pl.*) pinch, squeeze לחיצה; strain התאמצות; stress, accent הדגשה.

קוועטשן to pinch, squeeze *v. a.* לחץ; to stress הדגיש ‖ — זיך *v. r.* to squeeze oneself הלחץ; to speak out unwillingly הגד בלי רצון; strain at stool התאמץ בעשית צרכיו. עשה צרכיו בקשי.

— קוועטשן די באנק (*id.*) to be continually sitting, to study ישב תמיד, למד.

— קוועטשן מיט די פלייצעס to shrug one's shoulders משך את כתפיו.

קוועטשעניש pinching, squeezing *s.* לחיצה; straining התאמצות.

קוועל = קוואל.

קוועלן[1] *v. n.* (געקוואלן *p. p.*) to flow, spring, gush הקר; to be delighted, beam (*fig.*) with joy שבע שמחות.

קוועלן[2] to torment, torture *v. a.* ענה; ‖ — זיך *v. r.* to torment oneself, suffer התענה. סבל.

קווענקלען to hesitate *v. n.* פקפק א).

קווענקלעניש hesitation *s.* פקפוק.

קוועקזילבער quicksilver, mercury *s.* כסף חי.

קווער across *adj.* ברחב.

קווער־גאס cross-street (*pl.* — ן) *s.* רחוב הרחב.

קוזין *s.* (— ען *pl.*) cousin שאר בשר, שני בשני.

קוזינע female cousin (*pl.* — ס) *s.* שארת בשר.

קוזניע blacksmith's shop, smithy (*pl.* — ס) *s.* בית חרשת ברזל, פחם.

קוטאס tassel (*pl.* — ן) *s.* ציצה.

קוטב turning-point, pivot *s.* הציר שעליו סובב דבר; pole (*geogr.*) ציר הארץ.

קוטיע dish of groats and honey *s.* גרש מטגן בדבש.

קוטשמע fur-cap (*pl.* — ס) *s.* כובע עור.

קוטשע heap (*pl.* — ס) *s.* ערמה, גל.

קוטשער[1] coachman (*pl.* — ס) *s.* רכב.

קוטשער[2] curl *s.* תלתל.

קוטשעראווע curled, curly *adj.* בעל תלתלים.

קויבער basket (*pl.* — ס) *s.* סל.

קוידריש gibberish *adj.* בלשון עלגים ב).

א) דייטש quengeln, באקלאגן זיך, זיין אומצופרידן.

ב) ביי ליפשיצן; דייטש kauderwelsch, אומפארשטענדליך, פרעמד.

קויט dirt, mud *s.* רפש; dung צואה.

קויטיג dirty, muddy *adj.* מגאל, מלכלך.

קויטשוק caoutchouc *s.* רשונה (מין נטף).

קויל[1] coal (*pl.* — ן) *s.* פחם.

— ווייכע קוילן soft coal, bituminous coal פחמים רכים, פחמי זפת.

— הארטע קוילן hard coal, anthracite coal פחמי־אבן קשים.

— הייסע קוילן hot coals גחלים, רצפות, גחלי אש.

קויל[2] *s.* (— ן *pl.*) ball, globe כדור; bullet כדור עופרת; = באמבע.

קוילן, קוילענען to kill, slaughter *v. a.* שחט א).

קוילנברענער charcoal-burner (*pl.* —) *s.* עושה פחמים.

קוילנוואַ־פער = פולעמיאם

קוילנזייערקייט carbonic acid *s.* חמץ פחמים.

קוילנשטאף carbon *s.* פחמן.

קוילעטש *s.* (— ן, — עס *pl.*) white loaf חלת־לחם לבנה.

קוילער *s.* (— , — ס *pl.*) killer, murderer הורג. רוצח.

קוילערן זיך to roll *v. r.* התגולל.

קוים = קאם.

קוימען *s.* (— ס *pl.*) chimney מעשנה, ארבת עשן.

קוימענדעקל = יושקע[2].

קוימענקערער *s.* (— ס *pl.*) chimney-sweep מנקה ארבות.

קויפ heap *s.* ערמה.

— א מאס מיט א קויפ heaped measure מדה גדושה.

קויף[1] purchase (*pl.* — ן) *s.* קניה.

קויף[2] tub, vat, barrel (*pl.* — ן) *s.* גגית, חבית.

קויפן to buy, purchase *v. a.* קנה.

קויפער *s.* (— , — ס *pl.*) buyer, purchaser קונה.

קויציע = קאווציע.

קויקלען = קייקלען.

קויש *s.* (— ן *pl.*) basket סל; mill-hopper אפרכסת (של טחנה); fish-basket, fish-trap מלכדת דגים.

קוכארקע female cook (*pl.* — ס) *s.* מבשלת, טבחת.

קוכן cake (*pl.* — ס) *s.* עגה.

קוכער cook (*pl.* — ס) *s.* מבשל, טבח.

קול = קוליע.

קול *s.* (— ן, קולער *pl.*) voice —; (קולות *pl.*) noise, tumult שאון, המולה.

— אויפן קויל aloud בקול רם.

קולא *s.* (קולות *pl.*) alleviation —, הקלה.

קולאק fist (*pl.* — עס) *s.* אגרוף.

קול־בכי, קול־בכיה weeping voice *s.* —.

א) פון ריסיש Колоть, שטעכן.

קולבע s. (pl. ־ס) purse כּיס.

קולות־וּבְרָקים s. pl. "thunders and lightnings," great noise, tumult שָׁאון גָּדול. מְהוּמָה.

קול־חָתן־וְקול־כַּלה s. the voice of the bride-groom and the voice of the bride ־.

קוליאַווע adj. lame, limping חִגֵּר. צולֵעַ.

קוליאַק s. (pl. ־עס) mat-sack שַׂק שֶׁל מַחֲצֶלֶת.

קוליסן s. pl. scenes, side-scenes פַּרְגּוד. קְלָעִים (בתיאטרון).

— הינטער די קוליסן behind the scenes, behind the curtain מאחורי הפרגוד. מאחורי היריעה.

קוליע[1] s. (pl. ־ס) crutch מִשְׁעֶנֶת.

קוליע[2] s. (pl. ־ס) bundle (of straw) צְרור (של תבן).

קוליע[3] s. (pl. ־ס) ball כַּדּור (של שלג).

קוליען זיך v. r. to tumble הִתְגּולֵל; to turn head over heels, cut somersaults הַהָפֵךְ עַל ראשו.

קולי־קולות s. pl. loud cries ־.

קוליש s. gruel; thin דַּיְסָה קְלושָׁה; potato soup מְרַק תַּפּוּחֵי אֲדָמָה א).

קָולכל s. (pl. ־עך) small voice קול קָטָן.

קול־נְגִינה s. musical voice ־.

קולעק = קולאַק.

קול־קורא s. appeal; proclamation ־.

קולקע s. (pl. ־ס) little ball כַּדּור קָטָן.

קול־שָׂשון־וְקול־שִׂמְחה s. the voice of joy and gladness ־.

קומיס s. koumiss קום מֵחֲלֵב גְּמַלִּים.

קומיס־ברויט s. honey-cake עֻגַּת דְּבַשׁ ב).

קוֹמְמִיות adv. upright, erect יָשָׁר. זָקוּף; || s. rearing (of a horse) עֲמִידָה עַל הָרַגְלַיִם הָאֲחוריות; bankruptcy פְּשִׁיטַת רֶגֶל (לנושים).

— שטעלן זיך קוממיות to rear עמד על הרגלים האחוריות.

— זאָגן קוממיות to declare oneself bankrupt פשט את הרגל.

קוֹמְמִיות־זאָגער s. (pl. ־, ־ס) bankrupt פּושֵׁט רֶגֶל.

קימעדיג = קומענדיג.

קומען[1] v. n. (p. p. געקומען) to come, arrive בּוא; to arise, spring, result יָצֹא מִ־. צָמֹחַ מִ־.

— קומען צו פאָרן to come driving בוא בעגלה.

— קומען צו גיין to come walking הלך ובוא.

— קומען צו לויפן to come running רוץ ובוא. בוא במרוצה.

— קומען פון... to come from, result from בוא מ־, יצא מ־, צמח מ־.

א) אין דער צווייטער באַדייטונג ביי שטראַקן. ב) ביי הורוויצן.

— קומען צו... to come to בוא ל־. בוא לידי־; to attain השיג; to have a connection with היה לאיש או לדבר יחס ל־; to equal, compare with שָׁוה ל־. היה דומה ל־.

— קומען צו אַ תכלית to attain one's ends בוא אל מטרתו. השיג מטרתו.

— עס קומט ניט אויגס צום אַנדערן there is no coherence between one thing and the other אין קֶשֶׁר בין שני הדברים.

— זי קומט ניט צו אים אין חכמה she does not compare with him in wisdom איננה דומה לו בחכמה.

— קומען צו זיך to recover שוב לבריאותו.

— קומען צו די כוחות to recover one's strength שוב לאיתנו; to gather strength אמץ כחו. התחזק.

— קומען אויף אַ געדאַנק to occur to one, to come into one's mind עלה על דעתו.

— (prov.) דער וואָס קומט פריער, מאָלט פריער first come, first served הבא ראשון. מקבל ראשון.

קומען[2] v. a. n. (p. p. געקומט) to owe הָיה חַיָּב. חַיָּב; to be due הַגִּיעַ.

— ער קומט מיר פינף דאָלער he owes me five dollars הוא חַיָּב לי חמשה דולרים.

— דאָס געלט, וואָס קומט מיר the money which is due to me הכסף המגיע לי.

— אים קומט אַ מעדאַיל he deserves a medal ראוי הוא לאות כבוד.

קימענדיג adj. coming, next הַבָּא; future עָתִיד.

קומפאַניע = קאָמפּאַניע.

קונד s. (pl. ־ן) customer, patroniser קוֹנֶה. מַשְׂרִיף.

קונדאַס = קונדס.

קונדאַצקע = קונדיסקע.

קונדיסקע adj. of wanton, of wag שֶׁל הולֵל. שֶׁל לֵץ.

קוּנְדס s. (pl. קוּנְדֵסים) wanton, wag הולֵל. שׁוֹבָב. לֵץ א).

קונדשאַפט s. customers קוֹנִים. מַעֲרִיפִים.

קוֹנה s. (pl. קוֹנים) purchaser, customer ־. מַעֲרִיף.

קונה זיין v. a. to acquire קָנֹה. רָכֹשׁ.

קונהטע s. (pl. ־ס) female purchaser, female customer קוֹנָה. מַעֲרִיפָה.

א) אפשר פון פויליש Kundys, אַ פויערשער הונט, פאַרגלייך פויליש ‎obuś‎, ‎obuz‎, אַ צעלאָזענער יונג, און Łobos, דער נאָמען פון אַ הונט.

קונה־הַכּל *s.* one who buys all sorts of things –.

קונה־זְכות זײַן *v. n.* to acquire a right *or* title to something קָנֹה זְכוּת עַל דָּבָר.

קונה־שְׁבִיתה זײַן *v. n.* to acquire the right of settlement in a place קָנֹה זְכוּת יְשִׁיבָה בְּמָקוֹם.

קונה־שְׁלֵימות זײַן *v. n.* to attain to perfection קָנֹה שְׁלֵמוּת, הַשֵּׂג שְׁלֵמוּת.

קונה־שֵׁם זײַן *v. n.* to acquire renown *or* fame קָנֹה שֵׁם.

קונטושל *s.* (*pl.* –עך) a kind of Polish cloak מִין מְעִיל פּוֹלָנִי.

קונטְרס *s.* (קונטְרֵסים *pl.*) pamphlet חוֹבֶרֶת; folded sheet of a book גִּלָּיוֹן קָפוּל שֶׁל סֵפֶר.

קונסט *s.* (*pl.* –ן) art אֻמָּנוּת.

קונע *s.* (*pl.* –ס) pillory עַמּוּד הַקָּלוֹן; prison תְּפִיסָה א).

קונץ *s.* (*pl.* –ן) art אֻמָּנוּת trick, feat מַעֲשֶׂה שֶׁל חֲרִיצוּת.

קונציג *adj.* artistic אֻמָּנוּתִי; ingenious חַד, חָרִיף, מְצֻיָּן.

קונצנמאַכער *s.* (–, –ס *pl.*) one who performs tricks עוֹשֶׂה מַעֲשִׂים שֶׁל חֲרִיצוּת; juggler, prestidigitator מְאַחֵז עֵינַיִם; מוּקְיוֹן.

קונצשטיק *s.* (*pl.* –) trick מַעֲשֶׂה שֶׁל חֲרִיצוּת; עָרְמָה.

קונקל־מונקל *s.* jugglery, tricks אֲחִיזַת עֵינַיִם.

קוסט *s.* (–ן, –עס *pl.*) bush, shrub שִׂיחַ, סְבָךְ.

קוסטאַר־אינדוסטריע *s.* hand-made goods מִינֵי סְחוֹרָה עֲשׂוּיִים בְּיָד.

קוס, קוסן = קוש, קושן.

קוף *s.* (*pl.* –ן) name of the letter ק שֵׁם הָאוֹת ק.

קופּאָל *s.* (*pl.* –) cupola, dome כִּפָּה.

קופּאַלניע *s.* (*pl.* –ס) bathing place, bath-house מְקוֹם רַחְצָה, בֵּית רַחְצָה.

קופּאָן *s.* (*pl.* –עס) coupon תְּלוּשׁ (קֶטַע מִשְׁטָר).

קופּטשע *s.* (*pl.* –ס) purchase-deed, bill of emption סֵפֶר הַמִּקְנָה.

קופֿײַקע *s.* (*pl.* –ס) jacket, waist בֶּגֶד קָצָר, מִתְנָן (לְנָשִׁים).

קופֿל *s.* (*pl.* –ען) mug קֻבַּעַת.

קופֿלעך *s.* (*pl.* –עס) tankard קַנְקַן (לְשֵׁכָר).

קופּע *s.* (*pl.* –ס) heap, pile עֲרֵמָה, גַּל, חֹמֶר.

קופֿע *s.* (*pl.* –ס) tub, vat גִּיגִית, חָבִית.

קופּער *s.* copper נְחֹשֶׁת.

קופּערוואַסער *s.* copperas, vitriol קַנְקַנְתּוֹם.

קופּערוואַרג *s.* brazier's ware, brass-ware, copper utensils כְּלֵי נְחֹשֶׁת.

קופֿערט *s.* (*pl.* –ן) coffer, trunk תֵּבָה, אַרְגָּז.

קופּערטע *s.* (*pl.* –ס) cover צִפּוּי.

קופּערן *adj.* of copper, of brass שֶׁל נְחֹשֶׁת.

— (*fig.*) אַ קופּערנער שטערן a brazen face מֵצַח נְחוּשָׁה, עַזּוּת.

— (*fig.*) אַ קופּערנער יצר־הרע unnatural inclination נְטִיָּה אִי־טִבְעִית.

קופּערצן *v. n.* to smack of copperas תֵּת טַעַם שֶׁל קַנְקַנְתּוֹם.

קופּערשטאָך *s.* (*pl.* –ן) engraving, cut פִּתּוּחַ נְחֹשֶׁת.

קופּערשמיד *s.* (*pl.* –ן) copper-smith, brazier חָרַשׁ נְחֹשֶׁת.

קוֹציע = קופּטשע.

קוצאָק = קוצעפּונדריק.

קוצי־שֶׁל־יוד *s.* the tittle of an iota, a very small thing, a whit –, דָּבָר קָטָן מְאֹד.

קוציע *s.* a dish of groats or rice with honey and raisins נְזִיד גֶּרֶשׂ אוֹ אֹרֶז עִם דְּבַשׁ וְצִמּוּקִים.

קוצע[1] *s.* (*pl.* –ס) lump of excrements עֲרֵמַת צוֹאָה.

קוצע[2] *adj.* cock-tailed קְצוּץ זָנָב; short קָצָר.

קוצעװײַקע *s.* (*pl.* –ס) a kind of short jacket for women מִין בֶּגֶד קָצָר לְנָשִׁים.

קוצעלאַפּע *adj.* short-handed, short-footed קְצַר יָדַיִם, קְצַר רַגְלַיִם.

קוצעניו־מוצעניו *s.* fondling חָבוּב, לְטִיפָה.

— מאַכן מוט אומעצן קוצעניו־מוצעניו to fondle a person, to toy with a person לַטֵּף אִישׁ, צַחֵק עִם אִישׁ.

קוצעפּײַקע = קוצעװײַקע.

קוצעפּונדריק *s.* (*pl.* –עס) dumpy אָדָם שְׁפַל קוֹמָה, גַּנָּס.

קוצראַבען *v. a.* to sew badly, bungle, botch תָּפֹר בְּאוֹפֶן גַּס, עֲשֵׂה בְּאוֹפֶן גַּס.

קוק *s.* (*pl.* –ן) look, glance מַבָּט.

קוקאַווקע *s.* (*pl.* –ס) cuckoo קוּקִיָּה (מִין עוֹף).

קוקו *int.* cuckoo! קְרִיאַת הַקּוּקִיָּה.

קוקוריקו *int.* cock-a-doodle-do קְרִיאַת הַתַּרְנְגוֹל.

קוקיל *s.* rose-campion קִמּוֹשׂ, זוּן.

קוקורוזע *s.* maiz, Indian corn דּוּרָה, תִּירָס.

קוקלע *s.* (*pl.* –ס) doll בֻּבָּה.

קוקן *v. n.* to look, glance הַבֵּט.

— נוט קוקן אויף עפּעס to disregard something לֹא שִׂים לֵב לְדָבָר.

— נוט קוקנדיג אויף דעם in spite of this לַמְרוֹת זֹאת.

קוקעלע, פֿאַרקלענערוואָרט פֿון קוק.

א) פּויליש Kuna.

קור s. (pl. –ן) cure רְפוּאָה.

קוראַזש s. courage, boldness אֹמֶץ לֵב.

קוראַזשירט adj. courageous, bold אַמִּיץ לֵב.

קוראַזשירן v. a. to encourage נָתֹן אֹמֶץ לְ־, עוֹדֵד.

קוראַלאַפּנישקע = קוראַלאַפּניצע.

קוראַלאַפּניצע s. (pl. –ס) short-footed woman אִשָּׁה בַּעֲלַת רַגְלַיִם קְצָרוֹת.

קוראַלאַפּניק¹ s. (pl. –עס) short-footed man אִישׁ קְצַר רַגְלַיִם.

קוראַלאַפּניק² s. (pl. –עס) hen-harrier תַּחְמָס (עוֹף); stealer of poultry, chicken-thief גּוֹנֵב תַּרְנְגוֹלוֹת.

קוראַלאַפּע adj. short-footed קְצַר רַגְלַיִם.

קוראַנט¹ s. (pl. –ן) chime צִלְצוּל.

— אַ זייגער מיט קוראַנטן chime-clock, musical clock שעון מנגן.

קוראַנט² adj. current עוֹבֵר לַסּוֹחֵר; ready, in cash מְזֻמָּן; reliable בָּטוּחַ.

— קוראַנטע סחורה merchandise of ready sale, saleable goods סחורה שיש לה קונים.

קוראַציע s. curing, cure רְפוּאָה.

קור||אָרט s. (pl. –ערטער) watering-place מַעְיְנוֹת הָרְפוּאָה.

קורווע s. (pl. –ס) whore, prostitute זוֹנָה.

קורח npr. Korah –.

— רײַך ווי קורח rich as Korah, very rich עשיר מאד.

קורחס אוֹצרות s. pl. Korah's treasures, great wealth הוֹן גָּדוֹל.

קורטקע s. (pl. –ס) jacket, roundabout בֶּגֶד קָצָר, מָתְנִיָּה.

קוריער s. (pl. –ן) courier רָץ.

קורירן v. a. to cure רִפֵּא, רָפָא.

קורלאַפּניצע = קוראַלאַפּניצע.

קורלאַפּע = קוראַלאַפּע.

קורנאָסע adj. flat-nosed, snub-nosed חָרוּם, חֲרוּמַף.

קורס s. (pl. –ן) course (of studies) מַחֲזוֹר לְמוּדִים; rate of exchange שַׁעַר הַכֶּסֶף.

קורסטראַי, קורסטרוי = קראַסטראַי.

קורסיוו adj. cursive רָץ (כתב); || s. italics כְּתַב רָץ, כְּתַב חֲצִי קוּלְמוֹס.

קורע זײַן v. n. to make a rent in one's garment (as a sign of mourning) עָשׂה קֶרַע בְּבִגְדוֹ.

קורע ווניק s. (pl. –עס) whoremonger, wencher נוֹאֵף, זוֹנֶה.

קורע־כּדג זײַן v. a. to tear like a fish, to tear to pieces קָרֹעַ כְּדָג, קָרֹעַ לִגְזָרִים.

קורץ adj. short, brief קָצָר; || adv. shortly, briefly בִּקְצָרָה, בְּקִצּוּר.

— קורץ פֿון דער זאַך the short of it is קִצּוּר הַדָּבָר הוּא.

— (joc.) אַזוי קורץ און אַזוי ברייט in short בְּקִצּוּר.

קורצוויידלינג adj. short-tailed קְצַר זָנָב.

קורצזיכטיג adj. near-sighted, myopic קְצַר הָרְאוּת, קְצַר רֳאִי; || –קייט s. near-sightedness, myopia קֹצֶר רְאוּת.

קורצענטע s. (pl. –ס) chicken תַּרְנְגֹלֶת רַכָּה.

קורצקייט s. shortness, brevity קֹצֶר.

קוש s. (pl. –ן) kiss נְשִׁיקָה.

קושאַר = אַקושאַר.

קושוואָך s. (pl. –ן) "kissing week," first week after the wedding הַשָּׁבוּעַ הָרִאשׁוֹן שֶׁאַחַר הַחֲתֻנָּה.

קושן v. a. to kiss נָשֹׁק.

קושעטקע s. (pl. –ס) couch, sofa דַּרְגָּשׁ, סַפָּה.

קזשאַק = קוסט.

קַטֵגור = קַטֵּיגור.

קְטוֹרת s. incense –.

קַטֵּיגור s. (pl. –ס) accuser, accusing angel –.

קֶטל s. (fl.) murder, manslaughter –, רֶצַח.

קָטָן s. (pl. קְטַנִּים) minor –.

קַטְנוּת s. trifle דְּבַר קָטֹן.

קְטַני־אֲמָנה s. pl. those who have little faith, doubters, sceptics –, סַפְקָנִים.

קִטְנִיוֹת s. pl. legumes, pulse –.

— (id.) אַלערליי מיני קטניות all sorts of things דברים מכל המינים.

קְטַנִּים = נְקֻבִּים קְטַנִּים.

קִטְרוג s. accusation –.

קיִיש adj. of cow, cow's שֶׁל פָּרָה.

קִיבּוּץ s. (pl. קִיבּוּצים) gathering –, אֲסֵפָה; collectivity –, קָהָל.

קִיבעץ s. (pl. –ן) (Am.) sarcastic remark הִתּוּל; railery, banter לִגְלוּג, לָצוֹן; humor בְּדִיחוּת א).

קִיבעצאַרניע s. (pl. –ס) (Am.) place frequented by banterers or wags מְקוֹם וַעַד לְמִתְלוֹצְצִים א).

קִיבעצן v. a. (Am.) to rail, banter, make fun of לַגְלֵג עַל־, הִתְלוֹצֵץ עַל־; to tease הָתֵל בְּ־.

קִיבעצער s. (pl. –, –ס) (Am.) railer, banterer מְלַגְלֵג, מִתְלוֹצֵץ; wag, joker לֵץ, בַּדְחָן א).

א) פֿון דײַטש Klebitz, אַ דאַקוטשליווער צוקוקער בײַ אַ קאָרטנשפּיל (איינגענטליך אַ געוויסער פֿויגל, וואָס האָט אַ טבע צו מאַכן זיך פֿאַר אַ בעל־הבית אין אַ פֿרעמדן נעסט). די יידישע באַדײַטונג, זעט אויס, קומט דערפֿון, וואָס ציקוקער בײַ אַ שפּיל מאַכן זיך אָפֿט לוסטיג אויף דעם חשבון פֿון די שפּילער.

קִידוש *s.* "sanctification," benediction pronounced on bread or wine on Sabbaths and holidays —.
— מאַכן קידוש to pronounce the benediction on wine אמר ברכת הקִדוש על היין; to take (*id.*) a drink שתה כוס יין.
קִידוש־הַחוֹדש *s.* "sanctification of the new moon," blessing said on the appearance of the new moon —.
קִידוש־הַשֵׁם *s.* sanctification of God's name, martyrdom —.
— גײן אויף קידוש־השם to sacrifice oneself מסר נפשו.
קִידוש־חַלה *s.* (*pl.* חַלות —) loaf on which the benediction is pronounced on a Sabbath or a holiday חַלָּה לְקִדּוּשׁ.
קִדושין *pl. s.* marriage-ceremony —.
— געבן קידושין to perform the marriage-ceremony סדר קִדוּשִׁין.
קִדושין־פִינגערל *s* (*pl.* —עך) marriage-ring טַבַּעַת קִדּוּשִׁין.
קִידוש־לְבָנה = קִידוש־הַחודש.
קִידערווידער *adv* at loggerheads בְּמַחֲלֹקֶת. בְּקֶרִי.
קִיװער *s.* (*pl.* —ס) shako (*soldier's cap*) קוֹבַע.
קִיום *s.* existence —; firmness —. תֹּקֶף; durability —. הִתְקַיְמוּת; confirmation —. חִזּוּק, אִשּׁוּר.
קִיזעק *s* dried cow-dung in the form of bricks (*as fuel*) צוֹאָה מְיֻבֶּשֶׁת שֶׁל פָּרָה בִּתְמוּנַת לְבֵנִים (בתור חֹמר להסקה).
קִיז־רױ *adj.* entirely raw בִּלְתִּי מְבֻשָּׁל לְגַמְרֵי.
קִיזשאַק = זשערעבטשיק.
קִיחה *s.* the taking of the child from the father's hands at the ceremony of circumcision —.
קִיט *s* putty, cement דֶּבֶק. טִיחַ (לשמשות).
קִיטאַרע = גיטאַרע.
קִיטײַ *s.* nankeen סִין (מין ארג צמר גפן); taffeta מֶשִׁי סִינִי.
קִיטײַען *adj.* of nankeen שֶׁל סִין; of taffeta שֶׁל מֶשִׁי סִינִי.
קִיטײַקע = קיטײַ.
קִיטל *s.* (*pl.* —ען) white linen robe worn on solemn occasions מְעִיל בַּד לָבָן שֶׁלּוֹבְשִׁים בְּחַגִּים; shroud תַּכְרִיךְ לְמֵת.
קִטְנִיות = קִטְנִיּוֹת.
קִיטניצע *s.* (*pl.* —ס) rennet-stomach, abomasus הַקֵּיבָה הָרְבִיעִית שֶׁל בְּהֵמוֹת.
קִיטעווען *v. a.* to cement דַּבֵּק בְּטִיחַ.
קִיטקע *s.* (*pl.* —ס) twisted loaf חַלָּה קְלוּעָה.

קִיטרוג = קִטְרוּג.
קִיטש *int.* hush! הַס!
קײַ *s.* chewing לְעִיסָה.
— טאָן אַ קײַ to chew לְעֹס.
קײַ־און־שפּײַ *s.* "chew and spit," something insignificant דָּבָר קַל הָעֵרֶךְ; = קײַ־שפּײַ.
קײזער, קײזערליך = קֵיסר. קֵיסרליך.
קײזערן = קֵיסרטע.
קײט[1] *s.* (*pl.* —ן) chain רַתּוֹק, שַׁרְשֶׁרֶת; shackle כֶּבֶל.
קײט[2] *s.* אין פֿאַלגנדיגן אויסדריק:
— קינד און קײט kith and kin כל המשפחה א).
קײטל *s.* (*pl.* —עך) little chain רַתּוֹק קָטָן. שַׁרְשֶׁרֶת קְטַנָּה.
קײטלען *v. a.* to chain קָשֹׁר בְּשַׁרְשֶׁרֶת; to link, concatenate קַשֵּׁר.
קײטן *v. a.* to put in chains אָסֹר בְּכַבְלֵי בַּרְזֶל.
קײטלשטיכל *s.* (*pl.* —עך) chain-stitch, looped stitch רְקִימָה מַעֲשֵׂה לוּלָאוֹת.
קײַכהוסט = קאָקליוש.
קײַכן *v. n.* to pant, gasp נָשֹׁם בִּכְבֵדוּת.
קײַלעכדיג, קײַלעכיג *adj.* round עָגֹל; ‖ —קײַט *s.* roundness, rotundity עֹגֶל.
קײַלן *v. a.* to lick, drub, thrash הַכֵּה. הָלֹם. הַלְקֵה.
קײַלער *s.* (*pl.* —, —ס) butcher קַצָּב.
קײַלעריש *adj.* of butchers שֶׁל קַצָּבִים.
קײַמא־לָן *s.* "it is established," indisputable truth, axiom אֱמֶת בְּרוּרָה; sum, amount סְכוּם.
קײן[1] *pron. indef.* (*pl.* —) no לֹא. שׁוּם.
— ניט קײן.... קײן... ניט no לא. שום.
— ער האָט ניט קײן געלט he has no money אין לו כסף.
— פֿאַר קײן פֿאַל ניט in no wise בשום פנים.
קײן[2] *prep.* to לְ־ ב).
— קײן ווילנע קײן װאַרשע to Wilno, to Warsaw לוילנה לורשה.
קײנמאָל *adv.* never לְעוֹלָם לֹא.
— קײנמאָל ניט never לעולם לא.
קײנער *pron. indef.* (*pl.* —נע) no one, nobody שׁוּם אִישׁ. שׁוּם אָדָם.
קײנערלײ *adj.* of no kind מִשּׁוּם מִין.

א) קײט[2] איז אפשר אַ פֿאַרגרײזונג פֿון דעם דײַטשן װאָרט Kegel אין דעם אויסדריק mit Kind und Kegel, וואָס האָט די זעלבינע באַדײַטונג ווי „קינד און קײט". טשיקאַווע איז די ענליכקײט פֿון דער ענגלישער פֿראַזע kith and kin צו אונזע־ער. ב) מיטלדײַטש kein, קעגן.

קײסעך s. Easter פַּסְחָא (חג הפסח לנוצרים).

קײסער = קֵיסָר.

קײסערינע s. (pl. ס –) empress קֵיסָרִית.

קײַען v. a. to chew, masticate לָעֹס.

— (id.) קײַען די ערד to suffer סבל.

קײַען זיך v. r. to repent, rue, regret הָזוֹר בִּתְשׁוּבָה, הִתְחָרֵט א).

קײַקל s. (pl. ־ עך) circle עִגּוּל.

קײַקלען v. a. to roll גָּלֹל, גַּלְגֵּל; ‖ ־ זיך v. r. to roll הִתְגּוֹלֵל, to wallow הִתְפַּלֵּשׁ (כרפש).

קײַשל, פֿאַרקלענערוואָרט פֿון קויש.

קײַ־שפּײַ s. "chew and spit," worthless food מָזוֹן גָּרוּעַ.

קיך s. (pl. ־ ן) kitchen בֵּית מְבַשְּׁלִים, מִבְשָׁלָה.

קיך־יידענע s. (pl. ס –) female cook מְבַשֶּׁלֶת.

קיכל s. (pl. ־ עך) cake חֲרָרָה, רָקִיק; = קאַכליע

קיכלען v. a. to feed הָזֵן; to pamper פַּנֵּק.

קיל adj. cool קָרִיר.

קילבליך adj. rather cool קְצָת קָרִיר.

קילאָגראַם s. (pl. ־ ען) kilogram מִשְׁקַל שְׁתֵּי לִטְרוֹת.

קיליעם = קאָץ.

קילן v. a. to cool קָרֵר; ‖ ־ זיך v. r. to set one's heart at ease הִתְקָרֵר דַּעְתּוֹ, הַרְגִּיעַ נַפְשׁוֹ.

— (id.) קילן די ערד to die מות.

קילע s. (pl. ס –) rupture, hernia שֶׁבֶר מֵעַיִם, שֶׁבֶר.

קילעוואַטע adj. having a rupture בַּעַל שֶׁבֶר מֵעַיִם.

קילקײַט s. coolness קְרִירוּת.

קילקע s. (pl. ס –) pilchard הַרְסָנָה (מין דג קטן).

קימל s. cumin, caraway כַּמּוֹן; spirits flavored with caraway-seeds יַיִן שָׂרוּף מְתֻבָּל בְּכַמּוֹן.

קימערן v. a. to worry, concern צַעֵר, נָגֹעַ לְ־; ‖ ־ זיך v. r. to care, worry דָּאֹג, הִצְטַעֵר.

— דאָס קימערט מיך ניט this does not worry me, this does not concern me זה אינו מצער אותי, זה אינו נוגע לי, זה לא אכפת לי.

— ער קימערט זיך ניט he does not care, he does not worry איננו דואג, איננו מצטער.

קימערניש s. care, worry דְּאָגָה, צַעַר.

קימפּעט s. child-bed, confinement מִשְׁכַּב הַלֵּדָה, לֵדָה.

— ליגן אין קימפּעט to lie in, be delivered שכב משכב לדה, היה יולדת.

קימפּעטאָרן s. (pl. ס –) lying-in woman, woman in child-bed שׁוֹכֶבֶת מִשְׁכַּב לֵדָה, יוֹלֶדֶת.

קימפּעט־בריוול s. (pl. ־ עך) amulet hung up at childbirth קָמֵיעַ שֶׁתּוֹלִים בְּעֵת מִשְׁכַּב הַלֵּדָה.

א) פֿון רוסיש каяться.

קימפּעט־קינד s. (pl. ־ ער) new-born child יֶלֶד הַנּוֹלָד.

קין s. pine-splinter, fire-stick אֲלִיתָא א).

קַיִן npr. Cain –.

קינבאַק s. (pl. ־ ן) jaw לְחִי ב).

קינד s. (pl. ־ ער) child יֶלֶד; infant, baby תִּינוֹק.

— גײן צו קינד to labor with child סבל חבלי לדה.

— (id.) אײַנרײדן אומעצן אַ קינד אין בויך to make a person believe something which is not true פתה איש להאמין בדבר שקר.

— קינד און קײט, ז. קײט².

קינדהײט s. chidhood יַלְדוּת.

— רײדן קינדהײט to talk foolishness דבר אולת

קינדווײַז adv. in childhood, as a child בְּיַלְדוּת, בְּעוֹד יֶלֶד.

קינדיש adj. childish שֶׁל יְלָדִים, שֶׁל יַלְדוּת; ‖ adv. childishly כְּדֶרֶךְ הַיְלָדִים; ‖ ־ קײט s. childishness מַעֲשֵׂה יַלְדוּת.

קינדל, פֿאַרקלענערוואָרט פֿון קינד.

קינדלען v. n. to bear children יָלֹד.

קינדס־קינדער s. pl. children's children, grandchildren בְּנֵי בָנִים; posterity דּוֹר אַחֲרוֹן.

— אויף קינדס־קינדער for ever לדור אחרון לעולם.

קינדערגאָרטן s. (pl. ס –) kindergarten גַּן יְלָדִים.

קינדער־יאָרן s. pl. childhood יַלְדוּת.

קינדער־לערער s. (pl. – ,– ס) instructor of children מוֹרֵה יְלָדִים.

קינדער־פּראָשעק s. lycopode מִין אָבָק לִרְפוּאַת יְלָדִים.

קינדערש adj. of children שֶׁל יְלָדִים.

— קינדערשע זאַך matter concerning children ענין נוגע לילדים; convulsions שֶׁבֶץ, עֲוִית.

קינדער־שטיבל s. (pl. ־ עך) children's room, nursery חֲדַר יְלָדִים.

קינדערשפּיל s. (pl. ־ ן) child's play מִשְׂחַק יְלָדִים; trifle (fig.) דְּבַר קָטָן.

קינה s. (pl. קינות) lamentation, threnody –. שִׁיר מִסְפֵּד; book containing threnodies for the ninth of Ab סֵפֶר קִינוֹת לְתִשְׁעָה בְּאָב.

קינזשאַל s. (pl. ־ ן) poniard, dagger פִּגְיוֹן, חֲנִית.

קיניג s. (pl. ־ ן) king מֶלֶךְ.

קיניגל s. (pl. ־ עך) little king מֶלֶךְ קָטָן; young king מֶלֶךְ צָעִיר לְיָמִים.

קיניגליך adj. royal שֶׁל מֶלֶךְ.

קיניגין¹ s. (pl. ס –) queen מַלְכָּה.

קיניגן² v. n. to reign מָלֹךְ.

א) דײַטש Kienspan. ב) בײַ ליפשיצן щека אַ באַק.

קינגרײַך s. (pl. ן–) kingdom מלוכה.

קינסטליך adj. artificial מלאכותי (=קינצליך).

קינסטלען = קינצלען.

קינסטלער = קינצלער.

קינעלע. פֿאַרקלענערוואָרט פֿון קין.

קינעמאַטאָגראַף s. kinematograph, moving pictures תמונות מתנועעות.

קינפעט, קינפעטאָרן = קימפעט, קימפעטאָרן.

קינפעט־ברוול = קימפעט־ברוול.

קינצליך adj. artificial מלאכותי (=קינסטליך); artistic, skillful מעשה אמן; grand מצין.

קינצלען v. a. to elaborate, polish הרבה לשבח, הרבה ליפה.

קינצלער s. (pl. –) artist אמן.

קיסליצע s. (pl. ס–) sour apple תפוח חמיץ.

קיסלער s. (pl. –, ס–) pickpocket גונב מהכיסים.

קיסעליצע s. jelly of prunes קריש משזיפים יבשים.

קיסר s. (קסרים pl.) emperor –.

קיסרות s. empire –.

קיסרטע s. (pl. ס–) empress קיסרית.

קיסרליך adj. imperial קיסרי.

קיעלע s. (pl. לעך–) heifer פרה צעירה.

— משה רבנוס קיעלע. ז. משה־רבנוס־.

קיפאַריס s. (pl. ן–) cypress ברוש.

קיפלען v. a. to annoy, vex הרגז, שעמם א).

קיפלער s. (pl. ס–) annoyer, troublesome person מרגיז, מטריד.

קיפקע s. (pl. ס–) skullcap כפה, כמתה.

קיצבה = קצבה.

קיצור s. shortening; abbreviation; abridgment –:

קיצור־הדבר s. the short of the matter –, תמצית הדבר.

קיצור־ימים s. "shortening of days", shortening of life –.

קיצל s. tickle דגדוג.

קיצלדיק adj. ticklish נוח להתרגש מדגדוג; sensitive (fig.) נוח להתרגש (מדבר); difficult, delicate, קשה (ענין); unclean (fig.) לא טהור (עסק).

קיצלען v. a. to tickle דגדג.

קיץ־קיץ int. exclamation of endearment to a cat קריאת חבה לחתול.

קיצקע = דערניונע.

קיקיון־דיונה s. "Jonah's shade-tree", something ephemeral דבר בלתי קים.

קיקעריקו = קוקוריקו.

קירבות = קרבות.

א) מיטלהויכדייטש kibelen, kipelen.

קירבעס s. (pl. ן–) gourd, pumpkin דלעת, בוצין.

קיר״ה s. nickname of the emperor of Austria כנוי לקיסר אוסטריה; nickname of Austria כנוי למדינת אוסטריה; nickname of an Austrian כנוי לאזרח אוסטריה א).

קיר״ה־ווינדל, קיר״ה־מאַק, קיר״ה־פֿלאַקן s. nickname of an Austrian כנוי לאזרח אוסטריה.

קירזשנער s. (pl. –, ס–) cap-maker עושה כובעים.

קירך s. (pl. ן–) church בית תפלה (לנוצרים).

קירכנשטאַט s. Ecclesiastical State, Papal State מדינת הכנסיה הקתולית, מדינת האפיפיור.

קירעוואַניע s. guidance הולכה; management הנהלה.

קירעווען v. a. to guide הולך; to manage הנהל.

קירציע s. (pl. ס–) paddle of a water-wheel כנף אופן מים (של טחנה).

קירצליך adv. shortly בעוד זמן קצר, בקרוב.

קירצן v. a. to shorten, abridge קצר.

קירש = קאַרש.

קיש = אַקוש.

קישוי = קשוי.

קישמיש s. stoneless grapes or raisins ענבים או צמוקים בלי חרצנים.

קישן s. (pl. ס–) pillow כר.

קישניען v. n. to burst הבקע.

— קישניען פֿון געלעכטער to split one's sides with laughter כלה כחו משחוק.

קישניש = קישמיש.

קישעלע s. (pl. לעך–) little pillow, cushion כר קטן (ביחוד לספה).

קישען v. n. to swarm רמש, שרץ.

קישקע s. (pl. ס–) gut סמס, מעה, מעי; hose, leather-pipe צנור עור (למים).

— בלינדע קישקע caecum מעי האטום.

— דאַרע קישקע sausage נקניק.

— אָנשטאָפּן די קישקע to fill one's stomach מלא בטנו.

— בלײַבן אָן קישקעס לאַכנדיג (id.) to split one's sides with laughter כלה כחו משחוק.

קישקע־געלט s. money saved by denying oneself the necessaries of life כסף חשוך על ידי מניעת עצמו מצרכי החיים.

קישקע־טרײַבער s. (pl. ס–) cleaner of guts מנקה מעים (של בהמות).

קל s. (קלים pl.) loose fellow אדם פרוץ.

א) קיר״ה זיינען די ראשי־תבות פֿון „קיסר ירום הודו".

קלאַבעריאַש *s.* a kind of game at cards מין משחק בקלפים.

קלאַג *s.* (*pl.* ן–) wailing, lamentation יְלָלָה, מִסְפֵּד; complaint תְּלוּנָה.
— גייִן אין קלאַג to wear mourning לבש בגדי אבל.
— אַ קלאַג! gracious me! מריה דאברהם!
— אַ קלאַג צו מיר. אַ קלאַג צו מייַן וועלט! alas!, woe! אוי!, אללי לי!
— אַ קלאַג צו אים (נאָך אים)! a plague on him! צרה תבואהו!
— עס וועט זייַן אַ קלאַג צו אים (צו זייַן קאָפּ, צו זייַנע יאָרן) he will pay dearly for it ענש קשה נכון לו; he will be in a miserable condition יהיה במצב רע.
— דער קלאַג זאָל אים נעמען!, זאָל ער גייִן צו אַלע קלאַגן! the deuce take him! יקחהו השטן!
— דער קלאַג ווייס אים! the devil knows him! השטן יודע אותו!
— וואָס איז מיט אים דער קלאַג? what the dickens is the matter with him? מה לו?
— טויגן אויף קלאַגן to be good for nothing, לא צלח למאומה, to be of no use היה ללא תועלת.

קלאַג-ליד *s.* (*pl.* ער–) lamentation, dirge קִינָה.

קלאַגמוטער *s.* (*pl.* ס–) whiner, whimperer בַּכְיָן, בַּעַל בֶּכִי.

קלאָגן *v. n.* to wail, lament יַלֵּל, סָפֹד; to wear mourning לָבשׁ בִּגְדֵי אֵבֶל; to sue at law תָּבֹעַ לְדִין; ‖ — זיך *v. r.* to complain הִתְאוֹנֵן; to lodge a complaint הַגֵּשׁ תְּלוּנָה (אל השופטים).

קלאָגעדיג *adj.* miserable רַע.

קלאָגעכץ *s.* wailing, whining יְלָלָה, בְּכִיָּה.

קלאָגער *s.* (*pl.* –, ס–) wailer, whiner מְיַלֵּל, מְקוֹנֵן; complainant תּוֹבֵעַ.

קלאָגערן *s.* (*pl.* ס–) wailing woman אִשָּׁה מְיַלֶּלֶת; woman hired to wail or mourn מְקוֹנֶנֶת.

קלאַדאָווקע *s.* (*pl.* ס–) pantry אוֹצַר הַבַּיִת, מְזָוֶה.

קלאַדקע *s.* (*pl.* ס–) foot-bridge מַעְבָּרָה, גַּמְלָה.

קלאַוויש *s.* (*pl.* ן–) key (*of a piano*) מְנַעֲנֵעַ.

קלאַטניע *s.* (*pl.* ס–) quarrel, brawl מְרִיבָה, קְטָטָה.

קלאַטניצע *s.* (*pl.* ס–) quarrelsome woman אֵשֶׁת מְדָנִים.

קלאַטקע = קלאַדקע.

קלאָטשיג *adj.* towy כִּנְעֹרֶת; = פּולטשוג.

קלאָטשע *s.* tow, oakum נְעֹרֶת.
— (*id.*) מייַן נשמה איז אויך נים פֿון קלאָטשע neither is my soul made of an inferior stuff נשמתי גם היא איננה מהחמר גרוע.

קלאָטשען *adj.* of tow, of oakum שֶׁל נְעֹרֶת.

קלאָטשקעוואַטע *adj.* tufted, tufty בְּקְוֻצּוֹת.

קלאַמער *s.* (*pl.* ן–) clasp, hook חָשׁוּק, מַחְבֶּרֶת, קֶרֶס; bracket, parenthesis סֹגֶר, חֲצָאֵי לְבָנָה (בכתב).

קלאַמערן *v. a.* to clasp חַבֵּר בְּחִשּׁוּק או בְּקֶרֶס.

קלאַמערשט, קלאַמפּערשט = כּלומרשט.

קלאַנג *s.* (*pl.* ען–) sound קוֹל; rumor שְׁמוּעָה.

קלאַנעט = קלאַרנעט.

קלאַס *s.* (*pl.* ן–) class מַחְלָקָה, מַדְרֵגָה; מִין, סוּג.

קלאַסיקער *s.* (*pl.* –) classic author סוֹפֵר מוֹפְתִי, סוֹפֵר מְצֻיָּן.

קלאַסיש *adj.* classic, classical מוֹפְתִי, מְצֻיָּן.

קלאַפּ [1] *s.* (*pl.* קלעפּ) blow מַהֲלוּמָה, מַכָּה; knock, rap דְּפִיקָה.

קלאַפּ [2] *s.* (*pl.* עס–) lapel דַּשׁ (של בגד).

קלאָפּאָט *s.* (*pl.* ן–) trouble, bother טְרָדָה, טֹרַח; care דְּאָגָה.

קלאָפּאָטשען זיך *v. r.* to have much trouble טָרֹחַ הַרְבֵּה, יָגֹעַ, עָמֹל.

קלאַפּטער *s.* (*pl.* –) fathom מִדַּת שֶׁבַע רֶגֶל.

קלאַפּן *v. n.* to clap מָחֹא; to knock, rap דָּפֹק; to palpitate, beat דָּפֹק (הלב); to rattle קַשְׁקֵשׁ; ‖ to beat *v. a.* הַכֵּה הָלֹם.
— קלאַפּן אין טיר to knock *or* rap at the door התדפק על הדלת.
— קלאַפּן אין פּויק to beat the drum הכה בתף, תופף.
— (*id.*) קלאַפּן מיטן מויל to chatter פּטפּט.
— קלאַפּן אין שול אַרייַן to call to divine service by rapping at the shutters קרא לעבודת ה' בדפיקה על דלתות החלונות.
— קלאַפּן טרעוואָגע, ז. טרעוואָגע.
— קלאַפּן די זייטן to lick, to pommel הכה הלקה.
— קלאַפּן אַ טעלעגראַף to send a telegram הודיע על ידי הטלגרף.

קלאַפּנדיג *adj.* beating, palpitating דּוֹפֵק (הלב).

קלאַפּנמיצל = לאַפּנמיצל.

קלאָפּס *s.* (*pl.* ן–) force-meat ball כַּדּוּר שֶׁל בָּשָׂר קָצוּץ.

קלאַפּסעדרע *s.* (*pl.* ס–) placard מוֹדָעָה (שמדביקים ברחוב).

קלאַפּע *s.* (*pl.* ס–) lapel דַּשׁ (של בגד), flap כָּנָף (של שלחן) (*of a table*); valve צָמִיד, סְגוֹר.

קלאַפּעניש *s.* beating דְּפִיקָה.

קלאַפּער *s.* (*pl.* ס–) rattle מְקַשְׁקֶשֶׁת.

קלאַפּער-נעצײַג s. pl. tools מַכְשִׁירִים.

קלאַפּערײַ s. rattling, noise קִשְׁקוּשׁ, שָׁאוֹן.

קלאַפּערן v. n. to rattle קִשְׁקֵשׁ.

קלאָץ s. (pl. קלעצער) log, block כּוּפָּה, בּוּל עֵץ; stocks (of criminals) סַד.

— פֿאַרלײגן אומעצן אַ קלאָץ (id.) to puzzle, to perplex הבא במבוכה.

קלאָץ||קשיא s. (pl. -קשיות) puzzling question שְׁאֵלָה קָשָׁה; foolish question שְׁאֵלָה טִפְּשִׁית.

קלאָר adj. clear זַךְ, בָּהִיר צַח; בָּרוּר; sane בַּעַל שֵׂכֶל בָּרִיא; versed בָּקִי; || adv. clearly, distinctly בְּבֵרוּר; thoroughly עַל בֻּרְיוֹ.

— װיסן קלאָר to know well, to know thoroughly ידע היטב, ידע עַל בֻּרְיוֹ.

קלאַרינעט s. (pl. -ן) clarinet חֲצוֹצְרָה.

קלאָרקײט s. clearness בְּהִירוּת, צַחוּת; sanity בְּרִיאוּת הַשֵּׂכֶל.

קלוב¹ s. (pl. -ן) club חֶבְרָה; club-house בֵּית מוֹעֵד א).

קלוב² s. (pl. -עס) thigh, hip יָרֵךְ, חָלָץ ב).

קלובניק s. (pl. -עס) strawberry גַּרְגְּרֵי אֲדָמָה.

קלובע s. (pl. -ס) vice מֶלְחָצַיִם, מַכְבֵּשׁ.

קלובקע, פֿאַרקלענערװאָרט פֿון קלובע.

קלוג adj. wise, sensible חָכָם.

— קלוג װי דער טאָג (id.) very wise חכם מאד; clever פִּקֵּחַ.

קלוגעטשקע adj. wise and amiable חָכָם וְחָבִיב.

קלוגקײט s. wisdom חָכְמָה.

קל-וחומר s. (pl. -ס) inference from minor to major or from major to minor -.

קלוי s. (pl. -ען) hoof פַּרְסָה; claw צִפֹּרֶן.

קלויז s. (pl. -ן) house of worship or study בֵּית תְּפִלָּה, בֵּית הַמִּדְרָשׁ.

קלויזניק = קלויזנער.

קלויזנער s. (pl. -) one who devotes himself to study in a house of worship יוֹשֵׁב וְלוֹמֵד בְּבֵית הַמִּדְרָשׁ.

קלויס s. (pl. -ן) dumpling כֻּפְתָּה (עָגוּל של בצק וכדומה).

קלויסקע = קלויס.

קלויסטער s. (pl. -ס) cloister מִנְזָר (לנוצרים); church בֵּית תְּפִלָּה (לנוצרים).

קלום||בעק s. (pl. -בקעס) ball of thread פְּקַעַת שֶׁל חוּטִים ג).

קלו||מעק s. (pl. -מקעס) wallet תַּרְמִיל, אַמְתַּחַת; bundle צְרוֹר, חֲבִילָה ד).

א) ענגליש club. ב) פּויליש kłąb. ג) רוסיש клубокъ. ד) פּויליש tłomok.

קלומפּן s. (pl. -) lump רֶגֶב, גּוּשׁ.

קלומפּע s (pl. -ס) wooden shoe סַנְדַּל עֵץ.

קלונג s. (pl. -ען) ring צִלְצוּל.

קלות-דעת s. levity, frivolity -.

קלות-ראש = קלות-דעת.

קליאָװען v. n. to glimmer, glow faintly הִזְהִר (עָמַם א).

קליאַטקע s. (pl. -ס) cage כְּלוּב.

קליאַטשע s. (pl. -ס) mare סוּסָה.

קליאַטשקע = קלאַטשע.

קליאַמקע s. (pl. -ס) door-latch סוֹגֵר הַדֶּלֶת.

— קהלשע קליאַמקע (id.) ז. קהלש.

קליאַמרע = קלאַמער.

קליאַמרעלע, פֿאַרקלענערװאָרט פֿון קליאַמרע.

קליאָן s. (pl. -עס) maple-tree תִּדְהָר.

קליאַניען זיך v. r. to bow הִשְׁתַּחֲוָה; to humble oneself הִכָּנֵעַ, הִתְרַפֵּס.

קליאַפּע s. (pl. -ס) eye-flap, blinker מִכְסֵה הָעַיִן (לסוס); ear-lap מִכְסֵה הָאֹזֶן; = קלאַפּע.

קליאַצקע = קלויס.

קליאָק s. essence תַּמְצִית.

קליאָש s. (pl. -עס) bell-shaped lady's gown לְבוּשׁ אִשָּׁה בִּתְמוּנַת פַּעֲמוֹן ב).

קליגן זיך v. r. to bend one's mind, rack one's brain הִתְחַכֵּם.

קליוטשװאָיט s. (pl. -עס) commissary of rural police, bailiff פְּקִיד עַל מִסְבִּי עִיר.

קליוטשקע s. (pl. -ס) beam of a draw-well קִילוֹן; hook אַנְקוֹל.

קליוסקע = קלויס.

קליי s. (pl. -ען) paste, glue דֶּבֶק.

קלייאיג adj. gluey, viscous שֶׁיֵּשׁ בּוֹ מִתְכוּנַת דֶּבֶק.

קלײַבן v. a. (p. p. געקליבן) to pick, choose בָּחֹר, בָּרֹר; to glean, gather לָקֹט; || -זיך v. r. to be going to..., be about to... הָיֹה נָכוֹן לְ-, הִתְעַתֵּד לְ-.

— קלײַבן געלט to collect money אָסֹף כֶּסֶף; to save money חָשֹׂךְ כֶּסֶף.

קלייד s. (pl. -ער) garment dress בֶּגֶד, לְבוּשׁ, מַלְבּוּשׁ.

— קליידער מאַכן לײַט (prov.) fine feathers make fine birds לפי לבושי יכבד איש.

קליידונג s. clothing מַלְבּוּשִׁים.

קליידל s. (pl. -עך) dress בֶּגֶד אִשָּׁה; petticoat, skirt שִׂמְלָה תַּחְתּוֹנָה.

א) אַ שׁער פֿון פּויליש tleć אָ-ער רוסיש тлѣть, גליען. מערקװירדיג איז די ענליכקײט פֿון קליאָװען צו אַלטהויכדײַטש glüewen, גליען. ב) בײ שטראַקן: פֿון פֿראַנצויזיש cloche, אַ גלאָק.

קליידן v. a. to clothe, dress הַלְבֵּשׁ; to fit, suit הָיֹה נָאֶה לְ־, הָלֹם.
קלייזל, פֿאַרקלענערוואָרט פֿון קלויז.
קלייט s. (pl. ן–) shop, store חָנוּת א).
קלייטל s. (pl. עך–) little shop חָנוּת קְטַנָּה; clamp of bricks מַרְבֵּג (צִבּוּר מְרֻבָּע של לְבֵנִים).
קלייטניק s. (pl. עס–) shop-keeper חֶנְוָנִי.
קלייט־משרת s. (pl. משרתים–) clerk in a shop מְשָׁרֵת שֶׁל חָנוּת.
קליין adj. little, small קָטָן; insignificant קְטַן הָעֵרֶךְ; of minor age קָטָן, בִּלְתִּי בוֹגֵר.
קליינאָד s. (pl. ן–) jewel, treasure כְּלִי יָקָר, כְּלִי חֶמְדָּה.
קליינגעלט s. small money, change מָעוֹת קְטַנּוֹת, פְּשִׁיטָא.
— (fig.) מאַכן עפּעס צו קליינגעלט to belittle something הקטן ערך איזה דבר.
קליינהענדלער s. (pl. –, –ס) retailer סַדְקִי, סוֹחֵר קָטָן.
קליינוואַרג s. youths, children יְלָדִים, קְטַנִּים.
קליינינקייט s. trifle, insignificant matter דָּבָר קָטָן, דָּבָר קְטַן הָעֵרֶךְ.
— אַ קליינינקייט? is it a small matter? האם דבר קטן הוא?
— (iro.) אַ קליינינקייט! it's no small matter! לא דבר קטן הוא!
קליינטשקע, קליינינקע adj. dear little קָטָן וְחָבִיב.
קליינערהייט adv. while young, in childhood בְּנַעֲרוּתוֹ, בְּיַלְדוּתוֹ.
קליינלעך adj. petty הַשָּׂם לֵב לִקְטַנּוֹת; ‖ –קייט s. pettiness קַטְנוּת.
קליינקייט s. littleness, smallness קַטְנוּת, זְעִירוּת.
קליינשטעטיש = קליינשטעטלדיג.
קליינשטעטל s. (pl. עך–) small town עִיר קְטַנָּה, עֲיָרָה.
קליינשטעטלדיג adj. of a small town, provincial בֶּן עִיר קְטַנָּה, עֲיָרָנִי, כַּפְרִי.
קלייען v. a. to paste, glue הַדְבֵּק.
קלייען s. pl. brans סֻבִּין, קִיבָר; freckles נְמָשִׁים.
קלייענדיג adj. freckled מְכֻסֶּה בִּנְמָשִׁים.
קלימאַט s. (pl. ן–) climate אַקְלִים, מֶזֶג הָאֲוִיר.
קלימאַטיש adj. climatic שֶׁל הָאַקְלִים.
קלימעק = קלומעק.
קלין s. (pl. עס–) wedge קְרִיז; gore gusset מַטְלִית בִּדְמוּת זָוִית.
קלינג s. (pl. ען–) blade לַהַב.
קלינגל, פֿאַרקלענערוואָרט פֿון קלינג.

א) רוסיש клѣть, אַ שפּייז־קאַמער.

קלינגען v. n. (p. p. געקלונגען) to ring צַלֵּל, צִלְצֵל; to sound הַשְׁמֵעַ קוֹל הַשְׁמֵעַ.
— עס קלינגען די גלעקער the bells are ringing הפעמונים מצלצלים.
— זיין קול קלינגט זיס his voice sounds sweet קולו נעים.
— דאָס קלינגט מאָדנע this sounds strange זה נשמע כדבר מוזר.
— (fig.) די גאַנצע וועלט קלינגט מיט אים his fame is spread far and wide שמעו הולך בכל העולם.
קלינגענדיג adj. ringing מְצַלְצֵל.
קלינגער s. (pl. ס–) ringer מְצַלְצֵל.
קלינגערס s. pl. chink, money כֶּסֶף, מָעוֹת.
קלינינע = קליאַן.
קליניע = קאַרון.
קליניק s. (pl. עס–) clinic, clinic hospital קְלִינִיק (בית חולים לנסיונות הרופאים).
קליסטער = קאַנע.
קליסקע, קליסקעלע = קלוים.
קליעטקע s. (pl. ס–) cage כְּלוּב; square, check קִנְיָן, מִשְׁבֶּצֶת (בארג).
קליען = טליען.
קליענט s. (pl. ן–) client מַעֲרִיף.
קליעפּקע s. (pl. ס–) stave קֶרֶשׁ חָבִית.
— (fig.) עס פֿעלט אים אַ קליעפּקע אין קאָפּ he is not quite right in his mind חסר לו מוח בקדקדו.
קליפּה s. (pl. קליפּות) evil spirit, devil רוּחַ רָעָה, שֵׁד; shrew אִשָּׁה רָעָה.
קליפּהניצע s. (pl. ס–) shrew אִשָּׁה רָעָה.
קליפּן = קלעפּן.
קליפּערנעצייג s. pl. instruments, tools מַקְשִׁירִים.
קליפּערלעך = פּושטשעווקעס.
קליפּערצן v. n. to stick הַדְבֵּק.
קללה s. (pl. קללות) curse, oath –.
— מיט טויטע קללות, ז. טויט[3].
קללהן v. n. to curse קַלֵּל.
קללות־וחרמות s. pl. curses and anathemas –.
קלסתר־פנים s. features of the face –.
קלעבן = קלעפּן.
קלעזמער = כְּלֵי־זֶמֶר.
קלעטערן v. n. to climb, clamber טַפֵּס.
קלעטערניק s. (pl. עס–) climber מְטַפֵּס.
קלעם s. vice מֶלְקָחַיִם, מַכְבֵּשׁ; straits מוּעָקָה; plight, dilemma מְבוּכָה; anguish צַעַר עָמֹק.
— טאָן אַ קלעם to pinch לחץ, דחק.
— זיין אין דער קלעם to be in straits, to be in a dilemma היה במצב דחוק, היה במבוכה.

קלעמען v. a. to pinch לָחֹץ, דָּחֹק; || — זיך v. r. to feel heavy at heart הִצְטַעֵר.

— עס קלעמט אום דאָס האַרץ he feels heavy at heart לבו כואב, הוא מצטער.

קלעמעניש s. grief, anguish כְּאֵב לֵב, צַעַר.

קלעמפּע s. (pl. ס —) jade סוּסָה דַלָּה; shrew (fig.) אִשָּׁה רָעָה.

קלען = קליאַן.

קלעפּיג adj. adhesive מִתְדַּבֵּק; contagious מִתְדַּבֵּק (מחלה).

— האָבן קלעפּיגע פינגער to have long fingers היה נוטה לגנב.

קלעפּל = קלעפּערל.

קלעפּעדיג = קלעפּיג.

קלעפּן v. a. n. to stick הַדְבֵּק; to adhere הִדָּבֵק; to cohere הֱיֹה יַחַס וָקֶשֶׁר לְ־; || — זיך v. r. to stick הִדָּבֵק; to cohere, be coherent הֱיֹה יַחַס וָקֶשֶׁר לְ־.

— זײַנע ווערטער קלעפּן (זיך) ניט his words do not cohere אין יחס וקשר לדבריו.

— קלעפּן ווי אַרבעס צום וואַנט, ז. אַרבעס.

קלעפּערל s. (pl. עך —) clapper עִנְבָּל, מַכּוֹשׁ (של פעמון); knocker פַּטִּישׁ (שבדלת); rattle קַשְׁקֶשֶׁת.

קלעפּקע = קליעפּקע.

קלעצל s. (pl. עך —) small block כּוּפַת קְטַנָּה; boss, nave (of a wheel) חִשּׁוּר הָאוֹפָן; bobbin, spool סְלִיל.

קלעק s. (pl. ן —) ink-blot כֶּתֶם דְּיוֹ; insistent person אָדָם עוֹמֵד עַל דָּבָר, מֵאִיץ, מַפְצִיר.

— צושטיין ווי אַ קלעק to be very insistent אוֹץ, הפצר מאד.

— (id.) שפּײַען קלעק אויף... to renounce מאס ב־.

קלעקן v. a. n. to blot, blur כָּתֹם; to suffice, be sufficient הַסְפֵּק.

קלעקער s. (pl. ס —) blotter מַכְשִׁיר לִסְפֹּג דְּיוֹ.

קלעק־פּאַפּיר s. blotting-paper נְיָר סוֹפֵג.

קלער s. thinking מַחֲשָׁבָה; discussion מַשָּׂא וּמַתָּן, שַׁקְלָא וְטַרְיָא; question שְׁאֵלָה.

— טאָן אַ קלער to think, consider חשב, התבונן.

— וועגן דעם איז דאָ אַ קלער אין דער גמרא there is a discussion about it in the Talmud יש שקלא וטריא על זאת בגמרא

— וואָס איז דאָ דער קלער? what is the question? מה היא השאלה?

— וועגן דעם איז גאָר קיין קלער־נישטאָ there is no question or doubt about this אין כל ספק בדבר הזה.

קלערן v. n. to think, consider חָשֹׁב, הִתְבּוֹנֵן.

קלערעניש¹ s. thinking מַחֲשָׁבָה.

קלערעניש² s. whiteness לֹבֶן, לַבְנוּנִית.

קלף s. parchment —.

קלף s. (pl. קלפים) paper (fl.) נְיָר; playing-card קְלַף לְמִשְׂחָק.

— (fl.) קלפים מלן to cut the edges of cards קצץ קצות קלפים.

— (fl.) קלפים צינקען to mark card סַמֵּן קלפים.

קליפּה, קליפּהניצע = קְלִיפָּה, קְלִיפָּהניצע.

קלפּי s. urn (for ballots) —.

קלפּין v. n. to ballot הַטֵּל גּוֹרָלוֹת.

קלקול s. corruption, damage —.

קל־שבּקלים s. very loose person, arch-sinner אָדָם פָּרוּץ מְאֹד, חוֹטֵא גָּדוֹל.

קמח־פּסח s. Passover flour; flour distributed to the poor for Passover —.

קמיע s. (pl. קמיעות) amulet —.

קמיצה s. the finger next to the little one —.

קמץ s. (pl. ן —) name of the Hebrew vowel ָ שֵׁם הַתְּנוּעָה ָ.

קמצן s. (pl. קמצנים) niggard, stingy man —, כִּילַי.

קמצנות s. niggardliness, stinginess —.

קמצנטע s. (pl. ס —) niggardly or stingy woman קַמְצָנִית.

קמצניש adj. niggardly, stingy קַמְצָנִי.

קן num. hundred and fifty מֵאָה וַחֲמִשִּׁים.

קנאָבל s. garlic שׁוּם.

קנאה s. (pl. קנאות) envy, jealousy —.

קנאהדיג adj. envious, jealous מָלֵא קִנְאָה.

קנאה־שׂנאה s. envy and hatred —.

קנאי s. (pl. קנאים) zealot, bigot, fanatic —.

קנאיש adj. of zealot, of bigot שֶׁל קַנַּאי.

קנאָכן s. (pl. ס —) bone עֶצֶם.

קנאַל s. (pl. ן —) crack, snap (of a whip) שָׁאוֹן (של שוט); report קוֹל יְרִיָּה.

קנאַלן v. n. to crack, snap (whip) הַשְׁמֵעַ שָׁאוֹן (שוט); to give a report הַשְׁמֵעַ קוֹל יְרִיָּה.

קנאַפּ adj. scarce, scanty דַּל, מְצֻמְצָם; || adv. little מְעַט.

— אַ קנאַפּער פונט not fully a pound לִטְרָא חסרה.

— אַ קנאַפּער העלד not much of a hero גבור לא גדול.

קנאָפּ s. (pl. קנעפּ) large button כַּפְתּוֹר גָּדוֹל (של בגד); knob כַּפְתּוֹר (של דלת וכו'); Adam's apple רֹאשׁ הַקָּנֶה, פִּיקָה שֶׁל גַּרְגֶּרֶת.

קנאָפּל = אַבצאַם.

קנאָפּלאָך s. (pl. לעכער —) button-hole לוּלָאָה.

קנאָפּעדיג adj. knobby כְּכַפְתּוֹר.

קנאַפּקייט s. scarcity חֹסֶר, מַחְסוֹר.

קנאַק s. (-ן pl.) cracking פּציעה, נפיצה; crack, snap שׁאון (של שוט, של הכאה באצבעות); drink (sl.) שתיה (יין).
— מאַכן אַ גוטן קנאַק to take a good drink שתה יין לרויה.
— (id.) מיטן קנאַק cleverly בחריצות.
קנאַק־יַעקב s. (sl.) drink שתיה (יין).
קנאַקן v. n. to crack, snap הקם שׁאון (בשוט, באצבעות); to click (one's tongue) קשקש (בלשונו); to crackle התפוצץ (אש); to talk, chatter (sl.) דבר, פטפט; to drink (sl.) שתה יין; || v. a. to crack (nuts) פצע, נפץ (אגוזים); to crush, kill (lice) מעך, הרג (כנים).
קנאַק־ניסל s. (-עך pl.) nut-cracker מפצע, מפץ אגוזים.
— (id.) און רוף מיך קנאַק־ניסל! call me what you want — I don't care! קרא לי באיזה שם שאתה רוצה — לא אכפת לי!
קנאַקעדיג adj. sensational מבהיל, מרעיש; bombastic, high-sounding נפוח (דברים).
— קנאַקעדיגע פראַזעס high-sounding phrases מליצות נפוחות.
קנאַקער s. (-ס pl.) influential man איש שדבריו נשמעים; leader מנהיג.
קנאַקעריי s. cracking קול מקשקש.
קנה s. windpipe ~.
קנוט s. (-עס pl.) whip, knout פרגול, שוט רוסי.
קנוטעווען v. a. to whip, flog, knout הכה בשוט, הלקה.
קנויט s. (-ן pl.) wick פתילה.
קנויל s. (-ן pl.) clue, ball (of thread) כדור חוטים.
קנוניא s. conspiracy to defraud ~.
קנופּ s. (-ן, קניפּ pl.) knot קשר.
קנור s. (-ן, -עס pl.) growler, grumbler מתאונן.
קני s. (-, -ס pl.) knee ברך.
קניאַז s. (-ן pl.) prince נסיך.
קניה s. (קניות pl.) purchase ~.
קניהע s. (-ס pl.) omasum המסס (קיבה שלישית במעלי גרה).
קניזש = קנוש.
קניטל s. (-עך pl.) club מקל עבה.
קניידל s. (-עך pl.) dumpling, ball כדור (של בצק וכד').
קנייטל s. (-עך pl.) wick פתילה; plug of lint, dossil פקק של פקיע (למכה).
— לייגן קנייטלעך to make wicks for ritual candles out of the threads used in measuring graves עשה פתילות מן החוטים שמודדים בהם את בתי הקברות.
קנייטלעך־לייגערין s. (-ס pl.) woman who makes wicks for ritual candles out of the threads used by her in measuring graves אשה עושה פתילות מן החוטים שמודדת בהם את בתי הקברות.
קנייטש s. (-ן pl.) crease, crumple קפול; wrinkle קמט; dog's-ear קמט בדף הספר.
קנייטשל s. (-עך pl.) little crease קפול קטן; little wrinkle קמט קטן; subtly (fig.) חדוד, ערמה.
קנייטשלען v. a. to wrinkle קמט.
קנייטשן v. a. to crease, crumple קפל; to fold קפל (גליונות); to wrinkle קמט; || — זיך v. r. to crease, shrivel קפול, התכווץ; to wriggle התפתל (כתולעת); to hesitate (fig.) פקפק.
קנייפּן v. a. (p. p. געקניפּן) to pinch צבט, לחץ (בין ראשי האצבעות).
קנין s. (קנינים pl.) buying ~; = קבלת־קנין.
קניען v. a. (sl.) to buy, purchase קנה.
קניען v. n. to kneel כרע; || — זיך v. r. ד. ז.
קניפּ[1] s. (-ן pl.) pinch צביטה, לחיצה (בין ראשי האצבעות).
— געבן אַ קניפּ to pinch צבט, לחץ.
— אַ קניפּ אין בעקעלע a pinch on the cheek צביטה על הלחי (מחבה); praise, thanks (fig.) תהלה, תודה; עס קומט אים אַ קניפּ אין בעקעלע he deserves praise ראוי הוא לתהלה.
קניפּ[2] = קנופּל.
קניפּיק s. (-עס pl.) gag פקק לסתימת הפה.
קניפּל s. (-עך pl.) knot קשר; bundle צרור; junction (of a railway) מקום התחברות המסלות; node (astr.) נקודת הפגישה (של מסלול כוכב עם קו הקדרות).
קניפּן v. a. to knot קשר.
קניש s. (-עס pl.) a kind of cake baked with butter or fat מין עגה אפויה עם חמאה או שומן.
קנס s. (-ן pl.) fine, mulct ~.
קנס־מאָל s. (-ן pl.) betrothal ארוסין, סעודת ארוסין.
קנסן, -ענען v. a. to fine, mulct קנס, ענש.
קנעטן v. a. (p. p. געקנאָטן) to knead לוש, גבל.
קנעטער s. (-, -ס pl.) kneader לש, גובל.
קנעכט s. (- pl.) slave עבד.
קנעכל s. (-עך pl.) knuckle, ankle קרסל; = קנאָפּל.
קנעלונג s. teaching, teachership הוראה, מלמדות.

קנעלן *v. n.* to teach children לַמֵּד יְלָדִים; (*fig.*) to argue, discuss הִתְוַכֵּחַ.

— קנעלן מיט קינדער to teach children לַמֵּד ילדים.

— (*fig.*) קנעלן מיט אומעצן to argue with a person התוכח עם איש; to inculcate a thing into a person שַׁנֵּן דבר לאיש.

קנעפּל *s.* (*pl.* ־עך) button כַּפְתּוֹר; (*fig.*) friend, comrade חָבֵר, רֵעַ.

קנעפּל־מאַכער *s.* (־, ־ס *pl.*) button-maker עוֹשֵׂה כַּפְתּוֹרִים.

קנעפּלען *v. a.* to button כַּפְתֵּר.

קסיאָנדז *s.* (*pl.* ־עס) priest, clergyman כֹּהֵן, כֹּמֶר (פולני).

קסיאָנדזקע *s.* (*pl.* ־ס) book סֵפֶר.

קסיען *s.* stomach of a pike אִצְטוֹמְכָה שֶׁל זְאֵב הַמַּיִם א).

קִסְרִיוּת = קֵיסָרוּת.

קעבסווײַב *s.* (*pl.* ־ער) concubine פִּלֶגֶשׁ.

קעגל *s.* nine-pins קוֹנָאוֹת (משחק); (*typ.*) body or depth of a letter גּוּפָהּ שֶׁל אוֹת (מאותיות הדפוס).

קעגן *prep.* against נֶגֶד; toward לְ־, לִקְרַאת; in reference to בְּנוֹגֵעַ לְ־; in comparison with לְעֻמַּת, בְּיַחַס לְ־; about בְּעֵרֶךְ, בְּקֵרוּב; ז. אנטקעגן, אקעגן.

— זײַן קעגן אומעצן to be against a person התנגד לאדם.

— האַנדלען ניט גוט קעגן אומעצן not to act well toward a person לא היטב לעשות עם איש.

— איך זאָג עס קעגן אים I say it with reference to him אני מדבר בנוגע לו, דברי יסֹב עליו.

— קעגן איר איז ער אַ גבור in comparison with her he is a hero גבור הוא לעמתה.

— קעגן דרײַ שעה about three hours בערך שלש שעות.

קעגנאיבער *adv., prep.* over against, in front of מול, נוכח.

קעגנאיבערדיג *adj.* opposite, lying opposite אֲשֶׁר מוּל, אֲשֶׁר נֹכַח.

קעגנזײַטיג *adj.* mutual, reciprocal הֲדָדִי, מְשֻׁתָּף.

קעגנער *s.* (־, ־ס *pl.*) opponent מִתְנַגֵּד; adversary, enemy שָׂטָן, שׂוֹנֵא, אוֹיֵב.

קעז *s.* (*pl.* ־ן) cheese גְּבִינָה

— ווייכע קעז cheese-curds גבינה רכה.

קעטשקען *v. a.* to fondle פַּנֵּק.

קעך = קוּך.

קעכלען = קוכלען.

קעכן, קעכנע *s.* (*pl.* ־ס) female cook מְבַשֶּׁלֶת.

א) ביי ליפשיצן.

קעכער *s.* (*pl.* ־ס) cook מְבַשֵּׁל, טַבָּח.

קעל *s.* (*pl.* ־ן) throat, gorge גָּרוֹן, לוֹעַ.

— די לינקע קעל windpipe קָנֶה.

קעלבאַסניק = קאָלבאַסניק.

קעלבאַסע = קאָלבאַסע.

קעלביג *adj.* with calf הָרָה, מְעֻבֶּרֶת (פרה).

קעלבן זיך *v. r.* to calve יָלֹד עֵגֶל.

קעלבערן *adj.* of calf שֶׁל עֵגֶל; (*fig.*) foolish טִפְּשִׁי.

— (*id.*) קעלבערנע התפעלות foolish enthusiasm התלהבות טפשית.

— (*id.*) קעלבערנע יוצרות unmeaning words דברים שאין להם טעם.

קעלט *s.* (*pl.* ־ן) cold קֹר, צִנָּה.

קעלטער *s.* (*pl.* ־ן) wine-press יֶקֶב.

קעלי‖שעק *s.* (*pl.* ־שקעס) goblet כּוֹס.

קעלכל = קולכל.

קעלניע *s.* (*pl.* ־ס) coach-box מוֹשַׁב הָרַכָּב; trowel כַּף הַגּוֹדְרִים.

קעלניש, קעלניש וואַסער *s.* cologne, eau-de-Cologne מֵי קוֹלוֹנְיָה (מין מי בשם).

קעלנער *s.* (־, ־ס *pl.*) waiter מֶלְצָר.

קעלנערקע *s.* (*pl.* ־ס) waitress מֶלְצָרָה.

קעלער *s.* (*pl.* ־ן) cellar מַרְתֵּף.

קעלעשיק = קעלישעק.

קעמל¹ *s.* (*pl.* ־ען) camel גָּמָל.

קעמל² *s.* (*pl.* ־עך) small comb מַסְרֵק קָטָן.

קעמלמאַכער *s.* (־, ־ס *pl.*) comb-maker עוֹשֵׂה מַסְרְקוֹת.

קעמען = קאַמען.

קעמער *abbr.* = קעגען מיר א).

קעמערל *s.* (*pl.* ־עך) little chamber חֶדֶר קָטָן.

קעמפן *v. n.* to fight, struggle הִלָּחֵם, הִתְאַבֵּק.

קעמפע *s.* (*pl.* ־ס) small island אִי קָטָן (בנהר).

קעמפער *s.* (־, ־ס *pl.*) fighter לוֹחֵם.

קענדל *s.* (*pl.* ־עך) ladle, dipper כְּלִי שְׁאִיבָה.

קענטיג *adj.* distinct, visible, apparent בָּרוּר, נִרְאֶה, נִכָּר.

קענטליך = קענטיג.

קענטע‖לע *s.* (*pl.* ־לעך) edge, border שָׂפָה (של בגד) ב).

קענטעניש *s.* (*pl.* ־ן) knowledge, science יְדִיעָה, מַדָּע.

קענטשאַפט *s.* knowledge יְדִיעָה; = באַקאַנטשאַפט.

קעניג, קעניגליך, קעניגין = קיניג, קיניגליך, קיניגין.

קעניגסוואַסער *s.* aqua regia, nitromuriatic acid מֵי זָהָב ג).

א) אין „סערקעלע". ב) פֿאַרקלענערוואָרט פֿון קאַנט. ג) די העברעאישע איבערזעצונג איז שולבויטס.

קענינרײַך = קוננורײַך.

קענען v. a. to know ‖ יָכֹל; to be able v. n. יָדַע; הִכִּיר.

— קענען טאָן עפּעס to be able to do a thing יכל לעשות דבר.

— קענען אומעצן to know a person ידע איש.

— קענען עבֿרי to know how to read ידע לקרא.

— קענען לערנען to be learned היה מלמד.

קענער s. (pl. –ם ,–) man of knowledge יַדְעָן; connoisseur, expert מֵבִין.

קענפּע = קעמפּע.

קענשאַפּט = קענטשאַפֿט.

קעסט¹ s. board אֲרוּחָה.

קעסט² s. chestnut עַרְמוֹן.

קעסטל s. (pl. –עך) small box אַרְגָּז קָטָן; square, check קִנּוּן, מִשְׁבֶּצֶת (של ארג).

קעסטל־מאַכער s. (pl. –ס ,–) box-maker עוֹשֵׂה אַרְגָּזִים.

קעסטלדיג adj. checked, chequered מְקֻנָּן, מְשֻׁבָּץ (ארג).

קעסטליך adj. precious יָקָר; excellent מְצֻיָּן.

קעסטניק s. (pl. –עס) boarder אוֹכֵל בְּבֵית אֲרוּחָה.

קעסט־קינד s. (pl. –ער) charge, ward יֶלֶד הַמָּפְקָד עַל יַד אִישׁ.

קעסל s. (pl. –ען) kettle, boiler דּוּד, קַלַּחַת.

קעסל‖גרוב s. (pl. –גריבער) whirlpool (geogr.) מַהֲמוֹרָה, מַעַרְבֹּלֶת, שִׁבֹּלֶת מַיִם.

קעסל־‖כּלי s. (pl. –כּלים) kettle דּוּד.

קעסל־פּויק s. (pl. –ן) kettle-drum תֹּף.

קעפּיג adj. headed בַּעַל רָאשִׁים.

קעפּל s. (pl. –עך) little head ראשׁ קָטָן; heading, headline שֵׁם בְּרֹאשׁ מַאֲמָר.

— אַ שפּילקענע קעפּל pinhead ראש סכה.

— אַ קעפּל מאָן poppy-head ראש פרג.

— אַ קעפּל קרויט cabbage-head גֻּלגלת כרוב.

— דאָס קעפּל פֿון דער מילה glans penis ראש אבר הזכרות.

קעפּן v. a. to behead, decapitate הָסֵר הָרֹאשׁ.

קעפּסווײַב = קעבסווײַב.

קעפּקע s. (pl. –ס) shako קוֹבַע (של אנשי צבא).

קעציש adj. of cat, cat's שֶׁל חָתוּל.

— אַ קעצישער מוח non-retentive head, weak memory זכרון חלש.

קעצלדיג adj. with kittens הָרָה לָלֶדֶת חֲתוּלִים.

קעצלען זיך v. r. to kitten יָלַד חֲתוּלִים.

קעצן = קעצוש.

קעצעלע s. (pl. –לעך) kitten חָתוּל קָטָן; (fig.) darling אָהוּב, אֲהוּבָה.

קער s. (pl. –ן) turning, movement הֲסִבָּה, תְּנוּעָה.

— אַ קער אָן אַ זײַט a turn sideways הסבה הצדה.

— געבן אַ קער to turn הסב; to gulp down (a drink) גמע (כוס יין).

— ער קען זיך נױט טאָן קײן קער he cannot move איננו יכול לזוז ממקומו.

קעראָסין s. kerosene נֵפְט.

קערבל¹ s. (pl. –עך) small basket סַל קָטָן.

קערבל² s. (pl. –עך) rouble רוּבָּל (כסף רוסיה).

קערה s. (pl. קערות) dish or platter for the Passover night ceremony קְעָרָה לְסֵדֶר שֶׁל פֶּסַח; plate put in the synagogue on the eve of the Day of Atonement for the collection of contributions קְעָרָה שֶׁמַּעֲמִידִים בְּבֵית הַכְּנֶסֶת בְּעֶרֶב יוֹם הַכִּפּוּרִים לְקִבּוּץ נְדָבוֹת.

קערו‖נעק s. (pl. –נקעס) turn הֲסִבָּה.

קערטל, פֿאַרקלענערוואָרט פֿון קאַרט¹.

— מאַכן (כאַפּן) אַ קערטל to have a game at cards שחק בקלפים.

קערטקע = קורטקע.

קערל s. (pl. –עך) kernel גַּרְעִין, זַרְעוֹן; stone (of fruits) חַרְצָן.

קערמע s. (pl. –ס) helm, rudder מָשׁוֹט.

קערמעש s. (pl. –ן) carouse, feast מִשְׁתֶּה א).

קערמעשל, פֿאַרקלענערוואָרט פֿון קערמעש.

קערן¹ s. (pl. –ער) grain גַּרְעִין, זַרְעוֹן; substance מַמָּשׁוּת; something substantial דָּבָר מַמָּשִׁי.

קערן² v. a. to turn פָּנָה, הִפְנָה; to move הֵנִיעַ; to sweep טִאטֵא ‖ –זיך v. r. to turn שָׁעָה, פָּנָה לְ־; to be moved, be agitated הִתְנוֹעֵעַ, רָעַשׁ.

— קערן וועלטן to make a great uproar הקם שאון גדול.

— עס קערט זיך אַ וועלט the world is in a commotion העולם רועש.

קערן³ = געהערן.

קערנדל s. (pl. –עך) granule גַּרְעִין קָטָן.

קערניצע = קרעניצע.

קערנערדיג adj. full of grains, grainy מָלֵא גַּרְעִינִים, בַּעַל גַּרְעִינִים.

קערעווען = קירעווען.

קערפּער s. (pl. –ס) body גּוּף, גֵּו; matter חֹמֶר, גֶּשֶׁם.

קערפּערליך adj. bodily, corporal הַשַּׁיָּךְ לַגּוּף; material גּוּפָנִי, חָמְרִי, גַּשְׁמִי.

א) פֿון פּויליש Kiermasz, אַ יריד; דײַטש Kirmess, Kirchmesse אַ יום־טובֿ לכבוד דעם חינוך פֿון אַ קירך; אויך יריד.

קערץ = קאַרץ.

קערצענעלן s. cochineal צֶבַע תּוֹלָעִים, תּוֹלָע.

קעשׁניע = קעשענע.

קעשענע s. (pl. ־ס) pocket כִּיס (של בגד).

קעשענע־גנבֿ s. (pl. ־גַנָבִים) pickpocket גּוֹנֵב מִן הַכִּיסִים.

קעשענע־זייגער s. (pl. ־עך) watch שָׁעוֹן שֶׁל כִּיס.

קעשענע־טיכל s. (pl. ־עך) pocket-handkerchief מִטְפַּחַת שֶׁל כִּיס.

קַפְּדָן s. (pl. קַפְּדָנִים) fastidious man ־.

קְפִיצַת־הַדֶּרֶךְ s. jumpig over a great distance in a moment (*by miracle*) ־.

קָפּריסינדיג adj. nice, dandy יָפֶה, טוֹב, מְצֻיָּן.

קַצָּב s. (pl. קַצָּבִים) butcher ־.

קִצְבָה s. (pl. קִצְבוֹת) pension ־.

קַצָּבות s. butcher's trade עֵסֶק שֶׁל קַצָּב.

קַצָּבטע s. (pl. ־ס) butcher's wife אֵשֶׁת הַקַּצָּב.

קַצָּביש adj. of butchers שֶׁל קַצָּבִים.

קִצּוּר = קִיצוּר

קִצּוּר־הַדָּבָר, קִצּוּר־יָמִים = קִיצוּר־.

קָצִין s. (pl. קְצִינִים) rich man; magnate ־.

ק״ק abbr. = קְהִלָּה קְדוֹשָׁה.

קראָ s. (pl. ־ען) crow עוֹרֵב.

קראָבקע = קאַראָבקע.

קראַגן s. (pl. ־ס) collar צַוָּארוֹן.

קראַוואַט s. (pl. ־ן) cravat עֲנִיבָה.

קראַוואַטקע = קראַוואַט.

קראָוויאַנקע s. vaccine lymph זֶרֶק (להרכבת אבעבועות).

קראַוויאַריוש s. (pl. ־עס) dairy-man who owns cows מוֹכֵר חָלָב שֶׁיֵּשׁ לוֹ פָּרוֹת.

קראַוש s. (pl. ־עס) block בּוּל עֵץ.

קראָט s. (pl. ־עס, קרעט) mole חלד, חֲפַרְפֵּרָה.

קראַטע s. (pl. ־ס) grate, lattice שְׂבָכָה; bar בְּרִיחַ.

— אײַזערנע קראַטעס iron bars שבכת ברזל, בריחי ברזל (של בית אסורים).

קראַטען adj. checked, chequered מְשֻׁבָּץ א).

קָרָאִי s. (pl. קְרָאִים) Karaite (*member of a Jewish sect which adheres to the Scriptures and denies the authority of the Talmud*) ־.

קראַך s. (pl. ־ן) crash קוֹל רַעַשׁ, קוֹל מַפָּץ; הֲרִיסָה, מַפָּלָה; bankruptcy פְּשִׁיטַת הָרֶגֶל.

קראַכן v. n. to crash נָתֹן קוֹל רַעַשׁ; נָפֹל; to become bankrupt פָּשֹׁט רֶגֶל.

קראָכמאַל s. starch עֲמִילָן.

קראָכמאַלען v. a. to starch עָשֹׂה בַּעֲמִילָן, הַקְשֵׁה בַּעֲמִילָן.

קראָכמאַלקע s. starching הַקְשָׁאָה בַּעֲמִילָן.

א) ביי שטראָף.

קראָכמעל = קראָכמאַל.

קראָליק s. (pl. ־עס) rabbit שָׁפָן.

קראָם = קראָמפּ.

קראָם s. (pl. ־ען) shop, store חֲנוּת.

קראַמאָלע s. (pl. ־ס) mutiny, riot מֶרֶד, פְּרָעוֹת.

קראָמען v. n. to keep a shop הָיֹה בַּעַל חֲנוּת.

קראַמפּ s. (pl. קרעמפּ) cramp עֲוִית.

קראַן s. (pl. ־ען, ־עס) cock, tap, faucet בֶּרֶז, בַּרְזָה.

קראַנט = קראַן.

קראַנטנע = קוראַנט.

קראַניקע = כראָניקע.

קראַנץ s. (pl. קרענץ) wreath, garland זֵר (פרחים); string, rope מַחֲרֹזֶת.

— אַ קראַנץ פּערל a string of pearls מחרוזת של פנינים.

— אַ קראַנץ ציבעלע a rope of onions מחרוזת של בצלים.

— אַ קראַנץ בייגל a rope of cracknels מחרוזת של כַּעֲכִים.

קראַנק adj. sick, ill חוֹלֶה; weak חָלָשׁ, רְפֵה כֹחַ.

קראַנקייט s. (pl. ־ן) sickness, illness, disease מַחֲלָה.

קראַנקליך adj. sickly חוֹלָנִי.

קראַנקן־שוועסטער s. (pl. ־ס) sick-nurse מְשַׁמֶּשֶׁת חוֹלִים.

קראַנקער s. (pl. ־קע) sick person, patient חוֹלֶה.

קראַנקערהייט adv. being sick, while sick בִּהְיוֹתוֹ חוֹלֶה.

קראַסטראַי adv. through the line בְּעַד הַשְּׂדֵרָה א).

— גיין קראַסטראַי to be flogged through the line, to run the gauntlet עבר בין שדרות מיסרים בשבטים.

— טרײַבן קראַסטראַי to flog a person through the line, to make a person run the gauntlet העבר איש בין שדרות מיסרים בשבטים.

קראַפּ[1] s. (pl. ־ן) fritter לְבִיבָה מְמֻלָּאָה.

קראַפּ[2] s. madder פּוּאָה (מין צבע אדום).

קראָפּ[1] s. (pl. ־עס) crop, craw מֻרְאָה, זֶפֶק.

קראָפּ[2] s. fennel, dill שֶׁבֶת.

קראַפֿט s. (pl. קרעפֿטן) force, power, strength כֹּחַ.

קראַפֿירן = קרעפֿירן.

קראָפּען v. a. to stuff, cram מַלֵּא; to fatten (*geese*) אַבֵּס (אוּזִּים).

קראָפּעווע s. nettle חֲרוּל.

א) רוסיש скрозь (сквозь) строй.

קראַפּען, קראָפּען *v. n.* to trickle, drop נָטֹף, עָרֹף.

קראָפּקע = קאַראָבקע.

קראַץ *s.* (*pl.* –ן) scratch סְרִיטָה, שָׂרֶטֶת.

קראַץ־בערשט *s.* (*pl.* –ן) scrubbing-brush מַגְרֶדֶת.

קראַצן *v. a.* to scratch גָּרֹד, שָׂרֹט; ‖ –זיך *v. r.* to scratch oneself הִתְגָּרֵד.

— (*id.*) זיך האָבן צו קראַצן to have a great deal to do about a thing היה לאיש לטפל הרבה בדבר; to be in a dilemma היה במבוכה.

— (*prov.*) קראַץ מיך און איך וועל דיך קראַצן claw me and I will claw you, one good turn deserves another שמור לי ואשמר לך.

קראָק *s.* thigh-part (*of trousers*) חֵלֶק הַמִּכְנָסַיִם בֵּינוֹת לִירֵכַיִם.

קראָקאָדיל *s.* (*pl.* –ן) crocodile תַּנִּים.

ק־אָקווע *s.* (*pl.* –ס) spar (*of a roof*) קוֹרַת גַּג.

קראַקען *v. n.* to croak, caw קָרֹא כָּעוֹרֵב; to croak צָרֹחַ כִּצְפַרְדֵּעַ.

קראָשטשינע = קרישטשענע.

קראַשיצע = גראַשיצע.

קִרְבות *s.* relationship –, קִרְבָה.

קָרְבּן *s.* (קָרְבָּנות *pl.*) offering, sacrifice; victim –.

קָרְבּן־מִנְחה *s.* (*pl.* –ס) "oblation," title of a certain prayer-book for Jewish women –.

קְרוּאים *s. pl.* invited guests –.

קָרוב¹ *s.* (קְרובים *pl.*) kinsman, relation, relative –.

— רב קרוב Mister, Sir אדוני; וואָס מאַכט איר, רב קרוב? how do you do, Sir? מה שלומך אדוני.

קָרוב² *adj.* near –; ‖ *adv.* nearly, about בְּקָרוֹב, בְּעֵרֶךְ.

קְרובה *s.* (קְרובות *pl.*) kinswoman, relation, relative –.

קְרוב־לְמַלְכות *s.* (קְרובים־ *pl.*) one who is near the king, one who has influence with the royal court –.

קָרוב־לְמֶקח *adj.* near concluding a bargain קָרוֹב לִגְמַר קְנִיָּה.

— (*id.*) עס איז קרוב־למקח it is near a conclusion קרוב לומר.

— (*joc.*) זי איז קרוב־למקח she is near her reckoning קרובה היא למשכב לֵדה.

קְרובעשאַפט *s.* relationship קִרְבַת מִשְׁפָּחָה.

קרוג *s.* (קריג *pl.*) pitcher כַּד.

קרוטקע *s.* (*pl.* –ס) twist on a loaf מִקְלַעַת עַל חַלָּה.

קרוטשאָק = קוואַטירל.

קרוטשיק, קרוטשיקל = קרוטשעק, קרוטשעקל.

קרוטשעל *s.* (*pl.* –עס) shuffler, cheat רַמַּאי, נוֹכֵל.

קרוטשעלסטווע *s.* shuffling, cheating רַמָּאוּת.

קרוטשען *v. a.* to shuffle, cheat רַמֵּה.

קרוטשעק *s.* (*pl.* –טשקעס) little hook אַנְקוֹל קָטָן.

קרוטשעקל *s.* (*pl.* –עך) little hook אַנְקוֹל קָטָן; (*fig.*) cavil תֹּאֲנָה.

קרוויזיג = גרייזלדיג.

קרוויזן = גרייזלען.

קרויט *s.* cabbage כְּרוּב.

— (*id.*) האַקן ווי אין קרויט to talk away דבר בלי הרף; to act recklessly פעל בלי מחשבה תחִלה; to beat mercilessly הכה בלי רחמים.

קרוין *s.* (*pl.* –ען) crown כֶּתֶר, נֵזֶר, עֲטָרָה; (*fig.*) darling אָהוּב, אֲהוּבָה.

— (*id.*) די קרוין פון דער אילומינאַציע, ז. אילומינאַציע.

קרוינפּרינץ *s.* (*pl.* –ן) crown-prince יוֹרֵשׁ עֶצֶר.

קרוינ‖שטאָט *s.* (*pl.* –שטעט) capital עִיר מְלוּכָה.

קרוכלע *adj.* brittle מִתְפּוֹרֵר.

קרוליק = קראָליק.

קרום *adj.* crooked, curved, wry, oblique עָקוֹם; squint (*eyes*) פּוֹזֵל (עינים); (*fig.*) not good, not right, wrong לא טוב, בִּלְתִּי צוֹדֵק, לא יָשָׁר; ‖ *adv.* obliquely מְעֻקָּם; wrong בְּאִי צֶדֶק, בְּאִי יֹשֶׁר; askance, awry בְּעַיִן רָעָה.

— אַ קרומער רוקן crooked back גב עקום; (*fig.*) hypocrite צבוע, מתחסד.

— אַ קרומע מינע a wry face פנים מעֻוים.

— אַ קרומער קאָפּ one who lacks common sense איש שאין לו שכל ישר.

— אַ קרום וואָרט an unkind word דבור קשה.

— קרומע גענג wrong ways מנהגים לא ישרים.

— קוקן קרום אויף אימעצן to look at a person askance הבט אל איש בעין רעה.

קרומרוקנדיג *adj.* crook-backed עָקוֹם הַגַּב, גִּבֵּן.

קרוע־בְּלוּע *adj.* ragged, tattered לָבוּשׁ בְּבְלוֹיֵי סְחָבוֹת.

קרופּ *s.* croup אַסְכָּרָה.

קרופּניק *s.* (*pl.* –עס) groat גְּרִיס; dish of groats תַּבְשִׁיל שֶׁל גְּרִיסִים.

קרוציעל = קרוטשעל.

קרוציעלסטווע = קרוטשעלסטווע.

קרוציען = קרוטשען.

קרוצקע¹ *s.* turnip לֶפֶת הַכְּרוּב (= ברוקווע).

קרוצקע² *adj.* short קָצֵר.

— מאַכן קרוצקע צערעמאָניעס to deal summarily קַצֵּר בְּ־.

קרוק *s.* (*pl.* –עס) hook אַנְקוֹל.

קרושאַק s. (pl. ‎-עס) bush, shrub שִׂיחַ.

קֹרַח = קורח.

קֶרִי s. pollution ‎-.

קְרִי s. marginal reading of a scriptural word (a reading different from that in the text) ‎-.

קְרִיאה = קְרִיאַת־הַתּוֹרָה.

קְרִיאַת־הַתּוֹרָה s. reading of the Law (in the synagogue) ‎-.

קְרִיאַת־שְׁמַע s. "reading of שְׁמַע," prayer before retiring to rest at night ‎-.

קריג s. (pl. ‎-ן) war מִלְחָמָה; quarrel רִיב, קְטָטָה.

קריגן¹ v. n. to contend against חָלַק עַל־; ‖ ‎-זיך v. r. to quarrel רִיב, הִתְקוֹטֵט.

קריגן² v. a. (p. p. געקריגן, געקראָגן) to get, obtain קִבֵּל, הִשִּׂיג. — פֿײַנט קריגן to come to hate a person הֵחֵל שׂנאה בלב איש על־.

קריגס־מיניסטער s. (pl. ‎-טערס, טאָ'רן) minister of war שַׂר עַל עִנְיְנֵי מִלְחָמָה.

קריגעניש s. (pl. ‎-ן) quarreling, contending מְרִיבָה, מַחֲלֹקֶת.

קריג־צושטאַנד s. state of war מַצַּב מִלְחָמָה.

קריג־שיף s. (pl. ‎-ן) war-vessel, man-of-war אֳנִיַּת מִלְחָמָה.

קרידע = גרודע.

קרידעניץ = קרעדעניץ.

קריוואַלניצע s. (pl. ‎-ס) slide, sledge-slide אֶדֶן עֶגְלַת חֹרֶף.

קריוודזען = קריוודען.

קריוודע s. (pl. ‎-ס) wrong, injustice, injury עָוֶל, רָעָה.

קריוודען v. a. to wrong עָשָׂה עָוֶל לְ־, הוֹנָה.

קריזיס s. (pl. ‎-ן) crisis מַשְׁבֵּר, שִׁנּוּי.

קריזש s. (pl. ‎-עס) backbone, spine חוּט הַשִּׁדְרָה; loins חֲלָצַיִם. — דורען אַ קריזש (id.) to bother a person הטרד איש בדברים.

קריזשיק s. (pl. ‎-עס) mincing-board לוּחַ עֵץ לִקְצֹץ עָלָיו בָּשָׂר.

קריט = קראַם.

קריטיק s. (pl. ‎-ן) criticism, critique בִּקֹּרֶת.

קריטיקירן v. a. to criticise בִּקֵּר.

קריטיקע = קריטיק.

קריטיקער s. (pl. ‎-) critic מְבַקֵּר.

קריטיש adj. critical שֶׁל בִּקֹּרֶת; שֶׁל שִׁנּוּי (במחלה); קָשֶׁה, מְסֻכָּן (מצב).

קרײַד s. chalk קִרְטוֹן, נֶתֶר.

קרײַדל s. (pl. ‎-עך) chalk-pencil שֶׂרֶד, עֵט נֶתֶר.

קרײַז s. (pl. ‎-ן) circle חוּג, עָגוֹל; חֲבוּרָה (של רֵעִים).

קרײַז s. (pl. ‎-ן) ruffle זִיף (כתור קִשּׁוּט).

קרײַזל s. (pl. ‎-עך) circle סוֹד, חֲבוּרָה; = גרײַזל.

קרײַזל, פֿאַרקלענערוואָרט פֿון קרײַז.

קרײַזלען = גרײַזלען.

קרײַז־שער s. (pl. ‎-ן) crisping-iron מַסְפֶּרֶת.

קרײַט = קרײַד.

קרײַטיש adj. critical, difficult קָשֶׁה.

קרײַטעכטס, קרײַטעכטסער = קרײַטעכצער.

קרײַטעכצער s. pl. herbs עֲשָׂבִים, יְרָקוֹת.

קרײַנדל s. (pl. ‎-עך) funnel מַשְׁפֵּךְ; frill רָבִיק (קשוט לצואר).

קרײַנונג s. coronation הַכְתָּרָה.

קרײַנען v. a to crown הִכְתִּיר.

קרײַען v. n. to crow קָרָא (תַּרְנְגוֹל).

קרײַ‖עץ s. (pl. ‎-צעס) end of a loaf קְצֵה כִּכַּר לֶחֶם.

קרײַץ s. (pl. ‎-ן) cross צְלָב, שְׁתִי וָעֵרֶב; = קריזש.

קרײַץ‖באַנד s. (pl. ‎-בענדער) cross-band, wrapper תַּכְרִיךְ, עֲטִיפָה (על דבר הנשלח על ידי הדואר).

קרײַציגונג s. crucifixion צְלִיבָה.

קרײַציקן v. a. to crucify צָלַב, הוֹקִיעַ עַל הַצְּלָב.

קרײַצער s. (pl. ‎-) kreutzer פְּרוּטָה (באוסטריה).

קרײַצפֿוקס s. (pl. ‎-ן) cross-fox מִין שׁוּעָל.

קרײַצצוג s. (pl. ‎-ן) crusade מַסַּע הַצְּלָב.

קרײַקע s. (pl. ‎-ס) list (of cloth), selvage (of linen-cloth) שְׂפַת אֲרִיגָה.

קריכן v. n. (p. p. געקראָכן) to creep, crawl זָחַל; to climb טִפֵּס; to be slow הָיָה אִטִּי.
— קריכן אומעטום (fig.) to intrude everywhere, to put one's nose everywhere התערב בכל דבר.
— עס קריכט אים ניט אין קאָפּ (fig.) he cannot get a thing into his head איננו יכול לתפס דבר במוחו.
— קריכן פֿון הויט (fig.) to toil and moil עמל בכל כחו.
— קריכן אויף די ווענט (fig.) to get into a rage, to run mad הִמלא חמה, יצא מדעתו.
— קריכן אויף גלײַכע ווענט (fig.) to speak without reason דבר בלי טעם.
— קריכן אין די אויגן to beset a person הפרע, הרגז איש.

קריכנדיג adj. creeping, crawling זוֹחֵל.
— קריכנדיגע חיות creeping animals, reptiles זוחלים, רמשים.

קריכער s. (pl. ‎-, ‎-ס) creeper, crawler זוחל; slow person, sluggard (fig.) אִישׁ אִטִּי, רַשְׁלָן, עַצְלָן; sneak, mean flatterer (fig.) חוֹנֵף נִבְזֶה.

קרי‖לעץ s. (‎-לצעס .pl) perron .יָצִיעַ
קרימינאַל s. banishment, exile .גָּלוּת
קרימינאַל-פאַרברעך s. capital offence .עָוֹן פְּלִילִי
קרימינאַלנע .adj capital .פְּלִילִי
קרימע s. cap of Crimean lamb-skin כּוֹבַע מֵעוֹר כֶּבֶשׂ שֶׁל קְרִים א).
קרימעטאַרטערים s. cream of tartar זְבַדַּת אֶבֶן יַיִן (לרפואה).
קרימען v. a. to curve, bend עַקֵּל, כַּפֵּף;‖ -זיך v. r. to curve, bend הִתְעַקֵּל, הִכָּפֵף; (fig.) to make wry faces עַוֵּה פָּנָיו (לא היה רוחו נוחה מדבר).
— עס וועט אים אַ האָר ניט געקרימט ווערן he will not be wronged in the least לא יפל משערת ראשו ארצה.
— ער קרימט זיך he makes wry faces הוא מעוה פניו.
קר.מענאַל = קרימינאַל.
קרימענאַלנע = קרימינאַלנע.
קרימפעליץ s. lever אֲצְטְרוֹבָל (מוט להרים בו משאות) ב).
קרינעלינע s. (‎-ס .pl) crinoline, hoop-skirt שִׂמְלַת חִשּׁוּקִים (של אשה).
קריסט s. (‎-ן .pl) Christian .נוֹצְרִי
קריסטאַל s. crystal .בְּדֹלַח, גָּבִישׁ
קריסטאַלן .adj of crystal .שֶׁל בְּדֹלַח
קריסטוס s. Christ .יֵשׁוּעַ הַנּוֹצְרִי
קריסטיר = קליסטיר.
קריסטליך .adj Christian .נוֹצְרִי, שֶׁל הַנּוֹצְרִים
קריסטנטום s. Christianity .נַצְרוּת
קריסטן-דייטש s. Christian German לְשׁוֹן הָאַשְׁכְּנַזִּים הַנּוֹצְרִים.
קריסיליע s. (‎-ס .pl) steel (for striking fire) בַּרְזֶל הַחוֹצֵב אֵשׁ.
קריסקע s. (‎-ס .pl) frill, ruffle (לְקִשּׁוּט) זִיף.
קריע s. (‎-ס .pl) floe, floating piece of ice רְגַב קֶרַח.
קְרִיעה 's. rent made in a garment as a sign of mourning.
— רייסן קריעה to make a rent in a garment as a sign of mourning עשה קרע בבגד לאות אבל; (id.) to be hard put to for a livelihood פרנס את עצמו ביגיעה רבה.
קְרִיעַת-יַם-סוּף s. the parting of the Red Sea (at the time of the exodus of the Hebrews from Egypt)[-.]
— (id.) אָנקומען מוט קריעת-ים-סוף to come very hard הגיע בעמל רב.
קריץ s. (‎-ן .pl) scratch .סְרִיטָה

קריצן v. a. n. to scratch סָרַט, שָׂרַט; to engrave חָקַק; to grind, gnash חָרַק (שִׁנַּיִם).
קריק = צוריק.
קְרִירה s. (קְרִירוֹת .pl) cold .קֹר, קָרָה
קרישטאָל = קרוסטאָל.
קרישטאָלקע s. (‎-ס .pl) prism .זְכוּכִית מְשֻׁלֶּשֶׁת
קרישטשענע s. (‎-ס .pl) drinking on the occasion of putting on a new garment שְׁתִיָּה בִּשְׁעַת הַלְבָּשַׁת בֶּגֶד חָדָשׁ; drink-money, tip מַתְּנַת כֶּסֶף לִשְׁתִיָּה.
קרישנע .adj crisp, brittle .נוֹחַ לְהִתְפּוֹרֵר
קרישען v. a. to crumble פָּרֵר;‖ -זיך v. r. to crumble away, be crumbled .הִתְפּוֹרֵר
קרישפעדירן = קאָרעספאָנדירן.
קרישפעדענץ = קאָרעספאָנדענציע.
קֶרן s. fund; principal; (fig.) bridegroom, bride הוֹן, קֶרֶן. כַּלָּה א).
— פאַרקויפן אויף קרן to sell at cost-price מכר בלי רֶוַח.
קֶרן-הַיְסוֹד s. Palestine foundation fund-.
קֶרן-קַיֶּמֶת s. permanent fund for a benevolent purpose-.
קרעדיט s. (‎-ן .pl) credit .מִלְוָה, הַקָּפָה
— ער האָט קרעדיט he has credit, his credit is good יש אמון בו, בטוח הוא.
קרעדיטאָר s. (‎-ן .pl) creditor .מַלְוֶה, נוֹתֵן בְּהַקָּפָה
קרעדיט-בריוו s. (‎- .pl) letter of credit הַמְחָאָה לְנוֹסְעִים.
קרעדענס, קרעדענץ s. (‎-ן .pl) service עֶרֶךְ כְּלֵי אֹכֶל.
קרעט = קראָט.
קרעטשמאַר s. (‎-עס .pl) inn-keeper, publican בַּעַל מָלוֹן, בַּעַל בֵּית מַרְזֵחַ.
קרעטשמע s. (‎-ס .pl) inn, tavern מָלוֹן, בֵּית מַרְזֵחַ.
קרעטשמער = קרעטשמאַר.
קרעכץ s. (‎-ן .pl) groan .אֲנָחָה, אֲנָקָה
קרעכצן v. n. to groan .הֵאָנַח, הֵאָנֵק
קרעלי s. (‎-ן .pl) coral קוֹרָל, אַלְמֹג; coral bead פְּנִינַת אַלְמֹג.
קרעל² s. (‎-ן .pl) scratch .סְרִיטָה
קרעל³ s. (‎-ן .pl) (thieves' language) loaf of bread כִּכַּר לֶחֶם (בלשון הגנבים).
קרעלן¹ v. n. to scratch .סָרַט, שָׂרַט
קרעלן² v. n. to bubble up, boil, foam פִּעְפַּע, רָתַח, הַעֲלָה קֶצֶף.
קרעמל s. (‎-עך .pl) little shop .חָנוּת קְטַנָּה

א) אין ליאָנדאָרס בריפנשטעלער. ב) ביי ליפשיצן ז. קרעמפעליץ.

א) קרן אין דער באַדייטונג פון חתן אדער כלה געפינט זיך אין „הדת והחיים“ פון ראובן אשר ברוידעס, ח"א, קאַפּ. י.

— (*id.*) מאכן פון עפעס א קרעמל to make something a source of income עשה דבר למקור הכנסה.

קרעמען *s.* (*pl.* עס —) flint צור חלמיש.

קרעמער *s.* (*pl.* —) shopkeeper, storekeeper חנוני.

קרעמפעווען *v. a.* to tie fast, bind with cords קשר היטב, חזק בחבלים, הדק.

קרעמפעליץ *s.* tie קשר; fastening קשור, הדוק.

קרעניצע *s.* (*pl.* ס —) well, spring מעין.

קרענק *s.* (*pl.* —) sickness, illness מחלה.

— (*id.*) קענען (ווייסן) א קרענק to know nothing לא ידע מאומה.

קרענקונג *s.* mortification, grief צער.

קרענקליך = קראנקליך.

קרענקען *v. n.* to be sick, be ill חלה, היה חולה; || *v. a.* to mortify, grieve צער; to provoke הקנס, הרעם; || — זיך *v. r.* to be mortified, be grieved הצטער.

— (*id.*) זיין קאפ וועט שוין קרענקען! he will suffer (*or* smart) for it! הוא יקבל ענשו!

קרעסטונצע *s.* (*pl.* ס —) property, estate קנין, אחזה.

קרעסלע *s.* (*pl.* ס —) arm-chair כסא עם ידות.

קרעע = קרוע.

קרעפאסט *s.* (*pl.* ן —) fortress מבצר, מצודה.

קרעפאסטנאָוועט *s.* (*pl.* יע —) serf עבד משעבד לקרקע.

קרעפטיג *adj.* strong, vigorous חזק, מלא כח.

קרעפטיגן *v. a.* to strengthen, invigorate חזק.

קרעפינקע *s.* (*pl.* ס —) small spot, speck כתם, נקודה (על אריגי בגדים); particle of dough גרעין של בצק.

קרעפירן *v. n.* to fall dead, die נפל מת, מות.

קרעפך *s.* (*pl.* ן —) fritter stuffed with meat or cheese לביבה ממלאה בשר או גבינה.

קרעפל, פארקלענערווארט פון קראפ און קרעפך.

קרעפל־פלייש *s.* minced meat for fritters בשר קצוץ ללביבות.

— (*id.*) אויסקומען ווי מיט קרעפל־פלייש to have just enough היה די בצמצום.

קרעפע *s.* crape מין אריג של צמר ומשי.

קרעפקע *adj.* strong חזק, בריא; חריף (משקה); || *adv.* firmly בחוזק, בתקף.

קרעץ *s.* (*pl.* —) leprosy צרעת; itch, scurvy גרב; mange צרעת (של כלב); (*fig.*) scrapings, filings גרדת, נסרת.

קרעציג *adj.* leprous מצורע; mangy מצורע (כלב); (*fig.*) rough לא חלק; || —קייט *s.* leprosity צרעת.

קרעקן זיך *v. r.* to choke oneself החנק; to feel a rising in the stomach הרגש עלית האכל ממעיו.

קרעשטשען *v. a.* to baptise טבל, נצר; || — זיך *v. r.* to be baptised הטבל, התנצר; to cross oneself עשה על עצמו סמן הצלב.

קרקע *s.* ground, land —, אדמה; ground for burial חלקת אדמה לקברות.

קרקשתא = כרכשתא.

קרשים *s. pl.* boards (*especially for burial*) —, לוחות עץ (ביחוד לקבורה).

ק"ש *abbr.* = קריאת־שמע.

קשה *adj.* hard, difficult (*to understand*) קשה לשמע; inconceivable בלתי מובן.

קשהדיג = קשה

קשוי־אבר *s.* erection of the male organ —.

קשיא *s.* (*pl.* קשיות) question —, שאלה; difficult question —, ש. ה. מורה.

— די פיר קשיות the four questions contained in the Haggada הארבע שאלות בהגדה של פסח.

— א קשיא אויף א מעשה. ז. מעשה².

— אויף א מעשה פרעגט מען קיין קשיא נישט. ז. מעשה².

קייוודע = קרוודע.

קשר *s.* (*pl.* קשרים) knot of the phylacteries קשר של תפלין.

קשר־של־יד *s.* knot of the phylactery of the hand —.

קשר־של־ראש *s.* knot of the phylactery of the head —.

קשת *s.* bow —; Bow, Bowman (*astr.*) מזל קשת.

ר.

ר *s.* the twentieth letter of the Hebrew alphabet האות העשרים באלף בית העברי; || *num.* two hundred מאתים.

ר' *abbr.* = רב.

ר'² *abbr.* = ער.

— ר'האט = ער האט.

ראב = ריאבינע.

ראב *s.* (*pl.* ן —) raven עורב.

ראבאד = ראבאם.
ראבאט s. rebate, discount נִכָּיוֹן.
ראבארבערים s. rhubarb רִבָּס (מין צמח שמשתמשים בו לרפואה).
ראבינע = ריאבינע.
ראבירן = ראבעווען.
ראבליע, ראבליעווען = גראבליע, גראבליעווען.
ראבע adj. spotted, speckled בָּרוּד.
ראבעווען v. n. to rob, plunder גָּזֹל, עָשֹׁק.
ראָג s. (pl. ־ן) corner קֶרֶן.
ראגאָווקע s. (pl. ־ס) a kind of a fur-trimmed cap מִין כּוֹבַע מְקֻשָּׁט בְּפַרְוָה.
ראָגאָזשע s. (pl. ־ס) mat of rushes מַחְצֶלֶת קָנִים.
ראָגאַטקע s. (pl. ־ס) field-gate, barrier מַחְסוֹם לַדֶּרֶךְ, בֶּלֶם.
ראָגאַל s. (pl. ־עס) horn-shaped loaf חַלָּה בִּדְמוּת קֶרֶן.
ראגאָפּקע = ראגאָווקע.
ראָגוזשע, ראָגיזשע = ראָגאָזשע.
ראָגענע s. (pl. ־ס) vicious woman, shrew אִשָּׁה רָעָה א).
ראַד s. (pl. ־ן) row שׁוּרָה.
ראָד s. (pl. רעדער) wheel גַּלְגַּל, אוֹפָן; circle עִגּוּל; round dance מְחוֹל בְּעִגּוּל.
— (id.) זיין א פינפטע ראד צום וואגן to be useless, be in the way היה בלא תועלת, היה כפריע.
ראַדיקאַל adj. radical קִיצוֹנִי, נִמְרָץ; || s. (pl. ־ן) (pl. ־ן) ד. ז.
ראַדעווען זיך v. r. to pursue, aspire רָדֹף, שָׁאֹף.
ראָד־פעלגן s. felloe, rim חִשּׁוּק, גַּב הָאוֹפָן.
ראָד־שפּייכן s. spoke of a wheel חִשּׁוּר.
ראה = ריאה.
ראָהאָטשען v. a. to tickle, make one laugh דַּגְדֵּג, עוֹרֵר צְחוֹק.
ראָוו s. (pl. ־עס) ditch חָרִיץ, תְּעָלָה.
ראָווען = רעווען.
ראָווער s. (pl. ־ן) cycle אוֹפַן רְכִיבָה.
ראוי adj. worthy ־, הָגוּן; fit, competent ־, מֻכְשָׁר.
ראוי־לברכה adj. fit for pronouncing a benediction on it ־; fit to be married (joc.) (of a maiden) רְאוּיָה לְהִנָּשֵׂא.
ראוי־להוראה adj. fit to decide questions of law, fit for the rabbinate ־.
ראָזאַן s. (pl. ־עס) stake, pole מוֹט.

א) ביי דיקן אין „סאָסלאַניק" און „ברושקע דער שומר".

ראזבאָי s. robbery, highway-robbery גָּזֵל, חָמָס, לִסְטוּת.
ראזבאָיניק s. (pl. ־עס) robber, highway-man גַּזְלָן, חַמְסָן, לִסְטִים.
ראזבאַלעווען v. a. to fondle, spoil (a child) פַּנֵּק.
ראזגאָוואָר s. (pl. ־ן) conversation שִׂיחָה.
ראָזגע s. (pl. ־ס) rod שׁוֹט.
ראָזינקע s. (pl. ־ס) raisin צִמּוּק.
ראָזמאַרען s. rosemary חַלְפֵי הַיָּם (צמח ריחני).
ראָזעווע = ראָזעווע².
ראָזעווע¹ adj. rose-colored, rosy מַצְבַּע הַוֶּרֶד, וָרֹד, אֲדַמְדָּם כֵּהֶה.
ראָזעווע² adj. of rye שֶׁל דָּגָן; staple עִקָּרִי (סחורה).
— ראָזעווע ברויט rye-bread לחם דגן.
— ראָזעווע סחורה staple goods סחורה עִקָּרִית.
ראָזפּאַר = ראָספּאַר.
ראָזשינקע = ראָזינקע.
ראָזשעק s. (pl. ־עס) little horn קֶרֶן קְטַנָּה; cornet of paper מַעֲטֶפֶת נְיָר כְּעֵין קֶרֶן.
ראַט s. (pl. ־ן) council מוֹעֵצָה.
ראַטהויז s. (pl. ־הייזער) town-hall, town-house בֵּית מוֹעֶצֶת הָעִיר.
ראַטונעק s. (pl. ־נקעס) help תְּשׁוּעָה.
ראַטירן = ראַטעווען.
ראַטמאַן s. (pl. ־מענער, ־לייט) councilman יוֹעֵץ (במועצת עיר).
ראָטמייסטער s. (pl. ־ס) captain of a company שַׂר גְּדוּד צָבָא.
ראָטן v. n. (p. p. געראָטן) to advise עוּץ, יָעֹץ; to guess מְצֹא פֵּשֶׁר דָּבָר, שַׁעֵר.
ראַטע s. (pl. ־ס) part-payment, instalment תַּשְׁלוּם חֶלְקִי.
ראָטע s. (pl. ־ס) company, brigade גְּדוּד.
ראַטעווען v. a. to save, rescue הַצֵּל.
ראַטשקאָם = ראַקאָם.
ראַטשקעווען זיך v. r. to creep, crawl זָחֹל, הָלֹךְ עַל גָּחוֹן.
ראי¹ s. (pl. ־עס) swarm נְחִיל, קִבּוּץ (דבורים).
ראי² s. ditch חָרִיץ, תְּעָלָה (= ראָוו).
ראיאָן s. (pl. ־ען) district חֶבֶל, מָחוֹז.
ראיה s. (pl. רְאָיוֹת) proof, evidence ־.
רְאִיָּה s. vision, eye-sight ־.
— א נאָדערגע (קורצע) ראיה near-sightedness, short-sightedness, myopy ראיה קצרה.
— א ווייטע ראיה long-sightedness, presbyopia ראיה ארוכה, ראיה מרחוק.
ראיה־לדבר s. the proof of the thing, proof ־.
ראיעל adj. honest יָשָׁר; solid מַמָּשִׁי.

ראָיען *v. a.* to dig, rummage חָפֹר, חָטֹט; ‖ — זיך *v. r.* to pore הָבֵּט בְּעִיּוּן; to swarm שׁוּט, שׁוֹטֵט (דבורים).
— ראָיען זיך אין בוכער to pore upon books ישב תמיד על הספרים.
ראָך *s.* (*pl.* —עס) castle, rook מִבְצָר, מִגְדָּל (באשקקי).
ראָכירן *v. n.* to castle one's king שׁנה מקום הַמֶּלֶךְ (באשקקי).
ראָכמײַסטער, ראָכמײַסטער *s.* (*pl.* —ס) book-keeper מְנַהֵל סִפְרֵי חֶשְׁבּוֹנוֹת; mathematician חֲכַם הַחֶשְׁבּוֹן.
ראָכע = נְקָמָה.
ראָל *s.* relay of horses חֲלִיפַת סוּסִים (מתחנה לתחנה).
ראָליע¹ *s.* (*pl.* —ס) role, part תַּפְקִיד (של משחק בחזיון); fun (*fig.*) שַׁעֲשׁוּעַ.
— (*fig.*) שפּילן אַ (גרויסע) ראָליע to play a great part היה חשוב מאד.
ראָליע² *s.* (*pl.* —ס) snail שַׁבְּלוּל, חֹמֶט (= שלימאַק).
ראָלן *v. n.* to ride by relays נָסֹעַ בַּחֲלִיפַת סוּסִים.
ראָלע *s.* (*pl.* —ס) harrow מַשְׂדֵּדָה.
ראָלעטן *s. pl.* roller-blinds וִילָאוֹת מִתְגּוֹלְלִים.
ראָלען *v. a.* to harrow שַׂדֵּד.
ראָלקע *s.* (*pl.* —ס) roll (*of money*) עִגּוּל שֶׁל מָעוֹת (נחשת, כסף או זהב); pulley גַּלְגַּל הַתְּנוּפָה.
ראָם *s.* (*pl.* —ען, רעמען) frame מִסְגֶּרֶת.
— (*id.*) אָן אַ טעם און אָן אַ ראָם without rhyme or reason בלי טעם ותבונה א).
ראָם *s.* rum רוּם (מין משקה חריף).
ראָמאַן *s.* (*pl.* —ען) novel סִפּוּר בָּדוּי, בִּדְיוֹן, סִפּוּר אֲהָבִים.
ראָמאַנטיש *adj.* romantic בִּדְיוֹנִי, דִּמְיוֹנִי.
ראָמאַניסט *s.* (*pl.* —ן) novelist כּוֹתֵב בִּדְיוֹנִים, בַּדְיָן.
ראָמאַנס *s.* (*pl.* —ן) love affair אַהֲבָה.
ראָמיאַנעק = רומיאנעק.
ראָמען, ראָמען = אויפראמען.
ראָמש *s.* (*pl.* —ן) lump, lot עֲרֵמָה; junk, odds and ends שִׁבְרֵי כֵלִים, חֲפָצִים יְשָׁנִים.
— אין ראָמש in the lump בַּעֲרֵמָה, ביחד.
ראָן = רײַן.
ראָנגלען זיך *v. r.* to wrestle הֵאָבֵק; to struggle הִלָּחֵם.
ראַנד *s.* (*pl.* —ן) border, edge שָׂפָה; margin שׁוּלַיִם (של גליון); brim שָׂפָה (של כובע).

ראַנד *s.* (*pl.* —ן) row שׁוּרָה; government, management הַנְהָלָה.
ראַנדזוען *v. n.* to manage נָהֹג, נַהֵל.
ראַנזשעריי, ראַנזשעריע = אָראַנזשערויע.
ראַניען *v. a.* to wound פָּצֹעַ.
ראַניעץ *s.* (*pl.* —ן, —עס) knapsack יַלְקוּט תַּרְמִיל.
ראַנע *s.* (*pl.* —ס) wound פֶּצַע, חַבּוּרָה.
ראַסטשאָטעווען *v. n.* to settle, pay off סַלֵּק.
ראַסיי *npr.* Rossia רוּסְיָה.
ראַסכאָד *s.* (*pl.* —ן) expense, expenditure הוֹצָאָה.
ראַסל¹ *s.* pickle, brine צִיר (של מלח) א).
— (*id.*) ליגן אין ראָסל to be in a pickle היה במבוכה, היה בצרה.
ראָסל² *s.* broth מָרָק (של צלי קדרה) ב).
ראָסל־פלייש *s.* stewed meat, pot-roast בָּשָׂר צָלוּי בִּקְדֵרָה, צְלִי קְדֵרָה.
ראַסן *v. n.* to rest נוּחַ, שָׁקֹט.
ראַסע¹ *s.* (*pl.* —ס) race גֶּזַע.
ראַסע² *s.* (*pl.* —ס) mortar-pit בּוֹר שִׂיד (לבנין).
ראָסע *s.* dew טַל.
ראַספּאָלאָשען זיך *v. r.* to take fright, become shy, start הִפָּחֵד, נָלֹג, אָחוֹר מִפַּחַד.
ראַספּאָר *s.* seam-rent (*in clothes*) קְרִיעַת הַתֶּפֶר (בבגד); = קראָק.
ראַספּאַשעט ווערן *v. p.* to become disjoined through dryness הִתְפָּרֵד מִיֹּבֶשׁ.
ראַסקאָלניק *s.* (*pl.* —ס) dissenter, schismatic שׁוֹנֶה בְּדָת.
ראַסקאָש *s.* (*pl.* —ן) luxury מוֹתָרוֹת; תַּעֲנוּגִים; pomp, magnificence תִּפְאָרָה, פְּאֵר, הָדָר.
ראַסקאָשנע *adj.* luxurious רַב, מְרֻבֶּה; sumptuous דָּשֵׁן, מָלֵא תַּעֲנוּג; pompous, magnificent מָלֵא פְאֵר, מָלֵא הוֹד.
— לעבן אין ראַסקאָש to live in luxury, live in pomp חיה חיים מְרֻוָּחִים, חיה בתפארה.
ראַסקאָשעווען זיך *v. r.* to live sumptuously, live pompously חָיֹה חַיִּים מְרֻוָּחִים, חָיֹה בְּתִפְאָרָה.
ראַסקע = ראַשקע.
ראַפּאָרט *s.* (*pl.* —ן) report הוֹדָעָה, הַרְצָאָה, דִּין וְחֶשְׁבּוֹן.
ראַפּאָרטעווען *v. n.* to report הוֹדִיעַ, נָתֹן דִּין וְחֶשְׁבּוֹן.
ראַפּאָרטירן = ראַפּאָרטעווען.
ראַפּטאָווע *adj.* sudden פִּתְאֹמִי.
ראַפּטאָם *adv.* suddenly פִּתְאֹם; in one breath בִּנְשִׁימָה אַחַת.

א) ראָם אין דער פראַזע איז אפשר = גראָם.

א) רוסיש рассолъ. ב) פויליש rosół.

ראַפּינירן *v. a.* to refine זַקֵּק, צָרֵף.
ראַפּע *s.* brine, pickle ציר (של מלח).
ראַפּעריִרן = רעפּאַרירן.
ראַ'ץ' *s.* (*pl.* ־ן) scratch סְרִיטָה.
ראַץ² *s.* (*pl.* ־ן) rat עַכְבָּר גָּדוֹל.
ראָץ *s.* rust חֲלוּדָה.
ראָציג *adj.* rusty חָלוּד.
ראַציע *s.* (*pl.* ־ס) kite נָחָשׁ מְעוֹפֵף (צעצוע); rocket זִיקָה א).
ראָצן *v. n.* to rust הַעֲלֵה חֲלוּדָה.
ראָצנע *adj.* annual שְׁנָתִי ב).
ראַצע = ראַציע.
ראַצעמאָרע *s.* a kind of mohair מִין אֶרֶג מִצֶּמֶר עִזִּים.
ראַק *s.* (*pl.* ־עס) crab, lobster סַרְטָן; cancer סַרְטָן; Cancer (*astr.*) מַזַּל סַרְטָן. — (*geogr.*) דער טראָפּיק פֿון ראַק the tropic of Cancer עגול ההפוך של סרטן.
ראָק *s.* (*pl.* רעק) coat בֶּגֶד, מְעִיל.
ראַקאָם *adv.* like a crab, on all fours עַל יָדָיו וְעַל רַגְלָיו.
ראָקיטע *s.* (*pl.* ־ס) wicker זֶרֶד.
ראַקים = ראַקאָם.
ראַקעווע אויגלעך *s. pl.* crab's eyes עֵינֵי סַרְטָן; eye-stones כַּדּוּרִים קָשִׁים בְּגוּפוֹ שֶׁל סַרְטָן.
ראַקעט *s.* (*pl.* ־ן) rocket זִיקָה.
ראַקען *v. n.* to knock, strike הַכֵּה.
ראַר *adj.* rare יָקָר, לֹא מָצוּי.
ראַש = ראַשוג.
ראש *s.* head —.
ראש־בֵּית־דין *s.* head of the court of justice —.
ראש־בַּר־יוני = רֵישׁ־.
ראש־גוֹי *s.* (*fl.*) novice of the police טִירוֹן שֶׁל הַמִּשְׁטָרָה.
ראש־הַגּולה *s.* (*pl.* ראשי־הַגּולה) head of the captivity, exilarch —.
ראש־הַחודש = ראש־חודש.
ראש־הַמְדַבְּרים *s.* spokesman, leader —.
ראש־הַקָּהל *s.* (*pl.* ראשי־הַקָּהל) head of the community; head of the Kahal (ז. קָהָל).
ראש־הַשָּׁנה *s.* "beginning of the year," New-Year's day (*Jewish*) —.
ראשו־וְרובּו *s.* his head and the greater part of his body —.
ראשון *ord. num.* first —; ‖ *s.* the first man called up to the reading of the Law הָרִאשׁוֹן הָעוֹלֶה לַתּוֹרָה.

א) פּויליש raca, אַ ראַקעט. ב) פּויליש roczny, יערליך.

ראשונים *s. pl.* the first Prophets נְבִיאִים רִאשׁוֹנִים; the ancient rabbinical authorities הָרַבָּנִים הַקַּדְמוֹנִים.
ראש־וְראשון *s.* "the head and the first," head, leader —.
ראש־חודש *s.* (*pl.* ראשי־חֳדָשִׁים) the first day or first two days of a Jewish month —. — בענטשן ראש־חודש to recite the prayer for a happy new month on the Sabbath preceding it ב"ך החדש. — (*id.*) ווען עס וועט זײַן דרײַ טעג ראש־חודש ad Kalendas Graecas, never לעולם לא.
ראש־חודש־געלט *s.* gift of money to a teacher on the first day of the month מַתְּנַת כֶּסֶף לְמְלַמֵּד בְּרֹאשׁ חֹדֶשׁ.
ראש־חודש־רעטעכל *s.* (*pl.* ־עך) little radish צְנוֹן קָטָן.
ראַשט *s.* rest מְנוּחָה א).
ראַשטשינע *s.* leaven מַחְמֶצֶת, שְׂאוֹר.
ראַשטשינען *v. a.* to leaven, ferment (*dough*) הַחְמֵץ.
ראַשוג *adj.* hasty, quick, fast מְבֹהָל, מָהִיר.
ראשי־פְּרָקים *s. pl.* outlines —, מְרֻשָּׁם; preliminary conditions תְּנָאִים רִאשׁוֹנִים (של עסק או שדוך).
ראש־ישיבה *s.* (*pl.* ראשי־ישיבות) head of a Talmudical academy —.
ראשית *adv.* first, in the first place —.
ראשית־הַגֵּז *s.* first shearing (*of wool*) —.
ראשית־חָכמה *adv.* "the beginning of wisdom," title of a book on morals —; first of all קֹדֶם כֹּל.
ראשי־תֵּיבות *s.* initials, abbreviation —.
ראש־כֶּבֶשׂ *s.* sheep's head (*which it is customary to eat on Rosh-hashanah*) —.
ראש־פֿײַל *s.* (*pl.* ־ן) rasp שׁוֹפִין לְשׁוּף בּוֹ עֵץ.
ראַשקע *s.* (*pl.* ־ס) wooden pail *or* tub דְּלִי אוֹ אַמְבָּט שֶׁל עֵץ ב).
רַב *s.* Mister, Mr. אָדוֹן, ר'.
רַב *s.* (*pl.* רַבָּנים) rabbi רַב.
רַב־הַכּולל *s.* chief rabbi —.
רִבּונא־דְעָלְמא־כּולא *int.* "Lord of the universe", good gracious! מָרֵיהּ דְּאַבְרָהָם!
רִבּונו־של־עולם *s.* Lord of the universe, God —.
רבוש"ע *abbr.* = רִבּוֹנוֹ־שֶׁל־עוֹלָם.
רְבותא *s.* greatness —, גֹּדֶל; advantage —, יִתְרוֹן; wonder —, דָּבָר פֶּלֶא.

א) בײַ שטראַק. ב) רוסיש ряжка.

רַבּוֹתי, רַבּוֹתים *int.* gentlemen! — , אֲדוֹנַי!

רֶבּי *s.* (רֶבּיים *pl.*) Chasidic rabbi רַב הַחֲסִידִים; teacher מְלַמֵּד; master (*word of address to a rabbi or teacher*) רַבִּי (בדבור אל רב או מלמד).

רֶבּי־געלט *s.* tuition fee שְׂכַר לִמּוּד. — (*id.*) באַצאָלן גוטע רבי־געלט to pay dear for one's whistle רָבָה במחיר נסיון.

רֶבּיאיש *adj.* of Chasidic rabbi שֶׁל רַב הַחֲסִידִים; of teacher שֶׁל מְלַמֵּד.

רַבּים *s.* majority רֹב דֵּעוֹת; public צִבּוּר, קָהָל; plural (*gr.*) לְשׁוֹן רַבִּים.

רַבּינו *s.* (*title*) our master —.

רַבּינו־תָּם *npr.* Rabbi Tam (*Talmudic glossarist of the 12th cent.*) —.

רַבּינו־תָּם־תְּפִילין *s. pl.* phylacteries prepared in accordance with the view of Rabbi Tam תְּפִלִּין שֶׁל רַבֵּנוּ תָּם.

רְביעי *ord. num.* fourth —; ‖ *s.* fourth man at the reading of the Law (*in the synagogue*) הָרְבִיעִי הָעוֹלֶה לַתּוֹרָה.

רביעית *s.* fourth part of a log (*quantity of liquor required for the cup of benediction*) רְבַע הַלּוֹג (מדת משקה הדרושה לכוס של ברכה); = קַדַּחַת־רְבִיעִית.

רֶביצן *s.* (—ס *pl.*) wife of a rabbi אֵשֶׁת הָרַב, רַבָּנִית; wife of a teacher אֵשֶׁת מְלַמֵּד.

רבית *s.* usury, interest —.

רֶבּל *s.* (—עך *pl.*) insignificant rabbi רַב קַל עֵרֶךְ.

רַבֵּנו = רַבּינו.

רַבָּנות *s.* rabbinate, office of a rabbi —. — זיצן אויף רבנות to hold the office of a rabbi ישב על כסא הרבנות.

רַבָּניש *adj.* of a rabbi שֶׁל רַב; like a rabbi כְּרַב; rabbinical רַבָּנִי. — מאַכן רבנישע האַוואָיעס to give oneself the airs of a rabbi הראה פנים של רב. — פֿראַווען רבנישע שמיק to act like a rabbi התנהג כרב. — רבנישע ספרים rabbinical books ספרי רבנים.

רַבָּנָן *s. pl.* masters, sages מוֹרִים, חֲכָמִים.

רַבָּנָן־קַדיש *s.* prayer for the masters and disciples of the law (*recited at the end of rabbinic lectures*) קַדִּישׁ דְּרַבָּנָן. — (*id.*) זאָגן רבנן־קדיש נאָך עפּעס to give up something as lost התיאש מדבר.

רבש״ע = רבוש״ע.

רגז = רוגז.

רַגזן *s.* (רַגזָנים *pl.*) passionate or ill-tempered man —.

רַגזנטע *s.* (—עס *pl.*) passionate or ill-tempered woman רַגְזָנִית.

רְגילות *s.* habit —.

רֶגל¹ *s.* (רַגְלַיִם *pl.*) foot, leg —.

רֶגל² *s.* (רְגָלים *pl.*) one of the three principal holidays (*Passover, Pentecost, Tabernacles*) —. — (*id.*) איין מאָל אין אַ רגל once in a long while פעם בזמן ארך.

רֶגל־געלט *s.* gift of money to a rabbi for a holiday מַתָּנָה כֶּסֶף לָרַב לֶחָג.

רַגְלַים, ז. רגל¹.

רְגָלים, ז. רגל².

רֶגע *s.* (—ס *pl.*) second —, דַּק; moment, instant —, הֶרֶף עַיִן.

רֶגע־כְּמֵימרא *adv.* "instantaneous as the word," instantly —, כְּהֶרֶף עַיִן.

רַד *s.* rix-dollar שֶׁקֶל הַמְּלוּכָה (מטבע גרמנית) א).

רְדיפה *s.* (רְדיפות *pl.*) persecution —.

ר״ה *abbr.* = רֹאשׁ־הַשָּׁנָה.

רו *s.* rest, repose מְנוּחָה; peace שָׁלוֹם.

רואה זיין *v. n.* to see, look רָאֹה.

רואה־ואינו־נִראה *s.* one who sees and is invisible —.

רואה־חֶשבון *s.* auditor —.

רואה־קֶרי זיין *v. n.* to have pollutions רָאֹה קֶרִי (היה מקרה לילה ל־).

רואיג *adj.* quiet, still שָׁקֵט; calm נוֹחַ, מָתוּן; tranquil שָׁלֵו, שַׁאֲנָן; ‖ —קייט *s.* quietness שֶׁקֶט; calmness מְתִינוּת; tranquillity שַׁלְוָה.

רואינירן *v. a.* to ruin הָרֹס, הַחֲרֵב.

רואינע *s.* (—ס *pl.*) ruin חָרְבָּה.

רוב *s.* greater part, majority —.

רובאַרבעריִם = ראַבאַרבעריִם.

רוב־דעות *s.* majority of opinions, majority —.

רובין *s.* (—ען *pl.*) ruby אֹדֶם (אבן יקרה).

רוב־כוס *s.* greater part of a cup —.

רובל *s.* (— , —ס *pl.*) rouble רוּבָּל (שקל רוסיה).

רובל־בילעט *s.* (—ן *pl.*) one-rouble note שְׁטַר רוּבָּל אֶחָד.

רובלדיג *adj.* of a rouble שֶׁל רוּבָּל; of the price of a rouble שֶׁל מְחִיר רוּבָּל.

רוב־מנין־ורוב־בנין *s.* "majority of the number and greater part of the structure," main mass, bulk —.

רובע *s.* (—ס *pl.*) oven, stove תַּנּוּר.

רובריקע *s.* (—ס *pl.*) rubric עַמּוּד (בספר, בעתון).

רוג = ראָג.

א) אין פֿריִער Handlexicon; רַד איז מסתמא אַ ראשי־תיבות פֿון רייכסדאַלער = Reichsthaler.

רוגז *s.* wrath, anger -.
רוגזה = רוגז.
רוגזהדיג *adj.* wrathful, angry מָלֵא רֹגֶז.
רודלען *v. a.* to row (*a boat*) שוט, חָתֹר בְּמָשׁוֹט; || - זיך *v. r.* to be in motion הָיֹה בִּתְנוּעָה.
רודניע *s.* (- ס *pl.*) melting-furnance כּוּר.
רודע *s.* (- ס *pl.*) ore בֶּצֶר (עפרות מתכת); lump of earth, clod גּוּשׁ עָפָר, רֶגֶב; hillock גִּבְעָה קְטַנָּה.
רודעוואַטע *adj.* full of hillocks מָלֵא גְּבָעוֹת קְטַנּוֹת; uneven, rough (*of a road*) בִּלְתִּי חָלָק (דרך).
רודעווען *v. a. n.* to bustle שׁוֹטֵט הֵנָּה וָהֵנָּה; to shake, jolt הִתְנוֹעֵעַ; || - זיך *v. r.* to be in a great stir הָיֹה בִּתְנוּעָה גְּדוֹלָה.
רודער *s.* (- ס *pl.*) helm, rudder מָשׁוֹט.
רודערן *v. a. n.* to row (*a boat*) חָתֹר בְּמָשׁוֹט; to stir עוֹרֵר; to make a noise הָמֹה, סָאֹן.
רודף *s.* (רוֹדְפִים *pl.*) persecutor -.
רודף זיין *v. a.* to persecute רָדֹף.
רודף־אַחר־הַכָּבוד *s.* (רוֹדְפִים־ *pl.*) one who is striving for honor, one greedy of honor, ambitious person -.
רודף־כָּבוד = רודף־אַחר־הַכָּבוד.
רודפן *v. a.* to persecute רָדֹף.
רודף־שָׁלום *s.* (רוֹדְפֵי־ *pl.*) one who is pursuing peace - ; peace-maker עוֹשֶׂה שָׁלוֹם.
רודף־שָׁלומניק = רודף־שָׁלום.
רָווח = רֶוַח.
רָווחימדיג = רְוָחימדיג.
רוזיגע = רעזיגע.
רוזש *s.* rouge, red paint צֶבַע אָדֹם.
רוזשעוואַטע *adj.* rose-colored מִצֶּבַע וְרָדִים, אָדֹם.
רֶוח *s.* (רְוָחים *pl.*) profit, gain - ; ז. רְוָחִים.
רוּח *s.* (רוחות *pl.*) spirit - ; ghost, phantom -; נִשְׁמַת מֵת; evil spirit רוּחַ רָעָה; devil - , שֵׁד; (*fl.*) braggart מִתְפָּאֵר.
— אַ רוח און זיין טאַטן אַרײַן! the deuce take his father! יקח השטן את אביו!
— גיי צו אַלדע רוחות! go to the deuce! יקחך השטן!
רוּח־הַקודש *s.* the holy spirit -.
רְוָחים *s. pl.* usury, interest רִבִּית.
רְוָחימדיג *adj.* profitable מֵבִיא רֶוַח.
רוּחיש *adj.* devilish, diabolical שֶׁל רוּחַ, שֶׁל שֵׁד.
רוּח־חַיים *s.* breath of life -.
רוּחָניות *s.* spirituality; spiritual matters -.
— לעבן פון רוחניות to have no real means of existence לא היה לאיש אמצעים ממשיים לחיים.
רוּח־רָעָה *s.* (רוּחות־רָעות *pl.*) evil spirit -.
רוּח־שְׁטות *s.* dementia -.

רוט *s.* (ריטער *pl.*) rod שֵׁבֶט.
רויי *adj.* moist, wet לַח, רָטֹב; raw חַי, בִּלְתִּי מְבֻשָּׁל; בִּלְתִּי מְעֻבָּד; unripe בִּלְתִּי בָשֵׁל; (*fig.*) unexperienced חֲסַר נִסָּיוֹן.
רויי[2] = ראָי.
רויב *s.* robbery גָּזֵל, גְּזֵלָה; spoil, booty, plunder שָׁלָל; prey טֶרֶף.
רויב־חיה *s.* (- חַיות *pl.*) beast of prey חַיַּת טֶרֶף.
רויב־מאָרד *s.* (- ן *pl.*) murder and robbery רֶצַח וּגְזֵלָה.
רויב־מערדער *s.* (- *pl.*) robber who commits murder גַּזְלָן רוֹצֵחַ נֶפֶשׁ.
רויבן *v. n.* to rob גָּזֹל מ־; || *v. a.* to kidnap גָּנֹב נפש.
רויבער *s.* (- *pl.*) robber גַּזְלָן, שׁוֹדֵד.
רויבעריי *s.* (- ען *pl.*) robbery גְּזֵלָה.
רויג, רויגן *s.* roe, spawn בֵּיצֵי דָגִים.
רויגנדיג *adj.* full of roe מָלֵא בֵּיצֵי דָגִים.
רויגן־הערינג *s.* spawner חִלָּק עִם בֵּיצִים.
רויוואַרג *s.* raw material חֹמֶר בִּלְתִּי מְעֻבָּד.
רויז *s.* (- ן *pl.*) rose שׁוֹשַׁנָּה, וֶרֶד; erysipelas שׁוֹשַׁנָּה (מחלה).
רויזן־אייל *s.* rose-oil, attar of roses שֶׁמֶן וְרָדִים.
רויזנבולקע||לע *s.* (- לעך *pl.*) rose-cake מִין חַלָּה קְטַנָּה.
רויזנהאָניג *s.* rose-honey, melrose דְּבַשׁ וְרָדִים.
רויזנוואַסער *s.* rose-water מֵי וְרָדִים.
רויזנקרויט *s.* Brussels sprouts מִין כְּרוּב.
רויט[1] *adj.* red אָדֹם.
רויט[2] *s.* diamond שָׁמִיר, יָהֲלוֹם א).
רויטל *s.* (- עך *pl.*) red chalk-pencil עֵט גִּיר אָדֹם.
רויטליך *adj.* reddish קְצַת אָדֹם.
רויטלען זיך = רויטלען זיך.
רויטס *s.* hearts (*at cards*) הָאָדֹם (בקלפים).
רויטקייט *s.* redness אֹדֶם, אֲדַמְדָּמוּת.
רויך *s.* smoke עָשָׁן.
רויכוואַרג *s.* furs פַּרְוָה, עוֹרוֹת שֵׂעָר.
רויכוואַרגער *s.* (- *pl.*) merchant of furs סוֹחֵר בְּפַרְוָה.
רויכיג[1] *adj.* smoky מָלֵא עָשָׁן.
רויכיג[2] *adj.* hairy שָׂעִיר.
רויכערדיג *adj.* smoking מַעֲלֶה עָשָׁן; smouldering מִתְלַהֵב.
רויכערן = רויכערן.
רוים *s.* (- ען *pl.*) room, space מָקוֹם, מֶרְחָב, רֶוַח.

א) ביי ליפשיצן.

רויען *v. n.* to howl, wail צָרַח, יִלֵּל.

רויערהייט *adv.* while being raw בִּהְיוֹתוֹ בִּלְתִּי מְבֻשָּׁל.

רויץ = רויטס.

רויקייט *s.* moisture, wetness לַחוּת, רְטִיבוּת; rawness הֱיוֹת בִּלְתִּי מְבֻשָּׁל; unripeness אִי בִּשּׁוּל.

רויש *s.* (*pl.* ־ן) noise שָׁאוֹן, רַעַשׁ; rustling מַשַּׁק (מים).

רוישן *v. n.* to make a noise רָעַשׁ, שָׁאוֹן; to rustle הִשְׁתַּקְשֵׁק (מים).

רוישנדיג *adj.* noisy, loud רוֹעֵשׁ, סוֹאֵן.

רו"כ *abbr.* = רובל־כֶּסֶף silver rouble ־.

רום *s.* fame פִּרְסוּם; glory תְּהִלָּה, תִּפְאָרָה.

רומאַטיזם, רומאַטיש = רעוומאַטיזם, רעוומאַטיש.

רומיאַנעק *s.* camomile בַּבּוּנָג (מין ציץ השדה).

רומל *s.* assortment אֹסֶף לְפִי הַמִּינִים (סחורה); staple articles (*of books*) מִינֵי סְחוֹרָה הַנִּמְכָּרִים לָרֹב (ביחוד מיני ספרים הנמכרים לרב, כגון ספרי תפלה, חומשים, ספרי דרו) א).

— עס פעלט אים צום רומל (*id.*) he needs it for his business נחוץ הוא לעסקו.

רומעניע *npr.* Roumania רוּמַנְיָה.

רומעניש *adj.* Roumanian רוּמָנִי; || *s.* Roumanian language לְשׁוֹן רוּמַנְיָה.

רומעניער, רומענער *s.* (*pl.* ־) Roumanian רוּמָנִי, בֶּן רוּמַנְיָה.

רומפל *s.* (*pl.* ־ס) entertainment on the morrow after the wedding קַבָּלַת פָּנִים בְּיוֹם מָחֳרַת הַחֲתֻנָּה.

רומפלען *v. n.* to grate, rattle, play badly קִשְׁקֵשׁ, נִגֵּן בְּאֹפֶן גַּס.

רונג *s.* (*pl.* ־ען) large ring טַבַּעַת גְּדוֹלָה.

רונד *adj.* round עָגֹל; || ־קייט *s.* roundness עֹגֶל.

רונצל *s.* (*pl.* ־ען) wrinkle קֶמֶט.

רונצלען *v. a.* to wrinkle קִמֵּט.

רוסיש *adj.* Russian רוּסִי; || *s.* Russian language לְשׁוֹן רוּסְיָה.

רוסלאַנד *npr.* Russia רוּסְיָה.

רוסלענדיש *adj.* of Russia שֶׁל מְדִינַת רוּסְיָה.

רועה־זונות *s.* whoremonger ־.

רוען *v. n.* to rest, repose נוּחַ, הִנָּפֵשׁ; to encamp חָנָה.

רוף *s.* (*pl.* ־ן) call, cry קְרִיאָה; repute שֵׁם, פִּרְסוּם.

רופא *s.* (רוֹפְאִים *pl.*) physician ־, אַסְיָא; barber-surgeon אוּמָן, חוֹבֵשׁ.

א) מסתמא פון דייטש Rummel, א כלאַם, אָנגעוואָרפענע שאַכן וואָס ווערן פאַרקויפט מיט אַמאָל.

רופא־חולים *s.* healer of the sick ־.

רופאטע *s.* (*pl.* ־ס) barber-surgeon's wife אֵשֶׁת הַחוֹבֵשׁ.

רופן *v. a. n.* (*p. p.* גערופן) to call, cry קָרָא; to call קָרָא לְ־; to call, name קָרָא שֵׁם לְ־.

רופען *v. a.* to make restless, make uneasy, make anxious גָּזֹל מְנוּחָה מִ־.

— עס רופעט אים he is restless *or* anxious לא ינוח לו (מהשתוקקות לדבר).

רוצח *s.* (רוֹצְחִים *pl.*) murderer ־; cruel man אַכְזָר.

רוצחטע *s.* (*pl.* ־ס) murderess אִשָּׁה רוֹצַחַת; cruel woman אַכְזָרִיָּה.

רוק *s.* (*pl.* ־, ־ן) thrust, shove דְּחִיפָה, הַעְתֵּק; = רוגל.

רוק־און־לענד *s.* back and thigh גַּב וְיָרֵךְ.

— ברעכן רוק־און־לענד (*id.*) to drub a person soundly הכה שוק על ירך.

רוק־בעט *s.* (*pl.* ־ן) folding-bed מִטָּה מִתְקַפֶּלֶת.

רוקן[1] *s.* (*pl.* ־ס) back, spine גַּב.

רוקן[2] *v. a.* to thrust, shove דָּחַף, הֶעְתִּיק.

— רוקן טשאָלנט to put the food for the Sabbath into the stove שים את המאכל לשבת בתנור.

רוקן־מאַרך *s.* spinal marrow, spinal cord חוּט הַשִּׁדְרָה.

רוקע *s.* (*pl.* ־ס) mouth of an oven, furnace-hole פִּי תַּנּוּר.

רורניצע = רורע.

רורע *s.* (*pl.* ־ס) pipe, tube צִנּוֹר.

רורקע, פאַרקלענערוואָרט פון רורע.

רושם *s.* (*pl.* ־ס) impression ־; stir, sensation פְּעֻלָּה; הִתְרַגְּשׁוּת.

רוקח *s.* apothecary, pharmacist ־.

רזשאַ, רזשאַווער = זשאַווער.

רזשאַווערן = זשאַווערן.

רזשאָנדצע *s.* (*pl.* ־ס) manager, steward, superintendent (*of a house*) סוֹכֵן בַּיִת.

ר"ח *abbr.* = ראש־חודש.

רַחֲבוּת *s.* comfort, ease הַרְחָבָה, הַרְוָחָה.

רַחֲבוּתדיג *adj.* comfortable מְרֻוָּח.

רַחֲבַת־יָדַיִם *s.* spaciousness ־.

רַחוּם *s.* merciful one ־.

— גאָט איז אַ רחום God is merciful ה' הוא רחום.

רַחֲמִים *s. pl.* mercy ־, רַחֲמָנוּת.

— בעטן רחמים to plead, intercede בקש רחמים, בָּעתַר, הפגיע.

רַחְמָן *s.* (רַחֲמָנִים *pl.*) merciful person ־.

רַחֲמָנָא־יַצִּילֵנוּ *int.* may the merciful God save us! ־.

רחמנא־לצלן = רחמנא־ניצלנו.
רחמנות *s.* — pity, mercy, compassion חמלה.
רחמנותדיג *adj.* pitiful ראוי לחמלה.
רחמנותל *s.* (*pl.* ־עך) object of pity אדם ראוי לחמלה.
רחמנות־||פנים *s.* (*pl.* ־פנימער) face exciting pity פנים מעוררים חמלה.
רחמנות־פנימל, פאַרקלענערוואָרט פון רחמנות־פנים.
רחמנים־בני־רחמנים *s. pl.* the merciful and sons of the merciful (*attribute of the Jewish people*) —.
ר״ח״ש *abbr.* = רב, חזן, שמש;|| *s.* fees of the rabbi, cantor, and beadle at certain functions (*betrothals, weddings etc.*) פרס הנתן לרב ומשרתי הקהלה בעבודות ידועות (בתנאים וחתונות כד׳); reward פרס, שכר; commission שכר סרסרות.
ר״ט *abbr.* = רײַכסטאַלער rix-dollar שקל המלוכה (בגרמניה).
רטיבות *s.* — wetness, moisture.
ריאַבינע *s.* (*pl.* ־ס) service-berry גרגרי ורד.
ריאַבינע־האָלץ *s.* service-wood עצי ורדים.
ריאַדאָוואָי *s.* private soldier חיל פשוט.
ריאה *s.* — lung.
ריאה = ראיה.
ריבי *s.* (*pl.* ־ן) rape (*vegetable*) נפוס (מין ירק).
ריבי *s.* fish דג.
— געזונט ווי אַ ריב as sound as a roach בריא כדג, חזק ובריא מאד א).
ריב־אײַזל, פאַרקלענערוואָרט פון ריב־אײַזן.
ריב־אײַזן *s.* (*pl.* ־ס) grater מגרדת.
ריבן = ריבי¹.
ריגל *s.* (*pl.* ־ען) bolt בריח.
ריגעוואַניע *s.* (*pl.* ־ס) basting תפירה גסה.
ריגעווען *v. a.* to baste תפר תפירה גסה; = צע־רודערן.
רידל *s.* (*pl.* ־ען) spade בדיד, מעדר.
רידלען *v. n.* to dig with a spade חפר בבדיד.
רידניע = רודניע.
רידע = רודע.
רידעוואַטע = רודעוואַטע.
ריוו = ראָוו, ראַי.
ריוושאַק *s.* (*pl.* ־עס) small ditch תעלה קטנה.
ריוח = רוח.
ריזי *s.* (*pl.* ־ן) giant ענק; hydra (*serpent*) נחש הים (נחש אגדי בעל שבעה ראשים) ב).
ריזי² = רוס².

א) ביי דיקן אין „הוילעהרער", קאַפּ. 4; מסתמא פון פויליש zdrów jak ryba, געזונט ווי אַ פיש. ב) אין דער צווייטער באַדייטונג ביי ליפשיצן.

ריזיג *adj.* gigantic ענקי, גדול מאד.
ריזיקאַליש *adj.* risky, hazardous מסכן.
ריזיקאַנט *s.* (*pl.* ־ן) risker, one who runs the risk מתסכן, מעמיד עצמו בסכנה; bold fellow אדם עז רוח; speculator סוחר שאינו ירא מן ההזק.
ריזיקירן *v. a. n.* to risk, hazard סכן, העמד עצמו בסכנה; to venture ערב לבו; to speculate נשא עסק שיש בו סכנת נזק.
ריזיקע *s.* risk, hazard סכנה; contraband סחורה אסורה.
— אויף מײַן ריזיקע at my risk על אחריותי.
— האַנדלען מיט ריזיקע to deal in contraband סחר בסחורה אסורה (שנכנסה בהברחת המכס).
ריזעדיג = ריזיג.
ריזען = גריזען.
ריזשע *adj.* red-haired אדמוני, בעל שער צהב.
ריח *s.* (*pl.* ריחות) smell, odor, scent —.
ריח־ניחוח *s.* pleasant odor —.
ריטער = ריצער.
ריטש *s.* scratch סריטה; scar צלקת.
ריטשען *v. n.* to bellow געה (בקר); to roar שאג.
ריטשערײַ *s.* bellowing געיה; roaring שאגה.
ריטשקע||לע *s.* (*pl.* ־לעך) rivulet נהר קטן.
רײַ *s.* (*pl.* ־ען) row, line שורה; turn תור.
רײַאָן = ראיאָן.
רײַב *s.* (*pl.* ־ן) rubbing שפשוף; knock (*fig.*) הכאה.
רײַב־אײַזן = ריב־אײַזן.
רײַבאַל *s.* (*pl.* ־ן) reamer, widener מכשיר להרחב בו חורים א).
רײַבונג *s.* (*pl.* ־ען) rubbing, friction חכוך, שפשוף; friction, disagreement (*fig.*) אי שלום.
רײַבן *s.* (*p. p.* געריבן) to rub חכך, שפשף; to grate שחק; to eat (*sl.*) אכל;|| ־זיך *v. r.* to rub oneself התחכך.
— (*fig. sl.*) רײַבן אַ נאָז, רײַבן אַ מאָרדע, רײַבן די זײַטן to give it to a person, to give a person a good scolding נזף באיש, דבר קשות עם איש.
— (*fig.*) רײַבן זיך צווישן מענשן to associate with people התחבר עם אנשים.
— (*fig.*) רײַבן זיך אַרום געבילדעטע לײַט to be in the society of educated people היה בחברת משכילים.
רײַבעכץ *s.* dust אבק.
רײַבער *s.* (*pl.* —) rubber מחכך, משפשף; (*sl.*) great eater, glutton אכלן, זולל.

א) ביי ליפשיצן; דייטש Reibahle.

רײד *s.* (*pl.* –) talk, speech, words דִּבּוּר, דְּבָרִים; conversation שִׂיחָה.
— ס'איז נאָר קײן רײד ניט װעגן דעם there is no question about it אין כל ספק בדבר.
רײדן *v. n.* (*p. p.* גערעדט) to speak, talk דַּבֵּר.
— רײדן פֿון שלאָף to talk in one's sleep דבר בשנתו; (*fig.*) to rave, to talk nonsense הזה, דַּבֵּר תוהו.
— רײדן פֿון װעגן to rave, to talk nonsense הזה, דַּבֵּר תוהו.
— רײדן פֿאַר פֿײַער און פֿאַר װאַסער to rave, to speak without sense הזה, דַּבֵּר בלי טעם; to talk at random דַּבֵּר בכל העולה על רוחו.
— רײדן אונטער דער נאָז to snuffle, to speak through the nose דַּבֵּר בקול היוצא מהאף.
— (*prov.*) רײדן קאָסט קײן געלט ניט talking pays no toll אין משלמים מכס בעד הדִּבּוּר.
רײד־מאַשין *s.* (– ען *pl.*) phonograph מְכוֹנַת הַדִּבּוּר.
רײדעװדיג *adj.* talkative מַרְבֶּה לְדַבֵּר, דַּבְּרָנִי; ‖ – קײט *s.* talkativeness דַּבְּרָנוּת.
רײדעניש *s.* (*pl.* – ן) talking דִּבּוּר; dialect מִבְטָא.
רײדער *s.* (*pl.* –) talker דַּבְּרָן.
רײז *s.* rice אֹרֶז.
רײזלען *v. n.* to murmur, purl הָמֹה, הִשְׁתַּקְשֵׁק (מים) א).
רײזן *v. n.* to travel, journey נָסֹעַ, הָלֹךְ בַּדֶּרֶךְ.
רײזנטאַש *s.* (*pl.* – ן) travelling-bag תַּרְמִיל.
רײזע *s.* (*pl.* – ס) travels, journey מַסָּע, נְסִיעָה.
רײט‖װאָגן *s.* (– װאָגנס, – װעגן *pl.*) chariot רֶכֶב.
רײטלען זיך *v. r.* to turn red, redden, blush הָיֹה לְאָדֹם, הִתְאַדֵּם.
רײטן *v. n.* (*p. p.* געריטן) to ride רָכֹב.
רײטנדיג *adv.* on horseback בִּרְכִיבָה עַל סוּס.
רײטער *s.* (– , – ס *pl.*) rider, horseman רַכָּב.
רײטערקע *s.* (– ס *pl.*) female rider רַכָּבָה; woman ruling the house (*fig.*) אִשָּׁה מוֹשֶׁלֶת בַּבַּיִת.
רײטפֿערד *s.* (*pl.* –) riding-horse סוּס רְכֻבָּה.
רײך *adj.* rich עָשִׁיר.
רײכ‖טום *s.* riches, wealth עֹשֶׁר, הוֹן.
רײכערן *v. a. n.* to smoke עַשֵּׁן, קַטֵּר; to fumigate חַטֵּא עַל יְדֵי קִטּוּר.
רײכער־צינגעל‖ע *s.* (– לעך *pl.*) pastil, pastille לְבֵנַת קְטֹרֶת.

א) בײ אבראַמאָװיטשן אין „ספר הבהמות"; דײטש riesein.

רײכער־קרײַטער *s. pl.* fumigating herbs עֲשָׂבִים לְקַטֵּר, עֲשָׂבוֹת קְטֹרֶת.
רײַכקײט *s.* richness עֲשִׁירוּת; riches, wealth עֹשֶׁר, הוֹן.
רײן *adj.* clean, neat נָקִי; pure טָהוֹר, זַךְ; ‖ *adv.* purely, merely רַק, בִּלְבַד.
— רײנער פּראָפֿיט net profit, clear profit רֶוַח נקי.
רײַן *s.* pan, saucepan מַחֲבַת, מַשְׂרֵת.
רײנטליך *adj.* cleanly, neat נָקִי; ‖ – קײט *s.* cleanliness נְקִיּוּת.
רײניגן *v. a.* to clean נַקֵּה; to purify טַהֵר, זַכֵּךְ.
רײניגקײט *s.* purity טֹהַר, בֹּר; (*pl.* – ן) scroll of the Law סֵפֶר הַתּוֹרָה.
רײניש *s.* (*pl.* –) Rhenish gulden (*Austrian money*) זְהוּב רֶהִינִי (כסף אוסטריה).
רײנקײט *s.* cleanness, cleanliness נְקִיּוּת; purity טֹהַר, בֹּר.
רײסטער *s.* (– ס *pl.*) register, list רְשִׁימָה.
רײסיש *adj.* Russian רוּסִי, שֶׁל רוּסְיָה.
רײסן¹ *v. a.* (*p. p.* געריסן) to tear קָרֹעַ; to pull מָשֹׁךְ, מָרֹט; to snatch חָטֹף; ‖ *v. n.* to form an abscess פָּרֹחַ מוּרְסָה; to give a racking pain הַכְאֵב כְּאֵב גָּדוֹל; ‖ – זיך *v. r.* to tear, be torn הִקָּרֵעַ; to strive, endeavor הִתְאַמֵּץ; to contend, quarrel הִתְנַצֵּחַ, הִתְקוֹטֵט.
— רײסן בגדים to tear garments קרֹע בגדים.
— רײסן בלומען to pluck flowers קטֹף פרחים.
— רײסן די האָר to pull one's hair מרֹט שערותיו.
— עס רײסט אים אַ פֿינגער an abscess is forming on his finger מורסה פורחת באצבעו.
— עס רײסט מיר אין אַלע אבֿרים I have a racking pain in all my limbs הנני מרגיש כאב גדול בכל אברי.
— (*fig.*) רײסן דעם האַלז (דעם גאָרגל) to bawl, to squall גרגר, צרח.
— (*fig.*) רײסן די הויט to fleece עשק, הונה.
— (*id.*) רײסן די זײַטן to give it to a person הכה; חרף.
— (*id.*) רײסן די פּאַלעס, ז. פּאַלע.
— רײסן זיך פֿאַר עפּעס to scramble for something התגושש כדי לרכש איזה דבר.
— רײסן זיך צו עפּעס to aspire for something שאף לדבר; to long for something התגעגע לדבר.
רײסן² *npr.* Russia רוּסְיָה א).

א) דײטש Reussen, רוסלאַנד. בײ יידן אין פּױלן האָט ר ײ ס ן באַצײכנט אַ געװיסע װײסרוסיש־פּױלישע פּראָװינציע, װאָס האָט אַמאָל געהײסן ש װ אַ ר צ ר ו ס ל אַ נ ד.

ריַיסעניש s. (.pl —ן) quarrel, dispute רִיב, וִכּוּחַ.

ריַיען = נאָרײַען.

ריַיענט s. (.pl —ן) notary public נוֹטַרְיוֹן.

רײַף s. (.pl —ן) hoop סוֹבֵב (של חבית), felloe, rim, חִשּׁוּק, גַּב (של אופן) tire.

רײַץ s. provocation הַרְגָּזָה; irritation גֵּרוּי.

רײַצן v. a. to provoke הַרְגֵּז; to irritate גָּרֵה; ‖ —זיך v. r. to tease הַרְעֵם, הִתְגָּרֵה בְּ־.

ריַיצע s. (.pl —ס) councilman יוֹעֵץ (חבר של מועצת העיר) א).

ריַיקע s. (.pl —ס) lungs, heart and liver (of a slaughtered animal) הָרֵאָה, הַלֵּב וְהַכָּבֵד (של בהמה שחוטה) ב).

ריבוועע s. (.pl —ס) iron band, iron ring חִשּׁוּק בַּרְזֶל, אֵזוֹר בַּרְזֶל.

ריכטונג s. (.pl —ען) direction נְטִיָּה, מְגַמָּה.

ריכטיג adj. right נָכוֹן; true אֲמִתִּי; correct נָכוֹן, מְדֻיָּק; just יָשָׁר; suitable מַתְאִים, הָגוּן; proper נָאוֹת, מַתְאִים; due נָכוֹן, רָאוּי; ‖ adv. correctly כַּחֹק, כַּמִּשְׁפָּט; exactly בְּדִיּוּק; duly לְנָכוֹן.

— ריכטיגע מאָס right measure מִדָּה נכונה.

— ריכטיגער אָרט right or suitable place מקום הגון.

— ריכטיגע קאָפּיע exact copy העתקה נכונה, העתקה מְדֻיֶּקֶת.

— ריכטיגע צײַט proper time, due time עת נאותה.

— דער זייגער גייט ריכטיג the clock keeps good time השעון מורה השעה הנכונה.

— שרײַבן ריכטיג to write correctly כתב כמשפט.

— דער בריוו איז ריכטיג אָנגעקומען the letter was duly received המכתב הגיע לנכון.

ריכטן v. a. to judge שָׁפֹט; to perform עָשֹׂה; ‖ —זיך v. r. to expect, anticipate חַכֵּה, קַוֵּה, צַפֵּה; to follow, be guided הָלֹךְ בְּדֶרֶךְ, עֲשֹׂה לְפִי־.

— ריכטן דעם סדר to perform the Passover ceremony עשה את הסדר בפסח.

— ריכטן זיך אויף אַ גאַסט to expect a guest חכה לאורח.

— ריכטן זיך אויף אַ מפּלה to anticipate a defeat מפלה נשקפת לו.

— ריכטן זיך נאָך עפּעס to be guided by something עשה לפי איזה דבר.

ריכטעווען v. a. to adjust הָבֵא בְּסֵדֶר, סַדֵּר (מכונה).

ריכטער s. (.pl —) judge שׁוֹפֵט.

א) פויליש rajca. ב) זעט אויס פון העבעראיש רֵאָה, לונג; אין ווייסרוסיש реика, מסתמא איבערגענומען פון יידן.

רים s. rubble, rubbish חָצָץ, אַשְׁפָּה.

רימאַרסקע adj. of harness-maker שֶׁל עוֹשֵׂה כְּלֵי סוּס.

רימען¹ s. (.pl —ס) leather עוֹר; strap, thong רְצוּעָה; ‖ adj. of leather שֶׁל עוֹר.

רימען² v. a. to praise פָּאֵר, שַׁבֵּחַ; ‖ —זיך v. r. to praise oneself, boast הִתְפָּאֵר.

רימענד = רימען¹.

רימענדל s. (.pl —עך) small strap רְצוּעָה קְטַנָּה.

רימענענט = רעמאָנענט.

רימער s. (.pl —, —ס) harness-maker עוֹשֵׂה כְּלֵי סוּס.

רימפּלען v. n. to scrape, thrum (on the violin) גָּרֹד (על הכנור), נַגֵּן בְּאוֹפֶן גַּס.

רין = רינשטאָק.

רינג s. (.pl —ען) ring טַבַּעַת; link (of a chain) חוּלְיָה.

רינגעלע s. (.pl —לעך) little ring טַבַּעַת קְטַנָּה; little circle עִגּוּל קָטָן.

רינגען v. a. (p. p. גערונגען) (Am.) to ring צַלְצֵל (בפעמון).

רינד s. (.pl —ער) neat בְּהֵמָה גַּסָּה; ox, cow שׁוֹר, פָּרָה.

רינדערן adj. of ox שֶׁל שׁוֹר.

— רינדערנע פלייש beef בשר בהמה גסה.

רינדפלייש s. beef בְּשַׂר בְּהֵמָה גַּסָּה.

רינווע = רינשטאָק.

רינטשאָק s. (.pl —עס) market-place שׁוּק.

רינע¹ s. (.pl —ס) groove, furrow חָרִיץ; gutter מַרְזֵב, תְּעָלַת שׁוֹפְכִים.

רינע² s. rack כְּלִי עִנּוּי.

— ציִען אויף דער רינע to put to the rack, to torture עַנֵּה א).

רינען v. n. (p. p. גערונען) to run, flow נָזֹל, זוּב; to leak דָּלֹף, טַפְטֵף.

רינשטאָק s. (.pl —ן, —עס) gutter, sewer מַרְזֵב, תְּעָלַת שׁוֹפְכִים.

ריס¹ s. (.pl —ן) rent קֶרַע.

— (fig.) אַ ריס אין האַרצן heart-sickness, vexation כאב לב.

ריס² s. (.pl —ן) ream אֲגֻדַּת נְיָר שֶׁל 180 גִּלְיוֹנוֹת.

ריסאַוואַניע s. drawing רִשּׁוּם.

ריסונעק s. (.pl —נקעס) drawing, sketch, design רִשּׁוּם, צִיּוּר.

א) ביי ליפשיצן: ר י נ ע איז דאָ מסתמא אַ פאַרגרייזונג פון ע נ ו י (אויף דער ענוי = אויף דער רינע). מערקווירדיג איז, אַז ביי דעם וואָרט ע נ ו י שיקט ליפשיץ אָפּ צו ר י נ ע.

ריסוק־אֵבָרים *s.* crushing of limbs, torture, pain — . עִנּוּי, כְּאֵב.

ריסטעוואַניע = רישטעוואַניע.

ריסיאָווע *adj.* light-haired, fair מְצֻבָּע צָהֹב, צְהַבְהַב.

ריסעווען *v. a.* to draw, sketch רָשֹׁם, צַיֵּר.

ריען *v. a.* to dig חָפֹר; to rummage חַטֵּט, מַשְׁמֵשׁ, חַפֵּשׂ.

ריפּ *s.* (— ן .pl) rib צֶלַע. — (*id.*) דערלאַנגען און דער זייַטער ריפּ to wound deeply by sarcastic remarks הכאב נפש איש מאד בדברים עוקצים.

ריפּטל, ריפּטעלע = רעפּטל, רעפּטעלע.

ריפּס *s.* rep, reps מִין אָרִיג.

ריפּעלקע *s.* (— ס .pl) rebec, rebeck שָׁלִישׁ (כלי זמר בעל שלשה מיתרים).

ריפּען *v. n.* to scrape, thrum (*on the violin*) נַגֵּן (על הכנור). נַגֵּן בְּאֹפֶן גַּס; ‖ — זיך *v. r.* to go out frequently יָצֹא לִפְעָמִים קְרוֹבוֹת.

ריפּקע‖לע *s.* (— לעך .pl) mushroom פִּטְרִיָּה.

ריץ *s.* (— ן .pl) scratch סְרִיטָה; scar צַלֶּקֶת.

ריצן־אייל *s.* castor-oil שֶׁמֶן קִיק.

ריצן *v. a.* to scratch גָּרֵד, סָרֹט.

ריצער *s.* (— ס .pl) knight פָּרָשׁ, אַבִּיר.

רֵיק *s.* (רֵיקִים .pl) idler, good-for-nothing — .

ריקוד *s.* (ריקודים .pl) dance — .

רִיקודל, פֿאַרקלענערוואָרט פֿון ריקוד.

ריקע *s.* (— ס .pl) river נָהָר.

ריקשטעליג *adj.* in arrears שֶׁלֹּא פָּרַע חוֹבוֹ; outstanding בִּלְתִּי נִפְרָע (חוב).

ריר *s.* (— ן .pl) touch נְגִיעָה; stir תְּנוּעָה.
— מאַן אַ ריר to touch נגע.
— מאַן זיך אַ ריר to stir נוע.

רירן *v. a.* to touch נָגֹעַ; to touch, move נָגֹעַ בַּלֵּב, עוֹרֵר רַחֲמִים; ‖ — זיך *v. r.* to stir, move נוּעַ.

רירנדיג *adj.* touching נוֹגֵעַ בַּלֵּב, מְעוֹרֵר רַחֲמִים.

רירעוודיג *adj.* lively, active מָלֵא חַיִּים, זָרִיז; ‖ — קייַט *s.* liveliness, activity זְרִיזוּת.

רירעניש *s.* quick movement of many persons תְּנוּעָה מְהִירָה שֶׁל אֲנָשִׁים רַבִּים.

רֵישׁ *s.* (— ן .pl) name of the letter ר שֵׁם הָאוֹת ר.

רֵישָׁא *s.* beginning; first part of a paragraph of the Mishnah — .

רֵישׁ־בַּרְיוֹנֵי *s.* head of a band of libertines — , ראשׁ חֶבֶר אֲנָשִׁים פְּרוּצִים; head of the Zealots (*before the destruction of the second Temple*) — , ראשׁ הַקַּנָּאִים (לפני חרבן הבית השני).

רישטעוואַניע *s.* (— ס .pl) scaffolding, scaffold מְכוֹנָה שֶׁל בַּנָּאִים.

רִישְׁעות = רִשְׁעוּת.

רָכִיל = רְכִילוּת.

רְכִילוּת *s.* slander — .
— טרייַבן רכילות to slander הלך רכיל.

רְכִילותניצע *s.* (— ס .pl) female slanderer הוֹלֶכֶת רָכִיל.

רְכִילותניק *s.* (— עס .pl) slanderer הוֹלֵךְ רָכִיל.

רַךְ־לֵב *s.* faint-hearted *or* timid person — .

ר״ל *abbr.* = רַחֲמָנָא־לִצְלַן.

רַמָּאוּת *s.* deception, deceit, fraud — .

רַמַּאי *s.* (רַמָּאִים .pl) cheater, deceiver, defrauder, impostor — .

רַמְבַּ״ם[1] *abbr.* = רַבִּי משה בֶּן מַיְמוֹן Rabbi Moshe the son of Maimon, Maimonides (*famous scholar and philosopher*) — .

רַמְבַּ״ם[2] *s.* Maimonides' digest of Talmudic laws entitled "Yad ha-Hazakah" סֵפֶר „יַד הַחֲזָקָה" לְהָרַמְבַּ״ם.

רֶמֶז *s.* (רְמָזִים .pl) hint, allusion, indication — , רְמִיזָה, אוֹת.

רֶמֶז־דְּרְמִיזה *s.* the slightest hint הָרֶמֶז הֲכִי קַל.

רְמַ״ח־אֵבָרים *s. pl.* the 248 members (*number of the members of the human body according to the belief of the ancients*) — .

רִסוק־אֵבָרים = ריסוק־.

רַע *adj.* bad — ; ‖ *s.* (רָעִים .pl) vicious person אָדָם רָע.

רעאַל *adj.* real רֵיאָלִי (שהוא במציאות), אֲמִתִּי, כַּמָּשִׁי, מַמָּשִׁי.

רעאַליזם *s.* realism רֵיאָלִיּוּת (מציאות), יֵשׁוּת, מַמָּשׁוּת.

רעאַליסט *s.* (— ן .pl) realist, naturalist רֵיאָלִיסְט סופר או אמן המתאר דברים כמו שהם במציאות.

רעאַליסטיש *adj.* realistic, naturalistic רֵיאָלִיסְטִי (שמתאים עם המציאות).

רעאַל־שול *s.* (— ן .pl) real-school בֵּית סֵפֶר רֵיאָלִי.

רעאַקציאָנער *s.* (— ן .pl) reactionary מִתְנַגֵּד לַחֹפֶשׁ.

רעאַקציע *s.* reaction הִתְנַגְּדוּת לַחֹפֶשׁ.

רעגאַל = רעגאַל־פּאַפּיר.

רעגאַל־פּאַפּיר *s.* paper-royal נְיָר רֵיגָל (מין נייר מִשְׁבָּח).

רעגולאַ־דעטרע *s.* (*arithm.*) the rule of three, proportion עֵרֶךְ הַמְּשֻׁלָּשׁ.

רעגוליאַרנע *adj.* regular שֶׁלְּפִי הַסֵּדֶר, מְסֻדָּר, קָבוּעַ.

רעגולירן *v. a.* to regulate סַדֵּר.

רעגימענט *s.* (— ן .pl) regiment גְּדוּד אַנְשֵׁי צָבָא.

רעגיסטער = רעזיסטער.

רעגיסטרירן v. a. to register רָשֹׁם בְּסֵפֶר הַפְּקִידוֹת.

רעגירונג s. (pl. ‏—ען) government מֶמְשָׁלָה, מְלוּכָה.

רעגירן v. n. to govern, rule מָשֹׁל; to reign מָלֹךְ.

רעגירער s. (pl. —) ruler מוֹשֵׁל.

רעגל ¹ s. (pl. ‏—ען) rule כְּלָל; menses וֶסֶת.

רעגל ² = רינגל.

רעגל־דעטרע = רעגולא־דעטרע.

רעגלער = רעדלער.

רענן s. (pl. ‏—ס) rain גֶּשֶׁם, מָטָר.

רעגנבויגן s. (pl. ‏—ס) rainbow קֶשֶׁת.

רעגנדיג adj. rainy שֶׁל גֶּשֶׁם.

רעגן־וואַסער s. rain-water מֵי גְשָׁמִים.

רעגן־וואָרעם s. (pl. ‏—ווערעם) dew-worm תּוֹלַעַת הַגֶּשֶׁם.

רעגן־טאָג s. (pl. ‏—טעג) rainy day יוֹם גֶּשֶׁם.

רעגן־מאַנטל s. (pl. ‏—ען) waterproof, waterproof cloak מְעִיל לַגֶּשֶׁם (שהמים לא יעברו בו).

רעגן־שירעם s. (pl. ‏—ס) umbrella מִטְרִיָּה.

רעגם = ראמש א).

רעגענען v. n. to rain יָרֹד גֶּשֶׁם, הַמְטֵר.

— עס רעגנט it rains הגשם יורד.

רעד = רויד.

רעדאַגירן = רעדאַקטירן.

רעדאַקטירן v. a. to edit עָרֹךְ, סַדֵּר (עתון, ספר).

רעדאַקטאָר s. (pl. ‏—טערם, ‏—טאָ׳רן) editor עוֹרֵךְ, מְסַדֵּר (לדפוס).

רעדאַקציע s. (pl. ‏—ס) editing עֲרִיכָה, סִדּוּר (לדפוס); editorial office מַעֲרֶכֶת.

רעדל s. (pl. ‏—עך) little wheel אוֹפַן קָטָן; circle עִגּוּל; group, crowd קִבּוּץ, קָהָל, הָמוֹן.

— דאָס רעדל דרייט זיך איבער (fig.) fortune changes גלגל המזל חוזר.

רעדלעכווייז adv. in groups, in companies בַּחֲבוּרוֹת, קְבוּצוֹת קְבוּצוֹת.

רעדלען v. a. to perforate with an indented wheel [Passover cakes] נַקֵּב בְּאוֹפַן בַּעַל שִׁנַּיִם (מצות).

רעדלער = מצה־רעדלער.

רעדל־פירער s. (pl. ‏—, ‏—ס) ringleader ראשׁ הַקּוֹשְׁרִים.

רעדן = רוידן.

רעדנע s. coarse cloth, sackcloth אֶרֶג גַּס, אֶרֶג שַׂקִּים.

רעדנער s. (pl. ‏—, ‏—ס) speaker, orator דַּבְּרָן, נוֹאֵם.

א) ביי הורוויצן.

רעדע s. (pl. ‏—ס) speech נְאוּם, מַשָּׂא.

— האַלטן אַ רעדע to deliver a speech נאם נאום

רעדעוודיג = רוידעוודיג.

רעדעניש = רוידעניש.

רעדערן v. a. to break on the wheel עַנֵּה בְּעִנּוּי הָאוֹפָן.

רָעָה s. (pl. רָעוֹת) evil, wrong, harm -

רעהען = ריען.

רעוואָלווער s. (pl. ‏—ן) revolver אֶקְדָּח.

רעוואָלוציאָנער s. (pl. ‏—ן) revolutionary מְעוֹרֵר מַהְפֵּכָה, מוֹרֵד; || adj. ד. ז.

רעוואָלוציע s. (pl. ‏—ס) revolution מַהְפֵּכָה, מֶרֶד.

רעווידירן v. a. to revise בָּדֹק, בַּקֵּר.

רעוויזאָר s. (pl. ‏—ן) investigator, examiner חוֹקֵר וְדוֹרֵשׁ, מְבַקֵּר, בּוֹדֵק.

רעוויזיע s. (pl. ‏—ס) revision בְּדִיקָה, בִּקֹּרֶת; census מִפְקָד.

רעווירפֿאָרוו s. (pl. —) mining-engineer מְהַנְדֵּס שֶׁל מִכְרוֹת.

רעומאַטיזם s. rheumatism רֵאוּמָטִיקוּת, כְּאֵב הָאֵבָרִים.

רעומאַטיש adj. rheumatic רֵאוּמָטִי.

רעווען v. n. to bellow גָּעֹה.

רעזאַלעוועט adj. degraded שֶׁהוּרַד מִגְּדֻלָּתוֹ א).

רעזולטאַט s. (pl. ‏—ן) result מוֹצָא דָבָר, סוֹף דָּבָר.

רעזיגנאַציע s. (pl. ‏—ס) resignation הִתְפַּטְּרוּת (ממשרה).

רעזיגנירן v. n. to resign הִתְפַּטֵּר (ממשרה).

רעזידענציע s. (pl. ‏—ס) capital עִיר הַמְּלוּכָה.

רעזינע s. resin רִשְׁיָנָא.

רעזניצע s. (pl. ‏—ס) slaughter-house, abattoir מִטְבְּחַיִם.

רעזען = גרוזען.

רעזערוו s. (pl. ‏—ן) reserve דָּבָר אָצוּר לְמַטָּרָה יְדוּעָה; חֵיל מִלּוּאִים.

רעזשיסער s. (pl. ‏—ן) stage-manger מְנַצֵּחַ עַל הַמְשַׂחֲקִים (בתיאטרון).

רעטונג s. rescue, deliverance הַצָּלָה, יְשׁוּעָה.

רעטושירן v. n. to retouch שַׁכְלֵל (תמונה פוטוגרפית).

רעטן v. a. to save, rescue, deliver הַצֵּל, הוֹשִׁיעַ.

רעטעך s. (pl. ‏—ער) radish צְנוֹן.

רעטעניש s. (pl. ‏—ן) riddle, enigma חִידָה; mystery תַּעֲלוּמָה, סוֹד.

רעטער s. (pl. ‏—, ‏—ס) saver, savior, rescuer מַצִּיל, מוֹשִׁיעַ.

רעטשאַניק s. (pl. ‏—עס) pudding of buckwheat פַּשְׁטִידָה שֶׁל כֻּסֶּמֶת.

רעטשישניק, רעטשעניק = רעטשאַניק.

רעטשענע adj. of buckwheat שֶׁל כֻּסֶּמֶת.

א) ביי דיקן אין „סאָסלאַניק"; פֿון רוסיש разжалованный.

רעטשקע *s.* buckwheat כֻּסֶּמֶת.

רעטשקענע = רעטשטענע.

רַעיון *s.* (רַעיונות *pl.*) thought, idea -.

רעיעל = ראיעל.

רַעיָתו, רַעיָתי *s.* his wife, my wife -.

רעכווע = רוכווע.

רעכט [1] *s.* (-, - ן *pl.*) right זְכוּת, מִשְׁפָּט; due דָּבָר הַמַּגִּיעַ לְאִישׁ; right *or* proper thing דָּבָר הַנָּכוֹן.

— געבן א רעכט to give a right נתן זכות.

— האָבן א רעכט to have a right היה לאיש זכות.

— האָבן רעכט to be in the right, to be right היה הצדק אתו.

— דאָס רעכט איז the proper thing to do is הדבר הנכון לעשות הוא.

— טאָן אומעצן זײַן רעכט to give a person his due נתן לאיש הראוי לו.

רעכט [2] *adj.* right יְמָנִי; right, just, proper, good, due יָשָׁר, נָכוֹן, נָאוֹת, רָאוּי; decent, respectable הָגוּן; ‖ *adv.* well, right, very, quite, properly, fairly טוֹב, בְּאוֹפֶן נָכוֹן.

— די רעכטע האַנט the right hand היד הימנית.

— א רעכטע זאַך a good thing דבר טוב.

— א רעכטער מענש a decent man אדם הגון; a man of worth אדם שיש לו ערך.

— אין דער רעכטער צײַט at the right *or* proper time בעת הנכונה, בשעת הכשר, בעתו.

— א רעכט בויטל a considerable amount כַּמּוּת הגונה, מספר הגון.

— די רעכטע נעדויכטע, ז. נעדויכט[1].

— די רעכטע רשעים the real sinners הרשעים האמתיים א).

— אין רעכטן מיטן in the very middle בְּתּוֹךְ.

— עס איז שוין רעכט טאָג it is full daylight היום נכון.

— רעכט אויף אים it serves him right כך ראוי לו, עָנְשׁוֹ ראוי לו.

— בײַ אים איז אַלץ רעכט he is pleased with anything, nothing is amiss to him כל דבר ישר בעיניו.

— רעכט מאַכן to justify הַצְדֵּק.

— נים רעכט not right, improper לא ישר, לא נכון.

רעכטס [1] *s.* something good דָּבָר טוֹב.

רעכטס [2] *adv.* to the right יָמִין.

רעכטפֿאַרטיג *adj.* just, righteous יָשָׁר.

רעכטפֿאַרטיגן *v. a.* to justify הַצְדֵּק.

רעכנמײַסטער *s.* arithmetician חֲכַם הַחֶשְׁבּוֹן.

רעכענונג *s.* (- ען *pl.*) account חֶשְׁבּוֹן; bill חֶשְׁבּוֹן.

— א טײַטשישע רעכענונג (*id.*) a big bill חשבון גדול.

רעכענען *v. a. n.* to reckon, count חָשַׁב, מָנָה; to charge הַעֲמֵד מְחִיר; to think, consider חָשֹׁב; to reckon upon, rely upon סָמוֹךְ עַל־, בָּטֹחַ בְּ־; ‖ - זיך *v. r.* to be considered הֵחָשֵׁב לְ־; to consider oneself חָשֹׁב אֶת עַצְמוֹ־; to settle accounts with a person סַלֵּק חֶשְׁבּוֹנוֹת עִם אִישׁ; to get even with a person גָּמֹל לְאִישׁ כְּמַעֲשֵׂהוּ.

רעכענער *s.* (- *pl.*) reckoner מְחַשֵּׁב, מוֹנֶה.

רעליגיע *s.* (- ס *pl.*) religion, faith דָּת, אֱמוּנָה.

רעליגיעז *adj.* religious דָּתִי; אָדוּק.

רעלס *s.* (- ן *pl.*) rail מְטִיל מְסִלַּת בַּרְזֶל.

רעם *s.* (- ען *pl.*) enclosure מִסְגֶּרֶת; = ראַם.

רעמאַטעם = רעוומאַטיזם.

רעמאָנט *s.* repair תִּקּוּן (של בנין).

רעמאָנענט *s.* implements, tools כְּלֵי מְלָאכָה, מַכְשִׁירִים א).

רעמיאָניק = רומיאַנעק.

רעמיזאָווע *adj.* of coach-house שֶׁל בֵּית הַמֶּרְכָּבוֹת.

— רעמיזאָווער פֿערד coach-horse סוס למרכבה.

רעמיזניק *s.* (- עס *pl.*) coachman, cabman עֶגְלוֹן.

רעמל *s.* (- עך *pl.*) little frame מִסְגֶּרֶת קְטַנָּה.

רעמעלע *s.* (- לעך *pl.*) little frame מִסְגֶּרֶת קְטַנָּה; rim מִסְגֶּרֶת מִשְׁקָפַיִם.

רעמען *s.* (- ס *pl.*) leather עוֹר; strap, thong רְצוּעָה (= רוּמען[1]).

רעמענט = רעמאָנט.

רעמעסלעניק *s.* (- עס *pl.*) tradesman, workman, mechanic אוּמָן, בַּעַל מְלָאכָה.

רעמעסלענע *adj.* of trade שֶׁל אוּמָנוּת, שֶׁל מְלָאכָה.

רענאַל = אורינאַל.

רענדאַר *s.* (- ן, - עס *pl.*) farmer, lessee of a farm חוֹכֵר.

רענדאַרקע *s.* (- ס *pl.*) farmer's wife אֵשֶׁת הַחוֹכֵר.

רענדל *s.* (- עך *pl.*) ducat, ring-ducat אֲדוֹם (מטבע זהב) ב).

רענעט *s.* (- ן *pl.*) rennet, queen-apple מִין תַּפּוּחַ.

רענצל *s.* (- עך *pl.*) small knapsack *or* wallet יַלְקוּט קָטָן, תַּרְמִיל קָטָן.

א) אין „לב טוב".

א) בײַ ליפֿשיצן און בײַ הורוויצן; זעט אויס א פֿאַרגרײַזונג פֿון פֿראַנצײַזיש armement, מכשירים פֿון א שיף. ב) פֿון דײַטש Gerändelter Dukaten, א דוקאַט מיט א ראַנד אָדער רינגל.

רעסאָנדנע *adj.* sensible שכלי, נבון; ‖ *adv.* sensibly בשכל, בהבנה א).

רעסאָר *s.* (pl. ־ן) spring (*of a carriage*) קפיץ של מרכבה.

רעסט, רעסטל = רעשט, רעשטל.

רעסטאָראַטער *s.* (pl. ־ס) restaurateur, restaurant-keeper בעל בית אכל.

רעסטאָראַנ(ט) *s.* (pl. ־ן) restaurant בית אכל.

רעסטאָראַציע = רעסטאָראַנ(ט).

רעסטע, רעסטקע = רעשטע, רעשטקע.

רעסל *s.* (pl. ־ען) marble עגול שיש (צעצוע).

רעספּובליקע = רעפּובליק.

רעספּעקט *s.* respect דרך ארץ, כבוד.

— מיט רעספּעקט צו מעלדן (*id.*) with due respect to you במחילה מכבודך.

רעספּעקטירן *v. a.* to respect כבד.

רעפּאַק *s.* seed of rapes זרע לפת.

רעפּאַראַציע *s.* (pl. ־ס) repair תקון.

רעפּאַרירן *v. a.* to repair תקן.

רעפֿאָרמאַציע *s.* (pl. ־ס) reformation תקון (בדת).

רעפֿאָרמירן *v. a.* to reform תקן.

רעפֿאָרמע *s.* (pl. ־ס) reform תקון.

רעפֿאָרמער *s.* (pl. ־) reformer מתקן תקונים (בדת, במדינה).

רעפּובליק *s.* (pl. ־ן) republic רפובליקה, ממשלת העם.

רעפּובליקאַניש *adj.* republican רפובליקני, של ממשלת העם; Republican אשר למפלגת הרפובליקנים באמיריקה.

רעפּובליקאַנער *s.* (pl. ־) republican נוטה אחרי ממשלת העם; Republican מחזיק בשטת המפלגה הרפובליקנית באמיריקה; ‖ *adj.* = רעפּובליקאַניש.

רעפֿטל *s.* (pl. ־עך) first cut, corner crust (*of bread*) פאת הככר (של לחם); slice חתיכה.

רעפֿטעלע, פֿאַרקלענערוואָרט פֿון רעפֿטל.

רעפּעטיציע *s.* (pl. ־ס) rehearsal חזרה.

רעפֿעראַט *s.* (pl. ־ן) paper, lecture הרצאה.

רעפּרעזענטאַנט *s.* (pl. ־ן) representative בא כח, ממלא מקום.

רעפּרעזענטירן *v. a.* to represent היה בא כח של־, מלא מקום־.

רעציטירן *v. a.* to recite קרא בקהל.

רעצענזיע *s.* (pl. ־ס) review, critique בקרת.

רעצענזירן *v. a.* to review, criticise בקר.

רעצענזענט *s.* (pl. ־ן) reviewer, critic מבקר.

רעצעפּט *s.* (pl. ־ן) prescription פתקת רפואה; remedy רפואה.

א) ביי דיקן אין „פּאָסלאַניק"; פּויליש rozsądny, קלוג.

רעקאַמביע *s.* re-exchange נזק המחאה על ידי אחור התשלום.

רעקאָמאַנדאַציע, רעקאָמאַנדירן = רעקאָמענדאַציע, רעקאָמענדירן.

רעקאָמענדאַציע *s.* (pl. ־ס) recommendation מליצה, המלצה.

רעקאָמענדירן *v. a.* to recommend המלץ לפני־.

רעקוויזיציע *s.* (pl. ־ס) requisition החרמה (לממשלה).

רעקוויזירן *v. a.* to requisition החרם (לממשלה).

רעקלאַמע *s.* (pl. ־ס) advertisement מודעה בפרסום.

רעקרוט *s.* (pl. ־ן) recruit לקוח לעבודת הצבא, חניך צבא.

רעקרוטירן *v. a.* to recruit לקח לעבודת הצבא.

רעקרוטן־כאַפּער *s.* (־, pl. ־ס) captor of men for military service חוטף אנשים לעבודת הצבא.

רער *s.* (pl. ־ן) tube, pipe קנה, שפופרת; water-pipe צנור של מים.

רערנדיג *adj.* tube-like, tubular כקנה, כשפופרת; with tubes עם קנים.

— רערנדיגער ליכטער candelabrum, chandelier מנורת קנים, נברשת.

רעש *s.* noise, tumult, commotion ־ , שאון.

רעשדיג *adj.* noisy, tumultuous רועש, שאוני.

רעשאָטקע *s.* (pl. ־ס) grate, grating שבכה.

רעשט *s.* (pl. ־ן) rest, remainder, remnant נותר, שארית, שריד.

רעשטאָוואַניע = רושטעוואַניע.

רעשטאַנט, רעשטאַנטסקע = אַרעסטאַנט, אַרעסטאַנטסקע.

רעשטירן = אַרעסטירן.

רעשטל, פֿאַרקלענערוואָרט פֿון רעשט.

רעשטע *s.* change כסף עודף (המושב להקונה).

— גענבן רעשטע, ניט שולדיג בלייבן קיין רעשטע (*fig.*) to give a person tit for tat גמל לאיש כמעשהו.

רעשטעווען *v. a.* to lath ספן בקרשים.

רעשטקע, פֿאַרקלענערוואָרט פֿון רעשט.

רעשיג *adj.* noisy רועש, שאוני.

רעשן *v. n.* to make a noise, be tumultuous רעש, הקם שאון.

רעשעטע *s.* sieve נפה, כברה; reverse, tail (*of a coin*) הצד השמאלי (של מטבע).

רעשעטע־אָדלער *s.* cross or pile, head or tail (*game*) משחק גורל על ידי השלכת מטבעות.

— שפּילן אין רעשעטע־אָדלער to play heads and tails שחק בהשלכת מטבעות.

רעשעניע *s.* (pl. ־ס) decision גמר, החלטה.

רעשפעקט, רעשפעקטירן = רעספעקט, רעספעקטירן.

רפָאל npr. Raphael (*one of the archangels*) .—

רפואה s. (רפואות .pl) cure —, מַרפֵּא; remedy — תּרוּפָה; medicine —, סַם מַרפֵּא

— צו רפואה! good health! אסותה!

— (id.) גנומאָ אויף אַ רפואה it is not to be had at all אינו נמצא לגמרי.

רפואה־שלֵמה s. perfect cure, complete recovery —.

רָצוֹן s. will, desire —.

רְצוּעה s. (רְצוּעות .pl) strap, thong; one of the straps of the phylacteries —.

רַצְחן s. (רַצְחָנים .pl) murderer —, רוֹצֵחַ; cruel man אַכְזָר.

רַצְחָנוּת s. murder —, רְצִיחָה; cruelty אַכְזָרִיוּת.

רַצְחָנטע s. (ס— .pl) murderess רוֹצַחַת; cruel woman אִשָּׁה אַכְזָרִיָּה.

רַצחן||ען, —ענען v. a. to murder רָצַח.

רְצִיחה s. (רְצִיחות .pl) murder —, רֶצַח; outrage חָמָס, אַכְזָרִיוּת; terrible wrong עָוֶל נוֹרָא; fury קֶצֶף, חֲרוֹן אַף.

רְצִיחה־שַׂרפֿענער s. (.fl) incendiary תַּחְשׁוֹן (מבעיר במזיד).

רְצִיחיש adj. murderous שֶׁל רְצִיחָה; cruel אַכְזָרִי.

רַק adv. only, nothing but —.

רְקידה s. (רְקידות .pl) dance —.

רְשוּת s. power —, כֹּחַ; right —, זְכוּת; permission — רִשָּׁיוֹן; domain —, אֲחֻזָּה, גְּבוּל.

רְשוּת־הַיָּחיד s. private domain, private place —.

רְשוּת־הָרַבִּים s. public domain, public place —.

רַש"י[1] abbr. = רַבִּי שְׁלֹמֹה יִצְחָקִי Rabbi Shelomo Yitzhaki, Rashi (*famous commentator on the Scriptures and Talmud*) —.

רַש"י[2] s. Rashi's commentary פֵּרוּשׁ רַשִׁ"י.

— לערנען חומש מיט רש"י to learn the Pentateuch with Rashi's commentary למד חומש עם פרוש רש"י.

— לערנען גמרא מיט רש"י און תוספות to learn the Talmud with the commentary of Rashi and the additions of the glossists למד גמרא עם רש"י ותוספות.

רַשי־כְּתַב s. Rashi script, rabbinical characters כְּתַב רַשִׁ"י.

רְשימה s. (רְשימות .pl) register, list —.

רָשע s. (רְשָׁעים .pl) impious man, sinner —, פּוֹשֵׁעַ, חוֹטֵא; wicked man —, אָדָם רָע.

רִשעות s. wickedness —, רִשְׁעָה, רֶשַׁע; maliciousness —, זָדוֹן; calumny לְשׁוֹן הָרַע, מַלְשִׁינוּת.

— רוידן רשעות אויף אימעצן to calumniate a person הַלשן איש.

רָשע־מְרוּשע s. exceedingly wicked man אָדָם רַע מְאֹד.

רִשעת s. (ן— .pl) wicked *or* malicious woman אִשָּׁה רָעָה.

ר"ת abbr. = רָאשֵׁי־תֵּיבוֹת.

ש.

ש s. the twenty-first letter of the Hebrew alphabet הָאוֹת הָעֶשְׂרִים וְאַחַת בְּאָלֶף־בֵּית הָעִבְרִי; || num. three hundred שְׁלשׁ מֵאוֹת.

שאַ int. (שאַט(ס) .pl) hush!, hist! הַס!

שאַב־אײַזן s. (ס— .pl) scraping-iron מַגְרוֹד.

שאַבליע = סאַבליע.

שאַב־מעסער s. (ס— .pl) shaving-knife מַקְצוּעָה.

שאַבן v. a. (p. p. געשאַבן) to shave, scrape גָּרַד.

שאַבעכטס, שאָבעכץ s. scrapings גְּרֹדֶת.

שאַג s. (ן— .pl) groschen גְּרוֹל א).

שאַגראַן s. shagreen, chagreen עוֹר חָרוּק.

שאָד s. loss אֲבֵדָה.

— עס איז אַ שאָד it is a pity חֲבָל, צַר לִי.

— אַ שאָד די צײַט it is a waste of time אבדת זמן הוא.

שאָדן s. (ס—, שאָדנס .pl) harm, damage נֶזֶק.

שאָדן־ווינקל s. damager, spoiler מַזִּיק, מַשְׁחִית.

שאַווער s. water-flag אִירוּס (מין צמח).

שאול־תַּחְתּיה s. nether world, the depth below, abyss —.

— ליגן אין שאול־תחתיה to be quite down היה בשפל המדרגה.

שאַזשע = סאַזשע.

שאַזשעווקע = סאַזשעווקע.

שאַט(ס), ז. שאַ.

שאָט s. pouring, strewing שְׁפִיכָה, פִּזּוּר.

— טאָן אַ שאָט to pour, to strew שָׁפוֹךְ, פַּזֵּר.

שאַטײַען זיך v. r. to ramble, saunter שׁוֹטֵט.

א) אין ווײַסרוסיש און קלײנרוסיש.

שאַטינקע s. (pl. –ס) woman with chestnut hair אִשָּׁה בַּעֲלַת שֵׂעָר חוּם־כֵּהֶה.

שאַטן v. n. to harm, injure הַזֵּק, הָרֵעַ; to hinder, disturb הַפְרֵעַ.

שאַטנווייזער s. (pl. –ס) gnomon עַמּוּד מוֹרֶה מַעֲלוֹת הַצֵּל.

שאַטע = שוטע.

שאַטקע s. (pl. –ס) incandescent mantle כִּסּוּי לָאוֹר הַגַּז (ללבן אותו); = סיאַטקע.

שאַטקעווויציע s. (pl. –ס) board for chopping cabbage לוּחַ עֵץ לִקְצֹץ עָלָיו כְּרוּב.

שֶׁאֵינוֹ־יוֹדֵעַ־לִשְׁאוֹל s. "he who does not know how to inquire," one of the four types of men mentioned in the Haggadah אֶחָד מֵהָאַרְבָּעָה בָנִים בַּהַגָּדָה; fool שׁוֹטֶה.

שאַיעט s. serge מִין אָרִיג.

שאַיע־שאַיע pron. this and that זֶה וָזֶה א).

שאַיקע = שייקע.

שאַך¹ s. (pl. –ן) shah (King of Persia) מֶלֶךְ פָּרַס.

שאַך², שאַך s. chess אִשְׁקָקִי (משחק).

שאַך־ברעט s. (pl. –ער) chess-board דַּף הָאִשְׁקָקִי.

שאַכט = שאַכטע.

שאַכטל s. (pl. –עך, –ען) little box תֵּבָה קְטַנָּה.

שאַכטע s. (pl. –ס) shaft בּוֹר שֶׁל מִכְרָה.

שאַכמאַט s. checkmate סְגִירָה בְּעַד הַמֶּלֶךְ בָּאִשְׁקָקִי.
— מאַכן שאַכמאַט to give checkmate סגר בעד המלך באשקקי, נצח באשקקי.

שאַכער s. petty traffic, huckstering, bartering מִסְחָר קָטָן, חִלּוּפֵי סְחוֹרוֹת; cheating רַמָּאוּת.

שאַכער־מאַכער s. (pl. –ס) swindler, cheat נוֹכֵל, רַמָּאי.

שאַכערן v. n. to huckster, barter מְכֹר סְחוֹרוֹת קְטַנּוֹת, הַחֲלֵף סְחוֹרוֹת; to cheat רַמֵּה.

שאַכרײַ s. (pl. –עס) cheat, sharper רַמָּאי, נוֹכֵל.

שאַכרײַען v. n. to huckster, barter מְכֹר סְחוֹרוֹת קְטַנּוֹת, הַחֲלֵף סְחוֹרוֹת; to swindle, cheat רַמֵּה.

שאַכרעווען = שאַכרײַען.

שאַל s. (pl. –ן) shawl מִטְפַּחַת, סוּדָר; comforter מִטְפַּחַת צֶמֶר אֲרֻכָּה (לצואר).

שאָל s. (pl. –ן) cup קְעָרָה קְטַנָּה; saucer סֵפֶל; scale כַּף מֹאזְנַיִם; shell קְלִפָּה (של שבלול וכד').

שאַלאַטאַן = שאַרלאַטאַן.

שאַלאַטן s. pl. = סאַלאַטע.

שאַלאַטן־שמש s. errand-goer or messenger of a town אָדָם עוֹשֶׂה שְׁלִיחוּת הָעִיר ב).

שאַלאַטע = סאַלאַטע.

שאַלאַפּײַ s. (pl. –עס) idler, good-for-nothing עָצֵל, הוֹלֵךְ בָּטֵל, אִישׁ שֶׁלֹּא יִצְלַח לִמְאוּמָה.

שַׁאלה s. (pl. שַׁאלות) question שְׁאֵלָה; question concerning a religious law שְׁאֵלָה בְּעִנְיַן דִּין דָּתִי (כמו בענין אסור והתר של מאכלים).

שַׁאלה־וּמַעלה s. (pl. שַׁאלות־וּמַעלות) any question whatever שׁוּם שְׁאֵלָה א).
— ניט מאַכן קיין שאלות־ומעלות to ask no questions whatever לא שאל שום שאלה.

שַׁאלה־וּתְשוּבה s. (pl. שַׁאלות־וּתְשוּבות) written opinion of a rabbi.

שאַלווײַע s. sage-leaves עֲלֵי מַרְוָה.

שאָל־חַיה‖לע (pl. –לעך) mollusk רְכִיכָה.

שאָלטאַק, שאָלטיק s. (pl. –עס) idler, good-for-nothing הוֹלֵךְ בָּטֵל, אִישׁ שֶׁלֹּא יִצְלַח לִמְאוּמָה; pick-pocket גּוֹנֵב מִן הַכִּיסִים.

שאַלטענאָסע s. (pl. –ס) a kind of fritter stuffed with cheese מִין לְבִיבָה מְמֻלָּאָה גְּבִינָה ב).

שאַליווען, שאַליווקע = שאַליעווען, שאַליעווקע.

שאַליעוואַניע s. wainscotting צִפּוּי קְרָשִׁים.

שאַליעווען v. a. to wainscot, line with boards צַפֵּה קְרָשִׁים.

שאַליעווקע s. (pl. –ס) thin board קֶרֶשׁ דַּק.

שאַלן v. n. to sound הָרִיעַ.

שאַלעט = טשאָלנט.

שאָלעכץ s. (pl. –ן) peel (of potatoes), skin (of fruits), husk (of seeds), shell (of nuts, eggs, etc.), crust (of the earth) קְלִפָּה.

שאַלקהאַפטיג adj. wicked רָע, רָשָׁע; ‖ –קייט s. wickedness רָעָה, רֶשַׁע.

שַׁאלת־חָכם s. inquiry of an authority concerning a matter of law.

שַׁאלת־נָשים s. question concerning the purity of women (with regard to menstruation).

שַׁאלת־תְשוּבה = שַׁאלה־וּתְשוּבה.

שאַם, שאָם = שוים.

שאַמען, שאָמען = שוימען.

שאַמפּאַניער s. champagne יֵין שַׁמְפַּנְיָה.

שאַנאָזשענץ = סיענאָזשענץ.

שאַנד s. shame, disgrace חֶרְפָּה, בִּזָּיוֹן.
— ווערן צו שאַנד to become a disgrace היה לחרפה; to be spoiled הִשָּׁחֵת, התקלקל.

שאַנד־גליד s. genitals, privy parts מְבֻשִׁים.

שאַנדער־באַנדער s. wicked persons אֲנָשִׁים רָעִים.

א) רוסיש это и сё. ב) די באַדייטונג פֿון שאַלאַטן קען איך ניט דערגיין; איך פֿאַרטייטש דאָס וואָרט נאָך דעם זין, אין וועלכן עס ווערט געוויינטליך באַנוצט.

א) מעלה איז דאָ אפשר א פֿאַרגרייזונג פֿון מענה, א תשובה. ב) פּויליש־ליטוויש szaltonos,

— (*prov.*) שאַנדער־באַנדער, אַ כפרה פֿאַר אײַנאַנדער one is as bad as the other — גם שניהם רעים — אין יתרון לאחד על משנהו א).

שאַניר = שאַרניר.

שאַנעוואַניע *s.* respect דֶּרֶךְ אֶרֶץ, כָּבוֹד.

שאַנעווען *v. a.* to respect כַּבֵּד, נָשׂא פְּנֵי־; to take great care of שָׁמֹר מְאֹד; to spare חוּס.

שאַנק = שראַנק.

שאָס *s.* shot, shooting יְרִיָּה.

— געבן אַ שאָס to shoot ירה.

שאָסטאָקאָל *s.* (*pl.* ־ן) paling, fence סְיָג יְתֵדוֹת.

שאָסטיִק *s.* (*pl.* ־עס) six-fingered person בַּעַל שֵׁשׁ אֶצְבָּעוֹת (ביד).

שאָסטע *s.* (*pl.* ־ס) pole מוֹט, בַּד.

שאַסטען *v. a.* to waste, squander בַּזְבֵּז.

שאַסטער *s.* (*pl.* ־ס) squanderer בַּזְבְּזָן; liberal donor נָדִיב.

שאָסיי *s.* (*pl.* ־ען) causeway, macadamised road מְסִלַּת אֲבָנִים; highway דֶּרֶךְ כְּבוּשָׁה.

שאַסקע = שתּקען.

שאָפּ[1] *s.* (*pl.* ־ן) racoon דֹּב הָרוֹחֵץ.

שאָפּ[2] *s.* (*pl.* שעפּער) shop (*Am.*) בֵּית חֲרֹשֶׁת.

שאַף[1] = שאַפֿע.

שאַף[2] *s.* command פְּקוּדָה.

— אַ שאַף טאָן to command פקד.

שאָף *s.* (*pl.* —) sheep צאֹן, כֶּבֶשׂ.

שאַפֿאָט *s.* (*pl.* ־ן) scaffold בָּמַת מַטְבֵּחַ, נַרְדּוּם.

שאַפֿונג *s.* (*pl.* ־ען) production יְצִירָה, עֲבוֹדָה.

שאַפּטעלאַ, שאַפּטעליי = אַפּריקאָז.

שאַפֿיר *s.* (*pl.* ־ן) sapphire סַפִּיר.

שאַפֿירן *adj.* of sapphire שֶׁל סַפִּיר; azure מְצֻבָּע תְּכֵלֶת.

שאָפֿל *adj.* bad, sad רַע, מַר.

— דערווײַל איז שאָפֿל meanwhile it is bad בין כך ובין כך לא טוב ב).

שאַפֿן *v. a.* to produce עָשֹׂה, יָצֹר; to procure, get הַמְצֵא; || *v. n.* to work עָשֹׂה מְלָאכָה; to serve עָבֹד; to command פָּקֹד, צַוֵּה; || ־זיך *v. r.* to order about תֵּת פְּקוּדוֹת.

— שאַפֿן זיך מיט אימעצן to order a person about תת פקודות לאיש; to send a person on errands שלח איש בשליחות.

שאָפֿן *adj.* of racoon שֶׁל דֹּב הָרוֹחֵץ.

א) דאָס וואָרט גייט אום אין עסטרייך: שאַנדער, אַ וושאַנדאַר, באַנדער = פֿאַנדור, אַ פּאָליציי־זעלנער אין אונגאַרן (ז. „יודישע שפּריכווערטער" פֿון איגנאַץ בערנשטיין). ב) די פֿראַזע געפֿינט זיך ביי אבראַמאָוויטשן אין „פֿישקע דער קרומער", קאַפּ. 7; שאָפֿל איז דאָס העברעאישע שפל, אָבער ווערט דאָ באַנוצט ניט אין דעם געוויינטליכן זין.

שאָפֿן *adj.* of sheep שֶׁל צאֹן, שֶׁל כֶּבֶשׂ.

שאָפֿן־פֿלייש *s.* mutton בְּשַׂר כֶּבֶשׂ.

שאָפֿן־פֿעל *s.* sheepskin עוֹר כֶּבֶשׂ.

שאָפּן־פעלץ *s.* racoon fur-coat מְעִיל שֶׁל עוֹר דֹּב הָרוֹחֵץ.

שאָפֿן־פעלץ *s.* sheepskin coat מְעִיל שֶׁל עוֹרוֹת כְּבָשִׂים.

שאַפֿע *s.* (*pl.* ־ס) book-case אָרוֹן לִסְפָרִים; cupboard דְּפוּפָה לְכֵלִים; clothes-press מֶלְתָּחָה.

שאָפּע *s.* (*pl.* ־ס) shed סְכָכָה.

שאַפֿעכץ *s.* (*pl.* ־ן) errand שְׁלִיחוּת.

שאַ||פֿער *s.* (*pl.* ־פֿערס, ־פֿאַרעס) agent, manager סַרְסוּר, מְנַהֵל.

שאַפֿקע *s.* (*pl.* ־ס) case אָרוֹן.

שאַפּקעווען = משאַפּקעווען.

שאַץ *s.* (*pl.* ־ן) treasure אוֹצָר.

שאַצונג *s.* valuation, rating הַעֲרָכָה, הַאֲמָדָה.

שאָצמאָך *s.* factotum of a congregation (*one acting both as cantor and rabbi*) מְשָׁרֵת בִּקְהִלָּה בְּתוֹר חַזָּן וְרַב כְּאֶחָד א); factotum of a gang of thieves (*fl.*) עוֹשֶׂה כָּל הַמְּלָאכוֹת הַשַּׁיָּכוֹת לְחֶבֶר גַּנָּבִים.

שאַצן *v. a.* to value, rate הַעֲרֵךְ, הַאֲמֵד, שׁוּם.

שאַצקאַמער *s.* (*pl.* ־ן) treasury בֵּית אוֹצָר (של מלוכה); museum בֵּית סְגֻלּוֹת.

שאָק[1] *s.* (*pl.* —) threescore, sixty שִׁשִּׁים.

— אַ שאָק אייער sixty eggs ששים ביצים; צען שאָק אייער six hundred eggs שש מאות ביצים.

שאָק[2] *int.* call to a horse קְרִיאָה לְסוּס.

שאָקאָלאַד(ע) *s.* chocolate שׁוֹקוֹלָד (עסים אגוזי פרך).

שאָקל *s.* (*pl.* ־ען) shake נִעֲנוּעַ.

— געבן אַ שאָקל to shake נַעֲנֵעַ.

שאָקלען *v. a.* to shake נַעֲנֵעַ, טַלְטֵל.

שאָקלעניש *s.* shaking נִעֲנוּעַ.

שאַקען *v. n.* to say "hist!" אָמֹר „הַס!".

שאַראַבאַן *s.* (*pl.* ־עס) jaunting-car מִין עֲגָלָה רְחָבָה.

שאַרבאַר = שורבור.

שאַרבן *s.* (*pl.* ־ס) broken earthen pot שֶׁבֶר כְּלִי יוֹצֵר, חֶרֶשׂ; cranium, skull גֻּלְגֹּלֶת, קַרְקַפְתָּא.

שְׁאֵר־בָּשָׂר *s.* blood-relation, kinsman —.

שאַרי *s.* tea-chest אַרְגַּז תֵּה.

שאַריִיען, שאַריען *v. n.* to dawn הָאוֹר, אוֹר, עָלֹה הַשַּׁחַר.

— עס שאַריעט אויף טאָג it dawns השחר עולה.

שְׁאָר־יְרָקוֹת *s. pl.* "the other herbs," all sorts of things דְּבָרִים מִכָּל הַמִּינִים; trumpery דְּבָרִים פְּחוּתֵי עֵרֶךְ.

א) ביי נאַשערן; פֿון ש"ץ אַ חזן און מ"ץ, אַ רב.

שאַרית s. rest, remnant, remainder –; שָׂרִיד; remainder (arithm.) סַךְ הַנִּשְׁאָר (בְּחִסּוּר).

שאָרך s. rustle שִׁקְשׁוּק.

שאָרכען v. n. to rustle שִׁקְשֵׁק.

שאַרלאַטאַן s. (pl. –עס) charlatan נוֹכֵל, רַמַּאי; licentious fellow אָדָם פָּרוּץ.

שאַרלאַטאַנסטווע s. charlatanry נֹכֶל, רַמָּאוּת; licentiousness פְּרִיצוּת.

שאַרלאַטאַנסקע adj. charlatanical שֶׁל נוֹכֵל, שֶׁל רַמַּאי; licentious פָּרוּץ.

שאַרלאַטאַנעווען v. n. to play the charlatan עָשׂה מַעֲשֵׂה נוֹכֵל; to lead a licentious life הִתְנַהֵג בִּפְרִיצוּת.

שאַרן v. a. to scrape, rake גָּרֹף וְאָסֹף; to poke הָתֹה (גחלים); to search, rummage חַפֵּשׂ, חַטֵּט; || –זיך v. r. to shuffle מַלֵּל בְּרַגְלָיו.

— שאַרן געלט (גאָלד) (fig.) to make piles of money אָסֹף כֶּסֶף לָרֹב.

— שאַרן מיט די פֿיס to shuffle with the feet מלל ברגליו.

— שאַרן מיט אַ ווע‏סלע to row חתר במים.

— שאַרן זיך אַרום אימעצן (fig.) to court a person's favor השתדל למצא חן בעיני איש.

שאַרניר s. (pl. –ן) joint, hinge אוּנְקָל מְחַבֵּר, ציר (של דלת וכד׳).

שאָרסקע adj. rough לא חָלָק.

שאַרע adj. gray אָפוֹר, שָׁחֹף.

שאַרע גאָדזינע s. dusk בֵּין הַשְּׁמָשׁוֹת.

שאַרע מאַזט, שאַרע מאַסץ, שאַרע מאַשטש s. gray or mercurial ointment מִשְׁחַת כֶּסֶף חַי.

שאָרעסטע = שררהסטע.

שאַרער s. (pl. –ס) poker אוּד (לחתות גחלים).

שאַרף¹ s. (pl. –ן) edge (of a knife, of a sword) חֹד, פֶּה.

שאַרף² adj. sharp חַד, חָרִיף; sharp, keen חַד; spirited שָׁנוּן; spicy, peppery מְתֻבָּל, חָרִיף; זָרִיז (סוס).

— אַ שאַרפֿער מוח a keen mind שכל חריף.

— אַ שאַרף אויג a keen eye עין חודרת.

שאַרפֿן v. a. to sharpen, whet חַדֵּד, הַשְׁחֵז (סכין); to grind (an axe) הַשְׁחֵז (קרדום).

שאַרפֿע s. (pl. –ס) scarf עֲנַק רִקְמָה.

שאַרפען = טאָרען.

שאַרפֿקייט s. sharpness חִדּוּד; keenness חֲרִיפוּת; spiciness חֲרִיפוּת שֶׁל תַּבְלִין; spiritedness זְרִיזוּת.

שאַרפֿשטיין s. (pl. –ער) whetstone מַשְׁחֶזֶת.

שאַשטשען = שאַסטען.

שאַשק = שאָרך.

שאַשקע s. (pl. –ס) sabre חֶרֶב.

שֶׁבְּ־ pref. „which is among," among, of the – (צוגעזעצט צו ווערטער, העבר׳אישע און ניט־העבר׳ע־אישע, צו באַצייכענען די העכסטע מדרגה פֿון אַ איינגשאַפֿט, ווי אין די פֿאָלגנדיגע ביישפּילן).

— אביון שֶׁבְּאביונים the poorest of the poor העני היותר גדול.

— הונט שֶׁבְּהינט the meanest dog הכלב היותר בזוי (בדרך העברה על בן בליעל).

ש״ב abbr. = שְׁאֵר־בָּשָׂר.

שבוּעה s. (pl. שְׁבוּעוֹת) oath –.

שָׁבוּעות s. (pl. –ן) the feast of weeks, Pentecost –.

שְׁבוּעי־שְׁבוּעות s. pl. solemn oaths –.

שִׁבּוש = שיבוש.

שֶׁבַח, שְׁבַח s. (pl. שְׁבָחִים) praise, eulogy –. תְּהִלָּה.

— דערציילן אימעצנס שבחים to relate a person's virtues ספר מעלותיו של איש, ספר בשבחיו של איש.

שְׁבָט s. the Jewish month Shebat (January-February) הַחֹדֶשׁ שְׁבָט.

שֵׁבֶט s. (pl. שְׁבָטִים) tribe –.

שְׁבִיה s. imprisonment מַאֲסָר.

שְׁבִיהניק s. (pl. –עס) prisoner אָסִיר.

שְׁבִיעי ord. num. seventh –; || s. seventh man called up to the reading of the Law שְׁבִיעִי הָעוֹלֶה לַתּוֹרָה.

שְׁבִיעי־שֶׁל־פֶּסח s. the seventh day of Passover –.

שְׁבִיעית s. the Sabbatical year (every seventh year among the ancient Hebrews which was a Sabbath of rest for the land) –.

שַׁבּ״ס¹ abbr. = שַׁמָּשׁ, בַּדְחָן, סאַרווער beadle, jester, server (the three persons assisting at a wedding) –.

שַׁבּ״ס² s. receptacle for tips for the beadle, jester, and server at a wedding כְּלִי קִבּוּל לְמַתָּנוֹת כֶּסֶף בְּעַד הַשַּׁמָּשׁ וְהַבַּדְחָן וְהַמֶּלְצַר בְּשִׂמְחַת הַחֲתֻנָּה.

— (prov.) ווען צוויי מתים גייען טאַנצן, ווער וואַרפֿט אין שבּ״ס אַריין? when two poor persons marry, who will throw in a tip for the beadle, jester, and server? בחתונתם של שני עניים מי ישים בכלי מתנת כסף בעד השמש והבדחן והמלצר?

שֶׁבַע־בְּרָכוֹת s. the seven nuptial benedictions; party at the house of a newly-married couple on the Sabbath following the wedding –.

שִׁבְעה s. the seven days of mourning for the dead –.

— זיצן שבעה to observe the seven days of mourning שמר שבעת ימי האבל.

שִׁבְעָה־חַכְמֵי־יָוָן s. pl. the seven great sages or philosophers of Greece.

שִׁבְעָה־יַמִּים s. pl. the seven seas.

— צעשפּרייטן איוף אַלע שבעה־ימים to scatter in all directions פזר לכל רוחות העולם.

שִׁבְעָה־מְדוֹרֵי־גֵיהִנוֹם s. pl. the seven divisions of hell.

— (fig.) דורכגיין אַלע שבעה־מדורי־גיהנום to go through all hardships סבל כל התלאות.

שִׁבְעָה־עָשָׂר־בְּתַמּוּז s. the seventeenth day of Tammuz (fast in commemoration of the siege of Jerusalem by Nebuchadnezzar).

שִׁבְעָה־קְרוּאִים s. pl. the seven man called up to the reading of the Law in the Synagogue.

שֶׁבַע־חָכְמוֹת s. pl. the seven principal arts or sciences.

— קענען אַלע שבע־חכמות to know all the sciences ידע כל החכמות.

שִׁבְעִים num. seventy.

שִׁבְעִים־לָשׁוֹן, ‖־לְשׁוֹנוֹת s. pl. "the seventy languages," all languages of the world; many languages.

שִׁבְעִים־מאַלצייט s. (pl. ־ן) celebration of the seventieth birthday מִשְׁתֶּה יוֹם מְלֹאת לְאִישׁ שִׁבְעִים שָׁנָה.

שֶׁבֶר s. rupture, hernia.

שִׁבְרוֹת־הַלֵּב s. heartbreak שֶׁבֶר לֵב.

שִׁבְרֵי־לֵב = שִׁבְרוֹת־הַלֵּב.

שִׁבְרֵי־כֵּלִי s. (pl. ־ם) broken vessel כְּלִי נִשְׁבָּר; wreck דְּבַר הָרוּס.

שִׁבְרֵי־לוּחוֹת s. pl. the fragments of the first tablets given to Moses on Mount Sinai.

שְׁבָרִים s. pl. broken sounds of the ram-horn.

שַׁבְּרָן v. n. (fl.) to break in, break open שָׁבֹר וּפָתֹחַ.

שַׁבָּר־קָאכער s. (fl.) locksmith who makes burglars' tools מְסַגֵּר הָעוֹשֶׂה מַכְשִׁירִים לְגַנָּבִים.

שַׁבָּת s. (pl. שַׁבָּתִים) Sabbath, Saturday.

— גוט שבת! good Sabbath! (greeting on Sabbath) [שבתא טבא!]

— (id.) גוט שבת, ער איז דאָ! unexpectedly he is here! פתאם הנה הוא פה!

— (id.) גוט שבת, נאַ דיר! the unexpected has come! אשר לא פללתי הגיע!

— (id.) אַ פאַטש אין גוט שבת something entirely irrelevant to the subject דבר שאינו שייך לענין כלל.

— (id.) מאַכן שבת פאַר זיך to act alone עשה דבר לבדו.

שַׁבְּתַאי npr. (astr.) Saturn.

שַׁבַּת־בְּרֵאשִׁית s. the Sabbath on which the first section of Genesis is read.

שַׁבַּת־‖גּוֹי s. (pl. ־גוֹיִים) a gentile doing work for a Jew on Sabbath נָכְרִי הָעוֹשֶׂה מְלָאכָה בְּבֵית יְהוּדִי בְּשַׁבָּת; a Jew who does not observe the Sabbath יְהוּדִי שֶׁאֵינוֹ שׁוֹמֵר אֶת הַשַּׁבָּת.

שַׁבַּת־‖גּוֹיָה s. (pl. ־גוֹיוֹת) a gentile woman doing work for a Jew on Sabbath נָכְרִית הָעוֹשָׂה מְלָאכָה בְּבֵית יְהוּדִי בְּשַׁבָּת; a Jewess who does not observe the Sabbath יְהוּדִיָּה שֶׁאֵינָהּ שׁוֹמֶרֶת אֶת הַשַּׁבָּת.

שַׁבַּתדיג adj. of Sabbath, Sabbatical שֶׁל שַׁבָּת.

שַׁבַּת־הַגָּדוֹל s. the great Sabbath (the Sabbath preceding the Passover).

שַׁבַּת־חֲזוֹן s. the Sabbath preceding the fast of the 9th of Ab (on which the first chapter of Isaiah, beginning with the word חֲזוֹן, is read).

שַׁבַּת־‖טאַנץ s. (pl. ־טענץ) "Sabbath dance," a kind of wedding-dance מִין מָחוֹל בְּשִׂמְחַת הַחֲתוּנָּה.

שַׁבְּתַי־צְבִי npr. Sabbathai Zebi (famous pseudo-Messiah of the 17th cent.).

שַׁבְּתַי־צְבִינִיק s. (pl. ־עס) follower of Sabbathai Zebi בֶּן כִּתָּתוֹ שֶׁל שַׁבְּתַי צְבִי; hypocrite צָבוּעַ.

שַׁבַּת־לִיכט s. (pl. ־) candle for the Sabbath נֵר לְשַׁבָּת.

שַׁבַּת־מְבָרְכִים s. the Sabbath on which the prayer for the coming new month is offered.

שַׁבַּת־‖מַעֲשֶׂה s. (pl. ־מַעֲשִׂיּוֹת) Sabbath tale, Sabbath story סִפּוּר לְשַׁבָּת א).

שַׁבַּת־נַחֲמוּ s. the Sabbath following the fast of the 9th of Ab (on which the 40th chapter of Isaiah, beginning with the word נַחֲמוּ, is read).

שַׁבַּתניק s. (pl. ־עס) large candlestick for the Sabbath נִבְרֶשֶׁת גְּדוֹלָה לְשַׁבָּת.

שַׁבַּת־צו־נאַכט, שַׁבַּת־צו־נאַכט s. Saturday night, night closing the Sabbath לֵיל מוֹצָאֵי שַׁבָּת.

שַׁבַּת־קוֹדֶשׁ s. the holy Sabbath.

שַׁבַּת־שׁוּבָה = שַׁבַּת־תְּשׁוּבָה.

א) אין בראנער Handlexicon.

שַׁבָּת-שטעך *s. pl.* large stitches made in a hurry on the eve of Sabbath תְּפִירוֹת גַּסּוֹת שֶׁעוֹשִׂים בְּחִפָּזוֹן בְּעֶרֶב שַׁבָּת.
— מאַכן שבת-שטעך (*fig.*) to botch, to bungle עשה מלאכה גסה.

שַׁבַּת-שִׁירָה *s.* the Sabbath on which Moses' song is read -.

שַׁבָּת-שִׁירלעך *s. pl.* Sabbath songs שִׁירִים לְשַׁבָּת א).

שַׁבָּת-שְׁמוּעוֹת *s. pl.* Sabbath news, stories, tales חֲדָשׁוֹת שֶׁמְּסַפְּרִים בְּשַׁבָּת, סִפּוּרֵי מַעֲשִׂיּוֹת א).

שַׁבַּת-תְּשׁוּבָה *s.* Sabbath of repentance (*the Sabbath between New-Year's day and the day [of Atonement)* -.

שְׁגִיאָה *s.* (*pl.* שְׁגִיאוֹת) error, mistake -, טָעוּת; misprint טָעוּת הַדְּפוּס.

שִׁגָּעוֹן *s.* (*pl.* שִׁגְעוֹנוֹת) insanity -, טֵרוּף הַדַּעַת; whim, carpice טֵרוּף; capricious person, crank בַּעַל טֵרוּפִים.

שֶׁגֶץ = שייגעץ.

שֵׁד *s.* (*pl.* שֵׁדִים) devil, demon -, רוּחַ רָעָה.

שִׁדּוּךְ = שידוך.

שַׁדַּי *s.* Almighty (*one of the manes of God*) -.

שֵׁדִים-‖טאַנץ *s.* (-טענץ *pl.*) dance of demons מְחוֹלַת הַשֵּׁדִים.

שַׁדְכָן *s.* (*pl.* שַׁדְכָנִים) match-maker, matrimonial agent -; go-between (*fl.*) מְתַוֵּךְ, סַרְסוּר (בעניינים אסורים, כמו בגנבות).

שַׁדְכָנוּת *s.* match-making, business of a match-maker -, עֵסֶק הַשַּׁדְכָן; match-maker's fee -, שְׂכַר הַשַּׁדְכָן.

שַׁדכנטע *s.* (*pl.* -ס) female match-maker שַׁדְכָנִית.

שַׁדְכָניש *adj.* of a match-maker שֶׁל שַׁדְכָן; of match-making שֶׁל שַׁדְכָנוּת.

שַׁדכנען *v. a.* to propose a match to שַׁדֵּךְ, הַצִּיעַ שִׁדּוּךְ לְ־; ‖ -זיך *v. r.* to seek in marriage, to court, to woo הִשְׁתַּדֵּךְ, חָזֹר אַחֲרֵי־; (*fig.*) to creep into a person's favor הִשְׁתַּדֵּל לִמְצֹא חֵן בְּעֵינֵי־.
— שדכנען זיך צו אַ מוידל to court *or* woo a girl השתדך לנערה.

שִׁדְרָה = חוּט-הַשִּׁדְרָה.

שֶׁהֶחֱיָנוּ *s.* "who hath preserved us in life," benediction pronounced on the arrival of joyful events (*mainly on the arrival of a holiday, on tasting any fruit for the first time in the season, and on using a new garment for the first time*) בִּרְכַּת שֶׁהֶחֱיָנוּ.
— מאַכן שהחינו (*id.*) to use something for the first time הֶהנה מדבר בפעם הראשונה.

שְׁהִיּוֹת *s.* delay שְׁהוּת, שְׁהִיָּה.

שְׁהִיי-פְּהִיי *s.* "delaying and lounging," indolence בַּטָּלָה, עַצְלוּת א).
— לעבן פון שהיי פהיי to have no substantial means of life לא היה לאיש אמצעים ממשיים לפרנסה.

שֶׁהַכֹּל *s.* benediction on various kinds of food and drinks (*except wine*) בְּרָכָה עַל מַאֲכָלִים שׁוֹנִים וּמַשְׁקִים (מלבד יין); liquor מַשְׁקֶה.
— מאַכן שהכל to pronounce the benediction on drinks ברך ברכת שהכל על משקים; to take some liquor שתה משקה.
— נעמען אַ ביסל שהכל to take some liquor שתה מעט משקה ב).

שְׁוָא *s.* (-ען *pl.*) name of the sign ְ (*which comes under a letter to signify the absence of a vowel*) שֵׁם הַנְּקוּדָה ְ.

שַׁוְא-וָשֶׁקֶר *s.* utter falsehood שֶׁקֶר מֻחְלָט.

שוּאוואקס *s.* shoeblacking, blacking שְׁחוֹר נְעָלִים.

שׁוֹאֵל-בְּעֵצָה זיין *v. n.* to consult, ask a person's advice בַּקֵּשׁ עֵצָה מֵאִישׁ.

שו"ב *abbr.* = שוחט-ובודק slaughterer and examiner, one who slaughters animals for food שׁוֹחֵט.

שוּבּיצע = שובע.

שובע *s.* (*pl.* -ס) fur-coat מְעִיל שֵׂעָר.

שובעניק = שובעניק.

שׁוֹגֵג *s.* one who commits a sin unintentionally -.

שָׁוֶה-בְּשָׁוֶה *adj.* even שָׁוֶה.
— נויט זיין שוה-בשוה to be at variance with, be at loggerheads with היה במחלֹקת עם־.

שָׁוֶה-כֶּסֶף *s.* something worth money, something valuable -.

א) אין פראַנער Handlexicon.

א) די ווערטער געפינען זיך אין מסכתא מגילה י"ג, וואו עס ווערט געבראַכט די מסירה פון המנען: דמסקו לכולא שתא בשה"י פה"י (זיי פאַרברענגען דאָס גאַנצע יאָר אין ליידיג-גיין). נאָך רש"י זיינען עס די ראשי-תיבות פון שבת היום, פסח היום (שבת איז היינט, פסח איז היינט) — תירוצים אַרויסצוּמאַכן זיך פון אַרבעט. מיר זעט אויס, אַז דאָס זיינען ניט קיין ראשי-תיבות, נאָר אַראַמעאישע ווערטער פון שְׁהָא, זאַמען זיך, און פְּהָא, אַרומבלאָנקען זיך. ב) ביי אַבראַמאָוויטשן אין „ספר הגלגולים".

שוה־פרוטה *s.* something worth a farthing, a trifle .~

שוואָגער *s.* (*pl.* ~ס) brother-in-law יָבָם (אחי הבעל), גִּיס (אחי האשה).

שוואום *s.* (*pl.* ~ען) mushroom פִּטְרִיָּה, כְּמֵהָה.

שוואַך *adj.* weak, feeble, faint חַלָּשׁ, רָפֶה.

שוואַכליך *adj* rather weak, rather feeble קְצָת רָפֶה.

שוואַכן *v. n.* to be weak, be feeble, be faint הָיֹה רָפֶה.

שוואַכקייט *s.* weakness, feebleness, faintness חוּלְשָׁה, רִפְיוֹן.

שוואַלב *s.* (*pl.* ~ן) swallow סְנוּנִית, דְּרוֹר.

שוואַליאָם *adv.* in a gallop בִּקְפִיצוֹת.

שוואַלניע *s.* (*pl.* ~ס) sewing workroom חֶדֶר לִמְלֶאכֶת הַתְּפִירָה.

שוואָם *s.* (*pl.* ~ען) sponge סְפוֹג.

שוואָמקוכל *s.* (*pl.* ~עך) spongy cake סֻפְגָּן.

שוואַנץ *s.* (*pl.* שווענץ) tail זָנָב; male organ, penis אֵבֶר הַזָּכָר; (*fig.*) fool שׁוֹטֶה, טִפֵּשׁ.

שוואַנץ־‖מְלַמֵּד *s.* (*pl.* ~מְלַמְּדִים) foolish teacher מְלַמֵּד שׁוֹטֶה.

שוואַנצעוואַטע *adj.* foolish טִפְּשִׁי.

שוואַרבע = סוואַרבע.

שוואַרץ *adj.* black, dark שָׁחוֹר; (*fig.*) bigoted, fanatical אָדוּק, מוֹרֵד אוֹר.

— שוואַרצע יאַגדע blackberry, blue-berry תּות שחור.

— (*fig.*) שוואַרצע גבורה devilish power גבורת השטן.

— שוואַרצע מאה, ז. מַאה.

— שוואַרץ יאָר, שוואַרצער יאָר, ז. שוואַרציאָר.

— (*id.*) שוואַרץ אויף ווייס in black and white שחור על גבי לבן, בכתב.

שוואַרצאַפּל *s.* (*pl.* ~ען) pupil (*of the eye*) אִישׁוֹן.

שוואַרצברויט *s.* brown bread פַּת קֵבָר; rye-bread לֶחֶם דָּגָן.

שוואַרצחֵנעוודיג *adj.* dark-complexioned and full of grace שְׁחַרְחֹר וּמָלֵא חֵן.

שוואַרציאָר *s.* (*pl.* ~ן) devil שֵׁד, שָׂטָן א).

— גיין צום שוואַרציאָר to go to the devil הלך לעזאזל.

— דער שוואַרציאָר זאָל אים נעמען! the deuce take him! יקחהו השטן!

— אַ שוואַרציאָר אויף זיין קאָפּ! a plague on him! צרה תביאהו!

שוואַרצליך *adj.* rather black קְצָת שָׁחוֹר.

א) דייטש der Schwarze, דער טייוול.

שוואַרצן *v. a.* to black, blacken הַשְׁחֵר; to smuggle הַעֲבֵר בִּגְנֵבָה, הַבְרֵחַ מֶכֶס א).

— (*fig.*) זיך שוואַרצן דעם פּנים to humble oneself השפל את עצמו.

שוואַרצע מֵאה, ז. אונטער מֵאה.

שוואַרצע־מאהניק *s.* (*pl.* ~עס) reactionary מִתְנַגֵּד לַחֹפֶשׁ.

שוואַר‖צער *s.* (*pl.* ~צע) negro כּוּשִׁי.

שוואַרצקייט *s.* blackness שַׁחֲרוּרִית.

שווִבלען *v. n.* to swarm שָׁרֹץ.

— שווִבלען און גריבלען, ז. גריבלען.

שווִגער *s.* (*pl.* ~ס) mother-in-law חָמָה (אם הבעל), חוֹתֶנֶת (אם האשה).

שווִזשבעס *s. pl.* itch of the skin גֵּרוּי (מחלת עור ב).

שווייַג *s.* silence שְׁתִיקָה.

— מאַכן אַ שווייַג to be silent שתק, שים יד לפה.

שווייַגן *v. n.* (*p. p.* געשוויגן) to be silent, be still הַחֲרֵשׁ, שָׁתֹק.

שווייַגער¹ *s.* (*pl.* ~, ~ס) one who maintains silence שׁוֹתֵק.

שווייַנער² *s.* farmer, tenant-farmer חוֹכֵר ג).

שווייס *s.* sweat, perspiration זֵעָה, יֶזַע.

שווייסיג *adj.* sweaty מְכֻסֶּה זֵעָה.

שווייסן *v. a.* to weld חַסֵּם לְאַחַת.

שווייצאַריע *npr.* Switzerland שְׁוַיצִיָּה.

שווייצער¹ *s.* (*pl.* ~) Swiss שְׁוַיצִי.

שוויי‖צער² *s.* (*pl.* ~צערס, ~צאַרעס) porter, door-keeper שׁוֹעֵר, שׁוֹמֵר הַסַּף.

שווים־‖באָד *s.* (*pl.* ~בעדער) swimming-bath, plunge-bath מֶרְחַץ שְׂחִיָּה.

שווימען *v. n.* (*p. p.* געשוואומען) to swim שָׂחֹה; to float צוּף.

שווימער *s.* (*pl.* ~, ~ס) swimmer שׂוֹחֶה.

שווינדזוכט *s.* consumption שַׁחֶפֶת.

שווינדל *s.* (*pl.* ~ען) swindle רַמָּאוּת, מִרְמָה; trick תַּחְבּוּלָה עָרְמָה; giddiness, vertigo סְחַרְחֹרֶת (הראש).

שווינדלדיג *adj.* giddy סְחַרְחַר.

שווינדל־טרעפּ *s. pl.* winding-stairs לוּלִים.

שווינדלען *v. n.* to swindle רַמֵּה; to cause giddiness גָּרֹם סְחַרְחֹרֶת.

— עס שווינדלט מיר אין קאָפּ I feel giddy or dizzy, my head goes round and round ראשי סחרחר, ראשי סובב.

א) אין דער צווייטער באַדייטונג ביי בירנבוימען. ב) ביי שטיאַקן; פּויליש swierzby, קרעץ. ג) ביי בירנבוימען; דייטש Schwaiger.

— עס שווינדלט מיר אין די אויגן my eyes are dazzled אור עיני מתבלבל.

שווינדלער s. (–, – ס pl.) swindler רַמַּאי.

שווינדלעריי s. swindling, fraud רַמָּאוּת.

שווינדלעריש adj. swindling, fraudulent שֶׁל רַמָּאוּת; tricky שֶׁל עָרְמָה.

שווינטוך s. (– עס pl.) hoggish fellow אָדָם מְגֹאָל כַּחֲזִיר, מְגֻוָּל.

שווינסקע adj. hoggish כְּדֶרֶךְ חֲזִיר.

שוויץ־באָד s. (– בעדער pl.) steam-bath, vapor-bath מֶרְחָץ לְהָזִיעַ, מֶרְחָץ רוּסִי.

— טערקיש שוויץ־באָד Turkish bath מרחץ תורקי

שוויץ־באַנק s. (– בענק pl.) sweating-bench (*in a Russian steam-bath*) אִצְטַבַּת הַזֵּעָה (במרחץ רוסי).

שוויצן v. n. to sweat, perspire הָזִיעַ, הִתְכַּסָּה זֵעָה; to labor hard (*fig.*) עָבֹד קָשֶׁה.

שוויצער s. (– ס pl.) one who perspires מוֹצִיא זֵעָה; dandy, dude (*joc.*) מִתְיַפֶּה בִּלְבוּשׁוֹ, גַּנְדְּרָן.

שווישטשען v. n. to whistle שָׁרֹק; to chirp צַפְצֵף.

שווישטשעריי s. whistling שְׁרִיקָה; chirping צִפְצוּף.

שוועביש s. a kind of linen מִין בַּד.

שוועבל s. brimstone, sulphur גָּפְרִית.

— גיסן אויף אימעצן פעך און שוועבל, ז. פעך. (*id.*)

שוועבל־בלית s. flowers of sulphur, sublimated sulphur פִּרְחֵי גָפְרִית (מין אבק גפריתי).

שוועבלדיג adj. sulphurous גָּפְרִיתִי.

שוועבל־זײערקײט s. sulphuric acid חֹמֶץ גָּפְרִית.

שוועבלען v. a. to dip in sulphur טָבֹל בְּגָפְרִית; || v. n. to flow with sulphur זָרֹם בְּגָפְרִית.

שוועבן v. n. to soar עוּף, דָּאֹה; to hover רַחֵף; to float in the air שׁוּט בָּאֲוִיר.

— שוועבן אין לופטן to be suspended in the air היה תלוי באויר.

שוועבע||לע s. (– לעך pl.) match אֲלִית, גַּפְרוּר.

שוועגערן s. (– ס pl.) sister-in-law יְבָמָה (אשת האח, אחות הבעל), גִּיסָה (אחות האשה).

שוועך s. drink מַשְׁקֶה א).

שוועכן[1] v. a. to weaken, enfeeble הַחֲלֵשׁ, הַרְפֵּה; to desecrate, profane חַלֵּל; to disgrace הָמֵט חֶרְפָּה עַל־.

שוועכן[2] v. n. to drink, tipple שָׁתֹה מַשְׁקֶה.

שוועל s. (– ן pl.) threshold מִפְתָּן, סַף.

שוועלבעלע, פֿארקלענערוואָרט פון שוואַלב.

שוועלן = אָנשוועלן.

שוועמל s. (– עך pl.) mushroom פִּטְרִיָּה.

א) אין „סערקעלע".

שווענטע s. (– ס pl.) holiday חַג (לנוצרים).

שווענטע מאַריע npr. holy Mary מִרְיָם הַקְּדוֹשָׁה.

שווענטעם דוכעם adv. by the holy spirit בְּרוּחַ הַקֹּדֶשׁ.

שווענטשען, שווענציען v. a. to hallow, consecrate הַקְדֵּשׁ, קַדֵּשׁ.

שווענצעריי s. foolishness טִפְּשׁוּת.

שווענקעכטס, שווענקעכץ s. rinsing הֲדָחָה, שְׁטִיפָה.

שווענקען v. a. to rinse הָדֵחַ, שָׁטֹף.

שוועסטער s. (–, – ס pl.) sister אָחוֹת.

שוועסטערקינד s. (– ער pl.) cousin שְׁאֵר בָּשָׂר, שֵׁנִי בְּשֵׁנִי.

שווער[1] s. (– ן pl.) father-in-law חוֹתֵן (אבי האשה), חָם (אבי הבעל).

שווער[2] adj. heavy כָּבֵד; hard, difficult קָשֶׁה, חָמוּר; || adv. hard בְּקֹשִׁי; heavily בִּכְבֵדוּת.

— אַ שווערע קרענק a serious or dangerous illness מחלה קשה, מחלה מסכנה.

— אַ שווערער שלאָף a heavy sleep שֵׁנָה חזקה.

— אַ שווערער גאַנג a heavy gait הליכה כבדה.

— אַ שווערע שטראָף a severe punishment ענש קשה.

— שווערע געלט a great deal of money כסף רב.

— שווערע צייטן hard times עת רעה.

— אַ שווערע הלכה, ז. הֲלָכָה.

— אַ שווער האַרץ heavy heart לב רע.

— אַ שווער געמיט depressed spirits רוח נכאה.

— שווער מאַכן אימעצן דאָס האַרץ to discourage a person שלל אמץ רוח מאיש.

— אָטעמען שווער to breathe heavily נשם בכבדות.

שווערד s. sword חֶרֶב.

שווערינקײט s. (– ן pl.) difficulty קֹשִׁי, מְעָצוֹר.

שווערליך adj. rather heavy כָּבֵד מְעַט; rather hard, rather difficult קְצָת קָשֶׁה.

— (*pro.*) ערליך איז שווערליך it is rather hard to live honestly קשה לחיות חיי ישר.

שווערן v. n. (p. p. געשוואָרן, געשוואוירן) to swear הִשָּׁבֵעַ.

— (*id.*) שווערן אויף טלית און קוטל to swear solemnly השבע שבועת קדש.

שווערקײט s. heaviness כֹּבֶד; hardness, difficulty קֹשִׁי, כְּבֵדוּת.

שווערקראַפט s. gravitation (*phys.*) כֹּבֶד, כֹּחַ הַמְּשִׁיכָה.

שוחד s. bribe, bribery –.

שוחט s. (שוחטים pl.) slaughterer –.

שוחטות s. profession of a slaughterer עֲבוֹדַת הַשּׁוֹחֵט.

שוחטיש adj. slaughterer's של שוחט.
שוחטקע s. (pl. ם —) slaughterer's wife אשת השוחט.
שוט s. (pl. עם —) jester, joker בדחן.
שוטה s. (pl. שוטים) fool, simpleton —.
שוטע adj. hornless חסר קרנים, קצוץ קרנים א).
שוטר s. (pl. שוטרים) police officer —.
שויב s. (pl. ן —) pane שמשה.
שויבע s. head-dress for women מכסה הראש לנשים ב).
שויבער s. a person with dishevelled hair איש ששערו פרוע.
שויבערן v. a. to dishevel פרע (שער הראש).
שוידער s. (pl. ן —) shodder, shiver, shock; horror, terror רעד, חיל; בעתה, פחד.
שוידערן v. n. to shudder, shiver, be shocked רעד, חול, הזדעזע.
שויט s. (pl. ן —) cod, shell, husk תרמיל (של אפונים).
שוים[1] s. foam, froth; scum קצף; זהמא (על פני תבשיל).
שוים[2] = שוין.
שוימען v. n. to foam, froth העלה קצף; = אפ־שוימען.
שוים־גאָלד s. tinsel, brass-foil רקוע זהב לא אמתי.
שוים־ווייַן s. sparkling wine יין מעלה קצף, יין מתנוצץ.
שוין adv. already כבר, זה.
— עס איז שוין פאַרטיג it is done already כבר נגמר.
— עס איז שוין 6 אַ זייגער it is 6 o'clock already כבר הגיעה השעה הששית.
— איך גיי שוין I am going at once הנני הולך מיד.
— גענוג שוין! that will do! די!
— עס איז שוין גענוג אָן דעם it is enough as it is די בלא זה.
— ער וויל שוין ניט he has changed his mind הוא שב ממחשבתו.
— ער האָט געזאָגט צוויי ווערטער און שוין! he said two words — that is all! הוא הוציא מפיו שתי מלים ולא עוד!
— וואָס ווען שוין זיין אַז... and what if... ומה אם...
— שוין ניט no more לא עוד.
— ניט שוין זשע, ז. ניט־שוין־זשע.
שוינען v. a. to take care of שמר; to spare חוס.

א) קליינרוס׳ש шутий, אָן הערנער. ב) ביי שטראַקן: דייטש Schaube, אַ מאַנטל.

שוינער s. (pl. ם —, —) one who saves his clothes שומר בגדיו א).
שויס s. (pl. שויסן —) lap, bosom חיק.
שוישפילער = אַקטיאָר.
שוך s. (pl. שיך) shoe נעל.
שוכבענדל s. (pl. עך —) shoe-string שרוך נעל.
שוכווארג s. foot-gear, shoes and boots נעלים.
שוכווארגער s. (pl. ם —, —) shoeman סוחר בנעלים.
שוכן v. a. to shoe הנעל.
שוכן־עפר s. (pl. שוכני־עפר) "he who resteth in dust," deceased person —.
שול s. (pl. ן —) school בית ספר; synagogue בית כנסת.
שולבוך s. (pl. ביכער —) school-book ספר למוד.
שולד s. (pl. ן —) fault חטא, אשמה; debt חוב; duty חובה.
שולדיג adj. guilty אשם, חיב; indebted חיב, בעל חוב.
— שולדיג זיין to be guilty היה אשם; to be indebted, to owe היה חיב (כסף).
— ווער איז שולדיג אין דעם? whose fault is it? מי אשם בזה?
— ער איז מיר שולדיג געלט he owes me money הוא חיב לי כסף.
שולדיגקייט s. guilt אשמה; duty חובה.
שולחן s. reader's desk (in a synagogue) —.
שולחן־ערוך s. "prepared table," title of a book containing all Jewish religious laws —.
שולט זיין v. n. to have power or influence over שלט ב־; to harm הזק.
שוליאווע = סוליאַווע.
שוליער s. (pl. ם —) gambler מצחק בקלפים.
שוליק = זשוליק.
שול־לוח s. (pl. לוחות —) synagogue calendar לוח בית הכנסת.
שולע[1] = שול.
שולע[2] s. sap or juice of trees מיץ אילנות.
שול־ראַט s. (pl. ן —) school board ועד בתי ספר; member of a school board חבר לועד בתי ספר.
שום[1] s. noise שאון.
שום[2] pron. any —.
— קיין שום זאַך, קיין שום זאַך ניט nothing whatsoever, absolutely nothing שום דבר.
שומו־שמים int. "be astonished, O ye heavens", it is terrible! מה נורא!

א) אין ליאַנדאַרס בריפנשטעלער.

שומנע noisy *adj.* עושה שאון.

שומע זײַן to hear *v. n.* שמע.

שומען to make a noise *v. n.* סאן, נהם.

שומר *s.* (*pl.* שומרים) keeper, guard.

שומר־ומציל זײַן to protect and save *v. a.* גנן והצל.

שומר־חינם *s.* depositary without reward.

שומרים־לבוקר *s.* "they that watch for the morning," early morning service עבודת ה' באשמרת הבקר.

שומר ישׂראל *s.* the guardian of Israel (*God*).

שומר־שׂכר *s.* depositary for reward.

שונא *s.* (*pl.* שונאים) enemy, foe, adversary, opponent.

שונא־ישׂראל *s.* (*pl.* שונאי־ישׂראל) enemy of the Jews, Jew-baiter, anti-Semite.

שונא־מות *s.* (*pl.* שונאי־מות) deadly enemy, bitter enemy.

שונאי־ציון *s. pl.* "the enemies of Zion," enemies of the Jewish people.

שונד *s.* trash, rubbish אשפה (ב־רך העברה על דברים ספרותיים ממין גרוע).

שוסטער *s.* (*pl.* ־ס) shoemaker סנדלר, רצען.

שוסטער־גאַס *s.* shoemaker's row רחוב הסנדלרים.
— אַרײַן אין שוסטער־גאַס (*fig.*) to become the vogue of the common people היה למנהג המוני.

שוסטערײַ *s.* shoemaking סנדלרות, רצענות.

שוסטערן to make shoes *v. n.* עסק במלאכת הסנדלרים.

שוסטעריש shoemaker's *adj.* של סנדלר, של רצען.
— שוסטערשע משװועקלעך tacks מסמרים של רצענים.

שופּ¹ *s.* (*pl.* ־ן) scale קשקשת.

שופּ² push דחיפה א).
— זיך געבן אַ שופּ to rush forward רוץ מהרה אל־.

שופּט *s.* (*pl.* ־ן) rascal, scoundrel בן בליעל.

שופט *s.* (*pl.* שופטים) judge.

שופך־דם זײַן to shed blood *v. n.* שפך דם.

שופלאַד *s.* (*pl.* ־ן) drawer מגרה, תבת השלחן.

שופל *s.* (*pl.* ־ען) shovel מגרפה, מרדה, יעה.

שופלען to shovel *v. a.* גרף במגרפה.

שופּן זיך¹ to scale *v. r.* הקצל.

שופּן זיך² to swim *or* move forward *v. r.* שחה או התנועע הלאה.

שופר *s.* (*pl.* שופרות) shofar, ram's horn (*blown on New-Year's day*).

שופר־של־משיח *s.* the shofar that will announce the coming of the Messiah
— איך זאָל אַזוי זוכה זײַן צו הערן דעם שופר־של־משיח so may I live to hear the shofar announcing the coming of the Messiah (*an oath*) כך אזכה לשמע שופר של משיח (שבועה).

שוץ protection *s.* מגן.

שוקע concave *adj.* שקוע, שקערורי.

שוקענקע = סוקיענקע.

שור *s.* ox; Bull, Taurus (*astr.*) מזל שור.

שור־בור *s.* unimportant things דברים פחותי ערך; canaille, mob אספסוף א).

שור־בור מאַכן to bungle, botch *v. n.* עשה מלאכה נפסה.

שור־בור־ומפליא־לעשות = שור־בור.

שור־בור־קילע *s.* a kind of game מין משחק.

שורה *s.* (*pl.* שורות) line; row.

שור־הבר *s.* the wild ox (*legendary bull which, like the leviathan, is preserved as food for the pious at the time of the Messiah*).

שורות־װײַז in rows *adv.* בשורות.

שורי confusion, disorder *s.* בלבול, ערבוב.

שור־נגח *s.* a goring ox.

שורק *s.* name of the Hebrew vowel-sign ֻ שם התנועה ֻ.

שורקע *s.* (*pl.* ־ס) rascal, scoundrel, rogue נוכל, בן בליעל.

שורש *s.* (*pl.* שרשים) root; descent גזע.

שורש־מרובע *s.* (*pl.* שרשים־מרובעים) (*arithm.*) square root.

שו־שו־שו *int.* exclamation in tickling an infant קריאה שקוראים בדגדגם תינוק.

שושן *npr.* Susa (*Persian city*).

שושן־הבירה *npr.* the capital Susa.

שושן־פורים *s.* the Purim of Susa (*the day following the feast of Purim*).

שושקע *s.* (*pl.* ־ס) whisper לחישה.

שושקען to whisper *v. n.* לחש; ‖ — זיך *v. rec.* to whisper to each other התלחש.

שושקעניש *s.* whispering לחישה.

שושקערײַ = שושקעניש.

שו"ת *abbr.* שאלה־ותשובה.

שותף *s.* (*pl.* שותפים) partner, associate.

שותפות *s.* partnership.

שותפותדיג of partnership *adj.* של שתפות; common, mutual משתף, הדדי.

שותפיש = שותפותדיג.

שותק *s.* a person given to silence.

שחור *s.* (*pl.* שחורים) negro (*Am.*) כושי.

שחורטע *s.* (*pl.* ־ס) negress (*Am.*) כושית.

א) דײַטש Schub

א) װײַסרוסיש шурабурки קלײנינקײטן.

שחורער *s.* clergyman כֹּהֵן נוֹצְרִי א).

שָׁחטן *v. a.* (*p. p.* נעשָׁחטן) to slaughter, kill (*animals for food*) שָׁחֹט.

שְׁחִיטה *s.* slaughtering; – profession of a slaughterer עֲבוֹדַת הַשּׁוֹחֵט; slaughter, massacre הֲרֵגָה.

שְׁחִיטה־געלט *s.* slaughterer's fee שְׂכַר שְׁחִיטָה.

שְׁחִיטת־עוֹפות *s.* the slaughtering of fowls –.

שַׁחרית *s.* morning service –.

שטאַב *s.* (*pl.* –ן) staff (*of officers*) מֶרְכָּז שֶׁל פְּקִידִים (ביחוד של שרי החיל).

שטאַבליע = שטאַפּל.

שטאַבע *s.* (*pl.* –ס) bar מוט (של ברזל).

שטאַגע = שטײַגע.

שטאַט *s.* (*pl.* –ן) state מְדִינָה; pomp תִּפְאָרָה.

— די פֿאַראײניקטע שטאַטן the United States (*of America*) אגודת המדינות, ארצות הברית (באמריקה).

— פֿירן אַ גרויסן שטאַט to live in great style התנהג בתפארה.

שטאָט *s.* (*pl.* שטעט) city, town עִיר; pew (*in a synagogue*) מָקוֹם פְּרָטִי (להמתפללים בבית הכנסת).

שטאָט־||בַּעל־בַּית *s.* (*pl.* –בַּעלי־בַּתּים) burgher, citizen אֶזְרָח, עִירוֹנִי.

שטאָט־גאָרטן *s.* (*pl.* –ס) garden of a city גַּן הָעִיר.

שטאַטוט *s.* (*pl.* –ן) statute חֹק, תַּקָּנָה.

שטאָט־זײגער *s.* (*pl.* –ס) town clock שְׁעוֹן הָעִיר.

שטאַטיג = שטאַטיש.

שטאַטיװ *s.* (*pl.* –ן) stand עֶמְדָּה, כַּן.

שטאַטיסטיק = סטאַטיסטיק.

שטאָטיש *adj.* municipal עִירוֹנִי.

שטאָט||מאַן *s.* (*pl.* –לײַט) townsman בֶּן עִיר, עִירוֹנִי.

שטאַטנע *adj.* stately שֶׁל הֲדְרַת פָּנִים.

שטאַטס||מאַן *s.* (*pl.* –מענער) statesman אִישׁ מְדִינִי.

שטאַטס־סעקרעטאַר *s.* (*pl.* –ן) secretary of state מַזְכִּיר הַמְּדִינָה.

שטאַטעטשנע = סטאַטעטשנע.

שטאַטעק = סטאַטעק.

שטאָט־פֿאַרזאָרגער *s.* (*pl.* –, –ס) one who provides for the needs of a city דּוֹאֵג לְטוֹבַת הָעִיר.

שטאַטקעװען = סטאַטקעװען.

שטאָך [1] *s.* (*pl.* –ן) prick, sting דְּקִירָה, עֲקִיצָה; trick (*at cards*) אֲחִיזָה (במשחק הקלפים).

א) אין פּראָנער Handlexicon; דײַטש die Schwarze, פּאַרטײַ פֿון די גײַסטליכע.

שטאָך [2] *s.* (*pl.* שטעך) stitch תֶּפֶר (תחיבת המחט).

— (*id.*) אָן אַ שטאָך אַרבעט idle בלי עבודה.

— שבתדיגע שטעך large stitches תפרים גדולים, תפירות גסות.

שטאַכ||װאָרט *s.* (*pl.* –װערטער) caustic word עֲקִיצָה.

שטאַכלשװײַן *s.* (*pl.* –ען) porcupine חֲזִיר קֹמֶר.

שטאַכמוטער *s.* (*pl.* –ס) (*cont.*) stepmother אֵם חוֹרֶגֶת.

שטאַכעטן *s. pl.* railing, palisade גֶּדֶר שֶׁל כְּלוֹנְסָאוֹת.

שטאַכערן *v. n.* to bargain, haggle הִתְוַכֵּחַ עַל דְּבַר הַמְּחִיר.

שטאַל *s.* (*pl.* –ן) stable רֶפֶת.

שטאָל *s.* steel פְּלָד, פְּלָדָה.

שטאַלט *s.* (*pl.* –ן) form, shape, appearance תְּמוּנָה, מַרְאֶה.

שטאַלטנע *adj.* well-shaped, stately יְפֵה מַרְאֶה; ||–קײַט *s.* fine shape, stateliness יְפִי מַרְאֶה.

שטאַלן [1] *s. pl.* prop מִשְׁעָן, כַּן; feet, legs (*of a table*) רַגְלַיִם (של שלחן).

שטאָלן [2] *adj.* of steel שֶׁל פְּלָדָה.

שטאַלנע = סטאַלנע.

שטאָלעװען *v. a.* to steel הַקְשֵׁה בִּפְלָד.

שטאָליץ [1] *s.* (*pl.* –ן, –עס) stilt שוק עץ (ללכת בו).

שטאָליץ [2] *adj.* proud גֵּאֶה; || *s.* pride גַּאֲוָה.

שטאָליצירן *v. n.* to be proud הִתְגָּאֵה.

שטאָלצע = שטאָליץ[1].

שטאָלצקײַט *s.* pride גֵּאוּת, גַּאַוְתָנוּת.

שטאָלקאַרץ *s.* (*pl.* –ן) wax-candle נֵר שַׁעֲוָה.

שטאַם *s.* (*pl.* –ען) race, tribe גֶּזַע; trunk (*of a tree*) גֶּזַע עֵץ.

שטאַמלען *v. n.* to stammer גַּמְגֵּם.

שטאַמען *v. n.* to originate יָצֹא מִ־; to descend יָצֹא מִ־, הִוָּלֵד מִ־.

שטאַמפּן *v. a.* to pound, crush כָּתֹשׁ, כַּתֵּת; || *v. n.* to jabber גַּמְגֵּם.

שטאַנג *s.* (*pl.* –ען) pole כְּלוֹנָס; bar מוֹט, בַּד; scale-beam בַּד מֹאזְנַיִם.

שטאַנד *s.* (*pl.* –ן) state, condition מַעֲמָד, מַצָּב; class of society מִפְלָגָה.

— זײַן אין שטאַנד to be able יכל, היה ביכלת איש; ניט זײַן אין שטאַנד to be unable לא יכל, לא היה ביכלת איש.

שטאָנען *v. n.* to groan נָאֹחַ א).

שטאָף *s.* (*pl.* –ן) matter גֶּשֶׁם, חֹמֶר; stuff אָרִיג; 10th part of a vedro (*Russian measure for brandy*) עֲשִׂירִית הַהִין (מדה רוסית למשקה).

א) בײַ הורװיץ.

שטאָפּיִג adj. stuffing מְמַלֵּא.

שטאָפּל s. (pl. ־ען) rung, step שָׁלָב (של סֻלָּם); degree (fig.) מַדְרֵגָה.

שטאָפּן v. a. to fill, stuff מַלֵּא; to fatten אַבֵּס. ‖ ־זיך v. r. to eat much אָכֹל הַרְבֵּה; פַּטֵּם.

— שטאָפּן גענז to fatten geese פטם אוזים.

שטאָפֿן adj. of stuff, of silk שֶׁל אָרִיג, שֶׁל מֶשִׁי.

שטאַפֿעט s. (pl. ־ן) messenger, courier שָׁלִיחַ, רָץ.

שטאָפּער s. (pl. ־ס) piston עֱלִי, בּוּכְנָה (גליל עולה ויורד במכונה); = פּרעסער.

שטאָפּקע s. (pl. ־ס) stopper, cork פְּקָק.

שטאָק s. (pl. —) story, floor קוֹמָה, דְּיוֹטָה.

שטאָק־בלינד adj. stone-blind עִוֵּר לְגַמְרֵי.

שטאָק־טויב adj. stone-deaf, deaf as a post חֵרֵשׁ לְגַמְרֵי.

שטאָק־פֿינסטער adj. pitch-dark אָפֵל מְאֹד.

שטאַר s. cataract (of the eye) תְּבַלּוּל בָּעַיִן.

שטאַרב s. dying, death מִיתָה.

— מאַכן אַ שטאַרב (sl.) to die מות.

שטאַרבן v. n. (p. p. געשטאָרבן) to die מות; ‖ s. death מָוֶת.

— שטאַרבן פֿון הונגער to starve גוע ברעב.

— ער שטאַרבט נאָך איר (id.) he is madly in love with her הוא אוהב אותה אהבה עזה.

שטאַרטשען = סטאַרטשען.

שטאָרך s. (pl. ־ן) stork חֲסִידָה.

שטאַרכען = שטורכען.

שטאַרצען = סטאַרטשען.

שטאָרע s. (pl. ־ס) spring-blind וִילוֹן עִם קְפִיץ (לחלון).

שטאַרצאָם adv. upright, on end נִצָּב, קוֹמְמִיּוּת.

שטאַרק adj. strong חָזָק, עַז, אַמִּיץ; fast חָזָק, קָבוּעַ.

שטאַרקן v. a. to strengthen חַזֵּק.

שטאַרקקייט s. strength חֹזֶק, אֹמֶץ, עֹז.

שטאַרקען = שטורכען.

שטוב s. (pl. שטיבער) house בַּיִת; chamber, room חֶדֶר.

שטוב־מענטש s. (pl. ־ן) inmate, housemate בֶּן בַּיִת.

שטוב־‖מְשָׁרֵת s. (pl. ־מְשָׁרְתִים) man-servant מְשָׁרֵת הַבַּיִת.

שטודיום s. (pl. ־ס) study לִמּוּד.

שטודירן v. a. n. to study לָמֹד.

שטודענט = סטודענט.

שטוטיץ s. case (of instruments, forks, knives, etc.) תִּיק, נַרְתִּיק (לכלי מלאכה, מזלגות, סכינים וכד').

שטוטשקע s. (pl. ־ס) small piece (of cloth, linen, etc.) חֲתִיכָה קְטַנָּה (של אריג).

שטוטשקע‖לע s. (pl. ־לעך) trick תַּחְבּוּלַת עָרְמָה.

שטויב s. dust אָבָק.

שטויביִג adj. dusty מָלֵא אָבָק, מְכֻסֶּה אָבָק.

שטויג = סטויג.

שטוינען v. n. to wonder, be astonished הִתְפַּלֵּא, הִשְׁתּוֹמֵם.

שטויס s. (pl. ־ן) push דְּחִיפָה; impulse (fig.) דְּחִיפָה פְּנִימִית.

שטויסן s. (p. p. געשטויסן) to push דְּחֹף; to gore (as an ox) נְגֹחַ; to pound כָּתֹשׁ; ‖ ־זיך v. rec. to push each other דָּחֹף אִישׁ אֶת רֵעֵהוּ; ‖ v. r. to guess שַׁעֵר.

שטויסעניש s. pushing דְּחִיפָה; crush, press, crowd דְּחִיקַת הָמוֹן.

שטול s. (pl. ־ן) chair כִּסֵּא.

שטולגאַנג s. stool עֲשִׂיַּת צְרָכִים.

שטום adj. dumb, mute, speechless אִלֵּם.

שטום־לָשון s. speech by signs דִּבּוּר עַל יְדֵי תְּנוּעוֹת הַגּוּף.

שטומעלאַלע s. (pl. ־ס) dummy שַׁתְקָן.

שטומען v. n. to be speechless, be silent שָׁתֹק.

שטומער s. (pl. ־מע) dumb man אִלֵּם.

שטומפּ s. obstacle מִכְשׁוֹל, מַעֲצוֹר; injury קִלְקוּל, רָעָה; offense, insult עֶלְבּוֹן.

שטומפּיִג adj. blunt קֵהֶה; ‖ ־קייט s. bluntness קֵהוּת.

— זיין שטומפּיִג אויף די עברי to be deficient in reading לא ידע קרא בשלמות.

שטומקייט s. dumbness אִלְּמוּת.

שטונד s. (pl. ־ן) hour שָׁעָה; lesson שִׁעוּר.

— געבן שטונדן to give lessons הורה לשעות.

שטופּ s. (pl. ־ן) push, jostle דְּחִיפָה; impulse (fig.) דְּחִיפָה, הָאָצָה.

שטופּל s. (pl. ־ען) pock-mark גּוּמַת אֲבַעְבּוּעָה; little depression שְׁקַעֲרוּרָה קְטַנָּה; prickle נֶקֶב.

שטופּלען v. a. to prickle נְקֹב בְּאֹפֶן שִׁטְחִי (כמו מצה).

— שטופּלען בײַ דער צונג (fig.) to cause an itching of the tongue סַבֵּב גֵּרוּי בלשון (עורר תשוקה לדבר).

שטופּעניש = שטויסעניש.

שטוקאַטורע s. (pl. ־ס) plaster, rough-cast טִיחַ.

שטוקאַטורעווען, שטוקאַטורען v. a. to plaster, rough-cast טוּחַ.

שטוקאַטורקע = שטוקאַטורע.

שטוקע s. (pl. ־ס) trick תַּחְבּוּלַת עָרְמָה, מַעֲשֵׂה שֶׁל פְּרִיצוּת.

— אָפּטאָן אימעצן אַ שטוקע to play a person a trick חבל תחבולת ערמה נגד איש.

שטוקעווען v. n. to piece, patch חִבֵּר חֲתִיכָה אֶל־.

שטוקע־מאַכער = אָנשטעלער.

שטורך s. (pl. ־עס) push, thrust, buffet דְּחִיפָה, הַכָּאָה; fisticuff הַכָּאָה בְּאֶגְרוֹף.

שטורכען v. a. to push, thrust, jostle, buffet דָּחַף, הִכָּה; ‖ ־זיך v. rec. to jostle each other דָּחֹף אִישׁ אֶת רֵעֵהוּ.

שטורמאַק s. (pl. ־עס) old dotard זָקֵן חֲלוּשׁ דַּעַת.

שטורמירן v. a. to storm (a fortress) הִבְקִיעַ, לָכַד (מצודה).

שטורעם s. (pl. ־ס) storm, tempest סוּפָה, סְעָרָה; fury, rage קֶצֶף, חֲרוֹן אַף.

שטורעם־ווינט s. (pl. ־ן) storm, hurricane סְעָרָה, סוּפָה.

שטורעמען v. n. to storm, rage סָעַר, רָעַשׁ; ‖ v. a. to storm (a fortress) הִבְקִיעַ, לָכַד (מצודה).

שטורקאַץ = שמאַלקאַרץ.

שטושקע = שטומשקע.

שְׁטוּת s. (pl. שְׁטוּתים) folly, silliness, stupidity ־, טִפְּשׁוּת; nonsense ־, דְּבָרִים בְּטֵלִים.

שְׁטוּתערײַ = שְׁטוּת.

שֶׁטַח s. (pl. ־ן) area ־.

שט״ח abbr. = שְׁטַר־חוֹב.

שַׁטְיָא s. (pl. ־ס) fool שׁוֹטֶה, טִפֵּשׁ.

שטיבל s. (pl. ־עך) small house בַּיִת קָטָן; chamber, room חֶדֶר; Chasidic house of prayer בֵּית תְּפִלָּה לַחֲסִידִים.

שטיבל־מאַן s. (pl. ־לײַט) frequenter of a Chasidic synagogue מְבַקֵּר בְּבֵית תְּפִלָּה לַחֲסִידִים.

שטיברע s. (pl. ־ס) prop, support אָמְנָה, מִשְׁעָן.

שטיברעווען v. a. to prop, support תָּמַךְ (באמנות).

שטיג s. (pl. ־ן) flight of stairs, staircase שׁוּרַת מַדְרֵגוֹת.

שטיגלעץ s. (pl. ־ן) goldfinch, thistle-finch חוֹחִית (עוף).

שטיוול s. (pl. ־) boot מַגָּף.

שטיוול־פּוצער s. (pl. ־, ־ס) boot-black מְנַהֵץ מַגָּפַיִם.

שטיוול־ציִער s. (pl. ־, ־ס) boot-jack מַכְשִׁיר לִפְשֹׁט אֶת הַמַּגָּפַיִם.

שטיוועלעט s. (pl. ־ן) gaiter מוֹק.

שטיוועלעטל, פֿאַרקלענערוואָרט פֿון שטיוועלעט.

שטיטיץ = שטוטיץ.

שטײַבן v. a. to dust פִּזֵּר אָבָק עַל־.

שטײַבעלע s. (pl. ־לעך) atom of dust, particle גַּרְגֵּר אָבָק.

שטײַג¹ s. rising עֲלִיָּה.

— אַ שטײַג טאָן to rise עלה.

שטײַג² s. (pl. ־ן) cage כְּלוּב.

שטײַג = סטײַג.

שטײַגונג s. rising, going up עֲלִיָּה; advance עֲלִיָּה בְּמַדְרֵגָה, הִתְקַדְּמוּת.

שטײַגן v. n. (p. p. געשטיגן, געשטײַגן) to rise, go up עָלָה; to advance עָלָה בְּמַדְרֵגָה, הִתְקַדֵּם.

— (id.) נוט געשטיגן און נוט געפֿלויגן it is wholly untrue, it is a lie out of whole cloth לא אמת לגמרי.

שטײַגער s. (pl. ־ס) step (of a carriage) דַּרְגָּה (לעלות במרכבה).

שטײַגער s. (pl. ־ן, ־ס) manner אוֹפֶן, דֶּרֶךְ; tune, melody קוֹל נְעִימָה, נְגִינָה א).

— ווי דער שטײַגער איז as customary, as usual כמנהג, כנהוג.

— שטעלן אויף אַ שטײַגער to put on the right path העמד על דרך ישרה.

— האַלטן אויף אַ שטײַגער to be fairly advanced הגיע למדרגה נכונה.

— זינגען שטײַגער to sing extemporaneously זמר בלי הכנה ב).

— אַ שטײַגער for instance, for example למשל.

שטײַגראַד s. (pl. ־רעדער) balance-wheel (of a clock) אוֹפַן הַמְּטֻטֶּלֶת (בשעון).

שטיין¹ s. (pl. ־ער) stone אֶבֶן.

— נוט לאָזן אַ שטיין אויף אַ שטיין not to leave a stone standing or a stone upon a stone לא הניח אבן על אבן, הרס כֻּלּוֹ.

— די סחורה איז אַ שטיין these goods are unsalable אין קופצים על הסחורה הזאת.

— עלנט ווי אַ שטיין utterly friendless גלמוד, בודד (בלי קרוב ומודע).

— עס איז מיר אַראָפּ אַ שטיין פֿון האַרצן it's a great weight off my mind אבן מעמסה נגולה מעל לבי.

— אַ שטיין אין וועג a stumbling-stone אבן נגף, מכשול; לייגן אימעצן שטײַנער אין וועג to put obstacles in a person's way שים מכשולים על דרך איש.

— לײקענען שטיין און ביין to deny utterly הכחש לגמרי ג).

שטיין² v. n. (p. p. געשטאַנען) to stand עָמַד; to be erect, be turgid (of the penis) הָיָה

א) אשר פֿון דײַטש Steg, אַ וועג. ב) בײַ ליפֿשיצן: דײַטש aus dem Stegreife, אָן הכנה. ג) ענליך אין דײַטש Stein und Bein schwören, שווערן בײַ אַלץ וואָס איז הייליק.

קָשֶׁה (אבר המוליד); to stay, stop עָמַד, שָׁהָה, הִתְעַכֵּב; to be written הָיָה כָּתוּב (בספר).

— שטיין אין אן אכסניה to stay in an inn התעכב באכסניה.

— דער זייגער שטייט the clock has stopped השעון עומד.

— עס שטייט אין דער תורה it is written in the Law כתוב בתורה.

— ווי שטייט עס מיט אים? how is he getting on? מה שלומו?, איך מצבו?

— שטיין אום עפּעס to care for something שים לב אל דבר.

— שטיין נאָך עפּעס to aspire after שאף לדבר רדף אחרי־.

— שטיין אויף אומעצנס זייט to side with a person עמד על צד איש.

— שטיין אומעצן אין וועג to stand *or* be in a person's way היה למכשול על דרך איש.

— ווי ער שטייט און גייט as you now see him כמו שהוא לפניך.

— בלייבן שטיין to stop עמד, התעכב.

שטיין־איל *s.* petroleum נֵפְט.

שטיינבאָק *s.* ibex יָעֵל; Capricorn (*astr.*) מַזַּל גְּדִי.

— (*geogr.*) טראָפּיק פון שטיינבאָק tropic of Capricorn עִגּוּל הַהִפּוּךְ של מזל גדי.

שטיינהאַקער *s.* (־, ־ס *pl.*) stone-cutter פּוֹסֵל אֶבֶן, סַתָּת.

שטיין־סחורה *s.* unsalable goods סְחוֹרָה שֶׁאֵין עָלֶיהָ קוֹפְצִים.

שטיינען[1] *v. a.* to stone סָקַל.

שטיינען[2] = שטיינערן.

שטיינערן *adj.* of stone שֶׁל אֶבֶן.

שטיינעריג *adj.* stony מָלֵא אֲבָנִים.

שטיינפעלד *s.* (*pl.* ־ער) stony ground אַדְמַת אֲבָנִים.

שטיינקויל *s.* (*pl.* ־ן) mineral coal, pit-coal, coal פַּחְמֵי אֶבֶן.

— האַרטע שטיינקוילן anthracite, hard coal פחמי אבן קשים.

— ווייכע שטיינקוילן bituminous coal, soft coal פחמי אבן רכים.

שטיינרייך *adj.* immensely rich עָשִׁיר מְאֹד.

שטיינשלייפער *s.* (־, ־ס *pl.*) stone-polisher מַחֲלִיק אֲבָנִים.

שטיינשניידער *s.* (־, ־ס *pl.*) stone-cutter חָרַשׁ אֶבֶן; engraver on stone חוֹרֵת עַל אֶבֶן, מְחוֹקֵק.

שטייסל *s.* (*pl.* ־ען) mortar מְדוֹכָה, מַכְתֵּשׁ.

— די אויבערשטע פוי שטייסל, ז. אויבערשט.

שטייענדיג *adj.* standing עוֹמֵד, נִצָּב; זָקוּף.

— אַ שטייענדיג וואַסער stagnant water מים לא נוזלים.

שטייער *s.* (*pl.* ־ן) impost, duty מַס, מֶכֶס.

— געבן צו שטייער, ז. צושטייער.

שטייערן *v. a.* to steer נָהַג (אניה).

שטייער־רודער *s.* (*pl.* ־ס) rudder, helm הֶגֶה.

שטייף *adj.* stiff קָשֶׁה.

— (*id.*) זיין שטייף ביי זיך to be proud היה גאה.

שטייפלייוונט *s.* oil-cloth בַּד מְדֻנָּג.

שטייפן *v. a.* to stiffen הִקְשָׁה.

שטיכל *s.* (*pl.* ־עך) engraving פִּתּוּחַ.

שטיל[1] *s.* (*pl.* ־ן) handle יָד, יָדִית א).

שטיל[2] *s.* (*pl.* ־ן) style סִגְנוֹן ב).

שטיל[3] *adj.* still, quiet, silent חֲרִישִׁי, שָׁקֵט; || *s.* stillness, silence שֶׁקֶט, דְּמָמָה.

— אין דער שטיל silently בלחש.

שטילן *v. a.* to still, calm, appease הַשְׁקֵט, הָשֵׁךְ, הַשְׁבֵּחַ; ||־זיך *v. r.* to calm oneself הֵרָגַע.

— שטילן דעם ווייטיג to still the pain הקל הכאב.

— שטילן דעם דאָרשט to quench one's thirst שבר צמאו.

— שטילן דעם הונגער to appease one's hunger השקט רעבונו.

— שטילן אַ קינד to suckle *or* nurse a child היניק ילד.

— שטילן דעם צאָרן to appease one's anger השך חמתו.

שטילינק = שטיל[3].

שטילינקערהייט = שטילערהייט.

שטילערהייט *adj.* quietly בְּהַשְׁקֵט; secretly בְּחֶשְׁאִי.

שטילקייט *s.* stillness, quietness, calm שֶׁקֶט, דְּמָמָה.

שטילשטאַנד *s.* (*pl.* ־ן) standstill, cessation שְׁבִיתָה (ביחוד במלחמה).

שטים *s.* (*pl.* ־ען) voice קוֹל; vote קוֹל, דֵּעָה (בבחירה).

שטימען *v. n.* to agree הָיָה בְּשָׁלוֹם; to vote חַוֵּה דֵעָה (בבחירה).

שטימפּ *s.* hinderance, obstacle מַעֲצוֹר; = זודלערפּ ג).

שטימצעטל *s.* (*pl.* ־עך) ballot פִּתְקַת הַבְּחִירָה.

שטימרעכט *s.* right of voting זְכוּת לְחַוּוֹת דֵּעָה (בבחירה).

שטינקען *v. n.* (*p. p.* געשטונקען) to stink בָּאַשׁ, הִסְרִיחַ.

שטינקע *s.* (*pl.* ־ס) smelt (*fish*) מִין דָּג ד).

שטינקע(נ)דיג *adj.* stinking, fetid מַבְאִישׁ, מַסְרִיחַ.

א) דייטש Stiel. ב) דייטש Stil. ג) ביי הורוויצן. ד) פּויליש stynka, דייטש Stint, Stinksalm.

שטינקער s. (‑ ,‑ס pl.) stinker איש מַסְרִיחַ.

שטינק||פאס s. (‑פעסער pl.) stinking vessel כְּלִי מַסְרִיחַ; stinker (fig.) איש מַסְרִיחַ.

שטינקפעסל, פארקלענערוואָרט פון **שטינקפאס**.

שטיף s. prank מַעֲשֵׂה הוֹלֵל.

שטיף||ברודער s. (‑ברידער pl.) stepbrother אָח חוֹרֵג.

שטיף||זון s. (‑זין pl.) stepson בֵּן חוֹרֵג.

שטיפט s. (‑ן pl.) pin יָתֵד; tack מַסְמֵר קָטָן.

שטיפטאַטע s. (‑ס pl.) stepfather אָב חוֹרֵג.

שטיף||טאָכטער s. (‑טעכטער pl.) stepdaughter בַּת חוֹרֶגֶת.

שטיפטל s. (‑עך pl.) tack מַסְמֵר קָטָן; pencil מִכְתָּב, עִפָּרוֹן.

שטיפמאַמע s (‑ס pl.) stepmother אֵם חוֹרֶגֶת.

שטיפמוטער = **שטיפמאַמע**.

שטיפן v. n. to sport, play הִשְׁתַּעֲשֵׁעַ; to frolic שָׂחֵק; to play pranks עָשׂה מַעֲשֵׂי הוֹלֵל.

שטיפעלטערן s. pl. stepfather and stepmother אָב חוֹרֵג וְאֵם חוֹרֶגֶת.

שטיפעליאַווע = **שטיפעליאָווע**.

שטיפעליעט = **שטיוועלעט**.

שטיפער s. (‑ ,‑ס pl.) one who frolics, one who plays מִשְׁתַּעֲשֵׁעַ, מְשַׂחֵק; sporter pranks עוֹשֶׂה מַעֲשֵׂי הוֹלֵל, מִתְהוֹלֵל.

שטיפפאַטער = **שטיפטאַטע**.

שטיפקינד s. (‑ער pl.) stepchild בֵּן חוֹרֵג, בַּת חוֹרֶגֶת; prankish child (joc.) יֶלֶד מִתְהוֹלֵל.

שטיפעריי s. frolic, sport הִשְׁתַּעַשְׁעוּת, מִשְׂחָק; misconduct הַנְהָגָה רָעָה.

שטיפעריש adj. sportive, playful מִשְׁתַּעֲשֵׁעַ, מְשַׂחֵק; prankish שֶׁל הוֹלֵלוּת; מִתְהוֹלֵל, מִשְׁתַּגֵּעַ.

שטיפשוועסטער s. (‑ס pl.) stepsister אָחוֹת חוֹרֶגֶת.

שטיצן v. a. to support תָּמַךְ; to aid, assist עָזַר; ||‑זיך v. r. to be founded, be based הִתְבַּסֵּס; to ground one's reasons, rely upon, rest הִשָּׁעֵן.

שטיצע s. (‑ס pl.) support, aid תְּמִיכָה, עֵזֶר.

שטיק s. (‑ער pl.) piece חֲתִיכָה, נֵתַח; play מַחֲזֶה (בתיאטרון).

— אַ שטיק צייט a long time זמן רב.

— אַ שטיק אין דער נאַכט אַרײַן till late at night עד שעה מאוחרת בלילה.

— (id.) פּוילע שטיק, הונטישע שטיק nasty tricks מעשים מגונים.

שטיק־אַרבעט s. piece-work מְלָאכָה שֶׁשְּׂכָרָהּ לְפִי הַמְּחִיר הַמּוּשָׂם עַל כָּל חֲתִיכָה וַחֲתִיכָה.

שטיקל s. (‑עך pl.) small piece חֲתִיכָה קְטַנָּה, פְּרוּסָה (לחם); small part חֵלֶק קָטָן; splinter בְּקַע רְסִיסִים; the prepuce cut off at circumcision עָרְלַת נִמּוֹל.

— אַ שטיקל גליק some good luck קצת הצלחה.

— אַ שטיקל למדן somewhat of a scholar קצת למדן.

— האָבן אַ שטיקל דעה to have some voice in a matter היה לאיש קצת דעה בדבר.

שטיקלעכוויז = **שטיקערוויז**.

שטיקלען v. a. to cut into small pieces חָתַךְ לַחֲתִיכוֹת קְטַנּוֹת.

שטיקן¹ v. a. to choke, suffocate חָנַק; ||‑זיך v. r. to choke הֵחָנֵק.

— שטיקן זיך פאַר געלעכטער to choke with laughter צחק עד חניקה.

— (id.) שטיקן זיך אינעווייניג to bear in silence סבל בדומיה.

שטיקן² v. a. to embroider רָקַם.

שטיקנדיג adj. choking, suffocating מַחֲנִיק.

שטיקע s. (‑ס pl.) bayonet פִּגְיוֹן.

שטיקעדיג = **שטיקנדיג**.

שטיקעכטס, שטיקעכץ s. embroidery מַעֲשֵׂה רוֹקֵם.

שטיקעניש s. (‑ן pl.) crush, press, crowd דְּחִיקַת הָמוֹן.

שטיקערוויז adv. piece by piece, piecemeal, in pieces אֶחָד אֶחָד, חֲתִיכָה חֲתִיכָה.

שטיקשטאָף s. nitrogen חַנְקָן.

שטיק־שטיקלעך s. pl. splinters, fragments בְּקִיעִים, רְסִיסִים.

שטירניק = **פּלוטניק**.

שטירענען v. n. to stare הַבֵּט בְּמַבָּט חוֹדֵר.

שָׂטָן s. Satan, demon ‑.

שָׂטָן־הַמַּשְׁחִית s. Satan the destroyer, destroyer ‑, מַשְׁחִית.

שָׂטָן־מְקַטְרֵג s. Satan the accuser, accuser ‑, מַשְׂטִין.

שטעג s. (‑ן pl.) path שְׁבִיל.

שטעג||על s. (‑לעך pl.) small path שְׁבִיל קָטָן; parting פֶּרֶק שַׂעֲרוֹת הָרֹאשׁ.

שטעטיש = **שטאָטיש**.

שטעטל s. (‑עך pl.) small town עִיר קְטַנָּה.

— (id.) באַשטיין זײַן שטעטל to get along without anybody's aid לא הצטרך לעזרת אחרים.

— וואָס הערט זיך אין שטעטל? what is the news? מה הנה החדשות?

שטעך s. exchange חִלּוּף.

שטעכוואָרט, שטעכווערטל = **שטאָכוואָרט**.

שטעכיג adj. prickly, stinging עוֹקֵץ.

שטעכלדיג adj. thorny מְקֻוָּץ.

שטעכלקע s. (‑ס pl.) prickle, thorn קוֹץ, עֹקֶץ.

שטעכמעסער s. (‑ס pl.) dagger דֶּקֶר.

— (*fig.*) זײַן אויף שטעכמעסערס to be at daggers drawn אָיב איש את רעהו מאד.

שטעכן *v. a.* to sting, prick דָּקֹר, עָקֹץ; to stab דָּקֹר וְהָמֵת; to engrave חָקֹק, פַּתֵּחַ (במתכת).

שטעכנדיג = שטעכונג.

שטעכעווען *v. a.* to barter, exchange הַחֲלֵף (סחורה).

שטעכעניש *s.* stitch דְּקִירָה; acute pain כְּאֵב חַד.

שטעכער *s.* (—, — ס *pl.*) pricker עוֹקֵץ; stabber דּוֹקֵר.

שטעל *s.* (— ן *pl.*) place, spot מָקוֹם; posture, attitude עֲמִדָה; stall (*in a market*) מְקוֹם מְכִירָה (בשוק).

— אויפֿן שטעל on the spot, at once באותו רגע, מיד.

שטעלן *v. a.* to set, put, place שִׂים, הַעֲמֵד, הַצֵּב; ‖ *v. n.* to rely הִשָּׁעֵן, בָּטֹחַ; ‖ — זיך *v. r.* to place oneself הִתְיַצֵּב; to become erect (*of the penis*) הִתְקַשֵּׁה (אבר המוליד); to present oneself בּוֹא לִפְנֵי־; to fail, become bankrupt פָּשֹׁט אֶת הָרֶגֶל.

— שטעלן אוגערקעס to pickle cucumbers כַּבֵּשׁ קִשּׁוּאִים.

— שטעלן אַ חלף to set a slaughtering-knife החלק יפה חֹדו של חלף.

— שטעלן בדלות to reduce to poverty, to empoverish הביא לידי עניות.

— צופֿרידן שטעלן, ז. צופֿרידן.

— שטעלן אויף אימעצן to rely upon a person השען על איש, בטח באיש; שטעלן אויף זיך to rely upon oneself בטח בנפשו, השען על בינתו.

— שטעלן זיך בײַ אימעצן to enter into a person's service עמד על עבודה אצל איש.

— שטעלן זיך קעגן (אַנטקעגן) to oppose, to resist התנגד.

שטעלע *s.* (— ס *pl.*) place, position עֲבוֹדָה, מִשְׂרָה.

שטעלניק = סטעלניק.

שטעלער *s.* (—, — ס *pl.*) self-reliant person איש בוטח בנפשו; regulator (*mech*). מְפַלֵּס (בריח במכונה לפלס הליכתה).

שטעמפל *s.* (— ען *pl.*) stamp, seal חוֹתָם.

שטעמפלען *v. a.* to stamp, seal חָתֹם; to brand סַמֵּן (לרע).

שטעמפל־פּאַפּיר *s.* stamped paper נְיָר בְּחוֹתַם הַמְּלוּכָה, נְיָר שֶׁל גּוּשְׁפַּנְקָא.

שטענגל *s.* (— עך *pl.*) little bar בַּד קָטָן; stick (*of sealing-wax*) מַקֵּל (של חמר חותם); stalk, stem קָלַח, קָנֶה, עֹקֶץ; cluster (*of grapes*) אֶשְׁכֹּל (ענבים).

שטענדיג *adj.* steady, continual, constant, permanent קָבוּעַ, תְּמִידִי; ‖ *adv.* continually, constantly, ever תָּמִיד; ‖ — קייט *s.* steadiness, constancy, permanence קְבִיעוּת, תְּמִידוּת.

שטענדער = סטענדער.

שטעפּל *s.* (— עך *pl.*) quilting תִּפּוּר; stitch שֶׁלֶל.

שטעפּן *v. a.* to quilt, stitch תַּפֵּר.

שטעפּעכטס, שטעפּעכץ *s.* quilting, stitching תִּפּוּר.

שטעפּער *s.* (—, — ס *pl.*) quilter מְתַפֵּר.

שטעפּערקע *s.* (— ס *pl.*) female quilter מְתַפֶּרֶת.

שטעקל *s.* (— עך *pl.*) stick מַקֵּל.

שטעקעלע *s.* (— לעך *pl.*) little stick מַקֵּל קָטָן; stalk קָלַח, קָנֶה.

שטעקן[1] *s.* (— ס *pl.*) stick, staff מַטֶּה.

— (*prov.*) אַ שטעקן האָט צוויי עקן there are two sides to every question יש שני צדדים לכל דבר (לכל ענין, לכל שאלה).

— (*prov.*) דער הונט איז ווערט דעם שטעקן he deserves his punishment ענוש ראוי לו.

שטעקן[2] *v. a. n.* to stick תָּחֹב, תָּקֹעַ; to put שִׂים; to be stick fast הָיֹה תָקוּעַ (במקום צר, בבֹץ); contained הִמָּצֵא בְּ־; ‖ — זיך *v. r.* to meddle, interfere הִתְעָרֵב.

— אין אים שטעקט כל־רע בו he is tainted with every vice כל מדה רעה התדבקה בו.

— דאָ מוז עפּעס שטעקן there is something in it בודאי יש פניה בזה.

— בלײַבן ערגעץ שטעקן to be detained somewhere התעכב באיזה מקום.

— שטעקן זיך אין אַן אַנדערנס עסק to meddle with another man's business התערב בעסק זר.

— שטעק זיך ניט! mind your own business! דאג לנפשך!

שטעקשוך *s.* (— שיך *pl.*) slipper סַנְדָּל, קַרְקָה (נעל הבית).

שטער *s.* (— ן *pl.*) hinderance, obstacle מַעְצוֹר, מִכְשׁוֹל.

שטערבליך *adj.* mortal בֶּן תְּמוּתָה; ‖ *adv.* mortally בְּדֵי לָמוּת בּוֹ.

שטערבליכקייט *s.* mortality מָוֶת, תְּמוּתָה.

שטערך, שטערכען = שטורך, שטורכען.

שטערן[1] *s.* (— ס *pl.*) forehead מֵצַח.

— אַ קופּערנער שטערן, ז. קופּטרן.

שטערן[2] *s.* (— *pl.*) star כּוֹכָב; asterisk כּוֹכָב (כתור סמן בכתיבה).

שטערן[3] *v. a.* to hinder, impede עָצֹר, שִׂים מִכְשׁוֹל; to disturb הַפְרֵעַ.

שטערנבענדל *s.* (— עך *pl.*) brow-band מִצְחָה.

constellation (*astr.*) (*pl.* ס–) *s.* שטערנגרופּע
קְבוּצַת כּוֹכָבִים.

שטערנדיִג .*adj* starry מוּאָר עַל יְדֵי כוֹכָבִים.

שטערנדל, פֿארקלענערוואָרט פֿון שטערן ².

שטערנזעער .*s* (–, –ס .*pl*) astronomer תּוֹכֵן; astrologer אִצְטַגְנִין.

astrology ;תְּכוּנָה astronomy .*s* שטערנזעעריי
אִצְטַגְנִינוּת.

שטערנטיִכל .*s* (–עך .*pl*) head-band טוֹטֶפֶת (תכשיט הראש לאשה).

שטערנקוקער = שטערנזעער.

שטערנשטיין .*s* eaglestone, aetites אֶבֶן תְּקוּמָה (משתמשים בו בתור סגולה כנגד הַפָּלַת עֻבָּר).

שטערצל .*s* (–עך .*pl*) cover, lid (*of a pot*) כִּסּוּי שֶׁל קְדֵרָה.

שטעשקע = סטעושקע.

document ;קַבָּלָה receipt (*pl.* שְׁטָרוֹת) .*s* שְׁטַר
–, תְּעוּדָה.

שטראָז .*s* (–ן .*pl*) street רְחוֹב.

שטראָך = שטריִך.

current, ;קֶרֶן אוֹר ray, beam (*pl.* –ן) .*s* שטראַל
stream זֶרֶם.

to beam ;הָפֵק קַרְנֵי אוֹר to radiate .*v. n* שטראַלן
קָרֹן, הָאֵר.

שטראָם, ז. גראָם-שטראָם.

= ;זֶרֶם stream, current (*pl.* –ען) .*s* שטראָם
פּליאָם.

שטראָמען .*v. n* to stream, flow זָרֹם, נָזֹל.

rapids, cataract (*in* (*pl.* –ן) .*s* שטראָם-שוועל
a river) אֶשֶׁד, חַרְדָּלִית (בנהר).

שטראַף .*s* (–ן .*pl*) fine קְנָס.

שטראָף .*s* (–ן .*pl*) punishment עֹנֶשׁ; = שטראַף.

שטראַפֿירן .*v. a* to fine קָנֹס.

to reprove ;עֲנֹשׁ, יַסֵּר to punish .*v. a* שטראָפֿן
הוֹכִיחַ.

שטראָפֿריִיד .*s* (– .*pl*) reproof תּוֹכֵחָה, מוּסָר.

a kind of fruit-cake (*pl.* –ען) .*s* שטרודל ¹
מִין עֻגָּה מְמֻלָּאָה בְּפֵרוֹת.

(= מַהֲמוֹרָה whirlpool (*pl.* –ען) .*s* שטרודל ²
קעסלגרוב).

שטרוז = שטראָז.

שטרוי .*s* (– .*pl*) straw קַשׁ, תֶּבֶן.

שטרוי‖דאך .*s* (–דעכער .*pl*) thatched roof גַּג שֶׁל תֶּבֶן.

שטרויז = שטרויס-פֿויגל.

שטרוי‖זאַק .*s* (–זעק .*pl*) straw-mattress מִזְרָן שֶׁל תֶּבֶן.

שטרויכלונג .*s* (–ען .*pl*) stumbling מִכְשׁוֹל.

.*v. r* זיך–‖ ;הִכָּשֵׁל to stumble .*v. a* שטרויכלען
to stumble הִכָּשֵׁל.

ostrich (*pl.* –פֿייגל, –פֿייגלען) .*s* שטרויס‖פֿויגל
בַּת יַעֲנָה.

שטרויס-פֿעדער .*s* (–ן .*pl*) ostrich-feather נוֹצַת בַּת יַעֲנָה.

שטרויעלע, פֿארקלענערוואָרט פֿון שטרוי.

שטרויען .*adj* of straw שֶׁל קַשׁ, שֶׁל תֶּבֶן.
— אַ שטרויענער דאַך a thatched roof גג של תבן.
— (*id.*) אַ שטרויענער קאָזאַק a mock hero גבור בלשון סגי נהור.

שְׁטַר‖חוֹב .*s* (–חוֹבוֹת .*pl*) promissory note –.
— (*id.*) אַן אַלטער שטר-חוב something worthless דבר שאין לו ערך.

a document by which a .*s* שְׁטַר-חֲצִי-זָכָר
daughter acquires the right of inheritance –.

שטרייט .*s* (–ן .*pl*) dispute, quarrel וִכּוּחַ, רִיב, מַחֲלֹקֶת.

to dispute, (*p. p.* געשטריטן) .*v. n* שטרייטן
quarrel הִתְוַכֵּחַ, רִיב.

to strike out, (*p. p.* געשטריכן) .*v. a* שטרייכן
cancel מְחֹק; to dye (*furs*) צְבֹעַ (עורות שֵׂעָר);
‖–זיך .*v. r* to sue for, to court רְדֹף אַחֲרֵי-, הִשְׁתַּדֵּל לִמְצֹא חֵן.

שטרייכע = סטרוכע.

furrier, fur-dresser (*pl.* –, –ס) .*s* שטרייכער
מְעַבֵּד עוֹרוֹת שֵׂעָר.

cap edged with fur (*pl.* –עך) .*s* שטריימל
מִצְנֶפֶת מְקֻשָּׁטָה עַל שְׂפָתָהּ בְּעוֹר שֵׂעָר א).
— (*prov.*) פֿון אַ חזירשן עק קען מען קיין שטריימל ניט מאַכן, ז. חַזִיר.

שטרייף .*s* (–ן .*pl*) stripe קַו, פַּס.

שטריִך .*s* (–ן .*pl*) stroke, line קַו.

שטריִכל, פֿארקלענערוואָרט פֿון שטריִך.

to mark with little strokes .*v. a* שטריִכלען
or lines רְשֹׁם בְּקַוִּים קְטַנִּים.

שטריִצל .*s* (–עך .*pl*) currant-cake עֻגָּה מְמֻלָּאָה בְּעִנְבֵי שׁוּעָלִים.

שטריִק .*s* (– .*pl*) rope חֶבֶל.

שטריִקוואַרג .*s* ropes, rigging חַבְלֵי אֳנִיָּה.

rope-maker, (*pl.* –, –ס) .*s* שטריִקל-דרייער
rope-spinner עוֹשֵׂה חֲבָלִים, שׁוֹזֵר חֲבָלִים.

שטריִקן .*v. a* to knit סָרֹג, טָרֹם (פוזמקאות וכד').

שְׁטַר-מְכִירָה .*s* bill of sale –.

striving, aspiration, (*pl.* –ען) .*s* שטרעבונג
endeavor, effort שְׁאִיפָה; aim מְגַמָּה.

א) זעט אויס פֿון דייטש Streime, שטרייף, באַנד. אין דעם אויסצוג כא פֿין דעם פּינקס פֿון לבוב (לעמבערג) אין באָבערס „תולדות אנשי שם", זייט 231: שטריים הישלה.

שטרעבן *v. n.* to strive, aspire, endeavor שָׁאַף.

שטרענג *adj.* strict, rigorous חָמוּר; severe קָשֶׁה; ‖ ־קײַט *s.* strictness, rigor חֻמְרָה; severity קָשְׁיוּת.

שְׁטַר־עִסְקָא *s.* promissory note with a rabbinical permission to take interest; ־ז. הֶתֵּר־עִסְקָא.

שטרעקע *s.* (־ס *pl.*) distance מֶרְחָק.

שטרעקן *v. a.* to stretch פָּשַׁט; ‖ ־זיך *v. r.* to stretch הִתְפַּשֵּׁט, הִשְׁתַּטֵּחַ.

שְׁטַר־קַבָּלָה *s.* receipt ־.

שטשאָבען *v. n.* to sew in a bungling manner תָּפַר בְּאוֹפֶן גַּס.

שטשאָגעל *s.* (־ס *pl.*) fashionable man, dandy מִתְהַדֵּר בִּלְבוּשׁוֹ.

שטשאָדרען *s.* (־ס *pl.*) generous man נַדְּבָן.

שטשאַװ, שטשאַװײַ *s.* sorrel חָמִיץ.

שטשאָט *s.* (־ן, ־עס *pl.*) account חֶשְׁבּוֹן; abacus חֶשְׁבּוֹנִיָּה (מכונה לחשב חשבונות).

שטשאָך *s.* (־עס *pl.*) piss-a-bed מַשְׁתִּין בְּמִטָּה.

שטשאָכען *v. n.* to piss a-bed הִשְׁתִּין בְּמִטָּה.

שטשאָקע *s.* (־ס *pl.*) cheek-bone עֶצֶם הַלְּחִי.

שטשופּלע *adj.* thin, slender, delicate דַּק, רַךְ; ‖ ־קײַט *s.* thinness, slenderness, delicateness דַּקּוּת, רֹךְ.

שטשופּען = שטשיפּען.

שטשור *s.* (־עס *pl.*) rat עַכְבָּר גָּדוֹל.

שטשיזליק = שטיגלעץ.

שטשיטינע = שטשעטינע.

שטשימען *v. a.* to pinch, press לָחַץ, דָּחַק.

שטשיפּאָר *s.* scallion, eschalot בְּצַל אַשְׁקְלוֹן.

שטשיפּעליאַװע = טשיפּעליאַװע.

שטשיפּען *v. a.* to pinch, nip צָבַט; to pluck תָּלַשׁ.

שטשיפּצעס *s. pl.* pincers, nippers צְבַת, מֶלְקָחַיִם.

שטשיפּקעס *s. pl.* forced meat-balls כַּדּוּרֵי בָּשָׂר קָצוּץ.

שטשירע *adj.* genuine, true אֲמִתִּי א).

— שטשירע פּראַצע honest labor עבודה נאמנה.

שטשירען *v. a.* to show, expose (*one's teeth*) הֶרְאָה, גִּלָּה (השנים); to laugh much (*fig.*) צָחֹק הַרְבֵּה; to laugh at צָחֹק עַל־.

שטשירעץ, שטשירקע = מצורקע.

שטשעדראָן = שטשאָדרען.

שטשעטינע *s.* bristles שְׂעַר חֲזִיר.

שטשעפּען *v. a.* to graft הִרְכִּיב.

— שטשעפּען פּאָקן to vaccinate הרכב אבעבועות.

— שטשעפּען אַ צװײַגל to graft a slip הרכב ענף בעץ.

שטשער = שטשור.

שטשערב *s.* (־עס *pl.*) notch פְּגִימָה, חֲרִיקָה.

שטשערבאַטע *adj.* knotched פָּגוּם, חָרוּק.

שטשערבען *v. a.* to notch פָּגַם, חָרַק.

שטשערװע = סטערװע.

שיבוש *s.* trifle דָּבָר קַל עֵרֶךְ.

שיבן *v. a.* to shove הֶעְתֵּק, דָּחֹה.

שיבעניק *s.* (־עס *pl.*) cunning blade אָדָם עָרוּם; rogue נוֹכֵל.

שיבער *s.* (־, ־ס *pl.*) setter-in, one who puts bread in the oven מֵשִׂים לֶחֶם בַּתַּנּוּר; slide, runner (*of a chain*) בְּרִיחַ (של שרשרת).

שִׁבְרוּת־הַלֵּב = שִׁבְרוּת־.

שִׁבְרֵי־כֵּלִי = שִׁבְרֵי־.

שִׁיגָעוֹן = שִׁגָּעוֹן.

שִׁידוך *s.* (שִׁידוּכים *pl.*) match; ־ information (*fl.*) יְדִיעָה.

— רעדן אַ שידוך to propose a match הציע שִׁדּוּך.

— שטיין אין שידוכים to be marriageable היה ראוי להנשא.

שִׁיהוּת = שְׁהִיוּת.

שִׁיהִי־פִּיהִי = שְׁהִי־פְּהִי.

שִׂיחַת־חוּלין *s.* talk on ordinary matters שִׂיחָה עַל עִנְיָנִים פְּשׁוּטִים.

— נים פֿאַרמאָגן אימעצנס שיחת־חולין not to compare with a person even in ordinary matters לא היה דומה לאיש גם בדברים פשוטים ורגילים.

שִׁיטָה *s.* (שיטות *pl.*) system, method ־, סֵדֶר.

שיטן *v. a.* (גענשאָטן *p. p.*) to pour, strew, scatter שָׁפֹךְ, פַּזֵּר; to cast, throw הַשְׁלֵךְ; ‖ ־זיך *v. r.* to crumble הִתְפּוֹרֵר; to spill, be poured out, run out הִשְׁתַּפֵּךְ, הִתְפַּזֵּר.

— שיטן געלט, שיטן מיט געלט to lavish money פזר או בזבז ממון.

— (*id.*) שיטן זאַלץ אויפֿן עק to do something unavailing against a person עשה דבר שלא יועיל נגד איש.

שיטניצע = סיטניצע.

שיטע = שוטע.

שיטער *adj.* thin, sparse לא עָב, קָלוּשׁ; sleazy קָלוּשׁ (אריג).

שיטערן זיך *v. r.* to grow sparse הֵעָשֵׂה קָלוּשׁ.

שיטשקע = סיטשקע.

שײַבל, פֿאַרקלענערװאָרט פֿון שײַב.

שײַגעץ *s.* (שײַגאָצים, שְׁקָצִים *pl.*) gentile boy

א) פּויליש szczery, עכט, ריכטיג.

לא יְהוּדִי; חָצוּף. impudent fellow, rascal בֶּן בְּלִיַּעַל.

שוינעצדיג, שוינעצעוואַטע *adj.* impudent עַז פָּנִים; disobedient, refractory בִּלְתִּי מַקְשִׁיב, מוֹרֵד.

שייד *s.* (*pl.* ־ן) sheath (*of a sword*) תַּעַר (של חרב); case תִּיק, נַרְתִּיק.

שייד-געריכט *s.* (*pl.* ־ן) court of arbitration בֵּית דִּין שֶׁל בְּרוּרִים.

שייד-וואַסער *s.* aqua fortis מַיִם חֲרִיפִים (מין חמץ כימיי להפריד זהב מכסף).

שיידונג *s.* parting, separation פְּרִידָה, פֵּרוּד.

שיידל[1] *s.* (*pl.* ־עך) case תִּיק, נַרְתִּיק; בַּיִת (של תפלין).

שיידל[2] *s.* (*pl.* ־ען) skull, cranium קָדְקֹד, גֻּלְגֹּלֶת.

שיידן *v. a.* (געשיידט, געשיידן *p. p.*) to separate, divide הַפְרֵד; || ־זיך *v. r.* to part הִפָּרֵד אִישׁ מֵעַל רֵעֵהוּ.

שייט, שייט-האָלץ = שײטל[1].

שײטל[1] *s.* (*pl.* ־עך) piece of wood, billet גֶּזֶר עֵץ.

— (*id.*) ניט קענען קיין שײטל עברי not to know a tittle of Hebrew לא ידע קרא עברית אף מעט.

שײטל[2] *s.* (*pl.* ־ען) wig פֵּאָה נָכְרִית.

שייך *adj.* appertaining, relating ־, נוֹגֵעַ.

— ניט שייך צום ענין not relating to the matter אינו נוגע לענין.

— דאָס איז ניט שייך צו מיר this has nothing to do with me אין זה נוגע לי.

— וואָס איז שייך צו מיר as for me בנוגע לי.

— וואָס איז שייך? what ts the difference? מה בכך?

— דאָס איז גאָרניט שייך this makes no difference אין בכך כלום.

— וואָס איז שייך צו זאָגן? what is there to be said? מה יש לאמר?

— עס איז ניט שייך צו זאָגן it won't do to say לא נכון לאמר.

— וואָס איז שייך רײַך! you call it rich! אינה דומה עשירות לעשירות.

— וואָס איז שייך ער ווייס ניט? what do you mean by saying he does not know? מה כונתך באמרך שאינו יודע?

שייכות *s.* relation, connection יַחַס, קֶשֶׁר.

שײלן *v. a.* to peel, skin, pare פַּצֵּל, קַלֵּף; || ־זיך *v. r.* to peel off, come off הִתְפַּצֵּל, הִתְקַלֵּף.

שײלעכץ *s.* peel קְלִפָּה.

שײַן *s.* shine, glimmer, glitter, brightness נֹגַהּ, זֹהַר, בָּרָק; appearance מַרְאֶה; certificate תְּעוּדָה.

שיין *adj.* beautiful, handsome, pretty יָפֶה, יְפֵה תֹאַר.

— אַ שיין שטיקל צײַט a pretty long time זמן רב.

— אַ שיין שטיקל וועג a pretty long way מהלך רב.

שײַנדל *s.* (*pl.* ־עך) something shining forth דָּבָר מַזְהִיר; ornament קִשּׁוּט.

שײַנדלינג = שײַנדל.

שײַנהייט *s.* beauty יֹפִי; אִשָּׁה יְפֵהפִיָּה.

שיינע-מורנו *s.* (*iro.*) Talmudic scholar who has been honored with the title "Morenu" לַמְדָּן שֶׁקִּבֵּל כִּנּוּי הַכָּבוֹד „מוֹרֵנוּ"; ז. מורנו.

שײַנען *v. n.* to shine נָגֹהַּ, זָרֹחַ, הַזְהֵר.

שײַנענדיג *adj.* shining מַזְהִיר.

שײַנקייט *s.* beauty יֹפִי.

שײַען זיך *v. r.* to be shy בּוֹשׁ; פָּחֹד.

שײַער[1] *s.* (*pl.* ־ן) barn גֹּרֶן.

שײַער[2] *s.* dough בָּצֵק א).

שײַערן *v. a.* to scour, scrub מָרֹק, שַׁפְשֵׁף.

שײַקע *s.* (*pl.* ־ס) band, gang חֶבֶר.

שַׁיָּרא *s.* (*pl.* שַׁיָּרוֹת) caravan; host, multitude הָמוֹן.

שיך = שייך.

שיכור *adj.* drunk; || *s.* drunkard ־.

— (*prov.*) וואָס בײַ אַ ניכטערן אויפֿן לונג, איז בײַ אַ שיכורן אויפֿן צונג when the wine is in the secret comes out נכנס יין יצא סוד.

שיכורטע *s.* (*pl.* ־ס) female drunkard שִׁכּוֹרָה.

שיכור-לוט *adj.* dead-drunk, drunk as a fiddler שִׁכּוֹר מְאֹד.

שיכורן *v. n.* to drink שָׁכֹר.

שיכורניצע = שיכורטע.

שיכורניק *s.* (*pl.* ־עס) drunkard שִׁכּוֹר.

שיכורערהייט *adv.* in a drunken condition בִּהְיוֹתוֹ שִׁכּוֹר.

שיכורקייט *s.* drunkenness שִׁכָּרוֹן, שִׁכְרוּת.

שיכות = שייכות.

שִׁכְחָה *s.* forgetfulness שִׁכְחָה; corn left in the field for the poor (*anciently among the Hebrews*) ־.

שיכט *s.* (*pl.* ־ן) layer, stratum שִׁכְבָה; (*fig.*) order, class (*of society*) מַפְלָגָה (של עם).

שִׁכְרוּת *s.* drunkenness ־, שִׁכָּרוֹן.

שִׁכָּרון = שיכורן.

א) בײַ ליפשיצן און בײַ הורוויצן: זעט אויס פֿון העברעאיש שְׂאֹר.

שילד = שולם.

שילדערונג *s.* (*pl.* ־ען) description תֵּאוּר.

שילדערן *v. a.* to describe תָּאֵר.

שילדקרויט = שילדקרעט.

שילדקרעט *s.* (*pl.* ־ן) tortoise, turtle צָב.

שילדק־עטל, פֿאַרקלענערוואָרט פֿון שילדקרעט.

שילייע *s.* (*pl.* ־ס) slovenly person אָדָם מְלֻכְלָךְ.

שילוש *s.* ־ trinity.

שילט *s.* (*pl.* ־ן) sign-board שֶׁלֶט.

שילטן *v. a.* (*p. p.* געשאָלטן) to curse קַלֵּל, אָרֹר.

שילינג¹ *s.* (*pl.* ־) third part of a Polish groschen שְׁלִישִׁית שֶׁל גָּדוֹל פּוֹלְנִי א).

— נוט ווערט קיין צעבראָכענעם שילינג not worth a farthing אינו שוה פרוטה.

— מע קען אים ווי אַ בוזון שילינג he is notorious הוא מפורסם (לגנאי) ב).

שילינג² *s.* (*pl.* ־) shilling שִׁלִּינְג (מטבע אנגלית).

שילינגער = שילינג¹.

שילער *s.* (*pl.* ־) scholar, pupil, school-boy תַּלְמִיד.

שילערן *s.* (*pl.* ־ס) female pupil, school-girl תַּלְמִידָה.

שילשול *s.* ־ diarrhœa.

שימוש *s.* ־ service.

שימל *s.* mould, mouldiness עֹבֶשׁ, עִפּוּשׁ.

שימלען *v. n.* to mould, grow mouldy עָבֹשׁ, הִתְעַפֵּשׁ.

שימעריצע = משעמעריצע.

שימערן *v. n.* to sparkle, glimmer הַבְרֵק, הִתְנוֹצֵץ.

שימערירן = שימערן.

שימפּאַנזע *s.* (*pl.* ־ס) chimpanzee שִׁמְפַּנְזֶה, אָדָם הַשָּׂדֶה (מין קוף).

שין *s.* (*pl.* ־ען) name of the letter ש שֵׁם הָאוֹת ש.

שינביין *s.* (*pl.* ־ער) shin-bone, shin שׁוֹק.

שינדל *s.* (*pl.* ־ען) shingle גֵּב, לוּחַ גַּג.

שינדל‖דאַך *s.* (*pl.* ־דעכער) shingle-roof סִפּוּן גְּבִים.

שינדלען *adj.* of shingles שֶׁל גְּבִים.

שינדלער *s.* (*pl.* ־, ־ס) shingler עוֹשֵׂה גְבִים; = שינדל־שלעגער.

שינדל־שלעגער *s.* (*pl.* ־, ־ס) shingler מְכַסֶּה בִּגְבִים.

א) פויליש szeląg. ב) דאָס ווערטל איז אַן איבערזעץ פֿון פויליש znają go jak łichy szeląg, מע קען אים ווי אַ שלעכטן שילינג.

שינדן *v. a.* (*p. p.* געשונדן) to flay, skin פָּשֵׁט, הַפְשֵׁט; to fleece (*fig.*) הוֹנֵה, עָשֹׁק.

שינדער *s.* (*pl.* ־, ־ס) flayer, skinner פּוֹשֵׁט עוֹרוֹת; fleecer (*fig.*) עוֹשֵׁק.

שינוי *s.* (*pl.* שינויים) change ־.

שין־ימין *s.* the letter Shin with a dot at the right (שׁ, *pronounced Sh*) ־.

שין־שמאל *s.* the letter Shin with a dot at left (שׂ, *pronounced S*) ־.

שינע *s.* (*pl.* ־ס) rail מְסִילַּת הַבַּרְזֶל; band, rim (*of a wheel*) חִשּׁוּק הָאוֹפָן.

שינעל *s.* (*pl.* ־ן) cloak, great-coat מְעִיל עֶלְיוֹן (של איש צבא).

שינקע *s.* blue (*for washing*) אִסְטִיס (צבע כחל לכביסה).

שיסל *s.* (*pl.* ־ען) dish קְעָרָה.

שיסן *v. a. n.* (*p. p.* געשאָסן) to shoot יָרֹה, קַלֵּעַ (בקנה רובה).

שיסעלע, פֿאַרקלענערוואָרט פֿון שיסל.

שיסער *s.* (*pl.* ־, ־ס) shooter, shot, marksman רוֹבֶה, מוֹרֶה; hero (*iro.*) גִּבּוֹר.

שיס־פּולווער *s.* gun-powder אֲבַק שְׂרֵפָה.

ש״י־עולמות *s. pl.* 310 worlds (*which, according to belief, are reserved for a pious man after death*) ־.

שיעור *s.* measure ־, מִדָּה; lesson ־.

— אָן אַ שיעור without a limit בלי גבול, בלי קצה.

— וויפֿיל איז דער שיעור? how long? עד מתי?

— לערנען דעם שיעור to read the lesson of the Talmud קרא השיעור בגמרא.

שיפּ = שופּ.

שיף *s.* (*pl.* ־ן) ship, vessel, boat אֳנִיָּה, סְפִינָה.

שיפֿבּרוך *s.* (*pl.* ־ן) shipwreck שֶׁבֶר אֳנִיָּה.

שיפֿדינער *s.* (*pl.* ־, ־ס) sailor חוֹבֵל.

שיפּוע *s.* (*pl.* שיפּועים) slope, declivity, descent ־, מוֹרָד.

שפחה *s.* (*pl.* שפחות) maid-servant ־.

שיפּליאַווע = משופּעליאַווע.

שיפֿלאַד = שופֿלאַד.

שיפֿל, פֿאַרקלענערוואָרט פֿון שיף.

שיפֿלות = שפֿלות.

שיפֿן *v. a.* to transport by ship, to ship שָׁלֹחַ בָּאֳנִיָּה; ‖ ־ זיך *v. r.* to sail, navigate הַפְלֵג בָּאֳנִיָּה.

שיפֿסלײַט *s. pl.* sailors חוֹבְלִים.

שיפֿסקאַפּיטאַן *s.* (*pl.* ־ען, ־עס) captain of a ship רַב חוֹבֵל.

שיפּע *s.* spade (*at cards*) הַשָּׁחוֹר (בקלפים) א).

א) דייטש Schüppe.

שיפּעטולניק *s.* (–עס *pl.*) scoundrel, rogue בֶּן בְּלִיַּעַל, נוֹבָל.

שיפֿער *s.* (–, –ס *pl.*) sailor, seaman, navigator חוֹבֵל.

שיפֿפֿאָר *s.* navigation מַעֲבַר אֳנִיּוֹת.

שיפֿקאַרטע *s.* (–ס *pl.*) passage-ticket כַּרְטִיס לִנְסִיעָה בָּאֳנִיָּה.

שיפּרינגל *s.* (–ען *pl.*) bolt בְּרִיחַ.

שיצן *v. a.* to protect הֵגֵן עַל־.

שיק *s.* elegance הָדָר, יֹפִי.

שיק-יינגל *s.* (–עך *pl.*) errand-boy נַעַר הַהוֹלֵךְ בִּשְׁלִיחוּת.

שיקלדיג *adj.* squint-eyed פּוֹזֵל.

שיקלען *v. n.* to squint פָּזֹל.

שיקן *v. a.* to send שָׁלֹחַ; ‖ –זיך *v. r.* = געשוקן זיך.

שיקסע *s.* (–ס *pl.*) gentile girl נַעֲרָה לֹא יְהוּדִית; peasant girl נַעֲרָה כַּפְרִית (לא יהודית) א.

שיר *adv.* almost, nearly כִּמְעַט.
— שיר ניט nearly כמעט.

שירה *s.* song of praise, ode שֶׁבַח, –; Moses' song –, שִׁירַת הַיָּם.

שיר-הַיִחוּד *s.* hymn of the unity of God –.

שיר-הַמַעלות[1] *s.* "psalm of degrees," title of certain psalms –.

שיר-הַמַעלות[2] *s.* (–ן *pl.*) amulet hung up in the lying-in chamber קָמֵעַ שֶׁתּוֹלִים בְּחֶדֶר מִשְׁכַּב הַלֵּדָה.

שיר-הַשירים *s.* song of songs, Solomon's song –.

שירַיים *s. pl.* remnants, leavings (*of a meal*) –.

שירעם *s.* (–ס *pl.*) umbrella מִטְרִיָּה, שִׁמְשִׁיָּה.

שירעמען *v. a.* to screen, protect הָגֵן.

שירקע = סורקע.

שישו-וְשִׂמְחוּ *int.* rejoice and be glad! –.

שישי *ord. num.* sixth –; ‖ *s.* sixth man called up to the reading of the Law הַשִּׁשִּׁי הָעוֹלֶה לַתּוֹרָה.

שישקע *s.* (–ס *pl.*) cone, strobile פִּקָּה, צִנְבָּר; knob בְּלִיטָה; wen חַבּוּרָה; outside piece of a loaf בְּלִיטָה שֶׁל כִּכַּר לֶחֶם ב.

שישקעוואַטע *adj.* like a cone פְּקָקָה; knobby מָלֵא בְּלִיטוֹת.

שִׁכְבַת-זֶרַע *s.* emission of semen, pollution –.

א) אין דער צווייטער באַדייטונג ביי ליפּשיצן. ב) דער אין לעצטער באַדייטונג ביי ליפּשיצן.

שכונה *s.* (שְׁכוּנוֹת *pl.*) neighborhood, vicinity –.

שכּור, שכּורטע = שיכּור, שיכּורטע.

שכּיר-לוט = שיכּור־.

שכּורן = שיכּורן.

שכּורניצע = שיכּורניצע.

שכּורקייט = שיכּורקייט.

שכחה = שיכחה.

שכיח *adj.* occuring frequently, common, usual –, מָצוּי, רָגִיל.

שכינה *s.* divine presence, glory of God –.

שכירות *s.* wages, salary –, מַשְׂכֹּרֶת.

שכיר-יום *s.* day-laborer –.

שכל *s.* sense, reason, understanding –, טַעַם הֲבָנָה, תְּבוּנָה.
— ניט האָבן קיין שכל to have no sense לא היה תבונה לאיש.
— וואָס איז דער שכל? what is the sense?, what is the idea? מה הוא הטעם?
— דאָס איז קיין שכל ניט there is no sense in it אין בזה טעם.
— אַ פּשוטער שכל a plain reason טעם פשוט.
— איבער דעם מענשליכן שכל beyond human understanding למעלה מתבונת איש.

שכלדיג *adj.* rational, intelligent שִׂכְלִי, נָבוֹן; ingenious (*device*) נִפְלָא (המצאה).

שכל-הַיָשר *s.* logic, common sense –.

שכלען זיך *v. r.* to rack one's brains הִתְחַכֵּם; to get rid of something by one's wit הִשְׁתַּחְרֵר מִדָּבָר עַל יְדֵי חִדּוּד.

שכן *s.* (שְׁכֵנִים *pl.*) tenant –, תּוֹשָׁב, גֵּר; neighbor –.

שכנה *s.* (שְׁכֵנוֹת *pl.*) female tenant –, גָּרַת בַּיִת; female neighbor –.

שכנות *s.* neighborship; neighborhood –.

שכנותדיג *adj.* neighboring קָרוֹב, סָמוּךְ; = שכניש.

שכנטע = שכנה.

שכניש *adj.* neighborly שֶׁל שָׁכֵן.

שכידע *s.* (–ס *pl.*) share of an inheritance חֵלֶק בִּירוּשָׁה א.

שכר *s.* beer –.

שכר *s.* reward, pay –, תַּשְׁלוּם; recompense –, גְּמוּל (בעולם הבא).

שכר-בטלה *s.* compensation for the loss of time –.

שכר-הליכה *s.* reward for going to a place (*to do good*) –.

שכרות = שיכּרות.

א) ביי דיקן אין „פּאָסלאַניק“; פּויליש scheda.

שְׂכַר־טִירְחה s. reward for a person's trouble -.

שְׂכַר־יוֹם = שְׂכִיר־יוֹם.

שְׂכַר־לִימוּד s. tuition -.

שְׂכַר־מְלָאכה s. pay for work -.

שְׂכַר־עֲגָלה s. charges for transportation, freight -, שְׂכַר הוֹלָלַת מַשָּׂא.

שֶׁל prep. of -.

שלאַבאַן s. (pl. עס -) turnpike מַחְסוֹם לַדֶּרֶךְ, כְּלָם, שַׁעַר מֶכֶס.

שלאַב(ע)ריג adj. weak, loose רָפֶה; tottering מִתְמוֹטֵט, רָעוּעַ.

שלאַג = שלאק.

שלאַג־אָדער s. pulse דֹּפֶק.

שלאַגליוט, שלאַגליט s. solder בְּדִיל הַדֶּבֶק.

שלאָגן v. a. (p. p. געשלאָגן) to beat, hit, strike הַכֵּה; to beat, defeat נַצֵּחַ || to strike v. n. הַכֵּה (שעון); to beat דָּפֹק (הלב) || -זיך v. rec. to fight הִלָּחֵם, הֵאָבֵק.

— שלאָגן פּוטער to churn עשה חמאה.

— שלאָגן כפרות ז. כַּפָּרָה.

— שלאָגן צו דער אָדער to bleed, phlebotomise הקז דם.

— שלאָגן אויף תקיפות to rely on one's power השען על כחו.

— שלאָגן צום הארצן to nauseate, to cause nausea עורר בחילה.

— שלאָגן זיך מיט דער דעה. ז. דֵּעָה.

— שלאָגן זיך על־חטא. ז. עַל־חֵטְא.

שלאַנסרעגן = שלאַקסרעגן.

שלאָגער s. (pl. ס -) beater, fighter מַכֶּה; striking-clock שְׁעוֹן מַכֶּה הַשָּׁעוֹת.

שֶׁלֹּא־כְּדֶרֶךְ־הַטֶּבַע adj. unnatural -, בִּלְתִּי טִבְעִי.

שלאַכט s. (pl. ן -) battle מִלְחָמָה.

שלאַכט||הויז s. (pl. הײַזער -) slaughter-house בֵּית הַמִּטְבָּחַיִם.

שלאַכטן v. a. to slaughter, kill שָׁחֹט.

שֶׁלֹּא־כְּסֵדֶר a. inordinate -.

שלאָכן, שלאָכצן to sob הִתְיַפֵּחַ.

שלאַנג s. (pl. ען -) snake, serpent נָחָשׁ; (fig.) malicious woman אִשָּׁה רָעָה.

— א פֿליענדיגע שלאַנג dragon שרף מעופף.

שלאַנק adj. tall גְּבַהּ־קוֹמָה.

שלאָס s. (pl. שלעסער) lock מַנְעוּל; joint, dovetail שֵׁן בְּקֶרֶשׁ לְחַבְּרוֹ עִם קֶרֶשׁ אַחֵר; castle אַרְמוֹן.

שלאָס־מֵם s. (ם) final Mem מֵם סוֹפִית, מם כתוּפה (ם).

שלאָסער s. (pl. ס -) locksmith מַסְגֵּר.

שלאָסערײַ s. (pl. ען -) locksmith's shop בֵּית מְלֶאכֶת הַמַּסְגֵּר; locksmith's trade חֲרֹשֶׁת מַנְעוּלִים.

שֶׁלֹּא עַל מְנָת לְקַבֵּל פְּרָס phr. without the condition of receiving a reward, disinterestedly -.

שלאַף adj. weak, feeble חַלָּשׁ, רָפֶה; sick חוֹלֶה.

שלאָף s. sleep שֵׁנָה.

שלאָף||באַנק = באַנק־בעטל.

שלאָף||געטראַנק = שלאָפֿטראַנק, שלאָפֿטרונק.

שלאָפֿהעמד s. (pl. ער -) night-shirt, night-gown כְּתֹנֶת לַיְלָה.

שלאָף||חדר s. (pl. חדרים -) bedchamber, bed-room חֲדַר הַמִּשְׁכָּב.

שלאָפֿטראַנק, שלאָפֿטרונק s. soporific מַשְׁקֶה מְיַשֵּׁן.

שלאָפֿמיטל s. (pl. ען -) soporific, dormitive תְּרוּפָה לְיַשֵּׁן.

שלאָפֿמיצל s. (pl. עך -) night-cap כִּפָּה; soporific מַשְׁקֶה מְיַשֵּׁן א).

שלאָפֿמיצקע s. (pl. ס -) night-cap כִּפָּה; (fig.) sleepy-head, dullard טִפֵּשׁ.

שלאָפּען v. n. to wade through snow or mud הָלֹךְ בְּשֶׁלֶג אוֹ בְרֶפֶשׁ.

שלאָפֿן v. n. (p. p. געשלאָפֿן) to sleep יָשֹׁן.

— גיין שלאָפֿן to go to bed הלך לשכב.

— לייגן שלאָפֿן to put to bed הַשְׁכֵּב לִישֹׁן (ילד).

— מיר ווילט זיך שלאָפֿן I am sleepy אני חפץ לישן.

— מיר שלאָפֿט זיך נים I cannot sleep אינני יכל לישן, שנה נדדה מעיני.

— שלאָפֿן ווי א געהרגעטער to sleep like a pig ישן שֵׁנָה עֲמֻקָּה.

שלאָפֿצימער = שלאָף־חדר.

שלאַפֿקייט s. weakness, feebleness חֻלְשָׁה; sickness, disease מַחֲלָה.

שלאָף||ראָק s. (pl. רעק -) morning gown, wrapper לְבוּשׁ הַבֹּקֶר, שִׂמְלַת חֲדַר הַמִּשְׁכָּב.

שלאַק s. (pl. שלעק) apoplexy שֶׁבֶץ, שִׁתּוּק; mishap אָסוֹן; wretch אָדָם נִבְזֶה; בֶּן בְּלִיַּעַל; dove-cote, pigeon-house שׁוֹבָךְ.

— קריגן דעם שלאַק to be stricken with apoplexy חלה במחלת השבץ.

— א שלאַק פֿון זײַן לובן נאָמען a miserable wretch אדם נבזה מאד.

שלאַקסרעגן s. (pl. ס -) pouring rain גֶּשֶׁם שׁוֹטֵף.

שַׁלְוָה s. tranquillity -.

שלוחים, ז. שָׁלִיחַ.

שלוח־מָנוֹת = שְׁלַח־מָנוֹת.

א) אין דער צווייטער באדייטונג ביי ליפשיצן.

שָׁלוֹם *s.* peace ; – greeting בְּרָכַת שָׁלוֹם.
— מאַכן שלום to make peace עשה שלום.
— ווערן שלום to make friends with הָשלם עם־.
— געבן שלום to greet a person upon arrival ברך איש בברכת שלום בבואו.
שָׁלוֹם־בַּיִת *s.* domestic peace, peaee of the family – .
שָׁלוֹם־וְשַׁלְוָה *s. pl.* peace and tranquillity – .
שָׁלוֹם־זָכָר *s.* (ס –) *pl.* "greeting of the male," party given on the occasion of the birth of a male child (*on the Friday preceding the day of circumcision*) – .
שְׁלוּמִיאֵל *s.* (ס –) *pl.* incapable person unlucky fellow ; fool טִפֵּשׁ ; אָדָם בִּלְתִּי מֻכְשָׁר ; אָדָם שֶׁאֵין לוֹ מַזָּל א).
שָׁלוֹם־עֲלֵיכֶם *int.* (*a greeting*) peace upon you! –; ‖ *s.* handshake נְתִינַת שָׁלוֹם בִּלְחִיצַת יָד.
— געבן שלום־עליכם to greet ברך בשלום ; to shake hands with ברך בשלום בלחיצת יד
— אַ ברייטער שלום־עליכם a hearty greeting, a hearty handshake ברכת שלום בכל לב.
שלומער *s.* slumber תְּנוּמָה.
שלומערן *v. n.* to slumber נוּם.
שלומפּער *s.* (ס –) *pl.* draggle-tails שׁוּלֵי בְגָדִים מְלֻכְלָכִים ; draggle-tailed person אָדָם שֶׁבְּגָדָיו מְלֻכְלָכִים.
שלונג *s.* swallowing בְּלִיעָה ; gullet בֵּית הַבְּלִיעָה. לוֹעַ.
שלוק *s.* (ן –) *pl.* draught, mouthful, sip גְּמִיאָה. לְגִימָה.
— מיט איין שלוק at one draught *or* gulp בגמיאה אחת.
שלוקן *v. a.* to swallow, gulp בָּלַע, גָּמָא, לָעַט.
שלוקעכץ, שלוקעכצן = שלוקערץ, שלוקערצן.
שלוקערץ *s.* (ן –) *pl.* hiccup נְהוּק.
שלוקערצן *v. n.* to hiccup נָהַק.
שְׁלוֹשׁ = שִׁילוֹשׁ.
שָׁלוֹשׁ, שְׁלוֹשָׁה *num.* three – .
שְׁלוֹשָׁה־דְבָרִים *s. pl.* three things – .
שְׁלוֹשִׁים *num.* thirty – ; ‖ *s.* the period of thirty days of mourning for the dead – .
שָׁלוֹשׁ־סְעוּדוֹת *s.* the three meals of the Sabbath – ; = שָׁלשׁ־סְעוּדוֹת.
שָׁלוֹשׁ־רְגָלִים *s. pl.* the three principal holidays (*Passover, Pentecost, Tabernacles*) – .
שְׁלוֹשֶׁת־יְמֵי־הַגְבָּלָה *s. pl.* "the three days of setting bounds," the three days preceding Pentecost – .
שְׁלַח־מָנוֹת *s.* "the sending of portions," presents sent on Purim מִשְׁלוֹחַ מָנוֹת.
שְׁלְחָן = שׁוּלְחָן.
שְׁלְחָן־עָרוּךְ = שׁוּלְחָן־.
שֶׁלִּי *pron. poss.* mine – .
שליאַד = סליאַד.
שליאַט־פּײַל *s.* (ן –) *pl.* smooth file, soft file שׁוֹפִין חָלָק א).
שליאַיען זיך *v. r.* to stroll, ramble שׁוֹטֵט.
שליאַך *s.* (ן –) *pl.* beaten path, highway דֶּרֶךְ סְלוּלָה.
שליאַכטה־בל *s.* (ען –) *pl.* smoothing-plane מַקְצוּעָה לְהַחֲלִיק.
שליאַכטיטש *s.* (עס –) *pl.* Polish nobleman אָצִיל פּוֹלְנִי.
שליאַכטע *s.* Polish nobility מִפְלֶגֶת הָאֲצִילִים בְּפּוֹלִין.
שליאַכציץ = שליאַכטיטש.
שליאַמאַק = סלימאַק.
שליאַמען *s. pl.* fox-skin עוֹר שׁוּעָל ב).
שליאַנדערן, שליאַנדרעווען *v. n.* to lounge, stroll, ramble הָלַךְ בָּטֵל שׁוֹטֵט ג).
שליאַפּע *s.* (ס –) *pl.* hat כּוֹבַע.
שליאַפּראַק = שלאַפּראַק.
שליאַק *s.* (ן –) *pl.* list, border (*of cloth*) שָׂפָה (של אריג) ; tape-measure (*of tailors*) רְצוּעַת הַמִּדָּה (של חַיָּטִים).
שליאַרע *s.* (ס –) *pl.* flounce, gather זִיף קְפִילָה (קִשּׁוּט לבגד).
שליאַרע = שליורע.
שליאַרקע, פאַרקלענערוואָרט פון שליאַרע.
שֶׁל־יַד *s.* phylactery worn on the hand – .
שליוזע *s.* (ס –) *pl.* sluice סֶכֶר, שֶׁקֶר.
שליוכאַטע = סליאָטע.
שליורע *s.* (ס –) *pl.* slipper קַיִק (נעל הבית) ד).
שָׁלִיחַ *s.* (שְׁלוּחִים) *pl.* messenger – .
שְׁלִיחוּת *s.* message, mission; errand – .
שָׁלִיחַ־מְיוּחָד *s.* special messenger – .
שָׁלִיחַ־צִיבּוּר *s.* (שְׁלוּחֵי־צִיבּוּר) *pl.* "messenger of the community," a person who leads in prayer – .
שליט"א *abbr.* = שֶׁיִּחְיֶה לְיָמִים טוֹבִים אָמֵן may he

א) אין דער דריטער באַדײַטונג ווערט שלומיאל באַנוצט אין דײַטש.

א) ביי ליפשיצן; דײַטש Schlichtfeile. ב) ביי ליפשיצן; פּויליש szlamy, בויכפעל פון פוקסן, לעמפערטן און אנדערע חיות. ג) דײַטש schlendern ד) ליטוויש, šliure א פאַנטאָפל.

live to see happy days (*written after the name of an eminent man*) —.

שְׁלִיטָה *s.* power, influence —.

שליטוועג(ס) *s.* sledging-path שְׁבִיל עֶגְלַת הַחֹרֶף, שְׁבִיל שֶׁלֶג; sleigh-ride נְסִיעָה בְּעֶגְלַת חֹרֶף.

שליטלען זיך *v. r.* to drive in a sledge נָסֹעַ בְּעֶגְלַת חֹרֶף; to slide הַחֲלֵק.

שלײַניש *adj.* light קַל; ‖ *adv.* lightly בְּאוֹפֶן קַל, בְּמִדָּה קְטַנָּה א).

שלײַדער *s.* fling הַשְׁלָכָה.

— געבן אַ שלײַדער to fling השלך.

שלײַדערן *v. a.* to fling הַשְׁלֵךְ.

שלײַם = פליאַגמע.

שלײַע *s.* (*pl.* ־ס) rein רֶסֶן.

שלײַען *s.* (*pl.* ־ס) tench מִין דָּג יָדוּעַ.

שלײַער *s.* (*pl.* ־ס) veil צָעִיף, צָנִיף.

שלײַף¹ *s.* (*pl.* ־ן) noose, knot, tie לוּלָאָה, עֲנִיבָה.

שלײַף² *s.* (*pl.* ־ן) temple רַקָּה.

שלײַפן¹ *v. a.* to tie a knot עָנֹב.

שלײַפן² *v. a.* (*p. p.* געשליפן) to grind הַשְׁחֵז; to polish לַטֵּשׁ.

שלײַפער *s.* (*pl.* ־, ־ס) grinder מַשְׁחִיז; polisher לוֹטֵשׁ.

שלײַפרעדל *s.* (*pl.* ־עך) grinding-wheel אוֹפַן לְהַשְׁחָזָה; polishing-wheel אוֹפַן לִלְטִישָׁה.

שלײַפשטײַן *s.* (*pl.* ־ער) whetstone אֶבֶן מַשְׁחֶזֶת.

שלײַקע *s.* (*pl.* ־ס) brace, suspender כְּתֵפָה.

שְׁלִילָה *s.* (*pl.* שְׁלִילוֹת) negation —.

שלימאַק = סלימאַק.

שְׁלֵימוּת *s.* perfection —.

שלימזל *s.* (*pl.* ־ס) ill luck מַזָּל רַע; unlucky person אָדָם שֶׁאֵין לוֹ מַזָּל; clumsy person אָדָם בִּלְתִּי זָרִיז ב).

שלימזלדיג *adj.* unlucky שֶׁל מַזָּל רָע, בַּעַל מַזָּל רָע, בִּלְתִּי מַצְלִיחַ.

שלימזלניצע, שלימזלניק = שלימעזאַלניצע, שלימעזאַלניק.

שלימעזאַלניצע *s.* (*pl.* ־ס) negligent woman אִשָּׁה רַשְׁלָנִית; clumsy woman אִשָּׁה בִּלְתִּי זְרִיזָה.

שלימעזאַלניק *s.* (*pl.* ־עס) negligent man אִישׁ רַשְׁלָנִי; clumsy man אִישׁ בִּלְתִּי זָרִיז.

שלימעזאַלנערײַ *s.* negligence רַשְׁלָנוּת; clumsiness אִי זְרִיזוּת; weakness, soft-heartedness רֹךְ לֵבָב א).

שלימעזאַרניצע *s.* (*pl.* ־ס) dirty woman אִשָּׁה מְלֻכְלֶכֶת.

שלימעזאַרניק *s.* (*pl.* ־עס) dirty man אִישׁ מְלֻכְלָךְ.

שלים־שלימזל *s.* great misfortune צָרָה גְדוֹלָה; very unfortunate man אָדָם אֻמְלָל מְאֹד.

שלינג = שלונג.

שלינג־און־שלאַנג *adv.* idle בָּטֵל ב).

— אומגײן שלינג־און־שלאַנג to idle, to be idle הלך בטל.

שלינגל *s.* (*pl.* ־עך) pluck, haslet הַלֵּב הַכָּבֵד וְהָרֵיאָה (של בהמה דקה).

שלינגען *v. a.* (*p. p.* געשלונגען) to swallow בָּלֹעַ.

שליסאַרניע *s.* (*pl.* ־ס) locksmith's shop בֵּית חֲרֹשֶׁת מַנְעוּלִים.

שליסל *s.* (*pl.* ־ען) key מַפְתֵּחַ; territory of a Chasidic rabbi גְּלִיל הָרַב שֶׁל הַחֲסִידִים ג).

— פּוסטער שליסל skeleton key וָו למפתח.

שליסל־װאָרט *s.* (*pl.* ־װערטער) key-word מִלַּת הָעֵרֶךְ (במלון).

שליסן *v. a.* (*p. p.* געשלאָסן) to close, lock סָגֹר, נָעֹל; to conclude גָּמֹר (עסק).

שליסעלע, פֿאַרקלענערוואָרט פֿון שליסל.

שליסער *s.* (*pl.* ־סאַרעס) locksmith מַסְגֵּר.

שליסצעטל *s.* (*pl.* ־עך) memorandum, contract זִכְרוֹן דְּבָרִים, חוֹזֶה.

שליף *s.* (*pl.* ־ן) polish לְטִישָׁה; facet מִגְבָּלָה.

שליפּס = שניפּס.

שליפּע *s.* (*pl.* ־ס) shoulder-knot, epaulet כְּתֵפָה (של פקיד צבא).

שְׁלִישׁ¹ *s.* third part —.

שְׁלִישׁ² *s.* strong brandy יַיִן שָׂרָף חָרִיף.

שָׁלִישׁ *s.* arbitrator —, דַּיָּן מַכְרִיעַ; one with whom something is deposited on certain conditions —.

שְׁלִישׁוּת *s.* arbitratorship —, מִשְׂרַת שָׁלִישׁ; something deposited with an arbitrator —.

א) בײַ לינעצקין אין „דאָס חסידישע יונגעל"; דײַטש schlack, שלאַף. ב) שלימזל, ווי די ווײַטער שטייענדיגע שלימעזאַלניק און שלימעזאַרניק, איז אַן ספק פֿון פּויליש szlamazarny (פֿון szlam, בלאָטע), שמוציג, אָפּגעלאָזן, פֿויל, פֿאַרשלאָפֿן, ווײנענדיג.

א) אין דער לעצטער באַדײַטונג בײַ דיקן אין „דיא נאַכט פֿאַר דער האָכצײַט" (זײַט 7). ב) אין „מציאת עזרי" (אַ קלײן מוסר־ספֿרל אין לשון־קודש און ייִדיש), אַמסטערדאַם 1727, פּרק ד, שטייט: „ער זאָל ניט שלינקן שלנקין נאָך גין", ד. ה. ער זאָל ניט בטלען די צײַט (אין דעם העברעאישן טעקסט: „ולא ילכו אחר לא הועיל ומביא הביטול"). ג) אין דער צווייטער באַדײַטונג בײַ לינעצקין אין „דאָס חסידישע יונגעל"; מסתמא אַן איבערזעץ פֿון פּויליש klucz, אַ שליסל, אַ רײ פֿון ניטער, וואָס געהערן צו איין פּאַן.

שְׁלִישׁוּת-געלט *s.* money deposited with an arbitrator כֶּסֶף שֶׁמַּפְקִידִים בְּיַד שְׁלִישׁ.

שְׁלִישִׁי *ord. num.* third –; ‖ *s.* third man called up to the reading of the Law –.

שְׁלִישִׁי-בִּשְׁלִישִׁי *s.* "third with third," relationship of cousins of the second remove –.

שֶׁלִּי-שֶׁלְּךָ *phr.* mine is thine –.

שלישצעטל = שליסצעטל.

שֶׁלְּךָ *pron. poss.* thine, yours –.

שְׁלַל *s.* great quantity כַּמּוּת גְּדוֹלָה.

— אַ שלל מיט געלט a pile of money ממון רב.

שְׁלֹמֹה-הַמֶּלֶךְ *npr.* King Solomon –.

שְׁלֵמוּת = שְׁלֵימוּת.

שלעגיש = שלייגיש.

שלעגער *s.* (– ,– ס *pl.*) beater, fighter מַכֶּה, נוֹתֵן מַהֲלֻמּוֹת.

שלעכט[1] *adj.* bad, ill, evil רָע; wrong בִּלְתִּי נָכוֹן; sick, nauseous מְעֻרָּב בְּחִילָה.

— אַ שלעכטער מענש a bad man אדם רע.

— אַ שלעכטע כוונה an evil intention כַּוָּנָה רעה.

— שלעכטע צייטן hard times עתים רעות.

— שלעכט פארטייטשן to give a wrong interpretation באר באופן בלתי נכון.

— רעדן שלעכט to speak incorrectly דבר באופן בלתי נכון (לשון).

— מיר איז שלעכט I am badly off הנני במצב רע; I feel sick הנני מרגיש בחילה.

— עס האלט שלעכט מיט אים he is in a critical condition הנהו במצב מְסֻכָּן.

— ניט שלעכט pretty good, tolerable לא רע.

שלעכט[2] *adj.* straight, plain יָשָׁר, פָּשׁוּט א).

— אַ שלעכטע צדיק (ץ) final Tzadi צדי זקופה (ץ).

שלעכטס *s.* evil, ill רַע, רָעָה; wicked woman אִשָּׁה רָעָה.

שלעכטסקייט *s.* wickedness רָעָה, רֶשַׁע.

שלעכטקייט *s.* badness רֹעַ; wickedness רֶשַׁע; misfortune, misery צָרָה; sickness, nausea בְּחִילָה.

שלענגלען זיך *v. r.* to wind הִתְפַּתֵּל.

שלענדערקע = לעפטשיכע.

שלעפ *s.* dragging סְחִיבָה; = שלעפע.

שלעפורע *s.* (– ס *pl.*) (*cont.*) = שלעפער.

שלעפן *v. a.* to drag, trail סָחֹב, מָשֹׁךְ; to delay אַחֵר; ‖ – זיך *v. r.* to drag oneself along הָלֹךְ בִּכְבֵדוּת; to be delayed הִתְאַחֵר.

שלעפע *s.* (– ס *pl.*) trail (*of a dress*) שֹׁבֶל.

א) דייטש schlicht (מיטלהויכדייטש slëht).

שלעפּעטראַנטע *s.* ragamuffin אָדָם לָבוּשׁ בְּגָדִים קְרוּעִים א).

— ברוך שלעפּעטראַנטע, ז. ברוך שלעפעטראַנטע.

שלעפעניש *s.* dragging along הֲלִיכָה בִּכְבֵדוּת.

שלעפער *s.* (– ,– ס, שלעפּיירים *pl.*) pauper, beggar עָנִי, חוֹזֵר עַל הַפְּתָחִים.

שלעפֿער *s.* (– ,– ס *pl.*) sleeper אוֹהֵב לָנוּם.

שלעפֿעריג *adj.* sleepy נוֹטֶה לָנוּם; ‖ – קייט *s.* sleepiness נַמְנְמָנוּת.

— איך בין שלעפֿעריג I am sleepy אני חפץ לישן.

שלעפֿערן *v. n.* to be sleepy הָיֹה נוֹטֶה לָנוּם.

שֶׁל-פֶּסַח *adj.* of Passover –.

שֶׁל-רֹאשׁ *s.* phylactery worn on the head, frontlet תְּפִלִּין שֶׁל רֹאשׁ.

שָׁלֹשׁ, שְׁלֹשָׁה = שָׁלוֹשׁ, שְׁלוֹשָׁה.

שְׁלֹשָׁה-דְבָרִים = שְׁלוֹשָׁה-.

שִׁלְשׁוּל = שִׁילְשׁוּל.

שְׁלֹשִׁים = שְׁלוֹשִׁים.

שַׁלְשֶׁלֶת *s.* "chain," name of one of the distinctive accents in Hebrew –.

שַׁלְשֶׁלֶת-הַיּוחסין *s.* chain of genealogy, aristocratic pedigree –.

שָׁלֹשׁ-סְעוּדוֹת = שָׁלוֹשׁ-.

שַׁלֹשׁ-סְעוּדוֹת *s.* the third and last meal of the Sabbath הַסְּעוּדָה הַשְּׁלִישִׁית בְּשַׁבָּת.

— (*joc.*) אַ פּראָסטער שלש-סעודות a plain fellow אדם פשוט.

שָׁלֹשׁ-רְגָלִים = שָׁלוֹשׁ-.

שְׁלֹשֶׁת-יְמֵי-הַגְבָּלָה = שְׁלוֹשֶׁת-.

שֵׁם *s.* (שֵׁמוֹת *pl.*) name, renown –. שֵׁם תְּהִלָּה; the name of God שֵׁם אֱלֹהִים.

— (*fl.*) פֿינקער שם assumed name, alias שם לא אמתי; fellow-prisoner חבר בבית האסורים.

שמאַגלע *adj.* quick, lively מָהִיר.

שמאַטניק *s.* (– עס *pl.*) rag-man, dealer in rags מוֹכֵר סְמַרְטוּטִים.

שמאַטע *s.* (– ס *pl.*) rag סְמַרְטוּט, סְחָבָה; (*fig.*) soft-hearted person אִישׁ רַךְ לֵבָב.

שמאַכטן *v. n.* to languish כָּלֹה נַפְשׁוֹ, הִתְמוֹגֵג; to yearn הִתְגַּעְגֵּעַ.

שמאָכטע *s.* (– ס *pl.*) trifle דָּבָר פָּחוּת הָעֵרֶךְ; nonsense דְּבַר תָּפֵל, הֶבֶל.

שמאָכטעליי = שמאָכטע.

שמאָכן *v. n.* to rejoice, be radiant with joy עָלֹז, נָהֹר, הַזְהֵר מֵרוֹב שִׂמְחָה ב).

א) בײַ דיקן אין „דיא אידעשע קליידער". ב) בײַ אבראַמאָוויטשן אין „ווינשפינגערל" (יוביל.-אויסג., זייטן 83 362) און „ספר הבהמות" (יוביל.-אויסג., זייט 55). די עטימאָלאָגיע

שמאַל *adj.* narrow צַר, לֹא רָחָב; strait צַר, דָחוּק; slender, thin and tall דַק וְאָרֹךְ. — (*id.*) האַלטן שמאַל to be in a critical condition, to be in danger היה במצב מְסֻכָּן, היה בסכנה.

שמאַלץ *s.* fat חֵלֶב, שׁוּמָן.

שמאַלצגרוב *s.* treasure, mine of wealth אוֹצָר.

שמאַלצהערינג *s.* (*pl.* ־ן) fat herring הֶלֶק שָׁמֵן.

שמאַלציג *adj.* fat שָׁמֵן.

שמאַלקייט *s.* narrowness צָרוּת; thinness דַּקּוּת.

שמאָנצע *s.* (*pl.* ־ס) droll story בְּדִיחָה; idle talk פִּטְפּוּט רֵיק; = שמאַכטע.

שמאָצקען, שמאָקצען = סמאָטשקען, סמאָקען, סמאָקצען.

שמאַראָגאָז = סמאַראָוואָז.

שמאָרן *v. a.* to stew, braise קַטֵּר, בַּשֵּׁל בְּאֹפֶן קַל (בשר).

שמאָרע *s.* (*pl.* ־ס) sniff, snort נְחִירָה.

שמאָרען *v. n.* to sniff, snort נָחוֹר.

שמאַרצן *v. n.* to pain, ache כָּאֹב; זָעֹק, צרב.

שֵׁם־גְנַאי *s.* opprobrious name, nickname —.

שְׁמַד *s.* conversion —, הֲמָרַת דָת; apostasy מְשֻׁמָּדוּת; decree of conversion גְּזֵרַת שְׁמָד א).

שם־דָבָר *s.* something renownd דָּבָר וּמְפֻרְסָם.

שְׁמַדן *v. a.* to convert שַׁמֵּד; ‖ — זיך *v. r.* to convert oneself, apostatise הָמֵר דָּתוֹ, הִשְׁתַּמֵּד.

שְׁמַדעלניצע *s.* (*pl.* ־ס) wanton woman אִשָּׁה שׁוֹבֵבָה.

שְׁמַדעליק *s.* (*pl* ־עס) wanton fellow אִישׁ שׁוֹבָב.

שְׁמַדר‖קאָפּ *s.* (*pl.* ־קעפּ) crafty fellow, artful blade, knave אָדָם עָרוּם, נוֹכֵל.

שְׁמַד־שטיק *s.* (*pl.* —) crafty device, knavish trick תַּחְבּוּלַת עָרְמָה, מִרְמָה, נֹבֶל.

שֵׁמָה *s.* (*pl.* שֵׁמוֹת) a stray leaf of a sacred book עָלֶה נִבְדָּל מִסֵּפֶר קָדוֹשׁ; (*fig.*) worthless piece of literature דָּבָר סִפְרוּתִי חֲסַר עֵרֶךְ ב).

שֵׁם־הֲוָיָה *s.* the name of God in the letters יהוה —.

שֵׁם־הַמְפֹרָשׁ *s.* "the distinguished name," the name of God in the letters יהוה —.

פון דעם וואָרט איז מיר ניט באַקאַנט. די באַדייטונג גיב איך לויט דעם צוזאַמענהאַנג.

א) איך האָב אַמאָל געהערט אַ סברה פון דעם באַוואוסטן מלומד אברהם בער דובזעוויץ ז"ל, אַז שְׁמַד איז פון סיריש, פון דעם בנין שַׁפְעֵל פון עֲמַד (שַׁעְמֵד), טובלען, טויפן.

ב) שֵׁמָה איז פון שֵׁם, נאָמען פון נאָמ. דאָס וואָרט איז געמאַכט אויף דעם זעלבינן שטייגער ווי גוּסָה פון גוּם און קְנָסָה פון קְנָס.

שֵׁם־הַקֹּדֶשׁ *s.* "hole name," name used for religious purposes —.

שמוגלען *v. a. n.* to smuggle הַעֲבֵר בִּגְנֵבָה, הַבְרֵחַ מֶכֶס.

שמוגלער *s.* (*pl.* —, ־ס) smuggler מַעֲבִיר בִּגְנֵבָה, מַבְרִיחַ מֶכֶס.

שמוזער *s.* (*fl.*) a thief who turns away the attention of a shopkeeper by babbling גַּנָּב הַמֵּסֵב דַּעַת הֶנְוָנִי עַל יְדֵי פִּטְפּוּט.

שמוּיגער *s.* (*pl.* ־ס) simpleton, fool טִפֵּשׁ.

שמוים, שמויסן = שמויש, שמוישן.

שמויש *s.* (*pl.* ־ן) lamb-skin עוֹר כְּבָשִׂים; lamb-skin coat בֶּגֶד מֵעוֹר כְּבָשִׂים; (*fig.*) fool טִפֵּשׁ א). — (*id.*) איבערדרייען זיך דעם שמויש to apostatise השתמד.

שמוישן *adj.* of lamb-skin שֶׁל עוֹר כְּבָשִׂים.

שמוכט *s.* smell, odor רֵיחַ ב).

שמוּכלען, שמוכלער = שמוגלען, שמוגלער.

שְׁמוֹנָה *num.* eight —.

שְׁמוֹנֶה־עֶשְׂרֵה *s.* the eighteen benedictions (*a daily prayer*) —.

שְׁמוֹנִים *num.* eighty —.

שמוע *s.* (*pl.* ־ס) cunt (*vulg.*) עֶרְוַת אִשָּׁה.

שְׁמוּעָה *s.* (*pl.* שְׁמוּעוֹת) news, report —, חֲדָשָׁה יְדִיעָה; story סִפּוּר, מַעֲשֶׂה.

שְׁמוּעָה־טוֹבָה *s.* good news, good tidings —.

שְׁמוּעָה־רָעָה *s.* bad news, evil tidings —.

שמועס *s.* (*pl.* ־ן) talk שִׂיחָה; discussion שִׂיחָה, וִכּוּחַ. — (*id.*) דאָס איז אַ שמועס this is worth considering כדאי הוא להתבונן בזה.

שמועסן *v. n.* to talk שׂוֹחֵחַ; to discuss שׂוֹחֵחַ הִתְוַכֵּחַ. — ווער שמועסט especially ביחוד.

שמועסער *s.* (*pl.* —) talker, chatterer דַּבְּרָן פַּטְפְּטָן.

שמוץ *s.* dirt, filth חֶלְאָה, זֻהֲמָה.

שמוציג *adj.* dirty, filthy מְלֻכְלָךְ, מְגֹאָל.

שמוצן *v. a.* to soil גָּאֵל; ‖ — זיך *v. r.* to soil oneself הִתְגָּאֵל.

שמוּצערן *v. n.* to hiss שָׁרֹק.

שמוקלער *s.* (*pl.* ־ס) lace-maker עוֹשֵׂה סַלְסָלוֹת.

שמוקלערקע *s.* (*pl.* ־ס) wife of a lace-maker אֵשֶׁת עוֹשֵׂה סַלְסָלוֹת.

שמוקלעריי *s.* lace-making עֲשִׂיַּת סַלְסִלּוֹת.

שמוקלערש *adj.* of a lace-maker שֶׁל עוֹשֵׂה סַלְסָלוֹת.

א) דייטש Schmashe, קאַראַקול. ב) ביי אַבראַמאָוויטשן אין „פישקע דער קרומער" (אַדעסער אויסג., זייט 99).

שמוראַק s. smaragd, emerald אִסְמַרַגְד, בָּרֶקֶת.

שְׁמוֹר לִי וְאֶשְׁמוֹר לְךָ phr. "guard for me and I will guard for thee," one good turn deserves another —.

שְׁמוּרה = מַצָּה־שְׁמוּרָה.

שְׁמוּרהניק s. (pl. עס —) one who eats carefully prepared Passover cake אוֹכֵל מַצָּה שְׁמוּרָה.

שָׂמֵחַ־בְּחֶלְקוֹ s. one who is satisfied with his lot —.

שִׂמְחה s. (pl. שִׂמְחוֹת) joy —, חֶדְוָה; festivity חֲגִינָה; banquet מִשְׁתֶּה.

שִׂמְחה־וְשָׂשׂוֹן s. joy and gladness, great joy —.

שִׂמְחה־שֶׁל־מִצְוה = שִׂמְחַת־מִצְוָה.

שִׂמְחַת־בֵּית־הַשּׁוֹאֵבָה s. rejoicing of the "drawing of water" (*festivity held on the middle days of the feast of Tabernacles, in commemoration of the ceremony of the "drawing of water" in Temple times*) —.

שִׂמְחַת־מִצְוה s. religious festivity —.

שִׂמְחַת־תּוֹרה s. rejoicing of the Law (*name of the day closing the feast of Tabernacles, when the last section of the Law is read in the synagogues*) —.

שְׁמַטה = שְׁמִיטָה.

שֵׁם־טוֹב s. good name —.

שמיאַלנע, שמיאַלע adj. daring, bold, audacious אַמִּיץ לֵב, בְּלִי פַחַד.

שמיגע s. (pl. ס —) angle-gauge, goniometer מוֹדֵד זָוִיּוֹת.

— דער ווינקל שטימט שמיגע this is not rectangular הזוית איננה ישרה.

— (*fig.*) עס איז אים נוט נאָך דער שמיגע this is not to his liking אין זה מתאים עם חפצו א).

שמיד s. (pl. ן —) blacksmith נַפָּח, חָרַשׁ בַּרְזֶל.

שמיד־אײַזן s. wrought iron, soft iron בַּרְזֶל מַעֲשֶׂה מִקְשָׁה, בַּרְזֶל רַךְ.

שמידן v. a. to forge, hammer חָרַשׁ בַּרְזֶל, חִשֵּׁל.

— (*fig.*) שמידן געלט to coin money הרויח ממון לרב.

שְׁמִיטה s. (pl. שְׁמִיטּוֹת) "remission, release," Sabbatical year (*seventh year among the ancient Hebrews, during which the land was to lie fallow and all debts were to be released*) —.

א) בײַ ליפשיצן; פֿאַרגלײַך קלײנרוסיש: не до шмиги, ניט פּאַסיג, ניט אויפֿן אָרט.

— (*id.*) אײן מאָל אין אַ שמיטה once in a long time פעם אחת בזמן ארוך.

שמיטשיק s. (pl. עס —) bow of a violin קֶשֶׁת (לנגן על הכנור).

שמײַגער = שמויגער.

שמײַדיג adj. flexible, pliant גָּמִישׁ, רַךְ.

שמײכל s. (pl. ען —) smile צְחוֹק קַל, בַּת צְחוֹק א).

שמײכלדיג adj. smiling מְגַחֵךְ.

שמײכלען v. n. to smile גָּחַךְ.

שמײליג adj. (*cont.*) holy קָדוֹשׁ (דרך בזיון)? ב).

שמײַס, שמײַסן = שמויש, שמוישן.

שמײַסן v. a. (p. p. געשמיסן) to whip, lash יַסֵּר בְּשׁוֹטִים, הַלְקֵה; to throw, hurl הַשְׁלֵךְ.

שמײַסער s. (pl. —, — ס) coachman, driver רַכָּב, עֶגְלוֹן; rubber (*in a bath*) חַפָּף.

שמײַע s. foam, scum קֶצֶף (על השפתים) (= שמאַהע).

— עס רינט אים די שמײַע his mouth is watering רירו יורד מפיו.

שמײַען v. n. to bustle, be very busy הָיֹה עָסוּק מְאֹד.

שמינדריק = שמאָכטע.

שְׁמִינִי־עֲצֶרֶת s. eighth day of the feast of Tabernacles —.

שְׁמִינִית־שֶׁבִּשְׁמִינִית s. an eighth of an eighth, a very small part —, חֵלֶק קָטָן מְאֹד.

שמינקע s. paint (*for the face*) פּוּךְ.

שמיעס, שמיעסן = שמועס, שמועסן.

שמיץ s. (pl. —) lash מַכַּת שׁוֹט, מַלְקוֹת; hurl הַשְׁלָכָה.

— (*id.*) מיט אַ שמיץ אַריבער with an excess, more than enough עם עודף, יותר מדי.

שמיצל, פֿאַרקלענערוואָרט פֿון שמיץ.

שמיצן v. a. to throw, hurl הַשְׁלֵךְ; ‖ — זיך v. r. = וואַרפֿן זיך.

שמיק = שמיטשיק.

שמיר s. smearing מְשִׁיחָה, מְרִיחָה.

— געבן אַ שמיר to smear משח, מרח.

— (*id.*) אַ שמיר איבער די ליפּן a little מעט.

שְׁמִירה s. (pl. שְׁמִירוֹת) watch —, מִשְׁמָר; amulet, talisman —, קָמֵיעַ.

— שמירה שטײן to keep watch עמד על המשמר.

שמירעכץ s. smear, grease מִשְׁחָה.

א) שמײכל איז אפשר אַ קאָמבינאַציע פֿון מיטלהויכדײטש smiel, אַ נעלעכטערל, און פּויליש śmiech, אַ געלעכטער.

ב) בײַ אבראַמאָוויטשן: „מיר זענען אויך יודישע קינדער, אַזעלכע שמײלינע וויא זייא" („פֿישקע דער קרומער", אָדעסער אויסג., זייט 83); „דאָס נאַרישע שמײליגעקשנות" („ווינטשפֿינגערל", יוביל. אויסג., זייט 243).

שמירן v. a. to smear, grease מָשַׁח; (fig.) scribble כָּתֹב בְּאֹפֶן גָּרוּעַ; (fig.) to bribe שִׁחֵד.

שמירער s. (pl. -ס, -) greaser מוֹשֵׁחַ; (fig.) scribbler כּוֹתֵב בְּאוֹפֶן גָּרוּעַ. כַּתְבָן.

שמירעריי s. smearing, greasing מְשִׁיחָה; scribbling כְּתִיבָה גְרוּעָה. כַּתְּבָנוּת.

שְׁמֹנה־עֶשְׂרה = שמונה־.

שֶׁמֶן־זַיִת s. olive-oil -.

שמענענע = סמענענע.

שמעטאַנקע = סמעטאַנקע.

שמעטן, שמעטענע = סמעטענע.

שמעטערן v. a. to dash נַפֵּץ.

שְׁמַעיהן = שמעין.

שְׁמַע־יִשְׂרָאֵל s. "hear, O Israel," confession of belief in the one God -; || int. exclamation of horror קְרִיאָה שֶׁל בֶּהָלָה; help! הוֹשַׁע נָא!

— שרייען שמע ישראל to cry for help שַׁוֵּעַ, קרא לעזרה.

שמעלכעכץ s. something prepared with fat מַאֲכָל עָשׂוּי בְּשׁוּמָן.

שמעלן v. a. to make narrow עָשֹׂה צַר; to diminish, curtail הַמְעֵט. קַצֵּר.

שמעלץ s. smelting הַתָּכָה.

שמעלץ־איוון = רודניע.

שמעלצל s. (pl. -עך) pride כָּבוֹד א).

שמעלצן v. a. to melt, fuse הַתֵּךְ; || -זיך v. r. to melt רְתֹחַ. הִמֹּס; (fig.) to be delighted הִתְעַנֵּג.

שמעלקע s. (pl. -ס) intimate, familiar אִישׁ סוֹד; prominent person אָדָם חָשׁוּב.

— זיין מיט אימעצן א שמעלקע to be intimate with a person היה איש סודו.

— ער איז א גאנצער שמעלקע he is quite a prominent figure הוא איש חשוב מאוד.

שֵׁמען v. n. to be renowned, be famous הָיֹה מְפֻרְסָם.

שמענדערהאָץ s. (pl. -עס) awkward fellow אָדָם לֹא מָהִיר.

שמעק s. (pl. -ן) sniff הֲרָחָה; pinch (of snuff) מְלֹא אֶצְבַּע (של טַבַּק).

— מאַן א שמעק to sniff הריח.

— א שמעק טאַבעק a pinch of snuff מלא אצבע טבק.

— (id.) נישט ווערט קיין שמעק טאַבעק not worth a snap אינו שוה כלום.

שמעק־טאַבעק s. snuff טַבַּק הֲרָחָה.

א) פון דייטש Schmelz, גלאַנץ.

שמעקן v. a. to smell, scent הָרִיחַ; || v. n. to smell נָתֹן רֵיחַ. נָדֹף.

— שמעקן טאַבעק to take snuff הריח טבק.

— (fig.) דאָס שמעקט אים נישט this is not pleasing to him, he does not like it הדבר הזה לא נעים לו.

— (fig.) דאָס שמעקט מיט תּורמע one is liable to imprisonment for this על עון כזה צפוי איש לענש המאסר.

שמעקנדיג, שמעקעדיג adj. odorous, fragrant נוֹתֵן רֵיחַ. נוֹדֵף; aromatic נוֹתֵן רֵיחַ בֹּשֶׂם.

שמעקעכטס, שמעקעכץ s. scent, perfumes, odors בְּשָׂמִים.

שמערגל s. emery אֶבֶן לוֹטְשִׁים.

שַׁמְפּחה s. (pl. שַׁמְפָּחות) family (cont.) מִשְׁפָּחָה (בדרך בזיון).

שֶׁמֶץ s. particle חֵלֶק קָטָן מְאֹד.

— קיין שמץ נישט not a particle, not a bit לא מאומה.

שֶׁמֶץ־פְּסול s. blemish, fault -, דֹּפִי.

שֵׁם־רַע s. bad repute, slander, defamation -.

שַׁמש, שַׁמש s. (pl. שַׁמָשים, שַׁמָשים) beadle, sexton -, מְשָׁרֵת בֵּית הַכְּנֶסֶת; the light with which the Hanukah lights are kindled -, הַנֵּר שֶׁמַּדְלִיקִים בּוֹ נֵרוֹת הַחֲנֻכָּה; the long thread by which the joints of a ציצה are made -, הַחוּט הָאָרֹךְ שֶׁכּוֹרְכִים בּוֹ חֻלְיוֹת שֶׁל צִיצָה.

שַׁמָשות s. beadleship, sextonship מִשְׂרַת הַשַּׁמָּשׁ.

שִׁמְשׁון־הַגִּבּור npr. the hero Samson -.

שַׁמשטע s. (pl. -ס) beadle's or sexton's wife אֵשֶׁת הַשַּׁמָּשׁ; female attendant of the women's room of a synagogue מְשַׁמֶּשֶׁת בְּעֶזְרַת נָשִׁים שֶׁל בֵּית הַכְּנֶסֶת.

שַׁמש־קָטָן s. assistant of a beadle or sexton -.

שנאָבל s. (pl. -ען) bill, beak מַקּוֹר.

שִׂנְאה s. hatred, emity; dislike -.

שִׂנְאַת־חִנָּם s. causless hatred -.

שנאָל[1] = שנעל[1].

שנאָל[2] s. (pl. -ן) buckle אַבְזָם.

שנאָלן = שנעלן.

שנאַפּן v. n. to spy רַגֵּל.

שנאַפּס s. (pl. -ן) brandy יֵין שָׂרָף.

— מאַכן א שנאַפּס to take a drink שָׁתֹה כּוֹס יין שרף.

שנאַפּסן v. n. to tipple שָׁכֹר.

שנאַפּסער s. (pl. -) drunkard, tippler שִׁכּוֹר.

שנאפּס־קאַפּיטאַן s. (pl. ־עס) tippler (joc.) שִׁכּוֹר.
שנאָפּער s. (pl. ־ס) fleam אִזְמֵל (סכין להקיז דם).
שנאָר־בריוו s. (pl. –) begging letter, beggarly supplication מִכְתָּב בַּקָּשַׁת נְדָבוֹת.
שנאָרכן v. n. to snore, snort נָחֹר.
שנאָרן v. n. to beg בַּקֵּשׁ נְדָבוֹת; to sponge לַחֵךְ פִּנְכָּה; to spy, search רַגֵּל, חַפֵּשׂ.
שנאָרער s. (pl. –, ־ס) beggar מְבַקֵּשׁ נְדָבוֹת; sponger מְלַחֵךְ פִּנְכָּה.
שנאָרערקע s. beggar-woman אִשָּׁה מְבַקֶּשֶׁת נְדָבוֹת; female sponger מְלַחֶכֶת פִּנְכָּה.
שנאַשקען v. n. to tipple (sl.) שַׁכֵּר.
שִׂנְאַת־הַדָּת s. religious intolerance –.
שִׂנְאַת־מָוֶת s. mortal enmity, bitter hatred –.
שְׁנָדרן v. a. to vow, promise (a contribution [to a synagogue) נָדֹר (נדבה לבית הכנסת).
שָׁנָה s. (pl. שָׁנִים) year –.
שָׁנָה־מְעוּבֶּרֶת s. leap-year –.
שִׁנּוּי s. (pl. שִׁנּוּיִים) change –.
שִׁנּוּי־מָקוֹם s. change of place –.
שִׁנּוּי־שֵׁם s. change of name –.
שנויץ s. (pl. –ן) snout, muzzle חַרְטֹם, פֶּה (של חיה); snuff, waster קְצֵה פְּתִילָה שָׂרוּף.
שנופּטיבל = נאָז־טוכל.
שנוק = סנוק.
שנור[1] s. (pl. –ן) string, cord, lace תִּקְוָה, פְּתִיל.
שנור[2] s. (pl. שנִיר) daughter-in-law כַּלָּה (אשת הבן).
שנוראָוואָדלעס s. pl. laces פְּתִילִים.
שנוראָווקע, שנורעוואַניע s. (pl. ־ס) string for tightening פְּתִיל לְהַדֵּק בּוֹ.
שנורעווען v. a to string, lace הַדֵּק בִּפְתִילִים.
שְׁנַיִ = שְׁנַיִם.
שֵׁנִי ord. num. second –; || s. second man called up to the reading of the Law הַשֵּׁנִי הָעוֹלֶה לַתּוֹרָה.
שֵׁנִי־בִּשְׁלִישִׁי s. "second with third," relationship of two cousins of whom one is of the first remove and the other of the second remove –.
שֵׁנִי־בְּשֵׁנִי s. "second with second," relationship of cousins of the first remove –.
שֵׁנִי־וַחֲמִישִׁי s. pl. Monday and Thursday (the two days on which the Law is read in the synagogue and on which pious Jews are [fasting) –.
שניט s. (–, –ן .pl) cut חִתּוּךְ; reaping, harvest קָצִיר; style (fig.) manner, fashion. דֶּרֶךְ, מִנְהָג.
שניט־סוחר s. (pl. ־סוֹחֲרִים) dry-goods- merchant, mercer סוֹחֵר אֲרִיגִים.
שניט־סחורה s. dry-goods, mercery סְחוֹרַת אֲרִיגִים.
שניטער s. (pl. –) reaper קוֹצֵר.
שניט־צייט s. harvest-time קָצִיר.
שניט־קראָם s. (pl. ־ען) dry-goods-shop, mercery בֵּית מִסְחַר אֲרִיגִים.
שניט־קרעמער = שניט־סוחר.
שניי s. (pl. ־ען) snow שֶׁלֶג.
— (id.) אַ פֿאַראַיאָרינגער שניי nothing אפס; nothing of the kind! כלל לא!
— (id.) אַרן ווי דער פֿאַראַיאָרינגער שניי not to concern in the least לא איכפת כלל.
— (id.) הערן ווי דעם פֿאַראַיאָרינגן שניי to pay no attention whatsoever לא שים לב כלל (לדברי איש).
שנייאיג adj. snowy כַּשֶּׁלֶג; מְכֻסֶּה שֶׁלֶג.
שניי־בארג s. (pl. ־בערג) snow-drift עֲרֵמַת שֶׁלֶג; snow-capped mountain הַר שֶׁלֶג.
שנייד־אייזן s. (pl. ־ס) screw-plate לוּחַ בַּרְזֶל לַעֲשִׂית בְּרָגִים.
שניידמעסער s. (pl. ־ס) pruning-hook מַזְמֵרָה.
שניידן v. a. (p. p. געשניטן) to cut חָתֹךְ; to carve חָתֹךְ (בשר); to reap קָצֹר (תבואה); to whip, lash הַלְקֵה; || v. n. to pain כָּאֹב; || ־זיך v. r. to be cut הֵחָתֵךְ; to cut, grow (teeth) צָמֹחַ (שנים).
— עס שניידט מיר בײַם האַרצן it breaks my heart יכאב לבי.
— עס שניידן זיך ציינער בײַם קינד the child is cutting its teeth, the child is teething שנים צומחות לילד.
— עס שניידט זיך פֿאַר אים אַ געשעפֿט there is a prospect of a business for him משלח יד נשקף לו.
— (id.) ער שניידט זיך אויף אַ רב he is aspiring to be a rabbi הוא שואף להיות רב.
שניידעניש = גרומעניש.
שניידער s. (pl. ־ס) tailor חַיָּט; dragon-fly מִין זְבוּב אֲרֹךְ הַגּוּף וְאֲרֹךְ הַכְּנָפַיִם.
שניידערוק s. (pl. ־עס) contemptible tailor חַיָּט נִבְזֶה
שניידעריי s. tailor's trade חַיָּטוּת.
שניידערן, שניידערקע s. (pl. ־ס) tailoress, dressmaker חַיֶּטֶת, תּוֹפֶרֶת בְּגָדִים.
שניידעריש adj. of a tailor שֶׁל חַיָּט.
שניי־ליניע s. (geogr.) snow-line קַו הַשֶּׁלֶג (על כדור הארץ).
שנייענדיג = שנייאיג.
שניי־לע s. (pl. ־לעך) snowflake גַּרְגֵּר שֶׁלֶג.
שנייען v. n. to snow יָרֹד שֶׁלֶג.
שנייענדיג adj. snowing מַפִּיל שֶׁלֶג.

שנייער s. (pl. ס –) snow-capped mountain הַר שֶׁלֶג א).

שנייצן v. a. to blow (the nose) מָחֹט (את האף); to snuff (a candle) מָחֹט (נר). — (id.) שנײצן די נאָז און שמירן דאָס פּנים, ז. פּנים.

שנייצער s. snuffers צְבָת לִמְחֹט נֵרוֹת.

שנייצשערל = שנייצער.

שְׁנֵי-לוּחוֹת-הַבְּרִית s. pl. the two tables of the covenant (the tables of Moses) –.

שֵׁנִי-לְמֶלֶךְ s. vice-king –.

שְׁנַיִם num. two –.

שִׁנַּיִם s. pl. teeth –.

שָׁנִים-קַדְמוֹנִיּוֹת s. pl. ancient years, olden times –.

שנייפן v. a. to snatch חָטֹף.

שנייפס s. (pl. ן –) tie, necktie עֲנִיבָה.

שניץ-אַרבעט s. carved work מַעֲשֵׂה פֶּסֶל.

שניצן v. a. to carve פַּסֵּל.

שניצער s. (pl. – , ס –) carver פַּסָּל.

שניצערייַ s. carving פְּסִילָה.

שנירעווקע = שנוראָווקע.

שנירל s. (pl. עך –) string פְּתִיל.

שֵׁנִית adv. secondly, in the second place –.

שנעל¹ s. (pl. ן –) fillip מְחִיאָה בְּאֶצְבַּע.

שנעל² adv. quick, rapid מָהִיר; || adv. quickly, rapidly מַהֵר, חִישׁ.

שנעלן v. a. n. to fillip מָחֹא בְּאֶצְבַּע, סָטֹר בִּקְצֵה הָאֶצְבַּע.

שנעלצוג s. (pl. ן –) express-train מַסָּע מָהִיר.

שנעלקייט s. quickness, rapidity מְהִירוּת.

שנעלשטראָם s. (pl. ען –) rapid (geogr.) אֶשֶׁד.

שנעק s. (pl. עס –) snail שַׁבְּלוּל; (fig.) puppy תִּינוֹק, יוֹנֵק (כינוי לאינו יודע דרכי העולם); = שנעק-ראָד.

שנעק-ראָד s. (pl. רעדער –) fusee (of a watch) גְּלִילוֹן שֶׁל שָׁעוֹן (החדודית אשר עליה תסב השרשרת).

שנעק-טרעפּ = שווינדל-טרעפּ.

שנעראָווקע, שנערעוואַניע, שנערעווען = שנוראָווקע, שנורעוואַניע, שנורעווען.

שַׁ"ס abbr. = שִׁשָּׁה סְדָרִים the six orders of the Talmud –; || s. (pl. ן –) a set of the books of the Talmud קְבוּצַת סִפְרֵי הַתַּלְמוּד.

שַׁסַ"ה-גִּידִין s. pl. the 365 veins of the human body (according to the ancients) –.

שַׁ"סל s. (pl. עך –) small edition of the Talmud תַּלְמוּד נִדְפָּס בְּתַבְנִית קְטַנָּה; (sl.) pack of cards צְרוֹר קְלָפִים א).

שִׁעְבּוּד-גָּלֻיּוֹת s. subjection or servitude in exile –.

שעדיגן v. a. to hurt, injure הַזֵּק, חַבֵּל; || – זיך v. r. to be hurt הִנָּזֵק, הֵחָבֵל. — געשעדיגט זאָל ער ווערן! the deuce take him! יקחהו השטן!

שעדליך adj. hurtful, harmful, injurious מַזִּיק, רַע; || – קייט s. hurtfulness, harmfulness, injuriousness רֹעַ.

שעדעלע = סיעדעלע.

שָׁעָה s. (pl. ן –) hour –. — אין אַ גוטער שעה, אין אַ מזלדיגער שעה in a propitious hour בשעה נאותה, בשעה מוצלחה. — די שעה זאָל נישט זיין! may it never happen! לא יבא ולא יגיע כזה!

שָׁעהדיג adj. of hour שֶׁל שָׁעָה. — צוויי-שעהדיג of two hours של שתי שעות.

שָׁעהווייז adv. by the hour שָׁעָה שָׁעָה.

שָׁעה-ווייזער s. (pl. ס –) hour-hand (of a clock) מַחֹג מוֹרֶה הַשָּׁעוֹת (של שעון).

שָׁעהנלאַנג adv. for hours שָׁעוֹת תְּמִימוֹת.

שִׁעוּר = שִׁיעוּר.

שַׁעַטְנֵז s. linsey-woolsey (garments of which Jews are forbidden to wear) –; (fig.) undesirable person אָדָם בִּלְתִּי רָצוּי.

שעטקעווען v. a. to cut, chop חָתֹךְ, קַצֵּץ.

שעטשקע = מושקע.

שְׂעִיר-הַמִּשְׁתַּלֵּחַ = שְׂעִיר-לַעֲזָאזֵל.

שְׂעִיר-לַעֲזָאזֵל s. goat sent away to Azazel (as a sacrifice), scape-goat –; (fig.) innocent victim אִישׁ תָּמִים נִרְדָּף עַל לֹא דָבָר.

שעך s. tinsel, brass-foil רִקּוּעַ זָהָב מְדֻמֶּה.

שעכט-הויז s. (pl. – הייזער) slaughter-house, abattoir בֵּית הַמִּטְבָּחַיִם.

שעכטן v. a. (p. p. געשאָכטן) to slaughter, kill שָׁחֹט (= שָׁחטן).

שעכטע s. (pl. ס –) layer, stratum, row שִׁכְבָה, שׁוּרָה (= שיכט).

שעכטעווען v. a. to arrange in rows עֲרֹךְ בִּשְׁכָבוֹת, עֲרֹךְ בְּשׁוּרוֹת.

שעכעווען = אויסשעכעווען.

שעל s. (pl. ן –) diamond (at cards) הַמְּרֻבָּע (במשחק הקלפים).

א) ביי הורוויצן.

א) ענליך ווערט אַ טאַליע קאָרטן אין דייטש און אין ענגליש אָנגערופן „דאָס בוך פון די פיר מלכים" (Buch der vier Könige, book of the four Kings) — אַן אָנדייטונג אויף ספר מלכים פון תנ"ך.

שעלטן = שולטן.
שעלכל s. (pl. ־לעך) saucer בָּזָךְ (קערה קטנה).
שעלמאַק s. (pl. ־ם) scoundrel, rogue בֶּן בְּלִיַּעַל, נוֹבָל.
שעלנדיג adj. of diamonds שֶׁל הַמְּרֻבָּעִים (בקלפים).
שעלעכל = שעלכל.
שעמעװודיג adj. bashful בַּיְשָׁן; ‖ ־קייט s. bashfulness בַּיְשָׁנוּת.
שעמעלע s. a kind of dance מִין מָחוֹל.
שעמ נדיג = שעמעװודיג.
שעמען זיך v. r. to be ashamed הִתְבַּיֵּשׁ, בּוֹשׁ.
שעמעריזן = שומערזן.
שען = שוין.
שענדונג s. rape, ravishment אֹנֶס.
שענדליך adj. shameful, disgraceful נִמְאָס, נִתְעָב.
שענדן v. a. to disgrace, violate נִבֵּל, חִלֵּל; to dishonor, ravish אָנַס, עִנָּה (נערה).
שענדער s. (pl. ־) disgracer, violator מְנַבֵּל, מְחַלֵּל; dishonorer, ravisher אוֹנֵס, מְעַנֶּה.
שעניק = סיענוק.
שענקל s. (pl. ־ען) leg, shank שׁוֹק.
שענק s. (pl. ־ען) public-house, tavern, saloon בֵּית מַרְזֵחַ, בֵּית מַשְׁקֶה.
שענקען v. a. to give, make a present of, present with נָתַן בְּמַתָּנָה; to forgive, pardon מָחַל, סָלַח; ‖ v. n. to sell liquor מָכַר מַשְׁקֶה.
— שענקען א חוב to forgive or remit a debt מחל חוב.
— שענקען א שטראָף to pardon, to amnesty חנן.
שענקער s. (pl. ־קערס, ־קאָרעם) publican, tavern-keeper, saloon-keeper בַּעַל בֵּית מַרְזֵחַ.
— טון שענקער to sharp or cheat (at a game) רָמָה (במשחק).
שענקערניק s. (pl. ־עס) sharper, cheat, (at a game) רַמַּאי (במשחק).
שעסנאַסטקע s. (pl. ־ם) measure of 16 pecks עֵדֶת שִׁשָּׁה עָשָׂר קַבִּים (ברוסיה הלבנה).
שעף s. (pl. ־ן) chief ראשׁ, נָשִׂיא.
שעפזשאנדארמען s. chief of gendarmes ראשׁ שׁוֹמְרִים מְזֻיָּנִים.
שעפטאל s. (pl. ־ן) apricot אֲפַרְסֵק.
שעפטשע s. (pl. ־ם) whisper לַחַשׁ.
שעפטשען v. n. to whisper לָחַשׁ.
שעפטשעריי s. whispering לְחִישָׁה.
שעפל s. (pl. ־עך, ־ען) bucket דְּלִי; bushel (measure) אֵיפָה (מדה).
שעפן v. a. to scoop, lade, dip, draw שָׁאַב.
— שעפן לופט to draw breath שאף רוח.

— שעפן נחת (fig.) to derive pleasure from, to take delight in קבל נחת מ־, התענג על־.
שעפס s. (pl. ־ן) ram, sheep אַיִל.
שעפסן adj. of ram, of sheep שֶׁל אַיִל.
שעפסנפלייש s. mutton בְּשַׂר אַיִל.
שעפעלע[1] s. (pl. ־לעך) lamb טָלֶה, שֶׂה.
שעפעלע[2], פאַרקלענערוואָרט פון שעפּל.
שעצן v. a. to esteem הוֹקִיר, כִּבֵּד.
שער s. (שְׁעָרִים) (pl. gate; ־ title-page ־.
שער[1] s. (pl. ־ן) pair of scissors, pair of shears מִסְפָּרַיִם.
שער[2] s. a kind of dance מִין מָחוֹל.
שערבל, פאַ־קלענערוואָרט פון שארבן.
שער־בלאַט s. (pl. ־בלעטער) title-page שַׁעַר (של ספר).
שעריווען v. n. to scrape (with the feet) מָלֵל בְּרַגְלָיו.
שערי־רַחֲמים s. pl. the gates of mercy ־.
שערך = שאַרך.
שערכהובל s. (pl. ־ען) rough plane, jack-plane מַקְצוּעָה גַּסָּה.
שערל[1] s. (pl. ־עך) small scissors מִסְפָּרַיִם קְטַנִּים.
שערל[2] s. diamond (at cards) הַמְּרֻבָּע (בקלפים) (= שעל).
שערל[3] s. (pl. ־עך) young nobleman אָצִיל צָעִיר א).
שערן v. a. (p. p. געשאָרן, געשוירן) to cut with scissors, to shear חָתַךְ בְּמִסְפָּרַיִם, סִפֵּר, גָּזַז.
שערסקע = שאַרסקע.
שערעם = שורעם.
שערעגנע s. (pl. ־ם) line, file שׁוּרָה.
שערער s. (pl. ־, ־ם) shearer חוֹתֵךְ בְּמִסְפָּרַיִם, גּוֹזֵז; barber סַפָּר.
שערץ s. (pl. ־ן) apron סִינָר.
שעשקע s. (pl. ־ם) skunk מִין חַיָּה מַסְרִיחָה.
שעת־הַדְּחַק s. time of pinch, time of need or want ־.
שעת־הַכּושר s. opportune time, opportunity ־.
שפאָג = שפוג.
שפאַגאַט s. (pl. ־ן) cord חֶבֶל.
שפאַגל־נײַ adj. brand-new חָדָשׁ מְאֹד.
שפאַגע s. (pl. ־ם) sword חֶרֶב.
שפאַגעװאַטע = שפוגטוואטע.
שפאַד = שפאַגע.
שפאַדל s. (pl. ־עם) spade מַעְדֵּר.

א) ביי דיקן אין „סאַסלאַניק" (זייט 61; מסתמא א פאַר־קלענערוואָרט פון העבּרעאיש שַׂר, א פירשט.

שפּאָט s. derision, mockery לַעַג, קִלּוּס.
— צו שאַנד און צו שפּאָט for shame and derision לחרפה ולעג.
שפּאָטן v. n. to mock, scoff לָעַג, לִגְלֵג.
שפּאַכליער s. (pl. ־עס) store-room, magazine מְזָוֶה, אוֹצָר.
שפּאַל s. (pl. ־ן) sleeper אֶדֶן (מאדני מסלת הברזל).
שפּאַלט s. (pl. ־ן) chink, crevice בְּקִיעַ, סֶדֶק; slit (of a garment) שֶׁסַע (בבגד); column (of a book, paper, etc.) עַמּוּד (של ספר, עתון וכד').
שפּאַלטינג s. splitting בְּקִיעָה; split, division (fig.) הִתְפַּלְּגוּת, פֵּרוּד.
שפּאַלטן v. a. (p. p. געשפּאַלטן) to split בָּקַע, בִּקַּע; to divide (fig.) הִפְרִיד.
שפּאַליר s. (pl. ־ן) hangings, wall-paper שְׁטִיחַ, נְיָר לְסִפּוּן קִירוֹת.
שפּאַלירן v. a. to hang (a room) צִפָּה (בשטיחים או בנייר).
שפּאַן s. (pl. ־, ־ען) span זֶרֶת; step, pace צַעַד.
— טאָן אַ שפּאַן to make a step צעד צעד.
שפּאָן s. (pl. שפּענער) chip צְרוֹר, קִסָּם.
שפּאַניע npr. Spain אַסְפַּמְיָא, סְפָרַד.
שפּאַניער s. (pl. ־) Spaniard סְפָרַדִּי; brocade רִקְמַת זָהָב וָכֶסֶף.
שפּאַניער־אַרבעטאָרער s. (pl. ־) weaver of brocade אוֹרֵג בְּזָהָב וָכֶסֶף.
שפּאַניערש = שפּאַניש.
שפּאַניש adj. Spanish אַסְפַּמִי, סְפָרַדִּי.
— שפּאַנישע ווענטל folding-screen דַּפְנַיִם.
— שפּאַנישע פליג Spanish fly, blister-fly זבוב האספני; blister רְטִיַּת זבוב האספני.
שפּאַנען v. a. to hitch, harness אָסַר, רָתַם; to walk, stride הָלַךְ, צָעַד.
שפּאַנקע s. (pl. ־ס) stud כַּפְתּוֹר (של כתנת או שרוול).
שפּאַס s. (pl. ־ן) joke, jest, fun בְּדִיחָה, הֲלָצָה.
שפּאַסיג adj. jocose, jocular, funny בְּדִיחָתִי, הֲלָצָתִי.
שפּאַסמאַכער s. (pl. ־, ־ס) joker, jester בַּדְּחָן, לֵץ.
שפּאַסן v. n. to jest, joke, make fun בִּדַּח, הִתְלוֹצֵץ.
שפּאַציר s. (pl. ־ן) walk, promenade טִיּוּל.
שפּאַצירן v. n. to walk, promenade טִיֵּל, הִתְהַלֵּךְ.
— גיין שפּאַצירן to promenade, take a walk טיל, התהלך.
שפּאַקולין = ספּאַקולין.
שפּאַקטיוו s. (pl. ־ן) telescope מִשְׁקֶפֶת; microscope זְכוּכִית מַגְדֶּלֶת.

שפּאַקע s. (pl. ־ס) roan horse סוּס בְּרֹד־אָמֹץ.
שפּאַקעוואַטע adj. roan בְּרֹד־אָמֹץ.
שפּאָר s. (pl. ־ן) spur דָּרְבָן (בעקב נעל לדרבן בסוס).
שפּאַרבער s. (pl. ־ס) sparrow-hawk נֵץ.
שפּאַרגאַלן s. pl. papers נְיָרִים, כְּתָבִים (א).
שפּאַרגל s. asparagus אַסְפָּרָגוֹס (מין ירק).
שפּאַרגע adv. gross weight מִשְׁקַל סְחוֹרָה עִם מַעֲטַפְתָּהּ.
שפּאַרונע s. (pl. ־עס) chink, crevice בְּקִיעַ, סֶדֶק.
שפּאַרונקעלע, פאַרקלענערוואָרט פון שפּאַרונע.
שפּאַרן v. a. to press, push דָּחַק, דָּחַף; to reach הִגִּיעַ; || ־זיך v. r. to press forward הִדָּחֵק; to altercate, dispute (fig.) רִיב, הִתְוַכֵּחַ.
— די הײַזער שפּאַרן און הימל אַרײַן the houses reach into the sky הבתים מגיעים עד השמים.
שפּאָרן v. a. to save, economise חָסַךְ, חָשַׂךְ, קִמֵּץ.
שפּאַרע¹ s. (pl. ־ס) bolt, bar בְּרִיחַ.
שפּאַרע² s. (pl. ־ס) groove חָרִיץ; = שפּאַרונע.
שפּאָרעוודיג adj. saving, economical מְקַמֵּץ; productive מוֹצִיא הַרְבֵּה, רַב פְּרִי, רַב בְּרָכָה.
שפּאַרעווען v. a. to groove עָשָׂה חֲרִיצִים בְּ־.
שפּאַרעניש s. pressing, pushing דְּחִיקָה, דְּחִיפָה; crowding דְּחִיקַת הָמוֹן רָב; altercation (fig.) רִיב, וִכּוּחַ.
שפּאָרקאַסע s. (pl. ־ס) savings-bank קֻפַּת חִסָּכוֹן.
שׂפה s. speech, language ־.
שפּונ s. club (at cards) הַצְּלָב (בקלפים).
שפּונעוואַטע adj. of clubs שֶׁל צְלָבִים (בקלפים).
שפוך־חמתך s. "pour out thy wrath," recital at the Passover ceremony invoking God's wrath on the enemies of the Jewish people ־.
— אויסלאָזן דעם גאַנצן שפוך־חמתך צו אומעצן to pour out one's whole wrath upon a person שפך כל חמתו על איש.
שפּול = שפּולע, שפּולקע.
שפּולע, שפּולקע s. (pl. ־ס) spool, bobbin סְלִיל.
שפּונט s. (pl. ־ן) bung מְגוּפָה.
שפּונטעווען v. a. to bung סָתַם בִּמְגוּפָה.
שפּור s. (pl. ־ן) trace סִמָּן, עֲקֵבוֹת.
שפחה s. (pl. שפחות) maid-servant ־.
שפּיאַלטער = ספּיאַלטער.
שפּיאָן s. (pl. ־ען) spy מְרַגֵּל.

א) פויליש szpargały, אלטע פארשיטלטע פאפירן.

שפּיאָנירן to spy *v. n.* רַגֵּל.

שפּיגל mirror, looking-glass (*pl.* ען –) *s.* רְאִי, מַרְאָה; paragon (*fig.*) הַנִּבְחָר וְהַטּוֹב.

שפּיגל-גלאָז plate-glass *s.* זְכוּכִית לְמַרְאוֹת.

שפּיגל-וואַנט wall of honor (*in the synagogue*) *s.* כֹּתֶל הַכָּבוֹד (בבית הכנסת, שיושבים אצלו האנשים החשובים).

שפּיגל-מאַכער looking-glass manufacturer (*pl.* –) *s.* עוֹשֵׂה מַרְאוֹת.

שפּיגלען to shine *v. n.* הַזְהֵר; || – זיך *v. r.* to look in the glass הַבֵּט בַּמַּרְאָה; to delight in הִתְעַנֵּג עַל־.

שפּיז spear, lance (*pl.* ן –) *s.* רֹמַח, חֲנִית, כִּידוֹן.

שפּיז-גלאָז antimony *s.* אַנְטִימוֹן (מין מתכת).

שפּיזל knitting-needle (*pl.* עך –) *s.* מַחַט לִסְרִיגָה; (= פּרענטל).

שפּיזשאַרניע = ספּיזשאַרניע.

שפּיטאָל hospital (*pl.* ן –) *s.* בֵּית חוֹלִים.

שפּײַ spit (*pl.* ען –) *s.* רְקִיקָה.

— געבן אַ שפּײַ to spit יָרֹק, רָקֹק.

— (*fig.*) געבן אַ שפּײַ אויף עפּעס to give up a thing in contempt השלך דבר אחר גֵּוו בבוז.

שפּײַז food, fare (*pl.* ן –) *s.* מָזוֹן.

שפּײַז-אַלמער cupboard (*pl.* ס –) *s.* אֲרוֹן הַמָּזוֹן.

שפּײַז-אָפּפער meat-offering, oblation (*pl.* ס –) *s.* מִנְחָה.

שפּײַז-מיטלען victuals, provisions *s. pl.* מָזוֹן.

שפּײַזן to feed, nourish *v. a.* הָזֵן.

שפּײַזער nourisher, bread-winner (*pl.* ס –, –) *s.* מְזִין, מְפַרְנֵס.

שפּײַז-קאַמער pantry (*pl.* ן –) *s.* חֲדַר הַמָּזוֹן.

שפּײַז-קאַרטע bill of fare, menu (*pl.* ס –) *s.* רְשִׁימַת הַמַּאֲכָלִים.

שפּײַכלער granary (*pl.* ס –) *s.* אָסָם; = שפּײַכליער.

שפּײַעכץ spittle, saliva *s.* רִיר, רֹק.

— (*fig.*) עס רינט אים די שפּײַעכץ פֿון מויל his mouth is watering רירו יורד מפיו (מ״ב תשוקה).

שפּײַען (*p. p.* געשפּײַט, געשפּיגן, געשפּיגן) *v. a. n.* to spit יָרֹק, רָקֹק.

— (*id.*) שפּײַען קלעק אויף אומעצן to scorn a person בּוֹז לאיש.

— (*id.*) נוּט לאָזן זיך שפּײַען אין דער קאַשע, ז. קאַשע.

— (*prov.*) שפּײַט אים אין פּנים זאָגט ער עס רעגנט he has no sense of shame איננו יודע בשת.

שפּײַץ space (*typ.*) (*pl.* ן –) *s.* מִלּוּא בֵּין אוֹתִיּוֹת אוֹ תֵּבוֹת (בסדור אותיות הדפוס).

שפּײַצן to space (*typ.*) *v. a.* תֵּת רֶוַח בֵּין אוֹתִיּוֹת אוֹ תֵּבוֹת (בסדור אותיות הדפוס).

שפּײַכע = שפּאָנקע.

שפּײַ-קעסטל spittoon, cuspidor (*pl.* עך –) *s.* כְּלִי הָרְקִיקָה.

שְׁפִיכוּת-דָמִים bloodshed *s.*; – (*fig.*) insult, abuse, mortification עֶלְבּוֹן.

שפּיל play, game (*pl.* ן –) *s.* מִשְׂחָק; performance הַצָּגָה (של חזיון); cunt (*vulg.*) עֶרְוַת אִשָּׁה.

שפּילוואַרג toys *s.* כְּלֵי מִשְׂחָק, צַעֲצוּעִים.

שפּילוטער = עקספּעדוטער.

שפּיליען to hook, button *v. a.* רָכֹס, כַּפְתֵּר.

שפּילכל little game (*pl.* עך –) *s.* מִשְׂחָק קָטָן; plaything, toy כְּלִי מִשְׂחָק.

שפּילכן = שפּילכל.

שפּילן to play *v. n.* שַׂחֵק; to play (*on a musical instrument*) נַגֵּן; to sparkle (*wine*) הַבְרֵק (יין); to play, perform שַׂחֵק, הַצֵּג (חזיון); || – זיך *v. r.* to play שַׂחֵק, צַחֵק, הִשְׁתַּעֲשֵׁעַ.

— שפּילן אין קאָרטן to play at cards שחק בקלפים.

— שפּילן אויפֿן פֿידל to play the violin נגן בכנור.

— שפּילן אין טעאַטער to play on the stage שחק על במת החזיון.

— (*fig.*) שפּילן אַ ראָליע, ז. ראָליע.

— (*fig.*) שפּילן אַ ליבע to court, to be in love with חזר אחרי־, היה ביחס אהבה עם־.

— (*id.*) איר שפּילט זיך מיט אים! you must not make light of him! אל תקל ערכו!

שפּילנדיג playing *adj.* מְשַׂחֵק; || while playing *adv.* מְשַׂחֵק; (*fig.*) easily, without effort בַּהֲוָיָתוֹ, בְּנָקֵל, בְּלִי עָמָל.

— ער קען טאָן די אַרבעט שפּילנדיג he can do the work without effort הוא יכל לעשות את המלאכה בלי עמל.

שפּילער player (*pl.* –) *s.* מְשַׂחֵק; מְנַגֵּן (בכלי זמר); gambler מְשַׂחֵק בִּקְלָפִים.

שפּיל-פֿייגל = זינג-פֿויגל.

שפּיל-פּושקע = שפּיל-קאַסטן.

שפּיל-צאַצקע toy (*pl.* ס –) *s.* צַעֲצוּעַ.

שפּיל-צייכן counter (*pl.* ס –) *s.* סִמַּן הַמִּשְׂחָק (דבר שמשתמשים בו להנהלת החשבון במשחק).

שפּילצענע = שפּולקענע.

שפּיל-קאַסטן barrel-organ, street-organ (*pl.* ס –) *s.* תֵּבָה מְנַגֶּנֶת.

שפּילקע pin (*pl.* ס –) *s.* סִכָּה.

— (*fig.*) זיצן אויף שפּילקעס to have no patience; not to be able to sit still לא יכל לשבת במנוחה על מקומו; to wait דחה את השעה.

— (*fig.*) זוכן אַ שפּילקע אין אַ וואָגן היי to look for a needle in a hay-stack חפש מחט בערמת חציר, חפש דבר קטן שאי אפשר למצא.

שפּילקענע adj. of a pin שֶׁל סִכָּה.
— אַ שפּילקענע קעפּל a pinhead ראש סִכָּה.
שפּילקע־מאַכער s. (pl. —ס) pin-maker עוֹשֵׂה סִכּוֹת.
שפּיל־קעסטל, פֿאַרקלענערוואָרט פֿון שפּיל־קאַסטן.
שפּין s. (pl. —ען) spider עַכָּבִישׁ.
שפּינדל s. (pl. —ען) spindle פֶּלֶךְ, כִּישׁוֹר.
שפּינוועב(ס) s. cobweb קוּרֵי עַכָּבִישׁ.
שפּינען v. a. (p. p. געשפּונען) to spin טָוֹה.
שפּינער s. (pl. —, —ס) spinner טוֹוֶה.
שפּינעריי s. spinning מַטְוֶה; spinning-mill בֵּית מַטְוִיָּה.
שפּינערן s. (pl. —ס) female spinner טוֹוָה.
שפּינרעדל s. (pl. —עך) spinning-wheel אוֹפַן מַטְוֶה.
שפּיסל = שפּוול.
שפּיץ s. (pl. —ן) point חוֹד, עֹקֶץ; tip קָצֶה; top, summit ראש; end, upshot סוֹף, תּוֹצָאָה; ז. שפּיצן.
— דער שפּיץ פֿון אַ נאָדל the point of a needle חודו של מחט.
— דער שפּיץ פֿון אַ פֿינגער the tip of a finger קצה אצבע.
— דער שפּיץ פֿון צונג the tip of the tongue קצה הלשון.
— דער שפּיץ פֿון אַ באַרג the top of a mountain ראש הר.
— דער שפּיץ פֿון אַ בוים the top of a tree ראש עץ.
— דער שפּיץ איז געווען the upshot of the matter was תוצאת הדבר היתה.
— (fig.) אויפֿן שפּיץ מעסער just a pinch, very little כַּמּוּת מועטה.
שפּיצאַסט adj. pointed מְחֻדָּד, עִם חוֹד.
שפּיציג adj. pointed מְחֻדָּד, עִם חוֹד; (fig.) sharp-witted מְחֻדָּד, בַּעַל שֵׂכֶל חַד וְחָרִיף.
שפּיציע s. (pl. —ס) spoke חִשּׁוּק (באופן עגלה).
שפּיצל s. (pl. —עך) trick, wile עָרְמָה.
שפּיצן s. pl. lace חוּרֵי, סַלְסָלוֹת.
שפּיצ‖נאָמען s. (pl. —נעמען) nickname שֵׁם גְּנַאי.
שפּיצעדיג, שפּיצעכיג = שפּיציג.
שפּיץ־פֿינגערן s. pl. tiptoe קְצֵה אֶצְבְּעוֹת הָרַגְלַיִם.
שפּיקעווען v. a. to stuff, fill מַלֵּא.
שפּירט s. alcohol, spirit כֹּהַל; (fig.) nimble or lively person אָדָם עֵרָנִי; wanton הוֹלֵל.
שפּירטנע adj. nimble, lively עֵרָנִי, חַי; ‖ —קייט s. nimbleness, liveliness עֵרָנוּת, חִיּוּת.
שפּירטעס s. alcohol, spirit כֹּהַל = (שפּירט).
שפּירן v. a. to feel הַרְגֵּשׁ; to trace חָקֹר, דָּרֹשׁ.

שָׁפָל adj. humble —, עָנָו; low, mean —, בָּזוּי; bad רַע; ‖ s. (pl. שְׁפָלִים) low or mean person אָדָם שָׁפָל, אָדָם בָּזוּי.
שְׁפָלָה s. (pl. שְׁפָלוֹת) low or mean woman אִשָּׁה שְׁפָלָה, אִשָּׁה בְזוּיָה.
שִׁפְלוּת s. lowness, humbleness —.
שְׁפָלקייט s. lowness שִׁפְלוּת; badness רֹעַ.
שֶׁפַע s. abundance —, מַרְבִּית; prosperity —, הַצְלָחָה; (במסחר) gain, profit רֶוַח.
שפּעהע s. (pl. —ס) cross-piece joining two planks עֵץ הָרֹחַב בֵּין שְׁנֵי קְרָשִׁים; planks between the beams (of a ceiling) הַקְּרָשִׁים שֶׁבֵּין קוֹרוֹת הַסִּפּוּן.
שפּעט pred. late מְאֻחָר; ‖ adv. late אַחַר הַמּוֹעֵד.
שפּעטיג adj. late מְאֻחָר.
— שפּעטיגע תבואות late grain אפילות.
— שפּעטיגער רעגן late rain מלקוש.
שפּעטיגן זיך v. r. to be late אַחֵר, הִתְאַחֵר.
שפּעטן = שפּאָטן.
שפּעטנע adj. ugly מְכֹעָר, מָאוּס.
שפּעטער[1] s. (pl. —, —ס) mocker לוֹעֵג.
שפּעטער[2] adv. comp. later יוֹתֵר מְאֻחָר.
שפּעטערדיג adj. later, subsequent שֶׁלְּאַחַר כָּךְ, הַבָּא אַחַר כָּךְ.
שפּענדל s. (pl. —עך) chip, splinter שְׁבָב, בְּקַעַת, צְרוֹר.
שפּענטע, אין דעם פֿאָלגנדיגן אויסדרוק:
— ביז דער שפּענטע entirely, completely עַד תֻּמּוֹ א).
שפּענצער s. (pl. —ס) jacket בֶּגֶד קָצָר, לְבוּשׁ מָתְנַיִם.
שפּענצערל, פֿאַרקלענערוואָרט פֿון שפּענצער.
שפּעציאַל s. (pl. —ן) delicacy מַטְעַמָּה.
— (id.) מאַכן פֿון עפּעס אַ גאַנצן שפּעציאַל to make much ado about nothing הגדל ערך דבר אפסי.
שפּעקולאַנט, שפּעקולאַציע, שפּעקולירן = ספּעקולאַנט, ספּעקולאַציע, ספּעקולירן.
שפּעקטרום s. spectrum תַּחֲזִית (מראה מְגֻוָּן אשר יראו דרך מִנְסָרָה).
שפּער s. (pl. —ן) main-spring (of a watch) קְפִיץ רָאשִׁי (של שעון).
שפּער‖ראָד s. (pl. —רעדער) cog-wheel אוֹפַן בַּעַל שִׁנַּיִם.
שפּראַך s. (pl. —ן) language, tongue, speech לָשׁוֹן, שָׂפָה.

א) ביי לינעצקין אין „דאָס חסידישע יונגעל" (זייט 100) קליינרוסיש до шпенту, ביז גאָר.

שפּראַכוויסנשאַפֿט *s.* science of language, linguistics, philology חָכְמַת לָשׁוֹן, בַּלְשָׁנוּת.

שפּראַכפֿאָרשונג *s.* philology חֲקִירַת לָשׁוֹן.

שפּראַכפֿאָרשער *s.* (*pl.* ~) philologist חוֹקֵר לָשׁוֹן.

שפּראַכנקענטעניש *s.* knowledge of languages יְדִיעַת לְשׁוֹנוֹת.

שפּראַכנקענער *s.* (*pl.* ~) linguist יוֹדֵעַ לְשׁוֹנוֹת.

שפּראַנזשינע = ספּרוזשינע.

שפּראַנטשיק, שפּראַנטשקע = ספּראַנזשקע.

שפּראָץ *s.* (*pl.* ~ן) sprout צִיץ, נִצָּה.

שפּראָצונג *s.* (*pl.* ~ען) sprouting צְמִיחָה.

שפּראָצן *v. n.* to sprout צִיץ, צָמֹחַ.

שפּרוך *s.* (*pl.* ~ן) incantation, charm לַחַשׁ.

שפּרונג *s.* (*pl.* ~ען, שפּרינג) bound, jump, leap דִּלּוּג, קְפִיצָה.

— מאַן אַ שפּרונג ho jump once קפץ קפיצה אחת.

שפּריי *s.* step, pace צַעַד, פְּסִיעָה; slit (*of a pen*) שֶׁסַע הָעֵט.

שפּריי־העלצל *s.* (*pl.* ~עך) wooden bar בְּרִיחַ עֵץ; gag עֵץ לִסְתֹּם הַפֶּה.

שפּרייזן *v. n.* to pace, march, walk צָעֹד, פָּסֹעַ, הָלֹךְ.

שפּרייטן *v. a.* to spread פָּרֹשׂ, שָׁטֹחַ.

שפּרייען *v. n.* to drizzle רָעֹף (מטר).

שפּרייערעגן *s.* (*pl.* ~ס) drizzling rain מָטָר דַּק, רְבִיבִים.

שפּריכוואָרט *s.* (*pl.* ~ווערטער) proverb פִּתְגָּם.

שפּרינג־בעקן *s.* (*pl.* ~ס) sprinkling vessel מִזְרָק; basin of a fountain אַגַּן שֶׁל בְּאֵר זוֹרֶקֶת מַיִם.

שפּרינג־ברונען *s.* (*pl.* ~ס) fountain בְּאֵר זוֹרֶקֶת מַיִם.

שפּרינגען *v. n.* (*p. p.* געשפּרונגען) to spring, jump, leap דַּלֵּג, קָפֹץ; to burst, crack הִתְפּוֹצֵץ, הִבָּקֵעַ.

— (*fig.*) שפּרינגען פֿון הויט to be impatient היה קצר רוח.

— (*fig.*) שפּרינגען אין לופֿטן to get into a rage התרגז, התקצף.

שפּרינגער *s.* (*pl.* ~, ~ס) springer, jumper, leaper מְדַלֵּג, מְקַפֵּץ.

שפּרינג־פֿלוס *s.* (*pl.* ~ן) spring-tide (*geogr.*) עֲלִיַּת הַמַּיִם (בעת המולד ונגוד הלבנה).

שפּרינקל, שפּרינקלדיג, שפּרינקלען, שפּרינקעלע = שפּרענקל, שפּרענקלדיג, שפּרענקלען, שפּרענקעלע.

שפּריץ *s.* (*pl.* ~ן) spurt, spirt נִתּוּז.

שפּריצאָווקע *s.* (*pl.* ~ס) injection הַזָּיָה לְתוֹךְ־.

שפּריצן *v. a.* to spurt, spirt הַזֵּה, זַלֵּף, זָרֹק; to syringe הַזֵּה בְּמַזְלֵף.

שפּריצער *s.* (*pl.* ~ס) syring מַזְלֵף; fire-pump נִשְׁפָּה שֶׁל מְכַבֵּי אֵשׁ.

שפּרעכוואָרט = שפּריכוואָרט.

שפּרעכן *v. a.* to charm, conjure לָחֹשׁ.

שפּרעכער *s.* (*pl.* ~, ~ס) charmer, conjurer לוֹחֵשׁ, קוֹסֵם.

שפּרעכערן *s.* (*pl.* ~ס) female charmer, conjuress לוֹחֶשֶׁת, קוֹסֶמֶת.

שפּרענקל *s.* (*pl.* ~עך) sprinkle זְרִיקָה; speckle, speck, spot נְקֻדָּה, כֶּתֶם.

שפּרענקלדיג *adj.* speckled נָקוֹד.

שפּרענקלען *v. a.* to sprinkle הַזֵּה, זָרֹק; to speckle, spot נַקֵּד, הַכְתֵּם.

שפּרענקעלע *s.* (*pl.* ~ליך) spot, speck, dot כֶּתֶם קָטֹן, נְקֻדָּה.

— (*fig.*) נישט לאָזן קיין שפּרענקעלע פֿאַלן אויף אימעצן not to allow the slightest blemish to be cast upon a person לא הניח להטיל שמץ פסול באיש.

שְׂפַת־אֱמֶת *s.* truthful speech, truthful words ~.

שפּרינזשינע = ספּרוזשינע.

ש״ץ *abbr.* = שְׁלִיחַ־צִבּוּר.

שציפּאָר = שטשיפּיאָר.

שַׂק *s.* sack, mourning dress ~.

שקאָדע *s.* (*pl.* ~ס) harm, injury, wrong נֶזֶק, רעה.

שקאַטולקע *s.* (*pl.* ~ס) box תֵּבָה.

שקאַליק *s.* (*pl.* ~עס) small square bottle בַּקְבּוּק מְרֻבָּע קָטֹן.

שקאָלע *s.* (*pl.* ~ס) secular school בֵּית סֵפֶר חִלּוֹנִי.

שקאָנטיסט *s.* (*pl.* ~ן) discount-broker קוֹנֶה שְׁטָרוֹת בְּנִכּוּי רִבִּית; usurer מַלְוֶה בְּרִבִּית.

שקאָנטירן *v. a.* to discount נַכֵּה, קָנֹה שְׁטָרוֹת בְּנִכּוּי רִבִּית.

שקאָנטע *s.* discount נִכּוּי; interest רִבִּית.

שקאַף *s.* (*pl.* ~עס) case אָרוֹן.

— אַ שקאַף פֿאַר קליידער a clothes-press מלתחה.

שקאַפֿע *s.* (*pl.* ~עס) jade סוּסָה.

שקאַרלאַטינע = סקאַרלאַטין.

שקאַרלופּ *s.* shell קְלִפָּה.

שקאַרמיץ *s.* (*pl.* ~ן) conical paper-bag, funnel-shaped paper-bag מַעֲטֶפֶת־נְיָר חֲרוּטִית, מַעֲטֶפֶת־נְיָר בְּתַבְנִית אֲפַרְכֶּסֶת א).

שקאַרפּעטקע = סקאַרפּעטקע.

שקורע *s.* (*pl.* ~ס) skin (*cont.*) עוֹר.

א) זעט אויס פֿון דײַטש Schirmmütze, א שירעמ־מיצקע.

שְׁקִיעָה = שְׁקִיעַת־הַחַמָּה.
שְׁקִיעַת־הַחַמָּה s. sunset ־.
שקיפּער s. (pl. ־ס) skipper סַפָּן (רב החובלים של אנית סוחר).
שֶׁקֶל s. (pl. שְׁקָלִים) shekel (ancient hebrew coin) ־.
שקלאַוו, שקלאַווערײַ = שקלאַף, שקלאַפֿערײַ.
שַׁקְלָא־וְטַרְיָא s. (pl. ־ס) discussion, deliberation מַשָּׂא וּמַתָּן, הִתְבּוֹנְנוּת.
שקלאַף s. (pl. ־ן) slave עֶבֶד.
שקלאַפֿערײַ s. slavery עַבְדוּת.
שֶׁקֶל־טאָג s. day of the annual contribution to the Zionist fund יוֹם הַשֶּׁקֶל לַצִּיּוֹנִים.
שְׁקָלִים־געלט s. money contributed on Purim at the synagogue הַכֶּסֶף שֶׁמִּתְנַדְּבִים בְּפּוּרִים בְּבֵית הַכְּנֶסֶת.
שקעדע‖לע s. (pl. ־לעך) little box תֵּבָה קְטַנָּה א).
שקעלעט s. (pl. ־ן) skeleton שֶׁלֶד.
שקעלעטיש adj. like a skeleton כְּמוֹ שֶׁלֶד.
שֶׁקֶץ s. (pl. שְׁקָצִים) scoundrel, scamp בֶּן בְּלִיַּעַל, נָבָל.
שֶׁקֶץ s. (pl. שְׁקָצִים) abominable little animal ־.
שְׁקָצִים, ז. שײנעץ.
— שקצים מיט מאָן a kind of cakes with poppy-seeds and honey מִין עֻגוֹת עם גרגרי פרג ודבש.
שְׁקָצִים־וּרְמָשִׂים s. pl. abominable little animals and reptiles ־.
שְׁקָצערײַ s. rascality מַעֲשֵׂה בֶּן בְּלִיַּעַל; impudence חֻצְפָּה.
שֶׁקֶר s. (pl. שְׁקָרִים) lie, falsehood ־.
שקראַב, שקראָב s. (pl. ־עס) old shoe, worn out shoe נַעַל יָשָׁן, נַעַל בָּלָה; (fig.) a feeble old man אָדָם זָקֵן וְחַלָּשׁ.
שקראַבען = סקראַבען.
שֶׁקֶר אֵין לוֹ רַגְלַיִם prov. "a lie has no legs," lies are short-lived ־.
שקראָפל s. scrofula מַחֲלַת הַשְּׁקֵדִים.
שקראָפעליִטשנע adj. scrofulous שֶׁל מַחֲלַת הַשְּׁקֵדִים.
שֶׁקֶר־וּבִלְבּוּל s. (pl. ־בִּלְבּוּלִים) false accusation עֲלִילַת שָׁוְא.
שֶׁקֶר־וְכָזָב pred. adj. absolutely false ־, שֶׁקֶר לְגַמְרֵי.

א) אין ס'־אַנער Handlexicon שקדלה — schkedele; עס ווערט דערבײ באַמערקט: diess ist nur ein jüdisches Wort. דאָס וואָרט איז מסתמא פֿון איטאַליעניש scatola און איז אַ קרוב מיט шкатулка אין רוסיש, szkatułka אין פּויליש.

שקרופּל s. (pl. ־ען) scruple (pharm.) סְקְרוּפֶּל (משקל עשרים שעורים).
שַׁקְרָן s. (pl. שַׁקְרָנִים) liar ־.
שַׁקְרָנוּת s. lying ־.
שקרנטע s. (pl. ־ס) mendacious woman, liar שַׁקְרָנִית.
שַׂר s. (pl. שָׂרִים) prince ־, מוֹשֵׁל; dignitary נוֹשֵׂא מִשְׂרָה; guardian angel מַלְאָךְ מֵלִיץ (שר איש בשמים).
שראַגע s. (pl. ־ס) clothes-peg קֻלָּב; = שְׂרַגָא.
שראָט s. small-shot, hail-shot כַּדּוּרֵי עוֹפֶרֶת קְטַנִּים.
שראָטן = שרעטעווען.
שראַם s. (pl. ־ען) scratch, scar שָׂרֶטֶת, צַלֶּקֶת.
שראַנק s. (pl. ־ען) turnpike, tollgate בֶּלֶם, שַׁעַר הַמֶּכֶס; = שאַפֿ.
שראַנקן = שראַנק.
שְׂרַגָא s. four cards of different suits, worthless cards אַרְבָּעָה קְלָפִים מִגְּוָנִים שׁוֹנִים, קְלָפִים בְּלִי עֵרֶךְ א).
שַׂר־הַמַּשְׁקִים s. chief of the cup-bearers, butler ־.
שרובשטיק = שרויבשטיק.
שָׁרוּי־בְּצַער s. one who is grieved, one who is in trouble ־.
שרויבשטיק s. (pl. ־ן) vice, screw-vice מַכְבֵּשׁ שֶׁל חָרַשׁ בַּרְזֶל.
שרויט = שראַם.
שרויף s. (pl. ־ן) screw בֹּרֶג.
שרויפֿן v. a. to screw בָּרַג.
שרויפֿנציִער s. (pl. ־ס) screw-driver מַפְתֵּחַ לְבֹרֶג.
שרויפֿצוואַנג s. (pl. ־ען) screw hand-vice מַכְבֵּשׁ יַד עִם בֹּרֶג.
שרויפֿשטיק = שרויבשטיק.
שרומפּן = אײנשרומפּן.
שֵׁרוּת s. service עֲבוֹדָה; waiting-woman מְשָׁרֶתֶת.
שָׂרִיד־וּפָלִיט s. "a remnant and fugitive", any one אֶחָד, אֵיזֶה שֶׁהוּא.
— עס וועט נים בלײבן קײן שריד־ופליט there will not remain any one לא ישאר גם אחד.
שריט s (pl. ־) step, pace צַעַד.
שריטעווען = שרעטעווען.
שרײַב־געצײַג = שרײַבצײַג.
שרײַבון s. (pl. ־עס) scribbler כַּתְבָן.
שרײַב־טאָוול s. (pl. ־ען) slate לוּחַ שֶׁל צְפִיחָה (לכתיבה).

א) שְׂרַגָא איז אַ ראשי־תיבות פֿון: ש'ערל, ר'ויט, ג'רין, א'ײכל.

שרײַב-טיש s. (pl. -ן) writing-table, desk שֻׁלְחַן הַכְּתִיבָה, מַכְתֵּבָה.

שרײַב-מאַטעריאַל s. (pl. -ן) writing-materials, stationery מַכְשִׁירֵי כְּתִיבָה.

שרײַב-מאַשין s. (pl. -ען) type-writer, type-writing machine כְּלִי כְּתִיבָה.

שרײַבן v. a. (p. p. געשריבן) to write כָּתֹב; || s. writing כְּתִיבָה; letter מִכְתָּב.

שרײַבכץ s. (pl. -ן) writing כְּתִיבָה; something written דָּבָר כָּתוּב.

שרײַבער s. (pl. -, -ס) writer כּוֹתֵב; writer, author סוֹפֵר, מְחַבֵּר; secretary סוֹפֵר (בבית פקידות).

שרײַבערײַ s. writing כְּתִיבָה; authorship סִפְרוּת.

שרײַב-פּאַפּיר s. writing-paper נְיָר לִכְתִיבָה.

שרײַב-פּעדער = שרײַב-פּען.

שרײַב-פּען s. (pl. -עס) pen עֵט.

שרײַב-פּענדל s. (pl. -עך) lead-pencil עֵט עוֹפֶרֶת, עִפָּרוֹן.

שרײַב-צײַג s. writing-stand, ink-stand כְּלִי כְּתִיבָה, קֶסֶת.

שרײַב-שטוב s. (pl. -שטיבער) writing-room, office מַכְתֵּבָה.

שרײַב-שטיפֿטל = שרײַב-פּענדל.

שרײַטעלע = שרעטעלע.

שרײַען v. n. (p. p. געשריִען, געשריגן) to cry, shout, scream צָעֹק, צָרֹחַ; to low גָּעֹה (כבהמה); to roar שָׁאֹג (אריה).

שרײַער s. (pl. -, -ס) squaller, noisy man צַעֲקָן.

שרײַפֿל, פֿאַרקלענערוואָרט פֿון שרויף.

שרינד, שרינט s. (pl. -ן) parting (of the hair), hair-line פֶּרֶק (בשערות הראש).

שריפֿט s. (pl. -ן) writing כְּתִיבָה; כְּתָב; hand-writing כְּתַב יָד; type (typ.) אוֹתִיּוֹת הַדְּפוּס.

שריפֿט-גיסער s. (pl. -, -ס) type-founder יוֹצֵק אוֹתִיּוֹת הַדְּפוּס.

שריפֿט-גיסערײַ s. (pl. -ען) type-foundry בֵּית יְצִיקַת אוֹתִיּוֹת הַדְּפוּס.

שריפֿטזעצער s. type-setter, compositor מְסַדֵּר אוֹתִיּוֹת הַדְּפוּס.

שריפֿטליך adj. written כָּתוּב; || adv. in writing בִּכְתָב.

שריפֿט-קאַסטן s. (pl. -ס) type-case, case תֵּבַת אוֹתִיּוֹת הַדְּפוּס.

שריפֿטשטעלער s. (pl. -, -ס) writer, author סוֹפֵר, מְחַבֵּר.

שרעטעווען v. a. to rough-grind טָחֹן טְחִינָה גַּסָּה.

שרעטע||לע s. (pl. -לעך) wood-demon, hobgoblin שֵׁד הַיַּעַר; divining rod, magic wand מַטֵּה קְסָמִים; talisman טַלִּיסְמָא א).

שרענגע = שערענגע.

שרעק s. (pl. -ן) fright, terror, horror מוֹרָא, פַּחַד, אֵימָה.

שרעקליך adj. frightful, terrible, horrible נוֹרָא, אָיֹם.

שרעקן v. a. (p. p. געשראָקן) to frighten הַפְחֵד, אַיֵּם; || -זיך v. r. to be afraid יָרֹא.

שרעקעניש s. (pl. -ן) fear, fright מוֹרָא, פַּחַד, אֵימָה.

שָׂרָף s. (pl. שְׂרָפִים) one of the angels surrounding the throne of God -.

שְׂרֵפֿה s. (pl. שְׂרֵפֿות) fire -.

— אַ גרויסע שׂרפֿה conflagration שְׂרֵפָה גְדוֹלָה.

— מאַכן אַ שׂרפֿה to set fire to a house שַׁלֵּחַ אֵשׁ בְּבַיִת.

שְׂרֵפֿה-מאַכער s. (pl. -, -ס) incendiary מְשַׁלֵּחַ אֵשׁ, מַבְעִיר בְּעֵרָה.

שׂרפֿ||ען, -ענען v. n. to burn בָּעֹר.

שׂרפֿענער s. (pl. -, -ס) incendiary מַבְעִיר בְּעֵרָה.

שֶׁרֶץ s. (pl. שְׁרָצִים) creeping animal, reptile -.

שֶׁרֶץ s. (pl. שְׁרָצִים) (fl.) child יֶלֶד.

שְׂרָרה s. (pl. שְׂרָרות) prince -, שַׁלִּיט; lord אָדוֹן, שַׂר.

שְׂרָרהסטע s. (pl. -ס) princess שָׂרָה; lady גְּבֶרֶת, אֲצִילָה.

שְׂרָריש adj. princely שֶׁל שָׂרָה; lordly שֶׁל אָדוֹן, שֶׁל שַׂר.

שֹׁרש = שורש.

שִׁשה num. six -.

שִׁשי ord. num. sixth -; || s. sixth man called up to the reading of the Law הַשִּׁשִּׁי הָעוֹלֶה לַתּוֹרָה.

שִׁשים num. sixty -.

שִׁשים-רִבוא num. sixty myriads, six hundred thousand -.

שֵׁשת-יְמֵי-בְרֵאשית s. pl. the six days of creation -.

שֵׁשת-יְמֵי-הַמַעשה s. pl. the six working-days, the week-days -.

ש"ת abbr. = שַׁבָּת-תְּשׁוּבָה.

שְׁתַּדלן s. (pl. שְׁתַּדְלָנים) intercessor, mediator -.

שְׁתַּדלָנות s. intercession, mediation -.

שְׁתַּדלָנטע s. (pl. -ס) mediatress שְׁתַּדְלָנִית.

שְׁתַּדלָנען זיך v. r. to intercede, mediate הִשְׁתַּדֵּל.

שְׁתִיה s. drinking -.

א) פֿון דײַטש Schrat אַ וואַלד-טײַוול.

שטיענען *v. n.* to drink שתה א).
שתי־וערב *s.* cross "warp and woof," סמן הצלב.
שתיקה *s.* silence ~.
שתיקה יפה בשעת התפילה *phr.* silence is appropriate during the time of prayer ~.
שתקען *v. n.* to drink, tipple שתה, שכר.

ת.

ת *s.* the twenty-second letter of the Hebrew alphabet האות העשרים ושתים באלף בית העברי; || *num.* four hundred ארבע מאות.
תאוה *s.* (*pl.* תאוות) lust, passion ~, תשוקה.
תאוות־החמריות *s. pl.* material or sensual pleasures ~.
תאוות־העולם־הזה *s. pl.* the pleasures of this world, sensual pleasures ~.
תאומים *s. pl.* twins ~; Twins, Gemini (*astr.*) מזל תאומים.
תאמ״ר = מאמער.
תבה *s.* the holy ark ארון הקדש; cantor's desk עמוד התפלה; trunk (*fl.*) ארגז; cellar (*fl.*) מרתף.
— נחם תבה Noah's ark תבת נח; (*fig.*) a crow-ded place מקום שיושבים בו צפופים.
תבואה *s.* (*pl.* תבואות) produce ~, יבול; grain ~, מיני דגן.
תבואה||מארק *s.* (~ מערק *pl.*) grain-market שוק התבואה.
תביעה *s.* (*pl.* תביעות) claim ~.
תבלה־ותתחדש *int.* wear out and renew! (*a wish to a person wearing a new garment* [*for the first time*) ~.
תבת־נח *s.* Noah's ark ~.
תג *s.* (*pl.* תגין) stroke above a letter as ornament ~.
תהום *s.* (*pl.* ~ ען) depth, abyss ~.
תהילה־לאל *int.* thank God! ~.
תהילים *s.* Book of Psalms, Psalter ~.
תהילים־זאגער *s.* (*pl.* ~ ס) Psalm-reader אומר תהלים (על חולה או מת).
תו *s.* (*pl.* ~ ען) (ת) Tav, name of the hard ת שם האות ת הדגושה (ת).
— פון אלף ביז תו from Alpha to Omega, from beginning to end מראש ועד סוף.
תו *s.* (*pl.* ~ ען) Thav, name of the aspirated ת שם האות ת הרפה.
תובע *s.* (*pl.* תובעים) claimant ~, דורש; plaintiff ~.

תובע זיין *v. a.* to importune תבע.
תובע־בפה זיין *v. a.* "to demand by mouth," to demand plainly, demand strongly (*in regard to sexual intercourse*) תבע בפה, דרש בחזקה (בענין בעילה).
תוגר *s.* Turk ~, תורקי; Turkey תורקיה.
תוך *s.* substance ~, עקר, תמצית.
— אין תוך אריין in substance, essentially בעקר, בעצם.
תוך־זאך *s.* (*pl.* ~ ן) something substantial, something essential, something useful דבר ממשי, דבר עקרי, דבר מועיל.
תוך־כדי־דיבור *adv.* as soon as said, instantly ~, כרגע.
תוכחה *s.* (*pl.* תוכחות) chapter of reprehensions (*in Leviticus and Deuteronomy*) ~, פרשת התוכחות (בספר ויקרא ודברים).
— (*id.*) אויסלאזן אויף אומעצן די גאנצע תוכחה to heap curses on a person המטר קללות על איש.
תוכן *s.* (*pl.* תוכנים) astronomer ~.
תוכן *s.* (*pl.* תוכנים) contents (*of a book*) ~.
תוכן־העניינים *s.* table of contents ~.
תומ״י *abbr.* = תיכף־ומיד.
תוספות *s.* "additions," critical glosses on the Talmud ~.
תוספת־כתובה *s.* addition to the marriage contract (*document granting a woman some rights not stated in the marriage contract*) ~.
תוספתא *s.* (*pl.* תוספתות) "addition," collection of Tanaitic discussions not included in the Mishnah ~.
תועלת *s.* benefit, use ~.
תופס זיין *v. a.* to conceive, comprehend תפס, השג, הבן.
תוקע *s.* (*pl.* ~ ס) blower of the ram-horn (*in the synagogue*) ~.
תוקף *s.* power, strength ~, חזק, אמץ; approval הסכמה.
תורה *s.* (*pl.* תורות) learning למוד; Law ~, תורת משה; Pentateuch חומש.
— לערנען תורה to study the Law (*Mosaical as well as Talmudical*) למד תורה.

א) אין פראגער Handlexicon.

— א גרויסע תורה! (*iro.*) a great science! חכמה גדולה!

תּוֹרה וּגדולה בְּמָקוֹם אֶחָד *phr.* erudition and glory in one place (*said of one who is learned and wealthy*).

תּוֹרה־וּמַעֲשִׂים טוֹבִים *s. pl.* learning and virtuous deeds.

תּוֹרה־מִן־הַשָּׁמַיִם *s.* a law from heaven, divine law.

תּוֹרה־נְבִיאִים־וּכְתוּבִים *s. pl.* "the Law, the prophets, and the Hagiographa," the Scriptures.

תּוֹרה־שֶׁבִּכְתָב *s.* the written Law, the Law of Moses.

תּוֹרה־שֶׁבְּעַל־פֶּה *s.* the oral Law, the Talmudic Law.

תּוֹרַת־אֱמֶת *s.* the true Law. — עס איז תורת אמת it is absolutely true אמת הוא בהחלט.

תּוֹרַת־לַאקְשֶׁן, שפאסיג פאר תּוֹרַת־אֱמֶת.

תּוֹרַת־משֶׁה *s.* the Law of Moses. — עס איז תורת־משה it is absolutely true אמת הוא בהחלט.

תּוֹשָׁב *s.* (*pl.* תּוֹשָׁבִים) inhabitant, resident.

ת״ח *abbr.* = תַּלְמִיד־חָכָם.

תַּחְבּוּלָה *s.* (*pl.* תַּחְבּוּלוֹת) remedy, תְּרוּפָה; cunning design, מְזִמָּה.

תְּחוּם *s.* (*pl.* תְּחוּמִים) limit, גְּבוּל; pale. — דער יודישער תחום the Jewish pale of settlement (*formerly in Russia*) תחום מושב היהודים (לפנים ברוסיה).

תְּחוּם־שַׁבָּת *s.* (*pl.* ־ן) Sabbath limit (*limit of 2000 cubits without the city which a Jew should not pass on Sabbath*).

תחי׳ *abbr.* = תִּחְיֶה.

תִּחְיֶה *int.* may she live! (*word written after the name of a woman in a letter*).

תְּחִילַּת *adv.* at the beginning, at first בַּתְּחִלָּה; first בָּרִאשׁוֹנָה.

תְּחִינָה *s.* (*pl.* תְּחִינוֹת) prayer (*especially for women*), תְּפִלָּה (ביחוד לנשים); book of prayers (*for women*) סֵפֶר תְּחִנּוֹת.

תְּחִינוֹת־טַייטש *s.* Judaeo-German used in prayers for women לְשׁוֹן יְהוּדִית־אַשְׁכְּנַזִּית שֶׁל תְּחִנּוֹת לְנָשִׁים.

תְּחִיַּת־הַמֵּתִים *s.* resurrection of the dead.

תְּחִלַּת = תְּחִילַּת.

תְּחִנָּה = תְּחִינָה.

תַּחֲנוּן *s.* "prayer, supplication," name of a prayer said twice daily except Sabbaths and holidays.

תַּחֲנוּנִים *s. pl.* entreaties. — בעטן תחנונים to entreat, to beseech התחנן, הפצר.

תַּחַת *s.* (*pl.* תחתער) hind quarters, arse אֲחוֹרַיִם, שֵׁת.

תַּחְתּוֹנִים *s. pl.* breeches, trousers מִכְנָסַיִם.

תַּחַת־וַשְׁתִּי, שפאסיג פאר תַּחַת־חֶרֶב.

תַּחַת־חֶרֶב *adv.* under the sword. — מאכן תחת־חרב to destroy השמד.

תַּחַת־יְרֵיכוֹ *adv.* under his thigh.

תַּחַת־לעקער *s.* (— ס, — ־) mean flatterer, cringer חוֹנֵף בָּזוּי.

תֵּיבָה = תֵּבָה.

תֵּיבַת־נֹחַ = תֵּבַת־.

תָּיו, תָּיו = תָּו, תָּו.

תֵּיכֶף, תֵּיכֶף־וּמִיָּד *adv.* at once, immediately.

תִּינוֹק־בֶּן־יוֹמוֹ *s.* an infant one day old.

תִּינוֹקוֹת־שֶׁל־בֵּית־רַבָּן *s.* school-children.

תִּיפְלָה *s.* (*pl.* תִּיפְלוֹת) pagan house of worship.

תֵּיקוּ *v. n.* "let it stand," the question remains unsolved הַשְּׁאֵלָה לֹא נִפְתְּרָה.

תִּיקּוּן *s.* (*pl.* תִּיקּוּנִים) improvement, correction, הֲסַבָּה; institution, תַּקָּנָה; purification (*of a sinful soul*) צֵרוּף (של נשמה חוטאת). — טרינקען תיקון to drink on the anniversary of a person's death שתה משקה ביום זכרון למת.

תִּיקּוּן־חֲצוֹת = חֲצוֹת.

תִּיקּוּן־שְׁבוּעוֹת *s.* collection of recitals for the first night of Pentecost.

תֵּירוּץ *s.* (*pl.* תֵּירוּצִים) answer, תְּשׁוּבָה; excuse, pretext, subterfuge אֲמַתְלָא.

תְּכוּנָה *s.* astronomy.

תַּכְלִית *s.* (*pl.* תַּכְלִיתִים) end, result, סוֹף; aim, purpose, מַטָּרָה; practical purpose. — וואס וועט זיין דער תכלית? what will be the end *or* result? מה יהיה סוף הדבר? — איז דאס א תכלית? is there anything promising in this? היש בזה תקוה לעתיד? — מאכן א גוטן תכלית פון עפעס to turn something to a good purpose הוציא תועלת גדולה מדבר. — לעבן מיט א תכלית to look for a purpose in everything בקש תועלת בכל דבר; to live prudently שמר את המדה הנכונה בהוצאות על צרכי החיים. — זוכן א תכלית to look about for an occupation בקש עסק או עבודה.

תַּכְלִיתדיִג *adj.* expedient practical, תַּכְלִיתִי; useful מוֹעִיל; economical מַסְפִּיק; durable קַיָּם.

תַּכְלִית־הַמְכֻוָּן *s.* desired object –.

תַּכְלִית־שִׂנְאָה *s.* bitterest hatred –, שִׂנְאָה הַיּוֹתֵר גְדוֹלָה.

— פֿײַנט האָבן תכלית־שנאה to hate bitterly שנא שנאה גדולה.

תַּכְלעווען *v. a.* to squander בִּזְבֵּז.

תַּכְסִיסֵי־מִלְחָמָה *s. pl.* war-tactics, strategics –.

תַּכֶּף = תֵּיכֶף.

תַּכֶּף־וּמִיָּד = תֵּיכֶף־.

תַּכְרִיכִים *s. pl.* shrouds –.

תַּכְרִיכִים־שטעך *s. pl.* large stitches (*as those made in sewing shrouds*) תְּפִירַת גַּסּוֹת.

תַּכְשִׁיט *s.* (*pl.* תַּכְשִׁיטִין) jewel –.

תַּכְשִׁיט[2] *s.* (*pl.* תַּכְשִׁיטִים) (*iro.*) ornament פְּאֵר (אדם).

תֵּל *s.* heap of rubbish, ruin –, חֻרְבָּה.

— מאַכן אַ תל פֿון to ruin, destroy הַחֲרֵב.

— ווערן אַ תל פֿון to be ruined, to be destroyed הֵחָרֵב.

תָּלוּי[1] *s.* the crucified one, Jesus –.

— (*id.*) אַרויפֿשלעפּן אויף זיך דעם תלוי to put on many ornaments לבש קִשּׁוּטִים רבים א).

תָּלוּי[2] *adj.* depending –.

— עס איז תלוי אָן אים it depends on him תלוי בו.

תָּלוּי־בְּדַעַת־אֲחֵרִים *adj.* dependent on the will of others –.

תְּלִיָּה *s.* (*pl.* תְּלִיּוֹת) gibbet, gallows –.

תִּלֵּי־תִלִּים *s. pl.* heaps upon heaps –.

תַּלְיָן *s.* (–ס, תַּלְיָנִים *pl.*) hangman, executioner –.

תַּלְמוּד *s.* Talmud –.

תַּלְמוּד־בַּבְלִי *s.* Babylonian Talmud (*completed in the sixth century*) –.

תַּלְמודיִסט *s.* (*pl.* –ן) Talmudist אֶחָד מֵחַכְמֵי הַתַּלְמוּד; בָּקִי בַּתַּלְמוּד.

תַּלְמוּד־יְרוּשַׁלְמִי *s.* Talmud of Jerusalem (*completed in the fourth century*) –.

תַּלְמודיִש *adj.* Talmudic תַּלְמוּדִי.

תַּלְמוּד־תּוֹרָה *s.* (*pl.* –ס) school for instruction in Hebrew and in the Jewish religion –.

תַּלְמִיד *s.* (*pl.* תַּלְמִידִים) scholar, pupil; disciple, follower –.

תַּלְמִידָה *s.* (*pl.* תַּלְמִידוֹת) female pupil –.

א) אין דעם אויסדריק מיינט אפשר תָּלוּי אַ צלם אלס אַ צירונג.

תַּלְמִיד־חָכָם *s.* (תַּלְמִידֵי־חֲכָמִים *pl.*) scholar, learned man –.

תֵּל־עוֹלָם *s.* a ruin for ever –.

— מאַכן אַ תל־עולם פֿון to destroy utterly הַחֲרֵב כָּלִיל.

תָּם *s.* simpleton, idiot; naive person – טִפֵּשׁ.

תַּמּוּז *s.* the Jewish month Tammuz (*June-July*) הַחֹדֶשׁ תַּמּוּז.

תַּמּוזדיִג *adj.* of the month Tammuz שֶׁל הַחֹדֶשׁ תַּמּוּז.

תְּמוּנָה *s.* (*pl.* תְּמוּנוֹת) likeness, form –.

תְּמוּנַת־אוֹת *s.* form of a letter –.

— נים וויסן קיין תמונת־אות to be entirely illiterate לא ידע קרא וכתב לגמרי.

תָּמוּת נַפְשִׁי עִם פְּלִשְׁתִּים *phr.* let me die with the Philistines (*said by one who would rather perish than yield to his enemies*) –.

תְּמַחָה *s.* nickname of on Armenian (*in Galicia*) שֵׁם גְּנַאי לְאַרְמֵנִי (בגליציה); ז. מַּח.

תָּמִיד *adv.* always, constantly –.

— אויף תמיד permanently בִּתְמִידוּת.

תְּמִיָּה *s.* (*pl.* תְּמִיּוֹת) wonder –, פְּלִיאָה; question –, שְׁאֵלָה.

תְּמִיכָה *s.* support, aid –.

תְּמִימוּת *s.* naiveness, simplicity –.

תְּמִימותדיִג *adj.* naive תָּם; || *adv.* naively בִּתְמִימוּת.

תַּמעוואַטע *adj.* stupid, idiotic טִפְּשִׁי.

— מאַכן זיך תמעוואַטע to affect stupidity העמד פנים של טפשות.

תַּמְצִית *s.* substance, essence –.

תַּנָּא *s.* (*pl.* תַּנָּאִים) Tanna, sage of the Mishnah (*one of the first doctors of the Talmud*) –.

תַּנָּא־בְּרָא *s.* (*pl.* –ס) Talmudic doctor whose teaching is not included in the Mishnah תַּנָּא בְּרָא; (*iro.*) fine fellow, darling son אָדָם יָקָר, בֵּן יַקִּיר.

תְּנַאי *s.* (*pl.* תְּנָאִים) condition, term –; pact חוֹזֶה.

תְּנַאי־גֵּט *s.* conditional divorce (*bill of divorce given by a moribund man to his wife in order to free her from the levirate obligation in case of his death, on condition of her remarrying him in case of his recovery*) גֵּט שֶׁל תְּנַאי (ספר כריתות נתון משכיב מרע לאשתו לפטור אותה מנֵאֵ היבום, בתנאי שתשוב להנשא לו בקומו מחליו).

תְּנָאִים *s. pl.* articles of engagement, betrothal –.

תְּנָאִים־רִאשׁוֹנִים *s. pl.* preliminary marriage contract, articles of engagement –.

.– final marriage contract *s. pl.* תְּנָאִים־אַחְרוֹנִים

motion, gesture, gri- (*pl.* תְּנוּעוֹת) *s.* תְּנוּעָה
.נְקוּדָה ,– Hebrew vowel-point ; – mace

our masters have taught *phr.* תָּנוּ רַבָּנָן
(*words with which many passages of the*
.– [*Talmud begin*)

to say תָּנוּ רַבָּנָן, to study the *v. n.* תָּנוּ־רַבָּנָנְעֵן
.לָמֹד גְּמָרָא א) Talmud

(*pl.* ן–) *s.* ‖ ;תּוֹרָה נְבִיאִים וּכְתוּבִים = *abbr.* תַּנַ״ךְ
.– the Scriptures

may תְּהִי נַפְשׁוֹ צְרוּרָה בִּצְרוֹר הַחַיִּים = *abbr.* תנצב״ה
his soul be bound in the bundle of life
.– (*inscription at the end of an epitaph*)

.– pleasure, delight (*pl.* תַּעֲנוּגִים) *s.* תַּעֲנוּג

the pleasures of the *s. pl.* תַּעֲנוּגֵי־הָעוֹלָם־הַבָּא
.– future world

the pleasures of this *s. pl.* תַּעֲנוּגֵי־הָעוֹלָם־הַזֶּה
.– world, earthly pleasures

.– fast, fast-day (*pl.* תַּעֲנִיתִים) *s.* תַּעֲנִית

.תַּעֲנִית־אֶסְתֵּר = אֶסְתֵּר־תַּעֲנִית

.שֶׁל תַּעֲנִית of fast *adj.* תַּעֲנִיתדִיג

.– fast after an evil dream *s.* תַּעֲנִית־חֲלוֹם

.– general fast *s.* תַּעֲנִית־צִיבּוּר

.– fast-day of the pious *s.* תַּעֲנִית־צַדִּיקִים

.– mixture *s. pl.* תַּעֲרוּבוֹת

.– imprisoned *adj.* תָּפוּס

.סגֹר בכלא ב) to imprison אײַנזעצן תפוס –

תְּפִלָּה, אֶחָד phylactery (*pl.* תְּפִילִין) *s.* תְּפִיל
.מֵהַתְּפִלִּין

.– prayer (*pl.* תְּפִילוֹת) *s.* תְּפִילָה

.התפלל to pray טאָן תפילה –

"pure prayer," a certain *s.* תְּפִילָה־זַכָּה
prayer said on the eve of the Day of
.– Atonement

.– phylacteries *s. pl.* תְּפִילִין

bag for the phy- (*pl.* עך –) *s.* תְּפִילִין־זעקל
.כִּיס שֶׁל תְּפִלִּין lacteries

.– phylactery of the hand *s.* תְּפִילִין־שֶׁל־יַד

phylactery of the head, *s.* תְּפִילִין־שֶׁל־ראש
.– frontlet

prayer said when going on *s.* תְּפִילַת־הַדֶּרֶךְ
.– a journey

.– vain prayer *s.* תְּפִילַת־שָׁוְא

,– prison, jail, dungeon (*pl.* תְּפִיסוֹת) *s.* תְּפִיסָה

כֶּלֶא, בֵּית הָאֲסוּרִים; – power of conception – כֹּחַ
.הֲבָנָה

.תָּפוּס, אָסִיר prisoner (*pl.* עס –) *s.* תְּפִיסהניק

.תְּפִלָּה = תְּפִלָּה

.תְּפִלָּה = תְּפִילָה

.תְּפִלָּה־זַכָּה = תְּפִילָה־

.תְּפִלִּין = תְּפִילִין

תְּפִלִּין־זעקל, תְּפִלִּין־שֶׁל־יַד, תְּפִלִּין־של־ראש =
.תְּפִילִין־

.תְּפִלַּת־הַדֶּרֶךְ, תְּפִלַּת־שָׁוְא = תְּפִילַת־

durability, lastingness ; – getting up *s.* תְּקוּמָה
.קִיּוּם ,–

to last ;קוּם to get up האָבן אַ תקומה –
.התקים

not to get up, not to ניט האָבן קײן תקומה –
.לא התקים not to last ;לא קום rise

the patient has no דער חולה האָט קײן תקומה –
.אין תקומה להחולה א) recovery

.תִּקּוּן = תִּיקוּן

.תִּקּוּן־חֲצוֹת, תִּקּוּן־נְשָׁמָה, תִּקּוּן־שְׁבוּעוֹת = תִּיקוּן־

"circuit," one of the (*pl.* תקופות) *s.* תְּקוּפָה
אַחַת מֵאַרְבַּע ,– four seasons of the year
.תְּקוּפוֹת הַשָּׁנָה; – period ,מֶשֶׁךְ זְמַן

the solstice of December, the *s.* תְּקוּפַת־טֵבֵת
.– winter solstice

the equinox of March, the *s.* תְּקוּפַת־נִיסָן
.– vernal equinox

the solstice of June, the sum- *s.* תְּקוּפַת־תַּמּוּז
.– mer solstice

the equinox of September, *s.* תְּקוּפַת־תִּשְׁרִי
.– the autumnal equinox

the blowing of the (*pl.* תְּקִיעוֹת) *s.* תְּקִיעָה
.– horn, sound of the horn

a long sound of the horn *s.* תְּקִיעָה־גְדוֹלָה
.–

striking of hands as pledge of *s.* תְּקִיעַת־כַּף
.– an obligation

to strike hands, to con- מאַכן אַ תקיעת־כף –
.תקע כף, גמר עסק clude a bargain

to strike hands in mak- געבן אַ תקיעת־כף –
.נתינת יד להבטיח איזה דבר ing a promise

the blowing of the Shofar *or s.* תְּקִיעַת־שׁוֹפָר
.– ram-horn

a ‖; – firm ; – powerful, influential *adj.* תַּקִּיף
powerful *or* influential person (*pl.* תַּקִּיפִים)
.אָדָם גֵּאֶה haughty person ;בַּעַל דֵּעָה ,–

.תַּקִּיף מְאֹד ב) very powerful *adj.* תַּקִּיף־וּמְתוּקָף

א) בײַ אַבראַמאָוויטשן אין „ספר הגלגולים" (יוביל.־אויסג., זײַט 8): „וואָס פֿאַרט קען אַרויסקומען פֿון דעם תנו־רבנן, וואָס דו תנו־רבנן'סט מיר טאָג און נאַכט?" ב) בײַ אבראַמאָוויטשן אין „די קליאַטשע" (קאַפּ. 14).

א) אין פֿראַנקער Handlexicon. ב) דאָס וואָרט געפֿינט זיך בײַ דיקן אין „די בלוטהאָכצײַט פֿון פּאַריז" (זײַט 44).

תּקיפות *s.* firmness ; — powerfulness. —
תּקלה *s.* (pl. תּקלות) stumbling. — מכשול.
תּקנה *s.* (pl. תּקנות) institution — , קביעת חקים ; statute, law — . חק ; remedy — , תּרופה.
תּרבות *s.* manners, politeness נמוס, דרך ארץ ; respect דרך ארץ.
— לערנען תרבות to teach manners למד דרך ארץ.
— האבן תרבות פאר אומעצן to have a regard for a person נשא פני איש.
תּרבות־רעה *s.* bad conduct, depravity. —
תּרגום *s.* (pl. תּרגומים) Targum, Chaldaic paraphrase of the Scriptures — , תּרגום על כּתבי הקדש ; Chaldaee לשון ארמית ; unintelligible language לשון בּלתּי מובנת.
תּרגום־אונקלוס *s.* Chaldaic paraphrase of Onkelos. —
תּרגום־יונתן *s.* Chaldaic paraphrase of Jonathan. —
תּרגום־לשון *s.* Chaldaic language, Chaldee לשון ארמית ; unintelligible language לשון בּלתּי מובנת.
תּרגום־שני "the second Targum," Chaldaic *s.* paraphrase of the Book of Esther. —
תּרומה *s.* offering of the tithes to the priests. —
תּרועה *s.* (pl. תּרועות) loud sound of the horn. —
תּרופה *s.* (pl. תּרופות) remedy. —
תּרוץ = תּירוץ.
תּרח *npr.* Terah (*father of Abraham*) ; — ‖ *s.* fool פּפּש א).
— אן אלטער תרח an old fool זקן שוטה.
תּרי״ג־מצוות *s. pl.* the 613 religious obligations of a Jew. —

א) אין דער צווייטער באדייטונג האט תרח אפשר א שייכות מיט פּויליש tarach, א לייכטזיניגער מענש.

תּרי־עשר *s. pl.* the twelve minor prophets. —
תּרעומות *s. pl.* complaints. —
תּרפּ״ט־אלפים *num.* "689 thousands," a vast number מספּר עצום.
תּרתּי־דסתרי *s. pl.* "two things contradicting each other," contradiction סתירה.
תּשבּורת *s.* fractions. —
— צענער תשבורת decimal fractions תשברת עשרונית.
תּשואות־חן *s. pl.* gratitude, thanks — , תּודה.
תּשובה *s.* (pl. תּשובות) answer, response, reply — ; repentance — ; penance, castigation סגוף, ענוי (על עוונות).
— א תשובה אויף א בריוו an answer to a letter תשובה למכתב.
— טאן תשובה to repent חזר בתשובה.
תּשובה־ומעשים־טובים *s. pl.* repentance and good deeds. —
תּשוקה *s.* (pl. תּשוקות) desire. —
תּשליך *s.* "thou wilt cast," ceremony of casting the sins performed on Rosh-hashanah near a running stream (*in illustration of the words in Micah VII, 19: "Thou wilt cast their sins into the depths of the sea"*). —
תּשמיש = תּשמיש־המיטה.
תּשמיש־המיטה *s.* cohabitation, coition. —
תּשעה *num.* nine. —
תּשעה־בּאב *s.* the ninth day of Ab (*fast-day in commemoration of the destruction of the Temple*). —
תּשרי *s.* the Jewish month Tishri (*September-October*) החדש תּשרי.
תּשר״ק *s.* alphabet in reverse order (*cryptographic alphabet in which* ת *is represented by* א, ש *by* ב, ר *by* ג, ק *etc.*). —
ת״ת *abbr.* = תּלמוד־תּורה.

פֿאַרצײַכעניש פֿון ייִדישע נעמען.

מיט זײַער איבערלײַג אויף ענגליש.

באַמערקונגען

ייִדישע נעמען, וואָס שטאַמען פֿון תנ״ך, ווי אַבְרָהָם, דָוִד, יִרְמְיָה, ווערן דאָ איבערגעלייגט אויף די גע־ענגלישטע ביבלישע נעמען: Abraham, David, Jeremiah.

ייִדישע נעמען, וואָס זײַנען אין ענגליש פֿרעמד, ווי אַלטער, טרײַטל, ליפּע, זלאַטע, טשערנע, ווערן איבערגעגעבן גענוי ווי זיי קלינגען אין ייִדיש: Alter, Trytl, Lippa, Zlatta, Cherna.

ייִדישע נעמען, וועלכע זײַנען אין אַנדערע פֿאָרמעס אויך דאָ אין ענגליש, ווערן אויך איבערגעגעבן ווי זיי זײַנען אין ענגליש; למשל טודרוס — Todros, Theodore.

בײַ מאַנכע נעמען ווערן אָנגעוויזן גלײַכבאַדײַטנדיקע ענגלישע נעמען, ווי Felix בײַ זעליג, Benedict בײַ בָּרוּך. אַזעלכע ענגלישע נעמען קומען אין קלאַמערן.

ראשי־תיבות.

אַפּק. = אַפּקירצונג.	מענליך. *m.* = *masculine*
פֿקל. = פֿאַרקלענערונג.	ווייבליך. *f.* = *feminine*

אַבאַ *m.* (פֿקל. אַבלי) Abba, Abraham

אַבִיגְדוֹר *m.* (אַפּק. בִיגְדוֹר; פֿקל. בִיגְדוֹרל, בִיגְדוֹרקע) Avigdor א)

אַבָּלי, ז. אבא.

אַבְנֵר *m.* Abner

אָבֶר, אָבֶרל, ז. עבער.

אַבְרָהָם *m.* (פֿקל. אַבְרָהַמטשע, אַבְרָהַמל, אַבְרָהַמעלע) Abraham

אַהרן *m.* (אַפּק. אַהרע, אָהרע; פֿקל. אַהרטשיק, אָהרטשיק, אַהרעלע, אַהרקע) Aaron

אוּרי *m.* Uri (Phœbus)

אידל, ז. יְהוּדָה.

א) אַבִיגְדוֹר איז ניט קיין נאָמען פֿון תנ״ך; מאַנכע פֿאַר־בינדן אים מיט דעם לאַטײַנישן Victor.

איטע *f.* (פֿקל. איטקע) Itta א)

איטשע, איטשקע, ז. יִצְחָק.

אײַדל, אײַדלע *f.* Eidl, Eidla ב)

אײַזיק *m.* (פֿקל. אײַזיקל, אײַזל, אײַזעלע) Isaac

אִיסר *m.* (פֿקל. אִיסרל, אִיסרקע) Israel ג)

איציע, איציק, איצל, איצעלע, ז. יִצְחָק.

אִיתָמר *m.* Ithamar

אֶלְחָנן *m.* Elhanan

אַלטע *f.* (פֿקל. אַלטינקע) Alta

אַלטער *m.* (פֿקל. אַלטערקע) Alter

א) איטע איז אַן אַפּקירצונג פֿון יְהוּדִית, ווי דער טשעכי־שער נאָמען Jitka. ב) פֿון דײַטש edel. ג) אִיסר איז אַן אַפּקירצונג פֿון יִשְׂרָאֵל.

אֵלִיָה, אֵלִיָהו *m.* (פֿקל. אֵלינקע, עלטשיק) Elijah, Elias

אֱלִימֶלך *m.* Elimelech

אֱלִיעֶזר *m.* Eliezer

אֶלְיָקים *m.* Eliakim

אַלֶכְּסַנדר *m.* Alexander

אֶלְעָזר *m.* (אַפֿק. לאָזער; פֿקל. לאָזערקע) Elazar, Lazarus

אַנשל *m.* (פֿקל. אַנשעלע) Anshl, Anselm

אָסנה *f.* Asna, Asenath

אֶסְתּר *f.* Esther (Stella)

אֶפְרים *m.* (אַפֿק. פֿרים; פֿקל. פֿריקע) Ephraim

אַריה *m.* Aria (Leo, Leon)

אָשר *m.* (פֿקל. אָשרל, אָשרקע) Asher (Felix)

באַדאַנע *f.* Badanna (Theodora) (א

באָנטשע *m.* Boncha (ב

באַסיע, באַשע = בַּתיה.

בונים *m.* Bunim (ג

בונע, בונציע *f.* Buna, Buntzia (Bona)

בינדור, ז. אֲבִינָדור.

ביילע *f.* (פֿקל. ביילקע) Beila (Blanche) (ד

ביינוש *m.* (פֿקל. ביינושל, ביינושקע) Beinush, Benedict (ה

בינע, ז. בִּנְיָמין.

בינע *f.* Binna (ו

בלומע *f.* (פֿקל. בלומקע) Bluma (Flora)

בִּנְיָמין *m.* (אַפֿק. בּיניע, בּנְיָמע, נְימע, יָמי; פֿקל. בּנְיָמטשע, בּנְיָמקע, נְימקע) Benjamin

בֶּן־ציון *m.* (אַפֿק. בֶּנציע) Ben-Zion

בענדעט *m.* Bendet, Benedict (ז

בער *m.* (פֿקל. בערטשע, בערוש, בערל, בערציק, בערקע) Ber

בערע = בער.

בְּצַלְאֵל *m.* (אַפֿק. צַלְאֵל; פֿקל. בּצַלקע, צַלקע) Bezaleel

בָּרוך *m.* (פֿקל. בָּרוכל, בָּרוכקע, בָּרושקע) Baruch (Benedict)

ברײַנע *f.* (פֿקל. ברײַנדל, ברײַנדעלע, ברײַנקע) Bryna (ח

בְּרָכה *f.* (פֿקל. בְּרָכקע) Berachah

בַּתיה *f.* (פֿקל. באַשקע) Bithiah

בַּת־שֶׁבַע *f.* (אַפֿק. שֶׁבע) Bath-Sheba

גאָטליב *m.* Gotlib (Theophilus) (א

גאָלדע *f.* (פֿקל. גאָלדעצקע, גאָלדקע) Golda (Aurelia)

גַבְריאל *m.* (פֿקל. גַבְריאלקע) Gabriel

גָד *m.* (פֿקל. גָדל) Gad

גְדַלְיָה *m.* (פֿקל. גְדַלקע) Gedaliah

גוטמאַן *m.* Gutman

גוטע *f.* (פֿקל. גוטקע) Gutta (Bona)

גיטע *f.* (פֿקל. גיטל, גיטעלע, גיטקע) Gitta

גימפל *m.* Gimpl (ב

גליקע *f.* Glicka (Felicia, Beatrice)

גַמְליאל *m.* Gamaliel

גנענדל, ז. גנעסיע.

גנעסיע *f.* (פֿקל. גנעסקע, גנעשקע, גנענדל) Gnessia (ג

געלע *f.* (פֿקל. געלקע) Gella

געצל *m.* (פֿקל. געצעלע) Getzl (Godfrey) (ד

גְרונם *m.* Gronam, Jerome (ה

גרונע *f.* (פֿקל. גרונקע) Gruna (ו

גֶרְשון *m.* (אַפֿק. גֶרשע; פֿקל. גֶרשעלע, גֶרשקע) Gershon

דאָבע = דאָברע.

דאָברע *f.* (פֿקל. דאָברוש) Dobra (Bona) (ז

דאַנע = באַדאַנע.

דְבוֹרה *f.* (פֿקל. דְבוֹרהלע, דְבוֹרטשע, דְבוֹרקע) Deborah

דוֹב *m.* Dov

דוֹבער, דוֹב בער *m.* (פֿקל. דוֹבערוש) Dober, Dov-Ber

דוד, דוויד *m.* (פֿקל. דווידל, דָווידקע) David

דוואָסיע, דוואָשע *f.* (פֿקל. דוואָסקע, דוואָשקע) Dvossia, Deborah (ח

דײַכע *f.* Dycha, Judith (ט

דינה *f.* (פֿקל. דינקע) Dinah

דָן *m.* Dan

דַנִיאל *m.* (פֿקל. דַניאלקע) Daniel

א) באַדאַנע איז אַ סלאַווישער נאָמען: טשעכיש Bohdanka. ב) באָנטשע איז אפֿשר אַ פֿאַרקלענערונג פֿון בונים. ג) בונים איז פֿון לאַטייניש bonus, גוטער. ד) ביילע איז אַ סלאַווישער נאָמען: טשעכיש Běla. ה) ביינוש איז דער טשעכישער נאָמען Beneš (ז. אברהם אליהו הרכבי, „היהודים ושפת הסלאווים", זייט 25, אָנמ. עו). ו) בינע איז מסתמא דאָס זעלבינע וואָס בונע. ז) בענדעט איז פֿון דעם איטאַליענישן נאָמען Benedetto. ח) פֿון דייטש braun.

א) דייטש Gottlieb. ב) פֿון דעם דייטשן נאָמען Gumprecht. ג) גנעסיע איז אפֿשר פֿון דעם גריכישן נאָמען Agnes, Agneta. ד) פֿון דעם דייטשן נאָמען Goetz. ה) פֿון דעם איטאַליעניש־גריכישן נאָמען Geronimo. ו) פֿון דייטש grün. ז) פֿון רוסיש добра, גוטע. ח) דוואָסיע איז דְבוֹרה. ט) דײַכע איז אַנטשטאַנען פֿון יְהוּדית.

דרײַזע f. (פֿקל. דרײַזל, דרײַזעלע) Dreiza, Drusilla

האָדל, ז. האָדעס.

האָדעס f. (פֿקל. האָדל) Hodas, Hadassah

האַנע = חַנה.

הֲדַסה f. Hadassah

הושע m. (פֿקל. האָשקע, העשל) Hosea

הילל m. (פֿקל. היללקע, הילקע) Hillel

הינדע f. (פֿקל. הינדל, הינדקע) Hinda א)

הירש m. (פֿקל. הירשל, הירשעלע, הירשקע) Hirsh

הירשע = הירש.

הֶלל = הילל.

הענדל m. ז. הענעך.

הענדל f. ז. העניע, הענע.

העניע, הענע f. (פֿקל. הענדל, הענעלע, הענקע) Henia, Hannah, Anna

הענעך m. (פֿקל. הענעכקע, הענדל) Enoch

העסיע f. Hessia, Hannah, Anna ב)

הערש = הירש.

הערץ m. (פֿקל. הערצל) Hertz ג)

העשל, ז. הושע און יְהושע.

וואָלף m. (פֿקל. וועלוול, וועלוועלע, וועלפֿקע) Wolf

ווינכנע f. Vichna ד).

זאַלקינד m. (פֿקל. זאַלקע) Zalkind, Solomon

זְאֵב m. Zev

זאַוול, זאַנוול m. Zavl, Zanvl, Samuel

זְבולון m. Zebulun

זונדל m. Zundl ה)

זוסיע m. Zussia

זוסמאַן m. Zussman

זײַנוול = זאַוול, זאַנוול.

זימל, ז. שִמעון.

זיסיע m. Zissia

זיסל, זיסלע, זיסע f. Zissl, Zissla, Zissa (Dulcia)

זיסל, זיסקינד m. Zissl, Zisskind ו)

זישע = זוסיע.

זְכַריה m. Zechariah, Zachary

זלאַטע f. (פֿקל. זלאַטעלע, זלאַטקע) Zlatta (Aurelia) ז)

זַלמן m. (פֿקל. זַלמנקע, זַלמעלע) Zalman, Solomon

זִלפּה f. Zilpah

א) פֿון דײַטש Hinde, א הירשן. ב) העסיע איז פֿון העניע, הענע. ג) פֿון מיטלהויכדײַטש hirz, א הירש. ד) ווינכנע איז אפשר פֿון מיטלהויכדײַטש wîch, הייליג. ה) זונדל קומט געוויינטליך מיט דעם נאָמען חנוך. ו) זיסל און זיסקינד ווערן צוגעגעבן צו דעם נאָמען אלכסנדר. ז) פֿון סלאַוויש злата, גאָלדענע.

זעלדע f. (פֿקל. זעלדעצקע, זעלדקע) Zelda

זעליג m. (פֿקל. זעליגל, זעלקע) Zelig (Felix) א)

זֶרח m. (פֿקל. זֶרחל, זֶרחקע) Zarah

חאַסיע, חאַשע f. (פֿקל. חאַסקע, חאַשקע) Hassia, Hannah, Anna ב)

חוה f. (פֿקל. חוהלע, חוקע) Eva

חוואָלעס f. Hvolas ג)

חֶזקאל, ז. יְחֶזקאל.

חיאל, ז. יְחיאל.

חיה f. (פֿקל. חיהלע, חײַטשע, חײַקע) Hya (Vivian)

חיים m. (פֿקל. חיימל, חיימקע, חײַקל) Hyim, Hyam

חינע, חיענע f. (פֿקל. חינקע, חיענקע) Hena (Grace) ד)

חיסע f. Hissa

חֶמיה, ז. נְחֶמיה.

חנא, ז. חָנן.

חַנה f. (פֿקל. חַנציע, חנטשע, חַנקע) Hannah, Anna, Nina

חָנן m. (אַפֿק. חָנא; פֿקל. חָנטשע, חָנעלע, חָנקע) Hanan

חַצקאל, ז. יְחֶזקאל.

טאָלצע f. Toltza, Dulcia

טאַמאַרע f. (פֿקל. טאַמאַרקע) Tamara, Tamar

טֹביה, טוביה m. (פֿקל. טֹבל, טֹבלע, טֹבקע) Tobiah, Tobias

טודרוס m. (פֿקל. טודרוסל, טודרוסקע) Todros, Theodore

טויבע f. (פֿקל. טײַבל, טײַבקע) Tauba

טילע f. Tilla ה)

טעמע f. (פֿקל. טעמקע) Temma, Tamar ו)

טרײַטל m. Trytl ז)

טרײַנע f. Tryna (Catharine) ח)

טשאַרנע, טשערנע f. Charna, Cherna ט)

יאָכנע, יאָכע, ז. יוכבד.

יאָנטל, ז. יום-טוב.

יאָנקל, ז. יַעקב.

יאָסל, ז. יוסף.

א) דײַטש selig, גליקליך. ב) חאַסיע איז פֿון חַנה. ג) חוואָלעס איז אפשר פֿון רוסיש хвала, א לויב. ד) פֿון העברעאיש חֵן. ה) העברעאיש תְּהִלָּה. ו) טעמע איז אן אָפּקירצונג פֿון תָּמָר. ז) טרײַטל איז מסתמא פֿון דײַטש traut, ליב, טײַער. ח) טרײַנע איז פֿון דעם האָלענדישן נאָמען Tryntje, פֿאַרקלענערונג פֿון Catharina (ז. אַס. ראַבינאָוויטש, Собственныя Имена Евреевъ, זייט 97. ט) פֿון פּויליש czarna און רוסיש черна שוואַרץ.

יאָקל, ז. יַעקב.

יאָשע, ז. יוסף.

יְהוֹאש m. Jehoash

יהודה m. (אַפק. יודה; פֿקל. יודל, יודעלע, יודקע, יידל, אידל) Judah

יְהודית f. (אַפק. יוטע, אִיטע; פֿקל. יְהודיתקע, אִיטקע) Judith

יְהוֹשֻעַ m. (אַפק. שיִע; פֿקל. שיִקע, העשל, יויזל) Jushua

יואל m. (פֿקל. יואלקע) Joel

יודל ז. יְהודה.

יוחָנן m. (פֿקל. יוחנציע) Johanan, John

יוטע, ז. יְהודית.

יויזל, ז. יְהוֹשֻעַ און יוסף.

יוכֶבד f. (אַפק. יאָכע, יאָכנע; פֿקל. יאָכקע) Jochebed

יום־טוב m. (פֿקל. יאָנטל) Yom-Tov

יונה m. (פֿקל. יונהלע, יונקע) Jonah, Jonas

יוסף m. (אַפק. יאָסיע, יאָשע; פֿקל. יוספל, יוספקע, יאָסל, יאָסעלע, יאָשקע, יויזל) Joseph

יְחֶזְקאל m. (אַפק. חָזְקאל, חַצְקאל; פֿקל. חַצְקאלע, חאַטשע) Ezekiel

יְחִיאל m. (אַפק. חִיאל; פֿקל. יְחִיאלקע, חִיאלקע) Jehiel

יידל, ז. יְהודה.

יָמִי, ז. בִנְיָמִין.

יענטע f. (פֿקל. יענטל יענטקע) Yenta א)

יַעקב m. (פֿקל. יאַנקל, יאַנקעלע, יאָקל, יויקל, יעקל, יעקעלע) Jacob, James

יִצחק m. (אַפק. אִיציע, אִיטשע; פֿקל. אִיציק, אִיצל, אִיצעלע, אִיטשקע) Isaac

יְקוּתיאל m. (אַפק. קוּתיאל, קושע; פֿקל. קוּתיאלקע, קושקע) Jekuthiel

יְרוחם m. (פֿקל. יְרוחמקע) Jeruham

יְרַחְמיאל m. (אַפק. רַחְמִיאל; פֿקל. רַחְמִיאלקע) Jerahmeel ב)

יִרְמְיָה m. Jeremiah

יִשָׂשכָר m. (אַפק. שָׂכָר; פֿקל. שָׂכָרקע) Issachar

יְשַעְיָה m. (אַפק. שַעיָה; פֿקל. שַייקע) Isaiah

יִשְׂרָאל m. (אַפק. שְׂרָאל; פֿקל. יִשְׂרָאליק, יִשְׂרָאליקל, יִשְׂרָאלקע שְׂרָאליק, שְׂרָאליקל, שְׂרָאלציע, שְׂרָאלקע) Israel

כאַסיע, כאַשע = חאַסיע, חאַשע.

כַּתְרִיאל m. (פֿקל. כַּתְרִיא־לקע) Kathriel

לאה f. (פֿקל. לַאהלע, לַאהקע) Leah

א) יענטע איז אפשר אַרויסגעקומען פֿון דעם אַלטן נאָמען גינטיל (פֿון פֿראַנצייזיש gentile, איידעלע). ב) אין יידיש איז אָנגענומען צו שרייבן יְרַחְמִיאל, כאָטש אין תנ"ך איז רער נאָמען אָן דעם צווייטן יוד: יְרַחְמְאל.

לאָזער, ז. אֶלְעָזָר.

לֵוִי m. (פֿקל. לֵוִיק) Levi

ליבע f. (פֿקל. ליבקע) Libba

ליובע f. Luba

לייב m. (פֿקל. לייבוש, לייבושיק, לייבטשע, לייבל, לייבעלע) Leib (Leo, Leon)

לייבע = לייב.

לייזער m. (פֿקל. לייזערל, לייזערקע, לייזשקע) Leizer, Lazarus א)

ליפּמאַן m. Lipman ב)

ליפּע m. (פֿקל. ליפּעלע) Lippa ג)

לעמל m. Lemml ד).

מאָטיע, מאָטע m. (פֿקל. מאָטל, מאָטעלע, מאָטקע) Motya, Motta, Mordecai ה)

מאַטל, מאַטע, מייטע f. Matil, Matta, Meita (Virginia) ו)

מֵאיר m. (פֿקל. מֵאירל, מֵאירקע) Meir

מאַלע f. Malla ז)

מאַן, מאַניש, מאָניש, מאַנע, ז. מְנַחם.

מאַריאַשע f. (פֿקל. מאַריאַשקע) Mariasha, Mary

מייטשע, ז. מָרְדְכַי.

מִיכאל m. (פֿקל. מִיכָאלקע) Michael

מיכה m. (פֿקל. מִיכונקע, מִיכקע) Micah

מִיכל m. (פֿקל. מִיכָלע) = מִיכָאל.

מִיכלע f. Michla

מִינע f. (פֿקל. מִינדל, מִינדעלע, מִינטשע, מִינקע) Minna ח)

מִירע f. (פֿקל. מִירל, מִירקע) Mirra ט)

מֶלך m. (פֿקל. מֶלכל, מֶלכקע) Meilech

מַלְכָּה f. (פֿקל. מַלְכּהלע) Malka (Regina)

מַן, ז. מְנַחם.

מְנוחה f. (אַפק. נוחה; פֿקל. מְנוחקע, נוחל, נוחקע) Menuha

מְנַחם m. (אַפק. מַן, מאַן, מאַנע; פֿקל. מאַניש, מאָניש, מענדל, מענדקע) Menahem

מְנַשה m. (פֿקל. מְנַשקע) Manasses

מענדל, ז. מְנַחם.

מעניע f. Menia, Menuha י)

מערע f. (פֿקל. מערקע) Mary

א) לייזער איז אַן אָפּקירצונג פֿון אֶלִיעֶזר. ב) דייטש Liebmann. ג) ליפּע איז אַן אָפּקירצונג פֿון ליפּמאַן. ד) פֿון דייטש Lamm, אַ שעפּס. ה) מאָטיע, מאָטע זיינען אָפּקירצונגען פֿון מָרְדְכַי. ו) פֿון דייטש Mädel, Maidel. ז) מאַלע איז אַ פֿאַרגרעסערוואָרט פֿון מַלְכָּה, וואָס קלינגט ווי אַ פֿאַרקלענערוואָרט. ח) מינע איז אַן אָפּקירצונג פֿון דעם דייטשן נאָמען Wilhelmina. ט) מירע איז פֿון לאַטייניש־גריכיש myrrha, אַ מין בשמים. י) מעניע איז אַן אָפּקירצונג פֿון מְנוחה.

מָרְדְכַי .m (אפק. מאָטע מאָטיע, מאָטשע, מײַטשע; פקל. מָרְדְכֵילע, מאָטל, מאָטעלע, מאָטקע) Mordecai

מִרְיָם .f (פקל. מִרְימקע) Miriam, Mary

משה, מָשֶׁה .m (פקל. משהלע, משקע, מָשקע) Moses

מְשוּלָם, מְשֻׁלָּם .m Meshullam

מַתִּתְיָה, מַתִּתְיָהוּ .m (אפק. מַתּת; פקל. מַתּתל, מַתּתקע, מַתקע) Mattithiah, Matathias, Matthew

נאָטע, ז. נָתָן.

נוחה, ז. מְנוּחָה.

נֹחַ .m (פקל. נֹחל, נֹחקע) Noah

נָחוּם .m (פקל. נָחומל, נַחומציע, נחומקע) Nahum

נְחָמָה .f (אפק. נעכע; פקל. נְחַמקע, נעכל) Nehama

נְחֶמְיָה .m (אפק. חָמיה, חָמע; פקל. נְחֶמקע, חָמל, חָמעלע, חָמקע) Nehemiah

נַחְמָן .m (פקל. נחמנקע) Nahaman

נָטע, ז. נָתָן.

ניאָמע, ז. בִּנְיָמִין.

נִיסָן .m (אפק. נִיסע; פקל. נִיסל) Nissan

נעכע, ז. נְחָמָה.

נַפְתָּלִי .m (פקל. נַפתָּלקע) Naphthali

נָתָן .m (אפק. נאָטע, נָטע; פקל. נאָטקע, נאָשקע) Nathan

סאָסיע .f (פקל. סאָסקע) Sossia

סטירע .f (פקל. סטירקע) Stirra (Stella)

סימע .f (פקל. סימעלע, סימקע) Simma א)

סלאָווע, סלאָווע .f Slava, Slova ב)

סַעֲדְיָה .m Sadia

סענדער .m (פקל. סענדערל, סענדערקע) Sander, Alexander ג)

עבער .m (פקל. עבערל) Ebber, Abraham ד)

עוֹבַדְיָה .m Obadiah

עוזר .m (פקל. עוזרל, עוזרקע) Ozer

עֶזְרָא .m Ezra

עַזְרִיאֵל .m (פקל. עַזְרִיאלקע) Azriel

עטע .f (פקל. עטל, עטעלע, עטקע) Etta, Esther

עלקע .f (פקל. עלקעלע) Ella

עִמָּנוּאֵל .m Emmanuel

עֲקִיבָא .m (אפק. קִיבא; פקל. קִיבאלע) Akiba

עשקע .f Eshka ה).

א) סימע איז אַן אפקירצונג פון שִׂמְחָה, וואָס איז אויך אַ ווײַבליכער נאָמען. ב) פון רוסיש слава, אַ לויב. ג) סענדער איז די אַפקירצונג פון אֲלֶכְּסַנְדֶר. ד) עבער איז אַן אַפקירצונג פון אַבְרָהָם. ה) עשקע איז אפשר אַ פאַרקלענערונג פון העסיע.

פּיע .f Pya, Zipporah א)

פִּינְחָס .m (אפק. פיניע; פקל. פִּינְחָסל, פִּינְחָסקע, פינקע) Phinchas

פַּלְטִיאֵל .m Paltiel

פֶּסַח .m (אפק. פײַשע; פקל. פֶּסחל, פֶּסחקע, פײַשקע) Peisah

פעסיע, פעשע .f (פקל. פעסל, פעשקע) Pessia, Pesha, Bess, Elizabeth

פערל .f (פקל. פערע ע) Perl (Margaret)

פֶּרֶץ .m (פקל. פֶּרצל, פּ׳צקע) Perez

פְּתַחְיָה .m Pethahiah

פֿויגל .f (פקל. פֿײגעלע) Fogl

פֿײַבוש, פֿײַווויש .m (אפק. פֿײַווע; פקל. פֿײַוול) Fybush, Fyvish, Foebus

פֿײַגע .f Feiga ב)

פֿײַטל .m Fytl, Vitus ג)

פֿישל, פֿישקע .m Fishl, Fishka

פֿראַדל .f Fraddl ד)

פֿרומע .f (פקל. פֿרומקע) Fruma

פֿריידע .f (פקל. פֿריידל, פֿריידעלע, פֿריידקע) Freida

צאַרטל .f Tzartl

צְבִי .m Tzevi

צְבִיָה .f (פקל. צְביהלע) Tzivia ה)

צָדוֹק .m (פקל. צָדוקל) Zadok

צײַטל .f (פקל. צײַטעלע) Tzeitl

צינע .f (פקל. צינקע) Tzinna ו)

ציפּע .f (פקל. ציפּקע) Tzippa, Zipporah

צירע .f (פקל. צירל, צירקע) Tzirra, Sarah

צַלְאֵל, ז. בְּצַלְאֵל.

צֶמַח .m (פקל. צֶמחי, צֶמחקע) Zemmah

צִפּוֹרָה .f Zipporah

קאָפּל, קאָפּקע .m Koppl, Kopka, Jacob ז)

קאַרפּל .m Karpl ח)

קְהָת .m Kehath

קויפֿמאַן .m Kaufman

קוניע .f Kunia ט)

קושע, ז. יְקוּתִיאֵל.

קוּתִאל, ז. יְקוּתִיאֵל.

א) פּיע איז פון פּוּרָה, פּיערל, אַמאָליגע אַפקירצונג און פאַרקלענערונג פון צִפּוֹרָה. ב) פֿײַגע איז אַ פאַרגרעסער־וואָרט פון פֿויגל, וואָס קלינגט ווי אַ פאַרקלענערוואָרט. ג) פֿײַטל איז פון דעם דײַטשן נאָמען Veit. ד) פֿראַדל, איז אַ פאַרקלענערונג פון פֿרוידע. ה) פון העברעאיש צְבִיָּה, אַ הירשן. ו) צינע איז אַן אַפקירצונג פון קְצִינָה. ז) קאָפּל, קאָפּקע זײַנען אַפקירצונגען פון יַעֲקֹב. ח) פון קאַרפּ, אַ פיש. ט) קוניע איז אַן אַפקירצונג פון דעם דײַטשן נאָמען Kunigunde.

קִיבא, ז. עֲקִיבא.

קײלע *f.* Keila

קְלוֹנימוס *m.* Klonimos א)

קַלְמַן *m.* (פקל. קַלמנקע) Kalman

קרוינע *f.* (פקל. קרײנדל, קרײנעלע) Krona

ראָדע *f.* (פקל. רעדל) Roda, Rosa

רְאוּבן *m.* (אפק. ראובע; פקל. רְאובעלע, רְאובקע) Reuben

ראַלע *f.* Ralla, Rachel

ראָניע *f.* Ronia, Rosa

ראַשל, ראַשקע *f.* Rashl, Rashka, Rachel

רִבְקה *f.* (פקל. רבקהלע) Rebecca

רויזע *f.* (פקל. רײזל, רײזעלע, רײזקע) Rosa

רָחל *f.* (פקל. רָחלע, רחקע, רעחל, רעכל) Rachel

רָחע *f.* Rocha, Rachel ב)

ריבה *f.* Riva, Rebecca ג)

רײַכע *f.* (פקל. רײַכל) Rycha

רײַנע *f.* (פקל. רײַנקע) Ryna

רײַצע *f.* (פקל. רײַצל, רײַצקע) Rytza (Grace) ד)

ריסע *f.* Rissa, Rebecca

ריקל, ריקלע *f.* Rickl, Rickla

רעכל, ז. רָחל.

רְפָאל *m.* (פקל. רְפאלקע) Raphael

שָׁאול *m.* Saul

שֶׁבח *m.* (פקל. שֶׁבחקע) Shevah

שֶׁבע, ז. בַּת־שֶׁבע.

שבתי *m.* (אפק. שעפּע, שעפּס; פקל. שַׁבְּתל, שעפּסל, שעפּקע) Sabbathai

שואל *m.* (פקל. שואלקע) = שאול.

שײנע *f.* (פקל. שײנדל, שײנקע) Sheina (Pulcheria)

שיע, שיקע, ז. יְהושע.

שכנא *m.* (פקל. שָׁכקע) Shachna

שֶׂכר ז. יִשָׂכר.

שלום *m.* (פקל. שְׁלומקע) Sholom

שלמה *m* (פקל. שלמהלע, שלומטשיק, שלומטשע, שלומקע) Solomon

שמאי *m.* Shammai

שמואל *m.* (פקל. שְׁמואליע, שמואליק, שְׁמואָלקע, שמולקע שמעלקע) Samuel

שמחה *m* Simcha

שמעון *m.* (פקל. שְׁמעונקע, זימל) Simeon

שמריה שמריהו *m.* (פקל. שמערל, שמערקע) Shemariah

שמשון *m* Samson

שניאור *m.* (פקל. שנײאורל שנײערקע) Shneiur

שעיה, ז. ישעיה.

שעפטל *m.* Sheftl א)

שפרה *f* (פקל. שפרינקע) Shifra (Bella)

שפרינצע *f.* (פקל. שפרינצקע) Sprintza (Hope) ב)

שרגא *m.* Shraga (Phoebus)

שָׂרה *f.* (פקל. שָׂרהלע, שָׂרהלע, שָׂרל, שָׂרקע, שָׂרקה) Sarah

תמר *f.* Tamar

תַּנחום *m.* Tanhum

א) פון גריכיש Kalonymos, אַ שײנער נאָמען. ב) רָחע איז אַ פאַרגרעסערװאָרט פון רָחל, װאָס קלינגט װי אַ פאַרקלענערװאָרט. ג) ריבה איז אַ פאַרגרעסערװאָרט פון רִבְקה, װאָס קלינגט װי אַ פאַרקלענערװאָרט. ד) פון דײַטש Reiz, חן.

א) שעפטל יװערט געװײנטליך אָנגענומען פאַר אַ פאַרקלענערונג פון שַׁבְּתי שעפּס, װאָס עס שיקט זיך ניט מחמת דעם אומנעװײנטליכן איבערגאַנג פון בת, פּס אין פּט. ב) פון שפּאַניש esperanza, האָפנונג.

הוספה

צו דעם

יִדיש־ענגלִיש־העברעאִישן ווערטערבוך

פֿון

אלכסנדר האַרקאַווי.

די הוספה אנטהאַלט אַחוץ ניי־געזאַמלטע ווערטער אויך צוגענעבענע טײַטשן און פֿראַזעס צו מאַנכע פֿריערדיגע. דער זוכער זאָל תמיד אַרײַנקוקן אין דער הוספה צו זען, אויב דאָ געפֿינט זיך ניט נאָך אַמאָל דאָס וואָרט, וואָס ער געפֿינט אין דעם ווערטערבוך גופא, כדי ניט צו פֿאַרפֿעלן די צונאַבן.

צווישן די ניי־געזאַמלטע ווערטער זײַנען דאָ פֿיל ענגלִישע, וואָס ווערן באַנוצט אין יִדיש אין אַמעריקע. אַזעלכע ווערן אָנגעוויזן דורך (.E) = English (ענגליש). אין דעם יִדישן אויסלייג פֿון די ענגלישע ווערטער זײַנען דאָ אײַנגעפֿירט געשטריכלטע ד און ט (ד̄, ט̄) פֿאַר די קלאַנגען פֿון th, ווי: קלאָדינג = clothing, נאַט̄ינג = nothing; זיי דאַרפֿן אָבער געלייענט ווערן ווי פּשוטע ד און ט, ווײַל אין יִדיש ווערן די קלאַנגען פֿון th אַזוי געהערט. די געשטריכלטע אותיות וועלן זײַן ניצליך מיט דעם, וואָס זיי וועלן ווײַזן, ווי די קלאַנגען, וועלכע זיי שטעלן פֿאָר, ווערן געשריבן אין ענגליש.

☞ ווען עס ווערט דאָ אָפּגעשיקט פֿון איין וואָרט צו אַן אַנדערן, זאָל מען דאָס אַנדערע וואָרט זוכן אין דעם ווערטערבוך גופא, סײַדן עס שטייט דערבײַ אין קלאַמערן „הוספה“.

פֿאַרקירצונגען, וואָס קומען אין דער הוספה.

אָ ל ש ו ו. — Immanuel Olšvanger. Aus der Volksliteratur der Ostjuden. Basel 1920.

ז אַ ק ס. — א. ש. זאַקס. חרוב'ע וועלטען. ליטעראַרישער פֿערלאַג. ניו יאָרק [1917].

י אָ פֿ פֿ ע — דר. יוּ"א יאָפֿפֿע. פֿאַרצייכענישן אויף די גליונות פֿון האַרקאַוויס ווערטערביכער.

י ג" ד — Die jüdischen Gauner in Deutschland. Von A. F. Thiele. Erster Band. Berlin 1841.

מ י ל ך — יעקב מילך. פֿאַרצייכעניש.

ע ל ב ע — לעאָן עלבע. פֿאַרצייכענישן.

פֿ אָ אָ ר ז. — G. L. Voorzanger. Het Joodsch in Nederland. Amsterdam 1915.

ק אָ פּ. — י. קאָפּעלאָוו. אַמאָל איז געווען. זכרונות פֿון דעם אידישן לעבן אין ליטע אין די יאָרן 1860-1882. ניו יאָרק 1926.

א.

אָבאַרע s. (pl. ס —) fence, enclosure גָדֵר.

אָבי conj. provided that בִּתְנַאי, אִם רַק.

אביוזן v. a. (E.) to abuse הַעֲלֵב.

אֶבֶן־הַשְּׁתִיה s. the cornerstone —.

אָבעזיאַנע s. (pl. ס —) ape, monkey קוֹף.

אָבער adv. again שׁוּב, עוֹד פַּעַם.

— ווידער און אָבער, זע אינטער ווידער.

אַגאַנקע = נאַנקע.

אַגאָנקע s. (pl. עס —) tail זָנָב.

אָגאָסט (E.) = אווגוסט.

אגודהניק s. (pl. עס —) member of the Israelitic Federation חָבֵר לַאֲגֻדַּת יִשְׂרָאֵל.

אגודת־ישׂראל s. Israelitic Federation (name of an ultra-orthodox anti-Zionist Jewish league) —.

אדווערטײַזמענט s. (pl. ס —) (E.) advertisement מוֹדָעָה.

אדווערטײַזן v. a. (E.) to advertise הוֹדִיעַ.

אדוני מלך phr. my lord the king —.

אדל מאַן s. (pl. לײַט —) nobleman אָצִיל; noble-minded man אָדָם נָדִיב, יְקַר רוּחַ.

אדלקײַט s. nobility אֲצִילוּת; nobleness נְדִיבוּת.

אדלקינד s. (pl. ~ער) gentle child יֶלֶד עָדִין.
אַדרַבה adv. well נָא.
— אדרבה, זאָל ער זאָגן well, let him say יאמר נא.
אדרעסירן v. a. to address רָשֹׁם כְּתֹבֶת עַל־; שָׁלֹחַ אֶל־.
אַהעד adv. (E.) ahead הָלְאָה; לְפָנִים, קָדִימָה.
אונגװראַק s. (pl. ~רקעס) = אונגערקע.
אַוואו = וואו.
אָוואַציע s. (pl. ~ס) ovation קַבָּלַת פָּנִים בְּשִׂמְחָה וְכָבוֹד.
אַוואַדאי adv. certainly, surely, to be sure בְּוַדַּאי; of course מוּבָן, בְּלִי סָפֵק.
אָוונטל¹, פֿאַרקלענערוואָרט פֿון אָוונט.
אָוונטל² s. (pl. ~עך) little poppy-seed cake עֻגַּת פֶּרֶג קְטַנָּה א).
אַוועקאײַלן זיך v. r. to hurry away עָבֹר מְהֵרָה.
אַוועקלײגן v. a. to fell הַפֵּל (אדם, עץ).
אָוקאָ(ר)ס adv. (E.) of course בְּוַדַּאי, מוּבָן.
אָוטמיל s. (E.) oatmeal גְּרִיסֵי שִׁבֹּלֶת שׁוּעָל.
אויבנאויף adv. on the surface עַל פְּנֵי הַדָּבָר.
— פֿון אויבנאויף (fig.) obviously, clearly נראה לעינים, ברור.
אויבנאַניג adj. of the seat of honor שֶׁל מְקוֹם הַכָּבוֹד.
אויבער³ conj. = אויב.
אויבערהערשער s. (pl. ~) overlord, sovereign מוֹשֵׁל עֶלְיוֹן.
אויג s. (pl. ~ן) eye עַיִן.
— אַ גוט אויג, זע גוט־אויג.
— (id.) האָבן גלעזערנע אויגן to be blind to the defects of those one loves היה עצום־עינים מראות מומי אהוביו.
אויגל = אייגל.
אויגן־גלעזער s. pl. eye-glasses, spectacles מִשְׁקָפַיִם.
אויטסײַד s. (E.) outside חוּץ; || adv. מִחוּץ; בַּחוּץ.
אויטסײַדער s. (pl. ~ס) (E.) outsider זָר.
אויסבעקן v. n. (E.) to back out חָזֹר מִדְּבָרוֹ.
אויסברענגען v. a. to sell מָכֹר; to marry, give in marriage הַשִּׂיא (בת).
אויסגאָב = רעשטע.
אויסגעדערווײלט adj. chosen, elect בָּחוּר.
אויסגערעכנט adj. calculating, prudent, economical עוֹשֶׂה הַכֹּל בְּחֶשְׁבּוֹן, מְקַמֵּץ; || ~קייט s. calculating mind תְּכוּנַת אִישׁ עוֹשֶׂה דָּבָר בְּחֶשְׁבּוֹן; economy חִסָּכוֹן.
אויסגעשטודיר||טער s. (pl. ~טע) one who has finished a course of studies אִישׁ שֶׁגָּמַר חֹק לִמּוּדָיו.
אויסהיטן v. a. to guard שָׁמֹר; || ~ זיך v. r. to beware הִשָּׁמֵר, הִזָּהֵר.
אויסטײלן v. a. to separate הַבְדֵּל, הַפְרֵד.
אויסטערליש adj. uncommon, odd, strange, outlandish בִּלְתִּי רָגִיל, מוּזָר; quaint נָאֶה, הָדוּר.
אויסטראָגן v. a. to carry to different places נָשֹׂא לִמְקוֹמוֹת שׁוֹנִים.
אויסטראַליע npr. Australia אוֹסְטְרַלְיָה.
אויסלופּן¹ v. a. to peel, sheel פַּצֵּל, קַלֵּף; || ~ זיך v. r. to be peeled, to shell הִתְפַּצֵּל, הִתְקַלֵּף.
אויסלופּן² v. a. to open wide (one's eyes) לַטֵּשׁ (עינים) א).
אויססײַד, אויססײַדער = אויטסײַד, אויטסײַדער (הוספה).
אויספֿווירנישן = פֿירנישן (הוספה).
אויספּײַנען v. a. to beautify יַפֵּה; || ~ זיך v. r. to show off הִתְהַדֵּר.
אויספּרעסן v. a. to iron גַּהֵץ; || ~ זיך v. r. (Am., fig.) to be smoothed down, be adjusted הֶחָלֵק, הִשְׁתַּוֵּה, הִתְפַּשֵּׁר.
אויסקומען v. n. to happen קָרֹה; to return to one's former religion (of an apostate) שׁוּב לְדָתוֹ הָרִאשׁוֹנָה (מומר).
— עס איז מיר אויסגעקומען צו זײַן דאָרטן I happened to be there קרה לי להיות שם.
אויסרײַסן v. a. to tear out, pull out עַקֵּר.
אויסגעריסן ווערן v. p. to suffer סָבֹל.
— אויסגעריסן זאָל עס ווערן! curse it!, the devil take it! השטן יקחהו!
אויסרײַסעניש s. (pl. ~ן) tearing out עִקּוּר.
— אַן אויסרײַסעניש זאָל אויף אים קומען! a plague on him! השטן יקחהו!
אויסשיט s. (pl. ~ן) rash נֶגַע אֲבַעְבּוּעוֹת.
אויסשײלן v. a. to shell פַּצֵּל, הוֹצֵא מִן הַקְּלִפָּה; to bone הוֹצֵא אֶת הָעֲצָמוֹת מִבָּשָׂר.
אויסשיסן v. n. to ejaculate הָחֵל לְדַבֵּר בְּהִתְרַגְּשׁוּת, הוֹצֵא קוֹל צְעָקָה.
אויסשלײַערן v. a. to dress קַשֵּׁט (בלבושים).
אויף pred. awake עֵר.
אויפֿזיכט s. care, supervision הַשְׁגָּחָה.
אויפֿטועכץ = אויפֿטו.
אויפֿטראָג s. (pl. ~ן) relation, dealings יַחַס; מַשָּׂא וּמַתָּן; order, charge, commission פְּקוּדָה.
אויפֿטראָגן v. a. to raise נָשֹׂא; to provoke הַרְעֵם; to enrapture הַרְנֵן לֵב; || ~ זיך v. r. to have intercourse with הָיֹה לְאִישׁ מַגָּע וּמַשָּׂא עִם־.

א) זאַקס 248 אָוונטל איז אפשר אידענטיש מיט נײַ ווינט, וואָס ווערט דערמאָנט אין „ספר חסידים" פֿון ר' משה הכהן בן אלעזר (זע נידעמאַן, „התורה והחיים", ח"ג, 108). נײַ ווינט איז דײַטש Naut — אַ נאַש־געבעק פֿון טאָן מיט סיראָפּ.

א) קאַס. 211.

אויפֿלייזן v. a. to dissolve התּר (קשר); המס (מלח).

אויפֿצולהכעיס = צו להכעיס.

אויפֿרופֿן v. a. to call up to the reading of the Law (*in the synagogue*) קרא לעלות לתּורה.

אום *prep.* on בּ־; for בּעד; because of על אודות; || *conj.* in order that בּכדי ש־.

— אום שבת, אום יום־טוב on the Sabbath, on a holy day ביום השבת, ביום חג א).

— צוויי גילדן אום שלישי two gildens for being called up as third man to the reading of the Law שני זהובים בעד עלית שלישי.

— נישט שטיין אום עפּעס not to care for a thing לא שים לב לדבר, בוז לדבר.

— קריגן זיך אום א קלייניקייט to quarrel because of a trifle ריב על אודות דבר קל ערך.

— אום דעם, אז... in order that... למען, בכדי ש־.

אומגאַנג *s.* (*pl.* ־ען, אומגענג) epidemie מגפה.

אומגעגנט *s.* (*pl.* ־ן) vicinity סביבה.

אומגעהײַער *adj.* huge, enormous גּדול מאד; || *adv.* very, exceedingly מאד.

אומטשוכט = אומצוכט.

אומנוציג, אומנוצליך *adj.* useless בּלתּי מועיל.

אומרו *s.* (*pl.* ־ען) pendulum (*of a clock*) מטטלת (של שעון).

אומשטײַנס געזאגט = שטיינס געזאגט (הוספה).

אונגערווײַן *s.* Hungarian wine יין הונגריה.

אונטערגנבענען *v. n.* to steal at times גּנב לפעמים.

אונטערוואַקסן *v. n.* to grow up גּדל; to reach the age of puberty בּגר.

אונטערכאַפּן *v. a.* to catch up (*a ball*) תּפס (כדור באויר); to catch under the anus תּפס איש תּחת פּי הטבעת.

אונטערלויפֿן *v. n.* to run up to רוץ ובא אל־.

אונטערלעקער *s.* (*pl.* ־ס) lickspittle, flatterer מחליק לשון, חונף.

אונטערקומען *v. n.* to come after בּוא אחרי כן.

אונטער־ראַק *s.* (*pl.* ־רעק) = אונטערקלייד.

אוראָק *s.* (*pl.* ־ן) lesson שעור.

אות׳עלע, פֿאַרקלענערוואָרט פֿון אות[1].

אז *conj.* if אם.

— אז א סך if much, at the most אם הרבה; לכל היותר.

אזוי *adv.* so, in this manner כּן, כּך, כּזה; indefinitely סתם.

— אזוי... אזוי so... the same way כּך... כּך; so... otherwise כּך... באופן אחר.

— הײַנט אזוי און מאָרגן אזוי so today and so tomorrow the same way היום כך וגם מחר כך.

— הײַנט אזוי און מאָרגן אזוי today so and tomorrow otherwise היום כך ומחר באופן אחר.

— אזוי א מענש an every-day man אדם פּשוט.

— אזוי זיך for no particular reason בלי כוונה מיוחדת, בעלמא.

— אזוי ווי as כּמו; as whereas מכיון, אחרי אשר.

— אזוי... ווי... as... as... כּמו...

— איך בין אזוי קלוג ווי ער J am as wise as he is חכמתי כמוהו.

— אזוי באַלד ווי... as soon as... כּאשר.

— אזוי באַלד ווי מעגליך as soon as possible במהירות האפשרית.

אזיע *npr.* Asia אסיה.

אחד־העמיזם *s.* the doctrine of "Ahad Haam", spiritual Zionism תּורת ׳אחד העם׳, ציוניות רוחנית.

אחים *s. pl.* brothers ~.

אַטאָמאָביל (*E.*) = אווטאָמאָביל.

אַטדיכען = אפּדיכען.

אַטסטאַוועןן *v. a.* to leave off, desist from חדל מ־.

אַטענדן (*E.*) *v. a.* to attend שרת ל־; התעסק בּ־.

— אַטענדן א קראַנקן to attend a sick person שרת לחולה.

— אַטענדן א מיטינג to attend a meeting בּוא לאספה.

— אַטענדן צו עפּעס to attend to something עשה דבר.

אַטשקור *s.* (*pl.* ־עס) a string of drawers חבל של תּחתּונים.

איבעראײַפֿלען = איבערהופּן.

איבערבעטן זיך *v. r.* to forgive each other סלח איש לרעהו.

איבערדאַנק *adv.* unwillingly בּלי רצון.

איבערטשאַרדזשען (*E.*) *v. a.* to overcharge העמד מחיר יותר מדי.

איבערלעבעכץ = איבערלעבונג.

איבערפֿוצ(י)עווען *v. a. n.* to exceed עבר על־; to overdo עשה יותר מדי.

איבערקלײַבן *v. a.* to pick and choose בּרר היטב.

איבערקלײַבעניש *s.* picking and choosing בּחירה מדויקת.

אידגעזקאָם *abbr.* = אידישע געזעלשאַפֿטלעכע קאָמיטעט Jewish Social Committee (*in Soviet Russia*) ועד לענייני היהודים (ברוסיה הסוביטית).

אידיאָם *s.* (*pl.* ־ען) idiom מבטא מיוחד ללשון.

א) אום קומט געוויינטליך פֿאַר "שבת", "יום־טוב" און "יום־כּיפּור", ווען עס רעדט זיך פֿון עפּעס, וואָס איז אין די טעג פֿאַרבאָטן, ווי למשל: שרייבן אום שבת, אַרבעטן אום יום־טוב, רייכערן אום יום־כּיפּור.

אידיאָמאַטיש *adj.* idiomatic אֲשֶׁר לִסְגוּלַּת לָשׁוֹן.

אידנטום = יידנטום.

אידסעק *abbr.* = אידישע סעקציע, זע יעווסעק.

איזן, שפּאַסיג אַנשטאָט זײַן, אין פאָלגנדיגער פראַזע:

— איזן איז ער he certainly is היה יהיה.

איזניוכען זיך = אויפניוכען זיך.

איי וואָן, איי נאָמבער וואָן *(E.) adj.* A No. 1 A 1 מִן הַמּוּבְחָר.

— די סחורה איז איי וואָן (איי נאָמבער וואָן) the goods are A 1 (A No. 1) הסחורה היא מהמין המובחר.

איי־בי־סי *(E.) s.* a-b-c הָאָלֶף־בֵּית הָאַנְגְּלִי.

איי בעט(ש) יו *(E.) phr.* I bet you הִנְנִי מִתְעָרֵב עִמְּךָ.

איי בעט(ש) יור לײַף *(E.) phr.* I bet your life הִנְנִי מִתְעָרֵב עִמְּךָ בְּחַיֶּיךָ.

אײַגנשאַפֿט||וואָרט *s.* (–ווערטער *pl.*) adjective שֵׁם הַתֹּאַר.

איי דאָנ(ט) קער *(E.) phr.* I don't care לֹא אִכְפַּת לִי.

אייִדזש *s.* (–עס *pl.*) *(E.)* age שְׁנוֹת חַיִּים.

אייִדזשענט *s.* (–ס *pl.*) *(E.)* agent סוֹכֵן.

אײַדיִע *s.* (–ס *pl.*) *(E.)* idea רַעְיוֹן.

אייִדל||מאַן *s.* (–לײַט *pl.*) = אדלמאַן (הוספה).

אײַז־באַקס *s.* (–עס *pl.*) *(E.)* ice-box תֵּבָה לְקֶרַח.

אײַז||מאַן *s.* (–לײַט *pl.*) *(E.)* ice-man מוֹכֵר גְּלִיד.

אײַזקרים *s.* *(E.)* ice-cream גְּלִידָה.

אייל||בוים *s.* (–ביימער *pl.*) olive-tree עֵץ שֶׁמֶן.

אײַנגעבעטן *adj.* who gains admittance by entreaties מְקַבֵּל רְשׁוּת כְּנִיסָה עַל יְדֵי הַפְצָרוֹת.

אײַנהאָרכן = אײַנהערן זיך.

אײַנהיליען = אײַנהילן.

אײַנזעעניש *s.* consideration הִתְבּוֹנְנוּת.

אײַנמעשטשען *v. a.* to place into שִׂים לְתוֹךְ־; נָתֹן מָקוֹם בְּ־.

אײַננעמען *v. a.* to quiet, calm, appease הַשְׁקֵט (בִּיחוּד ילד).

אײַנעט = אײַן (נאָך אַ צײַטוואָרט).

אײַנשטעלן זיך *v. r.* to stand up for רִיב אֶת רִיב אִישׁ.

אײַנשליסן *v. a.* to enclose סָגֹר בְּ־, שִׂים בְּ־.

אײַנשריםפּן = אײַנשרומפּן.

איי כּאַפּאָז *(E.) phr.* I suppose הִנְנִי מְשַׁעֵר.

אייפּראָן *s.* (–ס *pl.*) *(E.)* apron סִנָּר.

אייפּריל *(E.)* = אַפּריל.

אייראָפּע *npr.* Europe אֵירוֹפָּה.

אײַריש *adj.* *(E.)* Irish אִירְלַנְדִּי.

אײַריש||מאַן *s.* (–לײַט *pl.*) *(E.)* Irishman בֶּן אִירְלַנְדִּיָּה.

אײַרלאַנד *npr.* *(E.)* Ireland אִירְלַנְדִּיָּה.

אילוסטראַציע *s.* (–ס *pl.*) illustration צִיּוּר, תֵּאוּר, דּוּגְמָה.

אילוסטרירן *v. a.* to illustrate צַיֵּר, תָּאֵר.

איל־קלאָט *s.* (–ס *pl.*) *(E.)* oil-cloth שַׁעֲוָנִיָּה.

אימפּעריאַליזם *s.* imperialism קֵיסָרִיּוּת.

אימפּרואוומענט *s.* (–ס *pl.*) *(E.)* improvement הֲטָבָה, הַשְׁלָמָה, תִּקּוּן.

אימפּרואוון *v. a.* *(E.)* to improve הֵיטֵב, הַשְׁלֵם, תַּקֵּן.

אינדזשאָנקשן *s.* (–ס *pl.*) *(E.)* injunction פְּקוּדַּת בֵּית דִּין לַחְדֹּל מִדָּבָר.

אינדיאַנער *s.* (– *pl.*) Indian הוֹדִי אֲמֵרִיקָנִי; כִּנּוּי לְפֶרֶא אָדָם.

אינדיע *npr.* India הוֹדוּ.

אינדיער *s.* (– *pl.*) Hindoo הוֹדִי.

אינדעפּענדענט *adj.* *(E.)* independent עוֹמֵד בִּרְשׁוּת עַצְמוֹ; בּוֹטֵחַ בְּעַצְמוֹ; גֵּאֶה.

אינדערוואָכן = אָנדערוואָכן.

אינדערפֿריִענדיג *adj.* of the morning שֶׁל בֹּקֶר.

אינוועסטמענט *s.* (–ס *pl.*) *(E.)* investment הַשְׁקָעַת כֶּסֶף בְּעֵסֶק.

אינוועסטן *v. a.* *(E.)* to invest הַשְׁקֵעַ כֶּסֶף בְּעֵסֶק.

אינזיכדיג *adj.* introspective מִסְתַּכֵּל בְּנַפְשׁוֹ.

אינזיכיזם *s.* introspection הִסְתַּכְּלוּת בְּנַפְשׁוֹ.

אינטערוויו *s.* (–ס *pl.*) *(E.)* interview רֵאָיוֹן.

אינטערוויוען *v. a.* *(E.)* to interview הִתְרָאֵה עִם אִישׁ לְדַבֵּר אִתּוֹ.

אינטש *s.* (–עס *pl.*) *(E.)* inch אֶצְבַּע (מִדַּת הָאֹרֶךְ).

איניינעם *adv.* at the same time בְּעֵת אַחַת, כְּאַחַת.

אינסײַד *s.* *(E.)* inside תּוֹךְ, פְּנִים; || *adv.* בְּתוֹךְ, בִּפְנִים; בַּבַּיִת.

אינסײַדער *s.* (–ס *pl.*) *(E.)* insider אָדָם פְּנִימִי, לֹא־זָר.

אינפֿלוענציע = אינפֿלוענזע.

אינקאָם *s.* (–ס *pl.*) *(E.)* income הַכְנָסָה.

אינשורן *v. a.* *(E.)* to insure הַבְטֵחַ בְּאַחֲרָיוּת.

אינשורענס *s.* *(E.)* insurance הַבְטָחָה בְּאַחֲרָיוּת.

אינשורענס־אייִדזשענט *s.* (–ס *pl.*) *(E.)* insurance agent סוֹכֵן הַהַבְטָחָה בְּאַחֲרָיוּת.

איסבאָרניע *s.* (–ס *pl.*) place of detention for persons captured for military service *(formerly in Russia)* מְקוֹם מִשְׁמָר לְהַנִּלְכָּדִים לַעֲבוֹדַת הַצָּבָא (לפנים ברוסיה) א).

אָיסטער *(E.)* = אויסטער.

איצונד, –ערט = איצט, –ער.

אירלאַנד = אײַרלאַנד (הוספה).

אִישׁ כְּפִי נִדְבַת לִבּוֹ *phr.* every one according to the willingness of his heart.

א) עלבע.

אִיש־תָּמִים .s (pl. אַנְשִׁים־תְּמִימִים) a man of integrity, upright man ~.

אֶלָּא .conj but ~, כִּי אִם, אֲבָל; then אִם כֵּן.

— אלא מוז איך זאָגן i must say then אם כן מוכרח אני לאמר.

אֶלָּא־מַאי .conj but what? ~.

אַלדינג = אַ ל צ ד י נ ג.

אַלדערמאַן .s (~ מען .pl) (E) alderman יוֹעֵץ הָעִיר.

אַלומינום .s aluminum מִין מַתֶּכֶת לְבָנָה.

אַלטוועלטליך .adj of the old generation שֶׁל הַדּוֹר הַיָּשָׁן.

אַלטע .s (~ ווייבער .pl) old woman זְקֵנָה.

אַלטער .s (אַלטע לייט .pl) old man זָקֵן.

אַלטעגליך .adj every-day, commonplace מָצוּי פָּשׁוּט; ‖ ~קייט .s everydayness, commonplace תְּכוּנַת מַה שֶּׁהוּא מָצוּי, פְּשִׁיטוּת.

אַלטשוינקעס, צערטלוואָרט פֿון אַ ל ץ א).

אֵלִיָּהו־הַנָּבִיא .npr the prophet Elijah ~.

— (.id) אליהו־הנביא איז אַריין! good luck has come! מזל בא!

אַליוונִיק .s (~ עס .pl) dealer in olives מוֹכֵר זֵיתִים ב).

אַליע־ליוליע־פּאַצינקע .int sleep, my child! הֵרָדֵם בְּנִי!

אַליעמאַרינצן = ר י צ ן ־ א ו ו ל.

אַלמאַנאַך .s (~ ן .pl) almanach קֹבֶץ שְׁנָתִי עִם לוּחַ.

אַל(ע)רייט .adv (.E) all right טוֹב, כֵּן; ‖ .pred בְּמַצָּב טוֹב.

אַמאַטאָר, אַמאַטעיר .s (~ ן .pl) amateur אוֹהֵב, יְדִיד (של אמנות).

אַמאָל .adv once פַּעַם אַחַת.

— נאָך אַמאָל again עוד פעם, שוב.

אַמבאַסאַדאָר .s (~ ס .pl) (.E) ambassador צִיר מַמְלָכָה.

אַמער .adv yea, surely הֲלֹא, הֵן ג).

אַמעריטשקע, איראָניש צערטלוואָרט פֿון אַ מ ע ר י ק ע.

אַמעריקאַניזאַציע .s Americanisation הִתְאַזְרְחוּת בְּאַמֵּירִיקָה.

אַמעריקאַניזירן .v. a to Americanise אַזְרֵחַ בְּאַמֵּירִיקָה; ‖ ~ זיך .v. r to Amerikanise oneself הִתְאַזְרַח בְּאַמֵּירִיקָה.

אַמעריקאַניזירט .adj Americanised מְאֻזְרָח בְּאַמֵּירִיקָה.

אַמעריקע .npr America אַמֵּירִיקָה.

— אַמעריקע גנב! shrewd America! אמעריקה הפקחית!

א) אַלשוו, 97. — ב) אַלשוו, 171. — ג) אַלשוו, 113: „אַמער נאָט האָט געדאַרפֿט ביי מיר צונעמען צוערשט די ווייב".

אמעריקעזייט .s "American side", antipodal side עֵבֶר הַשֵּׁנִי מִכַּדּוּר הָאָרֶץ א).

אַנאַכדעם = נ אָ כ ד ע ם, ד ע ר נ אָ ך.

אַנאַר = נ אַ ר.

אָנבאַטראַכט .s consideration הִתְבּוֹנְנוּת.

— אין אָנבאַטראַכט, דאָס... whereas בהיות ש־.

אָנבליק .s (~ ן .pl) appearance מַרְאֶה, פָּנִים.

אָנבראַקניען .v. n to swell הִתְנַפֵּחַ, צָבֹה.

אַנגס(ט) .s. pl cold sweat (from frigth) זֵעָה קָרָה (מפחד).

אָנגעכמורעט .adj sullen נִזְעָם, עָגוּם.

אָנגעלאָף .s (~ ן .pl) concourse אֲסֵפָה, קְהַל עָם.

אָנגעשטויסן .adj offended פָּגוּעַ בִּכְבוֹדוֹ.

אָנגעשטעל|שער .s (~ טע .pl) employee, appointee שָׂכִיר, פָּקִיד.

אַנדושאַיען = ע נ ד ו ש א י ע ן.

אָנדענק .s (~ ן .pl) souvenir אוֹת זִכָּרוֹן.

אַנדערטייקער .s (~ ס .pl) (.E) undertaker קַבְּרָן.

אָנדראַלן .v. a to hocus-pocus רַמֵּה ב).

— אָנדראַלן אימעצן עפּעס to steal something from a person by a hocus-pocus trick גנב דבר מאיש על ידי תחבולות ערמה.

אָנהאַלטן .v. n to hold good (of a rule) הָיֹה נָכוֹן (כלל) ג).

אָנהובלען, ~ לעווען .v. a to begin to plane הַתְחֵל לְהַקְצִעַ.

אָנווייזונג .s (~ ען .pl) indication רֶמֶז; direction הוֹרָאָה.

אָנווענדן זיך .v. r to be adapted הִסְתַּגֵּל.

אָנווערן .v. a to lose אַבֵּד; to miss אַחֵר.

אָנזיצן זיך .v. n to sit enough יָשֹׁב לְמַדַּי.

אָנזען זיך .v. n to have seen much רָאֹה הַרְבֵּה; ‖ .v. r to be perceptible, be conspicuous הָיֹה נִכָּר.

אַנטגיין .v.n to weaken (of the heart) חָלֹשׁ, רָפֹה (הלב).

אַנטוועגן = ד ע ר ו ו ע ג ן ז י ך ד).

אַנטוישונג .s (~ ען .pl) disappointment הַכְזָבַת תִּקְוָה, יֵאוּשׁ.

אַנטוישן .v. a to disappoint הַכְזֵב תִּקְוַת אִישׁ, הָבֵא לִידֵי יֵאוּשׁ; ‖ ~ זיך .v. r to be disappointed הֻכְזַב תִּקְוַת אִישׁ, הִתְיָאֵשׁ.

אָנטראָגן .v. a to carry up to, bring הָבֵא; to drift צָבֹר עַל יְדֵי רוּחַ (שלג, אבק); to deposit צָבֹר עַל יְדֵי שֶׁטֶף (עפר או חול בנהר).

אָנכאַפּן .v. a to amass wrongfully צָבֹר (כסף) בְּעָוֶל; ‖ ~ זיך .v. r to lay hold of תָּפֹשׂ בְּ־; to have recourse to פָּנֹה אֶל־.

א) אַלשוו, 141: „מע שמייסט פֿון אונטן, פֿון אמעריקעזייט". — ב) אַלשוו, 67. — ג) יאַפּפּע. — ד) אַלשוו, 42.

אַנכמורען *v. a.* to make sullen הַזְעֵם; ‖ — זיך *v. r.* to become sullen הִזָּעֵם.

אַנליאַפּען *v. a.* to scribble כָּתֹב בְּאֹפֶן גָּרוּעַ.

אַנליאַפּען *v. a.* to spank הַלְקֵה (באחורים) א).

אַנלעבן זיך *v. r.* to live long הַאֲרֵךְ יָמִים; ‖ *v. a.* to make (*friends, enemies*) רְכֹשׁ; to acquire עֲשֵׂה לוֹ (אוהבים, אויבים).

אַנמאַכן *v. n.* to shit הוֹצֵא צוֹאָה.

— אָנמאַכן אימעם אין קיטל און הוזל (*fig.*) to play a dirty trick on a person עֲשֵׂה לְאִישׁ מַעֲשֵׂה־חריצות מגונה ב).

אַנפּאַליען *a. a.* to heat intensely הַסֵּק הַרְבֵּה, חַמֵּם הַרְבֵּה.

אַנפּוידען *v. a.* to cheat, deceive רַמֵּה ג).

אַנפּירער *s.* (—, — ס *pl.*) leader מְנַהֵל.

אַנפּלוידערן זיך *v. n.* to chatter much פַּטְפֵּט הַרְבֵּה.

אַנפּליושקען *v. a.* to splash on הַתֵּז עַל־; ‖ — זיך *v. r.* to be splasded enough הִנָּתֵז לְמַדַּי.

אַנפּרעגלען *v. a.* to preserve (*in qantity*) סַגֵּן (בכמות רבה).

אַנציִען *v. n.* to extract הוֹצֵא הַתַּמְצִית (מעלי התה).

אַנקום *s.* arrival בִּיאָה.

אַנקל סעם *npr.* Uncle Sam (*E.*) כִּנּוּי לְעַם אַרְצוֹת הַבְּרִית.

אַנרופֿן זיך *v. n.* to ansver, reply עָנֹה.

— ריפֿט ער זיך אָן quoth he הוא עונה ואומר.

אַנרייכערן זיך *v. n.* to smoke enough עַשֵּׁן לְמַדַּי.

אנ"ש *abbr.* = אַנְשֵׁי שְׁלוֹמֵנוּ.

אַנְשֵׁי שְׁלוֹמֵנוּ *phr.* among our own fellows (—[*Chasidim*].

אַסאָסיִאיישן *s.* (— ס *pl.*) (*E.*) association חֶבְרָה, אֲגֻדָּה.

אַסטראָזשניק = אָסטראָגניק.

אַסיסטן *v. a.* (*E.*) to assist עָזֹר.

אַסיסטענט *s.* (— ס *pl.*) (*E.*) assistant עוֹזֵר.

אַסעמבלי *s.* (— ס *pl.*) (*E.*) assembly אֲסֵפַת מְחוֹקְקִים (במדינות הברית באמיריקה).

אַסעמבלימאַן *s.* (— לייט *pl.*) (*E.*) assemblyman חָבֵר שֶׁל אֲסֵפַת מְחוֹקְקִים (במדינות הברית באמיריקה).

אַספּאַז = איסאָפּאַז (הוספה).

אַפּאָרען = אָפּאָרדן (הוספה).

אַפּאָינטמענט *s.* (— ס *pl.*) (*E.*) appointment רְאָיוֹן; מִנּוּי לְמִשְׂרָה.

אַפּאָינטן *v. a.* (*E.*) to appoint קְבֹעַ; יָעֵד; מַנֵּה לְמִשְׂרָה.

אַפּאַכטן *v. a.* to meet קַבֵּל פְּנֵי־.

אַפֿאָרדן *v. a.* (*E.*) to afford הָיֹה יְכֹלֶת בְּיַד אִישׁ לְהַסְפֵּק אוֹ לַעֲשׂוֹת (שטענדיג מיט קענען).

— איך קען עס אַפֿאָרדן I can afford it היכלת בידי להספיק זאת; איך קען עס נים אַפֿאָרדן I cannot afford it אין היכלת בידי להספיק זאת.

— איך קען עס נים אַפֿאָרדן צו טאָן I cannot afford to do it אין היכלת בידי לעשות זאת.

אַפּאַרטמענט *s.* (— ס *pl.*) (*E.*) apartment דִּירָה.

אָפּגיין *v n.* to go off, walk off הָלֹךְ לוֹ; to flow off זוּב, נָזֹל.

— אָפּגיין מים בלוט to bleed to death גּוֹעַ מאבדת דם.

— אָפּגיין אימעצן די בויגער to feel relieved הוקל לאיש, רוח לאיש.

אָפּגעגעבן *adj.* given back, returned נִתָּן בַּחֲזָרָה, מוּשָׁב; reciprocative שֶׁנּוֹתְנִים וּמְקַבְּלִים בְּאֹפֶן הֲדָדִי א); enlisted into military service מָסוּר לַעֲבוֹדַת הַצָּבָא.

אָפּגעצקע *s.* (— ס *pl.*) idol אֱלִיל.

אָפּגעשליסן *adj.* tattered קָרוּעַ.

— אָפּגעריסן און אָפּגעשליסן, זע אונטער אָפּגעריסן.

אָפּ־טאַון *adv.* (*E.*) up-town בַּחֵלֶק הָעֶלְיוֹן שֶׁל הָעִיר

אָפּטאָן זיך *v. r.* to happen, pass, go on קְרֹה, אָרֹעַ.

אָפּטרעט, אָפּטרעטונג *s.* cession וִתּוּר, מְסִירָה.

אָפּטרעט־געלט = חֲנֻכָּה־געלט.

אַפּיאַרע *s.* (— ס *pl.*) swindle רַמָּאוּת.

אַפּידייוויט *s.* (— ס *pl.*) (*E.*) affidavit כְּתָב מוֹדָעָה מְאֻשָּׁר עַל יְדֵי שְׁבוּעָה.

אַפּיל *s.* (— ס *pl.*) (*E.*) appeal בַּקָּשָׁה; = אַפּעלאַציע.

אַפּילן *v. n.* to appeal פְּנֵה לְעֶזְרָה; = אַפּעלירן.

אָפֿיס *s.* (— עס *pl.*) (*E.*) office תַּפְקִיד, בֵּית פְּקִידוּת.

אָפֿיסער *s.* (— ס *pl.*) (*E.*) officer פָּקִיד.

אַפּיפּיור = פַּאפּסט.

אַפּיציִנע = פּוציִנע.

אַפּמיידלען *v. a.* to disgrace a maiden אָנֹס נַעֲרָה.

אַפּסטע(ר)ז *adv.* (*E.*) up-stairs לְמַעְלָה (מסדרנות בית).

אַפּסייוון, — סייפֿן *v. a.* (*E.*) to save up הַסֵּךְ, חָשֹׂךְ.

אַפּסעטשעט *adj.* upset, disturbed נָבוֹךְ ב).

אַפּענדיסייטיס *s.* (*E*) appendicitis דַּלֶּקֶת שֶׁל תּוֹסֶפֶת מְעֵי הָעִוֵּר.

אָפּעריייטאָר *s.* (— ס *pl.*) (*E.*) operator פּוֹעֵל בִּמְכוֹנָה (ביחוד במכונות הטלגרף והטלפון); = אָפּערייטער.

אַפֿעריסט *s.* (— ן *pl.*) swindler רַמַּאי, נוֹכֵל.

אָפּפּאַטערן *v. a.* to let go, dismiss שַׁלֵּחַ.

אָפּפֿרעמדונג *s.* estrangement עֲשִׂיָּה לְזָר; הִתְנַכְּרוּת.

אַפּקאַס = אוּקאָ(ר)ס.

אָפּקומעניש *s.* (— ן *pl.*) tribulation צָרָה; torture עִנּוּי.

אָפּרופֿן זיך *v. r.* to have an effect on פָּעֹל עַל־.

א) עלבע. — ב) עלכע. — ג) אַלשוו. 67.

א) זאַקס 158: „גיין אויף ברכה איז אַן אָפּגעגעבענע זאַך" (ד. ה. אַ זאַך, וואָס מע נעמט און מע גיט אָב). — ב) קאָס 271.

אפריישער s. (pl. ~ס) (E.) operator on a sewing machine פּוֹעֵל בִּמְכוֹנַת הַתְּפִירָה.

אַפֿריקע npr. Africa אַפְרִיקָה.

אָפּשאַלעמייזען = אָפּשאַלעמוודזשען.

אָפּשטיין v. n. to stand a long time עָמֹד זְמַן רָב; to project, protrude בָּלֹט; to be loose לֹא דָבֹק הֵיטֵב; to precipitate, settle (of a liquid) שָׁקֹט וְהֵעָשֶׂה צָלוּל (נוזל); || v. a. to tire by standing יַגֵּעַ בַּעֲמִידָה.

— דער טאָוול שטייט אָפּ the cover is loose הלוח אינו דבק היטב.

— אָפּשטיין די פֿיס to tire one's feet by standing יגע רגליו בעמדו.

אָפּשטעלן v. a. to make עָשׂה.

— אָפּשטעלן חווק פֿון אומעצן to make fun of a person התל באיש.

אָפּשטעלן זיך v. r. to remain הִשָּׁאֵר, הִוָּתֵר.

אָפּשווירן, ~שייפֿן (E.) v. a. to shave off גַּלֵּחַ; to finish shaving גָּמֹר לְגַלֵּחַ.

אָפּשלאָגן v. a. to take away לָקֹחַ מִ־.

— אָפּשלאָגן דעם חשק (דעם מוט) to discourage רפה ידי איש.

אָפּשיקן v. a. to send off שַׁלֵּחַ; to send, forward שַׁלֵּחַ; to send back הָשֵׁב; to refer הַרְאֵה עַל מָקוֹם (בספר).

אַקאָרשט adv. just נָא.

— וואַרט אַקאָרשט just wait חכה נא.

— זאָג מיר אַקאָרשט just tell me הגד נא לי.

אָ קיי א) pred. (E.) O. K. טוֹב, נָכוֹן.

אָקשן s. (pl. ~ס) (E.) auction מְכִירָה פֻּמְבִּית.

אָקשענער s. (pl. ~ס) (E.) auctioneer פְּקִיד מְכִירָה פֻּמְבִּית.

אָקשענען v. a. (E.) to auction מָכֹר בִּמְכִירָה פֻּמְבִּית.

ארבעט s. (pl. ~ן) work, labor מְלָאכָה, עֲבוֹדָה.

— זיין אין דער ארבעט (id.) to be in danger היה בסכנה.

ארגומענט s. (pl. ~ן) argument הוֹכָחָה; וִכּוּחַ.

ארגומענטירן v. n. to argue הִתְוַכֵּחַ.

ארגענטינע npr. Argentina אַרְגֶּנְטִינָה.

אָרדער s. (pl. ~ס) (E.) order סֵדֶר; הַזְמָנָה; פְּקוּדָה; אֲגוּדָה (= א ר ד ן).

אָרדערן v. a. (E.) to order הַזְמֵן; צַוֵּה.

ארויסהעלפֿער s. (pl. ~, ~ס) helper עוֹזֵר (במלאכה).

ארויסטרעטונג s. (pl. ~ען) deed of daring מַעֲשֵׂה הִסְתַּכְּנוּת.

א) O. K. איז אַ צייכן פֿון הסכמה. פֿון וועלכע ווערטער די אותיות זיינען די ראשי־תיבות, ווייס מען ניט.

ארויסטרעטן v. n. to come out (publicly) יָצֹא בַּקָּהָל.

ארויסשטעלן זיך v. r. to prove, turn out to be הִגָּלֵה, הֵרָאֵה (להיות).

ארומטאָקן v. a. to turn (on a lathe) חָרֹט; (fig.) to elaborate שַׁכְלֵל.

ארומטרייבער s. (pl. ~ס) vagrant נוֹדֵד.

ארונטער int. down! רֵד!

אָרט s. (pl. ערטער) after-birth, placenta שִׁלְיָה א).

אריבערקרויסטענען זיך = קרויסטענען זיך.

אריין int. come in! בֹּא הַבַּיְתָה!, הִכָּנֵס!

אריינטאָן v. a. to add (in cooking) הוֹסֵף (בבשול).

אריינשמעקן v. n. to call in (fig.) סוּר אֶל בֵּית אִישׁ.

ארכיבישקופּ s. (pl. ~ן) archbishop רֹאשׁ הַכֹּהֲנִים (לנוצרים).

אַרן v. a. to concern נָגֹעַ לְ־; צַעֵר, גָּרֹם דְּאָגָה לְ־; to trouble, worry, bother הָצֵק לְ־; הַטְרֵד.

— עס אַרט מיך נישט it does not concern me אינו נוגע לי; איני מצטער I don't care לא אכפת לי.

— וואָס אַרט עס מיך? what do I care? מה זה נוגע לי?, מה אכפת לי?

— מיך אַרט נישט פֿאַר אים I am not concerned about him איני דואג לו.

— עס אַרט אים יעדע זאַך he is concerned about everything כל דבר נוגע לו; everything worries him כל דבר גורם לו דאגה.

— דאָס זאָל אײַך נישט אַרן this should not bother you לא יצער לך זה; לא תצטער מזה; that's none of your business אין לך שום עסק בזה.

— עס אַרט אים אַ קשיא a question bothers him שאלה מטרידה אותו.

— אַרן אומעצן ווי די קאַץ (id.) not to care a rap לא אכפת לאיש לגמרי.

אָרעמאַנסקע adj. of a poor man שֶׁל עָנִי; beggarly כְּדֶרֶךְ עָנִי חוֹזֵר עַל הַפְּתָחִים.

אָרעמקייט s. poverty עֲנִיּוּת.

אַרענדזשמענט s. (pl. ~ס) (E.) arrangement סִדּוּר.

אַרענדזשן v. a. (E.) to arrange סַדֵּר.

ארעסטן v. a. (E.) to arrest אָסֹר.

אֶרֶץ־יִשְׂרָאֵל־ערד s. earth or sand from the Land of Israel עֲפַר אֶרֶץ יִשְׂרָאֵל; (fig.) very valuable ground אֲדָמָה יְקָרָה מְאֹד.

ארצע־פּיאַסקע־מְחוּצַף־פָּנִים s. brazen-faced fellow חָצוּף גָּדוֹל מְאֹד.

א) ביי ליפּשיצן; זעט אויס אַ איבערזעצונג פֿון רוסיש мѣсто, וואָס האָט אויך די באַדייטונג.

אִשה־רַע = אִשה־רָעָה.

אָשצע *s.* (~ם *pl.*) chaff מוֹץ.

אַתּה־בְּאַתּה *adv.* on familiar "thou and thou," terms בְּקִרְבַת אַחִים א).

ב.

באַב־יויך *s.* bean-soup מְרַק פּוֹלִים.

— (*joc.*) קלאָר ווי באַב־יויך as clear as pea-soup *or* as mud ברור כשמש (בלשון סגי נהור) ב).

באָבן *v. a.* (*E.*) to bob קָצֵץ (שֵׂעָר).

באָבע *s.* (~ם *pl.*) pile-driver הַלְמָן.

באַדאַנקען זיך *v. r.* to return thanks הָשֵׁב תּוֹדוֹת; to decline מָאֵן.

באַדײַ *int.* would to God לוּ; || *adv.* rather, sooner נוֹחַ, יוֹתֵר טוֹב; || *conj.* even if, even though גַּם לוּ, גַּם אִלּוּ.

— באַדײַ קרענקט ער! would to God he were smitten with sickness! לו יהי נגוע חלי!

— ער וועט באַדײַ הונגע־ן אַבי נײַט אַרבעטן he would sooner starve thou work נוח לו לגוע ברעב מעשות מלאכה.

— איך וועל עס ניט טאָן באַדײַ איך זאָל שטאַרבן I should not do it even if I were to die לא עשיתי זאת גם לו הייתי צפוי אל המות.

באַדינער *s.* (~ *pl*) servant. attendant מְשָׁרֵת.

באָדער *s.* (*E.*) bother טִרְחָה.

באָדערן *v. a.* (*E.*) to bother הַטְרֵחַ; הַטְרֵד.

— באָדערן אומעצן דעם קאָפּ to bother a person's head הטרד איש.

בְּאַהֲבָה *adv.* with love.—

באַהײַון זיך *v. r.* (*E.*) to behave הִתְנַהֵג; הִתְנַהֵג בְּדֶרֶךְ אֶרֶץ.

באַהעלפער *s.* (~ם *pl.*) assistant of a teacher of small children עוֹזֵר לְמַקְרֵי דַרְדְּקֵי.

באָוט *s.* (~ם *pl.*) (*E.*) boat סִירָה; אֳנִיָּה.

בָּאוּ מַיִם עַד נֶפֶש *phr.* the waters are come in untc the soul (*said of a critical condition*)—.

בְּאוֹתוֹ־הַיּוֹם *adv.* on that very day—.

באזל *npr.* Basle בָּזֶל (עיר בשוייציה).

בְּאָזְנַי שָׁמַעְתִּי *phr.* I have heard with my ears—.

באָזשע־מאַטקע *s.* the mother of God אֵם יֵשׁוּעַ הַנּוֹצְרִי.

באַט *conj.* (*E.*) but אֲבָל.

באַטל *s.* (~ם *pl.*) (*E.*) bottle בַּקְבּוּק.

באַטן *s.* (~ם *pl.*) (*E.*) button כַּפְתּוֹר.

א) אלשוו. 38. — ב) עלבע.

באַטנהאָל *s.* (~ם *pl.*) button-hole חוֹר לְכַפְתּוֹר.

באַטערכען *v. a.* to befool סַכֵּל; | ~ זיך *v. r.* to commit a folly הַסְכֵּל עֲשׂה.

— (*id.*) ער ווײס ניט וועד עס האָט אים באַטערכעט he does not know a hawk from a handsaw אינו יודע בין ימינו לשמאלו.

באַטרעפן *v. a.* to concern, affect נָגֹעַ לְ־.

באָי *s.* (~ם, ~ עס *pl.*) (*E.*) boy נַעַר; בָּחוּר.

באַיִשׁיק, ~ ל, פארקלענערווארט פון באַי.

באַיאָנעט *s.* (~ן *pl.*) bayonet כִּידוֹן, חֲנִית.

באַיאַרנדיג = באַיאָרט.

באַילקע *s.* (~ם *pl.*) boil כִּיב א).

באַיעלע, פארקלענערווארט פון באַי.

באַיקע *adj.* bold, courageous אַמִּיץ לֵב.

באָל *s.* (~ם *pl.*) (*E.*) ball כַּדּוּר; מָחוֹל, מִשְׁתֶּה.

באָלוואַן *s.* (~עס *pl.* dummy (*model for fitting dresses*) תַּבְנִית אָדָם לְנַסּוֹת עָלֶיהָ בְּגָדִים.

באַנקרוטקע *s.* (~ם *pl.*) (*joc.*) cigarette סִיגָרֶטָּה.

באַלטן = באַלקן.

באַלײַכטן *v. a.* to illucidate הָפֵץ אוֹר עַל־.

באַלע|באָסל *s.* (~ באַסלעך, ~ באַטימלעך *pl.* petty proprietor *or* master בַּעַל קָטָן.

באַלעבעטשען = באַלעבאַטשטן.

באַם = באַמער (הוספה).

באַמען *v. n.* (*E.*) to bum הָלֹךְ בָּטֵל; הִתְמַכֵּר לְחַיֵּי פְרִיצוּת.

באַמער *s.* (~ם *pl.*) (*E.*) bummer הוֹלֵךְ בָּטֵל; פָּרוּץ.

באַמערקע *s.* (~ם *pl.*) (*E.*) idle woman בַּטְלָנִית; dissolute woman פְּרוּצָה.

באַנדל *s.* (~ם *pl.*) bundle חֲבִילָה.

באַנטש *s.* (~עס *pl.*) (*E.*) bunch צְרוֹר; אֲגוּדָה.

באָס¹ *s.* (~עס *pl.*) boss בַּעַל, אָדוֹן.

באָס² (~עס *pl.*) bus עֲגָלָה לְנוֹסְעִים.

באָסט *s.* (~ם *pl.*) (*E.*) bust חָזֶה (של אשה).

באָסטן *v. n.* (*E.*) to bust, burst הִבָּקַע, הִתְפּוֹצֵץ.

באָסעווען *v. a.* (*E.*) to boss, rule מָשֹׁל עַל־.

באָסע קאָמאַנדע *s.* (~ם *pl.*) barefooted company, company of vagabonds חֶבֶר יְחֵפִים, חֶבֶר רֵיקִים.

באַסקעט *s.* (~ם *pl.*) (*E.*) basket סַל.

באַציל *s.* (~ן *pl.*) (*E.*) bacillus בַּצִּיל (אחת מהבריות הדקות שבדקות הגורמות רקבון ומחלות בגופי בעלי חיים).

באַקאַליִי = באַקאַליִע.

באַקוקן *v. a.* to inspect, examine בָּדֹק.

באַקס *s.* (~עס *pl.*) (*E.*) box תֵּבָה, אַרְגָּז.

באַראַנטשיק *s.* (~עס *pl.*) little ram אַיִל קָטָן.

א) עלבע.

— טראָגן באַראַנטשיק to carry pickback נשא על השכם (ילד).

באַרג s. (pl. בערג) mountain הר.

— ווי אַ באַרג (id.) at the most בכל היותר א).

באַרגל, פאַרקלענערוואָרט פֿון באַרג ב).

באַרגלאַנד = הויכלאַנד.

באַרגן s. (pl. ־ס) (E.) bargain מציאה, קניה בזול.

באָרד² s. (pl. ־ס) (E.) board קרש; ארוחה; ועד.

באָרד אָוו העלט s. (E) board of health ועד הבריאות.

באָרדינג־הויז s. (pl. הײַזער) boarding-house בית ארוחה.

באָרדער s. (pl. ־ס) (E.) boarder האוכל על שלחן איש או בבית ארוחה; הגר lodger, roomer בבית איש.

באָרדערקע s. (pl. ־ס) (E.) female boarder האוכלת על שלחן איש או בבית ארוחה; female roomer הגרה בבית איש.

באַרהאָפּטיג adj. bare-headed (of women) בגלוי ראש (על נשים) ג).

באַרוף s. (pl. ־ן) profession, calling, business אומנות, עסק.

באַרייִדער s. (pl. ־ס, ־) slanderer הולך רכיל.

באַרייִדערקע s. (pl. ־ס) female slanderer הולכת רכיל.

באַרל s. (pl. ־ס) (E.) barrel חבית.

באַרעמע = בערעמיע ד).

באַשטאַטן v. a. to secure, give safety to נתן מקום נאמן ל־.

באַשטייִן v. a. to keep, hold החזק.

— באַשטייִן זײַן שטעטל (id.) to keep one's ground עצר כח לעמוד; to get along without anybody's aid לא הצטרך לעזרת אחרים.

באַשמירן v. a. to smear with מרח, משח.

— באַשמירן מיט פּוטער to butter מרח בחמאה; (fig.) to please עשה נחת רוח ל־.

באַשר conj. because מפני ש־; the truth or point is that האמת היא ש־; being that היות ו־.

באַשר־בכן conj. as, whereas מכיון ש־; because מפני ש־; ‖ באמת adv. (iro.) indeed, forsooth (בדרך התול).

בבא־בוך s. the book of Buovo ספר בובו.

בדיל־דל adv. in utter poverty בעניות גמורה.

— בדיל דל שטעלן to reduce to utter poverty הביא לידי עניות גמורה.

בדליכא שאני phr. where there is nothing the case is different.

בהמיש adj. brutish בהמי; foolish טפשי.

בודזשעט s. (pl. ־ן) budget חשבון ההוצאות וההכנסות הנעשה מראש.

בודל s. (E.) boodle בצע, שלמונים.

בודלער s. (pl. ־ס) (E.) boodler פקיד בוצע בצע.

בוזשאַנע = אבעזיאַנע (הוספה).

בוט־בלעק s. (pl. ־ס) (E.) boot-black מצחצח נעלים.

בוטליע s. (pl. ־ס) big bottle בקבוק גדול.

בוטלעגער s. (pl. ־ס) (E.) bootlegger מוכר או עושה משקאות חריפים בגנבה.

בוטשער s. (pl. ־ס) (E.) butcher טבח, קצב.

בוטשערן v. a. (E.) to butcher קצץ, חתך.

בוטשער־שאָפּ s. (pl. ־ס) (E.) butcher's shop חנות של קצב.

בויהאָלץ s. timber, lumber עצי בנין.

בויכהאַלטער, שפּאַסיג פֿאַר בוכהאַלטער א).

בויען v. a. to build בנה; to depend upon (fig.) בטח ב־, סמך על־; ‖ ־זיך v. r. to be building הבנה; to have a house built בנה בית.

בויער² s. (pl. ־ס) borer, auger, gimlet, drill מקדח.

בוירגלער s. (pl. ־ס) (E.) burglar גנב המתפרץ.

בוך־קיפּער, בוק־קיפּער s. (pl. ־ס) (E.) book-keeper מנהל ספרי חשבונות.

ביל s. (pl. ־ס) (E.) bull שור.

בום s. (pl. ־ס) (E.) boom תעמולה, התאמצות רבה לטובת דבר.

— אַ בום אין רויל־עסטייט a real-estate boom התאמצות רבה בעסק קרקעות.

בומאַזשקע s. (pl. ־ס) bank-note, bill שטר כסף (ברוסיה).

בומען v. a. (E.) to boom השתדל הרבה לטובת דבר.

— בומען אימעצן פֿאַר אַן אַמט to boom a person for an office התאמץ בעד איש שיבחר למשרה.

בורזשוא s. (pl. ־ס) bourgeois עירני.

בורזשואַזיע s. bourgeoisie עירניות, מעמד העירנים; middle class מפלגה בינונית; קהל העירנים.

בורזשואַזנע adj. bourgeois של עירנים.

בורזשוי, בורזשוק s. (pl. ־עס) contemptible bourgeois, exploiter עירני נבזה, מנצל.

בורע s. borax בורכם (מין מלח).

בזיונות s. pl. (Am.), שפּאַסיג פֿאַר ביזנעס.

— ווי גייען די בזיונות? how is business? איך מצב העסקים?

בטל בשישל, שפּאַסיג פֿאַר בטל בששים.

א) אלשוו. 83. — ב) אלשוו. 163. — ג) קאָס. 54; דיימש bar-häuptig — מיט אַ הוילן קאָפּ. — ד) אלשוו. 140.

א) עלבע.

ביבליאָגראַפיע *s.* bibliography רְשִׁימַת סְפָרִים וְתוֹכְנָם.

בידלע *s.* (‑ס *pl.*) head of horned cattle בְּהֵמָה גַסָּה.

בְּיוֹם פָּקְדִי פָּקַדְתִּי *phr.* "in the day when I visit I will visit," I will get even with you someday! יָבוֹא יוֹם וְאֶנָּקֵם בָּךְ!

ביזי *pred.* (*E.*) busy עָסוּק; || *s.* activity הִתְעַסְּקוּת.

— זײַן ביזי to be busy היה עסוק.

— א גרויסע ביזי a great activity התעסקות גדולה.

— ביזי בײַ קלאָוקס cloakmakers are busy now עושי המעילים עסוקים עתה.

ביזנעס *s.* (‑, ‑ן *pl.*) (*E.*) business עֵסֶק, מַשָּׂא וּמַתָּן, מִסְחָר.

— דאָס איז נישט דײַן ביזנעס that is no business of yours אין לך עסק בזה.

— ביזנעס איז ביזנעס! *prov.* business is business! משא ומתן הוא משא ומתן!

ביזנעס בעפֿאָר פּלעזשור *prov.* (*E.*) business before pleasure עֵסֶק קוֹדֵם לְתַעֲנוּג.

ביזנעס|מאַן *s.* (‑לײַט *pl.*) (*E.*) businessman בַּעַל עֵסֶק, סוֹחֵר.

ביזנעסמעסיג *adj.* (*E.*) businesslike כְּדֶרֶךְ עֵסֶק אוֹ מִסְחָר, מִסְחָרִי.

ביטווין *prep.* (*E.*) between בֵּין.

בִּיטוּל *s.* contempt ‑.

בִּיטוּל־הַיֵש *s.* denial of all material things; disposition to consider all existing things as naught ‑.

ביטערניש *s.* bitterness מְרִירוּת.

ביטש *s.* (‑עס *pl.*) (*E.*) beach חוֹף הַיָּם.

ביי *s.* (‑ס *pl.*) (*E.*) bay מִפְרָץ יָם.

בייבי־קערידזש *s.* (‑עס *pl.*) (*E.*) baby-carriage מֶרְכֶּבֶת לְתִינוֹק.

בייִדינג־סוט *s.* (‑ס *pl.*) (*E.*) bathing-suit בִּגְדֵי מֶרְחָץ.

בײַוול = באוול.

בײַטאָגיג = בײַטאָגעדיג.

בײַטלמאַכער *s.* (‑ס *pl.*) purse-maker עוֹשֵׂה כִּיסִים.

— כאַפּט אים דער בײַטלמאַכער! (*id.*) the deuce take him! יקחהו השטן! א).

בײַטעניש *s.* changing שִׁנּוּי, חִלּוּף.

בײַטוול, בײַטוולצײַג, בײַטוועלן = באוול, באוולצײַג, באוולנע.

ביין *s.* (‑ער *pl.*) bone עֶצֶם.

— (*id.*) טאָן אימעצן אין ביין to touch a person to the quick נגע איש עד נפשו.

— (*id.*) א יונג מיט ביינער a robust fellow בן כח brave fellow בן חיל.

בייסבאָל *s.* (*E.*) baseball מִשְׂחַק הַכַּדּוּר.

בייסטן *v. a.* (*E.*) to baste תָּפֹר בְּאֹפֶן אֲרָעִי.

בייסטער *s.* (‑ס *pl.*) (*E.*) baster תּוֹפֵר בְּאֹפֶן אֲרָעִי.

בייסיקל *s.* (‑ס, ‑עך *pl.*) (*E.*) bicycle אוֹפַנַּיִם.

בייסמענט *s.* (‑ס *pl.*) (*E.*) basement קוֹמָה תַּחְתּוֹנָה.

בייער *s.* (‑ס *pl.*) (*E.*) buyer קוֹנֶה.

בייקערי *s.* (‑ס *pl.*) (*E.*) bakery מַאֲפִיָּה.

ביי־שטום = ביי־קול.

ביל *s.* (‑ס *pl.*) (*E.*) bill חֶשְׁבּוֹן; הַצָּעַת חֹק חָדָשׁ; שְׁטַר כֶּסֶף.

בילדינג *s.* (‑ס *pl.*) (*E.*) building בִּנְיָן.

בילדן[2] *v. a.* (*p. p.* געבילדט) (*E.*) to build בָּנֹה.

בילדער *s.* (‑ס *pl.*) (*E.*) builder בּוֹנֶה (קבלן הבונה בתים).

בֵּין *prep.* between ‑.

בֵּינוֹנִי *s.* something mediocre דָּבָר בֵּינוֹנִי; (*gr.*) participle ‑.

בינסט = בוסם.

בינען, שטאַרק אָנגעשטאַנט זײַן אין פּאָלנדינער פֿראַזע:

— בינען בין איך I certainly am היה אהיה.

ביס[1] *s.* eating אֲכִילָה.

ביסקופּ *s.* (‑ן *pl.*) bishop כֹּהֵן (לנוצרים).

ביעלמע = בעלם, בעלמע (הוספה).

ביפֿסטייק *s.* (‑ס *pl.*) (*E.*) beefsteak אֻמְצָה (נתח בשר שור צלוי).

ביקאָז *conj.* (*E.*) because מִפְּנֵי שֶׁ־.

בֵּית־הַבְּחִירָה *s.* the chosen house (*the Temple*) ‑.

בֵּיתער [בײַזער] *s.* (‑ס *pl.*) a coin representing two of a certain denomination מַטְבֵּעַ שֶׁל שְׁנַיִם מֵעֵרֶךְ יָדוּעַ (שני גדולים, שתי קפיקות וכד').

בְּכוֹרִיצע = בְּכוֹרטע א).

בִּכְלָל *adv.* generally speaking ‑.

בַּכֹּל מִכֹּל כֹּל *phr.* with all particulars עִם כָּל הַפְּרָטִים.

בלאַדער *s.* (‑ס *pl.*) (*E.*) bladder שַׁלְפּוּחִית.

א) פֿאַרצייכנט אין דעם אַרטיקל פֿון דר. אַ. ראָבאַק אין "יידישע פֿילאָלאָגיע", וואַרשע, העפֿט 1, 77. אָנשטאָט בײַטל־מאַכער אין דער פֿראַזע ווערט אָפֿט געזאָגט וואַטלמאַכער אָדער וואַטנמאַכער, וואָס קלינגט ענליך. פֿאַרצייטן פֿלעגט מען אין יידיש זאָגן בײַטל אָנשטאָט טײַוול, כדי אויסצומיידן אַ שלעכט וואָרט. גידעמאַן ("התורה והחיים", ח"ג, 67, אָנמ. 5) ציטירט פֿון "לקט יושר" די פֿראַזע "אין בייטלס נאָמען", וועלכע מע האָט געזאָגט אָנשטאָט דעם דייטשן אויסרוף "in Teufels Namen". בײַטל, זעט אויס, איז אַן איבערשטעלונג פֿון די קלאַנגען פֿון טײַבל (טייוול). "מאַכער" איז מסתמא אַ שפּעטער־דיגער צוזעץ.

א) עלבע.

בלאַט² *adj.* familiar כּרֵעַ, כְּאִיש־סוֹד א).

— זײַן בלאַט מיט אימעצן to be familiar with a person התרעה עם איש; to be at one with a person היה באחדות עם איש.

— שלאָגן (שלינסן) בלאַט to concert סדר או חבל תחבולות יחד.

— אַ בלאַטער יונג a clever fellow פִּקֵּחַ, מבין דבר ב).

בלאַטער *s.* (*pl.* ס —) blotter (*E.*) נְיָר סוֹפֵג.

בלאַנק *adj.* bright בָּהִיר.

בלאָק, בלאַק *s.* (*pl.* ס —) block (*E.*) רִבּוּעַ שֶׁל בָּתִּים בֵּין רְחוֹב לִרְחוֹב.

בלוט־אָרעם *adj.* extremely poor עָנִי מְאֹד.

בלוט־צאַפּער = בלוטזויגער.

בלוים = בלום ג).

בְּלִי אִיסוּר *phr.* without vow of abstinence, without renunciation —.

בְּלִי־נוּזמא = בְּלֹא —.

בלײַם *s.* (*pl,* ס —) blame (*E.*) אַשְׁמָה.

בלײַמל, פֿאַרקלענערוואָרט פֿון בלוים.

בלײַמען *v. a.* to blame (*E.*) הַאֲשֵׁם.

בלײַען *adj.* of lead שֶׁל עוֹפֶרֶת.

— (*fig.*) בלײַענער פֿויגל, זע אונטער פֿויגל.

בלימל, פֿאַרקלענערוואָרט פֿון בלום.

בלינד *adj.* blind עִוֵּר; unknown (*fig.*) בִּלְתִּי נוֹדָע.

בלינטשע = בלינצע.

בְּלִי־רְאָיה = בְּלֹא —.

בְּלִי שְׁבוּעה *phr.* without swearing, without an oath —.

בְּלַעם *s.* (*pl.* ס —) insolent talker פּוֹעֵר פֶּה.

בלעקמײל *s.* blackmail (*E.*) אִיּוּם עַל אִישׁ לְהוֹצִיא מִמֶּנּוּ מָמוֹן.

בלעקמײלן *v. a.* to blackmail (*E.*) אַיֵּם עַל אִישׁ לְהוֹצִיא מִמֶּנּוּ מָמוֹן.

בלעקמײלער *s.* (*pl.* ס —) blackmailer (*E.*) מְאַיֵּם עַל אִישׁ לְהוֹצִיא מִמֶּנּוּ מָמוֹן.

בַּל תַּשְׁחִית *phr.* thou shalt not destroy —.

— עובר זײַן אויף בעל תשחית to waste something useful השחת דבר מועיל.

בֶּן־בַּיִת *s.* (*pl.* בְּנֵי־בַּיִת) one of the family —.

בִּנְיַן־עֲדֵי־עַד *s.* "everlasting structure," something lasting דָּבָר קַיָּם.

בענגעדוש (*E.*) = באַנגאַזש.

בעד־באַג *s.* (*pl.* ס —) bug, bed-bug (*E.*) פִּשְׁפֵּשׁ.

בעדײַ = באָדײַ (הוספה).

בעדרום *s.* (*pl.* ס —) bed-room (*E.*) חֲדַר הַמִּשְׁכָּב.

בעז *s.* elder-tree לִילָךְ.

בעזעווע *adj.* of elder שֶׁל לִילָךְ.

בעזפּראָוואָלאָטשנע *adj.* wireless (*telegraph, telephone*) [בְּלִי חוּטֵי בַּרְזֶל (טלגרף, טלפון) א).

בעט² *s.* (*pl.* ס —) bet (*E.*) הִתְעָרְבוּת.

בעט̄ *s.* (*pl.* ס —) bath (*E.*) אַמְבָּט; רְחִיצָה בְּאַמְבָּט.

ביעטן³ *v. n.* to bet (*E.*) הִתְעָרֵב.

בעטציך *s.* (*pl.* ן —) tick, case כִּסּוּי לְכַר.

בַּעל־הַמָּלוֹן *s.* inn-keeper —.

בַּעל־הִתְמַנוּת *s.* (*pl.* ן —) office-holder —, בַּעַל מִשְׂרָה.

בעלט *s.* (*pl.* ס —) belt (*E.*) חֲגוֹרָה.

בַּעל־טובהניק = בַּעל־טובה.

בעלם, בעלמע *s.* (*pl.* ס —) cataract (*in the eye*) תְּבַלּוּל בָּעַיִן.

בַּעל־מְלָאכל *s.* (*pl.* עך —) workingman *cont.* בַּעַל מְלָאכָה (בדרך בזיון) ב).

בַּעל־עֲגָלהרײַ *s.* coachmanship עֶגְלוֹנוּת.

בַּעל־עֲגָלהש *adj.* of coachman, of driver שֶׁל עֶגְלוֹן.

בַּעל־פִּקָּדון *s.* (*pl.* בַּעלי־פִּקְדוֹנות) depositary —.

בַּעל־תַּכְלית *s.* (*pl.* בַּעלי־תַּכְלִיתים) practical man —.

בענד *s.* (*pl.* ס —) band (*E.*) פַּס; חֶבֶר (של מנגנים).

בענטשער *s.* (*pl.* ס —) blesser (*one of the pupils of a Hebrew school who pronounces the Levitic blessing upon a new pupil at his initiation in the study of the pentateuch*) מְבָרֵךְ (אחד מתלמידי החדר המברך בברכת כהנים תלמיד חדש המתחיל ללמוד החומש) ג).

בעסקעט = באַסקעט.

בעק *s.* back (*E.*) אָחוֹר; גַּב (אחורי הגוף).

בעקערײַ = בײַקערײַ (הוספה).

בערלינטשיק = בערלינער (הוספה).

בערלינע *s.* (*pl.* ס —) a kind of boat מִין סִירָה.

בערלינער *s.* (*pl.* —) heretic אֶפִּיקוֹרוֹס.

בְּפֵירושער *adj.* express, plainly stated מְפוֹרָשׁ בָּרוּר.

בִּפְרָטער *adv.* expressly בְּפֵירוּשׁ, בְּבֵירוּר.

בְּקִו הַבְּריאה = בְּקַו־הַבְּרִיאוּת.

ב"ר *abbr.* = בֶּן רַב the son of Mr. —.

בראָדער *adj.* of Brody שֶׁל הָעִיר בְּרוֹדִי (בגליציה).

— בראָדער לאָקשן broad noodles cut in squares אטריות רחבות קצוצות בחתיכות מְרֻבָּעוֹת ד).

— (*iro.*) איך וועל שיקן נאָך דיר דעם בראָדער שמש I will send for you a special messenger אשלח שליח מיוחד לקרֹא לך ד).

א) אין נײַנערשפּראַך platt — פֿאַרטרויט (יג״ד, אין ווערטערבוך). — ב) עלבע. — ג) עלבע.

א) אָלשוו. 50. — ב) דאָס טשיקאַווע פֿאַרקלענערוואָרט האָב איך געהערט פֿון אַ יידן פֿון קאָוונער געגנט. — ג) אָלשוו 271. — ד) אין מײַן געבורטשטאָט מיט פֿופֿציג יאָר צוריק.

בראַמײַזער s. (pl. ס —) a comb with a piece of paper used for piping מַסְרֵק עִם חֲתִיכַת נְיָר לִשְׁרֹק בּוֹ א).

בראָקער s. (pl. ס —) broker (E.) סַרְסוּר.

בראַש[3] s. (pl. עס —) brush (E.) מִבְרֶשֶׁת.

בראַשן v. a. to brush (E.) נַקֵּה בְּמִבְרֶשֶׁת.

ברוכוואַרג s. scrap שִׁבְרֵי מַתֶּכֶת.

ברום[2] s. (pl. ס —) broom (E.) מַטְאֲטֵא.

ברוסניצע s. (pl. ס —) cranberry, bilberry מִין נַרְגָּרִים אֲדֻמִּים.

ברוער s. (pl. ס —) brewer (E.) עוֹשֵׂה שֵׁכָר.

ברוערי s. (pl. ס —) brewery (E.) בֵּית חֲרֹשֶׁת לְשֵׁכָר.

ברוצקע = ברוקווע.

ברוקירשטײַן s. road-metal שִׁבְרֵי אֲבָנִים לְרִצּוּף מְסִלּוֹת.

ברידזש s. (pl. עס —) bridge (E) גֶּשֶׁר.

ברידזשקע = ברישקע.

בריטש אָוו פּראָמיס phr. (E.) breach of promise הֲפָרַת הַבְטָחַת נִשּׂוּאִים.

ברײַ s. pap מָזוֹן רַךְ.

בריק[1] s. (pl. ן —) bridge גֶּשֶׁר; floor רִצְפָּה.

בריק[3] s. (pl. ס —) brick (E.) לְבֵנָה.

בריקלײַער s. (pl. ס —) (E.) bricklayer מַנִּיחַ לְבֵנִים, בַּנַּאי.

בְּרָכה s. (pl. בְּרָכוֹת) blessing; — benediction; — children's morning prayer תְּפִלַּת הַבֹּקֶר לִילָדִים.

— געבן אַ ברכה to give a blessing נתן ברכה.

— מאַכן אַ ברכה to pronounce a benediction ברך ברכה, אמר ברכה על־.

— זאָגן ברכה to say the morning prayer (of children) אמר ברכה (תפלת הבקר לילדים).

— (id.) מאַכן ברכה to partake of something ההנה (ממאכל או ממשתה).

— גײן אויף ברכה to go to a friend's house to partake of something הלך לבית רע להנות מדבר.

ברעכן v. a. (p. p. געבראָכן) to break שָׁבֹר; v. n. to fail, become bankrupt (Am.) פָּשֹׁט אֶת הָרֶגֶל.

— ברעכן דאָס גענויק, זע אונטער גענויק.

— ברעכן רוק־און־לענד, זע אונטער רוק־און־לענד.

ברענדי s. (pl. ס —) brandy (E.) יַיִן שָׂרוּף.

ברעס s. brass (E.) נְחשֶׁת.

ברעקלען זיך v. r. (fig.) to assume an air הַעֲמֵד פָּנִים.

ברעקפֿעסט s. (pl. ־ן, ־ס) (E.) breakfast אֲרוּחַת בֹּקֶר.

בְּתַּכְלית adv. utterly לְגַמְרֵי.

א) אַלשוו. 127; פֿון דײַטש Brummeisen — אַ מין האַרף צום שפּילן מיטן מויל.

ג.

גאָ אַהעד phr. (E.) go ahead! לֵךְ לְפָנִים!, לֵךְ וַעֲשֵׂה.

גאָ דאַ העל = גאָ טו העל (הוספה).

גאָדעם, גאָדעמעט int. (E.) God damn!, God damn it! יָאֹר אֱלֹהִים!

גאַז־באַלײַכטונג s. gas-light אוֹר הַגַּז.

גאָ טו העל phr. (E.) go to hell! לֵךְ לַאֲבַדּוֹן!

גאָטס־בענטשונג s. God's blessing בִּרְכַּת אֱלֹהִים.

גאָטס־רַחְמָנות s. God's pity רַחֲמֵי אֱלֹהִים.

— אַ גאָטס־רחמנות אויף אים! he is greatly to be pitied צר לי מאד עליו!

גאָטער s. (pl. ס —) gutter (E.) תְּעָלַת שׁוֹפְכִים.

גאָל, ־ער, ־ע adj. bare עָרֹם, גָּלוּי, חָשׂוּף; bald קֵרֵחַ; pure, unmixed טָהוֹר.

גאַלאָן s. (pl. ס —) gallon (E.) קַב (מדה לחה).

גאָלדן adj. golden, of gold שֶׁל זָהָב.

— דאָס גאָלדענע לאַנד, די גאָלדענע מדינה the Land of Gold (America) ארץ הזהב (אמיריקה).

גאַליציאַנער s. (—pl.) Galician בֶּן גָּלִיצְיָה.

גאַליציע npr. Galicia גָּלִיצְיָה (בפולין).

גאַלקע s. (pl. ס —) ballot כַּדּוּר הַגּוֹרָל.

— וואַרפֿן גאַלקעס to cast ballots הפל גורלות (בבחירה).

גאַנאָווסקע וויד s. "thievish face," rogue בְּלִיַּעַל א).

גאַנג s. (pl. ־ען, גענג) going הֲלִיכָה; corridor אוּלָם, מִסְדְּרוֹן ב).

— עס גײט אַ גאַנג things are going smoothly הדברים הולכים בלי מעצור; things are booming הדברים הולכים ומתפתחים במהירות.

גאַנגבאַר adj. current עוֹבֵר לַסּוֹחֵר; salable נִמְכָּר בְּנָקֵל.

גאָנסער = גאָנער.

גאַנצענער, באַטאַנטע פֿאָרמע פֿון גאַנצער.

— דעם גאַנצענעם טאָג the whole blessed day במשך יום תמים.

— גאַנצענע טעג for days במשך ימים תמימים.

גאָפּל s. (pl. ־ען) fork מַזְלֵג.

— (id.) עסן מיט דער מאַמעס גאָפּלען to use one's hands for a fork השתמש בידיו במקום מזלג (אכל בלי מזלג).

גאָרגלען v. a. (E) to gargle גַּרְגֵּר (שטף את הגרון).

גאָרדזשאַל = גאָרדזיאַל.

גאָרטענירער = גערטנער.

גאָרטער s. (pl. ס —) garter (E.) בִּירִית (קשור לגרב).

א) וויד = רוסיש вида — אַ פּנים. — ב) אין דער צווייטער באַדײַטונג בײַ אַלשוו. 205.

גאָרן² s. yarn חוט, מַטְוֶה.

גאָרן־מעסטן s. measuring of yarn (*in spinning*) מְדִידַת חוּטִים (כשוירה) א).

גאָרניט int. s. basta! וָדַי!, וְתוּ לֹא!

גַבאי s. (pl. גַבָּאִים) adjutant of a Chasidic rabbi עוֹזֵר לְרַב הַחֲסִידִים.

גוד איווינינג phr. (E.) good evening! עַרְבָא טָבָא!

גוד־בײַ int. (E.) good-bye! הֱיֵה שָׁלוֹם! (כשנפטרים מאיש).

גוד מאָרנינג phr. (E.) good morning! צַפְרָא טָבָא!

גוד נײַט phr. (E.) good night! לֵילְיָא טָבָא!

גודס s. pl. (E.) goods סְחוֹרָה.

גוזיק s. (pl. ־עס) button כַּפְתּוֹר; knob בְּלִיטָה.

גוזעוואַטע adj. knotty, מָלֵא בְלִיטוֹת; knobby knaggy מָלֵא קְשָׁרִים (= סוקעוואַטע).

גוטהאַרציג adj. kind-hearted טוֹב־לֵב.

גוטהײַסן v. a. (p. p. גוטגעהײסן) to approve הַסְכֵּם (להחלטות של אספה).

גוטס s. something good דָּבָר טוֹב.

— אַל דאָס גוטס זע אַל־דאָס־גוטס.

גוטשטייענדיג adj. (Am.) in good standing בְּמַצָּב טוֹב (על חברי חברה המשלמים כל המסים המגיעים מהם).

גוי s. (fig.) thumb אֲגוּדָל, בֹּהֶן.

— (fig.) גראָבער גוי the middle finger אַמָּה ב).

גויע'ץ s. (pl. ־עס) robust young gentile גּוֹי צָעִיר וּבָרִיא.

גויקע s. (pl. ־ס) young gentile woman נָכְרִית צְעִירָה.

גוליע s. (pl. ־ס) lump, wen בְּלִיטָה (כגוף בעל חי).

גוף s. (pl. גופים) trunk ־, גְּוִיָּה.

גַזלָוואַניע s. robbery, extortion גָּזֵל, חָמָס.

גֵט v. a. to divorce גָּרֵשׁ.

גידוף s. (pl. גידופים) blasphemy ־; scolding ־, חֵרוּף.

גיים s. (pl. ־ס) (E.) מִשְׂחָק.

גיין v. n. (p. p. געגאַנגען) to go הָלֹךְ; to wear v. a. לָבֹשׁ.

— גיין לאַנגע בגדים to wear long garments לבש בגדים ארוכים.

גײַסטרײַך adj. ingenious. clever מְחֻדָּד, חָרִיף.

גײַץ s. (pl. ־ן) bladder of a herring שַׁלְפּוּחִית שֶׁל חָלָק.

גימזען, גימושען v. n. to swarm שָׁרֹץ.

גלאָזוואַרג s. glassware כְּלֵי זְכוּכִית.

גלאָק² = קלאָק (הוספה).

גלויבונג s. (pl. ־ען) belief אֱמוּנָה.

גלײַך adj. proper נָאוֹת, נָכוֹן.

— עס איז ניט גלײַך אַזוי צו טאָן it is not proper to do so לא נכון לעשות כך.

א) בײַ לינעצקין אין „דאָס חסידישע יונגעל“. — ב) עלבע.

גלײַכצײַטיג = אוינצײַטיג.

גליִען v. a. to burn בָּעֹר; to glow, make red-hot לַהֵט, לַבֵּן.

גלעזערײַ = אוינן־גלעזער (הוספה).

גלעזערן adj. of glass שֶׁל זְכוּכִית.

— (id.) האָבן גלעזערנע אויגן, זע אונטער אויג (הוספה).

גלעסעס s. pl. (E.) glasses מִשְׁקָפַיִם.

גנאַט, גנאַטעווען = קנוט, קנוטעווען.

גנאַמניק — שובעניק.

גנבים־שפּראַך s. thieves' slang לְשׁוֹן הַגַּנָּבִים.

גְנִיזָה s. (pl. גְנִיזוֹת) place for hiding worn-out books ־.

געבאָבט adj. (E.) bobbed קָצוּץ שֵׂעָר.

געבאָטן adj. prescribed מְצֻוֶּה.

געבאָרנהײט, געבוירנהײט s. birth לֵדָה.

— פֿון געבאָרנהײט אָן from birth מיום הלדה.

געבורטס|טאָג s. (pl. ־טעג) birthday יוֹם הֻלֶּדֶת.

געבער s. (pl. ־, ־ס) giver נוֹתֵן.

געבראָכן adj. broken שָׁבוּר; broke (Am.) חֲסַר מָמוֹן.

— (Am., joc.) אַ געבראָכענער מעמבער one who is broke מי שאין לו ממון.

געברויך s. (pl. ־ן) consumption שִׁמּוּשׁ (לצרכי החיים).

געברויך־קאָאָפּעראַטיוו s. (pl. ־ן) consumers' cooperative union אֲגֻדַּת מִשְׁתַּמְּשִׁים.

געברויך־קאָאָפּעראַציע s. (pl. ־ס) consumers' cooperation שֻׁתָּפוּת שֶׁל מִשְׁתַּמְּשִׁים.

געבריכט adj. ruptured שָׁבוּר, בַּעַל שֶׁבֶר.

געברענט adj. tempered, hardened מְחֻסָּם, נֻקְשֶׁה (על ידי לבון באש); obdurate (fig.) קְשֵׁה עֹרֶף.

— (fig.) אַ געברענטער עקשן a very obdurate person, a mule אדם קשה ערף מאד.

געדעמפּט adj. stewed צָלוּי בִּקְדֵרָה.

געדענקמיניל s. (pl. ־עך) forget-me-not זִכְרִינִי (מין פרח) א).

געהעפֿט s. (pl. ־ן) yard, court-yard חָצֵר.

געוואָט, אין פֿאָלגנדיגער פֿראַזע:

— וואָס געוואָט? what will you bet? במהי תתערב? ב).

געווערקשאַפֿט s. (pl. ־ן) trades-union אֲגֻדָּה שֶׁל בַּעֲלֵי מְלָאכָה.

געזונט s. health בְּרִיאוּת.

— (id.) ער ווייס ניט פֿון זײַן געזונט he does not know anything אינו יודע מאומה; he does not know a hawk from a handsaw אינו יודע בין ימינו לשמאלו.

נעטש s. (pl. ־עס) idol אֱלִיל; blockhead (fig.) טִפֵּשׁ.

א) יאַפּע. — ב) עלבע; אַזוי פֿלעגט מען זאָגן אין מינסק.

געשקע, פֿאַרקלענערוואָרט פֿון גּ ע ש ש (הוספה).

געיוזט *adj.* used, second-hand (*E.*) בָּלֶה, יָשָׁן.

געלענק *s.* (-ען *pl.*) joint פֶּרֶק (מקום חִבּוּר אברים).

געמבלען *v. n.* to gamble (*E.*) שִׂחֵק (בקלפים, בקוביא וכד').

געמבלער *s.* (-ס *pl.*) gambler (*E.*) מְשַׂחֵק (בקלפים, בקוביא וכד').

געמײַנשאַפֿט *s.* community שֻׁתָּפוּת, שִׁתּוּף.

געמײַנשאַפֿטליך *adj.* common מְשֻׁתָּף; ‖ *adv.* in common בְּשֻׁתָּפוּת.

געמַישט *adj.* mixed with water מָהוּל בַּמָּיִם.

גענאָסע *s.* (-ן *pl.*) comrade חָבֵר (של המפלגה הסוצילסטית); socialist (*Am.*) סוֹצִיָלִיסְט.

גענאָסינע *s.* (-ס *pl.*) female comrade חֲבֵרָה (של המפלגה הסוציַליסטית).

גענאַרט זײַן *v. p.* to be disappointed הָיָה תִקְוַת אִישׁ נִכְזָבָה.

געננ *s.* (-ס *pl.*) gang (*E.*) חֶבֶר.

גענגסטער *s.* (-ס *pl.*) gangster (*E.*) חָבֵר לְגַנָּבִים וְשׁוֹדְדִים.

געניצט *adj.* used, second-hand בָּלֶה, יָשָׁן.

גענעטיוו *s.* possessive case (*gr.*) יַחַס שֶׁמִּמֶּנּוּ.

געסופֿרט = געכתיבהט.

געסלקע = געסל.

געסמוקט *adj.* smoked (*E.*) מְעֻשָּׁן.

— געסמוקטע פֿיש smoked fish דגים מעֻשָּׁנים.

געענגט *adj.* pinched דָּחוּק (במצב).

געערט *adj.* esteemed נִכְבָּד.

געפֿינס *s.* (-ן *pl.*) find, thing found מְצִיאָה.

געץ *s.* (-ן *pl.*) idol אֱלִיל.

געצנדינער *s.* (- *pl.*) idolator, worshipper of idols עוֹבֵד אֱלִילִים.

געקוועטשעריי *s.* squeezing לְחִיצָה; strain הִתְאַמְּצוּת רַבָּה.

געקעכץ *s.* (-ן *pl.*) cooked food תַּבְשִׁיל; soup, pottage נָזִיד.

גערײַדע היר *phr.* get out of here! (*E.*) לֵךְ מִזֶּה!

געראַם² *s.* (-ען *pl.*) rhyme חָרוּז (= גראַם¹).

גערטעלע¹, פֿאַרקלענערוואָרט פֿון גאָרטן.

גערטעלע², פֿאַרקלענערוואָרט פֿון גאַרטל.

גערנוויליג *adj.* willing, ready בְּנֶפֶשׁ חֲפֵצָה.

געשלידער *s.* (-ן *pl.*) concatenation of events קֶשֶׁר הַמְּאוֹרָעוֹת (בספור) א).

געשפּיליעוועט *adj.* buttoned, hooked רָכוּס.

גראַבאײַזן *s.* (-ס *pl.*) mattock אֵת.

גראַבאַרטיג, שפּאַסיג אַנשטאַט גרויסאַרטיג.

גראַבשטיכל, -שטיקל *s.* (-עך *pl.*) graving-tool, burin צִפּוֹרֶן, מַגְלֵף.

גראַדאָווע *adj.* of degrees שֶׁל מַעֲלוֹת.

גראַדזשואײשן, גראַדזשואײשן = גראַדיואײזשן, גראַדיואײזשן (הוספה).

גראַדיואײט *s.* (-ס *pl.*) graduate (*E.*) גּוֹמֵר בֵּית סֵפֶר.

גראַדיואײטן *v. n.* to graduate (*E.*) גָּמַר בֵּית סֵפֶר.

גראַדיואײשן *s.* graduation (*E.*) גְּמִירַת בֵּית סֵפֶר.

גראַדיטור *s.* gros de Tours (*a kind of silk stuff*) אֶרֶג טוּר (מין משי דניגזה בעיר טור בפרנציה).

גראַווירן *v. a.* to engrave חָקַק, חָרַת.

גראַמאַטנע *adj.* literate יוֹדֵעַ כְּתֹב וּקְרֹא.

גראַמאָטע *s.* literacy יְדִיעַת קְרִיאָה וּכְתִיבָה.

גראָסער = גראָסערומאַן (הוספה).

גראָסערי *s.* (-ס *pl.*) grocery (*E.*) חֲנוּת מַכֹּלֶת, פַּתָּק; *pl.* מִינֵי מַאֲכָל.

גראָסערימאַן *s.* (-לײַט *pl.*) grocer (*E.*) בַּעַל פַּתָּק.

גרוילקײַט = גרויל.

גרויס *adj.* great, large, big גָּדוֹל.

— האַלטן זיך גרויס to be proud, be haughty הִתְגָּאָה.

גרויסהאַלטער *s.* (-, -ס *pl.*) boaster, braggart, swaggerer מִתְגָּאֶה, מִתְפָּאֵר.

גרויסענער באַטאָנטע פֿאָרעם פֿון גרויסער.

— גרויסענע צרות very great troubles צרות גדולות מאד.

גרונטעווען *v. n.* to dive, plunge צָלַל.

גרזוונזק = גרזווניע.

גריזינע *s.* turnip לֶפֶת הַכְּרוּב (= ברוקווע).

גרייפּ *s.* (-ס *pl.*) grape (*E.*) עֵנָב.

גריך *s.* (-ן *pl.*) Greek בֶּן אֶרֶץ יָוָן, יְוָנִי.

גריכיש *adj.* Greek יְוָנִי.

גריכנלאַנד *npr.* Greece אֶרֶץ יָוָן.

גרין *adj.* sallow חוּם-צְהַבְהַב (מצבע הפנים).

גרעט = וועש.

גרעמער *s.* (-ס *pl.*) grammar (*E.*) דִּקְדּוּק.

גרעמער-סקול *s.* (-ס *pl.*) grammar-school בֵּית הַסֵּפֶר.

ד

דאַבוווען זיך *v. r.* to get at הִשִּׂיג; to come at בּוֹא לְ-.

דאַבראָנאַטש, -נאַך *s.* entertainment on the night before the wedding קַבָּלַת פָּנִים בַּלַּיְלָה שֶׁלִּפְנֵי הַחֲתוּנָּה; a kind of wedding tune מִין נִגּוּן לְשִׂמְחַת הַחֲתוּנָּה.

דאַון-טאַון *adv.* down-town (*E.*) בַּחֵלֶק הַתַּחְתּוֹן שֶׁל הָעִיר.

דאַונסטע(ר)ז *adv.* downstairs (*E.*) לְמַטָּה (ממדרגות בית).

דאַטל דו *phr.* that'll do (*E.*) דַּי.

א) עלבע.

דאַטס אָל *phr.* (*E.*) that's all זֶה כָּל הַדָּבָר, תו לא.

דאַטס רײַט *phr,* (*E.*) that's right זֶה נָכוֹן, כֵּן הוּא.

דאַטש, שפּאָטינג פֿאַר ד ײַ ט ש.

— (*Am.*) אַ קאַליוואַריער דאַטש a counterfeit German מתראה כגרמני.

דאַכטן *v, a.* to mention הַזְכֵּר.

— נוט פֿאַר אײַך געדאַכט! God preserve you from such evil! ישמרך ה' מצרה כזאת!

— נוט דאָ געדאַכט! God preserve this place from such evil! ישמור ה' את המקום הזה מצרה כזאת!

דאָלמאַן *s.* (*pl.* ס –) dolman (*a kind of lady's cloak*) מִין מְעִיל לְאִשָּׁה.

דאַמען־רעכט *s.* courtesy to ladies כָּבוֹד שֶׁנּוֹהֲגִים בְּנָשִׁים.

דאַן *adj.* then אָז.

דאַסט *s.* (*E.*) dust אָבָק.

דאַסטן *v. a.* (*E.*) to dust הָסֵר אָבָק.

דאַסטער *s.* (*pl.* ס –) (*E.*) duster מַטְאֲטֵא לְהָסֵר אָבָק.

דאָס־רוב *adv.* mostly, for the most part, in most cases לָרֹב.

דאָק *s.* (*pl.* ס –) (*E.*) dock מְקוֹם מַעֲמַד אֳנִיּוֹת.

דאַ(ר)לינג *s.* (*pl.* ס –) (*E.*) darling אָהוּב, אֲהוּבָה; יֶלֶד יַקִּיר.

דאָרע = ד א ר.

דו *pron. pers.* thou אַתָּה.

— זײַן מיט אימעצן פֿער דו to be on familiar terms with a person היה עם איש בקרבת אחים.

דובר־שְׁקָרִים *s.* (*pl.* דוברי־שְׁקָרִים) liar שַׁקְרָן.

דודע *s.* (*pl.* ס –) bag-pipe חֵמַת חֲלִילִים, סוּמְפּוֹנְיָה.

— (*fig.*) האַלטן זיך מיט דער דודע to stick to one's burden לא סור ממשאו.

דַווקא *adv.* absolutely בְּחִיּוּב, בְּהֶחְלֵט; notwithstanding לַמְרוֹת כֹּל.

דורכוואָרטלען זיך *v. r.* to squabble רִיב.

דורכלאַקסירן *v. a.* to purge שַׁלְשֵׁל (הקֵבה).

דורכשלאָגן זיך *v. r.* to get through, break through הִדָּחֵק, בְּקַע דֶּרֶךְ.

דזיקאַן *s.* (*pl.* עס –) queer fellow אָדָם זָר בְּטִבְעוֹ.

דזיקאַנקע *s.* (*pl.* ס –) queer woman אִשָּׁה זָרָה בְּטִבְעָהּ.

דזשאַב *s.* (*pl.* ס –) (*E.*) job מְלָאכָה; עֵסֶק.

דזשאַבער *s.* (*pl.* ס –) (*E.*) jobber סִיטוֹן.

דזשאָדזש *s.* (*pl.* עס –) (*E.*) judge שׁוֹפֵט.

דזשאָדזשמענט *s.* (*pl.* ס –) (*E.*) judgment פְּסַק בֵּית דִּין (ביחוד נגד בעל חוב).

דזשאַמפּער *s.* (*pl.* ס –) (*E.*) jumper מִין כְּתֹנֶת עֶלְיוֹנָה.

דזשאָוק *s.* (*pl.* ס –) (*E.*) joke בְּדִיחָה, הֲלָצָה.

דזשאָוקן *v. n.* (*E.*) to joke הִתְבַּדֵּחַ, הִתְלוֹצֵץ.

דזשאָנט דיסטריביושן קאָמיטי *s.* (*E.*) Joint Distribution Committee וַעַד הַחֲלוּקָה הַמְּשֻׁתָּף (הועד לחלוקת הנדבות הנאספות באמיריקה לעזרת יהודי שאר ארצות).

דזשאָינען *v. a.* (*E.*) to join הִתְחַבֵּר אֶל־.

דזשאַנק *s.* (*E.*) junk חֲפָצִים יְשָׁנִים.

דזשאַנק־דילער *s.* (*pl.* ס –) junk-dealer סוֹחֵר בַּחֲפָצִים יְשָׁנִים (ביחוד בשברי מתכת).

דזשולײַ (*E.*) = יולי (הוספה).

דזשולער *s.* (*pl.* ס –) (*E.*) jeweller מוֹכֵר תַּכְשִׁיטִים וַאֲבָנִים יְקָרוֹת.

דזשולערי *s.* (*E.*) gewellery, jewelry אֲבָנִים יְקָרוֹת תַּכְשִׁיטִים.

דזשון (*E.*) = יוני (הוספה).

דזשורי *s.* (*pl.* ס –) (*E.*) jury סוֹד שׁוֹפְטִים מֻשְׁבָּעִים.

דזשייל *s.* (*pl.* ס –) (*E.*) jail בֵּית אֲסוּרִים.

דזשינדזשער *s.* (*E.*) ginger זַנְגְּבִיל.

דזשינדזשער־איל *s.* (*E.*) ginger-ale שֵׁכָר שֶׁל זַנְגְּבִיל.

דזשעז *s.* (*E.*) jazz מִין נְגִינָה אִי־הַרְמוֹנִית בִּכְלֵי שִׁיר שׁוֹנִים.

דזשעלאַס *adj.* (*E.*) jealous מְקַנֵּא.

דזשעלאַסי *s.* (*E.*) jealousy קִנְאָה.

דזשעלי *s.* (*E.*) jelly קָרִישׁ (מיץ פרות).

דזשענטל מאַן, – מען *s.* (*pl.* – לײַט) (*E.*) gentleman אָדָם אָדִיב; אִישׁ, גֶּבֶר.

— (*joc.*) דער דזשענטלמאַן פֿון די טשיקנס a cock, a rooster תרנגול, גבר.

דזשענטס פֿורנישינגס (*E.*) gents' furnishings קִשּׁוּטִים לִגְבָרִים.

דזשעניוערי (*E.*) = יאַנוואַר.

דזשעניטאָר *s.* (*pl.* ס –) (*E.*) janitor שׁוֹמֵר הַבַּיִת.

דזשעניטאָרקע *s.* (*pl.* ס –) (*E.*) janitress שׁוֹמֶרֶת הַבַּיִת.

דזשעקעט *s.* (*pl.* ס –) (*E.*) jacket בֶּגֶד קָצָר.

דיוד *s.* (*pl.* ס –) (*E.*) dude מִתְיַפֶּה בִּלְבוּשׁוֹ.

דיוטי *v.* (*pl.* ס –) (*E.*) duty חוֹבָה; מֶכֶס.

דיוס *s. pl.* (*E.*) dues מַס חֲבֵרִים.

דײַטשוק *s.* (*pl.* עס –) (*cont.*) German גֶּרְמָנִי, אַשְׁכְּנַזִּי.

דײַטשלאַנד *npr.* Germany גֶּרְמַנְיָה, אֶרֶץ אַשְׁכְּנַז.

דײַם *s.* (*pl.* ס –) (*E.*) dime מַטְבֵּעַ שֶׁל עֲשָׂרָה סֶנְטִים (באמיריקה).

דײַעט *s.* (*pl.* ס –) (*E.*) diet הִלְכוֹת אֲכִילָה.

דײַעריע *s.* (*E.*) diarrhoea מַחֲלַת הַשִּׁלְשׁוּל.

דײַרי *s.* (*pl.* ס –) (*E.*) dairy מַחְלָבָה.

דינער ² *s.* (*pl.* ס –) (*E.*) dinner אֲרוּחַת צָהֳרַיִם; סְעוּדָה.

דיסאַפּאָינטמענט s. (pl. ‒ס) (E.) disappointment הַכְזָבַת תִּקְוָה; הֲפָרַת הַבְטָחָה.

דיסאַפּאָינטן (E.) v. a. to disappoint הַכְזֵב תִּקְוָה; הָפֵר הַבְטָחָה.

דיסטילער s. (pl. ‒ס) (E.) distiller מְזַקֵּק.

דיסטילערי s. (pl. ‒ס) (E.) distillery מְזַקְקָה.

דיסמיסן (E.) v. a. to dismiss פַּטֵּר, שַׁלַּח.

דיסעמבער (E.) = דעצעמבער.

דיספּאָזעס s. (‒ן, pl. ‒עס) (E.) dispossess אִשּׁוּר בֵּית הַמִּשְׁפָּט לְגָרֵשׁ דַּיָּר מִדִּירָתוֹ.

דיספּוט s. (pl. ‒ן) dispute וִכּוּחַ.

דיספּוטירן v. n. to dispute הִתְוַכֵּחַ.

דיספּענסערי s. (pl. ‒ס) (E.) dispensary בֵּית חוֹלִים לְחוֹלֵי חוּץ.

דיפּאָ s. (pl. ‒ס) (E.) depot בֵּית נְתִיבוֹת, תַּחֲנָה.

דיפּל, אַ פֿאַרגרייזונג פֿון דיפּאָ.

דיפֿערענס, דיפֿערענץ s. (pl. ‒עס) (E.) difference חִלּוּק.

דיקשאָנערי s. (pl. ‒ס) (E.) dictionary מִלּוֹן.

דירעקטאָרי s. (pl. ‒ס) (E.) directory סֵפֶר הַשֵּׁמוֹת (ביחוד רשימת שמות של יושבי עיר).

דירעקשן s. (pl. ‒ס) (E.) direction מְגַמָּה; כְּתֹבֶת.

דעטעקטיוו s. (pl. ‒ס) (E.) detective שׁוֹטֵר חָרָשׁ.

דעליווערי s. (pl. ‒ס) (E.) delivery מְסִירָה (של מכתבים, של סחורה).

דעליווערן (E.) v. a. to deliver מְסֹר (מכתבים, סחורה).

דעמידזשאָן s. (pl. ‒ס) (E.) demijohn בַּקְבּוּק גָּדוֹל מוּשָׂם בְּסַל.

דעם פֿול s. (E.) damned fool טִפֵּשׁ גָּדוֹל.

דענקע s. (pl. ‒ס) crown of a cap or hat ראשׁ כּוֹבַע (= דעניק).

דעסעווער adj. of Dessau שֶׁל דֶּסוֹי.
— דער דעסעווער the man of Dessau (Moses Mendelsohn) אִישׁ דֶּסוֹי (משה מנדלזון).

דעסק s. (pl. ‒ס) (E.) desk מַכְתֵּבָה.

דעפּאָזיט s. (pl. ‒ס) deposit פִּקָּדוֹן; עֵרָבוֹן.

דעפּאָזיטאָר s. (pl. ‒ס) (E.) depositor מַפְקִיד.

דעפּאָזיטן (E.) v. a. to deposit הַפְקֵד.

דעקאָלטע adj. décolleté חָשׂוּף הַצַּוָּאר וְהַזְּרוֹעוֹת.

דעקלאַראַנט s. (pl. ‒ן) (E.) declarant אִישׁ שֶׁהוֹדִיעַ אֶת רְצוֹנוֹ לְהֵעָשׂוֹת אֶזְרָח (באמיריקה).

דעקלאַראַציע s. (pl. ‒ס) declaration הוֹדָעָה, הַצְהָרָה; = דעקלאַריישן.

דעקלאַריישן s. (pl. ‒ס) (E.) declaration of intention הוֹדָעַת רְצוֹן אִישׁ לְהֵעָשׂוֹת אֶזְרָח (באמיריקה).

דערהאַלטן v. a. n. to stand, endure סַבֹּל, נְשֹׂא.

דערוועקן זיך v. r. to be roused הִתְעוֹרֵר.

דערווערבן v. a. to acquire קְנֵה, רְכֹשׁ.

דערטרינקען v. a. to drink to the end שְׁתֵה עַד גְּמִירָא.

דעריג adj. consumptive, phthisic שֶׁל שַׁחֶפֶת; חוֹלֶה בְּמַחֲלַת הַשַּׁחֶפֶת.

דערין = דערטן.

דערגאַנצונג² s. supplement מִלּוּא, הַשְׁלָמָה.

דערפֿילן² v. a. to supplement מַלֵּא, הַשְׁלֵם.

דערקבֿרן זיך v. r. to attain to a miserable career after slaving one's life out הַשֵּׂג מַטָּרָה דַלָּה בַּחַיִּים בְּרֹב עָמָל וּתְלָאָה א).

דראָבנע adj. minute דַּק, קָטָן מְאֹד.
— אַ דראָבנער רעגן a drizzling rain גשם דק.

דראָגיסט s. (pl. ‒ס) (E.) druggist רוֹקֵחַ.

דראָג־סטאָר s. (pl. ‒ס) (E.) drug-store בֵּית רְפוּאוֹת, בֵּית מִרְקַחַת.

דראָז = דראָערס (הוספה).

דראָער s. (pl. ‒ס) (E.) drawer מְגֵרָה.

דראָערס s. pl. (E.) drawers תַּחְתּוֹנִים.

דריבלען a. v. to unravel (threads) פָּרֵק (חוטים).
— דריבלען אַ זאָק to unravel a stocking פרק חוטים מפוזמק.

דריט ord. num. third שְׁלִישִׁי.

דרילן² v. n. (E.) to drill עֲשֵׂה תַּרְגִּילִים.

דרינק s. (pl. ‒ס) (E.) drink שְׁתִיָּה; כּוֹס שֶׁל מַשְׁקֶה.

דריי־גודס s. pl. (E.) dry-goods סְחוֹרַת אֲרִיגִים.

דריידל s. (pl. ‒עך) receiver-hook (of a telephone) אַנְקוֹל הַכְּלִי קִבּוּל (של טלפון) ב).

דרייוו s. (pl. ‒ס) (E.) drive טִיּוּל (בעגלה); תַּעֲמוּלָה (ביחוד לאספת נדבות).

דרייווער s. (pl. ‒ס) (E.) driver עֶגְלוֹן.

דרייען v. a. to turn סַבֵּב, הַפֵּךְ.
— דרייען אַ יאַרמלקע (אַ ספּאָדעק, אַ קאַפּטור) (id.) to bother a person's head הלאה איש בדברים.

דרייעניש = קאָפּדרייעניש.

דרך־הַיָּשָׁר s. the right way ~.

דרעס s. (pl. ‒עס) (E.) dress שִׂמְלָה, מַלְבּוּשׁ.

דרעסן (E.) v. a. to dress הַלְבֵּשׁ; קַשֵּׁט.

דרעק s. dirt חֶלְאָה; excrements צוֹאָה.
— הוליע, קבצן, דרעק איז וואָלוול! (prov.) rejoice, pauper, dirt is cheap! שמח, קבצן, צואה נמכרת בזול!

דרעקסלען, דרעקסלער = טאָקן, טאָקער.

דרעש־טאָק s. (pl. ‒ן) threshing-floor גֹּרֶן.

ה.

האַד s. (pl. ‒עס) ugly creature בְּרִיאָה מְכֹעָרָה.

האַדליווע adj. fastidious מוֹאֵס בְּ־, בּוֹחֵל.

א) ביי גאָלאָמבן אין "מלים בלשוני" אונטער קָבַר. —
ב) אלשוו. 51.

האַדעוואַניצע s. (– ס .pl) foster-daughter חֲנִיכָה; בַּת מְאֻמָּצָה.

האַדעוואַניק s. (– עס .pl) foster-son חָנִיךְ; בֵּן מְאֻמָּץ.

האַדעווען v. a. to breed, rear גַּדֵּל; to feed הָזֵן.

האַו דו יו דו phr. (E.) how do you do? מַה שְּׁלוֹמְךָ?

האָום s. (– ס .pl) (E.) home בֵּית מַחֲסֶה.

האָל s. (– ס .pl) (E.) hall אוּלָם.

האַלאָ int. (E.) halloo! הַלּוֹ! (קריאה אל איש בפגישה).

האַלאָדראַנ׳ץ = האַלאָדרונגע.

האָלאַנד npr. Holland הוֹלַנְדִּיָּה.

האַלאָשען = האַלאָפען.

האָל(ד) אָן phr. (E.) hold on! עֲמוֹד!, חַכֵּה מְעַט!

האָלד־אָפּ s. (– ס .pl) (E.) hold up הִתְנַפְּלוּת עַל אִישׁ לְעָשְׁקוֹ, לְסָטוּם.

— מאַכן אַ האָלד־אָפּ to make a hold-up התנפל על איש לעשקו, לִסְטֹם.

האָלד־אָפּניק s. (– עס .pl) (E.) one who makes a hold-up מִתְנַפֵּל עַל אִישׁ לְעָשְׁקוֹ, לִסְטִים.

האַלזווײטיג s. pain in the neck כְּאֵב הַצַּוָּאר; pain in the throat כְּאֵב הַגָּרוֹן.

האַלט ² v. aux. = כאַלט.

האַלטן v. a. to hold תָּפֹס, הַחֲזֵק; ‖ – זיך v. r. to stick הִדָּבֵק.

— האַלטן זיך מיט דער דודע, זע אונטער דודע (הוספה).

האָלסייל s. (E.) wholesale סִיטוֹנוּת.

— אין האָלסייל by wholesale בסיטונות; במדה גסה.

האָלסיילער s. (– ס .pl) (E.) wholesaler סִיטוֹנִי.

האָלענדער adj. Dutch הוֹלַנְדִּי; ‖ s. (– .pl) Dutchman בֶּן הוֹלַנְדִּיָּה, הוֹלַנְדִּי.

האַמבאַג s. (E.) humbug רְמִיָּה; רְעוּת רוּחַ.

האַמזון s. (– עס .pl) snuffler מְדַבֵּר דֶּרֶךְ הָאַף א).

האַמזען v. n. to snuffle, nasalise דַּבֵּר דֶּרֶךְ הָאַף ב).

האַנט־פּענטע s. (– ס .pl) handcuff כֶּבֶל יָד.

האָפּען v. n. to hop, jump, dance קָפֹץ, רַקֵּד.

האַקברעט s. (– ער .pl) board for mincing meat דַּף לְקְצִיצַת בָּשָׂר.

האָר־באַנד s. (– באַנדן, – בענדער .pl) head-band, head-lace, hair-lace סֶרֶט לְרֹאשׁ אִשָּׁה.

האַרבסט s. autumn בָּצִיר, עֵת הַקָּצִיר.

האַרדװער s. (E.) hardware כְּלֵי מַתֶּכֶת.

האַרט adj. hard קָשֶׁה; solid מוּצָק.

האַרטעווען v. a. to temper, anneal לַבֵּן (ברזל).

האַרי s. (E.) hurry מְהִירוּת, חִפָּזוֹן.

האַרי אַפּ int. hurry up! מַהֵר! ‖ adv. in a hurry בִּמְהִירוּת ג).

— מאַכן האַרי־אַפּ to be quick, to hasten מהר לעשות.

האַרלע s. (– ס .pl) throat גָּרוֹן, גַּרְגֶּרֶת (= גאָרלע).

— (fig.) פֿאַרשטאָפּן אימעצן די האַרלע to give a person a bone to pick, to bribe סתם פי איש בשוחד.

האַרמאָניש adj. harmonious מַתְאִים; נָעִים (בשיר); ‖ adv. harmoniously בְּהַתְאָמָה; בְּנֹעַם.

האַרץ ² s. (– ן .pl) false shirt-front מִכְסֶה בַּד לְחָזֶה א).

האַרצעלע int. my dear! my darling יַקִּירִי!, אֲהוּבִי! (יַקִּירָתִי!, אֲהוּבָתִי!).

האַרצעלעך int. gracious! מָרְיָה דְּאַבְרָהָם!

הַבָנה s. understanding, intelligence –.

הגם conj. notwithstanding that – , אִם גַּם.

הויזן ¹ [האָיזן] v. n. to get along, live peacefully חָיֹה בְּשָׁלוֹם.

הויזנבלאָזן s. pl. a kind of thin cakes put into soup מִין רְקִיקִים דַּקִּים הַמּוּשָׂמִים בְּמָרָק.

הויזקיפּער s. (– ס .pl) (E.) housekeeper סוֹכֵן הַבַּיִת.

הויזקיפּערקע s. (– ס .pl) housekeeper סוֹכֶנֶת הַבַּיִת.

הויט s. skin עוֹר.

— (id.) רײדן פֿון דער הויט to speak off-hand דבר בלי הכנה ב).

הויל adj. sheer גָּמוּר.

— הוילע נאַרישקײט sheer nonsense טפשות גמורה.

הויפּט־ערליך adj. very honest יָשָׁר מְאֹד.

הומבאַג = האַמבאַג (הוספה).

הונטס‖קאָפּ s. (קעפּ .pl) head of a dog (word of abuse) רֹאשׁ כֶּלֶב (מלה של חרוף).

הוֹצָאָה s. (הוֹצָאוֹת .pl) expense –.

— שנײַדערשע הוצאות trimmings חמר לצפוי בגדים.

הוק s. (– ס .pl) (E.) hook אַנְקוֹל.

הורטאָם adv. by wholesale בְּסִיטוֹנוּת; together יַחַד, בַּאֲגֻדָּה אַחַת.

הִיט s. (E.) hit הַצְלָחָה.

— מאַכן אַ היט to make a hit הצלח.

הײטש s. (– עס .pl) (E.) hitch נְסִיעָה אֲרָעִית בַּעֲגָלָה בְּחִנָּם.

— געבן אַ הײטש to give a hitch נתן לאיש לנסע בעגלה בחנם זמן מצער.

הײב־מאַשין s. (– ען .pl) lift, elevator מְכוֹנָה לְהָרִים אֲנָשִׁים אוֹ מַשָּׂאוֹת (מקומה לקומה בבנין).

הײַזל s. (– עך .pl) little house בַּיִת קָטָן; disorderly house בֵּית זוֹנוֹת.

הײַכל = אײַכל.

א) עלבע. — ב) עלבע. — ג) ווערט אין יידיש געוויינטליך אַרויסגערעדט: האַריאַ׳פּ; אָמאָל אויך: האַרי־יאַ׳פּ, האָ׳ר־יאַפּ.

א) אלשוו. 148. — ב) אלשוו. 178.

הײליג *adj.* solemn נִכְבָּד, אָיֹם, קָדוֹשׁ; || *adv.* solemnly בְּקֹדֶשׁ.
— שווערן הײליג to swear solemnly השבע שבועת קדש.
הײמיש *adj.* home-made עָשׂוּי בְּבַיִת.
הײנטיג *adj.* modern שֶׁל הָעֵת הַחֲדָשָׁה.
הײצונג *s.* fuel חֹמֶר לְהַסָּקָה.
הײקן *v. n.* to hike (*E.*) נְסֹעַ בְּרַגְלָיו.
הײקער, הײקערדיג = הויקער, הויקערדיג.
הײראַטן *v. n.* to marry, get married הִנָּשֵׂא.
היל *s.* (*pl.* ס –) heel (*E.*) עָקֵב נַעַל.
הילע *s.* (*pl.* ס –) wrapper, cover, mantle תַּכְרִיךְ.
הינטער־פלעצל *s.* (*pl.* עך –) (*sl.*) a kick in the arse בְּעִיטָה בָּאֲחוֹרַיִם.
הינטער־קוליסן *s. pl.* the place behind the scenes הַמָּקוֹם מֵאֲחוֹרֵי הַקְּלָעִים (בתיאטרון).
הינטשלעגער *s.* (*pl.* –) dog-killer, dog-catcher הוֹרֵג כְּלָבִים, חוֹטֵף כְּלָבִים; idler (*fig.*) הוֹלֵךְ בָּטֵל.
היסח־הדעת *s.* forgetfulness –.
היפשינק, – ער, – ע, צערטלוואָרט פון הופשא. א)
היץ *s.* fever קַדַּחַת.
המנס־קאָפּ *s.* Jew-baiter צוֹרֵר הַיְּהוּדִים; bribe-taking officer פָּקִיד לוֹקֵחַ שׁוֹחַד ב).
העברעער *s.* (*pl.* –) Hebraist יוֹדֵעַ הַלָּשׁוֹן הָעִבְרִית.
העט *s.* (*pl.* ס –) hat (*E.*) כּוֹבַע, מִגְבַּעַת.
העל *s.* (*E.*) שְׁאוֹל, אֲבַדּוֹן.
— געבן העל to give hell תת נזיפה נמרצה.
העלפער *s.* (– ,ס –) helper עוֹזֵר; מוֹשִׁיעַ; help in a bakery of Passover cakes עוֹזֵר בְּמַאֲפִיָּה שֶׁל מַצּוֹת; cantor's assistant, chorist עוֹזֵר לְחַזָּן, מְשׁוֹרֵר.
הענטל *s.* (*pl.* עך –) penholder יַד הָעֵט (= האַלטער).
הענקעטשיף, הענקעטשע *s.* (*E.*) handkerchief מִטְפַּחַת.
העץ *s.* trick תַּחְבּוּלַת עָרְמָה; fun מַהֲתַלָּה ג).
העצע *s.* (*pl.* ס –) intrigue סִכְסוּךְ.
הערבסט = האַרבסט (הוספה).
הערינג *s.* (*pl.* –) herring חִלָּק.
הערן *v. a. n.* to hear שָׁמֹעַ.
— הערן ווי דעם קאַטער, הערן ווי די קאַץ, זע אונטער קאַטער, קאַץ.
— הערן אין טראַק, זע אונטער טראַק (הוספה).
הערצעלע, פאַרקלענערוואָרט פון האַרץ.
הפקרדיג *adj.* wanton שׁוֹבָב; reckless שֶׁאֵינוֹ מֵשִׂים לֵב לְתוֹצָאוֹת דָּבָר; || *adv.* recklessly בְּלִי שִׂים לֵב לְתוֹצָאוֹת דָּבָר.
התחייבות *s.* (*pl.* ן –) obligation; promise –.

א) אין ליאַנדאָרס בריפֿנשטעלער, זייט 116: „שרייבן א היפשינק ביסל". — ב) ביי נאַלאַמבן. — ג) אלשוו. 29, 222.

ו, וו.

והילד איננו *phr.* "and the child is not there," וְהַבָּחוּר אֵינֶנּוּ! (*joc.*) and the fellow is gone!
וואַגאָן *s.* (– ען, – עס *pl.*) wagon עֲגָלַת מְסִלַּת בַּרְזֶל.
וואָוט, וואוט *s.* (*pl.* ס –) vote (*E.*) דֵּעָה (בבחירות).
וואָוטן, וואוטן *v. n.* to vote (*E.*) נְתֹן דֵּעָה (בבחירות).
וואויל־לערנער *s.* (*pl.* ס –) apt student תַּלְמִיד מוּפְלָא.
וואוילשטאַנד *s.* well-being, welfare אֹשֶׁר.
וואוינ||אָרט *s.* (*pl.* – ערטער) domicile מוֹשָׁב.
וואולגאַר, – נע *adj.* vulgar הֲמוֹנִי, גַּס.
וואַטאָווקע *s.* (*pl.* ס –) wadded garment בֶּגֶד מְמֻלָּא מוֹךְ.
וואַטלמאַכער, וואַטנמאַכער *s.* (*pl.* ס –) wadding maker עוֹשֵׂה מוֹךְ.
— כאַפּט אים דער וואַטלמאַכער (וואַטנמאַכער)! (*id.*) the deuce take him יקחהו השטן! א)
וואַטער־מעלאָן *s.* (*pl.* ס –) (*E.*) watermelon אֲבַטִּיחַ.
וואַטערפּרוף *adj.* (*E.*) waterproof שֶׁאֵין מַיִם עוֹבְרִים בּוֹ; || *s.* (*pl.* ס –) מְעִיל שֶׁאֵין מַיִם עוֹבְרִים בּוֹ.
וואַטער־קלאָזעט *s.* (*pl.* ס –) (*E.*) water-closet בֵּית הַכִּסֵּא.
וואַטש *s.* (*pl.* – עס) (*E.*) watch שְׁמִירָה; שָׁעוֹן שֶׁל כִּיס.
וואַטש||מאַן *s.* (*pl.* – לײַט) (*E.*) watchman שׁוֹמֵר.
וואַטשמײַקער *s.* (*pl.* ס –) watchmaker שָׁעָן.
וואַטשן *v, a.* to watch שְׁמֹר.
וואָכעדיגקײַט *s.* everydayness פְּשִׁיטוּת.
וואָכער *s.* (*pl.* ס –) weekly payment תַּשְׁלוּם שְׁבוּעִי.
וואָלט *v. aux.* (*pl.* וואָלטן) would, should הָיָה (בתנאי).
— איך וואָלט גײן, אויב ... I would (should) go if ... הייתי הולך לו ...
— זײ וואָלטן גײן, אויב ... they would go if ... היו הולכים לו ...
וואָלכיש *adj.* Wallachian וַלְכִּי.
— אַ וואָלכישער ניגון Wallachian tune נגון וולכי.
וואָלעך *s.* (*pl.* ן –) Wallachian בֶּן וַלְכִּיָּה; Wallachian dance מָחוֹל וַלְכִּי.

א) זע בײַטלמאַכער (הוספה).

וואַנט s. (pl. ווענט) wall כֹּתֶל, קִיר.
— בלייך ווי די וואַנט as pale as death חִוֵּר כַּמֵּת.
וואַק s. (pl. ס —) walk (E.) טִיּוּל.
— נעמען אַ וואַק to take a walk טַיֵּל.
וואַקן v. n. to walk (E.) טַיֵּל, הִתְהַלֵּךְ.
וואָראָבײ s. (pl. עס —) sparrow צִפּוֹר, אַנְקוֹר.
וואָראָבײטשיק, פֿאַרקלענערוואָרט פֿון וואָראָבײ.
וואָ'ראַנט s. (pl. ס —) warrant (E.) פְּקוּדַּת בֵּית דִּין לָשׂוּם אִישׁ בְּמַאֲסָר.
וואָרדן s. (pl. ס —) warden (E.) שַׂר בֵּית אֲסוּרִים.
וואָרטשעווען v. n. to keep watch עָמֹד עַל הַמִּשְׁמָר.
וואָרטשפּיל s. (pl. ן —) pun מִשְׂחַק מִלִּים, לָשׁוֹן נוֹפֶלֶת עַל לָשׁוֹן.
וואַרניש s. varnish (E.) לַכָּה.
וואַרנישן v. a. to varnish מָשֹׁחַ בְּלַכָּה.
וואַרעמקייט s. warmth חֹם.
וואָרצייכן s. (pl. ס —) proof of truth אוֹת עַל אֲמִתַּת דָּבָר.
וואַרשטע s. (pl. ס —) layer שִׁכְבָה.
וואַשטאָב s. (pl. ס —) wash-tub כְּלִי כְּבִיסָה.
ווזאָרע = אוזאָר.
וויאַזוי adv. how אֵיךְ?
וויבאַלד conj. since מִכֵּיוָן שֶׁ־.
וויגליד s. (pl. ער —) lullaby, cradle-song שִׁיר עֲרִיסָה.
ווידערגעפֿיל s. abhorrence גֹּעַל נֶפֶשׁ.
וויטנעס s. (pl. עס —) witness (E.) עֵד.
ווײאַלין s. (pl. ס —) violin (E.) כִּנּוֹר.
ווײדזשעס s. pl. wages (E.) שְׂכַר פּוֹעֲלִים.
ווײט האָוס, ווײט הויז s. White House הַבַּיִת הַלָּבָן (מושב נשיא אַרצות הברית).
ווײטינג־רום s. (pl. ס —) waiting-room (E.) אוּלָם לָאוֹרְחִים (ביחוד של תחנה).
ווײלן זיך v. r. to tarry אַחֵר.
ווײסט¹ e. (pl. ס —) waist (E.) מָתְנַיִם; מָתְנִיָּה.
ווײסט² s. waste בִּזְבּוּז.
ווײסטן v. a. to waste (E.) בַּזְבֵּז.
ווײרלעס adj. wireless (E.) בְּלִי חוּטֵי בַּרְזֶל (טלגרף, טלפון); || wireless message s. יְדִיעָה עַל יְדֵי טֶלֶגְרָף בְּלִי חוּטִים.
וויכאָוואַניק = האָדעוואַניק (הוספה).
וויכטיג adj. vital, essential מַמָּשִׁי, יְסוֹדִי.
ווילדעווען v. n. to rage, be wild רָגֹשׁ, הִתְהוֹלֵל.
ווימלען v. n. to swarm שָׁרֹץ, רָמֹשׂ.
ווינדע² s. (pl. ס —) window (E.) חַלּוֹן.
ווינדעלע, פֿאַרקלענערוואָרט פֿון ווינדל.
וויסברום s. (pl. ס —) whisk-broom (E.) מַטְאֲטֵא לְהָסִיר אָבָק.
וויסקע(ר)ס s. pl. whiskers זְקַן הַלְּחָיַיִם; זָקָן.
וויסל s. (pl. ס —) whistle (E.) חָלִיל; שְׁרִיקָה.
וויסלען v. n. to whistle (E.) שָׁרֹק.
וויסן v. a. n. (p. p. געוואוסט) to know יָדֹעַ.
— קריגן צו וויסן to learn שָׁמֹעַ, הוּדַע לְ־.
— זאָל מען דערפֿון נישט וויסן! may no one experience it! לא יתנסה איש בנסיון כזה!
— ווײס איך וואָס! nonsense! דברים בטלים!
וויעפּרעק s. (pl. עס —) great eater אַכְלָן.
ווירדיג adj. worthy הָגוּן, חָשׁוּב; dignified נִכְבָּד.
ווירע s. (pl. ס —) ruler סַרְגֵּל א).
וועדזשעטעבל s. (pl. ס —) vegetable (E.) יָרָק.
וועט s. (pl. ן —) bet הִתְעָרְבוּת.
— איך מאַך אַ וועט (Am.) I bet אני מתערב.
וועטערינאַר s. (pl. ן —) veterinary רוֹפֵא בְּהֵמוֹת.
וועל adv. well (E.) טוֹב; עַתָּה; בְּכֵן.
וועלוועט s. vellvet (E.) קְטִיפָה.
וועלוועטן adj. of velvet (E.) שֶׁל קְטִיפָה.
וועלט s. (pl. ן —) world עוֹלָם.
— די אַלטע וועלט the old generation הדור הישן.
— די נײַע וועלט the new generation הדור החדש.
— אויף דער בעסערער וועלט in the other world בעולם האמת.
— וואויל ווי די וועלט! excellent!, wonderful! טוב עד להפליא.
וועלט||מאַן s. (pl. לײַט —) worldling אָדָם חִלּוֹנִי.
ווען adv. when מָתַי, אֵימָתַי; בִּזְמַן שֶׁ־; || conj. if אִם.
ווען־נישט־ווען adv. occasionally מִזְּמַן לִזְמַן.
וועננגרע s. (pl. ס —) pimple, blotch, pustule אֲבַעְבֻּעָה, סִמְטָה (בפנים).
וועקײשן s. (pl. ס —) vacation (E.) חֹפֶשׁ (מעבודה, מלמודים).
וועראַנדע s. (pl. ס —) veranda מִרְפֶּסֶת.
ווערדיקט s. (pl. ס —) verdickt (E.) חֲרִיצַת מִשְׁפָּט (של שופטים משבעים).
ווערט² adj. worth שָׁוֶה; worthy, deserving רָאוּי.
— ווערט זײַן בײַ גאָט to be worthy of the favor of God היה ראוי לחסד אלהים.
— דער הונט איז ווערט דעם שטעקן (id.) he deserves his punishment ענשו ראוי לו.
ווערטעלע s. (pl. ך —, ווערטערלעך), פֿאַרקלענערוואָרט פֿון וואָרט.
ווערך s. (pl. עס —) the outside of a garment פְּנֵי בֶּגֶד.

א) ווירע איז פֿראַנצייזיש. יבקיסם שבאזני' אין מס' שבת י"א דערקלערט רש"י: יקיסם ארוך ושוה כעין סרגלא שמשרטטין בה ספרים שקורין ווירא בלע"ז'. ר' משה לאַנדא פֿון פּראָג איז זיין ימרפא לשון' דערקענט אין ווירא דאָס פֿראַנצייזישע verge — אַ שטעקל, אַ ליניע.

ווערכאָוואַטקע adj. superficially בּאֹפֶן שִׁטְחִי א).

ווערפֿל s. (pl. ־עך) (pl. dice) die קֻבִּיָּא.

ווער‖שאָק s. (pl. ־שקעס) = ווערשקע.

וְכֵן לְמַר phr. (answer to a wish for good health) the same to you, sir! –.

וּמִי יֹאמַר לוֹ מַה תַּעֲשֶׂה phr. "who will say unto him, What doest thou?," who will dictate to him? –.

ז.

זאָגעכץ s. (pl. ־ן) saying אֲמִירָה; reading קְרִיאָה; recitative (of a cantor) קְרִיאָה בְּקוֹל זִמְרָה.

זאָגער s. (pl. ־ס) preacher מַגִּיד, מוֹכִיחַ; cantor who reads in a recitative manner חַזָּן הַקּוֹרֵא בְּקוֹל זִמְרָה.

זאָוויאַזקע = זאַוועסקע.

זאָווער = זויער.

זאַך s. (pl. ־ן) thing דָּבָר.

— (id.) די שלעכטע זאַך epilepsy חלי הנפילה.

זאָכן v. n. to be ill הָיֹה חוֹלֶה ב).

זאַלצברעט s. (pl. ־ער) a board on which meat is salted דַּף לִמְלִיחַת בָּשָׂר.

זאַמד־זייגער s. (pl. ־ס) sand-glass, hour-glass שָׁעוֹן שֶׁל חוֹל.

זאַמעט npr. Samogitia (province of Lithuania) זַמּוּט (מחוז בליטא).

זאָק s. (pl. ־ן) stocking פּוּזְמָק, גֶּרֶב.

זאַראַווינע = זשוראַווינע.

זוכה pred. worthy –.

— (id.) מאַכט רש"י: ניט זוכה! he will not live to see it! לא יזכה לראות זאת!

זוכה זיין v. n. to live to see זָכֹה לִרְאוֹת.

זוכער s. (pl. ־, ־ס) seeker, searcher חוֹפֵשׂ.

זוכעריי = זוכעניש.

זומער־לעב s. the pleasant summer הַקַּיִץ הַנָּעִים.

זוניג adj. sunny מָלֵא אוֹר הַשֶּׁמֶשׁ.

זיגזאַג s. (pl. ־ן) zigzag זִגְזַג (קו יוצא ושב), עֲקַלְקַלּוֹת.

זיווג s. (pl. זיווגים) matrimonial alliance –.

זייגער s. (pl. ־ס) clock שָׁעוֹן.

— וויפֿל איז דער זייגער? what o'clock is it?, what time is it? מה השעה כעת?

— צוויי אַ זייגער two o' clock שתי שעות.

— דער זייגער איז האַלב צוויי. (Am.) האַלב נאָך איינס half past one חצי השעה השנית.

— דער זייגער איז אַ פֿערטל אויף צוויי. (Am.) אַ פֿערטל נאָך איינס a quarter past one רבע השעה השנית.

— דער זייגער איז צען מינוטן צו איינס ten minutes to one שעה אחת פחות עשרה דקים.

זייגערן² adj. of the clock שֶׁל הַשָּׁעוֹן.

— דריי זייגערנע שעה three hours by the clock, three full hours שלש שעות לפי השעון, שלש שעות תמימות.

זייַטשיק, פֿאַרקלענערוואָרט פֿון זייַעץ (הוספה).

זייַטשיקעס = העזעלעך.

זיין¹ s. being, existence הֲוָיָה, יֵשׁוּת.

זייַעץ s. (pl. ־צעס) hare אַרְנֶבֶת.

זיך pron. refl. oneself עַצְמוֹ.

— זיין בייַ זיך to be in one's senses היה בדעתו; ניט זיין בייַ זיך to be out of one's senses לא היה בדעתו.

— זיין אויסער זיך, זע אונטער אויסער.

— זיין בייַ זיך געהויבן to think oneself exalted היה נעלה בעיניו.

— ער גייט זיך he is walking placidly הוא הולך במנוחה; ער זינגט זיך he is singing placidly הוא מְזַמֵּר במנוחת נפש.

זיכער־שפּילקע s. (pl. ־ס) safety-pin סִכָּה בְּטוּחָה (סכה כפופה העשויה להִסגר כדי שלא תזיק א).

זיס adj. sweet מָתוֹק, נָעִים.

— טאַטע זיסער! gracious father! אבינו הטוב! (אלהים).

זמיי s. (pl. ־ען, ־עס) viper פֶּתֶן; kite נָחָשׁ מְעוֹפֵף (למשחק ילדים) (= ראַציע).

זעלבשטענדיג adj. independent עוֹמֵד בִּרְשׁוּת עַצְמוֹ; ‖ ־קייט s. independence עֲמִידָה בִּרְשׁוּת עַצְמוֹ.

זעמיר abbr. = זיינען מיר we are הִנֵּנוּ.

זעמשניק s. (pl. ־עס) glover עוֹשֶׂה כְּסָיוֹת; = זעמשער.

זשאַפּען v. n. to snore נָחֹר ב).

זשאַרגאָן s. (pl. ־ען) jargon לָשׁוֹן בְּלוּלָה; Yiddish לָשׁוֹן יִדִּישׁ.

זשורנאַליזם s. journalism עִתּוֹנוּת.

זשורנאַליסט s. (pl. ־ן) journalist סוֹפֵר עִתּוֹנִי.

ח.

חֶבְרָה־לֵצִים s. band of mockers חֶבֶר לֵצִים.

חוטאַ־בייגל, שפּאַסיג פֿאַר חוטא־בּעגעל.

חולהדיג adj. sickly חוֹלָנִי.

חולהוואַטע adj. unwell קְצָת חוֹלֶה.

חוּמְשניק s. (pl. ־עס) a teacher of the pen-

א) קאָם. 193. — ב) זאָכן ווערט נאָר באַנוצט אין אַ קללה, ווי: אַזוי לאַנג זאָכט ער!, זאָל ער זאָכן און קרענקען!

א) עלבע. — ב) אלשוו.

tateuch מורה הַמְלַמֵּד אֶת הַחוּמָשׁ; a boy who learns the pentateuch נַעַר הַלּוֹמֵד אֶת הַחוּמָשׁ.

חוצפהדיג adj. arrogant חָצוּף.

חופ"ק abbr. = חונה פֹּה קְהִלָּתֵנוּ who dwells amng the community of this place (words added by a rabbi in a document under his signature) —.

חזיר־מאַרק s. Pig's Market (market at Hester street in New York) [שׁוּק הַחֲזִיר (שוק הרחוב הֶסטר בניו יורק); dirty place מָקוֹם מְרֻפָּשׁ.

חָזרה s. return —.

— געבן חזרה to reply הָשֵׁב; to vomit (sl.) הָקֵא.

חיבּור s. non-literal translation (of the scriptures) [חִבּוּר מִלִּים בּוֹדְדוֹת לְמַאֲמָר (בהעתקת המקראות) א); paraphrase, free translation תַּרְגּוּם בֵּאוּרִי. Judaeo-German translation of the scriptures תַּרְגּוּם חָפְשִׁי ב); תַּרְגּוּם הַמִּקְרָאוֹת לִיהוּדִית־אַשְׁכְּנַזִּית ג).

חִיוב s. (pl. חִיוּבים) one who is entitled to be called up to the reading of the Law (as the father of a child to be circumcised, a bridegroom, etc.) —.

חִילל־הַקוֹדש s. sacrilege —.

חַכמַניה = חַכְמָנִית.

חָלוּץ s. (pl. חֲלוּצים) pioneer of Zionism —.

חַלוּצה s. (pl. חֲלוּצות) female pioneer of Zionism —.

חַלוקה s. distribution fund (money collected for distribution among the Jewish poor of the Holy Land) —.

חַלוקה־געלט s. money from the distribution fund דְּמֵי חֲלוּקָה.

חַלוקהניק s. (pl. —עס) recipient of money from the distribution fund מְקַבֵּל דְּמֵי חֲלוּקָה.

חָליעדיג adj. sickly (cont.) חוֹלָנִי.

חָמץ־בּטלען v. a. to remove the leaven (on the eve of Passover) בִּעֵר חָמֵץ; to remove (fl.) stolen goods from the house בִּעֵר דְּבָרִים גְּנוּבִים מִן הַבַּיִת.

חַסָדה s. (pl. חַסָדות) idle story בְּדוּתָה.

חָצי adj. half, middle —.

— חצי ר"ט half-dollar חצי השקל.

— חצי אלול the middle of Elul חצי החודש אלול.

חֶשבּון s. (pl. חֶשְׁבּוֹנוֹת) account —; bill —.

— (id.) אַ שנײַדערשער חשבון apothecary's bill חשבון ארוך.

חֵשק s. desire —.

— אונטערגעבן חשק. זע אונטער **אונטערגעבן**.

— אָפּשלאָגן דעם חשק. זע אונטער **אָפּשלאָגן**.

חָתן־בּראשית s. one called up to the reading of the first section of tha Law —.

חָתן־תּורה s. one called up to the reading of the last section of the Law (on שמחת־תורה) —.

ט.

טאַבּורעט s. (— ן pl.) tabourat שְׁרַפְרַף.

טאַבּעלני דען s. (— עס pl.) official holiday חַג רִשְׁמִי א).

טאַזשיק s. (— עס pl.) wash-basin אַגָּן.

טאַטעלע s. (— ך pl.) little father אָב קָטָן; dear father אָב יָקָר; papa אַבָּא.

טאַטעלעך int. gracious! מָרֵיהּ דְּאַבְרָהָם!

טאַטעניו s. dear father אָב יָקָר; papa אַבָּא.

טאָלק s. (— ן, — עס pl.) understanding הַסְכָּמָה.

— קומען צו אַ טאָלק to come to an understanding השתוה איש עם רעהו בדבר.

טאָמאַטע s. (— ס pl.) (E.) tomato עַגְבָנִית.

טאַנץ־זאַל s. (— ן pl.) dancing-hall בֵּית מְחוֹלוֹת.

טאַס s. (— ן pl.) cup סֵפֶל; saucer תַּחְתִּיָּה.

טאָפּלעניק s. (— עס pl.) drowned man טָבוּעַ ב).

טאָפּ־פלאָר s. (E.) top-floor קוֹמָה הֲכִי גְּבוֹהָה.

טאַשנטיכל = נאָזטיכל.

טַבּח s. (pl. טַבָּחים) (cont.) butcher —.

טואונג s. (— ען pl.) doing עֲשִׂיָּה.

טור־באַנק = טאָנבאַנק.

טוטפּיק s. (— ס pl.) (E.) tooth pick מַחְצָצָה.

טויגן v. n. to have sexual power הָיָה לְאִישׁ כֹּחַ גַּבְרָא.

— ניט טויגן to lack sexual power, be impotent חסר לאיש כח גברא.

טוירקי s. (— ס pl.) (E.) turkey תַּרְנְגוֹל הוֹדִי.

טוליען זיך v. r. to cuddle, cling הִתְרַפֵּק עַל־, הִדָּבֵק בְּ־.

טול s. (— ס pl.) (E.) tool כְּלִי מְלָאכָה.

טו־לעט s. (— ס pl.) (E.) bill or sign for letting מוֹדָעָה שֶׁל שְׂכִירָה ג).

טור s. (— ס pl.) tour נְסִיעַת טִיּוּל.

א) „די יידישע שפּראַך", קולטור ליגע, קיעוו, 1927, העפט 5—6, עמוד 28. — ב) דער באַטייט באַקומט זיך פון פאַלגנדיקער דערקלערונג אויף דעם שער פון „טייטש עשרים וארבע" פון חיים בן נתן (האַנאַ 1628—1630?): „דרום האב איך דיזי ספרים קורץ ור טייטשט מיט אלי מפרשים אונ' מדרשים, אונ' הוב זי ניט וועלן ווארט זר ווארט ור טייטשן, נייארט נוך דעם חיבור נוך, אז וון איינער שמועה נוך אנגדר זאגט". — ג) פאַרז. אונעער gibur (חיבור).

א) רוסיש. — ב) קאַז. 48. — ג) יידן רופן אזוי אן א צעטל אדער ברעטל מיט אַ מודעה וועגן פארדינגען אַ הויז אדער דירה, ווייל אויף אים שטייען די ווערטער "to let" (טו לעט) — „צו פאַרדינגען".

טוריסט s. (pl. ־ן) tourist נוסע לטיול.
טיזליק s. (pl. ־עס) a kind of cloak מין מעיל.
טיטשן v. a. (E.) to teach הורה, למד.
טיטשער s. (pl. ־ס) (E.) teacher מורה.
טיטשערן, טיטשערקע s. (pl. ־ס) (E.) teacher מורה.
טײַ = נ ע ק ט ײַ (הוספה).
טײבל s. (pl. ־ס) (E.) table שלחן.
טײַדי s. (pl. ־ס) (E.) tidy מכסה לרהיטים.
טײַטס s. pl. (E.) tights תחתונים קצרים וצרים (למשחקים, למתרחצים).
טאַטש־וואָרט s. (pl. ־ווערטער) rendering of a word תרגום של מלה.
טײַכנווײַז adv. in torrents כנחל, בזרם.
טײלאָר s. (pl. ־ס) (E.) tailor חיט.
טײַערינקער adj. dear יקיר, חביב.
— מײַן טײַערינקער my dear יקירי; מײַן טײַערינקע my dear יקירתי.
טײַפּרײַטן v. a. (E.) to typewrite כתב במכונת כתיבה.
טײַפּרײַטער s. (pl. ־ס) (E.) typewriter מכונת כתיבה; כותב במכונת כתיבה.
טײַפּרײַטערקע s. (pl. ־ס) (E.) typewriter כותבת במכונת כתיבה.
טים s. (pl. ־ס) (E.) taem עגלה וסוס; חבר משחקים.
טיפּ[2] s. (pl. ־ס) (E.) tip מתנת כסף; רמז (לאיש לטובת עסקו).
טיפּיש adj. typical טפוסי.
טיפּן v. a. (E.) to tip נתן לאיש מתנת כסף.
טיקעט s. (pl. ־ס) (E.) ticket כרטיס, פתקא.
טעאָלאָגיש adj. theological אשר לחכמת האלהות.
טעם־גן־עדן s. delicious taste טעם ערב מאד.
טענט s. (pl. ־ס) (E.) tent אהל.
טענטלען v. n. to play, toy, trifle שחק, טפל בהבלים.
טענטלערײַ s. toying, trifling שחוק, הבלים.
טענעמענט־הויז s. (pl. ־הײַזער) (E.) tenement בית שבו דירות רבות.
טענעט, טענער s. (pl. ־ס) (E.) tenant דיר.
טענק s. (pl. ־ס) (E.) tank חבית גדולה.
טענק יו phr. (E.) thank you! תודה לך!
טענקס s. pl. (E.) thanks! תודות לך!
טענקסגיווינג s. (E.) taanksgiving-day יום תודה (חג באמיריקה ביום ה' האחרון בנובמבר).
טעקס s. (pl. ־עס) (E.) tax מס.
טעקסט s. (pl. ־ן) text גוף הכתב; פנים של ספר.
טעקסי s. (pl. ־ס) (E.) taxi, taxicab טכסי (עגלה לנוסעים עם מכשיר לרשימת המרחק והמחיר).
טער s. tar זפת.

טעריטאָריאַל adj. territorial של טריטוריה, של חבל אדמה.
טעריטאָריאַליזם s. territorialism שאיפה לטריטוריה (ביחוד הרעיון להושיב את היהודים באיזה מקום, לא דוקא בארץ ישראל, ולעשותו למדינה יהודית).
טעריטאָריאַליסט s. (pl. ־ן) territorialist שואף לטריטוריה (זע ט ע ר י ט אָ ר י אַ ל י ז ם).
טערעבעניץ s. (pl. ־עס) blow מכה.
טערקיש adj. Turkish תורקי.
— טערקישע בעבלעך scarlet kidney-beans פול התורקי.
— טערקישע יאַרמלקע fez כפה תורקית, תרבוש.
— טערקישע שאַל Turkish shawl סודר תורקי.
טראָבל s. (pl. ־ס) (E.) trouble צרה; טרחה.
טראָבלען v. a. (E.) to trouble הטרח.
טראַדיציאָנאַל adj. traditional מקבל על פי מסורה.
טראָמבע s. (pl. ־ס) trumpet חצוצרה; trunk אף הפיל.
טראָמבעניק s. (pl. ־עס) sponger, parasite (in actore's jargon) מלחך פינכא (בלשון המשחקים) א).
טראַנטעוואַטע adj. ragged, tattered קרוע.
טראַנספּאָרטיר s. (pl. ־ן) protractor מודד פנות (מכשיר בתבנית קשת למדוד זויות).
טראָנק s. (pl. ־ס) (E.) trunk ארגז, תבה.
טראָסט s. (pl. ־ס) (E.) trust בטחון; אגודת סוחרים של מקצוע מיוחד (שמטרתה לשלט על מחיר הסחורה).
טראָכצענע = ט ר אָ ש ט ש י נ ע.
טראָפּ[2] s. mind דעת.
— אַראָפּועצן פֿון טראָפּ to upset, to disconcert הבא במבוכה, בלבל רעיונות איש ב).
טראַפֿיק s. (E.) traffic מעבר, תנועה.
טראָק[1] s. (pl. ־ס) (E.) truck עגלה למשא.
טראָק[2] npr. Troki טרוקי (עיר במחוז וִלנה).
— (id.) הערן אין טראָק to pay no attention to a person לא שים לב לדברי איש.
טראַקסע s. (pl. ־ס) writing-lines שרטוטיה ג).
טראָר s. very small quantity כמות קטנה מאד.
טראָרעלע, פֿאַרקלענערוואָרט פֿון ט ר אָ ר.
טרויב[2] s. (pl. ־ן) pipe, tube אבוב, צנור ד).
טרוסקאַווקע, פֿאַרקלענערוואָרט פֿון ט ר ו ס ק אַ ו ו ע.
טריט[2] s. (pl. ־ס) (E.) treat כבוד, הקרבת מטעמים.
טריטמענט s. (pl. ־ס) (E.) treatment התנהגות עם־.
טריטן v. a. (E.) to treat כבד, הקרב מטעמים ל־.
טרײַבל s. (pl. ־עך) little tube אבוב קטן.
טרייד s. (pl. ־ס) (E.) trade מסחר; מלאכה.

א) עלבע. — ב) בײַ דיקן אין ׳חײַציקל אלײן׳. — ג) קאָם. 217; אפשר פֿראַנצײזיש tracé — אַ צײכענונג? — ד) רוסיש труба — אַ רער.

טרײד־מאַרק s. (‒ס .pl) (E.) trade-mark סִמָּן מִסְחָרִי.

טרײן s. (‒ס .pl) (E.) train רַכֶּבֶת.

טרײַעל s. (‒ס .pl) (E.) trial נִסָּיוֹן; מִשְׁפָּט.

טרײַען v. a. (E.) to try נִסָּה; בָּחֹן, בָּדֹק (כבית המשפט).

טרימונג, טרימינג s. (‒ס .pl) (E.) trimming חֹמֶר לְצִפּוּי בְּגָדִים (לְקִשּׁוּט).

טריפּ s. (‒ס .pl) (E.) trip נְסִיעָה.

טְרֵיף adj. ritually forbidden אָסוּר עַל פִּי הַדָּת.

טריק s. (‒ס .pl) (E.) trick תַּחְבּוּלַת עָרְמָה.

טרעזשורי s. (‒ס .pl) (E.) treasury אוֹצַר הַכְּסָפִים, קֻפַּת הַכֶּסֶף.

טרעזשורער s. (‒ס .pl) (E.) treasurer גִּזְבָּר.

טְרֵפוּת s. ritually forbidden food ‒, טְרֵפָה.

— זײַן װערט אויף טרפות (id.) to be very cheap היה זול מאד.

טרעמפּ s. (‒ס .pl) (E.) tramp מְהַלֵּךְ, נוֹדֵד.

טרעמפּן, טרעמפּעװען v. n. (E.) to tramp הַלֵּךְ, נוּד; הִתְהַלֵּךְ בָּטֵל. to idle

טרעק s. (‒ס .pl) (E.) track מְסִלָּה.

טשאַ׳לענדזש s. (‒עס .pl) (E.) challenge קְרִיאָה לְמִלְחָמָה אוֹ לְוִכּוּחַ.

טשאַ׳לענדזשן v. a. (E.) to challenge קָרֹא לְמִלְחָמָה אוֹ לְוִכּוּחַ.

טשאַסטנע פּריסטאַװ s. commissary of police פְּקִיד הַמִּשְׁטָרָה שֶׁל רֹבַע עִיר (ברוסיה).

טשאַרדזש s. (‒עס .pl) (E.) charge שְׁמִירָה, הַשְׁגָּחָה; הַעֲמָדַת מְחִיר; הַאֲשָׁמָה.

— נעמען טשאַרדזש to take charge השגיח.

טשאַרדזשן v. a. (E.) to charge הַעֲמֵד מְחִיר.

טשאָרט s. (‒עס .pl) devil שֵׁד.

— אַ בלינדער טשאָרט one who does not see well אדם שאינו רואה היטב.

טשואינג גאַם s. (E.) chewing gum מִין מַמְתָּק נָמִישׁ.

טשובעװאַטע = טשובאַטע.

טשו־טאַבעקאָ s. (E.) chew-tobacco טַבָּק לִלְעִיסָה.

טשוירטש s. (‒עס .pl) (E.) church בֵּית תְּפִלָּה לְנוֹצְרִים.

טשוכט = צוכט.

טשײן s. (‒ס .pl) (E.) chain שַׁרְשֶׁרֶת.

טשײַנע[2] npr. (E.) Chine אֶרֶץ סִינִים; || china s. חַרְסִינָה; = טשײַנעמען.

טשײַנעמאַן s. (טשײַנעס .pl) (E.) Chinaman סִינִי.

טשימני s. (‒ס .pl) (E.) chimney אֲרֻבַּת עָשָׁן.

טשיפּ דזשאָן s. (E.) cheap John מוֹכֵר סְחוֹרָה בְּזוֹל.

טשיק s. (‒ס .pl) (E.) cheek לְחִי; חוּצְפָּה.

טשיקן s. (‒ס .pl) (E.) chicken תַּרְנְגוֹלֶת.

טשיקעלע, פֿאַרקלענערװאָרט פֿון טשיקן.

טשעמפּיאָן s. (‒ס .pl) (E.) champion לוֹחֵם רָאשִׁי; מְנַצֵּחַ בְּמִשְׂחָק.

טשענדזש s. (‒עס .pl) (E.) change שִׁנּוּי; מָעוֹת קְטַנּוֹת; = רעשטע.

טשענס s. (‒עס .pl) (E.) chance מַזָּל, הִזְדַּמְּנוּת.

— נעמען אַ טשענס, נעמען טשענסעס to take a chance, to take chances נסה את מזלו.

טשעסט s. military salute דְּרִישַׁת שָׁלוֹם כְּמִנְהַג אַנְשֵׁי צָבָא.

טשעפּען v. a. to concern נָגֹעַ לְ־.

— עס טשעפּעט אים נישט it does not concern him איננו נוגע לו.

טשער s. (‒ס .pl) (E.) chair כִּסֵּא; מְקוֹם היושב ראש בָּאֲסֵפָה; = עלעקטריק טשער.

— נעמען דעם טשער to take the chair ישב ראש באספה.

טשערמאַן s. (‒לײַט .pl) (E.) chairman יושב ראש (באספה).

טשערי s. (‒ס .pl) (E.) cherry דֻּבְדְּבָן.

י

יאַגדע s. (‒ס .pl) berry גַּרְגִּיר, גַּרְגַּר.

— שװאַרצע יאַגדעס huckleberries גרגרים שחורים.

יאַדע s. (‒ס .pl) vexatious woman, nag אִשָּׁה רָעָה, אֲרוּרָה.

יאַהודי = יַהודי.

יאָװעלע, פֿאַרקלענערװאָרט פֿון יאָװן, יָוָן.

יאַט s. (‒עס .pl) (sl.) fellow אָדָם, אִישׁ.

יאַטוכע s. (‒עס .pl) (sl.) woman אִשָּׁה.

יאַטיש adj. (sl.) bourgeois עִירוֹנִי. א)

יאַטל s. (‒עך .pl) (sl.) child יֶלֶד.

יאָנדרע = יאָדער.

יאַפּאַן, יאַפּאַניע npr. Japan יַפּוֹנְיָה.

יאַפּאַנעזיש adj. Japanese יַפּוֹנִי.

יאַפּאַנעזער s. (‒ .pl) Japanese יַפּוֹנִי.

יאַ(ר)ד s. (‒ס .pl) yard חָצֵר; אַמָּה (באנגליה ובאמיריקה).

יאַרמלקע s. (‒ס .pl) under-cap, skull-cap כִּפָּה, כֻּמְתָּא.

— דרײען אַ יאַרמלקע, זע אונטער דרײען. (id.)

יְגִיע־כַּפּו s. the labor of his hand ‒.

— פֿון יגיע־כפּו איז קאַם פֿאַפע (prov.) by manual labor one hardly earns enough bread בעבודת כפים אדם משתכר בדוחק די לחמו.

יַד s. (יָדַיִם .pl) hand ‒.

— געבן אין יד אַרײַן (id.) to give a bribe נתן שוחד.

— האָבן אַ פּאָר ידים to have strong hands היה לאיש ידים חזקות.

יְדוּעדיג adj. known יָדוּעַ.

א) עלבע.

יָדוּע־זאַך *s.* (*pl.* ן~) something generally known דָּבָר יָדוּעַ לַכֹּל.

יְדִידי־אֲהוּבִי *s.* ~my dear friend.

יְדִידי־אֲהוּבִי־ברִיוועלע = יְדִידִי־בְּרִיוועלע.

יו בעט *phr.* (*E.*) you bet! הֱיֵה בָטוּחַ!

יובקע[2] *s.* (*pl.* ס~) Russian obscene swear-word חֵרוּף מְגֻנֶּה רוּסִי.

— מאַכן אַ יובקע to swear in Russian fashion חרף כרוסי.

יוֹדֵעַ־סֵפֶר *s.* (*pl.* יוֹדְעֵי־סֵפֶר) one who is book-learned, learned man ~.

יוז *s.* (*E.*) use תּוֹעֶלֶת, צֹרֶךְ, חֵפֶץ.

— וואָס איז דו יוז? what's the use? מה יועיל?

יוזן *v. a.* (*E.*) to use הִשְׁתַּמֵּשׁ בְּ־.

— איך קען עס נוט יוזן I cannot use it אינני יכול להשתמש בזה, אין לי חפץ בזה.

— אייער צום יוזן eggs to be used for smearing or for mixing with dough בצים להשתמש בהן למשיחה או לשים בבצק א).

יולי *s.* July יוּלִי (החודש השביעי לנוצרים).

יָוָן *s.* (*pl.* יְוָנִים) soldier חַיָּל.

— (*id.*) אַלע יונים האָבן איין פּנים things of one kind look alike דברים ממין אחד דומים זה לזה.

— (*id.*) בײַ אים האָבן אַלע יונים איין פּנים to him all things look alike כל הדברים שוים בעיניו.

יוני *s.* June יוּנִי (החודש הששי לנוצרים).

יוניאָן *s.* (*pl.* ס~) (*E.*) union אֲגֻדָּה שֶׁל פּוֹעֲלִים.

יוניאָן־מאַן *s.* (*pl.* ~לײַט) (*E.*) union-man חָבֵר לַאֲגֻדָּה שֶׁל פּוֹעֲלִים.

יונײַטעד סטײטס *npr.* United States אַרְצוֹת הַבְּרִית (באמיריקה).

יוניע = יוניאָן.

יְוָניש *adj.* of soldier שֶׁל חַיָּל.

— יוונישע ליכט a candle of common tallow נר של חלב פשוט.

— יוונישער מי־שברך obscene swear-word of a soldier חֵרוּף מגונה של חיל.

יַחְדָו יַחֲלוֹקוּ *phr.* halves! לַחֲצָאִים! (כך אומר אדם לחברו בראותו שמצא איזה דבר).

יִחוּס *s.* (*pl.* ן~) descent, ~, יַחַס; descent from a noble family ~, יַחַס (מוצא איש ממשפחה חשובה); prominence חֲשִׁיבוּת; pride כָּבוֹד, תִּפְאֶרֶת.

יידישיזם *s.* adherence to Yiddisch (*as opposed to Hebrew*) דְּבֵקוּת בִּלְשׁוֹן יִידִישׁ (כנגד הלשון העברית).

יידישיסט *s.* (*pl.* ן~) adherent of Yiddish מַחֲזִיק בִּלְשׁוֹן יִידִישׁ.

יַישר־כּוֹחַךְ *int.* thank! ~!, תּוֹדָה לְךָ!

א) אַזוי זאָגן יידישע ווייבער אין אמעריקע אויף אייער. וואָס זיינען ניט גוט צום קאָכן אָדער בראָטן.

יִיתּוּר = יִתּוּר.

יַם־סוּף *npr.* Red Sea ~.

יַם־פּאָץ *s.* (*pl.* ~פּעץ) (*sl.*) big fool טִפֵּשׁ גָּדוֹל.

יַם־קאָטער *s.* (*pl.* ס~) "sea tommy," insignificant person אָדָם קְטַן הָעֵרֶךְ א).

ימ״ש *abbr.* = יִמַּח שְׁמוֹ.

יעדנאַצקע *s.* (*pl.* ס~) only daughter בַּת יְחִידָה ב).

יעוואַניש = יְוָנִישׁ.

יעוואַנסקע = יְוָנִסְקֶע.

יעווסעק *s.* (*pl.* ~ן, ~עס) member of the Jewish section of the Communist party in Russia חָבֵר לְמַחְלָקָה הַיְהוּדִית שֶׁל הַמִּפְלָגָה הַקּוֹמוּנִיסְטִית בְּרוּסְיָה.

יעווסעקציע *s.* Jewish section of the Communist party in Russia הַמַּחְלָקָה הַיְהוּדִית שֶׁל הַמִּפְלָגָה הַקּוֹמוּנִיסְטִית בְּרוּסְיָה ג).

יעווועלע, פאַרקלענערוואָרט פון יאָוון.

יענקי־דודל *npr.* (*E.*) Yankee-Doodle יַנְקִי־דוּדְל (כנוי לליד אמיריקה הצפונית).

יעס *adv.* (*E.*) Yes כֵּן.

יעקן *v. a.* to taunt לָעֹג לְ־.

יעשען = יעסיען.

יְרוּשָׁלַיִם־דְלִיטא *npr.* the Jerusalem of Lithuania (*epithet of the city of Vilna*) ~, (כנוי לעיר וִלְנָה).

יָרִיד *s.* (*pl.* ~ן, יְרִידים) fair ~, שׁוּק.

— (*id.*) אויפן הומל אַ יריד on obvious lie שקר ברור.

יִשׁוּבניש *adj.* rustic כַּפְרִי.

יִשׁוּבניקיש *adj.* of countryman שֶׁל בֶּן כְּפָר.

יִשְׂרָאֵליק *npr. s.* dear little Israel (*pet name of the Jewish people*) [בֵּן יַקִּיר יִשְׂרָאֵל].

יִשְׂרָאֵל־סבא *npr.* aged Israel (*epithet of the Jewish nation*) ~.

כ.

כאַכאַטלולען *v. n.* to laugh aloud צָחֹק בְּקוֹל רָם ד).

כאַטע *s.* (*pl.* ס~) hut, hovel בַּיִת קָטָן.

כאַטקע, פאַרקלענערוואָרט פון כאַטע.

כאַלט *v. aux.* (*pl.* כאַלטען) would that לוּ, מִי יִתֵּן וְ־; ought הָיָה צָרִיךְ ה).

א) מילך. — ב) ביי דיקן אין ׳חייציקל אליין׳. — ג) יעווסעקציע איז די פאַרקירצונג פון די רוסישע ווערטער Еврейская секція (יעווריסקאַיאַ סעקציאַ) — יידישע אָפּטיילונג — ד) אָלישוו. 89. — ה) אין רייזענס יידישע גראַמאַטיק: האַלט (האַלטן). דאָס וואָרט ווערט געוויינטליך אויסגעשפּראָכן כאַלט (כאַלטן), און ריכטיג אַזוי, ווייל עס איז אָן ספק אַנטשטאַנען

כאַליען¹ v. a. to caress, fondle פּנק.

כאַליען² = חָלִיעַן.

כאַלעמײַזניק s. (pl. ‒עס) lazy lubber, useless fellow עַצְלָן, בַּטְלָן, אִישׁ לֹא יִצְלַח א).

כאָ׳מאָנט s. (‒ן, כאָמאָ׳נטן .pl) horse's collar סִמְלוֹן.

כאָמאָ׳נטניק s. (‒עס .pl) maker of horses' collars עוֹשֶׂה סִמְלוֹנִים.

כאמכען a. n. to mumble רָטֹן.

כאָסינקע, פאַרקלענערוואָרט פון חתונה.

כאַפּ־לאַפּ s. snatching חֲטִיפָה.

כאַפּערלעך s. pl. blindman's-buff צְחוֹק שִׁמְשׁוֹן (= כאַפּעניש).

כּדומה adj. the like ‒.

— און כדומה and the like וכדומה.

כודאָבע s. (‒ס .pl) property רְכוּשׁ.

כּולו־מוּקשה adj. entirely dfficult to understand ‒.

כּיטרעווען a. n. to use cunning הִתְחַכֵּם.

כינע npr. China אֶרֶץ סִינִים.

כינעזיש adj. Chinese סִינִי.

כינעזער s. (‒ .pl) Chinaman סִינִי.

כּלה־באַזעצנס = באַזעצנס.

כּלה־וָנאבד ווערן v. p. to vanish, disappear כָּלֹה וְאָבֹד.

כּלות־הַנפש s. languor, languishment ‒.

— אויסגיין כלות־הנפש to languish כלה נפשו.

כּל־חֲמירניק s. (‒עס .pl) white loaf eaten on the eve of Passover in the morning חַלָּה הַנֶּאֱכֶלֶת בְּעֶרֶב פֶּסַח בַּבֹּקֶר ב).

כּלי־בּית s. pl. household furniture ‒.

כּל מַלכי מִזרח וּמַערב phr. all the kings of the East and West ‒.

— (id.) עס מעגן קומען כל מלכי מזרח ומערב it cannot be done under any circumstances לֹא יֵעָשֶׂה בשום אופן.

כּעס s. anger ‒.

— זײַן אין כעס to be angry כעס, קצף.

כּפי prep. according to ‒, לְפִי || adv. as הֱיוֹת שֶׁ־.

כּפתור־וָפרח pred. "a knob and a flower," splendid, excellent מְצֻיָּן.

כראַבראָסט s. (‒ן .pl) bravery אֹמֶץ לֵב, גְּבוּרָה.

כראַברע adj. brave אַמִּיץ לֵב; ‖‒קייט s. bravery אֹמֶץ לֵב.

כּרחם אב על בּנים like as a father pitieth his children ‒.

כּשירחיב = לְכְשֶׁיַּרְחִיב (הוספה).

כּשר adj. ritually fit (of food) ‒, מֻתָּר; lawful, legitimate, ‒, חֻקִּי; rightful יָשָׁר; honest חָסִיד; pious תָּמִים; naïve, innocent ‖ adv. rightly, honestly בְּיֹשֶׁר.

— כשרה אויגעלעך naïve eyes עינים תמימות.

— פאַרדינען כשר to earn honestly השתכר בישר.

— (iro.) ער האָט עס כשר פאַרדינט! it serves him right! כך ראוי לו!, הוא קבל את ענשו הראוי לו!

כּתב s. (כּתבים .pl) testimonial, certificate תְּעוּדָה.

ל.

לאָא s. (‒ס .pl) (E.) law חֹק, דִּין.

לאָבז, לאָבוש = לאַבּוּס.

לאָבי s. (‒ס .pl) (E.) lobby פְּרוֹזְדוֹר.

לאָדישעק = לאַדושקע.

לאָדזש s. (‒ן, ‒עס .pl) lodge סְנִיף שֶׁל אֲגֻדָּה.

לאָדזשן־‖ברודער s. (‒ברידער .pl) (E.) member of a lodge חָבֵר לִסְנִיף שֶׁל אֲגֻדָּה.

לאָוד s. (‒ס .pl) (E.) load מַשָּׂא.

לאָופער s. (‒ס .pl) (E.) loafer מְשׁוֹטֵט בַּחוּצוֹת; הוֹלֵל.

לאָזשירן v. n. to lodge דּוּר, שָׁכֹן.

לאָט s. (‒ס .pl) (E.) lot חֶלְקַת אֲדָמָה; כַּמּוּת גְּדוֹלָה.

לאַטוויע npr. Latvia, Livonia לַטְוִיָּה.

לאַטוויש adj. Latvian שֶׁל לַטְוִיָּה.

לאַטוויש s. Lettish לְשׁוֹן בְּנֵי לַטְוִיָּה.

לאַטיש s. (‒ן .pl) Lett, Livonian בֶּן לַטְוִיָּה.

לאָטרע s. (‒ס .pl) drunkard שִׁכּוֹר.

לא יאוּמן כּי יסוּפּר phr. "it will not be believed if it will be told," it is unbelievable ‒.

לאָיער s. (‒ס .pl) (E.) lawyer עוֹרֵךְ דִּין.

לאַמבער s. (E.) lumber עֵצִים לְבִנְיָן.

לאַנגאַ׳ץ s. (‒עס .pl) tall man אִישׁ רָם הַקּוֹמָה א).

לאַנד s. land מְדִינָה; ווערט שפּאַסיג צוגעשטעלט צו נאָמענווערטער, ווי אין די פֿאָלגנדיגע אויסדריקן:

— אַ ייד פון יידנלאַנד "a Jew from the land of Jews," a genuine Jew, a typical Jew יהודי אמתי, יהודי טפוסי.

— אַ קוכן פון קוכנלאַנד "a cake from the land of cakes," a cake of the proper kind עוגה אמתית, עוגה כדבעי.

לאָנדרי s. (‒ס .pl) laundry מַכְבֵּסָה.

פון ניבי וואָלט (ניבי וואָלטן); מע זאָגט נאָך אַמאָל פולער: כאַוואָלט (כאַוואָלטן).

א) עלבע. — ב) האָב געפונען דאָס וואָרט אין אַ מאַנוסקריפּט, וואָס איך האָב באַקומען פון מיין בן־עיר דעם פאָלקלאָריסט שלום ביילין.

א) עלבע.

לאַנד־שַׁדְכן s. (‑שַׁדְכָנים .pl) national match-maker (*one who brings about marriages between persons of different cities or provinces*) שַׁדְכַן הַמְּדִינָה.

לאַנטוך s. (‑עס .pl) hobgoblin שֵׁד א).

לאַנטש¹ s. (‑עס .pl) (*E.*) lunch אֲכִילָה אַרְעִית.

לאַנטש² s. (‑עס .pl) (*E.*) lounge סַפָּה (מטת מושב).

לאַסקאַווע adj. kind, favorable, benevolent טוב, נוחַ, גּומֵל חֶסֶד.

לאַסקעס s. pl. caresses הִבּוּבִים.

לאָפט s. (‑ס .pl) (*E.*) loft קוֹמָה עֶלְיוֹנָה (למסחר).

לאַפּיטוט s. (‑ן .pl) puck, elfkin שֵׁד קָטָן ב).

לאַפּן s. (‑ס .pl) rag סְמַרְטוּט.

לאָפּן v. n. to burst הִבָּקַע; הִנָּתֵק (ח ל וכד').

לאָקל adj. (*E.*) local מְקוֹמִי; || s. (‑ס .pl) local train מַחְלָקָה מְקוֹמִית (של אגודה) רַכֶּבֶת הַמַּפְסֶקֶת אֵצֶל כָּל תַּחֲנָה.

לאָקש s. (‑ן .pl) noodle אִטְרִיָּה; nickname of an American paper dollar (*in Poland*) כִּנּוּי לִשְׁטַר הַדּוֹלָר הָאֲמֵרִיקָנִי (בפולין).

לוטשינקע = קינעלע.

לויטער adv. nothing but כָּלוֹ.

לויפער³ [לאָיפער] = לאָופער (הוספה).

לופע s. (‑ס .pl) lip שָׂפָה.

— שטעלן לופעס to move one's lips to cry הניע שפתיו לבכות.

לופּעטע s. (‑ס .pl) rag סְמַרְטוּט ג).

לוקינג־גלעס s. (‑עס .pl) (*E.*) looking-glass מַרְאָה.

ליאַמקע s. (‑ס .pl) track-rope חֶבֶל לִמְשׁוֹךְ בּוֹ אֳנִיָּה.

— ציען די ליאַמקע (*fig.*) to toil hard עבד עבודה קשה, משך בעול.

ליאַנאַווע, ליהאַנאַווע = אֵלִיָּהוּ־הַנָּבִיא.

לידער s. (‑ס .pl) (*E.*) leader מְנַהֵל, מַנְהִיג.

ליטאָגראַפירן v. a. to lithograph הַדְפֵּס בְּאֶבֶן.

לייבאָר s. (*E.*) labor עֲבוֹדָה.

לייבאָר־דיי s. (*E.*) labor-day חַג הָעֲבוֹדָה (יום ב' הראשון בספטמבר).

לייגן v. a. to lay, put הָנִיחַ, שִׂים; || ‑זיך v. r. to be laid, be put הֻנַּח, הוּשַׂם; to be applicable, apply הִשְׁתַּמֵּשׁ.

— לייגן אַ לאַטע to put a patch שים טלאי (על בגד).

א) אין תוספות מעילה י״ז ע״ב ווערט ״בן תמליון״ (נאָמען פון אַ בייזן רוח) פאַרטייטשט לאַמטוך. דאָס וואָרט איז אַ פאַרגרייזונג פון פראַנצ. lutin (אַלט־פראַנצ. luiton) — אַ שד. זע לאַפּיטוט. — ב) עלבע; האָט אפשר אַ שייכות מיט לאַנטוך? — ג) יאַפּעטע; ליטוויש lupata.

— לייגן פּאַדעשוועס to sole shoes שים גלדות לנעלים.

— דאָס וואָרט לייגט זיך אויף עפּעס אַנדערש this word applies to something else מלה זו משתמשת לענין אחר.

— לייגן זיך אויף שכל to stand to reason התאם עם הדעת.

ליידי s. (‑ס .pl) (*E.*) lady גְּבֶרֶת, אֲצִילָה; אִשָּׁה.

ליידיס פּוירסט phr. (*E.*) ladies first נָשִׁים רִאשׁוֹנָה, נָשִׁים קוֹדְמוֹת לַגְּבָרִים (כך המנהג באמעריקה).

לייז¹ s. (‑ן .pl) trick (*at cards*) אֲחִיזָה (בשחק הקלפים) (= שטאָך).

ליין² s. (‑ס .pl) (*E.*) line שׁוּרָה; חֶבֶל; מַחְלֶקֶת סְחוֹרָה; מִקְצוֹעַ.

— שטיין אין ליין to stand in line עמד בשורה.

לייסט² s. (‑ן .pl) last אִמּוּם, דְּפוּס נַעַל (= קאַפּול).

לייס(ט)נס s. (‑ .pl) (*E.*) license רִשָּׁיוֹן.

לייק s. (‑ס .pl) (*E.*) lake אֲגַם.

לייקע s. shammy, kid עוֹר יְעֵלִים א).

לייקען adj. of shammy, of kid שֶׁל עוֹר יְעֵלִים.

— לייקענע הענטשקעס kid glover כסיות של עור יעלים.

לינטשן v. a. to lynch הַעֲנֵשׁ עֹנֶשׁ מָוֶת בְּלִי מִשְׁפַּט בֵּית דִּין.

לינען² s. (*E.*) linen בַּד.

לינק adj. left שְׂמָאלִי.

— לינקע ליבע illicit intimacy, liaison יַחַס לא כָּשֵׁר (בין איש ואשה).

לינקער s. (‑קע .pl) left-winger מַשְׂמְאִיל (אחד מכתה קיצונית).

ליס s. (‑עס .pl) (*E.*) lease שְׁטַר שְׂכִירָה ב).

ליסטער s. (‑ס .pl) (*E.*) lessee שׂוֹכֵר עַל פִּי שְׁטָר ג).

ליעזשאַנקע = לעזשאַנקע.

ליצי־ליצנות s. pl. mockery לָצוֹן, מַהֲתַלּוֹת.

ליקע s. bast סִיב, שִׁיפַת תִּרְזָה.

לית מאַן דפליג phr. there is no one disputing ‑.

לכשירחיב adv. "when he will enlarge," when conditions will improve (*said concerning the payment of a debt*) ‑.

לעבער s. (‑ס .pl) liver כָּבֵד.

— הינטישער לעבער (*fig.*) wicked person אדם רע; hard-hearted person איש קשה לב.

לעדזשיסלייטשור s. (‑ס .pl) (*E.*) legislature אֲסֵפַת מְחוֹקְקִים.

לעטער s. (‑ס .pl) letter אוֹת; מִכְתָּב.

א) עלבע; פויליש łajka — זעמש. — ב) מאַנכע זאָגן ליזס. — ג) דאָס וואָרט האָבן יידן אַליין געמאַכט פון ליס(ט).

לעטער־באַקס *s.* (*pl.* ~עס) (*E.*) letter-box תֵּבַת מכתבים.

לעטער־קעריער *s.* (*pl.* ~ס) (*E.*) letter-carrier נוֹשֵׂא מִכְתָּבִים.

לעמפּל, פֿאַרקלענערוואָרט פֿון לאָמפּ.

לענדלאָרד, לענדלער *s.* (*pl.* ~ס) (*E.*) landlord בַּעַל בַּיִת.

לענדלײדי *s.* (*pl.* ~ס) (*E.*) landlady בַּעֲלַת בַּיִת.

לערנבוך *s.* (*pl.* ~ביכער) text-book סֵפֶר לִמּוּד.

לערנײנגל, פֿאַרקלענערוואָרט פֿון לערנײנג.

לעשניק = ליעסניק.

מ

מאָביליזאַציע *s.* mobilisation גִּיּוּס (אספת צבא).

מאָדיסטקע = מאָדניצע.

מאַזורקע *s.* (*dance*) mazurka מַזּוּרְקָה (מין מחול).

מאָטאָר *s.* (*pl.* ~ס) (*E.*) motor מְכוֹנָה מְנִיעָה.

מאָטאָרמאַן *s.* (*pl.* ~לײַט) (*E.*) motorman מְנַהֵל עֲגָלָה עִם מְכוֹנָה מְנִיעָה.

מאָטאָרסײַקל *s.* (*pl.* ~ס.) (*E.*) motorcycle אָפַנַּיִם עִם מְכוֹנָה מְנִיעָה.

מאַטניא, מאַטניע *s.* great deal כַּמּוּת גְּדוֹלָה; large sum סַךְ עָצוּם.

מאַטריץ *s.* (*pl.* ~ן) matrix מַטְרִיצָה (דפוס ליציקת אותיות או לוחות של מתכת להדפסה).

מַאי קָא מַשְׁמַע לָן *phr.* what does he tell us? — .

מאַכערײַקע *s.* (*pl.* ~ס) device תַּחְבּוּלָה.

מאַלאַבאַנדע *s.* (*pl.* ~ס) negligent woman אִשָּׁה רַשְׁלָנִית א).

מאַליאַרקע *s.* painting צְבִיעָה.

מאַלע *adv.* there is no saying אִי אֶפְשָׁר לְשַׁעֵר. — מאַלע וואָס מענטשן קענען טאָן there is no saying what human beings are apt to do אי אפשר לשער מה שבני אדם עלולים לעשות.

מאַלעסעס *s. pl.* (*E.*) molasses נֹפֶת צוּפִים.

מאַלע־פּאַמאַלע *adv.* by little and little, gradually לְאַט לְאַט ב).

מאַמינקע *s.* (*pl.* ~ס) dear mother אֵם יְקָרָה.

מאַמינקעס *int.* gracious! מָרְיָה דְאַבְרָהָם!

מאַמעלע *s.* (*pl.* ~ך) little mother אֵם קְטַנָּה; dear mother אֵם יְקָרָה.

מאַמעלעך = מאַמינקעס.

מאַמע־לשון *s.* (*designation of Yiddish*) mother-tongue לְשׁוֹן אִמּוֹ (כך קוראים ללשון יידיש).

מאָנאָפּאָליזירן *v. a.* to monopolise לָקַחַת זְכוּת לוֹ לְבַדּוֹ (על מכירת דבר).

א) אלשוו. 192. — ב) רוסיש.

מאַנדאַט *s.* (*pl.* ~ן) mandate תְּעוּדָה; פְּקוּדָה; כֹּחַ, הַרְשָׁאָה.

מאַנדרע *s.* (*pl.* ~ס) husband (*cont.*) בַּעַל.

מאַנהויז *s.* (*pl.* ~הײַזער) mad-house, bedlam בֵּית מְשֻׁגָּעִים. — שרײַען ווי אין אַ מאַנהויז to clamor as in a bedlam, to make an uproar צעק כמו שצועקים בבית משוגעים, הקם שאון גדול.

מאַנופֿעקטשורן *v. a.* (*E.*) to manufacture עָשֹׂה (סחורה).

מאַנופֿעקטשורער *s.* (*pl.* ~ס) (*E.*) manufacturer בַּעַל בֵּית חֲרֹשֶׁת.

מאָני־אָרדער *s.* (*pl* ~ס) (*E.*) money-order הַמְחָאָה (של הדואר).

מאַניקיור *s.* (*pl.* ~ס) (*E.*) manicure מִי שֶׁאוּמָּנוּתוֹ לְקַשֵּׁט אֶת הַיָּדַיִם וְהַצִּפָּרְנַיִם.

מאַניקיורן *v. a.* (*E.*) to manicure קַשֵּׁט אֶת הַיָּדַיִם וְהַצִּפָּרְנַיִם.

מאַנישקע *s.* (*pl.* ~ס) false shirt-front. chemisette מִכְסֶה בַּד לֶחָזֶה (לקשוט).

מאַנסעסט, מאַסעט = מאַנשעסטן־סאַמעט.

מאַנקי *s.* (*pl.* ~ס) (*E.*) monkey קוֹף.

מאַנקי־ביזנעס *s.* (*E.*) monkey-business תַּחְבּוּלוֹת עָרְמָה.

מאַסנפֿאַרזאַמלונג *s.* (*pl.* ~ען) mass-meeting אֲסֵפַת־עָם.

מאַסמיטינג *s.* (*E.*) = מאַסנפֿאַרזאַמלונג.

מאַרבל *s.* (*E.*) marble שַׁיִשׁ; (*pl.* ~ס) כַּדּוּר שַׁיִשׁ (למשחק ילדים).

מאָרגעדזש *s.* (*pl.* ~עס) (*E.*) mortgage אַפּוֹתִיקִי, מַשְׁכּוֹן.

מאָרד *s.* pestilence, plague דֶּבֶר א).

מאַרודיען = מאַרודזשען.

מאַרטש[1] *s.* (*pl.* ~עס) (*E.*) march תַּהֲלוּכָה.

מאַרטש[2] *s.* (*E.*) = מאַרט.

מאַרטשן *v. n.* (*E.*) to march הָלֹךְ בְּתַהֲלוּכָה.

מאָרע *s.* mohair, moire אֶרֶג יָקָר מִצֶּמֶר עִזִּים.

מאַרעוויכער = מרוויחער.

מאָרען[1] *adj.* of mohair, of moire שֶׁל אֶרֶג מִצֶּמֶר עִזִּים.

מאַרק[1] *s.* (*pl.* מערק, מערקער) market שׁוּק. — אַראָפּ פֿון מאַרק! (*id.*) the matter is at an end! תם ונשלם.

מאַרקווײַב *s.* (*pl.* ~ער) market-moman רוֹכֶלֶת בְּשׁוּק; foul-mouthed woman אִשָּׁה טְמֵאַת שְׂפָתַיִם, עַזַּת פָּנִים.

מאַרקעט *s.* (*pl.* ~ס) (*E.*) market שׁוּק.

א) אין חומש עברי־טײַטש ווערט דֶּבֶר פֿאַרטײַטשט מארד; דאָס וואָרט איז מסתמא אַ פֿאַרגרײַזונג פֿון פּויליש mor — אַ מגפֿה, אַ פּעסט.

מַבּלען [פֿון מַבּול] to pour *v. n.* שָׁטַף (גשם).
— עס מבּלט (מבּולט) it pours שוטף (גשם).
מַבְרִיע = מאוריע.
מַגע־וּמַשׂא intercourse *s.* ‎-.
— נישט האָבּן קיין מגע־ומשא מיט אומעצן not to have anything to do with a person לא היה לאיש מגע ומשא עם־.
מַה־יָפית־י״ד *s.* (‎-ן *pl.*) a Jew cringing to a non-Jew יְהוּדִי הַמַּכְנִיעַ אֶת עַצְמוֹ לִפְנֵי נָכְרִי.
מְהַכְתֵּיתִי = מאַכטווּס ע.
מואווינג פּיקטשורס *s. pl.* (*E.*) moving pictures תְּמוּנוֹת מִתְנוֹעֲעוֹת.
מואוויס *s. pl.* (*E.*) movies תְּמוּנוֹת מִתְנוֹעֲעוֹת; תֵּיאַטְרוֹן שֶׁל תְּמוּנוֹת מִתְנוֹעֲעוֹת.
מואוון *v. n.* (*E.*) to move הֶעְתֵּק (עבר ממקום למקום).
מואוו־נעטל *s.* (‎-עך, ‎-ען *pl.*) notice of (*Am.*) dispossession הוֹדָעָה לְדַיָּר לָצֵאת מִדִּירָתוֹ א).
מוטער־מענטש *s.* human being, living soul בֶּן אָדָם; ווערט נאָר באַנוצט מיט קיין, ווי אין די פֿאָלגנדיגע זאַצן:
— קיין מוטער־מענטש ווייס דאָס נישט no living soul knows this שום אדם אין יודע זאת.
— קיין מוטער־מענטש איז דאָרטן נישט געווען no living soul was there שום אדם לא היה שם.
מוטער־נאַקעט *adj.* stark naked עָרֹם לְגַמְרֵי.
מויל־העלד *s.* (‎-ן *pl.*) tongue-warrier, braggart גִּבּוֹר בְּפִיו, מִתְפָּאֵר.
מוליאַרקע *s.* masonry בַּנָּאוּת (באבנים או בלבנים).
מולינעס = מולינעס.
מומע *s.* (‎-ס *pl.*) aunt דּוֹדָה; stepmother אֵם חוֹרֶגֶת.
מופֿן = מואוון.
מופֿ־צעטל = מואוו־צעטל.
מו״צ *abbr.* = מוֹרֵה צֶדֶק teacher of justice (*epithet of a rabbi*) ‎-.
מוֹראדיג *adj.* terrible, dreadful נוֹרָא; monstrous נוֹרָא מְאֹד.
— מוראדיג גרויס huge, enormous גדול מאד.
מוֹרֵנוּ הַרַב *s.* (*title*) our master the rabbi ‎-.
מְחוּתּן *s.* (‎-מְחוּתָּנִים *pl.*) one related by law ‎-.
— זיין אַ גאַנצער מחותן מיט אומעצן to hobnob with a person היה ביחס קרוב עם איש.
— אַ מחותנם אַ הונט a distant relative קרוב רחוק ב)
מְחוּתָּנען זיך *v. r.* to be engaged in seeking marriage affinities for one's sons or daughters הָיֹה עָסוּק בְּהִתְחַתְּנוּת בָּנָיו אוֹ בְנוֹתָיו ג).
מְחַיהדיג *adj.* pleasant, delightful נָעִים.

א) מואוו = ענגליש move — צוען (פֿון אַ דירה). — ב) עלבע. — ג) בּיי דיקן אין ״חייציקל אליין״.

מַחלוֹקת *s.* (‎-ן *pl.*) discord ‎-.
מְחַלל־שַׁבּת־ניק *s.* (‎-עס *pl.*) violator of the Sabbath מְחַלֵּל שַׁבָּת; (*joc.*) one who comes late אִישׁ מְאַחֵר לָבוֹא.
מַטה־מַטה *adv.* "continually downwards," from bad to worse ‎-.
מטופּל *adj.* burdened ‎-, עָמוּס.
מַטיף לְאומי *s.* (מַטִיפִים לְאוּמִיִים *pl.*) national orator ‎-.
מִיאוּס *adj.* disgusting, repulsive מָאוּס, נִתְעָב; ugly מְכֹעָר; shameful מְגֻנֶּה.
— מיאוס מאַכן זיך to lower *or* degrade oneself השפל את עצמו; (*sl.*) to partake of something טעם, ההנה (ממאכל או ממשתה) א).
מִידה *s.* (מִידוֹת *pl.*) way, practice דֶּרֶךְ, מִנְהָג.
מִידה מְגוּנה *s.* (מִידוֹת מְגוּנוֹת *pl.*) bad way, bad manner ‎-.
מיוזיק (*E.*) = מוזיק.
מיושבדיג *adj.* deliberate מְיֻשָּׁב; || *adv.* deliberately בְּיִשּׁוּב הַדַּעַת.
מיזורי *npr.* Missouri מִזּוּרִי (שם אחת המדינות בארצות הברית באמיריקה).
— (*id.*) אַ יידל פֿון מיזורי a shrewd Jew יהודי ערום.
מיטאָלאָגיש *adj.* mythological מִיתוֹלוֹגִי.
מיטאַנאַנד *adv.* together יַחַד.
— אַלץ מיטאַנאַנד all-in-all הכל, כל דבר.
מיטניק *s.* (‎-עס *pl.*) toll-gatherer מוֹכְסָן.
מיטע *s.* מֶכֶס ב).
מיטשטייערן *v. a.* to contribute נָתֹן חֶלְקוֹ.
מיי (*E.*) = מאַי, מַי (חודש).
מייאָר *s.* (‎-ס *pl.*) (*E.*) mayor ראש עִיר.
מיידלניק *s.* (‎-עס *pl.*) dangler after maidens, a Don Juan רוֹדֵף אַחֲרֵי עֲלָמוֹת.
מיינד(זש) יור אָון בּיזנעס *phr.* (*E.*) mind your own business שִׂים לֵב לְעֵסְקְךָ, אַל תִּתְעָרֵב בְּעֵסֶק שֶׁל אֲחֵרִים.
מייקערן *v. n.* to carry on, to riot פָּרֹעַ פְּרָעוֹת.
מייִרע *s.* (‎-ס *pl.*) piece of dough for Passover cakes חֲתִיכַת בָּצֵק לְמַצּוֹת.
— (*id.*) אַ מיירע אַראָפּ, אַ מיירע אַרויף in quick succession במהירות זה אחר זה.
מיליציע = מיליץ.
מילך־קאַן *s.* (‎-ען *pl.*) milk-can פַּךְ לְחָלָב.
מַים־אַחֲרונים־וואַסער = מַיִם אַחֲרוֹנִים.
מינוטניק = מינוטן־ווייזער.

א) אַנבּאַטנדיג אַ נאַסט כיבוד פֿלעגן ווייבער אין ליטע זאָגן: ״טאַכט זיך מיאוס״ (עס קען זיין דערפֿאַר, ווייל זיי האָבּן געקוקט אויף עסן ווי אויף אַ בּהמישע זאַך). — ב) פּויליש myto.

מיס s. (pl. ־עס) Miss (E.) גְּבֶרֶת (תואר לבלתי נשואה); miss בְּתוּלָה.

מיסברויך s. (pl. ־ן) abuse שִׁמּוּשׁ לְרָעָה; misuse מְעִילָה (בכספים).

מיסברויכן v. a. to abuse הִשְׁתַּמֵּשׁ לְרָעָה; to misuse מָעַל (בכספים).

מיסטייק s. (pl. ־ס) mistake (E.) טָעוּת, שְׁגִיאָה.

מיסטיציזם s. mysticism סוֹד, חָכְמַת הַנִּסְתָּר.

מיסטיקע = מיסטיציזם.

מיסטיקער s. (pl. ־) mystic עוֹסֵק בְּחָכְמַת הַנִּסְתָּר.

מיסטעריע s. (pl. ־ס) mystery סוֹד.

מיסטער s. (pl. ־ס) (E.) Mister (Mr,) מַר, אָדוֹן (תואר); master of the house בַּעַל הַבַּיִת.

מיסעס s. (pl. ־ן) (E.) Mistress (Mrs.) מָרַת (תואר לנשואה); mistress of the house בַּעֲלַת הַבַּיִת.

מיספארשטיין v. a. to misunderstand לֹא הָבֵן, טָעֹה בְּ־.

מיספארשטענדעניש s. (pl. ־ן) misunderstanding אִי־הֲבָנָה, טָעוּת.

מיקראָב s. (pl. ־ן) microbe מִקְרוֹב (אחד מהיצורים הדקים הגורמים רקבון ומחלות בגופי בעלי חיים).

מיקראָסקאָפיש adj. microscopic שֶׁל מַשְׁקֶפֶת מַגְדֶּלֶת; הַנִּרְאֶה עַל יְדֵי מַשְׁקֶפֶת מַגְדֶּלֶת.

מְיַשב זיין זיך v. r. to bethink oneself הִתְיַשֵּׁב.

מישטיינס געזאָגט = שטיינס געזאָגט (הוספה).

מלאָזיווע = מאָלאָזיווע.

מִלְחָמה s. (pl. מִלְחָמות) war ־.

— האַלטן מלחמה to war הִלָּחֵם.

מֶלֶך־בְּכִיפה s. a king over the whole world ־, מוֹשֵׁל בְּכָל הָעוֹלָם.

מַמָשותדיג adj. substantial מַמָּשִׁי; concrete, actual מַמָּשִׁי, אֲמִתִּי.

מעטאָדיש adj. methodical עַל פִּי סֵדֶר.

מעטער[2] s. (pl. ־ס) matter (E.) דָּבָר.

— וואָס איז דער מעטער מיט דיר? what is the matter with you? מה לך?

מעטש[1] s. (pl. ־עס) match (E.) גַּפְרוּר.

מעטש[2] s. (pl. ־עס) match (E.) דָּבָר מַתְאִים; זִוּוּג, שִׁדּוּךְ.

מעטשן v. a. n. to match (E.) הַשְׁוֵה; הַתְאֵם.

מעכאַניקייר = מעכאַניק.

מעלאַנכאָליקער s. (pl. ־) melancholiac בַּעַל מָרָה שְׁחוֹרָה.

מעמאָראַנדום s. (pl. ־ס) memorandum רְשִׁימָה, כְּתָב לְזִכָּרוֹן.

מענטל־פיס s. (pl. ־עס) mantel-piece (E.) לוּחַ מֵעַל לָאָח.

מֵעִנְיָנא דְיוֹמא phr. on the topic of the day ־.

מענעדזשן v. a. to manage (E.) נַהֵל (עסק).

מענעדזשער s. (pl. ־ס) manager (E.) מְנַהֵל.

מעקסיקאָ npr. Mexico מֶכְּסִכּוֹ.

מעקסיקאַנער s. (pl. ־) Mexican מֶכְּסִכָּנִי.

מערידזש־לייסנס s. marriage license (E.) רִשָּׁיוֹן לְנִשּׂוּאִים.

מַעשה־בְּתוֹך־מַעשה s. a story within a story ־.

מַעשה מִג׳ אַחים s. the tale of three brothers ־.

מַעשה נורא s. terrible occurrence ־.

מַעשה־סוחר adv. merchantlike, businesslike ־.

— (id.) חרטה איז נִיט מעשה־סוחר, זע אונטער חַרָטה.

מעשן v. n. to mash (E.) עָגֹב עַל נְעָרוֹת.

מעשער s. (pl. ־ס) masher (E.) עוֹגֵב עַל נְעָרוֹת.

מְפוּנק s. (pl. מְפוּנָקים) squeamish person אִסְטְנִיס.

מַצֵבה־קריצער s. (pl. ־, ־ס) tombstone engraver חוֹרֵת מַצֵּבוֹת.

מַצה־ברייַ s. dish of Passover cakes boiled in water מַאֲכָל מַצָּה מְבֻשָּׁלָה בַּמַּיִם.

מַצה־פאַרפל s. crumbs of Passover cakes (for putting inio soup) פֵּרוּרִים שֶׁל מַצָּה (לשים במרק).

מְצוֹרע s. (pl. מְצוֹרָעים) leper ־.

מָקום־קְבורה s. burial-place ־; (fig.) place of concealment מַחֲבֵא.

מְקוּרב־לְמַלְכות s. (pl. מְקוּרָבים־לְמַלְכות) intimate of the royal court ־.

מֶקח־טָעות s. erroneous purchase ־; mistake טָעוּת.

מַקלען v. a. to beat with a stick הַכֵּה בְּמַקֵּל.

מר. abbr. = מיסטער.

מרס. abbr. = מיסעס.

מַרְוִויחער s. (pl. ־ס) thief גַּנָּב.

מרשַעת s. (pl. ־ן) vicious woman, shrew אִשָּׁה רָעָה, אֲרוּרָה.

מְשוּגע adj. crazy, mad, insane ־.

— (id.) פֿריש און געזונט און משוגע without rhyme or reason בְּלִי טַעַם וּסְבָּה א).

מָשָל s. (pl. מְשָלים) simile, comparison ־, דִּמְיוֹן.

— (id.) אַ משל צו אַ טאָרבע פֿלעקער an incongruous comparison משל בלתי מתאים.

מָשָל כְּחֶרֶס הַנִּשְבָּר phr. "likeness to a broken shard," foolish comparison מָשָׁל שֶׁל שְׁטוּת ב).

א) ווערט געזאָגט, ווען איינער טוט עפּעס אָדער פֿאַרלאַנגט עפּעס אָן אַ פֿאַרוואָס. פֿאַרז., אונטער meshugo, גיט די פֿראַזע מיט דער איבערזעצונג: laat fiolen zorgen — ״זאָלן אַנדערע זאָרגן״, ״אויך מיין דאגה״. — ב) שטאַמט איבערגענומען פֿון דער פֿראַזע אין ראש־השנהדיגן פיוט: מָשׁוּל כְּחֶרֶס הַנִּשְׁבָּר — געגליכן צו אַ צעבראָכענעם שאַרבן.

מְשל־קאַבאַק *s.* incongruous comparison מָשָׁל בִּלְתִּי מַתְאִים א).

מְשָרת *s.* (מְשָׁרְתים *pl.*) servant, attendant; ~ lackey, flunkey; ~ valet.

נ.

נאָ, נאָו *adv.* (*E.*) no לֹא.

נאָוואָבראַנעץ *s.* (~ נצעס *pl.*) recruit חָנִיךְ הַצָּבָא.

נאָיואָטנע *adj.* newly come חָדָשׁ מִקָּרוֹב בָּא.

נאָוט, נאָט *s.* (~ ס *pl.*) (*E.*) note פִּתְקָא; שְׁטַר חוֹב.

נאָטינג *pron.* (*E.*) nothing לֹא מְאוּמָה, אֶפֶס.

— אַ נאָטינג a trifle דבר קל הערך.

נאָטינג דואינג *phr.* (*E.*) nothing doing אֵין מְאוּמָה, אֵין דָּבָר.

נאָטיס *s.* (~ עס *pl.*) (*E.*) notice יְדִיעָה; מוֹדָעָה.

נאָטערי פּאַבליק *s.* (*E.*) notary public נוֹטַרְיוֹן (סופר חקהל).

נאָ טשעקי נאָ וואָשי *phr.* (*E.*) "no check, no wash," no pay, no piper בְּאֵין מְחִיר אֵין מְאוּמָה ב).

נאָ יוז, נאָ יוס(ט) *adv.* (*E.*) it's no use לְלֹא הוֹעִיל.

נאָך¹ *prep.* after אַחַר.

— עס איז שוין נאָך אים! he is no more! איננו עוד!

— עס איז שוין נאָך אַלעמען it is all over הכל עבר, הכל נגמר.

נאָך² *adv.* yet, still עוֹד; more יוֹתֵר.

— נאָך איינער one more עוד אחד.

— נאָך אַ וואָרט one word more עוד מלה אחת.

— נאָך עפּעס something more עוד מאומה; something else עוד אחרת.

— נאָך מער still more עוד יותר, עוד זאת.

— וואָס נאָך? what else? מה עוד?

— נאָך אַמאָל again עוד, שוב.

— נאָך אַמאָל, נאָך איין מאָל once more עוד פעם.

— נאָך אַמאָל אַזוי גרויס as large again, twice as large פי שנים (במדה).

— נאָך אַמאָל אַזוי פיל as much again, twice as much פי שנים (בכמות).

נאָכבאַרשאַפט *s.* (~ ן *pl.*) neighborhood שְׁכֵנוּת, שְׁכוּנָה.

נאָכזען *v. a.* to look up עַיֵּן (בספר).

נאָכסאָל *adv.* why מַדּוּעַ, לָמָּה; ‖ *conj.* because יַעַן כִּי.

נאָכפאָלגער *s.* (~ *pl.*) successor הַבָּא אַחֲרָיו, יוֹרֵשׁ.

נאַבקיקן = נ אָ כ ז ע ן (הוספה).

נאָמבער *s.* (~ ס *pl.*) (*E.*) number מִסְפָּר.

נאָמינייטן (*E.*) = נ אָ מ י נ י ר ן.

נאָמינײשן *s.* (~ ס *pl.*) (*E.*) nomination יִעוּד לִבְחִירָה.

נאָמינירן *v. a.* to nominate יָעֵד לִבְחִירָה.

נאַמעטקע *s.* (~ ס *pl.*) woman's headdress of fine white linen (*in Russia*) קִשּׁוּט הָרֹאשׁ לְנָשִׁים מִבַּד לָבָן יָפֶה (ברוסיה) א).

נאָנסענס *s.* (*E.*) nonsense שְׁטוּת, דְּבַר תָּפֵל.

נאַסטאָיקע *s.* (~ ס *pl.*) infusion; liquor מִשְׁרָה, מֶסֶךְ.

נאַציאָנאַליזם *s.* nationalism לְאֻמִּיּוּת.

נאַציאָנאַליסט *s.* (~ ן *pl.*) nationalist לְאֻמִּי.

נאָר *adv.* only, but רַק, אַךְ.

— נאָר וואָס just now זה עתה.

נאַראָקום *adv.* purposely בְּכַוָּנָה; = צ ו ק ל אָ־ מ ע ר ש ט.

נאַרונג *s.* food מָזוֹן.

נאַרן *v. a.* to disappoint הַכְזֵב תִּקְוַת אִישׁ.

נאַש *s.* (~ ן *pl.*) dainty bit מַאֲכַל תַּאֲוָה.

נאַש־בראַט *s.* our fellows אַחֵינוּ; one of our fellows, one of our own אֶחָד מֵאִתָּנוּ.

נאַ־שטיכי! *adv.* at daggers drawn בְּאֵיבָה, בְּרִיב ב).

נֶדר *s.* (נְדָרים *pl.*) ~ vow; ~ pledge הַבְטָחָה.

נוירס *s.* (~ עס *pl.*) (*E.*) nurse אוֹמֶנֶת; שׁוֹמֶרֶת חוֹלִים.

נוירסן *v. a.* (*E.*) to nurse הָזֵן; שַׁמֵּר (חולים).

ניביטאָ *adv.* as if, as though כְּאִלּוּ ג).

ני־בע־ני־מע (ני־קוקעריקו) *pred.* neither fish nor flesh לֹא הָא וְלֹא הָא.

ניגער, ניגערקע = נ ע ג ע ר, נ ע ג ע ר ק ע.

נידערלאַגע *s.* (~ ס *pl.*) defeat מַפָּלָה.

ניו־יִיר *s.* (*E.*) New-Year רֹאשׁ הַשָּׁנָה (ביחוד לנוצרים).

ניו־יִירס קאַרד *s.* (~ ס *pl.*) (*E.*) New-year's card כַּרְטִיס שֶׁל בְּרָכָה לְרֹאשׁ הַשָּׁנָה.

ניומאָניע *s.* (*E.*) pneumonia דַּלֶּקֶת הָרֵיאָה.

ניוסענס *s.* (~ עס *pl.*) (*E.*) nuisance דְּבַר מַטְרִיד.

ניוספּייפּער *s.* (~ ס *pl.*) (*E.*) newspaper עִתּוֹן.

ניחא *pred.* agreeable נָעִים, נוֹחַ.

— אַז אייך איז ליב איז מיר ניחא, זע אונטער ל י ב.

ניחום־אַבֵלים *s.* the offering of consolation to ~ mourners.

ניטאָ *adv.* there is not אֵין, לֹא יֵשׁ, לֵיכָּא.

— (*id.*) עס איז נאָר ניטאָ! it does not matter! אין בכך כלום! ד).

א) קאָס. 82. — ב) פֿון רוסיש на штыки — מיט באַיאָנעטן. ג) אַלשוו. 157; פּויליש niby to. — ד) מע זאָגט, למשל: עס איז נאָר ניטאָ, אַז מע וויל קען מען!

א) עלבע. — ב) אַזוי פֿלעגן זאָגן כינעזער וועשער אין אַמעריקע צו אַ קינד, וועלכער איז געקומען נאָך די וועש און דעם טשעק (קוויטל), וואָס ער האָט באַקומען ביים געבן וואַשן. דער יידישער עולם האָט עס אויפֿגעכאַפּט און געמאַכט פֿאַר אַ שפּריכוואָרט.

ניטען = נ י ט ע ו י ע ן.

נײַט־סקול s. (pl. ‒) night-school (E.) בית ספר שלומדים בו בלילה.

ניכטער adj. empty ריק.

— אויפֿן ניכטערן האַרצן on an empty stomach בבטן ריקה.

ניכפּה s. epilepsy חלי הנפילה; fit שבץ.

— כאַפּן אימעצן די ניכפּה to get a fit אחז השבץ.

נילוס npr. the Nile (river) ‒.

ני־פֿאַלע־ני־פֿאַלע adv. without any reason בלי טעם, בלי סיבה א).

ניץ־געלט s. money paid for the use of something, rent שכר שמוש.

ניקל s. (pl. ‒ס) nickel (E.) מטבע של חמשה סנטים (באמיריקה).

נישט pron. ind. nothing אפס.

— מאַכן צו נישט to bring to nought שים לאפס; to undo סתר, הרס.

נישטײַנס געזאָגט = ש ט י י נ ס ג ע ז א ג ט (הוספה).

נישטל s. (pl. ‒עך) seven (at cards) השבעה (בקלפים).

נכפּה = נ י כ פ ה.

נתקה, זע אַנטערקונג אונטער ע ל י ה ו ה ו ע ל מ ש י ח ו (הוספה).

נעגנען v. a. to vex, annoy, nag הטרד, הרעם ב).

נעווער adv. never (E.) לעולם לא.

נעווער מײַנד phr. never mind (E.) אין בכך כלום.

נעכבע = נ י כ פ ה ג).

נעלם ווערן v. p. to disappear העלם.

נעם s. hold אחיזה.

— נעמען אַ נעם to take hold of אחז ב־.

— נעמען זיך אַ נעם צו עפּעס to apply oneself to a thing with a zeal קרב לדבר (לעבודה) בחשק.

נעמען v. a. (גענומען p. p.) to take לקח; קומט אָפט פֿאָר אַן אַנדער צײַטוואָרט צו שטעלן די טוּאונג לעבעדיגער פֿאַרן אויג (ווי ל ק ח אין העבראיש), למשל:

— נעמט ער און גיט אים אַ פּאַטש sure enough, he gave him a slap in the face ויקח ויכהו על הלחי.

נעמען זיך v. r. to apply oneself התמד, שקד על־.

— נעמען זיך צום לערנען to apply oneself to study שקד על למודו.

נעמער s. (pl. ‒ס) taker, receiver, recipient לוקח, מקבל (מתנות).

א) קליינרוסיש ни сило ни впало. — ב) אפשר פֿון דײַטש necken — רייצן, פּלאָגן. — ג) אין ליפּשיצעס רוסיש־יידישן ווערטערבוך אונטער эпилепсія איז דאָס וואָרט אויסגעלייגט נ ח ב ה.

— אַ נעמער איז נישט קיין געבער (prov.) a receiver is not a giver מקבל אינו נותן.

נעק־טײַ s. (pl. ‒ס) neck-tie (E.) מטפחת עניבה אגד (לצואר).

נערוועזיש, נערוועז adj. nervous חלוש עצבים; קצר רוח.

נציב s. (pl. נציבים) High Commissioner (of Palestine) ‒.

ס.

סאַבוויי s. (pl. ‒ס) subway (E.) מסלה מתחת לאדמה.

סאַדעווניק s. (pl. ‒עס) keeper of an orchard מחזיק גן פרות א).

סאַוט s. South (E.) דרום; המדינות הדרומיות בארצות הברית.

— אַ יודל פֿון די סאַוט (id.) a shrewd Jew יהודי ערום.

סאַטיספֿײַען v. a. (E.) to satisfy השבע רצון.

סאַטיספֿעקשן s. (E.) satisfaction שביעת רצון.

סאַכאַר־מאַראַז = מ א ר א ז ש ע נ ע.

סאָלדאַטסקע adj. of soldier של חיל; military צבאי.

סאַלערי s. (pl. ‒ס) (E.) salary משכרת.

סאַלון s. (pl. ‒ס) (E.) saloon בית משקה.

סאַלון־קיפּער s. (pl. ‒ס) (E.) saloon-keeper בעל בית משקה.

סאַמאָבאָראָנע s. self-defence הגנה עצמית.

סאַמאָנס s. (pl. ‒עס) (E.) summons הזמנה (למשפט).

סאַמאָנסן v. a. (E.) to summons, summon הזמן (למשפט).

סאַנאָוועבּיטש s. (pl. ‒עס) (E., vulg.) son of a bitch בן זונה; בליעל, נבל.

סאַנאָוועגאַן = ס א נ א ו ו ע ב י ט ש ב).

סאָנג s. (pl. ‒ס) (E.) song שיר.

סאַנדיי־סקול s. (pl. ‒ס) (E.) Sunday-school בית ספר שלומדים בו ביום ראשון לשבוע.

סאַנדעק = ס ע נ ד א ק.

סאָסײַעטי s. (pl. ‒ס) (E.) society חברה.

סאָסער s. (pl. ‒ס) (E.) saucer תחתיה (קערה קטנה שנותנים תחת ספל התה).

סאַפּאָז v. n. (E.) suppose נשער, נניח.

סאַפּער s. (pl. ‒ס) (E.) supper ארוחת ערב.

סאַפֿערן v. n. (E.) to suffer סבל.

סאַקן v. a. (E.) to suck מצץ.

סאַקער s. (pl. ‒ס) (E.) sucker מוצץ.

א) עלבע. — ב) ענגליש son of a gun — דער זון פֿון אַ ביקס; ווערט שפּאַסיג געזאָגט אַנשטאָט son of a bitch, וואָס איז וואולגאַרנע.

סאַרדזשענט s. (pl. ־ס) (*E.*) sergeant סְגַן הַקַּפִּיטָן (של משטרה).

סאַרווערקע s. (pl. ־ס) waitress מְשָׁרֶתֶת בְּבֵית מִשְׁתֶּה.

סאַרנע *pron. interr.* which?, what kind? אֵיזֶה? א).

סאַרע גאַדזינע = שאַרע גאַדזינע.

סבאָרניע = אָסבאָרניע (הוספה).

סגולה s. (pl. סגולות) remedy ־, תְּרוּפָה.

סדרן = סֵדֶרן זיך

סובסקרײַבן v. n. (*E.*) to subscribe חָתֹם.

סובסקרײַבער s. (pl. ־ס) (*E.*) subscriber חוֹתֵם.

סובסקריפּשן s. (pl. ־ס) (*E.*) subscription חֲתִימָה.

סובפּינע s. (pl. ־ס) (*E*) subpoena הַזְמָנָה לְעֵדוּת (מבית המשפט).

סוד s. (pl סודות) secret ־.
— (*id.*) אַ סוד אין באָד telling a secret in a public place סוד בקהל.

סוואָיסקע *adj.* domestic, tame בֵּיתִי (חיה).

סוויט קאָרן s. (pl. ־ס) (*E.*) sweet corn דּוּרָה, תִּירָס.

סווינױק = סווינױאַק.

סוועטער s. (pl. ־ס) (*E.*) sweater מְנַצֵּל פּוֹעֲלִים; חֻלְצָה שֶׁל צֶמֶר.

סוועט־שאַפּ s. (pl. ־שאַפּס, ־שעפּער) (*E.*) sweat-shop בֵּית חֲרֹשֶׁת שֶׁבַּעֲלוֹ מְנַצֵּל אֶת הַפּוֹעֲלִים.

סוט s. (pl. ־ס) (*E.*) suit חֲלִיפַת בְּגָדִים.

סוירטנלי *adv.* (*E.*) certainly בְּוַדַּאי.

סוירקולאַר s. (pl. ־ס) (*E.*) circular מִכְתָּב חוֹזֵר.

סובאַנגאַרלע s. laryngal phthisis שַׁחֶפֶת הַגָּרוֹן.

סומך־דלים s. sustainer of the poor (*God*) ־.

סומנע *adj.* gloomy עָצוּב, עָגוּם.

סוספּענדערס s. pl. (*E.*) suspenders כְּתֵפוֹת.

סוער s. (pl. ־ס) (*E.*) sewer תְּעָלַת שׁוֹפְכִים.

סופּאָרט s. (*E.*) support תְּמִיכָה; כַּלְכָּלָה.

סופּערינטענדענט s. (pl. ־ס) (*E.*) superintendent מַשְׁגִּיחַ.

סופּרים קאָרט s. (*E.*) supreme court בֵּית דִּין עֶלְיוֹן

סופּערעטענדענט, סופּרעטענט = סופּערינטענדענט.

סוקין סין s. son of a bitch בֶּן זוֹנָה; בְּלִיַּעַל, נָבָל ב).

סוקסעס s. (pl. ־ן, ־עס) (*E.*) success הַצְלָחָה.
— האָבן אַ סוקסעס, מאַכן אַ סוקסעס to have a success, be successful הצליח.

סורפּרײַז s. (pl. ־ן, ־עס) (*E.*) surprise הַבְהָלָה, הַפְתָּעָה; הִשְׁתּוֹמְמוּת.

סורפּרײַזן v. a. (*E.*) to surprise הַבְהֵל, הַפְתֵּעַ; הַתְמִיהַּ.

סטאָליאַרקע, סטאָליאַרײַ s. joinery נַגָּרוּת.

א) אין פּוילן. — ב) רוסיש.

סטאָלקאַרץ = שטאָלקאַרץ.

סטאָמאַק s. (*E.*) stomach קֵבָה, בֶּטֶן.

סטאָמפּ־ספּיקער s. (pl. ־ס) (*E.*) stump-speaker עוֹבֵר וְנוֹאֵם נְאוּמִים (ביחוד לפני הבחירות).

סטאָמפּן v. n. (*E.*) to stump עָבֹר בִּנְאוּמִים (ביחוד לפני הבחירות).

סטאַנדאַרד s. (pl. ־ס) (*E.*) standard קְנֵה מִדָּה.

סטאַנציע s. (pl. ־ס) lodgings דִּירָה.
— האַלטן סטאַנציע to lodge דור אצל־.

סטאַפּ s. (pl. ־ס) (*E.*) stop עֲמִידָה; הֶפְסֵק, עִכּוּב.

סטאַפּן v. n. (*E.*) to stop עֲמֹד מִלֶּכֶת; הַפְסֵק, חֲדֹל; הָיֹה בְּלִי עֲבוֹדָה to be out of work || v. a. to stop עַצֵּר, עַכֵּב.

סטאָק s. (pl. ־ס) (*E.*) stock קֶרֶן קַיֶּמֶת; מְנָיוֹת; סְחוֹרָה הַנִּמְצָאָה בְּאוֹצָר.
— נעמען סטאָק to take stock עשה חשבון של סחורה הנמצאה באוצר.
— (*id.*) נוט נעמען קיין סטאָק אין עפּעס to take no stock in a thing לא חשב דבר למאומה.

סטאָק־קאָמפּאַני s. (pl. ־ס) (*E.*) stock-company חֶבְרָה שֶׁל מְנָיוֹת.

סטאָר s. (pl. ־ס) (*E.*) store חֲנוּת.

סטאַר s. (pl. ־ס) (*E.*) star כּוֹכָב; (*fig.*) אָדָם מְצֻיָּן; מְשַׂחֵק מְצֻיָּן.

סטאַרינע s. (pl. ־עס) (*Am., joc.*) star actress מְשַׂחֶקֶת מְצֻיֶּנֶת.

סטאָרעדזש s. (*E.*) storage הַחְסָנָה.

סטאָרקיפּער s. (pl. ־ס) (*E.*) storekeeper חֶנְוָנִי.

סטאָרקע, פֿאַרקלע ערוואַרט פֿון סטאָר.

סטופּ s. (pl. ־ס) (*E.*) stoop הָרִצְפָּה לִפְנֵי פֶּתַח הַבַּיִת.

סטופּנע s. (pl. ־ס) heel of a stocking עָקֵב שֶׁל גֶּרֶב.

סטיטש s. (pl. ־עס) (*E.*) stitch תֶּפֶר.

סטײבל s. (pl. ־ס) (*E.*) stable רֶפֶת.

סטײדזש s. (pl. ־עס) (*E.*) stage בִּימָה (של תיאטרון).

סטײַל s. (pl. ־ס) style אָפְנָה; מִנְהָג (במלבושים וכד').

סטײַליש *adj.* (*E.*) stylish לְפִי הָאָפְנָה, לְפִי הַמִּנְהָג.

סטײשאַנערי s. (pl. ־ס) (*E.*) stationery חֲנוּת שֶׁל מַכְשִׁירֵי כְּתִיבָה; מַכְשִׁירֵי כְּתִיבָה.

סטײשן s. (pl. ־ס) (*E.*) station תַּחֲנָה; = סטײשן־הויז.

סטײשן־הויז s. (pl. ־הײַזער) (*E.*) police-station בֵּית הַמִּשְׁטָרָה.

סטים s. (*E.*) steam אֵד, קִיטוֹר.

סטימער s. (pl. ־ס) steamer אֳנִיַּת קִיטוֹר.

סטעדי *adj.* (*E.*) steady קָבוּעַ, תְּמִידִי; || *adv.* steadly תָּמִיד.

סטעמפּ s. (pl. ־ס) (*E.*) stamp חוֹתָם; חוֹתֶמֶת (של בית הדואר וכד').

סטעמפּן v. a. (*E.*) to stamp סַמֵּן בְּחוֹתָם.

סטענד s. (pl. ־ס) (E.) stand עֶמְדָה.
סטענדן v. a. (E.) to stand סָבֹל, נָשֹׂא.
סטעפּ s. (pl. ־ס) (E.) step צַעַד; מַדְרֵגָה (של בית).
סטעף s. (pl. ־ס) (E.) staff קְבוּצַת פְּקִידִים (קבוצת שרי צבא, קבוצת סופרים של עתון וכד').
סטעע(ר)ז s. pl. (E.) stairs מַדְרֵגוֹת (של בית) א).
סטראָבערי s. (pl. ־ס) (E.) strawberry גַּרְגַּר אֲדָמָה.
סטראַפּ s. (pl. ־ס) (E.) strap רְצוּעָה; חֲגוֹרָה.
סטראַפּן v. a. (E.) to strap קָשֹׁר בִּרְצוּעָה.
סטריט s. (pl. ־ס, ־ן) (E.) street רְחוֹב, חוּץ.
סטרייט adj. (E.) straight יָשָׁר.
סטרייַק s. (pl. ־ס, ־ן) (E.) strike שְׁבִיתָה, אִסּוּר.
סטרייַק־ברעכער s. (pl. ־ס, ־) (E.) stricke-breaker עוֹבֵר עַל שְׁבִיתָה (לוקח מקום פועל בשביתה).
סטרייַקן v. n. (E.) to strike קָרֹא שְׁבִיתָה, אַסֵּר.
סטרייַקער s. (pl. ־ס) (E.) striker שׁוֹבֵת, מְאַסֵּר.
סטריקט adj. (E.) strict מְדֻיָּק.
סטריקטלי adv. (E.) strictly בְּדִיּוּק.
— סטריקטלי כשר strictly ritual כשר בדיוק, כשר למהדרים.
סי אָ די abbr. (E.) C. O. D. (= cash on delivery) תַּשְׁלוּם בִּשְׁעַת קַבָּלָה.
— שיקן סי אָ די to send C. O. D. שלח באופן שהתשלום יהיה בשעת הקבלה.
סיגאַר s. (pl. ־ן) (E.) cigar, segar סִגָּרָה (גליל עלי טבק).
סיגאַר־מייקער s. (pl. ־ס) (E.) cigar-maker עוֹשֵׂה סִגָּרוֹת.
סיגאַרע'ט, סי'גאַרעט s. (סיגאַרע'טן, סי'גאַרעטס pl.) (E.) cigarette סִיגַרְיָה.
סיגנעטשור s. (pl. ־ס) (E.) signature חֲתִימָה.
סידור s. omasum הַמְּסֵס (קבה שלישית במעלי גרה) ב).
סיזן s. (pl ־ס) (E.) season מוֹעֵד (עת קבועה לאיזה דבר); תְּקוּפַת הַשָּׁנָה.
סיט s. (pl. ־ס) (E.) seat מוֹשָׁב, מָקוֹם.
סיטואַציע s. (pl. ־ס) situation מַצָּב.
סיטי s. (pl. ־ס) (E.) city עִיר.
סיטי־האָל s. (pl. ־ס) (E.) city-hall אוּלַם הָעִיר (בית מועצות העיר).
סיטיזן, סיטיזנער s. (pl ־ס) (E.) citizen אֶזְרָח.
סיי int. (E.) I say! שְׁמַע נָא!
— סיי, מיסטער! I say, Mister! שמע נא, אדוני!
סיידוואָק s. (pl. ־ס) (E.) sidewalk מִדְרָכָה, צַד הָרְחוֹב.
סייוון v. a. (E.) to save חָשֹׂךְ, חָסֹךְ.
סייז s. (pl. ־עס) (E.) size גֹּדֶל, מִדָּה.

א) אָפּט סטעזעס. — ב) זע גרינבוימס Jüdischdeutsche Christ. זייט 542; פּגל. קניהע, פֿון רוסיש книга — א בוך.

סייל s. (pl. ־ס) (E.) sale מְכִירָה.
סייל(ע)סליידי s. (pl. ־ס) (E.) saleslady מוֹכֶרֶת, עוֹזֶרֶת בַּחֲנוּת.
סייל(ע)ס|מאַן s. (pl. ־לייט) (E.) salesman מוֹכֵר, עוֹזֵר בַּחֲנוּת.
סיין s. (pl. ־ס) (E.) sign, sign-board שֶׁלֶט.
סיינען v. a. (E.) to sign חָתֹם.
סיין־פּיינטער s. (pl. ־ס) (E.) sign-painter צַיָּר שֶׁל שְׁלָטִים.
סייפֿן = סייוון.
סים סאָט num. seven hundred שְׁבַע מֵאוֹת א; ווערט נאָר באַנוצט מיט כַּפָּרוֹת אין פֿאָלגנדיגע פֿראַזעס:
— טויגן אויף סים סאָט כפרות to be absolutely worthless היה בלי ערך לגמרי.
— דאַרפֿן האָבן אויף סים סאָט כפרות to have absolutely no use for a thing לא היה לאיש חפץ בדבר לגמרי.
סילק s. (E.) silk מֶשִׁי.
סילקן adj. (E.) silken שֶׁל מֶשִׁי.
סימן s. (סִימָנִים pl.) something given as a pledge עֵרָבוֹן.
סינגל adj. (E.) single, unmarried פָּנוּי.
סינגל|מאַן s. (pl. ־לייט) (E.) unmarried man פָּנוּי, רַוָּק.
סינק s. (pl. ־ס) (E.) sink מַזְחִילָה (בבית מבשלים).
סיפּור־הַמַּעֲשׂה s. plot קֶשֶׁר הַמְּאֹרָעוֹת (בספור או במחזה).
סלאַב s. (pl. ־ס) (E.) slab אָדָם רַשְׁלָנִי.
סלאָו adj. (E.) slow אִטִּי.
סלאַם s. (pl. ־ס) (E.) slum רֹבַע עִיר מְרֻפָּשׁ.
סלוך s. (pl. ־עס, ־ן) rumor שְׁמוּעָה.
סלייט s. (pl. ־ס) (E.) slate לוּחַ שֶׁל צִפְחָה.
סלייס s. (pl. ־עס) (E.) slice חֲתִיכָה, פְּרוּסָה.
סליפּער[1] s. (pl. ־ס) (E.) slipper סַנְדָּל.
סליפּער[2] s. (pl. ־ס) (E.) sleeper עֲגָלָה לְשֵׁנָה (ברכבת).
סֶלַע־הַמַּחְלוֹקֶת s. the bone of contention ־.
סלעק s. (E.) slack רִפְיוֹן עֲבוֹדָה.
ס"ם abbr. = סַמָּאֵל.
סַמָּאֵל npr. Samael (king of the demons) ־.
סמאָוקן v. a. n. (E.) to smoke עַשֵּׁן (ביחוד טבק).
סמאָוקער s. (pl. ־ס) (E.) smoker מְעַשֵּׁן.
סמאַ(ר)ט adj. (E.) smart פִּקֵּחַ, חָרוּץ.
סמוקן, סמוקער = סמאָוקן, סמאָוקער.
סנאָב s. (pl. ־ס) (E.) snob אָדָם גֵּאֶה.
סעט s. (pl. ־ס) (E.) set קְבוּצָה שְׁלֵמָה (של כלים, של ספרים).
סעטלמענט s. (pl. ־ס) (E.) settlement סִלּוּק.

א) קליינרוסיש.

סעטלן v. a. (E.) to settle סַלֵּק; ‖ ־זיך v. r. to settle הִתְיַשֵּׁב.
— געסעטלט! enough! דַּי!
סעלער s. (־ס .pl) (E.) cellar מַרְתֵּף.
סעלערי s. (E.) celery כַּרְפַּס.
סע׳מאָן s. (E.) salmon אִלְתִּית, לָבִים (דג).
סע׳מעטערי s. (־ס .pl) (E.) cemetery בֵּית קְבָרוֹת.
סעמפּל s. (־ס .pl) (E.) sample דּוּגְמָא.
סענדוויטש s. (־עס .pl) (E.) sandwich חֲתִיכַת בָּשָׂר אוֹ גְבִינָה בֵּין שְׁתֵּי חֲתִיכוֹת לֶחֶם.
סענדזשע s. (־ס .pl) judge שׁוֹפֵט א).
סענטענס s. (־עס .pl) (E.) sentence מִשְׁפָּט.
סענטענסן v. a. (E.) to sentence חָרֵץ מִשְׁפָּט עַל־.
סענסאַציאָנעל adj. sensational מַבְהִיל.
סענסאַציע s. (־ס .pl) sensation חֲדָשָׁה מַבְהִילָה.
סענסיישן (E.) = סענסאַציע.
סעק s. (E.) sack פִּטּוּר מֵעֲבוֹדָה.
— געבן די סעק to give the sack פַּטֵּר מעבודה.
— קריגן די סעק to get *or* have the sack הִפָּטֵר מעבודה.
סעקאָנד־הענד, ־יג adj. (E.) second-hand שֶׁעָבַר מִיָּד לְיָד, יָשָׁן.
סעקאָנד־הענדניק s. (־עס .pl) (E.) dealer in second-hand articles סוֹחֵר בִּדְבָרִים יְשָׁנִים.
סעקאָנד קאָזן s. (־ס .pl) (E.) second cousin קָרוֹב מִמַּדְרֵגָה שְׁלִישִׁית, שְׁלִישִׁי בִּשְׁלִישִׁי.
סעקונדניק = סעקונדע־וויזוער.
סעקיוריטי s. (־ס .pl) (E.) security עֲרֵבוּת.
סעקן v. a. (E.) to sack פַּטֵּר מֵעֲבוֹדָה.
סעקרעטערי s. (־ס .pl) (E.) secretary מַזְכִּיר; שַׂר שֶׁל מַחְלָקָה בְּהַנְהָגַת הַמְּלוּכָה (בארצות הבריה באמיריקה).
סער s. (E.) sir אָדוֹן; תֹּאַר אֲצִילוּת (באנגליה).
— יעס סער yes, sir כן אדוני.
— נאָו, סער no, sir לא אדוני.
סערצע = סערדצע.
ספּאָדעק s. (־עס .pl) high fur-cap כּוֹבַע שֵׂעָר גָּבֹהַּ.
— דרייען אַ ספּאָדעק to bother a person's head הלאה איש בדברים.
ספּאָילן v. a. (E.) to spoil הַשְׁחֵת, קַלְקֵל.
ספּאָנדזש־קייק s. (־ס .pl) (E.) sponge-cake עֻגָה סְפוֹגִית (מין עוגה מתוקה).
— (.joc) קאַלוואַריער ספּאָנדזש־קייק coarse rye-bread לחם־דגן גם.
ספּאַקטיוו(ע) = שפּאַקטיוו.
ספּאָרט s. (־ס .pl) (E.) sport מִשְׂחָק.

א) פויליש.

ספּאָרטס‖מאַן s. (־לייט .pl) (E.) sportsman אָדָם מָסוּר לְמִשְׂחָקִים.
ספּיטון s. (־ס .pl) (E.) spittoon כְּלִי רְקִיקָה.
ספּיטש s. (־עס .pl) (E.) speech נְאוּם.
ספּייס s. (־עס .pl) (E.) space שֶׁטַח; רֶוַח (מקום פנוי בין־).
ספּינעדזש s. (E.) spinach, spinage תֶּרֶד (מין ירק).
ספּיקער s. (־ס .pl) (E.) speaker דַּבְּרָן, נוֹאֵם; ראש הַמְּדַבְּרִים (בבית הנבחרים).
ספּעלינג s. (E.) spelling חִבּוּר אוֹתִיּוֹת שֶׁל מִלָּה; כְּתִיב.
ספּעלן v. a. (E.) to spell חַבֵּר אוֹתִיּוֹת שֶׁל מִלָּה; כָּתֹב מִלָּה.
ספּענדן v. a. (E.) to spend הוֹצֵא (ביחוד מעות).
ספּעקטעקלס s. pl. (E.) spectacles מִשְׁקָפַיִם.
ספּעשל adj. (E.) special מְיוּחָד.
ספּעשלטי s. (־ס .pl) (E.) specialty מִקְצוֹעַ מְיוּחָד.
ספּראַווען זיך v. r. to inquire חָקֹר וְדָרֹשׁ.
ספּרינג s. (־ס .pl) (E.) spring קְפִיץ (של שעון, של מזרן); אָבִיב.
סקאַטש adj. (E.) scotch שׁוֹטְלַנְדִּי.
סקאַטש‖מאַן s. (־מען .pl) (E.) Scotchman בֶּן שׁוֹטְלַנְדִּיָּה, שׁוֹטְלַנְדִּי.
סקאָצל קומט int. welcome! (*usually to women*) בָּרוּךְ הַבָּא! (על הרוב לנשים) א).
סקווער s. (־ס .pl) (E.) square רִבּוּעַ; רְחָבָה.
סקוירט s. (־ס .pl) (E.) skirt שִׂמְלַת אִשָּׁה.
סקול s. (־ס .pl) (E.) school בֵּית הַסֵּפֶר.
סקול־באָי s. (־ס .pl) (E.) school-boy נַעַר בֵּית הַסֵּפֶר.
סקול־יינגל = סקול־באָי.
סקו׳לפּ‖טאָר s. (־טאָ׳רן .pl) sculptor פַּסָּל.
סקולפּטור(ע) s. sculpture פִּסּוּל.
סקייטס s. pl. (E.) skates מַחֲלִיקַיִם.
סקייטן v. n. (E.) to skate הַחֲלֵק (על הקרח).
סקים s. (־ס .pl) (E.) scheme תַּחְבּוּלָה, הַצָּעָה.
סקעב s. (־ס .pl) (E.) scab עוֹבֵר עַל שְׁבִיתָה (פועל שאינו שובת עם חבריו או ממלא מקום שובת).
סקעבן v. n. (E.) to scab עֲבֹר עַל שְׁבִיתָה (לא שבת עם חבריו או מלא מקום שובת).

א) נאָך דר. א. לאַנדויס השערה (אין „יידישע פילאָלאָגיע“, וואַרשע, העפטן 4—6, זייט 335) פון דער מיטלהויכדייטשער באַגריס־פאָרמל bis gote wilkom. סקאָצל ווערט פון עולם פאַרשטאַנען ווי אַ נאָמענוואָרט מיט דעם באַשטימטן אַרטיקל („ס קאָצל = דאָס קאָצל“) און קומט ווי די דריטע פּערזאָן פון קומען. ה' ישעיה וואַטמאַן, אַ העבּרעאישער שריפטשטעלער פון בעיאָן, ניו דזשערזי, שרייבט מיר, אַז אין וואָלין איז געווען אַ מנהג צו באַגריסן אַ כלה אויף מאָרגן נאָך דער חופה מיט די ווערטער „ס נאָצל קומט“, און ער דערציילט, אַז זייענדיג אויף אַ חתונה אין סלאַוואוטע האָט ער געהערט, ווי די שווינער האָט באַגריסט די כלה מיט די ווערטער „מיין נאָצעלע קומט“.

סקרו(ל) s. (pl. ס –) screw (E.) בֹּרֶג.

סקרו(ל)־דרייווער s. (pl. ס –) screw-driver (E.) מַכְשִׁיר לְהוֹצִיא וּלְהַכְנִיס בְּרָגִים.

סקרין s. (pl. ס –) screen (E.) דַּפְנַיִם; יְרִיעַת תְּמוּנוֹת מִתְנוֹעֲעוֹת.

סְתָם adv. for no particular reason בְּלִי טַעַם מְיוּחָד.

ע.

עִבְרִי[2] s. Hebrew reading קְרִיאָה עִבְרִית.

— הארטע עברי difficult language לשון קשה; rough words (fig.) דברים קשים.

— הו־לצערנע עברי, זע אונטער הו־לצערן.

— נוט קיין שיטל עברי, זע אונטער שיטל.

— זיין שטומפּיג אויף די עברי, זע אונטער שטומפּיג.

עגזאַמינײשן s. (pl. ס –) examination (E.) בְּחִינָה, בְּדִיקָה.

עגזיבישן s. (pl. ס –) exhibition (E.) תַּעֲרוּכָה.

עַד דְּלָא יָדַע phr. until he knoweth not. –

— טרינקען עד דלא ידע to drink to unconsciousness שתה עד אבוד דעת.

עדיוקיישן s. education (E.) חִנּוּךְ, הַשְׂכָּלָה.

עַד לְחֶשְׁבּוֹן phr. to an even amount עַד סְכוּם שָׁוֶה; before the account עַד הַחֶשְׁבּוֹן, קוֹדֶם לְחֶשְׁבּוֹן.

עַד מָתַי phr. how long? –.

עדערל, פאַרקלענערוואָרט פון אָדערל[1].

עדערן v. a. to vex, nag (fig.) הַרְעֵם, הַרְגֵּז; (fig.) to urge upon הָאֵץ בְּ־.

עוֹבֵר־לַסּוֹחֵר pred. current. –

עוועניו s. (pl. ס –) avenue (E.) שְׂדֵרָה.

עֲוִלהן = עֲוולהן.

עולם־גולם s. the stupid masses הָמוֹן נִבְעָר.

עולמש adj. worldly (epithet given by the Chasidim to their opponents) חִלּוֹנִי לֹא קָדוֹשׁ (כך מציינים החסידים את המתנגדים א).

— עולמשער בית־מדרש non-Chasidic synagogue בית מדרש של מתנגדים.

— עולמשער רב non-Chasidic rabbi רב של מתנגדים.

עט int. it's nothing!, it's of no consequence! אֵין בְּכָךְ כְּלוּם!

— וואס מאַכט אוהר? — עט! how are you? — so-so מה שלומך? — לא טוב ולא רע.

עטיק(ע) s. ethics תּוֹרַת הַמּוּסָר; מוּסָר, מִדּוֹת.

עטיש adj. ethical מוּסָרִי, מִדּוֹתִי.

א) ביי נאַלאָטבן אין ״טלים בלשוני״.

עטליכע pron. ind. some, several אֲחָדִים; odd מְיוּתָּר.

— עטליכע און פופציג fifty odd חמשים ויותר.

עטליכענע, באַטאָנטע פאָרמע פון עטליכע.

עִינוּי־הַדִּין s. delay of judgment. –

עִינוּיִים קָשִׁים s. pl. great tortures. –

עִינוּי־מָוֶת s. agony יִסּוּרִים גְּדוֹלִים.

עִיסְקָא s. interest רִבִּית.

עִיקַר־הַדָּבָר s. the substance of the matter. –

עִיקַר־הַמַּעֲשֶׂה s. the substance of the story. –

עִיקַר־הָעִנְיָן s. the substance of the matter. –

עִיקַר־הַקָּהָל s. assessor of the council of the heads of the community יוֹעֵץ לְוַעַד רָאשֵׁי הַקְּהִלָּה.

עִיקַר שָׁכַחְתִּי phr. I have forgotten the main thing (*words introducing a postscript in a letter*). –

עַכְבְּרִישנִיק = עַכְבָּרָאשׁ.

עלאיהעהע adv. at all events עַל כָּל פָּנִים, יְהִי כַּאֲשֶׁר יְהִי א).

עַל יְהוָֹה וְעַל מְשִׁיחוֹ phr. against God and his anointed. –

— ער רעדט על יהוה ועל משיחו he reviles all that is sacred הוא מגדף כל דבר קדוש ב).

עלטער־עלטערן s. pl. grand parents אָבוֹת רִאשׁוֹנִים.

עֲלִיָּה s. (pl. עֲלִיּוֹת) pilgrimage. –

עליהיי, עלעהיי conj. suppose it be לוּ יְהִי, נַנִּיחַ שֶׁ־; as if it were כְּאִלּוּ, כְּמוֹ; let לוּ (= נוכט ג); זע אויך עלאיהעהע.

עלעווייטעד s. elevated railway (E.) מְסִלַּת בַּרְזֶל גְּבוֹהָה.

א) ביי נאַשערן (Elojhehe); זעט אויס אַ קרוב פון עליהיי, עלעהיי. — ב) אַפט שפּאַסיג: „על יהוה ועל משיחו און אויף נתקהן אויך“. נְנַתְּקָה („לאָמיר צערייסן“) איז דאָס ערשטע וואָרט פון פסוק ג' פון מזמור ב' פון תהלים. עס ווערט שפּאַסיג צוגעשלעפּט צו די ווערטער „על יהוה ועל משיחו“ פון סוף פריערדיגן פסוק, ווי עס וואָלט כלומרשט באַצייכענען אַ פּאַרשוין. — ג) אין דער ערשטער באַדייטונג ביי ליפשיצן און הורוויצן; אין דער צווייטער באַדייטונג ביי שטאַרקן מיט פאָלגנדיגןביישפּיל: „ווי פיל פיסלעך האָט אַן עוף? — פיר, עליהיי אַ פערד, (אַן ענטפער פון אַ קינד, וואָס האָט ניט געזען קיין גאַנז)“. די דריטע באַדייטונג באַקומט זיך פון פאָלגנדיגער פראַגע, וואָס מע פרעגט ביי קליינע קינדער אין קרעמיניץ (זע פרילוצקים „דאָס געוועט“, זייט 4): „פאַרוואָס איז אַ לאָקשנטאָפּ אויוון ברייט און אונטן שמאָל, עלעהיי וואָלט עס געווען אונטן שמאָל און אויוון ברייט“. דאָס וואָרט, זעט אויס, איז אַנטשטאַנען פון אִלּוּ הָיָה, לוּ הָיָה, לוּ יְהִי אָדער אֶלָּא יְהֵא.

עלעוויַיטער s. (‏—ס pl.) (E.) elevator מוּכָנִי (מכונה להרים משאות) א).

עלעף = ע ל ף.

עלעקטריק טשער s. (E.) electric chair כִּסֵּא אֶלֶקְטְרִי (הכסא שממיתים עליו את הפושעים הנדונים למיתה במדינות אחדות בארצות הברית באמיריקה).

עלעקשן s. (‏—ס pl.) (E.) election בְּחִירָה.

עַל רֶגֶל אַחַת phr. "while standing on one leg," in a very short time בִּזְמַן קָצָר מְאֹד.

עמבראָידערי s. (E.) embroidery רִקְמָה.

עִם־כָּל־הַנְּעָרִים = כָּל־הַנְּעָרִים.

עמער s. (‏—ס pl.) pail, bucket דְּלִי.

— אַן עמער איז נוט קיין צעבער, שפּאַסיג אנשטאָט: אַ נעמער איז נוט קיין געבער.

ענגלאַנד npr. England אַנְגְלִיָּה.

ענגליש adj. English אַנְגְלִי.

— ענגלישע קרענק rickets מחלה אנגלית (מחלת ילדים הבאה ממזון גרוע).

ענגלענדער s. (— pl.) Englishman אַנְגְלִי.

ענדאָרסן v. a. (E.) to endorse אִשֵּׁר (בחתימת ידו) ב).

ענדונג s. (‏—ען pl.) (gr.) ending, termination סוֹף הַמִּלָּה.

ענדזשאָיען v. a. (E.) to enjoy הֶהֱנָה מִ־; ‖ —זיך v. r. to enjoy oneself הִתְעַנֵּג.

ע'נוועלאָפּ s. (‏—ס pl.) (E.) envelope מַעֲטָפָה (למכתב).

ענוי־הַדִּין = עינוי — (הוספה).

ענויים קָשים = עינויים — (הוספה).

ענוי־מָוֶת = עינוי — (הוספה).

ע'ני pron. (E.) any אֵיזֶה שֶׁהוּא.

ע'ניבאַדי pron. (E.) anybody מִי שֶׁהוּא.

ע'ניהאַו adv. (E.) anyhow בְּאֵיזֶה אֹפֶן שֶׁהוּא

ע'ניוויי adv. (E.) anyway עַל כָּל פָּנִים.

ע'ניטינג pron. (E.) anything אֵיזֶה דָּבָר שֶׁהוּא, מַשֶּׁהוּ.

עסטרייך npr. Austria אוֹסְטְרִיָּה.

עסטרייכיש adj. Austrian אוֹסְטְרִי.

עסטרייכער s. (— pl.) Austrian בֶּן אוֹסְטְרִיָּה, אוֹסְטְרִי; = עסטרייכיש.

עסקא = עיסקא.

עפּילעפּסיע s. epilepsy חֳלִי הַנְּפִילָה.

עפּען v. n. to sing in Chasidic fashion זִמֵּר כְּזִמְרַת הַחֲסִידִים ג).

עקטאָר s. (‏—ס pl.) (E.) actor מְשַׂחֵק (על הבימה).

עקטן v. n. (E.) to act שִׂחֵק (על הבימה); הִתְנַהֵג.

עקל[2] s. loathing, loathsomeness גֹּעַל נֶפֶשׁ.

עקסט adj. extreme קִיצוֹנִי.

עקסידענט s. (‏—ס pl.) (E.) accident מִקְרֶה; אָסוֹן.

א) אָפט אָנשטאָט עלעווייטער. — ב) אָפט פאַרגרייזט: ענדאָסן. — ג) אלשוו. 262.

עקסייטמענט s. (‏—ס pl.) (E.) excitement הִתְרַגְּשׁוּת; הִתְלַהֲבוּת.

עקסייטן v. a. (E.) to excite הִרְגִּיז; ‖ —זיך v. r. to be excited הִתְרַגֵּשׁ, הִתְלַהֵב.

עקסערסייז s. (‏—עס pl.) (E.) exercise תַּרְגִּיל.

עקספּיריענס s. (‏—עס pl.) (E.) experience נִסָּיוֹן.

עקספּיריענסד adj. (E.) experienced בַּעַל נִסָּיוֹן

עקספּליינען v. a. (E.) to explain בֵּאֵר.

עקספּענסיוו adj. (E.) expensive יָקָר.

עקספּענסעס s. pl. (F.) expenses הוֹצָאוֹת.

עקספּעקטן v. a. (E.) to expect חִכָּה (לדבר, לבוא איש).

עקספּרעס s. (‏—ן pl.) (E.) express עֲגָלָה לְמַשָּׂא.

עקספּרעס־טריין s. (‏—ס pl.) (E.) express-train מַסָּע מָהִיר.

עקספּרעסמאַן s. (‏—לייט pl.) (E.) expressman עֶגְלוֹן שֶׁל עֲגָלָה לְמַשָּׂא.

עקסקורשן s. (‏—ס pl.) (E.) excursion נְסִיעַת טִיּוּל.

עסקיוז s. (‏—עס pl.) (E.) excuse סְלִיחָה; הִצְטַדְּקוּת.

עקסקיוזן v. a. (E.) to excuse מָחַל, סָלַח; ‖ —זיך v. r. to excuse oneself הִצְטַדֵּק.

עִקַּר־הַדָּבָר, עִקַּר־הַמַּעֲשֶׂה, עִקַּר־הָעִנְיָן, עִקַּר־הַקָּהָל = עִיקר־ (הוספה).

ערנעציג = ע ר נ ע ק א).

ערד s. earth אֲדָמָה.

— (id.) קייַען די ערד, זע אונטער קייַען.

ערליך adj. pious אָדוּק, דָּבֵק בְּדָת.

— אַן ערליכער ייד a pious Jew יהודי אדוק, דבק בדת.

ערן v. a. to honor כִּבֵּד.

ערנהאַפט adj. honorable נִכְבָּד; ‖ adv. honorably בְּכָבוֹד.

ערנמאַן s. (‏—לייט pl.) man of honor אִישׁ שֶׁכְּבוֹדוֹ חָבִיב עָלָיו; honest man אָדָם יָשָׁר.

ערע s. honor כָּבוֹד.

ערפאָלג s. (‏—ן pl.) success הַצְלָחָה.

ערפאָלגרייך adj. successful מֻצְלָח.

ערשט int. lo! הִנֵּה!

עֲשָׂרָה־מַכּוֹת = עֶשֶׂר־.

פ

פּאַבליק סקול s. (‏—ס pl.) (E.) public school בֵּית סֵפֶר לָעָם.

פּאַדזייעניק s. (‏—עס pl.) day-laborer שְׂכִיר יוֹם.

פּאַד־קאָזיראָק adv. with one's hand under the visor of his cap (as a sign of salute) בְּיָדוֹ תַּחַת מִצְחַת מִצְנַפְתּוֹ (לאות ברכת שלום).

— (fig.) שטיין פאַר אומעצן פּאַד־קאָזיראָק to truckle to a person הִכְנִיעַ את עצמו לפני איש.

א) אלשוו. 67.

פּאָדראַד, פּאָדראַט s. (pl. ן –) bakery of Passover cakes מאפיה של מצות.

פּאָידער, פּאָודערן = פּוידער, פּוידערן.

פּאָוועלע s. (pl. ס –) trousseau, bride's outfit בגדי כלה.

פּאָוסטער s. (pl. ס –) (E.) poster מודעה המדבקה ברחוב.

פּאָוקער = פּויקער.

פּאָזע prep. by, near אצל, קרוב א).

— פּאָזע טייך by the river על הנהר.

פּאָזווען זיך v. r. to be at law with הדון עם־, ריב עם־ ב).

פּאַטאָפּע s. (pl ס –) swamp בצה.

פּאַטײַטע s. (pl. ס –) (E.) potato תפוח אדמה.

פּאַטראָנײַזן v. a. (E.) to patronise תמך (כתור קונה).

פּאַטראָנײַזער s. (pl. ס –) (E.) patroniser תומך (כתור קונה).

פּאַטשירע s. (pl. ס –) very ugly person אדם מכער מאד ג).

פּאָיזן s. (pl. ס –) (E.) poison אֶרֶס רעל.

פּאָליע s. drink for cattle משקה לבהמה.

פּאָילקע־מאַזורקע s. polka-mazurka (dance) מין מחול פולני.

פּאָינט s. (pl. ס –) (E.) point נקודה.

פּאַין־שאָפּ = פּאָן־שאָפּ.

פּאַלאַסט = פּאַלאַץ.

פּאָליטיקס s. (E.) politics מדיניות.

פּאָליטישן s. (pl. ס –) politician פוליטיקן, חכם מדיני; shrewd man (fig) אדם ערום.

פּאַליטרון = פּאַלעטרון (הוספה).

פּאָליס s. (E.) police משטרה.

פּאָליסמאַן s. (pl. ־לײַט) (E.) policeman שוטר.

פּאָליס־סטײשן s. (pl. ס –) (E.) police-station בית המשטרה.

פּאַליסי s. (pl. ס –) (E.) policy (of insurance) תעודת הבטחון.

פּאַליען v. a. to heat much הסק הרבה.

פּאַליצמאַן = פּאָליסמאַן.

פּאָליש s. (E.) polish צחצוח.

פּאָלישן v. a. (E.) to polish צחצח.

פּאַלמעסן v. a. to make a post-morten examination of a body בדק גוף מת.

פּאָלנע adj. full, complete, perfect מלא, שלם; corpulent בריא.

— פּאָלנע פּאָרמע full dress בגדי חג.

פּאָלע s. (pl. ס –) (E.) polly, parrot תכי.

פּאַלעטרון s. bindweed, convolvulus לפופת (צמח א).

פּאָלקע [2] s. shelf אצטבה; step in a bath-house מדרגה בבית מרחץ.

פּאָמאַדע s. pomade, pomatum משחה לשער.

פּאָמאָיעס s. pl. slops, dish-wash שופכים.

פּאָמעסטיען, פּאָמעשטשען v. a. to place שים (במקום); ‖ — זיך v. r. to find room מצא לו מקום.

פּאָמפּע(ר)ניקל s. (pl. ס –) (E.) pumpernickel לחם מקמח דגן גס ב).

פּאָנטש s. (pl. עס –) (E.) punch נקוב חור; מכת אגרוף.

— געבן אַ פּאָנטש to punch הכה באגרוף.

פּאָנטשן v. a. (E.) to punch נקב חור; הכה באגרוף.

— פּאָנטשן אַ טיקעט to punch a ticket נקב חור בכרטיס (לסימן).

פּאָני s. (pl. ס –) lady גברת.

— אַ שטרויענע פּאָני a delicate woman אשה רכה ג).

פּאַנצער s. (pl. ס –) armour, coat of meil שריון.

— אויסגעשאָטן ווי אַ פּאַנצער covered with a heavy rash מכוסה אבעבועות ד).

פּאָן־שאָפּ s. (pl. ס –) (E.) pawn-shop בית מלוה במשכונות.

פּאָסט [2] s. fast-days, Lent ימי הצומות (לנוצרים) ה).

פּאָסט־אָפיס s. (pl. עס –) (E.) post-office בית דואר.

פּאָסט‖מאַן s. (pl. ־לײַט) (E.) postman נושא מכתבים.

פּאָסטעדזש s. (E.) postage מחיר המשלוח על ידי הדואר.

פּאָסטעווקעס s. pl. whims of pregnant women שגעונות של נשים מעברות (תשוקות לדברים שונים).

פּאָסיג adj. opportune (time) נאות (זמן).

פּאָסליעדנע adj. of infertor quality ממין גרוע.

— פּאָסליעדנע מעל coarse meal קבר, שירי קמח.

פּאָסליעדקע־מעל s. coarse meal קבר, שירי קמח.

פּאָסליעדקענע adj. of coarse meal של קבר.

פּאָסליעדקעס s. pl. leavings of meal, coarse meal שירי קמח, קבר.

פּאָסניצע s. (pl. ס –) loins, waist חלצים, מתן.

פּאָסעמאַן s. (pl. עס –) braid, lace, ribbon מקלעת סרט (לקשוט בגדים).

פּאָסקרויפּשן, פּאַרגרייזונג פֿון פּרעסקריפּשן.

פּאָקנדיג adj. pock-marked מצלק (מאבעבועות).

א) ליטוויש pas — ביי, לעבן. — ב) פּויליש pozywać — משפטן זיך. — ג) עלבע.

א) ליטוויש paletrunas. — ב) pumpernickel איז איינגטליך דייטש; דאָס וואָרט איז צוערשט באַנוצט געוואָרן אין אַמעריקע פֿון דייטשע פּאַרמערס. — ג) עלבע. — ד) עלבע. — ה) רוסיש.

פּאַקעט s. (–ן .pl) paper-case, portfolio תִּיק הַסּוֹפֵר, יַלְקוּט הַכְּתָבִים.

פּאַ׳קעט s. (–ס .pl) (.E) pocket כִּיס (בבגד).

פּאַ׳קעט־|בוך s. (–ביכער .pl) = פּאַ׳קעט־בוק.

פּאַ׳קעט־בוק s. (–ס .pl) (.E) pocket-book אַרְנָק.

פּאַראָדיע s. (–ס .pl) parody פָּרוֹדְיָה, חִקּוּי (לְהִתּוּל).

פּאַראָדירן v. a. to parody חִקָּה (לְהִתּוּל).

פּאַראָ|דעק s. (–דקעס .pl) order סֵדֶר, מִשְׁטָר; routine doings מִנְהָג, מַעֲשֶׂה; custom, practice מַעֲשֵׂי יוֹם וָיוֹם; regime סֵדֶר הַנְהָגַת הַחֶבְרָה אוֹ הַמְּדִינָה.

פּאַרדן s. (–ס .pl) (.E) pardon מְחִילָה.

פּאַרדנען v. a. (.E) to pardon מָחַל (לְפוֹשֵׁעַ).

פּאָרט s. (–ן .pl) port נָמֵל (מעמד אניות).

פּאָרטוגאַל [1] npr. Portugal פּוֹרְטוּגַלְיָה.

פּאָרטוגאַל [2] s. (–ן .pl) orange תַּפּוּחַ זָהָב א).

פּאָרטוגעז s. (–ן .pl) Portuguese Jew יְהוּדִי שֶׁמּוֹצָאוֹ מִפּוֹרְטוּגַלְיָה.

פּאָרטוגעזיש adj. Portuguese שֶׁל פּוֹרְטוּגַלְיָה, פּוֹרְטוּגַלִּי.

פּאָרטוגעזער s. (– .pl) Portuguese בֶּן פּוֹרְטוּגַלְיָה, פּוֹרְטוּגַלִּי; = פּאָרטוגעזש.

פּאַרטי s. (–ס .pl) (.E) party חֶבֶר, קְבוּצָה מִפְלָגָה; אִישׁ; סְעוּדַת רֵעִים, סְעוּדַת שִׂמְחָה.

פּאָרטיער s. (–ס .pl) porter (at a railway [station) שׁוֹמֵר הַסַּף (בתחנת מסלת ברזל).

פּאַרטיקעלע adj. (.E) particular דַּיְקָן; מְיוּחָד; מְדֻיָּק.

פּאַרטנער s. (–ס .pl) (.E) partner שֻׁתָּף, חָבֵר.

פּאַרטנערשאַפֿט = פּאַרטנערשיפּ (הוספה).

פּאַרטנערשיפּ s. (–ס .pl) (.E) partnership שֻׁתָּפוּת.

פּאַרפֿל s. (–עך .pl) butterfly פַּרְפַּר.

פּאַרלאָר s. (–ס .pl) (.E) parlor חֲדַר אוֹרְחִים.

פּאָרנאָגראַפֿיע s. pornography סִפְרוּת זְנוּת.

פּאָרנאָגראַפֿיש adj. pornographic שֶׁל סִפְרוּת זְנוּת.

פּאַרע s. vapor, steam אֵד, קִיטוֹר.

— גענבן פּאַרע, דערלאַנגען פּאַרע (.id) to work energetically עשה מלאכה במרץ; to talk energetically דבר במרץ.

פּאָרקון s. (–עס .pl) one who potters מְטַפֵּל בִּמְלָאכָה לְאַט.

פּאָרקען זיך v. r. to potter, work slowly טִפֵּל בִּמְלָאכָה לְאַט (= באַבּרען זיך).

פּאַשאַל int. = פּאַשאַל־וואָן.

פֶּה מַפִּיק מַרְגָּלִיּוֹת phr. a mouth dropping pearls (of an eloquent orator or brilliant [conversationalist) –.

פּובליציסט s. (–ן .pl) publicist, journalist סוֹפֵר בְּעִתּוֹנִים.

פּובליציסטיק s. journalism עִתּוֹנוּת.

פּוואַק = פּוישוק (הוספה).

א) אלשוו, 207.

פּודזשעלע = פּודעלע[2].

פּוטער־קלעצל = הונטער־פּלעצל (הוספה).

פּוידער s. (.E) powder אֲבָקָה.

פּוידערן v. a. to powder זָרָה אֲבָקָה עַל; ‖ – זיך v. r. to powder הִתְקַשֵּׁט בַּאֲבָקָה.

פּויפּסט = פּאַפּסט.

פּויקער [1] s. (–ס .pl) (.E) pocker אוּד (לחתות גחלים).

פּויקער [2] s. pocker פּוֹקֶר (משחק בקלפים).

פּוירטש s. (–עס .pl) (.E) perch אַקּוּנָס (דג).

פּול s. (–ס .pl) (.E., sl) pull הַשְׁפָּעָה.

— האָבן אַ פּול בײַ אומעצן to have a pull with a person היה לאיש השפעה על אדם לעשות דבר לטובתו.

פּולן v. a. (.E) to pull מָשַׁךְ.

פּולווער s. powder אֲבָקָה; אֲבַק שְׂרֵפָה.

פּועלן v. a. n. to accomplish הוֹצִיא לַפֹּעַל; to profit הוֹעִיל; to obtain by soliciting הִשִּׂיג עַל יְדֵי פִּתּוּי.

— פּועלן בײַ אומעצן עפּעס צו טאָן to persuade a person to do something פִּתָּה איש לעשות דבר.

— פּועלן בײַ זיך to persuade oneself השא עצמו, הַטֵּה לבו.

פּופּלאַקס = בופּלאַקס.

פּופּציק s. (–עס .pl) youngster little shaver נַעַר קָטָן, יֶלֶד.

פּוצמאַכערקע = פּוצמאַכערן.

פּורצע s. (–ס .pl) inferior actor (in actors' [jargon) מְשַׂחֵק גָּרוּעַ (בלשון המשחקים בתיאטרון).

פּושן v. a. (.E) to push דָּחַף.

פּוש־קאַרט s. (–ס .pl) (.E) push-cart עֶגְלַת יָד (של רוכלים).

פּותר־חלום s. interpreter of a dream –.

— נישט וויסן פֿון קיין פּותר־חלום (.id) to be entirely ignorant of something לא ידע מדבר כלל.

פּחיתות־הכּבוד s. humiliation –.

— עס איז פֿאַר אים אַ פּחיתות־הכּבוד it is beneath his dignity לפחיתות הכבוד הוא לו.

פּ״ט s. commission סַרְסָרוּת א).

פּיאַצ|קען, – קענען = פּאַטשקען.

פּידריך = קאַפּודריך.

פּיזאַק, פּיזשיק s. (–עס .pl) (.cont) brat יֶלֶד.

פּיטש s. (–עס .pl) (.E) peach אֲפַרְסֵק.

פּיטשע = פּיטש (הוספה).

פּיטשער s. (–ס .pl) (.E) pitcher כַּד.

פּיי s. (–ס .pl) (.E) pie עֻגָּה מְמֻלָּאָה.

פּיי s. (.E) pay שָׂכָר.

א) פּ״ט איז די אַפּקירצונג פֿון פּראָצענט.

פּײדע s. (E.) pay שְׂכַר מְלָאכָה א).

פּײמען, ~ער, ~ע adj. of the price of three groschen שֶׁל מְחִיר שְׁלֹשָׁה גְּדוֹלִים.

פּײמענט s. (pl. ~ס) (E.) payment תַּשְׁלוּם.

פּײנט s. (pl. ~ס) (E.) pint חֲצִי רֹבַע הַקַּב (מדה לחה).

פּײנט s. (E.) paint צֶבַע.

פּײנט(נ)ער s. (pl. ~ס) (E.) painter צוֹבֵעַ; צַיָּר.

פּײן־עפּל s. (pl. ~ס) (E.) pine-apple קֶשֶׁם.

פּײן־שאַפּ = פּאַן־שאַפּ.

פּײפּ s. (pl. ~ס) (E.) pipe צִנּוֹר; מִקְטֶרֶת.

פּײפּער s. (pl. ~ס) (E.) paper נְיָר; כְּתָב; עִתּוֹן.
— ערשטע פּײפּערס paper issued upon declaration of intention כתב הנתן לאיש מבית המשפט בהודיעו את רצונו להעשות לאזרח של ארצות הברית.
— צװײטע פּײפּערס certificate of naturalisation תעודה שנתנה לאיש מבית המשפט בהעשותו לאזרח; תעודת אזרחיות.

פּײפּער־בעג s. (pl. ~ס) (E.) paper-bag כִּיס שֶׁל נְיָר (לסחורה).

פּײפּער־הענגער s. (pl. ~ס) (E.) paper-hanger מְצַפֶּה כְּתָלִים בִּנְיָר.

פּײק s. (pl. ~ס) (E.) pike זְאֵב הַמַּיִם (דג).

פּײקער s. (pl. ~ס) (E.) piker מְשַׂחֵק בְּקוּבְיָא קַמְצָנִי; קַמְצָן, בֶּן־נֹחַ.

פּײשענט s. (pl. ~ס) (E.) patient חוֹלֶה.

פּיליענגעװען = פּילעװען.

פּילנעס s. care שְׁמִירָה; nursing כִּלְכּוּל ב).

פּימפּל s. (pl. ~ס) (E.) pimple אֲבַעְבּוּעָה, סַמְטָה.

פּין s. (pl. ~ס) (E.) pin סִכָּה.

פּינאָקל s. (E.) pinocle מִין מִשְׂחָק בִּקְלָפִים.

פּיס s. (pl. ~עס) (E.) piece חֲתִיכָה.

פּיקפּאָקעט s. (pl ~ס) (E.) pick-pocket גּוֹנֵב מֵהַכִּיסִים.

פּיקטשור, פּיקטשע s. (pl. ~ס) (E.) picture תְּמוּנָה.

פּיקל s. (pl. ~ס) (E.) pickle קִשּׁוּא כָּבוּשׁ.

פּיקלען v. a. (E.) to pickle כָּבֹשׁ.

פּיקעט s. (pl. ~ס) (E.) picket מִשְׁמָר (ביחוד משמר של פועלים אצל בתי חרשת בעת שביתה).

פּיקעטן v. n. (E.) to picket עָמֹד עַל הַמִּשְׁמָר (ביחוד אצל בתי חרשת בעת שביתה).

פּירוד־לְבָבוֹת s. disharmony, discord, dissension ~.

פּירוש־הַמִּלּוֹת s. definition of words ~.

פּלאַכע adj. bad, poor, sorry רַע, פָּחוּת, גָּרוּעַ.

פּלאָמ(ב)ער s. (pl. ~ס) (E.) plumber עוֹבֵד בְּצִנּוֹרוֹת וּבִבְרָזִים.

פּלאַץ s. (pl. פּלעצער) plot חֶלְקָה לְבִנְיָן (= פּליאַץ).

א) פּײדע איז אַנטשטאַנען פֿון pay-day — צאָל־טאָג (דער טאָג, אין װעלכן מע צאָלט אויס די אַרבעטער). — ב) אַלשוו. 222: פּויליש pilność.

פּלאַש (E.) = פּליוש.

פּלודערן = פּליודערן.

פּלומפּלען v. a. to slaughter שָׁחֹט א).

פּליאַם = פּליאַמע.

פּלײן adj. (E.) plain פָּשׁוּט; בָּרוּר.

פּליז v. n. (E.) please רְצֵה נָא.

פּליזן v. a. (E.) to please הַשְׂבֵּעַ רָצוֹן.

פּלײ s. (pl. ~ס) (E.) play מִשְׂחָק; מַחֲזֶה (בתיאטרון).

פּלײט s. (pl. ~ס) (E.) plate פִּנְכָּא.

פּלײטעד adj. (E.) plated מְצֻפֶּה (בזהב או בכסף).

פּלײס s. (pl. ~עס) place מָקוֹם; מִשְׂרָה.

פּלעדזש s. (pl. ~עס) (E.) pledge הַבְטָחָה.

פּלעדזשן v. a. (E.) to pledge הַבְטֵחַ.

פּלעזשור s. (pl. ~ס) (E.) pleasure עֹנֶג, תַּעֲנוּג.

פּלעטן [2] v. a. to raffle הַגְרֵל.

פּלעפֿן v. a. to amaze הַפְתֵּעַ; to nonplus הָבֵא בִּמְבוּכָה.

פּ״נ abbr. = פֹּה נִטְמַן, פֹּה נִקְבַּר here was buried ~ (inscription on a tombstone).

פֿעדער s. (pl. ~ן) feather נוֹצָה.
— (id.) אין די פֿעדערן in ones glory בגדולתו.

פּעט = פּ״ט.

פּעטישן s. (pl. ~ס) (E.) petition בַּקָּשָׁה.

פּעטעך = פּענטיוך.

פּעטערן s. (pl. ~ס) (E.) pattern דּוּגְמָא, תַּבְנִית (ביחוד של קִשּׁוּט).

פּענדזשע = פּענזע.

פּענטס s. pl. (E.) pants מִכְנָסַיִם.

פּעני s. (pl. ~ס) (E.) penny פֶּנִּי (מטבע אנגלית = 1/12 שילינג; באמיריקה קוראים כך לסנט, אף כי הוא חצי הפֶּני).

פּעניטענ(ט)שערי s. (pl. ~ס) (E.) penitentiary בֵּית אֲסוּרִים (ביחוד בית אסורים לתקון המדות של בני ענש).

פּענסל s. (pl. ~ס) (E.) pencil עִפָּרוֹן.

פּעס s. (pl ~ס) (E.) pass רִשְׁיוֹן (למעבר, לכניסה).

פּעפּקע s. (pl. ~ס) fool טִפֵּשׁ, שׁוֹטֶה.

פּעק s. (pl. ~ס) (E.) peck קַב (מדה יבשה).

פּערװע adj. first ראשון; best מֻבְחָר.
— פּערװע סאָרט first class, best sort המין המובחר.
— פּערװע מעל flour of the best sort קמח ממין המובחר.

פּערסיער s. (pl. ~) Persian פַּרְסִי.

פּערלדיג adj. pearly דּוֹמֶה לִפְנִינִים.

פּערקופּטשיק s. (pl. ~עס) speculative buyer, engrosser סַפְסָר.

פּראָבלעמע s. (pl. ~ס) problem שְׁאֵלָה.

פּראָהיבישן s. (E.) prohibition אִסּוּר (ביחוד על משקים חריפים).

א) בײ אַבראַמאָװיטשן אין „פֿישקע דער קרומער"; אין נוינער־שפּראַך pumpen — דערשטעכן (ינ״ד, אין װערטערבוך).

פּראָוו s. right רְשׁוּת.

— ער האָט קיין פּראָוו ניט דאָס צו טאָן he has no right to do this אין לו רשות לעשות זאת.

פּראָוואָקאַטער s. (pl. —ס) provoker, inciter מְגָרֶה, מֵסִית.

פּראָוואָקאַציע s. (pl. —ס) provocation, incitement גֵּרוּי, הַסָּתָה.

פּראָטאָקאָל s. (pl. —ן) protocol רְשִׁימַת זִכָּרוֹן; official report הוֹדָעָה רִשְׁמִית; police report רְשִׁימַת מְאוֹרָע שֶׁל הַמִּשְׁטָרָה.

פּראַך s. dust אָבָק; trace (fig.) סִמָּן.

פּראָמינענט adj. prominent חָשׁוּב.

פּראָפּאַגאַנדע s. propaganda הֲפָצַת רַעְיוֹן.

— מאַכן פּראָפּאַגאַנדע to make propaganda הפץ רעיון.

פּראָפּן s. (pl. —ס) cork, stopper פְּקָק, מְגוּפָה.

פּראָפּעטע = פּראָפּערטי (הוספה).

פּראָפֿעסיאָנאַל s. (pl. —ן) professional בַּעַל אוּמָנוּת; || adj. professional שֶׁל אוּמָנוּת.

פּראָפּערטי s. (pl. —ס) (E.) property רְכוּשׁ; house בַּיִת.

פּרוּד-לְבָבוֹת = פֵּירוּד.

פּרוּטעק s. (pl. —טקעס) = פּרענטל (הוספה).

פּרוּשׁ-הַמִּלּוֹת = פֵּירוּשׁ-הַמִּילוֹת.

פּריזן s. (pl. —ס) (E.) prison בֵּית אֲסוּרִים.

פּריזנער s. (pl. —ס) (E.) prisoner אָסִיר.

פּריטשן v. a. n. (E.) to preach דָּרֹשׁ, הַטֵּף, הוֹכֵחַ.

פּריטשער s. (pl. —ס) (E.) preacher דַּרְשָׁן, מַטִּיף, מוֹכִיחַ.

פּרײדיגן v. a. n. to preach דָּרֹשׁ, הַטֵּף, הוֹכֵחַ.

פּרײדיגער s. (pl. —ס, —) preacher דַּרְשָׁן, מַטִּיף, מוֹכִיחַ.

פּרײַוועט adj. (E.) private חֲשָׁאִי; פְּרָטִי.

פּרײריע s. (pl. —ס) (geogr.) prairie עֲרָבָה.

פּרימיטיוו adj. primitive עַתִּיק, קַדְמוֹן.

פּרינטינג s. (E.) printing מְלֶאכֶת הַדְּפוּס; printing-office בֵּית דְּפוּס.

פּרינטן v. a. (E.) to print הַדְפֵּס.

פּרינטער s. (pl. —ס) printer מַדְפִּיס.

פּרינציפּל [1] s. (pl. —ס) (E.) principle עִקָּר, יְסוֹד.

פּרינציפּל [2] s. (pl. —ס) principal מְנַהֵל בֵּית הַסֵּפֶר.

פּריסט s. (pl. —ס) (E.) priest כֹּהֵן קָתוֹלִי.

פּרעגלען v. a. to fry טַגֵּן.

— פּרעגלען אײַנגעמאַכטס to preserve fruits טגן פרות.

פּרעדזשודיס s. (pl. —עס) (E.) prejudice מִשְׁפָּט קָדוּם.

פּרעמיע s. (pl. —ס) premium פְּרָס; תַּשְׁלוּמֵי הַהַבְטָחָה בְּאַחֲרָיוּת.

פּרענטל s. (pl. —עך) bar חֲתִיכָה אֲרֻכָּה.

— אַ פּרענטל לעקעך a bar of ginger-bread חתיכה ארוכה של עוגת דבש.

פּרעסקריפּשן s. (pl. —ס) (E.) prescription פִּתְקָה שֶׁל רְפוּאָה.

פֶּתַח-חֲרָטָה s. a loophole for going back on one's word. —

פֿ.

פֿאַ s. (pl. —ען) (פֿ) Fê, name of the aspirae פ שֵׁם הָאוֹת פ רְפוּיָה.

— (joc.) מיט צוויי פֿאַען lost אבוד א).

פֿאָג, פֿאָג s. (pl. —ס) (E.) fog עֲרָפֶל.

פֿאָגי, פֿאָגי adj. (E.) foggy מְכֻסֶּה בַּעֲרָפֶל.

פֿאָווער s. (pl. —ן) knot, bow לוּלָאָה, עֲנִיבָה ב).

פֿאַיערקע = פֿײערקע.

פֿאָכן v. n. to wave הָנֵעַ, הָנֵף.

— פֿאָכן מיט אַ פֿאָן to wave a flag הנף נס.

פֿאָל s. (E.) fall חֹרֶף, תְּקוּפַת תִּשְׁרִי.

פֿאַלן v. n. to fall נָפֹל.

— פֿאַלן אויפֿן שׂכל to come into one's mind עלה על דעתו.

פֿאַמיליאַרנע adj. familiar, intimate חַבְרוּתִי; || adv. intimately בְּאַחְוָה, כְּרֵעַ.

פֿאַן [2] s. (E.) fun בְּדִיחָה.

— מאַכן פֿאַן to make fun התבדח.

פֿאָנאַר s. (pl. —ן) lantern פָּנָס.

פֿאַנפֿע [2] אין פֿאַלגנדיגן אויסדריק:

— מאַכן די פֿאַנפֿע to put on airs התנאה; to boast התפאר.

פֿאַר s. (pl. —ס) (E.) fur עוֹר שֵׂעָר, פַּרְוָה.

פֿאַראײַן-ברודער s. (pl. —ברידער) member of a society חָבֵר שֶׁל אֲגוּדָה; member of the same society, fellow-member בֶּן אֲגוּדָתוֹ.

פֿאַראײַן-שוועסטער s. (pl. —ס) female member of the same society בַּת אֲגוּדָתָהּ.

פֿאַראַן adv. there is, there are יֵשׁ.

— עס איז גאָרנישט פֿאַראַן! it does not matter! אין בכך כלום!

פֿאַראָרעמען v. a. to impoverish עֲשֵׂה לְדַל, דַּלְדֵּל.

פֿאַרבאָרגעניש s. (pl. —ן) secret דְּבַר סֵתֶר, סוֹד; hiding-place מִסְתָּר, מְקוֹם סֵתֶר.

פֿאַרבודען זיך = פֿאַרפּוטען זיך.

פֿאַרביזנעוועט adj. (E.) engrossed in business שָׁקוּעַ בָּעֵסֶק.

פֿאַרביזעט adj. (E.) very busy עָסוּק מְאֹד.

א) אַן אַנדײַטונג אויף דאָס וואָרט פֿאַרפֿאַלן, וואָס האָט צוויי פֿאַען. ווערט געזאָגט שפּאַסיג פֿון אַ פֿאַרפֿאַלענעם חוב. — ב) ביי ליפשיצן.

פֿאַרבליִפֿט *adj.* startled, amazed נִרְתָּע, נִפְתָּע.

פֿאַרבריִען *v. a.* to soak in boiling water הַשְׁרֵה בְּמַיִם רוֹתְחִים.

פֿאַרגיִין *v. n.* to pass עָבֹר.

— עס פֿאַרגייט אים דער אַפּעטיט his appetite is spoiled תאותו מתקלקלת.

פֿאַרגינען *v. a.* not to begrudge, not to envy לֹא קַנֵּא בְ־.

— נים פֿאַרגינען to begrudge קַנֵּא, לא דרש טוב לְ־.

פֿאַרדראָס, פֿאַרדרוס *s.* (*pl* ן –) chagrin, grief, vexation צַעַר, רֹגֶז.

פֿאַרדריִסן *v. a.* to grieve, vex צָעֵר, הַרְגֵּז.

— עס פֿאַרדריִסט מיך I am grieved, I am sorry הנני מצטער.

פֿאָרהאַנקע *s.* (*pl.* ס –) small curtain יְרִיעָה קְטַנָּה.

פֿאַרהַרג||ען, – ענען = הַרְגענען.

פֿאַרוואונדונג *s.* wounding, hurt פְּצִיעָה.

פֿאַרוואָיעווען *v. a.* to get the mastery over כָּבֹשׁ.

פֿאַרוועלעניש *s.* (*pl.* ן –) whimsical desire הֵשֶׁק שִׁגְעוֹנִי.

פֿאָרויסגיִין *v. n.* to go before הָלֹךְ בָּרֹאשׁ.

פֿאַרטונע *s.* (*pl.* ס –) storm סוּפָה, סְעָרָה א).

פֿאַרטושקענען = פֿאַרטושען.

פֿאָרטזעצן = פֿאָרזעצן.

פֿאַרטיִג *adj.* ready-made מוּכָן לְמַפְרֵעַ (בגדים).

פֿאַרטייִלן זיך *v. r.* to make a mistake in the apportionment טָעֹה בַּחֲלוּקָה.

פֿאַרטרעטן *v. a.* to stamp out (*a fire*) כַּבֵּה בְּרַגְלָיו.

פֿאַרטרערט *adj.* covered with tears מְכֻסֶּה בִּדְמָעוֹת; covered with drops of water (*fig.*) (*of window-panes*) מְכֻסֶּה בְּנִטְפֵי מַיִם (שמשות).

פֿאַריִידישן *v. a.* to lend a Jewish character to נָתֹן תְּכוּנָה יְהוּדִית לְ־.

פֿאָריִינגער *s.* (*pl.* ס –) foreigner (*E.*) זָר, נָכְרִי.

פֿאָריִער *s.* (*pl.* ס –) furrier (*E.*) סוֹחֵר בְּפַרְווֹת; עוֹשֶׂה אַדָּרוֹת שֵׂעָר.

פֿאַרכאַפּן *v. a.* to captivate, engage מָשֹׁךְ.

— פֿאַרכאַפּן דאָס אויג to engage the eyes משך את העינים.

פֿאָרלייִדי *s.* (*pl.* ס –) forelady (*E.*) מַשְׁגִּיחָה עַל הַפּוֹעֲלוֹת

פֿאַרם *s.* (*pl.* ס –) farm (*E.*) אֲחֻזַּת שָׂדֶה; אֲחֻזַּת אִכָּר.

פֿאַרם = פֿאָרמע.

פֿאָר||מאַן *s.* (*pl.* ־לייט) foreman (*E.*) מַשְׁגִּיחַ עַל הַפּוֹעֲלִים.

פֿאַרמאָרגעדזשן *v. a.* to mortgage (*E.*) מַשְׁכֵּן.

פֿאַרמוּחט *adj.* absorbed שָׁקוּעַ (ברעיונות).

פֿאָרמולירן *v. a.* to formulate נַסֵּחַ, סַדֵּר (מלים).

פֿאַרמעסטן זיך *v. r.* to match, rival הִתְחָרֵה עִם –

פֿאַרמער *s. s.* (*pl.* ס –) farmer (*E.*) אִכָּר, בַּעַל אֲחֻזַּת שָׂדֶה.

פֿאַרנאַכטליִך *adv.* rather towards evening כִּמְעַט לִפְנוֹת עֶרֶב.

פֿאָרניטשור, פֿאָרניטשע = פֿוירניטשור.

פֿאָרנישן = פֿוירנישן.

פֿאַרפּייַנען *v. a.* to pawn (*E.*) מַשְׁכֵּן.

פֿאַרפֿירן *v. a.* to disappoint הָפֵר הַבְטָחָה לְאִישׁ.

פֿאַרפֿעסטיגן *v. a.* to strengthen fortify חַזֵּק.

פֿאַרציִען *v. a.* to delay אַחֵר; to inhale (*in smoking*) שָׁאֹף (בעשון הטבק); || – זיך *v. r.* to be delayed הִתְאַחֵר.

פֿאַרצעדינער, איראָניש אָנשטאָט פֿאָרדינער א).

פֿאַרקאַשערן = פֿאַרקאָסערן.

פֿאַרקוקט *adj.* with a staring look בְּמַבָּט בִּלְתִּי נָע.

— פֿאַרקוקטע אויגן staring eyes עינים בלתי נעות.

פֿאַרקלאָגן = אָנקלאָגן.

פֿאַרקריִמעניש *s.* wry face פָּנִים מְעֻקָּמִים.

פֿאַררענדן, פֿאַררענטן *v. a.* to rent (*E.*) הַשְׂכֵּר.

פֿאַרשוועכט *adj.* tipsy שָׁכוּר, מְבֻסָּם.

פֿאָרשטעלן *v. a.* to propose הַצֵּעַ לִפְנֵי –.

פֿאַרשלאָגן *adj.* retired מִתְבּוֹדֵד (מקום).

פֿאַרשלעפעניש *s. s.* (*pl.* ן –) long delay אִחוּר רָב.

פֿאַרשמעלצן *v. a.* to cover by melting כַּסֵּה עַל יְדֵי הִתּוּךְ; to soil with grease לַכְלֵךְ בְּחֵלֶב.

פֿאַרשפעקולירן זיך *v. r.* to lose all one's money by speculation אַבֵּד כָּל כַּסְפּוֹ בַּעֲסָקִים מְסֻפָּקִים.

פֿאַרשרפֿען *v. a.* to burn שָׂרֹף.

פוטערהענדלער *s.* (–, – ס *pl.*) furrier סוחר בעורות שֵׂעָר

פֿויגל *s.* spiral cake (*for the New-year und the eve of the Day of Atonement*) חַלָּה לוּלְיָנִית (לראש השנה ולערב יום הכפורים).

פֿוט *s.* foot (*E.*) רֶגֶל (מדת ארך).

פֿויליאַק = פֿוילער.

פוירניטשור, פֿוירניטשע *s.* furniture (*E.*) כְּלֵי בַיִת, רָהִיטִים.

פֿוירנישן *v. a.* to furnish (*E.*) רַהֵט (שים בבית הרהיטים הנחוצים לו).

פֿוירנעס *s.* (*pl.* עס –) furnace (*E.*) תַּנּוּר.

פֿוירסט-קלעס *adj.* first-class (*E.*) מֵהַמַּדְרֵגָה הָרִאשׁוֹנָה. מֵהַמִּין הַמּוּבְחָר.

פֿוירסט-רייִט *adj.* first-rate (*E.*) מְעֻלֶּה, טוֹב מְאֹד.

פֿול[2] *s.* (*pl.* ס –) fool (*E.*) שׁוֹטֶה, טִפֵּשׁ.

א) אלישוו, 212, 222.

א) עלבע.

פּולגעפּאַקט crowded *adj.* מָלֵא.

פּולזאַפּטיג full of juice *adj.* מָלֵא מִיץ.

פּולשטענדיג = פּ ו ל ק ו ם.

פּונוואַנעט = פּ ו נ ו ו א נ ע ן.

פּויץ *s.* slam, the winnig of all the points (*ad cards*) לְקִיחַת כָּל הָאֲחִיוֹת (בקלפים) א).

פּורכל. פּאַרקלענערונג־וואָרט פון פּ ו ר ב).

פּידלען *v. n.* to fiddle, play on the violin נַגֵּן בְּכִנּוֹר.

— (*id.*) איז נישט געפּידלט! I don't care if I have not succeeded! לא אכפת לי אם לא הצלחתי!

פּיונערל *s.* (*pl.* ־ס) funeral (*E.*) לְוָיָה.

פּיזיק *s.* (*pl.* ־ס) physic (*E.*) אֶמְצָעוּ לְשִׁלְשׁוּל.

פּייאיג able, capable *adj.* מֻכְשָׁר; ‖ ־קייט *s.* ability כִּשְׁרוֹן.

פּייט *s.* (*pl.* ־ס) fight (*E.*) מִלְחָמָה.

פּייטן *v. n.* to fight (*E.*) לָחֹם; ‖ ־זיך *v. rec.* to fight הִלָּחֵם.

פּיילור *s.* failure (*E.*) אִי הַצְלָחָה; פְּשִׁיטַת הָרֶגֶל.

פּיילן *v. n.* to fail (*E.*) פָּשֹׁט אֶת הָרֶגֶל.

פּייס *s.* (*pl.* ־עס) face (*E.*) פָּנִים.

פּייסטן *s. pl.* Lent עֵת הַצּוֹמוֹת (לנוצרים).

פּייסן *v. a.* to face (*E.*) עֲמֹד פָּנִים בְּפָנִים עִם־.

פּייער־לאָך *s.* (*pl.* ־לעכער) mouth of the fire-place פִּי הַכִּירָה.

פּייער‖מאַן *s.* (*pl.* ־לייט) fireman (*E.*) מְכַבֵּה אֵשׁ.

פּייער־קרעקער *s.* (*pl.* ־ס) fire-cracker (*E.*) פְּצָצָה.

פּייק *s.* (*pl.* ־ס) fake (*E.*) רַמָּאוּת.

פּייקער *s.* (*pl.* ־ס) faker (*E.*) רַמַּאי.

פּילעוודיג sensitive *adj.* נוֹחַ לְהַרְגִּישׁ, רַגְשָׁנִי.

פּינגער *s.* (*pl.* —) finger אֶצְבַּע.

— דער לאַנגער פּינגער the middle finger האצבע התיכונה, אמה.

פּינ(ד)ישן *v. a.* to finish (*E.*) גָּמֹר.

פּינ(ד)ישער *s.* (*pl.* ־ס) finisher (*E.*) גּוֹמֵר הַמְּלָאכָה (ביחוד בבגד).

פּינ(ד)ישערן *s.* female finisher (*E.*) גּוֹמֶרֶת הַמְּלָאכָה (בבגד).

פּינסטער־חושך pitch-dark *pred.* אֹפֶל מְאֹד.

פּינק־נײַ brand-new *adj.* חָדָשׁ לְגַמְרֵי.

פּיסל *s.* (*pl.* ־עך) leg רֶגֶל (של שולחן, של כלי).

פּיסקאַל *s.* (*pl.* ־ן) fiscal שַׂר הַמִּסִּים.

פּיקסטשור *s.* (*pl.* ־ס) fixture (*E.*) רְהִיטִים מְחֻבָּרִים לַבַּיִת (אצטבות וכד').

פּיקסן *v. a.* to fix תַּקֵּן; ‖ ־זיך *v. r.* to improve תֻּקַּן (בבריאות)

א) ביי ליפשיצן. — ב) אלשוו. 49.

— (*id.*) איך וועל אים פּיקסן! I will fix his flint! ארד עד לחייו!

פּיר‖וואָרט *s.* (*pl.* ־ווערטער) pronoun שֵׁם הַגּוּף.

פּיש *s.* (*pl.* ־, ־ן) fish דָּג.

— פּוסטע פּיש a kind of potato soup מין מרק של תפוחי אדמה.

פלאַנקען *s.* flank, middle cut הַבָּשָׂר מִצַּד הַבֶּטֶן (בבהמה).

פלאָר *s.* (*pl.* ־ס) floor (*E.*) רִצְפָּה; קוֹמָה, דְּיוֹטָא.

— געבן דעם פלאָר to give the floor נתן רשות לדבר (באספה).

— האָבן דעם פלאָר to have the floor היה לאיש רשות לדבר (באספה).

פליִיסן זיך *v. r.* to show off (*by doing something diligently*) הִתְהַדֵּר, הִשְׁתַּדֵּל לִמְצֹא חֵן (בעשית דבר בחריצות).

פליִיצרעגן = פּלאַצרעגן.

פליכטלינג *s.* (*pl.* ־ן) refugee בּוֹרֵחַ, פָּלִיט.

פלעט *s.* (*pl.* ־ס) flat קוֹמָה, דְּיוֹטָא.

פלעמלען *v. n.* to flame, blaze בָּעֹר, הִתְלַהֵב.

פלעקלעך־שריפט *s.* cuneiform writing כְּתַב הַיְתֵדוֹת (של האשורים והבבליים).

פעברוערי (*E.*) = פּעוורואַל.

פעטער *s.* (*pl.* ־ס) uncle, pawnbroker (*Am., sl.*) מַלְוֶה בְּמַשְׁכּוֹנוֹת.

פעלאָ, פעלאָו *s.* (*pl.* ־ס) fellow (*E.*) אִישׁ; בָּחוּר

פעלדוואַך *s.* (*pl.* ־ן) field-watch, outpost הֶחָלוּץ.

פעלער[2] = פּ ע ל אָ א).

פען *s.* (*pl.* ־ס) fan (*E.*) מֵנִיף, מְנִיפָה.

פעניג *s.* (*pl.* ־ן) farthing פְּרוּטָה.

פענסי fancy (*E.*) *adj.* מְקֻשָּׁט, מְיֻפֶּה.

פעסקע *s.* (*pl.* ־ס) fez תַּרְבּוּשׁ, כִּפָּה.

פעקטאָרי *s.* (*pl.* ־ס) factory (*E.*) בֵּית חֲרֹשֶׁת.

פער *s.* (*pl.* ־ס) fare (*E.*) דְּמֵי נְסִיעָה.

פערדאַטש = פּ ע ר ד א ק.

פערי *s.* (*pl.* ־ס) ferry (*E.*) סְפִינָה (לעבור נהר).

פערציגער *s.* (*pl.* ־ס) a coin of forty groschen (*formerly in Russia*) מַטְבֵּעַ שֶׁל אַרְבָּעִים גְּדוֹלִים (לפנים ברוסיה).

פרויענהאַנדל *s.* white slavery מִסְחָר בְּנָשִׁים לִזְנוּת.

פרויענהענדלער *s.* (*pl.* —) white slaver סוֹחֵר בְּנָשִׁים לִזְנוּת.

פרויקע *s.* (*pl.* ־ס) Jouug woman (*Am.*) אִשָּׁה צְעִירָה.

פרײַ freethinking *adj.* חפשי בדע

פרײַדענקער *s.* (*pl.* —) freethinker אָדָם חָפְשִׁי בְּדֵעוֹת.

א) פּ ע ל ע ר אַנשטאָט פּ ע ל אָ ווערט אויך געניצט אין ענגליש.

פֿרײלעכס s. something cheerful, something lively דָּבָר מְשַׂמֵּחַ.
— שפּילן אַ פֿרײלעכס to play a cheerful tune נגן נגינה משמחת.
פֿרײם s. (pl. ־ס) (E.) frame מִסְגֶּרֶת.
פֿרײם־אָפּ s. (pl. ־ס) (E.) frame-up דָּבָר קָבוּעַ מֵרֹאשׁ (נאמר על עלילה).
פֿרײַנטל s. (pl. ־עך) relative קָרוֹב.
פֿרישטיק s. (pl. ־ן) breakfast אֲרוּחַת בֹּקֶר.
פֿרעמד||וואָרט s. (pl. ־ווערטער) foreign word מִלָּה זָרָה.

צ.

צאָמים, צאָמען = סאַמאָנס, סאַמאָנסן (הוספה).
צאַנצעלאָמעס = סאַנצעלאָמעס.
צד s. (pl. צְדָדים) side, part צַד; party, faction מִפְלָגָה.
צד־יִחוס s. lineage יַחַס, גֶּזַע.
צווּבאַק = סוכאַר.
צווײַגן זיך v. r. to branch, ramify הִסְתָּעֵף.
צווײַגרײַציגער adj. of the price of two kreutzers שֶׁל מְחִיר שְׁנֵי אֲגוֹרוֹת א).
צווּעלעף = צוועלף.
צוזעער s. (pl. ־) spectator מִסְתַּכֵּל, רוֹאֶה בְּ־; nurse, attendant in a hospital שׁוֹמֵר חוֹלִים.
צוזעערן, צוזעערקע s. (pl. ־ס) spectatress מִסְתַּכֶּלֶת, רוֹאָה בְּ־; nurse שׁוֹמֶרֶת חוֹלִים.
צוים־שטעקל s. (pl. ־עך) stake, pole, stick of a fence יָתֵד שֶׁל גָּדֵר.
צונויפֿקאָרטשען v. a. to crumple קִפֵּל, קִמֵּט.
צונישט adv. to nothing, to naught לְאַל, לְאֶפֶס.
— ווערן צונישט to come to nothing היה לאל.
— מאַכן צונישט to undo שים לאל, הרס; to frustrate, to foil שים לאל, הפר.
צוק s. (pl. ־ן) twitch הִתְכַּוְּצוּת פִּתְאֹמִית.
צוקער־קאַנדל = קאַנדל־צוקער.
צוקריגן זיך v. r. to get at הַגִּיעַ עַד־.
צושויער = צוקוקער.
צושטויסן v. a. to beat down, stamp down רָמֹס לָאָרֶץ, רָקַע בְּרֶגֶל.
צושטעלן v. a. to supply מִלֵּא, הִשְׁלִים.
צושיקערן s. (pl. ־ס) woman who procures servants סַרְסוּרִית שֶׁל שְׁפָחוֹת.
צושלאַק s. (pl. ־ן) conclusion (of a contract) גְּמָר (של אמנה) ב).
צונאַרעט = סונאַרעט.
צײַט||וואָרט s. (pl. ־ווערטער) verb פֹּעַל.

א) אַלשוו, 53. — ב) אין "קריה נאמנה" פֿון ש״י פֿין זײַט 38.

ציל־ברעט s. (pl. ־ער) target מַטָּרָה.
ציפּעק = טשעפּעק.
ציפּקעס s. pl. tiptoe קְצֵה אֶצְבְּעוֹת הָרַגְלַיִם.
צלם s. club (at cards) הַצְּלָב (בקלפים).
צנא מלא ספרא phr. a basket full of books (epithet for a scholar) —.
צעבוטשערן v. a. to butcher (E.) קִצֵּץ, הִשְׁחִית.
צעגלידערן v. a. to dismember פֵּרֵד לַחֲלָקָיו.
צעדולט adj. confused מְבֻלְבָּל.
צעדרומשקען v. a. to disturb בִּלְבֵּל, הִפְרִיעַ א).
צעווײטיגט adj. sick (at heart) דַּוָּי.
צעזינגען זיך v. r. to break out into song הִתְרַגֵּשׁ וְשִׁיר.
צעזעצטערהײט adv. bursting בְּהִבָּקֵעַ; in a rage בְּקֶצֶף.
— עסן צעזעצטערהײט to eat to bursting אכל עד הבקע בטנו.
צעטלען = סעטלען.
צעטראָגן¹ adj. anxious, uneasy דּוֹאֵג, בִּלְתִּי שָׁלֵו.
צעטראָגן v. n. to run away (of a horse) הִשְׁתּוֹבֵב, יָרוֹץ (סוס).
צעטרײַטלט adj. distracted מְפֻזָּר בְּרַעְיוֹנוֹת.
צעכראַשנען = צעכראַסטען, צעכראַשטשען.
צען num. ten עֲשָׂרָה.
צענדליגערווײַז adv. by tens לַעֲשָׂרוֹת.
צענטראַל־קאָמיטעט s. (pl. ־ן) central committee וַעַד מֶרְכָּזִי.
צעפּודזשען = אויספּודזשען.
צעפּאַטלט, צעפּודלט = צעשויבערט (הוספה).
צעפּירן v. a. to destroy הָרַס.
צעפּלאַטערט adj. tattered קָרוּעַ לִגְזָרִים.
צעקאָרטשען = קאָרטשען.
צעקלאַטשעט = צעשויבערט (הוספה).
צעקרישלען = צעברעקלען.
צעראַטע = סעראַטע.
צער־בעלי־חיים s. torture of animals —.
צעשויבערט adj. dishevelled פָּרוּעַ (שֵׂעָר).

ק.

קאָובאָי s. (pl. ־ס) (E.) cowboy רוֹעֵה בָּקָר רוֹכֵב עַל סוּס.
קאָוט s. (pl. ־ס) (E.) coat בֶּגֶד.
קאַונטי s. (pl. ־ס) (E.) county מָחוֹז.
קאַונטער s. (pl. ־ס) (E.) counter שֻׁלְחַן מְכִירָה.
קאָורט s. (pl. ־ס) (E.) court בֵּית מִשְׁפָּט.
קאָזאַק¹ s. (pl. ־ן) Cossack קוֹזָק.
— אַ שטרויענער קאָזאַק, זע אונטער שטרויען.

א) ליטוויש drumsti — צעמישן.

— אַ קאָזאַק אַ נגזל, זע קאָזאַק הַנִגְזל (הוספה).

— שעמט זיך, ר' קאָזאַק! you ought to be ashamed, Mr. Cossack! (*said of an impudent person*) [בוש והכלם, אדוני קוק (נאמר על איש אשר לא ידע בשת).

קאָזאַק הַנִגְזל s. a wronged Cossack (*iro.*) קוֹזָק שֶׁעָשׂוּ לוֹ עָוֶל (נאמר בדרך התול על איש שאי אפשר לעשות לו עָוֶל).

קאַזיאָנע *adj.* of the crown שֶׁל הַמֶּמְשָׁלָה.

— קאַזיאָנע רב crown-rabbi רב מטעם הממשלה (לפנים ברוסיה).

— (*joc.*) קאַזיאָנער קעסט imprisonment מַאֲסָר.

קאָזיעלקע, קאָזולקע *adv.* with one's head down and one's heels up ראשׁוֹ לְמַטָּה וַעֲקֵבָיו לְמָעְלָה.

קאָזן s. (pl. ס —) (*E.*) cousin שְׁאֵר בָּשָׂר, שֵׁנִי בְּשֵׁנִי.

קאָזשוך s. (pl. עס —) pelisse אַדֶּרֶת שֵׂעָר.

קאַטאָוועס s. (pl. ן —) joke, jest, fun חֲלָצָה, בְּדִיחָה א).

— (*prov.*) זכות אבות איז קיין קאַטאָוועס ancestral merit is not te be trifled with אל תהי זכות אבות קלה בעיניך.

קאַטשען *v. a.* to drive הוֹלֵךְ, הוֹבֵל.

קאָטן s. (*E.*) cotton צֶמֶר גֶּפֶן; אֶרֶג צֶמֶר גֶּפֶן; חוּט.

קאָטעדזש s. (pl. עס —) (*E.*) cottage בַּיִת קָטָן (ביחוד בכפר).

קאַטער s. (pl. ס —) (*E.*) cutter חוֹתֵךְ אָרִיג (לתפירה).

קאַטערינקע s. (pl. ס —) (*Am., joc.*) sewing-machine מְכוֹנַת הַתְּפִירָה א).

קאָל *adj.* bald קֵרֵחַ, חָלָק; bare, nude חָשׂוּף.

קאָל s. (pl. ס —) (*E*.) call בִּקּוּר (כבית); קְרִיאָה (על ידי הטֶלפון).

קאַלבאַסע s. (pl. ס —) non-kosher sausage נַקְנִיק שֶׁאֵינוֹ כָּשֵׁר.

— אַ קאַלבאַסע און אַ מזוזה a hypocrite צבוע ב).

קאַלוואַריער *adj.* of Kalvaria שֶׁל קַלְוַרְיָה.

— קאַלוואַריער דאַטש, זע אונטער דאַטש (הוספה).

— קאַלוואַריער ספּאַנדזשקוויק, זע אונטער ספּאַנדזשקויק (הוספה).

קאָלומבוס *npr.* Columbus קָלוּמְבּוּס.

— (*Am.*) קאָלומבוסעס מדינה the land of Columbus, America מדינת קָלוּמבוס, אמיריקה.

קאָלט *adj.* cold קַר; ‖ (*Am.*) cold הַצְטַנְּנוּת.

— (*id.*) קאַלטע רפואות useless remedies רפואות בלתי מועילות.

— (*Am.*) כאַפּן אַ קאָלט to catch a cold הצטנן.

קאָלעדזש s. (pl. עס —) (*E.*) college בֵּית סֵפֶר תִּיכוֹנִי.

קאָלעקטן *v. a.* (*E.*) to collect קָבַץ, אָסַף.

קאָלעקשן s. (pl. ס —) (*E.*) collection קִבֵּץ, אֹסֶף, אֲסֵפַת נְדָבוֹת.

קאָלער s. (pl. ס —) (*E.*) collar צַוָּרוֹן.

קאָלער־באַטן s. (pl. ס —) (*E.*) collar-button כַּפְתּוֹר לְצַוָּרוֹן.

קאָלערן *v. a.* to rcll גִּלֵּל.

קאָלענקאָר s. calico אֶרֶג דַּק מִצֶּמֶר גֶּפֶן.

קאָם אין *phr.* (*E.*) come in! בֹּא הַבַּיְתָה!

קאָם אָן *phr.* (*E.*) comc on! בֹּא הֵנָּה!; נֵלְכָה!, הָבָה!

קאָמאַשן־שטעפּער s. (pl. ס —, —) operator on a shoe sewing-machine תּוֹפֵר נְעָלִים בִּמְכוֹנָה.

קאָמיטי, קאָמיטע s. (pl. ס —) (*E.*) committee וַעַד.

קאָמישאָנער s. (pl. ס —) (*E.*) commissioner פָּקִיד מוּרְשֶׁה; סוֹכֵן (של בית מסחר).

קאָמישן s. (pl. ס —) (*E.*) commission וַעֲדָה; סַרְסָרוּת (שכר הסרסור).

קאַמער s. (pl. ן —) cell חֶדֶר.

קאָמפּאַני s. (pl. ס —) (*E.*) company חֶבְרָה; חֶבֶר; כְּנוּפְיָה.

קאַמפּאַניע s. (pl. ס —) campain מִלְחָמָה, פּוּלְמוּס.

קאָמפֿאָרטעבל *adj.* (*E.*) comfortable מְרֻוָּח; נָעִים.

א) קאַטאָוועס האָט אַמאָל ביי יידן אין דייטשלאַנד באַצייכנט די רעטענישן, גראַמען און הלצות, מיט וועלכע עס איז ביי זיי געווען אַ מנהג זיך לוסטיג צו מאַכן אין חנוכה. דאָס וואָרט געפֿינט זיך אין עלטערער ליטערטור אין דריי פֿאַרשיידענע העברעאישע אויסלייגן: קטפות, כתבות, כטובות (גידעמאַן, „התורה והחיים", וואַרשע 1899, ח״ג, 69, אַנמ. 5). אָן דער ענדונג ־ות — כטוב — האָט דאָס וואָרט באַצייכנט אַ קאַטאָוועס־טרייבער (אין דעם יידישן „ספר המדות" פֿון 1542, געציטירט ביי גידעמאַנען: „אַז איין כטוב דער אַל מול כטובות טרייבן קאָן"). אין די לקוטים פֿון מהרי״ל און אין די שו״ת פֿון ר' משה מינץ (בערלינער, „תולדות היהודים באשכנז", וואַרשע, 1900, 15, אַנמ. 2) קימט פֿאָר די מערצאָל־פֿאָרמע קטפים, וואָס איז, זעט אויס, אַ דייטשע אויסשפּראַך פֿון כטובים (בּ ווערט אָפֿט אין דעם מויל פֿון דייטשע יידן פֿאַרוואַנדלט אין פֿ). אַ דערקלערונג וועגן קאַטאָוועס גיט אליהו בחור אין זיין „תשבי" אונטער כְּתָב (אַ שרייבער). ער זאָגט, אַז מיט דעם וואָרט האָט מען באַצייכנט מליצה־קענער און פֿאַרפֿאַסער פֿון וויציגע ווערטלעך (בעלי צחיות ומושלי משלים) וועלכע פֿלעגן כאַהאַלטענערהייט מאַכן אויפֿשריפֿטן אויף די טירן פֿון די הייזער פֿון גרויסע לייט אָדער אין אָפֿענע ערטער אין די גאַסן, „און אַזעלכע אויפֿשריפֿטן — לאָזט ער אוים — ווערן אָנגערופֿן כְּתָבוֹת, אָבער די מערסטע פֿון עולם האָבן אַ טעות, מיינענדיג, אַז עס ווערט געשריבן מיט אַ טית: כטוב, כטובות". די דערקלערונג איז אינטערעסאַנט, אָבער עס שיקט זיך ניט, אַז דער פּאָפּולערער יידיש־דייטשער אויסדריק זאָל האָבן אַ שייכות מוט דעם טונקעלן, ווייניג באַקאַנטן אַראַביש־העברעאישן כְּתָב. עס איז בכלל אַ פֿראַגע, אויב דאָס וואָרט איז פֿון העברעאיש; זיינע העברעאישע אויסלייגן זיינען ניט קיין גענוגער באַוויז דערפֿאַר — זיי קענען זיין פֿאָלקס־עטימאָלאָגיש.

א) עלבע. — ב) עלבע.

קאָמפּיטן *v. n.* to compete (*E.*) הִתְחָרָה.

קאַמפּיין *s.* (‎–ס *pl.*) campain (*E.*) מִלְחָמָה, פּולמוס.

קאַמפּיינען *v. n.* to campain (*E.*) עָרַךְ מִלְחָמָה.

קאָמפּליין, קאָמפּליינט *s.* (‎–ס *pl.*) complaint (*E.*) תְּלוּנָה; קֻבְלָנָה.

קאָמפּליינען *v. n.* to complain (*E.*) הִתְאוֹנֵן; קָבַל.

קאָמפּליצירט *adj.* complicated מְסֻבָּךְ.

קאָמפּליצירן *v. a.* to complicate סִבֵּךְ.

קאָמפּעטישן *s.* (‎–ס *pl.*) competition (*E.*) הִתְחָרוּת.

קאָמפּעטענט *adj.* competent מוּכְשָׁר, מוּמְחֶה.

קאָמפּראָמיטירן *v. a.* to compromise פִּשֵּׁר; סִכֵּן (שֵׁם טוֹב וכו׳).

קאָמפּראָמיס *s.* (‎–ן *pl.*) compromise פְּשָׁרָה; סִכּוּן (שֵׁם טוֹב וכו׳).

קאָן *s.* (‎–ען *pl.*) stake מַעֲרָב (הכסף שמעמידים המשחקים בקלפים); game מִשְׂחָק.

— (*fig.*) שטעלן אויף קאָן to stake העמד בסכנה.

— (*fig.*) זיין לעבן איז אויף קאָן his life is at stake חייו בסכנה.

קאָנגרעגיישן *s.* (‎–ס *pl.*) congregation (*E.*) עֵדָה, קְהִלָּה.

קאָ׳נגרעס *s.* (*E*) Congres אֲסֵפַת הַמְחוֹקְקִים בְּאַרְצוֹת הַבְּרִית בְּאַמֵירִיקָה.

קאָ׳נגרעס‖מאַן *s.* (‎–לייט *pl.*) (*E.*) congressman צִיר לַאֲסֵפַת הַמְחוֹקְקִים בְּאַרְצוֹת הַבְּרִית בְּאַמֵירִיקָה.

קאָנגרעס־פּוילן *npr.* kingdom of Poland formed by the congress of Vienna in 1815 (*Russian Poland*) מַמְלֶכֶת פּוֹלִין שֶׁהֻקְמָה עַל יְדֵי אֲסֵפַת הַצִּירִים בְּוִינָה בִּשְׁנַת 1815 (פולין הרוסית).

קאָנדישן *s.* (‎–ס *pl.*) condition (*E.*) תְּנַאי; מַצָּב.

קאָנווענשן *s.* (‎–ס *pl.*) convention (*E.*) אֲסֵפָה כְּלָלִית.

קאַנט *s.* (‎–ן *pl.*) margin גִּלְיוֹן סֵפֶר א).

קאַ׳נטאָר *s.* (‎–ס *pl.*) cantor חַזָּן.

קאָנטראַהענט *s.* (‎–ן *pl.*) contracting party עוֹשֵׂה אֲמָנָה.

קאָנטראַקטאָר *s.* (‎–ס *pl.*) contracktor (*E.*) קַבְּלָן.

קאַנטרי *s.* (‎–ס *pl.*) country (*E.*) מְדִינָה; עָרֵי הַשָּׂדֶה, כְּפָר.

קאָנטריבוציע *s.* (‎–ס *pl.*) contribution מַס.

קאָנטריביושן *s.* (‎–ס *pl.*) contribution (*E.*) נְדָבָה.

קאָנטריִענט = קאָנטראַהענט.

קאָנסאָמפּטיוו *adj.* (*E.*) consumptive חוֹלֵה שַׁחֶפֶת.

קאָנסאָמפּשן *s.* (*E.*) consumption שַׁחֶפֶת.

קאָנסעשן *s.* (‎–ס *pl.*) concession (*E.*) הֲנָחָה.

קאַנסער *s.* (‎–ס *pl.*) cancer (*E.*) סַרְטָן (מחלה).

קאָנספּיראַטיוו *adj.* conspiratorial שֶׁל קֶשֶׁר.

קאָנספּיראַציע *s.* (‎–ס *pl.*) conspiracy קֶשֶׁר.

א) אַלשוו, 118.

קאָנעקטן *v. a.* to connect (*E.*) חִבֵּר, קִשֵּׁר.

קאָנעקשן *s.* (‎–ס *pl.*) (*E.*) connection חִבּוּר, קִשּׁוּר; יַחַס.

קאָנפיינמענט *s.* (‎–ס *pl.*) (*E.*) confinement לֵדָה (מצב של יולדת).

קאָנפעטור = קאָנפעקטור.

קאָנצענטרירן *v. a.* to concentrate הִרְכִּז; אָסַף לְמָקוֹם אֶחָד.

קאָנצעסיע *s.* (‎–ס *pl.*) concession הֲנָחָה.

קאַסטאָמער *s.* (‎–ס *pl.*) (*E.*) customer קוֹנֶה, מַעֲרִיף.

קאַסטאָמערפּעדלער *s.* (‎–ס *pl.*) (*E.*) custom peddler רוֹכֵל שֶׁיֵּשׁ לוֹ קוֹנִים קְבוּעִים.

קאַסטאָר־איל *s.* (*E.*) castor-oil שֶׁמֶן קִיק.

קאַסטן *s.* (‎–ס *pl.*) arch תֵּבָה.

קאַסטראַי = קראָסטראַי.

קאָסקע *s.* (‎–ס *pl.*) (dice *pl.*) die קוּבִיָּה (למשחק).

קאָפּ ² *s.* (‎–ס *pl.*) cup (*E.*) סֵפֶל (לשתות קהוה).

קאַף *s.* (‎–ס *pl.*) cuff (*E.*) קְצֵה הַשַּׁרְווּל, צָמִיד וָרוֹעַ.

קאַפּאַבל = קאַפּאַוול.

קאַפּאַן *s.* panade מַאֲכַל לֶחֶם מְבֻשָּׁל א).

קאַפּ‖האָן *s.* (‎–העגער *pl.*) capon תַּרְנְגוֹל מְסֹרָס; = קאַפּאָן (הוספה).

קאַפּטור *s.* (‎–עס *pl.*) cowl, hood כִּפָּה, צָעִיף.

— (*id.*) דרייען אַ קאַפּטור to bother a person's head הלאה איש בדברים.

קאַפּטשערל *s.* (‎–עך *pl.*) small kerosene lamp מְנוֹרַת נֵפְט קְטַנָּה.

קאָפּי *s.* (‎–ס *pl.*) (*E.*) copy הַעְתָּקָה; דוּגְמָא; אֶכְּסֶמְפְּלָר.

קאַפּיטאַליזם *s.* capitalism הוֹן; כֹּחַ הַהוֹן.

קאַפּיטשניק *s.* (‎–עס *pl.*) niggard קַמְצָן.

קאָפּירייט *s.* (‎–ס *pl.*) (*E.*) copyright זְכוּת הַדְפָּסָה.

קאַפּל *s.* (‎–ס *pl.*) (*E.*) couple זוּג; אֲחָדִים.

קאַפּע = קאָפּ ² (הוספה).

קאַפּ־שטים = פּאַלצעם.

קאַצניאַמער *s.* the next-morning head-ache כְּאֵב ראֹשׁ אוֹ תּוּגָה אַחַר הַשִּׂמְחָה; mumps

קאַצנקאָפּ *s.* cat's head ראֹשׁ חָתוּל; (*fig.*) weak memory זִכָּרוֹן חַלָּשׁ.

קאָק *s.* (‎–ן *pl.*) a woman's hair wound up into a ball שְׂעַר אִשָּׁה גָּלוּל כִּפְקַעַת.

קאַק(ע)רוטש *s.* (‎–עס *pl.*) (*E.*) cockroach חֲרָק שֶׁל חֲדַר הַבִּשּׁוּל; (*fig.*) insignificant person אָדָם קַל הָעֵרֶךְ.

— (*joc.*) בויז ווי אַ קאַקערוטש very busy עסוק מאד.

א) פּויליש kapłon — אַ געריכט פֿון געקאָכטן ברויט.

קאַקערישש־באָס s. (‎־עס .pl) (E.) small employer בעל־בית קטן (מי שעבודתו אינה דורשת פועלים הרבה) א).

קאַר s. (pl. ־ס) (E.) car עגלה של מסלת רחוב.

קאָראַבקע s. (pl. ־ס) basket סל.

קאַראַװע adj. soiled, dirty מלכלך.

קאַראַט = קאַרעטע.

קאַרבאָל, קאַרבאָליק עסיד s. (E.) carbolic acid קרבול (חמץ נוזל המוצא מפחמי אבן).

קאַרבאָן s. (pl. ־עס) ruble רובל (= קאַרב).

קאַרבער s. (pl. ־ס) insect חרק ב).

קאַרד s. (pl. ־ס) (E.) card כרטים.

קאַרטון² s. (pl. ־ס) (E.) cartoon ציור התולי.

קאַרטעװניק = קאַרטיאָזשניק.

קאַריקאַטורע s. (pl. ־ס) caricature צורה התולית.

קאָרן² s. (pl. ־ס) (E.) corn יבלת (ביחוד בבשר הרגלים).

קאַרנאַץ s. (pl. ־עס) snub-nosed person חרומף ג).

קאַרנאַצל, קאַרנאַשל s. (pl. ־עך) small sausage נקניק קטן ד).

קאָרנד ביף s. (E.) corned beef בשר כבוש.

קאָ(ר)נער s. (pl. ־ס) (E.) corner קרן, פנה, זוית.

קאַרפעט s. (pl. ־ס) (E.) carpet מרבד.

קאַרפענט(נ)ער s. (pl. ־ס) (E.) carpenter נגר.

קאַרקאַנאָסע = קורנאָסע.

קאַשטשאַל = קאָסציאָל.

קבוצה s. (pl. קבוצות) communistic colony in Palestine ־.

קַבְּצַנסקע, קַבְּצַנסקע = קַבְּצְנוּש.

קַדְמַת־דְנָא, פֿון ־, זע מִקַדְמַת־דְנָא.

קוּבעק s. (pl. ־בקעס) cup, mug כוס, קבעת.

קודא adv. far away רחק רחק ה).

קוואָדער s. (pl. ־ס) (E.) quarter רבע הדולר.

קוואָטע s. (pl. ־ס) quota חלק (ביחוד מספר קציב למהגרים מכל מדינה ומדינה להכנס לאמיריקה).

קוואָטער = קוואָדער (הוספה).

קוויטאַנציע s. (pl. ־ס) certificate of exemption from military service (*formerly in Russia*) תעודת שחרור מעבודת הצבא (לפנים ברוסיה).

קוזיעדע s. combed flax פשתה סרוקה (לטויה).

קושעפּײַקע = קוצעװײַקע.

קוירטן s. (pl. ־ס) (E.) curtain יריעה; מסך.

קולט s. (pl. ־ן) cult פולחן.

קולטורנע, קולטורעל adj. cultural תרבותי.

א) דאָס וואָרט גייט אום צווישן יידישע יוניאָן־אַרבעטער. — ב) פֿון דייטש kerbling — אַן אינסעקט. — ג) עלבע. — ד) רומעניש carnacior — וואורשטל. — ה) רוסיש куда — וואוהין.

קיליען v. n. to halt, hobble צלע.

קינ(י)ע־לעמל s. (pl. ־ס) dunce, fool גלם, טפש.

קיפּעץ s. (pl. ־עס, קיפּצעס) merchant סוחר.

קוק s. (pl. ־ס) (E.) cook טבח, מבשל.

קוקלע², קוקסע = קאָק (הוספה).

קוק־קאַסטן s. (pl. ־ס) stereopticon-box תבת משקפת (שרואים בה תמונות עוברות זו אחר זו) א).

קוריער־צוג s. (pl. ־ן) express-train רכבת מהירה.

קורץ־פֿרײַטיק s. Friday preceding the winter solstice יום הקצר.

קושנירקע = קאָסעניערקע.

קטניות s. (pl.) legumes, pulse ־. — (*joc.*) אַ מין קטניות a sort of thing מין דבר.

קיבוץ־גליות s. the gathering of the exiles ־.

קיד s. (pl. ־ס) (E.) Kid גדי; (sl.) ילד.

קידוש־מאַכער s. (pl. ־ס) one who pronounces the benediction on wine מקדש על היין; (*joc.*) husband בעל אשה.

קידנעפּן v. a. (E.) to kidnap גנב נפש.

קידנעפּער s. (pl. ־ס) (E.) kidnapper גונב נפש.

קיופּאָן s. (pl. ־ס) (E.) coupon תלוש (קטע של שטר ב).

קיו־קלאָקס קלען npr. (E.) Kuklux Klan קיוקלוקס קלן (שם אגודה נוצרית באמיריקה החפצה בשלטון הפרוטסטנטים ומתנגדת לבני האמינות האחרות).

קיזשאַק² = קיזעק.

קיט² = װאַלפֿיש.

קיטשן s. (pl. ־ס) (E.) kitchen מטבח, חדר הבשול.

קײבל s. (pl. ־ס) (E.) cable טלגרף ימי; טלגרמה ימית.

קײבלען v. n. to cable שלח טלגרמה ימית.

קײס¹ s. (pl. ־עס) (E.) case תבה, ארון.

קײס² s. (pl. ־עס) (E.) case מקרה; ענין.

קײפּ s. (pl. ־ס) (E.) cape שכמיה.

קײפּל, פֿאַרקלענערװאָרט פֿון קויף².

קײק s. (pl. ־ס) (Am.) cheap fellow אדם קטן ערך; niggard קמצן.

קײק s. (pl. ־ס) (E.) cake עגה.

קינלקע, קינעלע, פֿאַרקלענערװאָרט פֿון קין.

קיק s. (pl. ־ס) (E.) kick בעיטה.

קיקן v. a. n. (E.) to kik בעט ב־; (*fig.*) התנגד.

קלאָ s. (pl. ־ן) hoof פרסה; claw צפרן.

קלאָדינג s. (E.) clothing מלבושים, בגדים.

קלאָוק s. (pl. ־ס) (E.) cloak מעיל (לנשים).

קלאָוקמאַכער = קלאָוקמײַקער.

קלאָוקמײַקער s. (pl. ־ס) (R.) cloakmaker עושה מעילים (לנשים).

א) זאַקס 15. — ב) ענגליש coupon ווערט אויסגעשפּראָכן קו'פּאָן; יידין זאָגן דאָס־רוב קיו'פּאָן.

קלאָט s. (E.) cloth אָרִיג.

קלאָטניק s. (pl. –עס) quarrelsome man אִישׁ מְדָנִים.

קלאַסיפֿיצירן v. a. to classify הַדְרֵג, סַדֵּר לְפִי הַמַּדְרֵגוֹת.

קלאַסנקאַמף s. class struggle מִלְחֶמֶת הַמִּפְלָגוֹת.

קלאַפֿטער s. (pl. –, –ס) fathom מִדַּת שֶׁבַע רֶגֶל.

— לויזן קלאַפֿטער (id.) to make long sweeps in swimming עשה תנועות ארוכות בשחיה.

קלאַפּן v. a. n. to beat הַכֵּה; דָּפֹק.

— קלאַפּן א דעפּעש to send a telegram שלח טלגרמה.

קלאָץ s. (pl. קלעצער) beam, joist קוֹרָה.

קלאַק s. (pl. –ס) (E.) clock שָׁעוֹן.

— פֿינף א קלאַק five o'clock שעה חמשית לפי השעון.

קלאָר adj. clear בָּרוּר.

— קלאָר ווי דער טאָג, זע אונטער ט אָ ג.

— (joc.) קלאָר ווי באָב־יויך, זע אונטער ב אָ ב־י ו י ך.

קלויבן = קלײַבן.

קלוירק s. (pl. –ס) (E.) clerk סוֹפֵר (בבית פקידות); עוֹזֵר, מְשָׁרֵת (בבית מסחר).

קלייד s. (pl. –ער) garment, dress מַלְבּוּשׁ, בֶּגֶד.

— (id.) א פּאָר קליידער a match *(said of persons)* דברים מתאימים (נאמר על אנשים).

קליים s. (pl. –ס) (E.) claim תְּבִיעָה.

קליימען v. a. n. (E.) to claim דָּרֹשׁ, תָּבֹעַ; הַחְלֵט.

קלײנבירגער s. (pl. –) citizen of small means עִירָנִי פָּעוּט.

קלין² adj. (E.) clean נָקִי.

קלינען v. a. to clean נַקֵּה.

קְלָלוֹת נִמְרָצוֹת s. pl. vehement curses –.

קלעזמער s. (pl. –) musician מְנַגֵּן בִּכְלֵי זֶמֶר.

— (id.) בשתיקה די קלעזמער on the sly בחשאי.

קלעזמער־לשון s. musicians'slang לְשׁוֹן הַמְנַגְּנִים.

קלען = קיוקלאָקס קלען.

קנאַפּל s. (pl. –ען) heel *(of a shoe)* עֲקֵב נַעַל.

— (id.) דרייען זיך אויפֿן קנאַפּל to coquet התענג.

קנאַקניסל s. (pl. –עך) nut-cracker מַפֵּץ אֱגוֹזִים.

— (id.) רוף מיך (רוף אים) קנ קניסל what's done can't be undone מה שנעשה אין להשיב א).

קנאַקעדיג adj. cracking מְקַשְׁקֵשׁ; crisp *(of paper [money)* חָדָשׁ (נאמר על שטרי כסף).

קנאַקער s. (pl. –ס) big man, great gun אָדָם חָשׁוּב; hero גִּבּוֹר.

— (sl.) א קנאַקער מיט א נון a real great gun אדם חשוב באמת ב).

א) פּגל. אין האָלענדישן יידיש: ruf'm puternascher noch — וואָס אָפּגעטאָן איז פֿאַרפֿאַלן (פֿאַרז. 48). — ב) עלבע; "מיט א נון" איז אן אנצוהערעניש אויף א קנאַקער אָן א נון.

קנייפּער s. (pl. –ס) pinchers צְבָת א).

קנעטיג adj. kneadable שֶׁאֶפְשָׁר לָלוּשׁ.

קנעכטשאַפֿט s. servitude, slavery עַבְדוּת.

קנעל = קנעלונג.

קנעפּל s. (pl. –עך) official *(fig.)* פָּקִיד.

קעב s. (pl. –ס) (E.) cab כִּרְכָּרָה.

קעבעדזש s. (E.) cabbage כְּרוּב.

קעטשן v. a. (E.) to catch חָטֹף, תָּפֹשׂ.

— קעטשן א קאָלט to catch a cold הצטנן.

קעמערל s. (pl. –עך) pantry, larder חֲדַר מָזוֹן.

קעמפּ s. (pl. –ס) (E.) camp מַחֲנֶה.

קעמפּײַן, קעמפּײַנען = קאַמפּײַן, קאַמפּײַנען.

קען s. (pl. –ס) (E.) can פַּח.

קענד גודס s. pl. (E.) canned goods מַאֲכָלִים כְּבוּשִׁים בְּפַחִים.

קענדי s. (pl. –ס) (E.) candy סֻכָּרִיּוֹת.

קעניוועסער s. (pl. –ס) canvasser מְאַסֵּף לְקוּחוֹת.

קעפּ s. (pl. –ס) (E.) cap מִצְנֶפֶת.

קעפּיטל s. (pl. –ס) (E.) capital קֶרֶן (= קאַפּיטאַל); עִיר רֵאשִׁית, בִּירָה.

קעפּמייקער s. (pl. –ס) (E.) capmaker עוֹשֵׂה מִצְנָפוֹת.

קעפּטן s. (pl. –ס) (E.) captain פָּקִיד (של צבא, של משטרה); ראש הָאֳנִיָּה, רַב חוֹבֵל.

קער² s. (E.) care זְהִירוּת; הַשְׁגָּחָה.

— נעמען קער to take care הִזָּהֵר; השגיח.

קערידזש s. (pl. –עס) carriage מֶרְכָּבָה.

קערן⁴ v. n. (E.) to care דָּאֹג; שִׂים לֵב; אִכְפַּת ל־.

קערל² s. (pl. –ען) fellow אָדָם, אִישׁ.

— א געמיינער קערל a mean fellow אדם שפל, נבל.

קערעט s. (pl. –ס) (E.) carat מִדַּת זָהָב (כלפי התערבת).

קעש s. (E.) cash מְזֻמָּן.

קעשיר s. (pl. –ס) (E.) cashier גִּזְבָּר, פְּקִיד עַל הַכֶּסֶף (בבית מסחר).

קעשן v. a. (E.) to cash הַחֲלֵף בִּמְזֻמָּנִים.

קעשעניק = קעשענע־גנב.

קַפְּדָן s. (pl. קַפְּדָנִים) bully אִישׁ מְדָנִים.

קַצְבִימש = קַצְבִיש.

קראַוד s. (pl. –ס) (E.) crowd קָהָל, הָמוֹן.

קראַודעד adj. (E.) crowded מָלֵא; מָלֵא אֲנָשִׁים.

קרויסטענען זיך v. r. to remowe, change one's residence הַעְתֵּק דִּירָתוֹ ב).

קרוישקען זיך v. r. to dash against one another, to struggle הִתְרוֹצֵץ.

קרוק² s. (pl. –ס) (E.) crook נוֹכֵל, רַמַּאי.

קרינגסמאַן s. (pl. –לײַט) warrior אִישׁ מִלְחָמָה.

א) מילך. — ב) זאַקס 17; ליטוויש Kraustytis.

קרײַנדל *s.* (־עך *pl.*) little crown, coronet כֶּתֶר קָטָן.

קרײַנעלעך *int.* gracions! מָרִיָה דְאַבְרָהָם.

קרײַסט *npr.* (*E.*) Christ הַמָּשִׁיחַ לְנוֹצְרִים.

קריִם[1] *s.* obliquity אֲלַכְסוֹנוּת.

— אױף דער קריִם obliquely באלכסון.

קריִם[2] *s.* (*E.*) cream זְבָדָה.

קריץ־בילד *s.* (־ער *pl.*) engraving פִּתּוּחַ.

קריצער *s.* (־, ־ס *pl.*) engraver מְחוֹקֵק, חוֹרֵת.

קֶרֶן־קַיֶּמֶת *s.* Jewish National Fund *(for the purchase of land in Palestina)*—.

קרעמען *s.* (־עס *pl.*) flint צוּר, חַלָּמִישׁ.

— (*id.*) לאַכן מיט קרעמענעס to langh with anguish צחק בכאב לב.

קרענבערי *s.* (־ס *pl.*) (*E.*) cranbery מִין גַּרְגְּרִים אֲדֻמִּים (= ברוסניצע).

קרענגעלניע *s.* (־ס *pl.*) place for ninepins מָקוֹם לְמִשְׂחַק קוֹנָאוֹת.

קרענק[2] *s.* (־ס *pl.*) (*E.*) crank אִישׁ שִׁגְעוֹנוֹת.

קרענקי *adj.* (*E.*) cranky משוגע.

קרעק *s.* (־ס *pl.*) (*E.*) crack סֶדֶק.

קרעקן *v. n.* (*E.*) to crack הִסָּדֵק.

קרעקער *s.* (־ס *pl.*) (*E.*) cracker מַצָּה (של תאורה); עֻגָּה יְבֵשָׁה (שנוהה להתפורר).

קשאַנדז = קסיאָנדז.

קַשְׁיָה־פֿרעגער *s.* (־, ־ס *pl.*) questioner, interrogator שׁוֹאֵל שְׁאֵלוֹת, בּוֹחֵן עַל יְדֵי שְׁאֵלוֹת (בלמוד).

ר.

ראב"ד *abbr.* = ראש־בֵּית־דִין presidant of the tribunal—.

ראַבײַ *s.* (־ס *pl.*) (*E.*) rabbi רַב.

ראַבינאַט *s.* rabbinate רַבָּנוּת.

ראַבינער *s.* (־ *pl.*) rabbi רַב (ביחוד לעדת מתקנים); crown-rabbi רַב מְטַעַם הַמֶּמְשָׁלָה (לפנים ברוסיה).

ראַבינער־שול *s.* (־ן *pl.*) rabbinical seminary בֵּית מִדְרָשׁ לְרַבָּנִים.

ראָבער *s.* (*E.*) rubber שְׂרָף, רְשׁוּנָה; (־ס *pl.*) נַעַל שֶׁל רְשׁוּנָה.

ראָבער־סטעמפּ *s.* (־ס *pl.*) (*E.*) rubber-stamp חוֹתָם שֶׁל רְשׁוּנָה.

ראָג[2] *s.* (־ס *pl.*) (*E.*) rug שְׁטִיחַ.

ראָד־ביקסל *s.* (־עך *pl.*) box of a carriage, nave-box תֵּבַת הָאוֹפָן (התבה שבטבור האופן מעגלה).

ראַדיום *s.* radium רַדְיוּם (חמר יסודי יקר השולח קרני אור וחום שיש להם פעולה כימית).

ראַדעניצע *s.* (־ס *pl.*) market-woman אִשָּׁה סוֹחֶרֶת בַּשּׁוּק א).

ראָוד *s.* (־ס *pl.*) (*E.*) road דֶּרֶךְ.

ראָוסטן *v. a.* (*E.*) to roast צָלֹה.

ראָזעװאָלקעלע *s.* (־ך *pl.*) kind of jacket מִין בֶּגֶד קָצָר.

ראָזוריך *s.* (־ן, ־עס *pl.*) tumult, uproar מְהוּמָה, שָׁאוֹן.

ראָט[2] *s.* (־ס *pl.*) (*E.*) rat עַכְבָּר גָּדוֹל.

ראָטאָנדע *s.* (־ס *pl.*) round cloak מְעִיל עָגֹל (מעיל אורך לנשים לימי החורף).

ראָל[2] *s.* (־ס *pl.*) (*E.*) roll חַלָּה קְטַנָּה וַעֲגוּלָה.

ראָליען *v. n.* to perform עָשֹׂה תַּפְקִידוֹ (כמו במשחק התי: טרון).

ראָמאַן *s.* (־ען *pl.*) love affair אַהֲבָה.

— פֿירן אַ ראָמאַן מיט... to be in love with... היה ביחס אהבה עם־.

ראָמאַנסירן *v. n.* to be in love עָגֹב, הִתְעַנֵּב.

ראָסקאָפּקע *s.* (־ס *pl.*) excavation חֲפִירָה.

ראָפּטשור *s.* (־ס *pl.*) (*E.*) rupture שֶׁבֶר מֵעַיִם.

ראַפּניק = נאַראַפּניק.

ראָש *s.* (*E.*) rush מְהִירוּת; רִיצָה.

ראש־מְדִינה *s.* (רָאשֵׁי־מְדִינות *pl.*) district officer פְּקִיד גָּלִיל.

ראָשן *v. a. n.* (*E.*) to rush מַהֵר; רוּץ.

רָב *s.* (רַבָּנִים *pl.*) (*fl.*) head of a band of thieves ראש חֶבֶר גַּנָּבִים.

רִבּוֹ־רבבות *s. pl.* myriads—.

רוזע־בוזע *s.* tumult, commotion שָׁאוֹן, הֲמֻלָּה ב).

רױב־פֿױגל *s.* (־פֿײגל, ־פֿײגלעך, ־פֿײגלען *pl.*) bird of prey עוֹף טוֹרֵף.

רױז *s.* (־ן *pl.*) sunflower זְהָרָה.

רול *s.* (־ס *pl.*) (*E.*) rule כְּלָל.

רולן *v. a.* (*E.*) to rule מְשֹׁל; סַרְנֵל.

רולער *s.* (־ס *pl.*) (*E.*) ruler מוֹשֵׁל; סַרְגֵּל.

רום *s.* (־ס *pl.*) (*E.*) room חֶדֶר; מָקוֹם.

רומאַטיזם (*E.*), רומאַטעם = רעמאַטיזם.

רומאַק *s.* (־עס *pl.*) fisticuff מַכַּת אֶגְרוֹף ג).

רוס *s.* (־ן *pl.*) Russian רוּסִי.

רוסאַק *s.* (־עס *pl.*) true Russian רוּסִי אֲמִתִּי; Jew who can speak Russian יְהוּדִי יוֹדֵעַ לְדַבֵּר רוּסִית.

רוסטער *s.* (־ס *pl.*) (*E.*) rooster תַּרְנְגוֹל.

רוסיש־פּױלן *npr.* Russian Poland פּוֹלִין הָרוּסִית.

רוף[2] *s.* (־ס *pl.*) roof גָּג.

א) עלבע; זעט אױס פֿון ראַד — אַ שורה (קראַטען). — ב) זאַקס 23. — ג) קאַס. 126.

רַח״ש וקְלַ״ם *abbr.* = רַב. חַזָן. שַמש. וקְהִילות. לוֹמְדים. סוֹפְרים gifts to rabbis, cantors, beadles, communities, scholars, secretaries א).

ריבן[2] *s.* (pl. ~ס) ribbon (*E.*) סֶרֶט. פַּס.

רידער *s.* (pl. ~ס) reader (*E.*) סֵפֶר מִקְרָא.

ריווער *s.* (pl ~ס) river (*E.*) נָהָר.

ריזן *s.* (pl. ~ס) reason (*E.*) טַעַם.

רֵיחַ־גַן־עֵדן *s.* very pleasant odor רֵיחַ נָעִים מְאֹד.

ריטײל *s.* retail (*E.*) מְכִירָה לַאֲחָדִים.

ריטײלער *s.* (pl. ~ס) retailer (*E.*) מוֹכֵר לַאֲחָדִים. סִדְקִי.

רײַאָט *s.* (pl. ~ס) riot (*E.*) מְהוּמָה. פְּרָעוֹת.

רײַד *s.* (pl. ~ס) ride (*E.*) נְסִיעַת טִיּוּל (בעגלה).

— נעמען אַ רײַד to take a ride נסע לטיול.

רײדיאָ *s.* (pl. ~ס) radiogram (*E.*) יְדִיעָה עַל יְדֵי טֶלֶגְרָף בְּלִי חוּטִים; radio-broadcaster מְכוֹנָה הַמּוֹלִיכָה אֶת הַקּוֹלוֹת מִן הָאֲוִיר.

רײַבער *s.* (pl. ~ס) molar טוֹחֲנָה (שן).

רײדן *v. a. n.* to speak דַּבֵּר; ‖ ~זיך *v. r.* to be spoken, said דֻּבַּר.

— רײדן ענגליש to speak English דבר אנגלית.

— רײדן פשוטע דיבורים to speak plain words דבר דברים פשוטים

— עס רעדט זיך (נאָר) אַזוי it is merely a way of putting it אינה אלא דרך הדבור.

— עס טוט זיך ניט ווי עס רעדט זיך, זע אונטער ט א ן.

רײַדעווי = ר ײַ ט ע ו ו ײ (הוספה).

רײזאָר *s.* (pl. ~ס) razor (*E.*) תַּעַר.

רײזן *v. a.* to raise (*E.*) הַעֲלֵה, הַרְבֵּה (שכר); גַּדֵּל (צמחים, חיות ועופות).

רײט *s.* (pl. ~ס) rate (*E.*) מְחִיר.

רײַט עווײ *adv.* right away (*E.*) תֵּכֶף וּמִיָּד.

רײלראָוד *s.* (pl. ~ס) railroad (*E.*) מְסִלַּת בַּרְזֶל.

רײלראָוד־טיקעט *s.* (pl. ~ס) railroad ticket (*E.*) פִּתְקָא לִנְסִיעָה עַל מְסִלַּת בַּרְזֶל.

רײלראָוד־סטײשן *s.* (pl. ~ס) railroad station (*E.*) תַּחֲנָה שֶׁל מְסִלַּת בַּרְזֶל.

רײסן *v. n.* to race (*E.*) הִתְחָרֵה בְּמֵרוֹץ.

רײסעס *s. pl.* races (*E.*) הִתְחָרוּת בְּמֵרוֹץ.

רילע *s.* (pl. ~ס) snout פֶּה (של חזיר).

רילצע *s.* (pl. ~ס) nozzle of a bottle חַרְטוֹם שֶׁל בַּקְבּוּק.

ריל־עסטײט *s.* real estate (*E.*) קִנְיַן קַרְקַע. נִכְסֵי דְלָא נַיְדֵי.

ריל־עסטײטניק *s.* real-estate man (*E.*) מִי שֶׁיֵּשׁ לוֹ עֵסֶק בְּקַרְקָעוֹת.

ריסטעוואַניע = ר י ש ט ע ו ו אַ נ י ע.

א) קאָס. 241; די ראשי־תיבות קל״ם האָב איך אנדערשוואו ניט געפֿונען.

ריִשעס, אין פּאָלנ:דינן אויסדריק:

— מאַכן רישעס to make a tumult הקם שאון א).

ר״ך *s.* (pl. –) ruble רוּבָּל (מטבע רוסית) ב).

רעג *s.* (pl ~ס) rag (*E.*) סְמַרְטוּט.

רעגלמעסיג *adj.* regular שֶׁלְּפִי הַכְּלָל. שֶׁלְּפִי הַסֵּדֶר. מְסֻדָּר. קָבוּעַ.

רעגעלע, פֿאַרקלענערוואָרט פֿון ר ע ג ן.

רעגױלער *adj.* (pl. ~לע) regular (*E.*) מְסֻדָּר. קָבוּעַ; אֲמִתִּי.

רעג־פּיקער *s.* (pl. ~ס) rag-picker (*E.*) מְלַקֵּט סְמַרְטוּטִים.

רעדזשיסטן = ר ע ד ז ש י ס ט ע ר ן (הוספה).

רעדזשיסטער *s.* (pl. ~ס) register (*E.*) רְשִׁימָה; מְכוֹנָה לִרְשִׁימָה; תֵּבַת הָרְשִׁימָה (תבת הפדיונות בחנות הרושמת את סכום הכסף המושם בה בכל פעם).

רעדזשיסטערד לעטער *s.* (pl. ~ס) registered letter (*E.*) מִכְתָּב רָשׁוּם (על ידי הדואר).

רעדזשיסטערן *v. a.* to register (*E.*) רָשֹׁם (ביחוד מכתב בבית הדואר).

רעדי *adj.* ready (*E.*) מוּכָן.

רעווערענד *adj.* reverend (*E.*) מְכֻבָּד (תואר לכהן או לרב); ‖ *s.* (pl. ~ס) כֹּהֵן. רַב.

רעטאָנדע = ר אָ ט אָ נ ד ע (הוספה).

רעכט *adj.* conservative אָדוּק בעניני דָּתָה).

רעכטער *s.* (pl. ~טע) right-winger מַיְמִין (אדוק בעיניני דָּתָה).

רעמאַטן־פֿעלער *s.* rheumatic disease מַחֲלָה רֵיאוּמַאטִית ג).

רעמניצע, רעמנענט *s.* (pl. ~ס) remnant (*E.*) נוֹתַר מֵאָרִיג.

רענד, רענדן = ר ע נ ט. ר ע נ ט ן (הוספה).

רענדזש *s.* (pl. ~עס) range (*E.*) תַּנּוּר בַּרְזֶל.

רענט *s.* rent (*E.*) שְׂכַר דִּירָה; שְׂכַר שִׁמּוּשׁ.

רענטן *v. a.* to rent (*E.*) שָׂכֹר.

רעסט[2] *s.* rest (*E.*) מְנוּחָה.

— נעמען אַ רעסט to take a rest נוּחַ.

רעסיט *s.* (pl. ~ס) receipt (*E.*) שְׁטָר קַבָּלָה.

רעספּאָנסיבל *adj.* responsible (*E.*) אַחֲרָאִי.

רעפּוטאַציע *s.* (pl. ~ס) reputation שֵׁם. פִּרְסוּם.

רעפֿיוזן *v. a.* to refuse (*E.*) מָאֵן. הָשֵׁב רֵיקָם פְּנֵי אִישׁ.

רעפֿערענס *s.* (pl. ~ס) reference (*E.*) צַוָּתָא. מִכְתָּב מְלִיצָה (בעד איש המבקש עבודה או משרה).

רעפּערטואַר *s.* (pl. ~ן) repertoire, repertory רְשִׁימַת הַחֶזְיוֹנוֹת (של תיאטרון).

רע׳קאָרד *s.* (pl. ~ס) record (*E.*) רְשִׁימַת זִכָּרוֹן; סְכוּם מַעֲשֵׂי אִישׁ

א) אין פוילן; פֿגל. rigsche machen אין יידיש־דייטשער גוינערשפּראַך (יג״ד, ווערטערבוך, אונטער rigsche). — ב) ר״ך איז ראשי־תיבות פֿון ר ו ב ל כ ס ף. — ג) עלבע.

— האָבן א גוטן רעקאָרד to have a good record היה מעשי איש טובים.

— ברעכן דעם רעקאָרד to break the record עלה על כל הפעולות הקודמות.

רעשען v. a. n. to decide, resolve הַחְלֵט, גָּמֹר.

רשות s. liberty חֹפֶשׁ (לעשות דבר).

ש.

שאַבלאָן s. (pl. ־ען, ־עס) pattern, model, form דּוּגְמָה, דְּמוּת.

שאַדאַפּ = ש א ט א פּ (הוספה).

שאָו s. (pl. ־ס) show (E.) מַחֲזֶה; יְכֹלֶת.

— זען א שאָו to see a show ראה מחזה או משחק.

— פֿאַר א שאָו for a show למראה, לפנים.

— געבן אימעצן א שאָו to give a person a show נתן יכלת לאיש לעשות דבר.

שאָוול s. (pl ־ס) shovel (E.) מַגְרֵפָה.

שאָוולען v. a. to shovel (E.) גָּרֹף בְּמַגְרֵפָה.

שאו־יְדֵיכם s. "lift up your hands," Psalm-verse said on washing one's hands bafore meals־.

שאַוער s. (pl. ־ס) shower (E.) גֶּשֶׁם קַל.

שאַט אַפּ int. shut up (E.) בְּלוֹם פִּיךָ!

שאָטן s. (pl. ־ס) shade, shadow צֵל.

שאָטן־בילדער s. pl. moving pictures תְּמוּנוֹת מִתְנוֹעֲעוֹת.

שאָטנדיג adj. shady, shadowy מֵצֵל.

שאַטער(ר) s. (pl. ־ס) shutter (E.) תְּרִיס (דלת לחלון).

שאַילקע = ס א י ל ק ע.

שאלה s. (שאלות .pl) ritual question שְׁאֵלָה בְּעִנְיָן דָּתִי.

שאַלעמיידזשען = ס א ל ע מ י י ד ז ש ע ן.

שאַמעוויע adj. yellow צְהַב־אֲדַמְדַּם.

שאַמפּו' s. shampoo (E.) סִבּוּן הָרֹאשׁ (נקוי הראש בבורית).

שאַנטאַזש s. blackmail אִיּוּם עַל אִישׁ לְהוֹצִיא מִמֶּנּוּ דָּבָר.

שאָסקע s. (pl. ־ס) coach-box מוֹשַׁב הָרַכָּב א).

שאַפּ s. (pl. ־ס) shop (E.) חֲנוּת; (pl. שעפּער) בֵּית חֲרֹשֶׁת.

שאַפּינג s. shopping (E.) קְנִיָּה בַּחֲנוּת.

— גיין שאַפּינג to go out to do shopping הלך לקנות בחנויות.

שאַפּן v. n. to shop (E.) קְנֹת בַּחֲנוּת.

שאָפֿער s. (pl. ־ס) chauffeur (E.) מְנַהֵל שֶׁל אַבְטוֹמוֹבִּיל.

שאַקאַל s. (pl. ־ן) jackal תַּן (מין שועל).

שאַראַנטשע' s. locust אַרְבֶּה; host of pillagers (fig.) הֲמוֹן בּוֹזְזִים.

שאַרפּ adv. sharp (E.) בְּדִיּוּק.

א) זאקס 131

— אכט א קלאָק שאַרפּ eight o'clock sharp בשעה השמינית בדיוק.

שבוש = ש י ב ו ש (הוספה).

שְׂדה־לָבן npr. "White Field," nickname of the Ukrainian town Bielaya-Tserkov ("White Church") כִּנּוּי לָעִיר בְּיֶלַיַא־צֶרְקוֹב (׳כנסת לבנה׳) בְּאוּקְרַיְנָה.

שוואַן s. (pl. ־ען) swan בַּרְבּוּר הַבָּר.

שוואַרץ־טומאה npr. "Black Impurity," nickname of the Ukrainian town Bielaya-Tserkov כִּנּוּי לָעִיר בְּיֶלַיַא־צֶרְקוֹב בְּאוּקְרַיְנָה.

שוואַרצן v. a. to black, b acken הַשְׁחֵר; to smuggle הַעֲבֵר בִּגְנֵבָה.

— (id.) זיך שוואַרצן די אויגן (דעם פּנים) to humiliate oneself השפל את עצמו.

— שוואַרצן דעם גרענעץ to steal across the border עבר על הגבול בגנבה.

שווייד s. (pl. ־ן) Swede שְׁוֵדִי.

שוויידיש adj. Swedish שְׁוֵדִי.

שוויידן npr. Sweden שְׁוֵדְיָה.

שוויינעריי = הזיריי.

שווייסבלעטל s. (pl. ־עך) shield מַטְלִית זֵעָה (חתיכת ארג או עור שתופרים בבגד מול השחיים לשמרו מזעה).

שוועד, שוועדיש, שוועדן = ש ו ו י י ד, ש ו ו י י ד י ש, ש ו ו י י ד ן. (הוספה).

שוועגנערן v. n. to be pregnant הָרֹה, הָיֹה מְעֻבֶּרֶת.

שווערניש = ש ו ו ע ר ק י י ט.

שוטה־בן־פּיקהאָלץ s. big fool טִפֵּשׁ גָּדוֹל.

שויסהינטל s. (pl. ־עך) lap-dog, pet dog כֶּלֶב מְחֻבָּב.

שולקלאַפּער s. (pl. ־, ־ס) a beadle calling to divine service by knocking at the doors שַׁמָּשׁ הַדּוֹפֵק עַל הַדְּלָתוֹת לִקְרֹא לַעֲבוֹדַת ה׳.

שולרופֿער s. (pl. ־, ־ס) a beadle calling to attend services in the synagogne שַׁמָּשׁ הַקּוֹרֵא לַעֲבוֹדַת בֵּית הַכְּנֶסֶת.

שונד־װאָרט s. (pl. ־ווערטער) foul word מִלָּה מְגֻנָּה.

שונד־ראָמאַן s. (pl. ־ען) shocker, penny dreadful, (Am.) dime-novel סִפּוּר מְאֹרָעוֹת מַבְהִילִים.

שו־סטאָר s. (pl. ־ס) shoe-store (E.) חֲנוּת שֶׁל נְעָלִים.

שוסטשאַק s. (pl. ־עס) shoemaker (cont.) רַצְעָן.

שופלאַדקע, פֿאַרקלענערוואָרט פֿון שופלאַד.

שור adj. sure (E.) בָּטוּחַ; אֲמִתִּי; || adv. בֶּאֱמֶת, בְּוַדַּאי.

שורה s. (־, שורות) line..

— (id.) די אונטערשטע שורה the sum total סך הכל.

שטאַב s. (pl. ־ן) staff מַטֵּה שֶׁל פְּקִידִים; = שטאַבע.

שטאַבס־קאַפּיטאַן s. (pl. ־ען, ־עס) staff-captain קַפִּיטָן שֶׁל מַטֵּה פְּקִידִים.

שטאַט *s.* state, pomp, mgnificence תִּפְאָרָה.

— האַלטן שטאַט to keep up appearances התנהג בדרך כבוד.

שטאָל *s.* steel פֶּלֶד, פְּלָדָה.

— (*fig.*) זײַן פֿאַר אימעצן שטאָל און אײַזן to defend a person by all means הגן על איש בכל יכלתו.

שטאַנדפּונקט *s.* (*pl.* ן —) standpoint נְקֻדַּת הַהַשְׁקָפָה.

שטאַרקן זיך *v. r.* to become strong הִתְחַזֵּק; to refresh oneself הָשֵׁב נַפְשׁוֹ; to make an effort הִתְאַמֵּץ.

שטומאַק *s.* (*pl* עס —) dumb person (*cont.*) אָדָם אִלֵּם.

שטײגער *s.* (*pl.* ס —) manner אוֹפֶן, דֶּרֶךְ.

— אַ שטײגער for instance למשל; suppose נַנִּיחַ.

שטײדריגיאָהו *s.* big fellow אָדָם גַּס א).

שטײן² *v. n.* (*p. p.* געשטאַנען) to stand עָמֹד.

— שטײן אויף הונדערט דאָלער אַ וואָך to hove an income of hundred dollars a week היה לאיש הכנסה של מאה דולרים בשבוע.

— עס שטײט צו פֿאַרדינען פֿיל געלט און דעם there is a chance of making much money by this יש אפשרות להרויח ממון הרבה בעסק זה.

שטײנס געזאָגט *int.* (אויסדריק פֿון לײד, באַדויערונג און ערונ־טערמאַכונג) alas! אֲהָהּ!; unforfunately לְצַעֲרִי! ב).

— וואָס איז דער מענש, שטײנס געזאָגט! what is man, alas! אהה, מה הוא האדם!

— שטײנס געזאָגט, וואָס קען איך טאָן! unfortunately, what can I do! אהה, מה אוכל לעשות!

— שטײנס געזאָגט, וואָס ער ווײסט! what he knows is not much! ידיעתו אך מעטה!

— איך, שטײנס געזאָגט! poor I!, poor me! אני הדל!, אני האומלל!

שטיך־וואַלן *s. pl.* by-election בְּחִירָה מְחֻדָּשׁ, בְּחִירָה שֵׁנִית.

שטימונג *s.* (*pl.* ען —) mood מַצַּב רוּחַ אִישׁ.

שטיפּטיק = שטיפט.

שטיקל *s.* (*pl.* עך —) trick תַּחְבּוּלַת עָרְמָה.

שטעטל *s.* (*pl.* עך —) quarter רֹבַע שֶׁל עִיר, שכונה ג).

שטעטלש *adj.* of a small town שֶׁל עִיר קְטַנָּה.

שטעלן *v. a.* to set, put, place שִׂים, הַעֲמֵד, הַצֵּב.

א) אָלשוו. 42, 92. — ב) דער אויסדריק שטאַמט פֿון דייטש־לאַנד. די יידן פֿון צפון־דייטשלאַנד, ווען זיי האָבן זיך באַקלאָגט אויף אַ ווייטיג, פֿלעגן זאָגן: ״שטיינס געקלאָגט״. דעם מנהג האָבן זיי איבערגענומען פֿון זייערע קריסטליכע שכנים, וועלכע, צו שיצן זיך פֿון איבערנעמען אַ קראַנקייט פֿון אימעצן, פֿלעגן ענטזאָגן דעם חולה: ״בעהאַלטע דו נור דיינע שמערצען פֿיר זיך אַלליינע אונד קלאַגע זיע דעם שטיינע״ (גידעמאַן, ״התורה והחיים״, ח״א, 160, אָנמ. 3). — ג) אָלשוו. 226; ״אין אונזער · מעטל אין ירושלים״.

— שטעלן פּאָקן to vaccinate הרכב אבעבועות.

שטראָם² = שטראָמקע (הוספה).

שטראָמיג *adj.* steep מִשְׁפָּע, זָקִיף, תָּלוּל א).

שטראָמקע *s.* (*pl.* ס —) splinter קִיסָם, קוֹץ (הנתחב בבשר).

שטראָפֿן *v. a.* to punish, chastise, correct הַעֲנֵשׁ, יַסֵּר; to reprove הוֹכֵחַ; to preach to a person דַּבֵּר דִּבְרֵי מוּסָר לְאִישׁ.

שטשופּען *v. a.* to feel, to finger מַשֵּׁשׁ בְּאֶצְבָּעוֹת.

שטשירען² *v. n.* to stare הַבֵּט בְּעֵינַיִם בִּלְתִּי נָעוֹת.

שיבוש *s.* (*pl.* שיבושים) error —, שְׁגִיאָה.

שיבערן *v. n.* to shrug one's shoulders מַשֵּׁךְ בִּכְתֵפָיו.

שײד² *s.* (*pl.* ס —) shade (*E.*) כּוֹבַע מְנוֹרָה; יְרִיעָה לְחַלּוֹן.

שײוו *s.* (*pl.* ס —) shave (*E.*) גִּלּוּחַ.

שײוון *v. a.* to shave (*E.*) גַּלֵּחַ; || — זיך *v. r.* to shave, have a shave הִתְגַּלֵּחַ.

שײך *adj.* bolonging, appertaining, relating —, נוֹגֵעַ.

— אָבער דאָס איז דאָך ניט שײך but this is a different matter אבל זה ענין אחר; there is no question about this אין שאלה בענין זה.

— בײַ אַזאַ זאַך איז דאָס ניט שײך it does not apply to a case like this אינו שייך לענין כזה.

שײַם (אין ליטווישן דיאַלעקט) = שײַן.

שײַן² *s.* (*pl.* ס —) shine (*E.*) צִחְצוּחַ (של נעלים).

שײַנען² *v. a.* to shine (*E.*) צַחְצֵחַ (נעלים).

שײפּ *s.* (*pl.* ס —) schape (*E.*) גִּזְרָה, צוּרָה.

שײף, שײפֿן = שײוו, שײוון.

שײקן *v. a.* to shake (*E.*) נַעֲנֵעַ.

שײקן הענדס *phr.* to shake hands (*E.*) תָּקֹעַ כַּף.

שימפּן *v. a.* to abuse, revile חָרֵף, גַּדֵּף.

שיניאָן *s.* (*pl,* ען —) chignon קְלִיעַת שְׂעַר נָשִׁים מֵאֲחוֹרֵי הָרֹאשׁ.

שיני *s.* (*pl.* ס —) sheeny (*E., sl.*) שֵׁם גְּנַאי לִיהוּדִי בְּאַמֵּרִיקָה ב).

א) ביי דיקן אין ״באָרוסקע דער שומר״; פּויליש stromy — משופּע־הויך. — ב) די אַנטשטייאונג פֿון דעם וואָרט איז ניט באַקאַנט. אין 1899 בין איך געווען אין טאָפּיקאַ, קאַנזאַס, און האָב זיך דאָרטן געטראָפֿן מיט אַן אַלטן יידישן אימיגראַנט, וועלכער האָט מיר געזאָגט, אַז ער ווייס די אַנטשטייאונג פֿון דעם צונעמעניש פֿאַר יידן אין אַמעריקע. אין די 60־ער יאָרן, האָט ער דערציילט, איז ער געווען אין קעניגסבערג, פּרייסן, און דאָרטן האָט ער געהערט דייטשע לאָבוסעס נאָכרופֿן אַ יידן ״דער שיינע מאַן״ (בלשון סגי נהור), אָפֿט פֿאַרקורצט — ״דער שיינע״. קומענדיג שפּעטער אין ניו יאָרק האָט ער באַמערקט, ווי דייטשע לאָבוסעס אויף דער באַוערי שרייען נאָך פֿאַרביינייענדיגע יידן מיט דעם זעלבינן נוסח — ״דער שיינע״ — און געבאָרענע ניו יאָרקער לויפֿערס כאַפּן עס אויף און שרייען נאָך ״שיני״.

שינקע² s. ham שוק הַחֲזִיר.
שיפּ‖ברודער s. (‎-ברידער .pl) (Am.) fellow-
passenger of a ship נוֹסֵעַ יַחַד עִם אַחֵר בָּאֳנִיָּה.
שיפּע־זיבעלע s. (‎-ך .pl) insignificant being
בְּרִיָּה קַלַּת הָעֵרֶךְ א).
שיפּשוועסטער s. (‎-ס .pl) (Am.) female fellow-
pastenger of a ship נוֹסַעַת יַחַד עִם אַחֶרֶת בָּאֳנִיָּה.
שיקול־הַדַעת s. deliberation —, יִשּׁוּב הַדַּעַת.
שיקסלקע, פֿאַרקלענערוואָרט פֿון שיקסע.
שיקעכץ s. (‎-ן .pl) sending מִשְׁלוֹחַ; something
sent דָּבָר שָׁלוּחַ (חבילה, מכתב).
שֵׂכל s. thought, idea מַחֲשָׁבָה, רַעְיוֹן.
— עס איז אים געקומען אַ גוטער שכל a happy
thought entered his head, a happy
thought struck him רעיון טוב עלה על לבו.
— פֿאַלן אויף אַ שכל, זע אונטער פֿאַלן (הוספה).
שלאַבעזירן v. a. n. to read syllable by syllable,
to spell קָרֹא הֲבָרָה אַחַר הֲבָרָה ב).
שלאָגן v. a. (‎נעשלאָגן .p. p) to beat הַכֵּה.
— שלאָג פּוטער חַבֵּץ.
שלאָס s. (‎שלעסער .pl) joint, dovetail שָׁלָב (שן
בקרש לחַבּרו עם קרש אחר).
שלומאַק s. (‎-עס .pl) nickname of a member
of the Israelite Federation in Poland
כִּנּוּי לְחָבֵר שֶׁל אֲגוּדַת יִשְׂרָאֵל בְּפּוֹלִין.
שְׁלוּמֵי אֱמוּנֵי יִשְׂרָאֵל phr. "the peaceful and
‎-fraithful in Israel," God-fearing Jews,
יְהוּדִים חֲרֵדִים; name appropriated by the
members of the Israelitic Federation in
Poland שֵׁם שֶׁנָּטְלוּ חַבְרֵי אֲגוּדַת יִשְׂרָאֵל בְּפּוֹלִין.
שליאָזעווע טיי, שליאָס־טיי s. tea-berry, moun-
tain-tea gaultheria מִין נַרְגֵּר הַגָּדֵל בְּאַמֵירִיקָה ג).
שלימַזל s. (‎-ס .pl) ill luck מַזָּל רָע.
— צום שלימזל unfortunately לרעתו, לאסונו.
— (.prov) הרבה עינים שלימזל אין דער שיסל many
eyes are bad luck for the dish (i. e. for a
business transaction) [הרבה עינים סימן רע לקערה
(כלומר למשא ומתן) ד).
שליסל s. (‎-ען .pl) index מַפְתֵּחַ (של ענינים בספר).
שלעכץ, שלעכצקייט, = שלעכטס, שלעכטסקייט.
שלענגל, שלענגעלע, פֿאַרקלענער וואָרט פֿון שלאַנג.
שמאָק s. (‎שמעק .pl) male organ, penis אֵבֶר
הַזָּכָר; (.fig) fool שׁוֹטֶה, טִפֵּשׁ.
שמאַראַג = שמוראַק.
שמאַרץ s. (‎-ן .pl) pain כְּאֵב.

א) עלבע; מע זאָגט אויף איינעם, וועלכן מע האַלט פֿאַר א לייט: „ער איז ניט קיין שיפּע־זיבעלע", ד. ה., ניט עפּעס קליינס, ניט אַבי ווער. — ב) ביי דיקן אין „חייציקעל אליין". — ג) מילך. — ד) אין פּראַגער Handlexicon אונטער רבב.

שמאַרצן v. n. to pain, ache כָּאֹב; to itch גָּרֹה.
שמייַע² s. (‎-ס .pl) one who is busy about
nothing עוֹסֵק הַרְבֵּה עַל לֹא דָבָר; gad-about מְשׁוֹטֵט
בְּלִי עֲשׂוֹת מְאוּמָה.
שמייַען v. n. to be busy about nothing עָסֹק
הַרְבֵּה עַל לֹא דָבָר; to gad about שׁוֹטֵט בְּלִי עֲשׂוֹת
מְאוּמָה.
שמיציק, פֿאַרקלענערוואָרט פֿון שמיץ.
— מיט אַ שמיציק איבער with an excess עִם עוֹדֵף.
שמירהלע s. (‎-ך .pl) little amulet קָמֵיעַ קָטָן.
שְׁמַע מִינַה phr. thence it is inferred — א).
שַׁמָשיש adj. of a beadle, of a sexton שֶׁל שַׁמָּשׁ.
שנאַפּס־קאַפּיטאַן s. (‎-ען, -עס .pl) (joc.) tippler
שִׁכּוֹר.
שנאַר s. (‎-ן, -עס .pl) scar צַלֶּקֶת, חָרִיץ.
שנופּס = שניפּס ב).
שְׂנֵיאור npr. Shneiur —.
— (.joc) דער פֿעטער שניאור "uncle Shneiur,"
„דוֹדִי שְׂנֵיאוֹר", the snow הַשֶּׁלֶג.
שנייַדורע s. (‎-ס .pl) contemptible tailor חַיָּט
נִבְזֶה.
שעלמיש adj. roguish שֶׁל נוֹכֵל; עָרוּם.
שעד s. (‎-ס .pl) (E.) shed סְכָכָה.
שעל s. (‎-ס .pl) (E.) shell קְלִפָּה (של ביצה, של פרי,
של יכיכה).
שעלף s. (‎-ס .pl) (E.) shelf אִצְטַבָּה.
שעפּ s. (‎-ן .pl) ladle, dipper כְּלִי שְׁאִיבָה.
שעפּטשען v. n. to read in a whisper קָרֹא בְּלַחַשׁ
(מילדים הלומדים לקרא).
שעריף s. (‎-ס .pl) (E.) sheriff פָּקִיד הַמּוֹצִיא לַפֹּעַל
פִּסְקֵי הַבֵּית דִּין.
שפּאַדלע — שפּאָדל.
שפּאָט־ביליג adj. dirt-cheap בְּזוֹל הַזּוֹל.
שפּאַלע s. (‎-ס .pl) sleeper אֶדֶן (של מסלת כרזל);
כְּלוּנְסָה.
שפּאַנונג s. eager expectation, impatience כִּלְיוֹן
עֵינַיִם, קֹצֶר רוּחַ; sustained interest הִתְעַנְיְנוּת רַבָּה.
שפּאַנען v. a. to interest deeply עַנְיֵן מְאֹד; to
thrill חַרֵד לֵב.
שפּאַניאָל s. (‎-ן .pl) Spanish Jew יְהוּדִי סְפָרַדִּי.
שפּאַניאָליש adj. of Spanish Jews שֶׁל יְהוּדִים
סְפָרַדִּים; ‖ s. Judaeo-Spanish לְשׁוֹן הַיְּהוּדִים
הַסְּפָרַדִּים.
שפּאַנציריק s. (‎-עס .pl) child's garment con-
sisting of a vest and pants בֶּגֶד לְיֶלֶד שֶׁל חֲזִיָּה
וּמִכְנָסַיִם כְּאֶחָד ג).

א) ווערט אָפֿט געזאָגט מיט דעם טייטש: „שְׁמַע מִינַה — דערפֿון איז נעדרונגען". — ב) אלשוו. 25. — ג) קאָס. 17; פּויליש spancerek — אַ לייבל.

שפּאָר, אין פֿאַלנדינגן אויסדריק:
— אַ שפּאָר בוסל a considerable quantity כּמות הגונה, כּמות לא מעטה א).
שפּאַרע [1] *s.* (*pl.* ס—) prop, support מִשְׁעָן.
שפּאָרע [2] *s.* (*pl.* ס—) spur דָּרְבָן.
שפּאָרער *s.* (—, ס—) *pl.* saver, economiser חוֹשֵׂךְ, מְקַמֵּץ.
שפּוּע = שִׁיפּוּע.
שפּיליעווען = שפּיליען.
שפּילצייג *s.* (*pl.* —) plaything, toy כְּלִי מִשְׂחָק, צַעֲצוּעַ.
שפּינאַט, שפּינאַק *s.* spinach, spinage תֶּרֶד.
שפּיצרוט *s.* gauntlet עֲבֵרָה בֵּין שְׂדֵרוֹת מְיַסְּרִים בִּשְׁבָטִים.
שפּירעוודיג *adj.* sensitive מַרְגִּישׁ.
שפּראָץ *s.* (*pl.* ן—) sprout צִיץ, נִצָּה.
— אַ שפּראָץ אויף טאָג (*id.*) the break day, the peep of day הֲנֵץ החמה ב).
שפּראָצאייגעלע *s.* (*pl.* ך—) bud צִיץ, נִצָּה.
שקול־הַדעת = שִׁיקוּל־.
שקוּע *adj.* concave —, שְׁקַעֲרוּרִי.
שַׂר־הַשָּׁחור *s.* the hlack prince — ג).
שריט *s.* (*pl.* —) pace, step צַעַד.
— אויף שריט און טריט at every step על כל צעד וצעד; everywhere בכל מקום.
שרייבצימער = שרייבשטוב.
שרייער = גראגער.
שרימפּן = שרומפּן.
שְׂרָרהשאַפֿט *s.* seignory אַדְנוּת.

א) עלבע; פּויליש spory — געגוג נרויס. — ב) דער אויסדריק, זעט אויס, איז אַן איבערזעצונג פֿון דעם תלמודישן "הנץ החמה" (הנץ איז פֿון נצץ — שפּראָצן, שיינען). — ג) אלשוו, 219.

ת.

תָּג *s.* (תָּגִין *pl.*) stroke above a letter as ornament —.
— מיט אַלע תגין (*id.*) in the minutest details לכל פרטיו ודקדוקיו.
תּוהו־וָבוהו *s.* chaos —.
תּורה־ווערטל *s.* (*pl.* עך—) a word from the Law דְּבַר תּוֹרָה.
תֵּיקו *v. n.* "let it stand," the question remains unsolved הַשְּׁאֵלָה עוֹמֶדֶת א).
תֵּירוץ *s.* (תירוצים *pl.*) excuse הִתְנַצְּלוּת; pretext אֲמַתְלָא.
— אַ פּוסטער תירוץ a false exeuse, a subterfuge התנצלות למראית עין.
— אַ תירוץ פֿאַר דער באָבען (פֿאַר דער קאַץ) a flimsy excuse תירוץ שאין לו טעם.
תֵּירוץ מספּיק *phr.* satisfactory excuse —.
תַּכְלית *s.* (תַּכְלִיתִים *pl.*) end, purpose —.
— קומען צו אַ תכלית to attain one's ends השג מטרתו.
— מאַכן אַ תכלית פֿון עפּעס to use something to a good purpose השתמש בדבר לתועלת; (*iro.*) to reduce to naught שים לאַל.
תַּכְרִיכים *s. pl.* shrouds —.
— שטאַרבן אין פֿרעמדע תכריכים (*id.*) to die deeply in debt מות בהיותו שקוע בחובות.
תָּלוּים־נעבוין *s.* the corpse of the crucified one, the body of Jesus גְּוִיַּת הַנִּצְלָב, גופת ישוע הַנּוֹצְרִי.
— שווערן תלוים־נעבוין (*id.*) to swear solemnly הִשָּׁבַע בשבועות קֹדֶשׁ.

א) ווערט געוויינטליך נעזאָגט מיט דעם טייטש: תֵּיקוּ — בלייבט אַ קשיא.

איינגע אויסגעלאָזענע ווערטער.

גוד טַיים *s.* (*E.*) good time עֹנֶג רָב.
— האָבן אַ גוד טיים to have a good time התענג הרבה.
וועלטשן ניסל, ז. וועלשער נוס אונטער וועלוש.
נעקסט *adj.* (*E.*) next הֲכִי קָרוֹב; הַבָּא.
— נעקסטע וואָך next week שבוע הבא.
— זיין נעקסט to be next היה תור איש תכף אחרי תורו של אחר.
נעקסט דאָר *adv.* (*E.*) next door בַּבַּיִת הַסָּמוּךְ.
נעקסט־דאָריגנ *adj.* (*E.*) of next door שֶׁל הַבַּיִת הַסָּמוּךְ.
— די נעקסט־דאָריגע the woman of next door השכנה הכי קרובה.
סטאַרט *s.* (*pl.* ס—) (*E.*) start הַתְחָלָה.
סטאַרטן *v. n. a.* (*E.*) to start הָחֵל, הַתְחֵל; יַסֵּד.
— סטאַרטן אַ ביזנעס to start a business יסד עסק.
פֿראָנט־רום *s.* (*pl.* ס—) (*E.*) front-room הַחֶדֶר הַקִּדְמִי, חֲדַר אוֹרְחִים.
שוואָרעם *s.* (*pl.* ס—) pole-bolt (*of a corriage*) יְתַד הַמּוֹט, יְתַד הַשְּׁקָא (בעגלה).